Resourceful

海上看开发区 View of Dalian Development Area from the sea

1984年，在辽东半岛南端的长岭山下，响起了神州第一个国家经济技术开发区——大连经济技术开发区奠基的礼炮。十几年的风风雨雨，十几年的辛勤耕耘，十几年的奋力开拓，铸就了今日的辉煌，一座初具现代化、生态型、综合性的新城区已巍然屹立于涛涛的黄海西岸。美国辉瑞、法国道达尔、日本东芝、佳能、韩国浦项…… 世界500强企业纷至沓来；一重集团、一汽集团、鞍钢集团、冰山集团等…… 中国知名企业群集汇萃。座座厂房、幢幢楼宇记载着大连开发区创业春秋，飞速的经济发展、雄厚的外向型经济昭示着大连开发区为参与国内外竞争构筑起了坚实的平台。面对新的发展机遇和世纪的挑战，开发区人将以崭新的风貌，乘势而上，坚信“环境是生命，创新是灵魂”的科学理念，加速与国际惯例接轨，改善和优化投资环境，发扬“诚信、探求、务实、机敏”的开发区精神，改革创新、锐意进取，定能建设成中国一流的投资区。

◆大连经济技术开发区世纪广场

（总第十九期）

中国对外经济贸易年鉴编辑委员会

中国对外经济贸易年鉴

2002

中国对外经济贸易出版社

京工商广临字 020068 号

图书在版编目（CIP）数据

中国对外经济贸易年鉴. 2002 /《中国对外经济贸易年鉴》编辑委员会编. —北京：中国对外经济贸易出版社，2002. 10

ISBN 7-80181-018-X

Ⅰ. 中…. Ⅱ. 中… Ⅲ. 对外贸易—中国—2002—年鉴 Ⅳ. F752-54

中国版本图书馆 CIP 数据核字（2002）第 065808 号

《中国对外经济贸易年鉴》资讯电话：010-64246856

E-mail: nianjian@caitec.org.cn

Http://www.yearbook.org.cn

中国对外经济贸易年鉴·2002

中国对外经济贸易年鉴编辑委员会　编

中国对外经济贸易出版社　出版发行

北京安定门外大街东后巷 28 号　邮政编码 100710

新华书店北京发行所　发行

兵器工业出版社印刷厂　印刷

889 × 1194 毫米　大 16 开本　78.375 印张　66 插页　3009 千字

2002 年 10 月第 1 版　2002 年 10 月第 1 次印刷

印数：5000

定价：360.00 元

ISSN 1671-8488

CN11-4872/F

ISBN 7-80181-018-X

Z·101

◆ 2001年9月10日，国家主席江泽民在北京人民大会堂会见出席“21世纪的中国与世界”国际论坛的部分中外代表。

◆ 2002 年 3 月 11 日，国务院总理朱镕基在北京中南海会见由国际展览局副主席兼执行委员会主席卡门·塞雯女士率领的国际展览局考察团。

◆ 2002年5月9日，出席儿童问题特别联大的中国政府代表团团长、中国国务委员吴仪在纽约联合国总部会见联合国秘书长安南。

◆ 2001年11月10日，在卡塔尔首都多哈举行的世界贸易组织第四届部长级会议以全体协商一致的方式，审议并通过了中国加入世贸组织的决定。11日，中国外经贸部部长石广生签署了中国加入世界贸易组织议定书，并向世界贸易组织总干事穆尔递交了中国国家主席江泽民签署的中国加入世贸组织批准书。12月11日，中国正式成为世贸组织第143个成员。

同中国签有经济贸易协定、投资保护协定和避免双重征税协定的国家和地区简表

（截至 2001 年 12 月 31 日）

“●”表示同我国签有贸易协定或议定书及经济合作协定的国家和地区（145 个）
“▲”表示同我国签有双边投资保护协定的国家和地区（104 个）
“◆”表示同我国签有避免双重征税协定的国家和地区（74 个）

亚洲			
蒙古	● ▲ ◆	哈萨克斯坦	● ▲ ◆
朝鲜	●	吉尔吉斯斯坦	● ▲
韩国	● ▲ ◆	塔吉克斯坦	● ▲
日本	● ▲ ◆	乌兹别克斯坦	● ▲ ◆
越南	● ▲ ◆	土库曼斯坦	● ▲
老挝	● ▲ ◆	格鲁吉亚	● ▲
柬埔寨	● ▲	阿塞拜疆	● ▲
缅甸	● ▲	亚美尼亚	● ▲ ◆
泰国	● ▲ ◆	黎巴嫩	● ▲
马来西亚	● ▲ ◆	也门	● ▲
新加坡	● ▲ ◆	以色列	● ▲ ◆
菲律宾	● ▲ ◆	阿曼	◆
印度尼西亚	● ▲ ◆	沙特阿拉伯	● ▲
尼泊尔	● ◆	卡塔尔	● ▲
孟加拉国	● ▲ ◆	伊拉克	●
印度	● ◆	叙利亚	● ▲
斯里兰卡	● ▲	约旦	● ▲
伊朗	● ▲	阿联酋	● ▲ ◆
巴基斯坦	● ▲ ◆	科威特	● ▲ ◆
文莱	▲	巴林	● ▲
塞浦路斯	● ▲ ◆	土耳其	● ▲ ◆

欧洲			
冰岛	● ▲ ◆	荷兰	● ▲ ◆
丹麦	● ▲ ◆	比利时	● ▲ ◆
挪威	● ▲ ◆	卢森堡	● ▲ ◆
瑞典	● ▲ ◆	英国	● ▲ ◆
芬兰	● ▲ ◆	爱尔兰	● ◆
爱沙尼亚	● ▲ ◆	法国	● ▲ ◆
拉托维亚	● ◆	西班牙	● ▲ ◆
立陶宛	● ▲ ◆	葡萄牙	● ▲ ◆
俄罗斯	● ▲ ◆	意大利	● ▲ ◆
白俄罗斯	● ▲ ◆	马耳他	● ◆
乌克兰	● ▲ ◆	南斯拉夫	● ▲ ◆
摩尔多瓦	● ▲ ◆	斯洛文尼亚	● ▲ ◆
波兰	● ▲ ◆	克罗地亚	● ▲ ◆
捷克	● ▲ ◆	波黑	●
斯洛伐克	● ▲ ◆	马其顿	● ▲ ◆
匈牙利	● ▲ ◆	罗马尼亚	● ▲ ◆
德国	● ▲ ◆	保加利亚	● ▲ ◆
奥地利	● ▲ ◆	阿尔巴尼亚	● ▲
瑞士	● ▲ ◆	希腊	● ▲ ◆

非洲			
埃及	● ▲ ◆	毛里塔尼亚	●
利比亚	●	马里	● ▲
突尼斯	●	佛得角	● ▲
阿尔及利亚	● ▲	几内亚	●
摩洛哥	● ▲	科特迪瓦	●
苏丹	● ▲ ◆	加纳	● ▲
埃塞俄比亚	● ▲	多哥	●
吉布提	●	贝宁	●
肯尼亚	● ▲	尼日尔	●
坦桑尼亚	●	尼日利亚	● ▲
卢旺达	●	喀麦隆	● ▲
布隆迪	●	赤道几内亚	●
安哥拉	●	中非共和国	●
赞比亚	● ▲	刚果（布）	● ▲
莫桑比克	● ▲	刚果（金）	● ▲
毛里求斯	▲ ◆	加蓬	● ▲
津巴布韦	● ▲	塞拉利昂	● ▲
博茨瓦纳	● ▲	索马里	●
厄立特里亚	●	马达加斯加	●
南非	● ▲ ◆	塞舌尔	◆
纳米比亚	●	乌干达	●

大洋洲			
澳大利亚	● ▲ ◆	密克罗尼西亚	●
新西兰	● ▲ ◆	萨摩亚	●
巴布亚新几内亚	● ▲ ◆	库克群岛	●
瓦努阿图	●	斐济	●
基里巴斯	●	汤加	●

北美洲			
美国	● ◆	古巴	● ▲ ◆
墨西哥	●	牙买加	● ▲ ◆
特立尼达和多巴哥	●	加拿大	● ◆

南美洲			
哥伦比亚	●	巴西	● ◆
委内瑞拉	● ◆	玻利维亚	● ▲
苏里南	●	智利	● ▲
厄瓜多尔	● ▲	阿根廷	● ▲
秘鲁	● ▲	乌拉圭	● ▲
巴巴多斯	▲ ◆	圭亚那	●

序

对外贸易经济合作部部长
《中国对外经济贸易年鉴》编辑委员会主任委员 石广生

2001年是我国对外经济贸易历史上不寻常的一年。这一年，在世界经济形势日趋严峻的情况下，我国对外经济贸易的规模进一步扩大、质量和效益进一步提高，特别是进出口贸易在困难中保持稳步增长，为推动我国经济和社会发展作出了贡献；12月11日，我国正式成为世界贸易组织成员，从而结束了长达15年的申请恢复关贸总协定缔约国地位和加入世界贸易组织的漫长历程。

进出口贸易在困难中稳步增长。2001年，全国货物进出口总值达到5 097.7亿美元，增长7.5%，在世界贸易中的排名由2000年的第七位上升至第六位。其中出口2 661.5亿美元，增长6.8%；进口2 436.1亿美元，增长8.2%；实现贸易顺差225.4亿美元。2001年，我国进出口商品结构进一步优化，实施市场多元化有新进展，外经贸经营主体多元化得到新发展。

吸收外资规模扩大、质量提高，在国民经济中的作用不断加强。2001年7月，国务院召开了全国外资工作会议，对“九五”时期吸收外资的经验进行了总结，提出要在新形势下继续坚持积极合理有效利用外资的方针，把工作重点从吸引国外资金为主转移到引进先进技术、现代化管理、专门人才方面来，努力实现“四个结合”，不断提高吸收外资的质量和水平。2001年，我国吸收外资仍然保持了较快增长，合同外资金额691.91亿美元，增长10.43%；实际吸收外资468.46亿美元，创历史最高水平，增长14.90%，成为连续9年吸收外资最多的发展中国家。

实施“走出去”战略取得初步成效，促进了我国全面参与国际经济竞争与合作。2001年，实施“走出去”开放战略正式写入我国“十五”计划，“走出去”和对外贸易、吸收外资一起，构成了我国外经贸发展的主体。为推动开展对外经济合作，外经贸部会同有关部门制定了一系列政策措施，积极做好双边磋商工作，加强政府的监管和信息服务职能，维护良好的经营秩序。2001年，我国企业共投资设立境外企业312家，协议投资总额9.7亿美元，中方投资额7.9亿美元，比2000年有较大提高；签订对外承包工程和劳务合作合同额164.55亿美元，增长 10.1%；实际完成营业额 121.39 亿美元，增长 7.2%。

我国正式加入世贸组织，相关准备工作有序进行。2001 年 12 月 11 日，我国正式成为世贸组织成员。同时，加入世贸组织的各项准备工作有序进行。涉外经济法律、法规、规章的清理和修订工作已基本完成。我国关税总水平和非关税措施进一步削减。外经贸部还成立了世界贸易组织司、进出口公平贸易局等相关机构。

多边双边经贸关系和区域经济合作取得重要进展，为我国经济发展创造了良好的外部环境。2001 年是 APEC 中国年。外经贸部作为 APEC 贸易投资领域国内协调部门，与外交部等有关部门一起，按照中央的统一部署，精心组织，积极做好有关筹备工作，为成功举办 APEC 领导人非正式会议、部长级会议和贸易部长会议等一系列活动做了有效工作，会议发表的一些重要文件有力地推动了 APEC 合作进程，对启动新一轮多边贸易谈判发挥了重要影响和积极作用。成功启动上海合作组织框架下的区域经济合作机制，积极参加“10＋1”、“10＋3”和亚欧会议的有关活动，并与东盟国家达成了在 10 年内建成中国—东盟自由贸易区的目标。

《中国对外经济贸易年鉴》（简称《年鉴》）是中国外经贸行业惟一的官方年鉴，是一部具有权威性、指导性和实用性的大型工具书。在各界朋友的大力支持下，经过编辑人员的辛勤努力，2001 年版《年鉴》荣获第二届中央级年鉴综合评比一等奖，为《年鉴》近 20 年的出版历史写上了亮丽的一笔。为适应我国加入世界贸易组织的新形势，2002 年版《年鉴》在保持总体面貌不变和资料连续性完整性的前提下，在栏目设置和内容安排上做了一些新的调整，全面、准确地反映了 2001 年我国对外经济贸易发展的基本情况，对海内外各界人士了解和研究中国外经贸具有重要的史料参考价值。

2002 年是我国加入世界贸易组织后的第一年，外经贸工作面临许多新情况、新问题和新挑战。同时，受世界经济减速的不利影响，我国外经贸发展面临的国际经济形势更加严峻。我们要以加入世贸组织为契机，适应复杂多变的国际经济形势，发挥优势，迎接挑战，千方百计扩大出口，优化进口结构，更多更好地吸收外资，积极稳妥地实施“走出去”战略，做好加入世贸组织的各项应对工作，深化外经贸体制改革，进一步扩大和提高我国对外经济贸易的规模、质量和效益，为促进国民经济发展多作贡献！

2003 年将是《中国对外经济贸易年鉴》创刊 20 周年。在此，我谨代表外经贸部和《年鉴》编辑委员会，向一直关心和支持我国外经贸发展，以及关心、支持和参与《年鉴》编辑、出版工作的各地、各界朋友表示诚挚的谢意！

2002 年 7 月

编 辑 说 明

一、《中国对外经济贸易年鉴》是中国外经贸行业惟一的官方年鉴，创刊于1984年，每年出版一期，每期用中、英两种文字分册出版。

二、本年鉴由中华人民共和国对外贸易经济合作部主持编纂，编委会主任、副主任分别由对外贸易经济合作部部长、副部长和海关总署副署长担任。

三、本年鉴内容全面系统，资料翔实可靠，是一部具有权威性、指导性和实用性的大型工具书，也是海内外各界人士了解、研究中国对外经济贸易的史料性参考书。

四、本年鉴保持连续性和完整性，上期刊载过的内容，下期不再重复。读者欲了解2001年以前的中国对外经济贸易情况，请参阅以前各期年鉴。

五、为适应我国加入世界贸易组织的新形势，本期《年鉴》对各栏目内容做了相应的调整。在栏目设置方面，本期《年鉴》增加了“年度关键词”、“加入世界贸易组织”、“货物贸易”、“服务贸易”、“利用外资”、“对外经济合作”、“开发区建设”等7个栏目，保留了“专文”、“地方经贸”、“国别（地区）经贸”、“法规”、“统计”以及“附录”栏目。全书共设13个栏目，全面系统地记述了2001年中国对外经济贸易发展的基本情况。

六、“地方经贸”等栏目里的有关数字，由于统计口径、方法不一致，有些与“统计”栏目中的数字不完全一致，请以“统计”栏目中的数字为准。

七、各省、自治区、直辖市的排列顺序，按照国务院行政区划统一规定排列。计划单列市、沿海开放城市和经济特区等均排在其所属的省、自治区后面。

八、本年鉴涉及的单位名称、作者姓名及职务均以截稿日期为准。

九、多年以来，本年鉴承蒙国家机关各部门、各地方、各公司和广大作者、译者的积极支持和帮助，在此谨表衷心的感谢！希望各界继续给予关心和支持。对本年鉴的不足之处，诚请提出批评和改进意见，以使《中国对外经济贸易年鉴》日臻完善。

来信请寄：北京市安定门外东后巷28号外经贸部《中国对外经济贸易年鉴》编辑部，邮编：100710，电话：010－64246856，电子信箱：nianjian@caitec.org.cn。

《中国对外经济贸易年鉴》编辑部

2002年7月于北京

《中国对外经济贸易年鉴》编辑委员会

《中国对外经济贸易年鉴》编辑人员

编辑部主任:	丹 舟
编辑部副主任:	沈炳兴 王舒芳
特邀编辑:	张以民 朱 冰 陈明霞 刘小恒
责任编辑:	张尽平
英文审订:	宓智瑛 杨亚莎 钱建初 孟纪新
英文责任主审:	宓智瑛
责任校对:	赵春平 田丽华 夏晓敏 耿琳琳
装帧、版式:	阮小小

《中国对外经济贸易年鉴·2002》特约撰稿人

万中心 海关总署
程秀芹 国家质量监督检验检疫总局
刘祥飞 交通部
姜 苇 国家环境保护总局
高舜礼 国家旅游局
李小维 国家统计局
郭 松 国家外汇管理局
刘云飞 中国银行
龙 淼 中国进出口银行
吴 频 对外贸易经济合作部外经贸政策研究室
孟 辉 对外贸易经济合作部亚洲司
吴政平 对外贸易经济合作部亚洲司
王立平 对外贸易经济合作部亚洲司
谷金生 对外贸易经济合作部亚洲司
张 斌 对外贸易经济合作部西亚非洲司
周 桐 对外贸易经济合作部西亚非洲司
余元堂 对外贸易经济合作部欧洲司
刘 军 对外贸易经济合作部欧洲司
徐晓峰 对外贸易经济合作部欧洲司
秦安桢 对外贸易经济合作部美洲大洋洲司
高宇晟 对外贸易经济合作部美洲大洋洲司
杨石翟 对外贸易经济合作部美洲大洋洲司
程 蓉 对外贸易经济合作部美洲大洋洲司
张传栋 对外贸易经济合作部台港澳司
唐从容 对外贸易经济合作部世界贸易组织司
洪晓东 对外贸易经济合作部世界贸易组织司
栾 明 对外贸易经济合作部对外贸易司
支路逊 对外贸易经济合作部机电产品进出口司
高尚德 对外贸易经济合作部外国投资管理司
彭曙坚 对外贸易经济合作部对外援助司
刘 力 对外贸易经济合作部国外经济合作司
唐文弘 对外贸易经济合作部条约法律司
余达海 中国五矿化工进出口商会
刘 春 中国机电产品进出口商会
张锡安 中国纺织品进出口商会
曹 红 中国轻工工艺品进出口商会
沙奕杭 中国食品土畜进出口商会
曹 刚 中国医药保健品进出口商会
王玉梁 中国对外承包工程商会
刘雪芹 国际贸易经济合作研究院
梁艳芬 国际贸易经济合作研究院
张学庆 国际贸易经济合作研究院
邢厚媛 国际贸易经济合作研究院
薛 宏 国际贸易经济合作研究院
韦 肖 北京市对外经济贸易委员会
穆 群 天津市对外经济贸易委员会
苏万通 河北省对外贸易经济合作厅
吕美荣 秦皇岛市对外贸易经济合作局
李少英 山西省对外贸易经济合作厅
张丽萍 内蒙古自治区对外贸易经济合作厅
栾 桦 辽宁省对外贸易经济合作厅
宋 晗 辽宁省对外贸易经济合作厅
范宝清 沈阳市对外贸易经济合作局
姜中科 大连市对外贸易经济合作局
史美杰 吉林省对外贸易经济合作厅
孟繁军 长春市对外贸易经济合作局
任 杰 黑龙江省对外贸易经济合作厅
房国臣 哈尔滨市对外贸易经济合作局
乐淑君 上海市对外经济贸易委员会
丁育生 江苏省对外贸易经济合作厅
黄建新 南京市对外贸易经济合作局
王百奇 连云港市对外贸易经济合作局
成昌宏 南通市对外贸易经济合作局
程世昌 浙江省对外贸易经济合作厅
沈洁玉 宁波市对外贸易经济合作局
林 萍 温州市对外贸易经济合作局
王凤鸣 安徽省对外贸易经济合作厅
吴文华 福建省对外贸易经济合作厅
黄寿荣 厦门市贸易发展局
朱光华 福州市对外贸易经济合作局
杨 铮 江西省对外贸易经济合作厅
蔡玉祥 山东省对外贸易经济合作厅
窦 民 青岛市对外贸易经济合作局
姜英松 烟台市对外贸易经济合作局
卢凤英 河南省对外贸易经济合作厅
李文中 湖北省对外贸易经济合作厅
陆晓明 武汉市对外贸易经济合作局
张永青 湖南省对外贸易经济合作厅
吴志伟 广东省对外贸易经济合作厅
董艳梅 广州市对外贸易经济合作局
吴文法 深圳市对外贸易经济合作局
龚芳清 珠海市对外贸易经济合作局
邱长奕 汕头市对外贸易经济合作局
孙海峰 湛江市对外贸易经济合作局
朱 垒 广西壮族自治区对外贸易经济合作厅
邹才洁 北海市对外贸易经济合作局
符 俊 海南省对外贸易经济合作厅
何德麟 重庆市对外贸易经济委员会
孙跃华 四川省对外贸易经济合作厅
曾繁荣 成都市对外贸易经济合作局
张 玲 贵州省贸易合作厅
刘可杰 云南省对外贸易经济合作厅
冯林国 西藏自治区对外贸易经济合作厅
李小娟 陕西省对外贸易经济合作厅
苏福祥 西安市对外贸易经济合作局
李忠义 甘肃省贸易经济合作厅
岳才春 青海省对外贸易经济合作厅
刘进国 宁夏回族自治区对外贸易经济合作厅
关 群 新疆维吾尔自治区对外贸易经济合作厅
余荣诚 新疆生产建设兵团对外贸易经济合作局

目 录

年度关键词

加入世界贸易组织

专 文

货物贸易

服务贸易

利用外资

对外经济合作

开发区建设

地方经贸

国别（地区）经贸

法　　规

综　　合

对外贸易

利用外资

对外经济合作

海关、商检

金融、外汇、税收

港口、运输

统 计

综合图表

对外贸易

利用外资

对外经济合作

附　录

第一部分

第二部分

第三部分

中国对外经济贸易年鉴

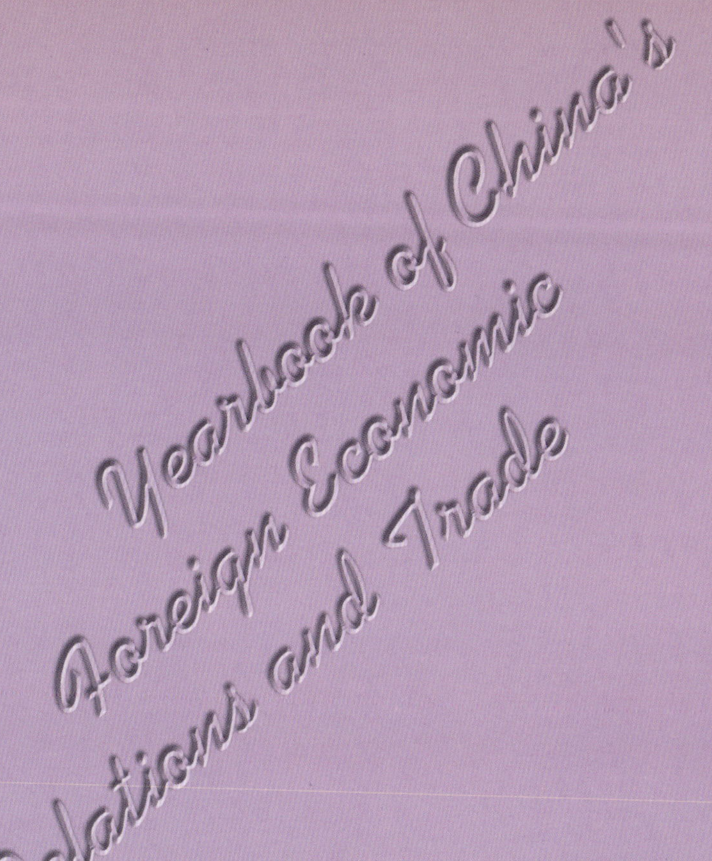

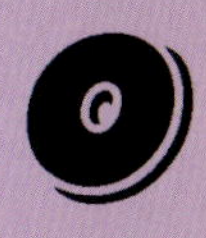
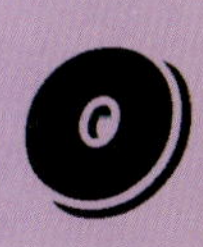

Annual Key Words

年度关键词

无锡百特皮件有限公司

WuXi Baite Leather Products Co., Ltd.

无锡百特皮件有限公司(原无锡百乐皮件集团公司)，是国内一家大型的集科研、开发、生产、经营于一体的高档次，多品种皮件系列产品的专业公司，享有自营进出口权，被中国海关批准为保税工厂。公司现有职工1500名，拥有资产8600万元，年销售额达1.6亿元，出口创汇1450万美元，其中自营出口1100万美元。年生产票夹40万打，腰带5万打，包袋3万打。

本公司生产的猪皮、羊皮、牛皮、仿皮的“Baite”(百特)牌皮票夹、皮包款式新颖、造型别致、色泽鲜艳、质地柔软、美观实用，是当今国际、国内市场的热销产品。公司产品远销美国、意大利、澳大利亚、日本、中国香港三十多个国家和地区；内销著名商场、星级宾馆。公司通过了ISO9002质量体系认证。杨祥娣董事长获得了“省劳动模范”、“优秀女企业家”、“优秀乡镇企业家”、“全国乡镇企业十大新闻人物”等多项荣誉。公司围绕国际、国内市场和客户的需求，不断创新、开发新品，依靠技术进步，不断改革生产工艺，更新和引进较为先进的生产设备，目的是生产出高质量的皮件产品，以满足国内外客户的要求。

Wuxi Baite Leather Products Company Limited (former Wuxi Baile Leather Products Group Corporation), is a large special company incorporating scientific research, development, production and management to produce high-grade and multi variety leather products in China. With the right to run Imp & Exp Business, our company nominated as the “bonded factory” by China Customs. Our company has 1500 staffs, 86 million yuan assets & 1.6 hundred million yuan sales volume and the ability to produce 400,000 dozens of leather wallets, 50,000 dozens of leather belts and 30,000 dozens of leather bags with total exporting over 14.5 million US Dollars including 11 million US Dollars done by our company itself annually.

Our products with the brand of “Baite”in pigskin, cowhide and synthetic leather which have different styles, unique models, bright colors and good practical value, are the best selling goods in international and home market. And the products sell well in more than thirty countries and regions, such as USA, Italy, France, Australia, Japan and Hongkong and domestic regions and hotels. Since 1980, our company have received lots of prizes and honors which the department of headquarters, province, citics issued. The products have ever won “an certificate of export avoiding check” “gold drag award of exporting products of the first session in China”, continuously won the honor of “gold award of international exhibition” and “named products of Jiangsu province” three times. Our company was assessed as “an enterprise of star”, “an enterprise of advancement” “an enterprise of the AAA credit”, “an enterprise of honoring contracts and keeping promise of Jiangsu provice” and acquired the ISO9002 QUALITY authentication. The director of Yang Xiangdi was the honors of “the labor exempiar of province”, “an excellent entrepreneur” “an excellent entrepreneur of town”, “one of ten important persons of town and township enterprises in China”.

Centering on the demands of domestic and international markets and customers, our company keeps on creating and developing new products. Depending on the advanced technology, our company keep on changing our manufacturing craft and renewing and introducing more advanced manufacturing equipment so that we can produce leather products of high quality to meet the demands of domestic and international customors.

地址：中国江苏省无锡市钱桥镇

Add: Qianqiao Town, Wuxi City, Jiangsu Province, China

邮编(P.C.): 214151 电话(Tel): 0510-3201798 3201757 传真(Fax): 0510-3201740

2001年中国对外经济贸易十大关键词

1. 加入WTO

经过长达15年"复关"和加入世界贸易组织（WTO）的艰苦谈判，中国终于在2001年11月10日卡塔尔首都多哈举行的WTO第四届部长级会议上完成了加入WTO的所有法律程序，并于2001年12月11日正式成为WTO成员。

加入WTO是党中央、国务院面对世界多极化、经济全球化和科学技术日新月异的国际形势，从我国改革开放的实际需要出发作出的重大战略决策。加入WTO，是我国改革开放和现代化建设的历史必然，标志着我国对外开放进入了一个新的阶段，有利于我国社会主义市场经济体制的建立和完善，有利于我国国际地位的提高，有利于我国对外经济贸易环境的改善。

2. "走出去"战略

"走出去"是相对于"引进来"而言的，是我国第三代领导人根据20多年来我国改革开放和国民经济发展的实际需要提出的又一重大战略。这一战略的主要内容是：鼓励和支持有条件的各类所有制企业到境外投资办厂、承包工程，带动国内设备、技术、材料和劳务出口，充分利用两个资源、两个市场，实现"引进来"和"走出去"相结合，以使我国经济在激烈的国际竞争中获得持续、健康发展。

目前，我国已有不少企业"走出去"，并取得了良好效益，为进一步实施"走出去"战略积累了经验。

3. "10+1"自由贸易区

"10+1"系指东南亚国家联盟（东盟）的10个国家和中国。"10+1"自由贸易区则为"东盟－中国自由贸易区"。目前该区人口17亿，GDP总量2万亿美元，进出口总额1.2万亿美元。

2001年11月6日，朱镕基总理在第五次东盟与中日领导人会议上宣布，将用10年时间建成东盟－中国自由贸易区。建立自由贸易区，是多年来中国和东盟加强政治上的相互信任和支持、不断努力开拓经济合作的一个重大的突破性进展，也是中国为摆脱长期游离于区域和次区域贸易集团之外的不利境遇，在机制性的区域合作方面迈出的具有实质意义的一步。

4. APEC中国年

根据亚太经济合作组织（APEC）的规定，每一年的APEC会议，包括商贸会议、高官会、部长级会议和领导人非正式会议，由一个经济体成员具体负责策划和主办。2001年的APEC会议由我国来策划和主办，因此2001年又称为"APEC中国年"。

2001年APEC会议的主会场设在上海。会议主题是："新世纪，新挑战：参与，合作，促进共同繁荣。"紧紧围绕这一主题，中国成功地主持召开了一系列有关会议，并取得了积极成果，受到与会成员的高度评价。在领导人非正式会议上，APEC领导人发表了宣言，题为《反对恐怖主义，继续推动本地区贸易投资自由化、便利化和经济合作》。

5. 贸易额突破5 000亿美元

2001年，在世界经济增长明显减速、国际市场需求萎缩、贸易保护主义加强的严峻形势下，中国对外贸易依然保持良好的增长势头。据海关统计，2001年中国进出口贸易总额首次突破5 000亿美元大关，达5 097亿美元，比上年增长7.5%。其中，出口2 661亿美元，增长6.8%；进口2 436亿美元，增长8.2%；实现贸易顺差225亿美元。

6. 外汇储备跻身世界第二

2001年，中国的外汇储备突破2 000亿美元，达到2 122亿美元，成为仅次于日本的世界第二大外汇储备国。

据统计，截至2001年11月底，境内中资金融机构各项外汇存款余额达1353亿美元，居民外汇储蓄存款余额为811亿美元。从外汇结构来看，位居前三名的依次为美元、欧元和日元。充裕的外汇储备对保持人民币汇率稳定发挥了重要作用。

7. 上海合作组织

上海合作组织的前身是"上海五国"会晤机制。"上海五国"系由中国、俄罗斯、哈萨克斯坦、吉尔吉斯斯坦和塔吉克斯坦五国首脑首次会议（1996年）在上海举行而得名，其合作领域首先是从加强边境安全和裁军开始的。

随着国际形势的不断变化，尤其是经济全球化和区域化的迅速发展，"上海五国"的合作领域逐渐扩展到经贸领域，并引起其他国家的参与兴趣。于是，2001年6月15日，原"上海五国"成员和乌兹别克斯坦共6个国家的首脑在上海举行会晤，对"上海五国"会晤机制建立以来取得的成果给予高度评价，并一致同意成立"上海合作组织"，以取代"上海五国"。会上，六国首脑签署了《上海合作组织成立宣言》和《打击恐怖主义、分裂主义和极端主义上海公约》。

8. 反倾销

反倾销作为一种传统的、目前WTO认可的贸易保护手段，在世界市场竞争日益激烈的形势下，正被WTO成员愈益广泛而频繁地使用。目前我国已成为世界各国反倾销的最大受害者。

2001年，仅在18个国家和地区对我提起反倾销和保障措施调查案件就达58起，其中反倾销调查49起，保障措施调查9起，涉及金额13亿美元，创历年最高记录。

为了适应加入WTO的新形势，中国也

加大了有关方面的立法和机构建设。2001年11月26日，朱镕基总理签署国务院令，颁布了《中华人民共和国反倾销条例》。2001年，外经贸部颁布了《出口产品反倾销应诉规定》，单独设立了进出口公平贸易局，进一步规范并加大了反倾销受理和案件调查工作的力度。

9. 市场多元化

2001年我国出口市场多元化取得明显进展，对俄罗斯、非洲及拉美出口增幅显著，分别增长21.4%、19.1%和14.6%，对其出口在我国出口总额中的比重分别上升0.2、0.2和0.1个百分点。对美国和香港地区出口增幅较低，仅分别增长4.2%和4.6%，均低于平均增速，其在我国出口总额中的比重分别下降0.5和0.4个百分点。此外，对韩国、日本和欧盟出口保持了平稳增长，分别增长10.9%、7.9%和7.1%。

10. 民营企业异军突起

改革开放20多年以来，我国民营经济发展迅猛，年增长速度达20%以上，已经成为推动中国经济发展的一支生力军。在对外贸易领域，自1998年外经贸部发布《关于赋予私营生产企业和科研院所自营进出口权的暂行规定》以来，我国获得外贸经营权的私营企业已经超过3 000家。2001年，民营企业进出口额达338.86亿美元，其中出口额为196.86亿美元，进口额为142亿美元。

2001年世界经济贸易十大关键词

1. “9·11”事件

2001年9月11日，纽约世界贸易中心、美国国防部五角大楼先后遭到恐怖主义分子劫持的飞机撞击，导致世贸双塔倒塌，共造成3000多人死亡和失踪。事件发生后，美国认定本·拉登以及受其领导的“基地组织”策划并组织了“9·11”事件，并要求庇护他的阿富汗塔利班政权立刻将其交出，但遭拒绝，美国遂于10月7日发动了对阿富汗的战争。

“9·11”事件沉重打击了消费者和投资者信心，使美国的保险、航空、旅游等行业损失惨重，使原本不景气的美国经济雪上加霜。“9·11”事件也对世界经济造成巨大冲击，增加了世界经济发展前景的不确定性，延迟了世界经济的复苏进程。

2. 经济减速

2001年的世界经济是近10年来增长速度最为缓慢的一年，经济增长率仅达2.3%左右，远远低于1999年的3.3%和2000年的4.9%。发达国家的经济增长率约为1.3%，大大低于上年的3.8%，美国、日本和欧盟经济都表现出了衰退或增长显著下滑的迹象。其中，作为世界经济“领头羊”的美国经济，GDP的增长速度由上年的4.1%降为1.3%，日本则由1.7%降为－0.9%，欧盟也从上年的3.4%降为约1.6%。

3. 转基因

转基因是指将外源添加到生物基因组内，赋予其新的生物特性，并遗传给后代的技术。该技术的发展和应用将给传统的工农业、医学带来革命性的变化。目前转基因的农产品已经大量上市，并进入国际贸易领域，掌握转基因技术的国家在农产品方面的出口竞争力得到了加强和提高。同时，转基因农产品生物安全性仍受高度关注。欧盟、日本、韩国已经颁布有关法规要求转基因产品加贴标签，中国也陆续制定了一些相关法规。

4. 贸易增长急剧放慢

2001年，由于主要发达国家经济景气低迷，国际市场需求萎缩，一度成为全球贸易新增长点的信息技术产业全面萧条，加之“9·11”事件的影响，世界贸易增长速度大幅下降，从上年的12.5%骤减到2%。世界贸易增长速度的骤降，一方面是世界经济不景气的客观反映，同时也将对世界经济复苏进程产生消极影响。

5. 欧元启动

欧洲货币联盟11个成员国从1999年1月1日开始实行欧元统一货币，希腊于2001年1月1日采用欧元，成为欧元区第12个成员国。其余3个欧盟国家丹麦、瑞典和英国目前不参与此进程。2002年1月1日，欧元纸币和硬币正式进入流通领域。欧元是欧盟国家为建立一个联合起来的强大欧洲而采取共同经济政策和货币政策的产物。欧元将取代欧盟各成员国的本国货币，成为欧盟内惟一的通货。欧元启动是欧洲一体化进程中重要的里程碑，对世界政治、经济必将产生深远的影响。金融专家认为，这是二战后美元取代英镑成为全球最重要货币以来国际金融中“最重大的进展”，将改变世界金融力量的格局和国际金融体系。

6. “安然”事件

美国安然（Enron）公司曾是世界上最大的能源、商品和服务公司之一，名列《财富》杂志“美国500强”的第七名。然而，2001年12月2日，安然公司突然向纽约破产法院申请破产保护，其在破产申请文件中开列的资产总额为498亿美元，成为美国历史上最大的一宗破产案。

安然的破产在以下诸多方面对美国社会提出了挑战：政治捐款制度、养老金管理制度、审计制度、会计事务所管理制度、企业风险预警制度、投资银行的股票推荐制度、银行贷款的风险管理制度等。

7. 油价下跌

2001年国际油价走势在美国“9·11”事件前后呈现较大不同。“9·11”之前，虽然受全球经济增速减缓，美国、日本经济陷入衰退的影响，国际石油需求下降，但石油输出国组织（OPEC）三次减产350万吨，以及伊拉克曾停止石油出口，使国际油价虽有所波动，但波幅并不大。“9·11”事件后，国际石油需求大幅减少，造成国际油价不断下跌，2001年布伦特原油年均价格为24.42美元/桶，比2000年的28.63美元/桶下降15%，而该价格最低时曾跌至每桶17美元以下。油价的动荡引起世界各国、特别是石油生产国的极度不安。

8. 股市动荡

受各国经济形势影响，2001年全球主要股票市场大幅动荡。西方股市连走阴线，美国道—琼斯指数曾一度下探了3 000多点；涵盖欧洲企业总市值4.6万亿欧元的道—琼斯Stoxx600指数下跌17%，是该指数设立9年以来最大跌幅，指数市值蒸发了9 400亿欧元；下跌幅度最为严重的是芬兰股市，全年下跌了32.4%。由于亚洲经济好于欧美，且股市估价普遍偏低，亚洲成为资金避难所，促使亚股反弹，其中台股和韩股升势最为凌厉，反弹幅度双双超过40%；而日本股市，由于其经济在10年中第四次进入了衰退，再走阴线，日经平均指数全年共跌23.52%。股市的动荡使消费者和工商界的信心受挫，从而对世界经济产生了不利影响。

9. WTO启动新一轮贸易谈判

在全球经济特别是美欧日等主要发达国家经济普遍不景气之际，经过6天艰苦、激烈的谈判，世界贸易组织（WTO）第四届部长级会议于2001年11月14日晚在多哈通过了《部长宣言》等文件，与会的142个成员一致同意启动新一轮多边贸易谈判，发出了各方将共同努力振兴经济的强烈信号。但谈判要到2003年第五次世界贸易组织部长级会议进行后才开始，并在2005年1月1日前结束。新贸易谈判将对现行WTO组织原则和多边环境体系下的具体义务关系进行审议。

10. 降息风潮

在全球经济不景气和通货紧缩的形势下，美国联邦储备委员会为了刺激经济、避免衰退，于2001年连续11次降息，降幅达到4.75个百分点，联邦基准利率和贴现率已分别下调到2%和1.5%。美国降息后，欧洲央行和许多国家、地区的央行都纷纷跟进，形成了世界性的降息风潮。

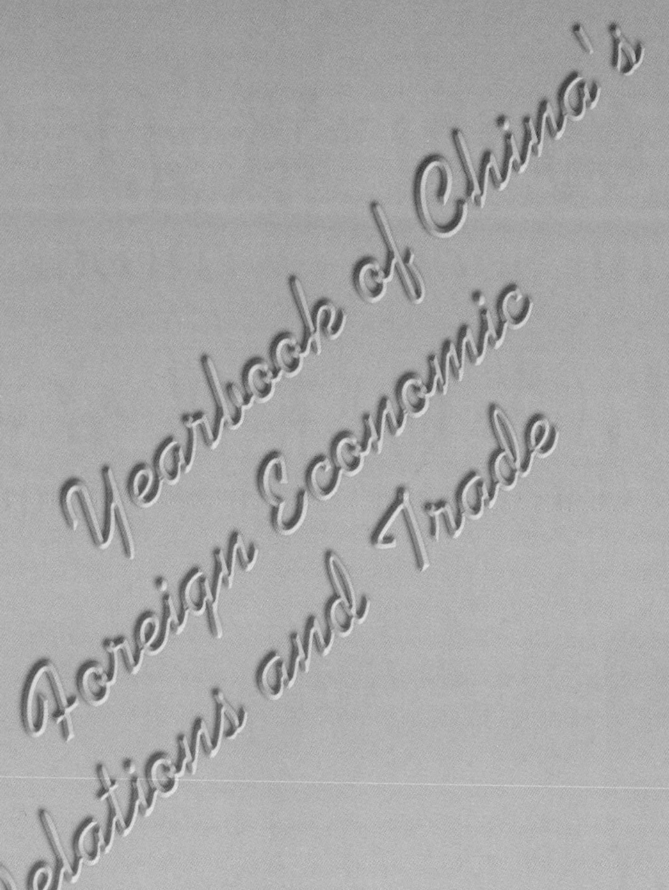

中国对外经济贸易年鉴

加入世界贸易组织

Accession to the WTO

全国人民代表大会常务委员会关于我国加入世界贸易组织的决定

2000年8月25日第九届全国人民代表大会常务委员会第十七次会议通过

第九届全国人民代表大会常务委员会第十五次会议听取并审议了对外贸易经济合作部受国务院委托所作的《关于我国加入世界贸易组织进展情况的报告》，对我国政府为我国加入世界贸易组织所作的努力予以充分肯定。

会议认为：我国作为世界上最大的发展中国家，加入世界贸易组织，有利于我国改革开放和经济发展，也是建立完整开放的国际贸易体制的需要。我国加入世界贸易组织，只能以发展中国家的身份加入，并坚持权利与义务平衡、循序渐进开放市场的原则，以确保国家控制国民经济命脉，维护国家经济安全和国家主权。

根据第十五次会议以后我国加入世界贸易组织谈判的新的进展情况，本次会议决定：同意国务院根据上述原则完成加入世界贸易组织的谈判和委派代表签署的中国加入世界贸易组织议定书，经国家主席批准后，完成我国加入世界贸易组织的程序。

（此决定于2001年11月9日公布）

中国领导人谈加入世界贸易组织

江泽民：中国将以更加积极的姿态走向世界

加入世贸组织，是我国改革开放进程中具有历史意义的一件大事。要在激烈的国际竞争中掌握主动，必须坚定不移地把我们自己的事情办好，不断增强我们的综合国力和国际竞争力；必须坚持改革开放，建立和完善社会主义市场经济体制；必须善于从国际国内政治大局出发考虑问题，切实维护我国的国家安全和根本利益。

加入世贸组织，标志着我国对外开放进入了一个新的阶段。我们要在这个新的起点上，进一步深化改革，扩大开放，以更加积极的姿态走向世界，适应经济全球化发展的新形势，继续推进全方位、多层次、宽领域的对外开放，为我国经济发展提供新的强大动力。

对15年来我们围绕加入世贸组织开展工作取得的经验，要认真总结，从中汲取有益启示。任何时代的国际竞争，都是以实力为基础的。我国加入世贸组织的谈判之所以能取得成功，说到底，就是因为改革开放20多年来我国的综合国力不断增强，国际地位日益提高。坚持以经济建设为中心，坚持改革开放，艰苦奋斗，埋头苦干，不断增强我国的经济实力、国防实力和民族凝聚力，是做好对外工作的坚强保证。发展是硬道理。这是我们必须始终牢记的重要历史经验。

当今世界是开放的世界。加强国际经济技术交流与合作，对各国经济的发展越来越重要。我们搞现代化建设，必须到国际市场的大海中去游泳，并且要奋力地去游，力争上游，不断提高我们搏风击浪的本领。这对提高我国的国际竞争力、在国际综合国力的较量中掌握主动有利。对加入世贸组织后的利和弊、机遇和挑战，要科学分析和全面认识，对于有利的一面，要抓住机遇，积极加以运用；对不利的一面，要抓紧工作，努力规避风险。

要采取切实有效的措施，推动我国产业和企业不断提高竞争力。要大力加强对产业的结构调整和技术改造，提高科技创新能力和市场竞争力，使它们能够在国内外市场的激烈竞争中站住脚跟，并发展壮大。要使我们的弱势产业变强、优势产业更强。企业要进一步深化改革，尽快建立适应发展社会化大生产和市场经济要求的现代企业制度，增强市场竞争能力、技术创新能力和抵御风险的能力。从长远看，要更有力地开展国际竞争，我们必须形成一批有国际竞争能力的大型企业和跨国公司。要在加入世贸组织后的新形势下抓住一切机遇，努力形成和发展壮大一批中国式的跨国公司。这是我们扩大对外开放，增强经济实力和国际竞争力，经受住经济全球化的各种挑战和考验，使我国真正成为经济强国的迫切需要。同时，我们要发展一批技术水平高、有市场竞争能力的中小企业，特别是要发展“专、精、特、新”的科技型企业，同大企业建立密切的协作关系，提高生产的社会化水平。要大力支持和推动连锁经营、集中配送等现代流通方式，推动经济发展，提高竞争力。

加入世贸组织，要求我们各级政府管理经济的方式和办法有一个大的改进。要按市场经济的一般规律，进一步调整和完善合乎社会主义市场经济要求的行为规范和法律体系。要进一步转变政府职能，推进政企分开、政事分开，减少对微观经济活动的直接干预，充分发挥市场配置资源的基础性作用，强化企业的市场主体地位。要把按照世贸组织规则要求规范市场经济秩序，正确引导社会主义市场经济发展，培育和壮大我国经济的国际竞争力，作为政府调控和管理经济的主要任务。要整顿和规范市场经济秩序，建立和健全法制、诚信和公平竞争的市场环境。总之，要通过深化改革，进一步消除影响生产力发展的体制性障碍。这样才能有力地推动我国的经济发展，而且这也是我们应对加入世贸组织后各种挑战的一个根本途径。

做好加入世贸组织后的各项应对工作，人才是关键。要进一步落实科教兴国战略，大力培养各方面的高素质人才。在普遍提高国民教育文化水平的同时，加强专业人才的培养，特别是要抓紧培养精通世贸组织规则的专业人才。培养专门人才的工作，一定要紧迫地抓起来。

加入世贸组织后，我国将在更大范围和更深程度上参与国际经济竞争与合作，对外开放必须进一步扩大。同时，我国将在国际经贸规则下参与国际经济竞争与合作，对外开放的要求更高了。我们各项工作面临着新的环境，最重要的变化就是国际市场的竞争将更加深入地与国内市场的竞争结合在一起，国际市场竞争的一些重要因素将成为国内市场竞争的组成部分。我们要尽快适应新形势新要求，更加积极地拓展对外贸易增长空间，参与国际区域经济合作，合理有效地利用外资，引进先进技术和管理经验，更好地利用经济全球化带来的有利于生产力发展的因素，发挥我们的比较优势，加快我国经济的发展。在对外开放的全过程中，我们要始终注意正确处理好对外开放、发展国际经济合作与维护国家利益和安全的关系，十分注意并切实维护国家的利益和安全。

在新的条件下扩大对外开放，必须更好地实施“引进来”和“走出去”同时并举、相互促进的开放战略，努力在“走出去”方面取得明显进展。实施“走出去”战略，是把对外开放推向新阶段的重大举措，是更好地利用国内外两个市场、两种资源的必然选择。

在加入世贸组织的新形势下继续推进改革开放和社会主义现代化建设，对我们全党来说，是一次新的学习，也是一场新的考试。这是对我们的学习能力、应对能力、竞争能力、决策能力、创新能力很实际很具体的检验。全党都要加紧学习，加强研究。领导干部要努力掌握在开放条件下管理和驾驭经济发展全局的本领，在工作中要全面考虑国内和国外两种因素，善于利用好国内外两个市场、两种资源，善于把国际市场可能给我们带来的风险降低到最小的程度，更好地促进我国现代化建设。只要全党同志共同努力，就一定能够运用好加入世贸组织带来的各种机遇，把改革开放和现代化建设更好地推向前进。

（摘自中共中央总书记、国家主席江泽民与省部级主要领导干部“国际形势与世贸组织”专题研究班学员座谈时的讲话。2002年2月25日）

李鹏：机遇大于挑战

加入世贸组织，既给我们带来了机遇，也给我们带来了挑战，总体上机遇大于挑战，符合我国发展的根本利益。关键是我们要善于抓住机遇，把改革开放和现代化建设继续推向前进，这是我们应对各项挑战的根本性措施。同时，对我们面临的挑战，各地区、各部门都要结合自己的实际，全面地、具体地进行分析和研究，制定切实可行的政策和措施，扎扎实实地做好各方面的应对工作。各级党委和政府要坚定不移地按照中央的要求做好工作，解放思想，实事求是，坚定信心，开拓前进，不断开创改革开放和现代化建设的新局面。

（摘自中共中央政治局常委、全国人大常委会委员长李鹏与省部级主要领导干部“国际形势与世贸组织”专题研究班学员座谈时的讲话。2002年2月25日）

朱镕基：熟悉掌握WTO规则　做好应对工作

各级领导干部必须正确认识加入世贸组织的重要意义，把思想统一到中央的决策上来，抓紧时间认真学习，准确掌握世贸组织规则，认清当前形势，坚定信心，把挑战变为机遇，压力变为动力，切实做好加入世贸组织后的各项应对工作，确保国民经济持续快速健康发展和社会稳定。

加入世贸组织，是党中央在全面分析国内外形势的基础上，为加快我国改革开放和社会主义现代化建设作出的决策，符合我国的根本利益和长远利益，是促进我国经济持续快速健康发展的必然选择，是我国对外开放进入一个新阶段的重要标志，是对我国完善社会主义市场经济体制的有力推动，也必将促进中国经济现代化的进程。加入世贸组织后，既有机遇，也有挑战，一定要有全面的认识。既不能夸大对我国的冲击，也不能低估可能带来的负面影响。必须看到，一些行业、企业和产品短期内受到冲击是不可避免的。能否做到利大于弊，关键取决于我们的工作。要把思想认识统一到中央的决策上来，一心一意去迎接挑战，结合各地区、各部门的实际，扎扎实实地做好各项应对工作。

切实做好加入世贸组织后的各项应对工作，主要应把握以下几点。

一是要充分用好过渡期。中国是讲信用的国家，必须认真履行我们的承诺。加入世贸组织的过渡期只有3年至5年，时间很紧。我们一定要充分利用过渡期的宝贵时间，抓紧做好各项准备和调整工作，尽快提高适应能力。各地区、各部门要按照中央的部署做好各项工作。

二是要充分利用加入世贸组织后我国享有的权利。加入世贸组织，最大的机遇是所有WTO成员在世贸组织中的承诺都是中国的权利，我们享受的最惠国待遇和国民待遇将为我国扩大出口和实施“走出去”战略创造稳定良好的条件和保障。要抓住机遇，充分发挥比较优势，扩大出口，优化出口产品结构，更多更好地吸引外资，鼓励国内优势企业发展国际化经营，不断提高国际竞争力。

三是要加快有关法律、法规、规章的制定、修改和废止工作。有关法律、法规和规章的制定既要严格履行我国对外承诺，又要充分利用世贸组织规则保护和促进我国经济的发展。要对现行与贸易有关的法律、法规和规章进行清理。

四是要以提高国际竞争力为核心，加快科技进步和创新，推动产业技术升级，推进产业结构调整。

五是要加快转变政府职能。加入世贸组织对行政管理体制改革提出了新的要求，也是一个有力的推动。各级政府和国务院有关部门，要积极推进行政管理体制改革，依法行政，转变政府职能，转变工作方式，转变工作作风。

六是善于运用世贸组织规则保护、发展自己，保护产业安全和国家经济安全。

七是要抓紧建立健全行业中介组织，充分发挥其作用。要借鉴外国的成功经验，加快行业组织改革步伐，真正按市场经济的要求建立健全代表企业利益的行业中介组织，使他们在加入世贸组织应对中发挥积极作用。

八是要继续组织好世贸组织知识的学习培训工作，培养一支高素质的人才队伍。今后各级党校、行政学院和有关培训机构，都要把普及世贸基本知识，培养适应加入世贸组织要求的干部和专业人才，作为一项重要任务。要使我们的领导干部做领导经济工作的明白人，在复杂的新情况下，组织好本省、本部门、本企业的应对工作，把党中央、国务院的工作部署真正落到实处。

明年是加入世贸组织的开局之年，又面临着严峻的国际经济环境，做好明年的经济工作非常重要。我们要抓住加入世贸组织的新机遇，千方百计扩大出口，要力保现有市场，开拓新兴市场，力争出口有所增长。同时，要提高利用外资水平，防止重复建设，把利用外资同国内产业升级、地区经济协调发展和国有企业改组改造紧密结合起来，进一步改善投资环境特别是软环境，清理乱收费，加强知识产权保护，提高我国吸引外商投资的能力。

（摘自中共中央政治局常委、国务院总理朱镕基与省部级干部 WTO 规则及吸收外资政策法规专题研究班学员座谈时的讲话。2001 年 12 月 9 日）

朱镕基：加快发展和壮大自己

要全面、深刻地分析和认识加入世贸组织为我们带来的机遇和挑战。我国加入世贸组织，是面对经济全球化趋势作出的战略决策，有利于促进我国改革开放和社会主义现代化建设。我们要充分利用加入世贸组织这一历史机遇，积极应对新的挑战，着力提高竞争力，加快发展和壮大自己。要大力实施“走出去”战略，进一步实施市场多元化，积极主动地开拓国际市场。开拓市场要以质取胜，关键是我们的产品质量一定要有明显提高。要把质量看成是企业的生命，只有产品质量提高了，才能持续稳固地占领和拓展国际市场。

当前世界经济增速放缓，发展前景还有许多不确定因素，我们宁可把困难估计得充分一些。要注意严格控制不必要的支出，发扬勤俭节约的精神。要关心群众生活，尤其是低收入群体的生活。各地区、各部门要团结一致，扎实工作，促进国民经济持续快速健康发展。

（摘自中共中央政治局常委、国务院总理朱镕基与省部级主要领导干部“国际形势与世贸组织”专题研究班学员座谈时的讲话。2002 年 2 月 25 日）

朱镕基：全面提高对外开放水平

我国加入世贸组织，标志着对外开放进入一个新阶段。我们要以积极的姿态，在更大范围和更深程度上参与国际经济合作与竞争，切实做好加入世贸组织第一年的各项工作。

为了适应加入世贸组织的要求，近年来特别是近几个月，我国做了大量工作。全国性的相关法规、规章的清理工作已基本完成，废止和修改、制定了一批法律法规。从 2002 年 1 月 1 日起，我国关税总水平已由 15.3% 降到 12%，涉及 5300 多个税目。今年要在已有工作基础上，以增强国际竞争力为核心，重点抓好以下几个方面：一是按照法制统一、非歧视、公开透明的原则，抓紧完善既符合世贸组织规则，又符合我国国情的涉外经济法律法规体系，确保执法公正与效率。二是按照加入世贸组织的承诺，有步骤地扩大对外开放领域。同时，加快制定和修订质量、卫生、防疫、环保、安全等方面的市场准入标准。三是认真研究、掌握和充分行使我国作为世贸组织成员享有的各项权利，积极推动和参与区域经济合作。四是组织好世贸组织有关知识和规则的学习、宣传，分期分批对国家公务员特别是县（处）级以上领导干部和大中型企业管理人员进行普遍培训。加快培养熟悉世贸组织规则和国际经济贸易的各类专业人才。

认真做好对外贸易工作。继续实施市场多元化战略，力争今年外贸出口有所增长。要力保现有市场，开拓新的市场。调整和优化出口商品结构，提高商品质量和附加值。落实鼓励外贸出口的政策措施。优先保证出口创汇多、信誉好的重点企业及时足额退税。抓紧改革和完善出口退税机制，对生产企业自营或委托外贸企业代理出口的自产商品，全面实行“免、抵、退”税办法。扩大出口信贷和信用保险，加大对出口的支持。海关要深化改革，进一步提高通关效率和监管水平。推动国有外贸企业改革和重组，促进外贸经营主体多元化和出口渠道多样化。继续实施“走出去”战略，鼓励和支持有条件的各类所有制企业，到国外特别是周边国家投资办厂和承包工程，带动国内技术、设备、材料和劳务出口。做好先进技术、关键设备和短缺原材料的进口工作。逐步实现重要战略物资进口市场多元化。

继续积极利用外资，优化外商投资结构。着力引进先进技术、现代化管理经验和专门人才。鼓励和引导外商投资现代农业、高新技术产业、基础设施建设、西部开发和参与国有企业改造、重组。鼓励外商特别是跨国公司在我国境内建立研究开发中心、生产制造基地和地区总部。引进商贸、旅游、会计、审计等方面有信誉的境外大型企业和中介组织，促进我国服务业发展。积极创造条件，吸引境外中小企业投资。继续改善投资环境，健全法制，依法办事，改进服务，提高效率。规范招商引资行为，逐步实行国民待遇。做好我国申办2010年上海世界博览会的工作。

（摘自中共中央政治局常委、国务院总理朱镕基在第九届全国人民代表大会第五次会议上所作的《政府工作报告》。2002年3月5日）

胡锦涛：沉着应对　趋利避害

各级领导干部要以邓小平理论和“三个代表”重要思想为指导，深入研究当前国际形势和我国加入世贸组织后面临的机遇与挑战，全面理解和准确把握中央的重大决策部署，进一步推动各地区、各部门做好入世后的各项应对工作。

进入新世纪，国际局势跌宕起伏，复杂多变，新情况新问题不断涌现。但国际形势的总体走向并没有发生根本性改变，世界多极化和经济全球化仍然在曲折中发展，和平与发展依然是当今时代的主题。我们必须把思想统一到中央作出的基本判断和重大决策上来，深入分析国际局势出现的新变化，沉着应对，趋利避害，争取主动，努力保持一个有利于我们集中精力进行现代化建设的和平国际环境。

加入世贸组织符合我国的根本利益和长远利益，不仅有利于我们在更广的范围和更深的程度上参与国际经济合作与竞争，平等地与其他国家和地区进行经贸交往，而且有利于促进我国的经济体制改革，推动经济结构的战略性调整和技术进步，提高国民经济的整体素质和竞争力。我们必须认清机遇，抓住机遇，用好机遇。同时，要充分估计、积极应对入世带来的严峻挑战，既要着力解决近期某些竞争力不强的行业、企业面临的紧迫问题，又要深入研究解决影响长远发展的深层次问题。要进一步增强紧迫感和责任感，把握入世后对外开放的特点和规律，着力把我们自己的工作做好，谋求和维护我国的利益。

经过这些年的学习和实践，各级领导干部领导现代化建设的能力和水平不断提高。但应该看到，现在形势发展变化很快，领导干部也有一个重新学习、不断学习的问题。特别是如何做好加入世贸组织后的各项应对工作还是一个崭新的课题。各级领导干部首先是高级干部要带头搞好学习，带头深入研究问题，努力提高思想理论水平和处理复杂矛盾的能力，结合本地区、本部门的实际，积极、主动、正确地做好我国入世后各方面的应对工作，以更好地担负起党和人民赋予的重任，带领广大干部群众战胜前进道路上的各种困难和风险，不断夺取改革开放和现代化建设的新胜利。

（摘自中共中央政治局常委、国家副主席胡锦涛在省部级主要领导干部“国际形势与世贸组织”专题研究班开班式上的讲话。2002年2月21日）

李岚清：吸引外资不能只靠优惠政策

为应对我国加入WTO带来的机遇和挑战，必须下大力气整顿好市场经济秩序。在严厉打击制售假冒伪劣商品和偷税、骗税、走私、逃汇的同时，要着力研究治本之策。一是加强社会主义法制建设，完善管理法规，严格依法办事。要明确执法主体，切实解决多头执法、重复执法问题，加强有效执法；要坚持责权统一的原则，建立对执法人员的监督检查制度和责任追究制度。二是加强信用体系建设，从道德、教育、制度约束和法制环境等多方面，培养企业和公民的信用意识，做到诚实守信，自觉遵守法律法规和市场规则。三是创造公平竞争的环境，坚决取消一切形式的地区封锁和行业保护。吸引外资不能只靠优惠政策，而主要要靠全面改善投资环境，提高群众的科学文化素质，这是代价最低的基础设施建设。

（摘自中共中央政治局常委、国务院副总理李岚清在福建考察工作时的讲话。2001年12月25日）

李岚清：中国将向世界进一步开放

加入世贸组织，是中国顺应经济全球化发展趋势作出的主动选择，标志着中国的改革开放进入了新的阶段。我们将以更加积极的姿态，在更大范围和更深程度上参与国际合作与竞争，向世界各国和投资者进一步开放。中国是守信用、负责任的国家。与加入世贸组织有关的各项工作都在有条不紊地顺利进行。

在经济全球化趋势日益发展和科学技术突飞猛进的新世纪，要保持世界经济的稳定发展，必须共同营造和平稳定的国际环境。这个环境的支柱是政治多极化、文化多元化和经济发展的平衡。国与国之间经济发展的差异存在着互补空间，使国际竞争与合作能够共融，我们应当谋求双赢的局面。中国的繁荣离不开世界，世界的发展也离不开中国。中国更加开放的新格局和经济发展的新跨越，不仅给中国人民带来福祉，也将给世界各国的投资者创造巨大的商机，为国际经济合作与发展开拓新的空间。我们热忱欢迎外商来华合作，投资现代农业、高新技术产业、西部开发，参与国有企业改造、重组，促进中国企业提高管理水平。

（摘自中共中央政治局常委、国务院副总理李岚清在天

津《商业周刊》论坛上发表的题为《新世纪的中国将更加繁荣与开放》的演讲。2002年5月8日）

吴仪：认真研究和熟悉世贸组织规则

加入世贸组织后，中国的一些行业和企业将面临不小的考验。要以加入世贸组织为契机，进一步完善相关的法律制度，转变政府职能，减少政府对经济事务的直接干预和行政性审批，建立廉洁高效、运转协调、行为规范的行政管理体制。

要认真研究和熟悉世贸组织规则，不但研究世贸组织规则本身，还要研究世贸组织的实践，包括关贸总协定时期的实践；不但研究中国加入WTO后将遇到的问题，还要花大力气研究世贸组织成员的经贸政策与法规及其运用世贸组织规则的经验与教训；不但研究世贸组织的具体规则，还要从总体上研究、把握世界贸易体制的发展趋势；不但研究中国如何实施世贸组织协议和运用世贸组织规则，应对贸易争端，还要研究如何进一步改进、发展世贸组织法律体系，使其符合广大发展中国家的实际，促进国际经济新秩序的形成。

（摘自中共中央政治局候补委员、国务委员吴仪在世界贸易组织法律论坛暨中国法学会世界贸易组织法研究会成立大会上的书面讲话。2001年8月30日）

吴仪：进一步增强开放意识

加入世贸组织，是以江泽民同志为核心的党中央高瞻远瞩、总揽全局作出的重大战略决策，将对我国改革开放、对我国社会主义市场经济体制的完善和经济社会发展产生深远的影响。各级领导干部要充分认识这一战略决策的重大意义，认真学习掌握世贸组织规则，进一步增强开放意识，切实做好我国加入世贸组织后的各项应对工作。

加入世贸组织，是我国改革开放进程中的一件大事，标志着我国对外开放进入一个新阶段，需要我们以更加主动的精神和积极的姿态参与国际合作与竞争。

近年来，随着我国加入世贸组织谈判进程的加快，在党中央、国务院的领导下，各项准备工作，包括清理涉外法规、研究对策措施、专门人才的培养和干部的培训、世贸组织基本知识的宣传等，一直在有序进行。考虑到加入世贸组织后运用世贸机制的需要，国家经贸委设立了国内产业损害调查局，外经贸部设立了世贸组织司、中国政府世贸组织咨询局和公平贸易局，国家工商总局设立了外商投资企业注册局，这些机构已陆续开展工作。

当前和今后一个时期，要重点做好以下工作：

第一，进一步统一思想，提高认识。加入世贸组织是我国改革开放和现代化建设的必然，有利于为我们创造一个良好的国际经贸环境，也有利于我国积极参与经济全球化。尽管当前世界经济低迷，但经济全球化的进程并没有停止。经济全球化是“双刃剑”，有其不利的一面。但我们决不能因此而裹足不前。实践已经证明，关起门来搞建设是不能成功的。只有不断跟上世界潮流，顺应科技革命和经济全球化趋势，才能加快发展我们自己。各级领导干部都要面对现实，认清国际形势，认清世界经济发展趋势，都要提高对加入世贸组织的认识，把思想统一到中央决策上来。

第二，要认真学习世贸组织规则，真正掌握和运用好世贸组织规则。领导干部要学习和掌握世贸组织规则的基本原则，业务部门的领导还要熟悉与本部门有关的规则、协定、协议。学习一定要深入，一定要真正清楚我们的权利和义务，真正理解其内涵；要学会在世贸规则范围内运用保护措施，有效规避风险，最大限度地趋利避害。学习一定要联系实际，要真正理解和正确执行我国根据世贸组织规则制定、修订的法律法规。

第三，各地区、各部门、各个行业要从实际出发，认真细致地研究提出有针对性的应对措施，并尽快落实到基层、企业。要根据可能受影响的程度，最大限度地发挥优势，化劣势为优势。要充分利用过渡期，加紧工作。各级政府一定要转变思想观念，转变职能，转变管理方法和管理手段，特别要树立全局意识，克服地方保护主义和部门利益思想，确保政令畅通，不能政出多门，各行其是，更不能搞上有政策，下有对策。

第四，加快建设符合世贸组织规则的涉外法律法规体系。国务院各部门涉外法规的制定、修订、废止工作，要限期完成，各地要按照中央的部署，尽快清理涉外法规。各地区、各部门都要维护国家法律的权威性和统一性，制定、修改地方法规和部门规章，必须与国家的法律法规保持一致。

第五，要进一步加强世贸组织规则的宣传，加强各级领导干部、包括企业干部的培训，加快培养适应加入世贸组织的人才。

（摘自中共中央政治局候补委员、国务委员吴仪与省部级干部WTO规则及吸收外资政策法规专题研究班学员座谈时的讲话。2001年11月25日）

中国代表团团长石广生在世界贸易组织第四届部长级会议上的发言

2001年11月10日　多哈

主席先生：

在经历了长达15年的艰苦谈判之后，我们终于迎来了这一历史性时刻。在此，我代表中国政府对WTO部长级会议作出关于中国加入WTO的决定表示感谢。借此机会，请允许我对长期以来支持中国加入WTO的所有成员和中国工作组主席吉拉德先生表示感谢。我还要对15年来给予我们支持和帮助的历任总干事——邓克尔先生、萨瑟兰先生、鲁杰罗先生、穆尔先生表示感谢。

加入WTO和全面参与多边贸易体制，是中国领导人在经济全球化进程加快的形势下作出的战略决策。中国为复关和加入WTO作出了长期不懈的努力，这充分表明了中国深化改革和扩大开放的决心和信心。加入WTO不仅有利于中国，而且有利于所有WTO成员、有助于多边贸易体制的发展。它必将对新世纪的中国经济和世界经济产生广泛和深远的影响。加入WTO以后，中国将在权利与义务平衡的基础上，在享受权利的同时，遵守WTO规则，履行自己的承诺。中国将一如既往地重视和加强同世界各国、各地区发展平等、互利的经贸关系；在多边贸易体制中发挥积极和建设性的作用，与其他WTO成员一道，为世界经济贸易的发展作出积极贡献。

主席先生，

中国自1986年9月起就参加了乌拉圭回合谈判，参与了多边贸易体制由关贸总协定到世界贸易组织的历史转折。同时，中国加入多边贸易体制谈判的15年历史始终伴随着中国实行改革开放的进程。我们从自身的经验中得出了三点基本结论：

第一，世界各国只有以积极的姿态参与多边贸易体制，才能更好地分享经济全球化的好处；

第二，在经济全球化的进程中，只有建立起与国际通行规则相适应同时又符合本国实际情况的经济贸易管理体制，才能趋利避害，并在对外开放的同时有效地维护本国的经济安全；

第三，多边贸易体制只有不断适应世界经济的发展和变化，并充分反映包括广大发展中国家在内的各方利益和要求，才能保持生机和活力。

主席先生，

从西雅图到多哈的道路并不平坦，给我们的思考和启示是十分深刻的。两年前的西雅图会议没有能够启动新一轮多边贸易谈判。我们认为，在经济全球化迅猛发展的今天，我们应该顺应形势的发展，通过各成员的平等协商，共同制定有关规则，对日益广泛和复杂的国际经济贸易活动进行有效的协调和管理。

因此，我们需要正视现行多边贸易体制中存在的明显缺陷，使多边贸易体制更加充分地反映发展中国家的利益和要求，并让所有成员平等参与、相互协商，制定新世纪的国际贸易规则，让更多的发展中国家分享经济全球化带来的机会和利益，避免贫富差距继续扩大，避免一部分国家被边际化。

主席先生，

中国支持在充分考虑发展中国家的利益和合理要求的基础上，发动新一轮多边贸易谈判。中国主张，新一轮谈判的目标应当是：第一，有利于建立公平、公正和合理的国际经济新秩序；第二，有利于世界经济的发展和贸易投资便利化；第三，有利于发达国家和发展中国家利益的平衡。

为实现上述目标，我们认为，在新一轮谈判中：

必须充分考虑发展中国家相关产业的发展水平，在开放的程度和速度上给予特殊处理。

必须采取切实、有效的措施保证乌拉圭回合协议的实施。

必须保证发展中成员的全面和有效参与，议题的确定和谈判必须在平等协商的基础上进行。

必须以平衡和一揽子的方式进行谈判，保障谈判结果体现各方利益的总体平衡。

主席先生，

新的世纪充满着机遇和挑战，让我们共同合作，迎接挑战，使多边贸易体制得到巩固和加强，为世界经济贸易的稳定和发展不断作出贡献。

最后，请允许我代表中国政府对卡塔尔政府为筹备WTO第四届部长级会议所做的大量工作表示感谢。

谢谢主席先生。

强盛的国家必定是开放的国家

对外贸易经济合作部副部长　龙永图

中国加入WTO，意味着中国参与世界经济的进程正在加快，随着这一进程的加快，将会进一步促进中国与世界各国经济贸易关系的发展。

中国实行的改革开放政策是中国参与世界经济的基本条件。中国经济改革的目标是建立社会主义市场经济，这将使中国经济的运行体制与世界经济的运行机制建立在一个共同的基础上，并确保中国参与世界经济的进程不可逆转。

中国参与世界经济的进程不仅有利于中国，而且有利于全世界。

在加入WTO之后，中国将继续成为对外贸易快速发展和吸引外商投资潜力巨大的国家。中国在世界贸易中的排名已从1978年的第32位上升到目前的第7位；实际利用外资累计超过2 000亿美元，引资数量连续几年居世界第二。

中国加入WTO，既有利于中国产品进入国际市场，也有利于中国贸易伙伴进入中国市场，特别是中国将加快在保险、银行、电信、商业流通和旅游等服务贸易领域的开放步伐，有利于美、欧各国的企业在这些优势领域进入中国市场。

中国加入WTO，将实行公开、透明、平等的贸易和投资政策，鼓励公平竞争，实行国民待遇，从而创造更好的投资环境，使外国的投资者在华更具信心和稳定感。

中国加入WTO，表明中国将以积极的姿态进一步参与经济全球化的进程，进一步加强与国际跨国公司及外国中小企业的合作，与此同时促进中国经济的结构调整和产业升级。

中国加入WTO，将遵守WTO的有关规则，从而为解决中国与贸易伙伴的贸易争端提供了稳定的基础。

中国加入WTO后将是一个负责任和发挥建设性作用的成员，遵守规则，履行义务，并为完善多边贸易体制作出自己的努力。

中国加入WTO是对世界多边贸易体制的贡献。中国加入WTO之后，一定会是一个负责任的和发挥建设性作用的成员，在享受WTO成员正当权利的同时，将履行相应的义务，遵守WTO的规则。任何国家都不应当怀疑中国遵守国际规则的决心和诚意。

在过去20年中，中国在开放市场和遵守国际惯例方面，已经作出了重大的努力。我仅举几个例子。“九五”期间我国平均关税水平由1995年的35.6%降至16.7%，降税幅度达53%；2001年1月1日，平均关税水平又降至15.3%。在非关税措施方面，中国已经把1992年实行的1247个税号的配额许可证产品，减少到目前的300多种，并承诺在加入WTO后的若干年内全部取消；在服务贸易领域的开放也取得积极的进展。中国服务业部分领域，如餐饮饭店、咨询广告商务服务等在80年代就开始开放，但绝大部分服务领域的开放始于90年代，很多部门，如分销、保险、银行、旅行社、会计等都还处于试点阶段。今年3月，全国人大修改了《合资法》、《合作经营法》和《外资企业法》及其实施条例，取消了有关当地含量、外汇平稳、出口实绩和技术转让等方面的要求，中国的投资环境更加完善。在加入WTO谈判中，中国承诺了将大幅度开放服务业各部门，包括目前尚未对外开放的电信领域。

中国还在很短的时间内，建立、健全了知识产权立法和执法制度，所有的涉外经济贸易法律、法规、政策都通过指定刊物予以公布，实现了人民币汇率并轨和经常项目下的自由兑换，取消了价格双轨制，在外资领域基本实现了国民待遇。

目前，为迎接加入WTO，中国正在加紧进行法律、法规的清理，对与WTO不一致的将按照中国的法律程序进行修改和完善；在全国范围内对不同层次的经济管理官员和大中型企业的管理者普及WTO的知识；此外，中国已经数次邀请WTO秘书处派专家来华培训，为中国培养一批掌握规则的专家。

中国对外开放取得的成就和中国为加入WTO正在进行的准备工作，都将促使中国今后在WTO中发挥积极的、建设性的作用。

在成为世界贸易组织成员之后，中国还将与其他WTO成员一道推动新一轮多边贸易谈判发挥建设性的作用。

由于中国在加入WTO后将进一步开放市场，许多对中国友好的外国朋友很关心由此给中国带来的风险问题。

亚洲金融危机的教训表明，在开放与风险的关系问题上，并不能简单地得出结论，开放程度越高出现风险的可能性就越大，而关键要看实行什么样的宏观经济政策和采取什么样的措施防范风险。中国之所以没有在很大程度上受到金融危机的冲击，主要是中国采取了正确的宏观经济政策，经济整体健康运行，国际收支状况良好，外汇储备充足。因此我们认为，在中国改革开放取得巨大成就的基础上，加入WTO这样一个以规则为基础的国际体系，有利于我们健全法律法规体系，增强中国的综合国力和国际竞争力，加强抵御金融风险及其他经济动荡的能力。

在努力加入WTO的过程中，我们清楚地认识到，全球化必然带来贸易与投资的大规模的跨境流动，各国经济相互渗透、相互依存的关系加强，各国都将不可避免地要受到世界经济的影响。经济全球化给发展中国家带来巨大的挑战，现行的国际经济体制存在着很多不合理、不公正的地方，发展中国家必须趋利避害，防范风险，并通过共同的努力，逐步改变不合理的旧的国际经济秩序。与此同时，发展中国家必须充分重视利用经济全球化实现民族经济的发展和飞跃。在经济全球化的条件下，任何国家都不可能偏安一隅、闭门造车、另搞一套。中国多年改革开放的经验也告诉我们，改革开放首先是我们自己受益，同时也使别人受益。开放市场是相互的，中国开放自己的市场，同时也获得更加开放、更加广阔的国外市场。靠保护和关闭，是永远无法真正立足于世界强国之林。只要掌握得当，节奏适度，渐进的开放不仅不会导致民族工业倒闭，百业凋零，恰恰相反，它会使国民经济充满生机和活力。

最后，我愿意借此机会对中国加入WTO以后中国对外开放格局的特点作几点简要的展望：

第一，加入WTO之后，将由过去范围和领域有限的市场开放，转变为全方位的市场开放。过去中国的对外开放主要集中是在货物贸易方面，加入WTO后，中国的服务贸易，包括电信和金融领域也要逐步开放。大力发展服务业是21世纪中国经济保持持续快速发展的关键。因此，21世纪中国对外开放的重点将是服务领域，中国将不断扩大服务贸易的开放，从而为外国投资者提供新的、广阔的商机。

第二，由过去单方面为主的自我开放，转变为中国与WTO成员之间双向的相互开放。随着中国加入WTO，WTO成员的市场也将更大程度上向中国的企业开放。这不仅有利于中国的企业走向世界，也有利于在中国投资获得更为广阔的市场。

第三，由过去以试点为特点的政策性开放，转变为在法律框架下的可预见的开放。中国在今后一段时期的对外开放格局，以及对外开放的力度和速度都已经基本确定。中国将进一步完善法制、提高管理的效率、创造更加优越的投资环境，中国的市场前景将会越来越广阔。

历史经验表明，一个强盛的国家必定是一个开放的国家，对外开放是实现国家经济发展的必由之路，中国将继续沿着这条道路走下去。随着中国加入WTO，改革步伐的加快，中国必将更加开放和更加繁荣！

（本文节录自龙永图副部长在“2001国际投资论坛”上的演讲。2001年9月8日）

加入世界贸易组织与中国对外经济贸易发展

对外贸易经济合作部世界贸易组织司司长　何　宁

2001年11月10日，在卡塔尔首都多哈举行的世界贸易组织（世贸组织）第四届部长级会议通过了《关于中国加入世界贸易组织的决定》。11月11日外经贸部石广生部长代表中国向世界贸易组织总干事递交了由国家主席江泽民签署的批准证书。2001年12月11日，中国正式成为世界贸易组织第143位成员。

加入世界贸易组织，是中国政府面对世界多极化、经济全球化和科学技术突飞猛进的国际形势，从中国国内进一步改革开放和经济发展的需要出发，高瞻远瞩，审时度势作出的重大决策。正如江泽民主席所指出的那样：加入世贸组织“是我国改革开放进程中具有历史意义的一件大事”。加入世界贸易组织，是中国改革开放和现代化建设的历史必然，标志着中国对外开放进入了新的阶段，有利于中国社会主义市场经济体制的建立和完善，有利于中国国际地位的提高，有利于中国对外经济贸易环境的改善，将对新世纪中国经济发展和社会进步产生重要而深远的影响。

一、加入世贸组织有利于促进中国社会主义市场经济体制的进一步完善

江泽民主席多次强调指出：中国加入世贸组织“是中国政府在经济全球化的形势下所作出的战略决策，是与中国改革开放和建立社会主义市场经济体制的目标一致的。”改革开放以来，中国经济体制改革取得了巨大成就，社会主义市场经济体制已初步建立，但阻碍社会生产力发展的体制性障碍还没有完全消除。世界贸易组织的一般原则和具体规则，体现了市场经济的一般规律，很多都是中国在进一步完善社会主义市场经济体制过程中需要采纳或借鉴的。加入世界贸易组织，有利于打破地区封锁、部门垄断，促使全国尽快形成统一开放、竞争有序的市场体系，强化市场对资源配置的基础性作用，为经济发展创造良好的体制环境。

二、加入世贸组织将大大优化中国外经贸发展环境

中国加入世贸组织后，能够享受其他世贸成员在以往多边谈判中达成的市场准入的成果，这为中国的产品和服务走向世界创造了新的机遇，将大大促进中国对外经济与贸易事业的发展。

中国加入世贸组织谈判的结果不仅包括了中国应当承担的义务，也包括其他世贸成员对中国的具体承诺。例如美国承诺在中国加入世贸组织后给予中国永久正常贸易关系，欧盟、阿根廷、墨西哥、波兰、土耳其等国家也承诺在过渡期内逐步取消对一些中国产品的限制措施等。在世贸组织中，一个成员的义务就是其他成员的权利，一个成员的权利就是其他成员的义务，因此中国在履行自己义务的同时，将确保自身的权利得到尊重与维护。

中国将抓住加入世贸组织后的有利条件，研究制定开拓国际市场的具体措施，加强对国外贸易壁垒的调查和交涉工作，积极为企业扩大出口创造有利条件，千方百计地扩大出口；同时将不断改进产品的质量，提高产品的国际竞争力，积极、主动地应对加入世贸组织后面临的各种挑战；积极有效地利用外资；积极实施“走出去”战略，更好地利用“两个市场，两种资源”，全方位地发展中国对外经济。

三、加入世贸组织后中国正积极、全面地履行有关义务与承诺

作为世贸组织成员，中国有信心、也有能力履行对外承诺与世贸组织成员基本义务。中国政府按照世贸组织规则和对外承诺的要求，已经在货物贸易、服务贸易、知识产权和投资等领域做了大量积极而有成效的工作，采取了包括清理修订法律法规、削减关税和非关税贸易措施、增强政策措施透明度、履行世贸组织要求的咨询和通报义务等措施，具体工作主要有：

（一）抓紧清理、修订和完善相关的法律法规，完善法制建设。自1999年底以来，国务院有关部门开展了大规模的对法律、行政法规、部门规章、规范性文件以及多双边经贸条约、协定的全面清理工作，涉及各类法规约2200件。目前，清理工作已基本完成，部分法规被废止，部分法规经全国人大及其常委会、国务院分别审议后作了修订并已经颁布。对世界贸易组织规则和我国对外承诺所涉及、但国内尚属空白的法律法规，有关部门也在加紧研究制定。同时中央和地方正在抓紧进行行政审批改革，加快政府职能转变，以更加适应中国加入世贸组织和社会主义市场经济建设的需要。

（二）关税方面，从2002年1月1日起，中国关税进一步降低，平均关税从15.3%降低到12%。

（三）非关税措施方面，取消了粮食、羊毛、棉花、化肥等产品的配额许可证管理，并已完成了农产品和工业品关税配额的分配。

（四）服务贸易方面，在一些重要的服务部门颁布新的审批外资进入中国的法规和条例，进一步扩大服务业的开放，有步骤地允许外商进入中国电信、银行、保险、证券及分销等服务领域。

（五）知识产权、外国投资方面，修改相关法律，使之与世贸组织有关法规一致。

（六）增强贸易透明度方面，根据加入世贸组织有关协议要求，中国政府由设在外经贸部的中国政府世贸组织通报咨询局（以下简称“通报咨询局”）代表中国政府履行须履行通报和咨询义务。通报咨询局自成立以来，已经开始向世贸组织进行相关通报。2002年1月14日，中国政府世贸组织咨询点正式开始向各界提供咨询服务，到目前为止，共收到来自各国驻华使馆、中外企业和个人的书面咨询300余件，绝大部分的咨询问题已有书面解答。此外，为了更好地履行中国政府咨询点的承诺，中国政府世贸组织咨询网站已经开始筹建。

四、加入世贸组织后，中国将积极运用世贸组织规则维护自身经贸利益

加入世贸组织既要履行好义务，更要享受好权利，两者是辩证统一、紧密联系的。我们必须看到，加入世贸组织后，我们履行义务与承诺是有条件的，我们也要求别人履行义务，这是我们的权利。作为世贸组织成员，中国将依照世贸组织原则，享受相应的权利。市场开放在带来机遇的同时也会带来很大的挑战，一些行业和产品也会受到冲击。在特定的情况下，世贸组织规则允许成员采取反倾销、反补贴和保障措施等贸易救济措施，中国政府已依据上述原则制定并颁布了《中华人民共和国反倾销条例》、《中华人民共和国反补贴条例》和《中华人民共和国保障措施条例》，目的是切实维护中国企业的合法权益。

中国将对电信、银行、保险、分销等服务贸易开放的重要敏感领域依法加强监管，提高政府的监管水平，处理好开放市场与维护国家安全和经济安全的关系。

中国将根据世贸组织的相关协议，加快建立产品认证制度，制定质量、安全、卫生和环保等标准，加强对进口产品的检验检疫和疫情监控，防止有害物质和生物制品入境，保护国内消费者权益。

世贸组织争端解决机制为成员间解决贸易争端提供了良好的手段，有助于减少单边采取的贸易制裁和避免贸易战的发生。中国将积极利用这一机制处理与其他成员的贸易争端，运用世贸规则维护国家利益。

如何研究规则以了解权利，如何运用规则用足用好权利，我们还要继续抓紧研究，当务之急是按照江总书记“对加入世贸组织后的利和弊、机遇和挑战，要科学分析和全面认识，对于有利的一面，要抓住机遇，积极加以利用；对不利的一面，要抓紧工作，努力规避风险。”因此，当前的工作是深入学习，掌握规则，提高运用世贸组织规则的水平，将履行义务与享受权利结合起来，为进一步推动中国外经贸事业的发展服务，争取在激烈的国际竞争中掌握主动。

五、积极参加世贸组织新一轮多边贸易谈判

加入世界贸易组织后的一项重要权利就是可以直接参与国际多边贸易谈判，而多边贸易谈判的目的是制定多边贸易规则和进一步提高产品和服务的市场准入水平。新一轮多边贸易谈判涉及农业、非农业产品市场准入、世贸组织反倾销反补贴规则、服务贸易、争端解决机制、知识产权、贸易与环境等议题，还将就投资、竞争、政府采购和贸易便利化等新议题进行讨论。可以看出，上述所有议题都与中国的经济贸易有着密切的关系，参与谈判有利于维护中国在多边贸易中的权益，因此积极参与新一轮多边贸易谈判是中国行使世贸成员权利的重要体现。

作为发展中国家中的一员，中国在全面参与多边贸易谈判时将与发展中国家密切沟通与合作，提高发展中国家在多边贸易体制中的参与程度，共同维护发展中国家的权益。同时在具体谈判中，具体议题，具体分析，从中国自身利益出发制定相应的谈判立场。目前新一轮多边谈判已经启动，外经贸部已与有关部门建立了具体议题的谈判协调小组和专家小组，并已陆续派团参与有关议题的谈判与讨论，中国将积极发挥建设性作用，为完善多边贸易体制，促进国际贸易发展作出自己的贡献。

六、加入世贸组织后，中国将组织世界贸易组织知识普及培训，加快、加强专业人才队伍建设

做好加入世贸组织后的各项工作，人才是关键。中国将继续开展有效的培训，要向不同层次、不同领域、不同地区的政府公务员和企业家普及世贸组织知识，提高运用世贸组织规则办事的水平；与此同时根据编制使用情况继续扩大相关专业，特别是法律、经济、国际贸易等专业应届毕业生的录用数量，通过多种渠道广泛了解相关业务人才，并视情况继续进行社会公开招聘工作，加快培养精通世贸组织规则的专业人才，包括国际贸易专家、法律专家、谈判专家、反倾销调查专家等，以便处理好加入世贸组织后大量和复杂的涉外经济贸易事务。

中国加入世贸组织，这是一个新的起点，前面的道路还很漫长，任务依然艰巨。我们相信，有邓小平理论和江泽民总书记“三个代表”的重要思想作指针，有党中央、国务院的坚强领导，有20多年改革开放的成功经验和不断增强的综合国力，只要我们准备充分，措施得当，就一定能够充分利用加入世贸组织的机遇，妥善应对挑战，以必胜的信心，迎接对外开放新阶段的到来。

配合加入世界贸易组织　建立我国新的外经贸法律体制

对外贸易经济合作部条约法律司司长　张玉卿

我国改革开放和加入世界贸易组织（WTO）的过程与结果，应是首先在我国的对外经济贸易管理方面建立起一个统一、完备、透明的法律体系。为此，我国政府在外经贸法规方面开展了大规模的清理工作，并且按照我国加入WTO的承诺，开展了大量的外经贸法律、法规、规章的修改和制定工作。此外，地方法规清理工作已经全面开展。一个新的外经贸法律体制已初步形成。

本文简要介绍外经贸法律法规规章清理情况以及对外贸易、外资法律法规的修改与制定的具体内容。

一、外经贸法规清理情况

（一）在组织机构上建立WTO法律工作领导小组

在国务院“WTO领导小组”的统一领导和部署下，外经贸部于2000年初成立了以石广生部长和主管部领导为正、副组长、各司局主管领导为成员的外经贸部“WTO法律工作领导小组”。领导小组办公室设在条法司。各司局也相应成立了WTO法规修改工作小组，指定专人负责。

（二）对现存的外经贸法规进行了清理

自1999年底以来，外经贸部开展了大规模的对外经贸法律、行政法规、部门规章、规范性文件（简称“法规”）以及多双边经贸条约、协定的全面清理工作。清理分两个步骤。第一步是摸清家底，清理出现行有效法规的总数。第二步是在清理的基础上，作出废止、修改、保留和新制定的决定。根据WTO规则和我国加入WTO的承诺，同时为了贯彻依法行政的原则，我们对现行法规做了废、改、保留分类，还拟订了需新制定的法规的规划。我部共清理出文件1413份，其中外经贸法律6部，行政法规164部，部门规章887件，双边经贸协定191份，双边投资保护协定72份，避免双重征税协定93份。

其中，拟修改60件法律文件，现已经发布了51件，其余9件已经完成了草案，待完成批准手续后将陆续公布。拟制定20件法律文件，现已经发布了10件，其余10件已经完成了草案。已经公开废止法律文件381件，废止内部文件178件。同时，对地方外经贸法规清理工作积极予以指导和帮助。2001年8月，外经贸部专门召开了“地方外经贸法规规章清理修改工作座谈会”，对地方如何开展外经贸法规清理工作进行研究。根据党中央、国务院的统一部署，外经贸部于2001年11月下发文件，对地方外经贸法规清理工作作出了具体安排。在广大外经贸法律工作者的共同努力下，目前全国外经贸法规清理工作已经取得了重要成果。外经贸部法规集中清理工作将于今年6月底基本结束。法律法规的清理修改，不仅进一步促进了我国外经贸法律体系的科学、统一和透明，也体现了我国政府加入WTO后认真履行承诺的信心和决心。

二、《对外贸易法》的配套法规的修改和制定的具体情况

根据《对外贸易法》的相关规定，外经贸部在认真研究、借鉴国际上相关立法的基础上，结合我们实际，起草了包括《货物进出口管理条例》、《技术进出口管理条例》、《反倾销条例》、《反补贴条例》、《保障措施条例》等《对外贸易法》的相关配套法规草案。上述5个条例已经国务院通过，于2002年1月1日正式实施。

（一）货物进出口管理条例

根据我国《对外贸易法》、WTO协议和我国加入WTO的承诺，在总结我国管理货物进出口的实践经验的基础上，国务院制定了《货物进出口管理条例》。该条例取代了《进口货物许可制度暂行条例》等五个行政法规和国务院文件。其特点是：

首先，依照该条例，货物进口分为自由、限制、禁止、关税配额管理四类。对于自由进口的货物，不受限制。但出于监测的需要，对于部分自由进口的实行自动进口许可管理，且许可申请均应给予。对于有数量限制的限制进口货物，实行配额管理，其他限制进口的，实行许可证管理。

关税配额管理的，分为配额内和配额外两档税率。条例对于自动进口许可、限制进口、禁止进口的货物目录的公布，配额管理货物的配额申请和分配，关税配额的申请、分配和备案等均作出了明确的规定。货物出口分为禁止和限制两类，其管理方法和进口类似。

其次，条例对于国营贸易和指定经营作出了规定，对于国营贸易和指定经营的货物和企业目录将由主管部门予以公布。

再次，条例规定国家在特定情况下可以采取相关临时措施限制进口。为维护国际收支平衡，可以采取临时限制措施；为建立或者加快建立国内特定产业，可以采取限制或者禁止进口的临时措施等。这些临时措施的规定也是符合WTO规则的。

最后，在法律责任方面，条例对《对外贸易法》作了必要的补充。例如，规定进出口经营者以欺骗或者其他不正当手段获取货物进出口相关配额、证明的，主管部门可以进行行政处罚。擅自从事实行国营贸易管理或者指定经营管理的货物进出口贸易，扰乱市场秩序的；国营贸易企业或者指定经营企业违反法定的报告义务和在经营活动中考虑非商业因素的，主管部门都可以作出相关行政处罚。

(二) 技术进出口管理条例

《技术进出口管理条例》取代了原《技术引进合同管理条例》及其《施行细则》。新条例的特点体现在以下方面：

首先，在外贸管理的体制上作了调整。新条例将技术进口和技术出口统一到一部条例当中，体例更加完善，并根据《对外贸易法》的规定，将技术进出口分为自由、限制、禁止三类进行相应的管理。对于自由进出口类，实行合同登记管理，并不以登记为合同生效的要件，方便了企业，也有利于信息的统计。对于限制进出口类实行许可证管理。对于禁止和限制进出口的，国务院外经贸主管部门会同国务院有关部门，制定、调整并公布禁止或者限制进口的技术目录。

其次，根据WTO协议和我国加入WTO的承诺，对相关问题进行了技术调整。例如取消了技术合同不得超过10年的规定；对于引进技术必须先进适用改为国家鼓励先进适用技术的引进；将原《施行细则》保密期限一般不得超过合同有效期限的规定修改为双方应当在合同约定的保密范围和保密期限内，对让与人提供的技术中尚未公开的秘密部分承担保密义务。这些修改方便了技术进出口的当事人，也使得管理部门的管理更加灵活有效。

再次，在法律责任上，赋予外经贸部行政处罚的权力，对于进口或者出口属于禁止进出口的技术的，或者未经许可擅自进口或者出口属于限制进出口的技术的，擅自超出许可的范围进口或者出口属于限制进出口的技术的，外经贸部将分别予以警告、没收非法所得、处违法所得的1倍至5倍或者是1倍至3倍的罚款，或者撤销其对外贸易经营许可。这些规定强化了主管机关的管理能力。

(三) 反倾销条例

1997年3月25日，我国颁布了《中华人民共和国反倾销和反补贴条例》。为适应中国加入WTO的需要，维护公平的对外贸易秩序，对原条例进行了修订，将原来参照适用反倾销规定的反补贴从原条例中分离出来，分别制定了《反倾销条例》、《反补贴条例》。

《反倾销条例》的修订主要体现在两大方面：

其一是增加了一些条款，使《条例》的规定与WTO反倾销协定的规定和我国的对外承诺一致。如增加了司法审查程序，规定对终裁决定、征收反倾销税的决定等有关决定不服的，可以依法向人民法院提起诉讼；

其二是在总结多年实践的基础上，借鉴国外较成熟的做法，对原有条例的一些条款进一步明确和细化，调查程序更具透明度，增强了可操作性。例如，原条例在申请人资格问题上，只是规定，相同或相似产品的国内生产者或者有关组织，可以提出反倾销调查申请。而新条例则明确了代表国内产业申请人资格代表性的比例，指出表示支持申请的生产者产量只有达到总产量的25%，才能发起反倾销调查。再如，原条例规定，倾销幅度或进口量如属忽略不计，可终止调查，但没有进行具体的量化，而新条例则明确进口倾销幅度和进口数量可忽略不计的比例分别为2%和3%。又如，原条例未对立案期限作出规定，新条例明确规定在收到申请书和有关证据60天内，主管部门应当决定是否立案。新条例还明确了临时反倾销措施的期限为4个月，最多不超过9个月；新条例还对“地区产业”作了界定，对“价格承诺”的内容进行了细化，对于保密材料的处理问题作了细化等。以上规定都是与WTO协议相一致的。

(四) 反补贴条例

原条例在反补贴问题上仅仅是单列一章“反补贴的特别规定”，内容非常单薄，缺乏可操作性。新出台的《反补贴条例》在补贴的内容、分类上更加细化。明确规定采取反补贴措施的补贴，必须具有专向性，并规定了确定专向性的标准。新条例还对补贴金额的计算作了规定。在新的《反倾销条例》中明确的问题，例如司法审查、立案期限、地区产业等问题也在《反补贴条例》中作出了相应的规定。

(五) 保障措施条例

《保障措施条例》规定了对进口产品数量增加，并对生产同类产品或者直接竞争产品的国内产业造成严重损害或者严重损害威胁的，将依法进行调查，采取保障措施。条例规定了立案，进口数量的增加和产业损害的调查，临时保障措施的采取（提高关税），保障措施的采取（提高关税、数量限制等形式），数量限制，复审等问题。

为配合上述5部条例的实施，外经贸部和有关部门出台了大量的部门规章，限于篇幅，本文不一一介绍。

三、外商投资和行业准入法律法规修改、制定的具体情况

(一) 外商投资企业法律及其实施条例（细则）的修改情况

1999年底，外经贸部完成了对《中外合资经营企业法》、《中外合作经营企业法》和《外资企业法》的修正案（草案）的报告。九届全国人大常委会已于2000年和2001年通过了三部法律的修正案。

这三部法律的修改内容主要集中在以下三个方面：

其一，删去了外汇收支平衡的要求。修正案删去《中外合作经营企业法》第二十条："合作企业应当自行解决外汇收支平衡。合作企业不能自行解决外汇收支平衡的，可以依照国家规定申请有关机关给予协助。"《外资企业法》也作了类似修改。

其二，修改了当地含量的要求。《中外合资经营企业法》原法第九条第二款为"合营企业所需原材料、燃料、配套件等，应尽先在中国购买，也可由合营企业自筹外汇，直接在国际市场购买。"修正案为："合营企业在批准的经营范围内所需的原材料、燃料等物资，按照公平、合理的原则可以在国内市场或者在国际市场购买。"《外资企业法》、《中外合作经营企业法》也作了类似修改。

其三，取消了出口实绩要求。《外资企业法》原法第三条第一款"设立外资企业，必须有利于中国国民经济的发展，并且采用先进的技术和设备，或者产品全部出口或者大部分出口。"修正案为："设立外资企业，必须有利于中国国民经济的发展。国家鼓励举办产品出口或者技术先进的外资企业。"

WTO《与贸易有关的投资措施协定》（TRIMs协定）第二条及该协定所附《例示清单》第二项明确规定，当地含量的要求，贸易平衡的要求，外汇平衡的要求等与贸易有关的投资措施是违背国民待遇和普遍取消数量限制义务的，并应被禁止。我国政府在加入WTO时承诺，自加入时起，中国将全面遵守《TRIMs协定》，取消外汇平衡要求、贸易平衡要求、当地含量要求和出口实绩要求。中国的主管机关将不执行包含此类要求的合同条款。

上述修改实践了中国政府的承诺，使得我国对外资管理的法律制度与《WTO协定》实现了一致。随后，国务院对外商投资企业法的两部实施细则《中外合资经营企业法实施条例》和《外资企业法实施细则》也作了相应的修改。

（二）服务贸易领域法规的修改和制定的具体情况

根据我国深化改革的进程及对WTO的承诺，外经贸部会同行业主管部门，对相关行业利用外资的行政法规、部门规章的制定和修改做了大量工作。目前我国政府已经修改和制定了一系列行政法规和部门规章。包括以下方面：

1. 法律服务方面，我国只承诺允许外国律师事务所在华设立代表处，并在中国加入WTO一年以后取消对驻华代表处现有的地域和数量限制。根据承诺，国务院出台了《外国律师事务所驻华代表机构管理条例》。

2. 根据对于银行服务商业存在的承诺以及银行监管国际惯例；国务院对《外资金融机构管理条例》作了修改，自2002年2月1日起实施。

3. 在保险服务商业存在方面，为履行承诺以及更好地监管外资保险公司，国务院制定《外资保险公司管理条例》，自2002年2月1日起施行。

4. 在视听服务方面，国务院对《音像制品管理条例》和《电影管理条例》进行了修订。文化部、外经贸部制定了《中外合作音像制品分销企业管理办法》，自2002年1月10日实施。国家广播电影电视总局、外经贸部、文化部制定了《外商投资电影院暂行规定》，自2001年10月25日发布实施。

5. 旅行社服务方面，国务院修改了《旅行社管理条例》，条例新增了一章"外商投资旅行社的特别规定"，自2002年1月1日起施行。

6. 电信服务方面，国务院制定了《外商投资电信企业管理规定》，自2002年1月1日起实施。

7. 在医疗服务的市场准入方面，卫生部和对外贸易经济合作部联合发布了《中外合资、合作医疗机构管理暂行办法》，自2000年7月1日起实施。

此外，服务贸易领域的行政法规和部门规章还包括《中华人民共和国国际海运条例》、《外商独资船务公司审批管理暂行办法》、《外商投资铁路货物运输业审批与管理暂行办法》等。

四、知识产权法律法规的修改和制定

为履行WTO《与贸易有关的知识产权协定》（TRIPS）和为履行我国在知识产权领域的对外承诺，中国对《著作权法》、《商标法》、《专利法》、《计算机软件保护条例》、《专利法实施细则》等几部主要的知识产权保护法律和法规进行了修改，并新制定了《集成电路布图设计保护条例》《植物新品种保护条例》等几部新的行政法规。

1. 著作权法的修改。为符合TRIPS协议要求，中国于2001年10月对《著作权法》进行了修改，增加了受保护的权利的种类，澄清了表演者和制作者的权利，增加了关于财产保全和证据保全的临时措施的规定，增加了关于法定赔偿额的规定并且加重了对损害社会公共利益的侵权行为的行政处罚。

2. 商标法的修改主要涉及以下几个方面：增加了关于地理标识保护的规定，扩大了可作为商标保护的客体的范围，增加了对驰名商标的保护和关于优先权的规定，增加了对商标确权的行政裁决的司法审查规定，加强了对侵权行为的查处力度。

3. 专利法的修改增加了关于许诺销售的规定；完善了授予专利强制许可的条件；增加了关于专利申请人或发明及实用新型和外观设计的专利权人，可针对专利复审委员会的裁决向法院提起诉讼的规定等。新法除个别条款外，与TRIPS协议是完全符合的。这一点已经得到WTO成员的认可。

三、地方法规清理工作已经开展

目前中央政府的外经贸法规清理工作已经基本完成，2002年的法律工作重点是推动全国各级外经贸主管部门对地方法规、规章和文件进行清理，从而实现中国政府作出的外贸政策统一实施的承诺。中共中央办公厅和国务院办公厅于2001年9月19日下发了《关于适应我国加入WTO进程，清理地方性法规、地方政府规章和其他政策措施的意见》（中办发［2001］22号），统一布置了各级地方政府的法规清理工作。2001年8月30日，外经贸部召开了外经贸法规、规章清理工作座谈会，召集地方政府外经贸主管部门座谈法规清理工作的开展。根据两办文件，外经贸部于2001年11月5日向地方外经贸主管机关下发了《关于适应我国加入世界贸易组织进程，清理地方性外经贸法规、规章的通知》，对地方外经贸主管机关法规清理工作的开展作出了具体指导。从而保证地方各级政府的相关政策措施符合我国作出的承诺，确保在全国实行统一的外经贸法律制度，并促进外经贸事业的蓬勃发展。

外经贸法律、法规、规章和其他规范性法律文件，是我国外经贸体制的基础，是我国社会主义市场经济法律制度的重要组成部分。随着加入世贸组织和我国外经贸事业的发展，现行的外经贸法律体系需要全面充实、调整和完善。我们要坚持与时俱进、开拓创新的精神，紧紧围绕外经贸中心工作，把进一步完善外经贸法律体系同我国改革开放大局结合起来；同外经贸体制改革的重大决策结合起来；同外经贸发展实际结合起来，逐步建立起适应社会主义市场经济需要，符合中国国情，符合WTO规则要求，统一、完备、透明的对外经济贸易新的法律体系。

加入世界贸易组织：中国经济和社会发展的契机

对外贸易经济合作部世界贸易组织司

2001年11月10日，在卡塔尔首都多哈举行的世界贸易组织（世贸组织）第四届部长级会议，通过了《关于中国加入世界贸易组织的决定》。12月11日中国正式成为世贸组织成员。

加入世贸组织，是党中央、国务院在经济全球化加速发展的新形势下作出的重大战略决策，是我国新世纪改革开放的新起点。加入世贸组织，是我国改革开放和现代化建设的历史必然，标志着我国的对外开放从此进入一个新阶段，由有限范围和领域的对外开放，转变为全方位的对外开放；由以试点为特征的政策性开放，转变为法律框架下可预见的开放；由单方面为主的自我开放，转变为与世贸组织成员之间的相互开放。这对促进我国经济社会发展具有重大的现实意义和深远的历史意义，是一个难得的契机。

一、中国在世贸组织中的基本权利和义务

每一个成员在世贸组织中的权利和义务都全面地反映在乌拉圭回合协议和其他相关协议当中。概括而言，作为世贸组织的成员，我国享有的权利主要有以下方面：

（一）享受世贸组织所有成员提供的最惠国待遇。各成员将逐步取消对我国的歧视性限制。我国可以在最惠国待遇原则下进行国际贸易，享受其他国家和地区开放市场的好处，开拓国际市场，扩大货物和服务出口。

（二）享受世贸组织所有成员提供的国民待遇。我国货物进入各成员市场，享受与所在国（地区）产品相同的待遇；我国服务和投资进入各成员市场，也按照各成员在世贸组织中的承诺，享受与所在国（地区）企业相同的待遇。这有利于发挥我国的比较优势，更好地实施“走出去”战略，发展与各国和地区的经贸往来与合作。

（三）直接参与国际多边贸易新规则的制定。充分发挥我国在国际政治、经济事务中的作用，维护我国的正当权益。

（四）获得稳定、透明、可预见的多边贸易体制的保障。利用世贸组织争端解决机制，解决与世贸组织成员贸易和投资方面的纠纷，扩大我国处理对外经贸关系的回旋余地。

我国在世贸组织中承担的义务主要是：

（一）遵守非歧视原则。对进入我国的进口货物给予国民待遇和最惠国待遇。对进入我国的服务以及与贸易有关的投资措施，将履行我国加入世贸组织承诺中有关非歧视待遇原则。

（二）将关税逐步降低到发展中国家的水平。到2005年，我国关税总水平将从2000年的15.6%逐步降到10%以下。逐步减少和取消对进口产品的许可证和配额等非关税措施。

（三）逐步开放服务贸易。有步骤地允许外商进入我国电信、银行、保险、证券及分销等服务领域。

（四）废除和停止实施与世贸组织规则相抵触的法律、法规和规章。改革外贸管理体制，放开外贸经营权，实施统一、透明的外贸政策。

我国作为发展中国家，按照逐步开放的原则，履行市场准入的义务，保留了一定的过渡期。对部分重要产品的进口实施关税配额管理，配额内实行低关税，配额外实行高关税。银行、保险、电信等行业按时间和地域逐步开放，基础电信、寿险、证券、影院、汽车等领域设立外商投资企业，控制外商投资比例。

二、加入世贸组织的利弊分析

加入世贸组织是我国改革开放的需要，也是我国参与经济全球化的大势所趋。加入世贸组织对我国经济和社会的发展有利有弊，但总的看来是利大于弊，符合我国根本利益。

第一，加入世贸组织为我国国民经济和对外经贸关系的发展营造了一个有利的国际环境。

加入世贸组织，能够使我国在世贸组织每个成员提供的多边、稳定、无条件的最惠国待遇原则下进行国际贸易，可以享受其他国家和地区贸易自由化的好处。这对我扩大出口，发展我国具有比较优势（如纺织品、家电等）的产业，都有很大的促进作用。同时，随着我国对外开放投资领域的扩大和对外商投资企业提供国民待遇，将创造更为宽松、透明、稳定的投资环境，从而有利于我国进一步吸收外资。我国承诺按照国际规则办事，承诺开放市场，也有利于树立中国开放、负责任的大国形象。同时，我国可以利用世贸组织争端解决机制，避免与美国及其他国家因为贸易问题发生正面冲突和对抗，有利于经济贸易关系的非政治化，有利于创造稳定的外部环境和赢得更多的海外市场。

第二，加入世贸组织有利于加快我国的改革开放进程。

加入世贸组织以来，我国正参照国际通行的经济贸易规则，调整和完善社会主义市场经济的法律体系，各级政府部门也要对原有的经济管理方式进行必要的调整。这从总体上有助于我国社会主义市场经济体制的建立和完善，创造平等竞争的机制和规范有序的市场环境，实现资源的合理配置，进而推进我国的经济改革进程。加入世贸组织后，我国进一步扩大市场开放程度，这使我国能够更加充分地利用国际国内两个市场、两种资源，提高对外开放的质量和水平，有利于实现党的十五大提出的全方位、多层次、宽领域的对外开放格局。

第三，加入世贸组织有利于加快国内产业结构调整。

加入世贸组织后，根据世贸组织的规定和我国承诺的市场开放义务，外国的商品、服务正越来越多地进入我国的市场。我国企业正在做好迎接这一挑战的准备，通过改革，变压力为动力，吸收国外先进的管理经验，改善我国企业的管理水平，从而推进现代企业制度的建立，促进我国产业结构的调整和升级，提高有关产业和服务业的国际竞争力，增强我国的经济实力。

第四，加入世贸组织有利于我国参与经济全球化。

经济全球化是当今国际经济发展的趋势，为了适应这一形势，我国需要寻求稳定、透明、可预见的多边贸易体制提供的保障，以便更加有效地参与全球性生产和国际分工，成为世界经济的组成部分，并可以在参与经济全球化过程中更好地趋利避害，发展自己。加入世贸组织也有利于加强与跨国公司的合作。跨国公司是经济全球化的主要动力，只有承诺按照国际规则办事，才能提高跨国公司与中国合作的信心；只有承诺开放市场，跨国公司才有与中国合作的动力；只有加强中国企业与跨国公司的合作，中国才能成为世界经济主流的一部分。

在我国获得这些益处的同时，加入世贸组织也将带来一些挑战。如果处理不好，有可能在短期内给经济发展造成一定影响。

第一，我国经贸管理工作将在一定程度上受到世贸组织规则的制约。我国虽然已进行了广泛的经济体制改革，但在尚未完成向社会主义市场经济过渡的情况下，全面履行世贸组织的义务，有可能对我经济贸易管理产生一定的困难，这无论在观念上还是在体制上都要有一定变化，政府机关和企业管理人员的工作方式需要适应新的形势。以电信服务为例，合资企业进入市场后，市场情况会更加复杂，如何规范管理电信市场，确保信息安全，将会出现很多新的问题，加大政府主管部门对信息监管的难度。

第二，加入世贸组织后，我国内企业正面临更激烈的竞争。过去在市场开放方面，我国多是采取自主开放的方式，加入世贸组织后，我国要遵守世贸组织各项协议中关于市场准入的规则，履行我们在谈判中作出的承诺，这对我们开放市场的速度和步骤都会形成一定的压力。虽然我们在谈判中争取了尽可能长的过渡期，但是，随着更多的外国产品和服务进入我国，我国企业将面临更加激烈的竞争，特别是那些成本高、技术水平低和管理落后的企业，将面临更加严峻的挑战。

举例来说，对于家电、纺织、服装、初级电子和机械设备产品等几类劳动密集型制造业，降低关税、开放市场对其影响不会很大。在中国加入世贸组织后，这些生产部门将获得较大的发展机遇。但为了继续保持现有的优势、进一步挖掘潜在的利益，我们必须继续加强企业的内部管理，拓展国际市场营销渠道，更加自觉地以国际惯例来提高经营水平。

而对于大部分资本和技术密集型的制造业，如高科技的通信、电子、生物制品以及汽车等，发达国家的比较优势相当明显。加入世贸组织之后，从发达国家进口这些高端技术产品的关税下降，国内市场开放，直接的结果是这些产品在国内市场的价格下降，无疑会对国内生产同类产品的制造业部门造成比较大的压力，同时非关税措施的逐步取消也将使这些制造部门面临更激烈的竞争。如果不能抓紧时间进行调整，就有可能对国内不具备竞争力的产业形成冲击。因此，各行各业都应及早采取有力的措施，提高市场竞争能力和抵御风险的能力。

第三，多边争端解决可能出现对我不利的结果。由于我国市场经济有待完善，加上管理上的混乱，我国的某些政策规定和企业行为会存在一些与世贸组织规则不一致的地方，再加上长期以来我们严重缺乏这一方面通晓法律、世贸组织规则和外语的复合型人才，因此，未来发生贸易纠纷后，我们可能在世贸组织的争端解决机制中“输官司”。我们需要投入相当的人力和物力，应付其他成员对我提出的起诉。目前已经有多起发展中国家告败美国的先例出现，这是一个令人鼓舞的发展趋势。但同时，我们也必须清醒地看到，作为世贸组织的成员，谁都有可能被另一成员“告上法庭”，尤其是那些存在较多与世贸组织规则不符的法律、法规和政策的国家和地区。

总之，加入世贸组织在带来机遇的同时，也带来一些挑战和压力。但只要我们高度重视，早做准备，压力可以通过改革转化为增强实力、促进经济发展的动力。我们完全有可能、有能力迎接挑战、战胜困难，把不利的影响减少到最小程度。

三、把握契机，做好工作

我国加入世贸组织，标志着对外开放进入了一个新阶段。我们要以积极的姿态，在更大范围和更深程度上参与国际经济合作与竞争，切实做好加入世贸组织第一年的各项工作（摘自朱镕基2002年3月全国人大九届五次会议上所作的《政府工作报告》）。

第一，坚持以经济建设为中心，不断提高我国的综合国力。

我们能否抓住加入世贸组织带来的契机，促进经济和社会的发展，关键取决于我们自身的努力。要使我们的国家和民族在新世纪的国际竞争中处于较为主动的地位，最根本的还是要发展自己、增强综合国力。我们能否应对加入世贸组织可能带来的挑战，归根到底，是要看我们是否能够发挥自身优势，增强国民经济的整体素质和国际竞争力。

今后一段时期，是我国实现第三步战略目标的关键时期，也是做好加入世贸组织各项工作的关键时期。全国人大九届四次会议通过的《国民经济与社会发展第十个五年计划》，对我国经济和社会发展作出了总体部署，描绘了宏伟蓝图。当前，全国上下都在按照“十五”计划确定的目标和任务，抓紧工作，加快推进经济结构的战略性调整，努力提高国民经济整体素质。这是增强我国综合国力和国际竞争力的重要保证，也是我们做好加入世贸组织应对工作的根本保证。加入世贸组织后，我们能否在多边贸易体制中发挥作用、发挥多大作用，关键在于我们的经济实力，只要全面实现“十五”计划确定的经济和社会发展目标，不断提高我国的综合国力和国际竞争力，我们就能在世贸组织中发挥更大的作用，才能充分利用加入世贸组织的机遇，迎接挑战。

第二，抓住世界经济结构调整的机遇，积极参与经济全球化。

当今世界，经济全球化加速发展，科学技术日新月异，世界经济结构正在经历一个深刻的调整过程。我们要抓住这次机遇，大力实施科教兴国战略、西部大开发战略和“走出去”的开放战略，提高我国的竞争力，促进国民经济持续稳定健康发展。只有这样，我们才能够适应加入世贸组织的新形势，确保加入世贸组织利大于弊。

第三，完善涉外经济法律法规体系，进一步推进法制建设。

前一阶段，各地区、各部门在清理、修订和完善涉外经济法律法规方面做了大量工作。目前，全国性的相关法规、规章的清理工作已基本完成，废止、修改和制定了一批法律法规。今后，各部门、各地方制定有关涉外经济法律法规和政策措施，都要与国家法律法规保持一致，自觉维护国家法律政策的权威性、统一性，不能自行其事、政出多门、相互矛盾。同时，进一步提高透明度，凡属应该公布的，一律在对外公布后方可实施。

第四，加快转变政府职能，提高依法行政水平。

加入世贸组织，政府管理体制和行为方式受到的冲击和挑战最为直接、最为突出。因此，加入世贸组织后，政府部门在思想观念、管理体制、工作方式、办事效率等方面都要进行深刻变革。当前，要将规范政府行为放在重要位置，要依法行政。政府部门要依据公开的、统一的法律法规来行使管理经济的职能，不断完善行政环境。要从加快政府职能转换的角度，依据合理性、有效性、公开性和责任性等原则，对现有的各种审批进行一次系统清理。保障国家法制统一和政令畅通，建立统一、开放、公平竞争的国内市场环境。加快行政程序立法，加强对行政行为的程序监督，从而规范政府行政权力，提高政府行政过程的民主性和透明度，减少行政腐败，克服官僚主义。

第五，加强世贸组织贸易争端的应诉和起诉工作。

加入世贸组织后涉及我国的贸易争端可能会明显增多。要认真研究世贸组织争端解决机制，抓紧建立产业安全保障体系，完善反倾销、反补贴和保障措施立法，加强反倾销应诉和起诉工作，合理保护国内产业和市场；加快建立产品认证制度，制定质量、安全、卫生和环保等标准，加强对进口产品的检验检疫和疫情监控，防止有害物质和生物入境。

第六，进一步加快人才培养，加强人才队伍建设。

做好加入世贸组织的各项工作，人才是关键。要加快培养精通世贸组织规则的专业人才，包括国际贸易专家、法律专家、谈判专家、反倾销调查专家等，以便处理好加入世贸组织后大量和复杂的涉外经济贸易事务。

中国：权利与义务

编者按：本文介绍《中华人民共和国加入议定书》中规定的我国加入世界贸易组织后的主要权利和义务。

中国的权利

一、全面加入世界多边贸易体系，享受最惠国待遇

1. 世贸组织最基本的原则是最惠国待遇。最惠国待遇即一成员将在货物、服务和知识产权领域给予任何另一WTO成员的优惠都将立即无条件地给予其他成员方。我国加入世贸组织后可充分享受多边的无条件的最惠国待遇。

2. 全面参与制定全球贸易规则，维护我国的经济利益。

3. 全面参与贸易政策审议，对美、欧、日、加等重要贸易伙伴的贸易政策进行质询和监督，敦促其他WTO成员履行多边义务。

4. 在其他WTO成员对我国采取反倾销、反补贴和保障措施时，可以在多边框架下进行双边磋商，增加解决问题的渠道。

5. 充分利用WTO争端解决机制来处理双边贸易争端，避免某些双边贸易机制对我国的不利影响。

二、有助于中国的贸易关系非政治化

中国的对外贸易很多是通过双边贸易协定来实施的，很容易被一方所撤销。加入世贸组织后，有助于将中国的贸易置于一整套多边规则之下，使中国的贸易伙伴都遵守这些规则。违反双边协定只是中国与当事国之间的事情。而违反世贸组织规则，则可被其他成员视作全体世贸组织成员共同的事情。

三、获取其他成员的政策信息

透明度是世贸组织的一项重要原则。该原则要求成员方应公布其所制定和实施的贸易措施及其变化情况，不公布的不得实施，同时要通知WTO。它包括公布有关贸易政策、法律法规，使其他WTO成员和商业界了解。加入世贸组织后我国可以方便地获得其他成员的政策信息，有利于更好地帮助企业进入国际市场。

四、对国内产业提供必要的支持

我国保留了对国内产业进行与WTO规则相符的补贴的权利，具体包括：

1. 地方预算提供给某些亏损国有企业的补贴；

2. 经济特区的优惠政策（不含上海浦东地区）；

3. 经济技术开发区的优惠政策；

4. 上海浦东经济特区的优惠政策；

5. 外资企业优惠政策；

6. 国家政策性银行贷款；

7. 用于扶贫的直接拨款和贷款；

8. 技术革新和研发基金（赠款或贷款）；

9. 用于水利和防洪项目的基础设施基金（赠款）；

10. 用于产品的关税和国内税退税；

11. 关税和进口税减免；

12. 对特殊产业部门提供的低价投入物；

13. 对某些林业企业的补贴（增值税退税）；

14. 高科技企业所得税减免；

15. 对废物利用企业的所得税减免；

16. 贫困地区企业所得税减免；

17. 技术转让企业所得税减免；

18. 受灾企业所得税减免；

19. 为失业者提供就业机会的企业的所得税减免；

20. 向政府鼓励的领域投资的企业进口技术和设备免除关税和增值税。

五、利用国营贸易和指定经营实施进口调控

我国保留了对粮食、棉花、植物油、食糖、原油、成品油、化肥和烟草等8种产品的国营贸易进口权；保留了对茶叶、大米、玉米、大豆、钨及钨制品、煤炭、原油、成品油、丝、棉花等商品的国营贸易出口权。指定经营产品包括天然橡胶、木材、胶合板、羊毛、腈纶和钢材。

六、维持国家定价和政府指导价的权利

我国保留了对重要的产品及服务实施国家定价和政府指导价的权利。

1. 对烟草、食盐、天然气、药品等产品和民用煤气、水、电力、热力、灌溉用水、邮电、旅游景点门票、教育等服务保留国家定价的权利。

2. 对粮食、植物油、成品油、化肥、蚕茧、棉花等产品和运输、专业服务、服务代理、银行结算、清算、住宅销售和租用、医疗服务等服务保留政府指导价的权利。

3. 在向WTO秘书处作出通报后，增加国家定价和政府指导价的产品和服务。

七、保留征收出口税的权利

我国保留了对鳗鱼苗、铅、锌、锡、锑、锰铁、铬铁、铜、镍、铝等共84个税号的资源性产品征收出口税的权利。

八、保留对进出口商品进行法定检验的权利

我国保留了现行体制下对进出口商品进行法定检验的权利。

九、获得开放市场和法规修改的过渡期

在加入谈判中，我国争取到了实施承诺的过渡期，包括：

1. 关税减让实施期最长到2008年。

2. 对农产品和化肥的关税配额实施期分别到2004年和2006年。

3. 逐步取消400多项WTO成员已不再保留的非关税措施（包括配额、许可证、特定招标等），非关税措施最迟可在2005年取消（即整车及零部件）。

4. 服务贸易承诺在加入后1年至3年内实施。

5. 在我国违反国民待遇的一些措施上（如药品、酒类、化学品等），将保留1年的过渡期，以修改或废除相关法规；在进口烟草实施单独许可证方面，将有2年过渡期，以修改相关法规。

6. 在放开贸易权（外贸进出口权）的问题上，享有3年过渡期。

加入WTO后中国关税配额保留清单

（单位：万吨）

商品名称*	保留至	国营贸易比例（%）	最初配额量	最终配额量	配额内税率（%）	配额外税率（%）
小麦（6）	2004	90	788.4	963.6	1—10	65
玉米（5）	同上	60	517.5	720.0	1—10	65
大米（中短粒7）	同上	50	166.3	266.0	1—9	65
大米（长粒7）	同上	同上	同上	同上	同上	65
食糖（6）	同上	70	168.0	194.5	15	50
羊毛（6）	同上	—	25.3	28.7	1	38
棉花（2）	同上	33	78.8	89.4	1	40
豆油（2）	2005	同上	211.8	358.7	9	19.9
棕榈油（1）	同上	同上	210.0	316.8	同上	同上
菜子油（2）	同上	同上	739.2	1 243.0	同上	同上

*括号内数字表示所涉及到的税号数。

加入WTO后我国继续实行配额许可证管理的进口商品

商品名称	税号或说明	保留期限
小轿车、越野车	涉及31个税号	2005年
大客车、小客车	涉及4个税号	同上
成品油	涉及8个税号	2004年
油、气船	涉及9个税号	同上
各种货船	涉及11个税号	同上
天然橡胶、汽车轮胎	涉及6个税号	同上
内燃机	14kv以上180马力以下	同上
各种货车（除公路自卸车）	涉及6个税号	同上
起重车	涉及6个税号	同上
推土机和侧铲推土机	320马力以上	同上
机动压路机	84294019	同上
带发动机的起重机底盘	87060040	同上
含驾驶室的车身	87071000	同上
摩托车和机动脚踏车	涉及6个税号	同上

加入WTO后我国继续实行配额许可证管理的进口商品（续）

商品名称	税号或说明	保留期限
摩托车零件	87141900	同上
数控机床	84563010	同上
金属加工中心	涉及7个税号	同上
机械零件平衡试验机	90311000	同上
混凝土搅拌机	84743100	同上
公路牵引车	87012000	同上
10座以上机坪客车	87021020	同上
其他大客车、小客车	涉及2个税号	同上
内燃发动机	涉及6个税号	2003年
照相机	涉及4个税号	同上
手表	涉及6个税号	同上
氢化钠	28371110	2002年
化肥	涉及16个税号	同上
轮胎	涉及3个税号	同上
载客电梯	84281010	同上
18吨以上压路机	84294011	同上
造纸设备	涉及3个税号	同上
非数控机床及锻锤	84621090	同上
塑料成型机	84775900	同上
烟草加工机	84781000	同上
沥青混凝土摊铺机	84791021	同上
混凝土摊铺机	84791022	同上
机动工作车辆	涉及13个税号	同上
机动货车	涉及3个税号	同上
注模、压模模型	涉及2个税号	同上
传真机	85172100	同上
音频扩大器	85184000	同上
录像机	涉及4个税号	同上
其他音像设备	涉及16个税号	同上
通信设备	涉及7个税号	同上
防盗、防火报警器	85311090	同上

十、有条件有步骤地开放服务贸易领域并进行管理和审批

我国保留了对服务贸易进行有条件、有步骤、自主开放并在维护国家经济安全的前提下，根据WTO规则和我国法律，依法进行管理和审批的权利。

1. 电信：只允许合资形式，外方不得控股；在开放时间和地域问题上享有一定过渡期；所有国际长途业务必须通过中方电信管理当局控制的国际出入关口进行，以保持对消息流的管理和控制。

2. 银行：限制外资银行同城营业网点的数量，控制外资银行的业务量，避免出现在本币业务开放后存款大量向外资银行流失的风险；5年过渡期后才允许外资银行向中国企业和个人提供本币业务，以便国有银行有时间作出必要调整。

3. 保险：只允许设立合资寿险公司，且外资比例不得超过50%；外国保险公司申请在华设立营业机构必须满足一系列条件，如超过30年的历史经营经验、设立驻华代表处2年以上、提出申请前一年的总资产不低于50亿美元等。

4. 证券（资本市场）：不允许外资从事国内股票（A股）交易；合资基金管理公司的外资比例不得超过49%。

5. 音像服务：不允许外资公司在中国生产任何音像制品，只允许成立中外合作企业销售我国主管机关审查过的音像产品，以保证我国政府对文化市场的管理权。

6. 分销服务：对一些敏感的重要产品保留了实施限制的权利，如：烟草、盐不允许外资经营；汽车、书报杂志、药品、农药、农膜、成品油、化肥和其他指定经营产品，超过30家分店的连锁店不允许外资控股。

7. 在服务贸易方面的市场准入和国民待遇承诺只是一个允许的概念，我国保留了对外资企业从事相关业务的审批权。

中国的义务

一、货物贸易方面

（一）关税减让

中国在加入世界贸易组织议定书中承诺，我国关税总水平将由2001年的14%降到2005年的约10%，其中工业品将由13%降至约9.3%，农产品将由19.9%降至约15.5%。农产品关税减让承诺的实施到2004年结束，98%的工业品关税减让则将到2005年结束，但汽车及其部件的关税将到2006年7月1日分别降至25%和10%，部分化工品的关税减让则到2008年结束。中国加入《信息技术协议》（ITA），承诺在2005年前全部取消所有信息技术产品的关税及所有其他税费。另外中国将不再对进口木材和纸制品实行差别税率①。

加入WTO后中国关税走向

年份	关税总水平	工业品平均	农产品平均
2001	14.0	13.0	19.9
2002	12.7	11.7	18.5
2003	11.5	10.6	17.4
2004	10.6	9.8	15.8
2005	10.1	9.3	15.5
2006	10.1	9.3	15.5
2007	10.1	9.3	15.5
2008	10.0	9.2	15.1

① 中国的进口关税分普通税率和优惠税率两种。优惠税率适用于原产于与中国订有关税互惠协定的国家和地区的进口产品，普通税率适用于其他来源的进口产品。

（二）非关税措施减少

我国承诺按照世贸组织的规定，在2005年1月1日前取消400多项产品的非关税措施（配额、许可证和特定招标），并承诺今后除非符合世贸组织规定，否则不再增加或实施任何新的非关税措施。我国承诺自加入起即取消一些产品的关税配额，实行单一关税。有关的产品包括大麦、大豆、油菜子、花生油、葵花油、玉米油和棉子油。

（三）放开贸易经营权

加入世贸组织3年后，我国将取消贸易权审批制。所有在华企业依法注册后即可获得贸易权（国营贸易和指定经营产品除外）。中资企业获得贸易权的最低注册资本在3年过渡期内逐年降低，第一年为500万元人民币，第二年为300万元人民币，第三年为100万元人民币。自加入后第二年开始，外资占少数股的合资企业可获得完全的外贸经营权，自加入后两年起，外资占多数股的合资企业可获得完全的外贸经营权。仅获得外贸权的进口商还不能在中国国内从事进口货物分销业务。分销服务将依照中国在服务贸易总协定项下的承诺减让表进行。

（四）废除部分补贴

我国承诺要逐步取消的补贴有：

1. 中央预算提供给某些亏损国有企业的补贴；

2. 以出口业绩为基础优先获得贷款和外汇；

3. 根据汽车生产的国产化率给予优惠关税税率。

（五）接受世贸组织贸易制度审议机制的审议

根据世贸组织透明度原则要求，世贸组织每一成员应定期向审议机构报告。中国在加入世贸组织后8年内，每年都要接受世贸组织总理事会的政策审议，向审议机构提供的信息包括：经济数据、经济政策、政策制定和执行的体制、影响货物贸易的政策、影响服务贸易的政策和影响与贸易有关的知识产权的政策。

二、服务贸易方面

（一）水平承诺

水平承诺是指涉及所有服务部门的市场准入和国民待遇承诺。在市场准入方面，按照我国有关规定，外资在股权式合资企业中的比例不得少于该合资企业注册资金的25%。对于外国企业在中国设立分支机构，有关法律正在制定中，因此未作专门承诺，除非在个别分部门中有具体规定。中国允许外资企业设立代表处，但代表处一般不得从事任何盈利性活动，但对法律服务（不含中国法律业务），会计、审计和簿记服务，税收，管理咨询服务等部门有特别的例外规定。在自然人流动方面，对于来自世贸组织成员的公司，已在中国设立代表处、分公司或子公司的，其经理、高级管理人员和专家等高级雇员，应按有关合同的条款，给予其长期居留或首期居留3年（以时间短者为准）；作为公司的临时调任人员，应允许其首期入境停留3年。其他非常驻人员的入境期限为90天。

（二）具体服务部门的承诺

1. 商业服务

A. 专业服务

a. **法律服务（不含中国法律业务）**——从加入世贸组织之日起1年内，只允许一外国律师事务所在中国设立一个代表处（对代表人选资格也有具体规定）从事特定业务①的盈利性活动，代表处只能设在特定的19个城市②。地区和数量限制将在加入世贸组织1年后取消。所有代表每年在华居留的时间不得少于6个月。代表处不得雇佣中国的国家注册律师。

b. **会计、审计和簿记服务**——合伙或有限责任事务所只限于中国主管机关批准的注册会计师（现有合作事务所不受此限制）。给予通过中国国家注册会计师资格考试的外国人执业许可并给予国民待遇。

c. **税收服务**——仅限于合资企业形式，允许外资拥有多数股权。加入后6年内，允许外国公司设立独资公司。

d. **建筑设计**——包括工程、集中工程、城市规划（城市总体规划除外）。对于方案设计没有限制。要求与中国专业机构进行合作，方案设计除外。仅限于合资企业（允许外资占大股），加入5年后允许外商独资。外国提供服务者应为从事建筑工程或城市规划服务的注册建筑师、工程师或企业。

e. **医疗及牙医服务**——允许成立合资医院、诊所（允许外商占大股，有数量限制）。外国执业医生可在中国提供短期医疗服务，服务期6个月，并可延长到1年。合资医院或诊所的大部分医生应拥有中国国籍。

B. 计算机及相关服务

a. 与计算机硬件安装有关的咨询服务：注册工程师或具有学士以上学位，拥有该领域3年以上工作经验。

b. 软件实施、软件和软件咨询、系统分析、系统设备、编程、系统维护、数据处理、输入准备和数据处理和制表：限于合资企业（外商可持大股）；注册工程师或具有学士以上学位，拥有该领域3年以上工作经验。

C. 房地产服务

a. 涉及自由或租赁房地产的服务：公寓和写字楼等高标准房地产项目（豪华饭店除外），不允许外商独资。

b. 以收费或合同为基础的房地产服务：仅限于合资企业（允许外商占大股）。

D. 其他商业服务

a. **广告服务**——仅限于通过在中国注册的有权提供外国广告服务的广告代理；允许在中国成立合资企业，外资不超过49%；加入2年后允许外资占大股，4年后允许外商独资。

---

① 从事本国及国际公约方面的法律咨询，接受中国客户或律师事务所委托在中国境外的有关法律事务，代表中国境外的客户委托中国律师事务所处理中国法律事务并指导受托方工作，同中国律师事务所签定相互委托长期合同，提供中国法律环境影响的信息。

② 北京、上海、广州、深圳、海口、大连、青岛、宁波、烟台、天津、苏州、厦门、珠海、杭州、福州、武汉、成都、沈阳和昆明等。

b. **管理咨询**——允许合资，外资可占大股。加入6年后外商可独资。

c. **技术测试和分析及某些货物检验**(不包括货物检验服务中的法定检验服务）——允许已在本国从事此类业务3年以上的外国公司与中国同行合资，注册资本不少于35万美元，加入2年后允许外资占大股，4年内允许外商独资。

d. **与农业、林业、狩猎和渔业有关的服务和相关技术咨询**——允许合资，外资可占大股。

e. **近海石油服务**——仅限于以与中国合资伙伴合作开采石油的方式。

f. **陆上石油服务**——只允许同中国石油天然气总公司在指定区域合作开采。为此要求外方在中国适当地点设立一分公司、子公司或代表处，并在特定的银行开户。外方向中方提供经营管理方面的详细报告，以及各种技术资料，如数据、样品和凭证及其他原始信息。中方向外方支付服务费，并拥有上述成果的所有权。

g. **摄影服务**——允许合资，外资可占大股。

h. **包装服务**——允许合资，加入1年内允许外资占大股，3年内允许外商独资。

i. **会议服务**——允许合资，外资可占大股。

j. **笔译和口译**——允许合资，外资可占大股。具有3年笔译或口译经验，熟练工作语言。

k. **维修、办公机械和设备（包括计算机）维修和租赁服务**——允许开办合资企业，1年后允许外资占大股，3年内允许外商独资。租赁服务提供者的全球资产应达到500万美元。

2. 通信服务

A. 速递（现由中国邮政部门依法专营的服务除外）

允许合资，外资不超过49%，1年内允许外资占大股，4年内允许外商独资。

B. 电信①

a. **增值电信**(电子邮件、语音邮件、在线信息和数据检索、电子数据交换、增值传真、编码和规程转换、在线信息和/或数据处理＜包括交易处理＞）——允许外国服务提供者在上海、广州和北京设立合资增值电信企业，并在这些城市内提供服务，合资企业中的外资不得超过30%。加入1年内，地域范围扩大到17个城市②，外资持股比例增加到不超过49%；加入2年内取消地域限制，外资不超过50%。

b. **基础电信**③

①**寻呼**——允许外国服务提供者在上海、广州和北京设立合资企业，并在这些城市内及其之间提供服务，合资企业中的外资不得超过30%。加入1年内，地域范围扩大到17个城市④，外资持股比例不超过49%；加入2年内取消地域限制，外资不超过50%。

②**移动语音和数据服务（模拟/数据/蜂窝和个人通信）**——加入时允许外国服务提供者在上海、广州和北京设立合资企业，并在这些城市内及其之间提供服务，合资企业中的外资不得超过25%。加入1年内，地域范围扩大到17个城市⑤，外资持股比例增加到不超过35%；加入3年内外资不超过49%；加入5年内取消地域限制。

③**国内业务**(话音、分组交换数据传输业务、电路交换数据传输业务、传真、国内专线电路租用）

④**国际业务**(话音、全组交换数据传输业务、电路交换数据传输业务、传真、国际闭合用户群话音和数据）

加入后3年内，允许外国服务提供者在上海、广州和北京设立合资企业，并在这些城市内及其之间提供服务，合资企业中的外资不得超过25%。加入后5年内，地域范围扩大到17个城市⑥，外资持股比例增加到不超过35%；加入6年内外资不得超过49%，取消地域限制。

C. 视听⑦

a. **录像、录音制品的分销，包括娱乐软件**——自加入时起，允许外商在不损害中国对音像制品内容审查权的情况下同中国同行合作，从事音像制品分销（电影除外）。

3. 建筑及相关工程服务

允许合资，外资可占大股。加入3年内允许外商独资，但外商独资企业所从事的业务范围有限，具体包括：全部由外商投资或者外国赠款建设的项目，国际金融机构资助的项目（根据贷款条件招标)，外资超过50%的项目和中国建筑企业因技术困难不能独立完成的项目（外资可少于50%），完全由中国投资但中国建筑企业难以独立完成的项目（需省政府批准）。

4. 分销服务⑧

A. 佣金代理和批发⑨(不包括盐和烟草）

加入后1年内，可设立合资企业，从事绝大多数进口和国产产品的佣金代理业务和批发业务，加入后3年内放开图书、报纸、杂志、药品、农药和农膜的分销，5年内放开化肥、成品油和原油的分销。加入后2年内，取消地域和

① 除市场准入承诺和国民待遇承诺外，我国还承担减让表附件1中《参考文件》所包含的义务。

② 新增城市有成都、重庆、大连、福州、杭州、南京、宁波、青岛、沈阳、深圳、厦门、西安、太原和武汉。

③ 除市场准入承诺和国民待遇承诺外，我国还承担减让表附件1中《参考文件》所包含的义务。

④ 新增的14个城市同上。

⑤ 新增的14个城市同上。

⑥ 新增的14个城市同上。

⑦ 除市场准入承诺和国民待遇承诺外，我国自加入之日起，在不损害国家有关电影管理法规的一致性的前提下，允许每年以分账形式进口20部电影，用于影院放映。

⑧ 除市场准入承诺和国民待遇承诺外，我国还允许外商投资企业分销其在中国生产的产品，包括在市场准入或部门、分部门所列产品，并提供附件2中定义的附属服务。另外我国也允许外商对其分销的产品提供附件2定义的全部相关附属服务，包括售后服务。

⑨ 对跨境交付方式下的限制不应损害WTO成员在《中国加入议定书》第5条中规定的贸易权。

数量限制，允许外资占大股；3年内取消限制，但对化肥、成品油和原油3种商品加入后5年内取消限制。

B. 零售(不包括烟草)

只承诺邮购；允许在5个经济特区和6个城市设立合资企业。在北京和上海的合资企业总数均不超过4家（设在北京的4家中有2家可在本市设分支机构），其他几个城市均不超过2家。加入时增加郑州和武汉，2年内增加所有省会城市和重庆、宁波，允许外资占大股。

产品方面，1年内增加图书、报纸和杂志，3年内增加药品、农药、地膜、成品油，基本取消限制。5年内增加化肥。另外，对于拥有超过30家连锁店的企业，凡经营汽车（5年后放开）和国营贸易产品和指定经营的，外资不得超过50%。

C. 特许经营

加入后3年内取消限制。

D. 无固定地点的批发或零售服务

加入后3年内取消限制。

5. 教育服务

包括初等、中等、高等、成人和其他教育（包括英语语言培训），不包括特别教育服务，如军事、警察、政治和党校教育：允许合作办学，外方可占大股；外国个人服务提供者受中国学校和其他教育机构邀请或雇佣，可入境提供教育服务；服务者的资格为学士以上学位、相应的专业职称证书、2年专业工作经验。

6. 环境服务

包括排污、固体废物处理、废气清理、降低噪音、自然和风景保护、其他环境保护和卫生服务，不包括环境质量监测和污染源检查：只允许环境咨询服务；允许合资企业提供环境服务，外资可以占大股。

7. 金融服务

A. 所有保险及其相关服务(包括寿险、健康险和养老金/年金险；非寿险；再保险和保险附属服务)

a. 允许再保险，国际海运、空运及陆运保险，大型商业险经纪及国际海运、空运和国内运输险经纪和再保经纪。

b. 保险经纪未承诺，其他没有限制。

c. 允许外资非寿险公司设立分公司或合资企业，外资可占51%股份；加入后2年内，允许外国非寿险公司设立独资子公司，取消企业形式限制。外资寿险公司自加入时可设立合资企业，外资可占50%，可自行选择合作伙伴。对于大型商业险经纪、再保险经纪，国际海运、空运和陆运保险和再保险经纪，自加入时起，允许合资，外资不超过50%，3年内外资股份可增加到51%，5年内将允许设立外资独资子公司。

允许保险公司随着地域限制的取消，设立内部分支机构。

d. 有关地域范围的规定是：加入时允许境外寿险和非寿险公司及保险经纪公司在上海等5个城市[①]；加入后2年内，增加到15个城市[②]；3年内取消地域限制。

e. 业务范围：自加入时起，允许外国非寿险公司提供无地域限制的“统括保单”[③]大型商业险保险；允许外国非寿险公司向境外企业提供保险，和向中国境内的外商投资企业提供财产险、相关责任险和信用险。加入后2年内，允许外国非寿险公司向国内外客户提供全部非寿险服务；允许外国保险公司向中外公民提供个人保险服务（非团体）。加入后3年内，允许外国保险公司向中外公民提供健康保险、团体保险和养老金/年金保险；自加入时起，将允许外国保险公司以分公司、合资企业或外国独资子公司的形式提供寿险和非寿险的再保险服务，无地域限制或发放营业许可的数量限制。但外国保险机构不得从事法定保险业务。要求外国保险公司就非寿险、个人事故和健康险等基本业务向指定的中国再保公司分保，具体分保比例为：加入时分保20%，加入后1年分保15%，加入后2年分保10%，加入后3年分保5%，加入后4年不再要求强制分保。

f. 设立外资保险机构的资格条件如下：1. 投资者应为在一世贸组织成员中有30年以上设立商业机构经验的外国保险公司；2. 连续2年在中国设有代表处；保险公司的总资产在提出申请的前1年末不低于50亿美元；保险经纪公司的总资产应不低于5亿美元，加入后1年内，其总资产不低于4亿美元；加入后2年内，总资产应不低于3亿美元；加入后4年内，总资产应超过2亿美元。

B. 银行及其他金融服务(不包括保险和证券)[④]

提供和转让金融信息、金融数据处理以及与其他金融服务提供者有关的软件；就银行服务活动进行咨询、中介和其他附属服务，包括资信调查和分析，投资和证券的研究和建议，关于收购的建议和关于公司重组和战略制定的建议。

a. 外汇业务——自加入时起，允许境外金融机构在中国向所有客户提供外汇业务服务，外汇业务无地域限制。

b. 本币业务——本币业务在加入时先开放上海、深圳、天津和大连，以后逐年增加直至完全取消地域限制[⑤]。加入2年内，允许境外金融机构向中国企业提供服务，5年内向所有中国客户提供服务。获得在中国一地区从事本币业务许可的机构可向位于已开放此类业务的任何其他地区的客户提供服务。

加入5年内将取消所有限制所有权、经营及外国金融

---

① 其余4个分别是：广州、大连、深圳和佛山。

② 北京、成都、重庆、福州、苏州、厦门、宁波、沈阳、武汉和天津。

③ 指对同一法人位于不同地点的财产和责任进行统一承保的保单。

④ 除市场准入承诺和国民待遇承诺外，我国还允许境外金融租赁公司与国内公司在相同时间提供金融租赁服务。

⑤ 加入后1年内开放广州、珠海、青岛、南京和武汉；2年内开放济南、福州、成都和重庆；3年内开放昆明、北京和厦门；4年内开放汕头、宁波、沈阳和西安；5年内全部开放。

机构法律形式的任何非审慎性措施①，包括内地分支机构和营业许可的措施。

除关于本币业务的地域限制和客户限制外，外国金融机构可以和外商投资企业、非中国自然人、中国自然人和中国企业进行业务往来，无个案批准的限制或需要。

c. **资格条件**——①在提出申请的前一年末总资产超过100亿美元的境外金融机构可在中国设立外资独资银行或外资独资财务公司；②提出申请前一年末总资产超过200亿美元的外方银行可在中国设立分行；③提出申请前一年末总资产超过100亿美元的外方金融机构可在中国设立中外合资银行或中外合资财务公司；④在中国营业3年，且在申请前连续2年盈利的外方金融机构，可在中国从事本币业务。

d. **其他金融服务**——允许外国机构设立分支机构，经营批准仅为审慎性审批。

e. **证券**——外国证券机构可直接（不通过中国中介）从事B股交易。自加入时起，外方证券机构在中国的代表处可成为所有中国证券交易所的特别会员，可在中国设立合资公司，从事国内证券投资基金管理业务，外资最多可达33%；加入3年内，证券合资公司的外资可增加到49%，允许成立从事A股的承销、B股和H股及政府和公司债券的承销和交易，以及基金的发起，合资证券公司中的外资不超过1/3。经营批准仅为审慎性审批。

8. 旅游及相关服务

A. 饭店（包括公寓楼）和餐馆

允许建立合资饭店和餐馆，外资可占大股。加入4年内取消限制，允许外方独资。除水平承诺外，允许合资饭店和餐馆的外国经理、专家包括厨师和高级管理人员在中国提供服务。

B. 旅行社和旅游经营者

自加入时起允许年全球收入超过4 000万美元的旅行社和旅游经营者在北京、上海、广州、西安和中国政府指定的旅游度假区同中国同行合资开展业务。合资旅行社或旅游经营者的注册资本不得少于400万元人民币。加入3年内，合资者的注册资本降到不少于250万美元。加入3年后，允许外资占大股。加入6年内，取消合资者设立分支机构的限制，对合资者注册资本的要求与国内经营者相同，并允许外方设立独资子公司，地域限制也将届时取消。

业务范围：包括向国内外游客提供中国可提供的旅行和食宿服务，在中国境内提供导游，以及完成在中国境内的旅行支票兑现业务：合资或独资旅行社和旅游经营者不得从事中国公民出境及赴中国港、澳、台地区的旅游业务。

9. 运输服务

A. 海运服务②

包括国际运输（货运和客运），不包括沿海和内水运输。允许设立合资船运公司经营悬挂中国国旗的船队，外资不得超过合资企业注册资本的49%，合资企业的董事会主席和总经理由中方任命。

B. 辅助服务

a. **海运理货**——允许建立合资企业，外资可占大股。

b. **海运报关**——允许建立合资企业，外资可占大股。

c. **集装箱堆场**——仅限于建立合资企业，外资可占大股

d. **海运代理**——仅限于建立合资企业，外资不超过49%。

C. 内水运输

a. 货运——允许在对外国船舶开放的港口从事国际运输。

D. 航空运输

a. **航空器的维修**——允许设立合资公司，要求中方控股或处于支配地位（营业许可需进行经营需求测试）。合资或合作的航空器维修企业有义务承揽国际市场业务

b. **计算机订票系统**——外国计算机订票系统可同中国通航签定协议并根据协议进行系统相互连接，并向中国空运企业提供服务。另外，外国计算机订票系统可向外国航空公司在中国的代表处或营业所提供服务。中外空运企业的代理直接进入和使用外国计算机订票系统须经中国民航总局批准。

E. 铁路运输、公路运输

包括铁路货运，允许建立合资企业，外资不超过49%。加入1年内，允许外资在公路运输合资企业占大股；加入3年内，允许外资在铁路运输合资企业占大股，并允许设立公路运输外方独资企业；加入6年内允许建立铁路运输外方独资子公司。

F. 所有运输方式的辅助服务

a. **仓储服务**——加入时允许建立合资企业，外资不超过49%，加入1年内外资可占大股；加入3年内允许外方建立独资子公司。

b. **货物运输代理（不包括货检服务）**——加入时允许外国货运代理（至少有3年经验）在中国设立合资货运代理企业（经营期限不超过20年），合资企业注册资本不少于100万美元（经营1年且双方注册资本到位后，可设一分支机构，原注册资本应增加12万美元；中国加入后2年内，这一额外注册资本要求将在国民待遇基础上实施），外资不超过50%；加入1年内，允许外资占大股；加入4年内允许外方设立独资子公司。

外国货运代理公司在其第一家合资企业经营5年后，可设立第二家合资企业；中国加入WTO后2年内，这一要求减到2年。

（对外贸易经济合作部国际贸易经济合作研究院 WTO 研究中心）

---

① 即不包含经济需求测试或营业许可数量限制的审批。

② 除市场准入承诺和国民待遇承诺外，我国还允许下列港口服务以合理和非歧视条款和条件使国际海运提供者可获得：1. 领航。2. 拖带和牵引辅助。3. 物资供应、供油和供水。4. 垃圾收集和压舱废物处理。5. 驻港船长服务。6. 驻航设备。7. 船舶运营所必需的岸基运营服务，包括通信、水、电供应。8. 紧急修理设施。9. 锚地、泊位和靠泊服务。

大事记：中国与GATT/WTO

◆1948年3月24日，中国政府签署了在哈瓦那召开的联合国世界贸易和就业会议的最后文件，成为国际贸易组织临时委员会执行委员会的成员。

◆1948年4月21日，中国政府签署关贸总协定《临时适用议定书》，并从1948年5月21日正式成为关贸总协定缔约方。

◆1971年11月16日，第27届关贸总协定缔约方大会根据联合国大会1971年10月25日通过的2758号决议，决定取消台湾当局的缔约方大会的观察员资格。

◆1982年11月，中国政府首次以观察员身份派团列席关贸总协定第36届缔约方大会。

◆1982年12月31日，国务院批准我国申请参加关贸总协定的报告。

◆1985年11月6日，关贸总协定理事会通过中国的申请，决定给予中国关贸总协定理事会观察员地位。

◆1986年7月10日，中国驻日内瓦代表团大使钱嘉东代表中国政府正式提出申请，恢复中国在关贸总协定中的缔约国地位。

◆1987年2月13日，中国政府向关贸总协定秘书处提交了《中国对外贸易制度备忘录》，供缔约方审议。

◆1987年3月4日，关贸总协定中国工作组成立。

◆1987年6月17日，瑞士驻关贸总协定大使吉拉德出任中国工作组主席。

◆1987年10月22日，关贸总协定中国工作组第一次会议在日内瓦举行，确定工作日程。中国代表团团长为中国驻日内瓦代表团大使钱嘉东。

◆1988年2月23日至24日，关贸总协定中国工作组第二次会议在日内瓦举行，开始审议中国提交的《中国外贸制度备忘录》，并由中国代表团回答各缔约方提出的问题。中国代表团团长为经贸部部长助理沈觉人。

◆1988年4月26日至28日，关贸总协定中国工作组第三次会议在日内瓦举行，继续审议中国外贸制度。中国代表团团长为经贸部副部长沈觉人。

◆1988年6月28日至30日，关贸总协定中国工作组第四次会议在日内瓦举行，继续审议中国外贸制度。中国代表团代理团长为驻日内瓦代表团大使钱嘉东。

◆1988年9月27日至28日，关贸总协定中国工作组第五次会议在日内瓦举行，对中国外贸制度作补充答疑，并初步进入评估阶段。中国代表团团长为经贸部副部长沈觉人。

◆1989年2月28日至3月1日，关贸总协定中国工作组第六次会议在日内瓦举行，评估中国的外贸制度。中国代表团团长为经贸部副部长沈觉人。

◆1989年4月18日至19日，关贸总协定中国工作组第七次会议在日内瓦举行，完成了对中国外贸制度的评估。中国代表团代理团长为驻日内瓦代表团大使钱嘉东。

◆1989年12月12日，关贸总协定中国工作组第八次会议在日内瓦举行。中国代表团团长为经贸部副部长沈觉人。

◆1990年9月20日，关贸总协定中国工作组第九次会议在日内瓦举行，继续审议中国外贸制度，澄清治理整顿情况。

◆1992年2月13日，关贸总协定中国工作组第十次会议在日内瓦举行。会议决定在继续澄清中国外贸制度的同时，开始转入议定书问题的讨论。中国代表团团长为经贸部副部长佟志广。

◆1992年9月29日，关贸总协定理事会主席朱奇，根据中国与主要缔约方谈判达成的协议，就处理台湾省加入关贸总协定的问题发表声明。声明基本反映中国政府关于处理台湾省入关问题的三项原则，成为对缔约方有约束力的法律文件。

◆1992年10月21日至23日，关贸总协定中国工作组第十一次会议在日内瓦举行。中国代表团团长为经贸部副部长佟志广。工作组主席吉拉德提出非正式议定书框架讨论文件——“初步综合问题清单”，并建立了议定书非正式磋商机制。

◆1992年12月9日至11日，关贸总协定中国工作组第十二次会议在日内瓦举行，继续讨论“初步综合问题清单”。中国代表团团长为经贸部副部长佟志广。

◆1993年3月15日至17日，关贸总协定中国工作组第十三次会议在日内瓦举行，集中进行议定书非正式磋商，继续讨论“初步综合问题清单”。中国代表团团长为经贸部副部长佟志广。

◆1993年5月24日至28日，关贸总协定中国工作组第十四次会议在日内瓦举行，中国代表团团长为外经贸部副部长谷永江。会议进行议定书非正式磋商，继续讨论“初步综合问题清单”。

◆1993年9月28日至10月1日，关贸总协定中国工作组第十五次会议在日内瓦举行。在非正式磋商中继续讨论“初步综合问题清单”。中国代表团团长为外经贸部副部长谷永江。

◆1994年3月15日至18日，关贸总协定中国工作组第十六次会议在日内瓦举行。中国代表团团长为外经贸部副部长谷永江，副团长为国家经贸委副主任俞晓松、外经贸部部长助理龙永图。

◆1994年4月12日至15日，关贸总协定部长级会议在摩洛哥的马拉喀什举行，正式结束乌拉圭回合谈判，并签署《乌拉圭回合谈判结果最后文件》和《建立世界贸易组织协议》。谷永江和龙永图率中国代表团参加了会议。谷永江代表中国政府签署《最后文件》。

◆1994年6月28日至7月1日，关贸总协定中国工作组第十七次会议举行。中国代表团团长为外经贸部副部长谷永江。

◆1994年7月28日至29日，关贸总协定中国工作组第十八次会议在日内瓦举行。中国代表团团长为外经贸部部长助理龙永图。

◆1994年11月28日至12月19日，龙永图率中国代表团在日内瓦就市场准入和议定书与缔约方进行谈判，谈判未能达成协议。

◆1994年10月20日，关贸总协定中国工作组第十九次会议在日内瓦举行。

◆1995年5月7日至19日，受关贸总协定中国工作组主席吉拉德邀请，外经贸部部长助理龙永图率中国代表团赴日内瓦与缔约方就中国复关和加入世界贸易组织（WTO）进行双边磋商。

◆1995年6月3日，世界贸易组织总理事会通过中国申请，中国成为该组织观察员。

◆1996年3月22日，外经贸部部长助理龙永图率中国代表团在日内瓦出席WTO中国工作组第一次正式会议并在会前和会后与WTO成员进行双边磋商。关贸总协定中工作组正式转换为WTO中国工作组。主席仍为吉拉德。

◆1996年10月28日至11月13日，以外经贸部部长助理龙永图为团长的中国代表团在日内瓦出席WTO中国工作组第二次会议，并与WTO成员进行了双边磋商。

◆1997年2月24日至3月11日，以外经贸部首席谈判代表龙永图为团长的中国代表团在日内瓦出席了WTO中国工作组第三次会议，并与WTO成员进行了双边磋商。

◆1997年5月21日至23日，以外经贸部首席谈判代表龙永图为团长的中国代表团在日内瓦出席WTO中国工作组第四次会议，并与WTO成员进行了双边磋商。

◆1997年7月31日至8月1日，以外经贸部首席谈判代表龙永图为团长的中国代表团在日内瓦出席WTO中国工作组第五次会议，并与WTO成员进行了双边磋商。

◆1997年12月2日至12月13日，以外经贸部首席谈判代表龙永图为团长的中国代表团在日内瓦出席了WTO中国工作组第六次会议，并与WTO成员进行了双边磋商。

◆1998年3月29日至4月9日，以外经贸部首席谈判代表龙永图为团长的中国代表团赴日内瓦出席WTO中国工作组第七次会议，并在会前与会后，与18个WTO成员进行了磋商。

◆1998年7月14日至24日，以外经贸部首席谈判代表龙永图为团长的中国代表团赴日内瓦出席WTO中国工作组第八次会议，并在会前与会后，与16个WTO成员进行了磋商。

◆1999年4月10日，外经贸部部长石广生和美国贸易代表巴舍夫斯基签署了《中美农业合作协议》，朱镕基总理和克林顿总统共同发表了《中美联合声明》。

◆在党中央、国务院的直接领导下，经过与美方6天的艰苦谈判，1999年11月15日下午4时，中美两国关于中国加入WTO谈判终于达成了协议。当天下午，江泽民主席会见了美国代表团。

◆1999年11月30日至12月3日，以外经贸部石广生部长为团长的中国政府代表团出席了在美国西雅图举行的WTO第三届部长级会议。

◆2000年3月20日至21日，外经贸部首席谈判代表龙永图率中国WTO谈判代表团赴日内瓦参加WTO中国工作组第九次会议。

◆2000年5月18日，中国代表团团长、外经贸部部长石广生与欧盟代表团团长、欧盟贸易委员拉米分别代表双方签署了中欧两国关于中国加入WTO的双边协议。当天晚上，江泽民主席会见了欧盟代表团，对中欧达成协议表示祝贺。

◆2000年6月19日至23日，WTO中国工作组进行了一周的非正式磋商，以外经贸部首席谈判代表龙永图为团长的中国代表团参加了会议。6月23日上午举行了中国工作组第十次会议的正式会议。

◆2000年7月17日至27日，以外经贸部首席谈判代表龙永图为团长的中国代表团参加了在日内瓦召开的WTO第十一次中国工作组会议。

◆2000年9月13日至28日，以外经贸部首席谈判代表龙永图为团长的中国加入WTO谈判代表团在日内瓦参加了中国工作组第十二次会议并与WTO成员进行了多边、双边和小范围等多种形式的磋商。

◆2000年11月6日至9日，以外经贸部首席谈判代表龙永图为团长的中国代表团参加了在日内瓦召开的WTO第十三次中国工作组会议。

◆2000年12月5日至8日，以外经贸部首席谈判代表龙永图为团长的中国代表团出席了在日内瓦召开的WTO中国工作组第十四次会议。

◆2001年1月17日，WTO中国工作组第十五次会议在日内瓦举行，外经贸部首席谈判代表龙永图率团出席。

◆2001年6月28日至7月4日，WTO中国工作组第十六次会议在日内瓦举行，外经贸部首席谈判代表龙永图率团出席。此次会议就所有多边遗留问题达成了一致。

◆2001年7月16日至20日，WTO中国工作组第十七次会议在日内瓦举行，外经贸部首席谈判代表龙永图率团出席。此次会议完成了中国加入WTO法律文件的起草工作。

◆2001年9月13日，中国与墨西哥结束了关于中国加入WTO的双边谈判，至此中国全部完成了与WTO成员的双边市场准入谈判。

◆2001年9月12日至17日，WTO中国工作组第十八次会议在日内瓦举行。此次会议通过了中国加入WTO法律文件，并决定将法律文件提交部长级会议审议和批准。会议宣布中国工作组的工作结束，中国加入WTO谈判全部结束。

◆2001年11月10日，在卡塔尔首都多哈召开的WTO第四届部长级会议审议并通过中国加入WTO的决定。

◆2001年11月11日，外经贸部石广生部长代表中国在多哈签署了《中国加入WTO议定书》，并于当日向WTO秘书处递交了江泽民主席签署的中国加入WTO批准书。

◆2001年12月11日，中国成为WTO第143个成员。

（对外贸易经济合作部世界贸易组织司）

世界贸易组织概况

世界贸易组织（WTO）是当今世界惟一处理国家或地区之间贸易关系的国际组织，对世界经济和贸易的发展发挥着重要作用。WTO是世界上最大的多边贸易组织，目前已有成员144个。WTO成员的贸易量占世界贸易的95%以上。WTO与世界银行、国际货币基金组织并称为当今世界经济体制的“三大支柱”。我国于2001年12月11日成为WTO第143个成员。

一、WTO的历史

WTO的前身是关税与贸易总协定（GATT）。GATT是二战之后在西方国家主导下创立的、处理政府间贸易关系的准国际机构，目的是通过谈判降低贸易壁垒，促进贸易流通，避免重蹈二战前相互进行贸易战的覆辙。关贸总协定自1948年1月正式生效以来，在近50年的历史中，前后共主持了8轮多边贸易谈判，这些谈判的主要内容是降低贸易壁垒、建立国际贸易规则和设立处理贸易争端的机制。

随着国际贸易的不断发展，关贸总协定的局限性日益显露出来，原有的功能已经不能适应国际经贸形势发展的需要。在关贸总协定主持的第8轮多边贸易谈判，也就是乌拉圭回合谈判的后期，各方一致同意在关贸总协定的基础上建立一个新的世界贸易组织。1995年1月1日，世界贸易组织正式成立，取代了关贸总协定。WTO与关贸总协定相比，有以下几点主要区别：

第一，关贸总协定只是一个临时的协定，不是一个正式的国际组织，而WTO是永久性的，是正式的国际组织。

第二，WTO的管辖范围扩大了，除了原来关贸总协定管理的货物贸易，还包括知识产权、服务贸易、与贸易有关的投资措施，以及电子商务等许多新领域。

第三，WTO比关贸总协定更具有约束力。关贸总协定在处理争端方面强调协商一致，而WTO的争端解决机制的裁决具有强制性。

第四，WTO的成员结构已经发生很大变化。过去，关贸总协定被称为“富人俱乐部”，这种状况正在改变，现在的144个WTO成员中，发展中成员占80%以上。发展中国家和地区已经能够对世界贸易组织的发展方向及重大问题发挥一定的影响力。虽然由于经济实力的限制，目前WTO内的力量对比还没有得到根本改变，但发展趋势表明，发展中国家和地区正在发挥越来越大的作用。

二、WTO的职能和作用

第一，管理国际多边贸易规则。

WTO的多边贸易规则涵盖面广泛，几乎涉及到当今世界经济贸易的各个方面，包括货物贸易、服务贸易、与贸易有关的知识产权，以及目前正在讨论的竞争政策、电子商务、环境问题等。WTO目前适用的规则主要是指乌拉圭回合谈判达成的29个协定以及部长宣言和决定等，统称为乌拉圭回合协议。乌拉圭回合协议构成了一整套规范各成员贸易政策和措施的完整的国际贸易规则，被称为“WTO的圣经”。由于乌拉圭回合协议相对具有完整性和稳定性，今后WTO不会另起炉灶，再另外制定一套规则，而将只是在乌拉圭回合协议基础上，增加一些新内容，或对原来的内容做一些修补。

第二，组织多边贸易谈判。

通过8轮回合的多边谈判，各成员大幅度削减了关税和非关税壁垒，提高了国际贸易自由化和便利化程度，促进了世界经济和国际贸易的发展。自关贸总协定成立以来，发达成员的平均关税水平已从1948年的40%左右降到目前的4%左右，发展中成员的平均关税也由50%以上降到了14%左右。

据关贸总协定秘书处发表的分析报告显示，如果乌拉圭回合的谈判结果能够得到切实的履行，2005年世界货物贸易总量可增加6 680亿美元，（以1990年美元不变价格计算）。估计由此每年将为全世界增加约5 100亿美元的收入（以1990年美元不变价格计算）。

在目前进行的新一轮多边贸易谈判中，WTO还将继续谈判服务贸易和农产品等领域的市场开放问题，以及贸易与环境、贸易与投资、贸易便利化、政府采购透明度、WTO规则等议题。尽管具体结果难以预料，但肯定会进一步促进国际贸易和投资自由化的进程。

第三，解决成员之间的贸易争端。

按照WTO的规定，成员之间发生贸易争端，可以提交

WTO的争端解决机构解决，也就是说一个成员可以到WTO起诉另一个成员。一旦WTO的争端解决机构作出裁决，这个裁决就具有强制力，不遵守裁决将要受到制裁。这个争端解决机制在保障协议实施以及解决贸易争端方面发挥了一定的作用。对于发展中国家而言，它的意义在于，和大国发生贸易摩擦，可以不通过双边的渠道解决，而是由相对中立的机构来仲裁，判断对错的标准是WTO的规则，而不是一国的经济实力和国内的法律、法规。这样就能在一定程度上避免大国在双边谈判中施加压力而迫使发展中国家作出让步。在历史上，关贸总协定共解决了100起左右的贸易纠纷。而从1995年世贸组织成立至今，世贸组织已受理了250多起争端投诉，最终作出裁决的50多起。在发展中国家起诉发达国家的案子中，已有多起争端以发展中国家胜诉告终，增强了发展中国家使用争端解决机制的信心，对制约发达国家今后在这些领域采取限制措施具有重要意义。

三、世贸组织的基本原则

世贸组织是以规则为基础的国际组织，它的一些基本原则，如非歧视、透明度、公平竞争、开放市场等，是市场经济的规则，也是多边贸易体制的基本游戏规则。

（一）非歧视原则。非歧视原则是世贸组织的基本要求，包括最惠国待遇和国民待遇，其目的是保证国际贸易中“市场机会均等”。简单地说，就是在贸易政策上对待不同的WTO成员要一视同仁，对待本国产品和进口产品也要一视同仁。

（二）透明度原则。要求与贸易有关的所有法律、法规和政策都要事先公布，没有公布的不能实施，当然也有一些例外，有些信息公布后会损害国家安全和公共利益，就不能事先公布。

（三）公平竞争原则。世贸组织要求成员方应避免采取扭曲市场竞争的措施，采用倾销、补贴是不正当竞争手段，成员方为维护市场与公平竞争，可以合理采用反倾销、反补贴及保障措施等法律手段。

（四）开放市场原则。世贸组织鼓励各成员通过谈判相互开放市场，主要措施有降低关税、削减非关税措施等。

（对外贸易经济合作部世界贸易组织司）

附：

WTO成员和观察员名单

成员（截至2002年1月1日共144个。名字后为加入WTO时间）

阿尔巴尼亚 Albania	2000－09－08
安哥拉 Angola	1996－11－23
安提瓜和巴布达 Antigua and Barbuda	1995－01－01
阿根廷 Argentina	1995－01－01
澳大利亚 Australia	1995－01－01
奥地利 Austria	1995－01－01
巴林 Bahrain, Kingdom of	1995－01－01
孟加拉国 Bangladesh	1995－01－01
巴巴多斯 Barbados	1995－01－01
比利时 Belgium	1995－01－01
伯利兹 Belize	1995－01－01
贝宁 Benin	1996－02－22
玻利维亚 Bolivia	1995－09－12
博茨瓦纳 Botswana	1995－05－31
巴西 Brazil	1995－01－01
文莱 Brunei Darussalam	1995－01－01
保加利亚 Bulgaria	1996－12－01
布基那法索 Burkina Faso	1995－06－03
布隆迪 Burundi	1995－07－23
喀麦隆 Cameroon	1995－12－13
加拿大 Canada	1995－01－01
中非共和国 Central African Republic	1995－05－31
乍得 Chad	1996－10－19
智利 Chile	1995－01－01
中国 China	2001－12－11
台湾、澎湖、金门和马祖单独关税区	2002－01－01
哥伦比亚 Colombia	1995－04－30
刚果共和国 Congo, Rep. of	1997－03－27
刚果民主共和国 Congo, Dem. Rep. of	1997－01－01
哥斯达黎加 Costa Rica	1995－01－01
科特迪瓦 Cote d'Ivoire	1995－01－01
克罗地亚 Croatia	2000－11－30
古巴 Cuba	1995－04－20
塞浦路斯 Cyprus	1995－07－30
捷克共和国 Czech Republic	1995－01－01
丹麦 Denmark	1995－01－01
吉布提 Djibouti	1995－05－31
多米尼克 Dominica	1995－01－01
多米尼加共和国 Dominican Rep.	1995－03－09
厄瓜多尔 Ecuador	1996－01－21
埃及 Egypt	1995－06－30

萨尔瓦多 El Salvador	1995-05-07
爱沙尼亚 Estonia	1999-11-13
欧洲联盟 European Union	1995-01-01
斐济 Fiji	1996-01-14
芬兰 Finland	1995-01-01
法国 France	1995-01-01
加蓬 Gabon	1995-01-01
冈比亚 The Gambia	1996-10-23
格鲁吉亚 Georgia	2000-06-14
德国 Germany	1995-01-01
加纳 Ghana	1995-01-01
希腊 Greece	1995-01-01
格林纳达 Grenada	1996-02-22
危地马拉 Guatemala	1995-07-21
几内亚比绍 Guinea Bissau	1995-05-31
几内亚 Guinea	1995-10-25
圭亚那 Guyana	1995-01-01
海地 Haiti	1996-01-30
洪都拉斯 Honduras	1995-01-01
中国香港 Hong Kong，China	1995-01-01
匈牙利 Hungary	1995-01-01
冰岛 Iceland	1995-01-01
印度 India	1995-01-01
印度尼西亚 Indonesia	1995-01-01
爱尔兰 Ireland	1995-01-01
以色列 Israel	1995-04-21
意大利 Italy	1995-01-01
牙买加 Jamaica	1995-03-09
日本 Japan	1995-01-01
约旦 Jordan	2000-04-11
肯尼亚 Kenya	1995-01-01
韩国 Korea，Republic of	1995-01-01
科威特 Kuwait	1995-01-01
吉尔吉斯共和国 Kyrgyz Republic	1998-12-20
拉托维亚 Latvia	1999-02-10
莱索托 Lesotho	1995-05-31
列支敦士登 Liechtenstein	1995-09-01
立陶宛 Lithuania	2001-05-31
卢森堡 Luxembourg	1995-01-01
中国澳门 Macao，China	1995-01-01
马达加斯加 Madagascar	1995-11-17
马拉维 Malawi	1995-05-31
马来西亚 Malaysia	1995-01-01
马尔代夫 Maldives	1995-05-31
马里 Mali	1995-05-31
马耳他 Malta	1995-01-01
毛里塔尼亚 Mauritania	1995-05-31
毛里求斯 Mauritius	1995-01-01
墨西哥 Mexico	1995-01-01
摩尔多瓦 Moldova	2001-07-26
蒙古 Mongolia	1997-01-29
摩洛哥 Morocco	1995-01-01
莫桑比克 Mozambique	1995-08-26
缅甸 Myanmar	1995-01-01
纳米比亚 Namibia	1995-01-01
荷兰 Netherlands	1995-01-01
新西兰 New Zealand	1995-01-01
尼加拉瓜 Nicaragua	1995-09-03
尼日尔 Niger	1996-12-13
尼日利亚 Nigeria	1995-01-01
挪威 Norway	1995-01-01
阿曼 Oman	2000-11-09
巴基斯坦 Pakistan	1995-01-01
巴拿马 Panama	1997-09-06
巴布亚新几内亚 Papua New Guinea	1996-06-09
巴拉圭 Paraguay	1995-01-01
秘鲁 Peru	1995-01-01
菲律宾 Philippines	1995-01-01
波兰 Poland	1995-01-01
葡萄牙 Portugal	1995-01-01
卡塔尔 Qatar	1996-01-13
罗马尼亚 Romania	1995-01-01
卢旺达 Rwanda	1996-05-22
圣基茨和尼维斯 Saint Kitts and Nevis	1996-02-21
圣卢西亚 Saint Lucia	1995-01-01
圣文森特和格林纳丁斯 Saint Vincent & the Grenadines	1995-01-01
塞内加尔 Senegal	1995-01-01
塞拉利昂 Sierra Leone	1995-07-23
新加坡 Singapore	1995-01-01
斯洛伐克共和国 Slovak Republic	1995-01-01
斯洛文尼亚 Slovenia	1995-07-30
所罗门群岛 Solomon Islands	1996-07-26
南非 South Africa	1995-01-01
西班牙 Spain	1995-01-01
斯里兰卡 Sri Lanka	1995-01-01
苏里南 Suriname	1995-01-01
斯威士兰 Swaziland	1995-01-01
瑞典 Sweden	1995-01-01
瑞士 Switzerland	1995-01-01
坦桑尼亚 Tanzania	1995-01-01
泰国 Thailand	1995-01-01
多哥 Togo	1995-05-31
特立尼达和多巴哥 Trinidad and Tobago	1995-03-01
突尼斯 Tunisia	1995-03-29
土耳其 Turkey	1995-03-26

乌干达 Uganda	1995-01-01
阿拉伯联合酋长国 United Arab Emirates	1996-04-10
英国 United Kingdom	1995-01-01
美国 United States of America	1995-01-01
乌拉圭 Uruguay	1995-01-01
委内瑞拉 Venezuela	1995-01-01
赞比亚 Zambia	1995-01-01
津巴布韦 Zimbabwe	1995-03-05

观察员

阿尔及利亚 Algeria
安道尔 Andorra
亚美尼亚 Armenia
阿塞拜疆 Azerbaijan
巴哈马 Bahamas
白俄罗斯 Belarus
不丹 Bhutan
波斯尼亚和黑塞哥维那 Bosnia and Herzegovina
柬埔寨 Cambodia
佛得角 Cape Verde
埃塞俄比亚 Ethiopia
马其顿 Former Yugoslav Republic of Macedonia
梵蒂冈 Holy See (Vatican)
哈萨克斯坦 Kazakstan
老挝 Lao People's Democratic Republic
黎巴嫩 Lebanon
尼泊尔 Nepal
俄罗斯 Russian Federation
萨摩亚 Samoa
圣多美和普林西比 Sao Tome and Principe
沙特阿拉伯 Saudi Arabia
塞舌尔 Seychelles
苏丹 Sudan
塔吉克斯坦 Tajikistan
汤加 Tonga
乌克兰 Ukraine
乌兹别克斯坦 Uzbekistan
瓦努阿图 Vanuatu
越南 Vietnam
也门 Yemen
南斯拉夫 Yugoslavia, Fed. Rep. of

派驻总理事会的国际组织观察员

联合国 United Nations (UN)
联合国贸易和发展会议 United Nations Conference on Trade and Development (UNCTAD)
国际货币基金组织 International Monetary Fund (IMF)
世界银行 World Bank
联合国粮农组织 Food and Agricultural Organization (FAO)
世界知识产权组织 World Intellectual Property Organization (WIPO)
经济合作与发展组织 Organization for Economic Co-operation and Development (OECD)

Yearbook of China's Foreign Economic Relations and Trade

中国对外经济贸易年鉴

2002

专文

Special Articles

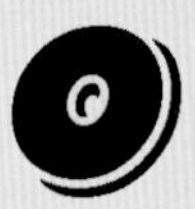

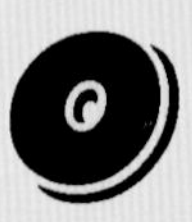

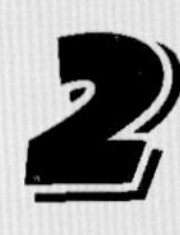

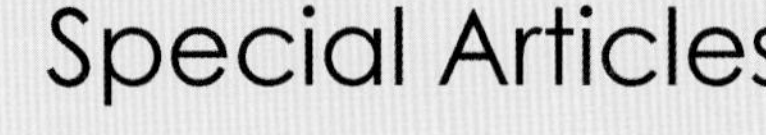

鞍钢集团国际经济贸易公司

ANGANG GROUP INTERNATIONAL TRADE CORPORATION

鞍钢集团国际经济贸易公司（简称鞍钢国贸）是鞍山钢铁集团公司的全资子公司，承担集团公司进出口贸易的独家代理工作，是集国内贸易、进出口贸易于一体的综合性现代经贸公司。鞍钢国贸2001年进出口总额在4 亿美元左右，年销售钢材能力在300万吨以上。

鞍钢国贸自营和代理经国家批准的商品和技术等的进出口贸易、工程承包、本企业劳务外派、国际货运代理、商品和技术等的国内贸易。鞍钢国贸年综合经营贸易额在70亿元人民币以上。

与时俱进、跨越式发展，“建设一流的综合性现代经贸企业” 是我们不懈的追求，“诚信、创新、合作、发展” 实现客我双赢是我们持久的理念，“让利、让时间、让方便、让质量给用户”是我们永恒的承诺。

Angang group International Trade Corporation (hereinafter referred to as AITC), wholly-owned and subordinated to Anshan Iron & Steel Group Corporation, is the sole agent of the import and export business for group coperation, is a modern economic and trade corporation engaged in domestic trade, import and export as well, with the annual turnover of nearly USD 0.4 billion, annual sales volume is more than 3 million tons.

AITC, by self-operating of commission transacting undertakes business for import and export of commodity and technology approved by the government, contracting of projects, providing labor service abroad, international transportation , domestic commerce of commodity and technology. AITC's annual integrated turnover is above 7 billion RMB.

Advancing with the times and jumping developments, “build a topranking, comprehensive, modern economic and trade corporation” is our endless pursuit. “sincerity innovation cooperation development” is our corp. firm belief, “We make profit, time, convenience and quality to customer” is our everlasting promise.

地址：中国辽宁省鞍山市南中华路322号　Add:322 South Zhonghua Rd. Anshan. Liaoning. China
邮编(Post Code)：114002　电话(Tel)：(0412)6323135　传真(Fax)：(0412)6323413　电子邮件(E-Mail)：awyj@ public 2. asptt. Ln. cn

知难而进　奋发有为　全面完成2002年外经贸各项任务

——对外贸易经济合作部部长石广生在全国外经贸工作会议上的报告

(2001年12月25日)

同志们:

这次全国外经贸工作会议的任务是，贯彻中央经济工作会议和十五届六中全会精神，总结2001年外经贸工作，分析当前形势，部署2002年全国外经贸工作，统一思想，明确目标，以奋发有为的精神状态，克服困难，全面完成2002年外经贸各项任务，促进国民经济持续快速健康发展。下面，我讲三个方面的问题。

一、2001年我国外经贸在严峻的国际经济环境中取得了可喜的发展

今年以来，在世界经济形势日趋严峻的情况下，我国外经贸的规模、质量和效益进一步提高。

——进出口贸易在困难中保持稳定增长，为推动我国经济和社会发展作出了贡献。今年1至11月，全国进出口总额4 627.7亿美元，增长7.4%。其中，出口2 415.7亿美元，增长6.3%；进口2 212亿美元，增长8.6%。累计实现贸易顺差203.7亿美元，贸易结售汇顺差299.3亿美元，持续保持顺差顺收的良好局面，促进了国家外汇储备稳定增加。截至今年11月底，国家外汇储备达到2 083.1亿美元，比去年底增加427.4亿美元。同期国家关税和进口环节税收入2 277.8亿元，增长13.3%。预计全年我国进出口总额将首次超过5 000亿美元，增长7%左右，出口增长不低于5%，进口增长8%左右。

我国出口实现了上述稳定增长，与一些周边国家和地区出口下降形成鲜明对照。今年1至9月，日本出口下降14.4%，菲律宾出口下降10.8%，韩国出口下降10%；1至10月，台湾出口下降17.1%，马来西亚出口下降9.8%，香港出口下降4.8%。

进出口商品结构优化取得新成效。科技兴贸战略积极推进，进出口商品结构明显改善。今年1至11月，机电产品、高新技术产品出口分别增长12.2%和24.1%，比全国出口平均增幅分别高出5.9和17.8个百分点，在全国出口总额中所占比重，各自提升2.3和2.5个百分点。国内急需的先进技术、关键设备和短缺原材料进口保持较快增长。1至11月，成品油进口1 907万吨，增长17.3%；原木进口1 501万立方米，增长21.9%；初级形状塑料进口1 310万吨，增长17.4%；高新技术产品进口575.4亿美元，增长22.4%。长线商品、敏感商品和机电产品进口规模得到初步控制，进口增速过快的压力有所缓解。

实施市场多元化有新进展。亚洲金融危机以来，国际市场竞争越来越激烈，我对主要传统市场出口规模增加、比重上升。今年1至11月，我对美国、欧盟出口分别增长4.1%和6.9%；与1997年相比，美国、欧盟在我出口总额中所占比重分别上升2.5和2.4个百分点。同时，对新兴市场出口快速增长。今年我们着力推进对俄经贸合作，研究制定了有针对性的措施，把开拓俄罗斯市场提到了战略高度。1至11月，我对俄罗斯出口增长17.5%；1至10月，我对拉美、非洲出口分别增长14.5%和19.2%，均高于全国平均出口增速。

外经贸经营主体多元化得到新发展。为鼓励更多的企业参与国际竞争，进一步放宽了企业申请进出口经营资格的条件，取消了对国内不同所有制企业的区别待遇，对生产企业申请自营进出口权，已全部下放到省级外经贸部门实行登记制。截至今年12月20日，全国拥有进出口经营资格的内资企业，已从去年底的3.2万家增加到4.2万家。其中，外贸公司14 094家，生产企业22 310家，科研院所653家，商业物资及供销企业898家，边贸企业2 461家，其他企业1 679家。加上已开业的18万家外商投资企业，目前外贸经营主体形成了各种所有制平等竞争、内外资企业共同发展的格局。

——吸收外资规模扩大、质量提高，在国民经济中的作用不断增强。今年1至11月，全国新批设立外商投资企业22 915家，增长16.3%；合同外资金额604亿美元，增长24.4%；实际使用外资金额419亿美元，增长15.6%。预计全年合同外资金额达到650亿美元以上，实际使用外资金额超过450亿美元。外商投资的大项目明显增加，投资额在3 000万美元以上的项目19个，投资总额42亿美元，增长3.8倍。吸收外资形式和内容日趋多样化。外商开始参与我国对银行不良资产的重组和处置，探讨以并购方式参与国有企业的改组改造，对我国金融、保险、商贸、旅游、中介服务等服务贸易领域投资扩大。许多跨国公司纷纷在华设立研发中心，一些跨国公司将地区总部迁至我国，或将全球制造基地转移到我国。

目前，我国每年吸收外资在全社会固定资产投资中的比重超过11%。在已开业的外商投资企业中，直接从业人员约占全国城镇就业人口的10%。外商投资企业出口和税收大幅增加。1至11月，外商投资企业出口1 207亿美元，增长11.5%；1至9月，外商投资企业实现税收2 494.5亿元，增长52.7%。

今年国务院召开全国外资工作会议，江泽民总书记、朱镕基总理、吴仪国务委员等领导同志作了重要指示。会后各地相继召开利用外资工作会议或开放工作会议，有力地推动了利用外资工作。

——实施“走出去”战略取得初步成效，促进了我国全面参与国际经济竞争与合作。今年1至9月，我国在境外新设非金融类企业215家，协议投资额4.3亿美元，其中中方协议投资额3.3亿美元；新批境外投资设厂加工装配项目56个，带动出口4.2亿美元。截至9月底，我国在50多个国家和地区参与油气、矿产、林业、渔业等资源合作开发项目198个，不仅为当地开发资源作出了贡献，还部分满足了我国经济建设的资源需求。

1至11月，我国新签对外工程承包与劳务合作合同额133.5亿美元，增长7.3%；完成营业额95.9亿美元，增长7.9%；11月末在外人数45.9万人，增加4.4万人；带动国产设备和材料出口7.3亿美元，增长35.4%。目前，我国具有对外工程承包与劳务合作经营资格的企业1 700家。其中34家企业进入世界最大225家国际承包商行列，6家企业进入国际工程咨询设计商200强。

为认真落实江泽民主席、朱镕基总理、胡锦涛副主席等国家领导人的访问成果，对一批重点项目进行协调、跟踪和推动，狠抓落实工作，促进了我国企业在拉美、非洲、中东、南亚、俄罗斯的投资和经济技术合作。

随着我国经济发展，进一步扩大了对外援助规模；援外方式改革继续推进，援外工作质量得到提高；在落实“中非合作论坛”后续行动，按照承诺减免非洲国家债务等方面，取得了重大进展；举办了8期发展中国家经济管理官员研修班，共邀请111个国家的176名中高级经济管理官员参加研修。通过援外工作，促进了与受援国的经贸合作，以及友好关系的发展。

——我国正式加入世贸组织，相关准备工作有序进行。今年11月10日，在卡塔尔首都多哈举行的世贸组织第四届部长级会议，通过了中国加入世贸组织的决定；11月11日，完成了我国加入世贸组织的所有法律程序；12月11日，我国正式成为世贸组织的成员。加入世贸组织，是以江泽民总书记为核心的党中央高瞻远瞩、总揽全局作出的重大战略决策，必将对我国改革开放和经济发展产生重大、深远的影响。

为了做好我国加入世贸组织法律准备工作，截至目前，已基本完成了国家涉外经济法律、法规、规章的清理和修订工作，共清理法律文件1 413件，拟废止624件，修改66件，新制定21件。《反倾销条例》、《反补贴条例》、《保障措施条例》、《货物进出口管理条例》、《技术进出口管理条例》等法规已经颁布实施。地方涉外经济法规、规章的清理工作，也正在加紧进行。

人才培训工作力度加大。外经贸部会同中组部、国家行政学院，举办了两期“省部级干部WTO规则及吸收外资政策法规专题研究班”。在国内举办了华东、东北、西北世贸组织知识普及培训班，组织了世贸组织知识的普法宣传，还在国外进行了专题研讨，收到了较好效果。

——多双边经贸关系和区域经济合作取得重要进展，为我国经济发展创造了良好的外部环境。今年是APEC中国年。国家有关部门按照中央的统一部署，精心组织，积极做好有关筹备工作，为成功地举办APEC领导人非正式会议、部长级会议、贸易部长会议等一系列活动做了有效的工作。会议发表的《APEC领导人宣言》、《上海共识》和《数字APEC战略》等重要文件，有力地推动了APEC进程，对启动新一轮多边贸易谈判发挥了重要影响和积极作用。

成功推动“上海合作组织”启动了区域经济合作机制，各成员国总理在首次会晤期间签署了相关备忘录，同意就开展区域经济合作、启动贸易投资便利化等议题进一步磋商。积极参加“10+1”、“10+3”和亚欧会议的有关活动，正式加入《曼谷协定》，倡导建立中国——东盟自由贸易区并取得共识。

会同外交部召开周边经济工作座谈会，为今后开展同周边国家经贸合作明确了方向。我国与发达国家的经贸关系不断加强，与发展中国家及港澳台地区的经贸关系日益密切。

需要特别指出的是，今年外经贸工作成绩，是在国际环境复杂多变、世界经济和贸易明显减速的情况下取得的，是来之不易的。这是党中央、国务院正确领导的结果，是国民经济持续健康发展的结果，也是各地区、各部门高度重视、关心和合作的结果，更是全国一切从事外经贸工作的干部职工辛勤劳动的结果。同志们坚忍不拔，忘我工作，不畏艰险，克服了各种困难，有些同志为外经贸事业，甚至献出了自己的生命。在此，我代表外经贸部，向各地区、各部门的领导和同志们，向国内外所有从事外经贸工作的干部职工，表示衷心的感谢和崇高的敬意。

二、2002年我国外经贸发展面临的国际经济形势更加严峻，充分发挥我国优势，在困难中抓机遇、求发展

在中央经济工作会议上，中央估计，明年我国经济将面临比亚洲金融危机更为严峻的外部环境。中央明确提出了“努力促进出口，扩大利用外资，做好入世准备工作”的要求。我们一切工作安排，都要从这个形势和要求出发。

明年我国外经贸面临十分困难的形势，主要表现在：

——世界经济陷入衰退，贸易投资全面下滑。国际货币基金组织预测，今年世界经济增长为2.4%，已陷入衰退，明年仍只有2.4%。世界银行预测更低，今年世界经济仅增长1.3%，明年为1.6%。

国际贸易出现萎缩。国际货币基金组织预测，全球货物贸易量今年仅增长2%，大大低于去年增长12%的水平，明年也只增长2.6%。跨国直接投资大幅下降。联合国有关机构预测，全球跨国直接投资今年仅7 000亿美元左右，比去年下降40%以上，这是10年来的首次下降。

——对我国的影响程度超过亚洲金融危机。亚洲金融危机的影响是区域性的，目前世界经济衰退的影响是全球性的。亚洲金融危机只影响我国出口市场约50%，目前我国出口市场的90%以上都受到影响。占世界经济总量约

70%的美、日、欧经济同时下滑，这是1975年以来的第一次。美国“9·11”事件导致美国经济进一步衰退，进而引发了东盟、拉美等许多国家经济陷入衰退。

——不确定因素很多，具体影响难以预料。美国经济是世界经济的火车头。美国“9·11”事件后，恐怖主义与反恐怖主义斗争的形势不断发展变化，突发事件随时可能发生。这对明年美国经济会产生什么影响，众说纷纭，美国自己也说不清楚。

——经济区域化趋势加强，贸易保护主义日益加剧。目前，世界上存在约150个自由贸易区和双边自由贸易协定。区内贸易迅速增长，对区外需求大大降低。据不完全统计，今年国外对我出口产品提出反倾销、保障措施案件54起，涉及金额13.5亿美元，分别增长25.6%和1.6倍。据初步调查，目前我国还有2/3的出口企业、1/4的出口额受国外技术壁垒的影响。

——国内一些制约外经贸发展的因素继续存在。当前，我出口竞争力不强的问题十分突出，出口商品附加值、科技含量、企业经营管理水平、政府工作效率等有待提高；出口退税存在一些问题；走私、逃套汇、骗退税等违法犯罪行为时有发生；出口假冒伪劣商品、低价竞销、低价竞标、无序竞争的现象没有根治；投资环境特别是软环境方面还有诸多问题。

面对更加严峻的形势，我们不能被困难所吓倒，要善于在困难中发现有利因素，扬长避短，负重前进。应当看到，当前有利条件不少，积极因素也在增加，明年我国外经贸仍有发展空间。

明年我国外经贸发展的主要有利条件是：

——我国经济发展继续保持良好态势。明年国家将坚持扩大内需的方针，继续实施积极的财政政策和稳健的货币政策，国民经济增长预期达到7%左右。这是我国外经贸继续发展的重要物质基础。

——世界经济低速增长，基本需求依然存在。尽管世界经济衰退，但世界消费品市场基本稳定，俄罗斯等独联体国家和印度、中东经济保持较快增长，开拓国际市场仍有一定空间。

——我国成为世贸组织正式成员，外经贸发展环境趋于改善。明年我国将享受其他世贸组织成员给予的多边、稳定、无条件的最惠国待遇等优惠，分享其他成员开放市场的好处，我国将加快市场开放进程，增加对外开放的领域和地域，我国涉外经济法律法规体系逐步完善。

——国家鼓励外经贸发展的政策措施继续保持稳定。中央和地方制定的促进扩大出口、吸收外资、推动企业“走出去”等政策措施，明年继续保持稳定。美国“9·11”事件后，有关部门和地方正在研究进一步扩大出口的政策措施。

总之，对明年世界经济形势的严峻性，我们要有清醒的认识和充分的估计，要立足最坏情况，争取最好结果。要在困难中求发展，关键在于自身的努力。我们一定要按照中央经济工作会议的精神，把形势预想得严重一些，把困难和问题估计得多一些，把应对措施准备得充分一些。要以高度的政治责任感和历史使命感，变压力为动力，趋利避害，扎实工作，把明年外经贸发展建立在可靠的基础上。

三、突出重点，狠抓落实，全面完成2002年外经贸各项任务

明年我国外经贸工作的总体要求是：贯彻党的十五届六中全会和中央经济工作会议精神，按照江总书记“三个代表”重要思想的要求，以加入世贸组织为契机，适应复杂多变的国际经济形势，发挥优势，千方百计扩大出口，优化进口结构，更多更好地吸收外资，积极稳妥地实施“走出去”战略，做好加入世贸组织的各项应对工作，深化外经贸体制改革，进一步提高我国对外经济贸易的规模、质量和效益，为促进国民经济发展多做贡献。

明年我国外经贸发展的主要预期目标是：进出口总额不低于今年水平，力争出口有所增长、多增长。努力实现机电产品进出口增长10%，高新技术产品出口增长15%。吸收外资规模有所增长，水平进一步提高。对外工程承包与劳务合作、境外投资设厂加工装配、资源合作开发等“走出去”业务持续健康发展。进一步做好对外援助工作。

明年重点抓好以下工作：

（一）继续千方百计扩大出口，稳定、落实各项促进政策

我们要适应形势，知难而进，以奋发有为的精神状态，千方百计扩大出口。为此，各地区、各企业都要立足于出口多增长。

保持现行促进扩大出口政策的连续性、稳定性，同时要根据新形势和新任务，研究制定新政策。继续对出口商品退还增值税和消费税；继续实行出口收汇贴息政策；继续对境外投资设厂加工装配项目外汇贷款及中长期人民币贷款贴息，对机电产品和高新技术产品技术改造贷款贴息，对纺织品等招标商品技术改造贷款贴息，对开发俄罗斯森林项目中长期人民币贷款贴息；继续管好用好中小企业国际市场开拓资金，外经贸公共信息服务专项资金，西部外经贸发展促进资金，境外投资设厂加工装配项目有偿使用专项资金，境外贸易中心建设资金等；继续推动出口退税账户托管贷款，逐步在全国各商业银行推广此项业务，缓解出口企业的资金困难；稳定加工贸易政策，对加工贸易深加工结转，由海关实行保税监管，不征收增值税，对加工贸易深加工结转已采取的增值税挂账，由有关部门专项核销，并不再搞新的挂账；继续区别处理技术性违规与实质性违规，缩短企业分类升降级时间；继续对高新技术产品出口采取提前报关、联网报关、快速转关、上门验放、加急通关、担保验放等便捷措施，对实行联网管理的大型高新技术企业开展加工贸易，实行免设台账、免批合同、免办手册的新型管理模式；继续实施现行边贸政策。与此同时，各地促进扩大出口的各项政策措施，也要保持不变。

加快改革和完善出口退税机制，对出口生产企业全面实行“免、抵、退”税办法，大力提倡和鼓励推行出口代理制；切实缓解出口退税滞后问题，对出口创汇多、信誉好的重点出口企业（第一批1 116家），要落实国家退税政策，专项管理，单独核算，简化手续，优先保证及时足额退税；加强政策性金融对出口的支持力度，扩大出口信贷规模和范围，积极发展买方信贷；充分发挥新组建的中国出口信用保险公司作用，扩大出口信用保险承保规模，尽快完善出口信用保险的国别限额政策，降低投保费率，推动保单融资业务；研究建立企业出口融资担保机制。增加中小企业国际市场开拓资金的额度，扩大资助范围，提高资金使用效率。

重点开拓，实施市场多元化战略。要力保美、日、欧等传统市场，争取市场份额有所增长；继续巩固和发展我在亚洲市场的份额；推动我国产品进入国际跨国采购和连锁经营体系。大力开拓独联体、中东、拉美、非洲等富有潜力、前景广阔的市场。俄罗斯是我重要邻国，经济互补性很强，要抓紧落实发展对俄经贸合作的政策措施，组织我国大中型企业和质量好、信誉高的产品进入俄罗斯市场。充分发挥中俄双边工作机制、上海合作组织等多边机制的作用。尽快组建莫斯科贸易中心。

大力推进以质取胜和科技兴贸战略。机电产品出口在全国出口中的地位举足轻重，要把抓好机电产品出口放在十分突出的位置。全面贯彻国务院关于“十五”期间促进机电产品出口的意见，加强机电产品出口生产体系建设，培育具有自主知识产权、核心能力强的大型跨国企业或集团。采取有效措施，重点促进大型成套设备、家用电器、通讯电子、发电设备和交通运输工具的出口。支持和鼓励机电企业到境外开办维修服务网点，建立散件装配厂，认真做好维修服务。积极推动机电出口企业通过ISO 9000质量体系认证、ISO 14000环保认证及产品安全认证。实施品牌战略，支持名牌机电产品的境外宣传、展销等活动，扩大名牌机电产品的影响和市场份额。

保持高新技术产品出口快速增长的良好势头。科技兴贸是优化出口结构、提高国际竞争力的根本途径，要坚持不懈地抓好高新技术产品出口，加快利用高新技术改造传统产业。建立科技兴贸出口市场服务体系，扶植科技兴贸重点城市、重点出口企业、高新技术产品出口基地的高新技术产品出口。全面落实国务院关于鼓励软件产业、集成电路产业发展的政策，力争软件和集成电路出口有较大突破。

努力扩大大宗商品出口。切实抓好重要资源性商品，如煤炭、水泥、化肥、钢材等出口。劳动密集型产品是我国出口的一大优势，在当前国际市场困难的形势下，扩大劳动密集型产品出口具有十分重要的作用。要采取措施，进一步扩大纺织品、服装、鞋类、玩具、箱包等劳动密集型产品出口。

大力发展农产品出口。我国有9亿农民，农业是我国国民经济的基础。要适应加入世贸组织的新形势，深入分析农业的优势和劣势，采取相应的对策措施，提高农产品的国际竞争力。对我国具有比较优势的蔬菜、水果、花卉、畜产品、水产品和特色产品等，要抓住有利时机，开拓国际市场；对我国缺乏比较优势的土地密集型产品，如粮食等，要根据世贸组织规则和我国对外承诺调控进口；用好“绿箱”政策和“黄箱”政策，支持外向型农业发展，拓宽农民增收的领域和渠道。除对少数农产品继续实行出口管制外，进一步放宽农产品的数量限制和经营资格限制，明年农产品出口配额从21种减少至12种。

全方位地提高出口竞争力。出口竞争力，从根本上讲取决于出口商品的结构、质量和成本，但与相关出口环节和服务体系的工作效率、质量等密切相关。因此，实现贸易便利化，是提高出口竞争力的重要内容。各级外经贸部门要深化与各部门的合作，进一步落实税贸、关贸协作会议精神，巩固协作成果，完善协作机制，扩大协作范围。明年还要把协作机制延伸到银行、保险、质检、交通、港务、船务等方面，推动简化手续，提高“大通关”效率，降低物流成本，增强出口竞争力。同时，要继续配合有关部门，严厉打击走私、逃套汇、骗退税等违法犯罪行为，进一步巩固和发展整顿、规范外经贸经营秩序的成果。

（二）合理调控进口

合理调控进口，优化进口结构，鼓励我国经济发展急需的先进技术、关键设备和短缺原材料进口，使进口更好地为国民经济发展服务，是明年进出口管理的一项重要任务。

落实进口管理法规。认真贯彻执行《货物进出口条例》、《技术进出口管理条例》、《反倾销条例》、《反补贴条例》和《保障措施条例》。出台《进口许可证管理办法》、《货物自动进口许可暂行管理办法》、《特定货物进口经营管理暂行办法》、《进口指定经营管理暂行办法》、《机电产品进口管理办法》等一系列配套操作办法。

按照世贸组织有关规则管理进口。在运用配额、许可证、特定商品管理等手段的同时，要学会善于用技术法规、技术标准、注册审查、反倾销、反补贴、保障措施、服务贸易条件限制等进行管理。要按照国际惯例，对进口商品数量、品种、价格及国内市场重要商品供求情况等，进行实时监测，在发生异常情况时，作出快捷有效的反应。

建立以关税配额和国营贸易为主的大宗农产品进口体系。加强对进口农产品的检验检疫，防止植物病虫害传入我国。强化商会、协会等中介组织的功能，及时与企业沟通，加强行业自律，维护进口秩序。

（三）面对新形势，抓住机遇，不断提高吸收外资的质量和水平

以引导投资导向为中心，优化外资结构。明年年初将颁布实施新的《指导外商投资方向的规定》、《外商投资产业指导目录》，制定《鼓励外商投资高新技术产品目录》，重点引导外商投资电子信息、生物工程、新材料和航天等

高新技术产业，石化、化工、建材等基础产业，港口、码头、公路等基础设施，同时要严格把关，防止新的低水平重复建设；抓紧制定鼓励跨国公司在我国设立地区总部的有关政策，继续鼓励跨国公司来华设立研发中心，解决其对人员往来、资金流动、货物进出口等基本需求；制定促进农业、中小企业吸收外资的指导性意见。

保持吸收外资政策的连续和稳定，营造良好的投资环境。我国现行鼓励外商来华投资的各项政策明年保持不变。我国给予外商投资企业一定的优惠政策，并不违反世贸组织国民待遇原则。各国为吸收外资，都不同程度地给予外资优惠待遇。

吸收外商来华投资，不能只靠税收减免等优惠政策。外商更加看重我国这个大市场、社会稳定安全和投资环境。要大力改善投资环境，尤其是软环境。要简化审批程序，提高办事效率，热心为企业服务，认真处理外商投资企业的投诉；积极发展和推广针对性强的招商方式，提高招商引资的质量。

坚持“四个结合”，做好吸收外资工作。贯彻全国外资工作会议精神，把引进外资同经济结构调整、促进产业优化升级相结合，同建立和完善社会主义市场经济体制、增强企业国际竞争力相结合，同扩大企业出口、发展外向经济相结合，同实施西部大开发战略、促进区域经济协调发展相结合。

落实国家鼓励外商投资高新技术产业的各项政策。适时在企业注册资本比例限制、工业产权出资条件、集成电路产业税收等方面，加大政策引导力度；完善外商从事风险投资的相关规定，推动外商投资设立风险投资公司，为高科技企业的创办和发展创造有利条件。

积极吸收外资参与国有企业改组改造。做好外资参与不良金融资产重组和处置的工作，积极拓展以跨国并购、产业投资基金、风险投资、证券市场上市、特许经营等多种方式吸收外资。集中促进和办好一批IT、石化等大项目。

落实鼓励外商投资企业扩大出口的政策。放宽外商投资设立合资外贸公司的限制条件。促进外商投资企业出口便利化，引导外商投资企业充分利用其销售渠道和网络扩大出口。借助配套产业的发展，推动更多的中小企业进入跨国公司的全球配套生产网络。充分发挥出口加工区和保税区的区位优势，鼓励和吸引外商进区投资办厂。

推动国家对西部大开发中有关外商投资政策的贯彻落实。调整并适当扩大《中西部地区吸收外资优势产业目录》，适当放宽中西部地区服务业吸收外资的条件，推动设立中西部地区吸收外资项目前期基金，放宽对西部地区外商投资项目的国内融资条件，促进沿海地区外商投资企业向中西部地区再投资，鼓励外商投资参与西气东输、西电东送及其配套项目等基础设施建设。

做好服务贸易开放工作。积极与有关部门研究制订外商投资银行、保险、旅行社、对外贸易、建筑、工程设计、会计服务、教育、音像制品分销、民用航空业、电信等领域的法律规范。鼓励外商投资物流业，建立一批外商投资出口采购中心。用好服务贸易开放的过渡期，加强管理，摸索经验。引进国外服务业的现代化理念、经营管理方法、技术手段和市场化运作方式。

继续做好国家级经济技术开发区工作。研究国家级经济技术开发区财政、贷款、土地等政策，完善政策环境。解决有关建设用地指标、简化手续、土地扩建等问题。推动管理体制创新。研究制定《国家级经济技术开发区管理条例》。

（四）积极稳妥地实施“走出去”战略

抓好境外资源合作开发。发挥我国优势，开展境外资源合作开发，有利于发展中国家的经济发展，也有利于我国资源来源的多样化。在油气资源方面，要注重互利合作和技术转让；在矿产资源方面，在获得所需矿产品的同时，要尽可能在当地开展产品的粗加工，增加资源国的就业和税收；在森林资源方面，要坚持综合开发和利用原则，做到采伐、更新和木材加工有机结合，逐步扩大木材加工比例，提高产品附加值；在渔业资源方面，对远洋渔业合作的重点国别抓紧商签双边渔业合作协定，在做好过洋捕捞的同时，创造条件开展大洋捕捞。

鼓励境外投资设厂加工装配，发展经贸合作。支持有实力的企业到独联体、非洲、亚洲、中亚、中东、东欧、拉美等地投资办厂，带动我国零配件、原材料、成套设备与成熟技术出口；发挥出口信用保险的作用，为境外投资设厂加工装配项目提供政治风险及非商业性风险保障；对境外投资设厂加工装配项下出口的设备、技术、零配件、原材料等，可比照中长期出口信用保险的条件提供保险；适当提高对拉美、非洲等高风险国家的出口信用保险国别限额；推动国内银行在境外投资设厂加工装配的重点国别设立分支机构，为境外投资设厂加工装配企业及其他中资机构融资、结算提供便利。

积极推动对外工程承包与劳务合作上规模、上档次、讲效益。各地区、各企业要在巩固和发展传统市场的基础上，利用我国与欧美一些发达国家企业的长期合作关系，加强与发达国家企业的合作，通过组建合资公司等方式，争取共同开发欧美国家市场；积极推动我有实力的设计咨询企业参与欧美国家有关项目建设的设计咨询工作，争取通过设计咨询获得项目；对于我国企业在发达国家投资建设的重大项目，要尽可能争取由我国企业承建并提供相关设备或材料；利用我与有关发达国家的友好合作关系，发挥民族工艺特长，通过建设中国古典园林、中国城等，带动我承包工程打入发达国家市场。

认真总结经验，探索农业对外经济技术合作的途径和方式，鼓励具备条件的农业企业“走出去”。

加强对“走出去”的政策研究和支持。研究设立境外投资信用保险、设计融资担保、海外资源勘探风险基金。积极发挥出口信贷、出口信用保险、对外工程承包保函风险专项资金、对外工程承包贷款贴息、中小企业国际市场开拓资金、援外优惠贷款等资金的作用，支持企业“走出去”。妥善解决“走出去”企业外派人员办理出入境手续难的问题。建立和完善境外投资保护机制，积极与有关国家商签投资保护协定和避免双重征税协定。

切实加强对“走出去”的管理。“走出去”一定要有市场，讲效益。要加强对“走出去”企业、项目和人员的管理，建立健全规章制度，避免和防范盲目投资、自相竞争、违法乱纪。坚持服务和管理相结合，逐步建立以外汇、税收、国有资产安全为核心的监管体系；抓紧建立境外企业年审制度；认真执行对外劳务合作备用金制度、经营管理人员执业资格制度，搞好外派劳务援助中心试点。

（五）做好加入世贸组织应对工作，以开放促发展

加入世贸组织后，既要认真履行义务，又要充分享受权利。世贸组织规则是以市场经济为基础的，遵守世贸组织规则，总体上有利于我国的改革开放，有利于完善社会主义市场经济体制；世贸组织规则是多边贸易体制规则，并不涉及社会生活各个方面；遵守世贸组织规则，履行承诺和义务，是通过各成员制定国内法律法规来实现的；世贸组织的许多规定弹性较大，有些内容还要在新一轮谈判中讨论。所以，不要把世贸组织规则的适用范围扩大化、社会化，更不要因遵守世贸组织规则而束缚我们的手脚，影响改革、开放和发展。

加强涉外经济法制建设。国家有关部门清理、修订涉外经济法律法规已取得阶段性成果。关于地方涉外经济法规的清理、修订工作，中央办公厅已专门发了文件，提出了明确的指导原则、具体要求和工作进度。各地外经贸部门要严格按照文件精神，积极会同有关部门加紧工作，如期完成清理、修订地方涉外经济法规和政策的任务。今后，各部门、各地方制定有关涉外经济法律法规和政策措施，都要与国家法律法规保持一致，不得自行其事，政出多门。

世贸组织知识的培训工作要做到普及与提高相结合。继续举办各种类型、各个层次的培训班和研讨班，提高广大干部和企业经营者运用世贸组织规则的能力与水平。明年要重点办好省部级一把手培训班。加快培养精通世贸组织规则的专业人才，包括国际贸易专家、法律专家、谈判专家、反倾销调查专家。通过大众媒体，开展通俗性的世贸组织知识普及宣传。各地外经贸部门要结合本地的实际情况，有计划、有重点地组织好相关培训工作。

充分行使世贸组织成员的权利。加入世贸组织后，世贸组织成员在最惠国待遇、国民待遇、市场准入、透明度等方面，对我承担了一系列义务，我们要充分享受这些权利。要及时收集、跟踪我国企业在国外遇到的不公平待遇，利用双边或多边机制，保证我国权利；要通过对有关国家的对华贸易政策进行审议，促使其修改违反世贸组织规则的措施、取消针对我国的歧视性政策和贸易壁垒；要深入研究世贸组织规则中的例外条款和发展中国家优惠条款，为我所用。各地外经贸部门、各类企业要及时、如实向外经贸部反映情况。

切实用好过渡期。经艰苦谈判，我在货物贸易、服务贸易等领域都争取到了3—5年过渡期。要珍惜过渡期，分清轻重缓急，认真研究并把握好开放的领域、时间和进度；要在过渡期内具体分析每项承诺的影响，制定有针对性的措施，制定审慎的服务业市场准入政策和申请审批程序。各类企业都要利用过渡期加快发展，提高国际竞争力。同时，要加紧系统研究过渡期后促进外经贸可持续发展的应对措施。

维护公平贸易秩序。要全面跟踪进口情况，在进口产品由于不公平贸易做法或进口激增导致产业损害时，运用世贸组织规则和国内相关法规，及时采取必要的反倾销、反补贴和保障措施，合理保护国内企业的正当利益；进一步建立和完善反倾销、反补贴和保障措施案件的应诉机制，充分发挥进出口商会、地方外经贸部门、行业协会的优势和作用，鼓励、组织和指导企业开展出口反倾销、反补贴应诉工作。加强对国外贸易壁垒的调查和政府间交涉工作。

切实做好通报、咨询工作。按照世贸组织规则和我国对外承诺，外经贸部已成立通报咨询局，负责我国与其他世贸组织成员的审议、通报和咨询工作。根据工作需要，在外经贸部与各部门、各地方外经贸部门之间，将建立相应的工作机制。做好以上工作，需要各部门、各地方大力支持和配合。

积极参与新一轮多边贸易谈判。多哈会议启动了新一轮多边贸易谈判，农业和服务业的谈判已经开始，环境问题的谈判即将展开。要尽快会同有关部门研究确定谈判立场，制定谈判方案。对其他将在2年后开始谈判的投资、竞争政策、政府采购透明度、贸易便利等议题，也要抓紧做好相应的研究和准备工作。通过积极参与多边贸易规则的制定，维护我国的国家利益。对新申请加入世贸组织的国家，要与他们进行双边市场准入谈判，提出我们的合理要求，为我国企业开拓国际市场创造良好环境。

（六）积极推动和参与区域经济合作，促进多双边经贸关系全面发展

以推进区域经济合作和加强重要双边经贸关系为重点，做好多双边工作，使二者相互配合和促进。

进一步研究建立中国——东盟自由贸易区的有关问题。本着互惠互利、共同发展的原则，制订谈判方案，做好中国——东盟自由贸易区谈判的有关工作，在贸易便利化、湄公河开发、交通工程建设等领域先行开展合作。在“10+3”框架内加强贸易政策交流与协调，从贸易投资便利化入手，营造良好的合作气氛。

积极发展与上海合作组织成员的经贸关系。明年上半年，上海合作组织成员国首次经贸部长会议将在我国举行，要精心做好有关筹备工作。启动上海合作组织成员间的贸易和投资便利化谈判，制定长期经贸合作纲领，推动完善经贸合作机制。开展上海合作组织成员间基础设施、能源开发等领域的合作，不断充实经贸合作的内容。

积极参加APEC及亚欧会议各项活动。明年的工作重

点是，落实上海会议成果，推动国内企业参加 APEC 活动，促进 APEC 贸易投资自由化和便利化进程，努力在亚太地区维持稳定和开放的贸易投资格局。推动中欧贸易便利化，加强双方企业间合作，为我扩大出口和吸收外资创造有利的外部条件。

大力发展与主要贸易伙伴和周边国家的经贸关系。各地区、各企业和各中介组织，要及时向外经贸部反映在双边经贸合作中遇到的问题及建议。外经贸部要认真听取有关方面的意见，吸收相关部门和重点企业参加双边混（联）委会。把双边混（联）委会开好开实，真正开成解决实际问题的会议、维护双边利益的会议。

积极发展与港澳台的经贸关系。研究与港澳建立更紧密的经贸关系安排；努力扩大内地对港澳的出口和经港转口贸易；促进港澳服务业对内地投资，鼓励港澳对中西部地区投资，支持粤港和粤澳之间更广泛的经济合作；从祖国统一的战略高度，重视对台经贸工作，按照“一个中国，直接双向，互惠互利”的原则，促进两岸直接“三通”；努力扩大对台出口，缩小两岸贸易逆差；做好吸收台资工作，不失时机吸引台湾信息、电子、农业产业和大企业来大陆投资；沿海地区要对小额贸易进行整顿，保证小额贸易健康有序发展；整顿对台渔工劳务合作，保护我国渔工合法权益。

（七）推进信息化建设，全面提高外经贸现代化水平

当前，外经贸信息化建设进入了一个新的发展时期。外经贸信息化建设的主要任务是：以金关工程为基础，实现外经贸管理体系的网络化；加快外经贸公共信息服务体系的建设，尽快建成外向型信息服务体系；推动我国国际电子商务发展，提高企业电子商务应用水平。明年外经贸信息化建设要围绕外经贸工作的中心任务，立足于为扩大出口服务，为转变政府职能服务，为提高外经贸行业竞争力服务。

推进金关工程进程，加强电子政务建设。推进部委间联网管理和数据共享，适应涉外经济管理法规和信息透明、公开的要求，抓紧制定外经贸管理体系网络化的有关规定和规划，并组织实施，重点建立进出口统计分析、监测预警系统。启用新的进出口许可证管理系统，提高许可证签发工作的公开性和透明度。加快各级外经贸部门办公自动化建设。

加强各级外经贸部门和驻外经商机构的信息化建设。丰富网站内容，扩大服务范围，保证信息更新与质量。充分发挥外经贸公共信息服务专项资金的作用，支持公共信息资源开发，逐步建立政策法规、商情信息、经济环境数据库，形成广泛、便捷、有效的传播服务网络。

促进国际电子商务最紧要的工作是，制定标准，加强协调，推广应用。要抓紧制定国际电子商务发展的行业规范，推动有基础的地方开展试点和示范工程，加快对国际电子商务基本技能和知识的培训。积极开展国际电子商务的国际交流与合作，建立双边和多边磋商机制，参与制定国际电子商务的规则标准。建好中俄经贸合作网站，为企业开拓国际市场服务。

（八）以加入世贸组织为契机，进一步转变政府职能

加入世贸组织后，外经贸改革与发展面临新的形势，外经贸部门的任务不是减轻了，而是加重了。各级外经贸部门必须在管理体制、运行机制、思想观念、工作方式等方面，继续进行改革和调整。要理清哪些是政府、中介组织和企业该做的事情，在此基础上转变政府职能。

加强立法，严格执法。各级外经贸部门要推进法治，减少人治，努力消除管理中的人为因素。制定并实施《外经贸部行政处罚听证程序实施规则》、《外经贸部行政复议实施办法》，大力推进依法行政，从严治政，规范政府行为。地方外经贸部门都应参照外经贸部的做法，建立相应的工作规范。要提高政策透明度，实现政务公开，加大执法力度。

改革行政审批制度。各级外经贸部门要按照国务院的要求和部署，认真做好行政审批制度改革工作，进一步减少审批事项，改进和规范审批方式，认真探索“窗口式”、“一站式”办文制度，积极推行电子政务、联合审批制度、社会听政和专家审查制度。

加强和改进外经贸管理方式。要努力改变过去惯用的以行政手段为主及重审批、轻服务的做法，今后外经贸管理应主要采用经济和法律的手段，辅之以必要的行政手段。各级外经贸部门都要适应这种转变，不断提高外经贸管理水平。

大力推进中介组织改革。通过改革，中介组织要真正成为会员企业发展、自律的组织，成为使企业利益和国家利益相结合的组织，成为为企业和政府服务的组织。明年进出口商会改革要以继续加强分会建设为重点，推动建立行业自律机制，增强行业代表性；要注重加强对中小企业的服务，不断培育新的外经贸增长点；各进出口商会对企业不能按照政府行为方式办事，要树立服务意识，拓展服务领域，提高服务质量。

推进国有外经贸企业改革。近几年来，各地在国有外经贸企业改革方面进行了有益探索，取得了一些经验和成绩。但总的来讲，国有外经贸企业改革仍落后于外经贸发展的形势。特别是加入世贸组织后，国有外经贸企业改革的紧迫性越来越突出。各级外经贸部门要深入基层，深入企业，认真调查研究，集中各方面的智慧和力量，指导和推进国有外经贸企业改革。外经贸部主要推动中央所属外经贸企业改革，对省级外经贸企业改革进行指导。明年，外经贸部将适时召开国有外经贸企业改革经验交流会。

进一步转变作风，为转变政府职能提供保障。各级外经贸部门要认真贯彻十五届六中全会精神，以深入实际抓落实为突破口，切实转变工作作风。要抓住重点、难点问题，做好调查研究工作，及时发现新情况、解决新问题。大家共同努力，在各级外经贸部门形成重实际、办实事、求实效的良好风貌。

(九) 以“三个代表”重要思想为指导，提高外经贸队伍素质

事业的兴衰成败，关键在人。当前，贯彻“三个代表”重要思想的要求，适应外经贸改革和发展的需要，努力建设一支政治强、作风硬、业务精的外经贸队伍，已经成为一项十分紧迫的任务。

加强政治理论学习和思想政治工作。各级外经贸部门的领导干部要以身作则，带头学习。要加强对干部职工的思想政治教育，用崇高的理想、高尚的精神引导和激励广大干部职工为外经贸事业奋斗。要继续加强党风廉政建设。加强职业道德教育，制定外经贸干部职业道德规范。各级外经贸部门的党组织要对党员干部严格要求、严格教育、严格管理，充分发挥基层党组织的战斗堡垒作用。

加强外经贸干部队伍建设，不断提高外经贸队伍知识化、专业化水平。广大外经贸干部职工要适应形势发展的需要，采取多种形式，努力学习政治理论、世贸组织知识、法律知识、国际金融知识，计算机知识、外语等，不断提高自身的综合素质。做好培训工作，进一步健全培训制度，改进培训方式，提高培训质量。

在这里，我还要强调一点。随着我国外经贸的发展，各层次的对外交往会增加。在扩大对外交往和发展外经贸的过程中，各级外经贸部门一定要讲政治，提高政治敏锐性，警惕各种“西化”、“分化”图谋；要加强对干部职工的思想政治教育，防止民运分子、分裂主义分子、恐怖分子、法轮功组织采取各种隐蔽方式，在国内投资、经商；防止反对宗教势力向我在外经商、劳务、援外人员渗透，窜入我国内进行传教活动。

同志们，明年是我国加入世界贸易组织的第一年，我们面临的国际经济环境相当严峻，明年外经贸任务十分艰巨，工作十分繁重，责任非常重大。我们要紧密团结在以江泽民同志为核心的党中央周围，高举邓小平理论伟大旗帜，按照“三个代表”的要求，全面贯彻落实中央经济工作会议的部署，转变作风，真抓实干，以全面完成2002年外经贸各项任务的优异成绩，迎接党的十六大召开。

密切两岸经贸交流　促进祖国和平统一

——纪念江泽民主席《为促进祖国统一大业的完成而继续奋斗》发表七周年

对外贸易经济合作部副部长　安　民

1995年春节前夕，国家主席江泽民同志发表了《为促进祖国统一大业的完成而继续奋斗》的重要讲话。讲话深刻地阐述了邓小平同志“和平统一、一国两制”的思想精髓，是指导对台工作的纲领性文件。七年来两岸经贸交流的实践充分证明，江主席的重要讲话真正反映了海峡两岸同胞的根本利益和全体中国人民热切盼望统一的共同心愿，为我们进一步做好对台经贸工作，推动两岸关系发展，进而促进祖国统一大业，指明了方向，具有很强的现实针对性和深远的历史意义。

过去的七年里，为贯彻江主席的讲话精神，根据形势的发展，我们主动采取了许多切实有效措施，推动两岸直接“三通”并促进两岸经贸交流与合作。

早在1996年8月交通部和外经贸部就先后发布了《台湾海峡两岸间航运管理办法》和《关于台湾海峡两岸间货物运输代理业管理办法》，1997年4月19日，福州港、厦门港至高雄之间的“试点直航”顺利启动，结束了台湾海峡间近50年没有任何商船直接往来的历史。1998年，外经贸部宣布开放台湾企业单独在大陆举办商品展览会，使台商在大陆参展、办展掀起了高潮，2000年外经贸部颁布了《对台湾地区贸易管理办法》，使开展对台贸易有了公开的指导依据，有力地促进了对台贸易健康、有序地发展。从1997年开始，每年4月中旬在厦门举办的对台出口商品交易会暨海峡两岸机械电子产品交易会，是目前祖国大陆惟一专门面向台湾市场和台商需求的出口商品交易会，也是海峡两岸最大型的机电展，对进一步扩大大陆对台出口、开展两岸机电合作起到了积极的促进作用。

为贯彻江主席提出的关于“将继续长期执行鼓励台商投资的政策”、“不论在什么情况下，我们都将切实保护台商的一切正当权益”的主张，进一步贯彻《台湾同胞投资保护法》，经过深入调查和广泛征求各方面意见，1999年12月，国务院正式颁布《台湾同胞投资保护法实施细则》，这充分体现了祖国大陆始终坚持鼓励和保护台商投资的基本方针，反映了祖国大陆对台湾同胞求和平、求稳定、求发展愿望的真诚理解和亲切关怀。我们还为台商参与西部大开发制订了鼓励政策。与此同时，中央各部门和各地方政府还努力改进管理工作，提高服务水平，不断改善投资环境。为促进两岸农业合作，外经贸部、国台办、农业部还批准在福建、海南、山东、黑龙江、陕西设立“海峡两岸农业合作实验区”。

在祖国大陆的积极推动下，两岸经贸交流得到了长足发展。1995年至2001年七年间，两岸贸易额累计达1 635.5亿美元，其中大陆对台出口271.6亿美元，自台进口1 363.9亿美元；七年中，共批准台资项目近2.4万家，协议金额312.2亿美元，实际利用台资211.1亿美元。

过去的一年，在海峡两岸同胞，特别是两岸工商界人士的共同努力下，两岸经贸交流又有了新的发展，并成为联系两岸关系最重要的纽带之一。2001年两岸贸易总额323亿美元，同比增长近6%，其中大陆向台湾出口50亿美元，自台进口273亿美元，目前台湾已成为大陆第五大贸易伙伴，第二大进口市场；大陆是台湾第二大出口市场和最大的贸易顺差来源地。两岸经济贸易的依存度不断提高，台湾外贸对两岸贸易的依存度已达到10%，而我自台进口亦已占我进口总额的12%。

2001年我新批准台资项目4 196家，协议金额69亿美元，实际利用台资31.4亿美元，同比分别增长36.2%、73.1%和32.8%。台商投资主体已由中小企业为主转为以大型企业为龙头；投资产业已从劳动密集型向资本、技术密集型转移；投资地域已从沿海到遍布祖国大陆各地并积极“抢滩大西北”。项目投资金额增大，结构优化并向高新技术领域扩展，已形成了以电子信息产业为主要投资领域的第三波大陆投资热。两岸的农业合作也得到了不断发展。

回顾过去七年，我们清楚地看到，在江主席八项主张的指引下，海峡两岸的经贸合作之花结出了丰硕的果实。由于海峡两岸经济的互补性很强，两岸经贸交流极大地促进了两岸经济的共同繁荣。从台湾看，台商投资大陆，为台湾的产业升级创造了条件，同时自身也不断得到发展与壮大，许多名不见经传的台湾企业通过与大陆的经贸往来，发展成为有实力的大企业。从大陆看，两岸经贸交流弥补了大陆资金不足，发挥了大陆劳动力资源丰富的优势并促进了大陆外向型经济的发展。去年台湾外贸受世界经济不景气及美国“9·11”事件影响很大，但两岸贸易及台商到大陆投资仍然增长迅速，更说明两岸经贸交流对台湾经济的重要性。

但这七年来，台湾当局却置两岸人民的根本利益于不顾，对两岸经贸交流继续设置人为的障碍，顽固拒绝两岸直接“三通”，使两岸经贸交流仍处于间接单向的状态，也直接影响台湾经济的发展，这是极不得人心的。

钱副总理指出，“进一步发展两岸经济关系，是客观趋势所至，是两岸同胞所愿，是双方利益所在。”展望未来，我们对海峡两岸经贸合作前景充满信心。首先，我们将继续认真贯彻落实江主席讲话中“要大力发展两岸经济交流与合作，以利于两岸经济共同繁荣，造福整个中华民族”的精神，坚持江主席“不以政治分歧去影响、干扰两岸经济合作”的主张，一如既往地推动两岸经贸交流不断向前发展。随着两岸于去年底和今年初先后成为世贸组织成员，无疑为两岸经济的进一步合作提供了契机和便利，两岸经贸交流进入一个新的阶段。需要指出的是，两岸加入世贸组织后，两岸经贸关系仍属于中国主体与其单独关税区之间的经贸关系。这一定位不仅科学、严谨、便于操作，而且使台商在祖国大陆的投资贸易享有公平、便利、有效的保障机制，有利于两岸经贸交流的发展。“两岸经贸问题应该也完全可以在两岸之间解决。”祖国大陆将继续鼓励台商来大陆投资和从事其他经济活动，依法保护他们的正当权益。其次，在新世纪之初，祖国大陆政治稳定，经济持续、快速、健康发展，在充分利用自身市场和劳动力资源等优势的前提下，通过实施进一步扩大内需和对外开放的政策，祖国大陆将始终保持较高的经济增长率，并逐步成为全球重要的制造业基地，祖国大陆商机无限，两岸经贸交流正面临又一次大发展的机遇。第三，经济全球化程度不断加深，区域经济合作的趋势更加突出，为两岸进一步加强经济合作提出了客观要求。以祖国大陆为腹地，台湾经济与祖国大陆经济相融合是历史的必然。

钱副总理指出，“实现两岸直接‘三通’，势在必行。尽快实现两岸直航，是台湾广大同胞尤其是业者的殷切期望。当前，可由两岸民间行业组织就通航问题进行商谈，达成协议，尽快通起来。”在新的一年，我部将加大工作力度，以民间方式与台湾方面就两岸直接通商的有关问题展开积极的探讨，我们也愿意与台湾工商界人士共商进一步促进两岸经济合作的大计，继续采取灵活务实的措施推动两岸直接“三通”，推动两岸经济关系上升到一个新的水平。我们希望台湾当局彻底取消对两岸经贸交流的一切不合理限制，尽快开放两岸直接“三通”，使两岸经贸交流向“直接、双向”的方向发展，扩大双方合作的领域、地域和范围，以利于中华民族经济的全面振兴。

机不可失，时不我待。我们祝愿海峡两岸经贸关系能够与时俱进、气象更新。

推进行政审批制度改革　进一步转变政府职能

中共中央纪律检查委员会驻对外贸易经济合作部纪检组组长　刘向东

一、要从讲政治的高度充分认识行政审批制度改革的重大意义

行政审批制度改革是涉及到我国政治体制和经济管理体制改革全局的重要工作。江泽民总书记多次指出“改革行政审批制度势在必行”。朱镕基总理提出要建立一个“廉洁、勤政、务实、高效”的政府，并要求对行政审批“认真清理、彻底精简”；尉健行、李岚清等领导同志也多次就这项工作作出重要批示和讲话，十五届六中全会的决议中也对此提出了明确要求。

推行行政审批制度改革，是贯彻“三个代表”重要思想的具体实践，也是落实党的十五届六中全会决定的重大举措，我们一定要从讲政治、顾大局的高度充分认识这项

工作的必要性、紧迫性和重大意义，切实增强自觉性和责任感。

（一）行政审批制度改革是建立和完善社会主义市场经济体制的客观需要。

（二）行政审批制度改革是从源头上预防和治理腐败的客观需要。

（三）行政审批制度改革是适应我国加入WTO的新形势，按国际规则办事的客观需要。

（四）行政审批制度改革是转变政府职能、改进工作作风的客观需要。

二、行政审批制度改革应遵循的原则

行政审批制度改革的总体要求是：不符合政企分开和政事分开原则、妨碍市场开放和公平竞争以及实际上难以发挥有效作用的行政审批，坚决予以取消；可以用市场机制代替的行政审批，通过市场机制运作。对于确需保留的行政审批，要建立健全监督制约机制，做到审批程序严密、审批环节减少、审批效率明显提高，行政审批责任追究制得到严格执行。

在行政审批制度改革工作中要遵循五个原则。一是合法原则。指行政审批权的设立和实施必须依据法律、法规、规章和根据国务院决定、命令或者要求制定的国务院部门文件，并不得与其相抵触。没有规范性文件依据，仅仅根据领导的讲话、批示、指示等设立的行政审批事项，应予取消；如是必不可少的，应当通过法定程序，制定相应的规范性文件。依部门内司局文件设立的审批事项一律取消。二是合理原则。指设立和实施行政审批必须有利于社会主义市场经济发展和社会全面进步，有利于政府实施有效管理。三是效能原则。要求我们简化程序，减少环节，以较小的行政资源的投入，实现最佳的政府工作目标。积极推进电子政务。四是责任原则。按照"谁审批，谁负责"的原则，有行政审批权，就要对审批的事项负相应责任。行政审批机关不履行、不正确履行对许可对象的管理职责或者违法审批要追究责任，依照有关规定，给予有关责任人相应的纪律处分。五是监督原则。即对行政审批机关行使审批权进行监督制约，保证合法、合理、公正地行使行政审批权，维护相对人的合法权益。应按法律、法规规定，公布行使审批的内容、对象、条件、程序、时限、审批结果。相对人对审批提出异议，要作出书面答复，并告知有申请复议和提起行政诉讼的权利；审批机关要及时处理举报、投诉，将处理结果通过适当方式回复举报人、投诉人。

三、外经贸部行政审批制度改革的基本情况

外经贸部党组高度重视行政审批制度改革工作。按照石广生部长的意见，外经贸部于2001年10月25日成立了以周可仁副部长为组长、我和高虎城部长助理为副组长的外经贸部行政审批制度改革工作领导小组，并从办公厅、人事司、世贸司、条法司、监察局等五个综合司局抽调司局级干部和处级干部组成领导小组办公室，处级干部全部脱产办公。有审批事项的有关司局也成立了各自的行政审批制度改革工作领导小组，由一把手牵头，并指定专人负责这项工作。

外经贸部行政审批制度改革工作领导小组办公室和领导小组多次召开会议，对外经贸部清理出的各项行政审批事项仔细研究、充分论证、逐一确认。部党组也召开专门会议，对领导小组提出的意见进行逐条研究讨论，形成集体决议。外经贸部行政审批制度改革工作历时近两个月，完成了对所有行政审批项目的清理并提出了处理建议，上报国务院审议。

外经贸部在全面摸清行政审批项目底数的基础上，按照行政审批制度改革的"五项原则"，共清理出各类行政审批项目总计95项。在95项行政审批项目中，拟保留的67项（不变50项，合并1项，下放2项，其他14项），已取消的和拟取消的28项（已取消和即将取消的17项，拟取消的8项，拟改变管理方式3项）。其中，拟下放、已取消和拟取消的行政审批项目共占全部行政审批项目的32%。上述意见报国务院审议通过后，将由国务院对外公布。未获国务院批准同意的审批项目，今后将一律不得施行。行政审批制度改革是一个长期、动态的过程，外经贸部将根据形势的不断发展变化，对不再适应形势发展要求的行政审批事项及时予以取消。对保留的审批事项，将采取有效措施，进一步简化审批程序、提高工作效率，并建立结构合理、配置科学、程序严密、制约有效的权力运行机制，保证审批权沿着制度化和法制化的轨道运行。

四、对地方外经贸主管部门的几点要求

（一）进一步提高认识，把思想统一到中央要求上来。

改革就是革命，现在，我国的改革进入攻坚阶段，行政审批制度改革就是我们改革攻关的重要内容之一。我们各级外经贸主管部门作为对外开放最前沿的部门，应走在改革的前列，采取积极态度，主动工作，加快推进行政审批制度改革。要根据国务院确定的指导思想、总体要求和原则，按照地方政府的部署，结合自身实际情况，制定切实可行的实施方案和工作步骤，加强领导，精心组织，保证这项工作积极有序地展开。

这里我想强调一下，目前有些同志对行政审批制度改革工作认识不到位，存在"三怕"思想。一怕乱，认为行政审批制度改革工作会影响国家的经济事务和社会事务的管理；二怕难，认为行政审批制度改革工作头绪多而且复杂，工作量大，较难开展；三怕失去权力和利益。

首先，怕乱的担心是没有必要的。行政审批制度改革工作是在中央、国务院的统一领导下，有步骤、分阶段地进行的，将坚持积极、稳妥的原则，以有利于社会主义市场经济发展和社会的全面进步为目的，只能有利于各项事业，增强加快发展的生机与活力。如果外经贸管理手段、管理方式不再适应形势发展的需要，不进行彻底改革，不进行制度创新，束缚了各方面发展外经贸事业的积极性，那才迟早会乱。所以，各级干部一定要着眼于我国外经贸事业的长远发展，着眼于改革，认真研究我国外经贸管理体制的现状、过渡方案和改革方向，进行管理手段的创新。

其次，这次行政审批制度改革，国务院直接抓，措施非常明确、具体、有力。经过这些年改革开放和建立社会主义市场经济的实践，各方面对行政审批制度改革的必要性和紧迫性也有了切身感受，推进改革有较好的基础，难度有，但比过去少得多了，是可以克服的。

第三，要正确看待手中的权力，要按照邓小平同志“三个有利于”和江泽民同志“三个代表”的思想正确看待审批权，不能为了部门利益损害国家的利益，更不能把行政审批权看成部门或个人的特权。以往行政审批制度改革，大家最担心的是审批权在部门之间转移。对此，国务院已有明确的纪律，一个部门取消的审批权，别的部门不能再捡起来而去设立同样的审批事项。

（二）配合外经贸部的改革，做好地方外经贸行政审批制度改革工作。

外经贸部前一个阶段的改革工作，坚决贯彻执行国务院的统一要求，就是要把不该由政府审批的事项坚决减下来，凡是通过市场能够有效解决的，应当由市场去解决；通过市场难以有效解决，可通过中介组织、行业自律去解决；即使是市场机制、中介组织、行业自律解决不了、需要政府加以管理的，也要首先考虑通过除审批之外的其他监管措施来解决；只有在这些手段和措施都解决不了的，才能考虑通过行政审批去解决。

各地外经贸主管部门要参照外经贸部行政审批制度改革的结果，并结合本地实际和清理地方外经贸法律法规文件的工作，根据政府运作规律和外经贸发展规律的要求，研究地方哪些项目不应用行政审批进行管理，如何交由市场机制去调节，或以其他管理方式来代替的途径。各地外经贸主管部门要切实解放思想、实事求是，按照WTO规则和我国对外承诺，该政府审批的事情，一定要批好、管好，管出成效；同时，要把不符合政企分开和政事分开原则的、妨碍市场开放和公平竞争，难以发挥有效作用的行政审批项目坚决取消，代之以更加科学、有效的管理方式。在改革过程中，要对每个审批项目仔细过过“筛子”，看一看属于清理范围的是不是都清理了，有无遗漏，要认真地查一查有没有“死角”。根据国务院的要求，各部门要对本系统行政审批制度改革工作进行指导监督。为此，各地外经贸主管部门应将开展行政审批制度改革工作的进展情况和结果及时向外经贸部报告。

（三）强化服务，加强监督，进一步提高宏观管理水平。

在行政审批制度改革过程当中，既不能为了部门利益，把应该削减的审批项目留下，也不能图省事，将审批项目减掉以后就万事大吉。判断行政审批制度改革工作是否达到了预期目标，不仅是看应该减的是否减下来了，还要看应该保留的是否加强了监督，应该作其他处理的，是否进行了妥善处理。行政审批制度改革，还要调整审批的权限、减少环节、规范程序、提高效率、强化服务、加强监督、明确责任，建立结构合理、管理科学、程序严密、制约有效的行政许可制度。各地外经贸主管部门要坚持求真务实的态度，力求取得实效，坚决防止搞数字游戏，走过场。

取消的审批事项，也不能“一减了之”，要衔接好，不能影响业务的开展。必须明确，项目取消了，我们建立平等竞争的市场环境，维护良好经营秩序的责任没有减轻，而且要求更高，责任更重大，要学会用相应的、更有效的办法来管理。要研究制定可操作的管理细则和标准，积极运用制度、规划、协调、指导、监督、检查、信息服务等手段，加强有效的调控监督。

一般来讲，审批是一种事前管理，而很多真正需要解决的问题往往是在审批之后。政府的宏观管理工作要到位，不能越位、错位和缺位。政府通过备案等手段加强管理，是为了便于掌握经济运行情况，便于实施宏观调控，要增强政府的服务功能，为企业保驾护航，创造良好的经营环境。

（四）以行政审批制度改革促进反腐倡廉工作。

积极推进行政审批制度改革，是从源头上防止和解决腐败，铲除滋生腐败的土壤和条件的重要措施。各地外经贸主管部门在具体工作中，一定要注意把推进行政审批制度改革与反腐倡廉工作有机地结合起来。

一是要建立规范的运作机制，减少行政审批的人为因素，减少随意性。对于清理中保留下来的审批事项，建立结构合理、管理规范、程序科学、制约有效的管理制度，最大限度地减少审批人的自由裁量权。同时，要按照WTO公开、透明的原则，除少数不宜公开的审批外，其他的行政审批都应对行政审批的内容、对象、条件、程序进行公开，未经公开的，不得作为行政审批的依据。还要努力改进审批方式，认真探索“窗口式”、“一站式”办文制度，积极推行电子政务、联合审批制度、社会听政制度和专家审查制度，使行政审批制度化、规范化。

二是要建立并实行审批责任追究制度。要按照“谁审批，谁负责”和“权责对等”的原则，明确审批单位、审批人对审批过错的责任。不允许擅自变更、新设定或变相设定审批事项，不允许无故拖延审批时限。要研究制定企业对不按照规定审批行为的投诉制度和对越权审批的党政纪追究制度。对于由于只审批不监督或者监督不力而造成严重后果的，以及滥用职权越权审批，甚至吃、拿、卡、要，徇私舞弊的，要追究行政审批主管领导和直接责任人的法律责任，并给予党政纪处理。

三是要建立并严格执行项目审批岗位干部轮岗交流和回避制度，还要教育、引导党员干部正确对待权力、地位和自身利益，增强拒腐防变、抵御各种不正之风的能力，对各种官僚主义、弄虚作假、违纪违法案件要坚决查处。

（本文根据刘向东同志2001年12月在全国外经贸工作会议上的讲话节录）

2001年中国对外经济贸易政策的变化

对外贸易经济合作部外经贸政策研究室主任　鲁建华

2001年，我国外经贸在严峻的国际环境中取得了可喜的发展，外经贸规模、质量和效益进一步提高。一年来，在党中央、国务院的正确领导下，外经贸部密切跟踪研究国内外经济贸易形势，加强同有关部门的沟通协作，及时出台一系列政策措施，对保持外经贸业务快速健康发展起到了积极的支持、引导和调控作用。

一、稳定和落实政策，大力发展进出口贸易

2001年，针对全球经济放缓的严峻形势，外经贸部围绕千方百计扩大出口，努力保持各项政策的稳定性和连续性，进一步发挥政策的集成效应。继续落实国办发35号文精神，稳定和完善加工贸易政策；推动各地开展出口退税质押贷款业务，缓解退税滞后导致的企业资金紧张问题；出台了促进机电产品出口和便捷大型高新技术企业通关的新规定，下发了《中小企业国际市场开拓资金管理办法实施细则》等，积极推动扩大出口；召开了全国关贸、税贸协作会议，建立新形势下的关贸和税贸协作工作机制；就日、韩对我农产品出口实施限制措施积极进行磋商，为扩大出口排除障碍。在千方百计扩大出口的同时，及时对大豆、肉鸡、铝锭、钢坯等重点敏感商品进行跟踪和分析，采取相应措施，加强进口宏观调控，有效保证了贸易收支平衡。这些措施的出台对完成全年进出口任务发挥了重要作用。2001年，全国进出口总值5 097.7亿美元，增长7.5%；出口2 661.5亿美元，增长6.8%；进口2 436.1亿美元，增长8.2%；实现贸易顺差225.4亿美元；进出口商品结构进一步优化。

二、适应新形势，努力提高吸收外资的质量和水平

2001年7月，国务院召开了全国外资工作会议，对“九五”时期吸收外资的经验进行了总结，提出要在新形势下继续坚持积极合理有效利用外资的方针，把外资工作的重点从吸引国外资金为主转移到引进先进技术、现代化管理、专门人才方面来，努力实现“四个结合”，不断提高吸收外资的质量和水平。为贯彻落实会议精神，外经贸部会同有关部门，对《指导外商投资方向暂行规定》和《外商投资产业指导目录》进行了修订，研究制定鼓励外资投资高新技术产业、设立研发中心等领域的政策措施；积极探索吸收外资的新方式和新途径，出台了吸收外资参与资产重组与处置、设立外商投资创业投资企业等方面的新规定；做好加入世贸组织各项准备工作，修订出台吸收外资的三大基本法，公布了一批外商投资电信、保险、金融、音像制品分销等领域的法规和条例。2001年，在全球跨国直接投资大幅下降的情况下，我国吸收外资仍然保持了较快增长，合同外资金额691.91亿美元，增长10.43%；实际吸收外资468.46亿美元，创历史最高水平，增长14.90%，继续名列发展中国家吸收外资之首。

三、加快实施“走出去”战略

2001年，实施“走出去”开放战略正式写入我国“十五”计划，“走出去”和对外贸易、吸收外资一起，构成了我国外经贸发展的主体框架。为推动开展对外经济合作，外经贸部会同有关部门制定了一系列政策措施：出台《对外承包工程保函风险专项资金管理暂行办法》等，为企业“走出去”提供金融支持；下放《对外经济合作经营资格证书》年审工作，制订《关于办理外派劳务人员出国手续的办法》，不断简化审批程序；做好双边磋商工作，先后与塞拉利昂、莫桑比克等七国签订了双边投资保护协定，有效保护了企业利益；加强政府的监管和信息服务职能，维护良好的经营秩序。2001年，我国企业共投资设立境外企业312家，协议投资总额9.7亿美元，中方投资额7.9亿美元，比上年有较大提高；签订对外承包工程和劳务合作合同额164.55亿美元，增长10.1%；实际完成营业额121.39亿美元，增长7.2%。

四、积极做好加入世贸组织的准备工作

2001年12月11日，我国正式成为世贸组织成员。同时，加入世贸组织的各项准备工作有序进行。目前，涉外经济法律、法规、规章的清理和修订工作已基本完成，《反倾销条例》、《反补贴条例》、《保障措施条例》、《货物进出口管理条例》、《技术进出口管理条例》等《对外贸易法》的相关配套法规已经出台；关税总水平和非关税措施进一步削减，自2002年1月1日起，我国关税总水平由15.3%降低到12%；取消了粮食、羊毛、棉花、腈纶、涤纶等产品的配额许可证管理；成立世贸组织司、进出口公平贸易局等有关机构，为企业和个人提供相关贸易政策信息，加强国内的进口反倾销、反补贴和保障措施工作；加大世贸组织规则和相关知识的培训力度。

五、进一步推进外贸经营主体多元化，深化国有外经贸企业改革

为鼓励更多的企业参与国际竞争，2001年外经贸部印发了《关于进出口经营资格管理的有关规定》，进一步放宽了企业申请进出口经营权资格的条件。外贸经营主体逐步形成了各种所有制公平竞争、内外资企业共同发展的格局。与此同时，各地在深化国有外经贸企业改革方面也进行了有益的探索。一些大中型国有外经贸企业通过资产重组、股份制改革、国内以及海外上市，形成了一批有规模、有实力的企业集团；一些中小型外经贸企业，通过改组、联合、兼并、租赁、承包经营和内部职工持股、股份合作等多种形式，实现了机制创新，取得了明显成效。

六、多双边经贸关系稳步推进

2001年，我国与发展中国家经贸关系不断加强。认真落实"中非合作论坛"后续行动的各项工作，推动中非经贸合作深入发展；制定了中拉经贸关系的工作规划，大力开拓拉美市场；继续以开放市场、人才和技术培训、援外等多种方式支持发展中国家经济发展。与此同时，我与美国、欧盟、日本等发达国家经贸关系也平稳推进。召开了全国对俄经贸工作会议，研究制定了发展对俄经贸合作的政策措施；密切跟踪美国"9·11"事件发展，及时提出相应对策建议，有效维护了对外经贸关系的发展。此外，还积极发展两岸及与港澳地区经贸交流，推动港澳台商参与西部大开发。

七、区域经济合作取得重要进展

成功举办APEC中国年的一系列活动。2001年，外经贸部作为APEC贸易投资领域国内协调部门，与外交部等部门一起成功举办了APEC领导人非正式会议、部长级会议和贸易部长会议等，有力地推动了APEC合作进程，对启动新一轮多边贸易谈判发挥了重要影响和积极作用。积极筹备启动上海合作组织框架下的区域经济合作机制。2001年9月，上海合作组织六国总理首次会晤期间，签署了《上海合作组织成员国政府间关于区域经济合作的基本目标和方向及启动贸易和投资便利化进程的备忘录》，正式启动区域经济合作机制。此外，我国还积极参加"10+1"、"10+3"和亚欧会议的有关活动，正式加入《曼谷协定》，并与东盟国家达成了在10年内建成中国——东盟自由贸易区的目标。

八、整顿市场经济秩序，加快行政审批制度改革

2001年，为贯彻落实《国务院关于整顿和规范市场经济秩序的决定》，外经贸部专门设立了整顿和规范市场经济秩序领导小组办公室，下发了《关于整顿和规范外经贸领域市场秩序的通知》，全年共处罚各类违法违规企业121家。同时，加快完善机电产品招标办法、制止低价竞销行为；建立"全国外商投资企业投诉中心"、受理外商投诉；打击在外经贸领域中侵犯知识产权和制售假冒伪劣产品的行为。外经贸部还根据国务院召开的行政审批制度改革工作电视电话会议精神，下发了《关于行政审批制度改革工作的实施意见》。目前，外经贸部已清理出各类行政审批项目95项，其中拟保留的67项，已取消的和拟取消的28项。这将加快推动政府职能转变，建立符合中国国情和世贸组织规则的新型外经贸管理体制。

2002年，受世界经济减速的不利影响，我国外经贸发展面临比亚洲金融危机更为严峻的外部环境。2002年也是我国加入世界贸易组织的第一年，外经贸工作面临许多新情况、新问题和新挑战。针对这种情况，我们要适应复杂多变的国际经济形势，以加入世贸组织为契机，加强形势跟踪，及时制定和出台符合世贸组织规则和我国国情的外经贸政策，发挥优势，用好权利，趋利避害，促进国民经济和外经贸事业持续快速健康发展。

2001年中国对外技术贸易的发展和分析

对外贸易经济合作部科技发展和技术进出口司司长　王　晖

2001年全国各地认真贯彻科技兴贸战略，落实国家一系列扶持鼓励措施，科技兴贸取得了新进展，中国对外技术贸易的发展开始进入一个新的发展时期。2001年我国高新技术产品进出口总额达1 105.73亿美元，占外贸进出口总额的21.7%，其中出口464.57亿美元，比上年增长25.4%，增幅高出全国出口增幅18.6个百分点。高新技术产品出口在增量和增幅上实现三个历史性突破：一是对全国外贸出口增长的贡献率首次突破50%，在全年出口增量169.5亿美元中，高新技术产品出口增量为94亿美元，占55.5%；二是占外贸出口总额的比重达到17.5%，比上年提高2.5个百分点，当年提高的幅度首次突破2个百分点；三是12月当月出口50.4亿美元，单月出口首次突破50亿美元。

2001年对外签订技术出口合同总金额32亿美元，与上年持平。签订技术引进合同总金额90.91亿美元，其中技术费43.95亿美元，占合同总金额48.34%。按可比口径计算，2001年技术引进合同金额同比增长5%。

一、实施科技兴贸战略取得新进展

（一）机制创新、落实政策、加强服务

外经贸部与科技部、国家经贸委、信息产业部建立联合工作机制，外贸、科研、产业形成合力，共同开展科技兴贸工作。吴仪国务委员肯定了科技兴贸四部委联合工作机制，要求四部委继续发扬好的传统，再接再厉，发挥政策的最大效应。

一年来外经贸部会同有关部门先后下发了《关于鼓励软件出口有关问题的通知》、《中小企业国际市场开拓资金管理办法实施细则》、《关于大型高新技术企业适用便捷通关措施的规定》，外经贸部还会同海关总署确认了第一批112家适用便捷通关的出口企业名单；会同其他四部门联合发布了《软件出口管理和统计办法》。外经贸部还会同有关部门加强了对科技兴贸重点城市、重点企业的服务工作。

（二）开拓市场、狠抓出口

大力开拓高新技术产品国际市场，成功地举办了国内四个高科技博览会和境外的技术贸易促进活动。

（三）完善思路、落实计划

配合国家经贸委大力实施"双高一优"（高新技术产业

化、高新技术改造传统产业、优化重点产品重点技术）计划，重点做好机械、电子信息、轻工和纺织品等四个行业利用高新技术改造传统出口产业的工作。

二、高新技术产品成为外贸出口增长的主要带动力量

2001年全国高新技术产品出口继续保持高速增长，呈现出五个特点：

（一）我国高新技术产品的生产方式仍以加工组装为主

2001年在我国出口的高新技术产品中以进料加工贸易、来料加工装配贸易方式出口的高新技术产品约占高新技术产品出口总额的90%，是高新技术产品出口最主要的方式。

（二）外商投资企业仍是高新技术产品出口的主要力量

外商投资企业出口额持续增长，在我国高新技术产品总额中的比重约为80%。

（三）香港、日本、欧美、韩国、新加坡及台湾省仍是我高新技术产品出口的主要市场

高新技术产品出口国家和地区相对集中，2001年我高新技术产品出口到上述国家（地区）的总额占2001年高新技术产品出口总额的70%。

（四）东部沿海地区是我高新技术产品出口主要货源地

广东、江苏、上海、天津、北京等地区的出口额约占全国高新技术产品出口额的87%。其中深圳市2001年高新技术产品出口超过100亿美元。

（五）高新技术产品出口主要集中在信息产业领域

2001年，计算机与通信技术类和电子技术类高新技术产品的出口约占我国高新技术产品出口总额的90%。

三、对外技术贸易取得新成绩

发展技术贸易，积极引进国外先进技术，对于用高新技术改造传统产业，促进国民经济产业结构升级具有重要的意义。扩大技术出口，优化我国出口产品结构，对保持我国对外贸易的可持续发展发挥积极作用。

（一）2001年技术引进的特点

1. 传统的以关键设备、成套设备为主的技术引进格局已被打破，取而代之的是专有技术许可或转让、技术咨询、技术服务等多种技术引进方式相互交织的新局面。专有技术、专利技术、技术咨询、技术服务等软技术引进占据了主导地位，为63.06%，而关键设备、成套设备等硬件引进仅占36.94%。

2. 引进国别地区多元化，充分利用各国的技术优势，拓展技术引进渠道。2001年，我国的技术来源国家和地区共有55个，合同金额居前10位的为德国、美国、日本、法国、瑞典、香港、奥地利、捷克、韩国和意大利，合同金额79.92亿美元，占合同总金额的88.65%。

3. 从合同金额上看，技术引进主要集中于发电供电设备制造、交通运输设备制造、电子及通信设备制造、黑色金属冶炼及加工、化学原料及化学品制造等五个领域，分别占合同总金额的18.67%、15.7%、11.72%、9.03%、8.73%。

4. 项目技术含量高。2001年签订的技术引进合同中，技术费占合同总金额的48.34%，比上年提高了9个百分点。引进了一大批先进适用技术，如大规模集成电路制造技术、低密度聚乙烯生产技术、焦炉煤气脱硫技术、不锈钢冶炼技术等。

5. 跨国公司加强集团内部的技术转移。2001年，约30%的技术引进属于跨国公司内部的技术转移。爱立信、西门子、壳牌等公司设在中国的机构从国外引进了大量技术。

（二）2001年技术出口的主要特点

1. 以技术带动成套设备出口仍为主要出口方式，其合同金额约占合同总金额的90%。

2. 技术出口合同的国别地区集中在发展中国家。

3. 技术出口主要涉及的行业仍是机械、轻工、化工、冶金、纺织、电子、通信等行业，但涉及信息产业的合同数有所增加。

4. 国有企业、国有外贸企业占技术出口绝对优势地位的情况发生变化，民营企业成为技术出口的活跃力量。

面对我国已经加入WTO的新形势，科技兴贸工作面临新的挑战和机遇。只有加快实施科技兴贸战略，才能加快培植我国出口产业和产品的动态比较优势，在未来的国际分工和国际贸易中争取较为有利的位置，增强抵御各种外部风险与冲击的能力，逐步实现由贸易大国向贸易强国跨越的目标。

积极参与区域经贸合作
为深化改革、扩大开放营造有利的国际环境

对外贸易经济合作部国际经贸关系司司长　易小准

积极参与区域经贸合作是新形势下共同分享国际经济合作成果的一个重要举措，也是我国深化改革开放的需要，对我国经济保持高速增长，提高人民生活水平具有十分重要的意义。江泽民主席指出，我们要尽快适应新形势和新要求，更加积极地拓展对外贸易增长空间，参与国际区域经济合作，更好地利用经济全球化带来的有利于生产力发展的因素，发挥我们的比较优势，加快我国经济的发展。江主席的指示明确了今后对外经贸的发展战略，并为我国以积极、主动的姿态参与经济全球化进程指明了方向。

区域经济合作泛指国际上以地缘关系为基础开展的各种政府间经济合作活动。近十年来，我国积极参与了亚太经合组织、亚欧会议、曼谷协定和上海合作组织框架内的

区域经济合作，并在其中发挥了重要作用。2001年是我国积极参与区域经济合作取得丰硕成果的一年，为进一步深化改革、扩大开放营造了有利的国际环境。

2001年，我国担任亚太经合组织（APEC）东道主，主办了包括领导人非正式会议、部长级会议、贸易部长会议在内的一系列会议和活动。在江泽民主席的主持下，10月20—21日在上海召开的APEC第九次领导人非正式会议获得圆满成功。与会各成员领导人围绕“新世纪新挑战：参与、合作、促进共同繁荣”的主题，就宏观经济形势、人力资源能力建设、APEC未来发展方向等重大问题进行了深入的讨论，发表了《APEC领导人宣言》、《上海共识》、《数字APEC战略》等重要文件。此前，唐家璇外长和石广生部长还共同主持了APEC第13届部长级会议，通过了《部长联合声明》。APEC上海会议是APEC历史上一次具有里程碑意义的盛会。通过这次会议，我国向世界充分展示了改革开放和社会主义现代化建设的伟大成就，进一步提高了我国在国际和地区事务中的地位和影响，体现了我国作为一个发展中大国在促进地区经济合作与发展、维护世界和平与稳定方面发挥的重要作用。

2001年，我国通过继续推动《亚欧贸易便利行动计划》和《亚欧投资促进行动计划》的实施，积极组织国内工商界参加亚欧工商论坛，并与亚欧会议成员就世贸组织、地区经济合作等重大经济问题充分交换意见等活动，全面参与了亚欧会议（ASEM）经贸合作，并与越南、欧盟委员会和欧盟轮值主席国一道，充分发挥经济协调员作用，推动了亚欧经贸合作进程，促进了亚欧间贸易和投资的双向流动。

由两个或两个以上的国家、地区或单独关税区，通过签订双边或区域贸易协定建立的各种区域经贸安排已经成为当前区域经济合作的一种重要形式。区域经贸安排的核心是通过消除成员之间的贸易壁垒，创造更多的贸易机会，促进货物、服务、资本、技术和人员的自由流动，实现区内经济的共同发展。

积极参与区域经贸安排，是我国在加入世贸组织之后，扩大改革开放、发展对外经贸的又一必然选择。这有助于加强我国与世界各国，尤其是发展中国家的双边关系，有助于我国发挥产业比较优势、实现出口市场多元化战略，有助于各国共同抵御全球化带来的风险。

2001年11月，在第五次东盟与中国（“10+1”机制）领导人会议上，朱镕基总理和东盟各国首脑共同决定：在未来的十年内建立中国——东盟自由贸易区。这一具有重大历史意义的战略性决策，在世界范围内引起了强烈的反响。这一决定体现了双方进一步加强睦邻合作的政治意愿，也反映了双方经济联系不断增强的客观事实。中国——东盟自由贸易区一旦建立，将创造一个拥有17亿消费者、近2万亿美元国内生产总值、1.2万亿美元贸易总量的经济区，从而改变世界经济发展的格局。与此同时，朱总理还宣布：为缩小东盟内部的发展差距，中国将适时为柬埔寨、老挝和缅甸三个最不发达国家提供特殊优惠关税待遇。这一承诺，受到了包括柬、老、缅在内的东盟各国的普遍欢迎。

2001年5月，我国成为《曼谷协定》的正式成员。10月，我国首次以正式成员的身份出席其常委会会议。会上，各方一致决定：正式启动该协定的第三轮谈判。《曼谷协定》是我参加的第一个具有实质性贸易优惠安排的区域经济合作机制，其成员均为我周边的发展中国家。推动《曼谷协定》的发展，扩大该协定的影响，不仅有利于加强我与各成员国间的贸易和经济联系，也有助于建立良好的周边外交和安全环境。

2001年，我国在参与澜沧江—湄公河次区域开发合作方面迈出了新的步伐。6月，我部与云南省人民政府联合举办了“澜沧江—湄公河次区域贸易、投资和发展研讨会”。各国政府、企业界和学术界的近400名代表与会。会议取得了圆满的成功，并将对次区域贸易、投资和发展合作产生深远的影响。

我国还积极参与了经合组织、联合国贸发会议、国际贸易中心、商品共同基金和各单项商品组织的一系列对话、会议、谈判、磋商活动。2001年3月和5月，龙永图副部长分别率团赴巴黎参加“中国与经合组织部长级特别对话会”和“经合组织成员国与非成员国部长级特别对话会”。通过坦诚的对话，加深了经合组织成员国与我国在各个领域的沟通和合作。2001年5月，第三届联合国最不发达国家问题大会在布鲁塞尔召开，以孙广相副部长为团长的中国代表团出席了大会。会上，我代表团积极支持了最不发达国家在贸易、资金、债务、能力建设等方面的合理要求，并有力维护了我和其他发展中国家的基本权益。

针对我国加入世贸组织的承诺以及参加新一轮多边谈判的需要，我国还推动贸发会议在资金十分匮乏的情况下，与世贸组织合作举办了区域经济合作等内容的研讨会。这些研讨会对加快我国与周边国家区域经济贸易合作起到了积极的推动作用。

20多年来，我国利用国际组织和外国政府对华提供的无偿援助，与这些组织和国家在经济贸易、技术交流、人力资源开发等领域开展了富有成效的合作。2001年我国共接受来自日本、欧盟、德国、澳大利亚、加拿大、英国、联合国儿童基金、联合国人口基金等17个援助国和组织提供的无偿援助，援助金额约2亿美元，其中约70%的资金用于我国中西部的少数民族地区、革命老区、边疆地区和一些特困地区。这些无偿援助项目的实施对促进我国中西部省份经济的发展、加强西部地区基础设施和生态环境建设、改善贫困地区生产生活条件起到了积极的作用。

在发展合作领域，我们坚持以“西部大开发”战略、“十五”规划和中央扶贫开发工作会议等有关方针政策为指导，以国民经济和社会发展的实际需求为出发点，积极引导援助国或组织将资金向我西部省份和我国国民经济和社会发展的优先领域转移。为此，2001年各援助国和组织相继修改了对华发展合作的政策或方案，及时调整了援华的重点合作地区和领域。今后，我国和援助国政府和组织之间的发展合作将主要在我西部省份开展，援助领域将集中在农村综合发展、环保、卫生、教育、能力建设、促进私营部门改革等方面。

为了尽快转变我政府部门的职能，应对入世以后各行各业面临的挑战，2001年我们和援助国政府加强了相关领域的合作，包括公共部门改革、金融、法律和社会保障体系的建立和完善等等。由于目前我国正处于加强立法和体制改革的关键时期，因此这些项目的实施大大提高了我国相关部门研究和决策的能力，受到了各级政府部门的欢迎。

作为中国政府与联合国儿童基金会合作的协调部门，2001年5月我部在北京举办了“东亚及太平洋地区儿童问题部长级磋商会议”，来自亚太地区21个国家的主管儿童发展的部长出席了会议。吴仪国务委员被选举为会议主席，并成功地主持召开了这次会议。会议评价了东亚及太平洋地区各国自1990年世界儿童首脑会议以来取得的成就，探讨了本地区儿童的发展现状和趋势，通过了由我主导的指导本地区未来10年儿童发展的战略性文件——《北京宣言》。这次会议的成功举办有力地促进了区域合作，扩大了我国在儿童发展方面的影响。江泽民主席会见了各国代表团团长，并高度评价了东亚及太平洋地区各国政府在儿童发展领域所取得的巨大成就。

2001年两岸经贸交流回顾及2002年展望

对外贸易经济合作部台港澳司司长　王辽平

2001年，在台湾经济陷入数十年来最严重衰退、两岸关系僵局未解障碍依旧的情况下，海峡两岸的经贸合作与交流仍然持续升温，保持了发展的势头。

一、两岸贸易继续增长

2001年，两岸贸易额达到323.4亿美元，比上年增长5.9%。其中祖国大陆对台湾出口50亿美元，下降0.8%；大陆自台湾进口273.4亿美元，增长6.3%。台湾是大陆的第四大贸易伙伴，第二大进口市场；大陆是台湾第三大贸易伙伴、第二大出口市场、第四大进口市场和最大贸易顺差来源地。

（一）2001年两岸贸易虽保持增长，但增幅低于全国平均水平，贸易总额、对台出口和自台进口分别低于全国1.6、7.6和1.9个百分点。主要原因有：

第一，台湾经济不景气、出口下滑、内需不旺是造成我对台出口下降的主要原因。

台湾经济是外向型经济，出口依存度高达40%左右。去年以来，受美、日等主要经济体不景气的影响，台湾经济增长一直处于下滑状态，出现了首次负增长。由于外需拉动减弱和岛内经济状况持续恶化，台内需减弱，进口和出口均大幅滑落，2001年分别下降了23.4%和17.1%。

第二，我原材料制品对台出口下降是造成整体对台出口下降的直接原因。两岸贸易具有较强的互补性，台湾工业品生产和出口需要从大陆进口大量元器件、零部件。由于2001年以来国际市场需求萎缩，台工业品出口锐减，使台湾自大陆进口的原料和半成品大幅减少。

第三，台湾当局对大陆产品的严格限制仍然是制约我对台出口的重要原因。

由于台湾当局一直未开放两岸直接通商，在两岸贸易中采取“宽出严进”的不合理政策，严格限制大陆产品进口，特别是不允许大陆生产的一些大宗商品和高附加值的产品进入岛内，直接影响了我对台出口。

（二）2001年两岸贸易有以下几个特点：

1. 两岸贸易中我方仍持有大量逆差，并呈扩大之势。2001年两岸贸易中我逆差达223亿美元，同比增长11.5%。

2. 三资企业尤其是台资企业仍为两岸贸易的主体。2001年三资企业对台贸易额、对台出口额和自台进口额分别占63.2%、51.2%和65.4%，分别比上年增加了0.9、1.6和0.6个百分点。

3. 2001年我自台进口增量主要来源于加工贸易。目前，由三资企业主要是台资企业投资带动的产品进口占自台进口总量的65%左右，其中主要是加工贸易项下的机械设备和原材料进口，一般贸易进口仅占14%左右。去年以来，由于台湾岛内政局不稳，经济下滑，受祖国大陆经济发展前景的吸引，台商对大陆投资大幅增长，特别是IT产业登陆的步伐更是大大加快，祖国大陆已超过台湾成为全球电子信息产品的第三大生产地和出口地。随着台商对祖国大陆投资的大幅增加，直接带动了加工贸易项下的机械设备和原材料进口。

4. 机电产品和高新技术产品成为两岸贸易的主要商品类别，分别占我对台出口和自台进口总额的71%和75%。

5. 我大宗商品煤炭对台出口大幅增长。全年对台出口煤炭1 545万吨，增长61%；金额约4.2亿美元，增长94%。祖国大陆首次超越澳大利亚和印尼成为台湾第一大煤炭进口市场。

二、台商投资大幅上升

2001年，台商对大陆投资大幅增长，为1995年以来增幅最大的一年，其中实际利用台资数扭转了1997年后连续出现负增长的态势。投资区域、投资规模与产业结构等出现新的变化。

据统计，2001年大陆新批台资项目4 214个，较上年增长 36.0%，合同台资金额 69.14 亿美元，增长 73.1%；实际投资金额 29.79 亿美元，增长 29.8%。

截至 2001 年底，大陆累计批准台资项目 50 838 个，合同台资 547.3 亿美元，实际使用 293.4 亿美元。台资项目数、合同金额和实际投资金额累计分别占我吸收外资的 13.0%、7.3%和 7.4%。

世纪之初，随着大陆经济发展与开发重心的转变，台商投资大陆的格局也出现新的变化，呈现出以下几种趋势：

（一）投资热点区域扩大。继闽、粤东南沿海地区之后，长江三角洲地区已成为祖国大陆一个新兴的台商投资集中地。其中，制造业主要往昆山、苏州与无锡地区群聚发展，商业服务业则往上海落脚。此外，北京与天津两大都市以及东北沈阳等地，具有发展高科技产业得天独厚的条件，也是台商高科技产业北移的首选地之一。特别是北京市获得了 2008 年奥运会的主办权，在基础设施建设、环境治理与保护等方面，更为台商提供了一个投资良机。而广大的中西部地区，以其优惠的投资政策、丰富的自然资源与廉价的土地、劳动力等优势，必将对台商与外商形成新的吸引力。

（二）投资领域不断扩大。台商投资从最初的轻纺制造业已扩大到技术型产业、农业加工业及服务业，涉及到第一、二、三产业的 26 个行业，其中最多的是电子及电器产品制造业，其次是精密机械制造业和食品及饮料制造业，然后是塑胶制品制造业。

电脑及周边设备与零配件厂商纷纷到大陆投资设厂，两岸航空业合作方面也取得新的突破，两岸医疗领域的合作也开始起步并成为新的热点。此外，两岸金融保险业合作也迈出了喜人的步伐，多家台湾金融机构开始酝酿在大陆设点。

（三）投资主体由中小企业主导发展为大企业主导，许多台湾上市、上柜公司都已到大陆投资。近年，台商投资的主导性角色正从劳动密集型为主的中小企业逐步让位于资本与技术密集型为主的大企业。投资主体也从单个产品的加工变为联合上、中、下相关产业配套进行。这在汽车、石化、电子、信息、通信及家电行业最为明显。在台湾大企业“群聚效应”的影响下，大批相关中小企业也纷纷跟进，逐渐在大企业所处的地域形成完整的产业供应链。投资主体的变化，使得台商投资规模大型化的趋势更加明显。

（四）投资形态逐渐向市场扩大型转变。近年来，随着大陆经济持续快速发展、内销市场不断扩大，以拓展当地市场为主的投资增多。台商掀起了新一波的“增资热”，扩充生产规模，进行市场布局，以期在两岸加入 WTO 后抢占新的商机和市场。

三、2002 年两岸经贸合作展望

加入世贸组织后，祖国大陆将逐步开放金融、保险、电信、旅游、商业等领域的投资，加之西部大开发的展开，这将为台资进入大陆提供广阔的市场空间。大陆还将较大幅度降低关税、逐步取消非关税壁垒，关税从目前的 15.8%的水平下降到 2005 年 10%左右，非关税措施除少数关系国计民生的商品外，大多数均将取消，这为台湾地区的商品进入大陆提供良好的机遇。

两岸先后加入 WTO 和迫于岛内外的压力，台湾当局以“积极开放、有效管理”取代“戒急用忍”政策，有条件开放台商赴大陆直接投资，开放两岸贸易商直接交易，逐步放宽对大陆商品进口的限制，客观上有利于台商来大陆投资和大陆扩大对台出口。

随着国际经济景气逐渐由落底转为回稳，尤其是美国经济可能逐步好转，将带动台湾出口增长，而台湾出口的增长将使台湾对大陆元器件、零部件需求增加，从而有利于大陆对台出口的增长。此外，大陆在充分利用自身市场和劳动力资源等优势的前提下，通过实施进一步扩大内需和对外开放的政策，始终保持较高的经济增长率，并逐步成为全球重要的制造业基地，对台商投资具有磁吸作用。

根据 WTO 非歧视原则和贸易便利化原则，台湾当局理应开放两岸直接“三通”，取消对两岸经贸交流的一切不合理限制。从这个角度讲，两岸加入 WTO 为两岸直接“三通”问题的解决提供了契机和条件，但此契机如何把握，还要靠海峡两岸的共同努力。很遗憾的是，台湾当局在两岸“三通”问题上仍设置了一系列障碍，如果这些根本问题不解决，直接“三通”将无法实现，两岸经贸交流还会继续受到影响。我们一贯主张以“一个中国、直接双向、互惠互利”的原则推动两岸直接“三通”。当前，只要把两岸“三通”看成一个国家内部的事务，即可用民间对民间、行业对行业、公司对公司协商的办法，尽快地通起来。

2002 年我们将加大工作力度，以民间方式与台湾方面就两岸直接通商的有关问题展开积极的探讨，推动两岸经济关系上升到一个新的水平。我们希望台湾当局能够尊重和顺应历史潮流，承认一个中国原则，抓住契机，放弃阻碍两岸经贸交流的任何限制，尽快开放两岸直接“三通”，使两岸经贸交流向“直接、双向”的方向发展，扩大双方合作的领域、地域和范围。我们将继续认真贯彻落实江泽民主席提出的“要大力发展两岸经济交流与合作，以利于两岸经济共同繁荣，造福整个中华民族”的精神，坚持“不以政治分歧去影响、干扰两岸经济合作”的主张，一如既往地推动两岸经贸交流不断向前发展。

做好进出口公平贸易工作　促进外经贸事业健康发展

对外贸易经济合作部进出口公平贸易局局长　王世春

为适应我国加入WTO后新的形势需要，经国务院批准，外经贸部于2001年11月调整了内部机构设置，新成立了进出口公平贸易局，由该局全面负责进出口公平贸易工作。进出口公平贸易工作是我国外经贸工作的重要组成部分，对内它关系到国内产业的合理有效保护，对外它涉及我国出口贸易外部环境的稳定与改善。进出口公平贸易局的职能，概括地讲，就是进行进口产品反倾销、反补贴和保障措施调查，指导企业参与国外针对我出口产品反倾销、反补贴和保障措施调查的应诉，调查国外针对我出口产品实施的贸易壁垒。具体来说，包括七项主要职能：(1)按规定分工研究拟定有关反倾销、反补贴、保障措施及其他与进出口贸易相关的法律规范；(2)依法承担反倾销、反补贴的相关工作；(3)承担保障措施的有关事务，会同有关部门做好保障措施工作；(4)承担反倾销、反补贴、保障措施对外公告的发布；(5)负责其他与进出口公平贸易相关的工作及对外事务；(6)调查国外对我出口商品实施的歧视性贸易政策、法律法规及其做法并进行相关磋商、谈判；(7)指导、协调国外对我国出口商品的反倾销、反补贴和保障措施的应诉及相关工作。从这些职能不难看出，进出口公平贸易局承担着十分繁重而艰巨的任务。这些工作完成的质量将直接关系到加入WTO后国内产业的安全和发展问题，关系到出口贸易今后能否保持持续、稳定增长的问题，关系到我国出口产品能否在国际市场享受公平、公正待遇的问题。

一、依法开展进口反倾销调查工作，保护国内产业的合理权益

自1997年《反倾销和反补贴条例》颁布以来，截至2001年12月31日，我国对进口产品发起反倾销调查的案件共计12起，2001年立案6起。国内产业未提出任何反补贴调查申请。在所有12起反倾销调查案件中，5起已经作出最终裁定；1起由于初步裁定没有损害而终止调查；1起已作出初步裁定；另外5起正在进行初裁前的调查工作。具体情况如下：

进口反倾销调查案件总表

序号	品　　名	国　　别	立案日期	初（终）裁日期	调查期进口数量（吨）	调查期进口金额（美元）
1	新闻纸	韩国、美国、加拿大	1997/12/10	1999/06/03	432 590	190 830 034
2	冷轧硅钢片	俄罗斯	1999/03/12	2000/09/11	17 649	9 692 258
3	聚酯薄膜	韩国	1999/04/16	2000/08/28	12 169	11 736 103
4	不锈钢冷轧薄板	韩、日	1999/06/17	2000/12/18	224 590	347 916 902
5	丙烯酸酯	美、德、日	1999/12/10	2001/06/09	72 151	56 425 798
6	二氯甲烷	法、德、荷、英、美、韩	2000/12/20	2001/08/16	48 824	20 330 139
7	聚苯乙烯（通用型和高抗冲型）	韩、日、泰	2001/02/09	2001/12/06 终止调查	542 414	434 395 644
8	L-赖氨酸盐酸盐	美、韩、印尼	2001/06/19		44 780 793	55 706 846
9	聚酯切片	韩国	2001/08/03		378 596 707	311 826 843
10	涤纶短纤	韩国	2001/08/03		119 066 818	85 707 950
11	丙烯酸酯	印尼、马来西亚、韩国、新加坡	2001/10/10		93 451 587	83 217 314
12	己内酰胺	日、德、荷、俄、比利时	2001/12/7		92 431.459 (2001年1—4月)	90 574 146 (2001年1—4月)
总计					**46 223 611**	**1 974 849 934**

在依法做好新立案件调查的同时，已结案件的复审和价格承诺协议的监督执行工作的力度也进一步加大。复审方面，现已建立了复审公告模版，并草拟了复审调查问卷。目前，韩国提出的对聚酯薄膜反倾销措施的复审申请正处在复审立案审查之中。对日本和韩国在不锈钢冷轧薄板案中所做的价格承诺进行有效监督，并根据价格承诺协议的规定对原协议进行了两次调整。

业已开展的进口反倾销调查工作及时遏制了某些进口产品的不公平竞争，经裁定实施的反倾销措施对国内受损害的产业提供了较为充分的救济，为这些产业的调整、恢复和健康发展营造了更公平的市场环境。

国务院于2001年12月颁布了修改后的《反倾销条例》、《反补贴条例》，以及新制定的《保障措施条例》。新颁布的这些行政法规为更规范地开展反倾销、反补贴和保障措施调查工作提供了更为完善的法律依据。

二、做好出口反倾销、保障措施应诉工作，促进出口贸易发展

（一）2001年国外对我出口产品的反倾销、保障措施调查情况

自1979年欧盟对华糖精及其盐类进行反倾销调查以来，截至2001年12月31日，国外30个国家或地区共对我提起反倾销和保障措施调查案件480起，其中反倾销调查459起，保障措施调查21起。根据WTO统计，我国是世界上出口产品被反倾销最多的国家。2001年国外针对我出口产品发起反倾销和保障措施调查的案件总数为59起，其中，反倾销50起，保障措施9起。依据调查期内所涉商品对调查国出口额统计，共影响我出口金额约114亿美元，涉案产品包括五矿化工、机电、轻工、医保、纺织和食品土畜类产品等。具体情况分别见表1和表2。

国外对我国出口产品反倾销调查案件统计

表1

合 计	**459起**		
国别（地区）	案件数目	国别（地区）	案件数目
欧盟	91	美国	86
印度	49	澳大利亚	36
阿根廷	34	南非	26
墨西哥	21	加拿大	20
巴西	18	土耳其	16
韩国	12	秘鲁	11
新西兰	8	埃及	5
哥伦比亚	4	智利	4
菲律宾	3	波兰	2
委内瑞拉	3	印尼	2
以色列	2	泰国	2
日本	1	尼日利亚	1
乌拉圭	1	厄瓜多尔	1
特立尼达和多巴哥	1		

国外对我国出口产品保障措施调查案件统计

表2

合　计	21起		
国别	案件数目	国别	案件数目
美国	3	阿根廷	2
韩国	2	土耳其	2
俄罗斯	2	波兰	2
日本	2	印度	1
埃及	1	乌克兰	1
斯洛伐克	1	菲律宾	1
哥伦比亚	1		

（二）做好反倾销、保障措施应诉指导工作，力保出口稳定发展

指导企业做好反倾销、保障措施应诉工作，是从公平贸易角度贯彻“千方百计扩大出口”方针的一项核心工作。为此，我们在先前工作的基础上，重点抓了以下几个方面的具体工作：

1. 继续加大政府交涉力度，努力为企业应诉创造一个较为公平的环境。针对国外对我出口产品反倾销、保障措施调查立案居高不下的局面，我们结合一些重点案件，有针对性地与相关国家和地区的政府进行了多层次的政府间交涉，重点是交涉所谓“非市场经济”问题。目前，欧盟、澳大利亚等关于“非市场经济”问题的立法或实践均出现了于我有利的、一定程度的调整。

2. 指导进出口商会组织企业积极参与国外反倾销、保障措施调查的应诉，一批案件取得了较好的裁决结果。其中，欧盟花岗岩、加拿大冷轧钢板、美国钢丝绳、高炉焦炭和柠檬酸等一批案件取得全胜，欧盟钢铁、氧化锌、美国挡风玻璃等案取得了有利裁决。

3. 积极落实“谁应诉，谁受益”原则，切实提高了涉案企业的应诉积极性，案件应诉率有了进一步上升。目前，总体应诉率已达70%左右，对美欧重点市场的应诉率已达100%。

4. 进一步完善反倾销应诉机制。2001年上半年，我们在广泛征求各方面意见的基础上，重新修订并下发了指导反倾销应诉工作的《反倾销应诉暂行规定》，强化了地方外经贸主管部门和行业协会在反倾销应诉工作中的作用，使反倾销应诉工作机制得以进一步完善。

5. 创建反倾销数据库，完善反倾销预警机制。为使广大企业全面了解国外针对我出口产品采取反倾销、保障措施的详细情况，我们已经启动反倾销、保障措施等案件数据库的创建工作。该数据库可望于2002正式启用。同时，我们也调整和完善了反倾销预警机制，信息收集渠道得以进一步拓宽。

三、启动贸易壁垒调查工作，努力改善出口发展的外部环境

贸易壁垒调查是进出口公平贸易局的一项重要职能。这项工作由于没有任何基础，因此，目前正处于建章立制阶段。我们已经收集并整理了若干个WTO成员贸易壁垒调查的相关法律制度，准备在研究这些成员的立法的实践的基础上，尽快构建我国贸易壁垒调查的制度体系，为全面铺开贸易壁垒调查工作打好扎实的基础。

推进信息化建设　全面提高外经贸现代化水平

对外贸易经济合作部国际电子商务管理司司长　王新培

随着全球信息化、电子商务的快速发展和我国政府高度重视国家信息化工作，外经贸信息化建设正面临着一个重要的转折和发展时期，特别是加入WTO后，我国现行的外经贸管理体制和管理方式都将发生很大变化，如外经贸政策的制定，进出口企业、进出口商品的管理等，改革行政审批工作，增加政府管理、服务工作的透明度已在进行。如果不充分重视和依靠现代化网络信息手段，这些工作都将难以完成。

外经贸部一直高度重视外经贸信息化和电子商务工作，并作为加快实现政府管理、服务工作现代化和保持我国外经贸持续、稳定发展的重要举措之一。1996年以来，先后成立了外经贸部信息化工作领导小组和国家金关工程领导小组办公室，并连续6年将加快外经贸信息化和国家金关工程建设列为当年全国外经贸重点工作之一。2001年，经中央机构编制委员会办公室批准，专门成立了国际电子商务管理司，作为政府职能部门，全面加强外经贸信息化发

展战略、总体规划、政策法规和实施方案的研究制定和组织推广工作。

2001年8月，外经贸部党组召开第16次会议，全面总结了前几年的外经贸信息化工作，提出信息化和国际电子商务工作是我部当前一项十分紧迫的任务，是我国外经贸发展的重要组成部分，是确保21世纪我国外经贸发展的重要基础。一定要明确方向，制定目标，理顺关系，创造性地开展工作，紧紧围绕外经贸工作实际，按照国家信息化工作的方针政策和《外经贸"十五"信息化规划》，以促进外经贸业务的发展为根本目标，以完善政策环境与加大资金投入为主要手段，以实现管理体系的网络化、加快公共信息服务体系建设和推动国际电子商务发展三大任务为工作重点，统一管理、统一规划、统一组织、统一协调、统一使用平台，全面提升外经贸领域的信息化水平。

在外经贸信息化建设方面，主要开展了如下工作：

一、以金关工程为基础，实现外经贸管理体系的网络化

按照统一规划、统一管理、统一组织开发、统一平台的原则，在深入调研、广泛征求意见、科学论证的基础上，制定了《外经贸电子政务总体规划》、《外经贸电子政务平台建设规划》，为今后外经贸部管理体系网络化建设提供一个科学、有效、合理的理论依据。

为进一步加强外经贸信息化建设和具体实施《外经贸管理体系网络化建设统筹规划方案》，草拟了《外经贸管理体系网络化建设暂行规定》、《外经贸管理体系网络化建设项目招标规程》、《外经贸关于信息化专项资金项目业务归口管理办法》、《外经贸管理体系网络化系统标准及测评体系》。

金关工程是多部委联合实施的国家信息化重点工程。为加强金关工程建设工作的进程，拟定了《关于全面加快金关工程建设和应用的若干意见》，并与信息产业部、国家计委、海关总署、国家税务总局、国家质量监督检验检疫总局、国家外汇管理局等有关部委，建立了固定的业务联系。

对各单位网络化管理系统建设项目进行汇总、审核、梳理，初步掌握各单位与其他部委的业务联网需求。在构建我部网络化管理体系的同时，逐步有序地实现我部已建成业务系统与部外各主要部委的网络系统的数据交换和互联互通。

二、加快信息服务体系建设，建成权威的、国内最大的外向型信息服务体系

为保障外经贸公共信息服务体系规划能够顺利实施，制订了《外经贸公共信息服务专项资金使用管理暂行办法》及配套办法，如《关于加快外经贸公共信息服务体系建设的若干意见》、《外经贸部公共信息资源收集备案规定》等。

中国贸易指南是外经贸公共信息服务体系的重要组成部分，自2000年8月22日第一批合同签字以来，中国出口商品数据库已达7万多家企业，世界进口商名录数据库已达15万家企业，中国贸易指南网站访问量稳步上升。

为配合我国对俄经贸交流与合作，2001年10月，根据中俄双方协定建立中俄政府经贸合作网站的意向，草拟了双方政府间建立中俄政府经贸合作网站的合作协议，促使网站顺利建设并尽快开通。

三、推动我国国际电子商务发展，提高企业应用国际电子商务的水平

积极开展电子商务领域的国际交流与合作。与外国政府、国际组织电子商务主管部门建立联系，积极主动参与电子商务国际谈判和国际会议，掌握国际电子商务最新动态。筹办了2001年APEC第3届高官会（SOM）暨"APEC电子商务指导小组（ECSG)"第4次工作会议，并在此次会议上提出《关于APEC成员加强在电子商务领域经济技术合作的倡议》草案。为确保"倡议"获得通过，还举办了"APEC电子商务工商界研讨会"，使中方在本届SOM和ECSG会议上在政府和企业两个层面推动APEC成员电子商务领域经济技术合作的既定目标都已达到。参加在汉城举行的第一届"亚欧会议电子商务论坛"。在论坛会上，代表团抓紧一切机会与到会的国际组织（WTO、OECD、WIPO等）和国家、企业以及相关学术机构代表建立了联系，并向他们介绍中国电子商务现状，阐述中国政府促进电子商务发展的政策措施。

充分利用驻外经商机构、互联网络等多种渠道，跟踪、调研和整理国内外电子商务相关材料和有关资料。对美国、加拿大、新加坡、日本、香港等十六个国家和地区进行了重点调研，基本摸清了国际电子商务立法建制现状，建立了有关资料库，为今后有针对性地开展电子商务立法建制工作打下扎实基础。

积极采取多种方式促进企业国际电子商务应用。组织经验交流与推广活动，建立专家咨询机制，开展有关规范及标准的研究制订。此外，在第90届广交会期间，成功主办了外经贸部首次国际电子商务应用高级研讨会。

当前，外经贸信息化建设进入了一个新的发展时期，2002年的工作要围绕外经贸工作的中心任务，立足于为扩大出口服务，为转变政府职能服务，为提高外经贸工作质量服务。主要做好以下工作：

（一）继续搞好金关工程建设，推进部委间联网管理和数据共享，适应涉外经济管理法规和信息透明、公开的要求，抓紧制定电子政务方面的有关规划并组织实施，重点建立进出口统计分析、监测预警系统。启用新的进出口许可证管理系统，提高许可证签发工作的公开性和透明度。加快各级外经贸部门办公自动化建设。

（二）加强各级外经贸部门和驻外经商机构的网站信息建设，丰富网站内容，扩大服务范围，保证信息更新与质量。充分发挥外经贸公共信息服务专项资金的作用，支持公共信息资源开发，逐步建立政策法规、商情信息、经济环境数据库，形成广泛、便捷、有效的传播服务网络。

（三）促进外经贸企业电子商务应用，推动我国国际电子商务发展。抓紧制定国际电子商务发展的行业规范，加快对国际电子商务基本技能和知识的培训，开展国际电子商务应用试点，加强推广应用。积极开展国际电子商务的国际交流与合作，建立双边和多边磋商机制，参与制定国际电子商务的规则标准。建好中俄经贸合作网站，为企业开拓国际市场服务。

狠抓落实 务求实效 稳定队伍 优选人才

对外贸易经济合作部人事教育劳动司司长 杨 益

2001年对外贸易经济合作部的干部人事工作，在部党组的正确领导下，紧紧围绕外经贸中心工作，面对我国加入世贸组织（WTO）后外经贸干部队伍建设面临的新要求、新挑战，继续稳妥地推进干部人事制度改革，狠抓各项改革措施的落实，“用好的作风选人，选作风好的人”，求实效，办实事，稳定干部队伍，选拔优秀人才，为外经贸事业的发展提供了组织保障。

一、全面落实各项干部人事制度改革措施

近年来，按照中央和部党组的要求，我部制定完善了一系列干部人事制度改革的措施，在制度建设方面取得了很大成绩，为“用好的作风选人，选作风好的人”提供了机制上的保证。制度是基础，落实是关键，2001年我们狠抓了干部人事制度改革各项措施的全面落实。

——根据《关于机关处长竞争上岗工作的实施办法》，全面推行机关处长竞争上岗，扩大了选人视野，拓宽了选人用人渠道，促进了优秀人才脱颖而出，使一些德才兼备的优秀干部走上了领导岗位；同时发现和储备了一批优秀年轻干部，有利于今后继续培养、充实干部队伍。

——落实《司处级领导干部任前公示制实施办法》，全面推广司处级干部任前公示制，发挥群众在干部选拔任用工作中的作用，进一步提高了干部工作的公开、透明程度，扩大了群众的监督权和监督渠道，在一定程度上保证了任用干部的质量。

——贯彻《机关公务员交流工作暂行规定》，试行了“带职交流”，并利用部内机构调整的机会，首次从全面的角度出发考虑干部的调整配备，干部交流工作有了较大突破，进一步培养锻炼了干部，提高了干部综合素质，优化了领导班子结构；同时也进一步加强了对干部的管理和监督，促进了党风廉政建设。

——根据《司处级领导干部任职试用期制暂行办法》，从2001年10月1日开始，凡新提拔担任部机关司局级职务、正处级职务和提拔担任部各直属单位非选举产生的领导班子成员均须通过一年的任职试用期后才能正式任职。任职试用期制的试行，对干部能上能下和减少用人失误将起到有力的促进作用。

——按照《主任科员基本业务技能测试实施办法》的要求，进行了两次部机关主任科员基本业务技能测试，共有127名任主任科员两年以上的干部参加，了解了我部主任科员队伍的知识水平及业务素质，为干部的培养和使用提供了第一手材料。

二、进一步加强领导班子建设

一是着重加强司局级领导班子考核和调整配备工作。对广州外贸中心、对外经济贸易管理干部学院和中国医药保健品进出口商会等直属单位的领导班子进行了全面考核或民主测评。全年共任免部机关司局级干部和直属单位、社团单位领导班子成员129人次，其中部机关65人次、特办14人次、直属事业单位30人次、社团组织12人次、未脱钩企业9人次。二是加强后备干部的选拔培养。共研究确定了60名司局级后备干部。为了使这些干部能够更全面、更快地成长，有意识地通过交流轮岗、到地方挂职锻炼、出国常驻等途径对他们进行锻炼和考验。有10名同志因条件基本成熟，已被提拔到副司级岗位。三是认真做好部机关处级干部的考核、任免工作。按照部党组的部署，人事司会同机关党委、纪检监察局组成联合考核小组，对部机关20个司局的98名处长进行了全面考核，并根据考核的情况对少数处级干部进行了调整。全年共任免正处级干部129人次，同意备案的副处级干部197人次。

三、认真做好公务员的录用、管理工作

以加入世贸组织后我部工作急需的法律、金融、经济等专业人才为重点，突出政治和综合条件，经过多轮严格的考试、考察、挑选工作，录用了86名应届大学毕业生并对他们进行了为期5周的军政业务培训。进行了比较深入、全面的青年干部思想状况问卷调查，基本摸清了我部青年公务员一些深层次的思想动态，为进一步做好干部的稳定、管理工作提供了较为客观、真实的依据。在公务员考核工作中增设了“基本称职”等次，试行了“优秀”等次公务员公示制度，并对优秀公务员进行表彰，颁发证书。突出依法行政，对少数组织纪律观念淡薄、不辞而别的公务员作出了相应处理。制定了公务员奖励、部机关借调（实习）人员管理和公务员因私出国（境）等管理规定。

四、积极推进驻外干部选拔派遣体制改革，加强了驻外干部管理力度

制定了《关于部机关公务员驻外职务与国内行政职级挂钩的内部工作程序》，共有79名驻外秘书级干部晋升了行政职级。继续坚持外派人员考试制度，进行了两次驻外秘书公开选拔考试。为了加强对地方借调干部的全面了解，保证驻外干部的素质，增加了到干部所在单位进行实际考察的工作程序。举办了两期驻外干部学习班，并对学习班的课程设置进行了改革，突出了授课的针对性和WTO知识等新的内容。适应加入世贸组织后的工作需要，积极做好组建常驻WTO使团的各项工作。加强了驻外经商机构的信息化建设，在软、硬件设备的配置、重点人员的保证方面取得了新的进展。

五、以WTO培训为重点，完成了教育培训工作任务

为适应我国加入世贸组织的工作需要，加大WTO人才培训的力度。我部与中组部、国家行政学院合作举办了两期省部级干部WTO规则及吸收外资政策法规专题研究班；举办了8期国内、外专题培训班和3期地方WTO知识普及培训班。为促进“走出去”战略的实施，举办了3期境外加工贸易企业外派人员小语种强化培训班。按照公开、透明的原则，全年共选派了98名机关公务员赴境外参加学习培训。举办了3期领导科学培训班，5期英语口语培训班，9期计算机等级考试培训班，与经贸大学合作开办了“国际经济法”研究生班。

六、认真细致地完成了机构编制和工资福利工作

为适应加入世贸组织前后外经贸业务工作的实际需要，撤销了发展司和贸管司，成立外贸司，组建国际电子商务司；设立世贸司，加挂中国政府世贸组织通报咨询局的牌子，单独设立进出口公平贸易局；并结合机构调整，对一些司局的职能和内设机构进行了相应调整，为11个司（厅）增加了28名编制，圆满完成了部机关、事业单位和离退休人员的两次增加工资或离退休费的工作，兑现了考核称职和优秀公务员的一次性奖金，加强了部机关福利补贴的归口管理工作。部直属事业、社团单位和特派员办事处的建设取得新的进展。完成了行管局和机关服务中心的改革，顺利进行了广州外贸中心的改制工作，对管理干部学院、研究院、计算中心等单位的改革进行了调研和探索；对特办在新形势下加强内部管理和职能转变进行了调研，并修订了有关管理办法。

坚持“五个优化” 开拓广交会新局面

——广交会“九五”发展回顾

中国出口商品交易会副主任兼秘书长 胡楚生

羊城十月，素有“中国第一展”美誉的中国出口商品交易会（广交会），跨越世纪之门，迎来了第90届庆典。

45年前，广交会冲破封锁，为新中国开辟出一条对外交往的通道；45年后，中国全方位对外开放，广交会的使命一脉相承，通向世界之路越走越宽。与创办当年相比，今天的广交会，在客商到会、成交数额、展出面积以及商品种类等方面均实现了时代的跨越。

广交会90届的发展史，从一个侧面反映了中国对外开放各个历史阶段的特点，其中又以“九五”期间取得的成绩最为瞩目。“九五”以来，广交会几乎每届客商到会和出口成交都打破历史记录。第89届广交会客商到会111 886人，出口成交158亿美元，双双刷新历史记录。第90届广交会展场面积超过17万平方米，参展企业达4809家，参展商品10万余种。在国内展会中保持了“历史最长、层次最高、规模最大、商品种类最齐全、到会客商最多、成交效果最好”的地位。

广交会“九五”期间所取得的成绩，是贯彻外经贸部领导提出的“五个优化，四个服务”，努力适应形势的发展，不断改革创新的结果。

一、优化参展企业结构，推动经营主体多元化

“九五”期间，广交会加大了摊位分配机制改革的力度，破除终身制，摊位分配逐步向生产企业、外商投资企业倾斜，不断提高自营出口企业、外商投资企业、高科技企业和科研院所的参展比重。第87届广交会以来，生产企业和外商投资企业所占的比重已经达到40%。我国从1999年1月1日开始赋予民营企业进出口经营权，当年的第85届广交会，就已经有民营企业进入广交会的记录，第90届参展的民营企业已达33家。通过广交会这个窗口，企业不仅扩大了出口规模，还收集国际市场动态，培育和宣传品牌。

二、优化参展商品结构，向名优新特产品倾斜

广交会优先保证并积极组织名牌产品参展，专门为名牌产品设立保证性摊位，压缩了不需看样或需看样但附加值较低的传统商品，如取消了“两纱两布”、“草柳藤编”、烟草展区，压缩了轻工、特艺展区，化工、矿产冶金等原料性展区改为洽谈厅等。不断扩大高附加值、高技术含量和名优新特产品的参展比重。外经贸部重点支持和发展的三批共79个名牌产品，全都优先在广交会安排参展。作为中国优化出口商品结构的重要载体和内容的机电产品，在广交会成交已连续多届名列前茅，第90届广交会占总成交额的40%。广交会为促进外贸出口由数量增长型向质量增长型转变，实施“科技兴贸”、“市场多元化”、“以质取胜”战略，作出了应有的贡献。

三、优化展馆条件，改造、扩建展场，增加摊位，缓解日益增长的摊位供需矛盾

广交会创办以来，由于祖国社会主义建设的蓬勃发展，对外交往日益扩大，由于它的办会模式方便客商看样成交，受到内外客商的欢迎，规模迅速扩大，即使三易其址，展览、洽谈场地一直没有满足过要求。进入20世纪90年代，摊位紧张的矛盾越来越突出。为了缓解矛盾，为优化参展主体、优化参展产品创造条件，展馆多次进行加层和内部挖潜扩建，目前展馆建筑面积已达17万多平方米，比1974年迁来现址时的11万平方米增加了6万平方米，“九五”期间，摊位从4 000多个增加到8 000多个。馆内配套完善了电讯、空调、电脑、保安、消防等现代化设备，引入了邮电、银行、保险、航运、海关、商检以及复印、传真、印刷等服务项目，为客商提供了极大的便利。为迎接第90届庆典，外贸中心对院容院貌、展馆设施进行了较大规模的改造，使展馆旧貌换新颜。

四、优化服务体系，提高办会水平，使每一届广交会都有进步

为切实提高承办水平，广交会力求届届出新。从第87届起，开幕招待酒会改由各省市政府承办，扩大各地在广交会的影响。第90届广交会《中国出口商品交易会参展商手册》的启用，标志广交会承办工作向规范化、制度化、科学化迈进了一大步。面对知识经济时代，广交会积极引进电子商务这一全新的贸易方式，重要的工作环节全部实现网络化管理，包括企业网上参展登记（备案），展品三维展示，外商资料数据库，成交实时统计，展位展商展品的SCAN查询系统，现场服务开单和收费实行电脑操作，来宾报到使用PVC条码卡等等。方便、快捷和规范的服务为客商洽谈提供了便利。

五、改革客商邀请办法，开拓市场与优化客商结构并举

从过去被动式的邀请，到主动邀请，走出国门邀请，多渠道、广范围、深层次邀请，建立了比较完善的客商邀请体系，并加大了招商和对外宣传的投入，使到会客商大幅度增长。到会客商从1957年首届的1 223人到1971年突破1万人，用了14年；到1978年改革开放突破2万人，用了7年；到1986年突破3万人，用了8年；进入90年代，平均每两年增长1万人；而在“九五”期间，特别是从1998年第84届广交会开始，几乎每一届就增加近万人（第84届为7万多人，第89届为11万人）。“八五”以前，港澳地区成交比重最大，最高年份达60%以上。1995年秋交会以来，欧盟国家成交额取代港澳地区占据首位。第89届欧盟十五国到会人数占总人数的11.7%，成交占总成交额的26.5%。美洲特别是拉丁美洲客商大幅增加，共计到会11 474人。欧盟和美国合计成交占39.5%以上。近几届，沃尔玛、家乐福等250余家跨国连锁企业纷纷到会采购。第88届广交会，联合国采购团到会并举办了“如何进入联合国采购渠道”的讲习班。广交会出口成交及到会客商的变化显示了多元化市场战略在广交会已取得初步成效。至第90届止，广交会到会客商累计达250万人，成交累计超过3 200亿美元。

六、强化成交展示功能，发展完善信息功能

广交会既集中展示中国出口商品，也是国内外经济信息荟萃之地。从第87届起，外经贸部每届都在此举办新闻发布会，发布中国最新经贸动态及相关政策。面向国内外，层次多样化的研讨会、推介会、供需见面会及讲座也有声有色。第88届创立了“广交会论坛”，通过举办各种研讨会、报告会、新闻发布会、新产品发布会，增进政府与企业的交流、企业间的交流，努力把广交会办成交易中心和国际贸易信息中心。

七、优化交易秩序，保护知识产权

广交会因其在外经贸活动中特殊的地位，成为我国外贸保护知识产权的前沿阵地，在外经贸领域整顿和规范经营秩序工作中可以起到示范和带头作用。广交会坚决查处和打击知识产权侵权和商标侵权等行为，加强对摊位的管理和出口商品价格的协调。1996年第80届外经贸部条法司首次派员参加广交会，国家和广东省、广州市专利局、版权局、工商局、商标局同志驻会协助工作，并制定了一套比较完善的规章制度，基本形成了广交会知识产权保护框架。第90届广交会贯彻党中央、国务院关于整顿、规范市场秩序的精神，狠抓交易秩序，认真执行《中国出口商品交易会知识产权管理规定》，为参展单位和到会客商提供良好的环境和交易秩序。

广交会的长盛不衰，与外经贸部和广东省共同主办，与全国各省市的重视和支持是分不开的。2001年4月，广交会的承办机构——中国对外贸易中心，转制为外经贸部直属事业单位，全面负责广交会的组织管理和承办工作。这是加强承办机构建设，使广交会在新世纪中担当新使命，更好为中国外贸出口服务的必要举措。面临我国加入WTO的新形势，广交会将继往开来，既保持其符合中国国情的传统特色，又积极向国际规范靠拢，努力适应世界经济全球化和现代电子商务发展的新形势，商品交易与电子交易相结合，把广交会建设成在世界上具有重要影响的高档次、高水平的现代化商品交易中心。与新世纪同行的广交会必将向全世界更好地展现中国坚定不移对外开放的新形象。

与时俱进　扎实工作
2001年海关工作开创新局面

海关总署办公厅主任　黄胜强

2001年，全国海关以邓小平理论和江泽民“三个代表”的重要思想为指导，认真贯彻党中央、国务院关于海关工作的一系列重要指示，树立“依法行政，为国把关，服务经济，促进发展”业务指导思想，主动适应国内外经济形势发展的需要，加强队伍建设，深化各项改革，支持扩大出口，努力开创海关工作新局面，较好地完成了各项任务。

一、坚决落实整顿和规范进出口秩序各项措施，较好地完成了税收、打私等各项任务

海关作为口岸执法部门，一年来，认真贯彻落实国务院的部署，忠实地履行职责，依法整顿和规范进出口秩序，较好地完成了各项任务。

海关税收继续保持较大幅度增长。全国海关依法征管，综合治税，科学验估，严肃追补，堵塞漏洞，应收尽收，征收关税和进口环节税净入库达 2 492.32 亿元，比上年增收 250.37 亿元、增长 11.2%，完成全年税收计划的 113.3%，为增加中央财政收入作出了重大贡献。

继续有效遏制大规模走私活动，维护国家经济安全。全国海关打防结合，突出重点，综合运用行政执法和刑事执法手段，保持高压态势，开展了一系列打私联合行动和专项斗争，全年共查获走私案件 12 439 起，案值 60.28 亿元，比上年分别上升 8.9% 和下降 30%；立案侦办走私罪嫌疑案件 1 429 起，案值 69.81 亿元，比上年分别下降 22.5% 和 23.9%；全年上缴罚没收入 26.75 亿元，比上年增长 8.8%；依法对 4 048 名走私犯罪嫌疑人采取了强制措施，比上年下降了 6.5%，海关缉私警察组建 3 年来采取强制措施的走私犯罪嫌疑人已达 11 583 人，给走私犯罪以毁灭性打击。同时，全国海关坚决查缉毒品、文物、武器弹药、濒危动植物和反动、淫秽、盗版、散发宗教宣传品等走私违法犯罪活动，积极配合有关部门开展打击骗汇、骗退税、制售假冒伪劣等经济犯罪的斗争，为维护国家经济安全和社会稳定作出了积极的贡献。

实际监管不断加强。积极推进监管业务制度改革，进一步严密和规范实际监管查验操作规程。加大对海关监管场所、报关市场和承运海关监管货物的企业、车辆的清理整顿力度，巩固口岸清理整顿成果。增加查验科技投入，完成了国务院批准的 50 套集装箱检查系统的建设安装任务。在武警总部的大力支持下，增借 3 500 名武警官兵，缉私警察总人数达到了 6 500 人，大大增强了海关查验监控力量，为加强海关实际监管发挥了十分重要的作用。一年来，全国海关共监管进出口货物 72 338 万吨，进出境运输工具 1 349 万艘（辆、架），进出境集装箱 2 601 万标箱，同比分别增长 8.3%、1.3% 和 1.9%，监管进出境人员 21 354 万人次、邮递物品 693 万件、印刷品及音像制品 8 649 万件、快件 3 416 万件，同比分别增长 7.5%、7.4%、19.8% 和 20.6%，为促进对外经济贸易和科技文化交往作出了积极贡献。

海关统计的监测预警和决策咨询作用更加明显。执法评估系统初见成效，修订后的中国对外贸易指数更加科学完整，全年中办、国办采用海关统计分析报告 118 篇次。海关统计工作基本适应和满足了国务院和政府有关部门对外贸进出口数据的需求。

二、推行以通关作业改革为中心环节的各项业务改革，有力地支持了扩大出口

通关作业改革及机构改革全面推行。各海关、各部门认真落实《通关作业改革指导方案》和机构改革“三定”方案，积极采取配套措施，完善 H883 系统，H2000 系统开始试点。经过近一年的实践，审单作业系统运行良好，物流监控系统初步形成，职能管理系统开始发挥作用，通关过程的监督制约机制进一步强化，海关管理的信息化、集约化、规范化和专业化水平明显提高。

“快速通关”、“便捷通关”、“联网监管”等改革措施有力地支持了扩大出口。“快速通关”改革在全国范围内实现了转关运输“一次申报、一次查验、一次放行”的新模式。“便捷通关”改革采取 10 项措施为大型高新技术企业出口开辟了“绿色通道”。“联网监管”将 IT 企业加工贸易监管由单一合同管理转为全过程动态管理。14 个出口加工区通过验收进入了实际运行，企业分类管理办法进一步调整完善，为推动我国出口继续保持增长势头发挥了重要作用。这一点，东部沿海各出口大省反映最为强烈，有些外贸企业对海关既加强监管又便利贸易的做法赞不绝口。

口岸电子执法系统开始转入实体运行，已有 7.47 万家出口企业入网办理通关手续，占 2000 年实际开展出口业务企业总数的 91%，进口付汇报关单联网核查、出口收汇核销等应用项目已推广使用。

三、进一步加强海关各级领导班子和干部队伍建设

切实加强领导班子建设。组建总署政治部，建立并形成政治部工作机制。天津、上海两个特派办的筹建工作已基本完成。按规定必须交流的直属海关单位“一把手”已全部交流到位。直属海关纪检组长配备调整已基本完成。对 7 位离任关长（院长）实施了任期经济责任审计。

全面推进干部人事制度改革。全年海关系统共交流科级以上干部 4 284 人次，其中，署管干部交流 39 人次，处级干部交流 919 人次，科级干部交流 3 326 人次。总署机关和 32 个直属海关推行了司、处、科级领导干部竞争上岗，涉及职位数 1 373 个，通过竞争上岗任职的干部达 1 310 人，其中司局领导干部 11 人，处级干部 239 人，科级干部 1 060 人。从总署机关到各级海关普遍实行了任前公示。调整不称职、不胜任的现职干部 42 人，其中处级干部 13 人，科级干部 29 人。

积极推进海关思想政治建设。努力探索新的政治工作体制和机制，不断提高海关思想政治工作水平，积极开展创建“文明窗口”和海关文化建设活动，大力宣传先进典型，涌现出“全国先进基层党组织”1 个和“全国人民满意的公务员”1 人、“全国杰出青年卫士”1 人、“全国优秀青年卫士”7 人，首次表彰了海关系统 100 名“优秀共产党员”和 50 个“先进基层党组织”。

加大廉政建设和反腐败工作力度。党风廉政建设责任制进一步落实，总署建立了党风廉政建设联席会议制度，全年 33 项反腐败工作任务分解到有关单位，都已按期完成，党组统一领导、党政齐抓共管、部门各负其责、纪检监察组织协调、群众积极参与的反腐败领导体制和工作机制初步形成。加强反腐败 3 项工作，领导干部从政行为逐步规范，廉洁自律6项新规定得到落实。纠风整纪工作深入开展，内部人员违纪违法案件受到严肃查处。全年共对303人进行了党政纪处理，其中开除党籍73人，开除公职117人。

此外，海关立法、海关行政复议工作在与WTO规则要求接轨方面取得初步成果，完成了2002年版《协调制度》的翻译和税则——统计目录的转换以及H883参数库的维护。海关督察发挥了较好的作用。政务信息化工作取得明显成效，新闻宣传和信息报送工作进一步加强。成功举办APEC海关与商界的对话会和两次APEC海关手续分委会会议，国际交往与国际合作日益扩大。财务装备为海关现代化建设提供了可靠的保障。教育培训、机关后勤、技术服务、政府采购、出版发行等各项工作取得新的成果，海关学会、口岸协会、报关协会（筹备）等社会团体发挥了积极作用。

2002年是我们党和国家历史上具有重大意义的一年。面对新形势和新任务，全国海关确立了“依法行政，为国把关，服务经济，促进发展”的海关工作新方针。新方针是海关工作贯彻“三个代表”重要思想的具体体现，是对海关历史经验的继承和发展，是对海关工作规律认识的升华，是把握好“把关”与“服务”平衡点的有力思想武器。随着新方针的深入贯彻，全国海关将以科学、高效、廉洁、务实的崭新局面出现在世人面前。在新的一年里，全国海关将重点抓好如下5方面工作：一是积极应对入世，强化海关职能，全面完成税收、打私等各项任务；二是切实提高通关效率，全力支持扩大出口；三是以建立健全风险管理机制为着力点，抓基层、打基础，继续完善通关作业改革；四是大力开展海关信息化建设，加快建设“电子海关”、“电子口岸”；五是进一步加强海关各级领导班子和干部队伍建设。

2001年我国质量监督检验检疫工作回顾

国家质量监督检验检疫总局办公厅主任　项玉章

2001年是我国质检部门大事多、喜事多、急事多、难事多的一年。4月份，中央决定改革质量监督检验检疫管理体制，将原国家质量技术监督局与原国家出入境检验检疫局合并，成立国家质量监督检验检疫总局，同时成立国家认证认可监督管理委员会和国家标准化管理委员会。随后，总局进行机构改革，顺利实现机构合并和职能转换。7月13日，朱镕基总理、吴邦国副总理、吴仪国务委员和王忠禹国务委员亲临质检总局视察，对质检工作作了重要指示。朱镕基总理对质检部门的干部职工提出了“忠于职守，勇于负责，严格把关，保国安民”的要求。各级质检部门按照党中央、国务院的部署，认真履行职责，积极开拓进取，狠抓源头，深入打假，严把国门，确保安全，积极服务，促进出口，努力加强队伍建设，取得显著成就，为促进国民经济发展和社会进步发挥了重要作用。

一、狠抓源头，严格把关

根据国务院领导同志的指示精神和我国产品质量的状况，总局提出要从源头上抓质量的方针。所谓源头，一个是生产领域，一个是进出口。在狠抓生产源头，严把厂门方面，质检部门认真总结近年来在生产领域狠抓质量、加强监督，把服务经济、促进发展作为工作目标，按照市场经济要求，调整职能，深化改革，在扩大服务领域、完善服务手段、强化监督措施、建立工作机制等方面做了大量工作，把加强监督与引导企业自律相结合，实施监督与有效服务相结合，深入打假与帮扶企业发展相结合。质检总局先后制定实施了《中国名牌产品评价管理办法（试行）》、《关于加强中小企业质量工作的意见》、《工程设备监理管理办法》、《移动电话商品修理更换责任规定》和《电话机商品修理更换责任规定》，加强了企业的标准、计量、认证等基础性工作，实施了市场准入制度，强化了卫生注册管理，加大了产品质量抽查监督力度，推进了名牌战略。于2001年10月第一次公布了148家企业的202种产品免检名单，第一次推出了45家企业的57种中国名牌产品，对“茅台酒”、“龙井茶”等7种产品批准实施了原产地域保护，在全国范围内进行了企业质量状况调查和用户满意度调查，开展了“质量兴企”、“质量兴市”等活动。

在进出口方面，质检部门加强出入境检验检疫工作，严把国门。加强了口岸卫生检疫和传染病监测体检工作，加大了对来自疫区的人员、货物、交通工具、集装箱的检疫查验和卫生监督力度；完善了重大疫病疫情应急预案，加强了预警机制和风险管理机制；加强了出入境动植物检验检疫监管和对农药残留的监控，对进口商品实施了严格把关；强化了对进出口机电产品、轻纺产品、危险品及其包装的检验检疫，并根据外贸发展需要，把一些重要检测内容纳入法定检验范围，开拓了涉及安全、卫生、环保检验新领域。对出口小家电试行了“形式试验＋跟踪检验”，对出口服装试行了“过程监督检验”，对出口自行车、玩具实行了“形式试验＋抽查检验”，对出口水生动物及产品实施了“全程监控、关键点控制、动态管理”，对水生产品中的金属、细菌、放射性及霍乱孤菌等采取了“定期监测、抽样检测与批批检测相结合”的监管方式。全年共检验检疫出入境货物620万批、货值2 317亿美元，共发现不合格货物3.6万批、货值23.45亿美元，截获疫情2 462批；共检测体检出入境人员102万人次，检出各类疾病8.2万例，其中检出艾滋病患者211例。先后处理了54起“白粉末”

可疑邮件，平息了香港和澳门爆发的禽流感风波，解决了香港媒体炒作的“毒螃蟹”事件以及个别地区发生的氰化钠污染事件和美国输华土豆粉亚硫酸钠残留超标问题。

二、深入打假，在整顿和规范市场经济秩序中发挥重要作用

按照国务院整顿和规范市场经济秩序的部署，质检部门把深入开展打假联合行动作为“一号工程”，连续作战，突出重点，标本兼治，发挥了主力军的作用。一方面以宣传贯彻《棉花质量监督管理条例》为契机，以确保人民生命健康安全为己任，以打击“黑心棉”为重点，分别开展了棉花、食品、农资、汽配等专项打假。全年共出动执法人员 160 万人次，捣毁制假售假窝点 11 000 个，查获假冒伪劣商品货值 23 亿元，揭露 10 万元以上大案要案 1 200 起，其中百万元以上大案 40 起，向公安机关移交案件 230 起。一大批“黑心棉”、“有毒大米”、劣质钢材等案件被揭露曝光，大量不合格的假冒伪劣产品被查处。另一方面，加强了对锅炉压力容器、压力管道特种设备的安全监察及危险化学品的监督管理工作。在全国范围内组织开展了锅容管特设备普查登记，加速设备数据库的建设，并以整治“土锅炉”、各类气瓶、充气站、电梯、客运索道、游乐设施为重点，加强了现场安全监察工作，锅容管特各类事故总体呈下降趋势。同时，加强了对出口危险品包装的监督管理。

三、发挥优势，为服务经济、促进发展做贡献

按照国务院统一部署和加入 WTO 的新形势，国家质检总局组织了对《商检法》的修改，废止了一批不符合 WTO 规则的规章。根据我国政府在加入 WTO 谈判中的承诺，组织了涉及检验检疫承诺事项的落实，加强了与国外有关机构的合作。并在全系统开展了 WTO 相关知识培训，加强了国家标准制订修订和国际标准的采用宣传，加强了对技术性贸易措施的研究和利用工作。

各级质检机构以加入 WTO 为契机，加强了标准化、计量和认证认可管理工作，逐步建立科学、高效、统一管理、分工协作的标准化工作管理体制，以及结构合理、满足市场需要的标准体系，基本形成面向市场、反应快速、与国际接轨的运行机制。强化了计量监督，修订了《计量器具定型通用规范》等一批计量技术规范，对计量器具定型鉴定技术机构进行了整顿。着重解决了贸易结算、安全防护、医疗卫生、环境监测、资源保护等方面突出的计量问题。重点抓了电能表、水表、煤气表、衡器、电话计费器、加油机和出租车计价器等计量器具的监督管理工作。

针对当前认证领域存在的问题，加强了认证市场的监督管理，建立了认证认可工作联席会议制度，统一规划和综合协调全国认证认可工作。对外国（地区）认证和检测、检查机构及咨询机构在国内的经营活动进行了整顿；整顿和规范了自愿性认证、认证咨询及其相关的认证机构与认证咨询机构、检测检查机构，对社会上反映强烈的认证咨询机构的违法行为进行了查处，净化了认证市场和检测、咨询服务市场。同时加强了对获证产品和企业的监督检查，提高了认证工作的有效性。

适应信息化发展和提高工作效率的要求，质检部门加强和完善了检验检疫网络和办公自动化系统、综合业务管理系统、信息服务系统。加大了电子报检、电子转单和原产地电子签证的推广力度，扩大了覆盖面，使大部分检验检疫局电子报检率达到 90% 以上，产地证电子签证率、电子转单率达到 50% 以上。同时加大了对实验室检测机构的科技投入，一批检测技术重点课题取得了进展，实验检测能力得到加强，为把关和服务工作的开展提供了有力的技术支持。

四、深化改革，积极推动和加强队伍建设

各级质检部门围绕中心工作，大力推进各项改革，认真解决事业发展面临的突出问题，自身建设迈出新的步伐，队伍建设得到加强。在全系统认真开展了“三个代表”教育活动，建立健全了各项法律法规，加强了对依法行政的监督检查，加大了反腐倡廉力度，查处了一批行政违法案件，维护了质量监督检验检疫执法的严肃性。在全系统进行了干部人事管理改革，推行干部竞争上岗、任前公示，建立中青年专家队伍，选拔学科带头人，加强了系统干部队伍教育培训措施，全系统干部队伍整体素质明显提高。各地质量技术监督部门按照国发［1999］8 号文件要求，基本完成省以下垂直管理体制改革，实现了质量管理和锅容管特机构同步划转，理顺了工作职能，为质检事业发展打下了较好基础。

各级质检机构认真贯彻党的十五届六中全会精神，在进一步加强和改进作风建设方面下工夫。在依法把关的同时，实行了急事急办、特事特办、预约报检、业务值班、开设绿色通道等便利企业的措施，并利用质检机构人才、信息、检测技术等优势，为企业服务。认真推行了政务公开，积极参加行风评议，主动接受社会监督，广泛开展了创文明单位、文明窗口、岗位标兵和人民满意的公务员活动，树立了良好的行业形象。

质检机构进一步加大了反腐倡廉力度。各级质检机构坚持把反腐倡廉摆在重要位置，分解任务，落实责任，加强监督，严肃纪律，使领导干部廉洁自律。查处违法违纪案件，纠正行业不正之风和抓本治源头工作都取得了阶段性成果。

中国与多边环境协定

国家环境保护总局国际合作司

2001年在多哈举行的第四次世贸组织部长级会议，不仅通过了接纳中国为世贸组织成员国的决议，也同时启动了新一轮的贸易谈判。环境与贸易问题是其中的一个重要议题。

环境与贸易的关系是复杂的。在根本的作用机制层面上，一方面，贸易活动通过改变经济结构和总量而影响到环境，因为环境如同资本、劳动力、土地一样，是基本的生产力要素，是一切经济活动的基础；另一方面，环境因素通过影响产品质量而影响到贸易。在管理层面上，环境与贸易由国际法中的两类不同的机构分别管理。贸易由世界贸易组织（WTO）和区域贸易机构来协调。环境则体现为多边环境协定、区域环境协定和国家和地方的环境法律法规。

贸易与环境的这两类协定会相互作用、相互影响。在世贸组织内有贸易与环境委员会（CTE），协调与环境有关的贸易问题；有20多个多边环境协定包含有贸易条款。

在贸易与环境的相互关系中，多边环境协定目前无疑是对贸易最重要的影响之一。在过去近30年里，国际上缔约了超过200个多边环境协定（MEAs），其中对贸易影响最大的主要有以下协定：《濒危野生动植物物种国际贸易公约（CITES)》，主要贸易影响是禁止濒危物种的商业性国际贸易，监督与管理可能成为濒危的其他物种的贸易；《保护臭氧层维也纳公约》，主要贸易影响是禁止消耗臭氧层物质的贸易；《关于损耗臭氧层物质的蒙特利尔议定书》，主要贸易影响是禁止破坏臭氧层物质在缔约方与非缔约方之间贸易，试图对生产使用消耗臭氧层物质的产品也采取禁止进口的措施；《控制危险废物越境转移及其处置巴塞尔公约》，主要贸易影响是禁止废物的国际贸易；《生物多样性公约（CBD)》，主要贸易影响是限制破坏生物多样性的国际贸易；《联合国气候变化框架公约（UNFCCC)》，主要贸易影响是未来可能允许温室气体排放额的国际贸易或者区域性贸易作为三个灵活减排机制之一；《关于在国际贸易中某些危险化学品和农药的事先知情同意程序的鹿特丹公约(PIC)》，主要贸易影响是限制不能安全管理的化学品与农药；《生物安全喀特赫纳议定书》，主要贸易影响是可以限制某些转基因生物活体（LMOs）的进口；《关于持久性有机污染物（POPs）的斯德哥尔摩公约》，主要贸易影响是限制某些持久性有机污染物的国际贸易。

我国积极参与了国际环境事务。目前我国参与的包含贸易条款的主要多边环境协定的情况如下表所示：

公约名称	通过日期	生效日期	中国签署/批准时间	国内主管部门
濒危野生动植物物种国际贸易公约(CITES)	1973.3.3	1975.7.1	批准	国家林业局
保护臭氧层维也纳公约	1985.3.22	1988.9.22	1989.9.11加入	国家环保总局
关于损耗臭氧层物质的蒙特利尔议定书	1987.9.16	1989.1.1	1991.6.19加入	国家环保总局
控制危险废物越境转移及其处置巴塞尔公约	1989.3.22	1992.5.5	1989.3.22签署 1991.12.17批准	国家环保总局
生物多样性公约（CBD）	1992.6.1	1993.12.29	1992.6.11签署 1993.1.5交存批准书	国家环保总局
联合国气候变化框架公约（UNFCCC）	1992.5.9	1994.3.21	1992.6.11签署	国家计委
关于在国际贸易中某些危险化学品和农药的事先知情同意程序的鹿特丹公约（PIC）	1998.9.11	尚未生效	1999.8.16签署 尚未批准	国家环保总局
生物安全喀特赫纳议定书	2000.1	尚未生效	2000.8.8签署	国家环保总局
关于持久性有机污染物（POPs）的斯德哥尔摩公约	2001.5	尚未生效	2001.5.23签署	国家环保总局

我国认真履行了多边环境协定，其具体国内执行情况及存在的主要问题如下：

一、生物多样性公约

我国加入生物多样性公约后，国务院指定由国家环保局牵头协调国内履约事务。自公约签署以来，我国组织了政府20个部门参加的“中国履行《生物多样性公约》工作协调组”；由国家环保总局牵头，编制了《中国生物多样性保护行动计划》，是世界上率先完成《行动计划》的少数国家之一；颁布实施了《中华人民共和国自然保护区条例》；完成了《中国自然保护区发展规划纲要》的制定工作等；完成了履行《生物多样性公约》国家报告（第二次），并送交公约秘书处。

目前存在的主要问题有：公约的资金机制问题；遗传资源获取及惠益分享和技术转让问题；沿海和海洋生物多样性保护和持续利用问题；森林和生物多样性保护问题等。

二、保护臭氧层维也纳公约和关于消耗臭氧层物质的蒙特利尔议定书

1991年，我国正式加入了《议定书》伦敦修正案，并及时成立了由15个部门参加的中国保护臭氧层领导小组办公室，负责《议定书》的组织实施工作。1992年率先指定了《中国消耗臭氧层物质逐步淘汰的国家方案》并在1993年初得到了国务院的批准。而后又组织制定了《烟草行业消耗臭氧层物质逐步淘汰的补充方案》和气溶胶、泡沫塑料、家用冰箱等8个行业的逐步淘汰受控物质的战略研究，并得到多边基金的批准。1997年多边基金执委会原则批准了中国第一个行业整体淘汰计划——中国消防行业哈龙整体淘汰计划。

国家环保总局是《公约》和《议定书》的国家主管当局，负责协调国内履约和与秘书处及下设机构的日常联系工作。同时还指导专业性刊物的出版，提高公约的认知度。2001年10月我局汪纪戎副局长率团出席了议定书第十三次缔约方大会，会上我国当选为多边基金执委会成员。在相关谈判过程中，我国发挥了积极作用，为我国和其他发展中国家履行《公约》争取到了较好的外部资源和环境。

目前存在的主要问题有：资金问题；技术转让问题；与贸易的关系问题（一方面《议定书》的淘汰ODS的前提是淘汰消费市场，这一前提造成发展中国家的大量消费必然转向那些拥有替代品的发达国家，这将会破坏发展中国家的原有工业；另一方面，为了达到限控目的，在议定书中越来越多采用贸易措施，这将对发展中国家进入发达国家市场增加了新的障碍）；为确保履约而需进行的政策改革工作滞后于具体项目的执行。

三、控制危险废物越境转移及其处置巴塞尔公约

国家《固体废物污染环境防治法》已经颁布实施，环保总局已经编制完成了“十五”期间全国危险废物集中处置规划，并且于1999年发布了《危险废物转移联单管理办法》，加强了对危险废物的管理工作。

《巴塞尔公约》谈判直接影响到我国通过国际协议来防止洋垃圾进口以及能否合法利用国外再生资源等问题。国家环保总局牵头组织同国内有关部委参加该公约缔约方大会，并负责下属法律、技术工作组的所有谈判工作。

目前存在的主要问题有：关于责任与赔偿议定书的问题；关于废物名录问题。

四、斯德哥尔摩公约和鹿特丹公约

国家环保总局祝光耀副局长代表中国政府于2001年5月23日出席了斯德哥尔摩公约的全权外交大会并签署了斯德哥尔摩公约。我国签署斯德哥尔摩公约以后，由国家环保总局牵头，成立了斯德哥尔摩公约工作组，并且建立了涉及斯德哥尔摩公约各相关领域的专家队伍，主要包括国家环保总局的相关研究单位、中国科学院、北京大学、中国石化协会、氯碱协会、农药协会、中国预防医学科学院等研究机构。借鉴对ODS管理和淘汰的成功经验，结合我国持久性有机污染物（POPs）现状，经过研究讨论，已经初步形成了斯德哥尔摩公约整体行动框架。框架包括机构建设、行业控制、削减和淘汰计划、信息交流与管理、公众宣传等内容。除此之外，我国还积极开展与外方的合作，例如，拟在UNIDO的支持下开展国家实施计划（NIP）的制定工作；POPs内容被列入中意合作框架内，中意双方签署了POPs杀虫剂的合作项目等。

对与鹿特丹公约目前存在的主要问题有农药和化学品进口国和出口国的责任与义务问题；关于禁止、严格限用化学品列入PIC的化学品清单的原则；关于技术援助和转让问题；关于淘汰某些化学品问题等。

五、生物安全议定书

国家环保总局在2001年10月份组团出席了《生物安全议定书》第二次政府间委员会议，为《生物安全议定书》制定相关实施的技术规则。组织专家对《生物安全议定书》中文文本进行校核，并报外交部审核。启动了国内对《生物安全议定书》的批准程序。

作为生物安全的主要内容之一的转基因产品（GMOs）目前是争论的焦点问题。特别是在我国加入了WTO后，转基因产品对我国的农产品进口将会有很大的影响。例如，我国目前从美国进口的大豆中超过30%是转基因大豆。转基因玉米进口也有增大的趋势。这些都对我国的生物安全有较大的影响隐患。

发挥优势　与时俱进

——2001年中国银行支持对外经济贸易工作概况

中国银行董事长、行长　刘明康

2001年，中国银行以邓小平理论和"三个代表"重要思想为指导，继续推进良好公司治理机制建设，各项业务稳步发展，资产质量明显改善，经营管理水平和经营绩效稳步提高。全年中国银行集团实现合并税前利润109.14亿元人民币，继续保持境内商业银行的领先地位。国内机构实现经营利润253亿元，比上年增长66.7%。按"贷款风险分类"口径，不良贷款比率比上年末下降1.13个百分点。2001年，中国银行被《欧洲货币》、《资产》评为"中国最佳银行"，被《亚洲银行家》评为"2001年中国最佳零售银行"，在《银行家》杂志1 000家大银行中的排名从第21名上升至第18名，在《财富》杂志世界500强企业中的排名从255位上升到251位，在国际金融界的地位和声誉不断提高。

2001年，中国银行充分发挥自身的比较优势，在促进我国对外经济贸易稳步增长、密切与国际金融界往来以及支持外向型经济发展方面，发挥了重要的作用，做出了积极的贡献。我行支持外贸工作主要体现在三个方面：一是为我国对外贸易发展提供资金支持，二是为外贸进出口提供优质的结算服务，三是积极配合国家有关部门推进外贸发展。

一、发挥主渠道优势，为外贸提供强有力的资金支持

长期以来，作为原国家外汇外贸专业银行，中国银行一直重点支持外贸行业的发展，外贸贷款中80%以上都是中国银行提供的。2001年，中国银行向外贸行业提供本外币贷款折合人民币计1 319.47亿元，继续发挥了为专业外贸企业融资的主渠道作用，同时为自营进出口的生产企业扩大出口提供了资金支持。

（一）继续发挥为专业外贸企业融资的主渠道作用

近年来，随着我国外贸体制改革的不断深化，以及国际经济环境的变化，专业外贸企业高负债经营和盲目投资带来的问题日益暴露，经营规模不断萎缩。针对专业外贸企业的特点，中国银行根据"区别对待、择优扶持"的原则，积极调整授信政策，采取了灵活多样的统一授信管理办法，2001年累计向专业外贸企业发放本外币贷款共计968.24亿人民币，具体做法包括：

1. 灵活掌握专业外贸企业的统一授信问题。中国银行为提高授信审批效率，在符合授信原则的前提下，对"四有"的中央、省级专业外贸企业的贸易结算项下的融资业务实行授信额度管理，对列入重点支持客户名单的外贸出口企业，优先提供全方位的融资支持和金融服务。

2. 对于因历史原因已形成的全部授信风险值超过风险限额的中央、省级专业外贸企业，结合企业的信用等级、资产质量、在中国银行办理中间业务的情况以及客户提供的担保条件等因素适当为其核定授信额度。

3. 在专业外贸企业授信额度的担保条件问题上，根据专业外贸企业目前的具体情况对其核定免保的授信额度，外贸公司做贸易融资可使用免保的授信额度。

4. 加强与专业外贸企业的信息沟通和业务交流，协商处理债权债务问题，传达"银企合作，共同发展"的经营理念，重树银企关系；积极参与企业转制的工作，落实改制企业债权债务的承接。

（二）积极为自营进出口的生产企业提供资金支持

随着我国进出口贸易主体结构的变化，自营进出口的生产型企业在全国进出口贸易中所占比重日益提高。因此，为自营进出口的生产企业提供各类资金支持已成为中国银行支持外贸发展的重点。2001年，在防范风险的前提下，中国银行努力以多种形式积极向自营进出口的生产企业提供信贷支持。

1. 出口卖方信贷

近几年来，中国银行的卖方信贷业务由于贷款利率高于享受财政补贴的中国进出口银行，业务量呈现出下降趋势，但中国银行仍想方设法，采用灵活形式，满足一些重点出口企业的贷款需求。譬如，在全面测算客户综合收益基础上，为重点客户提供优惠利率；为优质客户采用额度贷款方式，为其提供资金使用上的便利；对一些客户在开立保函时免收保证金等等，为出口企业提供方便灵活的服务，支持我国产品出口。

2. 出口买方信贷

除向国内公司或企业直接提供贷款外，中国银行还采用买方信贷的方式，向国外直接提供贷款，支持发展中国家购买我国的产品和设备。这些贷款有力支持了我国企业参与海外投标工作，极大提高了我国产品在国际招标中的竞争力。出口买方信贷作为支持我国产品出口的重要金融手段，将是中国银行今后业务发展的重点。中国银行配合有关政策，正积极探讨将买方信贷扩大到高新技术领域及劳务承包领域等，为进一步扩大出口，改善我国出口商品结构作出贡献。

3. 优先向机电产品生产企业提供信贷支持

随着我国出口商品结构的优化，机电产品出口增势强劲。2001年，全国机电产品出口1 187.9亿美元，增长12.8%，比全国外贸出口增幅高6个百分点。能否获得足额的信贷支持，是影响我国机电产品出口的关键性因素。因此，中国银行优先向机电产品生产企业提供信贷支持。2001年，中国银行向长城工业集团提供15亿元贷款额度，向联想集团提供12亿元贷款额度，还向海尔集团提供5亿元、上海星特号提供2亿元、浙江横店集团提供1.3亿元流动资金贷款等。上述企业都是我国出口创汇大户，中国银行的贷款有力地支持了他们提高产品竞争力，拓展海外市场。

4. 支持大型基建项目和工业企业技术改造的设备引进

2001年，我国多家大型工业企业进行了技术改造项目，一些大中城市启动了大型基础设施建设项目。为此，中国银行积极为这些企业或项目提供包括授信开证、项目贷款等方面的支持，例如，支持了上海磁悬浮、攀钢技改、武钢技改、唐钢技改等项目的设备引进。

二、为外贸发展提供优质结算服务

（一）强化传统优势，扩大贸易结算量

2001年中国银行共完成贸易结算量1 621.74亿美元，同比增长11.82%，其中，出口结算量981.48亿美元，同比增长7.78%，进口结算量638.35亿美元，同比增长18.65%。2001年中国银行国际结算市场份额36.97%（剔除来料加工，下同），较上年同期增长1.18个百分点。其中，出口结算的市场份额43.83%，较上年同期增长0.07个百分点；进口结算的市场份额29.73%，较上年增长2.35个百分点。同期，工、农、中、建、交五行共完成贸易结算量3 201.40亿美元，中国银行结算量占五行结算总量的50.66%，较上年上升了1.22个百分点。

2001年中国银行结算业务量

表1　　单位：亿美元

		本年累计	去年同期	国家公布的今年外贸数字	中行业务量占比（%）	外贸增比（%）	中行增比（%）
进出口		1 621.74	1 450.08	5 097.70	31.81	7.50	11.82
其中	出　口	981.47	910.63	2661.60	36.88	6.80	7.78
	进　口	640.27	539.65	2436.10	26.28	8.20	18.65

注：本表中的中行业务量占比是在未剔除来料加工数字的情况下的计算结果。

（二）适应外贸进出口需求，不断推出结算新产品

为适应日趋多样化的贸易方式，中国银行坚持以科技为依托，以竞争为动力，不断推出具有竞争力的国际结算新产品。

1. 保理

近年来随着国际贸易竞争的日益激烈，国际贸易买方市场逐渐形成。对进口商不利的信用证结算的比例逐年下降，赊销日益盛行。在这样的背景下，中国银行大力发展保理业务，将贸易融资、商业资信调查、应收账款管理及信用风险担保集于一体，解决了赊销中出口商面临的资金占压和进口商信用风险的问题，很受进出口商的欢迎。截至2001年底，中国银行实际完成国际保理6 500万美元，比上年同期增长261%。同时，中国银行还完成了保理系统的开发工作。

2. 福费廷

我国的出口量正在增长，特别是工业产品和机械产品的出口极具竞争性，但全球的买家愈来愈多要求延期付款，如果有能力提供延期付款的条件，我国企业不但可以在货品及价格上具竞争力，亦可在融资方面具有竞争力。因此，中国银行推出了福费廷业务，通过信用证下从出口商处无追索权地买断通常由开证行承兑的一年期以内的票据，使出口商既能够获得资金融通，又极大地化解了风险，提高了出口商在国际市场的竞争力。

3. 对外承包工程保函

我国对外承包工程是改革开放后发展起来的一项新兴事业，对发展我国对外经济合作关系起到了重要作用。特别是我国加入世界贸易组织后，如何利用这一有利时机，坚决贯彻国家“走出去”的开放战略，大力发展对外承包工程是个亟待解决的问题。中国银行受国家有关部门委托，推出了“对外承包工程保函风险专项资金”项下保函业务，将为符合财政部和外经贸部关于《对外承包工程保函风险专项资金管理暂行办法》规定条件的企业提供优质金融服务。此项业务的最大特色是中央财政出资为符合条件的企业提供反担保，用以从中国银行开出保函。从而大大简化了开具保函的手续，提高了效率，为对外承包工程的企业更好地参与国际竞争创造了有利条件。

除上述新产品外，中国银行还开发了款项让渡、人民币押汇、D/A押汇等业务。

（三）为加快审批流程，围绕以市场为导向，以客户为中心做简政放权的政策调整

2001年，针对专业外贸公司以及非中行信贷客户的中小结算客户难以取得中行的授信支持的问题，中国银行明确了结算授信业务核定额度掌握的尺度应有别于贷款业务，根据专业外贸公司和中小结算客户的需求提出了切合实际

的灵活掌握标准，并将部分风险小、主要涉及代理行风险的授信业务交由结算部门自行掌握。这种简政放权的政策调整有利于解决结算授信方面存在的问题和困难，加快审批流程，提高服务效率。

三、积极配合国家有关部门，为外贸提供全方位支持

为了支持我国对外贸易的发展，中国银行还积极配合海关、对外贸易经济合作部等机关在网上支付海关税费、税款保付保函、加工贸易保证金台账等方面做了许多改进工作。

1. 网上支付海关税费

为贯彻落实国务院的部署，配合国家“金关工程”的实施，中国银行与海关总署密切合作，联合开发了网上支付海关税费产品——“报关及时通”。这一举措既充分发挥了中国银行在国际结算、贸易融资以及网上银行等方面的优势，巩固和拓展中国银行在进出口方面的市场份额，提高了中国银行的市场竞争力，又有力地支持了我国电子口岸的建设，有利于我国外贸的发展。

2. 税款保付保函

目前，加工贸易进出口占我国进出口总量的50%以上，加工贸易能否顺利开展已成为关系到我国对外贸易发展的重大问题。根据《关于加工贸易企业以多种形势缴纳税款保证金实施办法》，经海关总署确认的、具有担保资格的金融机构或其他具有代为清偿债务能力的法人，均可为加工贸易企业向海关提供担保。目前，海关总署会同中国人民银行确认可提供担保的金融机构仅中国银行一家。中国银行作为独家开办此项业务的银行，深知责任重大，全力做好为加工贸易企业向海关提供担保的工作。2001年，中国银行开立加工贸易税款保付保函2 789笔，金额合计12.86亿美元，截至2001年底累计开立4 603笔，金额26.74亿元人民币，有力地促进了我国加工贸易的发展。

3. 加工贸易保证金台账

中国银行作为国有商业银行，在加工贸易保证金台账制度发展的各个阶段，始终积极参与、支持、配合国家加工贸易政策的调整和实施，努力为加工贸易企业提供优质的银行服务。2001年，中国银行共办理加工贸易进口料件保证金台账28.05万笔，代收海关保证金3.30万笔。

中国银行的业务发展和中国对外贸易状况是相互依存，息息相关的。加入WTO以后，中国的外贸事业有着前所未有的新的发展机遇，但也面临着十分严峻的国际经济环境。今后，中国银行将认真落实中央关于金融改革的整体部署，紧紧围绕“效益、质量、风险”三个方面的要求，继续推进良好公司治理机制的建设，进一步推进各项业务的改革创新，推进业务和管理流程再造，更好地为客户服务。让我们与外贸企业携起手来，相互支持，努力实现互惠互利双赢的理想效果，共同克服困难，迎接新的挑战，为我国外贸事业的发展作出新的贡献。

乘势而上　再创佳绩
为支持我国开放型经济发展作出更大的贡献

中国进出口银行董事长、行长　羊子林

2001年是中国进出口银行发展史上具有重要意义的一年。在这一年里，我行认真贯彻执行国家的产业政策、外经贸政策和金融政策，充分发挥国家出口信用机构的政策导向作用，进一步加大了对机电产品和高新技术产品出口的支持力度，各项业务发展取得了显著的成绩，控制不良贷款取得了良好的效果，业务经营方式取得了重大的突破，加强基础管理工作取得了明显的成效。

在这一年里，我行解决了两个事关长远发展的重大问题。一是上海分行和总行营业部顺利开业，开办了贷款项下的国际国内结算业务和企业存款业务，为健全机构、完善功能迈出了实质性的一步；二是经过深入调查研究，将外商投资企业机电产品和高新技术产品出口纳入了我行出口信贷支持范围，拓宽了业务发展空间。

2001年，我行共批准各类贷款折合人民币565亿元(不含外国政府贷款转贷业务，下同)，放款444亿元，同比分别增长41.2%和28.5%；办理对外担保8.5亿美元，同比增长2倍。各项融资业务共支持了156亿美元的机电产品和高新技术产品出口，创造了187万人的就业机会。截至年末，各类贷款余额折合人民币727亿元，同比增长25.5%；资产总额911.2亿元，负债总额856.7亿元，所有者权益54.5亿元，同比分别增长33.5%、36.3%和0.9%。

出口信贷业务

2001年，在世界经济发展速度放缓，我国外贸出口面临严峻形势的情况下，我行坚持以“大企业、大项目”为主的经营策略，努力巩固和拓展优质客户群，挖掘市场潜力，培育新的业务增长点，使贷款总量进一步扩大，贷款结构进一步优化。

出口卖方信贷：全年新批贷款479.3亿元，放款417.4亿元，同比分别增长26.9%和29%。年末贷款余额647.2亿元，比年初增加123亿元。其主要特点：一是突出了支持重点。我行重点支持了高技术含量、高附加值的机电产品和非机电高新技术产品、船舶出口，大力支持企业“走出去”开展对外承包工程和境外投资，带动大型成套设备出口。投向上述类型项目的贷款占新批贷款总额的83%，比2000年上升了8个百分点。二是高新技术产品贷款比重上升。2001年新批高新技术产品出口贷款111.4亿元，同比增长了34%。其中，为生物制品和新材料等非机电类高新技术产品出口，提供贷款27.1亿元人民币，占高新技术产品贷款比重的24.3%。三是大项目比重明显增加。全年共批准单个金额在亿元以上的大项目124个，占全部贷款比重的85%。

出口买方信贷：全年新批贷款8亿美元，同比增长7倍多；年末贷款余额3.6亿美元，同比增长近1倍。支持的出口产品主要包括成套设备、船舶和通信设备等。同时，积极推进业务创新，对外提供混合贷款，并参与国际银团贷款等。

对外担保业务

2001年，我行的对外担保业务保持稳健发展。全年共办理对外担保业务138笔，担保金额共计8.5亿美元，同比增长2倍多，满足了出口企业的多种保函业务需求。重点支持了船舶、电站、纺织厂、电讯设备等大型机电产品、高新技术产品出口和对外承包工程项目，有力地推动了我国企业参与国际竞争。

对外优惠贷款业务

为配合我国政府的外交工作，巩固和发展我国与发展中国家的经贸合作关系，本着积极、稳妥的方针，我行积极推进对外优惠贷款业务的发展，落实了一批重点项目。2001年新批贷款项目17个，金额17.4亿元人民币，实际放款10.6亿元；年末贷款余额36.2亿元，比年初增加9.9亿元。

自1995年被中国政府指定为对外优惠贷款惟一承贷行以来，我行积极采取措施大力推进该项业务的发展，利用对外优惠贷款支持能够产生经济效益的合作项目，不仅促进了借款国的经济建设，加强了我国与发展中国家的友好合作关系，而且带动了我国的机电产品和成套设备出口。目前，我行支持的对外优惠贷款项目分布在非洲、亚洲、拉丁美洲、大洋洲和欧洲等地。

外国政府贷款转贷业务

按照积极、合理、有效利用外资的总体要求，中国进出口银行加大了转贷外国政府贷款的工作力度，继续支持交通、能源、环保以及改善生态环境等国家重点建设项目和基础设施建设项目，并加大了向中西部地区的倾斜力度，为扩大内需、合理有效利用外资、配合实施西部大开发战略，发挥了积极的作用。全年累计新批准转贷项目55个，新批转贷项目金额19.2亿美元。

截至2001年末，我行负责转贷外国政府贷款的国别分别为日本、德国、荷兰、奥地利、西班牙、澳大利亚、挪威、芬兰、丹麦、科威特、韩国、比利时、英国、瑞典、卢森堡和北欧投资银行等。通过办理此项业务，加强了我行与国外政府部门和贷款银行之间的联系与交流，也为双方的友好合作奠定了良好的基础。

资金筹措与运作

人民币资金筹措与运作：2001年，我行抓住国内资金市场供应宽裕、利率较低的有利时机，不断创新债券品种及发行方式，实现了全年均衡发债，降低了筹资成本。按照中国人民银行规定，重新确定了2001年债券承销团成员，与45家承销商签订了2001年度《中国进出口银行金融债券承销主协议》。全年发行金融债券7期，筹集人民币资金490亿元，年末资金成本同比下降0.53个百分点。在资金交易方面，根据市场资金价格低、供应量大的特点，我行充分利用同业市场的资金调剂功能，掌握金融债券发行节奏，通过多种方式积极运作间歇资金，降低了资金成本，提高了使用效益。全年实现人民币资金交易350多亿元，同比增加188亿元，并获全国银行间同业拆借中心2001年度优秀交易成员、优秀交易员双优证书。

外汇资金运作：我行在强化外汇风险控制的基础上，加强了对外汇资金的动态管理。通过认真研究分析市场变化，跟踪利率、汇率走势，加强了对外汇用款的预测。根据市场情况，结合本行外汇资金的特点与条件，灵活运用资金拆借、外汇买卖、长期债券、债券回购等交易品种，对外汇资金运作进行了适当的组合管理，保证了资金流动性与效益性，有效地规避了风险，提高了外汇资金的使用率和收益率。

我行还为外国政府贷款转贷客户提供了代客债务保值服务，通过举办债务风险管理研讨会、上门拜访客户、为客户提供信息咨询等方式，向转贷客户介绍外币债务风险管理金融产品，为转贷客户规避债务风险提供全方位的专业服务。一年来，我行通过代客外汇交易，协助多家转贷客户规避了债务的汇率、利率风险，受到广泛好评。

风险管理

2001年是中国进出口银行信贷资产质量持续提高的一年。我行坚持把"防范金融风险，提高信贷资产质量"放在首位，以防范和化解金融风险、提高信贷资产质量为中心，加强经营管理和基础工作。首先，采取多种措施，努力从源头上防范和控制信贷风险。加强对借款人和担保企业的资信审查及贷后管理工作。改善担保结构，增加抵押、质押贷款比重，提高了担保质量。努力做好到期贷款的衔接、监控工作。其次，为建立优质客户群和对单一客户进行风险控制，开展了对借款人的信用评级和试行统一授信工作。再次，通过催欠、法律诉讼、资产重组等多种手段催收不良贷款，取得了显著成效。截至2001年底，我行不良贷款比例为6.45%，比上年下降了1.96个百分点，实现了不良贷款绝对额与不良贷款比例同时下降的目标。

内部管理与基础性工作

2001年是中国进出口银行实现连续三年狠抓内部管理和基础性工作目标的关键一年。一年来，我行重点整顿和规范了财务管理和会计核算工作，改善了会计核算技术手段；重新修订了统计制度，制定了符合本行业务特点的统计指标体系；严格按规定认定不良贷款；加大了科技开发力度，信息化建设取得了重大的阶段性成果，提高了工作效率和管理水平，为业务发展提供了有力的技术保障。

狠抓制度建设，加强督促检查，取得了显著成效。全年新制定了75项规章制度，使现行的规章制度达到288项，基本做到了各项工作均有章可循。与此同时，通过加强不良贷款真实性稽核、业务台账专项稽核、项目跟进稽核、财会业务现场稽核和干部离任稽核等稽核监督工作，特别是同进出口银行监事会开展的一系列监督检查工作，有效地保证了全行各项业务的依法合规稳健运营。

信用评级

2001年，美国标准普尔公司、日本评级和投资信息公司分别确认中国进出口银行信用评级为BBB级和A级，均与中国国家主权级一致，为国内金融机构中的最高信用等级。

分支机构

2001年8月18日，我行第一家区域性营业分支机构——上海分行开业；同年11月18日，我行总行营业部开业。由于准备工作充分，两家营业性分支机构开业后即投入运营，并开办了我行贷款项下的国际国内结算业务和企业存款业务，为客户提供了更加广泛、高效、便捷的金融服务；同时，对加强贷款项目管理，提高信贷资产质量发挥了积极的作用。

上海分行成立后，我行相应撤销了原上海代表处。目前，我行设有8个国内代表处和2个国外代表处。国内各代表处认真履行职责，积极推进对外宣传和联络、调查研究和统计、市场开拓和营销、贷前调查和项目推荐、贷后管理和催收不良贷款以及对代理行代理业务的监督管理等各项工作，为改善金融服务、加强信贷管理、防范金融风险、提高信贷资产质量发挥了重要作用。国外代表处在加强对外联络和信息调研，配合总行考察管理境外项目等方面发挥了积极的作用。

对外金融往来

2001年，中国进出口银行继续重点推进出口信贷业务，同时亦稳步发展外国政府贷款转贷和对外优惠贷款业务。下半年，随着该行营业性分支机构的成立，业务范围进一步扩大，对外金融交往更加活跃。我行领导率团出席了亚行、非行、亚洲出口信用机构年会等重要国际会议，对31个国家和地区进行了访问、考察。主要行领导先后三次陪同国家领导人访问了12个发展中国家，为增进互相了解，加快融资项目落实发挥了积极作用。此外，我行还派团参加了日本兴业银行举办的项目融资研修班，接待了阿尔巴尼亚、伊朗、越南等国较高规格的代表团，并举办了与韩国输出入银行青年行员访华代表团的交流活动。上述活动扩大了进出口银行的对外影响，巩固和加强了与许多国家和地区金融机构、政府部门、企业及有关国际组织的友好关系，为双方今后在更广泛的领域进行交流与合作奠定了良好的基础。

截至2001年12月底，我行共与52个国家的119家外国银行建立了代理行关系。

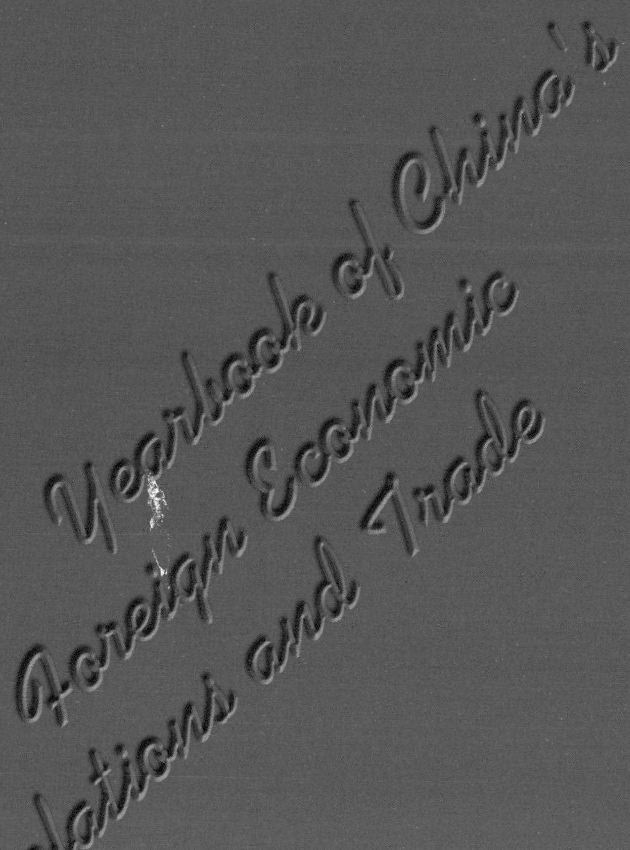

中国对外经济贸易年鉴

Merchandise Trade

货物贸易

五矿有色金属股份有限公司

CHINA MINMETALS NON-FERROUS METALS CO., LTD

五矿有色金属股份有限公司是由中国五金矿产进出口总公司、上海工业投资（集团）公司、金城江成源冶炼厂、宜兴新威集团公司、中国粮油食品进出口（集团）公司、自贡硬制合金有限责任公司等六家企业共同创立的股份制企业，注册资本5.31亿元。

作为中国有色金属产品及原料的主要供应商之一，五矿有色金属股份有限公司在行业中享有优秀的商业信誉和良好的企业形象，有着国内外广泛的客户关系和营销网络，其主营产品如铜、铝、钨、锡、锑、铅、锌、贵稀金属、稀土材料等的经营规模和市场占有率在国内名列前茅并在国际上颇具影响。

五矿有色金属股份有限公司将在公司董事会领导下，合法经营、规范操作、不断提高资产质量和经营业绩，使其成为投资人满意的企业。

五矿有色金属股份有限公司将按照既定的战略目标，实现贸易与产业结合；现货和期货结合；实现内外贸，国内外一体化经营；依靠优质产品，周到的服务和过硬的管理，进一步提高国内外行业知名度和影响力，公司将按照其经营理念，通过合理化经营，在竞争中求发展，不断壮大、完善自己。

在做好传统的有色金属对外贸易之基础上，五矿有色金属股份有限公司将再接再厉，进一步完善国内外一体化营销网络，加快国内产业化步伐和海外有色资源开发战略的实施进程，为国内外客户提供有色金属优质产品和周到的服务；为中国有色行业的健康发展服务；为全球的有色资源的合理开发和利用服务。

经IAF & PAC
QMS MLA
成员认可

副本

质量体系认证证书

兹证明

五矿有色金属股份有限公司

北京市海淀区三里河路5号五矿大厦

建立的质量体系，按照以下质量体系标准评审合格，特发此证。

认证范围：有色金属进出口贸易及服务

删减内容：设计和开发；监视和测量装置的控制

证书号：1100/20018911　认证标准：ISO9001:2000

发证日期：2002年2月1日　有效期：2004年10月21日

主任

中国进出口质量认证中心

中国·北京·朝阳区芳草地西街15号　100020

Http://www.cqc.com.cn

China Minmetals Non-ferrous Metals Co., Ltd (CMN), with its registered capital of RMB 531 million Yuan, is a share-holding company co-founded by China National Metals and Minerals Import and Export Corporation, Shanghai Industrial Investment (Group) Co., Ltd., Jinchengjiang Chengyuan Smelter, Yixing Xinwei Group Co., Ltd, China National Cereals, Oils and Foodstuffs Import and Export Corporation, Zigong Cemented Carbide Co., Ltd.

Being one of China's Major suppliers of non-ferrous metals, raw materials and products, CMN enjoys international reputation and is the market leader in domestic market in terms of business scales and market share in some of its products such as copper, aluminum, tungsten, tin, antimony, lead, zinc, rare earths and precious metals. The excellent image and good reputation established in its business field enables it to maintain its wide range of customers and sales networks at home and abroad.

CMN will conduct its management, under the authority of the board of directors, with the aim of satisfying its investors by steadily improving its asset quality and enhancing its management performance in accordance with its management philosophy of EXPERTISE, CREDIBILITY,CREATIVITY and COOPERATION.

CMN will realize its strategy steadily through its systematic program of combining its trading with production and manufacturing, of its physicals with futures and the unifying of domestic and international trading to vitalize and improve itself through fair market competition by rational management under its operational principal of "FORTUNE FOR SOCIETY, PROFITS FOR THE ENTERPRISE AND OPPORTUNITIES FOR THE EMPLOYEES".

Upon its non-ferrous metals trading, CMN will further sophisticate its international sales networks, fasten its procedure of the implementation of its strategy to develop domestic and international resources to provide its customers with quality products and excellent service to contribute to the healthy development of China's non-ferrous metals industry and rational exploitation and utilization of global nonferrous resources.

地址：北京市海淀区三里河路5号

Add: No.5 Sanlihe Road,Haidian District, Beijing

电话 (Tel): +86 10 68495202　传真 (Fax): +86 10 68495215　邮编 (P.C.): 100044

坚定信心　真抓实干　千方百计扩大出口

对外贸易经济合作部副部长　周可仁

一、2001年我国出口运行的总体情况和主要特点

2001年是近几年来我国出口面临的国际经济形势最为严峻的一年。美国经济结束了长达10年的增长周期，在第三季度出现了1.3%的下降；日本经济不但陷入10年来的第四次衰退，而且持久不能复苏；受美、日经济拖累，欧盟经济微弱增长。随着三大经济体同时出现经济低迷，世界经济进入全局性调整，情况比亚洲金融危机时还要严重。“9·11”事件及美英等国对阿富汗实施军事打击，更使已经减缓的世界经济雪上加霜。不断恶化的国际环境给我国扩大出口造成了极大的困难和压力。自年初以来我国出口虽然保持增长，但是与2000年高速度增长相比，增幅大幅度回落。前11个月，全国出口总额为2415.7亿美元，增长6.3%，增幅比去年同期回落23.8个百分点。

出口特点主要表现为“五高五低”。

（一）对新兴市场出口增幅较高，对美国出口增幅较低。

前11个月，我对非洲出口增长19.3%，对拉美出口增长13.9%，对俄罗斯出口增长17.5%。而我对美国出口仅增长4.1%，低于整体出口增幅2.2个百分点。

（二）外商投资企业和集体、民营企业出口增幅较高，国有企业出口下降。

前11个月，外商投资企业出口增长11.5%，外商投资企业一般贸易出口增幅高达21.9%，加工贸易出口也实现了9.5%的增长。由于基数较低，集体、民营等企业出口快速增长，增幅达46.9%。国有企业出口下降3.5%。

（三）高新技术产品、机电产品出口增幅较高，大宗劳动密集型产品出口增幅较低。

前11个月，高新技术产品出口增长24.1%，机电产品出口增长12.2%，而大宗劳动密集型产品出口增长乏力或出现下降，服装出口增长1.8%，鞋类出口增长2.5%，玩具出口下降7.8%。大米和玉米出口大幅下降，降幅分别为47.9%和42.2%。

（四）华东和部分中西部地区出口增幅较高，其他地区出口增幅较低。

前11个月，华东地区出口增幅较高，浙江增长19.2%，山东增长16.3%，江苏增长12.5%。中西部地区的青海、山西、甘肃、河南等省出口增幅分别达到39.7%、16.2%、15.1%和14.2%。吉林出口也增长了16.1%。出口大省广东仅增长2.9%，一些地区出口还出现了不同程度的下降。

（五）进口增幅较高，出口增幅较低。

2001年我国的进口增幅同样大幅回落，前11个月进口仅增长8.6%。但是月度进口增幅持续高于出口，前11个月，进口增幅高于出口增幅2.3个百分点，其中一般贸易进口增幅高于出口增幅8.7个百分点。受其影响，前11个月贸易顺差同比减少了31.7亿美元，下降13.5%。

二、2001年出口工作的主要体会

从目前的情况看，2001年全年我国出口可以增长5%以上，在世界经济增长放缓、国际市场需求不振的情况下，这一成绩是来之不易的。回顾一年来的出口工作，我们有以下几点体会。

（一）各级领导高度重视是扩大出口的根本保证。

中央和地方各级领导对出口工作高度重视，把出口工作作为经济工作的重点之一，主要领导亲自抓政策落实、抓工作协调，是全年出口能够实现一定幅度增长的重要原因。

党中央、国务院高度重视出口工作，2000年年末召开的中央经济工作会议提出要提高对外开放水平，发展开放型经济，努力扩大出口。2001年中，在国际经济形势的不利影响日益加深的情况下，中央下发了13号文件，强调要千方百计扩大出口，并对做好出口退税工作、研究出口退税体制改革、增强纺织品出口竞争力等提出了具体要求。中央领导同志对出口工作非常关心，江泽民总书记多次阐述进一步扩大对外开放，在更大范围和更深程度上参与国际经济合作与竞争的重要意义。朱镕基总理几次专门听取出口工作汇报，亲临第90届广交会并召集了出口工作座谈会，不但多次强调扩大出口对国民经济发展的重要意义，而且对出口工作作出了许多明确具体的指示。吴仪国务委员在全国外经贸工作会议上发表了重要讲话，对今年的外经贸工作提出了总体要求；6月22日，在出口形势非常关键的时刻，主持召开了部分省市出口工作座谈会，统一了各部门的思想认识，研究决定了一系列鼓励扩大出口的政策措施；针对通关和出口退税中存在的问题，又分别就关贸协作和税贸协作作出了重要批示；此外，她视察了秋季广交会、高交会，还到江西、宁夏、上海等地进行调查研究，指导工作。各省、自治区、直辖市及计划单列市党委、政府都把出口工作列为本地区的重点工作，许多地区都是主要领导亲自抓。各级领导的高度重视和亲切关怀，极大地鼓舞了广大外经贸干部职工的士气，增强了信心，激发了干劲。

（二）各项鼓励政策是扩大出口的有力手段。

多年的实践证明，出口的增长离不开各项鼓励政策的有力支持。在极为严峻的形势下，我们更深刻地体会到了政策的重要性。2001年国家和地方鼓励出口的政策力度是非常大的。

国家下拨了西部地区外经贸发展促进资金；中小企业国际市场开拓资金全面启动；继续支持机电产品出口企业的技术改造和境外投资设厂加工装配；加工贸易深加工结转保税监管政策进一步明确；边境贸易政策也继续保持稳定。各地区也结合自身条件出台了一系列鼓励出口政策，这些政策无疑对扩大出口起到了很大的作用。

（三）市场多元化是扩大出口的必然选择。

扩大出口，必须深入实施多元化的市场战略，不能“把鸡蛋放在同一个篮子里”，避免出口市场过于集中，尽量分散市场风险。

市场多元化战略是我国在1991年初提出并开始实施的。经过十年来的努力，这一战略取得了一定的成效，对于我国推行全方位的对外开放政策，加强同发展中国家的团结和合作，缓解世界经济区域集团化的消极影响，保持我国出口的持续快速发展发挥了重要作用。在出口形势严峻的情况下，市场多元化的优势和必要性、紧迫性更加凸显出来。2001年前11个月，我国对俄罗斯、拉美、非洲等新兴市场的出口增幅分别高出整体增幅11.2、7.6和13个百分点，为出口克服困难保持增长做出了贡献。

（四）以质取胜和科技兴贸是扩大出口的内在动力。

坚定不移地推进以质取胜战略和科技兴贸战略，不断优化出口商品结构，增加出口商品的技术含量和附加值，从根本上提高出口的国际竞争力，是扩大出口的内在动力。

以质取胜战略是在1991年初实施的，目的是提高出口商品的质量和档次，发挥我国劳动力和科技优势，尽快实施出口从粗放型增长向集约型增长，从以量取胜向以质取胜的转变。1999年，为了加快调整出口商品结构，把对外贸易转到更多地依靠科学进步的轨道上来，在外经贸领域全面贯彻“科教兴国”战略和可持续发展战略，尽快从贸易大国走向贸易强国，我国又提出了“科技兴贸”战略。这两个战略的成效是明显的。在“八五”时期，机电产品超过纺织服装成为我国第一大类出口商品，目前我国正在成为全球主要的IT产品加工基地之一。2001年前11个月，机电产品和高新技术产品出口增量分别占整体出口增量的81.8%和56.1%，特别是机电产品，从8月份开始连续四个月出口超过100亿美元，机电产品和高新技术产品成为全年出口增长的支撑力量。

（五）经营主体的培育是扩大出口的坚实基础。

扩大出口，归根结底要依靠广大的进出口企业来实现。不断深化外贸经营管理体制改革，逐步降低企业取得进出口经营资格的门槛，全方位培育外贸经营主体，是扩大出口的坚实基础。

2001年，我们把进出口经营资格统一划分为外贸流通和自营进出口经营资格两类，取消了私营企业进入外贸流通领域的限制，对各类所有制企业实行相同的标准。外贸流通经营资格由外经贸部核准，标准为企业注册资金不低于500万元人民币（中西部地区不低于300万元人民币），生产企业自营进出口经营资格全部实行省级外经贸主管部门登记制，标准降低为注册资金不低于300万元人民币（中西部地区、少数民族地区不低于200万元人民币，科研院所、高新技术企业和机电产品生产企业不低于100万元人民币）。一批新获得经营权的企业加入到扩大出口的队伍中来。2001年以来，集体、民营等企业出口持续高速增长，前11个月增幅高出整体出口增幅40.6个百分点，显示出巨大的出口潜力。

通过积极合理有效地吸收外资，引导外资的产业投向，稳定利用外资政策，保持与外商投资企业出口密切相关的加工贸易政策，近年来外商投资企业出口稳定增长。2001年我们进一步扩大了外商投资企业的进出口经营权，允许年出口额在1000万美元以上、申请前连续两年无违法违规记录的外商投资生产型企业，从事非配额许可证管理商品、非专营商品的收购出口，并可以参加自产产品的出口配额招标，进一步提高了外商投资企业扩大出口的积极性。前11个月外商投资企业出口增幅高于整体出口增幅5.2个百分点。

尽管国有企业适应国际市场竞争的总体能力还不强，但是通过改组、改制、改造和加强经营管理，一批大中型国有外经贸企业初步建立了现代企业制度，焕发了新的活力，成为扩大出口的“旗舰”。2000年我国出口额最大的200家企业中，国有企业97家，占48.5%。一批小型国有企业也在放开搞活中迅速成长。

（六）部门协作是扩大出口的重要条件。

加强部门间的沟通、协调和合作，形成支持扩大出口的合力，为企业扩大出口创造良好的政策环境和管理环境，是扩大出口的重要条件。

出口工作政策性强、涉及面广，除了外经贸主管部门以外，财政、海关、税务、商检、银行、保险、外汇管理、运输等部门都与出口工作有密切关系。如果没有这些部门的关心和合作，要做好出口工作是不可想像的。2001年中央和地方在加强财贸、关贸、税贸和银贸协作等方面进行了大量工作，取得了显著的效果。各项出口促进资金的计划安排、资金下拨和清算，一些专项资金管理办法的完善，都是财政部门与我们共同努力才得以完成的。5月底6月初，我们分别召开了第三次全国关贸和税贸协作会议，进一步完善了关贸和税贸协作的联系机制，推出了大型高新技术企业便捷通关、坚持防范打击骗取出口退税和加快出口退税速度两手抓等措施。通过与中国人民银行和国家税务总局密切合作，我们出台了出口退税账户托管贷款办法。各地区对加强部门间协作也都非常重视，上海、江苏、广东等省市大力改善通关环境，江苏、福建、山东、四川、宁波、大连等省市在加强税贸协作方面则积累了很好的经验。

三、2002年出口工作的目标和指导思想

与2001年相比，2002年的出口工作面临着更为严峻、更为复杂的形势。世界经济遭遇衰退，影响范围波及主要发达国家，影响程度超过亚洲金融危机。国际形势中的不确定性因素很多，变数很大，其发展程度和影响程度目前都难以准确判断。加入世界贸易组织在给我国对外贸易提供发展机遇的同时，也带来巨大的挑战。根据“十五”计划和国民经济发展的总体要求，按照中央经济工作会议的部署，2002年出口工作的目标是：稳定落实各项鼓励出口政策，深入实施市场多元化战略，大力推进贸易便利化，全面提高出口竞争力，千方百计扩大出口，力争出口有所增长，不能出现贸易逆差，努力实现机电产品进出口增长10%，高新技术产品出口增长15%，为国民经济增长做出新的贡献。

为了完成上述目标，2002年的出口工作要坚持以下指导思想：

（一）坚定信心、知难而进。

做好2002年的出口工作，首先要统一思想认识。在透彻分析形势、准确把握形势的基础上，各地区和广大的外经贸企业要以高度的责任感和紧迫感，把思想统一到千方百计扩大出口上来。

（二）突出重点、分类指导。

做好2002年的出口工作，要抓准抓好工作重点。出口工作既要统筹兼顾，又要对重点地区、重点企业和骨干商品出口进行分类指导，不能“眉毛胡子一把抓”。

（三）因地制宜、发挥优势。

做好2002年的出口工作，要注意发挥地方特色和优势。要因地制宜、扬长避短，在制定政策、开展工作时充分考虑如何将本地区的特色转化为优势，将优势不断予以强化。

（四）转变作风、真抓实干。

做好2002年的出口工作，要切实转变工作作风。要以十五届六中全会精神为指导，按照“八个坚持、八个反对”的要求，克服形式主义和官僚主义的顽症，勤政为民、真抓实干，重实际、说实话、办实事，求实效。

四、2002年扩大出口的工作重点

（一）继续保持各项出口促进政策的连续性和稳定性，积极研究鼓励出口的新措施。

第一，重点做好出口退税工作。第二，继续加强政策性金融支持。第三，保持中央外贸发展基金的各项政策不变。2001年中小企业国际市场开拓资金启动后，共支持项目7 981个，资金支出3.7亿元，其中中央企业项目841个，资金支出7 000万元，地方企业项目7 140个，资金支出3亿元，中小企业对这一政策普遍表示欢迎，2002年这项资金的支持力度要继续加大。第四，稳定、落实加工贸易政策。

（二）深入实施市场多元化战略，力保传统市场，开拓新兴市场。

根据朱镕基总理的多次指示精神，我们要力保现有市场，做到“寸土必争，寸步不让”，巩固我在美国、欧盟、日本及其他亚洲国家和地区的市场份额，并争取有所增长，同时，积极开拓俄罗斯、印度、拉美、中东、非洲等具有潜力、前景广阔的新兴市场。各项鼓励扩大出口的政策措施，要对开拓新兴市场予以适当倾斜。

（三）继续推进以质取胜战略和科技兴贸战略，抓好机电产品、高新技术产品和传统大宗商品出口。

（四）扩大外商投资企业出口。

（五）加强与国际贸易保护主义斗争，为外贸发展创造良好的外部环境。

（六）大力实施“走出去”战略，多种方式带动出口。

（七）进一步加强部门间协作，努力实现贸易便利化。

（八）出口企业要加强管理，苦练内功，提高自身的国际竞争力。

（本文节录自周可仁副部长2001年12月25日在全国外经贸工作会议上的专题发言）

中国加工贸易政策和发展前景

对外贸易经济合作部部长助理 高虎城

加工贸易，即从境外进口料件，经生产加工后将产品返销国际市场，目前已是世界各国发展外向型经济和参与国际分工的普遍形式。

我国加工贸易是伴随着改革开放的步伐，从无到有、从小到大，逐步发展起来的。目前，加工贸易已占我国外贸进出口总额的50%左右和出口总额的50%以上。加工贸易已成为我国对外贸易的重要方式和吸收外资的主要形式，为促进国民经济的发展发挥着积极、重要的作用。

根据中国海关统计，2000年我国加工贸易进出口总额2 302.2亿美元，同比增长24.8%，占全国外贸进出口的48.5%，其中，加工贸易出口总额1 376.6亿美元，同比增长24.1%，占全国出口总额的55.2%；加工贸易进口总额925.6亿美元，同比增长25.8%，占全国进口总额的41.1%。

2001年1—7月，我国加工贸易进出口总额1 326.46亿美元，同比增长5.6%，其中，加工贸易出口总额807.21亿美元，同比增长8.6%；加工贸易进口总额519.3亿美元，同比增长1.3%。

我国加工贸易主要表现以下四个特点：第一，加工贸易的主体是外商投资企业。近几年，外商投资企业进出口额一直占加工贸易进出口额的七成左右。第二，机电产品、高新技术产品是加工贸易的主要进出口商品。今年上半年，两项产品合计占加工贸易进口的七成和出口的八成半。第三，加工贸易集中在我国经济较发达东部沿海地区。2000年，我国广东、福建、上海、江苏和北京等九个省市占加工贸易进出口总额的97%。第四，贸易主要伙伴集中在日本、美国、香港、欧盟、台湾、东盟、韩国等国家和地区。今年上半年上述地区占我国加工贸易进出口总额的96.5%。

我国加工贸易规模迅速扩大，水平不断提高，对国民经济的发展起到了积极、重要的促进作用，主要表现在以下四个方面：第一，促进了我国吸收外资。外商投资企业出口占加工贸易出口的70%以上。外商投资企业是加工贸易的主力军。加工贸易成为吸引外商直接投资的重要渠道。近几年，世界上一些大的跨国公司如摩托罗拉、杜邦、希捷等投资我国就是采用的加工贸易形式。第二，扩大外贸出口。加工贸易利用发达国家和地区企业，特别是国际上一些知名的跨国公司的销售渠道和销售网络，使我们的产品进入国际市场，有利提高我国产品的知名度和竞争力，增加外贸出口。加工贸易出口在外贸中已占据了重要位置，成为我国外贸出口的重要推动力。第三，加工贸易的发展，促进了国内技术进步和产业升级，引进了先进的技术和管理经验，培养了大批懂技术、善经营、会管理、熟悉国内外市场的人才，促进我国生产技术水平、经营管理水平的提高；促进了出口商品结构的不断优化；促进了使用国产原材料的不断增加，带动了国内相关产业的发展，有效地缓解了国内的就业压力。第四，加工贸易的发展，有利于维护香港与澳门的繁荣与稳定，促进海峡两岸经济合作。加工贸易成为香港、澳门经济稳定繁荣的重要因素，成为大陆与台湾经济联系的重要纽带。

一、我国的加工贸易政策

（一）加工贸易政策的规范与完善

为适应加工贸易的发展，我国政府对加工贸易多年来一直实行保税监管的基本政策，即在加工贸易料件进口时，海关保留征收关税和进口环节增值税的权利，但不实际征收，待加工制成品出口时核销结案。随着加工贸易规模不断扩大，为加强与完善管理，促进加工贸易健康稳定发展，国务院于1995年和1999年先后颁布了《关于对加工贸易进口料件试行银行保证金台账制度的批复》（国函［1995］109号）和《关于进一步完善加工贸易银行保证金台账制度意见的通知》，在维持加工贸易基本政策不变的基础上，对加工贸易进口料件实行银行保证金台账制度和按商品和企业分类管理。核心内容是对少数敏感商品和违规企业实行加工贸易银行保证金台账“实转”，即对加工贸易进口料件按进口关税和进口环节增值税等值收取保证金，在加工制成品出口核销后，再将保证金连同利息一并退还。根据规定，加工贸易进口商品按敏感程度分为禁止类、限制类、允许类。加工贸易企业按守法经营情况分为A、B、C、D类。任何企业不得以加工贸易方式进口禁止类商品；A类企业加工贸易进口限制类或允许类商品，免设银行保证金台账或继续实行台账“空转”；B类企业加工贸易进口限制类商品，实行台账“实转”，进口允许类商品继续实行台账“空转”；C类企业加工贸易进口商品均实行台账“实转”；D类企业一般不允许开展加工贸易。

为贯彻落实35号文件，国务院各有关部门相继出台了一系列配套文件，形成了以保证金台账制度和商品分类、企业分类为核心的一整套管理办法。35号文及其配套办法实施以来，在加强和规范加工贸易管理，打击利用加工贸易名义进行的走私、违规行为，促进加工贸易健康稳定发展方面取得了良好成效。

在落实35号文的过程中，国家有关部委根据商品分类的执行情况，在相关调研的基础上，对禁止类、限制类部分商品进行适时调整，对一些国内暂不能生产而加工贸易企业必需的原材料，如色织布、镀锌钢板、色纱等，从限制类商品目录中剔除。在多次调研的基础上，我们有关部门对企业分类管理标准及时进行调整、补充与完善，使分类标准更具科学性和可操作性。我国政府有关部门联合制定下发了加工贸易企业可以多种形式缴纳税款保证金有关办法，适当放宽了对香港担保机构的要求。我国有关部门还在深圳等地多次召开了加工贸易企业使用国产原材料供需协作洽谈会，为国内生产企业和加工贸易企业在产需协作上创造了机会，取得了较好的效果。

建立出口加工区也是国家为规范加工贸易存量，引导加工贸易增量采取的重要措施之一。目前，国家已批准17个出口加工区试点，即辽宁大连、天津、北京天竺、山东烟台、山东威海、江苏昆山、江苏苏州工业园、上海松江、上海金桥、浙江杭州、福建厦门海沧、广东深圳、广东广州、湖北武汉、四川成都、重庆、吉林珲春。海关总署、国家外汇管理局、国家税务总局、外经贸部等部门已相继制定了出口加工区的配套管理办法，各试点出口加工区积极开展筹备试点工作。迄今，有关部门已验收启动了江苏昆山、上海松江等14个出口加工区，上海金桥、福建厦门海沧、重庆出口加工区正在抓紧建设。出口加工区的设立为加工贸易的规范管理和健康发展提供了新的试验田。

（二）新近出台的加工贸易政策、措施

今年以来，面临严峻的出口形势，针对各方面关注和企业反映较多的问题，国务院各有关部门陆续出台或明确了几项新的政策措施：

1. 企业分类评审标准进一步放宽。今年6月底，海关总署、外经贸部和国家经贸委联合发布了2001年5号公告，自7月1日起对企业分类管理评审办法作出了调整。一是将A类企业评定标准中的“连续二年无走私违规记录”调整为“连续六个月无走私违规记录”；二是对于不涉及进出口许可证件管理和海关税收的违规行为，或虽涉及进出口许可证件管理及海关税收，但罚款金额在人民币10 000元以下（含10 000元）的违规行为，今后不再作为企业分类管理评定记录。经过调整，海关企业分类评审标准进一步细化，更加具有科学性，更加符合客观实际。这次调整将进一步改善加工贸易企业的经营环境，有利于加工贸易企业守法经营，扩大出口。最近，海关总署会同外经贸部联合下发了《关于重申有关企业分类管理评定程序规定的通知》，明确要求各级外经贸主管部门要与海关共同做好企业分类管理评定工作。这也将有助于加工贸易企业有关企业分类的问题得到及时反馈和解决。

2. 明确加工贸易深加工结转仍由海关保税监管。自90年代初国家实行鼓励加工贸易出口产品增加国内附加值、延长加工贸易国内生产链条、促进国内配套的政策以来，深加工结转在加工贸易中所占的比重迅速提升。经过近20年的发展，在华东地区和珠江三角洲一带，通过深加工结转形成了电子、纺织、化工等行业的加工贸易产业群，企业之间因此形成了比较固定的配套生产关系，自然形成了一个生产加工链。深加工结转已成为加工贸易的重要内容和形式。国务院有关部门开会专门研究了深加工结转有关问题，认为要进一步规范和加强对加工贸易深加工结转的管理，在加强监管、严格控制内销行为的同时，应为企业的正常业务提供便利；对深加工结转税收政策，统一按国办发35号文件规定精神执行，即对加工贸易企业以结转的保税产品开展深加工复出口业务，由海关严格保税监管，不征收增值税。对目前已“挂账”的，能核销的要尽量予以核销，今后不再搞新的“挂账”。具体操作办法有关部门即将制定出台。国务院有关部门也正在研究如何完善加工贸易税收政策、进一步促进加工贸易健康发展，鼓励企业深加工结转和直接利用国产料件等问题。我相信，深加工结转政策的明确将消除广大加工贸易企业的顾虑和担心，有助于他们积极开展深加工结转业务，有助于加工贸易产业链的延长和增值率的提高。

3. 支持高新技术企业加快通关和对大型加工贸易企业实行新型管理模式。为适应大型高新技术企业新型生产经营方式要求，支持高新技术产业发展及产品出口，外经贸部和海关总署于7月中旬联合下发了《海关总署、外经贸部关于支持高新技术产业发展若干问题的通知》（署厅发[2001] 279号）。通知规定，对经审核批准的年出口额在1亿美元以上、且产品列入国务院有关部门联合编制的《中国高新技术产品出口目录》的大型高新技术企业可选择适用提前报关、联网报关、快速转关、上门验放、加急通关、担保验放等一项或多项便捷通关程序；改革大型高新技术企业加工贸易管理模式，对实行联网管理的大型高新技术企业开展的加工贸易，实行免批合同、免办手册、免设台账的新型管理模式。随后，海关总署和外经贸部联合发布了《关于大型高新技术企业适用便捷通关措施的审批规定》，对大型高新技术企业适用便捷通关程序的申请、备案或审批手续作出了具体规定。这些措施是国家鼓励高资信度、高科技、高创汇、出口规模大，简称“三高一大”的企业扩大出口，在通关时给予便利的新举措。我相信，这些措施将大大方便相关企业的生产经营和进出口通关，极大地促进高新技术产业出口快速增长。

此外，根据35号文件精神，为促进加工贸易规范管理，我们有关部门继续做好加工贸易单耗标准制定工作。今年以来，加工贸易单耗标准制定工作联络小组已召开两次会议，制定公布了近20项工业产品的加工贸易单耗标准。根据各地管理部门和企业反映的实际情况，经过长期研究和协调，我们有关部门已就加工贸易边角余料等管理办法达成一致意见，不久即将出台相关规范管理办法。

今后，我们将一如既往地倾听各地方管理部门、企业及外商反映的意见和建议，深入开展调查研究，根据实际情况和管理要求，适时调整政策措施，帮助企业解决困难和问题，竭诚为企业的经营和发展服务。我们的工作，曾经得到海内外业界人士和来自各国、各地区的投资客商的广泛理解和支持，我希望我国的加工贸易政策能继续得到包括在座各位来宾在内的业界朋友和来华投资厂商的理解与支持。

二、加工贸易发展前景

当今世界，随着贸易与投资自由化，科学技术特别是信息技术的迅速发展，发达国家面向全球进行产业结构调整，跨国公司在全球范围组织生产和销售，这些都将促进生产要素在全球更大范围内的流动和配置，国际分工和国际协作将更加广泛，经济全球化成为当今世界的潮流和趋势。

我国加工贸易的发展，符合国际通行做法，符合我国经济的发展要求，是我们参与国际分工的有效途径，是我国对外贸易、吸引外资的重要领域。加工贸易的健康、稳定发展，将在促进外贸出口和促进国民经济发展中起到积极作用。

加工贸易政策是外经贸部与国家计委、国家经贸委、海关总署、财政部、国家税务总局、国家外汇管理局、国家工商行政管理总局等部门共同制定和执行的，做好加工贸易管理工作是有关部门的共同职责。应该看到，国家出台的一系列关于加工贸易新的管理举措，是对加工贸易政策的补充和完善，而不是对加工贸易基本政策的改变，目的是为了加强管理，解决加工贸易发展中出现的矛盾和问题，促进加工贸易健康有序发展。由于加工贸易在扩大出口和利用外资方面具有不可替代的作用，对促进我国对外贸易和国民经济发展具有重要意义，加工贸易的基本政策必将继续保持其连续性和稳定性，同时，各有关管理部门将继续加强协作，共同做好加工贸易管理工作，为广大外商、港澳台同胞、各类出口企业和我国外经贸的发展创造更加有利的条件，在此基础上，相信我国加工贸易将会得到进一步发展。

（本文节录自外经贸部部长助理高虎城2001年9月9日在“加工贸易有关政策和出口通关便利措施宣讲会”上的讲话）

深化改革 促进发展 做好我国加入世贸组织之初货物贸易管理的各项准备工作

对外贸易经济合作部对外贸易司司长 郭 莉

2001年是十五计划的第一年，也是迎接我国加入世贸组织的重要一年。外贸司在部党组的正确领导下，以江泽民同志“三个代表”重要思想为指导，在复杂多变的国际形势下，千方百计扩大出口，努力抓好进口调控，积极推进外贸管理体制改革，做好入世应对工作，较好地完成了各项工作任务。

一、积极推进外贸管理体制改革，努力建立既符合中国国情又符合与世贸规则的对外贸易管理体制

加入世贸组织，使我国的改革开放进入了一个新的阶段，客观上推动了社会主义市场经济的进一步发展和完善，同时也对我国的现存外贸管理体制提出了新的挑战。为适应我国加入世贸组织的需要，建立既适合我国国情，又符合国际通行规则的新型外贸管理体制，2001年我们主要做了下列工作：

一是根据部WTO法律法规领导小组的统一部署，圆满完成了与货物进出口管理相关的法律法规的清理工作，共清理法规规章423项，其中废止276项，修改19项，保留125项，新制定3项；根据部行政审批改革工作领导小组的部署，我们共上报行政审批项目20项，其中保留为17项，下放地方2项，取消1项。

二是加快外贸经营资格管理体制的改革，加强行政立法。制订并下发了《关于进出口经营资格管理的有关规定》，进一步降低了企业申请进出口经营资格的门槛，将外贸流通企业注册资金降低为不低于500万元，生产企业注册资金降低为不低于300万元；取消“所有制歧视”，允许私人企业进入外贸领域，实行与公有制企业相同的标准和程序，统一各种所有制的内资企业申请进出口经营资格的条件；生产企业自营进出口实行登记备案制，并将登记权下放到各省级外经贸主管部门。这项规定的出台，使外贸经营权向着登记制迈出了历史性的一大步，受到了社会各界的欢迎和好评。2001年，全国共有10 664家内资企业新获得了进出口经营资格，其中，3 964家获得外贸流通经营资格，同比增长149%；5 861家生产企业获得自营进出口经营资格，同比增长37%。

三是研究制定了一系列与进出口商品管理体制改革相配套的法律、法规和部门规章。与部内有关部门共同完成《中华人民共和国货物进出口管理条例》的修改完善工作；出台了《出口许可证管理规定》、《出口商品配额招标办法》、《出口配额商品管理办法》、《纺织品被动配额招标办法》、《货物进出口国营贸易管理办法》、《货物进口许可证管理办法》、《货物自动进口许可证管理暂行办法》、《货物进口指定经营管理暂行办法》；配合有关部门制定颁发了《农产品关税配额管理办法》和《化肥关税配额管理办法》等多个部门规章。初步形成了以《外贸法》为一级法、《货物进出口管理条例》为二级法，配套的部门规章为三级法的对外贸易法律体系。

二、依托现代化信息手段，建立以进出口监控预警为中心的电子综合管理系统，实施更为有效的宏观调控，提高外贸管理的效率和水平

加入世贸对我国的外贸管理提出了更高、更新的要求。加入世贸后建立的新型外贸管理体制下的外贸管理将不再是简单的、低层次的管理，而是一种更高层次、更高水平的管理。为充分利用现代化信息手段，提高外贸管理的效率和水平，2001年我们主要做了下列工作：

一是与中国国际电子商务中心共同开发重点商品进出口监测预警系统，特别是重要商品进口监测预警系统。重点商品进出口监测预警系统的大部分目录已经开通并投入使用，重要商品进出口监测预警系统已完成有关技术论证和框架设计工作，已投入试运行。

二是开发了“进出口经营资格管理系统”，为实现进出口经营资格核准过程和后期管理的网络化打下了良好的基础，适应了外经贸经营资格管理由许可制向登记制的过渡；在中国国际电子商务网及外经贸部政府网站上开发了“外经贸经营资格办理情况查询系统”，方便了企业查询外经贸经营资格办理情况；设立纺织品出口管理专页，提高了纺织品出口管理的透明度。

三是开发了《出口商品配额管理系统》，从制度上逐步杜绝超配额、无配额发证等违规情况的发生，提高了发证机关的工作效率。此外还就建立综合信息系统、数据库系统、纺织品海关统计数据管理程序和纺织品出口专用网页做了大量准备工作。

三、以出口发展为己任，千方百计做好出口促进工作

扩大出口是外贸管理工作服务于国民经济发展最直接的体现，也是外贸管理工作的主题。在今年国际经济出现衰退的形势下，千方百计扩大出口的困难更大，责任更重，意义也更大。

（一）加大双边磋商力度，积极同贸易保护主义作斗争，保护、恢复和开拓出口市场

2001年以来，我国产品出口遭遇国外贸易保护主义的强烈冲击。做好对外谈判和交涉工作，为出口争取宽松的外部环境，成为外贸管理的一项繁重工作。我们同日本限制中国农产品出口的保护主义行为进行了坚决的斗争，并

最终达成了协议；积极主动与进口国（地区）交涉，推动我国肉类产品出口的恢复；与韩国进行了大蒜贸易磋商，签署了《关于大蒜贸易协议》的《谅解备忘录》，圆满解决了2000年度大蒜贸易中遗留的问题；与日方就中日丝绸贸易问题进行了积极磋商，经据理力争，达到了中方预期目的；就日本对中国产毛巾制品设限调查事件，向日方表明我方立场，并使其将毛巾设限调查时间延长半年。这些工作有效地稳定了我国的出口市场，维护了我国的出口利益。

（二）抓好大宗、重要农产品、工业品和纺织品出口，密切跟踪出口情况，促进出口健康发展

一是及时与有关部门联合下达了大米、玉米、小麦等重要农产品出口配额；下发了《关于2001年粮食出口管理有关问题的通知》，改进了大米出口经营机制；研究取消了大豆、板栗等十余种农产品的出口配额管理；与有关部门联合提出了发展我国园艺产品出口的指导性意见。

二是与有关部门联合下达了原油、成品油、煤炭、稀土、焦炭等重要工业品的出口配额；下发了《钨品、锑品出口供货企业资格认证暂行办法》，对钨、锑出口供货企业进行资格认证；密切跟踪煤炭国际市场行情及我煤炭出口情况，及时提出扩大出口的意见和建议；逐步放宽白银出口经营权，促进了白银出口的增长。

三是积极扩大纺织品服装出口，努力提升纺织品服装的出口竞争力。根据2001年的出口形势，提早下达了纺织品配额；认真执行《关于鼓励企业用好纺织品被动配额的通知》规定，提高了配额的使用效率和效益；扩大纺织品被动配额协议招标比例，有效降低协议招标价格，改进招标操作程序，明显降低了中标价格，减轻了企业负担；密切跟踪纺织品服装出口情况，积极推动鼓励纺织品出口优惠政策的出台，如放开了坯绸出口经营权，提高纱和布两类商品的退税率等。

（三）进一步完善加工贸易政策，保持政策的连续性、稳定性，促进加工贸易稳定健康发展

贯彻落实国务院领导关于深加工结转的有关指示精神，积极商请国家税务总局落实今年深加工结转保税政策，核销“已挂账”，不再搞“新挂账”；调整企业分类评审标准和商品分类目录，放宽了企业分类管理评审条件，区分了技术性违规和实质性违规的标准；会同海关总署下发了《实施计算机联网监管企业加工贸易审批管理办法》，对符合条件的海关联网企业实行免批合同、免办手册、免设台账的新型管理模式；牵头举办了第二次关贸协作会议和中国投资贸易洽谈会加工贸易配套会，推动会议取得了多项有利于外贸出口特别是加工贸易出口的积极成果；做好出口加工区试点工作，参与了对全国14个试点出口加工区的验收工作，配合海关总署等有关部门修订了《中华人民共和国海关对出口加工区的监管暂行办法》，会同海关总署制定下发了《出口加工区加工贸易管理暂行办法》。

（四）办好广交会和地区性交易会，积极推动广交会办会模式改革，进一步发挥好交易会的窗口作用和对外成交功能

认真做好了第89、90届广交会的组织和90届的庆典工作，优化了参展企业结构和展品结构，强化了交易会的信息功能；牵头组织举办了第二届APEC投资博览会，扩大了各省市与其他APEC成员经贸合作的渠道。

广交会是我国对外贸易特别是出口贸易的一个重要场所，随着申请参展企业和来华参展客商的日益增多以及参展商品范围的不断扩大，摊位不足问题成为困扰广交会进一步发展的不利因素。针对这一问题，我们在充分调查论证的基础上，立足于现有场馆面积和设施，从2002年春交会起，实施按专业分期举办的重大改革，原来春、秋两届每届12天改为春、秋两届每届分两期举办，每期6天。通过这一改革，摊位不足的问题将在一定程度上得到缓解。

2002年是我国正式加入世贸组织之后的第一年。随着经济全球化进程的加快和我国社会主义市场经济的进一步完善，如何适应这一形势的要求，并进一步做到外贸管理的法制化、规范化、高效化，成为摆在我们外贸管理工作者面前的一个重要课题。我们相信，只要我们努力工作，认真应对，把握机遇，趋利避害，我国的对外贸易管理体制必将更加成熟和完善，对外贸易必将取得更大的成绩，为国民经济的发展作出新的、更大的贡献。

开拓进取　扎实工作　推动机电产品进出口迈上新台阶

对外贸易经济合作部机电产品进出口司司长　常晓村

2001年是我国机电产品进出口史上极不平凡的一年。面对日趋严峻的世界经济形势，在部党组的正确领导下，经过艰苦努力，机电产品进出口工作取得了来之不易的成绩。机电产品进出口继续保持较快增长，研究并出台了“十五”期间促进机电产品出口的新政策，“四个主体”抓出了成效，进口管理体制改革取得了重大进展，国际招标业务得到进一步发展。

据海关统计，2001年机电产品进出口2 393.1亿美元，增长15%，占全国外贸进出口总额的46.9%。其中，进口1 205亿美元，增长17.2%，占全国外贸进口总额的49.5%；出口1 188亿美元，增长12.8%，占全国外贸出口总额的44.6%，比上年提高了2.4个百分点，出口净增135亿美元，占全国外贸出口净增量的八成，拉动全国外贸出口增长5.4个百分点。机电产品进出口持续快速增长为全

国外贸和国民经济增长作出了新的重要贡献。2001年机电产品进出口主要特点：一是进出口商品结构进一步优化。技术含量较高的机电仪产品出口1 085.2亿美元，增长13.0%，占机电产品出口总额的91.4%。其中，计算机、通信设备、视听设备、船舶、汽车、空调器和微波炉等产品出口增长迅速，高新技术机电产品出口占全部高新技术商品出口总额的96.9%。二是贸易方式结构进一步改善。一般贸易出口277.3亿美元，增长13.8%，高于机电产品出口增幅1个百分点，占机电产品出口总额的23.3%，比上年提高了0.2个百分点。三是出口经营主体多元化取得进展。集体企业和民营企业出口增幅高达43.9%和113.3%。四是市场多元化战略取得成效。对重点市场出口规模增加；对有潜力市场的出口快速增长，其中对非洲、拉丁美洲出口分别增长21.6%和18.4%；对俄罗斯出口增长高达56.5%。2001年来，通过扎实工作，加大工作力度，在以下方面取得了进展：

一、加大制定扶持出口政策力度，研究制定“十五”期间进一步促进机电产品出口的意见

我国加入WTO后，我国国民经济发展和外经贸发展的外部环境将发生根本性的变化，根据《国民经济和社会发展第十个五年计划纲要》的总体要求，研究提出了《关于“十五”期间进一步促进机电产品出口的意见》，经过多次协调修改，联合国家计委、国家经贸委、财政部等九个部门上报国务院。11月3日，国务院办公厅以国办发［2001］84号文转发各部门、各地区执行。《意见》明确了“十五”期间机电产品出口的指导思想和目标，突出强调了结构调整，提出了调整出口产品结构、企业结构、市场结构、贸易方式结构、推动加工贸易发展、转变政府职能、促进出口的多项政策措施。国办发［2001］84号文件是机电产品出口又一纲领性文件，对于“十五”期间进一步扩大机电产品出口具有十分重要的指导意见。

二、加强机电产品出口生产体系建设，优化出口商品结构

进一步研究新形势下加强机电产品出口生产体系建设的办法，提出了要按照优化结构、提高质量、降低成本、防止重复建设的总体要求，对机电产品出口企业实施分类指导，加快我国出口商品结构调整的步伐，尤其要通过抓重点机电企业出口，带动机电产品出口。

组织有关部门和地方推荐下达了2001年机电产品出口技术改造专项贷款新开工项目367个，投资金额达45.93亿元。去年，我们对145个技术更新改造项目提供贴息9 209万元，带动了22亿元的技术更新改造投资，新增创汇将达到11亿美元，取得了良好的效果。我部还会同财政部研究制定了《技术更新改造和研究开发项目贷款贴息资金管理办法》。

继续推动企业开展质量管理体系认证和产品国际安全认证；推动机电产品出口分类检验制度，不断扩大免检产品范围，目前免检产品已增加到1175种产品，逐步建立科学、有效、方便的机电产品出口检验制度。

三、加大市场开拓和协调的力度，规范大型成套设备出口

通过组织各种展览会、鼓励企业国内外参展、大力扶持、培育名牌产品参展、组织生产企业走出去等方式带动出口。一年来，先后成功举办了美国拉斯维加斯“国际消费类电子产品展览”、阿联酋沙迦中国机电产品春季展、第五届厦门海峡两岸机械电子商品交易会、2001年中国国际电子家电博览会、中国武汉机电产品国际博览会和阿根廷中国摩托车展览，对扩大我国机电产品出口发挥了积极作用。

为进一步规范和加强对大型出口信贷及出口信用保险项目的管理，经国务院批准，会同财政部、中国人民银行联合下发了《关于大型出口信贷及出口信用保险项目的报批程序》，明确了项目的申报和审批程序。为落实三部门联合下发的文件，研究制定并以2001年外经贸部第33号部长令发布《大型单机和成套设备出口项目协调管理办法》。

在总结机电产品出口招标工作的实践经验基础上，对原《机电产品出口招标办法》进行了修改和完善，以2001年外经贸部第19号部长令发布实施。

四、改革进出口管理体制，加强进口宏观调控

按照部WTO法律工作小组的统一部署，完成了涉及机电产品进出口业务的法律、法规清理工作。共清理各类文件169份，其中废止137份，保留20份，修订12份。发布了《机电产品进口管理办法》等5个部长令。

根据国务院加强进口宏观调控的指示精神，我部按照控制进口总量，优化进口结构的总体要求采取了相应的调控措施。下半年以来，批准和自动登记机电产品进口逐月回落，有效抑制外贸进口的增长，机电产品进口增幅由年初的52.8%降至年末的17.2%。

会同有关部门联合起草了《关于加入世界贸易组织过渡期内汽车产品非关税措施实施方案对策和建议的报告》，引起了国务院领导的重视，朱镕基总理、李岚清副总理等国务院领导都作了重要批示。

加强对重点产品的动态管理，提出了加大调控的措施；进一步完善机电产品进口配额分配程序，制定了《汽车、摩托车生产配套散件申请资格条件》、《申请销售进口汽车经营企业应具备的资格条件》、《汽车、摩托车及其总成特征认定管理办法》。

五、进一步发展机电产品国际招标投标，提高国际招标质量和信誉

加强了对《中华人民共和国招标投标法》和《机电产品国际招标投标实施办法》的宣传力度，大力推动机电企业参与招标，加快招标投标信息化建设步伐，进一步完善相关法规，严格对招标机构管理，使招标业绩创历史最高水平。

据统计，2001年，国际招标总额达到54.61亿美元，增长44.2%，创招标史上最好业绩。实际中标总额为44.15

亿美元，节约用汇 10.46 亿美元，平均节汇率为 19.6%。其中，国内中标 9.16 亿美元，占中标总额的 20.7%。

2001 年招标工作重点是减少行政审批环节，提高工作效率，继续完善配套规则。先后发布了《机电产品国际招标评标专家聘用办法》等 4 个配套规范性文件。为了使招标工作从“审批”向“监督”转变，取消了原有的评标报告审批，实行了评标结果网上公示制度。招标文件的审核转为由随机抽取的专家负责。加快中国国际招标网的建设，实现招标全过程的网络化管理，大大提高了工作效率。

2001 年中国机电产品进出口概况

中国机电产品进出口商会

2001 年在世界经济形势日趋严峻的情况下，我国机电产品进出口的规模、质量和效益进一步提高。机电产品进出口的快速增长，不仅有效拉动了进出口贸易乃至国民经济的增长，对进出口结构和产业结构的优化升级、增加就业、保持社会稳定也发挥了重要作用。

2001 年机电产品出口达 1 187.9 亿美元，比 1985 年的 16.8 亿美元，增长了 44 倍，已连续 7 年保持第一大类商品的地位，其出口额占全国外贸出口的比重，由 1985 年的 6.1%提高到 44.6%，占世界机电产品出口总额的比重，由 1985 年的 0.25%提高到 3%左右。

机电产品在出口总量较快增长的同时，出口市场结构、商品结构、企业结构也发生了深刻的变化。

一、全方位、多元化开拓国际市场的格局基本形成

多年来，机电产品出口始终采取全方位、多元化和重点市场、重点产品、重点突破的战略方针，大力开拓国际市场。通过参加国际展览、海外设点、海外办厂、建立海外销售中心等途径，在巩固和发展原有的亚洲、北美、西欧等重点市场的基础上，开拓了南美、非洲等一些新兴市场。

2001 年我国机电产品出口的国家达 220 个，其中出口额超过 1 亿美元的国家达 59 个。

1. 主要出口市场所占比重发生明显变化

从主要出口市场看，2001 年机电产品五大出口市场仍为美国、香港、欧盟、日本、东盟，所占机电产品出口的比重为 82%，与 1992 年相当。但前后位次及各自所占比重发生了明显变化。

1992 年五大出口市场排位及所占比重分别是香港（60.3%）、美国（9.3%）、欧盟（6%）、东盟（4.5%）、日本（4.2%）。2001 年排位及比重分别是：美国（22.8%）、香港（19.4%）、欧盟（18.4%）、日本（12.4%）、东盟（8.4%）。对美国出口近年来大幅度增长，从 1995 年起超过香港，一直名列前茅，2001 年比 1992 年出口额增长了 11 倍。对香港出口近年来增速缓慢占比不断下降，出口排位从第一位下降到第二位。对日本出口近年来增长加快，由 1992 年的第五位上升到第四位，2001 年比 1992 年出口增长了 17 倍。

综上所述，美国、香港、欧盟、日本、东盟五个地区仍为我主要出口市场，但从各个市场所占比重的变化，表现为对五大市场出口所占份额趋近于平均，对香港市场的依赖度减弱，改变了市场结构单一的格局，反映出机电产品重点出口市场逐步完善。

2. 美国、欧盟、香港、日本、东盟重点出口市场简况

2001 年对美国出口 270.43 亿美元，出口大类商品中电子类居第一位，其次是机械类及轻工机电类商品，主要出口商品是计算机及零部件、电灯及照明装置、录音机收录音机及组合音响、有线电话机、自行车及零部件、钟表及零部件、汽车及零部件、电线和电缆、静止式变流器。出口企业中外商独资企业所占比重最大，其次是国有企业、中外合资企业。

2001 年对欧盟出口 218.09 亿美元，出口大类商品中电子类居第一位，其次是机械类及轻工机电类商品，主要出口商品是计算机及零部件、录音机收录音机及组合音响、船舶、电热器具、电动工具及零件、电灯及照明装置、有线电话机、照相机、电视收音机及无线通讯设备的零附件、不锈钢厨具。出口企业中国有企业出口所占比重最大，其次是外商独资企业和中外合资企业。

2001 年对香港出口 230.9 亿美元，出口大类商品中电子类居第一位，其次是机械类及轻工机电类商品，主要出口商品是计算机及零部件、钟表及零部件、移动通讯设备、印刷电路、集装箱、通断及保护电路装置、半导体器件、电视收音机及无线通讯设备的零附件、电动机及发电机、电容器等。出口企业中国有企业出口所占比重最大，其次是外商独资企业和中外合资企业。

2001 年对日本出口 147.8 亿美元，出口大类商品中机械类居第一位。主要商品是计算机及零部件、电动机及发电机、电线和电缆、钟表及零部件等。出口企业中外商独资企业出口所占比重较大。

2001 年对东盟出口 100.3 亿美元，出口大类商品中电子类商品居第一类。主要商品是计算机及零部件、船舶、电动机及发电机、印刷电路等。出口企业中国有企业出口所占比重最大。

从对上述主要市场出口可看出：电子类商品出口迅速增长以及外商投资企业出口的迅速崛起，使我国机电产品出口商品结构显现出日益合理化。

3.对中东、南美、大洋洲、非洲出口的不断增长，已成为主要出口市场的重要补充

2001年对中东市场出口28.62亿美元，出口占比由1992年的1.95%提高到2.41%。2001年对南美市场出口33.72亿美元，比1992年增加了7倍，占比由1992年的1.9%提高到2.84%。2001年对大洋洲出口13.25亿美元，比1992年增加了10倍多。2001年对非洲出口22.08亿美元，比1992年增加了4倍多，占比持平。

二、机电产品出口商品结构进一步优化

机电产品出口经过十几年的扶持和引导，已逐步由劳动密集型、资源密集型向技术含量及附加值较高产品转移，出口结构逐步向合理化方向调整。目前反映我国机电工业水平和实力的电子信息产业、家用电器、视听产品、大型成套设备、船舶、汽车及零部件等商品的出口额在全国机电产品出口总额占较大比重。

2001年出口额超过一亿美元以上的商品近100种，大大超过1992年的28种，其中不少商品的制造技术和产品水平已经接近或达到国际先进水平，在国际市场上占有重要的市场份额。

1.技术含量及附加值较高商品出口明显增多

出口额较大商品结构发生了较大变化，1992年出口前几位商品依次为：录音机、收录音机及组合音响、电视机、钟表及零部件、手工具、船舶、自行车等。2001年出口额前几位商品变化为：计算机及零部件、家用电器、通信类、电子元器件、视听类产品、汽车及零部件、电灯及照明装置、钟表及零部件、船舶、电工器材等。从上可看出出口商品结构发生了明显变化，技术含量及附加值较高商品出口明显增多。

2.大额商品出口值逐年增大

1992年出口额居第一位的商品录音机收录音机及组合音响出口额在13亿美元左右，而2001年计算机及零部件出口达212.9亿美元，2001年机电产品出口额超过10亿美元的商品已近30种。

3.技术含量及附加值较高商品出口增长带动力强

2001年机电产品出口净增额135亿美元，其中计算机及部件和零件、通信设备和视听产品、家用电器等三大类商品出口净增额为101.36亿美元，占机电产品全部净增额的75%，带动了机电产品出口的总体增长。

4.传统商品仍有一定出口实力

随着传统商品技术水平、产品质量的不断提高，外观设计的不断改进，在国际市场上仍占有一席之地，具有很大出口潜力，如：建筑五金、汽车零部件、手工具、电动工具及零件、蓄电池、自行车及零部件、缝纫机等商品出口仍持续增长。

三、出口企业结构日趋完善

出口企业已从单一的国有外（工）贸公司为主，形成了目前国有外（工）贸公司、外商投资企业和国有生产企业“三位一体”的体系结构。

1.三资企业出口迅速发展，已成为机电产品出口的主力军

外商投资企业机电产品出口从1985年开始，当年机电产品出口为16.8亿美元，外商投资企业机电产品出口为0.5亿美元，占全国机电产品出口总值的0.3%。而后迅速发展，到1996年外商投资企业机电产品出口额超过国有企业出口，占机电产品出口额的55.8%，几年来均保持第一位，2001年占比达到64.5%。其中外商投资企业中的独资企业出口发展更为迅速，已占全国机电产品出口总值的36.7%。

从1985年至今，我国对外贸易曾几度出现起落，但外商投资企业机电产品出口却保持了较高的年增长速度，为促进我国对外贸易的发展，特别是对提高机电产品质量和出口比重，改善我国出口商品结构起到了重要作用。

2.出口企业组织结构日趋合理

随着国家外贸体制的改革，部分生产企业逐步走向国际市场，直接参与国际竞争，年出口额超过500万美元的企业已超过3000家，是今后我国机电产品出口的重要力量。

四、机电产品出口中存在的主要问题

机电产品出口总量较小，出口产品结构不合理，名牌产品、高技术高附加值产品所占比重较低，核心竞争力不强，产、学、研相结合开拓国际市场能力不足是制约机电产品出口的主要问题。

1.机电产品出口总量不高，占全国外贸出口比重偏低

我国机电工业生产规模居世界第6位，对外贸易出口居第7位，而机电产品出口居12位，与美国、日本、德国、法国、英国、加拿大等发达国家的机电产品出口相比，还有很大差距，并落后于韩国、墨西哥、新加坡、意大利、台湾地区，从机电产品出口占整个外贸出口的比重看，发达国家达到60%左右或更高，而2001年我国机电产品出口占外贸出口的比重为44.6%。

2.出口商品整体水平较低，缺乏名牌产品及支柱产品

由于出口商品结构调整缓慢，目前只有计算机及零部件、家用电器、部分电子产品、集装箱、收音机、钟表、自行车、家用金属制品等在国际上具有较强的竞争优势外，多数商品技术含量和附加值较低，难以达到一定的出口规模，缺乏有后劲的名牌产品及支柱产品。

3.开拓国际市场力度不够

机电产品出口市场多元化已经取得明显进展，但出口增长还不平衡，尤其对非洲、拉美、大洋洲地区出口在整个机电产品出口总额中的占比均较低，不到全国机电产品出口总额的6%。对亚洲的出口也仅限于传统市场，出口的大部分是传统产品。

4.大部分企业出口规模小

2001年出口机电产品的企业近3万家，年出口额超过1亿美元的企业不到200家，90%的企业年机电产品出口额在500万美元以下。

5.部分商品出口秩序混乱，低价竞销现象仍较严重

6. 出口商品质量不稳定，售后服务不能完全满足用户的需要

五、2002 年机电产品出口形势预测

2002 年世界经济和世界贸易依然低速增长，再加上日元贬值的冲击，以及贸易保护和竞争的加剧，我国机电产品出口仍将存在不少困难。

1. 机械设备市场整体低迷；

2. 信息技术产品市场复苏迟缓；

3. 日元贬值增加变数；

4. 环境、安全标准进一步提高；

5. 对于出口国采取的贸易保护措施应对不利；

6. 由于担心入世后受我国商品的冲击，我主要国际贸易伙伴国纷纷使用知识产权保护、强化环保、安全和技术标准封杀我机电产品市场。

同时我机电产品出口也存在着市场亮点和较多的贸易机会：

1. 美国市场将会走向复苏为世界机电市场的好转带来希望。由于去年美国企业已大幅度削减了库存，企业将放慢清理库存的速度，这将会刺激生产，但仍存在不确定因素。

2. 俄罗斯、印度市场有较大的开拓空间。根据俄罗斯科学院世界经济和国际关系研究所的估计，俄罗斯和印度 2001 年的经济增长率分别为 4.8% 和 4.5%，是中国之外的两个经济增长高于 4% 的国家。随着经济发展，国内市场需求逐渐扩大，进口必然继续增长。

3. 经济发展基本要求的产品市场受世界经济不景气的冲击较小，仍具市场潜力。电力、通信、医疗、交通运输、农业、水利、石油天然气的开发等基础建设项目仍在继续并升温。我国企业已积极参与跟踪、承包或分包。

4. “世界制造中心”地位的产品出口将继续增长。国际产业结构调整和部分产品向中国转移使中国成了名副其实的“世界工厂”，如中国是最大的彩色电视机生产国，其产量相当于世界产量的 1/4，空调器产量也是世界第一，相当于世界总产量的一半。此外 DVD 占世界总产量的 47%。录像机产量占世界的 68%，洗衣机、电冰箱的产量早已位居世界第一。此外我国还是世界灯泡、照相机、钟表、自行车、电动工具、摩托车、轴承、紧固件等商品的生产大国。由于这些商品的生产有相当部分是用于满足国际市场需求或以外包方式进行的，作为世界最大的制造基地，即使受到世界经济周期波动的干扰，已经形成的产业供应格局也不会改变。

2002 年 1—3 月我国机电产品出口 308.44 亿美元，比去年同期增长 18.3%，其中 1 月份出口增长 32.9%，2 月份 8.1%，3 月份 16.2%，虽然前三个月还不能完全反映全年的出口趋势，但已显示了较好的发展势头，机械及设备增长 42.2%；金属制品增长 15.4%；电器及电子产品增长 15.3%，预计今年机电产品出口仍会保持一定幅度的增长。

六、对扩大机电产品出口的建议

1. 充分发挥现行促进出口的政策措施。应加大对企业的政策宣传力度，要根据新的形势和情况，在加强机电产品出口金融支持力度、发挥政策性出口信用保险作用等方面研究制定和完善既符合国际惯例、又体现我国国情的政策措施。在研究制定新政策中，要充分运用世贸组织基本规则，重视商会的作用。

2. 要千方百计采取行之有效的措施制止恶性竞争。充分发挥机电商会的协调作用，指导企业联合起来，统一对外，加大对恶性竞争的处罚力度。

3. 加强机电产品出口售后维修服务。可有针对性地选择若干国家，采取国家扶持、商会筹办、企业参与的形式建立境外机电产品售后维修服务中心，完善出口产品的零配件供应和维修服务。

4. 加强对中小企业的支持力度。利用机电商会联系企业的优势，国家可利用外贸发展基金，通过商会建立中小企业咨询服务体系，为其提供快捷、方便、低成本的服务。

5. 把提高出口产品质量放在重要位置。对出口产品要加强质量管理和质量监督，严格把关。可将机电商会目前对价格的审核与对质量的监督结合起来，通过提高质量达到提高价格的目的。利用商会的优势发挥在全面推行国际质量标准认证、出口产品安全和环境标准认证中的作用。

6. 指导企业开拓潜在的国际市场，商会组织企业走出去，在国外建立名牌机电产品的展示、展销中心、技术指导中心、维修服务中心、转口贸易和分拨中心。

2001 年中国五矿化工产品进出口概况

中国五矿化工进出口商会

一、2001 年我国五矿化工类商品进出口贸易总体情况

2001 年，受全球经济发展速度趋缓影响，我国五矿化工类商品进出口增速减缓，进出口总额为 1 245.88 亿美元，占全国外贸进出口总额的 24.44%。其中出口 438.99 亿美元，比上年增长 3.83%；进口 804.70 亿美元，增长 1.21%。在五矿化工类商品出口中，五矿类商品出口 231.87 亿美元，增长 5.11%；化工类商品出口 207.12 亿美元，增长 2.44%。在五矿化工类商品进口中，五矿类商品进口 286.73 亿美元，增长 9.37%；化工类商品进口 517.98 亿美元，下降 2.80%（见表 1）。

1997—2001 年我国五矿化工类商品进出口统计

表 1　　单位：亿美元

	1997 年	1998 年	1999 年	2000 年	2001 年
出口总额	322.09	326	315.30	422.80	438.99
进口总额	457.27	438	535.70	795.00	804.70
进出口总额	779.54	765	851.00	1 217.80	1 682.68

2001 年五矿化工类商品进出口总体特点如下：

1. 进出口增幅均低于全国平均水平。2001 年五矿化工类商品出口额同比增长 3.83%，低于全国出口增幅 6.8% 3 个百分点；进口额同比增长 1.21%，低于全国进口增长 8.2%的水平。

2. 下半年出口增速大幅度下降。2001 年 1—5 月，受 2000 年所签合同的影响，各月出口较为理想。但进入 6 月以后，实际出口大幅度下降，甚至出现了 6 月当月同比下降 6.23%的状况。美国"9·11"恐怖事件以后，10 月份当月出口同比下降 24.2%。

3. 传统、大宗的出口商品价格整体趋稳，部分商品价格波动较大。据对 34 种大宗的五矿化工类商品出口情况分析，出口价格上升的有 18 种，其中增幅较大的有 7 种，分别是仲钨酸铵增长 36.75%、锌矿砂增长 19. 93%、糠醛增长 19.22%、烧碱增长 10.05%、焦炭增长 9.98%、氟石增长 9.82%、纯碱增长 9.79%。出口价格下降的有 16 种，其中降幅较大的有 8 种，分别是鳞片石墨下降 44.51%、锑及锑制品下降18.7%、柠檬酸下降15.09%、除草剂下降 15.23%、锌及锌基合金下降 15.94%、成品油下降 15.51%、石油下降 12.53%、锡及锡基合金下降 14.77%。出口价格变动主要是受国际市场需求的影响，但国内经营秩序混乱也是影响价格的重要因素。如锡及锡基合金、锑及锑制品严重供过于求，导致变相走私出口严重、正常出口价格大幅度下跌。

4. 对亚洲出口增幅下降，对其他地区出口增长（见表 2、图 1）。

图 1　2001 年我国五矿化工商品出口地区分布图

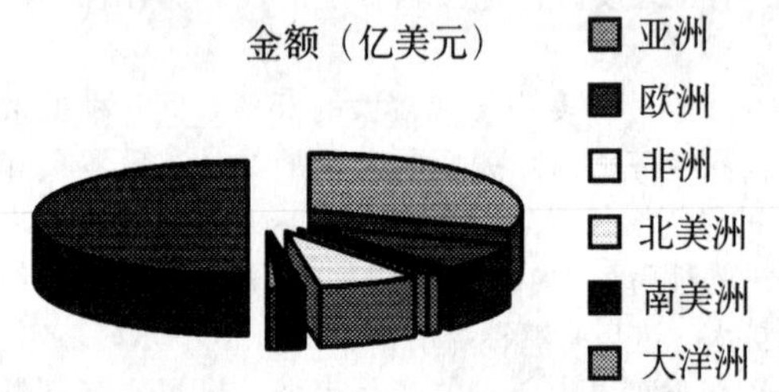

2001 年我国五矿化工类商品分地区出口统计

表 2

地　区	金额（亿美元）	比例（%）	比上年增长（%）
亚洲	268.67	61.2	3.51
欧洲	70.84	16.1	15.15
非洲	9.74	2.2	29.52
北美洲	67.41	15.4	17.95
南美洲	14.81	3.4	23.56
大洋洲	7.52	1.7	21.69
合　计	**438.99**	**100**	**3.83**

5. 一般贸易增幅较大，加工贸易增幅较小。2001 年五矿化工类商品一般贸易出口为 284.40 亿美元，占五矿化工类商品出口总额的 64.79%，比上年增长 6.23%；进料加工贸易出口为 103.46 亿美元，占五矿化工类商品出口总额的 23.57%，增长 0.94%；来料加工贸易出口为 39.15 亿美元，占五矿化工类商品出口总额的 8.92%，下降 3.58%。

6. 国有外贸企业出口增势渐弱，出现负增长，其他类型企业出口增势渐强。2001 年五矿化工类商品国有外贸企业出口 260.42 亿美元，占五矿化工类商品出口总额的 59.32%，同比下降 0.27%。三资企业、集体企业、其他类型企业出口分别为 143.16 亿美元、25.07 亿美元和 10.35 亿美元，同比增长分别为 3.66%、39.03%和 87.13%。

二、2001年我国五矿化工行业大类商品进出口情况

(一) 矿产品

我国是传统的矿产品输出国，在国际矿产品贸易中具有举足轻重的地位。中国出口的矿产品涉及海关商品目录7个类章，超过百种商品，出口到全世界近200个国家和地区。根据海关统计，2001年，我国共出口矿产品（海关商品目录第五类第25、26、27章所含商品）98.54亿美元，比上年上升7.1%；进口225.03亿美元，比上年下降8.2%。如剔除矿物燃料、矿物油等（即海关商品目录第27章商品），去年我国共出口矿产品14.38亿美元，进口49.58亿美元。

我国矿产品出口市场主要集中在欧洲、美国、日本等发达国家和地区，同时，我国周边的亚洲国家和地区，如韩国和东南亚各国，由于地理位置关系，也是我国矿产品的主要消费国。从出口产品结构上看，原矿和初级产品的出口数量在逐年减少，深加工、高附加值产品的比例日益增加。

矿产品主要由非金属矿产品和金属矿产品（有色、黑色）组成，因其具有不可再生的特点，加之环保方面的压力，因此，我国对矿产品的出口实行了较为严格的管理政策，如出口配额管理、出口配额招标管理等等。近几年，我国矿产品的出口一直比较稳定，在全国出口总额中所占比重逐年下降。今后，矿产品的出口多向深加工、高附加值制成品方向发展。

(二) 有色金属

2001年，世界主要有色金属消费国的需求普遍下降，主要基本金属价格大幅度下滑，我国有色金属出口增长速度严重放慢。下半年开始，有色金属产量和利润增长均明显放慢。根据海关统计，2001年我国有色金属出口额为33.37亿美元，下降0.8%；进口额为62.06亿美元，增长8.0%。贸易逆差为28.69亿美元。

1. 大部分品种出口减少，若干品种出口大幅度增长

2001年在国际有色金属价格大幅度下跌的情况下，我国有色金属出口主要得益于铝、白银、钨、锗、稀土等产品出口额的增长。2001年我国非合金铝的出口量和出口额分别比上年增长263.23%和247.33%。由于前年铝产品进口量过大，国内库存高，加之2001年国内产能增加迅速，国内铝市场供求关系发生重大转折，2001年铝类产品出口额增长了49%。2000年底国家放开了白银市场，国内白银价格下跌，因为出口退税，出口比内销每克可多得0.1元，刺激了企业的出口积极性，2001年国家两次增加白银的出口配额，全年出口配额达到1 200吨，结果出口量达到1 199吨，白银产品出口额达到16 488万元，比上年增加428.02%。钨、镉、锗的出口增加是因为国际市场价格回升。这些品种出口增加说明，我国有色金属企业对国际市场的变化已经比较敏感，能够利用国内外市场的差别进行经营。

2001年有色金属价格变化情况

表3

产品名称	LME现货年平均价格（美元/吨）		国内价格（元/吨）	
	2001年	增长%	2001年	增长%
铜	1 578	-12.96	16 438	-11.05
铝	1 444	-24.63	14 529	-11.22
铅	476	4.85	4 759	-1.08
锌	885	-21.54	9 197	-15.69
锡	4 481	-17.52	48 232	-3.45
镍	5 945	-31.18	68 840	-28.22

2. 主要有色金属价格跌幅较大

从表3可以看出，2001年国内外除铅之外的其他主要有色金属价格跌幅都在10%以上，对我国有色金属生产企业的效益影响比较大。

3. 部分品种进口大幅度增长

在23类有色产品品种中，有12类产品进口额增加。其中镍、钛、锌、铅和钽铌最突出。特别是镍，各类镍产品在出口大幅度下降的同时，进口以成倍以上的速度增加。这种情况表明，国内镍的生产不能满足国内市场在各类镍产品数量和质量上的要求，同时国产镍的竞争力已经受到挑战，进口产品的冲击比较大，特别是国外镍材在我国的渗透力很强。铅、锌、钛等产品进口量虽然不大，但增长比较快，主要是加工材进口多，表明国内在深加工领域的弱势越来越明显。

4. 进口中以原料和加工产品为主

在进口额中，有色金属原料性产品进口额为36.52亿元，占进口总额的36.11%。其中氧化铝进口335万吨，比上年增长77.8%。加工材类产品进口额为32.9亿元，占总进口额的32.57%。

(三) 钢铁

2001年国际钢铁市场受世界经济低迷影响，一直处于疲软低迷，钢材生产过剩，市场需求不足，钢材价格不断下降，钢材价格跌到了近20年的最低点。根据海关统计，2001年我国共出口钢铁31.54亿美元，比上年下降28.2%；进口钢铁

107.50亿美元，比上年上升10.9%。贸易逆差达75.95亿美元。

（四）煤炭及其制品

2001年，我国国内煤炭市场出现重大转折，实际供需关系由前几年的供大于求转为供需基本平衡、局部供应偏紧。由于国际市场煤价上涨、我国煤炭出口在亚洲地区地利的比较优势充分发挥及国家鼓励煤炭出口政策的作用，2001年我国煤炭出口大幅度增长，在连续三年攀升后，2001年煤炭出口达到8 590万吨，比上年增加2 706万吨，上升46%。出口金额26.66亿美元。我国成为世界第二大煤炭出口国（见表4）。

1997—2001年我国煤炭进出口统计

表4

	1997年	1998年	1999年	2000年	2001年
原煤产量（亿吨）	13.7	12.3	10.5	10	11.1
煤炭出口（万吨）	3 072	3 229	3 741	5 884	8 590

我国是世界焦炭生产大国，也是焦炭出口大国。2001年我国焦炭出口为1 386万吨、出口创汇9.28亿美元、平均单价66.9美元/吨，与中国焦炭出口历史上最多的2000年相比，出口数量下降8.75%，出口创汇增长1.12%、平均单价增长10.8%。

从出口市场方面分析，2001年我国焦炭出口到55个国家和地区，出口100万吨以上的国家为日本、印度、比利时、荷兰和巴西五个国家，占我国焦炭出口总量的54%；100万吨以下、30万吨以上的国家为美国、法国、意大利、伊朗、南非、土耳其、德国等七个国家，占我国焦炭出口总量的26%。

与2000年相比，我国焦炭出口的国家和地区有所增加，但主要市场没有根本性的变化，日本、印度、美国虽然还是我国焦炭的主要市场，但数量都有不同程度的减少，特别是美国，由2000年占我焦炭出口的第三位到2001年的第六位。同时，比利时、巴西、荷兰进口数量都有不同程度的增长，特别是荷兰，与2000年相比增长了92%左右（见表5）。

2001年我国焦炭出口分国别（地区）统计

表5

国别（地区）	累计数量（吨）	比例（%）	比上年增长（%）	累计金额（美元）	比上年增长（%）	平均单价（美元/吨）	比上年增长（%）
总　计	**13 866 989.83**	**100.00**	**-8.75**	**928 240 081.00**	**1.11**	**66.94**	**10.81**
日　本	2 015 763.36	14.54	-28.75	143 353 779.00	-19.35	71.12	13.19
印　度	1 916 728.17	13.82	-18.04	127 418 143.00	-9.88	66.48	9.95
比利时	1 377 299.07	9.93	6.50	88 953 436.00	17.54	64.59	10.36
荷　兰	1 190 389.74	8.58	92.36	75 269 751.00	121.02	63.23	14.90
巴　西	1 018 606.48	7.35	5.62	67 645 594.00	26.56	66.41	19.83
美　国	874 455.95	6.31	-52.07	62 320 586.00	-45.35	71.27	14.00
法　国	561 137.13	4.05	-29.48	37 727 017.00	-19.43	67.23	14.25
意大利	521 092.08	3.76	21.75	36 719 198.00	40.05	70.47	15.03
伊　朗	485 886.86	3.50	42.26	32 084 792.00	60.58	66.03	12.88
南　非	460 145.32	3.32	-1.51	31 085 334.00	11.59	67.56	13.30
土耳其	433 373.35	3.13	15.61	30 016 470.00	39.58	69.26	20.74
德　国	318 675.61	2.30	-37.20	21 094 616.00	-26.06	66.19	17.73
瑞　典	286 192.61	2.06	112.11	19 147 038.00	114.14	66.90	0.96
台湾省	268 613.14	1.94	25.00	17 623 905.00	11.49	65.61	-10.81
墨西哥	261 851.59	1.89	31.86	17 748 852.00	26.49	67.78	-4.08
韩　国	209 004.16	1.51	-0.42	15 892 049.00	1.53	76.04	1.96
秘　鲁	201 510.88	1.45	56.29	12 416 984.00	62.29	61.62	3.84
哈萨克斯坦	188 161.49	1.36	61.84	9 726 878.00	70.46	51.69	5.33
朝　鲜	125 437.37	0.90	135.93	7 612 516.00	153.64	60.69	7.51

（五）石油、石油产品及有关原料

中国是一个产油大国，年产油1.65亿吨，占世界第四位。1993年以后，中国由石油出口大国变为石油进口国。2001年，我国共进口石油和油品7 000万吨，与2000年基本持平。根据海关统计，2001年，我国共出口石油、石油产品及有关原料39.389亿美元，比上年减少15.6%；进口159.26亿美元，比上年下降15.9%。

（六）化肥

我国是化肥第一进口大国。2001年我国对进口化肥仍严格执行化肥代理制，严禁越权进口。对中央进口钾肥的口岸交货价格继续实行政府定价，仍由国家计委根据实际进货成本加1.7%综合经营差率核定；对中央进口磷酸二铵和复合肥由实行政策定价改为政府指导价。地方进口化肥的口岸交货价格由各地物价部门参照上述办法并结合本地实际情况确定。

根据海关统计，2001年我国进口化肥数量比上年减少，在品种上也有较大变化。氮肥品种减少，磷酸二铵也减少较多，只有氮磷钾三元复合肥、硫酸钾和氯化钾增加。2001年我国共进口化肥1 108.9万吨，比上年减少6.7%。按品种分，我国进口氯化钾5 122.5万吨，增长11.4%；进口硫酸钾25.7万吨，增长34.6%；进口磷酸二铵329.2万吨，减少8.5%；进口三元复合肥226.2万吨，增长13.9%。我国进口化肥主要来源于美国、俄罗斯、加拿大、德国、中东和北欧等国家和地区。

2001年我国化肥出口数量比上年增加，共出口287.3万吨，增长14.7%；创汇3.8亿美元，增长21.1%。我国化肥主要出口日本和东南亚地区。

（七）胶及其制品

根据海关统计，2001年，我国共出口橡胶及其制品15.42亿美元，其中生橡胶（包括合成橡胶及再生橡胶）出口6 700多万美元，比上年增长24.6%；橡胶制品出口14.75亿美元，比上年增长2.6%。

2001年，我国共进口橡胶及其制品20.6亿美元，其中生橡胶（包括合成橡胶及再生橡胶）进口13.93亿美元，比上年增长5.5%；橡胶制品进口6.7亿美元，比上年增长16.1%。

2001年国际纺织品服装市场及中国纺织品服装生产和贸易概况

中国纺织品进出口商会

第一部分：2001年主要纺织品服装市场情况

根据世界贸易组织2000年纺织品服装贸易年度报告（2001年年度报告将在2002年下半年公布），中国纺织品服装出口522亿美元，其中纺织品出口161亿美元，占世界纺织品贸易的10.3%，居世界第一，第二至第八位依次为香港、意大利、台湾省、德国、美国、日本；服装出口361亿美元，占世界服装贸易的18.2%，居世界第一，第二至第八位依次为香港、意大利、墨西哥、美国、德国、土耳其、法国。北美、欧盟和日本是世界上最大的消费市场，占世界最终消费量的60%左右，也是中国纺织品服装的主要市场。

一、欧盟市场

欧盟是世界最大的纺织品服装进口市场。据欧盟资料统计2001年1—7月份纺织品服装进口累计达384.82亿美元，较上年同比增长2.44%（欧盟2001年全年数据要滞后到2002年下半年才公布）。该市场的最大特点是欧盟区内贸易比重高达40%；区外贸易中，从中国进口最大，2001年1—7月进口54.66亿美元，同比增8.3%，占区外贸易额的14.2%，第二至第五位的进口国为：土耳其，42.67亿美元，同比增4.46%，占11%；印度，23.55亿美元，同比增2.89%，占6.12%；罗马尼亚，17.47亿美元，同比增26.3%，占4.54%；突尼斯，16.81亿美元，同比增8.8%，占4.37%。主要进口国（地区）多属发展中国家，且保持较好发展态势，如进口排名第四位的罗马尼亚、第六位的孟加拉国、第七位的摩洛哥、第十八位的保加利亚，2001年1—7月份均有二位数的同比增长幅度，分别增长了26.3%、14.04%、11.57%和24.64%。在进口的纺织品服装中，以服装为主，梭织服装占40%，针织服装28%。美国“9·11”事件后，许多消费者，特别是发达工业国家消费者都或多或少的缺乏了安全感，商界也忧心忡忡，欧盟主要成员国除英国和法国的服装消费好于2000年外，其他市场对服装的需求放慢了。在此情况下，大多数消费者更为注重款式平实、价位较低的产品，中国产品因此受到消费者的青睐。

二、美国市场

从国别上看，美国是世界上最大的纺织品服装进口国，据美国海关统计，2001年共进口735.27亿美元，较上年下降1.7%，应该说在美国经济步入低潮，特别是“9·11”事件的影响，取得这样的业绩还是不错的，显示了美国市场的强大消费能力，其进口市场仍是各国出口商的必争之地。墨西哥是美国纺织品服装的最大来源国，也是北美自由贸易区的最大受惠国，2001年向美国出口纺织品服装95.91亿美元，同比下降6.3%，占美国纺织品服装进口市场的13%；中国为第二大进口市场，进口额82.7亿美元，同比增3.1%，所占进口份额为11.3%；香港、加拿大、韩国、印度、台湾省、洪都拉斯、印度尼西亚、多米尼加共和国分列进口第三至第十位；在前十大进口国（地区）中，惟有中国、洪都拉斯和印尼进口有增长，分别为6.3%、0.9%和6.5%。进口商品结构方面，美国也是以服装成品为绝对比例，占纺织品服装进口总额的79%，其中梭织服装及附件进口316.91亿美元，占43.8%，针织服装及附件进口268.58亿美元，占35.3%；从中国进口的商品服装占比达78%，虽然梭织服装进口较多，进口额41.5亿美元，但同比下降了0.35%，针织服装处于较好进口态势，共进口22.77亿美元，同比增长11.92%，增幅较大的还有其他纺织制成品和工业用纺织品，分别增长了9.41%和15.47%。据美国纺织品服装进口商协会（USAITA）反映，“9·11”事件以后，尽管美国整体经济出现了很大滑坡，但是服装消费仍然保持了0.5%的低速增长，2002年1月1日起，美国从中国进口的部分纺织品配额取消后，该协会的一些会员企业已经开始将目光转移到中国，将原来与东南亚、美洲地区的部分生意转移到中国。

三、日本市场

2001年日本经济疲软，需求普遍不旺，来自日本海关的统计显示，进口纺织品服装在1999年增长11%、2000年增长20%，并创进口新高后，2001年共进口234.74亿美元，同比下降了3.65%。我国是日本纺织品服装的绝对来源，进口额164.25亿美元，同比微增0.04%，但进口市场份额高达70%；意大利、韩国、美国和越南分列进口二至五位，所占进口份额分别为5%、3.8%、3.3%和2.6%。在日本进口的纺织品服装中，76.7%是服装，其中梭织服装占43.7%，针织服装占33%，进口额分别为102.87亿美元和77.4亿美元；从中国进口的服装成品比例高达86.4%，其中梭织服装81亿美元，占49.3%，针织服装60.6亿美元，占36.9%。

第二部分：中国纺织品服装生产情况

据国家经贸委发布的统计数据显示，2001年全国纺织工业总产值9 211亿元（人民币），同比增长12.4%。主要产品产量均有不同幅度的增长，化纤828万吨，同比增长18.4%；纱670万吨，同比增长7.6%；布202亿米，同比增长4.8%。主要行业情况为：

一、化纤业

受全球经济增速减缓和石油价格下跌的影响，2001年我国化纤业遇到严重困难，化纤主要品种价格下降30%左右，在产量保持较快增长的情况下，销售收入增长不多，利润大幅减少。全国化纤企业896户，化纤产量828万吨，增长18.4%；工业总产值1 438.1亿元，增长11.9%；销售收入1 172.5亿元，增长1.1%；利润25.6亿元，下降57.3%。

二、棉纺业

2001年由于棉花价格上涨、纱布价格下跌，棉纺业生产保持一定增长，但经济效益下降明显。全国棉纺企业1 546户，工业总产值1 153.5亿元，同比增长9%；销售收入1 247.6亿元，增长3.7%；利润19亿元，下降53.1%。

造成棉纺业效益下降的主要原因：一是国内外棉价差距较大。国内外棉价差异由2001年1月份的164元/吨增至5月份的2 354元/吨，6月份国家采取了四项应急措施后，国内棉价逐步回落，但全年国内平均棉价仍比国际高出1 300元/吨，全行业因此减少利润约60多亿元。二是纱布价格下降，部分棉纱价格下降30%以上。全年棉纺企业产品平均售价下降3%以上，使效益减少43亿元。

三、服装业

服装业是典型的劳动密集型产业，而且主要以非国有企业为主，国有企业仅占5%左右。2001年全国服装企业7 997户，工业总产值2 338.3亿元，增长14.6%；销售收入2 405.5亿元，增长13.2%；利润99.5亿元，增长17.8亿元。

由于劳动力成本较低，服装业是我国具有明显比较优势的产业，不仅吸引大量社会资金的进入，也是外商重点投资产业之一。服装业是2001年全国纺织工业中增利最多的行业，也是全国各工业行业中盈利水平较高的行业之一。2001年全国服装业总资产报酬率6.21%，比上年提高0.28个百分点；净资产收益率12.33%，提高0.68个百分点。

第三部分：中国纺织品服装贸易情况

据我国海关统计，我国2001年纺织品（包括纺织原料、面料、制成品和服装）进出口总额为706.9亿美元，同比增幅0.9%，其中出口541.8亿美元，增长1.7%，增速回落19.4个百分点；进口165.1亿美元，同比下降1.8%，增速回落24.5个百分点。纺织品进出口总额占全国贸易总额的13.9%，其中进口占6.8%，出口占20.4%，纺织品贸易顺差376.7亿美元，为全国总体贸易顺差（225.4亿美元）的1.7倍。主要贸易特点为：

一、天然原料出口下滑，半成品、成品出口保持增长

原料类商品出口7.4亿美元，下降31.1%，占总出口的1.4%，其中棉花、蚕丝、羊毛、麻纤等天然纤维出口全面下降，降幅分别为73%、15%、18%和38%。棉花（包括废棉）出口剧烈下滑的主要原因，一是国际市场供大于求，二是国内棉花价格远远高于国际棉花价格，不具备国际竞争力，三是去年国家降低了对新疆棉的出口补贴。

半成品类商品出口117亿美元，增长3.4%，占总出口的21.6%。其中纱线出口27.2亿美元，增长1.3%，占总出口的5%；织物类出口89.7%亿美元，增长4.7%，占总出口的16.6%。丝、麻类纱线及织物的出口均下降，棉制纱线及织物、化纤纱线及织物、针织布和呢绒的出口保持增长。

成品类商品出口417.3亿美元，增长3.7%，占总出口的77%。其中服装出口327.9亿美元，增长0.9%，占纺织品总出口的60.5%；衣着附件出口26.7亿美元，增长7.2%，占总出口的4.9%；家用纺织品出口25.8亿美元，增长9.2%，占总出口的6.8%；其他制成品出口36.9亿美元，增长9.2%，占总出口的6.8%。服装出口中，针织服装出口124亿美元，下降0.5%；梭织服装出口182亿美元，增长0.9%；毛革皮服装出口20亿美元，增幅达9.4%，成为服装出口的一个亮点。

二、原料、半成品进口下降，成品进口微增

原料进口26.7亿美元，下降4.4%，占总进口额的16.2%。其中主要原料商品进口全面下降，蚕丝、羊毛、棉花、麻纱和化纤分别下降了28.9%、1.78%、2.97%、0.03%和6.63%。

半成品进口107.4亿美元，下降2.1%，占总进口额的65.1%。其中纱线类进口30.4亿美元，增长7%，占总进口额的18.4%；织物类进口77.1亿美元，下降3.7%，占总进口额的46.7%。棉、毛、麻制纱线进口均保持增长，而除呢绒以外，其他织物进口均下降。

成品进口31亿美元，微增1.7%，占总进口额的18.8%。其中服装进口8.6亿美元，增长17.4%，占总进口额的5.2%，服装中的针织、梭织服装进口分别增长33%和6.3%，皮革及毛皮服装合计进口增长15%。

三、对传统市场出口平稳，日本仍为我第一大出口市场和进口来源

在全球经济普遍衰退、传统市场陷入低迷的情况下，我对主要市场的出口保持一定增长。前四大出口市场分别为：日本，出口金额138.6亿美元，同比增长3.2%，占我纺织品出口总额的25.6%；香港，107.4亿美元，同比减少6.8%，占19.8%，是我主要市场中惟一出现出口下降的；美国，61.6亿美元，同比增长1.9%，占11.4%；欧盟，54.5亿美元，同比增长2.7%，占10.1%。四大主要市场共占我纺织品总出口的66.9%。韩国、俄罗斯、澳大利亚、加拿大分列五至八位。

我对韩国、中东、独联体国家、非洲及拉丁美洲的出口保持了较快速的增长，增幅分别为14.1%、11.2%、6.1%、15.7%和7%。值得一提的是，对俄罗斯出口增长16.5%，达13.4亿美元，跻身我出口前六位市场之列。

进口方面，前四大进口市场分别为：日本，进口金额33.8亿美元，同比下降3.8%，占我纺织品进口总额的20.5%；台湾省，31.9亿美元，同比减少6.8%，占19.3%；韩国，28.7亿美元，同比减少8.5%，占17.4%；香港，19.7亿美元，与上年持平，占11.9%。四大主要市场共占我纺织品总出口的69.1%。

四、对设限国家出口增长，但对配额项下的商品出口出现下降

我对设限国家出口126.8亿美元，增长2.3%，而对设限国家配额项下纺织品服装出口119亿美元，同比下降2.6%。其中，输美国配额项下纺织品服装出口55.4亿美元，同比增加1.3%，输加拿大配额项下纺织品服装出口4.8亿美元，同比增加5.7%；输欧盟配额项下纺织品服装出口58.3亿美元，同比下降6.7%。

第四部分：国际上对我纺织品贸易造成影响的有关法规和措施

一、配额限制

配额管理是发达国家对发展中国家纺织品实施贸易壁垒的主要手段。2001年，中国与美国、欧盟、加拿大和土耳其签有双边纺织品贸易协定的设限配额类别达275个。中国加入世界贸易组织后，2002年受限国仍有美国、加拿大、欧盟和土耳其等四个国家，受限类别共186个。据外经贸部测算，与2001年比较，2002年有89个类别全部取消了配额限制，另有17个类别部分取消了配额限制，取消配额产品涉及金额约40亿美元，约占2001年配额产品出口金额的1/3。

二、关税减让

我国自2002年1月1日起开始履行入世关税义务，纺织品服装（商品税号50—63章）关税总水平由2001年的20.5%（17%—30%之间），降至2002年的17.8%，到2005年关税总水平下降至11.4%。进口关税的降低，使我进口面料的企业降低了成本，增强了出口成衣的竞争力，但国外成衣厂商势必会因我进口关税的降低而加大对中国服装的进口，因而对生产中高档成衣的企业又形成了冲击。

三、技术和绿色环保壁垒

当今世界贸易保护主义的主要形式已由过去的关税壁垒转向了非关税壁垒，而技术和绿色环保壁垒已成为发达国家保护本国纺织业的重要手段。例如：德国环保法律规定禁止使用偶氮染料和致癌染料，对重金属残留物、杀虫剂、pH值、甲醛含量、防腐剂、染色牢度等极限值都作出了明确规定，现已有20多个国家和地区直接采用ISO14001作为国家环境管理体系标准。

四、区域性贸易

美国与加拿大、墨西哥签订北美贸易协定后，大大促进了三国之间的贸易发展，我国在美国纺织品服装进口市场中的位置已被墨西哥代替，占有率由1995年的14.6%，下降到目前的10%左右；美国国会于2000年先后通过了加勒比法案，使这些地区对美纺织品服装出口增长很快；欧盟区域内贸易自由化及取消东欧6国纺织品服装的设限。由于区域优惠安排可以优先于世界贸易组织规则，使得我在对欧美两个纺织品服装的最大市场出口时，受到的不平等待遇将在一定时间内继续存在。

五、纺织品保障条款

根据中国加入世界贸易组织议定书中纺织品保障条款，从中国加入世界贸易组织之日起，到2008年12月31日止，由于市场扰乱，WTO成员方可以对来自中国的纺织品服装实行配额限制。甚至在2012年12月31日前还可通过“特定产品过渡性保障条款”对我国出口较快，并构成对进口国同类产品的国内产业造成实质损害的特定产品继续进行配额限制。

六、其他措施

纺织品进口国还利用反倾销、非法转口、进口品质检验等措施对我国纺织品服装出口实行限制。欧盟、土耳其对我出口棉坯布、人棉布等产品在实行配额的同时，还进行反倾销；欧盟、日本等对我出口的面料和服装的内在品质和生产过程要求越来越高，要求必须通过国际著名检测机构的检测；人权标准也越来越多地渗透到正常的贸易之中，据了解，美进口商在下达订单前查看我企业工资表、工作条件，变相了解我真实价格水平。这些都是近年来纺织品进口国开始使用的新手段。

此外，一些非配额市场对我纺织品服装出口设置的障碍也在增加。如：东欧一些国家对我出口的纺织品产品实行海关估价，人为提高征税水平；俄罗斯等新的市场经常出现海关扣留货物的现象；土耳其近期对我纺织品实行进口监管，增多环节和成本，人为增加贸易障碍；日本从2001年4月16日起开始对我毛巾展开设限调查，近期，又以2002年上半年的进口形势不明朗为由，延长调查期限至2002年7月15日。根据中国加入世界贸易组织议定书，保留权利的WTO成员均可以对我纺织品服装实行保障措施。

第五部分：我国纺织品服装生产和贸易方面存在的问题及政策建议

一、存在的主要问题

1. 出口退税不到位，已成为制约企业出口的一个严重的瓶颈。据企业反映，出口退税时间一般长达半年以上，退税速度缓慢，既加剧了企业流动资金不足的矛盾，影响了企业的正常运营，也加大了企业资金成本，降低了企业的经济效益。

2. 国内棉价高于国际棉价，严重影响了企业的效益。

3. 我国纺织工业重复建设和设备技术落后，特别是面料生产设备技术水平低，后加工整理水平不高，出口竞争力不强，导致每年需大量进口高档服装面料。

4. 出口商品结构尚需更加合理化。近5年来，我国服装出口约占总体纺织品服装出口的70%，而目前发达国家纺织品消费中衣着用、装饰用和产业用纺织品各占1/3，而我国出口的纺织品这三类纺织品比例则为70∶20∶10，对装饰用和产业用纺织品的生产和出口市场的开发需大力加强。

5. 中国目前的纺织品服装出口模式是以加工制造中心为标志，以低廉的劳动力成本取胜，因此毛利率很低，只能赚得一点加工费，而流通领域的巨大利润为进口商、批发商所赚取。一旦我们的劳动力成本优势被其他发展中国家取代，我们的出口优势就将丧失。因此，如何从被动的贴牌生产中心发展成为主动出击的营销中心、品牌中心，在扩大出口的同时，提高营销水平，尤其注重对进口市场渠道渗透，是我国纺织服装出口业面临的发展战略课题。

6. 目前国外采购商将西方消费者中盛行的“人权标准”概念灌输到其采购行为中，除对纺织服装生产过程严格控制外，对纺织服装生产商的雇佣、劳动安全、员工待遇等均有严格的核定标准，如达不到，就取消采购。这对我国的纺织服装生产管理提出了新的挑战。

7. 环保标准等技术壁垒正在对我扩大出口形成新的障碍。

二、政策建议

切实加大对纺织服装出口的扶持力度。我国的纺织服装出口是国家贸易顺差的主要来源，是全国贸易顺差的1.7倍，纺织生产从业人员达800多万人，约占全国工业职工总数的13%。中央外贸发展基金的来源也主要是纺织品配额招标的收入。可以说，纺织服装的出口是国民经济发展、社会主义市场经济体系建设的重要支柱之一，这种状况可能短时间内还难以改变。我国的科技水平还比较低，还要靠纺织服装等劳动密集型产品的出口外汇收入来购买先进的技术设备，来提升我国整体科技水平，缩小与发达国家的差距。所以说，支持纺织服装业的发展就是支持高新技术水平的提升，支持纺织服装出口是有战略意义的。因此，建议在外贸发展基金的使用方面对纺织业予以倾斜，在优势项目投资、技术改造、产品设计开发、品牌开发、开拓国际市场、进入国际营销网等方面给予支持。

2001年中国轻工工艺品进出口概况

中国轻工工艺品进出口商会

轻工工艺行业是我国传统的生产和进出口行业。近年来，轻工工艺品进出口金额均占全国进出口总额的20%以上，其中出口金额占全国出口总额的30%以上。我国轻工工艺品进出口贸易1998年以来连年顺差超过400亿美元，2001年达到570亿美元，成为我国货物贸易顺差的主要来源。由于轻工工艺行业属于劳动密集型产业，解决了我国上亿人的就业问题，社会效益也很突出。

据我国海关统计，2001年轻工工艺类商品进出口总额为1 103.56亿美元，比上年增长7.47%，其中出口836.62亿美元，增长7.41%；进口266.94亿美元，增长6.64%。2001年轻工工艺类商品出口有以下特点。

一、外商投资、集体、私营企业出口增长速度较快，国有外贸企业出口下降。2001年外商投资企业出口金额为246.2亿美元，比上年增长23.04%；集体企业出口金额为45.86亿美元，增长31.5%；私营企业出口金额为19.3亿美元，增长141.5%；国有企业出口金额为346.6亿美元，下降3.4%。

二、对美国等主要市场的出口增速均有所下降。2001年对美国出口267.3亿美元，增长5.68%，对香港出口132.9亿美元，增长6.61%，均低于全国轻工工艺类商品出口7.41%的平均增幅水平。对东盟和欧盟主要国家出口出现负增长，对新加坡出口下降16.06%，对印度尼西亚出口下降8.62%，对法国出口下降2.41%。

三、大宗出口商品增长乏力或出现下降，价格走低。鞋类出口金额为100.96亿美元，增长2.48%；玩具出口金额为51.65亿美元，下降7.31%；箱包出口金额为38.77亿美元，增长0.79%；陶瓷出口金额为17.76亿美元，同比下降8.24%。由于国际消费品市场萎缩以及国际市场竞争加剧，大部分出口商品平均单价比上年有所下降。

大宗商品进出口情况分析

2001年出口前五位的轻工工艺类大宗商品是鞋、塑料制品、玩具、家具、箱包。

鞋　类

在国际鞋类市场中，我国鞋类占据着相当重要的位置。中国鞋产量已占世界总量的近50%，居世界第一位。在全球鞋类贸易中，我国鞋类出口额已占25%以上，也居世界第一。

据我国海关统计，2001年鞋类进出口总量41.25亿双，总金额104.26亿美元，其中进口量0.53亿双，进口额3.30亿美元；出口量40.72亿双，出口额100.96亿美元。

鞋从种类上分为塑胶鞋、皮鞋、纺织面鞋、其他鞋、鞋材五大类。

2001年中国鞋类十大出口市场

国家（地区）	出口量（亿双）	出口额（亿美元）
美　国	15.54	50.41
欧　盟	4.21	10.86
日　本	4.07	10.10
俄罗斯	1.08	3.83
香　港	1.84	3.45
韩　国	0.42	1.86
加拿大	0.55	1.80
波　兰	0.78	1.38
巴拿马	1.26	1.24
澳大利亚	0.44	1.12

我国鞋类出口口岸比较集中。2001年，广东、福建、山东、上海、浙江、江苏五省一市的出口额占全国鞋类出口总额的84.84%。

虽然我国是鞋类出口大国，但是我国同类型鞋的平均价格不仅远远低于意大利、巴西等国，也低于台湾省、韩国，甚至低于越南，主要问题是生产能力过剩和出口企业家数过多，竞相削价出口。由于出口市场过于集中，价格又低，频频遭受国外倾销指控和进口限制。从1979年至今，对我国鞋类提出反倾销的国家（地区）先后有：加拿大、新西兰、墨西哥、哥伦比亚、南非、智利、欧盟、秘鲁、委内瑞拉、印度。从1995年至今，对我国鞋类进口设限的国家（地区）有：南非、欧盟、波兰、斯洛伐克。

玩　具

玩具是一种非生活必需品，主要市场在发达国家和地区。根据国际玩具产业理事会统计，2000年全球玩具销售额695亿美元，市场分布大致如下：北美占44%，欧洲和亚洲分别占24%，中南美洲占7%，非洲不到1%。主要市场的儿童玩具年平均消费开支为：北美220美元、日本188美元、欧盟157美元。

改革开放以来，我国玩具行业发展很快，已经形成了以广东、江苏、上海、浙江等省市为龙头，全国发展的局面。据统计，我国玩具出口占生产的比重为85%左右，2001年出口金额51.64亿美元。在国际市场上，占澳大利亚进口玩具的80%，占美国的65%，占意大利的40%，占德国的35%。

我国玩具出口主要市场集中在发达国家和地区。2001年，我国玩具向美国出口27.6亿美元，占我玩具出口总额的53.5%；向香港出口6.4亿美元，占12.5%；向日本出口3亿美元，占5.8%；向欧盟出口9亿美元，占17.4%。出口额前十位的国家或地区为：美国、香港、日本、英国、德国、法国、加拿大、意大利、西班牙、荷兰。

我国玩具出口贸易方式以加工贸易为主。2001年加工贸易出口额40.8亿美元，占玩具出口总额的79.1%；一般贸易出口额8.2亿美元，只占15.8%；其他贸易方式出口占5.1%。

从出口省市来看，广东为玩具出口大省，江苏、上海、山东等地玩具出口发展迅速。2001年广东省出口36.9亿美元，占71.4%；江苏4.7亿美元，占9.2%；上海3.6亿美元，占7%；山东2.5亿美元，占4.9%；浙江1.7亿美元，占3.3%。

从出口品种来看，由于我国玩具设计、生产工艺、技术和原材料还比较落后，使得生产和出口的玩具品种以中低档、传统性的普通毛绒玩具、木制玩具、塑料玩具为主，高档的电子玩具、智能玩具和流行的主题玩具品种较少。如填充性的毛绒玩具动物2001年出口14.1亿美元，占27.4%；玩偶出口4亿美元，占7.8%；智力玩具出口1.6亿美元，仅占3.1%。

家　具

我国家具业是一个历史悠久、发展很快的传统工业。据统计，中国家具工业产值1978年仅为13亿元，2000年已达到1 200亿元。全国较正规的家具生产企业有3万多家，加上各种小厂达到5万家。大部分企业集中在广东、福建、浙江、上海及其他沿海地区。多数企业规模小，整体实力不足，产品批量小，年销售额上亿元的企业只有十几家。

中国家具品种主要有：木家具、竹藤家具、金属家具、钢木家具、塑料家具、玻璃家具、皮革及人造革家具。

全世界家具年总产值约为1 800亿美元。按照产量高低排序，家具生产大国为：美国、德国、意大利、英国、法国、日本和加拿大，这些国家的家具产量总和占世界家具总产量的60%。其他发达国家的家具产量占20%，发展中国家的家具总产量也占20%。中国、墨西哥和波兰等三个发展中国家的家具生产发展迅猛，出口不断扩大，引人注目。

家具销售的地理分布为：40%在西北欧（包括欧盟和挪威及瑞典），26%在北美，24%在亚太地区，4%在东欧和俄罗斯，4%在南美。主要的家具进口国家为美国、德国、法国、英国、加拿大和日本。

美国是世界上最大的家具进口国和消费市场，每年家具消费额都在600亿美元以上，家具贸易逆差每年超过100亿美元，是国际家具贸易发展的强大动力来源。2000年美国统计家具进口比上年增加了19%，达到121.9亿美元，其中从中国进口36.9亿美元，占美国家具进口总额的30.3%，比上年增长了37%。

2000年欧盟家具进口211.9亿美元，比1996年增加了25%，自中国进口的家具有8.63亿美元，比1996年翻了一番。

日本是亚洲传统的家具进口大市场。2000年家具进口总额为3 290亿日元，比1999年增长了17.1%。除藤制家具（印尼占89%的份额）外，其他品种的家具均有增长，如木制家具进口额增长了20%，达到16亿美元（从我国进口占22.9%）。

世界主要家具出口国家是意大利、德国、加拿大、中国、美国、法国、波兰和墨西哥。意大利为全世界家具出口量最大的国家，它的主要竞争对手是加拿大、中国、波兰和墨西哥，这四个国家的家具出口在过去6年中增长很快，使意大利的家具出口总量相对下降。近年来，菲律宾、印尼、马来西亚、泰国、新加坡等国家具生产发展迅速，出口呈增长势头，给我国家具出口带来严峻挑战。

据海关统计，1978年我国家具出口额只有几千万美元，20年后的1997年达到18.2亿美元，1998年尽管受到亚洲金融危机的影响但仍达21.9亿美元，1999年27.4亿美元，2000年35.7亿美元，2001年达39.7亿美元，比1978年增长了40倍。目前由于欧美市场不景气，中国家具出口增长放缓，中国家具开始进入产品调整期。

欧美日地区是我国家具出口的主要市场。10年间，我国家具仅向世界主要家具市场美国出口就增长了45倍。1989年，我国位列美国第9大家具进口来源地，到2000年我国已跃居第一位。

进口方面，2001年我国家具进口额约2.5亿美元，比上年增长36.4%。主要进口来源国家和地区是德国、美国、台湾省、意大利、日本、韩国等。

箱　包

全球箱包贸易额每年大约150亿美元—180亿美元，我国约占20%至25%。主要生产和贸易国家及地区有：中国、法国、香港、意大利、台湾省、日本、比利时、西班牙、韩国和美国等。

我国箱包出口从1956年开始已历46年,从最初年出口0.7亿美元到2001年的38.77亿美元,出口企业由1988年的67家到现在的6 000余家,我国的箱包行业得到了巨大的发展。

2001年我国箱包生产量超过50亿个，具有一定生产能力的生产厂家达5万余家，主要生产和出口地区为广东、福建、浙江、江苏和上海等省市。

2001年，我国箱包进出口总量33.98亿个，进出口总额39.14亿美元。其中，进口量为0.3亿个，进口额0.38亿美元；出口量33.68亿个，出口额为38.77亿美元。

2001年中国箱包十大出口市场

国家（地区）	出口量（亿个）	出口额（亿美元）
日　本	5.05	6.88
香　港	8.91	6.48
美　国	4.25	6.18
英　国	1.98	2.04
德　国	1.44	1.83
法　国	1.22	1.51
意大利	1.09	1.47
加拿大	0.55	1.37
西班牙	0.80	0.91
比利时	0.71	0.84

2001年中国箱包四大进口市场

国家（地区）	出口量（亿个）	出口额（亿美元）
法　国	0.01	0.09
香　港	0.08	0.06
意大利	0.001	0.04
台湾省	0.05	0.2

2001年我国箱包五大进口国和地区为：法国（进口量为0.01亿个，进口额为0.09亿美元）、香港（0.08亿个，0.06亿美元）、意大利（0.001亿个，0.04亿美元）、台湾省（0.05亿个，0.02亿美元）。

以上四种商品出口金额占轻工工艺类商品出口总额的30%以上，在成千上万种轻工工艺类出口商品中具有举足轻重的地位。

轻工工艺行业存在的问题

一、结构性矛盾突出。轻工工艺行业作为传统出口行业，多数企业是从手工业发展起来的，以鞋、箱包企业为例，其结构性矛盾主要表现在区域结构、产品结构、投资结构的不合理。作为劳动密集型产业，约有70%的制鞋企业集中在华东、华南等沿海地区；箱类企业主要集中在上海、浙江、江苏；包袋企业主要集中在广东、福建。在粗放式生产模式下，产品缺少特色，品种雷同，质量相近，同一水平相互重复，高档产品设计生产能力不足。1988年以来，箱包生产企业由2000多家发展到5万家；现有鞋类生产及相关企业2万多家，出现过度投资，总体生产能力大于市场需求。

二、以低价、数量取胜。目前，我国轻工工艺品在国际市场多属中低档次，出口仍以数量取胜，企业之间的竞争主要体现在低价战略。2001年上述四种商品都是出口数量的增长大于出口金额的增长，这说明出口金额的增长是通过更多数量的增加实现的。

三、品牌战略还未很好实施。轻工工艺品出口很少有自己的品牌，多以国外进口商的定牌为主，许多出口大户实际上只是一些国际知名品牌的生产车间。虽然很多企业已经认识到创立名牌产品的重要性，但从认识到实施品牌战略还有相当大的距离。

四、设计研发投入少，开发新产品后劲不足。轻工工艺企业用于开发新产品、新工艺、新材料、新技术、环保治理的科研经费远远低于发达国家，产品基本处于传统设计方式，尚未形成现代化、市场化的设计体系，这一现象在玩具行业比较突出。

针对目前轻工工艺行业中存在的具有普遍性的问题，中国轻工工艺品进出口商会作为行业组织，已经成立了以商品为中心的商品分会，针对商品特点制定各种切实有效的措施。

箱包分会针对箱包企业研发投入少、缺少设计人员的现状，正在筹划并推动有条件的企业建立箱包研发中心，还计划举办国内外箱包设计培训班，对设计人员进行培训。玩具分会针对玩具行业信息不灵、对市场变化反应迟缓的现状，筹划建立玩具信息中心，向企业传递全球玩具生产、进出口动态情况，发布最新技术、安全标准等。为减少轻工工艺品出口市场集中的风险，中国轻工工艺品进出口商会将推行市场多元化的重点放在俄罗斯和中东欧市场。

中国轻工工艺品进出口商会还将加强调查研究工作，特别是对大宗出口商品的调研工作。我国鞋类、玩具、箱包、家具等大宗商品的生产和出口能力很强，但许多却贴着别人的商标出售，企业获取的利润不高。有人称中国是“生产车间”。成为世界制造业的生产车间是与中国企业目前的发展水平相适应的，也是中国企业发展壮大的必由之路。但成为“生产车间”并不是我们的目的，中国企业的目的是要成为世界制造业基地。我们要用高科技改造传统产业，提高产品附加值，走自我设计、自我生产、有自我知识产权、提高售价的发展道路。为给企业提供有价值的信息，我会的调研工作除对国际、国内的生产、出口、市场、价格等数据进行分析外，重点放在我企业同外国同行业顶尖企业的研发方式、设计方式、工艺水平、品牌推创、包装装潢、销售方式等的区别和差距方面，提出对企业建设和提高产品档次的意见和建议，供企业和政府有关部门参考，以推进以质取胜、科技兴贸战略的实施，推动轻工工艺品的生产、出口整体上档次。

2001年中国粮油食品及土畜产品进出口概况

中国食品土畜进出口商会

一、2001年食品土畜行业进出口贸易情况概述

2001年中国食品土畜行业进出口贸易继续保持增长，进出口总额达到420亿美元，较上年增长4.03%，其中出口242亿美元，增长5.91%，进口178亿美元，增长1.58%。

食品土畜行业1996—2001年进出口统计

表1　　单位：亿美元

	1996年	1997年	1998年	1999年	2000年	2001年
出口总额	187	202	186	190	227	242
进口总额	131	128	120	132	175	178
进出口总额	318	330	306	322	402	420

1996—2001 年食品土畜行业进出口走势图

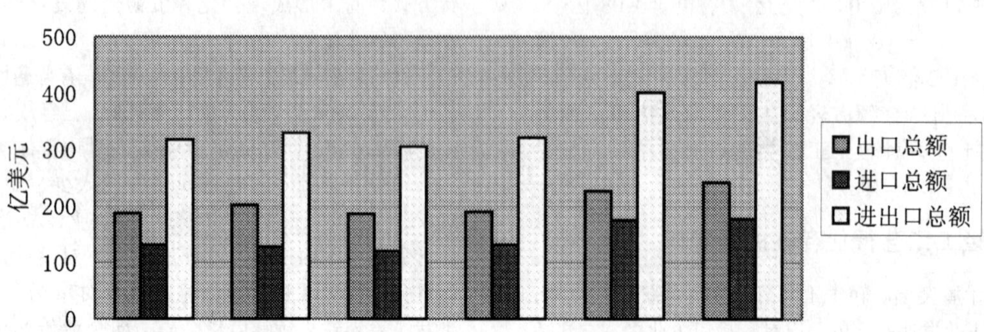

我国各省市食品土畜进出口贸易概况 2001 年食品土畜行业出口前 10 位的省市占出口总额的 82.7%，其中山东省以 47.7 亿美元居首位，广东省 40 亿美元居第二位，浙江省 29 亿美元居第三位，而排名后 10 位的省市共出口 6.1 亿美元，仅占行业总额的 2.5%。进口则更为集中，2001 年食品土畜行业进口前 10 位的省市占进口总额的 91%，其中广东省进口 46.7 亿美元，居首位；北京市（含中央管理的大型企业）进口 27.8 亿美元，居第二位；山东省进口 23 亿美元，居第三位。

从 1997—2001 年我国食品土畜出口前 5 位的省市出口趋势图可以看出，广东省 1999 年以前一直占据我行业出口的首位，这主要是得益于其毗邻港澳、东南亚的地理优势，1997 年东南亚金融危机后，广东省出口受到较大负面影响，行业出口 1998 年、1999 年连续两年出现负增长。随着东南亚地区经济走出金融危机的阴影并逐步恢复增长，广东省食品土畜行业出口也在 2000 年和 2001 年出现恢复性增长。而山东、浙江两省在 1998 年以后本行业出口一直保持较高的增长速度，特别是山东省，该省于 2000 年超越广东成为我行业出口第一大省，2001 年出口总额比 1998 年增长了 84%。

1997—2001 年我国食品土畜出口前 5 位的省市

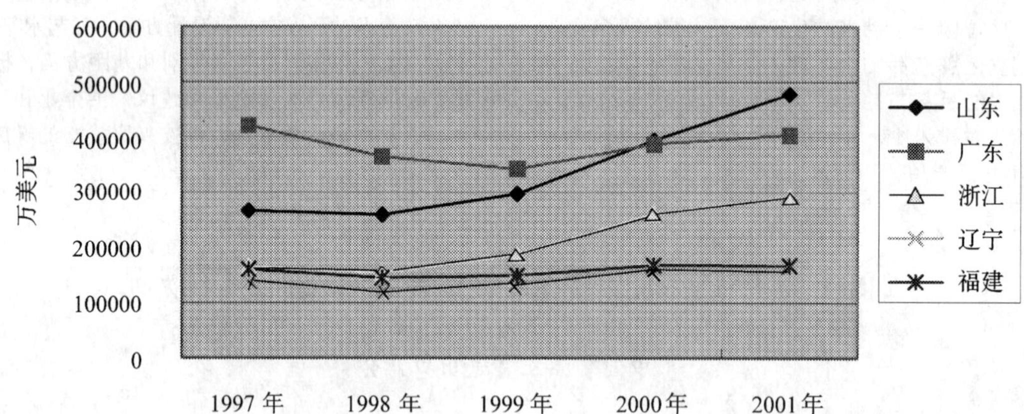

我国食品土畜行业进出口国别地区分布情况 我行业出口市场较为集中，2001 年出口前 5 位的市场分别为：日本（占 30%）、欧盟（15%）、美国（15%）、香港（12%）和韩国（8%），对上述地区的出口占我行业出口总额的 80%。与 1997 年相比，香港从我行业出口第二大市场滑落到第四位，欧盟从第三位上升到第二位，美国从第四位上升到第三位，并可能超过欧盟成为我行业出口第二大市场。

进口市场相对较为分散，主要进口国前五位依次为美国（16.76%）、欧盟（10.14%）、澳大利亚（8.4%）、阿根廷（6.47%）和俄罗斯（6.47%）。

中美两国政府签署《中美农业合作协议》，推动了我国从美国进口的食品土畜类商品大幅增长，2000 年增幅达 34.8%，2001 年继续增长 7.52%，高于我行业进口平均增速近 6 个百分点，进口额达 29.9 亿美元。

2001 年我行业从欧盟进口明显减少，减幅达 19.77%，主要是从欧盟进口的木材大幅度减少，其中山毛榉木原木进口减少了 46%，从 2000 年的 3 亿美元减少到 1.6 亿美元；山毛榉木木材进口减少了 41%，从 1.48 亿美元降到 0.87 亿美元。此外，油菜籽从欧盟进口减少了 87.44%，从 1.1 亿美元减少到 0.14 亿美元。

1997—2001年我国食品土畜行业出口前5大市场

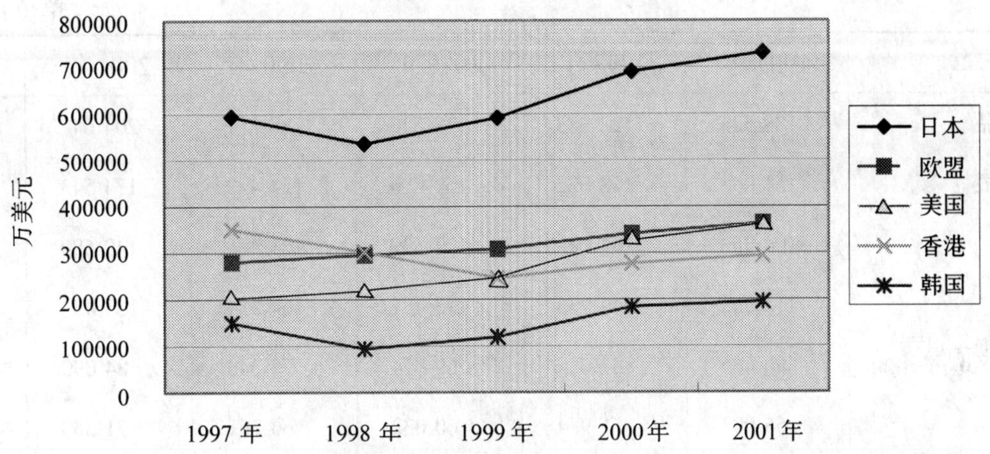

1997—2001年我国食品土畜行业前5大进口来源国

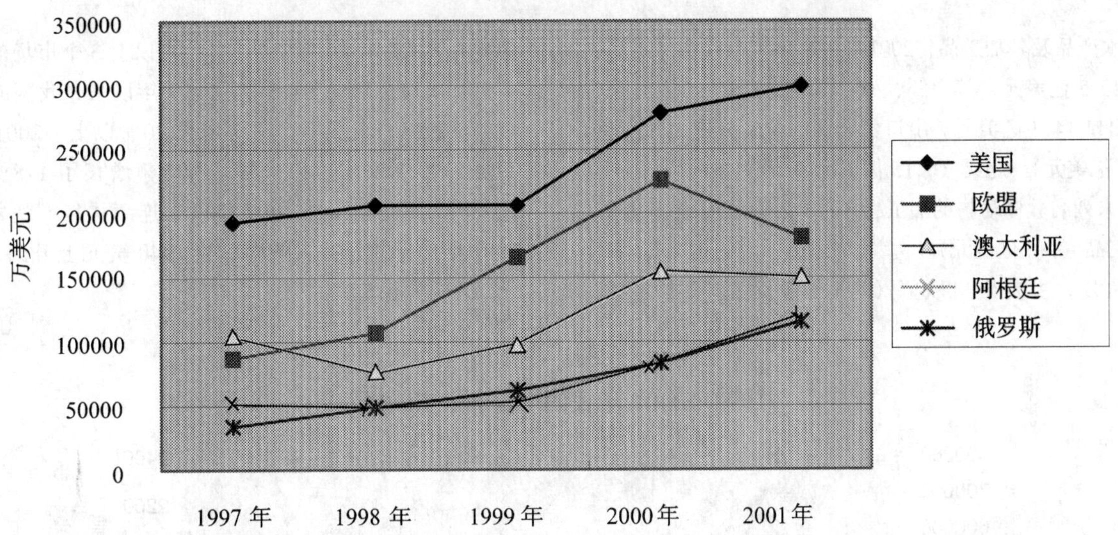

二、2001年我国食品土畜行业主要出口商品情况

2001年我食品土畜行业出口额居前10位的大类商品分别为：鲜、冻水产品，皮革制品，木及木制品，肉食水产制品，食用蔬菜及根茎，果菜制品，谷物，肉及食用杂碎，油籽油料，其他动物产品。以上10大类商品出口占食品土畜行业出口总额的65%。其中，鲜、冻水产品出口自1997年以来一直保持首位，2001年出口金额达25.9亿美元，较上年增长14%。谷物和其他动物产品2001年出口分别下降了37%和14%，其他主要大类商品2001年出口增幅均在8%—14%。

1997—2001年食品土畜行业大类商品出口情况

表2 单位：万美元

	1997年	1998年	1999年	2000年	2001年	增减%
鲜、冻水产品	188 547	173 667	194 702	226 952	259 220	14
皮革制品	179 101	159 006	141 815	213 105	239 080	12
木及木制品	161 748	136 654	170 887	210 418	230 556	10

1997—2001 年食品土畜行业大类商品出口情况（续）

表 2　　　　单位：万美元

	1997 年	1998 年	1999 年	2000 年	2001 年	增减%
肉食水产制品	138 524	122 383	138 546	188 251	204 647	9
食用蔬菜、根茎	151 006	148 332	151 880	154 442	174 543	13
果菜制品	104 353	103 045	112 599	131 466	149 680	14
谷物	117 563	149 785	113 481	164 334	103 434	－37
肉及食用杂碎	96 665	84 040	69 074	75 348	84 090	12
油籽油料	55 908	51 984	60 032	66 361	71 353	8
其他动物产品	69 112	64 523	62 062	75 645	65 062	－14

1. 水产品及其加工品，2001 年我国水产品（含加工品）出口额 40.2 亿美元，其中鲜、冻水产品出口 25.9 亿美元，加工品出口 14.3 亿美元。出口额居前 5 位的分别为：冻鱼片（7.4 亿美元）、烤鳗（6.15 亿美元）、未列名冻鱼（3 亿美元）、未列名软体动物的加工品（2.3 亿美元）、小虾及对虾的加工品（1.5 亿美元）。

冻鱼片，主要出口欧盟（2.5 亿美元）、日本（2.1 亿美元）、美国（1.8 亿美元），对以上 3 个市场的出口占冻鱼片出口总额的 86.5%。1997 年以来，我国冻鱼片出口数量和出口金额平均每年增长 20%以上，2001 年出口量较 1997 年增长了 134%，出口额增长了 118%。冻鱼片的出口平均单价在 1997 年以来连续 4 年下跌之后，在 2001 年出现回升，从平均每吨 1940 美元上升到 2 066 美元，升幅为 6.5%。

1997—2001 年我国冻鱼片出口情况

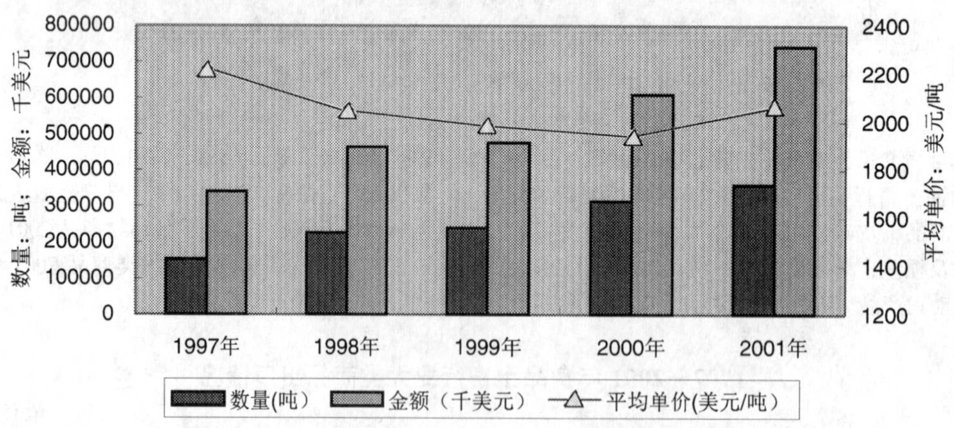

烤鳗，是对日本单一市场出口的产品。近年来，我对日本烤鳗出口供过于求的情况越来越突出，出口价格逐年下降，2001 年与 1997 年相比，出口数量增长了 58%，出口额减少 16%，平均单价下跌 47%。由于我出口数量持续增长和出口价格不断下跌，2001 年日本鳗业协同组合联合会向日本农林水产省提出实行进口设限要求，日本农水省遂于 2001 年 3 月将鳗鱼列入可能实施进口设限的监视清单。为保护我鳗鱼业整体利益，中国食品土畜进出口商会鳗鱼分会与日本鳗联进行了多次沟通与交涉，双方达成谅解，日本鳗联向日农水省撤回了设限要求。从根本上讲，尽快扭转我国鳗鱼出口量增价跌的趋势，并着力开拓其他市场，才能保持我鳗鱼业的持续发展。

1997—2001 年我国烤鳗出口情况

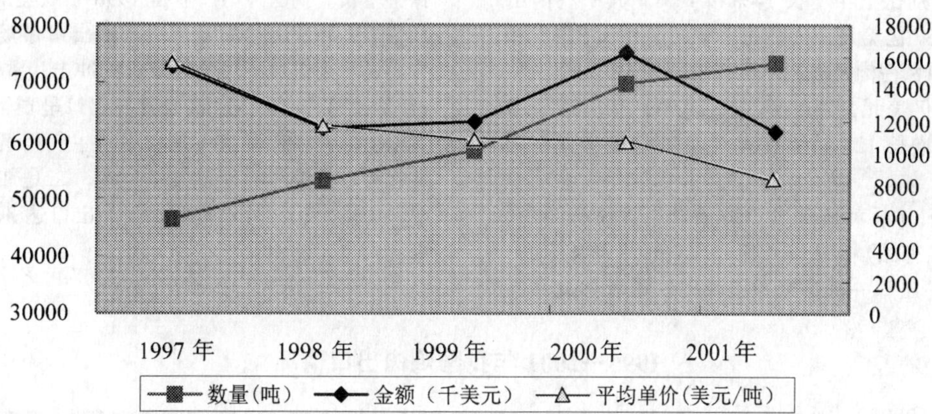

2. 皮革服装，2001 年出口 5 813 万件，出口金额 20 亿美元，平均单价 34.45 美元/件，与 1997 年相比，数量增长 29%，金额增长 25%。在我国皮革服装出口中，来料加工、进料加工占相当大的比例，一般贸易出口仅占皮革服装出口的 49.5%。我国在出口皮革服装的同时，也大量进口皮革原料，2001 年皮革原料进口达 31 亿美元。从我国皮革原料进口与皮革服装出口情况图中，可以看出皮革原料进口与皮革服装出口走势基本保持一致。

我国皮革原料进口与皮革服装出口情况

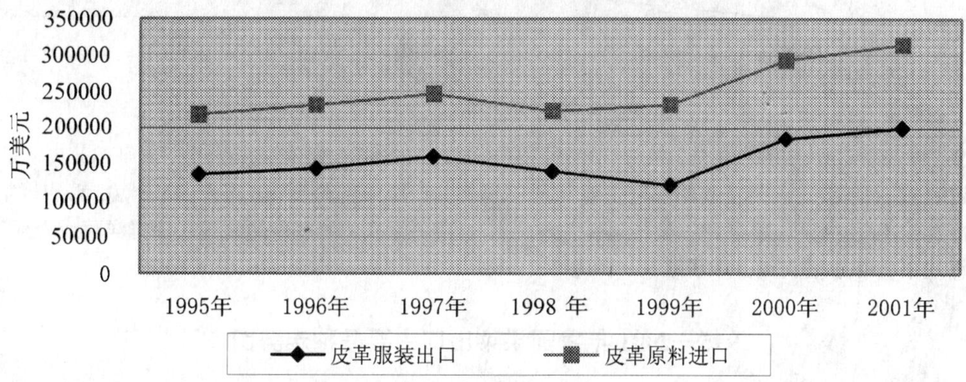

3. 木及木制品，2001 年我国出口木及木制品 23 亿美元，出口的主要是未列名木制品（4.96 亿美元）、其他木质装饰品（1.7 亿美元）、木质相框等（1.3 亿美元）、木制一次性筷子（1.25 亿美元）、木制拼花地板（1.07 亿美元）、非针叶木的木片或木粒（1.05 亿美元）。2001 年我国进口木及木制品 34.67 亿美元，较 2000 年略有下降。我国进口的基本上是原木、木材和胶合板等。

我国木及木制品进出口情况

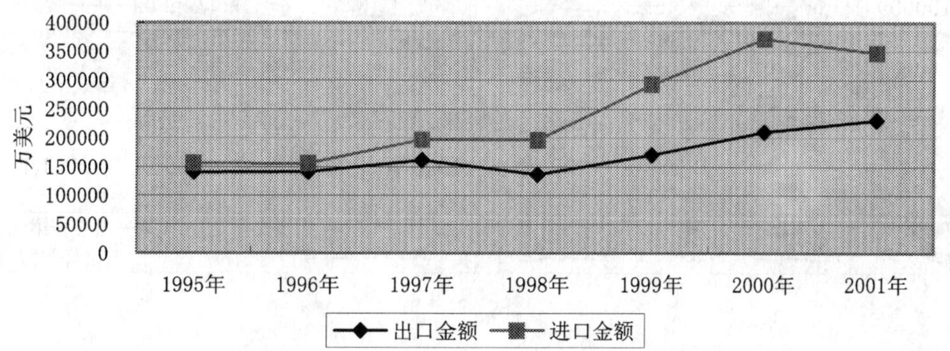

4. 肉及肉制品，2001年我国肉及肉制品出口81万吨，14.57亿美元，分别比上年增长14%和17%。其中鸡肉出口48.8万吨，9.37亿美元，分别比上年同期增长5.4%和13.6%，鸡肉出口额占肉及肉制品出口总额的64%。此外，冻猪肉出口1.24亿美元，较上年增长110%；猪肉罐头出口0.66亿美元，增长12%；冻兔肉出口0.52亿美元，增长19%。

2001年6月日本、韩国等国以香港发生禽流感为由，对我禽肉（冰鲜及冻品）封关，致使我冻鸡（冰鲜及冻品）对主销市场日本的出口一度中断达2个月。尽管如此，在我肉鸡出口行业的共同努力下，2001年我国肉鸡出口仍然保持增长。我国肉鸡产业自1996年欧盟对我封关以后，就面临着内外交困的局面，一方面出口市场受到限制，另一方面还受到进口产品迅速增长的冲击，致使1996年后冻品（曾是我肉鸡出口的主要品种）出口呈现下跌趋势。为了摆脱困境，我肉鸡行业一是利用与主销市场日本运输距离近的优势，开发冰鲜产品出口日本，二是加大了深加工产品出口力度。2001年，肉鸡加工品出口达3.68亿美元，占全部肉鸡出口的40%。

1995—2001年我国鸡肉出口情况

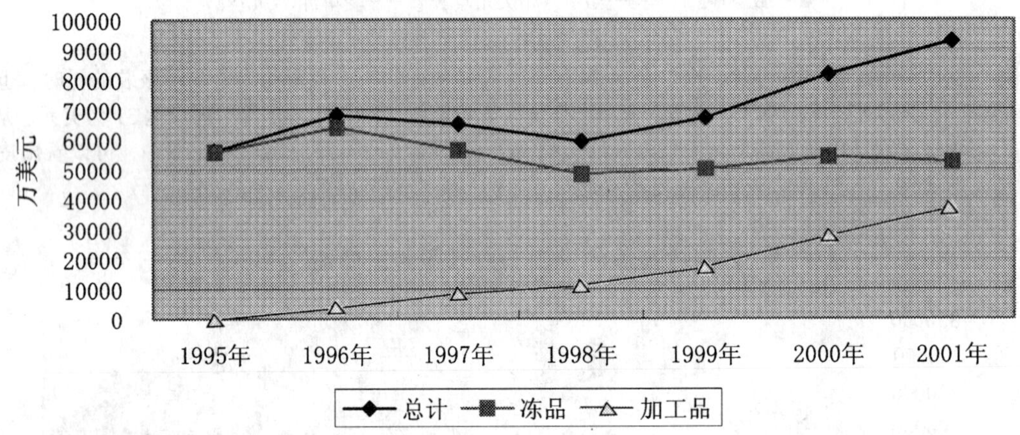

5. 2001年我国出口的蔬菜、水果及其制品的主要品种为：保鲜大蒜、冷冻未列名蔬菜、苹果汁、橘子罐头、未列名干蔬菜及什锦蔬菜、蘑菇罐头、番茄酱罐头、鲜苹果、其他冷冻豆类蔬菜、盐水的其他蔬菜及什锦蔬菜、水煮笋、芦笋罐头、鲜或冷藏蘑菇、保鲜洋葱或青葱等。

1995—2001年我国果菜出口主要品种走势图

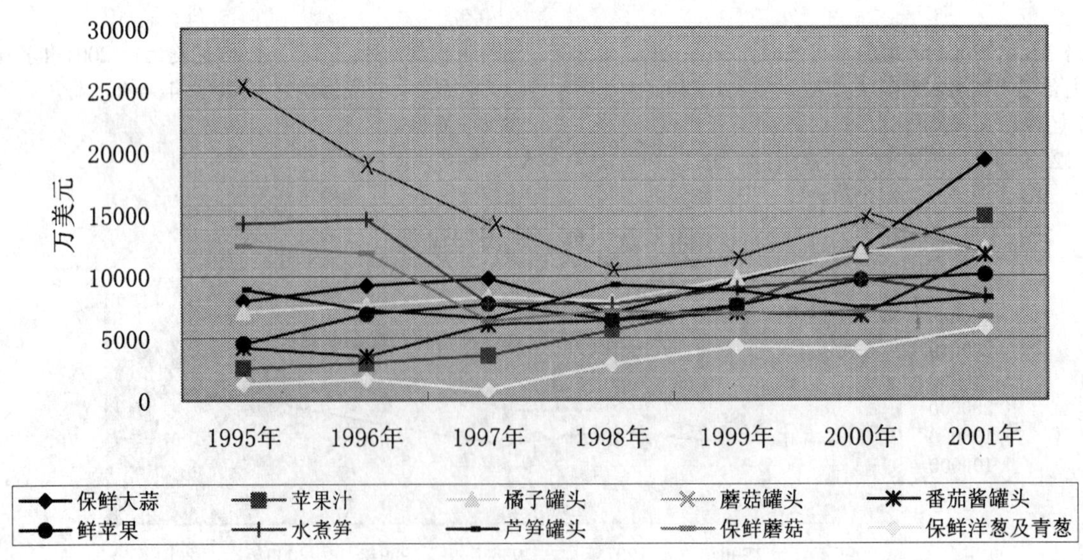

从1995—2001年我国果菜出口主要品种走势图中可以看到，2001年与1995年相比，保鲜大蒜、苹果汁、橘子罐头、番茄酱罐头、鲜苹果、保鲜洋葱或青葱等6种商品出口均有较大幅度增长，其中苹果汁增长471%，保鲜洋葱或青葱增长340%，番茄酱罐头增长174%，保鲜大蒜增长141%，鲜苹果增长122%。而蘑菇罐头、水煮笋、保鲜蘑菇和芦笋罐头均呈不同程度的下降，其中蘑菇罐头、水煮笋和保鲜蘑菇的降幅都超过40%。

2001年3月，日本政府应日本大葱、鲜香菇、蔺草生产商组织要求，对我三种农产品实行为期200天的紧急进口限制措施，对我大葱、鲜香菇的生产和出口产生了很大影响。

三、2001年我国食品土畜行业主要进口商品情况

2001年食品土畜类进口前10位的大类商品分别为：木及木制品、油籽油料、生皮及皮革、水产品、羊毛及动物毛、动植物油脂、动物饲料、谷物、肉及食用杂碎、糖。上述10大类商品占食品土畜类商品进口的86%。其中油籽油料进口继续大幅增长，在2000年进口猛增90%的基础上，2001年又增长9%，进口额达33亿美元。2001年糖类进口增幅高达112%，进口额由1.77亿美元增至3.76亿美元，超过水果和坚果（3.67亿美元），再次进入进口前10大类商品，而动植物油脂和动物饲料进口分别减少26%和30%。

1997—2001年食品土畜行业大类商品进口情况

表3　　　　单位：万美元

	1997年	1998年	1999年	2000年	2001年	增减%
木及木制品	197 249	196 360	292 245	371 597	346 771	-7
油籽油料	93 942	129 639	159 816	303 476	330 348	9
生皮及皮革	249 551	225 323	232 786	295 460	316 877	7
鲜、冻水产品	54 357	66 635	88 154	121 218	133 090	10
羊毛及动物毛	82 076	61 703	68 369	112 447	110 352	-2
动植物油脂	167 703	148 661	135 823	102 225	75 546	-26
动物饲料	179 062	140 215	61 881	90 680	63 886	-30
谷物	89 140	69 595	49 705	57 407	60 739	6
肉及食用杂碎	14 958	14 326	49 902	63 699	59 796	-6
糖	25 037	17 684	18 245	17 722	37 620	112

大豆，2001年我国进口大豆1 394万吨，28亿美元，较上年分别增长33.79%和23.76%。大豆进口增长的主要原因是：国家对豆油进口实行配额管理，并从1999年对豆粕进口征收13%增值税，抑制了豆油及豆粕的进口，从而使国内榨油业近年来得到迅速发展，对大豆原料的需求猛增；国产大豆产量不能满足国内榨油业日益增长的原料需求，且在与进口大豆的价格竞争中处于劣势。

1995—2001年我国大豆、豆粕、豆油进口情况

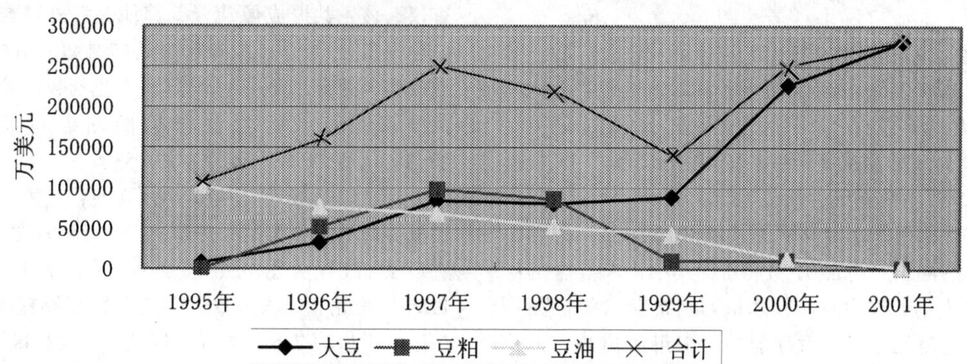

回顾2001年我国食品土畜行业进出口贸易的形势，可以说是有喜有忧。可喜的是在国际环境对我食品土畜行业出口十分不利的条件下，全行业出口仍然保持稳定增长，2001年底我国正式成为WTO成员，为我行业提供了新的发展机遇；但另一方面，全行业出口面临的形势非常困难，世界经济中不确定因素很多，国际上针对我国的贸易保护主义严重，我食品土畜行业出口频频遭受国外反倾销、保障措施和各种技术壁垒的限制，特别是2001年4月日本对我三种农产品实行紧急进口限制，并对鳗鱼和裙带菜实行进口监视措施，6月份韩国、日本对我禽肉封关，2002年初欧盟全面禁止进口我动物源性食品等。上述事件反映出，在我国加入WTO以后，国外对我产品实行反倾销、保障措施和各种技术壁垒限制已成为我行业出口发展的最大障碍。食品土畜行业要早做准备，善谋对策，发挥优势，努力克服国际环境中的消极因素，抓住加入WTO带来的机遇，促进食品土畜行业的进出口贸易持续稳定发展。

2001年中国医药保健品进出口概况

中国医药保健品进出口商会

2001年是跨入新世纪的第一年。这一年里，在外经贸部的正确领导下，通过广大医药保健品进出口企业的辛勤努力和中国医药保健品进出口商会的协调指导，在世界经济普遍不景气的情况下，我国医药保健品进出口行业发展态势良好，进出口总额持续增长。据海关统计，2001年我国医药保健品进出口总额达81.43亿美元，比上年增长18.69%。其中出口46.03亿美元，增长10.8%；进口35.4亿美元，增长30.8%。尽管出口面临困难，进口高幅增长，全年仍累计实现贸易顺差10.63亿美元。值得注意的是，我国医药保健品进出口行业已连续多年保持了10%的增幅，而且随着联合、兼并、重组等改革措施的深入，进出口额排名前100位的企业已占全行业进出口总额的40%左右，集中度进一步提高，我国已成为国际医药市场一支不可忽视的重要力量。下面，简要回顾一下2001年中国医药保健品进出口市场情况。

一、西药及医疗器械类商品情况

1. 基本情况

西药及医疗器械类商品包括西药原料药、西成药、生化药、医疗器械、医用敷料和农药。2001年该类商品进出口总额为74.72亿美元，比上年增长20.34%，占当年医药保健品进出口总额的91.76%。其中，出口40.7亿美元，增长12.65%；进口34.02亿美元，增长31.05%。

2. 出口情况

2001年，西药原料药出口21.02亿美元，比上年增长8.68%；西成药出口2.09亿美元，增长10.58%；生化药出口1.26亿美元，增长1.61%；医疗器械出口8.33亿美元，增长25.64%；医用敷料出口2.87亿美元，增长7.9%；农药出口5.13亿美元，增长17.66%。

从出口商品看，西药原料药仍是主要出口商品，占西药及医疗器械类商品出口总额的51.6%，其中，未混合的维生素C及其衍生物、柠檬酸、其他未列名抗菌素等商品的出口额都在1亿美元以上。医疗器械出口继续增长，占西药及医疗器械类商品出口总额的20.47%，其中，按摩器具、血压测量仪器、其他针管、导管、插管等商品的出口额均在1亿美元以上，特别需要指出的是，高科技大型医疗设备在合资、引进先进技术后，出口增长较快，X射线断层检查仪、核磁共振成像装置、B型超声波诊断仪等大型高科技设备全年出口0.6亿美元，同比增长了46.34%。另外，西成药、生化药、医用敷料、农药的出口也均有一定程度的增长。

从出口市场看，多元化呈现良好趋势。从出口国家和地区的数量看，我西药及医疗器械类商品共出口到185个国家和地区，比上年增加了4个。亚洲、欧洲、北美依然是我西药及医疗器械类商品的主要出口市场，其中对亚洲、欧洲、北美的出口额占该类商品出口总额的38.96%、26.53%和20.47%。受世界经济不景气和美国“9·11”恐怖袭击事件的影响，西药及医疗器械类商品对世界各市场出口的增长速度明显趋缓。

3. 进口情况

2001年，西药原料药进口6.91亿美元，比上年增长33.4%；西成药进口8.2亿美元，增长21.84%；生化药进口0.79亿美元，增长25.4%；医疗器械进口16.21亿美元，增长44.35%；医用敷料进口0.18亿美元，下降10%；农药进口1.73亿美元，下降13.06%。

从进口商品看，医疗器械是主要进口商品，占西药及医疗器械类商品进口总额的47.65%，其中，X射线断层检查仪、核磁共振成像装置、其他医疗外科或兽医用X射线应用设备及仪器、器具等商品的进口额在1亿美元以上。西成药、西药原料药、农药、生化药、医用敷料的进口额依次占西药及医疗器械类商品进口总额的24.1%、20.31%、5.08%、2.32%、0.53%。

从进口市场看，从欧洲、亚洲、北美进口西药及医疗器械类商品占该类商品进口总额的98.91%，其中，从欧洲进口15.71亿美元，从亚洲进口10.3亿美元，从北美进口7.65亿美元。美国是我国西药及医疗器械类商品第一大进口国，进口额7.5亿美元，同比增长47.49%，占该类商品进口总额的22%；日本第二，进口额5.29亿美元，同比增长12.85%，占该类商品进口总额的15.56%；德国第三，进口额4.4亿美元，同比增长46.36%，占该类商品进口总额的12.94%。

二、中药类商品情况

1. 基本情况

中药类商品包括中药材、中成药及保健品、植物提取物等。2001年该类商品进出口总额为6.71亿美元，比上年增长2.9%，占当年医药保健品进出口总额的8.24%。其中出口5.33亿美元，比上年下降1.7%；进口1.38亿美元，增长25.5%。

2. 出口情况

2001年，中药材出口3.54亿美元，比上年增长1.43%；中成药及保健品出口1.02亿美元，增长12.09%；植物提取物出口0.77亿美元，下降24.51%。

从出口商品看，中药材出口稳中有升，其中，西洋参加工贸易、鲜蜂王浆（粉）、人参出口额均在1000万美元以上，特别需要指出的是人参的出口单价提高了7.8%，甘草浸膏的出口单价提高了13.6%。中成药及保健品出口增幅较大，起拉动作用的主要是其他中式成药、片仔癀和蜂王浆制剂等。植物提取物出口有一定幅度的下降，主要是2001年国际植物药市场发展平缓，需求量没有太大增长，而国内生产能力进一步提高，造成了植物提取物市场竞争激烈、利润空间缩小的局面。

从出口市场看，对传统市场和新开发市场的出口有所增长。其中对亚洲传统市场出口同比增长了4.2%，对南美新开发市场出口同比增长了48.8%。对北美、欧洲和大洋洲出口均有不同程度的下降，其中对北美出口下降了29.1%，对欧洲出口下降了6.8%，对大洋洲出口下降了2.3%，主要原因，一方面，2000年以来，欧美各国对“马兜玲酸事件”大做文章，美国发生两起中药经销商败诉案，美国FDA禁止部分中药进口，这一系列事件对中药打入欧美市场产生了极大的负面影响，动摇了消费者对中药的信心；另一方面，世界经济增长趋缓，天然药物和保健品市场出现了盘整局面，市场增长乏力。

3. 进口情况

2001年，中药材进口0.71亿美元，比上年增长1.43%；中成药及保健品进口0.52亿美元，增长108%；植物提取物进口0.15亿美元，增长4.1%。

从进口商品看，中药材是主要进口商品，占中药类商品进口总额的51.45%，其中，西洋参来料进口占0.45亿美元，其他主要是南药进口。中成药及保健品进口的增长速度最高，我国目前每年约批准10多个品种的中式成药进口，总计已批准了30多个。从进口市场看，亚洲是我中药类商品主要进口市场。

三、商会协调工作情况

在这一年里，中国医药保健品进出口商会以江泽民同志“三个代表”的重要思想为指导，在外经贸部的正确领导下，紧紧围绕“协调指导、咨询服务”八字方针，开拓进取，努力创新，进行了大量卓有成效的工作，取得了较好的成绩。

在加强商品分会建设方面，商会根据“市场需要、企业要求”的原则，一年来先后成立了肝素钠分会、糖精分会和中成药保健品分会，对原有的商品分会也进行了彻底改革，全部确立了以企业为主体的机制，由选举出的企业担任分会领导，极大地调动了企业参与协调工作的积极性。制订了分会管理办法和议事规则，有的分会还设立了行业自律委员会和质量标准委员会，这些措施，充分保证了分会的民主决策和自律互律，实现了重大事情由会员企业民主决策的转变。

同时，商会还积极探索建立以商品分会为基础的行业自律机制。Vc分会针对出口数量增加、价格持续下跌的情况，进行了调研并两次召开分会会员大会研究，分析出主要原因是生产企业盲目扩产，造成供大于求以及欧元持续疲软的影响，分会据此对限产保价和配额分配进行了讨论，并将有关建议上报了主管部门。肝素钠分会及时开会对国内肝素钠的收购价格进行协调，维护了市场秩序，并使商会的协调工作首次进入了内贸领域，实现了内外贸的统一协调。鲜蜂王浆（粉）分会针对年初国内收购价一度出现严重下跌的趋势，及时在收购火线上召开会议，提高了同行协议价，坚定了经营者的信心，稳定了市场，对该商品全年的经营起到了关键性的作用。

另外，商会通过做好外经贸部交办的配额有偿使用和海关审价、预核签章工作，逐步完善了动态协调机制。糖精属于国家限制企业生产量和内销量的商品，但鼓励出口，糖精分会通过预核签章工作，实现了对糖精生产、内、外贸的统一协调，促进了糖精出口。甘草及制品事关我国的生态安全，国家采取配额有偿使用的办法，甘草及制品分会始终坚持以国家利益为重，积极加强对国际和国内市场的调研和基础材料的积累，密切与政府有关部门的联系，加强行业自律，并对有关的管理政策及如何加强协调提出了一些好的建议，得到了会员企业的支持和政府各主管部门的认可。

在落实“科技兴药”战略方面，商会组织研制了我国第一个中药进出口国家标准《药用植物及制剂进出口绿色行业标准》，并于2001年7月1日起正式实施，以国家政令的形式，在国际上第一次确立了“绿色中药”的概念，结束了我国中药进入国际市场没有国家标准的历史，对推动我国中药进入国际市场、确保产品质量有着重大而深远的意义。2001年9月，商会还在京召开了“2001年全国医保行业科工贸结合暨中小企业国际市场开拓研讨会”，会议的目的是贯彻落实“科技兴药”战略，宣传实施医保行业“促进高科技、高附加值、深加工产品出口”的发展方向。来自全国30个省、自治区、直辖市的高校和科研院所、生产和外贸企业等110家单位150余名代表参加了会议。这次研讨会的举办在社会上反响较大，取得了圆满成功。通过商会的工作，“科技兴药”战略和医保行业的发展方向已在行业内得到普遍认同，对扩大出口起到了积极的促进作用。

在拓展服务的广度和深度方面，商会一年来也做了大量细致的工作。如积极向国家药品监督管理局反映行业情况和企业意见，在外经贸部的协调下，基本解决了外贸企业换发药品经营许可证的问题，受到了有关会员企业的一致好评。在承担中小企业国际市场开拓资金的有关工作中，商会有关工作人员加班加点，按时完成了本行业的初审工作，得到了中小企业的表扬。在深入产地进行调研后，对甘草、人参、鲜蜂王浆（粉）、Vc等重点商品的管理，提出了一系列政策建议。如向部外贸司提出了Vc配额的分配建议；建议并获准将甘草浸膏纳入出口配额管理，促进出口和生态保护的同步发展等。商会还对一些国有制药厂存在的问题，积极向有关部门反映，并提出改进建议。一年来，商会还依托《医保信息》杂志，医保商会网站，努力扩大信息源，为会员企业提供了大量的业务信息，有力地支持了会员企业的经营决策，为会员企业提高经济效益提供了广泛的参考和选择。

在协助企业开拓国际市场方面，商会积极铺路搭桥。2001年7月，商会与欧洲博闻有限公司合作在上海共同主办了“世界制药原料中国展（CPhI，上海）”。外经贸部高虎城部长助理出席开幕式并视察了展览会，200多家国内外展商参展，7 000余名国内外参观商到会洽谈、参观，总成交6 000多万美元。在广交会医保馆的组馆工作中，商会积极争取扩大摊位，为更多类型的企业进馆参展创造条件，对医保行业高科技、高附加值和深加工产品参展，商会给予全力支持，通过CE、ISO 9000等认证的参展商品和企业在全馆达到了2/3。商会还通过提高布展水平，美化洽谈环境，使全馆特装率达到83%，收到了较好的效果。两届广交会医保馆总成交达到4.26亿美元，有力地促进了我国医药保健品出口贸易的发展。同时，面对出国展览市场激烈的竞争和挑战，商会组织出展的规模不断扩大，服务更加规范、成熟，参展的大多数企业的出口贸易都有不同程度的发展。一年来，组织了120多家企业，300多人次，参加了7个国际专业展，结识客户3 000人次以上，实际成交和意向性成交约5 000万美元。另外，商会还积极加强与国际同行业组织的交流，一年来分别与英国草药供应商协会、欧洲中医药协会（筹）、新加坡中国医药保健品商会、韩国药品输出入协会、日本贸促会、香港南北药材行以义堂商会等同行业组织进行了交流，并就有关标准的制定、标识的使用及其他方面的合作交换了意见。

总之，中国医药保健品进出口商会将继续扎实工作，开拓进取，为中国医药保健品进出口再创新高而努力，为维护外贸秩序，促进我国医药保健品进出口事业的蓬勃发展而奋斗。

中国对外经济贸易年鉴

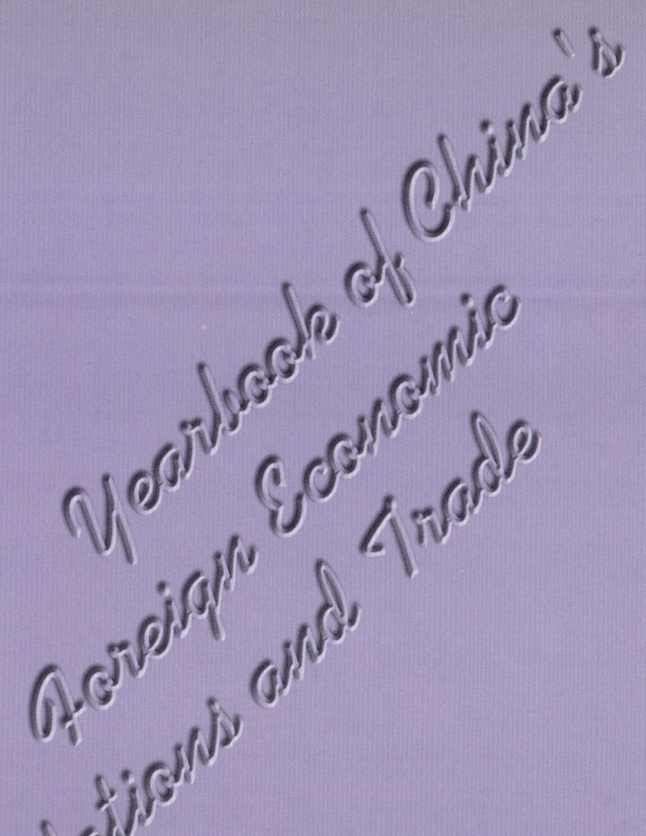

Service Trade

服务贸易

中国海外工程总公司

China National Overseas Engineering Corporation

中国海外工程总公司（英文简称 COVEC）是中央企业工委直属的以国际工程承包和劳务合作为主业的国有大型综合性企业。已与世界一百多个国家和地区建立了经济贸易合作关系，目前拥有二十六个海内外分支机构，八个国内外控股企业。1999 年 10 月，通过 ISO-9002 质量标准认证，获得北京市质量认证中心和英国 UKAS 认证机构颁发的质量体系认证证书和国际标准认证证书。

经营范围：

一、承揽国内外工业、农业、民用建筑等工程项目的勘查、设计、咨询和施工，并提供设备、材料、零配件及安装和技术培训。

二、经营各类成套设备、单项设备出口，技术进出口，以及一般商品的进出口贸易。

三、向境内外派遣各类劳务人员，提供各种技术服务，进行广泛的、多层次的劳务合作。

四、在海内外投资兴办各类独资、合资、合营企业。

五、承担中国政府对外经济援助项目。

巴布亚新几内亚
柏马公路项目
Bereina-malalaua Road construction Project, Papua New Guinea.

马里会议大厦
The Palace of Congress, Mali.

马里巴科马第二大桥
Second Bridge Bamako, Mal

China National Overseas Engineeri Corporation (COVEC) is a lar state-owned comprehensive enterpri subordinate to the National Central Worki Commission for Large-Scale Enterprises, Chi COVEC holds the status of independent legal pers whose major scope of business includes international engineer contracting and technical labor service.

COVEC has established business relationships with more than 100 countries and territories, with 26 bra organizations and 8 holding companies both at home and abroad, and has ranked among the "China's Top 500 Enterpri in the Service Trades" in successive years since 1992 and been listed as one of "the Top 225 International Contractors" <Engineering News Record>· of USA for the past four consecutive years since 1995.

In October 1999, COVEC passed the Quality Standard Certification of ISO-9002 and received the certifications from Bei Quality Standard Certification Center and UKAS.

Business Scope:

1. To contract to build various civil, industrial and agricultural projects both at home and abroad, ranging from surv design consulting, construction, supply and erection of equipment, spare parts and materials to technical training of lo personnel.
2. To engage in the export of complete plant and single unit equipment of various types and the import and export technologies and general commodities.
3. To dispatch both at home and abroad technical personnel/laborers of various categories, render technical services different types and engage in extensive, multi-level labor cooperation.
4. To make investment at home and abroad and run wholly-owned ventures, joint ventures and contractual ventures.
5. To implement China-aided technical and economic projects abroad.

博茨瓦纳新银行和办公大楼
The New Bank and Office Block, Botswana.

中国海外工程总公司
CHINA NATIONAL OVERSEAS ENGINNEERING CORPORATION

中国 北京朝阳区东三环北路甲 2 号 京信大厦
Jing Xin Building A-2, Dong San Huan Bei Lu Chao Yang District, Beijing. 100027,China
Tel: (8610)64661610 Fax: (8610)64661630 (8610) 64662812
邮编：100027

世界服务贸易纵览

对外贸易经济合作部世界贸易组织司服务贸易处

【编者按】与货物贸易统计相比，服务贸易统计具有很大的难度。首先，服务贸易是无形的，它不经过任何国家的海关，因此海关无法进行记录。其次，服务贸易的提供方式总共有四种，即跨境交付（Cross-border supply）、境外消费（Consumption abroad）、商业存在（Commercial presence）和自然人移动（Movement of natural person），要想完全准确地对各国之间通过上述四种方式提供的服务贸易进行统计是非常困难的事。特别是对商业存在，即外国服务提供者通过在其他国家设立商业机构（分支机构、独资子公司或合资公司等）提供服务的统计更具挑战性。即使发达国家如美国、欧盟国家在服务贸易的统计方面也存在很多问题。

目前对各国之间通过跨境交付、境外消费和自然人移动提供服务贸易所做的最好记录和统计是国际收支平衡表。国际货币基金组织（IMF）是统计各成员国国际收支平衡表的权威组织，其每年出版的《国际收支平衡表年报》（Balance of Payment Yearbook）整体反映世界和各国的贸易和资金转移的数据。世界贸易组织（WTO）主要根据IMF的基础数据整理出世界商业服务贸易和各成员服务贸易的情况。本文是对2000年世界服务贸易情况的分析和研究。如欲了解2001年的世界服务贸易统计数据，请参阅本书的《附录》栏目。

本文的统计数据如不注明来源者均来自IMF统计资料和WTO《2001年国际贸易统计》，特此说明。

一、2000年全球商业服务贸易情况及其发展趋势和特点

服务贸易范围十分广泛，按照世界贸易组织（WTO）《服务贸易总协定》的分类，共包括商务服务、通信服务、建筑服务、分销服务、教育服务、环境服务、金融服务、娱乐服务、旅游服务、交通服务和其他服务12大部门，160多个分部门。

根据WTO公布的《2001年国际贸易统计》的数据，2000年全球服务贸易额已达到14 350亿美元，比上年增加6%。

在世界各国和地区中，美国是最大的服务贸易出口国，2000年出口额达2 746亿美元，占全球服务贸易出口总额的19.1%，比5年前（1995年）增长45%。居第二位的是英国，出口额约为990亿美元，占全球服务贸易出口总额的7%。法国名列第三，出口额近812亿美元，占全球服务贸易出口总额的5.7%。

2000年服务贸易出口额超过500亿美元的国家还有德国、日本、意大利、西班牙和荷兰。中国服务贸易出口达301亿美元，占全球服务贸易出口总额的2.1%，在全世界排名第12位。

世界服务贸易出口前10位国家和地区（2000年）

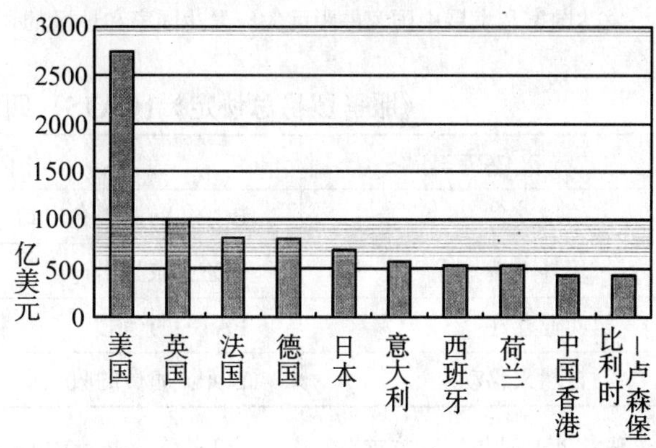

2000年世界商业服务贸易呈现以下发展趋势和特点：

1. 服务贸易增长速度加快

自1997年亚洲金融危机以后，全球商业服务贸易出现稳步的恢复性增长，2000年达6%，但速度远远低于1997年亚洲金融危机以前的水平，同时增长速度也低于货物贸易增长的速度（2000年全球货物贸易的增长速度为12.5%）。2000年，全球商业服务贸易额只相当于货物贸易额的1/4。

这一比例与服务业增加值占各国国内生产总值（GDP）的比例是不相称的。到2000年，发达国家服务业增加值在GDP中的比例超过70%，发展中国家的平均水平也达到50%左右。但服务贸易额却要比货物贸易少得多，主要原因有以下3点：①在大多数情况下服务贸易的产生必须要求服务的提供者和消费者同时在场，因此从技术上说，货物贸易的实现要比服务贸易容易得多；②在制造业过程中的附属于产品的大量设计和技术服务没有统计；③跨国公司的海外子公司和分公司提供的服务未作统计，例如，外国在华设立银行、保险公司和旅馆等所提供的服务未列入贸易统计。

全球商业服务进出口增长趋势（1993—2000）

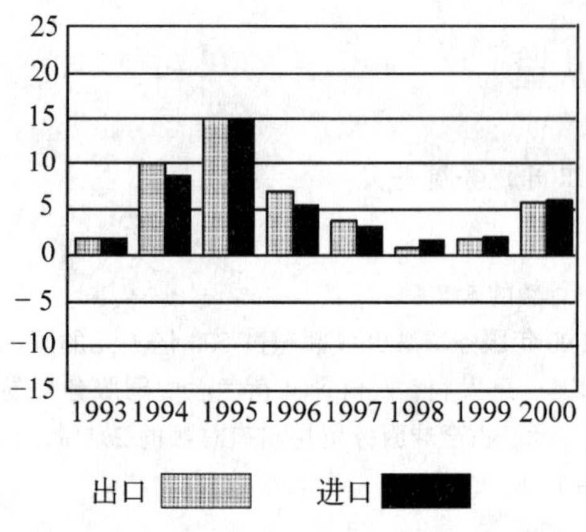

2. 全球服务贸易发展极不平衡

发达国家和发展中国家差距巨大。发达国家和地区的服务贸易出口占全球的80%以上，在全球服务贸易出口中占主导地位。在全球服务贸易出口的前15名国家和地区中，除了中国以外均为发达国家和地区。这反映出服务贸易大国往往是国内服务业发展水平高的国家。

3. 服务贸易增长的背后反映出全球服务业的快速发展

至1999年，美国、法国、德国、英国和澳大利亚等国服务业的增加值在国内生产总值（GDP）中的比例已经超过或接近70%，发展中国家服务业占GDP的比重也达到50%左右。经合组织（OECD）国家服务业比重上升较快，其中，金融（包括银行、保险和证券）、房地产和商务服务增长最快。服务业的强劲增长为服务贸易的发展提供了良好的基础。

4. 在服务贸易的四种方式中，商业存在成为贸易的主要方式

《服务贸易总协定》（GATS）四种服务方式的全球贸易额（大概统计）

提供方式	内　　容	大概统计（亿美元）
跨境交付	BOP：商业服务出口（旅游除外）	10 000
境外消费	BOP：旅游出口	5 000
商业存在	FATS：产值	20 000
自然人移动	BOP：雇员的收入	500

注：BOP是指国际收支平衡表，FATS（Foreign Affiliates Trade in Services）是指外国附属机构的服务贸易。

二、主要行业情况介绍

在服务贸易出口的主要类别中，交通运输在2000年增长最为强劲。这是不正常的，但很可能反映了货物贸易的强劲增长和石油价格上涨导致的成本的增加。旅游消费2000年增长了5%，低于此部门过去12年增长的平均速度。其他“商业服务”（包括金融服务、通信服务、信息服务、特许和许可费用等）的贸易仅增长6%，而此部门在其他年份都是最有活力的服务贸易部门。

在世界服务贸易的构成中，运输服务、建筑服务、商务服务所占比重呈下降趋势。这三种服务占世界服务贸易的比重分别从1995年的26.8%、3.2%、23.4%下降到2000年的24.3%、1.6%、20.8%。而旅游和其他服务呈上涨趋势，且其他服务增幅较大。其他服务包括通信服务、计算机和信息服务、金融和保险服务、专有权利使用费和特许费、咨询、广告和宣传以及电影和音像服务等。这些服务部门占世界服务贸易的比重从1995年的13.6%猛增到18.8%，提高了5.2个百分点，反映出当今世界技术、知识密集化趋势明显，世界服务贸易以高新技术为手段，服务产业与高新技术在当今世界经济中的作用越来越重要。

三、主要国家（地区）情况介绍

1. 西欧一个地区占全球服务贸易出口的近45%，但2000年的进出口几乎停滞不前。2000年北美、拉丁美洲和中东的服务贸易出现了强劲增长，出口和进口均增长了10%以上。而最快的服务贸易进口增长发生在经济转轨国家中，其出口增长也高于世界平均水平。

2. 北美洲2000年服务贸易出口增长10%，低于货物贸易12.5%的增长速度。

3. 拉丁美洲服务进出口2000年增长13%，比世界平均水平高出一倍，但仍低于其货物贸易的增长速度（20%）。值得注意的是，在拉美国家中，墨西哥服务贸易发展的活力要远远逊色于其他拉美国家。

4. 非洲的服务贸易出口在2000年出现停滞，部分是由于该地区旅游出口收入的减少，而同期服务贸易的进口则增长了9%。

5. 中东地区2000年服务贸易出口增长15%，达到340亿美元。尽管该地区服务贸易出口速度在过去4年中都快于服务贸易的进口，但仍创造了220亿美元逆差的新纪录，吞噬了其1/4的货物贸易顺差。

6. 亚洲地区服务贸易出口2000年增长12%，高于世界平均水平一倍，但进口只增长8%。该地区出口增长快于进口主要是由于两个服务贸易出口大国和地区——日本和中国香港的存在。2000年，日本和中国香港的服务贸易出口

都创纪录地增长13%，而进口增长却不快。

2000年全球各地区服务贸易出口和进口

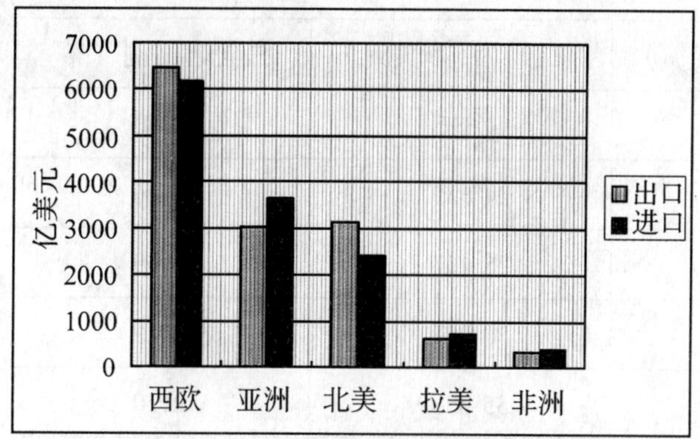

7. 世界上最大的服务贸易出口国——美国。

美国是世界上服务业最发达的国家，其服务业产值占国内生产总值70%以上。在乌拉圭回合谈判中，在美国的极力主张和推动下，服务贸易被列为世界贸易组织的一项重要内容，并谈成《服务贸易总协定》（GATS）。从那以后，美国服务贸易出口在20世纪90年代几乎增长了一倍，2000年达到2 746亿美元，占全球服务贸易总出口的20%，而且还存在757亿美元的服务贸易顺差，对其货物贸易的逆差起有非常有益的抵消作用。

另据世界贸易组织最新统计，尽管受到美国“9·11”事件的影响，2001年，美国服务贸易出口仍然达到2 629亿美元，进口达到1 876亿美元。

中国对外服务贸易的新进展

对外贸易经济合作部世界贸易组织司服务贸易处

一、2001年我国对外服务贸易的总体情况

2001年我国对外服务贸易保持快速发展，但依然呈现逆差局面。其中，对外服务收入333.35亿美元，对外服务支出392.66亿美元，分别比上年增长10%和9%，服务项下逆差达到59.31亿美元，同比扩大6%。从2001年我国服务贸易构成看，运输和旅游依然是我国涉外服务贸易的主要项目，其合计规模占我国服务贸易总量的65%，与上年持平。此外，从2001年我国服务贸易增长的具体情况看，计算机和信息服务、专有权利使用和特许、咨询、广告宣传和电影音像服务贸易增长速度明显加快，同比增速均超过了20%，高于其他服务贸易的发展速度。

随着我国加入世贸组织和我国服务业对外开放的逐步扩大，预计2002年我国服务贸易仍将保持快速增长。但由于目前我国服务行业的整体水平与世界发达国家的差距依然较大，近期我国服务项目支出增长速度仍将快于收入的增长，服务项目逆差将呈现扩大趋势，逆差局面在短期内将不会改变。

二、中国服务贸易的发展趋势和特点

从1990年到2001年，中国服务贸易经历了速度较快、起伏较大的一个发展时期，服务贸易出口在这12年间的总体增长还是相当快的。

近年来中国服务贸易的发展有以下几个特点。

1. 服务贸易出口水平较低，整体出口规模较小。服务贸易的出口在全国出口总额中的比例2000年只有10.8%，低于全球平均18.6%的水平（参见表1、表2）。

中国2000年服务贸易出口额及占出口总额比例

表1

	出口总额（10亿美元）	其中：服务贸易出口额（10亿美元）	比例（%）	
			货物贸易出口	服务贸易出口
世界	7 730	1 435	81.4	18.6
中国	279	30.146	89.2	10.8

数据来源：世界贸易组织。

中国服务贸易出口和进口及占全球比例（1990—2000）

表 2

年 份	出 口		进 口	
	总额（百万美元）	占全球比例（%）	总额（百万美元）	占全球比例（%）
1990	5 748	0.73	4 113	0.50
1995	18 430	1.55	24 635	2.06
1998	23 879	1.79	26 467	1.99
1999	26 165	1.93	30 967	2.29
2000	30 146	2.10	35 858	2.50

数据来源：世界贸易组织。

2. 服务贸易长期处于逆差状态。中国的服务贸易从 20 世纪 90 年代初开始出现逆差，并逐步增大，2000 年达到 56 亿美元，而 2001 年达到了 59 亿美元。这从中国服务贸易进出口在世界的排名可以看出，2000 年中国服务贸易出口占世界第 12 位，但进口只占世界第 10 位。

3. 服务贸易出口起伏明显，增长时快时慢。1992 年，中国服务贸易出口的增长率曾经超过 80%，随后连续两年增长率较大幅度下跌。在经过 1995 年的有力反弹之后，中国服务贸易出口到 1996 年和 1998 年跌入谷底，两次出现了负增长。1999 年以后，中国服务贸易出口进入低增长率的平稳发展时期（参见表 3）。

中国服务贸易出口增长曲线（1991—2000）

表 3

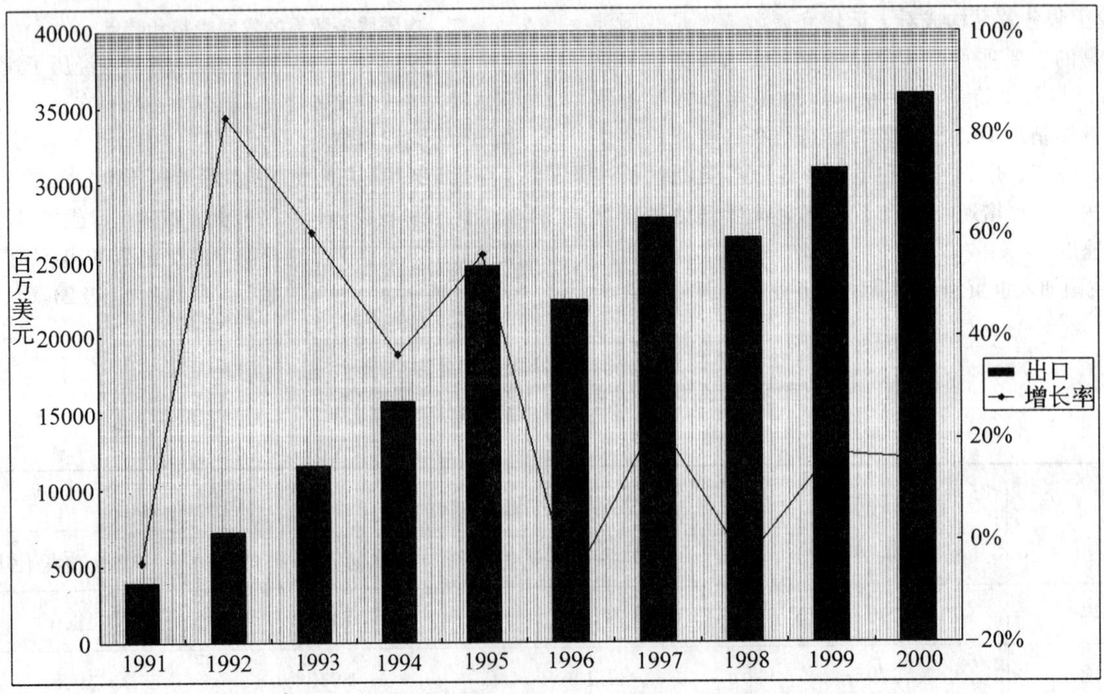

数据来源：世界贸易组织。

三、主要行业进出口情况介绍

中国服务贸易出口有优势部门包括：旅游、计算机及其相关服务、教育服务中的汉语教学服务、医疗服务中的中医服务、建筑及工程服务以及卫星发射服务等。而在金融（包括银行、保险和证券）服务、分销服务、电信服务以及一些专业人员服务（法律和会计服务等）方面与发达国家相比处于明显的劣势，因而贸易的进口也相对较大。

以下是对中国服务贸易主要行业的简要介绍：

1. 旅游业——旅游业是中国服务贸易的最主要部门，占据整个服务贸易出口的半壁江山。2001年，旅游业的出口创汇达177.92亿美元，占当年我国服务贸易出口总额的53.37%，且创造顺差38.83亿美元，是我国服务贸易创汇的第一大服务部门。

2. 运输业——运输业是中国服务贸易中第二大部门，但是2001年在该部门却存在66.89亿美元的巨额贸易逆差，反映出我国货物进出口大量使用外国运输服务的现状。

3. 在其他部门中，2001年仅有计算机和信息服务以及广告服务等存在少量顺差，反映出我国在上述部门存在一定的出口比较优势；而在保险、建筑、咨询、电影和音像、专有权利使用费和特许费方面都存在逆差，而且根据与前几年数据的对比，逆差的幅度在逐年扩大，反映出发达国家在上述服务部门具有相当的强势。

2000年中国对外服务贸易分行业统计

表4 金额单位：千美元

	差　额	出　口	进　口
合　计	**－5 600 122**	**30 430 487**	**36 030 608**
1. 运输	－6 725 148	3 670 967	10 396 115
2. 旅游	3 117 313	16 231 000	13 113 687
3. 通信服务	1 103 482	1 345 452	241 970
4. 建筑服务	－392 131	602 313	994 444
5. 保险服务	－2 363 620	107 802	2 471 422
6. 金融服务	－19 637	77 804	97 441
7. 计算机和信息服务	90 934	355 947	265 013
8. 专有权利使用费和特许费	－1 200 624	80 348	1 280 972
9. 咨询	－284 016	355 716	639 732
10. 广告、宣传	21 018	223 436	202 418
11. 电影、音像	－26 122	11 302	37 424
12. 其他商业服务	966 651	7 083 865	6 117 214

数据来源：国家外汇管理局。

中国服务贸易出口行业构成情况（2000年）

表5

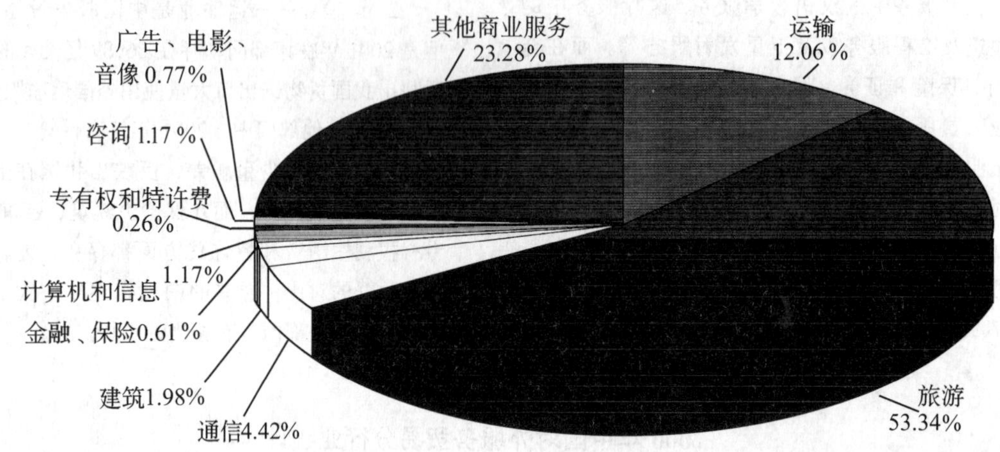

数据来源：国家外汇管理局。

四、加入WTO对中国服务业和服务贸易的影响

（一）服务业对国民经济的重要性

1. 服务业的生产效率成为一国经济活力的重要因素。服务业在国民经济中所占的比重已经成为一国经济发展水平高低的重要标志。

2. 由于服务业在生产投入中所扮演的角色日益重要，服务部门的效率成为降低生产企业的成本从而提高其竞争力的关键，服务行业所提供的服务的价格和质量直接关系到企业的生产成本。据一项最新的研究成果表明，工业企业成本中约23%来自服务投入，这意味着如果一国服务业的效率比其他国家低20%，其工业产品的竞争力将低4.6%左右，这对日趋激烈的生产企业在产品价格上的竞争是至关重要的。

3. 服务业对收入、就业和产值的作用日益重要，放宽限制、开放市场并允许竞争是服务业增长和提高效率的关键。许多服务行业属于劳动密集型因而能提供很多的就业机会。美国从20世纪60年代以来就业的增长基本上集中在服务部门。目前美国每10个新增加的就业机会当中就有9个是在服务业部门创造的。不论是发达国家还是发展中国家，服务的生产差不多都是核心的经济活动。在一些国家，服务业对于就业和就业增长来说比以上数字所示的情况更为重要。这特别反映在一些传统的劳动密集型部门中，例如产品销售、教育、社会服务部门等，以及一些与制造业相比不易于用资本代替劳动的服务部门中。服务业扩展的主要推动力是与收入增长相联系的需求变化（例如从中受益明显的旅游业）、由新信息和新通信技术而产生的经济刺激，以及对范围宽广的用户产业日益重要的基础设施，如运输业、通信业和金融业等。

4. 服务业的迅速发展为国际服务贸易的迅速发展创造了条件。

5. 发达国家和发展中国家均可以从服务业发展中获益。

（二）加入WTO对中国服务贸易的影响

新中国成立以后，由于一直奉行计划经济体制，服务业在国民经济中的地位相对来说是被忽视的。虽然在改革开放以后，我国服务业有了较快的发展，但是由于我国整个的经济体制仍然处于由计划经济向市场经济的过渡阶段，服务业的发展水平与发达国家相比仍然具有相当大的差距。目前，我国服务业在国民经济中的比重只有40%。近年来，中国逐步有限度地开放了大部分服务贸易领域，但由于基础设施落后、市场发育度低和缺乏国际竞争优势等方面的原因，中国服务贸易自由化的程度还是很低。中国加入WTO后，充分参与多边贸易体制关于服务贸易的谈判，开放我国的服务贸易市场，对于中国来说是有利的。

首先，将适当地引入竞争机制。这种竞争机制不是简单地在国内现有服务行业发展水平上的竞争，而是有利于国内行业学习国外先进的经营管理经验，加速提高自身的发展水平。放宽限制、开放市场并允许竞争也是服务业增长和提高效率的关键。

其次，它将有利于我国各个服务行业了解国际上同行业的最新发展状况，技术更新的趋势，从而在发展过程中少走弯路。

第三，有利于全面了解其他国家各个服务部门开放的政策情况，为我国服务提供者进入它们的市场提供充分的信息。

第四，有利于为我国服务出口争取公平的竞争环境。

第五，有利于按照国际通行的规则来保护我国的服务贸易行业。

由于在服务贸易的整体发展水平方面发达国家占据了巨大的优势，在多边服务贸易的谈判中，发达国家也在加速推进服务贸易的自由化，因此，多边服务贸易谈判在一些部门上所取得的成果，在一定程度上反映了发达国家的利益。我们在服务贸易自由化的进程中既要积极，又要稳妥，保证我国经济、金融和信息安全。中国许多服务部门的国家垄断性很强，既有完全垄断，也有寡头垄断。这具体表现为某家国有企业的独家垄断，如原来的中国电信对市话长话业务的垄断，或是国家垄断，如银行和保险业只允许国有企业经营，非国有企业尤其是非公有经济不得进入或很难进入。垄断的存在，不仅破坏了正常的公平竞争秩序，而且导致服务业创新不足、效率低下和竞争力缺乏。在这种条件下，服务业的大幅度开放和外资的大规模进入势必对国内服务业造成冲击。因此，在今后的服务贸易自由化中，应首先实行对内开放，降低国内市场的垄断性，应该尽快允许国内新服务提供者的进入，以逐步取消垄断，通过国内竞争来提高国际竞争力，为对外开放创造条件。

2001年中国服务业发展情况

对外贸易经济合作部世界贸易组织司服务贸易处

按照国家统计局的数据，2001年中国第三产业增加值占国内生产总值（GDP）的比例只有33.6%。但是这个比例没有包括建筑业的增加值。如果按照WTO的分类，将建筑业的数字包括在内的话，2001年中国服务业增加值占GDP的比例则达到了40.4%（见表1）。

中国服务业占GDP的比例及服务业的增长率（1996—2001）

表1

年　份	第三产业占GDP的比例（%）（不包括建筑业）	服务业占GDP的比例（%）（包括建筑业）	服务业增长率（%）
1996	31.1	37.9	8.9
1997	32.4	39.1	14.0
1998	34.9	39.8	8.3
1999	32.9	39.6	2.4
2000	32.6	39.2	7.9
2001	33.6	40.4	7.4

数据来源：国家统计局。

现将2001年中国服务业主要领域情况介绍如下。

一、旅游业

2001年，各地入境旅游虽然受到美国“9·11”事件的不利影响，但入境旅游接待仍取得了良好的增长态势，其中各地接待外国人、澳门同胞和台湾同胞的增幅超过10%。全年入境旅游总人次为8 901.29万人次，同比增长6.67%；全年入境过夜旅游者为3 316.67万人次，同比增长6.21%。上海、江苏、浙江、云南、山东等入境旅游接待大省的同比增幅均达到两位数。全年旅游外汇收入177.92亿美元，比上年增长9.7%。旅游外汇收入列前10位的省市分别是：广东、北京、上海、福建、江苏、浙江、辽宁、山东、云南和陕西。

二、交通业

交通运输保持稳定增长，全年各种运输方式完成货物运输周转量 47 590 亿吨公里，比上年增长 4.8%。其中，铁路 14 575 亿吨公里，增长 6.7%；公路 6 330 亿吨公里，增长 0.8%；水运 25 989 亿吨公里，增长 4.7%；民航 44 亿吨公里，增长 3.8%。全年各种运输方式完成旅客运输周转量 13 155 亿人公里，比上年增长 6%。其中，铁路 4 767 亿人公里，增长 5.2%；公路 7 207 亿人公里，增长 5.8%；水运 95 亿人公里，下降 5.6%；民航 1 091 亿人公里，增长 12.5%。全国港口完成货物吞吐量 24 亿吨，比上年增长 8.8%，其中外贸货物吞吐量达 6.63 亿吨，增长11%。

三、建筑业

建筑业生产增长较快，企业经济效益进一步好转。全年全社会建筑业完成增加值 6 462 亿元，比上年增长 7.4%。全国四级及四级以上建筑企业实现利润 226 亿元，增长 17.6%；税金总额 441 亿元，增长 13.9%。施工工程个数 83 万个，其中投标承包工程 35 万个，占全部施工工程个数的 42.2%；施工面积 178 758 万平方米，比上年增加 18 616 万平方米；房屋竣工面积 82 542 万平方米，增加 1 828 万平方米。

四、保险业

1. 中资保险公司

到 2000 年底，中国保险市场中有中资保险公司 13 家，包括国有独资公司 4 家，股份有限公司 9 家；经营范围为全国性的公司有 8 家，其余 5 家是区域性公司。根据中国《保险法》分业经营的要求，我国中资财产保险公司 5 家，寿险公司 3 家，专业再保险公司 1 家，同时目前中国平安保险公司和中国太平洋保险公司依然以集团形式存在，内部财险、寿险公司分设。另外，2000 年我国又新增 4 家中资公司准备与外资寿险合资。可以说，经过 20 多年的改革开放，中国保险业有了飞速的发展，保险机构迅速增加，市场竞争日渐激烈。

2. 外资保险公司

截至 2000 年底，已有 17 家外资保险公司进入中国保险市场。其中，以组织形式划分，设立外资保险公司分公司 15 家（美国友邦、美亚保险设立多个分公司），中外合资公司 8 家；以业务性质划分，有 9 个寿险公司，8 个财产险公司。

3. 再保险公司

1999 年 3 月，中国再保险公司（中国再）在“中保再”的基础上组建成立，从此中国民族再保险业进入了一个新的发展时期。目前，根据我国的《保险法》以及《保险公司管理规定》等法律规定，我国的再保险经营主体包括一家专业的再保险公司中国再保险公司和各家直接保险公司。中国再保险公司接受法定分保和部分商业分保，直接保险公司可以接受商业分保业务。目前，我国尚没有一家外资合资的专业再保险公司。

4. 保险中介机构

目前，已经批设了保险专业代理公司 43 家，兼业代理公司（机构）7 万余家。保险中介市场中，保险经纪人和保险公估人的发展相对缓慢，到 2001 年，已批设的保险经纪公司有 8 家，保险公估公司 5 家。

2001 年保险事业快速发展。全年内外资保险机构保费收入 2 109 亿元，比上年增长 32.2%。其中财产险保费收入 685 亿元，寿险保费收入 1 288 亿元，健康险和意外伤害险保费收入 136 亿元。支付各类赔款及给付 597 亿元，其中财产险和短期人身险赔款 396 亿元，寿险给付 201 亿元。

五、电信业

经过“八五”、“九五”期间大规模建设，中国已建成了“八纵八横”和网络状光缆通信干线网，基本建成完整、统一、先进的通信网。2000 年底，数据与多媒体通信网已经覆盖全国所有地市和部分县市；利用公用网组建的金融、海关、财税、经贸等全国性计算机信息系统达到 108 个；已与 70 多个国家和地区建立了直达电路，与 60 多个国家和地区实现了移动通信国际漫游；互联网国际出入口带宽得以扩展，骨干网间互联容量得以增加。截至 2001 年 10 月底，全国光缆线路长度达 135.3 万公里，数字微波线路长度达 14.3 万公里，长途业务电路达 285.5 万路，局用电话交换机容量达 1.96 亿门，移动电话交换机容量达 2.02 亿户，固定电话网、移动电话网的网络规模和用户总数都已位居世界第二位。

邮电通信业全年完成邮电业务总量 4 370 亿元，比上年增长 24.0%。年末局用交换机总容量为 2 亿门；固定电话用户达到 17 900 万户，其中城市电话用户 11 100 万户，乡村电话用户 6 800 万户；移动电话用户达到 14 480 万户，已成为全球移动电话用户规模最大的国家；电话普及率为 26 部/百人；年末互联网用户超过 3 000 万户。改革开放以来，电信业务一直保持了 30% 以上的增长速度，成为对国民经济贡献最大的行业。2001 年中国固定电话仍将保持迅速增长的发展势头（见表 2）。

1997—2001年电信业各类用户增长情况

表2 单位：百万户

年份 / 用户类别	1997	1998	1999	2000	2001（1至10月）	增长率（%）
固定电话	70.3	87.4	108.0	145.1	174.8	49.5
移动电话	13.7	25.0	43.2	85.3	136.0	174.2
寻　呼	47.2	61.3	73.7	–	41.3	–
互联网	1.4	2.4	3.8	22.5	–	347.6

数据来源：信息产业部。

六、证券业

（一）股票市场

我国股票市场可分为沪深交易所市场和场外交易市场两大部分，其中沪深交易所市场又可细分为A股市场和B股市场。截至2002年1月底，在沪深两市上市的公司（包括A、B股）已达1 164家，市价总值为39 122.34亿元，流通市值为12 873.25亿元，总股本为5 251.06亿股。这一市场规模表示：证券市场已经成为中国经济的重要组成部分。另外，我国的创业板市场也在紧锣密鼓的筹备之中。

（二）债券市场

按交易场所划分，我国债券市场可分为沪深交易所市场和以银行间债券市场为主的场外交易市场两大部分。自1997年银行间债券市场建立后，随着政策性银行、城乡信用社、证券公司、证券投资基金等的进入，它发展很快并日益成为我国债券市场的主导模式。截至2001年4月底，银行间债券市场债券存量已达17 131亿元。按交易对象划分，我国债券市场则主要可分为国债市场、企业债券市场和金融债券市场等。2001年度，我国国债、政策性金融债和企业债共发行了7 652.53亿元，发行总量创下历史纪录。

（三）基金市场

截至2001年12月底，我国共有基金管理公司18家，管理证券投资基金51只，基金资产市值共计809亿元，占沪深两市总市值的1.86%左右。

七、音像业①

2000年全国共有音像出版单位290家，其中音像出版社218家，图书出版社音像部72家。中央级音像出版单位123家（音像出版社74家，图书出版社音像部49家），地方音像出版单位167家（音像出版社144家，图书出版社音像部23家）。

（一）录音制品

全国共出版录音制品8 982种，出版数量1.22亿盒（张），发行数量1.16亿盒（张），发行总金额7.82亿元。与上年相比品种增长0.4%，出版数量增长7.33%，发行数量增长5.66%，发行总金额增长8.03%。

各类录音制品的出版数量及占总量的比重如下：

1. 录音带：6 175种、11 128.44万盒（新出2 356种、6 179.32万盒；再版3 819种、4 949.12万盒）。

2. 高密度激光唱盘：8种、1.2万张，全部为新出自编节目。

在自编节目中：歌曲1种、0.1万张；乐曲3种、0.7万张；曲艺2种、0.2万张；文教2种、0.2万张。

3. 激光唱盘（CD）：2 799种、1 031.86万张（新出1 688种、822.15万张；再版1 111种、209.71万张）。其中自编节目2 162种、848.34万张；引进节目636种、183.32万张；对外合作节目1种、0.2万张。

（二）录像制品

全国共出版录像制品8 666种、出版数量8 082.44万盒（张），发行数量5 832.5万盒（张），发行总金额6.38亿元。与上年相比品种下降10.85%，出版数量增长25.57%，发行数量增长16.59%，发行总金额增长24.4%。

各类录像制品的出版数量及占总量的比重如下：

1. 录像带：1 271种、71.13万盒（新出395种、49.66万盒；再版876种、21.47万盒）。其中自编节目1 242种、65.22万盒；引进节目29种、5.91万盒。

2. 高密度激光视盘(DVD－V)：294种、130.99万张(新出270种、90.81万张；再版24种、40.18万张)。其中自编节目229种、105.16万张；引进节目65种、25.83万张。

3. 数码激光视盘（VCD）：7 101种、7 880.32万张（新出5 539种、6 576.96万张；再版1 562种、1 303.36万张）。其中自编节目6 070种、6 605.96万张；引进节目1 026种、1 212.46万张；对外合作节目5种、61.9万张。

① 统计数字来自新闻出版总署，最新数字为2000年统计数据。

2001年中国国际航运业发展概况

交通部办公厅主任　姚明德

受世界经济低迷的影响，加上前两年国际航运市场景气时期订造的大量船舶不断地投入市场，2001年国际航运市场供需严重失衡，运价大幅度下跌。国际海运干散货运输波罗地海指数BDI已从上年的1 600多点降到800点。世界三大集装箱干线班轮运价普遍下滑，远东至北美干线班轮运价下滑约20%，远东至欧洲干线班轮运价下滑约40%。国际海上原油运输指数WS也大幅度下挫。全球国际航运企业普遍亏损，个别大型国际班轮公司已宣布破产倒闭。尽管严峻的国际航运市场对中国产生一定的负面影响，但由于得益于中国的经济发展持续稳定，对外贸易量不断增加，以及中国加入WTO等有利条件，中国的国际航运业仍然取得了长足发展。

中国对外贸易货物运量持续稳定上升，2001年港口外贸货物吞吐量增长11%，达到6.63亿吨，港口集装箱吞吐量达到2 700万TEU，增幅为16%。上海港集装箱吞吐量已达到630万TEU，名列世界第五；深圳港集装箱吞吐量已超过500万TEU，进入了世界前10位。从事挂靠中国港口的中外国际海运船舶和企业继续增加。

整顿市场秩序是交通运输行业2001年的一项重点工作。在国际海运市场秩序的治理整顿过程中，取缔了以虚假申请材料取得国际班轮航线经营权企业的国际班轮航线经营资格，处罚了违规经营国际班轮航线的企业，纠正了违规行为。按照国际船舶代理管理的有关规定，处罚了一批超核准范围经营国际船舶代理业务的国际船舶代理公司。对从事经营活动的境外航商代表处、办事处依法进行了处罚。对国际集装箱货运站进行了全面清理，按照规定补办了审批手续，规范了国际集装箱货运站的经营活动。配合国家外汇管理局加强了对国际海运业的外汇收支管理，由国家外汇管理局发布了《关于国际海运业外汇收支管理有关问题的通知》，规范了国际海运企业的运费管理。配合国家税务总局加强对外国航运企业在华海运业务纳税管理，避免国家税收流失，维护国家利益。中国的国际海运市场环境得到了改善，市场秩序更加规范。

国际海运法规建设取得重大成就。以原有的国际海运法规和部门规章为基础，借鉴以往法规建设工作的经验，结合执行中国原有国际海运管理法规和部门规章工作中遇到的问题和实际情况，依据中国《海商法》第六条的规定，国务院在2001年12月颁布了《中华人民共和国国际海运条例》。随着我国改革开放的不断深化，社会主义市场经济体制逐步建立和完善，要求政府的职能进行相应的调整和转变。立法是实现这个目标的根本保证和最有效途径。原有的政府管理国际海运市场的模式过多地采用行政审批手段，主要管理工作偏重于对市场的准入管理，行政管理行为尚不够规范、科学和透明。《国际海运条例》取消或弱化了政府管理部门原有的行政审批职能，如取消了对国际班轮航线设立和变更班轮航线挂靠港口、营运船舶、班期的审批，仅对经营国际班轮航线的航运公司进行资格登记；取消了对国际船舶运输业务经营者增减船舶运力的审批；对国际船舶代理企业的管理也由审批改变为资格登记；同时规范了政府管理部门的行政行为，要求政府管理部门的行政行为必须符合条例规定的条件、方式、时间、程序和承担的责任。《条例》对维护中国国际海运市场秩序的原则和经营活动的行为准则作出的相应规定，为加强对国际海运企业进入中国国际海运市场后的监督管理提供了法规基础，创造了有利条件。《条例》的颁布，将有利于充分发挥市场优化配制资源的作用，最大限度地减少对我国国际海运市场的行政干预，积极促进政府管理部门切实转变职能。

加入WTO后，中国政府承诺在国际海运领域方面进一步扩大对外开放，弱化和减少对航运市场的管制和行政干预。具体承诺为：对外商航运公司从事挂靠我国港口的班轮和非班轮国际运输无限制，按国民待遇办理。允许外商在华设立外资比例低于50%的国际船舶运输企业，经营悬挂中国旗的船舶，享受国民待遇。允许外商在华设立合资海运辅助企业，从事货物装卸、集装箱场站、船舶代理等业务；合资海运辅助企业享受国民待遇。外商航运公司在中国港口可在合理和非歧视的条件下使用港口服务，如：引航、船舶拖带、船舶物料和生活用品供应、港口设施服务等。允许外商在华设立合资仓储企业，合资仓储企业享受国民待遇。根据WTO确定的纪律和原则，政府对市场的管理必须法制化、规范化，增加管理的透明度。中国政府加入WTO在国际海运领域方面的具体承诺均在《国际海运条例》中作出了相应的规定。

《国际海运条例》第59条规定，在其他国家和地区对我国的国际海运经营者、船舶、船员采取歧视性的禁止、限制或者其他类似措施的情况下，中国政府将根据对等原则采取相应措施。这种反歧视、反制裁的规定在中国的国际海运规定中是第一次出现。这样的规定是世界通行做法，符合WTO确定的原则。利用WTO多边谈判的有利机制，以《国际海运条例》为法律武器，将有利于消除外国对中国航运企业的歧视和限制，中国民族航运的正当权益将得到合理、有效的保护，中国航运企业在世界航运市场上的经营环境和条件将得到明显改善。

2001年中国旅游业克服困难再创佳绩

国家旅游局政策法规司司长　张坚钟

2001年，旅游行业认真贯彻中央经济工作会议和全国旅游发展工作会议精神，克服美国“9·11”事件等不利影响，入境旅游和国内旅游又取得了好成绩，旅游业发展的环境进一步改善，旅游工作不断向广度和深度发展。

一、2001年旅游业发展概况

1. 入境旅游

(1) 入境人数构成：全年入境8 901.29万人次，同比增长6.67%。其中，外国人1 122.64万人次，同比增长10.49%；香港同胞5 856.85万人次，同比增长0.01%；澳门同胞1 577.61万人次，同比增长36.71%；台湾同胞344.20万人次，同比增长10.72%。全年入境过夜旅游者3 316.67万人次，同比增长6.21%。

(2) 洲际客源市场情况：入境外国旅游者与上年相比，各大洲均保持了一定增长，其中：接待亚洲698.24万人次，同比增长12.2%；欧洲256.73万人次，增长8.5%；美洲127.84万人次，增长5%；大洋洲31.02万人次，增长9.9%；非洲7.33万人次，增长11.6%；其他1.49万人次，增长360.4%。

(3) 主要入境客源国排序变化：全年入境旅游人数超过100万人次的仍为日本、韩国和俄罗斯。前15位的主要客源国依次是：日本238.57万人次，韩国167.88万人次，俄罗斯119.62万人次，美国94.92万人次，马来西亚46.86万人次，新加坡41.50万人次，菲律宾40.80万人次，蒙古38.71万人次，英国30.25万人次，泰国29.84万人次，澳大利亚25.51万人次，加拿大25.39万人次，德国25.34万人次，印度尼西亚22.42万人次，法国19.95万人次。保持两位数增长的有：韩国增长24.8%，泰国增长23.8%，菲律宾增长12.1%，俄罗斯增长10.7%，只有蒙古下降3%。

(4) 入境旅游收入构成：全国旅游外汇收入177.92亿美元，比上年增长9.7%。其中：长途交通（民航、铁路、汽车、轮船）收入50.05亿美元，占28.1%（其中，民航收入为35.88亿美元，占总收入的20.2%）；游览收入8.02亿美元，占4.5%；住宿收入22.42亿美元，占12.6%；餐饮收入15.39亿美元，占8.7%；商品销售收入37.54亿美元，占21.1%；娱乐收入13.77亿美元，占7.7%；邮电通信收入6.79亿美元，占3.8%；市内交通收入6.02亿美元，占3.4%；其他服务收入17.93亿美元，占10.1%。

(5) 各月旅游外汇收入情况：1月收入12.33亿美元，2月收入12.22亿美元，3月收入14.79亿美元，4月收入16.16亿美元，5月收入15.04亿美元，6月收入14.65亿美元，7月收入15.33亿美元，8月收入16.65亿美元，9月收入15.07亿美元，10月收入15.98亿美元，11月收入14.47亿美元，12月收入15.24亿美元。

2. 国内旅游

据抽样调查，2001年我国居民的国内旅游继续保持旺盛活力。旅游总人数达7.84亿人次，同比增长5.34%；国内旅游收入为3 522.37亿元，同比增长10.93%；游客人均花费449.5元/人次。

(1) 城镇居民国内旅游情况：全年城镇居民出游人次率（以下均简称为出游率）为110.2%；出游人数为3.74亿人次；出游花费为2 651.68亿元；游客每次出游人均花费（以下简称人均花费）为708.3元/人次。

(2) 农民国内旅游情况：据旅游抽样调查，农民国内旅游人次数为4.10亿人次，出游率为44.2%，出游人均花费为212.7元/人次，国内旅游花费为870.69亿元。

(3) 各季度城镇居民国内旅游情况：第一季度旅游9 500万人次，出游率28.1%，旅游总花费为624.17亿元，游客人均花费653.7元/人次；第二季度旅游9 800万人次，出游率29.0%，旅游总花费为730.27亿元，游客人均花费742.1元/人次；第三季度旅游9 100万人次，出游率26.7%，旅游总花费为718.02亿元，游客人均花费792.0元/人次；第四季度旅游9 000万人次，出游率26.4%，旅游总花费为579.22亿元，游客人均花费644.9元/人次。

2001年入境旅游和国内旅游总收入4 495亿元人民币，同比增长10.54%。

3. 出境旅游

中国公民出境旅游人数1 213.31万人次，同比增长15.9%。其中，因公出境518.77万人次，同比增长7.2%；因私出境694.54万人次，同比增长23.3%。

4. 假日旅游

假日旅游空前繁荣是2001年中国旅游业的一大亮点。春节、“五一”、“十一”三个旅游高峰，接待国内旅游者1.8亿人次，旅游收入736亿元，约占当年国内旅游总收入的20.9%，明显拉动了相关行业的经济增长。

(1) 春节黄金周

春节黄金周期间，国内旅游形势喜人，出游达4 496万人次，旅游花费约198亿元；以火车、飞机为主的长途旅游大幅增加，同比增长20%；区域旅游稳中有升，近郊游、短距离城际游和环城市带圈游成为春节黄金周旅游主体；入境旅游继续走旺，接待250万人次，同比增长10%左右；出境旅游增势强劲，估计出游人数达20万人次，高于上年同期水平。

(2)“五一”黄金周

国内旅游空前火爆，全国城乡居民出游 7 376.6 万人次，其中，过夜旅游者 2 368 万人次，一日游客人 5 008 万人次；旅游花费约 288 亿元人民币，各省市旅游收入普遍明显增长，有 9 个景点门票收入超过 1 000 万元。主要特点是：旅游高峰提前；旅游产品准备充分，节前促销力度大；热点地区分布更广；自驾车旅游明显升温；旅游秩序良好，旅游服务质量有所提高。

(3)“十一”黄金周

接待国内旅游 6 397 万人次，其中，过夜旅游者（仅限于住在宾馆饭店和旅馆招待所）为 2 043 万人次；一日游游客为 4 354 万人次；旅游收入 249.8 亿元，人均花费 391 元。其中，26 个重点旅游城市实现旅游收入 112 亿元，接待 2 378 万人次，其他旅游城市和景区实现旅游收入 117 亿元。主要特点：黄金周旅游在时间上向两头延伸；假日旅游已形成观光和度假两个市场，游客选择的规律性增强；观光旅游平稳上升；休闲度假旅游快速增长。

二、2001 年主要工作成绩

1. 旅游业发展的政策环境进一步优化，政府主导型发展战略得到更好的贯彻落实。围绕贯彻落实全国旅游发展工作会议精神和国发［2001］9 号文件，山东、江苏、北京、重庆、新疆等 20 余省（区、市）出台了促进旅游发展的政策措施，各级政府对旅游业的投入有所增加，江苏、山东等省市落实了对旅游企业创汇结汇的奖励。

2. 入境旅游不断克服困难，取得了良好业绩。2001 年，我国入境旅游遇到较多困难，有 4 月 1 日发生的中美飞机相撞事件和美国“9·11”恐怖事件，国家旅游局及时开展了中国是旅游安全目的地的主题促销，组织大篷车促销团到美国 8 个城市巡回促销，并加大了对日本、德国和东南亚的促销力度，取得了良好的促销效果。

3. 国内旅游继续蓬勃发展，黄金周旅游走上健康有序的发展轨道。工业旅游、农业旅游、科技旅游、都市旅游等新产品不断出现；适应黄金周旅游的基础设施、配套建设得到进一步加强，旅游交通运输应急机制不断健全；各级假日旅游协调机构的指挥体系、统计体系更加完善，假日旅游工作更加协调规范，黄金周旅游走上“安全、秩序、质量、效益”四统一的轨道，并取得显著的经济效益和社会效益。

4. 整顿规范旅游市场秩序，在一些重点问题和不少地区取得了积极成果。全行业围绕出国（境）游市场秩序、无证经营和超范围经营、旅游接待服务不规范、欺客宰客、发布旅游虚假广告等重点问题，开展深入的旅游市场专项治理，对于导游不认真讲解的个别政治性问题，进行了重点查处和纠正，联合东南亚有关国家共同治理出国游中的违规违纪问题，取得了积极成果。

5. 旅游产业创新工作有所突破。通过对全国工业旅游、农业旅游发展情况的调研，总结了一批作为示范点候选单位的工作经验；提出了规范建设国家旅游度假区以及试办国家生态旅游示范区、国家旅游扶贫试验区的工作思路；评出各级旅游区（点）404 家，其中，4A 级 43 家，3A 级 107 家；在宣传促销、人才培训、旅游规划等方面，支持西部地区加快旅游开发；新评出了洛阳、常州、九江、三明等 9 个优秀旅游城市；金旅工程“三网一库”框架初步形成，管理业务网在黄金周旅游统计预报中发挥了作用。

三、2001 年旅游行业的主要大事

1. 江泽民主席在给一位美国游客的复信中，肯定了旅游在民间外交中的重要作用。他指出，民间友好往来是国与国之间发展良好关系的重要基础，希望美国朋友多到中国来看看。

2. 国务院召开全国旅游发展工作会议，国务院总理朱镕基发表重要谈话，充分肯定了改革开放以来我国旅游业取得的成就，对新世纪的旅游业发展提出了希望和要求，体现了党中央、国务院对旅游业的高度重视和关怀。

3. 国务院发布《关于进一步加快旅游业发展的通知》（国发［2001］9 号），要求进一步优化旅游业发展环境，规范旅游市场秩序，提高旅游产业素质，促进旅游业更大发展。全国各地为配合 9 号文件陆续出台了一批政策措施。

4. 受美国“9·11”恐怖事件的影响，我国入境旅游受到了 1997 年亚洲金融危机以来最为严峻的考验，经过全行业的共同努力，入境旅游人数和旅游创汇仍保持了一定增长。

5. 中国加入世界贸易组织，为我国旅游业发展提供了重大机遇和挑战。根据谈判承诺，我国旅游业将分阶段全面地进一步扩大对外开放。

6. 旅游“黄金周”的经济效益和社会效益突出，2001 年三个“黄金周”全国累计出游人数达 1.8 亿人次，旅游收入 736 亿元人民币，“黄金周”旅游进一步向安全、秩序、质量、效益四统一的目标迈进。

7. 国家旅游局首次采用“大篷车”巡回方式对美国、德国等远程市场面向公众促销，覆盖了美国东海岸的华盛顿、纽约、费城等主要城市和德国的法兰克福、慕尼黑、柏林等重要城市，对公众、旅行商和媒体产生了积极影响。

8. 全国旅游市场秩序的治理整顿取得初步效果，“黄金周”旅游市场秩序实现安全、秩序、效益三统一，城市周边“一日游”市场秩序有所规范，出境旅游市场秩序也得到一定改善。

9. 中国决定自 2002 年起对日本修学旅行团体实行免签证政策，将有利于促进我国修学旅游产品发展和进一步扩大入境旅游规模。

10. 中国申办 2003 年世界旅游组织全体大会获得成功，这将是继中国 1997 年在北京承办 PATA 大会之后的又一次旅游盛会，必将对更好地树立中国旅游业形象、扩大中国旅游业国际影响产生积极的作用。

11. 中国批准开放德国、埃及、马耳他为中国公民自费出国（境）旅游目的地。至此，中国公民自费出国（境）旅游目的地扩大到20个国家和地区。

12. 北京成功申办2008年奥运会和上海成功举办APEC会议，有利于在新世纪树立和宣传中国作为国际会展旅游目的地的形象，推动我国会展旅游、盛事旅游、体育旅游产品的发展。

2001年中国对外服务贸易统计和主要服务业经济指标

2001年中国对外服务贸易统计

单位：千美元

项　目	出　口	进　口	差　额
合　计	**33 335 135**	**39 266 148**	**－5 931 014**
1. 运输	4 635 059	11 324 137	－6 689 078
2. 旅游	17 792 000	13 908 826	3 883 174
3. 通信服务	271 121	325 979	－54 858
4. 建筑服务	830 194	847 009	－16 815
5. 保险服务	227 327	2 711 014	－2 483 687
6. 金融服务	99 075.83984	77 413.87046	21 662
7. 计算机和信息服务	461 458	344 706	116 752
8. 专有权利使用费和特许费	110 096	1 938 060	－1 827 964
9. 咨询	889 273	1 502 117	－612 844
10. 广告、宣传	277 288	258 060	19 228
11. 电影、音像	27 895	50 220	－22 324
12. 其他商业服务	7 281 751	5 743 570	1 538 181
13. 别处未提及的政府服务	432 596	235 038	197 558

黄金和国家外汇

年　份	黄金储备（万盎司）	国家外汇（亿美元）	年　份	黄金储备（万盎司）	国家外汇（亿美元）
1978	1 280	1.67	1990	1 267	110.93
1979	1 280	8.40	1991	1 267	217.12
1980	1 280	－12.96	1992	1 267	194.43
1981	1 267	27.08	1993	1 267	211.99
1982	1 267	69.86	1994	1 267	516.20
1983	1 267	89.01	1995	1 267	735.97
1984	1 267	82.20	1996	1 267	1 050.29
1985	1 267	26.44	1997	1 267	1 398.90
1986	1 267	20.72	1998	1 267	1 449.60
1987	1 267	29.23	1999	1 267	1 546.75
1988	1 267	33.72	2000	1 267	1 655.70
1989	1 267	55.50	2001	1 267	2 121.65

金融机构信贷收支

(年底余额)

单位：亿元

项　　目	1996年	1997年	1998年	1999年	2000年	2001年
资金来源总计	**79 033.7**	**95 008.1**	**110 420.5**	**123 230.6**	**135 483.7**	**154 876.1**
一、各项存款	68 595.6	82 390.3	95 697.9	108 778.9	123 804.4	143 617.2
企业存款	22 450.2	28 656.3	32 486.6	37 182.4	44 093.7	51 546.6
财政存款	1 274.2	1 572.4	2 187.9	2 128.1	3 508.1	3 369.8
机关团体存款	968.9	858.6	1 285.4	1 814.5	2 224.3	2 852.8
城乡储蓄存款	38 520.8	46 279.8	53 407.5	59 621.8	64 332.4	73 762.4
农业存款	1 364.1	1 533.0	1 748.0	2 126.3	2 642.9	3 083.3
信托类存款		2 634.7	2 886.4	3 072.2	2 873.6	2 689.8
其他类存款		855.6	1 696.2	2 833.7	4 129.4	6 312.5
二、金融债券	2 484.2	29.9	56.2	39.5	30.2	51.4
三、对国际金融机构负债	120.2	196.5	174.4	371.9	368.3	484.5
四、货币流通量	8 802.0	10 177.6	11 204.2	13 455.5	14 652.7	15 688.8
五、其他	968.3	2 213.8		584.8	3 371.9	4 965.8
资金运用总计	**79 033.7**	**95 008.1**	**110 420.5**	**123 230.6**	**135 483.7**	**154 876.1**
一、各项贷款	61 156.6	74 914.1	86 524.1	93 734.3	99 371.1	112 314.7
1.短期贷款	40 210.0	55 418.3	60 613.2	63 887.6	65 748.1	67 327.2
工业贷款	14 213.3	16 526.6	17 821.5	17 948.9	17 019.3	18 636.7
商业贷款	15 332.6	18 356.6	19 752.4	19 890.9	17 868.5	18 563.4
建筑业贷款	973.8	1 591.1	1 628.7	1 476.9	1 617.1	2 099.6
农业贷款	1 919.1	3 314.6	4 444.2	4 792.4	4 889.0	5 711.5
乡镇企业贷款	2 821.9	5 035.8	5 580.0	6 161.3	6 060.8	6 413.0
私营企业及个体贷款	279.8	386.7	471.6	579.1	654.6	918.0
三资企业贷款	1 346.3	1 891.0	2 487.5	2 985.8	3 049.8	3 263.5
其他短期贷款	3 323.2	8 315.9	8 427.2	10 052.4	14 589.0	11 721.6
2.中长期贷款	12 672.6	15 468.7	20 717.8	23 968.3	27 931.2	39 328.1
3.信托类贷款	2 819.5	2 322.1	2 521.3	2 504.6	2 409.7	2 497.6
4.其他类贷款	5 454.4	1 705.0	2 671.9	3 373.8	3 282.1	3 251.8
二、有价证券贷款	5 644.9	3 671.7	8 112.2	12 505.8	19 651.1	22 112.7
三、在国际金融机构资产	69.1	534.4	461.8	604.1	576.3	754.2
四、金银占款	234.3	12.0	12.0	12.0	12.0	256.0
五、外汇占款	9 578.7	13 467.2	13 728.3	14 792.4	14 291.1	17 856.4
六、财政借款	2 350.3	2 408.7	1 582.1	1 582.1	1 582.1	1 582.1

中外资保险公司业务经济技术指标

单位：亿元

项 目	保险金额		保 费		赔款及给付	
	2000年	2001年	2000年	2001年	2000年	2001年
合 计	**508 579**	**427 745**	**1 598**	**2 109**	**526**	**597**
财产保险公司	**161 521**	**193 027**	**608**	**685**	**308**	**333**
企业财产保险	69 603	80 883	118	121	51	56
家庭财产保险	5 829	10 184	13	19	4	4
机动车辆保险	34 041	36 757	373	422	203	218
船舶保险	9 834	8 351	11	12	9	9
货物运输保险	17 735	22 823	36	41	16	16
卫星及核能保险	2 667	4 002	3	5	2	0
建筑、安装工程保险及责任保险	3 357	4 292	6	6	2	3
责任保险	6 682	15 577	21	28	11	12
保证保险	541	539	2	4	1	1
信用保险	388	176	3	3	1	2
农业保险	499	311	4	3	3	3
其他保险	10 345	9 132	18	21	5	9
人寿保险公司	**347 058**	**234 718**	**990**	**1 424**	**218**	**264**
寿险	69 282	176 759	882	1 288	174	201
健康险	27 277	35 270	28	61	12	13
人身意外伤害险	250 499	22 689	80	75	32	50

交通运输业基本情况

指 标	1985年	1990年	1995年	2000年	2001年
运输线路长度（万公里）					
#铁路营业里程	5.51	5.78	6.26	6.87	7.01
公路	94.24	102.83	115.70	140.27	169.80
内河	10.91	10.92	11.06	11.93	12.15
民航	27.72	50.68	112.90	150.29	155.36
客运量（万人）	**620 206**	**772 682**	**1 172 596**	**1 478 573**	**1 534 122**
#铁路	112 110	95 712	102 745	105 073	105 155
公路	476 486	648 085	1 040 810	1 347 392	1 402 798
旅客周转量（亿人公里）	**4 437**	**5 628**	**9 002**	**12 261**	**13 155**
#铁路	2 416	2 613	3 546	4 533	4 767
公路	1 725	2 620	4 603	6 657	7 207
货运量（万吨）	**745 763**	**970 602**	**1 234 810**	**1 358 124**	**1 401 177**
#铁路	130 709	150 681	165 855	178 023	192 580
公路	538 062	724 040	940 387	1 038 813	1 056 312

交通运输业基本情况（续）

指　　标	1985年	1990年	1995年	2000年	2001年
水运	63 322	80 094	113 194	122 391	132 675
货物周转量（亿吨公里）	**18 365**	**26 208**	**35 730**	**44 452**	**47 590**
＃铁路	8 126	10 622	12 870	13 902	14 575
公路	1 903	3 358	4 695	6 129	6 330
水运	7 729	11 592	17 552	23 734	25 989
民用运输工具拥有量					
铁路机车（台）	**12 140**	**13 970**	**15 544**	**15 253**	**15 756**
国家铁路	11 772	13 592	15 146	14 472	14 955
地方铁路	368	378	398	327	348
合资铁路				454	453
铁路客车（辆）	**21 106**	**27 526**	**32 663**	**37 249**	**38 780**
铁路货车（辆）	**304 613**	**368 561**	**436 414**	**443 902**	**453 620**
公路机动车（万辆）					
民用汽车拥有量	**321.12**	**551.36**	**1 040.00**	**1 608.91**	**1 802.04**
＃载客汽车	79.45	162.19	417.90	853.73	993.96
载货汽车	223.20	368.48	585.46	716.32	765.24
＃私人汽车	28.49	81.62	249.96	625.33	770.78
其他机动车	156.18	462.32	1 494.62	4 168.06	4 724.05
民用运输船舶拥有量（艘）	**475 000**	**425 934**	**364 968**	**229 676**	**210 786**
＃机动船	260 296	325 858	299 717	185 018	169 329
驳船	132 682	82 482	57 998	44 658	41 457
＃私人运输船舶	200 199	231 168	196 736	142 117	121 721
沿海主要港口货物吞吐量（万吨）	**31 154**	**48 321**	**80 166**	**125 603**	**142 634**

注：铁路营业里程、机车车辆及运量含国家铁路、地方铁路和合资铁路数据。

沿海主要港口货物吞吐量

单位：万吨

港　口	1985年	1990年	1995年	1999年	2000年	2001年
总　计	**31 154**	**48 321**	**80 166**	**105 162**	**125 603**	**142 634**
大　连	4 381	4 952	6 417	8 505	9 084	10 047
营　口	98	237	1 156	1 945	2 268	2 520
秦皇岛	4 419	6 945	8 382	8 261	9 743	11 302
天　津	1 856	2 063	5 787	7 298	9 566	11 369
烟　台	689	668	1 361	1 646	1 774	2 190
青　岛	2 611	3 034	5 103	7 257	8 636	10 398
日　照		925	1 452	2 003	2 674	2 933
连云港	929	1 137	1 716	2 017	2 708	3 058

沿海主要港口货物吞吐量（续）

单位：万吨

港口	1985年	1990年	1995年	1999年	2000年	2001年
上海	11 291	13 959	16 567	18 641	20 440	22 099
宁波	1 040	2 554	6 853	9 660	11 547	12 852
福州		561	1 032	1481	2 426	2 961
厦门		529	1 314	1 773	1 965	2 099
深圳			3 080	4 663	5 697	6 643
广州	1 772	4 163	7 299	10 157	11 128	12 823
湛江	1 231	1 557	1 885	1 751	2 038	2 205
海口	170	288	468	674	808	888
八所	388	431	275	380	378	342
三亚	78	37	42	27	48	71
其他港口	201	4 281	9 977	17 023	22 675	25 833

沿海主要港口分货类吞吐量

单位：万吨

货物种类	1985年	1990年	1995年	1999年	2000年	2001年
总计	**31 154**	**48 321**	**80 166**	**105 162**	**125 603**	**142 634**
煤炭	8 464	16 866	23 239	26 319	32 536	37 203
石油	7 549	8 964	12 957	18 773	23 397	24 407
金属矿石	2 196	3 450	8 595	10 410	11 892	14 606
钢铁	3 000	1 593	3 837	3 960	4 970	5 152
矿建材料	1 450	2 467	4 970	6 273	7 254	9 657
水泥	256	709	1 749	957	983	1 197
木材	1 166	689	823	902	1 046	1 064
非金属矿石	603	1 470	2 272	2 100	2 580	2 561
化肥和农药	968	2 281	2 491	1 753	1 803	1 718
盐	648	799	586	423	526	562
粮食	1 888	2 963	4 314	4 333	5 617	5 340
其他	2 966	6 070	14 333	28 959	33 001	39 168

民用航空航线及飞机架数

指标	1985年	1990年	1995年	1999年	2000年	2001年
民用航空航线条数（条）	**268**	**437**	**797**	**1 115**	**1 165**	**1 143**
国际航线	27	44	85	128	133	134
国内航线	233	385	694	987	1 032	1 009
地区航线	8	8	18	22	42	42

民用航空航线及飞机架数（续）

指　　标	1985年	1990年	1995年	1999年	2000年	2001年
民用航空航线里程（万公里）	**27.7**	**50.7**	**112.9**	**152.2**	**150.3**	**155.4**
国际航线	10.6	16.6	34.8	52.3	50.8	51.7
国内航线	16.0	32.9	75.1	99.9	99.5	103.7
地区航线	1.1	1.1	3.0	0.3	5.6	5.6
民用航班使用机场（个）	**82**	**94**	**139**	**142**	**139**	**143**
民用飞机架数（架）	**472**	**499**	**852**	**949**	**982**	**1 031**
＃运输飞机			416	510	527	566
大型飞机			330	445	462	486
小型飞机			86	65	65	80
通用飞机			306	285	301	296

注：1．1999年以前民航航线合计数据为国际、国内和地区之和，1999年起为国际和国内之和，地区航线为国内其中项。
2．民用飞机合计中含教学校验用飞机。

邮电业务基本情况

指　　标	单位	1985年	1990年	1995年	2000年	2001年
邮电业务量						
邮电业务总量	亿元	62.21	155.54	988.85	4 792.70	4 556.27
邮政业务总量	亿元	25.71	45.95	113.34	232.80	457.42
电信业务总量	亿元	36.50	109.59	875.51	4 559.90	4 098.85
函件	亿件	46.80	54.90	79.60	77.71	86.90
特快专递	万件		343.3	5 562.7	11 031.0	12 652.7
报刊期发数	万份	30 172	20 078	21 689	20 090	21 811
长途电话	亿次	3.83	11.63	101.40	210.75	219.98
无线寻呼用户	万户		43.7	1 739.2	4 884.3	3 606.0
移动电话用户	万户		1.8	362.9	8 453.3	14 522.0
本地电话年末用户	万户	312.0	685.0	4 070.6	14 482.9	18 036.8
城市电话用户	万户	219.0	538.4	3 263.6	9 311.6	11 193.7
＃住宅电话	万户	4.1	152.7	2 358.4	7 219.4	8 535.3
乡村电话用户	万户	93.1	146.6	807.0	5 171.3	6 843.1
＃住宅电话	万户	2.1	30.7	551.4	4 597.8	6 197.7
公用电话用户	万户	2.8	4.6	85.0	352.0	346.2
邮政局所及邮电通信电路						
邮政局所	处	53 107	53 629	61 898	58 437	57 136
邮路及农村投递路线总长度	万公里	498.21	498.31	523.19	643.78	659.53
长话业务电路	万路	3.76	11.24	73.55	220.17	339.44
长途光缆线路长度	公里		3 334	106 882	286 642	399 082
邮电通信设备拥有量						
长途自动交换机容量	万路端	1.15	16.14	351.88	563.55	703.58

邮电业务基本情况（续）

指　　标	单位	1985年	1990年	1995年	2000年	2001年
本地电话局用交换机容量	万门	613	1 232	7 204	17 826	20 532
＃中央国有	万门	336.5	826.1	5 456.4	13 306	
地方国有	万门	276.9	405.8	1 747.2	4 520	
电话机（含移动电话）	万部	626	1 233	5 762	25 606	35 339
＃中央国有	万部	476.1	1 026.1	4 346.3	12 634	
地方国有	万部	149.9	205.2	1 152.1	4 519	
邮电通信服务水平						
全国电话普及率	部/百人	0.6	1.11	4.66	20.1	25.9
城市电话普及率	部/百人	3.2	6.40	15.79	39.2	

注：1. 邮电业务总量2000年及以前按1990年不变价格计算，2001年按2000年不变价格计算。
2.1997年及以前，城市电话用户为市内电话用户数，乡村电话用户为农村电话用户数。
3.1998年及以前，邮政局所为邮电局所。

国内贸易基本情况

单位：亿元

指　　标	1996年	1997年	1998年	1999年	2000年	2001年
一、批发零售贸易业						
商品购销存总额						
商品购进总额	38 549.7	39 788.3	24 297.4	24 580.8	29 784.1	
商品销售总额	42 546.9	55 168.7	56 437.7	58 780.1	66 359.5	70 052.8
限额以上			27 146.8	27 448.3	32 265.5	32 809.8
限额以下			29 290.9	31 331.8	34 094.0	37 243.0
商品库存总额	7 227.3	7 544.8	3 789.7	3 629.7	3 327.2	4 156.9
二、社会消费品零售总额	24 774.1	27 298.9	29 152.5	31 134.7	34 152.6	37 595.2
按销售单位所在地分						
市	14 951.2	16 650.4	17 825.2	19 091.6	21 110.3	23 543.4
县	3 280.0	3 500.1	3 681.9	3 892.5	4 217.2	4 583.2
县以下	6 542.9	7 148.4	7 645.4	8 150.6	8 825.1	9 468.6
按行业分						
批发零售贸易业	16 205.1	18 108.3	19 185.8	20 551.8	23 042.3	25 510.8
餐饮业	2 024.9	2 433.3	2 816.4	3 199.6	3 752.6	4 368.9
其他	6 544.1	6 757.3	7 150.3	7 383.3	7 357.7	7 715.5
＃制造业	1 775.3	1 987.9	2 037.6	2 094.5	2 191.8	2 304.7
农业生产者	3 261.9	3 744.9	4 088.7	4 205.0	4 035.8	4 191.7
三、城乡消费品市场情况						
市场数（个）	85 391.0	87 105.0	89 177.0	88 576.0	88 811.0	86 454.0
城市	20 832.0	22 352.0	24 127.0	24 983.0	26 395.0	26 699.0

国内贸易基本情况（续）

单位：亿元

指　　标	1996年	1997年	1998年	1999年	2000年	2001年
乡村	64 559.0	64 753.0	65 050.0	63 593.0	62 416.0	59 755.0
成交额	14 694.9	17 424.5	19 835.5	21 707.8	24 279.6	24 949.4
城市	7 882.5	9 468.8	11 042.8	12 325.7	13 800.4	14 319.7
乡村	6 812.4	7 955.7	8 792.7	9 382.1	10 479.2	10 629.6
在成交额中						
#粮油类	1 141.1	1 360.6	1 464.9	1 591.1	1 959.5	1 868.5
肉禽蛋类	2 754.0	3 338.2	3 557.4	3 802.1	4 201.9	4 185.3
水产品类	1 134.7	1 386.1	1 659.0	1 800.7	2 073.4	2 076.8
蔬菜类	1 590.0	1 944.6	2 207.0	2 425.5	2 661.8	2 695.2
干鲜果类	980.4	1 106.4	1 234.7	1 398.2	1 546.2	1 584.4
工业品			7 792.6	8 767.1	9 559.4	10 001.4

注：1.1998年及以后批发零售贸易业商品购、存总额为限额以上批发零售贸易业数据。

2.1997年及以后社会消费品零售总额不含居民购买住房。

旅游人数和收入

指　　标	1996年	1997年	1998年	1999年	2000年	2001年
旅游人数（万人次）						
入境旅游人数	**5 112.8**	**5 758.8**	**6 347.8**	**7 279.6**	**8 344.4**	**8 901.0**
外国人	674.4	742.8	710.8	843.2	1 016.0	1 122.4
#日本	154.9	158.2	157.2	185.5	220.2	238.6
韩国	69.4	78.1	63.3	99.2	134.5	167.9
菲律宾	24.4	27.7	25.6	29.8	36.4	40.8
新加坡	28.6	31.7	31.6	35.2	39.9	41.5
英国	20.5	22.8	24.3	25.9	28.4	30.3
德国	17.9	18.5	19.2	21.8	23.9	25.3
俄罗斯	55.6	81.4	69.2	83.3	108.0	119.6
加拿大	15.7	17.4	19.6	21.4	23.7	25.4
美国	57.6	61.6	67.7	73.6	89.6	94.9
澳大利亚	13.3	15.7	18.6	20.4	23.4	25.5
华侨	15.5	9.9	12.1	10.8	7.6	
港澳同胞	4 249.5	4 794.3	5 407.5	6 167.1	7 009.9	7 434.6
台湾同胞	173.4	211.8	217.4	258.5	310.9	344.0
国内旅游人数	**63 950.0**	**64 400.0**	**69 450.0**	**71 900.0**	**74 445.0**	**78 366.0**
国内居民出境总人数	**758.8**	**817.5**	**842.6**	**923.2**	**1 047.3**	**1 213.4**
#因私出境人数	241.4	244.0	319.0	426.6	563.1	694.7
旅游收入						
国际旅游收入（亿美元）	**102.0**	**120.7**	**126.0**	**141.0**	**162.2**	**177.9**
国内旅游收入（亿元）	**1 638.4**	**2 112.7**	**2 391.2**	**2 831.9**	**3 175.5**	**3 522.4**

中国对外经济贸易年鉴

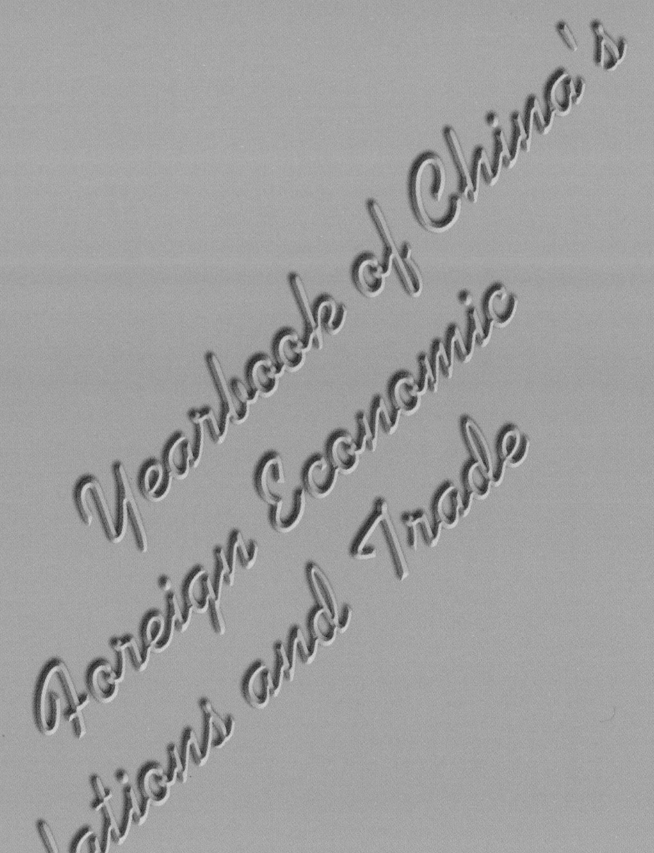

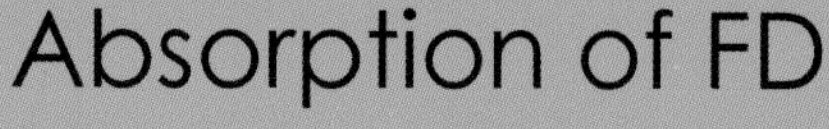

利用外资

CEIEC 中国电子进出口总公司

CHINA NATIONAL ELECTRONICS IMP. & EXP. CORP.

中国电子进出口总公司—中国电子行业最大的进出口企业之一，是以电子技术及产品的进出口为主兼营其它的综合型外贸企业。公司成立于1980年4月15日，目前拥有境内外56个全资和绝对控股子公司，5个驻外办事处，200多个独资、合资、内联、参股企业。2001年年底资产达81亿元，实现销售收入88亿元。

公司成立以来，坚持为我国电子工业和国民经济发展服务；坚持改革，坚持贸工结合、贸技结合、进出结合；坚持以进出口业务为主，开展多种经营、全面发展；坚持两个文明一起抓，加强经营管理，公司业务不断发展，规模不断扩大。从1980年至2001年，公司进出口总额达262亿美元，其中进口126亿美元，出口136亿美元。1999年、2000年、2001年进出口总额在全国500家最大进出口企业中分别名列第七位、第十位和第十三位。

公司法人代表、总裁：钱本源

副总裁：丛亚东、冯学昌、张志杰、陈旭、兰树立、严笑阳

公司地址：北京市复兴路甲23号电子大楼

电话：68219550 68219532　传真：68212352　邮编：100036

电子信箱：ceiec@ceiec.com.cn　网址：http: //www.ceiec.com.cn

China National Electronics Import and Export Corp. (CEIEC) is the largest electronics importer and exporter in China. As a comprehensive foreign trade company, CEIEC is mainly engaged with electronic technology, products and other services. CEIEC was established on Apr.15, 1980 and from then on it has grown into a large foreign trade corporation of 56 solely funded, proprietary subsidiaries, over 200 solely funded, domestically united or equity participation companies and joint ventures as well as 5 offices abroad. By the end of 2001 CEIEC had increased its asset to RMB 8.1 billion and sales to RMB 8.8 billion.

Since the establishment, CEIEC has been adhering to the principle of serving the development of the national electronics industry and national economy; It persists in the reform and the combination of trade and industry, trade and technology development, import and export; It operates with foreign trade as its main business while diversifying business line for all-around development; By strengthening the operation and management and placing equal emphasis on material progress and ethical and cultural progress, CEIEC has made great progress in business. The trade volume from 1980 to 2001 totales USD26.2 billion, of which export reaches USD13.6 billion and import USD12.6 billion. In 1999, 2000 and 2001, CEIEC was ranked No.7, No. 10 and No.13 respectively within the 500 largest Chinese importers and exporters. In 2001, CEIEC was awarded the medal of " New Record of China's Enterprises" by China Enterprise Confederation (CEC) and China Enterprise Directors Association (CEDA).

CEO& President: Qian Benyuan

Vice Presidents: Cong Yadong, Feng Xuechang, Zhang Zhijie, Chen Xu, Lan Shuli, Yan Xiaoyang

Add.: Electronics Building, A23, Fuxing Road, Beijing 100036

Tel.: (86 10) 68219550, 68219532　Fax : 68212352

E-mail: ceiec@ceiec.com.cn　http://www.ceiec.com.cn

外商来华投资面临新机遇

对外贸易经济合作部副部长　马秀红

吸收外商直接投资是中国对外开放基本国策的主要组成部分。经过不懈的努力，外商在中国投资规模不断扩大，中国已连续8年成为吸收外资最多的发展中国家，截至2001年7月底，中国累计批准设立外商投资企业35.8万多家，合同外资金额7 000亿美元，实际利用外资金额超过了3 700亿美元。目前已开业投产的18万家外商投资企业中直接从业的人员约2 100万人，占全国城镇劳动力人口的近10%。

目前，中国社会主义现代化建设进入了一个新的发展时期。中国加入WTO的谈判已进入最后阶段，中国正在按照WTO规则的要求、中国外经贸体制的改革和中国外经贸发展的需要，对现行涉外经济法律法规进行清理和修订，尽快建立起符合国际惯例和社会主义市场经济需要的外经贸管理体制；中国将根据对外承诺和国民经济发展的需要，不断提高对外开放的水平，以更加积极的姿态，在更为广泛的领域，参与经济全球化的进程。

随着中国改革开放和现代化进程的不断加快，外商来华投资也面临着新的发展机遇。中国将加快经济结构战略性调整、实施西部大开发战略、加快国有企业的改组改造、鼓励发展高新技术产业、扩大服务业的对外开放，中国将在21世纪的世界经济发展中发挥更加重要的作用，这些将为国内外投资者提供更为广阔的投资合作机会。

IT行业是我国国民经济的重要产业部门，同时也是国外投资者十分关注的行业。多年来通过中外方的友好合作，已设立了一批在国内外有重大影响的中外合资、合作企业和外资企业，这些企业的设立与发展改善了我国产业结构，提高了产品的技术水平，开拓了新的市场，对我国经济发展起到了积极推动作用。根据我国经济结构调整的需要和长远规划的要求，我们要以多种方式改善行业结构和企业经营水平，以技术进步促进生产发展，加强产品配套能力，扩大产品出口。

中国政府鼓励外商投资IT及其配套产业，通过延长外商投资企业在国内的生产链条，发挥外商投资的产业集聚效应。中国政府鼓励跨国公司在中国建立面向全球的生产基地、技术开发基地和配套基地。中国政府鼓励国内企业加强对外合作，为大型外商投资企业配套，纳入跨国公司全球生产、销售和配套网络，提高中国配套产业的技术水平和国际竞争力。

中国政府将进一步完善投资环境，改善对外商投资企业的管理和服务，为外商来华投资创造更好的经营条件。总之，中国愿与其他国家政府和在华企业一起，同心协力，保持国民经济健康稳定持续的发展。

（本文节录自马秀红副部长2001年9月9日在“IT行业配套合作国际研讨会”上的开幕辞。马秀红副部长时任对外贸易经济合作部部长助理）

2001年中国吸收外商投资回顾与2002年展望

对外贸易经济合作部外国投资管理司司长　胡景岩

2001年我国经历了不平凡的一年，在世界经济极度困难的情况下，国民经济继续保持了7%以上的增长速度，经过15年的努力正式成为世界贸易组织的成员，吸收外商投资也创历史最高纪录。

一、2001年我国吸收外资基本情况

（一）总体情况

2001年全国新批准设立外商投资企业26 140家，合同外资金额691.95亿美元，实际使用外资金额创历史最高水平，达468.78亿美元，分别比上年增长16.97%、10.93%和15.14%（见表1）。

1999—2001年外商直接投资情况

表1 金额单位：亿美元

	1999年	2000年	同比增幅%	2001年	同比增幅%
项目数（个）	16 918.00	22 347.00	30.68	26 140.00	16.97
合同外资金额	412.23	623.80	50.17	691.95	10.93
实际使用外资金额	403.19	407.15	0.78	468.78	15.14

数据来源：外经贸部外资统计

截至2001年12月底，全国累计批准外商投资企业390 025个，合同外资金额7 452.91亿美元，实际使用外资金额3 952.20亿美元。

（二）国别情况

亚洲十国/地区仍为我国吸收外资的主要来源地区，合同外资金额402.99亿美元，同比增长32.33%，实际投入外资金额294.88亿美元，同比上升16.16%，在我国吸收外资总量中的比重上升。

欧盟投资大幅下降，全年在华投资设立企业1 214家，同比增长7.43%，合同外资金额51.52亿美元，同比下降41.81%，实际投入外资金额41.83亿美元，同比下降6.62%

北美投资下降，全年在华投资设立企业3 149家，同比增长12.05%，合同外资金额88.10亿美元，同比下降0.67%，实际投入外资金额48.75亿美元，同比增长4.52%（见表2-1、表2-2、表2-3）。

1999—2001年部分国家/地区对华直接投资情况

1999年部分国家/地区对华直接投资情况

表2-1 金额单位：万美元

国别/地区	项目数（个）	增幅%	比重%	合同外资金额	增幅%	比重%	实际使用外资金额	增幅%	比重%
总　计	16 918	-14.55	100.00	4 122 302	-20.88	100.00	4 031 871	-11.31	100.00
亚洲十国/地区合计	12 277	-15.45	72.57	2 425 684	-16.72	58.84	2 679 317	-14.25	66.45
欧盟合计	894	-10.78	5.28	409 566	-31.04	9.94	447 906	12.58	11.11
北美合计	2 395	-9.76	14.16	671 526	-9.63	16.29	453 028	7.48	11.24
部分自由港合计	601	-17.33	3.55	423 453	-42.24	10.27	323 820	-27.75	8.03

2000年部分国家/地区对华直接投资情况

表2-2 金额单位：万美元

国别/地区	项目数（个）	增幅%	比重%	合同外资金额	增幅%	比重%	实际使用外资金额	增幅%	比重%
总　计	22 347	32.09	100.00	6 237 952	51.32	100.00	4 071 481	0.98	100.00
亚洲十国/地区合计	15 981	30.17	71.51	3 045 428	25.55	48.82	2 538 571	-5.25	62.35
欧盟合计	1 130	26.40	5.06	885 516	116.21	14.20	447 946	0.01	11.00
北美合计	3 047	27.22	13.63	886 932	32.08	14.22	466 367	2.94	11.45
部分自由港合计	1 453	141.76	6.50	1 128 354	166.46	18.09	472 583	45.94	11.61

2001年部分国家/地区对华直接投资情况

表2-3　　金额单位：万美元

国别/地区	项目数(个)	增幅%	比重%	合同外资金额	增幅%	比重%	实际使用外资金额	增幅%	比重%
总　计	26 140	16.97	100.00	6 919 455	10.93	100.00	4 687 759	15.14	100.00
亚洲十国/地区合计	18 819	17.76	71.99	4 029 870	32.33	58.24	2 948 833	16.16	62.90
欧盟合计	1 214	7.43	4.64	515 284	-41.81	7.45	418 270	-6.62	8.92
北美合计	3 149	3.35	12.05	881 033	-0.67	12.73	487 452	4.52	10.40
部分自由港合计	2 039	40.33	7.80	1 162 663	3.04	16.80	661 309	39.93	14.11

数据来源：外经贸部外资统计

按实际使用外资金额计，截至2001年底，对华投资前10位国家/地区依次为：香港、美国、日本、台湾省、新加坡、维尔京群岛、韩国、英国、德国和法国。

（三）地区分布情况

西部地区新设立外商投资企业1 515家，比上年增长7.68%，低于全国增长幅度9.29个百分点；合同外资金额39.71亿美元，同比增长23.84%，高于全国增幅12.91个百分点；实际使用外资金额19.23亿美元，同比增长3.83%，与全国增长幅度相差28.08个百分点。与2000年同期相比，在全国吸收外资总量中，西部地区合同外资金额所占比重同比提高0.6个百分点，新批设立企业数、实际使用外资金额所占比重有所下降，依次降低了0.5和0.45个百分点。

中部地区新设立外商投资企业2 133家，合同外资金额48.73亿美元，实际使用外资金额41.01亿美元，同比分别增长1.57%、8.97%和14.10%，比全国增幅低15.4、1.06和1.74个百分点，在全国吸收外资总量中所占比重比2000年下降了1.24、0.13和0.08个百分点。

东部地区新设立外商投资企业22 492家，合同外资金额603.51亿美元，实际使用外资金额408.54亿美元，比2000年分别增长19.38%、10.33%和15.84%。新设立企业数、实际使用外资金额在全国吸收外资总量中所占比重依次为86.04%、87.15%，分别上升了1.74、0.53个百分点；合同外资金额在全国吸收外资总量中所占比重为87.22%，同比下降0.47个百分点（见表3-1、表3-2）。

2000年东部、中部、西部外商直接投资情况

表3-1　　金额单位：亿美元

地方名称	项目数(个)	比重%	合同外资金额	比重%	实际使用外资金额	比重%
总　计	22 347	100.00	623.7952	100.00	407.1481	100.00
东　部	18 840	84.31	547.0093	87.69	352.6841	86.62
中　部	2 100	9.40	44.7195	7.17	35.9434	8.83
西　部	1 407	6.30	32.0664	5.14	18.5206	4.55

注：东部地区：北京、天津、河北、辽宁、上海、江苏、浙江、福建、山东、广东、海南

中部地区：山西、吉林、黑龙江、安徽、江西、河南、湖北、湖南

西部地区：内蒙古、广西、四川、重庆、贵州、云南、陕西、甘肃、青海、宁夏、新疆、西藏

2001年东部、中部、西部外商直接投资情况

表3-2 金额单位：亿美元

地方名称	项目数（个）	增/减 %	占全国		合同外资金额	增/减 %	占全国		实际使用外资金额	增/减 %	占全国	
			比重 %	增/减 %			比重 %	增/减 %			比重 %	增/减 %
总　计	261 40	16.97	100.00	—	691.95	10.93	100.00	—	468.78	15.14	100.00	—
东　部	22 492	19.38	86.04	1.74	603.51	10.33	87.22	-0.47	408.54	15.84	87.15	0.53
中　部	2 133	1.57	8.16	-1.24	48.73	8.97	7.04	-0.13	41.01	14.10	8.75	-0.08
西　部	1 515	7.68	5.80	-0.50	39.71	23.84	5.74	0.60	19.23	3.83	4.10	-0.45

截至2001年底，东部、中部、西部地区所占全国累计批准设立外商投资企业的比重分别为80.86%、11.93%和7.22%；累计合同外资金额所占比重为86.60%、7.47%和5.93%；实际使用外资所占比重为86.26%、8.59%和5.15%。

（四）产业分布情况

从2001年全国吸收外商直接投资产业结构看，第一产业新批设立外商投资企业887家，合同外资金额17.62亿美元，比上年分别增长8.04%和18.78%。实际使用外资8.99亿美元，同比增长了32.96%。

第二产业设立外商投资企业19 391家，合同外资金额516.26亿美元，实际使用外资金额339.91亿美元，比上年分别增长19.28%、12.26%和18.56%。

第三产业新批外商投资企业5 862家，合同外资金额为158.07亿美元，同比分别增长11.25%和6.03%。实际使用外资金额119.88亿美元，同比增长了5.44%（见表4-1、表4-2、表4-3）。

1999—2001年外商直接投资产业结构

1999年外商直接投资产业结构

表4-1 金额单位：亿美元

行业名称	项目数（个）	比重 %	同比增减 %	合同外资金额	比重 %	同比增减 %	实际使用外资金额	比重 %	同比增减 %
总　计	16 918	100.00	-14.55	412.23	100.00	-20.88	403.19	100.00	-11.31
第一产业	762	4.50	-13.01	14.72	3.57	22.21	7.10	1.76	13.85
第二产业	12 288	72.63	-10.87	272.89	66.20	-18.90	268.63	66.63	-8.20
第三产业	3 868	22.86	-24.69	124.62	30.23	-27.76	127.45	31.61	-18.17

2000年外商直接投资产业结构

表4-2 金额单位：亿美元

行业名称	项目数（个）	比重 %	同比增减 %	合同外资金额	比重 %	同比增减 %	实际使用外资金额	比重 %	同比增减 %
总　计	22 347	100.00	32.09	623.80	100.00	51.32	407.15	100.00	0.98
第一产业	821	3.67	7.74	14.83	2.38	0.78	6.76	1.66	-4.82
第二产业	16 257	72.75	32.30	459.88	73.72	68.52	286.70	70.42	6.72
第三产业	5269	23.58	36.22	149.09	23.90	19.63	113.69	27.92	-10.80

2001 年外商直接投资产业结构

表 4-3　　金额单位：亿美元

行业名称	项目数（个）	比重 %	同比增减 %	合同外资金额	比重 %	同比增减 %	实际使用外资金额	比重 %	同比增减 %
总　计	26 140	100.00	16.97	691.95	100.00	10.93	468.78	100.00	15.14
第一产业	887	3.39	8.04	17.62	2.55	18.78	8.99	1.92	32.96
第二产业	19 391	74.18	19.28	516.26	74.61	12.26	339.91	72.51	18.56
第三产业	5 862	22.43	11.25	158.07	22.84	6.03	119.88	25.57	5.44

数据来源：外经贸部外资统计

截至 2001 年底，在全国累计批准设立的外商投资企业中，第一、第二、第三产业所占比重分别为 2.88%、73.07%和 24.05%；在合同外资累计金额中，所占比重分别为 1.89%、62.14%和 35.97%。

（五）投资方式情况

批准设立中外合资企业 8 893 家，比上年增长 6.15%，合同外资金额 175.36 亿美元，同比下降 10.75%，实际使用外资金额 157.39 亿美元，同比增长 9.73%，在全国同期吸收外资总量中所占比重分别为 34.02%、25.34% 和 33.57%。

批准设立中外合作企业 1 589 家，比上年下降 9.56%，合同外资金额 83 亿美元，同比增长 2.25%，实际使用外资金额 62.12 亿美元，同比下降 5.82%，占全国同期吸收外资总量的比重分别为 6.08%、12%和 13.25%。

批准设立外资企业 15 643 家，同比增长 28.26%，合同外资金额 429.99 亿美元，同比增长 25.33，实际使用外资金额 238.73 亿美元，同比增长 23.93%，在全国同期吸收外资总量中所占比重分别为 59.84%、62.14% 和 50.93%。

新批设立外商投资股份公司 11 家，比上年增长 37.5%，合同外资金额 3.27 亿美元，同比增长 68.56%，实际使用外资金额 5.28 亿美元，同比增长 3.06 倍（见表 5）。

1999—2001 年外商直接投资分方式情况

表 5　　金额单位：亿美元

方　式	项目数（个）			合同外资金额			实际使用外资金额		
	1999 年	2000 年	2001 年	1999 年	2000 年	2001 年	1999 年	2000 年	2001 年
总　计	16 918	22 347	26 140	412.23	623.80	691.95	403.19	407.15	468.78
合资经营企业	7 050	8 378	8 893	135.15	196.48	175.36	158.27	143.43	157.39
合作经营企业	1 656	1 757	1 589	68.03	81.17	83.00	82.34	65.96	62.12
外资企业	8 201	12 196	15 643	207.06	343.09	429.99	155.45	192.64	238.73
外商投资股份制	3	8	11	1.03	1.94	3.27	2.92	1.30	5.28
合作开发	5	8	3	0.59	1.12	0.19	3.84	3.82	5.11
其他	—	—	1	—	—	0.13	—	—	0.15

数据来源：外经贸部外资统计

截至 2001 年底，外商投资设立中外合资和中外合作企业 266 836 家，占全国累计批准设立外商投资企业数的 68.41%，合同外资金额 4 649.3 亿美元，占全国累计合同外资金额的 62.38%，实际使用外资金额 2 533.68 亿美元，占全国累计实际使用外资金额的 64.11%。外商投资设立外资企业 122 992 家，合同外资金额 2 752.83 亿美元，实际使用外资金额 1 338.91 亿美元，分别占全国累计吸收外资总量的 31.53%、36.94%和 33.88%。

二、2001 年外商投资的主要特点

（一）外商投资项目质量显著提高，大跨国公司来华投资踊跃，已经在华投资的跨国公司纷纷追加投资，摩托罗拉公司、诺基亚公司等都扩大了其投资规模。许多跨国公司已经着手在华设立地区总部。

（二）新批高科技项目、IT 产业和石化大项目，以及外

商投资研发中心明显增多。

（三）外商投资中西部地区的热情高涨，中西部地区吸收外资有所增长。

（四）外商投资企业出口继续稳步增长。2001年外商投资企业出口1 332.54亿美元，同比增长11.5%，占全国出口总值的比重从2000年底的47.93%提高至50.1%。同期，外商投资企业出口增加值为137.42亿美元，占全国同期出口增加值（169.46亿美元）的81.1%。外商投资企业在全国机电产品和高新技术产品出口中所占比重逐年提高，带动了我国出口产品结构的改善。

（五）外商投资企业经营业绩进一步提高。2001年外商投资企业工业增加值同比增长11.9%，比全国工业增加值增幅高2个百分点，占全国工业增加值的比重从2000年底的22.51%提高至2001年的24.57%；外商投资企业工业产值（可比价）同比增长17.7%，高于全国工业产值增幅2.6个百分点，其工业产值增量占全国工业产值增量的比重达37.18%。在外商投资企业工业产值（现价）中，出口所占比重为41.61%，高于其他类型企业出口占工业产值（现价）的比重25.48个百分点。以外商投资企业税收为主的涉外税收近年来一直是增长最快的工商税种，同期全国外商投资企业税收收入（不含关税）2 883亿元，同比增长30%，占全国工商税收的比重从2000年底的17.50%提高到2001年的19%。

三、2002年吸收外商投资的重点工作

2002年是我国成为世贸组织正式成员的第一年，国际国内经济形势的发展变化既为我国吸引外资创造了前所未有的机遇，同时也带来了严峻的挑战。我国政府将以此为契机，努力改善外商投资的法律环境、政策环境、行政环境、市场环境，努力将吸收外商投资提高到一个新的水平。2002年我们将重点推进以下几个方面的工作：

（一）努力改善外商投资的法律环境、政策环境

我国政府继续把清理外商投资法律、法规、规章作为改善投资软环境的重要契机和切入点，进一步完善吸收外商投资法律体系，根据加入世贸组织的承诺和对外开放新形势的要求，加快新法规的制订，大力推进依法行政。重点是加强对外商投资地方性法规规章和相关政策措施的清理工作，使其与国家法律法规和世贸组织规则以及我国对外承诺相一致。

在对现行法律法规进行清理、修订的同时，我国政府将特别注重保持外商投资政策法律的相对稳定性、连续性、可预期性和可操作性，努力为外商来华开展投资贸易创造统一、稳定、透明、可预见的法律环境和政策环境。

（二）维护和完善公平开放的市场环境

结合当前在全国范围内开展的整顿和规范市场经济秩序的工作，坚决制止对外商投资企业乱收费、乱检查、乱摊派、乱罚款，打破地方保护和行业垄断，加大保护知识产权的执法力度，坚决打击侵权盗版行为，创造统一开放、公平竞争的市场环境。进一步完善外商投资企业投诉制度，依法保护外商的合法权益不受侵犯。

（三）进一步扩大服务贸易领域的对外开放

我国将根据经济发展的需要和加入世贸组织所做的承诺，积极、稳妥、有序地全面扩大服务领域的对外开放，外经贸部将会同有关政府部门尽快颁布外商投资建筑、会计服务、教育、商业、外贸、医疗、教育、民用航空业等方面的法律规范，健全统一规范公开的外商投资服务领域市场准入制度。鼓励外商投资于物流、配送业，鼓励外商投资企业连锁经营，建立外商投资出口采购中心和商品配送中心，鼓励引进国外服务业的现代理念、先进的经营管理经验、技术手段和现代市场运作方式，改善我国服务业结构，提高我国服务业的水平。

（四）鼓励外商向西部地区投资，努力为西部地区扩大吸收外资创造条件

积极实施西部大开发战略，推动中西部地区有关外商投资政策在各个部门的贯彻落实。针对中西部地区，进一步适当放宽服务领域吸收外资的条件，放宽对西部地区外商投资项目的国内融资条件，加大对中西部地区产业政策倾斜力度。结合《外商投资产业指导目录》的修订，研究适当扩大《中西部地区吸收外资优势产业目录》的范围，促进外资投向西部地区的基础设施、矿产资源、旅游资源开发、生态环境保护、农牧业产品加工等科技项目。创造条件促进沿海的外商投资企业向中西部地区再投资。鼓励外商投资参与西气东输、西电东送及其配套项目的投资。

（五）鼓励外商投资于高新技术产业、基础产业和配套产业

鼓励外商投资企业引进、开发和创新技术，促进外商投资兴办资金技术密集型项目，设立更多的先进技术型项目，并适时在企业注册资本比例限制、工业产权出资条件等方面加大政策引导力度。进一步完善创业投资企业的相关规定，为高科技企业的创办和发展创造条件。创造条件吸引外商投资于配套产业，鼓励外商投资企业原材料本地化配套，推动国内中小企业（包括乡镇企业）加强对外合作，引进先进适用技术，为大型外商投资企业配套，进入跨国公司全球生产、销售网络。

（六）鼓励跨国公司来华投资

跨国公司是当前世界经济的一支主导力量。外经贸部正在与有关部门密切合作，将积极务实地开展工作，研究吸引跨国公司来华投资、设立地区总部以及建立国际出口采购中心的有关政策。借鉴国际上购并的经验和做法，结合我国经济体制特点和企业的具体情况，加紧完善和制定外商以并购方式投资的可操作性政策规定，并将进一步修改外商投资投资性公司、股份公司的有关规定，推动BOT、特许权转让投资方式、外商投资企业在境内外上市发行股票等各项规定的制定与完善，积极为跨国公司来华投资创造条件。

（七）加快政府职能的转变，提高依法行政水平

我国正在加快政府职能和工作方式的转变，努力建设

廉洁、勤政、务实、高效的政府。依据合理性、有效性、公开性和责任性等原则，简化审批程序，简化合同、章程的审批，实施规范、标准化审批制度；增强政府部门工作人员的法制观念，努力做到知法、懂法、守法，各司其职，做到公开、公正、透明，减少随意性，不断提高依法行政的水平，努力为外商创造良好的行政环境。

我国已于2001年12月正式成为世贸组织成员，我们将严格遵守世贸组织规则，信守承诺，以更加积极的姿态推进全方位、多层次、宽领域的对外开放，在更大范围内和更深程度上参与经济全球化进程。随着我国经济持续、快速、健康发展，综合国力的不断增强，改革开放的逐步推进，外商在华投资将会有更加广阔的发展空间。

2001年以来中国吸收外商投资的主要政策变化

为适应加入世贸组织的新形势，我国近两年来全面充实、调整、完善了现行的外商投资法律、法规和规章，初步建立起符合社会主义市场经济需要，符合世贸组织规则要求，符合我国国情，统一、完备、透明的对外经济贸易法律体系。以下是2001年以来我国对外商投资法律法规的修改情况：

一、对外商投资法律法规进行了全面清理，对其中不符合世贸组织规则的内容进行了修订，其中最主要的包括对外商投资的基本法律法规，即《中华人民共和国中外合资经营企业法》、《中华人民共和国中外合作经营企业法》、《中华人民共和国外资企业法》及其实施细则（或实施条例）的修订，取消了对外商投资企业的“外汇平衡条款”、“当地含量”条款、出口业绩要求和企业生产计划备案条款等。目前，修订工作已经完成，修订稿已颁布实施。

二、为适应国民经济结构战略性调整和我国加入世界贸易组织的新形势，2002年2月11日，国务院颁布了新修订的《指导外商投资方向规定》，3月11日，经国务院批准，国家计委、国家经贸委、外经贸部联合颁布了新的《外商投资产业指导目录》。新的产业政策和目录继续贯彻了积极、合理、有效利用外资的方针，新《规定》及新《目录》均自2002年4月1日起施行。

新《目录》共分为鼓励、允许、限制和禁止四类，列371个条目。较之以往，新《目录》明显加大了对外商投资的开放程度。一是鼓励类由186条增加到262条，限制类由112条减少到75条。从事鼓励类的外商投资项目可享受免征进口设备关税和进口环节增值税的优惠政策。二是放宽外商投资的股比限制，如取消港口共用码头的中方控股要求。三是开放新投资领域，将原禁止外商投资的电信和燃气、热力、供排水等城市管网首次列为对外开放领域。四是按照加入世贸组织承诺的地域、数量、经营范围、股比要求和时间表，进一步开放银行、保险、商业、外贸、旅游、电信、运输、会计、审计、法律等服务贸易领域。五是鼓励外商投资西部地区，放宽外商投资西部地区的股比和行业限制。六是发挥市场竞争机制作用，将一般工业产品划入允许类，通过竞争促进产业、产品结构升级。

三、出台和完善了一系列外商投资政策和法律法规。

外经贸部、科技部和国家工商行政管理总局共同颁布了《关于设立外商投资创业投资企业的暂行规定》，借鉴和参考各国风险投资机制及国际通行做法，对外商设立创业投资企业，向未上市高新技术企业进行股权投资和为其提供创业管理服务进行规范；

中国证监会、外经贸部共同颁布了《关于上市公司涉及外商投资有关问题的若干意见》，明确了外商投资企业在境内A股市场、B股市场上市的条件、程序，允许外商投资企业按照《外商投资企业境内投资的暂行规定》收购境内上市公司非流通股，允许含有B股的外商投资股份有限公司的非上市外资股在B股市场上流通；

外经贸部、财政部、中国人民银行共同颁布了《金融资产管理公司吸收外资参与资产重组与处置的暂行规定》，允许外资参与金融资产管理公司资产的重组和处置，并对向外商转让金融资产的范围、价值的评估和转让程序做出相应法律规范；

外经贸部还颁布了《〈关于外商投资举办投资性公司的暂行规定〉的补充规定（二）》，进一步扩大了投资性公司的经营范围，允许投资性公司为国内企业提供相关技术培训，允许其作为外商投资股份有限公司的发起人，允许其在国内外采购产品进行系统集成后在国内外销售，允许其从其母公司进口少量与所投资企业生产产品相同或相似的非进口配额管理的产品在国内试销等；

外经贸部修订并公布了《外商投资租赁公司审批管理暂行办法》；下发了《关于扩大外商投资企业进出口经营权有关问题的通知》，允许年出口额在1000万美元以上的生产型外商投资企业收购非本企业自产产品出口，允许外商投资研发中心为进行市场测试进口部分高新技术产品；修订了《关于外商投资企业合并与分立的规定》，进一步规范了外商投资企业与国内企业合并。

四、完善了服务贸易领域吸收外商投资的法律法规，促进服务贸易领域的对外开放积极、稳妥、有序地进行。外经贸部会同有关部门已经颁布了外商投资职业介绍机构、电信、道路运输、电影院、音像制品分销、工程设计机构、印刷、旅行社等服务贸易领域的法规。

2000年底至2002年初我国发布的部分利用外资法规目录

发布时间	法规名称	发布单位（人）
2000-10-31	中华人民共和国中外合作经营企业法　全国人民代表大会常务委员会关于修改《中华人民共和国中外合作经营企业法》的决定	国家主席 江泽民
2000-10-31	中华人民共和国外资企业法　全国人民代表大会常务委员会关于修改《中华人民共和国外资企业法》的决定	国家主席 江泽民
2001-02-19	关于严格执行《外商投资电影院暂行规定》的通知	外经贸部办公厅、广电总局办公厅、文化部办公厅
2001-03-15	中华人民共和国中外合资经营企业法　全国人民代表大会常务委员会关于修改《中华人民共和国中外合资经营企业法》的决定	国家主席 江泽民
2001-04-12	中华人民共和国外资企业法实施细则　国务院关于修改《中华人民共和国外资企业法实施细则》的决定	国务院
2001-05-16	关于省级外经贸部门审批上限鼓励类外商投资企业报外经贸部备案有关问题的补充通知	对外贸易经济合作部
2001-05-17	关于外商投资股份公司有关问题的通知	外经贸部办公厅
2001-05-31	《关于外商投资举办投资性公司的暂行规定》的补充规定（二）	对外贸易经济合作部
2001-07-02	关于扩大外商投资企业进出口经营权有关问题的通知	外经贸部办公厅
2001-07-20	关于贯彻全国外资工作会议精神　减少招商引资活动中政府行为的通知	对外贸易经济合作部
2001-07-21	外商投资企业投资自用进口汽车管理办法	外经贸部、海关总署
2001-07-22	中华人民共和国中外合资经营企业法实施条例　国务院关于修改《中华人民共和国中外合资经营企业法实施条例》的决定	国务院
2001-08-06	关于进一步做好清理整顿非试点外商投资商业企业工作的通知	国家经贸委、外经贸部、国家工商行政管理总局
2001-08-14	外商投资租赁公司审批管理暂行办法	对外贸易经济合作部
2001-08-28	关于设立外商投资创业投资企业的暂行规定	外经贸部、科学技术部、国家工商行政管理总局
2001-09-23	中华人民共和国对外合作开采陆上石油资源条例	国务院
2001-09-23	中华人民共和国对外合作开采海洋石油资源条例	国务院
2001-10-08	关于上市公司涉及外商投资有关问题的若干意见	外经贸部、中国证券监督管理委员会
2001-10-09	中外合资中外合作职业介绍机构设立管理暂行规定	劳动和社会保障部、国家工商行政管理总局
2001-10-12	关于外商投资企业部分法规修改的通知	对外贸易经济合作部
2001-10-26	金融资产管理公司吸收外资参与资产重组与处置的暂行规定	外经贸部、财政部、中国人民银行
2001-11-07	关于停止征收外商投资企业中方职工物价补贴的通知	财政部

2000年底至2002年初我国发布的部分利用外资法规目录（续）

发布时间	法规名称	发布单位（人）
2001-11-22	关于外商投资企业合并与分立的规定　对外贸易经济合作部和国家工商行政管理总局关于修改《关于外商投资企业合并与分立的规定》的决定	外经贸部、国家工商行政管理总局
2001-11-29	外商投资企业执行《企业会计制度》有关问题的规定	财政部
2001-12-09	中国人民银行关于外资金融机构市场准入有关问题的公告	中国人民银行
2001-12-10	中外合作音像制品分销企业管理办法	文化部、外经贸部
2001-12-11	外商投资电信企业管理规定	国务院
2001-12-12	中华人民共和国外资保险公司管理条例	国务院
2001-12-19	外商投资国际货物运输代理企业管理规定	对外贸易经济合作部
2001-12-20	中华人民共和国外资金融机构管理条例	国务院
2002-01-03	中华人民共和国外资金融机构管理条例实施细则	中国人民银行
2002-01-29	设立外商投资印刷企业暂行规定	国家新闻出版总署、外经贸部
2002-02-08	外商投资企业自动进口许可管理实施细则	外经贸部、海关总署
2002-02-11	指导外商投资方向规定	国务院
2002-02-21	关于《关于外商投资传销企业转变销售方式有关问题的通知》执行中有关问题的规定	国家工商行政管理总局、外经贸部、国家经贸委
2002-03-11	外商投资产业指导目录	国家计委、国家经贸委、外经贸部

（对外贸易经济合作部外国投资管理司）

Yearbook of China's Foreign Economic Relations and Trade

2002

中国对外经济贸易年鉴

Foreign Economic Cooperation

对外经济合作

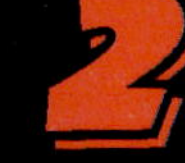

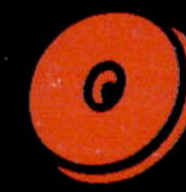

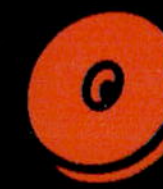

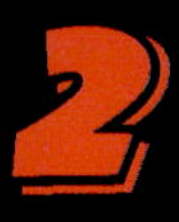

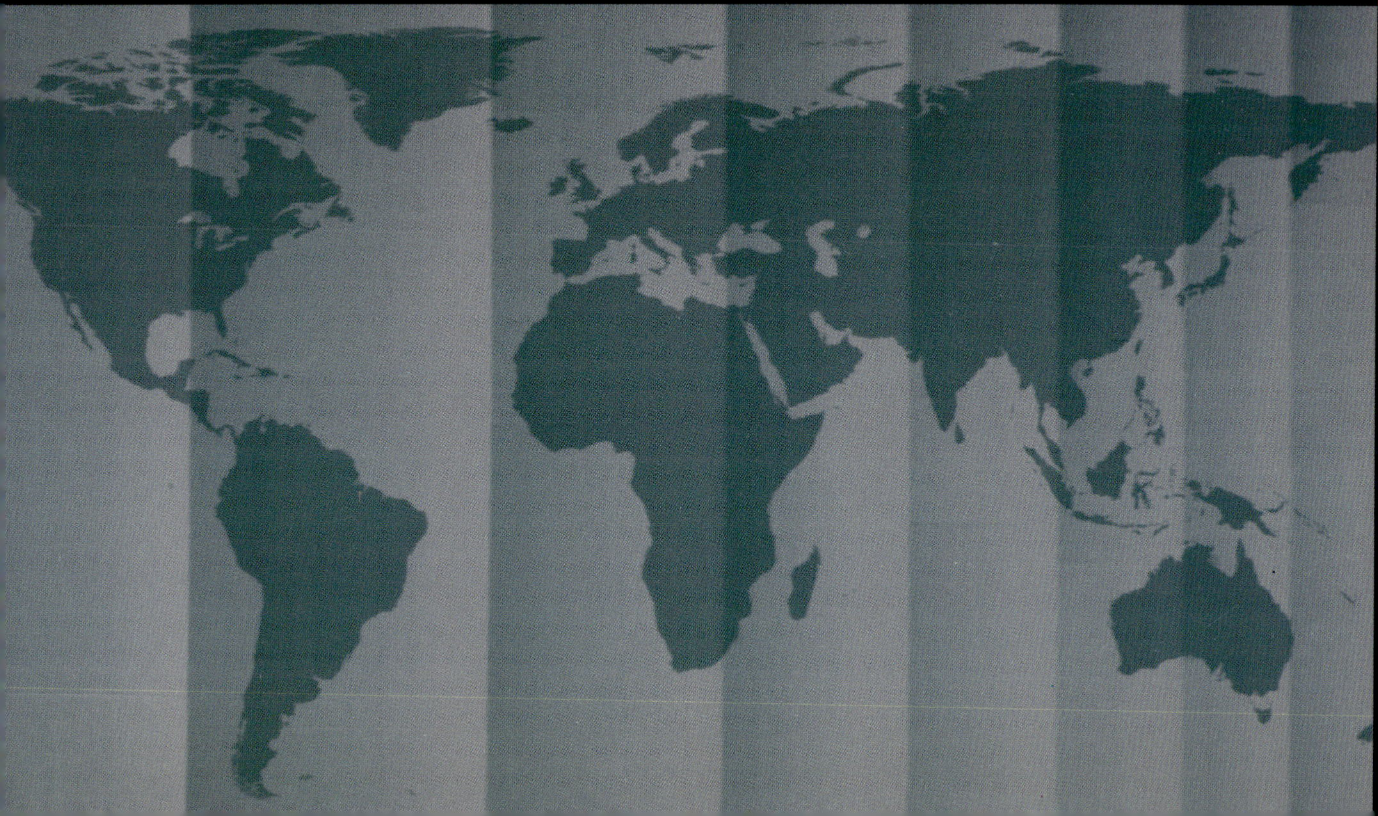

中原石油勘探局

Zhong Yuan Petroleum Exploration Bureau

中原石油勘探局是中国石化集团领导并授权投资、从事石油工程技术服务和社会化服务的综合性独资企业。

中原石油勘控局总部设在中国豫北平原的濮阳市，气候温和，地势平坦，通信发达，交通方便。

中原石油勘探局具备石油地球物理勘探、钻井、地质录井、地球物理测井、完井作业、井下作业、管具配套服务、油田工程设计与施工、道桥建设、机械修造、交通运输等技术和装备，拥有经验丰富的专业技术人员和施工队伍，能提供从油田勘探开发到地面建设等一系列工程技术服务。1996 年以来，各类专业化施工队伍先后进入孟加拉、苏丹、埃塞俄比亚、印度尼西亚、菲律宾、新加坡、俄罗斯、哈萨克斯坦、卡塔尔、也门、沙特、巴基斯坦等 13 个国家的国际市场，共承担 70 多项石油工程服务项目，累计签订工程合同额 4.27 亿美元，实现营业收入 2.4 亿美元。其中，2000 年对外工程承包新签合同额达 1.1109 亿美元，跻身全国 30 强之列，并多次荣获河南省外经工作先进企业、状元企业称号。

中原石油勘探局愿在友好合作、互惠互利的原则下，以其良好的信誉，强大的技术优势和竞争力，安全、高效地竭诚为国内外客户提供优质服务。

Zhong Yuan Petroleum Exploration Bureau ZPEB is a comprehensive and sole proprietorship enterprise that is led and entitled by China Petrochemical Cooperation (SINO-PEC) to do investment and deal with petroleum engineering services and socialized services.

The head office of ZPEB is located in Puyang city of North Henan plain, P.R.China with features of pleasant and mild climate. flat topography, advanced telecommunication and convenient communication. ZPEB has owned such techniques and equipment as petroleum geophysical prospecting, well drilling, geological logging, well completion operation, pipe tools matching services, oil field engineering & construction, road & bridge construction, mechanical repairing and manufacturing and communication etc. Meanwhile ZPEB also has a large number of technical staffs and construction teams with rich experiences providing with a series of technical services from oil field exploration development to the ground building.

Since 1996, specialized construction teams of ZPEB have successively entered the international markets of 13 countries such as Bangladesh, Sudan, Ethiopia Indonesia, Philippine, Singapore, Russia, Kazakhstan, Qatar, Yemen, Saudi Arabia and Pakinten etc. Undertaking over 70 petroleum engineering service items Accumulative contractual value has reached 427 million US Dollars and 240 million US Dollars of operation income have been realized, in which newly signing contractual value of foreign projects was up to 111.09 million US Dollars in 2000 becoming one of 30 tops in China and for times gaining the title of foreign economic advanced enterprise and the best enterprise.

ZPEB sincerely hopes to render good services to domestic and foreign customers with good faith, strong technical advantages and competitiveness, safety and good efficiency on the basis of friendly cooperation and mutual benefits.

地址：中国河南省濮阳市场中原路 277 号，457001

Add: No. 277, Zhongyuan Road, PuyangCity Henan Province 457001, P.R.China

电话 (Tel)：0086-393-4816171/4732458/4816697/4893273/4821363

传真 (Fax)：0086-393-4462666/4465861/4491879

电子信箱 (Email)：zpeb@public.zz.ha.cn

zpedchina@public2.bta.net.cn

zpebmarket@sohu.com

zpebadm@263.net

大力开展对外经济合作
促进外经贸事业发展和国民经济增长

对外贸易经济合作部部长助理　何晓卫

一、我国对外经济合作发展概况及其特点

在党中央、国务院的领导下，在各有关部门的支持和共同努力下，我国对外经济合作持续快速发展，境外投资取得较大成绩，对外承包工程、对外劳务合作等各种形式的经济合作显著增长。

(一) 发展速度快，初步形成规模

改革开放以来，我国对外经济合作迅速发展，现已初具规模。截至2001年底，我国累计设立各类境外企业6 610家，协议投资总额123亿美元，中方投资额84亿美元；累计签订对外承包工程合同额997亿美元，完成营业额715亿美元，带动出口近60亿美元；累计签订对外劳务合作合同额268亿美元，完成营业额207亿美元，外派劳务累计达252万人次。此外，境外资源开发、跨国购并、设立研发中心、开展农业合作等经济合作业务也已起步并取得了积极进展。

(二) 多元化的对外经营格局基本形成

目前，我国境外投资业务已扩展到160多个国家和地区，涉及贸易、生产加工、资源开发、交通运输、承包工程、农业及农产品综合开发、医疗卫生、旅游餐饮及咨询服务等多个领域，投资重点逐渐从港澳、北美地区，转移到亚太、非洲、拉美等广大发展中国家，多元化发展趋势日益显著；对外承包工程业务分布在180多个国家和地区，涉及建筑、石油化工、电力、交通、通讯、水利、冶金、铁路、煤炭、林业及航空航天、和平利用原子能和高科技等国民经济各个领域；对外劳务合作业务由开始时以派出建筑工程劳务为主逐渐向多领域扩展，外派劳务人员既有普通工人、技工和农民，也有工程师、医生、护士、会计师等各类专业技术人员，还有飞机修理、计算机软件设计与应用、工程设计与咨询、项目监理和经营管理领域的人才。

(三) 大项目不断增多，技术含量日益提高

在业务开展初期，我国企业境外投资项目规模较小，承揽的工程也大多为中小型项目。近年来，随着我国对外经济合作业务的快速发展，大项目不断增多，技术含量不断提高。在我国境外投资项目中，2000年中方平均投资额194万美元，中方投资额超过1 000万美元的项目13个；2001年中方平均投资额252万美元，同比增长29.9%，中方投资额在1 000万美元以上的项目增至14个，合计投资额3亿美元，占当年中方投资总额的38%。同时，高科技企业境外投资初露锋芒，一批以通信网络、应用软件等高科技产品开发为主的国内高科技企业，通过在香港、美国等地设立公司，加快了建立国际营销网络的步伐。在对外承包工程方面，2000年新签合同额在1 000万美元以上的项目164个，合计合同额58.8亿美元，占合同总额的34%，其中上亿美元的大项目9个；2001年新签合同额1 000万美元以上的项目226个，同比增加62个，合计合同额83亿美元，占合同总额的78.6%，其中上亿美元的大项目15个，同比增加6个。对外承包工程由初期以传统的房屋、道路等土建项目为主逐步向石油化工、通讯电子、供排水、环保产业、矿山建设等行业扩展，经营方式逐步向工程总承包、BOT等方式发展。此外，外派劳务人员素质也不断提高。

(四) 经营主体进一步优化，竞争力不断增强

经过20多年的发展，我国境外投资主体逐步从贸易公司为主向大中型生产企业为主转变，生产企业境外投资所占比重不断增大，境外贸易公司所占比重逐渐减少。特别是一批骨干企业积极开展跨国经营并取得较好成效，已成为我国境外投资的主力军。万向、远大空调、新希望等优秀民营企业以开展境外加工贸易为切入点，积极拓展国际市场，逐步成为我国境外投资的重要力量。一些优势企业如华源、海尔等国内具有较强实力的企业集团，已开始实施海外投资战略，并初步形成了全球的生产销售网络，初具跨国公司的雏形。具有对外承包工程和劳务合作经营资格的企业目前已有1 800多家，大型专业工程公司所占比重进一步增加，经营主体进一步优化，其优势和骨干作用日益显著，经营水平不断提高。迄今已有34家中国企业进入美国《工程新闻记录》(ENR) 评选的世界最大225家国际承包商行列，6家进入世界最大国际设计企业200强，显示中国企业的竞争力在不断增强。

开展各种形式的对外经济合作，不仅有力地促进了我国国民经济和外经贸事业的发展，取得了显著的经济和社会效益，还加强了我国与世界各国和地区的经贸合作关系，为有关国家，特别是广大发展中国家的经济发展作出了贡献，有利于实现优势互补，促进共同发展。

二、我国开展对外经济合作面临的形势

当前，世界经济增速放缓，全球贸易和投资总量下降，金融市场跌宕起伏，政治经济风险和不确定性增多，发展中国家经济受到严峻挑战。与此同时，世界范围内正在进行着经济结构调整，科技进步突飞猛进，跨国公司的影响力日益增大，这些都对各国经济的发展带来了深刻影响。但也应看到，世界经济低迷中往往蕴藏着诸多机遇，与世界主要国家经济增长缓慢相比，我国经济保持了持续稳定增长，为我国企业抓住机遇、积极稳妥地开拓国际市场提供了机会。今后一段时间，我国开展对外经济合作面临一系列有利因素和不利因素，机遇与挑战并存。

有利因素主要有：

第一，我国经济保持了良好发展态势，宏观经济环境不断改善，企业面临的国内环境更加宽松，为更多企业实现“走出去”开展对外经济合作提供了充分保障。

第二，经过二十多年的发展，我国对外经济合作已初具规模并积累了一定的经验，为下一步的发展打下了坚实基础。经过多年来对先进技术的引进、消化、吸收和创新，我国工业整体水平有了明显提高，许多行业拥有成熟的工业化技术和先进技术，建筑、石油化工、电力、交通、冶金、铁路、水利、通讯等行业的实用技术、成套设备技术在国际市场上具有竞争优势，已经具备了进一步开展对外经济合作的实力。此外，为主动应对WTO带来的挑战，实现经营资源在国内外的合理配置，提高国际竞争力，企业“走出去”的要求日益强烈和迫切。

第三，加入WTO为我国发展对外经济合作带来了新的机遇。加入WTO后，国内市场国际化、国际市场国内化进程进一步加快，我国将享受WTO各成员贸易投资自由化的便利。特别是在市场准入方面，我国企业在进入各成员市场时，享受各成员在WTO承诺的待遇或与所在国（地区）企业相同的待遇，从而为我国企业“走出去”创造了更为广阔的发展空间。

第四，由于世界经济不景气，造成全球经济结构调整加剧，跨国公司之间加快购并和重组，许多企业在进行内部结构和产品结构调整，为我国企业发挥相对优势，进入某些产业领域提供了商机。

不利因素主要有：

第一，我国对外经济合作的促进和保障政策尚不配套，特别是有关金融和保险服务体系需进一步完善。

第二，在世界经济增长前景不确定的背景下，多数资金处于观望状态，新的投资流向不定。部分游资将进入经济发展良好、投资环境好的市场，从而造成这部分市场的竞争加剧。同时，一些国家由于经济困难造成资金紧张，压缩公共建设投资，取消或推迟项目发展计划，给我国开展对外经济合作业务带来一定困难。

第三，在世界贸易和投资的困难时期，各国的对外经济政策一般趋于保守，保护主义倾向愈加明显，各种贸易壁垒增多，特别是发达国家市场虽称完全开放，但实际上在技术、环保、卫生、人员进入等方面的壁垒仍十分坚固。

第四，企业自身还存在一些问题，如竞争能力不够强、资金和人才缺乏等，已成为制约企业开展对外经济合作业务的主要障碍。

三、大力发展对外经济合作的主要任务

加入世贸组织标志着我国对外开放进入了一个新的阶段，对外经济合作将获得更大的发展并为促进对外开放和国民经济发展发挥更加积极的作用。2002年是我国加入WTO后的第一年，我国外经贸工作面临新的形势和新的任务。我们要认真贯彻2001年中央经济工作会议的精神，根据“走出去”开放战略的总体要求和国民经济发展的需要，以加入WTO为契机，充分发挥我国的综合比较优势，抓住机遇，应对挑战，从长远战略的高度重视和推进对外经济合作的发展。

第一，充分调动各地区、各部门的积极性，采取各种切实措施，推动和促进境外投资、对外承包工程、对外劳务合作等各项经济合作业务上规模、上档次，为促进我国与世界各国和地区经贸关系的发展作出积极的贡献。

第二，加强法制建设，建立健全对外经济合作法律法规。根据形势发展和业务需要，对现有法规和规章进行修改、完善和补充。加快境外投资、对外承包工程、对外劳务合作等的立法进程。

第三，充分利用WTO规则，加强多双边谈判与磋商，抓紧签订政府间协定，为成员方企业间相互开展投资合作提供便利。积极参与区域经济合作，推进贸易投资自由化、便利化和经济技术合作。

第四，完善对外经济合作的促进和保障措施。加强金融服务，充分运用现有财政和金融支持手段，有效发挥商业银行作用，加强银企协作，同时研究新的金融支持办法。加强信息服务，建立科学的业务统计制度和统计数据库，充分发挥我国驻外经商机构的作用，为企业进入国际市场创造必要条件。加强领事保护，维护我境外企业和人员合法权益。

第五，加强监管，以“管理与服务相结合”为原则建立符合我国国情的对外经济合作监管体系。加强行业自律，协调和规范企业的经营行为。充分发挥社会中介组织的作用，为企业开展对外经济合作提供必要的中介服务。

第六，加强人才培训，通过中外合作办学、国内院校和企业联合办学、国内专业培训以及出国培训等方法，大力培养能够开展国际经营的管理人员，建立一支稳定的对外经济合作人才队伍。

实施“走出去”战略取得成效 对外经济合作持续稳步发展

对外贸易经济合作部国外经济合作司司长 陈 健

一、2001年我国对外经济合作情况

2001年，在世界经济形势严峻的情况下，我国实施“走出去”战略仍取得较好成绩，对外经济合作各项业务继续保持稳定增长。

（一）多种形式的对外经济合作持续稳步发展

2001年，我国新设各类境外企业312家，协议投资总额9.7亿美元，同比（下同）增长20.7%，中方投资额7.9亿美元，增长26.2%；新签对外承包工程合同额130亿美元，完成营业额89亿美元，分别增长11.3%和6.2%，带动出口8.6亿美元；新签对外劳务合作合同额33.3亿美元，完成营业额31.8亿美元，分别增长11.3%和13%，年末在外人数47.5万人，增加近5万人；油气、矿产、林业、渔业等境外资源合作项目运作良好，经济效益逐步显现；跨国并购作为新兴的“走出去”的形式迅速发展，主要有海尔、浙江万向、中石化、中海油等公司的并购项目，特别是中海油去年以5.85亿美元收购西班牙瑞普索公司在印度尼西亚的五大油田的部分股权，获得每年4 000万桶（约合637万吨）的份额油；在境外设立研发中心、开展农业合作也已起步并取得一定进展。

（二）开拓新市场、新领域取得积极进展

目前，我国境外投资已扩展到世界160多个国家和地区，投资重点逐步从港澳、北美地区，向亚太、欧洲、非洲、拉美等地区转移，分布趋于均衡。投资领域进一步拓宽，涉及生产加工、贸易、资源开发、交通运输、承包劳务、农业及农产品综合开发、旅游餐饮及咨询等多个领域，多元化发展的趋势日益显著。对外承包工程和劳务合作业务在亚洲、非洲等传统市场持续增长的同时，开拓拉美市场取得成效，新签合同额和完成营业额分别增长108.5%和40.9%，开拓欧洲市场也取得一定进展，新签合同额和完成营业额分别增长1.4%和41.4%。

（三）大型项目不断增多，技术含量日益提高

2001年，我国境外投资项目中方平均投资额为252万美元，比上年的194万美元提高了29.9%。中方投资额1 000万美元以上的项目14个，合计投资额3亿美元，占中方投资总额的38%。一批以通信网络、应用软件等高科技产品开发为主的国内高科技企业通过在香港、美国等地设立公司，继续加紧建立国际营销网络。去年新签合同额1 000万美元以上的工程项目226个，比上年增加62个，合计合同额83亿美元，占对外承包工程合同总额的78.6%；其中上亿美元的大项目15个，比上年增加6个。这些项目主要涉及石油化工、电力、交通、建筑、通讯电子、环保产业、矿山建设等行业，经营方式逐步向工程总承包、项目管理承包、BOT等方式发展，技术含量不断提高。如：巴基斯坦成品油管线项目（合同额3.17亿美元）、孟加拉国燃煤电站项目（2.2亿美元）和以BOT方式承揽的柬埔寨基里隆Ⅰ级水电站修复工程（1 943万美元）等。

（四）大型骨干企业表现突出，龙头作用显著

去年，中石油、中石化、华源、海尔等一批骨干企业加快了国际化经营步伐并取得较好成效，已成为我国境外投资的主力军。万向、远大空调、新希望等优秀民营企业以开展境外加工贸易为切入点，积极拓展国际市场，逐步成为我国境外投资的重要力量。一些优势企业如华源、海尔等国内具有较强实力的企业集团，已开始实施海外投资战略，并初步形成了全球的生产销售网络，初具跨国公司的雏形。同时，大型承包工程企业的优势和骨干作用进一步增强，2000年进入《美国工程新闻记录》（ENR）评选的世界最大225家国际承包商行列的34家中国企业2001年业绩斐然，其新签合同额和完成营业额分别占我国对外承包工程总额的一半左右。

二、2001年对外经济合作主要政策措施

（一）研究制定促进对外经济合作发展的政策措施和法规规章

1. 加紧建立健全企业从事境外投资的政策和法律。积极推动《中华人民共和国境外投资管理暂行条例》出台；与国家经贸委建立协调机制，研究境外加工贸易相关政策的落实、审批程序的简化和有关项目协调等问题；会同国务院港澳办等有关部门制定对在香港上市的国内企业申请在港设立机构和派驻人员的审批原则，对改革驻港澳地区“窗口公司”管理模式提出指导意见；制订《中俄森林开发与利用合作项目人民币贷款贴息办法》等。

2. 进一步完善对外承包工程的促进和社会服务体系。积极推动《中华人民共和国对外承包工程管理条例》尽快出台；与财政部联合下发《对外承包工程保函风险专项资金管理暂行办法》、《对外承包工程项目贷款贴息暂行办法》；与海关总署联合制定了《关于对外承包工程项目项下出口设备材料的工作规程》；与建设部研究制定《对外承包工程质量监管办法》；正在制定《关于国际承包工程项目经理执业资格制度暂行规定》等。

3. 遵循以“管理促发展”的工作思路，全面推行对外劳务合作改革。起草了《中华人民共和国对外劳务合作管

理条例》（草案）；与外交部、公安部共同制定了《办理劳务人员出国手续的办法》；与财政部联合下发了《对外劳务合作备用金暂行办法》；下发了《外派劳务人员培训工作管理规定（修订稿）》和《中华人民共和国外派劳务人员（研修生）培训资格证书管理办法》；起草了《关于保障外派劳务人员合法权益的规定》；拟定了《关于对外劳务合作企业经营管理人员执业资格制度暂行规定》等。

（二）积极实施“走出去”战略，大力促进业务发展

1. 落实国家领导人的出访成果，积极推动委内瑞拉铁路、金矿、校园网建设、电站、引水等项目，巴基斯坦塔尔煤矿、成品油管线项目，伊朗地铁、电站、有色金属、电信、油气开发项目，斯里兰卡小水电和中小型灌溉设施建设项目，马尔代夫基础设施及印尼跨海大桥等项目及中俄多领域经济合作项目的进展。

2. 推进重点市场业务。通过双边混委会和出访办展等方式，积极协助我国企业在重点国别承揽大项目，如马来西亚南部铁路、沙特铁路、缅甸水泥厂、伊朗水坝、安哥拉炼油厂、越南体育场等项目，密切跟踪中越5个双边合作项目；对阿尔及利亚供水、埃塞俄比亚城市供水、多哥阿贾哈拉水电站、委内瑞拉铁路、巴西淡水河谷公司自备电站等大项目出现的问题，积极与有关部门协调，推动项目的顺利进展；在阿联酋成功举办了“中国工程和技术展览会”，共达成各类工程项目合作意向9.3亿美元；积极落实“中非合作论坛”后续工作，积极推动我国企业参与非洲的开发和建设；继续研究开拓发达国家市场的策略。

3. 促进海外资源开发。引导企业参与西亚北非、中亚及南美国家的油气资源开发与合作；加强对俄罗斯森林资源的开发与利用；积极推进越南多农铝矿、菲律宾铜矿、缅甸石油天然气开发等项目；积极研究探讨“利用坦赞铁路开发南部非洲矿产资源”等事项，推动我国企业探讨在非洲产油国勘探开发石油资源。

（三）规范市场，加强管理，整顿经营秩序

1. 通过制订和实施管理办法，如《对外承包工程项目投标（议标）许可暂行办法的补充规定》、《在与我无外交关系的国家开展经济合作的有关规定的通知》、《关于中国公司在境外承建亚洲开发银行出资项目有关问题的通知》等，加强业务管理，规范经营秩序。同时，协助有关行业商会加大对大项目的协调力度，取得了良好效果。

2. 对个别出现问题较多的承包工程及劳务合作市场进行整顿，下发了《关于整顿和规范对新加坡劳务合作市场秩序的紧急通知》、《关于全面暂停对台渔工劳务合作业务的通知》等文件，维护了市场秩序，保护了我国企业和外派劳务人员的合法权益。

3. 在黑龙江、江苏、浙江和上海进行设立“外派劳务援助中心”的试点工作，逐步建立解决劳务人员纠纷的有效机制。

2002年是我国加入世贸组织的第一年，也是实施“走出去”战略非常关键的一年。外经贸部将认真贯彻2001年中央经济工作会议的精神，积极应对我国加入WTO后面临的挑战，积极稳妥地实施“走出去”战略，大力开展多种形式的对外经济合作。充分认识并运用我国作为世贸组织成员应有的权利，采取各种有效措施，引导具有比较优势的产业和企业“走出去”开拓市场，推动对外经济合作业务上档次、上规模，通过抓管理、促发展，拓宽我国的对外发展空间，继续完善市场开拓、社会服务和宏观监管体系，扩大对外经济合作在国民经济中的比重，努力推进实施“走出去”战略取得明显成效。

2001年中国对外援助情况

对外贸易经济合作部对外援助司司长 邱德亚

2001年，我国政府继续向友好的发展中国家提供了力所能及的各类援助，促进受援国经济和社会发展；积极落实“中非合作论坛会议”期间的承诺，减免非洲重债贫穷国和最不发达国家债务进展顺利；加大对发展中国家人员培训力度，帮助发展中国家培养各类管理和技术人才；积极参与区域经济组织合作，拓展与发展中国家合作领域；继续深化援外方式和管理改革，注重援外项目的效益和质量。

一、2001年援外总体情况

全年，我国同101个国家和组织签订援款协议，在24个国家新承担了38个援外成套项目，主要有：巴基斯坦瓜达尔港口、柬埔寨贝雷桥、东帝汶和乌干达外交部办公楼、尼泊尔沙拉公路、卢旺达会议厅、科特迪瓦议员之家、瓦努阿图农学院等；在26个国家新承担了30个技术合作项目。向65个国家提供了113批一般物资，主要有：向朝鲜提供粮食、纸张、化肥和农药等，向印度、阿富汗、巴基斯坦提供毛毯、帐篷，向古巴提供轻纺产品和药品，向阿尔巴尼亚、阿塞拜疆、巴布亚新几内亚、哥伦比亚、特立尼达和多巴哥、几内亚比绍、立陶宛、秘鲁、牙买加、印度尼西亚和也门提供电脑，向安哥拉、博茨瓦纳、赤道几内亚、佛得角、尼日利亚、加蓬、肯尼亚、中非、越南、老挝、巴基斯坦、罗马尼亚、乌克兰、汤加等提供办公用品或办公设备等。新开工成套项目40个，主要有马达加斯加昂瓦公路、贝宁会议大厦、赤道几内亚涅方-恩圭公路、吉布提外交部办公楼、圣卢西亚体育场等；竣工项目19个，主要有纳米比亚奥森克灌溉工程、布隆迪穆杰雷水电站维

修、塞舌尔工艺学院图书馆扩建工程、南非伊登威尔经济住房等。

继续推进优惠贷款方式和援外项目合资合作。全年，中国进出口银行评估通过了17个优惠贷款项目，签署了15个项目借贷协议，主要有苏丹石油第3和第7区块开采、叙利亚棉纺厂、土库曼斯坦修井机和钻井机械采购等；在9个国家批准立项13个合资合作项目，主要有柬埔寨水泥厂、科特迪瓦日用化工厂等。

二、积极落实中非合作论坛后续行动，巩固会议成果

继续对非洲国家提供力所能及的援助。2001年，我国先后同43个非洲国家签订各类援款协议70笔。

迅速落实减免非洲国家债务。根据承诺，我国将在两年内减免非洲与我友好的32个重债贫穷国和最不发达国家100亿元人民币债务。2001年，这项工作已全面启动，我先后同27个非洲国家签署了免债议定书，共免除债务141笔。

支持我国企业赴非开展投资合作。2001年，外经贸部加大优惠贷款和援外合资合作方式的宣传力度，提供资金支持我国企业在14个非洲国家实施了19个援外优惠贷款和合资合作项目，并组织国内建筑工程、医药、化工、电力等行业的优秀企业投资考察团赴非洲考察。

加大对非人才培训力度。举办了4期非洲经济官员研修班和1期阿拉伯语国家官员研修班，来自44个非洲国家的87名官员参加了研修。在多边援助项下，专门为非洲开办了9个技术培训班，其他培训班也邀请非洲学员参加，来自23个非洲国家的158人参加了培训。此外，在双边援助项下，为埃及、坦桑尼亚、埃塞俄比亚和突尼斯等国培训专业技术和管理人员。

三、扩大与发展中国家在人力资源领域内的合作，帮助培养各类技术和管理人才

2001年，外经贸部采取“请进来、走出去”相结合的方式，通过举办各类研修班、研讨班和培训班，帮助100多个发展中国家培训各类管理和技术人员1200多名。举办了8期发展中国家经济官员研修班，其中非洲4期，亚洲、拉美以及独联体和阿拉伯地区研修班各1期，培训经济管理人员176名；为安第斯共同体国家举办1期中国经济增长模式培训班，培训人员23名；在多边援助项下，举办了36期专业技术培训班，涉及太阳能应用、农业、针灸、沙漠治理、环保等多个领域；培训技术人员685名；在双边援助项下，为越南、老挝、蒙古、东帝汶、埃及等13个国家培训各类行政管理和技术人员344名。与此同时，我国还在26个国家新承担了30个技术合作项目，派出各类技术人员共177名。我国在受援国的续建技术合作项目有52个。这类项目主要是由我国派遣技术人员对项目的实施、管理和维修提供技术指导，就地培训当地技术人员。

四、积极参与区域经济组织合作，拓展与发展中国家合作领域

为安第斯共同体国家开办了中国经济增长模式培训班，邀请玻利维亚、秘鲁、厄瓜多尔、哥伦比亚和委内瑞拉5国及安第斯大学校方共23名学员参加，加强我国与安第斯共同体国家沟通与交流。

2001年11月，在文莱召开的中国—东盟国家领导人会议上，为支持大湄公河次区域经济合作，中国与亚行、泰国和老挝组成4方合作，由中、泰和亚行各承担老挝境内昆曼公路1/3路段的建设，我国承担约80公里路段，所需建设资金，将通过援助方式解决。

为帮助赞比亚主办第37届非洲统一组织首脑会议，我国及时提供了援助和物资。

为落实东盟与中国（10+1）在人力资源开发方面的合作，举办了东盟国家环保技术培训班，来自泰国等5国共9人参加了培训。

五、加强援外项目质量和效益管理

继续坚持对具备条件的援外成套项目贯彻ISO9000国际质量管理和标准体系，并实行对援外贯标项目的质量巡检。截至2001年底，已对莫桑比克外交部办公楼、几内亚比绍住房、巴基斯坦白沙瓦培训中心、尼泊尔广电中心改扩建等16个项目进行了贯标培训，要求项目技术组严格按照ISO9000国际质量标准体系组织施工；坚持对援外出国人员进行培训，从源头上把好援外项目质量关，全年，共举办了7期培训班，对斐济多功能体育馆、莫桑比克外交部办公楼等41个项目的国内负责人、项目技术组负责人、设计代表和监理工程师共279人进行了培训。全年，援外工程项目优良率达到95%。

2001年我国对外承包劳务业务分析

中国对外承包工程商会

受国际局势的影响，2001年尽管国际承包劳务市场表现平淡，但我国对外承包劳务事业在困境中取得了较大增长。

一、当前我国对外承包劳务发展的特点

2001年，作为我国外经贸重要组成部分的对外承包劳务事业，在波动中获得发展（见图1）。据统计，2001年我国对外经济合作业务完成营业额121.39亿美元，同比增长7.2%，其中，对外承包工程完成营业额68.4亿美元，同比增长6.2%，对外劳务合作完成营业额28.8亿美元，同比增长13%，对外生产合作完成营业额4.8亿美元，对外设计咨询及其他类共完成营业额19.4亿美元；2001年新签合同39 400份，累计金额164.55亿美元，同比增长10.1%，其中，对外承包工程新签合同额105.7亿美元，对外劳务合作新签合同额30.5亿美元；12月末在外人数达475 176人，同比增加49 509人。

图1　我国对外承包劳务2001年4－12月份增长率曲线

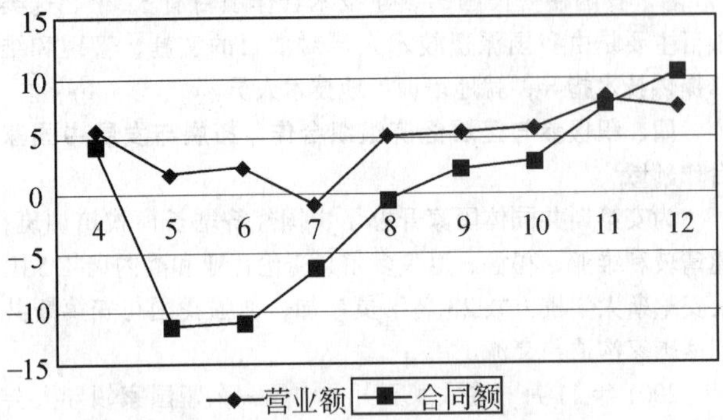

资料来源：外经贸部合作司统计

从图1可以看出，2001年我国对外承包劳务行业的发展并不是一帆风顺的。1－5月份我国对外承包劳务新签合同额50.76亿美元，同比下降11.4%。1－7月份营业额54.77亿美元，同比下降1.1%；新签合同额79.20亿美元，同比下降6.6%，出现了营业额、新签合同额同时下降的局面，这在历史上还不多见。从图1还可以看出，我国对外承包劳务营业额增长率基本上高于同期合同额增长率，发展相对稳定，只是7月份出现了历史上的首次负增长。

2001年我国对外承包工程完成营业额68.4亿美元，同比增长6.2%；新签合同额105.7亿美元，同比增长11.3%。2001年我国对外承包工程发展的主要特点有：一是市场仍然集中在亚洲和非洲地区，我国在两个地区完成营业额、新签合同额占承包工程总量的80%以上。值得注意的是拉美地区市场的开拓成为2001年对外承包工程新的增长点，2001年完成营业额和新签合同额分别增长28.2%和83.6%。值得注意的是，兖矿集团在委内瑞拉签订了合同额1.8849亿美元的铁路项目。二是对外承包工程行业主要分布在普通房建、交通运输和电力工业。在高科技含量的工业项目上我国公司竞争力仍然较弱，但可喜的是近年来已经呈现出发展势头。据外经贸部合作司统计，2001年我国对外承包工程合同额分布情况是，房屋建筑业占合同总额的30%，交通运输业占22%，电力工业占15%，石油化工业占11%，制造加工业占7%，供排水占6%，电子通讯业占4%，环保产业和矿山建设各占了1%。三是一些行业的代表企业充分发挥自身优势，签订的大项目增多。2001年我国对外承包工程新签合同额在1亿美元以上的项目共有15个，累计合同额27.9亿美元，占我国承包工程合同总额的26.4%。其中包括电力、道路、地铁、住宅和石油化工项目。其中，中国石油工程建设集团公司承建的巴基斯坦成品油管线项目合同额高达3.17亿美元；中国建筑工程总公司中标的大项目最多，其在香港新中标4个上亿美元的大项目，累计合同额6.5亿美元，其在阿尔及利亚还中标了造价达3.1亿美元的2个住宅工程。四是国家越来越重视对外承包劳务，配套措施相继出台。继“2000年国办发32号文”出台后，国家又将“继续支持开展对外承包劳务”写入国家“十五”发展规划。2001年，国家还出台了《对外承包工程保函风险专项资金管理办法》，设立了中小企业市场开拓基金，组建了中国出口信用保险公司，改革了贴息贷款办法等。《对外承包工程管理条例》也在报批中。

我国对外劳务合作的主要特点有：一是市场主要集中在亚洲地区，其营业额、新签合同额分别占劳务合作总计的3/4以上。我国在新加坡、日本、韩国、香港、美国、以色列完成营业额、新签合同额均在1亿美元以上。据外经贸部合作司统计，2001年，我国对新加坡劳务合作营业额6.7亿美元；对日本劳务合作营业额4.7亿美元；对韩国劳务合作营业额2.2亿美元；对香港劳务合作完成营业额1.8亿美元；对美国劳务合作营业额1.6亿美元；对澳门劳务合作营业额1.4亿美元；对台湾劳务合作营业额1.23亿美元；对以色列劳务合作营业额1.21亿美元。二是欧洲地区保持稳步增长的态势，北美地区下滑较大。输俄罗斯、德国劳务稳步增长。2001年我国在俄罗斯完成对外劳务合作营业额6 067万美元，在德国完成营业额3 539万美元。但总的来看，我国公司开拓欧美市场的难度仍然很大，主要原因是语言方面的障碍和欧美市场准入条件高。三是劳务合作行业主要分布在制造业、农业、交通运输业和建筑业，高技术行业劳务较少。这是导致我国对外劳务合作利润率较低的一个重要原因。2001年，我国制造业（主要是制衣业）派出人数67 624人，占外派总数的31.5%；农林牧渔业派出56 028人，占26.1%；交通运输业派出33 943人，占15.8%；建筑业派出32 448人，占15.1%；其他行业派出人数占11.5%。

二、我国对外承包劳务事业存在的主要问题

整体上看，我国对外承包劳务事业经过二十多年的发展，取得了很大的成绩。但毋庸讳言，目前仍然存在一些需要解决的问题。主要问题是公司核心竞争力与一些西方大公司相比仍有不小的差距。西方大型承包商在技术、融资及管理方面具备优势，其管理经验和技术先进，资金力量雄厚，运作机制科学，核心竞争力突出。其多元化的经营主要体现在依托主业而开展的经营。如今，西方承包商已经不在一般土木工程市场同发展中国家的承包商竞争，转而集中于高技术含量的项目。日本清水公司就提出了“技术的清水”这一口号，力图在技术领域保持优势。发达国家承包商在业务开展中还广泛利用信息技术和互联网，大大提高了市场竞争力。多年来，我国公司所仰仗的主要优势是劳动力成本优势，但目前呈“弱化趋势”。此外，我国公司资金不足和抗风险能力弱以及现行管理制度不尽科学等都成为下一步发展的障碍。特别是一些企业规模小、信息和人才匮乏，市场营销及项目融资能力弱，无法与西

方大型承包商相抗衡。

其次，国家的宏观管理和公司自身的经营管理有待完善和加强。从宏观管理角度讲，在对外承包工程方面，亟需立法和建立完善的金融服务体系；在外派劳务方面，存在政出多门的现象，国家的管理资源尚未有效整合，立法滞后。从微观方面讲，有的公司缺乏大局观念，不守行规，重利益，轻管理，恶性低价竞争，扰乱了市场经营秩序。

第三，市场分布仍然比较集中，市场开拓能力需要加强。据外经贸部合作司统计，2001 年我国对外承包工程营业额分布情况是：亚洲地区占 66%，非洲地区占 20%，欧洲地区占 7%，拉美地区占 3%，北美地区占 2%，其他地区占 2%。我国对外劳务合作营业额分布情况是：亚洲地区占 76%，非洲地区占 7.7%，欧洲地区占 7%，北美地区占 5.8%，拉美地区占 2.2%，其他地区占 1.3%。由于市场集中，受“9·11”事件的影响也比较大，2001 年我国对北美地区业务滑坡 28.4%。市场分布集中说明我国公司开拓海外市场的能力有待提高，还需要各方面的大力支持。

三、发展我国对外承包劳务事业的对策

发展我国对外承包劳务事业，提高企业的核心竞争力是关键。

首先，应加强行业发展研究，优化公司发展的宏观环境。目前，随着我国企业“走出去”步伐的加快，建立完善的法律体系、金融服务体系、系统的研究机制和快速信息反馈体制十分必要。我们应当学会充分利用有效的社会资源，通过政治、外交和经济合作，采取多种形式加大市场开拓力度，为发展对外承包劳务事业服务。当前，还应当深入研究加入世贸组织对承包劳务的影响问题，从法律规范、市场准入等方面入手，分析可能出现的各种情况，以便做好充分准备。

其次，加快企业改革的步伐，不断提高经营主体的国际竞争力。外经企业要根据国有企业改革的指导方针，加快建立现代企业制度的步伐，优化企业资产结构，降低交易成本。对外承包劳务属于服务贸易的一种，公司的竞争力是以交易成本来体现的。交易成本不仅包括劳动力成本，还包括技术、融资能力、管理、谈判费用、信息费用等。降低市场交易成本的途径有多种，一是提高规模效益，考虑组建企业集团，鼓励企业通过兼并实现战略联盟，加强竞争能力。二是提高施工质量和服务质量，坚持“以质取胜”的原则，从而提高信誉。三是加大科技投入，提高技术水平，抢占市场制高点，以使自己在未来的竞争中立于不败之地。四是向管理要效益，通过科学的管理实现公司的良性发展。

中国对外承包工程商会要充分发挥在行业指导方面的优势，提高服务水平，不断促进我国对外承包劳务事业的发展。特别是要积极引导企业竞标，加强对企业人才的培训，为企业开拓市场做好服务和指导工作。严格规范市场竞争秩序，切实维护国家利益。

中国对外经济贸易年鉴

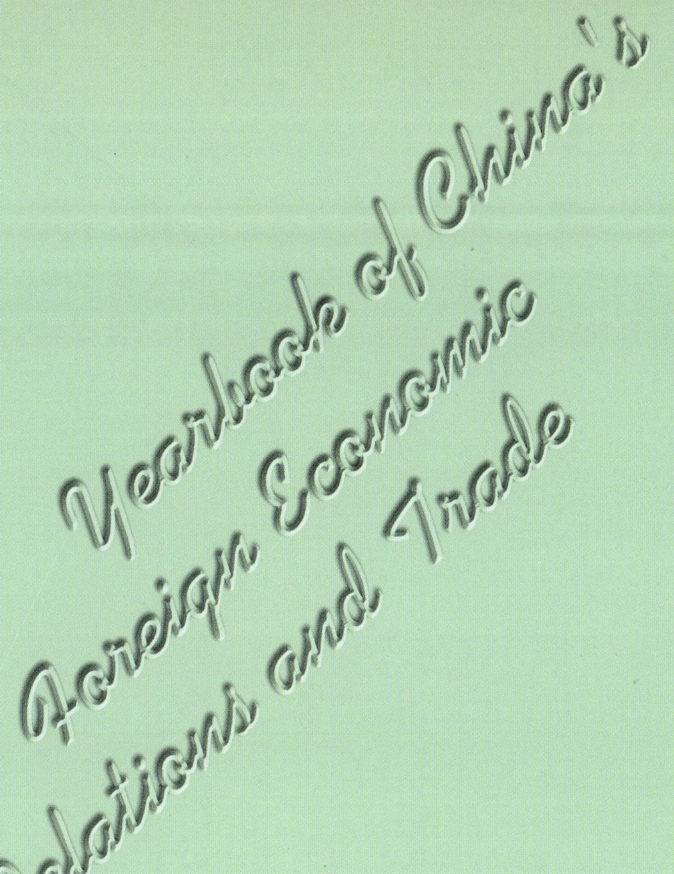

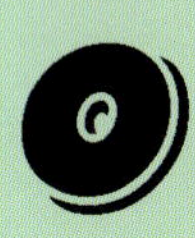

开发区建设

Development Zones

渤海明珠 The Pearl of Bohai Sea

——秦皇岛经济技术开发区

Qinhuangdao Economic & Technological Development Zone

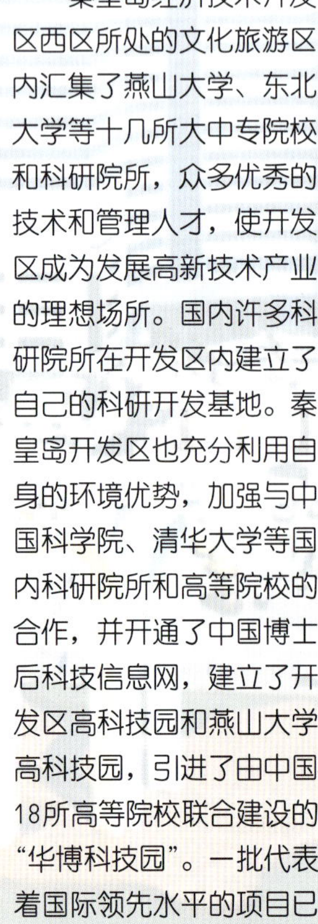
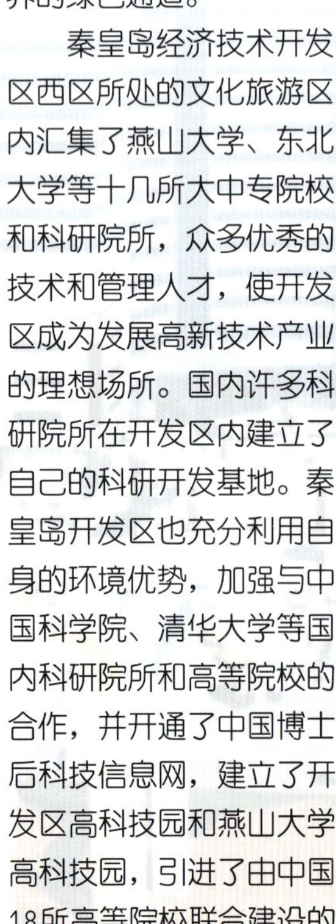

秦皇岛经济技术开发区是1984年经国家批准设立的中国首批14个国家开发区之一，位于河北省秦皇岛市境内，西距首都北京280公里，距中国重要工业城市天津200公里。开发区由西区和东区两部分组成，东区坐落于万里长城第一关——山海关东侧，西区与中外驰名的旅游度假胜地北戴河相邻，总规划面积29平方公里。秦皇岛位于中国北方交通枢纽地区，有中国最大港口之一的秦皇岛港。与中国北方最大的铁路编组站山海关站只相距1公里。而且秦皇岛是中国的玻璃和水泥的生产基地，所以投资者在交通运输和厂房建筑的成本上都相对较低。此外，秦皇岛又是中国北方不缺水的城市之一。

优美的环境秦皇岛开发区国际发展大厦一角

2001年6月秦皇岛经济技术开发区喜获国家环保总局“ISO14000国家示范区”桂冠，铺设了通往世界的绿色通道。

秦皇岛经济技术开发区西区所处的文化旅游区内汇集了燕山大学、东北大学等十几所大中专院校和科研院所，众多优秀的技术和管理人才，使开发区成为发展高新技术产业的理想场所。国内许多科研院所在开发区内建立了自己的科研开发基地。秦皇岛开发区也充分利用自身的环境优势，加强与中国科学院、清华大学等国内科研院所和高等院校的合作，并开通了中国博士后科技信息网，建立了开发区高科技园和燕山大学高科技园，引进了由中国18所高等院校联合建设的“华博科技园”。一批代表着国际领先水平的项目已经在科技园内开工建设。

秦皇岛经济技术开发区管委会大楼

秦皇岛经济技术开发区西部工业区

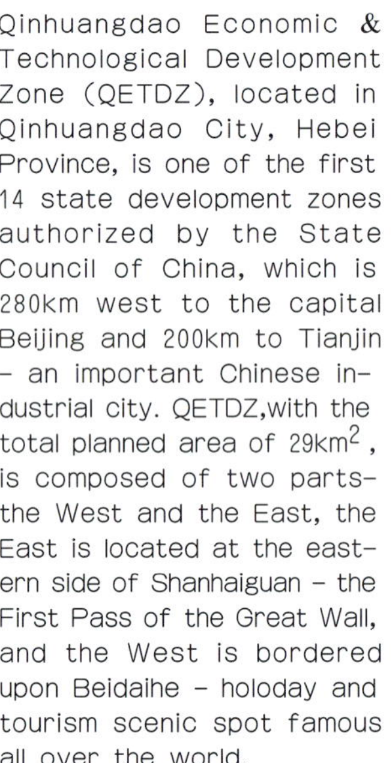
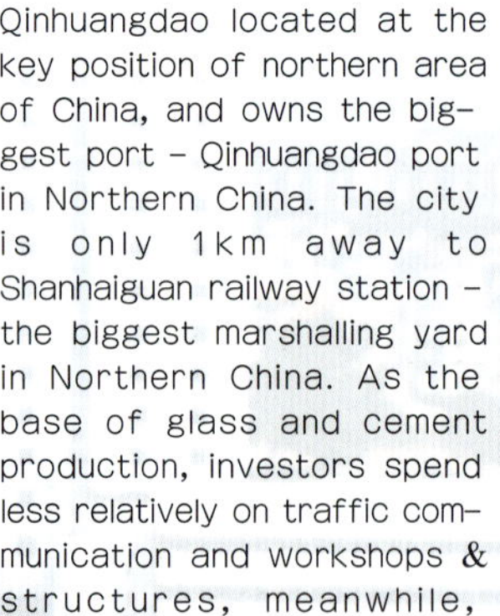

Qinhuangdao Economic & Technological Development Zone (QETDZ), located in Qinhuangdao City, Hebei Province, is one of the first 14 state development zones authorized by the State Council of China, which is 280km west to the capital Beijing and 200km to Tianjin – an important Chinese industrial city. QETDZ,with the total planned area of $29km^2$, is composed of two parts- the West and the East, the East is located at the eastern side of Shanhaiguan – the First Pass of the Great Wall, and the West is bordered upon Beidaihe – holoday and tourism scenic spot famous all over the world.

Qinhuangdao located at the key position of northern area of China, and owns the biggest port – Qinhuangdao port in Northern China. The city is only 1km away to Shanhaiguan railway station – the biggest marshalling yard in Northern China. As the base of glass and cement production, investors spend less relatively on traffic communication and workshops & structures, meanwhile, Qinhuangdao is the only city which does not run short of water.

In June 2001, QETDZ has the honor to win the title of the State 14000 Sample Zone by the State Environmental Protection Administration, paving the green pass to the world.

Cultural tourism area inside QETDZ the west, gathering 10’s colleges, universities and scientific academies like Yanshan University, Northwest University etc. and lots of excellent technical and managing talents, which make QETDZ an ideal place for developing new & hi-tech industries Nowadays, a lot of domestic scientific research and institutes set up their own bases for scientific research and development. Under well utilization of its environmental advantages, QETDZ strengthens its cooperation with scientific research institutes and universities like Chinese Academy of Sciences, Tsinghua University etc., started Chinese postdoctoral information network, and built up QETDZ Hi-tech Park and Yanshan University Hi-tech Park, meanwhile introduced Huabo Science & Technology Park jointly organized by 18 domestic high schools, and a group of projects representing international leading level start to work in the Science & Technology Park.

秦皇岛经济技术开发区高

开发区管委会主任胡英杰与
韩国金浦市代表签定建立韩国工业园协议

2001年6月秦皇岛经济技术开发区
荣获ISO14000国家示范区桂冠

投资咨询：秦皇岛经济技术开发区招商局 Investment Consultation: QETDZ Business Pormotion bureau

电话(Tel): (86)335-8051872 8054640 传真(Fax): (86)335-8051519 8071766 80569974 网址(Web Site): www.qetdz.com.cn

宁波大榭

Ningbo Daxie Development Zone

黄金海岸线的投资福地

宁波大榭开发区 是1993年经国家批复并授权，由中信公司成片开发的国家经济技术开发区，一类开放口岸。开发目标是建成世界一流港口的经济贸易区。

大榭岛 位于中国海岸线中部和上海经济圈的南翼，距宁波市中心40公里，面积35平方公里，海岸线总长26公里，其中深水岸线10.7公里，且风浪小，常年不冻不淤，陆域宽阔，腹地纵深，具有建设大型国际深水港口和仓储、中转基地及临港大工业项目得天独厚的区位优势。目前大榭岛的基础设施条件已能满足大规模开发建设的需要，深水岸线的潜在优势已经逐步转化为港口码头的现实优势。

Approved by the State Council in 1993, Ningbo Daxie Development Zone has been a state level economic and technical development zone developed by CITIC Group. It is also a first class opening gate port of China. The development target is to build Daxie a morden economic and trading zone with world first class port.

About 40km away from Ningbo city proper, Daxie is situated in the east of China's coastline and at the southern side of Shanghai economic circle, Covering an area of 35square kms, Daxie boasts 26km of coastline, of which 10.7kms belong to deep water coastline. With wind minor and waves low, never silted or frozen and with land area broad and wide, Daxie has the unique geographical advanteges to build large scale international deep water ports, storage and transshipment base as well as port backed industries. At present, the infrastrucure facilities in Daxie can fully meet the needs of the development, The potencial advantages of the deep water coastline has been gradually transformed into the actual advantages of ports and wharves.

地址：宁波大榭开发区
邮编：315812
电话：86-574-86768448 86769227 86768969
传真：86-574-86768433 86768850
邮件：citicdx@public.nbptt.zj.cn

Web Site: www.citic-daxie.com
Add: Daxie Development Zone of Ningbo
Tel: 86-574-86768448 86769227 86768969
Fax: 86-574-86768433 86768850
E-mail: citicdx@mail.nbptt.zj.cn
Postcode: 315812

厦门海沧 台商投资区

Xiamen Haicang Taiwanese Investment Zone

厦门海沧台商投资区于1989年5月经国家批准设立，规划开发面积100平方公里。

经过十多年的开发，海沧的基础设施已打下了坚实的基础，现在投资区内水电供应充足，水陆交通四通八达，邮电通信方便快捷，公益设施配套齐全，具备了投资兴业的良好条件。

到2001年底，已累计引进外商投资企业173家，投资客商来自美国、中国香港、中国台湾及东南亚等17个国家和地区，总投资39.1亿美元，合同利用外资32.76亿美元，实际到资18.35亿美元。其中，投资1000万到3000万美元的项目有25个，投资3000万美元以上的项目有14个。世界500强企业有2家，分别是柯达公司和通用公司。累计批准国内客商投资项目298项，总投资138.7亿元人民币。

2001年投资区经济发展情况：全年实现国内生产总值41.9亿元，增长18.7%。实现工业产值110.59亿元，增长21.1%。完成税收入库5.79亿元，增长2.66%。全年新批准外商投资项目22个，办理外商增资项目9个，总投资（含增资）3.74亿美元，增长26.9%，合同利用外资3.16亿美元，增长9.6%。外资实际到资5.25亿美元，增长261.8%。批准内资项目51个，总投资29.17亿元，增长191.1%。进出口总额完成11.42亿美元，比增71.2%，其中出口总额4.74亿美元，进口总额6.68亿美元，分别增长34.3%和112.7%。港口货物吞吐量450万吨，完成集装箱27万标箱。

Covering a planned area of 100 square km, Xiamen Haicang Taiwanese Investment Zone, a would-be new industrial area new port area and new urban area of Xiamen City, was established in May 1989 at the approval of the State Council.

After more than 10 years' development, Haicang is now well equipped with infrastructure facilities. Its sufficient supply of warer and power, convenient transportation and post and telecommunication and other satisfactory public facilities have attracted investors from different parts of the world.

By the end of 2001, investors from 17 countries and regions, including the U.S., Hong Kong, Taiwan and Southeast Asia, have set up 173 enterprises in Haicang with a total investment volume of US$3.91 billion, of which US$3.276 billion is contracted foreign capital with US$1.835 billion million paid in, 14 projects each with over US$30 million. Investors listed among the world's top 500 enterprises are kodak and GE from the United States. In addition, therer are 298 projects invested by Chinese investors with a total investment of RMB 13.87 yuan.

Figures of economic development of Haicang Investment Zone 2001:

GDP: RMB4.19 billion yuan, increase: 18.7%

Industrial output value: RMB11.059 billion yuan, increase: 21.1%

Taxes: RMB579 million yuan (281 million yuan to the central government, 298 million yuan local), increase: 2.66%

Rural gross social output value: RMB1.31 billion yuan, RMB47.34 yuan per capita

Projects with foreign capital approved: 22, Projects inercasing investment: 9

Total investment: USD 374 million increase: 26.9%

contracted foreign capital: USD 316 million, increase: 9.6%

Paid-in foreign capital: USD525 million increase: 261.8%

Projects with domestic capital approved: 51, Total investment: RMB2.917 billion yuan, Increase: 191.1%

Total value of import & export: USD1.142 billion, increase: 71.2%

Export value: USD474 million, increase: 34.3%

Import value: USD668 million, increase: 112.7%

Cargoes handled by the port: 4.5 million tons, Containers handled: 270,000 TEU.

2001 浦东新区对外经贸

Foreign Trade and Economy of Pudong New Area in 2001

2001年，浦东新区全年完成国内生产总值1082.02亿元，同比增长16.1%。完成工业总产值1885.54亿元，同比增长20.1%；其中高新技术产业产值912.7亿元，占工业总产值比重48.4%。全年利用合同外资20.01亿美元，总投资37.65亿美元，引进外资项目880个。进出口总额297.79亿美元，同比增长16.77%，占全市进出口总额的48.9%，其中出口110.22亿美元，同比增长14.94%，占全市出口总额的39.89%；进口187.57亿美元，同比增长17.9%，占全市进口总额的56.89%。

十五期间，浦东新区要围绕增强综合竞争力和综合服务能力，以扩大开放和体制创新为动力，以重点小区为载体，大力发展流量经济，增强服务功能，扩大对内外开放，推进体制创新，力争成为国内资金流商品流技术流人才流信息流积聚和辐射功能强，科技创新能力大，经济社会信息化水平高，政府效能高商业机会多，交易成本低，生态环境优，工作和生活环境佳，社会文明程度高，能体现上海国际大都市综合竞争能力的现代化新城区。

In 2001, the local GDP of Pudong New Area was 108.202 billion RMB yuan and grew by 16.1% as compared with that in 2000. The total industrial product value was 188.554 billion RMB yuan and grew by 20.1%, compared with last year, In these increases, the High-tech industries achieved 91.27 billion RMB yuan, 48.4% of the total industrial product value in the fiscal year. In the year of 2001, Pudong New Area had attracted 880 overseas-funded projects, with an accumulated investment of US$3.765 billion and a contractual investment of US$2.001 billion. The total import and export volume was US$29.779 billion, comparatively grew by 16.77% with that of year 2000, which shared 48.9% of the total foreign trade volume of Shanghai. Concerning the volume data, the export was US$11.022 billion, comparetively grew by 17.9% with last year and a share of 56.89 of the totao municipal import volume of Shanghai.

During the Tenth Five-Year-Planning, Pudong New Area will focus on the comprehensive competivity and promote the full-scale service. Based on the power of enlarging the opening to the and institutional creativity, pudong new area will try its best to be the favorite municipal destrict of the cosmopolitans Shanghai, with the support of key community and under the promoting of the flow economy by enhancing the service functions and promoting the opening and institutional creativity. The Pudong New Area will function well in these scales: capital flow, commodity flow, technique exchange, intellectual exchange and the information ' s congregation and scattering. Pudong will provide a favorable environment, in which the scientific and technical creativity will be booming, the economy and society will be informanized with much more commercial opportunities and less coats. And in this Area, the government will function with the most favorable efficiency, and the working and living surrounding will be ecologically constructed and civilized at a high level. By doing this, the Pudong New Area will take the position of the Best Hallmark to symbolize the comprehensive competivity of the cosmopolitan Shanghai.

地址：上海市浦东新区世纪大道2001号4号楼 Add: No.4 Bld.2001Century Ave.Pudong New Area Shanghai

邮编(Post Code):200135 电话(Tel): 021-58788388- 经贸局 传真(Fax): 021-68541291

烟台经济技术开发区

Yantai Economic & Technology Development Area

以优良的创业环境、生存环境和人文环境成为海内外投资者的乐园

烟台经济技术开发区于1984年10月经国家批准成立，是中国首批14个国家经济技术开发区之一。

烟台开发区具有完善的基础设施，已经建成机械设备、汽车及其零部件、电子信息、化纤纺织、食品加工、制药及精细化工等六大支柱产业，是全国大型的工程机械生产基地、汽车及其零部件生产基地、电子网板生产基地、CDMA移动通信设备生产基地、氨纶丝生产基地、基因类抗癌药物生产基地。

烟台开发区的投资者来自28个国家和地区，韩国、中国香港、美国、日本、新加坡、中国台湾、德国、英国、瑞典、加拿大排在投资规模前10位。

烟台开发区已经通过ISO14000区域环境管理体系认证，被联合国环境计划署确定为“中国工业园区环境管理示范园区”。

烟台开发区濒临海滨，自然环境优美，始终以投资环境建设为生命线，已经以优良的创业环境、生存环境和人文环境成为海内外投资者的乐园。竭诚欢迎海内外客商来烟台开发区投资置业，共同发展！

投资促进机构：烟台经济技术开发区投资促进局

投资咨询网址：

http://www.yantaiinvest.gov.cn

烟台开发区网址：

http://www.yeda.gov.cn

E-mail:yedaipa@public.ytptt.sd.cn

Tel：+86－535－6377777

Fax：+86-535-6396666

Being one of the first 14 State-level Economic and Technology Development Zones, Yantai Economic & Technology Development Area (YEDA) was established in October 1984 upon the approval by the State Council of the P.R. China.

With complete infrastructure, 6 pillar industries composed by machinery, automobiles and its components, electronic information, chemical textile, foodstuff processing, fine chemicals and biological pharmacy have been formed in YEDA, which makes YEDA the largest automobile components production base in China, as well as the production bases of engineering machinery, electronic masks, CDMA mobile telecommunication products, nylon and gene anti-cancer medicine.

Up to now, YEDA has attracted investment from 28 countries and regions. Regarding to the investment amounts, R. Korea, HK, USA, Japan, Singapore, Taiwan, Germany, U.K., Sweden and Canada come up the first 10 places.

Successfully passed the Authentication of the ISO 14001 Environmental Management System, YEDA has been recognized as one of the demonstration areas for Environmental Management over the National Industrial Towns by the United Nations Environmental Program.

Bordering on the sea, possessing beautiful scenery and taking investment environment construction as its lifeline all the time, YEDA has already made itself a paradise for the investors thanks to its fairly good environment for creating career, living and humanism.

We sincerely welcome guests from home and abroad to invest and develop business in YEDA.

Investment Promotion Organization: Investment Promotion Agency (IPA)

Website of YEDAIPA : http://www.yantaiinvest.gov.cn

Website of YEDA: http://www.yeda.gov.cn

E-mail: yedaipa@public.ytptt.sd.cn

Tel: +86-535-6377777

Fax: +86-535-6396666

洋浦经济开发区

Yangpu Economic Development Zone

洋浦经济开发区是1992年3月经国家批准设立的国家开发区，位于海南省西北部的洋浦半岛上，面积31平方公里。

洋浦经济开发区依托南海丰富的石油天然气资源（2003年天然气将输送到洋浦），享受经济特区、开发区、和保税区的优惠政策，拥有配套的高标准的基础设施，是海南特区建设新兴工业省的主要工业基地，是北部湾极具发展潜力的港口开发区。

根据区位、港口、资源（陆海生物资源、矿产资源、水产资源、热带农产品资源等）、政策等条件，洋浦经济开发区适宜发展油气化工等大型临海工业、生物制药等资源加工工业、加工贸易、转口贸易和保税仓储等产业。

Yangpu Economic Development Zone (YEDZ), as a state-level development zone approved by the State Council, was established in March 1992 in the Yangpu peninsula in the northwest Hainan Province, taking up a land area of 31 square kilometers.

YEDZ is adjacent to petroleum and natural gas field on the South China Sea (LNG will be transported to YEDZ in 2003). YEDZ enjoys preferential policies of special economic zone, development zone and free trade zone in China. YEDZ possesses high-standard supplemental infrastructure. YEDZ is the major industrial base of Hainan Special Economic Zone and an expanding port and industrial zone with the greatest potentiality in Beibu Bay.

By right of its district position, port, resources and policies, YEDZ agrees with developing large scale industry relying on ocean shipping such as the chemical engineering of petroleum and natural gas, resource processing industry such as biological pharmacy, the business of improvement trade, transit trade and bonded storage.

洋浦经济开发区区位图

国内：洋浦港至广东湛江172海里，至广东广州488海里，至广西北海125海里。

国际：洋浦港至越南海防151海里，至香港389海里，至日本大坂1693海里，至新加坡1829海里。

Domestic: 172 seamiles to Zhanjiang,Guangdong. 488 sea miles to Guangzhou, Guangdong. 125 sea miles to Beihai, Guangxi.

International: 151 sea miles to Haiphone, Vietnam.389 sea miles to Hongkong.1693 sea miles to Osaka, Japan.1829 sea miles to Singapore.

地址：中国海南省洋浦经济开发区 Add: Yangpu Economic Development Zone, Hainan Province, PRC.

电话(Tel):(0898)28829016 28829017 传真(Fax):(0898)28829028 28829035 邮编(P.C.):578101

A LAND ON THE WEST BANK OF THE STRAIT FULL OF HOPE

Fuzhou

马尾，太平洋西岸璀璨的明珠，福建省会福州的“水上门户”，“海上丝绸之路”的起点之一。1985年1月国家批准在这里设立经济技术开发区，工业开发面积16平方公里，是我国集国家开发区、保税区、台商投资区和科技园区于一体的对外开放区域。1996年8月，国家有关部门选定以开发区为主依托的福州港作为台湾海峡两岸货物定点直航试点口岸。

十七年来，福州开发区着力营造国际化的投资环境，按照适度超前的原则加大基设施建设，制订出台了旨在改善投资环境的投资项目代办制、工商登记制、办事限时制、服务承诺制、责任追究制和企业110等制度，为投资者提供项目审批、落地、动工、投产全程式服务。经批准颁布了《福州开发区条例》、《福州保税区条例》。目前，福州开发区已成为福建省享有开放政策多、外商投资密集、经济发展极具潜力的工业新区。截止2002年6月，共引进外资项目860项，总投资40.5亿美元，合同利用外资20亿美元，实际利用外资14亿美元。形成了以电子信息、机械冶金、新型建材、轻纺、食品、饲料等门类为主的工业体系，并向物流、贸易、旅游等第三产业和现代农业拓展，呈现出强劲的发展势头。开发区在强化工业开发的同时，还致力建设人与自然和谐的环境，通过了ISO14001环境管理体系认证，努力营造适合投资者及其子女居住、教育、医疗、休闲、娱乐的生活环境。

面对中国加入WTO新形势，开发区奉行“为投资者提供服务，让投资者依法赢利”的宗旨，坚持与国际惯例接轨，按WTO规则办事，以港兴城，全力打造“一中心，两基地”（即区域物流中心、现代制造业基地和科技产业化基地），着力实施“西接东拓、沿江开发和城市化”三大战略重点，不断提升综合竞争力。随着海峡两岸经贸往来的进一步发展和“两马交流”的不断深入，福州开发区的近台优势将更加突出，我们热忱欢迎海内外各界人士前来考察观光，洽谈商务，共图发展。

全国最大的生产性台商独资企业-中华映管（福州）有限公司。

福州经济技术开发区　Fuzhou Economic and Technical Development Zone　电话(tel)：0591-3681766

传真(fax) 0591-3682346 邮编(p.c) 350015 网址 http://www.fdz.com.cn 电子邮箱 mwwlzx@public.fz.fj.cn

技术开发区

onomic and Technical Development Zone (FETDZ)

商投资区已成为全国台商
密集的区域之一。

Mawei, the splendid pearl on the west bank of the Pacific, is one of the starting points of the sea silk-road and the gateway of Fuzhou city, which is the capital of Fujian Province. In Jan. 1985 the economic and technical development zone with 16 square kilometers industrial land was established here with the approval of the State. At present, it becomes the only one with the state-level development zone, high-tech park, Taiwanese-investment zone and bonded zone all together in China. In Aug. 1996 the Communication Ministry of the State chose the Fuzhou Port, which locates in this district, as the trial port for set cargos direct navigation across the Taiwan Strait.

百强企业－福建新大陆集团。

Since FETDZ was established, 17 years has passed. During this period, FETDZ spent great efforts to create international investment environment, pooled large sums of capital to perfect its infrastructure facilities, drew up and utilized the rules of system of agency for the investing project, system of industrial and commercial enterprises' registering, system of work under limit time, system of service with promise, system of investigating one's responsibility and system of 110 for enterprises in order to develop and perfect its investment environment. With approval FETDZ enacted the regulations of the FETDZ and the regulations of Fuzhou Free Trade Zone. At present, FETDZ has become new industrial district in Fujian Province with the most preferential policies, the most intensive foreign investment and the greatest economic development potential. Until June. 2002, FETDZ has 860 projects invested by foreign businessmen, the total amount of investment is 40.5 hundred million US dollars, the contract foreign capital is 20 hundred million US dollars, the actual foreign capital is 14 hundred million US dollars. The main industrial systems of FETDZ include information technology, machinery, metallurgy, new-pattern construction material, textile, food and feed industry. FETDZ also develops the tertiary industry, such as logistic, trade and tourism, and extends to the modern agriculture with strong developing strength. While trying best to develop industry, FETDZ passed the ISO14001, and pays attention to construct harmony environment between human being and the nature, builds up good living condition, which fit for the investors and their children's living, education, medical assistant, leisure and entertainment.

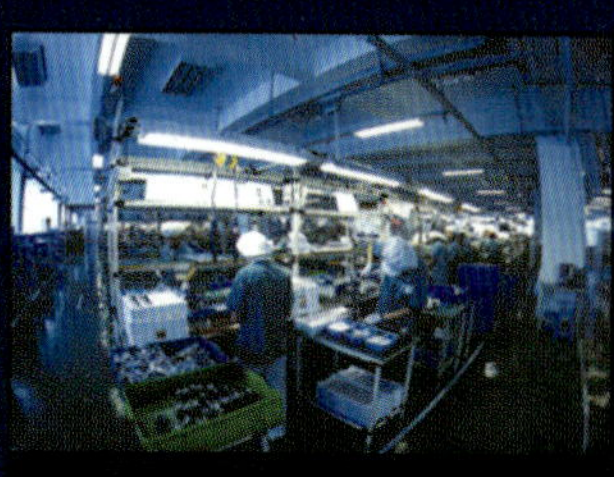

爱普生、理光、JVC、LG、NEC等
跨国公司已在福州开发区落户。

Under the new situation of China's entry into the WTO, FETDZ aims to service the investor efficiently, let the investor make profits in conformity with the law. FETDZ will stick to integrate with the international practices, work under the rules of WTO, and strive to create one center and two bases, that is, regional logistic center, modern manufacturing base and industrializing research of science and technology base, carry out the strategy of connecting with the west, extending to the east, developing along the riverside and urbanization to increase the comprehensive competitive ability of FETDZ. With the further cooperation of economy and trade between both sides of the Taiwan Strait, and the deep going of the connection between Mawei and Mazhu, the advantage of FETDZ, being close to Taiwan, will be more outstanding. Here, we extend our hearty welcome to all from the country and abroad for trade negotiation and expansion and progress.

经济技术开发区

Xi'an Economic & Technological Development Zone

西安经济技术开发区管委会主任 温长生

西安经济技术开发区位于西安市未央路两侧，南临北二环路，北靠绕城高速公路，西临朱宏路，东依未央路以东1200米，1993年10月开工建设，2000年2月被国家批准为国家开发区。总规划面积23.5平方公里，区内基础设施日趋完善，10平方公里的土地已达到“七通一平”。工商、税务、金融、居住、教育、医疗等配套服务体系逐步完善，开发区以优良的投资环境和优质、高效快捷的服务，赢得了海内外投资者的赞誉。截至2001年底，开发区共引进合同项目279项，合同外资11.8亿美元。其中包括美国可口可乐、通用汽车、康赛克，德国西门子、奔驰，英国罗尔斯·罗伊斯，日本三菱，瑞典沃尔沃，挪威海德鲁和瑞士ABB等多家世界500强企业入区建设，基本形成了以机械电子、轻工食品、生物医药、新材料为支柱产业和以高新技术产品为主导的工业体系。

Xi’ an Economic & Technological Development Zone (XETDZ) is located at either side of Weiyang Road, north of North Second Ring Road, south of by-pass expressway, east of Zhuhong Road and west of Weiyang Road 1200 meters eastward. XETDZ was started construction on October 1993 and the state council approved it as state level economic zone on Feb.2000. Infrastructure and subsidiary system in it are getting perfected, 10 sq.km land among the total planning 23.5 sq.km has reached "7 in 1" perfect infrastructure, industry & commercial bureau office, tax bureau office, finance, apartments, education and medical service are also nearly perfected in XETDZ. With good investment environment and high quality, high efficiency and fast service, XETDZ has won great reputation from investors home and abroad. By the end of 2001, XETDZ has attracted 279 projects foreign capital of USD 1.18 billion, among which there are many world top 500 companies such as Coca-Cola, GM of USA, Siemens, Benz of Germany, Rolls & Royce of Britain, Mitsubishi of Japan, volvo of Sweden, Hydro of Norway.and ABB of Switzerland. Now its industry system which focused on machinery and electronics, light industry and food, biology and medicine, new material and high-tech products has formed.

西安经济技术开发区商住小区

西安经济技术开发区外景

正在建设中的西安经济技术开发区

地址：西安市凤城二路9号 Add: No.9 Second Fengcheng Road, Xi'an

电话(Tel): (029)6520244 6515975 传真(Fax): (029)6521102 邮编(P.C.): 710016 网址(Website):http://www.XETDZ.com.cn

西安高新技术产业开发区

Xi'an Hi–tech Industries Development Zone

西安高新区是中国政府 1991 年 3 月批准建立的国家高新技术产业开发区，是 1997 年首批加入 APEC 科技工业园网络的四个科技园区之一。中国首批国家集成电路产业化基地和软件基地。国家"十五"期间重点建设的五个示范高新区之一。总规划面积 34 平方公里，已投入基本建设资金 120 亿元，开工建筑面积 680 万平方米，竣工面积 481 万平方米，完成了 15 平方公里的开发建设。现有科技企业 4000 余家，高新技术企业 703 家，人均 GDP 9600 美元。西安高新区综合发展指标位于 53 个高新区前列，列入国家各类科技产业计划 580 多项，位居全国高新区前列。1998 年以来，连续三年拉动西安 GDP 增长 4 个百分点以上，是陕西省和西安市巨大的经济增长点。

Xi'an Hi-tech Industries Development Zone is a national hi-tech industries development zone approved by the State Council in March,1991,with a total planned area of 34 square kilometers.It is also one of China's first four national hi-tech zones joined the network of APEC Technology Industrial Parks in 1997.In the Zone there established one of China's first National IC Industrialization Bases and National Software Industry Bases.Till present,12billion RMB has been put into the infrastructure construction;a total floor space of 6.8 square meters is under construction,of which the construction of 4.81 million square meters of floor space has been finished; a piece of land of 15 square kilometers has been developed.Now,more than 4,000 enterprises are in Zone,among which 703 are hi-tech companies.Last year,its GDP per capita reached to $9,600.In terms of the comprehensive development indexes,Xi'an Hi-tech Industries Development Zone ranks the top four among the 53 national hi-tech zones.More than 580 projects of the Zone have been listed in various state technology industrial programs,topping that of the 53 national hi-tech zones.Since 1998, Xi'an Hi-tech Industries Development Zone has in 3 successive years contributed over 4% to the Xi'an city's GDP growth rate, and has been the largest economic growth point of both the Shaanxi province and the Xi'an city.

营口市副市长 开发区党工委书记
管委会主任 张洪武

营口经济技术开发区

Yingkou Economic and Technological Development Zone

开放立区 以港兴区
工业强区 旅游活区

营口经济技术开发区（简称营口开发区）是1992年10月经国家批准设立的国家经济技术开发区，位于辽东半岛中部的渤海之滨，地处经122° 15'，北纬44° 20'，距营口市内52公里。营口开发区起步区面积为6平方公里，现总面积为65平方公里，规划控制面积为183方公里。开发区下辖四个办事处，11个社区居委会和15个自然村，共有人口15万。

营口开发区依山傍海，资源丰富，有得天独厚的港口、交通、资源、电力、旅游优势。港口已开辟120多条航线，与40多个国家和地的140多个港口实现通航，2001年港口吞吐量已达2520万吨，集装箱运输达21.1万标箱，进入国家大中枢纽港行列。交通便捷畅达，沈）大（连）高速公路、哈（尔滨）大（连）公路、长（春）大（连）铁路三条主要干线贯穿本区，南距大连周水子国际机场180公里，北沈阳桃仙国际机场200公里，陆、海、空交通运输极为便利。腹地自然资源丰富，工业基础坚实，劳动力资源充足，人才技术力量雄厚。装机容量180万千瓦的华能营口电厂一期两台30万千瓦的燃煤机组已并网发电，可为开发区提供强大的动力供应和高质量的供电保障。全25公里长的海岸线，浪缓滩平，水清沙净，是天然的浴场和水上赛场，被誉为国内外少有的“金沙滩”，是旅游渡假的理想场所。2001年，发区成功地承办了亚洲沙滩排球巡回赛，目前已在开发区建设了国家沙滩排球训练基地。

开发区一瞥

经过近10年的开发建设，截止到2001年末，全区累计完成固定资产投资136.2亿元，其中城市基础设施投入3.5亿元，6平方公里项已基本摆满，16平方公里实现“七通一平”，24平方公里工贸商住区主干道路和配套设施形成规模，与港口相配套的海关、出入境检验检部门和外轮代理、理货、供应等服务机构一应俱全，并拥有完备的金融、保险、邮政、通信等服务设施。目前，已有24个国家和地区的外在此投资，兴办外资企业230家，现有投产营业的外资企业128家，外资实际到位达3.5亿美元。基本形成了以矿产、粮食、木材、皮革、装加工为主的五大产业雏型。

营口开发区人牢固树立发展是硬道理的观念，坚持“开放立区，以港兴区，工业强区，旅游活区”的工作思路，坚定不移地实施外向牵动战略，求产业发展园区化、城市开发集约化、港口建设现代化、全民经商市场化，力争用三年左右的时间实现经济总量翻一番，再造一个营口开发区。不久的将来，营口开发区必将成为辽宁乃至东北地区吸引国外资本、引进消化国外先进技术、发展国际金融、扩大对外贸易的最具活力的、标准国家经济技术开发区，必将成为“进出东北的大港口，连接沈大新都市。”

谒诚欢迎国内外有识之士来营口开发区观光考察，投资兴业！

世纪广场俯瞰

Yingkou Economic & Technical Development Zone(Yingkou Development Zone), was founded in Oct. 1992, is a State-level Economic Technical Development Zone approved by State Department. Located in central Liaodong peninsula and beside Bohai, the position of the elopment zone is longitude 122 15' east and latitude 44 20' north, with distance to Yingkou city 52 kilometers. The start-up construction space Yingkou Development Zone was 6 square meters, the current area and planned construction space are 65 and 183 square meters respectively. arging 4 sub-offices, 11 residential commettee and 15 natural villages, the development zone has total population of 150 thousand.

With excellent geological position and rich resources, Yingkou Development Zone has unique advantages on ports, transportation, resources, wer and tourism. Yingkou port has opened over 120 lines, which connect over 140 ports in 40 countries and regions. Its thuoughput reached 25.2 lion tons and container transportation was up to 211 thousand standard boxes in 2001, which marked Yingkou port one of the nation's large and dium key ports. With the Shenyang-Dalian express way, Harbin-Dalian road and Changchun-Dalian railway running through, the development ne enjoys convenient transportations. Going south 180 kilometers to Dalian ZhouShuiZi international airport and north 200 kilometers to enyang TaoXian internatinal airport, the develpoment zone has excellent land, marine and air transportation. The zone also has abounding natural ource, sound industrial foundation, rich labor resource and solid technical talents deposit. Two 300000 kw. thermal units, the first phase of total acity 1800000 kw. HuaNeng Yingkou power station, have incorporated in power network and provide the development zone with tremendous quality power supply. The coastal line of the development zone is up to 25 kilometers. With flat coast, soft waves, clean sea and pure sand, the elopment zone is an ideal place for bath and aquatic sport. Known as one of the few "golden beaches" both home and abroad, it is a wonderful ce for tourists. The development zone successfully hosted Asian Sandbeach Volleyball Match in 2001 and a national sandbeach volleyball ning base was set up here recently.

开发区夜景

With ten years development and construction, the development zone has realized accumulated fix-assets RMB 13.62 billion Yuan till the end 2001, of which the infrastructure investment is up to RMB 0.35 billion Yuan. Within 6 square kilometers of the development zone, there is full projects, "seven avaiability and one flatness" has come into being in 16 sqare kilometers, and the commercial area major street and facilitated iipment in 24 sqare kilometers have reached to certain scale. The port-related units such as custom, export & import inspection & quarantine artment and liner deputy, commodity handling, supplying center and others organizations are ready to offer excellent services. The development ne also obtained completed financial, insurance, postal and communication service facilities. Up to now, there are investors from 24 countries and ions setting up 230 foreign funded enterprises, of which 128 firms have put into production and the actural paid fund was up to US$ 0.35 billion. e development zone has basically set up a industrial system majored in mining, food, timbering, leather and garment processing.

Taking "development is truth" as motto and hoding the working guideline of "set up the zone with openning-up policy, flourish the zone with the t, strengthen the zone with industry and free the economy with tourism", the development zone strictly implements outward strategy to realize utrial-park development, intensivism of city development, modernization of port construction and commercialization of individual business, ve to double the total economic indexes within 3 years and create another Yingkou Development Zone. In the near future, it will surely become most vigorous and hi-standard state-level economic & technical development zone in Liaoning and even Northeast China on attracting foreign ds, introducing and digesting advanced foreign technology, developing international finance and widening foreign trade. Yingkou, "the key port ry of Northeast China and new metropolis connecting Shenyang and Dalian" will come into being with a brand-new image.

We are here sincerely wish the domestic and international friends to investigate and make investment in Yingkou development zone.

金环花园小区一角

南通经济技术开发区

NanTong Economic–Technological Develoopment Area

大通道

大港口

大供水

大地盘

大用工

一中心

南通经济技术开发区，1984年12月19日经国家批准设立，是中国首批14个国家开发区之一。南通开发区投资环境优越，其特点是“五大、一中心”：一是大通道，地处我国黄金海岸线中部、江入海口北岸，宁启高速公路、新长铁路直通开发区，通往上海、连接沿海交通大动脉的苏通长大桥即将开工建设；二是大港口，南通港是中国十大港口之一，有近30座万吨级码头；三是大供濒临长江，淡水资源极为丰富；四是大地盘，发展空间十分广阔；五是大用工，劳动力资源丰且素质高；一中心，就是地处以上海为中心的长江三角洲经济带。南通开发区已累计兴办外商投企业200余家，总投资近20亿美元，成为长江三角洲利用外资集中、发展速度快和经济活力强的域之一。

南通开发区在功能上以建成富有个特点的优势产业群和现代化的港口工业为目标；在运行上以建成符合国际惯例市场经济规则的国际化经济区为目标；形象上以“把开发区建在花园里”为标，一如既往地与各界朋友携手合作，创美好未来。

Nantong Economic-Technological Development Area, or NETDA for short, is a national industrial park approved by the Chinese government on December19, 1984 as one of 14 pioneering developments in China. Centrally located on China's golden coastline and the Yangtze River estuary, facing metropolitan Shanghai to the south, NETDA has been known as the gateway to the Yangtze Delta. Its unrivalled location on the Yangtze River and occan shipping access, complemented by an evolving investrment environment, recognized industrial heritage, and supporting infrastructure, makes it an ideal destination to develop industrial operations.

In the 17 years since approval, we have developed a 20km^2 site which is well served by necessary facilities. Such services include paved roads, water works, drainage, steam, electricity, telecommunications, port terminals, waste water treatment, industrial gases and prepared land ready to adapt to investor's needs.

NETDA is gaining momentum as an economic powerhouse in the Yangtze Delta which witnesses concentrated FDI influx, high growth rate and economic vitality. Investors from 22 countries and regions operate over 200 foreign-invested enterprises. They have committed a total of US$2 billion with over US$1 billion paid in. World renowped companies include ltochu. Marubeni. Toray and Teijin of Japan; Zeneca of UK; ITT and Reilly of USA; Air Liquidc of France; San Teh of Singapore and Synthetic Rubber of Taiwan.

NETDA Works to international business practices and supports market economy orientation. It's our mission to "serve and help investors achieve high returns" and build up a customer-oriented framework which emphasizes first-class business environment, first-class service and first-class efficiency to facilitate investor satisfaction, prolit-making and long-term growth.

By function, NETDA is well positioned to build itself into a modem portindustrial area with its own unique characteristics in China's east coastal area and the Yangtze vallcy, with innovative, high-tech industries such as electronics and telecommunications, biologicals, pharmaceuricals, innovative materials and chemicals as its foundation. By quality, NETDA aims at structuring itself into becoming an international economic area that is in compliance with international practice. By belief, NETDA strives to achieve the "industrial garden" concept and the "international co-operation" target.

图片说明：(由上至下依次排列)

华东地区最大、容量为73万立方米的江海石化储罐区

南通开发区行政管理中心——星湖大厦

美丽的集多功能为一体的天星湖度假村

总投资45亿元的江苏省外商独资纺织企业——南通东丽有限公司生产车间一角

底图：南通开发区目前已拥有沿江万吨深水码头7座，淡水资源也非常丰富。

湖北武汉出口加工区

Hubei Wuhan Export Processing Zone

—中国中部通向世界的大门

—Presenting China's Center to World

2000年4月27日，湖北武汉出口加工区经国家批准设立，成为全国首批15家试点之一。

加工区位于武汉市区西南，紧临武汉经济技术开发区，地处市区中环线和外环线之间，交通便捷，区位优势明显。东邻长江黄金水道，上海至拉萨的318国道横穿东西，北京至珠海的高速公路纵贯南北，公路网络四通八达。

加工区总规划面积2.7平方公里，根据“一次规划，分期实施”的原则，首期启动面积为0.7平方公里。已完成道路、雨水、污水、电力、电信、网络、给水和场地平整及3500平方米监管楼、7万平方米标准厂房、8000平方米仓储等设施，正在建设员工住宿小区，食堂等配套功能。

2001年6月20日，由国家有关部门组成的联合验收小组对加工区进行了实地考核和验收，并颁发了合格证书，加工区封关运行。

湖北武汉出口加工区设立了“联合办公中心”，为入驻企业提供“一栋楼办公，一条龙服务”的软环境。海关、商检、外管、税务以及外运、保险、金融、仓储、进出口、物业等机构或功能一应俱全。湖北武汉出口加工区竭诚为入驻企业提供高效、优质的全方位服务，热忱欢迎海内外客商入区投资办厂。

武汉经济技术开发区创建于1991年5月，1993年4月经国家批准为国家经济技术开发区。规划面积31平方公里，已开发18平方公里，远期控制规划面积90.7平方公里，发展腹地广阔，开发区内湖泊环绕，景色秀美，基础设施一应俱全，是一处创业、居家、旅游、休闲的理想之地。

开发区产业特色鲜明。以东风汽车公司与法国雪铁龙公司合资的年产30万辆轿车项目为龙头，一大批国外跨国公司及国内著名企业纷纷来区落户，形成了以汽车及汽车零部件产业为主，食品饮料、机械、电子、信息、医药、生物工程等产业蓬勃发展的多元化发展格局。

2001年，全区实现国内生产总值70.2亿元，完成工业总产值191.1亿元，实现财政收入17.8亿元，出口创汇4400万美元，成为我国中西部投资规模大、发展快的国家经济技术开发区。

Hubei Wuhan Export Processing Zone was set up under the approval of the State Council on April 27, 2000 as the sole in central China. WEPZ is located on the north bank of the Yangtze River and enjoys advanced transport facilities with national expressway No. 318 and national expressway Jingzhu intersecting here. Total programmed area is 2.7 km2 , of which 0.7 km2 is developed initially. The infrastructure facilities including roads, rainwater drainage, sewage treatment, power supply, telecom, computer networks, water supply and land level-off have been completed. The public facilities consisting of 35,000m2 customs supervision building, 65,000 m2 standard workshops, 8000 m2 warehouses and outdoor cargo inspection area, check posts,purse nets, etc. have been built up.

On June 20, 2001, WEPZ was proved qualified on the inspection organized by Customs Office of P.R.C and was awarded Qualification Certificate of Export Processing Zone. From then on, WEPZ has been on track of smooth operation.

United Office Center for Investors has been established here to offer one-stop service including customs, cargoes inspection, foreign currency exchange, tax, transportation, insurance, finance, warehouse, import & export, facility management service, etc.

Staring construction in May 1991, Wuhan Economic & Technological Development Zone(WEDZ) is a national level development zone approved by the State Council of P.R.C. in April 1993. The programmed area is 31km2 , among which 14 km2 have been fully developed and the long-term plan is 90.7 km2, embracing a very favorable geographical position and spacious space for development. Surrounded with 7 lakes, WEDZ is full of attractions for residents, travelers and investors with her natural beauty and environmental pleasantness. An infrastructure system has been completed inclusive of road, railway, water supply, power, gas, heating, telecom, drainage and so on.

The strategy of WEDZ is to stress on auto industry and hi-tech industry, to develop machinery, electronic, food processing and beverage, building material processing, pharmaceutical and biology engineering as subsidiary, and to promote coordinated development of tertiary. The strategy of WEDZ is to stress on auto industry and hi-tech industry, to develop machinery, electronic, food processing and beverage, building material processing, pharmaceutical and biology engineering as subsidiary, and to promote coordinated development of tertiary.

In 2001, the zone turned out an GDP of RMB 7.02 billion, an industrial output value of RMB 19.11 billion, fiscal revenue RMB 1.78 billion and export revenue RMB 44 million, shaping itself into the most attractive investment destination in mid-west China.

地址：武汉经济技术开发区出口加工区监管楼

Address: Supervision & Management Tower, Hubei Wuhan Export Processing Zone A dministration

邮政编码(Postcode): 430056 传真及电话(Tel & Fax): 027-84297792

成都高新技术产业开发区

成都高新技术产业开发区始建于1988年，1991年经国家批准为首批国家高新技术产业开发区，2000年批准为中国亚太经合组织（APEC）科技工业园区。规划面积47平方公里，辖4个街道办事处，总人口约16万。

成都高新区实行一区多园的管理模式，其管辖和服务的区域包括位于成都市南的成都高新区集中新建区、成都高新区西区、成都海峡两岸科技产业开发园、成都高新区光电科技园。

成都高新区区位条件优越，是成都市向东向南发展的重点区域，是成都市未来以高科技为特色的南部副中心。连接机场、火车站及区内企业、园区的交通网络已经形成，水、电、气、通信等基础设施直接与城市网络连接，正在建设连接区内企业和居民的宽带信息网络，各类社会配套设施日趋完善，是中国西部投资、创业、工作和生活环境最好的区域之一。

“八五”期间，成都高新区主要经济指标增长连年翻番，“九五”期间，主要经济指标年均增长38%以上。经过10多年的建设发展，成都高新区已经建立了以成都创业服务中心、成都高新区技术创新服务中心、中国成都留学人员创业园、中国成都博士创业园为主体的比较完善的科技成果孵化体系和以风险投资、担保、咨询、培训等为主的中介服务体系，成功转化了一批科技成果，培育了一批具有较高知名度的高科技企业，成长了一批知名企业家，已经成为中国重要的高新技术产业化基地，四川省和成都市对外开放的重要窗口。

到2001年底，成都高新区共有各类企业4800多家，其中高新技术企业485家，占全市的74.3%、全省的57.3%；外商投资企业400余家，世界500强已有14家在这里投资兴办企业，是中国西部外商投资最多、最集中的区域之一。

2001年，成都高新区GDP增幅、到位外资、财政收入等主要指标均名列前茅，顺利通过了ISO14001中国认证和国际认证，四川成都出口加工区顺利封关运行并实现产品出口。

未来10年，成都高新区各项主要经济指标要以年均35%以上的速度持续增长，力争到2005年，实现GDP500亿元，到2010年，实现GDP1000亿元，建设成为四川省和成都市高科技资源的聚集地、培育创新能力的基地、构建市场经济新体制的示范地、“三个代表”的模范实践区和具有国际竞争能力的高新技术产业化基地。

地址：成都市高新大道创业路18号 邮编：610041
电话：86-28-85184155，85184050
传真：86-28-85184066
网址：http：//www.cdht.gov.cn
Add: No. 18, Chuangye Rd. Gaoxin Ave. Chengdu
Postal: 610041
Tel: 86-28-85184155 85184050
Fax: 86-28-85184066
Website: http://www.cdht.gov.cn

Chengdu Hi-tech Industrial Zone

Chengdu Hi-tech Industrial Zone (CDHT) was founded in 1988, it was among the first
of State-level Hi-tech Industrial Zones, which were selected and sectioned by State Depa
in 1991; also, it was approved as China APEC Hi-tech Industrial Zone in 2000. With p
construction space of 47 square kilometers, 4 civil councils and total population of 160 tho
the industrial zone won the title of National Advanced Hi-tech Zone in each yeas's ir
competition, which is hold by the State Ministry of Science & Technology.

Insisting a management mode of "one zone with multiple parks", the management and
area of Chengdu Hi-tech Industrial Zone include CDHT Congregated Zone, CDHT Wes
Chengdu Straits Technical Industrial Zone and CDHT Photo-electricity Park, which locate
southern part of the city.

With its excellent geological advantage, CDHT is the important area to implement Ch
s southeast development and also the city's sub-center, which is featured with Hi-tech ind
CDHT has formed a transportation network connecting the airport, railway station as well
enterprises and industrial parks. The city's infrastructures such as water, power and gas sup

accessible to the network. A broadband network system, which co
the enterprises and residents of CDHT, is under construction. W
completion of the social facilities, it is becoming one of the best pla
west China for investing, carving-out, working and living.

During "Eighth Five-year Plan" period, the major economic inde
CDHT realized successively double increment. In "Ninth Five-year
period, the averaged annual increment of major economic indexes of
was above 38%. With 10 years' construction and development,
has set up a rather completed scientific fruit incubation system,
takes Chengdu Carving-out Service Center, CDHT Technical Innovation Service Center, Ch
Overseas Scholars' Carving-out Park and Chengdu Doctoral Carving-out Park as main bo
well as a agent service system majored in risk investment, mortgage, consulting and training.
has successfully commercialized some scientific fruits, incubated scores of Hi-tech ente
with reputation and brought up many famous entrepreneurs. CDHT has become China's im
Hi-tech Industrialization Base and a opening-up window for Sichuan Province and Chengdu c

Till the end of 2001, CDHT has registered over 4800 enterprises, of which, 485 are
enterprises, taking account of 74.3% and 57.3% of the city and the provincial Hi-tech ent
respectively; over 400 enterprises are foreign invested companies. There are 14 companies
in world top-500 making investment here, which made Chengdu one of the areas attracts r
foreign funds.

CDHT's GDP increment, paid investment, revenues and other major indexes in year-2
rank first in Chengdu city. It has successfully passed ISO14001 China and international certifi
Chengdu Export Processing Zone was completed and realized products export. CDHT w
only State-level Hi-tech Zone which won all the prizes issued by Ministry of Science & Techno

For the future 10 years, each major economic indexes of CDHT should keep annual
speed over 35%. It should strive for realizing GDP of RMB 50 billion till 2005 and RMB 100
till 2010. CDHT should become the Hi-tech resource congregation center, creativity-training
market-economy-system demonstration place, model practice area for "3 Representation
internationally competitive Hi-tech industrialization base for Sichuan Province and Chengdu c

Add: No. 18, Chuangye Rd. Gaoxin Ave. Chengdu Postal: 610041
Tel: 86-28-85184155 85184050 Fax: 86-28-85184066
Website: http://www.cdht.gov.cn

在"中国国家级经济技术开发区投资环境国际研讨会"上的致辞

对外贸易经济合作部副部长　魏建国

尊敬的黑伍德秘书长，尊敬的女士们、先生们：

首先，我谨代表外经贸部对此次中国国家级经济技术开发区投资环境国际研讨会的召开表示热烈的祝贺，并预祝会议取得成功。

十几年以来，在国务院确定的以工业项目为主、以吸收外资为主、以出口创汇为主和致力于高新技术的"三为主一致力"的发展方针指导下，国家级经济技术开发区已成为我国社会经济发展中的一个重要组成部分。大力支持国家级开发区的发展，充分发挥国家级开发区的潜力，有效促进了产业结构调整和区域经济协调发展，加快了国有资产的进一步优化，对所在地区吸收外资，发展外向型经济起到了积极有效的示范、带动、辐射和促进作用。

在新形势下，国家级开发区的今后发展将处于一个非常关键的时刻，能否将开发区的发展融入全球经济一体化的发展进程中，能否使开发区的发展战略符合社会主义市场经济的发展需要，这是开发区今后第二次创业成功的基本前提。因此，国家级开发区一方面需要客观认真地总结经验，另一方面需要与时俱进地探索新的发展方式，原有的创业和建设模式需要进一步加以完善和调整，尤其要大力推进体制创新，建立国际通行的管理机制，积极实现五个转变，即由带头发展向带动发展的转变，从着力引进外资向着力引进先进技术和管理的转变，从偏重引进向注重消化吸收创新的转变，从注重政策优势向依靠综合环境优势的转变，从注重规模效益向注重质量效益的转变，使国家级开发区成为我国投资环境最优区域之一。针对国家级开发区目前发展所面临的新问题，国家将在体制创新、地区产业结构调整、基础设施建设、高新技术产业、集约化土地利用、扩大吸收外资等领域继续支持国家级开发区的创新和发展，争创国家级开发区发展的新优势。

中国政府非常重视投资环境的建设和完善，因为投资环境建设和完善的程度是一国吸收外商投资规模和水平的前提条件。改革开放20多年来，我国吸收外商投资得到快速的发展，我国的投资环境也得到了很大的改善，但是这方面的工作做得还不够，今后还要继续努力，要使我国完善投资环境的工作更上一个新台阶。

今天在座的有许多是多年从事外资工作和开发区工作的中外专家、学者和实际工作者，你们对改善投资环境工作提出的有益的建议和见解，对今后改善中国国家级经济技术开发区投资环境工作是大有裨益的。中国政府将继续积极认真重视进一步改善投资环境的工作，并为此作出应有的努力。

谢谢大家。

（本文2001年9月10日发表于厦门。魏建国副部长时任对外贸易经济合作部部长助理）

争创新优势　更上一层楼

——国家级经济技术开发区发展及展望

对外贸易经济合作部外国投资管理司

从1984年9月开始至1995年，国务院先后批准设立了大连、天津、青岛等32家国家级经济技术开发区（以下简称"国家级开发区"）。2000年以来，根据国办发［1999］73号文件关于"允许中西部各省、自治区、直辖市在其省会或首府城市选择一个符合条件并已建成的省级开发区，申办国家级经济技术开发区"的有关规定，国务院又先后批准合肥、郑州、西安等17家省级经济技术开发区升级为国家级开发区。

目前，国务院已批准设立的国家级开发区共有49家。其中，东部沿海27家，中部10家，西部12家，形成了较为合理的全国布局。

在党中央国务院领导下，经过十七年的艰苦创业和积极探索，国家级开发区从无到有，从小到大，已经成为所在地区经济发展新的增长点和吸收外商投资集中的热点投资地区，在我国扩大开放，发展外向型经济，调整产业结构等方面，起到了窗口、辐射、示范和带动作用，对所在地区经济发展作出了积极贡献，成为我国经济结构调整的排头兵，也成为我国出口的一支生力军。

（一）国家级开发区从80年代创业起步以来，以改革开放理论为指导，通过深化改革、大胆探索、不断创新，有力地促进了我国社会主义市场经济的培育和发展，成为我国经济发展最快、最具活力的区域。

国家级开发区自建立以来，每年都实现了较快的经济增长。2001年全国国家级开发区实现国内生产总值2 329.20亿元，比上年增长25.72%，高于全国增幅（7.3%）18.42个百分点；工业增加值1 691.34亿元，同比增长26.3%，高于同期全国工业增加值增幅（9.9%）16.40个百分点；完成工业产值6 109.54亿元，同比增长28.59%，高于全国工业产值增幅（11.64%）16.95个百分点；实现税收收入395.73亿元，同比增长34.8%，高于全国增幅（19.79%）15.01个百分点；特别是2000年新批的13家中西部国家级开发区的主要经济指标迅速增长，增幅均高于1995年前批准设立的国家级开发区，对推动所在地区经济发展起到了积极有效的促进作用。

（二）国家级开发区不断优化投资环境，充分发挥自身优势，有效地促进了产业结构调整和区域经济协调发展，加快了国有资产的进一步优化，对所在地区扩大吸收外资、发展外向型经济起到了积极有效的作用。

2001年全国国家级开发区进出口总额388.32亿美元，同比增长18.88%，其中出口201.44亿美元，同比增长22.63%，分别高于全国进出口增幅（7.5%）和出口增幅（6.8%）11.38和15.83个百分点；合同外资金额113.07亿美元，同比增长18%，高于全国合同外资金额增幅（10.43%）7.57个百分点；实际使用外资金额62.09亿美元，同比增长36%，高于全国实际使用外资增幅（14.9%）21.1个百分点。

（三）国家级开发区致力于创建良好的科技创业和科技生产环境，大力推动科技进步，发展高新技术产业。

目前国家级开发区中已形成一批以生物技术、信息产业、光机电一体化、创新农业、环保产业等为代表的高技术产业群，高科技产业研发中心不断增多，开发、生产、市场营销、资本运营为一体的新型高科技工业基地正在逐步形成，不少国家级开发区正在成为面向全球销售的高科技产品的出口生产基地。

在新的历史时期，国家级开发区要以邓小平理论和“三个代表”重要思想为指导，按照国家“十五”规划的要求，以科技创新、体制创新为动力，在国民经济发展和经济结构调整中进一步发挥好窗口、辐射、示范和带动作用。着力实现“五个转变”，即由带头发展向带动发展转变，从着力引进外资向着力引进先进技术和管理转变，从注重引进向注重消化吸收创新转变，从依靠政策优势向依靠综合投资环境优势吸收外资转变，从注重规模效益向注重质量效益转变，并根据实现“五个转变”的要求，加强国家级开发区综合投资环境建设，创造新的竞争优势。

随着我国改革开放和现代化建设步伐的加快，随着社会主义市场经济的运行机制日趋完善和我国加入世贸组织，国家级开发区要适应形势的变化，充分发挥现有的体制优势，率先形成符合国际通行规则的运行机制，要以运行机制的转换和体制创新再创发展的新优势。

（一）继续贯彻“三为主、一致力”的发展方针，并在新的发展中赋予这一发展方针以新的内涵，与时俱进，进一步创造国家级开发区的新优势。

积极探索新形势下国家级开发区的发展方向和方式，致力于完成以高新技术为基本动力推动开发区在新的历史阶段的更快发展；国家级开发区将适应工业投资与服务贸易投资相结合的需要，在区内扩大服务贸易领域的投资，以更好地发挥其示范作用；国家级开发区要注重加强综合投资环境建设，注重提高吸收外商投资的质量，引进先进的技术和管理，使国家级开发区成为我国投资环境最优、高新技术企业和跨国公司投资的聚集区域之一。

（二）大力发展高科技产业，提升入区产业的科技含量。

国家级开发区将努力在引导外资投向高新技术产业方面开拓思路，有所创新，制定相应政策，采取有针对性的措施，有效发挥资本、信息、技术、人才等资源集聚的效应，吸引国际大型跨国公司投资建立高新技术项目、研究开发中心和地区总部，为经济发展创造良好的运行环境，充分发挥这些项目的孵化功能和辐射作用。要通过引进跨国公司的高新技术带动相关配套产业的发展，形成高新技术的产业链条和产业群，从而提升开发区的整体科技水平，促进国内产业结构的调整和科技进步。

（三）致力于大批高素质人员的培养，适应经济全球化对人才的要求。

大批高素质人才是国家级开发区进一步发展的当务之急。开发区现有的开放式、国际化的人才竞争环境已吸引和锻炼了一批优秀人才，一些开发区设立的创业服务机构、留学生创业园是很好的尝试，将人才培养与使用有效地结合起来，使开发区成为培养高素质人才的摇篮，更好地发挥了人才对开发区建设的举足轻重的作用。

（四）加强东部、中西部国家级开发区的协作交流，推动西部大开发战略实施。

中西部的国家级开发区建设得晚一些，基础相对薄弱，东部沿海开发区发展建设中的经验和做法，对中西部开发区有很好的借鉴作用，在吸引投资，调整产业结构，实现产业梯度转移方面，东部、中西部开发区有广阔的协作领域。通过互动协作，促进新的发展。

回顾过去，展望未来。国家级开发区应进一步转变观念，锐意进取，不断创新，以完善的管理体制和优越的投资环境促进经济的发展，争创新优势，更上一层楼！

2001年国家级经济技术开发区主要经济指标

经济指标	全国同比增幅%	45个国家级开发区			1995年以前批准的32家			2000年新批准的13家		
	2001年	2001年	2000年	增幅%	2001年	2000年	增幅%	2001年	2000年	增幅%
国内生产总值(亿元)	7.30	2 329.20	1 852.73	25.72	2 128.45	1 706.69	24.71	200.75	146.04	37.46
其中：工业增加值（亿元）	9.90	1 691.34	1 339.16	26.30	1 579.56	1 258.86	25.48	111.78	80.30	39.20
工业总产值（现价）（亿元）	11.64	6 109.54	4 751.07	28.59	5 697.93	4 474.49	27.34	411.61	276.58	48.82
税收收入（亿元）	19.79	395.73	293.56	34.80	370.65	279.73	32.50	25.08	15.83	58.43
进出口总额（亿美元）	7.50	388.32	326.66	18.88	380.53	321.90	18.21	7.79	4.76	63.66
其中：出口（亿美元）	6.80	201.44	164.27	22.63	197.94	161.71	22.40	3.50	2.56	36.72
进口（亿美元）	8.20	186.88	162.39	15.08	182.59	160.19	13.98	4.29	2.20	95.27
合同外资金额（亿美元）	10.43	113.07	95.98	18.00	107.42	90.08	19.25	5.65	5.90	-4.24
外商实际投资（亿美元）	14.90	62.09	45.50	36.00	59.36	44.42	34.00	2.73	1.08	152.78

国家级经济技术开发区2001年工业总产值（现价）情况表

单位：亿元

开发区名称	2001年	2000年	增幅（%）
天津经济技术开发区	865.11	731.82	18.21
广州经济技术开发区	434.00	413.37	4.99
北京经济技术开发区	432.00	83.88	415.02
大连经济技术开发区	412.32	360.12	14.50
昆山经济技术开发区	312.76	253.40	23.43
宁波经济技术开发区	271.82	221.30	22.83
青岛经济技术开发区	259.40	167.98	54.42
沈阳经济技术开发区	248.25	191.45	29.67
长春经济技术开发区	228.56	181.04	26.25
漕河泾新兴技术开发区	224.45	186.68	20.23
杭州经济技术开发区	204.39	169.06	20.90
哈尔滨经济技术开发区	179.00	157.64	13.55
上海闵行经济技术开发区	178.08	161.75	10.10
武汉经济技术开发区	164.14	126.22	30.04
福州经济技术开发区	158.11	161.63	-2.18

国家级经济技术开发区2001年工业总产值（现价）情况表（续）

单位：亿元

开发区名称	2001年	2000年	增幅（%）
福清融侨经济技术开发区	150.95	147.62	2.26
烟台经济技术开发区	130.42	100.51	29.76
芜湖经济技术开发区	101.00	71.60	41.06
萧山经济技术开发区	92.37	63.58	45.28
重庆经济技术开发区	84.56	72.86	16.06
南通经济技术开发区	78.95	67.40	17.14
温州经济技术开发区	75.32	52.90	42.38
连云港经济技术开发区	75.22	62.63	20.10
秦皇岛经济技术开发区	62.74	45.71	37.26
湛江经济技术开发区	61.05	61.43	-0.62
南沙经济技术开发区	57.87	29.08	99.00
营口经济技术开发区	51.69	48.77	5.99
威海经济技术开发区	49.17	42.93	14.5
惠州大亚湾经济技术开发区	20.02	13.90	44.03
东山经济技术开发区	18.13	18.02	0.61
乌鲁木齐经济技术开发区	16.08	8.21	95.86
以上31家开发区合计	**5 697.93**	**4 474.49**	**27.34**
合肥经济技术开发区	102.00	43.00	137.21
西安经济技术开发区	70.62	50.51	39.81
长沙经济技术开发区	50.80	36.80	38.04
呼和浩特经济技术开发区	37.09	22.77	62.89
成都经济技术开发区	32.80	26.00	26.15
南昌经济技术开发区	32.60	24.04	35.61
昆明经济技术开发区	25.64	23.00	11.48
贵阳经济技术开发区	22.68	21.71	4.47
郑州经济技术开发区	18.60	14.50	28.28
石河子经济技术开发区	11.08	8.83	25.48
银川经济技术开发区	7.70	5.42	36.53
西宁经济技术开发区	2.20	1.98	11.11
太原经济技术开发区	1.80	1.13	59.29
以上13家开发区合计	**411.61**	**276.58**	**48.82**

国家级经济技术开发区 2001 年合同外资金额情况表

单位：亿美元

开发区名称	2001 年	2000 年	增幅（%）
天津经济技术开发区	22.00	26.40	-16.67
昆山经济技术开发区	13.38	12.40	7.90
广州经济技术开发区	12.96	8.95	44.80
青岛经济技术开发区	9.23	4.86	89.92
宁波经济技术开发区	8.01	4.00	100.25
大连经济技术开发区	6.00	4.52	32.74
沈阳经济技术开发区	5.24	4.14	26.57
杭州经济技术开发区	4.01	2.49	61.04
北京经济技术开发区	2.93	1.50	95.33
长春经济技术开发区	2.52	1.87	34.76
烟台经济技术开发区	2.11	0.90	134.44
南通经济技术开发区	2.10	1.28	64.06
南沙经济技术开发区	1.76	0.59	198.31
萧山经济技术开发区	1.51	1.12	34.82
福州经济技术开发区	1.49	1.38	7.97
哈尔滨经济技术开发区	1.28	0.93	37.63
漕河泾新兴技术开发区	1.20	2.60	-53.85
秦皇岛经济技术开发区	1.13	1.10	2.73
大亚湾经济技术开发区	1.05	1.04	0.96
威海经济技术开发区	0.94	1.06	-11.32
芜湖经济技术开发区	0.88	0.62	41.94
武汉经济技术开发区	0.78	1.39	-43.88
重庆经济技术开发区	0.70	0.15	366.67
上海闵行经济技术开发区	0.68	0.39	74.36
连云港经济技术开发区	0.64	0.25	156.00
营口经济技术开发区	0.63	1.24	-49.19
湛江经济技术开发区	0.57	0.57	0.00
福清融侨经济技术开发区	0.43	0.50	-14.00
温州经济技术开发区	0.27	0.07	285.71
东山经济技术开发区	0.52	0.87	-40.23
乌鲁木齐经济技术开发区	0.26	0.17	52.94

国家级经济技术开发区2001年合同外资金额情况表（续）

单位：亿美元

开发区名称	2001年	2000年	增幅（%）
上海虹桥经济技术开发区	0.21	0.73	-71.23
以上32家开发区合计	**107.42**	**90.08**	**19.25**
西安经济技术开发区	1.84	1.55	18.71
合肥经济技术开发区	0.63	0.07	800.00
长沙经济技术开发区	0.47	1.55	-69.68
贵阳经济技术开发区	0.38	0.08	375.00
南昌经济技术开发区	0.35	0.06	483.33
银川经济技术开发区	0.30	0.67	-55.22
成都经济技术开发区	0.16	0.64	-75.00
太原经济技术开发区	0.10	—	—
昆明经济技术开发区	0.06	0.04	50.00
西宁经济技术开发区	0.04	—	—
石河子经济技术开发区	0.04	0.06	-33.33
以上11家开发区合计	**5.65**	**5.90**	**-4.24**

国家级经济技术开发区2001年实际使用外资金额情况表

单位：亿美元

开发区名称	2001年	2000年	增幅（%）
天津经济技术开发区	18.01	10.10	78.32
广州经济技术开发区	5.00	4.85	3.09
青岛经济技术开发区	4.65	2.89	60.90
昆山经济技术开发区	3.75	3.85	-2.60
大连经济技术开发区	3.10	2.22	39.64
宁波经济技术开发区	3.01	1.99	51.26
长春经济技术开发区	2.02	1.12	80.36
福州经济技术开发区	1.88	1.51	24.50
北京经济技术开发区	1.72	0.70	145.71
杭州经济技术开发区	1.62	1.20	35.00
沈阳经济技术开发区	1.49	1.76	-15.34
惠州大亚湾经济技术开发区	1.37	1.19	15.13
漕河泾新兴技术开发区	1.32	0.96	37.50
武汉经济技术开发区	1.01	1.45	-30.34

国家级经济技术开发区 2001 年实际使用外资金额情况表（续）

单位：亿美元

开发区名称	2001 年	2000 年	增幅（%）
威海经济技术开发区	0.85	0.55	54.55
烟台经济技术开发区	0.81	0.65	24.62
萧山经济技术开发区	0.80	0.72	11.11
哈尔滨经济技术开发区	0.74	0.69	7.25
秦皇岛经济技术开发区	0.71	0.78	-8.97
上海闵行经济技术开发区	0.70	0.57	22.81
南通经济技术开发区	0.61	0.52	17.31
重庆经济技术开发区	0.60	0.30	100.00
南沙经济技术开发区	0.52	0.34	52.94
连云港经济技术开发区	0.50	0.75	-33.33
湛江经济技术开发区	0.48	0.45	6.67
营口经济技术开发区	0.44	0.32	37.50
上海虹桥经济技术开发区	0.38	0.73	-47.95
芜湖经济技术开发区	0.25	0.19	31.58
福清融侨经济技术开发区	0.23	0.50	-54.00
东山经济技术开发区	0.52	0.42	23.81
乌鲁木齐经济技术开发区	0.16	0.08	100.00
温州经济技术开发区	0.11	0.07	57.14
以上 32 家开发区合计	**59.36**	**44.42**	**33.63**
西安经济技术开发区	1.84	0.51	260.78
合肥经济技术开发区	0.31	0.12	158.33
呼和浩特经济技术开发区	0.13	0.07	85.71
太原经济技术开发区	0.10	0.10	0.00
南昌经济技术开发区	0.10	0.06	66.67
郑州经济技术开发区	0.09	0.08	12.50
昆明经济技术开发区	0.06	0.03	100.00
贵阳经济技术开发区	0.05	0.04	25.00
成都经济技术开发区	0.04	0.07	-42.86
西宁经济技术开发区	0.01	—	—
石河子经济技术开发区	0.001	0.007	-85.71
以上 11 家开发区合计	**2.73**	**1.08**	**152.78**

国家级经济技术开发区2001年出口情况表

单位：亿美元

开发区名称	2001年	2000年	增幅（%）
天津经济技术开发区	40.35	32.67	23.51
大连经济技术开发区	26.96	23.66	13.95
昆山经济技术开发区	17.96	14.69	22.26
北京经济技术开发区	12.37	1.38	796.38
福清融侨经济技术开发区	11.74	11.34	3.53
漕河泾新兴技术开发区	11.23	9.58	17.22
广州经济技术开发区	9.77	8.97	8.92
宁波经济技术开发区	9.67	8.62	12.18
青岛经济技术开发区	7.34	6.44	13.98
杭州经济技术开发区	4.85	2.39	102.93
福州经济技术开发区	4.60	4.47	2.91
萧山经济技术开发区	4.36	3.73	16.89
烟台经济技术开发区	3.80	3.11	22.19
上海闵行经济技术开发区	3.65	3.80	-3.95
长春经济技术开发区	3.62	3.23	12.07
南通经济技术开发区	3.56	3.48	2.30
南沙经济技术开发区	2.62	2.32	12.93
上海虹桥经济技术开发区	2.46	2.74	-10.22
沈阳经济技术开发区	2.41	2.37	1.69
营口经济技术开发区	2.11	1.79	17.88
温州经济技术开发区	1.85	1.55	19.35
哈尔滨经济技术开发区	1.65	1.94	-14.95
秦皇岛经济技术开发区	1.65	1.56	5.77
大亚湾经济技术开发区	1.46	1.14	28.07
乌鲁木齐经济技术开发区	1.44	0.57	152.63
威海经济技术开发区	1.21	1.11	9.01
湛江经济技术开发区	1.15	1.09	5.50
连云港经济技术开发区	0.76	0.58	31.03
东山经济技术开发区	0.71	0.79	-10.13
武汉经济技术开发区	0.37	0.31	19.35
芜湖经济技术开发区	0.17	0.14	21.43

国家级经济技术开发区2001年出口情况表（续）

单位：亿美元

开发区名称	2001年	2000年	增幅（%）
重庆经济技术开发区	0.09	0.15	-40.00
以上32家开发区合计	**197.94**	**161.71**	**22.40**
合肥经济技术开发区	1.25	0.78	60.26
西安经济技术开发区	0.87	0.81	7.41
长沙经济技术开发区	0.40	0.25	60.00
石河子经济技术开发区	0.22	0.01	2100.00
呼和浩特经济技术开发区	0.18	0.08	125.00
昆明经济技术开发区	0.13	0.14	-7.14
南昌经济技术开发区	0.13	0.10	30.00
贵阳经济技术开发区	0.12	0.10	20.00
成都经济技术开发区	0.10	0.22	-54.55
太原经济技术开发区	0.098	0.07	40.00
郑州经济技术开发区	0.05	0.09	-44.44
银川经济技术开发区	0.04	0.046	-13.04
以上12家开发区合计	**3.498**	**2.56**	**36.64**

创造希望托举未来的大连经济技术开发区

大连经济技术开发区管委会主任　周海斐

大连经济技术开发区（以下简称大连开发区）作为中国改革开放的窗口和基地，至今已走过了17年的历程。17年正是中国改革开放向纵深发展的关键时期，经过17年的辛勤耕耘、奋力开拓，大连开发区已由昔日的荒岛渔村成长为一座拥有22万人口、建成区面积达28平方公里的设施配套、环境优美、功能齐全、社会各项事业全面发展的现代化新城区，成为中国发展规模最大、管理最好的开发区之一。

大连开发区是1984年9月25日经中华人民共和国国务院批准成立，于同年10月15日正式动工兴建的第一个国家级经济技术开发区。大连开发区是中国政府80年代确定的重点国家建设项目，是国家实施沿海开放战略的重要地区之一，是享有沿海经济技术开发区优惠政策并实行新型管理体制的经济区域。

大连开发区位于渤海经济圈的中心地带，紧靠工业基础雄厚的大连老市区，背倚占全国土地总面积13%、全国总人口12.6%和全国GDP24%的东北腹地。大连开发区的发展对整个东北地区发挥了辐射、带动和示范作用。

大连开发区三面临海，与亚洲经济发达的日本、韩国等国家隔海相望，处于东亚地区中心位置，这就使大连开发区成为世界了解中国的窗口，是各国投资者进入中国的重要门户，对国内国外两个市场具有很强的影响力和传导性。

大连开发区已形成完善的交通体系，与大连现代化的海、陆、空立体交通网络紧密连接。大连开发区周围环绕六大独特的优良港口，港阔水深，终年不淤不冻；大连周水子国际机场与世界各地的大城市通航；铁路、公路发达，通往市中心的轻轨高速电车将于2002年投入使用。

为建设多功能、外向型、国际化、现代化新城区，大连开发区坚持高起点规划、高标准建设，本着开发一片、建成一片、收益一片、滚动发展的原则，全面实施基础设施建设，实现了“九通一平”，基础设施建设保持了适度的超前性。

大连开发区供电自给有余，电容总容量达到18.9千伏安；拥有两座净水厂，日供水能力25万吨。供热实行集中管理，锅炉总容量1 175吨/时；燃气为优质的液化石油天然气掺混空气的代用天然气。排水系统采用雨污分流，拥有两座日处理能力分别为6万吨、8万吨的污水处理厂和一座高水准的有害固体废物填埋场。

大连开发区目前已安装具有国际先进水平的程控交换机7万门，通过光缆与市区联网。大连开发区电视台是2001年6月国家广电总局正式批准成立，成为广电体制改革整顿后全国开发区中唯一保留下来的地方电视台，有线电视覆盖率达93%。

大连开发区十分重视城区环境建设，2000年城区绿化覆盖率达到41.8%。并在国家级开发区中率先通过ISO14001环境质量管理体系认证达标，实现了经济与生态环境的协调发展。

大连开发区拥有银帆宾馆、凯伦饭店等8家星级酒店和蓓佛莉庄园、槐城别墅等外国人生活区；2所综合性医院及一批中小型医疗单位；12家金融机构和3家保险机构；有大连民族学院和大连大学等7所全日制高等院校，1所职业高中、2所高中、7所初中、12所小学、2所职工培训中心；开发区商场、友谊商店等一批生活设施满足了全区22万人口的生活需要；高尔夫球场、网球场、游泳馆等一批高中档娱乐设施可供中外朋友工作之余休闲度假。

大连开发区建区17年，国民经济始终保持快速、健康发展，综合经济实力不断增强。2001年，大连开发区紧紧围绕发展和提高两个主题，以招商引资、体制创新、科技兴区和城市建设为重点，开拓创新、奋发进取，国内生产总值实现201.4亿元，可比增长20.8%，是1985年开发初期0.36亿元的559.4倍，年平均增长速度为48.5%；2001年完成工业总产值412亿元，完成出口26.95亿美元，实现财政收入16.2亿元，在大连市经济发展中发挥着重要作用，在32个国家级开发区主要经济指标排序中名列前矛。

截至2001年底，大连开发区批准的外商及港澳台投资企业已达1 450家，合同外资金额达78亿美元。有33个国家和地区在这里投资办厂，合同外资金额77.95亿美元，投资额在1 000万美元以上的项目有287家；有30多家世界著名跨国公司、财团落户开发区，其中佳能大连办公设备有限公司、西太平洋石油化工有限公司、万宝至马达大连有限公司、东芝电视大连有限公司、鞍钢新轧、大连通世泰建材有限公司等10余家企业投资额超亿美元。形成了以石油化工、电子通讯、机电设备制造、金属建材、食品加工、服装纺织、医药制品为主导产业的门类比较齐全、技术水平较高的现代工业生产体系。从投资的产业结构看，第二产业仍是投资热点，累计合同外资金额57亿美元，占全区合同外资金额的73%以上，第三产业投资总额是20.78亿元，占26.66%。17年来，开发区始终把发展引进高新技术企业做为自己的发展方向，形成了一整套与高新技术项目快速发展相支撑的服务体系，截至目前，开发区共有各类科技项目350家，其中高新技术企业80家，高新技术企业已形成群体，并向产业化迈进。

2002年，大连开发区将以崭新的风貌，乘势向上，坚信“环境是生命，创新是灵魂”的发展理念，弘扬“诚信、探求、务实、机敏”的开发区精神，改革创新，锐意进取，与时俱进，不断营造动态优势，让各国投资者在这里得到更满意的服务，使投资环境更加完善，事业获得更大发展。在树立超前意识、大胆创新、勇于实践的基础上，实现以下七个突破：

1.在招商引资上实现新突破

推行网络化、智能化等现代招商手段。全面探索利用中介咨询机构进行代理招商的商业化经营模式，结合开发区的自身优势，建设起招商网络，建立大项目服务小组，形成规模效应、聚集效应。

项目用地实行弹性价格。根据引进项目的投资密度、投资规模、技术先进性、投入产出率等指标，建立项目级差地价测算体系，降低项目投资初始成本，提高招商投资的竞争力。

抓紧项目推进。瞄准全球跨国公司，促进大项目进区投资；瞄准整机化和最终产品项目，促进新项目产业群的形成；瞄准零部件中的关键件和基础件，促进整机配套能力的提高。今年要实现引进4个投资5 000万美元以上的项目，15个1 000万美元以上项目。

2.在扩大经济总量、提高经济运行质量上有新突破

根据大连新市区产业布局，引导新项目向开发区产业发展目标集聚，形成开发区实现跨越式发展的六大产业群：即化工产业群、新材料产业群、电子信息产业群、机电一体化制造产业群、生物制药产业群、食品加工产业群。

扶强做大现有企业。今后三年内，扶持西太平洋石化产值达到200亿元；再培育两个产值超100亿元的企业；3个产值超50亿元的企业；培育一批产值超10亿元的企业，形成开发区新的经济增长点，使开发区新增工业产值450亿元，规模以上工业总产值占大连市的60%左右。

大力发展高技术产业。全力扶持壮大研究中心以及拥有自主知识产权的高新技术企业。“十五”末期，高新技术产品产值占工业总产值的60%。

为发挥开发区的辐射功能，缓解开发区项目建设用地趋于紧张的情况，设立区外功能区，带动周边地区经济发展。

3.在完善财政投融资体制上有新突破

组建管委会直属的控股公司，搭建财政投融资平台。开辟在国内外资金和资本市场上融资建设开发区的新渠道。

成立社会保障资金管理中心。在有偿、安全的原则下，为开发区的建设和发展服务。

为中小企业担保提供融资服务。基本实现投融资主体多元化、融资渠道多元化、融资方式多元化和融资服务宽领域，为开发区的基础设施建设、城市功能提升和区域经

济政策提供强有力的支持。

4. 在提升城市功能上有新突破

按照“适度负债、科学规划、超前建设、跨越发展”的建设思路，在现有财力的基础上，确立积极平衡的观念，高起点、高水平地规划和建设一批具有现代风格、有开发区特色、适应持续发展要求的市政工程、信息工程、精品工程。全面提升开发区作为新市区主体的城市功能。

5. 在引进高层次人才上有新突破

从解决创业环境问题着手，制定引进高层次人才的优惠政策。在大力引进技术型高级人才的同时，积极引进高层次管理型人才。充分利用大连大学、民族学院等区内高校的资源，加大人才培训力度，并与日本、香港、新加坡建立开发区专业人才再培训基地。抓紧建设由开发区与理工大学合办国家级软件示范学院，发展远程教育。

6. 在建设服务型政府上有新突破

创造公开、公平、廉洁的行政环境。加大审批制度改革的力度，取消现有的与市场经济不适应的、与WTO原则相冲突的审批事项和有关文件。完善“一站式”办公服务体系，把开发区基本建设成国内审批环节最少，行政透明度最高的开发区。

降低企业综合成本。加大综合补偿力度，建立科学合理的公用事业产品价格体系，降低企业运营成本，减轻企业负担。

7. 在党的建设和精神文明建设上有新进步

在坚持干部竞争上岗，实行聘任制、任期制的基础上，试行末位淘汰制，疏通干部能上能下出口。加大干部培训力度，对有发展潜力的干部派送到国外培训。凡是有党员的新经济组织要及时建立党组织，提高党组织组建率；加强民营、个体经济和社区党建工作，在开放前沿树立党的良好形象。坚持用“以最廉洁的行为从事最开放的事业”的理念，深入搞好“答三问、过三关”教育，实行党风廉政建设责任制，建立重点项目廉洁责任书。抓好中外先进文化的对接创新，推进农村向城市、村民向市民的转化，提高公民道德水平，形成有开发区特色的文化氛围。

迈入新世纪，按照大连市总体发展规划要求，大连开发区提出了“十五”规划的发展方向是：以现代加工工业为基础，以高新技术为主导，以口岸经济为依托，建设成东北亚现代加工制造业重要基地，初步形成我国东北高新技术产业化和区域性现代物流中心。着力建设城市功能性配套项目，用5至10年的时间，把开发区建设成为智能化、生态型、综合性的新城区，为大连新市区发展规划的实现奠定基础，成为大连建设自由贸易区的主要基地。

“十五”期间大连开发区的国内生产总值年平均增长速度力争达到25%。2004年，即在建区20周年时，开发区用3年的时间国内生产总值的增长率将突破30%，当年实现国内生产总值390亿元。至“十五”期末国内生产总值力争达到506亿元，是“九五”期末的3倍，占全市的比重将从“九五”期末的15%，提高到28%，增长13个百分点。

至“十五”期末税收收入力争达到92亿元，是“九五”期末的3.7倍，占全市的比重将在“九五”期末的18.4%，提高到37.4%，增长19个百分点。

至“十五”期末外资企业出口总额力争达到44亿美元，是“九五”期末的1.9倍，占全市的比重将从“九五”期末的57.5%，提高到65%，增长7.5个百分点。

中国对外经济贸易年鉴

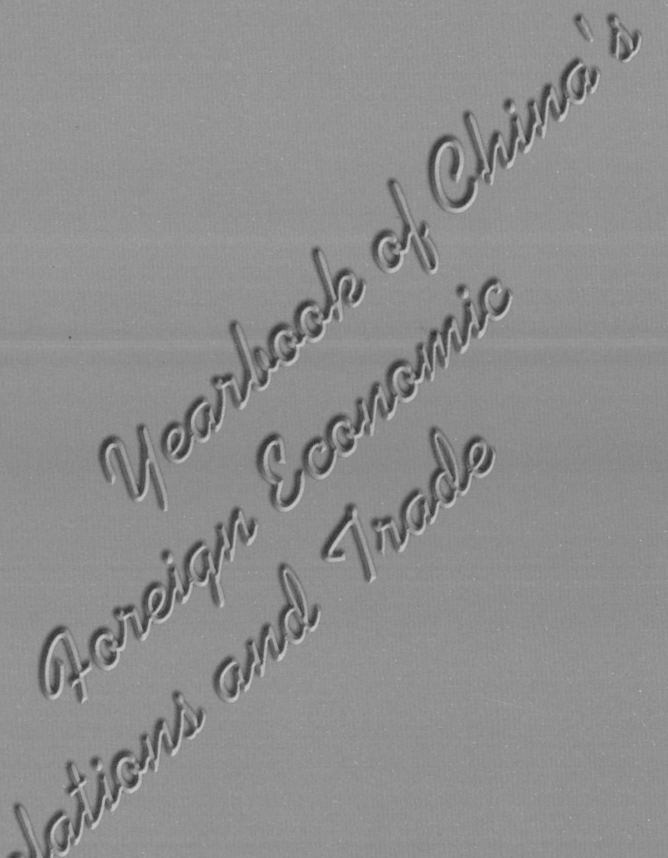

地方经贸

Local Foreign Economic Relations and Trade

2001年北京市对外经济贸易

北京市对外经济贸易委员会

北京市对外经济贸易委员会主任

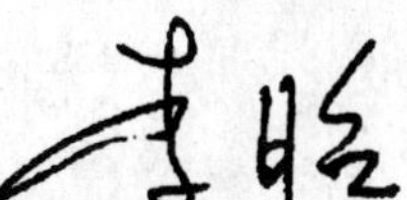

李昭 1967—1978年期间先后在黑龙江生产建设兵团和北京第一无线电器材厂工作。1978—1982年就读于中国人民大学工业经济系。毕业后就职于北京市政府，历任北京市计划委员会副主任、北京市宣武区区长、北京经济技术开发区管委会副主任等职。1999年9月16日任北京市对外经济贸易委员会主任。

【对外贸易】

进出口总额 2001年北京市（地方）进出口总额134.03亿美元，比2000年的116.5亿美元增长15%。

出口总额 出口总额48.73亿美元，比2000年的46.3亿美元增长5.3%，占全市国内生产总值2 817.6亿元（相当于340.78亿美元）的14.3%，占全国出口额的1.8%。

出口商品结构 初级产品出口额3.39亿美元，占出口总额的7%；工业制成品出口额45.33亿美元，占出口总额的93%。

出口额1 000万美元以上商品情况表

金额分类	商品名称	出口金额（万美元）	占出口总额（%）
1亿美元以上（5种）	电机、电气、音像设备及其零件，非针织或非钩编的服装及衣着附件，核反应堆、锅炉、机械器具，光学、照相、医疗等设备及零件，针织或钩编的服装及衣着附件	332 906	68.32
3 000万美元～1亿美元（26种）	家具，寝具，灯具，活动房，钢铁制品，杂项化学产品，钢铁，特殊交易品及未分类商品，车辆及其零附件，玩具、游戏或运动用品及其零件，皮革制品，旅行箱包，动物肠，肉、鱼及其他水生无脊椎动物，无机化学品，贵金属等的化合物，肉及食用杂碎，有机化学品，鞋靴、护腿和类似品及其零件，矿物燃料、矿物油及其产品，塑料及其制品，羊毛等动物毛，马毛纱线，其他纺织制品，成套物品，橡胶及其制品	98 456	20.20
1 000万美元～3 000万美元（30种）	珠宝、贵金属及制品，仿首饰，陶瓷产品，杂项食品，玻璃及其制品，蔬菜、水果等或植物其他部分，食用蔬菜、根及块茎，油籽，子仁，工业或药用植物，棉花，贱金属杂项制品，药品，铝及其制品，乐器及其零件、附件，谷物，食用水果及坚果，甜瓜等水果，化学纤维短纤，矿物材料的制品，鞣料，着色料，涂料，油灰，杂项制品，帽类及其零件，纸及纸板，纸浆、纸或纸板制品，航空器、航天器及其零件，贱金属器具、利口器、餐具	38 316	7.86
合　计	**61种**	**469 678**	**96.38**

出口商品市场 出口商品销往178个国家和地区。

主要出口市场情况表

国别（地区）	出口额（万美元）	占出口总额（%）
日　本	101 441	20.86
美　国	68 438	14.07
香　港	56 266	11.57
韩　国	39 781	8.18
德　国	24 534	5.04
爱沙尼亚	21 792	4.48
马来西亚	21 399	4.40
荷　兰	12 349	2.54
英　国	10 160	2.09
芬　兰	9 848	2.02
合　计	**366 008**	**75.25**

进口总额 进口总额85.3亿美元，比上年的70.2亿美元增长21.5%。

进口商品结构 初级产品进口额4.83亿美元，占进口总额的5.7%；工业制成品进口额80.48亿美元，占进口总额的94.3%。

进口额1 000万美元以上商品情况表

金额分类	商品名称	进口金额（万美元）	占进口总额（%）
1亿美元以上（6种）	电机、电气、音像设备及零件，核反应堆、锅炉、机械器具及零件，光学、照相、医疗等设备及零件，矿砂、矿渣及矿灰，塑料及其制品，航空器、航天器及其零件	705 335	82.69
3 000万美元～1亿美元（25种）	羊毛等动物毛，马毛纱线，钢铁，有机化学品，纸及纸板，纸浆、纸或纸板制品，无机化学品，贵金属，钢铁制品，化学纤维长丝，杂项化学产品，化学纤维短纤，铝及其制品，药品，鞣料，着色料，涂料，油灰，食品工业的残渣及废料，车辆及其零附件，玻璃及其制品，肉及食用杂碎，木及木制品，木炭，橡胶及其制品	103 330	12.11
1 000万美元～3 000万美元（37种）	铜及其制品，谷物，特殊交易品及未分类商品，棉花，生皮（毛皮除外）及皮革，贱金属器具、利口器、餐具，木浆等纤维状纤维素浆，废纸，食用水果及坚果，甜瓜等水果，贱金属杂项制品，珠宝、贵金属及制品，仿首饰，特种机织物，簇绒织物，刺绣，蛋白类物质，改性淀粉，胶，杂项制品，钟表及其零件，饮料、酒及醋，可可及可可制品，蔬菜、水果等或植物其他部分，絮胎、毡呢及无纺织物，线绳，家具，寝具，灯具，活动房，印刷品，手稿、打字稿，矿物材料制品，乳，蛋，蜂蜜，其他食用动物	35 601	4.17
合　计	**68种**	**844 266**	**98.97**

进口商品市场 进口商品来自114个国家和地区。

主要进口市场情况表

国别（地区）	进口额（万美元）	占进口总额（%）
日　本	166 406	19.35
芬　兰	140 113	16.29
美　国	117 399	13.65
德　国	71 053	8.26
台湾省	37 867	4.40
韩　国	36 025	4.19
马来西亚	30 589	3.56
香　港	30 303	3.52
中华人民共和国	25 853	3.01
瑞　典	19 918	2.32
合　计	**675 526**	**78.55**

技术进出口　技术进出口总额6.35亿美元，比上年增长36.3%。

技术进口　审批技术引进和设备进口合同369个，总金额4.34亿美元，比上年增长34.8%。其中技术费3.92亿美元，占合同总金额的90.3%；设备进口4 208万美元，占合同总金额的9.7%。

技术出口　对外签订技术出口合同382项，按新统计口径，合同金额2.01亿美元，比上年增长39.6%。其中技术服务与技术劳务出口13项，成交额1.32亿美元，比上年增长63%，占总成交额的65.7%；核准软件出口合同346项，成交额3 386万美元，比上年增长25%，占总成交额的16.8%。

【利用外资】

2001年利用外资情况表

利用外资方式	批准签订的合同			实际利用外资	
	项目数（个）	外资金额（万美元）	金额比上年增长（%）	金额（万美元）	金额比上年增长（%）
对外借款	2	43 874.44	7 092.5	171 327.41	254.6
外商直接投资	1 147	287 294.12	-1.4	176 815.7	-28.1
合资企业	471	77 260.21	7.2	50 395.9	13.1
合作企业	124	60 499.70	22.4	34 902.2	-28.1
外资企业	547	115 228.05	-31.6	79 230.2	-48.1
其他	5	34 306.16	2 680.9	12 287.4	—
外商其他投资	—	—	—	63 378.71	86.1
合　计	**1 149**	**331 168.56**	**15.0**	**400 997.42**	**33.2**

外商直接投资行业　外商直接投资项目中，生产型项目493个，非生产型项目654个。按行业划分：农林牧渔业35个，采掘业1个，制造业444个，建筑业9个，交通运输、仓储及邮电通信业8个，批发和零售贸易、餐饮业41个，房地产业54个，社会服务业516个，综合技术服务业5个，其他行业13个。

外商直接投资来源　外商直接投资来自101个国家和地区。主要投资国家和地区的项目数及合同外资金额的情况是：香港281项，合同外资额93 417.54万美元；英属维尔京群岛143项，32 181.51万美元；美国159项，36 886.19万美元；韩国104项，7 719.73万美元；日本80项，17 493.3万美元；新加坡41项，12 713.16万美元；台湾省85项，5 425.04万美元；开曼群岛38项，8 551.11万美元；英国34项，9 524.04万美元；加拿大36项，4 512.45万美元；德国21项，19 736.7万美元；澳大利亚12项，85.15万美元；萨摩亚5项，602万美元；新西兰4项，136.55万美元；澳门6项，1 366.51万美元；泰国1项，366.7万美元；意大利7项，410.56万美元；芬兰3项，1 376.22万美元；马来西亚4项，467.12万美元；瑞士2项，69.5万美元；西班牙2项，30万美元；俄罗斯3项，69.87万美元；巴拿马2项，115万美元。

外商直接投资企业生产经营情况　截至2001年

底，已有5 281家外商投资企业开业投产，职工总数为48.39万人。全年完成工业产值1 347.65亿元，比上年增长60.8%；实现销售收入2 582.3亿元，比上年增长41%；实现利润128.85亿元，为上年同期的2.4倍；缴纳税金总额197亿元，比上年增长72.8%。

【对外经济合作】

承包工程和劳务合作 签订对外承包和劳务合作项目105个，金额2.14亿美元，比上年增长32%；完成营业额1.86亿美元，比上年下降5.9%；当年派出劳务人员1 295人，年末在外人数3 494人，派往的主要国家和地区是新加坡、日本、斯里兰卡和香港等；主要对外承包工程项目有新加坡住房项目、古巴电信工程和伊朗拖船等项目。

对外经济技术援助 共承担援外项目49个。受援国家主要有安哥拉、斯里兰卡、塞拉利昂、几内亚、刚果（布）等20多个国家，涉及的行业主要是建筑业及设计咨询业等。当年派出援外人员123人，年末在外67人。

对外投资 在海外举办非贸易型企业20个，中方投资814.3万美元。企业分布在美国、英国、日本、马来西亚、加拿大、香港等15个国家和地区。

【其他】

北京经济技术开发区 批准入区企业283家，其中外商投资企业74家，比上年增长14%；全年项目投资总额为11亿美元，增长86.3%；实现国内生产总值73亿元人民币，增长152%；完成销售收入426亿元人民币，增长333%。

对外经贸洽谈会 2001年5月举办的第四届北京市高新技术产业国际周活动，签约项目总计823个，总成交额79.22亿美元，较上届增长31.52%。其中投资类项目74.18亿美元，占总成交额的93.6%；外资项目62.85亿美元，占投资总额的84.73%；高科技项目总投资额40.74亿美元，占投资总额的54.92%。

涉外旅游 接待海外旅游者及台港澳同胞285.79万人次，比上年增长1.31%；旅游收入29.5亿美元，比上年增长6.5%。

2001年天津市对外经济贸易

天津市对外经济贸易委员会

天津市对外经济贸易委员会主任　张云年

张云年　中共党员，企业管理研究生。1978年毕业于对外经济贸易大学。1993年任天津市食品进出口公司总经理。1996年任天津市对外经济贸易委员会副主任。1998年任天津北方国际集团总裁。2001年9月任天津市对外经济贸易委员会主任。

【对外贸易】

进出口总额 2001年天津市进出口总额181.86亿美元，比上年的171.57亿美元增长6%。

出口总额 出口总额95.02亿美元，比上年的86.29亿美元增长10.1%，占全市国内生产总值1 826.67亿元（220.88亿美元）的43.02%，占全国出口额的3.57%。

出口商品结构 初级产品出口额12.7亿美元，占出口总额的13.37%；工业制成品出口额82.18亿美元，占出口总额的86.49 %。

出口额5 000万美元以上商品情况表

金额分类	商品名称	出口金额（亿美元）	占出口总额（%）
1亿美元以上（9种）	手持无线电话，原油，显示器，录像机，单片集成电路，锂电池，微波炉等	28.31	29.79
5 000万美元～1亿美元（20种）	电动机，激光视盘放像机，集装箱，布线组，无烟煤，稳压电源，橡塑鞋靴，镍氢电池，激光唱机，键盘乐器，餐具，服装，照相机，电容器等	13.54	14.25
合　计	**29种**	**41.85**	**44.04**

出口商品市场　出口商品销往186个国家和地区

主要出口市场情况表

国别（地区）	出口金额（亿美元）	占出口总额（%）
美　国	22.24	23.41
日　本	17.36	18.27
韩　国	9.90	10.42
香　港	7.64	8.04
德　国	6.32	6.65
印度尼西亚	3.72	3.91
荷　兰	2.80	2.95

主要出口市场情况表（续）

国别（地区）	出口金额（亿美元）	占出口总额（%）
新加坡	2.24	2.36
英　国	2.15	2.26
法　国	1.16	1.22
合　计	**75.53**	**79.49**

进口总额　进口总额86.85亿美元，比上年的85.31美元增长1.8%。

进口商品结构　初级产品进口额7.65亿美元，占进口总额0.88%；工业制成品进口额79.15亿美元，占进口总额的91.13%。

进口额5 000万美元以上商品情况表

金额分类	商品名称	进口金额（亿美元）	占进口总额（%）
1亿美元以上（4种）	集成电路，彩色显像管等	7.83	9.02
5 000万美元～1亿美元（8种）	黄大豆，单晶硅切片，磷酸氢二铵，氯乙烯，小轿车等	5.54	6.38
合　计	**12种**	**13.37**	**15.39**

进口商品市场　进口商品来自108个国家和地区。

主要进口市场情况表

国别（地区）	进口金额（亿美元）	占进口总额（%）
日　本	20.60	23.72
韩　国	18.44	21.23
美　国	13.69	15.76
台湾省	5.50	6.33
德　国	4.72	5.43
香　港	3.76	4.33

主要进口市场情况表（续）

国别（地区）	进口金额（亿美元）	占进口总额（%）
新加坡	3.50	4.03
英　国	3.02	3.48
法　国	1.62	1.87
马来西亚	1.50	1.73
合　计	**76.35**	**87.91**

【利用外资】

2001 年利用外资情况表

利用外资方式	批准签订的合同			实际利用外资	
	项目数（个）	外资金额（亿美元）	金额比上年增长（%）	金　额（亿美元）	金额比上年增长（%）
对外借款	—	—	—	0.77	-71.00
外商直接投资	618	46.30	0.70	32.20	25.80
合资企业	156	10.08	85.20	—	—
合作企业	16	0.82	-33.60	—	—
外资企业	446	35.40	-10.00	—	—
合　计	**618**	**46.30**	**0.70**	**32.97**	**16.71**

外商直接投资行业　农林牧渔业项目 8 个，外商投资 0.15 亿美元；工业及建筑业项目 399 个，外商投资 37.9 亿美元；房地产公共事业服务项目 5 个，外商投资 1.06 亿美元；交通运输业项目 3 个，外商投资 0.1 亿美元；商业饮食物资供应项目 189 个，外商投资 5.32 亿美元；其他行业 14 个，外商投资 1.76 亿美元。

外商直接投资来源　外商直接投资的主要国家和地区：香港投资 86 项，金额 22.97 亿美元；美国 110 项，金额 8.63 亿美元；韩国 152 项，金额 3.91 亿美元；日本 57 项，金额 2.98 亿美元；台湾省 68 项，金额 1.58 亿美元。

外商直接投资企业生产经营情况　2001 年已开业的三资企业完成生产总值 1 314.84 亿元，比上年增长 8.1%，其中工业总产值 1 306.86 亿元，占天津市工业总产值的 45.8%；销售收入 1 500.3 亿元，增长 10.7%；利税总额 209.09 亿元，增长 10.3%；出口 71.12 亿美元，增长 11.5 %；占全市出口总额的 74.8%。

截至 2001 年底，共批准外商投资企业 14 233 家，协议投资总额 441.78 亿美元，其中协议外资额 359.76 亿美元，累计外资实际到位 191.01 亿美元。

【对外经济合作】

承包工程和劳务合作　签订对外承包工程和劳务合作项目 811 个，金额 3.08 亿美元，比上年的 2.28 亿美元增长 35.8%；营业额 3.05 亿美元，比上年的 2.28 亿美元增长 33.6%；年末在外人数 15 069 人。派往的主要国家和地区：韩国、新加坡、香港、日本、塞班。

对外投资　在海外举办生产型企业 25 家，非生产型企业 13 家，总投资 1 416.69 万美元，其中中方投资 1 104.61 万美元。这些企业遍布亚洲、欧洲、美洲、非洲的 23 个国家和地区。

【其他】

天津经济技术开发区　新批外商投资企业 88 家，合同外资额 22 亿美元；工业总产值 865.11 亿元，比上年增长21.9%；出口40.35亿美元，增长23.5%；固定资产投资95亿元，增长88.3%。

天津港保税区 新批外商投资企业131个，合同外资额8.51亿美元，增长53.6%；固定资产投资5.36亿元，增长54.5%；出口2.85亿美元，增长86.1%。

天津高新技术产业园区 新批外商投资企业77家，合同外资额46.3亿美元；出口7.92亿美元，增长2.1%。

港口运输 天津港共有各类泊位140个，其中万吨级以上的深水泊位50个，年吞吐能力上亿吨。2001年实际完成货物吞吐总量11 369.1万吨，其中完成外贸进出口货物吞吐总量6 172万吨，比上年增长20.2%，出口量3 935.1万吨，进口量2 236.9万吨。

涉外旅游 入境的国际旅游人数为42.14万人；旅游收入2.8亿美元，比上年的2.32亿美元增长20.9%。

2001年河北省对外经济贸易

河北省对外贸易经济合作厅

河北省对外贸易经济合作厅厅长 邹世华

邹世华 生于1946年4月，河北沧县人。大专学历，中共党员。1961年参加工作。历任河北省邯郸市机械工业局副局长、河北省农机总公司总经理、河北省张家口市市委副书记兼常务副市长等职。1996年3月任河北省对外贸易经济合作厅厅长、党组书记。

【对外贸易】

进出口总额 2001年河北省进出口总额57.38亿美元，比上年的52.35亿美元增长9.6%。

出口总额 出口总额39.56亿美元，比上年的37.07亿美元增长6.7%，占全省国内生产总值5 577.70亿元（相当于673.91亿美元）的5.87%；占全国出口额的1.49%，居全国第10位。

出口商品结构 初级产品出口额12.79亿美元，占出口总额的32.30%；工业制成品出口额26.78亿美元，占出口总额的67.70%。

出口额500万美元以上商品情况表

金额分类	商品名称	出口金额（万美元）	占出口总额（%）
1亿美元以上（2种）	煤，皮革或再生皮革制的衣服	79 861	20.79
5 000万美元～1亿美元（5种）	瓷餐具，原油，毛皮制衣服及衣着附件，钢铁丝制的布、网及格栅，塑料制衣服及衣着附件（包括手套）	38 168	9.65
1 000万美元～5 000万美元（61种）	山羊绒，维生素C，钢铁制管子附件，合成纤维短纤缝纫线，化纤制男衬衫等	114 235	28.88

出口额500万美元以上商品情况表（续）

金额分类	商 品 名 称	出口金额（万美元）	占出口总额（%）
500万美元～1 000万美元（62种）	已煅烧石油焦，客车或货运机动车辆用新的充气橡胶轮胎等	43 390	10.97
合 计	**130种**	**275 654**	**69.68**

出口商品市场 出口商品销往191个国家和地区。

主要出口市场情况表

国别（地区）	出口金额（万美元）	占出口总额（%）
日 本	66 452	16.80
欧 盟	65 802	16.63
韩 国	48 583	12.28
美 国	46 067	11.64
台湾省	33 309	8.42
俄罗斯	21 875	5.53

主要出口市场情况表（续）

国别（地区）	出口金额（万美元）	占出口总额（%）
东 盟	21 217	5.36
香 港	18 559	4.69
加拿大	6 296	1.59
阿联酋	4 482	1.13

进口总额 进口总额17.82亿美元，比上年的15.28亿美元增长16.6%。

进口商品结构 初级产品进口额6.53亿美元，占进口总额的36.70%；工业制成品进口额11.28亿美元，占进口总额的63.30%。

进口额500万美元以上商品情况表

金额分类	商 品 名 称	进口金额（万美元）	占进口总额（%）
1亿美元以上（2种）	未烧结铁矿砂及其精矿，黄大豆	41 253	23.16
5 000万美元～1亿美元（2种）	香蕉，有线载波通讯或有线数字通讯设备	11 920	6.69
1 000万美元～5 000万美元（15种）	氯乙烷，丙烯腈，聚酯短纤，机械及机械器具等	27 535	15.45
500万美元～1 000万美元（44种）	硫酸钾，化学木浆，已烧结的铁矿砂及其精矿，初级形状的聚乙烯，氯化钾等	29 977	16.83
合 计	**63种**	**110 685**	**62.13**

进口商品市场 进口商品来自76个国家和地区。

主要进口市场情况表

国别（地区）	进口金额（万美元）	占进口总额（%）
欧盟	38 423	21.56
美国	27 994	15.71
日本	22 299	12.52
韩国	18 364	10.31
澳大利亚	12 340	6.93
东盟	11 621	6.52
巴西	8 864	4.98
台湾省	7 219	4.05

主要进口市场情况表（续）

国别（地区）	进口金额（万美元）	占进口总额（%）
阿根廷	6 701	3.76
印度	6 447	3.62

技术进口 签订引进技术和设备合同21项，比上年减少68项；合同金额1 365.36万美元，比上年下降92.45%。引进的技术来自7个国家（地区），其中美国5项，日本5项，香港5项，英国2项，瑞典2项，法国1项，奥地利1项。技术引进涉及医药、电子及通信设备、机械、轻工、畜牧等行业。

【利用外资】

2001年利用外资情况表

利用外资方式	批准签订的合同			实际利用外资	
	项目数（个）	外资金额（万美元）	金额比上年增长（%）	金额（万美元）	金额比上年增长（%）
对外借款	4	3 332		13 196	-61.5
外商直接投资	503	99 763	37.7	75 661	-26.1
合资企业	296	40 537	8.7	50 147	-28.6
合作企业	45	20 461	22.0	8 032	-30.7
外资企业	162	38 765	111.0	17 482	-14.8
外商其他投资	—	—	—	4 664	69.4
合计	**507**	**103 095**	**42.3**	**93 521**	**-32.9**

外商直接投资行业 在批准的503个外商直接投资项目中，生产型项目占87%，非生产型项目占13%。按行业分，农林牧渔业21个，采掘业7个，制造业409个，电力、煤气及水的生产和供应业6个，建筑业6个，地质勘查业、水利管理业1个，交通运输、仓储及邮电通信业1个，批发和零售贸易、餐饮业6个，房地产业15个，社会服务业21个，教育、文化及广播电影电视业3个，科学研究和综合技术服务业2个，其他行业5个。

外商直接投资来源 外商直接投资来自40个国家和地区。其中，香港项目125个，合同外资金额4.27亿美元；台湾省45个，1.25亿美元；韩国75个，1.03亿美元；英国8个，5 908万美元；美国76个，5 706万美元；新加坡11个，4 605万美元；日本38个，2 697万美元；泰国6个，2 671万美元；加拿大18个，2 493万美元。

外商直接投资企业生产经营情况 截至2001年底，全省共审批外商投资项目10 010个，开业投产的外商投资企业1 958家，其中2001年新开业投产企业127家。全年全省外商投资企业出口11.42亿美元，比上年增长12.9%，占全省出口总额的28.88%。2001年确认“先进技术型”和“产品出口型”外商投资企业282家。

【对外经济合作】

承包工程和劳务合作 签订对外承包工程和劳务合作合同项目172个，金额2.1亿美元，比上年增长31.3%；营业额1.26亿美元，比上年增长41.4%；当年派出劳务人员6 500人次，年末在外人数11 000人，劳务人员分布在日本、新加坡、阿联酋、以色列、蒙古、尼日利亚等47个国家和地区。承包工程的主要项目是：华北石油管理局在蒙古的钻井项目，中国天然气管道工程有限公司在苏丹的管线智能检测服务项目等。

接受经济援助 接受国际无偿援助项目共6项，项目金额985万美元，涉及基础教育、生态农业、水利等领域。主要项目有：澳大利亚政府无偿援助张家口、石家庄和保定部分县的水和农业管理项目，援助金额约860万美元；捷克政府无偿援助固安县养殖场废弃物生态制肥项目，援助金额约20万美元。

对外投资 经批准在境外举办非贸易性企业4家，总投资额491万美元，其中中方投资额309万美元。这4个项目是：秦皇岛冠宇鸵鸟有限公司在伊朗投资鸵鸟养殖项目，总投资额177万美元，其中中方投资70万美元；石家庄思创电气有限公司在美国投资兴建变压器生产项目，总投资额30万美元，全部为中方投资；辰光集团在加拿大投资兴建玩具生产销售项目，总投资额124万美元，其中中方投资额49万美元；石家庄雄狮饲料集团在喀麦隆投资兴建饲料生产销售项目，总投资额161万美元，全部为中方投资。

【其他】

对外经贸洽谈会 2001年5月在廊坊市举办了河北省对外经贸洽谈会，有1 200余名外商到会，其中世界500强公司33家。签订利用外资项目合同568个，合同利用外资20.6亿美元，出口成交额1.88亿美元。

涉外旅游 全省接待国际游客43.4万人次，比上年增长8.5%；旅游外汇收入1.5亿美元，比上年增长13.1%。

2001年秦皇岛市对外经济贸易

秦皇岛市对外贸易经济合作局

秦皇岛市对外贸易经济合作局局长

张晓光 生于1953年11月3日。1986年毕业于河北省广播电视大学经济系，大专学历。1982年加入中国共产党。历任河北省秦皇岛市廉政办公室副主任、监察局副局长、市政府副秘书长、口岸办公室主任等职。2001年5月任秦皇岛市对外贸易经济合作局局长、党委书记兼秦皇岛市口岸办公室主任。

【对外贸易】

进出口总额 2001年河北省秦皇岛市进出口总额64 688万美元，比上年的63 896万美元增长1.25 %。

出口总额 出口总额为2.54亿美元，比上年增长8.8%，占全市国内生产总值312亿元（相当于37.59亿美元）的6.7 6%，占全省出口额的6.35%。

出口商品结构 出口商品达84种。初级产品出口额13 508万美元，占出口总额的52.38%；工业制成品出口额17 499万美元，占出口总额的67.86%。

出口额100万美元以上商品情况表

金额分类	商品名称	出口金额（万美元）	占出口总额（%）
1 000万美元以上（4种）	铝箔，冻鸡，豆粕，革皮服装	10 074	39.57

出口额 100 万美元以上商品情况表（续）

金额分类	商 品 名 称	出口金额（万美元）	占出口总额（%）
500 万美元～1 000 万美元（6 种）	平板玻璃，粉丝，西服，童装，铸铁制品，栗子	3 971	15.60
100 万美元～500 万美元（20 种）	水泥，PU 人造革，木工机械，轴承，钢丝，木材，液晶显示器，冻鱼，化肥，甜菜粕，建筑小五金，有色玻璃，法兰盘，羊毛衫，道岔，索具配件，方眼网，工作服等	5 735	22.52
合 计	**30 种**	**19 780**	**77.69**

出口商品市场 出口商品销往 87 个国家和地区，主要分布在亚洲、欧洲国家和地区。

主要出口市场情况表

国别（地区）	出口金额（万美元）	占出口总额（%）
日 本	10 426	40.96
韩 国	3 497	13.74
美 国	2 771	10.89
德 国	2 122	8.34
香 港	1 021	4.01
希 腊	857	3.37
加拿大	536	2.11
阿联酋	528	2.07
俄罗斯	498	1.96
台湾省	444	1.74
合 计	**22 700**	**89.18**

进口总额 进口总额 39 233 万美元，比上年的 40 522 万美元下降 3.25 %。

进口商品结构 进口商品有 41 个品种。初级产品进口 8 325 万美元，占进口总额的 21.22%；工业制成品进口 4 001万美元，占进口总额的 10.20%。机电产品进口额 566 万美元，占进口总额的 1.44%；高新技术产品进口额 441 万美元，占进口总额的 1.12%。

主要进口商品情况表

商品名称	进口金额（万美元）	占进口总额（%）
香 蕉	6 001	15.30
黄大豆	5 949	15.16

主要进口商品情况表（续）

商品名称	进口金额（万美元）	占进口总额（%）
丙烯氢	3 686	9.40
1.2－乙二醇	2 381	6.07
牛马皮	1 492	3.80
硫酸钾	989	2.52
路由器	906	2.31
氯化钾	831	2.12
葡萄酒	756	1.93
木纤维板	695	1.77

进口商品市场 进口商品来自 32 个国家和地区。

主要进口市场情况表

国别（地区）	进口金额（万美元）	占进口总额（%）
美 国	7 930	20.21
韩 国	7 626	19.44
菲律宾	4 653	11.86
日 本	2 531	6.45
台湾省	2 412	6.15
巴 西	2 150	5.48
德 国	2 068	5.27
阿根廷	1 545	3.94
厄瓜多尔	1 536	3.92
智 利	1 005	2.56

技术进出口 技术进出口总额 2 573 万美元，比上年的 1 871 万美元增长 37.52%，其中，签订引进技术和进口

设备项目12个，合同金额115万美元，比上年增长65.47%；签订技术出口合同项目4个，合同金额25.16万美元，比上年增长47.61%。

【利用外资】

概况 批准外资项目66个，投资总额29 152.95万美元，比上年的30 651万美元下降4.8%，合同利用外资23 231.83万美元，比上年的19 783万美元增长29.52%，实际进入外资7 449万美元，比上年的11 514万美元下降35.3%。合资企业31家，投资总额11 613.59万美元，合同外资6 983.88万美元；合作企业6家，投资总额3 437.46万美元，合同外资2 160.05万美元；独资企业29个，投资总额14 101.90万美元，合同外资140 87.9万美元。

外商直接投资行业 新批准的利用外资项目中，生产型项目52个，非生产型项目14个。

外商直接投资主要行业情况表

行业类型	项目数（个）	合同外资（万美元）
建材业	12	4 567
采掘业	1	2 998
其他行业	6	2 966
机械制造业	5	2 757
房地产业	3	2 647
建筑业	2	2 210
社会服务业	4	1 740
电子业	2	1 557
化工业	3	1 073
食品业	13	336

外商直接投资来源 外商直接投资来自13个国家和地区。

外商直接投资主要来源情况表

国家（地区）	项目数（个）	合同外资（万美元）
香　港	12	8 085
韩　国	21	5 957
英　国	3	4 018
新加坡	1	2 680
澳　门	1	1 456
台湾省	2	325
英属维尔京群岛	2	236
美　国	10	225
日　本	8	98
法　国	2	59

外商直接投资企业生产经营情况 投产的273家外商投资企业全年实现产值74.31亿元人民币，销售收入65.53亿元，累计税金1.62亿元人民币，累计利润-0.12亿元人民币，出口创汇17 879万美元，比上年的17 476万美元增长2.31%，占全市出口总额的70.23 %。

【对外经济合作】

承包工程和劳务合作 签订对外承包工程和劳务合作合同额3 732.91万美元，比上年的2 019.6万美元增长84.81%；营业额472.95万美元，比上年的783.64万美元下降39.64%；当年派出劳务人员854人次，比上年的628人次增长36%，年末在外人数799人；比上年的700人增长5.1%，主要派往蒙古、日本、俄罗斯、柬埔寨、印度、保加利亚、南非、科威特等国家和地区。

对外投资 在海外举办非贸易性企业项目3个，分别是冠宇鸵鸟发展有限公司在伊朗建养殖场，总投资130万美元；戴梦德公司在南非建中餐馆，总投资20万美元；戴梦德公司在南非建制镜厂，总投资50万美元。承包工程项目5个，蒙古桑那邦饭店，合同额2.3万美元；阿尔及利亚奥兰医院二期工程，合同额为450万美元；阿塞拜疆巴库住宅楼，合同额为160万美元；沙特志达地区MDF工程，合同额为460万沙特里亚尔；沙特吉达地区DFP工程，合同额为3 000万沙特里亚尔。

【其他】

秦皇岛经济技术开发区 投资12 762万元用于开发区的基础设施建设，改善投资环境。共批准外商投资企业24家，投资总额14 277万美元，合同外资11 336万美元，实际利用外资4 588万美元。批准内联企业246家，总投资7.6亿元。全年实现工业产值41.3亿元，比上年的35.4亿元增长16.73%；实现利税1.47亿元，增长16.71%；出口创汇16 545万美元，增长3.29 %。

对外经贸洽谈会 秦皇岛举办的第十三届“北戴河之夏”对外经济技术合作洽谈会暨商品交易会，签订利用外资合同21项，合同外资1.95亿美元，接待了美国、日本、韩国、香港、台湾省、新加坡、意大利、澳门等24个国家和地区的客商352人，接待国内客户220人。

港口运输 秦皇岛有生产泊位36个，港口吞吐能力1.31亿吨。全年实际完成货运总量1.24亿吨，比上年增长16.1 %。完成外贸进出口吞吐量5 508.6万吨，其中，出口5 034.4万吨，增长28.9%；进口546.2万吨，增长了43.6%。

涉外旅游 接待国内游客770.81万人次，比上年增长10%；接待海外游客13.96万人次，比上年增长0.3%；外汇旅游收入6 280.85万美元，比上年增长0.1%。

2001年山西省对外经济贸易

山西省对外贸易经济合作厅

山西省对外贸易经济合作厅厅长

张有陞　生于1943年。中共党员。1981—1994年间历任山西省晋盛贸易公司总经理、中国山西国际经济技术合作公司总经理等职。1993年获全国五一劳动奖章。1994年至今任山西省对外贸易经济合作厅副厅长、厅长、党组书记。

【对外贸易】

进出口总额 2001年山西省进出口总额19.41亿美元，比上年的17.64亿美元增长10.03%。

出口总额 出口总额14.68亿美元，比上年的12.37亿美元增长18.67%，占全省国内生产总值1 774.6亿元（相当于214亿美元）的6.86%，占全国出口额的0.55%。

出口商品结构 初级产品出口额9.14亿美元，占出口总额的62.26%；工业制成品出口额5.54亿美元，占出口总额的37.74%。

出口额500万美元以上商品情况表

金额分类	商品名称	出口金额（万美元）	占出口总额（%）
1亿美元以上（2种）	焦炭及半焦炭、烟煤	74 888	51.01
1 000万美元~1亿美元（11种）	未锻轧镁、炼焦煤、无烟煤、体育用品、耐火粘土、镁锉屑、硫酸二钠、未锻轧非冶金铝、活性碳、可锻性铸铁及铸钢管、柠檬酸	33 913	23.10
500万美元~1 000万美元（14种）	核桃仁、硅、烟花爆竹、室内装饰等器皿、钢铁制法兰、钢铁结构体、锻轧锰及锰制品、橡胶轮胎、钉、玻璃器皿、铸铁制品、研磨球、瓷餐具、人造纤维	11 036	7.52
合　计	**27种**	**119 837**	**81.63**

出口商品市场 出口商品销往137个国家和地区。出口额在4 000万美元以上的国家和地区有10个，出口金额10.28亿美元，占出口总额的70.02%。

主要出口市场情况表

国别（地区）	出口金额（万美元）	占出口总额（%）
韩　国	26 645	18.15
日　本	17 506	11.93
美　国	15 265	10.40
荷　兰	9 874	6.73
印　度	8 579	5.84
比利时	6 037	4.11

主要出口市场情况表（续）

国别（地区）	出口金额（万美元）	占出口总额（%）
菲律宾	5 360	3.65
香　港	5 234	3.57
巴　西	4 277	2.91
意大利	4 008	2.73
合　计	**102 785**	**70.02**

进口总额 进口总额4.73亿美元，比上年的5.28亿美元减少10.41%。

进口商品结构 初级产品进口额1.79亿美元，占进口总额的37.84%；工业制成品进口额2.94亿美元，占进口总额的62.16%。

进口额500万美元以上商品情况表

金额分类	商品名称	进口金额（万美元）	占进口总额（%）
3 000万美元以上（4种）	铁矿砂、氧化铝、锅炉设备及蒸气动力装置冷凝器零件、未锻轧的非合金镍	18 873	39.92
1 000万美元～3 000万美元（4种）	汽轮机零件、金属热轧机或冷热联合轧机、铜矿砂及其精矿、热轧不锈钢卷材	7 647	16.18
500万美元～1 000万美元（4种）	钢铁废碎料、交流发电机、光纤光缆、铜废碎料	3 282	6.94
合　计	**12种**		**63.04**

进口商品市场 进口商品来自49个国家和地区，进口额在1 400万美元以上的国家和地区有10个，进口额39 157万美元，占进口总额的82.83%。

主要进口市场情况表

国别（地区）	进口金额（万美元）	占进口总额（%）
澳大利亚	11 584	24.50
美　国	7 313	15.47
德　国	6 981	14.77
韩　国	2 841	6.01
俄罗斯	2 713	5.74
香　港	1 649	3.49

主要进口市场情况表（续）

国别（地区）	进口金额（万美元）	占进口总额（%）
日　本	1 609	3.40
印　度	1 521	3.22
意大利	1 516	3.21
巴　西	1 430	3.02
合　计	**39 157**	**82.83**

技术进出口 技术进出口总额1 251万美元，比上年的1 291万美元减少3.10%。签订引进技术和进口设备合同项目27个，比上年增加3个；合同金额1 251万美元，比上年的1 291万美元减少3.10%，涉及煤炭采选，医药制造，有色金属冶炼及压延加工，交通运输设备制造，电子通信设

备制造业，教育、卫生、体育、社会福利业等领域。

【利用外资】

共批准外商投资项目75个，比上年增加5.63%；项目总投资5.86亿美元，增长31.92%；合同外资额2.99亿美元，增长14.08%；实际利用外资2.34亿美元，增长4.10%；外商投资企业出口完成1.54亿美元，减少4.36%。

2001年利用外资情况表

利用外资方式	批准签订的合同			实际利用外资	
	项目数（个）	外资金额（万美元）	金额比上年增长（%）	金额（万美元）	金额比上年增长（%）
外商直接投资	75	29 859	14.08	23 393	4.10
合资企业	40	6 462	-57.00	5 892	148.08
合作企业	18	16 591	59.31	16 527	-3.05
外资企业	17	6 806	829.78	974	-68.07
合　计	**75**	**29 859**	**14.08**	**23 393**	**4.10**

外商直接投资行业　外商直接投资项目中生产型项目70个，占93.3%，非生产型项目5个，占6.7%。

外商直接投资分行业情况表

行　业	项目数（个）	合同外资（万美元）	实际投资（万美元）
农、林、牧、渔业	5	2 754	7
采掘业	7	4 176	1 664
制造业	56	13 113	9 104
电力、煤气及水的生产和供应业	2	7 556	12 176
建筑业	1	1 380	399
批发和零售贸易、餐饮业	1	8	39
房地产业	1	29	—
社会服务业	1	22	—
科学研究和综合技术服务业	1	281	4
合　计	**75**	**29 859**	**23 393**

外商直接投资来源　外商直接投资主要来自台湾省、香港、印度、法国、美国、巴拿马等国家和地区。

外商直接投资主要来源情况表

国别（地区）	项目数（个）	合同外资（万美元）	实际外资（万美元）
台湾省	14	7 716	799
香　港	24	7 653	4 096
印　度	1	2 989	205

外商直接投资主要来源情况表（续）

国别（地区）	项目数（个）	合同外资（万美元）	实际外资（万美元）
法　国	1	2 888	93
美　国	10	2 759	9 107
巴拿马	1	2140	360
英属维尔京群岛	3	1 636	519
澳大利亚	4	917	618
泰　国	1	400	105
合　计	**59**	**29 098**	**15 902**

【对外经济合作】

承包工程和劳务合作　签订对外承包工程和劳务合作合同项目25个，金额5 680万美元，比上年的5 620万美元增长1%；完成营业额5 064万美元，比上年的4 287万美元增长18.1%；当年派出劳务人员815人，年末在外人数1 597人，主要派往以色列、香港、新加坡、阿联酋、孟加拉国、柬埔寨等20多个国家和地区。

接受经济援助　接受国际经济组织及双边援助的项目5个，金额576万美元，涉及环保、生态、林业、扶贫、医疗卫生等领域。

【其他】

开发区　全省有省级以上开发区14个（其中，国家级2个，省级12个），共完成基础设施投资1.9亿元。入区企业467家，科工贸总收入230亿元，工业总产值147亿元，引进国内资金29亿元，合同外资金额1 436万美元，实际使用外资6 637万美元，出口创汇1.03亿美元，税收收入7.12亿元。

涉外旅游　接待港澳台同胞和国外旅游者197 782人次，比上年增长19.66%。其中外国人128 802人次，比上年增加10.49%；港澳台同胞68 980人次，比上年增长41.63%，旅游外汇收入5 946.53万美元，比上年的4 991.14万美元增长19.14%。

2001年内蒙古自治区对外经济贸易

内蒙古自治区对外贸易经济合作厅

内蒙古自治区对外贸易经济合作厅厅长 

白盾　1977年任内蒙古自治区外贸局干部；1983年任内蒙古进出口公司副经理；1984年任内蒙古自治区外经贸厅业务处处长；1987年任内蒙古自治区外经贸厅副厅长；1998年任内蒙古自治区外经贸厅厅长。

【对外贸易】

进出口总额 2001年内蒙古自治区进出口总额20.35亿美元，比上年26.22亿美元下降22.38%。

出口总额 出口总额6.27亿美元，比上年的9.70亿美元下降35.36%，占全区国内生产总值1 545.49亿元（相当于186.73亿美元）的3.36%，占全国出口额0.24%。

出口商品结构 初级产品出口额1.34亿美元，占出口总额的21.37%；工业制成品出口额4.93亿美元，占出口总额的78.63%。

出口额500万美元以上商品情况表

金额分类	商品名称	出口金额（亿美元）	占出口总额（%）
5 000万美元以上	服装、未锻造的铝（包括铝合金）	1.51	24.08
1 000万美元～5 000万美元	山羊绒、机电产品、玉米、钢材	0.96	15.31
500万美元～1 000万美元	抗菌素、硅材	0.15	2.39
合　计	**8种**	**2.62**	**41.79**

出口商品市场 出口商品销往116个国家（地区）。

主要出口市场情况表

国别（地区）	出口金额（万美元）	占出口总额（%）
日　本	16 923	26.99
韩　国	7 206	11.49
蒙古国	5 867	9.36
美　国	5 228	8.34
香　港	4 594	7.33
意大利	3 044	4.85
马达加斯加	2 074	3.31

主要出口市场情况表（续）

国别（地区）	出口金额（万美元）	占出口总额（%）
泰　国	1 558	2.48
俄罗斯	1 451	2.31
英　国	1 095	1.75
合　计	**49 040**	**78.20**

进口总额 进口总额14.08亿美元，比上年的16.52亿美元下降14.77%。

进口商品结构 初级产品进口额6.70亿美元，占进口总额的47.59%；工业制成品进口额7.37亿美元，占进口总额的52.34%。

进口额100万美元以上商品情况表

金额分类	商品名称	进口金额（亿美元）	占进口总额（%）
5 000万美元以上	原木、纸浆、铜矿砂、己内酰胺、聚乙烯、聚氯乙烯、未锻造的铜及铜材、未锻造的铝及铝材、机电产品	9.90	70.31
1 000万美元～5 000万美元	合成橡胶、锯材、氧化铝、氯化钾、聚丙烯、牛皮纸、废钢、纺织机械、汽车零件、高新技术产品	2.29	16.26
100万美元～1 000万美元	食糖、羊毛（包括羊毛条）、成品油、苯乙烯、牛皮革及马皮革、废铝、液体食品灌装设备、建筑及采矿用机械、食品加工机械、金属加工机床、金属轧机及零件、计量检测分析自控仪器及器具	0.53	3.76
合　计	**31种**	**12.72**	**90.34**

进口商品市场 进口商品来自45个国家（地区）。

主要进口市场情况表

国别（地区）	进口金额（万美元）	占进口总额（%）
俄罗斯	103 546	73.56
蒙古国	17 070	12.13
澳大利亚	4 996	3.55
德　国	3 743	2.66
美　国	2 279	1.62
意大利	1 950	1.39
日　本	1 150	0.82
英　国	1 013	0.72
合　计	**135 747**	**96.44**

边境贸易 边境贸易进出口额12.41亿美元，比上年14.22亿美元减少12.73%。主要出口商品有：小麦或混合麦的细粉、鲜苹果、合成纤维制品、男式上衣、土豆、精米；主要进口商品有：原木、铜矿砂及精矿、己内酰胺、精炼铜的阴极及其型材、聚氯乙烯。

技术进口 引进项目6个，合同金额722万美元，项目涉及服装、化工、生态农业、纺织、钢铁制造业等领域。到年底已有3个项目投产运行。盘古集团进口澳大利亚的“苗木快繁技术”国内领先，填补了自治区一项技术空白，使苗木的生长速度提高了1倍，苗木成活率提高了2倍以上；仕奇女装有限公司进口法国的“设计技术许可”，使该公司增加了1个适销的高档女装品牌，4个月达到50多万元的销售额。

【利用外资】

2001年利用外资情况表

利用外资方式	批准签订的合同			实际利用外资	
	项目数（个）	外资金额（万美元）	金额比上年增长（%）	金额（万美元）	金额比上年增长（%）
外商直接投资	80	26 594	3.10	10 739	1.62
合资企业	48	4 983	-53.74	4 671	-20.95
合作企业	9	11 778	3.29	3 090	55.51
外资企业	23	9 833	245.38	2 859	7.00
股份制企业	—	—	—	119	—
合　计	**80**	**26 594**	**3.10**	**10 739**	**1.62**

外商直接投资行业 在外商直接投资项目中，生产型项目70个，非生产型项目10个。按行业分：农林牧渔业13个，采掘业8个，制造业42个，电力、煤气及水的生产和供应业1个，建筑业6个，地质勘查、水利管理业2个，交通运输、仓储及邮电通信业1个，批发和零售贸易、餐饮业3个，社会服务业4个。

外商直接投资来源 外商直接投资主要来自24个国家和地区。合同外资额居前10位的是：香港27个，11 674万美元；美国13个，11 071万美元；英属维尔京群岛1个，1 032万美元；台湾省9个，716万美元；萨摩亚1个，500万美元；韩国7个，306万美元；澳大利亚5个，277万美元；日本6个，267万美元；英国3个，181万美元；朝鲜1个，169万美元。实际利用外资额居前10位的是：香港3 443万美元，美国3 355万美元，台湾省816万美元，英属维尔京群岛626万美元，英国553万美元，菲律宾497万美元，泰国345万美元，日本290万美元，丹麦280万美元，澳大利亚166万美元。

【对外经济合作】

承包工程和劳务合作 签订对外承包工程和劳务合作合同项目84个，金额5 403万美元，比上年的5 157万美元增长4.77%；完成营业额2 511万美元，比上年的2 448万美元增长2.57%；当年派出劳务人员2 849人次，年末在外人数为1 955人，主要派往俄罗斯、蒙古国、日本；承包工程的主要项目是民用建筑、电力能源，主要分布在俄罗斯、蒙古国。

接受经济援助 接受国际经济组织及双边援助项目7个，金额1 054万美元。已执行完毕的有：救灾项目3个，18万美元；澳大利亚援助小型项目1个，5万美元。正在执行的有：加拿大援助“生物多样性保护”项目、联合国儿基会援助“贫困地区儿童规划与发展”项目、澳大利亚援助“阿拉善盟环境恢复和管理”项目。

对外投资 在海外举办企业7家，中方协议投资金额738万美元，投资国别（地区）是蒙古国、俄罗斯、美国、香港。

【其他】

经济技术开发区 呼和浩特经济技术开发区基础设施建设投资2 490万美元。新注册内资企业158家，注册资本42 696万元。其中工业企业40家，投资总额41 165万元。新批准设立的外商投资企业9家，合同外资金额7 144万美元，实际利用外资额1 285万美元，出口创汇1 828万美元。全年累计完成工业总产值37.64亿元，比上年的23.26亿元增长61.82%。工业增加值达到13.93亿元，比上年的8.45亿元增长64.85%。财政收入达到2.64亿元，比上年的1.73亿元增长52.60%。引进国内资金7.45亿元。

对外经贸洽谈会 2001年10月16日至22日在香港举办了“中国内蒙古招商引资活动周”，签订利用外资项目31项，协议利用外资金额1.95亿美元。签约项目涉及能源开发、冶金、纺织、药材加工、食品加工、建材、皮革加工、发电等。到会客商140多名，来自香港、美国、韩国、日本、加拿大、台湾省等。

口岸运输 全区口岸过货量1 032万吨，比上年增长了26.78%。其中，进口货物914万吨，增长29.23%；出口货物118万吨，增长10.40%。按货运方式分：铁路运输996万吨，比上年增长27.93%；公路运输34万吨，比上年下降3.60%；水路运输2万吨，比上年增长159%；航空运输0.3万吨，比上年下降70.71%。

涉外旅游 入境的外国人及港澳台同胞40万人次，旅游外汇收入1.37亿美元，比上年的1.27亿美元增长7.87%。

2001年辽宁省对外经济贸易

辽宁省对外贸易经济合作厅

辽宁省对外贸易经济合作厅厅长 （签名）

陈晓琨 生于1955年11月。中共党员。1982年1月毕业于大连工学院机械系。曾任辽宁省对外贸易经济合作厅副厅长、中共辽宁省朝阳市委常委、辽宁省朝阳市常务副市长等职。

【对外贸易】

进出口总额 2001年辽宁省进出口总额199.1亿美元，比上年的190.2亿美元增长4.7%。

出口总额 出口总额111.1亿美元，比上年的108.5亿美元增长2.4%，占全省国内生产总值5 033.1亿元（相当于608.1亿美元）的18.3%，占全国出口总额的4.2%，居全国第七位。

出口商品结构 初级产品出口额32.5亿美元，占出口总额的29.3%；工业制成品出口额78.6亿美元，占出口总额的70.7%。

出口额5 000万美元以上商品情况表

金额分类	商品名称	出口金额（万美元）	占出口总额（%）
1亿美元以上（20种）	服装，成品油，原油，彩色电视机，水海产品，计算机及附属设备，纺织品及制品，计算机零件，船舶，鞋类，微电机，收录音组合机，电视、无线电零件，钢材，录放音像机零附件，蔬菜，塑料及制品，锌锭，石蜡，重烧镁	672 754	60.56
5 000万美元~1亿美元（18种）	耐火砖，钼铁，熔凝镁氧矿，汽车零件，集装箱，阀门、旋塞及零件，蔬菜、水果制品，其他钢铁铸造制品，箱包，旅行用品，钢坯及粗锻件，木家具，多相交流电动机，冻鸡，空调，肉制品，保护电路装置，半导体器件，传真机零件	120 869	10.89
合　计	**38种**	**793623**	**71.45**

出口商品市场　出口商品销往175个国家和地区。

主要出口市场情况表

国别（地区）	出口金额（万美元）	占出口总额（%）
日　本	452 927	40.77
美　国	146 599	13.20
韩　国	107 347	9.66
新加坡	51 892	4.67
荷　兰	45 472	4.09
香　港	33 541	3.02
朝　鲜	28 392	2.56

主要出口市场情况表（续）

国别（地区）	出口金额（万美元）	占出口总额（%）
德　国	25 822	2.32
英　国	12 319	1.11
马来西亚	12 164	1.09
合　计	**916 476**	**82.50**

进口总额　进口总额87.99亿美元，比上年的81.73亿美元增长7.7%。

进口商品结构　初级产品进口额22.6亿美元，占进口总额的25.7%；工业制成品进口额65.4亿美元，占进口总额的74.3%。

进口额3 000万美元以上商品情况表

金额分类	商品名称	进口金额（万美元）	占进口总额（%）
1亿美元以上（20种）	原油，纺织纱线、织物及制品，食用油籽，大豆，塑料及制品，矿砂，电子管，汽车和汽车底盘，钢材，水海产品，集成电路，计算机零件，有机化学品，广播电讯设备零附件，录放音像机及唱机零附件，计算机及附属设备，发动机及零件，有线电话、电报设备，通断及保护电路装置，飞机及零件	573 791	65.21
3 000万美元~1亿美元（29种）	金属加工机床，革皮，印刷电路，铸造型模，泵、压缩机及零件，半导体器件，汽车零件，染料，橡胶、塑料加工机械，废钢，橡胶及制品，未锻造的铜及铜材，服装及衣着附件，滚动轴承及零件，阀门、旋塞及零件，电容器，电线和电缆，电动机及发电机零件，纺织机械，纸制品，纸及纸板，无机化学品，电动机及发电机，医药品，传动装置，自控仪器、装置，未锻造的铝及铝材，电阻器，医疗仪器及器械	163 992	18.64
合　计	**49种**	**737 783**	**83.85**

进口商品市场 进口商品来自113个国家和地区。

主要进口市场情况表

国别（地区）	进口金额（万美元）	占进口总额（%）
日本	287 178	32.64
韩国	134 496	15.29
美国	72 963	8.29
德国	54 617	6.21
沙特阿拉伯	44 519	5.06
台湾省	20 593	2.34
阿根廷	18 663	2.12
澳大利亚	18 615	2.12
巴西	16 540	1.88
俄罗斯	15 983	1.82
合计	**684 166**	**77.76**

边境贸易 与朝鲜的边境小额贸易额为8 302万美元，比上年增长4.8%，其中出口6 923万美元，增长4.2%；进口1 379万美元，增长7.7%。出口的主要商品有：机电产品、钢铁、塑料、有机化学品、服装、化肥、化学纤维等。进口的主要商品有：矿物燃料、木及木制品、蚕丝、水产品、矿砂、钢坯等。

港口运输 口岸货物吞吐量累计14 474.8万吨，比上年增长10.9%。外贸进出口货运量4 820.1万吨，比上年减少5.7%，其中外贸进口2 282万吨，比上年增长14.6%，出口2 538.1万吨，比上年减少18.6%。外贸进出口按货物运输方式完成情况：海运口岸完成4 702.6万吨，陆运口岸完成109.9万吨，空运口岸完成4.8万吨，其他2.8万吨。

【利用外资】

2001年利用外资情况表

利用外资方式	批准签订的合同			实际利用外资	
	项目数（个）	外资金额（亿美元）	金额比上年增长（%）	金额（亿美元）	金额比上年增长（%）
对外借款	14	3.2	18.5	3.3	-7
外商直接投资	1 876	54.7	5.7	31.13	22
合资企业	961	26.6	11.4	16.16	13.08
合作企业	130	7.8	-43.3	2.58	12.66
外资企业	783	19.7	43.9	10.91	43.36
股份制企业	0	0	0	0.65	32.65
其他企业	—	—	—	—	-1.19
外商其他投资	—	1.4	4.2	0.83	—
国际租赁	—	1.4	—	—	—
合计	**1 890**	**57.3**	**5.3**	**34.43**	**14.15**

外商直接投资行业 在外商直接投资的项目中，投资于第一产业的项目合同金额为3.89亿美元，占当年外资投资总额的7.1%；投资于第二产业的项目合同额为32.39亿美元，占59.2%；投资于第三产业的项目合同金额为18.40亿美元，占33.7%。具体的投资行业主要有：农林牧渔业项目92个，合同额3.8亿美元，实际利用外资额1.19亿美元；制造业项目1 220个，合同额28.3亿美元，实际利用外资额17.58亿美元；建筑业项目48个，合同额2.4亿美元，实际利用外资额1.61亿美元；交通运输、仓储、邮电通信业项目11个，合同额0.67亿美元，实际利用外资额0.16亿美元；批发和零售贸易及餐饮业项目181个，合同额2.14亿美元，实际利用外资额1.81亿美元；房地产业项目87个，合同额

11.4亿美元，实际利用外资额4.26亿美元；社会服务业项目179个，合同额3.2亿美元，实际利用外资额1.46亿美元；科学研究和综合技术服务业项目18个，合同额0.48亿美元，实际利用外资额885万美元；其他行业项目25个，合同额0.51亿美元，实际利用外资2.97亿美元。

外商直接投资来源 外商直接投资来自19个国家和地区。其中，港澳投资项目284个，合同外资额15.30亿美元；美国235项，12.42亿美元；日本310项，6.97亿美元；韩国606项，4.58亿美元；台湾省128项，2.85亿美元；加拿大52项，2.02亿美元；澳大利亚44项，1.76亿美元；新加坡53项，1.13亿美元；泰国7项，0.07亿美元；荷兰8项，1.92亿美元；德国20项，1.58亿美元。

外商直接投资企业生产经营情况 到2001年底，外商投资企业开业投产7 485家，销售收入达到1 357亿元，占全省国内生产总值的27%，比上年增长14.8%；完成出口创汇62.99亿美元，占全省出口总额的56.71%，比上年增长0.9%；实现税收125.61亿元，占全省税收总额的21%。

【对外经济合作】

承包工程和劳务合作 签订对外工程和劳务合作合同项目1 284项，签订工程承包与劳务合作合同额5.06亿美元，比上年下降19%；营业额4.65亿美元，比上年增长13%；派出劳务人员42 240人，比上年增长9%；年末在外47 744人，比上年增长4%。外派劳务的主要国家有日本、韩国、新加坡、俄罗斯。对外工程承包的主要国家和地区有日本、韩国、塞舌尔、新加坡、加蓬、俄罗斯、泰国。

接受经济援助 接受国际组织及政府无偿援助项目3项，新增援款388万美元。英国援助国有企业改革项目和欧盟援助综合环保项目为较大的区域性项目，执行顺利。

【其他】

经济技术开发区 全省四个国家级经济技术开发区（大连、沈阳、营口、丹东）新批利用外资项目171项，同比增长0.58%；合同外资额12.08亿美元，同比增长20.92%；实现工业总产值718.04亿元，实现税收46.1亿元，财政收入30.9亿元；出口创汇31.08亿美元，同比增长14.94%。

保税区 大连保税区新批利用外资项目134项，合同外资额2.82亿美元，外商实际投资1.26亿美元，实现工业总产值35.00亿元，税收总额达24.48亿元，财政收入3.3亿元，出口创汇4.12亿美元。

2001年沈阳市对外经济贸易

沈阳市对外贸易经济合作局

沈阳市对外贸易经济合作局局长 宋琦

宋琦 生于1951年10月21日，辽宁沈阳人。中共党员。1975年9月—1978年9月在辽宁师范大学中文系学习。1980年9月—1984年9月在辽宁大学经济系学习。1987年5月赴日本留学，获广岛大学法学博士学位。曾任辽宁省政府办公厅干部、日本JVC（中国）公司统括部长。1998年5月起任沈阳市对外经济贸易委员会主任、沈阳市对外贸易经济合作局局长。

【对外贸易】

进出口总额 2001年辽宁省沈阳市进出口总额27.92亿美元，比上年的26.87亿美元增长3.91%。

出口总额 出口总额12.51亿美元，比上年的12.97亿美元下降3.54%，占全市国内生产总值1 238亿元（相当于150.06美元）的8.34%，占全省出口额的11.26%。

出口商品结构 初级产品出口额0.53亿美元，占出口总额的4.3%；工业制成品出口额11.78亿美元，占出口总额的95.7%。

出口额100万美元以上商品情况表

金额分类	商品名称	出口金额（万美元）	占出口总额（%）
1 000万美元美元以上（14种）	计算机、服装、医药品、纺织纱线和织物及制品、汽车零件、蓄电池、谷物及谷物粉、塑料制品、鞋类、电脑软件、钢材、电视机和收音机及无线电讯的零附件、汽车和汽车底盘、水海产品	66 333	53.02
500万美元～1 000万美元（4种）	冻鸡、黏土及其他耐火材料、金属加工机床、电线及电缆	2 915	2.33
100万美元～500万美元（7种）	地毯、家用或装饰用木制品、塑料纺织袋、玻璃制品、蔬菜、鲜冻猪肉、锯材	1 870	1.49
合 计	**25种**	**71 118**	**56.84**

主要出口市场情况表

国别（地区）	出口金额（万美元）	占出口总额（%）
美 国	32 779	26.20
日 本	20 877	16.69
韩 国	19 974	15.97
德 国	4 181	3.34
荷 兰	4 175	3.33
朝 鲜	3 807	3.04
新加坡	2 839	2.27
香 港	2 298	1.84

主要出口市场情况表（续）

国别（地区）	出口金额（万美元）	占出口总额（%）
俄罗斯	1 665	1.33
意大利	1 335	1.07
合 计	**93 930**	**75.08**

进口总额 进口总额15.41亿美元，比上年的13.86亿美元增长11.18%。

进口商品结构 初级产品进口额0.42亿美元，占进口总额的2.7%；工业制成品进口额14.99亿美元，占进口总额的97.3%。

进口额100万美元以上商品情况表

金额分类	商品名称	进口金额（万美元）	占进口总额（%）
1 000万美元以上（16种）	自动数据设备及部件、集成电路及微电子组件、汽车零件、计量检测分析自控仪器及器具、型模及金属铸造用型箱、通断及保护电路装置、初级形状塑料、金属加工机床、电子元件、医药品、活塞式内燃机零件、钢材、橡胶或塑料加工机械、建筑及采矿用机械、食品加工机械、纺织用合成纤维	56 793	36.86
500万美元～1 000万美元（7种）	发电机组及旋转式变流机、塑料制品、印刷装订机械、医疗仪器及器具、长丝机织物、电线和电缆、液泵及液体提升机	5 035	3.27

进口额100万美元以上商品情况表（续）

金额分类	商品名称	进口金额（万美元）	占进口总额（%）
100万美元～500万美元（20种）	肥料、铝、阀门、电动机及发电机、牛皮革及马皮革、饲料用鱼粉、纺织机械、汽车及汽车底盘、合成纤维与棉混纺机织物、纸及纸板、棉机织物、合成纤维纱线、机械提升搬运装卸设备及零件、铁矿砂、成品油、废铜、锯材、涂覆浸渍塑料织物、针织或钩编织物、制造纸及纸制品机械	6 694	4.34
合　计	**43种**	**68 522**	**44.47**

主要进口市场情况表

国别（地区）	进口金额（万美元）	占进口总额（%）
韩　国	32 797	21.28
日　本	29 031	18.84
德　国	21 758	14.12
美　国	16 313	10.59
英　国	7 450	4.84
意大利	6 982	4.53
加拿大	3 237	2.10
香　港	2 817	1.83
台湾省	2 444	1.58
印度尼西亚	2 374	1.54
合　计	**125 203**	**81.25**

技术进出口　技术进出口总额7.65亿美元，比上年的8.57亿美元下降10.73%。其中，进口3.60亿美元，比上年的3.50亿美元增长2.86%；出口4.05亿美元，比上年的5.07亿美元下降20.12%。

技术进口　引进技术和设备来自11个国家和地区。其中，从德国引进环保用高效风机模型机设计、试验软件，金额29.5万美元；从俄罗斯引进离心式细纱机生产技术，金额16.6万美元；从新加坡进口电子线圈，金额4 760万美元；从欧洲进口显示器，金额1 020万美元。

技术出口　技术出口项目主要有：向美国出口电脑及主机板，20 853万美元；向俄罗斯、中东国家出口彩色电视机，6 021万美元；向欧洲、中东国家出口空调机，2 900万美元；向美国、德国出口维生素C，2 748万美元；向日本出口计算机软件，1 964万美元；向韩国出口光电开关，1 453万美元。

【利用外资】

2001年利用外资情况表

利用外资方式	批准签订的合同			实际利用外资	
	项目数（个）	外资金额（亿美元）	金额比上年增长（%）	金额（亿美元）	金额比上年增长（%）
对外借款	12	1.87	－15	2.16	－12
外商直接投资	564	12.18	－17	8.51	20
合资企业	213	3.20	11	4.38	0
合作企业	27	2.37	－75	1.46	－4
外资企业	324	6.61	206	2.67	122
外商其他投资	—	1.41	63	1.41	63
国际租赁	—	1.41	63	1.41	63
合　计	**576**	**15.46**	**－12**	**12.08**	**16**

外商直接投资行业 外商直接投资项目中，生产型项目409个，非生产型项目155个。按行业分：农业19个；造制业390个；商业及餐饮业29个；建筑业11个；房地产业26个；社会服务业73个；其他行业16个。

外商直接投资来源 外商直接投资来源于45个国家和地区。投资额前10位的是：美国73个，31 154万美元；香港61个，20 411万美元；韩国271个，11 685万美元；台湾省29个，4 946万美元；加拿大17个，4 650万美元；日本40个，4 166万美元；澳大利亚15个，3 449万美元；毛里求斯1个，2 890万美元；荷兰6个，2 287万美元；葡萄牙1个，2 030万美元。

外商直接投资企业生产经营情况 截至2001年底，已开业投产的外商企业1 332家，2001年总产值315亿元，比上年的298亿元增长5.70%，出口创汇8.04亿美元，比上年的8.90亿美元下降9.66%。

【对外经济合作】

承包工程和劳务合作 签订对外工程承包和劳务合作合同额5 522万美元，比上年的7 500万美元下降26.37%；实现营业额7 622万美元，比上年的6 816万美元增长11.83%；派出劳务人员8 127人次，比上年的6 604人次增长23.06%；年末在外人数为8 497人。劳务人员分布在韩国、日本、新加坡、塞舌尔、越南、俄罗斯等75个国家和地区。主要对外工程承包项目有：南斯拉夫电力工程项目，塞舌尔住宅项目，柬埔寨纺织厂厂房建设项目，喀麦隆杜阿拉大学校舍建设项目等。

对外投资 在海外举办企业4家，总投资额2 293万美元，其中中方投资881万美元，境外投资主要在俄罗斯、加拿大、赞比亚、日本等国家。

【其他】

沈阳经济技术开发区 实现国内生产总值85.4亿元，比上年的70.7亿元增长20.79%。实现税收收入13.7亿元，比上年的11.5亿元增长19.13%。实际利用外资1.11亿美元，比上年的1.02亿美元增长9%，占全市的9.19%。实现出口创汇7 847万美元，比上年的8 906万美元下降11.89%，占全市的6.24%。

沈阳高新技术产业开发区 实现技工贸总收入315亿元，比上年的210亿元增长50%；实现利税总额25亿元，比上年的19.20亿元增长30.20%。实际利用外资0.91亿美元，比上年的0.77亿美元增长18%，占全市的7.53%。实现出口创汇23 606万美元，比上年的32 695万美元下降27.79%，占全市的18.86%。

涉外旅游 接待入境旅游者17.70万人次，比上年的17.28万人次增长2.43%。旅游外汇收入10 589万美元，比上年的10 014万美元增长5.74%。

2001年大连市对外经济贸易

大连市对外贸易经济合作局

大连市对外贸易经济合作局局长

钟善恩 生于1949年12月2日。中共党员。1974年进入东北大学金属材料与轧钢专业学习。曾任大连市轧钢厂厂长。1978年4月—1981年4月在大连外国语学院英语专业学习。1993年12月任大连市外国企业服务总公司总经理。1994年3月任大连市对外经济贸易委员会副主任，2000年4月起主持工作。现任大连市对外贸易经济合作局局长。

【对外贸易】

进出口总额 2001年大连市进出口总额112.4亿美元，比上年的107亿美元增长5.0%。

出口总额 出口总额60.3亿美元，比上年的54.7亿美元增长10.2%，占全市国内生产总值1 235.6亿元（相当于149.3亿美元）的40.4%，占全国出口额的2.3%。

出口商品结构 初级产品出口额17.16亿美元，占出口总额的28.5%；工业制成品出口额43.14亿美元，占出口总额的71.5%。

出口额1 000万美元以上商品情况表

金额分类	商品名称	出口金额（亿美元）	占出口总额（%）
1亿美元以上（14种）	成品油、服装、电视机、船舶等	33.85	57
5 000万美元～1亿美元（14种）	食用蔬菜、木制品、医用仪器、有机化学品、贝类等	10.04	17
1 000万美元～5 000万美元（46种）	电气零件、钢材、药品、虾蟹等	11.48	19
合　计	**74种**	**55.37**	**91.87**

出口商品市场 出口商品销往154个国家（地区）。

主要出口市场情况表

国别（地区）	出口金额（万美元）	占出口总额（%）
日　本	291 834	48.39
美　国	68 153	11.30
韩　国	51 334	8.51
新加坡	52 211	8.66
香　港	23 875	3.96
荷　兰	17 755	2.94
德　国	10 754	1.78
马来西亚	8 268	1.37

主要出口市场情况表（续）

国别（地区）	出口金额（万美元）	占出口总额（%）
英　国	7 374	1.22
澳大利亚	6 682	1.11
合　计	**538 240**	**89.24**

进口总额 进口总额52.1亿美元，比上年的52.3亿美元下降0.4%。

进口商品结构 初级产品进口额14.38亿美元，占进口总额的27.6%；工业制成品进口额37.72亿美元，占进口总额的72.4%。

进口额1 000万美元以上商品情况表

金额分类	商品名称	进口金额（亿美元）	占进口总额（%）
1亿美元以上（12种）	原油、纺织品、大豆、钢材、集成电路及微电子组件等	30.18	58

进口额 1 000 万美元以上商品情况表（续）

金额分类	商品名称	进口金额（亿美元）	占进口总额（%）
3 000 万美元～1 亿美元（17 种）	塑料制品、印刷电路、有机化学品、机床等	8.81	17
1 000 万美元～3 000 万美元（41 种）	阀门、发动机、电阻器、虾蟹、食用水果、大麦、鞋等	7.61	15
合　计	**70 种**	**46.6**	**90**

进口商品市场　进口商品来自 86 个国家（地区）。

主要进口市场情况表

国别（地区）	进口金额（万美元）	占进口总额（%）
日　本	211 820	40.66
韩　国	70 880	13.6
沙　特	44 037	8.45
香　港	35 766	6.86
美　国	27 577	5.29
阿根廷	15 428	2.96
德　国	13 561	2.60
科威特	9 845	1.89

主要进口市场情况表（续）

国别（地区）	进口金额（万美元）	占进口总额（%）
台湾省	9 090	1.74
卡塔尔	9 077	1.74
合　计	**447 081**	**85.79**

技术进出口　技术进出口总额 18.93 亿美元，比上年的 15.54 亿美元增长 21.81%（其中高新技术产品出口 10.66 亿美元，比上年的 8.53 亿美元增长 24.97%）。其中，签定的技术引进和设备进口合同项目数 88 个，合同金额 16 亿美元，比上年的 2.27 亿美元增长 60.4%。签定软件出口合同项目数 41 个，合同金额 0.14 亿美元。

【利用外资】

2001 年利用外资情况表

利用外资方式	批准签订的合同			实际利用外资	
	项目数（个）	外资金额（亿美元）	金额比上年增长（%）	金　额（亿美元）	金额比上年增长（%）
合资企业	329	12.94	6.33	6.69	30.91
合作企业	49	1.62	5.88	0.83	-12.82
外资企业	345	10.46	3.05	7.04	55.74
合　计	**723**	**25.02**	**4.86**	**14.56**	**30.91**

外商直接投资行业　外商直接投资项目中生产型项目 548 项，非生产型项目 175 个，其中，第一产业 35 项，第二产业 456 项，第三产业 232 项。

外商直接来源　共有 35 个国家（地区）投资。

外商直接投资主要来源情况表

国别（地区）	投资项目数（个）	投资金额（亿美元）
港　澳	98	6.65
日　本	211	5.67
美　国	98	5.57
韩　国	159	1.10
台湾省	43	0.95
欧　洲	45	2.33
东　盟	38	1.01

外商直接投资企业生产经营情况　新开业外商投资企业40家，累计开业3 970家，产值573.3亿元，利润19亿元，出口44亿美元。

【对外经济合作】

承包工程和劳务合作　2001年签订对外承包工程和劳务合作合同项目832个，金额22 831万美元，比上年的22 512万美元增长1.42%；营业额17 306万美元，比上年17 102万美元增长1.19%；当年派出劳务人员数20 040人次，年末在外人数16 446人，劳务主要派往日本、新加坡、韩国、台湾省、港澳等国家和地区；承包工程主要分布在苏里南、俄罗斯等国家和地区。

对外投资　2001年在海外举办非贸易性企业项目数16个，中方投资金额4 866万美元。

【其他】

经济技术开发区　2001年区内新批外商投资企业66家，合同外资金额6亿美元。累计批准外商投资企业1 450家，其中770家开业投产，当年实现工业总产值376亿元，出口创汇额27亿美元。全区全年国内生产总值201亿元，工业总产值412亿元。

保税区　大连保税区全年完成基础设施投资3.3亿元，实现国内生产总值38亿元，税收4.96亿元，进出口总额2.86亿美元。

对外经贸洽谈会　中国大连进出口商品交易会于2001年5月23日至27日在大连星海会展中心举行。共设标准摊位640个，来自59个国家和地区3 525名客商到会，国内有20余个省市自治区500余家企业参展。展会成交贸易额7.9亿美元。

港口运输　港口泊位108个，当年实际完成的货物吞吐总量10 047万吨，其中完成外贸进出口货物吞吐量3 075.6万吨，出口量1 616.7万吨，进口量1 459万吨。2001年本地区外贸运输货运总量比上年增长8.5%。

涉外旅游　共接待海外旅游者43.3万人次，旅游收入3亿美元，比上年的2.3亿美元增长29%。

2001年吉林省对外经济贸易

吉林省对外贸易经济合作厅

吉林省对外贸易经济合作厅厅长　王荣光

王荣光　生于1945年11月，吉林人。中共党员。1969年毕业于北京水电学院。1987年毕业于吉林工业大学研究生部。1992年9月任吉林省政府副秘书长、吉林省政府驻北京办事处主任。现任吉林省对外贸易经济合作厅厅长、中国国际贸易促进委员会吉林分会会长。

【对外贸易】

进出口额 2001年吉林省进出口总额320 744万美元，比上年的257 140万美元增长24.3%。

出口总额 出口总额146 230万美元，比上年的125 783万美元增长16.3%，占全省国内生产总值2 032亿元的6.0%，占全国出口额的0.5%。

出口商品结构 初级产品出口77 708万美元，占出口总额的53.1%；工业制成品出口68 522万美元，占出口总额的46.9%。

主要出口商品情况表

金额分类	商品名称	出口金额（万美元）	占出口总额（%）
1 000万美元以上	玉米	47 105	32.2
	机电产品	18 022	12.3
	服装及衣着附件	14 004	9.6
	冻鸡	5 992	4.1
	纺织纱线、织物及制品	5 520	3.8
	汽车和汽车底盘	3 723	2.5
	家具	3 248	2.2
	干豆	1 980	1.4
	塑料制品	1 718	1.2
	未锻造铝及制品	1 639	1.1
	轮胎	1 503	1.0
	家用或装饰用木制品	1 363	0.9
	电线和电缆	1 352	0.9
	钢材	1 109	0.8
	鲜、干水果及坚果	1 234	0.8
	锯材	1 152	0.8
	蔬菜	1 090	0.7
500万美元～1 000万美元	食用油籽	854	0.6
	医药品	786	0.5
	鞋类	718	0.5
	煤	653	0.4
	药材	645	0.4
	鲜、冻牛肉	635	0.4
	通电及保护电路装置	624	0.4
	水海产品	535	0.4
	钢坯及粗锻件	515	0.4

出口商品市场 出口商品销往131个国家和地区。

主要出口市场情况表

国别（地区）	出口金额（万美元）	占出口总额（%）
韩　国	41 542	28.4
日　本	30 891	21.2
朝　鲜	13 916	9.5
马来西亚	11 132	7.6
美　国	8 602	5.9
印度尼西亚	4 508	3.1
德　国	3 003	2.1

主要出口市场情况表（续）

国别（地区）	出口金额（万美元）	占出口总额（%）
香　港	2 848	1.9
伊拉克	2 606	1.8
荷　兰	2 180	1.5

进口总额　进口总额 174 514 万美元，比上年的 132 330 万美元增长 31.9%。

进口商品结构　初级产品进口 18425 万美元，占进口总额的 10.6%。工业制成品进口 156 089 万美元，占进口总额的 89.4%。

主要进口商品情况表

金额分类	商品名称	进口金额（万美元）	占进口总额（%）
1 000 万美元以上	汽车零件	61 129	35.0
	汽车及汽车底盘	5 969	3.4
	活塞式内燃机的零件	4 898	2.8
	计量检测分析自控仪器及器具	4 195	2.4
	钢材	3 936	2.3
	型模及金属铸造用型箱	3 823	2.2
	原木	2 598	1.5
	金属加工机床	2 395	1.4
	纸浆	2 361	1.4
	铁矿砂	1 952	1.1
	氧化铝	1 630	0.9
	橡胶或塑料加工机械	1 556	0.9
	自动数据处理设备	1 462	0.8
	纺织机械	1 212	0.7
	肥料	1 026	0.6
500 万美元～1 000 万美元	钢坯及粗锻件	949	0.5
	阀门	940	0.5
	印刷及装订机械	858	0.5
	天然橡胶	822	0.5
	焊接机器及零件	785	0.4
	生铁及镜铁	668	0.4
	棉机织物	552	0.3
	塑料制品	518	0.3
	铜	510	0.3

进口商品市场 进口商品来自65个国家和地区。

主要进口市场情况表

国别（地区）	进口金额（万美元）	占进口总额（%）
德　国	95 632	54.8
日　本	18 526	10.6
韩　国	9 803	5.6
美　国	9 490	5.4
意大利	8 049	4.6
俄罗斯	5 734	3.3
朝　鲜	3 018	1.7
澳大利亚	2 958	1.7
加拿大	2 808	1.6
墨西哥	1 917	1.1

边境贸易 进出口额13 825万美元，比上年增长10%。其中进口6 457万美元，下降1.5%；出口7 368万美元，增长13%。

边境贸易出口主要商品

商品名称	出口金额（万美元）	同比增减（%）
轻纺产品	1 906	24.01
煤　炭	878	141.27
机电产品	789	2.74
面　粉	532	49.52
大　米	525	-50.10
钢　材	263	12.14
肉　类	211	1 402.25
海产品	160	257.53

边境贸易进口主要商品

商品名称	进口金额（万美元）	同比增减（%）
木　材	1 436	-47.02
废　钢	877	-45.16
药　品	798	677.06
钢　材	788	37.85
轻　纺	309	25.01
矿产品	128	34.43

技术进出口 技术进出口总额15 160万美元，比上年的14 843万美元增长2.1%。签订现汇技术引进和设备进口项目56个，比上年增加16个；合同金额8 150万美元，比上年增长7%；其中技术费占技术引进项目总额的48%，实现了技术引进的结构优化。签订成交技术和高新技术产品出口65个项目，比上年增加13个；实现金额7 010万美元，同比增长15%，其中技术服务和技术咨询出口4项，合同金额为390万美元；高新技术产品出口61项，实现金额6 620万美元。

技术进口 技术引进和设备进口成交项目几乎涉及全省所有的主要工业部门，主要为汽车、客车、摩托车、化工、造纸、邮电、电子、计算机软件等行业，并主要集中在交通运输设备制造业；进口国别主要集中在德国、英国、美国、日本、意大利、奥地利、韩国等发达国家，其中德国11项，英国和美国各7项；项目数较多，但大项目少，按金额划分超过500万美元的项目仅有1项，200万—500万美元的有4项，大部分都是低于50万美元的项目。

技术出口 技术出口项目中，高新技术产品出口占93.2%，技术服务和技术咨询占6.8%，体现了吉林省的高科技产业后发优势。出口的大宗产品主要有液晶显示器、光机电仪器、新材料、生物和中药产品、精细化工等五大类，其中液晶产品出口750万美元，同比增长415%；光学元件出口158万美元，同比增长348%。出口国别有39个国家，其中出口美国、日本、韩国、加拿大、澳大利亚、俄罗斯等10个发达国家，出口印度、菲律宾、朝鲜、印度尼西亚等29个发展中国家，体现了出口市场的多元化。

【利用外资】

2001年利用外资情况表

利用外资方式	批准签订的合同			实际利用外资	
	项目数（个）	外资金额（万美元）	金额比上年增长（%）	金额（万美元）	金额比上年增长（%）
外商直接投资	337	57 770	-3.1	33 766	0.2
合资企业	122	24 841	29.1	21 702	-3.2
合作企业	36	15 742	10.0	2 076	-53.2
外资企业	179	17 187	-34.1	9 988	46.2

外商直接投资行业 截至2001年底现存外商投资企业3832户。农林牧渔业142家，采掘业30家，制造业2 657家，电力、煤气及水的生产和供应业22家，建筑业196家，批发零售贸易餐饮业151家，社会服务业374家。

外商直接投资来源 外商直接投资来自54个国家和地区。

外商直接投资主要来源国家和地区

国别（地区）	企业个数	合同外资金额（万美元）
韩国	181	9 999
香港	58	22 217
日本	15	1 726
美国	19	7 577
台湾省	25	1 892
新加坡	3	1 337

外商直接投资企业生产经营情况 2001年，吉林省新批外商投资企业337户，下降7.2%；总投资14亿美元，增长34.1%；合同外资金额为5.8亿美元，下降3.1%；实际到位外资3.38亿美元，增长0.2%，。外商投资企业生产经营取得好成绩，全年实现销售（营业）收入405.7亿元，创利税88.9亿元。

【对外经济合作】

承包工程和劳务合作 对外承包工程和劳务合作新签合同额3.17亿美元，完成营业额2.04亿美元，新派劳务16 017人，年末在外32 047人，分别比上年增长27.2%、72.7%、28.3%和10.1%，派往的主要国家和地区有韩国、俄罗斯、日本、塞班、新加坡等。

对外经济技术援助 承担援外项目5个，受援国家和地区有朝鲜、赤道几内亚，涉及的行业有服装、粮食等。

接受经济援助 接受国际经济组织及双边援助的项目3个，金额420万美元。项目正在申请调查阶段。

对外投资 在海外举办项目7个，中方投资金额236万美元，投资国别有俄罗斯、越南、马达加斯加、喀麦隆等。项目主要是珲春永城包装制品有限公司在俄罗斯的聚乙烯塑料包装制品项目；吉林市伟达工贸有限公司在越南的轻质墙板项目；辽源市新源有限公司在马达加斯加的瓶装水项目；吉林市龙润电子有限公司在越南的轻质墙板项目；长春长铃集团在喀麦隆的摩托车组装项目；长春建工集团在俄罗斯的普通黏土烧结砖项目等。

2001年长春市对外经济贸易

长春市对外贸易经济合作局

长春市对外贸易经济合作局局长

王佐政 生于1947年。大学文化，中共党员。历任长春市计委处长、长春市物资局党委副书记、长春市纺织局局长。1997年10月任长春市对外贸易经济合作局局长。

【对外贸易】

进出口总额 2001年吉林省长春市进出口总额22.9亿美元，比上年的17亿美元增长34.7%。

出口总额 出口总额97 216万美元，比上年的76 409万美元增长24.8%，占全市国内生产总值1 003亿元人民币（相当于120.8亿美元）的8.1%，占吉林省出口总额的66.5%。

出口商品结构 初级产品出口额61 240万美元，占出口总额的63%；工业制成品出口额35 976万美元，占出口总额的37%。

出口额在1 000万美元以上的商品有玉米、鸡肉、汽车发动机及零件、化纤套头衫、大米等，出口额63 122万美元，占出口总额的64.9%；出口额在500万美元～1 000万美元的商品有冻去骨牛肉、液晶装置、拼花地板、男式便服、接头电缆、自动控制仪器、冷冻设备、塑料小雕制品等，出口额为5 402万美元，占出口总额的5.55%；出口额在300万美元～500万美元的商品有玉米淀粉、汽油货车、配电盘、黄豆、芸豆、一次性筷子、胶合板、女式服装等，出口额为5 620万美元，占出口总额的5.78%。

出口商品市场 出口商品销往127个国家和地区。

主要出口市场情况表

国别（地区）	出口金额（万美元）	占出口总额（%）
韩　国	30 013	30.87
日　本	19 045	19.59
马来西亚	10 676	10.98
朝　鲜	5 372	5.52
美　国	3 667	3.77
印度尼西亚	3 565	3.66
伊拉克	2 606	2.68
匈牙利	1 883	1.93
德　国	1 699	1.74
香　港	1 336	1.37
合　计	**79 862**	**82.14**

进口总额 进口总额132 113万美元，比上年93 684万美元增长41%。

进口商品结构 初级产品进口额1 905万美元，占进口总额的1.44%；工业制成品进口额130 208万美元，占进口总额的98.5%。

进口额在5 000万美元以上的商品有车用往复式活塞、其他车辆用零件等，进口额为54 837万美元，占进口总额的41.5%；进口额在1 000万美元～5 000万美元的商品有点燃式发动机零件、车身、车辆零件、独立功能机械、铸铁制品等，进口额为18 113万美元，占进口总额的13.7%；进口额在500万美元以上的商品有其他普通钢卷、工件夹具、集成电路等，进口额11 876万美元，占进口总额的8.98%。

进口商品市场 进口商品来自60个国家（地区）。

主要进口市场情况表

国别（地区）	进口金额（万美元）	占进口总额（%）
德　国	87 921	66.54
日　本	14 757	11.17
美　国	6 206	4.69
韩　国	5 087	3.85
意大利	3 694	2.79
合　计	**117 665**	**89.06**

技术进出口 技术进出口总额10 967万美元，比上年10 900万美元增长0.06%。签订引进技术和进口设备合同项目数45个，比上年的32个增加13个；合同金额6 467万美元，比上年的7 317万美元减少11.6%。签订技术出口合同项目45个，比上年的39个增加6个；合同金额4 500万美元，比上年的3 532万美元增长27.4%。

技术进口 技术引进项目包括：德国11项，金额4 197万美元；意大利4项，金额1 332万美元；美国8项，金额390万美元；英国7项，金额159万美元；奥地利3项，金额128万美元。引进项目涉及汽车制造技术、软件、移动通讯技术、机械设备等。

技术出口 技术出口主要项目包括：对德国、法国、韩国出口汽车电子产品，金额1 786万美元；对韩国、香港、美国、日本出口液晶显示器，金额774万美元。

【利用外资】

2001年利用外资情况表

利用外资方式	批准签订的合同			实际利用外资	
	项目数（个）	外资金额（万美元）	金额比2000年增减（%）	金额（万美元）	金额比2000年增减（%）
外商直接投资	104	25 451	-4.8	15 388	7.0
合资企业	54	14 427	132.3	12 859	16.0
合作企业	10	8 013	-18.1	971	-24.4
外资企业	40	3 011	-72.0	1 558	-22.7
合　计	**104**	**25 451**	**-4.8**	**15 388**	**7**

外商直接投资行业　外商直接投资举办生产型项目92个，非生产型项目12个。按行业分，工业82个，农林牧渔水利业1个，建筑工程、房地产业11个，商业服务业10个。

外商直接投资来源　外商直接投资来自17个国家和地区。投资额居前5位的是：香港，金额10 130万美元；美国，金额3 895万美元；韩国，金额2 507万美元；英属维尔京群岛，金额2 250万美元；加拿大，金额1 206万美元。

外商投资企业生产经营情况　截至2001年底，已开业投产的外商投资企业共467家，职工总数53 104人，2001年销售收入62.1亿元，比上年的51.9亿元增长19.6%；利税总额3亿元，比上年的3.98亿元减少24.4%。

【对外经济合作】

承包工程和劳务合作　签订对承包工程和劳务合作项目合同金额5 743万美元，比上年的4 094万美元增长40%；营业额2 821万美元，比上年2 715万美元增长4%；当年派出劳务人员3 002人次，年末在外6 055人，分别比上年的2 345人和5 918人增长28%和2%。劳务人员分布在新加坡、韩国、以色列、日本、坦桑尼亚、古巴、尼日利亚、柬埔寨、俄罗斯、罗马尼亚、阿联酋、萨尔瓦多、洪都拉斯等34个国家。

对外投资　在喀麦隆合资兴办长铃集团摩托车厂，投资额181万美元；在俄罗斯独资兴办华龙制砖公司，投资额115万美元；在土耳其合资举办中港城鑫祥有限公司，投资额10万美元。

【其他】

长春经济技术开发区　长春经济技术开发区2001年完成固定资产投资33.3亿元，为上年33.7亿元的98.8%。新批入区企业263户，其中外商投资企业43个，合同外资金额25 220.7万美元，实际利用外资20 226万美元。截至2001年底，累计兴办外商投资企业391家，其中207家已投产。全年实现社会总产值300亿元，比上年的270亿元增长11%；出口创汇36 225万美元；利税34亿元。

长春高新技术产业开发区　长春高新技术产业开发区2001年完成固定资产投资总额17.7亿元，比上年的13.9亿元增长27.3%。新批入区企业312个，其中外商投资企业48个，合同外资金额12 960万美元，实际利用外资11 007.9万美元。截至2001年底，累计兴办外商投资企业348家，其中94家已投产开业。2001年实现技工贸总收入260亿元，比上年的212亿元增长22.6%；出口创汇1.3亿美元；利税42亿元，比上年的37亿元增长13.5%。

涉外旅游　接待海外旅游者66 000人次，比上年的55 734人次增长20%；旅游外汇收入3 072万美元，比上年的2 261万美元增长35.8%。

2001年黑龙江省对外经济贸易

黑龙江省对外贸易经济合作厅

黑龙江省对外贸易经济合作厅厅长 纪庆福

纪庆福　生于1947年10月6日。大专学历。中共党员。1968年参加工作。历任黑龙江省绥芬河市副市长、市长、市委书记，黑龙江省对外贸易经济合作厅副厅长，黑龙江省边境贸易局局长等职。1999年6月任黑龙江省对外贸易经济合作厅厅长。

【对外贸易】

进出口总额　2001年黑龙江省进出口总额33.85亿美元，比上年29.86亿美元增长13.34%。

出口总额　出口总额16.12亿美元，比上年的14.51亿美元增长11.11%，占全省国民生产总值3 561亿元人民币（相当于403亿美元）的3.7%，占全国出口额的0.61%。

出口商品结构　初级产品出口额3.93亿美元，占出口总额的24.38%；工业制成品出口额12.19亿美元，占出口总额的75.62%。

出口额1 000万美元以上商品情况表

金额分类	商品名称	出口金额（万美元）	占出口总额（%）
5 000万美元以上（4种）	服装、鞋、玉米、亚麻织物	71 114	44.11
1 000万美元～5 000万美元（16种）	计算机零件、皮革服装、大豆、装饰用木制品、家具、大米、煤、石蜡、铝材、鲜蔬菜、鲜及冻猪肉、鲜苹果、锯材、抗菌素、冻鸡、天然蜂蜜	35 169	21.81
合　计	**20种**	**106 283**	**65.92**

出口商品市场　出口商品销往149个国家（地区）。

主要出口市场情况表

国别（地区）	出口金额（万美元）	占出口总额（%）
俄罗斯	77 952	48.35
日　本	20 224	12.54
韩　国	18 497	11.47

主要出口市场情况表（续）

国别（地区）	出口金额（万美元）	占出口总额（%）
美　国	7 169	4.45
香　港	5 497	3.41
德　国	3 554	2.20
台湾省	651	0.40
加拿大	621	0.39

进口总额 进口总额17.72亿美元，比上年的15.35亿美元增长15.45%。

进口商品结构 初级产品进口额7.73亿美元，占进口总额的43.62%；工业制成品进口额9.99亿美元，占进口总额的56.38%。

进口额1 000万美元以上商品情况表

金额分类	商品名称	进口金额（万美元）	占进口总额（%）
5 000万美元以上（4种）	原木、纸浆、对苯二甲酸、初级氯乙烯	64 984	36.67
1 000万美元～5 000万美元（19种）	初级聚乙烯、亚麻、己内酰胺、废钢、牛皮纸、计算机设备零件、计量检测分析仪器、钢材、抗菌素、铝及铝合金、氯化钾、合成橡胶、废铜、自动数据处理设备、原油、乙二醇、锯材、医疗仪器及器械、金属加工机床	55 208	31.15
合　计	**23种**	**120 192**	**67.82**

进口商品市场 进口商品来自60个国家（地区）。

主要进口市场情况表

国别（地区）	进口金额（万美元）	占进口总额（%）
俄罗斯	101 939	57.52
韩　国	17 902	10.10
香　港	10 840	6.12
美　国	8 738	4.90
日　本	6 416	3.62
德　国	5 031	2.83
加拿大	1 845	1.04
台湾省	1 673	0.94
澳大利亚	1 049	0.59

边境贸易 边境贸易进出口总额16.20亿美元，比上年的12.35亿美元增长29.87%，占全省进出口总额的47.86%。其中出口6.61亿美元，比上年的3.66亿美元增长74.76%。主要出口商品有服装、鞋类、纺织品、水果、大米、蔬菜、鲜及冻猪肉、箱包、塑料制品、煤等；进口9.59亿美元，比上年的8.69亿美元增长10.32%。主要进口商品有原木、纸浆、塑料、己内酰胺、纸及纸板、废钢、钢材等。

技术进出口 技术进出口总额43 000万美元，比上年的38 043万美元增长12.94%。

技术进口 签订引进技术和进口设备合同项目21个，比上年的14个增长50%；合同金额741万美元，比上年的751万美元下降1.33%。技术引进项目来自9个国家和地区。主要有：日本3项，合同金额154万美元，涉及汽车制造、家具行业；美国7项，合同金额123万美元，涉及石油、汽车、机械制造行业；芬兰2项，合同金额120万美元，涉及造纸行业；荷兰2项，合同金额96万美元，涉及石油、制药行业；英国1项，合同金额79万美元，涉及汽车制造行业；韩国2项，合同金额76万美元，涉及机械制造、造纸行业；奥地利1项，合同金额45万美元，涉及机械制造行业；德国1项，合同金额30万美元，涉及机械制造行业；意大利2项，合同金额28万美元，涉及机械设备、汽车制造行业。

【利用外资】

2001年利用外资情况表

利用外资方式	批准签订的合同			实际利用外资	
	项目数（个）	外资金额（万美元）	金额比上年增长（%）	金额（万美元）	金额比上年增长（%）
外商直接投资	242	89 800	10.48	86 114	3.65
合资企业	93	10 644	-22.99	21 078	1.18
合作企业	30	10 353	61.46	5 255	166.35
外资企业	119	16 803	67.23	7 781	-16.15
其他	—	52 000	—	52 000	1.96
合　计	**242**	**89 800**	**10.48**	**86 114**	3.65

外商直接投资行业　外商直接投资的242个项目中，生产型项目181个，非生产型项目61个。按行业分，农林牧渔业9项，合同外资额1 785万美元；加工制造业181项，合同外资额20 313万美元；建筑业4项，合同外资额2 342万美元；房地产业5项，合同外资额6 246万美元；社区服务业20项，合同外资额2 768万美元；其他23项，合同外资额56 346万美元。

外商直接投资来源　外商直接投资主要来源国家和地区是：香港29项，合同外资额10 546万美元；美国36项，合同外资额8 094万美元；英属维尔京群岛10项，合同外资额4 095万美元；马来西亚2项，合同外资额2 990万美元；台湾省19项，合同外资额2 928万美元。

【对外经济合作】

承包工程和劳务合作　签订对外承包工程和劳务合作合同项目171个，金额24 336万美元，比上年的23 332万美元增长4.3%；完成营业额13 627万美元，比上年的13 238万美元增长2.9%；当年派出劳务人员5 935人次，年末在外5 963人，主要派往俄罗斯、韩国、蒙古、日本、新加坡、孟加拉国等21个国家和地区；承包工程的主要项目是苏丹吉利联合循环电站。

接受经济援助　接受国际经济组织及双边援助项目3项，金额356万美元，其中，澳大利亚政府援助150万美元和50万元人民币，用于黑龙江省社区卫生服务能力建设和东宁妇幼保健站建设；日本政府援助2亿日元，用于牡丹江市职业教育培训。

【其他】

对外经贸洽谈会　第12届中国哈尔滨经济贸易洽谈会于2001年6月15日至21日在哈尔滨召开。共设展位1 500个，其中境外展位129个。有58个国家和地区的5 237名外商到会，国内26个省、市、自治区的1 800个企业参展。共展出20大类近2万个品种，成交额62.10亿美元。

港口运输　全省口岸货运量581万吨，比上年增长24.15%，其中铁路运输418万吨，增长33.63%；船舶运输73万吨，增长39.05%；汽车运输90万吨，下降12.68%；航空运输883吨，增长4.78%。

涉外旅游　入境的外国人56.51万人次，港澳台同胞4.7万人次，旅游收入2.5亿美元，比上年的1.89亿美元增长32.28%。

2001年哈尔滨市对外经济贸易

哈尔滨市对外贸易经济合作局

哈尔滨市对外贸易经济合作局局长

刘曰忱　生于1946年12月。1967年6月参加工作。1975年3月加入中国共产党。曾任哈尔滨市松花江旅社经理，哈尔滨市商委副主任、主任等职。

【对外贸易】

进出口总额　2001年黑龙江省哈尔滨市进出口总额72 246万美元，比上年的65 251万美元增长10.72%。

出口总额　出口总额33 261万美元，比上年的35 842万美元下降7.20%，占全市国内生产总值的2.46%，占全省出口额的21.36%。

出口商品结构　初级产品出口额5 295万美元，占出口总额的15.92%；工业制成品出口额27 965万美元，占出口总额的84.08%。

出口额1 000万美元以上商品情况表

金额分类	商品名称	出口金额（万美元）	占出口总额（%）
4 000万美元以上	亚麻及苎麻机织物、自动数据处理设备及其部件	8 912	26.79
1 000万美元～4 000万美元	铝材、织物制服装、抗菌素、鞋类、冻鸡	6 530	19.63
合　计	**7种**	**15 442**	**46.43**

出口商品市场　出口商品销往65个国家和地区。

主要出口市场情况表

国别（地区）	出口金额（万美元）	占出口总额（%）
韩　国	8 105	24.36
日　本	5 023	15.10
香　港	3 907	11.75
美　国	3 581	10.77

主要出口市场情况表（续）

国别（地区）	出口金额（万美元）	占出口总额（%）
伊　朗	2 224	6.69
德　国	2 217	6.67
俄罗斯	640	1.92
泰　国	613	1.84
法　国	232	0.70
合　计	26 542	79.79

进口总额 进口总额38 986万美元，比上年的29 412万美元增长32.55%。

进口商品结构 初级产品进口额5 950万美元，占进口总额的15.26%；工业制成品进口额33 036万美元，占进口总额的84.74%。

进口额1 000万美元以上商品情况表

金额分类	商品名称	进口金额（万美元）	占进口总额（%）
1 000万美元~4 000万美元	自动数据处理设备的零件、医药品、自动数据处理设备及其部件、计量检测分析自控仪器及器具、纸浆	11 207	28.75
合计	**5种**	**11 207**	**28.75**

进口商品市场 进口商品来自45个国家和地区。

主要进口市场情况表

国别（地区）	进口金额（万美元）	占进口总额（%）
韩国	9 694	24.87
美国	5 232	13.42
日本	3 903	10.01
香港	3 899	10.00
德国	2 010	5.16
比利时	1 969	5.05

主要进口市场情况表（续）

国别（地区）	进口金额（万美元）	占进口总额（%）
法国	1 333	3.42
俄罗斯	1 019	2.61
合计	**29 059**	**74.54**

技术进出口 技术进出口总额23 275万美元，比上年的19 985万美元增长16.46%。签订引进技术和进口设备合同项目12个，比上年增加8个；合同金额2 248万美元，比上年的469万美元增长479%。

【利用外资】

2001年利用外资情况表

利用外资方式	批准签订的合同			实际利用外资	
	项目数（个）	外资金额（万美元）	金额比上年增长（%）	金额（万美元）	金额比上年增长（%）
外商直接投资	126	21 129	30.5	18 505	10.2
合资企业	46	7 068	164.0	11 506	12.6
合作企业	16	6 536	15.3	3 257	81.3
外资企业	64	7 525	56.9	3 742	-21.1
合计	**126**	**21 129**	**30.5**	**18 505**	**10.2**

外商直接投资行业 外商直接投资项目中生产型项目99个，其中各类加工制造工业94个，农业3个；非生产型项目27个，其中建筑业4个，餐饮业10个，服务业9个。

外商直接投资来源 外资主要来自：香港项目13项，实际利用外资金额9 951万美元；韩国53项，金额3 758万美元；台湾省8项，金额446万美元；美国16项，金额401万美元。

外商直接投资企业生产经营情况 外商投资企业开业26户，销售收入102亿元人民币，出口创汇1.38亿美元。

【对外经济合作】

承包工程和劳务合作 签订对外承包工程和劳务合作合同项目9个，金额1.494亿美元，比上年的1.52亿美元下降0.02%；当年派出劳务人员990人，主要派往俄罗斯、日本、韩国等；主要对外承包工程项目有苏丹电站工程，中方为哈尔滨电站工程有限责任公司。

【其他】

哈尔滨经济技术开发区 全年实现工业总产值106.2亿元，比上年增长22.2%；国内生产总值24.7亿元，增长24.1%；税收7.2亿元，增长18%；高新技术企业技工贸总收入63亿元，增长50%；财政收入8.6亿元，增长39%；进出口总额8 100万美元，增长36.9%；合同外资额9 028万美元，增长12.6%；实际利用外资6 400万美元，增长6.2%；审批内联企业344户，注册资本17.2亿元，增长77.3%；实现基础设施投资额1.9亿元，增长33%。

对外经贸洽谈会 2001年6月15日至21日举行第十二届中国哈尔滨经济贸易洽谈会。全市成交总额14.94亿美元，比上届增长19%。其中，进出口贸易成交4.8亿美元（出口成交1.4亿美元，进口成交3.4亿美元），增长11.64%；签订利用外资项目85项，项目投资额5.86亿美元，增长7.08%，利用外资合同总额4.06亿美元，增长8.09%；签订对外工程承包和劳务合作项目合同金额1.92亿美元，协议外派劳务1 500人。

港口运输 哈尔滨港设有14个千吨级泊位，年货物吞吐能力324万吨。2001年，全市完成外贸进出口货物吞吐量105 461吨，比上年增长39.65%，其中，出口52 341吨，增长43.3%；进口53 120吨，增长32.4%。按运输方式分，铁路运输进出口货物104 577吨，增长37.2%；航空运输进出口货物883吨，增长4.8%。

涉外旅游 入境的人数为16.9万人次，比上年增长9.4%。其中，外国人12.5万人次，增长13.5%；华侨、港澳台同胞4.44万人次，增长0.023%。旅游外汇收入6 701万美元，比上年的5 772万美元增长16.09%。

2001年上海市对外经济贸易

上海市对外经济贸易委员会

上海市对外经济贸易委员会主任 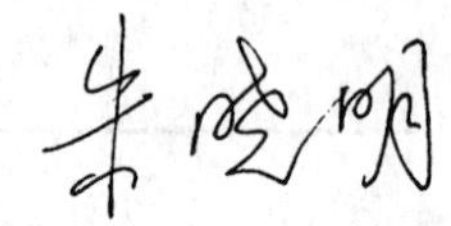

朱晓明 生于1947年，浙江海盐人。博士，教授级高级工程师。曾任上海市纺织工业局副局长、金桥出口加工区开发公司总经理、浦东新区管委会副主任。现为上海市人民政府副秘书长、上海市对外经济贸易委员会主任、上海市外国投资工作委员会主任。

【对外贸易】

进出口总额 2001年上海市进出口总额为608.93亿美元，比上年的547.10亿美元增长11.30%。

出口总额 出口总额276.24亿美元，比上年的253.54亿美元增长8.95%，占全市国内生产总值4 951亿元（相当于598.67亿美元）的46.14%，占全国出口总额的10.38%，居全国第三位。

出口商品结构 初级产品出口额7.82亿美元，占出口总额的2.83%；工业制成品出口额268.42亿美元，占出口总额的97.17%。

出口额5 000万美元以上商品情况表

金额分类	商品名称	出口金额（亿美元）	占出口总额（%）
1亿美元以上（40种）	激光视盘放像机、混合集成电路、无线电话机、喷墨打印机、其他集装箱、填充的玩具动物、塑料或纺织材料做面的提箱、棉制男裤、20英尺集装箱、合成纤维男裤、照相机、集装箱装卸桥、家用型摄录一体机、棉制女裤、机动多用途船、棉制男衬衫、不锈钢制餐桌等	84.10	30.44
5 000万美元～1亿美元（79种）	热阴极荧光灯、电灯及照明装置、转盘或唱机的零件和附件、未锻轧的铝合金、其他电视摄像机的零件、自行车、无绳电话机、烟草制的卷烟、光盘驱动器、激光唱机、化纤制女衬衫、复印设备的其他零件和附件、按摩器具、龙门式起重机等	55.97	20.26
合　计	**119种**	**140.07**	**50.70**

出口商品市场　出口商品销往216个国家和地区。

主要出口市场情况表

国别（地区）	出口金额（亿美元）	占出口总额（%）
日　本	63.88	23.13
美　国	58.98	21.35
香　港	26.22	9.49
德　国	12.39	4.49
韩　国	10.14	3.67
新加坡	8.39	3.04
荷　兰	7.08	2.56

主要出口市场情况表（续）

国别（地区）	出口金额（亿美元）	占出口总额（%）
英　国	7.05	2.55
台湾省	6.09	2.20
意大利	5.12	1.85
合　计	**205.34**	**74.33**

进口总额　进口总额332.69亿美元，比上年的293.56亿美元增长13.33%。

进口商品结构　初级产品进口额36.56亿美元，占进口总额的10.99%；工业制成品进口额296.14亿美元，占进口总额的89.01%。

进口额5 000万美元以上商品情况表

金额分类	商品名称	进口金额（亿美元）	占进口总额（%）
1亿美元以上（15种）	其他单片集成电路、混合集成电路、8701至8705所列其他车辆、矩形截面半制普通钢铁、连接用电气装置、视频信号录制或重放设备的零件、其他电视摄像机零件、其他半导体器件、集成电路及微电子组件的零件、大中小型计算机及其部件等	41.53	12.48
5 000万美元～1亿美元（33种）	牛皮革及马皮革、热电子管、冷阴极管、滚珠轴承、未列名塑料制品、喷墨打印机、其他钢铁制品、复印设备的零件和附件、电气音响或视觉信号装置等	23.08	6.94
合　计	**48种**	**64.61**	**19.42**

进口商品市场　进口商品来自160个国家和地区。

主要进口市场情况表

国别（地区）	进口金额（亿美元）	占进口总额（%）
日　本	74.48	22.39
美　国	46.88	14.09
德　国	36.59	10.99
韩　国	23.97	7.21
台湾省	23.69	7.12
香　港	16.27	4.89
法　国	10.77	3.24
新加坡	8.82	2.65
加拿大	6.74	2.03
意大利	6.37	1.91
合　计	**254.58**	**76.52**

技术进出口　技术进出口总额40.70亿美元，比上年的23.57亿美元增长72.68%。其中，签订引进技术和进口设备合同项目数1 573个，比上年的1 609个下降2.29%；合同金额26.20亿美元，比上年的10.34亿美元增长153.38%。签订技术出口合同项目数611个，比上年的471个增长29.72%；合同金额14.5亿美元，比上年的13.23亿美元增长9.60%。

技术进口　引进技术和设备来自31个国家和地区。主要有：德国250项、155 900万美元；美国320项，34 705万美元；日本294项，29 463万美元；法国34项，10 910万美元；香港282项，9 667万美元；韩国26项，3 368万美元；新加坡60项，2 613万美元；英国30项，2 064万美元；意大利24项，1 411万美元；澳大利亚32项，1 172万美元等。

引进技术和设备的主要行业分布是：机电工业433项，108 508万美元；建材、建筑业46项，72 379万美元；计算机软件业120项，15 333万美元；通讯电子业199项，12 582万美元；化工工业55项，3 937万美元；轻工业33项，2 385万美元；医药器械工业22项，887万美元；纺织工业20项，763万美元。

技术出口　签订技术出口合同主要有美国、日本、香港、新加坡和欧洲等20多个国家和地区。出口的主要项目有：向美国、欧洲和东南亚地区出口通信产品、港口机械和药物中间体等；向美国、日本等出口计算机软件10 200万美元，比上年增长96.15%。

【利用外资】

2001年利用外资情况表

利用外资方式	批准签订的合同			实际利用外资	
	项目数（个）	外资金额（万美元）	金额比上年增长（%）	金额（万美元）	金额比上年增长（%）
对外借款	778	321 818	92.51	301 889	35.32
外商直接投资	2 458	737 346	15.40	439 159	38.96
合资企业	506	188 878	36.32	174 105	34.50
合作企业	210	94 167	60.76	51 622	72.71
外资企业	1 740	44 8601	1.63	213 432	36.20
股份制企业	2	5 700	1 266.91	—	—
合　计	**3 236**	**1 059 164**	**31.38**	**741 048**	**37.45**

外商直接投资行业　在外商直接投资的项目中，生产型项目1 317个，非生产型项目1 141个。按行业分，农林牧渔水利业16个，工业1 308个，建筑业9个，交通运输，邮电通信144个，商业饮食物资供销352个，金融、保险业3个，房地产、公用事业529个，卫生体育社会福利3个，教育文艺广播电视3个，科学研究技术服务41个，其他行业50个。

外商直接投资来源　外商直接投资来自95个国家和地区。投资额居前10位的是：日本342个，13.24亿美元；英属维尔京群岛236个，10.20亿美元；瑞士17个，8.05亿美元；香港479个，7.75亿美元；美国263个，5.98亿美元；英国13个，5.52亿美元；台湾省412个，

3.56亿美元；开曼群岛58个，3.50亿美元；新加坡129个，3.10亿美元；荷兰27个，2.66亿美元。

外商直接投资企业生产经营情况 截至2001年底，已开业投产的外商投资企业13 524家。2001年外商投资企业销售收入4 754.12亿元，比上年增长19.5%；实现利润233.02亿元，增长7.0%；缴纳税金191.98亿元，增长20.80%；出口159.60亿美元，增长11.91%。2001年确认“先进技术型”和“产品出口型”外商投资企业257家。

【对外经济合作】

承包工程和劳务合作 签订对外承包工程和劳务合作合同项目991个，合同金额123 345万美元，比上年的98 049万美元增长25.80%；完成营业额113 809万美元，比上年的83 790万美元增长35.83%。当年派出劳务人员11 678人次，比上年的10 589人增长10.28%，年末在外人数32 507，比上年增长8.17%。劳务人员主要分布在日本、新加坡、美国和香港地区等。对外承包工程主要项目有：新加坡地铁、越南河内体育场、老挝通信工程等。

接受经济援助 接受外国政府贷款项目共4项，项目金额4 180万美元。主要项目有：丹麦政府贷款的青浦区污水处理项目、西班牙政府贷款的东方明珠线售检票系统项目、法国政府贷款的东方明珠线信号系统项目和上海邮电总公司IC双界面智能卡项目。

对外经济技术援助 共承担援外项目8个。

对外投资 批准海外投资项目32个，总投资5 384万美元，其中中方投资5 240万美元。这些项目主要分布在俄罗斯、日本、也门、越南、香港、巴西等国家和地区。

【其他】

经济技术开发区 全年浦东新区实现增加值1 082.02亿元，比上年增长16.1%；外贸出口总值110亿美元，增长14.82%；批准外商直接投资项目880项，吸收外资合同金额20.01亿美元，占全市吸收外资合同金额的27.1%。截至2001年底，已有123家中外经营性金融机构集聚浦东新区。

漕河泾、闵行、虹桥三大开发区经过15年的开发建设，已进入收获阶段。全年新批或增资的外商投资项目40个，吸收合同外资金额2.64亿美元；完成销售收入442.27亿元，比上年增长16.79%；实现利润44.65亿元，增长21.79 %；实缴税收28.33亿元，增长19.84%。

保税区 外高桥保税区开展空运和海运“直通式”服务试点，现代物流功能进一步拓展。全年港口货物吞吐量2 496.84万吨，比上年增长67.7%；集装箱吞吐量289.21万国际标准箱，增长57.2%。全区仓储物流企业已增加到601家，实现销售额225亿元，增长29.2%。截至2001年底，累计签订外商直接投资项目3 561家，吸引外资合同金额54亿美元。

对外经贸洽谈会

由上海、江苏、浙江、安徽、福建、江西、山东、南京、宁波9省市共同主办的第11届中国华东进出口商品交易会，于2001年3月1—7日在上海举行。外商10 562人来自125个国家和地区，成交金额15.32亿美元。

由国家经贸委、外经贸部、科技部、信息产业部、教育部、中国科学院、中国国际贸易促进委员会和上海市政府共同主办的第三届上海国际工业博览会—’2001信息化与工业化，于2001年11月22—27日在上海举行。展览面积5万平方米，设展位2 236个，参展中外企业1 192家，中外参观人数达50多万。本届工博会产品、技术和产权三大类总成交312.6亿人民币；论坛设发展论坛和科技论坛，50多位国内外著名专家到会演讲。本届工博会评奖机制首次运作成功，共有22项产品获奖。

分别在日本大阪、西班牙举办对外经贸洽谈会，共有35家外贸企业参展，累计成交金额3 000多万美元。

港口运输 2001年，上海港口泊位数1 000多个，港口吞吐能力2.2亿吨。当年实际完成货物吞吐总量2.21亿吨，比上年的2.04亿吨增长8.33%。其中，完成外贸进出口货物吞吐量8 272.78万吨（出口量3 235.33万吨，进口量5 037.45万吨)。全年国际集装箱吞吐量为633.98万个国际标准箱，比上年的561.2万个增长12.97%。港口的货物吞吐总量和集装箱吞吐量均居中国大陆第一，并分别位居世界第三和第五。

涉外旅游 全年共接待来自174个国家和地区的旅游者204.26万人次，比上年的181.4万人次增长12.62%，其中，外国人146.97万人次，增长5.63%；港、澳、台同胞52.62万人次，增长40.32%。国际旅游外汇收入18.08亿美元，增长12.09%。

2001年江苏省对外经济贸易

江苏省对外贸易经济合作厅

江苏省对外贸易经济合作厅厅长

叶坚 生于1946年，浙江绍兴人。1968年毕业于上海对外贸易学院。1975年起一直在江苏外经贸系统工作，1983年任江苏省对外贸易经济合作厅副厅长，1992年8月任厅长、党组书记。

【对外贸易】

进出口总额 2001年江苏省进出口总额513.51亿美元，比上年456.38亿美元增长12.5%。

出口总额 出口总额288.73亿美元，比上年的257.69亿美元增长12.1%，占全省国内生产总值9 514.6亿元（相当于1 149.5亿美元）的25.1%；占全国出口额的10.8%，居全国各省市的第二位。

出口商品结构 初级产品出口额9.41亿美元，占出口总额的3.3%；工业制成品出口额279.32亿美元，占出口总额的96.7%。

出口额2亿美元以上商品情况表

金额分类	商品名称	出口金额（万美元）	占出口总额（%）
5亿美元以上	电机、电气、音像设备等	558 544	,19.34
	核反应堆、锅炉、机械仪器	471 931	16.34
	非针织或非钩编的服装等	334 447	11.58
	针织或钩编的服装及衣着	169 272	5.86
	有机化学品	105 864	3.67
	光学、照相、医疗设备等	86 010	2.98
	车辆及其零附件、铁道	72 597	2.51
	钢铁制品	69 230	2.40
	棉花	66 913	2.32
	玩具、游戏或运动用品等	63 725	2.21
	家具、寝具、灯具等	59 516	2.06
	鞋靴、护腿和类似品等	55 689	1.93
	其他纺织制品，成套物品	53 003	1.84

出口额2亿美元以上商品情况表（续）

金额分类	商品名称	出口金额（万美元）	占出口总额（%）
2亿美元～5亿美元	化学纤维短纤	47 515	1.65
	皮革制品，旅行箱包	45 431	1.57
	塑料及其制品	39 802	1.38
	贱金属器具、利口器、餐具	32 805	1.14
	纸及纸板，纸浆	32 359	1.12
	铁道车辆、轨道装置	30 721	1.06
	船舶及浮动结构体	30 000	1.04
	羊毛等动物毛、马毛纱线	28 421	0.98
	无机化学品，贵金属	28 263	0.98
	橡胶及其制品	25 161	0.87
	矿物燃料、矿物油及其产品	24 542	0.85
	杂项化学产品	23 521	0.81
	化学纤维长丝	20 889	0.72
	鞣料，着色料，涂料	20 425	0.71

出口商品市场

主要出口市场情况表

国别（地区）	出口金额（万美元）	占出口总额（%）
日本	733 127	25.39
美国	536 304	18.57
香港	215 680	7.47
韩国	122 275	4.23
德国	111 974	3.88
荷兰	101 851	3.53
英国	88 654	3.07
新加坡	74 867	2.59

主要出口市场情况表（续）

国别（地区）	出口金额（万美元）	占出口总额（%）
台湾省	62 289	2.16
意大利	51 038	1.77
合计	**2 098 059**	**72.67**

进口总额 进口总额224.77亿美元，比上年的198.7亿美元增长13.1%。

进口商品结构 初级产品进口额27.01亿美元，占进口总额的12%；工业制成品进口额197.76亿美元，占进口总额的88%。

进口额1亿美元以上商品情况表

金额分类	商品名称	进口金额（万美元）	占进口总额（%）
3亿美元以上	电机、电气、音像设备等	639 682	28.46
	核反应堆、锅炉、机械仪器	449 931	20.02
	有机化学品	197 659	8.79
	光学、照相、医疗设备等	141 852	6.31
	钢铁	103 042	4.58
	塑料及其制品	83 833	3.73
	木浆等纤维状纤维素浆	52 157	2.32
	化学纤维长丝	48 167	2.14
	羊毛等动物毛，马毛纱线	41 844	1.86
	油籽，子仁	39 063	1.74
	化学纤维短纤	35 017	1.56
	铜及其制品	31 831	1.42
1亿美元～3亿美元	矿物燃料、矿物油及其产品	29 323	1.30
	棉花	28 428	1.26
	木及木制品，木炭	27 478	1.22
	杂项化学产品	24 625	1.10
	纸及纸板，纸浆	22 680	1.01
	橡胶及其制品	19 308	0.86
	生皮（毛皮除外）及皮革	19 208	0.85
	鞣料，着色料，涂料，油	18 867	0.84
	铝及其制品	17 364	0.77
	钢铁制品	17 349	0.77
	玻璃及其制品	16 959	0.75
	车辆及其零附件，铁道	13 986	0.62
	针织物及钩编织物	11 413	0.51
	矿砂、矿渣及矿灰	11 145	0.50

进口商品市场

主要进口市场情况表

国别（地区）	进口金额（万美元）	占进口总额（%）
日　本	582 395	25.91
台湾省	321 539	14.31
韩　国	226 875	10.09
美　国	212 160	9.44
德　国	86 579	3.85

主要进口市场情况表（续）

国别（地区）	进口金额（万美元）	占进口总额（%）
香　港	77 528	3.45
瑞　典	67 330	3.00
马来西亚	63 191	2.81
新加坡	60 046	2.67
印度尼西亚	58 739	2.61
合　计	**1 756 382**	**78.14**

技术进出口 技术产品出口71.74亿美元，比上年的53.50亿美元增长34.09%，占全省出口总额的24.85%。签订引进技术和进口设备合同项目140个，合同金额2.56亿美元，比上年的2.25亿美元增长13.78%。

【利用外资】

2001年利用外资情况表

利用外资方式	批准签订的合同			实际利用外资	
	项目数（个）	外资金额（万美元）	金额比上年增长（%）	金额（万美元）	金额比上年增长（%）
外商直接投资	3 583	1 509 028	42.19	711 972	10.82
合资企业	1 378	263 716	-23.28	223 856	-1.31
合作企业	112	57 570	1.06	26 732	-22.17
外资企业	2 093	1 187 428	79.76	458 309	20.29
股份制企业				3 075	967.71

外商直接投资行业 外商直接投资项目中，生产型项目3 165个，非生产型项目418个。

外商直接投资行业及项目数

行业	项目数
服装	444
电子通讯	386
纺织	207
金属制品	278
化学原料及化学制品	230
电气机械及器材	215
普通机械	205
专用设备	167
塑料制品	117
非金属矿物制品	84
交通运输设备	123
文教体育用品	102
食品加工业	83
房地产开发	84
计算机应用	43
其他	815

外商直接投资来源国别（地区）表

国别（地区）	项目数（个）	金额（万美元）
香港	756	300 943
台湾省	874	225 869

外商直接投资来源国别（地区）表（续）

国别（地区）	项目数（个）	金额（万美元）
美国	391	160 425
日本	362	127 644
韩国	172	31 821
英属维尔京群岛	238	250 470
新加坡	106	57 275
德国	48	20 539
开曼群岛	26	41 910
萨摩亚	95	50 561
英国	46	27 062
意大利	18	4 007

外商直接投资企业生产经营情况 外商直接投资企业开业526个，主营收入3 314亿元，利润175亿元，出口166亿美元。

【对外经济技术合作】

承包工程和劳务合作 签订对外承包工程和劳务合作合同金额12.57亿美元，比上年9.80亿美元增长28.38%；完成营业额11.32亿美元，比上年的8亿美元增长41.36%；当年新派劳务人员31 852人次，年末在外人数65 369人。劳务派往主要国家和地区是新加坡、日本、毛里求斯、以色列、约旦等。承包工程项目所在的主要国家是新加坡、几内亚、阿尔及利亚、纳米比亚、津巴布韦等。

对外投资 批准在海外举办企业14家，增资1家，中方投资金额1 632.95万美元，投资国别为美国、英国、柬埔寨、印尼、泰国、多哥等。

【其他】

国家级经济技术开发区和保税区主要经济指标（2001年）

经济指标 \ 园区名称	南通经济技术开发区	连云港经济技术开发区	昆山经济技术开发区	苏州工业园区	张家港保税区
投入基建资金（万元）	9 462	16 175	60 298	97 047	29 426
批准进区企业（个）	2 571	73	699	1 126	746
其中外商投资企业（个）	27	25	136	135	32
进区企业总投资（万元）	298 105	115 371	1 171 249	2 807 373	337 876
合同利用外资额（万美元）	20 972	6 375	133 766	246 807	30 006
实际利用外资额（万美元）	6 088	5 005	37 543	50 069	17 032
业务总收入（万元）	1 375 372	972 000	3 474 213	5 143 300	3 240 583
财政收入（万元）	53 927	27 606	177 216	243 916	78 003
国税额（万元）	33 488	15 320	108 179	172 189	34 102
地税额（万元）	19 485	11 690	13 795	69 308	46 529
出口额（海关统计，万美元）	30 680	7 793	149 728	167 369	7 281
其中：外商投资企业出口额（万美元）	22 246	7 135	178 091	158 658	7 105

对外经贸洽谈会 2001年中国国际中小企业商品博览会，于9月20—24日在江苏常州展览馆举办，到会客商1 300多人。进出口成交总额8 023万美元，其中出口成交7 495万美元。签订、颁证外商投资项目25个，合同外资总额2.32亿美元。

2001年南京金秋经贸洽谈会，于9月18—22日在南京国际展览中心举办，到会客商2000多人。签订配套项目96个，合作意向金额10.3亿元，农业利用外资签约项目11个，协议外资4亿美元。

港口运输 全省外贸运输总量5 843.9万吨，增长25.8%，其中出口量2 694.2万吨，进口量3 149.7万吨。集装箱96.58万标箱，增长9.18%。国际货代业不断发展，截至2001年底，全省经批准成立的货代企业达250家。

涉外旅游 全年共接待旅游、参观、访问及从事各项活动的海外游客183.7万人次，比上年增长14.1%。其中外国人108.6万人次，增长10.6%；港澳台同胞75.1万人次，增长19.7%。旅游外汇收入8.2亿美元，增长19.6%。

2001年南京市对外经济贸易

南京市对外贸易经济合作局

南京市对外贸易经济合作局局长 

牟小玉　生于1953年，山东牟平人。中共党员。1970年参加工作，历任中共南京市委工业交通部秘书，南京市人民政府办公厅副处长、处长、副主任，南京市对外经济贸易委员会副主任、主任等职。

【对外贸易】

进出口总额　2001年江苏省南京市进出口总额95.88亿美元，比上年的91.03亿美元增长5.33%。其中南京市市辖企业进出口总额44.82亿美元，比上年的40.99亿美元增长9.34%。

出口总额　出口总额57.51亿美元，比上年的53.69亿美元增长7.11%，占全市国内生产总值的41.17%，占江苏省出口总额的19.92%。其中南京市市辖企业出口总额21.97亿美元，比上年的17.86亿美元增长23.01%。

出口商品结构　南京市市辖企业初级产品出口额3 839万美元，占出口总额的1.75%；工业制成品出口额215 821万美元，占出口总额的98.25%。

出口额1 000万美元以上商品情况表

金额分类	商品名称	出口金额（万美元）	占出口总额（%）
5 000万美元以上（6种）	手持（包括车载）无线电话机，彩色电视机（屏幕尺寸>52CM），激光视盘放像机，显示器，数字式移动通讯交换机，彩色数据图形显示管	61 441	27.97
2 000万美元～5 000万美元（9种）	动物玩具，摩托车，收录（放）机，水泥，玩偶等	29 230	13.31
1 000万美元～2 000万美元（18种）	非铁合金，碳酸钠，电视显像管零件，桑蚕丝机织物，化纤针织品等	22 537	10.26
合　计	**33种**	**113 208**	**51.54**

出口商品市场　南京市市辖企业出口商品销往157个国家和地区。

主要出口市场情况表

国别（地区）	出口金额（万美元）	占出口总额（%）
美　国	41 669	18.97
日　本	30 820	14.03
香　港	14 093	6.42
瑞　典	13 236	6.03
马来西亚	11 685	5.32
英　国	11 581	5.27
韩　国	10 228	4.66
德　国	7 802	3.55

主要出口市场情况表（续）

国别（地区）	出口金额（万美元）	占出口总额（%）
意大利	5 182	2.36
荷　兰	5 172	2.35
合　计	**151 468**	**68.96**

进口总额　进口总额38.37亿美元，比上年的37.34亿美元增长2.76%；其中南京市市辖企业进口总额22.85亿美元，比上年的23.12亿美元下降1.17%。

进口商品结构　南京市市辖企业初级产品进口额2.27亿美元，占进口总额的9.93%；工业制成品进口额20.58亿美元，占进口总额的90.07%。

进口额1 000万美元以上商品情况表

金额分类	商品名称	进口金额（万美元）	占进口总额（%）
3 000万美元以上（11种）	程控电话或电报交换机零件，彩色数据图形显示管，移动通讯基地站，手持无线电话机零件，彩色阴极射线电视显像管等	78 353	34.29
1 000万美元～3 000万美元（21种）	数字式程控电话交换机，防眩玻壳，辛醇及其异构体，手持（包括车载）无线电话机，显示器等	34 241	14.98
合　计	**32种**	**112 594**	**49.27**

进口商品市场　南京市市辖企业进口商品来自65个国家和地区。其中瑞典48 487万美元，占进口总额的21.22%；日本33 580万美元，占14.69%；韩国31 614万美元，占13.83%；台湾省18 524万美元，占8.11%；美国17 005万美元，占7.44%；香港13 494万美元，占5.91%；德国10 765万美元，占4.71%；英国8 004万美元，占3.5%；意大利6 937万美元，占3.04%；马来西亚5 583万美元，占2.44%。合计193 993万美元，占84.89%。

【利用外资】

2001年利用外资情况表

利用外资方式	批准签订的合同			实际利用外资	
	项目数（个）	外资金额（万美元）	金额比上年增长（%）	金额（万美元）	金额比上年增长（%）
外商直接投资	410	106 764	-48.65	90 205	10.99
合资企业	153	48 700	-71.40	59 340	30.95
合作企业	25	4 194	-64.09	5 196	-7.08
外资企业	232	53 870	107.50	25 669	-15.48
合　计	**410**	**106 764**	**-48.65**	**90 205**	**10.99**

外商直接投资行业　在外商直接投资的410个项目中，生产型项目342个，非生产型项目68个。按行业分，化工医药制造业36个，机械设备制造业48个，电子及通信设备制造业42个，其他制造业199个，房地产业15个，社会服务业29个，批发和零售贸易、餐饮业16个，农林牧渔业17个，其他8个。

外商直接投资来源　外商直接投资来自41个国家和地区。主要有：香港104个，外资金额21 794万美元；台湾省101个，14 957万美元；美国51个，10 586万美元；英属维尔京群岛17个，10 417万美元；日本29个，4 595万美元；德国11个，4 558万美元；新加坡12个，4 553万美元；开曼群岛3个，3 650万美元；毛里求斯1个，3 600万美元；英国14个，2 884万美元。

外商直接投资企业生产经营情况　截至2001年底，已开业投产的外商投资企业共3 142家，其中2001年开业的有137家。全年销售（营业）收入664亿元，比上年的602.55亿元增长10.20%；纳税总额51.70亿元，比上年的46.04亿元增长12.29%；出口创汇11.49亿美元，比上年的9.19亿美元增长25.03%，占市辖企业出口总额的52.30%。

【对外经济合作】

承包工程和劳务合作　签订对外承包工程和劳务合作合同113个，合同金额16 822万美元，比上年的16 525万美元增长1.8%；完成营业额15 015万美元，比上年的13 725万美元增长9.4%；当年派出劳务人员3 691人，年末在外4 910人。劳务人员分布在毛里求斯、科威特、柬埔寨、卡塔尔、约旦、日本等45个国家和地区。承包工程的主要项目有：泰国湄南河皇八世大桥桥体工程项目、古巴成套电视设备工程项目、伊拉克燃汽轮发电机组建设安装工程项目、新加坡后港一道新华小学工程项目。

对外投资　批准在澳大利亚举办非贸易企业1家，总投资额290万美元，其中中方投资额290万美元。

【其他】

经济技术开发区　南京高新技术开发区全年投入基础设施建设资金0.91亿元，技工贸总收入318亿元，比上年增长19.55%；实现利税36亿元，增长24.14%。2001年批准进区外商投资企业20家，合同利用外资金额7 614万美元，实际利用外资金额1 158万美元，出口创汇18 693万美元。

对外经贸洽谈会　2001年9月在南京举办“南京金秋经贸洽谈会”，南京、苏州、无锡等13个城市的630多家企业参展，与会客商3 000余人。签定利用外资项目96个，协议外资金额16.30亿美元，其中投资总额1 000万美元以上项目55个。

港口运输　南京港全年实际完成货物吞吐总量5 789万吨，其中外贸货物进出口吞吐量880万吨（出口量314万吨，进口量566万吨）。

涉外旅游　接待海外旅游者46.98万人次，比上年的41.90万人次增长12.12%。其中外国人24.64万人次，华侨和台港澳同胞22.34万人次。旅游收入2.44亿美元，比上年的2.21亿美元增长10.41%。

2001年连云港市对外经济贸易

连云港市对外贸易经济合作局

连云港市对外贸易经济合作局副局长　王宝才

王宝才　生于1947年11月，山东潍坊人。1970年毕业于北京机械学院。历任工程师、技术科长、厂长、副局长、副主任等职。现任连云港市对外贸易经济合作局副局长、党委书记。

【对外贸易】

进出口总额 2001年江苏省连云港市进出口总额68 078万美元，比上年48 510万美元增长40%。

出口总额 出口总额48 768万美元，比上年的38 831万美元增长26%，占全市国内生产总值316亿元人民币（合38.18亿美元）的12.77%。

出口商品结构 初级产品出口额25 006万美元，占出口总额的51%；工业制成品出口额23 762万美元，占出口总额的49%。出口额在1亿美元以上的有煤炭，金额18 405万美元，占出口总额的38%；1 000万美元以上的有ABS刹车器、柠檬酸，金额为3 589万美元，占7%；500万美元以上的有碳化硅、一元羧酸、食品、麻黄草粉、硫磺软骨素、胶合板等，金额为7 580万美元，占16%。

出口商品市场 出口商品销往日本、韩国、美国、德国、台湾省、泰国、印度、巴西、荷兰、马来西亚等100多个国家和地区。主要出口市场为：日本19 893万美元，占出口总额的41%；韩国7 290万美元，占15%；美国3 488万美元，占7%；德国2 211万美元，占5%；台湾省1 578万美元，占3%；泰国1 411万美元，占3%；印度1 276万美元，占3%；巴西866万美元，占2%；荷兰827万美元，占2%；马来西亚768万美元，占2%。

进口总额 进口总额19 310万美元，比上年9 680万美元增长99%。

进口商品结构 初级产品进口额9 071万美元，占进口总额的47%；工业制成品进口总额10 239万美元，占进口总额的53%。主要进口商品中，1 000万美元以上的有黄大豆，金额为5 550万美元，占进口总额的29%；500万美元以上的有硫磺、聚醚，金额为1 579万美元，占8%；200万美元以上的有制铝设备、紫菜包装机、活性剂、椰子油等，金额为4 631万美元，占24%。

进口商品市场 进口商品来自日本、巴西、韩国、美国、阿根廷、南非、德国、印度尼西亚、意大利、荷兰、阿联酋、台湾省、加拿大等20个国家和地区。主要进口市场为：日本4 942万美元，占进口总额的26%；巴西3 880万美元，占20%；韩国1 786万美元，占9%；美国1 719万美元，占9%；阿根廷990万美元，占5%；南非889万美元，占5%；德国806万美元，占4%；印度尼西亚666万美元，占3%；意大利413万美元，占2%；荷兰360万美元，占2%；阿联酋359万美元，占2%；台湾省307万美元，占2%；加拿大249万美元，占1%。

【利用外资】

2001年利用外资情况表

利用外资方式	批准签订的合同			实际利用外资	
	项目数（个）	外资金额（万美元）	金额比上年增长（%）	金额（万美元）	金额比上年增长（%）
对外借款	—	13 714	6	13 714	9
外商直接投资	93	10 113	-1	5 781	21
合资企业	52	4 849	—	4 095	—
合作企业	2	192	—	162	—
外资企业	39	5 072	—	1 524	—
合　计	**93**	**23 827**	**3**	**19 495**	**12**

外商直接投资行业 在外商直接投资的项目中，生产型项目70个，非生产型项目23个。按行业来分，工业制造业68个；农林牧渔业2个；房地产业13个；其他10个。

外商直接投资来源 外商直接投资来自19个国家和地区，主要是美国14个，实际利用外资1 985万美元；香港26个，1 191万美元；韩国22个，616万美元；新加坡3个，576万美元；日本8个，522万美元；台湾省10个，373万美元。

外商直接投资企业生产经营情况 全市有44家外商投资企业投产，出口创汇13 079万美元，比上年10 227万美元增长28%，占全市出口总额的27%。

【对外经济合作】

承包工程和劳务合作 签订对外承包工程和劳务合作项目67个，合同金额8 416万美元；完成营业额8 472

万美元；当年派出劳务人员 3 720 人，年末在外 7 686 人，派往的主要国家和地区是新加坡、日本、科威特和韩国等20多个国家和地区，行业主要为建筑和渔工（海员）。

对外经济技术援助 根据国家卫生部对外援助协议，连云港市医护人员组成医疗队赴坦桑尼亚的桑给巴尔，圆满完成援助任务。

【其他】

连云港经济技术开发区 全年完成固定资产投资5.81亿元，比上年5.01亿元增长16%。全区新批利用外资企业25个，实际利用外资 3 218 万美元，比上年的 2 099 万美元增长53%。全区共完成工业总产值75.2亿元，比上年的70.7亿元增长6%。实际财政收入2.76亿元，比上年的2.18亿元增长27%。全区出口总额 7 598 万美元，比上年 5 738 万美元增长 32%。外商投资企业出口 7 135 万美元，比上年的 5 514 万美元增长 29%。

港口运输 到2001年底，连云港港口共有35个泊位，其中生产泊位30个，非生产泊位5个。在生产泊位中，万吨级以上有25个，万吨级以下5个。港口吞吐能力 2 265 万吨。2001年实际完成货物吞吐总量 3 058 万吨，比上年 2 708 万吨增长13%，其中完成外贸进出口货物总量 1 877 万吨（出口936万吨，进口941万吨），比上年 1 453.6 万吨增长29%。集装箱吞吐量完成 156 038 个标准箱，比上年 120 116 个增长30%。

涉外旅游 入境的外国人以及台港澳同胞2.3万人次，旅游收入931万美元，比上年的791万美元增长18%。

2001年南通市对外经济贸易

南通市对外贸易经济合作局

南通市对外贸易经济合作局局长 钱中怡

钱中怡 生于1949年3月，上海人，中共党员。1969年3月参加工作，历任南通经济技术开发区管委会副主任、南通市经济委员会副主任、南通市对外经济贸易委员会主任等职。现任南通市人民政府副秘书长兼南通市对外贸易经济合作局局长、党组书记。

【对外贸易】

进出口总额 2001年江苏省南通市进出口总额32.33亿美元，比上年的31.56亿美元增长2.43%。

出口总额 出口总额20.84亿美元，比上年的20.30亿美元增长2.37%，占全市国内生产总值809.42亿元（相当于97.77亿美元）的21.32%，占江苏省出口总额的7.22%，在江苏省各市中居第五位。

出口商品结构 初级产品出口额0.84亿美元，占出口总额的4.02%；工业制成品出口额20亿美元，占出口总额的95.98%。

出口额3 000万美元以上商品情况表

商品名称	出口金额（万美元）	占出口总额（%）
纺织原料及纺织制品	105 376	50.58
机器电器及零件	22 468	10.78

出口额 3 000 万美元以上商品情况表（续）

商品名称	出口金额（万美元）	占出口总额（%）
车辆、航空器、船舶及运输设备	20 616	9.89
杂项制品	12 394	5.95
贱金属及制品	10 220	4.91
化学工业及相关工业产品	7 578	3.64
鞋、帽、伞等制品	6 629	3.18
生皮皮革、毛皮及制品	5 820	2.79
塑料、橡胶及其制品	5 498	2.64
食品饮料、酒、烟草及制品	3 866	1.86
活动物、动物产品	3 247	1.56
合　计	**203 712**	**97.77**

出口商品市场　出口商品销往 145 个国家和地区，比上年增加 1 个。

主要出口市场情况表

国别（地区）	出口金额（万美元）	占出口总额（%）
日　本	98 481	47.27
美　国	20 121	9.66
香　港	14 800	7.10
韩　国	7 630	3.53
巴拿马	6 512	3.13
法　国	5 508	2.64
新加坡	4 368	2.10

主要出口市场情况表（续）

国别（地区）	出口金额（万美元）	占出口总额（%）
英　国	3 586	1.72
德　国	3 499	1.68
印度尼西亚	2 820	1.35
合　计	**167 325**	**80.31**

进口总额　进口总额 11.50 亿美元，比上年的 11.21 亿美元增长 2.55%。

进口商品结构　初级产品进口额 1.17 亿美元，占进口总额的 10.21%；工业制成品进口额 10.33 亿美元，占进口总额的 89.79%。

进口额 3 000 万美元以上商品情况表

商品名称	进口金额（万美元）	占进口总额（%）
纺织原料及纺织制品	29 773	25.90
化学工业及相关工业产品	29 188	25.39
机器电器及零件	25 328	22.03
贱金属及制品	6 919	6.02
塑料、橡胶及制品	6 207	5.40
光学照相、电影、计量等设备及制品	4 578	3.98
木浆及其他纤维素浆	4 011	3.49
合　计	**78 001**	**95.65**

进口商品市场 进口商品来自62个国家和地区，比上年增加1个。

主要进口市场情况表

国别（地区）	进口金额（万美元）	占进口总额（%）
日本	53 789	46.79
韩国	18 557	16.14
台湾省	9 630	8.38

主要进口市场情况表（续）

国别（地区）	进口金额（万美元）	占进口总额（%）
美国	7 589	6.60
香港	5 672	4.93
新加坡	3 510	3.05
德国	2 454	2.13
沙特阿拉伯	2 167	1.88
合计	**103 368**	**89.91**

【利用外资】

2001年利用外资情况表

利用外资方式	批准签订的合同			实际利用外资	
	项目数（个）	外资金额（万美元）	金额比上年增长（%）	金额（万美元）	金额比上年增长（%）
外商直接投资	233	42 201	26.67	17 523	19.46
合资企业	139	9 613	-1.38	6 434	12.36
合作企业	4	327	-91.85	699	-30.79
外资企业	90	32 261	170.67	10 390	37.51
合计	**233**	**42 201**	**26.67**	**17 523**	**19.46**

外商直接投资行业 外商直接投资233个项目中，生产型项目215个，占92.27%；非生产型项目18个，占7.73%。按行业分，服装及其他纤维制造业83个，纺织业33个，化学原料及化学制品制造业16个，普通机械制造业12个，专用设备制造业、电子及通信设备制造业、文体用品制造业各8个，电气机械及器材制造业7个，其他行业58个。

外商直接投资来源 外商直接投资来自35个国家和地区。主要有日本66项，协议外资金额8598万美元；香港35项，金额16919万美元；美国33项，金额4609万美元；台湾省28项，金额2132万美元；韩国10项，金额411万美元；新加坡9项，金额401万美元；南非8项，金额361万美元；英属维尔京群岛5项，金额4963万美元；澳大利亚5项，金额912万美元；英国3项，金额906万美元等。

外商直接投资企业生产经营情况 全市已开业投产外商投资企业1 103家，据报送报表的917家企业统计，实现主营业务收入226.84亿元，与上年持平；出口创汇14.78亿美元，增长12.81%；实现利税21.20亿元，下降6.11%，其中净利润10.91亿元，净利润超千万元的企业有21家。

【对外经济合作】

承包工程和劳务合作 签订对外承包工程和劳务合作合同项目651个，金额2.76亿美元，比上年增长25.3%；完成营业额2.71亿美元，比上年增长34.7%；当年派出劳务8 183人，年末在外人数16 109人，主要派往新加坡、日本、以色列、塞班岛和关岛等41个国家和地区。主要行业涉及建筑业、纺织服装业、远洋捕捞业等。全年签订500万美元以上大中型项目5个，合同额3 670万美元，占全市总额的13. 6%。全市有对外承包劳务签约权的公司已发展到15家，新获权的南通远洋渔业公司当年外经合同额、营业额均超过2 000万美元，发展势头良好。

对外投资 举办境外加工贸易性企业1家（南通纵横国际在美国举办的数控机床项目），中方总投资280万美元。

【其他】

经济技术开发区 南通经济技术开发区完成基本建

设投资2.95亿元。区内新批三资企业27家，协议外资金额2.1亿美元，比上年增长64%；实际利用外资0.61亿美元，增长18%。全区实现工业总产值78.95亿元，增长17.1%，其中外商投资企业完成工业产值39.87亿元，增长14.6%。全区进出口总额6.45亿美元，其中出口3.41亿美元。全区共完成财政收入5.39亿元，增长29.2%。

对外经贸洽谈会 2001年9月21—23日，由南通市人民政府和中国港口协会主办，中国国际贸易促进委员会江苏省分会和上海组合港办公室协办的首届中国南通港口经济洽谈会，在南通国际大厦举行，这是国内首次以港口经济为主题召开的对外经贸洽谈会。累计签约利用外资项目117个，总投资7.5亿美元，协议利用外资5.09亿美元；外贸出口成交额9 992万美元；新签对外承包工程和劳务合作项目86个，合同金额3 276万美元。

港口运输 2001年南通港完成了对7个万吨级泊位的升级改造，其中3个提高到5万吨级，4个提高到2.5万吨级，南通港有了长江首批5万吨级深水泊位。全年南通港货物吞吐量3 511万吨，比上年增长27.8%，其中外贸吞吐量665.7万吨，增长19.2%，占全港吞吐量的18.96%；集装箱吞吐量18.35万标准箱，与上年持平，其中国际航线集装箱吞吐量为3.15万标准箱，下降30.1%，占17.17%。

涉外旅游 共接待境外旅游者6.1万人次，比上年增长4.6%，旅游创汇5 304万美元，增长10.4%。

2001年浙江省对外经济贸易

浙江省对外贸易经济合作厅

【对外贸易】

进出口总额 2001年浙江省进出口总额328亿美元，比上年的278.33亿美元增长17.85%。

出口总额 出口总额229.77亿美元，比上年的194.43亿美元增长18.18%，占全省国内生产总值6700亿元（相当于809.51亿美元）的28.38%，占全国出口额的8.6%，继续居全国出口第四位。

出口商品结构 初级产品出口额19.32亿美元，占出口总额的8.41%；工业制成品出口额210.45亿美元，占出口总额的91.59%。

出口额5 000万美元以上商品情况表

金额分类	商品名称	出口金额（万美元）	占出口总额（%）
1亿美元以上（27种）	服装及衣着附件，纺织纱线、织物及制品，高新技术产品，鞋类，水海产品，塑料制品，灯具、照明装置及类似品，旅行用品及箱包，手持或车载无线电话机，家具，床垫、寝具及类似品，医药品，通断及保护电路装置，手用或机用工具，轴承，汽车零件，玩具，合成有机染料，蔬菜，钢铁或铜制标准紧固件，电线和电缆，圣诞用品，茶叶，扬声器，家用或装饰用木制品，填充用羽毛、羽绒，摩托车及自行车的零件	1 474 768	64.19
5 000万美元～1亿美元（12种）	电动机及发电机，电视、收音机及无线电讯设备的零附件，轮胎，自行车，锁，不锈钢厨具、餐具等家用器具，工业缝纫机，医疗仪器及器械，伞，摩托车，成品油，电池	88 203	3.84
合　计	**39种**	**1 562 971**	**68.03**

出口商品市场 出口商品销往214个国家和地区，比上年增加4个。

主要出口市场情况表

国别（地区）	出口金额（万美元）	占出口总额（%）
美　国	440 159	19.16
日　本	376 995	16.41
香　港	118 500	5.16
德　国	98 165	4.27
韩　国	77 999	3.39
意大利	68 183	2.97
英　国	65 581	2.85
阿拉伯联合酋长国	55 902	2.43

主要出口市场情况表（续）

国别（地区）	出口金额（万美元）	占出口总额（%）
荷　兰	52 861	2.30
法　国	49 675	2.16
合　计	**1 404 020**	**61.1**

进口总额　进口总额98.22亿美元，比上年的83.9亿美元增长17.07%。

进口商品结构　初级产品进口额18.25亿美元，占进口总额的18.58%；工业制成品进口额79.97亿美元，占进口总额的81.42%。

进口额5 000万美元以上商品情况表

金额分类	商品名称	进口金额（万美元）	占进口总额（%）
1亿美元以上（21种）	初级形状的塑料，纺织机械，电视、收音机及无线电讯设备的零附件，钢材，废铜，集成电路及微电子组件，手持或车载无线电话机，对苯二甲酸，原木，棉机织物，纸浆，金属加工机床，计量检测分析自控仪器及器具，液化石油气及其他烃类气，合成纤维长丝织物，通断及保护电路装置及零件，成品油，羊毛（包括羊毛条），橡胶或塑料加工设备，合成纤维纱线，苯乙烯	488 961	49.78
5 000万美元～1亿美元（15种）	医疗仪器及器械，纸及纸板（未切成形的），印刷、装订机械，大豆，未锻造的铜及铜材，异氰酸酯，纺织用合成纤维，自动数据处理设备及其部件，钢坯及粗锻件，锯材，医药品，二极管及类似半导体器件，机械提升搬运装卸设备及零件，乙二醇，型模及金属铸造用型箱	103 455	10.53
合　计	**36种**	**592 416**	**60.31**

进口商品市场　进口商品来自134个国家和地区，比上年增加14个。

主要进口市场情况表

国别（地区）	进口金额（万美元）	占进口总额（%）
日　本	230 076	23.42
韩　国	122 905	12.51
美　国	117 781	11.99
台湾省	114 959	11.7
德　国	56 050	5.71

主要进口市场情况表（续）

国别（地区）	进口金额（万美元）	占进口总额（%）
意大利	29 743	3.03
法　国	26 160	2.66
澳大利亚	25 766	2.62
印度尼西亚	22 825	2.32
香　港	21 502	2.19
合　计	**767 766**	**78.17**

【利用外资】

2001年利用外资情况表

利用外资方式	批准签订的合同			实际利用外资	
	项目数（个）	外资金额（万美元）	金额比上年增长（%）	金额（万美元）	金额比上年增长（%）
对外借款	1	209 462	273.8	223 301	156.6
外商直接投资	2 310	501 588	99.9	221 162	37.1
合资企业	1 278	164 257	99.5	94 788	40.5
合作企业	48	9 097	－64.3	9 180	－52.7
外资企业	984	328 200	129.2	117 090	57.4
股份制企业		34	—	104	—
外商其他投资		6 452	—	7 471	1 084
加工装配		0	0	1 019	61.49
对外发行股票		6 452	—	6 452	—
合　计	**2 311**	**717 502**	**133.7**	**451 934**	**81.56**

外商直接投资行业　外商直接投资项目中生产型项目2 071个，占89.65%；非生产型项目239个，占10.35%。

外商直接投资分行业情况表

行　业	项目数（个）	合同外资（万美元）	实际外资（万美元）
第一产业	**55**	**5 171**	**1 251**
农业	35	2 496	725
第二产业	**2 016**	**435 418**	**186 845**
工业	2 002	410 519	176 120
采掘业	3	2 301	110
制造业	1 996	406 233	168 466
电力、煤气及水的生产和供应业	3	1 985	7 544
建筑业	14	24 899	10 725
第三产业	**239**	**60 999**	**33 066**
交通运输、仓储及邮电通信业	7	3 631	5 531
批发和零售贸易、餐饮业	80	17 301	7 592
房地产业	29	12 532	10 208
社会服务业	100	24 208	8 483
卫生、体育和社会福利业	2	516	326
教育、文化艺术及广电业	1	8	143
科研和综合技术服务业	6	593	33
其他行业	14	2 210	750
合　计	**2 310**	**501 588**	**221 162**

外商直接投资来源　外商直接投资来自90多个国家和地区。

外商直接投资主要来源

国别（地区）	项目数（个）	合同外资（万美元）	实际外资（万美元）
香港	615	146 052	66 939
台湾省	451	72 542	27 696
美国	318	49 238	25 858
英属维尔京群岛	66	45 023	17 663
日本	238	37 543	24 827
韩国	96	23 118	8 858
英国	38	12 809	11 620
新加坡	33	12 267	5 985
萨摩亚	26	12 098	1 692
加拿大	45	11 921	1 835
合计	**1 926**	**422 611**	**192 973**

注：实际外资中，法国5 596万美元、德国3 242万美元，应分列浙江省实际外资来源地的第九位、第十位。

外商投资企业生产经营情况　截至2001年底，已开业投产的外商投资企业7204家，2001年销售收入1 993.7亿元，比上年增长17.7%；盈利总额153.45亿元，比上年增长19.4%；出口71亿美元，比上年增长30.9%。

【对外经济技术合作】

承包工程和劳务合作　签订对外承包工程和劳务合作项目1 266个，金额54 929万美元，比上年的53 573万美元增长2.5%；完成营业额67 295万美元，比上年的43 338万美元增长55.28%；当年派出劳务人员13 457人次，年末在外人数28 311人。派往的主要国家和地区：台湾省、新加坡、毛里求斯、日本、美国塞班、约旦、香港、亚美尼亚、老挝、德国及印度尼西亚。承包工程主要项目有：新加坡SBS车库、亚太工程，香港赤柱后续工程、长沙湾工程、秀茂坪工程，菲律宾M－M灌溉工程，老挝万荣水泥厂项目，缅甸援缅农机厂项目，孟加拉国公路项目，叙利亚水表生产线EPC总承包项目，贝宁纺织厂项目、贝宁中心项目，苏丹发电站项目，尼日利亚EPC电站项目，赞比亚谦比希铜矿井恢复工程，坦桑尼亚阿芙拉商住综合楼地下室工程等。

对外投资　共批准境外投资项目144个，比上年增长35%。其中非贸易型项目16个，市场及营销网络项目128个；投资总额3 856.32万美元（其中，16家非贸易型企业的总投资为1 114万美元），比上年增长126%；中方投资3 350.55万美元（其中，非贸易型企业的中方投资为962万美元），增长121%。2001年浙江省境外投资前10位的国家和地区分别是：美国、香港、韩国、泰国、新加坡、加拿大、阿拉伯联合酋长国、俄罗斯、越南、柬埔寨。

【其他】

经济技术开发区　全省各类开发区实现工业增加值457亿元，占全省工业增加值3 105亿元的14.7%；出口额47.2亿美元，占全省出口总额229.8亿美元的20.54%，比上年增长17%。（其中开发区外商投资企业出口28.64亿美元，增长25.8%）；财政收入101.84亿元，比上年增长33.3%；新批外商投资企业680个，实现合同外资33.1亿美元，实际外资13.1亿美元，分别比上年增长17.4%、98.9%和54.4%，占全省三项指标的29%、65.9%和59.3%。

涉外旅游　2001年共接待入境旅游的外国人和台港澳同胞146.88万人次，旅游外汇收入6.99亿美元，比上年增长35.9%。

2001年宁波市对外经济贸易

宁波市对外贸易经济合作局

宁波市对外贸易经济合作局局长 王仁洲

王仁洲 生于1957年4月，浙江鄞县人。大学学历。1974年7月参加工作。1978年12月加入中国共产党。1996年4月—1999年9月任中共浙江省象山县委副书记、象山县县长。

【对外贸易】

进出口总额 2001年浙江省宁波市进出口总额88.91亿美元，比上年的75.41亿美元增长17.91%。

出口总额 出口总额62.44亿美元，比上年的51.68亿美元增长20.83%，占全市国内生产总值1 310.58亿元（相当于158.35亿美元）的39.43%，占全省出口额的27.17%。

出口商品结构 初级产品出口额3.68亿美元，占出口总额的5.89%；工业制成品出口额58.76亿美元，占出口总额的94.11%。

出口额1 000万美元以上商品情况表

金额分类	商品名称	出口金额（万美元）	占出口总额（%）
5000万美元以上（18种）	服装及衣着附件、纺织纱线、织物及制品、塑料制品、轴承、灯具、照明装置及零件、水海产品、手用或机用工具、龙头、旋塞及类似装置、旅行用品及箱包、鞋类、独立窗式或壁式空气调节器、床垫、寝具及类似品、汽车零件、家具、蔬菜、玩具、圆珠笔	336 405	53.88
1 000万美元～5 000万美元（46种）	钢铁或铜质标准紧固件、圣诞用品、摩托车及自行车的零件、医药品、扬声器、原电池、电线和电缆、手电筒、柑橘属水果罐头、电熨斗、手提式各式电钻、电视、收音机及无线电讯设备的零附件、家用或装饰用木制品、袖珍气体打火机、合成有机染料、真空吸尘器等	111 424	17.84
合　计	**64种**	**447 829**	**71.72**

出口商品市场 出口商品销往193个国家和地区，其中出口额在1 000万美元以上的国家和地区有60个，金额60.01亿美元，占出口总额的96.11%。

主要出口市场情况表

国别（地区）	出口金额（亿美元）	占出口总额（%）
日　本	11.06	17.72
美　国	9.87	15.81
香　港	3.30	5.28
德　国	2.68	4.30
英　国	2.23	3.57
韩　国	2.09	3.35
意大利	1.93	3.09
荷　兰	1.69	2.70

主要出口市场情况表（续）

国别（地区）	出口金额（亿美元）	占出口总额（%）
阿联酋	1.69	2.70
澳大利亚	1.68	2.69
合　计	**38.21**	**61.20**

进口总额　进口总额26.47亿美元，比上年的23.73亿美元增长11.54%。

进口商品结构　初级产品进口额6.10亿美元，占进口总额的23.06%；工业制成品进口额20.37亿美元，占进口总额的76.94%。

进口额1 000万美元以上商品情况表

金额分类	商品名称	进口金额（万美元）	占进口总额（%）
5000万美元以上（10种）	初级形态的塑料、废铜、钢材、苯乙烯、电视、收音机及无线电讯设备的零附件、集成电路及微电子组件、羊毛（包括羊毛条）、纸浆、金属加工机床	109 550	41.39
1 000万美元～5 000万美元（39种）	纺织机械、成品油、原木、计量检测分析自控仪器及器具、纸及纸板、纺织用合成纤维、机械提升搬运装卸设备及零件、合成纤维纱线、已内酰胺、主要由机械浆制回收（废碎）纸、通断保护电路装置及零件、钢坯及粗锻件、矩形截面的不锈钢、橡胶或塑料加工机械、原油、制冷设备用压缩机等	83 155	31.41
合　计	**49种**	**192 705**	**72.80**

进口商品市场　进口商品来自117个国家和地区，其中进口额在1 000万美元以上的国家和地区有29个，金额25.43亿美元，占进口总额的96.08%。

主要进口市场情况表

国别（地区）	进口金额（亿美元）	占进口总额（%）
日　本	4.69	17.72
韩　国	4.56	17.23
台湾省	3.57	13.50
美　国	3.36	12.68
法　国	1.07	4.05
德　国	1.07	4.04
澳大利亚	0.87	3.29
印度尼西亚	0.83	3.13

主要进口市场情况表（续）

国别（地区）	进口金额（亿美元）	占进口总额（%）
香　港	0.55	2.09
加拿大	0.50	1.89
合　计	**21.08**	**79.62**

技术进口　签订引进技术和进口设备合同项目276个，比上年的224个增加52个；合同金额9 430万美元，比上年的9616万美元减少1.93%。引进技术和设备来自20个国家和地区，主要有：美国40个项目，1 471万美元；日本49个，1 417万美元；台湾26个，835万美元；法国12个，778万美元；瑞典8个，577万美元；瑞士5个，302万美元；香港8个，212万美元；韩国12个，169万美元。引进技术和设备的主要行业分布是：卫生事业70个，947万美元；邮电通信业13个，848万美元；电子通信设备制造业20个，771万美元；交通运输制造业10个，293万美元；公用事业7个，216万美元；纺织业23个，187万美元。

【利用外资】

2001年利用外资情况表

利用外资方式	合同外资			实际利用外资	
	项目数（个）	外资金额（亿美元）	金额比上年增长（%）	外资金额（亿美元）	金额比上年增长（%）
外商直接投资	806	19.55	105.48	8.74	40.62
合资企业	389	6.41	234.84	3.56	48.69
合作企业	18	0.16	-87.29	0.58	-46.22
外资企业	399	12.99	104.01	4.61	67.53
合　计	**806**	**19.55**	**105.48**	**8.74**	**40.62**

外商直接投资行业　外商直接投资的806个项目中，生产型项目714个，非生产型项目92个。按行业分主要有：批发和零售贸易、餐饮业7项，合同外资额17 096万美元；普通机械制造业12项，5 199万美元；电子及通信设备制造业16项，3 754万美元；社会服务业7项，2 448万美元；纺织业5项，570万美元。

外商直接投资来源　外商直接投资主要来自56个国家和地区，其中合同投资额前10位的国家和地区是：香港222项，合同外资额68 761万美元；台湾省161项，22 740万美元；英属维尔京群岛30项，21 098万美元；美国118项，17 888万美元；日本72项，16 183万美元；奥地利3项，8 328万美元；韩国23项，7 748万美元；萨摩亚17项，6 964万美元；开曼群岛9项，3 800万美元；英国11项，2 235万美元。

外商直接投资企业生产经营情况　截至2001年底，已开业投产的外商投资企业共1 907家，2001年外商投资企业销售收入428.37亿元，增长2.6%；实现利润31.14亿元，增长5.4%；缴纳税金22.24亿元，增长12.49%；外贸出口18.19亿美元，增长29.13%。

【对外经济合作】

承包工程和劳务合作　签订对外承包工程和劳务合作合同项目278个，合同金额8.24亿美元，比上年的1.16亿美元增长6倍；完成营业额2.4亿美元，比上年的2亿美元增长20%；当年派出劳务人员3 653人，比上年的4 800人减少23.9%；年末在外劳务人数1.25万人，比上年的1.4万人减少10.72%。劳务人员分布在48个国家和地区，主要有日本、新加坡、毛里求斯、塞班、德国、牙买加、马达加斯加、澳门、韩国、莱索托等，主要从事的劳务职业有纺织、建筑、海员、厨师、电子等。

对外经济援助　承担援外项目1个，即对贝宁马朗维尔垦区的技术合作项目。该项目从2000年11月开始，定于2002年11月竣工。

对外投资　在海外设立贸易型企业7家，非贸易型企业1家，境外经贸办事处49家，境外加工贸易企业3家。项目总投资2 316万美元，其中中方投资2 273万美元。企业分布在美国、澳大利亚、德国、巴西、日本、香港、匈牙利、哈萨克斯坦、法国、加拿大、俄罗斯等29个国家和地区。

【其他】

宁波经济技术开发区　新投资9.38亿元，全面开发了4平方公里地块，全年完成拆迁21.3万平方米，基本建成了甬江路、富春江路、明州路西延、恒山路西延、黄山路等主体道路网。大港四方2平方公里区块10万平方米标准厂房和3万平方米生活配套设施全部建成。截至2001年底，已有中外经营性企业4 163家落户。2001年实现国内生产总值87亿元，增长19%；工业总产值271亿元，增长22%；销售收入231亿元，增长21.8%；财政收入12.2亿元，增长25%。外贸进出口额14.04亿美元，增长7.5%，其中出口8.29亿美元，增长14.37%。签订外商投资项目69个，合同利用外资8.01亿美元，实际利用外资3.01亿美元，分别增长100%和51%。其中台塑、汽车、钢铁三大项目取得突破性进展，总投资100亿美元，为开发区的全面发展和全市产业化结构调整奠定了基础。

宁波保税区　基础设施新投入6.53亿元，增长41%，重点推进了西区建设，对骆霞线道路进行了全面拓宽改造。全年实现国内生产总值25.5亿元，增长18.3%；销售收入41.64亿元，增长18%；财政收入6.8亿元，增长29.5%；进出口额7.28亿美元，增长5%。签订外商投资项目68个，合同利用外资4.05亿美元，实际利用外资1.13亿美元，分别增长99%和57%。全年引进高科技项目36个，新开工投产项目20个，以主机板为主体的IT产业链已初步形成。全国首家青年海外学人创业基地正式授牌，博士后工作站获得国家批准。浙大海纳“单晶硅外延片技改”等5个项目获得国家高科技基金资助700多万元。截至2001年底已落户的中外经营性企业 3 685 家。

宁波大榭经济技术开发区 实现国内生产总值 29.66 亿元，比上年增长 22%；工业总产值 25.03 亿元，增长 15%；销售收入 23.34 亿元，增长 9%；财政收入 9.88 亿元，增长 36%；累计落户企业 1272 家，其中 148 家企业已竣工投产。投资基础设施建设资金 4.74 亿元，增长 192%。其中投资 4.5 亿元跨海大桥已于 2001 年 4 月 28 日建成通车，从根本上改善了陆岛交通；港口口岸建设有了新的突破，原油中转仓储项目一期 25 万吨级和 2 万吨级码头已建成投产；华东 BP 项目的 5 万吨级码头已竣工；新建绿化面积 20 万平方米，使大榭开发区的投资环境有了很大改善。2001 年新批外资项目 7 个，总投资 4 821 万美元，比上年增长 277 倍；合同利用外资 3 587 万美元，增长 204 倍；实际利用外资 4 630 万美元，增长 85.2%。进出口额 4.23 亿美元，增长 40%，其中出口额 2.36 亿美元，增长 18%。

对外经贸洽谈会 第三届浙江投资贸易洽谈会和浙江进出口商品交易会于 2001 年 6 月 8 日 - 6 月 12 日在宁波市天马国际会展中心举行。到会外商人数 4550 人，分别来自 50 个国家和地区。签订外商投资项目 451 个，总投资 46.1 亿美元，合同利用外资 25.2 亿美元，贸易成交额 10 275 万美元，分别比上届增长 17%、4.8%、14.3% 和 5%。

第五届宁波国际服装节于 2001 年 10 月 18 日—10 月 22 日在宁波举行。到会外商 608 人，分别来自 16 个国家和地区。签订外商投资项目 30 个，总投资 2.74 亿美元，合同利用外资 2.13 亿美元。

港口运输 宁波港拥有 500 吨级以上各类生产性泊位 132 个，其中万吨级以上泊位 30 个，5 万吨级以上泊位 17 个。港口吞吐能力 11702 万吨，2001 年实际完成货物吞吐量 12852 万吨，列全国第二位，比上年的 11 547 万吨增长 11.3%，其中完成外贸进出口货物吞吐量 5 475 万吨（出口量 4811 万吨，进口量 664 万吨），占宁波港吞吐量的 42%。全年集装箱吞吐量达 121.3 万标箱，增长 34.78%，列全国第七位。宁波港已开通的国际航线有 42 条，现每月国际集装箱班轮已达 300 班。

涉外旅游 全年接待海外游客 16.09 万人次，比上年的 12.4 万人次增长 29.75%，国际旅游外汇收入 7 125 万美元，比上年增长 27.51%。

2001 年温州市对外经济贸易

温州市对外贸易经济合作局

温州市对外贸易经济合作局局长　李佐中

李佐中　生于 1944 年 11 月 3 日，浙江温州人。1966 年毕业于浙江大学华家池分校。1977 年 1 月加入中国共产党。历任浙江省瑞安市二轻局副局长、浙江省鸥海县副县长、温州经济技术开发区管委会副主任等职。1997 年 1 月任温州市对外贸易经济合作局局长。

【对外贸易】

进出口总额 2001 年浙江省温州市进出口总额 27.18 亿美元，比上年的 20.2 亿美元增长 34.9%。

出口总额 出口总额 20.08 亿美元，比上年的 15 亿美元增长 33.9%，占全市国内生产总值 933 亿元的 18%，占全省出口额的 8.7%。

出口商品结构 初级产品出口额 3 329 万美元，占出口总额的 1.65%；工业制成品出口额 19.75 亿美元，占出口总额的 98.35%。

出口额2 000万美元以上商品情况表

金额分类	商品名称	出口金额（亿美元）	占出口总额（%）
2亿美元以上	鞋类、服装、眼镜、皮革制品	12.51	62
5 000万美元～1亿美元	打火机、电路开关	1.25	6.2
2 000万美元～5 000万美元	车辆配件、笔类、锁类	0.86	4.3
合　计	**9种**	**14.6**	**72.5**

出口商品市场　出口商品销往164个国家（地区）。对主要市场（前10位）的出口金额为10.25亿美元，占出口总额的51%。

主要出口市场情况表

国别（地区）	出口金额（万美元）	占出口总额（%）
美　国	20 283	10
匈牙利	14 576	7.25
俄罗斯	14 233	7
香　港	11 710	5.8
日　本	8 768	4.4
阿联酋	7 498	3.7
克罗地亚	7 080	3.5

主要出口市场情况表（续）

国别（地区）	出口金额（万美元）	占出口总额（%）
意大利	6 245	3.1
西班牙	6 210	3.1
波　兰	5 887	2.9
合　计	**10 2500**	**51**

进口总额　进口总额7.1亿美元，比上年的5.2亿美元增长37.9%。

进口商品结构　初级产品进口额2.27亿美元，占进口总额32%；工业制成品进口额4.83亿美元，占进口总额68%。

进口额2 000万美元以上商品情况表

金额分类	商品名称	进口金额（亿美元）	占进口总额（%）
1亿美元以上	塑料原料、矿物燃料、有机化学品	4.01	56
5 000万美元～1亿美元	生皮、机电设备	1.49	21
2 000万美元～5 000万美元	金属制品、光学及医疗设备	0.54	7.6
合　计	**7种**	**6.04**	**85**

进口商品市场　进口商品来自58个国家（地区）。从主要市场（前8位）的进口金额为5.43亿美元，占进口总额的76%。

主要进口市场情况表

国别（地区）	进口金额（万美元）	占进口总额（%）
韩　国	18 020	25
日　本	11 826	17
美　国	8 619	12
沙特阿拉伯	4 383	6.2
台湾省	3 934	5.5
德　国	3 507	4.9
阿尔及利亚	2 078	2.9
意大利	1 926	2.7
合　计	**5 4300**	**76**

【利用外资】

2001 年利用外资情况表

利用外资方式	批准签订的合同			实际利用外资	
	项目数（个）	外资金额（万美元）	金额比上年增长（%）	金　额（万美元）	金额比上年增长（%）
合资企业	46	1 976	-49.1	3 145	21.4
合作企业	1	915	258.8	—	—
外资企业	28	4 355	69.7	2 365	41.9

【对外经济合作】

承包工程和劳务合作　签订对外承包工程合同额625 万美元，比上年的 726 万美元下降 16%；实际完成营业额 790 万美元，比上年的 474 万美元增长 67%；全年派出劳务人员 1 170 人次，比上年的 1 041 人次增长12%。

【其　他】

温州经济技术开发区　2001 年共引进项目 64 个，总投资 12.56 亿元，其中合同外资 2 751 万美元，实际利用外资 1 195 万美元。全年外贸进出口总额 2.13 亿美元，其中出口 1.85 亿美元，比上年增长 19%。

港口运输　全年到港国际航行船舶 1 559 艘次，比上年增长 5.84%；通过海港口岸全年共运输外贸货物 147 万吨，比上年增长 47.75%，其中进口 120 万吨，比上年增长73.81%，出口 27 万吨，比上年减少 11.85%；全年共运输国际集装箱 53 612 标箱，比上年增长 13.35%。

涉外旅游　2001 年接待海外旅游者 9.4 万人次，比上年的 5.99 万人次增长 56.9%；旅游外汇收入 4 074 万美元，比上年的 3 457 万美元增长 17.8%。

2001年安徽省对外经济贸易

安徽省对外贸易经济合作厅

安徽省对外贸易经济合作厅厅长 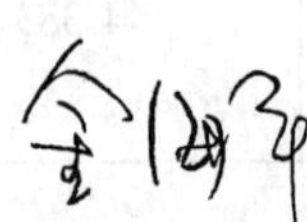

金海平　生于1947年，山东青州人。1970年毕业于中国科技大学物理系。1980年加入中国共产党。历任安徽省土畜产进出口公司科长，安徽省对外经济贸易厅厅长，安徽省对外经济贸易委员会副主任、主任等职。2000年任现职。

【对外贸易】

进出口总额　2001年安徽省进出口总额36.2亿美元，比上年的33.3亿美元增长8.27%。

出口总额　出口总额22.8亿美元，比上年的21.6亿美元增长5.1%，占全省国内生产总值3 192.1亿元（相当于385.7亿美元）的5.9%；占全国出口额2661.6亿美元的0.86%。

出口商品结构　初级产品出口额2.7亿美元，占出口总额的12.1%；工业制成品出口额20.1亿美元，占出口总额的87.9%。

出口额1 000万美元以上商品情况表

金额分类	商品名称	出口金额（亿美元）	占出口总额（%）
1亿美元以上	服装、鞋类	4.4	19.3
5 000万美元～1亿美元	柠檬酸、钢材、铜及铜材、轮胎	3.1	13.8
1 000万美元～5 000万美元	大米、蔬菜、芝麻、茶叶、花生仁、蜂蜜、丝绸、羽毛、羽绒制品、箱包、玩具、地毯、纸及纸浆、塑料及制品、自行车、电冰箱、空调器、仪器仪表、船舶	4.8	20.0
合　计	**25种**	**12.3**	**54.1**

出口商品市场　出口商品销往191个国家（地区）。主要出口市场是欧盟44 321万美元，占19.4%；北美42 439万美元，占18.6%；日本27882万美元，占12.2%；东盟14692万美元，占6.4%；香港11 469万美元，占5.0%；韩国11082万美元，占4.9%。

进口总额　进口总额13.4亿美元，比上年的11.7亿美元增长13.9%。

进口商品结构　初级产品进口额5.0亿美元，占进口总额的37.5%；工业制成品进口额8.4亿美元，占进口总额的62.5%。

进口额1 000万美元以上商品情况表

金额分类	商品名称	进口金额（亿美元）	占进口总额（%）
1亿美元以上	铜矿砂、铁矿砂	3.5	26.0
5 000万美元～1亿美元	塑料原料、钢材、建筑及采矿设备	1.8	13.2
1 000万美元～5 000万美元	羊毛、天然橡胶、合成纤维纱线、纸浆、纸及纸板、铜、废铜、废钢、钢坯及粗锻件、医疗仪器和器械、计量检测自控仪器、自动数据处理设备、制冷压缩机、阀门、橡胶或塑料加工机械、金属加工机床、纺织机械、汽车和底盘、汽车零件、内燃机零件、液泵及液体提升机、印刷和装订机械、搬运装卸设备	4.2	31.3
合 计	**28种**	**9.4**	**70.5**

进口商品市场 主要进口市场是日本23876万美元，占17.8%；欧盟23 753万美元，占17.8%；智利15 913万美元，占11.9%；北美14 710万美元，占11.0%；韩国13 109万美元，占9.8%；澳大利亚10 059万美元，占7.5%。

技术进出口 技术进出口总额4.5亿美元，比上年的3.9亿美元增长16%。签订引进技术和进口设备合同金额3.3亿美元，比上年的2.6亿美元增长27%。技术出口完成1.2亿美元，与上年基本持平。

技术进口 主要技术进口项目有马钢公司从德国进口薄板改造连铸连轧生产线；安徽省电信公司从香港进口CISCO网络设备；安徽博西华制冷有限公司引进德国冰箱制冷专有技术；铜都铜业股份公司引进德国电气控制设备；安凯汽车有限公司与德国签订客车技术转让许可。

技术出口 主要技术出口项目有集装箱船舶、污水处理设备、卫星天线；主要出口高新技术产品是柠檬酸及盐类，电脑配件，电子元器件等。主要出口市场是德国、中东。

【利用外资】

2001年利用外资情况表

利用外资方式	批准签订的合同			实际利用外资	
	项目数（个）	外资金额（万美元）	金额比上年增长（%）	金额（万美元）	金额比上年增长（%）
外商直接投资	260	64 376	1.22	33 672	5.73
合资企业	114	17 619	194.93	14 472	21.40
合作企业	19	14 798	-28.80	4 422	-36.51
外资企业	127	31 959	-13.26	14 778	14.02
合 计	**260**	**64 376**	**1.22**	**33 672**	**5.7**

外商直接投资行业 新批外商直接投资项目中，生产型项目193项，合同外资额44 818万美元；其中农业13项，采掘业3项，制造业166项，能源业3项，建筑业8项。服务型项目67项，合同外资额19557万美元；其中交通运输业4项，批发零售业6项，房地产业31项，社会服务业23项，其他行业3项。

外商直接投资主要行业投向表

行业	新批项目数（个）	合同外资金额（万美元）
房地产业	31	9547
建筑业	8	8 360
电子业	19	7 572

外商直接投资主要行业投向表（续）

行　业	新批项目数（个）	合同外资金额（万美元）
交通运输业	4	6 747
社会服务业	23	2 664
农业	13	2 453
能源业	3	2 314
化工业	10	2 046
机械业	11	1 008

外商直接投资主要来源国别（地区）表

国别（地区）	项目数（个）	合同外资额（万美元）
香　港	74	23176
美　国	30	5 974
加拿大	7	5 250
台湾省	49	5 167
日　本	23	4 381
德　国	5	3 863
蒙　古	1	3 000
新加坡	7	2 794
英属维尔京群岛	3	2 779

外商投资企业出口　外商投资企业完成出口额4.3亿美元，比上年的4.0亿美元增长7.7%，在全省出口总额中的比重由上年的18.5%上升到18.9%。

【对外经济合作】

承包工程和劳务合作　对外承包工程和劳务合作合同额23 010万美元，比上年的17 609万美元增长30.7%；完成营业额13 019万美元，比上年的10 344万美元增长25.9%；当年派出劳务人员2 557人次，年末在外5 281人。承包工程和劳务合作的主要市场是德国、蒙古、新加坡、莫桑比克、马达加斯加等。

对外投资　在海外兴办非贸易性企业4个，分别是安徽江淮汽车有限公司在阿根廷设立高档中巴车组装厂，安徽省丰原生物化学股份有限公司在美国设立液体柠檬酸加工厂，安徽省蚌埠华光玻璃厂在美国建设工艺装饰玻璃生产线，安徽华源发展有限公司在泰国设立棉纱加工厂。中方投资额共3 720万美元。

【其他】

经济技术开发区

合肥高新技术开发区　该区总体发展规划于2001年调整，新征土地方案已上报国土资源部待批。全年完成固定资产投资8.27亿元，比上年增长80%。开工房屋建筑面积54万平方米，竣工8.3万平方米。完成市政道路6.86公里，新增绿化面积10万平方米。一批供电供水及排水排污设施相继竣工。全年新增入区企业123家，总投资23.95亿元。其中，外商投资企业19家，总投资3 924.37万美元，利用外资合同额2723.64万美元。2001年全区完成总产值130.5亿元，技工贸总收入129.2亿元，实现利税15.5亿元，财政收入2.5亿元，出口创汇6 100万美元，比上年分别增长6.4%、12.6%、25.4%、45.03%和-1%。

合肥经济技术开发区　全年完成固定资产投资14亿元，比上年增长64.7%，其中基础设施投资3.1亿元，比上年增长47.6%。佳通轮胎、日立挖掘机、统一食品、江淮汽车、海尔工业园等工业项目扩大投资，大学城、会展中心、东海花园等一批重点建设项目快速推进。区内工业增加值完成24亿元，财政收入4.7亿元。全年引进项目40个，其中外资项目11个，总投资额6 325.8万美元，合同外资4 288.5万美元，实际利用外资3 210万美元，均比上年增长一倍多。完成进出口额2.95亿美元，增长40%，其中出口额1.25亿美元，增长38.9%，主要出口企业是佳通轮胎，出口6400万美元；日立挖掘机，出口2 700万美元；海尔信息，出口2 500万美元。

芜湖经济技术开发区　全年完成固定资产投资13.79亿元，建成标准厂房2.1万平方米。全年出让土地163万平方米，软件园、海螺型材项目五期、国信美的工业园二期、德业模具、华亨汽配、实达数码科技园、国信酒店等项目竣工，区内工业产值达到104.5亿元，比上年增长63.1%，共协议引进项目91个，合同外资额8 836万美元，比上年增长41.9%；主要外商投资项目有日立电器，2 980万美元；凌通电器，2 000万美元；华亚塑胶管件，500万美元。

对外经贸洽谈会　9月11日至14日，安徽省21家企业组团赴日本神户市参加“2001神户中国商务良机交易会”，交易会期间成交出口贸易额485万美元。主要成交商品有梭织和针织服装、毛巾、羽绒服装及制品、鞋类、竹制品、搪瓷制品、篷布、冷冻食品、脱水菜等。

涉外旅游　共接待海外游客38.1万人次，比上年增长19.6%；旅游外汇收入1.4亿美元，比上年增长20.2%。

2001年福建省对外经济贸易

福建省对外贸易经济合作厅

福建省对外贸易经济合作厅厅长 郑宗杰

郑宗杰 生于1945年7月，广东汕头人。厦门大学经济系毕业。历任福建省泉州市税务局局长、政府办公室主任、财政局局长、外经贸委主任、副市长，福建省政府办公厅副秘书长、侨务办公室主任等职。2000年8月任福建省对外贸易经济合作厅厅长。

【对外贸易】

进出口总额 2001年福建省进出口总额226.30亿美元，比上年的212.24亿美元增长6.62%。

出口总额 出口总额139.26亿美元，比上年的129.09亿美元增长7.88%，占全省国内生产总值4 258.37亿元（相当于514.50亿美元）的27.07%；占全国出口总额的5.23%，居全国第六位。

出口商品结构 初级产品出口额12.98亿美元，占出口总额的9.32%；工业制成品出口额126.27亿美元，占出口总额的90.68%。

出口额1亿美元以上商品情况表

金额分类	商品名称	出口金额（亿美元）	占出口总额（%）
5亿美元以上（5种）	鞋类、服装及衣着附件、自动数据处理设备及其部件、塑料制品、花岗岩石材及制品。	55.58	39.90
1亿美元～5亿美元（9种）	家具、纺织纱线和织物及制品、烤鳗、旅行用品及箱包、蔬菜、装饰用陶瓷制品、伞、水海产品、贵金属或包贵金属的首饰。	23.15	16.62
合计	**14种**	**78.73**	**56.53**

出口商品市场 出口商品销往193个国家和地区。主要出口市场：美国34.48亿美元、日本25.74亿美元、香港14.69亿美元、德国5.88亿美元、荷兰3.70亿美元、台湾省3.65亿美元、英国3.43亿美元、新加坡3.13亿美元、加拿大2.86亿美元、韩国2.26亿美元、意大利2.21亿美元、澳大利亚2.14亿美元、西班牙1.87亿美元、法国1.83亿美元、菲律宾1.68亿美元、阿联酋1.63亿美元、印度尼西亚1.61亿美元、比利时1.6亿美元、马来西亚1.57亿美元、匈牙利1.39亿美元、巴拿马1.35亿美元、波兰1.26亿美元、沙特阿拉伯1.20亿美元。对以上主要出口市场出口额合计121.16亿美元，占出口总额的87.00%。

进口总额 进口总额87.04亿美元，比上年的83.15

亿美元增长4.68%。

进口商品结构 初级产品进口额10.08亿美元，占进口总额的11.58%；工业制成品进口额76.95亿美元，占进口总额的88.42%。

进口额1亿美元以上商品情况表

金额分类	商品名称	进口金额（亿美元）	占进口总额（%）
2亿美元以上（6种）	初级形状的塑料、彩色数据/图形显示管、钢材、自动数据处理设备的零件、集成电路及微电子组件、牛皮革及马皮革	20.05	23.04
1亿美元~2亿美元（12种）	自动数据处理设备及其部件、钢坯及粗锻件、航空器零件、纺织机械、饲料用鱼粉、合成纤维长丝机织物、合成纤维线、铝、计量检测分析自控仪器及器具、对笨二甲酸、通断及保护电路装置、涂覆浸渍塑料的织物	17.90	20.57
合　计	**18种**	**37.95**	**43.61**

进口商品市场 进口商品来自102个国家和地区。主要进口市场：台湾省24.89亿美元、日本12.85亿美元、韩国9.44亿美元、美国8.08亿美元、香港2.61亿元、马来西亚3.14亿美元、德国2.56亿美元、英国1.91亿美元、俄罗斯1.84亿美元、新加坡1.56亿美元、泰国1.46亿美元、印度尼西亚1.26亿美元、瑞士1.07亿美元、意大利1.03亿美元、菲律宾1.02亿美元。从以上主要市场进口的商品金额合计74.72亿美元，占进口总额的85.84%。

技术进出口 技术进出口总额1.17亿美元，比上年的1.27亿美元下降7.87%。其中，签订引进技术和进口设备合同79项，合同金额4700万美元，比上年的2 919.03万美元增长61.01%；签订技术出口合同54项，金额7 026万美元，比上年的9 786.15万美元下降28.20%。

技术进口 引进技术和进口设备来自英国、日本、德国、香港、台湾省等国家和地区。主要涉及邮电、食品、电子、汽车、机械等行业的生产技术与设备。

技术出口 主要出口日本和德国，涉及计算机软件及船舶成套设备等。

【利用外资】

2001年利用外资情况表

利用外资方式	批准签订的合同			实际利用外资	
	项目数（个）	外资金额（万美元）	金额比上年增长（%）	金额（万美元）	金额比上年增长（%）
外商直接投资	1 670	500 717	16.08	391 804	3.00
合资企业	260	100 566	96.26	74 092	-0.61
合作企业	14	9 592	-3.80	7 248	-45.35
外资企业	1 395	388 661	5.00	309 068	6.08
股份制企业	1	1 898	—	1 396	15.37
合　计	**1 670**	**500 717**	**16.08**	**391 804**	**3.00**

外商直接投资行业 在外商直接投资项目中，生产型项目1 406个，非生产型项目264个。按行业分，农林牧渔业102项，采掘业18项，制造业1272项，电力、煤气及水的生产和供应业14项，建筑业5项，交通、运输、仓储

业15项，批发和零售贸易、餐饮业34项，房地产业88项，社会服务业102项，卫生体育2项，科学研究和技术服务业4项，其他行业14项。

外商直接投资来源 投资者来自港、澳、台、东南亚和欧美日等国家和地区。其中香港627项、合同外资金额21.78亿美元，台湾省499项、10.78亿美元，英属维尔京群岛64项、3.31亿美元，美国88项、2.21亿美元，菲律宾61项、1.53亿美元，开曼群岛9项、1.68亿美元，新加坡53项、1.22亿美元，英国5项、8 841万美元，日本79项、8 485万美元，澳门33项、5 179万美元，马来西亚23项、1 344万美元。

外商直接投资企业生产经营情况 2001年新开业投产的外商投资企业共783家。截止2001年底，全省累计已开业投产的外商投资企业16 664家，2001年实现工业产值1 769.27亿元，比上年增长14.98%，占全省乡及乡以上工业产值的61.80%；出口82.88亿美元，比上年增长9.10%，占全省出口总额的59.49%。

【对外经济合作】

承包工程和劳务合作 签订对外承包工程和劳务合作合同2 537项，合同金额5.75亿美元，比上年的4.21亿美元增长36.58%。完成营业额4.98亿美元，比上年的4.49亿美元增长10.91%。当年派出劳务人数3.42万人次，年末在外劳务人数5.97万人。劳务人员分布在新加坡、澳门、香港、以色利、塞班、柬埔寨、博茨瓦纳、毛里求斯、格鲁吉亚等79个国家和地区。主要对外承包工程项目有阿联酋地质勘探、新加坡住宅建筑、香港地产建筑、亚洲银行招标的菲律宾公路项目等。

对外经济技术援助 承担对外经济技术援助项目3个，包括多哥议会大厦技术合作、福建省联合国南南合作示范基地承担的食用菌培训和福建农林大学承担的菌草培训等。

接受经济援助 接受来自联合国有关组织的援助项目2个，主要是加纳农业培训和由福建省南南合作示范基地承担的远程教育项目。

对外投资 新批准在缅甸、美国、新加坡、澳大利亚、马来西亚、以色列、越南、德国、古巴、埃及、印度尼西亚等地举办投资项目20项，中方投资1 043万美元。其中生产型13项、加工贸易型4项、劳务管理型2项、进出口贸易型1项。

【其他】

经济技术开发区 福建省经国务院批准的国家级经济技术开发区有福州经济技术开发区、福清融侨经济技术开发区和东山经济技术开发区等。其中东山经济技术开发区继续加强基础设施建设，新投资350多万元用于区内道路、平整土地和绿化环境等项目建设。开发区重点开发食品加工、金属塑料制品、水产品、玩具、防护用品等项目。2001年新批外商投资项目12项，合同外资金额5 213万美元，外商实际到资3 585万美元；全区进出口贸易4 130万美元，其中出口2 600万美元，进口1 530万美元。

对外经贸洽谈会 第五届中国投资贸易洽谈会（简称“9.8”投洽会），于2001年9月8日在厦门市举行。本届洽谈会由外经贸部主办、福建省人民政府和厦门市人民政府共同承办，全国各省、市、自治区及国家有关部委、经济团体等44个成员单位组团参加。洽谈会共接待来自港澳台、东南亚、欧美、日本、韩国、澳大利亚、新西兰等97个国家和地区的境外客商8 950多人。共签订外商投资合同项目1 027项，利用外资47.98亿美元；外贸进出口成交7.5亿美元，其中出口成交6.45亿美元，进口成交1.06亿美元。福建省共签订外商投资合同项目619项，利用外资22.33亿美元；外贸出口成交1.85亿美元。

港口运输 沿海主要港口货物吞吐量8 250万吨，比上年增长18.80%。全年进出口货运总量3 306.67万吨，比上年的2 791万吨增长18.48%。其中出口货运量1 852.65万吨，进口货运量1 454.02万吨。主要运输方式为海运。

涉外旅游 全年接待观光、探亲访友以及洽谈投资贸易的各类海外人士163.48万人次，比上年的161.33万人次增长1.33%。其中外国人46.52万人次，比上年的42.89万人次增长8.46%；港澳同胞58.55万人次，比上年的56.80万人次增长3.08%；台湾同胞49.42万人次，比上年的47.79万人次增长3.41%。

2001年厦门市对外经济贸易

厦门市贸易发展局

厦门市贸易发展局局长 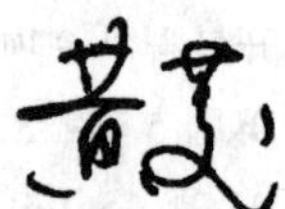

黄菱 生于1957年。大学学历。1992年起任厦门市对外经济贸易委员会主任助理、副主任。1995年4月任厦门市对外经济贸易委员会（1996年底改为厦门市贸易发展委员会，2001年又改称厦门市贸易发展局）主任兼党组书记、厦门保税区管委会副主任、中国国际贸易促进委员会厦门分会会长、厦门市外资委党组书记。

【对外贸易】

进出口总额 2001年福建省厦门市进出口总额110.79亿美元，比上年的100.49亿美元增长10.24%。

出口总额 出口总额65.05亿美元，比上年的58.79亿美元增长10.63%，占全市国内生产总值556.39亿元（相当于67.22亿美元）的96.77%占全省出口额的46.71%。

出口商品结构 初级产品出口额41 732万美元，占出口总额的6.42%；工业制成品出口额608 761万美元，占出口总额的93.58%。

出口额1 000万美元以上商品情况表

金额分类	商品名称	出口金额（万美元）	占出口总额（%）
3 000万美元以上（43种）	花岗岩碑石或建筑用石及其制品、飞机及直升机的零件、微型数字式自动数据处理机、塑料制小雕塑品及其他装饰品、电热烤面包器、橡胶或塑料制外底及鞋面的运动鞋靴、塑料或纺织材料作面的提箱、小手袋、运动或户外游戏用设备、游泳池、橡、塑或革外底，皮革制鞋面的运动鞋靴、坐具、橡、塑或再生皮革外底、皮革鞋面的鞋靴、非幻灯片用彩色摄影胶卷、未列名塑料制品、未列名橡胶或塑料制外底及鞋面的鞋靴、电熨斗、热阴极荧光灯、收录（放）音组合机、太阳镜、健身及康复器械、制作或保藏的（河）鳗鱼等	324 810	49.93
2 000万美元～3 000万美元（23种）	合成纤维制针织或钩编的女式便服套装、彩色胶卷，16mm＜宽≤35mm，长＞30、合成纤维制针织或钩编的男式便服套装、未列名电热器具、继电器，V≤60V、电咖啡壶或茶壶、圣诞节用品、激光唱机、彩色电视机，屏幕尺寸＞52cm、成套餐匙、餐叉、勺等厨房或餐桌、合成纤维制针织或钩编的男裤、合成纤维制针织或钩编的男式上衣、皮革、再生皮革或漆皮作面的提箱等	55 350	8.51

出口额1 000万美元以上商品情况表（续）

金额分类	商品名称	出口金额（万美元）	占出口总额（%）
1 000万美元～2 000万美元（62种）	柴油机客车，座位≥30、显示器、神香及室内通过燃烧散发香气的制品、20英尺集装箱、合成纤维制针织或钩编的女式上衣、芦笋罐头、未列名木制品、冷冻豆类蔬菜、磁性或光学阅读机、数据转录及处理、助听器，不包括零件、附件、供运输或包装货物用的乙烯聚合物制袋、耳机、耳塞及头戴送受话器等	85 029	13.07
合 计	**128种**	**465 189**	**71.51**

主要出口市场情况表

国别（地区）	出口金额（万美元）	占出口总额（%）
美 国	158 633	24.39
日 本	127 265	19.56
香 港	69 618	10.70
台湾省	19 642	3.02
德 国	19 486	3.00
新加坡	18 028	2.77
英 国	17 525	2.69
加拿大	12 783	1.97

主要出口市场情况表（续）

国别（地区）	出口金额（万美元）	占出口总额（%）
韩 国	12 461	1.92
澳大利亚	12 204	1.88
合 计	**467645**	**71.89**

进口总额 进口总额45.74亿美元，比上年的41.70亿美元增长9.69%。

进口商品结构 初级产品进口额31257万美元，占进口总额的6.83%；工业制成品进口额426124万美元，占进口总额的93.17%。

进口额1 000万美元以上商品情况表

金额分类	商品名称	进口金额（万美元）	占进口总额（%）
3 000万美元以上（24种）	8471所列机器的零件、附件、飞机及直升机的零件、未列名具有独立功能的机器及机械器具、对苯二甲酸、原状或粗加修整的花岗岩、计算机硬盘驱动器、混合集成电路、空载重量>45000公斤的飞机等航空器、1，2-乙二醇、初级形状的聚乙烯，比重在0.94及以上、初级形状的聚乙烯，比重小于0.94、未锻轧的铝合金、纯铝制矩形的中厚板、片及带、主频450MHz及以上CPU芯片等	159 561	34.89
2 000万美元～3 000万美元（15种）	0.18<线宽≤.35μm集成电路、氨气提法CO2气提塔等、蜡油、光盘驱动器、5-7号燃料油、聚酯变形长丝≥85%未漂或漂白的布、车用柴油机，P≥132.39kw（180hp）、普通钢铁的半制成品，C<0.25%、航空、航天器喷气发动机，涡轮喷气机、原状或粗加修整的大理石及石灰华、邻苯二甲酸二辛酯等	38 304	8.37
1 000万美元～2 000万美元（50种）	用锯或其他方法切割成矩形的大理石、尼龙等聚酰胺长丝≥85%的染色布、饲料用鱼粉、塑料或橡胶用注模或压模、传真机、初级形状的酚醛树脂、初级形状热塑丁苯橡胶、8427所列机械的零件、涡轮喷气发动机、四层以上的印刷电路、半漂白或漂白非针叶木烧碱木浆或硫酸盐、装有液晶装置或发光二极管的显示板、光敏半导体器件、发光二极管等	67 649	14.79
合 计	**89种**	**265 514**	**58.05**

主要进口市场情况表

国别（地区）	进口额（万美元）	占进口总额（%）
台湾省	107327	23.47
日　本	69 854	15.27
美　国	51 432	11.25
韩　国	39 755	8.69
马来西亚	18 846	4.12
香　港	16 998	3.72

主要进口市场情况表（续）

国别（地区）	进口额（万美元）	占进口总额（%）
德　国	14 983	3.28
英　国	14 904	3.26
新加坡	11 739	2.57
俄罗斯	8 798	1.92
合　计	**354 636**	**77.54**

【利用外资】

2001 年利用外资情况表

利用外资方式	批准签订的合同			实际利用外资	
	项目数（个）	外资金额（万美元）	金额比上年增长（%）	金　额（万美元）	金额比上年增长（%）
外商直接投资	343	120 342	19.86	82 521	-20.00
合资企业	56	34 663	141.34	18 620	-49.62
合作企业	4	997	-1.19	2 051	-55.36
外资企业	283	84 682	-0.41	61 850	0.41

外商直接投资行业　外商直接投资项目中，生产型项目 261 个，非生产型项目数 82 个。按行业分：农林牧渔业 9 项，制造业 252 项，建筑业 1 项，交通运输、仓储及邮电通信业 14 项，批发和零售贸易、餐饮业 10 项，房地产业 13 项，社会服务业 40 项，卫生、体育和社会福利业 1 项，科学研究和综合技术服务业 2 项，其他行业 1 项。

外商直接投资来源　共有 29 个国家（地区）的外商到厦门投资办厂，分别来自香港、台湾省、美国、新加坡、日本、菲律宾、德国、马来西亚、澳门、英属维尔京群岛、开曼群岛、萨摩亚、澳大利亚、韩国、泰国、印度尼西亚、法国、加拿大、毛里求斯、丹麦、新西兰、奥地利、伯利兹、希腊、巴拿马、以色列、印度、匈牙利、挪威。其中印度、挪威等 6 个国家的外商首次来厦投资，是历年投资来源区域最多的一年，也是一年中新增投资国别最多的一年。投资额居前 5 位的是：台湾省 153 项，合同金额 29 069 万美元；香港 67 项，金额 28 327 万美元；英属维尔京群岛 25 项，金额 15 538 万美元；美国 21 项，金额 4 979 万美元；新加坡 14 项，金额 4 152 万美元。

【对外经济合作】

承包工程和劳务合作　签订对外承包工程和劳务合作合同项目 148 个，金额 14 974 万美元，比上年的 6 054 万美元增长 147.34%；完成营业额 7 115 万美元，比上年的 7 273 万美元下降 2.17%；当年派出劳务人员数 4 676 人，年末在外人数 9 820 人。派往的主要国家和地区：新加坡、以色列、香港、台湾省、澳门、柬埔寨、越南、毛里求斯、德国、密克罗尼西亚、尼加拉瓜等。

对外投资　2001 年在海外举办企业（非贸易性企业）的项目数 1 个，即：太平洋华龙远洋渔业有限公司，中方投资金额 37.8 万美元，投资国新西兰。

【其他】

保税区　象屿保税区经营环境进一步改善，企业业务迅速拓展，区域经济快速增长。全区工业生产总值达到 2.53 亿元，比上年增长 58.39%；进出境货值达 5.08 亿美元，比上年增长 149.21%；专用码头集装箱吞吐量 26 万 TEU，比上年增长 63%。

对外经贸洽谈会　第五届“厦门对台出口商品交易会”暨“海峡两岸（机械电子）商品交易会”，于 2001 年 4 月 12—15 日在厦门举办。本届“台交会”与会的国家和地区共有 65 个，展位数接近 1 270 个国际标准展位，超过历届“台交会”展位规模，其中来自台湾本岛展位400多个，是祖国大陆迄今为止台湾企业参展规模最大的展览会。“台交会”期间到会客商6 000多人，其中境外客商超过2 600人，台湾客商3 500多人。共签订各类贸易合同协议4.2亿美元，其中两岸间贸易1.85亿美元，内贸订货协议金额超过3亿元人民币。

港口运输 厦门市已有港区7个、生产性泊位77个，并拥有相应配套的装卸机械设备和库场，其中，万吨以上泊位有18个，集装箱专用泊位7个。厦门港货物吞吐量2 098.91万吨，其中出口量905.20万吨，进口量1 193.71万吨，集装箱吞吐量129.32万标箱，比上年分别增长6.8%、11.87%、3.25%和19.23%。位居全国第六位，并列入世界集装箱50大港口之一。

涉外旅游 接待境外游客442 332人次，其中：外国人219 740人次，港澳同胞57 138人次，台湾同胞165 454人次。旅游创汇3.11亿美元，比上年增长3.67%。

2001年福州市对外经济贸易

福州市对外贸易经济合作局

福州市对外贸易经济合作局局长 张献勇

张献勇 生于1956年3月。厦门大学哲学系毕业，中共党员。1999年任福州市对外经济贸易委员会副主任。2002年2月任福州市对外贸易经济合作局局长。

【对外贸易】

进出口总额 2001年福建省福州市进出口总额537 892万美元，比上年的507 664万美元增长5.95%。

出口总额 出口总额299 856万美元，比上年的271 658万美元增长10.38%，占福州市国内生产总值的29.63%，占全省出口总值的21.53%。

出口商品结构 初级产品出口额15 333万美元，占出口总额的5.11%；工业制成品出口额284 522万美元，占出口总额的94.89%。

出口商品21类，1 742多种。其中主要出口商品有机电设备73 373万美元、箱包鞋帽50 229万美元、纺织服装23 173万美元、光学仪器7 957万美元、粮油水产6 318万美元、钟表1 737万美元、五金矿产1 273万美元、工艺陶瓷993万美元。以上主要商品的出口额共计165 053万美元，占出口总额55.04%。

出口商品市场 出口商品销往173个国家和地区。

主要出口市场情况表

国别（地区）	出口金额（万美元）	占出口总额（%）
美国	83 462	27.83
日本	47 327	15.78
香港	30 714	10.24
德国	22 180	7.40
荷兰	16 662	5.56
台湾省	8 106	2.70
合计	**208 451**	**69.51**

进口总额 进口总额238 036万美元，比上年的237 319万美元增长0.3%。

进口商品结构 主要进口商品有机电设备102 794万美元、塑料制品21 879万美元、光学仪器18 321万美元、钢铁制品16 992万美元、粮油食品12 780万美元、矿产品 12 442 万元、纺织品 12 343 万美元、化工原料 9 130 万美元。以上主要商品的进口额共计 206 681 万美元，占进口总额 86.83%。

进口商品市场 进口商品主要来自美国、台湾省、韩国、香港、日本、意大利、德国、马来西亚等国家和地区。

技术进口 签订引进设备及备品配件合同 1 250 项，合同金额 4.54 亿美元。引进技术设备主要来自美国、日本、台湾省、香港、德国、意大利等国家和地区。引进项目主要分布在机械设备、信息技术、光电技术、电信设备及其他备品配件。

【利用外资】

概况 签订外商投资企业合同 319 项，比上年的 295 项增长 8%。合同外资 103 264 万美元，比上年的 95 479 万美元增长 8.15%。其中，合资企业 74 项，合同外资金额 21 518万美元；合作企业 3 项，1 944 万美元；外资企业 242 项，79 802 万美元。实际利用外资 100 198 万美元，比上年的 80 087 万美元增长 25.11%。

外商直接投资行业 外商直接投资的 379 个项目中，制造业 29 项，金额 47 019 万美元；农牧业 10 项，4 737 万美元；建筑业 3 项，996 万美元；采掘业 3 项，268 万美元；科学研究 2 项，3 000 万美元；房地产业 23 项，17 896万美元；批发零售 9 项，500 万美元；社会服务 31 项，382 万美元；交通运输 1 项，1 446 万美元；其他行业 8 项，23 510 万美元。其中生产型、出口创汇型项目占 95%。

外商直接投资来源 投资者主要来自香港、澳门、台湾省、老挝、日本、菲律宾、马来西亚、新加坡、印度尼西亚、韩国、苏丹、毛里求斯、南非、匈牙利、芬兰、瑞典、阿根廷、英属维尔京群岛、开曼群岛、加拿大、美国、百慕大、澳大利亚、萨摩亚等 26 个国家和地区。其中香港 109 项，金额 38 678 万美元；台湾省 91 项，19 290 万美元；美国 18 项，6 586 万美元；日本 27 项，2 747 万美元。

外商直接投资企业生产经营情况 全年有 125 家外商投资企业投产，截至 2001 年底已开业投产的外商投资企业 3 212 家，2001 年工业产值 550 亿元人民币，占福州市同期规模以上工业总产值的 71%；出口创汇 251 229 万美元，比上年 235 038 万美元增长 6.86%，占全市出口总额的 83.78%。

【对外经济技术合作】

签订对外承包合同和劳务合作合同 456 个，金额 5 684 万美元，比上年减少 22.3%；营业额 5 850 万美元，比上年减少 4.9%；年末在外劳务人员 7 261 人。主要派往台湾省、澳门、新加坡、香港、也门、日本、孟加拉国、印度尼西亚、马来西亚、越南、柬埔寨、以色列、缅甸、泰国、毛里求斯、莱索托、俄罗斯、希腊、罗马尼亚、加拿大、牙买加、阿根廷、马达加斯加、斐济、巴布亚新几内亚等国家和地区。主要从事渔工、海员、建筑、制衣、机械、针织、电子、餐饮等业务。

【其他】

福州经济技术开发区 福州经济技术开发区是集国家级经济技术开发区、保税区、台商投资区、高科技园区和地方行政区于一体的多功能区。2001 年获得国家环保总局、华厦认证中心颁发的 ISO 环境管理体系证书和国际通用的 VKAS 认证证书，引入国际通用的环境管理体系标准，提高综合管理水平。向可持续发展迈进。开发区通过洽谈会、多媒体、互联网等多渠道开展招商活动，招商引资力度加大，水平提高。2001 年新批外商投资企业 40 项，总投资 24 334 万美元，合同外资 14 949 万美元，实际利用外资 18 753 万美元，外贸出口 46 034 万美元，实现工业产值 143.8 亿元。

融侨开发区、元洪投资区 素有侨乡之称的福清市已形成以融侨开发区、元洪投资区和“江阴半岛”为龙头，以福厦、福北、大真 3 条国道为走廊的开放格局。上述两区 2001 年新批外商投资项目 26 项，合同外资 7 454 万美元，实际利用外资 11 365 万美元，历年累计批准外商投资项目 342 项，合同外资 198 510 万美元，实际利用外资 153 603 万美元。2001 年外商投资企业出口 100 563 万美元。

福州海峡两岸农业合作试验区 实验区成立以来，共引进农业外资项目 293 项，合同外资 4.69 亿美元，实际利用外资 1.42 亿美元。试验区加强了对台农业合作与交流，累计引进台湾瓜果、蔬菜、花卉、水产、畜禽、食用菌等农业良种 200 多种、种养加工技术 300 多项，各种先进设备 600 多台套等。

对外经贸洽谈会 2001 年 5 月在福州举办的中国福州国际招商月、9 月福州代表团参加外经贸部在厦门举办的第三届中国投资贸易洽谈会。两会共签订外商投资项目 634 项，协议外资 35.01 亿美元，合同 358 项，合同外资 14.8 亿美元。

港口运输 福州市拥有生产性泊位 120 个，其中万吨级以上深水泊位 18 个。港口年货物吞吐量 2 959.81 万吨，其中外贸货物吞吐量 1 031.11 万吨，其中出口 804.69 万吨，进口 226.42 万吨。

涉外旅游 创“中国优秀旅游城市”品牌，精心组织黄金周假日旅游，大力推介、拓展旅游市场，鼓励多元化投资旅游业。2001 年全市共接待国内外游客 639 万人次，营业收入 108.88 亿元人民币，其中国际游客 29 万人次，创汇 2.09 亿美元。

2001年江西省对外经济贸易

江西省对外贸易经济合作厅

江西省对外贸易经济合作厅厅长

熊承忠　生于1943年11月，江西南昌人。大学文化。1968年7月参加工作。1971年2月加入中国共产党。历任江西省经济委员会副主任，中共江西省委政策研究室主任、省委副秘书长，中共九江市委书记等职。1995年8月，当选为中共江西省委委员、中共第15次全国代表大会代表。1998年2月任江西省对外贸易经济合作厅厅长、党组书记。

【对外贸易】

进出口总额　2001年江西省进出口总额15.31亿美元，比上年的16.24亿美元下降5.73%。

出口总额　出口总额10.39亿美元，比上年的11.97亿美元下降13.20%，占全省国内生产总值2 176亿元（相当于262.91亿美元）的3.95%，占全国出口额的0.39%。

出口商品结构　初级产品出口额16 655万美元，占出口总额的16.03%；工业制成品出口额87 245万美元，占出口总额的83.97%。出口主要商品171种，出口金额在100万美元以上有81种，计90 126万美元，占出口总额的86.74%。

出口额500万美元以上商品情况表

金额分类	商品名称	出口金额（万美元）	占出口总额（%）
5 000万美元以上（3种）	服装、大米、棉布	42 086	40.51
1 000万美元～5 000万美元（16种）	金属制品、电子产品、机械设备、仪器仪表、茶叶、苎麻布、活猪、烟花爆竹、瓷器、手工艺品、运输工具、纸及纸板、塑料制品、棉花、家具、抗菌素	31 754	30.56
500万美元～1 000万美元（14种）	木制品、氟石、灯具、松香、钢坯、丝绸、合成织物、汽车零件、医用敷料、仲钨酸铵、人造花、皮革手套、皮面鞋、玩具	13 125	12.63
合　计	**33种**	**86 965**	**83.70**

出口商品市场　出口商品销往157个国家和地区。出口金额在100万美元以上的有55个国家和地区，计98 579万美元，占出口总额的94.88%。

主要出口市场情况表

国别（地区）	出口金额（万美元）	占出口总额（%）
美　国	13088	21.21
香　港	12 708	20.60
日　本	11 222	18.17
科特迪瓦	5 840	9.47
韩　国	4 530	7.34
荷　兰	3 173	5.14
阿联酋	3 087	5.01
德　国	2 981	4.83
新加坡	2 577	4.18
巴拿马	2 498	4.05
合　计	**61 704**	**59.39**

进口总额　进口总额 49 190 万美元，比上年的 42 664 万美元增长 15.30%。

进口商品结构　初级产品进口额 16 828 万美元，占进口总额的 34.21%；工业制成品进口额 32 362 万美元，占进口总额的 65.79%。进口主要商品 145 种，进口金额在 100 万美元以上的商品有 58 种，计 43051 万美元，占进口总额的 87.52%。

进口额500万美元以上商品情况表

金额分类	商品名称	进口金额（万美元）	占进口总额（%）
1 000 万美元以上（9 种）	铜矿沙、纺织机械、铁矿沙、电器及电子产品、塑料原料及制品、金属制品、锰矿沙、仪器仪表、汽车零部件	23 493	47.76
500 万美元～1 000 万美元（16 种）	合成纤维物、电子技术、纸及纸浆、集成电路组件、医疗器械、成品油、钢材、金属加工机床、计算机及通讯技术、生命科学产品、聚丙烯、棉织品、聚乙烯、棉机织物、电线电缆、废钢	12 709	25.84
合　计	**25 种**	**36 202**	**73.60**

进口商品市场　进口商品来自 56 个国家和地区。进口金额在 100 万美元以上的有 34 个国家和地区，48 410 万美元，占进口总额的 98.41%。

主要进口市场情况表

国别（地区）	进口金额（万美元）	占进口总额（%）
日　本	10 672	27.92
美　国	5 039	13.18
智　利	4 524	11.84
德　国	4 072	10.65
香　港	3 652	9.56
台湾省	3 174	8.30
加拿大	1 959	5.13
澳大利亚	1 776	4.65
秘　鲁	1 764	4.62
英　国	1 586	4.15
合　计	**38 218**	**77.69**

技术进出口　技术进出口总额 4 314 万美元，签订引进技术和进口设备合同项目 32 个，比上年增加 5 个；合同金额 1 968 万美元，比上年的 3 707 万美元下降 46.91%。签订高新技术出口合同金额 2 347 万美元，比上年的 1 800 万美元增长 30.38%。

技术进口　引进技术和设备进口主要来自意大利、香港、芬兰、美国、澳大利亚、日本等 6 个国家和地区。引进项目的主要行业、项数及金额是：汽车 9 项，879 万美元；邮电通信 5 项，598 万美元；冶金 5 项，364 万美元；医药卫生 1 项，30 万美元；仪器仪表 4 项，29 万美元。上述 24 个引进项目全部投产，经济效益较好。

技术出口　高新技术出口的主要产品有：生命技术 1 487 万美元、计算机及通信技术 208 万美元、电子技术 91 万美元。高新技术出口到 78 个国家和地区，主要出口国别和地区是：美国 574 万美元、印度尼西亚 206 万美元、巴基斯坦 195 万美元、芬兰 120 万美元、印度 118 万美元、韩国 118 万美元、香港 111 万美元、加拿大 110 万美元。

【利用外资】

2001年利用外资情况表

利用外资方式	批准签订的合同			实际利用外资	
	项目数（个）	外资金额（万美元）	金额比上年增长（%）	金额（万美元）	金额比上年增长（%）
对外借款	—	—	—	14 460	45.08
外商直接投资	308	52 660	98.88	39 575	74.16
合资企业	117	15 433	59.27	20 104	104.77
合作企业	12	3 479	-7.20	1 426	-35.18
外资企业	179	33 748	158.82	18 045	68.55
外商其他投资	1	11	-87.78	11	-87.78
加工贸易	1	11	-87.78	11	-87.78
合　计	**309**	**52 671**	**98.25**	**54 046**	**64.87**

外商直接投资行业　外商直接投资项目中，生产型211项，占68.51%；非生产型97项，占31.94%。

外商直接投资行业情况表

行　　业	项目数（个）	合同外资（万美元）	占合同外资总额（%）
农、林、牧、渔业	15	2 370	4.50
采掘业	4	386	0.73
制造业	179	21 924	41.63
电力、煤气及供水业	4	1 669	3.17
建筑业	9	1 602	3.05
交通运输、仓储及通信业	2	166	0.32
批发和零售、饮食业	8	1 091	2.07
房地产业	42	13 156	24.98
社会服务业	39	8 627	16.38
卫生、体育和社会福利业	1	40	0.08
教育、文化艺术及广电业	2	612	1.16
其他行业	3	1 017	1.93
合　计	**308**	**52 660**	**100.00**

外商直接投资来源　外商直接投资来自37个国家和地区。投资额居前6位的是：香港20 470万美元，占利用外商直接投资总额的51.72%；台湾省5 302万美元，占13.40%；美国2 523万美元，占6.38%；日本1 299万美元，占3.28%；新加坡1 213万美元，占3.07%；哥伦比亚1 176万美元，占2.97%。前6位的国家和地区投资总额为31 983万美元，占全年利用外商直接投资的80.82%。

外商直接投资企业生产经营情况　全省有96家外商投资企业投产开业。截至2001年底，全省累计批准外商投资企业5 525家，其中投产的1 601家。外商投资企业

2001年出口创汇11 232万美元，比上年的16 298万美元减少31.08%，占全省出口总额的比重为10.81%。1 118家外商投资企业年实现销售（营业）收入178.70亿元，其中营业收入3.94亿元，缴纳税金11.13亿元，利润7 258万元，从业人员12.59万人，其中外籍人员1 406人。

【对外经济合作】

承包工程和劳务合作 签订承包工程和劳务合作合同项目144个，比上年减少24项；合同金额8 398万美元，比上年的9 503万美元下降11.63%；完成营业额13 335万美元，比上年的10 528万美元增长26.66%；当年派出劳务人员2 435人，年末在外人数6 640人，比上年减少232人。劳务人员派往48个国家和地区，主要国家和地区是：日本、新加坡、塞班、马来西亚、马里、台湾省、斯里兰卡、津巴布韦、尼泊尔、博茨瓦纳、沙特阿拉伯等。承包工程的主要国别及项目有：马来西亚FACB公司房屋建筑项目2 400万美元、马里房屋建筑项目1 737万美元、马里体育场项目1 290万美元、斯里兰卡瓦拉威项目1 174万美元、津巴布韦供水项目995万美元。

接受经济援助 接受国际经济援助及双边援助项目8个，比上年增加3个；金额1 028万美元，比上年的207万美元增长396.62%。已执行完毕的有澳大利亚援助城市下岗女工技能培训项目、澳大利亚援助灾区中小学课桌板凳配备项目，计8万美元；正在执行的有德国技术援助山区可持续发展项目（第二期）、德国技术援助南昌大学中德食品工程项目和日本援助粮食增产项目（第二轮），计635万美元；已签协议但尚未执行的有日本援助井冈山市古城中学综合楼建设项目、欧盟技术援助中小企业项目、日本援助吉安县永和镇锦源村水渠修建项目，计385万美元。

【其他】

高新技术产业开发区 国家级南昌高新技术产业开发区，经济总量和经济效益再创新高。全年完成技工贸总收入81.10亿元，比上年增长12.17%；工业总产值71亿元，增长10.85%；实现利税12亿元，增长2.92%；出口创汇1 084万美元，增长31.39%；实际利用外资1 774万美元，增长52.12%；利用内资7.71亿元，增长185.79%。

高新区总面积由规划初的19.5平方公里，增加到33平方公里，并成功引进了香港（江西）科技工业园、江西医药港项目等重大投资项目。全年新批进区企业145家，其中新开工的项目15项，预计可实现销售收入3.4亿元。截至2001年底，高新区累计完成基础设施建设投入15亿元，区内企业总数达550家，其中高新技术企业166家，技工贸收入超千万元的企业有30家，到区内投资的上市公司9家。

经济技术开发区 国家级南昌经济技术开发区，实际利用外资1 016万美元，比上年增长305%；利用内资1.88亿元，增长86.12%，财政收入首次突破亿元大关，增长92%。开发区全年引进落户项目32项，已开工26项，其中包括清华科技园、煤炭科技园、电力科技园、国际汽车城等一批大型投资项目。

开发区基础设施建设不断完善，105国道、320国道、316国道交汇于开发区，昌九、昌樟高速公路横贯开发区；京九铁路在开发区建有客运、货运站，昌北机场距开发区仅15分钟车程。开发区规划面积9.8平方公里，区内基本实现了“五通一平”。开发区积极培植家电、建材、食品、制药、汽车配件等五大支柱产业，致力于发展高新技术产业，分步实施临江商贸金融住宅区和森林公园风景旅游娱乐区的开发建设，发展教育、文化、卫生、体育、金融、证券、保险等事业。

对外经贸洽谈会 2001年7月10日在上海成功举办了'2001江西招商引资项目推荐会，江西省党政主要领导参加了会议。来自美国、日本、英国、德国、澳大利亚、意大利、荷兰、新加坡、韩国、马来西亚、菲律宾以及港澳台等20个国家和地区近400位客商到会，签订利用外资合同157项，合同外资额7.86亿美元，涉及工业、农业、基础设施、教育、卫生等领域，其中工业项目占50%以上。此外，分别参加了华交会、广交会、厦门中国投资贸易洽谈会、深圳中国国际高新技术成果交易会以及德国科隆、荷兰鹿特丹、日本神户、俄罗斯莫斯科和中东迪拜国际博览会，共签订利用外资合同35项，合同外资额9 269万美元，成交出口商品额4.33亿美元，占全年出口总额的41.67%

港口运输 九江港有22个泊位，港口年吞吐能力833万吨，2001年完成货物吞吐总量578万吨，比上年增长0.17%，其中外贸进出口货物吞吐量8.85万吨（出口量5.94万吨，下降11.40%；进口量2.91万吨，增长11.97%），比上年下降4.87%，2001年江西省外贸运输货物总量145.26万吨，比上年增长1.38%，其中出口量130.22万吨，下降3.73%；进口量15.04万吨增长160%。按运输方式分，海运量127.96万吨，增长3%；空运量338吨，增长117.05%；陆运量17.26万吨，增长79.79%。

涉外旅游 接待旅游、参观、访问及从事各项交流活动的外国人、海外侨胞和港澳台同胞19.63万人次，比上年的16.30万人次增加20.43%；旅游外汇收入7 031万美元，比上年的6 234万美元增长12.78%。

2001年山东省对外经济贸易

山东省对外贸易经济合作厅

山东省对外贸易经济合作厅厅长 王春涛

王春涛 生于1944年12月，山东寿光人。大学文化。中共党员。历任山东省煤炭管理局副局长、山东省经委副主任、山东省外经贸委副主任、山东省外经贸系统党委书记、山东省外经贸委主任等职。2000年3月任山东省对外贸易经济合作厅厅长、党组书记。

【对外贸易】

进出口总额 2001年山东省进出口总额为289.6亿美元，比上年的249.9亿美元增长15.9%。

出口总额 出口总额181.3亿美元，比上年的155.3亿美元增长16.7%，占全省国内生产总值9 438.3亿元人民币（相当于1 138.5亿美元）的15.9%，占全国出口总额的6.8%，居全国第五位。

出口商品结构 初级产品出口额43.0亿美元，占出口总额的23.7%；工业制成品出口额138.3亿美元，占出口总额的76.3%。

二十类大宗商品出口情况表

商品名称	出口金额（万美元）	占出口总额（%）	同比增减（%）
服装	298 842	16.5	9.6
纺织品	217 931	12.0	10.0
水产品	132 772	7.3	32.3
电器及电子产品	122 850	7.1	23.0
机械及设备	110 445	6.1	35.2
鞋类	79 899	4.4	16.3
运输工具	62 619	3.5	1.8
煤炭	60 252	3.3	48.1
肉食品	59 778	3.3	28.8
冻鸡	27 628	1.5	18.5
蔬菜	56 010	3.1	26.5
钢铁	55 866	3.1	-13.2
箱包	36 022	1.9	9.7

二十类大宗商品出口情况表（续）

商品名称	出口金额（万美元）	占出口总额（%）	同比增减（%）
塑料制品	26 550	1.5	21.1
玩具	25 216	1.4	-1.8
轮胎	21 799	1.2	21.5
油籽子仁	20 191	1.1	17.3
花生仁	14 326	0.8	16.3
家具	19 910	1.1	31.9
生皮及皮革	16 434	0.9	66.6
医药品	16 297	0.9	28.2
谷物及谷物粉	11 381	0.6	13.8
合　计	**1 451 064**	**82.6**	**16.8**

出口商品市场　出口商品销往189个国家和地区。

出口市场情况表

国别（地区）	出口金额（万美元）	比上年增减（%）	所占比重（%）
亚洲	1 059 928	15.3	58.5
香港	91 872	13.0	5.1
日本	519 357	19.0	28.6
韩国	258 550	13.8	14.3
东南亚	88 287	3.4	4.9
南亚	20 434	15.2	1.1
中近东	57 779	30.6	3.2
非洲	38 884	33.5	2.1
南非	6 118	2.8	0.3
欧洲	301 408	24.5	16.6
欧盟	249 455	21.9	13.7
英国	41 435	38.2	2.3
德国	55 312	6.1	3.1
法国	18 779	19.3	1.0
意大利	25 924	22.2	1.4
独联体及东欧	37 476	42.0	2.1
南美洲	38 017	32.3	2.1
北美洲	351 167	12.6	19.4
美国	323 270	11.5	17.8
大洋洲	23 533	10.0	1.3
澳大利亚	20 341	9.5	1.1
合　计	**1 812 937**	**16.7**	**100**

进口总额 进口总额108.3亿美元，比上年的94.6亿美元增长14.5%。

二十类大宗商品进口情况表

商品名称	进口金额（万美元）	占进口总额（%）	同比增减（%）
机械及设备	191 968	17.7	26.6
电器及电子产品	168 985	15.6	32.7
高新技术产品	160 242	14.8	49.8
生皮及皮革	74 778	6.9	6.3
水产品	70 203	6.5	37.7
初级形状的塑料	34 282	3.2	22.4
化学纤维短纤	32 697	3.0	-6.7
钢材	29 500	2.7	-14.1
大豆	28 980	2.7	-4.3
木浆	28 746	2.7	17.2
化学纤维长纤	25 290	2.3	-11.2
有机化学品	24 737	2.3	9.1
针织物	24 442	2.3	19.2
仪器仪表	22 949	2.1	46.2
铁矿砂	21 474	2.0	15.1
天然橡胶	15 477	1.4	24.8
矿物燃料	13 346	1.2	-2.0
原木	12 748	1.2	45.9
机织物	10 773	1.0	5.8
纸张	10 609	1.0	-22.8
合　计	**841 984**	**92.6**	**17.4**

进口商品市场 进口商品来自73个国家和地区。

进口市场情况表

国别（地区）	进口金额（万美元）	比上年增减（%）	所占比重（%）
亚洲	673 068	9.2	62.1
香港	21 709	40.1	2.0
日本	175 363	9.5	16.2
韩国	356 344	5.0	32.9
东南亚	59 885	27.2	5.5
南亚	15 179	19.8	1.4
中近东	6 107	13.2	0.6
非洲	14 651	3.8	1.4
南非	3 202	-37.7	0.3

进口市场情况表（续）

国别（地区）	进口金额（万美元）	比上年增减（%）	所占比重（%）
欧洲	180 272	30.5	16.6
欧盟	127 123	25.7	11.7
英国	14 599	37.8	1.3
德国	39 407	24.7	3.6
法国	10 657	14.5	1.0
意大利	25 523	18.1	2.4
独联体及东欧	40 719	43.1	3.8
南美洲	40 622	7.1	3.8
北美洲	143639	29.0	13.3
美国	123 475	39.8	11.4
大洋洲	31 159	10.6	2.9
澳大利亚	24 016	4.9	2.2
合 计	**1 083 411**	**14.5**	**100**

技术进出口 新技术进出口额为23.8亿美元，比上年增长38.7%。其中出口7.8亿美元，增长20.4%，占全省出口总额的4.3%；进口16亿美元，增长49.8%，占全省进口总额的14.8%。全省（不含新批外商投资企业）技术引进项目379个，合同金额9 606万美元。出口额超过5 000万美元的商品有：有线电话电报设备、计算机设备、自动数据处理设备、通讯装置、半导体元器件、电视接收机、变压器、静止交流器等。出口主要国家和地区有：韩国、美国、日本、香港等。进口主要商品有：有线电话电报设备、通讯装置、无线电话电报设备、自动化机械、计算机设备、变压器、静止式交流器、半导体元器件等。进口国家主要有：日本、美国、韩国、德国等。

【利用外资】

2001年利用外资情况表

利用外资方式	批准签订的合同			实际利用外资	
	项目数（个）	外资金额（万美元）	金额比上年增长（%）	金额（万美元）	金额比上年增长（%）
外商直接投资	3 047	672 040	32.4	362 093	21.9
合资企业	1 089	169 353	-1.02	123 154	5.0
合作企业	140	42 402	-25.2	30 572	-41.3
独资企业	1 811	452 952	62.8	199 483	58.2
股份制企业	7	7 333	36.2	8 884	22.6
外商其他投资		22 925	93.4	22 632	72.0
补偿贸易		923	28.9	628	-9.5
加工贸易		2 631	13.5	4 474	67.7
对外发行股票		3 371	-47.6	1 530	-76.2
国际租赁		16 000	572.3	16 000	376.5
合 计	**3 047**	**694 965**	**33.8**	**384 725**	**24.0**

外商直接投资行业 在外商直接投资项目中，第一产业项目 149 个，第二产业项目 2 574 个，第三产业项目 324 个。按行业划分：农林牧渔水利业 149 个；采掘业 12 个；制造业 2 512 个；建筑业 34 个；交通运输邮电业 9 个；商业餐饮业 116 个；房地产业 74 个；社会服务业 67 个；其他行业 74 个。

外商直接投资来源 主要有韩国 1251 个，合同金额 18.7 亿美元；香港 451 个，14.0 亿美元；台湾省 299 个，7.5 亿美元；美国 311 个，7.0 亿美元；日本 265 个，4.6 亿美元；英属维尔京群岛 31 个，3.2 亿元；新加坡 73 家，2.3 亿美元；加拿大 76 家，2.0 亿美元；瑞士 2 家，1.09 亿美元；英国 25 家，1.01 亿美元。

【对外经济合作】

承包工程和劳务合作 新签对外承包工程和劳务合作项目合同额 10.46 亿美元，比上年增长 69.8%，完成营业额 5.59 亿美元，增长 23.6%；当年外派劳务人员 2.06 万人次，增长 6.9%；年末在外人数 36 489 人，增长 4.17%。项目主要分布在韩国、日本、新加坡、香港等国家和地区，涉及建筑、水产、电子、渔业、服装、宾馆服务、石油工程等行业。

新获国家正式批准境外企业（机构）71 家，增资 5 家，总投资额 13 526.9 万美元，中方投资额 12 104.5 万美元。截至 2001 年底，全省共有各类境外企业（机构）624 家，总投资 5.1 亿美元，中方投资 3.9 亿美元，投资分布在 90 个国家和地区。其中非贸易企业 227 家，总投资 40 584.8 万美元，中方投资额 29 606.1 万美元；贸易企业 251 家，总投资额 8 731 万美元，中方投资额 7 302 万美元。

【其他】

经济技术开发区 全省各类经济开发区新批外商投资项目 641 个，合同外资额 24.6 亿美元，实际利用外资 13.5 亿美元，合同外资额和实际利用外资分别占全省的 35.4% 和 35.1%。在新批准外商投资项目中，1 000 万美元以上的大项目 61 个。全省经济开发区中利用外资合同金额超过 5 000 万美元的有 13 家，其中超过 1 亿美元的有 4 家。全省经济开发区实现工业总产值 1 224.5 亿元，比上年增长 43.2%；工业增加值 344.5 亿元，增长 57.9%；上缴税金 58.5 亿元，增长 54.1%；财政收入 45.5 亿元，增长 112.2%。

港口运输 对外开放口岸 29 个，当年完成货物吞吐量 17 546 万吨，其中完成外贸货物运输 10 568 万吨（进口货物运量 6 205 万吨，出口货物货运量 4 364 万吨）。

涉外旅游 接待海外游客 82.9 万人次，比上年增长 14.6%。其中外国人 59.2 万人次，香港同胞 12.9 万人次，澳门同胞 1.6 万人次，台湾同胞 9.1 万人次。实现国际旅游外汇收入 3.8 亿美元，比上年增长 21.3%。

2001 年青岛市对外经济贸易

青岛市对外贸易经济合作局

青岛市对外贸易经济合作局局长 

贾森 生于 1945 年 1 月，北京人。1966 年毕业于山东大学英语专业。曾任青岛市外办党组书记、主任等职。曾参加援建赞比亚、坦桑尼亚项目，获山东省外经贸系统劳动模范称号。

【对外贸易】

进出口总额 2001年山东省青岛市进出口总额123.58亿美元，比上年108.20亿美元增长14.21%。

出口总额 出口总额71.20亿美元，比上年的61.04亿美元增长16.64%，占全市国内生产总值1 316亿元（相当于159亿美元）的44.78%，占全省出口额的39.27%。

出口商品结构 初级产品出口额9.92亿美元，占出口总额的13.93%；工业制成品出口额61.28亿美元，占出口总额的86.07%。

出口额1 000万美元以上商品情况表（续）

金额分类	商品名称	出口金额（亿美元）	占出口总额（%）
5 000万美元以上（22种）	冻鱼片，皮革或再生皮革制的衣服，棉制针织或钩编的T恤衫、汗衫、背心，20英尺集装箱，40英尺集装箱，填充的玩具动物，健身及康复器械等	28.59	40.15
2 000万美元～5 000万美元（44种）	花生仁，麦芽酿造的啤酒，二氧化硅，碳酸钠（纯碱），机动小客车用新的充气橡胶轮胎，皮革、再生皮革或漆皮作面的手提包，合成纤维制帐篷，软盘驱动器，手持（包括车载）无线电话机，铝电解电容器等	13.02	18.29
1 000万美元～2 000万美元（67种）	碳酸钡，化纤制机制花边，毛制男式西服套装，棉制男衬衫，化纤制男衬衫，合成纤维制毯子及旅行毯，棉制浴巾，合成纺织材料制整头假发，微波炉，手持式无线电话机零件，钓鱼竿等	9.32	13.09
合　计	**133种**	**50.93**	**71.53**

出口商品市场 出口商品销往185个国家（地区）。

主要出口市场情况表

国别（地区）	出口金额（万美元）	占出口总额（%）
日　本	178 421	25.1
美　国	177 055	24.9
韩　国	87 314	12.3
香　港	36 636	5.1
德　国	23 941	3.4
英　国	19 287	2.7

主要出口市场情况表（续）

国别（地区）	出口金额（万美元）	占出口总额（%）
法　国	9 402	1.3
意大利	7 662	1.1

进口总额 进口总额52.38亿美元，比上年的47.16亿美元增长11.07%。

进口商品结构 初级产品进口额9.16亿美元，占进口总额的17.49%；工业制成品进口额43.22亿美元，占进口总额的82.51%。

进口额1 000万美元以上商品情况表

金额分类	商品名称	进口金额（亿美元）	占进口总额（%）
5 000万美元以上（12种）	经羊皮纸化处理或鞣制后加工绵羊或羔羊皮革，数字式程控电话或电报交换机的零件，手持（包括车载）无线电话机等	12.01	22.93

进口额1 000万美元以上商品情况表（续）

金额分类	商品名称	进口金额（亿美元）	占进口总额（%）
2 000万美元～5 000万美元（21种）	未烧结的铁矿砂及其精矿，烟胶片，化纤制经编织物，精炼铜管，制冷机组及热泵的零件，电子计算器的零件、附件，视频信号录制或重放设备的零件、附件，混合集成电路等	6.53	12.47
1 000万美元～2 000万美元（44种）	冻鲽鱼，冻、干、盐腌或盐渍墨鱼及鱿鱼，对苯二甲酸，初级形状的聚丙烯，氨酯聚合物泡沫人造革及合成革，羊毛条及其他精梳羊毛，塑料或橡胶用注模或压模，手持式无线电话机零件等	5.87	11.21
合　计	**77种**	**24.41**	**46.60**

进口商品市场　进口商品来自81个国家（地区）。

主要进口市场情况表

国别（地区）	进口金额（万美元）	占进口总额（%）
韩　国	208 417	39.8
日　本	91 848	17.5
美　国	69 072	13.2
德　国	14 133	2.7
香　港	12 728	2.4
意大利	11 901	2.3

主要进口市场情况表（续）

国别（地区）	进口金额（万美元）	占进口总额（%）
澳大利亚	7 210	1.4
法　国	4 664	0.9

技术进口　签订引进技术和进口设备合同项目348个，比上年的209个项目增加139个；合同金额7 503万美元，比上年的7 219万美元增长3.93%。引进行业主要有：电子及通信设备制造业，合同金额3 045万美元；普通机械制造业，合同金额1 880万美元；电气机械及器材制造业，合同金额382万美元；纺织业，合同金额302万美元；石油加工及炼焦业，合同金额292万美元。

【利用外资】

2001年利用外资情况表

利用外资方式	批准签订的合同			实际利用外资	
	项目数（个）	外资金额（万美元）	金额比上年增长（%）	金额（万美元）	金额比上年增长（%）
对外借款	1	490	-72.41	575	-39.79
外商直接投资	1 254	358 887	34.81	158 094	20.87
合资企业	292	69 922	0.05	44 600	-1.18
合作企业	46	14 526	-45.87	4 467	-40.06
外资企业	916	274 439	62.04	109 027	39.40
股份制企业	—	—	-100.00	—	—
外商其他投资		1 209	11.53	1 209	11.53
加工贸易	—	1 209	11.53	1 209	11.53
合　计	**1 255**	**360 586**	**34.01**	**159 878**	**20.36**

外商直接投资分行业情况表

行　　业	项目数（个）	合同外资（万美元）
农林牧渔业	71	26 250
农业	46	14 354
采掘业	3	229
制造业	980	267 509
纺织业	39	13 235
化学原料及化学制品制造业	30	20 377
医药制造业	10	4 753
普通机械制造业	74	18 783
专用设备制造业	24	8 307
电子及通信设备制造业	47	25 589
电力、煤气及水的生产和供应业	1	64
建筑业	13	11 656
地质勘查业、水利管理业		11
交通运输、仓储及邮电通信业	6	3 318
批发和零售贸易、餐饮业	94	10 401
房地产业	19	16 238
房地产开发与经营业	18	15 936
社会服务业	27	11 430
科学研究和综合技术服务业	2	77
其他行业	38	11 704

外商直接投资来源　投资的国家和地区达到51个，前10位的依次是：韩国，投资项目663个，合同外资123 262万美元；香港124项，53 049万美元；台湾省113项，40 609万美元；美国118项，35 661万美元；日本101项，24 182万美元；英属维尔京群岛11项，24 020万美元；加拿大29项，15 050万美元；新加坡18项，9 970万美元；澳大利亚13项，5 285万美元；意大利6项，4 529万美元。

外商直接投资企业生产经营情况　全市累计投产经营外商投资企业3 315家，就业人数约35万人。

【对外经济合作】

对外经济合作　新签对外经济合作合同860个，合同额40 725万美元，比上年的24 116万美元增长68.87%，营业额37 366万美元，比上年的19 628万美元增长90.37%，派出5 956人次，年末在外6 889人。其中，新签对外承包劳务合同593个，合同额10 555万美元，营业额10 184万美元，派出5 817人次，期末在外6 802人；新签对外生产合作合同267个，合同额30 170万美元，营业额27 182万美元，派出139人次，期末在外87人。主要派往韩国、新加坡、日本、巴拿马、哈萨克斯坦、俄罗斯、利比里亚、以色列、毛里塔尼亚、阿根廷等国。主要承包工程项目有阿尔及利亚奥兰医学院二期项目、阿尔及利亚4 556套住宅项目、菲律宾皮拿图大坝工程、以色列阿什道德城工程、莱索托成衣厂工程、中国驻坦桑尼亚使馆工程等。

对外经济技术援助　承担援外项目3个，分别为援助莱索托国家图书馆兼档案馆项目考察设计、援助莫桑比克会议中心考察设计、援助几内亚比绍人民宫建设项目设计监理，这些项目年内还未开展。1996年开始的援助赞比亚穆隆古希纺织有限公司项目目前经营情况良好，2001年营业额620万美元，派出23人，年末在外23人，带动国内设备、原材料等出口129万美元。

对外投资　在海外举办企业3家，中方投资金额962万美元，分别投资于乌克兰、尼日利亚和巴基斯坦。

【其他】

经济技术开发区　青岛经济技术开发区固定资产投资额为486 980万元，其中基础设施投资额为146 619万元。外贸出口59 326万美元，比上年的52 475万美元增长13.06%。合同利用外资60 479万美元，比上年的36 386万美元增长66.22%；实际利用外资31 258万美元，比上年的23 062万美元增长35.54%。

保税区　青岛保税区固定资产投资累计完成2.78亿元，其中基本建设投资完成1.22亿元。财政收入累计完成12 550万元。外贸进出口总额32 696万美元，比上年的26 219万美元增长24.70%。其中，出口14 232万美元，比上年的11 104万美元增长28.17%；进口18 464万美元，比上年的15 115万美元增长22.16%。合同利用外资3.18亿美元，比上年的1.24亿美元增长156.45%；实际利用外资1.52亿美元，比上年的6 125万美元增长148.16%。

对外经贸洽谈会　2001中国国际电子家电博览会于2001年6月18—22日在青岛举办，主办单位为外经贸部、山东省人民政府，承办单位为青岛市人民政府，支持单位为科技部，协办单位有中国进出口银行、中国机电产品进出口商会、中国家用电器协会、中国外商投资企业协会、香港贸易发展局、法国波尔多展览委员会、海尔集团。本届博览会是我国在新世纪举办的第一届以电子家电产品为特色的国际专业化博览会，对于我国电子家电行业迎接加入WTO面临的挑战，吸收、引进和融合国外先进技术，促进我国电子家电产业的发展和进出口贸易有着重要意义。本届博览会的主题是：新科技、新生活。围绕这一主题，重点突出了国际化、专业化、市场化的办展特色，共吸引40余家中外知名电子家电企业参展，参会客商达8万人，其中境外客商3 700多人；出口成交4亿多美元，国内贸易成交近60亿元；签订利用外资项目184个，外资金额11.25亿美元。

港口运输 青岛港有营运码头14座，营运泊位47个，其中万吨级以上泊位32个，港口综合通过能力超过1亿吨。当年完成货物总吞吐量10 398.3万吨，比上年的8 635.7万吨增长20.41%。其中外贸吞吐量7 016万吨，比上年的5 763万吨增长21.74%。集装箱吞吐量完成263.9万标准箱，比上年的212万标准箱增长24.48%；煤炭吞吐量完成1 563万吨，比上年的1 339万吨增长16.73%；石油吞吐量完成2 490万吨，比上年的2 387万吨增长4.32%；矿石吞吐量完成2 588万吨，比上年的1 587万吨增长63.07%。

涉外旅游 入境的外国人为26.30万人次，港澳台同胞为6.01万人次，旅游外汇收入1.78亿美元，比上年的1.42亿美元增长25.35%。

2001年烟台市对外经济贸易

烟台市对外贸易经济合作局

烟台市对外贸易经济合作局局长

程显萃 生于1949年7月，山东海阳人。历任烟台师范学院教师、烟台行署办公室科长、烟台市政府副秘书长、龙口市副市长、蓬莱市副市长、烟台市对外经济贸易委员会副主任、中国烟台APEC贸易投资博览中心主任等职。

【对外贸易】

进出口总额 山东省烟台市2001年进出口总额为34.17亿美元，比上年的31.39亿美元增长8.8%。)

出口总额 出口总额为21.57亿美元，比上年的19.66亿美元增长9.7%，占全市国内生产总值980亿元(相当于118亿美元)的18.3%，占全省出口总额的11.9%，居全省第二位。

出口商品结构 初级产品出口额7.62亿美元，占出口总额的35.3%；工业制成品出口额13.95亿美元，占出口总额的64.7%。

出口额1 000万美元以上商品情况表

金额分类	商品名称	出口金额(万美元)	占出口总额(%)
1亿美元以上(2种)	服装衣着、水海产品	62 956	29.2
5 000万美元～1亿美元(4种)	蔬菜、纺织品、汽车零配件、鲜干水果	29 921	13.9

出口额1 000万美元以上商品情况表（续）

金额分类	商品名称	出口金额（万美元）	占出口总额（%）
1 000万美元～5 000万美元（15种）	家具、鞋类、旅游用品及箱包、水泥、医药品、锁、塑料制品、粉丝、铜材、花生及制品、电子元器件、冻鸡、塑料编织袋、轮胎、玩具	41 367	19.1
合　计	**21种**	**134 244**	**62.2**

出口商品市场　出口商品销往157个国家和地区，比上年增加21个。

主要出口市场情况表

国别（地区）	出口金额（万美元）	占出口总额（%）
日　本	81 975	38.0
美　国	38 870	18.0
韩　国	32 156	14.9
欧　盟	21 726	10.0
香　港	7 252	3.4
加拿大	4 175	2.0
阿联酋	2 397	1.1
新加坡	2 157	1.0
澳大利亚	2 133	1.0
合　计	**192 841**	**89**

进口总额　进口总额为12.59亿美元，比上年的11.73亿美元增长7.3%。

进口商品结构　初级产品进口额为3.46亿美元，工业制成品进口额为9.13亿美元，分别占进口总额的27.5%和72.5%。

进口商品市场　进口商品来自78个国家和地区，比上年增加4个。

主要进口市场情况表

国别（地区）	进口金额（万美元）	占进口总额（%）
韩　国	50 271	39.9
日　本	21 947	17.4
欧　盟	18 841	15.0
美　国	7 470	5.9
澳大利亚	5 095	4.0
加拿大	4 484	3.6
台湾省	3 993	3.2
香　港	2 105	1.7
泰　国	1 922	1.5
合　计	**116 128**	**92.2**

【利用外资】

2001年利用外资情况表

利用外资方式	批准签订的合同			实际利用外资	
	项目数（个）	外资金额（万美元）	金额比上年增长（%）	金　额（万美元）	金额比上年增长（%）
外商直接投资	468	118 569	70.7	69 120	55.2
外资企业	235	65 015	96.1	29 211	37.7
合资企业	206	42 445	31.0	34 215	73.8
合作企业	26	10 013	155.4	4 647	28.1

2001 年利用外资情况表（续）

利用外资方式	批准签订的合同			实际利用外资	
	项目数（个）	外资金额（万美元）	金额比上年增长（%）	金 额（万美元）	金额比上年增长（%）
股份制企业	1	1 096	—	1 047	—
外商其他投资	1	923	6.3	—	—
补偿贸易	1	923	28.9	—	—
合 计	**468**	**119 492**	**69.9**	**69 120**	**55.2**

外商直接投资行业 外商直接投资 468 个项目，其中生产型项目 413 项，非生产型项目 55 项。按行业划分，农业 19 项，工业 431 项，第三产业 18 项。

外商直接投资来源 外商投资来自 32 个国家和地区。主要有：香港 68 项，合同外资 34 717 万美元；韩国 173 项，24 474 万美元；美国 51 项，14 335 万美元；台湾省 43 项，11 080 万美元；瑞士 1 项，10 187 万美元；日本 51 项，6 610 万美元。

外商直接投资企业生产经营情况 全年共有 31 家外商投资企业投产，全市累计投产的外商投资企业达到 1 900 家，2001 年完成销售收入 240 亿元人民币，实现利润 13 亿元，税收 16.8 亿元人民币，出口 15.2 亿美元。

【对外经济合作】

承包工程与劳务合作 共签订对外承包工程与劳务合作项目 123 项，合同额 11 438 万美元，比上年的 10 263 万美元增长 11.4%；完成营业额 8 321 万美元，比上年的 7 217 万美元增长 15.3%；共派出各类劳务人员 4 118 人次，比上年的 3 407 人次增长 20.9%；年末在外人数达到 5 940 人，比上年的 4 869 人增长 22%。对外经济合作涉及的国家和地区主要有日本、韩国、香港、新加坡、美国、台湾省、玻利维亚、以色列、厄立特里亚、尼泊尔、也门等。

【其他】

烟台经济技术开发区 2001 年实现国内生产总值 60 亿元，同比增长 24.8%；地方财政收入 3.8 亿元，增长 47.2%；新批利用外资项目合同外资额 2.1 亿美元，增长 131%；实际利用外资 8 109 万元，增长 26%；外贸出口 3.8 亿元，增长 22.3%。当年新投产企业 20 家。

烟台出口加工区 烟台出口加工区于 2001 年 4 月正式封关运作。目前，已有 48 家企业在区内投资运营，2001 年新批准成立 38 家，新批利用外资项目合同外资额 2 768.8 万美元，实际利用外资 1 371 万美元。实现进出口总额 1 999 万美元，同比增长 31.7%，其中出口 1 090 万美元，增长 16.8%；进口 909 万美元，增长 55.4%。

港口运输 烟台市有大中港口 9 个，其中烟台、龙口、蓬莱、莱州四个为一类对外开放港口，有万吨级以上泊位 25 个，港口吞吐能力 2 536 万吨。烟台港码头岸线长 5 216米，现有泊位 34 个，其中万吨级以上泊位 15 个，年货物吞吐量 1 800 多万吨。龙口港是全国最大的地方港口，现有生产型泊位 19 个，其中万吨级以上泊位 7 个，港口设计年吞吐能力 725 万吨。2001 年烟台市各开放港口完成货物吞吐量 3 167.6 万吨，增长 15.1%；其中外贸进出口货运总量 1 307.5 万吨，增长 43.5%，其中出口量 404.9 万吨，增长 11.9%。国际货运集装箱达 17.1 万标准箱，增长 1.8%。

对外经贸洽谈会 第二届 APEC 投资博览会于 2001 年 6 月 9—15 日在烟台市举办，APEC21 个成员及中国 28 个省、市、自治区参会参展，展位总数达 966 个，参会参展和参观人数达 10 万多人次。大会共签订利用外资项目合同、协议 396 个，外资额 26.4 亿美元；进出口贸易成交总额 5.8 亿美元，其中出口成交 3.8 亿美元，进口订货 2 亿美元。由于大会组织严密，成果显著，受到国家主席江泽民的赞誉。

2001 年 10 月 19—23 日，联合国亚太经济社会委员会（ESCAP）第三届果蔬加工技术与产业化国际研讨会暨展览会在烟台市举办，大会共成交利用外资项目 75 个，总投资 9.2 亿美元，合同、协议外资额 6.36 亿美元。进出口贸易共成交 5.9 亿美元，其中，出口成交 4.66 亿美元。

涉外旅游 共接待观光旅游的外国人和港澳台同胞 933.8 万人次，增长 24%。旅游总收入 67.76 亿元，其中外汇收入 7 876 万美元，分别增长 17.6%和 29.2%。

2001年河南省对外经济贸易

河南省对外贸易经济合作厅

河南省对外贸易经济合作厅厅长 侯国富

侯国富 生于1944年7月，吉林永吉人。哈尔滨工业大学机械系毕业。中共党员。1972—1978年在河南省三门峡市担任中学教员。1980年以来，历任中共三门峡市委副书记、副市长、市长，河南省政府副秘书长等职。

【对外贸易】

进出口总额 2001年河南省进出口总额279 256万美元，比上年的227 486万美元增长22.76%。

出口总额 出口总额171 548万美元，比上年的149 338万美元增长14.87%，占全省国内生产总值5 645.02亿元的2.52%，占全国出口总额2 661.5亿美元的0.65%。

出口商品结构 初级产品出口额25 434万美元，占出口总额的14.83%；工业制成品出口额146 110万美元，占出口总额的85.17%。

出口额500万美元以上商品情况表

金额分类	商品名称	出口金额（万美元）	占出口总额（%）
5 000万美元以上（8种）	纺织纱线、织物及制品，服装及衣着附件，人发制品，机电产品，未锻造的铝及铝材，棉花及制品，陶瓷产品，人造刚玉	94 361	55.01
1 000万美元～5 000万美元（23种）	活猪，鲜、冻猪肉，蔬菜，实用油籽，苹果汁，肠衣，烟草及烟草代用品的制品，牛皮及皮革，其他毛皮制品，锯材，焦炭及半焦炭，含氧基氨基化合物，医药品，橡胶及其制品，钢坯及粗锻件，钢材，未锻造的铜及铜材，未锻轧铅，碳化物，轴承，蓄电池，摩托车及自行车的零件，鞋	49 825	29.04
500万美元～1 000万美元（11种）	天然蜂蜜，乙醇，饲料添加剂，黏土及其他耐火矿物，平板玻璃，珍珠宝石及半宝石，未锻轧镁，餐桌、厨房及其他家用搪瓷器，手用或机用工具，汽车零件，肥料	7 945	4.63
合 计	**42种**	**152 131**	**88.68**

出口商品市场 出口商品销往171个国家和地区。

主要出口市场情况表

国别（地区）	出口金额（万美元）	占出口总额（%）
美　国	31 613	18.43
欧　盟	24 009	13.40
香　港	22 696	13.23
日　本	17 928	10.45
东　盟	16 454	9.59
韩　国	13 452	7.84
台湾省	3 316	1.93
加拿大	2 458	1.43
巴　西	2 127	1.24

主要出口市场情况表（续）

国别（地区）	出口金额（万美元）	占出口总额（%）
俄罗斯	1 791	1.04
澳大利亚	1 706	0.99
合　计	**137 550**	**80.18**

进口总额　进口总额 107 708 万美元，比上年的 78 148 万美元增长 37.83%，占全国进口总额 2 436.1 亿美元的 0.44%。

进口商品结构　初级产品进口额 43 687 万美元，占进口总额的 40.56%；工业制成品进口额 64020 万美元，占进口总额的 59.44%。

进口额500万美元以上商品情况表

金额分类	商　品　名　称	进口金额（万美元）	占进口总额（%）
1 000 万美元以上（26 种）	大豆，橡胶及其制品，纸浆，二醋酸纤维丝束，铁矿砂，铅矿砂，氧化铝，其他腈基化合物，初级形状的塑料，生牛皮、生羊皮，绵羊或羔羊生皮，化学木浆及溶解液，化学纤维短丝，经加工的人发、做假发及类似品用的羊毛等，陶瓷产品，钢材，未锻造的铜及铜材，废铜，未锻造的铝及铝材，食品加工机械，印刷装订机械，纺织机械，玻璃热加工机械，橡胶或塑料加工机械，自动数据处理设备及其部件，计量检测分析自控仪器及器具	75 128	69.75
500 万美元～1 000 万美元（12 种）	木薯干，饲料用鱼粉，纺织用合成纤维，石油沥青，感光材料，废钢，制冷设备用压缩机，建筑及采矿用机械，金属加工机床，通断及保护电路装置及零件，汽车零件，医疗仪器及器械	8 746	8.12
合　计	**38 种**	**83 874**	**77.87**

出口商品市场　进口商品来自 71 个国家和地区。

主要进口市场情况表

国别（地区）	进口金额（万美元）	占进口总额（%）
美　国	22 687	21.06
欧　盟	21 396	19.87
日　本	14 887	13.82
澳大利亚	12 682	11.77
加拿大	5 412	5.03
东　盟	5 036	4.68
巴　西	3 445	3.20

主要进口市场情况表（续）

国别（地区）	进口金额（万美元）	占进口总额（%）
韩　国	3 090	2.87
南　非	1 842	1.71
台湾省	1 680	1.56
合　计	**92 157**	**85.56**

高新技术及产品进出口　高新技术及产品进出口总额为 13 183 万美元，比上年的 3 542.55 万美元增长 272.13%。签订引进技术合同项目 18 个，减少 6 个，合同金额 949 万美元，比上年的 1 542.55 万美元下降 38.48%。

技术进口　引进项目主要来自日本、美国、韩国、荷兰等国家，合同金额10 022万美元，涉及信息产业、石油勘探、电力、机械、化工等五个行业。2001年签订的18个项目，成功率达100%，当年投产后对提升企业产品档次和质量，对全省经济结构调整产生了较好的促进作用。

技术出口 高新技术及产品出口2 212.02万美元，比上年的2 000万美元增长10.60%，为企业带来了较好的经济效益。

【利用外资】

2001年利用外资情况表

利用外资方式	批准签订的合同			实际利用外资	
	项目数（个）	外资金额（万美元）	金额比上年增长（%）	金 额（万美元）	金额比上年增长（%）
外商直接投资	224	62 173	-11.1	45 744	-18.9
合资企业	111	27 576	-39.7	25 610	-37.9
合作企业	24	14 229	-5.1	8 926	9.1
外资企业	89	20 368	121.9	11 193	59.9
股份制企业	—	—	-100	15	—
外商其他投资	—	550	—	—	—
加工贸易	—	550	—	—	—
合　计	**224**	**62 723**	**-11.1**	**45 744**	**-18.90**

外商直接投资行业 外商直接投资项目涉及10多个行业。生产型项目179个，合同外资金额46 317万美元，占总合同外资金额的74.5%。其中，制造业152个，合同外资金额29 970万美元；农林牧渔业9个，1 406万美元；采掘业3个，830万美元；电力、煤气及水的生产和供应业6个，6 432万美元；建筑业8个，1 270万美元。非生产型项目45个，合同外资金额1 587万美元，占总额的25.5%。其中，交通运输、仓储及邮电通信业1个，6 409万美元；批发和零售贸易、饮食业10个，310万美元；房地产业18个，892万美元；社会服务业9个，2 388万美元；科学研究和综合技术服务业7个，4 153万美元。

外商直接投资来源 外商直接投资来源于40个国家和地区。主要国家和地区是：美国27个，实际利用外资金额2 400万美元；香港83个，18 641万美元；新加坡6个，4 695万美元；英国1个，573万美元；泰国6个，1 220万美元；英属维尔京群岛9个，4 564万美元。

外商投资企业生产经营情况 截至2001年底，全省建成投产的外商投资企业6 231个，其中已投产开业企业2 100多家，从业职工近3万人。2001年外商投资企业出口创汇31 498万美元，比上年的30886万美元增长1.98%，占全省出口总值的18.36%。以外商投资企业为主体的涉外税收31亿元人民币，比上年的27亿元增长14.82%。

【对外经济合作】

承包工程和劳务合作 签订对外承包工程和劳务合作项目207个，金额25 038万美元，比上年的22 445万美元增长11.55%；完成营业额13 902万美元，增长27.89%；当年派出劳务人员9 976人次，增长16.5%，年末在外人数12 614人，分布在台湾省、新加坡、香港、日本、韩国、密克罗尼西亚联邦、苏丹、伯利兹等72个国家和地区。承包工程金额在1 000万美元以上的项目主要有：伊拉克城市供电项目，伊朗柠檬酸厂建设项目，坦桑尼亚公路整修工程，卡塔尔、苏丹、俄罗斯、伊拉克、沙特、也门管道、修井、钻井、物探等项目。

接受经济援助 接受澳大利亚政府SAS扶贫项目、联合国儿童基金会SPPA及紧急救灾项目等11个援助项目，受援资金560万元人民币。项目受益区覆盖了全省6个国家级和省级贫困县，受益人达到17万。

对外投资 在蒙古、越南、泰国、尼日利亚等4个国家和地区投资兴办企业4个，中方投资1400万美元，有些企业当年已见成效。

【其他】

经济技术开发区 郑州高新技术产业开发区完成基

础设施等固定资产投资4亿元，累计协议投资额17.15亿元。新批准成立企业212家，建成投产企业25家。实现技工贸总收入130亿元，比上年的110.34亿元增长17.82%；实现财税收入3.95亿元，增长63.45%。新批准外商投资企业8家，实际利用外资1 000万美元，下降50.69%。出口创汇1025万美元，下降50.63%。

洛阳高新技术产业开发区完成基础设施等固定资产投资20 863万元，累计投资额32.36亿元。新批准成立企业84家，实现技工贸总收入63.1亿元，比上年的56.35亿元增长11.98%；实现财税收入7 769万元，增长63.63%。新批准外商投资企业6家，合同外资金额1 267.62万美元，增长13.98倍；实际利用外资724.6万美元，增长25.8%。出口创汇3 808.73万美元，增长42.07%。

涉外旅游 接待境外旅游者36.5万人次，比上年的32.5万人次增长12.31%，其中港澳台同胞11.68万人次，比上年的14.29万人次下降18.27%。旅游外汇收入13350万美元，比上年的12 390万美元增长7.75%。

2001年湖北省对外经济贸易

湖北省对外贸易经济合作厅

湖北省对外贸易经济合作厅厅长

范开石　生于1944年10月。北京外国语学院英语专业毕业。1996年2月任湖北省对外贸易经济合作厅副厅长，1998年3月任厅长。

【对外贸易】

进出口总额 2001年湖北省进出口总额35.78亿美元，比上年的32.09亿美元增长11.5%。

出口总额 出口总额17.98亿美元，比上年的19.31亿美元下降6.9%，占全省国内生产总值4 662.28亿元（相当于563.31亿美元）的3.19%。

出口商品结构 初级产品出口额2.25亿美元，占出口总额的12.51%；工业制成品出口额15.57亿美元，占出口总额的86.60%。

出口额1 000万美元以上商品情况表

金额分类	商品名称	出口金额（万美元）	占出口总额（%）
3 000万美元以上（8种）	普通钢铁，光纤，活猪，三磷酸钠，药棉纱布，未碾磷灰石，已碾磷灰石，棉制男裤	271 650	15.11
2 000万美元～3 000万美元（8种）	猪皮革，毛西服，精米，合成纤维女式套装，合成纤维女式上衣，男式便服，机动集装箱船，苎麻纱线	19 081	10.61

出口额1 000万美元以上商品情况表（续）

金额分类	商品名称	出口金额（万美元）	占出口总额（%）
1 000万美元～2 000万美元（14种）	机动滚装船，烤烟，蓄电池，蘑菇罐头，合成纤维男裤，化学纤维男式服装，蜂蜜，硅铁，鞋，发动机零件等	18 045	10.04
合　计	**30种**	**64 291**	**35.76**

出口商品市场　出口商品销往166个国家和地区。

主要出口市场情况表

国别（地区）	出口金额（万美元）	占出口总额（%）
日　本	30 835	17.15
香　港	29 797	16.57
美　国	19 743	10.98
韩　国	7 401	4.12
德　国	6 860	3.82
台湾省	5 746	3.20
印　度	5 279	2.94

主要出口市场情况表（续）

国别（地区）	出口金额（万美元）	占出口总额（%）
英　国	4 997	2.78
荷　兰	4 300	2.39
法　国	3 443	1.91
合　计	**118 401**	**65.86**

进口总额　进口总额17.80亿美元，比上年的12.80亿美元增长39.1%。

进口商品结构　初级产品进口额3.61亿美元，占进口总额的20.28%；工业制成品进口额12.90亿美元，占进口总额的72.47%。

进口额1 000万美元以上商品情况表

金额分类	商品名称	进口金额（万美元）	占进口总额（%）
2 000万美元以上（13种）	未烧结铁矿砂，光纤光缆，铜矿砂，钢铁废碎料，车辆零部件，集成电路，机织物，已烧结铁矿砂，车用柴油机，光导纤维预制棒，对苯二甲酸，柴油机零件，其他零附件	57 483	32.29
1 000万美元～2 000万美元（21种）	激光器，光纤波导级管，机织物，机器零件，制造光纤的机器，复印机零件，聚乙烯，机械器具，石油沥青等	32 041	18.00
合　计	**34种**	**89 524**	**50.29**

进口商品市场　进口商品来自70个国家和地区。

主要进口市场情况表

国别（地区）	进口金额（万美元）	占进口总额（%）
日　本	34 027	19.12
美　国	26 807	15.06
德　国	14 698	8.26
法　国	12 134	6.82
英　国	9 020	5.07
韩　国	8 429	4.74
台湾省	6 120	3.44
巴　西	5 513	3.10
加拿大	5 248	2.95
香　港	5 215	2.93
合　计	**127 211**	**71.47**

技术进口　技术引进项目24个，金额3025万美元（业务统计），主要涉及金属制造业，化学原料及化学制品制造业，其他制造业，电力、煤气及水的生产和供应业，造纸及纸制品业，计算机应用服务业等。主要国别和地区是法国、英国、德国、芬兰，英属维尔京群岛、韩国、香港、台湾省和加拿大。

软件出口　软件出口141.34万美元（业务统计）。主要为数据处理和教育软件。主要出口巴基斯坦、香港和英属维尔京群岛。

高新技术产品出口　高新技术产品出口1.59亿美元，比上年的1.34亿美元增长18.7%。

【利用外资】

2001年利用外资情况表

利用外资方式	批准签订的合同			实际利用外资	
	项目数（个）	外资金额（万美元）	金额比上年增长（%）	金　额（万美元）	金额比上年增长（%）
外商直接投资	349	89 483	-16.04	120 993	28.21
合资企业	157	22 229	-20.43	64 285	7.36
合作企业	21	28 581	-41.33	11 561	314.52
外资企业	171	36 540	22.06	38 661	21.96
股份制企业	—	—	—	4 353	—
其他	—	2 133	—	2 133	—
外商其他投资	—	35 580	200.61	35 115	206.84
加工贸易	—	13 830	18.86	13 365	44.58
国际租赁	—	10 200	—	10 200	—
补偿贸易	—	—	—	—	—
对外发行股票	—	11 550	5 675	11 550	425
合　计	**349**	**125 063**	**5.61**	**156 108**	**47.53**

外商直接投资行业　在外商直接投资中，生产型项目246个，非生产型项目103家。按行业分，农林牧渔业11家，采掘业6家，制造业225家，电力、煤气及水的生产和供应业2家，建筑业11家，交通运输、仓储及邮电通信业2家，批发和零售贸易、餐饮业10家，房地产业34家，社会服务业40家，卫生、体育和社会福利业1家，教育、文化艺术及广播电影电视业1家，科学研究和综合技术服务业3家，其他行业3家。

外商直接投资来源　外商投资来源于38个国家和地区。主要有香港144家48 695万美元（金额为实际利用外资额，下同）；美国39家12 360万美元；法国5家11 534万美元；台湾省61家7 383万美元；新加坡11家6 297万美元；荷兰5 695万美元；开曼群岛1家4 330万美元；英属维尔京群岛17家4 019万美元；马来西亚2家3 204万美元；德国4家2 784万美元；日本15家2 698万美元。

外商直接投资企业生产经营情况　2001年，产业结构得到改善，农业项目较去年有所增加，房地产业继续升温，商业、物流、投资咨询等领域已成为外商投资的热点。新增跨国公司2家，即杜邦、正大。500万美元以上的项目有56个，合同外资66 187万美元，占全省合同外资额的54.7%。全省外商投资企业出口50 066万美元，同比增长16.7%，占全省出口总额的27.8%。

【对外经济合作】

承包工程和劳务合作 签订对外承包工程和劳务合作合同项目185个，按新口径统计，合同金额为1.2亿美元，完成营业额1.47亿美元。当年派出劳务人员3 815人次，年末在外人数7 058人，派往的主要国家和地区有日本、新加坡、越南、孟加拉国、香港、澳门等。承包工程的主要国家有：尼泊尔、吉尔吉斯斯坦、越南、孟加拉国、瑞典、津巴布韦、赞比亚、巴基斯坦，主要项目有：桥梁、道路、房建等。

对外经济技术援助 承担援外项目3个，即刚果（金）金沙萨恩吉利农业技术合作、刚果（布）农技站技术合作和卢旺达基本戈卫校。全年派出援外人员236人，年末在外人数169人。

接受经济援助 接受国际无偿援助项目3个，金额236.5万美元。即澳大利亚援助丹江口农村饮水和五峰县小学，金额6.5万美元；日本援助粮食增产项目，金额230万美元。

对外投资 境外新设立非贸易型企业5家，分别是：巴西的绿色包装、加拿大的文化出版和门窗型材、马来西亚的制冷设备、法国的动画制作项目。中方总投资金额612万美元。

【其他】

经济技术开发区 全省经国务院批准设立的国家级开发区有：武汉经济技术开发区、武汉东湖新技术开发区、襄樊高新技术产业开发区、武汉出口加工区。

2001年，襄樊高新区共引进内外资项目82个，项目总投资近4.5亿元。其中新批外商投资企业12家，增长150%。总投资1 561.36万美元，协议利用外资933.5万美元。实际到位外资1 009万美元，增长390%。出口113万美元，增长98%。

对外经贸洽谈会 2001年9月，800余人的湖北团参加了厦门第五届中国投资贸易洽谈会，共签约项目91个。其中外资项目47个，协议外资53 947万美元。各项指标均比上届增加一倍多。9月，湖北省副省长韩忠学率省经济代表团赴英国举办经济技术合作项目推介会，推介了“武汉中国光谷”和一批项目。11月，湖北省副省长苏晓云率团在加拿大的多伦多和蒙特利尔举办了经济贸易技术合作洽谈会。

港口运输 进出口货物运输总量85万吨，其中出口54万吨，进口31万吨。海运、陆运、空运量分别为76.40万吨、8.17万吨、0.43万吨。

涉外旅游 2001年入境的外国及港澳台人员66.78万人次，旅游外汇收入1.85亿美元，比上年的1.46亿美元增长27.11%。

2001年武汉市对外经济贸易

武汉市对外贸易经济合作局

武汉市对外贸易经济合作局局长 阮继清

阮继清 生于1952年2月，湖北红安人。1968年12月参加工作，1974年加入中国共产党。1975年毕业于广东外贸外语大学英语专业。曾任武汉市外事办公室主任、党组书记等职。1999年12月起任武汉市对外经济贸易委员会主任、武汉市对外贸易经济合作局局长。

【对外贸易】

进出口总额 2001年武汉市进出口总额14.28亿美元，比上年增长7.02%。

出口总额 出口总额5.155亿美元，比上年下降20.6%，占武汉市国内生产总值1 348亿元人民币（相当于162.41亿美元）的3.17%，占湖北省出口总额的28.68%。

出口商品结构 初级产品出口额2 326万美元，占出口总额的4.51%；工业制成品出口额49 224万美元，占出口总额的95.49%。

出口额1 000万美元以上商品情况表

金额分类	商品名称	出口金额（万美元）	占出口总额（%）
5 000万美元～8 000万美元（1种）	服装及衣着附件	6 897	13.38
1 000万美元～5 000万美元（9种）	光纤光缆、船舶、钢坯及粗锻件、纺织纱线、织物及制品、医药品、蓄电池、无线电话机、鞋类	21 587	41.88
合计	**10种**	**28 484**	**55.26**

出口商品市场 出口商品销往135个国家（地区）。

主要出口商品市场情况表

国别（地区）	出口金额（万美元）	占出口总额（%）
美国	7 395	14.35
香港	6 215	12.06
台湾省	4 757	9.23
德国	2 948	5.72
英国	2 855	5.54
韩国	1 987	3.85
荷兰	1 267	2.46

主要出口商品市场情况表（续）

国别（地区）	出口金额（万美元）	占出口总额（%）
意大利	936	1.82
泰国	932	1.81
沙特阿拉伯	920	1.79
合计	**30 212**	**58.61**

进口总额 进口总额91 168万美元，比上年增长33.21%。

进口商品结构 初级产品进口额18 180万美元，占进口总额的19.94%；工业制成品进口额72 988万美元，占进口总额的80.06%。

进口额1 000万美元以上商品情况表

金额分类	商品名称	进口金额（万美元）	占进口总额（%）
1亿美元以上（1种）	铁矿砂	13 178	14.45
5 000万美元～6 000万美元（2种）	汽车零件、集成电路及微电子组件	10 451	11.46

进口额1 000万美元以上商品情况表（续）

金额分类	商 品 名 称	进口金额（万美元）	占进口总额（%）
3 000万美元～4 000万美元（3种）	初级形状的塑料、玻璃热加工机械、计量检测分析自控仪器	21 587	23.68
1 000万美元～2 000万美元（7种）	断电保护电路装置、有线电话电报设备及零件、自动数据处理设备、活塞式内燃机零件、印刷装订机械、钢材、氧化铝	9 782	10.72
合 计	**13种**	**54 998**	**60.33**

进口商品市场 进口商品来自60个国家（地区）。

主要进口商品市场情况表

国别（地区）	进口金额（万美元）	占进口总额（%）
美 国	16 313	17.89
法 国	10 351	11.35
德 国	9 131	10.02
澳大利亚	5 320	5.84
南 非	4 813	5.28

主要进口商品市场情况表（续）

国别（地区）	进口金额（万美元）	占进口总额（%）
台湾省	4 178	4.58
荷 兰	3 426	3.76
香 港	3 290	3.61
芬 兰	3 252	3.57
英 国	2 825	3.10
合 计	**62 899**	**68.99**

【利用外资】

2001年利用外资情况表

利用外资方式	批准签订的合同			实际利用外资	
	项目数（个）	外资金额（万美元）	金额比上年增长（%）	金额（万美元）	金额比上年增长（%）
对外借款	8	35 741	-23.40	27 021	-23.00
外商直接投资	146	80 040	86.80	72 223	-4.20
合资企业	59	10 633	-50.99	29 404	-41.23
合作企业	12	32 666	570.35	14 956	189.06
外资企业	75	36 741	144.53	27 863	37.87
外商其他投资	40	38 017	-8.60	43 957	122.50
国际租赁	2	10 200	60.86	10 200	12.57
境外融资	7	23 032	163.92	23 032	220.78
加工贸易	31	2 745	-22.41	2 745	-21.86
合 计	**194**	**153 789**	**20.30**	**143 201**	**9.92**

外商直接投资行业 外商直接投资项目中生产型项目102个，非生产型项目有45个。按行业分，工业类70个，农林牧渔水利业4个，建筑业1个，房地产及公用服务业32个，科研及技术服务事业32个，商业饮食供销仓储业5个，卫生体育福利事业1个，其他行业2个。

外商直接投资来源 外商直接投资来自18个国家或地区。主要国家或地区为：香港49个项目，投资总额58 867万美元；台湾省30个项目，11 534万美元；英国18个项目，6 017万美元；美国19个项目，3 900万美元；泰国1个项目，1 400万美元；德国3个项目，1 007万美元；新加坡4个项目，936万美元；澳大利亚3个项目，590万美元；加拿大6个项目，228万美元；奥地利3个项目，185万美元；日本4个项目，114万美元；法国2个项目，89万美元；澳门1个项目，72万美元；萨摩亚1个项目，68万美元；南斯拉夫1个项目，34万美元；马来西亚1个项目，18万美元；新西兰1个项目，14万美元；西班牙1个项目，12万美元。

【对外经济合作】

对外承包工程和劳务合作 共签订对外承包工程和劳务合作合同项目47个，金额10 584万美元，比上年增长17.1%；完成营业额6 775.2万美元，比上年增长19.5%；当年派出劳务人员2 090人，年末在外人数3 776人。目前，外经工作已初步形成境外投资、工程承包、劳务合作、经济技术援助等共同发展的多元化格局。外经业务分布在东南亚、非洲、中东、拉美、大洋洲、欧洲、美洲等76个国家（地区）。境外投资企业共有66家，其中生产型企业20家，贸易型企业46家。承包工程业务涉及建筑、冶金、化工、铁路、公路、船舶、航海、军工、计算机软件设计与应用、工程勘察设计与咨询、项目监理等诸多领域。承包工程的主要项目：孟加拉国大桥工程、孟加拉国达卡立交桥工程、孟加拉国达卡水电站、吉尔吉斯斯坦国会大厦、越南大化肥厂工程、香港轮机码头工程、塞拉利昂农技合作四期项目、塞拉利昂稻谷推广项目、佛得角纪念碑礼堂工程等。

对外投资 经批准在巴西、澳大利亚、法国设立境外加工企业3家，总投资993.5万美元，其中中方投资985.2万美元。

【其他】

经济技术开发区 武汉经济技术开发区全年实现工业总产值191亿元人民币，比上年增长25.9%；实现国内生产总值70亿元人民币，比上年增长26%；财政收入17.85亿元，比上年增长59.1%，居全国48个国家级开发区第五位。

武汉东湖新技术开发区以“武汉·中国光谷”为建设中心，全年完成技工贸总收入330亿元人民币，比上年增长36.36%；工业总产值192亿元人民币，比上年增长30%；财政收入11.83亿元人民币，比上年增长75.52%。

对外经贸洽谈会 2001年9月23—26日，第二届中国武汉国际机电产品博览会（武博会）在新落成的武汉国际会展中心举行。展出总面积32 000平方米，设标准摊位1 500个，共有882家国内外企业参展，其中有143家来自世界26个国家和地区及港澳台企业参展，世界500强跨国公司中有34家参加本届博览会。博览会成交活跃，累计成交项目195项，成交总额超过47亿美元。

2001年10月29日—11月1日举办的第三届武汉经贸洽谈会，设展位1 210，共有761家企业参展，有4 000多名国内外客商到会，其中国外及港澳台客商1300多人。本届洽洽会成交项目128项。其中外商投资项目46项，总金额9.79亿美元，协议外资7.54亿美元，占成交额的60%；内资内联成交57.45亿元，进出口成交5 388万美元；高新技术项目成交4.58亿元，房地产项目成交1.22亿元。

2001年6月3—4日，第二届中国武汉国际劳务合作洽谈会在武汉杂技厅举行，共有98家国内外企业参加劳务洽谈活动。该洽谈会到会人数达19 700人次，求职应聘登记有13 600人，达成外派合同2 450人，成交金额5 100万美元，意向外派合同5 300人，涉及30个海外就业工种，27个国别（地区）。

港口运输 武汉港口共有泊位410个，其中武汉市港口326个，中央在汉企业港口84个。港口吞吐能力平均每年5 000万吨。2001年实际完成货物吞吐量1 653.3万吨，比上年下降9.16%。国际集装箱吞吐量为4.99万标准箱，比上年增长10.6%。

涉外旅游 入境的外国人以及港澳台同胞人数为28万人次，比上年增长26.35%，旅游收入1.2亿美元，比上年增长21.86%。

2001年湖南省对外经济贸易

湖南省对外贸易经济合作厅

湖南省对外贸易经济合作厅厅长　陈叔红

陈叔红　生于1952年1月，湖南湘潭人。中国人文社会科学院专业史在职研究生班毕业。1970年7月参加工作，1972年2月加入中国共产党。历任共青团衡阳市委书记、共青团湖南省委副书记、中共郴州地委副书记兼郴州市委书记、中共湘潭市委书记、湖南省计委副主任等职。1997年12月任湖南省对外经济贸易委员会主任、党组书记，2000年9月任现职。

【对外贸易】

进出口总额　2001年湖南省进出口贸易总额275 779万美元，比上年的251 225万美元增长9.77%。

出口总额　出口总额175 281万美元，比上年的165 274万美元增长6.05%。出口额占全省国内生产总值3 983亿元（约481.23万美元）的3.43%，占全国出口总额2 661.5亿美元的0.66%。

出口商品结构　初级产品出口额17 602万美元，占出口总额的10.04%；工业制成品出口额157 679万美元，占出口总额的89.96%，其中机电产品出口额33 428万美元，占出口总额的19.07%，比上年增长8.15%，比重提高0.4个百分点。

出口额500万美元以上商品情况表

金额分类	商品名称	出口金额（万美元）	占出口总额（%）
1 000万美元以上（27种）	活猪、蔬菜水果、茶叶、烟花爆竹、医药品、亚麻及苎麻纱线、蚕线、亚麻及苎麻织物、棉机织物、棉浴巾、服装及衣着附件、皮革服装、鞋类、旅行用品及箱包、天然石墨、粘土及其他耐火矿物、木材及木制品、陶瓷、钢材、钢坯及粗锻件、未锻造的锌及锌合金、未锻造的锰、手用或机用工具、汽车零件、机械设备、电器及电子产品、金属制品	125 836	71.79
500万美元～1 000万美元（8种）	鲜冻猪肉、氧化锌及过氧化锌、合成短纤与棉混纺机织物、轴承通断及保护电路装置、家具、塑料制品、动植物油脂及蜡、灯具照明装置及类似品	6 364	3.63
合　计	**35种**	**132 200**	**75.42**

出口商品市场　出口商品销往163个国家（地区），比上年增加4个国家。主要市场有：香港25 061万美元，比上年增长11.45%，占出口总额14.29%；日本18 041万美元，增长13.30%，占10.20%；美国26 079万美元，增长8.84%，占14.88%；欧盟30 539万美元，增长2.88%，占17.42%；东盟16 373万美元，减少4.02%，占9.34%；

俄东6 931万美元，增长53.63%，占3.95%。对以上六大市场共出口123 019万美元，比上年增长8.26%，占全省出口总额的70.18%，比重比上年提高0.7个百分点。

主要出口市场情况表

国别（地区）	出口金额（万美元）	比上年（%）	占出口总额（%）
美　国	26 079	8.84	14.88
香　港	25 056	11.43	14.29
日　本	18 041	13.30	10.29
韩　国	10 865	-18.04	6.20
德　国	7 690	-15.98	4.39
何　兰	7 496	4.43	4.28

主要出口市场情况表（续）

国别（地区）	出口金额（万美元）	比上年（%）	占出口总额（%）
新加坡	6 498	2.32	3.71
台湾省	5 766	-16.24	3.29
英　国	4 300	17.45	2.45
加拿大	3 970	17.86	2.26

进口总额　进口总额100 498万美元，比上年的85 951万美元增长16.92%。

进口商品结构　初级产品进口额24 364万美元，占进口总额的24.24%；工业制成品进口额76 134万美元，占进口总额的75.76%，其中机电产品进口额53 271万美元，占进口总额的53.01%。

进口额300万美元以上商品情况表

金额分类	商品名称	进口金额（万美元）	占进口总额（%）
1 000万美元以上（12种）	饲料用鱼粉、蔬菜、干豆、天然蜂蜜、茶叶、铁矿砂、制电灯泡及类似品用玻璃外壳、纺织机械、扬声器、黑白电视机、电视收音机及无线电视设备、运输工具	39 924	39.73
300万美元～1 000万美元（11种）	水海产品、大米、粟子、白果、纸烟、铬矿砂、天然碳酸镁、氧化镁、棉机织物、仲钨酸铵、金属加工车床、电动机及发电机	5 728	5.70
合　计	**23种**	**45 652**	**45.43**

进口商品市场　进口商品来自59个国家（地区）。

主要进口市场情况表

国别（地区）	进口金额（万美元）	比上年（%）	占进口总额（%）
韩　国	20 826	14.29	20.72
日　本	18 306	5.41	18.22
美　国	8 759	9.18	8.72
德　国	7 805	79.24	7.77
台湾省	4 710	4.04	4.69
香　港	3 894	55.49	3.87
英　国	3 912	-30.68	3.89
南　非	3 531	149.84	3.51
澳大利亚	3 521	-15.62	3.50
意大利	3 172	23.31	3.16

技术进口　签订技术引进合同项目30个，合同金额2413万美元。引进项目主要来自德国、瑞士、美国、日本等国家和地区；引进的方式主要为：专有技术的许可或转让、技术咨询、技术服务等；引进项目分布的主要行业是：有色金属、烟草、机械、石化等。

技术出口　出口高新技术产品41 273万美元，比上年的39 344万美元增长4.9%；分布行业主要集中在新材料和光机电一体化两个领域，涉及到机械、电子、轻工、高纯锌、高纯铅、银铜合金等产品；出口主要市场是：香港、美国、加拿大、日本、新加坡、韩国、荷兰、台湾省等国家和地区，共出口32 824万美元，占全省高新技术产品出口总额的79.53%。湖南在参加2001年10月12—17日在深圳举办的中国第三层“高交会”期间，共对外签约42个项目，合同金额31 500万美元，引进资金24 865万美元，项目的技术涵盖面有电子信息、生物医药、先进制造技术、新材料和环保等重点发展的技术领域。

【利用外资】

共批准利用外资项目340个，比上年的327个增加13个；合同利用外资金额102 813万美元，比上年的83 570万美元增长23.03%；实际利用外资金额88 047万美元，比上年的80 683万美元增长9.13%。

2001年利用外资情况表

利用外资方式	批准签订的合同			实际利用外资	
	项目数（个）	外资金额（万美元）	金额比上年增长（%）	外资金额（万美元）	金额比上年增长（%）
对外借款	2	4 450	-43.67	4 000	12.99
外商直接投资	338	95 327	42.89	81 011	18.81
合资企业	103	32 389	74.55	41 373	26.63
合作企业	34	20 483	92.65	7 859	7.24
外资企业	201	42 455	13.83	31 779	13.74
外商其他投资	—	3 036	-66.11	3 036	-66.11
合　计	**340**	**102 813**	**23.03**	**88 047**	**9.13**

外商直接投资行业　外商直接投资项目中，生产型项目280个，合同外资金额85 294万美元，实际投资65 605万美元；非生产型项目58个，合同外资金额10 033万美元，实际投资15 406万美元。项目分布：农林牧渔业25个项目，合同外资5 531万美元，实际投资3 626万美元；制造业工业技改项目194个，合同外资金额48 083万美元，实际投资41 542万美元；电力、煤气及水的生产和供应项目11个，合同外资11 936万美元，实际投资4 777万美元；采掘业项目7个，合同外资3 506万美元，实际投资2 205万美元；建筑业项目4个，合同外资3 525万美元，实际投资1 123万美元；交通运输、仓储及邮电通信业合同外资139万美元。实际投资2 020万美元；房地产业项目25个，合同外资9 692万美元，实际投资8 830万美元；社会服务业项目53个，合同外资7 988万美元，实际投资13 741万美元；批发和零售贸易、餐饮业项目14个，合同外资2 882万美元，实际投资1 482万美元；文化、教育、卫生、体育和广告影视业项目3个，合同外资1 685万美元，实际投资925万美元；其他项目2个，合同外资360万美元，实际投资740万美元。

外商直接投资来源　外商直接投资来自31个国家和地区。主要来自香港149个项目，合同外资金额39 096万美元，实际利用外资金额39 552万美元；台湾省74项，合同外资11 980万美元，实际金额6 929万美元；美国41项，合同外资12 720万美元，实际金额6 698万美元；荷兰3项，合同外资18 148万美元，实际金额4 927万美元；英国3项，合同外资515万美元，实际金额1 121万美元；新加坡7项，合同外资3 095万美元，实际金额3 837万美元；韩国8项，合同外资-7725万美元，实际金额2 886万美元；菲律宾5项，合同外资598万美元，实际金额1 923万美元；日本7项，合同外资3 619万美元，实际金额1 258万美元；英属维尔京群岛9项，合同外资4 675万美元，实际金额4 198万美元。

外商直接投资生产经营情况　截至2001年底，累计批准外商直接投资项目6 050个，合同外资金额83.95亿美元，实际使用外资金额60.48亿美元，外资到位率达到72%。2 000多家外商投资企业直接从业人员约25万人，近5年总计上缴税收44.2亿元人民币，年出口创汇21 256万美元，外商投资企业已发展成为全省经济新增长点和出口创汇的生力军，而且带动了一批高新技术产业的迅速崛起，2001年全省高新技术产品出口3.6亿美元，其中“三资”企业出口9 473万美元，所占比重达23%。荣获全国外商投资企业先进饭店和“双优”企业共9家，先进饭店是：湖南南华大酒店有限公司，郴州金叶大酒店；“双优”企业是：湖南湘进电化有限公司、维用——长城电路有限公司、长沙日立汽车电器有限公司、华南彩色印刷有限公司、湖南九子龙印务有限公司、湖南华联瓷业有限公司、湖南中成化工有限公司。

【对外经济合作】

对外承包工程与劳务合作　共签订对外承包工程与劳务合作项目1 101个，合同总金额27 000万美元，比上年的18 707万美元增长44.33%；完成营业额26 500万美元，比上年的13 845万美元增长91.40%；当年派出劳务人员3 163人次，年末在外6 200人，分别比上年增长38.73%和43.58%。对外承包、劳务合作项目分布在20个国家和地区，主要为亚洲、非洲。工程承包项目，涉及的主要行业有房屋建筑、电力工业、交通运输等。劳务合作项目主要行业为制造业、饮食服务。此外，设计咨询业务新批项目2个，合同额372.4万美元，营业额20万美元。

对外经济技术援助 2001年湖南省正在执行的对外经济技术援助项目共21个，其中新增项目4个。这些援外项目主要分布在哥伦比亚、埃塞俄比亚、斯里兰卡、孟加拉国、巴基斯坦、越南、阿尔及利亚、巴巴多斯、几内亚、几内亚比绍、突尼斯等近20个国家和地区。湖南省农业厅、湖南省国际经济技术合作公司、袁隆平高科股份有限公司、湖南省中经技术开发有限公司等单位承担的援助非洲、东南亚水稻培训和市场改造项目，援助越南和阿尔及利亚陶瓷技术改造项目，工程进展都比较顺利，得到受援国赞扬。

接受经济援助 2001年正在执行的国际经济组织及双边援助项目共8个，其中新增项目3个，受援金额742.11万美元，年内执行额380万美元。受援8个项目中，日本政府援助2个，金额249.86万美元；德国政府援助2个，金额343.75万美元；联合国开发计划署援助1个，金额100万美元，联合国人口基金援助1个，金额40万美元；联合国儿童基金会援助1个，金额5万美元；澳大利亚政府援助1个，金额3.5万美元。这些受援项目分布在农业、教育、扶贫、环保等方面。

对外投资 新批海外投资项目8个，中方投资金额达969.7万美元，其中已正式开业的项目5个，分布在俄罗斯、英国、缅甸、越南、韩国、美国等地。

【其他】

经济技术开发区 长沙、株洲、衡阳、娄底等五市是湖南省高新技术产业密集区，2001年共出口高新技术产品32 245万美元，占全省高新技术产品出口总额41 273万美元的78%。长沙高新技术产业开发区自1991年首批成为国家级高新区以来，一直保持强劲发展态势，成为全省发展高新技术产业的龙头骨干。2001年长沙高新区共完成技工贸总收入246亿元，增长29.13%；实现利润23.5亿元，增长6.82%；上缴税金13亿元，增长30%；出口1.22亿美元，增长11.98%。长沙高新区的高新技术总产值和利税分别占全省的35%和39.5%，占全省5个高新区总量的60%和65%。

涉外旅游 实现旅游总收入210亿元人民币，比上年增长41.13%，相当于全省GDP的5.1%，比上年提高1.1个百分点。其中，接待境外旅游者50万人次，比上年的45万人次增长11.11%，涉外旅游创汇2.7亿美元，比上年的2.5亿美元增长8%；接待国内旅游者5 100万人次，比上年的4 650万人次增长9.68%，国内旅游总收入188亿元人民币，比上年148亿元增长27.03%。

对外经贸洽谈会 2001年7月10—13日，湖南省在香港举办了“湖南（香港）投资贸易洽谈会”湖南省人民政府副省长贺同新率团赴会。洽谈会共接待客商和香港各界知名人士约3 000余人，对外签约项目144个，利用外资总额达14.8亿美元，其中合同项目103个，合同外资8.5亿美元；签订对外承包、劳务合作项目6个，合同总金额6 400万美元；签订境外加工贸易项目6个，投资金额1 780万美元，其中中方投资1 292万美元；成交进出口贸易总额16 991万美元，其中出口10 970万美元，进口6 021万美元。

2001年广东省对外经济贸易

广东省对外贸易经济合作厅

广东省对外贸易经济合作厅厅长 梁伟发

梁伟发 生于1952年10月，广东罗定人。1984年7月获华南工学院管理工程系学士学位，1994年4月获华南理工大学管理工程硕士学位。1972年参加工作，历任广东省罗定县县长、县委书记，肇庆市副市长、市委副书记、市长等职。2000年2月任现职并兼任中国国际贸易促进委员会广东分会会长。

【对外贸易】

进出口总额 2001年广东省进出口总额1 764.95亿美元，比上年的1 701.06亿美元增长3.76%。

出口总额 出口总额954.26亿美元，比上年的919.2亿美元增长3.81%，占全国出口总额的35.85%。

出口商品结构 初级产品出口额34.33亿美元，占出口总额的3.6%；工业制成品出口额919.93亿美元，占出口总额的96.4%。

出口额500万美元以上商品情况表

金额分类	商品名称	出口金额（亿美元）	占出口总额（%）
1亿美元以上（181种）	8 471所列其他机器的零件、附件，其他玩具，其他橡、塑或再生皮革外底，皮革鞋面的鞋靴，其他收录（放）音组合机，显示器，未列名橡胶或塑料制外底及鞋面的鞋靴，塑料或纺织材料作面的提箱、小手袋等，手持（包括车载）无线电话机，光盘驱动器，无绳电话机，未列名塑料制品，微型机的数字式处理部件，黄金制首饰及其零件，激光视盘放像机，激光打印机，硬盘驱动器，四层及以下的印刷电路，喷墨打印机，棉制未列名针织物或钩编织物，棉制女裤，电力等	650.27	68.14
5 000万美元～1亿美元（148种）	其他高尔夫球器械，龙头、旋塞及类似装置，其他纺织材料制女裤，未列名电导体，装冷热换向阀空调器，棉制针织或钩编的女三角裤及短衬裤等	105.63	11.07
1 000万美元～5 000万美元（601种）	未列名手提式电动工具，电动毛发推剪，其他坐具，含锌量在99.99%及以上的未锻轧非合金锌等	138.15	14.48
500万美元～1 000万美元（385种）	足球、篮球、排球单层瓷介电容器，用塑料或橡胶浸、涂或包覆的针织或钩编手套，已内酰胺，自行车用橡胶内胎，铅笔等	27.66	2.90
合　计	**1 315种**	**921.71**	**96.59**

出口商品市场 出口商品销往219个国家（地区）。

主要出口市场情况表

国别（地区）	出口金额（亿美元）	占出口总额（%）
香　港	336.84	35.30
美　国	237.37	24.87
欧　盟	126.34	13.24
日　本	81.84	8.58
东　盟	48.71	5.10
台湾省	17.28	1.81
韩　国	11.70	1.20

主要出口市场情况表（续）

国别（地区）	出口金额（亿美元）	占出口总额（%）
澳大利亚	11.14	1.17
加拿大	10.23	1.10
合　计	**881.46**	**92.37**

进口总额 进口总额810.69亿美元，比上年的781.83亿美元增长3.7%。

进口商品结构 初级产品进口额100.31亿美元，占进口总额的12.37%；工业制成品进口额710.37亿美元，占进口总额的87.63%。

进口额500万美元以上商品情况表

金额分类	商品名称	进口金额（亿美元）	占进口总额（%）
1亿美元以上（143种）	其他单片集成电路，石油原油及从沥青矿物提取的原油，5－7号燃料油，混合集成电路，初级形状丙烯腈－丁二烯—苯乙烯共聚物，其他初级形状的聚苯乙烯，初级形状的聚丙烯，大、中、小型计算机及其部件的零件、附件，其他打印机零件、附件，四层及以下的印刷电路，彩色数据/图形显示管，初级形状的聚乙烯，二极管（但光敏二极管或发光二极管除外）等	477.02	58.84
5 000万美元～1亿美元（151种）	精炼铜条、杆、型材及异型材，氨酯聚合物泡沫人造革及合成革，其他未涂未漂白牛皮纸，其他橡胶或塑料及其产品的加工机器，初级形状的聚硅氧烷，无线用户接入网设备，其他永磁铁及磁化后准备制永磁铁的物品，化纤制针织或钩编套头衫、开襟衫、马甲等，丙烯聚合物非泡沫塑料板、片、膜、箔等	105.22	12.98
1 000万美元～5 000万美元（695种）	钻探石油及天然气用无缝钢铁套管及导管，未列名利用温度变化处理材料的机器、装置等，其他未列名阀门，甘蔗原糖，未加香料或着色剂，其他初级形状的苯乙烯聚合物，经纵锯、或切的山毛榉木木材，不锈钢板材，线圈绕线机，喷墨打印机，供婴幼儿食用的零售包装食品，数控钻床，未列名塑料胶粘板、片、膜、箔等	157.16	19.39
500万美元～1 000万美元（443种）	其他电缆，其他镀或涂层的普通钢铁板材，液体泵零件，未列名数字式自动数据处理设备，服装或衣着附件的零件，IP电话信号转换设备等	32.05	3.95
合　计	**1 432种**	**771.45**	**95.16**

进口商品市场　进口商品来自161个国家（地区）

主要进口市场情况表

国别（地区）	进口金额（亿美元）	占进口总额（%）
台湾省	153.25	18.9
日　本	129.90	16.02
东　盟	103.88	12.81
欧　盟	71.12	8.77
韩　国	67.47	8.32
美　国	54.29	6.7
香　港	50.93	6.28
合　计	**630.84**	**77.82**

技术进口　签订技术进口合同143宗，比上年减少21宗，技术进口合同总金额为4.04亿美元，比上年增长12.2%。引进的技术来自19个国家（地区），其中主要有美国18项，香港43项，日本37项，德国11项，韩国1项，从上述5个国家和地区引进合同金额共3.66亿美元，占技术引进合同总金额的90.6%。技术引进涉及电子及通信设备制造业、其他制造业、化学原料及化学制品制造业、交通运输业、食品制造业、普通机械制造业、医药制造业等26个行业。其中电子及通信设备制造业引进金额1.50亿美元、其他制造业引进金额0.84亿美元、化学原料及化学制品制造业引进金额0.48亿美元、交通运输业引进金额0.24亿美元、食品制造业引进金额0.16亿美元、普通机械制造业引进金额0.15亿美元、医药制造业引进金额0.15亿美元，共占引进总金额的87.5%。在技术引进合同中，其中技术费为3.62亿美元，比上年增长41.4%，占合同总额的89.6%。

【利用外资】

2001 年利用外资情况表

利用外资方式	批准签订的合同			实际利用外资	
	项目数（个）	外资金额（万美元）	金额比上年增长（%）	金额（万美元）	金额比上年增长（%）
对外借款	79	66 916	-8.19	102 642	46.15
外商直接投资	5 317	1 340 007	54.14	1 297 240	6.01
合资企业	1 031	383 643	150.63	296 416	-5.54
合作企业	386	210 568	60.38	326 924	-13.14
外资企业	3 899	743 625	28.50	632 963	19.88
股份制企业	1	2 171	-65.47	40 937	637.87
外商其他投资	7 802	170 007	1.60	175 644	7.42
加工装配	7 802	168 696	2.44	170 263	9.56
对外发行股票	—	1 311	-50.42	5 381	-33.67
合　计	**13 198**	**1 576 930**	**42.12**	**1 575 526**	**8.10**

外商直接投资行业　在新批准的 5 317 个外商直接投资项目中，生产型项目占 81.7%以上。按行业分，农林牧渔业 104 个，采掘业 10 个，制造业 4 209 个，电力、煤气及水的生产和供应业 9 个，建筑业 13 个，交通运输、仓储及邮电通信业 46 个，批发和零售贸易、餐饮业 92 个，金融、保险业 2 个，房地产业 81 个，社会服务业 572 个，卫生、体育和社会福利业 2 个，教育、文化艺术及广播电影电视业 3 个，科学研究和综合技术服务业 84 个，其他行业 90 个。

外商直接投资来源　外商直接投资来自 86 个国家（地区）。其中香港 2 930 个，合同外资金额 498 353 万美元；英属维尔京群岛 526 个，288 425 万美元；荷兰 9 个，204 250 万美元；美国 211 个，60 152 万美元；台湾省 697 个，59 586 万美元；日本 86 个，48 628 万美元；新加坡 81 个，33 789 万美元；萨摩亚 112 个，32 450 万美元；澳门 340 个，26 824 万美元；开曼群岛 38 个，16 653 万美元；韩国 73 个，11 932 万美元；毛里求斯 37 个，10 130 万美元；加拿大 45 个，9 211 万美元；巴哈马 11 个，9 145 万美元；东萨摩亚 25 个，8 154 万美元。

外商直接投资企业生产经营情况　截至 2001 年底，全省经批准的外商直接投资企业累计 8.91 万家。大批技术和管理先进的外商投资企业取得较好的经济效益。2001 年全省外商投资企业出口总额 543.7 亿美元，占全省出口总额的 56.98%。

【对外经济合作】

对外承包工程和劳务合作　2001 年签定对外承包工程、劳务合作和设计咨询合同 14 246 个，合同金额 82 289 万美元，比上年的 50 560 万美元增长 62.8%；营业额 50 792 万美元，比上年的 48 709 万美元增长 4.3%。当年派出劳务人员 14 819 人次。

对外经济技术援助　承担援外项目 4 个，受援国家和地区有密克罗尼西亚、坦桑尼亚、巴基斯坦、圣卢西亚，涉及建筑、水利、农业等行业。目前，建成的项目有密克罗尼西亚学院多功能体育馆、圣卢西亚农业技术合作项目（第二期）。在建的项目有坦桑尼亚多多马供水设施维修项目、巴基斯坦扩大植物检疫（卡拉奇）；当年派出援外人数为 144 人。

对外投资　2001 年经批准在斯里兰卡、印度、越南、贝宁、澳门、法国等国（地区）共设立企业 7 家，总投资额 3 161 万美元，其中中方投资 2 782 万美元。

【其他】

经济技术开发区 广州、湛江、大亚湾、南沙经济技术开发区外经贸业务得到进一步发展。2001年，湛江经济技术开发区进出口总额23 401万美元，其中出口11 531万美元；新签合同外资金额5 658万美元，实际吸收外资4 821万美元。南沙经济技术开发区进出口总额44 915万美元，其中出口25 520万美元；新签合同外资金额7 463.5万美元，实际吸收外资5 196.51万美元。广州经济技术开发区进出口总额236 471万美元，其中出口97 697万美元；新签合同外资金额129 597万美元，实际吸收外资50 007万美元。

保税区、高新技术产业开发区 深圳沙头角、深圳福田、深圳盐田港、广州、汕头、珠海保税区和深圳科技工业园、广州天河、中山火炬、惠州仲凯、佛山、珠海高新技术产业开发区继续发挥优势，进一步拓展外经贸业务。2001年，深圳保税区进出口总额71.42亿美元（沙头角、福田、盐田港保税区合计），其中出口37.12亿美元；新签合同外资金额1.61亿美元，实际吸收外资2.37亿美元。广州保税区进出口总额5.9892亿美元，其中出口1.68亿美元；新签合同外资金额1.96亿美元，实际吸收外资1.28亿美元。珠海保税区进出口总额1.6亿美元，其中出口0.65亿美元；新签合同外资金额0.62亿美元，实际吸收外资0.71亿美元。惠州仲凯高新技术产业开发区出口9.19亿万美元；新签合同外资金额0.35亿美元，实际吸收外资0.21亿美元。中山火炬高新技术产业开发区出口10.30亿美元；新签合同外资金额3.24亿美元，实际吸收外资2.3亿美元。深圳高新技术产业开发区出口25.31亿美元；新签合同外资金额1.43亿美元，实际吸收外资1.61亿美元。广州高新技术产业开发区出口0.44亿美元；新签合同外资金额0.59亿美元，实际吸收外资0.56亿美元。珠海高新技术产业开发区出口4.87亿美元；新签合同外资金额1.82亿美元，实际吸收外资2.34亿美元。

对外经贸洽谈会 2001年中国广东—新加坡经济技术合作交流会于5月11日在新加坡文华大酒店国际会议厅举行，来自新加坡、马来西亚、印尼、台湾省、香港等国家和地区的近500名客商到会。利用外资共签约69宗，投资总额19.8亿美元，其中外资金额13.3亿美元。贸易成交共12.9亿美元，其中出口6.8亿美元，进口6.1亿美元。

中国广东—印度经济技术合作洽谈会于5月14日在印度孟买举行。洽谈会到会客商共250多人，双方企业分别就家用电器、轻纺产品等进行贸易以及开展生产合作等作了较深入的洽谈，签订了空调、风扇、钟表、丝绸产品、纺织品等贸易合同共1.3亿美元，签订了一项摩托车境外加工贸易项目意向，深圳市贸促会还与印度工商联合会签订了促进双边贸易的原则协议。

中国广东（非洲）贸易暨经济技术洽谈会于6月21—23日在南非约翰内斯堡举行，共接待客商近6 000人。进出口贸易成交总额10.44亿美元，其中，出口9.53亿美元，进口0.91亿美元；签订境外投资项目8个，投资额7 130万美元；对外承包工程项目1个，金额1 050万美元。

粤台经济技术贸易交流会于5月30—31日在我省中山市举行。本次交流会签约项目达256个，总投资14.5亿美元，台资金额11.3亿美元。其中签订合同145宗，总投资5.4亿美元，台资金额5亿美元；签订协议50宗，总投资2.2亿美元，台资金额1.98亿美元；签订意向61宗，投资总额6.9亿美元，台资金额4.3亿美元。本次交流会还签订了进出口贸易合同5.4亿美元。

广东省经济技术贸易洽谈会于8月28—30日在香港会议展览中心举行。共接洽来自20多个国家和地区的公司3 671家，客商11 300人次；签订各种外资项目811宗，总投资70.4亿美元，外资金额58.5亿美元；对外经济合作项目7个，合同金额1.25亿美元；贸易成交14.05亿美元。

广东省经贸代表团美加经贸活动分别于9月11日、18日和20日在洛杉矶、多伦多和温哥华举办了经济技术贸易推介会。共签订了投资项目63宗，总投资14.7亿美元，其中外资12.3亿美元，合同外资金额6.96亿美元；签订了贸易合同9.73亿美元，其中向美加出口7.2亿美元。

港口运输 2001年，广东口岸的数量、通过能力和各项经济指标均居全国首位。全省设有一类口岸51个（其中水运口岸36个、铁路口岸4个、公路口岸6个、航空口岸5个），现有二类口岸99个（其中水运装卸点93个、铁路装卸点5个、公路起运点1个），纳入口岸管理的港澳货运车辆检查场59个。全年经广东口岸出入境旅客17 021万人次，增长8.0%；进出口货运总量18 806万吨，其中出口7 807万吨，增长4.4%；出入境交通运输工具1 175.0万辆（艘、列、架）次，增长0.6%。港口口岸年吞吐能力为1.5亿吨，其中万吨级对外开放泊位111个，千吨级泊位99个。

涉外旅游 2001年经广东口岸入境的国际游客7 256万人次，比上年的6 729万人次增长7.31%。旅游外汇收入44.51亿美元，比上年的41.12亿美元增长8.24%。

2001年广州市对外经济贸易

广州市对外贸易经济合作局

广州市对外贸易经济合作局局长 陈明德

陈明德 生于1954年4月。广东东莞人。研究生，高级政工师，高级经济师。曾任广钢集团有限公司董事长、总经理，中共广州市对外经济贸易工作委员会副书记，广州市对外经济贸易委员会副主任等职。现任广州市对外贸易经济合作局局长、党委书记，广州市外商投资管理服务中心主任。

【对外贸易】

进出口总额 2001年广东省广州市进出口总额179.61亿美元，比上年177.31亿美元增长1.3%。

出口总额 出口总额91.86亿美元，比上年的91.81亿美元增长0.06%。占全市国内生产总值2 685亿元的28.26%，占全省出口总额954.2亿美元的9.62%。

出口商品结构 初级产品出口额6.45亿美元，占出口总额的7.02%；工业制成品出口额85.41亿美元，占出口总额的92.98%。

出口额1 000万美元以上商品情况表

金额分类	商品名称	出口金额（亿美元）	占出口总额（%）
1亿美元以上（18种）	纺织品、服装、鞋类、钟表类、珠宝首饰、箱包、玩具、塑料制品、交通运输类、各类机械、光学仪器、家用电器、机电产品、音响设备、灯具、家具、体育用品、钢铁制品	77.23	84.07
5 000万美元～1亿美元（8种）	有机化学品、香调料及香料油、橡胶及制品、纸制品、金属制品、船舶、乐器、杂项制品	5.74	6.25
1 000万美元～5 000万美元（30种）	皮革及制品、活畜禽、肉食、水产品、粮油、食品制成品、糖类、酒及饮料类、矿物燃料类、无机化学类、药品、涂料、清洁用品、易燃品、照相及电影用品、淀粉类、杂项化学产品、皮革制品、毛皮及人造毛皮制品、木制品及木炭、印刷品、帽类、伞类、羽毛制品、人造花、陶瓷产品、玻璃制品、贵金属、有色金属及制品、其他工艺美术品	8.20	8.93
合 计	**56种**	**91.17**	**99.25**

出口商品市场 出口商品销往207个国家和地区。

主要出口市场情况表

国别（地区）	出口金额（亿美元）	占出口总额（%）
香港	34.00	37.01
日本	7.25	7.89
比利时	2.76	3.00
德国	2.49	2.71
美国	2.26	2.46
英国	1.87	2.04
澳大利亚	1.76	1.92
加拿大	1.65	1.80
荷兰	1.09	1.19
法国	1.09	1.19
合计	**56.22**	**61.21**

进口总额 进口总额87.75亿美元，比上年的85.5亿美元增长2.63%。

主要进口商品情况表

商品名称	进口金额（亿美元）	占进口总额（%）
机电、音像设备及零附件	22.6	25.75
塑料及制品、橡胶及制品	9.77	11.13
贱金属及制品	9.41	10.72
化工产品	8.91	10.15
纺织原料及纺织制品	7.94	9.05
车辆、航空器、船舶及运输设备	4.84	5.52
珠宝、贵金属及制品，首饰，硬币	4.76	5.43
光学、医疗仪器，钟表，乐器	2.98	3.40
革、毛皮及制品，箱包，肠线制品	2.67	3.04
纸浆、纸张及制品	2.59	2.95
矿产品	2.24	2.55
植物产品	1.05	1.20
合计	**79.76**	**90.89**

进口商品市场 进口商品来自126个国家和地区。

主要进口市场情况表

国别（地区）	进口金额（亿美元）	占进口总额（%）
日本	17.33	19.75
台湾省	11.68	13.31
美国	10.51	11.98
香港	7.63	8.70
韩国	5.44	6.20
德国	3.97	4.52
比利时	2.86	3.26
马来西亚	2.50	2.85
瑞士	2.01	2.29
新加坡	1.66	1.89
合计	**65.59**	**74.75**

进口商品结构 初级产品进口额14.69亿美元，占进口总额的16.74%；工业制成品进口额73.06亿美元，占进口总额的83.26%。

技术出口 技术出口总额7.25亿美元，比上年的5.88亿美元增长23.45%，占全市出口比重的7.89%。

技术进口 签订引进技术和设备合同项目57个，比上年的77个减少20个；合同金额1.36亿美元，比上年的1.2亿美元增长12.5%。引进项目的国家（地区）10个，其中：香港23个，金额3 404万美元；日本14个，金额2 712.42万美元；新加坡5个，金额279.46万美元；台湾1个，金额0.44万美元；德国4个，金额1 169.8万美元；瑞士1个，金额785万美元；法国1个，金额6.5万美元；意大利1个，金额30.1万美元；俄罗斯1个，金额27万美元；美国6个，金额5 170.22万美元。引进的行业共有10个，详细分布见下表：

各行业引进技术合同数及金额表

行业	合同数（个）	合同金额（万美元）
食品加工业	5	1 560
造纸及纸制品业	2	157
化学原料及化学制品制造业	8	4 445
普通机械制造业	3	1 136
电气机械及器材制造业	2	57
电子及通信设备制造业	4	2 845
航空运输业	1	10
房地产开发与经营业	2	208
房地产管理业	15	717
公共设施服务业	1	420
计算机应用服务业	1	7
制造业	12	2 018
房地产业	1	5
合计	**57**	**13 585**

【利用外资】

2001年利用外资情况表

利用外资方式	批准签订的合同			实际利用外资	
	项目数（个）	外资金额（亿美元）	金额比上年增长（%）	金 额（亿美元）	金额比上年增长（%）
对外借款	—	—	—	2.57	213
外商直接投资	678	19.62	28.5	30.01	0.4
合资企业	144	2.49	-12.6	5.39	14.6
合作企业	75	5.38	-4.8	12.26	-31.1
外资企业	458	11.62	71.5	9.13	23.6
股份制企业	1	0.13	—	3.23	—
外商其他投资	409	0.44	-59.1	0.69	57.2
补偿贸易	—	—	—	0.41	—
加工装配	409	0.44	-59.1	0.28	-35.2
对外发行股票	—	—	—	0.41	—
合　计	**1 087**	**20.06**	**22.7**	**33.27**	**6.8**

外商直接投资行业　外商直接投资项目中生产型项目447个，占总数的65.9%。

外商直接投资行业情况表

行　业	项目数（项）	合同外资金额（万美元）	比上年增长（%）	实际利用外资金额（万美元）	比上年增长（%）
一、农、林、牧、渔业	10	4 793	596.7	4 893	120.5
农业	10	4 793	1 513.8	4 893	262.2
二、采掘业	0	0	-100.0	0	-100.0
三、制造业	447	113 526	1.68	164 447	26.5
纺织业	29	6 240	130.1	5 215	-4.8
化学工业	36	10 108	-31.9	10 418	1.1
医药制造业	6	2 599	-33.6	1 684	-31.6
普通机械制造业	23	5 462	-20.6	11 699	166.3
专用设备制造业	—	—	—	—	—
电子及通信设备制造业	35	17 709	-46.6	25 578	0.2
四、电力、煤气及水的生产和供应业	0	0	-100.0	0	-100.0
五、建筑业	4	2 421	-66.7	1591	-72.8
六、地质勘查业、水利管理业	—	—	—	0	-100.0
七、交通运输、仓储及邮电通信业	6	3 173	722.0	9 163	349.8

外商直接投资行业情况表（续）

行业	项目数（项）	合同外资金额（万美元）	比上年增长（%）	实际利用外资金额（万美元）	比上年增长（%）
八、批发和零售贸易、餐饮业	8	449	-42.1	5 292	11.2
九、房地产业	22	24 158	105.5	80 518	-37.5
十、社会服务业	113	32 270	178.3	21 387	84.2
十一、卫生、体育和社会福利业	0	0	-100.0	0	-100.0
十二、教育、文化艺术及广播电影电视业	—	0	100.0	0	-100.0
十三、科学研究和综合技术服务业	0	0	-100.0	0	-100.0
十四、其他行业	68	15 439	172.3	12 828	41.3
合计	**678**	**196 229**	**28.5**	**300 119**	**0.4**

外商直接投资来源 外商直接投资的国家和地区有49个。其中香港和英属维尔京群岛在新批合同外资中占据了六成多的比重；新批台资与2000年持平，总额接近1亿美元；美国和日本的新批合同外资金额有较大增加，其中美国主要有几大项目增资，日本则是新批项目数增加较多。

外商直接投资来源国别（地区）表

国别（地区）	项目数		合同利用外资		实际利用外资	
	个数	比重（%）	金额（万美元）	比重（%）	金额（万美元）	比重（%）
香港	332	49.0	83 375	42.5	157 990	52.6
英属维尔京群岛	78	11.5	46 601	23.7	48 353	16.1
美国	35	5.2	26 212	13.4	16 130	5.4
日本	18	2.7	11 039	5.6	27 227	9.1
台湾省	109	16.1	9 610	4.9	7 235	2.4
新加坡	16	2.4	6 995	3.6	9 940	3.3
萨摩亚	11	1.6	3 069	1.6	2 002	0.7
毛里求斯	4	0.6	2 212	1.1	796	0.3
荷兰	5	0.7	1 843	0.9	1 062	0.4
泰国	3	0.4	1 473	0.8	241	0.1
印度	1	0.1	1 071	0.5	700	0.2
韩国	14	2.1	1 043	0.5	222	0.1
其他	52	7.7	1 686	0.9	28 221	9.4
合计	**678**	**100.0**	**196 229**	**100.0**	**300 119**	**100.0**

外商直接投资企业生产经营情况 截至2001年底，广州市登记注册的外商投资企业累计12 488家，累计实际利用外资236.7亿美元。2001年广州市外商投资企业出口额60.28亿美元，占全市出口总额的65.62%。

【对外经济合作】

承包工程和劳务合作 签定对外承包工程和劳务合作合同项目6 317个，金额8 186万美元，比上年的10 588

万美元下降22.69%；对外劳务营业额1 410万美元，比上年的1 412万美元下降0.14%，对外承包工程营业额2 405万美元，比上年的5 644万美元下降57.39%。当年派出劳务人员1 088人次，比上年的684人次增长59.06%，年末在外人数2 247人，同比增长22.59%，派往坦桑尼亚、孟加拉国、港澳、泰国等20个国家（地区）。

对外投资 2001年在越南、日本和秘鲁开办了3家研发中心。

【其他】

广州经济技术开发区 实现国内生产总值173亿元，比上年增长22.20%；出口9.77亿美元，比上年增长10%；进口13.87亿美元，比上年增长0.76%；实际利用外资5亿美元，比上年增长3.21%。至2001年底，全区累计批准外商投资企业1 311个，实际利用外资37.5亿美元。

广州高新技术产业开发区 出口0.77亿美元，比上年增长13.76%；进口2.4亿美元，比上年下降20.77%；实际利用外资0.6亿美元，比上年下降4.22%。至2001年底，全区累计批准外商投资企业309个，实际利用外资2.7亿美元。

广州保税区 引进外资项目72个，投资总额2.04亿美元，比上年增长96%；实际利用外资1.28亿美元，比上年增长79%；进口货值4.31亿美元，比上年增长13%；出口货值1.69亿美元，与上年持平。

南沙经济技术开发区 国内生产总值和工业总值分别达17.17亿元和31.53亿元，比上年增长13.2%和8.4%；全年实现进口总额2.02亿美元，比上年增长3.1%，出口总额2.6亿美元，比上年增长12.9%。引进项目29个，实际利用外资5 196.51万美元，比上年增长49%。

对外经贸洽谈会 2001年4月14—26日，广州市经贸代表团赴澳大利亚、新加坡开展经贸招商活动，与澳大利亚客商签署了总投资额1.6亿元人民币的项目合作意向书。

2001年8月28—30日，广州组团参加在香港举行的“广东省对外经济技术贸易洽谈会”，签订项目50个，总投资额6.08亿美元，合同利用外资4.25亿美元。

涉外旅游 2001年入境的外国人数以及港澳台同胞人数为174.91万人次，比上年增长7.7%。旅游外汇收入16.52亿美元，比上年增长7%。

2001年深圳市对外经济贸易

深圳市对外贸易经济合作局

深圳市对外贸易经济合作局局长 叶民辉

叶民辉 生于1955年。广东花都人。1982年毕业于华南理工大学。曾任深圳市科技发展中心主任助理、党组成员，深圳市科学技术委员会副处长、处长。1991年11月任深圳市科学技术局副局长、党组成员，后改任深圳市外商投资局局长、党组书记。2001年8月任现职。

【对外贸易】

进出口总额 2001年广东省深圳市进出口总额685.89亿美元，比上年的639.43亿美元增长7.27%。

出口总额 出口总额374.5亿美元，比上年的345.57亿美元增长8.37%，占广东省出口额的39.2%，占全国出口额的14.1%。进出口额和出口额连续9年位居全国大中城市首位。

出口额 1 亿美元以上商品情况表

商 品 名 称	出口金额（万美元）	占出口总额（%）
电讯设备及器材	1 358 489	36.27
文体用品	304 669	8.14
家用电器	236 311	6.31
箱包及鞋帽	198 769	5.31
服装	159 270	4.25
各类机械	158 504	4.23
成套设备	122 315	3.27
塑料	119 491	3.19
钟表	88 374	2.36
日用杂品	86 939	2.32
家具类	78 921	2.11
工艺品类	63 860	1.71
纺织品	59 910	1.60
黑色金属	51 517	1.38
自行车类	50 201	1.34
食品制成品	38 484	1.03
纸浆、纸张及制品	27 717	0.74
照相制版及电影器材	27 495	0.73
日用五金器皿	25 615	0.68
有色金属	25 191	0.67
出版物	21 631	0.58
船舶	20 494	0.55
非金属矿产品及制品	18 570	0.50
光学仪器	17 324	0.46
化工原料	16 893	0.45
工农具	16 574	0.44
陶瓷类	16 202	0.43
物理化工仪器	13 955	0.37
电子设备及仪器	13 189	0.35
医疗器械	12 793	0.34
食用动物及其产品	10 926	0.29

出口商品市场

主要出口市场情况表

国别（地区）	出口金额（万美元）	占出口总额（%）
香 港	1 338 779	35.75
美 国	966 084	25.80
日 本	350 294	9.35
德 国	128 905	3.44
新加坡	114 554	3.06
英 国	107 351	2.87
荷 兰	88 942	2.37
台湾省	77 724	2.08
泰 国	55 654	1.49
法 国	48 120	1.28

进口总额 进口 311.39 亿美元，比上年的 293.86 亿美元增长 5.97%。

进口额 1 亿美元以上商品情况表

商 品 名 称	进口金额（万美元）	占进口总额（%）
电讯设备及器材	1 102 651	35.41
塑 料	276 075	8.87
各类机械	180 273	5.79
有色金属	180 040	5.78
黑色金属	133 456	4.29
纸浆、纸张及制品	98 644	3.17
化工原料	72 683	2.33
纺织品	69 902	2.24
成套设备	45 646	1.47
钟 表	41 629	1.34
丝织品	36 892	1.18
光学仪器	36 856	1.18
木 材	35 427	1.14
石油及制品	33 510	1.08
非金属矿产品及制品	30 385	0.98
畜产品	26 469	0.85
汽车、电车、摩托车及零件	24 636	0.79
物理化工仪器	24 483	0.79
照相制版及电影器材	20 220	0.65
家用电器	20 109	0.65
油漆、油墨及染料	15 411	0.49
日用杂品	14 302	0.46
化肥、农药	13 123	0.42
橡胶及制品	12 688	0.41
服装	12 507	0.40
日用五金器皿	12 478	0.40

进口商品市场

主要进口市场情况表

国别（地区）	进口金额（万美元）	占进口总额（%）
日　本	564 108	18.12
台湾省	532 518	17.10
美　国	234 172	7.52
韩　国	222 213	7.14

主要进口市场情况表（续）

国别（地区）	进口金额（万美元）	占进口总额（%）
香　港	166 890	5.36
马来西亚	150 626	4.84
泰　国	114 715	3.68
新加坡	107 976	3.47
德　国	92 349	2.97
澳大利亚	91 538	2.94

【利用外资】

2001 年利用外资情况表

利用外资方式	批准签订的合同		实际利用外资	
	金　额（亿美元）	金额比上年增加（%）	金　额（亿美元）	金额比上年增加（%）
对外借款	—	—	4.45	2.00
外商直接投资	27.23	56.67	25.91	32.09
外商其他投资				
来料加工	—	—	5.54	7.40
合　计	**40.04**	**51.67**	**36.03**	**21.37**

外商直接投资来源　外商直接投资来源中，英属维尔京群岛位居第一，合同外资额占全市总额的 44.4%；香港位居第二，合同外资额达 11.4 亿美元，比上年增长 23.7%，占全市总额的 41.9%。

利用外资质量　新批大项目增多。共批准 500 万美元以上大项目 97 个，其中 1 000 万美元以上的 49 个，分别比上年增加 8 个和 7 个；合同外资金额 15.35 亿美元，比上年 500 万美元以上项目合同外资增长 130%。增资企业增多。全年共批准增资项目 466 个，同比增加 42 个，合同外方增资 7.69 亿美元，占外商直接投资合同外资的 28.24%。外资流向高科技产业和重要产业增多。全市共有新批准和增加投资的技术含量高项目 956 个，投资总额 22.7 亿美元，合同外资 13.11 亿美元，占全市合同外资的 32.74%。此外，交通运输、仓储业和房地产业增幅较大，分别为 106.4% 和 57.0%，科学研究和综合技术服务业增长 1111%。

外商投资方式　外商投资领域不断拓展。新批准最大项目广东粤港供水有限公司，投资总额 26.98 亿美元，合同外资 7.9 亿美元，是外商首次投资深圳市大型供水基础设施。外商对创业投资及管理的投资不断增加，全年新批准创业投资公司和创业投资管理类公司 19 家，投资总额 1.12 亿美元，创业投资有力促进了高新技术产业的发展。

跨国公司通过并购方式对深圳市直接投资已开先河。全球 500 强的艾默生电气公司以 7.5 亿美元的高价（高出被收购公司资产约 6 倍）收购华为集团控股的深圳市安圣电气公司，使全球跨国直接投资最主要的投资方式在深圳市初步偿试获得巨大成功。许多跨国公司已经开始或正在计划将区域性或全球性采购中心、研发中心设在深圳。2001 年 12 月份，沃尔玛在深圳设立的全球采办已挂牌，还有 10 多家公司正在调研和计划之中。

深港经济合作　批准香港投资项目 1 287 项，合同外资 18 亿美元，同比增长 27.42%；实际使用港资 19.4 亿美元，同比增长 5.2%。其中外商直接投资项目合同利用港资 11.4 亿美元，同比增长 23.7%；实际使用港资 14.3 亿美元，同比增长 14.5%。截至 2001 年 12 月底，全市合同利用港资 242.4 亿美元，实际使用港资 167.2 亿美元，分别占全市的 67.5% 和 62.8%。

2001年珠海市对外经济贸易

珠海市对外贸易经济合作局

珠海市对外贸易经济合作局局长 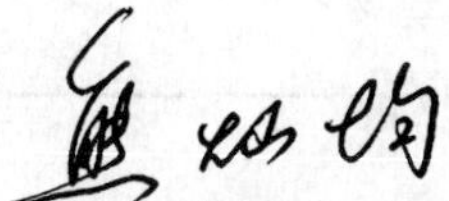

熊灿均　生于1953年，广东罗定人。大专文化。助理工程师。曾任珠海市平沙机械厂厂长，珠海经济特区珠平实业总公司副总经理，珠海市香洲区经济委员会主任、工业局局长、区长助理、副区长、区委副书记、区长等职。

【对外贸易】

进出口总额　2001年广东省珠海市进出口总额98.03亿美元，比上年的91.65亿美元增长6.97%。

出口总额　出口总额37.89亿美元，比上年的36.46亿美元增长3.93%，占全市国内生产总值367.2亿元（相当于44.4亿美元）的85.34%，占全国出口额的1.42%。

出口商品结构　初级产品出口额1.68亿美元，占出口总额的4.43%；工业制成品出口额36.21亿美元，占出口总额的95.57%。

出口额5 000万美元以上商品情况表

金额分类	商品名称	出口金额（万美元）	占出口总额（%）
10亿美元以上	电讯设备	138 835	36.63
1亿美元以上	各类机械，服装，家用电器，未分类商品，纺织品，箱包及鞋帽，照相电影器材	150 000	39.59
5 000万美元以上	文体用品，日用杂品，塑料，成套设备，非金属矿产品，工艺品类	41 116	10.85
合　计	**14种**	**329 951**	**87.07**

出口商品市场　出口商品销往137个国家和地区。

主要出口市场情况表

国别（地区）	出口金额（万美元）	占出口总额（%）
香　港	312 531	82.5
澳　门	30 675	8.1
美　国	5 560	1.5

主要出口市场情况表（续）

国别（地区）	出口金额（万美元）	占出口总额（%）
日　本	4 084	1.1
韩　国	2 528	0.7
荷　兰	1 990	0.5
沙特阿拉伯	1 273	0.3
新加坡	1 162	0.3

主要出口市场情况表（续）

国别（地区）	出口金额（万美元）	占出口总额（%）
德　国	1 097	0.3
意大利	1 091	0.3
合　计	**361 992**	**95.6**

进口总额　进口60.14亿美元，比上年的55.19亿美元增长8.97%。

进口商品结构　初级产品进口额27.8亿美元，占进口总额的46.2%；工业制成品进口额32.3亿美元，占进口总额的53.8%。

进口额1亿美元以上商品情况表

金额分类	商　品　名　称	进口金额（万美元）	占进口总额（%）
10亿美元以上	石油制品	230 674	38.3
3亿美元以上	电讯设备，各类机械	126 780	20.1
1亿美元以上	塑料，化工原料，纸浆纸张，纺织品，有色金属	73 190	12.2
合　计	**8种**	**430 644**	**70.6**

进口商品市场　进口商品来自46个国家和地区。

主要进口市场情况表

国别（地区）	进口金额（万美元）	占进口总额（%）
香　港	286 462	47.6
伊　朗	198 604	33.0
澳　门	26 975	4.5
韩　国	19 134	3.2
日　本	13 110	2.2
马来西亚	6 033	1.0

主要进口市场情况表（续）

国别（地区）	进口金额（万美元）	占进口总额（%）
伊拉克	5 165	0.9
新加坡	5 134	0.9
合　计	**560 617**	**93.3**

技术进出口　技术进出口总额1 198万美元，比上年的499万美元增长140%。签订引进技术和进口设备合同12个，比上年增长2个；合同金额873万美元，比上年的250万美元增长249%。签订技术出口合同项目4个，合同金额325万美元，比上年的249万美元增长30.5%。

【利用外资】

2001年利用外资情况表

利用外资方式	批准签订的合同			实际利用外资	
	项目数（个）	金额（万美元）	金额比上年增长（%）	金额（万美元）	金额比上年增长（%）
对外借款	75	14 959	-45.4	31 632	104.8
外商直接投资	646	70 506	29.4	86 468	6.1
合资企业	81	8 070	-1.2	23 561	80.9
合作企业	13	707	-88.7	9 265	-63.3

2001年利用外资情况表(续)

利用外资方式	批准签订的合同			实际利用外资	
	项目数(个)	金额(万美元)	金额比上年增长(%)	金额(万美元)	金额比上年增长(%)
外资企业	552	61 717	54.1	53 531	23.8
股份制企业	—	—	—	111	—
外商其他投资	53	1 943	-52.2	2 061	-58.6
来料加工	53	1 943	-52.2	2 061	-58.6
合　计	**774**	**87 408**	**1.7**	**120 161**	**17.9**

外商直接投资行业　外商直接投资的项目中生产型项目474个，非生产型项目172个。生产型项目集中在制造业，有460个项目，合同外资金额为5.94亿美元，占84.2%。非生产型项目集中在社会服务业，有135个项目，合同外资金额为5 189万美元，占7.36%。制造业以电子及通信设备、化学原料及化学制品和交通运输设备为主，合同外资金额分别为20 338万美元、7 395万美元和4 601万美元，分别占制造业的34.3%、12.5%和7.8%。社会服务业中计算机应用服务项目75个，合同外资金额3 051万美元，占社会服务业的58.8%。

外商直接投资来源　外商直接投资来自23个国家和地区。

外商直接投资主要来源情况表

国别（地区）	项目数		合同外资金额	
	个数	比重（%）	金额（万美元）	比重（%）
香港	174	26.3	22 418	31.8
台湾省	82	12.4	8 705	12.4
澳门	268	40.5	8 288	11.8
日本	15	2.3	6 749	9.6
英属维尔京群岛	51	7.7	5 676	8.1
美国	19	2.9	5 480	7.8
德国	3	0.5	4 584	6.5
合　计	**612**	**92.6**	**61 900**	**88.0**

外商直接投资企业生产经营情况　截至2001年底，已开业投产的外商投资企业共1 599家，2001年总产值513亿元，比上年的424.8亿元增长17.2%；出口销售收入26.9亿美元，比上年的26.3亿美元增长2.5%。

【对外经济合作】

承包工程和劳务合作　签订对外承包工程和劳务合作合同项目152个，金额6 439万美元，比上年的2000万美元增长221.9%；完成营业额2 851万美元，比上年的2 332万美元增长22.3%；年末在外劳务人员2 910人，比上年底3 088人减少178人，主要派往港澳和东南亚地区，其中技术劳务比重呈增长态势。

【其他】

保税区　珠海保税区基础设施和项目建设速度加快。全年完成基础设施投资1.5亿元，比上年增长25%。引进项目26个，比上年增长23%；其中外资项目14个，合同外资金额6 295万美元，比上年增长19%；实际利用外资7 025万美元，比上年增长38%。截至2001年12月底，珠海保税区共引进项目62个，其中仓储物流企业24家，出口加工企业38家；投产企业22家，2001年完成工业物流总产值10亿元，比上年增长86%；实现进出口总额1.7亿美元，比上年增长70%，其中出口6 700万美元，比上年增长40%。投资总额达1.89亿美元的摩天宇航空发动机维修等17个项目动工建设，完成项目总投资3亿美元，比上年增长13%。

高新技术开发区 珠海高新技术产业开发区完成基建投资2.62亿元，完成填土面积227万平方米，完成土石方368万立方米。全年新引进项目127个，合同金额55.85亿元，其中外资项目74个，合同外资金额1.82亿美元，比上年增长31.1%；实际利用外资金额2.34亿美元，比上年增长75.3%。特别可喜的是，全年引进软件和集成电路项目42个，合同金额7亿多元。截至2001年12月底，共引进项目有357个，已投产项目有194个，2001年工业总产值达到106.8亿元，比上年增长31.4%；技工贸总收入达到114.8亿元，比上年增长38.2%，出口4.87亿美元，比上年下降15.6%。

港口运输 珠海港已被国家定位为华南沿海主枢纽港之一。截至2001年底，已有各类泊位89个，其中万吨级以上泊位8个，港口年货物吞吐能力已达2 133万吨。2001年实际完成货物吞吐总量1 982万吨，其中完成外贸进出口货物吞吐量1 077万吨，比上年增长1.5%；出口量750万吨，比上年下降10.3%；进口量327万吨，比上年增长8%。

涉外旅游 接待境外游客191.32万人次，比上年的181.35万人次增长5.5%；其中境外过夜游客100.91万人次，比上年的90.1万人次增长12%。国际旅游外汇收入4.34亿美元，比上年的3.94亿美元增长10.1%。

2001年汕头市对外经济贸易

汕头市对外贸易经济合作局

汕头市对外贸易经济合作局党组书记 陈木城

陈木城 生于1944年。大学学历。曾任汕头经济特区冶金有色金属工业公司总经理，汕头市对外经济贸易委员会副主任、党组副书记，汕头市政府副秘书长，汕头市经济协作办公室主任，汕头市财贸办公室主任、党组书记等职。2001年12月任汕头市对外贸易经济合作局党组书记、中国国际贸易促进委员会汕头分会会长。

【对外贸易】

进出口总额 2001年广东省汕头市进出口总额27.31亿美元，比上年42.13亿美元下降35.2%。

出口总额 出口总额13.41亿美元，比上年的25.96亿美元下降48.3%，占全市国内生产总值460.99亿元（相当于55.6亿美元）的24.1%，占全省出口额的1.41%。其中，一般贸易出口6.89亿美元，下降63.1%；加工贸易出口6.52亿美元，下降10.5%。

出口商品结构

出口额500万美元以上商品情况表

金额分类	商品名称	出口金额（万美元）	占出口总额（%）
1亿美元以上（3种）	服装及衣着附件，纺织纱线、织物及制品	33 643	25.1

出口额500万美元以上商品情况表（续）

金额分类	商品名称	出口金额（万美元）	占出口总额（%）
5 000万美元~1亿美元（3种）	玩具，汽车零件，塑料制品	24 004	17.9
1 000万美元~5 000万美元（11种）	鞋类，电视机、收音机及无线电讯设备的零附件，旅行用品及箱包，电子计算机，水海产品，装饰用陶瓷制品，电视机，蔬菜，家用陶瓷器皿，家具，二极管、晶体管及类似半导体器件	25 169	18.8
500万美元~1 000万美元（5种）	贵金属或贵金属的首饰，通断及保护电路装置，蘑菇罐头，人造花，静止式变流器	3 544	2.6
合　计	**22种**	**86 360**	**64.4**

出口商品市场　出口商品销往146个国家和地区。

主要出口市场情况表

国别（地区）	出口金额（万美元）	占出口总额（%）
香　港	53 215	39.7
美　国	25 772	19.2
日　本	16 029	11.6
新加坡	4 710	3.3
英　国	4 278	3.2
印度尼西亚	2 001	1.5
台湾省	1 949	1.5

主要出口市场情况表（续）

国别（地区）	出口金额（万美元）	占出口总额（%）
澳大利亚	1 907	1.4
马来西亚	1 887	1.4
尼日利亚	1 885	1.4
合　计	**113 603**	**84.7**

进口总额　进口总额13.90亿美元，比上年的16.17亿美元下降14.1%。

进口商品结构

进口额1 000万美元以上商品情况表

金额分类	商品名称	进口金额（万美元）	占进口总额（%）
1亿美元以上（1种）	初级形状的塑料	22 058	15.9
5 000万美元~1亿美元（1种）	纸及纸板（未切成形的）	6 057	4.5
1 000万美元~5 000万美元（15种）	塑料制品，合成纤维纱线，成品油，电线和电缆，自动数据处理设备及其部件，纺织机械，发电机组及旋转式变流机，集成电路及微电子组件，棉机织物，印刷、装订机械，电视机、收音机及无线电讯设备的零附件，通断及保护电路装置，医药品，金属加工机床，钢材	28 346	20.4
合　计	**17种**	**56 461**	**40.6**

进口商品市场 进口商品来自70个国家和地区。

【利用外资】

全市签订利用外资项目84项，合同外资金额2.97亿美元，实际利用外资1.82亿美元。

2001年利用外资情况表

利用外资方式	批准签订的合同			实际利用外资	
	项目数（个）	外资金额（万美元）	金额比上年增长（%）	金额（万美元）	金额比上年增长（%）
对外借款	3	1 050	5.0	403	5.2
外商直接投资	65	28 337	5.0	17 739	7.1
合资企业	18	15 896	432.2	1 229	-74.1
合作企业	6	-290	—	8 065	103.8
外资企业	41	12 568	-28.2	8 445	7.4
股份制企业	—	163	—	—	—
外商其他投资	16	299	24.6	93	-36.6
加工贸易	16	299	24.6	93	-36.6
合　计	**84**	**29 686**	**5.2**	**18 235**	**6.7**

外商直接投资行业 在外商直接投资的65个项目中，按产业分，第二产业63项，第三产业2项。属生产型项目63项，非生产型项目2项。按行业分，制造业63项，交通运输、仓储及邮电通信业1项，社会服务业1项。

外商直接投资来源 外商直接投资来自9个国家和地区。分别是：香港48项，外资金额16 277万美元；台湾省6项，249万美元；日本3项，2 685万美元；泰国2项，522万美元；德国1项，8万美元；英国1项，564万美元；瑞士1项，40万美元；英属维尔京群岛1项，760万美元；美国3项，257万美元。

【对外经济合作】

劳务合作 全市共签订对外劳务合作合同15个，合同金额205.6万美元，营业额145.8万美元，当年派出劳务人员389人，年末在外人数431人。劳务人员主要派往毛里求斯、牙买加等国家和地区，从事制衣、纺织等工作。

【其他】

保税区 汕头保税区实现工业总产值8.5亿元，增长18%；进出口总值3 037万美元，增长14%；固定资产投资2.18亿元，下降40.6%。

港口运输 全市港口共有5 000吨以上泊位24个，其中万吨以上泊位16个，最大靠泊能力3.5万吨。2001年实际完成货物吞吐量1 309.3万吨，比上年1283.1万吨增长2%，其中，完成外贸进出口货物吞吐量259.2万吨。

2001年湛江市对外经济贸易

湛江市对外贸易经济合作局

湛江市对外贸易经济合作局局长

李中　生于1945年9月25日，广东吴川人。大专学历。1984年起历任广东省湛江农垦局湖光农场党委副书记、场长、党委书记，广东省湛江市政府驻深圳办事处主任等职。1992年3月任湛江市对外经济贸易委员会主任、党组书记。

【对外贸易】

进出口总额　2001年广东省湛江市进出口总额108 981万美元，比上年116 746万美元下降6.65%。

出口总额　出口总额40 223万美元，比上年的37 843万美元增长6.29%，占全市国内生产总值434.87亿元（相当于52.55亿美元）的9.25%；占全省出口总额的0.42%。

出口商品结构　初级产品出口额10 753万美元，占出口总额的26.73%；工业制成品的出口额29 470万美元，占出口总额的73.27%。

出口额1 000万美元以上商品情况表

金额分类	商品名称	出口金额（万美元）	占出口总额（%）
5 000万美元以上（3种）	纺织纱、织物及制品、水海产品	14 568	36.22
1 000万美元～5 000万美元（7种）	家具、羽绒、桉木片、标准紧固件、灯具、服装及衣着附件、摩托车及配件	12 021	29.88
合　计	**10种**	**26 589**	**66.10**

出口商品市场　出口商品销往125个国家和地区。

主要出口市场情况表

国别（地区）	出口金额（万美元）	占出口总额（%）
香　港	10 076	25.05
美　国	8 328	20.70
日　本	591.5	14.71
台湾省	1 836	4.56

主要出口市场情况表（续）

国别（地区）	出口金额（万美元）	占出口总额（%）
越　南	1 681	4.18
英　国	1 043	2.59
韩　国	1 021	2.54
奥地利	979	2.43
印度尼西亚	588	1.46
泰　国	573	1.42
合　计	**32 040**	**79.64**

进口总额 进口总额68758万美元，比上年的78 908万美元下降12.86%。

进口商品结构 初级产品进口额45 844万美元，占进口总额的66.70%；工业制成品进口额22 914万美元，占进口总额的33.30%。

进口额1 000万美元以上商品情况表

金额分类	商品名称	进口金额（万美元）	占进口总额（%）
5 000万美元以上（2种）	原油、肥料	37 282	54.22
1 000万美元～5 000万美元（5种）	原棉、钢材、成品油、塑料原料、纸浆	8 136	11.83
合　计	**7种**	**45 418**	**66.05**

进口商品市场 进口商品来自54个国家和地区。

主要进口市场情况表

国别（地区）	进口金额（万美元）	占进口总额（%）
马来西亚	20 326	29.56
澳大利亚	12 092	17.59
美　国	5 106	7.43
泰　国	4 440	6.46
日　本	2 275	3.31
俄罗斯	2 265	3.29
新加坡	2 116	3.08
韩　国	2 116	3.08
加拿大	1 977	2.87

主要进口市场情况表（续）

国别（地区）	进口金额（万美元）	占进口总额（%）
巴布亚新几内亚	1 881	2.74
合　计	**54 594**	**79.40**

技术进出口 2001年湛江市技术进出口总额490.6万美元，比上年的843.36万美元下降41.82%。

技术进口 上年签订的引进技术合同正在实施。本年度无签订新的引进技术合同。

技术出口 签订成套设备与技术出口合同6个，比上年减少2个，合同金额490.6万美元，比上年的427.9万美元增长14.65%。出口成套设备与技术项目主要有酒精设备、速食面生产线、橡胶加工成套设备。分别出口到印度尼西亚、越南、尼泊尔、马来西亚、俄罗斯、墨西哥、伊朗。

【利用外资】

2001年利用外资情况表

利用外资方式	批准签订的合同			实际利用外资	
	项目数（个）	外资金额（万美元）	金额比上年增长（%）	金额（万美元）	金额比上年增长（%）
外商直接投资	58	15 341	60.32	10 106	12.78
合资企业	17	2 221	28.38	3 616	64.29
合作企业	12	3 674	310.96	4 812	120.53

2001年利用外资情况表（续）

利用外资方式	批准签订的合同			实际利用外资	
	项目数（个）	外资金额（万美元）	金额比上年增长（%）	金额（万美元）	金额比上年增长（%）
外资企业	29	9 446	36.01	1 678	-63.35
外商其他投资					
加工贸易	1	136	-55.26	203	50.49
合　计	**59**	**15 477**	**56.76**	**10 309**	**10.01**

外商直接投资行业　在外商直接投资的59个项目中，生产型项目54个，非生产型项目5个。按行业分，农林牧渔业6个，采掘业1个，制造业47个，交通运输、仓储业4个，咨询服务业1个。

外商直接投资来源　外商直接投资来自15个国家和地区。居首位的是香港35个项目，合同外资金额11921万美元，实际使用外资金额8329万美元。

2001年利用外资国别（地区）情况表

国别/地区	项　目		合同外资		实际使用外资	
	个数	占项目总额（%）	金额（万美元）	占外资总额（%）	金额（万美元）	占外资总额（%）
香　港	35	59.32	11 921	77.02	8 329	80.79
日　本	2	3.38	1 059	6.84	20	0.19
新加坡	1	1.69	629	4.06	100	0.97
美　国	4	6.78	503	3.25	560	5.43
英属维尔京群岛	3	5.08	451	2.91	49	0.48
台湾省	7	11.86	354	2.29	100	0.97
巴拿马	1	1.69	350	2.26	0	0
澳大利亚	2	3.38	88	0.56	3	0.03
以色列	1	1.69	50	0.32	0	0
马来西亚	2	3.38	32	0.21	23	0.22
毛里求斯	1	1.69	30	0.19	5	0.05
加拿大	1	1.69	6	0.04	105	1.02
韩　国	1	1.69	4	0.03	0	0
芬　兰	0		0		589	5.71
澳　门	0		0		426	4.13
合　计	**59**	**100**	**15 477**	**100**	**10 309**	**100**

外商投资企业生产经营情况　2001年全市开业投产的外商投资企业274家，当年销售（营业）收入85亿元，比上年的85.91亿元增长1.06%，其中出口销售收入13 926万美元，比上年的13 561万美元增长2.69%。

【其他】

经济技术开发区　湛江经济技术开发区规划面积

9.2平方公里，截至2001年底，已开发土地面积5.26平方公里。2001年全区国内生产总值21.13亿元，比上年的22.61亿元下降6.54%。工业总产值61.05亿元，比上年的61.43亿元下降0.62%。进出口总额13 462万美元，比上年的12 523万美元增长7.49%。其中进口8 895万美元，比上年增长36.05%，出口4 567万美元，比上年增长10.75%。实际使用外资4 821万美元，比上年增长7.11%。

对外经贸洽谈会 2001年湛江市组团分别参加了广东省政府在非洲、香港、美国（加拿大）举办的三次境外大型经贸洽谈会，共接洽当地及来自10多个国家和地区的公司180家，客商520多人次。共签订吸收外资项目48个，总投资20 139万美元，外资金额16 560万美元。其中签订项目合同33个，总投资13 183万美元，外资金额9 762万美元；签订协议12个，总投资4 856万美元，外资金额4 698万美元；签订意向书3个，总投资2 100万美元，外资金额2 100万美元。此外，还签订贸易合同48个，成交额12 251万美元。

港口运输 全市共有19个海运码头，170个泊位。其中万吨级泊位24个，最大靠泊能力10万吨。港口设计吞吐能力3 246万吨。2001年全市港口实际完成货物吞吐量2 847万吨，比上年的2 650万吨增长7.43%。其中完成外贸进出口货物吞吐量1 402万吨（出口389.44万吨，进口1 012.5万吨），比上年增长10.74%，占全年港口货物吞吐量的51.93%。港口集装箱运输量74 134标准箱，比上年的74 255标准箱下降0.16%。全市外贸运输货运总量为1 405.43万吨。按运输方式分：海运量1 402万吨，陆运量3.43万吨，空运量较少。

涉外旅游 2001年全市接待了来自21个国家和台湾省、香港、澳门地区的境外旅游者22.08万人次，比上年的21.27万人次增长3.71%。旅游外汇收入1 103.98万美元，比上年的1 003.62万美元增长10%。

2001年广西壮族自治区对外经济贸易

广西壮族自治区对外贸易经济合作厅

广西壮族自治区对外贸易经济合作厅厅长

任燮康　生于1955年12月，江西丰城人。1984年获中南工业大学工学硕士学位。历任中南工业大学管理工程系、经济贸易系副主任、主任，1990年由讲师破格晋升为教授。1997年4月任广西钦州市副市长兼钦州港经济开发区主任。1998年5月任广西对外贸易经济合作厅厅长、党组书记，广西外商投资管理办公室主任。

【对外贸易】

进出口总额 2001年广西壮族自治区进出口总额17.97亿美元，比上年的20.38亿美元下降11.8%。

出口总额 出口总额12.36亿美元，比上年的14.93亿美元下降17.2%，占全区国内生产总值2231.19亿元（约合269.58亿美元）的4.6%，占全国出口总额的0.46%。

出口额3 000万美元以上商品情况表

商品名称	出口金额（万美元）	占出口总额（%）
锡及合金	8 059	6.5
摩托车	4 978	4
锌及合金	4 345	3.5
氧化锌	4 072	3.3

出口额 3 000 万美元以上商品情况表（续）

商品名称	出口金额（万美元）	占出口总额（%）
服装	4 022	3.3
陶瓷	4 000	3.2
烟花爆竹	3 789	3.1
松香及树脂酸	3 344	2.7
纺织品	3 311	2.7
罐头	3 055	2.5
合　计	**42 975**	**34.8**

出口商品结构　初级产品出口额 2.18 亿美元，占出口总额的 17.6%；工业制成品出口额 10.18 亿美元，占出口总额的 82.4%。

出口商品市场　出口商品销往 130 个国家（地区），其中对主要市场香港、日本、东南亚、欧盟、美国出口 9.86 亿美元，占出口总额的 79.8%，比上年同期下降 20.4%。

主要出口市场情况表

国别（地区）	出口金额（万美元）	占出口总额（%）
欧　盟	29 155	23.6
东　盟	26 065	21.1
香　港	18 220	14.7
美　国	15 051	12.2
日　本	11 507	9.3
合　计	**99 998**	**80.9**

进口总额　进口总额 5.61 亿美元，比上年的 5.45 亿美元增长 3.1%。

进口额 2 000 万美元以上商品情况表

商品名称	进口金额（万美元）	占进口总额（%）
锰矿砂	3 090	5.5
铁矿砂	3 004	5.3

进口额 2 000 万美元以上商品情况表（续）

商品名称	进口金额（万美元）	占进口总额（%）
大　豆	2 387	4.3
合　计	**8 481**	**15.1**

进口商品结构　初级产品进口额 2.65 亿美元，占进口总额的 47.1%；工业制成品进口额 2.96 亿美元，占进口总额的 52.9%。

进口商品市场　进口商品主要来自越南、日本、台湾省、韩国、美国、澳大利亚等国家和地区，合计进口 30 682 万美元，占全区进口总额的 54.6%。

主要进口市场情况表

国别（地区）	进口金额（万美元）	占进口总额（%）
越　南	11 592	20.6
美　国	5 165	9.2
日　本	3 966	7.1
台湾省	3 592	6.4
韩　国	3 306	5.9
合　计	**27 621**	**49.2**

边境贸易　对越南进出口总额为 2.87 万美元，比上年的 2.91 亿美元下降 1.4%，其中：出口 1.71 亿美元，同比下降 23%；进口 1.16 亿美元，同比增长 65.7%。在对越南的进出口贸易中，边境小额贸易进出口为 1.68 亿美元，同比增长 11.3%；其中出口 0.58 亿美元，同比下降 31.1%；进口 1.1 亿美元，同比增长 64.4%。

【利用外资】

共批准外商直接投资项目 285 个，其中合资企业 90 个，合作企业 41 个，外资企业 154 个；合同外资金额 58 707 万美元，比上年下降 17.3%；实际利用外资金额 38 415 万美元，比上年下降 26.8%。

2001年利用外资情况表

利用外资方式	批准签订的合同			实际利用外资	
	项目数（个）	外资金额（万美元）	金额比上年增长（%）	金额（万美元）	金额比上年增长（%）
外商直接投资	285	58 707	-17.3	38 415	-26.8
合资企业	90	12 723	25.3	12 796	-22
合作企业	41	21 431	-23.3	7 233	-53.3
外资企业	154	24 553	-25.5	14 186	-23.2
股份制企业	—	—	—	4 200	100

外商直接投资来源 港、澳、台地区仍是广西吸收外资的主要来源地，其项目数共214个，合同外资金额39 303万美元，实际利用外资金额23 588万美元，分别占全区总量的75%、66.9%、61.4%。

在广西投资的国家和地区按合同外资金额排前10位的是：香港152项，合同外资金额31 133万美元；台湾省57项，6 572万美元；法国4项，4 212万美元；马来西亚5项，3 893万美元；泰国4项，3 887万美元；美国23项，3 704万美元；澳门5项，1 598万美元；英国3项，996万美元；丹麦1项，450万美元；日本4项，418万美元。

来自亚洲国家和地区的实际利用外资达26 897万美元，占全区实际利用外资的69.9%。排前10位的国家和地区是：香港19 185万美元、英国4 942万美元、台湾省3 286万美元、新加坡2 136万美元、美国1 933万美元、毛里求斯1 215万美元、英属维尔京群岛1 129万美元、澳门1 117万美元、法国881万美元、马来西亚613万美元。

外商直接投资行业 制造业实际利用外资21 362万美元，房地产业6 045万美元，社会服务业4 349万美元，建筑业2 064万美元，所占比例分别为55.6%、15.7%、11.3%和5.4%。

招商活动 分别在加拿大多伦多、美国、韩国汉城、马来西亚吉隆坡和北京、西安、烟台、厦门、南宁等地举办或参加经贸洽谈活动，共签订利用外资合同27项，合同总额21 231万美元；利用外资协议或意向47项，协议总额55 345.3万美元。其中美国—加拿大—韩国招商会上，签订外资项目协议11项，总协议额11 900万美元，其中外资额7 009万美元；马来西亚广西投资情况介绍会上共签订联合开发工业园协议1项；西安中国东西部投资合作洽谈会上共签订外资合同4项，合同总额1 152万美元，外资额1 085万美元，协议5项，协议总额7 886万美元；厦门第五届中国投资贸易洽谈会上共签订外资合同7项，合同总额926万美元，外资额791万美元，协议7项，协议总额3 255.3万美元，外资额1 562万美元；南宁广西投资贸易洽谈会共签订外资合同16项，合同总额19 153万美元，外资额11 681万美元；外资协议和意向23项，协议总额32 304万美元，外资额19 223万美元。

【对外经济合作】

承包工程和劳务合作，新签对外承包工程劳务合作项目合同41个，合同总金额1 522万美元，完成营业额1 657万美元，外派各类劳务人员644人次，年末在外劳务人员972人。对外承包工程、劳务合作主要业务分布在日本、越南、柬埔寨、缅甸、马来西亚、巴基斯坦、肯尼亚、冈比亚、美国塞班、法属波利尼西亚等21个国家和地区。

对外投资 在境外投资兴办非贸易性合资、独资企业5家，对外投资总额3 159.4万美元，其中中方投资3 046.3万美元，分别比上年增长8.2和8.7倍。境外投资项目带动国产设备、材料出口1 414万美元。投资国别为越南、柬埔寨和尼泊尔。在5家境外企业中，广西国际经济技术合作公司以BOT方式投资2 747万美元承建的尼泊尔上莫迪水电站项目，标志着广西境外投资的规模和水平上了一个新的台阶。

接受国际援助 接受国际无偿援助项目61项，援助金额1 456.67万美元。

【其他】

港口运输 沿海主要港口完成货物吞吐量1 812.8万吨，比上年增长2.6%。其中，外贸货物吞吐量1 057.8万吨，增长10.3%。

涉外旅游 接待外国及港澳台旅游人数124.51万人次，比上年增长0.4%。其中，外国人54.47万人次，增长7.6%；港澳台同胞69.95万人次，下降4.3%。国际旅游外汇收入2.48亿美元，下降5.6%。

2001 年北海市对外经济贸易

北海市对外贸易经济合作局

北海市对外贸易经济合作局局长 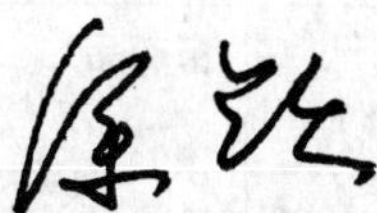

余跃　生于 1963 年 7 月，四川岳池人。1986 年毕业于四川南充师范学院政治系，1993 年获西南财经大学硕士学位。1993 年 7 月后在北海市体改委工作，曾任副主任。1998 年 11 月任北海市对外贸易经济合作局局长、党委书记。

【对外贸易】

进出口总额　2001 年广西壮族自治区北海市进出口总额 7 531 万美元，比上年的 7 403 万美元增长 1.73%。

出口总额　出口总额 5 087 万美元，比上年的 4 875 万美元增长 84.78%，占全市国内生产总值 124.72 亿元（相当于 15.07 亿美元）的 3.38%，占全自治区出口总额 12.36 亿美元的 4.11%。

出口商品结构　初级产品出口额 1 074 万美元，占全市出口总额的 21.11%；工业制成品出口额 4 013 万美元，占出口总额的 78.89%。

出口额 100 万美元以上商品情况表

金额分类	商 品 名 称	出口金额（万美元）	占出口总额（%）
1 000 万美元以上（1 种）	烟花炮竹	3 006	59.09
100 万美元～1 000 万美元（9 种）	竹制品、皮劳保手套、塑料编织袋（布）、水产品、农药等	1 523	29.94
合　计	**10 种**	**4 529**	**89.03**

主要出口市场情况表

国别（地区）	出口金额（万美元）	占出口总额（%）
美　国	1 492	29.33
日　本	831	16.34
香　港	611	12.01
德　国	595	11.70

主要出口市场情况表（续）

国别（地区）	出口金额（万美元）	占出口总额（%）
英　国	335	6.59
越　南	143	2.81
拉丁美洲	104	2.04
合　计	**4 111**	**80.81**

进口总额 进口总额2 444万美元，比上年的2 508万美元下降3.32%。

进口商品结构 初级产品进口额1 323万美元，占进口总额的54.13%；工业制成品进口额1 211万美元，占进口总额的45.87%。

进口额50万美元以上商品情况表

金额分类	商品名称	进口金额（万美元）	占进口总额（%）
1 000万美元以上（1种）	畜产品	1 084	44.35
100万美元~1 000万美元（3种）	成套设备、染料、电讯设备器材	983	40.22
50万美元~100万美元（6种）	塑料原料等	88	3.60
合 计	**10种**	**4 529**	**89.03**

主要进口市场情况表

国别（地区）	进口金额（万美元）	占进口总额（%）
香 港	1 835	75.08
台湾省	68	2.78
合 计	**1 903**	**77.86**

【利用外资】

2001年全市共批准签订外资合同项目19个，比上年的17个增长11.76%；合同外资金额4 437万美元，比上年的821万美元增长440%；实际利用外资1 810万美元，比上年的3 629万美元下降50.12%。其中：合资项目3个，比上年的6个减少50%；合同外资金额152万美元，比上年的603万美元减少74.79%；实际利用外资1 224万美元，比上年的2 692万美元下降54.53%。合作项目3个，合同外资金额3 172万美元，实际利用外资0万美元。独资项目13个，比上年的10个增长30%；合同外资金额1 113万美元，比上年的692万美元增长60.83%；实际利用外资586万美元，比上年的429万美元增长36.6%。

外商直接投资行业 外商直接投资项目中生产型项目18个，非生产型项目1个。按行业划分：农林牧渔业2个，采掘业1个，制造业15个，仓储业1个。

外商直接投资来源 外商直接投资主要来自亚洲、大洋洲、北美洲三大洲10个国家和地区。具体为：香港5项，合同外资金额555万美元，实际利用外资1 559万美元；澳门实际利用外资30万美元；台湾省3项，合同外资金额113万美元，实际利用外资113万美元；泰国项目2个，合同外资3 400美元；新加坡实际利用投资48万美元；日本项目1个，合同外资金额39万美元，实际投入4万美元；巴布亚新几内亚1项，合同外资金额10万美元；美国4项，合同外资金额463万美元，实际利用外资56万美元；加拿大2项，合同外资金额20万美元。

【对外经济合作】

承包工程和劳务合作 2001年签订工程承包和劳务合作合同项目2项，合同金额5.76万美元，比上年的57万美元下降89.89%；营业额1.24万美元，比上年的15万美元下降91.73%；当年共派出各类劳务人员6人，年末在境外劳务人员5人，主要派驻国为缅甸。

【其他】

港口运输 2001年北海市港口吞吐总量达530.35万吨，比上年的526.6万吨增长7.1%，其中完成外贸进出口货物吞吐总量95.48万吨，比上年的104.38万吨下降12.97%。进出口集装箱为9 905个标箱，箱载货物总重量达107 400吨，其中出口货物量47 732吨，比上年的37 886吨增长126%；进口货物量22 019吨，比上年的21 402吨增长103.9%。

涉外旅游 2001年接待境外游客4.01万人次，比上年的3.3万人次增长5.53%；旅游外汇收入730.6万美元，比上年的703.8万美元增长3.81%。

2001年海南省对外经济贸易

海南省对外贸易经济合作厅

海南省对外贸易经济合作厅厅长

赖勤维　生于1944年10月，四川广汉人。1968年毕业于西南财经大学。中共党员。曾任四川省广汉县副县长、广汉市市长、德阳市副市长，海南省商贸厅厅长兼党组书记，海南省商贸经济合作厅厅长兼党组书记等职。现任海南省对外贸易经济合作厅厅长、党组书记。

【对外贸易】

进出口总额　2001年海南省进出口总额176 238万美元，比上年的128 785万美元增长36.85%。

出口总额　出口总额80 094万美元，与上年的80 289万美元基本持平，占全省国内生产总值（约62.63亿美元）的12.79%，占全国出口额的3.26%。

出口商品结构　初级产品出口额34 039万美元，占出口总额的42.5%；工业制成品出口额46 054万美元，占出口总额的57.5%。

出口额前10位商品情况表

金额分类	商品名称	出口金额（万美元）	占出口总额（%）
1亿美元以上	天然气	21 885	27.00
2 000万美元～9 500万美元	服装	9 398	11.70
	水海产品	4 909	6.12
	纺织品	4 713	5.88
	尿素	3 118	3.89
	鞋类	2 522	3.15
	木家具	2 009	2.51
1 000万美元～1 500万美元	硅锰铁	1 480	1.85
	木片、木粒	1 264	1.58
	箱包	1 088	1.36
合　计		**52 386**	**65.04**

出口商品市场

出口额前 10 位国家（地区）

国家（地区）	出口金额（万美元）	比上年增长（%）
香　港	28 268	-6.49
美　国	9 883	-2.58
日　本	9 438	12.54
韩　国	3 464	14.02
德　国	1 944	13.55
澳大利亚	1 629	220.04
台湾省	1 557	-36.45
波　兰	1 359	73.12
意大利	1 297	16.01
阿联酋	1 227	26.63

进口总额　进口总额 96 144 万美元，比上年的 48 495 万美元增长 98.25%。

进口商品结构　初级产品进口额 13 865 万美元，占进口总额的 28.9%；工业制成品进口额 3.46 亿美元，占进口总额的 72.08%。

进口额前 10 位商品情况表

商品名称	进口金额（万美元）	比上年增长（%）
飞机	34 651	-
钢材	4 183	-4.97
汽车零件	3 472	253.09
铜废碎料	3 125	72.01

进口额前 10 位商品情况表（续）

商品名称	进口金额（万美元）	比上年增长（%）
有机化学品	2 918	-12.71
发动机	2 647	35.14
塑料及制品	2 369	38.04
对苯二甲酸	1 938	-17.92
液化石油气及氢气类	1 901	-23.19
纺织品	1 842	-23.99

进口商品市场

进口额前 10 位国家（地区）

国家（地区）	进口金额（万美元）	比上年增长（%）
美　国	22 093	150.71
德　国	20 154	690.35
日　本	15 767	85.52
加拿大	8 082	455.46
香　港	4 249	49.14
韩　国	3 667	0.19
台湾省	2 911	-12.71
越　南	2 656	102.75
法　国	2 027	57.04
泰　国	1 984	-15.36

【利用外资】

2001 年利用外资情况表

利用外资方式	2001 年总计	比上年增长（%）
一、项目企业个数	181	-1.63
合资企业	58	16.00
合作企业	7	250.00
外资企业	116	-12.12
二、合同外资金额（万美元）	15 193	10.86
合资企业	7 905	59.83
合作企业	1 565	202.71
外资企业	5 723	-30.56

2001年利用外资情况表(续)

利用外资方式	2001年 总计	比上年增长 (%)
三、外商直接投资(万美元)	46 691	8.38
合资企业	17 015	-1.57
合作企业	3 118	12.89
外资企业	26 038	13.65
外商投资股份制企业	520	329.75
四、境外驻琼办事机构(家)	10	-41.20

外商直接投资行业

外商直接投资行业情况表

行业	项目数 (个)	合同外资金额 (万美元)	实际利用外资 金额(万美元)
农林牧渔业	40	1 119	4 022
采掘业	1	1 291	972
制造业	41	4 161	5 679
电力、煤气及水的生产供应业	2	676	268
建筑业	3	287	392
交通运输、仓储及邮电通信业	5	677	6 549
批发零售贸易、餐饮业	16	167	1 273
房地产业	18	2 553	11 024
社会服务业	26	1 701	16 226
其他行业	29	2 561	286
合计	**181**	**15 193**	**46 691**

【对外经济合作】

承包工程和劳务合作 签订对外承包工程和劳务合作合同项目15个,金额1 763万美元,比上年增加144%;完成营业额439万美元,比上年减少163%;当年派出劳务人员377人次,年末在外人数319人,主要派往非洲与亚洲。

对外经济技术援助 承担援外项目2个,受援国家和地区是坦桑尼亚、中非共和国。涉及供水、建筑等行业。项目建设两个正在实施。当年派出援外人员377人,年末在外人数319人。

接受经济援助 接受国际无偿援助的项目4个,金额1 317万美元。目前项目正在执行。

【其他】

对外经贸洽谈会 2001年9月8—12日,以李东生副省长为团长的代表团80多人赴厦门参加了第五届中国投资贸易洽谈会。

在本届投洽会上,根据自身产业发展的要求和资源特点,在展示、宣传海南整体投资形象的基础上,将琼山市作为推介的重点,着重介绍投资政策、投资导向、资源、经济发展状况以及现有企业的经营情况,突出旅游、制药、生态房地产三大招商主题的形象宣传。

本届投洽会上海南省代表团共签定投资合作项目22个，总投资折合人民币17.9亿元。工业项目所占比重较大，其项目数和总投资分别占总数的54.5%和38.5%。投资方分别来自美国、澳大利亚、香港、台湾省等国家和地区以及内地的四川、河南、浙江和福建等省市，合作领域涉及房地产、制药、旅游、环保、农业种植等行业。

港口运输

港口泊位36个，年吞吐能力1 125万吨，其中开放口岸年吞吐能力540万吨。海口港共有15个泊位，其中2万吨级2个；八所港共有8个泊位，其中2万吨级6个；洋浦港共有3个泊位，其中2.5万吨级2个。外贸进出口货物完成1 379.4万吨，以上年增长7.1%。

2001年重庆市对外经济贸易

重庆市对外贸易经济委员会

重庆市对外贸易经济委员会主任 李建春

李建春　生于1959年2月，山西偏关人。工商管理硕士，高级经济师。中共党员。历任重庆红岩机器厂总经济师、重庆机械设备进出口公司总经理、重庆市机械工业管理局副局长等职。现任重庆市对外贸易经济委员会主任、党组书记。

【对外贸易】

进出口总额　2001年重庆市进出口总额183 389万美元，比上年的178 547万美元增长2.71%。

出口总额　出口总额110253万美元，比上年的99522万美元增长10.78%，占全市国内生产总值1750亿元（相当于212亿美元）的5.20%，占全国出口额的0.41%。

出口商品结构　初级产品出口额4565万美元，占出口总额的4.14%；工业制成品出口额105688万美元，占出口总额的95.86%。

出口额500万美元以上商品情况表

金额分类	商品名称	出口金额（万美元）	占出口总额（%）
5 000万美元以上（4种）	摩托车、合成药及中间体、摩托车零部件、汽柴油机及其零件	65 165	59.10
1 000万美元~5 000万美元（13种）	手提式电动工具、钢铁制品、耐火粘土、染料和颜料、聚乙烯醇、桑蚕丝及机织物、苎麻及其机织物、服装、钢材、铝材、锌材、猪鬃、高强度玻璃纤维	21 350	19.36
500万美元~1 000万美元（12种）	电池、锶的碳酸盐、锰材、肠衣、鞋、汽车、汽车零部件、手工工具、人造刚玉、茶叶、肉罐头、瓷餐具	8 481	7.69
合　计	**29种**	**94 996**	**86.15**

出口商品市场 出口商品销往149个国家和地区。

主要出口市场情况表

国别（地区）	出口金额（万美元）	占出口总额（%）
越　南	29 797	36.10
美　国	7 973	7.23
日　本	7 355	6.65
德　国	5 863	5.32
韩　国	5 562	5.04
印度尼西亚	4 227	3.83
香　港	4 006	3.63

主要出口市场情况表（续）

国别（地区）	出口金额（万美元）	占出口总额（%）
荷　兰	2 672	2.42
菲律宾	2 135	1.94
意大利	1 985	1.80
合　计	81 575	73.99

进口总额 进口总额73 136万美元，比上年的79 025万美元下降7.45%。

进口商品结构 初级产品进口额5 239万美元，占进口总额的7.16%；工业制成品进口额67 897万美元，占进口总额的92.84%。

进口额500万美元以上商品情况表

金额分类	商品名称	进口金额（万美元）	占进口总额（%）
5 000万美元以上（2种）	发动机零件、汽车零件	12 716	11.53
1 000万美元～5 000万美元（10种）	乙二醇、铁矿砂、照明装置、密封垫、对苯二甲酸、汽车引擎、螺钉、苯乙烯、无线通讯设备、有线通讯设备	23 753	21.54
500万美元～1 000万美元（11种）	纯铝、海水淡化装置、变速箱、刮水器、铬矿砂、燃油喷射装置、组合机床、滑轮、直线加速器、共振波谱仪、光纤熔焊机	6 846	6.21
合　计	**23种**	**43 315**	**39.28**

进口商品市场 进口商品来自55个国家和地区。

主要进口市场情况表

国别（地区）	进口金额（万美元）	占进口总额（%）
日　本	32 045	43.82
韩　国	6 519	8.91
香　港	6 509	8.90
美　国	4 637	6.34
德　国	3 387	4.63

主要进口市场情况表（续）

国别（地区）	进口金额（万美元）	占进口总额（%）
台湾省	3 199	4.37
瑞　典	3 124	4.27
印　度	3 018	4.13
英　国	1 828	2.50
澳大利亚	1 640	2.24
合　计	**65 906**	**90.11**

【利用外资】

2001 年利用外资情况表

利用外资方式	批准签订的合同			实际利用外资	
	项目数（个）	外资金额（万美元）	金额比上年增长（%）	金额（万美元）	金额比上年增长（%）
对外借款	—	—	—	16 700	65.25
外商直接投资	187	44 327	24.11	25 649	4.96
合资企业	83	14 476	-59.47	14 845	-6.48
合作企业	18	13 491	106.22	3 006	24.01
外资企业	71	16 294	-23.81	7 798	27.02
外商其他投资	15	66	-92.12	131	-8.39
加工贸易	15	66	-92.12	131	-8.39
合计	**187**	**44 327**	**-49.47**	**42 349**	**22.10**

外商直接投资行业 外商投资项目中，生产型项目116个，非生产型项目56个。合同外资在1 000万美元以上的行业有：制造业104个，合同外资金额22 859万美元；社会服务业29个，8 781万美元；房地产业12个，5 785万美元；电力、煤气及水的生产和供应业4个，3 520万美元；农林牧渔业4个，1 170万美元；建筑业6个，1 164万美元。

外商直接投资来源 外商直接投资来自36个国家和地区。投资额居前5位的国家和地区是：香港52项，21 632万美元；美国20项，10 056万美元；泰国5项，1 542万美元；台湾省36项，1 438万美元；沙特阿拉伯1项，1 370万美元。

外商直接投资企业生产经营情况 外商直接投资企业出口创汇10 754万美元，比上年增长7.46%；实现利润12.53亿元，增长8.02%；涉外税收24.98亿元，占全市税收总额的22.20%。

【对外经济合作】

承包工程与劳务合作 签订对外承包工程、劳务合作和设计咨询合同金额1.15亿美元，比上年的9 502万美元增长21.03%；完成营业额6 700万美元，比上年的5 806万美元增长15.40%；当年派出劳务人员2 350人，年末在外人数5 016人。对外承包工程、劳务合作和设计咨询分布在51个国家和地区，比上年增加7个，主要有约旦、德国、爱尔兰、利比亚、斯威士兰、肯尼亚和圣卢西亚等。外派劳务工种为21种，比上年增加8种。外派劳务最多的工程是渔工和缝纫工，分别为1 297人和923人。

接受经济援助 接受国外经济援助项目有7个，金额1 934万美元，分别来自联合国儿童基金会、人口基金、粮农组织以及澳大利亚、德国、挪威、日本等国政府。最大的项目是中澳合作重庆综合扶贫项目，金额1 300万美元。项目正在执行中。

对外投资 在海外举办企业7家，中方投资金额693万美元，投资国别（地区）2个，投资额最大的是重庆东力机械制造有限公司与越南合资组建的境外加工贸易企业——越南优耐特摩托车配件制造有限公司，投资额达600万美元。

【其他】

重庆经济技术开发区 完成外贸进出口7 533万美元，其中出口1 026万美元；兴办外商投资企业18家，合同外资金额6 975万美元，实到外资金额6 019万美元。截至2001年底，开发区累计兴办外商投资企业291家。开发区南区的电子工业区、丹桂工业区和回龙工业区一期、二期开发都已基本建成，综合商贸区已经形成规模。在置换区所在的北部新区经开园，以长安福特汽车生产项目为龙头的现代化汽车工业园正在崛起，高起点建设的重庆出口加工区已见雏形，国家批准设立的环保产业基地正在规划兴建，开发区开发建设步入新的发展时期。

重庆高新技术产业开发区 完成外贸进出口3 429万美元，其中出口2 377万美元；兴办外商投资企业27家，合同外资金额3 891万美元，实到外资金额1 633万美元。截至2001年底，开发区累计兴办外商投资企业306家。开发区加强与跨国公司和国内知名大企业的联系，多形式、多渠道招商。2001年先后5次组团前往美国、英国、德国、法国等地招商，积极邀请国内外客商、企业来高新区考察投资，全年共接待国内外来访团组100余个。同时，加强对外资企业的服务、管理，对重点外商、重点项目、重点企业加强联系、跟踪服务、提供信息，协调解决宗申机车、秦安、浦益斯、明宏、利马、杜克、丰田等企业遇到的实际问题。建立了外资企业库，及时跟踪外资企业资金到位和增资情况，提高了对外资企业的信息服务和管理水平。

对外经贸洽谈会 2001年4月25日—5月5日，第六届三峡国际旅游节暨投资贸易洽谈会在重庆举办。来自美国、英国、法国、德国、日本、加拿大、香港、澳门、台湾省等20多个国家和地区的客商及31个兄弟省市的代表4 000余人参加了贸洽会，大会签约引资项目337个，引进国外资金6.78亿美元，国内资金87.93亿元人民币。出口成交3 966万美元，主要商品为摩托车及配件，出口东南亚及拉美国家。

港口运输 进出口货物运输总量为138万吨，其中进口运量106万吨，出口运量32万吨，分别比上年下降30.43%、30.72%和30.43%。

涉外旅游 接待旅游、参观访问及从事各项活动的海外游客31.33万人次，比上年的26.61万人次增长17.74%；旅游外汇收入1.63亿美元，比上年的1.37亿美元增长18.98%。

2001年四川省对外经济贸易

四川省对外贸易经济合作厅

四川省对外贸易经济合作厅厅长 刘运生

刘运生 毕业于重庆大学机械系，大学文化。历任四川省井研县副县长、县长、县委书记，四川省乐山市副市长、市委副书记、常务副市长、市长，四川省对外经济贸易委员会党组书记等职。现任四川省对外贸易经济合作厅厅长、党组书记。

【对外贸易】

进出口总额 2001年四川省进出口总额30.99亿美元，比上年的25.45亿美元增长21.8%。

出口总额 出口总额15.83亿美元，比上年的13.94亿美元增长13.5%，占全省国内生产总值4421.76亿元（相当于534.67亿美元）的2.96%，占全国出口总额的0.59%。

出口商品结构 初级产品出口额2.7亿美元，占出口总额的17.06%；工业制成品出口额13.12亿美元，占出口总额的82.88%。

出口额1 000万美元以上商品情况表

金额分类	商品名称	出口金额（万美元）	占出口总额（%）
1亿美元以上（2种）	服装、纺织品	26 084	16.48

出口额1 000万美元以上商品情况表（续）

金额分类	商品名称	出口金额（万美元）	占出口总额（%）
5 000万美元～1亿美元（8种）	丝类、无机盐酸化合物、钢坯及粗锻件、半导体器件、视频信号录制或重放设备及零件、铁合金、钢材、丝织品	49 040	30.98
1 000万美元～5 000万美元（18种）	西医药品、电视机、酒类、蔬菜、无机碱化合物、手工具、肥料、黄磷、铝及其制品、锯材、肠衣、羽毛绒、汽车等机动车辆及其零件、塑料及其制品、生皮及皮革制品、鞋类、中药材、罐头	37 982	24.00
合　计	**28种**	**113 106**	**71.46**

出口商品市场　出口商品销往世界156个国家和地区。

主要出口市场情况表

国别（地区）	出口金额（万美元）	占出口总额（%）
美　国	26 052	16.46
日　本	18 799	11.88
香　港	17 876	11.29
韩　国	10 435	6.59
印　度	8 800	5.56
台湾省	5 822	3.68
新加坡	5 463	3.45

主要出口市场情况表（续）

国别（地区）	出口金额（万美元）	占出口总额（%）
德　国	4 686	2.96
荷　兰	3 848	2.43
伊拉克	3 810	2.41
合　计	**105 591**	**66.71**

进口总额　进口总额15.16亿美元、比上年的11.51亿美元增长31.8%。

进口商品结构　初级产品进口额1.22亿美元，占进口总额的8.03%；工业制成品进口额13.95亿美元，占进口总额的91.97%。

进口额1 000万美元以上商品情况表

金额分类	商品名称	进口金额（万美元）	占进口总额（%）
1亿美元以上（1种）	航空设备及零件	27 214	17.95
5 000万美元～1亿美元（2种）	集成电路及微电子组件、矿产品	11 650	7.68
1 000万美元～5 000万美元（12种）	计量检测分析自控仪器及器具、半导体器件、塑料及其制品、钢材、金属加工机床、汽车等机动车辆及其零件、纸浆及纸制品、纺织品、玻璃及制品、大中小微型计算机、电视机、视频信号录制或重放设备及零件	32 949	21.73
合　计	**15种**	**71 813**	**47.36**

进口商品市场　进口商品来自39个国家和地区。

主要进口市场情况表

国别（地区）	进口金额（万美元）	占进口总额（%）
美　国	45 995	33.33
日　本	26 850	17.71
德　国	10 349	6.82
台湾省	9 874	6.51
意大利	9 663	6.37
加拿大	7 898	5.21
韩　国	3 087	2.04

主要进口市场情况表（续）

国别（地区）	进口金额（万美元）	占进口总额（%）
马来西亚	2 794	1.84
新加坡	2 425	1.60
英　国	2 125	1.40
合　计	**121 060**	**79.83**

技术进口　签订引进技术和进口设备合同项目注册生效证书101份，合同金额6 251万美元，比上年的10 645万美元下降41.28%。

【利用外资】

2001年利用外资情况表

利用外资方式	批准签订的合同			实际利用外资	
	项目数（个）	外资金额（万美元）	金额比上年增长（%）	金　额（万美元）	金额比上年增长（%）
外商直接投资	356	99 211	64.0	58 188	33.2
合资企业	176	34 400	29.8	26 817	-7.7
合作企业	20	33 672	224.1	10 797	297.1
外资企业	160	31 139	32.0	20 574	72.5
外商其他投资	—	7 125	-9.3	4 016	22.1
加工贸易		7 125	-9.3	4 016	22.1
合　计	**356**	**106 336**	**55.6**	**62 204**	**32.4**

外商直接投资行业　外商投资生产型项目268个，非生产型项目88个。主要分布在：制造业（占57.87%）、社会服务业（占16.57%）、房地产业（占8.71%）、批发零售贸易和餐饮业（占3.65%）、建筑业（占2.81%）。

外商直接投资行业情况表

行　　业	项目数（个）	合同利用外资（万美元）	实际利用外资（万美元）
农林牧渔业	14	1 894	283
采掘业	7	1 677	594
制造业	206	52 143	37 692
电力、煤气及水的生产和供应业	4	2 475	2 985
建筑业	10	16 334	4 636
地质勘查业、水利管理业	1	294	351
交通运输、仓储及邮电通信业	3	278	1 081

外商直接投资行业情况表（续）

行　　业	项目数（个）	合同利用外资（万美元）	实际利用外资（万美元）
批发和零售贸易、餐饮业	13	584	373
金融、保险业	1	12	
房地产业	31	11 658	7 518
社会服务业	59	9 072	1 749
卫生、体育和社会福利业	2	332	
教育、文化艺术及广播电影电视业	1	778	602
科学研究和综合技术服务业	3	1 674	63
其他行业	1	6	261
总　计	**356**	**99 211**	**58 188**

外商直接投资来源　外商直接投资来自51个国家和地区，主要有：香港137项，金额22 682万美元；英属维尔京群岛23项，8 494万美元；新加坡7项，3 222万美元；台湾省61项，2 784万美元；法国4项，2 075万美元；日本7项，1 530万美元；英国5项，1 386万美元；马来西亚5项，903万美元；德国3项，804万美元；荷兰2项，445万美元。

外商直接投资企业生产经营情况　2001年外商投资企业完成进出口总额为66 734万美元，增长8.44%。其中出口23 997万美元，下降2.1%。

【对外经济合作】

承包工程和劳务合作　新签对外承包工程和劳务合作合同项目233个，比上年减少35个。其中，承包工程合同66个，劳务合作合同167个。新签对外承包工程和劳务合作合同额66 029万美元，增长15.81%。其中，承包工程合同额57 055万美元，劳务合作合同额8 915万美元。完成营业额43 595万美元，增长26.2%。其中承包工程完成39 971万美元，劳务合作完成3 511万美元。外派劳务12 635人次，增加1 565人次。承包工程的主要项目及国别（地区）是：伊拉克燃气轮发电机组成套设备项目，合同额7 789万美元；缅甸纸浆生产项目，合同额8 180万美元；巴基斯坦输变电项目，合同额4 300万美元；印度尼西亚石油中转站管路及设备项目，合同额9 900万美元。

此外，通过建立外派劳务基地扩大外派劳务规模的探索取得成效。截至2001年底，已批准成立了金堂、汉源、犍为、遂宁市中区、中江五个省级外派劳务基地县和四川省轻工（服装、纺织）、四川华丰集团（机械、电子）、四川省外派厨师和农业种养殖业四个省级外派劳务专业基地。

接受经济援助　接受国际无偿援助项目12个，受援金额2 162.3万美元。主要项目有：国际金融公司援助中小企业发展项目、澳大利亚援助卫生项目、英国政府援助社区卫生项目、联合国儿童基金会援助贫困地区儿童规划与发展项目、日本政府援助人畜饮水项目和紧急援助项目。

对外经济技术援助　承担对外援助项目7个，主要项目是：斐济多功能体育馆、塞拉利昂体育场维修项目、尼泊尔国家电视台建设项目、中国驻尼日利亚新馆舍项目。

为省内公司申报外经权情况　有14家公司新获外经贸部批准从事对外承包工程和劳务合作业务。截至2001年底，全省有外经权企业已达84家。

对外投资　新批境外投资项目8个，投资总额1 137万美元，设立境外非贸易型代表机构4家。截至2001年底，共有境外投资项目38个。其中境外加工贸易项目6个，境外非贸易型代表机构28个。

【其他】

入境的外国及台港澳同胞97.6万人次，增长111%；涉外旅游收入1.66亿美元，增长36.29%。

2001年成都市对外经济贸易

成都市对外贸易经济合作局

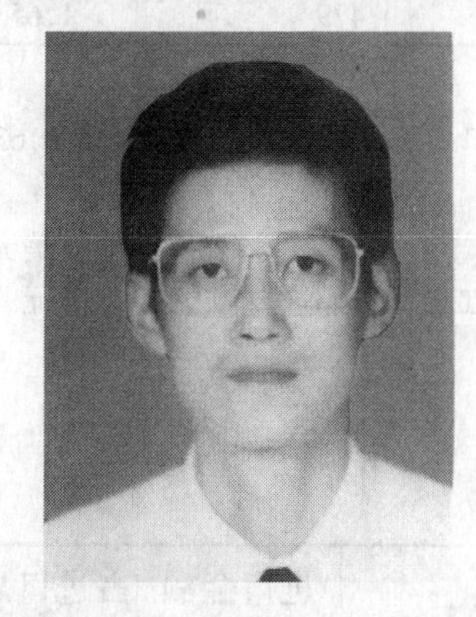

成都市对外贸易经济合作局局长 刘仆

刘仆 生于1959年，四川荣县人。大学学历。1976年参加工作。1981年入党。历任四川省彭县副县长、县长，成都市乡镇企业管理局局长，成都市外商投资管理服务中心主任等职。1998年起任成都市对外经济贸易委员会主任、党组书记，成都市对外贸易经济合作局局长、党组书记。

【对外贸易】

进出口总额 2001年四川省成都市进出口总额18.95亿美元，比上年的14.81亿美元增长28%。

出口总额 出口总额8.94亿美元，比上年的8.18亿美元增长9.22%，占全市国内生产总值1 491亿元（相当于180.41亿美元）的4.96%，占全省出口额的56.48%。

出口商品结构 初级产品出口额2.05亿美元，占出口总额的22.93%；工业制成品出口额6.89亿美元，占出口总额的77.07%。

出口额1 000万美元以上商品情况表

金额分类	商品名称	出口金额（万美元）	占出口总额（%）
3 000万美元以上	木材	3 036	3.39
	水果、蔬菜、干菜及制品	3 360	3.75
	针织、梭织、皮、羽绒及其他服装	5 197	5.81
	棉布、棉花、化纤布、棉、毛、化纤制品	8 166	9.13
	钢材、金属制品、小五金、铁合金	8 860	9.91
	蚕丝	12 181	13.61
	计算机、音像设备、电子元器件	13 502	15.01
1 000万美元～3 000万美元	光学、医疗仪器	1 012	1.13
	木工机械、手工具、镐等	1 468	1.63
	飞机发动机、航空设备及零件	1715	1.91
	猪鬃、肠衣、羽绒、革皮及制品	1 940	2.17
	玩具、家具、寝具、灯具	2 101	2.35
	抗菌素药、心血管药剂、生化药物、氨基酸	2 601	2.91
	饮料、酒、烟	2 664	2.98
合 计		**67 803**	**75.69**

出口商品市场 出口商品销往105个国家（地区）。

主要出口市场情况表

国别（地区）	出口金额（万美元）	占出口总额（%）
美　国	12 612	14.11
日　本	11 079	12.39
香　港	9 784	10.94
印　度	7 600	8.50
韩　国	4 318	4.83
德　国	3 771	4.22
尼泊尔	2 268	2.54

主要出口市场情况表（续）

国别（地区）	出口金额（万美元）	占出口总额（%）
意大利	1 842	2.06
荷　兰	1 714	1.92
澳大利亚	1 479	1.65

进口总额 进口总额10亿美元，比上年的6.63亿美元增长51.09%。

进口商品结构 初级产品进口额7 545万美元，占进口总额的7.54%；工业制成品进口额9.25亿美元，占进口总额的92.46%。

进口额500万美元以上商品情况表

金额分类	商品名称	进口金额（万美元）	占进口总额（%）
2 000万美元以上	化学纤维	2 192	2.19
	车辆及配件	2 660	2.66
	对苯二甲酸	2 738	2.74
	钢材	3 526	3.53
	电机、音像设备	10 676	10.68
	医疗设备	18 690	18.69
	锅炉、机械仪器	20 397	20.40
	航天器及零件	26 644	26.64
1 000万美元～2 000万美元	玻璃及其制品	1 072	1.07
	氨基化合物	1 109	1.11
	塑料及其制品	1 909	1.91
500万美元～1 000万美元	沥青焦、石油沥青	500	0.50
	除草剂	534	0.53
	铜、铝、镍材	717	0.72
	纸浆及纸板	840	0.84
	运动服、滑雪服	902	0.90
	烟草加工机器	995	0.99
合　计		**96 101**	**96.10**

进口商品市场 进口商品主要来自美国、日本、德国、加拿大、意大利、台湾省、巴西等国家和地区。

主要进口市场情况表

国别（地区）	进口金额（万美元）	占进口总额（%）
美国	42 048	42.02
日本	15 555	15.56
德国	6 235	6.24
加拿大	5 309	5.31
意大利	4 988	4.99

主要进口市场情况表（续）

国别（地区）	进口金额（万美元）	占进口总额（%）
台湾省	4 764	4.76
巴西	4 198	4.20
英国	1 767	1.76
法国	1 633	1.63
韩国	1 603	1.60

【利用外资】

2001 年利用外资情况表

利用外资方式	批准签订的合同			实际利用外资	
	项目数（个）	外资金额（万美元）	金额比上年增长（%）	金额（万美元）	金额比上年增长（%）
外商直接投资	212	38 161	35	26 094	18
合资企业	108	13 410	-24	10 141	-18
合作企业	11	13 141	448	4 799	174
外资企业	93	11 610	40	11 154	31
外商其他投资	1	6 046	-24	4 878	10.5
合计	**213**	**44 207**		**30 972**	

外商直接投资行业 外商直接投资项目中，生产型项目 123 个，非生产型项目 89 个。

外商直接投资行业情况表

行业	项目数（个）	合同外资		实际利用外资	
		金额（万美元）	占比重（%）	金额（万美元）	占比重（%）
农业	6	1 107	2.9	15	0.1
制造业	123	20 533	54.0	13 483	52.0
房地产业	25	9 537	25.0	6 545	25.0
城市基础设施	8	1 326	3.5	3 658	14.0
金融、保险	1	12	1.7	127	0.6
贸易、餐饮业	12	1 329	3.5	652	2.5
社会服务业	32	3 104	8.1	485	0.9
其他	4	1 213	3.2	906	3.5

外商直接投资来源 外商直接投资主要来自亚洲、非洲、欧洲、拉丁美洲、北美洲、大洋洲的22个国家（地区），共213个项目，合同外资44207万美元，实际到位30 972万美元。

外商直接投资来源情况表

国别（地区）	项目数（个）	合同外资		实际利用外资	
		金 额（万美元）	占比重（%）	金 额（万美元）	占比重（%）
香 港	74	15 064	39.0	6 871	26.3
美 国	43	6 049	15.9	2 982	11.4
新加坡	6	1 011	2.6	2 693	10.3
台湾省	38	2 476	6.5	1 258	4.8
英属维尔京群岛	15	1 317	3.5	3 853	14.8
泰 国	2	499	1.3	12	0.05
英 国	3	153	0.4	1 299	4.7
毛里求斯	—	172	0.5	172	0.7
加拿大	11	3 058	8.0	78	0.3
荷 兰	2	785	2.1	507	1.9

外商直接投资企业生产经营情况 截至2001年，全市已累计批准外商投资企业2 775家，合同外资金额42.12亿美元，实际利用外资金额20.47亿美元。2001年，全市外商投资企业完成出口额7 254万美元，纳税总额13.5亿元。

【对外经济合作】

承包工程和劳务合作 签订对外承包工程和劳务合作合同项目50份，金额3 311万美元，比上年增长127.8%；完成营业额2 361美元，增长45.74%；当年派出劳务人员1 249人，主要派往日本、尼日利亚、新加坡、沙特阿拉伯、德国、阿联酋等国家。

接受经济援助 英国国际发展署向成都市提供1 100万元人民币的援助，用于成都中英城市社区服务与贫困救助项目。

【其他】

经济技术开发区 成都经济技术开发区实现国内生产总值30.7亿元，增长46.2%；完成固定资产投资9.3亿元；实现税收1.5亿元，增长49.0%；完成出口额1 033万美元，增长166.9%。引进项目117个，其中外资项目7个，合同外资418.6万美元。目前，开发区已投入12亿元用于道路、通讯、供水、供电、供气等基础设施和市政服务设施建设，投资环境日臻完善，已具备了大规模招商引资的良好条件。

涉外旅游 入境的外国游客34.6万人次，比上年增长30.5%；旅游外汇收入11 650万美元，增长43.7%。

2001年贵州省对外经济贸易

贵州省贸易合作厅

贵州省贸易合作厅厅长 张群山

张群山 生于1955年，河北邢台人。华南理工大学工商管理学硕士研究生毕业，高级工程师。中共党员。1991年起历任贵州省机械工业厅副厅长、贵州省汽车工业办公室主任、贵州省机械工业厅厅长等职。2000年3月任贵州省对外贸易经济合作厅厅长。2000年7月任现职。

【对外贸易】

进出口总额 2001年贵州省进出口总额64 978万美元，比上年66 002万美元下降1.6%。

出口总额 出口总额42 170万美元，比上年的42 060万美元增长0.3%，占全省国内生产总值1 082亿元（相当于130.7亿美元）的3.2%，占全国出口额的0.16%。

出口商品结构 初级产品出口额13 072万美元，占出口总额的31%；工业制成品出口额29 098万美元，占出口总额的69%。

出口额1 000万美元以上商品情况表

金额分类	商品名称	出口金额（万美元）	占出口总额（%）
3 000万美元以上（2种）	磷矿石粉、汽车轮胎	12 254	29
2 000万美元～3 000万美元（2种）	烤烟、黄磷	4 252	10
1 000万美元～2 000万美元以上（4种）	棕刚玉、硅铁、硅锰合金、锌锭	5 170	12
合　计	**8种**	**21 776**	**51**

出口商品市场 出口商品销往126个国家和地区。

主要出口市场情况表

国别（地区）	出口金额（万美元）	占出口总额（%）
东　盟	7 896	18.72
日　本	5 348	12.68
欧　盟	4 315	10.23
韩　国	4 147	9.83
美　国	4 058	9.62
香　港	2 460	5.83
台湾省	2 266	5.37
澳大利亚	1 828	4.33

主要出口市场情况表（续）

国别（地区）	出口金额（万美元）	占出口总额（%）
沙特阿拉伯	1 658	3.93
印　度	1 410	3.34
合　计	**35 386**	**83.91**

进口总额　进口总额 22 808 万美元，比上年的 23 942 万美元下降 4.7%。

进口商品结构　初级产品进口额 11 610 万美元，占进口总额的 50.9%；工业制成品进口额 11 198 万美元，占进口总额的 49.1%。

进口额 1 000 万美元以上商品情况表

金额分类	商　品　名　称	进口金额（万美元）	占进口总额（%）
2 000 万美元以上（1 种）	未烧结的铁矿砂	2 720	11.92
1 000 万美元～2 000 万美元（3 种）	烟胶片、未列名钢铁废碎、锰矿砂	4 303	18.86
合　计	**4 种**	**7 023**	**30.78**

进口商品市场　进口商品来自 44 个国家和地区。

主要进口市场情况表

国别（地区）	进口金额（万美元）	占进口总额（%）
欧　盟	5 722	25.08
美　国	2 846	12.49
东　盟	2 274	9.97
印　度	2 076	9.10
日　本	1 745	7.65
加拿大	1 676	7.35
澳大利亚	1 631	7.15

主要进口市场情况表（续）

国别（地区）	进口金额（万美元）	占进口总额（%）
香　港	1 410	6.18
韩　国	717	3.14
南　非	659	2.89
合　计	**20 756**	**91**

技术进口　技术引进项目有：贵州铝厂、贵州轮胎厂等 7 家大中型企业从香港、日本、澳大利亚、美国、韩国等国家和地区的进口项目，合同金额 284 万美元，其中技术费 275 万美元，设备费 9 万美元。

【利用外资】

2001 年利用外资情况表

利用外资方式	批准签订的合同			实际利用外资	
	项目数（个）	外资金额（万美元）	金额比上年增长（%）	金 额（万美元）	金额比上年增长（%）
外商直接投资	59	9 111	35.22	2 829	13.11
合资企业	30	3 689	20.63	1 940	19.02
合作企业	8	3 732	150.47	20	-83.47
外资企业	21	1 690	-22.83	869	15.87
合 计	**59**	**9 111**	**35.22**	**2 829**	**13.11**

外商直接投资行业 外商直接投资的 59 个项目中，生产型项目 46 个，非生产型项目 13 个。按行业分，农林牧渔业 3 个；采掘业 2 个；制造业 41 个；电业、煤气及水的生产和供应业 2 个；建筑业 2 个；房地产业 3 个；社会服务业 6 个。

外商直接投资来源 外商直接投资来自 46 个国家和地区。主要投资的国家和地区有：美国 2 758 万美元、香港 2 727 万美元、英属维尔京群岛 1 912 万美元、加拿大 621 万美元、新加坡 292 万美元、台湾省 73 万美元。

外商直接投资企业生产经营情况 外商直接投资企业出口额 4 431 万美元，进口额 1 921 万美元。

【对外经济合作】

承包工程和劳务合作 签订对外承包工程和劳务合作合同份数 38 个，合同金额 8 558 万美元，比上年的 3 357 万美元增长 155%；完成营业额 7 431 万美元，比上年的 1 948 万美元增长 281%；当年派出劳务人员 356 人次，年末在外人数 356 人，派往的主要国家和地区有越南、柬埔寨、新加坡、日本。

接受经济援助 接受日本政府、联合国人口基金会、澳大利亚政府、新西兰政府提供无偿援助 2 382 万元人民币，用于卫生项目。

【其他】

经济技术开发区 贵州省经国务院批准的国家级开发区有两个：一是贵阳高新技术产业开发区（位于贵阳市新天寨）；二是贵阳经济技术开发区（位于贵阳市小河区）。2001 年，两个开发区完成基础设施建设投资额分别为：1.17 亿元、7.1 亿元人民币，比上年分别增长 134%、204.69%；招商引资的到位资金总额分别为 5.74 亿元、7.87 亿元，比上年分别增长 218%、124.8%；完成国内生产总值分别为 12.78 亿元、13.62 亿元，比上年分别增长 27.17%、21.8%；完成工业总产值分别为 38.2 亿元、22.9 亿元，比上年分别增长 24.03%、8%；创汇分别为：1 500 万美元、1 105 万美元，比上年分别增长 50%、11.5%。

对外经贸洽谈会 2001 年由贵州省贸促会组织参加了四个国际贸易展览会，一是 4 月在越南河内举办的“2001 年河内国际展览会”。二是 5 月在埃及开罗举办的“2001 年泛阿拉伯/非洲机械、手工及机床配件展览会”。三是“南非国际贸易博览会”。四是 5 月参加中国国际贸易促进委员会在美国举办的“大西洋城中国贸易展”。

港口运输 外贸货物运输总量为 436 万吨，其中出口 268 万吨，进口 168 万吨。按运输方式分，海运量 300 万吨，陆运量 135 万吨，空运量 1 万吨。

涉外旅游 接待海外游客 20.55 万人次，比上年的 18.39 万人次增长 11.72%。其中外国人 7.85 万人次，港澳同胞 5.94 万人次，台湾同胞 6.75 万人次，比上年分别增长 10.29%、12.28%、13.02%。旅游外汇收入 6 873.23 万美元，比上年的 6 092.23 万美元增长 12.82%。

2001年云南省对外经济贸易

云南省对外贸易经济合作厅

云南省对外贸易经济合作厅厅长　彭木裕

彭木裕　生于1955年，广东陆丰人。早年毕业于广东外国语学院，后获英国布拉德福德大学硕士学位。中共党员。先后在对外贸易经济合作部六局、国际局工作，1992年任中国国际经济技术交流中心副主任。1994年任云南省对外贸易经济合作厅副厅长，1998年起任厅长。

【对外贸易】

进出口额　2001年云南省进出口总额198 906万美元，比上年的181 278万美元增长9.7%。

出口总额　出口总额124 412万美元，比上年的117511万美元增长5.9%，占全省国内生产总值的4.96%，占全国出口总额的0.5%。

出口商品结构　初级产品出口额33 861万美元，占出口总额的27.4%；工业制成品出口额90 551万美元，占出口总额的72.6%。

出口100万美元以上的商品有95种，金额110 864万美元，占出口总额的89.11%。其中出口1 000万美元以上的商品有：黄磷、锡、烤烟、铝、铅、卷烟、磷酸氢二铵、棉涤纶布、松茸、三聚磷酸钠、磷酸、石蜡、银、焊锡、药品、锌、钢材、磷矿石、过磷酸钙、机动船、望远镜、宝石、化肥、木制品、棉纱、电线、电缆、电机、服装、蘑菇、芸豆、香料油、种用稻谷、茶叶等32种，金额89 438万美元，占出口总额的71.9%；出口500万美元～1 000万美元的商品11种，金额8 692万美元，占出口总额的7%；出口100万美元～500万美元的商品52种，金额12 734万美元，占出口总额的10.24%。

出口商品市场　出口商品销往105个国家和地区。

主要出口市场情况表

国别（地区）	出口金额（万美元）	占出口总额（%）
缅　甸	25 151	20.20
香　港	20 031	16.10
越　南	14 232	11.40
日　本	12 074	9.70
美　国	6 061	4.87
印度尼西亚	5 926	4.76
韩　国	3 654	2.94
泰　国	3 639	2.92
荷　兰	3 034	2.44
台湾省	2 842	2.28
印　度	2 816	2.26
新加坡	2 808	2.26
意大利	2 310	1.86
合　计	**104 584**	**84.06**

进口总额　进口总额74 494万美元，比上年的63 767万美元增长16.8%。

进口商品结构　初级产品进口额38 410万美元，占进口总额的51.6%；工业制成品进口额36 084万美元，占进口总额的48.4%。

进口100万美元以上的商品72种，金额65 723万美元，占进口总额的88.2%。其中进口1 000万美元以上的商品有：铜矿砂、打印机零附件、氧化铝、铁矿砂、原木、烟用丝束、通讯设备、锯材、钢材、钻石、医疗设备、铁道车辆零件、数据处理设备、铜、硫磺等15种，金额48 229万美元，占进口总额的64.7%；进口500万美元～1 000万美元的商品10种，金额7 498万美元，占进口总额的10.07%；进口100万美元～500万美元的商品47种，金额9 996万美元，占进口总额的13.42%。

进口商品市场 进口商品来自54个国家和地区。

主要进口市场情况表

国别（地区）	进口金额（万美元）	占进口总额（%）
香港	18 685	25.08
缅甸	9 722	13.05
澳大利亚	7 450	10.00
德国	5 657	7.59
美国	5 422	7.28
智利	4 024	5.40
加拿大	2 928	3.93

主要进口市场情况表（续）

国别（地区）	进口金额（万美元）	占进口总额（%）
印度	2 867	3.85
越南	1 867	2.51
伊朗	1 759	2.36
合计	**60 381**	**81.05**

边境贸易 全省边境小额贸易进出口总额34 594万美元，比上年的35 629万美元下降2.9%。其中，出口23 010万美元，比上年的27 803万美元下降17.2%；进口11 584万美元，比上年的7 821万美元增长48.1%。主要出口商品有：食用植物及产品、纺织品、黑色金属、化工原料、各类机械、家电产品等；主要进口商品有：木材、龙眼干、玉石、水产品、豆类、铬矿砂、锌矿砂、锰矿砂、天然橡胶、藤条等。

技术进出口 共签订技术引进和进口设备合同54项，合同金额2 762万美元，增长27.9%。主要是项目咨询、设备维修、人员培训、技术咨询等方面的技术服务和进口设备，引进项目主要来自香港、日本、美国、德国、瑞典等。

【利用外资】

2001年利用外资情况表

利用外资方式	批准签订的合同			实际利用外资	
	项目数（个）	外资金额（万美元）	金额比上年增长（%）	金额（万美元）	金额比上年增长（%）
外商直接投资	140	29 444	-1.03	6 457	-29.7
合资企业	51	14 451		2 642	
合作企业	18	8 846		811	
外资企业	71	6 147		3 004	
合计	**140**	**29 444**		**6 457**	

外商直接投资行业 外商直接投资项目中生产型项目108项，非生产型项目32项。按行业分，农林牧渔业18项，采掘业8项，制造业62项，电力、煤气及水的生产和供应业2项，建筑业1项，批发和零售贸易、餐饮业8项，交通运输、仓储及邮电通信业1项，房地产业8项，社会服务业28项，其他行业4项。

外商直接投资来源 外商直接投资来自香港、澳门、台湾省、越南、泰国、马来西亚、新加坡、斯里兰卡、日本、缅甸、韩国、塞拉利昂、毛里求斯、德国、法国、意大利、荷兰、英国、丹麦、奥地利、巴拿马、英属维尔京群岛、开曼群岛、加拿大、美国、澳大利亚、萨摩亚、基里巴斯等28个国家和地区，合同外资额居前10位的国家及地区为：香港46项，9 027万美元；美国16项，6 874万美元；奥地利1项，6 501万美元；英属维尔京群岛5项，2 190万美元；澳大利亚5项，1 053万美元；台湾省21项，769万美元；巴拿马1项，612万美元；英国2项，507万美元；加拿大5项，370万美元；澳门1项，361万美元。

【对外经济合作】

承包工程和劳务合作 对外签订合同81项，总金额28 800万美元，比上年的30 040万美元减少4.13%。营业额20 300万美元，比上年的15 471万美元增长35.3%。当年派出劳务人员1 869人，年末在外人数1 578人。派往的主要国家和地区为缅甸、老挝、越南、马来西亚、巴基斯坦、泰国等。承包工程的主要项目为：老挝钾盐勘查开发项目、老挝丰沙里道路工程、缅甸新建水泥厂项目、柬埔寨稻谷项目等。

对外经济技术援助 承担援外项目2个，为援助巴基斯坦和柬埔寨杂交水稻项目。

接受经济援助 接受国际组织及双边政府援助项目9个，金额562万美元，主要来自澳大利亚、德国、日本、等国和联合国儿童基金会、联合国开发计划署等国际组织，主要项目为：澜沧江—湄公河次区域经济合作项目、贫困地区基础教育项目、西双版纳民族中学项目等。

【其他】

对外经贸洽谈会 2001年6月6—10日，在昆明举办了“2001年中国昆明出口商品交易会”，国内27个省区市组成23个交易团，共1 200家企业参展。有30多个国家和地区的海外客商前来参会，其中有政府代表团15个，商务代表团20多个。参展企业中跨国公司有38家，外商投资企业100多家。交易会各项业务成交总额20.21亿美元，其中出口4.6亿美元，进口1.3亿美元，利用外资13.83亿美元，对外承包工程和劳务合作合同金额5 030万美元。

涉外旅游 2001年入境的外国人及台港澳同胞110万人次，旅游外汇收入3.7万美元，比上年的3.39亿美元增长9.1%。

2001年西藏自治区对外经济贸易

西藏自治区对外贸易经济合作厅

西藏自治区对外贸易经济合作厅厅长 王家玉

王家玉 1963年毕业于北京外贸中等专业学校，先后在西藏日喀则地区外贸系统和商业系统工作。1987年5月任日喀则地区对外经济贸易局局长、党组书记，1992年11月任西藏自治区对外贸易经济合作厅副厅长，1998年7月任厅长、党组书记。

【对外贸易】

进出口总额 西藏自治区2001年对外贸易进出口总额为9 481万美元，比上年的13 031万美元下降27.25%。

出口总额 出口总额8 243万美元，比上年的11 334万美元下降27.27%；占全区国内生产总值137.86亿元人民币的0.6%。

出口商品结构 初级产品出口额为791万美元，占出口总额的9.60%；工业制成品出口额为7 452万美元，占出口总额的90.40%。

出口商品市场 出口商品主要销往：尼泊尔，7 710万美元，占出口总额的93.52%；日本，141万美元，占1.72%；印度，137万美元，占1.66%；美国，102万美元，占1.24%；俄罗斯，54万美元，占0.66%。

进口总额 进口总额1 238万美元，比上年的1 698万美元下降27.09%。

进口商品结构 初级产品进口额372万美元，占进口总额的30.07%；工业制成品进口额865万美元，占进口总额的69.93%。

进口商品市场 进口商品主要来自：尼泊尔，516万美元，占进口总额的41.71%；日本，332万美元，占26.80%；英国，196万美元，占15.86%；德国，65万美元，占5.26%；韩国，53万美元，占4.28%；意大利33万美元，占2.66%等。

边境贸易 全区边境贸易进出口额为8 113万美元，比上年的10 887万美元下降25.48%。主要的进出口商品有农产品、畜产品、纺织品、轻工业品、机电产品等。

【利用外资】

外商投资概况 外商在西藏自治区的投资项目9个，协议利用外资296万美元。

外商直接投资行业 外商投资项目中生产型企业4个，非生产型企业5个。

外商直接投资来源 外资分别来自3个国家和地区。其中尼泊尔投资项目5个，投资额31.82万美元；香港投资项目2个，投资额138.8万美元；英国投资项目2个，投资额125.66万美元。

【对外经济合作】

接受经济援助 接受国际援助项目10个，援助金额1 335.44万美元。援助分别来自联合国儿童基金会和新西兰、德国、加拿大、澳大利亚、荷兰等外国政府。援助项目涉及农牧业综合开发、妇幼保健、教师培训等行业。

【其他】

涉外旅游 共接待境外游客及台港澳同胞12.7万人次，旅游收入4 638万美元，比上年下降3.3%。

2001年陕西省对外经济贸易

陕西省对外贸易经济合作厅

陕西省对外贸易经济合作厅厅长　杨希圣

杨希圣　生于1944年5月29日。1968年毕业于西安交通大学机械系。高级工程师。曾任陕西汉中冲剪机床厂厂长、汉中地委群团党组书记、陕西省总工会汉中办主任，1987年10月任汉中市委书记，1990年2月任陕西省总工会副主席，1993年9月任陕西省机械工业局局长、党组书记，1996年任陕西省对外贸易经济合作厅厅长、党组书记。

【对外贸易】

进出口总额 2001年陕西省进出口总额20.64亿美元，比上年21.40亿美元下降3.54%。

出口总额 出口总额11.10亿美元，比上年的13.10亿美元下降15.24%，占全省国内生产总值1 841.2亿元（相当于224.54亿美元）的4.94%，占全国出口总额的0.51%。

出口商品结构 初级产品出口额1.39亿美元，占出口总额的12.52%；工业制成品出口额9.71亿美元，占出口总额的87.48%。

出口额 1 000 万美元以上商品情况表

金额分类	商品名称	出口金额（万美元）	占出口总额（%）
1 亿美元以上（3 种）	纺织品、服装、机电	77 181	69.53
1 000 万美元以上（8 种）	蔬菜、干豆、焦炭、半焦炭、医药品、玻璃制品、钢材、未锻造锌及锌合金	14 351	12.93
合　计	**11 种**	**91 532**	**82.46**

出口商品市场　出口商品销往 151 个国家（地区）。

主要出口市场情况表

国别（地区）	出口金额（万美元）	占出口总额（%）
美　国	14 940	12.97
日　本	11 886	10.71
香　港	9 894	8.91
韩　国	7 804	7.03
荷　兰	6 058	5.46
英　国	5 281	4.76
德　国	4 440	4.00

主要出口市场情况表（续）

国别（地区）	出口金额（万美元）	占出口总额（%）
意大利	3 489	3.14
印　度	3 100	2.79
马来西亚	2 722	2.45

进口总额　进口总额 9.54 亿美元，比上年的 8.30 亿美元增长 14.93%。

进口商品结构　初级产品进口额 0.22 亿美元，占进口总额的 2.23%；工业制成品进口额 9.32 亿美元，占进口总额的 97.77%。

进口额 1 000 万美元以上商品情况表

金额分类	商品名称	进口金额（万美元）	占进口总额（%）
1 亿美元以上（1 种）	机电产品	61 223	64.18
1 000 万美元以上（8 种）	锯材、铜矿砂、氧化铝、医药品、塑料、钢材、未锻造铜及铜材、未锻造铝及铝材	18 030	18.90
合　计	**9 种**	**79 253**	**83.08**

进口商品市场　进口商品来自 59 个国家（地区）。

主要进口市场情况表

国别（地区）	进口金额（万美元）	占进口总额（%）
日　本	22 657	23.75
美　国	18 161	19.04
德　国	11 559	12.12
比利时	6 476	6.79
法　国	4 063	4.26
瑞　典	3 209	3.36
韩　国	3 163	3.32

主要进口市场情况表（续）

国别（地区）	进口金额（万美元）	占进口总额（%）
澳大利亚	3 147	3.30
加拿大	2 767	2.90
英　国	1 990	2.09

技术进口　2001 年签订引进技术和进口设备合同项目数 24 个，合同金额 2 009.86 万美元。引进项目来自美国、日本、德国、香港等 8 个国家和地区。其中美国 8 项，合同金额共计 1 222.07 万美元，涉及电子、飞机制造、制药、航空、电器、机械等行业。

【利用外资】

2001 年利用外资情况表

利用外资方式	批准签订的合同			实际利用外资	
	项目数（个）	外资金额（万美元）	金额比上年增长（%）	金额（万美元）	金额比上年增长（%）
外商直接投资	223	74 290	48.8	36 455	21.3
合资企业	91	14 282	-11.17	13 231	-15.79
合作企业	50	50 187	123.51	15 631	76.48
外资企业	82	9 821	-13.85	7 593	77.69
合　计	**223**	**74 290**		**36 455**	

注：外资企业 82 个项目中含香港东亚银行西安分行项目 1 个，合同外资金额 1 281 万美元，实际利用外资 1 281 万美元。

外商直接投资行业　外商直接投资项目中，农林牧渔业项目 14 个；采掘业项目 5 个；制造业项目 122 个；建筑业项目 3 个；交通运输、仓储及邮电通信业项目 1 个；批发和零售贸易、餐饮业项目 14 个；房地产业项目 12 个；社会服务业项目 40 个；卫生、体育和社会福利业项目 2 个；电力、煤气及水的生产和供应业 5 个；地质勘查业 1 个；其他行业 3 个。

外商直接投资来源　外商直接投资来自 36 个国家（地区），主要国别（地区）有：香港 69 项，合同外资 34 959 万美元；美国 34 项，12 451 万美元；台湾 34 项，1 742 万美元；欧盟 12 项，2 160 万美元；加拿大 13 项，5 296 万美元；澳大利亚 6 项，1 102 万美元。

外商直接投资企业生产经营情况　外商直接投资企业进出口总额 3.66 亿美元，其中进口 2.58 亿美元，出口 1.08 亿美元。

【对外经济合作】

承包工程和劳务合作　2001 年签订对外承包工程和劳务合作合同金额 14 789 万美元，比上年的 7 113 万美元增长 107.92%；营业额 9 730 万美元，比上年的 9 496 万美元增长 2.4%；当年派出劳务人员 1 588 人次，年末在外 2 343 人，派往的主要国家和地区有日本、马来西亚、新加坡、塞班、沙特阿拉伯、苏丹、巴布亚新几内亚等；承包工程的主要项目有厄瓜多尔石油工程技术服务项目、巴新卡卡道路维修项目，博茨瓦纳检察厅办公楼项目，赞比亚铁路项目，香港中华电力项目等。

对外经济技术援助　承担援外项目 4 个，其中援外合资合作项目 1 个，即柬埔寨砖瓦厂项目。

接受经济援助　接受国际经济组织及双边援助的项目数 7 个，接受援助金额 811.6 万美元。

对外投资　在海外举办企业（系指非贸易性企业）2

个，投资国别（地区）为孟加拉国、吉尔吉斯斯坦，经济效益均为良好。

【其他】

对外经贸洽谈会 2001年4月初，在西安举行“2001年中国东西部合作与投资贸易洽谈会”。共签订利用外资项目合同111个，合同签约外资额6.1亿美元。6月下旬，在香港举办了“2001年香港·陕西省投资贸易洽谈会”，签订利用外资项目26个，协议外资额12.4亿美元。

涉外旅游 2001年接待境外游客75.9万人次，外汇收入3.1亿美元，分别比上年增长6.9%和10%。

2001年西安市对外经济贸易

西安市对外贸易经济合作局

西安市对外贸易经济合作局局长 李韩弟

李韩弟 生于1942年9月，湖南新邵人。1967年毕业于西安交通大学动力机械系。1981年5月加入中国共产党。曾任西安市工业品进出口公司副总经理、西安市机械医保进出口公司总经理、西安市对外经济贸易委员会副主任等职。1996年4月任西安市对外贸易经济合作局局长、党委书记，西安市对外开放办公室主任。

【对外贸易】

进出口总额 2001年陕西省西安市进出口总额47 265万美元，比上年的43 531万美元增长8.58%。

出口总额 出口总额27 887万美元，比上年的27 729万美元增长0.57%，占全市国内生产总值734亿元（相当于88.82亿美元）的3.14%，占全省出口额111 044万美元的25.11%。

出口商品结构 初级产品出口额1 907万美元，占出口总额的6.84%；工业制成品出口额25 980万美元，占出口总额的93.16%。

出口额200万美元以上商品情况表

金额分类	商品名称	出口金额（万美元）	占出口总额（%）
1 000万美元以上（3种）	玻璃器皿，工业缝纫机，工业轴承	4 695	16.84
500万美元~1 000万美元（5种）	搪瓷器皿，变压器，晶体管，灯具，非针织服装	3 585	12.85
200万美元~500万美元（8种）	扬声器，山羊绒，抗菌素，机用工具，电动机，家具，苹果汁，针织服装	2 799	10.04
合 计	**16种**	**11 079**	**39.73**

出口商品市场 出口商品销往117个国家（地区）。

主要出口市场情况表

国别（地区）	出口金额（万美元）	占出口总额（%）
美国	4 379	15.70
英国	2 205	7.91
香港	2 064	7.40
日本	1 750	6.28
马来西亚	1 614	5.79
德国	1 271	4.56
新加坡	1 127	4.04
荷兰	1 015	3.64
墨西哥	941	3.37
意大利	873	3.13
合计	**17 239**	**61.82**

进口总额 进口总额19 378万美元，比上年的15 802万美元增长22.63%。

进口商品结构 初级产品进口额1 505万美元，占进口总额的7.77%；工业制成品进口额17 873万美元，占进口总额的92.23%。

进口额200万美元以上商品情况表

金额分类	商品名称	进口金额（万美元）	占进口总额（%）
1 000万美元以上（3种）	铜矿砂，铜，计量检测器	3 547	18.30
500万美元～1 000万美元（4种）	机床，通断及保护电路装置，集成电路，医疗器械	2 897	14.95
200万美元～500万美元（5种）	食用加工机械，造纸机械，印刷机械，塑料加工机械，自动数据处理设备	1 794	9.26
合计	**12种**	**8 238**	**42.51**

进口商品市场 进口商品来自24个国家（地区）。

主要进口市场情况表

国别（地区）	进口金额（万美元）	占进口总额（%）
日本	5 574	28.76
美国	3 852	19.88
德国	2 721	14.04
香港	1 080	5.57
英国	891	4.60
韩国	763	3.94
智利	533	2.75
意大利	507	2.62
秘鲁	423	2.18
奥地利	416	2.15
合计	**16 760**	**86.45**

【利用外资】

2001年利用外资情况表

利用外资方式	批准签订的合同			实际利用外资	
	项目数（个）	外资金额（万美元）	金额比上年增长（%）	金额（万美元）	金额比上年增长（%）
对外借款	—	—	—	900	-40.28
外商直接投资	129	42 723	12.27	17 687	13.14
合资企业	45	9 196	-1.88	4 189	-30.15
合作企业	34	29 799	57.00	8 603	32.35
外资企业	50	3 728	-61.58	4 895	56.09
合　计	**129**	**42 723**	**12.27**	**18 587**	**8.45**

外商直接投资行业　在外商直接投资项目中，生产型项目75个，非生产型项目54个。按行业分，农林牧渔业和水利业4个，工业75个，餐饮业2个，房地产业9个，服务业16个，咨询服务业4个，其他行业19个。

外商直接投资来源　外商直接投资来自22个国家（地区）。投资额前10位的是：香港42个，34 134万美元；加拿大8个，4 470万美元；美国16个，4 023万美元；澳门3个，3 736万美元；捷克2个，2 805万美元；台湾省23个，2 697万美元；德国5个，2 597万美元；日本12个，1 541万美元；泰国1个，1 500万美元；英属维尔京群岛4个，929万美元。

外商直接投资企业生产经营情况　截至2001年底，已开业投产的外商投资企业共751家，全年完成销售收入50亿元，比上年增长19.05%；出口收入7 023万美元，增长24.08%；税收7.5亿元，增长29.31%。

【对外经济合作】

承包工程和劳务合作　签订对外承包工程和劳务合作合同项目99个，金额12 034万美元，比上年的2 552万美元增长371.6%；完成营业额3 922万美元，比上年的2 756万美元增长42.3%；当年派出劳务人员700人，年末在外人数为1 526人，主要分布在印度尼西亚、泰国、马来西亚、菲律宾、新加坡、毛里求斯、日本、阿联酋、沙特阿拉伯、莫桑比克、吉尔吉斯斯坦、孟加拉国、塞班岛、加蓬、赤道几内亚等国家和地区。

【其他】

经济技术开发区　2001年，西安高新技术产业开发区大力推进体制创新和技术创新，经济增长、园区建设、服务管理等方面均有新的超越，技工贸总收入达356亿元，工业总产值为250亿元。高新区进一步加大了吸引留学人员回国创业的力度，并取得突破性进展，已有来自美、日、德、新加坡、加拿大、比利时等10多个国家和台湾省的300多位留学人员汇集于高新区，创办科技企业104家。

对外经贸洽谈会　2001中国西安投资与贸易洽谈会于2001年9月4—9日在西安举行，1 000余位海外客商参加了本届洽谈会。洽谈会设有1 000个摊位，展览面积2.4万平方米。洽谈会期间到主会场参观和洽谈项目的人员达10多万人次。在本届洽谈会上，西安市共签订外商直接投资合同项目82个，合同外资额7.99亿美元；引进国内资金项目280个，引进外地资金94.38亿元。签定科技转让合同32个，金额8 789万元；另有投资教育项目（内联）10亿元。

涉外旅游　2001年入境的外国人、华侨及台港澳同胞67.2万人次，比上年的65万人次增长3.38%；旅游外汇收入2.9亿美元，比上年的2.7亿美元增长7.41%。

2001年甘肃省对外经济贸易

甘肃省贸易经济合作厅

甘肃省贸易经济合作厅厅长 毛郁生

毛郁生　生于1947年。1970年毕业于甘肃工业大学铸造专业。曾任甘肃省山丹县副县长、张掖市市长、张掖地委副书记、张掖行署专员。1995年8月任甘肃省经济贸易委员会副主任。1998年4月任甘肃省对外贸易经济合作厅厅长。2000年5月任甘肃省贸易经济合作厅厅长。

【对外贸易】

进出口总额　2001年甘肃省进出口总额7.79亿美元，比上年5.7亿美元增长36.8%。

出口总额　出口总额4.76亿美元，比上年的4.15亿美元增长14.8%，占全省国内生产总值1 073亿元（相当于129亿美元）的3.7%，占全国出口额的0.18%。

出口商品结构　初级产品出口额6 016万美元，占出口总额的12.6%；工业制成品出口额41 614万美元，占出口总额的87.4%。

出口额500万美元以上商品情况表

金额分类	商品名称	出口金额（万美元）	占出口总额（%）
5 000万美元以上（2种）	铝，硅铁	8 216 7 609	17 16
1 000万美元以上（7种）	锌，镍，石油钻机，合成纤维，稀土，电极，无毛绒	3509 2989 2135 1402 1224 1223 1044	7 6 4 3 3 3 2
500万美元以上（3种）	焦炭，采油机械，铬铁	847 640 603	2 1 1
合　计	**12种**	**31 440**	**66**

主要出口市场情况表

国别（地区）	出口金额（万美元）	占出口总额（%）
日　本	10 812	23
新加坡	9 856	21
韩　国	4 395	9
美　国	3 638	8
意大利	2 100	4
台湾省	1 209	3
香　港	1 541	3
德　国	1 259	3
合　计	**34 810**	**73**

进口总额　进口总额3.03亿美元，比上年的1.55亿美元增长96%。

进口商品结构　初级产品进口额16 920万美元，占进口总额的56%；工业制成品进口额13 336万美元，占进口总额的44%。

主要进口商品情况表

商品名称	进口金额（万美元）	占进口总额（%）
氧化铝	6 525	22
铜矿砂	3 758	12
大　麦	1 196	4

主要进口商品情况表（续）

商品名称	进口金额（万美元）	占进口总额（%）
铁矿砂	1 039	3
石油焦	980	3
彩色显示管	930	3
冷轧机	758	2
钴矿砂	703	2
羊　毛	606	2
合　计	**16 495**	**55**

主要进口市场情况表

国　别	进口金额（万美元）	占进口总额（%）
澳大利亚	9 874	33
智　利	1 981	7
美　国	1 977	7
日　本	1 459	5
意大利	1 557	5
俄罗斯	1 464	5
德　国	1 313	4
印　度	1 223	4
合　计	**20 848**	**69**

技术进出口　技术进出口总额1 819.59万美元。

【利用外资】

2001年利用外资情况表

利用外资方式	批准签订的合同			实际利用外资	
	项目数（个）	外资金额（万美元）	金额比上年增长（%）	金额（万美元）	金额比上年增长（%）
外商直接投资					
合资企业	43	9 926	15.6	4 756	12
合作企业	4	3 138	4.9	1 833	4.6
外资企业	25	2 788	5.1	850	2.2
合　计	**72**	**15 852**	**25.6**	**7 439**	**19**

外商投资行业　外商直接投资项目中生产型49个，非生产型23个。

外商直接投资行业表

行业	项目数（个）	合同外资额（万美元）	实际利用外资额（万美元）
农、林、牧、渔业	3	430	326
制造业	42	5 126	3 473
建筑业	3	881	202
批发和零售贸易、餐饮业	4	619	338
房地产业	10	1 621	701
社会服务业	7	4 236	1 874
科学研究和综合技术服务业	1	105	50
其他行业	2	2 834	475
合　计	**72**	**15 852**	**7 439**

外商直接投资来源表

国别（地区）	项目数（个）	合同外资额（万美元）	实际利用外资额（万美元）
香　港	26	8 135	3 499
美　国	7	391	171
台湾省	7	144	87
日　本	4	66	45
韩　国	9	1 657	526
加拿大	8	825	591
其　他	11	4 282	2 520
合　计	**72**	**15 852**	**7 439**

【对外经济合作】

承包工程和劳务合作　签订对外承包工程和劳务合作项目58个，金额7 350万美元，比上年的6 331万美元增长16%；完成营业额6 523万美元，比上年的5 824万美元增长12%；当年派出劳务人员1 187人，比上年的635人增长87%，派往的主要国家和地区是：科特迪瓦、津巴布韦、加纳、喀麦隆、蒙古、沙特和新加坡。

接受经济援助　接受国际经济组织及多边、双边援助项目52个（其中多边无偿援助项目25个，双边无偿援助项目27个），完成执行额965万美元。

对外投资　在老挝、科特迪瓦举办生产型企业2个，总投资金额389.2万美元。

【其他】

对外经贸洽谈会　香港甘肃省招商引资推介会：2001年5月6日—5月22日，在香港举办“甘肃省招商引资推介会”，推介会期间共接待客商900多人，签订投资合作项目25项，引进资金58.14亿元人民币，出口贸易共成交0.5亿多美元。

沙特中国甘肃商品展销会：2001年4月7日—4月12日，在沙特举办“中国甘肃商品展销会”，展销商品涉及机电、轻工、纺织、工艺、医保等5大类产品100多种。沙特萨里赫亲王出席开幕式并参观了展厅。展销会期间共接待客商2万多人，成交商品、签订贸易订货合同共计300多万美元。同时，还洽谈了石油钻采、沙漠铁路建设和甘肃向沙特派1 000名护士等工程承包和劳务合作项目。

科特迪瓦中国甘肃经济贸易洽谈会：2001年12月18日—12月25日，在科特迪瓦举办了“中国甘肃经济贸易洽谈会”。中国驻科特迪瓦大使赵宝珍、科特迪瓦贸易部长艾理克先生、工业和中小企业部长阿兰先生等200多名中外宾客参加了开幕式。洽谈会期间，共接待客商3万多人，销售商品500多万元人民币。

涉外旅游 接待海外旅游者22.26万人次，比上年增长4.46%；旅游外汇收入0.45亿美元，下降17.98%；国内旅游收入21.26亿元，增长14.44%。

2001年青海省对外经济贸易

青海省对外贸易经济合作厅

青海省对外贸易经济合作厅厅长 杜炳建

杜炳建 生于1955年10月，山东郓城人。大学学历，工程师。中共党员。1994年2月任中国冶金进出口青海公司总经理。1995年3月任青海省对外贸易经济合作厅副厅长兼中国冶金进出口青海公司总经理。1998年4月任青海省对外贸易经济合作厅厅长、党委书记。

【对外贸易】

进出口总额 2001年青海省进出口总额为20 490万美元，比上年的15 974万美元增长28.27%。

出口总额 出口总额14 913万美元，比上年的11 200万美元增长33.15%，占全省国内生产总值300.8亿元（相当于36.28亿美元）的4.11%，占全国出口总额的0.06%。

出口商品结构 初级产品出口额571万美元，占出口总额的3.83%；工业制成品出口额14 342万美元，占出口总额的96.17%。

出口额100万美元以上商品情况表

金额分类	商品名称	出口金额（万美元）	占出口总额（%）
1 000万美元以上（3种）	铝锭	6 932	46.48
	硅铁	2 005	13.44
	铅锭	1 620	10.86
500万美元～1 000万美元（4种）	氯化镁	636	4.26
	金属硅	590	3.96
	地毯	557	3.73
	碳化硅	552	3.70

出口额 100 万美元以上商品情况表（续）

金额分类	商品名称	出口金额（万美元）	占出口总额（%）
100万美元~500万美元（5种）	锌锭	337	2.26
	服装	306	2.05
	镁锭	137	0.92
	绵羊肠衣	116	0.78
	蚕豆	106	0.71
合　计	**12 种**	**13 894**	**93.17**

出口商品市场　出口商品销往 61 个国家和地区。

主要出口市场情况表

国别（地区）	出口金额（万美元）	占出口总额（%）
新加坡	4 587	30.76
日　本	3 065	20.55
韩　国	2 897	19.43
香　港	1 088	7.30
美　国	991	6.64
哈萨克斯坦	599	4.02
德　国	201	1.35
泰　国	161	1.08
英　国	145	0.97

主要出口市场情况表（续）

国别（地区）	出口金额（万美元）	占出口总额（%）
荷　兰	125	0.84
澳大利亚	116	0.78
台湾省	102	0.68
合　计	**14 077**	**94.39**

进口总额　进口总额 5 577 万美元，比上年的 4 774 万美元增长 16.82%。

进口商品结构　初级产品进口额为 3 353 万美元，占进口总额的 60.12%；工业制成品进口额 2 224 万美元，占进口总额的 39.88%。

进口额 100 万美元以上商品情况表

金额分类	商品名称	进口金额（万美元）	占进口总额（%）
2 000 万美元~3 000 万美元	氧化铝	2 803	50.26
200 万美元~300 万美元	机械设备	318	5.70
	铜矿砂	315	5.65
	交流发电机	226	4.05
100 万美元~200 万美元	铅矿砂	153	2.74
	脱水机	115	2.06
	挖掘机	111	1.99
合　计	**7 种**	**4 041**	**72.46**

进口商品市场　进口商品来自23个国家和地区。

主要进口市场情况表

国别（地区）	进口金额（万美元）	占进口总额（%）
澳大利亚	2 885	51.73
美　国	596	10.69
香　港	503	9.02
加拿大	365	6.54

主要进口市场情况表（续）

国别（地区）	进口金额（万美元）	占进口总额（%）
秘　鲁	315	5.65
新加坡	190	3.41
德　国	155	2.78
西班牙	117	2.09
合　计	**5 126**	**91.91**

【利用外资】

2001年利用外资情况表

利用外资方式	批准签订的合同			实际利用外资	
	项目数（个）	外资金额（万美元）	金额比上年增长（%）	金额（万美元）	金额比上年增长（%）
外商直接投资	47	19 257	75	5 847	47
合资企业	30	4 087	265	1 185	194
外资企业	15	11 140	104	3 453	76
合作企业	2	4 030	11	1 209	25
合　计	**47**	**19 257**	**75**	**5 847**	**47**

外商直接投资行业　生产型项目33个，非生产型项目14个；农业11个，制造业5个，电力4个，采掘业、纺织业、矿业各1个，房地产业7个，服务性行业7个。

外商直接投资来源　外商直接投资来自12个国家和地区。

外商直接投资来源国别(地区)表

国别（地区）	项目数（个）	合同外资额（万美元）
亚洲	33	16 478
香　港	22	11 539
台湾省	2	2 958
印度尼西亚	2	1 003
韩　国	4	795
马来西亚	1	146
澳　门	1	5

外商直接投资来源国别(地区)表（续）

国别（地区）	项目数（个）	合同外资额（万美元）
新加坡	1	5
欧洲	2	24
德　国	1	18
荷　兰	1	6
拉丁美洲	1	31
阿根廷	1	31
北美洲	11	2 724
美　国	8	1 490
加拿大	3	1 234
总　计	**47**	**19 257**

【对外经济合作】

接受经济援助 新接受国际多、双边援助项目8个，合计受援金额552.93万美元。主要项目有意大利政府援助青海畜牧兽医学院设备和人才培训项目280万美元；卢森堡援助青海省计划免疫与冷链设备项目117万美元；联合国儿童基金援助青海贫困地区儿童规划与发展项目110万美元；日本政府援助贵德县林业生态项目、循化县卫生项目及海晏县改善饮水项目合计25.36万美元等。

劳务合作 当年派出劳务87人，派往国别分别为蒙古、日本。

【其他】

经济技术开发区 2001年西宁国家级经济技术开发区开工建设了区内5条道路，与道路配套的基础设施建设已全面完成，在0.75平方公里范围内一次性达到了“七通一平”的标准和水平，成为全省基础设施条件最为完善的区域。开发区自行完成基础设施投资1.17亿元。收集整理可供外商投资的利用青海资源进行精深加工、科技含量高、产品有市场的科研项目19项。截至2001年底，省内外33户企业获准入区，其中生产型企业19户，非生产型企业14户。已开工建设生产型企业10户，非生产型企业1户，其中，中加合资青海明诺胶囊有限责任公司已正式投产。2001年入区企业完成固定资产投资1.23亿元。

对外经贸洽谈会 组织参加了第89届广交会，青海交易团出口成交2819万美元，比上届增长1.08倍；参加厦门举办的中国投资贸易洽谈会，签订外资合同项目2个，合同外资额6413万美元，协议项目5个，协议外资额2.64亿美元，签订内联项目11个，总投资额8.12亿元人民币。

涉外旅游 入境的国外人数为3.97万人次，全年旅游外汇收入902万美元，比上年的794万美元增长21%。

2001年宁夏回族自治区对外经济贸易

宁夏回族自治区对外贸易经济合作厅

宁夏回族自治区对外贸易经济合作厅厅长 钱根芳

钱根芳 生于1943年12月，江苏六合人。1968年毕业于对外经济贸易大学，高级工程师。中共党员。曾任银川市教育局团委书记、宁夏外贸公司副经理、宁夏常驻香港商务代表、中国国际贸易促进委员会宁夏分会会长、中国国际贸易学会常务理事、宁夏国际金融学会副会长等职。

【对外贸易】

进出口总额 2001年宁夏回族自治区进出口总额为53 597万美元，比上年的44 260万美元增长21.1%。

出口总额 出口总额为35 601万美元，比上年的32 705万美元增长8.9%，占全区国内生产总值298.3亿元（相当于36.1亿美元）的9.9%，占全国出口总额的0.13%。

出口额500万美元以上商品情况表

金额分类	商品名称	出口金额（万美元）	占出口总额（%）
1 000万美元以上（11种）	钽粉	7 684.6	71.6
	钽丝	3 696.5	
	铝	2 099.4	
	轮胎	2 032.6	
	硅铁	1 969.3	
	金属镁	1 939.1	
	无毛绒	1 609.3	
	碳化硅	1 260.1	
	机床铸件	1 185.2	
	电石	1 017.8	
	羊绒衫	1 000	
500万美元~1 000万美元（2种）	活性炭	906.8	4.3
	双氰胺	619.4	
合　计	**13种**	**27 020.1**	**75.9**

出口商品市场　出口商品主要销往90多个国家和地区。

主要出口市场情况表

国别（地区）	出口金额（万美元）	占出口总额（%）
美　国	7 870.3	22.1
日　本	5 565.1	15.6
以色列	3 392.9	9.5
韩　国	2 998	8.4
英　国	2 070.1	5.8
奥地利	1 440	4.0
新加坡	1 405.2	3.9
德　国	933.9	2.6

主要出口市场情况表（续）

国别（地区）	出口金额（万美元）	占出口总额（%）
意大利	898.2	2.5
埃　及	870.2	2.4
荷　兰	852.5	2.4
香　港	707.7	2.0
印　度	703.4	2.0
印度尼西亚	509.1	1.4
合　计	**30 216.6**	**84.6**

进口总额　进口总额为17 996万美元，比上年的11 555万美元上升55.7%。

主要进口商品情况表

金额分类	商品名称	进口金额（万美元）	占进口总额（%）
500万美元~1 000万美元（5种）	钽铌矿砂	10 636	77.6
	氧化铝	983	
	天然橡胶	967	
	钽废碎料	848	
	车床零部件	528	

主要进口商品情况表（续）

金额分类	商品名称	进口金额（万美元）	占进口总额（%）
200万美元~500万美元（2种）	氟铝酸盐、缝编机等	696	3.9
合　计	**7种**	**14 658**	**81.5**

进口商品市场　进口商品来自23个国家和地区。

主要进口市场情况表

国别（地区）	进口金额（万美元）	占进口总额（%）
尼日利亚	4 788.8	26.6
刚　果	3 077.3	17.1
日　本	2 527.7	14.0
美　国	1 061.6	5.9
澳大利亚	997.4	5.5
荷　兰	780.6	4.3
泰　国	724.1	4.0
德　国	693	3.9

主要进口市场情况表（续）

国别（地区）	进口金额（万美元）	占进口总额（%）
卢旺达	468.3	2.6
加拿大	466.8	2.6
英　国	411.5	2.3
印度尼西亚	380.8	2.1
香　港	340.3	1.9
合　计	**16 249.9**	**92.8**

技术进出口　技术进出口总额245万美元，签订引进技术和进口设备合同项目数15个，合同金额245万美元。

【利用外资】

2001年利用外资情况表

利用外资方式	批准签订的合同			实际利用外资	
	项目数（个）	外资金额（万美元）	金额比2000年（%）	金额（万美元）	金额比2000年（%）
对外借款	—	—	—	3 393	-54.7
外商直接投资	35	13 001	31	1 680	31
合资企业	16	6 270	266	549	36
合作企业	9	5 157	410	743	104
外资企业	10	1 574	-78.2	388	-24.8
外商其他投资	8	13	-96	13	-95.8
加工装配	8	13	-48	13	18
合　计	**43**	**13 014**	**17.6**	**5 086**	**-44**

外商直接投资行业 外商直接投资项目中，生产型项目26个，非生产型项目9个。投资行业为食品加工、医药保健品开发、农业开发、种植养殖、冶金、化工、房地产、机械、纺织、轻工、咨询、装饰、矿业等。

外商直接投资来源 外商投资来自9个国家和地区，其中香港23项，金额5 956万美元，台湾省3项，金额175万美元；韩国2项，金额444万美元；加拿大2项，金额169万美元；德国1项，金额386万美元；日本1项，金额141万美元；英属维尔京群岛1项，金额4 831万美元。

【对外经济合作】

承包工程和劳务合作 签订对外承包工程和劳务合作合同4个，金额406万美元，完成营业额251万美元。目前在外工程和劳务人员177人。派往的主要国家是日本、孟加拉国、赞比亚、卢旺达、乌干达等。

接受经济援助 新接受国外援助项目6个，总金额819万美元。主要项目有：联合国儿基会援助固原、彭阳、泾源三县“贫困地区儿童规划与发展项目”，金额100万美元；澳大利亚驻华使馆援助的3个小型项目，受援金额共计人民币86.8万元；日本援助“黄河流域植林”项目，第一期援助金额为7.59亿日元（约合人民币5 600万元）。

对外投资 批准在境外投资项目2个。投资国家为捷克、柬埔寨，投资金额180万美元。

【其他】

涉外旅游 入境的外国人及港澳同胞8 688人次，比上年增长11%。旅游外汇收入273.3万美元，比上年的272万美元增长0.5%。

2001年新疆维吾尔自治区对外经济贸易

新疆维吾尔自治区对外贸易经济合作厅

新疆维吾尔自治区对外贸易经济合作厅厅长

钱勇 生于1958年5月，山东商河人，大学学历。1987年6月入党。曾任新疆维吾尔自治区人民政府办公厅农牧处副处长、专职秘书（处级），新疆维吾尔自治区对外贸易经济合作厅副厅长等职。现任新疆维吾尔自治区对外贸易经济合作厅厅长、党组副书记。

【对外贸易】

进出口总额 2001年新疆维吾尔自治区进出口总额17.71亿美元，比上年的22.64亿美元下降21.78%。

出口总额 出口总额66 849万美元，比上年的120 409万美元下降44.48%，占全区国内生产总值的3.73%，占全国出口总额的0.25%。

出口商品结构 初级产品出口额22 152万美元，占出口总额的33.14%；工业制成品出口额44 697万美元，占出口总额的66.86%。

出口额2 000万美元以上商品情况表

金额分类	商品名称	出口金额（万美元）	占出口总额（%）
8 000万美元以上（2种）	番茄酱罐头，机电产品	18 519	27.70
4 000万美元～6 000万美元（5种）	鞋类，原棉，棉纱线，服装，化工产品	24 554	36.73
2 000万美元～3 000万美元（2种）	矿产品，家具	6 153	9.20
合 计	**9种**	**49 226**	**73.63**

出口商品市场 出口商品销往107个国家和地区。

主要出口市场情况表

国别（地区）	出口金额（万美元）	占出口总额（%）
哈萨克斯坦	20 866	31.21
香 港	6 479	9.69
美 国	5 903	8.83
吉尔吉斯斯坦	5 691	8.51
意大利	3 990	5.97
韩 国	3 302	4.94

主要出口市场情况表（续）

国别（地区）	出口金额（万美元）	占出口总额（%）
俄罗斯	3 299	4.94
日 本	2 570	3.84
合 计	**52 100**	**77.93**

进口总额 进口总额110 299万美元，比上年的10 5991万美元增长4.1%。

进口商品结构 初级产品进口额38 295万美元，占进口总额的34.72%；工业制成品进口额72 005万美元，占进口总额的65.28%。

进口额2 000万美元以上商品情况表

金额分类	商品名称	进口金额（万美元）	占进口总额（%）
1亿美元以上（2种）	废钢铁，铜及铜材	27 793	25.20
3 000万美元～8 000万美元（6种）	钢铁制品，冷轧钢板，废铜，铜丝，铝合金，废铝	31 074	28.17
2 000万美元～3 000万美元（3种）	大麦，热轧钢板，聚乙烯	7 355	6.67
合 计	**11种**	**66 222**	**60.04**

进口商品市场 进口商品来自49个国家和地区。

主要进口市场情况表

国别（地区）	进口金额（万美元）	占进口总额（%）
哈萨克斯坦	69 506	63.02
俄罗斯	8 954	8.12
美　国	7 131	6.46
吉尔吉斯斯坦	4 210	3.81
澳大利亚	2 953	2.68
日　本	2 825	2.56
德　国	2 546	2.31
瑞　士	1 856	1.68
合　计	**99 981**	**90.64**

技术进口 签订引进技术和进口设备合同项目10个，比上年增加4个，合同金额860万美元，比上年的2 200万美元减少60.91%。引进技术和设备来自美国、俄罗斯、亚美尼亚、德国、台湾省等国家和地区，涉及的行业是钢筒混凝土管生产线技术、渣油醇化技术、含水层防油技术、生物技术和移动通讯。

【边境贸易】

边境贸易进出口额98 079万美元，比上年的131 970万美元下降25.68%，占全区进出口总额的55.38%。其中出口额18 418万美元，比上年的58 020万美元下降68.26%。出口的主要商品有：茶、大米、方便面、番茄酱、调味品、酒类、焦炭、成品油、氰化钠、油漆、塑料制品、箱包、墙纸、合成纤维布、绸缎服装、毯子、床上用品、浴巾、货物包装袋、鞋类、陶瓷餐具、电焊条、冰箱、蓄电池、电视机、玩具等。进口额79 661万美元，比上年的73 950万美元增长7.72%。进口的主要商品有：水果、棉短绒、铁矿砂、碎矿砂、萘、氧化铝、化肥、塑料及其制品、皮张、原木、木浆、蚕丝、羊毛、废钢铁、钢铁（板材、卷材）、钢轨、铜、废铜、铝、废铝。

【利用外资】

2001年利用外资情况表

利用外资方式	批准签订的合同			实际利用外资	
	项目数（个）	外资金额（万美元）	金额比上年增长（%）	金　额（万美元）	金额比上年增长（%）
外商直接投资	53	12 590	36.67	2 035	5.82
合资企业	23	2 999	—	1 161	—
合作企业	6	3 630	—	181	—
外资企业	23	5 835	—	567	—
股份制企业	1	126	—	126	—
合　计	**53**	**12 590**	**36.67**	**2 035**	**5.82**

外商直接投资行业 外商直接投资的53个项目中，生产型项目44个，占83.02%；非生产型项目9个，占16.98%。按行业划分为农业3项、制造业37项、采掘业1项、电力业1项、建筑业1项、交通运输业1项、社会服务业3项、其他行业6项。

外商直接投资来源 外商直接投资分别来自17个国家和地区。主要有香港11项，金额6 950万美元；澳门1项，12万美元；台湾省10项，2 397万美元；马来西亚2项，117万美元；日本3项，517万美元；巴基斯坦1项，10万美元；土耳其2项，87万美元；法国1项，24万美元；英国1项，10万美元；俄罗斯1项，9万美元；哈萨克斯坦4项，69万美元；格鲁吉亚1项，48万美元；英属维尔京群岛1项，685万美元；开曼群岛1项，100万美元；美国7项，1 250万美元；澳大利亚5项，157万美元；新西兰1项，9万美元；泰国续投124万美元；瑞典续投15万美元。

外商直接投资企业生产经营情况 外商投资企业出口收汇 6 850 万美元，比上年的 10 317 万美元下降 33.6%，占全区出口收汇总额的 15.83%。

【对外经济合作】

承包工程和劳务合作 签订对外承包工程和劳务合作合同 19 个，金额 2 123 万美元，比上年的 917 万美元增加 131.52%；营业额 2 183 万美元，比上年的 571 万美元增加 282.31%；当年派出劳务人员 553 人，派往的主要国家是：哈萨克斯坦、苏丹、乌兹别克斯坦。承包的主要项目是石油钻井工程和炼油厂扩建。

对外经济技术援助 承担援外项目 5 个，受援国家和地区是：巴基斯坦、吐库曼斯坦、吉尔吉斯斯坦、阿富汗；涉及的行业有：钻井固井设备、援建高级技术培训中心和救援物资。

对外投资 批准在哈萨克斯坦、乌兹别克斯坦、巴基斯坦、阿联酋、俄罗斯兴办企业 5 家，总投资额 169 万美元，其中中方投资 146 万美元，比上年的 39.2 万美元增加 273.24%。

【其他】

经济技术开发区 乌鲁木齐高新技术产业开发区当年完成基础设施投资额 0.84 亿元。新批生产型项目 18 个，总投资额 13.13 亿元，注册资本 1.59 亿元，其中：三资企业 5 个，投资额 3.45 亿元，注册资本 0.54 亿元。项目涉及电子信息、生物医药、环保设备等行业。整个开发区内 848 个企业全年共实现工业总产值 11.68 亿元；税收收入 3.11 亿元；财政收入 2.01 亿元；进出口总额 0.85 亿美元，其中进口 0.25 亿美元，出口 0.6 亿美元；内贸销售额 17.9 亿元。

乌鲁木齐经济技术开发区当年完成基础设施投资额 0.36 亿元。新批生产型项目 325 个，总投资额 13.04 亿元，注册资本 8.74 亿元，其中：三资企业 11 个，投资额 5.31 亿元，注册资本 2.7 亿元。项目涉及塑料、建材、纳米材料、锂电池、农副产品生产等行业。整个开发区内 1 456 个各类企业全年共实现工业总产值 16.08 亿元；税收收入 3.4 亿元；财政收入 2.98 亿元；进出口额 1.67 亿美元，其中进口 0.22 亿美元，出口 1.44 亿美元；内贸销售 3.63 亿元。

伊宁边境经济合作区当年完成基础设施投资额 330 万元。新批生产型项目 13 个，总投资额 1.13 亿元，注册资本 2 480 万元。项目涉及彩印、乳制品、供热、蜂蜜加工、饲料、养殖等行业。整个合作区内 98 个各类企业全年共实现工业总产值 3 091 万元；税收收入 713 万元；财政收入 1 023 万元；进出口总额 501 万美元，其中进口 157 万美元，出口 344 万美元；内贸销售 6 063 万元。

塔城边境经济合作区当年完成基础设施投资额 30 万元。新批生产型项目 4 个，总投资额 438 万元，注册资本 50 万元。整个合作区内 49 家企业全年共实现工业总产值 1.19 亿元；税收收入 313 万元；财政收入 352 万元；进出口总额 9 056 万美元，其中进口 8 997 万美元，出口 59 万美元。

博乐边境经济合作区当年完成基础设施投资额 833 万元。新批项目 4 个，总投资额 1 800 万元，注册资本 1 855 万元。其中：三资企业 1 个，投资额 1 000 万元，注册资本 400 万元。项目涉及商业。整个合作区内 29 家企业全年共实现工业总产值 4.66 亿元；税收收入 2 400 万元；财政收入 2 600 万元。

对外经贸洽谈会 2001 年 9 月 1—8 日在乌鲁木齐举办的 2001 年乌鲁木齐对外经济贸易洽谈会，有 37 个国家和地区以及国内 29 个省、区、市 1.2 万多名中外客商和政府官员到会。共签订对外经济贸易合同总额 13.3 亿美元，其中：对外贸易出口成交 4.84 亿美元，进口订货 6.09 亿美元；对外经济技术合作项目成交 2.37 亿美元。国内贸易和经济技术合作项目成交 282.8 亿元人民币，其中：国内贸易成交 146.75 亿元人民币，国内经济技术合作项目成交 136.05 亿元人民币。

港口运输 全区已经国家批准开放的一类口岸 16 个，其中航空港 2 个，陆路口岸 14 个。已建成开通的 13 个，货物吞吐能力为 1 000 万吨。当年实际完成外贸进出口货物运输总量 569.5 万吨，比上年的 513 万吨增长 11.01%，其中出口 67.1 万吨，进口 502.4 万吨。按运输方式分：陆运 568.5 万吨，空运 0.1 万吨，海运 0.9 万吨。

涉外旅游 接待入境旅游和旅游购物者 26.5 万人次，旅游外汇收入 9 800 万美元，比上年的 9 494 万美元增长 3.22%。

2001年新疆生产建设兵团对外经济贸易

新疆生产建设兵团对外贸易经济合作局

新疆生产建设兵团对外贸易经济合作局局长 何若群

何若群 生于1953年11月，湖南平江县人，中共党员，大专文化。历任连队政治指导员、党支部书记，团办公室秘书，师纪检委专职检查员、专职常委，师商业处处长、外经处处长、外贸公司总经理，副师长、师党委常委，新疆生产建设兵团外经贸局副局长（主持工作）、党委副书记。现任新疆生产建设兵团对外贸易经济合作局局长、党组书记。

【对外贸易】

进出口总额 2001年新疆生产建设兵团进出口总额6.54亿美元，比上年的7.53亿美元下降13.14%。

出口总额 出口总额3亿美元，比上年的4.5亿美元下降33.28%，占全兵团国内生产总值196亿元的12.56%，占新疆维吾尔自治区国内生产总值1485亿元的1.66%，占全自治区出口额6.68亿美元的44.91%。

出口商品结构 初级产品出口额8 498万美元，占出口总额的28.33%；工业制成品出口额2.15亿美元，占出口总额的71.67%。

出口额500万美元以上商品情况表

金额分类	商品名称	出口金额（万美元）	占出口总额（%）
6 000万美元以上（3种）	箱包，鞋帽，日用杂品	14 152	47.17
3 000万美元以上（3种）	服装，棉花，番茄酱	10 901	36.34
500万美元以上（2种）	棉纱，棉布	1 103	3.68
合 计	**8种**	**26 156**	**87.19**

出口商品市场 出口商品销往75个国家和地区。

主要出口市场情况表

国别（地区）	出口金额（万美元）	占出口总额（%）
哈萨克斯坦	19 828	66.09
韩　国	1 655	5.52
意大利	1 259	4.19
俄罗斯	962	3.21
香　港	771	2.57
印度尼西亚	689	2.30
日　本	683	2.28
台湾省	516	1.72
合　计	**26 363**	**87.88**

进口总额　进口总额3.54亿美元，比上年的3.03亿美元增长16.83%。

进口商品结构　初级产品进口额2 600万美元，占进口总额的7.34%；工业制成品进口3.28亿美元，占进口总额的92.66%。

进口额2 000万美元以上商品情况表

金额分类	商品名称	进口金额（万美元）	占进口总额（%）
1亿美元以上（1种）	钢　材	12 091	34.16
9 000万美元以上（1种）	有色金属	9 284	26.23
2 000万美元以上（2种）	农用机械	2 681	7.57
	聚乙烯	2 010	5.68
合　计	**4种**	**26 066**	**73.64**

进口商品市场　进口商品来自32个国家和地区。

主要进口市场情况表

国别（地区）	进口金额（万美元）	占进口总额（%）
哈萨克斯坦	27 158	76.72
美　国	2 288	6.46
俄罗斯	1 934	5.46
德　国	699	1.97
吉尔吉斯斯坦	492	1.39
日　本	443	1.25
韩　国	401	1.13
法　国	391	1.10
合　计	**33 806**	**95.48**

边境贸易　边境贸易进出口额5.03亿美元，占全兵团进出口总额的76.91%，比上年的4.9亿美元增长2.65%。其中，出口额2.11亿美元，下降18.90%；出口的主要商品有：箱包、鞋帽、日用杂品、番茄酱、服装、化纤混纺布、尼龙布、焦炭、汽车及零配件、家用电器、塑料及其制品、金属焊条、钟表、灯具、玩具等。进口额2.91亿美元，增长27.40%；进口的主要商品有：黑色金属、有色金属、农用机械、化肥、聚乙烯、化工原料、木材、纸浆、羊毛、棉短绒等。

【利用外资】

2001 年利用外资情况

利用外资方式	批准签订的合同			实际利用外资	
	项目数（个）	外资金额（万美元）	金额比上年增长（%）	金　额（万美元）	金额比上年增长（%）
对外借款	4	1 074	297.78	1 074	297.78
外商直接投资	2	450	448.78		
合资企业	2	450	448.78		
合　计	6	1 524	432.95	1 074	297.78

外商直接投资行业　外商直接投资两个项目均为生产型项目。

外商直接投资来源　外商直接投资来自美国，项目2个，金额450万美元。

【对外经济合作】

对外经济技术援助　承担援外项目4个，受援国家是：塔吉克斯坦、哈萨克斯坦、巴基斯坦、巴布亚新几内亚；涉及的行业有：建筑材料、医疗、电力、难民物资；当年派出援外人员12人。

对外投资　在塔吉克斯坦兴办企业1家，总投资额5万美元，全部为中方投资。

【其他】

经济技术开发区　新疆石河子经济技术开发区完成基础设施投资额4 445万元。新批生产型项目29个，总投资额7.65亿元，注册资本2.82亿元。其中，三资企业2个，投资额434.6万美元，注册资本300万美元。项目涉及农产品深加工、生物农药、新型建筑材料、食品加工、节水器材、食品机械等。开发区全年实现工业总产值11.08亿元，增长56.41%；税收收入0.56亿元，增长32.17%；财政收入0.98亿元，增长36%；内贸销售额11亿美元。完成外贸进出口总额2 090万美元，其中，出口1 600万美元，进口490万美元。

涉外旅游　接待入境旅游和旅游购物者6.53万人次，旅游外汇收入3 364万美元，比上年的2 225万美元增长51.19%。

2001年香港对外经济贸易

对外贸易经济合作部国际贸易经济合作研究院

2001年美国、日本及欧盟三大经济体同时出现经济低迷，世界经济贸易增长速度大幅减缓。在这一国际环境下，高度外向型的香港经济贸易发展遇到了较大困难。但是，在祖国内地经济发展的影响及带动下，外商对香港发展前景依然看好，对香港投资保持了一定幅度增长，香港的旅游等行业仍呈现良好的发展势头。

【对外贸易】

2001年香港对外贸易总体呈下滑态势。全年对外贸易总额为30 491.81亿港元，较上年下降5.6%，其中出口总额为14 809.87亿港元，比上年下降5.8%，进口总额为15 681.94亿港元，较上年下降5.4%。在香港总体出口中，港产品出口总额为1 535.2亿港元，转口贸易总额为1 327.47亿港元，分别较上年下降15.2%及5.8%。

2001年香港对外贸易

	2001年		2000年	
	金额（亿港元）	比上年增长（%）	金额（亿港元）	比上年增长（%）
出口	14 809.87	-5.8	15 726.89	16.6
港产品出口	1 535.20	-15.2	1 809.67	6.1
转口	13 274.67	-4.6	13 917.22	18.1
进口	15 681.94	-5.4	16 579.62	19.0
贸易总额	30 491.81	-5.6	32 306.52	17.8

港产品出口 受主要出口市场需求衰退的影响，2001年香港本地产品出口出现了大幅度下滑。港产品第一大出口市场美国因陷于经济衰退及遭受“9·11”事件冲击，对港产品进口剧减，致使港产品对美国出口下降了12.6%。因美国经济不景气，英国、德国、中国内地及台湾省经济发展均受到一定的负面影响，2001年港产品对这些国家与地区出口分别下降了19.7%、37.4%、8.5%及12.4%。

2001年港产品五大出口市场

国别（地区）	金额（亿港元）		比上年增长（%）		占港产品出口总额（%）	
	2001年	2000年	2001年	2000年	2001年	2000年
美国	475.89	544.38	-12.6	6.0	31.0	30.1
中国内地	495.47	541.58	-8.5	7.4	32.3	29.9
英国	85.78	106.81	-19.7	2.8	5.6	6.1
德国	58.18	92.94	-37.4	8.8	3.8	5.2
台湾省	53.46	61.04	-12.4	19.7	3.5	3.4
总　计	**1 168.78**	**1 809.67**	**-35.4**	**6.0**	**100.0**	**100.0**

转口贸易 2001年香港转口贸易增长幅度下降，全年转口额为13274.67亿港元，较上年下降4.6%。

祖国内地仍是香港转口货物的最大来源地，2001年内地出口贸易持续增长，对香港转口贸易发展起了重要的支持与带动作用。2001年内地货物经香港转口占香港转口总额的近61%，由于世界贸易增速骤减，内地出口贸易增幅减缓，导致香港对内地转口贸易较上年下降了4.8%。其他主要转口来源地也呈下降态势：日本（占9.5%）下降8.5%、美国（占4.7%）下降4%、台湾省（占6.7%）下滑8.7%、韩国（占3.0%）下降13.6%。

从转口货物的用途类别来看，香港转口总额中消费品所占比重最大，达42.9%，较上年下降了6.4%。其次是原料及半成品，占29.8%，较上年下滑6.8%。而资本品（占25.8%）比上年增长2.1%。香港输往祖国内地及台湾省的转口货物主要是机电产品、加工用原料及半成品，转往美国及其他市场的主要为消费品。

2001 年香港主要转口来源地

国家（地区）	金 额（亿港元）	比上年增长（%）	占转口总额（%）	
			2001 年	2000 年
中国内地	8 083.70	-4.8	60.9	61.0
日 本	1 256.49	-8.5	9.5	9.9
台湾省	803.21	-8.7	6.1	6.3
美 国	651.93	-0.4	4.9	4.7
韩 国	397.75	-13.6	3.0	3.3
总 计	**11 193.08**	**-5.65**	**100.0**	**100.0**

进口 2001 年香港进口总额为 15 681.94 亿美元，较上年下降 5.4%。在香港主要进口国家及地区中，祖国内地是香港最大的进口来源地，自内地进口额为 6 522.07 亿美元，较上年减少 4.6%，占香港进口总额的 41.6%。香港自内地进口减少主要是受内地出口增速减缓、香港经济低迷、本地需求不足等因素影响。另外，香港自其他主要国家及地区的进口也基本处于下降的态势。2001 年香港进口留用的产品按用途划分，资本品及消费品进口分别增加了 3.1% 及 3.7%，而原料及半成品、燃料等商品的进口额则较上年下降 20.8%及 9.8%。

2001 年香港五大进口来源地

国别（地区）	金 额（亿港元）	比上年增长（%）	占进口总额（%）	
			2001 年	2000 年
中国内地	6 522.07	-4.6	41.6	41.2
日 本	1 857.54	-11.5	11.8	12.7
台湾省	1 064.99	-12.8	6.8	7.4
美 国	1 049.93	-6.4	6.7	6.8
韩 国	782.20	-10.0	5.0	5.2
总 计	**11 276.73**	**-7.2**	**100.0**	**100.0**

【旅游】

2001 年香港旅游业保持了一定的增长势头。尽管美国"9·11"事件对香港旅游业发展带来较大冲击，但在上年 15.3%的高增长基础上，2001 年香港旅游业仍达到 5.1%的增幅，全年访港旅客达 1 372.53 万人。旅店入住率、旅游会议展览业服务收入也有所增长。从访港旅客来源地来看，祖国内地赴港旅游人数仍位居榜首，为 444.88 万人次，占总数的 32.4%，比重较上年增加了 3 个百分点。2001 年台湾省赴港人数也有一定幅度的增长，而其他主要国家及地区访港人数则有不同幅度的下滑。2001 年台湾、日本、东南亚、欧洲及美国访港人数的增长幅度分别为 1.4%、-3.3%、-3.0%、-4.6%及-3.1%，其占访港人数的比重分别为 17.6%、9.7%、10.9%、7.4%及 6.8%。

2001 年香港居民出外旅游的人数呈低速增长，全年达 6 109.59万人次，较上年增长了 3.7%。其中赴内地旅游人数仍为最多，达 5 200.29 万人次，较上年增长 3.8%，占香港居民外出旅游总人数的 85%。赴台湾省及澳门地区的游客分别增长了 12.1%及 2.1%。另外赴日本及美国的旅游人数也分别增长了 5.3%及 0.3%。

2001年台湾省对外经济贸易

对外贸易经济合作部国际贸易经济合作研究院

【对外贸易】

在世界经济景气走缓、贸易增长率下滑的状况下，2001年台湾省对外贸易急剧衰退并创下近年来新低。全年对外贸易总额为2 301.45亿美元，比上年的2 883.8亿美元下降20.1%。其中，出口1 229.7亿美元，较上年的1 483.21亿美元下挫17.2%；进口1 072.43亿美元，比上年的1 400.11亿美元减少23.4%。贸易顺差较上年增加72.99亿美元而达156.3亿美元。

2001年台湾省出口贸易总额及出口商品结构

商品类别	2001年		2000年		2001年与上年比较	
	金额（亿美元）	占出口总额（%）	金额（亿美元）	占出口总额（%）	金额增加值（亿美元）	年增长率（%）
农产品	2.97	0.2	3.58	0.2	-0.61	-6.5
农产加工品	16.63	1.4	17.48	1.2	-0.85	-4.8
重化工业品	873.94	71.1	1 059.37	71.4	-185.43	-17.5
非重化工业品	335.12	27.3	402.78	27.2	-67.66	-16.8
总计	**1 229.02**	**100.0**	**1 483.76**	**100.0**	**-254.74**	**-17.2**

资料来源：台湾“行政院主计处”《统计月报》。

2001年台湾省主要出口商品

	2001年		2000年		2001年与上年比较	
	金额（亿美元）	占出口总额（%）	金额（亿美元）	占出口总额（%）	金额增加值（亿美元）	年增长率（%）
电子产品	236.10	19.20	316.99	21.36	-80.89	-25.5
资讯与通信产品	156.70	12.75	195.56	13.18	-38.86	-19.9
纱布	89.83	7.31	108.49	7.3	-18.66	-17.2
机械	83.45	6.79	96.76	6.5	-13.31	-13.8
钢铁及其制品	68.91	5.61	83.20	5.6	-14.29	-17.2
电机产品	46.67	3.80	53.94	3.6	-7.27	-13.5
其他金属制品	44.43	3.62	52.03	3.5	-7.60	-14.6
车辆及运输设备	44.42	3.61	57.56	3.9	-13.14	-22.8
化学品	41.39	3.37	40.50	2.7	0.89	2.2
精密仪器	33.26	2.71	40.53	2.2	-7.24	-17.9
总计（含其他）	**1 229.02**	**100.00**	**1 483.76**	**100.00**	**-254.74**	**-17.2**

资料来源：台湾“财政部”《进出口贸易统计》。

出口商品结构 2001年，受美国经济景气低迷及“9·11”事件等因素影响，台湾主要贸易伙伴的投资与消费需求均出现下跌，致使台湾出口贸易大幅衰退。重化工业品与非重化工业品出口分别较上年下降17.5%及16.8%，农产品及农产加工品则下降6.5%及4.8%。其中电子产品、资讯与通信产品较上年下跌25.5%及19.9%，纱布、机械、钢铁、车辆及运输设备、电机产品、金属制品及精密仪器等产品出口均出现两位数的下降幅度。

进口商品结构 2001年随着全球经济景气走低及外部需求减少，台湾工业生产大幅衰减，岛内需求急剧下降。其进口商品基本呈现两位数字的负增长。如机械、钢铁等产品进口大幅下跌30%以上，而电子及资讯及通信产品等其他产品的进口基本增幅下降在20%以上。

2001年台湾省进口贸易总额及进口商品结构

商品类别	2001年		2000年		2001年与上年比较	
	金额（亿美元）	占进口总额（%）	金额（亿美元）	占进口总额（%）	金额增加值（亿美元）	年增长率（%）
资本设备	268.64	25.05	392.56	28.2	-123.92	-31.56
农工原料	704.83	65.72	898.78	64.0	-193.95	-21.58
消费品	98.95	9.23	109.76	7.8	-10.81	-9.85
总　计	**1 072.43**	**100.00**	**1 400.11**	**100.0**	**-327.68**	**-23.40**

资料来源：台湾“行政院主计处”《统计月报》。

2001年台湾省主要进口商品

	2001年		2000年		2001年与上年比较	
	金额（亿美元）	占进口总额（%）	金额（亿美元）	占进口总额（%）	金额增加值（亿美元）	年增长率（%）
电子产品	210.27	19.6	272.83	19.5	-62.52	-22.9
机械	104.88	9.8	170.65	12.2	-65.77	-38.5
资讯与通信产品	81.20	7.6	112.83	8.1	-31.63	-28.0
原油	68.09	6.3	80.88	5.8	-12.79	-15.8
精密仪器	62.15	5.8	96.16	6.9	-34.01	-35.4
电机产品	42.83	4.0	53.55	3.8	-10.72	-20.0
车辆及运输设备	42.41	3.9	47.06	3.4	-4.60	-9.9
其他金属制品	39.96	3.7	54.24	3.7	-14.28	-26.3
有机化学品	39.01	3.6	56.39	4.0	-17.38	-30.8
钢铁及其制品	37.88	3.5	56.21	4.0	-18.33	-32.6
总　计（含其他）	**1 072.43**	**100.0**	**1 400.14**	**100.0**	**-327.68**	**-23.4**

资料来源：台湾“财政部”《进出口贸易统计》。

进出口贸易市场 2001年台湾省的主要出口市场依次是美国、香港（含祖国大陆）、欧洲、日本及东盟。上述国家及地区分别占台湾省出口总额的22.5%、21.9%、16.1%、10.4%及10.5%。2001年在台湾省主要的出口市场中，对香港（含祖国大陆）、美国、欧洲及东盟出口均出现下滑，比上年分别下降13.9%、20.5%、16.4%及21.6%。

台湾省前四大进口市场依次为日本、美国、东盟和欧洲。其中自日本和美国进口金额分别为258.5亿及196.5亿美元，分别占台进口总额的24.1%及18.3%。

台湾省贸易顺差的主要来源地是香港（含祖国大陆）、美国及欧洲，顺差额分别为251.2亿、94.3亿及48.2亿美元。前三大逆差来源地分别是日本、韩国和东盟，逆差额分别为130.9亿美元、30.3亿美元和26.8亿美元。对上述三地逆差值分别比上年下降67.6%、40.4%和19%。

台湾省与祖国大陆贸易情况 2001年台湾省与祖国大陆贸易发展又创历史新高，两岸贸易总额高达323.4亿美元，比上年增长5.9%。其中祖国大陆对台湾省出口额为50亿美元，较上年下降0.8%；祖国大陆自台湾省进口273.39亿美元，较上年增长7.2%。大陆是台湾省的第二大出口市场及最大的贸易顺差来源地，台湾省是大陆的第五大贸易伙伴和第二大进口市场。2001年台湾省对大陆的贸易顺差高达223.39亿美元。

2001年台湾省对大陆出口的前五大商品为机电产品、塑胶及其制品、金属制品、纺织原料及制品和化工产品，出口额合计244.9亿美元，占台湾省对大陆出口总额的近90%；台湾省自大陆进口的前五大商品为机电产品、贱金属、纺织原料及制品、化工产品和矿产品，进口额合计38.82亿美元，占台湾省从大陆进口总额的77%。

海外华侨和外国人在台湾省投资 2001年前11个月海外华侨和外国人在台湾省投资总额为46.36亿美元，较上年同期增长32.36%。投资领域以金融业、保险业、电信业、电子电器制造业及批发零售业为主。

台湾省对外投资 2001年1月—11月，台商对外投资金额达到41.31亿美元，较上年同期增长9.7%，居前3名的投资地区分别是美国、香港及日本等地。

台商对外投资行业以金融保险业、电子电器制造业、批发零售业及运输业为主。

台湾省对祖国大陆投资状况 2001年台湾省经济形势恶化，对外贸易大幅衰退，加之政局混乱、股市振荡，岛内投资急剧下滑。为降低生产成本，分享祖国大陆加入WTO所提供的商机，台商再次兴起大规模西进的热潮。据外经贸部统计，2001年台商在大陆新设立企业4 196家，合同金额69亿美元，实际金额31.4亿美元，分别较上年增长36.2%、73.1%及32.8%。台商对祖国大陆投资地点主要集中在江苏、广东两省。投资的主要行业为电子电器制造业，占45.1%；其次为基本金属制品及金属制造业，占7%。另据台湾省统计，2001年台湾省企业核准赴祖国大陆间接投资1 186件，比上年增加了41.2%，对祖国大陆投资金额27.84亿美元，比上年增加了6.8%。

2001年澳门对外经济贸易

对外贸易经济合作部国际贸易经济合作研究院

2001年澳门经济在世界经济低迷的形势下，仍然保持了低速增长，成为回归以来第二个经济增长年。由于受主要贸易伙伴经济增速减缓的影响，澳门出口贸易发展出现了一定幅度的下滑。然而，在外围经济发展不佳的情况下，澳门特别行政区政府制定和实施了一系列有力的政策和措施，使澳门总体社会经济环境继续好转。外商对澳门投资持续增加，其主要支柱产业旅游博彩等行业保持了良好的发展态势。在内部需求的带动下，澳门进口贸易依然保持一定幅度的增长。

【对外贸易】

2001年澳门对外贸易总值为376.43亿元（澳门元，下同），较上年的384.78亿元下降了2.17%。其中出口总值184.73亿元，较上年下降9.4%；进口总值为191.70亿元，较上年增长5.9%。在总出口中，澳门本地的产品出口值151.28亿元，同比下降11.4%；转口货值33.45亿元，同比增长1.4%；贸易逆差6.97亿元，较上年下降130.5%。

2001年澳门对外贸易主要指标

	2001年（亿澳门元）	2000年（亿澳门元）	2001年增长率（%）
总出口	184.73	203.80	-9.4
本地产品出口	151.28	170.81	-11.4
转口	33.45	33.00	1.4
进口	191.70	180.98	5.9
贸易差额	-6.97	22.83	-130.5

按主要商品类别统计的出口货值

	2001年（亿澳门元）	比重（%）	2000年（亿澳门元）	比重（%）	2001年增长率（%）
纺织品及成衣	155.04	83.9	168.04	82.5	-7.7
成衣：					
针织	76.23	41.3	82.60	40.5	-7.7
梭织	55.79	30.2	63.63	31.2	-12.3
纺织布料	12.66	6.9	12.45	6.1	1.7
纺织纱及线	8.57	4.6	7.60	3.7	12.7
其他	1.79	1.0	1.76	0.9	1.7
非纺织品	29.69	16.1	35.76	17.5	-17.0
机器设备及零件	5.55	3.0	8.89	4.4	-37.5
鞋类	6.46	3.5	6.41	3.1	0.8
水泥	0.94	0.5	1.06	0.5	-11.4
其他	16.73	0.1	19.40	9.5	-13.7
总　计	**184.73**	**100.0**	**203.80**	**100.0**	**-9.4**

出口　2001年由于世界经济形势恶化，澳门的主要贸易伙伴进口需求下降，累及澳门对外贸易发展出现滑坡。从出口货物类别来看，占总出口货值比重83.9%的“纺织品及成衣”类别出口增幅下降了7.7%；非纺织品类别的出口也较上年下降了17.0%。其中，机器设备与零件大幅下跌，其跌幅达37.5%，鞋类出口货值较上年略有下降，而水泥及其他类别的产品出口均出现了两位数字的降幅。

按出口目的地统计，美国和欧盟仍然是澳门出口的主要市场，共占其总出口货值的74.8%。其中美国占48.2%，欧盟占26.6%，对这两个市场的出口分别较上年下降了9.5%和15.1%。祖国内地和香港共占澳门出口货值的18.1%，其中祖国内地占11.7%，香港占6.4%。2001年，在祖国内地经济稳健增长的带动下，澳门对内地出口在上年高速增长基础上仍保持了3.9%的增长，2001年由于香港经济发展困难，澳门对香港出口则下降了11.5%。

按主要市场统计的出口货值

市　场	2001年（亿澳门元）	比重（%）	2000年（亿澳门元）	比重（%）	2001年增长率（%）
美　国	89.00	48.2	98.37	48.3	-9.5
欧　盟	49.16	26.6	57.90	28.4	-15.1
中国内地	21.55	11.7	20.73	10.2	3.9
日　本	1.17	0.6	1.25	0.6	-6.1
台湾省	1.48	0.8	1.71	0.8	-13.5
香　港	11.78	6.4	13.30	6.5	-11.5
澳大利亚	0.32	0.2	0.31	0.2	5.9
其　他	10.25	5.5	10.20	5.0	-0.4
总　计	**184.73**	**100.0**	**203.80**	**100.0**	**-9.4**

进口 随着澳门经济环境的改善，2001年澳门本地投资及消费均有一定幅度增长，进而使其进口贸易仍有较好的表现。2001年总进口货值较上年上升了5.9%。在整体进口货物大类中，资本货物大幅增长25.5%，消费品、燃料及润滑油分别上升18.4%、9.4%，另一方面，原料及半成品的进口则下降5.7%。

按主要商品类别统计的进口货值

	2001年（亿澳门元）	比重（%）	2000年（亿澳门元）	比重（%）	2001年增长率（%）
消费品	62.96	32.8	53.18	29.4	18.4
原料及半成品	88.91	46.4	94.30	52.1	-5.7
燃料及润滑油	15.00	7.8	13.71	7.6	9.4
资本货物	24.83	13.0	19.78	10.9	25.5
总 计	**191.70**	**100.00**	**180.98**	**100.0**	**5.9**

澳门的进口市场仍集中在亚太地区。祖国内地与香港是澳门最重要的进口来源地，共占澳门进口总值比重的56.5%。2001年澳门从大陆进口比上年增长9.9%，从香港进口则下降了3.6%，但较上年相比跌幅明显收窄。其他增长较快的国家和地区有欧盟、台湾省、韩国、日本及美国等。

按主要来源地统计的进口货值

	2001年（亿澳门元）	比重（%）	2000年（亿澳门元）	比重（%）	增长（%）
中国内地	81.65	42.6	74.29	41.0	9.9
香 港	26.60	13.9	27.58	15.2	-3.6
欧 盟	24.12	12.6	17.38	9.6	38.8
台湾省	12.78	6.7	17.20	9.5	-25.7
日 本	10.41	5.4	11.42	6.3	-8.8
美 国	7.97	4.2	8.20	4.5	-2.8
韩 国	11.39	5.9	7.12	3.9	60.0
澳大利亚	2.27	1.2	2.74	1.5	-17.1
其 他	14.51	7.6	15.02	8.3	-3.6
总 计	**191.70**	**100.0**	**180.98**	**100.0**	**5.9**

【旅游】

澳门回归祖国后，特区政府采取了一系列推动旅游博彩业发展的措施，加之澳门社会经济形势稳定，对各地游客吸引力增大，2001年旅游业发展又有骄人的成绩。据澳门统计，2001年入境旅客总人数为1 027.90万人次，较上年的916.22万人次增加12.19%。2001年平均酒店入住率为60.66%，比上年的57.57%增长了3个百分点。

2001年祖国内地赴澳门旅客人数大幅飚升，再次创下历史新高，达300.57万人次，较上年增加32.14%，居澳门客源市场的第二位。香港仍位居澳门客源市场的榜首，赴澳门游客较上年增长4.87%，台湾省及韩国赴澳门旅客也有较大幅度增加，分别较上年增长10.7%及5.73%。

中国对外经济贸易年鉴

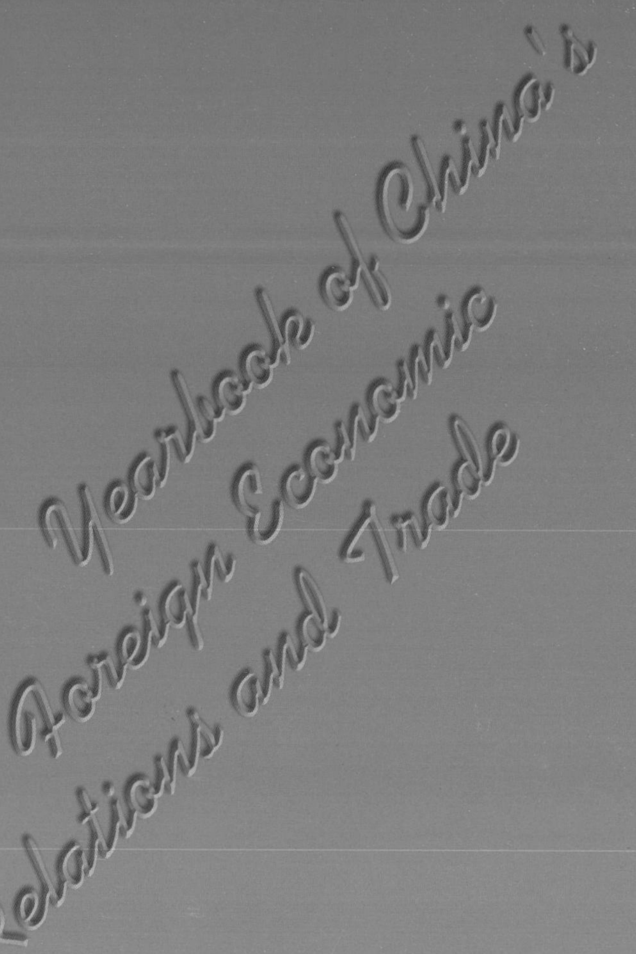

国别(地区)经贸

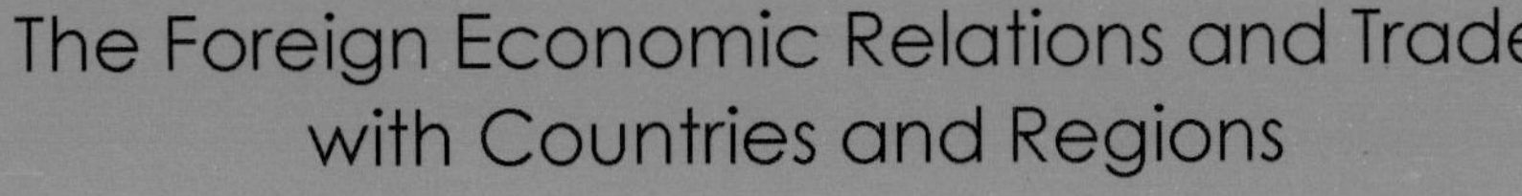

2001年中国内地与香港、澳门特别行政区的经济贸易关系

对外贸易经济合作部台港澳司港澳处

虽然因全球经济衰退以及美国“9·11”事件香港经济受到较大影响，2001年祖国内地与香港、澳门特别行政区的经贸关系仍然保持了稳步发展的较好态势。内地与港澳进出口贸易保持了一定的增长，港澳对内地投资持续增长，工程承包与劳务合作顺利进行，内地与港澳经贸交流进一步发展。

一、进出口贸易

据海关总署统计，2001年内地与香港进出口总额为559.7亿美元，其中内地对港出口465.5亿美元，自港进口94.2亿美元，分别比上年增长3.7%、4.6%和下降0.4%，香港是内地第三大贸易伙伴和第二大出口市场。另据香港特区政府统计，内地仍为香港最大的转口来源地和转口市场，转口贸易在内地与香港特区的贸易往来中扮演十分重要的角色。2001年内地经香港转口运往海外商品1 036亿美元，较上年减少4.8%，占当年香港转口货值的60.9%；海外经港转口运往内地商品637亿美元，较上年增长1.6%，占当年香港转口货值的37.4%。

2001年内地对香港出口的10种主要商品

位次	商品名称	金额(亿美元)	所占比例(%)
1	机电、音像设备及其零附件	180.71	38.8
2	纺织原料及纺织制品	104.24	22.4
3	家具、灯具、玩具及游戏、运动用品及其零附件	24.52	5.3
4	钢、铁、铜等金属及其制品	22.54	4.8
5	光学、医疗等仪器及钟表、乐器	17.06	3.7
6	革、毛皮及其制品、箱包等	14.56	3.1
7	塑料、橡胶及其制品	14.04	3.0
8	矿产品	12.98	2.8
9	珠宝、贵金属及其制品	12.78	2.7
10	车辆、航空器、船舶及运输设备	12.39	2.6

2001年内地从香港进口的10种主要商品

位次	商品名称	金额(亿美元)	所占比例(%)
1	机电、音像设备及其零附件	40.26	42.7
2	纺织原料及纺织制品	19.50	20.7
3	光学、医疗等仪器及钟表、乐器	7.27	7.7
4	塑料、橡胶及其制品	6.85	7.3
5	钢、铁、铜等金属及其制品	6.02	6.4
6	化学工业及相关工业产品	4.22	4.5
7	纸及其制品	3.69	3.9
8	矿产品	1.54	1.6
9	珠宝、贵金属及其制品	1.03	1.1
10	家具、灯具、玩具及游戏、运动用品及其零附件	0.95	1.0

从上表可以看出，2001年内地与香港进出口贸易商品结构进一步优化。机电、音像设备占两地进出口总额的40%左右。在内地对港出口中，除纺织品及珠宝首饰出口金额同比下降之外，其他商品出口金额均有所上升，其中机电产品出口增长19%；在内地自港进口商品中，包括机电设备、纺织品等在内的多数商品进口金额略微下降。另据海关统计，加工贸易在两地贸易中仍占有很大比重，2001年内地自港进口商品约70%用于加工贸易，显示随着内地加工贸易政策的不断完善，港商在内地加工贸易依然保持了稳定发展。

据海关统计，2001年内地与澳门进出口总额为8.63亿美元，其中内地对澳出口7.43亿美元，自澳进口1.19亿美元，分别比去年同期上升7.2%、4.7%和25.4%。

2001年内地对澳门出口超过1 000万美元的商品依次为：纺织原料及纺织制品；鞋、帽、伞及羽毛、人发制品；矿产品；机电、音像设备及其零附件；活动物及动物产品；食品、饮料、酒及醋、烟草及制品；钢、铁、铜等金属及其制品；纸及其制品；植物产品；塑料、橡胶及其制品；化学工业及相关工业产品。2001年从澳门进口金额超过1 000万美元的商品仅有纺织原料及纺织制品。

2001年，内地与澳门进出口贸易总额及内地自澳门进口保持较快增长速度，而内地对澳出口增幅有所减缓。其主要原因在于澳门经济增长放缓，需求不旺，而内地经济继续保持健康平稳增长，刺激了自澳进口的增长。

二、投资

2001年内地吸收香港直接投资项目7 976个（占同期内地吸收境外投资总数的30.5%），合同港资金额205.98亿美元（占同期内地总数的29.8），实际使用港资168.63亿美元（占同期内地总数的35.9%），分别比上年同期增长13.0%、18.1%和4.0%。目前香港仍为内地吸收外资的最大来源地。

截至2001年底，内地累计吸收港资项目199 857个，实际使用港资1 875.63亿美元，分别占内地吸收外资总数的51.2%和47.4%。

2001年内地吸收澳门直接投资项目457个，合同澳资金额5.03亿美元，实际使用澳资2.76亿美元，分别比上年增长5.5%、43.9%和减少20.4%。截至2001年12月底，内地共吸收澳资项目7 280个，实际使用澳资42.62亿美元。

2001年内地吸收港澳投资项目数、合同额均呈现较大幅增长，同时香港对内地投资单项项目金额较上年有所增长，投资规模有所扩大。其原因在于内地加入WTO产生的推动效应，各项吸引外资政策的不断完善、内地经济稳定持续发展等因素的综合作用。

但与此同时，2001年港澳对内地投资的项目数、实际使用外资额的增幅均低于全国平均水平，原因在于内地市场开放程度的加大导致吸收外资渠道和金额的迅速增加。

三、承包工程和劳务合作

2001年内地在香港承包工程、劳务合作及设计咨询合同数共计978份，合同金额25.7亿美元，完成营业额18.7亿美元，年底在港人数24 220人。

2001年内地在澳门承包工程、劳务合作及设计咨询合同数共计939份，合同金额2.17亿美元，完成营业额2.01亿美元，12月底在澳人数36 808人。

四、重要经贸往来及大事记

2001年，内地与港澳经贸交流取得了进一步的发展。

7月底，内地与澳门特区商贸联委会机制正式启动，外经贸部副部长安民与澳门特区经济财政司司长谭伯源分别率领内地与澳门特区代表团出席了在珠海举行的内地与澳门特区商贸联委会第一次会议，其下设的贸易投资小组和经济合作小组也分别举行了小组会议，双方就内地与澳门经贸关系以及澳门特区如何在内地新一轮改革开放中发挥更大作用等问题进行了充分的交流与协商。

12月初，外经贸部副部长安民与香港特区工商局局长周德熙分别率领内地与香港代表团出席了在北京举行的内地与香港特区商贸联委会第三次会议，就国家加入WTO后进一步加强两地经贸合作等共同关心的议题进行了广泛深入的交流。

五、对内地与港澳特区经贸关系的展望

展望2002年内地与港澳经贸合作形势，随着外国经济环境的好转，尤其是美国经济的逐步复苏，香港特区自身经济结构的调整、澳门特区博彩业开放问题的妥善解决，以及加入WTO后中国内地经济的持续蓬勃发展和对外开放领域的进一步扩大，内地与港澳特区相互间的贸易、投资的增长速度将会加快。内地与港澳特区商贸联络机制的建立和有效运作，也将为两地经贸交流与沟通创造更加有利的环境。

2001年年底香港特区行政长官董建华来京述职时提出建立内地与香港类似自由贸易区的有关建议，其后，澳门特区行政长官何厚铧亦提出相关建议。对此，中央政府给予了积极回应，并责成外经贸部牵头研究落实。按照“一国两制”方针，在符合WTO原则的基础上，2002年内地与香港特区“更紧密经贸关系安排”的磋商将正式启动，该“安排”的达成必将有助于进一步优化和提升内地与香港的产业合作，促进内地与港澳经贸合作的进一步深化。

2001年中国与日本的经济贸易关系

对外贸易经济合作部亚洲司一处

2001年，中日双边经贸合作总体发展态势良好。在中国经济快速增长、日本经济缓慢复苏等因素带动下，中日经贸合作在2000年的基础上取得新的发展。两国投资和贸易互为因果，带动双边经贸合作取得了长足、全面发展，两国相互成为重要的经贸合作伙伴。

一、双边贸易情况

（一）中日贸易统计

中日双边贸易再创历史最高水平，日本已连续9年成为我最大贸易伙伴。据中国海关统计，2001年双边贸易总额达到877.5亿美元，同比增长5.5%，其中我对日出口449.6亿美元，自日进口428亿美元，分别增长7.9%和3.1%。实现对日贸易顺差21亿美元，较上年增加了20亿美元。我对日贸易的主要发展特点是：

1.全年双边贸易特别是我对日出口增速呈现前期高、中期低、后期稍有恢复的发展态势。

2.对日出口克服了日本经济重陷衰退、日元贬值逐渐加快、日对我输日农产品等限制措施频频出台等困难和阻力，继续保持了增长，对日出口增幅高于全国外贸出口增幅约1.1个百分点。

3.我自日进口增长低于全国平均水平约5.1个百分点，尤其大大低于我自美、欧进口增速，增速差距分别达12.7个和14.1个百分点。

4.据日本海关统计，在日外贸出口形势全面趋紧的情况下，日对华贸易增长一枝独秀。2001年日对华出口增长2.2%，从中国进口增长5.1%，分别高于其整体出口和进口增长约15个-20个百分点。同时，中国也一举超过台湾和韩国，成为日本的第二大出口市场。

（二）主要进出口商品情况

1.我对日出口情况

据我国海关统计，2001年中国对日出口：(1)初级产品83.5亿美元，所占比重18.6%，较上年增长3.7%，其中食品及活动物出口51.6亿美元，增长6.5%；煤、焦炭等矿物燃料和润滑油及有关原料出口20亿美元，增长1.6%。(2)工业制成品出口365.8亿美元，所占比重81.4%，增幅9%，其中化学成品及有关产品出口15.8亿美元，增长5.9%；钢铁、有色金属、皮革等制品和非金属矿物制品等出口总额为52.6亿美元，增长2.2%；机械及运输设备出口119亿美元，增长22.5%；服装及衣着附件、鞋靴和旅行用品类商品出口178.4亿美元，增长3.6%。(3)高新技术产品出口56.2亿美元，增幅44.3%。

由于日本机电企业对华投资的增加，2001年机电类产品对日出口增长较大，据日本贸易振兴会统计，机电产品占中国对日出口总额的比重达28.4%，仅次于纺织品的出口比重(29.1%)。此外，制成品比重达84%，达到最高水平。

2.我自日进口情况

(1)初级产品自日进口16.8亿美元，增幅为23.6%。(2)工业制成品进口411.2亿美元，在进口总额所占比重达96%，增幅2.4%，其中，机械及运输设备进口241.2亿美元，增长6.1%；钢铁、有色金属、皮革等制品和非金属矿物制品等进口83.6亿美元，减少2.3%；化学成品及有关产品进口51.5亿美元，下降3.3%。(3)高新技术产品进口121.1亿美元，增长7.2%。由于日企业对华投资加速和日资企业当地采购比例的提高，影像设备的零部件、纺纱织物及有关产品等进口有所减少，在世界IT市场低迷和美国“9·11”事件影响下，半导体等电子零部件产品进口在下半年出现减少；受中日农产品贸易摩擦影响，下半年空调、手机和汽车的进口降幅较大。

（三）中日技术贸易

据外经贸部业务统计，2001年中国从日本引进技术设备771项，合同金额11.28亿美元，日本是当年中国引进技术设备第三大对象国。

二、中日资金合作情况

（一）日本对华直接投资

2001年日本对华投资新设企业、合同外资金额和实际投入金额均有大幅度增长，实际投入金额实现了自1998年以来的首次增长。

日商在华投资新设立企业2 019家，比上年增长25.09%；合同外资金额54.2亿美元，增长47.25%；实际使用外资43.48亿美元，增长49.13%。日商新设外商投资企业、合同外资金额和实际投入金额分别占全国同期吸收外资总量的7.72%、7.83%和9.28%，所占比重比上年分别增长0.5、1.93和2.12个百分点。以实际使用外资金额计，日本对华投资位居各国（地区）第四位，仅次于港澳地区、英属维尔京群岛和美国。

截至2001年底，日本累计对华直接投资项目22 402个，合同金额442.34亿美元，实际投入321.49亿美元，分别占全国累计总量的5.74%、5.94%和8.13%。以实际使用外资累计金额计，日本对华投资位居第三位，第一位、第二位分别是港澳和美国。

（二）中日政府资金合作

日本政府2001年10月出台了新的对华合作政策，提出今后对华提供援助要考虑日本面临的严峻的财政状况，并根据下述重点课题与领域，在具体审查个别项目的基础上，实行“项目积累方式”。重点领域从过去的以沿海地区为主和以基础设施建设为主转为：(1) 支持改革、开放；(2) 致力于解决环境问题等全球性问题；(3) 增进相互理解；(4) 消除贫困；(5) 支援民间活动（针对“加入世贸组织”和改善投资环境等）；(6) 推进多边合作，包括援助非洲和推进东亚环境合作等。

2001 年度日元贷款金额为 1 614 亿日元，较上年度（包括特别日元贷款）削减了 24.7%。此次日元贷款项目共 15 个，50%以上是治理环境污染和植树造林方面的环境项目和培养人才、开发内陆地区的项目，2002 年 3 月中旬两国政府正式换文。

截至 2001 年底，日本政府已累计向我国承诺提供政府贷款协议金额 26 679.09 亿日元，实际使用金额 17 440.13 亿日元。

三、重要经贸往来及大事记

4 月 10 日，日本内阁会议决定对三种农产品启动临时保障措施，自 4 月 23 日起实施，为期 200 天，采取关税配额的形式，大葱、鲜香菇、蔺草席三种产品的配额数量分别为 5 383 吨、8 003 吨和 7 949 吨，配额外关税从现行的 3%、4.3%、6%分别上调至 256%、266%和 106%。

4 月 16 日，安民副部长与以樱内义雄会长为团长的日本国际贸易促进协会大型访华代表团举行了座谈，双方就中日经贸合作等问题交换了意见。

5 月 30 日，由日本贸易振兴会主办、外经贸部等单位协办的“2001 北京国际零部件原材料采购展览会”在北京开幕，安民副部长出席开幕式并致辞。

6 月 21 日，国务院关税税则委员会发布公告，宣布自 2001 年 6 月 22 日起，对原产于日本的汽车、手持和车载电话、空气调节器三种商品加征 100%的特别关税。

7 月 3 日、4 日，中日两国政府就日方临时保障措施的中方特别关税问题在北京举行了司局级磋商，日方代表团由外务省、经济产业省、农林水产省、财务省以及日本驻华使馆官员组成，我方代表团由外经贸部、外交部、财政部、农业部、国家质检总局官员组成，磋商未取得实质性进展。

9 月 13 日，外经贸部副部长、中日长期贸易协议委员会主任安民与来访的日中长期贸易协议委员会委员长渡里杉一郎在京举行了两组织间本年度定期协商，双方就当前中日长期贸易协议的各项执行情况和把玉米对日出口纳入长期贸易协议等问题深入交换了意见。

10 月 8 日，日本首相小泉纯一郎访华时向朱镕基总理表示，两国在贸易领域出现的摩擦，希望通过合作与协商的方式尽快得到解决。朱镕基总理也希望两国有关部门友好协商，从大局出发，妥善解决两国贸易中的具体问题。

11 月 1 日，中日两国政府在北京再次就农产品贸易摩擦问题举行司局级磋商，通过磋商，双方增进了解，扩大共识，磋商取得进展。

12 月 11 日，石广生部长同来访的日本经产大臣平沼赳夫和农水大臣武部勤就两国农产品贸易摩擦问题举行会谈，未能达成一致意见。

12 月 19 日，孙振宇副部长率团赴日就两国农产品贸易摩擦问题举行副部级磋商，磋商取得一定进展。

12 月 21 日，石广生部长与日本经产大臣平沼赳夫和农水大臣武部勤再次举行会谈，就解决贸易争端达成一致，并对外发布备忘录。

12 月 25 日，日本经产省、财务省发布公告，宣布不启动对三种农产品的正式保障措施。

12 月 26 日，我国务院关税税则委员会发布公告，宣布撤销对日本的特别关税措施。

2001 年中国与韩国的经济贸易关系

对外贸易经济合作部亚洲司四处

中韩建交 10 年来，在两国高层领导的关心、推动和两国政府、民间团体及业界的共同努力下，中韩双边经贸关系全面、快速发展，双方互为重要经贸合作伙伴的关系不断加强。尤其 2001 年，中韩双边贸易和韩对华直接投资项目数均创历史最高记录。因我国加入世贸组织、成功申办 2008 年奥运会和实施西部大开发战略，韩国内出现了前所未有的“中国热”，两国经贸合作进一步呈现巨大的发展潜力。

一、双边贸易发展迅猛

据中国海关统计，两国双边贸易额，1992 年建交当年为 50.3 亿美元，2001 年达 359.1 亿美元，增长 6.1 倍，年均递增 24.4%，大大高于同期中、韩各自外贸进出口总额的递增幅度。2001 年，中韩双边进出口总额同比增长 4.3%；其中中方出口 125.2 亿美元、进口 233.9 亿美元，同比分别增长 9.9%和 4.9%。

中韩双边贸易占各自外贸总额的比重分别由 1992 年的 3.0%和 3.2%提高到 2001 年的 7.0%和 10.8%。韩国目前是继日、美和香港之后我国的第四大贸易伙伴；我国则为继美、日之后韩第三大贸易伙伴和第二大商品出口市场。

2001 年我对韩出口的主要商品包括：服装及衣着附件、纺织纱线及织物和制品、煤、水海产品、集装箱、自动数据处理设备及部件、玉米、成品油、手持或车载无线电话机、钢材等；自韩进口的主要商品包括：初级形状的塑料、钢材、集成电路及微电子组件、合成纤维长丝机织物、纸及纸板、对苯二甲酸、牛皮革及马皮革、针织或钩编织物、未锻造的铜及铜材等。

2001 年我对韩出口主要商品表

商　　品	数　量（万吨）	同比增长（%）	金　额（亿美元）	同比增长（%）
对韩出口总额	—	—	125.21	10.9
服装及衣着附件	—	—	15.90	38.6
纺织纱线、织物及制品	—	—	10.69	-4.7
煤	2 894	37.0	8.10	47.5
水海产品	47	80.8	5.91	44.1
集装箱	—	—	3.37	-11.3
自动数据处理设备及其部件	—	—	3.24	16.5
玉米	308	-48.8	3.15	-47.8
成品油	133	27.9	3.07	15.0
手持或车载无线电话机	—	—	3.00	600 倍
钢材	73	-18.0	1.88	-23.9

2001 年我自韩进口主要商品表

商　　品	数　量（万吨）	同比增长（%）	金　额（亿美元）	同比增长（%）
自韩进口总额	—	—	233.89	0.8
初级形状的塑料	304	10.1	22.61	2.2
钢材	321	5.2	17.62	-2.9
成品油	1079	15.3	17.24	1.4
集成电路及微电子组件	—	—	13.71	24.2
合成纤维长丝机织物	—	—	5.85	-17.0
纸及纸板	—	—	5.79	-12.4
对苯二甲酸	—	—	5.56	10.8
牛皮革及马皮革	—	—	5.06	-10.4
针织或钩编织物	—	—	4.10	8.2
未锻造的铜及铜材	16.6	-17.0	3.54	-13.7

资料来源：中国海关统计。

二、韩国对华直接投资继续恢复性增长，投资区域和领域逐渐扩大，投资规模有所提高

韩国对华直接投资经历了一个逐步发展的过程，既有高潮，也有低潮。据外经贸部统计，韩国对华实际投资1985 年至 1992 年累计仅 1.6 亿美元，但自 1993 年起连续 4 年保持了两位数的高速增长，年实际投资额由 1993 年的 3.8 亿美元猛增至 1997 年的 21.4 亿美元。

据外经贸部统计，2001 年，我共批准韩对华投资 2 933 项，协议金额 35.1 亿美元，实际使用 19.7 亿美元，同比分别增长 14.1%、47.8%和 30.9%；投资项目已超过、协议和实际到位金额则已接近历史最高水平。截至 2001 年底，我共批准韩对华投资累计 18 517 项，协议金额 222.9 亿美元，实际使用 122.3 亿美元，居外商对华投资的第七位。另据韩方统计，2001 年，我在项目和金额等方面均超过美国，成为韩最大的海外投资对象国。

韩对华投资领域以制造业（纤维、服装、电子电器组装、制鞋、石油化工品）为主，还包括矿产开发、饮食、运输、建筑、贸易和房地产等行业，目前正由劳动密集型转向技术和资金密集型领域，并趋向多样化；投资地域逐渐由山东、天津和辽东半岛等环渤海地区向江苏、广东等其他东部沿海地区及湖南等中西部内陆地区扩展；投资主体从中小企业发展到大企业集团，项目平均金额有所提高。两国在直接投资领域的合作，不仅带动了双边贸易的发展，也推动了双方在生产和技术领域的合作。

三、中韩劳务合作继续发展

2001年，中韩新签劳务合同555份，合同金额2.4亿美元，完成营业额2.3亿美元，年末在韩研修生人数43 515人。截至2001年底，我共与韩签订劳务合同19.9亿美元，完成营业额13.7亿美元。中韩两国在研修生领域的合作互补性较强、合作潜力较大，加强两国在派遣和接受研修生方面的合作，有利于推动双边经贸关系的发展，其更大的意义在于加强了两国的人员交流，这对于加深相互理解，巩固和发展两国友好关系是十分重要的。

四、两国资金合作逐步展开

韩国政府从1993年开始向我提供长期、低息的经济发展协力基金（EDCF）贷款。1995年11月江泽民主席访韩之际，两国政府签署了未来10年韩国向我提供EDCF贷款的原则总协议，这对丰富和推动两国合作发挥了较好作用。截至2001年底，韩方已同意向我19个项目提供1 957.8亿韩元（约合1.98亿美元）的贷款，其中已执行1 091.9亿韩元。

此外，两国在产业、科技等领域的合作稳步进展；在亚太经合组织、10+3、亚欧会议、曼谷协定、泛黄海经济技术交流等多边框架内的合作进一步加强；由朱镕基总理提议，得到韩、日两国首脑积极支持的中日韩经贸部长会晤机制即将启动。

五、进一步发展双边经贸合作潜力巨大

建交10年来中韩双边经贸合作取得的巨大成果表明，两国合作符合双方的根本利益，可以达到双赢的结果。中韩双方开展经贸合作，本身具有其他国家和地区无法比拟的优势，以往的合作成果又进一步加强了这种优势，使双边经贸合作呈现巨大的发展潜力。

首先，两国是同属东北亚地区的近邻，文化、传统、习俗相近，交往历史源远流长。两国政治关系良好，双方政府和人民都认为巩固和发展业已存在的双边友好合作关系不仅有助于各自的经济发展，也有利于维护东北亚和亚太地区的繁荣与稳定。这是进一步发展双边经贸合作的坚强的政治保证。

其次，两国经济上互补性较强，加强双边经贸合作是双方实现共同发展的需要。我国基础科研力量雄厚，市场广阔，自然资源丰富，劳动力素质高、竞争力强；而韩在技术的产业化应用、经营管理、国际市场销售网络和营销技巧、资金等方面占优。这为双方开展更紧密合作提供了必要的前提条件。

第三，过去几年，尽管受到亚洲金融危机的冲击，但由于应对得当，中国经济仍然实现了年7%以上的高增长，成为带动世界经济增长的火车头之一。而韩国成功摆脱金融危机的影响，在较短时间内实现了经济的复苏和发展，企业重新恢复了活力。两国经济的持续发展，为双边经贸合作的稳步推进奠定了良好的经济基础。

随着我国实施“走出去”战略，以及加入世贸组织、成功申办2008年奥运会和西部大开发，进一步发展双边经贸合作面临着前所未有的良好机遇。目前在两国经贸合作中，不仅双边贸易和投资继续大幅增长，而且韩政府和企业对华经贸合作的热情也持续高涨，并对在信息通讯、汽车、金融、旅游等领域与我开展合作寄予了较大期望。

从长远来说，只要两国从各自利益出发，本着合作、协商的精神，增进相互了解，拓宽合作领域，妥善解决双边经贸合作中出现的问题，大力推动生产和技术领域的交流与合作，实现优势互补，中韩双边经贸合作将会进入一个更为活跃、档次更高的新阶段。

2001年中国与东盟国家的经济贸易关系

对外贸易经济合作部亚洲司二处

2001年，中国与东盟的经贸合作关系取得了新的进展，进入了一个崭新的发展时期。2001年11月，朱镕基总理出席了在文莱举行的第五次东盟与中国（10+1）领导人会晤，双方领导人一致同意在10年内建立中国－东盟自由贸易区。

东盟是中国重要的经贸合作伙伴，双方在进出口贸易、相互投资、承包劳务等领域的互利经贸合作卓有成效，为双边友好合作关系注入了实质性的内容。

一、双边贸易

中国东盟贸易继续保持增长势头，2001年双边贸易额达416.15亿美元，比上年增长5.3%。其中，中国出口183.85亿美元，进口232.3亿美元，分别增长6%和4.7%。东盟仍保持为中国第五大贸易伙伴。2001年中国东盟双边贸易额占中国对外贸易总额的8.2%，对东盟的出口和自东盟的进口分别占我国出口总额和进口总额的6.9%和9.5%。

2001年中国对东盟国家出口的机电产品和高新技术产品金额分别达100.7亿美元和47.3亿美元，占对东盟出口的54.8%和25.7%。与此同时，我国从东盟的机电产品和高新技术产品进口也大幅增长，分别达 109.4 亿美元和 83.76 亿美元，占自东盟进口总额的 47.1%和 36.1%。

二、相互投资

2001 年东盟国家新增来华直接投资项目 1 239 项，比上年增长 13.7%，合同外资金额 33.73 亿美元，实际利用 29.84 亿美元，分别增长 9.6%和 4.9%。截至 2001 年底，东盟国家共来华直接投资项目 17 972 项，合同外资金额 534.68 亿美元，实际利用 261.75 亿美元。

随着我国经济的高速增长和企业实力的增强，中国企业到东盟国家的投资也逐年增长，截至 2001 年底，中国企业共在东盟国家投资 740 项，总投资 10.91 亿美元，其中中方投资 6.55 亿美元。

三、互利经济合作

2001 年中国公司在东盟国家签订的承包工程和劳务合作项目 3 833 项，比上年增长 2.82%，合同总金额 26 亿美元，下降 2.27%，完成营业额 20.89 亿美元，增长 8.54%。截至 2001 年底，中国公司在东盟国家签订的承包工程和劳务合作合同总金额 195.81 亿美元，完成营业额 124.43 亿美元。

四、中国东盟经济合作专家组

2000 年 11 月 25 日，朱镕基总理出席在新加坡举行的第四次东盟与中国领导人会晤上，建议在中国—东盟经济贸易合作联合委员会框架下成立中国—东盟经济合作专家组，研究中国加入世界贸易组织（WTO）的影响和中国与东盟建立自由贸易关系的可能性。

2001 年 3 月 28 日，中国—东盟经济贸易合作联合委员会第三次会议在马来西亚吉隆坡召开，会后双方正式宣布成立“中国—东盟经济合作专家组”。专家组研究课题为**“构筑中国和东盟 21 世纪更紧密的经济关系”**，其主要研究内容为中国加入世贸组织的影响和中国与东盟建立自由贸易区的可行性。专家组在 2001 年分别召开了三次会议（4 月在北京，8 月在文莱，9 月在昆明）。9 月 13 日和 10 月 28 日，外经贸部副部长孙振宇和部长助理高虎城分别与东盟经济高官会主席主持召开了 10 + 1 经济高官会第一和第二次会议，对专家组研究工作进行了讨论并审议了专家组报告。

专家组研究工作于 2001 年 10 月底前完成，专家组研究报告积极评价了中国和东盟经济关系的发展现状，认为双边贸易投资关系仍有较大的扩展潜力；肯定了中国加入世贸组织和建立中国—东盟自由贸易区对双方的积极影响，同时也指出了由此而带来的挑战。报告还建议中国和东盟建立全面的和前瞻性的经济合作框架，以推进双方目前的经济关系并为其在 21 世纪的发展指出方向。专家组建议中国和东盟在 10 年内建立中国—东盟自由贸易区。经双方经济部长授权的中国—东盟经济高官会审议并通过了中国—东盟经济合作专家组的联合研究报告

2001 年 11 月 6 日在文莱召开的中国—东盟领导人第五次会议上，中国东盟领导人批准了中国—东盟经济合作专家组的建议，即在 10 年内建立中国—东盟自由贸易区。领导人要求经济部长和高官们尽早启动谈判。

五、重要经贸往来

3 月 19—21 日，孙广相副部长率团访问东帝汶，拜会了联东当局行政长官和帝汶抵抗全国委员会主席夏纳纳。

3 月 26—30 日，中国—东盟经济贸易合作联合委员会第三次会议在马来西亚吉隆坡召开，外经贸部副部长安民和泰国商业部常秘、东盟经济高官主席克里卡克莱·加拉帕特（Krirk-Krai Jirapaet）共同主持了会议。双方正式宣布在“中国 - 东盟经济贸易合作联委会”框架下成立“中国—东盟经济合作专家组”。

在马期间，安民副部长会见了马贸工部郭洙镇副部长，就包括棕榈油和纸浆厂项目在内的双边经贸关系中共同关心的问题交换了意见。

3 月 29 日，高虎城部长助理会见了来外经贸部拜会的菲律宾总统特使杨应琳，杨向中方介绍了菲新政府发展经济的措施，表达了继续与中国发展双边经贸合作的愿望。

3 月 30 日—4 月 2 日，外经贸部安民副部长率团访问柬埔寨，拜会了柬首相洪森，会见了商业大臣占蒲拉西，并与索·西潘纳国务秘书共同主持召开了中柬经贸合作委员会第一次会议。

4 月 27 日，外经贸部石广生部长同时会见了来访的印尼工贸部长潘贾丹和马来西亚初级产品部长林敬益，着重就棕榈油贸易问题交换了意见。

5 月 4 日，石广生部长率团出席在柬埔寨暹粒召开的第三次东盟与中日韩经济部长会议。柬首相洪森在暹粒会见了石部长。

5 月 19—22 日，石广生部长陪同朱镕基总理访问泰国。

6 月 9 日，吴仪国务委员在烟台会见了参加 APEC 投资博览会的越南贸易部长武宽，外经贸部龙永图副部长参加了会见。

6 月 21 日，龙永图副部长拜会了来华访问的泰国副总理邦朗，就落实两国总理互访的后续工作交换了意见。

8 月 1 日，安民副部长会见了来访的东盟秘书长塞贝里诺一行，向其介绍了中国 - 东盟经济合作专家组联合研究小组研究工作进展、中国加入 WTO 及参与湄公河次区域开发等有关情况。

8 月 20 日，石广生部长会见并宴请了新加坡贸工部部长杨荣文一行。

8 月 28 日，石广生部长参加了朱镕基总理与访华的泰国总理塔信的双边会谈。

9 月 12—13 日，外经贸部孙振宇副部长率中国政府经贸代表团赴越南参加第四次 10 + 3 经济部长会议和第一次 10 + 1 经济高官会。会议期间，孙副部长还应约会见了越南贸易部部长武宽、工业部部长邓武诸和农业部副部长高德发。

10 月 22—25 日，应石广生部长邀请，马来西亚贸工部长拉菲达率团访华，在上海和北京分别举办“中马商业机遇研讨会”，安民副部长出席北京研讨会并作演讲。

10月28日，高虎城部长助理率团赴文莱与越南贸易部部长助理黄积福共同主持召开了第二次10+1经济高官会，审议了中国—东盟经济合作专家组联合研究报告及总结概要，通过了“关于构筑中国与东盟更紧密经济关系的高官建议”。

11月14—22日，安民副部长率团访问新加坡和越南，分别与对方共同主持了中新第四次经贸磋商和中越经贸合委会第三次会议。

11月25—27日，应石广生部长邀请，马来西亚贸工部长拉菲达率团访华，26日与石部长共同主持召开了中马经贸联委会第五次会议。

12月12—15日，石广生部长陪同江泽民主席访问缅甸。访问期间，石广生部长与缅甸国家计划与经济发展部部长吴梭达签署了《中缅两国政府关于鼓励促进和保护投资协定》和《中缅两国经济技术合作协定》。

12月18日，石广生部长会见了作为印尼总统特使的印尼工贸部长丽妮·苏婉蒂一行，双方就中、印尼经贸合作有关问题交换了意见。

2001年中国与南亚及部分西亚国家的经济贸易关系

对外贸易经济合作部亚洲司三处

一、双边贸易

2001年，中国与南亚8国（印度、巴基斯坦、孟加拉国、尼泊尔、斯里兰卡、马尔代夫、锡金和不丹）的贸易总额为65.2亿美元，较上年增长15.2%，其中我出口42.1亿美元，进口23.1亿美元，分别增长11.4%和22.8%。2001年中国与南亚国家贸易主要呈现如下几个特点：一是中国与该地区国家高层互访不断，有力地促进了双边经贸合作关系的发展；二是我与印、巴、孟三国贸易持续发展，双边贸易总额均连续两年创历史新高；三是我自南亚国家的进口增长较快，贸易不平衡状况有所改善。

中国对南亚国家出口的主要商品有机电产品、化工及医药原料、生丝、焦炭、钢材、水泥、纺织品等。中国从南亚国家进口的主要商品有铁矿砂、铬矿石、皮革和纺织原料等。

2001年中国同部分西亚国家（土耳其、伊朗、塞浦路斯、阿富汗）的贸易额为43.5亿美元，其中我出口17.0亿美元，进口26.5亿美元，同比分别增长12.5%、下降13.6%和增长39.4%。中国对伊朗进、出口增长迅猛，双边贸易达到创记录的33.1亿美元，同比增长33.2%；受土耳其国内经济形势影响，中国对土出口下降，但我自土进口仍增长了82.2%，土方逆差有所缓和。

我对上述四国主要的出口商品有纺织品、机电产品及成套设备、五矿及化工产品、仪器仪表、工农具等；主要进口商品有原油、钢材、铬矿石等。

二、经济技术合作

2001年我同南亚国家新签承包工程和劳务合作合同282项，合同金额17.8亿美元，营业额9.0亿美元，派出劳务人员4 756人次；我同伊、土、塞三国新签承包工程和劳务合作合同71项，合同金额3.4亿美元，营业额2.4亿美元，派出劳务人员1 907人次。该地区继续保持了我承包工程和劳务合作重要市场的地位。

三、重要经贸往来

2001年3月，石广生部长会见了来访的伊朗能源代表团团长、能源部长顾问瑞方一行；魏建国部长助理会见了来华出席博鳌论坛的孟加拉国前国务部长阿布·侯赛因；4月，应巴基斯坦商业部邀请，安民副部长率政府经贸代表团访巴，巴首席执行官穆沙拉夫会见了安副部长一行；6月，石广生部长与来访的塞浦路斯财政部长塔基斯·克莱里季斯共同主持召开了中塞经贸科技合作联委会第四次会议；何晓卫部长助理应约会见了来访的马尔代夫外长贾米尔；8月，应土耳其工贸部长唐热库鲁的邀请，周可仁副部长率政府经贸代表团访土，并出席了土耳其第70届伊兹密尔国际博览会开幕式；安民副部长会见了率团来华推销榛子的土耳其外贸署副署长艾明·哈鲁克·阿依航一行；11月，应我部邀请，巴基斯坦商业、工业和生产部部长拉扎克·达乌德访华，并与石广生部长举行会谈，朱镕基总理会见了达乌德部长一行；孙广相副部长应约会见了来访的尼泊尔新闻通讯大臣古普塔一行。

2001年中国与西亚国家的经济贸易关系

对外贸易经济合作部西亚非洲司一处

本文所指西亚地区包括约旦、叙利亚、黎巴嫩、巴勒斯坦、伊拉克、以色列、也门，以及位于海湾的沙特阿拉伯、阿拉伯联合酋长国、科威特、巴林、卡塔尔、阿曼等13个国家。这一地区拥有丰富的石油资源，石油储量占世界总储量的一半以上，是我国在本世纪能源需求的主要供应地之一。西亚地区市场对外依赖性大、支付能力较强，是我出口商品的重要市场之一，也是我国实施市场多元化战略的重点地区。同时，它也是我国开展对外承包和劳务合作业务最早的地区之一，其中的海湾六国还是我吸引外资的重点国家。

虽然“9·11”事件对我国与西亚地区国家的经贸往来在一定程度上造成了消极影响，但双方经贸合作仍保持了相当规模，该地区国家也依然重视发展与我国的经贸关系并愿意加强合作的力度。2001年，双方在原油贸易、承包工程和投资等领域内的合作继续加强，经贸合作的广度和深度逐渐加大。

一、双边贸易

2001年，我与西亚地区国家的贸易额达129.45亿美元，比上年下降了5.3%，其中出口62.03亿美元，比上年增长了13.7%；进口67.42亿美元，比上年下降了17.9%。沙特是当年我在该地区的最大贸易伙伴，双边贸易额达40.75亿美元；阿联酋是当年我在该地区最大的出口产品市场，我对阿出口额达23.77亿美元。2001年我出口到西亚地区的主要商品是：机电产品、服装、纺织品、计算机与通信技术、轮胎等。

2000年我国从西亚地区直接进口原油3 065万吨，金额达65亿美元。2001年我国继续从本地区进口原油，进口量为2 302万吨，金额达44.18亿美元，占全国原油进口总量的38.2%。进口量尽管比上年下降了763万吨，但在我自本地区进口商品中原油所占比重仍然最大。2001年，沙特取代阿曼成为我在该地区最大的原油供应国，此外我还从阿曼、也门、科威特、卡塔尔、阿联酋、伊拉克等国直接进口原油。除原油外，成品油、液化气、塑料、乙二醇、化肥、铝等初级原料性产品是我自本地区的主要进口商品。

二、经济技术合作

2001年，我与西亚国家在工程承包、劳务合作方面也取得了新的进展。当年，新签合同681项，金额达10.71亿美元，完成营业额6.89亿美元，年内派往13国的劳务人员共2.3万余人，年末我在13国共有3.7万余名劳务人员。我公司完成了科威特集油站、叙利亚迪什林水电站等几个大型承包工程项目，中国铁路工程总公司与阿联酋迪拜一公司新签了总额为2亿美元、由中方总包的棕榈岛项目。这对促进双边乃至与整个西亚地区开展经济技术合作产生了积极影响。

三、双向投资

我与西亚地区国家开展双向投资合作起步较晚，规模也较小，主要集中在阿联酋，设立的企业有塑料厂、拉丝厂、编织厂、眼镜框厂、皮革厂和江苏汇丰实业有限公司在迪拜设立的凯思羊绒制品有限公司等。但近年来，中国公司在本地区建立的独资、合资企业逐渐增多，规模也有所扩大，投资区域也从阿联酋扩大到也门、卡塔尔和约旦等更多的西亚国家。2001年，我在西亚地区国家新设投资企业12家，双方协议投资总额为7 290万美元，其中中方协议投资额为4 209万美元。截至2001年底，我国在西亚地区国家累计设立投资企业104家，双方协议投资总额达1.46亿美元，其中中方投资占62.5%，为9 130万美元。

在阿联酋沙迦设立的“中国机电产品展览中心”，是目前我国在本地区最大的投资项目。此外，由我国私营企业在沙迦投资兴办的“大连—中国大地贸易中心”、“中国鞋城”等项目，均具有一定规模并取得了较好的经济效益。2001年，我在西亚地区新批设立的投资项目有：海尔集团电器产业有限公司与约旦、黎巴嫩、叙利亚有关公司在约旦设立的海尔（中东）贸易有限公司，江苏红豆实业股份有限公司在约旦独资设立的“红豆（约旦）服装有限公司”，深圳彩电总公司与约旦国际箱包制造有限公司合资设立的“地平线箱包制造有限公司”，与约旦信息技术工业园发展有限公司合资在约旦设立的“英特网设备国际（约旦）有限公司”，山西明迈特实业贸易有限公司与山西博斯凯贸易有限公司合资在卡塔尔设立的“中卡锻造有限公司”等。

随着我与西亚地区国家政府和企业界交往的不断增加，我国投资环境的不断改善以及我国加入WTO后投资机会的增多，本地区国家企业界人士对我国投资环境和政策的了解逐渐加深，对来华投资的兴趣越来越浓，许多国家政府投资主管部门和企业主动来华考察访问，或通过参办展洽会寻找投资项目。目前西亚地区国家对华投资的项目主要有：中国、科威特和突尼斯三方在秦皇岛合资兴建的中阿化肥厂，沙特国家石油公司参与投资的福建石化一体化项目，沙特穆罕默德·阿瓦德公司与温州中力集团公司在温州合资兴建的电器厂，沙特阿米杨·狄特公司投资3 000万美元在大连建立的玻璃纤维原料和玻璃纤维管道厂等。目前，这些项目普遍取得了较好的经济效益。

西亚13国地处当今世界热点地区，巴以冲突的不断升级和美伊矛盾的加深是造成西亚地区局势不稳定的两大因素，尤其是“9·11”事件使本地区国家的贸易、旅游、金融和交通运输遭受重创，吸收外资亦大受影响。在这种形势下，中国企业开拓本地区市场面临着很大的挑战，进行投资承担着一定风险。但另一方面，该地区拥有丰富的石油和天然气资源、巨额“石油美元”的资金支持、宽松的市场环境和政府给予的投资鼓励措施，这些又为我在该地区大力推动市场多元化战略和实施“走出去”战略提供了有利条件。

首先，我与西亚国家经济上有着较强的互补性。西亚国家普遍拥有丰富的石油和天然气资源，而目前我国对能源的需求正随着国民经济的发展逐步加大，2001年我从西亚国家进口的石油数量已占到全国石油进口总量1/3强，西亚国家已经成为我国重要的能源供应地；其次，西亚国家对进口商品依赖性很大，相对其他地区市场更开放，进口限制更少，此外如海湾六国等国家对进口的生产生活物资还普遍实行低关税。我国向本地区出口的商品在质量和价格上适合当地消费水平，我对西亚国家出口商品在当地市场所占比例仍不高，仅3%左右，开拓余地很大；第三，近年西亚国家均加快了经济建设的步伐，建设项目增多，这为开展我与西亚国家的承包工程和劳务合作提供了新的机遇；第四，西亚国家正积极实施经济多元化政策，鼓励投资建设工业项目。我国企业也已开始尝试以设备、技术到西亚国家投资，举办加工装配项目。

综上所述，我国发展与西亚地区国家的经贸合作，挑战与机遇并存。但从长远看，更符合双方政治和经济利益的需要，且双方目前经贸合作的势头良好，如充分发掘各自的潜力，形成优势互补，合作前景十分广阔。

2001年中国与非洲国家的经济贸易关系

对外贸易经济合作部西亚非洲司办公室

2000年我国相继召开了“对发展中国家经贸工作会议”、“中非合作论坛”、“对非工作会议”，并且我国政府宣布减免非洲国家欠我国的100亿元人民币债务。通过这一系列积极的举措，极大地加强了我与广大的非洲国家的经贸联系，从而为2001年双方友好合作关系的持续发展奠定了良好的基础。2001年，在57届联合国人权会议挫败反华提案、中美撞机事件、北京申奥和我国加入世贸组织等一系列重大事件中，非洲国家均给予了我们积极的支持。

一、中、非高层互访和经贸往来进一步加强

2001年中国和非洲国家政府通过高层互访、企业界交流、召开经贸混委会、举办各类展览会洽谈会、签订促进经贸和投资合作的相关协定等措施，有效地推动了双方在各个领域的合作。

年内，国家副主席胡锦涛、政协主席李瑞环、中共中央政治局委员李铁映等多位党和国家领导人往访非洲；赤道几内亚、尼日尔、尼日利亚和南非总统，莱索托首相，安哥拉、津巴布韦和莫桑比克议长以及10多位非洲国家的部长率团访华。

2001年，外经贸部副部长孙振宇、孙广相、周可仁、张祥和部长助理何晓卫分别率政府经贸代表团共访问了17个非洲国家；我国分别与摩洛哥、苏丹、埃及、刚果民主共和国、科特迪瓦、尼日利亚、埃塞俄比亚、莫桑比克、安哥拉和南非等10个国家召开了双边经贸混委会（或联委会）；与尼日利亚、塞拉利昂和肯尼亚新签保护和促进投资协定，与尼日利亚新签贸易协定和石油合作框架协议，与乌干达新签贸易、经济和技术合作协定，与卢旺达新签经济技术合作协定；在2001年中国投资贸易洽谈会（厦门）期间成功举办了中国—尼日利亚、中国—南非双向投资研讨会，中国贸促会在尼日利亚成功举办中国贸易展览会。

二、中、非进出口贸易持续增长

中国与非洲国家进出口贸易继2000年首次突破100亿美元之后，2001年又保持了良好的发展态势。据我国海关统计，2001年我与非洲国家的进出口贸易总额达107.6亿美元，其中：我向非洲出口59.7亿美元，较上年增长19.2%；自非洲进口47.9亿美元，较上年下降了13.8%。我出口到非洲的主要商品有：机电产品、纺织品、服装、鞋类、计算机与通信技术产品和大米等；我自非洲主要进口原油（1 355万吨，26亿美元，占我国原油进口总量的22.5%）、原木、铁矿砂和钻石等原材料性产品。南非、苏丹、尼日利亚和埃及是我国在非洲地区的重要贸易伙伴，其中，我与南非的进出口贸易额以22.2亿美元高居2001年中、非贸易统计榜首。

三、中、非合资合作取得积极进展

2001年我对非洲地区的投资合作也取得积极进展，双方合作领域不断拓宽，规模不断扩大。据外经贸部统计，2001年我国在非洲新设投资企业50家，双方协议投资总额达7 079.8万美元，其中中方协议投资额为5 043.5万美元。截至2001年底，我国在非洲累计设立企业549家，双方协议投资总额达10.83亿美元，其中中方协议投资额为7.56亿美元。

四、中、非积极探索经济技术合作新领域

2001年中国企业在非洲新签承包工程和劳务合作项目合同共1 363个，合同总金额达26.61亿美元，完成营业额17.52亿美元，年内共派出2.6万劳务人员赴非洲，截至年底我在非洲劳务人员共有4.68万。双方企业正在建筑、电力、石油、资源等领域积极探索开展项目合作的机会。中建总公司在阿尔及利亚新签合同额3亿美元的住宅工程，哈尔滨电站工程有限责任公司在苏丹新签合同额为1.5亿美元的吉利电站工程。此外，我国参与投资建设的苏丹油田开发项目、津巴布韦钢厂改造等一些重点项目进展顺利，且均取得了较好的经济和社会效益，成为中、非合资合作的成功典范。

五、对非援助

在对非援助及债务减免方面，从中非合作论坛结束到2001年底，我国向43个非洲国家新提供各类援助共70余笔，在16个非洲国家承建了20多个成套项目，还提供了近60批一般物资援助。此外，为落实我国在中非合作论坛上的减债承诺，至今我已与乌干达、苏丹等共28个非洲国家签署了免债议定书，共免除这些国家欠我部分到期债务147笔。对其他非洲国家的债务减免也在协商之中。

新世纪的初年，我国成为世贸组织正式成员，WTO为我国国民经济发展提供了更广阔的空间。非洲大陆石油、矿产资源丰富，发展潜力巨大，区域性经济合作进一步加强，广大的非洲国家对发展同我国的经贸合作表示出十分强烈的愿望。我国应抓住这一有利时机，继续本着平等互利、共同发展的原则，努力实施大经贸战略，把我对非贸易、承包工程、援助和投资等有机结合起来，抓好大市场、大项目、大商品、大企业和我在非洲的11个投资开发贸易促进中心工作，力争使对非经贸工作迈上一个新台阶。

2001年中国与欧洲联盟的经济贸易关系

对外贸易经济合作部欧洲司四处

近年来，中欧高层往来频繁，经贸关系发展迅猛，欧盟已成为中国最重要的经贸伙伴之一，同时也是中国经济建设所需资金和技术的主要提供者之一，经济技术合作发展总体呈持续快速增长态势，双边贸易额逐年增长。

一、双边贸易

据中国海关统计，2001年，双边贸易总额为766.3亿美元，比上年增长11%。其中，我出口409.1亿美元，增长7.1%；进口357.1亿美元，增长15.8%。欧盟居日本、美国之后，是我国第三大贸易伙伴。

二、对华投资

2001年，欧盟来华直接投资项目数为1 214个，比上年增长9.2%，协议金额51.53亿美元，下降43.67%，实际投入41.83亿美元，下降11.08%。截至2001年底，欧盟成员国来华投资项目数达12 598个，协议外资金额555.81亿美元，实际投入302.32亿美元。

三、双边经济技术合作

(一) 引进技术

欧盟成员国是中国引进技术、设备的最大供应者。2001年，中国从欧盟技术引进合同数为1 050个，合同金额为44.22亿美元，占我国当年引进技术总额的48.95%。截至2001年底，中国从欧盟成员国引进技术共13 495项，合同总金额约671.7亿美元。

(二) 其他合作

中欧双方在培训、科技、发展援助等领域开展了广泛的合作，如欧盟继续为我培养高级翻译人员，双方合资成立的中欧高级工商学院运转良好。目前，中欧双方在混委会下成立了经贸、环保、能源和信息通讯技术4个工作组及科技指导委员会，使上述领域的合作机制化。自1993年以来，我共接受欧盟委员会及欧盟成员国对华无偿援助约4亿美元。

四、重要经贸往来

2001年5月，欧委会对外关系委员彭定康来华参加亚欧外长会议前夕，欧委会发表了对华新战略文件；6月，外经贸部石广生部长赴欧与欧委会贸易委员拉米举行特别会晤。2001年9月5日，朱镕基总理赴布鲁塞尔参加中欧领导人第四次会晤，取得圆满成功。12月3—4日，拉米访华，会见了石广生部长并拜会了朱镕基总理。

五、中欧经贸关系中的主要问题

(一) 反倾销调查

欧盟是最早也是对我产品实行反倾销调查最多的地区，仅1999年一年欧盟就对我12种产品进行了反倾销调查，2000年欧盟又对我6类产品进行了反倾销调查。2001年只有1起，是7月6日立案的氨基苯磺酸案，涉案金额600万美元。至今欧盟对华反倾销案件已达89起，实际仍在征收或在处理中的案子共37起。

欧盟理事会于1998年4月27日通过决议，将中国从其反倾销政策中的“非市场经济”国家名单中排除，但附加了关于市场经济地位的五条标准和分别税率的八项条件(八项条件后简化为四项)，根据个案处理的原则，逐案决定是否采用中国企业的实际成本作为确定正常价值的依据，以及是否给予中国企业分别税率。

自1999年起至今，中方仅有10家企业获得市场经济地位，22家企业获得分别裁决。欧盟对华反倾销政策仍具有较大的歧视性，中国企业，尤其是国有企业以及与国有企业有关联的企业在享有市场经济待遇上仍面临极大的困难。

(二) 农产品

自1996年8月起，欧盟成员国相继停止从我进口禽肉和部分水产品。我有关部门和企业按欧盟法规进行了全面整改，此后多次接受欧方的考察。2000年2月，欧盟对我输欧水产品解禁。2000年5月，欧盟认可中国山东、中国上海的部分地区向欧盟出口禽肉，但未批准有关禽肉加工厂的注册。2001年5月，欧盟委员会解除了对进口中国禽肉产品的禁令，并批准了中方推荐的14家禽肉加工厂的对欧出口注册。

2001年11月欧方专家来华考察我动物及动物源性产品残留物质监控体系，随后向欧委会提交了一份片面的、不切实际的考察报告，对我残留监控体系作出了负面的评价。

(三) 数量限制

欧盟目前仍对我部分鞋类、陶餐具、瓷餐具、蘑菇罐头、大蒜等实行数量限制或关税配额措施。根据中欧关于中国加入WTO的双边协议规定，欧盟将于2005年取消对我部分鞋类、陶餐具、瓷餐具的单边数量限制，其他受限产品未提及。

(四) 从近来欧盟在对华贸易中所采取的一些措施看，欧盟在我成为WTO成员后，藉产品标准、质量、知识产权为由加大了对我输欧产品的监督、检测力度，对我企业生产、出口带来挑战。欧盟在我履行WTO承诺和执行WTO协议方面，也强化了监督。

2001年中国与独联体及波罗的海国家的经济贸易关系

对外贸易经济合作部欧洲司一处、二处

一、中国与独联体、波罗的海国家的经贸关系

1991年下半年至1992年上半年，中国分别与独联体和波罗的海国家建立外交关系。截至目前，中国与这些国家都签订了政府间《经贸合作协定》，与大多数国家签订了《投资保护协定》和《避免双重征税协定》。这些文件的签订为双边经贸关系的健康发展奠定了良好的法律基础。

2001年，双方高层往来和外经贸主管部领导接触频繁。中国国家主席江泽民对俄罗斯、白俄罗斯、乌克兰和摩尔多瓦进行了访问；朱镕基总理访问了俄罗斯、哈萨克斯坦；胡锦涛副主席访问了俄罗斯；李岚清副总理访问了俄罗斯、乌兹别克斯坦、格鲁吉亚；吴仪国务委员访问俄罗斯，并主持召开了中俄总理定期会晤委员会第五次会议；唐家璇外长访问了乌克兰；外经贸部石广生部长、张祥副部长访问了俄罗斯，何晓卫部长助理访问了俄罗斯、塔吉克斯坦、吉尔吉斯斯坦；白俄罗斯总统卢卡申科、爱沙尼亚总统梅里、摩尔多瓦总理塔尔列夫、吉尔吉斯斯坦外长伊马纳利耶夫、立陶宛副议长安德留凯季斯、俄罗斯联邦经济发展与贸易部长格列夫、副部长卡拉斯京、立陶宛经济部长切斯纳、乌克兰经济部第一副国务秘书冈察鲁克分别访问了中国。此外，召开了“全国对俄经贸工作会议”，中俄总理定期会晤委员会经贸分委会第四次会议，中国与乌克兰、塔吉克斯坦、吉尔吉斯斯坦、拉脱维亚、爱沙尼亚分别举行了双边政府间经贸合作委员会例会。上述高层互访和会议、经贸合作委员会例会对加深相互间了解，解决经贸合作中存在的问题，扩大中国与上述国家间的经济贸易合作起到了积极的作用。

据中国海关统计，2001年中国与独联体国家的贸易总额为131.21亿美元，比上年增长24.4%。其中，中国出口34.78亿美元，增长9.3%；进口96.43亿美元，增长30.9%。中方逆差61.65亿美元。

2001年中国与波罗的海三国贸易总额3.89亿美元，比上年增长188.9%。其中，中国出口3.69亿美元，增长214.9%；进口0.20亿美元，增长15.8%。中方顺差3.48亿美元。

2001年中国与独联体、波罗的海国家新签劳务、工程承包合同503项，合同金额41 558万美元，完成营业额48 505万美元（累计）。截至2001年底，在外人数12 843人。

2001年，新批准独联体国家在华直接投资项目127个，合同金额4 686万美元，实际使用外资3 369万美元。截至2001年，共批准其在华直接投资项目1 450个，合同金额75 616万美元，实际使用外资28 031万美元。

现将中国与独联体、波罗的海重点国家和地区的经贸关系分述如下：

俄罗斯是我在独联体内第一大贸易伙伴，据我海关统计，2001年中俄贸易额达到106.7亿美元，连续两年创历史纪录，自1998年以来4年内翻了近一番，其中我出口27.1亿美元（增长21.4%），进口79.6亿美元（增长37.9%），均为苏联解体以来的最高水平。在全球经济放缓、我外贸出口传统市场增长有限情况下，对俄贸易显示了强劲的增势，成为我外贸的亮点，俄罗斯在我外贸伙伴排名中从第十一位上升至第八位。

我对俄出口的主要商品仍是传统大宗商品，其中服装占对俄出口总值的43.7%，鞋类占14.1%；纺织品占5.8%。机电产品和高新技术产品出口增幅较大，分别为56.5%和85.1%。自俄进口的主要商品仍为机电产品，占进口总值的28.8%，高新技术产品，占21.6%；此外，钢坯及粗锻件和肥料也在我自俄进口中占有较大份额。

2001年，双方签订劳务、工程承包合同331份（比上年增加3%），合同金额2.24亿美元（上升19%），营业额1.51亿美元（上升35%），我派出劳务12476人次（下降15%）。

截至2001年底，外经贸部批准并备案的在俄中资企业共455家，总投资规模约为2.82亿美元，主要从事贸易、微电子、通讯、服装加工、家用电器组装、餐饮、木材加工、农业等；俄在华的投资项目共1 297个，实际投资额约2.70亿美元。2001年，俄在华直接投资项目107个，合同金额3 827万美元，实际使用外资2 976万美元。

2001年我自俄引进技术45项，总金额为2 230.73万美元，主要在核电、航天、电子等领域。我对俄技术出口规模不大，主要涉及电子、机械、通讯等领域。

中亚五国（哈萨克斯坦、吉尔吉斯斯坦、乌兹别克斯坦、塔吉克斯坦、土库曼斯坦）与我西北地区毗邻，是我国开展与周边国家经贸合作的重点地区。自1992年初分别与五国建交以来，双边经贸合作从无到有，发展顺利。2001年双边贸易总额为15.07亿美元，比上年下降16.7%。其中，我出口4.91亿美元，下降35.8%；进口10.16亿美元，下降3.2%。中方逆差5.25亿美元。

其中，哈萨克斯坦是我在独联体内第二大贸易伙伴，2001年中哈贸易额为12.88亿美元。吉尔吉斯斯坦、乌兹别克斯坦是我在独联体内第四、第五大贸易伙伴，2001年我与其双边贸易额分别为1.19亿和0.58亿美元。

中国对中亚五国出口的主要商品是：机电产品、纺织品和服装、鞋帽、茶叶等；中国自中亚五国进口的主要商

品是：钢材、铜及铜材、铝及铝材、原棉、原油等。

中国与中亚五国经济技术合作规模也逐年扩大。中国在该地区投资约5.5亿美元，投资项目主要涉及石油天然气开采、钻井及其设备维修、造纸、机场改造、城市供水系统改造、食品加工、农业养殖等诸多领域。五国在华投资约400万美元。

2001年中国与中亚国家新签劳务、工程承包合同67项，合同金额18 032万美元，完成营业额32 416万美元(累计)。截至2001年底，在外人数1 510人。

乌克兰是中国在独联体国家中的第三大贸易伙伴。2001年中乌贸易额8.58亿美元，比上年增长45.1%。其中中国出口2.47亿美元，增长81.2%；进口6.10亿美元，增长34.3%。我向乌主要出口花生制品、纺织品和服装、鞋、自行车、照相机、录像设备、旅游用品、自动数据处理设备及其他机电产品；自乌主要进口钢坯、钢材、废钢、木材和铜材。

截至2001年底，乌在华投资项目46个，合同外资金额934万美元，实际使用527万美元。2001年我与乌新签劳务合同18个，合同金额310万美元，完成营业额186万美元，派出人数95人，截至年底在乌人数251人。

白俄罗斯是中国在独联体国家中的第六大贸易伙伴。2001年，中白贸易额4 326万美元，比上年减少61.9%。其中，中方出口875万美元，下降78.7%；进口3 451万美元，下降52.4%。我向白主要出口半导体器件、轴承、蓄电池及轻纺产品；自白主要进口载重卡车及配件、钾肥、钢材及其他机电产品。

截至2001年底，白在华投资项目2个，合同金额10万美元。2001年我与白新签劳务合同3个，合同金额60万美元，完成营业额5万美元，派出人数4人，年底在白人数1人。

2001年，中国与**外高加索三国**(阿塞拜疆、格鲁吉亚、亚美尼亚)贸易总额为2 548万美元，比上年增长66.4%。其中，我出口为1 675万美元，增长243.9%；进口874万美元，下降16.2%。我与外高加索地区经济技术合作规模不断扩大，中国企业正逐步进入该地区电力工程、石油资源开发、化工等市场领域，并取得了初步成果。

2001年，中国与**波罗的海三国**(立陶宛、拉脱维亚、爱沙尼亚)贸易总额3.89亿美元，比上年增长188.9%。其中，中国出口3.69亿美元，增长214.9%；进口0.20亿美元，增长15.8%。波罗的海三国是原苏联加盟共和国中经济恢复和发展最快的地区，各国人均国内生产总值都在2000美元以上。

2001年，中国与**摩尔多瓦**贸易额为1 479万美元，比上年增长82.2%。其中，中方出口215万美元，增长969.1%；进口1 264万美元，增长59.6%。我向摩主要出口轻纺产品，自摩主要进口钢材和各类仪器。

二、经贸合作中存在的问题

(一)商品结构单一

中国出口商品以传统的轻纺产品和食品为主，而进口以原材料性商品为主。单一的商品结构易受市场需求变化及两国相关产业政策调整的影响。

(二)双方缺乏相互了解

目前双方企业对对方国家的优势行业和优势产品还缺乏了解，各自优势未充分反映在双边经贸合作中，这也是双边贸易规模不大、进出口商品结构单一的重要原因之一。

(三)合作主体实力有限

作为新独立国家，独联体国家都处于经济转型时期，其企业缺乏资金和经验，支付能力低，经营实力有限，信誉不高；中国有实力的大型企业对独联体、波罗的海国家经济涉足有限，双方有影响力的大项目较少。

(四)对方国家投资经营环境欠佳

虽然近年来独联体各国不断完善有关贸易、投资的法律基础，但在一些国家仍存在法规多变、有法不依的现象；社会治安不好，官员腐败，中国企业及经贸人员的财产、人身安全和合法权益不能得到充分保障，对中国企业开拓独联体市场的信心和积极性产生了消极影响。

(五)双边贸易秩序欠佳

双边贸易秩序问题突出，俄罗斯等许多独联体国家“灰色清关”盛行，是我产品进入其市场的最大障碍。一些中国假冒伪劣商品被贩运到独联体国家，损害了中国商品形象，双方政府正努力合作，以创造良好的贸易环境。

(六)双边经贸合作服务体系有待完善

目前中国与独联体国家在银行、信贷、保险、贸易结算等方面的服务机制尚不尽完善，双方企业难以利用各种融资手段开展经贸业务和合作，在一定程度上制约了一些项目的实施，不利于经贸合作的健康稳定发展。

2001年中国与欧洲其他国家的经济贸易关系

对外贸易经济合作部欧洲司三处、六处

一、中国和瑞士的经贸关系

2001年，中瑞两国经贸关系持续发展。5月，由外经贸部和瑞经济部联合主办的中小企业招商洽谈会在瑞成功举行，对促进两国中小企业合作、引导瑞资投向我西部地区有着重要的现实意义。9月，中瑞经贸混委会第15次会议在京召开，双方就中国加入世贸组织后如何推动双边经贸关系进一步发展等问题进行了广泛而深入的探讨，为今后几年两国在经贸领域的合作奠定了新的基础。

瑞士是我在西欧除欧盟外最大的贸易伙伴。在双边贸易中，转口贸易占有一定比重。2001年，尽管瑞士经济受世界经济大环境影响出现下滑，但两国经贸合作仍然取得了一定成果。据我海关统计，全年中瑞双边贸易总额达23.8亿美元，增幅为7.8%，继续保持较快的发展势头。其中，我出口6.5亿美元，下降12.8%；进口17.3亿美元，增长18.4%。我主要出口商品包括纺织品、机电产品、化工原料、玩具、体育器材和皮革制品等，我主要进口商品包括机电产品、化工医药产品、光学和医疗设备及钟表等。

在双边贸易发展的同时，两国在投资领域的合作也不断加强。特别是以雀巢、苏黎世金融服务集团为代表的瑞大型企业集团纷纷加大对华合作力度，有力地促进了中瑞经贸关系的深入发展。2001年，我新批瑞在华投资项目43个，增长4.9%；合同瑞资金额2.9亿美元，增长101.4%；实际利用瑞资金额2.1亿美元，增长5.9%。截至2001年底，我累计批准瑞士在华投资项目489个，协议瑞资金额22.01亿美元，实际利用瑞资15.15亿美元。瑞士在华投资项目主要集中在医药、化工、机械、电子、食品和服务业等领域，投资区域已出现由沿海省市向内地发展的趋势。

为促进中瑞企业，尤其是中小企业之间建立合资企业及其他形式的合作，1997年12月，中瑞双方签署了成立中瑞合作基金（SSPF）的有关文件。基金的投资总额为9 375万瑞士法郎，其中首期规模3 125万瑞士法郎，中瑞双方分别持股20%和80%；第二期规模3 125万瑞士法郎，中瑞双方持资比例改为40%：60%。基金由中瑞双方专家组成的投资委员会委托国家开发银行国际基金管理部进行管理。目前双方正在筹划合资建立中瑞合作基金的管理公司。

两国财政合作稳步发展。自1984年8月至2001年底，瑞士政府已向我提供的政府贷款协议金额共计2.34亿美元，生效项目63个，主要为纺织、通讯、医疗、机械、电力、环保和市政等领域的项目。

瑞士还一直是我国技术引进的主要来源国之一。2001年，我共批准从瑞技术引进合同43个，合同总金额6 990万美元。从1979年至2001年底，我累计批准从瑞技术引进合同866个，金额约19.76亿美元。

二、中国与挪威的经济贸易关系

2001年，中挪双边经贸关系在两国政府和企业界的共同努力下，继续稳步发展。1月，石广生部长与来访的挪贸工大臣克努森成功举行会谈，为双边经贸合作的进一步发展打下了坚实基础。6月，挪工党政府公布了“对华关系新战略”，其中强调扩大同我经贸合作，对挪企业开展对华经贸合作起到了一定的推动作用。

据中国海关统计，2001年中挪双边贸易额达9.82亿美元，减少10.3%。其中，我出口4.11亿美元，减少15.5%；进口5.71亿美元，减少6.5%。中国对挪出口主要商品有船舶、纺织服装、机电产品、鞋类、箱包、焦炭和蘑菇罐头；中国从挪进口主要商品有原油、机电产品、肥料、建筑及采矿用机械、装卸设备及零件、铁矿砂。

挪威在化工和环保等领域有着先进的技术优势，两国在技术合作领域的交流也十分活跃。截至2001年底，中国与挪威共签订技术设备引进合同121个，合同金额为2.5亿美元。其中2001年引进技术设备项目19个，合同金额1 442万美元。我从挪引进的技术和设备主要用于邮电、电子、机械、交通、轻工、农业和环保等领域。

中挪财政合作虽然起步较晚，但总的发展情况令人满意。我国自1986年开始使用挪政府提供的混合贷款。截至2001年底，挪方共向我提供贷款约2.3亿美元，用于62个项目建设。我国使用挪威混合贷款主要集中用于污水处理、能源、通讯、轻工、农业、城市建设、运输等非盈利项目。

挪威对华投资起步晚、规模小、金额少。截至2001年底，中挪共有合资项目118个，协议挪资金额2.71亿美元，挪方实际投资1.77亿美元。其中，2001年挪在华投资项目15个，协议金额3 872万美元，增长339%；实际投资为622万美元，减少74%。挪在华投资的主要领域有航运、电子、机械、通讯及化工等。

三、2001年中国与中东欧国家的经贸关系

（一）与中东欧国家贸易情况

中东欧12国包括波兰、匈牙利、捷克、罗马尼亚、南斯拉夫、保加利亚、克罗地亚、斯洛代克、斯洛文尼亚、阿尔巴尼亚、马其顿和波黑，总人口1.2亿，总面积114万平方公里。

中东欧国家是最早与我建立外交关系的国家，也是最早与我开展经贸合作的国家，在西方发达国家对我实行封锁的年代，与中东欧国家的经贸合作曾为我国的经济建设起了积极的作用。至80年代末，该地区大部分国家与中国的贸易为政府协议记账贸易，当时，中国与该地区的贸易额曾达到较高水平，如与波兰、罗马尼亚、捷克斯洛伐克等国的年贸易额均曾达到10亿美元以上。中国从该地区进口了大量的机械设备、钢材、化肥和运输工具。除商品交换外，中国还与该地区开展了生产技术合作，引进了大批生产技术和成套设备，有些是在中国改革开放初期引进的中等水平的生产技术和设备（如啤酒灌装线、养鸡设备、屠宰设备等），有些则具备了当时国际先进水平（如1.5万吨钛白粉生产技术和设备等），还有一些是大型项目的成套设备（如煤矿开采、电站设备等）。

自90年代初以来，中国与该地区国家的经济、外贸体制等均发生了巨大变化，双边贸易形式也由政府协议记账贸易转为现汇贸易。贸易方式改变后，双边贸易曾一度大幅下滑。后经过双方努力，贸易额开始逐步回升，近几年呈高速增长态势，已连续5年呈两位数增长，超过同期我国外贸增幅。2001年，双边贸易额为39.29亿美元，其中，中国出口33.06亿美元，进口6.23亿美元，与上年相比分别增长27.1%、25.1%和39.3%。2001年中国在该地区最大的贸易伙伴是波兰，两国贸易额达12.43亿美元，以下依次为匈牙利、捷克和罗马尼亚。上述国家与中国贸易额为33.74亿美元，占中国与该地区贸易额的85%。与中国贸易额最少的国家是波黑，为 222 万美元，同比下降 45.4%，是中东欧国家中惟一与我贸易额下降的国家。

随着中国与中东欧国家经济、产业结构和市场供求关系的巨大变化，中国与该地区国家的进出口商品结构也发生了较大的变化。2001 年中国向该地区出口的主要商品为：纺织品、服装、通讯产品、医药化工产品、玩具、家用电器、五金工具、焦炭等；中国从该地区进口的主要商品为：有色金属、汽车、机械、化工、木材、鱼粉、医药品等。我出口商品结构逐步趋于优化，在 2001 年我对匈、捷的出口中，机电产品的占比约为 50%，2001 年中匈双边贸易中高新技术产品超过了 3.6 亿美元，占贸易额的 31%。

1991 年中国与中东欧国家贸易方式转变后，双方企业在相互投资、生产技术和大型项目建设方面开展了多种形式的合作，并开始相互投资。截至 2001 年底，中东欧国家在华投资项目共 1 018 个，合同外资额为 6.86 亿美元，实际投资额 2.87 亿美元，涉及机械、食品、医药、化工等领域，其中较大的项目有汽轮机、锅炉、果汁项目。据不完全统计，中国各类企业在该地区投资约 3 亿美元，多为餐饮业和贸易公司，另外也有少量机械、木材加工、纺织、卷烟、农业等领域的生产企业。总体来讲，双方相互投资的规模均不大，除个别投资项目效益较好外，大部分项目效益均不理想。

多年来，我国向罗马尼亚、保加利亚、阿尔巴尼亚、波黑、南斯拉夫提供了一定数量的经济技术援助，对密切我与上述国家的经贸关系发挥了积极作用。

（二）与中东欧国家经贸合作中存在的问题

1. 缺乏相互了解

近 10 年来，中国与中东欧国家产业结构、技术水平、生产能力、市场供求关系、进出口商品结构、贸易主体都发生了巨大变化，而双方企业对此知之不多，对对方的认识甚至还停留在 10 年前的水平上，不适应变化了的情况，制约了双边经贸关系的发展。

2. 出口商品结构不够优化

近年来，我对中东欧国家的出口商品结构虽然发生了一些积极变化，机电产品和高新技术产品所占比例逐年提高，但目前中国出口的主导产品仍是轻纺产品，缺乏高附加值和高科技含量的产品。我出口到中东欧国家的轻纺产品正日益面临来自东南亚、印度、巴基斯坦、土耳其、中国台湾等地的激烈竞争。我家电产品物美价廉，但由于企业在广告宣传、售后服务等方面缺乏投资和开拓，在中东欧国家尚未被普遍认知。

3. 贸易失衡问题突出

中东欧国家自然资源普遍匮乏，机电产品在价格、质量、包装和售后服务等方面同发达国家相比竞争乏力。中东欧国家在对中国出口方面既无特殊优势也无相对优势，致使与我的贸易中逆差常年居高不下，且呈不断增长趋势。1999 年—2001 年我与中东欧 12 国双边贸易额累计为 93.06 亿美元，其中，中国出口 78.56 亿美元，进口 14.5 亿美元，对方逆差为 64.06 亿美元。

4. 中东欧部分国家贸易保护主义趋势明显

随着该地区国家加入欧盟进程的加快，以及与我贸易中的连年逆差，自 1997 年起，捷克、斯洛伐克和波兰相继对我一次性打火机、鞋、电熨斗、禽畜产品采取反倾销和保障措施等限制措施，大大影响了我对上述国家的出口。

5. 赴中东欧国家签证难

近年来，中东欧国家不仅对我赴该地区经商的民营企业人员的签证设置不合理障碍，而且对我大型经贸和参展团组人员的签证卡得很严，或故意拖长，或拒签，严重影响了我企业开展与该地区经贸活动的积极性。

2001 年中国与美国的经济贸易关系

对外贸易经济合作部美洲大洋洲司三处

一、双边贸易

2001 年是中美经贸关系继续发展的一年。根据中国海关统计，2001 年，中美双边贸易额 804.8 亿美元，比上年增长 8.1%，其中我对美出口 542.8 亿美元，增长 4.2%，自美进口 262 亿美元，增长 17.2%，我对美贸易顺差 280.8 亿美元。

2001 年中国对美出口的商品主要是：机电产品（270.4 亿美元）、高新技术产品（97.1 亿美元）、鞋类（50.4 亿美元）、服装及衣着附件（49.2 亿美元）、自动数据处理设备及部件（34.9 亿美元）、玩具（27.6 亿美元）、家具（20.3 亿美元）、塑料制品（18.5 亿美元）、自动数据处理设备的零件（12.5 亿美元）、纺织纱线（12.2 亿美元）、录放像机（11.9 亿美元）、灯具照明装置（10.9 亿美元）。

2001 年中国自美进口的商品主要是：机电产品（164.5 亿美元）、高新技术产品（117.1 亿美元）、飞机（16.5 亿美元）、自动数据处理设备及部件（15.5 亿美元）、集成电路及微电子组件（15.1 亿美元）、计量检测分析自控仪器（12.5 亿美元）、大豆（12.0 亿美元）、初级形状塑料（8.0 亿美元）、自动数据处理设备零件（6.1 亿美元）、有线电话电报设备零附件（5.0 亿美元）、肥料（5.0 亿美元）、电视收音机及无线电设备（4.9 亿美元）。

二、双向投资

2001 年美国对华投资项目 2 594 个，同比增长 1.61%，合同外资 75.05 亿美元，同比下降 4.62%；外商实际投入

48.58亿美元，同比增长11.12%。截至2001年底，美对华投资项目累计达33 905个，合同美资681.2亿美元，美方实际投入348.9亿美元。

中国在美国兴办的贸易型和非贸易型公司也呈增长趋势。截至2001年底，经批准的我国在美国投资建立的海外企业共计656家，协议投资总额约9.3亿美元，中方投资总额约6.9亿美元，涉及的行业有工业、科技、承包、服装、农业、餐馆、食品、旅游、金融、保险、运输等。

三、双边经贸合作及重要经贸往来

2001年10月APEC领导人非正式会议在我国上海举行，美国总统布什来华参加会议，并首次与江泽民主席会晤，双方同意建立建设性合作关系。这种高层交往与对话必将促进中美两国经贸关系的健康发展。

2001年，中美经贸交往频繁。2001年6月初上海APEC贸易部长会议期间，美国贸易代表佐里克访华并与石广生部长会谈。中美就中国加入世界贸易组织多边主要遗留问题达成全面共识，为中国在年内加入世界贸易组织奠定了基础，为中美经贸合作创造了一个更为稳定的环境。7月31日，美国贸易发展署署长阿斯奇女士访华，并与中方签署了政府框架协议，恢复了中断长达11年之久的贸易发展合作，为中美之间进一步加强合作提供了一个良好的开端。9月中美经济联委会第14次会议在北京举行，项怀诚部长与美国财政部长奥尼尔共同主持。

四、中美经贸关系中存在的主要问题

（一）美对华正常贸易关系问题

自1980年2月《中美贸易关系协定》生效之日起，中美两国相互给予最惠国待遇。中方给予美方的最惠国待遇没有其他的法律限制；而美方给予中方的最惠国待遇受1974年贸易法第402节，即俗称的"杰克逊·瓦尼克修正案"的制约。每年6月3日前，美国总统向国会提出是否延长对华最惠国待遇的建议。

2001年6月19日，国会众议院投票否决了反对延长对华正常贸易关系的议案，这样美对华正常贸易关系今年得以再次延长。2001年12月中国入世后，美国国会参众两院2000年5月和9月分别通过并经克林顿总统签署的"授权给予中华人民共和国非歧视贸易待遇"法案正式生效。至此，美对华"永久正常贸易关系"以法律形式固定下来。

（二）美国对华反倾销问题

自1980年7月美国对中国出口产品进行第一起反倾销调查以来，至2001年底，美国对我产品提起92起反倾销调查，涉及金额达数10亿美元。美国已成为对华反倾销最为严重的国家之一。虽然中国90%以上的商品价格已经由市场决定，但美方仍视中国为"非市场经济"国家，在对华反倾销调查中使用"替代国"的方法，往往造成中方企业无端败诉。这种歧视性做法不仅严重损害了中国生产商和出口商的利益，也严重损害了美国消费者的利益，影响了中美贸易关系的健康发展。

此外，2000年美国通过的《伯德修正案》规定将上一财政年度征收的反倾销税和反补贴税返还给提起调查的美国内生产商，这在客观上会刺激美国产业更多地利用反倾销手段排挤外国产品，中方对此表示担忧。美方应以中美经贸关系的大局出发，尽快纠正在对华反倾销调查中的不公正做法，防止反倾销的滥用和贸易保护主义的抬头，为两国企业创造公平竞争、共同发展的良好环境。

（三）美对华出口管制问题

长期以来，美国对中国执行出口管制政策，正常的中美贸易因此受到了很大影响。2001年5月美方又将我12家单位列入出口管制实体名单，中方对此表示关注。

中方认为，发展国际贸易的目的是促进各国经济的共同繁荣，出口管制不应影响和阻碍各国在高科技领域进行的正常贸易和交流。中国是一个发展中国家，中国在经济发展过程中需要进口先进技术和设备。中美在最终用户访问方面合作的目的就是为了促进中国更多地从美国购买技术和设备，这也有助于中美贸易平衡。希望美国放弃对华高科技出口限制政策，促进中美共同繁荣与发展。

（四）恢复美国海外私人投资公司（OPIC）对华合作事宜

美国海外私人投资公司（OPIC）为美政府的独立机构，其主要业务是为美国公司在海外投资承担的政治风险提供担保。1980年中美两国政府签署《投资保险和保证协议》后，双方曾洽谈项目百余个，并实施了其中少数项目。1989年春夏之交政治风波后，作为美政府的所谓制裁措施，海外私人投资公司中止了同中方的合作，至今尚未恢复。

（五）美对我钢铁产品进行201条款调查的问题

2001年6月22日，美国贸易代表佐立克代表美政府致函美国际贸易委员会，要求对包括中国在内的所有国家和地区出口到美国的钢铁产品进行201条款的调查。国际贸易委员会根据调查结果建议总统采取包括关税、数量限制、配额等在内的行政救济措施。美方的这一做法将给中国钢铁企业的正常出口造成严重影响。

（六）关于知识产权保护问题

2001年4月30日，美贸易代表办公室宣布将中国列入知识产权保护监控国家名单。这是继2000年以来，美方依据美国贸易法第306节第二次将我列入该名单。与中国同时被列入的还有其他20多个国家和地区。根据美法律规定，美贸易代表有权就知识产权保护问题要求同被列入名单的国家和地区进行磋商。中美之间的磋商目前仍依据中美知识产权保护备忘录进行。

中国已经拥有比较健全的知识产权保护体制。为了履行我国加入WTO的承诺，使我国的知识产权保护法律同WTO《与贸易有关的知识产权协定》的要求相符合，我国已经修改了《专利法》，并即将对《商标法》、《著作权法》等几部主要的知识产权保护法律法规进行修改。这些法律法规修改后将进一步扩大知识产权保护范围，增强对侵权行为的处罚力度。2001年，我国政府进一步加大了知识产权保护执法的力度，严厉打击侵权和假冒产品，现已取得良好成效。

随着中国加入世界贸易组织，增强国内各界人士对知识产权保护的意识，学习和提高运用知识产权的水平，对我国吸引外资、促进科技进步和文化交流都具有重要意义。2001年6月，外经贸部与美国商务部共同组织了中美知识产权执法培训活动，取得了较好的效果。

(七) 关于《中美农业合作协议》执行问题

1999年12月，中美两国签署了《中美农业合作协议》，协议在技术合作与交流、具体技术合作和援助项目以及贸易纠纷的解决等方面确定了双方的权利和义务，其中对美国输往中国的柑橘、肉类和小麦的检疫问题作出了具体的规定。2001年2月5日，中美双方还在京签署了《关于美国烟叶输往中国的植物检疫议定书》。我们认为中方对协议的执行情况是好的。需要指出的是，任何协议的履行都应遵循权利和义务相平衡的原则。中方已经履行了自己的义务，但美方承诺的加快批准进口中国园艺产品如梨、龙眼、盆景等问题至今一个也未得到解决，而且美方关于向中中方提供技术援助的承诺也未兑现。希望美方能够信守自己的承诺，保证协议得到全面执行。

2001年中国与加拿大的经济贸易关系

对外贸易经济合作部美洲大洋洲司二处

2001年中国和加拿大双边经贸合作发展顺利。中加双边贸易稳步增长，双向投资不断扩大，贷款合作和发展合作进展良好。2月加总理克雷蒂安第二次率“加拿大国家队”访华，成员包括加国际贸易部长、各省省长及工商企业家共600余人。6月，司马义·艾买提国务委员率中国政府经贸代表团访加。高层互访进一步促进了双边经贸关系的发展。

一、双边贸易

据中国海关统计，2001年中加双边贸易总额为73.74亿美元，比上年增长6.7%，创历史最高纪录；其中中国对加出口33.46亿美元，从加进口40.28亿美元，分别比上年增长6.0%和7.4%。加拿大目前是中国第十大贸易伙伴。中国对加出口主要商品为机电产品（12.9亿美元，增长4.5%）、服装（5.9亿美元，增长8.6%）、高新技术产品（2.9亿美元，下降10.5%）、纺织品（1.8亿美元，增长8.7%）、鞋类（1.8亿美元，增长7.7%）、旅行用品及箱包（1.4亿美元，下降4.5%）等。中国从加进口主要商品仍为机电产品（16亿美元，增长26.4%）、高新技术产品（11亿美元，增长60.4%）、纸浆（4.9亿美元，增长22.4%）、乙二醇（2亿美元，增长18.3%）、钾肥（1.6亿美元，下降40.4%）、小麦（7 066万美元，下降31.9%）等。

二、双向投资

2001年加拿大在华新设投资项目540个，同比增长27.36%；合同加资12.8亿美元，同比增长59.11%；实际投入3.1亿美元，同比增长14.34%。截至2001年底，中国共批准加拿大在华直接投资项目5 292个，协议加资金额91.30亿美元，加方实际投入26.44亿美元。

加拿大投资企业主要分布在广东、上海、江苏、福建、山东、河北、北京等20多个省市自治区。覆盖的行业有石油开发、机械、电子、通讯、化工、轻工、食品、纺织、农业、水产养殖、房地产、金融保险业、服务业等。

2001年，5家中国企业获准在加设立投资企业，双方协议投资总额为516万美元，中方协议投资总额403万美元。自1983年至2001年底，经外经贸部批准或备案的中国在加拿大投资兴办的贸易和非贸易性企业共140家，双方协议投资总额7.55亿美元，中方协议投资总额为4.35亿美元，涉及的行业主要有资源开发、工业生产、建筑承包、农牧渔业、餐饮业、科技文化交流、交通运输、咨询服务等。

三、贷款合作与发展合作

2001年2月，中加双方签署了新的协议，加方承诺向中国提供第六批额度为与7 500万加元等值的美元优惠贷款，有效期4年。目前在该批贷款项下，尚无项目生效。1986年至今，加政府通过其出口发展公司（EDC）共对华提供六批优惠混合贷款。第一批至第五批贷款总计承诺金额22.6亿美元。贷款的30%—40%为政府无息贷款。在前五批贷款下共安排项目177个，使用贷款约14亿美元，项目主要集中在邮电通讯、水电、能源、石化、纸浆造纸、轻工建材、城市建设等领域。

中加发展合作始于1982年。目前合作项目总数已达90个，其中已完成合作项目58个，正在执行的项目32个。据统计，加方对已签署备忘录的90个项目拟投入资金超过6亿加元。中加双方的合作以援助西藏、内蒙等边远地区的农村发展为主，并继续探讨在农业、交通、水利、扶贫以及体制改革等方面合作的可能性。

在中加双方的共同努力下，贷款及发展合作项目进展顺利，取得了较好的经济和社会效益。

2001年中国与拉美国家的经济贸易关系

对外贸易经济合作部美洲大洋洲司一处

一、中拉贸易再上新台阶，进口、出口均有大幅增长

2001年，受全球经济特别是美国经济衰退、阿根廷经济危机以及“9·11”事件的影响，拉美和加勒比国家经济普遍下滑，2000年出现的经济恢复势头受挫。然而2001年中拉双边贸易却逆势上升，在上年突破百亿美元大关基础上再创佳绩，根据中国海关统计，全年中拉双边贸易总额达149.39亿美元，其中我对拉美出口82.37亿美元，从拉美进口67.02亿美元（中方顺差15亿美元），同比分别增长18.6%、14.6%和23.9%。我与拉美地区双边贸易额及对拉美出口额的增幅均高于同期全国外贸总额和出口的增幅。

2001年，中国与巴西、墨西哥、智利、阿根廷和巴拿马的双边贸易额均超过10亿美元，分别为36.98亿美元、25.51亿美元、21.18亿美元、18.55亿美元和12.42亿美元。与秘鲁、委内瑞拉、古巴、乌拉圭、哥伦比亚、厄瓜多尔、危地马拉、牙买加和萨尔瓦多的双边贸易额也均超过1亿美元。在上述国家中，中国对墨西哥、巴西和巴拿马的出口均超过10亿美元，分别达到17.9亿美元、13.5亿美元和12.4亿美元，对智利、阿根廷、委内瑞拉、古巴、乌拉圭、哥伦比亚、秘鲁、危地马拉和厄瓜多尔的出口也均在1亿美元以上。此外，我对萨尔瓦多、牙买加、多米尼加、巴巴多斯、巴哈马以及安提瓜和巴布达等中美洲和加勒比国家的出口继续保持了较大幅度的增长。我国对拉美出口的大宗商品有机电产品（33.7亿美元）、服装和纺织品（22亿美元）、轻工产品（11.5亿美元）、高新技术产品（8.7亿美元）、化工和医药产品（3.8亿美元）、煤炭和焦碳（1.7亿美元）谷物及粮油产品（1亿美元）。

我国从拉美进口也有了较大的增长。其中从巴西、智利和阿根廷的进口分别达到23.47亿美元、13.03亿美元和12.81亿美元，从墨西哥、秘鲁、委内瑞拉和古巴的进口也均超过1亿美元。此外，我从哥斯达黎加、牙买加和苏里南等国的进口有了较快的增长。我国从拉美进口的主要商品有大豆（16亿美元）、机电产品（8.9亿美元）、铁矿砂（8.3亿美元）、铜材（5.8亿美元）、高新技术产品（5.3亿美元）、纸浆纸张（4.1亿美元）、铜矿砂（3.7亿美元）、鱼粉（3.5亿美元）、皮革（1.7亿美元）、食糖（1.2亿美元）和钢材（1.1亿美元）。

二、双边经济技术合作继续稳步发展

根据外经贸部业务统计，截至2001年，经国家授权部门批准并在外经贸部备案的中国在拉美地区投资企业共有316家，双方协议投资总额为7.45亿美元，中方投资总额6.21亿美元。其中2001年新批境外企业19家，双方协议投资总额7 241万美元，中方投资总额4 722万美元。投资对象包括巴西、墨西哥、委内瑞拉和古巴等国家，投资的行业涉及资源开发、加工装配、贸易和运输等。中国华源集团在墨西哥的10万锭棉纺厂和珠海格力电器股份有限公司在巴西的空调生产厂等项目于去年相继正式投产。

同期，拉美国家在华投资继续保持良好的发展势头，在华投资项目达1 858个，合同外资金额108.4亿美元，实际投资金额63.2亿美元。其中英属维尔京群岛在华投资项目1 512个，合同外资金额87.8亿美元，实际投资金额50.5亿美元；开曼群岛在华投资项目195个，合同外资金额16.1亿美元，实际投资10.7亿美元；巴拿马在华投资项目31个，合同外资金额1.4亿美元，实际投资5 785万美元；巴哈马在华投资项目12个，合同外资金额1.3亿美元，实际投资5 960万美元。

2001年，中国企业共在拉美签订承包工程合同72份，合同总金额4.32亿美元，完成营业额2.16亿美元；签订劳务合作合同382份，合同总金额1.32亿美元，完成营业额6 379万美元；签订生产合作合同48份，合同金额7 724万美元，完成营业额4 729万美元；签订设计咨询合同4份，合同金额84万美元，完成营业额49万美元。

中国向古巴、秘鲁、厄瓜多尔、玻利维亚、苏里南、委内瑞拉、哥伦比亚、牙买加、圭亚那、圣卢西亚、安提瓜和巴布达以及特立尼达和多巴哥等国家提供了各类经济技术援助。此外，中国还向古巴、智利、巴西、圭亚那、墨西哥、乌拉圭、巴哈马、牙买加、哥伦比亚、厄瓜多尔、安提瓜和巴布达以及特立尼达和多巴哥等国家提供了多边技术援助，共有41名学员参加了在华举办的各类技术培训。

三、双方高层互访保持强劲势头，经贸合作关系不断发展

2001年4月，江泽民主席访问了巴西、阿根廷、智利、委内瑞拉、古巴和乌拉圭。11月，李鹏委员长访问了古巴、阿根廷和乌拉圭。5月，司马义·艾买提国务委员访问了墨西哥和巴西。此外，外经贸部石广生部长、孙振宇副部长、孙广相副部长和魏建国部长助理分别访问了巴西、阿根廷、智利、委内瑞拉、古巴、乌拉圭、墨西哥、安提瓜和巴布达、圣卢西亚和苏里南等国。去年，中国与古巴、委内瑞拉、乌拉圭先后举行了双边经贸混委会，就双边经贸关系有关问题进行了磋商。与此同时，委内瑞拉总统查韦斯、墨西哥总统福克斯、智利总统拉戈斯和哥伦比亚副总统贝尔等拉美国家领导人相继访华，与中方就发展双边经贸合作关系交换了意见。以上高层交往增进了中拉之间的了解，加深了双方的友谊，推动了双边经贸合作。

2001 年中国与澳大利亚、新西兰的经济贸易关系

对外贸易经济合作部美洲大洋洲司二处

一、中国与澳大利亚的经济贸易关系

2001 年，中澳双边经贸关系继续顺利发展。两国间高层互访频繁。4 月，澳副总理兼运输及地区服务部长安德森访华；6 月，澳贸易部长维尔来华参加 APEC 贸易部长会议；11 月，外经贸部张祥副部长率中国技术贸易代表团访澳。经常性的高层交流活动推动了双边经贸合作的进一步发展。

(一) 双边贸易

据中国海关统计，2001 年双边贸易总额达到 89.97 亿美元，比上年增长 6.5%。其中中国对澳出口 35.70 亿美元，增长 4.1%；从澳进口 54.27 亿美元，增长 8%。澳大利亚是中国第九大贸易伙伴，中国为澳大利亚第三大贸易伙伴。

从进出口贸易的构成来看，机电产品为中国对澳出口的第一大类商品，其次为纺织品服装和高新技术产品。2001 年中国对澳出口机电产品 11.7 亿美元、纺织品服装 11.6 亿美元、高新技术产品 3.9 亿美元、自动处理设备 1.4 亿美元及鞋类 1.1 亿美元等，其中与上年相比出口增长较快的商品有：录放像机（3 764 万美元，增长 179%）、高新技术产品（3.9 亿美元，增长 31%）以及家具（8 128 万美元，增长 22.3%）；中国从澳进口的主要商品有：铁矿砂（9.4 亿美元）、羊毛（7.4 亿美元）、氧化铝（5.2 亿美元）、机电产品（2.5 亿美元）、谷物（2.2 亿美元）及铜矿砂（1.8 亿美元）等，其中食糖进口比上年增长了 285%、铜矿砂增长 97.8%。

(二) 经济技术合作

1. 双向投资

2001 年，澳在华新设投资项目 439 个，比上年增长 11.7%；协议金额 6.75 亿美元，减少 3%；实际投入 3.36 亿美元，增长 8.7%。截至 2001 年底，中国累计批准澳商在华直接投资项目 4 696 个，澳方协议投资额 71.67 亿美元，实际投入 24.48 亿美元。投资行业分布在农业、建材、纺织、电子、服务业等领域。澳大利亚是中国吸收外资的主要来源地之一。

与此同时，中国在澳的投资也有了新的发展。截至 2001 年 12 月底，中国在澳投资项目已有 200 家，双方协议投资额 12.99 亿美元，中方协议投入金额 3.82 亿美元。中国在澳投资以资源开发为主，如铁矿砂、有色金属和稀有金属等。此外，中澳双方在金融、技术援助、羊毛、有色金属、机电、冶金、能源等方面的合作也富有成效。中澳两国已互为重要的投资伙伴。

2. 技术合作

自 1981 年 10 月中澳两国政府正式签署《中澳技术合作促进发展计划协定》以来，由于两国政府的重视及双方的共同努力，中澳技术合作进展顺利，成果显著。近 20 年来，合作领域不断扩大，已涉及农业、林业、牧业、能源、矿产、交通、纺织、建材、教育、卫生、审计、城市改造等方面。截至目前，中国利用澳援助完成合作项目 94 个，正在执行项目 30 个，中澳双方合作总金额超过 6 亿澳元（约合 4 亿美元）。2001/02 年度，澳对华的发展援助预算为 5 600 万澳元。

二、中国与新西兰的经济贸易关系

2001 年，中新两国经贸合作关系继续呈良好发展势头。两国在贸易、投资、经济技术合作等领域的合作都取得了新的进展。3 月，外经贸部孙振宇副部长率团出席了在惠灵顿举行的中新经贸联委会第 23 次会议；6 月，新贸易谈判部长吉姆·萨顿来华参加 APEC 贸易部长会议，并率新企业家考察了中国的西部地区。这些都进一步促进了两国经贸合作关系的顺利发展。

(一) 双边贸易

2001 年两国贸易额为 11.72 亿美元，比上年增长 11.2%。其中中国从新进口 7.37 亿美元，对新出口 4.35 亿美元，同比分别增长 15.4% 和 4.5%。

从商品结构看，中国对新西兰的出口商品仍以轻纺产品为主，主要包括：服装及衣着附件（1.29 亿美元）、机电产品（1.25 亿美元）、高新技术产品（4 514 万美元）、纺织品（3 107 万美元）、鞋类（1 672 万美元）、自动数据处理设备及部件（1 468 万美元）等。中国对新出口增长较快的产品主要有：家具（35.2%）、电视机（22.3%）、玩具（13.8%）等。近年来，中国高新技术产品、机电产品等具有高技术含量和附加值的产品对新出口增长迅速，对新出口商品结构得到进一步改善。

中国从新西兰进口的多为原料性产品，主要包括：羊毛（1.04 亿美元）、纸浆（8 157 万美元）、原木（5 219 万美元）、纸及纸板（4 477 万美元）、机电产品（3 845 万美元）、锯材（3 113 万美元）、冻鱼（2 249 万美元）等。中国从新进口增长较快的商品主要有：高新技术产品（178%）、原木（85.1%）、纸浆（67.7%）、）机电产品（63.6%）、纸及纸板（40.8%）、液化石油气及其他（34.5%）、羊毛（31.3%）等。目前中国从新进口的商品中，虽然初级产品仍占较大比重，但高新技术产品等制成品也在不断扩大其在中国市场的份额。双边贸易的内容正在不断丰富。

(二) 双向投资

2001年，我批准新西兰在华投资项目总数为61个，协议金额8 800万美元，实际投入4 900万美元。截至2001年底，我共批准新西兰在华投资项目总数为580个，协议金额4.7亿美元，实际投入2.46亿美元。在华投资主要分布在农林、轻工、纺织、冶金、食品加工、医药、计算机等领域。

截至2001年底，经外经贸部批准，我在新投资企业共有24家，协议总投资9 886万美元，中方协议投资4 787万美元。

（三）经济技术援助

中新技术合作始于1989年，截至2001年底，新共向中国提供了1 370万新元的无偿援助，用于对中国经济不发达地区的扶贫，并将其先进的农牧业技术和设备介绍到中国，收到了很好的经济和社会效益。

中国对外经济贸易年鉴

Yearbook of China's Foreign Economic Relations and Trade

2002

法规

Laws and Regulations

最新对外经济贸易法规检索

（按发布时间顺序分类排列。收录时间：2001.01.01——2002.03.31）

综合				
	发布时间	法规名称	发布单位（人）	生效时间
◆	2001-02-15	出国举办经济贸易展览会审批管理办法	外经贸部、贸促会	2001-02-15
	2001-04-02	集成电路布图设计保护条例	国务院	2001-10-01
	2001-04-11	国务院关于进一步加快旅游业发展的通知	国务院	2001-04-11
	2001-05-23	农业转基因生物安全管理条例	国务院	2001-05-23
	2001-06-05	关于深化蚕茧流通体制改革的意见	国家经贸委	2001-06-05
	2001-06-15	中华人民共和国专利法实施细则	国务院	2001-07-01
	2001-07-23	关于审核出国（境）举办经济贸易展览会组办单位资格的通知	对外贸易经济合作部	2001-07-23
	2001-08-14	关于增补中小企业认证机构名单的通知	外经贸部办公厅、财政部办公厅	2001-08-14
	2001-09-11	人才市场管理规定	人事部、国家工商行政管理总局	2001-10-01
	2001-09-24	国务院办公厅关于成立国务院行政审批制度改革工作领导小组的通知	国务院办公厅	2001-09-24
	2001-09-29	关于西部大开发若干政策措施的实施意见	国务院办公厅	2001-01-01
◆	2001-10-06	国务院关于废止2000年底以前发布的部分行政法规的决定	国务院	2001-10-06
	2001-10-27	中华人民共和国商标法　全国人民代表大会常务委员会关于修改《中华人民共和国商标法》的决定	国家主席　江泽民	2001-10-27
	2001-10-27	中华人民共和国著作权法　全国人民代表大会常务委员会关于修改《中华人民共和国著作权法》的决定	国家主席　江泽民	2001-10-27
	2001-10-27	中华人民共和国海域使用管理法	国家主席　江泽民	2001-10-27
◆	2001-11-06	外经贸部第一批废止部门规章目录	对外贸易经济合作部	2001-11-06
	2001-11-16	行政法规制定程序条例	国务院	2002-01-01
	2001-11-16	规章制定程序条例	国务院	2002-01-01
	2001-12-11	旅行社管理条例　国务院关于修改《旅行社管理条例》的决定	国务院	2001-12-11
◆	2001-12-11	财政部关于废止部分规章和规范性文件的决定	财政部	2001-12-11
◆	2001-12-11	国家质量监督检验检疫总局第一批废止部门规章目录	国家质检总局	2001-12-11
	2001-12-14	法规规章备案条例	国务院	2002-01-01
◆	2001-12-19	外经贸部第二批废止部门规章目录	对外贸易经济合作部	2001-12-19
	2001-12-20	计算机软件保护条例	国务院	2002-01-01
	2001-12-22	外国律师事务所驻华代表机构管理条例	国务院	2002-01-01

续表

	发布时间	法规名称	发布单位（人）	生效时间
综　合				
◆	2001－12－23	外经贸部第三批废止部门规章目录	对外贸易经济合作部	2001－12－23
◆	2002－01－04	关于通报外经贸部部门规章、文件清理情况的通知	外经贸部办公厅	2002－01－04
◆	2002－01－05	农业转基因生物进口安全管理办法	农业部	2002－03－20
	2002－01－05	农业转基因生物安全评价管理办法	农业部	2002－03－20
◆	2002－01－05	农业转基因生物标识管理办法	农业部	2002－03－20
	2002－03－12	转基因农产品安全管理临时措施公告（附：进口转基因农产品临时措施管理程序）	农业部	2002－03－12
◆	2002－03－21	外经贸部第四批废止部门规章目录	对外贸易经济合作部	2002－03－21
对外贸易				
	发布时间	法规名称	发布单位（人）	生效时间
	2000－12－04	钨及钨制品、锑及锑制品出口经营管理暂行办法	对外贸易经济合作部	2001－01－01
	2000－12－09	关于调整私营生产企业和科研院所申请自营进出口经营权资格条件的通知	对外贸易经济合作部	2001－01－01
	2000－12－29	关于调整原部属企业进口机电产品管理问题的通知	对外贸易经济合作部	2000－12－29
◆	2001－01－02	取消配额、许可证、特定进口管理措施的商品目录——对外贸易经济合作部公告（2001年第1号）公布	对外贸易经济合作部	2001－01－02
◆	2001－01－03	关于恢复小麦出口的通知	对外贸易经济合作部	2001－01－03
◆	2001－01－04	关于调整部分部门机电产品进出口机构的通知	外经贸部办公厅、海关总署办公厅	2001－01－04
	2001－01－04	关于软件出口有关问题的通知	外经贸部、信息产业部、国家税务总局、海关总署、国家外汇管理局、国家统计局	2001－01－04
◆	2001－01－18	关于发布《中国进出口受控消耗臭氧层物质名录（第二批）》的通知	国家环保总局、外经贸部、海关总署	2001－01－18
	2001－02－14	关于肉鸡进口有关问题的通知	外经贸部、海关总署	2001－02－14
◆	2001－03－05	关于调整棉纱加工贸易限制类商品目录的通知	国家经贸委、外经贸部、海关总署	2001－03－05
◆	2001－03－20	关于进一步加强醋酸酐和高锰酸钾进出口管理的通知	对外贸易经济合作部	2001－03－20
◆	2001－03－21	出口加工区加工贸易管理暂行办法	对外贸易经济合作部	2001－04－01
	2001－03－30	对外贸易经济合作部关于对机电产品国际招标机构实行年度审核的通知	对外贸易经济合作部	2001－03－30
	2001－04－28	钨品、锑品出口供货企业资格认证暂行办法	国家经贸委、外经贸部	2001－05－01
	2001－05－15	机电产品国际招标评审专家聘用管理办法	对外贸易经济合作部	2001－06－01
	2001－06－03	机电产品国际招标评标结果公示及质疑投诉办法（试行）	对外贸易经济合作部	2001－06－03

续表

对外贸易				
	发布时间	法规名称	发布单位（人）	生效时间
	2001-06-09	中华人民共和国对外贸易经济合作部公告（2001年第5号）——关于丙烯酸酯反倾销案的最终裁定	外经贸部、国家经贸委	2001-06-09
◆	2001-06-11	关于授权有关行业协会部分机电产品进出口工作职能并委托有关工作的通知	外经贸部、国家经贸委	2001-06-11
◆	2001-07-10	关于进出口经营资格管理的有关规定	对外贸易经济合作部	2001-07-10
◆	2001-07-31	中华人民共和国海关总署公告（2001年第10号）	海关总署	2001-07-31
	2001-08-15	中华人民共和国对外贸易经济合作部公告（2001年第7号）——不锈钢冷轧薄板反倾销案的最终裁定	对外贸易经济合作部	2001-08-15
	2001-08-28	关于开展境外带料加工装配项目企业进出口经营资格问题的补充通知	对外贸易经济合作部	2001-08-28
◆	2001-08-30	中华人民共和国海关总署公告（2001年第11号）	海关总署	2001-08-30
	2001-09-22	关于取消坯绸产品出口经营资格管理限制的通知	对外贸易经济合作部	2001-09-22
	2001-09-31	关于加强氧化铝加工贸易审批管理有关问题的紧急通知	对外贸易经济合作部	2001-10-01
◆	2001-10-03	关于取消大豆出口配额许可证管理和经营资格管理的通知	对外贸易经济合作部	2001-10-03
◆	2001-10-11	出口产品反倾销应诉规定	对外贸易经济合作部	2001-10-11
◆	2001-10-25	软件出口管理和统计办法	外经贸部、科技部、信息产业部、国家统计局、国家外汇管理局	2001-10-25
◆	2001-10-25	实施计算机联网监管企业加工贸易审批管理暂行办法	对外贸易经济合作部	2001-10-25
◆	2001-10-29	关于公布燃料油进口经营企业名单及有关问题的通知	对外贸易经济合作部	2001-10-29
	2001-11-03	国务院办公厅转发外经贸部等部门关于“十五”期间进一步促进机电产品出口意见的通知	国务院办公厅	2001-01-03
	2001-11-08	工业品出口配额招标实施细则	对外贸易经济合作部	2001-11-08
◆	2001-11-14	中华人民共和国对外贸易经济合作部公告（2001年第15号）	对外贸易经济合作部	2001-11-14
	2001-11-19	摩托车产品出口招标实施细则	对外贸易经济合作部	2001-11-19
◆	2001-11-26	中华人民共和国反倾销条例	国务院	2002-01-01
◆	2001-11-26	中华人民共和国反补贴条例	国务院	2002-01-01
◆	2001-11-26	中华人民共和国保障措施条例	国务院	2002-01-01
◆	2001-11-27	中华人民共和国对外贸易经济合作部公告（2001年第18号）	对外贸易经济合作部	2001-11-27
	2001-12-01	供港澳地区鸡肉产品出口企业登记备案名单（第一批）——对外贸易经济合作部公告（2001年第18号）公布	对外贸易经济合作部	2001-12-01
	2001-12-03	农产品出口配额招标实施细则	对外贸易经济合作部	2001-12-03
◆	2001-12-04	中华人民共和国对外贸易经济合作部公告（2001年第20号）	对外贸易经济合作部	2001-12-04

续表

对外贸易				
	发布时间	法规名称	发布单位（人）	生效时间
	2001－12－06	关于对《关于对部分产品出口取消纺织品被动配额限制有关问题的公告》中部分内容进行更正的通知	对外贸易经济合作部	2001－12－06
	2001－12－10	2002年度钨及钨制品、锑及锑制品出口企业名单——对外贸易经济合作部公告（2001年第29号）公布	对外贸易经济合作部	2001－12－10
◆	2001－12－10	2002年度白银出口企业名单（共20家）——对外贸易经济合作部公告（2001年第30号）公布	对外贸易经济合作部	2001－12－10
◆	2001－12－10	中华人民共和国货物进出口管理条例	国务院	2002－01－01
◆	2001－12－10	中华人民共和国技术进出口管理条例	国务院	2002－01－01
◆	2001－12－11	中华人民共和国对外贸易经济合作部公告（2001年第28号）——公布《进口关税配额管理货物目录》、《进口国营贸易管理货物目录》、《进口国营贸易企业名录》、《出口国营贸易管理货物目录》、《出口国营贸易企业名录》、《进口指定经营管理货物目录》、《进口指定经营企业名录》、《出口指定经营管理货物目录》、《出口指定经营企业名录》	对外贸易经济合作部	2002－01－01
◆	2001－12－12	禁止出口限制出口技术管理办法	对外贸易经济合作部	2002－01－01
◆	2001－12－13	关于下达2002年度部分农产品出口配额有关问题的通知	对外贸易经济合作部	2001－12－13
◆	2001－12－19	取消配额、许可证、特定进口管理措施的商品目录——对外贸易经济合作部公告（2001年第34号）公布	对外贸易经济合作部	
◆	2001－12－20	2002年进口许可证管理商品目录	对外贸易经济合作部	
◆	2001－12－20	2002年出口许可证管理商品目录	对外贸易经济合作部	
◆	2001－12－20	出口商品配额管理办法	对外贸易经济合作部	2002－01－01
◆	2001－12－20	出口商品配额招标办法	对外贸易经济合作部	2002－01－01
	2001－12－20	纺织品被动配额管理办法	对外贸易经济合作部	2002－01－01
	2001－12－20	机电产品出口招标办法	对外贸易经济合作部	2002－01－01
◆	2001－12－20	出口许可证管理规定	对外贸易经济合作部	2002－01－01
◆	2001－12－20	货物进口许可证管理办法	对外贸易经济合作部	2002－01－01
◆	2001－12－20	货物进口指定经营管理办法	对外贸易经济合作部	2002－01－01
◆	2001－12－20	机电产品进口管理办法	外经贸部、海关总署、国家质检总局	2002－01－01
	2001－12－20	机电产品进口配额管理实施细则	对外贸易经济合作部	2002－01－01
	2001－12－20	特定机电产品进口管理实施细则	外经贸部、海关总署	2002－01－01
	2001－12－20	机电产品自动进口许可管理实施细则	外经贸部、海关总署	2002－01－01
◆	2001－12－20	《禁止进口货物目录》（第一批）和《禁止出口货物目录》（第一批）——对外贸易经济合作部公告（2001年第19号）公布	对外贸易经济合作部	2001－12－20

续表

对外贸易				
	发布时间	法规名称	发布单位（人）	生效时间
	2001-12-20	供港澳地区鸡肉产品出口管理试行办法	对外贸易经济合作部	2002-01-01
	2001-12-21	关于国际组织无偿援助项下进口配额机电产品有关事项的规定	对外贸易经济合作部	2001-12-21
	2001-12-21	关于对《关于对部分产品出口取消纺织品被动配额限制有关问题的公告》中附件一部分内容进行更正的通知	对外贸易经济合作部	2001-12-21
	2001-12-21	纺织品被动配额招标实施细则	对外贸易经济合作部	2002-01-01
	2001-12-21	关于船舶进口有关事项的规定	对外贸易经济合作部	2002-01-01
	2001-12-21	大型单机和成套设备出口项目协调管理办法	对外贸易经济合作部	2001-12-21
◆	2001-12-23	禁止进口货物目录（第三批）		
◆	2001-12-25	自动进口许可机电产品目录	对外贸易经济合作部	
◆	2001-12-25	限制进口机电产品目录	对外贸易经济合作部	
	2001-12-27	关于调整供港澳肉类产品出口管理有关问题的通知	外经贸部、国家质检总局	2001-12-27
◆	2001-12-27	禁止进口货物目录（第二批）		
◆	2001-12-28	禁止进口限制进口技术管理办法	对外贸易经济合作部	2002-01-01
◆	2001-12-28	中国禁止进口限制进口技术目录（第一批）		
◆	2001-12-29	关于将锡制品纳入出口配额管理的通知	对外贸易经济合作部	2002-01-01
◆	2001-12-30	《出口国营贸易管理货物名录》（烟草专卖品）和《出口国营贸易企业名录》（烟草专卖品）——对外贸易经济合作部公告（2001年第44号）公布	对外贸易经济合作部	2001-12-30
	2001-12-30	技术进出口合同登记管理办法	对外贸易经济合作部	2002-01-01
◆	2001-12-31	货物自动进口许可管理办法	对外贸易经济合作部	2002-01-01
◆	2001-12-31	关于印发《2002年进口许可证管理商品分级发证目录》及有关问题的通知	对外贸易经济合作部	2002-01-01
◆	2001-12-31	关于印发《2002年出口许可证管理商品分级发证目录》及有关问题的通知	对外贸易经济合作部	2002-01-01
	2002-01-15	重要工业品自动进口许可管理实施细则	国家经贸委、海关总署	2002-02-01
	2002-01-15	化肥进口关税配额管理暂行办法	国家经贸委、海关总署	2002-02-01
	2002-01-30	农产品进口关税配额管理暂行办法	国家计委	2002-02-01
	2002-02-01	天然橡胶进口配额管理暂行办法	国家计委、外经贸部、海关总署	2002-02-01
	2002-02-07	2002年羊毛、毛条进口关税配额管理实施细则	国家计委	2002-03-05
	2002-02-10	反倾销调查立案暂行规则	对外贸易经济合作部	2002-03-13
	2002-02-10	反补贴调查立案暂行规则	对外贸易经济合作部	2002-03-13
	2002-02-10	保障措施调查立案暂行规则	对外贸易经济合作部	2002-03-13

续表

	发布时间	法规名称	发布单位（人）	生效时间
		对外贸易		
	2002－02－10	中华人民共和国对外贸易经济合作部反补贴调查听证会暂行规则	对外贸易经济合作部	2002－03－13
	2002－02－10	中华人民共和国对外贸易经济合作部保障措施调查听证会暂行规则	对外贸易经济合作部	2002－03－13
	2002－02－26	关于对走私、违规企业给予警告或暂停、撤销对外贸易、国际货运代理经营许可行政处罚的规定	外经贸部、海关总署	2002－04－15
	2002－03－13	反补贴问卷调查暂行规则	对外贸易经济合作部	2002－04－15
	2002－03－13	反倾销问卷调查暂行规则	对外贸易经济合作部	2002－04－15
	2002－03－13	反倾销调查抽样暂行规则	对外贸易经济合作部	2002－04－15
	2002－03－13	反倾销调查信息披露暂行规则	对外贸易经济合作部	2002－04－15
	2002－03－13	反倾销调查公开信息查阅暂行规则	对外贸易经济合作部	2002－04－15
	2002－03－13	反补贴调查实地核查暂行规则	对外贸易经济合作部	2002－04－15
	2002－03－13	反倾销价格承诺暂行规则	对外贸易经济合作部	2002－04－15
	2002－03－13	反倾销退税暂行规则	对外贸易经济合作部	2002－04－15
	2002－03－13	反倾销新出口商复审暂行规则	对外贸易经济合作部	2002－04－15
	2002－03－13	倾销及倾销幅度期中复审暂行规则	对外贸易经济合作部	2002－04－15
	2002－03－01	中华人民共和国对外贸易经济合作部2002年第5号公告——关于邻苯二酚反倾销调查	对外贸易经济合作部	2002－03－01
	2002－03－06	中华人民共和国对外贸易经济合作部2002年第11号公告——关于邻苯二甲酸酐反倾销调查	对外贸易经济合作部	2002－03－06
	2002－03－20	中华人民共和国对外贸易经济合作部2002年第14号公告——关于冷轧板卷反倾销调查	对外贸易经济合作部	2002－03－23
	2002－03－29	中华人民共和国对外贸易经济合作部2002年第15号公告——关于聚氯乙烯反倾销调查	对外贸易经济合作部	2002－03－29
		利用外资		
	发布时间	**法规名称**	**发布单位（人）**	**生效时间**
	2000－10－31	中华人民共和国中外合作经营企业法　全国人民代表大会常务委员会关于修改《中华人民共和国中外合作经营企业法》的决定	国家主席　江泽民	2000－10－31
	2000－10－31	中华人民共和国外资企业法　全国人民代表大会常务委员会关于修改《中华人民共和国外资企业法》的决定	国家主席　江泽民	2000－10－31
◆	2001－02－19	关于严格执行《外商投资电影院暂行规定》的通知	外经贸部办公厅、广电总局办公厅、文化部办公厅	2001－02－19
◆	2001－03－15	中华人民共和国中外合资经营企业法　全国人民代表大会常务委员会关于修改《中华人民共和国中外合资经营企业法》的决定	国家主席　江泽民	2001－03－15

续表

利用外资				
	发布时间	法规名称	发布单位（人）	生效时间
◆	2001－04－12	中华人民共和国外资企业法实施细则　国务院关于修改《中华人民共和国外资企业法实施细则》的决定	国务院	2001－04－12
	2001－05－16	关于省级外经贸部门审批上限鼓励类外商投资企业报外经贸部备案有关问题的补充通知	对外贸易经济合作部	2001－05－16
◆	2001－05－17	关于外商投资股份公司有关问题的通知	外经贸部办公厅	2001－05－17
◆	2001－05－31	《关于外商投资举办投资性公司的暂行规定》的补充规定（二）	对外贸易经济合作部	2001－05－31
◆	2001－07－02	关于扩大外商投资企业进出口经营权有关问题的通知	外经贸部办公厅	2001－07－02
	2001－07－21	外商投资企业投资自用进口汽车管理办法	外经贸部、海关总署	2001－07－21
◆	2001－07－22	中华人民共和国中外合资经营企业法实施条例　国务院关于修改《中华人民共和国中外合资经营企业法实施条例》的决定	国务院	2001－07－22
	2001－08－06	关于进一步做好清理整顿非试点外商投资商业企业工作的通知	国家经贸委、外经贸部、国家工商行政管理总局	2001－08－06
◆	2001－08－14	外商投资租赁公司审批管理暂行办法	对外贸易经济合作部	2001－08－14
◆	2001－08－28	关于设立外商投资创业投资企业的暂行规定	外经贸部、科学技术部、国家工商行政管理总局	2001－08－28
◆	2001－09－23	中华人民共和国对外合作开采陆上石油资源条例	国务院	2001－09－23
◆	2001－09－23	中华人民共和国对外合作开采海洋石油资源条例	国务院	2001－09－23
◆	2001－10－08	关于上市公司涉及外商投资有关问题的若干意见	外经贸部、中国证券监督管理委员会	2001－10－08
◆	2001－10－09	中外合资中外合作职业介绍机构设立管理暂行规定	劳动和社会保障部、国家工商行政管理总局	2001－12－01
◆	2001－10－12	关于外商投资企业部分法规修改的通知	对外贸易经济合作部	2001－10－12
◆	2001－10－26	金融资产管理公司吸收外资参与资产重组与处置的暂行规定	外经贸部、财政部、中国人民银行	2001－10－26
◆	2001－11－07	财政部关于停止征收外商投资企业中方职工物价补贴的通知	财政部	2001－11－07
◆	2001－11－22	关于修改《关于外商投资企业合并与分立的规定》的决定	外经贸部、国家工商行政管理总局	2001－11－22
◆	2001－11－29	外商投资企业执行《企业会计制度》有关问题的规定	财政部	2002－01－01
	2001－12－09	中国人民银行关于外资金融机构市场准入有关问题的公告	中国人民银行	2001－12－09
	2001－12－10	中外合作音像制品分销企业管理办法	文化部、外经贸部	2002－01－10
◆	2001－12－11	外商投资电信企业管理规定	国务院	2002－01－01
◆	2001－12－12	中华人民共和国外资保险公司管理条例	国务院	2002－01－01

续表

	发布时间	法规名称	发布单位（人）	生效时间
利用外资				
◆	2001-12-20	中华人民共和国外资金融机构管理条例	国务院	2002-01-01
	2002-01-03	中华人民共和国外资金融机构管理条例实施细则	中国人民银行	2002-01-01
◆	2002-01-29	设立外商投资印刷企业暂行规定	国家新闻出版总署、对外贸易经济合作部	2002-01-19
	2002-02-08	外商投资企业自动进口许可管理实施细则	外经贸部、海关总署	2002-02-08
◆	2002-02-11	指导外商投资方向规定	国务院	2002-04-01
◆	2002-03-11	外商投资产业指导目录	国家计委、国家经贸委、外经贸部	2002-03-11
	2000-06-16	中西部地区外商投资优势产业目录	国家计委、国家经贸委、外经贸部	2000-06-16
	2002-02-21	关于《关于外商投资传销企业转变销售方式有关问题的通知》执行中有关问题的规定	国家工商行政管理总局、外经贸部、国家经贸委	2002-04-01
对外经济合作				
	发布时间	法规名称	发布单位（人）	生效时间
	2000-01-28	中国对外承包工程和劳务合作行业规范（试行）	外经贸部办公厅	2000-01-13
	2000-12-26	中华人民共和国对外经济合作经营资格证书管理办法	对外贸易经济合作部	2001-03-01
◆	2001-05-08	关于部分调整对外承包工程、劳务合作经营资格条件的通知	外经贸部办公厅	2001-05-08
	2001-05-22	对外贸易经济合作部关于整顿和规范对新加坡劳务合作市场秩序的紧急通知	对外贸易经济合作部	2001-05-22
	2001-06-03	中华人民共和国政府和俄罗斯联邦政府关于中华人民共和国公民在俄罗斯联邦和俄罗斯联邦公民在中华人民共和国的短期劳务协定	外经贸部、劳动和社会保障部、国家外国专家局	2001-02-05
◆	2001-08-01	外派劳务人员培训工作管理规定（修订稿）	对外贸易经济合作部	2001-08-01
◆	2001-08-01	中华人民共和国外派劳务人员（研修生）培训资格证书管理办法	对外贸易经济合作部	2001-09-01
◆	2001-10-10	对外承包工程保函风险专项资金管理暂行办法	财政部、外经贸部	2001-10-10
◆	2001-11-27	对外劳务合作备用金暂行办法	外经贸部、财政部	2001-11-27
◆	2001-12-25	关于对外承包工程项目项下出口设备材料的工作规程	外经贸部、海关总署	2002-01-01
	2002-02-10	关于对外承包工程项目项下出口设备材料检验检疫有关问题的通知	国家质检总局	2002-02-10
◆	2002-03-12	办理劳务人员出国手续的办法	外经贸部、外交部、公安部	2002-04-01
◆	2002-03-14	对外劳务合作项目审查有关问题的规定	对外贸易经济合作部	2002-04-01

续表

	海关、商检			
	发布时间	法规名称	发布单位（人）	生效时间
	2001-01-22	关于欧盟禁止销售PVC制造的三岁以下儿童使用玩具有关问题的通知（附：欧盟决议）	出入境检验局、外经贸部	2001-01-22
◆	2001-02-12	需加施检验检疫标志的进出境商品目录（第一批）	国家出入境检验检疫局	2001-03-01
	2001-02-28	关于处理欧盟已到港动物性饲料产品有关问题的通知	出入境检验局、农业部、海关总署、外经贸部、环保总局	2001-02-28
	2001-03-01	关于对出口打火机、点火枪类商品实施法定检验的通知	国家出入境检验检疫局、外经贸部、海关总署	2001-03-01
◆	2001-03-05	原产地标记管理规定	国家出入境检验检疫局	2001-04-01
◆	2001-06-12	中华人民共和国海关总署公告（2001年第3号）	海关总署	2001-08-01
◆	2001-06-15	进出境邮寄物检疫管理办法	国家质检总局、国家邮政局	2001-08-01
◆	2001-07-12	关于支持高新技术产业发展若干问题的通知	海关总署、外经贸部	2001-07-12
◆	2001-08-30	国家质量监督检验检疫总局、对外贸易经济合作部、海关总署公告（2001年第14号）	国家质检总局、外经贸部、海关总署	2001-08-30
	2001-09-07	中华人民共和国海关总署公告（2001年第17号）	海关总署	2001-09-07
◆	2001-09-13	关于加工贸易边角料、节余料件、残次品、副产品和受灾保税货物的管理办法	海关总署	2001-10-01
◆	2001-09-17	出入境检验检疫风险预警及快速反应管理规定	国家质检总局	2001-11-15
◆	2001-09-17	出入境快件检验检疫管理办法	国家质检总局	2001-11-15
◆	2001-09-30	中华人民共和国海关关于转关货物监管办法	海关总署	2001-10-15
◆	2001-10-31	关于对高新技术产品实行便捷检验检疫措施的通知	国家质检总局	2001-10-31
	2001-12-04	进口许可制度民用商品入境验证管理办法	国家质检总局	2002-01-01
◆	2001-12-07	适用进口关税优惠税率的国家和地区清单	海关总署	2001-12-07
	2001-12-13	中华人民共和国海关关于《扶贫、慈善性捐赠物资免征进口税收暂行办法》的实施办法	海关总署	2002-01-01
	2001-12-14	中华人民共和国海关总署公告（2001年第19号）	海关总署	2001-12-14
	2001-12-14	中华人民共和国海关进出口货物报关单填制规范（修订稿）	海关总署	2001-12-14
◆	2001-12-30	中华人民共和国海关总署公告（2001年第22号）	海关总署	2001-12-30
	2001-12-31	中华人民共和国海关审定进出口货物完税价格办法	海关总署	2002-01-01

续表

	发布时间	法规名称	发布单位（人）	生效时间
金融、外汇、税收				
	2000－05－18	外商投资企业和外国企业购买国产设备投资抵免企业所得税管理办法	国家税务总局	1999－07－01
	2000－07－28	关于外资金融机构若干营业税政策问题的通知	国家税务总局	2000－08－01
	2000－08－21	关于外商投资企业和外国企业所得税法若干执行问题的通知	国家税务总局	2000－07－01
	2000－10－08	关于明确外国企业和外籍个人技术转让收入免征营业税范围问题的通知	国家税务总局	2000－10－08
	2000－11－03	关于我国境内企业向外国企业支付软件费扣缴营业税问题的通知	国家税务总局	2000－11－03
	2000－12－19	外国政府贷款项目管理工作规程	财政部	2000－12－19
	2001－01－17	外商投资企业和外国企业所得税汇算清缴管理办法	国家税务总局	2000－01－01
	2001－02－20	财政部门实施会计监督办法	财政部	2001－02－20
	2001－03－16	关于外国企业和外籍个人转让无形资产营业税若干问题的通知	财政部、国家税务总局	2001－03－16
	2001－04－09	关于进一步做好外商投资企业场地使用费征收管理工作的通知	财政部办公厅	2001－04－09
	2001－04－25	关于调整外商投资和外国金融企业营业税政策的通知	财政部、国家税务总局	2001－04－25
	2001－04－28	中华人民共和国税收征收管理法	国家主席　江泽民	2001－05－01
	2001－04－28	企业国有资本与财务管理暂行办法	财政部	2001－05－01
◆	2001－06－11	关于大型出口信贷及出口信用保险项目的报批程序	外经贸部、财政部、中国人民银行	2001－06－11
	2001－06－13	中小企业国际市场开拓资金管理办法实施细则（暂行）	外经贸部、财政部	2001－06－13
	2001－06－26	关于企业（集团）技术中心等继续享受有关进口税收优惠政策的通知	财政部、国家税务总局	2001－01－01
	2001－06－28	关于农药和农药原药免征进口环节增值税问题的通知	财政部、国家税务总局	2001－01－01
	2001－07－01	关于明确边贸进口铝锭税收政策问题的通知	财政部、外经贸部、国家计委、海关总署	2001－07－15
	2001－08－01	关于外（工）贸改制企业出口货物退（免）税有关问题的通知	国家税务总局、外经贸部	2001－08－01
	2001－08－02	关于出口货物退（免）税实行按企业分类管理的补充通知	国家税务总局	2001－08－02
◆	2001－08－14	关于免征饲料进口环节增值税的通知	财政部、国家税务总局	2001－08－14
	2001－08－24	关于办理出口退税账户托管贷款业务的通知	中国人民银行、外经贸部、国家税务总局	2001－08－24
◆	2001－08－25	国务院办公厅关于钻石进出口管理和税收政策调整问题的复函	国务院办公厅	2001－08－25

续表

	金融、外汇、税收			
	发布时间	法规名称	发布单位（人）	生效时间
◆	2001-08-27	财政部、国家税务总局关于调整部分进口商品消费税税率的通知	财政部、国家税务总局	2001-09-01
	2001-09-07	海关总署关于调整部分进口商品消费税税率的通知	海关总署	2001-09-07
	2001-09-29	外国政府贷款项目采购公司招标办法	财政部	2001-09-29
◆	2001-10-22	财政部关于钻石及上海钻石交易所有关税收政策的通知	财政部	
	2001-10-31	国务院办公厅关于进一步整顿和规范税收秩序的通知	国务院办公厅	2001-10-31
◆	2001-11-05	关于调整出口收汇核销和外汇账户管理政策的通知	国家外汇管理局	2001-12-01
◆	2001-12-21	关于印发《关于在我国海洋开采石油（天然气）进口物资免征进口税收的暂行规定》和《关于在我国陆上特定地区开采石油（天然气）进口物资免征进口税收的暂行规定》的通知	财政部、国家税务总局	2001-01-01
	2001-12-27	关于聚碳酸酯胶粒等产品有关出口退税问题的通知	国家税务总局	2001-12-27
◆	2001-12-30	关于西部大开发税收优惠政策问题的通知	财政部、国家税务总局、海关总署	2001-01-01
	2002-01-10	关于外国银行分行摊列总行管理费有关问题的通知	国家税务总局	2002-01-01
◆	2002-01-11	关于外国政府和国际组织无偿援助项目在华采购物资免征增值税问题的通知	财政部、国家税务总局、外经贸部	2001-08-01

	港口、运输			
	发布时间	法规名称	发布单位（人）	生效时间
	2000-08-28	港口货物作业规则	交通部	2001-01-01
◆	2000-08-29	外商投资铁路货物运输业审批与管理暂行办法	铁道部、外经贸部	2000-08-29
	2001-02-01	关于规范国际货运代理业管理工作的通知	对外贸易经济合作部	2001-02-01
◆	2001-04-28	关于国际海运业外汇收支管理有关问题的通知	国家外汇管理局	2001-06-01
	2001-08-17	关于规范海运拼箱市场经营秩序的通知	对外贸易经济合作部	2001-08-17
◆	2001-09-20	关于调整外贸港口收费规定和标准的通知	交通部、国家计委	2002-01-01
◆	2001-09-27	中华人民共和国海关关于境内公路承运海关监管货物的运输企业及其车辆、驾驶员的管理办法	海关总署	2001-10-15
◆	2001-11-20	外商投资道路运输业管理规定	交通部、外经贸部	2001-11-20
◆	2001-12-04	关于加强外国公司船舶运输收入税收管理及国际海运业对外支付管理的通知	国家税务总局、国家外汇管理局	2002-05-01
◆	2001-12-11	中华人民共和国国际海运条例	国务院	2002-01-01
◆	2001-12-19	外商投资国际货物运输代理业管理规定	对外贸易经济合作部	2002-01-01
	2001-12-20	关于进出境信件和具有信件性质的物品的寄递业务委托管理的通知	信息产业部、外经贸部、国家邮政局	2001-12-20
	2001-12-27	关于实施《中华人民共和国国际海运条例》的公告	交通部	2002-01-01

◆ **《中国对外经济贸易年鉴·2002》已经全文刊登**

综　　合

国务院关于废止2000年底以前发布的部分行政法规的决定

中华人民共和国国务院令

第319号

现将《国务院关于废止2000年底以前发布的部分行政法规的决定》予以公布。

总理　朱镕基

2001年10月6日

自1994年对建国以来至1993年底国务院（含政务院）发布或者批准发布的行政法规进行全面清理以来，客观情况又发生了很大变化。为了适应改革开放和建立健全社会主义市场经济体制及我国加入世界贸易组织新形势的需要，国务院对截至2000年底现行行政法规共756件进行了全面的清理。经过清理，国务院决定：

一、对主要内容与新的法律或者已经修改的法律、党和国家新的方针政策或者已经调整的方针政策不相适应的，以及已被新的法律或者行政法规所代替的71件行政法规，予以废止（目录见附件一）。

二、对适用期已过或者调整对象已经消失，实际上已经失效的80件行政法规，宣布失效（目录见附件二）。

三、对1994年至2000年底公布的法律、行政法规已经明令废止的70件行政法规，统一公布（目录见附件三）。

附件一　国务院决定废止的行政法规目录（71件）

附件二　国务院决定宣布失效的行政法规目录（80件）

附件三　1994年至2000年底公布的法律、行政法规中已明令废止的行政法规目录（70件）

附件一

国务院决定废止的行政法规目录（71件）

序号	法规名称	发布机关及日期	说　　明
1	进出口列车、车员、旅客、行李检查暂行通则	1951年5月24日政务院发布	已被2000年7月8日全国人大常委会修订并公布的《中华人民共和国海关法》、1989年3月6日国务院批准卫生部发布的《中华人民共和国国境卫生检疫法实施细则》、1995年7月20日国务院发布的《中华人民共和国出境入境边防检查条例》代替。
2	铁路江河堤坝分工负责办法	政务院财政经济委员会批准　1952年1月25日铁道部发布	已被1997年8月29日全国人大常委会通过并公布的《中华人民共和国防洪法》代替。

续表

序号	法规名称	发布机关及日期	说　　明
3	中华人民共和国劳动改造条例	1954年9月7日政务院发布	已被1994年12月29日全国人大常委会通过并公布的《中华人民共和国监狱法》、1990年3月17日国务院发布的《中华人民共和国看守所条例》代替。
4	国营企业决算报告编送办法	1955年1月31日国务院发布	已被2000年6月21日国务院发布的《企业财务报告条例》代替。
5	东北及内蒙古铁路沿线林区防火办法	1955年5月11日国务院批准　1955年5月11日铁道部、林业部发布	已被1988年1月16日国务院发布的《森林防火条例》代替。
6	关于建筑业实行八小时、小礼拜工作制度的规定	1956年6月8日国务院发布	已被1994年7月5日全国人大常委会通过并公布的《中华人民共和国劳动法》、1995年3月25日国务院修订并发布的《国务院关于职工工作时间的规定》代替。
7	会计人员职权条例	1978年9月12日国务院发布	已被1999年10月31日全国人大常委会修订并公布的《中华人民共和国会计法》、1987年6月20日国务院发布的《关于实行专业技术职务聘任制度的规定》、1990年12月31日国务院发布的《总会计师条例》代替。
8	关于发展社队企业若干问题的规定（试行草案）	1979年7月3日国务院发布	已被1996年10月29日全国人大常委会通过并公布的《中华人民共和国乡镇企业法》、1990年6月3日国务院发布的《中华人民共和国乡村集体所有制企业条例》代替。
9	关于扩大国营工业企业经营管理自主权的若干规定	1979年7月13日国务院发布	主要内容与1988年4月13日全国人大通过并公布的《中华人民共和国全民所有制工业企业法》、1992年7月23日国务院发布的《全民所有制工业企业转换经营机制条例》等不相适应。
10	关于国营工业企业实行流动资金全额信贷的暂行规定	1979年7月13日国务院发布	主要内容与1995年5月10日全国人大常委会通过并公布的《中华人民共和国商业银行法》等不相适应。
11	基本建设贷款试行条例	国家计划委员会、国家基本建设委员会、财政部制定　1979年8月28日国务院批转	主要内容与1995年5月10日全国人大常委会通过并公布的《中华人民共和国商业银行法》等不相适应。
12	中外合资经营企业劳动管理规定	1980年7月26日国务院发布	主要内容与1994年7月5日全国人大常委会通过并公布的《中华人民共和国劳动法》、2001年3月15日全国人大修订并公布的《中华人民共和国中外合资经营企业法》、2001年7月22日国务院修订并公布的《中华人民共和国中外合资经营企业法实施条例》等不相适应。
13	关于维护信访工作秩序的几项规定	1980年8月22日国务院发布	已被1995年10月28日国务院发布的《信访条例》代替。
14	中国银行短期外汇贷款办法	1980年8月30日国务院发布	主要内容与1995年3月18日全国人大常委会通过并公布的《中华人民共和国中国人民银行法》、1995年5月10日全国人大常委会通过并公布的《中华人民共和国商业银行法》等不相适应。

续表

序号	法规名称	发布机关及日期	说　　明
15	关于开展和保护社会主义竞争的暂行规定	1980年10月17日国务院发布	主要内容与1993年9月2日全国人大常委会通过并公布的《中华人民共和国反不正当竞争法》、1993年7月2日全国人大常委会通过并公布的《中华人民共和国科学技术进步法》、1996年5月15日全国人大常委会通过并公布的《中华人民共和国促进科技成果转化法》、1997年12月29日全国人大常委会通过并公布的《中华人民共和国价格法》、1992年7月23日国务院发布的《全民所有制工业企业转换经营机制条例》等不相适应。
16	中华人民共和国枪支管理办法	1981年1月5日国务院批准　1981年4月25日公安部发布	已被1996年7月5日全国人大常委会通过并公布的《中华人民共和国枪支管理法》代替。
17	关于城镇非农业个体经济若干政策性规定	1981年7月7日国务院发布	已被1987年8月5日国务院发布的《城乡个体工商户管理暂行条例》代替。
18	中国人民解放军志愿兵退出现役安置暂行办法	1983年2月3日国务院、中央军委发布	已被1999年6月30日国务院、中央军委修订并发布的《中国人民解放军现役士兵服役条例》、1999年12月13日《国务院、中央军委关于印发〈中国人民解放军士官退出现役安置暂行办法〉的通知》代替。
19	关于结合技术改造防治工业污染的几项规定	1983年2月6日国务院发布	已被1989年12月26日全国人大常委会通过并公布的《中华人民共和国环境保护法》、1995年10月30日全国人大常委会通过并公布的《中华人民共和国固体废物污染环境防治法》、1996年5月15日全国人大常委会修订并公布的《中华人民共和国水污染防治法》、1996年10月29日全国人大常委会通过并公布的《中华人民共和国环境噪声污染防治法》、2000年4月29日全国人大常委会修订并公布的《中华人民共和国大气污染防治法》、1988年7月28日国务院发布的《污染源治理专项基金有偿使用暂行办法》、1998年11月29日国务院发布的《建设项目环境保护条例》代替。
20	国营工业企业暂行条例	1983年4月1日国务院发布	已被1988年4月13日全国人大通过并公布的《中华人民共和国全民所有制工业企业法》、1999年12月25日全国人大常委会修订并公布的《中华人民共和国公司法》代替。
21	《关于城镇非农业个体经济若干政策性规定》的补充规定	1983年4月13日国务院发布	已被1987年8月5日国务院发布的《城乡个体工商户管理暂行条例》代替。
22	建设工程勘察设计合同条例	1983年8月8日国务院发布	已被1997年11月1日全国人大常委会通过并公布的《中华人民共和国建筑法》、1999年3月15日全国人大通过并公布的《中华人民共和国合同法》、2000年9月25日国务院公布的《建设工程勘察设计管理条例》代替。
23	建筑安装工程承包合同条例	1983年8月8日国务院发布	已被1997年11月1日全国人大常委会通过并公布的《中华人民共和国建筑法》、1999年3月15日全国人大通过并公布的《中华人民共和国合同法》、2000年9月25日国务院公布的《建设工程勘察设计管理条例》代替。
24	中华人民共和国经济合同仲裁条例	1983年8月22日国务院发布	已被1994年8月31日全国人大常委会通过并公布的《中华人民共和国仲裁法》代替。

续表

序号	法规名称	发布机关及日期	说明
25	中华人民共和国财产保险合同条例	1983年9月1日国务院发布	已被1995年6月30日全国人大常委会通过并公布的《中华人民共和国保险法》代替。
26	工矿产品购销合同条例	1984年1月23日国务院发布	已被1999年3月15日全国人大通过并公布的《中华人民共和国合同法》代替。
27	农副产品购销合同条例	1984年1月23日国务院发布	已被1999年3月15日全国人大通过并公布的《中华人民共和国合同法》代替。
28	关于合作商业组织和个人贩运农副产品若干问题规定	1984年2月25日国务院发布	主要内容与1983年2月5日国务院发布的《城乡集贸市场管理条例》、1987年8月5日国务院发布的《城乡个体工商户管理暂行条例》等不相适应。
29	关于农村个体工商业的若干规定	1984年2月27日国务院发布	已被1987年8月5日国务院发布的《城乡个体工商户管理暂行条例》代替。
30	国营企业成本管理条例	1984年3月5日国务院发布	已被1992年11月16日国务院批准、1992年11月30日财政部发布的《企业财务通则》、《企业会计准则》代替。
31	关于外国人私有房屋管理的若干规定	1984年8月2日国务院批准　1984年8月25日城乡建设环境保护部发布	已被1986年4月12日全国人大通过并公布的《中华人民共和国民法通则》、1994年7月5日全国人大常委会通过并公布的《中华人民共和国城市房地产管理法》、1983年12月17日国务院发布的《城市私有房屋管理条例》、1998年7月20日国务院发布的《城市房地产开发经营管理条例》代替。
32	关于改革建筑业和基本建设管理体制若干问题的暂行规定	1984年9月18日国务院发布	主要内容与1997年11月1日全国人大常委会通过并公布的《中华人民共和国建筑法》、1999年8月30日全国人大常委会通过并公布的《中华人民共和国招标投标法》等不相适应。
33	国营企业第二步利改税试行办法	财政部制定1984年9月18日国务院批转	已被1993年12月13日国务院发布的《中华人民共和国企业所得税暂行条例》、《中华人民共和国增值税暂行条例》、《中华人民共和国营业税暂行条例》、《中华人民共和国消费税暂行条例》、1993年12月25日国务院发布的《中华人民共和国资源税暂行条例》代替。
34	关于加强乡镇、街道企业环境管理的规定	1984年9月27日国务院发布	已被1989年12月26日全国人大常委会通过并公布的《中华人民共和国环境保护法》、1998年11月29日国务院发布的《建设项目环境保护管理条例》、1996年8月3日《国务院关于环境保护若干问题的决定》代替。
35	中华人民共和国国务院关于经济特区和沿海十四个港口城市减征、免征企业所得税和工商统一税的暂行规定	1984年11月15日国务院发布	已被1991年4月9日全国人大通过并公布的《中华人民共和国外商投资企业和外国企业所得税法》、1993年12月29日全国人大常委会通过并公布的《全国人民代表大会常务委员会关于外商投资企业和外国企业适用增值税、消费税、营业税等税收暂行条例的决定》、1991年6月30日国务院发布的《中华人民共和国外商投资企业和外国企业所得税法实施细则》、1997年2月19日《国务院关于调整金融保险业税收政策有关问题的通知》代替。
36	关于轻工业集体企业若干问题的暂行规定	轻工业部、全国手工业合作总社制定　1984年11月20日国务院批转	已被1991年9月9日国务院发布的《中华人民共和国城镇集体所有制企业条例》代替。

续表

序号	法规名称	发布机关及日期	说明
37	加工承揽合同条例	1984年12月20日国务院发布	已被1999年3月15日全国人大通过并公布的《中华人民共和国合同法》代替。
38	关于技术转让的暂行规定	1985年1月10日国务院发布	已被1996年5月15日全国人大常委会通过并公布的《中华人民共和国促进科技成果转化法》、1999年3月15日全国人大通过并公布的《中华人民共和国合同法》、1992年11月30日国务院批准财政部发布的《企业财务通则》、1999年3月30日《国务院办公厅转发科技部等部门关于促进科技成果转化若干规定的通知》代替。
39	借款合同条例	1985年2月28日国务院发布	已被1999年3月15日全国人大通过并公布的《中华人民共和国合同法》代替。
40	保险企业管理暂行条例	1985年3月3日国务院发布	已被1995年6月30日全国人大常委会通过并公布的《中华人民共和国保险法》代替。
41	车辆购置附加费征收办法	1985年4月2日国务院发布	已被2000年10月22日国务院公布的《中华人民共和国车辆购置税暂行条例》代替。
42	关于严禁淫秽物品的规定	1985年4月17日国务院发布	已被1997年3月14日全国人大修订并公布的《中华人民共和国刑法》、1990年12月28日全国人大常委会通过并公布的《全国人民代表大会常务委员会关于惩治走私、制作、贩卖、传播淫秽物品的犯罪分子的决定》代替。
43	国营企业固定资产折旧试行条例	1985年4月26日国务院发布	已被1992年11月16日国务院批准、1992年11月30日财政部发布的《企业财务通则》、《企业会计准则》代替。
44	关于开展资源综合利用若干问题的暂行规定	国家经济委员会制定1985年9月30日国务院批转	已被1996年8月31日《国务院批转国家经贸委等部门关于进一步开展资源综合利用意见的通知》代替。
45	仓储保管合同实施细则	1985年9月25日国务院批准1985年10月15日商业部、对外经济贸易部、国家物资局发布	已被1999年3月15日全国人大通过并公布的《中华人民共和国合同法》代替。
46	中华人民共和国银行管理暂行条例	1986年1月7日国务院发布	已被1995年3月18日全国人大通过并公布的《中华人民共和国中国人民银行法》、1995年5月10日全国人大常委会通过并公布的《中华人民共和国商业银行法》、1998年7月13日国务院发布的《非法金融机构和非法金融业务活动取缔办法》代替。
47	节约能源管理暂行条例	1986年1月12日国务院发布	已被1997年11月1日全国人大常委会通过并公布的《中华人民共和国节约能源法》代替。
48	对外经济开放地区环境管理暂行规定	1986年3月4日国务院批准 1986年3月15日国家环境保护局发布	已被1989年12月26日全国人大常委会通过并公布的《中华人民共和国环境保护法》、1995年10月30日全国人大常委会通过并公布的《中华人民共和国固体废物污染环境防治法》、1996年5月15日全国人大常委会修订并公布的《中华人民共和国水污染防治法》、1996年10月29日全国人大常委会通过并公布的《中华人民共和国环境噪声污染防治法》、2000年4月29日全国人大常委会修订并公布的《中华人民共和国大气污染防治法》、1998年11月29日国务院发布的《建设项目环境保护条例》代替。

续表

序号	法规名称	发布机关及日期	说　明
49	民用机场管理暂行规定	1986年4月6日国务院发布	已被1995年10月30日全国人大常委会通过并公布的《中华人民共和国民用航空法》代替。
50	中外合作设计工程项目暂行规定	1986年3月27日国务院批准　1986年6月5日国家计划委员会、对外经济贸易部发布	主要内容与1997年11月1日全国人大常委会通过并公布的《中华人民共和国建筑法》、1995年9月23日国务院发布的《中华人民共和国注册建筑师条例》、2000年9月25日国务院公布的《建设工程勘察设计管理条例》等不相适应。
51	国营企业实行劳动合同制暂行规定	1986年7月12日国务院发布	已被1994年7月5日全国人大常委会通过并公布的《中华人民共和国劳动法》、1999年1月22日国务院发布的《失业保险条例》、1997年7月16日《国务院关于建立统一的企业职工基本养老保险制度的决定》代替。
52	国营企业招用工人暂行规定	1986年7月12日国务院发布	已被1994年7月5日全国人大常委会通过并公布的《中华人民共和国劳动法》、1992年7月23日国务院发布的《全民所有制工业企业转换经营机制条例》代替。
53	国营企业辞退违纪职工暂行规定	1986年7月12日国务院发布	已被1994年7月5日全国人大常委会通过并公布的《中华人民共和国劳动法》、1999年1月22日国务院发布的《失业保险条例》代替。
54	公路货物运输合同实施细则	1986年11月8日国务院批准　1986年12月1日交通部发布	已被1999年3月15日全国人大通过并公布的《中华人民共和国合同法》代替。
55	航空货物运输合同实施细则	1986年11月8日国务院批准　1986年12月1日中国民用航空局发布	已被1999年3月15日全国人大通过并公布的《中华人民共和国合同法》、1995年10月30日全国人大常委会通过并公布的《中华人民共和国民用航空法》代替。
56	中华人民共和国消防条例实施细则	1987年2月23日国务院批准　1987年3月16日公安部发布	已被1998年4月29日全国人大常委会通过并公布的《中华人民共和国消防法》代替。
57	西藏自治区关于发展对邻国贸易的暂行规定	1987年3月24日国务院批准西藏自治区人民政府发布	主要内容与1996年1月3日《国务院关于边境贸易有关问题的通知》等不相适应。
58	中国银行对外商投资企业贷款办法	1987年4月7日国务院批准　1987年4月24日中国银行发布	已被1995年5月10日全国人大常委会通过并公布的《中华人民共和国商业银行法》、1995年6月30日全国人大常委会通过并公布的《中华人民共和国担保法》、1999年3月15日全国人大通过并公布的《中华人民共和国合同法》代替。
59	乡镇企业工业产品质量管理办法	国务院批准　1987年6月30日国家经济委员会、农牧渔业部、国家工商行政管理局发布	已被2000年7月8日全国人大常委会修订并公布的《中华人民共和国产品质量法》代替。

续表

序号	法规名称	发布机关及日期	说　　明
60	中外合资、合作经营企业机电产品以产顶进管理办法	国务院批准　1987年10月7日国家经济委员会发布	主要内容与2000年10月31日全国人大常委会修订并公布《中华人民共和国中外合作经营企业法》、2000年10月31日全国人大常委会修订并公布的《中华人民共和国外资企业法》、2001年3月15日全国人大修订并公布的《中华人民共和国中外合资经营企业法》、2001年7月22日国务院修订并公布的《中华人民共和国中外合资经营企业法实施条例》等不相适应。
61	关于中外合资、合作经营企业产品以产顶进办法	国务院批准　1987年10月19日国家计划委员会发布	主要内容与2000年10月31日全国人大常委会修订并公布的《中华人民共和国中外合作经营企业法》、2000年10月31日全国人大常委会修订并公布的《中华人民共和国外资企业法》、2001年3月15日全国人大修订并公布的《中华人民共和国中外合资经营企业法》、2001年7月22日国务院修订并公布的《中华人民共和国中外合资经营企业法实施条例》等不相适应。
62	重要生产资料和交通运输价格管理暂行规定	1988年1月11日国务院发布	主要内容与1990年9月7日全国人大常委会通过并公布的《中华人民共和国铁路法》、1995年10月30日全国人大常委会通过并公布的《中华人民共和国民用航空法》、1995年12月28日全国人大常委会通过并公布的《中华人民共和国电力法》、1997年12月29日全国人大常委会通过并公布的《中华人民共和国价格法》等不相适应。
63	技术合同管理暂行规定	1988年2月27日国务院批准1988年3月21日国家科委发布	主要内容与1994年8月31日全国人大常委会通过并公布的《中华人民共和国仲裁法》、1999年3月15日全国人大通过并公布的《中华人民共和国合同法》等不相适应。
64	关于加强部分轻工产品管理的规定	1988年4月11日国务院批准1988年4月29日轻工业部发布	主要内容与1988年12月29日全国人大常委会通过并公布的《中华人民共和国标准化法》、2000年7月8日全国人大常委会修订并公布的《中华人民共和国产品质量法》、1993年12月13日国务院发布的《中华人民共和国增值税暂行条例》等不相适应。
65	关于征收私营企业投资者个人收入调节税的规定	1988年6月25日中华人民共和国国务院令第6号发布	已被1999年8月30日全国人大常委会修订并公布的《中华人民共和国个人所得税法》代替。
66	中华人民共和国技术合同法实施条例	1989年2月15日国务院批准　1989年3月15日国家科学技术委员会令第4号发布	已被1999年3月15日全国人大通过并公布的《中华人民共和国合同法》代替。
67	关于上海浦东新区鼓励外商投资减征、免征企业所得税和工商统一税的规定	1990年9月7日国务院批准　1990年9月11日财政部发布	已被1991年4月9日全国人大通过并公布的《中华人民共和国外商投资企业和外国企业所得税法》、1993年12月29日全国人大常委会通过并公布的《全国人民代表大会常务委员会关于外商投资企业和外国企业适用增值税、消费税、营业税等税收暂行条例的决定》、1991年6月30日国务院发布的《中华人民共和国外商投资企业和外国企业所得税法实施细则》、1997年2月19日《国务院关于调整金融保险业税收政策有关问题的通知》代替。

续表

序号	法规名称	发布机关及日期	说明
68	中华人民共和国档案法实施办法	1990年10月24日国务院批准 1990年11月19日国家档案局令第1号发布	已被1999年5月5日国务院批准、1999年6月7日国家档案局发布的《中华人民共和国档案法实施办法》代替。
69	中华人民共和国大气污染防治法实施细则	1991年5月8日国务院批准 1991年5月24日国家环境保护局令第5号发布	已被2000年4月29日全国人大常委会修订并公布的《中华人民共和国大气污染防治法》代替。
70	国务院关于修改《国营企业实行劳动合同制暂行规定》第二条第二十六条的决定	1992年5月18日中华人民共和国国务院令第99号发布	已被1994年7月5日全国人大常委会通过并公布的《中华人民共和国劳动法》、1999年1月22日国务院发布的《失业保险条例》、1997年7月16日《国务院关于建立统一的企业职工基本养老保险制度的决定》代替。
71	中华人民共和国猎枪弹具管理办法	1993年10月27日国务院批准 1993年12月25日林业部、公安部令第2号发布	已被1996年7月5日全国人大常委会通过并公布的《中华人民共和国枪支管理法》代替。

附件二

国务院决定宣布失效的行政法规目录
(80件)

序号	法规名称	发布机关及日期	说明
1	轮船旅客意外伤害强制保险条例	1951年4月24日政务院财政经济委员会发布	适用期已过，实际上已经失效。
2	市镇粮食定量供应暂行办法	1955年8月25日国务院发布	调整对象已消失，实际上已经失效。
3	关于新厂委托老厂培训职工的工资问题的暂行规定	1956年9月25日国务院发布	适用期已过，实际上已经失效。
4	关于工业、基本建设、交通运输企业工人、职员停工津贴的暂行规定	1957年7月9日国务院发布	适用期已过，实际上已经失效。
5	关于建筑安装企业工人、职员在冬季非施工期间的工资待遇的规定	1957年11月14日国务院发布	适用期已过，实际上已经失效。
6	国务院关于工人、职员退休处理的暂行规定	1958年2月9日国务院发布	适用期已过，实际上已经失效。
7	国务院关于留学生回国分配工作以后在见习期间工资待遇的规定	1958年2月25日国务院发布	适用期已过，实际上已经失效。
8	关于进一步改进市场用煤分配管理办法	1962年12月12日国务院发布	适用期已过，实际上已经失效。

续表

序号	法规名称	发布机关及日期	说明
9	患硅肺病职工生活待遇的规定	劳动部、卫生部、全国总工会、冶金工业部、煤炭工业部制定 1963年2月9日国务院批转	适用期已过，实际上已经失效。
10	关于解决野外地质、测绘人员的工作、生活用品及副食品供应问题的规定	1963年5月7日国务院发布	调整对象已消失，实际上已经失效。
11	关于各级公办学校教职工退职退休时解放以前和解放以后连续工龄计算的几点原则规定	教育部制定　1963年5月26日国务院批转	调整对象已消失，实际上已经失效。
12	木材统一送货办法	林业部、铁道部、国家物资管理总局制定　1964年5月6日国务院批转	适用期已过，实际上已经失效。
13	关于搬迁企业单位职工工资和劳保福利待遇问题暂行处理办法	劳动部制定　1966年1月8日国务院批转	适用期已过，实际上已经失效。
14	跨省电网管理办法	1975年10月17日国务院批准	适用期已过，实际上已经失效。
15	以进养出试行办法	国家计划委员会、国家经济委员会、对外贸易部制定 1979年3月26日国务院转发	适用期已过，实际上已经失效。
16	关于开征国营工业企业固定资产税的暂行规定	1979年7月13日国务院发布	调整对象已消失，实际上已经失效。
17	关于提高主要副食品销价后发给职工副食品价格补贴的几项具体规定	1979年10月17日国务院发布	调整对象已消失，实际上已经失效。
18	关于调整工资区类别的几项具体规定	1979年11月8日国务院发布	适用期已过，实际上已经失效。
19	工程技术干部技术职称暂行规定	国家科学技术委员会、国家经济委员会、国务院科学技术干部局制定 1979年12月10日国务院批转	调整对象已消失，实际上已经失效。
20	中国人民银行发放轻工、纺织工业中短期专项贷款试行办法	1980年1月14日国务院批准	调整对象已消失，实际上已经失效。
21	群众报矿奖励办法	1980年4月24日国务院批准　1980年5月12日地质部、煤炭工业部、冶金工业部、石油工业部、化学工业部、第二机械工业部、建筑材料工业部、轻工业部发布	适用期已过，实际上已经失效。
22	关于压缩国营企业管理费的暂行规定	财政部制定　1981年1月29日国务院批转	适用期已过，实际上已经失效。
23	关于工业品生产资料市场管理暂行规定	国家计划委员会、国家经济委员会、工商行政管理总局、国家物资总局制定　1981年8月8日国务院批转	适用期已过，实际上已经失效。
24	关于实行“粮食征购、销售、调拨包干一定三年”的粮食管理办法	1982年1月13日国务院发布	适用期已过，实际上已经失效。

续表

序号	法规名称	发布机关及日期	说　　明
25	中华人民共和国1982年国库券条例	1982年1月18日国务院发布	适用期已过，实际上已经失效。
26	第三次全国人口普查办法	1982年2月19日国务院发布	适用期已过，实际上已经失效。
27	关于企业财务检查中处理财务问题的若干规定	财政部制定　1982年5月3日国务院批转	调整对象已消失，实际上已经失效。
28	关于按省、市、自治区实行计划用电包干的暂行管理办法	水利电力部制定　1982年5月11日国务院批转	适用期已过，实际上已经失效。
29	天然水晶管理办法	国务院批准　1982年8月12日国家经济委员会、国家计划委员会发布	调整对象已消失，实际上已经失效。
30	中华人民共和国1983年国库券条例	1982年9月27日国务院发布	适用期已过，实际上已经失效。
31	国家能源交通重点建设基金征集办法	1982年12月15日国务院发布	调整对象已消失，实际上已经失效。
32	关于报废、降价处理库存积压物资和防止新积压的几项规定	1982年12月18日国务院发布	适用期已过，实际上已经失效。
33	国务院公告	1982年12月24日国务院发布	调整对象已消失，实际上已经失效。
34	国务院关于严格控制固定资产投资规模的补充规定	1982年12月24日国务院发布	适用期已过，实际上已经失效。
35	关于完成粮油统购任务后实行多渠道经营若干问题的试行规定	商业部制定　1983年1月22日国务院办公厅转发	适用期已过，实际上已经失效。
36	关于改革农村商品流通体制若干问题的试行规定	国家经济体制改革委员会、商业部制定　1983年2月11日国务院批转	适用期已过，实际上已经失效。
37	关于发展农垦农工商联合企业若干问题的规定	农牧渔业部制定　1983年2月17日国务院批转	适用期已过，实际上已经失效。
38	关于高价原油加工和分配试行办法	国家计委、国家经委、石油部、商业部、财政部、国家物价局制定1983年2月24日国务院批转	调整对象已消失，实际上已经失效。
39	关于城镇集体所有制经济若干政策问题的暂行规定	1983年4月14日国务院发布	适用期已过，实际上已经失效。
40	生产资料服务公司业务管理办法	1983年4月12日国务院批准　1983年5月26日国家物资局发布	适用期已过，实际上已经失效。
41	机械电子工业技术改造试行条例	1983年7月5日国务院发布	适用期已过，实际上已经失效。
42	关于科技人员合理流动的若干规定	1983年7月13日国务院发布	适用期已过，实际上已经失效。
43	中华人民共和国1984年国库券条例	1983年9月23日国务院发布	适用期已过，实际上已经失效。
44	关于严格控制城镇住宅标准的规定	1983年12月15日国务院发布	适用期已过，实际上已经失效。
45	关于电力统一分配确保重点企业用电的暂行规定	1984年1月18日国务院发布	适用期已过，实际上已经失效。

续表

序号	法规名称	发布机关及日期	说　　明
46	关于组织和发展农副产品就地加工若干问题的规定	1984年2月25日国务院发布	适用期已过，实际上已经失效。
47	中华人民共和国1985年国库券条例	1984年11月27日国务院重新发布	适用期已过，实际上已经失效。
48	关于加强疏港工作的几项规定	国务院口岸领导小组制定　1984年12月19日国务院办公厅转发	适用期已过，实际上已经失效。
49	关于改进技术进步工作的若干暂行规定	国家经济委员会制定　1985年2月8日国务院批转	适用期已过，实际上已经失效。
50	关于推进国营企业技术进步若干政策的暂行规定	国家经济委员会、财政部、中国人民银行制定　1985年2月8日国务院批转	适用期已过，实际上已经失效。
51	中华人民共和国1986年国库券条例	1985年11月22日国务院发布	适用期已过，实际上已经失效。
52	港口水上过驳作业暂行办法	国务院批准　1986年1月11日国务院办公厅发布	适用期已过，实际上已经失效。
53	关于中外合资经营企业外汇收支平衡问题的规定	1986年1月15日国务院发布	适用期已过，实际上已经失效。
54	关于进一步推动横向经济联合若干问题的规定	1986年3月23日国务院发布	适用期已过，实际上已经失效。
55	关于扩大科学技术研究机构自主权的暂行规定	1986年4月19日国务院发布	适用期已过，实际上已经失效。
56	关于加强疏港工作的几项补充规定	国务院口岸领导小组制定　1986年6月7日国务院批准　1986年6月7日国务院办公厅发布	适用期已过，实际上已经失效。
57	关于进一步推进科技体制改革的若干规定	1987年1月20日国务院发布	适用期已过，实际上已经失效。
58	关于推进科研设计单位进入大中型工业企业的规定	1987年1月20日国务院发布	适用期已过，实际上已经失效。
59	中华人民共和国1987年国库券条例	1987年2月3日国务院发布	适用期已过，实际上已经失效。
60	关于粮食合同定购与供应化肥、柴油挂钩实施办法	商业部、农牧渔业部、中国石油化工总公司制定　1987年2月14日国务院批准发布	调整对象已消失，实际上已经失效。
61	关于大型工业联营企业在国家计划中实行单列的暂行规定	国家计划委员会制定　1987年3月20日国务院批准发布	适用期已过，实际上已经失效。
62	关于进一步加强节约用电的若干规定	国家经济委员会、国家计划委员会制定　1987年3月30日国务院批准发布	适用期已过，实际上已经失效。
63	国务院关于扩大征集国家能源交通重点建设基金的规定	1987年4月17日国务院发布	调整对象已消失，实际上已经失效。

续表

序号	法规名称	发布机关及日期	说 明
64	加强生产资料价格管理制止乱涨价、乱收费的若干规定	1987年5月8日国务院发布	适用期已过，实际上已经失效。
65	关于征收电力建设资金的暂行规定	1987年12月21日国务院批准发布	调整对象已消失，实际上已经失效。
66	计划外生产资料全国统一最高限价暂行管理办法	1988年1月11日国务院发布	调整对象已消失，实际上已经失效。
67	中华人民共和国1988年国库券条例	1988年1月22日国务院发布	适用期已过，实际上已经失效。
68	关于国家科研单位和部属院校科技人员参加黄淮海平原农业研究与开发有关问题的试行办法	国家土地开发建设管理基金领导小组制定 1988年8月27日国务院批准发布	适用期已过，实际上已经失效。
69	国家预算调节基金征集办法	1989年2月17日国务院发布	调整对象已消失，实际上已经失效。
70	中华人民共和国1989年国库券条例	1989年3月2日中华人民共和国国务院令第30号发布	适用期已过，实际上已经失效。
71	中华人民共和国1989年特种国债条例	1989年3月2日中华人民共和国国务院令第35号发布	适用期已过，实际上已经失效。
72	关于对华侨港澳台同胞捐赠外汇参加外汇调剂的暂行规定	1989年6月22日国务院批准 1989年7月11日国家外汇管理局发布	调整对象已消失，实际上已经失效。
73	全民所有制企业临时工管理暂行规定	1989年10月5日中华人民共和国国务院令第41号发布	调整对象已消失，实际上已经失效。
74	第四次全国人口普查办法	1989年10月25日中华人民共和国国务院令第45号发布	适用期已过，实际上已经失效。
75	中华人民共和国1990年国库券条例	1990年5月30日中华人民共和国国务院令第57号发布	适用期已过，实际上已经失效。
76	中华人民共和国1990年特种国债条例	1990年5月30日中华人民共和国国务院令第58号发布	适用期已过，实际上已经失效。
77	技术合同仲裁机构管理暂行规定	1990年12月30日国务院批准 1991年1月21日国家科学技术委员会令第11号发布	调整对象已消失，实际上已经失效。
78	中华人民共和国1991年国库券条例	1991年3月29日中华人民共和国国务院令第79号发布	适用期已过，实际上已经失效。
79	中华人民共和国1991年特种国债条例	1991年4月15日中华人民共和国国务院令第80号发布	适用期已过，实际上已经失效。
80	关于境内居民外汇和境内居民因私出境用汇参加调剂的暂行办法	1991年11月10日国务院批准 1991年12月1日国家外汇管理局发布	调整对象已消失，实际上已经失效。

附件三

1994年至2000年底公布的法律、行政法规中已明令废止的行政法规目录（70件）

一、法律中已明令废止的行政法规目录（8件）

序号	法规名称	发布机关及日期	废止年度	说　　明
1	中华人民共和国审计条例	1988年11月30日中华人民共和国国务院令第21号发布	1994年（2件）	被1994年8月31日第八届全国人民代表大会常务委员会第九次会议通过、1994年8月31日中华人民共和国主席令第32号公布的《中华人民共和国审计法》明令废止。
2	国家预算管理条例	1991年10月21日中华人民共和国国务院令第90号发布		被1994年3月22日第八届全国人民代表大会第二次会议通过、1994年3月22日中华人民共和国主席令第21号公布的《中华人民共和国预算法》明令废止。
3	中华人民共和国环境噪声污染防治条例	1989年9月26日中华人民共和国国务院令第40号发布	1996年（1件）	被1996年10月29日第八届全国人民代表大会常务委员会第二十二次会议通过、1996年10月29日中华人民共和国主席令第77号公布的《中华人民共和国环境噪声污染防治法》明令废止。
4	中华人民共和国行政监察条例	1990年12月9日国务院发布	1997年（1件）	被1997年5月9日第八届全国人民代表大会常务委员会第二十五次会议通过、1997年5月9日中华人民共和国主席令第85号公布的《中华人民共和国行政监察法》明令废止。
5	行政复议条例	1990年12月24日中华人民共和国国务院令第70号发布	1999年（3件）	被1999年4月29日第九届全国人民代表大会常务委员会第九次会议通过、1999年4月29日中华人民共和国主席令第16号公布的《中华人民共和国行政复议法》明令废止。
6	中华人民共和国气象条例	1994年8月18日中华人民共和国国务院令第164号发布		被1999年10月31日第九届全国人民代表大会常务委员会第十二次会议通过、1999年10月31日中华人民共和国主席令第23号公布的《中华人民共和国气象法》明令废止。
7	国务院关于修改《行政复议条例》的决定	1994年10月9日中华人民共和国国务院令第166号发布		被1999年4月29日第九届全国人民代表大会常务委员会第九次会议通过、1999年4月29日中华人民共和国主席令第16号公布的《中华人民共和国行政复议法》明令废止。
8	中华人民共和国种子管理条例	1989年1月20日国务院第32次常务会议通过 1989年3月13日中华人民共和国国务院令第31号发布	2000年（1件）	被2000年7月8日第九届全国人民代表大会常务委员会第十六次会议通过、2000年7月8日中华人民共和国主席令第34号公布的《中华人民共和国种子法》明令废止。

二、行政法规中已明令废止的行政法规目录（62件）

序号	法规名称	发布机关及日期	废止年度	说　　明
1	医院诊所管理暂行条例	1951年1月19日政务院批准　1951年3月15日卫生部发布	1994年（16件）	被1994年2月26日中华人民共和国国务院令第149号发布的《医疗机构管理条例》明令废止。
2	集市交易税试行规定	1962年4月16日国务院批准财政部发布		被1994年1月23日《国务院关于取消集市交易税牲畜交易税烧油特别税奖金税工资调节税和将屠宰税筵席税下放给地方管理的通知》明令废止。
3	关于保护地震台站观测环境的暂行规定	1979年3月20日国务院批准　1979年3月20日国家地震局发布		被1994年1月10日中华人民共和国国务院令第140号发布的《地震监测设施和地震观测环境保护条例》明令废止。
4	食盐加碘防治地方性甲状腺肿暂行办法	1979年12月21日国务院批转		被1994年8月23日中华人民共和国国务院令第163号发布的《食盐加碘消除碘缺乏危害管理条例》明令废止。
5	关于征收烧油特别税的试行规定	1982年4月22日国务院批转		被1994年1月23日《国务院关于取消集市交易税牲畜交易税烧油特别税奖金税工资调节税和将屠宰税筵席税下放给地方管理的通知》明令废止。
6	牲畜交易税暂行条例	1982年12月13日国务院发布		被1994年1月23日《国务院关于取消集市交易税牲畜交易税烧油特别税奖金税工资调节税和将屠宰税筵席税下放给地方管理的通知》明令废止。
7	录音录像制品管理暂行规定	1982年12月23日国务院批准　广播电视部发布		被1994年8月25日中华人民共和国国务院令第165号发布的《音像制品管理条例》明令废止。
8	国务院关于对农林特产收入征收农业税的若干规定	1983年11月12日国务院发布		被1994年1月30日中华人民共和国国务院令第143号发布的《国务院关于对农业特产收入征收农业税的规定》明令废止。
9	中华人民共和国经济特区外资银行、中外合资银行管理条例	1985年4月2日国务院发布		被1994年1月7日国务院第14次常务会议通过、1994年2月25日中华人民共和国国务院令第148号发布的《中华人民共和国外资金融机构管理条例》明令废止。
10	国营企业奖金税暂行规定	1984年6月28日国务院发布 1985年7月3日国务院修订发布		被1994年1月23日《国务院关于取消集市交易税牲畜交易税烧油特别税奖金税工资调节税和将屠宰税筵席税下放给地方管理的通知》明令废止。
11	国营企业工资调节税暂行规定	1985年7月3日国务院发布		被1994年1月23日《国务院关于取消集市交易税牲畜交易税烧油特别税奖金税工资调节税和将屠宰税筵席税下放给地方管理的通知》明令废止。
12	集体企业奖金税暂行规定	1985年8月24日国务院发布		被1994年1月23日《国务院关于取消集市交易税牲畜交易税烧油特别税奖金税工资调节税和将屠宰税筵席税下放给地方管理的通知》明令废止。
13	事业单位奖金税暂行规定	1985年9月20日国务院发布		被1994年1月23日《国务院关于取消集市交易税牲畜交易税烧油特别税奖金税工资调节税和将屠宰税筵席税下放给地方管理的通知》明令废止。

续表

序号	法规名称	发布机关及日期	废止年度	说　　明
14	婚姻登记办法	1985年12月31日国务院批准　1986年3月15日民政部发布		被1994年1月12日国务院批准、1994年2月1日民政部令第1号发布的《婚姻登记管理条例》明令废止。
15	中华人民共和国国务院关于对来华工作的外籍人员工资、薪金所得减征个人所得税的暂行规定	1987年8月8日国务院发布		被1994年1月28日中华人民共和国国务院令第142号发布的《中华人民共和国个人所得税法实施条例》明令废止。
16	上海外资金融机构、中外合资金融机构管理办法	1990年9月7日国务院批准　1990年9月8日中国人民银行令第2号发布		被1994年1月7日国务院第14次常务会议通过、1994年2月25日中华人民共和国国务院令第148号发布的《中华人民共和国外资金融机构管理条例》明令废止。
17	出入国境治安检查暂行条例	1952年7月29日中央人民政府政务院批准	1995年（3件）	被1995年7月6日国务院第34次常务会议通过、1995年7月20日中华人民共和国国务院令第182号发布的《中华人民共和国出境入境边防检查条例》明令废止。
18	进出口船舶联合检查通则	1961年9月8日国务院批准　1961年10月24日交通部、对外贸易部、公安部、卫生部发布		被1995年3月21日中华人民共和国国务院令第175号发布的《国际航行船舶进出中华人民共和国口岸检查办法》明令废止。
19	边防检查条例	1965年4月30日国务院发布		被1995年7月6日国务院第34次常务会议通过、1995年7月20日中华人民共和国国务院令第182号发布的《中华人民共和国出境入境边防检查条例》明令废止。
20	关于对外国籍轮船运输收入的征税规定	国务院批准　1974年6月21日财政部发布	1996年（11件）	被1996年9月18日国务院批准、1996年10月24日财政部、国家税务总局发布的《外国公司船舶运输收入征税办法》明令废止。
21	人民警察使用武器和警械的规定	1980年7月5日国务院批准　1980年7月15日公安部发布		被1996年1月8日国务院第41次常务会议通过、1996年1月16日中华人民共和国国务院令第191号发布的《中华人民共和国人民警察使用警械和武器条例》明令废止。
22	中华人民共和国外汇管理暂行条例	1980年12月18日国务院发布		被1996年1月8日国务院第41次常务会议通过、1996年1月29日中华人民共和国国务院令第193号发布的《中华人民共和国外汇管理条例》明令废止。
23	对个人的外汇管理施行细则	1981年12月31日国务院批准　国家外汇管理总局发布		被1996年1月8日国务院第41次常务会议通过、1996年1月29日中华人民共和国国务院令第193号发布的《中华人民共和国外汇管理条例》明令废止。
24	审批个人外汇申请施行细则	1981年12月31日国务院批准　国家外汇管理总局发布		被1996年1月8日国务院第41次常务会议通过、1996年1月29日中华人民共和国国务院令第193号发布的《中华人民共和国外汇管理条例》明令废止。

续表

序号	法规名称	发布机关及日期	废止年度	说明
25	对侨资企业、外资企业、中外合资经营企业外汇管理施行细则	1983年7月19日国务院批准1983年8月1日国家外汇管理局发布		被1996年1月8日国务院第41次常务会议通过、1996年1月29日中华人民共和国国务院令第193号发布的《中华人民共和国外汇管理条例》明令废止。
26	测量标志保护条例	1984年1月7日国务院发布		被1996年9月4日中华人民共和国国务院令第203号发布的《中华人民共和国测量标志保护条例》明令废止。
27	违反外汇管理处罚施行细则	1985年3月25日国务院批准1985年4月5日国家外汇管理局发布		被1996年1月8日国务院第41次常务会议通过、1996年1月29日中华人民共和国国务院令第193号发布的《中华人民共和国外汇管理条例》明令废止。
28	旅行社管理暂行条例	1985年5月11日国务院发布		被1996年10月15日中华人民共和国国务院令第205号发布的《旅行社管理条例》明令废止。
29	关于事业单位财务管理的若干规定	1989年1月5日国务院批准　1989年1月26日财政部令第2号发布		被1996年10月5日国务院批准、1996年10月22日财政部令第8号发布的《事业单位财务规则》明令废止。
30	结汇、售汇及付汇管理暂行规定	1994年3月25日国务院批准1994年3月26日中国人民银行令第3号发布		被国务院批准、1996年6月20日中国人民银行令第1号发布的《结汇、售汇及付汇管理规定》明令废止。
31	契税暂行条例	1950年4月3日中央人民政府政务院发布	1997年（4件）	被1997年4月23日国务院第55次常务会议通过、1997年7月7日中华人民共和国国务院令第224号发布的《中华人民共和国契税暂行条例》明令废止。
32	国务院关于殡葬管理的暂行规定	1985年2月8日国务院发布		被1997年7月11日国务院第60次常务会议通过、1997年7月21日中华人民共和国国务院令第225号发布的《殡葬管理条例》明令废止。
33	家畜家禽防疫条例	1985年2月14日国务院发布		被1997年10月5日《国务院关于废止〈家畜家禽防疫条例〉的通知》明令废止。
34	中华人民共和国海关对进出上海外高桥保税区货物、运输工具和个人携带物品的管理办法	1990年9月8日国务院批准　1990年9月9日海关总署令第13号发布		被1997年6月10日国务院批准、1997年8月1日海关总署令第65号发布的《保税区海关监管办法》明令废止。
35	铁路交通检疫管理办法	1985年9月19日国务院批准1985年10月12日铁道部、卫生部发布	1998年（10件）	被1998年11月28日中华人民共和国国务院令第254号发布的《国内交通卫生检疫条例》明令废止。
36	矿产资源勘查登记管理暂行办法	1987年4月29日国务院发布		被1998年2月12日中华人民共和国国务院令第240号发布的《矿产资源勘查区块登记管理办法》明令废止。

续表

序号	法规名称	发布机关及日期	废止年度	说　　明
37	全民所有制矿山企业采矿登记管理暂行办法	1987年4月29日国务院发布		被1998年2月12日中华人民共和国国务院令第241号发布的《矿产资源开采登记管理办法》明令废止。
38	石油及天然气勘查、开采登记管理暂行办法	1987年12月16日国务院批准　1987年12月24日石油工业部发布		被1998年2月12日中华人民共和国国务院令第240号发布的《矿产资源勘查区块登记管理办法》明令废止。
39	发布地震预报的规定	1988年6月7日国务院批准　1988年8月9日国家地震局发布		被1998年12月17日中华人民共和国国务院令第255号发布的《地震预报管理条例》明令废止。
40	社会团体登记管理条例	1989年10月25日中华人民共和国国务院令第43号发布		被1998年9月25日国务院第8次常务会议通过、1998年10月25日中华人民共和国国务院令第250号发布的《社会团体登记管理条例》明令废止。
41	国务院关于修改《全民所有制矿山企业采矿登记管理暂行办法》的决定	1990年11月22日中华人民共和国国务院令第67号发布		被1998年2月12日中华人民共和国国务院令第241号发布的《矿产资源开采登记管理办法》明令废止。
42	中华人民共和国土地管理法实施条例	1991年1月4日中华人民共和国国务院令第73号发布		被1998年12月24日国务院第12次常务会议通过、1998年12月27日中华人民共和国国务院令第256号发布的《中华人民共和国土地管理法实施条例》明令废止。
43	流动人口计划生育管理办法	1991年9月9日国务院批准　1991年12月26日国家计划生育委员会令第1号发布		被1998年8月6日国务院批准、1998年9月22日国家计划生育委员会令第1号发布的《流动人口计划生育工作管理办法》明令废止。
44	基本农田保护条例	1994年8月18日中华人民共和国国务院令第162号发布		被1998年12月24日国务院第12次常务会议通过、1998年12月27日中华人民共和国国务院令第257号发布的《基本农田保护条例》明令废止。
45	中华人民共和国发明奖励条例	1978年12月28日国务院发布	1999年（11件）	被1999年4月28日国务院第16次常务会议通过、1999年5月23日中华人民共和国国务院令第265号发布的《国家科学技术奖励条例》明令废止。
46	中华人民共和国自然科学奖励条例	1979年11月21日国务院发布		被1999年4月28日国务院第16次常务会议通过、1999年5月23日中华人民共和国国务院令第265号发布的《国家科学技术奖励条例》明令废止。
47	中华人民共和国发明奖励条例	1984年4月25日国务院修订发布		被1999年4月28日国务院第16次常务会议通过、1999年5月23日中华人民共和国国务院令第265号发布的《国家科学技术奖励条例》明令废止。
48	中华人民共和国自然科学奖励条例	1984年4月25日国务院修订发布		被1999年4月28日国务院第16次常务会议通过、1999年5月23日中华人民共和国国务院令第265号发布的《国家科学技术奖励条例》明令废止。
49	中华人民共和国科学技术进步奖励条例	1984年9月12日国务院发布		被1999年4月28日国务院第16次常务会议通过、1999年5月23日中华人民共和国国务院令第265号发布的《国家科学技术奖励条例》明令废止。

续表

序号	法规名称	发布机关及日期	废止年度	说　明
50	导游人员管理暂行规定	1987年11月14日国务院批准　1987年12月1日国家旅游局发布		被1999年5月14日中华人民共和国国务院令第263号发布的《导游人员管理条例》明令废止。
51	国有企业职工待业保险规定	1993年4月12日中华人民共和国国务院令第110号发布		被1998年12月16日国务院第11次常务会议通过、1999年1月22日中华人民共和国国务院令第258号发布的《失业保险条例》明令废止。
52	中华人民共和国自然科学奖励条例	1993年6月28日国务院第二次修订发布		被1999年4月28日国务院第16次常务会议通过、1999年5月23日中华人民共和国国务院令第265号发布的《国家科学技术奖励条例》明令废止。
53	中华人民共和国发明奖励条例	1993年6月28日国务院第二次修订发布		被1999年4月28日国务院第16次常务会议通过、1999年5月23日中华人民共和国国务院令第265号发布的《国家科学技术奖励条例》明令废止。
54	中华人民共和国科学技术进步奖励条例	1993年6月28日国务院修订发布		被1999年4月28日国务院第16次常务会议通过、1999年5月23日中华人民共和国国务院令第265号发布的《国家科学技术奖励条例》明令废止。
55	外国人在中华人民共和国收养子女实施办法	1993年11月3日国务院批准　1993年11月10日司法部、民政部令第28号发布		被1999年5月12日国务院批准、1999年5月25日民政部令第15号发布的《外国人在中华人民共和国收养子女登记办法》明令废止。
56	中华人民共和国飞行基本规则	1977年4月21日国务院、中央军事委员会发布	2000年（7件）	被2000年7月24日中华人民共和国国务院、中华人民共和国中央军事委员会令第288号公布的《中华人民共和国飞行基本规则》明令废止。
57	中华人民共和国森林法实施细则	1986年4月28日国务院批准　1986年5月10日林业部发布		被2000年1月29日中华人民共和国国务院令第278号发布的《中华人民共和国森林法实施条例》明令废止。
58	国家行政机关公文处理办法	1987年2月18日国务院办公厅发布		被2000年8月24日《国务院关于发布〈国家行政机关公文处理办法〉的通知》明令废止。
59	广播电视设施保护条例	1987年4月24日国务院发布		被2000年11月5日中华人民共和国国务院令第295号公布的《广播电视设施保护条例》明令废止。
60	中华人民共和国水污染防治法实施细则	1989年7月12日国务院批准　1989年7月12日国家环境保护局令第1号发布		被2000年3月20日中华人民共和国国务院令第284号发布的《中华人民共和国水污染防治法实施细则》明令废止。
61	国有企业财产监督管理条例	1994年7月24日中华人民共和国国务院令第159号发布		被2000年2月1日国务院第26次常务会议通过、2000年3月15日中华人民共和国国务院令第283号发布的《国有企业监事会暂行条例》明令废止。
62	国有独资商业银行监事会暂行规定	1997年10月20日国务院批准　1997年11月12日中国人民银行令第3号发布		被2000年1月10日国务院第25次常务会议通过、2000年3月15日中华人民共和国国务院令第282号发布的《国有重点金融机构监事会暂行条例》明令废止。

对外贸易经济合作部办公厅关于通报外经贸部部门规章、文件清理情况的通知

外经贸法字［2001］177号

各省、自治区、直辖市及计划单列市外经贸委（厅、局）：

2000年以来，为适应我国加入世界贸易组织的需要，按照国务院的统一部署，我部对发布的有关外经贸、外商投资等方面的部门规章和部文件进行了全面的清理。截止到2001年12月27日，新制定部门规章1个，修改部门规章和部文件12个，废止部门规章和部文件356个。目前，各地方也正在按照中央的统一要求，对有关的地方性法规、地方政府规章和其他政策措施进行清理。

为贯彻执行国务院法制办公室《关于为适应加入世贸组织的需要，加强对有关地方性法规、地方政府规章和其他政策措施清理工作的指导的通知》（国法函［2001］273号）的精神，便于地方清理工作的顺利进行，保持法律政策的统一性，现将我部的部门规章和部文件清理情况（见附件）通报给你们，供你们在清理工作中参考。上述清理情况也可以在外经贸部网站（www.moftec.gov.cn）的"外经贸法律法规"栏目下的"法律、法规和部门规章清理"中查询。

地方的清理工作严格按照中办发［2001］22号文件和外经贸法字［2001］147号文件的要求进行。对于在清理工作中遇到的问题和需要反映的情况，请及时与外经贸部（条法司）联系。

特此通知

附件：外经贸部部门规章和部文件清理情况

对外贸易经济合作部办公厅

2002年1月4日

附　件

外经贸部部门规章和部文件清理情况

一、新制定的部门规章

序号	名　　称
1	《外商投资租赁公司审批管理暂行办法》　对外贸易经济合作部令2001年第3号颁布

二、修改的部门规章和部文件

序号	修改前名称	修改情况
1	关于印发《关于出国（境）举办招商和办展等经贸活动的管理办法》的通知（［1995］政发481号）	关于印发《关于出国举办经济贸易展览会审批管理办法》的通知，贸促会、外经贸部发布，贸促展管［2001］3号　2001年2月15日
2	关于印发《钨、锑出口经营管理暂行规定》的通知	关于印发《钨及钨制品、锑及锑制品出口经营管理暂行规定》的通知　［2000］外经贸管发第649号文　2000年12月4日
3	关于印发《对美国出口蜂蜜暂行办法》的通知	《关于对美国蜂蜜出口有关问题的通知》　外经贸农函［2001］513号　2001年8月21日
4	关于严格审批、核发外商投资企业进、出口许可证有关问题的通知　外经贸资统［2001］934号	关于外商投资企业部分法规修改的通知　外经贸资统进函［2001］934号文对其进行了修改　2001年10月25日
5	关于印发《外商投资企业开展以进口食糖、棉花、植物油、羊毛为原料的加工贸易进口配额管理暂行办法》的通知	关于外商投资企业部分法规修改的通知　外经贸资统进函［2001］934号文对其进行了修改　2001年10月25日

续表

序号	修改前名称	修改情况
6	关于重申利用外资项目申请出口配额和许可证的通知	关于外商投资企业部分法规修改的通知　外经贸资统进函［2001］934号文对其进行了修改　2001年10月25日
7	关于审批外商投资企业纸制品加工贸易业务有关问题的通知	关于外商投资企业部分法规修改的通知　外经贸资统进函［2001］934号文对其进行了修改　2001年10月25日
8	关于印发《外派劳务人员培训工作管理》规定的通知（［1996］外经贸合发第101号）	关于印发《外派劳务人员培训工作管理》规定的通知外经贸合发［2001］441号2001年8月
9	关于中国公司在境外承建亚洲开发银行出资项目有关问题的通知（［1998］外经贸合发第38号）	修改为《对外承包工程项目头部（议标）许可暂行办法》　对外贸易经济合作部、中国人民银行、财政部外经贸合发［2001］285号
10	关于下放塞班、关岛劳务合作项目审批权取消承包工程项目备案制有关事宜的通知	《关于在塞班、关岛开展承包工程劳务合作有关问题的通知》对原文件进行了修改。外经贸合发［2001］571号2001年11月5日
11	关于纺织品出口配额的管理办法	修改为《纺织品被动配额管理办法》外经贸部2001年第28号部令颁布
12	关于印发《出口商品配额招标办法》及《出口商品配额招标办法实施细则》的通知	《出口商品配额管理办法》外经贸部2001年第11号部令颁布

三、废止的部门规章及部文件

共三批废止了356件部门规章和部文件，分别见2001年第13号、第30号和第32号《对外贸易经济合作部令》。

外经贸部第一批废止部门规章目录

中华人民共和国
对外贸易经济合作部 令

2001年　第13号

为适应我国改革开放的新形势，进一步建立健全社会主义市场经济法律体系，认真履行我国加入世界贸易组织（WTO）承诺，加快政府职能转变，提高依法行政水平，对外贸易经济合作部对现行部门规章进行了全面清理。经过清理，对外贸易经济合作部决定：第一批废止部门规章249件（目录见附件）。

现予以公布，自公布之日起废止。

部长　石广生

2001年11月16日

序号	部门规章名称	发布部门	发布时间	废止原因
1	关于适当放开机电自营出口生产企业经营范围的通知	外经贸部	1996	已进一步下放外贸经营权，出台新办法
2	关于赋予连锁经营企业进出口经营权工作有关事项的通知	外经贸部、内贸部	1996	同上
3	关于对全国大型工业企业实行自营进出口权登记备案制的通知	外经贸部	1998	同上
4	关于转发《关于实行出口中药产品质量注册和放行制度的通知》的通知	外经贸部办公厅	1996	有的规定无法执行，已颁布新文件
5	关于公布全国对外经贸1994年度中型工业企业名单的通知	外经贸部	1995	新标准明年出台，建议废止此文
6	关于公布1995年度全国对外经贸行业大型工业企业名单的通知	外经贸部	1997	同上
7	关于转发《关于国务院确定的百户现代企业制度试点工作操作实施阶段的指导意见》等文件的通知	外经贸部办公厅	1996	已过期
8	关于在全国非主营出口业务外经贸企业试行工资总额与实现利税挂钩分配办法的通知	外经贸部、劳动部、财政部	1995	被《关于印发外贸企业工资与效益挂钩办法的通知》（劳部发［1997］第235号）取代
9	关于印发《外经贸企业出口收汇美元工资含量分配办法》及《外经贸企业工资总额与实现利税挂钩分配办法实施意见》的通知	同上	1995	被《关于印发外贸企业工资与效益挂钩办法的通知》（劳部发［1997］第235号）取代
10	关于印发《外经贸部所属企业合并兼并其他行业企业办法（试行）》的通知	外经贸部	1994	企业脱钩
11	关于做好赴港澳地区经贸团组审批工作的紧急通知	外经贸部	1996	港澳已先后回归，情况有变化，该紧急通知需废止
12	关于函告进口化纤单体、化学纤维和化纤织物具体品种目录的通知	外经贸部	1982	已被新文件代替
13	关于明确当前申领进口许可证商品种类的通知	外经贸部	1983	同上
14	关于授权特派员办事处签发部分进出口商品许可证的通知、关于授权特派员办事处签发部分出口商品许可证的若干规定、关于授权特派员办事处签发部分进口商品许可证的若干规定	外经贸部	1983	同上
15	关于对汽车、橡胶、计算机、电视机、木材、复印机加强管理的通知	外经贸部	1984	同上
16	关于印发出口许可制度有关文件的通知	外经贸部	1983	同上
17	关于对有色金属锑实行许可证的通知	外经贸部	1985	同上
18	关于出口许可证分级管理问题的通知	外经贸部	1985	同上
19	关于审批签发出口许可证有关问题的补充通知	外经贸部	1985	同上

续表

序号	部门规章名称	发布部门	发布时间	废止原因
20	关于丝类商品出口许可证由我部签发的通知	外经贸部	1985	同上
21	关于七种生产装配线、六种商品进口实行许可证管理的通知	外经贸部	1985	同上
22	关于进出口许可证表格中有关数字栏目填写格式的通知	外经贸部	1985	同上
23	关于进口钢材实行许可证管理的通知	外经贸部	1985	同上
24	关于贯彻执行国务院加强汽车进口管理的指示，做好核发进口许可证工作的通知	外经贸部	1985	同上
25	关于使用电脑发证及更换进口许可证格式和改变领、发证手续等有关问题的通知	外经贸部	1987	同上
26	关于进口胶合板实行进口许可证管理问题的通知	外经贸部	1987	同上
27	关于增加对进口乳香等六种南药实行进口许可证管理的通知	外经贸部	1987	同上
28	关于进口寄售商品办理进口许可证问题的通知	外经贸部	1987	同上
29	关于下达《对美国出口部分钢材产品出口许可证管理办法的通知》	外经贸部	1987	同上
30	关于对绿豆、红小豆实行出口许可证管理的通知	外经贸部	1987	同上
31	关于进口纸浆实行许可证管理的通知	外经贸部	1987	同上
32	关于签发进口许可证应注意问题的通知	外经贸部	1987	同上
33	关于对鸭梨等六种商品实行全面出口许可证管理的通知	外经贸部	1987	同上
34	关于向国外出运货样的规定	外经贸部	1987	同上
35	关于出口许可证签发原则和有关规定的通知	外经贸部	1987	同上
36	关于使用电子计算机签发出口许可证问题的通知	外经贸部	1987	同上
37	关于违反进口许可证管理制度的处罚规定	外经贸部	1989	同上
38	关于印发《空白进出口许可证管理规定》	外经贸部	1992	同上
39	关于调整进口许可证商品种类和发证机关等有关问题的通知	外经贸部	1987	同上
40	关于调整出口许可证管理商品目录及发证单位的通知	外经贸部	1989	同上
41	关于［1989］外经贸管出字第7号文的补充通知	外经贸部	1989	同上
42	关于加强出口许可证管理若干规定的通知	外经贸部	1989	同上
43	关于《对美国出口部分钢材产品出口许可证管理办法和限额管理使用办法》的通知	外经贸部	1989	同上
44	关于签发糠醛、糠醇出口许可证的补充说明	外经贸部	1989	同上
45	关于对铜、锌、铅、锰、铁、镊等六种矿砂实行出口许可证管理的紧急通知	外经贸部	1989	同上

续表

序号	部门规章名称	发布部门	发布时间	废止原因
46	关于授权深圳市经济发展局签发部分商品出口许可证有关问题的通知	外经贸部	1989	同上
47	关于调整电冰箱、空调器、录（放）像机三类进口商品的许可证管理范围的通知	外经贸部	1989	同上
48	关于明确化学纤维、化纤单体的进口发证手续及进口电冰箱体的管理的通知	外经贸部	1989	同上
49	关于进口汽车及汽车关键部件统一由经贸部签发进口许可证通知	外经贸部	1989	同上
50	关于授权经贸部各特派员办事处代部签发华侨、港澳台同胞捐赠汽车进口许可证的通知	外经贸部	1989	同上
51	关于授权签发华侨捐赠生产物资进口许可证的补充通知	外经贸部	1989	同上
52	关于加强石蜡出口许可证管理的通知	外经贸部	1989	同上
53	关于同意海南省进口汽车就近领证的通知	外经贸部	1990	同上
54	关于中外合资、合作企业进口汽车改由特派员办事处签发进口许可证以及外资企业进口汽车由海关监管放行等有关问题的通知	外经贸部	1990	同上
55	关于调整特派员办事处签发进口许可证商品范围的通知	外经贸部	1990	同上
56	关于经济特区进口汽车由特派员办事处发证的通知	外经贸部	1990	同上
57	关于计算机出口许可证管理问题的补充通知	外经贸部	1990	同上
58	关于对粗（轻）苯实行出口许可证管理问题的紧急通知	外经贸部	1990	同上
59	关于对铝及铝基合金实行出口许可证管理的通知	外经贸部	1991	同上
60	《关于调整出口许可证管理商品目录及发证单位的通知》和《关于出口许可证管理若干规定的通知》	外经贸部	1991	同上
61	关于外商投资企业申领进出口许可证的实施办法	外经贸部	1987	同上
62	关于我部京外直属各司申领出口许可证事宜的通知	外经贸部	1993	同上
63	关于对单缸柴油机实行许可证管理的通知	外经贸部	1999	同上
64	关于1998年一般配额及限量登记商品进口许可证有效期的通知	外经贸部	1998	同上
65	关于履行向欧洲共同体供应生丝、兔毛、羊绒等纺织原料协定义务的通知	外经贸部	1984	同上
66	关于对共同体出口不占配额的纺织品凭签戳放行的通知	外经贸部	1986	同上
67	关于我对西班牙、葡萄牙出口纺织品有关问题的通知	外经贸部	1986	同上
68	关于输美亚麻、丝产品实行出口许可证管理的通知	外经贸部	1987	同上
69	关于对澳出口手工制纺织品签发手工工艺品证书的通知	外经贸部	1989	同上
70	关于印发《出口许可证管理商品分级发证目录》及有关问题的通知	外经贸部	1996	同上

续表

序号	部门规章名称	发布部门	发布时间	废止原因
71	关于纺织品服装转口贸易问题的通知	外经贸部	1990	同上
72	关于销毁废旧空白纺织品出口许可证有关事项的通知	外经贸部	1991	同上
73	关于对空白纺织品出口许可证加强管理的通知	外经贸部	1991	同上
74	关于使用纺织品免戳费的复函	外经贸部	1990	同上
75	关于对共同体出口手工制纺织品签发手工制品证书的通知	外经贸部	1985	同上
76	关于使用欧洲共同体纺织品 OPT 配额的通知	外经贸部	1989	同上
77	关于欧洲共同体纺织品外部加工（OPT）配额的通知	外经贸部	1991	同上
78	关于放宽来料加工装配品种限制及有关问题的规定	外经贸部	1988	已被新文件代替
79	对外加工装配业务有关问题的规定	外经贸部	1989	已被 314 号文件代替
80	关于委托省、自治区、直辖市及计划单列市外经贸主管部门审批管理部委直属公司来料加工业务的通知	外经贸部	1997	已被 314 号文件代替
81	关于统一使用加工贸易业务（合同）批准证的通知	外经贸部	1998	已被 314 号文件代替
82	关于印发《来料加工装配项目分类指导目录》及有关问题的通知	外经贸部	1998	已被 314 号文件代替
83	关于加工贸易业务审批工作有关事项的通知	外经贸部	1999	已被 314 号文件代替
84	关于开展两纱两布来料加工业务的暂行办法	外经贸部	1994	已被新文件代替
85	关于开展两纱两布来料加工业务的补充规定	外经贸部	1995	已被新文件代替
86	关于对皮制劳保手套来料加工实行总量控制并采取有偿使用出口配额管理办法的通知	外经贸部	1996	1999 年皮制劳保手套取消招标，原文件不再适用
87	关于对皮制劳保手套来料加工出口配额有偿使用费的交纳及出口许可证申领办法的通知	外经贸部	1996	1999 年皮制劳保手套取消招标，原文件不再适用
88	关于加强对实行出口招标商品来料加工业务管理的通知	外经贸部	1997	314 号文规定，来料加工出口也纳入配额管理，原文件不再适用
89	关于对进料加工复出口管理工作有关事项的通知	外经贸部	1993	不适用
90	关于印发《关于出口商品配额有偿招标有关问题的补充规定》的通知	外经贸部	1997	同上
91	关于印发《出口商品配额招标办法（试行）》的通知	外经贸部	1994	同上
92	关于出口商品配额招标的有关事项	外经贸部	1994	同上
93	关于启用《申领配额有偿招标商品出口许可证证明书》的通知	外经贸部	1994	同上
94	关于出口商品招标配额转让、受让工作程序及签发出口许可证有关规定的通知	外经贸部	1994	同上
95	关于印发《出口商品配额招标办法实施细则》的通知	外经贸部	1994	同上

续表

序号	部门规章名称	发布部门	发布时间	废止原因
96	关于印发《易制毒化学品进出口管理暂行规定》的通知	外经贸部	1997	同上
97	关于修订《出口许可证管理商品分级发证目录》的通知	外经贸部	1997	同上
98	关于调整进口许可证管理商品目录和发证机关的通知	外经贸部	1997	同上
99	关于印发《出口许可证管理商品分级发证目录》及有关问题的通知	外经贸部	1997	同上
100	关于调整部分出口配额许可证管理商品、发证机关及出口许可证有效期的通知	外经贸部	1998	同上
101	关于加强易制毒化学品进口管理的通知	外经贸部	1998	同上
102	关于《1999年出口许可证管理商品分级发证目录》及有关问题的通知	外经贸部	1998	同上
103	关于出口商品配额有偿招标管理有关事项的紧急通知	外经贸部	1996	同上
104	关于对人参等20种招标商品有偿使用等有关问题的通知	外经贸部	1998	同上
105	关于稀土出口配额暂停招标的通知	外经贸部	1999	同上
106	关于供应港澳地区鲜活商品配额管理办法	外经贸部	1979	已停止执行
107	关于改进抽纱品出口经营问题的通知	外经贸部	1983	同上
108	关于进一步做好蘑菇罐头和盐水蘑菇出口工作的通知	外经贸部	1983	同上
109	关于对虾出口由中国粮油食品进出口总公司统一经营的通知	外经贸部	1985	同上
110	关于下达《对外贸易开发新商品出口管理暂行办法》的通知	外经贸部	1986	同上
111	关于下达《关于对港澳地区出口商品额度管理暂行办法》的通知	外经贸部	1986	同上
112	关于执行《国务院办公厅转发对外经济贸易部关于加强对中药材出口管理报告的通知》的通知	外经贸部	1986	同上
113	关于认真贯彻国务院加强对供应港澳地区出口商品管理几个问题的通知	外经贸部	1986	同上
114	关于加强钨砂和仲钨酸铵出口管理的通知	外经贸部	1987	同上
115	关于锑出口经营管理的通知	外经贸部	1987	同上
116	关于对向美国出口的仲钨酸铵和钨酸实行出口证书管理办法的通知	外经贸部	1987	同上
117	关于对美国出口部分钢材产品限额分配和使用办法的通知	外经贸部	1987	同上
118	关于向美国出口的三氧化钨实行出口证书管理办法的通知	外经贸部	1988	同上

续表

序号	部门规章名称	发布部门	发布时间	废止原因
119	关于印发对港澳地区出口商品额度管理办法的通知	外经贸部	1988	同上
120	关于修改《关于加强对出口阿拉伯袍、裤协调管理工作的通知》的通知	外经贸部	1989	同上
121	关于混合饲料中涉及统一联合经营商品和出口许可证商品有关管理规定的通知	外经贸部	1989	同上
122	关于印发《医用乳胶制品出口管理办法》的通知	外经贸部	1989	同上
123	关于重申严格禁止各地区、各部门和企业通过外商、侨商和港澳商人在国内转手倒卖我国出口货物有关规定的通知	外经贸部	1989	同上
124	关于加强抽纱品出口管理工作的通知	外经贸部	1989	同上
125	关于加强对港澳卫生纸出口许可证管理的通知	外经贸部	1990	同上
126	关于加强薄荷脑油出口许可证管理的通知	外经贸部	1990	同上
127	关于加强中药材出口管理的若干规定	外经贸部	1990	同上
128	关于加强对外贸易计划列名商品出口计划管理的若干规定的通知	外经贸部	1991	同上
129	关于印发《两纱两布出口协调管理的办法》的通知	外经贸部	1991	同上
130	关于进一步加强卫生纸对港澳地区出口管理的通知	外经贸部	1991	同上
131	关于进一步加强苎麻纱、布对港澳地区出口管理的若干规定	外经贸部	1991	同上
132	关于印发《关于加强棉漂布、棉涤纶漂布出口协调管理办法》的通知	外经贸部	1991	同上
133	关于转发《桐木出口协调经营方案》的通知	外经贸部	1991	同上
134	关于加强硅铁出口管理的补充通知	外经贸部	1991	同上
135	关于加强硅锰出口管理有关问题的通知	外经贸部	1991	同上
136	关于对蕉柑实行出口许可证和主动配额管理的通知	外经贸部	1991	同上
137	关于发布《对外经济贸易部关于稀土出口管理办法》	外经贸部	1992	同上
138	关于出口商品计划配额管理的实施细则	外经贸部	1993	同上
139	关于印发茶叶出口经营管理暂行规定的通知	外经贸部	1993	同上
140	关于印发煤炭出口经营管理暂行规定的通知	外经贸部	1993	同上
141	关于印发《对外贸易经济合作部关于出口商品主动配额管理暂行规定》的通知	外经贸部	1993	同上
142	关于印发《对外贸易经济合作部关于供应港澳鲜活冷冻商品主动配额管理暂行规定》的通知	外经贸部	1993	同上
143	关于印发《出口商品配额许可证管理改革方案》的通知	外经贸部	1994	同上
144	关于加强桑蚕茧统一收购管理工作的通知	外经贸部	1994	同上

续表

序号	部门规章名称	发布部门	发布时间	废止原因
145	关于从1996年起调整部分供港澳鲜活冷冻商品配额品种和管理方式的通知	外经贸部	1995	同上
146	关于转发《关于加强对石蜡部分主销市场出口协调的报告》的通知	外经贸部	1996	同上
147	关于印发《供港澳活畜年度配额及调整实施细则》的通知	外经贸部	1996	同上
148	关于印发《棉纱、棉涤纶纱、棉坯布、棉涤纶坯布出口经营管理暂行规定》的通知	外经贸部	1996	同上
149	关于印发《供港澳鲜活冷冻商品出口经营管理暂行办法》的通知	外经贸部	1996	同上
150	关于修订《关于出口商品配额分配的若干规定》的通知	外经贸部	1996	同上
151	关于印发《对南非出口鞋类管理的暂行规定》的通知	外经贸部	1997	同上
152	关于印发《蘑菇罐头出口管理若干规定》的通知	外经贸部	1997	同上
153	关于印发《茶叶出口管理暂行办法》的通知	外经贸部	1997	同上
154	关于印发《抽纱制品出口管理暂行规定》的通知	外经贸部	1997	同上
155	关于棉纱、棉涤纶纱、棉坯布、棉涤纶坯布出口经营管理有关问题的通知	外经贸部	1998	同上
156	关于《抽纱制品出口管理暂行规定》的补充通知	外经贸部	1998	同上
157	关于《中华人民共和国对外贸易经济合作部关于纺织品出口配额的管理办法》附件部分的更改通知	外经贸部	1993	同上
158	关于处理沈阳东毛实业有限公司等四家企业从事纺织品非法转口贸易的通报	外经贸部	1994	同上
159	关于对欧共体出口三个新设限类别产品的紧急通知	外经贸部	1994	同上
160	关于1999年度纺织品被动配额招标若干问题的通知	外经贸部	1998	同上
161	关于下达进口货单工作的若干暂行规定	外经贸部	1986	同上
162	关于明确核发"加工装配、补偿贸易"合同项下安装、加固机器设备转用钢材进口许可证执行办法的通知	外经贸部	1986	同上
163	关于加强石油进口管理的有关规定	外经贸部	1986	同上
164	关于进口食糖实行许可证管理的通知	外经贸部	1986	同上
165	关于加强羊毛进口管理的规定	外经贸部	1986	同上
166	关于加强羊毛进口管理规定的补充通知	外经贸部	1986	同上
167	关于加强进口石油管理的补充通知	外经贸部	1986	同上
168	统一代理订货进口商品管理办法	外经贸部	1988	同上
169	关于调整进口配额许可证商品种类和发证机关的通知	外经贸部	1995	同上
170	关于公布橡胶、钢材等六种进口商品第二批经营公司名单的通知	外经贸部	1996	同上

续表

序号	部门规章名称	发布部门	发布时间	废止原因
171	关于调整进口许可证管理商品目录和发证机关的通知	外经贸部	1996	同上
172	关于补充公布小麦等十四种国家实行核定公司经营进口商品边境小额贸易企业的通知	外经贸部	1997	同上
173	关于补充公布核定公司进口商品边境小额贸易经营公司名单的通知	外经贸部	1998	同上
174	关于对外加工装配服务公司有关问题的通知	外经贸部		同上
175	关于取消部分商品进口管理的公告	外经贸部	1995	同上
176	关于加强核定公司经营管理工作有关问题的通知	外经贸部	1998	同上
177	关于暂停进口和禁止经销比利时等国受二恶英（Dioxin）污染食品的紧急通知	外经贸部	1999	同上
178	关于对比利时等国二恶英污染事件处理意见的补充通知	外经贸部	1999	同上
179	关于印发《冻鸡出口管理暂行规定》的通知	外经贸部	1997	同上
180	关于新建纸制品加工贸易企业审批管理事项的通知	外经贸部	1998	不适用
181	关于开展中药材来料加工业务的批复	外经贸部	1992	不适用
182	关于对加工贸易业务进口天然橡胶实行配额和许可证管理的通知	外经贸部	1998	不适用
183	对协定国家出口纺织品管理办法	外经贸部	1985	已废止
184	关于珍珠实行统一经营的通知	外经贸部	1985	同上
185	关于珍珠出口许可证由我部签发的通知	外经贸部	1985	同上
186	关于对外商投资企业售、付汇凭证发放问题的通知	国家机电产品进出口办公室	1996	同上
187	关于重申 OECF 贷款采购程序的通知	外经贸部	1996	被新文件取代
188	关于印发《利用亚洲开发银行贷款项目设备采购管理暂行规定》的通知	国家机电产品进出口办公室	1997	同上
189	关于等离子显示器进口管理问题的复函	外经贸部机电司	1999	废止
190	关于启用新制机电产品进口证件的通知	外经贸部	1997	同上
191	关于加强机电产品进口管理的通知	外经贸部	1999	同上
192	关于暂不批准外商投资维修、售后服务项目的紧急通知	外经贸部	1996	中美协议（服务贸易减让表）： 维修服务办公机械和设备： 加入时，只允许设立合营企业。不迟于2001年1月1日，允许外资控股。不迟于2003年1月1日，没有限制，允许外商独资企业。 违反外商投资产业导向目录的规定。

续表

序号	部门规章名称	发布部门	发布时间	废止原因
193	关于申请举办商业性合资（合作）经营企业、外商独资企业问题的批复	外经贸部		已有新的规定出台。
194	关于解释《中华人民共和国中外合资经营企业法实施条例》第七十一条的通知	外经贸部	1985	该条规定“合营企业进口下列物资免征关税和工商统一税……”目前已不适用。
195	关于中外合资企业为解决外汇平衡出口商品问题的通知	外经贸部	1985	WTO 规定（TRIMS 第四条）：禁止“外汇平衡”要求。
196	关于严格控制利用外资举办花生制品项目的通知	外经贸部	1987	由于该文件的各项规定现阶段大都已废止，且与 WTO 原则有冲突，建议废止。
197	关于重申不能利用外资搞盐水蘑菇、蘑菇罐头项目的紧急通知	外经贸部	1985	同上
198	关于不再以中外合资方式经营皮制劳保手套生产项目的通知	外经贸部	1987	同上
199	关于从严审批利用外资举办进口废旧金属加工复出口项目的通知	外经贸部	1991	同上
200	关于在计算机软件业设立外商投资企业执行《外商投资产业指导目录》的通知	外经贸部	1995	1995 年 2 月中美知识产权协议后，我部下发《关于执行中美知识产权协议的通知》禁止外商独资软件企业，后下发该文件将其废止，规定软件项目按《目录》办理，建议废止，软件项目按《目录》办理。
201	关于使用新版“中华人民共和国外商投资企业批准证书”有关问题的通知	外经贸部	1992	该版批准证书已停止使用
202	关于举办股份有限公司形式中外合资企业有关问题的通知	外经贸部	1991	已被新的规定（关于设立外商投资股份有限公司若干问题的暂行规定）取代。
203	关于举办中外股份有限公司有关问题的通知	外经贸部	1992	同上
204	关于审批中外合资股份公司有关问题的通知	外经贸部	1992	同上
205	关于转发国办函［1997］22 号复函的补充通知	外经贸部	1997	同上
206	关于启用新版批准证书的通知	外经贸部	1997	已有最新版批准证书
207	关于改进外资统计分析指标有关问题的通知	外经贸部	1998	统计指标已作修改

续表

序号	部门规章名称	发布部门	发布时间	废止原因
208	关于从严审批利用外资养殖对虾的通知	外经贸部	1987	文件内容已经不符合现在的情况
209	对外经济贸易部关于外商投资企业与国内企业合营的待遇问题的意见	外经贸部	1986	已有新的再投资规定
210	关于美国对华投资合同中增加“股权的转让”条款的通知	外经贸部	1988	废止
211	关于对《美在华投资合同中增加“股权的转让”条款的通知》的说明	外经贸部	1989	废止
212	关于对外商投资企业实行联合年检的通知	外经贸部	1996	已为后面的通知取代
213	关于对外商投资企业联合年检工作的补充通知	外经贸部	1997	已为后面的通知取代
214	关于加强赴韩研修生立项管理工作的通知	外经贸部	1996	与“关于下放劳务合作项目审批的通知”[1999]外经贸合发333号文不符。
215	关于实行《同苏联、东欧劳务承包合作进口物品批准书》的通知	外经贸部	1988	已不适用
216	关于同苏东国家开展互利经济合作有关注意事项的通知	外经贸部	1990	已不适用
217	关于允许从事对苏业务的外贸外经公司业务交叉的问题	外经贸部	1991	已不适用
218	关于简化对周边国家互利经济合作项目审批程序的通知	外经贸部	1992	已不适用
219	关于印发《关于实行外派劳务培训的暂行办法》的通知	外经贸部	1994	已被《关于印发外派劳务人员培训工作管理规定》（[1996]外经贸合发101号）废止
220	关于颁发对外承包工程等收费项目人员供应生活物资的暂行办法的通知	外经贸部	1980	已不适用
221	关于高原和多病、艰苦、高温地区承包劳务和国外合营人员生活补贴问题的通知	外经贸部	1984	已不适用
222	关于对外承包劳务出国人员制装费施行办法的补充通知	外经贸部	1984	已不适用
223	关于报送对外承包劳务企业进出口统计报表的通知	外经贸部	1994	已不适用
224	关于使用新统计程序的几点要求	外经贸部	1997	已不适用
225	关于提高对外承包工程和劳务合作人员素质的几点意见	外经贸部	1987	已不适用
226	关于颁布《关于各国际经济技术合作公司协调行动联合对外的暂行规定》的通知	外经贸部	1985	已不适用
227	关于向台湾私营公司提供劳务有关问题的通知	外经贸部	1989	已不适用
228	关于对台湾承包工程和劳务合作业务由对外贸易经济合作部统一归口管理的通知	外经贸部	1994	已不适用

续表

序号	部门规章名称	发布部门	发布时间	废止原因
229	关于重申加强对我国公司在巴基斯坦开展对外承包劳务业务协调管理的通知	外经贸部	1990	已不适用
230	关于转发第三届中国外派海员协调机构有关文件的通知	外经贸部	1994	已不适用
231	关于发送输港劳务参考合同的通知	外经贸部	1990	已不适用
232	关于向美国派遣护士问题的补充通知	外经贸部	1989	已不适用
233	关于印发《中华人民共和国政府和俄罗斯联邦政府关于派遣和吸收中国公民在俄罗斯联邦企业、联合公司及机构工作的原则协定》的通知	外经贸部	1992	将被中俄新签的劳务协定所取代
234	关于印发《对外贸易经济合作部科学技术进步奖励办法》的通知	外经贸部	1999	今后部委不再进行评奖活动
235	关于印发《中国高技术产品出口目录》的通知	外经贸部	1998	已被新的《中国高新技术产品出口目录》所取代
236	关于更换《最终用户和最终用途说明》表格的通知	外经贸部	1993	已被新文件取代
237	关于审定成套机电设备和单机对外投标资格的有关问题的通知	外经贸部	1991	管理模式已改变
238	关于对外承包工程和举办海外企业涉及技术出口有关问题处理意见的通知	外经贸部	1990	管理模式已改变
239	关于加强技术出口项目中成套设备、生产线出口管理问题的通知	外经贸部	1990	管理模式已改变
240	关于进一步加强对我国公司在巴基斯坦开展承包劳务业务管理的通知	外经贸部	1997	已不适用
241	关于印发《国外承包工程、劳务合作经营许可证管理办法》的通知	外经贸部	1998	已不适用
242	关于严禁和查处利用公派劳务渠道非法移民的通知	外经贸部	1993	内容已过时
243	关于印发《关于在关岛、北马里亚纳联邦开展承包工程劳务合作审批管理办法》的通知	外经贸部	1996	已不适用
244	关于加强对锡出口管理的通知	外经贸部	1994	已被新文件替代
245	关于坯绸出口经营管理体制改革有关问题的通知	外经贸部	1999	已被新文件替代
246	对外贸易经济合作部关于中挪纺织品协议修改及延期的通知	外经贸部、海关总署	1997	挪威已取消对我国纺织品数量限制
247	关于对非紧俏类别纺织品被动配额实行总量控制自主申领签证有关问题的通知	外经贸部	1998	已被新文件替代
248	对外贸易经济合作部关于印发《2000年出口许可证管理商品目录》及有关问题的通知	外经贸部	1999	已被新文件替代
249	关于加强对纺织品转口贸易管理规定的通知	外经贸部	1992	已被新的办法替代

外经贸部第二批废止部门规章目录

中华人民共和国对外贸易经济合作部令

2001年 第30号

为适应我国改革开放的新形势，进一步建立健全社会主义市场经济法律体系，认真履行我国加入世界贸易组织（WTO）承诺，加快政府职能转变，提高依法行政水平，对外贸易经济合作部决定：第二批废止部门规章100件（目录见附件）。

现予以公布，自公布之日起废止。

附件：外经贸部第二批废止部门规章目录

部长 石广生

2001年12月19日

序号	部门规章名称	发布部门	发布时间
1	关于珍珠实行统一经营和加强珍珠市场管理的补充通知	外经贸部、国家工商局	1986
2	关于请审批《中华人民共和国进口制度暂行办法》的请示	外经贸部	1982
3	关于转口贸易、来料加工、补偿贸易占用我国出口纺织品额度的答复	外经贸部	1982
4	关于转发国家计委、国家进出口委对进口化学纤维实行进口许可证办法的通知	外经贸部、海关总署	1982
5	关于外贸进料加工成品出口所需进口化纤申请许可证的补充通知	外经贸部、海关总署、国家进出口委、国家计委	1982
6	关于印发《出口商品配额有偿招标办法》及实施细则的通知	外经贸部	1995
7	关于外商投资企业参加出口商品配额有偿招标有关问题的通知	外经贸部	1995
8	对原木等27种出口商品配额试行有偿招标	外经贸部	1995
9	水泥、羊绒等10种商品1995年中标配额的使用安排	外经贸部	1995
10	关于1995年出口商品配额招标有关事项的公告	外经贸部	1995
11	关于对自行车出口试行招标管理的通知	外经贸部	1994
12	关于统一使用《申请配额有偿招标商品出口许可证证明书》的通知	外经贸部	1994
13	关于转发《海关总署关于加工装配和补偿贸易进口加工设备税收问题的紧急通知》的通知	外经贸部	1996
14	关于《哈密瓜香梨出口许可证管理规定》的批复	外经贸部	1996
15	关于《大闸蟹出口许可证管理规定》的批复	外经贸部	1996
16	关于修订《出口许可证商品分级发证目录》的通知	外经贸部	1996

续表

序号	部门规章名称	发布部门	发布时间
17	关于调整进口许可证管理商品目录和发证机关的通知	外经贸部	1996
18	关于增加轻（重）烧镁口岸的通知	外经贸部	1996
19	关于《虫草出口许可证管理规定》的批复	外经贸部	1996
20	关于调整部分配额招标商品出口许可证发证机关的紧急通知	外经贸部	1994
21	关于更新进出口许可证表格的通知	外经贸部	1994
22	关于印发《出口许可证商品分级发证目录》的通知	外经贸部	1995
23	关于《当归出口许可证管理规定》的批复	外经贸部	1996
24	关于《蕉柑出口许可证管理规定的批复》	外经贸部	1996
25	关于《鸭梨（含雪梨）出口许可证管理规定》的批复	外经贸部	1996
26	关于《绍兴酒出口许可管理规定》的批复	外经贸部	1996
27	关于《景泰蓝出口许可证管理规定》及《联苯双脂出口许可证管理规定》的批复	外经贸部	1996
28	关于加强对纺织品转口贸易管理规定的通知	外经贸部	1991
29	关于输美纺织品启用新出口许可证有关注意事项的通知	外经贸部	1991
30	关于对挪威出口纺织品有关问题的通知	外经贸部	1992
31	关于中加纺织品谈判情况及有关问题的通知	外经贸部	1992
32	关于印发《出口许可证管理商品分级发证目录》的通知	外经贸部	1993
33	关于印发《出口商品配额许可证管理方案》的通知	外经贸部	1994
34	关于印发《出口许可证管理商品分级发证目录》的通知	外经贸部	1994
35	关于重申《对共同体出口篮子类别纺织品需要签发装船证书的通知》	外经贸部	1989
36	关于重申对进口许可证管理掌握原则及明确部分出口许可证商品范围的通知	海关总署、外经贸部	1990
37	关于对部分进出口许可证管理商品名称解释的通知	海关总署、外经贸部	1988
38	关于对进口羚羊角等十六种南药实行进口许可证管理的通知	外经贸部、国家医药管理局	1984
39	关于聚碳酸脂等凭许可证进口的通知	外经贸部、国家物资总局、海关总署	1983
40	关于调整部分商品实行出口许可证制度的通知	外经贸部	1982
41	关于计划外出口实行许可证商品报批程序的补充规定	外经贸部、国家经委、国家计委、国家物资总局	1982
42	关于计划外出口库存商品申领许可证的复函	外经贸部、国家计委	1982
43	关于赋予商业、物资企业进出口经营权试点意见	国家经贸委、外经贸部、内贸部	1993
44	关于进一步推动生产企业自营进出口工作有关问题的通知	国家经贸委、外经贸部	1997
45	关于加快赋予科研院所和高新技术企业自营进出口权的通知	外经贸部、科委	1997

续表

序号	部门规章名称	发布部门	发布时间
46	关于2000年度对大蒜等商品实行配额有偿使用管理若干事项的通知	外经贸部	1999
47	关于铜及铜基合金发证问题的通知	外经贸部	1995
48	关于暂停出口小麦的通知	外经贸部	1996
49	关于调整抽纱制品出口经营管理办法的通知	外经贸部	1999
50	旅游商品小额贸易管理暂行规定	外经贸部	1996
51	外经贸部、海关总署《关于调整出口商品海关审价目录的通知》	外经贸部、海关总署	1999
52	关于加强对韩国出口糠醇管理的通知	外经贸部	1998
53	关于对韩国出口糠醇实行国别配额管理的通知	外经贸部	1998
54	关于加强锑出口管理有关问题的通知	外经贸部	1998
55	《关于印发〈关于以进口食糖、棉花、植物油、羊毛为原料的加工贸易管理暂行办法〉的通知》	外经贸部、海关总署	1997
56	关于羊毛、食糖、植物油、天然橡胶加工贸易管理有关问题的通知	外经贸部、海关总署、国家计委、国家经贸委	1999
57	关于吸收外商直接投资项目审批权限问题的复函	外经贸部	1997
58	关于外商独资企业进口自用物资问题的补充通知	外经贸部	1989
59	关于简化外商投资企业进口汽车报批手续的通知	外经贸部	1986
60	关于审批外商投资油脂加工企业有关问题的通知	外经贸部	1996
61	关于设立外商投资医疗机构的补充规定	外经贸部、卫生部	1997
62	关于开办外宾华侨医院、诊所和外籍医生来华执业行医的几条规定	卫生部、外经贸部	1989
63	外经贸部关于外商投资企业进口设备有关问题的通知	外经贸部	1996
64	关于印发《关于限制举办出租汽车的中外合资、合作企业的请示》的通知	外经贸部、国家经委、财政部、海关总署、国务院特区办	1985
65	关于印发《审批国际货运代理企业有关问题的规定》的通知	外经贸部	1988
66	关于外商投资企业申领进口汽车准运证手续的通知	物资部、外经贸部	1991
67	关于外商投资企业进口化妆品有关问题的通知	海关总署、外经贸部	1989
68	关于开展1998年外商投资企业联合年检工作的通知	外经贸部、国家工商局、国家经贸委、财政部、国家外汇管理局、国家税务总局、海关总署	1997
69	关于中外合资经营企业进出口货物的监管和征免税规定	海关总署、财政部、外经贸部	1984
70	关于外商投资企业进口货物的税收优惠政策执行中的若干具体问题的掌握原则的通知	海关总署、财政部、外经贸部	1987
71	关于下达《关于中外合作经营企业进出口货物的监管和征免税规定》的通知	海关总署、财政部、外经贸部	1983

续表

序号	部门规章名称	发布部门	发布时间
72	关于印发《利用外资计划管理试行办法》的通知	外经贸部、国家计委	1983
73	关于外国船务公司在华设立独资船务公司有关问题的通知	外经贸部、交通部	1995
74	关于1993年12月31日以前批准成立的外商投资企业有关税收政策问题的通知	财政部、外经贸部、国税总局	1998
75	关于加强珍珠市场管理的通知	外经贸部、国家工商局	1985
76	关于加强进口石油管理的有关规定	外经贸部、国家计委	1986
77	关于印发《"九五"期间外经贸财会工作纲要》的通知	外经贸部办公厅	1997
78	关于加强部属事业单位审计监督工作的通知	外经贸部	1996
79	关于进一步加强对我国公司在巴基斯坦开展承包劳务业务管理的通知	外经贸部	1997
80	关于印发《外派劳务人员培训工作管理规定》的通知	外经贸部	1996
81	关于中国公司在境外承建亚洲开发银行出资项目有关问题的通知	外经贸部	1998
82	关于进一步加强塞班承包劳务业务管理的通知	外经贸部、外交部、公安部	1998
83	关于协调输港劳务公司数量的通知	外经贸部	1994
84	关于《在香港澳门地区承包工程和提供技术服务的暂行规定》的通知	外经贸部、港澳办	1981
85	关于承包劳务人员国外伙食费管理试行办法的函	外经贸部、财政部	1984
86	关于印发《对外承包工程和劳务合作计划试行办法》的通知	外经贸部、国家计委	1983
87	关于下达《对外承包工程和劳务合作统计制度》的通知	外经贸部、国家统计局	1983
88	关于国外经济合作企业利用对外承包劳务设计咨询项目进一步扩大出口的通知	外经贸部	1998
89	关于印发《中华人民共和国政府和苏维埃社会主义共和国联盟政府关于派遣和吸收中国公民在苏联企业联合公司及机构工作的原则协定》的通知	外经贸部	1990
90	技术引进和工作管理暂行办法	外经贸部	1996
91	关于推行《关于承担和代理国家技术和设备进口项目的管理办法》的通知	外经贸部	1995
92	关于印发《发电成套设备及其技术出口管理办法》的通知	机械电子部	1991
93	关于人工晶体技术和产品出口等问题的补充规定	外经贸部	1990
94	关于水泥窑高温风机等产品进口管理问题的通知	国家经济贸易委员会、海关总署	1997
95	关于加强医用CT和MRI进口登记管理的紧急通知	国家机电产品进出口办公室	1996
96	关于进口特定产品进行国际招标有关问题的通知	国家机电产品进出口办公室	1994
97	关于规范各地区各部门机电产品进口转报章问题的通知	国家机电产品进出口办公室	1995
98	关于特定产品进口有关问题的通知	国家机电产品进出口办公室	1995

外经贸部第三批废止部门规章目录

中华人民共和国 对外贸易经济合作部 令

2001年 第32号

为适应我国改革开放的新形势，进一步建立健全社会主义市场经济法律体系，认真履行我国加入世界贸易组织（WTO）承诺，加快政府职能转变，提高依法行政水平，对外贸易经济合作部对现行部门规章进行了全面清理。经过清理，对外贸易经济合作部决定：第三批废止部门规章7件（目录见附件）。

现予以公布，自公布之日起废止。

附件：外经贸部第三批废止部门规章目录

部长　石广生

2001年12月23日

序号	部门规章名称	发布部门	发布时间
1	关于印发《出口商品配额有偿招标办法实施细则》的通知	外经贸部	1996
2	关于1999年出口商品配额招标有关事项的通知	外经贸部	1999
3	关于输美纺织品启用新出口许可证有关注意事项的通知	外经贸部	1991
4	关于先行向外派日本、韩国、新加坡三国的劳务人员进行培训的通知	外经贸部、外交部、公安部	1994
5	关于向独联体国家、蒙古及欧洲各国派遣劳务人员实行培训的通知	外经贸部、外交部、公安部	1995
6	关于在对外承包工程和劳务合作中进一步贯彻统一对外原则的通知	外经贸部、国家工商局	1985
7	关于成立塞班中国经济发展协会及有关问题的通知	外经贸部	1997

外经贸部第四批废止部门规章目录

中华人民共和国对外贸易经济合作部令

2002年 第24号

为适应我国改革开放的新形势，进一步建立健全社会主义市场经济法律体系，认真履行我国加入世界贸易组织承诺，加快政府职能转变，提高依法行政水平，对外贸易经济合作部对现行部门规章进行了全面清理。经过清理，对外贸易经济合作部决定：第四批废止部门规章26件（目录见附件）。

部长 石广生

2002年3月21日

序号	部门规章名称	发布部门	发布时间
1	中华人民共和国技术引进合同管理条例实施细则	外经贸部	1987
2	对外贸易经济合作部、科学技术部关于印发《限制出口技术管理办法》的通知	外经贸部、科技部	1998
3	对外贸易经济合作部关于更换《最终用户和最终用途说明》表格的通知	外经贸部	1996
4	国家建筑材料工业局、对外经济贸易部关于加强水泥生产的及装备技术出口管理的通知	建材局、外经贸部	1990
5	对外贸易经济合作部关于执行《关于加强对引进无形资产售付汇管理有关问题的通知》的有关规定的通知	外经贸部	2001
6	关于加强技术引进合同及售付汇管理的补充通知	外经贸部、国家外汇管理局	2001
7	对外经济贸易部关于解释《中华人民共和国中外合资经营企业法实施条例》第七十一条的通知	外经贸部	1985
8	对外经济贸易部关于解释《中华人民共和国中外合资经营企业法实施条例》第七十四条的通知	外经贸部	1985
9	关于加强对我国公司在新加坡开展劳务合作业务管理的通知	外经贸部	1996
10	关于严格执行联合国赔偿委员会赔款分发规定的函	外经贸部	1997
11	关于加强维生素C生产、出口管理有关事项的通知	外经贸部、国家医药管理局	1997
12	关于对《关于加强维C生产、出口管理有关事项的通知》的补充规定的通知	外经贸部、国家医药管理局	1998
13	《关于对美国蜂蜜出口有关问题的通知》	外经贸部	2001
14	《输欧盟工业品配额管理办法（暂行）》	外经贸部	1999
15	《关于〈输欧盟工业品配额管理办法〉（暂行）有关补充规定的通知》	外经贸部	2000

续表

序号	部门规章名称	发布部门	发布时间
16	关于鼓励企业用好配额若干事项的通知	外经贸部	1999
17	关于外商投资企业使用实行总量自主申领许可证的纺织品被动配额有关事项的通知	外经贸部	1999
18	关于2001年度纺织品被动配额自主申领有关事项的通知	外经贸部	2000
19	对外贸易经济合作部关于加拿大取消6类（男缝制领衬衫）纺织品配额的通知	外经贸部	1997
20	关于对非紧俏类别纺织品实行总量控制自主申领签证有关问题的通知	外经贸部	1998
21	关于加强对总量控制自主申领许可证的纺织品被动配额管理有关事项的通知	外经贸部	1999
22	关于广交会保证性摊位组展工作的通知	外经贸部	1998
23	关于印发《供港澳冻肉禽代理协议（样本）》等材料的通知	外经贸部	1996
24	关于修订对台湾省贸易有关办法的通知	外经贸部	1988
25	关于放开对台湾贸易进口经营权的通知	外经贸部	1998
26	《关于印发〈办理外派劳务人员出国手续的暂行规定〉的通知》	外经贸部、公安部、外交部	1997

财政部关于废止部分规章和规范性文件的决定

中华人民共和国财政部令

第11号

《财政部关于废止部分规章和规范性文件的决定》已经部务会议讨论通过，并商有关部门同意，现予以公布。

部长　项怀诚

2001年12月11日

为了适应我国加入世界贸易组织新形势的需要，按照国务院的统一部署，财政部对部门规章和规范性文件进行了全面清理。经过清理，财政部决定：

一、对下列2个文件予以废止，自2001年12月11日起停止执行：

1	关于印发《关于运用关税手段促进轻型客车国产化的暂行规定》的通知（国务院税则委、国家计委、机械部、海关总署联合发布，税委会［1997］19号）
2	关于实施《摄录一体机国产化的关税优惠办法》的通知（税委会［1994］7号）

二、对适用期已过的下列1个文件，宣布失效：

1	关于1993年12月31日前批准成立的外商投资企业有关税收政策问题的通知（财政部、对外贸易经济合作部、国家税务总局财税字［1998］184号）

三、对今年以来已发文停止执行的下列4个文件，统一公布：

1	关于对商业企业批发肉、禽、蛋、水产品和蔬菜的业务实行“先征后返”的若干问题的通知（财政部、国家税务总局［1994］财税字第71号）
2	关于继续对商业企业批发肉、禽、蛋、水产品和蔬菜的业务实行增值税先征后返政策问题的通知（财政部、国家税务总局财税字［1998］31号）
3	关于“九五”期间对国有大中型企业技术改造项目进口国内不能生产的设备退增值税暂行办法（财政部、国家经贸委、国家税务总局、海关总署财税字［1997］35号）
4	中央外贸企业所得税财政返还实施办法（财政部财外字［2000］16号）

国家质量监督检验检疫总局第一批废止部门规章目录

中华人民共和国国家质量监督检验检疫总局令

第11号

为加快政府职能转变，提高依法行政水平，我局对现行部门规章进行了清理。现将第一批废止的部门规章4件（目录见附件）予以公布。自公布之日起废止。

局长　李长江

2001年12月11日

序号	部门规章名称	发布部门	发布时间	废止原因
1	出口机电产品质量许可证管理试行条例	原国家商检局、国家经委、国务院机电产品出口办公室	1986.2.20	已出台新规定
2	出口机电产品及其检测实验室认证管理办法	原国家商检局、国务院机电产品出口办公室	1987.5.21	同上
3	出口机电产品检测实施室认证实施办法	原国家商检局、国务院机电产品出口办公室	1987.5.25	同上
4	关于加强机电产品出口国际认证工作的意见	原国家商检局、国务院机电产品出口办公室	1993.2.10	同上

出国举办经济贸易展览会审批管理办法

贸促会　外经贸部关于印发《出国举办经济贸易展览会审批管理办法》的通知

贸促展管［2001］3号

各省、自治区、直辖市、计划单列市、经济特区人民政府外经贸委（厅、局），贸促会各地方、行业分会，各进出口商会及其他出国经济贸易展览会组展单位：

根据《国务院办公厅关于出国举办经济贸易展览会审批管理工作有关问题的函》（国办函［2000］76号）的要求，贸促会、外经贸部制定了《出国举办经济贸易展览会审批管理办法》，现印发给你们，请遵照执行。

贸　促　会

对外贸易经济合作部

2001年2月15日

第一章　总　则

第一条　根据《国务院办公厅关于出国举办经济贸易展览会审批管理工作有关问题的函》（国办函［2000］76号）的要求，为使出国举办经济贸易展览会工作健康有序地开展，制定本办法。

第二条　本办法所称出国举办经济贸易展览会（以下简称出国办展）包括：（一）在国外单独举办经贸展览会、友好省市经贸展览会和以商品展览形式举办经贸洽淡会(以下统称举办单独展)；（二）组织企业参加国外举办的国际贸易展览会和博览会。

第三条　中国国际贸易促进委员会（以下简称贸促会）负责出国办展的审批和管理。

第四条　对外贸易经济合作部（以下简称外经贸部）负责出国办展的宏观管理，对组展单位进行资格审查，对出国办展工作进行监督检查。

第二章　组展单位

第五条　贸促会负责以国家名义组织参加由国际展览局登记或认可的世界博览会，并代表国家出国办展，可邀请国务院各部门、各地方人民政府及组织各地方、各行业企业、经济团体参展。

第六条　全国性进出口商会和贸促会行业分会可出国办展但不得跨行业组展。

第七条　为配合地方政府间经贸活动，需要以地方政府名义出国办展，由各省、自治区、直辖市、计划单列市(含原计划单列市）及经济特区外经贸主管部门组织实施，但不得跨地区组展。

第八条　各省、自治区、直辖市、计划单列市（含原计划单列市）及经济特区贸促分会可出国办展，但不得跨地区组展。

第九条　经外经贸部批准的外商投资企业协会、专业展览公司和其他有关单位，可按外经贸部核定的组展范围出国办展。

第三章　审批的权限

第十条　贸促会代表国家出国办展计划，经外经贸部、外交部和财政部会签后，报国务院审批，其他出国办展计划一律由贸促会审批。

第四章　审批和备核的程序

第十一条　赴展览会集中举办国和未建交国家（以下简称审批管理国家，名单详见本办法附件）办展，实行审批管理；赴其他国家（以下简称备核管理国家）办展，实行备核管理。

第十二条　赴审批管理国家办展，组展单位应在每季度头两个月且不迟于展览会开幕前6个月向贸促会报送办展计划（计划抄送外经贸部），并填写出国办展申请表。

第十三条　贸促会于每季度最后一个月对组展单位报送的办展计划进行审批（原则上6月份集中审批第二年度

上半年计划，9月份集中审批第二年度下半年计划，12月份审批补报的第二年度计划，3月份审批当年补报的计划），并核发出国办展批准件。无特殊情况，不增加审批次数。

第十四条 贸促会审批出国办展计划前，将拟审批同意的计划送外经贸部会签。外经贸部在收到该计划后10个工作日内予以会签。赴未建交国家办展计划同时送外交部会签。

第十五条 赴审批管理国家办展，组展单位还应在展览会开幕前3个月向贸促会报送参展人员复核申请表。贸促会在收到该表后10个工作日内予以复核，并核发参展人员复核件。复核件抄送外经贸部。

第十六条 赴备核管理国家办展，组展单位应至少于展览会开幕前3个月向贸促会报送办展计划，并填写出国办展申请表。贸促会在收到该表后10个工作日内予以备核，并核发出国办展备核件。备核件抄送外经贸部。

第十七条 各级外经贸主管部门凭贸促会核发的出国办展批准件或出国办展备核件，核发展品出境有关证件；各地海关、出入境检验检疫机构凭贸促会核发的出国办展批准件或出国办展备核件及展品出境有关证件，对展品实行查验放行；各级外汇管理部门和外汇指定银行凭贸促会核发的出国办展批准件或出国办展备核件办理相关外汇使用及核销手续。

第十八条 各级外经贸、外事、外汇管理部门和外汇指定银行凭贸促会核发的参展人员复核件或出国办展备核件，办理参展人员出国、外汇使用及核销手续。

第五章 审批的依据和要求

第十九条 审批出国办展的依据是：我国外交、外经贸工作需要，赴展国政治、经济情况，赴某一国家或地区办展集中与否，展（博）览会展出效果，组展单位办展情况及企业参展情况，我驻赴展国使领馆意见等。

第二十条 组展单位应制定切实可行的年度出国办展计划，并须征得我驻赴展国使领馆同意。

第二十一条 各省、自治区、直辖市、计划单列市（含原计划单列市）及经济特区外经贸主管部门举办单独展，一年内一般不应超过两个。

第二十二条 展团人员原则上按每个标准摊位（3×3平方米）2人计算，在外天数按实际展出天数前后最长各加4天计算，不得擅自增加人员和延长天数。

第二十三条 未经批准，任何单位不得组展和出国办展；办展计划一经批准，不得随意更改或取消；如有变动，组展单位须在展览会开幕前3个月通报审批部门和我有关驻外使领馆。

第六章 展览团的管理

第二十四条 组展单位应严格遵守我国的法律、法规，信守承诺，注重服务，合理收费。

第二十五条 组展单位应鼓励企业选择高新技术、高附加值和适销对路的商品参加展出，严禁假冒伪劣、侵犯知识产权的商品参展。

第二十六条 组展单位应注重贸易成交效果，积极组织企业开展市场调研和贸易洽谈。

第二十七条 组展单位应加强对出国人员的管理，组织参展人员进行出国前外事纪律、保密制度、涉外礼仪等方面的学习；严禁借出国办展之机公费旅游。

第二十八条 组展单位应制定严格的展团管理措施，切实加强对展团的领导；组织参展企业做好布展工作，注重展团对外形象；展出期间，参展人员不得擅离展位。

第二十九条 组展单位应接受我驻赴展国使领馆的领导，及时向使领馆汇报办展情况；严格遵守赴展国法律、法规，尊重当地习俗，遵守展（博）览会的各项规定。

第三十条 对参加同一展（博）览会且组展单位多、展出规模大的展览团，贸促会视情况协调有关组展单位制定相应规则予以管理。

第三十一条 组展单位须在展览会结束后1个月内将出国办展情况调查表及总结报贸促会和外经贸部。贸促会会同外经贸部于每年3月底前将上年度出国办展情况报送国务院。

第七章 处罚措施

第三十二条 组展单位有如下行为之一且情节较轻的，贸促会给予通报批评：

（一）未经批准，出国办展；

（二）转让批件；

（三）借出国办展名义公费旅游；

（四）擅自增加展团人数或延长在外天数；

（五）侵犯参展企业利益；

（六）其他较轻的违规行为。

第三十三条 组展单位在筹展过程中出现严重违规行为的，贸促会可中止已批准的出国办展计划。

第三十四条 组展单位有如下行为之一的，贸促会暂停一年受理出国办展计划申请：

（一）未经批准出国办展，造成严重后果；

（二）涂改、倒卖批件或多次转让批件；

（三）严重违反外事和财经纪律，造成不良影响；

（四）侵犯参展企业利益，屡遭投诉；

（五）其他情节轻重的违规行为。

第三十五条 组展单位有如下行为之一的，外经贸部给予撤销出国办展资格的行政处罚：

（一）未经批准，多次出国办展；

（二）伪造批件或多次涂改、倒卖批件；

（三）在外严重损害我国对外形象；

（四）两年内多次受到贸促会处罚；

（五）其他严重违规行为。

第三十六条 对在出国办展中触犯法律的有关人员，依法追究法律责任。

第八章 附 则

第三十七条 本办法自印发之日起施行。过去施行的出国办展有关规定，与本办法不一致的，一律按本办法执行。

第三十八条 赴香港、澳门特别行政区和台湾省的办展计划，仍由外经贸部审批。

附 件

出国办展实行审批管理的国家

一、展览会集中举办国：德国、意大利、法国、英国、西班牙、瑞士、俄罗斯、以色列、阿联酋、日本、韩国、泰国、新加坡、埃及、南非、美国、巴西、澳大利亚。

二、未建交国家。

对 外 贸 易

中华人民共和国货物进出口管理条例

中华人民共和国国务院令

第332号

《中华人民共和国货物进出口管理条例》已经2001年10月31日国务院第46次常务会议通过，现予公布，自2002年1月1日起施行。

总理 朱镕基

2001年12月10日

第一章 总 则

第一条 为了规范货物进出口管理，维护货物进出口秩序，促进对外贸易健康发展，根据《中华人民共和国对外贸易法》（以下简称对外贸易法）的有关规定，制定本条例。

第二条 从事将货物进口到中华人民共和国关境内或者将货物出口到中华人民共和国关境外的贸易活动，应当遵守本条例。

第三条 国家对货物进出口实行统一的管理制度。

第四条 国家准许货物的自由进出口，依法维护公平、有序的货物进出口贸易。

除法律、行政法规明确禁止或者限制进出口的外，任何单位和个人均不得对货物进出口设置、维持禁止或者限制措施。

第五条 中华人民共和国在货物进出口贸易方面根据所缔结或者参加的国际条约、协定，给予其他缔约方、参加方最惠国待遇、国民待遇，或者根据互惠、对等原则给予对方最惠国待遇、国民待遇。

第六条 任何国家或者地区在货物进出口贸易方面对中华人民共和国采取歧视性的禁止、限制或者其他类似措施的，中华人民共和国可以根据实际情况对该国家或者地区采取相应的措施。

第七条 国务院对外经济贸易主管部门（以下简称国务院外经贸主管部门）依照对外贸易法和本条例的规定，主管全国货物进出口贸易工作。

国务院有关部门按照国务院规定的职责，依照本条例的规定负责货物进出口贸易管理的有关工作。

第二章 货物进口管理

第一节 禁止进口的货物

第八条 有对外贸易法第十七条规定情形之一的货物，禁止进口。其他法律、行政法规规定禁止进口的，依照其规定。

禁止进口的货物目录由国务院外经贸主管部门会同国务院有关部门制定、调整并公布。

第九条 属于禁止进口的货物，不得进口。

第二节 限制进口的货物

第十条 有对外贸易法第十六条第（一）、（四）、（五）、（六）、（七）项规定情形之一的货物，限制进口。其他法律、行政法规规定限制进口的，依照其规定。

限制进口的货物目录由国务院外经贸主管部门会同国务院有关部门制定、调整并公布。

限制进口的货物目录，应当至少在实施前21天公布；在紧急情况下，应当不迟于实施之日公布。

第十一条 国家规定有数量限制的限制进口货物，实行配额管理；其他限制进口货物，实行许可证管理。

实行关税配额管理的进口货物，依照本章第四节的规定执行。

第十二条 实行配额管理的限制进口货物，由国务院外经贸主管部门和国务院有关经济管理部门（以下统称进口配额管理部门）按照国务院规定的职责划分进行管理。

第十三条 对实行配额管理的限制进口货物，进口配额管理部门应当在每年7月31日前公布下一年度进口配额总量。

配额申请人应当在每年8月1日至8月31日向进口配额管理部门提出下一年度进口配额的申请。

进口配额管理部门应当在每年10月31日前将下一年度的配额分配给配额申请人。

进口配额管理部门可以根据需要对年度配额总量进行调整，并在实施前21天予以公布。

第十四条 配额可以按照对所有申请统一办理的方式分配。

第十五条 按照对所有申请统一办理的方式分配配额的，进口配额管理部门应当自规定的申请期限截止之日起60天内作出是否发放配额的决定。

第十六条 进口配额管理部门分配配额时，应当考虑下列因素：

（一）申请人的进口实绩；

（二）以往分配的配额是否得到充分使用；

（三）申请人的生产能力、经营规模、销售状况；

（四）新的进口经营者的申请情况；

（五）申请配额的数量情况；

（六）需要考虑的其他因素。

第十七条 进口经营者凭进口配额管理部门发放的配额证明，向海关办理报关验放手续。

国务院有关经济管理部门应当及时将年度配额总量、分配方案和配额证明实际发放的情况向国务院外经贸主管部门备案。

第十八条 配额持有者未使用完其持有的年度配额的，应当在当年9月1日前将未使用的配额交还进口配额管理部门；未按期交还并且在当年年底前未使用完的，进口配额管理部门可以在下一年度对其扣减相应的配额。

第十九条 实行许可证管理的限制进口货物，进口经营者应当向国务院外经贸主管部门或者国务院有关部门（以下统称进口许可证管理部门）提出申请。进口许可证管理部门应当自收到申请之日起30天内决定是否许可。

进口经营者凭进口许可证管理部门发放的进口许可证，向海关办理报关验放手续。

前款所称进口许可证，包括法律、行政法规规定的各种具有许可进口性质的证明、文件。

第二十条 进口配额管理部门和进口许可证管理部门应当根据本条例的规定制定具体管理办法，对申请人的资格、受理申请的部门、审查的原则和程序等事项作出明确规定并在实施前予以公布。

受理申请的部门一般为一个部门。

进口配额管理部门和进口许可证管理部门要求申请人提交的文件，应当限于为保证实施管理所必需的文件和资料，不得仅因细微的、非实质性的错讹拒绝接受申请。

第三节 自由进口的货物

第二十一条 进口属于自由进口的货物，不受限制。

第二十二条 基于监测货物进口情况的需要，国务院外经贸主管部门和国务院有关经济管理部门可以按照国务院规定的职责划分，对部分属于自由进口的货物实行自动进口许可管理。

实行自动进口许可管理的货物目录，应当至少在实施前21天公布。

第二十三条 进口属于自动进口许可管理的货物，均应当给予许可。

第二十四条 进口属于自动进口许可管理的货物，进口经营者应当在办理海关报关手续前，向国务院外经贸主管部门或者国务院有关经济管理部门提交自动进口许可申请。

国务院外经贸主管部门或者国务院有关经济管理部门应当在收到申请后，立即发放自动进口许可证明；在特殊情况下，最长不得超过10天。

进口经营者凭国务院外经贸主管部门或者国务院有关经济管理部门发放的自动进口许可证明，向海关办理报关验放手续。

第四节 关税配额管理的货物

第二十五条 实行关税配额管理的进口货物目录，由国务院外经贸主管部门会同国务院有关经济管理部门制定、调整并公布。

第二十六条 属于关税配额内进口的货物，按照配额内税率缴纳关税；属于关税配额外进口的货物，按照配额外税率缴纳关税。

第二十七条 进口配额管理部门应当在每年9月15日至10月14日公布下一年度的关税配额总量。

配额申请人应当在每年10月15日至10月30日向进口配额管理部门提出关税配额的申请。

第二十八条 关税配额可以按照对所有申请统一办理的方式分配。

第二十九条 按照对所有申请统一办理的方式分配关税配额的，进口配额管理部门应当在每年12月31日前作出是否发放配额的决定。

第三十条 进口经营者凭进口配额管理部门发放的关税配额证明，向海关办理关税配额内货物的报关验放手续。

国务院有关经济管理部门应当及时将年度关税配额总量、分配方案和关税配额证明实际发放的情况向国务院外经贸主管部门备案。

第三十一条 关税配额持有者未使用完其持有的年度配额的，应当在当年9月15日前将未使用的配额交还进口配额管理部门；未按期交还并且在当年年底前未使用完的，进口配额管理部门可以在下一年度对其扣减相应的配额。

第三十二条 进口配额管理部门应当根据本条例的规定制定有关关税配额的具体管理办法，对申请人的资格、受理申请的部门、审查的原则和程序等事项作出明确规定并在实施前予以公布。

受理申请的部门一般为一个部门。

进口配额管理部门要求关税配额申请人提交的文件，应当限于为保证实施关税配额管理所必需的文件和资料，不得仅因细微的、非实质性的错讹拒绝接受关税配额申请。

第三章 货物出口管理

第一节 禁止出口的货物

第三十三条 有对外贸易法第十七条规定情形之一的货物，禁止出口。其他法律、行政法规规定禁止出口的，依照其规定。

禁止出口的货物目录由国务院外经贸主管部门会同国务院有关部门制定、调整并公布。

第三十四条 属于禁止出口的货物，不得出口。

第二节 限制出口的货物

第三十五条 有对外贸易法第十六条第（一）、（二）、（三）、（七）项规定情形之一的货物，限制出口。其他法律、行政法规规定限制出口的，依照其规定。

限制出口的货物目录由国务院外经贸主管部门会同国务院有关部门制定、调整并公布。

限制出口的货物目录，应当至少在实施前21天公布；在紧急情况下，应当不迟于实施之日公布。

第三十六条 国家规定有数量限制的限制出口货物，实行配额管理；其他限制出口货物，实行许可证管理。

第三十七条 实行配额管理的限制出口货物，由国务院外经贸主管部门和国务院有关经济管理部门（以下统称出口配额管理部门）按照国务院规定的职责划分进行管理。

第三十八条 对实行配额管理的限制出口货物，出口配额管理部门应当在每年10月31日前公布下一年度出口配额总量。

配额申请人应当在每年11月1日至11月15日向出口配额管理部门提出下一年度出口配额的申请。

出口配额管理部门应当在每年12月15日前将下一年度的配额分配给配额申请人。

第三十九条 配额可以通过直接分配的方式分配，也可以通过招标等方式分配。

第四十条 出口配额管理部门应当自收到申请之日起30天内并不晚于当年12月15日作出是否发放配额的决定。

第四十一条 出口经营者凭出口配额管理部门发放的配额证明，向海关办理报关验放手续。

国务院有关经济管理部门应当及时将年度配额总量、分配方案和配额证明实际发放的情况向国务院外经贸主管部门备案。

第四十二条 配额持有者未使用完其持有的年度配额的，应当在当年10月31日前将未使用的配额交还出口配额管理部门；未按期交还并且在当年年底前未使用完的，出口配额管理部门可以在下一年度对其扣减相应的配额。

第四十三条 实行许可证管理的限制出口货物，出口经营者应当向国务院外经贸主管部门或者国务院有关部门（以下统称出口许可证管理部门）提出申请，出口许可证管理部门应当自收到申请之日起30天内决定是否许可。

出口经营者凭出口许可证管理部门发放的出口许可证，向海关办理报关验放手续。

前款所称出口许可证，包括法律、行政法规规定的各种具有许可出口性质的证明、文件。

第四十四条 出口配额管理部门和出口许可证管理部门应当根据本条例的规定制定具体管理办法，对申请人的资格、受理申请的部门、审查的原则和程序等事项作出明确规定并在实施前予以公布。

受理申请的部门一般为一个部门。

出口配额管理部门和出口许可证管理部门要求申请人提交的文件，应当限于为保证实施管理所必需的文件和资料，不得仅因细微的、非实质性的错讹拒绝接受申请。

第四章 国营贸易和指定经营

第四十五条 国家可以对部分货物的进出口实行国营贸易管理。

实行国营贸易管理的进出口货物目录由国务院外经贸主管部门会同国务院有关经济管理部门制定、调整并公布。

第四十六条 国务院外经贸主管部门和国务院有关经济管理部门按照国务院规定的职责划分确定国营贸易企业名录并予以公布。

第四十七条 实行国营贸易管理的货物，国家允许非国营贸易企业从事部分数量的进出口。

第四十八条 国营贸易企业应当每半年向国务院外经贸主管部门提供实行国营贸易管理的货物的购买价格、销售价格等有关信息。

第四十九条 国务院外经贸主管部门基于维护进出口经营秩序的需要，可以在一定期限内对部分货物实行指定经营管理。

实行指定经营管理的进出口货物目录由国务院外经贸主管部门制定、调整并公布。

第五十条 确定指定经营企业的具体标准和程序，由国务院外经贸主管部门制定并在实施前公布。

指定经营企业名录由国务院外经贸主管部门公布。

第五十一条 除本条例第四十七条规定的情形外，未列入国营贸易企业名录和指定经营企业名录的企业或者其他组织，不得从事实行国营贸易管理、指定经营管理的货物的进出口贸易。

第五十二条 国营贸易企业和指定经营企业应当根据正常的商业条件从事经营活动，不得以非商业因素选择供应商，不得以非商业因素拒绝其他企业或者组织的委托。

第五章 进出口监测和临时措施

第五十三条 国务院外经贸主管部门负责对货物进出口情况进行监测、评估，并定期向国务院报告货物进出口情况，提出建议。

第五十四条 国家为维护国际收支平衡，包括国际收支发生严重失衡或者受到严重失衡威胁时，或者为维持与实施经济发展计划相适应的外汇储备水平，可以对进口货物的价值或者数量采取临时限制措施。

第五十五条 国家为建立或者加快建立国内特定产业，在采取现有措施无法实现的情况下，可以采取限制或者禁止进口的临时措施。

第五十六条 国家为执行下列一项或者数项措施，必要时可以对任何形式的农产品水产品采取限制进口的临时措施：

（一）对相同产品或者直接竞争产品的国内生产或者销售采取限制措施；

（二）通过补贴消费的形式，消除国内过剩的相同产品或者直接竞争产品；

（三）对完全或者主要依靠该进口农产品水产品形成的动物产品采取限产措施。

第五十七条 有下列情形之一的，国务院外经贸主管部门可以对特定货物的出口采取限制或者禁止的临时措施：

（一）发生严重自然灾害等异常情况，需要限制或者禁止出口的；

（二）出口经营秩序严重混乱，需要限制出口的；

（三）依照对外贸易法第十六条、第十七条的规定，需要限制或者禁止出口的。

第五十八条 对进出口货物采取限制或者禁止的临时措施的，国务院外经贸主管部门应当在实施前予以公告。

第六章 对外贸易促进

第五十九条 国家采取出口信用保险、出口信贷、出口退税、设立外贸发展基金等措施，促进对外贸易发展。

第六十条 国家采取有效措施，促进企业的技术创新和技术进步，提高企业的国际竞争能力。

第六十一条 国家通过提供信息咨询服务，帮助企业开拓国际市场。

第六十二条 货物进出口经营者可以依法成立和参加进出口商会，实行行业自律和协调。

第六十三条 国家鼓励企业积极应对国外歧视性反倾销、反补贴、保障措施及其他限制措施，维护企业的正当贸易权利。

第七章 法律责任

第六十四条 进口或者出口属于禁止进出口的货物，或者未经批准、许可擅自进口或者出口属于限制进出口的货物的，依照刑法关于走私罪的规定，依法追究刑事责任；尚不够刑事处罚的，依照海关法的有关规定处罚；国务院外经贸主管部门并可以撤销其对外贸易经营许可。

第六十五条 擅自超出批准、许可的范围进口或者出口属于限制进出口的货物的，依照刑法关于走私罪或者非法经营罪的规定，依法追究刑事责任；尚不够刑事处罚的，依照海关法的有关规定处罚；国务院外经贸主管部门并可以暂停直至撤销其对外贸易经营许可。

第六十六条 伪造、变造或者买卖货物进出口配额证明、批准文件、许可证或者自动进口许可证明的，依照刑法关于非法经营罪或者伪造、变造、买卖国家机关公文、证件、印章罪的规定，依法追究刑事责任；尚不够刑事处罚的，依照海关法的有关规定处罚；国务院外经贸主管部门并可以撤销其对外贸易经营许可。

第六十七条 进出口经营者以欺骗或者其他不正当手段获取货物进出口配额、批准文件、许可证或者自动进口许可证明的，依法收缴其货物进出口配额、批准文件、许可证或者自动进口许可证明，国务院外经贸主管部门可以暂停直至撤销其对外贸易经营许可。

第六十八条 违反本条例第五十一条规定，擅自从事实行国营贸易管理或者指定经营管理的货物进出口贸易，扰乱市场秩序，情节严重的，依照刑法关于非法经营罪的规定，依法追究刑事责任；尚不够刑事处罚的，由工商行政管理机关依法给予行政处罚；国务院外经贸主管部门并可以暂停直至撤销其对外贸易经营许可。

第六十九条 国营贸易企业或者指定经营企业违反本条例第四十八条、第五十二条规定的，由国务院外经贸主管部门予以警告；情节严重的，可以暂停直至取消其国营贸易企业或者指定经营企业资格。

第七十条 货物进出口管理工作人员在履行货物进出口管理职责中，滥用职权、玩忽职守或者利用职务上的便利收受、索取他人财物的，依照刑法关于滥用职权罪、玩忽职守罪、受贿罪或者其他罪的规定，依法追究刑事责任；尚不够刑事处罚的，依法给予行政处分。

第八章 附 则

第七十一条 对本条例规定的行政机关发放配额、关税配额、许可证或者自动许可证明的决定不服的，对确定国营贸易企业或者指定经营企业资格的决定不服的，或者对行政处罚的决定不服的，可以依法申请行政复议，也可以依法向人民法院提起诉讼。

第七十二条 本条例的规定不妨碍依据法律、行政法规对进出口货物采取的关税、检验检疫、安全、环保、知识产权保护等措施。

第七十三条 出口核用品、核两用品、监控化学品、军品等出口管制货物的，依照有关行政法规的规定办理。

第七十四条 对进口货物需要采取反倾销措施、反补贴措施、保障措施的，依照对外贸易法和有关法律、行政法规的规定执行。

第七十五条 法律、行政法规对保税区、出口加工区等特殊经济区的货物进出口管理另有规定的，依照其规定。

第七十六条 国务院外经贸主管部门负责有关货物进出口贸易的双边或者多边磋商、谈判，并负责贸易争端解决的有关事宜。

第七十七条 本条例自2002年1月1日起施行。1984年1月10日国务院发布的《中华人民共和国进口货物许可制度暂行条例》，1992年12月21日国务院批准、1992年12月29日对外经济贸易部发布的《出口商品管理暂行办法》，1993年9月22日国务院批准、1993年10月7日国家经济贸易委员会、对外贸易经济合作部发布的《机电产品进口管理暂行办法》，1993年12月22日国务院批准、1993年12月29日国家计划委员会、对外贸易经济合作部发布的《一般商品进口配额管理暂行办法》，1994年6月13日国务院批准、1994年7月19日对外贸易经济合作部、国家计划委员会发布的《进口商品经营管理暂行办法》，同时废止。

中华人民共和国技术进出口管理条例

中华人民共和国国务院令

第331号

《中华人民共和国技术进出口管理条例》已经2001年10月31日国务院第46次常务会议通过，现予公布，自2002年1月1日起施行。

总理 朱镕基

2001年12月10日

第一章 总 则

第一条 为了规范技术进出口管理，维护技术进出口秩序，促进国民经济和社会发展，根据《中华人民共和国对外贸易法》（以下简称对外贸易法）及其他有关法律的有关规定，制定本条例。

第二条 本条例所称技术进出口，是指从中华人民共和国境外向中华人民共和国境内，或者从中华人民共和国境内向中华人民共和国境外，通过贸易、投资或者经济技术合作的方式转移技术的行为。

前款规定的行为包括专利权转让、专利申请权转让、专利实施许可、技术秘密转让、技术服务和其他方式的技术转移。

第三条 国家对技术进出口实行统一的管理制度，依法维护公平、自由的技术进出口秩序。

第四条 技术进出口应当符合国家的产业政策、科技政策和社会发展政策，有利于促进我国科技进步和对外经济技术合作的发展，有利于维护我国经济技术权益。

第五条 国家准许技术的自由进出口；但是，法律、行政法规另有规定的除外。

第六条 国务院对外经济贸易主管部门（以下简称国务院外经贸主管部门）依照对外贸易法和本条例的规定，负责全国的技术进出口管理工作。省、自治区、直辖市人民政府外经贸主管部门根据国务院外经贸主管部门的授权，负责本行政区域内的技术进出口管理工作。

国务院有关部门按照国务院的规定，履行技术进出口项目的有关管理职责。

第二章 技术进口管理

第七条 国家鼓励先进、适用的技术进口。

第八条 有对外贸易法第十六条、第十七条规定情形之一的技术，禁止或者限制进口。

国务院外经贸主管部门会同国务院有关部门，制定、调整并公布禁止或者限制进口的技术目录。

第九条 属于禁止进口的技术，不得进口。

第十条 属于限制进口的技术，实行许可证管理；未经许可，不得进口。

第十一条 进口属于限制进口的技术，应当向国务院外经贸主管部门提出技术进口申请并附有关文件。

技术进口项目需经有关部门批准的，还应当提交有关部门的批准文件。

第十二条 国务院外经贸主管部门收到技术进口申请后，应当会同国务院有关部门对申请进行审查，并自收到申请之日起30个工作日内作出批准或者不批准的决定。

第十三条 技术进口申请经批准的，由国务院外经贸主管部门发给技术进口许可意向书。

进口经营者取得技术进口许可意向书后，可以对外签订技术进口合同。

第十四条 进口经营者签订技术进口合同后，应当向国务院外经贸主管部门提交技术进口合同副本及有关文件，申请技术进口许可证。

国务院外经贸主管部门对技术进口合同的真实性进行审查，并自收到前款规定的文件之日起10个工作日内，对技术进口作出许可或者不许可的决定。

第十五条 申请人依照本条例第十一条的规定向国务院外经贸主管部门提出技术进口申请时，可以一并提交已经签订的技术进口合同副本。

国务院外经贸主管部门应当依照本条例第十二条和第十四条的规定对申请及其技术进口合同的真实性一并进行审查，并自收到前款规定的文件之日起40个工作日内，对技术进口作出许可或者不许可的决定。

第十六条 技术进口经许可的，由国务院外经贸主管部门颁发技术进口许可证。技术进口合同自技术进口许可证颁发之日起生效。

第十七条 对属于自由进口的技术，实行合同登记管理。

进口属于自由进口的技术，合同自依法成立时生效，不以登记为合同生效的条件。

第十八条 进口属于自由进口的技术，应当向国务院外经贸主管部门办理登记，并提交下列文件：

（一）技术进口合同登记申请书；

（二）技术进口合同副本；

（三）签约双方法律地位的证明文件。

第十九条 国务院外经贸主管部门应当自收到本条例第十八条规定的文件之日起3个工作日内，对技术进口合同进行登记，颁发技术进口合同登记证。

第二十条 申请人凭技术进口许可证或者技术进口合同登记证，办理外汇、银行、税务、海关等相关手续。

第二十一条 依照本条例的规定，经许可或者登记的技术进口合同，合同的主要内容发生变更的，应当重新办理许可或者登记手续。

经许可或者登记的技术进口合同终止的，应当及时向国务院外经贸主管部门备案。

第二十二条 设立外商投资企业，外方以技术作为投资的，该技术的进口，应当按照外商投资企业设立审批的程序进行审查或者办理登记。

第二十三条 国务院外经贸主管部门和有关部门及其工作人员在履行技术进口管理职责中，对所知悉的商业秘密负有保密义务。

第二十四条 技术进口合同的让与人应当保证自己是所提供技术的合法拥有者或者有权转让、许可者。

技术进口合同的受让人按照合同约定使用让与人提供的技术，被第三方指控侵权的，受让人应当立即通知让与人；让与人接到通知后，应当协助受让人排除妨碍。

技术进口合同的受让人按照合同约定使用让与人提供的技术，侵害他人合法权益的，由让与人承担责任。

第二十五条 技术进口合同的让与人应当保证所提供的技术完整、无误、有效，能够达到约定的技术目标。

第二十六条 技术进口合同的受让人、让与人应当在合同约定的保密范围和保密期限内，对让与人提供的技术中尚未公开的秘密部分承担保密义务。

在保密期限内，承担保密义务的一方在保密技术非因自己的原因被公开后，其承担的保密义务即予终止。

第二十七条 在技术进口合同有效期内，改进技术的成果属于改进方。

第二十八条 技术进口合同期满后，技术让与人和受让人可以依照公平合理的原则，就技术的继续使用进行协商。

第二十九条 技术进口合同中，不得含有下列限制性条款：

（一）要求受让人接受并非技术进口必不可少的附带条件，包括购买非必需的技术、原材料、产品、设备或者服务；

（二）要求受让人为专利权有效期限届满或者专利权被宣布无效的技术支付使用费或者承担相关义务；

（三）限制受让人改进让与人提供的技术或者限制受让人使用所改进的技术；

（四）限制受让人从其他来源获得与让与人提供的技术类似的技术或者与其竞争的技术；

（五）不合理地限制受让人购买原材料、零部件、产品或者设备的渠道或者来源；

（六）不合理地限制受让人产品的生产数量、品种或者销售价格；

（七）不合理地限制受让人利用进口的技术生产产品的出口渠道。

第三章　技术出口管理

第三十条 国家鼓励成熟的产业化技术出口。

第三十一条 有对外贸易法第十六条、第十七条规定情形之一的技术，禁止或者限制出口。

国务院外经贸主管部门会同国务院有关部门，制定、调整并公布禁止或者限制出口的技术目录。

第三十二条 属于禁止出口的技术，不得出口。

第三十三条 属于限制出口的技术，实行许可证管理；未经许可，不得出口。

第三十四条 出口属于限制出口的技术，应当向国务院外经贸主管部门提出申请。

第三十五条 国务院外经贸主管部门收到技术出口申请后，应当会同国务院科技管理部门对申请出口的技术进行审查，并自收到申请之日起30个工作日内作出批准或者不批准的决定。

限制出口的技术需经有关部门进行保密审查的，按照国家有关规定执行。

第三十六条 技术出口申请经批准的，由国务院外经贸主管部门发给技术出口许可意向书。

申请人取得技术出口许可意向书后，方可对外进行实质性谈判，签订技术出口合同。

第三十七条 申请人签订技术出口合同后，应当向国务院外经贸主管部门提交下列文件，申请技术出口许可证：

（一）技术出口许可意向书；

（二）技术出口合同副本；

（三）技术资料出口清单；

（四）签约双方法律地位的证明文件。

国务院外经贸主管部门对技术出口合同的真实性进行审查，并自收到前款规定的文件之日起15个工作日内，对技术出口作出许可或者不许可的决定。

第三十八条 技术出口经许可的，由国务院外经贸主管部门颁发技术出口许可证。技术出口合同自技术出口许可证颁发之日起生效。

第三十九条 对属于自由出口的技术，实行合同登记管理。

出口属于自由出口的技术，合同自依法成立时生效，不以登记为合同生效的条件。

第四十条 出口属于自由出口的技术，应当向国务院外经贸主管部门办理登记，并提交下列文件：

（一）技术出口合同登记申请书；

（二）技术出口合同副本；

（三）签约双方法律地位的证明文件。

第四十一条 国务院外经贸主管部门应当自收到本条例第四十条规定的文件之日起3个工作日内，对技术出口合同进行登记，颁发技术出口合同登记证。

第四十二条 申请人凭技术出口许可证或者技术出口合同登记证办理外汇、银行、税务、海关等相关手续。

第四十三条 依照本条例的规定，经许可或者登记的技术出口合同，合同的主要内容发生变更的，应当重新办理许可或者登记手续。

经许可或者登记的技术出口合同终止的，应当及时向国务院外经贸主管部门备案。

第四十四条 国务院外经贸主管部门和有关部门及其工作人员在履行技术出口管理职责中，对国家秘密和所知悉的商业秘密负有保密义务。

第四十五条 出口核技术、核两用品相关技术、监控化学品生产技术、军事技术等出口管制技术的，依照有关行政法规的规定办理。

第四章 法律责任

第四十六条 进口或者出口属于禁止进出口的技术的，或者未经许可擅自进口或者出口属于限制进出口的技术的，依照刑法关于走私罪、非法经营罪、泄露国家秘密罪或者其他罪的规定，依法追究刑事责任；尚不够刑事处罚的，区别不同情况，依照海关法的有关规定处罚，或者由国务院外经贸主管部门给予警告，没收违法所得，处违法所得1倍以上5倍以下的罚款；国务院外经贸主管部门并可以撤销其对外贸易经营许可。

第四十七条 擅自超出许可的范围进口或者出口属于限制进出口的技术的，依照刑法关于非法经营罪或者其他罪的规定，依法追究刑事责任；尚不够刑事处罚的，区别不同情况，依照海关法的有关规定处罚，或者由国务院外经贸主管部门给予警告，没收违法所得，处违法所得1倍以上3倍以下的罚款；国务院外经贸主管部门并可以暂停直至撤销其对外贸易经营许可。

第四十八条 伪造、变造或者买卖技术进出口许可证或者技术进出口合同登记证的，依照刑法关于非法经营罪或者伪造、变造、买卖国家机关公文、证件、印章罪的规定，依法追究刑事责任；尚不够刑事处罚的，依照海关法的有关规定处罚；国务院外经贸主管部门并可以撤销其对外贸易经营许可。

第四十九条 以欺骗或者其他不正当手段获取技术进出口许可的，由国务院外经贸主管部门吊销其技术进出口许可证，暂停直至撤销其对外贸易经营许可。

第五十条 以欺骗或者其他不正当手段获取技术进出口合同登记的，由国务院外经贸主管部门吊销其技术进出口合同登记证，暂停直至撤销其对外贸易经营许可。

第五十一条 技术进出口管理工作人员违反本条例的规定，泄露国家秘密或者所知悉的商业秘密的，依照刑法关于泄露国家秘密罪或者侵犯商业秘密罪的规定，依法追究刑事责任；尚不够刑事处罚的，依法给予行政处分。

第五十二条 技术进出口管理工作人员滥用职权、玩忽职守或者利用职务上的便利收受、索取他人财物的，依照刑法关于滥用职权罪、玩忽职守罪、受贿罪或者其他罪的规定，依法追究刑事责任；尚不够刑事处罚的，依法给予行政处分。

第五章 附 则

第五十三条 对国务院外经贸主管部门作出的有关技

术进出口的批准、许可、登记或者行政处罚决定不服的，可以依法申请行政复议，也可以依法向人民法院提起诉讼。

第五十四条 本条例公布前国务院制定的有关技术进出口管理的规定与本条例的规定不一致的，以本条例为准。

第五十五条 本条例自2002年1月1日起施行。1985年5月24日国务院发布的《中华人民共和国技术引进合同管理条例》和1987年12月30日国务院批准、1988年1月20日对外经济贸易部发布的《中华人民共和国技术引进合同管理条例施行细则》同时废止。

中华人民共和国反倾销条例

中华人民共和国国务院令

第328号

《中华人民共和国反倾销条例》已经2001年10月31日国务院第46次常务会议通过，现予公布，自2002年1月1日起施行。

总理 朱镕基

2001年11月26日

第一章 总 则

第一条 为了维护对外贸易秩序和公平竞争，根据《中华人民共和国对外贸易法》的有关规定，制定本条例。

第二条 进口产品以倾销方式进入中华人民共和国市场，并对已经建立的国内产业造成实质损害或者产生实质损害威胁，或者对建立国内产业造成实质阻碍的，依照本条例的规定进行调查，采取反倾销措施。

第二章 倾销与损害

第三条 倾销，是指在正常贸易过程中进口产品以低于其正常价值的出口价格进入中华人民共和国市场。

对倾销的调查和确定，由对外贸易经济合作部（以下简称外经贸部）负责。

第四条 进口产品的正常价值，应当区别不同情况，按照下列方法确定：

（一）进口产品的同类产品，在出口国（地区）国内市场的正常贸易过程中有可比价格的，以该可比价格为正常价值；

（二）进口产品的同类产品，在出口国（地区）国内市场的正常贸易过程中没有销售的，或者该同类产品的价格、数量不能据以进行公平比较的，以该同类产品出口到一个适当第三国（地区）的可比价格或者以该同类产品在原产国（地区）的生产成本加合理费用、利润，为正常价值。

进口产品不直接来自原产国（地区）的，按照前款第（一）项规定确定正常价值；但是，在产品仅通过出口国（地区）转运、产品在出口国（地区）无生产或者在出口国（地区）中不存在可比价格等情形下，可以以该同类产品在原产国（地区）的价格为正常价值。

第五条 进口产品的出口价格，应当区别不同情况，按照下列方法确定：

（一）进口产品有实际支付或者应当支付的价格的，以该价格为出口价格；

（二）进口产品没有出口价格或者其价格不可靠的，以根据该进口产品首次转售给独立购买人的价格推定的价格为出口价格；但是，该进口产品未转售给独立购买人或者未按进口时的状态转售的，可以以外经贸部根据合理基础推定的价格为出口价格。

第六条 进口产品的出口价格低于其正常价值的幅度，为倾销幅度。

对进口产品的出口价格和正常价值，应当考虑影响价格的各种可比性因素，按照公平、合理的方式进行比较。

倾销幅度的确定，应当将加权平均正常价值与全部可比出口交易的加权平均价格进行比较，或者将正常价值与出口价格在逐笔交易的基础上进行比较。

出口价格在不同的购买人、地区、时期之间存在很大差异，按照前款规定的方法难以比较的，可以将加权平均正常价值与单一出口交易的价格进行比较。

第七条 损害，是指倾销对已经建立的国内产业造成实质损害或者产生实质损害威胁，或者对建立国内产业造成实质阻碍。

对损害的调查和确定，由国家经济贸易委员会（以下简称国家经贸委）负责；其中，涉及农产品的反倾销国内产业损害调查，由国家经贸委会同农业部进行。

第八条 在确定倾销对国内产业造成的损害时，应当审查下列事项：

（一）倾销进口产品的数量，包括倾销进口产品的绝对数量或者相对于国内同类产品生产或者消费的数量是否大量增加，或者倾销进口产品大量增加的可能性；

（二）倾销进口产品的价格，包括倾销进口产品的价格削减或者对国内同类产品的价格产生大幅度抑制、压低等影响；

（三）倾销进口产品对国内产业的相关经济因素和指标的影响；

（四）倾销进口产品的出口国（地区）、原产国（地区）的生产能力、出口能力，被调查产品的库存情况；

（五）造成国内产业损害的其他因素。

对实质损害威胁的确定，应当依据事实，不得仅依据指控、推测或者极小的可能性。

在确定倾销对国内产业造成的损害时，应当依据肯定性证据，不得将造成损害的非倾销因素归因于倾销。

第九条 倾销进口产品来自两个以上国家（地区），并且同时满足下列条件的，可以就倾销进口产品对国内产业造成的影响进行累积评估：

（一）来自每一国家（地区）的倾销进口产品的倾销幅度不小于2%，并且其进口量不属于可忽略不计的；

（二）根据倾销进口产品之间以及倾销进口产品与国内同类产品之间的竞争条件，进行累积评估是适当的。

可忽略不计，是指来自一个国家（地区）的倾销进口产品的数量占同类产品总进口量的比例低于3%；但是，低于3%的若干国家（地区）的总进口量超过同类产品总进口量7%的除外。

第十条 评估倾销进口产品的影响，应当针对国内同类产品的生产进行单独确定；不能针对国内同类产品的生产进行单独确定的，应当审查包括国内同类产品在内的最窄产品组或者范围的生产。

第十一条 国内产业，是指中华人民共和国国内同类产品的全部生产者，或者其总产量占国内同类产品全部总产量的主要部分的生产者；但是，国内生产者与出口经营者或者进口经营者有关联的，或者其本身为倾销进口产品的进口经营者的，可以排除在国内产业之外。

在特殊情形下，国内一个区域市场中的生产者，在该市场中销售其全部或者几乎全部的同类产品，并且该市场中同类产品的需求主要不是由国内其他地方的生产者供给的，可以视为一个单独产业。

第十二条 同类产品，是指与倾销进口产品相同的产品；没有相同产品的，以与倾销进口产品的特性最相似的产品为同类产品。

第三章 反倾销调查

第十三条 国内产业或者代表国内产业的自然人、法人或者有关组织（以下统称申请人），可以依照本条例的规定向外经贸部提出反倾销调查的书面申请。

第十四条 申请书应当包括下列内容：

（一）申请人的名称、地址及有关情况；

（二）对申请调查的进口产品的完整说明，包括产品名称、所涉及的出口国（地区）或者原产国（地区）、已知的出口经营者或者生产者、产品在出口国（地区）或者原产国（地区）国内市场消费时的价格信息、出口价格信息等；

（三）对国内同类产品生产的数量和价值的说明；

（四）申请调查进口产品的数量和价格对国内产业的影响；

（五）申请人认为需要说明的其他内容。

第十五条 申请书应当附具下列证据：

（一）申请调查的进口产品存在倾销；

（二）对国内产业的损害；

（三）倾销与损害之间存在因果关系。

第十六条 外经贸部应当自收到申请人提交的申请书及有关证据之日起60天内，对申请是否由国内产业或者代表国内产业提出、申请书内容及所附具的证据等进行审查，经商国家经贸委后，决定立案调查或者不立案调查。

在决定立案调查前，应当通知有关出口国（地区）政府。

第十七条 在表示支持申请或者反对申请的国内产业中，支持者的产量占支持者和反对者的总产量的50%以上的，应当认定申请是由国内产业或者代表国内产业提出，可以启动反倾销调查；但是，表示支持申请的国内生产者的产量不足国内同类产品总产量的25%的，不得启动反倾销调查。

第十八条 在特殊情形下，外经贸部没有收到反倾销调查的书面申请，但有充分证据认为存在倾销和损害以及二者之间有因果关系的，经商国家经贸委后，可以决定立案调查。

外经贸部和国家经贸委，以下统称调查机关

第十九条 立案调查的决定，由外经贸部予以公告，并通知申请人、已知的出口经营者和进口经营者、出口国（地区）政府以及其他有利害关系的组织、个人（以下统称利害关系方）。

立案调查的决定一经公告，外经贸部应当将申请书文本提供给已知的出口经营者和出口国（地区）政府。

第二十条 调查机关可以采用问卷、抽样、听证会、现场核查等方式向利害关系方了解情况，进行调查。

调查机关应当为有关利害关系方提供陈述意见和论据的机会。

外经贸部认为必要时，可以派出工作人员赴有关国家（地区）进行调查；但是，有关国家（地区）提出异议的除外。

第二十一条 调查机关进行调查时，利害关系方应当如实反映情况，提供有关资料。利害关系方不如实反映情况、提供有关资料的，或者没有在合理时间内提供必要信息的，或者以其他方式严重妨碍调查的，调查机关可以根据已经获得的事实和可获得的最佳信息作出裁定。

第二十二条 利害关系方认为其提供的资料泄露后将产生严重不利影响的，可以向调查机关申请对该资料按保密资料处理。

调查机关认为保密申请有正当理由的，应当对利害关系方提供的资料按保密资料处理，同时要求利害关系方提供一份非保密的该资料概要。

按保密资料处理的资料，未经提供资料的利害关系方同意，不得泄露。

第二十三条 调查机关应当允许申请人和利害关系方查阅本案有关资料；但是，属于按保密资料处理的除外。

第二十四条 外经贸部、国家经贸委根据调查结果，分别就倾销、损害作出初裁决定，并就二者之间的因果关系是否成立作出初裁决定，由外经贸部予以公告。

第二十五条 初裁决定确定倾销、损害以及二者之间的因果关系成立的，外经贸部、国家经贸委应当对倾销及倾销幅度、损害及损害程度继续进行调查，并根据调查结果分别作出终裁决定，由外经贸部予以公告。

在作出终裁决定前，应当由外经贸部将终裁决定所依据的基本事实通知所有已知的利害关系方。

第二十六条 反倾销调查，应当自立案调查决定公告之日起12个月内结束；特殊情况下可以延长，但延长期不得超过6个月。

第二十七条 有下列情形之一的，反倾销调查应当终止，并由外经贸部予以公告：

（一）申请人撤销申请的；

（二）没有足够证据证明存在倾销、损害或者二者之间有因果关系的；

（三）倾销幅度低于2%的；

（四）倾销进口产品实际或者潜在的进口量或者损害属于可忽略不计的；

（五）外经贸部和国家经贸委共同认为不适宜继续进行反倾销调查的。

来自一个或者部分国家（地区）的被调查产品有前款第（二）、（三）、（四）项所列情形之一的，针对所涉产品的反倾销调查应当终止。

第四章 反倾销措施

第一节 临时反倾销措施

第二十八条 初裁决定确定倾销成立，并由此对国内产业造成损害的，可以采取下列临时反倾销措施：

（一）征收临时反倾销税；

（二）要求提供现金保证金、保函或者其他形式的担保。

临时反倾销税税额或者提供的现金保证金、保函或者其他形式担保的金额，应当不超过初裁决定确定的倾销幅度。

第二十九条 征收临时反倾销税，由外经贸部提出建议，国务院关税税则委员会根据外经贸部的建议作出决定，由外经贸部予以公告。要求提供现金保证金、保函或者其他形式的担保，由外经贸部作出决定并予以公告。海关自公告规定实施之日起执行。

第三十条 临时反倾销措施实施的期限，自临时反倾销措施决定公告规定实施之日起，不超过4个月；在特殊情形下，可以延长至9个月。

自反倾销立案调查决定公告之日起60天内，不得采取临时反倾销措施。

第二节 价格承诺

第三十一条 倾销进口产品的出口经营者在反倾销调查期间，可以向外经贸部作出改变价格或者停止以倾销价格出口的价格承诺。

外经贸部可以向出口经营者提出价格承诺的建议。

调查机关不得强迫出口经营者作出价格承诺。

第三十二条 出口经营者不作出价格承诺或者不接受价格承诺的建议的，不妨碍对反倾销案件的调查和确定。出口经营者继续倾销进口产品的，调查机关有权确定损害威胁更有可能出现。

第三十三条 外经贸部认为出口经营者作出的价格承诺能够接受的，经商国家经贸委后，可以决定中止或者终止反倾销调查，不采取临时反倾销措施或者征收反倾销税。中止或者终止反倾销调查的决定由外经贸部予以公告。

外经贸部不接受价格承诺的，应当向有关出口经营者说明理由。

调查机关对倾销以及由倾销造成的损害作出肯定的初裁决定前，不得寻求或者接受价格承诺。

第三十四条 依照本条例第三十三条第一款规定中止或者终止反倾销调查后，应出口经营者请求或者调查机关认为有必要，调查机关可以对倾销和损害继续进行调查。

根据前款调查结果，作出倾销或者损害的否定裁定的，价格承诺自动失效；作出倾销或者损害的肯定裁定的，价格承诺继续有效。

第三十五条 外经贸部可以要求出口经营者定期提供履行其价格承诺的有关情况、资料，并予以核实。

第三十六条 出口经营者违反其价格承诺的，外经贸部经商国家经贸委后，依照本条例的规定，可以立即决定恢复反倾销调查；根据可获得的最佳信息，可以决定采取临时反倾销措施，并可以对实施临时反倾销措施前90天内进口的产品追溯征收反倾销税，但违反价格承诺前进口的产品除外。

第三节 反倾销税

第三十七条 终裁决定确定倾销成立，并由此对国内产业造成损害的，可以征收反倾销税。

第三十八条 征收反倾销税，由外经贸部提出建议，国务院关税税则委员会根据外经贸部的建议作出决定，由外经贸部予以公告。海关自公告规定实施之日起执行。

第三十九条 反倾销税适用于终裁决定公告之日后进口的产品，但属于本条例第三十六条、第四十三条、第四十四条规定的情形除外。

第四十条 反倾销税的纳税人为倾销进口产品的进口经营者。

第四十一条 反倾销税应当根据不同出口经营者的倾销幅度，分别确定。对未包括在审查范围内的出口经营者的倾销进口产品，需要征收反倾销税的，应当按照合理的方式确定对其适用的反倾销税。

第四十二条 反倾销税税额不超过终裁决定确定的倾销幅度。

第四十三条 终裁决定确定存在实质损害，并在此前已经采取临时反倾销措施的，反倾销税可以对已经实施临时反倾销措施的期间追溯征收。

终裁决定确定存在实质损害威胁，在先前不采取临时反倾销措施将会导致后来作出实质损害裁定的情况下已经采取临时反倾销措施的，反倾销税可以对已经实施临时反倾销措施的期间追溯征收。

终裁决定确定的反倾销税，高于已付或者应付的临时反倾销税或者为担保目的而估计的金额的，差额部分不予收取；低于已付或者应付的临时反倾销税或者为担保目的而估计的金额的，差额部分应当根据具体情况予以退还或者重新计算税额。

第四十四条 下列两种情形并存的，可以对实施临时反倾销措施之日前90天内进口的产品追溯征收反倾销税，但立案调查前进口的产品除外：

（一）倾销进口产品有对国内产业造成损害的倾销历史，或者该产品的进口经营者知道或者应当知道出口经营者实施倾销并且倾销对国内产业将造成损害的；

（二）倾销进口产品在短期内大量进口，并且可能会严重破坏即将实施的反倾销税的补救效果的。

第四十五条 终裁决定确定不征收反倾销税的，或者终裁决定未确定追溯征收反倾销税的，已征收的临时反倾销税、已收取的现金保证金应当予以退还，保函或者其他形式的担保应当予以解除。

第四十六条 倾销进口产品的进口经营者有证据证明已经缴纳的反倾销税税额超过倾销幅度的，可以向外经贸部提出退税申请；外经贸部经审查、核实并提出建议，国务院关税税则委员会根据外经贸部的建议可以作出退税决定，由海关执行。

第四十七条 进口产品被征收反倾销税后，在调查期间未向中华人民共和国出口该产品的新出口经营者，能证明其与被征收反倾销税的出口经营者无关联的，可以向外经贸部申请单独确定其倾销幅度。外经贸部应当迅速进行审查并作出终裁决定。在审查期间，可以采取本条例第二十八条第一款第（二）项规定的措施，但不得对该产品征收反倾销税。

第五章 反倾销税和价格承诺的期限与复审

第四十八条 反倾销税的征收期限和价格承诺的履行期限不超过5年；但是，经复审确定终止征收反倾销税有可能导致倾销和损害的继续或者再度发生的，反倾销税的征收期限可以适当延长。

第四十九条 反倾销税生效后，外经贸部经商国家经贸委，可以在有正当理由的情况下，决定对继续征收反倾销税的必要性进行复审；也可以在经过一段合理时间，应利害关系方的请求并对利害关系方提供的相应证据进行审查后，决定对继续征收反倾销税的必要性进行复审。

价格承诺生效后，外经贸部可以在有正当理由的情况下，决定对继续履行价格承诺的必要性进行复审；也可以在经过一段合理时间，应利害关系方的请求并对利害关系方提供的相应证据进行审查后，决定对继续履行价格承诺的必要性进行复审。

第五十条 根据复审结果，由外经贸部依照本条例的规定提出保留、修改或者取消反倾销税的建议，国务院关税税则委员会根据外经贸部的建议作出决定，由外经贸部予以公告；或者由外经贸部依照本条例的规定，商国家经贸委后，作出保留、修改或者取消价格承诺的决定并予以公告。

第五十一条 复审程序参照本条例关于反倾销调查的有关规定执行。

复审期限自决定复审开始之日起，不超过12个月。

第五十二条 在复审期间，复审程序不妨碍反倾销措施的实施。

第六章 附 则

第五十三条 对依照本条例第二十五条作出的终裁决定不服的，对依照本条例第四章作出的是否征收反倾销税的决定以及追溯征收、退税、对新出口经营者征税的决定不服的，或者对依照本条例第五章作出的复审决定不服的，可以依法申请行政复议，也可以依法向人民法院提起诉讼。

第五十四条 依照本条例作出的公告，应当载明重要的情况、事实、理由、依据、结果和结论等内容。

第五十五条 外经贸部、国家经贸委可以采取适当措施，防止规避反倾销措施的行为。

第五十六条 任何国家（地区）对中华人民共和国的出口产品采取歧视性反倾销措施的，中华人民共和国可以根据实际情况对该国家（地区）采取相应的措施。

第五十七条 外经贸部负责与反倾销有关的对外磋商、

通知和争端解决事宜。

第五十八条 外经贸部、国家经贸委可以根据本条例制定有关具体实施办法。

第五十九条 本条例自2002年1月1日起施行。1997年3月25日国务院发布的《中华人民共和国反倾销和反补贴条例》中关于反倾销的规定同时废止。

中华人民共和国反补贴条例

中华人民共和国国务院令

第329号

《中华人民共和国反补贴条例》已经2001年10月31日国务院第46次常务会议通过，现予公布，自2002年1月1日起施行。

总理 朱镕基

2001年11月26日

第一章 总 则

第一条 为了维护对外贸易秩序和公平竞争，根据《中华人民共和国对外贸易法》的有关规定，制定本条例。

第二条 进口产品存在补贴，并对已经建立的国内产业造成实质损害或者产生实质损害威胁，或者对建立国内产业造成实质阻碍的，依照本条例的规定进行调查，采取反补贴措施。

第二章 补贴与损害

第三条 补贴，是指出口国（地区）政府或者其任何公共机构提供的并为接受者带来利益的财政资助以及任何形式的收入或者价格支持。

出口国（地区）政府或者其任何公共机构，以下统称出口国（地区）政府。

本条第一款所称财政资助，包括：

（一）出口国（地区）政府以拨款、贷款、资本注入等形式直接提供资金，或者以贷款担保等形式潜在地直接转让资金或者债务；

（二）出口国（地区）政府放弃或者不收缴应收收入；

（三）出口国（地区）政府提供除一般基础设施以外的货物、服务，或者由出口国（地区）政府购买货物；

（四）出口国（地区）政府通过向筹资机构付款，或者委托、指令私营机构履行上述职能。

第四条 依照本条例进行调查、采取反补贴措施的补贴，必须具有专向性。

具有下列情形之一的补贴，具有专向性：

（一）由出口国（地区）政府明确确定的某些企业、产业获得的补贴；

（二）由出口国（地区）法律、法规明确规定的某些企业、产业获得的补贴；

（三）指定特定区域内的企业、产业获得的补贴；

（四）以出口实绩为条件获得的补贴，包括本条例所附出口补贴清单列举的各项补贴；

（五）以使用本国（地区）产品替代进口产品为条件获得的补贴。

在确定补贴专向性时，还应当考虑受补贴企业的数量和企业受补贴的数额、比例、时间以及给与补贴的方式等因素。

第五条 对补贴的调查和确定，由对外贸易经济合作部（以下简称外经贸部）负责。

第六条 进口产品的补贴金额，应当区别不同情况，按照下列方式计算：

（一）以无偿拨款形式提供补贴的，补贴金额以企业实际接受的金额计算；

（二）以贷款形式提供补贴的，补贴金额以接受贷款的企业在正常商业贷款条件下应支付的利息与该项贷款的利息差额计算；

（三）以贷款担保形式提供补贴的，补贴金额以在没有担保情况下企业应支付的利息与有担保情况下企业实际支付的利息之差计算；

（四）以注入资本形式提供补贴的，补贴金额以企业实际接受的资本金额计算；

（五）以提供货物或者服务形式提供补贴的，补贴金额以该项货物或者服务的正常市场价格与企业实际支付的价格之差计算；

（六）以购买货物形式提供补贴的，补贴金额以政府实际支付价格与该项货物正常市场价格之差计算；

（七）以放弃或者不收缴应收收入形式提供补贴的，补贴金额以依法应缴金额与企业实际缴纳金额之差计算。

对前款所列形式以外的其他补贴，按照公平、合理的方式确定补贴金额。

第七条 损害，是指补贴对已经建立的国内产业造成实质损害或者产生实质损害威胁，或者对建立国内产业造成实质阻碍。

对损害的调查和确定，由国家经济贸易委员会（以下简称国家经贸委）负责；其中，涉及农产品的反补贴国内产业损害调查，由国家经贸委会同农业部进行。

第八条 在确定补贴对国内产业造成的损害时，应当审查下列事项：

（一）补贴可能对贸易造成的影响；

（二）补贴进口产品的数量，包括补贴进口产品的绝对数量或者相对于国内同类产品生产或者消费的数量是否大量增加，或者补贴进口产品大量增加的可能性；

（三）补贴进口产品的价格，包括补贴进口产品的价格削减或者对国内同类产品的价格产生大幅度抑制、压低等影响；

（四）补贴进口产品对国内产业的相关经济因素和指标的影响；

（五）补贴进口产品出口国（地区）、原产国（地区）的生产能力、出口能力，被调查产品的库存情况；

（六）造成国内产业损害的其他因素。

对实质损害威胁的确定，应当依据事实，不得仅依据指控、推测或者极小的可能性。

在确定补贴对国内产业造成的损害时，应当依据肯定性证据，不得将造成损害的非补贴因素归因于补贴。

第九条 补贴进口产品来自两个以上国家（地区），并且同时满足下列条件的，可以就补贴进口产品对国内产业造成的影响进行累积评估：

（一）来自每一国家（地区）的补贴进口产品的补贴金额不属于微量补贴，并且其进口量不属于可忽略不计的；

（二）根据补贴进口产品之间的竞争条件以及补贴进口产品与国内同类产品之间的竞争条件，进行累积评估是适当的。

微量补贴，是指补贴金额不足产品价值1%的补贴；但是，来自发展中国家（地区）的补贴进口产品的微量补贴，是指补贴金额不足产品价值2%的补贴。

第十条 评估补贴进口产品的影响，应当对国内同类产品的生产进行单独确定。不能对国内同类产品的生产进行单独确定的，应当审查包括国内同类产品在内的最窄产品组或者范围的生产。

第十一条 国内产业，是指中华人民共和国国内同类产品的全部生产者，或者其总产量占国内同类产品全部总产量的主要部分的生产者；但是，国内生产者与出口经营者或者进口经营者有关联的，或者其本身为补贴产品或者同类产品的进口经营者的，应当除外。

在特殊情形下，国内一个区域市场中的生产者，在该市场中销售其全部或者几乎全部的同类产品，并且该市场中同类产品的需求主要不是由国内其他地方的生产者供给的，可以视为一个单独产业。

第十二条 同类产品，是指与补贴进口产品相同的产品；没有相同产品的，以与补贴进口产品的特性最相似的产品为同类产品。

第三章 反补贴调查

第十三条 国内产业或者代表国内产业的自然人、法人或者有关组织（以下统称申请人），可以依照本条例的规定向外经贸部提出反补贴调查的书面申请。

第十四条 申请书应当包括下列内容：

（一）申请人的名称、地址及有关情况；

（二）对申请调查的进口产品的完整说明，包括产品名称、所涉及的出口国（地区）或者原产国（地区）、已知的出口经营者或者生产者等；

（三）对国内同类产品生产的数量和价值的说明；

（四）申请调查进口产品的数量和价格对国内产业的影响；

（五）申请人认为需要说明的其他内容。

第十五条 申请书应当附具下列证据：

（一）申请调查的进口产品存在补贴；

（二）对国内产业的损害；

（三）补贴与损害之间存在因果关系。

第十六条 外经贸部应当自收到申请人提交的申请书及有关证据之日起60天内，对申请是否由国内产业或者代表国内产业提出、申请书内容及所附具的证据等进行审查，经商国家经贸委后，决定立案调查或者不立案调查。在特殊情形下，可以适当延长审查期限。

在决定立案调查前，应当就有关补贴事项向产品可能被调查的国家（地区）政府发出进行磋商的邀请。

第十七条 在表示支持申请或者反对申请的国内产业中，支持者的产量占支持者和反对者的总产量的50%以上的，应当认定申请是由国内产业或者代表国内产业提出，可以启动反补贴调查；但是，表示支持申请的国内生产者的产量不足国内同类产品总产量的25%的，不得启动反补贴调查。

第十八条 在特殊情形下，外经贸部没有收到反补贴调查的书面申请，但有充分证据认为存在补贴和损害以及二者之间有因果关系的，经商国家经贸委后，可以决定立案调查。

外经贸部和国家经贸委，以下统称调查机关。

第十九条 立案调查的决定，由外经贸部予以公告，并通知申请人、已知的出口经营者、进口经营者以及其他有利害关系的组织、个人（以下统称利害关系方）和出口国（地区）政府。

立案调查的决定一经公告，外经贸部应当将申请书文本提供给已知的出口经营者和出口国（地区）政府。

第二十条 调查机关可以采用问卷、抽样、听证会、现场核查等方式向利害关系方了解情况，进行调查。

调查机关应当为有关利害关系方、利害关系国（地区）政府提供陈述意见和论据的机会。

外经贸部认为必要时，可以派出工作人员赴有关国家（地区）进行调查；但是，有关国家（地区）提出异议的除外。

第二十一条 调查机关进行调查时，利害关系方、利害关系国（地区）政府应当如实反映情况，提供有关资料。利害关系方、利害关系国（地区）政府不如实反映情况、提供有关资料的，或者没有在合理时间内提供必要信息的，或者以其他方式严重妨碍调查的，调查机关可以根据可获得的事实作出裁定。

第二十二条 利害关系方、利害关系国（地区）政府认为其提供的资料泄露后将产生严重不利影响的，可以向调查机关申请对该资料按保密资料处理。

调查机关认为保密申请有正当理由的，应当对利害关系方、利害关系国（地区）政府提供的资料按保密资料处理，同时要求利害关系方、利害关系国（地区）政府提供一份非保密的该资料概要。

按保密资料处理的资料，未经提供资料的利害关系方、利害关系国（地区）政府同意，不得泄露。

第二十三条 调查机关应当允许申请人、利害关系方和利害关系国（地区）政府查阅本案有关资料；但是，属于按保密资料处理的除外。

第二十四条 在反补贴调查期间，应当给予产品被调查的国家（地区）政府继续进行磋商的合理机会。磋商不妨碍调查机关根据本条例的规定进行调查，并采取反补贴措施。

第二十五条 外经贸部、国家经贸委根据调查结果，分别就补贴、损害作出初裁决定，并就二者之间的因果关系是否成立作出初裁决定，由外经贸部予以公告。

第二十六条 初裁决定确定补贴、损害以及二者之间的因果关系成立的，外经贸部、国家经贸委应当对补贴及补贴金额、损害及损害程度继续进行调查，并根据调查结果分别作出终裁决定，由外经贸部予以公告。

在作出终裁决定前，应当由外经贸部将终裁决定所依据的基本事实通知所有已知的利害关系方、利害关系国（地区）政府。

第二十七条 反补贴调查，应当自立案调查决定公告之日起12个月内结束；特殊情况下可以延长，但延长期不得超过6个月。

第二十八条 有下列情形之一的，反补贴调查应当终止，并由外经贸部予以公告：

（一）申请人撤销申请的；

（二）没有足够证据证明存在补贴、损害或者二者之间有因果关系的；

（三）补贴金额为微量补贴的；

（四）补贴进口产品实际或者潜在的进口量或者损害属于可忽略不计的；

（五）通过与有关国家（地区）政府磋商达成协议，不需要继续进行反补贴调查的；

（六）外经贸部和国家经贸委共同认为不适宜继续进行反补贴调查的。

来自一个或者部分国家（地区）的被调查产品有前款第（二）、（三）、（四）、（五）项所列情形之一的，针对所涉产品的反补贴调查应当终止。

第四章 反补贴措施

第一节 临时措施

第二十九条 初裁决定确定补贴成立，并由此对国内产业造成损害的，可以采取临时反补贴措施。

临时反补贴措施采取以现金保证金或者保函作为担保的征收临时反补贴税的形式。

第三十条 采取临时反补贴措施，由外经贸部提出建议，国务院关税税则委员会根据外经贸部的建议作出决定，由外经贸部予以公告。海关自公告规定实施之日起执行。

第三十一条 临时反补贴措施实施的期限，自临时反补贴措施决定公告规定实施之日起，不超过4个月。

自反补贴立案调查决定公告之日起60天内，不得采取临时反补贴措施。

第二节 承诺

第三十二条 在反补贴调查期间，出口国（地区）政府提出取消、限制补贴或者其他有关措施的承诺，或者出口经营者提出修改价格的承诺的，外经贸部应当予以充分考虑。

外经贸部可以向出口经营者或者出口国（地区）政府提出有关价格承诺的建议。

调查机关不得强迫出口经营者作出承诺。

第三十三条 出口经营者、出口国（地区）政府不作出承诺或者不接受有关价格承诺的建议的，不妨碍对反补贴案件的调查和确定。出口经营者继续补贴进口产品的，调查机关有权确定损害威胁更有可能出现。

第三十四条 外经贸部认为承诺能够接受的，经商国家经贸委后，可以决定中止或者终止反补贴调查，不采取临时反补贴措施或者征收反补贴税。中止或者终止反补贴调查的决定由外经贸部予以公告。

外经贸部不接受承诺的，应当向有关出口经营者说明理由。

调查机关对补贴以及由补贴造成的损害作出肯定的初裁决定前，不得寻求或者接受承诺。在出口经营者作出承诺的情况下，未经其本国（地区）政府同意的，调查机关不得寻求或者接受承诺。

第三十五条 依照本条例第三十四条第一款规定中止或者终止调查后，应出口国（地区）政府请求或者调查机关认为有必要，调查机关可以对补贴和损害继续进行调查。

根据调查结果，作出补贴或者损害的否定裁定的，承诺自动失效；作出补贴或者损害的肯定裁定的，承诺继续有效。

第三十六条 外经贸部可以要求承诺已被接受的出口经营者或者出口国（地区）政府定期提供履行其承诺的有关情况、资料，并予以核实。

第三十七条 对违反承诺的，外经贸部经商国家经贸委后，依照本条例的规定，可以立即决定恢复反补贴调查；根据可获得的最佳信息，可以决定采取临时反补贴措施，并可以对实施临时反补贴措施前90天内进口的产品追溯征收反补贴税，但违反承诺前进口的产品除外。

第三节 反补贴税

第三十八条 在为完成磋商的努力没有取得效果的情况下，终裁决定确定补贴成立，并由此对国内产业造成损害的，可以征收反补贴税。

第三十九条 征收反补贴税，由外经贸部提出建议，国务院关税税则委员会根据外经贸部的建议作出决定，由外经贸部予以公告。海关自公告规定实施之日起执行。

第四十条 反补贴税适用于终裁决定公告之日后进口的产品，但属于本条例第三十七条、第四十四条、第四十五条规定的情形除外。

第四十一条 反补贴税的纳税人为补贴进口产品的进口经营者。

第四十二条 反补贴税应当根据不同出口经营者的补贴金额，分别确定。对实际上未被调查的出口经营者的补贴进口产品，需要征收反补贴税的，应当迅速审查，按照合理的方式确定对其适用的反补贴税。

第四十三条 反补贴税税额不得超过终裁决定确定的补贴金额。

第四十四条 终裁决定确定存在实质损害，并在此前已经采取临时反补贴措施的，反补贴税可以对已经实施临时反补贴措施的期间追溯征收。

终裁决定确定存在实质损害威胁，在先前不采取临时反补贴措施将会导致后来作出实质损害裁定的情况下已经采取临时反补贴措施的，反补贴税可以对已经实施临时反补贴措施的期间追溯征收。

终裁决定确定的反补贴税，高于现金保证金或者保函所担保的金额的，差额部分不予收取；低于现金保证金或者保函所担保的金额的，差额部分应当予以退还。

第四十五条 下列三种情形并存的，必要时可以对实施临时反补贴措施之日前90天内进口的产品追溯征收反补贴税：

（一）补贴进口产品在较短的时间内大量增加；

（二）此种增加对国内产业造成难以补救的损害；

（三）此种产品得益于补贴。

第四十六条 终裁决定确定不征收反补贴税的，或者终裁决定未确定追溯征收反补贴税的，对实施临时反补贴措施期间已收取的现金保证金应当予以退还，保函应当予以解除。

第五章 反补贴税和承诺的期限与复审

第四十七条 反补贴税的征收期限和承诺的履行期限不超过5年；但是，经复审确定终止征收反补贴税有可能导致补贴和损害的继续或者再度发生的，反补贴税的征收期限可以适当延长。

第四十八条 反补贴税生效后，外经贸部经商国家经贸委，可以在有正当理由的情况下，决定对继续征收反补贴税的必要性进行复审；也可以在经过一段合理时间，应利害关系方的请求并对利害关系方提供的相应证据进行审查后，决定对继续征收反补贴税的必要性进行复审。

承诺生效后，外经贸部可以在有正当理由的情况下，决定对继续履行承诺的必要性进行复审；也可以在经过一段合理时间，应利害关系方的请求并对利害关系方提供的相应证据进行审查后，决定对继续履行承诺的必要性进行复审。

第四十九条 根据复审结果，由外经贸部依照本条例的规定提出保留、修改或者取消反补贴税的建议，国务院关税税则委员会根据外经贸部的建议作出决定，由外经贸部予以公告；或者由外经贸部依照本条例的规定，商国家经贸委后，作出保留、修改或者取消承诺的决定并予以公告。

第五十条 复审程序参照本条例关于反补贴调查的有关规定执行。

复审期限自决定复审开始之日起，不超过12个月。

第五十一条 在复审期间，复审程序不妨碍反补贴措施的实施。

第六章 附 则

第五十二条 对依照本条例第二十六条作出的终裁决定不服的，对依照本条例第四章作出的是否征收反补贴税的决定以及追溯征收的决定不服的，或者对依照本条例第五章作出的复审决定不服的，可以依法申请行政复议，也可以依法向人民法院提起诉讼。

第五十三条 依照本条例作出的公告，应当载明重要的情况、事实、理由、依据、结果和结论等内容。

第五十四条 外经贸部、国家经贸委可以采取适当措施，防止规避反补贴措施的行为。

第五十五条 任何国家（地区）对中华人民共和国的出口产品采取歧视性反补贴措施的，中华人民共和国可以根据实际情况对该国家（地区）采取相应的措施。

第五十六条 外经贸部负责与反补贴有关的对外磋商、通知和争端解决事宜。

第五十七条 外经贸部、国家经贸委可以根据本条例制定有关具体实施办法。

第五十八条 本条例自2002年1月1日起施行。1997年3月25日国务院发布的《中华人民共和国反倾销和反补贴条例》中关于反补贴的规定同时废止。

附：

出口补贴清单

1. 出口国（地区）政府根据出口实绩对企业、产业提供的直接补贴。

2. 与出口奖励有关的外汇留成或者类似做法。

3. 出口国（地区）政府规定或者经出口国（地区）政府批准对出口货物提供的国内运输或者运费条件优于对国内货物提供的条件。

4. 出口国（地区）政府直接或者间接地为生产出口产品提供产品或者服务的条件，优于其为生产国内产品提供的相关产品或者服务的条件，但特殊情形除外。

5. 对企业已付或者应付的与出口产品特别有关的直接税或者社会福利费，实行全部或者部分的减免或者延迟缴纳。

6. 在计算直接税征税基数时，直接与出口产品或者出口实绩相关的扣除优于国内产品的扣除。

7. 对与出口产品的生产和流通有关的间接税的减免或者退还，超过对国内同类产品所征收的间接税。

8. 对用于生产出口产品的货物或者服务所征收的先期累积间接税的减免、退还或者延迟缴纳，优于对用于生产国内同类产品的货物或者服务所征收的先期累积间接税的减免、退还或者延迟缴纳，但特殊情形除外。

9. 对与生产出口产品有关的进口投入物减免或者退还进口费用，超过对此类投入物在进口时所收取的费用，但特殊情形除外。

10. 出口国（地区）政府以不足以弥补长期营业成本和亏损的费率，提供的出口信贷担保或者保险，或者针对出口产品成本增加或者外汇风险提供保险或者担保。

11. 出口国（地区）政府给予出口信贷的利率低于使用该项资金实际支付的利率，或者为出口商或者其他金融机构支付为获得贷款所产生的全部或者部分费用，使其在出口信贷方面获得优势，但特殊情形除外。

12. 由公共账户支出的构成出口补贴的其他费用。

中华人民共和国保障措施条例

中华人民共和国国务院令

第330号

《中华人民共和国保障措施条例》已经2001年10月31日国务院第46次常务会议通过，现予公布，自2002年1月1日起施行。

总理 朱镕基

2001年11月26日

第一章　总　　则

第一条　为了促进对外贸易健康发展，根据《中华人民共和国对外贸易法》的有关规定，制定本条例。

第二条　进口产品数量增加，并对生产同类产品或者直接竞争产品的国内产业造成严重损害或者严重损害威胁（以下除特别指明外，统称损害）的，依照本条例的规定进行调查，采取保障措施。

第二章　调　　查

第三条　与国内产业有关的自然人、法人或者其他组织（以下统称申请人），可以依照本条例的规定，向对外贸易经济合作部（以下简称外经贸部）提出采取保障措施的书面申请。

外经贸部应当及时对申请人的申请进行审查，决定立案调查或者不立案调查。

第四条　外经贸部没有收到采取保障措施的书面申请，但有充分证据认为国内产业因进口产品数量增加而受到损害的，可以决定立案调查。

第五条　立案调查的决定，由外经贸部予以公告。

外经贸部应当将立案调查的决定及时通知世界贸易组织保障措施委员会（以下简称保障措施委员会）。

第六条　对进口产品数量增加的调查和确定，由外经贸部负责。

对损害的调查和确定，由国家经济贸易委员会（以下简称国家经贸委）负责；其中，涉及农产品的保障措施国内产业损害调查，由国家经贸委会同农业部进行。

第七条　进口产品数量增加，是指进口产品数量与国内生产相比绝对增加或者相对增加。

第八条　在确定进口产品数量增加对国内产业造成的损害时，应当审查下列相关因素：

（一）进口产品的绝对和相对增长率与增长量；

（二）增加的进口产品在国内市场中所占的份额；

（三）进口产品对国内产业的影响，包括对国内产业在产量、销售水平、市场份额、生产率、设备利用率、利润与亏损、就业等方面的影响；

（四）造成国内产业损害的其他因素。

对严重损害威胁的确定，应当依据事实，不能仅依据指控、推测或者极小的可能性。

在确定进口产品数量增加对国内产业造成的损害时，不得将进口增加以外的因素对国内产业造成的损害归因于进口增加。

第九条　在调查期间，外经贸部应当及时公布对案情的详细分析和审查的相关因素等。

第十条　国内产业，是指中华人民共和国国内同类产品或者直接竞争产品的全部生产者，或者其总产量占国内同类产品或者直接竞争产品全部总产量的主要部分的生产者。

第十一条　外经贸部、国家经贸委应当根据客观的事实和证据，确定进口产品数量增加与国内产业的损害之间是否存在因果关系。

第十二条　外经贸部、国家经贸委应当为进口经营者、出口经营者和其他利害关系方提供陈述意见和论据的机会。

调查可以采用调查问卷的方式，也可以采用听证会或者其他方式。

第十三条　调查中获得的有关资料，资料提供方认为需要保密的，外经贸部、国家经贸委可以按保密资料处理。

保密申请有理由的，应当对资料提供方提供的资料按保密资料处理，同时要求资料提供方提供一份非保密的该资料概要。

按保密资料处理的资料，未经资料提供方同意，不得泄露。

第十四条　进口产品数量增加、损害的调查结果及其理由的说明，由外经贸部予以公布。

外经贸部应当将调查结果及有关情况及时通知保障措施委员会。

第十五条　外经贸部、国家经贸委根据调查结果作出初裁决定，由外经贸部予以公告。

第十六条　初裁决定确定进口产品数量增加和损害成立并且二者之间有因果关系的，外经贸部、国家经贸委应当继续进行调查，根据调查结果作出终裁决定，由外经贸部予以公告。

第三章　保障措施

第十七条　有明确证据表明进口产品数量增加，在不采取临时保障措施将对国内产业造成难以补救的损害的紧急情况下，可以作出初裁决定，并采取临时保障措施。

临时保障措施采取提高关税的形式。

第十八条　采取临时保障措施，由外经贸部提出建议，国务院关税税则委员会根据外经贸部的建议作出决定，由外经贸部予以公告。海关自公告规定实施之日起执行。

在采取临时保障措施前，外经贸部应当将有关情况通知保障措施委员会。

第十九条　临时保障措施的实施期限，自临时保障措施决定公告规定实施之日起，不超过200天。

第二十条　终裁决定确定进口产品数量增加，并由此对国内产业造成损害的，可以采取保障措施。

保障措施可以采取提高关税、数量限制等形式。

第二十一条　保障措施采取提高关税形式的，由外经贸部提出建议，国务院关税税则委员会根据外经贸部的建议作出决定，由外经贸部予以公告；采取数量限制形式的，由外经贸部作出决定并予以公告。海关自公告规定实施之日起执行。

外经贸部应当将采取保障措施的决定及有关情况及时通知保障措施委员会。

第二十二条 采取数量限制措施的，限制后的进口量不得低于最近3个有代表性年度的平均进口量；但是，有正当理由表明为防止或者补救严重损害而有必要采取不同水平的数量限制措施的除外。

采取数量限制措施，需要在有关出口国（地区）或者原产国（地区）之间进行数量分配的，外经贸部可以与有关出口国（地区）或者原产国（地区）就数量的分析进行磋商。

第二十三条 保障措施应当针对正在进口的产品实施，不区分产品来源国（地区）。

第二十四条 采取保障措施应当限于防止、补救严重损害并便利调整国内产业所必要的范围内。

第二十五条 在采取保障措施前，外经贸部应当为与有关产品的出口经营者有实质利益的国家（地区）政府提供磋商的充分机会。

第二十六条 终裁决定确定不采取保障措施的，已征收的临时关税应当予以退还。

第四章 保障措施的期限与复审

第二十七条 保障措施的实施期限不超过4年。

符合下列条件的，保障措施的实施期限可以适当延长：

（一）按照本条例规定的程序确定保障措施对于防止或者补救严重损害仍然有必要；

（二）有证据表明相关国内产业正在进行调整；

（三）已经履行有关对外通知、磋商的义务；

（四）延长后的措施不严于延长前的措施。

一项保障措施的实施期限及其延长期限，最长不超过8年。

第二十八条 保障措施实施期限超过1年的，应当在实施期间内按固定时间间隔逐步放宽。

第二十九条 保障措施实施期限超过3年的，外经贸部、国家经贸委应当在实施期间内对该项措施进行中期复审。

复审的内容包括保障措施对国内产业的影响、国内产业的调整情况等。

第三十条 保障措施属于提高关税的，外经贸部应当根据复审结果，依照本条例的规定，提出保留、取消或者加快放宽提高关税措施的建议，国务院关税税则委员会根据外经贸部的建议作出决定，由外经贸部予以公告；保障措施属于数量限制或者其他形式的，外经贸部应当根据复审结果，依照本条例的规定，作出保留、取消或者加快放宽数量限制措施的决定并予以公告。

第三十一条 对同一进口产品再次采取保障措施的，与前次采取保障措施的时间间隔应当不短于前次采取保障措施的实施期限，并且至少为2年。

符合下列条件的，对一产品实施的期限为180天或者少于180天的保障措施，不受前款限制。

（一）自对该进口产品实施保障措施之日起，已经超过1年；

（二）自实施该保障措施之日起5年内，未对同一产品实施2次以上保障措施。

第五章 附　　则

第三十二条 任何国家（地区）对中华人民共和国的出口产品采取歧视性保障措施的，中华人民共和国可以根据实际情况对该国家（地区）采取相应的措施。

第三十三条 外经贸部负责与保障措施有关的对外磋商、通知和争端解决事宜。

第三十四条 外经贸部、国家经贸委可以根据本条例制定具体实施办法。

第三十五条 本条例自2002年1月1日起施行。

中华人民共和国对外贸易经济合作部 公　　告

2001年　第1号

为了适应对外开放和经济体制改革的需要，决定自2001年1月15日起，取消20种机电产品配额、许可证、特定进口管理措施（具体目录见附件）。

特此公告

附件：如文

对外贸易经济合作部

2001年1月2日

附　件

取消配额、许可证、特定进口管理措施的商品目录

机电产品目录		协调制度目录	
序号	商品名称	商品编号	商品名称
1	雪地行走专用机动车；高尔夫球车	87031000	雪地行走专用机动车；高尔夫球机动车及类似机动车辆
2	洗衣机	84501200	干衣量不超过10公斤的非全自动洗衣机，装有离心甩干机
		84501900	干衣量不超过10公斤的其他洗衣机
3	电子显微镜	90121000	电子显微镜及衍射设备
4	电子分色机	90061010	电子分色机
5	斗式提升机	84254990	其他提升机
6	糕点生产线	84381000	糕点加工机器及生产通心粉、面条或类似产品的机器
7	非家用缝纫机	84522110	非家用型自动平缝机
		84522190	非家用型其他自动缝纫机
8	铝电解多功能联合机组	84542010	炉外精炼设备
9	木材削片机	84659600	木材、软木、骨、硬质塑料、硬质塑料或类似硬质材料剖开、切片或刮削机器
10	长材刨片机	84659600	木材、软木、骨、硬质橡胶、硬质塑料或类似硬质材料剖开、切片或刮削机器
11	收音机、电视用天线或天线反射器及其零件	85291020	无线电收音机及其组合机、电视接收机用各种天线或天线反射器及其零件
12	电视共用天线及电缆电视分配系统	85291090	品目85.25至85.28所列其他装置或设备用各种天线或天线反射器及其零件
13	起拨道捣固车	86040099	铁道及电车道未列名维修或服务车
14	正射投影仪	90083010	正射投影仪
15	海洋重力仪	90158000	其他大地测量、水道测量、海洋、水文、气象或地球物理用仪器及装置
16	牙科治疗设备	90184910	装有牙科设备的牙科用椅
17	核磁共振波谱仪	90278090	品目90.27所列的未列名仪器及装置
18	X射线衍射仪	90301000	离子射线的测量或检验仪器及装置
19	数字频率计	90304010	测试频率在12.4千兆赫兹以下的数字式频率计
20	动平衡机	90311000	机械零件平衡试验机

中华人民共和国对外贸易经济合作部
公　告

2001年　第34号

根据《中华人民共和国对外贸易经济合作部、海关总署、国家质量监督检验检疫总局2001年第10号令》，决定自2002年1月1日起，取消55种机电产品的配额、许可证、特定进口管理措施（具体目录见附件）。

特此公告

附件：取消配额、许可证、特定进口管理措施的商品目录

对外贸易经济合作部

2001年12月19日

附　件

取消配额、许可证、特定进口管理措施的商品目录

机电产品目录		协调制度目录	
序号	商品名称	商品编号	商品名称
1	汽车及其关键件（部分）	87043230	装有点燃式活塞内燃发动机，车辆总重量超过5吨，但不超过8吨的其他货车
		87043240	装有点燃式活塞内燃发动机，车辆总重量超过8吨的其他货车
		87049000	未列名货运机动车辆
		87052000	机动钻探车
		87053010	装有云梯的机动救火车
		87053090	其他机动救火车
		87054000	机动混凝土搅拌车
		87059020	机动放射线检查车
		87059030	机动环境监测车
		87059040	机动医疗车
		87059051	航空电源车（频率为400赫兹）
		87059059	其他机动电源车
		87059060	飞机加油车、调温车、除冰车
		87059070	道路（包括跑道）扫雪车
		87059080	石油测井车、压裂车、混沙车
		87059090	未列名特殊用途的机动车辆
		84143090	非电动机驱动的制冷设备用压缩机
		84152000	机动车辆上供人使用的空气调节器
2	彩色电视机及其显像管	85281291	显示屏幕尺寸不超过42厘米的彩色电视接收机
		85281292	显示屏幕尺寸超过42厘米，但不超过52厘米的彩色电视接收机
		85281293	显示屏幕尺寸超过52厘米的彩色电视接收机

续表

机电产品目录		协调制度目录	
序号	商品名称	商品编号	商品名称
		85282100	彩色视频监视器
		85283010	彩色视频投影机
		85401100	彩色阴极射线电视显像管
		85404000	彩色数据/图形显示管，屏幕萤光点间距小于0.4毫米
3	收、录音机及其机芯	85199910	激光唱机
		85203210	数字音频式盒式磁带型装有声音重放装置的其他录音机
		85203290	数字音频式装有声音重放装置的其他磁带录音机
		85203300	未列名盒式磁带型装有声音重放装置的其他录音机
		85203910	开盘式录音机
		85203990	未列名装有声音重放装置的其他磁带录音机
		85271200	袖珍盒式磁带收放机
		85271300	其他不需外接电源的收录（放）音组合机
		85271900	其他不需外接电源的无线电收音机，包括兼可接收无线电话、电报的设备
		85272100	需外接电源的汽车用收录（放）音组合机
		85272900	其他需外接电源的汽车用无线电收音机
		85273100	其他收录（放）音组合机
		85273200	带时钟的收音机
		85273900	未列名无线电收音机
		85229021	盒式磁带录音机或放声机用走带机构（机芯），不论是否装有磁头
4	电冰箱及其压缩机	84181010	容积超过500升的冷藏—冷冻组合机，各自装有单独外门
		84181020	容积超过200升，但不超过500升的冷藏—冷冻组合机，各自装有单独外门
		84181030	容积不超过200升的冷藏—冷冻组合机，各自装有单独外门
		84182110	容积超过150升的压缩式家用型冷藏箱
		84182120	容积超过50升但不超过150升的压缩式家用型冷藏箱
		84182130	容积不超过50升的压缩式家用型冷藏箱
		84182200	电气吸收式家用型冷藏箱
		84183010	制冷温度在-40℃及以下的柜式冷冻箱，容积不超过800升
		84183021	制冷温度在-40℃以上的柜式冷冻箱，容积超过500升，但不超过800升
		84183029	制冷温度在-40℃以上的柜式冷冻箱，容积不超过500升
		84184010	制冷温度在-40℃及以下的立式冷冻箱，容积不超过900升
		84184021	制冷温度在-40℃以上的立式冷冻箱，容积超过500升，但不超过900升
		84184029	制冷温度在-40℃以上的立式冷冻箱，容积不超过500升
		84185000	其他冷藏或冷冻柜、箱、展示台、陈列箱及类似的冷藏箱或冷冻设备
		84143011	电动机额定功率不超过0.4千瓦的冷藏箱或冷冻箱用压缩机

续表

机电产品目录		协调制度目录	
序号	商品名称	商品编号	商品名称
		84143012	电动机额定功率超过0.4千瓦，但不超过5千瓦的冷藏箱或冷冻箱用压缩机
		84143019	电动机驱动的其他制冷设备用压缩机
5	录像设备及其关键件	85211011	广播级磁带型录像机
		85211019	其他磁带型录像机
		85211020	磁带型放像机
		85219010	激光视盘放像机
		85229030	视频信号录制或重放设备的零件、附件（机芯、磁头、磁鼓）
		85253010	特种用途的电视摄像机
		85253091	广播级电视摄像机
		85253099	其他电视摄像机
		85254010	特种用途的静像视频摄像机及其他视频摄录一体机
		85254020	家用型摄录一体机
		85254030	用数字方式存储图像的照相机
		85254090	其他静像视频摄像机及其他视频摄录一体机
6	空调器及其压缩机	84151000	独立窗式或壁式空气调节器
		84158110	制冷量不超过4000大卡/时，装有制冷装置及一个冷热循环换向阀的空气调节器
		84158210	其他制冷量不超过4000大卡/时，装有制冷装置的空气调节器
		84143013	电动机额定功率超过0.4千瓦，但不超过5千瓦的空气调节器用压缩机
7	录音录像磁带复制设备	85209000	未列名磁带录音机及其他声音录制设备
		85219090	未列名视频信号录制或重放设备
8	气流纺纱机	84452020	气流纺纱机
9	柴油发动机	84089093	其他输出功率在132.39千瓦（180马力）及以上的压燃式活塞内燃发动机
10	离心通风机	84145930	离心通风机
11	装卸船机	84261910	装船机
		84261921	抓斗式卸船机
		84261929	其他卸船机
12	多用途门机	84263000	门座式起重机及座式旋臂起重机
13	轮胎式起重机和集装箱正面吊	84264110	轮胎式自推进起重机
		84264190	带胶轮的其他自推进起重机械
14	载客电梯	84281010	载客电梯
15	自动扶梯	84284000	自动梯及自动人行道
16	压路机	84294011	机重18吨及以上的振动压路机
17	矿用电铲	84305020	矿用电铲

续表

机电产品目录		协调制度目录	
序号	商品名称	商品编号	商品名称
18	造纸制浆设备	84391000	制造纤维素纸浆的机器
		84392000	纸或纸板的抄造机器
		84393000	纸或纸板的整理机器
19	瓦楞纸板（箱）生产设备	84413090	其他制造箱、盒、管、桶及类似容器的机器，但模制成型机器除外
20	纸浆模塑生产设备	84414000	纸浆，纸或纸板制品模制成型机器
21	平网印花机	84435912	平网印刷机
22	清梳联合机	84451110	棉纤维型梳理机
		84451120	毛纤维型梳理机
23	精梳机	84451200	精梳机
24	自动络筒机	84454010	自动络筒机
25	整经机	84459010	整经机
26	剑杆织机	84463020	织物宽度超过30厘米的剑杆织机
27	片梭织机	84463030	织物宽度超过30厘米的片梭织机
28	冷室压铸机	84543010	冷室压铸机
29	热模锻压力机	84621090	其他锻造或冲压机床及锻锤
30	水泥生产窑外分解成套设备、立式磨、辊压机	84742010	齿辊式固体矿物质的破碎或磨粉机器
		84742090	其他固体矿物质的破碎或磨粉机器
31	水泥混凝土搅拌站	84743100	混凝土或砂浆混合机器
32	轮胎外胎成型机	84775900	其他模塑或成型机器
33	烟草加工及制作机器	84781000	烟草加工及制作机器
		84789000	烟草加工及制作机器的零件
34	沥青混凝土摊铺机	84791021	沥青混凝土摊铺机
		84791022	稳定土摊铺机
35	模具（汽车、家用电器）	84804100	金属、硬质合金用注模或压模
36	塑料或橡胶用注模或压模	84807100	塑料或橡胶用注模或压模
37	大型减速机	84834020	行星齿轮减速器
38	图文传真机	85172100	传真机
39	用户环路载波设备	85175090	未列名有线载波通信设备及有线数字通信设备
40	电子音频功率放大器	85184000	音频扩大器
41	数字式卫星通信地面站	85252019	其他卫星地面站设备
42	无线移动通信系统（含蜂窝、集群、无线寻呼、一点多址）	85173013	数字式移动通信交换机
		85173091	模拟式移动通信交换机

续表

机电产品目录		协调制度目录	
序号	商品名称	商品编号	商品名称
		85252022	手持（包括车载）无线电话机
		85252029	其他移动通讯设备
		85252092	移动通信基地站
		85252093	无线用户接入网设备
		85279010	无线寻呼机
43	黑白摄像机	85253099	其他电视摄像机
44	消防灭火、报警装置	85311090	其他防盗或防火报警器及类似装置
45	电缆	85445910	其他电缆，耐压超过80伏，但不超过1000伏
46	光缆	85447000	光缆
47	牵引车（除汽牵引车外）	87019000	未列名牵引车、拖拉机（品目87.09的牵引车除外）
48	冷藏船	89013000	冷藏船
49	机动捕鱼船、加工船及其他加工保藏鱼类产品的船舶	89020010	机动捕鱼船、加工船及其他加工保藏鱼类产品的船舶
50	医用超声显像诊断仪	90181210	B型超声波诊断仪
		90181291	彩色超声波诊断仪
		90181299	未列名超声波扫描装置
51	医用直线加速器	90221400	其他，医疗、外科或兽医用X射线应用设备
52	医用X线诊断机组	90221300	其他，牙科用X射线应用设备
		90221400	其他，医疗、外科或兽医用X射线应用设备
53	X射线探伤仪	90221990	未列名X射线的应用设备
54	单光子发射计算机断层扫描装置（ECT）	90222100	医疗、外科、牙科或兽医用α、β、γ射线的应用设备
55	光纤光缆测试仪（含光时域反射计，光纤熔接机，光功率计，光源）	90318010	光纤通信及光纤性能测试仪

对外贸易经济合作部关于取消大豆出口配额许可证管理和经营资格管理的通知

外经贸贸发［2001］546号

各省、自治区、直辖市及计划单列市外经贸委（厅、局），各中央管理的外贸企业：

根据国内大豆供求形势和进出口情况，为进一步扩大大豆出口，及时调整供求平衡，经国务院批准，自2001年11月1日起，大豆出口不再实行配额许可证管理和经营资格管理。凡具有进出口经营资格的企业，均可经营大豆出口业务。

上述政策调整涉及的大豆税号如下：

12010010 种用大豆

12010091 黄大豆，不论是否破碎

特此通知

对外贸易经济合作部

2001年10月3日

对外贸易经济合作部办公厅、海关总署办公厅关于调整部分部门机电产品进出口机构的通知

［2000］外经贸机电字第115号

原国家内贸局、国家冶金局、国家机械局、国家煤炭局、国家石化局、国家建材局、国家轻工局、国家纺织局、国家有色金属局机电产品进出口办公室，海关广东分署，各直属海关：

根据《国务院办公厅关于印发国家经贸委管理的国家局机构改革和国家经贸委机关内设机构调整方案的通知》（国办发［2000］81号），国家国内贸易局、国家煤炭工业局、国家机械工业局、国家冶金工业局、国家石油和化学工业局、国家轻工业局、国家纺织工业局、国家建筑材料工业局、国家有色金属工业局9个国家经贸委管理的国家局（以下简称委管国家局）已经撤销。为适应国务院机构改革的要求，对上述委管国家局机电产品进出口机构作相应调整。现将有关问题通知如下：

一、自2001年1月20日起，撤销国家国内贸易局、国家煤炭工业局、国家机械工业局、国家冶金工业局、国家石油和化学工业局、国家轻工业局、国家纺织工业局、国家建筑材料工业局、国家有色金属工业局9个委管国家局机电产品进出口办公室。

二、自20001年1月20日起，原国家国内贸易局、国家煤炭工业局、国家机械工业局、国家冶金工业局、国家石油和化学工业局、国家轻工业局、国家纺织工业局、国家建筑材料工业局、国家有色金属工业局9个委管国家局“机电产品进口专用章”废止。

三、2001年1月20日前核发的盖有原9个委管国家局“机电产品进口专用章”的《机电产品进口登记表》在证件的有效期内继续有效，逾期自动失效。

四、接到本通知后，请原9个委管国家局派人将废止的“机电产品进口专用章”和剩余的《机电产品进口登记表》于2001年1月23日前送外经贸部机电司。

特此通知。

附件：废止的“机电产品进口专用章”印模（共9枚）

对外贸易经济合作部办公厅

海关总署办公厅

2001年1月4日

附　件

废止的“机电产品进口专用章”印模（共9枚）

国家国内贸易局机电产品进口专用章（作废印模）

国家机械工业局机电产品进口专用章（作废印模）

国家冶金工业局机电产品进口专用章（作废印模）

国家煤炭工业局机电产品进口专用章（作废印模）

国家石油和化学工业局机电产品进口专用章（作废印模）

国家建筑材料工业局机电产品进口专用章（作废印模）

国家轻工业局机电产品进口专用章（作废印模）

国家纺织工业局机电产品进口专用章（作废印模）

国家有色金属工业局机电产品进口专用章（作废印模）

对外贸易经济合作部　国家经济贸易委员会关于授权有关行业协会部分机电产品进出口工作职能并委托有关工作的通知

外经贸机电发［2001］220号

各有关行业协会：

根据《关于印发〈地区、部门机电产品进口机构管理办法〉的通知》（国经贸机［1995］234号）、《国务院办公厅关于印发国家经贸委管理的国家局机构改革和国家经贸委内设机构调整方案的通知》（国办发［2000］81号）、《关于印发〈国家经贸委主管的行业协会管理意见〉的通知》（国经贸产业［2001］57号），为做好有关行业机电产品进出口协调、服务工作，外经贸部和国家经贸委决定授予有关行业协会部分机电产品进出口工作职能，委托承担有关工作。现就有关事项通知如下：

一、授予有关行业协会的职能

（一）促进、协调本行业机电产品出口工作。

（二）参与本行业机电产品国际招标投标的监督和协调工作。

（三）负责办理本行业一般机电产品进口登记及相关工作。

（四）负责提供本行业机电产品进出口统计、分析材料，建立监控预警机制。

二、委托有关行业协会的工作

（一）宣传、落实国家机电产品出口的各项政策，促进本行业机电企业开拓国际市场、调整产品结构、提高产品档次，积极会同有关部门建立和维护正常出口秩序，为扩大出口提供咨询服务。

（二）做好本行业机电产品国际招标机构资格和年度审核的初审工作。

（三）按照国家机电产品进出口政策和有关规定办理一般机电产品进口登记和配额、特定、集中登记产品的转报工作。

（四）按照国家机电产品进出口统计工作的要求，做好机电产品进出口统计、分析并及时报送有关部门。

（五）做好本行业机电产品进出口情况的信息收集工作，反映问题，分析原因，提出建议。

三、有关规定

（一）有关行业协会承担委托工作要有相应的机构和人员。

（二）严格执行国家机电产品进出口政策及各项法规，做好机电产品进出口工作。

（三）参照国家计委、财政部（计价格［1995］1419号）文件的精神收取机电产品进口证件工本费，不得扩大收费范围。

（四）涉及国家秘密的机电产品进出口文件、统计资料，不得随意向社会公开。

（五）有关行业协会要增强服务意识，提高工作效率，切实做好委托范围内的各项工作。

特此通知

附件：被授权的有关行业协会名单

对外贸易经济合作部

国家经济贸易委员会

2001年6月11日

附　件

被授权的有关行业协会名单

中国商业联合会

中国物流与采购联合会

中国机械工业联合会

中国钢铁工业协会

中国石油和化学工业协会

中国轻工业联合会

中国纺织工业协会

中国建筑材料工业协会

中国有色金属工业协会

国家环境保护总局　对外贸易经济合作部 海关总署关于发布《中国进出口受控消耗臭氧层物质名录（第二批）》的通知

环发［2001］6号

各省、自治区、直辖市环境保护局，外经贸委（厅、局），海关总署广东分署，各直属海关：

为履行《保护臭氧层维也纳公约》和《关于消耗臭氧层物质的蒙特利尔议定书》，根据国务院批准的《中国逐步淘汰消耗臭氧层物质国家方案（修订稿）》和国家环境保护总局、对外贸易经济合作部、海关总署联合颁布的《关于印发〈消耗臭氧层物质进出口管理办法〉的通知》（环发［1999］278号）的规定，现发布《中国进出口受控消耗臭氧层物质名录（第二批）》（以下简称《名录》，见附件），并就有关事宜通知如下：

一、从2001年2月1日起，对用于原料和反应剂用途的四氯化碳和1，1，1—三氯乙烷和出口实行许可证管理；对用于清洗剂的1，1，1—三氯乙烷的进口实行配额许可证管理；禁止用于清洗剂的四氯化碳和1，1，1—三氯乙烷出口；禁止CFC—113作为清洗剂进出口。

二、企业进出口1，1，1—三氯乙烷和出口用于原料和反应剂用途的四氯化碳必须按照《关于印发〈关于加强对消耗臭氧层物质进出口管理的规定〉的通知》（环发［2000］85号）的规定和程序，提出申请，经国家消耗臭氧层物质进出口管理办公室批准后，到外经贸部授权的发证机构申领进出口许可证，海关凭进出口许可证验放。

附件：中国进出口受控消耗臭氧层物质名录（第二批）

国家环境保护总局
对外贸易经济合作部
海　关　总　署
2001年1月18日

附　件

中国进出口受控消耗臭氧层物质名录（第二批）

商品编号	商品名称	代　号	单位	备　　注
2903.1400	四氯化碳	CTC	千　克	出口许可证管理
2903.1910	1，1，1—三氯乙烷（甲基氯仿）	TCA	千　克	进出口配额许可证管理

对外贸易经济合作部关于进一步加强醋酸酐和高锰酸钾进出口管理的通知

［2001］外经贸管制函字第85号

各省、自治区、直辖市及计划单列市外经贸厅（委、局），配额许可证事务局：

醋酸酐和高锰酸钾是1988年《联合国禁止非法贩运麻醉药品和精神药物公约》管制的易制毒化学品，也是目前我国实行进、出口许可证管理的化学品。为加强管理，我部于1997年印发了《关于加强高锰酸钾出口管理的通知》，对我国向部分国家或地区出口高锰酸钾实行专项管理，有效地遏制了高锰酸钾流入非法制毒渠道。

为适应我国禁毒工作的需要，进一步加强对醋酸酐和高锰酸钾的进出口管理，根据我部《易制毒化学品进出口管理规定》（中华人民共和国对外贸易经济合作部1999年第4号令）和国家禁毒委员会关于加强醋酸酐进出口管理以及关于全球防止高锰酸钾流入非法渠道的意见，现将有关管理办法通知如下：

从2001年4月1日起，对进出口醋酸酐和出口高锰酸钾实施全球专项管理。据此，所有申请进、出口醋酸酐和出口高锰酸钾的企业，需向我部说明醋酸酐和高锰酸钾的确切流向、最终用户使用目的，并务必提供清晰、完备的国外客户资料（包括最终用户企业名称、业务联系人、地址、电话及传真）。如有中间商，也需提供有关中间商资料。我部将通过国家禁毒委员会办公室与有关进出口国家（地区）政府主管部门进行事先核查（如需转口，必须提供转口国家（地区）主管部门的进口许可文件），待确认其合法性后，方可办理批复。

本通知自2001年4月1日起执行，原规定只对部分国家（地区）实行专项管理的外经贸部《关于加强高锰酸钾出口管理的通知》（［1997］外经贸管配函字第214号）同时废止。

特此通知。

对外贸易经济合作部

2000年3月20日

出口加工区加工贸易管理暂行办法

对外贸易经济合作部关于印发《出口加工区加工贸易管理暂行办法》的通知

［2001］外经贸管发第141号

各省、自治区、直辖市及计划单列市外经贸委（厅，局），各特派员办事处，配额许可证事务局：

为做好出口加工区试点工作，贯彻《国务院办公厅关于进行设立出口加工区试点的复函》和《国务院关于〈中华人民共和国海关对出口加工区监管的暂行办法〉的批复》（国办函［2000］37号和国函［2000］38号），经商海关总署同意，特制定《出口加工区加工贸易管理暂行办法》。现印发给你们，请遵照执行。执行中所遇问题请报外经贸部（贸管司）。

特此通知

附件：出口加工区加工贸易管理暂行办法

对外贸易经济合作部

2001年3月21日

第一章 总 则

第一条 为做好出口加工区管理工作，促进加工贸易的健康、稳定发展，根据《国务院办公厅关于进行设立出口加工区试点的复函》和《国务院关于〈中华人民共和国海关对出口加工区监管的暂行办法〉的批复》，特制定本办法。

第二条 本办法所称加工贸易，是指出口加工区内企业从境外进口或从境内采购原材料、零部件、元器件、包装物料等，经加工、装配后复出口制成品，包括来料加工和进料加工两种方式。

第三条 出口加工区内企业，须按国家现行的有关法律规定进行注册登记，依法成立，且须具有独立法人资格；其中，外商投资企业须按国家现行外商投资管理法规办理有关手续。

第四条 出口加工区的招商工作，原则上由地方政府有关部门负责。各地在招商过程中，应遵循国家有关产业政策的导向并优先考虑将新增的和大型的下游加工贸易企业（如整机生产厂商，需大量从其他加工贸易企业结转原材料的）吸引入区。

第二章 出口加工区加工贸易业务管理

第五条 出口加工区加工贸易业务，由各省级外经贸主管部门归口管理。经上级政府批准成立的出口加工区管理委员会（以下简称管委会）负责区内加工贸易业务的具体审批工作。管委会应及时掌握区内企业的实际经营情况，并定期向省级外经贸主管部门报告。在具备条件的地区，管委会应通过“口岸电子执法系统”向海关了解区内企业的有关进出口及核销数据。

第六条 区内企业设立以后，须凭工商营业执照向管委会提交开展加工贸易业务的书面申请报告。申请报告要说明企业开展加工贸易业务的方式和内容，并附需要进口的加工生产用设备、料件或需要出口的制成品清单（三种清单不能同时提供的，可分别报批，格式见附件）。

第七条 管委会收到区内企业申请后，应严格按照国家有关规定进行审核，对非国家禁止开展的加工贸易业务申请，签发《出口加工区加工贸易业务批准证》（格式见附件）和所附清单，海关凭批件进行注册备案。

第八条 在具备条件的地区，企业应通过“口岸电子执法系统”向管委会报送申请报告和所附清单；管委会通过“口岸电子执法系统”核准企业报送的申请和所附清单，海关凭管委会核准的电子文件进行注册备案。

第九条 区内企业在海关办理注册备案后，方可在批准的范围内开展加工贸易业务；如开展新的加工贸易业务，超出原批准范围的新增部分，须按第六条规定到管委会办理核准手续。

第十条 区内企业加工成品应复出口。因特殊情况或外商投资企业根据企业合同（章程）规定需要销往区外境内的，由区内企业到加工区海关办理出区手续，区外企业按照进口货物的有关规定到加工区海关办理报关手续，制成品属进口许可证件管理的产品，区外企业须出具相应的进口许可证件。

第十一条 对区内企业在加工生产过程中产生的边角料、残次品和废品，比照区外的有关管理办法进行管理。对无商业价值的边角料和废品等，如确需运往区外销毁的，须报管委会及销毁地的环保部门批准，海关凭管委会和销毁地环保部门批件验放。销毁后，企业需将有关销毁证明报管委会备案。

第三章 货物进出口

第十二条 出口加工区与境外之间进出口的货物，除实行被动配额管理的商品、易制毒化学品、化学武器前体、固体废物及其他国家另有规定的，须按有关规定申领相应许可证件、海关凭有效证件验放以外，不实行进出口配额、许可证件管理。

第十三条 出口加工区与区外境内之间的货物贸易，视同一般进出口贸易，按现行规定办理。属于进出口配额许可证管理的商品，海关凭有效证件验放。

第十四条 国家禁止进出口的商品，原则上不得进入出口加工区。区外境内企业需要将国家禁止出口或统一经营商品运到加工区内加工并在加工后复运区外境内的，须报外经贸部批准，海关比照出料加工有关管理办法进行监管。

第十五条 加工贸易合同项下外商提供的不作价进口设备进入出口加工区，免领进口许可证件，由海关监管，在合同期满后退运出境；对于合同期满不能退运出境并要求海关解除监管运往区外的，海关按一般贸易进口的有关规定办理。

第四章 附 则

第十六条 区内企业须按照国家有关法律法规守法经营。

第十七条 各出口加工区管委会应根据国家有关规定和本办法及“口岸电子执法系统”的有关操作规程并结合各地实际情况制定相应的实施细则并报外经贸部备案。

第十八条 本办法自2001年4月1日起执行，由外经贸部商海关总署负责解释。

关于进出口经营资格管理的有关规定

对外贸易经济合作部关于印发《关于进出口经营资格管理的有关规定》的通知

外经贸贸发［2001］370号

各省、自治区、直辖市及计划单列市外经贸委（厅、局），新疆建设兵团外经贸局：

为加快外贸经营体制改革，促进和规范各类企业从事进出口业务，我部制定了《关于进出口经营资格管理的有关规定》，现将该文印发给你们，请遵照执行。

特此通知

附件：关于进出口经营资格管理的有关规定

对外贸易经济合作部

2001年7月10日

为加快外贸经营体制改革，促进和规范各类企业从事进出口业务，现对企业进出口经营资格管理的有关问题规定如下：

一、进出口经营资格实行登记和核准制，遵循自主申请、公开透明、统一规范、依法监督的原则，各类所有制企业（外商投资企业、商业物资、供销社企业、边境小额贸易企业，经济特区、浦东新区企业除外，下同）进出口经营资格实行统一的标准和管理办法。

外经贸部授权各省、自治区、直辖市、计划单列市及哈尔滨、长春、沈阳、西安、成都、南京、武汉、广州、珠海、汕头市外经贸委（厅、局），新疆建设兵团外经贸局（以下统称受权发证机关）负责办理进出口经营资格登记并核发《中华人民共和国进出口企业资格证书》。

二、对企业的进出口经营资格，按登记或核准的经营范围实行如下分类管理：

（一）外贸流通经营权（经营各类商品和技术的进出口，但国家限定公司经营或禁止进出口的商品及技术除外）。

（二）生产企业自营进出口权（经营本企业自产产品的出口业务和本企业所需的机械设备、零配件、原辅材料的进口业务，但国家限定公司经营或禁止进出口的商品及技术除外）。

外经贸部和受权发证机关在核准或登记企业进出口经营范围时，不再单列贸易方式，企业可以按国家规定以各种贸易方式从事进出口业务。

三、申请进出口经营权的企业资格条件和要求提交的材料

（一）申请外贸流通经营权的企业资格条件和要求提交的材料

1.资格条件

（1）企业应具备企业法人资格，成立1年以上，经工商行政管理部门登记注册领取《企业法人营业执照》，按国家规定办理工商年检并通过年检。

（2）注册资本（金）不低于500万元人民币（中西部地区不低于300万元人民币，币别下同）。

（3）已办理税务登记，依法纳税，按国家规定办理税务年检并通过年检。

（4）该企业法定代表人或负责人，在3年内未曾担任过被撤销对外贸易经营许可的企业的法定代表人或负责人（指在其担任法定代表人或负责人期间，企业违法违规被撤销对外贸易经营许可）。

2.要求提交的材料

（1）企业书面申请。

（2）经年检的《企业法人营业执照》副本复印件（经工商行政管理部门签章）。

（3）经年审的《税务登记证》复印件。

（4）《企业法人营业执照》登记的法定代表人身份证复印件。

（5）其他需要申报的材料。

（二）生产企业申请自营进出口权的资格条件和要求提交的材料

1.资格条件

（1）企业应具备企业法人资格或为依法设立的个人独资企业、合伙企业（以下统称企业），经工商行政管理部门登记注册领取《企业法人营业执照》或《营业执照》。

（2）企业注册资本（金）不低于300万元（中西部地区、少数民族地区不低于200万元，科研院所、高新技术企业和机电产品生产企业不低于100万元）。

（3）已办理税务登记，依法纳税。

（4）该企业法定代表人或负责人，在3年内未曾担任过被撤销对外贸易经营许可的企业的法定代表人或负责人（指在其担任法定代表人或负责人期间，企业违法违规被撤销对外贸易经营许可）。

2.要求提交的材料：

（1）企业书面申请。

（2）经年检的《企业法人营业执照》或《营业执照》副本复印件（经工商行政管理部门签章）。

（3）经年审的《税务登记证》复印件。

（4）《全国组织机构代码证书》复印件。

（5）《企业法人营业执照》登记的法定代表人或《营业执照》登记的负责人身份证复印件。

（6）个人独资企业、合伙企业要提交会计事务所、审计事务所或其他具有验资资格的机构出具的验资报告。

（7）高新技术企业、机电产品生产企业，要提交科技主管部门或有关部门的证书复印件。

（8）其他需要申报的材料。

四、办理进出口经营资格登记和核准，应符合规定的程序和要求。

（一）企业申请办理进出口经营资格，到所在地省市受权发证机关办理。企业提交的申报材料齐备后，受权发证机关予以受理。

申请自营进出口权，受权发证机关应自收到申请之日起10个工作日内，作出准予登记或不准予登记的决定。对准予登记的，发给《中华人民共和国进出口企业资格证书》。不准予登记的，应当说明理由。

申请外贸流通经营权，由外经贸部核准。地方企业由受权发证机关报外经贸部核准；中央企业及其所属企业，由中央企业报外经贸部核准。外经贸部在收到受权发证机关或中央企业报告之日起10个工作日内，作出准予核准或不准予核准的答复。受权发证机关自收到外经贸部的核准文件后5个工作日内，发放《中华人民共和国进出口企业资格证书》。

（二）办理进出口经营资格登记后，受权发证机关要将企业提交的材料连同《中华人民共和国进出口企业资格证书》复印件存档，并将所发《中华人民共和国进出口企业资格证书》内所载的有关数据通过网络报送外经贸部。

（三）企业凭《中华人民共和国进出口企业资格证书》到工商、海关、质量监督检验检疫、外汇管理、税务部门办理开展进出口业务所需的有关手续。

五、规范各类进出口企业经营行为。企业取得进出口经营资格后，应当遵守法律、法规和有关规定从事进出口业务，依照国家有关规定报关、报验、结汇、用汇和办理出口退税。

（一）各类进出口企业不得以挂靠、借权经营方式让其他企业以自己名义对外签订进出口合同，办理报关、报验、结汇、用汇和出口退税。企业要强化内部管理，建立和健全权责分明、有效制约的经营机制，防止出卖或变相出卖进出口经营资格，防范走私、逃套汇和骗取出口退税等违法违规行为。

（二）从事国家实行配额、许可证管理商品的进出口业务，应依据法律、法规和有关规定的规定申请办理配额、许可证。

（三）按规定加入进出口商会。

六、各受权发证机关要加强与工商、海关、质量监督检验检疫、外汇管理、税务等部门的沟通，建立相应的联系制度，完善《中华人民共和国进出口企业资格证书》年审办法，积极配合有关部门的工作。

（一）每年1月1日至4月30日，受权发证机关进行《中华人民共和国进出口企业资格证书》年审。有条件的地方，可以与有关部门实行联合年审。

（二）受权发证机关根据企业提交的年审材料，以及海关、质量监督检验检疫、外汇管理、税务等部门提供的该企业依法经营的材料，确认该企业是否具备继续从事进出口业务的资格。

（三）完善对企业的信用管理和档案管理，对受到行政处罚的企业，受权发证机关要在其《中华人民共和国进出口企业资格证书》上记载违法违规经营行为和受到的行政处罚，并将有关数据通过网络报送外经贸部。

受权发证机关要及时向海关、税务、工商、外汇等有关部门通报受罚企业名单，对有不良记录企业的经营活动实施预防性管理。

（四）企业的名称、经营场所、法定代表人或负责人、进出口经营范围变更，应到受权发证机关办理《中华人民共和国进出口企业资格证书》变更手续。受权发证机关应将有关数据通过网络报送外经贸部。

（五）《中华人民共和国进出口企业资格证书》不得伪造、涂改、出租、出借、转让、出卖。企业使用《中华人民共和国进出口企业资格证书》复印件，须加盖受权发证机关印章方有效。

七、进一步加强和完善监管体系，严格依法对违法违规企业实施行政处罚，建立有准入有退出的进出口经营资格管理体制。

（一）对构成走私和违反海关监管的进出口企业，依据《中华人民共和国对外贸易法》和《对违规、走私企业给予警告、暂停或撤销对外贸易、国际货运代理经营许可行政处罚的暂行规定》（[1998] 外经贸政发第929号，外经贸部和海关总署联合发布，以下简称《暂行规定》）给予相应的行政处罚。

（二）对构成逃套汇的进出口企业，依据《国务院关于坚决打击骗取出口退税严厉惩治金融和财税领域违法乱纪行为的决定》（国发［1996］4号，以下简称《决定》）和对《对外贸易经济合作部对逃、套汇外经贸企业给予行政处罚的暂行规定》（[1998] 外经贸计财发第713号）给予相应的行政处罚。

（三）对构成骗取出口退税的进出口企业，依据《决定》和《关于对骗取出口退税企业给予行政处罚的暂行规定》（[2000] 外经贸发展发第513号，外经贸部和国家税务总局联合发布）给予相应的行政处罚。

（四）对伪造、变造、买卖进出口许可证、配额、进出口原产地证明文件的进出口企业，依据《中华人民共和国对外贸易法》和《暂行规定》给予相应的行政处罚。

（五）对本企业出口产品被控倾销而不参加应诉的企业，依据外经贸部《关于鼓励和督促企业参加国外反倾销案件应诉的若干规定》（[1999] 外经贸法字第3号）给予相应的行政处罚。

（六）对出口伪劣商品的企业，经海关、工商行政管理部门、质量监督检验检疫部门或司法部门认定后，给予以下行政处罚：首次出口伪劣商品且出口额在50万美元以下的，给予警告行政处罚；首次出口伪劣商品在50万美元以上、100万美元以下的，给予暂停1年对外贸易经营许可行政处罚；首次出口伪劣商品在100万美元以上，或受到处罚后两年内仍有出口伪劣商品行为的，给撤销对外贸易经营许可行政处罚。

（七）对有商标侵权行为的企业，给予以下行政处罚：因商标侵权行为被海关或工商行政管理等部门处罚，但尚未构成犯罪的，给予暂停1年对外贸易经营许可的处罚；对发生严重侵权行为、给商标所有人造成重大经济损失并经司法部门认定或经仲裁机构裁定的，给予撤销对外贸易经营许可行政处罚。

（八）被撤销对外贸易经营许可的企业，自被撤销之日起3年内不予重新办理出口经营资格的登记或核准。

（九）对未按规定办理《中华人民共和国进出口企业资格证书》申领和年审的企业，视同自动放弃并注销其进出口经营资格，自注销之日起1年内不得重新办理进出口经营资格的登记或核准。

八、外经贸部和受权发证机关工作人员违反本规定，弄虚作假、严重失职、滥用职权、营私舞弊、索贿受贿的，应当根据情节给予行政处分；触犯刑法的，由司法机关依法追究刑事责任。

九、受权发证机关发现企业法定代表人或负责人有《企业法人法定代表人登记管理规定》中规定的不得担任企业法定代表人的情形，又未按有关规定办理法定代表人或负责人变更的企业，应向工商行政管理部门检举。属于已获得进出口经营资格的，应注销其进出口经营资格；属于申请办理进出口经营资格的，不予办理。

十、商业物资、供销社企业、边境小额贸易企业，经济特区、浦东新区企业的进出口经营资格的资格条件和管理办法，以及外商投资企业从事进出口业务，仍按现行规定办理。

十一、生产企业已经成立的进出口公司获得进出口经营权的，视同获得外贸流通经营权，企业应在规定时间内到原受权发证机关办理《中华人民共和国进出口企业资格证书》“企业类类型”等项变更手续。

本规定自下发之日起实行。凡与本规定不符的规定，自本规定发布之日起废止。

对外贸易经济合作部

2001年7月10日

中华人民共和国海关总署
公　告

2001年　第10号

为防止过量进口钢坯冲击国内市场和扰乱进口秩序，根据外经贸部《关于外商投资企业钢坯进口管理问题的紧急通知》，对外商投资企业申报进口的钢坯，海关按以下规定办理：

一、从7月30日起，外商投资企业生产内销用钢坯进口，一律凭外经贸部签发的加盖“外商投资企业进口审核专用章”的《外商投资企业特定商品进口登记证明》验放；对7月30日起（含当日）到港无上述合法证明的钢坯，由企业在规定期限内向外经贸部补办加盖“外商投资企业进口审核专用章”的手续，超过规定期限的，海关按无证到货处理。

二、对7月30日前到港的钢坯在滞报期限内能提供外经贸部加盖“外商投资企业进口审核专用章”证明的，海关可办理验放手续，否则，作退运处理。

以上规定不包括加工贸易进口的钢坯。

本公告自2001年7月30日起执行。

海　关　总　署

2001年7月31日

中华人民共和国海关总署
公　告

2001年　第11号

为整顿和规范钢坯经营秩序，防止过量进口钢坯扰乱国内市场，根据国家经贸委和外经贸部关于加强钢坯进口验放管理问题的有关通知，对企业申报进口的钢坯，海关按以下规定办理：

一、自2001年9月1日起，对企业申报进口的钢坯，海关一律凭国家石油和化学工业协会签发的《重要工业品进口登记证明》验放，或凭加盖外经贸部对外贸易司审核签章的《自动登记进口证明》验放。

二、对9月1日前已签发的《重要工业品进口登记证明》，在规定期限内，海关凭加盖国家经贸委对外经济协调司的审核签章验放。

三、对9月1日前已签发的《自动登记进口证明》，在规定期限内，海关凭加盖外经贸部对外贸易司的审核签章验放。

无上述合法证明的进口钢坯，海关按无证到货处理。

以上规定不包括外商投资企业生产内销用的进口钢坯。外商投资企业生产内销用的进口钢坯，海关仍按《中华人民共和国海关总署公告》（2001年第10号）的规定办理。

本公告自2001年9月1日起执行。

海　关　总　署

2001年8月30日

出口产品反倾销应诉规定

中华人民共和国对外贸易经济合作部令

2001年 第5号

现发布《出口产品反倾销应诉规定》，自2001年12月1日起施行。

部长 石广生

2001年10月11日

第一章 总 则

第一条 为了规范出口产品反倾销应诉工作，根据《中华人民共和国对外贸易法》等法律法规，制定本规定。

第二条 本规定适用于出口产品反倾销调查的预警、应诉和复审等工作。

第三条 中国出口产品受到反倾销调查后，在调查期内生产和向调查国或地区出口涉案产品的全部涉案企业应积极参加应诉，以维护我国出口产品的海外市场，保护自身的合法权益。

第四条 对外贸易经济合作部负责规范和指导全国出口产品的反倾销应诉工作，有关地方外经贸主管部门、进出口商会、外商投资企业协会依职责分工，具体组织、协调反倾销应诉。

第二章 应诉组织协调单位及其职责

第五条 对外贸易经济合作部委托各进出口商会和外商投资企业协会（下称应诉组织单位）具体负责企业反倾销应诉的组织协调工作。

对外贸易经济合作部视案件的具体情况可委托地方外经贸主管部门或对外贸易经济合作部认为适合的其他组织或机构作为应诉组织单位组织协调应诉工作。

应诉组织单位的职责包括：

（一）根据案件具体情况联合相关行业协会共同组织应诉；

（二）组织企业聘请律师和参加国外调查部门举行的听证会；

（三）协助企业填写调查问卷；

（四）协助企业进行替代国、市场经济地位和分别裁决问题的抗辩；

（五）协助企业接受国外调查机关的实地核查；

（六）协助企业进行价格承担协议或中止协议谈判；需以政府名义签订的“价格承担协议”或“中止协议”，或要求政府担保或监控“价格承担协议”或“中止协议”执行的，应向对外贸易经济合作部报告，并提出方案；

（七）就具体落实“谁应诉谁受益”原则，向对外贸易经济合作部提出建议；

（八）负责反倾销案件相关文件和资料的归档工作；

（九）跟踪、分析被反倾销产品的出口变化情况，并及时向外经贸部主管部门反映，同时提出相应对策和建议；

（十）对出口反倾销工作中遇到的政策、法律等问题进行研究分析、举办研讨会，不断提高会员企业的应诉意识。

第六条 关于“谁应诉谁受益”原则的落实办法和措施，由对外贸易经济合作部另行制定。

第七条 应诉组织单位应建立出口商品统计监管系统，随时向有关企业、政府部门发出信息通报，做好国外对我产品反倾销调查的预警工作。

第八条 应诉组织单位应根据反倾销调查案件的情况，定期或不定期在《国际商报》和《国际经贸消息》报上及时公布该年度到期的年度复审和日落复审案件。

第九条 应诉组织单位应做好反倾销案件的归档工作并在负责组织的每起反倾销案件调查结束后30个工作日内向对外贸易经济合作部提交应诉总结报告及后续相关工作的建议。

第三章 应诉程序

第十条 应诉组织单位得到反倾销调查立案信息后，应立即通知已知的涉案企业，于3个工作日内在《国际商报》和《国际经贸消息报》上发布通知，并通报企业所在地的外经贸主管部门。

第十一条 应诉组织单位应及时召开反倾销案件应诉协调会议，通报案件基本情况、介绍调查国反倾销案件调查程序、介绍参加竞聘的律师事务所的基本情况并组织竞聘、汇总企业生产和出口情况，初步制订应诉策略。

第十二条 涉案企业应在参加应诉协调会议之前收集整理调查期内涉案产品的成本、生产总量、国内销售价格和向调查国出口的价格及数量等资料。

第十三条 涉案企业应在应诉组织单位的统一协调下聘请律师代理应诉。

第十四条 应诉组织单位在组织选聘律师时应遵循公开、公正、透明的原则。

第十五条 参与竞聘的律师应符合以下条件：

（一）了解中国的经济运行体制，具有代理中国企业应诉反倾销调查工作的经验；

（二）具有反倾销案件的法律知识和实践经验，具有良好的职业道德和敬业精神；

（三）立案前3年内未代理过调查国或地区生产商针对中国产品提出的反倾销调查申诉。

（四）有能力为涉案企业提供所需的相关服务。

第十六条 应诉企业应尽可能集中统一聘请律师事务所代理应诉。

第十七条 如应诉企业选聘两家以上律师事务所代理同一案件应诉时，应诉组织单位应在组织企业回答调查问卷，落实实地核查、就产业损害问题提供抗辩材料等方面加强协调各律师事务所的工作。

第十八条 下列案件的律师选聘，应诉组织单位和应诉企业应事先征询对外贸易经济合作部的意见：

（一）涉案产品在调查期内出口金额超过5000万美元的；

（二）涉案产品对我国出口具有较大影响的，如我国传统大宗产品、拳头产品和出口市场单一的产品；

（三）涉案企业较多，或案件情况复杂，需要协调的；

（四）对外贸易经济合作部认为有必要统一协调的案件。

第十九条 应诉企业与受聘律师签订书面聘用协议后，应诉组织单位应向对外贸易经济合作部通报所聘律师情况。

第二十条 应诉组织单位应密切配合受聘律师的工作，跟踪案件进展情况，并及时向对外贸易经济合作部和我驻调查国或地区使领馆经商参处（室）报告。

第二十一条 应诉组织单位可组织应诉企业参加国外反倾销调查听证会或进行案件交涉。

第二十二条 应诉组织单位组团参加听证会应报请对外贸易经济合作部批准。报批文件中应包括以下内容：

（一）案件基本情况；

（二）工作方案；

（三）听证会具体时间、地点；

（四）参加听证会团组人员构成及境外预计停留时间；

（五）国外邀请函复印件。

第二十三条 应诉组织单位在获准参加国外反倾销案件听证会后3个工作日内，应通知我驻调查国或地区当地使领馆。应诉组织单位应邀请我驻调查国或地区当地使领馆官员参加听证会，听证会期间应接受使领馆的指导并随时汇报工作进展。遇有重大问题应及时向使、领馆和对外贸易经济合作部报告。

第二十四条 应诉组织单位应在组团参加听证会结束回国后10个工作日内向对外贸易经济合作部提交总结报告及下一步工作方案。

第四章 反倾销应诉工作的政府指导

第二十五条 对外贸易经济合作部在反倾销应诉工作中的职责如下：

（一）研究在全国范围内有重大影响的案件，拟订应诉工作的方针、政策和措施；

（二）就国外对我歧视性政策和做法，与调查国政府或地区进行交涉；

（三）负责建立、完善反倾销案件预警机制，统筹协调开展个案交涉；

（四）负责反倾销应诉过程中与有关部委及其行业协会的协调工作；

（五）制定维护出口秩序和加强出口管理的手段，研究决定对低价出口行为的处罚措施；

（六）根据有关规定，落实“谁应诉谁受益原则”相关措施；

（七）其他事项。

第二十六条 各驻外使领馆经济商务参赞处（室）在反倾销应诉工作中的职责如下：

（一）及时搜集国外对华反倾销法律、法规制定和修改的情况；

（二）密切关注国外对华可能新发生的反倾销案件的动态并及时通报对外贸易经济合作部和有关应诉组织单位；

（三）及时搜集涉及中国的反倾销案件的调查和裁决情况信息；

（四）协助在调查国或地区聘请的律师做好抗辩工作；

（五）指导应诉组织单位在调查国或地区参加的听证会工作并提供必要的服务。

第二十七条 各地方外经贸主管部门应配备专门机构和人员负责反倾销应诉工作，具体职责如下：

（一）配合进出口商会、协会做好反倾销应诉组织工作，特别是应积极动员所在地涉诉企业积极应诉；

（二）在接受对外贸易经济合作部的委托后，行使应诉组织单位的职责；

（三）做好所辖地区出口产品的反倾销预警工作；

（四）做好涉及本地区企业的反倾销案件的统计工作及国外反倾销对本地区出口贸易影响的分析工作；

（五）向本地区企业广泛宣传普及反倾销知识，组织企业交流反倾销应诉经验，提高应诉质量。

第五章 附 则

第二十八条 国外对我产品提出的反补贴调查、市场扰乱、保障措施等调查案件的应诉工作应参照适用本规定。

第二十九条 本规定由对外贸易经济合作部负责解释。

第三十条 本规定自2001年12月1日起执行。

《关于中国出口产品在国外发生的反倾销案件的应诉规定》（外经贸部1994年部令第1号）、《关于进出口商会、外商投资企业协会组团参加国外反倾销案件听证会的若干规定》（〔1995〕外经贸法发223号）和《关于在出口反倾销案件中聘用律师的暂行规定》（〔1995〕外经贸法发380号）同时废止。

软件出口管理和统计办法

对外贸易经济合作部 科学技术部 信息产业部
国家统计局 国家外汇管理局关于印发
《软件出口管理和统计办法》的通知
外经贸技发［2001］604号

各省、自治区、直辖市及计划单列市外经贸委（厅、局）、科委、信息产业主管部门、统计局、外汇管理局：

为落实《国务院关于印发鼓励软件产业和集成电路产业发展若干政策的通知》（国发［2000］18号），根据软件产品交易的特点，依据《中华人民共和国对外贸易法》，对外贸易经济合作部等五部门联合制定了《软件出口管理和统计办法》（以下简称《办法》）。《办法》旨在建立国家有关管理部门间软件出口协调管理机制，为软件出口企业提供便利服务，落实国家对软件出口的鼓励政策，同时对软件出口进行统计和分析。

现将《办法》予以发布，自发布之日起执行。

对外贸易经济合作部
科学技术部
信息产业部
国家统计局
国家外汇管理局
2001年10月25日

第一条 为落实国家对软件出口的各项鼓励政策，加强对软件出口的管理，根据《中华人民共和国对外贸易法》和其他有关规定，制定本办法。

第二条 本办法适用于依照《中华人民共和国对外贸易法》从事对外经贸经营活动的法人和其他组织，采取通关或网上传输方式向境外出口软件产品、转让软件技术和提供相关服务，包括：

（一）软件技术的转让或许可；

（二）向用户提供的计算机软件、信息系统或设备中嵌入的软件或在提供计算机信息系统集成、应用服务等技术服务时提供的计算机软件；

（三）信息数据有关的服务交易。包括：数据开发、储存和联网的时间序列、数据处理，制表及按时间（即小时）计算的数据处理服务、代人连续管理有关设备、硬件咨询、软件安装，按客户要求设计、开发和编制程序系统、维修计算机和边缘设备，以及其他软件加工服务；

（四）随设备出口等其他形式的软件出口。

第三条 经行业主管部门认定的软件企业，凡注册资金达到100万元人民币的，均可享有自营出口经营资格，应按属地原则到各省、自治区、直辖市和计划单列市外经贸厅（委、局）进行登记。

软件企业的认定按照信息产业部、教育部、科学技术部和国家税务总局《关于印发〈软件企业认定标准及管理办法〉（试行）的通知》（信部联产［2000］968号）执行。

第四条 为加强政府部门之间的业务协调，实现对软件出口的有效管理，外经贸部、科技部、信息产业部、国家统计局、国家外汇管理局和外汇指定银行联合设立“软件出口合同登记管理中心”，网址是：WWW.SCRCENTRE.GOV.CN。

第五条 软件出口合同正式生效后，软件出口企业应在“软件出口合同登记管理中心”对软件出口合同进行在线登记。并按属地原则，持生效的软件出口合同正本到当地外经贸厅（委、局）领取《软件出口合同登记证书》。

软件出口企业在软件出口合同中应明确软件出口方式：“海关通关方式”或“网上传输方式”。

第六条 各地方外经贸厅（委、局）负责本地区的软件出口管理工作。根据软件出口企业提交的软件出口合同正本核查其软件出口合同在线登记的真实性，核实无误后为企业核发《软件出口合同登记证书》。

中央管理的企业，外经贸部按属地原则委托各地外经贸厅（委、局）核查其软件出口合同在线登记的真实性，并核发《软件出口合同登记证书》。

第七条 “海关通关方式”软件出口的管理

（一）对有物质介质并采取通关方式出口的软件出口企业到海关办理软件出口报关手续时，应出示《软件出口合同登记证书》、生效的《软件出口合同》（正本）和外汇管理局发放的《出口收汇核销单》。海关依据海关法律、法规、规章等办理相应的通关手续。

（二）软件出口企业出口收汇后，外汇指定银行按照《出口收汇核销管理办法实施细则》的要求为企业出具《出口收汇核销专用联》。

（三）软件出口企业凭《软件出口合同登记证书》、《软件出口合同》（正本）、《出口报关单》、《出口收汇核销单》、《出口收汇核销专用联》、发票等单证到外汇管理局办理出口收汇核销手续。外汇管理局在“软件出口合同登记管理中心”核查无误后，予以办理出口收汇核销手续，并出具《出口收汇核销单退税专用联》。

（四）软件出口企业凭《软件出口合同登记证书》、《软件出口合同》（正本）、《出口报关单》、《出口收汇核销单》、《出口收汇核销专用联》、《出口收汇核销单退税专用联》和增值税发票、税票等单证到税务局办理出口退税手续。税务局在“软件出口合同登记管理中心”核查无误后，予以办理出口退税手续。

第八条 “网上传输方式”软件出口的管理

（一）通过网上传输的软件出口，软件出口企业收汇后持《软件出口合同登记证书》和生效的《软件出口合同》（正本）直接到外汇指定银行办理收汇手续。

（二）银行在“软件出口合同登记管理中心”对《软件出口合同》登记的有效性、软件出口方式等核查无误后，予以办理结汇或入账手续，并出具《软件出口已收汇证明》。

第九条 属于国家限制出口技术清单、国家秘密技术清单中的软件技术和产品的出口，应按照《限制出口技术管理办法》和《国家秘密技术出口审查规定》执行。

第十条 软件出口统计包括：软件企业办理自营出口经营权统计、软件出口合同统计、海关通关方式的软件出口统计、网上传输方式的软件出口统计、软件出口收汇统计。

外经贸部、信息产业部、海关总署、国家外汇管理局负责各自业务范围的统计工作，并将统计数据汇总到外经贸部（科技司）。外经贸部会同国家统计局对以上统计进行综合汇总和分析，并定期对外公布。

第十一条 凡在“软件出口合同登记管理中心”登记并领取《软件出口合同证书》的企业，享受国家的软件出口政策。

第十二条 凡伪造软件出口合同、虚报造假和违反有关规定的软件出口企业，一经查实，将受到警告、暂停直至撤销其自营出口经营资格的处罚。触犯法律的，由司法机关依法处理。

第十三条 本办法与《软件出口有关问题的通知》（［2000］外经贸技发第680号）同时执行。与本办法不一致的条款，按照本办法执行。

实施计算机联网监管企业加工贸易审批管理暂行办法

对外贸易经济合作部关于印发《实施计算机联网监管企业加工贸易审批管理暂行办法》的通知

外经贸贸发［2001］594号

各省、自治区、直辖市及计划单列市外经贸委（厅、局）：

为进一步利用现代化管理手段加强加工贸易管理，促进加工贸易健康、稳定发展，根据《海关总署、外经贸部关于支持高新技术产业发展若干问题的通知》（署厅发［2001］279号）的精神，外经贸部、海关总署决定对部分具备条件的加工贸易企业实施联网管理，对其开展的加工贸易业务不实行银行保证金台账制度，外经贸部门取消加工贸易进口料件逐个合同的审批管理，根据企业的资信和加工生产能力，审定企业的加工贸易经营范围；海关取消《登记手册》监管，实施计算机联网监管。

为保证加工贸易联网监管模式的顺利实施，经商海关总署，特制定《实施计算机联网监管企业加工贸易审批管理暂行办法》，现印发各地方外经贸主管部门，请遵照执行。

特此通知

附件：实施计算机联网监管企业加工贸易审批管理暂行办法

对外贸易经济合作部

2001年10月25日

第一条 为进一步利用现代化管理手段加强加工贸易管理，促进加工贸易健康、稳定发展，根据《国务院办公厅转发国家经贸委等部门关于进一步完善加工贸易银行保证金台账制度意见的通知》（国办发［1999］35号）和《海关总署、外经贸部关于支持高新技术产业发展若干问题的通知》（署厅发［2001］279号）的精神，特制定本办法。

第二条 本办法所称加工贸易，是指从境外保税进口全部或部分原辅材料、零部件、元器件、包装物料等，经境内企业加工或装配后，将制成品复出口的经营活动，包括来料加工和进料加工。

第三条 本办法适用于海关批准实施联网监管的企业（以下简称联网企业）。联网企业应具备的条件和要求由海关总署制定、公布。

第四条 对联网企业开展的加工贸易业务不实行银行保证金台账制度。外经贸部门对联网企业开展的加工贸易业务取消合同审批，只审定联网企业的加工贸易资格、业务范围和加工生产能力。

第五条 联网企业申请开展加工贸易业务，应向外经贸主管部门提交下列文件：

（一）资质证明材料

1. 工商营业执照（复印件）；

2. 海关对企业实施联网监管的验收合格证书；

3. 经营企业进出口经营权批准文件或外商投资企业批准证书（复印件）、联合年检合格记录（不包括新批准设立尚未到年检期的企业）；

4. 加工企业注册地县级以上外经贸主管部门出具的加工企业生产能力证明正本；

5. 联网企业上年度加工贸易出口情况的证明材料（报关单复印件或加工贸易合同核销表）；

6. 审批机关认为需要出具的其他证明文件和材料。

（二）业务申请材料

1. 在联网监管模式下开展加工贸易业务的申请表（见附1，略），内容包括企业的基本情况及对进口料件、出口成品的简要文字描述；

2. 经营范围清单，内容包括进口料件和出口制成品的品名及四位的H.S.编码。

第六条 外经贸主管部门收到联网企业申请后，对非国家禁止开展的加工贸易业务，应予批准，签发《联网监管企业加工贸易业务批准证》（见附2，略）。

第七条 海关凭外经贸主管部门签发的《联网监管企业加工贸易业务批准证》，为联网企业建立加工贸易电子账册，实施联网监管。

第八条 联网企业在海关建立了电子账册后，即可在核准的范围内进口料件、出口制成品。

第九条 联网企业在经营过程中，需扩大加工贸易业务范围的，新增部分须按第五条、第六条、第七条规定到外经贸主管部门、海关办理有关手续。

第十条 联网企业加工贸易项下进口料件和制成品原则上应全部出口。如因特殊情况需转内销的，按《外经贸部关于印发加工贸易保税进口料件内销审批管理办法的通知》（［1999］外经贸管发第315号）及有关规定办理。

第十一条 各级外经贸主管部门应跟踪了解联网企业的加工贸易业务开展情况，并要求联网企业定期（半年或1年）书面报告有关核销情况。

第十二条 本办法由外经贸部商海关总署负责解释。

对外贸易经济合作部关于公布燃料油进口经营企业名单及有关问题的通知

外经贸贸发［2001］603号

各省、自治区、直辖市及计划单列市外经贸委（厅、局），外经贸部驻各地特派员办事处，配额许可证事务局，有关外经贸企业：

为规范燃料油的进口秩序，完善经营管理，按照国务院批准发布的《进口商品经营管理暂行办法》的有关规定，现将燃料油进口经营企业名单予以公布，并就有关问题通知如下：

一、外经贸部根据申报企业的经营业绩、能力及各省级外经贸主管部门的推荐意见，对燃料油进口经营企业进行核定并公布（名单见附件）。

二、核定公布的企业应按国家有关规定开展燃料油的自营或代理进口业务。未经外经贸部核准公布的企业不得从事燃料油一般贸易进口经营业务。

三、外商投资企业因生产自用所需燃料油可以自行组织进口或者委托上述核定企业代理进口。

四、经核定公布的中央外经贸企业，其下属法人企业如确有开展业务的实际需要和经营能力的，由中央外经贸企业报外经贸部，经外经贸部核准备案公布后，可开展燃料油进口经营业务。

五、外经贸部已公布的经济特区和上海浦东新区自用燃料油进口经营备案企业继续有效，但严格限于从事特区内自用燃料油的进口经营业务。

六、各有关发证机关应严格按照本通知及外经贸部其他关于核定公司经营管理的规定发放燃料油进口许可证。无进口经营资格的企业不得作为对外成交单位，海关不予放行。

七、本通知自发布之日起执行。同时，外经贸部《关于公布燃料油进口经营企业名单及有关问题的通知》（［2000］外经贸管发第525号）、《关于公布燃料油进口经营企业补充名单的通知》（［2000］外经贸管进函字第308号）停止执行。经营资格复核未通过的企业在本通知发布之日前已领取进口许可证、进口计划证明的，须在2001年12月31日前执行完毕。各单位在执行中有何问题，请及时报外经贸部。

特此通知。

附件：燃料油进口经营企业名单

对外贸易经济合作部

2001年10月29日

附　件

燃料油进口经营企业名单

中国化工进出口总公司
中国国际石油化工联合公司
中国石化国际事业公司
中国联合石油有限责任公司
中艺华海进出口有限公司
中国船舶燃料供应总公司
珠海振戎公司
中国水利电力物资有限公司
光大石油天然气开发投资有限公司
中国华能国际经济贸易公司
中国北京国际经济合作公司
天津机电国际贸易集团有限公司
河北省五金矿产进出口公司
山西省天利实业有限公司
辽宁省对外贸易总公司
大连金阳进出口有限公司
吉林省对外贸易进出口公司
中化黑龙江进出口公司
东方国际集团上海对外贸易有限公司
上海物资集团进出口有限公司
江苏省燃料总公司
苏州工业园区股份有限公司

浙江省金属材料公司
浙江省迪达进出口有限公司
宁波宁兴集团公司
安徽省化工进出口股份有限公司
福建省化工进出口公司
中国（福建）对外贸易中心集团
厦门建发股份有限公司
厦门国贸集团股份有限公司
江西省化工进出口公司
山东胜利股份有限公司
山东省对外贸易集团有限公司
青岛华青进出口有限公司
青岛益佳经贸实业进出口有限公司
河南粮油食品进出口集团有限责任公司
湖北省化工进出口公司
湖南省化工进出口公司
广东省物资进出口公司
广东省华广轻工实业有限公司
珠海经济特区物资总公司
广东中人企业（集团）有限公司
广州市华泰兴石油化工有限公司
深圳市永骏实业有限公司
深圳市石油公司
深圳市中油通达石油有限公司
深圳市东尔科技电讯有限公司
深圳市石化油品保税贸易有限公司
广西化工进出口公司
海南中通化工进出口有限公司
重庆对外贸易进出口公司
贵州省外贸进出口公司
云南省土产进出口公司
甘肃省进出口贸易集团公司
新疆国际实业股份有限公司

中华人民共和国对外贸易经济合作部
公　　告

2001年　第15号

为改善出口经营秩序，扩大我国工业品出口，根据当前国际市场和我国有关商品出口的情况，对外贸易经济合作部决定，2002年将对部分工业品主动配额商品实行出口配额招标或配额有偿使用管理。现将有关事项公告如下：

一、2002年工业品出口配额招标商品

2002年实行出口配额招标的工业品是：氟石、滑石、碳化硅、轻重烧镁。

二、2002年工业品出口配额有偿使用商品

2002年实行出口配额有偿使用的工业品是：矾土、人造刚玉、甘草及其制品。

有关商品出口配额招标时间和做法将由出口商品配额招标委员会另行公布。

对外贸易经济合作部
2001年11月14日

中华人民共和国对外贸易经济合作部
公　　告

2001年　第18号

为改善出口经营秩序，扩大我国农产品出口，适应我国入世后的新形势，根据当前国际市场和有关商品出口情况，对外贸易经济合作部决定，2002年将对部分农产品实行出口配额招标管理。现将有关事项公告如下：

一、2002年实行出口配额招标管理的农产品是：蔺草及制品、大蒜（韩国市场）。

二、有关商品出口配额招标时间和做法将由出口商品配额招标委员会另行公布。

三、如企业已交款申领2001年松香、蜂蜜、红小豆、大蒜（非韩国市场）出口配额，且年底前又未能使用，可于2002年1月1日后到有关招标办公室办理中标金（包括中标保证金）和有偿使用费退款手续。

特此公告

对外贸易经济合作部
2001年11月27日

中华人民共和国对外贸易经济合作部公告

2001年 第20号

根据世界贸易组织纺织品服装协议的规定和我国加入世界贸易组织议定书中的相关规定，我国在成为世界贸易组织正式成员后，将享受在纺织品服装贸易领域的一体化待遇，其中包括美国、欧盟、加拿大、土耳其等设立配额限制的国家和地区分别对我国出口的部分类别的纺织品和服装产品取消配额限制。现将取消配额限制的类别情况及相关的管理措施的变化公布如下：

一、自2001年12月11日起，欧盟和美国取消对我国出口的在其向世界贸易组织纺织品服装监督机构通报的第一阶段和第二阶段一体化清单中产品的配额限制，同时欧盟还取消部分其他类别的配额限制；自2002年1月1日起，土耳其取消对我国出口的在其向世界贸易组织纺织品服装监督机构通报的第一阶段和第二阶段一体化清单中产品的配额限制，美国、欧盟、加拿大和土耳其取消对我国出口的在其向世界贸易组织纺织品服装监督机构通报的第三阶段一体化清单中产品的配额限制。其中，美国和加拿大有部分配额类别只取消该类别部分HS分类编码项下产品的配额限制，仍保留这些类别其余HS分类编码项下产品的配额限制。(取消配额限制的具体类别见附件1)

二、(一) 对于在附件1中列出的向欧盟和加拿大出口的纺织品和服装产品，不论货物从我国出运时是否仍受配额限制，在取消配额限制的当日，进口国海关将不再查验已取消配额限制的我国出口的纺织品服装产品的纺织品出口许可证或进口国出具的纺织品进口许可证。

(二) 对于在附件1中列出的向美国和土耳其出口的纺织品和服装产品，在取消配额限制之日之前从我国出运的货物，即使到达进口国之时针对该产品的配额已取消，进口国海关仍要查验纺织品出口许可证或进口国出具的纺织品进口许可证；对于在取消配额限制之日之后从我国出运的货物，进口国海关将不再查验已取消配额限制的我国出口的纺织品服装产品的纺织品出口许可证或进口国出具的纺织品进口许可证。

三、自2002年1月1日起，美国取消对部分不受配额限制的我国出口的纺织品服装的许可证管理（取消许可证管理的商品见附件2)。各签证机关自取消之日起停止为这些产品的出口出具许可证。

四、欧盟和土耳其在向世界贸易组织纺织品服装监督机构通报的第一阶段、第二阶段和第三阶段一体化产品中有部分类别产品对我国没有实行配额限制，但现在我国对欧盟和土耳其出口这些产品时需出具纺织品原产地证（具体产品类别见附件3)。自2001年12月11日起，附件3中第一阶段和第二阶段通报类别的产品对欧盟出口不需出具纺织品原产地证；自2002年1月1日起，附件3中第一阶段和第二阶段通报类别的产品对土耳其出口以及第三阶段通报类别的产品对欧盟和土耳其出口不需出具纺织品原产地证。各出口证书签证机关应按照以上时间安排停止签发相应类别的输欧盟和土耳其的纺织品原产地证。

五、各纺织品服装出口企业在出口取消配额限制类别的产品时，如果进口商仍需原产地证，应相应向有关主管部门申请一般原产地证或普惠制原产地证书。

六、在2002年纺织品配额招标中输欧盟21类和输美国840类配额的中标企业不需交纳相应类别的中标保证金。

七、在2002年1月1日之前的过渡期内，各纺织品出口许可证和纺织品原产地证（以下简称“出口证书”）的签证机关应按照以下规定签发取消配额限制类别的出口证书：

(一) 对于取消某类别全部HS分类编码项下产品配额限制的类别，各签证机关应：1. 对于自2001年12月11日起取消配额限制的类别，自配额取消之日到2002年1月1日，为所有出口相应产品的企业（无论是否有2001年度相应类别配额）签发出口证书海关联，供其在向我国海关报关时使用，出口证书正本留存于签证机关，不向中国国际电子商务中心传送电子数据；自2002年1月1日起，不再为这些类别产品签发出口证书。2. 对于自2002年1月1日起取消配额限制的类别，自2002年1月1日起，不再为这些类别产品签发出口证书。

(二) 对于美国和加拿大只取消某类别部分HS分类编码项下产品配额限制的类别，各签证机关应自取消配额之日起，不再为已取消配额限制的HS分类编码项下的产品签发出口证书，继续为未取消配额限制的HS分类编码项下的产品签发出口证书。

(三) 自本公告公布之日起，如出口企业书面声明其出口到欧盟和加拿大的产品将在相应类别取消配额限制之日之后在欧盟和加拿大清关，并对此声明的真实性负责，无论该企业是否具有相应类别2001年度的配额，签证机关可以为其签发出口证书的海关联，供其在向我国海关报关时使用，出口证书正本留存于签证机关，不向中国国际电子商务中心传送电子数据。对于出口到美国和土耳其的产品，各签证机关不得在该类别或某类别项下的HS分类编码对应的产品被取消配额限制之日之前为出口该产品的企业单独签发出口证书的海关联。

取消配额限制的类别及其分别对应的各设限国家和地区的HS分类编码在对外贸易经济合作部政府网站

（www.moftec.gov.cn）和中国国际电子商务中心网站（www.info.ec.com.cn）的文件中列出。待整理出与这些产品对应的我国海关HS分类编码后，外经贸部将立即另行公布。

附件：1. 各设立纺织品被动配额限制的国家和地区取消限制的类别清单及取消限制的时间

2. 美国取消许可证管理的产品清单及取消时间

3. 欧盟、土耳其取消纺织品原产地证要求的类别清单及取消时间

对外贸易经济合作部

2001年12月4日

附件1

各设立纺织品被动配额限制的国家和地区取消限制的类别清单及取消限制的时间

欧盟、土耳其第一、二阶段取消配额限制类别清单

（欧盟2001年12月11日起取消配额限制，土耳其2002年1月1日起取消配额限制）

类别	商品描述
19	梭织手帕
76	男、男童梭织工业用和专业用服装；女、女童梭织围裙、罩衣和其他工业用、专业用服装
124	合成纤维短纤
126	人造纤维短纤

欧盟、土耳其第三阶段取消配额限制类别清单（2001年1月1日起取消配额限制）

类别	商品描述
10	针织或勾针手套、无指手套和露指手套
18	梭织女、女童背心，长衬衣、衬裙、三角裤、紧身短衬裤，夜衣，睡衣，长睡衣、浴袍、晨衣及其类似品；梭织男、男童汗衫、背心、内裤、三角裤、夜长、睡衣、浴袍、晨衣及类似品
21	毛、棉、人造纤维梭织派克服装、厚茄克、防寒服、茄克衫及其类似产品
24	针织或勾针织男、男童夜衣、睡衣、浴袍、晨衣及类似产品
32	毛、棉、人造纤维梭织起绒织物和雪尔尼织物（不包括棉质毛巾织物和梭织窄幅织物）和栽绒布
33	幅宽少于3米的聚乙烯、聚丙烯条丝合成长纤维梭织物由扁条或类似品编织的梭织包装袋
37（含37A）	梭织人造纤维织物
68	婴儿服装及其配件，不包括第10类和第87类项下的婴儿手套、无指手套，露指手套及第88类项下的梭织婴儿长袜，短袜和袜套
73	针织或勾针织毛、棉、人造纤维运动套装
120	亚麻或苎麻窗帘（包括帷帘）、室内遮帘、窗帘和床帷以及其他装饰品，非针织或勾针织的
123	亚麻或苎麻梭织起绒织物和雪尔尼绒头织物，不包括窄幅的；披肩、头巾、围巾、面纱、面网、头罩等非针织或勾针织的
125A	除41类项下的合成纤维，非供零售的合成纤维长丝
127A	除第42类项下非供零售的人造纤维长丝
140	除毛、细动物毛、棉或人造纤维以外的纺织原料制成的针织或勾针织织物

续表

类　别	商　品　描　述
145	由马尼拉大麻或纯麻制成的绳、索、缆绳、不论是否辫编
146A	农业机械用的西沙尔麻及其他龙舌兰属、纤维辫绳和打包用绳
146B	西沙尔麻和其他龙舌兰纤维绳、索、缆绳、不包括146A类项下的品种
160	丝和废丝制成的手帕
161	除1类到123类和159类项下的非针织或勾针织服装

欧盟取消配额限制的其他类别（2001年12月11日起取消配额限制）

类　别	商　品　描　述
EX13	针织或钩针织男、男童内裤、三角裤、女、女童短衬裤、三角裤
EX18	梭织女、女童背心，长衬衣、衬裙、三角裤、紧身短衬裤，夜长，睡衣，长睡衣、浴袍、晨衣及其类似品；梭织男、男童汗衫、背心、内裤、三角裤、夜长、睡衣、浴袍、晨衣及类似品
EX24	针织或勾针织男、男童夜衣、睡衣、浴袍、晨衣及类似产品
EX39	梭织布、浴巾和厨房用巾不包括118类
125B	单丝、丝条（扁平长丝及其类似品）以及合成纤维原料制成的类似品种
127B	单丝、丝条（扁平长丝及其类似品）以及类似的人造纺织品原料
151B	黄麻或其他韧性纤维制作的地毯和其纺织物作成的地板覆盖物，非填塞的

美国第一、二阶段取消配额限制类别清单（2001年12月11日起取消配额限制）

类　别	商　品　描　述	备　注
229	特殊用途布	全部取消
239	棉或化纤制婴儿装	部分取消
330	棉制手帕	全部取消
349	棉制胸托	全部取消
353	男羽绒外衣	全部取消
354	女羽绒外衣	全部取消
359—O	棉制其他服装	部分取消
369—O	棉制其他杂项制品	部分取消
432	毛制袜类	全部取消
439	毛制婴儿装	全部取消
459	毛制其他服装	部分取消
465	毛制地毯	全部取消
469	毛制杂项产品	部分取消
630	化纤制手帕	全部取消
632	化纤制袜类	全部取消

续表

类别	商品描述	备注
653	男羽绒外衣	全部取消
654	女羽绒外衣	全部取消
659—O	化纤制其他服装	部分取消
665	化纤地毯	全部取消
669—O	化纤制其他杂项制品	部分取消
832	丝或非棉植物纤维制袜类	全部取消
839	丝或非棉植物纤维制婴儿装	全部取消
859	丝或非棉植物纤维制其他服装	部分取消

美国第三阶段取消配额限制类别清单（2002年1月1日起取消配额限制）

类别	商品描述	备注
222	针织布	全部取消
223	无纺布	全部取消
331	棉制手套	部分取消
350	棉制晨衣及袍服	全部取消
359—O	棉制其他类服装	部分取消
369—O	棉制杂项制品	部分取消
369—D	茶　巾	全部取消
369—H	手提包	全部取消
369—L	行李箱	全部取消
431	毛制手套	全部取消
459	毛制其他类服装	部分取消
464	毛　毯	全部取消
469	毛制杂项制品	部分取消
600	长纤维弹力纱	全部取消
606	长纤维非弹力纱	全部取消
607	其他短纤维纱	全部取消
621	色带用布	全部取消
622	玻璃纤维布	全部取消
631	化纤制手套	部分取消
649	化纤制服装	全部取消
650	化纤制晨衣及袍服	全部取消
659—O	化纤制其他服装	部分取消
666	家私布	部分取消

续表

类　别	商　品　描　述	备　注
666—C	窗帘	全部取消
669—O	化纤制其他制品	部分取消
669—P	塑料编织袋	全部取消
670—O	化纤面料包袋	全部取消
670—L	化纤面料行李箱	全部取消
831	非棉植物纤维制手套	全部取消
833	非棉植物纤维制男西装外衣	全部取消
834	非棉植物纤维制其他男外衣	全部取消
835	非棉植物纤维制女外衣	全部取消
836	非棉植物纤维制连衣裙	全部取消
838	非棉植物纤维制针织衬衫	全部取消
840	非棉植物纤维制梭织衬衫	全部取消
842	非棉植物纤维制短裙	全部取消
843	非棉植物纤维制西装套	全部取消
644/844	化纤或非棉植物纤维制女西装套	部分取消
847	非棉植物纤维制裤类	全部取消
850	非棉植物纤维制晨衣	全部取消
851	非棉植物纤维制睡衣	全部取消
858	非棉植物纤维制领饰	全部取消
859	非棉植物纤维制其他服装	全部取消
870	非棉植物纤维制行李袋	全部取消

加拿大第三阶段取消配额限制类别清单（2002年1月1日起取消配额限制）

类　别	商　品　描　述	备　注
2	冬季外装	部分取消
3/4A	套装、西装式夹克和上衣	部分取消
5	长裤、工作服和短裤	部分取消
7/8A	衬衫、文化衫	部分取消
7/8B	衬衫	全部取消
12	泳衣	全部取消
14	婴儿装	全部取消
31A	精梳毛织物	部分取消
32A	经处理的棉布	部分取消
36	涤棉布	部分取消
36A	经处理的涤棉布	部分取消
43	袜类	部分取消

附件 2

美国取消许可证管理的产品清单及取消时间

（2002 年 1 月 1 日起取消）

类　别	商　品　描　述
800	丝混纺及非棉植物纱线
810	丝混纺及非棉植物
871	丝混纺及非棉植物手袋及扁包
899	丝混纺及非棉植物其他制品

附件 3

欧盟、土耳其取消纺织品原产地证要求的类别清单及取消时间

欧盟、土耳其第一、二阶段不需出具纺织品原产地证类别清单

（欧盟 2001 年 12 月 11 日起取消纺织品原产地证）
（土耳其 2002 年 1 月 1 日起取消纺织品原产地证）

类　别	商　品　描　述
69	针织和钩针织女、女童长衬衣和衬裙
75	毛、棉、人造纤维针织或钩针织男、男童套装，不包括滑雪套装
85	毛、棉、人造纤维非针织、钩针织领带、领结及领饰
94	填料及其制品，长度不超过 5 毫米的纺织纤维及其防止纤维屑和小绒球
99	做书皮等用的涂上树胶或淀粉的织物等
134	金属纱
148A	5303 税则项下的黄麻或其他韧性纤维制作的织物
149	幅宽在 150 公分以上黄麻织物或其他韧皮纤维制作的植物
153	5303 税则项下的包装用黄麻袋、包或其他韧皮纤维袋、包
41	非零售合成纤维长丝，未加燃或每米燃度在 50 转以下的未加工变性单除外
46	经粗梳或精梳的羊毛和羔毛或其他动物细毛
58	结织地毯（包括制成和未制成）
61	用胶合方法制成的窄幅梭织织物
65	除 38A 和 63 类项下的针织或钩针织毛、棉、人造纤维织物
67	针织或钩针织服装配件（儿童服装除外）等

续表

类　别	商　品　描　述
70	合成纤维裤袜和紧身裤袜及女用合成纤维长袜
72	毛、棉、人造纤维游泳装
74	毛、棉、人造纤维针织或钩针织女、女童套装，不包括滑雪套装
77	梭织滑雪套装
84	毛、棉、人造纤维非针织或钩针织披巾、头巾、围巾、头纱及其类似品
86	梭织、针织或钩针织胸衣、胸衣带、吊带、背带、吊裤带、吊袜带及其类似品
87	梭织手套、无指手套和露指手套
88	非针织和钩针织长袜、短袜和袜套；其他非针织和钩针织服装配件（儿童服装除外）
91	帐　篷
96	无纺织物及其类似织物，不论是否浸制、涂胶和覆盖
100	用纤维素派生物制剂或其他人造塑性原料浸制、涂层或覆盖的纺织物
110	梭织充气垫子
111	梭织野营用品，不包括充气垫子和帐篷

欧盟、土耳其第三阶段不需出具纺织品原产地证类别清单

（2002年1月1日起取消纺织品原产地证）

类　别	商　品　描　述
27	女、女童裙子，包括裙裤
34	幅宽3米或3米以上的梭织聚乙烯、聚丙烯条丝合成织物及其类似品
36	人造纤维长丝织物，不包括114类项下做轮胎帘子布的织物
38A	针织勾针织合成纤维帘幕帷幔织物，不包括带网眼者
40	毛、棉、人造纤维梭织帷幔（包括隔帘、室内窗幕、窗帘、床挂布和其他装饰品
42	非零售人造纤维长丝；人造纤维纱，人造细丝纱，未加燃或每米燃度在250转以下的粘胶单丝和未加工变性醋酸单丝除外
43	零售用人造细丝纱，人造纤维纱，棉纱
47	非零售粗梳的绵羊毛或羔毛（毛纱）或其他经粗梳细动物毛纱
48	非零售精梳绵羊毛或羔毛或细动物毛精纺纱
49	零售用绵羊毛、羔毛或细动物毛纱
53	棉质纱罗
54	粗梳或精梳再生纤维短棉或废棉
55	粗梳或精梳合成纤维短棉或废棉
56	零售用合成纤维纱（包括废纤维）

续表

类　别	商　品　描　述
59	地毯或其他覆盖地板织物，不包括58类项下的结织地毯
60	手工挂毯
62	圈毛花线（包括植绒圈毛花线）硬芯软花线（不包括掺有金属线纱或毛鬃者）；薄纱和其他网眼织物，但不包括梭织、针织和勾针织者；手工花边和机织花边，成匹成条或成小块者；未经制绣梭织商标织带标签徽章及其类似纺织品，织成幅、成条或剪成一定形状或大小者；饰带和衣饰带；饰穗毛球及类似品刺绣品，成匹、成条或成小块者；
63	针织或勾针织含5%以上弹性纱的合成纤维织物；针织或勾针织含5%以上橡胶5%以上胶螺纹的织物合成纤维罗赛尔（RACHEL）花边和长毛绒织物
66	梭织毛、棉、人造纤维旅行用毯
93	不包括用聚乙烯、聚丙烯扁第制成的梭织包装用袋
95	毡、毡制品、不论是否已浸制成带有涂料的，不包括铺地用毡
98	用纱、线、绳、索制成之其他商品，不包括纺织物和用此等织物做成的物品以及第97类项下的商品
101	绳、索、缆，不论是否辫编的，合成纤维者除外
109	油帆布、船帆、帐篷布和遮阳帘屏
112	除113类和114类项下梭织的其他纺织制成品
113	非针织和勾针擦地板用布、擦碗布和抹布
114	供机器用梭织织物和制成品
129	粗动物毛纱或马毛纱
131	其他植物纤维纱
133	大麻纱
135	粗动物毛或马毛梭织物
137	丝或废丝梭织起绒织物和雪尔尼绒头织物以及窄幅梭织织物
138	纸纱梭织物和其他纺织织物，但苎麻除外
139	金属线或金属纱梭织物
141	除毛、细动物毛、棉或人造纤维以外的纺织原料制成的旅行用毯
142	地毯和由西沙尔麻及其他龙舌兰、马尼拉麻织物织成的地板覆盖物
144	由粗动物毛制成的毡
151A	椰壳纤维制作的地板覆盖物
152	非供铺地用黄麻针织毡垫或其综韧皮纤维针织毡垫，未经浸胶或未涂层者

2002年度白银出口企业名单（共20家）

中华人民共和国对外贸易经济合作部
公　告
2001年　第30号

为维护白银出口经营秩序，根据外经贸部《白银出口管理暂行办法》（［1999］外经贸管发第702号）的有关规定，在各有关省、自治区人民政府和外经贸厅推荐的基础上，外经贸部核定了2002年度白银出口企业名单。现将有关事项公布如下：

一、获得2002年度白银出口经营资格的企业须按照《白银出口管理暂行办法》的有关规定开展出口经营活动。

二、白银出口企业应在中国五矿化工进出口商会组织下，积极参与行业协调和自律。

特此公告

附件：2002年度白银出口企业名单（共20家）

对外贸易经济合作部
2001年12月10日

中国有色金属工业贸易集团公司
中工美进出口有限责任公司
中国珠宝首饰进出口公司
中国印钞造币总公司
株洲冶炼厂
深圳市中金岭南有色金属股份有限公司
云南铜业（集团）有限公司
河南豫光金铅集团有限责任公司
水口山矿务局进出口公司
内蒙古乾坤金银精练股份有限公司
甘肃白银有色金属公司
中国金域黄金物资总公司
山东招金集团公司
浙江省台州市国际贸易有限公司
辽宁省沈阳兴冶工贸科技有限公司
上海市五金矿产进出口公司
福建省珠宝首饰进出口公司
云南冶金集团进出口有限公司
安徽铜陵有色金属（集团）公司
烟台有色金属集团有限公司

中华人民共和国对外贸易经济合作部
公　告

2001年　第28号

根据《中华人民共和国对外贸易法》，现公布《进口关税配额管理货物目录》，《进口国营贸易管理货物目录》、《进口国营贸易企业名录》，《出口国营贸易管理货物目录》、《出口国营贸易企业名录》，《进口指定经营管理货物目录》、《进口指定经营企业名录》，《出口指定经营管理货物目录》、《出口指定经营企业名录》，自公布之日起施行。

对外贸易经济合作部
2001年12月11日

进口关税配额管理货物目录

序号	商品类别	商品编码	商品名称
1	粮食		
	小麦	10011000	硬粒小麦
		10019010	种用小麦
		10019090	其他小麦及混合麦，硬粒小麦除外
		11010000	小麦或混合麦的细粉
		11031100	小麦的粗粒及粗粉
		11032010	小麦团粒
	玉米	10051000	种用玉米
		10059000	玉米，种用除外
		11022000	玉米细粉
		11031300	玉米粗粒及粗粉
		11042300	经其他加工的玉米（含玉米碎）
	稻谷和大米	10061011	种用籼米稻谷
		10061019	种用稻谷
		10061091	其他籼米稻谷
		10061099	其他稻谷
		10062010	籼米糙米
		10062090	其他糙米
		10063010	籼米精米
		10063090	其他精米
		10064010	籼米碎米
		10064090	其他碎米
		11023010	籼米大米细粉
		11023090	其他大米细粉
		11031921	籼米大米粗粒及粗粉
		11031929	其他大米粗粒及粗粉
2	植物油		
	豆油	15071000	初榨豆油
		15079000	精制的豆油及其分离品，包括初榨豆油的分离品
	棕榈油	15111000	初榨棕榈油
		15119010	棕榈油液油（熔点19摄氏度—24摄氏度）
		15119090	其他棕榈油
	菜籽油	15141110	初榨低芥子酸的菜籽油及其分离品
		15141190	初榨低芥子酸的芥子油及其分离品
		15141200	其他低芥子酸的菜籽油或芥子油及其分离品
		15149110	初榨菜籽油及其分离品

续表

序号	商品类别	商品编码	商　品　名　称
		15149190	初榨芥子油及其分离品
		15149900	其他菜籽油或芥子油及其分离品
3	糖	17011100	未加香料或着色剂的甘蔗原糖
		17011200	未加香料或着色剂的甜菜原糖
		17019100	加有香料或着色剂的原糖
		17019910	砂糖
		17019920	绵白糖
		17019990	其他糖
4	羊毛	51011100	未梳的含脂剪羊毛
		51011900	未梳的其他含脂羊毛
		51012100	未梳的脱脂剪羊毛（未碳化）
		51012900	未梳的其他脱脂羊毛（未碳化）
		51013000	未梳碳化羊毛
		51031010	羊毛落毛
		51051000	粗梳羊毛
		51052100	精梳羊毛片毛
		51052900	羊毛条及其他精梳羊毛
5	棉花	52010000	未梳的棉花，包括脱脂棉花
		52030000	已梳的棉花
6	化肥	31021000	尿素，不论是否水溶液
		31052000	含氮、磷、钾三种元素的矿物肥料或化学肥料
		31053000	磷酸氢二铵

进口国营贸易管理货物目录

序号	商品类别	商品编码	商　品　名　称
1	粮食	10011000	硬粒小麦
		10019010	种用小麦
		10019090	其他小麦及混合麦，硬粒小麦除外
		11010000	小麦或混合麦的细粉
		11031100	小麦粗粒及粗粉
		11032100	小麦团粒
		10051000	种用玉米
		10059000	玉米，种用除外
		11022000	玉米细粉
		11031300	玉米粗粒及粗粉
		11042300	经其他加工的玉米（含玉米碎）

续表

序号	商品类别	商品编码	商品名称
		10061011	种用籼米稻谷
		10061019	种用稻谷
		10061091	其他籼米稻谷
		10061099	其他稻谷
		10062010	籼米糙米
		10062090	其他糙米
		10063010	籼米精米
		10063090	其他精米
		10064010	籼米碎米
		10064090	其他碎米
		11023010	籼米大米细粉
		11023090	其他大米细粉
		11031921	籼米大米粗粒及粗粉
		11031929	其他大米粗粒及粗粉
2	植物油	15071000	初榨豆油
		15079000	精制的豆油及其分离品，包括初榨豆油的分离品
		15111000	初榨棕榈油
		15119010	棕榈油液油（熔点19摄氏度—24摄氏度）
		15119090	其他棕榈油
		15141010	初榨的菜子油
		15141090	初榨的芥子油
		15149110	初榨菜子油及其分离品
		15149190	初榨芥子油及其分离品
		15149900	其他菜子油或芥子油及其分离品
3	糖	17011100	未加香料或着色剂的甘蔗原糖
		17011200	未加香料或着色剂的甜菜原糖
		17019100	加有香料或着色剂的原糖
		17019910	砂糖
		17019920	绵白糖
		17019990	其他糖
4	烟草	24011010	未去梗的烤烟
		24011090	其他未去梗的烟草
		24012010	部分或全部去梗的烤烟
		24012090	其他部分或全部去梗的烟草
		24013000	烟草废料
		24021000	烟草制的雪茄烟
		24022000	烟草制的卷烟
		24029000.10	烟草代用品制成的卷烟
		24029000.90	烟草代用品制成的雪茄烟

续表

序号	商品类别	商品编码	商　品　名　称
		24031000	供吸用的烟丝，不论是否含有任何比例的烟草代用品
		24039100	“均化”或“再造”烟草
		24039900	烟草精汁
		48131000	成小本或管状卷烟纸
		48132000	宽度不超过5厘米成卷的卷烟纸
		48139000	其他卷烟纸
		55020010	二醋酸纤维丝束
		56012210	卷烟滤嘴
		84781000	烟草加工及制作机器
		84789000	烟草加工及制作零件
5	原油	27090000	石油原油及从沥青矿物提取的原油
6	成品油	27100011	车用汽油及航空汽油
		27100013	石脑油
		27100023	航空煤油
		27100024	灯用煤油
		27100031	轻柴油
		27100033	5—7号燃料油
		27100039.10	蜡油，350摄氏度以下馏出物体积小于20%，550摄氏度以下馏出物体积大于80%
		27010039.20	重柴油
		27010039.90	其他柴油及燃料油
7	化肥	31021000	尿素，不论是否水溶液
		31022100	硫酸铵
		31022900	硫酸铵和销酸铵的复盐及混合物
		31023000	硝酸铵，不论是否水溶液
		31024000	硝酸铵与碳酸钙或其他无肥效无机物的混合物
		31025000	硝酸钠
		31026000	硝酸钙和硝酸铵的复盐及混合物
		31027000	氰氨化钙
		31028000	尿素及硝酸铵混合物的水溶液或氨水溶液
		31029000	其他矿物氮肥及化学氮肥及其未列名的混合物
		31031000	过磷酸钙
		31032000	碱性熔渣
		31039000	其他矿物磷肥及化学磷肥
		31041000	光卤石、钾盐及其他天然粗钾盐
		31042000	氯化钾
		31043000	硫酸钾
		31049000	其他矿物钾肥及化学钾肥
		31051000	制成片状等或每包毛重≤10kg的本章各项货品

续表

序号	商品类别	商品编码	商品名称
		31052000.10	含氮、磷、钾三种肥效元素的复合肥
		31052000.90	含氮、磷、钾三种肥效元素的矿物肥料
		31053000	磷酸氢二铵
		31054000	磷酸二氢铵及其与磷酸氢二铵的混合物
		31055100	含有硝酸盐及磷酸盐的矿物肥料或化学肥料
		31055900	其他含氮、磷两种元素的矿物肥料或化学肥料
		31056000	含磷、钾两种肥效元素的矿物肥料或化学肥料
		31059000	其他肥料
8	棉花	52010000	未梳的棉花，包括脱脂棉花
		52030000	已梳的棉花

进口国营贸易企业名录

一、粮食：

中国粮油食品进出口（集团）有限公司

二、植物油：

中国粮油食品进出口（集团）有限公司
中国土产畜产进出口总公司
中国南光进出口总公司
中谷粮油（集团）公司
华垦物资有限公司
侨建工贸投资发展有限公司

三、食糖：

中国粮油食品进出口（集团）有限公司
中国出口商品基地建设总公司
中国糖业酒类集团公司
中国商业对外贸易总公司

四、烟草：

中国烟草进出口(集团)公司

五、原油：

中国化工进出口总公司
中国国际石油化工联合公司
中国联合石油有限责任公司
珠海振戎公司

六、成品油：

其中：汽油、柴油、煤油、石脑油、蜡油

中国化工进出口总公司
中国国际石油化工联合公司
中国联合石油有限责任公司
珠海振戎公司

其中：燃料油

中国化工进出口总公司
中国国际石油化工联合公司

中国联合石油有限责任公司
珠海振戎公司
中国石化国际事业公司
中艺华海进出口有限公司
中国船舶燃料供应总公司
中国水利电力物资有限公司
光大石油天然气开发投资有限公司
中国华能国际经济贸易公司
中国北京国际经济合作公司
天津机电国际贸易集团有限公司
河北省五金矿产进出口公司
山西省天利实业有限公司
辽宁省对外贸易总公司
大连金阳进出口有限公司
吉林省对外贸易进出口公司
中化黑龙江进出口公司
东方国际集团上海对外贸易有限公司
上海物资集团进出口有限公司
江苏省燃料总公司
苏州工业园区股份有限公司
浙江省金属材料公司
浙江省迪达进出口有限公司
宁波宁兴集团公司
安徽省化工进出口股份有限公司
福建省化工进出口公司
中国(福建)对外贸易中心集团
厦门建发股份有限公司
厦门国贸集团股份有限公司
江西省化工进出口公司
山东胜利股份有限公司
山东省对外贸易集团有限公司
青岛华青进出口有限公司
青岛益佳经贸实业进出口有限公司
河南粮油食品进出口集团有限责任公司
湖北省化工进出口公司
湖南省化工进出口公司
广东省物资进出口公司
广东省华广轻工实业有限公司
珠海经济特区物资总公司
广东中人企业（集团）有限公司
广州市华泰兴石油化工有限公司
深圳市永骏实业有限公司
深圳市石油公司
深圳市中油通达石油有限公司
深圳市东尔科技电讯有限公司
深圳市石化油品保税贸易有限公司
广西化工进出口公司
海南中通化工进出口有限公司

重庆对外贸易进出口公司
贵州省外贸进出口公司
云南省土产进出口公司
甘肃省进出口贸易集团公司
新疆国际实业股份有限公司
中化国际石油公司
中化广东进出口公司
中化上海进出口公司
中化浦东贸易有限公司
中化宁波公司
中化（深圳）实业有限公司
中化江苏进出口公司
中化广州进出口公司
中化山东进出口公司
中化辽宁进出口公司

七、化肥：

中国化工进出口总公司
中国农业生产资料集团公司

八、棉花：

中国纺织品进出口总公司
北京九达纺织集团公司
天津纺织工业供销公司
上海纺织原料公司

出口国营贸易管理货物目录

序号	商品类别	商品编码	商品名称
1	原油	27090000	石油原油包括从沥青矿物提取的原油
2	成品油	27100011	车用汽油和航空汽油
		27100013	石脑油
		27100019	其他汽油馏分，包括按重量计含油≥70％的制品
		27100023	航空煤油
		27100024	灯用煤油
		27100029.90	其他煤油馏分的油及制品
		27100031	轻柴油
		27100039.20	重柴油
		27100053	润滑脂
		27100054	润滑油
		27100055	润滑油基础油
		27111100	液化天然气
3	煤炭	27011100.10	无烟煤，不论是否粉化，但未制成型
		27011210	炼焦烟煤，不论是否粉化，但未制成型
		27011290	其他烟煤，不论是否粉化，但未制成型

续表

序号	商品类别	商品编码	商品名称
		27011900	其他煤，不论是否粉化，但未制成型
		27021000	褐煤，不论是否粉化，但未制成型
4	大米	10061090	其他稻谷
		10062000	糙米、大米
		10063000	精米（不论是否磨光或上光）
		10064000	碎米
5	玉米	10059000	其他玉米
		11042300	经其他加工的玉米（含玉米碎）
6	棉花	52010000	未梳的棉花
		52030000	已梳的棉花
7	钨砂	26110000	钨矿砂及其精矿
		26209010	其他主要含钨的矿灰及残渣
8	锑砂	26171010	生锑
		26171090	其他锑矿砂及其精矿
9	氧化锑	28258000	锑的氧化物
10	仲、偏钨酸铵	28418010	仲钨酸铵
		28418040	偏钨酸铵
11	三氧化钨及蓝色氧化钨	28259012	三氧化钨
		28259019.10	蓝色氧化钨
12	钨酸及其盐类	28259011	钨酸
		28418020	钨酸钠
		28418030	钨酸钙
13	钨粉及其制品	28499020	碳化钨
		81011000	钨粉末
		81019100	未锻轧钨，包括简单烧结而成的条、杆废碎料
14	锑（包括锑合金）及锑制品	81100020	未锻轧锑
		81100030	锑废碎料、粉末
		81100090	其他锑及锑制品
15	蚕丝类	50010010	适于缫丝的桑蚕茧
		50010090	适于缫丝的其他蚕茧
		50031000	未梳废丝，包括不适于缫丝的蚕茧、废纱及回收纤维
		50039000	其他废丝，包括不适于缫丝的蚕茧、废纱及回收纤维
		50040000	非供零售用丝纱线，绢纺纱线除外
		50050010.10	非供零售用绸丝纱线，绸丝为主，含丝及绢丝85%及以上纱线
		50050010.90	非供零售用绸丝纱线，绸丝为主，含丝及绢丝85%以下纱线
		50050090.10	非供零售用其他绢纺纱线，含丝及绢丝85%及以上纱线
		50050090.20	非供零售用其他绢纺纱线，含丝及绢丝85%以下纱线
		50020011	未加捻的桑蚕厂丝
		50020012	未加捻的桑蚕土丝

续表

序号	商品类别	商品编码	商品名称
		50020013	未加捻的桑蚕双宫丝
		50020019	其他未加捻的桑蚕丝
		50020020	未加捻柞蚕丝
		50020090	未加捻其他生丝
16	白银	71061000	银粉
		71069100	未锻造银，包括镀金、镀铂的银
		71069200	半制成银，包括及镀金、镀铂的银

出口国营贸易企业名录

一、原油、成品油

1. 中国国际石油化工联合公司
2. 中国联合石油化工有限责任公司
3. 中国化工进出口总公司

二、煤炭

1. 中国煤炭工业进出口集团公司
2. 山西煤炭进出口集团公司
3. 神华集团
4. 中国五金矿产进出口总公司

三、大米、玉米

1. 中国粮油食品进出口（集团）有限公司
2. 吉林粮食集团进出口公司（自营及代理辽宁、吉林、黑龙江、内蒙古四省区出口）

四、棉花

1. 中纺棉花进出口公司
2. 新疆维吾尔自治区棉麻公司
3. 新疆农垦进出口股份有限公司

五、钨及钨制品：

出口国营贸易企业名录另行发布。

六、锑及锑制品：

出口国营贸易企业名录另行发布。

七、白银：

出口国营贸易企业名录另行发布。

八、蚕丝类

出口国营贸易企业名录另行发布。

进口指定经营管理货物目录

序号	商品类别	商品编码	商品名称
1	天然橡胶	40011000	不论是否预硫化天然乳胶
		40012100	天然橡胶烟胶片
		40012200	技术分类天然橡胶（TSNR）
		40012900	其他初级形状的天然橡胶
2	胶合板	44121300	仅由薄木板制的胶合板，至少有一表层是本章子目注释所列热带木
		44121400	其他仅由薄木板制的胶合板，至少有一表层是非针叶木
		44121900	其他仅由薄木板制的胶合板
3	羊毛	51011100	未梳含脂剪羊毛
		51011900	其他未梳含脂羊毛
		51012100	未梳脱脂剪羊毛（未碳化）

续表

序号	商品类别	商品编码	商品名称
		51012900	其他未梳脱脂羊毛（未碳化）
		51013000	未梳碳化羊毛
		51031010	羊毛落毛
		51051000	粗梳羊毛
		51052100	精梳羊毛片毛
		51052900	羊毛条及其他精梳羊毛
4	腈纶纤维	54023910	非零售用聚丙烯长丝变形纱线
		54023990	非零售用其他合成纤维长丝纺的变形纱线
		54024910	非零售用未捻的聚丙烯长丝单纱，捻度每米≤50转
		54024920	非零售用未捻的氨纶长丝单纱，捻度每米≤50转
		54024990.10	非零售用未捻的其他合成纤维长丝单纱，捻度每米≤5转
		54024990.90	非零售用未捻的其他合成纤维长丝单纱，捻度每米≤50转，≥5转
		54025910	非零售用加捻的聚丙烯长丝单纱，捻度每米≥50转
		54025990	非零售用其他合成纤维长丝单纱，捻度每米>50转
		54026910	非零售用的聚丙烯长丝多股纱或缆线
		54026920	非零售用的氨纶长丝多股纱或缆线
		54026990	非零售用的未列名合成纤维长丝多股纱或缆线
		55013000	聚丙烯腈或变性聚丙烯腈合成纤维长丝丝束
		55033000	未梳的聚丙烯腈或变性聚丙烯腈短纤
		55063000	已梳的包括经其他纺前加工的聚丙烯腈或变性聚丙烯腈合成纤维短纤
		55093100	非零售含聚丙烯腈或其变性短纤大于等于85%的单纱
		55093200	非零售含聚丙烯腈或其变性短纤大于等于85%的多股纱线或缆线
		55096100	非零售与毛纺混纺含聚丙烯腈或其变性短纤小于85%的腈纶短纤纱线
		55096200	非零售与棉纺混纺含聚丙烯腈或其变性短纤小于85%的腈纶短纤纱线
		55096900	非零售与其他纺混纺含聚丙烯腈或其变性短纤小于85%的腈纶短纤纱线
5	钢材	72081000	热轧铁及非合金的热轧卷材，已轧花纹，宽度大于等于600毫米
		72082500	热轧铁及非合金的中厚宽卷材，厚度大于等于4.75毫米，宽度大于等于600毫米
		72082600	热轧铁及非合金的中厚宽卷材，厚度大于等于3毫米，小于4.75毫米，宽度大于等于600毫米
		72082700	热轧铁及非合金的中厚宽卷材，厚度小于等于3毫米，宽度大于等于600毫米
		72083600	热轧铁及非合金的厚宽卷材，厚度大于等于10毫米，宽度大于等于600毫米
		72083700	热轧铁及非合金的厚宽卷材，厚度大于等于4.75毫米，小于10毫米，宽度大于等于600毫米

续表

序号	商品类别	商品编码	商　品　名　称
		72083800	热轧铁及非合金的厚宽卷材，厚度大于等于3毫米，小于4.75毫米，宽度大于等于600毫米
		72083900	热轧铁及非合金的厚宽卷材，厚度小于等于3毫米，宽度大于等于600毫米
		72084000	热轧铁及非合金的非卷材，已轧花纹，宽度大于等于600毫米
		72085100	热轧铁及非合金的其他非卷材，厚度大于等于10毫米，宽度大于等于600毫米
		72085200	铁或非合金钢平板轧材，经热轧，但未经包覆、镀层或涂层，厚度小于等于10毫米，大于4.75毫米，宽度大于等于600毫米
		72085300	铁或非合金钢平板轧材，经热轧，但未经包覆、镀层或涂层，厚度小于等于4.75毫米，大于3毫米，宽度大于等于600毫米
		72085400	其他热轧及未包、镀、涂层，厚度小于3毫米的铁或非合金钢非卷材
		72089000	热轧及未包、镀、涂层，但经进一步加工的宽度在600毫米及以上的铁或非合金钢平板轧材
		72091500	冷轧及未包、镀、涂层，厚度在3毫米及以上的铁或非合金钢卷材
		72091600	冷轧及未包、镀、涂层，厚度超过1毫米，但小于3毫米的铁或非合金钢卷材
		72091700	冷轧及未包、镀、涂层，厚度在0.5毫米及以上，但不超过1毫米的铁或非合金钢卷材
		72091800	冷轧及未包、镀、涂层，厚度小于0.5毫米的铁或非合金钢卷材
		72092500	冷轧及未包、镀、涂层。厚度在3毫米及以上的铁或非合金钢卷材
		72092600	冷轧及未包、镀、涂层，厚度超过1毫米但小于3毫米的铁或非合金钢卷材
		72092700	冷轧及未包、镀、涂层，厚度在0.5毫米及以上，但不超过1毫米的铁或非合金钢卷材
		72092800	冷轧及未包、镀、涂层，厚度小于0.5毫米的铁或非合金钢卷材
		72099000	冷轧及未包、镀、涂层，但经进一步加工的宽度在600毫米及以上的铁或非合金钢平板轧材
		72101100	镀或涂锡的，厚度在0.5毫米及以上的铁或非合金钢平板轧材
		72101200	镀或涂锡的，厚度小于0.5毫米的铁或非合金钢平板轧材
		72102000	镀或涂铅的，包括镀铅锡的铁或非合金钢平板轧材
		72103000	电镀锌的铁或非合金钢板轧材
		72104100	其他电镀或涂锌的瓦楞形铁或非合金钢平板轧材
		72104900	其他镀或涂锌的铁或非合金钢平板轧材
		72105000	镀或涂氧化铬或铬及氧化铬的铁或非合金钢平板轧材
		72106100	镀或涂铝锌合金的铁或非合金钢平板轧材
		72106900	其他镀或涂铝的铁或非合金钢平板轧材
		72107000	涂漆或涂塑的铁或非合金钢平板轧材
		72109000	未列名宽度在600毫米及以上经包、镀、涂层的铁或非合金钢平板轧材

续表

序号	商品类别	商品编码	商　品　名　称
		72111300	热轧及未包、镀、涂层，经四面轧制或在闭合匣内轧制的非卷材，宽度超过150毫米，厚度不小于4毫米，未轧压花纹的铁或非合金钢平板轧材
		72111400	其他热轧及未包、镀、涂层，厚度在4.75毫米及以上的铁或非合金钢平板轧材
		72111900	未列名热轧及未包、镀、涂层的铁或非合金钢平板轧材
		72112300	宽度小于600毫米冷轧及未包、镀、涂层的铁或非合金钢平板轧材，按重量计含碳量低于0.25%及以上
		72112900	其他宽度小于600毫米冷轧及未包、镀、涂层的铁或非合金钢平板轧材，含碳量0.25%及以上
		72119000	未列名宽度小于600毫米未包、镀、涂层的铁或非合金钢平板轧材
		72121000	镀或涂锡的，宽度小于600毫米的铁或非合金钢平板轧材
		72122000	电镀锌的，宽度小于600毫米的铁或非合金钢平板轧材
		72123000	其他电或涂锌的，宽度小于600毫米的铁或非合金钢平板轧材
		72124000	涂漆或涂塑的，宽度小于600毫米的铁或非合金钢平板轧材
		72125000	未列名镀或涂层的，宽度小于600毫米的铁或非合金钢平板轧材
		72126000	经包覆的，宽度小于600毫米的铁或非合金钢平板轧材
		72131000	带有轧制过程中产生的凹痕、凸缘、槽沟及其他变形的不规则盘卷的铁及非合金钢的热轧条、杆
		72132000	不规则盘卷的易切削钢热轧条、杆
		72139100	其他直径小于14毫米圆形截面的不规则盘卷的铁及非合金钢的热轧条、杆
		72139900	未列名不规则盘卷的铁及非合金钢的热轧条、杆
		72141000	铁或非合金钢的锻造条、杆
		72142000	带有轧制过程中产生的凹痕、凸缘、槽沟或其他变形以及轧制后扭曲的铁或非合金钢的其他条、杆
		72143000	其他易切削钢热轧、热拉拔或热挤压条、杆
		72149100	其他矩型截面（正方型除外）铁或非合金钢的热轧热拉拔或热挤压条、杆
		72149900	未列名铁或非合金钢的热轧、热拉拔或热挤压条、杆
		72151000	易切削钢冷成形或冷加工条、杆
		72155000	其他铁及非合金钢的冷成形或冷加工条、杆
		72159000	未列名的铁及非合金钢条、杆
		72161010	H型钢，热轧、热拉拔或热挤压铁或非合金钢槽钢、工字钢及宽边工字钢，截面高度低于80毫米
		72161090	角钢及丁字钢，除热轧、热拉拔或热挤压外未经进一步加工，截面高度低于80毫米，铁或非合金钢的角材、型材挤异型材
		72162100	热轧、热拉拔或热挤压铁或非合金钢角钢，截面高度低于80毫米
		72162200	热轧、热拉拔或热挤压铁或非合金钢丁字钢，截面高度低于80毫米

续表

序号	商品类别	商品编码	商品名称
		72163100	热轧、热拉拔或热挤压铁或非合金钢槽钢，截面高度在80毫米及以上
		72163200	热轧、热拉拔或热挤压铁或非合金钢槽钢，截面高度在80毫米及以上
		72163300	热轧、热拉拔或热挤压铁或非合金钢宽边工字钢，截面高度在80毫米及以上
		72164010	热轧、热拉拔或热挤压铁或非合金钢角钢，截面高度在80毫米及以上
		72164020	热轧、热拉拔或热挤压铁或非合金钢丁字钢，截面高度在80毫米及以上
		72165010	热轧、热拉拔或热挤压铁或非合金钢乙字钢
		72165090	其他热轧、热拉拔或热挤压的铁或非合金钢角材、型材及异型材
		72166100	平板轧材制冷成形或冷加工角材、型材及异型材
		72166900	其他冷成形或冷加工角材、型材及异型材
		72169100	平板轧材制冷成形或冷加工外进一步加工的角材、型材及异型材
		72169900	未列名铁或非合金钢的角材、型材及异型材
		72171000	未经镀或涂层，不论是否抛光的铁丝或非合金钢丝
		72172000	镀或涂锌的铁丝或非合金钢丝
		72173000	镀或涂其他贱金属的铁丝或非合金钢丝
		72179000	未列名铁丝或非合金钢丝
		72181000	不锈钢锭及其他初级形状的不锈钢
		72189100	矩型截面（正方型除外）不锈钢半制品
		72189900	其他不锈钢半制品
		72191100	厚度超过10毫米的热轧不锈钢卷材
		72191200	厚度在4.75毫米及以上，但不超过10毫米的热轧不锈钢卷材
		72191300	厚度在3毫米及以上，但小于4.75毫米的热轧不锈钢卷材
		72191400	厚度小于3毫米的热轧不锈钢卷材
		72192100	厚度超过10毫米的热轧不锈钢非卷材
		72192200	厚度在4.75毫米及以上，但不超过10毫米的热轧不锈钢非卷材
		72192300	厚度在3毫米及以上，但小于4.75毫米的热轧不锈钢非卷材
		72192400	厚度小于3毫米的热轧不锈钢非卷材
		72193100	厚度在4.75毫米及以上的冷轧不锈钢平板轧材
		72193200	厚度在3毫米及以上，但小于4.75毫米的冷轧不锈钢平板轧材
		72193300	厚度超过1毫米，但小于3毫米
		72193400	厚度在0.5毫米及以上，但不超过1毫米的冷轧不锈钢平板轧材
		72193500	厚度小于0.5毫米的冷轧不锈钢平板轧材
		72199000	未列名宽度在600毫米及以上的不锈钢平板轧材
		72201100	厚度在4.75毫米及以上的热轧不锈钢平板轧材，宽度小于600毫米
		72201200	厚度小于4.75毫米的热轧不锈钢平板轧材，宽度小于600毫米

续表

序号	商品类别	商品编码	商　品　名　称
		72202000	冷轧不锈钢平板轧材，宽度小于600毫米
		72209000	未列名宽度小于600毫米的不锈钢平板轧材
		72210000	不规则盘卷的不锈钢热轧条、杆
		72221100	圆型截面的热轧、热拉拔或热挤压的不锈钢条、杆
		72221900	其他热轧、热拉拔或热挤压的不锈钢条、杆
		72222000	不锈钢冷成形或冷加工条、杆
		72223000	其他不锈钢条、杆
		72224000	不锈钢角材、型材及异型材
		72230000	不锈钢丝
		72241000	其他合金钢锭及初级形状品
		72249010	单件重量在10吨及以上的粗锻合金钢铸件坯
		72249090	其他合金钢半制成品
		72251100	按重量计含硅量在5%及以上的取向性钢硅平板轧材，宽度在600毫米及以上
		72251900	其他取向性硅钢平板轧材，宽度在600毫米及以上
		72252000	高速钢平板轧材，宽度在600毫米及以上
		72253000	其他合金钢热轧卷材，宽度在600毫米及以上
		72254000	其他合金钢热轧非卷材，宽度在600毫米及以上
		72255000	其他合金钢冷轧板材，宽度在600毫米及以上
		72259100	电镀或涂锌的宽度在600毫米及以上的其他合金钢平板轧材
		72259200	其他方法镀或涂锌的宽度在600毫米及以上的合金钢平板轧材
		72259900	未列名宽度在600毫米及以上的合金钢平板轧材
		72261100	含硅量在5%及以上的取向性硅电钢，硅钢平板轧材，宽度小于600毫米
		72261900	其他取向性硅钢平板轧材，宽度小于600毫米
		72262000	高速钢平板轧材，宽度小于600毫米
		72269100	其他未经进一步加工的合金钢热轧板材，宽度小于600毫米
		72269200	其他未经进一步加工的合金钢冷轧板材，宽度小于600毫米
		72269300	电镀或涂锌的其他合金钢平板轧材，宽度小于600毫米
		72269400	其他方法镀或涂锌的合金钢平板轧材，宽度小于600毫米
		72269900	未列名合金钢平板轧材，宽度小于600毫米
		72271000	不规则盘卷的高速钢热轧条、杆
		72272000	不规则盘卷的硅锰钢热轧条、杆
		72279000	不规则盘卷的其他合金钢热轧条、杆
		72281000	其他高速钢条、杆
		72282000	其他硅锰钢条、杆

续表

序号	商品类别	商品编码	商品名称
		72283000	其他合金钢热轧、热拉拔或热挤压条、杆
		72284000	其他合金钢锻造条、杆
		72285000	其他合金钢冷成形或冷加工条、杆
		72286000	未列名合金钢条、杆
		72287010	覆带板型钢
		72287090	其他合金钢角材、型材及异型材
		72288000	空心钻钢
		72291000	高速钢钢丝
		72292000	硅锰钢钢丝
		72299000	其他合金钢丝
		73011000	钢铁板桩
		73012000	角材、型材及异型材
		73021000	铁道及电车道铺轨用钢铁材料、钢轨
		73022000	铁道及电车道铺轨用钢铁材料、轨枕
		73023000	道岔尖轨、撤叉、尖轨拉杆及其他叉道段体
		73024000	鱼尾板及钢轨垫板
		73029000	其他铁道及电车道铺轨用钢铁材料
		73030010	铸铁管及空心异型材、内径在500毫米及以上的圆形截面管
		73030090	其他铸铁管及空心异型材
		73041000	无缝钢铁管及空心异型材，石油或天然气用的套管、导管及钻管
		73042100	无缝钢铁管及空心异型钻管
		73042900	铁或非合金钢的其他圆形截面管；冷拔或冷轧的无缝钢铁管及空心异型材
		73043110	锅炉管
		73043120	地质钻管、套管
		73043190	其他冷拔或冷轧的铁或非合金钢的无缝圆形截面管
		73043910	锅炉管
		73043920	地质钻管、套管
		73043990	其他非冷拔或冷轧的铁或非合金钢无缝圆形截面管
		73044190	其他冷拔或冷轧的不锈钢无缝圆形截面管
		73044910	其他合金钢的其他圆形截面管；冷拔或冷轧的
		73044990	其他非冷拔或冷轧的不锈钢无缝圆形截面管
		73045110	锅炉管
		73045120	地质钻管、套管
		73045190	其他冷拔或冷轧的合金钢无缝圆形截面管

续表

序号	商品类别	商品编码	商品名称
		73045910	锅炉管
		73045920	锅炉管
		73045990	其他非冷拔或冷轧的合金钢无缝圆形截面管
		73049000	未列名无缝钢铁管及空心异型材（铸铁的除外）
		73051100	其他圆形截面钢铁管外径超过406.4毫米，纵向埋弧焊接的
		73051200	其他纵向捍接的
		73051900	其他圆形截面的钢铁管外径超过406.4毫米
		73052000	钻探石油或天然气用套管，其他焊接的
		73053100	其他纵向焊接的圆形截面钢铁管，外径超过406.4毫米
		73053900	其他焊接的圆形截面钢铁管，外径超过406.4毫米
		73059000	其他圆形截面钢铁管，外径超过406.4毫米
		73061000	石油及天然气管道管
		73062000	钻探石油或天然气用套管及导管
		73063000	其他铁或非合金钢的圆形截面焊缝管，外径不超过406.4毫米
		73064000	其他不锈钢的圆形截面焊缝管，外径不超过406.4毫米
		73065000	其他合金钢的圆形截面焊缝管，外径不超过406.4毫米
		73066000	非圆形截面的焊缝管
		73069000	未列名钢管及空心异型材
		73121000	非绝缘的钢铁绞股线、绳、缆

进口指定经营企业名录

一、钢材

中国五金矿产进出口总公司
五矿钢铁有限责任公司
中国钢铁工贸集团公司
中国船舶工业物资总公司
中国诚通控股公司
中国五矿石油器材贸易有限公司
中国国际信托投资公司
中国五矿物资进出口有限公司
中国物资储运总公司
中国包装进出口总公司
中金科技股份有限公司
中国水利电力物资总公司
中国仪器进出口总公司
中国建材及设备进出口公司
中国轻工业原材料总公司

中国轻工集团公司
华垦物资有限公司
中国兵工物资总公司
中国粮油食品进出口总公司
中国机械设备进出口总公司
中国技术进出口总公司
中国包装国际贸易公司
中国化工进出口总公司
中国机械进出口总公司
中国工艺品进出口总公司
中国石化国际事业公司
华星进出口有限责任公司
中国出口商品基地建设总公司
中国华源集团有限公司
高新国际贸易有限公司
中国船舶工业贸易公司
中国北方工业公司
中国土产畜产进出口总公司
中远工业公司
中国原子能工业公司
中国化工供销总公司
中国南光进出口总公司
中国第一汽车集团进出口公司
上海汽车进出口公司
宝钢集团国际经济贸易总公司
攀钢集团国际经济贸易总公司
中国华能国际经济贸易公司
中国农垦（集团）总公司
中商企业集团公司
中国航天工业供销总公司
中国恒天集团公司
三峡国际招标有限责任公司
南方工业科技贸易有限公司
神华国际贸易有限责任公司
中国海外经济合作总公司
中国东风汽车工业进出口有限公司
中国汽车工业进出口总公司
北大方正进出口有限公司
中国旅游商贸服务总公司
中国瑞宝国际合作公司
中国昊华化工（集团）总公司
中国节能投资公司
中国化工建设总公司
西飞集团进出口公司
中国航空工业供销总公司
中国轻工业品进出口总公司
中国机械装备（集团）公司
中国庆安国际贸易集团有限公司

	中国石油物资装备（集团）总公司
	欣正实业发展总公司
	中国林业国际合作集团公司
	珠海振戎公司
	中国水产（集团）总公司
	中国电子进出口总公司
	中国远大集团公司
	中国对外贸易中心（集团）
	复兴浆纸有限公司
	中民国际经济合作公司
	中企国际经贸有限责任公司
	中国欧美进出口公司
	北京同恒源进出口有限责任公司
北京市	北京市五金矿产进出口公司
	北京国际贸易公司
	北京富海华进出口有限公司
	北京国际经济合作公司
	北京埃力生进出口有限公司
	中国出口商品基地建设北京公司
	中国富利进出口集团公司
	北京金基业工贸集团
天津市	天津外总集团有限公司
	天津五金矿产进出口集团有限公司
	北方国际集团天津文教体育用品进出口公司
	天津利和进出口集团有限公司
	天津汽车工业进出口公司
河北省	河北省五金矿产进出口公司
	河北省进出口贸易公司
	河北华业进出口有限公司
	河北省包装进出口公司
	河北省机械进出口公司
	河北圣仑进出口股份有限公司
山西省	太原钢铁（集团）国际经济贸易有限公司
	山西省机械进出口公司
	山西大晋实业有限公司
	山西省天利实业有限公司
	山西明迈特实业贸易有限公司
	山西省技术进出口公司
内蒙古自治区	内蒙古自治区五金矿产化工进出口公司
	内蒙古自治区进出口贸易公司
	中国外运内蒙古公司
辽宁省	辽宁嘉润经贸有限公司
	辽宁省汇明国际贸易有限公司
	辽宁省兴业外贸总公司
	辽宁成大实业有限公司
	辽宁外贸威利公司
	辽宁佳益实业发展有限公司
	辽宁恒谊对外贸易有限公司

	辽宁天宇国际贸易有限公司
	辽宁益正达经贸有限公司
沈阳市	沈阳机械进出口公司
	沈阳五金矿产进出口公司
大连市	大连金阳进出口有限公司
	大连华轻国际贸易有限公司
	中国包装进出口大连公司
	大连凯美进出口集团有限公司
吉林省	吉林省五金矿产进出口公司
	吉林省对外经济贸易集团有限公司
	吉林省工程建设有限公司
长春市	长春市机械化工五矿进出口公司
	长春市对外经济贸易公司
黑龙江省	黑龙江省进出口公司
	黑龙江省宏达五金矿产有限责任公司
	黑龙江龙宝机械进出口有限责任公司
	黑龙江省远达进出口有限公司
	黑龙江省机械设备进出口公司
	黑龙江中浦机械进出口有限公司
	黑龙江省天凯经济发展有限公司
哈尔滨市	哈尔滨五金矿产进出口有限公司
上海市	上海市五金矿产进出口公司
	东方国际集团上海市对外贸易有限公司
	上海机械进出口（集团）有限公司
	上海物资集团进出口有限公司
	上海电气（集团）进出口公司
	上海上实国际贸易（集团）有限公司
	上海中实进出口贸易有限公司
	上海强生进出口有限公司
江苏省	江苏省海外企业集团有限公司
	江苏省五金矿产进出口（集团）公司
	江苏舜天国际集团机械进出口股份有限公司
	江苏省开元国际集团轻工业品进出口股份有限公司
	中设江苏机械设备进出口集团公司
	中国冶金进出口江苏公司
	中国同源（江苏）进出口公司
	江苏中贸发进出口股份有限公司
浙江省	浙江物产国贸有限公司
	浙江中大技术进出口有限公司
	浙江省五金矿产进出口公司
	浙江省金属材料公司
	温州市国际外贸有限公司
	浙江省粮油食品进出口股份有限公司
宁波市	宁波通润五矿机械进出口有限公司
	宁波海田国际贸易有限公司
	宁波市工艺品进出口公司
	宁波宁兴集团公司
安徽省	安徽省技术进出口股份有限公司

	安徽省五金矿产发展进出口有限责任公司
	安徽省机械进出口公司
	安徽进出口股份有限公司
	安徽省徽商股份有限公司
	安徽轻工进出口股份有限公司
福建省	福建省五金矿产进出口公司
	福建省机械进出口公司
	福建省机械设备进出口公司
	福建省华闽进出口公司
	泉州五矿（集团）公司
厦门市	厦门国贸集团股份有限公司
	厦门建发股份有限公司
	厦门象屿集团有限公司
江西省	江西省五金矿产进出口公司
	江西省进出口公司
	江西赣南外经贸集团公司
	江西省机械进出口公司
山东省	山东省华隆进出口公司
	山东省对外贸易集团有限公司
	山东五矿进出口公司
	山东省机械进出口公司
	烟台银和股份有限公司
	烟台市进出口公司
	日照兴业进出口有限公司
	山东省东方国际贸易股份有限公司
	兖矿集团博洋对外经济贸易有限公司
	烟台中联国际经贸有限公司
	山东省轻工业供销总公司
青岛市	青岛海尔国际贸易有限公司
	青岛市进出口公司
	青岛益佳国际贸易集团有限公司
	青岛华青进出口有限公司
河南省	河南省联发对外贸易公司
	河南省化工进出口公司
	河南国贸进出口有限公司
	河南南光进出口有限公司
	河南粮油食品进出口集团有限责任公司
	河南经贸国际运输有限公司
	河南物资集团公司
湖北省	湖北省轻工业品进出口股份有限公司
	湖北省机械设备进出口公司
	湖北天和国际贸易股份有限公司
	湖北五矿国际贸易股份有限公司
	中国出口商品基地建设湖北公司
	湖北五洲实业有限公司
武汉市	武汉市国际经济贸易公司
湖南省	湖南省金环进出口总公司
	湖南省五金矿产进出口公司

	湖南华升工贸进出口（集团）公司
	湖南进出口集团有限公司
	湖南省国际经济开发（集团）公司
	湖南省化工进出口公司
广东省	广东省五金矿产进出口集团公司
	广东省外贸开发公司
	广东省机械进出口集团公司
	广东省物资进出口公司
	江门市工业产品进出口公司
	广东省大诚集团有限公司
	广东省南海畜产进出口有限公司
	广东省自行车行业联合公司
	揭阳市明发进出口有限公司
	江门外贸集团有限公司
	广东名乡进出口有限公司
广州市	广州市五金矿产进出口有限公司
	广州市物资集团公司
	侨建工贸投资发展有限公司
	广州汽车集团商务有限公司
深圳市	深圳市永骏实业有限公司
	深圳市广盛达实业有限公司
	深圳市莞太工贸发展有限公司
	中国对外贸易开发总公司
	深圳市金泰鑫实业有限公司
	深圳市物资集团公司
	深圳市华欧实业发展有限公司
	深圳市泛盟实业有限公司
广西壮族自治区	广西五矿进出口集团公司
	广西进出口贸易股份有限公司
	广西机械进出口公司
海南省	海口市五矿机械化工医药进出口公司
	海南平禹进出口贸易有限公司
	海南中润五矿进出口有限公司
四川省	四川省外贸进口公司
	四川省五金矿产进出口公司
	四川华瑞国际贸易有限公司
	四川东方电力设备联合公司
	四川长虹电器股份有限公司
成都市	成都天齐机械五矿进出口有限公司
	成都岷江国际贸易有限公司
重庆市	西南技术进出口公司
	重庆对外贸易进出口公司
	中国重庆国际经济技术合作公司
	重庆五金矿产进出口公司
	重庆市万州进出口公司
	重庆长江进出口公司
贵州省	贵州省五金矿产进出口公司
	贵州省对外经济贸易发展公司

	贵州省化工进出口公司
	贵州省外贸进出口公司
	遵义铁合金（集团）进出口有限公司
云南省	云南冶金集团进出口有限公司
	云南省德宏州进出口公司
	云南省机械进出口公司
	云南省进出口公司
	云南省五矿集团有限公司
	云南茶苑集团股份有限公司
	云南供销科工贸有限公司
西藏自治区	西藏国际经济技术合作公司
	西藏远大工贸有限公司
	西藏金珠对外贸易进出口有限公司
陕西省	陕西省对外经济贸易开发总公司
	陕西省信友进出口公司
	陕西五金矿产国际贸易股份有限公司
	陕西省机械进出口公司
	陕西省机械设备进出口公司
	陕西省进出口公司
西安市	西安市五金矿产进出口公司
	西安中野在线股份有限公司
甘肃省	甘肃省进出口贸易集团公司
	甘肃省机械设备进出口公司
	甘肃省五金矿产进出口公司
青海省	青海省新机五金矿产有限公司
	青海省新力绒纺对外贸易股份有限公司
宁夏回族自治区	宁夏机械化工进出口公司
	宁夏机械设备进出口公司
新疆维吾尔自治区	新疆对外经济贸易（集团）有限责任公司
	新疆机械化工五矿轻工进出口公司
	新疆金怡进出口有限责任公司
	新疆新津商贸有限责任公司
	北疆铁路公司
新疆生产建设兵团	新天国际经济技术合作（集团）公司
	新疆中基实业股份有限公司
	新疆生产建设兵团物产集团公司
	新疆新建国际贸易有限责任公司
	新疆亚鑫国际经贸股份有限公司

二、天然橡胶

	中国化工进出口总公司
	中国化工供销（集团）总公司
	中联橡胶（集团）总公司
	中国华润总公司
	中国化工建设总公司
	中国石化国际事业公司
	中国技术进出口总公司
	中国煤炭工业进出口集团公司
	中国土产畜产进出口总公司

	中国仪器进出口总公司
	中国出口商品基地建设总公司
	中国五金矿产进出口总公司
	中国港湾建设（集团）总公司
	中国丝绸进出口总公司
	中国第一汽车集团进出口公司
	中国国际信托投资公司
	中国医药保健品进出口公司
	中国包装进出口总公司
	中国远大集团公司
	中国成套设备进出口集团公司
	中远国际贸易公司
	中国安华（集团）总公司
	中国科学器材进出口总公司
	中国新时代公司
	中国商业对外贸易总公司
	华垦物资有限公司
	中国轻工业品进出口总公司
	中华佳农企业集团公司
	中国林业物资供销总公司
	中国轻工业原材料总公司
	中国南光进出口总公司
	中国兵工物资总公司
	中国正联实业有限公司
	中国昊华化工（集团）总公司
	中企国际经贸有限责任公司
	中国航空技术进出口总公司
	中国和平公司
北京市	北京化学工业集团进出口公司
	北京市物资总公司
	北京市化工进出口公司
	北京市富亿通进出口有限责任公司
	北京埃力生进出口有限公司
天津市	天津外总集团有限公司
	天津机械进出口集团有限公司
	天津天橡工业进出口有限公司
	天津市物资集团总公司
	天津市轻化实业进出口公司
河北省	河北省纺织品进出口（集团）公司
	河北省食品进出口（集团）公司
	河北轮胎有限责任公司
	中化河北进出口公司
	河北轻工进出口股份有限公司
山西省	山西省化工进出口公司
	山西大晋实业有限公司
	山西省天利实业有限公司
	山西省物产集团进出口有限公司
内蒙古自治区	内蒙古自治区五金矿产化工进出口公司

	内蒙古自治区进出口贸易公司
辽宁省	辽宁省汇明国际贸易有限公司
	辽宁恒谊对外贸易有限公司
	辽宁永成经贸发展有限公司
	辽宁省轻工业品进出口公司
	辽宁益正达经贸有限公司
沈阳市	沈阳国际贸易集团有限公司
	沈阳化工进出口公司
大连市	中国大连国际合作（集团）股份有限公司
	大连华轻国际贸易有限公司
	大连凯美进出口集团有限公司
吉林省	吉林省对外经济贸易集团有限公司
	中国包装进出口吉林公司
	吉林省天和对外经济贸易有限公司
黑龙江省	黑龙江省和昌进出口有限公司
	黑龙江省进出口公司
哈尔滨市	哈尔滨国际石油化工贸易有限公司
上海市	东方国际集团上海市对外贸易有限公司
	上海市兰生股份有限公司
	上海物资集团进出口有限公司
	上海外经贸投资（集团）有限公司
	上海万向投资有限公司
江苏省	江苏国泰国际集团有限公司
	江苏舜天国际集团服装进出口股份有限公司
	中化江苏进出口公司
	无锡双飞轻型轮胎有限公司
	无锡新中润国际集团中润有限公司
南京市	南京信业集团股份有限公司
浙江省	浙江物产国贸有限公司
	浙江东方集团浩业贸易有限公司
	温州市国际外贸有限公司
	浙江省化工进出口公司
	浙江中大技术进口有限公司
宁波市	宁波市工艺品进出口公司
	宁波通润五矿机械进出口有限公司
	宁波市慈溪进出口股份有限公司
	浙江远大进出口有限公司
安徽省	安徽省轻工进出口股份有限公司
	安徽省技术进出口有限公司
	安徽省化工进出口股份有限公司
	安徽省蚌埠市进出口公司
	安徽进出口股份有限公司
福建省	福建省化工进出口公司
	福建省轻工业品进出口集团公司
	福建省鞋帽进出口集团公司
	福建天成集团针棉毛织品进出口有限公司
厦门市	厦门国贸集团股份有限公司
	厦门象屿集团有限公司

	厦门建发股份有限公司
江西省	江西省丝绸进出口公司
	江西省轻工业品进出口公司
	江西省化工进出口公司
	江西省服装进出口公司
山东省	山东省对外贸易集团有限公司
	山东省医药保健品进出口公司
	中化山东进出口公司
	威海市化工进出口有限公司
	山东省东方国际贸易股份有限公司
青岛市	青岛益佳通商进出口有限公司
	青岛泰发集团进出口有限公司
	青岛华青进出口有限公司
	青岛经济技术开发区进出口公司
河南省	河南凯达国际经贸发展股份有限公司
	河南南光进出口有限公司
	河南省化工进出口公司
	河南省轻工业品进出口公司
	河南益隆进出口有限公司
湖北省	湖北省化工进出口公司
	湖北省机械设备进出口公司
	湖北省国际贸易公司
	中国出口商品基地建设湖北公司
	湖北省轻工业品进出口股份有限公司
武汉市	武汉天盈化工进出口股份有限公司
	武汉市宜华进出口贸易有限公司
湖南省	湖南省轻工业品进出口公司
	湖南省进出口集团有限公司
	湖南京湘进出口公司
	湖南省国际经济开发（集团）公司
	湖南省化工进出口公司
广东省	广东省外贸开发公司
	广东省物资进出口公司
	广东省农垦集团进出口有限公司
	广东省丝绸进出口集团公司
	广东省五金矿产进出口集团公司
广州市	广州市橡胶工业进出口公司
	侨建工贸投资发展有限公司
深圳市	中化（深圳）实业有限公司
	深圳市宝安外贸实业股份有限公司
	深圳市万邦贸易发展公司
广西壮族自治区	广西进出口贸易股份有限公司
	广西桂海进出口公司
	广西轻工业品进出口公司
	广西南宁地区对外经济贸易公司
海南省	海口海越经济开发有限公司
	海口市海韵进出口贸易公司
	海南神鹰实业公司

	海南省林业总公司
四川省	四川省外贸进口公司
	四川茶叶进出口公司
重庆市	西南技术进出口公司
	重庆展新国际经贸有限公司
	重庆市中基进出口有限公司
贵州省	贵州省对外经济贸易发展公司
	贵州省化工进出口公司
	贵州省工艺品进出口公司
	贵州轮胎进出口公司
云南省	云南省德宏州进出口公司
	云南省化工进出口公司
	云南省橡胶集团进出口公司
	云南茶苑集团股份有限公司
	云南中垦进出口有限责任公司
西藏自治区	西藏金珠对外贸易进出口有限公司
	西藏山海工贸有限公司
	中国基地商品基地建设西藏公司
陕西省	陕西省工艺进出口公司
	陕西省信友进出口公司
	陕西省进出口公司
	陕西省化工进出口公司
	西安市五金矿产进出口公司
甘肃省	甘肃省五金矿产进出口公司
	甘肃省进出口贸易集团公司
	兰州维尼纶进出口公司
青海省	青海省新远对外贸易股份有限公司
	青海省新机五金矿产有限公司
宁夏回族自治区	宁夏轻工业品进出口公司
	宁夏圣雪绒国际企业集团有限公司
	宁夏广贸进出口公司
	宁夏吉利宝实业有限公司
新疆维吾尔自治区	新疆机械化工五矿轻工进出口公司
	新疆对外经济贸易（集团）有限责任公司
	新疆新津商贸有限责任公司
	新疆机械设备进出口公司
新疆生产建设兵团	新疆新建粮油食品进出口有限公司
	新疆中基实业股份有限公司
	新疆新建国际贸易有限责任公司
	新疆农垦进出口股份有限公司
	新疆亚鑫国际经贸股份有限公司

三、羊毛

	中国纺织品进出口总公司
	中国纺织物资总公司
	中国华源集团有限公司
	中国乡镇企业总公司
	中国恒天集团公司
	华联发展集团有限公司

	中国南光进出口总公司
	中国技术进出口总公司
	中国工艺品进出口总公司
	中国土产畜产进出口总公司
	中国丝绸进出口总公司
	中国化工进出口总公司
	中国农垦（集团）总公司
	中国远大集团公司
	中国国际信托投资公司
	中国商业对外贸易总公司
	中国轻工业品进出口总公司
	中国对外贸易中心（集团）
	中国海外经济合作总公司
	中国海南贸易中心
	中国新兴进出口总公司
	中达进出口公司
	中国中福实业总公司
	高新国际贸易有限公司
	中工美进出口有限责任公司
	中国华润总公司
	中国天平实业总公司
	中华佳农企业集团公司
	中国庆安国际贸易集团有限公司
	中博实业发展总公司
北京市	北京国际贸易公司
	北京百福实业公司
	北京富海华进出口有限公司
	北京市九达纺织集团公司
	北京市富亿通进出口有限责任公司
天津市	天津外总集团有限公司
	天津东亚毛纺厂集团有限公司
	天津市纺织工业供销公司
	天津畜产进出口集团有限公司
河北省	河北圣仑进出口集团公司
	河北省纺织品进出口（集团）公司
	河北方达进出口公司
山西省	山西省纺织品进出口公司
	山西大晋实业有限公司
	山西中瑞贸易有限公司
	山西省天利实业有限公司
内蒙古自治区	内蒙古自治区土畜产进出口公司
	内蒙古自治区进出口贸易公司
	内蒙古新纺业进出口（集团）股份有限公司
辽宁省	辽宁省汇明国际贸易有限公司
	辽宁省纺织品进出口公司
	辽宁时代服装进出口股份有限公司
	辽宁省丝绸进出口公司
	辽宁成大实业有限公司

沈阳市	沈阳纺织品进出口公司
大连市	中国大连国际合作（集团）股份有限公司
	大连金威国际贸易有限公司
	大连华轻国际贸易有限公司
吉林省	吉林省纺织品进出口公司
	中国包装进出口吉林公司
	吉林省纺织工业进出口有限公司
黑龙江省	黑龙江省天凯经济发展有限公司
	黑龙江省黑土贸易有限责任公司
	黑龙江金城实业有限责任公司
上海市	东方国际（集团）有限公司
	东方国际集团上海市对外贸易有限公司
	上海毛麻纺织有限公司
	上海市纺织原料公司
	上海东方亚太国际贸易有限公司
	上海外经贸投资（集团）有限公司
	上海申达股份有限公司
江苏省	江苏省海外企业集团有限公司
	江苏省纺织品进出口集团股份有限公司
	江苏舜天国际集团服装进出口公司
	江苏阳光集团公司
	三毛集团公司
	云蝠国际贸易有限责任公司
	无锡协新集团进出口公司
	中设江苏机械设备进出口集团公司
	常熟市对外贸易公司
	中国同源（江苏）进出口公司
南京市	南京纺织品进出口股份有限公司
	南京华宾对外经贸有限公司
浙江省	浙江东方集团浩业贸易有限公司
	浙江省纺织品进出口公司
	杭州市五矿机械化工进出口公司
	嘉兴市进出口公司
宁波市	宁波宁兴集团公司
	宁波中包进出口有限公司
	宁波居正丝绸进出口有限公司
	中基宁波对外贸易股份有限公司
安徽省	安徽省进出口股份有限公司
	安徽省畜产发展进出口股份有限公司
	安徽省丝绸股份有限公司
	安徽省阜阳市对外贸易公司
	安徽省五金矿产发展进出口有限责任公司
福建省	福建宏达进出口公司
	福建天成集团针棉毛织品进出口有限公司
	中国（福建）对外贸易中心集团
	福州市轻工进出口有限公司
厦门市	厦门建发股份有限公司
	厦门国贸集团股份有限公司

	厦门象屿集团有限公司
江西省	江西省丝绸进出口公司
	九江市进出口公司
	江西省纺织品进出口公司
	江西省服装进出口公司
	江西省畜产进出口有限公司
山东省	山东省对外贸易集团有限公司
	山东省东方国际贸易股份有限公司
	山东省纺织品进出口公司
	烟台土畜产进出口集团有限公司
	山东如意毛纺集团总公司进出口总公司
青岛市	青岛经济技术开发区进出口公司
	青岛华青进出口有限公司
	青岛益佳土畜产进出口有限公司
	青岛市对外经济贸易实业公司
河南省	河南省工艺品进出口公司
	河南省化纤毛麻进出口公司
	河南省东方国际贸易有限公司
	河南南光进出口有限公司
	河南省畜产品进出口公司
湖北省	湖北省轻工业品进出口股份有限公司
	湖北省化工进出口公司
	湖北天和国际贸易股份有限公司
	中国出口商品基地建设湖北公司
	湖北省纺织品进出口有限公司
武汉市	武汉市纺织品进出口公司
	武汉服装进出口股份有限公司
湖南省	湖南省纺织品进出口公司
	湖南省轻工业品进出口公司
	湖南省丝绸进出口公司
	湖南省国际经济开发集团公司
广东省	广东省纺织品进出口（集团）公司
	广东省畜产进出口（集团）公司
	广东省丝绸进出口集团公司
	广东省东莞纺织品进出口公司
	广东省佛山纺织品进出口公司
	广东省农垦集团进出口有限公司
广州市	广州市纺织工业联合进出口公司
	侨建工贸投资发展有限公司
深圳市	深圳土畜产茶叶进出口公司
	深圳市物资集团公司
	深圳市万邦贸易发展公司
广西壮族自治区	广西丝绸进出口公司
	广西轻工业品进出口公司
	广西发祥进出口有限责任公司
海南省	海南佳鑫纺织品进出口有限公司
	海南省纺织工业总公司
	海南中服进出口有限公司

四川省	四川华瑞国际贸易有限公司
	四川省外贸进口公司
	四川省纺织品进出口公司
	中国电子进出口四川公司
成都市	成都岷江国际贸易有限公司
重庆市	重庆汇兴纺织品进出口有限公司
	西南技术进出口公司
	重庆展新国际经贸有限公司
贵州省	贵州省纺织品进出口公司
	贵州省土产畜产进出口公司
	贵州省工艺品进出口公司
	贵州省轻工业品进出口公司
云南省	云南省土产进出口公司
	云南省纺织品进出口公司
西藏自治区	西藏赛亚经贸服务公司
	西藏远大工贸有限公司
	西藏金珠对外贸易进出口有限公司
陕西省	陕西省丝绸进出口公司
	陕西省进出口公司
	陕西省纺织品进出口公司
	陕西省工艺进出口公司
甘肃省	甘肃省地毯进出口公司
	甘肃省纺织品进出口公司
	兰州三毛集团进出口公司
青海省	青海省新力绒纺对外贸易股份有限公司
宁夏回族自治区	宁夏回族自治区进出口公司
	宁夏圣雪绒国际企业集团有限公司
	宁夏工艺品进出口公司
	宁夏仁通纺织品进出口有限责任公司
新疆维吾尔自治区	新疆维吾尔族自治区畜产进出口公司
	新疆中艺地毯工艺品有限责任公司
	新疆对外经济贸易（集团）有限责任公司
	新疆伊犁州对外贸易公司
	新疆新津商贸有限责任公司
新疆生产建设兵团	新疆农垦进出口股份有限公司
	新疆新建国际贸易有限责任公司
	新疆亚鑫国际经贸股份有限公司
	新天国际经济技术合作（集团）有限公司
	新疆新建对外经贸有限公司

四、腈纶

	中国纺织品进出口总公司
	中国纺织物资总公司
	中国技术进出口总公司
	中国仪器进出口总公司
	中国化工建设总公司
	中国华源集团有限公司
	中国丝绸进出口总公司
	中国远东国际贸易总公司

	中国恒天集团公司
	华联发展集团有限公司
	中国农垦（集团）总公司
	中国远大集团公司
	中国国际信托投资公司
	中国安华（集团）总公司
	中国华润总公司
	中国商业对外贸易总公司
	中国新兴进出口总公司
	中国牧工商（集团）总公司
	高新国际贸易有限公司
	中国轻工业品进出口总公司
	中华佳农企业集团公司
	中国南光进出口总公司
	中国化工进出口总公司
	中国工艺品进出口总公司
	中国北方工业公司
	中国海南贸易中心
	中工美进出口有限责任公司
	中国和平公司
	中达进出口公司
	中国通和经济开发中心
	中国成套设备进出口（集团）总公司
	中国长城工业总公司
	中国庆安国际贸易集团有限公司
	中博实业发展总公司
北京市	北京针棉织品进出口集团公司
	北京市富亿通进出口有限责任公司
	北京百福实业公司
	北京市九达纺织集团公司
天津市	北方国际集团天津亿利达有限公司
	天津服装进出口公司
	天津外总集团有限公司
	天津市纺织工业供销公司
河北省	河北省方达进出口公司
	河北省纺织品进出口（集团）公司
	河北圣仑进出口股份有限公司
山西省	山西省纺织品进出口公司
	山西大晋实业有限公司
	山西省天利实业有限公司
	山西鑫志达实业有限公司
内蒙古自治区	内蒙古自治区五金矿产化工进出口公司
	内蒙古仕奇实业股份有限公司
	内蒙赛立特尔纺织有限公司
	内蒙古新纺业进出口（集团）股份有限公司
辽宁省	辽宁省成大实业有限公司
	辽宁省丝绸进出口公司
	辽宁省纺织品进出口公司

	辽宁省汇明国际贸易有限公司
沈阳市	沈阳纺织品进出口公司
大连市	中国大连国际合作（集团）股份有限公司
	大连凯美进出口集团有限公司
	大连纺织品进出口有限公司
	大连华轻国际贸易有限公司
吉林省	中国包装进出口吉林公司
	吉林省对外经济贸易集团有限公司
	吉林省纺织品进出口公司
	吉林省纺织工业进出口有限公司
长春市	长春市纺织品进出口公司
黑龙江省	黑龙江省远达进出口有限公司
	黑龙江省天凯经济发展有限公司
	黑龙江省和昌进出口有限公司
上海市	东方国际（集团）有限公司
	东方国际集团上海市对外贸易有限公司
	上海市纺织原料公司
	上海毛麻纺织品有限公司
	上海申达股份有限公司
	上海谊联国际贸易有限公司
江苏省	江苏省海外企业集团有限公司
	江苏汇鸿国际集团毛针织品进出口有限公司
	江苏省开元国际集团轻工业品进出口股份有限公司
	江苏省纺织品进出口集团股份有限公司
	江苏舜天国际集团服装进出口股份有限公司
	常州大华进出口（集团）有限公司
	江苏苏豪国际集团股份有限公司
南京市	南京纺织品进出口股份有限公司
浙江省	浙江东方集团浩业贸易有限公司
	浙江省丝绸进出口公司
	浙江省纺织品进出口公司
	浙江中大技术进出口有限公司
	杭州市五矿机械化工进出口公司
	浙江省粮油食品进出口股份有限公司
宁波市	宁波市工艺品进出口公司
	宁波市慈溪进出口股份有限公司
	宁波宁兴集团公司
	宁波海田国际贸易有限公司
	宁波维科集团股份有限公司
安徽省	安徽省轻工业品进出口股份有限公司
	安徽省服装进出口股份有限公司
	安徽省化工进出口股份有限公司
	安徽省进出口股份有限公司
	安徽省丝绸股份有限公司
	安徽省畜产发展进出口股份有限公司
福建省	福建省纺织品进出口公司
	福建省工艺品进出口公司
	中国（福建）对外贸易中心集团

	福建省华闽进出口公司
厦门市	厦门建发股份有限公司
	厦门国贸集团股份有限公司
	厦门象屿集团有限公司
江西省	江西省针棉织品进出口公司
	江西省进出口公司
	江西省服装进出口公司
	江西省丝绸进出口公司
山东省	山东省对外贸易集团有限公司
	山东威海进出口集团公司
	山东省东方国际贸易股份有限公司
	山东纺织品进出口公司
	山东省服装进出口公司
	山东省物产进出口公司
青岛市	青岛市青岛经济技术开发区进出口公司
	青岛华青进出口有限公司
	青岛纺联集团有限公司
	青岛益佳国际贸易集团有限公司
河南省	河南省畜产品进出口公司
	河南省工艺品进出口公司
	河南省东方国际贸易有限公司
	中纺河南棉花进出口公司
湖北省	湖北省轻工业品进出口股份有限公司
	湖北省畜产进出口公司
	湖北省化工进出口公司
	湖北天和国际贸易股份有限公司
	湖北省国际贸易公司
	湖北五洲实业有限公司
武汉市	武汉市服装进出口公司
湖南省	湖南省纺织品进出口公司
	湖南省进出口集团有限公司
	湖南省国际经济开发（集团）公司
	湖南省华升工贸进出口（集团）公司
	湖南省丝绸进出口公司
广东省	广东省纺织工贸进出口公司
	广东省南海市外贸开发有限公司
	广东省丝绸进出口集团公司
	广东省纺织品进出口（集团）公司
	广东省畜产进出口（集团）公司
广州市	广州市纺织工业联合进出口公司
	广州纺织品进出口集团有限公司
	侨建工贸投资发展有限公司
深圳市	深圳土畜产茶叶进出口公司
	深圳市众利通贸易有限公司
	中国对外贸易开发总公司
	深圳市物资集团公司
广西壮族自治区	广西发祥进出口有限责任公司
	广西进出口贸易股份有限公司

	广西桂林纺织品进出口公司
	广西梧州口岸外贸有限公司
海南省	海南佳鑫纺织品进出口有限公司
	海南新盟实业有限公司
	海南省纺织工业总公司
	海南中服进出口有限公司
四川省	四川省纺织品进出口公司
	四川华瑞国际贸易有限公司
	四川省外贸进出口公司
	四川省纺织品进出口有限责任公司
	四川茶叶进出口公司
重庆市	西南技术进出口公司
	重庆展新国际经贸有限公司
	重庆汇兴纺织品进出口有限公司
贵州省	贵州省纺织品进出口公司
	贵州省对外经济贸易发展公司
	贵州省轻工业品进出口公司
	贵州省工艺品进出口公司
云南省	云南省进出口公司
	云南省纺织品进出口公司
	云南宏华实业（集团）股份有限公司
	西双版纳州对外经济贸易公司
西藏自治区	西藏金珠股份有限公司
	西藏国际经济技术合作公司
	西藏刚坚发展总公司
	西藏赛亚经贸服务公司
陕西省	陕西省纺织进出口公司
	陕西省工艺进出口公司
	陕西省对外经济贸易开发总公司
	陕西省进出口公司
西安市	西安国际经济技术贸易公司
甘肃省	甘肃省进出口贸易集团公司
	甘肃省化工进出口公司
	兰州维尼纶进出口公司
	兰州三毛集团进出口公司
青海省	青海省新力绒纺对外贸易股份有限公司
	青海省新远对外贸易股份有限公司
宁夏回族自治区	宁夏圣雪绒国际企业集团有限公司
	宁夏工艺品进出口公司
	宁夏仁通纺织品进出口有限责任公司
新疆维吾尔自治区	新疆机械化工五矿轻工进出口公司
	新疆对外经济贸易（集团）有限责任公司
	新疆金怡进出口有限责任公司
	新疆新津商贸有限责任公司
新疆生产建设兵团	新疆亚鑫进出口公司
	新疆农垦进出口股份有限公司
	新疆新建粮油食品进出口有限公司
	新疆万达有限公司

五、胶合板

中国木材进出口公司
中国土产畜产进出口总公司
中国技术进出口总公司
中国仪器进出口总公司
中国化工建设总公司
中国五金矿产进出口总公司
中国化工供销总公司
中国化工进出口总公司
中国有色金属进出口总公司
中国水产（集团）总公司
中国国际信托投资公司
中商企业集团公司
中国包装进出口总公司
中国远大集团公司
中国成套设备进出口集团公司
中远国际贸易公司
中国华润总公司
中国建筑材料及设备进出口公司
中国新兴进出口总公司
中国牧工商（集团）总公司
中国海外经济合作总公司
中国对外贸易中心（集团）
中国轻工业对外经济技术合作公司
中国非金属矿工业进出口公司
中华佳农企业集团公司
中国航天工业供销总公司
中煤建设集团公司
中国海洋航空集团公司
中国轻工业品进出口总公司
中国南光进出口总公司
中国海外工程总公司
中国工艺品进出口总公司
中国兵工物资总公司
中国医药保健品进出口总公司
中国海南贸易中心
中国林业国际合作集团公司
中国船舶工业物资总公司
中国航空技术进出口总公司
中国机械进出口（集团）有限公司
中国包装总公司
中国昊华化工（集团）总公司
中国第一汽车集团进出口公司
珠海振戎公司
华垦物资有限公司
保利科技有限公司
中达进出口公司
华鑫国际经济贸易有限责任公司

	复兴浆纸有限公司
北京市	北京市土产进出口公司
	北京市富亿通进出口有限责任公司
	北京市服装进出口股份有限公司
	中国首钢国际贸易工程公司
	北京埃力生进出口有限公司
	北京华诚中晟进出口有限公司
天津市	天津工艺品进出口集团有限公司
	天津市物资集团总公司
	天津利和进出口集团有限公司
	中国包装进出口天津公司
	北方国际集团有限公司
河北省	河北省方达进出口公司
	河北轻工进出口股份有限公司
	河北圣仑进出口集团公司
	河北省食品进出口（集团）公司
山西省	山西省天利实业有限公司
	山西大晋实业有限公司
	山西中瑞贸易有限公司
	中国包装进出口山西公司
内蒙古自治区	内蒙古自治区化工进出口公司
	内蒙古供销进出口贸易（集团）总公司
辽宁省	辽宁成大股份有限公司
	辽宁省轻工业品进出口公司
	辽宁恒谊对外贸易有限公司
	辽宁省汇明国际贸易有限公司
沈阳市	沈阳土产畜产进出口公司
大连市	大连金威国际贸易有限公司
	中国大连国际合作（集团）股份有限公司
	大连华轻国际贸易有限公司
	大连金阳进出口有限公司
吉林省	吉林省天和对外经济贸易有限公司
	吉林省对外经济贸易集团有限公司
	中国包装进出口吉林公司
	吉林省吉春对外贸易有限责任公司
黑龙江省	黑龙江省进出口公司
	黑龙江省和昌进出口有限公司
	黑龙江资丰贸易有限责任公司
上海市	上海物资集团进出口有限公司
	东方国际（集团）有限公司
	上海东源企业发展股份有限公司
	上海外经贸投资（集团）有限公司
	东方国际集团上海市对外贸易有限公司
江苏省	江苏省海外企业集团有限公司
	江苏国泰国际集团有限公司
	江苏省开元国际集团轻工业品进出口股份有限公司
	江苏省轻工业品进出口集团股份有限公司
南京市	南京市拓森进出口有限公司

	南京机械五金矿产医药保健品进出口股份有限公司
浙江省	浙江中大技术进口有限公司
	浙江省土畜产进出口公司
	浙江省国信进出口公司
	浙江温州市进出口公司
	浙江云峰绿色新材股份有限公司
宁波市	宁波市工艺品进出口公司
	宁波国际合作（集团）有限公司
	宁波海田集团总公司
	宁波市鄞县对外贸易有限责任公司
	宁波市外国企业服务贸易有限公司
安徽省	安徽省土产进出口公司
	安徽省轻工进出口股份有限公司
	安徽省机械进出口公司
	安徽省进出口股份有限公司
	安庆市进出口公司
	安徽省五金矿产发展进出口有限责任公司
	安徽省粮油食品进出口（集团）公司
福建省	福建省工艺品进出口公司
	中国（福建）对外贸易中心集团
	福建省轻工业品进出口集团公司
	福建大世界企业集团有限公司
	福建省华闽进出口公司
厦门市	厦门建发股份有限公司
	厦门国贸集团股份有限公司
	厦门象屿集团有限公司
江西省	江西省轻工业品进出口公司
	江西省五金矿产进出口公司
	赣南进出口公司
	江西省服装进出口公司
山东省	山东省对外贸易集团公司
	山东省物产进出口公司
	山东威海进出口集团有限公司
	山东省潍坊市进出口公司
	山东省纺织品进出口公司
青岛市	青岛益佳国际贸易集团有限公司
	青岛华青进出口有限公司
	青岛纺联集团有限公司
河南省	河南省轻工业品进出口公司
	河南益隆进出口有限公司
	河南南光进出口有限公司
	中国包装进出口河南公司
	河南凯达国际经贸发展股份有限公司
湖北省	湖北省技术进出口公司
	湖北省化工进出口公司
	湖北五洲实业有限公司
	湖北省粮油食品进出口（集团）公司
武汉市	武汉市工艺品进出口公司

	武汉服装进出口股份有限公司
湖南省	湖南省工艺品进出口公司
	湖南省土产畜产进出口公司
	湖南省化工进出口公司
	中国湖南国际经济技术合作公司
	湖南省进出口集团有限公司
广东省	广东省土产进出口（集团）公司
	广东省轻工业品进出口（集团公司）
	广东省外贸开发公司
	广东省工艺品进出口集团公司
	广东省畜产进出口（集团）公司
	中国包装进出口广东公司
	广东省丝绸进出口集团公司
广州市	广州轻工业品进出口有限公司
	侨建工贸投资发展有限公司
深圳市	深圳对外贸易（集团）公司
	深圳市物资集团公司
	深圳土畜产茶叶进出口有限公司
	中国对外贸易开发总公司
	深圳市万邦贸易发展公司
广西壮族自治区	广西轻工业品进出口公司
	广西土产进出口公司
	广西五矿进出口集团公司
	广西进出口贸易股份有限公司
	广西丰润进出口贸易有限公司
海南省	海南扶轮实业贸易公司
	海南桦城实业有限公司
	海南华立源实业有限公司
	中国海南国际经济技术合作公司
四川省	四川省外贸进出口公司
	四川华瑞国际贸易有限公司
	四川省轻工业品进出口公司
重庆市	西南技术进出口公司
	重庆市万州进出口公司
	重庆茶叶土产进出口公司
	重庆展新国际经贸有限公司
贵州省	贵州省外贸进出口公司
	贵州省轻工业品进出口公司
	贵州省五金矿产进出口公司
	贵州省工艺品进出口公司
云南省	云南供销科工贸有限公司
	云南省云岭工业进出口公司
	云南省进出口公司
	云南省德宏州进出口公司
西藏自治区	西藏包装进出口公司
	西藏国际经济技术合作公司
	西藏金珠对外贸易进出口有限公司
	西藏土畜产进出口公司

陕西省	陕西省工艺进出口公司
	陕西秦生经贸有限公司
	陕西省信友进出口公司
	陕西省进出口公司
西安市	西安市进出口公司
甘肃省	甘肃省进出口贸易集团公司
	甘肃物资（集团）总公司
	甘肃省五金矿产进出口公司
	兰州维尼纶进出口公司
青海省	青海省新力绒纺对外贸易股份有限公司
	青海省新机五金矿产有限公司
宁夏回族自治区	宁夏机械设备进出口公司
	中国出口商品基地建设宁夏公司
	宁夏土畜产进出口公司
新疆维吾尔自治区	新疆机械化工五矿轻工进出口公司
	新疆对外经济贸易（集团）有限责任公司
	新疆伊梨州对外贸易公司
	新疆金怡进出口有限责任公司
新疆生产建设兵团	新疆新建国际贸易有限责任公司
	新疆中基实业股份有限公司
	新疆农垦对外经贸实业开发公司
	新疆农垦进出口股份有限公司
	新疆亚鑫国际经贸股份有限公司

出口指定经营管理货物目录

序号	商品大类名称	商品编码	商品名称
1	绿茶	09021090	每件净重不超过3公斤的其他绿茶，未发酵的，净重指内包装
		09022090	每件净重超过3公斤的其他绿茶，未发酵的，净重指内包装
2	乌龙茶	09023010	乌龙茶，内包装每件净重不超过3公斤
		09024010	乌龙茶，内包装每件净重超过3公斤
3	定尺碳素钢板	72084000	轧有花纹的热轧非卷材，除热轧外未经进一步加工，宽≥600MM，未包、镀、涂层
		72085100	厚度超过10MM的其他热轧非卷材，宽≥600MM，未包、镀、涂层
		72085200	10MM≥厚度≥4.75MM的热轧非卷材，除热轧外未经进一步加工，宽≥600MM，未包、镀、涂层
		72085300	4.75MM≥厚度≥3MM的热轧非卷材，除热轧外未经进一步加工，宽≥600MM，未包、镀、涂层
		72085400	厚度小于3MM热轧非卷材，除热轧外未经进一步加工，宽≥600MM，未包、镀、涂层
		72089000	其他热轧铁或非合金钢宽平板轧材，除热轧外经进一步加工，宽≥600MM，未包、镀、涂层
		72107000	涂漆或涂塑的铁或非合金钢宽板材，宽平板轧材宽≥600MM

续表

序号	商品大类名称	商品编码	商　品　名　称
		72109000	涂镀其他材料铁或非合金钢宽板材，宽度≥600MM
		72111300	未轧花纹的四面轧制的热轧非卷材，150MM＜宽＜600MM，厚≥4MM，未包、镀、涂层
		72111400	厚度≥4.75毫米的其他热轧板材，宽＜600MM，未包、镀、涂层
		72119000	冷轧的铁或非合金钢其他窄板材，宽＜600MM，未经包、镀、涂层
		72124000	涂漆或涂塑的铁或非合金钢窄板材，宽度＜600MM
		72125000	涂镀其他材料铁或非合金钢窄板材，宽度＜600MM

出口指定经营企业名录

绿茶

安徽茶叶进出口有限公司
安徽省黄山屯溪茶厂
黄山市翡翠绿茶有限公司
黄山茶业集团有限公司
安徽宣郎广精茶有限责任公司
安徽太平洋茶业有限公司
福建茶叶进出口有限责任公司
中国土产畜产广东茶叶进出口公司
中国土产畜产广西茶叶进出口公司
中国土产畜产海南茶叶进出口公司
河南益隆进出口有限公司
中国土产畜产湖北茶麻进出口公司
湖北省红安县火连畈茶场
湖北省鹤峰县白果民族茶厂
中国土产畜产湖南茶叶进出口公司
湖南省湘潭茶厂
湖南省茶叶总公司
江苏汇鸿国际集团食品进出口有限公司
中国土产畜产江西茶叶进出口公司
江西省铅山县河口茶叶试验场
江西省婺源县绿色食品有限公司
宁波出口茶叶拼配厂
宁波联合集团股份有限公司
余姚茶厂
宁波舜伊茶业有限公司
上海茶叶进出口公司
四川茶叶进出口公司
厦门茶叶进出口有限公司
中国土产畜产云南茶叶进出口公司
云南茶苑集团股份有限公司
浙江中大集团股份有限公司
浙江省茶叶进出口有限公司
杭州茶厂有限公司
临安茶场有限公司
深圳土畜产茶叶进出口公司
温州茶厂
浙江上虞茶厂
浙江省三界茶厂
浙江省新昌钱江茶厂
浙江三明茶业有限公司
浙江绍兴县平水鸿华茶厂
绍兴御茶村茶业有限公司
浙江华发出口茶厂
浙江淳安新洲制茶有限公司
嵊州市大鹏茶厂
重庆茶叶土产进出口公司
德信行（珠海）天然食品有限公司
中国茶叶股份有限公司
中国绿色食品总公司
华垦物资集团公司

乌龙茶

福建省安溪茶厂有限公司
福建省武夷山市对外贸易公司
福建茶叶进出口有限责任公司
中国土产畜产广东茶叶进出口公司
广东汕头茶叶进出口公司
中国土产畜产湖南茶叶进出口公司
中国土产畜产江西茶叶进出口公司
深圳土畜产茶叶进出口公司
厦门茶叶进出口有限公司
中国茶叶股份有限公司
中国绿色食品总公司

定尺碳素钢板

鞍山钢铁公司
上海浦东钢铁集团有限公司
宝山钢铁（集团）公司
武汉钢铁集团公司
舞阳钢铁有限责任公司

中华人民共和国对外贸易经济合作部公告

2001年 第44号

根据《中华人民共和国对外贸易法》、《中华人民共和国烟草专卖法》和《中华人民共和国货物进出口管理条例》，现公布《出口国营贸易管理货物名录》（烟草专卖品）、《出口国营贸易企业名录》（烟草专卖品），自公布之日起施行。

附：出口国营贸易管理货物目录（烟草专卖品）
出口国营贸易企业名录（烟草专卖品）

对外贸易经济合作部
2001年12月30日

附 件

出口国营贸易管理货物目录
（烟草专卖品）

商品类别	商品编码	商品名称
烟叶	24011010	未去梗的烤烟
	24011090	其他未去梗的烤烟
	24012010	部分或全部去梗的烤烟
	24012090	其他部分或全部去梗的烤烟
	24013000	烟草废料
	24039100	“均化”或“再造”烟草
卷烟	24022000	烟草制卷烟
	24029000.10	烟草代用品制成的卷烟
雪茄烟	24021000	烟草制的雪茄烟
	24029000.90	烟草代用品制成的雪茄烟
烟丝	24031000	供吸用的烟丝，不论是否含有任何比例的烟草代用晶
	24039900	烟草精汁
卷烟纸	48131000	成小本或管状的卷烟纸
	48132000	宽度不超过5厘米成卷的卷烟纸
	48139000	其他卷烟纸
烟用丝束	55020010	二醋酸纤维丝束
滤嘴棒	56012210	卷烟滤嘴
烟草专用机械	84781000	烟草加工及制作机器
	84789000	烟草加工及制作零

出口国营贸易企业名录（烟草专卖品）

中国烟草进出口（集团）公司
中国烟草辽宁进出口公司
中国烟草黑龙江进出口有限责任公司
中国烟草上海进出口有限责任公司
中国烟草福建进出口有限责任公司
中国烟草山东进出口公司
中国烟草河南进出口有限责任公司
中国烟草湖北进出口有限责任公司
中国烟草湖南进出口有限责任公司
中国烟草广东进出口有限公司
中国烟草四川进出口公司
中国烟草贵州进出口有限责任公司
中国烟草云南进出口有限公司
吉林烟草进出口有限责任公司
浙江烟草进出口有限公司
深圳烟草进出口有限公司
陕西烟草进出口有限责任公司
新疆烟草进出口有限责任公司
云南红塔进出口有限公司

对外贸易经济合作部关于下达2002年度部分农产品出口配额有关问题的通知

外经贸贸农函［2001］826号

各省、自治区、直辖市及计划单列市外经贸厅（委、局），各有关中央管理的外经贸企业：

根据外经贸部关于出口商品配额管理的有关规定，参照国际市场供需情况及各地区、各企业2001年1—10月出口配额执行情况，现将2002年度部分农产品出口配额下达给你们。有关事项通知如下：

一、自2002年1月1日起，板栗、苇帘、红小豆、蜂蜜、松香、大蒜（对韩国以外市场）、桐木及板材（对日本）、鸡肉（对港澳）、猪肉（对港澳）、牛肉（对港澳）不再实行出口配额管理。

2002年实行出口配额管理的农产品品种为：大米、玉米、小麦、棉花、食糖、茶叶、锯材、蔺草及其制品、大蒜（对韩国）、活猪（对港澳）、活牛（对港澳）、活鸡（对港澳），共12种。其中，蔺草及其制品、大蒜（对韩国）出口配额实行招标。

二、2002年部分农产品出口配额分配方案见附件1，2002年农产品边境贸易出口配额分配方案见附件2。

三、除边境贸易出口配额外，大米、玉米、小麦、棉花、食糖等5种农产品的出口配额另行下达。

四、为确保供港鲜活商品质量，外经贸部决定以供港活鸡为试点，进一步加大对生产企业自营出口的扶持力度，推动外贸流通企业向实业化方向发展，拟将2002年度配额总量的10%（约330万只）用于专项扶持生产企业出口。具体资格条件、申报程序、管理办法等另行通知。

五、2002年起，供港澳鲜活商品出现违规或质量问题的，不仅扣减月度配额，还将扣减年度配额基数，用于扶持生产企业。

六、2002年起，供港澳地区鸡肉、猪肉、牛肉不再审批出口经营资格，不再指定代理。

七、2002年起，取消供港澳活塘鱼出口配额放行证管理。

八、各地外经贸主管部门应严格按照外经贸部出口配额和出口指定经营管理的有关规定，做好出口配额的二次分配和核查、反馈工作，配额应重点分配给配额使用率高、经营能力强的企业。各地配额二次分配方案应于2002年1月15日前报外经贸部（外贸司）审核备案，同时抄送外经贸部配额许可证事务局、中国国际电子商务中心和有关出口许可证发证机构。

特此通知

附件：1．2002年部分农产品出口配额分配方案
2．2002年农产品边境贸易出口配额分配方案

对外贸易经济合作部
2001年12月13日

附件 1

2002年部分农产品出口配额分配方案

商品名称：活大猪　　　　单位：头

地区或企业	香港	澳门
总计	1 550 000	150 000
山西省	2 770	
上海市	30 280	
浙江省	178 980	
宁波市	12 450	
安徽省	4 930	
福建省	21 380	
厦门市	2 860	
江西省	150 040	
河南省	210 040	
湖南省	348 750	28 800
湖北省	265 420	
其中：合资	7 050	
广东省	158 270	121 200
深圳市	48 150	
其中：合资	3 170	
海南省	2 560	
广西壮族自治区	95 180	
中国粮油食品进出口（集团）有限公司	17 940	

说明：1. 江西省供港活大猪出口配额中包括江西国鸿实业有限公司27 690头；

2. 广三保养猪有限公司、广州市华联畜禽发展有限公司供港活大猪配额于2001年12月31日到期，2002年起外经贸部不再为其安排配额。

商品名称：活中猪　　　　单位：头

地区或企业	香港	澳门
总计	280 000	4 000
上海市	104 650	
浙江省	49 050	
宁波市	9 010	
福建省	2 550	
江西省	7 100	

续表

地区或企业	香港	澳门
湖北省	24 570	
湖南省	7 850	
广东省	49 080	4 000
深圳市	7 000	
海南省	770	
广西壮族自治区	8 500	
中国粮油食品进出口（集团）有限公司	9 870	

商品名称：活牛 单位：头

地区或企业	香港	澳门
总计	50 000	6 500
北京市	2 880	
天津市	460	
河北省	8 080	1 000
山西省	615	
内蒙古自治区	5 300	
辽宁省	1 530	
大连市	830	
吉林省	1 850	
黑龙江	1 300	
上海市	670	
江苏省	1 610	
安徽省	410	
江西省	110	
山东省	6 980	
河南省	5 580	
湖北省	3 000	
广东省	3 750	3 900
广西壮族自治区		1 600
海南省	1 240	
贵州省	490	
陕西省	1 710	
甘肃省	115	
青海省	460	
中国粮油食品进出口（集团）有限公司	1 030	

商品名称：活鸡　　单位：万只

地区或企业	香港	澳门
总计	3 000	325
江西省	29	
湖南省	13	
湖北省	16	
广东省	1 450	289
其中：合资	32	
深圳市	1 074	
广西壮族自治区	154	36
中国粮油食品进出口（集团）有限公司	264	

商品名称：茶叶　　单位：吨

地区或企业	绿茶	红茶	乌龙茶	其他特种茶
总计	149 600	44 400	25 000	31 350
安徽省	9 700	3 200		300
福建省	3 800	700	9 500	4 000
广东省	9 800	4 200	3 100	6 000
广西壮族自治区	200	900		700
海南省	200	600		
河南省	100			
湖北省	500	300		
湖南省	4 100	1 1000	100	400
江苏省	1 600	1 400		200
江西省	3 500	900	400	800
宁波市	17 000	900		
上海市	15 000	1 300		2 100
深圳市		200	1 900	2 400
四川省	200	100		200
厦门市	300	100	7 000	400
云南省	1 500	2 500		2 500
浙江省	64 000	3 000		8 500
重庆市	2 000	10 000		100
中国茶叶股份有限公司	16 000	3 000	3 000	2 700
中国绿色食品总公司	50	50		50
华垦物资集团公司	50	50		

商品名称：锯材 单位：立方米

地区或企业	数量
总计	121 650
大连市	14 500
福建省	1 200
广东省	500
广西壮族自治区	150
海南省	200
河北省	1 000
河南省	1 400
黑龙江省	14 000
湖北省	150
湖南省	700
吉林省	15 000
江苏省	300
江西省	400
辽宁省	11 000
内蒙古自治区	3 800
宁波市	150
青岛市	2 500
青海省	100
山东省	6 700
陕西省	2 100
上海市	1 300
四川省	13 000
天津市	2 100
西藏自治区	500
厦门市	2 500
云南省	6 000
中达进出口有限责任公司	700
中国包装进出口总公司	800
中国工艺品进出口总公司	2 400
中国林业国际合作集团公司	500
中国轻工业品进出口总公司	2 000
中国土产畜产进出口总公司	14 000

附件 2

2002年农产品边境贸易出口配额分配方案

单位：吨

地 区	大 米	小 麦	玉 米
总 计	156 000	12 000	42 000
黑龙江省	80 000		15 000
吉林省	30 000		10 000
辽宁省	10 000	2 000	3 000
内蒙古自治区	15 000	10 000	10 000
新疆生产建设兵团	5 000		
新疆维吾尔自治区	6 000		2 000
云南省	10 000		2 000

2002年进口许可证管理商品目录

中华人民共和国对外贸易经济合作部
中华人民共和国海关总署
公 告

2001年 第16号

根据《中华人民共和国对外贸易法》和《中华人民共和国货物进出口管理条例》，现发布《2002年进口许可证管理商品目录》，自2002年1月1日起施行。

对外贸易经济合作部
海关总署
2001年12月20日

根据《中华人民共和国货物进出口管理条例》，现公布《2002年进口许可证管理商品目录》，并就有关问题通知如下：

一、自2002年1月1日起，取消对涤纶纤维、腈纶纤维、聚酯切片、烟草及制品、二醋酸纤维丝束、彩色电视机及其显像管、收音机和录音机及其机芯、录音录像磁带复制设备、电冰箱及其压缩机、录像设备及其关键件、空调器及其压缩机、气流纺纱机、酒、彩色感光材料的进口许可证管理；取消对汽车及其关键件、汽车轮胎部分编码商品的进口许可证管理。

二、2002年实行进口许可证管理的商品共12种，总计170个8位商品编码。实行进口配额许可证管理的商品有：成品油、天然橡胶、汽车轮胎、汽车及其关键件、摩托车及其关键件、照相机及其机身、手表和汽车起重机及其底盘等8种商品。实行进口许可证管理的商品有：光盘生产设备、监控化学品、易制毒化学品和消耗臭氧层物质等4种商品。

本目录自2002年1月1日起执行。此前规定与本目录不符的，以本目录为准。外经贸部、海关总署《关于印发〈进口许可证管理商品目录〉及有关问题的通知》（外经贸管发〔2001〕152号）同时废止。

附件：2002年进口许可证管理商品目录

进口许可证		协调制度目录		
编号	商品名称	商品编码	商品名称	单位
1	成品油	27101110	车用汽油及航空汽油	公斤
		27101120	石脑油	公斤
		27101190	其他汽油馏分	公斤
		27101911	航空煤油	公斤
		27101912	灯用煤油	公斤
		27101921	轻柴油	公斤
		27101922	5—7号燃料油	公斤
		27101929.10	蜡油（350℃以下馏出物体积＜20%，550℃以下馏出物体积＞80%）	公斤
		27101929.20	重柴油	公斤
		27101929.90	其他柴油及燃料油	公斤
2	天然橡胶	40011000	天然胶乳（不论是否预硫化）	公斤
		40012100	天然橡胶烟胶片	公斤
		40012200	技术分类天然橡胶（TSNR）〔初级形状（胶乳，烟胶片除外）或板，片，带〕	公斤
		40012900	其他初级形状的天然橡胶（胶乳除外的初级形状或板，片，带状）	公斤
3	汽车轮胎	40111000.10	机动小客车用新的充气子午线轮胎（橡胶轮胎，包括旅行小客车及赛车用）	条
		40111000.90	机动小客车用新充气非子午线轮胎（橡胶轮胎，包括旅行小客车及赛车用）	条
		40112000.11	客车或货运车用新的充气子午线轮胎（指机动车辆用橡胶轮胎，断面宽度≥24英寸）	条
		40112000.19	客车或货车用新的其他充气橡胶轮胎（指机动车辆用，断面宽度≥24英寸）	条
		40112000.91	其他客车或货车用新充气子午线轮胎（指机动车辆用橡胶轮胎）	条
		40112000.99	其他客车或货车用新的充气橡胶轮胎（指机动车辆用非子午线轮胎）	条
4	光盘生产设备	84435990.10	用于光盘生产的盘面印刷机	台
		84771010.10	用于光盘生产的精密注塑机（加工塑料的）	台

续表

进口许可证		协调制度目录		
编号	商品名称	商品编码	商品名称	单位
		84798990.10	用于光盘生产的金属母盘生产设备（具有独立功能的）	台
		84798990.20	用于光盘生产的 LD 配套粘合机（具有独立功能的）	台
		84798990.30	用于光盘生产的真空金属溅镀机（具有独立功能的）	台
		84798990.40	用于光盘生产的保护胶涂覆机（具有独立功能的）	台
		84807100.10	用于光盘生产的专用模具	台
		90314900.10	用于光盘生产线的 AID 自动检测机	台
5	汽车及其关键件	87012000	半挂车用的公路牵引车	辆
		87021020	机坪客车（机场专用车）	辆
		87021091	30 座及以上大型客车（柴油型）（指装有柴油发动机的 30 座及以上的客运车）	辆
		87021092.11	20≤座 22 柴油客车（装有柴油或半柴油发动机的中型客车，排气量<2 000cc）	辆
		87021092.19	20≤座≤22 柴油客车（装有柴油或半柴油发动机的中型客车，排气量≥2 000cc）	辆
		87021092.90	其他 23≤座<30 柴油型中型客车（装有柴油或半柴油发动机的客车）	辆
		87021093.10	排气量<2 000cc 的 10≤座≤19 客车（装有柴油或半柴油发动机的中型客车）	辆
		87021093.90	排气量≥2 000cc 的 10≤座≤19 客车（装有柴油或半柴油发动机的中型客车）	辆
		87029010	30 座及以上大型客车（其他型）（指装有其他发动机的 30 座及以上的客运车）	辆
		87029020.11	20≤座≤22 非柴油客车（指装有其他发动机的中型客车，排气量<2 000cc）	辆
		87029020.19	20≤座≤22 非柴油客车（指装有其他发动机的中型客车，排气量≥2 000cc）	辆
		87029020.90	其他 23≤座<30 的非柴油客车（指装有其他发动机的中型客车）	辆
		87029030.10	排气量<2 000cc 的 10≤座≤19 客车（装有其他发动机的中型客车）	辆
		87029030.90	排气量≥2 000cc 的 10≤座≤19 客车（装有其他发动机的中型客车）	辆
		87032130.11	汽油型微马力小轿车（指装有点燃往复式活塞内燃机，微马力指排气量<1 000cc）	辆
		87032130.19	汽油型微马力小轿车（指装有点燃往复式活塞内燃机，微马力指排气量＝1 000cc）	辆
		87032130.90	87032130 车辆的成套散件	辆

续表

进口许可证		协调制度目录		
编号	商品名称	商品编码	商品名称	单位
		87032190.11	汽油型超微马力小轿车、越野车（指装有点燃往复式活塞内燃机的，排气量＜1 000cc）	辆
		87032190.19	汽油型微马力轿车、越野车（指装有点燃往复式活塞内燃机的，排气量＝1 000cc）	辆
		87032190.90	87032190车辆的成套散件	辆
		87032230.10	汽油型小马力小轿车（装点燃往复式活塞内燃机，小马力指1 000cc＜排气量≤1 500cc）	辆
		87032230.90	汽油型小马力小轿车的成套散件	辆
		87032240.10	汽油型小马力四轮驱动越野车（装点燃往复式活塞内燃机，小马力指1 000cc＜排气量≤1 500cc）	辆
		87032240.90	87032240车辆的成套散件	辆
		87032250.10	汽油型小马力小客车（≤9座）（装点燃往复式活塞内燃机，小马力指1 000cc＜排气量≤1 500cc）	辆
		87032250.90	87032250车辆的成套散件	辆
		87032290.11	汽油型小马力其他小客车（≤9座）（装点燃往复式活塞内燃机，小马力指1 000cc＜排气量≤1 500cc）	辆
		87032290.19	汽油型小马力其他车（装点燃往复式活塞内燃机，小马力指1 000cc＜排气量≤1 500cc）	辆
		87032290.90	87032290车辆的成套散件	辆
		87032314.11	1 500cc＜排气量＜2 200cc的小轿车（指汽油型，装点燃往复式活塞内燃机）	辆
		87032314.19	2 200cc≤排气量≤2 500cc的小轿车（指汽油型，装点燃往复式活塞内燃机）	辆
		87032314.90	87032314车辆的成套散件	辆
		87032315.11	1 500cc＜排量＜2 400cc4轮驱动越野车（指汽油型，装点燃往复式活塞内燃机）	辆
		87032315.19	2 400cc≤排量≤2 500cc4轮驱动越野车（指汽油型，装点燃往复式活塞内燃机）	辆
		87032315.90	87032315车辆的成套散件	辆
		87032316.11	1 500cc＜排量＜2 000cc小客车（指≤9座，汽油型的，装有点燃往复式活塞内燃机）	辆
		87032316.19	2 000cc≤排量≤2 500cc小客车（指≤9座，汽油型的，装有点燃往复式活塞内燃机）	辆
		87032316.90	87032316车辆的成套散件	辆
		87032319.11	1 500cc＜汽油型＜2 000cc其他小客车（装点燃往复式活塞内燃机）	辆

续表

进口许可证		协调制度目录		
编号	商品名称	商品编码	商品名称	单位
		87032319.12	2 000cc≤汽油型≤2 500cc 其他小客车（装点燃往复式活塞内燃机）	辆
		87032319.19	1 500<汽油型≤2 500cc 其他车（装点燃往复式活塞内燃机）	辆
		87032319.90	87032319 车辆的成套散件	辆
		87032334.10	汽油型中马力小轿车（装点燃往复式活塞内燃机，指 2 500cc<排气量≤3 000cc）	辆
		87032334.90	87032334 车辆的成套散件	辆
		87032335.10	汽油型中马力越野车（装点燃往复式活塞内燃机，指 2 500cc<排气量≤3 000cc）	辆
		87032335.90	87032335 车辆的成套散件	辆
		87032336.10	汽油型中马力旅行小客车（≤9 座）（装点燃往复式活塞内燃机，指 2 500cc<排气量≤3 000cc）	辆
		87032336.90	87032336 车辆的成套散件	辆
		87032339.11	汽油型中马力其他小客车（≤9 座）（装点燃往复式活塞内燃机，指 2 500cc<排气量≤3 000cc）	辆
		87032339.19	汽油型中马力其他车（装点燃往复式活塞内燃机，指 2 500cc<排气量≤3 000cc）	辆
		87032339.90	87032339 车辆的成套散件	辆
		87032430.10	汽油型大马力小轿车（≤9 座）（装有点燃往复式活塞内燃机，大马力指排气量>3 000cc）	辆
		87032430.90	87032430 车辆的成套散件	辆
		87032440.10	汽油型大马力越野车（装有点燃往复式活塞内燃机，大马力指排气量>3 000cc）	辆
		87032440.90	87032440 车辆的成套散件	辆
		87032450.10	汽油型大马力旅行小客车（≤9 座）（装有点燃往复式活塞内燃机，大马力指排气量>3 000cc）	辆
		87032450.90	87032450 车辆的成套散件	辆
		87032490.11	汽油型大马力其他小客车（装有点燃往复式活塞内燃机，大马力指排气量>3 000cc）	辆
		87032490.19	汽油型大马力其他车（装有点燃往复式活塞内燃机，大马力指排气量>3 000cc）	辆
		87032490.90	87032490 车辆的成套散件	辆
		87033130.11	排气量<1 000cc 柴油型小轿车（装有压燃式活塞内燃发动机，9 座及以下的）	辆
		87033130.19	1 000cc≤排气量<1 500cc 柴油型小轿车（装有压燃式活塞内燃发动机，9 座及以下的）	辆

续表

进口许可证		协调制度目录		
编号	商品名称	商品编码	商品名称	单位
		87033130.90	87033130 车辆的成套散件	辆
		87033140.10	柴油型小马力越野车（装有压燃式活塞内燃机，小马力指排气量≤1 500cc）	辆
		87033140.90	87033140 车辆的成套散件	辆
		87033150.10	柴油型小马力小客车（≤9 座）（装有压燃式活塞内燃发动机，小马力指排气量≤1 500cc）	辆
		87033150.90	87033150 车辆的成套散件	辆
		87033190.11	柴油型小马力其他小客车（≤9 座）（装有压燃式活塞内燃发动机，小马力指排气量≤1 500cc）	辆
		87033190.19	柴油型小马力其他车（装有压燃式活塞内燃发动机，小马力指排气量≤1 500cc）	辆
		87033190.90	87033190 车辆的成套散件	辆
		87033230.11	1 500cc<排气量<2 200cc 柴油型小轿车（指≤9 座，装有压燃式活塞内燃发动机）	辆
		87033230.19	2 200cc≤排气量≤2 500cc 柴油小轿车（指≤9 座，装有压燃式活塞内燃发动机）	辆
		87033230.90	87033230 车辆的成套散件	辆
		87033240.11	1 500cc<排量<2 400cc4 轮驱动越野车（指≤9 座，柴油型，装有压燃式活塞内燃发动机的）	辆
		87033240.19	2 400cc≤排量≤2 500cc4 轮驱动越野车（指≤9 座，柴油型，装压燃式活塞内燃发动机的）	辆
		87033240.90	87033240 车辆的成套散件	辆
		87033250.11	1 500cc<排气量<2 000cc 小客车（指≤9 座，柴油型，装有压燃式活塞内燃发动机的）	辆
		87033250.19	2 000cc≤排气量≤2 500cc 小客车（指≤9 座，柴油型，装有压燃式活塞内燃发动机的）	辆
		87033250.90	87033250 车辆的成套散件	辆
		87033290.11	柴油型中马力其他小客车（≤9 座）（指 1 500cc<排气量<2 000cc）	辆
		87033290.12	2 000cc≤排气量≤2 500cc 其他小客车（指≤9 座，柴油型，装有压燃式活塞内燃发动机的）	辆
		87033290.19	柴油型中马力其他车（指 1 500cc<排气量≤2 500cc）	辆
		87033290.90	87033290 车辆的成套散件	辆
		8703330.10	排气量>2 500cc 的柴油型小轿车（指≤9 座，装有压燃式活塞内燃发动机）	辆
		87033330.90	87033330 车辆的成套散件	辆

续表

进口许可证		协调制度目录		
编号	商品名称	商品编码	商品名称	单位
		87033340.10	排气量>2 500cc4 轮驱动越野车（指≤9 座，柴油型，装有压燃式活塞内燃发动机）	辆
		87033340.90	87033340 车辆的成套散件	辆
		87033350.10	排气量>2 500cc 小客车（≤9 座）（指柴油型，装有压燃式活塞内燃发动机）	辆
		87033350.90	87033350 车辆的成套散件	辆
		87033390.11	柴油型大马力其他小客车（≤9 座）（装有压燃式活塞内燃发动机，大马力指排气量>2 500cc）	辆
		87033390.19	柴油型大马力其他车（装有压燃式活塞内燃发动机，大马力指排气量>2 500cc）	辆
		87033390.90	87033390 车辆的成套散件	辆
		87039000.11	其他型排气量<1 000cc 的小轿车	辆
		87039000.12	其他型 1 000cc≤排气量<2 200cc 的小轿车	辆
		87039000.13	其他型排气量≥2 200cc 的小轿车	辆
		87039000.14	其他型排气量<2 000cc 的面包车（≤9 座）	辆
		87039000.15	其他型排气量≥2 000cc 的面包车（≤9 座）	辆
		87039000.16	其他型排气量<2 400cc 的越野车	辆
		87039000.17	其他型排气量≥2 400cc 的越野车	辆
		87039000.19	装有其他发动机的其他型车（指 9 座及以下，包括旅行小客车及赛车）	辆
		87039000.90	87039000 车辆的成套散件	辆
		87042100	柴油型其他小型货车（装有压燃式活塞内燃发动机，小型指车辆总重量≤5 吨）	辆
		87042230	柴油型其他中型货车（装有压燃式活塞内燃发动机，中型指 5<车辆总重量<14 吨）	辆
		87042240.10	混凝土泵车、搅拌车用底盘（装有压燃式活塞内燃发动机，重型指 14≤车辆总重≤20 吨）	辆
		87042240.90	柴油型其他重型货车（装有压燃式活塞内燃发动机，重型指 14≤车辆总重≤20 吨）	辆
		87042300.10	起重≥25 吨汽车起重机用底盘（装有压燃式活塞内燃发动机，超重型指车辆总重量>20 吨）	辆
		87042300.20	混凝土泵车、搅拌车用底盘（装有压燃式活塞内燃发动机，超重型指车辆总重量>20 吨）	辆
		87042300.90	柴油型的其他超重型货车（装有压燃式活塞内燃发动机，超重型指车辆总重量>20 吨）	辆
		87043100	汽油型≤5 吨的其他货车（装有点燃式活塞内燃发动机，车辆总重量不超过 5 吨）	辆

续表

进口许可证		协调制度目录		
编号	商品名称	商品编码	商品名称	单位
		84079090.10	转速＜3 600r/min 汽油发动机（发电机用）	台
		84079090.20	转速＜4 650r/min 汽油发动机（税号 8426—8430 所列工程机械用）	台
		84079090.90	其他往复或旋转式活塞内燃引擎（非第 87 章所列车辆用其他点燃往复式或旋转式活塞发动机）	台
		84082010.10	功率≥132.39KW 拖拉机用柴油机	台
		84082010.90	功率≥132.39KW 其他用柴油机（指 87 章车辆用压燃式活塞内燃发动机，132.39KW＝180 马力）	台
		84082090.10	功率＜132.39KW 拖拉机用柴油机	台
		84082090.90	功率＜132.39KW 其他用柴油机（指第 87 章车辆用压燃式活塞内燃发动机）	台
		87071000	载人的机动车辆车身（含驾驶室）（编号 8703 所列车辆用的 10 座及以上的客运车辆除外）	台
6	摩托车及其关键件	87111000	汽油型微马力摩托车及脚踏两用车（装有往复式活塞发动机，微马力指排气量≤50cc）	辆
		87112000	汽油型小马力摩托车及脚踏两用车（装有往复式活塞发动机，小马力指 50cc＜排气量≤250cc）	辆
		87113010	250cc＜汽缸容量≤400cc 摩托车（装有往复式活塞发动机，含脚踏两用车）	辆
		87113020	400cc＜汽缸容量≤500cc 摩托车（装有往复式活塞发动机，含脚踏两用车）	辆
		87114000	汽油型大马力摩托车及脚踏两用车（装有往复式活塞发动机，大马力指 500cc＜排气量≤800cc）	辆
		87115000	汽油型超大马力摩托车及类似车（装有往复式活塞发动机，超大马力指排气量＞800cc）	辆
		87119000	装有其他发动机的摩托车及边车（包括脚踏两用车）	辆
		84073100	排气量≤50cc 往复式活塞引擎（87 章所列车辆用的点燃往复式活塞发动机，不超过 50cc）	台
		84073200	50cc＜排气量≤250cc 往复式活塞引擎（第 87 章所列车辆用的点燃往复式活塞发动机）	台
		84073300	250cc＜排气量≤1 000cc 往复活塞引擎（第 87 章所列车辆的点燃往复式活塞发动机）	台
		87141900.10	摩托车车架	台
7	照相机及其机身	90065100	通过镜头取景的照相机〔单镜头反光式（SLR)，使用胶片宽度≤35 毫米〕	架
		90065200	使用胶片宽＜35mm 的其他照相机（使用胶片宽度小于 35 毫米）	架

续表

进口许可证		协调制度目录		
编号	商品名称	商品编码	商品名称	单位
		90065300	其他照相机（使用胶片宽度为35毫米的）	架
		90065900	使用胶片宽＞35mm的其他照相机（使用胶片宽度超过35毫米）	架
8	手表	91011100	机械指示式的贵金属电子手表（表壳用贵金属或包贵金属制成的）	支
		91012100	自动上弦的贵金属机械手表（表壳用贵金属或包贵金属制成的）	支
		91012900	非自动上弦贵金属机械手表（表壳用贵金属或包贵金属制成的）	支
		91021100	机械指示式的其他电子手表（贵金属或包贵金属制壳的除外）	支
		91022100	其他自动上弦的机械手表（用贵金属或包贵金属制壳的除外）	支
		91022900	其他非自动上弦的机械手表（用贵金属或包贵金属制壳的除外）	支
9	汽车起重机及其底盘	87051021	起重重量≤50吨全路面起重车	辆
		87051022	50＜起重量≤100吨全路面起重车	辆
		87051023	起重量＞100吨全路面起重车	辆
		87051091	起重重量≤50吨其他机动起重车	辆
		87051092	50＜起重重量≤100吨其他起重车	辆
		87051093	起重重量＞100吨其他机动起重车	辆
		87060040	汽车起重机底盘	台
10	监控化学品可做为化学武器的化学品	29211930	N，N—二（2—氯乙基）乙胺	公斤
		29211940	N，N—二（2—氯乙基）甲胺	公斤
		29211950	三（2—氯乙基）胺	公斤
		29309090.13	2—氯乙基氯甲基硫醚	公斤
		29309090.14	二（2—氯乙基）硫醚（即芥子气）	公斤
		29309090.15	二（2—氯乙硫基）甲烷	公斤
		29309090.16	1，2—二（2—氯乙硫基）乙烷（即倍半芥气）	公斤
		29309090.17	1，3—二（2—氯乙硫基）正丙烷	公斤
		29309090.18	1，4—二（2—氯乙硫基）正丁烷	公斤
		29309090.19	1，5—二（2—氯乙硫基）正戊烷	公斤
		29309090.21	二（2—氯乙硫基甲基）醚	公斤
		29309090.22	二（2—氯乙硫基乙基）醚（即氧芥气）	公斤
		29309090.26	烷基硫代膦酸烷S—2—二烷氨基乙酯（包括相应烷基化盐、质子化盐，烷基指甲，乙，正丙，异丙基）	公斤
		29310000.13	2—氯乙烯基二氯胂	公斤

续表

进口许可证		协调制度目录		
编号	商品名称	商品编码	商品名称	单位
		29310000.14	二（2—氯乙烯基）氯胂	公斤
		29310000.15	三（2—氯乙烯基）胂	公斤
		29310000.16	烷基氟膦酸烷酯，10碳原子以下（烷基指甲，乙，正丙，异丙基，例如：沙林，梭曼）	公斤
		29310000.17	二烷氨基氰磷酸烷酯10碳原子以下（烷基指甲，乙，正丙，异丙基，例如：塔崩）	公斤
		29310000.18	烷基膦酰二氟（烷基指甲，乙，正丙，异丙基，例如，DF：甲基膦酰二氟）	公斤
		29310000.19	烷基亚膦酰烷基—2—二烷氨基乙酯（包括相应烷基化盐或质子化盐）	公斤
		29310000.21	氯沙林、氯梭曼（氯沙林即甲基氯膦酸异丙酯，氯梭曼即甲基氯膦酸频那酯）	公斤
		30029010	石房蛤毒素	公斤
		30029020	蓖麻毒素	公斤
	化学武器关键前体	28121044	三氯化砷	公斤
		29033010	全氟异丁烯（八氟异丁烯）（即PFIB：1，1，3，3，3，—五氟—2—三氟甲基—1—丙烯）	公斤
		29051910	3，3—二甲基丁—2—醇（频那基醇）	公斤
		29181910	2，2-二苯基-2-羟基乙酸（二苯羟乙酸；二苯乙醇酸）	公斤
		29211960	二烷氨基乙基—2—氯及相应质子盐（其中烷基指甲，乙，正丙或异丙基）	公斤
		29221929	其他二烷氨基乙—2—醇及质子化盐（烷基指正丙或异丙基）	公斤
		29299020	二烷氨基膦酰二卤（其中烷基指甲，乙，正丙或异丙基）	公斤
		29299030	二烷氨基膦酸二烷酯（其中烷基指甲，乙，正丙或异丙基）	公斤
		29309090.23	胺吸膦（硫代膦酸二乙基—S—2—二乙氨基乙酯及烷基化或质子化盐）	公斤
		29309090.24	烷基氨基乙—2—硫醇及相应质子盐	公斤
		29309090.25	硫二甘醇〔二（2—羟乙基）硫醚，硫代双乙醇〕	公斤
		29309090.27	含一个磷原子与甲乙丙基结合化物（不包括地虫磷）	公斤
		29333910	二苯乙醇酸—3—奎宁环酯（即BZ）	公斤
		29333920	奎宁环—3—醇	公斤
	化学武器原料	28111910	氢氰酸（包括氰化氢）	公斤
		28121020	氧氯化磷（即膦酰氯，三氯氧磷）	公斤
		28121010	氯化亚砜（亚硫酰氯，氧氯化硫）	公斤

续表

进口许可证		协调制度目录		
编号	商品名称	商品编码	商品名称	单位
		28121030	碳酰二氯（光气）	公斤
		28121041	一氯化硫（氯化硫）	公斤
		28121042	二氯化硫	公斤
		28121043	三氯化磷	公斤
		28121045	五氯化磷	公斤
		28139000.10	五硫化二磷	公斤
		28371110	氰化钠〔山奈（固）、山奈奶（液）〕	公斤
		28371910	氰化钾（山奶钾）	公斤
		28510020	氯化氰	公斤
		29049030	三氯硝基甲烷（氯化苦，硝基氯仿）	公斤
		29141900.10	频那酮	公斤
		29181990.10	二苯乙醇酸甲酯（包括其酸酐，酰卤化物，过氧化物和过氧酸及该号的衍生物）	公斤
		29209011	亚磷酸三甲酯	公斤
		29209012	亚磷酸三乙酯	公斤
		29209013	亚磷酸二甲酯	公斤
		29209014	亚磷酸二乙酯	公斤
		29211100.10	二甲胺	公斤
		29211100.20	二甲胺盐酸盐	公斤
		29221310	三乙醇胺	公斤
		29221320.20	三乙醇胺盐酸盐	公斤
		29221930	乙基二乙醇胺	公斤
		29221940	甲基二乙醇胺	公斤
		29333990.30	3—羟基—1—甲基哌啶	公斤
		29333990.40	3—奎宁环酮	公斤
11	易制毒化学品	28061000	氯化氢（盐酸）	公斤
		28070000.10	硫酸	公斤
		28416100	高锰酸钾	公斤
		29023000	甲苯	公斤
		29091100	乙醚	公斤
		29141100	丙酮	公斤
		29141200	丁酮〔甲基乙基（甲）酮〕	公斤
		29143100	苯丙酮（苯基丙—2—酮）	公斤
		29152400	乙酸酐（醋酸酐）	公斤
		29163400.10	苯乙酸	公斤
		29224310	邻氨基苯甲酸（氨茴酸）	公斤
		29242990.20	N—乙酰邻氨基苯酸	公斤

续表

进口许可证		协调制度目录		
编号	商品名称	商品编码	商品名称	单位
		29329100	4—丙烯基—1，2—亚甲二氧基苯（即异黄樟脑）	公斤
		29329400	4—烯丙基—1，2—亚甲二氧基苯（即黄樟脑）	公斤
		29329200	1—（1，3—苯并二恶茂—5—基）丙—2—酮（即3，4—亚甲基二氧苯基—2—丙酮）	公斤
		29333210	哌啶（六氢吡啶）	公斤
		29394100.10	麻黄碱（麻黄素，盐酸麻黄碱）	公斤
		29394100.20	硫酸麻黄碱	公斤
		29394100.30	消旋盐酸麻黄碱	公斤
		29394100.40	草酸麻黄碱	公斤
		29394200.10	伪麻黄碱（伪麻黄素，盐酸伪麻黄碱）	公斤
		29394200.20	硫酸伪麻黄碱	公斤
		29394900.10	盐酸甲基麻黄碱	公斤
		29394900.20	消旋盐酸甲基麻黄碱	公斤
		13021990.11	供制农药用麻黄浸膏粉	公斤
		13021990.12	供制农药用麻黄浸膏	公斤
		13021990.91	供制医药用麻黄浸膏粉	公斤
		13021990.92	供制医药用麻黄浸膏	公斤
		13021990.93	其他麻黄浸膏粉	公斤
		13021990.94	其他麻黄浸膏	公斤
		12119039.10	药料用麻黄草粉	公斤
		12119050.10	香料用麻黄草粉	公斤
		12119099.10	其他用麻黄草粉	公斤
		30044090.10	麻黄碱盐类单方制剂〔指盐酸（伪）麻黄碱片，盐酸麻黄碱注射剂，硫酸麻黄碱片〕	公斤
		29329300	3，4—亚甲二氧基苯甲醛（胡椒醛）（别名洋茉莉醛、天芥菜精）	公斤
		29396100.10	麦角新碱	公斤
		29396200.10	麦角胺	公斤
		29396300.10	麦角酸	公斤
12	消耗臭氧层物质	29034100	三氯氟甲烷（CFC—11）	公斤
		29034200	二氯二氟甲烷（CFC—12）	公斤
		29034300.10	三氯三氟乙烷，用于清洗剂除外（CFC—113）	公斤
		29034400.10	二氯四氟乙烷（CFC—114）	公斤
		29034400.90	氯五氟乙烷（CFC—115）	公斤
		29034510	氯三氟甲烷（CFC—13）	公斤
		29034600.10	溴氯二氟甲烷（Halon—1211）	公斤
		29034600.20	溴三氟甲烷（Halon—1301）	公斤
		29031910.10	1，1，1—三氯乙烷（甲基氯仿）（用于清洗剂除外）	公斤
		29031910.90	1，1，1—三氯乙烷（甲基氯仿）（用于清洗剂）	公斤

2002 年出口许可证管理商品目录

中华人民共和国对外贸易经济合作部
中华人民共和国海关总署
公　　告
2001 年　第 17 号

根据《中华人民共和国对外贸易法》和《中华人民共和国货物进出口管理条例》，现发布《2002 年出口许可证管理商品目录》，自 2002 年 1 月 1 日起施行。

对外贸易经济合作部
海关总署
2001 年 12 月 20 日

按照《中华人民共和国货物进出口管理条例》，根据国内生产能力和国际市场需求情况，外经贸部确定 2002 年对 54 种商品实行出口许可证管理（不含纺织品被动配额商品）。现将《2002 年出口许可证管理商品目录》（见附件 1）予以公布，并就有关问题通知如下：

一、出口许可证管理商品目录所列出口商品除有特殊规定外，均实行全球出口许可证管理。

对港澳出口的活牛、活猪、活鸡实行全球许可证下的个别地区配额许可证管理；

下列出口商品实行个别国家的配额许可证管理：

（一）对日本和韩国出口的棉坯布；

（二）对美国出口的定尺碳素钢板；出口企业按规定申领出口许可证并向配额许可证事务局申领《中国对美国定尺碳素钢板出口配额/原产地证书》，报关时向海关出具以上“双证”，海关凭“双证”验放。

二、2002 年实行出口许可证管理的 54 种商品（332 个 8 位商品编码），分别实行出口配额许可证、出口配额招标、出口配额有偿使用、出口配额无偿招标和出口许可证管理。

（一）实行出口配额许可证管理的商品：玉米、大米、小麦、棉花、茶叶、食糖、锯材、活牛（对港澳）、活猪（对港澳）、活鸡（对港澳）、蚕丝类、坯绸、棉坯布（对日、韩）、煤炭、焦炭、原油、成品油、稀土、锑砂、锑（包括锑合金）及锑制品、氧化锑、钨砂、仲钨酸铵及偏钨酸铵、三氧化钨及蓝色氧化钨、钨酸及其盐类、钨粉及其制品、锌矿砂、锌及锌基合金、锡矿砂、锡及锡基合金、白银、定尺碳素钢板（对美国出口）、石蜡。

（二）实行出口配额招标的商品：蔺草及蔺草制品、碳化硅、氟石块（粉）、滑石块（粉）、轻（重）烧镁、大蒜（对韩国出口，共 8 个商品编码）。其中对韩国大蒜出口仍按外经贸部《关于对大蒜出口管理暂行规定》（〔2000〕外经贸管发第 425 号）、《关于对韩国大蒜出口管理有关问题的补充通知》（〔2000〕外经贸管招函字第 261 号）和《关于对大蒜出口许可证管理进行调整的通知》（〔2000〕外经贸管制函字第 266 号）的有关规定执行。

（三）实行出口配额有偿使用的商品：矾土、人造刚玉、甘草及甘草制品。

（四）实行出口配额无偿招标管理的商品：电风扇、自行车、摩托车及摩托车发动机。

（五）实行出口许可证管理的商品：活牛（对港澳以外市场）、活猪（对港澳以外市场）、活鸡（对港澳以外市场）、牛肉、猪肉、鸡肉、大蒜（对韩国以外市场）、重水、消耗臭氧层物质、监控化学品、易制毒化学品、铂金（以加工贸易方式出口）、电子计算机。

三、对玉米、大米、煤炭、原油、成品油、棉花、锑砂、锑（包括锑合金）及锑制品、氧化锑、钨砂、仲钨酸铵及偏钨酸铵、三氧化钨及蓝色氧化钨、钨酸及其盐类、钨粉及其制品、白银、蚕丝类实行国营贸易管理。

对定尺碳素钢板（对美国出口）、茶叶（绿茶、乌龙茶）实行指定经营管理。

四、实行出口配额招标的商品和出口配额有偿使用的商品，无论何种贸易方式，各授权发证机构均凭外经贸部下发的中标企业名单及其中标数量和招标办公室出具的《申领配额招标商品出口许可证证明书》、《申领配额有偿使用商品出口许可证证明书》签发出口许可证。

五、自2002年1月1日起，取消牛肉（对港澳）、猪肉《对港澳）、鸡肉（对港澳）、大蒜（对韩国以外市场）的出口配额管理，实行全球出口许可证管理。取消对栗子、苇及苇制品、磷片石墨（对日本）、维生素C、松香及松脂、桐原木（对日本）、桐木板材（对日本）、蜂蜜、红小豆的出口配额许可证管理。

六、自2002年1月1日起，将原木列入禁止出口商品目录，取消对其的出口配额许可证管理。

七、自2002年1月1日起，对甘草酸（29389000.10、29389000.20、29389000.30）和人造刚玉（28181000）实行出口配额有偿使用管理；对锡制品（80030000、80040000、80060000）实行出口配额许可证管理。

八、以加工贸易方式出口下列商品，按以下规定办理：

（一）以加工贸易方式出口属出口配额许可证管理的商品〔但本条第（二）款规定的除外〕，出口许可证由发证机构凭出口配额、《加工贸易业务批准证》及出口合同（正本复印件）签发。

（二）进口用于生产铂金的原料加工复出口铂金（铂或白金），发证机构凭经营企业注册地外经贸主管部门的《加工贸易业务批准证》、《海关加工贸易进口报关单》、出口合同（正本复印件）核发出口许可证；

进口含白银商品（银粉、未锻造银及银的半制成品除外）加工复出口白银，发证机构凭外经贸部批件、经营企业注册地省级外经贸主管部门的《加工贸易业务批准证》、《海关加工贸易进出口报关单》、出口合同（正本复印件）核发出口许可证；

进口原油加工复出口成品油和石蜡、食糖、锌及锌基合金的出口许可证，发证机构凭经营企业注册地省级外经贸主管部门的《加工贸易业务批准证》、《海关加工贸易进口报关单》、出口合同（正本复印件）核发出口许可证。

（三）以加工贸易方式出口属出口配额许可证管理，但不占用出口配额的商品，其出口许可证有效期按《加工贸易业务批准证》核定的出口期限核发。对于《加工贸易业务批准证》核定的出口期限超过次年2月底的，其出口许可证有效期核发至次年2月底，企业应于2月底前申请办理延期手续，发证机构按《加工贸易业务批准证》的出口期限核发出口许可证。

九、根据国务院关于边境小额贸易有关问题的通知精神，边境小额贸易企业凡出口国家实行配额和许可证管理的出口商品（实行全国统一招标、配额有偿使用、消耗臭氧层物质、监控化学品及易制毒化学品和国家重点管理的边境小额贸易出口商品（见附件2）除外。自行车、电风扇出口按《关于边境小额贸易企业出口四种招标机电产品免领出口许可证的通知》（〔1999〕外经贸机电函字第256号），一律免领许可证。边境小额贸易企业出口全国统一招标和配额有偿使用的商品以及消耗臭氧层物质、监控化学品和易制毒化学品，仍按现行规定，在外经贸部授权的发证机构申办出口许可证。边境小额贸易企业出口国家重点管理的边境小额贸易出口商品，由外经贸部授权的边境省、自治区外经贸主管部门根据外经贸部下达的边境小额贸易出口配额签发出口许可证。

十、为保证进出口许可证联网核销的实施，对不实行“一批一证”管理的商品，发证机构在签发出口许可证时必须在许可证“备注”栏内填注“非一批一证”。

实行非"一批一证"管理的商品为：

（一）外商投资企业出口商品；

（二）补偿贸易项下出口商品；

（三）大米、玉米、活牛、活猪、活鸡、牛肉、猪肉、鸡肉、茶叶、原油、成品油、煤炭。

"非一批一证"的出口许可证，可在同一口岸多次报关，但不得超过12次。当12次报关后，出口许可证虽有余额，海关停止接受报关。

十一、重水、监控化学品、易制毒化学品和消耗臭氧层物质的货样广告品的出口须凭出口许可证报关。

本目录自2002年1月1日起执行。外经贸部《关于印发〈2001年出口许可证管理商品目录〉及有关问题的通知》（〔2000〕）外经贸管发第669号）同时废止。

附件：1.《2002年出口许可证管理商品目录》

2.《国家重点管理的边境小额贸易出口商品目录》

序号	商品大类名称	商品编码	商 品 名 称	单位
1	活牛	01029000.10	非改良种用野牛	头
		01029000.90	非改良种用其他牛	头
2	活猪			
	活大猪	01039200.10	重量在50公斤及以上的其他野猪（改良种用的除外）	头
		01039200.90	重量在50公斤及以上的其他猪（改良种用的除外）	头
	活中猪	01039120.10	10≤重量<50公斤的其他野猪（改良种用的除外）	头
		01039120.90	10≤重量<50公斤的其他猪（改良种用的除外）	头
	活乳猪	01039110.10	重量在10公斤以下的其他野猪（改良种用的除外）	头
		01039110.90	重量在10公斤以下的其他猪（改良种用的除外）	头
3	活鸡	01059290	185<重量≤2 000克的其他鸡（改良种用的除外）	只
		01059390	超过2 000克的其他鸡（改良种用的除外）	只
		01059993	超过185克的非改良种用珍珠鸡	只
		01059210	185<重量≤2 000克的改良种用鸡	只
		01059310	超过2 000克的改良种用鸡	只
4	牛肉	02011000.11	整头及半头鲜的野牛肉	公斤
		02011000.19	其他整头及半头鲜的牛肉	公斤
		02011000.91	整头及半头冷藏的野牛肉	公斤
		02011000.99	其他整头及半头冷藏的牛肉	公斤
		02012000.11	鲜的带骨野牛肉	公斤
		02012000.19	其他鲜的带骨牛肉	公斤
		02012000.91	冷藏的带骨野牛肉	公斤
		02012000.99	其他冷藏的带骨牛肉	公斤
		02013000.11	鲜的去骨野牛肉	公斤
		02013000.19	其他鲜的去骨牛肉	公斤
		02013000.91	冷藏的去骨野牛肉	公斤
		02013000.99	其他冷藏的去骨牛肉	公斤

续表

序号	商品大类名称	商品编码	商 品 名 称	单位
		02021000.10	冻藏的整头及半头野牛肉	公斤
		02021000.90	其他冻藏的整头及半头牛肉	公斤
		02022000.10	冻藏的带骨野牛肉	公斤
		02022000.90	其他冻藏的带骨牛肉	公斤
		02023000.10	冻藏的去骨野牛肉	公斤
		02023000.90	其他冻藏的去骨牛肉	公斤
		02061000.10	鲜的牛杂碎	公斤
		02061000.90	冷藏的牛杂碎	公斤
		02062100	冻牛舌	公斤
		02062200	冻牛肝	公斤
		02062900	其他冻牛杂碎	公斤
5	猪肉	02031190.11	其他鲜的整头及半头野猪肉	公斤
		02031190.19	其他鲜的整头及半头猪肉	公斤
		02031190.91	其他冷藏的整头及半头野猪肉	公斤
		02031190.99	其他冷藏的整头及半头猪肉	公斤
		02031200.11	鲜的带骨野猪前腿、后腿及其肉块	公斤
		02031200.19	鲜的带骨猪前腿、后腿及其肉块	公斤
		02031200.91	冷的带骨野猪前腿、后腿及其肉块	公斤
		02031200.99	冷的带骨猪前腿、后腿及其肉块	公斤
		02031900.11	其他鲜的野猪肉	公斤
		02031900.19	其他鲜的猪肉	公斤
		02031900.91	其他冷藏的野猪肉	公斤
		02031900.99	其他冷藏的猪肉	公斤
		02032190.10	其他冻整头及半头野猪肉	公斤
		02032190.90	其他冻整头及半头猪肉	公斤
		02032200.10	冻藏的带骨野猪前腿、后腿及其肉	公斤
		02032200.90	冻藏的带骨猪前腿、后腿及其肉块	公斤
		02032900.10	其他冻藏野猪肉	公斤
		02032900.90	其他冻藏猪肉	公斤
		02063000.10	鲜的猪杂碎	公斤
		02063000.90	冷藏的猪杂碎	公斤
		02064100	冻猪肝	公斤
		02064900	其他冻猪杂碎	公斤
		02031110.11	鲜的整头及半头野乳猪肉	公斤
		02031110.19	其他鲜的整头及半头乳猪肉	公斤
		02031110.91	冷藏的整头及半头野乳猪肉	公斤
		02031110.99	冷藏的整头及半头乳猪肉	公斤
		02032110.10	冻整头及半头野乳猪肉	公斤
		02032110.90	冻整头及半头乳猪肉	公斤

续表

序号	商品大类名称	商品编码	商 品 名 称	单位
6	鸡肉	02071100.10	鲜的整只鸡	公斤
		02071100.90	冷的整只鸡	公斤
		02071200	冻的整只鸡	公斤
		02071311.10	鲜的带骨的鸡块	公斤
		02071311.90	冷的带骨的鸡块	公斤
		02071319.10	其他鲜的鸡块	公斤
		02071319.90	其他冷的鸡块	公斤
		02071321.10	鲜的鸡翼（不包括翼尖）	公斤
		02071321.90	冷的鸡翼（不包括翼尖）	公斤
		02071329.10	其他鲜的鸡杂碎	公斤
		02071329.90	其他冷的鸡杂碎	反斤
		02071411	冻的带骨鸡块（包括鸡胸脯、鸡大腿等）	公斤
		02071419	冻的不带骨鸡块（包括鸡胸脯、鸡大腿等）	公斤
		02071421	冻的鸡翼（不包括翼尖）	公斤
		02071429	冻的其他食用鸡杂碎（包括鸡翼尖、鸡爪、鸡肝等）	公斤
7	大蒜	07032010.10	鲜的蒜头	公斤
		07032010.90	冷藏的蒜头	公斤
		07032090.10	鲜的蒜瓣（无论是否去皮）	公斤
		07032090.20	冷藏的蒜瓣（无论是否去皮）	公斤
		07108090.10	冷冻的大蒜头、大蒜瓣（无论是否去皮）	公斤
		07129050.10	干燥或脱水的大蒜头、大蒜瓣（无论是否去皮）	公斤
		07119034.10	盐水简单腌制的大蒜头、大蒜瓣（无论是否去皮，但不适于直接食用）	公斤
		20019010.10	用醋或醋酸腌制的大蒜头、大蒜瓣（无论是否加糖或去皮）	公斤
8	茶叶			
	特种茶	09021010	每件净重不超过3公斤的花茶（未发酵的，净重指内包装）	公斤
		09022010	每件净重超过3公斤的花茶（未发酵的，净重指内包装）	公斤
		09023020	每件净重不超过3公斤的普洱茶（净重指内包装）	公斤
		09024020	每件净重超过3公斤的普洱茶（净重指内包装）	公斤
	绿茶	09021090	每件净重不超过3公斤的其他绿茶（未发酵的，净重指内包装）	公斤
		09022090	每件净重超过3公斤的其他绿茶（未发酵的，净重指内包装）	公斤
	乌龙茶	09023010	每件净重不超过3公斤的乌龙茶（净重指内包装）	公斤
		09024010	每件净重超过3公斤的乌龙茶（净重指内包装）	公斤
	红茶	09023090	红茶内包装每件净重不超过3公斤（包括其他半发酵茶）	公斤
		09024090	红茶内包装每件净重超过3公斤（包括其他半发酵茶）	公斤

续表

序号	商品大类名称	商品编码	商品名称	单位
9	小麦	10011000.10	硬粒小麦	公斤
		10011000.90	硬粒小麦	公斤
		10019010.10	种用小麦	公斤
		10019010.90	种用小麦	公斤
		10019090.10	其他小麦及混合麦	公斤
		10019090.90	其他小麦及混合麦	公斤
10	玉米	10051000.10	种用玉米	公斤
		10051000.90	种用玉米	公斤
		10059000.10	其他玉米	公斤
		10059000.90	其他玉米	公斤
		11042300.10	经其他加工的玉米	公斤
		11042300.90	经其他加工的玉米	公斤
11	大米	10061011.10	种用籼米稻谷	公斤
		10061011.90	种用籼米稻谷	公斤
		10061019.10	其他种用稻谷	公斤
		10061019.90	其他种用稻谷	公斤
		10061091.10	其他籼米稻谷	公斤
		10061091.90	其他籼米稻谷	公斤
		10061099.10	其他稻谷	公斤
		10061099.90	其他稻谷	公斤
		10062010.10	籼米糙米	公斤
		10062010.90	籼米糙米	公斤
		10062090.10	其他糙米	公斤
		10062090.90	其他糙米	公斤
		10063010.10	籼米精米（不论是否磨光或上光）	公斤
		10063010.90	籼米精米（不论是否磨光或上光）	公斤
		10063090.10	其他精米（不论是否磨光或上光）	公斤
		10063090.90	其他精米（不论是否磨光或上光）	公斤
		10064010.10	籼米碎米	公斤
		10064010.90	籼米碎米	公斤
		10064090.10	其他碎米	公斤
		10064090.90	其他碎米	公斤
12	甘草及甘草制品	12111010	鲜或干的新疆胀果甘草（不论是否切割，压碎或研磨成粉）	公斤
		12111090	鲜或干的其他甘草（不论是否切割，压碎或研磨成粉）	公斤
		13021200	甘草液汁及浸膏	公斤
		29389000.10	甘草酸粉	公斤
		29389000.20	甘草酸盐类	公斤
		29389000.30	甘草次酸及其衍生物	公斤

续表

序号	商品大类名称	商品编码	商品名称	单位
13	蔺草及蔺草制品	14019030	蔺草（包括灯芯草），已净、漂白或染色的	公斤
		46012021.10	蔺草制的其他席子	公斤
		46012021.20	蔺草制的提花席、双苜席、垫子	公斤
		94042100.10	蔺草包面的垫子（单件面积大于1平方米）	公斤
14	食糖	17019910.10	砂糖	公斤
		17019910.90	砂糖	公斤
		17019920.10	绵白糖	公斤
		17019920.90	绵白糖	公斤
15	矾土	25083000	耐火粘土（包括矾土、焦宝石及其他耐火粘土）	公斤
		25084000	其他粘土	公斤
		26060000	铝矿砂及其精矿	公斤
16	轻（重）烧镁	25191000	天然碳酸镁（菱镁矿）	公斤
		25199010	熔凝镁氧矿（电熔镁，包括喷补料）	公斤
		25199020	烧结镁氧矿（重烧镁，包括喷补料）	公斤
		25199030	碱烧镁（轻烧镁）	公斤
		25309090.10	废镁砖	公斤
17	滑石块（粉）	25261020	未破碎及未研粉的滑石（无论是否粗加修整或仅用锯或其他方法切割成矩形板块）	公斤
		25262020	已破碎或已研粉的天然滑石	公斤
18	氟石块（粉）	25292100	按重量计氟化钙含量≤97%的萤石	公斤
		25292200	按重量计氟化钙含量＞97%的萤石	公斤
19	稀土	25309020	稀土金属矿	公斤
		26122000	钍矿砂及其精矿	公斤
		28053011	钕	公斤
		28053012	镝	公斤
		28053019	其他稀土金属、钪及钇（未相互混合或相互熔合）	公斤
		28053021	电池级的稀土金属、钪及钇（已相互混合或相互熔合）	公斤
		28053029	其他稀土金属、钪及钇（已相互混合或相互熔合）	公斤
		28461010	氧化铈	公斤
		28461020	氢氧化铈	公斤
		28461030	碳酸铈	公斤
		28461090	铈的其他化合物	公斤
		28469011	氧化钇	公斤
		28469012	氧化镧	公斤
		28469013	氧化钕	公斤
		28469014	氧化铕	公斤
		28469019	其他氧化稀土（氧化铈除外）	公斤
		28469028	混合氯化稀土	公斤
		28469029	其他氯化稀土	公斤

续表

序号	商品大类名称	商品编码	商品名称	单位
		28469030	氟化稀土	公斤
		28469048	混合碳酸稀土	公斤
		28469049	其他碳酸稀土	公斤
		28469090	稀土金属、钇、钪的其他化合物（铈的化合物除外）	公斤
20	锌矿砂	26080000	锌矿砂及其精矿	公斤
21	锡矿砂	26090000	锡矿砂及其精矿	公斤
22	钨砂	26110000	钨矿砂及其精矿	公斤
		26209910	其他主要含钨的矿灰及残渣	公斤
23	锑砂	26171010	生锑	公斤
		26171090	其他锑矿砂及其精矿	公斤
24	煤炭	27011100.10	无烟煤（不论是否粉化，但未制成型）	公斤
		27011210	炼焦烟煤（不论是否粉化，但未制成型）	公斤
		27011290	其他烟煤（不论是否粉化，但未制成型）	公斤
		27011900	其他煤（不论是否粉化，但未制成型）	公斤
		27021000	褐煤（不论是否粉化，但未制成型）	公斤
25	焦炭	27040010	焦炭或半焦炭（煤，褐煤或泥煤制成的，不论是否成型，不包括增炭剂）	公斤
26	原油	27090000	石油原油（包括从沥青矿物提取的原油）	公斤
27	成品油	27101110	车用汽油及航空汽油	公斤
		27101120	石脑油	公斤
		27101190	其他汽油馏分，包括按重量计含油≥70%的制品	公斤
		27101911	航空煤油	公斤
		27101912	灯用煤油	公斤
		27101919	其他煤油馏分的油及制品	公斤
		27101921	轻柴油	公斤
		27101929.20	重柴油	公斤
		27101991	润滑油	公斤
		27101992	润滑脂	公斤
		27101993	润滑油基础油	公斤
		27111100	液化天然气	公斤
28	石蜡	27122000	石蜡，无论是否着色（按重量计含油量小于0.75%）	公斤
		27129010	微晶石蜡	公斤
29	氧化锑	28258000	锑的氧化物	公斤
30	人造刚玉	28181000	人造刚玉（不论是否已有化学定义）	公斤
31	仲、偏钨酸铵	28418010	仲钨酸铵	公斤
		28418040	偏钨酸铵	公斤
32	三氧化钨及蓝色氧化钨	28259012	三氧化钨	公斤
		28259019.10	蓝色氧化钨	公斤

续表

序号	商品大类名称	商品编码	商品名称	单位
33	钨酸及其盐类	28259011	钨酸	公斤
		28418020	钨酸钠	公斤
		28418030	钨酸钙	公斤
34	钨粉及其制品	28499020	碳化钨	公斤
		81011000	钨粉末	公斤
		81019400	未锻轧钨（包括简单烧结的条、杆）	公斤
		81019700	钨废碎料	公斤
35	重水	28451000	重水（氧化氘）	公斤
36	碳化硅	28492000	碳化硅	公斤
		38249090.10	粗制碳化硅（其中碳化硅含量大于15%，按重量计）	公斤
37	消耗臭氧层物质	29031400.10	四氯化碳（用于清洗剂除外）	公斤
		29031910.10	1，1，1—三氯乙烷（甲基氯仿，用于清洗剂除外）	公斤
		29034100	三氯氟甲烷（CFC—11）	公斤
		29034200	二氯二氟甲烷（CFC—12）	公斤
		29034300.10	三氯三氟乙烷，用于清洗剂除外（CFC—113）	公斤
		29034400.10	二氯四氟乙烷（CFC—114）	公斤
		29034400.90	氯五氟乙烷（CFC—115）	公斤
		29034510	氯三氟甲烷（CFC—13）	公斤
		29034600.10	溴氯二氟甲烷（Halon—1211）	公斤
		29034600.20	溴三氟甲烷（Halon—1301）	公斤
38	监控化学品			
	可作为化学武器的化学品	29211930	N，N—二（2—氯乙基）乙胺	公斤
		29211940	N，N—二（2—氯乙基）甲胺	公斤
		29211950	三（2—氯乙基）胺	公斤
		29309090.13	2—氯乙基氯甲基硫醚	公斤
		29309090.14	二（2—氯乙基）硫醚（即芥子气）	公斤
		29309090.15	二（2—氯乙硫基）甲烷	公斤
		29309090.16	1，2—二（2—氯乙硫基）乙烷（倍半芥气）	公斤
		29309090.17	1，3—二（2—氯乙硫基）正丙烷	公斤
		29309090.18	1，4—二（2—氯乙硫基）正丁烷	公斤
		29309090.19	1，5—二（2—氯乙硫基）正戊烷	公斤
		29309090.21	二（2—氯乙硫基甲基）醚	公斤
		29309090.22	二（2—氯乙硫基乙基）醚（氧芥气）	公斤
		29309090.26	烷基硫代膦酸烷基S—2—二烷氨基乙酯（包括相应烷基化盐，质子化盐，烷基指甲，乙，正丙，异丙基）	公斤
		29310000.13	2—氯乙烯基二氯胂	公斤
		29310000.14	二（2—氯乙烯基）氯胂	公斤
		29310000.15	三（2—氯乙烯基）胂	公斤

续表

序号	商品大类名称	商品编码	商品名称	单位
		29310000.16	烷基氟膦酸烷酯，10碳原子以下（烷基指甲，乙，正丙，异丙基，例如：沙林，梭曼）	公斤
		29310000.17	二烷氨基氰膦酸烷酯10碳原子以下（烷基指甲，乙，正丙，异丙基，例如：塔崩）	公斤
		29310000.18	烷基膦酰二氟（烷基指甲，乙，正丙，异丙基，例如，DF：甲基膦酰二氟）	公斤
		29310000.19	烷基亚膦酰烷基—2—二烷氨基乙酯（包括相应烷基化盐或质子化盐）	公斤
		29310000.21	氯沙林、氯梭曼（氯沙林即甲基氯膦酸异丙酯，氯梭曼即甲基氯膦酸频那酯）	公斤
		30029010	石房蛤毒素	公斤
		30029020	蓖麻毒素	公斤
	化学武器关键前体	28121044	三氯化砷	公斤
		29033010	全氟异丁烯（八氟异丁烯，即PFIB：1，1，3，3，3—五氟—2—三氟甲基—1—丙烯）	公斤
		29051910	3，3—二甲基丁—2—醇（频哪基醇）	公斤
		29181910	2，2—二苯基—2—羟基乙酸（二苯羟乙酸；二苯乙醇酸）	公斤
		29211960	二烷氨基乙基—2—氯及相应质子盐（其中烷基指甲、乙、正丙或异丙基）	公斤
		29221929	其他二烷氨基乙—2—醇及质子化盐（烷基指正丙或异丙基）	公斤
		29299020	二烷氨基膦酰二卤（其中烷基指甲、乙、正丙或异丙基）	公斤
		29299030	二烷氨基膦酸二烷酯（其中烷基指甲、乙、正丙或异丙基）	公斤
		29309090.23	胺吸膦（硫代磷酸二乙基—S—2—二乙氨基乙酯及烷基化或质子化盐）	公斤
		29309090.24	烷基氨基乙—2—硫醇及相应质子盐	公斤
		29309090.25	硫二甘醇〔二（2—羟乙基）硫醚，硫代双乙醇〕	公斤
		29309090.27	含一磷原子与甲、乙、丙基结合化合物（不包括地虫磷）	公斤
		29333910	二苯乙醇酸—3—奎宁环酯（即BZ）	公斤
		29333920	奎宁环—3—醇	公斤
	化学武器原料	28111910	氢氰酸（包括氰化氢）	公斤
		28121010	氯化亚砜（亚硫酰氯，氧氯化硫）	公斤
		28121020	氧氯化磷（即磷酰氯，三氯氧磷）	公斤
		28121030	碳酰二氯（光气）	公斤
		28121041	一氯化硫（氯化硫）	公斤
		28121042	二氯化硫	公斤

续表

序号	商品大类名称	商品编码	商品名称	单位
		28121043	三氯化磷	公斤
		28121045	五氯化磷	公斤
		28139000.10	五硫化二磷	公斤
		28371110	氰化钠〔山奈（固）、山奈奶（液）〕	公斤
		28371910	氰化钾（山奶钾）	公斤
		28510020	氯化氰	公斤
		29049030	三氯硝基甲烷（氯化苦，硝基氯仿）	公斤
		29141900.10	频哪酮	公斤
		29181990.10	二苯乙醇酸甲酯（包括其酸酐，酰卤化物，过氧化物和过氧酸及该号的衍生物）	公斤
		29209011	亚磷酸三甲酯	公斤
		29209012	亚磷酸三乙酯	公斤
		29209013	亚磷酸二甲酯	公斤
		29209014	亚磷酸二乙酯	公斤
		29211100.10	二甲胺	公斤
		29211100.20	二甲胺盐酸盐	公斤
		29221310	三乙醇胺	公斤
		29221320.20	三乙醇胺盐酸盐	公斤
		29221930	乙基二乙醇胺	公斤
		29221940	甲基二乙醇胺	公斤
		29333990.30	3—羟基—1—甲基哌啶	公斤
		29333990.40	3—奎宁环酮	公斤
39	易制毒化学品	28061000	氯化氢（盐酸）	公斤
		28070000.10	硫酸	公斤
		28416100	高锰酸钾	公斤
		29023000	甲苯	公斤
		29091100	乙醚	公斤
		29141100	丙酮	公斤
		29141200	丁酮〔甲基乙基（甲）酮〕	公斤
		29143100	苯丙酮（苯基丙—2—酮）	公斤
		29152400	乙酸酐（醋酸酐）	公斤
		29163400.10	苯乙酸	公斤
		29224310	邻氨基苯甲酸（氨茴酸）	公斤
		29242990.20	N—乙酰邻氨基苯酸	公斤
		29329100	4—丙烯基—1，2—亚甲二氧基苯（即异黄樟脑）	公斤
		29329400	4—烯丙基—1，2—亚甲二氧基苯（即黄樟脑）	公斤
		29329200	1—（1，3—苯并二恶茂—5—基）丙—2—酮，即3，4—亚甲基二氧苯基—2—丙酮	公斤
		29333210	哌啶（六氢吡啶）	公斤

续表

序号	商品大类名称	商品编码	商 品 名 称	单位
		29394100.10	麻黄碱（麻黄素，盐酸麻黄碱）	公斤
		29394100.20	硫酸麻黄碱	公斤
		29394100.30	消旋盐酸麻黄碱	公斤
		29394100.40	草酸麻黄碱	公斤
		29394200.10	伪麻黄碱（伪麻黄素，盐酸伪麻黄碱）	公斤
		29394200.20	硫酸伪麻黄碱	公斤
		29394900.10	盐酸甲基麻黄碱	公斤
		29394900.20	消旋盐酸甲基麻黄碱	公斤
		13021990.11	供制农药用麻黄浸膏粉	公斤
		13021990.12	供制农药用麻黄浸膏	公斤
		13021990.91	供制医药用麻黄浸膏粉	公斤
		13021990.92	供制医药用麻黄浸膏	公斤
		13021990.93	其他麻黄浸膏粉	公斤
		13021990.94	其他麻黄浸膏	公斤
		12119039.10	药料用麻黄草粉	公斤
		12119050.10	香料用麻黄草粉	公斤
		12119099.10	其他用麻黄草粉	公斤
		30044090.10	麻黄碱盐类单方制剂（指盐酸（伪）麻黄碱片，盐酸麻黄碱注射剂、硫酸麻黄碱片）	公斤
		29329300	3，4—亚甲二氧基苯甲醛（胡椒醛，别名洋茉莉醛、天芥菜精）	公斤
		29396100.10	麦角新碱	公斤
		29396200.10	麦角胺	公斤
		29396300.10	麦角酸	公斤
40	锯材	44061000	未浸渍铁道及电车道枕木	立方米
		44071000.90	非端部接合的针叶木厚板材（经纵锯、纵切、刨切或旋切的，厚度超过6毫米）	立方米
		44072400.90	非端部接合苏里南肉豆蔻木等板材（经纵锯、纵切、刨切或旋切的，厚度超过6毫米）	立方米
		44072500.90	非端部接合的红柳桉木板材（经纵锯、纵切、刨切或旋切的，厚度超过6毫米）	立方米
		44072600.90	非端部接合白柳桉其他柳桉木板材（经纵锯、纵切、刨切或旋切的，厚度超过6毫米）	立方米
		44072910.90	非端部接合的柚木板材（经纵锯、纵切、刨切或旋切的，厚度超过6毫米）	立方米
		44072990.90	非端部接合其他未列名热带木板材（经纵锯、纵切、刨切或旋切的，厚度超过6毫米）	立方米
		44079100.90	非端部接合的栎木厚板材（经纵锯、纵切、刨切或旋切的，厚度超过6毫米）	立方米

续表

序号	商品大类名称	商品编码	商品名称	单位
		44079200.90	非端部接合的山毛榉木厚板材（经纵锯、纵切、刨切或旋切的，厚度超过6毫米）	立方米
		44079910.90	非端部接合的樟木/楠木/红木厚板材（经纵锯、纵切、刨切或旋切的，厚度超过6毫米）	立方米
		44079990.99	非端部接合的其他木厚板材（经纵锯、纵切、刨切或旋切的，厚度超过6毫米）	立方米
41	蚕丝类	50010010	适于缫丝的桑蚕茧	公斤
		50010090	适于缫丝的其他蚕茧	公斤
		50020011	未加捻的桑蚕厂丝	公斤
		50020012	未加捻的桑蚕土丝	公斤
		50020013	未加捻的桑蚕双宫丝	公斤
		50020019	其他未加捻的桑蚕丝	公斤
		50020020	未加捻柞蚕丝	公斤
		50020090	未加捻其他生丝	公斤
		50031000	未梳废丝（包括不适于缫丝的蚕茧、废纱及回收纤维）	公斤
		50039000	其他废丝（包括不适于缫丝的蚕茧、废纱及回收纤维）	公斤
		50040000	非供零售用丝纱线（绢纺纱线除外）	公斤
		50050010.10	非供零售用绸丝纱线（绸丝为主，含丝及绢丝85%及以上纱线）	公斤
		50050010.90	非供零售用绸丝纱线（绸丝为主，含丝及绢丝85%以下纱线）	公斤
		50050090.10	非供零售用其他绢纺纱线（含丝及绢丝85%及以上纱线）	公斤
		50050090.20	非供零售用其他绢纺纱线（含丝及绢丝85%以下纱线）	公斤
42	坯绸	50071010.10	未漂白或漂白的绸丝机织物（包括未练白或练白的，含绸丝85%及以上）	米
		50071010.20	未漂白或漂白的绸丝机织物（包括未练白或练白的，含绸丝85%以下，棉或化纤限内）	米
		50071010.31	未漂白或漂白的绸丝机织物（含未练或练白，绸丝＜85%与精梳羊\动物细毛混，羊毛限内）	米
		50071010.39	未漂白或漂白的绸丝机织物（未练白或练白的，含绸丝85%以下，与其他混纺，羊毛限内）	米
		50071010.91	未漂白或漂白的绸丝机织物（未练白或练白的，含绸丝＜85%与精梳羊毛或动物细毛混纺）	米
		50071010.99	未漂白或漂白的绸丝机织物（包括未练白或练白的，含绸丝85%以下，与其他混纺）	米
		50072011	未漂白或漂白的桑蚕丝机织物（包括未练白或练白，按重量计丝或绢丝含量85%及以上）	米
		50072021	未漂白或漂白的柞蚕丝机织物（包括未练白或练白，按重量计丝或绢丝含量85%及以上）	米

续表

序号	商品大类名称	商品编码	商品名称	单位
		50072031	未漂白或漂白的绢丝机织物（包括未练白或练白，按重量计丝或绢丝含量85%及以上）	米
43	棉花	52010000.10	未梳的棉花，包括脱脂棉花	公斤
		52010000.90	未梳的棉花，包括脱脂棉花	公斤
		52030000.10	已梳的棉花	公斤
		52030000.90	已梳的棉花	公斤
44	棉坯布	52081100.10	未漂白全棉平纹府绸及细平布（每平方米重量不超过100克，含棉85%及以上）	米
		52081100.20	未漂白全棉平纹机织平布（每平方米重量不超过100克，68号及以下）	米
		52081100.30	未漂白全棉平纹奶酪布（每平方米重量不超过100克，含棉85%及以上）	米
		52081100.40	未漂白全棉平纹印染用布（每平方米重量不超过100克，43—68号）	米
		52081100.50	未漂白全棉平纹巴里纱及薄细布（每平方米重量不超过100克，69号及以上）	米
		52081100.60	未漂白全棉平纹机织打字布（每平方米重量不超过100克，含棉85%及以上）	米
		52081100.70	未漂白全棉医用纱布（每平方米重量不超过100克，含棉85%及以上）	米
		52081200.10	未漂白全棉平纹府绸及细平布（100＜每平方米重量≤200克，含棉85%及以上）	米
		52081200.20	未漂白全棉平纹机织平布（100＜每平方米重量≤200克，68号及以下）	米
		52081200.30	未漂白全棉平纹奶酪布（100＜每平方米重量≤200克，含棉85%及以上）	米
		52081200.40	未漂白全棉平纹印染用布（100＜每平方米重量≤200克，43—68号）	米
		52081200.50	未漂白全棉平纹巴里纱及薄细布（100＜每平方米重量≤200克，69号及以上）	米
		52081300	未漂白全棉三线、四线斜纹布（每平方米重量≤200克，含棉≥85%，包括双面斜纹机织物）	米
		52081900.10	未漂白其他全棉机织缎布（每平方米重量不超过200克，含棉85%及以上）	米
		52081900.20	未漂白其他全棉机织斜纹布（每平方米重量不超过200克，含棉85%及以上）	米
		52081900.30	未漂白其他全棉机织牛津布（每平方米重量不超过200克，含棉85%及以上）	米

续表

序号	商品大类名称	商品编码	商 品 名 称	单位
		52081900.90	未漂白其他全棉机织物（每平方米重量不超过200克，含棉85%及以上）	米
		52091100.10	未漂白全棉平纹府绸及细平布（指每平方米重量超过200克，含棉85%及以上）	米
		52091100.20	未漂白的全棉平纹机织平布（指每平方米重量超过200克，含棉85%及以上）	米
		52091100.30	未漂白的全棉平纹机织帆布（指每平方米重量超过200克，含棉85%及以上）	米
		52091200	未漂白的全棉三线、四线斜纹布（指每平方米重量＞200克，含棉≥85%包括双面斜纹机织物）	米
		52091900.10	未漂白的其他全棉机织缎布（指每平方米重量超过200克，含棉85%及以上）	米
		52091900.20	未漂白的其他全棉机织斜纹布（指每平方米重量超过200克，含棉85%及以上）	米
		52091900.30	未漂白的其他全棉机织帆布（指每平方米重量超过200克，含棉85%及以上）	米
		52091900.90	未漂白的其他全棉机织物（指每平方米重量超过200克，含棉85%及以上）	米
45	白银	71061000	银粉	克
		71069100	未锻造银，包括镀金、镀铂的银	克
		71069200	半制成银，包括镀金、镀铂的银	克
46	铂金（铂或白金）	71101100	未锻造或粉末状铂	克
		71101910	板、片状铂	克
47	定尺碳素钢板	72084000	轧有花纹的热轧非卷材（除势轧外未进一步加工，宽≥600MM，未包、镀、涂层）	公斤
		72085100	厚度超过10MM的其他势轧非卷材（宽≥600MM，未包、镀、涂层）	公斤
		72085200	10MM≥厚度≥4.75MM的热轧非卷材（除热轧外未进一步加工，宽≥600MM，未包、镀、涂层）	公斤
		72085300	4.75MM>厚度≥3MM的热轧非卷材（除热轧外未进一步加工，宽≥600MM，未包、镀、涂层）	公斤
		72085400	厚度小于3MM的热轧非卷材（除热轧外未进一步加工，宽≥600MM，未包、镀、涂层）	公斤
		72089000	其他热轧铁或非合金钢宽平板轧材（除热轧外经进一步加工，宽≥600MM，未包、镀、涂层）	公斤
		72107000	涂漆或涂塑的铁或非合金钢宽板材（宽度≥600MM）	公斤
		72109000	涂镀其他材料铁或非合金钢宽板材（宽度≥600MM）	公斤
		72111300	未轧花纹的四面轧制的热轧非卷材（150MM＜宽＜600MM，厚≥4MM，未包、镀、涂层）	公斤

续表

序号	商品大类名称	商品编码	商 品 名 称	单位
		72111400	厚度≥4.75MM 的其他热轧板材（宽＜600MM，未包、镀、涂层）	公斤
		72119000	冷轧的铁或非合金钢其他窄板材（宽＜600MM，未经包、镀、涂层）	公斤
		72124000	涂漆或涂塑的铁或非合金钢窄板材（宽度＜600MM）	公斤
		72125000	涂镀其他材料铁或非合金钢窄板材（宽度＜600MM）	公斤
48	锌及锌基合金	79011100	含锌量≥99.99％的未锻轧锌	公斤
		79011200	含锌量＜99.99％的未锻轧锌	公斤
		79012000	未锻轧锌合金	公斤
49	锡及锡基合金	80011000	未锻轧非合金锡	公斤
		80012010	锡基巴毕脱合金	公斤
		80012020	焊锡	公斤
		80012090	其他锡合金	公斤
		80030000	锡及锡合金条、杆、型材、丝	公斤
		80040000	锡及锡合金板片带，厚度＞0.2mm	公斤
		80060000	锡及锡合金管、管子附件	公斤
50	锑（包括锑合金）及锑制品	81101010	未锻轧锑	公斤
		81101020	锑粉末	公斤
		81102000	锑废碎料	公斤
		81109000	其他锑及锑制品	公斤
51	摩托车及其发动机	84073100	排气量≤50cc 往复式活塞引擎（87 章所列车辆用的点燃往复式活塞发动机，不超过 50cc）	辆
		84073200	50cc＜排气量≤250cc 往复式活塞引擎（第 87 章所列车辆用的点燃往复式活塞发动机）	辆
		87111000	汽油型微马力摩托车及脚踏两用车（装有往复式活塞发动机，微马力指排气量≤50cc）	辆
		87112000	汽油型小马力摩托车及脚踏两用车（装有往复式活塞发动机，小马力指 50cc＜排气量≤250cc）	辆
52	电风扇	84145110	功率≤125 瓦的吊扇（本身装有一个输出功率不超过 125 瓦的电动机）	台
		84145120.90	其他功率≤125 瓦的换气扇（本身装有一个输出功率不超过 125 瓦的电动机）	台
		84145130	功率≤125 瓦有旋转导风轮的风扇（本身装有一个输出功率不超过 125 瓦的电动机）	台
		84145191	功率≤125 瓦的台扇（本身装有一个输出功率不超过 125 瓦的电动机）	台
		84145192	功率≤125 瓦的落地扇（本身装有一个输出功率不超过 125 瓦的电动机）	台

续表

序号	商品大类名称	商品编码	商品名称	单位
		84145193	功率≤125瓦的壁扇（本身装有一个输出功率不超过125瓦的电动机）	台
		84145199.90	功率≤125瓦其他风机、风扇（本身装有一个输出功率不超过125瓦的电动机）（电子计算机用小型轴流风扇除外）	台
		84145910	其他吊扇（电动机输出功率超过125瓦的）	台
		84145920	其他换气扇（电动机输出功率超过125瓦的）	台
		84145990.90	其他台扇、落地扇、壁扇及风机（电动机输出功率超过125瓦的）	台
53	电子计算机	84714110	巨大中型数字式自动数据处理设备	台
		84714120	小型数字式自动数据处理设备	台
		84714910	系统形式报验的巨、大、中型机（计算机指自动数据处理设备）	台
		84714920	以系统形式报验的小型计算机（计算机指自动数据处理设备）	台
		84715010	巨、大、中型机数字式中央处理部件（不论是否在同一机壳内有一或两个存储，输入或输出部件）	台
		84715020	小型机的数字式中央处理部件（不论是否在同一机壳内有一或两个存储，输入或输出部件）	台
54	自行车（12英寸—28英寸）	87120020	竞赛型自行车	辆
		87120030	山地自行车	辆
		87120041	16英寸、18英寸、20英寸越野自行车	辆
		87120049	其他越野自行车（包括运货三轮车）	辆
		87120081.10	12英寸—16英寸未列名自行车	辆
		87120089	其他未列名自行车	辆

国家重点管理的边境小额贸易出口商品目录

序号	商品大类名称	商品编码	商品名称	单位
1	玉米	10051000.10	种用玉米	公斤
		10051000.90	种用玉米	公斤
		10059000.10	其他玉米	公斤
		10059000.90	其他玉米	公斤
		11042300.10	经其他加工的玉米	公斤
		11042300.90	经其他加工的玉米	公斤
2	大米	10061011.10	种用籼米稻谷	公斤
		10061011.90	种用籼米稻谷	公斤

续表

序号	商品大类名称	商品编码	商品名称	单位
		10061019.10	其他种用稻谷	公斤
		10061019.90	其他种用稻谷	公斤
		10061091.10	其他籼米稻谷	公斤
		10061091.90	其他籼米稻谷	公斤
		10061099.10	其他稻谷	公斤
		10061099.90	其他稻谷	公斤
		10062010.10	籼米糙米	公斤
		10062010.90	籼米糙米	公斤
		10062090.10	其他糙米	公斤
		10062090.90	其他糙米	公斤
		10063010.10	籼米精米（不论是否磨光或上光）	公斤
		10063010.90	籼米精米（不论是否磨光或上光）	公斤
		10063090.10	其他精米（不论是否磨光或上光）	公斤
		10063090.90	其他精米（不论是否磨光或上光）	公斤
		10064010.10	籼米碎米	公斤
		10064010.90	籼米碎米	公斤
		10064090.10	其他碎米	公斤
		10064090.90	其他碎米	公斤
3	小麦	10011000.10	硬粒小麦	公斤
		10011000.90	硬粒小麦	公斤
		10019010.10	种用小麦	公斤
		10019010.90	种用小麦	公斤
		10019090.10	其他小麦及混合麦	公斤
		10019090.90	其他小麦及混合麦	公斤
4	锌矿砂	26080000	锌矿砂及其精矿	公斤
5	锡矿砂	26090000	锡矿砂及其精矿	公斤
6	钨砂	26110000	钨矿砂及其精矿	公斤
		26209910	其他主要含钨的矿灰及残渣	公斤
7	锑砂	26171010	生锑	公斤
		26171090	其他锑矿砂及其精矿	公斤
8	煤炭	27011100.10	无烟煤（不论是否粉化，但未制成型）	公斤
		27011210	炼焦烟煤（不论是否粉化，但未制成型）	公斤
		27011290	其他烟煤（不论是否粉化，但未制成型）	公斤
		27011900	其他煤（不论是否粉化，但未制成型）	公斤
		27021000	褐煤（不论是否粉化，但未制成型）	公斤
9	原油	27090000	石油原油（包括从沥青矿物提取的原油）	公斤
10	成品油	27101110	车用汽油及航空汽油	公斤
		27101120	石脑油	公斤

续表

序号	商品大类名称	商品编码	商品名称	单位
		27101190	其他汽油馏分，包括按重量计含油≥70%的制品	公斤
		27101911	航空煤油	公斤
		27101912	灯用煤油	公斤
		27101919	其他煤油馏分的油及制品	公斤
		27101921	轻柴油	公斤
		27101929.20	重柴油	公斤
		27101991	润滑油	公斤
		27101992	润滑脂	公斤
		27101993	润滑油基础油	公斤
		27111100	液化天然气	公斤
11	氧化锑	28258000	锑的氧化物	公斤
12	三氧化钨及蓝色氧化钨	28259012	三氧化钨	公斤
		28259019.10	蓝色氧化钨	公斤
13	钨酸及其盐类	28259011	钨酸	公斤
		28418020	钨酸钠	公斤
		28418030	钨酸钙	公斤
14	仲、钨酸铵	28418010	仲钨酸铵	公斤
		28418040	偏钨酸铵	公斤
15	钨粉及其制品	28499020	碳化钨	公斤
		81011000	钨粉末	公斤
		81019400	未锻轧钨（包括简单烧结的条、杆）	公斤
		81019700	钨废碎料	公斤
16	锯材	44061000	未浸渍铁道及电车道枕木	立方米
		44071000.90	非端部接合的针叶木厚板材（经纵锯、纵切、刨切或旋切的，厚度超过6毫米）	立方米
		44072400.90	非端部接合苏里南肉豆蔻木等板材（经纵锯、纵切、刨切或旋切的，厚度超过6毫米）	立方米
		44072500.90	非端部接合的红柳桉木板材（经纵锯、纵切、刨切或旋切的，厚度超过6毫米）	立方米
		44072600.90	非端部接合白柳桉木及其他柳桉木板材（经纵锯、纵切、刨切或旋切的，厚度超过6毫米）	立方米
		44072910.90	非端部接合的柚木板材（经纵锯、纵切、刨切或旋切的，厚度超过6毫米）	立方米
		44072990.90	非端部接合其他未列名热带木板材（经纵锯、纵切、刨切或旋切的，厚度超过6毫米）	立方米
		44079100.90	非端部接合的栎木厚板材（经纵锯、纵切、刨切或旋切的，厚度超过6毫米）	立方米
		44079200.90	非端部接合的山毛榉木厚板材（经纵锯、纵切、刨切或旋切的，厚度超过6毫米）	立方米

续表

序号	商品大类名称	商品编码	商品名称	单位
		44079910.90	非端部接合的樟木/楠木/红木厚板材（经纵锯、纵切、刨切或旋切的，厚度超过6毫米）	立方米
		44079990.90	非端部接合的其他木厚板材（经纵锯、纵切、刨切或旋切的，厚度超过6毫米）	立方米
17	蚕丝类	50010010	适于缫丝的桑蚕茧	公斤
		50010090	其他适于缫丝的蚕茧	公斤
		50031000	未梳废丝（包括不适于缫丝的蚕茧、废纱及回收纤维）	公斤
		50039000	其他废丝（包括不适于缫丝的蚕茧、废纱及回收纤维）	公斤
		50040000	非供零售用丝纱线（绢纺纱线除外）	公斤
		50050010.10	非供零售用绸丝纱线（绸丝为主，含丝及绢丝85%及以上纱线）	公斤
		50050010.90	非供零售用绸丝纱线（绸丝为主，含丝及绢丝85%以下纱线）	公斤
		50050090.10	非供零售用其他绢纺线（含丝及绢丝85%及以上纱线）	公斤
		50050090.20	非供零售用其他绢纺纱线（含丝及绢丝85%以下纱线）	公斤
		50020011	未加捻的桑蚕厂丝	公斤
		50020012	未加捻的桑蚕土丝	公斤
		50020013	未加捻的桑蚕双宫丝	公斤
		50020019	其他未加捻的桑蚕丝	公斤
		50020020	未加捻柞蚕丝	公斤
		50020090	未加捻其他生丝	公斤
18	白银	71061000	银粉	克
		71069100	未锻造银（包括镀金、镀铂的银）	克
		71069200	半制成银（包括镀金、镀铂的银）	克
19	锌及锌基合金	79011100	含锌量≥99.99%的未锻轧锌	公斤
		79011200	含锌量＜99.99%的未锻轧锌	公斤
		79012000	未锻轧锌合金	公斤
20	锡及锡基合金	80011000	未锻轧的非合金锡	公斤
		80012020	焊锡	公斤
		80012010	锡基巴毕脱合金	公斤
		80012090	其他锡合金	公斤
		80030000	锡及锡合金条、杆、型材、丝	公斤
		80040000	锡及锡合金板片带，厚度＞0.2MM	公斤
		80060000	锡及锡合金管、管子附件	公斤
21	锑（包括锑合金）及锑制品	81101010	未锻轧锑	公斤
		81101020	锑粉末	公斤
		81102000	锑废碎料	公斤
		81109000	其他锑及锑制品	公斤

出口商品配额管理办法

中华人民共和国对外贸易经济合作部令

2001年 第12号

根据《中华人民共和国对外贸易法》和《中华人民共和国货物进出口管理条例》，《出口商品配额管理办法》已经对外贸易经济合作部2001年第9次部长办公会议讨论通过，现予公布，自2002年1月1日起施行。

部长 石广生

2001年12月20日

第一章 总 则

第一条 为规范出口商品配额管理，保证出口商品配额管理工作符合效益、公正、公开和透明的原则，维护配额管理商品的正常出口，根据《中华人民共和国对外贸易法》(以下简称《对外贸易法》和《中华人民共和国货物进出口管理条例》（以下简称《货物进出口条例》）的有关规定，制定本办法。

第二条 对外贸易经济合作部（以下简称外经贸部）负责全国出口商品配额管理工作。各省、自治区、直辖市及计划单列市外经贸委（厅、局）（以下简称地方外经贸主管部门）根据外经贸部的授权，负责本地区出口商品配额管理工作。

第三条 根据《货物进出口条例》第三十五条、第三十六条的规定，外经贸部对部分国家限制出口的商品实行出口配额管理。

第四条 下列出口配额管理商品不适用本办法：

（一）实行配额招标或有偿使用管理的出口商品；

（二）根据多、双边协议的规定，实行被动配额管理的出口商品；

（三）本办法附件中所列商品。

第五条 本办法适用于各种贸易方式下配额管理商品的出口。

第六条 出口商品配额有效期截止到当年12月31日。

第二章 出口配额商品目录

第七条 实行配额管理的出口商品目录，由外经贸部制定、调整并公布。

第八条 实行配额管理的出口商品目录，应当至少在实施前21天公布；在紧急情况下，应当不迟于实施之日公布。

第三章 出口配额总量

第九条 出口商品配额总量，由外经贸部确定并公布。

第十条 外经贸部确定出口商品配额总量时，应当考虑以下因素：

（一）保障国家经济安全的需要；

（二）保护国内有限资源的需要；

（三）国家对有关产业的发展规划、目标和政策；

（四）国际、国内市场的需求及产销状况。

第十一条 外经贸部应当于每年10月31日前公布下一年度出口配额总量。

第十二条 外经贸部可以根据实际需要对本年度出口商品配额总量作出调整，但有关调整应当不晚于当年9月30日完成并公布。

第四章 出口配额的申请

第十三条 依法享有进出口经营许可或资格，并且近3年内在经济活动中无违法、违规行为的出口企业可以申请出口商品配额。

第十四条 地方管理企业向地方外经贸主管部门提出配额申请；地方外经贸主管部门对本地区企业的申请审核、汇总后，按外经贸部的要求，上报外经贸部。中央管理企业直接向外经贸部申请出口商品配额。

第十五条 出口企业应当以正式书面方式提出配额申请，并按要求提交相关文件和资料。

第十六条 外经贸部于每年11月1日至11月15日受理各地方外经贸主管部门和中央管理企业提出的下一年度出口商品配额的申请；其他时间申请的，不予受理。

第五章 出口配额的分配、调整和管理

第十七条 外经贸部将出口商品配额分配给各地方外经贸主管部门和中央管理企业；各地方外经贸主管部门在外经贸部分配给本地区的配额数量内，按本办法及国家关于货物出口经营管理的有关规定，及时将配额分配给本地区提出申请的出口企业。

第十八条 外经贸部应当于每年12月15日前将下一年度的出口配额分配给各地方外经贸主管部门和中央管理企业；各地方外经贸主管部门应当及时将外经贸部下达的配额分配给本地区的申请企业。

当国际市场存在不稳定因素时，外经贸部可将下一年度出口配额分两次分配。第一次分配应当于每年12月15日前将下一年度不少于总量70%的配额下达分配；剩余部分将不晚于当年6月30日下达。

第十九条 外经贸部和各地方外经贸主管部门进行配额分配时，应当充分考虑申请企业或地区最近3年内该项商品的出口业绩、配额使用率、经营能力、生产规模、资源状况等。

第二十条 如发生下列情况时，外经贸部可以对已分配给各地方外经贸主管部门或中央管理企业的配额进行增加或减少的调整：

（一）国际市场发生重大变化；

（二）国内资源状况发生重大变化；

（三）各地区或中央管理企业配额使用进度明显不均衡。

第二十一条 各地方外经贸主管部门应当本着提高配额使用率的原则，定期对本地区出口商品配额执行情况进行核查，对配额使用率达不到规定要求的，应当及时收回已分配的配额并重新分配。

第二十二条 地方企业应当及时将其无法使用的年度配额交还地方外经贸主管部门，地方外经贸主管部门可将其在本地区内重新分配或于当年10月31日前上交外经贸部。

中央管理企业应当于当年10月31日前将无法使用的年度配额直接交还外经贸部。

第二十三条 地方外经贸主管部门或中央管理企业未按本办法第二十二条规定交还配额，并且未能在当年年底前将本企业或本地区配额全部执行完的，外经贸部可以在下一年度扣减其相应的配额。

第二十四条 外经贸部和各地方外经贸主管部门应当将配额分配及调整结果同时通知有关出口许可证发证机构；各地方外经贸主管部门的分配结果及调整方案应当于该决定公布之日起30天内上报外经贸部备案。

第二十五条 出口企业凭外经贸部或地方外经贸主管部门发放的配额证明文件，按照有关出口许可证管理规定，向外经贸部授权的许可证发证机构申领出口配额许可证，凭出口配额许可证向海关办理报关验放手续。

第六章 法律责任

第二十六条 出口经营者以伪报商品名称、少报出口数量等方式超出批准、许可的范围或未经批准出口实行配额管理的出口商品的，依照《货物进出口条例》第六十五条规定处罚，外经贸部并可以取消其已获得的出口商品配额。

第二十七条 伪造、变造或者买卖出口商品配额证明、批准文件或出口配额许可证的，依照《货物进出口条例》第六十六条规定处罚，外经贸部并可以取消其已获得的出口商品配额。

第二十八条 出口经营者以欺骗或者其他不正当手段获取出口商品配额、批准文件或者出口配额许可证的，依照《货物进出口条例》第六十七条规定处罚，外经贸部并可以取消其已获得的出口商品配额。

第二十九条 各地方外经贸主管部门的配额分配违反本办法规定或国家关于实行国营贸易管理或指定经营管理规定的，依照《行政处罚法》的有关规定处罚，外经贸部可以通知其纠正并给予警告。

第三十条 对外经贸部作出的配额分配决定或处罚决定有异议的，可以依照《行政复议法》提起行政复议，也可以依法向人民法院提起诉讼。

第七章 附 则

第三十一条 外商投资企业的出口商品配额按有关规定办理。

第三十二条 本办法由外经贸部负责解释。

第三十三条 本办法自2002年1月1日起施行。1998年10月6日外经贸部发布的《对外贸易经济合作部关于出口商品配额编报下达和组织实施的暂行办法》、1999年1月2日外经贸部发布的《关于出口商品配额编报、下达和组织实施暂行办法的实施细则》同时废止。

附　件

不适用本办法的出口配额管理商品

一、农产品

大米、玉米、小麦、棉花、食糖

二、工业品

原油、成品油、煤炭、焦炭、稀土

出口商品配额招标办法

中华人民共和国
对外贸易经济合作部　令

2001 年　第 11 号

根据《中华人民共和国对外贸易法》和《中华人民共和国货物进出口管理条例》，《出口商品配额招标办法》已经对外贸易经济合作部 2001 年第 9 次部长办公会议讨论通过，现予发布，自 2002 年 1 月 1 日起施行。

部长　石广生

2001 年 12 月 20 日

第一章　总　　则

第一条　为了完善出口商品配额管理制度，建立公平竞争机制，保障国家的整体利益和出口企业的合法权益，维护对外贸易的正常秩序，根据《中华人民共和国对外贸易法》和《中华人民共和国货物进出口管理条例》，制定本办法。

第二条　对于实行配额管理的出口商品，可以实行招标。出口企业通过自主投标竞价，有偿取得和使用国家确定的出口商品配额。

第三条　对外贸易经济合作部（以下简称外经贸部）统一管理出口商品配额招标工作，负责确定并公布招标商品种类及招标商品的配额总量。

第四条　出口商品配额招标遵循“效益、公正、公开、公平竞争”的原则。

第五条　本办法适用于对全球市场以各种贸易方式出口的招标商品，包括通过一般贸易、进料加工、来料加工、易货贸易、边境贸易、补偿贸易等贸易方式出口以及通过承包工程和劳务输出带出的招标商品。但国务院另有规定者除外。

第六条　确定招标商品的原则是：

（一）属不可再生的大宗资源性商品；

（二）属在国际市场上占主导地位且价格变化对出口量影响较小的商品；

（三）属供大于求，经营相对分散，易于发生低价竞销，招致国外反倾销诉讼的商品；

（四）属我国与设限国家签订的多、双边协议中规定需要实行出口配额管理的商品。

第二章　招标管理机构

第七条　外经贸部通过出口商品配额招标委员会（以下简称招标委员会）负责对招标工作的领导和监督，招标委员会对外经贸部负责。招标委员会由外经贸部领导及有关司局的人员组成。

第八条　招标委员会履行下列职责：

（一）根据不同商品的情况确定具体商品招标次数、每次招标的配额数量、招标方式以及各招标方式占招标总量的比例；

（二）审定具体出口商品配额招标方案，主持开标及评标工作，并审定配额招标的中标结果；

（三）发布配额招标的各类通知、公告、决定等；

（四）受理招标办公室上报的企业上交配额以及配额转

受让备案；

（五）审查中标保证金和中标金的收取及配额使用情况；

（六）根据投标资格标准核定投标企业名单。

外经贸部主管业务司负责招标委员会的日常工作。

第九条 招标委员会根据招标商品种类在有关进出口商会设立相应的出口商品配额招标办公室（以下简称招标办公室）。

招标办公室负责招标的具体实施工作。招标办公室由有关进出口商会、中国外商投资企业协会和相关行业协调部门的代表组成，对招标委员会负责。

有关进出口商会负责招标办公室的日常工作。

第十条 招标办公室的职责是：参考行业意见拟订具体出口商品配额招标方案；按照投标资格标准复审投标企业名单；参与开标及评标工作；核查企业交纳中标保证金、中标金等情况；接受企业上交的配额，受理、批准企业配额转受让申请；跟踪、了解企业的配额、许可证使用情况和招标商品出口及市场变化情况等，并将以上情况及时向招标委员会报告。按统一格式印制并按规定出具有关中标证明文件，以及办理招标委员会交办的有关招标的其他事务。

第三章 投标资格

第十一条 投标资格

出口商品配额招标采取公开招标、协议招标等方式。对于不同的商品可采取不同的招标方式。

凡具有进出口经营资格、在工商行政管理部门登记注册、加入有关进出口商会（外商投资企业加入中国外商投资企业协会）、相关商品的出口额或出口供货额达到一定规模的各类出口企业（含外商投资企业），在相应的招标办公室登记并符合招标条件，可参加投标。有关不同商品的公开招标、协议招标投标资格，由外经贸部根据不同商品依据本办法另行确定。

第十二条 投标资格审查

各省、自治区、直辖市和计划单列市外经贸委、厅、局（以下简称各地方外经贸主管部门）按招标委员会的要求对本地区投标企业资格进行初审并提供有关材料。招标办公室须在规定时间内对投标企业资格进行复审，并将复审结果及有关材料报招标委员会审定。

第十三条 投标企业的出口实绩以海关统计数为基准。

第四章 评标规则及程序

第十四条 出口商品配额招标工作由招标委员会主持。

第十五条 电子标书出现下列情况之一者即作为废标处理：

（一）在开标前企业自动向招标办公室申请废标的标书

（二）超过规定的截标时间送达的标书；

（三）同一企业在规定的时点前成功送达两份（含两份）以上的标书，不论内容相同与否；

（四）其他根据本办法应被确认为废标的情况。

第十六条 公开招标时，投标企业自主决定投标价格。招标委员会可视具体情况事先确定并公布最低投标价格。

企业投标价格过高，明显背离价格规律的，标书作为废标处理。

对于协议招标的最低投标价格，招标委员会可参考具体商品出口的平均利润、出口商品市场情况、往年配额中标价格及其他因素来确定。

第十七条 为了防止中标配额过分集中或分散，招标委员会根据具体商品情况设定最高投标数量和最低投标数量。高于最高投标量或低于最低投标量的标书视为废标。

第十八条 企业须在规定的时点前以电子标书的方式投标，投标时以电子数据为准。对于同一商品的同一种招标方式只能投标一次。企业无法在规定的时点前发出电子标书，视为自动放弃投标资格。

第十九条 中标企业的确定。

公开招标：将所有合格投标企业的投标价格由高到低进行排列，按照排序先后累计投标企业的投标数量，当累计投标数量与招标总量相等时，计入累计投标总量（即招标总量）的企业，即为中标企业。

如果在最低中标价位的企业投标数量之和超过剩余配额数量时，此价位的企业全部中标。

协议招标：投标价格不低于招标委员会规定的最低投标价格水平的企业均为中标企业。

第二十条 中标价格和中标数量的确定

（一）公开招标企业的中标价格为其投标价格。协议招标的中标价格由招标委员会根据不同商品的具体情况另行确定。

（二）中标数量的确定

1. 在公开招标中，中标企业的中标数量为其投标数量。如果在最低中标价位的企业投标数量之和超过剩余配额数量时，在此价位上的企业按其投标数量比例分配剩余配额。企业中标数量低于最低投标数量的，按未中标处理；

2. 协议招标中标数量：

(1) 企业中标数量按照下列公式计算：

$$企业中标数量 = 招标总量 \times \frac{该企业投标金额（投标配额价格 \times 投标数量）}{各中标企业投标金额（投标配额价格 \times 投标数量）总和}$$

或 (2) 企业的最高中标数量为其投标数量。

外商投资企业全年的中标总量以外经贸部核定的出口

规模为限。

第二十一条 招标委员会在指定新闻媒介上发布招标公告。

第二十二条 招标办公室应在评标结束后规定的时间内公布初步中标结果。投标企业如有疑问，可于公布初步中标结果日起2个工作日内向招标办公室提出。招标办公室须在公布日起3个工作日内将初步中标结果报招标委员会审定。

第二十三条 招标委员会审定中标结果后，须及时通知招标办公室，并公布中标企业名单。

第五章 中标金

第二十四条 中标金的交纳

根据评标规则确定的中标企业须按照规定交纳中标保证金和中标金。招标收入纳入中央外贸发展基金。

招标委员会在指定银行开立专用账户，用于收取中标保证金和中标金。具体事务可委托有关进出口商会办理。

招标办公室须在中标保证金收取截止日后5个工作日内向招标委员会报告收取情况。

第二十五条 中标企业须按下列规定交纳中标保证金和中标金，且不得由其他企业代交：

（一）中标企业须在规定时间内以支票、汇票、汇款等形式将中标保证金汇到指定银行账户。中标保证金的具体比例由招标委员会根据具体商品的情况另行确定。无论中标配额使用情况如何，中标保证金不予退还。

（二）在每次申领出口许可证前，中标企业应按领证配额数量到指定银行账户交纳相应配额的中标金余额。

第二十六条 在收到企业交纳的中标金后，招标办公室向企业发出有关申领配额招标商品出口许可证的证明文件。

第六章 配额上交、转让、受让及收回

第二十七条 中标企业无法使用中标配额或配额使用不完时，应按规定程序将其上交或转让。

第二十八条 出口商品招标配额上交的时间由招标委员会根据不同的商品具体确定。

第二十九条 中标企业对于出口商品招标配额的转让，须按招标委员会规定的比例向指定银行账户交纳中标金后方可提出申请。转受让企业必须将双方同意进行配额转受让的申请报招标办公室审批。受让企业必须具有投标资格。对不同商品的中标配额转受让的鼓励或限制办法，由招标委员会另行确定。

第三十条 对于逾期未交纳全部中标金的中标配额，招标委员会可视为无法使用予以收回，且不退还已缴纳的中标保证金。收回配额的具体日期由招标委员会另行规定，收回配额的一定比例作为浪费配额计入浪费率。

第三十一条 对于收回的、上交的配额以及其他剩余配额，招标委员会可以根据其数量大小决定实行再次招标，或采取经外经贸部批准的其他方式进行处置。

第七章 出口许可证

第三十二条 中标配额当年有效。企业获得配额后应在配额有效期内到指定的发证机构申领出口许可证。

配额招标的中标企业名单及其中标数量，由外经贸部核准并转发各有关许可证发证机构及各地方外经贸主管部门。

第三十三条 各有关许可证发证机构依据《出口许可证管理规定》和由有关招标办公室出具的中标证明文件核发出口许可证。

第八章 罚则

第三十四条 对违反本办法扰乱招标工作的个人、团体或企业，外经贸部视情节轻重予以行政处罚；对触犯刑律的，移交司法部门追究其刑事责任。

第三十五条 任何企业或个人都有权利检举、投诉配额招标过程中发生的违反本办法的作弊行为。对于上述行为，一经查实，外经贸部有权否决该次招标结果。

第三十六条 对于违反本办法的招标委员会和招标办公室的成员，外经贸部视情节轻重予以处分，直至移交司法部门追究其刑事责任。

第三十七条 对串标、虚报投标资格条件及以其他手段扰乱配额招标工作的企业，招标委员会将收回其中标配额，并取消其1至3年的该商品配额投标资格。

第三十八条 对已中标而不按规定交纳中标保证金的企业，招标委员会将收回其中标配额，并取消其1至两年有关商品的投标资格。

第三十九条 对于企业未按规定上交、转让，又未在配额有效期截止日前领取的配额，以及虽领取但实际未使用的配额，视为被浪费的配额。对浪费中标配额超过一定比例的企业，按浪费情节的轻重予以取消其1至3年该项出口商品配额投标资格的处罚。具体由招标委员会视不同商品的具体情况确定。

第四十条 对于有本章以上各条所列情形的违规企业，如果其行为构成故意破坏招标工作且情节严重，招标委员会可取消其单项直至所有招标商品的永久投标资格，并移交司法部门处理。

第四十一条 如因不可抗力事件而未能按规定交纳中标金（包括中标保证金）的，中标企业应在合理的时间内及时提供有关机构出具的证明，经招标委员会核准，可免

除其部分或者全部责任。

第四十二条 如因国际市场等原因出现某商品中标配额领证率普遍较低的情况，经招标委员会核准，可免除相关中标企业的部分乃至全部责任。

第九章 附 则

第四十三条 外经贸部、招标委员会、招标办公室及各地方外经贸主管部门因出口配额招标工作本身而发生的开支，按收支两条线的管理原则，每年由外经贸部审核汇总编报预算，由财政部从中央外贸发展基金中核拨，年终清算。

第四十四条 未经外经贸部或招标委员会批准，任何单位、组织或个人均不得发布与出口商品配额招标有关的规定、公告或通知等。

第四十五条 本办法由外经贸部负责解释。

第四十六条 本办法自2002年1月1日起实施。原《出口商品配额招标办法》及《出口商品配额招标办法实施细则》(〔1998〕外经贸管发第974号)同时废止。

出口许可证管理规定

中华人民共和国对外贸易经济合作部令

2001年 第9号

根据《中华人民共和国对外贸易法》和《中华人民共和国货物进出口管理条例》，《出口许可证管理规定》已经对外贸易经济合作部2001年第9次部长办公会议讨论通过，并商海关总署同意，现予公布，自2002年1月1日起施行。

部长 石广生

2001年12月20日

第一章 总 则

第一条 出口许可证管理是出口管理的重要手段。为了合理配置资源，规范出口经营秩序，营造公平的贸易环境；履行我国承诺的国际公约和条约，维护国家经济利益和安全；根据《中华人民共和国对外贸易法》和《中华人民共和国货物进出口管理条例》，制定本规定。

第二条 对下列情况之一，国家可以实行出口配额许可证或出口许可证管理：

1. 为维护国家安全或者社会公共利益，需要限制出口的；

2. 国内供应短缺或者为有效保护可能用竭的国内资源，需要限制出口的；

3. 对任何形式的农业、牧业、渔业产品有必要限制出口的；

4. 根据中华人民共和国所缔结或者参加的国际条约、协定的规定，需要限制出口的。

第三条 对外贸易经济合作部（以下简称“外经贸部”）是全国出口许可证的归口管理部门，负责制定出口许可证管理条例、规章制度，发布出口许可证管理商品目录，监督、检查出口许可证管理规定的执行情况，处罚违规行为。

第四条 外经贸部授权配额许可证事务局（以下简称“许可证局”）统一管理、指导全国各发证机构的出口许可证签发工作，许可证局对外经贸部负责。

第五条 许可证局及其委托发证的外经贸部驻各地特派员办事处（以下简称“各特办”）和各省、自治区、直辖市及计划单列市外经贸委（厅、局）（以下简称“各地方发证机构”）为出口许可证发证机构，在许可证局的统一管理下，负责授权范围内的发证工作。

第六条 出口许可证是国家管理货物出境的法律凭证。凡实行出口配额许可证管理和出口许可证管理的商品，各类进出口企业应在出口前按规定向指定的发证机构申领出口许可证，海关凭出口许可证接受申报和验放。

第七条 出口许可证不得买卖、转让、伪造和变造。

第二章 出口许可证的签发

第八条 各发证机构必须严格按照外经贸部发布的年度《出口许可证管理商品目录》（以下简称《商品目录》）和《出口许可证分级发证目录》（以下简称《分级发证目录》）的要求，自收到申请之日起3个工作日内签发相关出口商品的出口许可证，不得违反规定发证。全国各类进出口企业出口《商品目录》中的商品，必须到《分级发证目录》指定的发证机构申领出口许可证。

第九条 许可证局、各特办和各地方发证机构必须严格按照外经贸部发布的《分级发证目录》签发出口许可证。具体为：

（一）许可证局发证范围：

1.按照外经贸部规定的《分级发证目录》，签发《分级发证目录》授权范围内的出口许可证。

2.在京的中央管理企业的出口许可证。

3.国家无进出口经营资格的单位出运货物需要办理的出口许可证。

（二）各特办发证范围：

1.按照外经贸部规定的《分级发证目录》，签发联系地区内各类进出口企业、联系地区内中央管理企业及配额由地方管理的在京中央管理企业子公司的出口许可证；

2.按外经贸部规定的《分级发证目录》，签发联系地区内各类进出口企业配额招标和配额有偿使用商品出口许可证；

3.签发外经贸部规定的其他商品的出口许可证。

（三）各地方发证机构发证范围：

1.按外经贸部规定的《分级发证目录》签发本地各类进出口企业出口许可证；

2.地方无进出口经营资格的单位出运货物需要办理的出口许可证；

3.签发外经贸部规定的其他商品的出口许可证。

（四）指定发证机构发证的商品：

凡属指定发证机构发证的商品，全国各类进出口企业一律到指定的发证机构办理出口许可证。指定的主产地发证机构应根据本规定制定《分级发证目录》授权发证商品的发证办法，并报经外经贸部批准后执行。

（五）实行网上申领出口许可证的，按有关程序和规定办理。

第十条 各发证机构不得无配额、超配额、越权或超发证范围签发出口许可证。发证机构的工作人员在履行职责过程中，不得徇私舞弊、滥用职权、玩忽职守或者利用职务上的便利收受、索取他人财物。

第十一条 出口许可证管理一般实行“一证一关”制和“一批一证”制，但下列情况之一不实行“一批一证”制：

（一）外商投资企业出口许可证管理的商品；

（二）补偿贸易项下出口许可证管理的商品；

（三）其他在《商品目录》中规定不实行“一批一证”的出口许可证管理商品。

第十二条 出口许可证一经签发，任何单位和个人不得修改证面内容；如需要对证面内容进行修改，应在有效期内由原发证机构收回原许可证，重新换发出口许可证。

第三章 申领出口许可证应提交的文件

第十三条 出口合同和出口许可证申请表。

各类出口企业申领出口许可证时，应向发证机构提交有关出口商品的出口合同（正本复印件），并认真如实填写出口许可证申请表（正本）一份。

第十四条 出口配额证明文件。

各类出口企业申领实行出口配额管理商品出口许可证时，应向发证机构提交有关出口商品配额的批准文件（复印件）一份。如果出口配额有偿招标商品，还应当提交中标企业名单和《招标商品配额转受让证明书》或《申领配额招标商品出口许可证证明书》。

第十五条 出口企业具有出口经营权的证明文件。

该文件是指《中华人民共和国进出口企业资格证书》，如果出口指定公司经营的商品，应出具外经贸部的核准文件。

第十六条 出口商品价格必须符合商会协调的出口价格。

发证机构在审查出口合同时应重点审核出口商品价格，签发的出口许可证上的商品价格应与出口合同中的价格一致；但当出口合同中的价格低于有关进出口商会制定的出口协调价格时，发证机构应拒发出口许可证。

第四章 出口许可证发证依据

第十七条 各发证机构按外经贸部制定的《商品目录》和《分级发证目录》范围，依下列规定签发出口许可证：

（一）实行配额许可证管理的出口商品，凭外经贸部或各省、自治区、直辖市及计划单列市外经贸委（厅、局）（以下简称“各地外经贸主管部门”）下达配额的文件和出口企业的出口合同（正本复印件）签发出口许可证。

（二）实行配额有偿招标的出口商品，凭外经贸部发布的中标企业名单、中标数量、《申领配额招标商品出口许可证证明书》或《配额招标商品转受让证明书》和中标企业的出口合同（正本复印件）签发出口许可证。

（三）实行配额无偿招标的出口商品，凭外经贸部发布的中标企业名单及中标数量、招标办公室签发的中标证明书或转受让证明书和中标企业的出口合同（正本复印件）签发出口许可证。

（四）实行配额有偿使用管理的出口商品，凭招标办公室签发的《申领配额有偿使用商品出口许可证证明书》和出口企业的出口合同（正本复印件）签发出口许可证。

（五）核出口、核两用品及相关技术的出口，凭外经贸部批准文件和企业的出口合同（正本复印件）签发出口许可证。

（六）易制毒化学品的出口，凭《对外贸易经济合作部易制毒化学品出口批复单》和出口企业的出口合同（正本复印件）签发出口许可证。

（七）重水出口，凭国家履行禁止化学武器公约工作领导小组办公室批准文件和出口企业的出口合同（正本复印件）签发出口许可证。

（八）计算机的出口，凭外经贸部批准的《出口计算机技术审查表》和出口企业的出口合同（正本复印件）签发出口许可证。

（九）监控化学品的出口，凭国家履行禁止化学武器公约工作领导小组办公室批准文件和出口企业的出口合同（正本复印件）签发出口许可证。

（十）消耗臭氧层物质的出口，凭国家消耗臭氧层物质进出口管理办公室下发的批准文件和企业的出口合同（正本复印件）签发出口许可证。

（十一）其他实行出口许可证管理的出口商品，凭外经贸部批准文件或规定及出口企业的出口合同（正本复印件）签发出口许可证。

第十八条 加工贸易中属出口许可证管理的商品，发证机构按外经贸部制定的《商品目录》和《分级发证目录》，凭外经贸部授权的加工贸易审批机关签发的《加工贸易业务批准证》及相关的出口批准文件（属出口配额管理但不占用配额数量的商品除外）、海关《加工贸易登记手册》和出口企业的出口合同（正本复印件）签发出口许可证。

第十九条 外商投资企业出口自产的属出口许可证管理商品（含进料加工复出口），应按以下规定办理：

（一）对经批准的外商投资企业出口，发证机构凭外经贸部下达的外商投资企业出口配额数量签发出口许可证，出口配额有偿招标、有偿使用和无偿招标的商品，应附带第十七条规定的有关批准文件。

（二）在出口许可证管理商品目录调整前已被批准的外商投资企业，其出口产品因调整后成为新的出口许可证管理商品，外经贸部可根据批准的经营范围、生产出口规模核定外商投资企业出口配额，发证机构凭外经贸部下达的外商投资企业出口配额数量签发出口许可证。

（三）外商投资企业投资项目涉及出口许可证管理商品出口，应在项目立项阶段报外经贸部批准同意后，方可按审批程序进行审批。对未经上述批准的项目，外经贸部不予下达出口配额，发证机构不予签发出口许可证。

第二十条 我国在境外及香港、澳门设立的中外合资、合作企业和独资企业，建成投产后需国内供应属出口许可证管理的商品，发证机构凭外经贸部批准文件和外经贸部境外企业批准证书或外经贸部境外加工贸易企业批准证书，按本规定第十七条签发出口许可证。

第二十一条 经外经贸部批准具有对外经济技术合作经营资格的企业为履行国（境）外承包工程、劳务合作、设计咨询、资源开发等项目合同出口的设备（含成套设备）、材料、施工器械及人员自用的生活物资按照以下规定管理：

（一）不属出口许可证管理的商品，由海关凭外经贸部批准文件和批准证书及企业出口合同（正本复印件）验放。

（二）属出口许可证管理的商品，发证机构按外经贸部制定的《商品目录》和《分级发证目录》，对中央管理的企业凭外经贸部的批准文件及有效项目合同（正本复印件）签发出口许可证，对地方企业凭各地外经贸主管部门的批准文件及有效项目合同（正本复印件）签发出口许可证。

（三）对配额有偿招标商品、配额有偿使用商品，发证机构按照外经贸部制定的《商品目录》和《分级发证目录》，凭外经贸部配额有偿招标、配额有偿使用主管部门的批准文件签发出口许可证。

第二十二条 出口成套设备需运出境外项目自用的商品：

（一）属出口许可证管理的商品，发证机构按外经贸部制定的《商品目录》和《分级发证目录》，凭经外经贸部授权单位签定的出口成套设备合同签发出口许可证；

（二）属配额有偿招标商品、配额有偿使用商品，按本规定第二十一条（二）办理。

（三）不属出口许可证管理的商品，按本规定第二十一条（三）办理。

第二十三条 偿还国外贷款或补偿贸易项下属出口许可证管理的商品，发证机构按外经贸部制定的《商品目录》和《分级发证目录》，凭外经贸部下达的偿还国外贷款或补偿贸易的出口配额签发出口许可证。无外贸经营权的企业从事偿还国外贷款或补偿贸易业务时，应委托有外贸经营权企业代理出口，并由代理企业办理出口许可证。

第二十四条 出口企业申领出口许可证时，应按本规定如实申报，不得弄虚作假，严禁以假合同、假信用证等手段骗领出口许可证。

第五章 例外情况的处理

第二十五条 对出口数量溢短装的处理原则。

溢短装货物应为大宗、散装货物。溢短装数量按照国际贸易惯例办理，即报关出口货物的溢短装数量不得超过出口许可证所列出口数量的5%。不实行“一批一证”制的，最后一批出口货物的溢短装数量，不得超过最后一批实际出口数量的5%。

发证机构在签发此类出口商品许可证的，一律严格按照出口配额数量及批准文件核定的数量签发，并按许可证实际签发数量核扣配额数量，不在出口配额数量或批准文件核定的数量基础上加上按国际贸易惯例允许的溢短装数量签发许可证。

第二十六条 加工贸易进口料件和经加工后制成品复出口属国家禁止出口的商品，加工贸易企业凭各级加工贸易审批机关签发的《加工贸易业务批准证》、海关《加工贸易登记手册》和出口企业的出口合同（正本复印件）申领出口许可证，海关凭出口许可证监管验放。

第二十七条 对外经援项目出口实行出口许可证管理的商品免领出口许可证。有关验放凭证的规定，由外经贸部、海关总署和国家质检总局另行制定和发布。

第二十八条 赴国（境）外参加或举办展览会运出境外展品、展卖品、小卖品的规定：

（一）赴国（境）外参加或举办展览会所带属许可证管理的非卖展品，免领出口许可证，海关凭审批部门批准办展的文件和出口货物报关单监管验放。参展单位应在展览会结束后6个月内，将非卖展品如数运回，由海关核销。在特殊情况下，经海关同意，可以延期。有关核出口、核两用品及相关技术的出口管制条例管辖商品不适用本项规定。

（二）赴国（境）外参加或举办展览会带出的展卖品、小卖品，属于出口许可证管理的，参展单位凭批准文件及展览会主办单位签发的参展通知、参展商品证明，向《分级发证目录》规定的发证机构申领出口许可证，不占用出口配额。

第二十九条 出口货物样品的规定：

（一）出口企业运出国（境）外属出口许可证管理商品的货样或实验用样品，每批货物价值在人民币3万元（含3万元）以下者，免领出口许可证，海关凭出口企业填写的出口货样报关单查验放行；超过3万元者，视为正常出口，出口企业按规定申领出口许可证。出口许可证备注栏内应注明“货样”字样。

（二）文化交流或技术交流需对外提供属出口许可证管理商品的货样：

1. 每批货样价值在人民币3万元（含3万元）以下的，中央部门及中央管理的企业持外经贸部的批准文件申请报关，地方部门及地方企业持地方外经贸主管部门的批准文件申请报关，海关凭外经贸部或地方外经贸主管部门的批准文件验放。地方外经贸主管部门审批的对外文化交流或技术交流出口许可证管理商品的批准文件需报外经贸部备案。

2. 每批货样价值在人民币3万元以上的，中央部门及中央管理的企业报外经贸部审批，地方部门及地方企业持地方外经贸主管部门的批准文件报外经贸部审批。发证机构按外经贸部制定的《商品目录》和《分级发证目录》发证范围，凭外经贸部的批准文件签发出口许可证。

上述出口货物样品的出口许可证备注栏内应注明“货样”字样。

（三）重水、监控化学品、易制毒化学品、有关核出口、核两用品及相关技术的出口管制条例管辖商品以及其他国际公约管辖的商品对外提供货样，按正常出口办理，不适用本条第（一）、（二）项规定。

第三十条 对外捐赠属出口许可证管理的商品，按本规定第二十八条第（二）项办理。

第三十一条 经外经贸部批准可经营旅游商品小额贸易的企业，出口5万美元以下（含5万美元）旅游商品（出口许可证管理商品和被动配额管理商品及国家禁止出口的商品除外），免领出口许可证，海关凭外经贸部的批件、出口货物报关单和出口合同办理验放手续。

第六章 出口许可证的有效期

第三十二条 出口配额的有效期。

出口配额的有效期为当年12月31日前（含12月31日），另有规定者除外，出口企业应在配额有效期内向发证机构申领出口许可证。

第三十三条 各发证机构可自当年12月16日起，根据外经贸部或各地方外经贸主管部门下发的下一年度出口配额签发下一年度的出口许可证。出口许可证发证日期应填为下一年度1月1日，并将发证数计入下一年度的发证统计。

第三十四条 出口许可证的有效期。

（一）实行出口配额管理商品的出口许可证有效期为6

个月。出口许可证需要跨年度使用时，出口许可证有效期的截止日期不得超过次年2月底。

（二）以加工贸易方式出口属配额许可证管理，但不占用出口配额的商品，其出口许可证有效期按《加工贸易业务批准证》核定的出口期限核发。对于《加工贸易业务批准证》核定的出口期限超过次年2月底的，发证机构按照外经贸部制定的《商品目录》和《分级发证目录》有关规定执行。

（三）出口许可证应在有效期内使用，逾期自行失效，海关不予放行。

第三十五条 出口许可证的延期。

（一）出口许可证因故在有效期内未使用，出口企业应在出口许可证有效期内向原发证机构提出延期申请，发证机构收回原证，在发证计算机管理系统中注销原证后，重新签发出口许可证，并在备注栏中注明延期使用和原证证号。

（二）出口许可证因故在有效期内未使用完，出口企业应在出口许可证有效期内向原发证机构提出未使用部分的延期申请，发证机构收回原证，在发证系统中对原证进行核销，扣除已使用的数量后，重新签发出口许可证，并在备注栏中注明延期使用和原证证号。

（三）未在许可证有效期内提出延期申请，出口许可证自行失效，发证机构不再受理延证手续，该出口许可证商品数量视为配额持有者自动放弃。

第三十六条 实行“一批一证”管理的出口许可证，每证只能报关使用一次；实行“非一批一证”管理的出口许可证，每证可以多次报关使用，但最多不超过12次，由海关在“海关验放签注栏”内逐批签注出运数。

第三十七条 出口许可证管理商品在调整发证机构时，自调整之日起，原发证机构不得再签发该商品的出口许可证，并将企业在调整前的申领情况报调整后的发证机构。出口企业在调整前申领的许可证在有效期内继续有效。有效期内未使用或未全部使用的许可证按规定到调整后的发证机构办理延期手续。

第七章 检查和处罚

第三十八条 外经贸部授权许可证局对各发证机构进行定期检查。检查的内容为发证机构执行本规定的情况，重点是检查是否有超配额、无配额或越权越级违章发证问题以及其他违反本规定的问题。检查的方式，实行各发证机构定期或不定期自查与许可证局抽查相结合的办法。

许可证局应将检查的情况向外经贸部报告。

第三十九条 各发证机构应按照外经贸部联网核查的规定及时上报发证数据，同时通知海关，以保证企业顺利报关和海关核查。对海关反馈的核查数据应当认真核对，及时检查许可证的使用情况并找出存在的问题。

第四十条 对违反本规定第十条，超配额，无配额和越权越级发证的发证机构，外经贸部将视情节轻重给予其警告、暂停或取消发证权等处分。

第四十一条 对违反本规定，以弄虚作假的方式骗领出口许可证的企业，外经贸部将视情节轻重给予警告、暂停或取消出口商品经营权等处分。

对违反第二十八条第（一）款有关规定，未将属许可证管理的非卖展品如数运回，未经海关核销的参展单位，由海关通知外经贸部，外经贸部和展览审批部门视情节轻重给予警告、暂停或取消出国办展资格等处分。

对伪造、变造出口许可证，买卖出口许可证或者买卖伪造、变造出口许可证的企业，依照《中华人民共和国刑法》第二百八十条、第二百二十五条移交司法机关追究其刑事责任。外经贸部同时暂停直至取消其进出口经营资格。

第四十二条 超配额，无配额和越权越级发放的许可证无效。对第四十条、第四十一条所涉出口许可证，一经查实，外经贸部予以吊销处理。对海关在实际监管或案件处理过程中发现的涉及上述许可证的问题，发证部门应给予明确回复。

第四十三条 对发证机构工作人员违反本规定第十条构成犯罪的，依照《中华人民共和国刑法》第八章贪污贿赂罪和第九章渎职罪的有关规定追究其刑事责任。对发证机构工作人员违反本规定尚不构成犯罪的，应调离工作岗位,并根据《国家公务员暂行条例》第三十二条、第三十三条给予行政处分。

第八章 附 则

第四十四条 本办法所称出口许可证包括出口配额许可证和出口许可证。

第四十五条 中国关镜内其他地区货物进入到保税仓库、保税区和出口加工区的，按照现行有关规定执行。

第四十六条 边境贸易项下出口许可证管理仍按照现行有关规定执行。纺织品被动配额出口证书申领签发规范由外经贸部另行制定，但本规定第一章和第七章内容适用于纺织品被动配额出口证书管理。

第四十七条 本规定自2002年1月1日起施行。同时，外经贸部印发的《关于出口许可证管理的若干规定》（〔1995〕外经贸管发第760号）停止执行。

第四十八条 本规定由外经贸部负责解释。

货物进口许可证管理办法

中华人民共和国
对外贸易经济合作部 令

2001年 第22号

根据《中华人民共和国对外贸易法》和《中华人民共和国货物进出口管理条例》,《货物进口许可证管理办法》已经对外贸易经济合作部2001年第9次部长办公会议讨论通过,并商海关总署同意,现予公布,自2002年1月1日起施行。

部长 石广生

2001年12月20日

第一章 总 则

第一条 为了规范进口许可证管理,维护货物进口秩序,营造公平贸易环境,履行我国承诺的国际公约和条约,促进对外贸易健康发展,根据《中华人民共和国对外贸易法》和《中华人民共和国货物进出口管理条例》的规定,制定本办法。

第二条 国家实行统一的货物进口许可证制度。国家对有数量限制和其他限制的进口货物实行进口许可证管理。

第三条 中华人民共和国对外贸易经济合作部(以下简称"外经贸部")是全国进口许可证的归口管理部门,负责制定进口许可证管理的规章制度,发布进口许可证管理商品目录和分级发证目录,设计、印制有关进口许可证书和印章,监督、检查进口许可证管理办法的执行情况,处罚违规行为。

第四条 外经贸部授权配额许可证事务局(以下简称"许可证局")统一管理、指导全国各发证机构的进口许可证签发及其他相关工作,许可证局对外经贸部负责。

第五条 许可证局及其委托发证的外经贸部驻各地特派员办事处和各省、自治区、直辖市及计划单列市外经贸委(厅、局)为进口许可证发证机构(以下简称"发证机构"),在许可证局的统一管理下,负责授权范围内的发证工作。

第六条 进口许可证是国家管理货物进口的法律凭证。凡属于进口许可证管理的货物,除国家另有规定外,各类进出口企业应在进口前按规定向指定的发证机构申领进口许可证,海关凭进口许可证接受申报和验放。

第七条 本办法所称的进口许可证是指《中华人民共和国货物进出口管理条例》规定的进口配额许可证和其他进口许可证,适用于《进口许可证管理商品目录》内货物的进口。

第八条 进口许可证不得买卖、转让、伪造和变造。

第二章 进口许可证的签发

第九条 各发证机构必须严格按照外经贸部发布的年度《进口许可证管理商品目录》和《进口许可证管理商品分级发证目录》的规定,签发相关商品的进口许可证,不得违反规定发证。全国各类进出口企业进口《进口许可证管理商品目录》中的商品,必须到《进口许可证管理商品分级发证目录》指定的发证机构申领进口许可证。

第十条 各发证机构不得无配额、超配额、越权或超发证范围签发进口许可证。

第十一条 进口许可证管理实行"一关一证"管理。一般情况下进口许可证为"一批一证",如要实行"非一批一证",须同时在进口许可证备注栏内打印"非一批一证"字样。

"一关一证"指进口许可证只能在一个海关报关;"一批一证"指进口许可证在有效期内一次报关使用;"非一批一证"指进口许可证在有效期内可多次报关使用,但最多不超过十二次,由海关在许可证背面"海关验放签注栏"内逐批签注核减进口数量。

第十二条 凡符合要求的申请,发证机构应当自收到申请之日起3个工作日内发放进口许可证。特殊情况下,最多不超过10个工作日。

第三章 申请进口许可证应提交的文件

第十三条 进口许可证申请表

各类进口企业申领进口许可证时,应认真如实填写进口许可证申请表，并加盖申领企业印章。

第十四条 进口管理部门的批准文件

各类进口企业应根据进口货物情况，向发证机构提交本办法第四章进口许可证发证依据所规定的进口批准文件及相关材料。

第十五条 进口企业具有进口经营资格的证明文件

该文件是指《中华人民共和国进出口企业资格证书》(外商投资企业提供《外商投资企业批准证书》)。对国家实行国营贸易或指定经营管理的进口商品，需根据国营贸易和指定经营管理规定要求，提供外经贸部的经营资格核准文件。

第四章 进口许可证发证依据

第十六条 各发证机构按外经贸部制定的《进口许可证管理商品目录》和《进口许可证管理商品分级发证目录》范围，依下列规定签发进口许可证：

(一) 进口属于配额管理的机电产品，发证机构凭外经贸部签发的《机电产品进口配额证明》签发进口配额许可证。

(二) 进口属于配额管理的天然橡胶，发证机构凭国家发展计划委员会、外经贸部的配额批准文件签发进口配额许可证。

(三) 进口属于配额管理的成品油和汽车轮胎，发证机构凭国家经济贸易委员会、外经贸部的配额批准文件签发进口配额许可证。

(四) 对监控化学品，发证机构凭国家履行禁止化学武器公约工作领导小组办公室批准的《监控化学品进口核准单》和进口合同 (正本复印件) 签发进口许可证。

(五) 对易制毒化学品，发证机构凭外经贸部《易制毒化学品进口批复单》和进口合同 (正本复印件) 签发进口许可证。

(六) 对光盘生产设备，发证机构凭国家新闻出版总署的批准文件和外经贸部的机电产品进口证明文件签发进口许可证。

(七) 对消耗臭氧层物质，发证机构凭国家消耗臭氧层物质进出口管理办公室批准的《受控消耗臭氧层物质进口审批单》签发进口许可证。

第十七条 对加工贸易进口属于许可证管理的商品，除成品油、监控化学品、易制毒化学品、光盘生产设备外，一律免领进口许可证。

对加工贸易进口监控化学品、易制毒化学品和光盘生产设备，发证机构分别按第十六条第 (四)、(五)、(六) 款规定办理；

第十八条 对外商投资企业作为投资和自用进口属于配额管理的机电产品和生产内销用进口属于配额管理的非机电产品，发证机构凭外经贸部或各省、自治区、直辖市及计划单列市外经贸外资主管部门签发的《外商投资企业进口配额证明》签发进口许可证。

对外商投资企业作为投资和自用进口许可证管理的非机电产品，发证机构凭外经贸部或各省、自治区、直辖市及计划单列市外经贸外资主管部门签发的《外商投资企业特定商品进口登记证明》签发进口许可证。

对外商投资企业进口光盘生产设备，发证机构凭国家新闻出版总署的《音像制品复制经营许可证》、外经贸部批准证书、进口合同 (正本复印件) 和进口设备清单签发进口许可证。

第十九条 进口企业申领进口许可证时，应按本办法规定如实申报，不得弄虚作假，严禁以假文件、假合同等手段骗领进口许可证。

第五章 进口许可证的有效期

第二十条 进口许可证的有效期为 1 年。

(一) 进口许可证应在进口管理部门批准文件规定的有效期内签发。

(二) 进口许可证当年有效。特殊情况需跨年度使用时，有效期最长不得超过次年 3 月 31 日。

(三) 进口许可证应在有效期内使用，逾期自行失效，海关不予放行。

第二十一条 进口许可证的延期

(一) 进口许可证因故在有效期内未使用，进口企业应在进口许可证有效期内向原发证机构提出延期申请。发证机构应将原证收回，在进出口许可证计算机管理系统中注销原证后，重新签发进口许可证，并在备注栏中注明延期使用和原证证号。

(二) 进口许可证因故在有效期内未使用完，进口企业应在进口许可证有效期内向原发证机构提出未使用部分的延期申请，发证机构收回原证，在发证系统中对原证进行核销，扣除已使用的数量后，重新签发进口许可证，并在备注栏内注明延期使用和原证证号。

(三) 进口许可证只能延期一次，延期最长不超过 3 个月。

(四) 未在进口许可证有效期内提出延期申请，进口许可证自行失效，发证机构不再受理延证手续，该进口许可证则视为持有者自动放弃。

第二十二条 进口许可证的更改

(一) 进口许可证一经签发，任何单位和个人不得擅自更改证面内容。如需更改，进口企业应在许可证有效期内提出更改申请，并将许可证交回原发证机构，由原发证机构重新换发许可证。

(二) 许可证更改内容如涉及证面关键栏目，申请单位应提供原批准机关同意更改的文件。

第二十三条 进口许可证的遗失处理

已领取的进口许可证如丢失，领证单位应立即向公安机关报案，并在全国性的综合或经济类报纸上登载作废声明。发证机构凭遗失报告、声明作废报样等材料，经核实后，可撤销原进口许可证并核发新证。

第二十四条 进口许可证的查询

海关、工商、公安、纪检、法院等单位需要向发证机构查询或调查进口许可证，应依法出示有关证件，发证机关方可接受查询。

第二十五条 进口许可证管理商品在调整发证机构时，自调整之日起，原发证机构不得再签发该商品的进口许可证，并将企业在调整前的申领情况报调整后的发证机构。进口企业在调整前申领的许可证在有效期内继续有效。有效期内未使用或未全部使用的进口许可证，按规定到调整后的发证机构办理延期手续。

第六章 检查和处罚

第二十六条 外经贸部授权许可证局对各发证机构进行定期检查。检查的内容为发证机构执行本办法的情况，重点检查是否有超配额、无配额或越权越级违规发证问题，以及有无其他违规行为。检查的方式，实行各发证机构定期或不定期自查与许可证局抽查相结合的办法。许可证局应将检查情况向外经贸部报告。

第二十七条 各发证机构应按照外经贸部许可证联网核查的规定，及时上报发证数据，以保证企业顺利报关和海关核查。对海关反馈的核查数据应当认真核对，及时检查许可证的使用情况并找出存在的问题。

第二十八条 超配额、无配额和越权越级发放的进口许可证无效。对违反规定的发证机构，外经贸部将视情节轻重给予其警告、暂停或取消发证权等处分。

第二十九条 对违反本办法，以欺骗或其他不正当手段骗领进口许可证的企业，依法收缴其进口许可证，外经贸部将视情节轻重给予警告、暂停或撤销其对外贸易经营许可等处分。

第三十条 对伪造、变造或者买卖进口许可证的，依照刑法关于非法经营罪或者伪造、变造、买卖国家机关公文、证件、印章罪的规定，依法追究刑事责任；尚不够刑事处罚的，依照海关法的有关规定处罚；外经贸部并可以撤销其对外贸易经营许可。

第三十一条 对第二十八条、二十九条、三十条所涉及进口许可证，一经查实，外经贸部予以收缴、吊销。对海关在实际监管或案件处理过程中发现的涉及上述许可证的问题，发证机构应给予明确答复和积极配合。

第三十二条 对出现违规行为但尚未构成犯罪的发证机构工作人员，应调离工作岗位，并视情节轻重分别给予行政处分。构成犯罪的，依法移交司法机关追究其刑事责任。

第七章 附 则

第三十三条 法律、行政法规对保税区、出口加工区等特殊经济区的货物进口管理另有规定的，依照其规定办理。

第三十四条 边境贸易项下进口许可证管理仍按照现行有关规定执行。

第三十五条 本办法由外经贸部负责解释。

第三十六条 本办法自2002年1月1日起施行。此前有关管理规定凡与本办法不一致的，一律以本办法为准。

货物进口指定经营管理办法

中华人民共和国
对外贸易经济合作部 **令**

2001年 第21号

根据《中华人民共和国对外贸易法》和《中华人民共和国货物进出口管理条例》，《货物进口指定经营管理办法》已经对外贸易经济合作部2001年第9次部长办公会议讨论通过，现予公布，自2002年1月1日起施行。

部长 石广生

2001年12月20日

第一条 为了维护指定经营管理货物的进口经营秩序，根据《中华人民共和国对外贸易法》和《中华人民共和国货物进出口管理条例》，制定本办法。

第二条 实行进口指定经营管理的货物目录由对外贸易经济合作部（以下简称“外经贸部”）制定、调整并公布。

第三条 实行进口指定经营管理的货物，由外经贸部指定的企业（以下简称“指定经营企业”）从事进口经营业务，非指定经营企业不得从事该类货物的进口经营业务。

第四条 外经贸部按照公正、公开、公平原则确定指定经营企业。指定经营企业的数量逐年增加。指定经营企业名录由外经贸部公布。

第五条 申请指定经营企业，应当具备以下条件：

（一）具有企业法人资格，注册资本不低于1000万元人民币（经济特区、上海浦东新区、中西部地区的企业不低于500万元人民币）；

（二）具有相应的采购和销售渠道，了解国内外市场情况；

（三）具有进出口经营资格已满两年，并且两年内无违法违规经营记录；

（四）外经贸部规定的其他条件。

第六条 申请指定经营企业，需向外经贸部提交以下材料：

（一）指定经营企业申请表格；

（二）经年检的《企业法人登记营业执照》复印件；

（三）《中华人民共和国进出口企业资格证书》或《外商投资企业批准证书》复印件；

（四）有关进口指定经营管理货物的国内外供求和市场情况分析及本企业采购和销售渠道情况的报告；

（五）外经贸部规定需提交的其他材料。

第七条 确定指定经营企业每年集中办理一次。具体程序如下：

（一）外经贸部于每年9月确定各省、自治区、直辖市、计划单列市新增指定经营企业的数量；

（二）企业应于每年10月15日前向所在省、自治区、直辖市、计划单列市外经贸委（厅、局）（以下简称“地方省级外经贸主管部门”）申报，按规定提交申报材料；

中央企业及其所属企业，由中央企业报外经贸部；

（三）地方省级外经贸主管部门在年度增量内择优推荐，于每年11月15日前将推荐的企业名单和申报材料报外经贸部；

中央企业于每年11月15日前将企业名单和申报材料报外经贸部；

（四）外经贸部于每年12月15日前确定并公布新增指定经营企业名单；

（五）取得指定经营资格的企业，应按规定办理《中华人民共和国进出口企业经营资格证书》或《外商投资企业批准证书》的经营范围变更事项，并到工商、海关等部门办理相应的手续。

第八条 边境贸易企业从事指定经营管理货物边贸进口业务，外经贸部授权边境省区外经贸主管部门在规定的总量内确定指定经营企业。所确定的指定经营企业名单需报外经贸部备案。

第九条 外经贸部对指定经营企业的指定经营资格实行年度检验。年度检验的时间、程序和要求，按《中华人民共和国进出口企业经营资格证书》年审或外商投资企业年审的规定办理。

指定经营企业办理年度检验应提交本年度指定经营管理货物的进口经营情况报告，以及其他按规定需提交的材料。

指定经营企业未能通过年度检验的，外经贸部可以取消其指定经营资格。

第十条 指定经营企业应当根据正常的商业条件从事经营活动，不得以非商业因素选择供应商。

第十一条 非指定经营企业如需要进口实行指定经营管理的货物，应委托指定经营企业代理进口。

指定经营企业不得以非商业因素拒绝上述进口委托。

第十二条 指定经营企业不遵守本办法第九条、第十条、第十一条规定的，由外经贸部予以警告；情节严重的，可以暂停直至取消其指定经营企业资格。

第十三条 指定经营企业被外经贸部暂停、撤销对外贸易经营资格的，其指定经营企业资格同时被暂停、撤销。

第十四条 指定经营企业如发生资产重组、改制或企业更名等重大事项，应在5个工作日内报外经贸部备案。

第十五条 以下列方式进口指定经营管理货物的，不受指定经营企业资格的限制：

（一）加工贸易方式进口；

（二）外商投资企业作为投资进口或生产自用进口；

（三）政府间贸易协议项下的进口；

（四）捐赠方式进口；

（五）外国政府贷款、世界银行及亚洲开发银行贷款项目进口；

（六）承包工程和劳务合作换回物资进口；

（七）出口加工区、保税区进口。

第十六条 本办法由外经贸部负责解释。

第十七条 本办法自2002年1月1日起施行。此前有关管理规定凡与本办法不一致的，一律以本办法为准。

机电产品进口管理办法

对外贸易经济合作部、海关总署、国家质量监督检验检疫总局令
2001 年　第 10 号

根据《中华人民共和国对外贸易法》和《中华人民共和国货物进出口管理条例》，现公布《机电产品进口管理办法》，自 2002 年 1 月 1 日起施行。

对外贸易经济合作部部长　石广生
海关总署署长　牟新生
国家质量监督检验检疫总局局长　李长江
2001 年 12 月 20 日

第一章　总　　则

第一条　为发展对外贸易，贯彻国家产业政策，维护市场秩序，优化进口结构，促进国民经济发展，依据《中华人民共和国货物进出口管理条例》和中华人民共和国所缔结或者参加的国际条约、协定的有关规定，制定本办法。

第二条　本办法适用于中华人民共和国境内的法人或者其他组织（下称进口单位）将境外机电产品进口到中华人民共和国关境内的行为。

第三条　本办法所称机电产品，是指机械设备、电气设备、交通运输工具、电子产品、电器产品和仪器仪表等及其零部件、元器件。

第四条　进口机电产品应当符合我国有关安全和环境保护的法律、行政法规、部门规章和质量、技术标准等的规定，以及国际或者双边认可的安全和环境保护的法律、行政法规以及质量和技术标准等的规定。

第五条　中华人民共和国对外贸易经济合作部（简称为外经贸部）负责全国机电产品进口管理工作。

各省、自治区、直辖市和计划单列市、沿海开放城市、经济特区外经贸主管机构（简称为地方外经贸主管机构）和国务院有关部门机电产品进出口办公室（简称为部门机电办）负责本地区、本部门机电产品进口管理工作。

第六条　国家对机电产品进口实行分类管理，即禁止进口、限制进口和自动进口许可。

第二章　禁止进口

第七条　有下列情形之一的机电产品，国家禁止进口：

（一）危害国家安全或者社会公共利益的；

（二）为保护人类和动植物的生命、安全或者健康，必须禁止进口的；

（三）破坏生活环境与生态环境的；

（四）根据中华人民共和国所缔结或者参加的国际条约、协定的规定，需要禁止进口的；

（五）法律、行政法规另有规定的。

第八条　外经贸部会同海关总署制定、调整和公布禁止进口的机电产品目录。

第三章　限制进口

第九条　有下列情形之一的机电产品，国家限制进口：

（一）为维护国家安全或者社会公共利益，需要限制进口的；

（二）为建立或者加快建立国内特定产业，需要限制进口的；

（三）为保障国家国际金融地位和国际收支平衡，需要限制进口的；

（四）根据中华人民共和国所缔结或者参加的国际条约、协定的规定，需要限制进口的；

（五）法律、行政法规另有规定的。

第十条　外经贸部会同海关总署制定、调整和公布限制进口的机电产品目录。

限制进口的机电产品目录至迟应当在实施前 21 天公布。在紧急情况下，应当不迟于实施之日公布。

第十一条　限制进口的机电产品，国家规定有数量限制的，实行配额管理；没有数量限制的称为特定机电产品，实行许可证管理。

第十二条　对实行配额管理的限制进口机电产品，外经贸部负责制定并在每年 7 月 31 日前公布下一年度的进口配额总量。

第十三条　进口单位进口配额产品，应当向外经贸部申领《机电产品进口配额证明》，凭《机电产品进口配额证明》向许可证管理机构申领《进口配额许可证》，持《进口配额许可证》向海关办理通关手续。

第十四条 外经贸部依照本办法制定和公布机电产品进口配额管理实施细则。

第十五条 进口特定机电产品主要采用国际招标方式采购。进口单位应当向外经贸部申领《机电产品进口许可证》，并持《机电产品进口许可证》向海关办理通关手续。

第十六条 外经贸部依照本办法会同海关总署制定和公布特定机电产品进口管理实施细则。

第四章 自动进口许可

第十七条 为了对机电产品进口情况进行监测和分析，对属于禁止进口和限制进口管理以外的部分机电产品实行自动进口许可管理。

第十八条 外经贸部负责会同海关总署制定、调整和公布实行自动进口许可管理的机电产品目录。

实行自动进口许可管理的机电产品目录至迟应当在实施前21天公布。

本办法所称自动进口许可，是指外经贸部或地方外经贸主管机构、部门机电办在所有情况下应当许可进口单位依照法定程序提交的符合法律、行政法规规定的进口机电产品的申请。

第十九条 进口实行自动进口许可管理的机电产品，进口单位应当在办理海关报关手续前，向外经贸部或地方外经贸主管机构、部门机电办申领《自动进口许可证》，并持《自动进口许可证》向海关办理通关手续。

第二十条 外经贸部依照本办法会同海关总署制定和公布机电产品自动进口许可管理实施细则。

第五章 旧机电产品进口

第二十一条 本办法所称旧机电产品，是指已经使用过（包括翻新）的机电产品。

第二十二条 进口旧机电产品的单位，在签署合同或有约束力的协议时，必须按照国家安全、卫生、环保等法律、行政法规的规定订明该产品的检验依据及各项技术指标等的检验条款；对那些涉及国家安全、环保、人类健康的旧机电产品以及大型二手成套设备，进口单位必须在对外贸易合同中订明在出口国进行装运前预检验、监装等条款。

第二十三条 进口旧机电产品，进口单位须向国家质量监督检验检疫总局及其授权机构申请办理进口检验，并依照本办法的规定办理相应进口许可手续，凭与进口旧机电产品相符的进口许可证明和检验检疫机构出具的《入境货物通关单》（应当在备注栏标注“旧机电产品”字样）向海关办理通关手续。

第六章 进口监控与保障

第二十四条 外经贸部负责对全国机电产品进口情况进行统计、分析与监测。

地方外经贸主管机构、部门机电办应当依照国家统计制度的规定，及时向外经贸部报送本地区、本部门机电产品进口统计数据和资料。

第二十五条 经监测，如发现进口机电产品有异常情况，外经贸部应当及时向相关行政管理部门通告，进口机电产品的各有关当事人和外经贸部应当依据法律、行政法规的规定协助行政管理部门为上述目的开展的调查。

第七章 法律责任

第二十六条 有下列情形之一的，属违反本办法：

（一）进口属于禁止进口管理的机电产品，或者未经批准、许可擅自进口属于限制进口管理的机电产品的；

（二）擅自超出批准、许可的范围进口属于限制进口管理的机电产品的；

（三）伪造、变造或者买卖机电产品进口证件（包括《机电产品进口配额证明》及《进口配额许可证》、《机电产品进口许可证》、《自动进口许可证》，下同）的；

（四）以欺骗或者其他不正当手段获取机电产品进口证件的；

（五）擅自转让机电产品进口证件的；

（六）未按法定程序申请进口的；

（七）其他违反法律、行政法规规定进口机电产品的行为。

第二十七条 进口单位有第二十六条情形并构成犯罪的，依法追究刑事责任，尚不构成犯罪的，依据法律、行政法规的规定实施处罚。进口单位有第二十六条（四）、（五）、（六）项情形的，依法收缴其机电产品进口证件，具有行政处罚权的行政机关依法对相关当事人作出行政处罚；构成犯罪的，依法追究刑事责任。

进口单位有第二十六条情形之一的，外经贸部可以暂停或者取消其对外贸易经营许可，外经贸部或者地方外经贸主管机构、部门机电办可在发现其行为之日起1至3年内不接受其进口机电产品的申请，并可建议工商行政管理部门取消其经营资格。

海关为查处违法进口机电产品案件的需要，可以依法扣留机电产品进口证件。

第二十八条 进口单位对国家行政机关作出的有关行政决定或行政处罚决定不服的，可依法申请行政复议或者提起行政诉讼。

第二十九条 进口管理工作人员玩忽职守、徇私舞弊、滥用职权的，根据情节轻重，由纪检监察部门给予行政处分或者依法实施行政处罚；构成犯罪的，依法追究刑事责任。

第八章　附　　则

第三十条　有下列情形之一的，也适用本办法：

（一）加工贸易项下进口机电产品用于内销产品或者留作自用的；

（二）外商投资企业进口机电产品用于生产内销产品或内销的，以及外商投资企业进口旧机电产品的；

（三）租赁贸易、补偿贸易等贸易方式进口机电产品的；

（四）无偿援助、捐赠或者经济往来赠送等方式进口机电产品的；

（五）从我国保税区、出口加工区进口机电产品的；

（六）我国驻外机构或者境外企业在境外购置的机电产品需调回自用的；

（七）其他法律、行政法规另有规定的。

第三十一条　有下列情形之一的不适用本办法：

（一）加工贸易项下进口复出口机电产品的；

（二）由海关监管，暂时进口机电产品的；

（三）外商投资企业投资和自用进口机电产品的；

（四）其他法律、行政法规另有规定的。

第三十二条　对于国家实行进口强制性认证制度的机电产品，必须事先获得相关许可证书。

第三十三条　依据我国法律、行政法规或者我国与国际金融组织、外国政府贷款国达成的协议的规定，采用国际招标方式进口的机电产品依照本办法执行。

机电产品国际招标办法由外经贸部依法制定和公布。

第三十四条　本办法由外经贸部负责解释并组织实施。过去有关规定凡与本办法不一致的，以本办法为准。

第三十五条　本办法自2002年1月1日起施行。

中华人民共和国对外贸易经济合作部
公　　告

2001年　第19号

根据《中华人民共和国对外贸易法》和《中华人民共和国货物进出口管理条例》，现公布《禁止进口货物目录》（第一批）和《禁止出口货物目录》（第一批）。未纳入本目录的其他禁止进、出口货物，仍按现行有关规定执行，外经贸部将陆续颁布相关目录。

对外贸易经济合作部

2001年12月20日

附　件

禁止进口货物目录
（第一批）

序号	商品编码	商品名称	备注
1	05069090.11	已脱胶的虎骨（指未经加工或经脱脂等加工的）	
	05069090.19	未脱胶的虎骨（指未经加工或经脱脂等加工的）	
2	05071000.10	犀牛角	
3	13021100	鸦片液汁及浸膏（也称阿片）	
4	29031400.10	四氯化碳，用于清洗剂的除外	
	29031400.90	四氯化碳，用于清洗剂的	
	29034300.90	三氯三氟乙烷，用于清洗剂（CFC—113）	

禁止出口货物目录
（第一批）

序号	商品编码	商品名称	备注
1	05069090.11	已脱胶的虎骨（指未经加工或经脱脂等加工的）	
	05069090.19	未脱胶的虎骨（指未经加工或经脱脂等加工的）	
2	05071000.10	犀牛角	
3	05100010.10	牛黄	
4	05100030	麝香	
5	12119039.20	药料用麻黄草	
	12119050.20	香料用麻黄草	
	12119099.20	其他用麻黄草	
6	12122020.10	鲜发菜（不论是否碾磨）	
	12122020.90	冷，冻或干的发菜（不论是否碾磨）	
7	29031400.90	四氯化碳，用于清洗剂的	
	29031910.90	1、1、1—三氯乙烷（甲基氯仿）（用于清洗剂的）	
	29034300.90	三氯三氟乙烷，用于清洗剂（CFC—113）	
8	44031000	用油漆，着色剂等处理的原木（包括用杂酚油或其他防腐剂处理）	
	44032000	用其他方法处理的针叶木原木（用油漆，着色剂，杂酚油或其他防腐剂处理的除外）	
	44034100	其他方法处理红柳桉木原木（用油漆，着色剂，杂酚油或其他防腐剂处理的除外）	
	44034910	其他方法处理的柚木原木（用油漆，着色剂，杂酚油或其他防腐剂处理的除外）	
	44034990	其他方法处理其他热带原木（用油漆，着色剂，杂酚油或其他防腐剂处理的除外）	
	44039100	栎木原木（用油漆，着色剂，杂酚油或其他防腐剂处理的除外）	
	44039200	山毛榉木原木（用油漆，着色剂，杂酚油或其他防腐剂处理的除外）	
	44039910	楠木原木（用油漆，着色剂，杂酚油或其他防腐剂处理的除外）	
	44039920	樟木原木（用油漆，着色剂，杂酚油或其他防腐剂处理的除外）	
	44039930	红木原木（用油漆，着色剂，杂酚油或其他防腐剂处理的除外）	
	44039940	泡桐木原木（用油漆，着色剂，杂酚油或其他防腐剂处理的除外）	
	44039990	其他未列名非针叶原木（用油漆，着色剂，杂酚油或其他防腐剂处理的除外）	
9	71101100	未锻造或粉末状铂	以加工贸易方式出口除外
	71101910	板、片状铂	

禁止进口货物目录（第二批）

中华人民共和国对外贸易经济合作部
中华人民共和国海关总署
中华人民共和国国家质量监督检验检疫总局
公告

2001年 第37号

根据《中华人民共和国货物进出口管理条例》和《中华人民共和国对外贸易经济合作部、海关总署、国家质量监督检验检疫总局2001年第10号令》，现发布《禁止进口货物目录》（第二批）。自2002年1月1日起施行。

特此公告

附件：禁止进口货物目录（第二批）

对外贸易经济合作部
海关总署
国家质量监督检验检疫总局
2001年12月27日

旧机电产品禁止进口目录

序号	商品编码	商品名称
1	73110010	装压缩或液化气的钢铁容器
2	73110090	其他装压缩或液化气的钢铁容器
3	73211100	可使用气体燃料的家用炉灶
4	73218100	可使用气体燃料的其他家用器具
5	76130090	非零售装装压缩、液化气体铝容器
6	84021110	蒸发量在900吨/时及以上的发电用锅炉
7	84021190	蒸发量超过45吨/时的其他水管锅炉
8	84021200	蒸发量不超过45吨/时的水管锅炉
9	84021900	未列名蒸汽锅炉，包括混合式锅炉
10	84022000	过热水锅炉
11	84031010	家用型热水锅炉
12	84031090	其他集中供暖用的热水锅炉
13	84041010	蒸汽锅炉和过热水锅炉的辅助设备
14	84041020	集中供暖用锅炉的辅助设备
15	84042000	水蒸汽或其他蒸汽动力装置的冷凝器
16	84161000	使用液体燃料的炉用燃烧器

续表

序号	商品编码	商品名称
17	84162011	使用天然气的炉用燃烧器
18	84162019	使用其他气体燃料的炉用燃烧器
19	84162090	使用粉状固体燃料的炉用燃烧器
20	84163000	机械加煤机及其机械炉篦、机械出灰器等装置
21	84171000	矿砂或金属的焙烧、熔化等热处理用炉及烘箱
22	84178010	炼焦炉
23	84178020	放射性废物焚烧炉
24	84178090	未列名非电热的工业或实验室用炉及烘箱
25	85209000	未列名磁带录音机及其他声音录制设备
26	85219090	未列名视频信号录制或重放设备
27	90181100	心电图记录仪
28	90181210	B型超声波诊断仪
29	90181291	彩色超声波诊断仪
30	90181299	未列名超声波扫描装置
31	90181300	核磁共振成像装置
32	90181400	闪烁摄影装置
33	90181930	病员监护仪
34	90181990	未列名电气诊断装置
35	90182000	紫外线及红外线装置
36	90183100	注射器，不论是否装有针头
37	90183210	管状金属针头
38	90183220	缝合用针
39	90183900	其他针、导管、插管及类似品
40	90184100	牙钻机，可与其他牙科设备组装在同一底座上
41	90184910	装有牙科设备的牙科用椅
42	90184990	牙科用未列名仪器及器具
43	90185000	眼科用其他仪器及器具
44	90189010	听诊器
45	90189020	血压测量仪器及器具
46	90189030	内窥镜
47	90189040	肾脏透析设备（人工肾）
48	90189050	透热疗法设备
49	90189060	输血设备
50	90189070	麻醉设备

续表

序号	商品编码	商品名称
51	90189090	其他医疗、外科或兽医用仪器及器具
52	90221200	X射线断层检查仪
53	90221300	其他，牙科用X射线应用设备
54	90221400	其他，医疗、外科或兽医用X射线应用设备
55	90221910	低剂量X射线安全检查设备
56	90221990	未列名X射线的应用设备
57	90222100	医用α、β、γ射线的应用设备
58	90222900	其他α、β、γ射线的应用设备
59	90223000	X射线管
60	90229010	X射线影像增强器
61	95041000	电视电子游戏机
62	90229090	编号9022所列其他设备及零件
63	95041000	电视电子游戏机
64	95043010	投币式电子游戏机
65	95043090	投币式其他游戏用品
66	95049010	其他电子游戏机
67	8407—8408	发动机
68	87章	车类

禁止进口货物目录（第三批）

中华人民共和国对外贸易经济合作部
中华人民共和国海关总署
中华人民共和国国家环境保护总局
公告
2001年　第36号

根据《中华人民共和国货物进出口管理条例》、《控制危险废物越境转移及其处置巴塞尔公约》、《中华人民共和国固体废物污染环境防治法》和《国务院关于环境保护若干问题的决定》（国发〔1996〕31号），现公布《禁止进口货物目录》（第三批），自2002年1月1日起施行。

对外贸易经济合作部
海关总署
国家环境保护总局
2001年12月23日

序号	商品编码	商　品　名　称	备　注
1	2620.2100	含铅汽油淤渣（包括含铅抗震化合物的淤渣）	
2	2620.6000	含砷，汞，铊及其混合物矿灰与残渣（用于提取或生产砷，汞，铊及其化合物）	
3	2620.9100	含有锑，铍，镉，铬及混合物矿灰残渣（用于提取或生产锑，铍，镉，铬及其化合物）	
4	2621.1000	焚化城市垃圾所产生的灰，渣	
5	2710.9100	含多氯联苯，多溴联苯的废油（包括含多氯三联苯的废油）	
6	2710.9900	其他废油	
7	3006.8000	废药物（超过有效保存期等原因而不适于原用途的药品）	
8	3825.1000	城市垃圾	
9	3825.2000	下水道淤泥	
10	3825.3000	医疗废物	
11	3825.4100	废卤化物的有机溶剂	
12	3825.4900	其他废有机溶剂	
13	3825.5000	废的金属酸洗液，液压油及制动油（还包括废的防冻液）	
14	3825.6100	主要含有有机成分的化工废物（其他化学工业及相关工业的废物）	
15	3825.6900	其他化工废物（其他化学工业及相关工业的废物）	
16	3825.9000	其他编号未列明化工副产品及废物	
17	7112.3010	含有银或银化合物的灰（主要用于回收银）	
18	7112.3090	含其他贵金属或贵金属化合物的灰（主要用于回收贵金属）	

自动进口许可机电产品目录

中华人民共和国对外贸易经济合作部
中 华 人 民 共 和 国 海 关 总 署
公　告

2001年　第33号

根据《中华人民共和国对外贸易经济合作部、海关总署、国家质量监督检验检疫总局2001年第10号令》，发布2002年《自动进口许可机电产品目录》，自2002年1月1日起施行。

特此公告

附件：自动进口许可机电产品目录

对外贸易经济合作部
海　关　总　署
2001年12月25日

一、以下商品编号的产品由地方、部门机电产品进出口办公室签发

序号	商品编号	商　品　名　称
1	84021110	蒸发量在900吨/时及以上的发电用锅炉
2	84021190	蒸发量超过45吨/时的其他水管锅炉
3	84021200	蒸发量不超过45吨/时的水管锅炉
4	84021900	未列名蒸汽锅炉，包括混合式锅炉
5	84022000	过热水锅炉
6	84029000	蒸汽及过热水锅炉零件
7	84031010	家用型热水锅炉
8	84031090	其他集中供暖用的热水锅炉
9	84039000	集中供暖用的热水锅炉零件
10	84041010	蒸汽锅炉和过热水锅炉的辅助设备
11	84041020	集中供暖用锅炉的辅助设备
12	84042000	水蒸汽或其他蒸汽动力装置的冷凝器
13	84049010	84041020所列设备的零件
14	84049090	84041010、84042000所列设备的零件
15	84068110	40兆瓦＜输出功率≤100兆瓦的汽轮机
16	84068120	100兆瓦＜输出功率≤350兆瓦的汽轮机
17	84068130	输出功率超过350兆瓦的汽轮机
18	84068200	输出功率不超过40兆瓦的汽轮机
19	84069000	汽轮机零件
20	84081000	船舶用柴油机
21	84089010	机车用柴油机
22	84089093	其他输出功率≥132.39kw的压燃活塞内燃机
23	84101100	水轮机及水轮，P≤1 000kw
24	84101200	1 000kw＜P≤10 000kw的水轮机及水轮
25	84101310	P＞30 000kw的冲击式水轮机及水轮
26	84101320	P＞35 000kw的贯流式水轮机及水轮
27	84101330	P＞200 000kw的水泵水轮机及水轮
28	84101390	P＞10 000kw的其他水轮机及水轮
29	84109010	水轮机及水轮的调节器
30	84109090	其他水轮机及水轮的零件
31	84122910	液压马达
32	84122990	其他液压动力装置
33	84123900	其他气压动力装置
34	84131100	分装燃料或润滑油的计量泵，加油站或车库用

续表

序号	商品编号	商　品　名　称
35	84131900	其他装有或可装计量装置的液体泵
36	84132000	手泵，但装有或可装计量装置者除外
37	84133010	输出 P≥132.39KW 发动机用燃油泵
38	84133090	其他活塞内燃机用燃油、润滑油泵或冷却剂泵
39	84134000	混凝土泵
40	84135010	气动往复式排液泵
41	84135020	电动往复式排液泵
42	84135030	液压往复式排液泵
43	84135090	未列名往复式排液泵
44	84136010	潜油电泵及潜水电泵
45	84136090	其他回转式排液泵
46	84137010	转速在 10 000 转/分及以上的离心泵
47	84137090	未列名离心泵
48	84138100	未列名液体泵
49	84138200	液体提升机
50	84139100	液体泵零件
51	84139200	液体提升机零件
52	84141000	真空泵
53	84143011	冷藏、冷冻箱压缩机，电动机 P≤0.4kw
54	84143012	电机功率>0.4，≤5kw 冷藏或冷冻箱用压缩机
55	84143013	电机功率>0.4，≤5kw 的空气调节器用压缩机
56	84143019	电机驱动的其他制冷设备用压缩机
57	84144000	装在拖车底盘上的空气压缩机
58	84145930	离心通风机
59	84145990	未列名风机、风扇
60	84148010	燃气轮机用的自由活塞式发生器
61	84148020	二氧化碳压缩机
62	84148090	其他空气泵，气体压缩机，通风罩、循环气罩
63	84149011	84143011－14、84143090 压缩机进、排气阀片
64	84149019	84143011 至 84143014 及 84143090 机器其他零件
65	84149090	8414 所列其他机器的零件
66	84151010	独立窗式或壁式空气调节器
67	84151021	制冷量≤4 千大卡/时分体式空调
68	84151022	制冷量>4 千大卡/时分体式空调

续表

序号	商品编号	商 品 名 称
69	84158110	装冷热换向阀空调器，制冷量≤4 000大卡/时
70	84158120	装冷热换向阀空调器，制冷量＞4 000大卡/时
71	84158210	其他空气调节器，制冷量≤4 000大卡/时
72	84158220	其他空气调节器，制冷量＞4 000大卡/时
73	84158300	未装有制冷装置的空气调节器
74	84159010	84151000，84158110及84158210设备的零件
75	84159090	84158120，84158220及84158300设备的零件
76	84161000	使用液体燃料的炉用燃烧器
77	84162011	使用天然气的炉用燃烧器
78	84162019	使用其他气体燃料的炉用燃烧器
79	84162090	使用粉状固体燃料的炉用燃烧器
80	84163000	机械加煤机及其机械炉篦、机械出灰器等装置
81	84169000	8416的零件
82	84171000	矿砂或金属的焙烧、熔化等热处理用炉及烘箱
83	84178010	炼焦炉
84	84178020	放射性废物焚烧炉
85	84178030	水泥回转窑
86	84178040	石灰石分解炉
87	84178090	未列名非电热的工业或实验室用炉及烘箱
88	84179020	焦炉零件
89	84179090	品目84.17其他设备的零件
90	84181010	各自装门的冷藏—冷冻组合机，容积＞5 00l
91	84181020	200＜容积≤500升的冷藏—冷冻组合机
92	84181030	容积≤200升的冷藏—冷冻组合机
93	84182110	容积超过150升的压缩式家用型冷藏箱
94	84182120	50升＜容积≤150升的压缩式家用型冷藏箱
95	84182130	容积不超过50升的压缩式家用型冷藏箱
96	84182200	电气吸收式家用型冷藏箱
97	84182900	其他家用型冷藏箱
98	84183010	T≤－40℃的柜式冷冻箱，容积≤8 00l
99	84183021	T＞－40℃的柜式冷冻箱，5 00l＜容积≤8 00l
100	84183029	T＞－40℃的柜式冷冻箱，容积≤5 00l
101	84184010	T≤－40℃的立式冷冻箱，容积≤9 00l
102	84184021	T＞－40℃的立式冷冻箱，500l＜容积≤9 00l

续表

序号	商品编号	商品名称
103	84184029	T＞－40℃的立式冷冻箱，容积≤5 00l
104	84185000	其他冷藏或冷冻柜、箱、展示台、陈列箱等
105	84194090	其他蒸馏或精馏设备
106	84195000	热交换装置
107	84196011	制氧量≥15 000 立方米/小时及以上的制氧机
108	84196019	其他制氧机
109	84196090	未列名液化空气或其他气体的机器
110	84198910	加氢反应器
111	84198990	未列名利用温度变化处理材料的机器、装置等
112	84199090	8419 其他设备的零件
113	84201000	研光机或其他滚压机器
114	84209100	滚筒
115	84209900	研光机或其他滚压机器的未列名零件
116	84212910	压滤机
117	84213921	工业用静电除尘器
118	84213922	工业用袋式除尘器
119	84213923	工业用旋风式除尘器
120	84213929	其他工业用除尘器
121	84223011	电动手提饮料及液体食品灌装设备
122	84223019	其他饮料及液体食品灌装设备
123	84223021	全自动水泥灌包机
124	84223029	其他水泥灌装机
125	84223030	其他灌装机、包装机
126	84229020	饮料及液体食品灌装设备零件
127	84229090	8422 其他机器的零件
128	84243000	喷汽机、喷砂机及类似的喷射机器
129	84248999	未列名液体或粉末的喷射、散布或喷雾机械器
130	84251100	电动的滑车及提升机
131	84251900	非电动的滑车及提升机
132	84252011	圆筒直径在 2 米及以上的矿井卷扬机
133	84252019	其他矿井卷扬机
134	84253100	其他电动的卷扬机及绞盘
135	84261910	装船机
136	84261921	抓斗式卸船机

续表

序号	商品编号	商　品　名　称
137	84261929	其他卸船机
138	84261930	龙门式起重机
139	84261941	门式装卸桥
140	84261942	集装箱装卸桥
141	84261943	其他动臂式装卸桥
142	84261949	未列名装卸桥
143	84262000	塔式起重机
144	84263000	门座式起重机及座式旋臂起重机
145	84264110	轮胎式自推进起重机
146	84264190	带胶轮的其他自推进起重机械
147	84264910	履带式起重机
148	84264990	不带胶轮的其他自推进起重机械
149	84271010	电动机推进的有轨巷道堆跺机
150	84271020	电动机推进的无轨巷道堆跺机
151	84271090	其他电动叉车及装有升降或搬运装置工作车
152	84272010	集装箱叉车
153	84272090	其他机动叉车其他装有升降或搬运装置工作车
154	84279000	未列名叉车等装有升降或搬运装置的工作车
155	84281010	载客电梯
156	84281090	其他升降机及倒卸式起重机
157	84283100	地下专用的连续运送货物的升降机及输送机
158	84283200	斗式连续运送货物的升降机及输送机
159	84283300	带式连续运送货物的升降机及输送机
160	84283910	链式连续运送货物或材料的升降机及输送机
161	84283920	辊式连续运送货物或材料的升降机及输送机
162	84284000	自动梯及自动人行道
163	84286021	单线循环式客运架空索道
164	84286029	其他客运架空索道
165	84286090	其他缆车．座式升降机、滑雪拉索；索道牵引机
166	84291190	其他履带式推土机
167	84291910	其他推土机，P>235.36kw（320hp）
168	84291990	未列名推土机
169	84292010	筑路机及平地机，P>235.36kw（320hp）
170	84292090	其他筑路机及平地机

续表

序号	商品编号	商　品　名　称
171	84294011	机重18吨及以上的振动压路机
172	84294090	未列名捣固机械及压路机
173	84303100	自推进的截煤机、凿岩机及隧道掘进机
174	84305020	矿用电铲
175	84312000	8427所列机械的零件
176	84313100	升降机、倒卸式起重机或自动梯的零件
177	84313900	其他8428所列机械的零件
178	84314910	矿用电铲用零件
179	84399100	制造纤维素纸浆机器的零件
180	84399900	制造或整理纸及纸板机器的零件
181	84341000	挤奶机
182	84342000	乳品加工机器
183	84349000	挤奶机及乳品加工机器的零件
184	84351000	制酒、果汁等饮料的压榨机、轧碎机等机器
185	84359000	84351000所列机器的零件
186	84413090	其他制造箱、盒、管、桶或类似容器的机器
187	84414000	纸浆、纸或纸板制品模制成型机器
188	84418090	其他制造纸浆制品、纸制品或纸板制品的机器
189	84419090	其他制造（纸浆、纸或纸板）制品机器的零件
190	84431100	卷取进料式胶印机
191	84431200	办公室用片取式胶印机（片尺寸≤22×36cm）
192	84435911	圆网印刷机
193	84435912	平网印刷机
194	84435919	其他网式印刷机
195	84436000	印刷用辅助机器
196	84439000	印刷及印刷用辅助机器的零件
197	84440010	合成纤维长丝纺丝机
198	84440020	合成纤维短丝纺丝机
199	84440030	人造纤维纺丝机
200	84440040	化学纤维变形机
201	84440090	其他纺织化纤挤压、拉伸、变形或切割机器
202	84451110	棉纤维型梳理机
203	84451120	毛纤维型梳理机
204	84451200	精梳机

续表

序号	商品编号	商 品 名 称
205	84451320	粗纱机
206	84452090	其他纺纱机
207	84453000	并线机或加捻机
208	84454010	自动络筒机
209	84459010	整经机
210	84459020	浆纱机
211	84459090	未列名纺织纱线的其他生产及预处理机器
212	84463030	织物宽度超过30厘米的片梭织机
213	84463040	织物宽度超过30厘米的喷水织机
214	84463090	织物宽度超过30厘米的其他无梭织机
215	84471100	圆筒直径不超过165毫米的圆型针织机
216	84471200	圆筒直径超过165毫米的圆型针织机
217	84472010	经编机
218	84472020	其他平型针织机
219	84481100	多臂机或提花机及其卡片的加工或汇编机器
220	84514000	洗涤、漂白或染色机器
221	84515000	纺织物卷绕、退绕、折叠、剪切或剪齿边机器
222	84518000	纱、织物等整、涂机器；列诺伦等布基涂布机
223	84519000	8451所列机器的零件
224	84542010	炉外精炼设备
225	84543010	冷室压铸机
226	84543021	方坯连铸机
227	84543022	板坯连铸机
228	84543029	其他钢坯连铸机
229	84551010	热轧管机
230	84551020	冷轧管机
231	84551030	定、减径轧管机
232	84551090	其他金属管轧机
233	84552110	板材热轧机
234	84552120	型钢轧机
235	84552130	线材轧机
236	84552190	其他金属热轧机或冷热联合轧机
237	84552210	板材冷轧机
238	84572000	单工位组合机床

续表

序号	商品编号	商品名称
239	84573000	多工位组合机床
240	84589100	其他数控车床
241	84593100	数控镗铣床
242	84594010	数控镗床
243	84595100	升降台式数控铣床
244	84596110	龙门数控铣床
245	84596190	未列名数控铣床
246	84601100	数控平面磨床
247	84602110	数控外圆磨床
248	84602120	数控内圆磨床
249	84602190	未列名数控磨床
250	84602910	其他外圆磨床
251	84602920	其他内圆磨床
252	84614010	数控切齿机、齿轮磨床或齿轮精加工机床
253	84621090	其他锻造或冲压机床及锻锤
254	84622190	数控弯曲、折叠或矫平机床
255	84622990	其他弯曲、折叠或矫平机床
256	84623110	数控板带纵剪机床
257	84623120	数控板带横剪机床
258	84623190	其他数控剪切机床
259	84629110	金属型材液压挤压机
260	84713000	重量≤10公斤的便携数字式自动数据处理设备
261	84714110	巨型、大型及中型数字式自动数据处理机
262	84714120	小型数字式自动数据处理机
263	84714140	其他微型数字式自动数据处理机
264	84714190	未列名数字式自动数据处理设备
265	84714910	系统形式的巨型机、大型机及中型机
266	84714920	系统形式的小型机
267	84714940	系统形式的微型机
268	84715010	巨型机、大型机及中型机的数字式处理部件
269	84715020	小型机的数字式处理部件
270	84715040	微型机的数字式处理部件
271	84715090	其他数字式处理部件
272	84716010	显示器

续表

序号	商品编号	商品名称
273	84716031	针式打印机
274	84716032	激光打印机
275	84716033	喷墨打印机
276	84716039	其他打印机
277	84716050	扫描仪
278	84716090	其他输入或输出部件
279	84717010	硬盘驱动器
280	84717020	软盘驱动器
281	84717030	光盘驱动器
282	84718000	自动数据处理设备的其他部件
283	84723010	邮政信件分拣及封装设备
284	84742010	齿辊式固体矿物质的破碎或磨粉机器
285	84742020	球磨式固体矿物质的破碎或磨粉机器
286	84742090	其他固体矿物质的破碎或磨粉机器
287	84743100	混凝土或砂浆混合机器
288	84743200	矿物与沥青的混合机器
289	84743900	固体矿物质的其他混合或搅拌机器
290	84751000	灯泡、灯管、电子管及似品的封装机器
291	84772090	其他挤出机
292	84774010	塑料中空成型机
293	84774020	塑料压延成型机
294	84775900	其他模塑或成型机器
295	84778000	其他橡胶或塑料及其产品的加工机器
296	84791022	稳定土摊铺机
297	84791029	其他摊铺机
298	84798200	搅混、轧碎、研磨、筛选、均化或乳化机器
299	84798910	船舶用舵机及陀螺稳定器
300	84798961	自动插件机
301	84798962	自动贴片机
302	84804100	金属、硬质合金用注模或压模
303	84831090	其他传动轴及曲柄
304	84834020	行星齿轮减速器
305	84851000	船用推进器及桨叶
306	85015200	多相交流电动机，750W＜P≤75KW

续表

序号	商品编号	商品名称
307	85015300	多相交流电动机，P＞75KW
308	85016100	交流发电机，P≤75KVA
309	85016200	交流发电机，75KVA＜P≤375KVA
310	85016300	交流发电机，375KVA＜P≤750KVA
311	85016410	交流发电机，750KVA＜P≤350KVA
312	85016420	交流发电机，350MVA＜P≤665MVA
313	85016430	交流发电机，P＞665MVA
314	85021200	压燃式内燃机发电机组，75KVA＜P≤375KVA
315	85021310	压燃式内燃机发电机组，375KVA＜P≤2MVA
316	85021320	压燃式内燃机发电机组，P＞2MVA
317	85042100	液体介质变压器，额定容量≤650KVA
318	85042200	液体介质变压器，650KVA＜额定容量≤10MVA
319	85042310	液体介质变压器，10MVA＜额定容量＜400MVA
320	85043110	额定容量≤1KVA 的互感器
321	85043190	未列名额定容量≤1KVA 的变压器
322	85043210	1KVA＜额定容量≤16KVA 的互感器
323	85043290	1KVA＜额定容量≤16KVA 的未列名变压器
324	85043300	其他变压器，16KVA＜P≤500KVA
325	85043400	其他变压器，P＞500KVA
326	85045000	其他电感器
327	85065000	锂的原电池及原电池组
328	85068000	其他原电池（组）
329	85073000	镍镉蓄电池
330	85074000	镍铁蓄电池
331	85078010	镍氢电池
332	85078020	锂离子电池
333	85078090	未列名蓄电池
334	85141010	可控气氛热处理炉
335	85142000	工业或实验室用感应或电介质炉及烘箱
336	85144000	其他工业或实验室用感应或电介质的加热设备
337	85152190	其他全自动或半自动电阻焊接机器及装置
338	85153190	其他全自动或半自动电弧焊接机器及装置
339	85153900	其他电弧焊接机器及装置
340	85158000	其他焊机；热喷金属或硬质合金的电气机器

续表

序号	商品编号	商品名称
341	85172100	传真机
342	85175021	光端机、脉冲编码调制设备（PCM）
343	85175022	波分复用光传输设备
344	85175029	其他光通信设备
345	85175032	以太网络交换机
346	85175033	IP电话信号转换设备
347	85175034	集线器
348	85175035	路由器
349	85175036	调制解调器
350	85175039	未列名有线数字通信设备
351	85175090	未列名有线载波通信及有线数字通信设备
352	85179020	光端机及脉冲编码调制设备（PCM）的零件
353	85179031	传真机热敏记录头
354	85179032	传真机接触式图像传感器
355	85179039	传真机的其他零件
356	85179090	8517所列其他设备的零件
357	85184000	音频扩大器
358	85199910	激光唱机
359	85203210	数字音频式有声音重放装置的盒式磁带录音机
360	85203290	数字音频式有声音重放装置的其他磁带录音机
361	85203300	其他盒式磁带型有声音重放装置的其他录音机
362	85203910	开盘式录音机
363	85203990	未列名装有声音重放装置的其他磁带录音机
364	85211011	广播级磁带型录像机
365	85211019	其他磁带型录像机
366	85211020	磁带型放像机
367	85229021	走带机构（机芯），不论是否装有磁头
368	85229029	盒式磁带录音机或放声机的其他零件、附件
369	85229030	视频信号录制或重放设备的零件、附件
370	85251010	广播电视用无线电广播、电视发送设备
371	85251090	其他无线电话、电报发送设备
372	85252019	其他卫星地面站设备
373	85252023	对讲机
374	85252091	广播电视用装有接收装置的发送设备

续表

序号	商品编号	商品名称
375	85252099	其他装有接收装置的发送设备
376	85253010	特种用途的电视摄像机
377	85253091	广播级电视摄像机
378	85253099	其他电视摄像机
379	85254010	特种用途静像视频摄像机及其他摄录一体机
380	85254041	广播级静像摄像机
381	85254042	家用型摄录一体机
382	85254049	其他静像摄像机及摄录一体机
383	85254050	其他数字照相机
384	85261010	导航用雷达设备
385	85261090	其他雷达设备
386	85269110	机动车辆用无线电导航设备
387	85269190	其他无线电导航设备
388	85269200	无线电遥控设备
389	85271200	袖珍盒式磁带收放机
390	85271300	其他不需外接电源的收录（放）音组合机
391	85271900	其他不需外接电源的无线电收音机
392	85272100	需外接电源的汽车用收录（放）音组合机
393	85272900	其他需外接电源的汽车用无线电收音机
394	85273100	其他收录（放）音组合机
395	85273200	带时钟的收音机
396	85273900	未列名无线电收音机
397	85279090	未列名无线电话、电报、无线电广播接收设备
398	85281291	彩色电视机，屏幕尺寸≤42cm
399	85281292	彩色电视机，42cm＜屏幕尺寸≤52cm
400	85281293	彩色电视机，屏幕尺寸＞52cm
401	85282100	彩色视频监视器
402	85283010	彩色视频投影机
403	85291010	雷达及无线电导航设备天线及其反射器及零件
404	85291090	8525 至 8528 其他设备的天线及其反射器及零件
405	85299010	电视发送、差转及卫星电视地面收转设备零件
406	85299020	手持式无线电话机零件
407	85299050	雷达及无线电导航设备零件
408	85299081	彩色电视接收机零件（高频调谐器除外）

续表

序号	商品编号	商品名称
409	85301000	铁道或电车道电气信号、安全或交通管理设备
410	85308000	其他电气信号、安全或交通管理设备
411	85309000	8530 所列设备的零件
412	85311090	其他防盗或防火报警器及类似装置
413	85319010	防盗或防火报警器及类似装置的零件
414	85364100	继电器，V≤60V
415	85364900	继电器，60V<线路 V≤1 000V
416	85369000	其他连接用电气装置，线路 V≤1 000V
417	85371010	用于电压不超过 1 000 伏线路的数控装置
418	85371090	其他电力控制或分配盘、板、台等，V≤1 000V
419	85372010	全封闭组合式高压开关装置，线路 V≥500kV
420	85381010	编号 8537.2010 所列货品的零配件
421	85401100	彩色阴极射线电视显像管
422	85404000	彩色数据/图形显示管，荧光点间距<0.4mm
423	85406010	雷达显示管
424	85421000	装有集成电路的卡（智能卡）
425	85422110	线宽≤0.18 微米数字式单片集成电路
426	85422120	0.18<线宽≤0.35 微米数字单片集成电路
427	85422190	线宽>0.35 微米数字式单片集成电路
428	85422900	其他单片集成电路
429	85426000	混合集成电路
430	85427010	光通信设备的激光收发模块
431	85427090	其他微电子组件
432	85429000	集成电路及微电子组件的零件
433	85433000	电镀、电解或电泳设备及装置
434	85438920	高、中频放大器
435	85438990	未列名具有独立功能的电气设备及装置
436	85439040	高、中频放大器零件
437	85445910	其他电缆，80V<耐压≤1 000V
438	85446011	电缆，耐压>35KV
439	85446019	电缆，1 000V<耐压≤35KV
440	85447000	由每根被覆光纤组成的光缆
441	85489000	本章其他编号未列名机器或设备的电气零件
442	86011011	微机控制的直流电机驱动铁道电力机车

续表

序号	商品编号	商品名称
443	86011019	其他直流电机驱动铁道电力机车
444	86011020	交流电机驱动的铁道电力机车
445	86011090	其他由外部电力驱动的铁道电力机车
446	86021010	微机控制的柴油电力铁道机车
447	86021090	其他柴油电力铁道机车
448	86031000	外部供电铁道及电车道机动客、货、敞车
449	86039000	其他铁道及电车道机动客车、货车、敞车
450	86040011	隧道限界检查车
451	86040012	钢轨在线打磨列车
452	86040019	其他铁道及电车道检验车及查道车
453	86040091	电气化接触网架线机（轨行式）
454	86040099	其他铁道及电车道维修或服务车
455	86071100	铁道及电车道机车等车辆的驾驶转向架
456	86071200	铁道及电车道机车等车辆的其他转向架
457	86071910	铁道及电车道机车等车辆的轴
458	86071990	铁道及电车道机车或车辆的轮及上述货品零件
459	86072100	铁道及电车道机车等车辆空气制动器及其零件
460	86072900	铁道及电车道机车等车辆其他制动器及其零件
461	86073000	铁道等机车的钩、联结器、缓冲器及其零件
462	86079100	其他铁道及电车道机车零件
463	86079900	其他铁道及电车道车辆零件
464	86080010	轨道自动计轴设备
465	86080090	轨道固定装置和机械交通管理等设备及零附件
466	87013000	履带式牵引车、拖拉机
467	87019000	未列名牵引车、拖拉机
468	87041090	其他非公路用货运机动自卸车
469	87060010	非公路用自卸车装有发动机的底盘
470	87085030	非公路用自卸车用装有差速器的驱动桥
471	87086010	牵引车、拖拉机用非驱动桥及其零件
472	87086030	非公路用自卸车用非驱动桥及其零件
473	88021100	直升机，空载重量≤2 000kg
474	88021210	7 000≥空载重量＞2 000 公斤的直升机
475	88021220	空载重量＞7 000 公斤的直升机
476	88022000	飞机等航空器，空载重量≤2 000kg

续表

序号	商品编号	商 品 名 称
477	88023000	飞机等航空器，2 000kg＜空载重量≤15 000kg
478	88024010	45 000≥空载重量＞15 000公斤的飞机等航空器
479	88024020	空载重量＞45 000公斤的飞机等航空器
480	88026000	航天器及其运载工具、亚轨道运载工具
481	88052100	空战模拟器及其零件
482	88052900	其他地面飞行训练器及其零件
483	89011010	机动巡航船、游船等主要供客运的船、渡船
484	89011090	非机动巡航船、游船等主要供客运的船、渡船
485	89013000	冷藏船
486	89019090	其他非机动货运船舶及客货兼运船舶
487	89020010	机动捕鱼船、加工船等加工保藏鱼产品的船
488	89020090	非机动捕鱼船、加工船等加工保藏鱼产品的船
489	89052000	浮动或潜水式钻探或生产平台
490	89059010	浮船坞
491	89059090	灯船、消防船、起重船等不以航行为主的船舶
492	90011000	光纤、光纤束及光缆，但8544的货品除外
493	90061010	电子分色机
494	90061090	其他制版照相机
495	90091110	多色静电感光复印设备（直接法）
496	90091210	多色静电感光复印设备（间接法）
497	90092110	多色带有光学系统的其他感光复印设备
498	90092210	多色接触式其他感光复印设备
499	90093010	多色热敏复印设备
500	90121000	显微镜（光学显微镜除外）；衍射设备
501	90141000	定向罗盘
502	90148000	其他导航仪器及装置
503	90181100	心电图记录仪
504	90181210	B型超声波诊断仪
505	90181291	彩色超声波诊断仪
506	90181299	未列名超声波扫描装置
507	90181300	核磁共振成像装置
508	90181400	闪烁摄影装置

续表

序号	商品编号	商 品 名 称
509	90181930	病员监护仪
510	90181990	未列名电气诊断装置
511	90184910	装有牙科设备的牙科用椅
512	90184990	牙科用未列名仪器及器具
513	90189030	内窥镜
514	90189040	肾脏透析设备（人工肾）
515	90189050	透热疗法设备
516	90189060	输血设备
517	90189070	麻醉设备
518	90189090	其他医疗、外科或兽医用仪器及器具
519	90221300	其他，牙科用 X 射线应用设备
520	90221910	低剂量 X 射线安全检查设备
521	90221990	未列名 X 射线的应用设备
522	90222900	其他 α、β、γ 射线的应用设备
523	90223000	X 射线管
524	90229010	X 射线影像增强器
525	90229090	X 光发生器等、检查用家具等；9022 设备零件
526	90261000	测量、检验液体流量或液位的仪器及装置
527	90262000	测量、检验压力的仪器及装置
528	90271000	气体或烟雾分析仪
529	90272000	色谱仪及电泳仪
530	90273000	使用光学射线的分光仪、分光光度计及摄谱仪
531	90275000	使用光学射线的其他仪器及装置
532	90278010	质谱仪
533	90278090	9027 所列的未列名仪器及装置
534	90279000	检镜切片机；9027 所列仪器及装置的零、附件
535	90304090	其他无线电通信专用的仪器及装置
536	90311000	机械零件平衡试验机
537	90318010	光纤通讯及光纤性能测试仪
538	90318090	其他未列名测量或检验仪器、器具及机器
539	90328900	其他自动调节或控制仪器及装置
540	90330000	第 90 章机器、仪器等用本章未列名零、附件

二、以下商品编号的产品由外经贸部签发

序号	商品编号	商　品　名　称
1	84073410	3 000≥排量＞1 000ml 车用往复式活塞发动机
2	84073420	排量＞3 000ml 车辆用往复式活塞发动机
3	84143090	非电动机驱动的制冷设备用压缩机
4	84152000	机动车辆上供人使用的空气调节器
5	84295211	上部 360 度旋转的轮胎式挖掘机
6	84295212	上部 360 度旋转的履带式挖掘机
7	84295219	上部 360 度旋转的其他挖掘机
8	84295290	上部 360 度旋转的机械铲、装载机
9	84295900	其他机械铲、挖掘机及机铲装载机
10	84314100	戽斗、铲斗、抓斗及夹斗
11	84314990	8426、8429 及 8430 所列机械的其他零件
12	84391000	制造纤维素纸浆的机器
13	84392000	纸或纸板的制造机器
14	84393000	纸或纸板的整理机器
15	84435990	其他未列名印刷机
16	84452010	棉细纱机
17	84452020	气流纺纱机（转杯纺纱机）
18	84463020	织物宽度超过 30 厘米的剑杆织机
19	84463050	织物宽度超过 30 厘米的喷气织机
20	84717090	其他存储部件
21	84719000	其他磁性或光学阅读机、数据转录及处理机器
22	84771010	注塑机
23	84781000	烟草加工及制作机器
24	84789000	烟草加工及制作机器的零件
25	84791021	沥青混凝土摊铺机
26	84798990	未列名具有独立功能的机器及机械器具
27	84807100	塑料或橡胶用注模或压模
28	85173013	数字式移动通信交换机
29	85173091	模拟式移动通信交换机
30	85209000	未列名磁带录音机及其他声音录制设备
31	85219010	激光视盘放像机
32	85219090	未列名视频信号录制或重放设备

续表

序号	商品编号	商品名称
33	85252022	手持（包括车载）无线电话机
34	85252029	其他移动通信设备
35	85252092	移动通信基地站
36	85252093	无线用户接入网设备
37	85279010	无线寻呼机
38	87043230	其他汽油货车，5t<车总重≤8t
39	87043240	其他汽油货车，车总重>8t
40	87049000	未列名货运机动车辆
41	87052000	机动钻探车
42	87053010	装有云梯的救火车
43	87053090	其他机动救火车
44	87054000	机动混凝土搅拌车
45	87059010	无线电通信车
46	87059020	机动放射线检查车
47	87059030	机动环境监测车
48	87059040	机动医疗车
49	87059051	航空电源车（频率为400赫兹）
50	87059059	其他机动电源车
51	87059060	飞机加油车、调温车、除冰车
52	87059070	道路（包括跑道）扫雪车
53	87059080	石油测井车、压裂车、混沙车
54	87059090	未列名特殊用途的机动车辆
55	87060021	装有发动机货车底盘，车总重≥14t
56	87060022	装有发动机货车底盘，车总重<14t
57	87060030	装有发动机的座位≥30的机动客车底盘
58	87060090	8701至8705所列其他车辆装有发动机的底盘
59	87079010	10座及以上至29座客车车身（驾室）
60	87079090	8701—02，8704—05列其他车辆车身（包括驾室）
61	87085010	牵引车、拖拉机用装有差速器的驱动桥
62	87085020	30座及以上机动客车用装有差速器的驱动桥
63	87085040	轻型柴油及汽油货车用装有差速器的驱动桥
64	87085050	重型柴油货车用装有差速器的驱动桥

续表

序号	商品编号	商品名称
65	87085060	特种车用驱动桥
66	87085090	其他机动车辆用装有差速器的驱动桥
67	90221200	X射线断层检查仪
68	90221400	其他，医疗、外科或兽医用X射线应用设备
69	90222100	医用α、β、γ射线的应用设备
70	90314900	其他测量或检验用光学仪器及器具
71	95041000	电视电子游戏机
72	95043010	投币式电子游戏机
73	95043090	投币式其他游戏用品
74	95049010	其他电子游戏机

三、以下商品编号的旧机电产品由外经贸部签发

序号	商品编号	商品名称
1	84271090	其他电动叉车及装有升降或搬运装置工作车
2	84272010	集装箱叉车
3	84272090	其他机动叉车其他装有升降或搬运装置工作车
4	84279000	未列名叉车等装有升降或搬运装置的工作车
5	84281090	其他升降机及倒卸式起重机
6	84291190	其他履带式推土机
7	84291910	其他推土机，P>235.36kw（320hp）
8	84291990	未列名推土机
9	84292010	筑路机及平地机，P>235.36kw（320hp）
10	84292090	其他筑路机及平地机
11	84294011	机重18吨及以上的振动压路机
12	84294090	未列名捣固机械及压路机
13	84305020	矿用电铲
14	84399100	制造纤维素纸浆机器的零件
15	84399900	制造或整理纸及纸板机器的零件
16	84414000	纸浆、纸或纸板制品模制成型机器
17	84418090	其他制造纸浆制品、纸制品或纸板制品的机器
18	84419090	其他制造（纸浆、纸或纸板）制品机器的零件
19	84431100	卷取进料式胶印机
20	84431200	办公室用片取式胶印机（片尺寸≤22×36cm）

续表

序号	商品编号	商品名称
21	84435911	圆网印刷机
22	84435912	平网印刷机
23	84435919	其他网式印刷机
24	84451110	棉纤维型梳理机
25	84451120	毛纤维型梳理机
26	84451200	精梳机
27	84451320	粗纱机
28	84452090	其他纺纱机
29	84453000	并线机或加捻机
30	84454010	自动络筒机
31	84459010	整经机
32	84463030	织物宽度超过30厘米的片梭织机
33	84463040	织物宽度超过30厘米的喷水织机
34	84463090	织物宽度超过30厘米的其他无梭织机
35	84471100	圆筒直径不超过165毫米的圆型针织机
36	84471200	圆筒直径超过165毫米的圆型针织机
37	84472010	经编机
38	84472020	其他平型针织机
39	84514000	洗涤、漂白或染色机器
40	84713000	重量≤10公斤的便携数字式自动数据处理设备
41	84714110	巨型、大型及中型数字式自动数据处理机
42	84714120	小型数字式自动数据处理机
43	84714140	其他微型数字式自动数据处理机
44	84714190	未列名数字式自动数据处理设备
45	84714910	系统形式的巨型机、大型机及中型机
46	84714920	系统形式的小型机
47	84714940	系统形式的微型机
48	84715010	巨型机、大型机及中型机的数字式处理部件
49	84715020	小型机的数字式处理部件
50	84715040	微型机的数字式处理部件
51	84715090	其他数字式处理部件
52	85152190	其他全自动或半自动电阻焊接机器及装置
53	85158000	其他焊机；热喷金属或硬质合金的电气机器
54	89011010	机动巡航船、游船等主要供客运的船、渡船

续表

序号	商品编号	商品名称
55	89011090	非机动巡航船、游船等主要供客运的船、渡船
56	89013000	冷藏船
57	89019090	其他非机动货运船舶及客货兼运船舶
58	89020010	机动捕鱼船、加工船等加工保藏鱼产品的船
59	89020090	非机动捕鱼船、加工船等加工保藏鱼产品的船
60	89052000	浮动或潜水式钻探或生产平台
61	89059010	浮船坞
62	89059090	灯船、消防船、起重船等不以航行为主的船舶

限制进口机电产品目录

中华人民共和国对外贸易经济合作部
中华人民共和国海关总署
公告
2001年 第35号

根据《中华人民共和国对外贸易经济合作部、海关总署、国家质量监督检验检疫总局2001年第10号令》，发布2002年限制进口机电产品目录（含《配额产品目录》和《特定产品目录》），自2002年1月1日起施行。外经贸部、海关总署《关于印发2001年机电产品〈配额产品目录〉和〈特定产品目录〉的通知》（〔2001〕外经贸机电发第6号）同时废止。

特此公告

附件：限制进口机电产品目录

对外贸易经济合作部
海关总署
2001年12月25日

1. 配额产品目录

配额产品目录		协调制度目录	
序号	商品名称	商品编号	商品名称
1	汽车及其关键件	87012000	半挂车用的公路牵引车
		87021020	机坪客车
		87021091	30座及以上的装有柴油发动机的机动客车
		87021092	20座及以上至29座的装有柴油发动机的机动客车
		87021093	10座及以上至19座的装有柴油发动机的机动客车
		87029010	其他30座及以上的机动客车

续表

配额产品目录		协调制度目录	
序号	商品名称	商品编号	商品名称
		87029020	其他20座及以上至29座的机动客车
		87029030	其他10座及以上至19座的机动客车
		87032130	排气量不超过1 000毫升的汽油型小轿车
		87032190	排气量不超过1 000毫升的汽油型其他载人机动 车辆
		87032230	排气量超过1 000毫升，但不超过1 500毫升的汽油型小轿车
		87032240	排气量超过1 000毫升，但不超过1 500毫升的汽油型越野车（4轮驱动）
		87032250	排气量超过1 000毫升，但不超过1 500毫升的汽油型小客车（9座及以下）
		87032290	排气量超过1 000毫升，但不超过1 500毫升的汽油型其他主要用于载人的机动车
		87032314	排气量超过1 500毫升，但不超过2 500毫升的汽油型小轿车
		87032315	排气量超过1 500毫升，但不超过2 500毫升的汽油型越野车（4轮驱动）
		87032316	排气量超过1 500毫升，但不超过2 500毫升的汽油型小客车（9座及以下）
		87032319	排气量超过1 500毫升，但不超过2 500毫升的汽油型其他主要用于载人的机动车
		87032334	排气量超过2 500毫升，但不超过3 000毫升的汽油型小轿车
		87032335	排气量超过2 500毫升，但不超过3 000毫升的汽油型越野车（4轮驱动）
		87032336	排气量超过2 500毫升，但不超过3 000毫升的汽油型小客车（9座及以下）
		87032339	排气量超过2 500毫升，但不超过3 000毫升的汽油型其他主要用于载人的机动车
		87032430	排气量超过3 000毫升的汽油型小轿车
		87032440	排气量超过3 000毫升的汽油型越野车（4轮驱动）
		87032450	排气量超过3 000毫升的汽油型小客车（9座及以下）
		87032490	排气量超过3 000毫升的汽油型其他载人车辆
		87033130	排气量不超过1 500毫升的柴油型小轿车
		87033140	排气量不超过1 500毫升的柴油型越野车（4轮驱动）
		87033150	排气量不超过1 500毫升的柴油型小客车（9座及以下）
		87033190	排气量不超过1 500毫升的柴油型其他载人车辆
		87033230	排气量超过1 500毫升，但不超过2 500毫升的柴油型小轿车
		87033240	排气量超过1 500毫升，但不超过2 500毫升的柴油型越野车（4轮驱动）
		87033250	排气量超过1 500毫升，但不超过2 500毫升的柴油型小客车

续表

配额产品目录		协调制度目录	
序号	商品名称	商品编号	商品名称
		87033290	排气量超过1 500毫升，但不超过2 500毫升的柴油型其他主要用于载人的机动车
		87033330	排气量超过2 500毫升的柴油型小轿车
		87033340	排气量超过2 500毫升的柴油型越野车（4轮驱动）
		87033350	排气量超过2 500毫升的柴油型小客车（9座及以下）
		87033390	排气量超过2 500毫升的柴油型其他载人机动车
		87039000	未列名主要用于载人的机动车
		87042100	装有柴油发动机，车辆总重量不超过5吨的其他货车
		87042230	装有柴油发动机，车辆总重量超过5吨，但小于14吨的其他货车
		87042240	装有柴油发动机，车辆总重量在14吨及以上，但不超过20吨的其他货车
		87042300	装有柴油发动机，车辆总重量超过20吨的其他货车
		87043100	装有点燃式活塞内燃发动机，车辆总重量不超过5吨的其他货车
		84079090	未列名点燃式活塞内燃发动机
		84082010	输出功率在132.39千瓦（180马力）及以上车辆用压燃式活塞内燃发动机
		84082090	其他车辆用压燃式活塞内燃发动机
		87071000	机动小客车的车身（包括驾驶室）
2	摩托车及其发动机、车架	87111000	装有往复式活塞内燃发动机，排气量不超过50毫升的摩托车及装有辅助发动机的脚踏车
		87112000	装有往复式活塞内燃发动机，排气量超过50毫升，但不超过250毫升的摩托车及装有辅助发动机的脚踏车
		87113010	装有往复式活塞内燃发动机，排气量超过250毫升，但不超过400毫升的摩托车及装有辅助发动机的脚踏车
		87113020	装有往复式活塞内燃发动机，排气量超过400毫升，但不超过500毫升的摩托车及装有辅助发动机的脚踏车
		87114000	装有往复式活塞内燃发动机，排气量超过500毫升，但不超过800毫升的摩托车及装有辅助发动机的脚踏车
		87115000	装有往复式活塞内燃发动机，排气量超过800毫升的摩托车及装有辅助发动机的脚踏车
		87119000	未列名摩托车及装有辅助发动机的脚踏车；边车
		84073100	排气量不超过50毫升的车辆用往复式活塞内燃发动机
		84073200	排气量超过50毫升，但不超过250毫升的车辆用往复式活塞内燃发动机
		84073300	排气量超过250毫升，但不超过1 000毫升的车辆用往复式活塞内燃发动机
		87141900	其他摩托车零件、附件（车架）

续表

配额产品目录		协调制度目录	
序号	商品名称	商品编号	商品名称
3	照相机及其机身	90065100	通过镜头取景（单镜头反光式（SLR）），使用胶片 宽度不超过35毫米的照相机
		90065200	其他使用胶片宽度小于35毫米的照相机
		90065300	其他使用胶片宽度为35毫米的照相机
		90065900	未列名照相机
4	手表	91011100	原电池或蓄电池驱动仅有机械指示器的手表，表壳用贵金属或包贵金属制成
		91012100	自动上弦的机械手表，表壳用贵金属或包贵金属制成
		91012900	表壳用贵金属或包贵金属制成的其他机械手表
		91021100	其他原电池或蓄电池驱动仅有机械指示器的手表
		91022100	其他自动上弦的手表
		91022900	未列名手表
5	汽车起重机及其底盘	87051021	最大起重重量不超过50吨的全路面起重车
		87051022	最大起重重量超过50吨，但不超过100吨的全路面起重车
		87051023	最大起重重量超过100吨的全路面起重车
		87051091	最大起重重量不超过50吨的其他起重车
		87051092	最大起重重量超过50吨，但不超过100吨的其他起重车
		87051093	最大起重重量超过100吨的其他起重车
		87060040	汽车起重车底盘，装有发动机

2. 特定产品目录

特定产品目录		协调制度目录	
序号	商品名称	商品编号	商品名称
01	柴油发动机	84089092	其他输出功率超过14千瓦，但小于132.39千瓦（180马力）的压燃式活塞内燃发动机
02	推土机	84291110	发动机输出功率超过235.36千瓦（320马力）的履带式推土机及侧铲推土机
03	压路机	84294019	其他机动压路机
04	胶印机	84431910	平张纸进料式胶印机
		84431990	其他胶印机
05	数控电加工机床	84563010	数控的用放电处理各种材料的加工机床
06	等离子、火焰切割机	84569910	等离子弧切割机
		84569990	其他用化学法、电子束、离子束或离子束等离子弧处理各种材料的加工机床
07	加工中心	84571010	立式加工中心
		82571020	卧式加工中心
		84571030	龙门式加工中心

续表

特定产品目录		协调制度目录	
序号	商品名称	商品编号	商品名称
		84571090	其他加工中心
08	数控卧式车床	84581100	数控卧式车床
09	集散型控制系统	84714991	系统形式的分散型工业过程控制设备
10	电力变压器	85042320	额定容量在400兆伏安及以上的液体介质变压器
11	卫星电视地面接收设备	85252011	电视用卫星地面站设备
		85281210	彩色的卫星电视接收机
		85299090	品目8525—8528所列装置或设备用未列名零件
12	六氟化硫断路器（含组合电器）	85352900	用于电压不低于72.5千伏线路的自动断路器
13	电动轮自卸车	87041030	电动轮非公路用货运自卸车
14	油船	89012011	载重量不超过10万吨的成品油船
		89012012	载重量超过10万吨，但不超过30万吨的成品油船
		89012013	载重量超过30万吨的成品油船
		89012021	载重量不超过15万吨的原油船
		89012022	载重量超过15万吨，但不超过30万吨的原油船
		89012023	载重量超过30万吨的原油船
		89012031	容积在2万立方米及以下液化石油气船
		89012032	容积在2万立方米以上液化石油气船
		89012041	容积在2万立方米及以下液化天然气船
		89012042	容积在2万立方米以上液化天然气船
		89012090	其他油船
15	机动货运船舶及客货兼运船舶	89019021	可载标准箱在6000箱及以下机动集装箱船
		89019022	可载标准箱在6000箱以上机动集装箱船
		89019031	载重量在2万吨及以下机动滚装船
		89019032	载重量在2万吨以上机动滚装船
		89019041	载重量不超过15万吨机动散货船
		89019042	载重量超过15万吨，但不超过30万吨机动散货船
		89019043	载重量超过30万吨的机动散货船
		89019050	机动多用途船
		89019080	其他机动货运船舶及客货兼运船舶
16	拖轮及顶推船	89040000	拖轮及顶推船
17	挖泥船	89051000	挖泥船

禁止出口限制出口技术管理办法

中华人民共和国对外贸易经济合作部、科学技术部　令

2001年　第14号

根据《中华人民共和国对外贸易法》和《中华人民共和国技术进出口管理条例》，现发布《禁止出口限制出口技术管理办法》，本办法自2002年1月1日起施行。

对外贸易经济合作部部长　石广生

科学技术部部长　徐冠华

2001年12月30日

第一条　为促进我国技术出口的发展，根据《中华人民共和国对外贸易法》、《中华人民共和国技术进出口条例》，特制定本办法。

第二条　列入《中国禁止出口限制出口技术目录》（另行发布）中的禁止出口技术，不得出口。

第三条　国家对列入《中国禁止出口限制出口技术目录》中限制出口技术及相关产品实行许可证管理，凡出口国家限制出口技术及相关产品的，应当按本办法履行出口许可手续。

第四条　属于本办法第三条规定的限制出口技术的出口许可由对外贸易经济合作部（以下简称“外经贸部”）会同科学技术部管理。

第五条　技术出口经营者出口本办法第三条所规定的限制出口技术及相关产品时，应填写《中国限制出口技术出口申请书》（以下简称《申请书》，见附表一），报送外经贸部履行出口许可手续。

第六条　外经贸部自收到《申请书》之日起30个工作日内，会同科学技术部分别对技术出口项目进行贸易审查和技术审查，并决定是否准予许可。

因申请内容不清、申请材料不完备或其他申请不符合规定的情形，退回申请人修改或补充的，申请人重新申请或补充最后材料之日为申请日。

第七条　限制出口技术的贸易审查应包括以下主要内容：

（一）是否符合我国对外贸易政策，并有利于促进外贸出口；

（二）是否符合我国产业出口政策，并有利于促进国民经济发展；

（三）是否符合我国对外承诺的义务。

第八条　限制出口技术的技术审查应包括以下主要内容：

（一）是否危及国家安全；

（二）是否符合我国科技发展政策，并有利于科技进步；

（三）出口成熟的产业化技术是否符合我国的产业政策，并能带动大型和成套设备、高新技术产品的生产和经济技术合作；

实验室技术，鼓励首先在国内开发，转变为产业化技术后再出口。国内暂不具备条件转化应用的，则应在国家利益不受损害并取得知识产权有效保护的前提下方可出口；

（四）出口的技术是否成熟可靠并经过验收或鉴定。未经验收或鉴定但已经生产实践证明的，应由采用单位出具证明。

第九条　出口申请获得批准后，由外经贸部颁发统一印制和编号的《中华人民共和国技术出口许可意向书》（以下简称《技术出口许可意向书》，见附表二）。《技术出口许可意向书》的有效期为1至3年。

在申请出口信贷、保险意向承诺时，必须出具《技术出口许可意向书》，金融、保险机构凭《技术出口许可意向书》办理有关业务。

第十条　对没有取得《技术出口许可意向书》的限制出口技术项目，任何单位和个人都不得对外进行实质性谈判，不得作出有关技术出口的具有法律效力的承诺。

第十一条　技术出口经营者在《技术出口许可意向书》有效期内，未签定技术出口合同，需延长有效期的，应于到期前至少30个工作日按本办法第五条规定的程序向外经贸部提出延期申请。

第十二条　技术出口经营者签订技术出口合同后，持《技术出口许可意向书》、合同副本、技术资料出口清单（文件、资料、图纸、其他）、设备出口清单和相关产品出口清单（见附表四、五、六）、签约双方法律地位证明文件到外经贸部申请技术出口许可证。

第十三条　外经贸部对技术出口合同的真实性进行审

查，并自收到本办法第十二条规定的文件之日起15个工作日内，对技术出口作出是否许可的决定，对许可出口的技术颁发由外经贸部统一印制和编号的《中华人民共和国技术出口许可证》(以下简称《技术出口许可证》，见附表三)。

第十四条 限制出口技术的技术出口合同自技术出口许可证颁发之日起生效。

第十五条 技术出口经营者到外经贸部领取技术出口许可证时，应登录中国国际电子商务网（网址为 http://info. ec. com. cn）上的“中华人民共和国技术进出口合同管理系统”，按程序录入合同内容。

第十六条 技术出口经营者获得《技术出口许可证》后，如需更改技术出口内容，应按本办法规定的程序重新履行技术出口许可手续。

第十七条 凡经外经贸部批准允许出口的国家限制出口技术出口项目和国家秘密技术出口项目在办理海关事宜时，必须出具《技术出口许可证》和有关清单，海关验核后办理有关放行手续。

第十八条 凡违反本办法规定的，将依据《中华人民共和国技术进出口管理条例》及其他有关法律规定，追究有关当事人和单位的责任。

第十九条 国防军工专用技术的出口不适用本办法。

第二十条 本办法自2002年1月1日起施行。

中国禁止进口限制进口技术目录（第一批）

中华人民共和国对外贸易经济合作部、国家经济贸易委员会　令
2001年　第15号

根据《中华人民共和国对外贸易法》和《中华人民共和国技术进出口管理条例》，现发布《中国禁止进口限制进口技术目录》，办法自2002年1月1日起施行。

对外贸易经济合作部部长　石广生
国家经济贸易委员会主任　李荣融
2001年12月30日

一、禁止进口技术

技术领域	编　号※	技　术　名　称
钢铁冶金技术	010101J	化铁炉炼钢工艺
	010102J	热烧结矿工艺
有色金属冶金技术	010201J	自焙槽电解铝生产工艺
	010202J	离子型稀土矿酸浸冶炼工艺
	010203J	采用烧结锅、烧结盘炼铅工艺
	010204J	炉床面积1.5平方米以下密闭鼓风炉炼铜工艺
	010205J	冶炼烟气制酸干法净化和热浓酸洗涤技术
	010206J	小混汞碾提金工艺
化工技术	010301J	干法造粒炭黑生产技术
	010302J	高、中温钠法百草枯农药生产技术
	010303J	氨碱法纯碱生产技术
	010304J	铁粉还原法苯胺工艺

续表

技术领域	编　　号※	技　　术　　名　　称
	010305J	生产氰化钠的氨钠法及氰熔体工艺
	010306J	有钙或少钙焙烧工艺的铬盐生产技术
石油炼制技术	010401J	减粘技术
石油化工技术	010501J	石化工业用水处理药剂磷系和有机膦系配方
消防技术	010601J	火灾探测器手工插焊电子元器件生产工艺
电工技术	010701J	镍镉电池生产技术
轻工技术	010801J	火柴排梗、卸梗生产工艺
	010802J	印铁制罐行业中的锡焊工艺
印刷技术	010901J	铅排工艺
	010902J	铅印工艺
医药技术	011001J	软木塞烫腊包装药品工艺
建筑材料生产技术	011101J	平板玻璃平拉工艺
	011102J	垂直引上平板玻璃生产工艺

二、限制进口技术

技术领域	编　　号	技　　术　　名　　称
生物技术	010101X	转基因技术
化工技术	010201X	无钙焙烧铬盐生产技术
	010202X	3，3－二氯联苯胺、联苯胺型颜料生产技术
石油炼制技术	010301X	常减压成套工程技术
	010302X	催化裂化成套技术
	010303X	100万吨/年以下的延迟焦化技术
	010304X	半再生重整技术
石油化工技术	010401X	甲苯歧化工艺技术
	010402X	芳烃抽提成套工艺技术
	010403X	裂解汽油加氢工艺技术
	010404X	5万吨及以下丁二烯DFM法抽提成套工艺技术
	010405X	单线生产能力6万吨/年及以下的丙烯腈成套工艺技术
	010406X	单线生产能力15万吨/年及以下的聚脂成套工艺技术
	010407X	SH级以下汽油机油及CF级以下柴油机油生产技术
生物化工	010501X	发酵法生产长链二元酸工艺技术
造币技术	010601X	印制人民币特有的防伪技术、工艺

※编号共7位，具体如下：

年度编号（2位数字）＋技术领域号（2位数字）＋技术名称号（2位数字）＋控制等级代码（1位字母）

年度代码由目录编制年度的后两位数字构成；技术领域号和技术名称号为排序号；控制等级代码中“J”表示禁止进口，“X”表示限制进口。

货物自动进口许可管理办法

中华人民共和国对外贸易经济合作部令

2001年 第20号

根据《中华人民共和国对外贸易法》和《中华人民共和国货物进出口管理条例》，经商海关总署同意，现公布《货物自动进口许可管理办法》，自2002年1月1日起施行。

部长 石广生

2001年12月31日

第一条 为了对货物进口实行有效监测，规范货物自动进口许可，根据《中华人民共和国货物进出口管理条例》，制定本办法。

第二条 中华人民共和国对外贸易经济合作部（以下简称“外经贸部”）根据监测货物进口情况的需要，对部分货物实行自动进口许可管理。

第三条 实行自动进口许可管理的货物目录，包括具体货物名称、税则号，由外经贸部会商有关部门确定，并至少在实施前21天公布。现行的自动进口许可管理货物目录附后（见附件1）。

第四条 在实行自动进口许可管理货物的原因发生变化后，外经贸部将取消该货物自动进口许可管理，并予以公布。

第五条 自动进口许可证由外经贸部授权配额许可证事务局、各省、自治区、直辖市、计划单列市外经贸主管部门和国家有关部门（以下统称“发证机构”）签发。具体发证机构名单附后（见附件2）。

《自动进口许可证》（样表见附件3）和“自动进口许可证专用章”（样章见附件4）由外经贸部负责统一监制并发放至用章单位。各用章单位必须指定专人保管，专管专用。

第六条 进口属于自动进口许可管理的货物，进口经营者应当在向海关申报前，向外经贸部授权的自动进口许可证发证机构提交自动进口许可证申请。

海关凭加盖“自动进口许可证专用章”的《自动进口许可证》办理报关手续。银行凭《自动进口许可证》办理售汇和付汇手续。

第七条 进口经营者申请自动进口许可证，需提交以下材料：

（一）自动进口许可证申请表（式样见附件5）；

（二）货物进口合同；

（三）行政主管机关核准经营范围的法定文件复印件；

（四）属于委托代理进口的，需提交委托人与进口经营者签订的代理进口合同；

（五）对进口货物用途或最终用户有特定规定的，应提交进口货物用途或最终用户符合国家规定的证明材料；

（六）外经贸部规定的其他需提交的材料。

第八条 凡内容正确且形式完备的许可申请，发证机构收到后应在管理可行的限度内立即核准，签发自动进口许可证。特殊情况下，最多不超过10个工作日。发证机构应按规定将有关电子数据及时传送外经贸部。

第九条 任何进口经营者，只要符合国家关于从事自动许可货物进口经营法律法规的要求，均有资格申请和获得《自动进口许可证》。

属于国家指定经营管理的货物，只有指定经营企业有资格申请和获得自动进口许可证；非指定经营企业如需进口属于指定经营的货物，应委托指定经营企业代理进口，并由指定经营企业申请自动进口许可证。对以指定经营管理中有关例外规定的方式进口指定经营管理货物的，进口经营者可直接申请自动进口许可证。

属于国营贸易管理的货物，国营贸易企业和非国营贸易企业申领自动进口许可证应符合国家有关国营贸易的管理规定。

依据法律法规和国家产业政策，对进口货物用途或用户有特定规定的，申请自动进口许可证应符合有关的规定。

第十条 以下贸易方式进口，免领自动进口许可证：

（一）加工贸易方式。

（二）货样、广告品进口。

（三）国家法律法规规定免领自动进口许可证的其他贸易方式。

第十一条 进口经营者已申领的自动进口许可证，如未使用，应交回原发证机构，并说明原因；如有遗失，应立即向原发证机构报告，经核实无不良后果，予以重新补发。

第十二条 对国家采取临时禁止进口或者进口数量限制措施的自动进口许可管理货物，自临时措施生效之日起，停止签发自动进口许可证。

第十三条 《自动进口许可证》实行“一批一证”制，即同一份自动进口许可证不得分批次累计报关使用。

自动进口许可证有效期为6个月。自动进口许可证需要延期或变更，一律重新办理，旧证同时撤销。

第十四条 未按本办法规定申领自动进口许可证，擅自进口自动进口许可管理货物的，依照海关法的有关规定处理。

伪造、变造、买卖自动进口许可证或以欺骗等不正当手段获取自动进口许可证的，依法收缴其自动进口许可证，外经贸部并可以暂停直至撤销其对外贸易经营许可；触犯刑法的，移交司法部门追究其刑事责任。

海关为查处违法案件之需要，可以依法对自动进口许可证件予以扣留。

第十五条 外商投资企业货物自动进口许可管理按照现行有关规定办理。

第十六条 机电产品自动进口许可的管理实施细则由外经贸部依据本办法制定并公布。

第十七条 原油、钢材、农药、腈纶、涤纶、聚酯切片、化肥（尿素、磷酸二铵、复合肥除外的税号）等7种工业品继续由国家经贸委、外经贸部联合共管。其中，外商投资企业继续按现行规定到外经贸部门办理外商投资企业自动进口许可证，海关凭加盖外经贸部门外商投资企业自动进口许可专用章的自动进口许可证验放。

第十八条 进入中华人民共和国保税区和出口加工区的属自动进口许可管理的货物，不适用本办法。

第十九条 本办法由外经贸部负责解释。

第二十条 本办法自2002年1月1日起施行。以往规定凡与本办法不一致的，以本办法为准。

附件：1. 自动进口许可管理货物目录

2. 自动进口许可证发证机构名单

3. 自动进口许可证样表

4. 自动进口许可证专用章样章（略）

5. 自动进口许可证申请表式样

附件1

自动进口许可管理货物目录

目录一

商品类别	商品编码	货品名称
肉鸡	02071100.10	鲜的整只鸡
	02071100.90	冷的整只鸡
	02071200	冻的整只鸡
	02071311.10	鲜的带骨鸡块
	02071311.90	冷的带骨鸡块
	02071319.10	其他鲜的鸡块
	02071319.90	其他冷的鸡块
	02071321.10	鲜的鸡翼（不包括翼尖）
	02071321.90	冷的鸡翼（不包括翼尖）
	02071329.10	其他鲜的鸡杂碎
	02071329.90	其他冷的鸡杂碎
	02071411	冻的带骨鸡块（包括鸡胸脯、鸡大腿等）
	02071419	冻的不带骨鸡块（包括鸡胸脯、鸡大腿等）
	02071421	冻的鸡翼（不包括翼尖）
	02071429	冻的其他食用鸡杂碎（包括鸡翼尖、鸡爪、鸡肝等）
	05040021	冷、冻的鸡肫（即鸡胃）

续表

商品类别	商品编码	货品名称
酒	22051000	小包装的味美思酒及类似酒（两升及以下容器包装，加植物或香料，用鲜葡萄酿造的酒）
	22059000	其他包装的味美思酒及类似酒（两升以上容器包装，加植物或香料用鲜葡萄酿造的酒）
	22071000	浓度在80%及以上的未改性乙醇（指酒精浓度）
	22082000	蒸馏葡萄酒制得的烈性酒
	22083000	威士忌酒
	22084000	朗姆酒及其他甘蔗蒸馏酒
	22085000	杜松子酒
	22087000	利口酒及阿迪尔酒
	22089010	龙舌兰酒
	22089090.10	酒精浓度在80%以下的未改性乙醇
	22089090.20	薯类蒸馏酒
	22089090.90	其他蒸馏酒及酒精饮料
烟　草	24011010	未去梗的烤烟
	24011090	其他未去梗的烟草
	24012010	部分或全部去梗的烤烟
	24012090	其他部分或全部去梗的其他烟草
	24013000	烟草废料
	24021000	烟草制的雪茄烟
	24022000	烟草制的卷烟
	24029000.10	烟草代用品制的卷烟
	24029000.90	烟草代用品制的雪茄烟
	24031000	供吸用的烟丝，不论是否含有任何比例的烟草代用品
	24039100	“均化”或“再造”烟草
	24039900.10	烟草精汁
	48131000	成小本或管状卷烟纸
	48132000	宽度不超过5厘米成卷的卷烟纸
	48139000	其他卷烟纸，不论是否切成一定尺寸，编号1843未具体列名的
	56012210	化学纤维制的卷烟滤嘴
二醋酸纤维丝束	55020010	二醋酸纤维丝束
石　棉	25240010.10	长纤维青石棉
	25240010.90	其他长纤维青石棉
	25240090.10	青石棉
	25240090.90	其他石棉

续表

商品类别	商品编码	货　品　名　称
氧化铝	28182000	氧化铝
彩色感光材料	37013090	未曝光其他用途的感光硬片及软片,平面软片,任何一边大于255mm
	37019100	其他未曝光的彩色硬片及平面软片，边长小于等于255mm
	37023100	未曝光无齿孔彩色窄胶卷，窄胶卷指宽度小于等于105mm，彩色摄影用
	37024100	未曝光无齿孔宽长彩色胶卷，宽长胶卷指宽度大于610mm，长度大于200mm
	37024390	其他未曝光无齿孔中长胶卷，中长胶卷指宽度大于610mm，长度小于等于200mm
	37024490	其他用无齿孔未曝光中宽胶卷，中宽胶卷指宽度大于105mm小于等于610mm
	37025100	未曝光窄短彩卷,窄短胶卷宽度小于等于16mm,长度小于等于14mm
	37025200	未曝光中窄彩色胶卷，中窄胶卷指宽度小于等于16mm，长度大于14mm
	37025410	非幻灯用彩色摄影胶卷，宽度等于35mm，长度小于等于2m
	37025490	其他非幻灯片用彩色摄影胶卷，宽度大于16毫米，但小于等于35毫米，长度≤30米
	37025590	其他未曝光窄长彩色胶卷，窄长胶卷指宽度大于16mm≤35mm，长度大于30m
	37025690	其他未曝光的中宽彩色电影胶卷，宽度大于35mm
	37029100	未曝光窄短非彩色胶卷，宽度小于等于16mm
	37031010	成卷未曝光的宽幅感光纸及纸板，宽度大于610mm
	37032010	未曝光的彩色感光纸及纸板，成卷的宽幅感光纸及纸板除外
塑料原料	39011000	初级形状的聚乙烯，比重小于0.94
	39012000.10	初级形状的聚乙稀，比重在0.94及以上（电工级，进口CIF价高于2 000美元/吨）
	39012000.90	初级形状的聚乙稀，比重在0.94及以上（非电工级以及电工级中进口CIF价不超过2 000美元/吨）
	39021000.10	电工级初级形状的聚丙烯树脂（灰分含量不大于30ppm）
	39021000.90	其他初级形状的聚丙烯
	39031100	初级形状的可发性聚苯乙烯
	39031900	初级形状的其他聚苯乙烯
	39041000	初级形状的纯聚氯乙烯，纯指未掺其他物资
	39042100	初级形状的未塑化聚氯乙烯
	39042200	初级形状的已塑化的聚氯乙烯

续表

商品类别	商品编码	货　品　名　称
合成橡胶	40021110	羧基丁苯橡胶乳胶
	40021190	其他乳胶
	40021911	初级形状未经任何加工丁苯橡胶，胶乳除外
	40021912	初级形状充油丁苯橡胶，胶乳除外
	40021913	初级形状热塑丁苯橡胶，胶乳除外
	40021914	初级形状充油热塑丁苯橡胶，胶乳除外
	40021919	其他初级形状羧基丁苯橡胶等，胶乳除外
	40021990	丁苯橡胶及羧基丁苯橡胶板，片，带
	40022010	初级形状的丁二烯橡胶
	40022090	其他丁二烯橡胶板，片，带
	40023110	初级形状的异丁烯—异戊二烯橡胶
	40023190	异丁烯—异戊二烯橡胶板，片，带
	40023910	初级形状的其他卤代丁基橡胶
	40023990	卤代丁基橡胶板，片，带
	40024100	氯丁二烯橡胶乳胶
	40024910	初级形状的氯丁二烯橡胶，胶乳除外
	40024990	氯丁二烯橡胶板，片，带
	40025100	丁腈橡胶乳胶
	40025910	初级形状的丁腈橡胶，胶乳除外
	40025990	丁腈橡胶板，片，带
	40026010	初级形状的异戊二烯橡胶
	40026090	异戊二烯橡胶板，片，带
	40027010	初级形状的乙丙非共轭二烯橡胶
	40027090	乙丙非共轭二烯橡胶板，片，带
	40028000	天然橡胶与合成橡胶的混合物
	40029100	本税号其他未列名胶乳
	40029911	其他初级形状的合成橡胶
	40029919	其他合成橡胶板，片，带，胶乳除外
	40029990	从油类提取的油膏
	40116100.11	断面宽大于等于 24 英寸人字形子午线轮胎，新的充气橡胶轮胎，含胎面类似人字形的，农林车辆机械用
	40116100.19	断面宽大于等于 24 英寸人字形其他轮胎，新的充气橡胶轮胎，含胎面类似人字形的，农林车辆机械用
	40116100.91	其他人字形胎面子午线轮胎，新的充气橡胶轮胎，含胎面类似人字形的，农林车辆机械用

续表

商品类别	商品编码	货品名称
	40116100.99	其他人字形胎面非子午线轮胎，新的充气橡胶轮胎，含胎面类似人字形的，农林车辆机械用
	40116200.11	断面宽大于等于24英寸人字形子午线轮胎，建筑业、工业用，辋圈小于等于61cm，新充气橡胶轮胎，含类似人字形
	40116200.19	断面宽大于等于24英寸人字形其他轮胎，建筑业、工业用，辋圈小于等于61cm，新充气橡胶轮胎，含类似人字形
	40116200.91	其他人字形胎面子午线轮胎，建筑业、工业用，辋圈小于等于61cm，新充气橡胶轮胎，含类似人字形
	40116200.99	其他人字形胎面非子午线轮胎，建筑业、工业用，辋圈小于等于61cm，新充气橡胶轮胎，含类似人字形
	40116300.11	断面宽大于等于24英寸人字形子午线轮胎，建筑业、工业用，辋圈大于61cm，新充气橡胶轮胎，含类似人字形
	40116300.19	断面宽大于等于24英寸人字形其他轮胎，新充气橡胶轮胎，含类似人字形
	40116300.91	其他人字形子午线轮胎，建筑业、工业用，辋圈大于61cm，新充气橡胶轮胎，含类似人字形
	40116300.99	其他人字形非子午线轮胎，建筑业、工业用，辋圈大于61cm，新充气橡胶轮胎，含类似人字形
	40116900.11	断面宽大于等于24英寸人字形子午线轮胎，其他用途，新充气橡胶轮胎，含胎面类似人字形
	40116900.19	断面宽大于等于24英寸人字形其他轮胎，其他用途，新充气橡胶轮胎，含胎面类似人字形
	40116900.91	其他人字形子午线轮胎，其他用途，新充气橡胶轮胎，含胎面类似人字形
	40116900.99	其他人字形非子午线轮胎，其他用途，新充气橡胶轮胎，含胎面类似人字形
	40121100	机动小客车用翻新轮胎，包括旅行小客车及赛车用翻新轮胎
	40121200	机动大客车或货运车用翻新轮胎
	40122010.10	汽车用旧的充气橡胶子午线轮胎
	40122010.90	汽车用旧的充气橡胶非子午线轮胎
	40129020.10	汽车用实心或半实心子午线轮胎，包括可互换的橡胶胎面及橡胶轮胎衬带
	40129020.90	汽车用实心或半实心非子午线轮胎，包括可互换的橡胶胎面及橡胶轮胎衬带
	40131000	汽车用橡胶内胎，机动小客车（包括旅行小客车及赛车）、客运车或货运车用

续表

商品类别	商品编码	货品名称
胶合板	44121300.10	有一表层为桃花心木薄板制胶合板，每层厚度小于等于6mm
	44121300.90	有一表层为热带木薄板制胶合板，热带木指本章子目注释所列木材，每层厚度小于等于6mm
	44121400.10	有一表层为拉敏木薄板制的胶合板，每层厚度小于等于6mm
	44121400.90	有一表层为非针叶木薄板制胶合板，所称非针叶木不包括热带木，每层厚度小于等于6mm
	44121900	其他仅由薄木板制的胶合板，每层厚度小于等于6mm
化纤布	54071010	尼龙或其他聚酰胺高强力纱纺制的高强力纱纺制机织物
	54071020.10	聚酯高强力纱纺制机织物，重量小于等于170克/平米
	54071020.90	聚酯高强力纱纺制机织物，重量大于170克/平米
	54072000.10	聚乙烯聚丙烯扁条或类似机织物，宽度3米以下
	54072000.90	其他合成纤维扁条及类似品机织物
	54074100.10	尼龙或其他聚酰胺长丝≥85%未漂或漂白的打字机带用机织物
	54074100.90	尼龙等聚酰胺长丝≥86%未漂或漂白的其他机织物
	54074200	尼龙等聚酰胺长丝≥85%的染色纯尼龙机织物
	54074300	尼龙等聚酰胺长丝≥85%的色织纯尼龙机织物
	54074400	尼龙等聚酰胺长丝≥85%的印花的纯尼龙机织物
	54075100.10	聚酯变形长丝≥85%，重量小于等于170克/平米未漂或漂白的纯聚酯变形长丝机织物
	54075100.20	聚酯变形长丝≥85%，重量大于171克/平米未漂或漂白的纯聚酯变形长丝
	54075200.10	聚酯变形长丝≥85%染色布，宽小于77厘米，每厘米经纱密70—142根，纬密32—71根
	54075200.91	染色的其他聚酯变形长丝机织物，聚酯变形长丝含量≥85%，重量小于等于170克/平米
	54075200.92	染色的其他聚酯变形长丝机织物，聚酯变形长丝含量≥85%，重量大于170克/平米
	54075300.10	色织的聚酯变形长丝布，含量≥85%，宽<77cm，每厘米经纱密70—142根，纬密32—71根
	54075300.91	色织的聚酯变形长丝机织物，聚酯变形长丝含量≥85%，重量小于等于170克/平米
	54075300.92	色织的聚酯变形长丝机织物，聚酯变形长丝含量≥85%，重量大于170克/平米
	54075400.10	印花的聚酯变形长丝机织物，聚酯变形长丝含量≥85%，重量小于等于170克/平米
	54075400.20	印花的聚酯变形长丝机织物，聚酯变形长丝含量≥85%，重量大于170克/平米

续表

商品类别	商品编码	货品名称
	54076100.11	染色聚酯非变形长丝布，含量≥85，宽＜77cm，每厘米经纱密70—142根，纬密32—71根
	54076100.12	色织聚酯非变形长丝布，含量≥85，宽＜77cm，每厘米经纱密70—142根，纬密32—71根
	54076100.20	全聚酯其他非变形长丝机织物，单纱含27根丝，细75—80分特，捻度900转及以上
	54076100.31	未漂或漂聚酯非变形长丝机织物，聚酯非变形长丝含量≥85，重量大于170克/平米
	54076100.32	未漂或漂聚酯非变形长丝机织物，聚酯非变形长丝含量≥85，重量小于等于170克/平米
	54076100.41	染色其他聚酯非变形长丝布，聚酯变形长丝含量≥85%，重量大于170克/平米
	54076100.42	染色其他非聚酯非变形长丝布，聚酯非变形长丝含量≥85，重量小于等于170克/平米
	54076100.51	色织聚酯非变形长丝布，聚酯非变形长丝含量≥85，重量大于170克/平米
	54076100.52	色织聚酯非变形长丝布，聚酯非变形长丝含量≥85，重量小于等于170克/平米
	54076100.61	印花的聚酯变形长丝布，聚酯非变形长丝含量≥85，重量小于等于170克/平米
	54076100.62	印花的聚酯变形长丝机织物，聚酯长丝含量≥85，重量小于等于170克/平米
	54076900.11	未漂或漂聚酯其他长丝布，聚酯长丝含量≥85，重量大于170克/平米
	54076900.12	未漂或漂聚酯其他长丝布，聚酯长丝含量≥85，重量小于等于170克/平米
	54076900.21	染色其他聚酯长丝布，聚酯长丝含量≥85，重量大于170克/平米
	54076900.22	染色其他聚酯长丝布，聚酯长丝含量≥85，重量小于等于170克/平米
	54076900.31	色织其他聚酯长丝布，含量≥85，每厘米经纱密70—142根，纬密32—71根
	54076900.32	色织其他聚酯长丝布，聚酯长丝含量≥85，重量大于170克/平米
	54076900.33	色织其他聚酯长丝布，聚酯长丝含量≥85，重量小于等于170克/平米
	54076900.41	印花其他聚酯丝机织物，聚酯长丝含量≥85，重量大于170克/平米
	54076900.42	印花其他聚酯丝机织物，聚酯长丝含量≥85，重量小于等于170克/平米
	54077100	含其他纯合纤长丝≥85%未漂或漂白的机织物
	54077200	含其他合成纤维长丝≥85%染色的其他纯合纤长丝布
	54077300	含其他合成纤维长丝≥85%色织的其他纯合纤长丝布

续表

商品类别	商品编码	货品名称
	54077400	含其他合成纤维长丝≥85%印花的其他纯合纤长丝布
	54078100.10	含合纤长丝<85%，与棉混纺未漂或漂白府绸及细平布
	54078100.20	含合纤长丝<85%，与棉混纺未漂或漂白平布
	54078100.30	含合纤长丝<85%，与棉混纺未漂或漂白印染用布
	54078100.40	含合纤长丝<85%，与棉混纺未漂或漂白缎纹或斜纹布
	54078100.90	含合纤长丝<85%，与棉混纺未漂或漂白其他合纤布
	54078200.10	合成纤维长丝<85%，与棉混纺染色府绸及细平布
	54078200.20	合成纤维长丝<85%，与棉混纺染色平布
	54078200.30	合成纤维长丝<85%，与棉混纺染色印染用布
	54078200.40	合成纤维长丝<85%，与棉混纺染色缎纹或斜纹平布
	54078200.90	合成纤维长丝<85%，与棉混纺染色其他合纤布
	54078300.10	合成纤维长丝<85%，与棉混纺色织府绸及细平布
	54078300.20	合成纤维长丝<85%，与棉混纺色织平布
	54078300.30	合成纤维长丝<85%，与棉混纺色织印染用布
	54078300.40	合成纤维长丝<85%，与棉混纺色织缎纹或斜纹平布
	54078300.90	合成纤维长丝<85%，与棉混纺色织其他合纤布
	54078400.10	合成纤维长丝<85%，与棉混纺印花府绸及细平布
	54078400.20	合成纤维长丝<85%，与棉混纺印花平布
	54078400.30	合成纤维长丝<85%，与棉混纺印花印染用布
	54078400.40	合成纤维长丝<85%，与棉混纺印花缎纹或斜纹布
	54078400.90	合成纤维长丝<85%，与棉混纺印花其他合纤布
	54079100.11	其他合成纤维长丝未漂白或漂白布，与精梳羊毛或动物细毛大于等于36%混纺，合纤小于85%
	54079100.19	其他合成纤维长丝未漂白或漂白布，合纤含量在85%以下，与其他羊毛或动物毛36%及以上混纺
	54079100.21	其他合成纤维长丝未漂白或漂白布，与精梳羊毛或动物细毛小于36%混纺，合纤小于85%
	54079100.29	其他合成纤维长丝未漂白或漂白布,，合纤含量在85%以下，与其他羊毛或动物毛36%及以下
	54079100.30	其他合成纤维长丝未漂白或漂白布，与人造纤维长丝混纺，合纤含量小于85%
	54079100.91	其他未漂白或漂白其他混纺府绸及细平布，合成纤维长丝含量在85%以下，与其他纤维混纺
	54079100.92	其他未漂白或漂白其他混纺平布，合成纤维长丝含量在85%以下，与其他纤维混纺

续表

商品类别	商品编码	货　品　名　称
	54079100.93	其他未漂白或漂白其他混纺印染用布，合成纤维长丝含量在85%以下，与其他纤维混纺
	54079100.94	其他未漂白或漂白其他混纺缎纹或斜纹布，合成纤维长丝含量在85%以下，与其他纤维混纺
	54079100.99	其他未漂白或漂白其他混纺其他合纤布，合成纤维长丝含量在85%以下，与其他纤维混纺
	54079200.11	其他合成纤维长丝染色布，与精梳羊毛或动物细毛大于等于36%混纺，合纤小于85%
	54079200.19	其他合成纤维长丝染色布，与其他羊毛或动物细毛大于等于36%混纺，合纤小于85%
	54079200.21	其他合成纤维长丝染色布，与精梳羊毛或动物细毛小于36%混纺，合纤小于85%
	54079200.29	其他合成纤维长丝染色布，与其他羊毛或动物细毛小于36%混纺，合纤小于85%
	54079200.30	其他合成纤维长丝染色布，与人造纤维长丝或含金属纱线混纺，合纤含量在85%以下
	54079200.91	染色的其他合成纤维长丝混纺府绸及细平布，合成纤维长丝含量在85%以下，与其他纤维混纺
	54079200.92	其他合成纤维长丝染色混纺平布，合成纤维长丝含量在85%以下，与其他纤维混纺布
	54079200.93	其他合成纤维长丝染色混纺印染用布，合成纤维长丝含量在85%以下，与其他纤维混纺
	54079200.94	其他合成纤维长丝染色混纺缎纹或斜纹布，合成纤维长丝含量在85%以下，与其他纤维混纺
	54079200.99	其他合成纤维长丝染色混纺其他合纤布，合成纤维长丝含量在85%以下，与其他纤维混纺
	54079300.11	色织的其他混纺合成纤维布，与精梳羊毛或动物细毛大于等于36%混纺，合纤小于85%
	54079300.19	色织的其他混纺合成纤维布，与其他羊毛或动物细毛大于等于36%混纺，合纤小于85%
	54079300.21	色织的其他混纺合成纤维布，与精梳羊毛或动物细毛小于36%混纺，合纤小于85%
	54079300.29	色织的其他混纺合成纤维布，与其他羊毛或动物细毛小于36%混纺，合纤小于85%
	54079300.30	色织的其他混纺合成纤维布，合纤小于85%，含化纤长丝大于等于85%，每厘米经密70—142根，纬密32—71根
	54079300.40	色织的其他混纺合成纤维布，与人造纤维长丝或含金属纱线混纺，合纤含量在85%以下

续表

商品类别	商品编码	货　品　名　称
	54079300.91	色织的其他混纺府绸及细平布，合成纤维长丝含量在85%以下，与其他纤维混纺
	54079300.92	色织的其他混纺平布，合成纤维长丝含量在85%以下，与其他纤维混纺
	54079300.93	色织的其他混纺印染用布，合成纤维长丝含量在85%以下，与其他纤维混纺
	54079300.94	色织的其他混纺缎纹或斜纹布，合成纤维长丝含量在85%以下，与其他纤维混纺
	54079300.99	色织的其他混纺其他合纤布，合成纤维长丝含量在85%以下，与其他纤维混纺
	54079400.11	印花的其他合成纤维布，与精梳羊毛或动物细毛大于等于36%混纺，合纤小于85%
	54079400.19	印花的其他合成纤维布，与其他羊毛或动物细毛大于等于36%混纺，合纤小于85%
	54079400.21	印花的其他混纺合成纤维布，与精梳羊毛或动物细毛小于36%混纺，合纤小于85%
	54079400.29	印花的其他混纺合成纤维布，与其他羊毛或动物细毛小于36%混纺，合纤小于85%
	54079400.30	印花的其他混纺合成纤维布，与人造纤维长丝或含金属纱线混纺，合纤含量在85%以下
	54079400.91	印花的其他混纺府绸及细平布，合成纤维长丝含量在85%以下，与其他纤维混纺
	54079400.92	印花的其他混纺平布，合成纤维长丝含量在85%以下，与其他纤维混纺
	54079400.93	印花的其他混纺印染用布，合成纤维长丝含量在85%以下，与其他纤维混纺
	54079400.94	印花的其他混纺缎纹或斜纹布，合成纤维长丝含量在85%以下，与其他纤维混纺
	54079400.99	印花的其他合成纤维布，混纺其他合纤布，合成纤维长丝含量在85%以下，与其他纤维混纺
	54081000	粘胶纤维高强力纱的机织物
	54082110	未漂白或漂白粘胶纤维长丝的机织物，按重量计粘胶纤维长丝、扁条或类似品含量大于等于85%
	54082120	未漂白或漂白醋酸纤维长丝的机织物，按重量计醋酸纤维长丝、扁条或类似品含量大于等于85%
	54082190	未漂白或漂白其他人造纤维长丝纱线的机织物，包括扁条布，按重量计其他人造纤维长丝含量大于等于85%
	54082210	染色粘胶长丝的机织物，按重量计粘胶纤维长丝、扁条或类似品含量大于等于85%

续表

商品类别	商品编码	货品名称
	54082220	染色醋酸长丝的机织物，按重量计醋酸纤维长丝、扁条或类似品含量大于等于85%
	54082290	其他染色人造纤维长丝的机织物，按重量计其他人造纤维长丝，扁条含量大于等于85%
	54082310	色织粘胶纤维制人造纤维长丝的机织物，按重量计粘胶纤维长丝、扁条或类似品含量大于等于85%
	54082320	色织醋酸纤维制长丝的机织物，按重量计醋酸纤维长丝、扁条或类似品含量大于等于85%
	54082390	其他色织人造纤维长丝纱线的机织物，按重量计其他人造纤维长丝，扁条含量大于等于85%
	54082410	印花粘胶纤维制人造纤维长丝纱线的机织物，按重量计粘胶纤维长丝、扁条或类似品含量大于等于85%
	54082420	印花醋酸纤维制人造纤维长丝纱线的机织物，按重量计醋酸纤维长丝、扁条或类似品含量大于等于85%
	54082490	其他印花人造纤维长丝纱线的机织物，按重量计人造纤维长丝，扁条含量大于等于85%
	54083100.11	未漂白或漂白人造纤维长丝机织物，与精梳羊毛或动物细毛≥36%，人造纤维<85%
	54083100.19	未漂白或漂白人造纤维长丝机织物，与其他羊毛或动物细毛≥36%，人造纤维<85%
	54083100.21	未漂白或漂白人造纤维长丝机织物，与精梳羊毛或动物细毛<36%，人造纤维<85%
	54083100.29	未漂白或漂白人造纤维长丝机织物，与其他羊毛或动物细毛<36%，人造纤维<85%
	54083100.30	未漂白或漂白人造纤维长丝机织物，与人造纤维长丝混纺，人造纤维长丝含量在85%以下
	54083100.91	未漂白或漂白人纤混纺府绸及细平布，混纺布指按重量计人造纤维长丝，扁条或类似品含量在85%以下
	54083100.92	未漂白或漂白人造纤维长丝平布，混纺布指按重量计人造纤维长丝，扁条或类似品含量在85%以下
	54083100.93	未漂白或漂白人造纤维长丝印染用布，混纺布指按重量计人造纤维长丝，扁条或类似品含量在85%以下
	54083100.94	未漂白或漂白人造纤维长丝缎纹或斜纹布，混纺布指按重量计人造纤维长丝，扁条或类似品含量在85%以下
	54083100.99	未漂白或漂白人造纤维长丝其他混纺布，混纺布指按重量计人造纤维长丝，扁条或类似品含量在85%以下
	54083200.11	染色的人造纤维长丝机织物，与精梳羊毛或动物细毛≥36%，人造纤维<85%

续表

商品类别	商品编码	货品名称
	54083200.19	染色的人造纤维长丝机织物，与其他羊毛或动物细毛≥36%，人造纤维<85%
	54083200.21	染色的人造纤维长丝机织物，与精梳羊毛或动物细毛<36%，人造纤维<85%
	54083200.29	染色的人造纤维长丝机织物，与其他羊毛或动物细毛<36%，人造纤维<85%
	54083200.30	染色的人造纤维长丝机织物，含丝及绢丝30%及以上，每公斤价值超过$33，人造纤维<85%
	54083200.40	染色的人造纤维长丝机织物，与合成纤维长丝混纺，人造纤维长丝，扁条或类似品含量在85%以下
	54083200.91	染色的人造纤维长丝府绸或细平布，混纺布指按重量计人造纤维长丝，扁条或类似品含量在85%以下
	54083200.92	染色的人造纤维长丝平布，混纺布指按重量计人造纤维长丝，扁条或类似品含量在85%以下
	54083200.93	染色的人造纤维长丝印染用布，混纺布指按重量计人造纤维长丝，扁条或类似品含量在85%以下
	54083200.94	染色的人造纤维长丝缎纹或斜纹布，混纺布指按重量计人造纤维长丝，扁条或类似品含量在85%以下
	54083200.99	染色的人造纤维长丝其他机织物，混纺布指按重量计人造纤维长丝，扁条或类似品含量在85%以下
	54083300.11	色织的人造纤维长丝机织物，与精梳羊毛或动物细毛≥36%，人造纤维<85%
	54083300.19	色织的人造纤维长丝机织物，与其他羊毛或动物细毛≥36%，人造纤维<85%
	54083300.21	色织的人造纤维长丝机织物，与精梳羊毛或动物细毛<36%，人造纤维<85%
	54083300.29	色织的人造纤维长丝机织物，与其他羊毛或动物细毛<36%，人造纤维<85%
	54083300.30	色织的人造纤维长丝机织物，人造纤维<85%，含化纤长丝≥85%，每厘米经密70—142根，纬密32—71根
	54083300.40	色织的人造纤维长丝机织物，含丝及绢丝30%及以上，每公斤价值超过$33，人造纤维<85%
	54083300.50	色织的人造纤维长丝机织物，与合成纤维长丝混纺，人造纤维长丝，扁条或类似品含量在85%以下
	54083300.91	色织的人造纤维长丝府绸或细平布，混纺布指按重量计人造纤维长丝，扁条或类似品含量在85%以下
	54083300.92	色织的人造纤维长丝平布，混纺布指按重量计人造纤维长丝，扁条或类似品含量在85%以下

续表

商品类别	商品编码	货品名称
	54083300.93	色织的人造纤维长丝印染用布，混纺布指按重量计人造纤维长丝，扁条或类似品含量在85%以下
	54083300.94	色织的人造纤维长丝缎纹或斜纹布，混纺布指按重量计人造纤维长丝，扁条或类似品含量在85%以下
	54083300.99	色织的人造纤维长丝其他机织物，混纺布指按重量计人造纤维长丝，扁条或类似品含量在85%以下
	54083400.11	印花的人造纤维长丝机织物，与精梳羊毛或动物细毛≥36%，人造纤维<85%
	54083400.19	印花的人造纤维长丝机织物，与其他羊毛或动物细毛≥36%，人造纤维<85%
	54083400.21	印花的人造纤维长丝机织物，与精梳羊毛或动物细毛<36%，人造纤维<85%
	54083400.29	印花的人造纤维长丝机织物，与其他羊毛或动物细毛<36%，人造纤维<85%
	54083400.30	印花的人造纤维长丝机织物，含丝及绢丝30%及以上，每公斤价值超过＄33，人造纤维<85%
	54083400.40	印花的人造纤维长丝机织物，与合成纤维长丝混纺，人造纤维长丝，扁条或类似品含量在85%以下
	54083400.91	印花的人造纤维长丝府绸或细平布，混纺布指按重量计人造纤维长丝，扁条或类似品含量在85%以下
	54083400.92	印花的人造纤维长丝平布，混纺布指按重量计人造纤维长丝，扁条或类似品含量在85%以下
	54083400.93	印花的人造纤维长丝印染用布，混纺布指按重量计人造纤维长丝，扁条或类似品含量在85%以下
	54083400.94	印花的人造纤维长丝缎纹或斜纹布，混纺布指按重量计人造纤维长丝，扁条或类似品含量在85%以下
	54083400.99	印花的人造纤维长丝其他机织物，混纺布指按重量计人造纤维长丝，扁条或类似品含量在85%以下
	55121900.10	聚酯短弦色织机织物，纯聚酯布指按重量计含聚酯短纤≥85%的布，蓝粗斜纹布及提花织物除外
	55121900.20	聚酯短弦蓝粗斜纹布，纯聚酯布指按重量计含聚酯短纤≥85%的布
	55121900.31	聚酯短纤其他机织府绸或细平布，纯聚酯布指按重量计含聚酯短纤≥85%的布
	55121900.32	聚酯短纤其他机织平布,纯聚酯布指按重量计含聚酯短纤≥85%的布
	55121900.33	聚酯短纤其他机织印染用布，纯聚酯布指按重量计含聚酯短纤≥85%的布
	55121900.34	聚酯短纤其他平纹奶酪布等，含聚酯短纤≥85%的布，含薄细布，巴里纱
	55121900.35	聚酯短纤其他机织帆布,纯聚酯布指按重量计含聚酯短纤≥85%的布

续表

商品类别	商品编码	货品名称
	55121900.36	聚酯短纤其他缎纹或斜纹机织物，纯聚酯布指按重量计含聚酯短纤≥85%的布
	55121900.37	聚酯短纤其他牛津布，纯聚酯布指按重量计含聚酯短纤≥85%的布
	55121900.90	聚酯短纤其他机织物，纯聚酯布指按重量计含聚酯短纤≥85%的布
	55122100.10	未漂白或漂白腈纶短纤机织府绸细平布，纯腈纶布指按重量计腈纶短纤含量在85%及以上
	55122100.20	未漂白或漂白腈纶短纤机织平布，纯腈纶布指按重量计腈纶短纤含量在85%及以上
	55122100.30	未漂白或漂白腈纶短纤机织印染用布，纯腈纶布指按重量计腈纶短纤含量在85%及以上
	55122100.40	未漂白或漂白腈纶短纤平纹奶酪布等，腈纶短纤含量在85%及以上，含薄细布，巴里纱
	55122100.50	未漂白或漂白腈纶短纤机织帆布，纯腈纶布指按重量计腈纶短纤含量在85%及以上
	55122100.60	未漂白或漂白腈纶短纤其他斜纹机织物，腈纶短纤含量在85%及以上，含缎纹机织物
	55122100.70	未漂白或漂白腈纶短纤牛津布，纯腈纶布指按重量计腈纶短纤含量在85%及以上
	55122100.90	未漂白或漂白腈纶短纤其他机织物，纯腈纶布指按重量计腈纶短纤含量在85%及以上
	55122900.10	腈纶短纤色织机织物，腈纶短纤含量在85%及以上，蓝粗斜纹布及提花织物除外
	55122900.20	腈纶短纤蓝粗斜纹布，纯腈纶布指按重量计腈纶短纤含量在85%及以上
	55122900.31	腈纶短纤其他机织府绸或细平布，纯腈纶布指按重量计腈纶短纤含量在85%及以上
	55122900.32	腈纶短纤及其他机织平布（纯腈纶布指按重量计腈纶短纤含量在85%及以上）
	55122900.33	腈纶短纤其他机织印染用布，纯腈纶布指按重量计腈纶短纤含量在85%及以上
	55122900.34	腈纶短纤其他平纹奶酪布，腈纶短纤含量在85%及以上，含薄细布，巴里纱
	55122900.35	腈纶短纤其他机织帆布，纯腈纶布指按重量计腈纶短纤含量在85%及以上
	55122900.36	腈纶短纤其他缎纹或斜纹机织物，纯腈纶布指按重量计腈纶短纤含量在85%及以上
	55122900.37	腈纶短纤其他牛津布，纯腈纶布指按重量计腈纶短纤含量在85%及以上
	55122900.90	腈纶短纤其他机织物，纯腈纶布指按重量计腈纶短纤含量在85%及以上

续表

商品类别	商品编码	货品名称
	55129100.10	未漂或漂白布其他合纤短纤机织府绸，其他合成纤维短纤≥85%的，含细平布
	55129100.20	未漂或漂白布其他合纤短纤机织平布，其他合成纤维短纤≥85%的
	55129100.30	未漂或漂白布其他合纤短纤印染用布，其他合成纤维短纤≥85%的
	55129100.40	未漂或漂白布其他合纤短纤平纹奶酪布，其他合纤短纤含量在85%及以上，含薄细布，巴里纱
	55129100.50	未漂或漂白布其他合纤短纤机织帆布，其他合成纤维短纤≥85%的
	55129100.60	未漂或漂白布其他合纤短纤斜纹机织物，其他合成纤维短纤≥85%的
	55129100.70	未漂或漂白布其他合纤短纤牛津布，其他合成纤维短纤≥85%的
	55129100.90	未漂或漂白布其他合纤短纤其他机织物，其他合成纤维短纤≥85%的
	55129900.10	其他合纤短纤色织机织物，其他合成纤维短纤≥85%的布，蓝粗斜纹布及提花织物除外
	55129900.20	其他合纤短纤蓝粗斜纹布，其他合成纤维短纤≥85%的布
	55129900.31	其他合纤短纤机织府绸或细平布，其他合成纤维短纤≥85%的布
	55129900.32	其他合纤短纤其他机织平布，其他合成纤维短纤≥85%的布
	55129900.33	其他合纤短纤其他机织印染用布，其他合成纤维短纤≥85%的布
	55129900.34	其他合纤短纤平纹奶酪布等，其他合成纤维短纤≥85%的布
	55129900.35	其他合纤短纤其他机织帆布，其他合成纤维短纤≥85%的布
	55129900.36	其他合纤短纤缎纹或斜纹机织物，其他合成纤维短纤≥85%的布
	55129900.39	其他合纤短纤其他牛津布，其他合成纤维短纤≥85%的布
	55129900.90	其他合纤短纤其他机织物，其他合成纤维短纤≥85%的布
	55131110.10	聚酯短纤<85%棉混未漂平纹府绸布，平米重≤170g含细平布
	55131110.20	聚酯短纤<85%棉混未漂平纹机织平布，平米重≤170g
	55131110.30	聚酯短纤<85%棉混未漂平纹印染用布，平米重≤170g
	55131110.40	聚酯短纤<85%棉混未漂平纹奶酪布，平米重≤170g，含薄细布，巴里纱
	55131120.10	聚酯短纤<85%棉混漂白平纹府绸布，平米重≤170g含细平布
	55131120.20	聚酯短纤<85%棉混漂白平纹机织平布，平米重≤170g
	55131120.30	聚酯短纤<85%棉混漂白平纹印染用布，平米重≤170g
	55131120.40	聚酯短纤<85%棉混漂白平纹奶酪布，平米重≤170g，含薄细布，巴里纱
	55131210	聚酯短纤<85%棉混未漂斜纹布，平米重≤170g轻质聚酯斜纹布
	55131220	聚酯短纤<85%棉混漂白斜纹布，平米重≤170g

续表

商品类别	商品编码	货品名称
	55131310.10	其他聚酯短纤<85%棉混未漂斜纹机织物布，平米重≤170g，含缎纹布
	55131310.20	其他聚酯短纤<85%棉混未漂牛津布，平米重≤170g
	55131310.90	其他聚酯短纤<85%棉混未漂其他机织物，平米重≤170g
	55131320.10	其他聚酯短纤<85%棉混漂白斜纹机织物，平米重≤170g，含缎纹
	55131320.20	其他聚酯短纤<85%棉混漂白牛津布，平米重≤170g
	55131320.90	其他聚酯短纤<85%棉混漂白其他机织物，平米重≤170g
	55131900.10	其他合短纤<85%棉混未漂或漂布,平米≤170g,专指府绸或细平布
	55131900.20	其他合短纤<85%棉混未漂或漂布，平米≤170g，专指机织平布
	55131900.30	其他合短纤<85%棉混未漂或漂布,平米≤170g,专指平纹印染用布
	55131900.40	其他合短纤<85%棉混未漂或漂布，平米≤170g，指奶酪布，薄细布，巴里纱
	55131900.50	其他合短纤<85%棉混未漂或漂布,平米≤170g,专指缎纹或斜纹布
	55131900.60	其他合短纤<85%棉混未漂或漂布，平米≤170g，专指牛津布
	55131900.90	其他合短纤<85%棉混未漂或漂布，平米≤170g，特制其他机织物
	55132100.10	聚酯短纤<85%棉混染色平纹府绸布，平米重≤170g 含细平布
	55132100.20	聚酯短纤<85%棉混染色平纹机织平布，平米重≤170g
	55132100.30	聚酯短纤<85%棉混染色平纹印染用布，平米重≤170g
	55132100.40	聚酯短纤<85%棉混染色平纹奶酪布，平米重≤170g，含薄细布，巴里纱
	55132200	聚酯短纤<85%棉混染色斜纹布，平米重≤170g
	55132300.10	其他聚酯短纤<85%棉混染色其他斜纹布，平米重≤170g
	55132300.20	其他聚酯短纤<85%棉混染色牛津布，平米重≤170g
	55132300.90	其他聚酯短纤<85%棉混染色其他机织物，平米重≤170g
	55132900.10	与棉混纺的染色其他合成纤维短纤府绸，其他合短纤<85%，每平米重在 170 克以下，含细平布
	55132900.20	与棉混纺的染色其他合成纤维短纤平布，混纺为含其他合短纤<85%，轻质指每平米重在 170 克以下
	55132900.30	与棉混纺的染色其他合成纤维短纤平纹布，印染用，其他合短纤<85%，每平米重在 170 克以下
	55132900.40	与棉混纺的染色其他合成纤维短纤平纹布，合短纤<85%，重每平米在 170 克以下指奶酪布，薄细布，巴里纱
	55132900.50	与棉混纺的染色其他合成纤维短纤斜纹布，其他合短纤<85%，每平米重在 170 克以下，含缎纹布
	55132900.60	与棉混纺的染色其他合成纤维短纤牛津布，混纺为含其他合短纤<85%，轻质指每平米重在 170 克以下

续表

商品类别	商品编码	货品名称
	55132900.90	与棉混纺的染色其他合成纤维短纤其他布，混纺为含其他合短纤＜85%，轻质指每平米重在170克以下
	55133100	聚酯短纤＜85%棉混色织轻质平纹布，平米重≤170g
	55133200	聚酯短纤＜85%棉混色织轻质斜纹布，平米重≤170g
	55133300.10	其他聚酯短纤＜85%棉混色织提花机织物，平米重≤170g
	55133300.90	其他聚酯短纤＜85%棉混色织其他机织物，平米重≤170g
	55133900.10	其他合成短纤＜85%棉混色织提花布物，平米重≤170g
	55133900.90	其他合成短纤＜85%棉混色织其他布，平米重≤170g
	55134100.10	聚酯短纤＜85%棉混印花平纹府绸布，平米重≤170g，含细平布
	55134100.20	聚酯短纤＜85%棉混印花平纹机织平布，平米重≤170g
	55134100.30	聚酯短纤＜85%棉混印花平纹印染用布，平米重≤170g
	55134100.40	聚酯短纤＜85%棉混印花平纹奶酪布，平米重≤170g，含薄细布，巴里纱
	55134200	聚酯短纤＜85%棉混印花轻质的斜纹布，平米重≤170g
	55134300.10	其他聚酯短纤＜85%棉混印花其他斜纹布，平米重≤170g，含缎纹布
	55134300.20	其他聚酯短纤＜85%棉混印花牛津布，平米重≤170g
	55134300.90	其他聚酯短纤＜85%棉混印花其他机织物，平米重≤170g
	55134900.10	其他合成短纤＜85%棉混印花府绸，平米重≤170g
	55134900.20	其他合成短纤＜85%棉混印花平布，平米重≤170g
	55134900.30	其他合成短纤＜85%棉混印花平纹布，平米重≤170g
	55134900.40	其他合成短纤＜85%棉混印花平纹布，平米重≤170g，指奶酪布，薄细布，含缎纹布
	55134900.50	其他合成短纤＜85%棉混印花斜纹布，平米重≤170g
	55134900.60	其他合成短纤＜85%棉混印花牛津布，平米重≤170g
	55134900.90	其他合成短纤＜85%棉混印花其他布，平米重≤170g
	55141110.10	聚酯短纤＜85%棉混未漂平纹府绸，平米重＞170g，含细平布
	55141110.20	聚酯短纤＜85%棉混未漂平机织布，平米重＞170g
	55141110.30	聚酯短纤＜85%棉混未漂平纹帆布，平米重＞170g
	55141120.10	聚酯短纤＜85%棉混漂白平纹府绸，平米重＞170g
	55141120.20	聚酯短纤＜85%棉混漂白机织平布，平米重＞170g
	55141120.30	聚酯短纤＜85%棉混漂白平纹帆布，平米重＞170g
	55141210	重质聚酯短纤＜85%棉混未漂斜纹布，平米重＞170g
	55141220	重质聚酯短纤＜85%棉混漂白斜纹布，平米重＞170g
	55141310.10	其他聚酯短纤＜85%棉混未漂其他斜纹布，平米重＞170g

续表

商品类别	商品编码	货品名称
	55141310.20	其他聚酯短纤<85%棉混未漂其他帆布，平米重>170g
	55141310.90	其他聚酯短纤<85%棉混未漂其他机织物，平米重>170g
	55141320.10	其他聚酯短纤<85%棉混漂白其他斜纹布，平米重>170g
	55141320.20	其他聚酯短纤<85%棉混漂白其他帆布，平米重>170g
	55141320.90	其他聚酯短纤<85%棉混漂白其他机织物，平米重>170g
	55141900.10	其他合成短纤<85%棉混未漂或漂布，重>170g，专指府绸或细平布
	55141900.20	其他合成短纤<85%棉混未漂或漂布，重>170g，专指机织平布
	55141900.30	其他合成短纤<85%棉混未漂或漂布，重>170g，专指机织帆布
	55141900.40	其他合成短纤<85%棉混未漂或漂布，重>170g，专指缎纹或斜纹布
	55141900.90	其他合成短纤<85%棉混未漂或漂布，重>170g，指其他机织物
	55142100.10	聚酯短纤<85%棉混染色平纹府绸，平米重>170g，含细平布
	55142100.20	聚酯短纤<85%棉混染色机织平布，平米重>170g
	55142100.30	聚酯短纤<85%棉混染色平纹帆布，平米重>170g
	55142200	聚酯短纤<85%棉混纺染色斜纹布，平米>170g
	55142300.10	其他聚酯短纤<85%棉混染色斜纹布，平米重>170g，含缎纹布
	55142300.20	其他聚酯短纤<85%棉混染色其他帆布，平米重>170g
	55142300.90	其他聚酯短纤<85%棉混染色其他机织物，平米重>170g
	55142900.10	其他合纤短纤<85%棉混染色府绸，含细平布，平米重>170g
	55142900.20	其他合纤短纤<85%棉混染色平布，平米重>170g
	55142900.30	其他合纤短纤<85%棉混染色帆布，平米重>170g
	55142900.40	其他合纤短纤<85%棉混染色短纤斜纹布，平米重>170g
	55142900.90	其他合纤短纤<85%棉混染色其他布，平米重>170g
	55143100	聚酯短纤<85%棉混色织平纹布，平米重>170g
	55143200.10	与棉混纺色织聚酯短纤三四线斜纹布，聚酯短纤<85%棉混色织斜纹布，平米重>170g，特指蓝粗布，含双面斜纹
	55143200.90	与棉混纺色织聚酯短纤三四线斜纹布，聚酯短纤<85%棉混色织斜纹布，平米重>170g，其他斜纹布，含双面斜纹
	55143300.10	与棉混纺色织聚酯短纤提花机织物，其他聚酯短纤<85%棉混色织布，平米重>170g
	55143300.90	与棉混纺色织聚酯短纤其他机织物，其他聚酯短纤<85%棉混色织布，平米重>170g
	55143900.10	其他合成短纤<85%棉混色织蓝粗斜纹布，平米重>170g
	55143900.20	其他合成短纤<85%棉混色织提花机织物，平米重>170g

续表

商品类别	商品编码	货品名称
	55143900.90	其他合成短纤<85%棉混色织其他机织物，平米重>170g
	55144100.10	聚酯短纤<85%棉混印花平纹府绸，平米重>170g
	55144100.20	聚酯短纤<85%棉混印花机织平布，平米重>170g
	55144100.30	聚酯短纤<85%棉混印花平纹帆布，平米重>170g
	55144200	聚酯短纤<85%棉混印花斜纹布，平米重>170g
	55144300.10	其他聚酯短纤<85%棉混印花斜纹布，平米重>170g
	55144300.20	其他聚酯短纤<85%棉混印花帆布，平米重>170g
	55144300.90	其他聚酯短纤<85%棉混印花其他机织物，平米重>170g
	55144900.10	其他合成短纤<85%棉混印花府绸，平米重>170g
	55144900.20	其他合成短纤<85%棉混印花平布，平米重>170g
	55144900.30	其他合成短纤<85%棉混印花帆布，平米重>170g
	55144900.40	其他合成短纤<85%棉混印花斜纹布，平米重>170g
	55144900.90	其他合成短纤<85%棉混印花其他布，平米重>170g
	55151100.11	聚酯短纤蓝粗斜纹布，聚酯短纤<85%主要或仅与粘纤短纤混纺布
	55151100.19	聚酯短纤其他色织布，短纤含量在85%以下，提花织物除外，与粘纤短纤混纺
	55151100.21	未漂或漂白聚酯短纤府绸或细平布，短纤含量在85%以下，主要或仅与粘纤短纤混纺布
	55151100.22	未漂或漂白聚酯短纤其他机织平布，短纤含量在85%以下，主要或仅与粘纤短纤混纺布
	55151100.23	未漂或漂白聚酯短纤其他印染用布，短纤含量在85%以下，主要或仅与粘纤短纤混纺布
	55151100.24	未漂或漂白聚酯短纤奶酪布等，短纤含量在85%以下，与粘纤短纤混纺布，含薄细布，巴里纱
	55151100.25	未漂或漂白聚酯短纤机织帆布，短纤含量在85%以下，主要或仅与粘纤短纤混纺布
	55151100.26	未漂或漂白聚酯短纤缎纹或斜纹布，短纤含量在85%以下，主要或仅与粘纤短纤混纺布
	55151100.27	未漂或漂白聚酯短纤牛津布，短纤含量在85%以下，主要或仅与粘纤短纤混纺布
	55151100.29	未漂或漂白聚酯短纤其他机织物，短纤含量在85%以下，主要或仅与粘纤短纤混纺布
	55151100.31	其他聚酯短纤府绸或细平布，短纤含量在85%以下，主要或仅与粘纤短纤混纺布
	55151100.32	其他聚酯短纤其他机织平布，短纤含量在85%以下，主要或仅与粘纤短纤混纺布

续表

商品类别	商品编码	货品名称
	55151100.33	其他聚酯短纤其他印染用布，短纤含量在85%以下，主要或仅与粘纤短纤混纺布
	55151100.34	其他聚酯短纤奶酪布等，短纤含量在85%以下，主要或仅与粘纤短纤混纺布，含薄细布，巴里纱
	55151100.35	其他聚酯短纤机织帆布，短纤含量在85%以下，主要或仅与粘纤短纤混纺布
	55151100.36	其他聚酯短纤缎纹或斜纹布，短纤含量在85%以下，主要或仅与粘纤短纤混纺布
	55151100.37	其他聚酯短纤牛津布，短纤含量在85%以下，主要或仅与粘纤短纤混纺布
	55151100.39	其他聚酯短纤其他机织物，短纤含量在85%以下，主要或仅与粘纤短纤混纺布
	55151200.11	未漂或漂白聚酯短纤府绸或细平布，聚酯短纤含量<85%，与化纤长丝混纺布
	55151200.12	未漂或漂白聚酯短纤其他机织平布，聚酯短纤含量<85%，与化纤长丝混纺布
	55151200.13	未漂或漂白聚酯短纤其他印染用布，聚酯短纤含量<85%，与化纤长丝混纺布
	55151200.14	未漂或漂白聚酯短纤缎纹或斜纹布，聚酯短纤含量<85%，与化纤长丝混纺布
	55151200.19	未漂或漂白聚酯短纤其他机织物，聚酯短纤含量<85%，与化纤长丝混纺布
	55151200.21	其他聚酯短纤府绸或细平布，聚酯短纤含量<85%，与化纤长丝混纺布
	55151200.22	其他聚酯短纤其他机织平布，聚酯短纤含量<85%，与化纤长丝混纺布
	55151200.23	其他聚酯短纤其他印染用布，聚酯短纤含量<85%，与化纤长丝混纺布
	55151200.24	其他聚酯短纤缎纹或斜纹布，聚酯短纤含量<85%，与化纤长丝混纺布
	55151200.29	其他聚酯短纤其他机织物，聚酯短纤含量<85%，与化纤长丝混纺布
	55151300.11	未漂或漂白聚酯短纤<85%主要或仅与精梳毛混纺布，含羊毛或动物细毛36%及以上
	55151300.12	未漂或漂白聚酯短纤<85%主要或仅与粗梳毛混纺布，含羊毛或动物细毛36%及以上
	55151300.13	未漂或漂白聚酯短纤<85%主要或仅与精梳毛混纺布，含羊毛或动物细毛36%及以下
	55151300.19	未漂或漂白聚酯短纤<85%主要或仅与粗梳毛混纺布，含羊毛或动物细毛36%及以下

续表

商品类别	商品编码	货品名称
	55151300.21	其他聚酯短纤<85%主要或仅与精梳毛混纺布，含羊毛或动物细毛36%及以上
	55151300.22	其他聚酯短纤<85%主要或仅与粗梳毛混纺布，含羊毛或动物细毛36%及以上
	55151300.23	其他聚酯短纤<85%主要或仅与精梳毛混纺布，含羊毛或动物细毛36%及以下
	55151300.29	其他聚酯短纤<85%主要或仅与粗梳毛混纺布，含羊毛或动物细毛36%及以下
	55151900.11	其他聚酯短纤<85%与其他纤维混纺蓝粗斜纹布
	55151900.19	其他聚酯短纤<85%与其他纤维混纺色织机织物
	55151900.21	未漂或漂白聚酯短纤<85%其他府绸与其他纤维混纺布
	55151900.22	未漂或漂白其他机织平布聚酯短纤<85%与其他纤维混纺布
	55151900.23	未漂或漂白其他机织印染用聚酯短纤<85%与其他纤维混纺布
	55151900.24	未漂或漂白其他聚酯短纤<85%与其他纤维混纺布，奶酪布等，含薄细布，巴里纱
	55151900.25	未漂或漂白其他机织帆布聚酯短纤<85%与其他纤维混纺布
	55151900.26	未漂或漂白其他缎纹或斜纹布聚酯短纤<85%与其他纤维混纺布
	55151900.27	未漂或漂白其他牛津布聚酯短纤<85%与其他纤维混纺布
	55151900.29	未漂或漂白其他机织物聚酯短纤<85%与其他纤维混纺布
	55151900.31	其他府绸或细平布聚酯短纤<85%与其他纤维混纺布
	55151900.32	其他机织平布聚酯短纤<85%与其他纤维混纺布
	55151900.33	其他印染用布聚酯短纤<85%与其他纤维混纺布
	55151900.34	其他奶酪布聚酯短纤<85%与其他纤维混纺布，含薄细布，巴里纱
	55151900.35	其他机织帆布聚酯短纤<85%与其他纤维混纺布
	55151900.36	其他缎纹或斜纹机织物聚酯短纤<85%与其他纤维混纺布
	55151900.37	其他牛津布聚酯短纤<85%与其他纤维混纺布
	55151900.39	其他机织物聚酯短纤<85%与其他纤维混纺布
	55152100.11	未漂或漂白腈纶短纤府绸或细平布含量<85%主要或仅与化纤长丝混纺布
	55152100.12	未漂或漂白腈纶短纤平布含量<85%主要或仅与化纤长丝混纺布
	55152100.13	未漂或漂白腈纶短纤印染用布含量<85%主要或仅与化纤长丝混纺布
	55152100.14	未漂或漂白腈纶短纤缎纹或斜纹布含量<85%主要或仅与化纤长丝混纺布
	55152100.19	未漂或漂白腈纶短纤其他机织物含量<85%主要或仅与化纤长丝混纺布

续表

商品类别	商品编码	货品名称
	55152100.21	其他腈纶短纤府绸或细平布含量<85%主要或仅与化纤长丝混纺布
	55152100.22	其他腈纶短纤平布含量<85%主要或仅与化纤长丝混纺布
	55152100.23	其他腈纶短纤印染用布含量<85%主要或仅与化纤长丝混纺布
	55152100.24	其他腈纶短纤缎纹或斜纹布含量<85%主要或仅与化纤长丝混纺布
	55152100.29	其他腈纶短纤其他机织物含量<85%主要或仅与化纤长丝混纺布
	55152200.11	未漂或漂白腈纶短纤<85%，与精梳毛混纺布，含羊毛或动物细毛36%及以上
	55152200.12	未漂或漂白腈纶短纤<85%，与粗梳毛混纺布，含羊毛或动物细毛36%及以上
	55152200.13	未漂或漂白腈纶短纤<85%，与精梳毛混纺布，含羊毛或动物细毛36%及以下
	55152200.19	未漂或漂白腈纶短纤<85%，与粗梳毛混纺布，含羊毛或动物细毛36%及以下
	55152200.21	其他腈纶短纤<85%，与精梳毛混纺布，含羊毛或动物细毛36%及以上
	55152200.22	其他腈纶短纤<85%，与粗梳毛混纺布，含羊毛或动物细毛36%及以上
	55152200.23	其他腈纶短纤<85%，与精梳毛混纺布，含羊毛或动物细毛36%及以下
	55152200.29	其他腈纶短纤<85%，与粗梳毛混纺布，含羊毛或动物细毛36%及以下
	55152900.11	腈纶短纤与其他纤维混蓝粗斜纹布，腈纶短纤<85%，与其他纤维混纺主要以聚丙烯腈布为主
	55152900.19	其他腈纶短纤色织机织布<85%，与其他纤维混纺，提花织物除外
	55152900.21	其他未漂或漂白腈纶短纤府绸<85%，与其他纤维混纺
	55152900.22	其他未漂或漂白腈纶短纤平布<85%，与其他纤维混纺
	55152900.23	其他未漂或漂白腈纶短纤印染用布<85%，与其他纤维混纺
	55152900.24	其他未漂或漂白腈纶短纤奶酪布等<85%，与其他纤维混纺，含薄细布，巴里纱
	55152900.25	其他未漂或漂白腈纶短纤机织帆布<85%，与其他纤维混纺
	55152900.26	其他未漂或漂白腈纶短纤缎纹布含斜纹机织物<85%，与其他纤维混纺
	55152900.27	其他未漂或漂白腈纶短纤牛津布<85%，与其他纤维混纺
	55152900.29	其他未漂或漂白腈纶短纤其他机织物<85%，与其他纤维混纺
	55152900.31	其他腈纶短纤<85%府绸或细平布，与其他纤维混纺
	55152900.32	其他腈纶短纤<85%机织平布，与其他纤维混纺
	55152900.33	其他腈纶短纤<85%机织印染用布，与其他纤维混纺

续表

商品类别	商品编码	货　品　名　称
	55152900.34	其他腈纶短纤＜85%奶酪布等，与其他纤维混纺，含薄细布，巴里纱
	55152900.35	其他腈纶短纤＜85%机织帆布，与其他纤维混纺
	55152900.36	其他腈纶短纤＜85%，与其他纤维混纺牛津布
	55152900.37	其他腈纶短纤＜85%，与其他纤维混纺斜纹机织物
	55152900.39	其他腈纶短纤＜85%，与其他纤维混纺其他机织物
	55159100.11	未漂或漂白其他合成短纤＜85%短纤府绸与化纤长丝混纺布，含细平布
	55159100.12	未漂或漂白其他合成短纤＜85%短纤平布与化纤长丝混纺布
	55159100.13	未漂或漂白其他合成短纤＜85%短纤混印染用布与化纤长丝混纺布
	55159100.14	未漂或漂白其他合成短纤＜85%短纤缎纹布与化纤长丝混纺布
	55159100.19	未漂或漂白其他合成短纤＜85%短纤其他机织物与化纤长丝混纺布
	55159100.21	其他合成短纤＜85%与化纤长丝混纺府绸与细平布
	55159100.22	其他合成短纤＜85%与化纤长丝混纺短纤平布
	55159100.23	其他合成短纤＜85%与化纤长丝混纺印染用布
	55159100.24	其他合成短纤＜85%与化纤长丝混纺缎纹或斜纹机织物
	55159100.29	其他合成短纤＜85%与化纤长丝混纺其他机织物
	55159200.11	未漂或漂白其他合成纤维短纤＜85%主要或仅与精梳毛混纺布，含羊毛或动物细毛36%及以上
	55159200.12	未漂或漂白其他合成纤维短纤＜85%主要或仅与粗梳毛混纺布，含羊毛或动物细毛36%及以上
	55159200.13	未漂或漂白其他合成纤维短纤＜85%主要或仅与精梳毛混纺布，含羊毛或动物细毛36%及以下
	55159200.19	未漂或漂白其他合成纤维短纤＜85%主要或仅与粗梳毛混纺布，含羊毛或动物细毛36%及以下
	55159200.21	其他合成纤维短纤＜85%主要或仅与精梳毛混纺布，含羊毛或动物细毛36%及以上
	55159200.22	其他合成纤维短纤＜85%主要或仅与粗梳毛混纺布，含羊毛或动物细毛36%及以上
	55159200.23	其他合成纤维短纤＜85%主要或仅与精梳毛混纺布，含羊毛或动物细毛36%及以下
	55159200.29	其他合成纤维短纤＜85%主要或仅与粗梳毛混纺布，含羊毛或动物细毛36%及以下
	55159900.11	其他合纤短纤蓝粗斜纹布，其他合成纤维短纤＜85%，与其他纤维混纺布
	55159900.19	其他合纤短纤其他色织机织物，其他合成纤维短纤＜85%，与其他纤维混纺布

续表

商品类别	商品编码	货品名称
	55159900.21	未漂或漂白其他合纤短纤府绸，其他合成纤维短纤<85%，与其他纤维混纺布，含细平布
	55159900.22	未漂或漂白其他合纤短纤其他平布，其他合成纤维短纤<85%，与其他纤维混纺布
	55159900.23	未漂或漂白其他合纤短纤印染用布，其他合成纤维短纤<85%，与其他纤维混纺布
	55159900.24	未漂或漂白其他合纤短纤奶酪布，其他合成纤维短纤<85%，与其他纤维混纺布，含薄细布，巴里纱
	55159900.25	未漂或漂白其他合纤短纤帆布，其他合成纤维短纤<85%，与其他纤维混纺布
	55159900.26	未漂或漂白其他合纤短纤混纺缎纹布，其他合成纤维短纤<85%，与其他纤维混纺布，含斜纹机织物
	55159900.27	未漂或漂白其他合纤短纤牛津布，其他合成纤维短纤<85%，与其他纤维混纺布
	55159900.29	未漂或漂白其他合纤短纤其他机织物，其他合成纤维短纤<85%，与其他纤维混纺布
	55159900.31	其他合成纤维短纤<85%府绸或细平布，与其他纤维混纺布
	55159900.32	其他合成纤维短纤<85%机织平布，与其他纤维混纺布
	55159900.33	其他合成纤维短纤<85%印染用布，与其他纤维混纺布
	55159900.34	其他合成纤维短纤<85%奶酪布等，与其他纤维混纺布
	55159900.35	其他合成纤维短纤<85%机织帆布，与其他纤维混纺布
	55159900.36	其他合成纤维短纤<85%斜纹机织物，与其他纤维混纺布
	55159900.37	其他合成纤维短纤<85%牛津布，与其他纤维混纺布
	55159900.39	其他合成纤维短纤<85%其他机织物，与其他纤维混纺布
	55161100	纯人造纤维短纤≥85%未漂白或漂白布
	55161200	纯人造纤维短纤≥85%染色布
	55161300	纯人造纤维短纤≥85%色织布
	55161400	纯人造纤维短纤≥85%印花布
	55162100.10	未漂或漂白人造短纤<85%府绸或细平布，与化纤长丝混纺
	55162100.20	未漂或漂白人造短纤<85%短纤平布，与化纤长丝混纺
	55162100.30	未漂或漂白人造短纤<85%印染用布，与化纤长丝混纺
	55162100.90	未漂或漂白人造短纤<85%其他机织物，与化纤长丝混纺
	55162200.10	人造短纤<85%与化纤长丝混纺染色布，府绸或细平布

续表

商品类别	商品编码	货品名称
	55162200.20	人造短纤<85%与化纤长丝混纺染色布，人造短纤平布
	55162200.30	人造短纤<85%与化纤长丝混纺染色布，印染用布
	55162200.40	人造短纤<85%与化纤长丝混纺染色布，缎纹或斜纹机织物
	55162200.90	人造短纤<85%与化纤长丝混纺染色布，其他机织物
	55162300.10	人造短纤<85%与化纤长丝混纺色织布，府绸或细平布
	55162300.20	人造短纤<85%与化纤长丝混纺色织布，人造短纤平布
	55162300.30	人造短纤<85%与化纤长丝混纺色织布，印染用布
	55162300.40	人造短纤<85%与化纤长丝混纺色织布，缎纹或斜纹机织物
	55162300.90	人造短纤<85%与化纤长丝混纺色织布，其他机织物
	55162400.10	人造短纤<85%与化纤长丝混纺印花布，府绸或细平布
	55162400.20	人造短纤<85%与化纤长丝混纺印花布，人造短纤平布
	55162400.30	人造短纤<85%与化纤长丝混纺印花布，印染用布
	55162400.40	人造短纤<85%与化纤长丝混纺印花布，缎纹或斜纹机织物
	55162400.90	人造短纤<85%与化纤长丝混纺印花布，其他机织物
	55163100.11	未漂或漂白人造短纤<85%与精梳毛混纺布，人造纤维短纤含量<85%，羊毛多动物细毛36%及以上
	55163100.19	未漂或漂白人造短纤<85%与粗梳毛混纺布，人造纤维短纤含量<85%，羊毛多动物细毛36%及以上
	55163100.21	未漂或漂白人造短纤<85%与精梳毛混纺布，人造纤维短纤含量<85%，羊毛多动物细毛36%以下
	55163100.29	未漂或漂白人造短纤<85%与粗梳毛混纺布，人造纤维短纤含量<85%，羊毛多动物细毛36%以下
	55163200.11	人造纤维短纤<85%主要或仅与精梳毛混纺染色布，人造纤维短纤含量<85%，羊毛多动物细毛36%及以上
	55163200.19	人造纤维短纤<85%主要或仅与粗梳毛混纺染色布，人造纤维短纤含量<85%，羊毛多动物细毛36%以上
	55163200.21	人造纤维短纤<85%主要或仅与精梳毛混纺染色布，人造纤维短纤含量<85%，羊毛多动物细毛36%及以下
	55163200.29	人造纤维短纤<85%主要或仅与粗梳毛混纺染色布，人造纤维短纤含量<85%，羊毛多动物细毛36%以下
	55163300.11	人造纤维短纤<85%主要或仅与精梳毛混纺色织布，羊毛多动物细毛36%及以上
	55163300.19	人造纤维短纤<85%主要或仅与粗梳毛混纺色织布，羊毛多动物细毛36%及以上
	55163300.21	人造纤维短纤<85%主要或仅与精梳毛混纺色织布，羊毛多动物细毛36%及以下

续表

商品类别	商品编码	货品名称
	55163300.29	人造纤维短纤＜85%主要或仅与粗梳毛混纺色织布，羊毛多动物细毛36%及以下
	55163400.11	人造纤维短纤＜85%主要或仅与精梳毛混纺印花布，羊毛多动物细毛36%及以上
	55163400.19	人造纤维短纤＜85%主要或仅与粗梳毛混纺印花布，羊毛多动物细毛36%及以上
	55163400.21	人造纤维短纤＜85%主要或仅与精梳毛混纺印花布，羊毛多动物细毛36%及以下
	55163400.29	人造纤维短纤＜85%主要或仅与粗梳毛混纺印花布，羊毛多动物细毛36%及以下
	55164100.10	人造短纤＜85%与棉混纺未漂或漂白府绸或平细布
	55164100.20	人造短纤＜85%与棉混纺未漂或漂白平布
	55164100.30	人造短纤＜85%与棉混纺未漂或漂白印染用布
	55164100.40	人造短纤＜85%与棉混纺未漂或漂白奶酪布，含薄细布，巴里纱
	55164100.50	人造短纤＜85%与棉混纺未漂或漂白帆布
	55164100.60	人造短纤＜85%与棉混纺未漂或漂白缎纹布含斜纹布
	55164100.70	人造短纤＜85%与棉混纺未漂或漂白牛津布
	55164100.90	人造短纤＜85%与棉混纺未漂或漂白其他布
	55164200.10	人造纤维短纤＜85%主要或仅与棉混纺染色府绸或细平布
	55164200.20	人造纤维短纤＜85%主要或仅与棉混纺染色短纤平布
	55164200.30	人造纤维短纤＜85%主要或仅与棉混纺染色印染用布
	55164200.40	人造纤维短纤＜85%主要或仅与棉混纺染色奶酪布，含薄细布，巴里纱
	55164200.50	人造纤维短纤＜85%主要或仅与棉混纺染色短纤机织帆布
	55164200.60	人造纤维短纤＜85%主要或仅与棉混纺染色缎纹或斜纹布
	55164200.70	人造纤维短纤＜85%主要或仅与棉混纺染色牛津布
	55164200.90	人造纤维短纤＜85%主要或仅与棉混纺染色其他机织物
	55164300.10	人造纤维短纤＜85%主要或仅与棉混纺色织蓝色粗斜纹布
	55164300.20	人造纤维短纤＜85%主要或仅与棉混纺色织提花机织物
	55164300.90	人造纤维短纤＜85%主要或仅与棉混纺其他色织布
	55164400.10	人造纤维短纤＜85%主要或仅与棉混纺印花府绸或细平布
	55164400.20	人造纤维短纤＜85%主要或仅与棉混纺印花平布
	55164400.30	人造纤维短纤＜85%主要或仅与棉混纺印花印染用布
	55164400.40	人造纤维短纤＜85%主要或仅与棉混纺印花奶酪布，含薄细布，巴里纱

续表

商品类别	商品编码	货品名称
	55164400.50	人造纤维短纤＜85%主要或仅与棉混纺印花机织帆布
	55164400.60	人造纤维短纤＜85%主要或仅与棉混纺印花缎纹或斜纹布
	55164400.70	人造纤维短纤＜85%主要或仅与棉混纺印花牛津布
	55164400.90	人造纤维短纤＜85%主要或仅与棉混纺印花其他机织物
	55169100.10	人造短纤＜85%与其他纤维混纺未漂或漂白府绸或细平布
	55169100.20	人造短纤＜85%与其他纤维混纺未漂或漂白机织平布
	55169100.30	人造短纤＜85%与其他纤维混纺未漂或漂白印染用布
	55169100.40	人造短纤＜85%与其他纤维混纺未漂或漂白奶酪布等，含薄细布，巴里纱
	55169100.50	人造短纤＜85%与其他纤维混纺未漂或漂白机织帆布
	55169100.60	人造短纤＜85%与其他纤维混纺未漂或漂白缎纹或斜纹布
	55169100.70	人造短纤＜85%与其他纤维混纺未漂或漂白牛津布
	55169100.90	人造短纤＜85%与其他纤维混纺未漂或漂白其他机织物
	55169200.10	人造纤维短纤＜85%与其他纤维混纺染色府绸或细平布
	55169200.20	人造纤维短纤＜85%与其他纤维混纺染色机织平布
	55169200.30	人造纤维短纤＜85%与其他纤维混纺染色印染用布
	55169200.40	人造纤维短纤＜85%与其他纤维混纺染色奶酪布等，含薄细布，巴里纱
	55169200.50	人造纤维短纤＜85%与其他纤维混纺染色机织帆布
	55169200.60	人造纤维短纤＜85%与其他纤维混纺染色缎纹或斜纹布
	55169200.70	人造纤维短纤＜85%与其他纤维混纺染色牛津布
	55169200.90	人造纤维短纤＜85%与其他纤维混纺染色其他机织物
	55169300.10	人造纤维短纤＜85%与其他纤维混纺色织蓝粗斜纹布
	55169300.20	人造纤维短纤＜85%与其他纤维混纺色织提花机织物
	55169300.90	人造纤维短纤＜85%与其他纤维混纺色织其他机织物
	55169400.10	人造纤维短纤＜85%与其他纤维混纺印花府绸或细平布
	55169400.20	人造纤维短纤＜85%与其他纤维混纺印花机织平布
	55169400.30	人造纤维短纤＜85%与其他纤维混纺印花印染用布
	55169400.40	人造纤维短纤＜85%与其他纤维混纺印花奶酪布等，含薄细布，巴里纱
	55169400.50	人造纤维短纤＜85%与其他纤维混纺印花机织帆布
	55169400.60	人造纤维短纤＜85%与其他纤维混纺印花缎纹或斜纹机织物
	55169400.70	人造纤维短纤＜85%与其他纤维混纺印花牛津布
	55169400.90	人造纤维短纤＜85%与其他纤维混纺印花其他机织物
	58013100	不割绒的化纤制纬起绒织物（品目5802或5806的织物除外）

续表

商品类别	商品编码	货品名称
	58013200	割绒的化纤制灯芯绒（品目5802或5806的织物除外）
	58013300	其他化纤制纬起绒织物
	58013400	化纤制不割绒的经起绒织物（绫纹绸）
	58013500	化纤制割绒的经起绒织物
	58013600	化纤制绳绒织物
	62011390.10	化纤男式雨衣
	62011390.20	化纤制男式连风帽派克大衣等，羊/动物毛大于等于36%，带风帽防寒短上衣/防风衣等
	62011390.30	化纤制男式大衣、斗篷及类似品，包括短大衣、短斗篷，含羊毛或动物毛36%及以上
	62011390.40	化纤制男式连风帽派克大衣等，羊/动物毛＜36%，带风帽防寒短上衣/防风衣等
	62011390.90	化纤制男式大衣、斗篷及类似品，包括短大衣、短斗篷，含羊毛或动物毛36%及以下
	62019390.10	化纤制男式有填料无袖上衣，不带可连接袖子配件
	62019390.20	化纤制男式带风帽防寒短上衣，羊毛多动物毛36%及以上
	62019390.30	化纤制男式带防寒衬里防风衣，含防风短上衣
	62019390.40	化纤制男式带风帽、有填料上衣，包括防风上衣，衬衫式样，特制领
	62019390.90	化纤制其他防寒上衣，包括带风帽防寒短上衣、防风上衣及其他类似品
	62021390.10	化纤制女雨衣（含羊/动物细毛＜36%，含带风帽防寒上衣，防风衣及类品）
	62021390.20	化纤制女式连风帽派克大衣等，羊/动物毛大于等于36%（含短大衣、短斗篷）
	62021390.30	化纤制女式大衣、斗篷及类似品，包括短大衣、短斗篷，含羊毛或动物毛36%及以上
	62021390.40	化纤制女式连风帽派克大衣等，羊/动物毛＜36%，带风帽防寒短上衣/防风衣等
	62021390.90	化纤制女式大衣、斗篷及类似品，包括短大衣、短斗篷，含羊毛或动物毛36%及以下
	62029390.10	化纤女式有填料无袖上衣，不带可连接袖子配件
	62029390.20	化纤制女式带风帽防寒短上衣，含羊毛或动物毛36%及以上
	62029390.30	化纤制女式带防寒衬里的短上衣，含防风衣、防风短上衣
	62029390.90	化纤制女式其他防寒上衣
	62031200.10	合成纤维制男式西服套装，含羊毛或动物毛36%及以上
	62031200.90	其他合成纤维制男式西服套装

续表

商品类别	商品编码	货品名称
	62032300.11	合纤制其他男式便服套装，含羊毛或动物毛大于等于36%，工业及职业用
	62032300.19	合纤制其他男式便服套装，含羊毛或动物毛大于等于36%
	62032300.91	其他合纤制其他男式便服套装，工业及职业用
	62032300.99	其他合纤制其他男式便服套装
	62033300.11	合成纤维制男式西服式上衣，含羊毛或动物毛大于等于36%，工业及职业用
	62033300.19	合成纤维制男式西服式上衣，含羊毛或动物毛大于等于36%
	62033300.21	合成纤维制男式其他上衣，含羊毛或动物毛大于等于36%，工业及职业用
	62033300.29	合成纤维制男式其他上衣，含羊毛或动物毛大于等于36%
	62033300.91	其他合成纤维制男式上衣，工业及职业用
	62033300.99	其他合成纤维制男式上衣
	62034390.11	工、职业用合纤制男护胸背带工裤，羽绒和水禽毛大于等于15%且含绒率在35%及以上，含羽绒在10%及以上
	62034390.12	合纤制男护胸背带工裤，羽绒和水禽毛大于等于15%且含绒率在35%及以上，含羽绒在10%及以上
	62034390.13	其他合纤制男成人护胸背带工裤，带防寒衬里，工业及职业用
	62034390.14	其他合纤制男成人护胸背带工裤，带防寒衬里
	62034390.15	其他合纤制男童护胸背带工裤，带防寒衬里
	62034390.16	其他合纤制男成人护胸背带工裤，工业及职业用
	62034390.17	其他合纤制男成人护胸背带工裤
	62034390.19	其他合纤制男童护胸背带工裤
	62034390.21	工、职业用合纤制男长裤、马裤，羽绒和水禽毛大于等于15%且含绒率在35%及以上，含羽绒在10%及以上
	62034390.29	合纤制男长裤、马裤，羽绒和水禽毛大于等于15%且含绒率在35%及以上，含羽绒在10%及以上
	62034390.31	其他合纤制男长裤、马裤，带防寒衬里，含羊毛及动物毛大于等于36%，工、职业用
	62034390.39	其他合纤制男长裤、马裤，带防寒衬里，含羊毛及动物毛大于等于36%
	62034390.41	其他合纤制男成人长裤、马裤，不带防寒衬里，含羊毛及动物毛大于等于36%，工、职业用
	62034390.42	其他合纤制男童长裤、马裤，不带防寒衬里，含羊毛及动物毛大于等于36%，指8—18号男童裤
	62034390.49	其他合纤制男童长裤、马裤，不带防寒衬里，含羊毛及动物毛大于等于36%

续表

商品类别	商品编码	货品名称
	62034390.50	其他合纤制男式长裤、马裤，带防寒衬里，游戏装
	62034390.61	其他合纤制男式长裤、马裤，不带防寒衬里，游戏装，指8—18号男童裤
	62034390.69	其他合纤制男童长裤、马裤，不带防寒衬里，游戏装
	62034390.71	其他合纤制男式长裤、马裤，带防寒衬里，非游戏装，工业、职业用
	62034390.79	其他合纤制男式长裤、马裤，带防寒衬里，非游戏装
	62034390.81	其他合纤制男成人长裤、马裤，不带防寒衬里，非游戏装，工业、职业用
	62034390.82	其他合纤制男童长裤、马裤，不带防寒衬里，非游戏装，指8—18号男童裤
	62034390.89	其他合纤制男童长裤、马裤，不带防寒衬里，非游戏装
	62034390.91	合纤制男式短裤，羽绒和水禽毛大于等于15%且含绒率在35%以上，含羽绒在10%及以上
	62034390.92	其他合纤制男式短裤，游戏装
	62034390.99	其他合纤制男式短裤，非游戏装
	62041300.10	合成纤维制女式西服套装（含羊毛或动物细毛36%及以上）
	62041300.90	其他合成纤维制女式西服套装
	62042300.11	工、职业用合成纤维制女式便服套装，含羊毛或动物细毛在36%及以上
	62042300.19	其他合成纤维制女式便服套装，含羊毛或动物细毛在36%及以上
	62042300.91	其他合成纤维制其他女式便服套装，含羊毛或动物细毛在36%及以上，工业及职业用（含羊毛或动物细毛36%及以上）
	62042300.99	其他合成纤维制其他女式便服套装
	62043300.10	合成纤维制女式上衣，含羊毛或动物细毛在36%及以上，工业及职业用
	62043300.20	合成纤维制其他女式上衣，含羊毛或动物细毛在36%及以上
	62043300.30	合成纤维制女式上衣，工业及职业用
	62043300.90	合成纤维制其他女式上衣
	62044300.10	合成纤维制女式连衣裙，含羊毛或动物细毛在36%及以上
	62044300.90	合成纤维制其他女式连衣裙
	62044400.10	人造纤维制女式连衣裙，含羊毛或动物细毛在36%及以上
	62044400.90	人造纤维制其他女式连衣裙
	62045300.10	合成纤维制女式裙子及裙裤，含羊毛或动物细毛在36%及以上
	62045300.90	合成纤维制其他女式裙子及裙裤

续表

商品类别	商品编码	货品名称
	62046300.11	合纤制女式护胸背带工装裤，羽绒和水禽毛大于等于15%且含绒率在35%以上，含羽绒在10%及以上
	62046300.12	合纤制其他女童护胸背带工装裤
	62046300.19	合纤制其他女成人护胸背带工装裤
	62046300.21	合纤制女式长裤、马裤，羽绒和水禽毛大于等于15%且含绒率在35%以上，含羽绒在10%及以上
	62046300.22	合纤制其他女式长裤、马裤，含羊毛及动物毛大于等于36%
	62046300.29	合纤制其他女式长裤，马裤
	62046300.91	合纤制女式短裤，羽绒和水禽毛大于等于15%且含绒率在35%以上，含羽绒在10%及以上
	62046300.92	合纤制其他女童短裤（3）
	62046300.99	合纤制其他女式短裤（3）
	62053000.11	不带特制领的化纤制男衬衫，含羊毛或动物细毛在36%及以上，包括男童8—18号衬衫
	62053000.19	不带特制领的化纤制男衬衫，含羊毛或动物细毛在36%及以上
	62053000.91	不带特制领的化纤制男衬衫，包括男童8—18号衬衫
	62053000.92	化纤制其他男童游戏套装衬衫
	62053000.99	化纤制其他男成人衬衫
	62064000.11	化纤制女成人及女童衬衫，含羊毛或动物细毛在36%及以上，成人及7—16号女童衬衫
	62064000.19	化纤制女成人及女童衬衫，含羊毛或动物细毛在36%及以上
	62064000.20	化纤制女成人及7—16号女童衬衫
	62064000.30	化纤制其他女童游戏套装衬衫
	62064000.90	其他化纤制女式衬衫
	62113390.11	化纤制男式运动套装，面和衬里面料相同的运动套装
	62113390.19	化纤制其他男式运动套装
	62113390.21	化纤制男式连衣服及类似品
	62113390.29	化纤制其他男式连衣服及类似品
	62113390.30	化纤制男式水洗服、夏服、游戏服，含类似品
	62113390.91	化纤制男式工业及职业衣着
	62113390.92	化纤制男式TOPS（男成人及8—18号男童TOPS）
	62113390.93	化纤制其他男式TOPS
	62113390.94	化纤制男式风雪套装及类似服装
	62113390.99	化纤制男式其他服装，含衬衫，马甲，上衣
	62114300.11	化纤制女式运动套装，面和衬里面料相同的运动套装

续表

商品类别	商品编码	货　品　名　称
	62114300.19	化纤制其他女士运动套装
	62114300.21	化纤制女童连衣服及类似品
	62114300.29	化纤制女式连衣裤及类似品
	62114300.30	化纤制女式水洗服、夏服、游戏装，含类似服装
	62114300.40	化纤制女式工业及职业衣着，含围裙
	62114300.51	化纤制女士 TOPS，女成人及 7—16 号女童 TOPS
	62114300.59	化纤制女士 TOPS
	62114300.60	化纤制女式风雪套装及类似服装
	62114300.90	化纤制女式其他服装，含衬衫，马甲，上衣及无袖罩衫
钢　坯	72071100	宽度小于厚度两倍的矩形截面钢坯，含碳量小于 0.25%
	72071200	其他矩形截面钢坯，含碳量小于 0.25%
	72071900	其他含碳量小于 0.25% 的钢坯
	72072000	含碳量不小于 0.25% 的钢坯
有色金属（铜、铝）	74020000	未精炼铜；电解精炼用的铜阳极
	74031100	未锻轧的精炼铜阴极及阴极型材
	74031200	未锻轧的精炼铜线锭
	74031300	未锻轧的精炼铜坯段
	74031900	其他未锻轧的精炼铜
	74032100	未锻轧的铜锌合金（黄铜）
	74032200	未锻轧的铜锡合金（青铜）
	74032300	未锻轧的铜镍合金（白铜）或铜镍锌合金（德银）
	74032900	其他未锻轧的铜合金，铜母合金除外
	74040000.10	以回收铜为主的废电机等，包括废电机、电线、电缆、五金电器
	74040000.90	铜废碎料
	74061010	精炼铜非片状粉末
	74061020	铜镍合金（白铜）或铜镍锌合金（德银）非片状粉末
	74061090	其他铜合金非片状粉末
	74062010	精炼铜片状粉末
	74062020	铜镍合金或铜镍锌合金片状粉末（白铜或德银）
	74062090	其他铜合金片状粉末
	74071000	精炼铜条、杆、型材及异型材
	74072100	黄铜条、杆、型材及异型材
	74072200	铜镍合金或铜镍锌合金条、杆、型材及异型材（白铜或德银）
	74072900	其他铜合金条、杆、型材及异型材

续表

商品类别	商品编码	货品名称
	74081100	最大截面尺寸超过6毫米的精炼铜丝
	74081900	最大截面尺寸≤6毫米的其他精炼铜丝
	74082100	黄铜丝
	74082200	铜镍合金或铜镍锌合金丝白铜或德银
	74082900	其他铜合金丝
	74091100	盘卷的精炼铜板、片及带，厚>0.15mm
	74091900	其他精炼铜板、片及带，厚>0.15mm
	74092100	盘卷的铜锌合金板、片及带，厚>0.15mm
	74092900	其他铜锌合金板、片及带，厚>0.15mm
	74093100	盘卷的铜锡合金板、片及带，厚>0.15mm
	74093900	其他铜锡合金板、片及带，厚>0.15mm
	74094000	铜镍、铜镍锌合金板、片及带，厚>0.15mm
	74099000	其他铜合金板、片及带，厚>0.15mm
	74101100	无衬背精炼铜箔，厚≤0.15mm
	74101210	无衬背铜镍合金或铜镍锌合金箔，厚≤0.15mm
	74101290	其他无衬背铜合金箔，厚≤0.15mm
	74102100	衬背精炼铜箔，厚（除衬背）≤0.15mm
	74102210	衬背铜镍，铜镍锌合金箔，厚（除衬背）≤0.15mm
	74102290	其他有衬背铜合金箔，厚（衬背除外）≤0.15mm
	74111000	精炼铜管
	74112100	铜锌合金管（黄铜）
	74112200	铜镍合金或铜镍锌合金管（白铜或黄铜）
	74112900	其他铜合金管
	76011000	未锻轧的纯铝
	76012000	未锻轧的铝合金
	76020000.10	以回收铝为主的废电机等，包括废电机、电线、电缆、五金电器
	76020000.90	铝废碎料
	76031000	铝非片状粉末
	76032000	铝片状粉末
	76041000	纯铝条、杆、型材及异型材
	76042100	铝合金空心异型材
	76042900	铝合金条、杆、型材及其他型材
	76051100	最大截面尺寸>7毫米的纯铝丝
	76051900	最大截面尺寸≤7mm其他非合金铝丝

续表

商品类别	商品编码	货品名称
	76052100	最大截面尺寸＞7mm 的铝合金丝
	76052900	最大截面尺寸≤7mm 其他铝合金丝
	76061120	纯铝制矩形板、片，厚度在 0.325 毫米及以上，但不超过 0.36 毫米
	76061190	其他非合金铝矩形板、片，厚＞0.36mm，或小于 0.3mm
	76061220	铝合金矩形板、片及带，厚度在 0.2 毫米及以上，但不超过 0.28 毫米
	76061230	铝合金制矩形的中厚板、片及带，中厚板指厚度大于等于 0.28 毫米，但小于等于 0.35 毫米
	76061240	铝合金制矩形的厚板、片及带，厚度大于 0.35mm
	76069100	其他非合金铝板、片及带，厚＞0.2mm（非矩形的）
	76069200	其他铝合金板、片及带，厚＞0.2mm（非矩形的）
	76071100	轧制后未经进一步加工的无衬背铝箔，厚度≤0.2mm
	76071900	其他无衬背铝箔，厚度≤0.2mm
	76072000	有衬背铝箔，厚度≤0.2mm
	76081000	纯铝管
	76082000	铝合金管

目录二

序号	商品编码	货品名称
1	84031010	家用型热水锅炉
2	84031090	其他集中供暖用的热水锅炉
3	84073410	3000≥排量＞1000ml 车用往复式活塞发动机
4	84073420	排量＞3000ml 车辆用往复式活塞发动机
5	84143090	非电动机驱动的制冷设备用压缩机
6	84151010	独立窗式或壁式空气调节器
7	84151021	制冷量≤4 千大卡/时分体式空调
8	84151022	制冷量＞4 千大卡/时分体式空调
9	84152000	机动车辆上供人使用的空气调节器
10	84223011	电动手提饮料及液体食品灌装设备
11	84223019	其他饮料及液体食品灌装设备
12	84295211	上部 360 度旋转的轮胎式挖掘机
13	84295212	上部 360 度旋转的履带式挖掘机
14	84295219	上部 360 度旋转的其他挖掘机

续表

序号	商品编码	货品名称
15	84295290	上部360度旋转的机械铲、装载机
16	84295900	其他机械铲、挖掘机及机铲装载机
17	84314100	戽斗、铲斗、抓斗及夹斗
18	84314990	8426、8429及8430所列机械的其他零件
19	84391000	制造纤维素纸浆的机器
20	84392000	纸或纸板的制造机器
21	84393000	纸或纸板的整理机器
22	84399100	制造纤维素纸浆机器的零件
23	84399900	制造或整理纸及纸板机器的零件
24	84435990	其他未列名印刷机
25	84452010	棉细纱机
26	84452020	气流纺纱机（转杯纺纱机）
27	84463020	织物宽度超过30厘米的剑杆织机
28	84463030	织物宽度超过30厘米的片梭织机
29	84463040	织物宽度超过30厘米的喷水织机
30	84463050	织物宽度超过30厘米的喷气织机
31	84717090	其他存储部件
32	84719000	其他磁性或光学阅读机、数据转录及处理机器
33	84771010	注塑机
34	84781000	其他烟草加工及制作机器
35	84789000	烟草加工及制作机器的零件
36	84791021	沥青混凝土摊铺机
37	84798990	未列名具有独立功能的机器及机械器具
38	84807100	塑料或橡胶用注模或压模
39	85173013	数字式移动通信交换机
40	85173091	模拟式移动通信交换机
41	85209000	未列名磁带录音机及其他声音录制设备
42	85219010	激光视盘放像机
43	85219090	未列名视频信号录制或重放设备
44	85252022	手持（包括车载）无线电话机
45	85252029	其他移动通信设备
46	85252092	移动通信基地站
47	85252093	无线用户接入网设备
48	85254041	广播级静像摄像机

续表

序号	商品编码	货品名称
49	85254042	家用型摄录一体机
50	85254049	其他静像摄像机及摄录一体机
51	85254050	其他数字照相机
52	85279010	无线寻呼机
53	85401100	彩色阴极射线电视显像管
54	85404000	彩色数据/图形显示管，荧光点间距＜0.4mm
55	85421000	装有集成电路的卡（智能卡）
56	85422110	线宽≤0.18微米数字式单片集成电路
57	85422120	0.18＜线宽≤0.35微米数字单片集成电路
58	85422190	线宽＞0.35微米数字式单片集成电路
59	85422900	其他单片集成电路
60	85426000	混合集成电路
61	85427010	光通信设备的激光收发模块
62	85427090	其他微电子组件
63	87043230	其他汽油货车，5t＜车总重≤8t
64	87043240	其他汽油货车，车总重＞8t
65	87049000	未列名货运机动车辆
66	87052000	机动钻探车
67	87053010	装有云梯的救火车
68	87053090	其他机动救火车
69	87054000	机动混凝土搅拌车
70	87059010	无线电通信车
71	87059020	机动放射线检查车
72	87059030	机动环境监测车
73	87059040	机动医疗车
74	87059051	航空电源车（频率为400赫兹）
75	87059059	其他机动电源车
76	87059060	飞机加油车、调温车、除冰车
77	87059070	道路（包括跑道）扫雪车
78	87059080	石油测井车、压裂车、混沙车
79	87059090	未列名特殊用途的机动车辆
80	87060021	装有发动机货车底盘，车总重≥14t
81	87060022	装有发动机货车底盘，车总重＜14t
82	87060030	装有发动机的座位≥30的机动客车底盘

续表

序号	商品编码	货品名称
83	87060090	8701至8705所列其他车辆装有发动机的底盘
84	87079010	10座及以上至29座客车车身（驾室）
85	87079090	8701—02，8704—05列其他车辆车身（包括驾室）
86	87085010	牵引车、拖拉机用装有差速器的驱动桥
87	87085020	30座及以上机动客车用装有差速器的驱动桥
88	87085040	轻型柴油及汽油货车用装有差速器的驱动桥
89	87085050	重型柴油货车用装有差速器的驱动桥
90	87085060	特种车用驱动桥
91	87085090	其他机动车辆用装有差速器的驱动桥
92	88052100	空战模拟器及其零件
93	88052900	其他地面飞行训练器及其零件
94	90181300	核磁共振成像装置
95	90221200	X射线断层检查仪
96	90221400	其他，医疗、外科或兽医用X射线应用设备
97	90222100	医用α、β、γ射线的应用设备
98	90314900	其他测量或检验用光学仪器及器具
99	95041000	电视电子游戏机
100	95043010	投币式电子游戏机
101	95043090	投币式其他游戏用品
102	95049010	其他电子游戏机
103	84021110	蒸发量在900吨/时及以上的发电用锅炉
104	84021190	蒸发量超过45吨/时的其他水管锅炉
105	84021200	蒸发量不超过45吨/时的水管锅炉
106	84021900	未列名蒸汽锅炉，包括混合式锅炉
107	84022000	过热水锅炉
108	84029000	蒸汽及过热水锅炉零件
109	84039000	集中供暖用的热水锅炉零件
110	84041010	蒸汽锅炉和过热水锅炉的辅助设备
111	84041020	集中供暖用锅炉的辅助设备
112	84042000	水蒸汽或其他蒸汽动力装置的冷凝器
113	84049010	84041020所列设备的零件
114	84049090	84041010、84042000所列设备的零件
115	84068110	40兆瓦＜输出功率≤100兆瓦的汽轮机
116	84068120	100兆瓦＜输出功率≤350兆瓦的汽轮机

续表

序号	商品编码	货　品　名　称
117	84068130	输出功率超过350兆瓦的汽轮机
118	84068200	输出功率不超过40兆瓦的汽轮机
119	84069000	汽轮机零件
120	84081000	船舶用柴油机
121	84089010	机车用柴油机
122	84089093	其他输出功率≥132.39kw的压燃活塞内燃机
123	84101100	水轮机及水轮，P≤1000kw
124	84101200	1000kw＜P≤10000kw的水轮机及水轮
125	84101310	P＞30000kw的冲击式水轮机及水轮
126	84101320	P＞35000kw的贯流式水轮机及水轮
127	84101330	P＞200000kw的水泵水轮机及水轮
128	84101390	P＞10000kw的其他水轮机及水轮
129	84109010	水轮机及水轮的调节器
130	84109090	其他水轮机及水轮的零件
131	84122910	液压马达
132	84122990	其他液压动力装置
133	84123900	其他气压动力装置
134	84131100	分装燃料或润滑油的计量泵，加油站或车库用
135	84131900	其他装有或可装计量装置的液体泵
136	84132000	手泵，但装有或可装计量装置者除外
137	84133010	输出P≥132.39KW发动机用燃油泵
138	84133090	其他活塞内燃机用燃油、润滑油泵或冷却剂泵
139	84134000	混凝土泵
140	84135010	气动往复式排液泵
141	84135020	电动往复式排液泵
142	84135030	液压往复式排液泵
143	84135090	未列名往复式排液泵
144	84136010	潜油电泵及潜水电泵
145	84136090	其他回转式排液泵
146	84137010	转速在10000转/分及以上的离心泵
147	84137090	未列名离心泵
148	84138100	未列名液体泵
149	84138200	液体提升机
150	84139100	液体泵零件

续表

序号	商品编码	货品名称
151	84139200	液体提升机零件
152	84141000	真空泵
153	84143011	冷藏、冷冻箱压缩机，电动机 P≤0.4kw
154	84143012	电机功率＞0.4，≤5kw 冷藏或冷冻箱用压缩机
155	84143013	电机功率＞0.4，≤5kw 的空气调节器用压缩机
156	84143019	电机驱动的其他制冷设备用压缩机
157	84144000	装在拖车底盘上的空气压缩机
158	84145930	离心通风机
159	84145990	未列名风机、风扇
160	84148010	燃气轮机用的自由活塞式发生器
161	84148020	二氧化碳压缩机
162	84148090	其他空气泵，气体压缩机，通风罩、循环气罩
163	84149011	84143011—14、84143090 压缩机进、排气阀片
164	84149019	84143011 至 84143014 及 84143090 机器其他零件
165	84149090	8414 所列其他机器的零件
166	84158110	装冷热换向阀空调器，制冷量≤4000 大卡/时
167	84158120	装冷热换向阀空调器，制冷量＞4000 大卡/时
168	84158210	其他空气调节器，制冷量≤4000 大卡/时
169	84158220	其他空气调节器，制冷量＞4000 大卡/时
170	84158300	未装有制冷装置的空气调节器
171	84159010	84151000，84158110 及 84158210 设备的零件
172	84159090	84158120，84158220 及 84158300 设备的零件
173	84161000	使用液体燃料的炉用燃烧器
174	84162011	使用天然气的炉用燃烧器
175	84162019	使用其他气体燃料的炉用燃烧器
176	84162090	使用粉状固体燃料的炉用燃烧器
177	84163000	机械加煤机及其机械炉篦、机械出灰器等装置
178	84169000	8416 的零件
179	84171000	矿砂或金属的焙烧、熔化等热处理用炉及烘箱
180	84178010	炼焦炉
181	84178020	放射性废物焚烧炉
182	84178030	水泥回转窑
183	84178040	石灰石分解炉
184	84178090	未列名非电热的工业或实验室用炉及烘箱

续表

序号	商品编码	货品名称
185	84179020	焦炉零件
186	84179090	品目84.17其他设备的零件
187	84181010	各自装门的冷藏—冷冻组合机，容积＞500l
188	84181020	200＜容积≤500升的冷藏—冷冻组合机
189	84181030	容积≤200升的冷藏—冷冻组合机
190	84182110	容积超过150升的压缩式家用型冷藏箱
191	84182120	50升＜容积≤150升的压缩式家用型冷藏箱
192	84182130	容积不超过50升的压缩式家用型冷藏箱
193	84182200	电气吸收式家用型冷藏箱
194	84182900	其他家用型冷藏箱
195	84183010	T≤—40℃的柜式冷冻箱，容积≤800l
196	84183021	T＞—40℃的柜式冷冻箱，500l＜容积≤800l
197	84183029	T＞—40℃的柜式冷冻箱，容积≤500l
198	84184010	T≤—40℃的立式冷冻箱，容积≤900l
199	84184021	T＞—40℃的立式冷冻箱，500l＜容积≤900l
200	84184029	T＞—40℃的立式冷冻箱，容积≤500l
201	84185000	其他冷藏或冷冻柜、箱、展示台、陈列箱等
202	84194090	其他蒸馏或精馏设备
203	84195000	热交换装置
204	84196011	制氧量≥15000立方米/小时及以上的制氧机
205	84196019	其他制氧机
206	84196090	未列名液化空气或其他气体的机器
207	84198910	加氢反应器
208	84198990	未列名利用温度变化处理材料的机器、装置等
209	84199090	8419其他设备的零件
210	84201000	研光机或其他滚压机器
211	84209100	滚筒
212	84209900	研光机或其他滚压机器的未列名零件
213	84212910	压滤机
214	84213921	工业用静电除尘器
215	84213922	工业用袋式除尘器
216	84213923	工业用旋风式除尘器
217	84213929	其他工业用除尘器
218	84223021	全自动水泥灌包机

续表

序号	商品编码	货品名称
219	84223029	其他水泥灌装机
220	84223030	其他灌装机、包装机
221	84229020	饮料及液体食品灌装设备零件
222	84229090	8422 其他机器的零件
223	84243000	喷汽机、喷砂机及类似的喷射机器
224	84248999	未列名液体或粉末的喷射、散布或喷雾机械器
225	84251100	电动的滑车及提升机
226	84251900	非电动的滑车及提升机
227	84252011	圆筒直径在 2 米及以上的矿井卷扬机
228	84252019	其他矿井卷扬机
229	84253100	其他电动的卷扬机及绞盘
230	84261910	装船机
231	84261921	抓斗式卸船机
232	84261929	其他卸船机
233	84261930	龙门式起重机
234	84261941	门式装卸桥
235	84261942	集装箱装卸桥
236	84261943	其他动臂式装卸桥
237	84261949	未列名装卸桥
238	84262000	塔式起重机
239	84263000	门座式起重机及座式旋臂起重机
240	84264110	轮胎式自推进起重机
241	84264190	带胶轮的其他自推进起重机械
242	84264910	履带式起重机
243	84264990	不带胶轮的其他自推进起重机械
244	84271010	电动机推进的有轨巷道堆跺机
245	84271020	电动机推进的无轨巷道堆跺机
246	84271090	其他电动叉车及装有升降或搬运装置工作车
247	84272010	集装箱叉车
248	84272090	其他机动叉车其他装有升降或搬运装置工作车
249	84279000	未列名叉车等装有升降或搬运装置的工作车
250	84281010	载客电梯
251	84281090	其他升降机及倒卸式起重机

续表

序号	商品编码	货品名称
252	84283100	地下专用的连续运送货物的升降机及输送机
253	84283200	斗式连续运送货物的升降机及输送机
254	84283300	带式连续运送货物的升降机及输送机
255	84283910	链式连续运送货物或材料的升降机及输送机
256	84283920	辊式连续运送货物或材料的升降机及输送机
257	84284000	自动梯及自动人行道
258	84286021	单线循环式客运架空索道
259	84286029	其他客运架空索道
260	84286090	其他缆车、座式升降机、滑雪拉索、索道牵引机
261	84291190	其他履带式推土机
262	84291910	其他推土机，P＞235.36kw（320hp）
263	84291990	未列名推土机
264	84292010	筑路机及平地机，P＞235.36kw（320hp）
265	84292090	其他筑路机及平地机
266	84294011	机重18吨及以上的振动压路机
267	84294090	未列名捣固机械及压路机
268	84303100	自推进的截煤机、凿岩机及隧道掘进机
269	84305020	矿用电铲
270	84312000	8427所列机械的零件
271	84313100	升降机、倒卸式起重机或自动梯的零件
272	84313900	其他8428所列机械的零件
273	84314910	矿用电铲用零件
274	84341000	挤奶机
275	84342000	乳品加工机器
276	84349000	挤奶机及乳品加工机器的零件
277	84351000	制酒、果汁等饮料的压榨机、轧碎机等机器
278	84359000	84351000所列机器的零件
279	84413090	其他制造箱、盒、管、桶或类似容器的机器
280	84414000	纸浆、纸或纸板制品模制成型机器
281	84418090	其他制造纸浆制品、纸制品或纸板制品的机器
282	84419090	其他制造（纸浆、纸或纸板）制品机器的零件
283	84431100	卷取进料式胶印机
284	84431200	办公室用片取式胶印机（片尺寸≤22×36cm）
285	84435911	圆网印刷机

续表

序号	商品编码	货　品　名　称
286	84435912	平网印刷机
287	84435919	其他网式印刷机
288	84436000	印刷用辅助机器
289	84439000	印刷及印刷用辅助机器的零件
290	84440010	合成纤维长丝纺丝机
291	84440020	合成纤维短丝纺丝机
292	84440030	人造纤维纺丝机
293	84440040	化学纤维变形机
294	84440090	其他纺织化纤挤压、拉伸、变形或切割机器
295	84451110	棉纤维型梳理机
296	84451120	毛纤维型梳理机
297	84451200	精梳机
298	84451320	粗纱机
299	84452090	其他纺纱机
300	84453000	并线机或加捻机
301	84454010	自动络筒机
302	84459010	整经机
303	84459020	浆纱机
304	84459090	未列名纺织纱线的其他生产及预处理机器
305	84463090	织物宽度超过30厘米的其他无梭织机
306	84471100	圆筒直径不超过165毫米的圆型针织机
307	84471200	圆筒直径超过165毫米的圆型针织机
308	84472010	经编机
309	84472020	其他平型针织机
310	84481100	多臂机或提花机及其卡片的加工或汇编机器
311	84514000	洗涤、漂白或染色机器
312	84515000	纺织物卷绕、退绕、折叠、剪切或剪齿边机器
313	84518000	纱、织物等整、涂机器；列诺伦等布基涂布机
314	84519000	8451所列机器的零件
315	84542010	炉外精炼设备
316	84543010	冷室压铸机
317	84543021	方坯连铸机
318	84543022	板坯连铸机
319	84543029	其他钢坯连铸机

续表

序号	商品编码	货品名称
320	84551010	热轧管机
321	84551020	冷轧管机
322	84551030	定、减径轧管机
323	84551090	其他金属管轧机
324	84552110	板材热轧机
325	84552120	型钢轧机
326	84552130	线材轧机
327	84552190	其他金属热轧机或冷热联合轧机
328	84552210	板材冷轧机
329	84572000	单工位组合机床
330	84573000	多工位组合机床
331	84589100	其他数控车床
332	84593100	数控镗铣床
333	84594010	数控镗床
334	84595100	升降台式数控铣床
335	84596110	龙门数控铣床
336	84596190	未列名数控铣床
337	84601100	数控平面磨床
338	84602110	数控外圆磨床
339	84602120	数控内圆磨床
340	84602190	未列名数控磨床
341	84602910	其他外圆磨床
342	84602920	其他内圆磨床
343	84614010	数控切齿机、齿轮磨床或齿轮精加工机床
344	84621090	其他锻造或冲压机床及锻锤
345	84622190	数控弯曲、折叠或矫平机床
346	84622990	其他弯曲、折叠或矫平机床
347	84623110	数控板带纵剪机床
348	84623120	数控板带横剪机床
349	84623190	其他数控剪切机床
350	84629110	金属型材液压挤压机
351	84713000	重量≤10公斤的便携数字式自动数据处理设备
352	84714110	巨型、大型及中型数字式自动数据处理机
353	84714120	小型数字式自动数据处理机

续表

序号	商品编码	货品名称
354	84714140	其他微型数字式自动数据处理机
355	84714190	未列名数字式自动数据处理设备
356	84714910	系统形式的巨型机、大型机及中型机
357	84714920	系统形式的小型机
358	84714940	系统形式的微型机
359	84715010	巨型机、大型机及中型机的数字式处理部件
360	84715020	小型机的数字式处理部件
361	84715040	微型机的数字式处理部件
362	84715090	其他数字式处理部件
363	84716010	显示器
364	84716031	针式打印机
365	84716032	激光打印机
366	84716033	喷墨打印机
367	84716039	其他打印机
368	84716050	扫描仪
369	84716090	其他输入或输出部件
370	84717010	硬盘驱动器
371	84717020	软盘驱动器
372	84717030	光盘驱动器
373	84718000	自动数据处理设备的其他部件
374	84723010	邮政信件分拣及封装设备
375	84742010	齿辊式固体矿物质的破碎或磨粉机器
376	84742020	球磨式固体矿物质的破碎或磨粉机器
377	84742090	其他固体矿物质的破碎或磨粉机器
378	84743100	混凝土或砂浆混合机器
379	84743200	矿物与沥青的混合机器
380	84743900	固体矿物质的其他混合或搅拌机器
381	84751000	灯泡、灯管、电子管及似品的封装机器
382	84772090	其他挤出机
383	84774010	塑料中空成型机
384	84774020	塑料压延成型机
385	84775900	其他模塑或成型机器
386	84778000	其他橡胶或塑料及其产品的加工机器
387	84791022	稳定土摊铺机

续表

序号	商品编码	货品名称
388	84791029	其他摊铺机
389	84798200	搅混、轧碎、研磨、筛选、均化或乳化机器
390	84798910	船舶用舵机及陀螺稳定器
391	84798961	自动插件机
392	84798962	自动贴片机
393	84804100	金属、硬质合金用注模或压模
394	84831090	其他传动轴及曲柄
395	84834020	行星齿轮减速器
396	84851000	船用推进器及桨叶
397	85015200	多相交流电动机，750W＜P≤75KW
398	85015300	多相交流电动机，P＞75KW
399	85016100	交流发电机，P≤75KVA
400	85016200	交流发电机，75KVA＜P≤375KVA
401	85016300	交流发电机，375KVA＜P≤750KVA
402	85016410	交流发电机，750KVA＜P≤350KVA
403	85016420	交流发电机，350MVA＜P≤665MVA
404	85016430	交流发电机，P＞665MVA
405	85021200	压燃式内燃机发电机组，75KVA＜P≤375KVA
406	85021310	压燃式内燃机发电机组，375KVA＜P≤2MVA
407	85021320	压燃式内燃机发电机组，P＞2MVA
408	85042100	液体介质变压器，额定容量≤650KVA
409	85042200	液体介质变压器，650KVA＜额定容量≤10MVA
410	85042310	液体介质变压器，10MVA＜额定容量＜400MVA
411	85043110	额定容量≤1KVA的互感器
412	85043190	未列名额定容量≤1KVA的变压器
413	85043210	1KVA＜额定容量≤16KVA的互感器
414	85043290	1KVA＜额定容量≤16KVA的未列名变压器
415	85043300	其他变压器，16KVA＜P≤500KVA
416	85043400	其他变压器，P＞500KVA
417	85045000	其他电感器
418	85065000	锂的原电池及原电池组
419	85068000	其他原电池（组）
420	85073000	镍镉蓄电池
421	85074000	镍铁蓄电池

续表

序号	商品编码	货　品　名　称
422	85078010	镍氢电池
423	85078020	锂离子电池
424	85078090	未列名蓄电池
425	85141010	可控气氛热处理炉
426	85142000	工业或实验室用感应或电介质炉及烘箱
427	85144000	其他工业或实验室用感应或电介质的加热设备
428	85152190	其他全自动或半自动电阻焊接机器及装置
429	85153190	其他全自动或半自动电弧焊接机器及装置
430	85153900	其他电弧焊接机器及装置
431	85158000	其他焊机；热喷金属或硬质合金的电气机器
432	85172100	传真机
433	85175021	光端机、脉冲编码调制设备（PCM）
434	85175022	波分复用光传输设备
435	85175029	其他光通信设备
436	85175032	以太网络交换机
437	85175033	IP电话信号转换设备
438	85175034	集线器
439	85175035	路由器
440	85175036	调制解调器
441	85175039	未列名有线数字通信设备
442	85175090	未列名有线载波通信及有线数字通信设备
443	85179020	光端机及脉冲编码调制设备（PCM）的零件
444	85179031	传真机热敏记录头
445	85179032	传真机接触式图像传感器
446	85179039	传真机的其他零件
447	85179090	8517所列其他设备的零件
448	85184000	音频扩大器
449	85199910	激光唱机
450	85203210	数字音频式有声音重放装置的盒式磁带录音机
451	85203290	数字音频式有声音重放装置的其他磁带录音机
452	85203300	其他盒式磁带型有声音重放装置的其他录音机
453	85203910	开盘式录音机
454	85203990	未列名装有声音重放装置的其他磁带录音机
455	85211011	广播级磁带型录像机

续表

序号	商品编码	货品名称
456	85211019	其他磁带型录像机
457	85211020	磁带型放像机
458	85229021	走带机构（机芯），不论是否装有磁头
459	85229029	盒式磁带录音机或放声机的其他零件、附件
460	85229030	视频信号录制或重放设备的零件、附件
461	85251010	广播电视用无线电广播、电视发送设备
462	85251090	其他无线电话、电报发送设备
463	85252019	其他卫星地面站设备
464	85252023	对讲机
465	85252091	广播电视用装有接收装置的发送设备
466	85252099	其他装有接收装置的发送设备
467	85253010	特种用途的电视摄像机
468	85253091	广播级电视摄像机
469	85253099	其他电视摄像机
470	85254010	特种用途静像视频摄像机及其他摄录一体机
471	85261010	导航用雷达设备
472	85261090	其他雷达设备
473	85269110	机动车辆用无线电导航设备
474	85269190	其他无线电导航设备
475	85269200	无线电遥控设备
476	85271200	袖珍盒式磁带收放机
477	85271300	其他不需外接电源的收录（放）音组合机
478	85271900	其他不需外接电源的无线电收音机
479	85272100	需外接电源的汽车用收录（放）音组合机
480	85272900	其他需外接电源的汽车用无线电收音机
481	85273100	其他收录（放）音组合机
482	85273200	带时钟的收音机
483	85273900	未列名无线电收音机
484	85279090	未列名无线电话、电报、无线电广播接收设备
485	85281291	彩色电视机，屏幕尺寸≤42cm
486	85281292	彩色电视机，42cm<屏幕尺寸≤52cm
487	85281293	彩色电视机，屏幕尺寸>52cm

续表

序号	商品编码	货　品　名　称
488	85282100	彩色视频监视器
489	85283010	彩色视频投影机
490	85291010	雷达及无线电导航设备天线及其反射器及零件
491	85291090	8525 至 8528 其他设备的天线及其反射器及零件
492	85299010	电视发送、差转及卫星电视地面收转设备零件
493	85299020	手持式无线电话机零件
494	85299050	雷达及无线电导航设备零件
495	85299081	彩色电视接收机零件（高频调谐器除外）
496	85301000	铁道或电车道电气信号、安全或交通管理设备
497	85308000	其他电气信号、安全或交通管理设备
498	85309000	8530 所列设备的零件
499	85311090	其他防盗或防火报警器及类似装置
500	85319010	防盗或防火报警器及类似装置的零件
501	85364100	继电器，V≤60V
502	85364900	继电器，60V＜线路 V≤1000V
503	85369000	其他连接用电气装置，线路 V≤1000V
504	85371010	用于电压不超过 1000 伏线路的数控装置
505	85371090	其他电力控制或分配盘、板、台等，V≤1000V
506	85372010	全封闭组合式高压开关装置，线路 V≥500kV
507	85381010	编号 85372010 所列货品的零配件
508	85406010	雷达显示管
509	85429000	集成电路及微电子组件的零件
510	85433000	电镀、电解或电泳设备及装置
511	85438920	高、中频放大器
512	85438990	未列名具有独立功能的电气设备及装置
513	85439040	高、中频放大器零件
514	85445910	其他电缆，80V＜耐压≤1000V
515	85446011	电缆，耐压＞35KV
516	85446019	电缆，1000V＜耐压≤35KV
517	85447000	由每根被覆光纤组成的光缆，
518	85489000	本章其他编号未列名机器或设备的电气零件
519	86011011	微机控制的直流电机驱动铁道电力机车

续表

序号	商品编码	货　品　名　称
520	86011019	其他直流电机驱动铁道电力机车
521	86011020	交流电机驱动的铁道电力机车
522	86011090	其他由外部电力驱动的铁道电力机车
523	86021010	微机控制的柴油电力铁道机车
524	86021090	其他柴油电力铁道机车
525	86031000	外部供电铁道及电车道机动客、货、敞车
526	86039000	其他铁道及电车道机动客车、货车、敞车
527	86040011	隧道限界检查车
528	86040012	钢轨在线打磨列车
529	86040019	其他铁道及电车道检验车及查道车
530	86040091	电气化接触网架线机（轨行式）
531	86040099	其他铁道及电车道维修或服务车
532	86071100	铁道及电车道机车等车辆的驾驶转向架
533	86071200	铁道及电车道机车等车辆的其他转向架
534	86071910	铁道及电车道机车等车辆的轴
535	86071990	铁道及电车道机车或车辆的轮及上述货品零件
536	86072100	铁道及电车道机车等车辆空气制动器及其零件
537	86072900	铁道及电车道机车等车辆其他制动器及其零件
538	86073000	铁道等机车的钩、联结器、缓冲器及其零件
539	86079100	其他铁道及电车道机车零件
540	86079900	其他铁道及电车道车辆零件
541	86080010	轨道自动计轴设备
542	86080090	轨道固定装置和机械交通管理等设备及零附件
543	87013000	履带式牵引车、拖拉机
544	87019000	未列名牵引车、拖拉机
545	87041090	其他非公路用货运机动自卸车
546	87060010	非公路用自卸车装有发动机的底盘
547	87085030	非公路用自卸车用装有差速器的驱动桥
548	87086010	牵引车、拖拉机用非驱动桥及其零件
549	87086030	非公路用自卸车用非驱动桥及其零件
550	88021100	直升机，空载重量≤2000kg
551	88021210	7000≥空载重量＞2000 公斤的直升机

续表

序号	商品编码	货品名称
552	88021220	空载重量＞7000 公斤的直升机
553	88022000	飞机等航空器，空载重量≤2000kg
554	88023000	飞机等航空器，2000kg＜空载重量≤15000kg
555	88024010	45000≥空载重量＞15000 公斤的飞机等航空器
556	88024020	空载重量＞45000 公斤的飞机等航空器
557	88026000	航天器及其运载工具、亚轨道运载工具
558	89011010	机动巡航船、游船等主要供客运的船、渡船
559	89011090	非机动巡航船、游船等主要供客运的船、渡船
560	89013000	冷藏船
561	89019090	其他非机动货运船舶及客货兼运船舶
562	89020010	机动捕鱼船、加工船等加工保藏鱼产品的船
563	89020090	非机动捕鱼船、加工船等加工保藏鱼产品的船
564	89052000	浮动或潜水式钻探或生产平台
565	89059010	浮船坞
566	89059090	灯船、消防船、起重船等不以航行为主的船舶
567	90011000	光纤、光纤束及光缆，但 8544 的货品除外
568	90061010	电子分色机
569	90061090	其他制版照相机
570	90091110	多色静电感光复印设备（直接法）
571	90091210	多色静电感光复印设备（间接法）
572	90092110	多色带有光学系统的其他感光复印设备
573	90092210	多色接触式其他感光复印设备
574	90093010	多色热敏复印设备
575	90121000	显微镜（光学显微镜除外）；衍射设备
576	90141000	定向罗盘
577	90148000	其他导航仪器及装置
578	90181100	心电图记录仪
579	90181210	B 型超声波诊断仪
580	90181291	彩色超声波诊断仪
581	90181299	未列名超声波扫描装置
582	90181400	闪烁摄影装置
583	90181930	病员监护仪

续表

序号	商品编码	货品名称
584	90181990	未列名电气诊断装置
585	90184910	装有牙科设备的牙科用椅
586	90184990	牙科用未列名仪器及器具
587	90189030	内窥镜
588	90189040	肾脏透析设备（人工肾）
589	90189050	透热疗法设备
590	90189060	输血设备
591	90189070	麻醉设备
592	90189090	其他医疗、外科或兽医用仪器及器具
593	90221300	其他，牙科用X射线应用设备
594	90221910	低剂量X射线安全检查设备
595	90221990	未列名X射线的应用设备
596	90222900	其他α、β、γ射线的应用设备
597	90223000	X射线管
598	90229010	X射线影像增强器
599	90229090	X光发生器等、检查用家具等；9022设备零件
600	90261000	测量、检验液体流量或液位的仪器及装置
601	90262000	测量、检验压力的仪器及装置
602	90271000	气体或烟雾分析仪
603	90272000	色谱仪及电泳仪
604	90273000	使用光学射线的分光仪、分光光度计及摄谱仪
605	90275000	使用光学射线的其他仪器及装置
606	90278010	质谱仪
607	90278090	9027所列的未列名仪器及装置
608	90279000	检镜切片机；9027所列仪器及装置的零、附件
609	90304090	其他无线电通信专用的仪器及装置
610	90311000	机械零件平衡试验机
611	90318010	光纤通信及光纤性能测试仪
612	90318090	其他未列名测量或检验仪器、器具及机器
613	90328900	其他自动调节或控制仪器及装置
614	90330000	第90章机器、仪器等用本章未列名零、附件

目录三

商品类别	商品编码	货品名称
原　油	27090000	石油原油及从沥青矿物提取的原油
农　药	29214300.10	氟乐灵原药
	29242990.10	叶蝉散原药
	29269090.10	灭扫利原药、来福灵原药、功夫原药
	29309090.11	拿扑净原药、杀草丹原药
	29309090.30	巴丹原药
	29329990.10	呋喃丹原药
	29332900.10	扑海因原药
	29333990.20	精稔杀得原药、乐斯本原药
	29333990.50	速克灵原药
	29333990.70	莫比朗原药
	29339900.10	精禾草克原药
	29341000.10	尼索朗原药
	29349990.20	硕丹、韩丹原药
	38081019.10	零售包装农用杀虫剂成药
	38081019.90	零售包装非农用杀虫剂成药
	38081090	非零售包装的杀虫剂成药
	38082010.10	零售包装农用杀菌剂成药
	38082010.90	零售包装非农用杀菌剂成药
	38082090.10	非零售包装的杀菌剂
	38082090.21	经农药杀菌剂浸渍的纸质水果套袋
	38082090.29	非零售包装的其他农用杀菌剂成药
	38082090.90	非零售包装的非农用杀菌剂成药
	38083011.10	零售包装的农用除草剂成药
	38083011.90	零售包装的非农用除草剂成药
	38083019	非零售包装除草剂成药
	38083099	非零售包装抗萌剂及植物生长调节剂
	38084000.10	医用消毒剂
	38084000.90	非医用消毒剂
化　肥	31022100	硫酸铵
	31022900	硫酸铵和硝酸铵的复盐及混合物
	31023000	硝酸铵，不论是否水溶液
	31024000	硝酸铵与碳酸钙等的混合物（包括硝酸铵与其他无效肥及无机物的混合物）

续表

商品类别	商品编码	货　品　名　称
化　肥	31025000	硝酸钠
	31026000	硝酸钙和硝酸铵的复盐及混合物
	31027000	氰氨化钙
	31028000	尿素及硝酸铵混合物的水溶液，包括氨水溶液
	31029000	其他矿物氮肥及化学氮肥，包括上述未列名的混合物
	31031000	过磷酸钙
	31032000	碱性熔渣
	31039000	其他矿物磷肥及化学磷肥，不包括过磷酸钙或碱性熔渣
	31041000	光卤石、钾盐及其他天然粗钾盐
	31042010	分析纯的氯化钾
	31042090	其他氯化钾
	31043000	硫酸钾
	31049000	其他矿物钾肥及化学钾肥
	31051000	制成片状等或零售包装的31章各货品，零售包装每包毛重≤10kg
	31054000	磷酸二氢铵，包括磷酸二氢铵与磷酸氢二铵的混合物
	31055100	含有硝酸盐及磷酸盐的肥料，包括矿物肥料或化学肥料
	31055900	其他含氮、磷两种元素的肥料，包括矿物肥料或化学肥料
	31056000	含磷、钾两种元素的肥料，包括矿物肥料或化学肥料
	31059000	其他肥料
聚酯切片	39076011	高粘度聚对苯二甲酸乙二酯切片
	39076019	其他聚对苯二甲酸乙二酯切片
腈纶纤维	54023910	聚丙烯长丝变形纱线，非供零售用
	54023990	其他合成纤维长丝纺的变形纱线，非零售用
	54024910.10	聚丙烯单纱，单丝/未捻或捻度每米5转以下的复丝单纱，非供零售用
	54024910.90	捻度每米5转以上不超过50转的复丝单纱，非供零售用
	54024920.10	氨纶纱线，单丝/未捻或捻度每米5转以下的复丝单纱，非供零售用
	54024920.90	氨纶纱线，捻度每米5转以上不超过50转的复丝单纱，非供零售用
	54024990.10	非零售其他合成纤维长丝单纱，未捻或捻度每米<5转
	54024990.90	非零售其他合成纤维长丝单纱，捻度≥5转，≤50转
	54025910	聚丙烯纱线，捻度每米超过50转，非供零售用
	54025990	非零售用加捻的其他合成纤维长丝单纱，捻度每米>50转

续表

商品类别	商品编码	货品名称
	54026910	聚丙烯纱线，包括多股纱线或缆线，非供零售用
	54026920	氨纶纱线，包括多股纱线或缆线，非供零售用
	54026990	非零售用的其他合成纤维长丝多股纱或缆线
	55013000	聚丙烯腈或变性聚丙烯腈合成纤维长丝丝束
	55033000	未梳的聚丙烯腈或变性聚丙烯腈合成纤维短纤
	55063000	已梳的聚丙烯腈或变性聚丙烯腈合成纤维短纤，包括其他纺前加工的
	55093100	非零售纯聚丙烯腈短纤单纱，纯指按重量计聚丙烯腈或变性聚丙烯腈短纤含量在85%及以上
	55093200	非零售纯聚丙烯腈短纤多股纱线或缆线，纯指按重量计聚丙烯腈或其变性短纤含量在85%及以上
	55096100	非零售与毛混纺腈纶短纤纱线，混纺指按重量计聚丙烯腈及其变性短纤含量在85%以下
	55096200	非零售与棉混纺腈纶短纤纱线，混纺指按重量计聚丙烯腈及其变性短纤含量在85%以下
	55096900	非零售与其他混纺腈纶短纤纱线，混纺指按重量计聚丙烯腈及其变性短纤含量在85%以下
涤纶纤维	54022000.10	非零售聚酯高强力纱，单纱/未捻或捻度<5转/米复丝单纱
	54022000.20	非零售聚酯高强力纱，捻度≥5转/米复丝单纱
	54022000.90	非零售聚酯高强力多股纱
	54023310	非零售用聚酯纺制的弹力丝
	54023390	非零售用其他聚酯变形纱线
	54024200	非零售用未捻的部分定向聚酯纱线，未加捻或捻度每米不超过50转
	54024300.10	非零售未捻的其他聚酯纱线，单丝/未捻或捻度每米5转以下的复丝单纱，非供零售用
	54024300.90	非零售未捻的其他聚酯纱线，捻度每米5转不超过50转的复丝单纱
	54025200	非零售用加捻的其他聚酯纱线，加捻指每米超过50转
	54026200	非零售用聚酯纺制多股纱线，缆线
	54041000.10	细度≥67分特，截面≥1mm的合成纤维单丝
	55012000	聚酯制合成纤维长丝丝束
	55032000	未梳的聚酯制合成纤维短纤，包括未经其他纺前加工的
	55062000	已梳的聚酯制合成纤维短纤，包括经其他纺前加工的
	55092100	非零售纯聚酯短纤单纱，纯指按重量计聚酯短纤含量在85%及以上，缝纫线除外

续表

商品类别	商品编码	货品名称
	55092200.10	非零售含聚酯短纤85%及以上的多股纱线或缆线，终捻为Z捻
	55092200.90	非零售其他含聚酯短纤85%及以上的多股纱线或缆线，缝纫线除外
	55095100	非零售与人造纤维短纤混纺聚酯短纤纱，混纺按重量计聚酯短纤含量在85%以下
	55095200	非零售与毛混纺聚酯短纤纱线，混纺按重量计聚酯短纤含量在85%以下
	55095300	非零售与棉混纺聚酯短纤纱线，混纺按重量计聚酯短纤含量在85%以下
	55095900	非零售与其他混纺聚酯短纤纱线，混纺按重量计聚酯短纤含量在85%以下
钢　材	72071100	宽度小于厚度两倍的矩形截面钢坯，含碳量小于0.25%
	72071200	其他矩形截面钢坯，含碳量小于0.25%
	72071900	其他含碳量小于0.25%的钢坯
	72072000	含碳量不小于0.25%的钢坯
	72081000	热轧铁及非合金的热轧卷材，已轧花纹，宽度大于等于600毫米，除热轧外未进一步加工的
	72082500	热轧铁及非合金的中厚宽卷材，厚度大于等于4.75毫米，宽度大于等于600毫米，除热轧外未进一步加工的，未包、镀、涂层
	72082600	热轧铁及非合金的中厚宽卷材，厚度大于等于3毫米，小于4.75毫米，宽度大于等于600毫米，除热轧外未进一步加工的，未包、镀、涂层
	72082700	热轧铁及非合金的中厚宽卷材，厚度小于等于3毫米，宽度大于等于600毫米，除热轧外未进一步加工的，未包、镀、涂层
	72083600	热轧铁及非合金的厚宽卷材，厚度大于等于10毫米，宽度大于等于600毫米，除热轧外未进一步加工的，未包、镀、涂层
	72083700	热轧铁及非合金的厚宽卷材，厚度大于等于4.75毫米，小于10毫米，宽度大于等于600毫米，除热轧外未进一步加工的，未包、镀、涂层
	72083800	热轧铁及非合金的厚宽卷材，厚度大于等于3毫米，小于4.75毫米，宽度大于等于600毫米，除热轧外未进一步加工的，未包、镀、涂层
	72083900	热轧铁及非合金的厚宽卷材，厚度小于等于3毫米，宽度大于等于600毫米，除热轧外未进一步加工的，未包、镀、涂层
	72084000	热轧铁及非合金的非卷材，已轧花纹，宽度大于等于600毫米，除热轧外未进一步加工的，未包、镀、涂层
	72085100	热轧铁及非合金的其他非卷材，厚度大于等于10毫米，宽度大于等于600毫米，除热轧外未进一步加工的，未包、镀、涂层

续表

商品类别	商品编码	货品名称
	72085200	铁或非合金钢平板轧材，经热轧，但未经包覆、镀层或涂层，厚度小于等于10毫米，大于4.75毫米，宽度大于等于600毫米，除热轧外未进一步加工的
	72085300	铁或非合金钢平板轧材，经热轧，但未经包覆、镀层或涂层，厚度小于等于4.75毫米，大于3毫米，宽度大于等于600毫米，除热轧外未进一步加工的
	72085400	其他热轧及未包、镀、涂层，厚度小于3毫米的铁或非合金钢非卷材，除热轧外未进一步加工的
	72089000	热轧及未包、镀、涂层，但经进一步加工的宽度在600毫米及以上的铁或非合金钢平板轧材，除热轧外未进一步加工的
	72091500	冷轧及未包、镀、涂层，厚度在3毫米及以上的铁或非合金钢卷材，除热轧外未进一步加工的
	72091600	冷轧及未包、镀、涂层，厚度超过1毫米，但小于3毫米的铁或非合金钢卷材，除热轧外未进一步加工的
	72091700	冷轧及未包、镀、涂层，厚度在0.5毫米及以上，但不超过1毫米的铁或非合金钢卷材，除热轧外未进一步加工的
	72091800	冷轧及未包、镀、涂层，厚度小于0.5毫米的铁或非合金钢卷材，除热轧外未进一步加工的
	72092500	冷轧及未包、镀、涂层。厚度在3毫米及以上的铁或非合金钢卷材，除热轧外未进一步加工的
	72092600	冷轧及未包、镀、涂层，厚度超过1毫米但小于3毫米的铁或非合金钢卷材，除热轧外未进一步加工的
	72092700	冷轧及未包、镀、涂层，厚度在0.5毫米及以上，但不超过1毫米的铁或非合金钢卷材，除热轧外未进一步加工的
	72092800	冷轧及未包、镀、涂层，厚度小于0.5毫米的铁或非合金钢卷材，除热轧外未进一步加工的
	72099000	冷轧及未包、镀、涂层，但经进一步加工的宽度在600毫米及以上的铁或非合金钢平板轧材，除热轧外未进一步加工的
	72101100	镀或涂锡的，厚度在0.5毫米及以上的铁或非合金钢平板轧材
	72101200	镀或涂锡的，厚度小于0.5毫米的铁或非合金钢平板轧材
	72102000	镀或涂铅的，包括镀铅锡的铁或非合金钢平板轧材
	72103000	电镀锌的铁或非合金钢板轧材
	72104100	其他电镀或涂锌的瓦楞形铁或非合金钢平板轧材
	72104900	其他镀或涂锌的铁或非合金钢平板轧材
	72105000	镀或涂氧化铬或铬及氧化铬的铁或非合金钢平板轧材
	72106100	镀或涂铝锌合金的铁或非合金钢平板轧材
	72106900	其他镀或涂铝的铁或非合金钢平板轧材

续表

商品类别	商品编码	货品名称
	72107000	涂漆或涂塑的铁或非合金钢平板轧材
	72109000	未列名宽度在600毫米及以上经包、镀、涂层的铁或非合金钢平板轧材
	72111300	热轧及未包、镀、涂层，经四面轧制或在闭合匣内轧制的非卷材，宽度超过150毫米，厚度不小于4毫米，未轧压花纹的铁或非合金钢平板轧材
	72111400	其他热轧及未包、镀、涂层，厚度在4.75毫米及以上的铁或非合金钢平板轧材
	72111900	未列名热轧及未包、镀、涂层的铁或非合金钢平板轧材
	72112300	宽度小于600毫米冷轧及未包、镀、涂层的铁或非合金钢平板轧材，按重量计含碳量低于0.25%及以上
	72112900	其他宽度小于600毫米冷轧及未包、镀、涂层的铁或非合金钢平板轧材，含碳量0.25%及以上
	72119000	未列名宽度小于600毫米未包、镀、涂层的铁或非合金钢平板轧材
	72121000	镀或涂锡的，宽度小于600毫米的铁或非合金钢平板轧材
	72122000	电镀锌的，宽度小于600毫米的铁或非合金钢平板轧材
	72123000	其他电或涂锌的，宽度小于600毫米的铁或非合金钢平板轧材
	72124000	涂漆或涂塑的，宽度小于600毫米的铁或非合金钢平板轧材
	72125000	未列名镀或涂层的，宽度小于600毫米的铁或非合金钢平板轧材
	72126000	经包覆的，宽度小于600毫米的铁或非合金钢平板轧材
	72131000	带有轧制过程中产生的凹痕、凸缘、槽沟及其他变形的不规则盘卷的铁及非合金钢的热轧条、杆
	72132000	不规则盘卷的易切削钢热轧条、杆
	72139100	其他直径小于14毫米圆形截面的不规则盘卷的铁及非合金钢的热轧条、杆
	72139900	未列名不规则盘卷的铁及非合金钢的热轧条、杆
	72141000	铁或非合金钢的锻造条、杆
	72142000	带有轧制过程中产生的凹痕、凸缘、槽沟或其他变形以及轧制后扭曲的铁或非合金钢的其他条、杆
	72143000	其他易切削钢热轧、热拉拔或热挤压条、杆
	72149100	其他矩型截面（正方型除外）铁或非合金钢的热轧热拉拔或热挤压条、杆
	72149900	未列名铁或非合金钢的热轧、热拉拔或热挤压条、杆
	72151000	易切削钢冷成形或冷加工条、杆
	72155000	其他铁及非合金钢的冷成形或冷加工条、杆
	72159000	未列名的铁及非合金钢条、杆

续表

商品类别	商品编码	货品名称
	72161010	H型钢，热轧、热拉拔或热挤压铁或非合金钢槽钢、工字钢及宽边工字钢，截面高度低于80毫米
	72161090	U型、I型钢，除热轧、热拉拔或热挤压外未经进一步加工，截面高度低于80毫米
	72162100	热轧、热拉拔或热挤压铁或非合金钢角钢，截面高度低于80毫米
	72162200	热轧、热拉拔或热挤压铁或非合金钢丁字钢，截面高度低于80毫米
	72163100	热轧、热拉拔或热挤压铁或非合金钢槽钢，截面高度在80毫米及以上
	72163200	热轧、热拉拔或热挤压铁或非合金钢槽钢，截面高度在80毫米及以上
	72163300	热轧、热拉拔或热挤压铁或非合金钢宽边工字钢，截面高度在80毫米及以上
	72164010	热轧、热拉拔或热挤压铁或非合金钢角钢，截面高度在80毫米及以上
	72164020	热轧、热拉拔或热挤压铁或非合金钢丁字钢，截面高度在80毫米及以上
	72165010	热轧、热拉拔或热挤压铁或非合金钢乙字钢
	72165090	其他热轧、热拉拔或热挤压的铁或非合金钢角材、型材及异型材
	72166100	平板轧材制冷成形或冷加工角材、型材及异型材
	72166900	其他冷成形或冷加工角材、型材及异型材
	72169100	平板轧材制冷成形或冷加工外进一步加工的角材、型材及异型材
	72169900	未列名铁或非合金钢的角材、型材及异型材
	72171000	未经镀或涂层，不论是否抛光的铁丝或非合金钢丝
	72172000	镀或涂锌的铁丝或非合金钢丝
	72173000	镀或涂其他贱金属的铁丝或非合金钢丝
	72179000	未列名铁丝或非合金钢丝
	72181000	不锈钢锭及其他初级形状的不锈钢
	72189100	矩型截面（正方型除外）不锈钢半制品
	72189900	其他不锈钢半制品
	72191100	厚度超过10毫米的热轧不锈钢卷材
	72191200	厚度在4.75毫米及以上，但不超过10毫米的热轧不锈钢卷材
	72191300	厚度在3毫米及以上，但不厚于4.75毫米的热轧不锈钢卷材
	72191400	厚度小于3毫米的热轧不锈钢卷材
	72192100	厚度超过10毫米的热轧不锈钢非卷材
	72192200	厚度在4.75毫米及以上，但不超过10毫米的热轧不锈钢非卷材

续表

商品类别	商品编码	货品名称
	72192300	厚度在3毫米及以上，但小于4.75毫米的热轧不锈钢非卷材
	72192400	厚度小于3毫米的热轧不锈钢非卷材
	72193100	厚度在4.75毫米及以上的冷轧不锈钢平板轧材
	72193200	厚度在3毫米及以上，但小于4.75毫米的冷轧不锈钢平板轧材
	72193300	厚度超过1毫米，但小于3毫米
	72193400	厚度在0.5毫米及以上，但不超过1毫米的冷轧不锈钢平板轧材
	72193500	厚度小于0.5毫米的冷轧不锈钢平板轧材
	72199000	未列名宽度在600毫米及以上的不锈钢平板轧材
	72201100	厚度在4.75毫米及以上的热轧不锈钢平板轧材，宽度小于600毫米
	72201200	厚度小于4.75毫米的热轧不锈钢平板轧材，宽度小于600毫米
	72202000	冷轧不锈钢平板轧材，宽度小于600毫米
	72209000	未列名宽度小于600毫米的不锈钢平板轧材
	72210000	不规则盘卷的不锈钢热轧条、杆
	72221100	圆型截面的热轧、热拉拔或热挤压的不锈钢条、杆
	72221900	其他热轧、热拉拔或热挤压的不锈钢条、杆
	72222000	不锈钢冷成形或冷加工条、杆
	72223000	其他不锈钢条、杆
	72224000	不锈钢角材、型材及异型材
	72230000	不锈钢丝
	72241000	其他合金钢锭及初级形状品
	72249010	单件重量在10吨及以上的粗铸合金钢锻件坯
	72249090	其他合金钢半制成品
	72251110	按重量计含硅量在5%及以上的取向性钢硅平板轧材，宽度在600毫米及以上
	72251900	按重量计含硅量在5%及以上的其他硅电平板轧材，宽度在600毫米及以上
	72252000	高速钢平板轧材，宽度在600毫米及以上
	72253000	其他合金钢热轧卷材，宽度在600毫米及以上
	72254000	其他合金钢热轧非卷材，宽度在600毫米及以上
	72255000	其他合金钢冷轧板材，宽度在600毫米及以上
	72259100	电镀或涂锌的宽度在600毫米及以上的其他合金钢平板轧材
	72259200	其他方法镀或涂锌的宽度在600毫米及以上的合金钢平板轧材
	72259900	未列名宽度在600毫米及以上的合金钢平板轧材

续表

商品类别	商品编码	货品名称
	72261100	含硅量在5%及以上的取向性硅电钢，硅钢平板轧材，宽度小于600毫米
	72261900	其他取向性硅钢平板轧材，宽度小于600毫米
	72262000	高速钢平板轧材，宽度小于600毫米
	72269100	其他未经进一步加工的合金钢热轧板材，宽度小于600毫米
	72269200	其他未经进一步加工的合金钢冷轧板材，宽度小于600毫米
	72269300	电镀或涂锌的其他合金钢平板轨材，宽度小于600毫米
	72269400	其他方法镀或涂锌的合金钢平板轨材，宽度小于600毫米
	72269900.10	铁镍合金钢带材，宽度小于600毫米，生产集成电路框架用
	72269900.90	宽度小于600毫米的其他合金板材
	72271000	不规则盘卷的高速钢热轧条、杆
	72272000	不规则盘卷的硅锰钢热轧条、杆
	72279000	不规则盘卷的其他合金钢热轧条、杆
	72281000	其他高速钢条、杆
	72282000	其他硅锰钢条、杆
	72283000	其他合金钢热轧、热拉拔或热挤压条、杆
	72284000	其他合金钢锻造条、杆
	72285000	其他合金钢冷成形或冷加工条、杆
	72286000	未列名合金钢条、杆
	72287010	覆带板型钢
	72287090	其他合金钢角材、型材及异型材
	72288000	空心钻钢
	72291000	高速钢钢丝
	72292000	硅锰钢钢丝
	72299000	其他合金钢丝
	73011000	钢铁板桩
	73012000	角材、型材及异型材
	73021000	铁道及电车道铺轨用钢铁材料、钢轨
	73023000	道岔尖轨、撤叉、尖轨拉杆及其他叉道段体
	73024000	鱼尾板及钢轨垫板
	73029010	钢铁轨枕
	73029090	其他铁道及电车道铺轨用钢铁材料
	73030010	铸铁管及空心异型材、内径在500毫米及以上的圆形截面管
	73030090	其他铸铁管及空心异型材

续表

商品类别	商品编码	货品名称
	73041000	无缝钢铁管及空心异型材，石油或天然气用的套管、导管及钻管
	73042100	无缝钢铁管及空心异型钻管
	73042900	铁或非合金钢的其他圆形截面管；冷拔或冷轧的无缝钢铁管及空心异型材
	73043110	锅炉管
	73043120	地质钻管、套管
	73043190	其他冷拔或冷轧的铁或非合金钢的无缝圆形截面管
	73043910	锅炉管
	73043920	地质钻管、套管
	73043990	其他非冷拔或冷轧的铁或非合金钢无缝圆形截面管
	73044190	其他冷拔或冷轧的不锈钢无缝圆形截面管
	73044910	其他合金钢的其他圆形截面管；冷拔或冷轧的
	73044990	其他非冷拔或冷轧的不锈钢无缝圆形截面管
	73045110	锅炉管
	73045120	地质钻管、套管
	73045190	其他冷拔或冷轧的合金钢无缝圆形截面管
	73045910	锅炉管
	73045920	锅炉管
	73045990	其他非冷拔或冷轧的合金钢无缝圆形截面管
	73049000	未列名无缝钢铁管及空心异型材（铸铁的除外）
	73051100	其他圆形截面钢铁管外径超过 406.4 毫米，纵向埋弧焊接的
	73051200	其他纵向焊接的
	73051900	其他圆形截面的钢铁管外径超过 406.4 毫米
	73052000	钻探石油或天然气用套管，其他焊接的
	73053100	其他纵向焊接的圆形截面钢铁管，外径超过 406.4 毫米
	73053900	其他焊接的圆形截面钢铁管，外径超过 406.4 毫米
	73059000	其他圆形截面钢铁管，外径超过 406.4 毫米
	73061000	石油及天然气管道管
	73062000	钻探石油或天然气用套管及导管
	73063000	其他铁或非合金钢的圆形截面焊缝管，外径不超过 406.4 毫米
	73064000	其他不锈钢的圆形截面焊缝管，外径不超过 406.4 毫米
	73065000	其他合金钢的圆形截面焊缝管，外径不超过 406.4 毫米
	73066000	非圆形截面的焊缝管
	73069000	未列名钢管及空心异型材
	73121000	非绝缘的钢铁绞股线、绳、缆

附件 2

自动进口许可证发证机构名单

一、目录一货物发证机构名单

外经贸部配额许可证事务局
北京市对外经济贸易委员会
天津市对外经济贸易委员会
河北省对外贸易经济合作厅
山西省对外贸易经济合作厅
内蒙古自治区对外贸易经济合作厅
辽宁省对外贸易经济合作厅
大连市对外贸易经济合作局
吉林省对外贸易经济合作厅
黑龙江省对外贸易经济合作厅
上海市对外经济贸易委员会
江苏省对外贸易经济合作厅
浙江省对外贸易经济合作厅
宁波市对外贸易经济合作局
安徽省对外贸易经济合作厅
福建省对外贸易经济合作厅
厦门市贸易发展委员会
江西省对外贸易经济合作厅
山东省对外贸易经济合作厅
青岛市对外贸易经济合作局
河南省对外贸易经济合作厅
湖北省对外贸易经济合作厅
湖南省对外贸易经济合作厅
广东省对外贸易经济合作厅
深圳市对外贸易经济合作局
广西壮族自治区对外贸易经济合作厅
海南省对外贸易经济合作厅
重庆市对外贸易经济委员会
四川省对外贸易经济合作厅
贵州省贸易合作厅
云南省对外贸易经济合作厅
西藏自治区对外贸易经济合作厅
陕西省对外贸易经济合作厅
甘肃省贸易经济合作厅
青海省对外贸易经济合作厅
宁夏回族自治区对外贸易经济合作厅
新疆维吾尔自治区对外贸易经济合作厅
新疆生产建设兵团对外贸易经济合作局

二、目录二货物发证机构名单

（一）对外贸易经济合作部（国家机电产品进出口办公室）

（二）部门机电产品进出口办公室

外交部机电产品进出口办公室
科学技术部机电产品进出口办公室
国防科工委机电产品进出口办公室
公安部机电产品进出口办公室
国家安全部机电产品进出口办公室
中国人民银行机电产品进出口办公室
农业部机电产品进出口办公室
水利部机电产品进出口办公室
建设部机电产品进出口办公室
国土资源部机电产品进出口办公室
信息产业部机电产品进出口办公室
铁道部机电产品进出口办公室
交通部机电产品进出口办公室
文化部机电产品进出口办公室
教育部机电产品进出口办公室
卫生部机电产品进出口办公室
国家林业局机电产品进出口办公室
国家质量监督检验检疫总局机电产品进出口办公室
国家广播电影电视总局机电产品进出口办公室
国家体育总局机电产品进出口办公室
海关总署机电产品进出口办公室
中国民用航空总局机电产品进出口办公室
国家旅游局机电产品进出口办公室
新闻出版总署机电产品进出口办公室
国家药品监督管理局机电产品进出口办公室
国家安全生产监督管理局机电产品进出口办公室
新华社机电产品进出口办公室
中国科学院机电产品进出口办公室
中国气象局机电产品进出口办公室
中国地震局机电产品进出口办公室
国家海洋局机电产品进出口办公室
国家烟草专卖局机电产品进出口办公室
人民日报社机电产品进出口办公室
中华全国供销合作总社机电产品进出口办公室
国家电力公司机电产品进出口办公室
中国船舶工业集团公司机电产品进出口办公室
中国船舶重工集团公司机电产品进出口办公室
中国石化集团公司机电产品进出口办公室

中国石油天然气集团公司机电产品进出口办公室
中国核工业集团公司机电产品进出口办公室
中国兵器工业集团公司机电产品进出口办公室
中国兵器装备集团公司机电产品进出口办公室
中国航空工业第一集团公司机电产品进出口办公室
中国航空工业第二集团公司机电产品进出口办公室
中国航天科技集团公司机电产品进出口办公室
中国航天科工集团公司机电产品进出口办公室
中国包装总公司机电产品进出口办公室
中国海洋石油总公司机电产品进出口办公室
解放军总装备部机电产品进出口办公室
解放军总后勤部机电产品进出口办公室
武警总部机电产品进出口办公室

（三）地方机电产品进出口办公室

北京市机电产品进出口办公室
天津市机电产品进出口办公室
河北省机电产品进出口办公室
山西省机电产品进出口办公室
内蒙古自治区机电产品进出口办公室
辽宁省机电产品进出口办公室
吉林省机电产品进出口办公室
黑龙江省机电产品进出口办公室
上海市机电产品进出口办公室
江苏省机电产品进出口办公室
浙江省机电产品进出口办公室
安徽省机电产品进出口办公室
福建省机电产品进出口办公室
江西省机电产品进出口办公室
山东省机电产品进出口办公室
河南省机电产品进出口办公室
湖北省机电产品进出口办公室
湖南省机电产品进出口办公室
广东省机电产品进出口办公室
广西壮族自治区机电产品进出口办公室
海南省机电产品进出口办公室
四川省机电产品进出口办公室
重庆市机电产品进出口办公室
贵州省机电产品进出口办公室
云南省机电产品进出口办公室
西藏自治区机电产品进出口办公室
陕西省机电产品进出口办公室
甘肃省机电产品进出口办公室
青海省机电产品进出口办公室
宁夏回族自治区机电产品进出口办公室
新疆维吾尔族自治区机电产品进出口办公室
新疆生产建设兵团机电产品进出口办公室
秦皇岛市机电产品进出口办公室
大连市机电产品进出口办公室
南通市机电产品进出口办公室
连云港市机电产品进出口办公室
宁波市机电产品进出口办公室
温州市机电产品进出口办公室
福州市机电产品进出口办公室
厦门市机电产品进出口办公室
青岛市机电产品进出口办公室
烟台市机电产品进出口办公室
广州市机电产品进出口办公室
深圳市机电产品进出口办公室
珠海市机电产品进出口办公室
汕头市机电产品进出口办公室
湛江市机电产品进出口办公室
北海市机电产品进出口办公室

三、目录一、目录三货物外商投资企业发证机构名单

对外贸易经济合作部
北京市对外经济贸易委员会
天津市对外经济贸易委员会
河北省对外贸易经济合作厅
山西省对外贸易经济合作厅
内蒙古自治区对外贸易经济合作厅
辽宁省对外贸易经济合作厅
大连市对外贸易经济合作局
吉林省对外贸易经济合作厅
黑龙江省外资管理局
上海市外国投资工作委员会
江苏省对外贸易经济合作厅
浙江省对外贸易经济合作厅
宁波市对外贸易经济合作局
安徽省对外贸易经济合作厅
福建省对外贸易经济合作厅
厦门市外商投资工作委员会
江西省对外贸易经济合作厅
山东省对外贸易经济合作厅
青岛市对外贸易经济合作局
河南省对外贸易经济合作厅
湖北省对外贸易经济合作厅
湖南省对外贸易经济合作厅
广东省对外经济贸易合作厅
深圳市对外贸易经济合作局
广西壮族自治区外商投资管理办公室
海南省对外贸易经济合作厅
重庆市对外贸易经济委员会
四川省对外贸易经济合作厅
贵州省贸易合作厅

云南省对外贸易经济合作厅
西藏自治区对外贸易经济合作厅
陕西省对外贸易经济合作厅
甘肃省贸易经济合作厅
青海省对外贸易经济合作厅
宁夏回族自治区对外贸易经济合作厅
新疆维吾尔自治区对外贸易经济合作厅
新疆生产建设兵团对外贸易经济合作局

附件 3

中华人民共和国自动进口许可证样表

AUTOMATIC IMPORT LICENCE OF THE PEOPLE'S REPUBLIC OF CHINA **NO.**

1. 进口商： **Importer**	3. 自动进口许可证号： **Automatic import licence No.**
2. 进口用户： **Consignee**	4. 自动进口许可证有效截止日期： **Automatic import licence expiry date**
5. 贸易方式： **Terms of trade**	8. 出口国（地区）： **Country/Region of exportation**
6. 外汇来源： **Terms of foreign exchange**	9. 原产地国（地区）： **Country/Region of origin**
7. 报关口岸： **Place of clearance**	10. 商品用途： **Use of goods**
11. 商品名称： **Description of goods**	商品编码： **Code of goods**

12. 规格、型号： **Specification**	13. 单位 **Unit**	14. 数量 **Quantity**	15. 单价（ ） **Unit price**	16. 总值（ ） **Amount**	17. 总值折美元 **Amount in USD**
18. 总　计： **Total**					

19. 备　注： **Supplementary details**	20. 发证机关签章： **Issuing authority's stamp&signature** 21. 发证日期： **Licence date**

对外贸易经济合作部监制（2002）

附件 4（略）

附件 5

中华人民共和国自动进口许可证申请表式样

<table>
<tr><td colspan="3">1. 进口商：　　　代码：</td><td colspan="3">3. 自动进口许可证号：</td></tr>
<tr><td colspan="3">2. 进口用户：</td><td colspan="3">4. 自动进口许可证有效截止日期：
年　月　日</td></tr>
<tr><td colspan="3">5. 贸易方式：</td><td colspan="3">8. 出口国（地区）：</td></tr>
<tr><td colspan="3">6. 外汇来源：</td><td colspan="3">9. 原产地国（地区）：</td></tr>
<tr><td colspan="3">7. 报关口岸：</td><td colspan="3">10. 商品用途：</td></tr>
<tr><td colspan="3">11. 商品名称：</td><td colspan="3">商品编码：</td></tr>
<tr><td>12. 规格、型号：</td><td>13. 单位</td><td>14. 数量</td><td>15. 单价
（币别）</td><td>16. 总值
（币别）</td><td>17. 总值折美元</td></tr>
<tr><td></td><td></td><td></td><td></td><td></td><td></td></tr>
<tr><td></td><td></td><td></td><td></td><td></td><td></td></tr>
<tr><td></td><td></td><td></td><td></td><td></td><td></td></tr>
<tr><td></td><td></td><td></td><td></td><td></td><td></td></tr>
<tr><td>18. 总　计：</td><td></td><td></td><td></td><td></td><td></td></tr>
<tr><td colspan="3">19. 领证人姓名：
申请日期：
联系电话：</td><td colspan="3">20. 发证机关审批：
经办初审：
负责人终审：</td></tr>
</table>

对外贸易经济合作部监制（2002）

农业转基因生物进口安全管理办法

中华人民共和国农业部令

第9号

《农业转基因生物进口安全管理办法》，已于2001年7月11日经农业部第五次常务会议通过，现予发布，自2002年3月20日起施行。

部长　杜青林

2002年1月5日

第一章　总　则

第一条　为了加强对农业转基因生物进口的安全管理，根据《农业转基因生物安全管理条例》（简称《条例》）的有关规定，制定本办法。

第二条　本办法适用于在中华人民共和国境内从事农业转基因生物进口活动的安全管理。

第三条　国家农业转基因生物安全委员会负责农业转基因生物进口的安全评价工作。农业转基因生物安全管理办公室负责农业转基因生物进口的安全管理工作。

第四条　对于进口的农业转基因生物，按照用于研究和试验的、用于生产的以及用作加工原料的三种用途实行管理。

第二章　用于研究和试验的农业转基因生物

第五条　从中华人民共和国境外引进安全等级Ⅰ、Ⅱ的农业转基因生物进行实验研究的，引进单位应当向农业转基因生物安全管理办公室提出申请，并提供下列材料：

（一）农业部规定的申请资格文件；

（二）进口安全管理登记表（附件略）；

（三）引进农业转基因生物在国（境）外已经进行了相应的研究的证明文件；

（四）引进单位在引进过程中拟采取的安全防范措施。

经审查合格后，由农业部颁发农业转基因生物进口批准文件。引进单位应当凭此批准文件依法向有关部门办理相关手续。

第六条　从中华人民共和国境外引进安全等级Ⅲ、Ⅳ的农业转基因生物进行实验研究的和所有安全等级的农业转基因生物进行中间试验的，引进单位应当向农业转基因生物安全管理办公室提出申请，并提供下列材料：

（一）农业部规定的申请资格文件；

（二）进口安全管理登记表；

（三）引进农业转基因生物在国（境）外已经进行了相应研究或试验的证明文件；

（四）引进单位在引进过程中拟采取的安全防范措施；

（五）《农业转基因生物安全评价管理办法》规定的相应阶段所需的材料。

经审查合格后，由农业部颁发农业转基因生物进口批准文件。引进单位应当凭此批准文件依法向有关部门办理相关手续。

第七条　从中华人民共和国境外引进农业转基因生物进行环境释放和生产性试验的，引进单位应当向农业转基因生物安全管理办公室提出申请，并提供下列材料：

（一）农业部规定的申请资格文件；

（二）进口安全管理登记表；

（三）引进农业转基因生物在国（境）外已经进行了相应的研究的证明文件；

（四）引进单位在引进过程中拟采取的安全防范措施；

（五）《农业转基因生物安全评价管理办法》规定的相应阶段所需的材料。

经审查合格后，由农业部颁发农业转基因生物安全审批书。引进单位应当凭此审批书依法向有关部门办理相关手续。

第八条　从中华人民共和国境外引进农业转基因生物用于试验的，引进单位应当从中间试验阶段开始逐阶段向农业部申请。

第三章　用于生产的农业转基因生物

第九条　境外公司向中华人民共和国出口转基因植物

种子、种畜禽、水产苗种和利用农业转基因生物生产的或者含有农业转基因生物成分的植物种子、种畜禽、水产苗种、农药、兽药、肥料和添加剂等拟用于生产应用的，应当向农业转基因生物安全管理办公室提出申请，并提供下列材料：

（一）进口安全管理登记表；

（二）输出国家或者地区已经允许作为相应用途并投放市场的证明文件；

（三）输出国家或者地区经过科学试验证明对人类、动植物、微生物和生态环境无害的资料；

（四）境外公司在向中华人民共和国出口过程中拟采取的安全防范措施；

（五）《农业转基因生物安全评价管理办法》规定的相应阶段所需的材料。

第十条 境外公司在提出上述申请时，应当在中间试验开始前申请，经审批同意，试验材料方可入境，并依次经过中间试验、环境释放、生产性试验三个试验阶段以及农业转基因生物安全证书申领阶段。

中间试验阶段的申请，经审查合格后，由农业部颁发农业转基因生物进口批准文件，境外公司凭此批准文件依法向有关部门办理相关手续。环境释放和生产性试验阶段的申请，经安全评价合格后，由农业部颁发农业转基因生物安全审批书，境外公司凭此审批书依法向有关部门办理相关手续。安全证书的申请，经安全评价合格后，由农业部颁发农业转基因生物安全证书，境外公司凭此证书依法向有关部门办理相关手续。

第十一条 引进的农业转基因生物在生产应用前，应取得农业转基因生物安全证书，方可依照有关种子、种畜禽、水产苗种、农药、兽药、肥料和添加剂等法律、行政法规的规定办理相应的审定、登记或者评价、审批手续。

第四章 用作加工原料的农业转基因生物

第十二条 境外公司向中华人民共和国出口农业转基因生物用作加工原料的，应当向农业转基因生物安全管理办公室申请领取农业转基因生物安全证书。

第十三条 境外公司提出上述申请时，应当提供下列材料：

（一）进口安全管理登记表；

（二）安全评价申报书（见《农业转基因生物安全评价管理办法》附录V）；

（三）输出国家或者地区已经允许作为相应用途并投放市场的证明文件；

（四）输出国家或者地区经过科学试验证明对人类、动植物、微生物和生态环境无害的资料；

（五）农业部委托的技术检测机构出具的对人类、动植物、微生物和生态环境安全性的检测报告；

（六）境外公司在向中华人民共和国出口过程中拟采取的安全防范措施。

经安全评价合格后，由农业部颁发农业转基因生物安全证书。

第十四条 在申请获得批准后，再次向中华人民共和国提出申请时，符合同一公司、同一农业转基因生物条件的，可简化安全评价申请手续，并提供以下材料：

（一）进口安全管理登记表；

（二）农业部首次颁发的农业转基因生物安全证书复印件；

（三）境外公司在向中华人民共和国出口过程中拟采取的安全防范措施。

经审查合格后，由农业部颁发农业转基因生物安全证书。

第十五条 境外公司应当凭农业部颁发的农业转基因生物安全证书，依法向有关部门办理相关手续。

第十六条 进口用作加工原料的农业转基因生物如果具有生命活力，应当建立进口档案，载明其来源、贮存、运输等内容，并采取与农业转基因生物相适应的安全控制措施，确保农业转基因生物不进入环境。

第五章 一般性规定

第十七条 农业部应当自收到申请人申请之日起270日内做批准或者不批准的决定，并通知申请人。

第十八条 进口农业转基因生物用于生产或用作加工原料的，应当在取得农业部颁发的农业转基因生物安全证书后，方能签订合同。

第十九条 进口农业转基因生物，没有国务院农业行政主管部门颁发的农业转基因生物安全证书和相关批准文件的，或者与证书、批准文件不符的，作退货或者销毁处理。

第二十条 本办法由农业部负责解释。

第二十一条 本办法自2002年3月20日起施行。

农业转基因生物标识管理办法

中华人民共和国农业部令

第10号

《农业转基因生物标识管理办法》，已于2001年7月11日经农业部第五次常务会议通过，现予发布，自2002年3月20日起施行。

部长　杜青林

2002年1月5日

第一条　为了加强对农业转基因生物的标识管理，规范农业转基因生物的销售行为，引导农业转基因生物的生产和消费，保护消费者的知情权，根据《农业转基因生物安全管理条例》（简称《条例》）的有关规定，制定本办法。

第二条　国家对农业转基因生物实行标识制度。实施标识管理的农业转基因生物目录，由国务院农业行政主管部门商国务院有关部门制定、调整和公布。

第三条　在中华人民共和国境内销售列入农业转基因生物标识目录的农业转基因生物，必须遵守本办法。

凡是列入标识管理目录并用于销售的农业转基因生物，应当进行标识；未标识和不按规定标识的，不得进口或销售。

第四条　农业部负责全国农业转基因生物标识的审定和监督管理工作。

县级以上地方人民政府农业行政主管部门负责本行政区域内的农业转基因生物标识的监督管理工作。

国家质检总局负责进口农业转基因生物在口岸的标识检查验证工作。

第五条　列入农业转基因生物标识目录的农业转基因生物，由生产、分装单位和个人负责标识；经营单位和个人拆开原包装进行销售的，应当重新标识。

第六条　标识的标注方法：

（一）转基因动植物（含种子、种畜禽、水产苗种）和微生物，转基因动植物、微生物产品，含有转基因动植物、微生物或者其产品成分的种子、种畜禽、水产苗种、农药、兽药、肥料和添加剂等产品，直接标注“转基因××”。

（二）转基因农产品的直接加工品，标注为“转基因××加工品（制成品）”或者“加工原料为转基因××”。

（三）用农业转基因生物或用含有农业转基因生物成分的产品加工制成的产品，但最终销售产品中已不再含有或检测不出转基因成分的产品，标注为“本产品为转基因××加工制成，但本产品中已不再含有转基因成分”或者标注为“本产品加工原料中有转基因××，但本产品中已不再含有转基因成分”。

第七条　农业转基因生物标识应当醒目，并和产品的包装、标签同时设计和印制。

难以在原有包装、标签上标注农业转基因生物标识的，可采用在原有包装、标签的基础上附加转基因生物标识的办法进行标注，但附加标识应当牢固、持久。

第八条　难以用包装物或标签对农业转基因生物进行标识时，可采用下列方式标注：

（一）难以在每个销售产品上标识的快餐业和零售业中的农业转基因生物，可以在产品展销（示）柜（台）上进行标识，也可以在价签上进行标识或者设立标识板（牌）进行标识。

（二）销售无包装和标签的农业转基因生物时，可以采取设立标识板（牌）的方式进行标识。

（三）装在运输容器内的农业转基因生物不经包装直接销售时，销售现场可以在容器上进行标识，也可以设立标识板（牌）进行标识。

（四）销售无包装和标签的农业转基因生物，难以用标识板（牌）进行标注时，销售者应当以适当的方式声明。

（五）进口无包装和标签的农业转基因生物，难以用标识板（牌）进行标注时，应当在报检（关）单上注明。

第九条　有特殊销售范围要求的农业转基因生物，还应当明确标注销售的范围，可标注为“仅限于××销售（生产、加工、使用）”。

第十条　农业转基因生物标识应当使用规范的中文汉字进行标注。

第十一条　进口的农业转基因生物标识经农业部审查认可后方可使用，同时抄送国家质检总局、外经贸部等部门；国内农业转基因生物标识，经农业转基因生物的生产、分装单位和个人所在地的县级以上地方人民政府农业行政主管部门审查认可后方可使用，并由省级农业行政主管部门统一报农业部备案。

第十二条 负责农业转基因生物标识审查认可工作的农业行政主管部门，应当自收到申请人的申请之日起30天内对申请作出决定，并通知申请人。

第十三条 销售农业转基因生物的经营单位和个人在进货时，应当对货物和标识进行核对。

第十四条 违反本办法规定的，按《条例》第五十二条规定予以处罚。

第十五条 本办法由农业部负责解释。

第十六条 本办法自2002年3月20日起施行。

附 件

第一批实施标识管理的农业转基因生物目录

一、大豆种子、大豆、大豆粉、大豆油、豆粕

二、玉米种子、玉米、玉米油、玉米粉（含税号为11022000、11031300、11042300的玉米粉）

三、油菜种子、油菜籽、油菜籽油、油菜籽粕

四、棉花种子

五、番茄种子、鲜番茄、番茄酱

对外贸易经济合作部关于恢复小麦出口的通知

［2001］外经贸管发第3号

各省、自治区、直辖市及计划单列市外经贸委（厅、局），各中央管理外经贸企业：

根据国内小麦供需状况的变化，经商国家计委，外经贸部《关于暂停出口小麦的通知》（［1996］外经贸管发第602号文件）自即日起停止执行。小麦出口改为实行配额许可证管理，外经贸部驻各地特派员办事处根据国家计委、外经贸部联合下达的出口配额发放小麦出口许可证。

特此通知

附件：如文

对外贸易经济合作部

2001年1月3日

附 件

小麦海关编码

10011000 硬粒小麦

10019010 种用小麦

10019090 其他小麦及混合麦

国家经济贸易委员会 对外贸易经济合作部 海关总署关于调整棉纱加工贸易限制类商品目录的通知

国经贸外经［2001］196号

各省、自治区、直辖市、计划单列市及新疆生产建设兵团经贸委（经委）、外经贸委（厅、局），海关总署广东分署、各直属海关，国务院有关部门：

为贯彻落实《国务院办公厅转发国家经贸委等部门关于进一步完善加工贸易银行保证金台账制度意见的通知》（国办发［1999］35号），国家经贸委、外经贸部、海关总

署联合下发了《关于确定第一批加工贸易禁止类和进口限制类商品目录的通知》（国经贸贸易［1999］490号，以下简称《目录》）。经研究，现对《目录》中“棉纱”商品税号进行调整，税号52053200、52053300、52054100、52054200、52054400项下的棉纱品种不再列入限制类商品目录，自2001年3月15日起执行。

国家经济贸易委员会
对外贸易经济合作部
海　关　总　署
2001年3月5日

对外贸易经济合作部关于将锡制品纳入出口配额管理的通知

外经贸贸工函［2001］892号

各省、自治区、直辖市和计划单列市外经贸厅（委、局），各有关中央管理企业：

为维护锡制品出口秩序，自2002年1月1日起，将锡制品（海关编码为80030000、80040000、80060000）纳入锡的出口配额管理。请各企业按照有关规定申领出口配额。

特此通知。

对外贸易经济合作部
2001年12月29日

利 用 外 资

指导外商投资方向规定

中华人民共和国国务院令

第 346 号

现公布《指导外商投资方向规定》，自 2002 年 4 月 1 日起施行。

总理 朱镕基

2002 年 2 月 11 日

第一条 为了指导外商投资方向，使外商投资方向与我国国民经济和社会发展规划相适应，并有利于保护投资者的合法权益，根据国家有关外商投资的法律规定和产业政策要求，制定本规定。

第二条 本规定适用于在我国境内投资举办中外合资经营企业、中外合作经营企业和外资企业（以下简称外商投资企业）的项目以及其他形式的外商投资项目（以下简称外商投资项目）。

第三条 《外商投资产业指导目录》和《中西部地区外商投资优势产业目录》由国家发展计划委员会、国家经济贸易委员会、对外贸易经济合作部会同国务院有关部门制订，经国务院批准后公布；根据实际情况，需要对《外商投资产业指导目录》和《中西部地区外商投资优势产业目录》进行部分调整时，由国家经济贸易委员会、国家发展计划委员会、对外贸易经济合作部会同国务院有关部门适时修订并公布。

《外商投资产业指导目录》和《中西部地区外商投资优势产业目录》是指导审批外商投资项目和外商投资企业适用有关政策的依据。

第四条 外商投资项目分为鼓励、允许、限制和禁止四类。

鼓励类、限制类和禁止类的外商投资项目，列入《外商投资产业指导目录》。不属于鼓励类、限制类和禁止类的外商投资项目，为允许类外商投资项目。允许类外商投资项目不列入《外商投资产业指导目录》。

第五条 属于下列情形之一的，列为鼓励类外商投资项目：

（一）属于农业新技术、农业综合开发和能源、交通、重要原材料工业的；

（二）属于高新技术、先进适用技术，能够改进产品性能、提高企业技术经济效益或者生产国内生产能力不足的新设备、新材料的；

（三）适应市场需求，能够提高产品档次、开拓新兴市场或者增加产品国际竞争能力的；

（四）属于新技术、新设备，能够节约能源和原材料、综合利用资源和再生资源以及防治环境污染的；

（五）能够发挥中西部地区的人力和资源优势，并符合国家产业政策的；

（六）法律、行政法规规定的其他情形。

第六条 属于下列情形之一的，列为限制类外商投资项目：

（一）技术水平落后的；

（二）不利于节约资源和改善生态环境的；

（三）从事国家规定实行保护性开采的特定矿种勘探、开采的；

（四）属于国家逐步开放的产业的；

（五）法律、行政法规规定的其他情形。

第七条 属于下列情形之一的，列为禁止类外商投资项目：

（一）危害国家安全或者损害社会公共利益的；

（二）对环境造成污染损害，破坏自然资源或者损害人体健康的；

（三）占用大量耕地，不利于保护、开发土地资源的；

（四）危害军事设施安全和使用效能的；

（五）运用我国特有工艺或者技术生产产品的；

（六）法律、行政法规规定的其他情形。

第八条 《外商投资产业指导目录》可以对外商投资项目规定"限于合资、合作"、"中方控股"或者"中方相对控股"。

限于合资、合作，是指仅允许中外合资经营、中外合作经营；中方控股，是指中方投资者在外商投资项目中的投资比例之和为51%及以上；中方相对控股，是指中方投资者在外商投资项目中的投资比例之和大于任何一方外国投资者的投资比例。

第九条 鼓励类外商投资项目，除依照有关法律、行政法规的规定享受优惠待遇外，从事投资额大、回收期长的能源、交通、城市基础设施（煤炭、石油、天然气、电力、铁路、公路、港口、机场、城市道路、污水处理、垃圾处理等）建设、经营的，经批准，可以扩大与其相关的经营范围。

第十条 产品全部直接出口的允许类外商投资项目，视为鼓励类外商投资项目；产品出口销售额占其产品销售总额70%以上的限制类外商投资项目，经省、自治区、直辖市及计划单列市人民政府或者国务院主管部门批准，可以视为允许类外商投资项目。

第十一条 对于确能发挥中西部地区优势的允许类和限制类外商投资项目，可以适当放宽条件；其中，列入《中西部地区外商投资优势产业目录》的，可以享受鼓励类外商投资项目优惠政策。

第十二条 根据现行审批权限，外商投资项目按照项目性质分别由发展计划部门和经贸部门审批、备案；外商投资企业的合同、章程由外经贸部门审批、备案。其中，限制类限额以下的外商投资项目由省、自治区、直辖市及计划单列市人民政府的相应主管部门审批，同时报上级主管部门和行业主管部门备案，此类项目的审批权不得下放。属于服务贸易领域逐步开放的外商投资项目，按照国家有关规定审批。

涉及配额、许可证的外商投资项目，须先向外经贸部门申请配额、许可证。

法律、行政法规对外商投资项目的审批程序和办法另有规定的，依照其规定。

第十三条 对违反本规定审批的外商投资项目，上级审批机关应当自收到该项目的备案文件之日起30个工作日内予以撤销，其合同、章程无效，企业登记机关不予注册登记，海关不予办理进出口手续。

第十四条 外商投资项目申请人以欺骗等不正当手段，骗取项目批准的，根据情节轻重，依法追究法律责任；审批机关应当撤销对该项目的批准，并由有关主管机关依法作出相应的处理。

第十五条 审批机关工作人员滥用职权、玩忽职守的，依照刑法关于滥用职权罪、玩忽职守罪的规定，依法追究刑事责任；尚不够刑事处罚的，依法给予记大过以上的行政处分。

第十六条 华侨和香港特别行政区、澳门特别行政区、台湾地区的投资者举办的投资项目，比照本规定执行。

第十七条 本规定自2002年4月1日起施行。1995年6月7日国务院批准，1995年6月20日国家计划委员会、国家经济贸易委员会、对外贸易经济合作部发布的《指导外商投资方向暂行规定》同时废止。

外商投资产业指导目录

国务院办公厅关于《外商投资产业指导目录》的复函

国办函［2002］17号

国家计委、国家经贸委、外经贸部：

国务院批准《外商投资产业目录》及附件，由你们联合公布，自2002年4月1日起施行；1997年12月29日国务院批准、1997年12月31日你们联合发布的修订后的《外商投资产业指导目录》同时废止。

2002年3月4日

鼓励外商投资产业目录

一、农、林、牧、渔业

1. 中低产农田改造

2. 蔬菜（含食用菌、西甜瓜）、水果、茶叶无公害栽培技术及产品系列化开发、生产

3. 糖料、果树、花卉、牧草等农作物优质高产新技术、新品种（转基因品种除外）开发、生产

4. 花卉生产与苗圃基地的建设、经营

5. 农作物秸秆还田及综合利用、有机肥料资源的开发、生产

6. 中药材种植、养殖（限于合资、合作）

7. 林木（竹）营造及良种培育

8. 天然橡胶、剑麻、咖啡种植

9. 优良种畜种禽、水产苗种繁育（不含我国特有的珍贵优良品种）

10. 名特优水产品养殖、深水网箱养殖

11. 防治荒漠化及水土流失的植树种草等生态环境保护工程建设、经营

二、采掘业

*1. 石油、天然气的风险勘探、开发

*2. 低渗透油气藏（田）的开发

*3. 提高原油采收率的新技术开发与应用

*4. 物探、钻井、测井、井下作业等石油勘探开发新技术的开发与应用

5. 煤炭及伴生资源勘探、开发

6. 煤层气勘探、开发

7. 低品位、难选冶金矿开采、选矿（限于合资、合作，在西部地区外商可独资）

8. 铁矿、锰矿勘探、开采及选矿

9. 铜、铅、锌矿勘探、开采（限于合资、合作，在西部地区外商可独资）

10. 铝矿勘探、开采（限于合资、合作，在西部地区外商可独资）

11. 硫、磷、钾等化学矿开采、选矿

三、制造业

（一）食品加工业

1. 粮食、蔬菜、水果、禽畜产品的储藏及加工

2. 水产品加工、贝类净化及加工、海藻功能食品开发

3. 果蔬饮料、蛋白饮料、茶饮料、咖啡饮料的开发、生产

4. 婴儿、老年食品及功能食品的开发、生产

5. 乳制品生产

6. 生物饲料、蛋白饲料的开发、生产

（二）烟草加工业

1. 二醋酸纤维素及丝束加工

2. 造纸法烟草薄片生产

（三）纺织业

1. 工程用特种纺织品生产

2. 高档织物面料的织染及后整理加工

（四）皮革、皮毛制品业

1. 猪、牛、羊篮湿皮新技术加工

2. 皮革后整饰新技术加工

（五）木材加工及竹、藤、棕、草制品业

1. 林区“次、小、薪”材和竹材的综合利用新技术、新产品开发与生产

（六）造纸及纸制品业

1. 年产30万吨及以上化学木浆、年产10万吨及以上化学机械木浆（CTMP、BCTMP、APMP）和原料林基地的林木浆一体化工程的建设、经营（限于合资、合作）

2. 高档纸及纸板生产（新闻纸除外）

（七）石油加工及炼焦业

1. 针状焦、煤焦油深加工

2. 捣固焦、干熄焦生产

3. 重交通道路沥青生产

（八）化学原料及化学品制造业

1. 重油催化裂化制烯烃生产

2. 年产60万吨及以上规模乙烯生产（中方相对控股）

3. 乙烯副产品 C5-C9 产品的综合利用

4. 大型聚氯乙烯树脂生产（乙烯法）

5. 有机氯系列化工产品生产（高残留有机氯产品除外）

6. 基本有机化工原料：苯、甲苯、二甲苯（对、邻、间）衍生物产品的综合利用

7. 合成材料的配套原料：双酸 A、4.4’二若基甲烷二异氰酸酯、甲苯二异氰酸酯生产

8. 合成纤维原料：精对苯二甲酸、丙烯腈、己内酸胺、尼龙66盐生产

9. 合成橡胶：溶液丁苯橡胶、丁基橡胶、异戊橡胶丁二烯法氯丁橡胶、聚氨酯橡胶、丙烯酸橡胶、氯醇橡胶生产

10. 工程塑料及塑料合金生产

11. 精细化工：催化剂、助剂及石油添加剂新产品、新技术，染（颜）料商品化加工技术，电子、造纸用高科技化学品，食品添加剂、饲料添加剂，皮革化学品、油田助剂，表面活性剂，水处理剂，胶粘剂，无机纤维、无机粉体填料生产

12. 纺织及化纤抽丝用助剂、油剂、染化料生产

13. 汽车尾气净化剂、催化剂及其他助剂生产

14. 天然香料、合成香料、单离香料生产

15. 高性能涂料生产

16. 氯化法钛白粉生产

17. 氟氯烃替代物生产

18. 大型煤化工产品生产

19. 林业化学产品新技术、新产品开发与生产

20. 烧碱用离子膜生产

21. 生物肥料、高浓度化肥（钾肥、磷肥）、复合肥料生产

22. 高效、低毒和低残留的化学农药原药新品种开发与生产

23. 生物农药开发与生产

24. 环保用无机、有机和生物膜开发与生产

25. 废气、废液、废渣综合利用和处理、处置

（九）医药制造业

1. 我国专利或行政保护的原料药及需进口的化学原料药生产

2. 维生素类：烟酸生产

3. 氨基酸类：丝氨酸、色氨酸、组氨酸等生产

4. 采用新技术设备生产解热镇痛药

5. 新型抗癌药物及新型心脑血管药生产

6. 新型、高效、经济的避孕药具生产

7. 采用生物工程技术生产的新型药物生产

8. 基因工程疫苗生产（艾滋病疫苗、丙肝疫苗、避孕疫苗等）

9. 海洋药物开发与生产

10. 艾滋病及放射免疫类等诊断试剂生产

11. 药品制剂：采用缓释、控释、靶向、透皮吸收等新技术的新剂型、新产品生产

12. 新型药用佐剂的开发应用

13. 中药材、中药提取物、中成药加工及生产（中药饮片传统炮制工艺技术除外）

14. 生物医学材料及制品生产

15. 兽用抗菌原料药生产（包括抗生素、化学合成类）

16. 兽用抗菌药、驱虫药、杀虫药、抗球虫药新产品及新剂型开发与生产

（十）化学纤维制造业

1. 差别化化学纤维及芳纶、氨纶、碳纤维等高新技术化纤生产

2. 粘胶无毒纺等环保型化纤的生产

3. 日产400吨及以上纤维及非纤维用聚酯生产

（十一）塑料制品业

1. 聚酸亚胺保鲜薄膜生产

2. 农膜新技术及新产品（光解膜、多功能膜及原料等）开发与生产

3. 废旧塑料的消解和再利用

（十二）非金属矿物制品业

1. 日熔化500吨级及以上优质浮法玻璃生产（限于中西部地区）

2. 日产2000吨及以上水泥熟料新型干法水泥生产（限于中西部地区）

3. 年产1万吨及以上玻璃纤维（池窑拉丝工艺生产线）及玻璃钢制品生产

4. 年产50万件及以上高档卫生瓷生产

5. 陶瓷原料的标准化精制、陶瓷用高档装饰材料生产

6. 玻璃、陶瓷、玻璃纤维窑炉用高档耐火材料生产

7. 无机非金属材料及制品生产（人工晶体、高性能复合材料、特种玻璃、特种陶瓷、特种密封材料、特种胶凝材料）

8. 新型建筑材料生产（轻质高强多功能墙体材料、高档环保型装饰装修材料、优质防水密封材料、高效保温材料）

9. 非金属矿深加工（超细粉碎、高纯、精制、改性）

（十三）黑色金属冶炼及压延加工业

1. 宽厚板生产

2. 镀锌及耐高腐蚀性铝锌合金板、涂层板生产

3. 直接还原铁和熔融还原铁生产

4. 废钢加工

（十四）有色金属冶炼及压延加工业

1. 年产30万吨及以上氧化铝生产

2. 低品位、难选冶金矿冶炼（限于合资、合作，在西部地区外商可独资）

3. 硬质合金、锡化合物、锑化合物生产

4. 有色金属复合材料、新型合金材料生产

5. 稀土应用

（十五）金属制品业

1. 非金属制品模具设计、制造

2. 汽车、摩托车模具（含冲模、注塑模、模压模等）、夹具（焊装夹具、检验夹具等）设计、制造

3. 高档建筑五金件、水暖器材及五金件开发、生产

（十六）普通机械制造业

1. 三轴以上联动的数控机床、数控系统及伺服装置制造

2. 高性能焊接机器人和高效焊装生产设备制造

3. 耐高温绝缘材料（绝缘等级为F、H级）及绝缘成型件生产

4. 比例、伺服液压技术，低功率气动控制阀，填料静密封生产

5. 精冲模、精密型腔模、模具标准件生产

6. 精密轴承及各种主机专用轴承制造

7. 汽车、摩托车用铸锻毛坯件制造

（十七）专用设备制造业

1. 粮食、棉花、油料、蔬菜、水果、花卉、牧草、肉食品、水产品的贮藏、保鲜、分级、包装、干燥、运输、加工的新技术、新设备开发与制造

2. 设施农业设备制造

3. 农业、林业机具新技术设备制造

4. 拖拉机、联合收割机等农用发动机设计与制造

5. 农作物秸秆还田及综合利用设备制造

6. 农用废物的综合利用及规模化畜禽养殖废物的综合利用设备制造

7. 节水灌溉新技术设备制造

8. 湿地土方及清淤机械制造

9. 水生生态系统的环境保护技术、设备制造

10. 长距离调水工程的调度系统设备制造

11. 特种防汛抢险机械和设备制造

12. 食品行业的高速、无菌灌装设备、贴标机等关键设备制造

13. 氨基酸、酶制剂、食品添加剂等生产技术及关键设备制造

14.10吨/小时及以上的饲料加工成套设备、关键部件生产

15. 卷筒纸和对开以上单纸张多色胶印机制造

16. 皮革后整饰新技术设备制造

17. 高技术含量的特种工业缝纫机制造

18. 新型纺织机械、新型造纸机械(合纸浆)等成套设备制造

19. 公路、港口新型机械设备设计与制造

20. 公路桥梁养护、自动检测设备制造

21. 公路隧道营运监控、通风、防灾和救助系统设备制造

22. 铁路大型施工及养护设备设计与制造

23. 园林机械、机具新技术设备制造

24. 城市环卫特种设备制造

25. 路面铣平、翻修机械设备制造

26. 隧道挖掘机、城市地铁暗挖设备制造

27. 8万吨/日及以上城市污水处理设备,工业废水膜处理设备,上流式厌氧流化床设备和其他生物处理废水设备,废塑料再生处理设备,工业锅炉脱硫脱硝设备,大型耐高温、耐酸袋式除尘器制造,垃圾焚烧处理设备制造

28. 年产30万吨及以上合成氨、48万吨及以上尿素、45万吨及以上乙烯成套设备中的透平压缩机。混合造粒机制造

29. 火电站脱硫技术及设备制造

30. 薄板连铸机制造

31. 平板玻璃深加工技术及设备制造

32. 井下无轨采、装、运设备,100吨及以上机械传动矿用自卸车,移动式破碎机,3000立方米/小时及以上斗轮挖掘机,5立方米及以上矿用装载机,全断面巷道掘进机制造

33. 石油勘探开发新型仪器设备设计与制造

34. 机电井清洗设备制造和药物生产

35. 电子内窥镜制造

36. 具有高频技术、直接数字图像处理技术、辐射剂量小的80千瓦及以上医用X线机组制造

37. 高场强超导型磁共振成像装置(MRI)的制造

38. 单采血浆机制造

39. 全自动酶免系统(含加样、酶标、洗板、孵育、数据后处理等部分功能)设备制造

40. 药产品质量控制新技术、新设备制造

41. 中药有效物质分析的新技术、提取的新工艺、新设备开发与制造

42. 新型药品包装材料、容器及先进的制药设备制造

(十八)交通运输设备制造业

*1. 汽车、摩托车整车制造

2. 汽车、摩托车发动机制造

3. 汽车关键零部件制造:制动器总成、驱动桥总成、变速器、柴油机燃油泵、柴油机涡轮增压器、柴油车机外排放控制装置、滤清器(三滤)、等速万向节、减震器、组合仪表、专用高强度紧固件

4. 电子控制燃油喷射系统、电子控制制动防抱死系统、安全气囊及其他汽车电子设备系统制造

5. 摩托车关键零部件制造:化油器、磁电机、起动电机、盘式制动器

6. 石油工业专用沙漠车等特种专用车制造

7. 铁路运输技术设备:机车车辆及主要部件设计与制造,线路、桥梁设备设计与制造,高速铁路有关技术与设备制造,通信信号和运输安全监测设备制造,电气化铁路设备和器材制造

8. 城市快速轨道交通运输设备:地铁、城市轻轨的动车组及主要部件设计与制造

9. 民用飞机设计与制造(中方控股)

10. 民用飞机零部件制造

11. 民用直升机设计与制造(中方控股)

12. 航空发动机设计与制造(中方控股)

13. 民用航空机载设备设计与制造(中方控股)

14. 轻型燃气轮机制造

15. 船舶低速柴油机的曲轴设计与制造

16. 特种船、高性能船舶的修理、设计与制造(中方相对控股)

17. 船舶中高速柴油机、辅机、无线通讯、导航设备及配件设计与制造(中方相对控股)

18. 玻璃钢渔船、游艇制造

(十九)电气机械及器材制造业

1. 火电设备:60万千瓦及以上超临界机组、大型燃气轮机、10万千瓦及以上燃气——蒸汽联合循环发电设备、煤气化联合循环技术及装备(IGCC)、增压循环硫化床(PFBC)、60万千瓦及以上大型空冷机组(限于合资、合作)

2. 水电设备:15万千瓦及以上大型抽水蓄能机组、15万千瓦及以上大型贯流式机组制造(限于合资、合作)

3. 核电机组:60万千瓦及以上机组制造(限于合资、合作)

4. 输变电设备:500千伏及以上超高压直流输变电设备制造(限于合资、合作)

(二十)电子及通信设备制造业

1. 数字电视机、数字摄录机、数字录放机、数字放声设备制造

2. 新型平板显示器件、中高分辨率彩色显像管/显示管及玻壳生产

3. 数字音、视频编解码设备,数字广播电视演播室设备,数字有线电视系统设备,数字音频广播发射设备制造

4. 集成电路设计与线宽0.35微米及以下大规模集成电路生产

5. 大中型电子计算机、便携式微型计算机、高档服务器制造

6. 大容量光、磁盘驱动器及其部件开发与制造

7. 计算机辅助设计（三维 CAD）、辅助测试（CAT）、辅助制造（CAM）、辅助工程（CAE）系统及其他计算机应用系统制造

8. 软件产品开发、生产

9. 半导体、元器件专用材料开发、生产

10. 电子专用设备、测试仪器、工模具制造

11. 新型电子元器件（片式元器件、敏感元器件及传感器、频率控制与选择元件、混合集成电路、电力电子器件、光电子器件、新型机电元件）生产

12. 无汞碱锰电池、动力镍氢电池、锂离子电池、高容量全密封免维护铅酸蓄电池、燃料电池、圆柱型锌空气电池等高技术绿色电池生产

13. 高密度数字光盘机用关键件开发与生产

14. 可记录光盘生产（CD-R、CD-RW、DVD-R、DVD-ARM）

15. 民用卫星设计与制造（中方控股）

16. 民用卫星有效载荷制造（中方控股）

17. 民用卫星零部件制造

18. 民用运载火箭设计与制造（中方控股）

19. 卫星通信系统设备制造

20. 卫星导航定位接收设备及关键部件制造（限于合资、合作）

21. 光纤预制棒制造

22. 622 兆比/秒及以上数字微波同步系列传输设备制造

23. 10 千兆比/秒以上光同步系列传输设备制造

24. 宽带接入网通信系统设备制造

25. 光交叉连接设备（OXC）制造

26. 异步转移模式（ATM）及 IP 数据通信系统制造

27. 移动通信系统（含 GSM、CDMA、DCS1800、PHS、DECT、IMT2000 等）手机、基站、交换设备及数字集群系统设备制造

28. 高端路由器、千兆比以上网络交换机开发、制造

29. 空中交通管制系统设备制造（限于合资、合作）

（二十一）仪器仪表及文化、办公用机械制造业

1. 数字照相机及关键件开发与生产

2. 精密在线测量仪器开发与制造

3. 安全生产及环保检测仪器新技术设备制造

4. 水质及烟气在线监测仪器的新技术设备制造

5. 水文数据采集、处理与传输和防洪预警仪器及设备制造

6. 新型仪表元器件和材料（主要指智能型仪用传感器、仪用接插件、柔性线路板、光电开关、接近开关等新型仪用开关、仪用功能材料等）生产

7. 新型打印装置（激光、喷墨打印机）制造

8. 精密仪器、设备维修与售后服务

（二十二）其他制造业

1. 洁净煤技术产品的开发利用（煤炭气化、液化、水煤浆、工业型煤）

2. 煤炭洗选及粉煤灰（包括脱硫石膏）、煤矸石等综合利用

四、电力、煤气及水的生产及供应业

1. 单机容量 30 万千瓦及以上火电站的建设、经营

2. 煤洁净燃烧技术电站的建设、经营

3. 热电联产电站的建设、经营

4. 天然气发电站的建设、经营

5. 发电为主水电站的建设、经营

6. 核电站的建设、经营（中方控股）

7. 新能源电站的建设、经营（包括太阳能、风能、磁能、地热能、潮汐能、生物质能等）

8. 城市供水厂建设、经营

五、水利管理业

1. 综合水利枢纽的建设、经营（中方相对控股）

六、交通运输、仓储及邮电通信业

1. 铁路干线路网的建设、经营（中方控股）

2. 支线铁路、地方铁路及其桥梁、隧道、轮渡设施的建设、经营（限于合资、合作）

3. 公路、独立桥梁和隧道的建设、经营

4. 港口公用码头设施的建设、经营

5. 民用机场的建设、经营（中方相对控股）

6. 航空运输公司（中方控股）

7. 农、林、渔业通用航空公司（限于合资、合作）

*8. 定期、不定期国际海上运输业务

*9. 国际集装箱多式联运业务

*10. 公路货物运输公司

11. 输油（气）管道、油（气）库及石油专用码头的建设、经营

12. 煤炭管道运输设施的建设、经营

13. 运输业务相关的仓储设施建设、经营

七、批发和零售贸易业

*1. 一般商品的批发、零售、物流配送

八、房地产业

1. 普通住宅的开发建设

九、社会服务业

（一）公共设施服务业

1. 城市封闭型道路建设、经营

2. 城市地铁及轻轨的建设、经营（中方控股）

3. 污水、垃圾处理厂，危险废物处理处置厂（焚烧厂、填埋场）及环境污染治理设施的建设、经营

（二）信息、咨询服务业

1. 国际经济、科技、环保信息咨询服务

*2. 会计、审计

十、卫生、体育和社会福利业

1. 老年人、残疾人服务

十一、教育、文化艺术及广播电影电视业

1. 高等教育机构（限于合资、合作）

十二、科学研究和综合技术服务业

1. 生物工程与生物医学工程技术
2. 同位素、辐射及激光技术
3. 海洋开发及海洋能开发技术
4. 海水淡化及利用技术
5. 海洋监测技术
6. 节约能源开发技术
7. 资源再生及综合利用技术
8. 环境污染治理及监测技术
9. 防沙漠化及沙漠治理技术
10. 民用卫星应用技术
11. 研究开发中心
12. 高新技术、新产品开发与企业孵化中心

十三、产品全部直接出口的允许类外商投资项目

限制外商投资产业目录

一、农、林、牧、渔业

1. 粮食（包括马铃薯）、棉花、油料种子开发生产（中方控股）
2. 珍贵树种原木加工（限于合资、合作）

二、采掘业

1. 钨、锡、锑、钼、重晶石、萤石等矿产勘查、开采（限于合资、合作）
2. 贵金属（金、银、铂族）勘查、开采
3. 金刚石等贵重非金属矿的勘查、开采
4. 特种、稀有煤种勘查、开发（中方控股）
5. 硼镁石及硼镁铁矿石开采
6. 天青石开采

三、制造业

（一）食品加工业

1. 黄酒、名优白酒生产
2. 外国牌号碳酸饮料生产
3. 糖精等合成甜味剂生产
4. 油脂加工

（二）烟草加工业

1. 卷烟、过滤嘴棒生产

（三）纺织业

1. 毛纺、棉纺
2. 丝

（四）印刷及复制业

1. 出版物印刷（中方控股，包装装潢印刷除外）

（五）石油加工及炼焦业

1. 炼油厂建设、经营

（六）化学原料及化学制品制造业

1. 离子膜烧碱生产
2. 感光材料生产
3. 联苯胺生产
4. 易制毒化学品生产（麻黄素、3，4－亚基二氧苯基－2－丙酮、苯乙酸、1－苯基－2－丙酮、胡椒醛、黄樟脑、异黄樟脑、醋酸酐）
5. 硫酸法钛白粉生产
6. 硼镁铁矿石加工
7. 钡盐生产

（七）医药制造业

1. 氯霉素、青霉素G、洁霉素、庆大霉素、双氢链霉素、丁胺卡那霉素、盐酸四环素、土霉素、麦迪霉素、柱晶白霉素、环丙氟哌酸、氟哌酸、氟嗪酸生产
2. 安乃近、扑热息痛、维生素 B_1、维生素 B_2、维生素C、维生素E生产
3. 国家计划免疫的疫苗、菌苗类及抗毒素、类毒素类（卡介苗、脊髓灰质炎、白百破、麻疹、乙脑、流脑疫苗等）生产
4. 成瘾性麻醉药品及精神药品原料药生产（中方控股）
5. 血液制品的生产
6. 非自毁式一次性注射器、输液器、输血器及血袋生产

（八）化学纤维制造业

1. 常规切片纺的化纤抽丝生产
2. 单线能力在2万吨/年以下粘胶短纤维生产
3. 日产400吨以下纤维及非纤维用聚酯生产，氨纶生产

（九）橡胶制品业

1. 斜交轮胎、旧轮胎翻新（子午线轮胎除外）及低性能工业橡胶配件生产

（十）有色金属冶炼及压延加工业

1. 稀土冶炼、分离（限于合资、合作）

（十一）普通机械制造业

1. 集装箱生产
2. 中小型普通轴承制造
3. 50吨以下汽车起重机制造（限于合资、合作）

（十二）专用设备制造业

1. 中低档B型超声显像仪制造
2. 一般涤纶长丝、短纤维设备制造
3. 320马力以下履带式推土机、3立方米以下轮式装载机制造（限于合资、合作）

（十三）电子及通信设备制造业

1. 卫星电视接收机及关键件生产

四、电力、煤气及水的生产和供应业

1. 单机容量30万千瓦以下以发电为主的常规燃煤火电厂的建设、经营（小电网除外）

五、交通运输、仓储及邮电通信业

1. 公路旅客运输公司

*2. 出入境汽车运输公司

*3. 水上运输公司

*4. 铁路货物运输公司

5. 铁路旅客运输公司（中方控股）
6. 摄影、探矿、工业等通用航空公司（中方控股）

*7. 电信公司

六、批发和零售贸易业

*1. 商品交易、直销、邮购、网上销售、特许经营、委托经营、销售代理、商业管理等各类商业公司，以及粮、棉、植物油、食糖、药品、烟草、汽车、原油、农业生产资料的批发、零售、物流配送

*2. 图书、报纸、期刊的批发、零售业务

*3. 音像制品（除电影外）的分销

4. 商品拍卖

*5. 货物租赁公司

*6. 代理公司（船舶、货运、外轮理货、广告等）

*7. 成品油批发及加油站建设、经营

8. 对外贸易公司

七、金融、保险业

1. 银行、财务公司、信托投资公司

*2. 保险公司

*3. 证券公司、证券投资基金管理公司

4. 金融租赁公司

5. 外汇经纪

*6. 保险经纪公司

八、房地产业

1. 土地成片开发（限于合资、合作）

2. 高档宾馆、别墅、高档写字楼和国际会展中心的建设、经营

九、社会服务业

（一）公共设施服务业

1. 大中城市燃气、热力和供排水管网的建设、经营（中方控股）

（二）信息、咨询服务业

1. 法律咨询

十、卫生、体育和社会福利业

1. 医疗机构（限于合资、合作）

2. 高尔夫球场的建设、经营

十一、教育、文化艺术及广播电影电视业

1. 高中阶段教育机构（限于合资、合作）

2. 电影院的建设、经营（中方控股）

十二、科学研究和综合技术服务

1. 测绘公司（中方控股）

*2. 进出口商品检验、鉴定、认证公司

十三、国家和我国缔结或者参加的国际条约规定限制的其他产业

禁止外商投资产业目录

一、农、林、牧、渔业

1. 我国稀有的珍贵优良品种的养殖、种植（包括种植业、畜牧业、水产业的优良基因）

2. 转基因植物种子生产、开发

3. 我国管辖海域及内陆水域水产品捕捞

二、采掘业

1. 放射性矿产的勘查、开采、选矿

2. 稀土勘查、开采、选矿

三、制造业

（一）食品加工业

1. 我国传统工艺的绿茶及特种茶加工（名茶、黑茶等）

（二）医药制造业

1. 列入国家保护资源的中药材加工（麝香、甘草、黄麻草等）

2. 传统中药饮片炮制技术的应用及中成药秘方产品的生产

（三）有色金属冶炼及压延加工业

1. 放射性矿产的冶炼、加工

（四）武器弹药制造业

（五）其他制造业

1. 象牙雕刻

2. 虎骨加工

3. 脱胎漆器生产

4. 珐琅制品生产

5. 宣纸、墨锭生产

6. 致癌、致畸、致突变产品和持久性有机污染物产品生产

四、电力、煤气及水的生产和供应业

1. 电网的建设、经营

五、交通运输、仓储及邮电通信业

1. 空中交通管制公司

2. 邮政公司

六、金融、保险业

1. 期货公司

七、社会服务业

1. 国家保护的野生动植物资源开发

2. 动植物自然保护区的建设、经营

3. 博彩业（含赌博类跑马场）

4. 色情业

八、教育、文化艺术及广播电影电视业

1. 基础教育（义务教育）机构

2. 图书、报纸、期刊的出版、总发行和进口业务

3. 音像制品和电子出版物的出版、制作、总发行和进口业务

4. 新闻机构

5. 各级广播电台（站）、电视台（站）、广播电视传输覆盖网（发射台、转播台、广播电视卫星、卫星上行站、卫星收转站、微波站、监测台、有线广播电视传输覆盖网）

6. 广播电视节目制作、出版、发行及播放公司

7. 电影制片、发行公司

8. 录像放映公司

九、其他行业

1. 危害军事设施安全和使用效能的项目

十、国家和我国缔结或者参加的国际条约规定禁止的其他产业

注：标*的条目与我国加入世界贸易组织的承诺有关，具体内容见附件。

《外商投资产业指导目录》附件

一、鼓励类

1. 石油、天然气的风险勘探、开发：限于合作

2. 低渗透油气藏（田）的开发：限于合作

3. 提高原油采收率的新技术开发与应用：限于合作

4. 物探、钻井、测井、井下作业等石油勘探开发新技术的开发与应用：限于合作

5. 汽车、摩托车整车制造：外资比例不超过50%

6. 定期、不定期国际海上运输业务：外资比例不超过49%

7. 国际集装箱多式联运：外资比例不超过50%；不迟于2002年12月11日允许外方控股；不迟于2005年12月11日允许外方独资

8. 公路货物运输公司：不迟于2002年12月11日允许外方控股；不迟于2004年12月11日允许外方独资

9. 一般商品的批发、零售、物流配送：限定条件见限制类第（五）

10. 会计、审计：限于合作、合伙

二、限制类

（一）出入境汽车运输公司不迟于2002年12月11日允许外方控股，不迟于2004年12月11日允许外方独资

（二）水上运输公司：外资比例不超过49%

（三）铁路货物运输公司：外资比例不超过49%；不迟于2004年12月11日允许外方控股；不迟于2007年12月11日允许外方独资

（四）电信公司

1. 增值电信、基础电信中的寻呼服务：自2001年12月11日起允许外商投资，外资比例不超过30%；不迟于2002年12月11日允许外资比例不超过49%；不迟于2003年12月11日允许外资比例达50%

2. 基础电信中的移动话音和数据服务：自2001年12月11日起允许外商投资，外资比例不超过25%；不迟于2002年12月11日外资比例不超过35%；不迟于2004年12月11日允许外资比例达49%

3. 基础电信中的国内业务、国际业务：不迟于2004年12月11日允许外商投资，外资比例不超过25%；不迟于2006年12月11日允许外资比例达35%；不迟于2007年12月11日允许外资比例达49%

（五）商品交易、直销、邮购、网上销售、特许经营、委托经营、销售代理、商业管理等各类商业公司，以及粮、棉、植物油、食糖、药品、烟草、汽车、原油、农业生产资料的批发、零售、物流配送；图书、报纸、期刊的批发、零售业务；成品油批发及加油站建设、经营

1. 佣金代理、批发（不包括盐、烟草）。不迟于2002年12月11日允许外商投资，外资比例可达50%，但不允许经营书报杂志、药品、农药、农膜、化肥、成品油、原油；不迟于2003年12月11日允许外方控股；不迟于2004年12月11日允许外方独资，允许经营书报杂志、药品、农药、农膜；不迟于2006年12月11日允许经营化肥、成品油、原油

2. 零售（不包括烟草）：允许外商投资，但不允许经营书报杂志、药品、农药、农膜、化肥、成品油；不迟于2002年12月11日允许外资比例可达50%，允许经营书报杂志；不迟于2003年12月11日允许外方控股；不迟于2004年12月11日允许外方独资，允许经营药品、农药、农膜、成品油；不迟于2006年12月11日允许经营化肥。经营产品包括汽车（不迟于2006年12月11日取消限制）、书报杂志、药品、农药、农膜、成品油、化肥、粮食、植物油、食糖、烟草、棉花的超过30家分店的连锁店不允许外方控股

3. 特许经营和无固定地点的批发、零售：不迟于2004年12月11日允许外商投资

（六）音像制品（除电影外）的分销：限于合作，中方控股

（七）货物租赁公司：不迟于2002年12月11日允许外方控股，不迟于2004年12月11日允许外方独资

（八）代理公司

1. 船舶：外资比例不超过49%

2. 货运（不包括邮政部门专营服务的业务）：外资比例不超过50%（速递服务不超过49%）；不迟于2002年12月11日允许外方控股；不迟于2005年12月11日允许外方独资

3. 外轮理货：限于合资、合作

4. 广告：外资比例不超过49%；不迟于2003年12月11日允许外方控股；不迟于2005年12月11日允许外方独资

（九）保险公司

1. 非寿险保险公司：外资比例不超过51%；不迟于2003年12月11日允许外方独资

2. 寿险保险公司：外资比例不超过50%

（十）证券公司、证券投资基金管理公司

1. 证券公司：不迟于2004年12月11日允许外商投资，外资比例不超过1/3

2. 证券投资基金管理公司：允许外商投资，外资比例不超过33%；不迟于2004年12月11日允许外资比例达49%

（十一）保险经纪公司：外资比例不超过50%；不迟于2004年12月11日允许外资比例达51%；不迟于2006年12月11日允许外方独资

（十二）进出口商品检验、鉴定、认证公司：不迟于2003年12月11日允许外方控股；不迟于2005年12月11日允许外方独资

中华人民共和国中外合资经营企业法

（1979年7月1日第五届全国人民代表大会第二次会议通过　根据1990年4月4日第七届全国人民代表大会第三次会议《关于修改〈中华人民共和国中外合资经营企业法〉的决定》修正　根据2001年3月15日第九届全国人民代表大会第四次会议《关于修改〈中华人民共和国中外合资经营企业法〉的决定》第二次修正）

中华人民共和国主席令
第48号

《全国人民代表大会关于修改〈中华人民共和国中外合资经营企业法〉的决定》已由中华人民共和国第九届全国人民代表大会第四次会议于2001年3月15日通过，现予公布，自公布之日起施行。

中华人民共和国主席　江泽民

2001年3月15日

全国人民代表大会关于修改《中华人民共和国中外合资经营企业法》的决定
2001年3月15日第九届全国人民代表大会第四次会议通过

第九届全国人民代表大会第四次会议决定对《中华人民共和国中外合资经营企业法》作如下修改：

一、将第二条第二款修改为："合营企业的一切活动应遵守中华人民共和国法律、法规的规定。"

二、将第六条第四款修改为："合营企业职工的录用、辞退、报酬、福利、劳动保护、劳动保险等事项，应当依法通过订立合同加以规定。"

三、增加一条，作为第七条："合营企业的职工依法建立工会组织，开展工会活动，维护职工的合法权益。"

"合营企业应当为本企业工会提供必要的活动条件。"

四、将第八条改为第九条，第四款修改为："合营企业的各项保险应向中国境内的保险公司投保。"

五、删去第九条第一款。

六、将第九条改为第十条，原第九条第二款改为第十条第一款，修改为："合营企业在批准的经营范围内所需的原材料、燃料等物资，按照公平、合理的原则，可以在国内市场或者在国际市场购买。"

七、将第十四条改为第十五条，增加一款，作为第二款："合营各方没有在合同中订有仲裁条款的或者事后没有达成书面仲裁协议的，可以向人民法院起诉。"

八、删去第十五条中"本法修改权属于全国人民代表大会"的规定。

此外，根据本决定对部分条文的顺序作相应调整。

本决定自公布之日起施行。

《中华人民共和国中外合资经营企业法》根据本决定作相应的修改，重新公布。

第一条 中华人民共和国为了扩大国际经济合作和技术交流，允许外国公司、企业和其他经济组织或个人（以下简称外国合营者），按照平等互利的原则，经中国政府批准，在中华人民共和国境内，同中国的公司、企业或其他经济组织（以下简称中国合营者）共同举办合营企业。

第二条 中国政府依法保护外国合营者按照经中国政府批准的协议、合同、章程在合营企业的投资、应分得的利润和其他合法权益。

合营企业的一切活动应遵守中华人民共和国法律、法规的规定。

国家对合营企业不实行国有化和征收；在特殊情况下，根据社会公共利益的需要，对合营企业可以依照法律程序实行征收，并给予相应的补偿。

第三条 合营各方签订的合营协议、合同、章程，应报国家对外经济贸易主管部门（以下称审查批准机关）审查批准。审查批准机关应在三个月内决定批准或不批准。合营企业经批准后，向国家工商行政管理主管部门登记，领取营业执照，开始营业。

第四条 合营企业的形式为有限责任公司。

在合营企业的注册资本中，外国合营者的投资比例一般不低于25%。

合营各方按注册资本比例分享利润和分担风险及亏损。

合营者的注册资本如果转让必须经合营各方同意。

第五条 合营企业各方可以现金、实物、工业产权等进行投资。

外国合营者作为投资的技术和设备，必须确实是适合我国需要的先进技术和设备。如果有意以落后的技术和设备进行欺骗，造成损失的，应赔偿损失。

中国合营者的投资可包括为合营企业经营期间提供的场地使用权。如果场地使用权未作为中国合营者投资的一部分，合营企业应向中国政府缴纳使用费。

上述各项投资应在合营企业的合同和章程中加以规定，其价格（场地除外）由合营各方评议商定。

第六条 合营企业设董事会，其人数组成由合营各方协商，在合同、章程中确定，并由合营各方委派和撤换。董事长和副董事长由合营各方协商确定或由董事会选举产生。中外合营者的一方担任董事长的，由他方担任副董事长。董事会根据平等互利的原则，决定合营企业的重大问题。

董事会的职权是按合营企业章程规定，讨论决定合营企业的一切重大问题：企业发展规划、生产经营活动方案、收支预算、利润分配、劳动工资计划、停业，以及总经理、副总经理、总工程师、总会计师、审计师的任命或聘请及其职权和待遇等。

正副总经理（或正副厂长）由合营各方分别担任。

合营企业职工的录用、辞退、报酬、福利、劳动保护、劳动保险等事项，应当依法通过订立合同加以规定。

第七条 合营企业的职工依法建立工会组织，开展工会活动，维护职工的合法权益。

合营企业应当为本企业工会提供必要的活动条件。

第八条 合营企业获得的毛利润，按中华人民共和国税法规定缴纳合营企业所得税后，扣除合营企业章程规定的储备基金、职工奖励及福利基金、企业发展基金，净利润根据合营各方注册资本的比例进行分配。

合营企业依照国家有关税收的法律和行政法规的规定，可以享受减税、免税的优惠待遇。

外国合营者将分得的净利润用于在中国境内再投资时，可申请退还已缴纳的部分所得税。

第九条 合营企业应凭营业执照在国家外汇管理机关允许经营外汇业务的银行或其他金融机构开立外汇账户。

合营企业的有关外汇事宜，应遵照中华人民共和国外汇管理条例办理。

合营企业在其经营活动中，可直接向外国银行筹措资金。

合营企业的各项保险应向中国境内的保险公司投保。

第十条 合营企业在批准的经营范围内所需的原材料、燃料等物资，按照公平、合理的原则，可以在国内市场或者在国际市场购买。

鼓励合营企业向中国境外销售产品。出口产品可由合营企业直接或与其有关的委托机构向国外市场出售，也可通过中国的外贸机构出售。合营企业产品也可在中国市场销售。

合营企业需要时可在中国境外设立分支机构。

第十一条 外国合营者在履行法律和协议、合同规定的义务后分得的净利润，在合营企业期满或者中止时所分得的资金以及其他资金，可按合营企业合同规定的货币，按外汇管理条例汇往国外。

鼓励外国合营者将可汇出的外汇存入中国银行。

第十二条 合营企业的外籍职工的工资收入和其他正当收入，按中华人民共和国税法缴纳个人所得税后，可按外汇管理条例汇往国外。

第十三条 合营企业的合营期限，按不同行业、不同情况，作不同的约定。有的行业的合营企业，应当约定合营期限；有的行业的合营企业，可以约定合营期限，也可以不约定合营期限。约定合营期限的合营企业，合营各方同意延长合营期限的，应在距合营期满六个月前向审查批准机关提出申请。审查批准机关应自接到申请之日起一个月内决定批准或不批准。

第十四条 合营企业如发生严重亏损、一方不履行合同和章程规定的义务、不可抗力等，经合营各方协商同意，报请审查批准机关批准，并向国家工商行政管理主管部门登记，可终止合同。如果因违反合同而造成损失的，应由违反合同的一方承担经济责任。

第十五条 合营各方发生纠纷，董事会不能协商解决时，由中国仲裁机构进行调解或仲裁，也可由合营各方协议在其他仲裁机构仲裁。

合营各方没有在合同中订有仲裁条款的或者事后没有达成书面仲裁协议的，可以向人民法院起诉。

第十六条 本法自公布之日起生效。

中华人民共和国中外合资经营企业法实施条例

（1983年9月20日国务院发布　1986年1月15日、1987年12月21日国务院修订　根据2001年7月22日《国务院关于修改〈中华人民共和国中外合资经营企业法实施条例〉的决定》修订）

第一章　总　　则

第一条　为了便于《中华人民共和国中外合资经营企业法》（以下简称《中外合资经营企业法》）的顺利实施，制定本条例。

第二条　依照《中外合资经营企业法》批准在中国境内设立的中外合资经营企业（以下简称合营企业）是中国的法人，受中国法律的管辖和保护。

第三条　在中国境内设立的合营企业，应当能够促进中国经济的发展和科学技术水平的提高，有利于社会主义现代化建设。

国家鼓励、允许、限制或者禁止设立合营企业的行业，按照国家指导外商投资方向的规定及外商投资产业指导目录执行。

第四条　申请设立合营企业有下列情况之一的，不予批准：

（一）有损中国主权的；

（二）违反中国法律的；

（三）不符合中国国民经济发展要求的；

（四）造成环境污染的；

（五）签订的协议、合同、章程显属不公平，损害合营一方权益的。

第五条　在中国法律、法规和合营企业协议、合同、章程规定的范围内，合营企业有权自主地进行经营管理。各有关部门应当给予支持和帮助。

第二章　设立与登记

第六条　在中国境内设立合营企业，必须经中华人民共和国对外贸易经济合作部（以下简称对外贸易经济合作部）审查批准。批准后，由对外贸易经济合作部发给批准证书。

凡具备下列条件的，国务院授权省、自治区、直辖市人民政府或者国务院有关部门审批：

（一）投资总额在国务院规定的投资审批权限以内，中国合营者的资金来源已经落实的；

（二）不需要国家增拨原材料，不影响燃料、动力、交通运输、外贸出口配额等方面的全国平衡的。

依照前款批准设立的合营企业，应当报对外贸易经济合作部备案。

对外贸易经济合作部和国务院授权的省、自治区、直辖市人民政府或者国务院有关部门，以下统称审批机构。

第七条　申请设立合营企业，由中外合营者共同向审批机构报送下列文件：

（一）设立合营企业的申请书；

（二）合营各方共同编制的可行性研究报告；

（三）由合营各方授权代表签署的合营企业协议、合同和章程；

（四）由合营各方委派的合营企业董事长、副董事长、董事人选名单；

（五）审批机构规定的其他文件。

前款所列文件必须用中文书写，其中第（二）、（三）、（四）项文件可以同时用合营各方商定的一种外文书写。两种文字书写的文件具有同等效力。

审批机构发现报送的文件有不当之处的，应当要求限期修改。

第八条　审批机构自接到本条例第七条规定的全部文件之日起，3个月内决定批准或者不批准。

第九条　申请者应当自收到批准证书之日起1个月内，按照国家有关规定，向工商行政管理机关（以下简称登记管理机构）办理登记手续。合营企业的营业执照签发日期，即为该合营企业的成立日期。

第十条　本条例所称合营企业协议，是指合营各方对设立合营企业的某些要点和原则达成一致意见而订立的文件；所称合营企业合同，是指合营各方为设立合营企业就相互权利、义务关系达成一致意见而订立的文件；所称合营企业章程，是指按照合营企业合同规定的原则，经合营各方一致同意，规定合营企业的宗旨、组织原则和经营管理方法等事项的文件。

合营企业协议与合营企业合同有抵触时，以合营企业合同为准。

经合营各方同意，也可以不订立合营企业协议而只订立合营企业合同、章程。

第十一条　合营企业合同应当包括下列主要内容：

（一）合营各方的名称、注册国家、法定地址和法定代表人的姓名、职务、国籍；

（二）合营企业名称、法定地址、宗旨、经营范围和规模；

（三）合营企业的投资总额，注册资本，合营各方的出资额、出资比例、出资方式、出资的缴付期限以及出资额欠缴、股权转让的规定；

（四）合营各方利润分配和亏损分担的比例；

（五）合营企业董事会的组成、董事名额的分配以及总经理、副总经理及其他高级管理人员的职责、权限和聘用办法；

（六）采用的主要生产设备、生产技术及其来源；

（七）原材料购买和产品销售方式；

（八）财务、会计、审计的处理原则；

（九）有关劳动管理、工资、福利、劳动保险等事项的规定；

（十）合营企业期限、解散及清算程序；

（十一）违反合同的责任；

（十二）解决合营各方之间争议的方式和程序；

（十三）合同文本采用的文字和合同生效的条件。

合营企业合同的附件，与合营企业合同具有同等效力。

第十二条 合营企业合同的订立、效力、解释、执行及其争议的解决，均应当适用中国的法律。

第十三条 合营企业章程应当包括下列主要内容：

（一）合营企业名称及法定地址；

（二）合营企业的宗旨、经营范围和合营期限；

（三）合营各方的名称、注册国家、法定地址、法定代表人的姓名、职务、国籍；

（四）合营企业的投资总额，注册资本，合营各方的出资额、出资比例、股权转让的规定，利润分配和亏损分担的比例；

（五）董事会的组成、职权和议事规则，董事的任期，董事长、副董事长的职责；

（六）管理机构的设置，办事规则，总经理、副总经理及其他高级管理人员的职责和任免方法；

（七）财务、会计、审计制度的原则；

（八）解散和清算；

（九）章程修改的程序。

第十四条 合营企业协议、合同和章程经审批机构批准后生效，其修改时同。

第十五条 审批机构和登记管理机构对合营企业合同、章程的执行负有监督检查的责任。

第三章 组织形式与注册资本

第十六条 合营企业为有限责任公司。

合营各方对合营企业的责任以各自认缴的出资额为限。

第十七条 合营企业的投资总额（含企业借款），是指按照合营企业合同、章程规定的生产规模需要投入的基本建设资金和生产流动资金的总和。

第十八条 合营企业的注册资本，是指为设立合营企业在登记管理机构登记的资本总额，应为合营各方认缴的出资额之和。

合营企业的注册资本一般应当以人民币表示，也可以用合营各方约定的外币表示。

第十九条 合营企业在合营期内不得减少其注册资本。因投资总额和生产经营规模等发生变化，确需减少的，须经审批机构批准。

第二十条 合营一方向第三者转让其全部或者部分股权的，须经合营他方同意，并报审批机构批准，向登记管理机构办理变更登记手续。

合营一方转让其全部或者部分股权时，合营他方有优先购买权。

合营一方向第三者转让股权的条件，不得比向合营他方转让的条件优惠。

违反上述规定的，其转让无效。

第二十一条 合营企业注册资本的增加、减少，应当由董事会会议通过，并报审批机构批准，向登记管理机构办理变更登记手续。

第四章 出资方式

第二十二条 合营者可以用货币出资，也可以用建筑物、厂房、机器设备或者其他物料、工业产权、专有技术、场地使用权等作价出资。以建筑物、厂房、机器设备或者其他物料、工业产权、专有技术作为出资的，其作价由合营各方按照公平合理的原则协商确定，或者聘请合营各方同意的第三者评定。

第二十三条 外国合营者出资的外币，按缴款当日中国人民银行公布的基准汇率折算成人民币或者套算成约定的外币。

中国合营者出资的人民币现金，需要折算成外币的，按缴款当日中国人民银行公布的基准汇率折算。

第二十四条 作为外国合营者出资的机器设备或者其他物料，应当是合营企业生产所必需的。

前款所指机器设备或者其他物料的作价，不得高于同类机器设备或者其他物料当时的国际市场价格。

第二十五条 作为外国合营者出资的工业产权或者专有技术，必须符合下列条件之一：

（一）能显著改进现有产品的性能、质量，提高生产效率的；

（二）能显著节约原材料、燃料、动力的。

第二十六条 外国合营者以工业产权或者专有技术作为出资，应当提交该工业产权或者专有技术的有关资料，包括专利证书或者商标注册证书的复制件、有效状况及其技术特性、实用价值、作价的计算根据、与中国合营者签订的作价协议等有关文件，作为合营合同的附件。

第二十七条 外国合营者作为出资的机器设备或者其他物料、工业产权或者专有技术，应当报审批机构批准。

第二十八条 合营各方应当按照合同规定的期限缴清各自的出资额。逾期未缴或者未缴清的，应当按合同规定支付迟延利息或者赔偿损失。

第二十九条 合营各方缴付出资额后，应当由中国的注册会计师验证，出具验资报告后，由合营企业据以发给出资证明书。出资证明书载明下列事项：合营企业名称；合营企业成立的年、月、日；合营者名称（或者姓名）及其出资额、出资的年、月、日；发给出资证明书的年、月、日。

第五章 董事会与经营管理机构

第三十条 董事会是合营企业的最高权力机构，决定合营企业的一切重大问题。

第三十一条 董事会成员不得少于3人。董事名额的分配由合营各方参照出资比例协商确定。

董事的任期为4年，经合营各方继续委派可以连任。

第三十二条 董事会会议每年至少召开1次，由董事长负责召集并主持。董事长不能召集时，由董事长委托副董事长或者其他董事负责召集并主持董事会会议。经1/3以上董事提议，可以由董事长召开董事会临时会议。

董事会会议应当有2/3以上董事出席方能举行。董事不能出席的，可以出具委托书委托他人代表其出席和表决。

董事会会议一般应当在合营企业法定地址所在地举行。

第三十三条 下列事项由出席董事会会议的董事一致通过方可作出决议：

（一）合营企业章程的修改；

（二）合营企业的中止、解散；

（三）合营企业注册资本的增加、减少；

（四）合营企业的合并、分立。

其他事项，可以根据合营企业章程载明的议事规则作出决议。

第三十四条 董事长是合营企业的法定代表人。董事长不能履行职责时，应当授权副董事长或者其他董事代表合营企业。

第三十五条 合营企业设经营管理机构，负责企业的日常经营管理工作。经营管理机构设总经理1人，副总经理若干人。副总经理协助总经理工作。

第三十六条 总经理执行董事会会议的各项决议，组织领导合营企业的日常经营管理工作。在董事会授权范围内，总经理对外代表合营企业，对内任免下属人员，行使董事会授予的其他职权。

第三十七条 总经理、副总经理由合营企业董事会聘请，可以由中国公民担任，也可以由外国公民担任。

经董事会聘请，董事长、副董事长、董事可以兼任合营企业的总经理、副总经理或者其他高级管理职务。

总经理处理重要问题时，应当同副总经理协商。

总经理或者副总经理不得兼任其他经济组织的总经理或者副总经理，不得参与其他经济组织对本企业的商业竞争。

第三十八条 总经理、副总经理及其他高级管理人员有营私舞弊或者严重失职行为的，经董事会决议可以随时解聘。

第三十九条 合营企业需要在国外和港澳地区设立分支机构（含销售机构）时，应当报对外贸易经济合作部批准。

第六章 引进技术

第四十条 本条例所称引进技术，是指合营企业通过技术转让的方式，从第三者或合营者获得所需要的技术。

第四十一条 合营企业引进的技术应当是适用的、先进的，使其产品在国内具有显著的社会经济效益或者在国际市场上具有竞争能力。

第四十二条 在订立技术转让协议时，必须维护合营企业独立进行经营管理的权利，并参照本条例第二十六条的规定，要求技术输出方提供有关的资料。

第四十三条 合营企业订立的技术转让协议，应当报审批机构批准。

技术转让协议必须符合下列规定：

（一）技术使用费应当公平合理；

（二）除双方另有协议外，技术输出方不得限制技术输入方出口其产品的地区、数量和价格；

（三）技术转让协议的期限一般不超过10年；

（四）技术转让协议期满后，技术输入方有权继续使用该项技术；

（五）订立技术转让协议双方，相互交换改进技术的条件应当对等；

（六）技术输入方有权按自己认为合适的来源购买需要的机器设备、零部件和原材料；

（七）不得含有为中国的法律、法规所禁止的不合理的限制性条款。

第七章 场地使用权及其费用

第四十四条 合营企业使用场地，必须贯彻执行节约用地的原则。所需场地，应当由合营企业向所在地的市（县）级土地主管部门提出申请，经审查批准后，通过签订合同取得场地使用权。合同应当订明场地面积、地点、用途、合同期限、场地使用权的费用（以下简称场地使用费）、双方的权利与义务、违反合同的罚则等。

第四十五条 合营企业所需场地的使用权，已为中国合营者所拥有的，中国合营者可以将其作为对合营企业的出资，其作价金额应当与取得同类场地使用权所应缴纳的使用费相同。

第四十六条 场地使用费标准应当根据该场地的用途、地理环境条件、征地拆迁安置费用和合营企业对基础设施的要求等因素，由所在地的省、自治区、直辖市人民政府规定，并向对外贸易经济合作部和国家土地主管部门备案。

第四十七条 从事农业、畜牧业的合营企业，经所在地的省、自治区、直辖市人民政府同意，可以按合营企业营业收入的百分比向所在地的土地主管部门缴纳场地使用费。

在经济不发达地区从事开发性的项目，场地使用费经所在地人民政府同意，可以给予特别优惠。

第四十八条 场地使用费在开始用地的5年内不调整。以后随着经济的发展、供需情况的变化和地理环境条件的变化需要调整时，调整的间隔期应当不少于3年。

场地使用费作为中国合营者投资的，在该合同期限内不得调整。

第四十九条 合营企业按本条例第四十四条取得的场地使用权，其场地使用费应当按合同规定的用地时间从开始时起按年缴纳，第一日历年用地时间超过半年的按半年计算；不足半年的免缴。在合同期内，场地使用费如有调整，应当自调整的年度起按新的费用标准缴纳。

第五十条 合营企业除依照本章规定取得场地使用权外，还可以按照国家有关规定取得场地使用权。

第八章 购买与销售

第五十一条 合营企业所需的机器设备、原材料、燃料、配套件、运输工具和办公用品等（以下简称物资），有权自行决定在中国购买或者向国外购买。

第五十二条 合营企业需要在中国购置的办公、生活用品，按需要量购买，不受限制。

第五十三条 中国政府鼓励合营企业向国际市场销售其产品。

第五十四条 合营企业有权自行出口其产品，也可以委托外国合营者的销售机构或者中国的外贸公司代销或者经销。

第五十五条 合营企业在合营合同规定的经营范围内，进口本企业生产所需的机器设备、零配件、原材料、燃料，凡属国家规定需要领取进口许可证的，每年编制一次计划，每半年申领一次。外国合营者作为出资的机器设备或者其他物料，可以凭审批机构的批准文件直接办理进口许可证进口。超出合营合同规定范围进口的物资，凡国家规定需要领取进口许可证的，应当另行申领。

合营企业生产的产品，可以自主经营出口，凡属国家规定需要领取出口许可证的，合营企业按照本企业的年度出口计划，每半年申领一次。

第五十六条 合营企业在国内购买物资的价格以及支付水、电、气、热、货物运输、劳务、工程设计、咨询、广告等服务的费用，享受与国内其他企业同等的待遇。

第五十七条 合营企业与中国其他经济组织之间的经济往来，按照有关的法律规定和双方订立的合同承担经济责任，解决合同争议。

第五十八条 合营企业应当依照《中华人民共和国统计法》及中国利用外资统计制度的规定，提供统计资料，报送统计报表。

第九章 税　　务

第五十九条 合营企业应当按照中华人民共和国有关法律的规定，缴纳各种税款。

第六十条 合营企业的职工应当按照《中华人民共和国个人所得税法》缴纳个人所得税。

第六十一条 合营企业进口下列物资，依照中国税法的有关规定减税、免税：

（一）按照合同规定作为外国合营者出资的机器设备、零部件和其他物料〔其他物料系指合营企业建厂（场）以及安装、加固机器所需材料，下同〕；

（二）合营企业以投资总额以内的资金进口的机器设备、零部件和其他物料；

（三）经审批机构批准，合营企业以增加资本所进口的国内不能保证生产供应的机器设备、零部件和其他物料；

（四）合营企业为生产出口产品，从国外进口的原材料、辅料、元器件、零部件和包装物料。

上述减税、免税进口物资，经批准在中国国内转卖或者转用于在中国国内销售的产品，应当照章纳税或者补税。

第六十二条 合营企业生产的出口产品，除中国限制出口的以外，依照中国税法的有关规定减税、免税或者退税。

第十章 外汇管理

第六十三条 合营企业的一切外汇事宜，按照《中华人民共和国外汇管理条例》和有关管理办法的规定办理。

第六十四条 合营企业凭营业执照，在境内银行开立外汇账户和人民币账户，由开户银行监督收付。

第六十五条 合营企业在国外或者港澳地区的银行开立外汇账户，应当经国家外汇管理局或者其分局批准，并向国家外汇管理局或者其分局报告收付情况和提供银行对账单。

第六十六条 合营企业在国外或者港澳地区设立的分支机构，其年度资产负债表和年度利润表，应当通过合营企业报送国家外汇管理局或者其分局。

第六十七条 合营企业根据经营业务的需要，可以向境内的金融机构申请外汇贷款和人民币贷款，也可以按照国家有关规定从国外或者港澳地区的银行借入外汇资金，并向国家外汇管理局或者其分局办理登记或者备案手续。

第六十八条 合营企业的外籍职工和港澳职工的工资和其他正当收益，依法纳税后，减去在中国境内的花费，其剩余部分可以按照国家有关规定购汇汇出。

第十一章 财务与会计

第六十九条 合营企业的财务与会计制度，应当按照中国有关法律和财务会计制度的规定，结合合营企业的情况加以制定，并报当地财政部门、税务机关备案。

第七十条 合营企业设总会计师，协助总经理负责企业的财务会计工作。必要时，可以设副总会计师。

第七十一条 合营企业设审计师（小的企业可以不设)，负责审查、稽核合营企业的财务收支和会计账目，向董事会、总经理提出报告。

第七十二条 合营企业会计年度采用日历年制，自公历每年1月1日起至12月31日止为一个会计年度。

第七十三条 合营企业会计采用国际通用的权责发生制和借贷记账法记账。一切自制凭证、账簿、报表必须用中文书写，也可以同时用合营各方商定的一种外文书写。

第七十四条 合营企业原则上采用人民币作为记账本位币，经合营各方商定，也可以采用某一种外国货币作为记账本位币。

第七十五条 合营企业的账目，除按记账本位币记录外，对于现金、银行存款、其他货币款项以及债权债务、收益和费用等，与记账本位币不一致时，还应当按实际收付的货币记账。

以外国货币作为记账本位币的合营企业，其编报的财务会计报告应当折算为人民币。

因汇率的差异而发生的折合记账本位币差额，作为汇兑损益列账。记账汇率变动，有关外币各账户的账面余额，于年终结账时，应当按照中国有关法律和财务会计制度的规定进行会计处理。

第七十六条 合营企业按照《中华人民共和国外商投资企业和外国企业所得税法》缴纳所得税后的利润分配原则如下：

（一）提取储备基金、职工奖励及福利基金、企业发展基金，提取比例由董事会确定；

（二）储备基金除用于垫补合营企业亏损外，经审批机构批准也可以用于本企业增加资本，扩大生产；

（三）按照本条第（一）项规定提取三项基金后的可分配利润，董事会确定分配的，应当按合营各方的出资比例进行分配。

第七十七条 以前年度的亏损未弥补前不得分配利润。以前年度未分配的利润，可以并入本年度利润分配。

第七十八条 合营企业应当向合营各方、当地税务机关和财政部门报送季度和年度会计报表。

第七十九条 合营企业的下列文件、证件、报表，应当经中国的注册会计师验证和出具证明，方为有效：

（一）合营各方的出资证明书（以物料、场地使用权、工业产权、专有技术作为出资的，应当包括合营各方签字同意的财产估价清单及其协议文件)；

（二）合营企业的年度会计报表；

（三）合营企业清算的会计报表。

第十二章 职 工

第八十条 合营企业职工的招收、招聘、辞退、辞职、工资、福利、劳动保险、劳动保护、劳动纪律等事宜，按照国家有关劳动和社会保障的规定办理。

第八十一条 合营企业应当加强对职工的业务、技术培训，建立严格的考核制度，使他们在生产、管理技能方面能够适应现代化企业的要求。

第八十二条 合营企业的工资、奖励制度必须符合按劳分配、多劳多得的原则。

第八十三条 正副总经理、正副总工程师、正副总会计师、审计师等高级管理人员的工资待遇，由董事会决定。

第十三章 工 会

第八十四条 合营企业职工有权按照《中华人民共和国工会法》和《中国工会章程》的规定，建立基层工会组织，开展工会活动。

第八十五条 合营企业工会是职工利益的代表，有权代表职工同合营企业签订劳动合同，并监督合同的执行。

第八十六条 合营企业工会的基本任务是：依法维护职工的民主权利和物质利益；协助合营企业安排和合理使用福利、奖励基金；组织职工学习政治、科学、技术和业务知识，开展文艺、体育活动；教育职工遵守劳动纪律，努力完成企业的各项经济任务。

第八十七条 合营企业董事会会议讨论合营企业的发展规划、生产经营活动等重大事项时，工会的代表有权列席会议，反映职工的意见和要求。

董事会会议研究决定有关职工奖惩、工资制度、生活福利、劳动保护和保险等问题时，工会的代表有权列席会议，董事会应当听取工会的意见，取得工会的合作。

第八十八条 合营企业应当积极支持本企业工会的工作。合营企业应当按照《中华人民共和国工会法》的规定为工会组织提供必要的房屋和设备，用于办公、会议、举办职工集体福利、文化、体育事业。合营企业每月按企业职工实际工资总额的2%拨交工会经费，由本企业工会按照中华全国总工会制定的有关工会经费管理办法使用。

第十四章 期限、解散与清算

第八十九条 合营企业的合营期限，按照《中外合资经营企业合营期限暂行规定》执行。

第九十条 合营企业在下列情况下解散：

（一）合营期限届满；

（二）企业发生严重亏损，无力继续经营；

（三）合营一方不履行合营企业协议、合同、章程规定的义务，致使企业无法继续经营；

（四）因自然灾害、战争等不可抗力遭受严重损失，无法继续经营；

（五）合营企业未达到其经营目的，同时又无发展前途；

（六）合营企业合同、章程所规定的其他解散原因已经出现。

前款第（二)、(四)、(五)、(六）项情况发生的，由董事会提出解散申请书，报审批机构批准；第（三）项情况发生的，由履行合同的一方提出申请，报审批机构批准。

在本条第一款第（三）项情况下，不履行合营企业协议、合同、章程规定的义务一方，应当对合营企业由此造成的损失负赔偿责任。

第九十一条 合营企业宣告解散时，应当进行清算。合营企业应当按照《外商投资企业清算办法》的规定成立清算委员会，由清算委员会负责清算事宜。

第九十二条 清算委员会的成员一般应当在合营企业的董事中选任。董事不能担任或者不适合担任清算委员会成员时，合营企业可以聘请中国的注册会计师、律师担任。审批机构认为必要时，可以派人进行监督。

清算费用和清算委员会成员的酬劳应当从合营企业现存财产中优先支付。

第九十三条 清算委员会的任务是对合营企业的财产、债权、债务进行全面清查，编制资产负债表和财产目录，提出财产作价和计算依据，制定清算方案，提请董事会会议通过后执行。

清算期间，清算委员会代表该合营企业起诉和应诉。

第九十四条 合营企业以其全部资产对其债务承担责任。合营企业清偿债务后的剩余财产按照合营各方的出资比例进行分配，但合营企业协议、合同、章程另有规定的除外。

合营企业解散时，其资产净额或者剩余财产减除企业未分配利润、各项基金和清算费用后的余额，超过实缴资本的部分为清算所得，应当依法缴纳所得税。

第九十五条 合营企业的清算工作结束后，由清算委员会提出清算结束报告，提请董事会会议通过后，报告审批机构，并向登记管理机构办理注销登记手续，缴销营业执照。

第九十六条 合营企业解散后，各项账册及文件应当由原中国合营者保存。

第十五章　争议的解决

第九十七条 合营各方在解释或者履行合营企业协议、合同、章程时发生争议的，应当尽量通过友好协商或者调解解决。经过协商或者调解无效的，提请仲裁或者司法解决。

第九十八条 合营各方根据有关仲裁的书面协议，可以在中国的仲裁机构进行仲裁，也可以在其他仲裁机构仲裁。

第九十九条 合营各方之间没有有关仲裁的书面协议的，发生争议的任何一方都可以依法向人民法院起诉。

第一百条 在解决争议期间，除争议事项外，合营各方应当继续履行合营企业协议、合同、章程所规定的其他各项条款。

第十六章　附　　则

第一百零一条 合营企业的外籍职工和港澳职工（包括其家属），需要经常入、出中国国境的，中国主管签证机关可以简化手续，予以方便。

第一百零二条 合营企业的中国职工，因工作需要出国（境）考察、洽谈业务、学习或者接受培训，按照国家有关规定办理出国（境）手续。

第一百零三条 合营企业的外籍职工和港澳职工，可以带进必需的交通工具和办公用品，按照中国税法的有关规定纳税。

第一百零四条 在经济特区设立的合营企业，法律、行政法规另有规定的，从其规定。

第一百零五条 本条例自公布之日起施行。

中华人民共和国外资企业法实施细则

（1990年10月28日国务院批准　1990年12月12日对外经济贸易部发布　根据2001年4月12日《国务院关于修改〈中华人民共和国外资企业法实施细则〉的决定》修订）

中华人民共和国国务院令

第301号

现公布《国务院关于修改〈中华人民共和国外资企业法实施细则〉的决定》，自公布之日起施行。

总理　朱镕基

2001年4月12日

国务院关于修改《中华人民共和国外资企业法实施细则》的决定

为了适应我国对外开放新形势的需要，进一步改善外商投资环境，根据《全国人民代表大会常务委员会关于修改〈中华人民共和国外资企业法〉的决定》，对《中华人民共和国外资企业法实施细则》作如下修改：

一、将第三条修改为："设立外资企业，必须有利于中国国民经济的发展，能够取得显著的经济效益。国家鼓励外资企业采用先进技术和设备，从事新产品开发，实现产品升级换代，节约能源和原材料，并鼓励举办产品出口的外资企业。"

二、将第四条、第五条合并，修改为："禁止或者限制设立外资企业的行业，按照国家指导外商投资方向的规定及外商投资产业指导目录执行。"

三、将第十条中的"产品在中国和国外市场的销售比例"删去。

四、将第十五条中的"以及在中国和国外市场的销售比例"删去。

五、将第二十二条修改为："外资企业在经营期内不得减少其注册资本。但是，因投资总额和生产经营规模等发生变化，确需减少的，须经审批机关批准。"

六、将第二十七条第一款修改为："外国投资者以机器设备作价出资的，该机器设备应当是外资企业生产所必需的设备。"

七、将第二十八条第一款修改为："外国投资者以工业产权、专有技术作价出资的，该工业产权、专有技术应当为外国投资者所有。"

八、删去第四十三条。

九、将第四十五条修改为："外资企业可以在中国市场销售其产品。国家鼓励外资企业出口其生产的产品。"

十、将第四十六条第二款修改为："外资企业可以自行在中国销售本企业生产的产品，也可以委托商业机构代销其产品。"

十一、删去第四十八条第二款、第三款。

十二、将第五十二条中的"外资企业进口下列物资，免征关税和工商统一税"修改为"外资企业进口下列物资，依照中国税法的有关规定减税、免税"。

十三、将第五十三条修改为："外资企业生产的出口产品，除中国限制出口的以外，依照中国税法的有关规定减税、免税或者退税。"

十四、删去第五十六条。

十五、将第八十四条修改为："外资企业与其他公司、企业或者经济组织以及个人签订合同，适用《中华人民共和国合同法》。"

十六、删去第八十七条。

此外，对部分条款的表述予以修改，条文顺序作相应调整。

本决定自公布之日起施行。

《中华人民共和国外资企业法实施细则》根据本决定作相应的修改，重新公布。

第一章　总　　则

第一条　根据《中华人民共和国外资企业法》的规定，制定本实施细则。

第二条　外资企业受中国法律的管辖和保护。

外资企业在中国境内从事经营活动，必须遵守中国的法律、法规，不得损害中国的社会公共利益。

第三条　设立外资企业，必须有利于中国国民经济的发展，能够取得显著的经济效益。国家鼓励外资企业采用先进技术和设备，从事新产品开发，实现产品升级换代，节约能源和原材料，并鼓励举办产品出口的外资企业。

第四条　禁止或者限制设立外资企业的行业，按照国家指导外商投资方向的规定及外商投资产业指导目录执行。

第五条　申请设立外资企业，有下列情况之一的，不予批准：

（一）有损中国主权或者社会公共利益的；

（二）危及中国国家安全的；

（三）违反中国法律、法规的；

（四）不符合中国国民经济发展要求的；

（五）可能造成环境污染的。

第六条 外资企业在批准的经营范围内，自主经营管理，不受干涉。

第二章 设立程序

第七条 设立外资企业的申请，由中华人民共和国对外贸易经济合作部（以下简称对外贸易经济合作部）审查批准后，发给批准证书。

设立外资企业的申请属于下列情形的，国务院授权省、自治区、直辖市和计划单列市、经济特区人民政府审查批准后，发给批准证书：

（一）投资总额在国务院规定的投资审批权限以内的；

（二）不需要国家调拨原材料，不影响能源、交通运输、外贸出口配额等全国综合平衡的。

省、自治区、直辖市和计划单列市、经济特区人民政府在国务院授权范围内批准设立外资企业，应当在批准后15天内报对外贸易经济合作部备案（对外贸易经济合作部和省、自治区、直辖市和计划单列市、经济特区人民政府，以下统称审批机关）。

第八条 申请设立的外资企业，其产品涉及出口许可证、出口配额、进口许可证或者属于国家限制进口的，应当依照有关管理权限事先征得对外经济贸易主管部门的同意。

第九条 外国投资者在提出设立外资企业的申请前，应当就下列事项向拟设立外资企业所在地的县级或者县级以上地方人民政府提交报告。报告内容包括：设立外资企业的宗旨；经营范围、规模；生产产品；使用的技术设备；用地面积及要求；需要用水、电、煤、煤气或者其他能源的条件及数量；对公共设施的要求等。

县级或者县级以上地方人民政府应当在收到外国投资者提交的报告之日起30天内以书面形式答复外国投资者。

第十条 外国投资者设立外资企业，应当通过拟设立外资企业所在地的县级或者县级以上地方人民政府向审批机关提出申请，并报送下列文件：

（一）设立外资企业申请书；

（二）可行性研究报告；

（三）外资企业章程；

（四）外资企业法定代表人（或者董事会人选）名单；

（五）外国投资者的法律证明文件和资信证明文件；

（六）拟设立外资企业所在地的县级或者县级以上地方人民政府的书面答复；

（七）需要进口的物资清单；

（八）其他需要报送的文件。

前款（一）、（三）项文件必须用中文书写；（二）、（四）、（五）项文件可以用外文书写，但应当附中文译文。

两个或者两个以上外国投资者共同申请设立外资企业，应当将其签订的合同副本报送审批机关备案。

第十一条 审批机关应当在收到申请设立外资企业的全部文件之日起90天内决定批准或者不批准。审批机关如果发现上述文件不齐备或者有不当之处，可以要求限期补报或者修改。

第十二条 设立外资企业的申请经审批机关批准后，外国投资者应当在收到批准证书之日起30天内向工商行政管理机关申请登记，领取营业执照。外资企业的营业执照签发日期，为该企业成立日期。

外国投资者在收到批准证书之日起满30天未向工商行政管理机关申请登记的，外资企业批准证书自动失效。

外资企业应当在企业成立之日起30天内向税务机关办理税务登记。

第十三条 外国投资者可以委托中国的外商投资企业服务机构或者其他经济组织代为办理本实施细则第八条、第九条第一款和第十条规定事宜，但须签订委托合同。

第十四条 设立外资企业的申请书应当包括下列内容：

（一）外国投资者的姓名或者名称、住所、注册地和法定代表人的姓名、国籍、职务；

（二）拟设立外资企业的名称、住所；

（三）经营范围、产品品种和生产规模；

（四）拟设立外资企业的投资总额、注册资本、资金来源、出资方式和期限；

（五）拟设立外资企业的组织形式和机构、法定代表人；

（六）采用的主要生产设备及其新旧程度、生产技术、工艺水平及其来源；

（七）产品的销售方向、地区和销售渠道、方式；

（八）外汇资金的收支安排；

（九）有关机构设置和人员编制，职工的招用、培训、工资、福利、保险、劳动保护等事项的安排；

（十）可能造成环境污染的程度和解决措施；

（十一）场地选择和用地面积；

（十二）基本建设和生产经营所需资金、能源、原材料及其解决办法；

（十三）项目实施的进度计划；

（十四）拟设立外资企业的经营期限。

第十五条 外资企业的章程应当包括下列内容：

（一）名称及住所；

（二）宗旨、经营范围；

（三）投资总额、注册资本、出资期限；

（四）组织形式；

（五）内部组织机构及其职权和议事规则，法定代表人以及总经理、总工程师、总会计师等人员的职责、权限；

（六）财务、会计及审计的原则和制度；

（七）劳动管理；

（八）经营期限、终止及清算；

（九）章程的修改程序。

第十六条 外资企业的章程经审批机关批准后生效，

修改时间。

第十七条 外资企业的分立、合并或者由于其他原因导致资本发生重大变动，须经审批机关批准，并应当聘请中国的注册会计师验证和出具验资报告；经审批机关批准后，向工商行政管理机关办理变更登记手续。

第三章 组织形式与注册资本

第十八条 外资企业的组织形式为有限责任公司。经批准也可以为其他责任形式。

外资企业为有限责任公司的，外国投资者对企业的责任以其认缴的出资额为限。

外资企业为其他责任形式的，外国投资者对企业的责任适用中国法律、法规的规定。

第十九条 外资企业的投资总额，是指开办外资企业所需资金总额，即按其生产规模需要投入的基本建设资金和生产流动资金的总和。

第二十条 外资企业的注册资本，是指为设立外资企业在工商行政管理机关登记的资本总额，即外国投资者认缴的全部出资额。

外资企业的注册资本要与其经营规模相适应，注册资本与投资总额的比例应当符合中国有关规定。

第二十一条 外资企业在经营期内不得减少其注册资本。但是，因投资总额和生产经营规模等发生变化，确需减少的，须经审批机关批准。

第二十二条 外资企业注册资本的增加、转让，须经审批机关批准，并向工商行政管理机关办理变更登记手续。

第二十三条 外资企业将其财产或者权益对外抵押、转让，须经审批机关批准并向工商行政管理机关备案。

第二十四条 外资企业的法定代表人是依照其章程规定，代表外资企业行使职权的负责人。

法定代表人无法履行其职权时，应当以书面形式委托代理人，代其行使职权。

第四章 出资方式与期限

第二十五条 外国投资者可以用可自由兑换的外币出资，也可以用机器设备、工业产权、专有技术等作价出资。

经审批机关批准，外国投资者也可以用其从中国境内举办的其他外商投资企业获得的人民币利润出资。

第二十六条 外国投资者以机器设备作价出资的，该机器设备应当是外资企业生产所必需的设备。

该机器设备的作价不得高于同类机器设备当时的国际市场正常价格。

对作价出资的机器设备，应当列出详细的作价出资清单，包括名称、种类、数量、作价等，作为设立外资企业申请书的附件一并报送审批机关。

第二十七条 外国投资者以工业产权、专有技术作价出资的，该工业产权、专有技术应当为外国投资者所有。

该工业产权、专有技术的作价应当与国际上通常的作价原则相一致，其作价金额不得超过外资企业注册资本的20%。

对作价出资的工业产权、专有技术，应当备有详细资料，包括所有权证书的复制件，有效状况及其技术性能、实用价值，作价的计算根据和标准等，作为设立外资企业申请书的附件一并报送审批机关。

第二十八条 作价出资的机器设备运抵中国口岸时，外资企业应当报请中国的商检机构进行检验，由该商检机构出具检验报告。

作价出资的机器设备的品种、质量和数量与外国投资者报送审批机关的作价出资清单列出的机器设备的品种、质量和数量不符的，审批机关有权要求外国投资者限期改正。

第二十九条 作价出资的工业产权、专有技术实施后，审批机关有权进行检查。该工业产权、专有技术与外国投资者原提供的资料不符的，审批机关有权要求外国投资者限期改正。

第三十条 外国投资者缴付出资的期限应当在设立外资企业申请书和外资企业章程中载明。外国投资者可以分期缴付出资，但最后一期出资应当在营业执照签发之日起3年内缴清。其中第一期出资不得少于外国投资者认缴出资额的15%，并应当在外资企业营业执照签发之日起90天内缴清。

外国投资者未能在前款规定的期限内缴付第一期出资的，外资企业批准证书即自动失效。外资企业应当向工商行政管理机关办理注销登记手续，缴销营业执照；不办理注销登记手续和缴销营业执照的，由工商行政管理机关吊销其营业执照，并予以公告。

第三十一条 第一期出资后的其他各期的出资，外国投资者应当如期缴付。无正当理由逾期30天不出资的，依照本实施细则第三十条第二款的规定处理。

外国投资者有正当理由要求延期出资的，应当经审批机关同意，并报工商行政管理机关备案。

第三十二条 外国投资者缴付每期出资后，外资企业应当聘请中国的注册会计师验证，并出具验资报告，报审批机关和工商行政管理机关备案。

第五章 用地及其费用

第三十三条 外资企业的用地，由外资企业所在地的县级或者县级以上地方人民政府根据本地区的情况审核后，予以安排。

第三十四条 外资企业应当在营业执照签发之日起30天内，持批准证书和营业执照到外资企业所在地县级或者县级以上地方人民政府的土地管理部门办理土地使用手续，领取土地证书。

第三十五条 土地证书为外资企业使用土地的法律凭证。外资企业在经营期限内未经批准，其土地使用权不得转让。

第三十六条 外资企业在领取土地证书时，应当向其所在地土地管理部门缴纳土地使用费。

第三十七条 外资企业使用经过开发的土地，应当缴付土地开发费。

前款所指土地开发费包括征地拆迁安置费用和为外资企业配套的基础设施建设费用。土地开发费可由土地开发单位一次性计收或者分年计收。

第三十八条 外资企业使用未经开发的土地，可以自行开发或者委托中国有关单位开发。基础设施的建设，应当由外资企业所在地县级或者县级以上地方人民政府统一安排。

第三十九条 外资企业的土地使用费和土地开发费的计收标准，依照中国有关规定办理。

第四十条 外资企业的土地使用年限，与经批准的该外资企业的经营期限相同。

第四十一条 外资企业除依照本章规定取得土地使用权外，还可以依照中国其他法规的规定取得土地使用权。

第六章 购买与销售

第四十二条 外资企业有权自行决定购买本企业自用的机器设备、原材料、燃料、零部件、配套件、元器件、运输工具和办公用品等（以下统称“物资”）。

外资企业在中国购买物资，在同等条件下，享受与中国企业同等的待遇。

第四十三条 外资企业可以在中国市场销售其产品。国家鼓励外资企业出口其生产的产品。

第四十四条 外资企业有权自行出口本企业生产的产品，也可以委托中国的外贸公司代销或者委托中国境外的公司代销。

外资企业可以自行在中国销售本企业生产的产品，也可以委托商业机构代销其产品。

第四十五条 外国投资者作为出资的机器设备，依照中国规定需要领取进口许可证的，外资企业凭批准的该企业进口设备和物资清单直接或者委托代理机构向发证机关申领进口许可证。

外资企业在批准的经营范围内，进口本企业自用并为生产所需的物资，依照中国规定需要领取进口许可证的，应当编制年度进口计划，每半年向发证机关申领一次。

外资企业出口产品，依照中国规定需要领取出口许可证的，应当编制年度出口计划，每半年向发证机关申领一次。

第四十六条 外资企业进口的物资以及技术劳务的价格不得高于当时的国际市场同类物资以及技术劳务的正常价格。外资企业的出口产品价格，由外资企业参照当时的国际市场价格自行确定，但不得低于合理的出口价格。用高价进口、低价出口等方式逃避税收的，税务机关有权根据税法规定，追究其法律责任。

第四十七条 外资企业应当依照《中华人民共和国统计法》及中国利用外资统计制度的规定，提供统计资料，报送统计报表。

第七章 税 务

第四十八条 外资企业应当依照中国法律、法规的规定，缴纳税款。

第四十九条 外资企业的职工应当依照中国法律、法规的规定，缴纳个人所得税。

第五十条 外资企业进口下列物资，依照中国税法的有关规定减税、免税：

（一）外国投资者作为出资的机器设备、零部件、建设用建筑材料以及安装、加固机器所需材料；

（二）外资企业以投资总额内的资金进口本企业生产所需的自用机器设备、零部件、生产用交通运输工具以及生产管理设备；

（三）外资企业为生产出口产品而进口的原材料、辅料、元器件、零部件和包装物料。

前款所述的进口物资，经批准在中国境内转卖或者转用于生产在中国境内销售的产品，应当依照中国税法纳税或者补税。

第五十一条 外资企业生产的出口产品，除中国限制出口的以外，依照中国税法的有关规定减税、免税或者退税。

第八章 外汇管理

第五十二条 外资企业的外汇事宜，应当依照中国有关外汇管理的法规办理。

第五十三条 外资企业凭工商行政管理机关发给的营业执照，在中国境内可以经营外汇业务的银行开立账户，由开户银行监督收付。

外资企业的外汇收入，应当存入其开户银行的外汇账户；外汇支出，应当从其外汇账户中支付。

第五十四条 外资企业因生产和经营需要在中国境外的银行开立外汇账户，须经中国外汇管理机关批准，并依照中国外汇管理机关的规定定期报告外汇收付情况和提供银行对账单。

第五十五条 外资企业中的外籍职工和港澳台职工的工资和其他正当的外汇收益，依照中国税法纳税后，可以自由汇出。

第九章 财务会计

第五十六条 外资企业应当依照中国法律、法规和财政机关的规定，建立财务会计制度并报其所在地财政、税务机关备案。

第五十七条 外资企业的会计年度自公历年的1月1日起至12月31日止。

第五十八条 外资企业依照中国税法规定缴纳所得税后的利润，应当提取储备基金和职工奖励及福利基金。储备基金的提取比例不得低于税后利润的10%，当累计提取金额达到注册资本的50%时，可以不再提取。职工奖励及福利基金的提取比例由外资企业自行确定。

外资企业以往会计年度的亏损未弥补前，不得分配利润；以往会计年度未分配的利润，可与本会计年度可供分配的利润一并分配。

第五十九条 外资企业的自制会计凭证、会计账簿和会计报表，应当用中文书写；用外文书写的，应当加注中文。

第六十条 外资企业应当独立核算。

外资企业的年度会计报表和清算会计报表，应当依照中国财政、税务机关的规定编制。以外币编报会计报表的，应当同时编报外币折合为人民币的会计报表。

外资企业的年度会计报表和清算会计报表，应当聘请中国的注册会计师进行验证并出具报告。

第二款和第三款规定的外资企业的年度会计报表和清算会计报表，连同中国的注册会计师出具的报告，应当在规定的时间内报送财政、税务机关，并报审批机关和工商行政管理机关备案。

第六十一条 外国投资者可以聘请中国或者外国的会计人员查阅外资企业账簿，费用由外国投资者承担。

第六十二条 外资企业应当向财政、税务机关报送年度资产负债表和损益表，并报审批机关和工商行政管理机关备案。

第六十三条 外资企业应当在企业所在地设置会计账簿，并接受财政、税务机关的监督。

违反前款规定的，财政、税务机关可以处以罚款，工商行政管理机关可以责令停止营业或者吊销营业执照。

第十章 职 工

第六十四条 外资企业在中国境内雇用职工，企业和职工双方应当依照中国的法律、法规签订劳动合同。合同中应当订明雇用、辞退、报酬、福利、劳动保护、劳动保险等事项。

外资企业不得雇用童工。

第六十五条 外资企业应当负责职工的业务、技术培训，建立考核制度，使职工在生产、管理技能方面能够适应企业的生产与发展需要。

第十一章 工 会

第六十六条 外资企业的职工有权依照《中华人民共和国工会法》的规定，建立基层工会组织，开展工会活动。

第六十七条 外资企业工会是职工利益的代表，有权代表职工同本企业签订劳动合同，并监督劳动合同的执行。

第六十八条 外资企业工会的基本任务是：依照中国法律、法规的规定维护职工的合法权益，协助企业合理安排和使用职工福利、奖励基金；组织职工学习政治、科学技术和业务知识，开展文艺、体育活动；教育职工遵守劳动纪律，努力完成企业的各项经济任务。

外资企业研究决定有关职工奖惩、工资制度、生活福利、劳动保护和保险问题时，工会代表有权列席会议。外资企业应当听取工会的意见，取得工会的合作。

第六十九条 外资企业应当积极支持本企业工会的工作，依照《中华人民共和国工会法》的规定，为工会组织提供必要的房屋和设备，用于办公、会议、举办职工集体福利、文化、体育事业。外资企业每月按照企业职工实发工资总额的2%拨交工会经费，由本企业工会依照中华全国总工会制定的有关工会经费管理办法使用。

第十二章 期限、终止与清算

第七十条 外资企业的经营期限，根据不同行业和企业的具体情况，由外国投资者在设立外资企业的申请书中拟订，经审批机关批准。

第七十一条 外资企业的经营期限，从其营业执照签发之日起计算。

外资企业经营期满需要延长经营期限的，应当在距经营期满180天前向审批机关报送延长经营期限的申请书。审批机关应当在收到申请书之日起30天内决定批准或者不批准。

外资企业经批准延长经营期限的，应当自收到批准延长期限文件之日起30天内，向工商行政管理机关办理变更登记手续。

第七十二条 外资企业有下列情形之一的，应予终止：

（一）经营期限届满；

（二）经营不善，严重亏损，外国投资者决定解散；

（三）因自然灾害、战争等不可抗力而遭受严重损失，无法继续经营；

（四）破产；

（五）违反中国法律、法规，危害社会公共利益被依法撤销；

（六）外资企业章程规定的其他解散事由已经出现。

外资企业如存在前款第（二）、（三）、（四）项所列情形，应当自行提交终止申请书，报审批机关核准。审批机关作出核准的日期为企业的终止日期。

第七十三条 外资企业依照本实施细则第七十二条第（一）、（二）、（三）、（六）项的规定终止的，应当在终止之日起15天内对外公告并通知债权人，并在终止公告发出之日起15天内，提出清算程序、原则和清算委员会人选，报审批机关审核后进行清算。

第七十四条 清算委员会应当由外资企业的法定代表人、债权人代表以及有关主管机关的代表组成，并聘请中国的注册会计师、律师等参加。

清算费用从外资企业现存财产中优先支付。

第七十五条 清算委员会行使下列职权：

（一）召集债权人会议；

（二）接管并清理企业财产，编制资产负债表和财产目录；

（三）提出财产作价和计算依据；

（四）制定清算方案；

（五）收回债权和清偿债务；

（六）追回股东应缴而未缴的款项；

（七）分配剩余财产；

（八）代表外资企业起诉和应诉。

第七十六条 外资企业在清算结束之前，外国投资者不得将该企业的资金汇出或者携出中国境外，不得自行处理企业的财产。

外资企业清算结束，其资产净额和剩余财产超过注册资本的部分视同利润，应当依照中国税法缴纳所得税。

第七十七条 外资企业清算结束，应当向工商行政管理机关办理注销登记手续，缴销营业执照。

第七十八条 外资企业清算处理财产时，在同等条件下，中国的企业或者其他经济组织有优先购买权。

第七十九条 外资企业依照本实施细则第七十二条第（四）项的规定终止的，参照中国有关法律、法规进行清算。

外资企业依照本实施细则第七十二条第（五）项的规定终止的，依照中国有关规定进行清算。

第十三章　附　　则

第八十条 外资企业的各项保险，应当向中国境内的保险公司投保。

第八十一条 外资企业与其他公司、企业或者经济组织以及个人签订合同，适用《中华人民共和国合同法》。

第八十二条 香港、澳门、台湾地区的公司、企业和其他经济组织或者个人以及在国外居住的中国公民在大陆设立全部资本为其所有的企业，参照本实施细则办理。

第八十三条 外资企业中的外籍职工和港澳台职工可带进合理自用的交通工具和生活物品，并依照中国规定办理进口手续。

第八十四条 本实施细则自公布之日起施行。

外商投资电信企业管理规定

中华人民共和国国务院令

第333号

《外商投资电信企业管理规定》已经2001年12月5日国务院第49次常务会议通过，现予公布，自2002年1月1日起施行。

总理　朱镕基

2001年12月11日

第一条 为了适应电信业对外开放的需要，促进电信业的发展，根据有关外商投资的法律、行政法规和《中华人民共和国电信条例》（以下简称电信条例），制定本规定。

第二条 外商投资电信企业，是指外国投资者同中国投资者在中华人民共和国境内依法以中外合资经营形式，共同投资设立的经营电信业务的企业。

第三条 外商投资电信企业从事电信业务经营活动，除必须遵守本规定外，还必须遵守电信条例和其他有关法律、行政法规的规定。

第四条 外商投资电信企业可以经营基础电信业务、增值电信业务，具体业务分类依照电信条例的规定执行。

外商投资电信企业经营业务的地域范围，由国务院信息产业主管部门按照有关规定确定。

第五条 外商投资电信企业的注册资本应当符合下列规定：

（一）经营全国的或者跨省、自治区、直辖市范围的基础电信业务的，其注册资本最低限额为20亿元人民币；经营增值电信业务的，其注册资本最低限额为1 000万元人民币；

（二）经营省、自治区、直辖市范围内的基础电信业务的，其注册资本最低限额为2亿元人民币；经营增值电信业务的，其注册资本最低限额为100万元人民币。

第六条 经营基础电信业务（无线寻呼业务除外）的外商投资电信企业的外方投资者在企业中的出资比例，最终不得超过49%。

经营增值电信业务（包括基础电信业务中的无线寻呼业务）的外商投资电信企业的外方投资者在企业中的出资比例，最终不得超过50%。

外商投资电信企业的中方投资者和外方投资者在不同时期的出资比例，由国务院信息产业主管部门按照有关规定确定。

第七条 外商投资电信企业经营电信业务，除应当符合本规定第四条、第五条、第六条规定的条件外，还应当符合电信条例规定的经营基础电信业务或者经营增值电信业务应当具备的条件。

第八条 经营基础电信业务的外商投资电信企业的中方主要投资者应当符合下列条件：

（一）是依法设立的公司；

（二）有与从事经营活动相适应的资金和专业人员；

（三）符合国务院信息产业主管部门规定的审慎的和特定行业的要求。

前款所称外商投资电信企业的中方主要投资者，是指在全体中方投资者中出资数额最多且占中方全体投资者出资总额的30%以上的出资者。

第九条 经营基础电信业务的外商投资电信企业的外方主要投资者应当符合下列条件：

（一）具有企业法人资格；

（二）在注册的国家或者地区取得基础电信业务经营许可证；

（三）有与从事经营活动相适应的资金和专业人员；

（四）有从事基础电信业务的良好业绩和运营经验。

前款所称外商投资电信企业的外方主要投资者，是指在外方全体投资者中出资数额最多且占全体外方投资者出资总额的30%以上的出资者。

第十条 经营增值电信业务的外商投资电信企业的外方主要投资者应当具有经营增值电信业务的良好业绩和运营经验。

第十一条 设立经营基础电信业务或者跨省、自治区、直辖市范围增值电信业务的外商投资电信企业，由中方主要投资者向国务院信息产业主管部门提出申请并报送下列文件：

（一）项目建议书；

（二）可行性研究报告；

（三）本规定第八条、第九条、第十条规定的合营各方投资者的资格证明或者有关确认文件；

（四）电信条例规定的经营基础电信业务或者增值电信业务应当具备的其他条件的证明或者确认文件。

国务院信息产业主管部门应当自收到申请之日起对前款规定的有关文件进行审查。属于基础电信业务的，应当在180日内审查完毕，作出批准或者不予批准的决定；属于增值电信业务的，应当在90日内审查完毕，作出批准或者不予批准的决定。予以批准的，颁发《外商投资经营电信业务审定意见书》；不予批准的，应当书面通知申请人并说明理由。

第十二条 设立外商投资电信企业经营基础电信业务或者跨省、自治区、直辖市范围增值电信业务，中方主要投资者依照本规定第十一条的规定提出申请时，可以根据实际情况先行报送可行性研究报告以外的其他文件，经国务院信息产业主管部门审查认可并书面通知后，再报送可行性研究报告；但是，自审查认可通知之日起至报送可行性研究报告之日止的期间不得超过1年，且该期间不计算在规定的审批期限之内。

第十三条 设立外商投资电信企业经营省、自治区、直辖市范围内增值电信业务，由中方主要投资者向省、自治区、直辖市电信管理机构提出申请并报送下列文件：

（一）可行性研究报告；

（二）本规定第十条规定的资格证明或者有关确认文件；

（三）电信条例规定的经营增值电信业务应当具备的其他条件的证明或者确认文件。

省、自治区、直辖市电信管理机构应当自收到申请之日起60日内签署意见。同意的，转报国务院信息产业主管部门；不同意的，应当书面通知申请人并说明理由。

国务院信息产业主管部门应当自收到省、自治区、直辖市电信管理机构签署同意的申请文件之日起30日内审查完毕，作出批准或者不予批准的决定。予以批准的，颁发《外商投资经营电信业务审定意见书》；不予批准的，应当书面通知申请人并说明理由。

第十四条 外商投资电信企业项目建议书的主要内容包括：合营各方的名称和基本情况、拟设立企业的投资总额、注册资本、各方出资比例、申请经营的业务种类、合营期限等。

外商投资电信企业可行性研究报告的主要内容包括：拟设立企业的基本情况、服务项目、业务预测和发展规划、投资效益分析、预计营业时间等。

第十五条 设立外商投资电信企业，按照国家有关规定，其投资项目需要经国务院计划主管部门或者国务院经济综合管理部门审批的，国务院信息产业主管部门应当在颁发《外商投资经营电信业务审定意见书》前，将申请材料转送国务院计划主管部门或者国务院经济综合管理部门审批。转送国务院计划主管部门或者国务院经济综合管理部门审批的，本规定第十一条、第十三条规定的审批期限可以延长30日。

第十六条 设立外商投资电信企业，属于经营基础电信业务或者跨省、自治区、直辖市范围增值电信业务的，由中方主要投资者凭《外商投资经营电信业务审定意见书》

向国务院对外经济贸易主管部门报送拟设立外商投资电信企业的合同、章程；属于经营省、自治区、直辖市范围内增值电信业务的，由中方主要投资者凭《外商投资经营电信业务审定意见书》向省、自治区、直辖市人民政府对外经济贸易主管部门报送拟设立外商投资电信企业的合同、章程。

国务院对外经济贸易主管部门和省、自治区、直辖市人民政府对外经济贸易主管部门应当自收到报送的拟设立外商投资电信企业的合同、章程之日起90日内审查完毕，作出批准或者不予批准的决定。予以批准的，颁发《外商投资企业批准证书》；不予批准的，应当书面通知申请人并说明理由。

第十七条 外商投资电信企业的中方主要投资者凭《外商投资企业批准证书》，到国务院信息产业主管部门办理《电信业务经营许可证》手续。

外商投资电信企业的中方主要投资者凭《外商投资企业批准证书》和《电信业务经营许可证》，向工商行政管理机关办理外商投资电信企业注册登记手续。

第十八条 外商投资电信企业经营跨境电信业务，必须经国务院信息产业主管部门批准，并通过国务院信息产业主管部门批准设立的国际电信出入口局进行。

第十九条 违反本规定第六条规定的，由国务院信息产业主管部门责令限期改正，并处10万元以上50万元以下的罚款；逾期不改正的，由国务院信息产业主管部门吊销《电信业务经营许可证》，并由原颁发《外商投资企业批准证书》的对外经济贸易主管部门撤销其《外商投资企业批准证书》。

第二十条 违反本规定第十八条规定的，由国务院信息产业主管部门责令限期改正，并处20万元以上100万元以下的罚款；逾期不改正的，由国务院信息产业主管部门吊销《电信业务经营许可证》，并由原颁发《外商投资企业批准证书》的对外经济贸易主管部门撤销其《外商投资企业批准证书》。

第二十一条 申请设立外商投资电信企业，提供虚假、伪造的资格证明或者确认文件骗取批准的，批准无效，由国务院信息产业主管部门处20万元以上100万元以下的罚款，吊销《电信业务经营许可证》，并由原颁发《外商投资企业批准证书》的对外经济贸易主管部门撤销其《外商投资企业批准证书》。

第二十二条 外商投资电信企业经营电信业务，违反电信条例和其他有关法律、行政法规规定的，由有关机关依法给予处罚。

第二十三条 境内电信企业在境外上市，必须经国务院信息产业主管部门审查同意，并按照国家有关规定经批准。

第二十四条 香港特别行政区、澳门特别行政区和台湾地区的公司、企业在内地投资经营电信业务，比照适用本规定。

第二十五条 本规定自2002年1月1日起施行。

中华人民共和国外资保险公司管理条例

中华人民共和国国务院令

第336号

《中华人民共和国外资保险公司管理条例》已经2001年12月5日国务院第49次常务会议通过，现予公布，自2002年2月1日起施行。

总理 朱镕基

2001年12月12日

第一章 总 则

第一条 为了适应对外开放和经济发展的需要，加强和完善对外资保险公司的监督管理，促进保险业的健康发展，制定本条例。

第二条 本条例所称外资保险公司，是指依照中华人民共和国有关法律、行政法规的规定，经批准在中国境内设立和营业的下列保险公司：

（一）外国保险公司同中国的公司、企业在中国境内合资经营的保险公司（以下简称合资保险公司）；

（二）外国保险公司在中国境内投资经营的外国资本保险公司（以下简称独资保险公司）；

（三）外国保险公司在中国境内的分公司（以下简称外

国保险公司分公司)。

第三条 外资保险公司必须遵守中国法律、法规，不得损害中国的社会公共利益。

外资保险公司的正当业务活动和合法权益受中国法律保护。

第四条 中国保险监督管理委员会（以下简称中国保监会）负责对外资保险公司实施监督管理。中国保监会的派出机构根据中国保监会的授权，对本辖区的外资保险公司进行日常监督管理。

第二章 设立与登记

第五条 设立外资保险公司，应当经中国保监会批准。

设立外资保险公司的地区，由中国保监会按照有关规定确定。

第六条 设立经营人身保险业务的外资保险公司和经营财产保险业务的外资保险公司，其设立形式、外资比例由中国保监会按照有关规定确定。

第七条 合资保险公司、独资保险公司的注册资本最低限额为2亿元人民币或者其等值的自由兑换货币；其注册资本最低限额必须为实缴货币资本。外国保险公司的出资，应当为自由兑换货币。

外国保险公司分公司应当由其总公司无偿拨给不少于2亿元人民币等值的自由兑换货币的营运资金。

中国保监会根据外资保险公司业务范围、经营规模，可以提高前两款规定的外资保险公司注册资本或者营运资金的最低限额。

第八条 申请设立外资保险公司的外国保险公司，应当具备下列条件：

（一）经营保险业务30年以上；

（二）在中国境内已经设立代表机构2年以上；

（三）提出设立申请前1年年末总资产不少于50亿美元；

（四）所在国家或者地区有完善的保险监管制度，并且该外国保险公司已经受到所在国家或者地区有关主管当局的有效监管；

（五）符合所在国家或者地区偿付能力标准；

（六）所在国家或者地区有关主管当局同意其申请；

（七）中国保监会规定的其他审慎性条件。

第九条 设立外资保险公司，申请人应当向中国保监会提出书面申请，并提交下列资料：

（一）申请人法定代表人签署的申请书，其中设立合资保险公司的，申请书由合资各方法定代表人共同签署；

（二）外国申请人所在国家或者地区有关主管当局核发的营业执照（副本）、对其符合偿付能力标准的证明及对其申请的意见书；

（三）外国申请人的公司章程、最近3年的年报；

（四）设立合资保险公司的，中国申请人的有关资料；

（五）拟设公司的可行性研究报告及筹建方案；

（六）拟设公司的筹建负责人员名单、简历和任职资格证明；

（七）中国保监会规定提供的其他资料。

第十条 中国保监会应当对设立外资保险公司的申请进行初步审查，自收到完整的申请文件之日起6个月内作出受理或者不受理的决定。决定受理的，发给正式申请表；决定不受理的，应当书面通知申请人并说明理由。

第十一条 申请人应当自接到正式申请表之日起1年内完成筹建工作；在规定的期限内未完成筹建工作，有正当理由的，经中国保监会批准，可以延长3个月。在延长期内仍未完成筹建工作的，中国保监会作出的受理决定自动失效。筹建工作完成后，申请人应当将填写好的申请表连同下列文件报中国保监会审批：

（一）筹建报告；

（二）拟设公司的章程；

（三）拟设公司的出资人及其出资额；

（四）法定验资机构出具的验资证明；

（五）对拟任该公司主要负责人的授权书；

（六）拟设公司的高级管理人员名单、简历和任职资格证明；

（七）拟设公司未来3年的经营规划和分保方案；

（八）拟在中国境内开办保险险种的保险条款、保险费率及责任准备金的计算说明书；

（九）拟设公司的营业场所和与业务有关的其他设施的资料；

（十）设立外国保险公司分公司的，其总公司对该分公司承担税务、债务的责任担保书；

（十一）设立合资保险公司的，其合资经营合同；

（十二）中国保监会规定提供的其他文件。

第十二条 中国保监会应当自收到设立外资保险公司完整的正式申请文件之日起60日内，作出批准或者不批准的决定。决定批准的，颁发经营保险业务许可证；决定不批准的，应当书面通知申请人并说明理由。

经批准设立外资保险公司的，申请人凭经营保险业务许可证向工商行政管理机关办理登记，领取营业执照。

第十三条 外资保险公司成立后，应当按照其注册资本或者营运资金总额的20%提取保证金，存入中国保监会指定的银行；保证金除外资保险公司清算时用于清偿债务外，不得动用。

第十四条 外资保险公司在中国境内设立分支机构，由中国保监会按照有关规定审核批准。

第三章 业务范围

第十五条 外资保险公司按照中国保监会核定的业务范围，可以全部或者部分依法经营下列种类的保险业务：

（一）财产保险业务，包括财产损失保险、责任保险、信用保险等保险业务；

（二）人身保险业务，包括人寿保险、健康保险、意外伤害保险等保险业务。

外资保险公司经中国保监会按照有关规定核定，可以在核定的范围内经营大型商业风险保险业务、统括保单保险业务。

第十六条 同一外资保险公司不得同时兼营财产保险业务和人身保险业务。

第十七条 外资保险公司可以依法经营本条例第十五条规定的保险业务的下列再保险业务：

（一）分出保险；

（二）分入保险。

第十八条 外资保险公司的具体业务范围、业务地域范围和服务对象范围，由中国保监会按照有关规定核定。外资保险公司只能在核定的范围内从事保险业务活动。

第四章 监督管理

第十九条 中国保监会有权检查外资保险公司的业务状况、财务状况及资金运用状况，有权要求外资保险公司在规定的期限内提供有关文件、资料和书面报告，有权对违法违规行为依法进行处罚、处理。

外资保险公司应当接受中国保监会依法进行的监督检查，如实提供有关文件、资料和书面报告，不得拒绝、阻碍、隐瞒。

第二十条 除经中国保监会批准外，外资保险公司不得与其关联企业从事下列交易活动：

（一）再保险的分出或者分入业务；

（二）资产买卖或者其他交易。

前款所称关联企业，是指与外资保险公司有下列关系之一的企业：

（一）在股份、出资方面存在控制关系；

（二）在股份、出资方面同为第三人所控制；

（三）在利益上具有其他相关联的关系。

第二十一条 外国保险公司分公司应当于每一会计年度终了后3个月内，将该分公司及其总公司上一年度的财务会计报告报送中国保监会，并予公布。

第二十二条 外国保险公司分公司的总公司有下列情形之一的，该分公司应当自各该情形发生之日起10日内，将有关情况向中国保监会提交书面报告：

（一）变更名称、主要负责人或者注册地；

（二）变更资本金；

（三）变更持有资本总额或者股份总额10%以上的股东；

（四）调整业务范围；

（五）受到所在国家或者地区有关主管当局处罚；

（六）发生重大亏损；

（七）分立、合并、解散、依法被撤销或者被宣告破产；

（八）中国保监会规定的其他情形。

第二十三条 外国保险公司分公司的总公司解散、依法被撤销或者被宣告破产的，中国保监会应当停止该分公司开展新业务。

第二十四条 外资保险公司经营外汇保险业务的，应当遵守国家有关外汇管理的规定。

除经国家外汇管理机关批准外，外资保险公司在中国境内经营保险业务的，应当以人民币计价结算。

第二十五条 本条例规定向中国保监会提交、报送文件、资料和书面报告的，应当提供中文本。

第五章 终止与清算

第二十六条 外资保险公司因分立、合并或者公司章程规定的解散事由出现，经中国保监会批准后解散。外资保险公司解散的，应当依法成立清算组，进行清算。

经营人寿保险业务的外资保险公司，除分立、合并外，不得解散。

第二十七条 外资保险公司违反法律、行政法规，被中国保监会吊销经营保险业务许可证的，依法撤销，由中国保监会依法及时组织成立清算组进行清算。

第二十八条 外资保险公司因解散、依法被撤销而清算的，应当自清算组成立之日起60日内在报纸上至少公告3次。公告内容应当经中国保监会核准。

第二十九条 外资保险公司不能支付到期债务，经中国保监会同意，由人民法院依法宣告破产。外资保险公司被宣告破产的，由人民法院组织中国保监会等有关部门和有关人员成立清算组，进行清算。

第三十条 外资保险公司解散、依法被撤销或者被宣告破产的，未清偿债务前，不得将其财产转移至中国境外。

第六章 法律责任

第三十一条 违反本条例规定，擅自设立外资保险公司或者非法从事保险业务活动的，由中国保监会予以取缔；依照刑法关于擅自设立金融机构罪、非法经营罪或者其他罪的规定，依法追究刑事责任；尚不够刑事处罚的，由中国保监会没收违法所得，并处违法所得1倍以上5倍以下的罚款，没有违法所得或者违法所得不足20万元的，处20万元以上100万元以下的罚款。

第三十二条 外资保险公司违反本条例规定，超出核定的业务范围、业务地域范围或者服务对象范围从事保险业务活动的，依照刑法关于非法经营罪或者其他罪的规定，依法追究刑事责任；尚不够刑事处罚的，由中国保监会责令改正，责令退还收取的保险费，没收违法所得，并处违法所得1倍以上5倍以下的罚款，没有违法所得或者违法所得不足10万元的，处10万元以上50万元以下的罚款；逾期不改正或者造成严重后果的，责令限期停业或者吊销经营保险业务许可证。

第三十三条 外资保险公司违反本条例规定，有下列行为之一的，由中国保监会责令改正，处5万元以上30万元以下的罚款；情节严重的，可以责令停止接受新业务或者吊销经营保险业务许可证：

（一）未按照规定提存保证金或者违反规定动用保证金的；

（二）违反规定与其关联企业从事交易活动的；

（三）未按照规定补足注册资本或者营运资金的。

第三十四条 外资保险公司违反本条例规定，有下列行为之一的，由中国保监会责令限期改正；逾期不改正的，处1万元以上10万元以下的罚款：

（一）未按照规定提交、报送有关文件、资料和书面报告的；

（二）未按照规定公告的。

第三十五条 外资保险公司违反本条例规定，有下列行为之一的，由中国保监会处10万元以上50万元以下的罚款：

（一）提供虚假的文件、资料和书面报告的；

（二）拒绝或者阻碍依法监督检查的。

第三十六条 外资保险公司违反本条例规定，将其财产转移至中国境外的，由中国保监会责令转回转移的财产，处转移财产金额20%以上等值以下的罚款。

第三十七条 外资保险公司违反中国有关法律、行政法规和本条例规定的，中国保监会可以取消该外资保险公司高级管理人员一定期限直至终身在中国的任职资格。

第七章 附 则

第三十八条 对外资保险公司的管理，本条例未作规定的，适用《中华人民共和国保险法》和其他有关法律、行政法规和国家其他有关规定。

第三十九条 香港特别行政区、澳门特别行政区和台湾地区的保险公司在内地设立和营业的保险公司，比照适用本条例。

第四十条 本条例自2002年2月1日起施行。

中华人民共和国外资金融机构管理条例

中华人民共和国国务院令

第340号

《中华人民共和国外资金融机构管理条例》已经2001年12月12日国务院第50次常务会议通过，现予公布，自2002年2月1日起施行。

总理 朱镕基

2001年12月20日

第一章 总 则

第一条 为了适应对外开放和经济发展的需要，加强和完善对外资金融机构的管理，促进银行业的稳健运行，制定本条例。

第二条 本条例所称外资金融机构，是指依照中华人民共和国有关法律、法规的规定，经批准在中国境内设立和营业的下列金融机构：

（一）总行在中国境内的外国资本的银行（以下简称独资银行）；

（二）外国银行在中国境内的分行（以下简称外国银行分行）；

（三）外国的金融机构同中国的公司、企业在中国境内合资经营的银行（以下简称合资银行）；

（四）总公司在中国境内的外国资本的财务公司（以下简称独资财务公司）；

（五）外国的金融机构同中国的公司、企业在中国境内合资经营的财务公司（以下简称合资财务公司）。

第三条 外资金融机构必须遵守中华人民共和国法律、法规，不得损害中华人民共和国的社会公共利益。

外资金融机构的正当经营活动和合法权益受中华人民共和国法律保护。

第四条 中国人民银行是管理和监督外资金融机构的主管机关；中国人民银行分支机构对本辖区外资金融机构进行日常监督管理。

第二章　设立与登记

第五条　独资银行、合资银行的注册资本最低限额为3亿元人民币等值的自由兑换货币。独资财务公司、合资财务公司的注册资本最低限额为2亿元人民币等值的自由兑换货币。注册资本应当是实缴资本。

外国银行分行应当由其总行无偿拨给不少于1亿元人民币等值的自由兑换货币的营运资金。

中国人民银行根据外资金融机构的业务范围和审慎监管的需要，可以提高其注册资本或者营运资金的最低限额，并规定其中的人民币份额。

第六条　设立独资银行或者独资财务公司，申请人应当具备下列条件：

（一）申请人为金融机构；

（二）申请人在中国境内已经设立代表机构2年以上；

（三）申请人提出设立申请前1年年末总资产不少于100亿美元；

（四）申请人所在国家或者地区有完善的金融监督管理制度，并且申请人受到所在国家或者地区有关主管当局的有效监管；

（五）申请人所在国家或者地区有关主管当局同意其申请；

（六）中国人民银行规定的其他审慎性条件。

第七条　设立外国银行分行，申请人应当具备下列条件：

（一）申请人在中国境内已经设立代表机构2年以上；

（二）申请人提出设立申请前1年年末总资产不少于200亿美元，并且资本充足率不低于8%；

（三）申请人所在国家或者地区有完善的金融监督管理制度，并且申请人受到所在国家或者地区有关主管当局的有效监管；

（四）申请人所在国家或者地区有关主管当局同意其申请；

（五）中国人民银行规定的其他审慎性条件。

第八条　设立合资银行或者合资财务公司，申请人应当具备下列条件：

（一）外国合资者为金融机构；

（二）外国合资者在中国境内已经设立代表机构；

（三）外国合资者提出设立申请前1年年末总资产不少于100亿美元；

（四）外国合资者所在国家或者地区有完善的金融监督管理制度，并且外国合资者受到所在国家或者地区有关主管当局的有效监管；

（五）外国合资者所在国家或者地区有关主管当局同意其申请；

（六）中国人民银行规定的其他审慎性条件。

第九条　设立独资银行或者独资财务公司，应当由申请人向中国人民银行提出书面申请，并提交下列资料：

（一）设立独资银行或者独资财务公司的申请书，其内容包括：拟设独资银行或者独资财务公司的名称，注册资本额，申请经营的业务种类等；

（二）可行性研究报告；

（三）拟设独资银行或者独资财务公司的章程；

（四）申请人所在国家或者地区有关主管当局核发的营业执照（副本）及对其申请的意见书；

（五）申请人最近3年的年报；

（六）中国人民银行要求提供的其他资料。

第十条　设立外国银行分行，应当由外国银行总行向中国人民银行提出书面申请，并提交下列资料：

（一）法定代表人签署的申请书，其内容包括：拟设外国银行分行的名称，总行无偿拨给的营运资金数额，申请经营的业务种类等；

（二）可行性研究报告；

（三）申请人所在国家或者地区有关主管当局核发的营业执照（副本）及对其申请的意见书；

（四）申请人最近3年的年报；

（五）中国人民银行要求提供的其他资料。

第十一条　设立合资银行或者合资财务公司，应当由合资各方共同向中国人民银行提出书面申请，并提交下列资料：

（一）设立合资银行或者合资财务公司的申请书，其内容包括：拟设合资银行或者合资财务公司的名称，合资各方名称，注册资本额，合资各方出资比例，申请经营的业务种类等；

（二）可行性研究报告；

（三）合资经营合同及拟设合资银行或者合资财务公司的章程；

（四）外国合资者所在国家或者地区有关主管当局核发的营业执照（副本）及对其申请的意见书；

（五）外国合资者最近3年的年报；

（六）中国合资者的有关资料；

（七）中国人民银行要求提供的其他资料。

第十二条　本条例第九条、第十条、第十一条所列资料，除年报外，凡用外文书写的，应当附有中文译本。

第十三条　中国人民银行应当对设立外资金融机构的申请进行初步审查，自收到完整的申请文件之日起6个月内作出受理或者不受理的决定。决定受理的，发给申请人正式申请表；决定不受理的，应当书面通知申请人并说明理由。

特殊情况下，中国人民银行不能在前款规定期限内完成初步审查并作出受理或者不受理决定的，可以适当延长，并告知申请人；但是，延长期限不得超过3个月。

第十四条　申请人应当自接到正式申请表之日起6个月内完成筹建工作；在规定期限内未完成筹建工作，有正当理由的，经中国人民银行批准，可以延长3个月。在延长期内仍未完成筹建工作的，中国人民银行作出的受理决定自动失效。筹建工作完成后，申请人应当将填写好的申请表连同下列文件报中国人民银行审批：

（一）拟设外资金融机构主要负责人名单及简历；

（二）对拟任该外资金融机构主要负责人的授权书；

（三）法定验资机构出具的验资证明；

（四）安全防范措施和与业务有关的其他设施的资料；

（五）设立外国银行分行的，其总行对该分行承担税务、债务的责任担保书；

（六）中国人民银行要求提供的其他文件。

第十五条 中国人民银行应当自收到设立外资金融机构完整的正式申请文件之日起2个月内，作出批准或者不批准的决定。决定批准的，颁发经营金融业务许可证；决定不批准的，应当书面通知申请人并说明理由。

第十六条 经批准设立外资金融机构的，申请人凭经营金融业务许可证向工商行政管理机关办理登记，领取营业执照。

第三章 业务范围

第十七条 独资银行、外国银行分行、合资银行按照中国人民银行批准的业务范围，可以部分或者全部依法经营下列种类的业务：

（一）吸收公众存款；

（二）发放短期、中期和长期贷款；

（三）办理票据承兑与贴现；

（四）买卖政府债券、金融债券，买卖股票以外的其他外币有价证券；

（五）提供信用证服务及担保；

（六）办理国内外结算；

（七）买卖、代理买卖外汇；

（八）从事外币兑换；

（九）从事同业拆借；

（十）从事银行卡业务；

（十一）提供保管箱服务；

（十二）提供资信调查和咨询服务；

（十三）经中国人民银行批准的其他业务。

第十八条 独资财务公司、合资财务公司按照中国人民银行批准的业务范围，可以部分或者全部依法经营下列种类的业务：

（一）吸收每笔不少于100万元人民币或者其等值的自由兑换货币，期限不少于3个月的存款；

（二）发放短期、中期和长期贷款；

（三）办理票据承兑与贴现；

（四）买卖政府债券、金融债券，买卖股票以外的其他外币有价证券；

（五）提供担保；

（六）买卖、代理买卖外汇；

（七）从事同业拆借；

（八）提供资信调查和咨询服务；

（九）提供外汇信托服务；

（十）经中国人民银行批准的其他业务。

第十九条 外资金融机构经营人民币业务的地域范围和服务对象范围，由中国人民银行按照有关规定核定。

第二十条 外资金融机构经营人民币业务，应当具备下列条件：

（一）提出申请前在中国境内开业3年以上；

（二）提出申请前2年连续盈利；

（三）中国人民银行规定的其他审慎性条件。

第二十一条 外资金融机构在中国人民银行批准的业务范围内，开办新的业务品种的，应当在开办之前向中国人民银行提出书面申请。中国人民银行应当自收到书面申请文件之日起60日内作出批准或者不批准的决定。中国人民银行作出不批准决定的，应当书面通知申请人并说明理由。

第四章 监督管理

第二十二条 外资金融机构的存款、贷款利率及各种手续费率，由外资金融机构按照中国人民银行的有关规定确定。

第二十三条 外资金融机构经营存款业务，应当向所在地区的中国人民银行分支机构缴存存款准备金，其比率由中国人民银行制定，并根据需要进行调整。

第二十四条 外国银行分行的营运资金的30%应当以中国人民银行指定的生息资产形式存在，包括在中国人民银行指定的银行的存款等。

第二十五条 独资银行、合资银行、独资财务公司、合资财务公司的资本充足率不得低于8%。

第二十六条 独资银行、合资银行、独资财务公司、合资财务公司对1个企业及其关联企业的授信余额，不得超过其资本的25%，但是经中国人民银行批准的除外。

第二十七条 独资银行、合资银行、独资财务公司、合资财务公司的固定资产不得超过其所有者权益的40%。

第二十八条 独资银行、合资银行、独资财务公司、合资财务公司资本中的人民币份额与其风险资产中的人民币份额的比例不得低于8%。

外国银行分行营运资金加准备金等之和中的人民币份额与其风险资产中的人民币份额的比例不得低于8%。

对前两款规定的比例，中国人民银行应当按照有关规定逐步调整。

第二十九条 外资金融机构应当确保其资产的流动性。流动性资产余额与流动性负债余额的比例不得低于25%。

第三十条 外资金融机构从中国境内吸收的外汇存款不得超过其境内外汇总资产的70%。

对前款规定的比例，中国人民银行应当按照有关规定逐步调整。

第三十一条 外资金融机构应当按照规定计提呆账(坏账)准备金。

第三十二条 外资金融机构应当聘用中国注册会计师，并经所在地区的中国人民银行分行认可。

第三十三条 外资金融机构有下列情况之一的，须经中国人民银行批准，并依法向工商行政管理机关办理有关登记：

(一) 设立分支机构；

(二) 调整、转让注册资本，追加、减少营运资金；

(三) 变更机构名称或者营业场所；

(四) 调整业务范围；

(五) 变更持有资本总额或者股份总额10%以上的股东；

(六) 修改章程；

(七) 更换高级管理人员；

(八) 中国人民银行规定的其他情况。

第三十四条 外资金融机构应当按照规定向中国人民银行及其分支机构报送财务报表和有关资料。

第三十五条 中国人民银行及其分支机构有权定期或者随时检查、稽核外资金融机构的存款、贷款、结算、呆账等情况，有权要求外资金融机构在规定的期限内报送有关文件、资料和书面报告，有权对外资金融机构的违法违规行为依法进行处罚、处理。

第三十六条 中国人民银行及其分支机构有权要求外资金融机构按照规定制定业务规则，建立、健全业务管理、现金管理和安全防范制度。

第三十七条 外资金融机构应当接受中国人民银行及其分支机构依法进行的监督检查，如实报送有关文件、资料和书面报告，不得拒绝、阻碍、隐瞒。

第五章　解散与清算

第三十八条 外资金融机构自行终止业务活动，应当在距终止业务活动30日前以书面形式向中国人民银行提出申请，经中国人民银行审查批准后予以解散并进行清算。

第三十九条 外资金融机构无力清偿到期债务的，中国人民银行可以责令其停业，限期清理。在清理期限内，已恢复偿付能力、需要复业的，必须向中国人民银行提出复业申请；超过清理期限，仍未恢复偿付能力的，应当进行清算。

第四十条 外资金融机构因解散、依法被撤销或者宣告破产而终止的，其清算的具体事宜，参照中国有关法律、法规的规定办理。

第四十一条 外资金融机构清算终结，应当在法定期限内向原登记机关办理注销登记。

第六章　法律责任

第四十二条 未经中国人民银行批准，擅自设立外资金融机构或者非法从事金融业务活动的，由中国人民银行予以取缔；依照刑法关于擅自设立金融机构罪、非法吸收公众存款罪或者其他罪的规定，依法追究刑事责任；尚不够刑事处罚的，由中国人民银行没收违法所得，并处违法所得1倍以上5倍以下的罚款；没有违法所得或者违法所得不足10万元的，处10万元以上50万元以下的罚款。

第四十三条 外资金融机构超出中国人民银行批准的业务范围、业务地域范围或者服务对象范围从事金融业务活动的，依照刑法关于非法经营罪或者其他罪的规定，依法追究刑事责任；尚不够刑事处罚的，由中国人民银行给予警告，没收违法所得，并处违法所得1倍以上5倍以下的罚款；没有违法所得或者违法所得不足10万元的，处10万元以上50万元以下的罚款。

第四十四条 外资金融机构在中国人民银行批准的业务范围内，未经批准开办新的业务品种的，由中国人民银行责令其停止经营未经批准的新的业务品种，没收违法所得，并处违法所得1倍以上3倍以下罚款；没有违法所得或者违法所得不足5万元的，处5万元以上30万元以下的罚款。

第四十五条 外资金融机构违反本条例第四章的有关规定从事经营的，由中国人民银行给予警告，没收违法所得，并处违法所得1倍以上3倍以下的罚款；没有违法所得或者违法所得不足5万元的，处5万元以上30万元以下的罚款。

第四十六条 外资金融机构违反本条例有关规定，拒绝、阻碍依法监督检查或者报送虚假的文件、资料和书面报告的，由中国人民银行给予警告，并处10万元以上50万元以下的罚款。

第四十七条 外资金融机构违反本条例有关规定，未按期报送财务报表和有关文件、资料及书面报告或者未按照规定制定有关业务规则、建立健全有关管理制度的，由中国人民银行给予警告，责令限期改正，并处1万元以上10万元以下的罚款。

第四十八条 外资金融机构违反本条例，除依照本章第四十三条、第四十四条、第四十五条、第四十六条、第四十七条的有关规定给予处罚外，情节严重的，中国人民银行可以责令该外资金融机构停业整顿或者吊销经营金融业务许可证；取消该外资金融机构高级管理人员一定期限直至终身在中国的任职资格。

第四十九条 外资金融机构违反中华人民共和国其他法律、法规的，由有关主管机关依法处理。

第七章　附　　则

第五十条 香港特别行政区、澳门特别行政区和台湾地区的金融机构在内地设立和营业的金融业务机构，比照适用本条例。

第五十一条 对外国金融机构驻华代表机构的管理办

法，由中国人民银行另行制定。

第五十二条 本条例自2002年2月1日起施行。1994年2月25日国务院发布的《中华人民共和国外资金融机构管理条例》同时废止。

对外贸易经济合作部办公厅 国家广播电影电视总局办公厅 文化部办公厅关于严格执行《外商投资电影院暂行规定》的通知

[2001] 外经贸资字第4号

各省、自治区、直辖市、计划单列市外经贸委（厅、局）：

由国家广播电影电视总局、对外贸易经济合作部、文化部联合制订的《外商投资电影院暂行规定》（以下简称《暂行规定》）已于2000年10月25日起发布实施。

《暂行规定》的颁布，是我国有步骤推进服务贸易对外开放的重要举措之一，各地方、各部门应严格按《暂行规定》执行。对此进一步重申如下：

一、外商投资设立电影院，必须严格按《暂行规定》第六条规定，由项目所在地省级外经贸主管部门在征得省级电影行政管理部门意见后报对外贸易经济合作部，由对外贸易经济合作部在征得国家广播电影电视总局、文化部的同意后，依照国家有关外商投资的法律、法规进行审批，对批准设立的外商投资企业颁发《外商投资企业批准证书》。

二、外商投资设立电影院，必须符合《暂行规定》第四条规定的设立条件，只能以中外合资、中外合作方式设立。

三、国家工商行政管理部门凭对外贸易经济合作部颁发的《外商投资企业批准证书》及有关材料办理企业注册登记手续。

四、对《暂行规定》发布后（2000年10月25日）未按《暂行规定》的有关要求擅自越权批准设立的外商投资电影院企业，其《外商投资企业批准证书》无效，对外贸易经济合作部责成原审批部门限期收缴《外商投资企业批准证书》，并视情节对越权审批部门进行通报批评、限期整顿、直至撤销对其颁发《外商投资企业批准证书》的授权，电影行政管理部门不得颁发《电影放映经营许可证》，工商行政管理部门吊销该企业营业执照。

特此通知

对外贸易经济合作部办公厅
国家广播电影电视总局办公厅
文化部办公厅
2001年2月19日

对外贸易经济合作部办公厅关于外商投资股份公司有关问题的通知

外经贸资字[2001] 39号

各省、自治区、直辖市及计划单列市外经贸委（厅、局）：

为了规范外商投资股份公司上市。现就有关问题通知如下：

一、设立外商投资股份公司或现有的外商投资有限责任公司申请转为外商投资股份公司，须符合《关于设立外商投资股份有限公司若干问题的暂行规定》的要求并按规定程序报外经贸部审批。

二、现有外商投资股份公司申请上市发行A股或B股，应获得外经贸部书面同意并应符合下列条件：

（一）申请上市与上市后的外商投资股份公司应符合外商投资产业政策。

（二）申请上市的外商投资股份公司应为按规定和程序设立或改制的企业。

（三）上市后的外商投资股份公司的非上市外资股比例应不低于总股本的25%。

（四）符合上市公司有关法规要求的其他条件。

三、上市前属于中外合资企业的B股公司，申请其非上市外资股上市流通，应按《关于境内上市外资股（B股）公司非上市外资股上市流通问题的通知》的要求，在获得外经贸部书面同意意见后，向中国证监会报送非上市外资股上市流通的申请方案。申请非上市外资股上市流通应符合下列条件：

（一）转发B股后，外商投资股份公司的非上市外资股占总股本的比例不得低于25%；

（二）拟上市流通的非上市外资股存续超过一年；

（三）非上市外资股转为流通股后，其承接人能够履行公司章程规定的原非上市外资股持有人的义务、责任；

（四）符合上市公司有关法规要求的其他条件。

外商投资性公司持有的非上市外资股暂不得转为流通股。

以上，请遵照执行。

特此通知

对外贸易经济合作部办公厅

2001年5月17日

《关于外商投资举办投资性公司的暂行规定》的补充规定（二）

中华人民共和国对外贸易经济合作部令

2001年 第1号

现将《〈关于外商投资举办投资性公司的暂行规定〉的补充规定（二）》予以公布。本规定自公布之日起施行。

部长 石广生

2001年5月31日

为促进跨国公司来华投资，引进国外先进技术和管理经验，完善投资性公司的功能，现就对外贸易经济合作部1995年4月4日发布的《关于外商投资举办投资性公司的暂行规定》作如下补充规定：

一、允许投资性公司为其所投资企业的产品的国内经销商、代理商以及与投资性公司、其母公司签有技术转让协议的国内公司、企业提供相关的技术培训。

二、允许投资性公司作为发起人发起设立外商投资股份有限公司或持有外商投资股份有限公司未上市流通的法人股。投资性公司应视为股份公司境外发起人。

三、允许投资性公司购买所投资企业生产的产品进行系统集成后在国内外销售，如所投资企业生产的产品不能完全满足系统集成需要，允许其在国内外采购系统集成配套产品，但购买的系统集成配套产品的价值不应超过系统集成所需全部产品价值的50%。

四、在投资性公司所投资企业投产前或所投资企业新产品投产前，为进行产品市场开发，经原审批部门批准，允许投资性公司从其母公司进口少量与所投资企业生产产品相同或相似的非进口配额管理的产品在国内试销。

五、投资性公司进口上述系统集成配套产品或者进口试销产品应使用投资性公司注册资本中的现汇出资、外汇利润或境外外汇借款资金。上述进口金额每年累计不超过公司注册资本中现汇出资的20%。当年进口金额未超过公司注册资本中现汇出资的20%的剩余部分，不得转入下年度使用。

六、投资性公司从事本规定中第一条、第三条、第四条所列经营活动，应将修改后的合同、章程等有关申请文件按规定程序报对外贸易经济合作部批准，并应当符合以下条件：

（一）投资性公司的注册资本已按合同、章程的规定按期缴付，实际缴付的注册资本额不低于3 000万美元。

（二）依法经营，无违法记录。

七、投资性公司应将每一年度的投资、经营情况，于下一年度的前三个月内，按照规定的内容和格式报外经贸部备案，上述材料将作为投资性公司参加联合年检申报的必备材料之一。

八、本规定与1996年2月16日对外贸易经济合作部发布的《〈关于外商投资举办投资性公司的暂行规定〉有关问题的解释》规定不一致的，以本规定为准。

九、本规定自公布之日起施行。

关于扩大外商投资企业进出口经营权有关问题的通知

外经贸资字［2001］62号

各省、自治区、直辖市、计划单列市外经贸委（厅、局）：

为做好中国加入世界贸易组织的准备工作，扩大对外商投资企业贸易权的开放，现将有关问题通知如下：

一、扩大外商投资生产型企业出口经营权

允许符合下列条件的外商投资生产型企业，从事非配额许可证管理、非专营商品的收购出口业务，并可以参加自产产品的出口配额招标。

（一）外商投资生产型企业年出口额在1 000万美元以上。

（二）申请前连续二年，在税收、外汇和进出口方面没有违法、违规记录。

（三）有从事国际贸易的专业人员。

二、扩大母公司为生产型集团的外商投资投资性公司进口经营权

关于外商投资投资性公司进口系统集成配套产品或进口试销产品等问题，按外经贸部《〈关于外商投资举办投资性公司的暂行规定〉的补充规定（二）》（外经贸部2001年第1号令）执行。

三、允许外商投资研发中心为进行其研发产品的市场测试进口并销售少量其母公司生产的高新技术产品

（一）进口的母公司产品为研发中心正在进行的研发项目产品的市场测试产品；

（二）进口量与市场测试目的相适应。

外商投资生产型企业，外商投资投资性公司、外商投资研发中心开展上述进出口业务，应向原审批部门办理经营范围变更手续。

外商投资生产型企业，外商投资投资性公司、外商投资研发中心开展上述进出口业务的情况应按年度向外经贸部备案。

特此通知

对外贸易经济合作部办公厅

2001年7月2日

外商投资租赁公司审批管理暂行办法

中华人民共和国对外贸易经济合作部令

2001年 第3号

现发布《外商投资租赁公司审批管理暂行办法》，自2001年9月1日起施行。

部长 石广生

2001年8月14日

第一条 为适应社会主义市场经济的要求，促进外商投资租赁公司的健康发展，规范外商投资租赁公司的经营行为，防范经营风险，根据《中华人民共和国公司法》、《中华人民共和国中外合资经营企业法》、《中华人民共和国中外合作经营企业法》等有关法律、法规，制定本办法。

第二条 本办法适用于外国公司、企业和其他经济组织（以下简称外国合营者）按照平等互利的原则，经批准，在中华人民共和国境内，同中国的公司、企业或其他经济组织（以下简称中国合营者）以合资或者合作形式设立的外商投资租赁公司。

第三条 本办法所称外商投资租赁公司是指经中国对外贸易经济合作部批准设立的，从事融资租赁业务的租赁公司（以下简称融资租赁公司）和从事除融资租赁业务外租赁业务的租赁公司（以下简称其他租赁公司）。设立外商投资租赁公司的形式为有限责任公司。

第四条 设立外商投资租赁公司，应引进国际上先进的租赁企业的经营管理经验，促进我国租赁业的发展，产生良好的经济效益和社会效益。

第五条 外商投资租赁公司必须遵守国家有关的法律、法规。外商投资租赁公司依法进行的经营活动以及合营各方的合法权益受中国法律保护。

第六条 申请设立融资租赁公司的合营者应具有较强的经济实力和融资能力，中国合营者在申请前一年的总资产不得低于4亿元人民币；外国合营者在申请前一年的总资产不得低于4亿美元，并具有5年以上的融资租赁从业经验。

第七条 申请设立的融资租赁公司应符合以下条件：

（一）注册资本不得低于2 000万美元；

（二）中国合营者的出资不得低于注册资本的20%；

（三）经营期限不超过30年；

（四）拥有相应的管理人员，高级管理人员应具有专业资质和不少于三年的从业经验。

第八条 申请设立其他租赁公司的合营者应具有较强的经济实力，中国合营者在申请前一年的总资产不得低于1亿元人民币；外国合营者在申请前一年的总资产不得低于5 000万美元，并具有三年以上的租赁从业经验。

第九条 申请设立的其他租赁公司应符合以下条件：

（一）注册资本不得低于500万美元；

（二）中国合营者的出资不得低于注册资本的20%；

（三）经营期限不超过20年；

（四）拥有相应的管理人员，高级管理人员应具有相应专业资质和不少于三年的从业经验。

第十条 申请设立外商投资租赁公司，应向对外贸易经济合作部报送下列文件：

（一）合营各方法定代表人签署或认可的外商投资租赁公司可行性研究报告、合同、章程；

（二）合营各方的注册登记证明（复印件）、法定代表人身份证明（复印件）、银行资信证明以及申请前三年的财务报告；

（三）拟设立的外商投资租赁公司的董事会成员名单及合营各方董事委派书；

（四）高级管理人员的资历证明；

（五）国家工商行政管理部门出具的拟设立外商投资租赁公司名称预先核准通知书；

（六）对外贸易经济合作部要求提交的其他文件。

第十一条 获得批准设立外商投资租赁公司应在获得外经贸部颁发的《外商投资企业批准证书》后一个月内向国家工商行政管理部门办理企业登记手续。

第十二条 融资租赁公司的经营范围应符合国家产业政策，经批准，融资租赁公司可经营下列业务：

（一）国内外各种先进或适用的生产设备、通信设备、医疗设备、科研设备、检验检测设备、工程机械、交通运输工具（包括飞机、汽车、船舶）等机械设备及其附带技术的直接租赁、转租赁、回租赁、杆杆租赁、委托租赁、联合租赁等不同形式的本外币融资性租赁业务；

（二）根据承租人的选择，从国内外购买租赁业务所需的货物及附带技术；

（三）租赁物品残值变卖及处理业务；

（四）租赁交易咨询和担保业务；

（五）经对外贸易经济合作部批准的其他业务。

第十三条 融资租赁公司从事本办法第十二条所规定的业务以外的金融业务的，需经对外贸易经济合作部同意，并按中国人民银行发布的《金融租赁公司管理办法》的规定报中国人民银行审批。

第十四条 其他租赁公司的经营范围应符合国家产业政策，经批准，其他租赁公司可经营下列业务：

（一）国内外各种先进或适用的生产设备、通信设备、医疗设备、科研设备、检验检测设备、工程机械、交通运输工具等通用设备的出租业务；

（二）租赁物品残值变卖及处理业务；

（三）经对外贸易经济合作部批准的其他业务。

第十五条 融资租赁公司租赁项下进口货物及其附带技术，涉及配额、许可证等专项政策管理的，应由承租人或融资租赁公司按规定办理申领手续；其他租赁公司进口用于租赁的设备，应按现行外商投资企业进口设备的有关规定由其自行办理。

第十六条 为防范风险，保障经营安全，融资租赁公司包括担保余额在内的风险资产不得超过资本总额的10倍。

第十七条 外商投资租赁公司的解散、清算应按中国有关的法律、法规以及公司章程的规定进行。

第十八条 中国外商投资企业协会租赁业委员会是对外商投资租赁公司实行同业自律管理的行业性组织。鼓励外商投资租赁公司加入该委员会。

第十九条 外商投资租赁公司如有违反中国法律、法规的行为，按中国有关的法律、法规处理。

第二十条 香港特别行政区、澳门特别行政区、台湾地区的公司、企业和其他经济组织在内地同中国合营者共同设立外商投资租赁公司，参照本办法执行。

第二十一条 本办法由对外贸易经济合作部负责解释。

关于设立外商投资创业投资企业的暂行规定

对外贸易经济合作部
科学技术部令
国家工商行政管理总局
2001年 第4号

现发布《关于设立外商投资创业投资企业的暂行规定》，自2001年9月1日起施行。

部长 石广生
部长 徐冠华
局长 王众孚
2001年8月28日

第一章 总 则

第一条 为鼓励外国公司、企业和其他经济组织或个人（以下简称外国投资者）来华投资于高新技术产业，建立和完善我国的创业投资机制，根据《中华人民共和国中外合资经营企业法》、《中华人民共和国中外合作经营企业法》、《中华人民共和国外资企业法》、《公司法》及其他相关的法律法规，特制定本规定。

第二条 允许外国投资者单独或与中国的公司、企业或其他经济组织（以下简称中国投资者），根据本规定在中国境内设立以创业投资为经营活动的外商投资有限责任公司或不具有法人资格的中外合作企业（以下简称外商投资创业投资企业）。

第三条 本规定所称创业投资是指主要向未上市高新技术企业（以下简称所投资企业）进行股权投资，并为之提供创业管理服务，以期获取资本增值收益的投资方式。

第四条 外商投资创业投资企业应遵守中国有关法律法规，不得损害中国的社会公共利益。外商投资创业投资企业在中国境内的正当经营活动及合法权益受中国法律的保护。

第二章 设立与登记

第五条 外国投资者应当具备的条件：

（一）至少有一个外国投资者应当具备下列条件：

1. 以创业投资为主营业务；

2. 申请前三年其管理的资本累计不低于1亿美元；

3. 申请前三年其管理的资本中，已投资金额累计不低于5 000万美元；

4. 拥有具有三年以上创业投资从业经验的专业管理人员；

5. 具有风险承受能力；

6. 有正当的资金来源；

7. 对外商投资创业投资企业的出资不少于投资者出资总额的3%；

8. 未受过所在国和中国司法机关和其他相关机构的重大处罚。

（二）至少有一个外国投资者应当具备下列条件：

1. 申请前一年其净资产总额不低于1亿美元；

2. 具有风险承受能力；

3. 有正当的资金来源；

4. 对外商投资创业投资企业的出资不少于2 000万美元。

（三）其他外国投资者应当具备下列条件：

1. 具有风险承受能力；

2. 有正当的资金来源；

3. 对外商投资创业投资企业的出资不少于1 000万美元。

如果只有一个外国投资者，则该外国投资者必须同时符合本条第（一）款和第（二）款规定的条件。

第六条 以中外合资有限责任公司、中外合作有限责任公司或不具有法人资格的中外合作企业形式设立的外商投资创业投资企业的中国投资者应当具备的条件：

（一）至少有一个中国投资者应当具备下列条件：

1. 以创业投资为主营业务；

2. 申请前三年其管理的资本累计不低于1亿元人民币，或申请前一年其净资产总额不低于1亿元人民币；

3. 其已投资金额累计不低于3 000万元人民币；

4. 拥有具有创业投资从业经验的专业管理人员；

5. 具有风险承受能力；

6. 有正当的资金来源；

7. 对外商投资创业投资企业的出资不少于500万美元；

8. 未受过司法机关和其他相关机构的重大处罚。

（二）其他中国投资者应当具备下列条件：

1. 具有风险承受能力；

2. 有正当的资金来源；

3. 对外商投资创业投资企业的出资不少于500万美元。

第七条 投资者对外商投资创业投资企业的出资中，外国投资者所占比例不得低于25%。

外国投资者以可自由兑换的货币出资，中国投资者以人民币出资。

投资者可以根据合同的约定分期缴纳出资。首期出资不得低于各自认缴出资额的15%，且应当自外商投资创业投资企业营业执照签发之日起3个月内缴清。其余出资应自外商投资创业投资企业营业执照颁发之日起3年内全部缴清。

第八条 外商投资创业投资企业投资者认缴的出资额总和应是外商投资创业投资企业的投资总额。外商投资创业投资企业投资总额应主要用于向所投资企业进行股权投资。

第九条 设立外商投资创业投资企业按以下程序办理：

投资者经拟设立外商投资创业投资企业所在地省级外经贸主管部门向对外贸易经济合作部（以下简称审批机构）报送设立申请书及有关文件。审批机构在收到全部上报材料之日起45天内，经商科学技术部同意后，作出批准或不批准的书面决定。予以批准的，发给《外商投资企业批准证书》。

获得批准设立的外商投资创业投资企业应自收到审批机构颁发的《外商投资企业批准证书》之日起一个月内，向国家工商行政管理部门申请办理登记注册。

第十条 申请设立外商投资创业投资企业应当向审批机构报送以下文件：

（一）投资者签署的设立申请书；

（二）投资者签署的外商投资创业投资企业合同及章程（其中，以外资有限责任公司形式设立的外商投资创业投资企业仅需报送章程，下同）；

（三）投资者的注册登记证明（复印件）、银行资信证明、法定代表人证明（复印件）；

（四）投资者经会计师事务所审计的最近一年的年度资产负债表和损益表；

（五）投资者的资金来源说明；

（六）符合第五条第（一）款要求的外国投资者的创业投资业务说明、申请前三年其管理资本的说明、申请前三年其管理资本中已投资资本的说明、其拥有的创业投资人才简历，及其未受过重大处罚的声明；

（七）以中外合资有限责任公司、中外合作有限责任公司或不具有法人资格的中外合作企业形式设立的外商投资创业投资企业还需提供符合第六条第（一）款要求的中国投资者的创业投资业务说明、申请前三年其管理资本的说明或申请前一年其净资产情况的说明、其已投资资本的说明、其拥有的创业投资人才简历，及其未受过重大处罚的声明；

（八）拟设立外商投资创业投资企业的主要经营管理人员的从业经历说明；

（九）审批机构要求的其他文件。

其中第（五）、（六）、（七）、（八）项相关材料应由会计师事务所、律师事务所、公证机构等相关中介机构出具或出具意见书。

第十一条 外商投资创业投资企业申请登记，申请人应按照《中华人民共和国企业法人登记管理条例》及其施行细则的规定向国家工商行政管理部门报送文件。

第三章 组织机构与经营管理

第十二条 外商投资创业投资企业可以经营以下业务：

（一）在国家鼓励和允许外商投资的高新技术领域及国家批准的其他领域以全部自有资金进行投资；

（二）提供创业投资咨询；

（三）为所投资企业提供管理咨询；

（四）审批机构批准的其他业务。

第十三条 外商投资创业投资企业不得从事下列活动：

（一）在国家禁止外商投资的领域投资；

（二）直接或间接投资于证券、期权、期货或任何金融衍生工具，但所投资企业上市后，外商投资创业投资企业所持股份及配送股份不在此列；

（三）直接或间接投资于非自用不动产；

（四）贷款进行投资；

（五）非自有资金进行投资；

（六）提供贷款或担保；

（七）法律、法规禁止从事的其他活动。

第十四条 以有限责任公司形式设立的外商投资创业投资企业内设立董事会。以不具有法人资格的中外合作企业形式设立的外商投资创业投资企业内设联合管理委员会。董事会或联合管理委员会由投资者委派的董事或委员代表投资者共同管理外商投资创业投资企业。董事会或联合管理委员会决定外商投资创业投资企业的一切重大问题。

第十五条 以不具有法人资格的中外合作企业形式设立的外商投资创业投资企业，投资者可以在合作合同中依据国际惯例约定内部收益分配机制。以有限责任公司形式设立的外商投资创业投资企业，投资者可以在章程中依法约定给予管理人员的业绩报酬。

第十六条 以不具有法人资格的中外合作企业形式设立的外商投资创业投资企业的投资者，对外商投资创业投资企业的债务承担连带责任；以不具有法人资格的中外合作企业形式设立的外商投资创业投资企业的投资者也可以在合作合同中约定至少有一名投资者对外商投资创业投资企业的债务承担连带责任，其他投资者以其认缴的出资额为限或按合作合同约定承担责任。

第十七条 董事会或联合管理委员会下设经营管理机构，根据董事会或联合管理委员会的授权，负责日常经营管理工作，执行董事会或联合管理委员会的投资决策。

第十八条 经营管理机构的主要人员应当符合下列条件：

（一）有民事行为能力且该民事行为能力没有受到限制；

（二）无犯罪记录；

（三）无不良经营记录；

（四）应具有创业投资业的从业经验，且在金融领域无违规操作记录；

（五）审批机构要求的其他条件。

第十九条 经营管理机构应定期向董事会或联合管理委员会报告以下事项：

（一）经授权的重大投资活动；

（二）季度、中期、年度业绩报告和财务报告；

（三）法律、法规规定的其他事项；

（四）合同、章程中规定的有关事项。

第二十条 外商投资创业投资企业从所投资企业获得利润分红，并可以根据经营需要依法选择适用的退出机制，包括：

（一）将其持有的所投资企业的部分股权或全部股权转让给其他企业或个人；

（二）经所投资企业同意，签订股权回购协议，由所投资企业在一定条件下回购其所持有的股权；

（三）所投资企业在符合法律、法规规定的上市条件时可以申请到境内外股票市场上市。外商投资创业投资企业可以依法通过股票市场转让其拥有的所投资企业的股份；

（四）中国法律、法规允许的其他方式。

所投资企业向外商投资创业投资企业回购该外商投资创业投资企业所持有所投资企业股权的具体办法由审批机构另行制定。

第二十一条 第五条第（一）款所述投资者（以下简称承担主要责任的投资者）在外商投资创业投资企业存续期间不得撤回其在外商投资创业投资企业的投资。承担主要责任的投资者如有特殊情况确需撤回投资，则必须由新的投资方承担该投资者的全部责任和义务。承担主要责任的投资者撤回投资，不得损害外商投资创业投资企业及第三方的利益，且应相应修改合同和章程，并报审批机构批准。

第二十二条 投资者应在合同、章程中约定外商投资创业投资企业的期限，一般不得超过12年。经营期满，经审批机构批准，可以延期。

经审批机构批准，外商投资创业投资企业可以提前解散，终止合同和章程。

外商投资创业投资企业解散，应按有关规定进行清算。

第四章 审核与监管

第二十三条 外商投资创业投资企业投资于所投资企业，外商投资创业投资企业投资的比例或与其他外国投资者联合投资的比例总和一般不得低于其所投资企业注册资本的25%；该所投资企业享受外商投资企业待遇，发给外商投资企业批准证书和企业法人营业执照。

第二十四条 外商投资创业投资企业投资于所投资企业，按外商投资企业的审批权限及审批程序另行申报，并在获得批准之日起一个月内向审批机构备案。凡未按上述要求在规定的时限内办理备案手续的，批准文件无效。

第二十五条 外商投资创业投资企业向所投资企业投资，在其认缴的出资额未如期到位之前，其所持有的所投资企业的股权不得转让。

第二十六条 外商投资创业投资企业转让所投资企业的股权，及外商投资创业投资企业所投资企业终止，应报审批机构批准后到国家工商行政管理部门办理相关手续。审批机构在批准时应征得科学技术部的同意。

第二十七条 外商投资创业投资企业应将每半年度的投资及经营情况于下半年度的前一个月内向审批机构备案，并作为外商投资创业投资企业参加联合年检的必备材料之一。凡未按上述规定备案的，审批机构将商国务院有关部门后予以相应处理。

第二十八条 外商投资创业投资企业经营管理机构的主要人员如有违法操作行为，除依法追究责任外，情节严重的，不得继续从事创业投资及相关的投资管理活动。

第五章 附 则

第二十九条 香港特别行政区、澳门特别行政区、台湾地区的投资者在大陆投资设立外商投资创业投资企业，参照本规定执行。

第三十条 本规定由对外贸易经济合作部、科学技术部和国家工商行政管理总局负责解释。

第三十一条 本规定自发布之日起施行。

中华人民共和国对外合作开采陆上石油资源条例

（1993年10月7日中华人民共和国国务院令第131号发布
根据2001年9月23日《国务院关于修改〈中华人民共和国对外合作开采陆上石油资源条例〉的决定》修订）

中华人民共和国国务院令
第317号

现公布《国务院关于修改〈中华人民共和国对外合作开采陆上石油资源条例〉的决定》，自公布之日起施行。

总理　朱镕基
2001年9月23日

国务院关于修改《中华人民共和国对外合作开采陆上石油资源条例》的决定

国务院决定对《中华人民共和国对外合作开采陆上石油资源条例》作如下修改：

一、将第六条中的“国务院授权的部门或者单位”，修改为“国务院指定的部门”。

二、将第七条中的“中国石油天然气总公司”修改为“中国石油天然气集团公司、中国石油化工集团公司(以下简称中方石油公司)”。

三、将第八条、第九条、第十三条中的“中国石油天然气总公司”修改为“中方石油公司”；将第九条中的“国务院授权的部门或者单位”修改为“国务院指定的部门”。

四、将第十五条第二款修改为：“外国合同者在中华人民共和国境内销售其应得的石油，一般由中方石油公司收购，也可以采取合同双方约定的其他方式销售，但是不得违反国家有关在中华人民共和国境内销售石油产品的规定。”

五、将第十六条修改为：“外国合同者开立外汇账户和办理其他外汇事宜，应当遵守《中华人民共和国外汇管理条例》和国家有关外汇管理的其他规定。”

“外国合同者的投资，应当采用美元或者其他可自由兑换货币。”

六、将第十七条修改为：“外国合同者应当依法在中华人民共和国境内设立分公司、子公司或者代表机构。”

“前款机构的设立地点由外国合同者与中方石油公司协商确定。”

七、删去第十八条。

八、将第十九条改为第十八条、将第二十条改为第十九条、将第二十五条改为第二十四条，这三条中的“中国石油天然气总公司”修改为“中方石油公司”。

九、将第二十一条改为第二十条，这条中的“国务院授权的部门或者单位”修改为“国务院指定的部门”。

十、将第二十二条改为第二十一条，修改为：“石油合同可以约定石油作业所需的人员，作业者可以优先录用中国公民。”

十一、将第二十三条、第二十六条分别修改为第二十二条、第二十五条，内容未作修改。

十二、将第二十七条改为第二十六条，这条中的“国务院授权的部门或者单位可以给予警告、责令限期改正”修改为“由国务院指定的部门依据职权责令限期改正，给予警告”；“中国石油天然气总公司”改为“中方石油公司”。

十三、增加一条，作为第三十条：“对外合作开采煤层气资源由中联煤层气有限责任公司实施专营，并参照本条例执行。”

此外，对条文的顺序作了相应调整。

本决定自公布之日起施行。

《中华人民共和国对外合作开采陆上石油资源条例》根据本决定作相应的修改，重新公布。

第一章　总　　则

第一条　为保障石油工业的发展，促进国际经济合作和技术交流，制定本条例。

第二条　在中华人民共和国境内从事中外合作开采陆上石油资源活动，必须遵守本条例。

第三条　中华人民共和国境内的石油资源属于中华人民共和国国家所有。

第四条　中国政府依法保护参加合作开采陆上石油资源的外国企业的合作开采活动及其投资、利润和其他合法权益。

在中华人民共和国境内从事中外合作开采陆上石油资源活动，必须遵守中华人民共和国的有关法律、法规和规章，并接受中国政府有关机关的监督管理。

第五条　国家对参加合作开采陆上石油资源的外国企业的投资和收益不实行征收。在特殊情况下，根据社会公共利益的需要，可以对外国企业在合作开采中应得石油的一部分或者全部，依照法律程序实行征收，并给予相应的补偿。

第六条　国务院指定的部门负责在国务院批准的合作区域内，划分合作区块，确定合作方式，组织制定有关规划和政策，审批对外合作油（气）田总体开发方案。

第七条　中国石油天然气集团公司、中国石油化工集团公司（以下简称中方石油公司）负责对外合作开采陆上石油资源的经营业务；负责与外国企业谈判、签订、执行合作开采陆上石油资源的合同；在国务院批准的对外合作开采陆上石油资源的区域内享有与外国企业合作进行石油勘探、开发、生产的专营权。

第八条　中方石油公司在国务院批准的对外合作开采陆上石油资源的区域内，按划分的合作区块，通过招标或者谈判，与外国企业签订合作开采陆上石油资源合同。该合同经中华人民共和国对外贸易经济合作部批准后，方为成立。

中方石油公司也可以在国务院批准的合作开采陆上石油资源的区域内，与外国企业签订除前款规定以外的其他合作合同。该合同必须向中华人民共和国对外贸易经济合作部备案。

第九条　对外合作区块公布后，除中方石油公司与外国企业进行合作开采陆上石油资源活动外，其他企业不得进入该区块内进行石油勘查活动，也不得与外国企业签订在该区块内进行石油开采的经济技术合作协议。

对外合作区块公布前，已进入该区块进行石油勘查（尚处于区域评价勘查阶段）的企业，在中方石油公司与外国企业签订合同后，应当撤出。该企业所取得的勘查资料，由中方石油公司负责销售，以适当补偿其投资。该区块发现有商业开采价值的油（气）田后，从该区块撤出的企业可以通过投资方式参与开发。

国务院指定的部门应当根据合同的签订和执行情况，定期对所确定的对外合作区块进行调整。

第十条　对外合作开采陆上石油资源，应当遵循兼顾中央与地方利益的原则，通过吸收油（气）田所在地的资金对有商业开采价值的油（气）田的开发进行投资等方式，适当照顾地方利益。

有关地方人民政府应当依法保护合作区域内正常的生产经营活动，并在土地使用、道路通行、生活服务等方面给予有效协助。

第十一条　对外合作开采陆上石油资源，应当依法纳税，并缴纳矿区使用费。

对外合作开采陆上石油资源的企业的雇员，应当就其所得依法纳税。

第十二条　为执行合同所进口的设备和材料，按照国家有关规定给予减税、免税或者给予税收方面的其他优惠。具体办法由财政部会同海关总署制定。

第二章　外国合同者的权利和义务

第十三条　中方石油公司与外国企业合作开采陆上石油资源必须订立合同，除法律、法规另有规定或者合同另有约定外，应当由签订合同的外国企业（以下简称外国合同者）单独投资进行勘探，负责勘探作业，并承担勘探风险；发现有商业开采价值的油（气）田后，由外国合同者与中方石油公司共同投资合作开发；外国合同者并应承担开发作业和生产作业，直至中方石油公司按照合同约定接替生产作业为止。

第十四条　外国合同者可以按照合同约定，从生产的石油中回收其投资和费用，并取得报酬。

第十五条　外国合同者根据国家有关规定和合同约定，可以将其应得的石油和购买的石油运往国外，也可以依法将其回收的投资、利润和其他合法收益汇往国外。

外国合同者在中华人民共和国境内销售其应得的石油，一般由中方石油公司收购，也可以采取合同双方约定的其他方式销售，但是不得违反国家有关在中华人民共和国境内销售石油产品的规定。

第十六条　外国合同者开立外汇账户和办理其他外汇事宜，应当遵守《中华人民共和国外汇管理条例》和国家有关外汇管理的其他规定。

外国合同者的投资，应当采用美元或者其他可自由兑换货币。

第十七条　外国合同者应当依法在中华人民共和国境内设立分公司、子公司或者代表机构。

前款机构的设立地点由外国合同者与中方石油公司协商确定。

第十八条　外国合同者在执行合同的过程中，应当及时地、准确地向中方石油公司报告石油作业情况，完整地、准确地取得各项石油作业的数据、记录、样品、凭证和其他原始资料，并按规定向中方石油公司提交资料和样品以及技术、经济、财会、行政方面的各种报告。

第十九条 外国合同者执行合同，除租用第三方的设备外，按照计划和预算所购置和建造的全部资产，在其投资按照合同约定得到补偿或者该油（气）田生产期期满后，所有权属于中方石油公司。在合同期内，外国合同者可以按照合同约定使用这些资产。

第三章 石油作业

第二十条 作业者必须根据国家有关开采石油资源的规定，制订油（气）田总体开发方案，并经国务院指定的部门批准后，实施开发作业和生产作业。

第二十一条 石油合同可以约定石油作业所需的人员，作业者可以优先录用中国公民。

第二十二条 作业者和承包者在实施石油作业中，应当遵守国家有关环境保护和安全作业方面的法律、法规和标准，并按照国际惯例进行作业，保护农田、水产、森林资源和其他自然资源，防止对大气、海洋、河流、湖泊、地下水和陆地其他环境的污染和损害。

第二十三条 在实施石油作业中使用土地的，应当依照《中华人民共和国土地管理法》和国家其他有关规定办理。

第二十四条 本条例第十八条规定的各项石油作业的数据、记录、样品、凭证和其他原始资料，所有权属于中方石油公司。

前款所列数据、记录、样品、凭证和其他原始资料的使用、转让、赠与、交换、出售、发表以及运出、传送到中华人民共和国境外，必须按照国家有关规定执行。

第四章 争议的解决

第二十五条 合作开采陆上石油资源合同的当事人因执行合同发生争议时，应当通过协商或者调解解决；不愿协商、调解，或者协商、调解不成的，可以根据合同中的仲裁条款或者事后达成的书面仲裁协议，提交中国仲裁机构或者其他仲裁机构仲裁。

当事人未在合同中订立仲裁条款，事后又没有达成书面仲裁协议的，可以向中国人民法院起诉。

第五章 法律责任

第二十六条 违反本条例规定，有下列行为之一的，由国务院指定的部门依据职权责令限期改正，给予警告；在限期内不改正的，可以责令其停止实施石油作业；构成犯罪的，依法追究刑事责任。

（一）违反本条例第九条第一款规定，擅自进入对外合作区块进行石油勘查活动或者与外国企业签订在对外合作区块内进行石油开采合作协议的；

（二）违反本条例第十八条规定，在执行合同的过程中，未向中方石油公司及时、准确地报告石油作业情况的，未按规定向中方石油公司提交资料和样品以及技术、经济、财会、行政方面的各种报告的；

（三）违反本条例第二十条规定，油（气）田总体开发方案未经批准，擅自实施开发作业和生产作业的；

（四）违反本条例第二十四条第二款规定，擅自使用石油作业的数据、记录、样品、凭证和其他原始资料或者将其转让、赠与、交换、出售、发表以及运出、传送到中华人民共和国境外的。

第二十七条 违反本条例第十一条、第十六条、第二十二条、第二十三条规定的，由国家有关主管部门依照有关法律、法规的规定予以处罚；构成犯罪的，依法追究刑事责任。

第六章 附 则

第二十八条 本条例下列用语的含义：

（一）“石油”，是指蕴藏在地下的、正在采出的和已经采出的原油和天然气。

（二）“陆上石油资源”，是指蕴藏在陆地全境（包括海滩、岛屿及向外延伸至5米水深处的海域）的范围内的地下石油资源。

（三）“开采”，是指石油的勘探、开发、生产和销售及其有关的活动。

（四）“石油作业”，是指为执行合同而进行的勘探、开发和生产作业及其有关的活动。

（五）“勘探作业”，是指用地质、地球物理、地球化学和包括钻探井等各种方法寻找储藏石油圈闭所做的全部工作，以及在已发现石油的圈闭上为确定它有无商业价值所做的钻评价井、可行性研究和编制油（气）田的总体开发方案等全部工作。

（六）“开发作业”，是指自油（气）田总体开发方案被批准之日起，为实现石油生产所进行的设计、建造、安装、钻井工程等及其相应的研究工作，包括商业性生产开始之前的生产活动。

（七）“生产作业”，是指一个油（气）田从开始商业性生产之日起，为生产石油所进行的全部作业以及与其有关的活动。

第二十九条 本条例第四条、第十一条、第十二条、第十五条、第十六条、第十七条、第二十一条的规定，适用于外国承包者。

第三十条 对外合作开采煤层气资源由中联煤层气有限责任公司实施专营，并参照本条例执行。

第三十一条 本条例自公布之日起施行。

中华人民共和国对外合作开采海洋石油资源条例

（1982年1月30日国务院发布　根据2001年9月23日《国务院关于修改〈中华人民共和国对外合作开采海洋石油资源条例〉的决定》修订）

中华人民共和国国务院令

第318号

现公布《国务院关于修改〈中华人民共和国对外合作开采海洋石油资源条例〉的决定》，自公布之日起施行。

总理　朱镕基

2001年9月23日

国务院关于修改《中华人民共和国对外合作开采海洋石油资源条例》的决定

国务院决定对《中华人民共和国对外合作开采海洋石油资源条例》作如下修改：

一、将第四条改为第五条，修改为："国务院指定的部门依据国家确定的合作海区、面积，决定合作方式，划分合作区块；依据国家长期经济计划制定同外国企业合作开采海洋石油资源的规划；制定对外合作开采海洋石油资源的业务政策和审批海上油（气）田的总体开发方案。"

二、将第六条改为第七条，这条中的"外国投资管理委员会"修改为"对外贸易经济合作部"。

三、将第七条改为第八条，这条中的"除石油工业部或石油合同另有规定者外"修改为"除法律、行政法规另有规定或者石油合同另有约定外"。

四、将第十一条改为第十二条，修改为："外国合同者开立外汇账户和办理其他外汇事宜，应当遵守《中华人民共和国外汇管理条例》和国家有关外汇管理的其他规定。"

五、将第十二条改为第十三条，修改为："石油合同可以约定石油作业所需的人员，作业者可以优先录用中国公民。"

六、将第十三条改为第十四条，这条中的"外国合同者在执行石油合同中"修改为"外国合同者在执行石油合同从事开发、生产作业过程中"。

七、将第十四条改为第十五条，这条中的"外国合同者为执行石油合同"修改为"外国合同者为执行石油合同从事开发、生产作业"。

八、将第十六条改为第十七条，这条中的"石油工业部颁布的有关开采石油资源的规定"修改为"国家有关开采石油资源的规定"。

九、将第十七条改为第十八条，这条中的"外国合同者为执行石油合同"修改为"外国合同者为执行石油合同从事开发、生产作业"。

十、将第十八条改为第十九条，删去这条中的"中华人民共和国境内的设计公司在具有竞争力的条件下优先承包上述的总体设计和工程设计"。

十一、删去第十九条、第二十条、第二十一条、第三十条。

十二、将第二十三条改为第二十一条，这条中的“本条例第十三条所规定的”和“石油工业部制订的《资料管理规定》”分别修改为“为执行石油合同所取得的”和“国家有关规定”。

十三、将第二十五条改为第二十三条、第二十九条改为第二十六条，这两条中的“石油工业部”修改为“国务院指定的部门”。

十四、将第二十六条改为第四条，修改为：“国家对参加合作开采海洋石油资源的外国企业的投资和收益不实行征收。在特殊情况下，根据社会公共利益的需要，可以对外国企业在合作开采中应得石油的一部分或者全部，依照法律程序实行征收，并给予相应的补偿。”

十五、将第二十八条改为第二十五条，修改为：“作业者、承包者违反本条例规定实施石油作业的，由国务院指定的部门依据职权责令限期改正，给予警告；在限期内不改正的，可以责令其停止实施石油作业。由此造成的一切经济损失，由责任方承担。”

此外，对条文的顺序作了相应调整。

本决定自公布之日起施行。

《中华人民共和国对外合作开采海洋石油资源条例》根据本决定作相应的修改，重新公布。

第一章 总　　则

第一条 为促进国民经济的发展，扩大国际经济技术合作，在维护国家主权和经济利益的前提下允许外国企业参与合作开采中华人民共和国海洋石油资源，特制定本条例。

第二条 中华人民共和国的内海、领海、大陆架以及其他属于中华人民共和国海洋资源管辖海域的石油资源，都属于中华人民共和国国家所有。

在前款海域内，为开采石油而设置的建筑物、构筑物、作业船舶，以及相应的陆岸油（气）集输终端和基地，都受中华人民共和国管辖。

第三条 中国政府依法保护参与合作开采海洋石油资源的外国企业的投资、应得利润和其他合法权益，依法保护外国企业的合作开采活动。

在本条例范围内，合作开采海洋石油资源的一切活动，都应当遵守中华人民共和国的法律、法令和国家的有关规定；参与实施石油作业的企业和个人，都应当受中国法律的约束，接受中国政府有关主管部门的检查、监督。

第四条 国家对参加合作开采海洋石油资源的外国企业的投资和收益不实行征收。在特殊情况下，根据社会公共利益的需要，可以对外国企业在合作开采中应得石油的一部分或者全部，依照法律程序实行征收，并给予相应的补偿。

第五条 国务院指定的部门依据国家确定的合作海区、面积，决定合作方式，划分合作区块；依据国家长期经济计划制定同外国企业合作开采海洋石油资源的规划；制定对外合作开采海洋石油资源的业务政策和审批海上油（气）田的总体开发方案。

第六条 中华人民共和国对外合作开采海洋石油资源的业务，由中国海洋石油总公司全面负责。

中国海洋石油总公司是具有法人资格的国家公司，享有在对外合作海区内进行石油勘探、开发、生产和销售的专营权。

中国海洋石油总公司根据工作需要，可以设立地区公司、专业公司、驻外代表机构，执行总公司交付的任务。

第七条 中国海洋石油总公司就对外合作开采石油的海区、面积、区块，通过组织招标，采取签订石油合同方式，同外国企业合作开采石油资源。

前款石油合同，经中华人民共和国对外贸易经济合作部批准，即为有效。

中国海洋石油总公司采取其他方式运用外国企业的技术和资金合作开采石油资源所签订的文件，也应当经中华人民共和国对外贸易经济合作部批准。

第二章 石油合同各方的权利和义务

第八条 中国海洋石油总公司通过订立石油合同同外国企业合作开采海洋石油资源，除法律、行政法规另有规定或者石油合同另有约定外，应当由石油合同中的外国企业一方（以下称外国合同者）投资进行勘探，负责勘探作业，并承担全部勘探风险；发现商业性油（气）田后，由外国合同者同中国海洋石油总公司双方投资合作开发，外国合同者并应负责开发作业和生产作业，直至中国海洋石油总公司按照石油合同规定在条件具备的情况下接替生产作业。外国合同者可以按照石油合同规定，从生产的石油中回收其投资和费用，并取得报酬。

第九条 外国合同者可以将其应得的石油和购买的石油运往国外，也可以依法将其回收的投资、利润和其他正当收益汇往国外。

第十条 参与合作开采海洋石油资源的中国企业、外国企业，都应当依法纳税，缴纳矿区使用费。

前款企业的雇员，都应当依法缴纳个人所得税。

第十一条 为执行石油合同所进口的设备和材料，按照国家规定给予减税、免税，或者给予税收方面的其他优惠。

第十二条 外国合同者开立外汇账户和办理其他外汇事宜，应当遵守《中华人民共和国外汇管理条例》和国家有关外汇管理的其他规定。

第十三条 石油合同可以约定石油作业所需的人员，作业者可以优先录用中国公民。

第十四条 外国合同者在执行石油合同从事开发、生产作业过程中，必须及时地、准确地向中国海洋石油总公司报告石油作业情况；完整地、准确地取得各项石油作业的数据、记录、样品、凭证和其他原始资料，并定期向中国海洋石油总公司提交必要的资料和样品以及技术、经济、财会、行政方面的各种报告。

第十五条 外国合同者为执行石油合同从事开发、生产作业，应当在中华人民共和国境内设立分支机构或者代表机构，并依法履行登记手续。

前款机构的住所地应当同中国海洋石油总公司共同商量确定。

第十六条 本条例第三条、第九条、第十条、第十一条、第十五条的规定，对向石油作业提供服务的外国承包者，类推适用。

第三章 石油作业

第十七条 作业者必须根据本条例和国家有关开采石油资源的规定，参照国际惯例，制定油（气）田总体开发方案和实施生产作业，以达到尽可能高的石油采收率。

第十八条 外国合同者为执行石油合同从事开发、生产作业，应当使用中华人民共和国境内现有的基地；如需设立新基地，必须位于中华人民共和国境内。

前款新基地的具体地点，以及在特殊情况下需要采取的其他措施，都必须经中国海洋石油总公司书面同意。

第十九条 中国海洋石油总公司有权派人参加外国作业者为执行石油合同而进行的总体设计和工程设计。

第二十条 外国合同者为执行石油合同，除租用第三方的设备外，按计划和预算所购置和建造的全部资产，当外国合同者的投资按照规定得到补偿后，其所有权属于中国海洋石油总公司，在合同期内，外国合同者仍然可以依据合同的规定使用这些资产。

第二十一条 为执行石油合同所取得的各项石油作业的数据、记录、样品、凭证和其他原始资料，其所有权属于中国海洋石油总公司。

前款数据、记录、样品、凭证和其他原始资料的使用和转让、赠与、交换、出售、公开发表以及运出、传送出中华人民共和国，都必须按照国家有关规定执行。

第二十二条 作业者和承包者在实施石油作业中，应当遵守中华人民共和国有关环境保护和安全方面的法律规定，并参照国际惯例进行作业，保护渔业资源和其他自然资源，防止对大气、海洋、河流、湖泊和陆地等环境的污染和损害。

第二十三条 石油合同区产出的石油，应当在中华人民共和国登陆，也可以在海上油（气）外输计量点运出。如需在中华人民共和国以外的地点登陆，必须经国务院指定的部门批准。

第四章 附 则

第二十四条 在合作开采海洋石油资源活动中，外国企业和中国企业间发生的争执，应当通过友好协商解决。通过协商不能解决的，由中华人民共和国仲裁机构进行调解、仲裁，也可以由合同双方协议在其他仲裁机构仲裁。

第二十五条 作业者、承包者违反本条例规定实施石油作业的，由国务院指定的部门依据职权责令限期改正，给予警告；在限期内不改正的，可以责令其停止实施石油作业。由此造成的一切经济损失，由责任方承担。

第二十六条 本条例所用的术语，其定义如下：

1．“石油”是指蕴藏在地下的、正在采出的和已经采出的原油和天然气。

2．“开采”是泛指石油的勘探、开发、生产和销售及其有关的活动。

3．“石油合同”是指中国海洋石油总公司同外国企业为合作开采中华人民共和国海洋石油资源，依法订立的包括石油勘探、开发和生产的合同。

4．“合同区”是指在石油合同中为合作开采石油资源以地理坐标圈定的海域面积。

5．“石油作业”是指为执行石油合同而进行的勘探、开发和生产作业及其有关的活动。

6．“勘探作业”是指用地质、地球物理、地球化学和包括钻勘探井等各种方法寻找储藏石油的圈闭所做的全部工作，以及在已发现石油的圈闭上为确定它有无商业价值所做的钻评价井、可行性研究和编制油（气）田的总体开发方案等全部工作。

7．“开发作业”是指从国务院指定的部门批准油（气）田的总体开发方案之日起，为实现石油生产所进行的设计、建造、安装、钻井工程等及其相应的研究工作，并包括商业性生产开始之前的生产活动。

8．“生产作业”是指一个油（气）田从开始商业性生产之日起，为生产石油所进行的全部作业以及与其有关的活动，诸如采出、注入、增产、处理、贮运和提取等作业。

9．“外国合同者”是指同中国海洋石油总公司签订石油合同的外国企业。外国企业可以是公司，也可以是公司集团。

10."作业者"是指按照石油合同的规定负责实施作业的实体。

11."承包者"是指向作业者提供服务的实体。

第二十七条 本条例自公布之日起施行。

关于上市公司涉及外商投资有关问题的若干意见

对外贸易经济合作部　中国证券监督管理委员会关于印发《关于上市公司涉及外商投资有关问题的若干意见》的通知

外经贸资发［2001］538号

各省、自治区、直辖市及计划单列市外经贸委（厅、局）、证监委：

为了推动境内股票市场的健康发展，规范外商投资股份有限公司上市发行股票和外商投资企业进入股票市场的行为，根据国务院关于"允许符合条件的外商投资企业申请发行A股或B股"的精神，外经贸部、证监会联合制定了《关于上市公司涉及外商投资有关问题的若干意见》。现印发给你们。请各地结合实际认真贯彻执行。执行中有何情况和问题，请及时向两部（会）反映。

特此通知

附件：关于上市公司涉及外商投资有关问题的若干意见

对外贸易经济合作部
中国证券监督管理委员会
2001年10月18日

为了推动境内股票市场的健康发展，规范外商投资股份有限公司上市发行股票和外商投资企业进入股票市场的行为，现提出以下意见：

一、关于外商投资股份有限公司设立。

设立外商投资股份有限公司或现有的外商投资有限责任公司申请转为外商投资股份有限公司，须符合《关于设立外商投资股份有限公司若干问题的暂行规定》（外经贸部令1995年第1号）的要求并按规定程序报外经贸部审批。

二、关于外商投资股份有限公司上市发行股票。

（一）外商投资股份有限公司在境内发行股票（A股与B股）必须符合外商投资产业政策及上市发行股票的要求；

（二）首次公开发行股票并上市的外商投资股份有限公司，除符合《公司法》等法律、法规及中国证监会的有关规定外，还应符合下列条件：

1.申请上市前三年均已通过外商投资企业联合年检；

2.经营范围符合《指导外商投资方向暂行规定》与《外商投资产业指导目录》的要求；

3.上市发行股票后，其外资股占总股本的比例不低于10%；

4.按规定需由中方控股（包括相对控股）或对中方持股比例有特殊规定的外商投资股份有限公司，上市后应按有关规定的要求继续保持中方控股地位或持股比例；

5.符合发行上市股票有关法规要求的其他条件。

（三）外商投资股份有限公司首次公开发行股票并上市，除向中国证监会提交规定的材料外，还应提供通过联合年检的外商投资股份有限公司的批准证书和营业执照；

（四）外商投资股份有限公司首次发行股票后，其增发股票及配股，应符合本条上述第（二）款规定的条件以及增发股票与配股的有关规定；

（五）外商投资股份有限公司首次发行股票及增发或配、送股票完成后，应到外经贸部办理法律文件变更手续。

三、含有B股的外商投资股份有限公司，申请其非上市外资股在B股市场上流通，应在获得外经贸部同意后，向中国证监会报送非上市外资股上市流通的申请方案。

申请非上市外资股上市流通应符合下列条件：

（一）拟上市流通的非上市外资股的持有人持有该非上市外资股的期限超过一年；

（二）非上市外资股转为流通股后，其原持有人继续持有的期限须超过一年；

（三）非上市外资股原持有人依照公司章程、股东协议及其他法律文件对公司的特殊承诺和法律、法规有要求承担特殊义务和责任的，按其承诺或义务执行；

（四）符合上市发行股票有关法规要求的其他条件。

四、外商投资企业（包括外商投资股份有限公司）受让境内上市公司非流通股，应按《外商投资企业境内投资的暂行规定》规定的程序和要求办理有关手续。

暂不允许外商投资性公司受让上市公司非流通股。

五、外商投资股份有限公司境内上市发行股票后外资比例低于总股本25%的，应缴回外商投资企业批准证书，并按规定办理有关变更手续。

外商投资企业受让上市公司的非流通股，导致上市公司（持有外商投资企业批准证书的公司）外资比例低于总股本25%的，该上市公司应缴回外商投资企业批准证书，并按规定办理有关变更手续。

六、符合条件的外商投资企业可以在境外发行股票。

中外合资中外合作职业介绍机构设立管理暂行规定

中华人民共和国劳动和社会保障部
中华人民共和国国家工商行政管理总局 **令**

第14号

《中外合资中外合作职业介绍机构设立管理暂行规定》已于2001年5月8日经劳动和社会保障部第7次部务会议通过，经商对外贸易经济合作部同意，现予发布，自2001年12月1日起施行。

劳动和社会保障部部长　张左己
国家工商行政管理总局局长　王众孚
2001年10月9日

第一条　为规范中外合资、中外合作职业介绍机构的设立，保障求职者和用人单位的合法权益，根据劳动法、中外合资经营企业法和中外合作经营企业法的有关规定，制定本规定。

第二条　设立从事职业介绍的中外合资、中外合作机构应当按照本规定执行。

第三条　劳动保障行政部门、外经贸行政部门和工商行政管理部门在各自职权范围内负责中外合资、中外合作职业介绍机构的审批、登记、管理和监督检查工作。

设立中外合资、中外合作职业介绍机构应当经省级人民政府劳动保障行政部门（以下简称省级劳动保障行政部门）和省级人民政府外经贸行政部门（以下简称省级外经贸行政部门）批准，并到企业住所地国家工商行政管理总局授权的地方工商行政管理局进行登记注册。

不得设立外商独资职业介绍机构。

外国企业常驻中国代表机构和在中国成立的外国商会不得在中国从事职业介绍服务。

第四条　中外合资、中外合作职业介绍机构应当依法开展经营活动，其依法开展的经营活动受中国法律保护。

第五条　中外合资、中外合作职业介绍机构可以从事下列业务：

（一）为中外求职者和用人单位提供职业介绍服务；

（二）提供职业指导、咨询服务；

（三）收集和发布劳动力市场信息；

（四）经省级劳动保障行政部门或其授权的地市级劳动保障行政部门同意，举办职业招聘洽谈会；

（五）经省级劳动保障行政部门或其授权的地市级劳动保障行政部门核准的其他服务项目。

中外合资、中外合作职业介绍机构介绍中国公民出境就业和外国企业常驻中国代表机构聘用中方雇员按照国家有关规定执行。

第六条　申请设立中外合资、中外合作职业介绍机构应当具备以下条件，并应按本规定第七条至第十条规定的程序办理审批手续：

（一）申请设立中外合资、中外合作职业介绍机构的外方投资者应是从事职业介绍的法人，在注册国有开展职业介绍服务的经历，并具有良好信誉；

（二）申请设立中外合资、中外合作职业介绍机构的中方投资者应是具有从事职业介绍资格的法人，并具有良好信誉；

（三）拟设立的中外合资、中外合作职业介绍机构应具有不低于30万美元注册资本，有3名以上具备职业介绍资格的专职工作人员，有明确的业务范围、机构章程、管理制度，有与开展业务相适应的固定场所、办公设施，主要经营者应具有从事职业介绍服务工作经历。

第七条 设立中外合资、中外合作职业介绍机构，应依法向拟设立企业住所地省级外经贸行政部门提出申请，并呈报申请设立中外合资、中外合作职业介绍机构的有关文件。

省级外经贸行政部门在接到申请后，应将其中下列文件转交同级劳动保障行政部门：

（一）中、外双方各自的登记注册证明（复印件）；

（二）主要经营者的资历证明（复印件）和简历；

（三）拟任专职工作人员的简历和职业资格证明；

（四）住所使用证明；

（五）拟开展经营范围的文件；

（六）法律、法规规定的其他文件。

第八条 省级劳动保障行政部门接到按本规定第七条规定转来的申请文件后，应在15日内作出答复。符合条件的，应出具同意设立中外合资、中外合作职业介绍机构的证明文件；不符合条件的，应当说明理由，并将上述文件退回省级外经贸行政部门。

第九条 省级外经贸行政部门接到同级劳动保障行政部门同意设立中外合资、中外合作职业介绍机构的证明文件后，应在30日内作出批准或不批准的决定。予以批准的，发给中外合资、中外合作企业批准证书；不予批准的，应通知申请者。

第十条 获得批准的申请者，自接到中外合资、中外合作企业批准证书之日起30日内，到拟设立企业所在地国家工商行政管理总局授权的地方工商行政管理局申请登记注册，并应于登记注册之日起10日内，到省级劳动保障行政部门或其授权的地市级劳动保障行政部门办理备案手续。

第十一条 中外合资、中外合作职业介绍机构投资者变更、股权比例发生变化或设立分支机构，应按本规定的审批程序经原审批机关审批同意后，到工商行政管理部门办理相关变更登记手续，并到劳动保障行政部门办理变更备案手续。

第十二条 中外合资、中外合作职业介绍机构的管理适用《劳动力市场管理规定》和外商投资企业的有关管理规定。

第十三条 香港特别行政区、澳门特别行政区投资者在内地以及台湾地区投资者在大陆投资设立中外合资、中外合作的职业介绍机构，参照本规定执行。

第十四条 本规定自2001年12月1日起施行。

对外贸易经济合作部关于外商投资企业部分法规修改的通知

外经贸资统进函［2001］934号

各省、自治区、直辖市及计划单列市外经贸委（厅、局）：

为配合加入世贸组织，按照我部清理法规的要求，现对部分外商投资企业进口管理的文件进行修改，具体修改内容通知如下：

一、《外商投资企业开展以进口食糖、棉花、植物油、羊毛为原料的加工贸易进口配额管理暂行办法》（［1997］外经贸资发第810号），其中关于食糖、植物油、羊毛的加工贸易进口管理规定已根据国发35号文件暂停执行。关于棉花的加工贸易进口管理规定继续有效。

二、《关于审批外商投资企业纸制品加工贸易业务有关问题的通知》（［1998］外经贸资三函字第125号）第二条修改为“《外商投资产业指导目录》、国函［1995］109号文对加工贸易实行银行保证金台账制度和国办发［1999］35号文对加工贸易政策的有关调整，是审批外商投资企业纸制品加工贸易项目和业务的主要依据”。

三、《关于严格审批、核发外商投资企业进、出口许可证有关问题的通知》（［1991］外经贸资发第372号）取消第三条。

四、《关于重申利用外资项目申请出口配额和许可证的通知》（［87］外经贸资二字第134号）中增加“外商投资企业出口凭出口合同申领出口许可证的商品，不再核定出口规模”。

特此通知

对外贸易经济合作部

2001年10月12日

金融资产管理公司吸收外资参与资产重组与处置的暂行规定

对外贸易经济合作部、财政部、中国人民银行令

2001 年 第6号

现发布《金融资产管理公司吸收外资参与资产重组与处置的暂行规定》，自发布之日起施行。

部长 石广生

部长 项怀诚

行长 戴相龙

2001 年 10 月 26 日

第一条 为了规范吸收外资参与金融资产管理公司（以下称“资产管理公司”）的资产重组与处置，保护中外投资者的合法权益，根据我国外商投资的法律、《金融资产管理公司条例》及有关法规，制定本规定。

第二条 资产管理公司可以通过吸收外资对其所拥有的资产进行重组与处置。

第三条 吸收外资参与资产重组与处置应从国民经济战略调整的高度出发，通过吸收外资盘活不良资产，引进先进管理经验、资金和技术，对企业进行技术改造，促进国有企业改革和现代化企业制度的建立。要防止以炒作资产为惟一目的的短期交易及企业逃废债务。

第四条 资产管理公司吸收外资进行资产重组与处置，应符合国家指导外商投资的产业政策。文化、金融、保险以及《外商投资产业指导目录》中禁止外商投资类领域，不列入吸收外资参与资产重组与处置的范围。《外商投资产业指导目录》中规定须中方控股的项目，外资参与重组后原则上应继续保持中方控股。

第五条 重组与处置的资产范围

（一）资产管理公司拥有的企业股权，包括：资产管理公司对企业实施债转股后取得的股权，资产管理公司对欠债企业进行重组后拥有的股权，资产管理公司以其他方式拥有的股权；

（二）资产管理公司有支配处置权的企业实物资产；

（三）资产管理公司拥有的企业债权。

第六条 重组与处置资产的方式

（一）资产管理公司对其拥有的非上市公司的股权、债权进行重组后向外商出售或转让；

（二）资产管理公司直接向外商出售、转让其拥有的非上市公司的股权和债权；

（三）资产管理公司通过协议转让、招标、拍卖等方式向外商出让其拥有的实物资产；

（四）资产管理公司以其拥有的企业股权、实物资产作价出资，在原企业基础上与外商组建外商投资企业。

第七条 资产管理公司重组与处置资产时，应与企业其他投资者协商，在同等条件下，其他投资者有优先购买权。

第八条 重组与处置资产的评估与交易价格

（一）资产管理公司重组与处置的资产出售、转让前须由有资格的资产评估机构进行评估。资产评估时应充分考虑重组与处置资产的各种因素。资产评估应符合国际惯例，采用国际上普遍接受的方法。

（二）资产管理公司应综合考虑资产评估净值、资产增值潜力、资产现状等因素，根据财政部《金融资产管理公司资产处置办法》的有关规定，自主确定重组与处置的资产交易价格。

第九条 重组与处置资产的程序

（一）资产管理公司根据财政部《金融资产管理公司资产处置管理办法》的有关规定由资产处置专门审核机构审批资产重组与处置方案。若重组与处置的资产属《外商投资产业指导目录》中限制类范围，资产管理公司在批准重组与处置方案前，应征得主管部门的同意。

（二）资产管理公司根据审批同意后的资产重组和处置方案与外商签订有关法律文件。

（三）资产管理公司依法向外经贸部申请办理外商投资企业设立的有关手续，并领取批准证书。

第十条 香港、澳门、台湾投资者参与重组与处置资产管理公司资产，参照本规定执行。

财政部关于停止征收外商投资企业中方职工物价补贴的通知

财企［2001］664号

各省、自治区、直辖市、计划单列市财政厅（局）：

现将有关外商投资企业中方职工物价补贴征收问题通知如下：

物价补贴的开征是基于我国实行的低工资、低物价、多补贴的分配制度。近年来，市场物价已基本放开，财政用于居民副食品等方面的补贴性支出数额减少。为此，2000年我部曾以财外字［2000］4号文件规定，各地财政机关可根据本地区实际情况，从2000年1月1日起，酌情调低企业上缴物价补贴标准或停止征收此项物价补贴。

随着国家经济体制改革的逐步深入，以及我国面临加入WTO的新形势，经研究决定，从2002年1月1日起，各地财政机关停止征收外商投资企业中方职工物价补贴。

财 政 部

2001年11月7日

对外贸易经济合作部 国家工商行政管理总局关于修改《关于外商投资企业合并与分立的规定》的决定

对外贸易经济合作部
国家工商行政管理总局 **令**

2001年 第8号

现公布《对外贸易经济合作部和国家工商行政管理总局关于修改〈关于外商投资企业合并与分立的规定〉的决定》，自公布之日起施行。

部长 石广生

局长 王众孚

2001年11月22日

为适应我国对外开放新形势的需要，进一步完善外商在华投资的法律制度，规范外商投资企业与中国内资企业合并的行为，依据《中华人民共和国公司法》和有关外商投资企业的法律、行政法规和规章，对《关于外商投资企业合并与分立的规定》（［1999］外经贸法发第395号）作如下修改：

一、第九条修改为："在投资者按照公司合同、章程规定缴清出资、提供合作条件且实际开始生产、经营之前，公司之间不得合并，公司不得分立。投资者已经按照公司合同、章程规定缴付出资、提供合作条件的，公司可以与中国内资企业合并。"

二、在第十七条后新增："第十八条 公司与中国内资企业合并后为外商投资企业，其投资总额为原公司的投资总额与中国内资企业财务审计报告所记载的企业资产总额之和，注册资本为原公司的注册资本额与中国内资企业的注册资本额之和。合并后的公司注册资本与投资总额比例，应当符合国家工商行政管理总局《关于中外合资经营企业注册资本与投资总额比例的暂行规定》；在特殊情况下，不能执行该规定的，须经外经贸部会同国家工商总局批准。

第十九条 与公司合并的中国内资企业已经投资设立的企业，成为合并后公司所持股的企业，应当符合中国利用外资的产业政策要求和《关于外商投资企业境内投资的暂行规定》。合并后的公司不得在禁止外商投资产业的企业中持有股权。"

三、在原第十八条中新增："公司与中国内资企业合并的，申请人还应向审批机关报送拟合并的中国内资企业已投资设立企业的营业执照复印件。”

四、在原第三十五条中新增：“公司与中国内资企业合并的，存续或新设的公司，还应根据有关外商投资企业的规定，到税务、海关、土地管理和外汇管理等机关，办理相关的审核手续。”

五、在原第三十六条中新增第二款：“在公司与中国内资企业合并过程中，外国投资者购买内资企业股东股权的，其股权购买金的支付条件，依照《〈中外合资经营企业合营各方出资的若干规定〉的补充规定》执行。”

六、原第三十九条修改为：“本规定自发布之日起执行。”

此外，对部分条款的表述作相应修改，并对条、款、项顺序作相应调整。

本决定自发布之日起执行。

《关于外商投资企业合并与分立的规定》根据本决定作相应的修改，重新公布。

关于外商投资企业合并与分立的规定

（［1999］外经贸法发第395号公布　根据2001年11月22日《对外贸易经济合作部和国家工商行政管理总局关于修改〈关于外商投资企业合并与分立的规定〉的决定》修订）

第一条　为了规范涉及外商投资企业合并与分立的行为，保护企业投资者和债权人的合法权益，根据《中华人民共和国公司法》和有关外商投资企业的法律和行政法规，制定本规定。

第二条　本规定适用于依照中国法律在中国境内设立的中外合资经营企业、具有法人资格的中外合作经营企业、外资企业、外商投资股份有限公司（以下统称公司）之间合并或分立。

公司与中国内资企业合并，参照有关法律、法规和本规定办理。

第三条　本规定所称合并，是指两个以上公司依照公司法有关规定，通过订立协议而归并成为一个公司。

公司合并可以采取吸收合并和新设合并两种形式。

吸收合并，是指公司接纳其他公司加入本公司，接纳方继续存在，加入方解散。

新设合并，是指两个以上公司合并设立一个新的公司，合并各方解散。

第四条　本规定所称分立，是指一个公司依照公司法有关规定，通过公司最高权力机构决议分成两个以上的公司。

公司分立可以采取存续分立和解散分立两种形式。

存续分立，是指一个公司分离成两个以上公司，本公司继续存在并设立一个以上新的公司。

解散分立，是指一个公司分解为两个以上公司，本公司解散并设立两个以上新的公司。

第五条　公司合并或分立，应当遵守中国的法律、法规和本规定，遵循自愿、平等和公平竞争的原则，不得损害社会公共利益和债权人的合法权益。

公司合并或分立，应符合《指导外商投资方向暂行规定》和《外商投资产业指导目录》的规定，不得导致外国投资者在不允许外商独资、控股或占主导地位的产业的公司中独资、控股或占主导地位。

公司因合并或分立而导致其所从事的行业或经营范围发生变更的，应符合有关法律、法规及国家产业政策的规定并办理必要的审批手续。

第六条　公司合并或分立，应当符合海关、税务和外汇管理等有关部门颁布的规定。合并或分立后存续或新设的公司，经审批机关、海关和税务等机关核定，继续享受原公司所享受的各项外商投资企业待遇。

第七条　公司合并或分立，须经公司原审批机关批准并到登记机关办理有关公司设立、变更或注销登记。

拟合并公司的原审批机关或登记机关有两个以上的，由合并后公司住所地对外经济贸易主管部门和国家工商行政管理总局（以下简称国家工商总局）授权的登记机关作为审批和登记机关。

拟合并公司的投资总额之和超过公司原审批机关或合并后公司住所地审批机关审批权限的，由具有相应权限的审批机关审批。

拟合并的公司至少有一家为股份有限公司的，由中华人民共和国对外贸易经济合作部（以下简称外经贸部）审批。

第八条　因公司合并或分立而解散原公司或新设异地公司，须征求拟解散或拟设立公司的所在地审批机关的意见。

第九条　在投资者按照公司合同、章程规定缴清出资、提供合作条件且实际开始生产、经营之前，公司之间不得合并，公司不得分立。投资者已经按照公司合同、章程规定缴付出资、提供合作条件的，公司可以与中国内资企业合并。

第十条　有限责任公司之间合并后为有限责任公司。股份有限公司之间合并后为股份有限公司。

上市的股份有限公司与有限责任公司合并后为股份有

限公司。非上市的股份有限公司与有限责任公司合并后可以是股份有限公司，也可以是有限责任公司。

第十一条 股份有限公司之间合并或者公司合并后为有限责任公司的，合并后公司的注册资本为原公司注册资本额之和。

有限责任公司与股份有限公司合并后为股份有限公司的，合并后公司的注册资本为原有限责任公司净资产额根据拟合并的股份有限公司每股所含净资产额折成的股份额与原股份有限公司股份总额之和。

第十二条 根据本规定第十一条第一款合并的，各方投资者在合并后的公司中的股权比例，根据国家有关规定，由投资者之间协商或根据资产评估机构对其在原公司股权价值的评估结果，在合并后的公司合同、章程中确定，但外国投资者的股权比例不得低于合并后公司注册资本的25%。

第十三条 分立后公司的注册资本额，由分立前公司的最高权力机构，依照有关外商投资企业法律、法规和登记机关的有关规定确定，但分立后各公司的注册资本额之和应为分立前公司的注册资本额。

第十四条 各方投资者在分立后的公司中的股权比例，由投资者在分立后的公司合同、章程中确定，但外国投资者的股权比例不得低于分立后公司注册资本的25%。

第十五条 公司合并，采取吸收合并形式的，接纳方公司的成立日期为合并后公司的成立日期；采取新设合并形式的，登记机关核准设立登记并签发营业执照的日期为合并后公司的成立日期。

因公司分立而设立新公司的，登记机关核准设立登记并签发营业执照的日期为分立后公司的成立日期。

第十六条 涉及上市的股份有限公司合并或分立的，应当符合有关法律、法规和国务院证券监督管理部门对上市公司的规定并办理必要的审批手续。

第十七条 公司与中国内资企业合并必须符合我国利用外资的法律、法规规定和产业政策要求并具备以下条件：

（一）拟合并的中国内资企业是依照《中华人民共和国公司法》规范组建的有限责任公司或股份有限公司；

（二）投资者符合法律、法规和部门规章对合并后公司所从事有关产业的投资者资格要求；

（三）外国投资者的股权比例不得低于合并后公司注册资本的25%；

（四）合并协议各方保证拟合并公司的原有职工充分就业或给予合理安置。

第十八条 公司与中国内资企业合并后为外商投资企业，其投资总额为原公司的投资总额与中国内资企业财务审计报告所记载的企业资产总额之和，注册资本为原公司的注册资本额与中国内资企业的注册资本额之和。合并后的公司注册资本与投资总额比例，应当符合国家工商总局《关于中外合资经营企业注册资本与投资总额比例的暂行规定》；在特殊情况下，不能执行该规定的，须经外经贸部会同国家工商总局批准。

第十九条 与公司合并的中国内资企业已经投资设立的企业，成为合并后公司所持股的企业，应当符合中国利用外资的产业政策要求和《关于外商投资企业境内投资的暂行规定》。合并后的公司不得在禁止外商投资产业的企业中持有股权。

第二十条 公司吸收合并，由接纳方公司作为申请人，公司新设合并，由合并各方协商确定一个申请人。

申请人应向审批机关报送下列文件：

（一）各公司法定代表人签署的关于公司合并的申请书和公司合并协议；

（二）各公司最高权力机构关于公司合并的决议；

（三）各公司合同、章程；

（四）各公司的批准证书和营业执照复印件；

（五）由中国法定验资机构为各公司出具的验资报告；

（六）各公司的资产负债表及财产清单；

（七）各公司上一年度的审计报告；

（八）各公司的债权人名单；

（九）合并后的公司合同、章程；

（十）合并后的公司最高权力机构成员名单；

（十一）审批机关要求报送的其他文件。

公司与中国内资企业合并的，申请人还应向审批机关报送拟合并的中国内资企业已投资设立企业的营业执照复印件。

第二十一条 公司合并协议应包括下列主要内容：

（一）合并协议各方的名称、住所、法定代表人；

（二）合并后公司的名称、住所、法定代表人；

（三）合并后公司的投资总额和注册资本；

（四）合并形式；

（五）合并协议各方债权、债务的承继方案；

（六）职工安置办法；

（七）违约责任；

（八）解决争议的方式；

（九）签约日期、地点；

（十）合并协议各方认为需要规定的其他事项。

第二十二条 拟合并的公司有两个以上原审批机关的，拟解散的公司应当在依照本规定第十八条向审批机关报送有关文件之前，向其原审批机关提交因公司合并而解散的申请。

原审批机关应自接到前款有关解散申请之日起15日内作出是否同意解散的批复。超过15日，原审批机关未作批复的，视作原审批机关同意该公司解散。

如果原审批机关在前款规定期限内，作出不同意有关公司解散的批复，拟解散公司可将有关解散申请提交原审批机关与公司合并的审批机关共同的上一级对外经济贸易主管部门，该部门应自接到有关公司解散申请之日起30日内作出裁决。

如果审批机关不同意或不批准公司合并，则有关公司解散的批复自行失效。

第二十三条 拟分立的公司应向审批机关报送下列文件：

（一）公司法定代表人签署的关于公司分立的申请书；

（二）公司最高权力机构关于公司分立的决议；

（三）因公司分立而拟存续、新设的公司（以下统称分立协议各方）签订的公司分立协议；

（四）公司合同、章程；

（五）公司的批准证书和营业执照复印件；

（六）由中国法定验资机构为公司出具的验资报告；

（七）公司的资产负债表及财产清单；

（八）公司的债权人名单；

（九）分立后的各公司合同、章程；

（十）分立后的各公司最高权力机构成员名单；

（十一）审批机关要求报送的其他文件。

因公司分立而在异地新设公司的，公司还必须向审批机关报送拟设立公司的所在地审批机关对因分立而新设公司签署的意见。

第二十四条 公司分立协议应包括下列主要内容：

（一）分立协议各方拟定的名称、住所、法定代表人；

（二）分立后公司的投资总额和注册资本；

（三）分立形式；

（四）分立协议各方对拟分立公司财产的分割方案；

（五）分立协议各方对拟分立公司债权、债务的承继方案；

（六）职工安置办法；

（七）违约责任；

（八）解决争议的方式；

（九）签约日期、地点；

（十）分立协议各方认为需要规定的其他事项。

第二十五条 合并后存续的公司或者新设的公司全部承继因合并而解散的公司的债权、债务。

分立后的公司按照分立协议承继原公司的债权、债务。

第二十六条 审批机关应自接到本规定第十八条或第二十一条规定报送的有关文件之日起45日内，以书面形式作出是否同意合并或分立的初步批复。

公司合并的审批机关为外经贸部的，如果外经贸部认为公司合并具有行业垄断的趋势或者可能形成就某种特定商品或服务的市场控制地位而妨碍公平竞争，可于接到前款所述有关文件后，召集有关部门和机构，对拟合并的公司进行听证并对该公司及其相关市场进行调查。前款所述审批期限可延长至180天。

第二十七条 拟合并或分立的公司应当自审批机关就同意公司合并或分立作出初步批复之日起10日内，向债权人发出通知书，并于30日内在全国发行的省级以上报纸上至少公告三次。

公司应在上述通知书和公告中说明对现有公司债务的承继方案。

第二十八条 公司债权人自接到本规定第二十五条所述通知书之日起30日内、未接到通知书的债权人自第一次公告之日起90日内，有权要求公司对其债务承继方案进行修改，或者要求公司清偿债务或提供相应的担保。

如果公司债权人未在前款规定期限内行使有关权利，视为债权人同意拟合并或分立公司的债权、债务承继方案，该债权人的主张不得影响公司的合并或分立进程。

第二十九条 拟合并或分立的公司自第一次公告之日起90日后，公司债权人无异议的，拟合并公司的申请人或拟分立的公司应向审批机关提交下列文件：

（一）公司在报纸上三次登载公司合并或分立公告的证明；

（二）公司通知其债权人的证明；

（三）公司就其有关债权、债务处理情况的说明；

（四）审批机关要求提交的其他文件。

第三十条 审批机关应自接到本规定第二十七条所列文件之日起30日内，决定是否批准公司合并或分立。

第三十一条 公司采取吸收合并形式的，接纳方公司应到原审批机关办理外商投资企业批准证书变更手续并到登记机关办理公司变更登记；加入方公司应到原审批机关缴销外商投资企业批准证书并到登记机关办理公司注销登记。

公司采取新设合并形式的，合并各方公司应到原审批机关缴销外商投资企业批准证书并到登记机关办理公司注销登记；新设立的公司应通过申请人到审批机关领取外商投资企业批准证书并到登记机关办理公司设立登记。

公司采取存续分立形式的，存续的公司应到审批机关办理外商投资企业批准证书变更手续并到登记机关办理公司变更登记；新设立的公司应到审批机关领取外商投资企业批准证书并到登记机关办理公司设立登记。

公司采取解散分立形式的，原公司应到原审批机关缴销外商投资企业批准证书并到登记机关办理公司注销登记；新设立的公司应到审批机关领取外商投资企业批准证书并到登记机关办理公司设立登记。

公司与中国内资企业合并的仅由公司办理有关外商投资企业批准证书手续。

第三十二条 公司合并的申请人或拟分立的公司，应自审批机关批准合并或分立之日起30日内，就因合并或分立而解散、存续或新设公司的事宜，到相应的审批机关办理有关缴销、变更或领取外商投资企业批准证书手续。

第三十三条 公司应自缴销、变更或领取外商投资企业批准证书之日起，依照《中华人民共和国企业法人登记管理条例》和《中华人民共和国公司登记管理条例》等有关规定，到登记机关办理有关注销、变更或设立登记手续。

设立登记应当在有关公司变更、注销登记办理完结后进行。

公司合并或分立协议中载明的有关公司财产处置方案及债权、债务承继方案和审批机关批准公司合并或分立的文件，视为注销登记所需提交的清算报告。

第三十四条 公司为新设合并或分立办理注销、变更登记后，当事人不依法办理有关公司设立登记的，应承担相应的法律责任。

第三十五条 公司投资者因公司合并或分立而签署的修改后的公司合同、章程自审批机关变更或核发外商投资企业批准证书之日起生效。

第三十六条 合并或分立后存续或新设的公司应自变更或领取营业执照之日起30日内，向因合并或分立而解散的公司之债权人和债务人发出变更债务人和债权人的通知并在全国发行的省级以上报纸上公告。

第三十七条 合并或分立后存续或新设的公司应自换发或领取营业执照之日起30日内。到税务、海关、土地管理和外汇管理等有关机关办理相应的登记手续。

公司与中国内资企业合并的，存续或新设的公司，还应根据有关外商投资企业的规定，到税务、海关、土地管理和外汇管理等机关，办理相关的审核手续。

第三十八条 在公司合并或分立过程中发生股权转让的，依照有关法律、法规和外商投资企业投资者股权变更的规定办理。

在公司与中国内资企业合并过程中，外国投资者购买内资企业股东股权的，其股权购买金的支付条件，依照《〈中外合资经营企业合营各方出资的若干规定〉的补充规定》执行。

第三十九条 香港、澳门、台湾地区的投资者在中国其他地区投资举办的公司合并或分立，参照本规定办理。

第四十条 本规定由外经贸部和国家工商总局负责解释。

第四十一条 本规定自发布之日起执行。

外商投资企业执行《企业会计制度》有关问题的规定

财政部关于印发《外商投资企业执行〈企业会计制度〉有关问题的规定》的通知

国务院有关部委、有关直属机构，各省、自治区、直辖市、计划单列市财政厅（局），新疆生产建设兵团财务局，中央企业集团公司：

为了进一步规范外商投资企业的会计核算，统一企业的会计标准，我部制定了《外商投资企业执行〈企业会计制度〉有关问题的规定》，请布置所属外商投资企业遵照执行。《企业会计制度》执行中有何问题，请及时函告我部。

附件：外商投资企业执行《企业会计制度》有关问题的规定

财　政　部

2001年11月29日

从2002年1月1日起，外商投资企业执行财政部2000年12月29日发布的《企业会计制度》（财会［2000］25号)。财政部1992年6月24日发布的《中华人民共和国外商投资企业会计制度》(［92］财会字第33号）及其相关的会计科目和会计报表规定（以下简称“外商投资企业会计制度”）同时废止。现就外商投资企业执行《企业会计制度》有关问题规定如下：

一、外商投资企业由于执行《企业会计制度》，导致所采用的会计政策发生变更，除下列规定要求采用追溯调整法进行处理外，其他就采用未来适用法：

（一）按《企业会计制度》规定计提的短期投资跌价准备以及长期投资、固定资产、无形资产、在建工程、委托贷款减值准备的处理。

按《企业会计制度》规定计提的应收账款坏账准备及存货跌价准备与原制度计提数的差额，采用追溯调整法。

（二）对于《企业会计制度》施行之日以前发生、但在施行之日仍然持有的投资，自《企业会计制度》施行之日起应按《企业会计制度》的规定处理，即在《企业会计制度》执行之前，按外商投资企业会计制度已确认的投资及投资收益，不予追溯调整；其后对投资收益的确认和投资账面价值的调整等，应按《企业会计制度》的规定进行处理。

（三）外商投资企业在执行《企业会计制度》时，如果未摊销的开办费和筹建期间汇兑损失余额较大，直接将其余额转入当期损益对企业的利润产生重大影响的，可采用追溯调整法进行处理。如果未摊销的开办费和筹建期间汇兑损失余额较小，直接将其余额转入当期损益对企业的利润无重大影响的，可将其余额直接转入当期损益。

二、外商投资企业在执行《企业会计制度》时，其他有关问题的处理，按以下规定执行：

（一）“有价证券”科目余额，转入“短期投资”科目。

（二）“预付货款”科目余额和“预收货款”科目余额，分别转“预付账款”科目和“预收账款”科目。

（三）“存货变现损失准备”科目的余额，转入“存货跌价准备”科目。

（四）“筹建期间汇兑损失”贷方余额，应区别情况处理：留待清算时处理的，转入“长期待摊费用”科目；留待弥补企业生产经营期间发生的年度亏损的，转入“长期待摊费用”科目；自企业投入生产经营起按5年分期平均转销的，如直接将其余额转入当期损益对企业的利润产生重大影响的，可采用追溯调整法进行处理；如直接转入当期损益对企业的利润无重大影响的，可直接计入当期损益。

（五）其他递延支出余额，应区分不同情况处理：对于能使以后会计期间受益的部分，转入“长期待摊费用”科目；不能使以后会计期间受益的部分，直接计入当期损益。

（六）“递延投资损失”科目余额，应区别不同情况处理：如果是借方余额，应转入“长期待摊费用”科目；如果是贷方余额，应转入“递延收益”科目。

（七）应付公司债、应付公司债溢价或折价余额，应当转入“应付债券”科目。

（八）“应付工资”（或“应付工资及福利”）科目余额，应区别不同情况处理：如果属于应支付给职工的工资总额（包括在工资总额内的各种工资、奖金、津贴等），仍在“应付工资”科目反映；如果属于应付中方职工的退休养老等项基金、保险福利费用和国家的各项补贴，应转入“应付福利费”科目。

（九）“应付福利费”科目除核算从“应付工资”科目转入的各项内容外，只核算外商投资企业按规定从税后利润中提取的职工奖励及福利基金及其使用。其余福利费应于发生的当期直接计入当期损益。

（十）“储备基金”、“企业发展基金”、“利润归还投资”科目余额，转入“盈余公积”科目。

（十一）在资产负债表“预计负债”项目下增设“递延收益”项目。

在资产负债表的“实收资本”项目下增设“其中：中方投资（非人民币资本期末余额______）和外方投资（非人民币资本期末金额______）”项目。

（十二）外商投资旅游企业，在执行《企业会计制度》和本规定的基础上，利润表及其附表的格式暂按《外商投资旅游企业会计科目和会计报表》规定的格式填报。

三、采用追溯调整法进行会计处理的情况下，在编制比较会计报表时，对于比较会计报表期间的会计政策变更，应当调整各该期间的净损益和其他相关项目，视同该政策在比较会计报表期间一直采用。对于比较会计报表可比期间以前的会计政策变更的累积影响数，应当调整比较会计报表最早期间的期初留存收益，会计报表其他相关项目的数字也应一并调整。

设立外商投资印刷企业暂行规定

中华人民共和国新闻出版总署
中华人民共和国对外贸易经济合作部 **令**

第16号

现发布《设立外商投资印刷企业暂行规定》，自发布之日起施行。

新闻出版总署署长　石宗源
对外贸易经济合作部部长　石广生
2002年1月29日

第一条　为进一步适应改革开放的需要，加强对外商投资印刷企业的管理，促进我国印刷业的健康发展，根据《中华人民共和国中外合资经营企业法》、《中华人民共和国中外合作经营企业法》、《中华人民共和国外资企业法》、《印刷业管理条例》等有关法律、法规，制定本规定。

第二条　本规定适用于在中国境内设立外商投资印刷企业。

本规定所称外商投资印刷企业，是指外国机构、公司、企业（以下简称外方投资者）按照平等互利的原则和中国公司、企业共同投资设立的中外合营（包括合资、合作）

印刷企业和外方投资者投资设立的外资印刷企业。

第三条 国家允许设立从事出版物、包装装潢印刷品、其他印刷品印刷经营活动的中外合营印刷企业，允许设立从事包装装潢印刷品印刷经营活动的外资印刷企业。

第四条 外商投资印刷企业从事印刷经营活动，应当遵守中国法律、法规，接受印刷业管理部门的监督管理，不得损害社会公共利益。

外商投资印刷企业的正当经营活动及投资各方的合法权益受中国法律的保护。

第五条 中方投资者以国有资产参与投资（包括作价出资或作为合作条件），须经其相应主管部门批准，并按照国有资产评估管理的有关规定对拟投入的国有资产进行评估。

第六条 设立外商投资印刷企业，应当具备下列条件：

（一）申请设立外商投资印刷企业的中、外方投资者应当是能够独立承担民事责任的法人，并具有直接或间接从事印刷经营管理的经验。

（二）外方投资者应当符合下列要求之一：

1. 能够提供国际先进的印刷经营管理模式及经验；

2. 能够提供国际领先水平的印刷技术和设备；

3. 能够提供较为雄厚的资金。

（三）申请设立外商投资印刷企业的形式为有限责任公司。

（四）从事出版物、包装装潢印刷品印刷经营活动的外商投资印刷企业注册资本不得低于1 000万元人民币；从事其他印刷品印刷经营活动的外商投资印刷企业注册资本不得低于500万元人民币。

（五）从事出版物、其他印刷品印刷经营活动的中外合营印刷企业，合营中方投资者应当控股或占主导地位。其中，从事出版物印刷经营活动的中外合营印刷企业的董事长应当由中方担任，董事会成员中方应当多于外方。

（六）经营期限一般不超过30年。

审批设立外商投资印刷企业，除依照前款规定外，还应当符合国家有关印刷企业总量、结构和布局的规划。

第七条 设立外商投资印刷企业，应先向所在地省级新闻出版行政部门提出申请，并提交下列申请文件：

（一）设立外商投资印刷企业申请书。

（二）各方投资者法定代表人签署的项目建议书及项目可行性研究报告。项目建议书应当载明下列事项：

1. 各方投资者的名称、住所；

2. 申请设立外商投资印刷企业的名称、法定代表人、住所、经营范围、注册资本及投资总额；

3. 各方投资者的出资方式和出资额。

（三）各方投资者的注册登记证明（复印件）、法定代表人身份证明（复印件）和资信证明。

（四）国有资产管理部门对拟投入国有资产的评估报告确认文件。

省级新闻出版行政部门自收到规定的全部文件之日起10个工作日内提出初审意见，报送新闻出版总署审批。

第八条 报送新闻出版总署审批，省级新闻出版行政部门需提交下列文件：

（一）申请人申请设立文件。

（二）省级新闻出版行政部门的初审意见。

（三）法律、法规和新闻出版总署规定的其他文件。

新闻出版总署应自收到规定的全部文件之日起30个工作日内作出批准或者不批准的书面决定。

第九条 申请人获得新闻出版总署批准文件后，按照有关法律、法规向所在地省、自治区、直辖市、计划单列市外经贸行政部门提出申请，并提交下列文件：

（一）申请人申请设立文件及新闻出版总署的批准文件。

（二）由各方投资者法定代表人或其授权的代表签署的外商投资印刷企业的合同、章程。

（三）拟设立外商投资印刷企业的董事会成员名单及各方投资者董事委派书。

（四）工商行政管理部门出具的企业名称预先核准通知书。

（五）法律、法规和外经贸行政部门规定的其他材料。

省、自治区、直辖市、计划单列市外经贸行政部门对投资总额在3 000万美元以下，拟从事包装装潢印刷品印刷经营活动的外商投资印刷企业进行审批。应自收到规定的全部文件之日起30个工作日内作出批准或者不批准的书面决定。批准设立申请的，发给《外商投资企业批准证书》，并报对外贸易经济合作部（以下简称外经贸部）备案。

对拟从事出版物、其他印刷品印刷经营活动的中外合营印刷企业及投资总额在3 000万美元以上（含3 000万美元）拟从事包装装潢印刷品印刷经营活动的外商投资印刷企业，省、自治区、直辖市、计划单列市外经贸行政部门应自收到规定的全部文件之日起10个工作日内提出初审意见，报送外经贸部审批。

第十条 报送外经贸部审批，省、自治区、直辖市、计划单列市外经贸行政部门需提交下列文件：

（一）申请人申请设立文件。

（二）省、自治区、直辖市、计划单列市外经贸行政部门的初审意见。

（三）法律、法规和外经贸部规定的其他文件。

外经贸部应自收到规定的全部文件之日起30个工作日内作出批准或者不批准的书面决定。批准设立申请的，发给《外商投资企业批准证书》。

第十一条 获得批准设立的申请人，持新闻出版总署的批准文件及《外商投资企业批准证书》到省级新闻出版行政部门申领《印刷经营许可证》，并按照《印刷业管理条例》的有关规定申领《特种行业许可证》和营业执照。

第十二条 外商投资印刷企业不得设置分支机构。

第十三条 已设立的中外合营印刷企业申请兼营或者变更从事出版物、包装装潢印刷品或者其他印刷品印刷经营活动的，或者已设立的外商投资印刷企业兼并其他印刷业经营者，或者因合并、分立而设立新的印刷业经营者，应经新闻出版总署批准后，再报外经贸部门批准，并依法办理相应的注册登记变更手续。

其他事项变更，按现行有关规定报原审批部门批准，并办理相应的注册登记变更手续。对于企业变更名称、法定代表人或者负责人、住所或者经营场所、股权比例等主要登记事项，或者终止印刷经营活动等，并报新闻出版总署备案。

第十四条 外商投资印刷企业经营期限届满，因特殊情况确需延长经营期限的，应当在经营期限届满的180天前提出申请，并报送原审批机关审批。

第十五条 经批准设立的外商投资印刷企业，应当在审批机关规定的期限内办理完有关登记注册手续；逾期未能完成的，经审批机关核准后，可以撤销该外商投资项目。

第十六条 县级以上新闻出版行政部门对未经批准，擅自设立并从事印刷经营活动的外商投资印刷企业，依照《印刷业管理条例》进行处罚。

各级新闻出版及外经贸行政部门违反本规定，擅自批准设立或者变更不符合条件的外商投资印刷企业的，依照《印刷业管理条例》追究有关负责人及责任人的责任。

第十七条 香港特别行政区、澳门特别行政区、台湾地区的投资者在大陆投资兴办印刷企业的，参照本规定执行。

第十八条 1997年5月1日施行的《印刷业管理条例》实施前，经有关部门批准设立的外商投资印刷企业，经新闻出版总署审核同意后到省级新闻出版行政部门换领《印刷经营许可证》，其中，从事出版物印刷经营活动的外商投资企业申请扩大投资规模及延长经营期限的，须符合本规定第六条的要求；1997年5月1日后依据《印刷业管理条例》的规定批准设立的外商投资印刷企业，应当自本规定施行之日起180天内，到省级新闻出版行政部门换领《印刷经营许可证》。

第十九条 本规定由新闻出版总署和外经贸部负责解释。

第二十条 本规定自发布之日起施行。

对外经济合作

对外贸易经济合作部办公厅关于部分调整对外承包工程、劳务合作经营资格条件的通知

外经贸发展字［2001］735 号

各省、自治区、直辖市和计划单列市外经贸委（厅、局），各中央管理企业：

为落实党中央、国务院实施西部大开发和鼓励企业"走出去"的战略部署，结合全国外经贸企业和中西部地区的实际情况，外经贸部决定调整部分对外承包工程和劳务合作经营资格条件。现将有关事项通知如下：

一、外贸公司申请外经权的标准调整为：沿海地区上年进出口总额达到1亿美元或出口额达到5 000万美元、中西部地区上年进出口总额达到5 000万美元或出口额达到3 000万美元的外贸公司，经申请可赋予对外劳务经营权；上年出口额达到5 000万美元（中西部地区3 000万美元）的经营机电设备为主（占年出口额60%以上）的外贸流通公司，可申请对外劳务经营权和对外承包工程经营权。沿海地区申请企业的注册资本应在500万元人民币以上，中西部地区的应在300万元人民币以上。

二、地市级外经窗口公司申请对外劳务经营权的审核标准调整为：中西部省、自治区和直辖市凡未设外经窗口公司的地（市），可指定一家国有窗口公司或其他国有公司申请对外劳务经营权，注册资本应在300万元人民币以上。

三、注册资本达到1亿元、资产总额达到3亿元、自有远洋渔船达到30艘的公有（公有控股）渔业企业，可申请外派渔业劳务经营权。

四、本通知未涉及内容仍按外经贸部1999年下发的《关于调整企业申请对外承包劳务经营权的资格条件及加强后期管理等问题的通知》（［1999］外经贸政审函字第748号）和《关于调整生产企业申请成立进出口公司和开展对外经济技术合作业务资格条件有关事项的通知》（［1999］外经贸政审函字第1772号）执行。

特此通知

对外贸易经济合作部办公厅
2001年5月8日

外派劳务人员培训工作管理规定（修订稿）

对外贸易经济合作部关于印发《外派劳务人员培训工作管理规定》（修订稿）的通知

外经贸合发［2001］441 号

各省、自治区、直辖市及计划单列市外经贸委（厅、局），各有关外经贸企业：

为提高我国外派劳务人员的素质，进一步加强外派劳务培训工作的管理，保证和促进对外劳务合作的健康快速发展，在广泛征求意见的基础上，我部对1996年制订的《外派劳务人员培训工作管理规定》进行了修订。现将修订后的《外派劳务人员培训工作管理规定》（以下简称"《规定》"）印发给你们，请遵照执行，并注意做好以下工作：

一、尽快将此通知转发所属的培训中心和各相关单位、企业。

二、组织各培训中心和有关人员认真学习、贯彻落实《规定》，不断改进培训工作，努力提高培训质量。

三、切实加强对所属培训中心的监督和管理，指定专人负责外派劳务培训工作，定期对培训情况进行检查。

四、做好地方各类培训中心的规划工作，认真调研，创造使外派劳务培训工作逐步向社会化过渡的条件。

五、根据《规定》的精神，结合本地区或本行业的实际情况，提出进一步加强培训工作的总体规划和设想，并对所属培训中心进行调整和整顿。对符合《规定》要求、拟继续保留或新设立的培训中心，由外经贸主管部门牵头，会同各有关部门逐一验收，并写出书面验收报告。对达不到要求或违反有关规定的培训中心，由外经贸主管部门提出处理意见，与上述规划及验收报告一并于2001年9月1日前报我部。

执行中有何问题和意见请及时告我部（合作司）。

附件：外派劳务人员培训工作管理规定（修订稿）

对外贸易经济合作部

2001年8月1日

第一章 总　　则

第一条　为加强对我国外派劳务人员培训工作的管理，提高我国外派劳务人员的素质，促进对外劳务合作业务的发展，特制定本规定。

第二条　本规定所称“外派劳务人员培训”，是指具有对外经济合作业务经营资格（以下简称“经营资格”）的企业拟派出的各类劳务人员（包括劳务性质的研修生等，下同）出国（境）前应接受的必要的适应性培训。

第三条　本规定所称的“外派劳务人员培训中心”（以下简称“培训中心”）是指经对外贸易经济合作部（以下简称“外经贸部”）核准的具有外派劳务培训、考核资格的单位。

第二章 培训管理体制

第四条　外经贸部归口管理全国的外派劳务培训业务；各省、自治区、直辖市及计划单列市外经贸委（厅、局）（以下简称“地方外经贸主管部门”）负责归口管理本地区的外派劳务培训工作。各中央大型企业工作委员会管理的企业（以下简称“中央企业”）负责管理本企业内部外派劳务培训工作。中国对外承包工程商会（以下简称“承包商会”）依照外经贸部制订的有关规定和政策，具体负责协调、指导培训中心的工作。

第三章 培训中心的设立与资格核准

第五条　根据本地区、本企业对外劳务合作业务的开展情况和外派劳务培训工作的需要，地方外经贸主管部门和中央企业可利用社会或本部门、本企业现有的培训设施和教学力量申请设立由其直接管理的综合性或专业（行业）性的培训中心，或申请赋予现有培训单位外派劳务培训资格（以下简称“申请设立培训中心”）。其他单位或企业申请设立培训中心，今后原则上不再核准。

第六条　地方外经贸主管部门或中央企业申请设立培训中心，应依据本规定的标准对培训中心的情况进行核查，符合标准的，写出核查报告，连同有关材料一并报外经贸部申请核准。

地方外经贸主管部门根据外经贸部的核准文件向培训中心颁发《外派劳务人员（研修生）培训资格证书》（以下简称“《资格证书》”）。未经外经贸部核准，任何单位不具备外派劳务培训资格。外经贸部授权地方外经贸主管部门负责对本地区培训中心（包括中央企业）进行《外派劳务人员（研修生）培训资格证书》的年度审核和管理工作。《资格证书》管理办法另行制订、颁布。

第七条　地方外经贸主管部门申请设立培训中心，本地区年外派劳务人数应连续两年超过1 000人次；中央企业申请设立培训中心，年外派劳务人数应连续两年超过1 500人次。西部省区和距离现有培训中心较远、交通不便，且外派劳务达到一定规模的地区申请设立培训中心，可适当降低核准标准。原则上每个地级及地级以下城市最多只核准一家培训中心，省会城市和计划单列市不超过两家，直辖市不超过四家。如果地级及地级以下城市年外派人数超过3 000人次，省会城市和计划单列市年外派人数超过6 000人次，直辖市年外派人数超过10 000人次，可在上述基数上适当增加。

外经贸部根据各地区和各中央企业历年来外派劳务情况，按照既满足培训业务需要、又保证各培训中心生源的原则，兼顾行业与地域优势，统筹规划全国培训中心的布局，并根据各地区和各中央企业外派劳务业务的发展情况及时进行调整，实行动态管理。

第八条 培训中心应具备下述条件：

一、拥有固定的培训场所和培训设施，可同时培训100人以上。

二、拥有熟悉对外劳务合作业务及政策、具备良好政治素质、职业道德和较高教学水平的专、兼职教师队伍。原则上专职教师人数应不少于3人，并有明确的教学分工。

三、拥有保证外派劳务培训工作正常运行的管理人员和规章制度。

四、拥有适应国际劳务市场需求变化、及时调整培训方向和培训方式的能力。

第九条 申请设立培训中心需向外经贸部报送下述材料：

一、申请报告；

二、培训中心情况介绍（包括培训中心的组织机构、教学设施、师资情况、专业构成及培训实绩等）；

三、地方外经贸主管部门或中央企业的核查报告；

四、本地区或本企业外派劳务情况（包括累计派出人数、近两年外派劳务人数、目前在外人数、分布情况及前景分析等）。

第四章 培 训

第十条 培训的内容

一、我国对外劳务合作方面的法律、法规和规定。

二、安全保密、外事纪律、涉外礼仪等出国常识。

三、派出单位与国外雇主、劳务人员所签合同的内容。

四、从事国（境）外劳务工作应承担的义务和享有的权利及正确处理与外方雇主的关系、提高服务意识、保证工作质量、依法履行合同和正当保护自身合法权益等。

五、派往国家（地区）的有关法律、法规、宗教、民俗等方面的情况。

六、派往国家（地区）的政治、经济、人文、地理等方面的情况。

七、崇尚科学，破除迷信，自觉抵制带有反动性质的外国宗教势力和邪教组织的渗透。

八、语言、普通专业技能及其他需要培训的内容。

第十一条 培训教材

一、培训教材包括公共课教材、语言培训教材和专业技能教材。

二、公共课、语言培训课的教材、教学大纲和考核大纲由承包商会根据外经贸部制订的标准和要求，统一组织编写和修订。专业技能教材，各培训中心可根据我国或派往国家有关技术标准及国外业主的要求编写。根据培训工作的需要，外经贸部委托承包商会或其他单位组织编写专业技能补充教材。

三、各培训中心应严格执行外经贸部审定的教学大纲和考核大纲。在实施培训中，公共课采用统编教材，应保证外派劳务人员人手一册。非公共课教材，各培训中心可根据外派劳务项目的实际需要自行选编。

第十二条 具有初级以上职称（含初级职称）从事技术劳务的，如已熟练掌握拟派往国家（地区）的官方语言或相应技术，凭外语考试证书（成绩表）或技术职称证书，可不进行外语培训或技能培训，只进行规定时间内的公共课程培训。

第十三条 培训时间

一、公共课程内容的培训一般不得少于40课时；

二、语言培训时间应根据劳务人员拟派往国家企业提出的标准进行安排，如外语水平未达到第十二条所述标准，至少需进行40课时的简单生活用语和工作用语的强化培训；

三、专业技能的培训时间，由外派单位根据劳务人员的技术情况和国外雇主的要求与培训中心协商确定。

第十四条 培训地点

为减轻劳务人员的经济负担，劳务人员应尽可能就地、就近培训。一般情况下，不得跨省（市）或中央企业培训。

第十五条 培训中心的师资和教学

一、各培训中心的教师应具备相应的学历，专业技能课教师应具有相应的实践经验。对于培训经验丰富、教学质量较高的教师，学历要求可适当放宽。

二、各培训中心的教师应根据教学大纲和培训计划的要求搞好教学工作，并根据外派劳务的特点进行教学研究，改进教学方法，提高培训质量。

三、承包商会应不定期组织培训中心的师资培训和教学经验交流会；并配合外经贸部对部分培训中心业务进行年度评估。对评估结果较差的培训中心，外经贸部按本文有关规定进行处理。

四、有条件的地区应积极探索开展卫星远程和网络培训方式，大力发挥兼职教师的作用，以适应外派劳务培训多专业、多层次的特点。

五、各培训中心应不断完善管理系统，建立健全教学管理、考核和教学质量检查评估制度，建立培训人员档案。

第十六条 考试

为保证培训质量，参加培训的外派劳务人员，应在规定的培训时间内接受所有规定培训内容的培训。培训结束时，培训中心须按考核大纲命题对劳务人员进行考试，考试不合格者，不能发给相应的资格证书。

第十七条 各培训中心应树立良好的服务意识，与本地区内有经营资格的企业保持经常性联系，接受他们的培训委托，并努力保证培训质量，严禁“走过场”。

第五章 经 费

第十八条 培训中心的办公经费及人员工资、福利待遇等，可按其隶属关系由所属部门解决，也可采取自筹自支的方式解决。

第十九条 各培训中心应根据专款专用的原则合理使用国家、地方的专项拨款及社会的捐助款。

第二十条 外派劳务人员的培训费用原则上应自行负担，承包工程项下派出的劳务人员可由派出单位负担。各培训中心收取培训费的标准必须符合外经贸部的有关规定，严禁乱收费。

第六章 培训合格证的颁发

第二十一条 《外派劳务（研修生）培训合格证》（以下简称"《合格证》"）是外派劳务人员的资格证明，是外派劳务人员办理出国（境）手续的证明文件之一。

第二十二条 《合格证》由外经贸部统一监制。外经贸部委托地方外经贸主管部门审核、发放其所属培训中心的《合格证》，委托北京市外经贸委审核、发放在京各中央企业培训中心的《合格证》，委托各地方外经贸主管部门审核、发放本地方行政区域内中央企业培训中心的《合格证》。

第二十三条 《合格证》须在照片处加盖"中国外派劳务培训（　　）号"钢印、并由外经贸部委托的审核部门在第4页盖章后生效。地方培训中心的《合格证》加盖地方外经贸主管部门的公章，中央企业培训中心的《合格证》加盖所在地地方外经贸主管部门的公章。

第二十四条 各培训中心申请发放《合格证》时，须填写《外派劳务（研修生）培训合格人员送审表》（以下简称《送审表》，样式见附件）一式二份，与《合格证》一并送外经贸部委托审核部门审核。外经贸部委托审核部门须在收到《送审表》后的二个工作日内完成审核。

第二十五条 《合格证》的收费标准由外经贸部商财政部制订，任何部门不得以任何理由加价。

第二十六条 《合格证》的有效期

一、《合格证》的有效期为三年，根据劳务合同需要，可适当延长。

二、在《合格证》有效期内，如果劳务人员派往《合格证》规定以外的国家（地区），在接受相应的国别（地区）概况和语言培训后，可申请办理新的《合格证》。

三、有效期满后二年内派往同一国家（地区），可凭原《合格证》和派出单位证明办理新的《合格证》，超过二年需重新接受培训。

第二十七条 外派劳务人员出国（境）后必须妥善保存《合格证》，可视情况向国（境）外雇主和单位出示，不得出售、伪造或挪作它用。

如《合格证》遗失，应立即凭个人申请、派出单位证明及《送审表》向原培训中心申请补办，并在补办的《合格证》上注明遗失补办，有效期为原《合格证》有效期。

第二十八条 《合格证》由承包商会代部发放。各培训中心可直接向承包商会购买，也可委托地方外经贸主管部门统一订购。

第七章 培训中心的管理

第二十九条 各培训中心应以提高外派劳务人员的素质为宗旨，不得以盈利为目的，要严格遵守国家有关法律、法规和政策，在培训过程中认真执行外经贸部审定的教学大纲和考核大纲，保证培训质量。

第三十条 在从事外派劳务人员培训工作中，持证单位有以下行为之一者，外经贸部将给予警告处分：

一、违反培训工作的有关规定；

二、不服从或逃避地方外经贸主管部门、商会的管理或协调；

三、年培训人数过少（200人次以下）；

四、无特殊理由，逾期6个月不办理申领或更换《资格证书》手续。

第三十一条 在从事外派劳务培训过程中，持证单位有以下行为之一者，外经贸部将暂停其外派劳务人员培训资格：

一、违反培训工作的有关规定，给国家、企业或劳务人员的利益带来损害；

二、不服从地方外经贸主管部门和承包商会的管理或协调，扰乱了培训工作的正常秩序；

三、培训中心管理不善，培训制度不健全，培训流于形式、走过场；

四、培训工作开展不力（连续两年培训不足200人）；

五、逾期一年不办理申领或更换《资格证书》手续；

六、违反外派劳务培训收费的有关规定，巧立名目高收费、乱收费。

第三十二条 在从事外派劳务培训过程中，持证单位有以下行为之一者，外经贸部将吊销其外派劳务人员培训资格：

一、严重违反培训工作的有关规定，给国家、企业或劳务人员的利益带来严重损害；

二、不服从地方外经贸主管部门和承包商会的管理或协调，干扰、破坏了外派劳务业务和外派劳务培训工作的正常秩序；

三、弄虚作假、倒卖或变相倒卖《合格证》；

四、受到警告、暂停培训资格处罚后，培训工作仍达不到有关规定要求。

第三十三条 地方外经贸主管部门和承包商会应经常监督、检查和指导培训中心的工作，及时将培训工作中存在的问题、解决意见和改进培训工作的建议报外经贸部。

第八章 附　　则

第三十四条 本规定自八月一日起实施，［1996］外经贸合发第101号文同时废止。外经贸部以往有关外派劳务培训的文件与本规定不相一致的内容一律以本规定为准。

附：______培训中心外派劳务（研修生）培训合格人员送审表（略）

中华人民共和国外派劳务人员（研修生）培训资格证书管理办法

对外贸易经济合作部关于印发《中华人民共和国外派劳务人员（研修生）培训资格证书管理办法》的通知

外经贸合发［2001］446号

各省、自治区、直辖市及计划单列市外经贸委（厅、局），中央管理的企业：

为推动我国对外劳务合作事业的发展，加强政府的宏观管理，提高工作效率，依据《关于印发〈外派劳务人员培训工作管理规定〉（修订稿）的通知》（外经贸合发［2001］441号）的有关规定，对外贸易经济合作部制订了《中华人民共和国外派劳务人员（研修生）培训资格证书管理办法》。现将该办法印发给你们，请转发有关单位并遵照执行。

特此通知

附件：中华人民共和国外派劳务人员（研修生）培训资格证书管理办法

对外贸易经济合作部

2001年8月1日

第一章 总 则

第一条 为进一步推动我国对外劳务合作事业的发展，加强对外派劳务人员（研修生）培训中心的管理，依据外经贸部2001年发布的《外派劳务人员培训工作管理规定》（修订稿）（外经贸合发［2001］441号）的有关规定，特制定本办法。

第二条 “外派劳务培训中心”（以下简称“培训中心”）系指经对外贸易经济合作部（以下简称“外经贸部”）核准的具有外派劳务培训、考核资格的单位。

“地方外经贸主管部门”系指各省、自治区、直辖市及计划单列市外经贸委（厅、局）。

第三条 《中华人民共和国外派劳务人员（研修生）培训资格证书》（以下简称《资格证书》，见附1）是从事外派劳务培训工作单位的资格证明。培训中心在开展上述业务时，应按规定向有关管理部门、单位、外派劳务人员等出示《资格证书》。

第四条 外经贸部是《资格证书》的全国统一管理机关，负责统一监制《资格证书》，制定《资格证书》的管理办法并监督地方外经贸主管部门具体执行，对《资格证书》的申领、换领和年审实行计算机网络管理。

外经贸部授权地方外经贸主管部门负责对设在本地方行政区域内培训中心《资格证书》的发放、审核和管理。各中央企业设在北京市的培训中心《资格证书》的发放、审核和管理工作由北京市外经贸委负责，设在京外的培训中心《资格证书》的发放、审核和管理工作由所在地外经贸主管部门负责。

第二章 《资格证书》的申领

第五条 凡经外经贸部批准，获得外派劳务培训资格的单位，应向所在地地方外经贸主管部门申请领取《资格证书》，获得《资格证书》的单位方可从事外派劳务培训业务。

第六条 单位向地方外经贸主管部门申领《资格证书》时应提供以下材料：

（一）外经贸部核准其从事外派劳务培训业务的文件（复印件）；

（二）《中华人民共和国外派劳务培训资格证书申请表》（以下简称《资格证书申请表》，见附2）一式两份。

第七条 对于符合第五条规定条件的单位，地方外经贸主管部门应在单位递交符合第六条规定的材料后15个工作日内核发《资格证书》。

第八条 地方外经贸主管部门应按照以下要求填写和发放《资格证书》：

（一）《资格证书》及《资格证书申请表》中的签批人必须经地方外经贸主管部门授权，其签字应报外经贸部备案。授权签字人发生变更时要及时报备。

（二）《资格证书》的证书编号采用五位编码，其中第1—

2位为地区代码（地区代码表见附件3），第3—5位为证书序号。

（三）《资格证书》发放后，地方外经贸主管部门要将《资格证书》申请表一份报外经贸部（合作司）备案。

第九条 《资格证书》须妥善保管，不得伪造、涂改、转借、出租或转让。

第三章 《资格证书》的换领

第十条 单位在以下情况时应及时换领新的《资格证书》：

（一）《资格证书》有效期满。《资格证书》的有效期为5年，单位应在有效期满前1个月向发证机关提出换领申请。

（二）经批准，单位的名称发生变更。

在上述两种情况下，由单位向原发证机关提出换领申请，发证机关审核同意后换发新证并报外经贸部备案。新证的证书编号与原证相同。地方外经贸主管部门应将原证收回。

第十一条 《资格证书》发生遗失，单位应及时向地方外经贸主管部门报告，并在全国性外经贸报纸上声明作废后方可申请补发。

第十二条 单位申请换领新的《资格证书》应提供以下材料：

（一）《资格证书》原证；

（二）外经贸部批准的文件复印件或各级外经贸主管部门批准单位变更名称的文件复印件；

（三）《资格证书申请表》一式两份。

第十三条 《资格证书》应及时申（换）领。获资格后超过6个月未办理申领手续或《资格证书》期满后3个月未办理更换手续者，单位必须以书面形式说明理由，经地方外经贸主管部门审核并报外经贸部批准后方可领（换）证。

第四章 《资格证书》的年审

第十四条 外经贸部对《资格证书》实行年审制度。《资格证书》的年审时间为每年的1月15日至2月15日，由外经贸部授权地方外经贸主管部门组织实施。地方外经贸主管部门可根据本办法制定管理范围内的《资格证书》年审的具体办法，并报外经贸部备案。

第十五条 地方外经贸主管部门在年审工作中，对存在下列问题的单位不予通过年审：

（一）因违反《外派劳务人员培训工作管理规定》（修订稿）受到暂停或吊销外派劳务培训资格的；

（二）未按《资格证书》管理办法的有关规定申领或换领《资格证书》的；

（三）擅自伪造、涂改、转借、出租、转让《资格证书》及其他改变资格证书用途的；

（四）违反《资格证书》管理办法的其他行为。

地方外经贸主管部门对未通过年审的单位，要提出处理意见报外经贸部，由外经贸部作出处理。

第十六条 地方外经贸主管部门对在本地区培训中心的《资格证书》进行审核后，对年审合格的，在其《资格证书》年审记录栏中注明并加盖公章。年审结束后，地方外经贸主管部门要将本地区的年审工作报告在当年3月1日前报外经贸部。

第十七条 外经贸部对《资格证书》的年审工作进行指导和监督，对地方外经贸主管部门在年审中出现的问题予以纠正。

第五章 罚 则

第十八条 培训中心出现下列情况，将受到警告处罚：

（一）新获外派劳务培训资格的单位逾期6个月不办理《资格证书》申请手续的；

（二）《资格证书》有效期满3个月不换领新《资格证书》的；

（三）其他违反《外派劳务人员培训工作管理规定》（修订稿）而应受到警告的行为。

对上述培训中心，地方外经贸主管部门在其《资格证书》年审记录中注明所受处罚后，允许培训中心在履行有关手续后继续持证开展业务，但要加强监管。

第十九条 培训中心出现下列情况，将受到暂停使用《资格证书》的处罚：

（一）因违反《外派劳务人员培训工作管理规定》（修订稿）而被处以暂停外派劳务培训资格行政处罚的；

（二）擅自伪造、涂改、转借、出租、转让《资格证书》或其他改变《资格证书》用途的；

（三）其他违反《资格证书》管理办法而应受到暂停使用《资格证书》处罚的。

被暂停使用的《资格证书》，由地方外经贸主管部门负责收回保管。

第二十条 单位出现下列情况，将受到撤销《资格证书》的处罚：

（一）因违反《外派劳务人员培训工作管理规定》（修订稿）而被处以撤销外派劳务培训资格行政处罚的；

（二）其他违反《资格证书》管理办法而应受到撤销《资格证书》处罚的。

第二十一条 《资格证书》的注销

单位因撤销外派劳务培训资格时，其所持有的《资格证书》将被注销，由地方外经贸主管部门负责收回，并上缴外经贸部处理。

第二十二条 单位对各级外经贸主管部门的行政决定和行政处罚不服的，可向其上级主管部门申请行政复议，也可向人民法院提起行政诉讼。

第二十三条 对违反本规定的各级外经贸主管部门和直接责任人，由有关部门视情节追究其相应的行政责任。

构成犯罪的，由司法机关依法追究刑事责任。

第六章　附　　则

第二十四条　本办法自2001年9月1日起施行。

附：1.《中华人民共和国对外经济合作经营资格证书》样证（略）

2.《中华人民共和国对外经济合作资格证书申请表》样表（略）

3.《资格证书》证书编号地区代码表（略）

对外承包工程保函风险专项资金管理暂行办法

财政部、外经贸部关于印发《对外承包工程保函风险专项资金管理暂行办法》的通知

财企［2001］625号

各省、自治区、直辖市、计划单列市财政厅（局）、外经贸委（厅、局），新疆生产建设兵团财务局，各中央直管企业：

为进一步扩大对外承包工程规模，解决对外经济合作企业承揽对外承包工程项目出现的开立保函资金困难问题，财政部和外经贸部联合制定了《对外承包工程保函风险专项资金管理暂行办法》。现印发给你们，请遵照执行。执行中有何问题，请及时反馈。

附件：对外承包工程保函风险专项资金管理暂行办法

财　　政　　部
对外贸易经济合作部
2001年10月10日

第一章　总　　则

第一条　为进一步扩大对外承包工程规模，解决对外经济合作企业承揽对外承包工程项目出现的开立保函资金困难问题，根据国办发［2000］32号文件的有关精神，特制定本办法。

第二条　对外承包工程保函风险专项资金（以下简称保函风险资金）系指由中央财政出资设立，为符合本办法规定的对外承包工程项目（以下简称项目）开具的有关保函提供担保、垫支赔付款的专项资金。

第三条　保函风险资金支出范围：

（一）为符合条件的项目开具的投标保函和履约保函提供担保；

（二）垫支对外赔付资金；

（三）垫支赔付资金的核销。

第四条　保函风险资金由财政部、外经贸部委托中国银行及其授权分行具体办理。

第五条　企业应积极在银行申请授信额度，获得授信额度的企业须先使用其授信额度开立保函。

第二章　申请与审批

第六条　申请使用保函风险资金的企业须具备以下条件：

（一）经对外贸易经济合作部（以下简称外经贸部）批准，具有对外经济合作经营资格并在工商行政管理部门登记注册的企业法人；

（二）资产总额在1亿元人民币以上（含1亿元人民币），所有者权益在2 000万元人民币以上（含2 000万元人民币），连续两年盈利；

（三）未发生拖欠或挪用各类国家专项基金、资金及其他违法违规经营记录。

第七条　申请使用保函风险资金的项目须具备以下条件：

（一）合同额（或投标金额）在500万美元或其他等值

货币以上（含500万美元）；

（二）取得《对外承包工程项目投（议）标许可证》；

（三）符合我国外经贸政策。

第八条 中央管理的在京企业向中国银行总行提出申请，各地方企业及在地方的中央管理企业向当地或就近的中国银行授权分行提出申请。

第九条 企业向中国银行及其授权分行提出使用保函风险资金开具投标保函须提供以下材料：

（一）企业营业执照副本及复印件；

（二）中国人民银行颁发的贷款卡；

（三）企业近两年来经会计师事务所审计的财务会计报告及审计报告；

（四）项目基本情况介绍，包括项目背景、实施项目的资金来源、项目可行性研究报告、项目收支预算表；

（五）招标文件副本，包括项目介绍部分及商务部分；

（六）外经贸部颁发的《对外承包工程项目投（议）标许可证》；

（七）中国银行及其授权分行要求提供的有关材料。

第十条 企业向中国银行及其授权分行申请使用保函风险资金开具履约保函须提供以下材料：

（一）企业营业执照副本及复印件；

（二）中国人民银行颁发的贷款卡；

（三）企业近两年来经会计师事务所审计的财务会计报告及审计报告；

（四）项目的基本情况介绍，包括项目背景、实施项目的资金来源、项目可行性研究报告、项目收支预算表等；

（五）中标通知书或合同副本，包括项目介绍部分及商务部分；

（六）外经贸部颁发的《对外承包工程项目投（议）标许可证》；

（七）中国银行及其授权分行要求提供的有关材料。

第十一条 中国银行及其授权分行对上述材料审核后，即可为可行的项目开具保函。上述工作应在中国银行规定的工作日内完成。并有责任为企业提供有关保函咨询等方面的服务。

经审核，如中国银行及其授权分行不同意为企业开具保函，应向企业说明理由。

第十二条 同一企业累计开立保函余额不得超过3000万美元。

第十三条 中国银行须按月向财政部、外经贸部报送保函风险资金使用情况。

第十四条 开具的保函发生赔付时，如企业无力按业主要求及时支付赔付款，可向中国银行提出使用保函风险资金垫支的申请。中国银行及其授权分行应在中国银行规定的工作日内完成资金的对外垫付工作。

第十五条 发生垫支赔付款的企业应在中国银行对外支付垫款之日起15日内归还垫付款，如未能按期归还，在180天内按中国银行公布的同期外汇贷款利率，交纳保函风险资金占用费；超过180天按中国银行公布的逾期外汇贷款利率交纳保函风险资金占用费。

第十六条 中国银行负责于垫支赔付款后180天内向企业收回垫支款及占用费并存入保函风险资金账户。

第三章 管理、监督、检查

第十七条 保函风险资金纳入中央财政预算管理。

（一）外经贸部负责编报保函风险资金年度预、决算，并根据财政部的决算批复进行账务处理；

（二）财政部负责对保函风险资金的使用情况进行年度审核。

第十八条 财政部、外经贸部对中国银行及其授权分行、企业和项目情况进行监督和检查。

中国银行及其授权分行在保函风险资金的使用运作过程中，应当遵循国家有关金融法律法规的有关规定，对于违反规定的工作人员和主要负责人要依法追究相应责任。

第四章 罚 则

第十九条 申请使用保函风险资金的企业有下列情形之一，均构成违规行为：

（一）报送虚假文件；

（二）不按期归还赔付款；

（三）拒绝相关部门对使用保函风险资金项目的监督、检查或对相关部门的监督和检查不予配合的。

第二十条 根据外经贸部有关对外经济合作企业管理的有关规定，对发生违规的企业，视其情节轻重，给予警告。

第二十一条 对负有直接责任的企业主管人员和其他人员，建议有关部门给予行政处分。构成犯罪的，应移交司法机关处理。

第五章 附 则

第二十二条 各地财政、外经贸主管部门可根据本地实际情况；参照本办法设立本地区的保函风险资金。

第二十三条 本办法由财政部、外经贸部负责解释和修订。

第二十四条 本办法自发布之日起实施。

对外劳务合作备用金暂行办法

对外贸易经济合作部
财　　政　　部　令

2001年　第7号

现发布《对外劳务合作备用金暂行办法》，自2002年1月1日起执行。

部长　石广生
部长　项怀诚
2001年11月27日

第一章　总　　则

第一条　为规范对外经济合作企业的经营行为，保障我国外派劳务人员的合法权益，根据我国对外劳务合作业务的实际情况，对对外经济合作企业实行对外劳务合作备用金制度。

第二条　对外劳务合作备用金（以下简称备用金）是指由对外经济合作企业交纳，用于解决突发事件的专用款项。

第三条　对外经济合作企业（以下简称企业）是指经对外贸易经济合作部（以下简称外经贸部）核准取得对外经济合作经营资格的企业。

第四条　开展对外劳务合作业务的企业必须缴纳备用金。企业备用金的核定、动用、退补、管理等由其注册地省级外经贸主管部门负责。

第五条　备用金本金及其银行存储利息为交纳的企业所有。

第二章　备用金的交纳

第六条　外经贸部、财政部按照企业经营对外劳务合作业务的范围制定备用金交纳标准。

一、经营范围包括：

（一）派遣各类劳务人员：企业向境外派遣各类劳务人员；

（二）派遣相关行业（某一具体行业）劳务人员：企业向境外派遣相关行业（含实施对外承包工程、对外设计、咨询、勘测、监理业务等）所需的劳务人员。

二、备用金交纳标准：

（一）派遣各类劳务人员：100万元人民币；

（二）派遣相关行业劳务人员：20万元人民币。

第七条　各省级外经贸主管部门（含计划单列市，下同）根据本办法第六条规定的标准，负责核定企业交纳备用金的金额。

第八条　内蒙、广西、四川、重庆、贵州、云南、西藏、陕西、甘肃、青海、宁夏、新疆及湖南省湘西土家族苗族自治州、湖北省恩施土家族苗族自治州、吉林省延边朝鲜族自治州的企业交纳标准可降低10%。

第九条　企业将备用金存入注册地省级外经贸主管部门在国有商业银行开设的专门账户。

第十条　已获得对外经济合作经营资格、从事本办法第六条规定业务的企业，应在本办法实施后的2个月内，办理备用金交纳手续。

申请从事本办法等六条规定业务的企业，经外经贸部批准后，持外经贸部批复在2个月内办理备用金交纳手续。

第十一条　领取《对外经济合作经营资格证书》和进行《对外经济合作经营资格证书》年审时，企业应提供银行出具的交纳足额备用金进账单复印件。

第十二条　经营范围发生变化时，企业应凭外经贸部的批复补交（或退还）备用金，同时凭新的备用金付款凭证复印件换领《对外经济合作经营资格证书》。

第十三条　企业终止经营时，相关省级外经贸主管部门应在企业妥善安置其外派劳务人员后，退还其交纳的备用金。

第十四条　企业交纳的备用金应为现金，不得以有价证券或资产抵押等其他形式交纳。

第十五条　企业不得用向外派劳务人员收取的履约保证金或其他押金交纳备用金。企业不得由此向外派劳务人员加收管理费或其他费用。

第十六条　企业不得以备用金设定任何形式的担保，以交纳备用金的有关凭证设定的担保无效。

第三章 备用金的动用

第十七条 企业无力支付因突发事件造成外派劳务人员须即刻回国而发生的遣返费用时，各省级外经贸主管部门方可动用该企业的备用金进行支付。

第十八条 因发生突发事件，外派劳务人员须即刻回国而企业无力支付遣返费用时，备用金的动用程序为：

一、驻外使（领）馆应尽速将发生的事件电告外经贸部及相关地方人民政府；

二、各省级外经贸主管部门根据事态的发展，商省级财政主管部门于2日内作出是否动用备用金的决定；

三、外经贸部认定应动用备用金解决的突发事件，外经贸部可商财政部于2日内作出决定，要求地方外经贸主管部门动用备用金解决；

四、各省级外经贸主管部门在动用备用金后，应逐笔向外经贸部、财政部备案并将动用备用金的书面通知送达有关企业；

五、动用备用金的决定作出后，各省级外经贸主管部门负责拨付资金并自行或委托相关机构处理接送外派劳务人员等事项。

第十九条 各省级外经贸主管部门动用企业的备用金进行支付时，不得超过该企业交纳的备用金总额。

第二十条 企业接到动用备用金的书面通知后，应在2个月内将被动用的备用金全额补足。

第二十一条 对经营良好且连续三年未动用备用金的企业，从第四年开始，省级外经贸主管部门每年将核定备用金的10%返还给该企业，最高返还金额不得超过核定备用金金额的50%。

第二十二条 被返还备用金的企业如发生动用备用金事件，企业在接到动用备用金的书面通知后，应于2个月内将核定的备用金全额补足。

第二十三条 企业如对外经贸部、各省级外经贸主管部门的决定持有异议，可在收到通知后60天内，依照《行政复议法》的有关规定提出行政复议。在收到行政复议裁决前，须按外经贸部、各省级外经贸主管部门的决定执行。

第四章 备用金的管理

第二十四条 备用金实行专户存储，专款专用。

备用金由各省级外经贸主管部门负责使用、管理，各省级财政主管部门实行监督，并接受审计部门的审计。

财政部、外经贸部负责对备用金的使用、管理情况进行检查、监督。

第五章 罚 则

第二十五条 对违反本办法规定的企业，外经贸部将视其情节，给予警告的处罚。

第六章 附 则

第二十六条 本办法由外经贸部、财政部负责解释。

关于对外承包工程项目项下出口设备材料的工作规程

外经贸部、海关总署关于印发《关于对外承包工程项目项下出口设备材料的工作规程》的通知

各省、自治区、直辖市及计划单列市外经贸委（厅、局），海关广东分署，各直属海关：

为促进对外承包工程业务的发展，为企业履行项目合同创造良好的外部环境，方便企业出口对外承包工程项目项下所需设备（含成套设备）、材料、施工器械及人员自用的生活物资等，对外贸易经济合作部和海关总署制定了《关于对外承包工程项目项下出口设备材料的工作规程》，现印发给你们，请遵照执行。

特此通知

附件：如文

外经贸部
海关总署
2001年12月25日

为促进对外承包工程业务的发展，为企业履行项目合同创造良好的外部环境，方便企业出口，特制定本规程。

一、企业在国（境）外开展对外承包工程、对外劳务合作、对外设计咨询、资源开发等业务（以下简称对外承包工程业务）出口设备（含成套设备）、材料、施工器械及人员自用的生活物资等执行本规程。

二、对外承包工程业务实行经营资格许可制度，凡从事国（境）外对外承包工程业务的企业，须事先向对外贸易经济合作部（以下简称外经贸部）申请对外经济合作经营资格。

三、经外经贸部核准获得对外经济合作经营资格，并已由工商行政管理部门核发营业执照的企业，向注册地省级外经贸主管部门（含计划单列市，下同）申领《中华人民共和国对外经济合作经营资格证书》（以下简称《经营资格证书》，格式附后）。

四、外经贸部对《经营资格证书》实行年审制度，年审时间为每年的3月1日至4月30日，由外经贸部授权省级外经贸主管部门组织实施。

五、企业凭《经营资格证书》到海关办理注册登记手续，取得相应的编码，以备报关出口。

六、对外承包工程项目项下出口的设备（含成套设备）、材料、施工器械及人员自用的生活物资等，海关凭企业与境外业主签订的项目合同或其他文件和出口许可证件，办理海关验放手续：

（一）不属出口许可证件管理的设备、材料、施工机械等商品，海关凭企业与境外业主签订的项目合同（正本复印件并加盖公司印章，下同）或其他文件接受报关，办理海关验放手续。监管方式为“对外承包出口”，代码为3422；项目完工后运回的上述商品，监管方式为“退运货物”，代码为4561。

（二）属于出口许可证管理的商品，企业须事先持有效项目合同或其他有效文件向外经贸主管部门办理报批手续，出口许可证发证机构按外经贸部制定的《出口许可证管理商品发证目录》发证范围，凭外经贸主管部门的批准文件和有效项目合同或其他有效文件签发出口许可证。

属于配额有偿招标商品、配额有偿使用商品，出口许可证发证机构按外经贸部制定的《出口许可证管理商品发证目录》发证范围，凭外经贸部配额招标、配额有偿使用主管部门的批准文件签发出口许可证。

（三）出口自用的生活物资报关时监管方式为“其他”，代码为9900。

七、属于国家法定检验检疫及其他管制的出口商品，企业需在报关出口前办妥有关手续。

八、对于对外承包工程项目项下设备材料出口程序方面本规程未规定事项，适用《对外贸易法》、《海关法》及其配套法规的有关规定。

九、本规程由外经贸部、海关总署负责解释。

十、本规程自2002年1月1日起执行，外经贸部《关于办理对外承包工程带动设备材料出口手续问题的通知》（［90］外经贸合字第28号）同时废止。

办理劳务人员出国手续的办法

对外贸易经济合作部、外交部、公安部2002年第2号令

为规范和简化劳务人员出国审批手续，促进我国对外劳务合作事业的发展，现发布《办理劳务人员出国手续的办法》，自2002年4月1日起执行。经国务院办公厅批准，《关于办理外派劳务人员出国手续的暂行规定》（［1996］外经贸合发第818号）同时废止。

部长　石广生
部长　唐家璇
部长　贾春旺
2002年3月12日

第一章　总　　则

第一条　为适应我国改革开放和经济建设的需要，进一步简化劳务人员出国审批手续，逐步与国际通行做法接轨，促进我国对外经济合作业务发展，特制定本办法。

第二条　本办法所称“对外劳务合作经营公司”（以下简称“经营公司”）系指经对外贸易经济合作部许可并持有对外经济合作经营资格证书的企业。

第三条　本办法所称的“劳务人员”系指经营公司按

照与国（境）外的机构、企业或个人（以下简称“外方”）所签订的劳务合作、承包工程、设计咨询等合同规定而派出的人员，经营公司的经营管理人员除外。

第二章 护照的申办

第四条 劳务人员出国，应向公安机关申办中华人民共和国普通护照（以下简称“护照”）。

第五条 申请办理劳务人员护照时，应向公安机关提交下列材料：

（一）经营公司出具的对外劳务合作项目说明；

（二）申请人的户籍证明和填写完整的《中国公民因私出国（境）申请审批表》；

（三）经营公司的对外经济合作经营资格证书复印件。

第六条 公安机关依据《中华人民共和国公民出境入境管理法》及其实施细则受理劳务人员出国申请，并主要审查以下内容：

（一）经营公司是否具有对外经济合作经营资格；

（二）劳务人员的身份资料；

（三）劳务人员是否具有法定不准出境的情形。

第七条 经营公司为跨省（自治区、直辖市和计划单列市）招聘的劳务人员申办护照时，劳务人员户口所在地的公安机关应按本办法予以办理。

第八条 办理劳务人员护照，应当按国家物价部门核准的收费标准交费。

第九条 劳务人员办妥出国手续后因故不能出国（境）的，经营公司应当向原发照机关登记备案。

第十条 公安机关应在受理之日起15个工作日内完成护照办理工作。

对于外方要求时间紧迫的对外劳务合作项目，公安机关应当按急件在5个工作日内办结。

第三章 签证的申办

第十一条 劳务人员的签证由经营公司统一通过外交部或其授权的地方外事办公室（以下简称“外事部门”）或自办单位办理。

第十二条 外事部门在受理经营公司签证申请时，主要审查下列内容：

（一）经营公司是否具有对外经济合作经营资格；

（二）省、自治区、直辖市及计划单列市外经贸主管部门（以下简称“地方外经贸主管部门”）对经营公司的对外劳务合作项目的审查意见。

第十三条 外事部门应公布经当地物价部门核准的签证代办费及各国签证的相应收费标准和收费项目。

第十四条 外事部门受理经营公司签证申请后，应在5个工作日内送至外国驻华使（领）馆。如遇特殊情况，应向经营公司说明原因。

第十五条 办理海员、渔工等特殊行业劳务人员的签证，经营公司应按我国及有关国家和地区的签证规定办理。

第十六条 外事部门负责协调和管理劳务人员的签证申办工作。

第四章 罚　则

第十七条 经营公司违反本办法的，由地方外经贸主管部门给予警告处罚，有违法所得的，处以人民币30 000元以下罚款；无违法所得的，处以人民币10 000元以下罚款。构成犯罪的，依法追究刑事责任。

第十八条 个人以出国劳务为名，弄虚作假，骗取出入境证件供本人使用的，依照《中华人民共和国公民出境入境管理法》及其实施细则的有关规定处罚。

单位和个人在对外劳务合作经营活动中，为他人骗取出入境证件编造情况、出具假证明，有违法所得的，由县级以上公安机关处以人民币30 000元以下罚款；无违法所得的，由县级以上公安机关处以10 000元以下罚款。

违反前两款规定，构成犯罪的，依法追究刑事责任。

第十九条 在对外劳务合作工作中失职、渎职的国家工作人员，其所属单位应依法给予行政处分。构成犯罪的，依法追究刑事责任。

第五章 附　则

第二十条 本办法适用于劳务性质的外派研修生。

第二十一条 向我国香港、澳门特别行政区和台湾地区派出劳务人员，不适用本办法。

对外劳务合作项目审查有关问题的规定

关于印发《对外劳务合作项目审查有关问题的规定》的通知

外经贸合发［2002］137号

各省、自治区、直辖市及计划单列市外经贸委（厅、局）：

为确实简化和规范劳务人员办理出国手续，明确外经贸主管部门审查劳务项目的程序，根据外经贸部、外交部、公安部联合发布的《办理劳务人员出国手续办法》（2002年第2号令）的有关规定，特制定《对外劳务合作项目审查有关问题的规定》（见附件）。现印发给你们，请遵照执行并转发有关单位。

外经贸部办公厅

2002年3月14日

一、为确实简化和规范劳务人员办理出国手续，明确国务院各有关部委、各省、自治区、直辖市及计划单列市外经贸主管部门（下称外经贸主管部门）审查劳务项目的做法和程序，根据外经贸部、外交部、公安部联合发布的《办理劳务人员出国手续的办法》（2002年第2号令），制定本规定。

二、外经贸主管部门负责对本部门或本地区具有对外劳务合作经营资格企业的外派劳务项目进行审查，详细了解项目情况并登记在案。具有外交部（领事司）授权自办签证的企业可自行审查劳务项目。

劳务项目审查的内容应包括：经营公司与外方及劳务人员所签订的合同是否符合国家有关规定；经营公司是否超范围经营；合同是否由具有执业资格的人员签订；劳务人员是否培训合格等。

三、在审查项目时，如该项目属下列情况，外经贸主管部门应就项目可行性、真实性向我国驻项目所在国（地区）使（领）馆经商机构征求意见后，方可予以审批：

1. 经营公司首次自行签约进入某国（地区）市场开展对外劳务合作业务；

2. 经营公司所签合同派出劳务人员数量较多或向服务行业派出女性（标准由外经贸主管部门自行掌握）；

3. 其他需我驻外使（领）馆经商机构确认的事项。

四、经营公司向外经贸主管部门报送的审查材料应包括：

1. 填写完整、准确的《外派劳务项目审查表》（见附表）（以下简称审查表）；

2. 与外方、劳务人员签订的合同以及外方与劳务人员签订的雇佣合同（如已签订）；

3. 项目所在国政府批准的工作许可证明（验原件，存复印件）；

4. 外方（雇主或中介）的当地合法经营及居住身份证明（复印件）；

5. 劳务人员的有效护照及培训合格证（复印件）。

五、外经贸主管部门应在收到经营公司送审材料后五个工作日内，对符合规定的在《审查表》上予以盖章确认。

六、经营公司应将实际派出的劳务人员名单报送出具《审查表》的外经贸主管部门备案。

七、对外承包工程和勘察、设计、咨询、监理项下派出劳务人员（包括技术人员）的审查，可参照本规定执行。

八、在与我无外交关系的国家开展劳务合作业务的，仍需报外经贸部审批。

九、本规定自2002年4月1日起执行。

附表：外派劳务项目审查表（略）

海关、商检

需加施检验检疫标志的进出境商品目录（第一批）

中华人民共和国
国家出入境检验检疫局公告
2001年　第4号

根据《出入境检验检疫标志管理办法》第十条、第十一条的规定（中华人民共和国国家出入境检验检疫局令第23号），现公布《需加施检验检疫标志的进出境商品目录（第一批）》，自2001年3月1日起施行。

国家出入境检验检疫局
2001年2月12日

商品编码	商品名称	基本加施单元	标志规格	检验检疫类别	备注
33030000	香水及花露水	最小销售包装	10毫米	M/	
33041000	唇用化妆品	最小销售包装	10毫米	M/	
33042000	眼用化妆品	最小销售包装	10毫米	M/	
33043000	指（趾）甲化妆品	最小销售包装	10毫米	M/	
33049100	香粉，不论是否压紧	最小销售包装	10毫米	M/	
33049900.10	护肤品（包括防晒油或晒黑油，但药品除外）	最小销售包装	10毫米	M/	
33049900.90	其他美容化妆品	最小销售包装	10毫米	M/	
33051000	洗发剂（香波）	最小销售包装	10毫米	M/	
33052000	烫发剂	最小销售包装	10毫米	M/	
33053000	定型剂	最小销售包装	10毫米	M/	
33059000	其他护发品	最小销售包装	10毫米	M/	
35061000.10	结构胶（零售包装每件净重不超过1公斤，玻璃幕墙结构胶）	桶封口	50毫米（大桶）、20毫米（小桶）	M/	双组份
35069190.10	非零售，玻璃幕墙结构胶	包装箱上下封口	30毫米	M/	单组份
36041000	烟花，爆竹	大包装箱外	30毫米	/N	

续表

商品编码	商品名称	基本加施单元	标志规格	检验检疫类别	备注
95021000	玩偶（不论是否着装）	小包装	10毫米	M/	
95031000	玩具电动火车（包括轨道、信号及其他附件）	小包装	10毫米	M/	
95032000	缩小（按比例缩小）的全套模型组件（不论是否活动，但编号950310的货品除外）	小包装	10毫米	M/	
95033000	其他建筑套件及建筑玩具	小包装	10毫米	M/	
95034100	填充的玩具动物	小包装	10毫米	M/	
95034900	其他玩具动物	小包装	10毫米	M/	
95035000	玩具乐器	小包装	10毫米	M/	
95036000	智力玩具	小包装	10毫米	M/	
95037000	组装成套的其他玩具	小包装	10毫米	M/	
95038000	其他带动力装置的玩具及模型	小包装	10毫米	M/	
95039000	其他未列名玩具	小包装	10毫米	M/	

原产地标记管理规定

国家出入境检验检疫局关于印发《原产地标记管理规定》和《原产地标记管理规定实施办法》的通知

国检法［2001］51号

各直属检验检疫局：

为贯彻落实全国出入境检验检疫工作会议精神，加快检验检疫新领域的开拓步伐，积极开展原产地标记保护业务，使我国的原产地工作与《WTO原产地规则协议》接轨，保护生产者、经营者和消费者的合法权益，现将《原产地标记管理规定》和《原产地标记管理规定实施办法》（以下简称《规定》和《实施办法》）印发给你们，请遵照执行，并请将此《规定》和《实施办法》转发给你局所属各分支局、办事处，同时积极主动做好对企业的宣传、咨询工作。在执行中有何问题，请及时反馈给国家局。

国家出入境检验检疫局

2001年3月5日

第一章 总 则

第一条 为加强原产地标记管理工作，规范原产地标记的使用，保护生产者、经营者和消费者的合法权益，根据《中华人民共和国进出口商品检验法》及其实施条例、《中华人民共和国出口货物原产地规则》等有关法律法规和世界贸易组织《原产地规则协议》等国际条约、协议的规定，制定本规定。

第二条 本规定适用于对原产地标记的申请、评审、注册等原产地标记的认证和管理工作。

第三条 国家出入境检验检疫局（以下简称国家检验检疫局）统一管理全国原产地标记工作，负责原产地标记管理办法的制定、组织协调和监督管理。国家检验检疫局设在各地的出入境检验检疫局（以下简称检验检疫机构）负责其辖区内的原产地标记申请的受理、评审、报送注册和监督管理。

第四条 本规定所称原产地标记包括原产国标记和地理标志。原产地标记是原产地工作不可分割的组成部分。

原产国标记是指用于指示一项产品或服务来源于某个国家或地区的标识、标签、标示、文字、图案以及与产地有关的各种证书等。

地理标志是指一个国家、地区或特定地方的地理名称，用于指示一项产品来源于该地，且该产品的质量特征完全或主要取决于该地的地理环境、自然条件、人文背景等因素。

第五条 原产地标记的使用范围包括：

（一）标有“中国制造/生产”等字样的产品；

（二）名、优、特产品和传统的手工艺品；

（三）申请原产地认证标记的产品；

（四）涉及安全、卫生、环境保护及反欺诈行为的货物；

（五）涉及原产地标记的服务贸易和政府采购的商品；

（六）根据国家规定须标明来源地的产品。

第六条 检验检疫机构对原产地标记实施注册认证制度。

第七条 原产地标记的注册坚持自愿申请原则，原产地标记经注册后方可获得保护。

涉及安全、卫生、环境保护及反欺诈行为的入境产品，以及我国法律、法规、双边协议等规定须使用原产地标记的进出境产品或者服务，按有关规定办理。

第八条 经国家检验检疫局批准注册的原产地标记为原产地认证标记，国家检验检疫局定期公布《受保护的原产地标记产品目录》，对已列入保护的产品，在检验检疫、放行等方面给予方便。已经检验检疫机构施加的各种标志、标签，凡已标明原产地的可视作原产地标记，未标明原产地的，按本规定有关条款办理。

第九条 取得原产地标记认证注册的产品或服务可以使用原产地认证标记，原产地认证标记包括图案、证书或者经国家检验检疫局认可的其他形式。

第十条 原产地标记的评审认定工作应坚持公平、公正、公开的原则。

第二章 原产地标记的申请、评审、注册和使用

第十一条 原产地标记的申请人包括国内外的组织、团体、生产经营企业或者自然人。

第十二条 申请出境货物原产地标记注册，申请人应向所在地检验检疫机构提出申请，并提交相关的资料。

申请入境货物原产地标记注册的，申请人应向国家检验检疫局提出申请，并提交相关的资料。

第十三条 检验检疫机构受理原产地标记注册申请后，按相关程序组织评审。经评审符合条件的，由国家检验检疫局批准注册并定期发布《受保护的原产地标记产品目录》。

第十四条 使用“中国制造”或“中国生产”原产地标记的出口货物须符合下列标准：

（一）在中国获得的完全原产品；

（二）含有进口成分的，须符合《中华人民共和国出口货物原产地规则》要求，并取得中国原产地资格。

第三章 原产地标记的保护与监督

第十五条 国家检验检疫局可根据有关地方人民政府和社会团体对原产地标记产品保护的建议，组织行业主管部门、行业协会、生产者代表以及有关专家进行评审，符合要求的，列入《受保护的原产地标记产品目录》。

第十六条 取得原产地认证标记的产品、服务及其生产经营企业，应接受检验检疫机构的监督检查。

第十七条 对违反本规定使用原产地标记的行为，依法追究其法律责任。

第十八条 从事原产地标记工作的人员滥用职权、徇私舞弊、泄露商业秘密的，给予行政处分；构成犯罪的，依法追究刑事责任。

第十九条 对原产地标记的申请受理、评审认证、注册、使用认定和管理工作有异议的，可以向所在地检验检疫机构或国家检验检疫局提出复审。

第四章 附 则

第二十条 检验检疫机构办理原产地标记，按有关规定收取费用。

第二十一条 国家检验检疫局根据本规定制定实施办法。

第二十二条 本办法由国家检验检疫局负责解释。

第二十三条 本规定自2001年4月1日起施行。

《原产地标记管理规定实施办法》

第一章　总　　则

第一条　根据《原产地标记管理规定》，制定本办法。

第二条　国家出入境检验检疫局（以下简称国家检验检疫局）设立原产地标记工作小组及其办公室，主要职责是：

（一）原产地标记的有关管理办法的制、修订；

（二）受理入境原产地标记申请，办理原产地标记的注册审批；

（三）统一发布原产地标记认证的种类和形式；

（四）原产地标记管理工作的协调和监督管理。

第三条　各地出入境检验检疫局（以下简称检验检疫机构）按照相应的模式，负责其辖区内的原产地标记的申请受理、评审、报送注册和监督管理。

第四条　对已取得国家检验检疫局批准注册的原产地标记，由国家检验检疫局每半年一次公开发布《受保护的原产地标记产品目录》。

第二章　原产地标记的使用范围

第五条　使用原产国标记的产品包括：

（一）在生产国获得的完全原产品；

（二）含有进口成分，并获得原产资格的产品；

（三）标有原产国标记的涉及安全、卫生及环境保护的进口产品；

（四）国外生产商申请原产地标记保护的商品；

（五）涉及反倾销、反补贴的产品；

（六）服务贸易和政府采购中的原产地标记的产品。

第六条　使用地理标志的产品包括：

（一）用特定地区命名的产品，其原材料全部、部分或主要来自该地区，或来自其他特定地区，其产品的特殊品质、特色和声誉取决于当地的自然环境和人文因素，并在该地采用传统工艺生产；

（二）以非特定地区命名的产品，其主要原材料来自该地区或其他特定地区，但该产品的品质、风味、特征取决于该地的自然环境和人文因素以及采用传统工艺生产、加工、制造或形成的产品，也视为地理标志产品。

第三章　原产地标记的申请、评审和注册

第七条　申请地理标志注册的，申请人须填写《原产地标记注册申请书》，并提供以下资料：

（一）所适用的产地范围；

（二）生产或形成时所用的原材料、生产工艺、流程、主要质量特征；

（三）生产产品的质量情况与地理环境（自然因素、人文因素或二者结合）的相关资料；

（四）检验检疫机构要求的其他相关资料。

第八条　检验检疫机构受理地理标志申请后，依据如下原则进行评审：

（一）产品名称应由其原产地地理名称和反映其真实属性的通用产品名称构成；

（二）产品的品质、品味、特征、特色和声誉能体现原产地的自然环境和人文因素，并具有稳定的质量、历史悠久、享有盛名；

（三）在生产中采用传统的工艺生产或特殊的传统的生产设备生产；

（四）其原产地是公认的，协商一致的并经确认的。

第九条　检验检疫机构评审的依据如下：

（一）历史渊源、当地的自然条件和人文因素；

（二）标记产品原有的标准（包括工艺）；

（三）申请人提供的经确认的感官特性，理化、卫生指标和试验方法；

（四）涉及安全、卫生、环保的产品要求应符合国家标准的规定；

（五）申请人提供的其他与审核有关的文件。

第十条　国家检验检疫局对所受理的入境货物原产地认证标记的申请，组织专家进行评审，评审合格的，予以注册。

第十一条　检验检疫机构受理出境货物地理标记认证申请后，由直属检验检疫局依据《原产地标记注册程序》进行评审，评审合格的，报国家检验检疫局审批。经审批合格的，国家检验检疫局批准注册并颁发证书。

出境货物原产国标记注册的申请，检验检疫机构按照《中华人民共和国出口货物原产地规则》签发原产地证书的要求进行审核。经审核符合要求的，生产制造厂商可在其产品上施加原产地标记“中国制造/生产”字样；不符合要求的，不得施加。

第十二条　服务贸易中的原产地标记，申请人应提供该项服务的权利证明和服务特殊性的依据，由检验检疫机构组织验证，对符合标准的，签发《原产地标记证明书》。

第四章　原产地认证标记的使用

第十三条　经国家检验检疫局注册的原产地标记为原产地认证标记。标记使用人应按照原产地标记注册证书核

准的产品及标示方法的范围使用相应的原产地标记。

第十四条 原产地认证标记的形式和种类：

（一）标记图案：CIQ—Origin

标记图案的图形为椭圆形，底色为瓷兰色，字体为白色。标记的材质为低制，有耐热要求时为铝箔。

标记的规格分为5号，各种规格的外围尺寸见下表：

标志规格	1号	2号	3号	4号	5号
直径（mm）	60	45	30	20	10

标记图案的长、短半径比例为1.5:1。

（二）证书

1. 原产地标记注册证书

2. 原产地标记的书面证明

（三）经国家检验检疫局认可的其他形式

第十五条 原产地认证标记的标示方法有：

（一）直接加贴或吊挂在产品或包装物上；

（二）图案压模，适用于金属、塑料等产品或包装物上；

（三）原产地标记证书；

（四）直接印刷在标签或包装物上；

（五）应申请人的要求或根据实际情况，采用相应的标示方法。

第十六条 对土特产品、传统手工艺品、名牌优质产品，申请人提出申请原产地标记后，检验检疫机构应组织评审，经注册后方可使用原产地认证标记。

第五章 监督管理

第十七条 下列标记不受保护：

（一）不符合规定的原产国标记和地理标志；

（二）违反道德或公共秩序的标记，特别是在商品的品质、来源、制造方法、质量特征或用途等方面容易引起误导的标记；

（三）已成为普通名称或公知公用的原产地标记；

（四）未经注册，自行施加或自我声明“中国制造”的标记。

第十八条 原产地标记的使用不得有下列情形：

（一）使用虚假的、欺骗性的或引起误解的原产地标记，使用虚假、欺骗性说明或者仿造原产地名称的；

（二）在原产地标记上加注了诸如“类”、“型”、“式”等类似用语以混淆原产地的；

（三）使用原产地标记与实际货物不符合的；

（四）未经许可使用、变更或伪造原产地标记的。

第十九条 检验检疫机构对已注册原产地标记的企业实行监督管理，发现不符合要求的，给予暂停使用或停止使用的处罚。对暂停使用的注册单位，改进后经审核合格的，可恢复使用；对停止使用的注册单位，以公告形式予以公布。

第二十条 对违反本规定的行为，情节轻微的，由检验检疫机构依法予以行政处罚；情节严重构成犯罪的，依法追究其刑事责任。

第六章 附 则

第二十一条 检验检疫机构办理原产地标记注册、加贴认证标志，以及实施有关检验、鉴定、测试等应按规定收取费用。

第二十二条 政府采购中的原产地标记，国家检验检疫局将根据我国政府采购的法律和法规，对政府采购中的原产地标记进行认定。

第二十三条 国家规定的“西部地区”的产品，可标有特定的“西部地区”标记，该标记视为原产地标记。

本条所称的“西部地区”是指国家公开发布的省、市、自治区。

第二十四条 本办法由国家检验检疫局负责解释。

第二十五条 本办法自2001年4月1日起施行。

附件1

原产地标记审核注册程序

1. 目的

对全国检验检疫系统内原产地标记（地理标志，以下简称原产地标记）的审核注册全过程进行有效的质量控制，保证注册审核过程和结果符合规定的要求。

2. 适用范围

本程序适用于全国检验检疫系统内的原产地标记申请受理、审核认定、注册发证到监督管理的全过程控制。

3. 相关文件

国家局《原产地标记管理规定》

国家局《原产地标记管理规定实施办法》

原产地标记保护产品审核技术文件

4. 职责

4.1 国家局原产地标记保护工作小组负责系统内本程序的组织、管理、协调和监督。

4.2 各直属局原产地标记保护工作小组负责本辖区内原产地标记申请受理、审核、报送注册和监督管理及原产地标记的日常工作。

5. 程序控制

原产地标记审核注册工作程序分为四个阶段，即审核的受理申请、审核认定、注册发证和监督管理阶段。

5.1 审核注册程序如图所示：

工作阶段	工作流程主要环节	文件和记录
申请受理阶段	开始 ↓ (1) 企业申请 ↓ (2) 企业填报申请表，提交相关文件资料 ↓ (3) 文件审核 ↓	《原产地标记注册申请书》
审核认定阶段	(4) 确定原产地标记保护产品技术审核文件 ↓ (5) 现场审核准备 a. 制订审核计划 b. 组成审核组 c. 准备审核文件 ↓ (6) 现场审核实施 a. 现场审核 b. 审核记录 c. 形成现场审核结论 ↓ (7) 产品质量水平评定 ↓ (8) 形成项目评定认定报告 ↓ (9) 各直属局审核资料，推荐上报国家局 ↓	产品技术审核文件 《审核计划》 《现场审核报告》 《项目认定报告》
注册发证阶段	(10) 国家局批准、注册 ↓ (11) 制证、发证 ↓ (12) 建立审核注册项目档案 ↓ (13) 原产地标记签发 ↓	《原产地标记注册证书》
监督管理阶段	↓ (14) 监督管理 ↓ (15) 续展 ↓ 结束	《原产地标记续展申请书》

5.2 受理申请阶段主要控制环节和要求

5.2.1 企业自愿或根据有关规定，向省或所在地检验检疫机构提出申请产品原产地标记审核注册时，应按规定要求填报《原产地标记注册申请书》。同时提交下列相关文件资料，包括：

a. 企业营业执照（复印件）；

b. 产品生产工艺流程文件；

c. 产品质量检验、验收报告；

d. 产品商标及其样张；

e. 其他相关文件。

5.2.2 国外产品原产地标记注册申请直接由国家局原产地标记保护工作小组受理。

5.3 审核认定阶段主要控制环节和要求

5.3.1 确定原产地标记保护产品所需的技术审核文件，应包括下列内容：

a. 产品标准；

b. 产品检验规程；

c. 地域界定文件；

d. 确定其他特定相关要求的文件等。

5.3.2 原产地标记保护产品的审核采用专家审核组形式进行。审核组应具备较高资质水平和技术能力，审核组组成应经各直属局原产地标记保护小组批准同意。

审核组成员应包括：

a. 原产地管理人员；

b. 申请产品的技术专家；

c. 质量管理、质量检验专家；

d. 其他特聘专家。

专家审核组成员一般应具备高、中级技术职称（职务）。审核组人数一般为奇数，其中申请产品专业的技术专家应不少于1/3小组人数。

5.3.3 现场审核实行审核组长负责制。现场审核结束后，应形成现场审核报告。该报告应经专家审核组成员逐一署名，同时应由被审核单位签字确认。

5.3.4 产品质量水平评定可结合该产品出口检验结果综合评定。

5.3.5 各直属局原产地工作部门根据企业申请资料和专家审核组的现场评审报告，以及产品质量水平评定资料，对该产品项目的原产地标记注册过程进行检查、总结，提出《项目审核认定报告》。该报告提交各直属局分管局长审查批准后上报国家局。

5.3.6 提交上报的原产地标记审核注册完整资料应包括：

a. 项目审核认定报告；

b. 原产地标记注册申请书及其附件；

c. 产品质量水平评定资料；

d. 其他。

5.4 注册发证阶段主要控制环节和要求

5.4.1 国家局原产地标记保护工作小组批准原产地标记注册项目时，应组织专家审定组对《项目认定报告》进行全面综合评定，决定该项目是否准予注册。

5.4.2 对同意注册的每个项目均授予统一的原产地标记注册登记号，并颁发该项目的原产地标记注册证书。

5.4.3 国家局原产地标记保护工作小组和各直属局分别建立原产地标记注册项目档案。

5.4.4 原产地标记的日常签发由各直属局及相关分支局原产地工作部门进行。

5.5 监督管理阶段主要控制环节和要求

5.5.1 各直属局原产地标记保护工作小组负责对本辖区内已注册的原产地标记使用情况进行监督管理。监督管理可包括下列形式：

a. 日常原产地标记使用监督；

b. 文件审核；

c. 监督审核。

5.5.2 续展。原产地标记注册后有效期为三年。企业应于期满前三个月向省或所在地检验检疫机关提出产品原产地标记续展申请。

5.5.3 国家局原产地标记保护工作小组负责对全系统原产地标记审核、注册工作进行监督管理。

6. 说明

本程序由国家局原产地标记保护工作小组提出并起草。

本程序自2001年4月1日起试行。

附件2

原产地标记证书申请书

申请单位注册号：

申请人郑重声明：

本人被正式授权代表本企业办理和签署本申请书。

本申请书及提供的材料所列内容正确无误，如发现弄虚作假，冒充证书所列货物，擅改证书，本人愿按《中华人民共和国出口货物原产地规则》及《原产地标记管理规定》及其实施办法的有关规定接受处罚。

现将有关情况申报如下：

企业名称		发票号	
商品名称		HS编码（六位数）	
商品FOB总值（以美元计）		最终目的地国/地区	
原产地		转口国/地区	

贸易方式和企业性质（请在适用处划"√"）

一般贸易			三来一补			其他贸易方式		
国有企业	三资企业	其他	国有企业	三资企业	其他	国有企业	三资企业	其他

包数量或毛重或其他数量	

标记式样	图案	证书	其他

标记种类	原产国标记	地理标志	服务贸易	政府采购	其他

现提交资料如下：

申请单位盖章：

申请人：（签名）

电话：

日期： 年 月 日

附件3

原产地标记证书

1. Importer/exporter	Certificati No: CERTIFICATE OF MARKS OF ORIGIN Issued in THE PEOPLE'S REPUBLIC OF CHINA
2. Consignee	
3. Means of transport and route	5. For certifying authority use only
4. Country/region of destination	
6. Kind of marks of origin	7. Origin/origin from

8. Marks and numbers	9. Description of goods/trade in service; number and kind of packages/grade	10. H.S.Code	11. Quantity	12. Number and date of invoice

13. Declaration by the importer/exporter The undersigned hereby declares that the above details and statements are correct, that they comply with the provision of marks of origin Place and date, signatureand stamp of authorized sigatory	14. Certification It is hereby certified that the declaration by the importer/exporter is correct. Place and date, signature and stamp of certifying authority

附件 4

原产地标记注册申请书

申 请 单 位：________________

法 定 地 址：________________

电　　　话：________________

传　　　真：________________

网址或电邮：________________

申 请 日 期：________________

中华人民共和国国家出入境检验检疫局

产品名称	
HS 编码（8 位数）	
产品规格	
生产单位	
经营单位	
主要原料来源	
包装状况	
申请标记形式和种类	
提供的资料	

法人签名

（单位盖章）　　年　　月　　日

（以下由检验检疫局填写）

审核依据：

审核过程：

审核结果：

审核人：　　　　组长：

年　月　日

国家检验检疫局审定结果

审核人：　　　　负责人：

（局印）　　年　月　日

备注：

附件 5

原产地标记注册证

兹证明：

（企业名称及地址）

申请的原产地标记产品经国家检验检疫局认定，符合《原产地标记管理规定》，特发此证。

注 册 范 围：

注册证书号：

发 证 日 期：

有　效　期：

年　月　日

附件 6

原产地标记证书印制说明

原产地标记证书采用国际标准 A4 规格，225×197mm，80 克无碳纸，证面上下各留空 15mm，左右各留空 10mm，证面中衬以原产地标记图案，水纹防伪印刷。

附件 7

原产地标志设计说明

1. 原产地标记通过使用原产地认证标志进行确认。

2. 原产地认证标志图案以地球中影衬中国版图为背景，意喻该产品源于中国。

3. 图案底色为瓷兰色，其一意在中国传统产品，隐喻中国的名、优、特、地理标志产品；其二意为对外贸易。

4. 图中 CIQ 表示中国检验检疫，ORIGIN 表示原产地，CIQ-ORIGIN 表示该产品的原产地已经中国检验检疫局机构官方注册认定。

5. 原产地认证标志在图案中用检验检疫局徽作全息防伪标志。

6. 进口产品上加贴原产地认证标志表示该产品之产地已经中国检验检疫机构官方注册认定。

7. 原产地认证标志为五种规格；图案中的长短半径比例为 1.5:1。

附件 8

原产地认证标志使用说明

1. 原产地认证标志用于原产地标记的管理。

2. 原产地认证标志由国家检验检疫局统一制定、印刷；由各地检验检疫机构对其使用进行监督管理。

3. 原产地认证标志只能使用在经申请注册的原产地标记产品上。

4. 原产地认证标志的使用采用加贴、模压、吊挂等形式。

5. 使用原产地认证标志的产品必须确保原产地的真实性。

附件 9

公　告

根据中华人民共和国国家出入境检验检疫局《原产地标记管理规定》及其实施办法，经国家检验检疫局审核认定，下列产品获得《原产地标记注册证书》，准许使用原产地标记，现予以公布。

名录如下：

注册号	标记产品	HS 编码	原产地	注册单位	地　址

中华人民共和国海关总署
公　告

2001年　第3号

根据《中华人民共和国海关进出口税则》（以下简称《税则》）的规定，钢铁废碎料仅指那些用于熔融回收金属或制化学品的钢铁。可按原用途使用或适于作其他用途使用的钢铁制品及不须先经熔融回收金属即可改作他用的钢铁制品，均不属于《税则》所称的废钢铁。据此规定如下：

一、下述钢铁制品不属于废钢铁：

（一）未经使用或使用过的、规格长短不一的螺纹钢等；

（二）使用过的工字钢、槽钢等钢铁型材、异型材或角材；

（三）未经使用或使用过的建筑施工用钢铁箍件、钢铁模板；

（四）锈蚀、变形、镀层脱落等的钢铁平板轧材（包括卷材、非卷材）；

（五）机械加工所产生的大小、形状不规则但还可作为钢铁材料使用的余料；

（六）旧的机电设备（包括机动车辆）或其钢铁制零部件。

二、上述钢铁制品在境外经以下处理的，可视为废钢铁：

上述第（一）、（二）项货品切割成长度不超过1米或经扭曲；

上述第（三）、（四）、（五）项货品经扭曲、压折、切割或其他破坏性处理成不可再使用状；

上述第（六）项货品经碎裂或压扁成不可复原状。

三、钢铁生产及机械加工所产生的钢铁碎料或上述第二条所述废钢铁与上述第一条所述货品混装进口时，若废钢铁（包括钢铁碎料）所占比例大于80%时，可一并视作废钢铁。

凡符合本公告第二、三条规定的货品，可按废钢铁归入税则税目7204的有关子目；本公告第一条第（一）至（五）项所述货品应按相关的钢铁制品归类，第（六）项所述货品应按相关的机电产品或其零部件归类；具有放射性的钢铁废碎料应归入税则税目2844的有关子目。

本公告自2001年8月1日起执行。

海关总署

2001年6月12日

进出境邮寄物检疫管理办法

国家质量监督检验检疫总局、国家邮政局关于印发《进出境邮寄物检疫管理办法》的通知

国质检联［2001］34号

各直属检验检疫局，各省、自治区、直辖市邮政局：

进出境邮寄物的检疫工作是出入境检验检疫工作的重要组成部分。随着国际交往的增多，应实施检疫的进出境邮寄物也相应增加。为做好对进出境邮寄物的检疫工作，防止传染病、寄生虫病、危险性病虫杂草及其他有害生物随邮寄物传入、传出国境，保护我国农、林、牧、渔业生产安全和人民健康，国家质量监督检验检疫总局与国家邮政局联合制定了《进出境邮寄物检疫管理办法》，现印发你们，请认真贯彻执行。在执行中有何问题，请及时报国家质量监督检验检疫总局和国家邮政局。

附件：进出境邮寄物检疫管理办法

国家质量监督检验检疫总局

国家邮政局

2001年6月15日

第一章 总 则

第一条 为做好进出境邮寄物的检疫工作，防止传染病、寄生虫病、危险性病虫杂草及其他有害生物随邮寄物传入、传出国境，保护我国农、林、牧、渔业生产安全和人体健康，根据《中华人民共和国进出境动植物检疫法》及其实施条例、《中华人民共和国国境卫生检疫法》及其实施细则、《中华人民共和国邮政法》及其实施细则等有关法律、法规的规定，制定本办法。

第二条 本办法适用于通过邮政进出境的邮寄物（不包括邮政机构和其他部门经营的各类快件）的检疫管理。

第三条 本办法所称邮寄物是指通过邮政寄递的下列物品：

（一）进境的动植物、动植物产品及其他检疫物；

（二）进出境的微生物、人体组织、生物制品、血液及其制品等特殊物品；

（三）来自疫区的、被检疫传染病污染的或者可能成为检疫传染病传播媒介的邮包；

（四）进境邮寄物所使用或携带的植物性包装物、铺垫材料；

（五）其他法律法规、国际条约规定需要实施检疫的进出境邮寄物。

第四条 国家质量监督检验检疫总局（以下简称国家质检总局）统一管理全国进出境邮寄物的检疫工作，国家质检总局设在各地的出入境检验检疫机构（以下简称检验检疫机构）负责所辖地区进出境邮寄物的检疫和监管工作。

第五条 检验检疫机构可根据工作需要在设有海关的邮政机构或场地设立办事机构或定期派人到现场进行检疫。邮政机构应提供必要的工作条件，并配合检验检疫机构的工作。

检验检疫机构对邮寄物的检疫应结合海关的查验程序进行，原则上同一邮寄物不得重复开拆、查验。

第六条 依法应实施检疫的进出境邮寄物，未经检验检疫机构检疫，不得运递。

第二章 检 疫 审 批

第七条 邮寄进境植物种子、苗木及其繁殖材料，收件人须事先按规定向有关农业或林业主管部门办理检疫审批手续，因特殊情况无法事先办理的，收件人应向进境口岸所在地直属检验检疫局申请补办检疫审批手续。

邮寄进境植物产品需要办理检疫审批手续的，收件人须事先向国家质检总局或经其授权的进境口岸所在地直属检验检疫局申请办理检疫审批手续。

第八条 因科研、教学等特殊需要，需邮寄进境《中华人民共和国禁止携带、邮寄进境的动物、动物产品和其他检疫物名录》和《中华人民共和国进境植物检疫禁止进境物名录》所列禁止进境物的，收件人须事先按有关规定向国家质检总局申请办理特许检疫审批手续。

第九条 邮寄《中华人民共和国禁止携带、邮寄进境动物、动物产品和其他检疫物名录》以外的动物产品，收件人须事先向国家质检总局或经其授权的进境口岸所在地直属检验检疫局申请办理检疫审批手续。

第十条 邮寄物属微生物、人体组织、生物制品、血液及其制品等特殊物品的，收件人或寄件人须向进出境口岸所在地直属检验检疫局申请办理检疫审批手续。

第三章 进出境检疫

第十一条 邮寄物进境后，由检验检疫机构实施现场检疫。

第十二条 现场检疫时，检验检疫机构应审核单证并对包装物进行检疫。需拆包查验时，由检验检疫机构的工作人员进行拆包、重封，邮政工作人员应在场给予必要的配合。重封时，应加贴检验检疫封识。

第十三条 检验检疫机构需作进一步检疫的进境邮寄物，由检验检疫机构同邮政机构办理交接手续后予以封存，并通知收件人。封存期一般不得超过45日，特殊情况需要延长期限的，应当告知邮政机构及收件人。

邮寄物在检验检疫机构查验和封存期间发生部分或全部丢失，或因非工作需要发生损毁的，由检验检疫机构按照有关规定负责赔偿或处理。

第十四条 出境邮寄物中含有微生物、人体组织、生物制品、血液及其制品等特殊物品的，寄件人应当向所在地检验检疫机构申报，并接受检疫。

第十五条 对输入国有要求或物主有检疫要求的出境邮寄物，由寄件人提出申请，检验检疫机构按有关规定实施检疫。

第四章 检疫放行与处理

第十六条 检验检疫机构对来自疫区或者被检疫传染病污染的进出境邮寄物实施卫生处理，并签发有关单证。

第十七条 进境邮寄物经检疫合格或经检疫处理合格的，由检验检疫机构在邮件显著位置加盖检验检疫印章放行，由邮政机构运递。

第十八条 进境邮寄物有下列情况之一的，由检验检疫机构作退回或销毁处理：

（一）未按规定办理检疫审批或未按检疫审批的规定执行的；

（二）单证不全的；

（三）经检疫不合格又无有效方法处理的；

（四）其他需作退回或销毁处理的。

第十九条 对进境邮寄物作退回处理的，检验检疫机构应出具有关单证，注明退回原因，由邮政机构负责退回寄件人；作销毁处理的，检验检疫机构应出具有关单证，并与邮政机构共同登记后，由检验检疫机构通知寄件人。

第二十条 出境邮寄物经检验检疫机构检疫合格的，由检验检疫机构出具有关单证，由邮政机构运递。

第五章 附 则

第二十一条 对违反本办法的，依照有关法律法规规定予以处罚。

第二十二条 本办法由国家质检总局负责解释。

第二十三条 本办法自2001年8月1日起施行。

海关总署 外经贸部关于支持高新技术产业发展若干问题的通知

署厅发［2001］279号

广东分署，各直属海关，各省、自治区、直辖市及计划单列市外经贸委（厅、局）：

为贯彻落实《国务院关于印发鼓励软件产业和集成电路产业发展若干政策的通知》（国发［2000］18号）精神，适应大型高新技术企业生产经营方式和海关监管要求，支持高新技术产业发展及其产品出口，经研究决定，在认真执行国发［2000］18号文件所规定的各项税收优惠政策的同时，对大型高新技术生产企业的有关审批和海关监管采取进一步的简便措施。现就有关问题通知如下：

一、在中国关境内从事高新技术生产，其生产产品已列入科学技术部、对外贸易经济合作部、财政部、国家税务总局、海关总署共同编制的《中国高新技术产品出口目录》，并且年出口额在1亿美元以上的大型高新技术生产企业（包括国有企业、民营企业和外商投资企业），可根据本通知的规定向所在地海关提出申请，经海关会同当地外经贸主管部门审核同意并报海关总署、外经贸部备案后，便可适用本通知规定的各项简便措施。

对出口额未达到上述规定要求，但资信可靠、情况特殊、确实需要适用以上有关便捷通关程序的大型高新技术生产企业，由主管地海关和外经贸部门核报海关总署会同外经贸部批准。

二、经审核批准的上述高新技术生产企业，可选择适用以下一项或几项便捷通关程序：

（一）提前报关：为缩短进出口货物通关时间，上述企业可在进口货物启运后抵港前、出口货物运入海关监管场所前3天内，在能够确定其进出口货物的品名、规格、数量的条件下，提前向海关办理报关手续并递交有关单证，货物运抵后由海关监管现场直接验放。

为减少海关审单作业中确定商品归类、审定完税价格或认定原产国别的工作时间，上述企业还可按海关有关规定向海关申请在货物正式报关前预先确定商品归类、完税价格或原产地。

（二）联网报关：支持上述企业应用中国电子口岸平台自理报关，在企业办公地点直接向进出口地或主管地海关自行办理正式报关手续，企业一次输入所有通关数据，各进出境管理部门之间数据联网传输，海关审核报关单电子数据后发送电子回执，由企业自行派人或委托代理人在货物通关现场向海关办理交单审核及货物验放手续。有条件的海关可实行与指定银行联网电子划款交纳税费，海关向企业发出电子缴款通知后，验凭银行转账电子回执验放货物。

（三）快速转关：根据上述企业的要求，对该企业在境内不同口岸进出口的货物（不包括国家指定口岸进出口的货物），海关应优先办理快速转关运输手续。

（四）上门验放：对应当查验又不便在通关现场查验的进出口货物，海关应根据上述企业要求，优先派员到企业结合生产或装卸环节实施查验。

（五）加急通关：海关对上述企业进出口货物实行优先审单，上述企业进出口货物较多的通关现场，海关应设立便捷通关窗口优先办理货物验放手续。上述企业可以通过预约联系有关海关在非工作时间和节假日办理通关手续。

（六）担保验放：为解决在办理通关手续时因暂时无法提供某些单证（不包括进出口许可证件）或其他信息，海关无法确定货物的商品归类、估价等结关条件而不能及时验放货物的问题，准许上述企业以海关认可的担保形式先行办理货物验放手续，事后在规定时间内补充提供有关单证或信息，补交税款或补办其他规定手续。

三、改革上述企业加工贸易管理模式。上述企业从事加工贸易业务，除可以适用以上各项进出口便捷通关程序外，如果其生产实行全过程信息化管理，保证有关数据的真实无讹并向海关开放，可以向海关申请加工贸易业务联网管理。对实行联网管理的大型高新技术生产企业，不实行加工贸易银行保证金台账制度；外经贸部门取消加工贸易进口料件逐个合同审批管理，根据企业的资信和加工生产能力，只审定企业的加工贸易经营范围；海关取消《登记手册》监管，对企业进口料件按企业一定时间段的加工生产周转量核定，实行“企业分段备案（保税）、定期报核、海关分段核销”的监管办法。

四、为及时解决企业在通关过程中遇到的各种问题，全国海关建立通关咨询服务及热线值班制度，通过现场办公和电话、网站等方式优先受理大型高新技术生产企业提出的通关咨询、查对、投诉或其他应急要求，值班人员实行首问负责制。

五、获得批准的大型高新技术生产企业应与主管地海关共同签署一份列明企业的权利、义务及相应担保条件的《适用便捷通关程序担保书》。担保书签署后发往全国各地海关备案，各地海关据以执行相关简便程序。适用便捷通关程序的企业应强化守法意识，认真履行各项承诺，自觉遵守海关各项规定，同时严格内部管理，防止发生内部人员利用海关便利从事走私违法活动。海关将根据《中华人民共和国海关稽查条例》对企业实行定期或不定期稽查，发现有走私违法行为，立即停止对其适用便捷通关程序。并在半年内不再受理企业提出的适用便捷通关程序的申请。

六、以上各项全国性便捷通关程序和改革加工贸易管理模式的具体实施办法，由海关总署另行制定公布执行。

海关总署
对外贸易经济合作部
2001年7月12日

中华人民共和国国家质量监督检验检疫总局
中华人民共和国对外贸易经济合作部
中华人民共和国海关总署
公告

2001年 第14号

为保证进口石材和涂料等建筑材料的质量，保障我国人民健康，根据《中华人民共和国进出口商品检验法》的规定，现公告如下：

一、自2002年1月1日起，对进口石材、涂料大类商品（HS编码见附件）实施法定检验；

二、自2002年1月1日起，对进口石材、涂料类商品，海关凭出入境检验检疫机构出具的《入境货物通关单》验放；

三、该类商品的环境控制要求必须符合国家标准《民用建筑工程室内污染环境控制规范》和国家标准《室内建筑装饰材料有害物质限量》中相关材料的有害物质的限量规定；经检验不符合国家有关限量规定的，不得销售和使用；

四、对进口石材、涂料类商品的报检和出具证书等按照原国家出入境检验检疫局的有关规定执行。检验和监督管理规定等将另行发布。

附件：进口石材、涂料类商品法定检验HS编码目录

国家质量监督检验检疫总局
对外贸易经济合作部
海关总署
2001年8月30日

附 件

进口石材、涂料类商品法定检验HS编码目录

2515项下所有编码
2516项下所有编码
6801项下所有编码
6802项下所有编码
3208项下所有编码
3209项下所有编码

关于加工贸易边角料、节余料件、残次品、副产品和受灾保税货物的管理办法

中华人民共和国海关总署令

第87号

《关于加工贸易边角料、节余料件、残次品、副产品和受灾保税货物的管理办法》经2001年3月8日署办公会审议通过，现予发布，自2001年10月1日起实施。

署长　牟新生

2001年9月13日

第一条　为贯彻落实国务院批准的国家经贸委等七部委《关于进一步完善加工贸易银行保证金台账制度的意见》(国办发［1999］35号)，规范加工贸易保税进口料件在加工过程中产生的边角料、节余料件、残次品、副产品和受灾保税货物的内销审批和海关监管，特制定本办法。

第二条　本办法下列用语的含义：

边角料，是指加工贸易企业从事加工复出口业务，在海关核定的单耗内、加工过程中产生的、无法再用于加工该合同项下出口制成品的数量合理的废、碎及下脚料件。

节余料件，是指加工贸易企业因改进工艺和改善管理，生产加工的实际单耗低于海关按规定核定的单耗，在从事加工复出口业务后产生的、仍可继续用于加工该合同项下出口制成品的数量合理的剩余料件。

残次品，是指加工贸易企业从事加工复出口业务，加工生产的达不到出口合同标准、无法复出口的制成品。

副产品，是指冶炼等特殊行业的加工贸易企业从事加工复出口业务，在加工生产出口合同规定的制成品（即主产品）过程中，产生一个或一个以上不能复出口的其他产品。

受灾保税货物，是指加工贸易企业从事加工出口业务中，因不可抗力或其他经海关审核认可的正当理由造成灭失、短少、损毁等导致无法复出口的保税进口料件和加工制成品。

许可证件，是指按照国家规定由计划、经贸、外经贸等主管部门签发的许可证件。

第三条　加工贸易保税进口料件加工后产生的边角料、节余料件、残次品、副产品及其他保税货物属海关监管货物，未经海关许可，任何企业、单位、个人不得擅自销售或移作他用。

第四条　加工贸易企业申请内销边角料的，外经贸主管部门免于审批，直接报主管海关核准。主管海关按审定的边角料价格、其对应进口料件适用的税率计征税款，免征缓税利息。边角料对应的原进口料件属进口许可证件管理的，免领进口许可证件。

在国内加工过程中产生的边角料，如属国家环保部门签发《进口废物批准证书》管理的，免领该批准证书。

第五条　加工贸易企业申请将节余料件结转另一个加工贸易合同使用，限同一经营单位、同一加工厂、同样进口料件和同一加工贸易方式。凡具备条件的，企业可向主管海关申请。海关重新核定单耗后，准予按规定办理该合同核销及其节余料件结转手续。企业应将海关重新核定的单耗向原外经贸审批机关报备。

如同一经营单位申请将节余料件结转到同一直属关区内另一加工厂，主管海关收取结转料件保税税款等值的风险担保金后可予以同意；对已实行台账实转的合同，海关可免收风险担保金。

第六条　加工贸易企业申请内销节余料件或内销用节余料件生产的制成品，按下列情况办理：

（一）节余料件金额占该加工贸易合同项下实际进口料件总额3%以内（含3%，下同)、且总值在人民币1万元（含1万元，下同）以下的，外经贸主管部门免于审批，直接报主管海关核准，由海关对节余料件按规定计征税款和税款缓税利息后予以核销。属进口许可证件管理的，免领进口许可证件。

（二）节余料件金额占该加工贸易合同项下实际进口料件总额3%以上或总值在人民币1万元以上的，由省级外经贸主管部门按有关内销审批规定审批，海关凭《加工贸易保税进口料件内销批准证》对合同内销的全部节余料件按规定计征税款和税款缓税利息。其中，节余料件属进口许可证件管理的，企业还要按规定向海关补交有关进口许可证件。

（三）使用节余料件生产的制成品需内销的，根据其对应的进口料件价值，按本条第（一）项或第（二）项的规定办理。

第七条　加工贸易企业需内销残次品的，根据其对应

的进口料件价值，按照本办法第六条第（一）项或第（二）项的规定办理。

第八条 冶炼等特殊行业的加工贸易企业在加工生产过程中产生或经回收能够提取的副产品，如不能复出口的，加工贸易企业在向海关备案或核销时应如实申报。

因故需内销的副产品，主管海关按其内销时的成交价格占全部制成品成交价格总价的比例，折算成对应的进口料件，按照本办法第六条第（一）项或第（二）项的规定办理。对上述成交价格不能确定的，海关根据相同或类似货物的成交价格或同期国内市场批发价格（按倒扣法）进行折算。

企业应如实申报内销副产品价格占全部制成品总价的比例，必要时需提供有关交易市场或行业主管部门的证明材料等，由主管海关核准。

第九条 对于受灾保税货物，加工贸易企业应在灾后7日内向主管海关书面报告，海关可视情派员核查取证。

企业在规定的核销期内报请核销时，应提供下列证明材料：

（一）外经贸主管部门的签注意见；

（二）保险公司出具的保险赔款通知书或检验检疫部门出具的有关检验检疫证明文件；

（三）海关认可的其他有效证明文件。

经核实，对受灾保税货物灭失或虽未灭失，但完全失去使用价值且无法再利用的，海关予以免税核销；对受灾保税货物虽失去原使用价值，但可再利用的，海关按审定的受灾保税货物价格、其对应进口料件适用的税率计征税款和税款缓税利息后核销。受灾保税货物对应的原进口料件，如属进口许可证件管理的，予以免证核销。

第十条 加工贸易企业因故申请将边角料、节余料件、残次品、副产品或受灾保税货物退运出境的，海关按退运的有关规定办理，凭有关退运证明材料办理核销手续。

第十一条 加工贸易企业因故无法内销或退运而申请放弃边角料、节余料件、残次品、副产品或受灾保税货物的，按下列情况办理：

（一）经海关核定有使用价值的，由主管海关依照《中华人民共和国海关法》第三十条第四款的规定变卖处理，凭企业放弃该批货物的申请和海关提取变卖处理的有关单证办理核销手续。

（二）经主管海关核定无使用价值的，由企业自行处理，海关可直接办理核销手续。

（三）对按规定需进行销毁处理的，由企业负责销毁，海关凭监销部门的证明材料办理核销手续。必要时，海关可派员监督。

第十二条 加工贸易企业办理边角料、节余料件、残次品、副产品和受灾保税货物进出口通关手续时，应按其加工贸易的原进口料件品名进行申报并在报关单“备注”栏加注“边角料”、“节余料件”、“残次品”、“副产品”、“受灾保税货物”。

第十三条 加工贸易企业因合同变更、外商毁约等原因无法履行原出口合同，申请将原保税进口、尚未加工的剩余料件结转另一个加工贸易合同项下加工复出口，海关可比照本办法第五条的规定办理相应手续。

第十四条 凡违反本办法规定的，海关按《中华人民共和国海关法》、《中华人民共和国海关法行政处罚实施细则》等有关法律、行政法规、海关规章的规定处理。

第十五条 凡以前海关规章、规范性文件中涉及边角料、节余料件、残次品、副产品和受灾保税货物的规定与本办法有冲突的，以本办法为准。

第十六条 本办法由海关总署负责解释。

第十七条 本办法自2001年10月1日起执行。

出入境检验检疫风险预警及快速反应管理规定

中华人民共和国国家质量监督检验检疫总局令

第1号

《出入境检验检疫风险预警及快速反应管理规定》，已经2001年9月5日国家质量监督检验检疫总局局务会议审议通过，现予公布，自2001年11月15日起施行。

局长 李长江

2001年9月17日

第一章 总　　则

第一条　为保障人类、动植物的生命健康，维护消费者的合法权益，保护生态环境，促进我国对外贸易的健康发展，根据《中华人民共和国进出口商品检验法》、《中华人民共和国进出境动植物检疫法》、《中华人民共和国食品卫生法》、《中华人民共和国国境卫生检疫法》、《中华人民共和国产品质量法》等有关法律法规的规定，制定本规定。

第二条　本规定适用于对以各种方式出入境（包括过境）的货物、物品的检验检疫风险预警及快速反应管理。

本规定所称"预警"是指为使国家和消费者免受出入境货物、物品中可能存在的风险或潜在危害而采取的一种预防性安全保障措施。

第三条　国家质量监督检验检疫总局（以下简称国家质检总局）统一管理全国出入境检验检疫风险预警及快速反应工作。国家质检总局设立出入境检验检疫风险预警及快速反应工作办公室（以下简称预警办公室），负责风险预警及快速反应的信息管理工作。

第二章　信息收集与风险评估

第四条　国家质检总局根据出入境货物、物品的特点建立固定的信息收集网络，组织收集整理与出入境货物、物品检验检疫风险有关的信息。

第五条　风险信息的收集渠道主要包括：通过检验检疫、监测、市场调查获取的信息，国际组织和国外机构发布的信息，国内外团体、消费者反馈的信息等。

第六条　预警办公室负责组织对收集的信息进行筛选、确认和反馈。

第七条　根据有关规定，并参照国际通行做法，国家质检总局组织对筛选和确认后的信息进行风险评估，确定风险的类型和程度。

第三章　风险预警措施

第八条　根据确定的风险类型和程度，国家质检总局可对出入境的货物、物品采取风险预警措施。

第九条　风险预警措施包括：

（一）向各地出入境检验检疫机构（以下简称检验检疫机构）发布风险警示通报，检验检疫机构对特定出入境货物、物品有针对性地加强检验检疫和监测；

（二）向国内外生产厂商或相关部门发布风险警示通告，提醒其及时采取适当的措施，主动消除或降低出入境货物、物品的风险；

（三）向消费者发布风险警示通告，提醒消费者注意某种出入境货物、物品的风险。

第四章　快速反应措施

第十条　对风险已经明确，或经风险评估后确认有风险的出入境货物、物品，国家质检总局可采取快速反应措施。快速反应措施包括：检验检疫措施、紧急控制措施和警示解除。

第十一条　检验检疫措施包括：

（一）加强对有风险的出入境货物、物品的检验检疫和监督管理；

（二）依法有条件地限制有风险的货物、物品入境、出境或使用；

（三）加强对有风险货物、物品的国内外生产、加工或存放单位的审核，对不符合条件的，依法取消其检验检疫注册登记资格。

第十二条　紧急控制措施包括：

（一）根据出现的险情，在科学依据尚不充分的情况下，参照国际通行做法，对出入境货物、物品可采取临时紧急措施，并积极收集有关信息进行风险评估；

（二）对已经明确存在重大风险的出入境货物、物品，可依法采取紧急措施，禁止其出入境；必要时，封锁有关口岸。

第十三条　对出入境货物、物品风险已不存在或者已降低到适当程度时，国家质检总局发布警示解除公告。

第五章　监 督 管 理

第十四条　国家质检总局对风险预警和快速反应措施实施情况进行定期或不定期的检查。

第十五条　检验检疫机构应当及时向预警办公室反馈执行有关措施的情况和问题。

第六章　附　　则

第十六条　不同种类货物、物品的风险预警及快速反应管理实施细则另行制定。

第十七条　本规定由国家质检总局负责解释。

第十八条　本规定自2001年11月15日起施行。

出入境快件检验检疫管理办法

中华人民共和国
国家质量监督检验检疫总局 令
第3号

《出入境快件检验检疫管理办法》，已经2001年9月5日国家质量监督检验检疫总局局务会议审议通过，现予公布，自2001年11月15日起施行。

局长 李长江
2001年9月17日

第一章 总 则

第一条 为加强出入境快件的检验检疫管理，根据《中华人民共和国进出口商品检验法》、《中华人民共和国进出境动植物检疫法》、《中华人民共和国国境卫生检疫法》、《中华人民共和国食品卫生法》等有关法律法规的规定，制定本办法。

第二条 本办法所称出入境快件，是指依法经营出入境快件的企业（以下简称快件运营人），在特定时间内以快速的商业运输方式承运的出入境货物和物品。

第三条 依据本办法规定应当实施检验检疫的出入境快件包括：

（一）根据《中华人民共和国进出境动植物检疫法》及其实施条例和《中华人民共和国国境卫生检疫法》及其实施细则、以及有关国际条约、双边协议规定应当实施动植物检疫和卫生检疫的；

（二）列入《出入境检验检疫机构实施检验检疫的进出境商品目录》内的；

（三）属于实施进口安全质量许可制度、出口质量许可制度以及卫生注册登记制度管理的；

（四）其他有关法律法规规定应当实施检验检疫的。

第四条 国家质量监督检验检疫总局（以下简称国家质检总局）统一管理全国出入境快件的检验检疫工作。

国家质检总局设在各地的出入境检验检疫机构（以下简称检验检疫机构）负责所辖地区出入境快件的检验检疫和监督管理工作。

第五条 检验检疫机构对快件运营人实行备案登记制度。

第六条 检验检疫机构根据工作需要，可以在出入境快件的存放仓库、海关监管仓库或者快件集散地设立办事机构或者定期派人到现场实施检验检疫。

第七条 快件运营人不得承运国家有关法律法规规定禁止出入境的货物或物品。

第八条 对应当实施检验检疫的出入境快件，未经检验检疫或者经检验检疫不合格的，不得运递。

第二章 备案登记

第九条 快件运营人应当向所在地检验检疫机构申请办理备案登记，并提交下列资料：

（一）备案登记申请书；

（二）企业法人营业执照；

（三）海关核发的《出入境快件运营人登记备案证书》；

（四）检验检疫机构要求提供的其他资料。

第十条 检验检疫机构对快件运营人所提交的有关资料进行审核，符合要求的，予以签发《出入境快件运营人检验检疫备案登记证书》。

第十一条 快件运营人取得《出入境快件运营人检验检疫备案登记证书》后，方可按照有关规定办理出入境快件的报检手续。

第十二条 快件运营人如需变更备案登记的内容，应申请办理变更手续。

第三章 报 检

第十三条 快件运营人应按有关规定向检验检疫机构办理报检手续，凭检验检疫机构签发的通关单向海关办理报关。

第十四条 快件运营人在申请办理出入境快件报检时，应提供报检单、总运单、每一快件的分运单、发票等有关单证。属于下列情形之一的，还应向检验检疫机构提供有关文件：

（一）输入动物、动物产品、植物种子、种苗及其他繁殖材料的，应提供相应的检疫审批许可证和检疫证明；

（二）因科研等特殊需要，输入禁止进境物的，应提供国家质检总局签发的特许审批证明；

（三）属于微生物、人体组织、生物制品、血液及其制品等特殊物品的，应提供有关部门的审批文件；

（四）属于实施进口安全质量许可制度、出口质量许可制度和卫生注册登记制度管理的，应提供有关证明；

（五）其他法律法规或者有关国际条约、双边协议有规定的，应提供相应的审批证明文件。

第十五条 入境快件到达海关监管区时，快件运营人应及时向所在地检验检疫机构办理报检手续。

出境快件在其运输工具离境4小时前，快件运营人应向离境口岸检验检疫机构办理报检手续。

第十六条 快件运营人可以通过电子数据交换（EDI）的方式申请办理报检，检验检疫机构对符合条件的，应予受理。

第四章 检验检疫及处理

第十七条 检验检疫机构对出入境快件应以现场检验检疫为主，特殊情况的，可以取样作实验室检验检疫。

第十八条 检验检疫机构对出入境快件实行分类管理：

A类：国家法律法规规定应当办理检疫许可证的快件；

B类：属于实施进口安全质量许可制度、出口质量许可制度以及卫生注册登记制度管理的快件；

C类：样品、礼品、非销售展品和私人自用物品；

D类：以上三类以外的货物和物品。

第十九条 入境快件的检验检疫：

（一）对A类快件，按照国家法律法规和国家质检总局规定的检疫要求实施检疫；

（二）对B类快件，实施重点检验，审核进口安全质量许可证或者卫生注册证，查看有无进口安全质量许可认证标志或者卫生注册标志。无进口安全质量许可证、卫生注册证或者无进口安全质量许可标志或者卫生注册标志的，作暂扣或退货处理，必要时进行安全、卫生检测；

（三）对C类快件，免予检验，应实施检疫的，按有关规定实施检疫；

（四）对D类快件，按1%—3%的比例进行抽查检验。

第二十条 出境快件的检验检疫：

（一）对A类快件，依据输入国家或者地区和中国有关检疫规定实施检疫；

（二）对B类快件，实施重点检验，审核出口质量许可证或者卫生注册证，查看有无相关检验检疫标志、封识。无出口质量许可证、卫生注册证或者相关检验检疫标志、封识的，不得出境；

（三）对C类快件，免予检验，物主有检疫要求的，实施检疫；

（四）对D类快件，按1%—3%的比例进行抽查检验。

第二十一条 入境快件经检疫发现被检疫传染病病源体污染的或者带有动植物检疫危险性病虫害的以及根据法律法规规定须作检疫处理的，检验检疫机构应当按规定实施卫生、除害处理。

第二十二条 入境快件经检验不符合法律、行政法规规定的强制性标准或者其他必须执行的检验标准的，必须在检验检疫机构的监督下进行技术处理。

第二十三条 入境快件经检验检疫合格的，签发有关单证，予以放行；经检验检疫不合格但经实施有效检验检疫处理，符合要求的，签发有关单证，予以放行。

第二十四条 入境快件有下列情形之一的，由检验检疫机构作退回或者销毁处理，并出具有关证明：

（一）未取得检疫审批并且未能按规定要求补办检疫审批手续的；

（二）按法律法规或者有关国际条约、双边协议的规定，须取得输出国官方出具的检疫证明文件或者有关声明，而未能取得的；

（三）经检疫不合格又无有效方法处理的；

（四）本办法第二十二条所述的入境快件不能进行技术处理或者经技术处理后，重新检验仍不合格的；

（五）其他依据法律法规的规定须作退回或者销毁处理的。

第二十五条 出境快件经检验检疫合格的，签发有关单证，予以放行。经检验检疫不合格的，不准出境。

第二十六条 检验检疫机构对出入境快件需作进一步检验检疫处理的，可以予以封存，并与快件运营人办理交接手续。封存期一般不得超过45日。

第二十七条 对出入境快件作出退回或者销毁处理的，检验检疫机构应当办理有关手续并通知快件运营人。

第二十八条 快件运营人应当配合检验检疫工作，向检验检疫机构提供有关资料和必要的工作条件、工作用具等，必要时应当派出人员协助工作。

第五章 附 则

第二十九条 对通过邮政出入境的邮寄物的检疫管理适用《进出境邮寄物检疫管理办法》。

第三十条 对违反本办法规定的，依照有关法律法规的规定予以处罚。

第三十一条 本办法由国家质检总局负责解释。

第三十二条 本办法自2001年11月15日起施行。

中华人民共和国海关关于转关货物监管办法

中华人民共和国海关总署令

第89号

《中华人民共和国海关关于转关货物的监管办法》已经2001年9月3日署办公会议讨论通过，现予以公布，自2001年10月15日起实施。原《海关总署关于发布〈中华人民共和国海关广东地区陆路转关运输货物监管办法〉的通知》（署监［2001］21号）、《海关总署关于发布〈中华人民共和国海关关于长江沿线进出口转关运输货物监管办法〉的通知》（署监［2001］22号）、《关于发布〈中华人民共和国海关关于转关运输货物的监管办法〉的通知》（署监一［1992］1377号）同时废止。

署长　牟新生

2001年9月30日

第一章　总　　则

第一条　为了加强对转关货物的监管，方便收发货人办理海关手续，根据《中华人民共和国海关法》制定本办法。

第二条　转关货物是海关监管货物，除另有规定外（见附件1），进出口货物均可办理转关手续。海关对进出口转关货物施加海关封志。

第三条　转关货物应由已在海关注册登记的承运人承运。海关对转关限定路线范围，限定途中运输时间，承运人应当按海关要求将货物运抵指定的场所。

海关根据工作需要，可以派员押运转关货物，货物收发货人或其代理人、承运人应当按规定向海关缴纳规费，并提供方便。

第四条　转关货物的指运地或启运地应当设有经海关批准的监管场所。转关货物的存放、装卸、查验应在海关监管场所内进行。特殊情况需要在海关监管场所以外存放、装卸、查验货物的，应向海关事先提出申请，海关按规定监管。

第五条　海关对转关货物的查验，由指运地或启运地海关实施。进、出境地海关认为必要时也可查验或者复验。

第六条　转关货物未经海关许可，不得开拆、提取、交付、发运、调换、改装、抵押、质押、留置、转让、更换标记、移作他用或者进行其他处置。

第七条　转关货物的收发货人或代理人，可采取以下三种方式办理转关手续：

（一）在指运地或启运地海关以提前报关方式办理；

（二）在进境地或启运地海关以直接填报转关货物申报单的直转方式办理；

（三）以由境内承运人或其代理人统一向进境地或启运地海关申报的中转方式办理。

第八条　转关货物申报的电子数据与书面单证具有同等的法律效力。对确因填报或传输错误的数据，有正当理由并经海关同意，可作修改或者撤销。对海关已决定查验的转关货物，不再允许修改或撤销申报内容。

广东省内公路运输的《进境汽车载货清单》（附件2）或《出境汽车载货清单》（附件3）视同转关申报书面单证，具有法律效力。

第九条　提前报关的转关货物，进境地海关因故无法调阅进口转关数据时，可以按直转货物的规定办理转关手续。

第十条　从一个设关地运往另一个设关地的海关监管货物，除另有规定外，应按进口转关方式监管。

第十一条　转关货物运输途中因交通意外等原因需更换运输工具或驾驶员的，承运人或驾驶员应通知附近海关；附近海关核实同意后，监管换装并书面通知进境地、指运地海关或出境地、启运地海关。

第十二条　转关货物在国内储运中发生损坏、短少、灭失情事时，除不可抗力外，承运人、货物所有人、存放场所负责人应承担税赋责任。

第二章　进口转关货物的监管

第十三条　转关货物应当自运输工具申报进境之日起14天内向进境地海关办理转关手续，在海关限定期限内运抵指运地海关之日起14天内，向指运地海关办理报关手续。逾期按规定征收滞报金。

第十四条 进口转关货物，按货物到达指运地海关之日的税率和汇率征税。提前报关的，其适用的税率和汇率是指运地海关接收到进境地海关传输的转关放行信息之日的税率和汇率。如货物运输途中税率和汇率发生重大调整的，以转关货物运抵指运地海关之日的税率和汇率计算。

第十五条 提前报关的转关货物，进口货物收货人或其代理人在进境地海关办理进口货物转关手续前，向指运地海关录入《进口货物报关单》电子数据，指运地海关提前受理电子申报，货物运抵指运地海关监管场所后，办理转关核销和接单验放等手续。

第十六条 提前报关的转关货物，其收货人或代理人向指运地海关填报录入《进口货物报关单》后，计算机自动生成《进口转关货物申报单》（见附件4）并传输至进境地海关。

第十七条 提前报关的转关货物收货人或代理人，应向进境地海关提供《进口转关货物申报单》编号，并提交下列单证办理转关手续：

（一）《进口转关货物核放单》（见附件5）；广东省内公路运输的，交验《进境汽车载货清单》；

（二）《中华人民共和国海关境内汽车载运海关监管货物载货登记簿》（以下简称《汽车载货登记簿》）或《船舶监管簿》；

（三）提货单。

第十八条 提前报关的进口转关货物应在电子数据申报之日起的5日内，向进境地海关办理转关手续。超过期限仍未到进境地海关办理转关手续的，指运地海关撤销提前报关的电子数据。

第十九条 直转的转关货物，货物收货人或代理人在进境地录入转关申报数据，直接办理转关手续。

第二十条 直转的转关货物，货物收货人或代理人应持以下单证向进境地海关办理转关手续：

（一）《进口转关货物申报单》；广东省内公路运输的，交验《进境汽车载货清单》；

（二）《汽车载货登记簿》或《船舶监管簿》。

第二十一条 具有全程提运单、需换装境内运输工具的中转转关货物，收货人或其代理人向指运地海关办理进口报关手续后，由境内承运人或其代理人，批量办理货物转关手续。

第二十二条 中转的转关货物，运输工具代理人应持以下单证向进境地海关办理转关手续：

（一）《进口转关货物申报单》；

（二）《进口货物中转通知书》（见附件6）；

（三）进口中转货物的按指运地目的港分列的纸质舱单。

以空运方式进境的中转货物，提交联程运单。

第三章 出口转关货物的监管

第二十三条 出口提前报关的转关货物，由货物发货人或其代理人在货物未运抵启运地海关监管场所前，向启运地海关填报录入《出口货物报关单》电子数据，启运地海关提前受理电子申报。货物应于电子数据申报之日起5日内，运抵启运地海关监管场所，办理转关和验放等手续。超过期限的，启运地海关撤销提前报关的电子数据。

第二十四条 出口直转的转关货物，由货物发货人或其代理人在货物运抵启运地海关监管场所后，向启运地海关填报录入《出口货物报关单》电子数据，启运地海关受理电子申报，办理转关和验放等手续。

第二十五条 提前报关和直转的出口转关货物，其发货人或代理人应在启运地填报录入《出口货物报关单》，在启运地海关办理出口通关手续后，计算机自动生成《出口转关货物申报单》（附件7）数据，传送至出境地海关。

第二十六条 提前报关和直转的出口转关货物发货人或代理人应持以下单证在启运地海关办理出口转关手续：

（一）《出口货物报关单》；

（二）《汽车载货登记簿》或《船舶监管簿》；

（三）广东省内公路运输的，还应递交《出境汽车载货清单》。

第二十七条 提前报关和直转的出口转关货物到达出境地后，发货人或代理人应持《汽车载货登记簿》或《船舶监管簿》和启运地海关签发的《出口货物报关单》和《出口转关货物申报单》或《出境汽车载货清单》（广东省内公路运输），向出境地海关办理转关货物的出境手续。

第二十八条 具有全程提运单、需换装境内运输工具的出口中转货物，发货人向启运地海关办理出口报关手续后，由承运人或其代理人按出境运输工具分列舱单，批量办理货物转关手续。

第二十九条 出口中转货物，其发货人或代理人向启运地海关办理出口通关手续后，运输工具代理人向启运地海关录入并提交下列单证：

（一）《出口转关货物申报单》；

（二）按出境运输工具分列的电子或纸质舱单；

（三）《汽车载货登记簿》或《船舶监管簿》。

经启运地海关核准后，签发《出口货物中转通知书》（见附件8）。出境地海关验核上述单证，办理中转货物的出境手续。

第三十条 对需运抵出境地后才能确定出境运输工具，或原定的运输工具名称、航班（次）、提单号发生变化的，可在出境地补录或修改相关数据，办理出境手续。

第四章 核　销

第三十一条 进口转关货物在运抵指运地海关监管场

所后，指运地海关方可办理转关核销。

对于进口大宗散装转关货物分批运输的，在第一批货物运抵指运地海关监管场所后，指运地海关办理整批货物的转关核销手续，发货人或代理人同时办理整批货物的进口报关手续。指运地海关按规定办理余下货物的验放。最后一批货物到齐后，指运地海关完成整批货物核销。

第三十二条 出口转关货物在运抵出境地海关监管场所后，出境地海关方可办理转关核销。货物实际离境后，出境地海关核销清洁舱单并反馈启运地海关，启运地海关凭以签发有关报关单证明联。

第三十三条 转关工具未办结转关核销的，不得再次承运转关货物。

第五章 附 则

第三十四条 本办法下列用语的含义是：

（一）转关货物系指：

1. 由进境地入境，向海关申请转关、运往另一设关地点办理进口海关手续的货物；

2. 在启运地已办理出口海关手续运往出境地，由出境地海关监管放行的货物；

3. 从境内一个设关地点运往境内另一个设关地点，需经海关监管的货物。

（二）进境地：指货物进入关境的口岸。

（三）出境地：指货物离开关境的口岸。

（四）指运地：指进口转关货物运抵报关的地点。

（五）启运地：指出口转关货物报关发运的地点。

（六）承运人：指经海关核准，承运转关货物的企业。

第三十五条 本办法由海关总署负责解释。

第三十六条 本办法自2001年10月15日起实施。原《海关总署关于发布〈中华人民共和国海关广东地区陆路转关运输货物监管办法〉的通知》（署监［2001］21号）、《海关总署关于发布〈中华人民共和国海关关于长江沿线进出口转关运输货物监管办法〉的通知》（署监［2001］22号）、《关于发布〈中华人民共和国海关关于转关运输货物监管办法〉的通知》（署监一［1992］1377号）同时废止。

附件：1. 限制转关物品清单

附件2～8：略

附件1

限制转关物品清单

类别	种类	商品编码	商品名称
废物	第一类动物废料	05069010	骨废料
	第二类冶炼渣	26190000	冶炼钢铁产生的熔渣、浮渣
	第三类木、木制品废料	44013000	锯末、木废料等
		45019000	软木废料
	第五类纺织品废物	52021000	废棉纱线（包括废棉线）
		52029900	其他废棉
	第六类贱金属及其制品的废料	7204.1000	铸铁废碎料
		7204.2100	不锈钢废碎料
		7204.2900	其他合金钢废碎料
		7204.3000	镀锡钢铁废碎料
		7204.4100	车、刨、铣、磨、锯、锉、剪、冲加工过程中产生的钢铁废料，不论是否成捆
		7204.4900	未列名钢铁废碎料（含废铁轨、废钢轨等）
		7204.5000	供再熔的碎料钢铁锭（含废机床、废机车、废机车头等）
		7401.1000	铜、锍
		7401.2000	沉积铜（泥铜）

续表

类别	种类	商品编码	商品名称
		7404.0000	铜废碎料
		7503.0000	镍废碎料
		7602.0000	铝废碎料
		7902.0000	锌废碎料
		8002.0000	锡废碎料
		8103.1000	钽废碎料
	第七类各种废旧五金、电机、电器产品等		
	第八类废运输设备	89080000	供拆卸的船舶及其他浮动结构体
	第九类特殊需进口的废物		
	第十类废塑料碎料及下脚料	3915.1000	乙烯聚合物的废碎料及下脚料
		3915.2000	苯乙烯聚合物的废碎料及下脚料
		3915.3000	氯乙烯聚合物的废碎料及下脚料
		3915.9000	其他塑料的废碎料及下脚料
化工	监控化学品可作为化学武器的化学品	29211930	N，N—二（2—氯乙基）乙胺
		29211940	N，N—二（2—氯乙基）甲胺
		29211950	三（2—氯乙基）胺
		29309090.13	2—氯乙基氯甲基硫醚
		29309090.14	芥子气；二（2—氯乙基）硫醚
		29309090.15	二（2—氯乙硫基）甲烷
		29309090.16	倍半芥气：1，2—二（2—氯乙硫基）乙烷
		29309090.17	1，3—二（2—氯乙硫基）正丙烷
		29309090.18	1，4—二（2—氯乙硫基）正丁烷
		29309090.19	1，5—二（2—氯乙硫基）正戊烷
		29309090.21	二（2—氯乙硫基甲基）醚
		29309090.22	氧芥气：二（2—氯乙硫基乙基）醚　路易氏剂
		29309090.26	烷基（甲基、乙基、正丙基或异丙基） 硫代膦酸烷基（氢或少于或等于10个原子的碳链，包括环烷基） —S—2—二烷（甲、乙、正丙或异丙） 氨基乙酯及相应烷基化盐或质子化盐 例如：VX：甲基硫代膦酸乙基—S—2—二异丙氨基乙酯硫芥气
		29310000.13	2—氯乙烯基二氯胂
		29310000.14	二（2—氯乙烯基）氯胂
		29310000.15	三（2—氯乙烯基）胂

续表

类别	种类	商品编码	商品名称
		29310000.16	烷基（甲基、乙基、正丙基或异丙基） 氟膦酸烷（少于或等于10个碳原子的链，包括环烷）酯，例如：沙林：甲基氟膦酸异丙酯，梭曼：甲基氟膦酸频那酯
		29310000.17	二烷（甲、乙正丙或异丙）氨基氰磷酸烷（少于或等于10个碳原子的碳链，包括环烷）酯，例如：塔崩：二甲氨基氰膦酸乙酯
		29310000.18	烷基（甲基、乙基、正丙基或异丙基）膦酸二氟，例如：DF：甲基膦酰二氟
		29310000.19	烷基（甲基、乙基、正丙基或异丙基）亚膦酸烷基（氢或少于或等于10个碳原子的碳链，包括环烷基） —2—二烷（甲、乙、正丙或异丙） 氨基乙酯及相应烷基化盐或质子化盐 例如：QL：甲基亚膦酸乙基—2—二异丙氨基乙酯
		29310000.21	氯沙林：甲基氯膦酸异丙酯 氯梭曼：甲基氯膦酸频那酯
		30029010	石房蛤毒素
		30029020	蓖麻毒素
	消耗臭氧层物质	29034100	三氯氟甲烷（CFC—11）
		29034200	二氯二氟甲烷（CFC—12）
		29034300	三氯三氟乙烷（CFC—113），用于清洗剂除外
		29034400.10	二氯四氟乙烷（CFC—114）
		29034400.90	氯五氟乙烷（CFC—115）
		29034510	氯三氟甲烷（CFC—13）
		29034600.10	溴氯二氟甲烷（Halon—1211）
		29034600.20	溴三氟甲烷（Halon—1301）
		29031910	1，1，1—三氯乙烷（甲基氯仿，TCA）
	化学武器关键前体	28121044	三氯化砷
		29033010	PFIB：1，1，3，3，3，—五氟—2—三氟甲基—1—丙烯（又名：全氟异丁烯：八氟异丁烯）
		29051910	频那基醇：3，3—二甲基丁—2—醇
		29181910	2，2—二苯基—2—羟基乙酸：二苯羟乙酸；二苯乙醇酸
		29211960	二烷（甲，乙，正丙或异丙）氨基乙基—2—氯及相应质子化盐
		29221929	二烷（正丙或异丙）氨基乙—2—醇及相应质子化盐例如：二甲氨基乙醇及相应质子化盐 二乙氨基乙醇及相应质子化盐
		29299020	二烷（甲，乙，正丙或异丙）氨基膦酰二卤
		29299030	二烷（甲，乙，正丙或异丙）氨基膦酸二烷（甲，乙，正丙或异丙）酯

续表

类 别	种 类	商品编码	商 品 名 称
		29309090.23	胺吸膦：硫代膦酸二乙基—S—2—二乙氨基乙酯及相应烷基化盐或质子化盐
		29309090.24	烷基（甲，乙，正丙或异丙）氨基乙—2—硫醇及相应质子化盐
		29309090.25	硫二甘醇；二（2—羟乙基）硫醚；硫代双乙醇
		29309090.27	含有一个磷原子并有一个甲基，乙基或（正或异）丙基原子团与该磷原子结合的化学品，不包括含有更多碳原子的情形，但第一类名录所列者除外。例如：甲基膦酰二氯；甲基膦酸二甲酯 例如：地虫磷：二硫代乙基膦酸—S—苯基乙酯
		29333910	BZ；二苯乙醇酸—3—奎宁环酯
		29333920	奎宁环—3—醇
	化学武器原料	28111910	氢氰酸，包括氰化氢
		28121010	亚硫酰氯：氯化亚砜，氧氯化硫
		28121020	氧氯化磷，即膦酰氯，三氯氧磷
		28121030	碳酰二氯（光气）
		28121041	一氯化硫（氯化硫）
		28121042	二氯化硫
		28121043	三氯化磷
		28121045	五氯化磷
		28139000.10	五硫化二磷
		28371110	氰化钠
		28371910	氰化钾
		28510020	氯化氰
		29049030	三氯硝基甲烷（氯化苦，硝基氯仿）
		29141900.10	频那酮
		29181990.10	二苯乙醇酸甲酯，包括其酸酐，酰卤化物，过氧化物和过氧酸及该号的衍生物
		29209011	亚磷酸三甲酯
		29209012	亚磷酸三乙酯
		29209013	亚磷酸二甲酯
		29209014	亚磷酸二乙酯
		29211100.10	二甲胺
		29211100.20	二甲胺盐酸盐
		29221310	三乙醇胺
		29221320.20	三乙醇胺盐酸盐
		29221930	乙基二乙醇胺

续表

类别	种类	商品编码	商品名称
		29221940	甲基二乙醇胺
		29333990.30	3—羟基—1—甲基哌啶
		29333990.40	3—奎宁环酮
	易制毒化学品	28061000	氯气氢（盐酸）
		28070000.10	硫酸
		28416100	高锰酸钾
		29023000	甲苯
		29091100	乙醚
		29141100	丙酮
		29141200	丁酮（甲基乙基〈甲〉酮）
		29143100	苯丙酮（苯基丙—2—丙酮）
		29152400	乙酸酐（醋酸酐）
		29163400.10	苯乙酸
		29224310	邻氨基苯甲酸（氨茴酸）
		29242990.20	N—乙酰邻氨基苯酸
		29329100	4—丙烯基—1，2—亚甲二氧基苯（异黄樟脑）
		29329400	4—烯丙基—1，2—亚甲二氧基苯（黄樟脑）
		29329200	1—（1，3—苯并二恶茂—5—基）丙—2—酮，3，4—亚甲基二氧苯基—2—丙酮
		29333210	哌啶（六氢吡啶）
		29394100.10	麻黄碱（麻黄素，盐酸麻黄碱）
		29394100.30	消旋盐酸麻黄碱
		29394100.40	草酸麻黄碱
		29394200.10	伪麻黄碱（伪麻黄素，盐酸伪麻黄碱）
		29394100.20	硫酸麻黄碱
		29394200.20	硫酸伪麻黄碱
		29394900.10	盐酸甲基麻黄碱
		29394900.20	消旋盐酸甲基麻黄碱
		13021990.11	供制农药用麻黄浸膏粉
		13021990.12	供制农药用麻黄浸膏
		13021990.91	供制医药用麻黄浸膏粉
		13021990.92	供制医药用麻黄浸膏
		13021990.93	其他麻黄浸膏粉
		13021990.94	其他麻黄浸膏
		12119049.10	药料用麻黄草粉
		12119050.10	香料用麻黄草粉

续表

类别	种类	商品编码	商品名称
		12119099.10	其他用麻黄草粉
		30044090.10	麻黄碱盐类单方制剂（指盐酸麻黄碱片、盐酸麻黄碱注射剂、盐酸伪麻黄碱片、硫酸麻黄碱片）
		29329300	3，4—亚甲二氧基甲醛（胡椒醛），别名洋茉莉醛、天芥菜精
		29396100.10	麦角新碱
		29396200.10	麦角胺
		29396300.10	麦角酸
	氰化钠	28371110	氰化钠
汽　车	汽　车	87012000	半挂车用的公路牵引车
		87021020	机坪客车（机场专用车）
		87021091	30座及以上大型客车（柴油型）（指装有柴油发动机的30座及以上的客运车）
		87021092.11	20≤座≤22柴油客车（装有柴油或半柴油发动机的中型客车，排气量<2 000cc）
		87021092.19	20≤座≤22柴油客车（装有柴油或半柴油发动机的中型客车，排气量≥2 000cc）
		87021092.90	其他23≤座<30柴油型中型客车（装有柴油或半柴油发动机的客车）
		87021093.10	排气量<2 000cc的10≤座≤19客车（装有柴油或半柴油发动机的中型客车）
		87021093.90	排气量≥2 000cc的10≤座≤19客车（装有柴油或半柴油发动机的中型客车）
		87029010	30座及以上大型客车（其他型）（指装有其他发动机的30座及以上的客运车）
		87029020.11	20≤座≤22非柴油客车（指装有其他发动机的中型客车，排气量<2 000cc）
		87029020.19	20≤座≤22非柴油客车（指装有其他发动机的中型客车，排气量≥2 000cc）
		87029020.90	其他23≤座<30的非柴油客车（指装有其他发动机的中型客车）
		87029030.10	排气量<2 000cc的10≤座≤19客车（装有其他发动机的中型客车）
		87029030.90	排气量≥2 000cc的10≤座≤19客车（装有其他发动机的中型客车）
		87032130.11	汽油型微马力小轿车（指装有点燃往复式活塞内燃机，排气量<1 000cc）
		87032130.19	汽油型微马力小轿车（指装有点燃往复式活塞内燃机，排气量=1 000cc）
		87032130.90	87032130车辆的成套散件
		87032190.11	汽油型超微马力小轿车、越野车（指装有点燃往复式活塞内燃机的，排气量<1 000cc）

续表

类别	种类	商品编码	商品名称
		87032190.19	汽油型超微马力小轿车、越野车（指装有点燃往复式活塞内燃机的，排气量=1 000cc）
		87032190.90	87032190 车辆的成套散件
		87032230.10	汽油型小马力小轿车（装点燃往复式活塞内燃机，小马力指1 000cc<排气量≤1 500cc）
		87032230.90	汽油型小马力小轿车的成套散件
		87032240.10	汽油型小马力四轮驱动越野车（装点燃往复式活塞内燃机，小马力指1 000cc<排气量≤1 500cc）
		87032240.90	87032240 车辆的成套散件
		87032250.10	汽油型小马力小客车（≤9座）（装点燃往复式活塞内燃机，小马力指1 000cc<排气量≤1 500cc）
		87032250.90	87032250 车辆的成套散件
		87032290.11	汽油型小马力其他小客车（≤9座）（装点燃往复式活塞内燃机，小马力指1 000cc<排气量≤1 500cc）
		87032290.19	汽油型小马力其他载人车辆（≤9座）（装点燃往复式活塞内燃机，小马力指1 000cc<排气量≤1 500cc）
		87032290.90	87032290 车辆的成套散件
		87032314.11	1 500cc<排气量<2 200cc的小轿车（指汽油型，装点燃往复式活塞内燃机）
		87032314.19	2 200cc≤排气量≤2 500cc的小轿车（指汽油型，装点燃往复式活塞内燃机）
		87032314.90	87032314 车辆的成套散件
		87032315.11	1 500cc<排气量<2 400cc四轮驱动越野车（指汽油型，装点燃往复式活塞内燃机）
		87032315.19	2 400cc≤排气量≤2 500cc四轮驱动越野车（指汽油型，装点燃往复式活塞内燃机）
		87032315.90	87032315 车辆的成套散件
		87032316.11	1 500cc<排气量<2 000cc小客车（指≤9座，汽油型的，装点燃往复式活塞内燃机）
		87032316.19	2 000cc≤排气量≤2 500cc小客车（指≤9座，汽油型的，装点燃往复式活塞内燃机）
		87032316.90	87032316 车辆的成套散件
		87032319.11	1 500cc<排气量<2 000cc汽油型其他小客车（装点燃往复式活塞内燃机）
		87032319.12	2 000cc≤排气量≤2 500cc汽油型其他小客车（装点燃往复式活塞内燃机）
		87032319.19	1 500cc<排气量≤2 500cc汽油型其他载人车辆（装点燃往复式活塞内燃机）

续表

类别	种类	商品编码	商品名称
		87032319.90	87032319 车辆的成套散件
		87032334.10	汽油型中马力小轿车（装点燃往复式活塞内燃机，指 2 500cc<排气量≤3 000cc）
		87032334.90	87032334 车辆的成套散件
		87032335.10	汽油型中马力越野车（装点燃往复式活塞内燃机，指 2 500cc<排气量≤3 000cc）
		87032335.90	87032335 车辆成套散件
		87032336.10	汽油型中马力旅行小客车（≤9 座）（装点燃往复式活塞内燃机，指 2 500cc<排气量≤3 000cc）
		87032336.90	87032336 车辆的成套散件
		87032339.11	汽油型中马力其他小客车（≤9 座）（装点燃往复式活塞内燃机，指 2 500cc<排气量≤3 000cc）
		87032339.19	汽油型中马力其他载人车辆（装点燃往复式活塞内燃机，指 2 500cc<排气量≤3 000cc）
		87032339.90	87032339 车辆的成套散件
		87032430.10	汽油型大马力小轿车（≤9 座）（装有点燃往复式活塞内燃机，大马力指排气量>3 000cc）
		87032430.90	87032430 车辆的成套散件
		87032440.10	汽油型大马力越野车（装有点燃往复式活塞内燃机，大马力指排气量>3 000cc）
		87032440.90	87032440 车辆的成套散件
		87032450.10	汽油型大马力旅行小客车（≤9 座）（装有点燃往复式活塞内燃机，大马力指排气量>3 000cc）
		87032450.90	87032450 车辆的成套散件
		87032490.11	汽油型大马力其他小客车（装有点燃往复式活塞内燃机，大马力指排气量>3 000cc）
		87032490.19	汽油型大马力其他载人车辆（装有点燃往复式活塞内燃机，大马力指排气量>3 000cc）
		87032490.90	87032490 车辆的成套散件
		87033130.11	排气量<1 000cc 柴油型小轿车（装有压燃式活塞内燃发动机，9 座及以下的）
		87033130.19	≤1 000cc 排气量≤1 500cc 柴油型小轿车（装有压燃式活塞内燃发动机，9 座及以下的）
		87033130.90	87033130 车辆的成套散件
		87033140.10	柴油型小马力越野车（装有压燃式活塞内燃发动机，小马力指排气量≤1 500cc）
		87033140.90	87033140 车辆的成套散件

续表

类别	种类	商品编码	商品名称
		87033150.10	柴油型小马力小客车（≤9座）（装有压燃式活塞内燃发动机，小马力指排气量≤1 500cc）
		87033150.90	87033150车辆的成套散件
		87033190.11	柴油型小马力其他小客车（≤9座）（装有压燃式活塞内燃发动机，小马力指排气量≤1 500cc）
		87033190.19	柴油型小马力其他载人车辆（装有压燃式活塞内燃发动机，小马力指排气量≤1 500cc）
		87033190.90	87033190车辆的成套散件
		87033230.11	1 500cc<排气量<2 200cc柴油型小轿车（指≤9座，装压燃式活塞内燃发动机）
		87033230.19	≤2 200cc排气量≤2 500cc柴油型小轿车（指≤9座，装压燃式活塞内燃发动机）
		87033230.90	87033230车辆的成套散件
		87033240.11	1 500cc<排气量<2 400cc四轮驱动越野车（指≤9座，柴油型，装压燃式活塞内燃发动机）
		87033240.19	≤2 400cc排气量≤2 500cc四轮驱动越野车（指≤9座，柴油型，装压燃式活塞内燃发动机）
		87033240.90	87033240车辆的成套散件
		87033250.11	1 500cc<排气量<2 000cc小客车（指≤9座，柴油型，装压燃式活塞内燃发动机）
		87033250.19	≤2 000cc排气量≤2 500cc小客车（指≤9座，柴油型，装压燃式活塞内燃发动机）
		87033250.90	87033250车辆的成套散件
		87033290.11	柴油型中马力其他小客车（≤9座）（指1 500cc<排气量<2 000cc）
		87033290.12	≤2 000cc排气量≤2 500cc其他小客车（指≤9座，柴油型，装压燃式活塞内燃发动机）
		87033290.19	柴油型中马力其他载人车辆（指1 500cc<排气量<2 500cc）
		87033290.90	87033290车辆的成套散件
		87033330.10	排气量>2 500cc的柴油型小轿车（指≤9座，装有压燃式活塞内燃发动机）
		87033330.90	87033330车辆成套散件
		87033340.10	排气量>2 500cc四轮驱动越野车（指≤9座，柴油型，装有压燃式活塞内燃发动机）
		87033340.90	87033340车辆的成套散件
		87033350.10	排气量>2 500cc小客车（≤9座）（指柴油型，装有压燃式活塞内燃发动机）

续表

类别	种类	商品编码	商品名称
		87033350.90	87033350车辆的成套散件
		87033390.11	柴油型大马力其他小客车（≤9座）（装有压燃式活塞内燃发动机，大马力指排气量>2 500cc）
		87033390.19	柴油型大马力其他载人车辆（装有压燃式活塞内燃发动机，大马力指排气量>2 500cc）
		87033390.90	87033390车辆的成套散件
		87039000.11	其他型排气量<1 000cc的小轿车
		87039000.12	其他型≤1 000cc排气量<2 200cc小轿车
		87039000.13	其他型排气量≥2 200cc的小轿车
		87039000.14	其他型排气量<2 000cc面包车（≤9座）
		87039000.15	其他型排气量≤2 000cc面包车（≤9座）
		87039000.16	其他型排气量<2 400cc的越野车
		87039000.17	其他型排气量≥2 400cc的越野车
		87039000.19	装有其他发动机的其他型车（指9座及以下，包括旅行小客车及赛车）
		87039000.90	87039000车辆的成套散件
		87042100	柴油型其他小型货车（装有压燃式活塞内燃发动机，小型指车辆总重量≤5吨）
		87042230	柴油型其他中型货车（装有压燃式活塞内燃发动机，中型指5吨<车辆总重量<14吨）
		87042240.10	混凝土泵车、混凝土搅拌车用底盘（装有压燃式活塞内燃发动机，重型指14吨≤车辆总重≤20吨）
		87042240.90	柴油型其他重型货车（装有压燃式活塞内燃发动机，重型指14吨≤车辆总重≤20吨）
		87042300.10	起重≥25吨汽车起重机用底盘（装有压燃式活塞内燃发动机，超重型指车辆总重量>20吨）
		87042300.20	混凝土泵车、搅拌车用底盘（装有压燃式活塞内燃发动机，超重型指车辆总重量>20吨）
		87042300.90	柴油型的其他超重型货车（装有压燃式活塞内燃发动机，超重型指车辆总重量>20吨）
		87043100	汽油型≤5吨的其他货车（装有点燃式活塞内燃发动机，车辆总重量不超过5吨）
		87043230	5吨<汽油型≤8吨的其他货车（装有点燃式活塞内燃发动机，车辆总重量超过5吨）
		87043240	汽油型>8吨的其他货车（装有点燃式活塞内燃发动机，车辆总重量超过8吨）
		87049000	装有其他发动机的货车

续表

类 别	种 类	商品编码	商 品 名 称
		87052000	机动钻探车
		87053010	装有云梯的机动救火车
		87053090	其他机动救火车
		87054000	机动混凝土搅拌车
		87059020	机动放射线检查车
		87059030	机动环境监测车
		87059040	机动医疗车
		87059051	航空电源车（频率为400赫兹）
		87059059	其他机动电源车
		87059060	飞机加油车，调温车，除冰车
		87059070	道路（包括跑道）扫雪车
		87059080	石油测井车，压裂车，混沙车
		87059090.10	跑道除冰车
		87059090.90	其他特殊用途的机动车辆（主要用于载人或运货的车辆除外）

国家质量监督检验检疫总局关于对高新技术产品实行便捷检验检疫措施的通知

国质检通函［2001］498号

各直属检验检疫局：

根据国务院有关规定，为支持高新技术产业的发展，促进外贸扩大出口，经国家质检总局研究决定，对大型高新技术生产企业的货物进出口可按“特事特办，急事急办”的原则优先办理检验检疫，并对适用便捷的检验检疫程序规定如下：

一、在中国境内从事高新技术生产，其生产产品已列入科学技术部、对外贸易经济合作部、财政部、国家税务总局、海关总署编制的《中国高新技术产品出口目录》，并且年出口额超过500万美元的软件公司和年出口额超过5 000万美元的集成电路企业的进出口货物，在有效监管的前提下，要优先方便快捷办理检验检疫。

二、凡符合上述条件的企业，其进口货物启运后抵港前，出口货物完成生产未包装前，在能够确定其进出口货物品名、规格、数量的条件下，企业凭《大型高新技术企业适用便捷通关程序备案审批表》向当地检验检疫机构报验。

三、对进口高新技术产品有木质包装的采取指定区域集中检疫，除国家质检总局有规定的，必要时对可以拆卸且不影响运输的货物实行拆除木质包装后，先将货物放行，再对木质包装进行处理。

四、对大型高新技术出口产品优先派员进行过程检验和监管，协助企业建立质量保证体系，企业办理正式出口时不再实施已检项目的检验。对出口的大型高新技术产品，属地局检验后，口岸局凭属地局转发的有关检验检疫信息签发有关单证，直接验放，不再查验。

五、对输美、加、欧盟、澳大利亚、巴西出口货物有木质包装的，凭企业申请，检验检疫部门优先办理，集中检疫处理，在检疫有效期内的木质包装，优先出具检疫证书。

执行中遇有问题，请及时报告。

国家质量监督检验检疫总局

2001年10月31日

适用进口关税优惠税率的国家或地区清单

中华人民共和国海关总署

公　告

2001年　第21号

随着我国加入世界贸易组织和区域性贸易协定，我国国别税率适用情况将发生较大的变化。2002年的《中华人民共和国海关进出口税则》中进口税率将分普通税率、最惠国税率、协定税率、特惠税率四栏。有关税率适用规定见《关于实施2002年〈中华人民共和国海关进出口税则〉的公告》（海关总署公告［2001］22号）。

经商外经贸部、财政部，现将适用进口关税优惠税率的国家和地区清单发布，特此公告。

附件：适用进口关税优惠税率的国家或地区清单

海关总署

2001年12月7日

国家或地区代码	国家或地区名称
102	巴　林
103	孟加拉国
105	文　莱
106	缅　甸
107	柬埔寨
108	塞浦路斯
109	朝　鲜
110	中国香港
111	印　度
112	印度尼西亚
113	伊　朗
114	伊拉克
115	以色列
116	日　本
117	约　旦
118	科威特
119	老　挝
120	黎巴嫩
121	中国澳门
122	马来西亚
123	马尔代夫
124	蒙　古
125	尼泊尔
126	阿　曼
127	巴基斯坦
129	菲律宾
130	卡塔尔
131	沙特阿拉伯
132	新加坡
133	韩　国
134	斯里兰卡
135	叙利亚
136	泰　国
137	土耳其
138	阿联酋
139	也门共和国

续表

国家或地区代码	国家或地区名称
141	越　南
142	中　国
143	台、澎、金、马单独关税区
201	阿尔及利亚
202	安哥拉
203	贝　宁
204	博茨瓦纳
205	布隆迪
206	喀麦隆
208	佛得角
209	中非共和国
211	乍　得
213	刚　果
214	吉布提
215	埃　及
216	赤道几内亚
217	埃塞俄比亚
218	加　蓬
219	冈比亚
220	加　纳
221	几内亚
222	几内亚比绍
223	科特迪瓦
224	肯尼亚
226	利比亚
227	马达加斯加
228	马拉维
229	马　里
230	毛里塔尼亚
231	毛里求斯
232	摩洛哥
233	莫桑比克
234	纳米比亚
235	尼日尔

续表

国家或地区代码	国家或地区名称
236	尼日利亚
238	卢旺达
240	塞内加尔
242	塞拉利昂
243	索马里
244	南　非
246	苏　丹
247	坦桑尼亚
248	多　哥
249	突尼斯
250	乌干达
251	布基纳法索
252	民主刚果
253	赞比亚
254	津巴布韦
255	莱索托
257	斯威士兰
258	厄立特里亚
301	比利时*
302	丹　麦*
303	英　国*
304	德　国*
305	法　国*
306	爱尔兰*
307	意大利*
308	卢森堡*
309	荷　兰*
310	希　腊*
311	葡萄牙*
312	西班牙*
313	阿尔巴尼亚
315	奥地利*
316	保加利亚
318	芬　兰*

续表

国家或地区代码	国家或地区名称
321	匈牙利
322	冰　岛
323	列支敦士登
324	马耳他
325	摩纳哥
326	挪　威
327	波　兰
328	罗马尼亚
330	瑞　典*
331	瑞　士
334	爱沙尼亚
335	拉脱维亚
336	立陶宛
337	格鲁吉亚
338	亚美尼亚
339	阿塞拜疆
340	白俄罗斯
341	哈萨克斯坦
342	吉尔吉斯斯坦
343	摩尔多瓦
344	俄罗斯联邦
345	塔吉克斯坦
346	土库曼斯坦
347	乌克兰
348	乌兹别克斯坦
349	南斯拉夫
350	斯洛文尼亚
351	克罗地亚
352	捷克共和国
353	斯洛伐克
354	马其顿
355	波斯尼亚和黑塞哥维那
401	安提瓜和巴布达
402	阿根廷

续表

国家或地区代码	国家或地区名称
405	巴巴多斯
406	伯利兹
408	玻利维亚
410	巴　西
412	智　利
413	哥伦比亚
414	多米尼加共和国
415	哥斯达黎加
416	古　巴
418	多米尼克国
419	厄瓜多尔
421	格林纳达
423	危地马拉
424	圭亚那
425	海　地
426	洪都拉斯
427	牙买加
429	墨西哥
431	尼加拉瓜
432	巴拿马
433	巴拉圭
434	秘　鲁
435	波多黎各
437	圣卢西亚
439	圣文森特和格林纳丁斯
441	苏里南
442	特立尼达和多巴哥
444	乌拉圭
445	委内瑞拉
447	圣基茨和尼维斯
501	加拿大
502	美　国
503	格陵兰
601	澳大利亚

续表

国家或地区代码	国家或地区名称
602	库克群岛
603	斐　济
608	瓦努阿图
609	新西兰
611	巴布亚新几内亚
613	所罗门群岛

续表

国家或地区代码	国家或地区名称
614	汤　加
617	萨摩亚
618	基里巴斯
620	密克罗尼西亚

注：＊代表欧盟成员国。

中华人民共和国海关总署
公　告

2001年　第22号

经国务院关税税则委员会第四次全体会议审议通过，并报国务院批准，自2002年1月1日起，履行我国加入世界贸易组织（WTO）承诺的2002年关税减让义务和我国加入曼谷协定的有关协议，同时对暂定税率进行调整，有关详细情况见《中华人民共和国海关进出口税则》。现就有关问题公告如下：

一、2002年税则税目调整简要情况

（一）实行新的进口税则税率栏目。进口税则分设最惠国税率、协定税率、特惠税率和普通税率4个栏目。取消原基础税率栏目。

最惠国税率适用原产于与我国共同适用最惠国待遇条款的世贸组织成员国或地区的进口货物；或原产于与我国签订有相互给予最惠国待遇条款的双边贸易协定的国家或地区的进口货物。

协定税率适用原产于我国参加的含有关税优惠条款的区域性贸易协定的有关缔约方的进口货物。

特惠税率适用原产于与我国签订有特殊优惠关税协定的国家或地区的进口货物。

普通税率适用原产于上述国家或地区以外的国家和地区的进口货物。

（二）调整进口税则税目税率。对2002年进口税则中的部分税目内容进行了调整，并将总税目数增加到7 316个，其中5 332个税目的税率有不同程度的降低。降税后，我国关税总水平下降到12%。

（三）对52个税目按规定的税率实行从量税、复合税和滑准税。

（四）对小麦、豆油等10种农产品和尿素等3种化肥产品实行关税配额管理。

（五）对209个税目进口商品实行暂定最惠国税率。暂定最惠国税率仅适用于最惠国税率适用范围的国家或地区的进口商品。暂定最惠国税率的执行截止期限为2002年12月31日。

（六）对36个税目的出口商品征收出口关税，其中，对23个税目的出口商品实行暂定税率。出口暂定税率的执行截止期限为2002年12月31日。

（七）对原产于韩国、斯里兰卡和孟加拉国3个曼谷协定成员的739个税目的进口商品实行曼谷协定税率。

对原产于孟加拉国的18个税目的进口商品实行曼谷协定特惠税率。

二、有关实施问题的说明

（一）暂定最惠国税率优先于最惠国税率实施；按协定税率、特惠税率进口暂定最惠国税率商品时，取低计征关税；按国家优惠政策进口暂定最惠国税率商品时，按优惠政策计算确定的税率与暂定最惠国税率两者取低计征关税，但不得在暂定最惠国税率基础上再进行减免。

（二）2002年税则中有251个税目实行WTO信息技术产品协议（ITA）税率，其中，有15个税目的产品只有在为生产信息技术产品而进口的条件下，才可适用ITA税率。为此，凡申报进口上述15个税目产品并要求适用ITA税率的单位，需经信息产业部出具证明并经海关确认后方可适用ITA税率。

（三）关税配额税率按国家计委和国家经贸委发布的管理办法实施。

（四）协定税率和特惠税率按《中华人民共和国海关关于〈亚洲及太平洋经济和社会理事会发展中国家成员国关于贸易谈判的第一协定〉项下进口货物原产地的暂行规定》（中华人民共和国海关总署令第94号）实施。

特此公告

海关总署

2001年12月30日

金融、外汇、税收

关于大型出口信贷及出口信用保险项目的报批程序

对外贸易经济合作部、财政部、中国人民银行
关于印发《关于大型出口信贷及出口信用保险项目的报批程序》的通知
外经贸机电发［2001］282号

各省、自治区、直辖市及计划单列市外经贸委（厅、局），各部门及各地机电办，中国人民银行各分行、营业管理部，国有独资商业银行，中国进出口银行，中国人民保险公司，各中央管理的企业：

现将经国务院批准同意的《关于大型出口信贷及出口信用保险项目的报批程序》（见附件）转发给你们，请遵照执行。在执行中有何问题及建议，请及时报外经贸部，并抄报财政部和中国人民银行。

特此通知

附件：关于大型出口信贷及出口信用保险项目的报批程序

对外贸易经济合作部
财　　政　　部
中国人民银行
2001年6月11日

为了进一步规范和加强对大型出口信贷及出口信用保险项目的管理，有效防范和控制项目风险，杜绝"倒逼"现象，理顺工作关系，提高工作效率，建立正常的出口秩序，维护国家利益和出口企业的合法权益，推动有实力的企业走出去参与国际竞争，促进大型和成套设备出口及对外承包工程的健康、持续、稳定发展，根据《中华人民共和国对外贸易法》和国家有关规定，制定本程序。

第一条　本程序中大型出口信贷及出口信用保险项目特指合同金额在1亿美元以上（含1亿美元），需由我国提供出口信贷及出口信用保险的大型和成套设备出口项目及对外承包工程项目。

第二条　大型和成套设备出口企业及对外承包工程企业的资格审定

（一）申请大型出口信贷和出口信用保险项目的企业，必须具有利用出口信贷开展大型和成套设备出口及对外承包工程的经营资格，具体申请程序和审定办法，按照外经贸部、中国人民银行《关于利用出口信贷开展对外承包工程和成套设备出口实行资格审定的通知》（［2000］外经贸政发第30号）和外经贸部《关于利用出口信贷开展对外承包工程和成套设备出口实行资格审定有关问题的补充通知》（［2000］外经贸政审函字第437号）办理。

（二）对涉及人身安全、生产安全和环境保护的大型和成套设备主机或关键设备生产企业的出口供货资格要进行审定，具体办法由外经贸部会同有关部门另行制定。

第三条　拟申请大型出口信贷和出口信用保险项目的企业（以下简称企业），必须在对外投标截标日的至少60天前，或在与国外业主签订议标的会谈纪要或合作协议（备忘录）后的20天内，向有关商会提交项目的投、议标申请。

有关商会协调职能的划分，按照外经贸部《关于对机电商会和承包商会项目协调职能进行重新分工意见的函》

（［1999］外经贸办字第72号）的规定办理，即对于涉及成套设备出口的工业（生产）性项目，由机电商会协调；对于涉及成套设备出口的非工业（生产）性项目，由承包商会协调。

第四条 有关商会收到企业的投、议标申请后，在充分听取专家委员会的意见和征求项目所在国使（领）馆意见的基础上，在20个工作日内提出符合条件的企业的推荐名单（不含议标项目），经外经贸部审核同意后，分别送交出口信贷经办银行（以下简称银行）、出口信用保险机构（以下简称保险机构）和推荐名单内的各个企业，同时报送外交部、财政部、国家经贸委备案。上述部门如有异议，在10个工作日内反馈外经贸部，由外经贸部协调确定。为提高工作效率，外经贸部拟会同有关部门建立联合磋商机制，可根据具体情况召集有关部门和单位开会听取项目的情况介绍，研究、协调项目中存在的问题。

对于对外承包工程项目，企业应按照外经贸部、中国人民银行《对外承包工程项目投标（议标）许可暂行办法》（［1999］外经贸合发第699号）的规定办理项目许可。

对于涉及国家限制出口技术的项目，企业应按照外经贸部、科技部《限制出口技术管理办法》（［1998］外经贸技发第803号）的规定办理《中华人民共和国技术出口许可意向书》；对于涉及国家秘密技术的出口项目，企业应按照科技部、国家保密局、外经贸部《国家秘密技术出口审查规定》（国科发计字［1998］425号）的规定办理《国家秘密技术出口保密审查批准书》。

第五条 企业在得到有关商会参加对外投、议标的推荐或项目许可后，即可向银行和保险机构申请出口信贷和出口信用保险。银行和保险机构按照国家出口信贷和出口信用保险管理的规定，对企业的申请进行预审，对预审合格的出具项目承贷意向书和承保意向书，同时抄送外经贸部、财政部、外交部、国家经贸委，并开始正式介入项目，参与有关谈判，指导企业开展相关工作。银行、保险机构未予出具承贷和承保意向书的企业，不得擅自对外投标和签订合同。

第六条 企业中标后，地方政府管理的企业按隶属关系，由具有省级管理权限的地方人民政府对其进行资信及资格审查后提交项目申请和项目的初步分析报告报送外经贸部，抄报财政部；中央管理的企业，直接将项目申请和项目的初步分析报告报送外经贸部，抄报财政部。

第七条 外经贸部收到项目申请报告后，分别征求外交部、财政部、国家经贸委、银行、保险机构等单位的意见。银行和保险机构依据有关规定分别对项目进行复审，对出口信贷复审合格的向外经贸部报送承贷方案并抄报财政部；对出口信用保险复审合格的向财政部报送承保方案并抄报外经贸部。外经贸部综合各单位审核意见后，将项目上报国务院审批。

第八条 项目经国务院批准后，按部门职责分工，外经贸部通知相关的地方政府或中央管理的企业及银行，财政部通知保险机构，由银行和保险机构正式办理信贷和保险手续。

第九条 企业在项目得到国务院批准前签订商务合同，须在合同中写明“以中国政府有关部门批准为生效条件”。在项目得到国务院批准后，商务合同方可对外生效。

第十条 本程序自发布之日起执行。以前制定的有关规定，与本程序的规定相抵触的，以本程序的规定为准。

第十一条 本程序由对外贸易经济合作部、财政部和中国人民银行共同解释。

财政部　国家税务总局关于免征饲料进口环节增值税的通知

财税［2001］82号

海关总署：

经国务院批准，对《进口饲料免征增值税范围》（见附表）所列进口饲料范围免征进口环节增值税。序号1—13的商品，自2001年1月1日起执行；序号14—15的商品，自2001年8月1日起执行。此前进口的饲料，请按本通知规定退补进口环节增值税。

附件：进口饲料免征增值税的商品范围

财　政　部

国家税务总局

2001年8月14日

附 件

进口饲料免征增值税的商品范围

序号	税则号列	货品名称	法定增值税税率（%）	执行增值税税率（%）
1	23012010	饲料用鱼粉	13	免
2	23012090	其他不适用供人食用的水产品残渣	13	免
3	23021000	玉米糠、麸及其他残渣	13	免
4	23022000	稻米糠、麸及其他残渣	13	免
5	23023000	小麦糠、麸及其他残渣	13	免
6	23024000	其他谷物糠、麸及其他残渣	13	免
7	23033000	酿造及蒸馏过程中的糟粕及残渣	13	免
8	23050000	花生油渣饼	13	免
9	23061000	棉子油渣饼	13	免
10	23062000	亚麻子油渣饼	13	免
11	23063000	葵花子油渣饼	13	免
12	23064000	油菜子油渣饼	13	免
13	23070000	葡萄酒渣、粗酒石	13	免
14	12141000	紫苜蓿粗粉及团粒	13	免
15	12149000	芜菁甘蓝、饲料甜菜等其他植物饲料	13	免

财政部　国家税务总局关于调整部分进口商品消费税税率的通知

财税［2001］153号

海关总署：

经国务院批准，对卷烟、酒、香皂及汽车轮胎等商品的消费税进行调整。自2001年9月1日起，以上商品的进口环节消费税按调整后的税率征收。

特此通知

附件：部分商品进口环节消费税税率调整表

财　政　部

国家税务总局

2001年8月27日

附　件

部分商品进口环节消费税税率调整表

税　号	货品名称	原消费税税率	调整后的消费税税率
24022000	烟草制的卷烟	50%	150元/标准箱（50 000支）的从量税，加上45%的从价税
22030000	麦芽酿造的啤酒	220元/吨	进口完税价格≥360美元/吨：250元/吨 进口完税价格<360美元/吨：220元/吨
22082000	蒸馏葡萄酒制得的烈性酒	10%	1元/公斤的从量税，加上25%的从价税
22083000	威士忌酒	10%	1元/公斤的从量税，加上25%的从价税
22084000	朗姆酒及其他甘蔗蒸馏酒	10%	1元/公斤的从量税，加上25%的从价税
22085000	杜松子酒	10%	1元/公斤的从量税，加上25%的从价税
22086000	伏特加酒	10%	1元/公斤的从量税，加上25%的从价税
22087000	利口酒及阿迪尔酒	10%	1元/公斤的从量税，加上25%的从价税
22089000	其他蒸馏酒	10%/25%	薯类：1元/公斤的从量税，加上15%的从价税 其他：1元/公斤的从量税，加上25%的从价税
34011100	香　皂	17%	0
40111000	机动小客车用新的充气橡胶轮胎	10%	子午线轮胎：0；其他10%
40112000	客或货运车用新的充气橡胶轮胎	10%	子午线轮胎：0；其他10%
40119100	人字形胎面的新充气橡胶轮胎	10%	子午线轮胎：0；其他10%
40119900	其他新的充气橡胶轮胎	10%	子午线轮胎：0；其他10%
40121010	汽车用翻新轮胎	10%	0
40121090	其他用的翻新轮胎	10%	0
40122010	汽车用旧的充气橡胶轮胎	10%	子午线轮胎：0；其他10%
40122090	其他用途旧的充气橡胶轮胎	10%	子午线轮胎：0；其他10%
40129020	汽车用实心或半实心橡胶轮胎	10%	子午线轮胎：0；其他10%
40129090	其他用实心或半实心橡胶轮胎	10%	子午线轮胎：0；其他10%

注：子午线轮胎是指在轮胎结构中，胎体帘子线按子午线方向排列，并有钢丝帘线排列几乎接近圆周方向的带束层束紧胎体的轮胎。

财政部关于钻石及上海钻石交易所有关税收政策的通知

财税［2001］177号

海关总署：

经国务院批准，现将钻石及上海钻石交易所有关税收政策通知如下：

一、为了加强对钻石（含钻石毛坯和未镶嵌成品钻石，下同）进出口管理，抑制钻石走私，全国一般贸易项下钻石进出口统一集中到上海钻石交易所海关办理报关手续；加工贸易项下钻石进出口仍按现行政策办理，加工贸易项下进口的钻石如转为内销，须到上海钻石交易所进行交易或备案。具体办法，由海关总署会同外经贸部、上海市人民政府制定。

二、对以一般贸易方式在上海钻石交易所海关报关进口的钻石免征进口关税（具体商品范围见附件1），照章征收进口环节增值税。

三、对钻石及钻石饰品消费税的纳税环节由现在的生产环节、进口环节后移至零售环节（具体商品范围见附件1和附件2）；对未镶嵌的成品钻石和钻石饰品的消费税减按5%的税率征收。

四、钻石出口实行零税率。

五、继续对上海钻石交易所实行保税政策，对直接进入上海钻石交易所的进口钻石在进口环节不征收增值税，上海钻石交易所的钻石出口不退税；在上海钻石交易所内交易的钻石不征收增值税；国内钻石进入上海钻石交易所视同出口，可享受出口退税；对从上海钻石交易所销往国内市场的钻石，按规定征收增值税。

六、《财政部、国家税务总局关于上海钻石交易所有关税收政策的通知》（财税字［2000］65号）第五条继续执行。

本通知自2001年11月1日起执行。

附件：1. 钻石关税政策及消费税税率调整表

2. 钻石饰品消费税税率调整表

财 政 部

2001年10月22日

附件1

钻石关税政策及消费税税率调整表

税则号列	货品名称	现行关税税率	调整后关税政策	现行消费税税率	调整后消费税税率
71021000	未分级钻石	3%	在上海钻石交易所海关报关进口的，免征进口关税。	10%	进口环节消费税暂不征收，后移至零售环节按5%税率征收。
71022100	未加工或简单加工的工业用钻石	3%		10%	
71022900	其他工业用钻石	3%		10%	
71023100	未加工或简单加工非工业用钻石	3%		10%	
71023900	其他非工业用钻石	8%		10%	
71042000	未加工合成或再造钻石	6%		10%	
71049010	其他工业用合成或再造的钻石	6%		10%	
71049090	其他非工业用合成或再造的钻石	8%		10%	
71051000	天然或合成的钻石粉末	3%		10%	

附件 2

钻石饰品消费税税率调整表

税则号列	货品名称	现行消费税税率	调整后消费税税率
71131100	镶嵌钻石的银首饰及其零件	10%	进口环节消费税暂不征收，后移至零售环节按5%税率征收。
71131910	镶嵌钻石的黄金制首饰及其零件	10%	
71131990	镶嵌钻石的其他贵金属制首饰及其零件	10%	
71132000	镶嵌钻石的以贱金属为底的包贵金属制首饰	10%	
71162000	钻石制品	10%	

国家外汇管理局关于调整出口收汇核销和外汇账户管理政策的通知

汇发［2001］184号

国家外汇管理局各分局、外汇管理部，大连、青岛、宁波、厦门、深圳市分局；各中资外汇指定银行：

为适应我国即将加入世界贸易组织的新形势，鼓励和扶持出口，增强企业的国际竞争力，进一步完善经常项目外汇管理，国家外汇管理局决定对出口收汇核销管理及外汇账户管理的有关政策进行调整。现将有关问题通知如下：

一、放宽中资企业外汇结算账户开立标准，扩大开户范围

允许年度出口收汇额在等值200万美元以上，且年度外汇支出额为等值20万美元以上，享有进出口经营权，财务状况良好，二年内没有违反外汇管理规定行为的中资企业开立外汇结算账户，保留一定限额外汇收入。中资企业外汇结算账户的最高限额，由国家外汇管理局分支局（以下简称外汇局），按照该企业上年度出口收汇累计额或外汇支出累计额中较小额的25%核定。中资企业新开立的外汇结算账户一律按照新的限额标准核定，已开立的外汇结算账户可以继续使用，但须于2002年底前依据新的标准重新核定账户最高限额。

二、取消企业收汇前到外汇局的交单环节，允许企业按月、集中办理出口收汇核销

企业在货物出口报关后，可以利用口岸电子执法系统在网上进行交单，不再需要专门到外汇局办理交单（交出口收汇核销单存根）手续。待收汇后，企业可持出口收汇核销单、出口报关单、发票、出口收汇核销专用联等规定的有效凭证一并到外汇局办理核销手续。

三、取消出口收汇核销单的使用期限，放宽出口收汇核销单的发放数量

在口岸电子执法系统网络上登记有电子底账的出口收汇核销单，将长期有效，不再受两个月有效期的限制；对最近一次出口收汇考核中被评定为“出口收汇荣誉企业”或“出口收汇达标企业”的企业，放宽领单数量，可以根据企业提供的贸易合同，按实际出口需求量发放出口收汇核销单。

四、实行差额核销制度

收汇差额是指货物出口应收汇与实际收汇之间的差额。差额核销是指外汇局依据企业对收汇差额提供有效凭证所进行的出口收汇核销。外汇局差额核销的审批实行分级授权责任制。

对由于客观原因企业无法提供正常差额核销所需凭证、且该企业在最近一次出口收汇考核中被评定为“出口收汇荣誉企业”或“出口收汇达标企业”的，在企业法人代表提供书面担保，保证其不存在逃骗汇及其他违法行为并承诺承担相关法律责任的前提下，可以适当放宽差额核销的审批条件，实行备查制度。备查制度的有关规定另行发布。

五、本通知自2001年12月1日开始施行。以前规定与本通知规定相抵触的，按本通知规定执行。

各分局收到本通知后，尽快转发所辖支局和外汇指定银行，并利用各种方式广泛宣传。执行中如遇问题，及时向国家外汇管理局经常项目管理司反馈。

附件：1.《中资企业外汇结算账户管理实施细则》

2.《出口收汇差额核销操作规程》

国家外汇管理局

2001年11月5日

附件1

中资企业外汇结算账户管理实施细则

第一条 为鼓励和扶持出口，减少企业经营成本，降低中资企业开立外汇账户标准，规范中资企业外汇账户的管理，根据《结汇、售汇及付汇管理规定》、《境内外汇账户管理规定》、《关于调整出口收汇核销和外汇账户管理政策的通知》及有关外汇管理规定，制定本实施细则。

第二条 符合本实施细则第三条规定条件的中资企业(以下简称“企业”)可以向国家外汇管理分支局（以下简称“外汇局”）申请在外汇指定银行（以下简称“银行”）开立外汇结算账户，保留一定限额的外汇。

第三条 申请保留一定限额外汇的企业应当具备以下条件：

一、经外经贸部门备案或核准有进出口经营权；

二、在工商行政管理部门注册登记的法人；

三、年度出口收汇额在等值200万（含200万）美元以上，且年度外汇支出额在等值20万（含20万）美元以上；

四、企业财务状况良好，2年内没有严重的违反外汇管理规定行为。

年度出口收汇额依据企业上年度出口收汇核销专用结汇水单或出口收汇核销专用收账通知单计算，年度外汇支出额依据企业上年度进口付汇核销单或非贸易（含资本）付汇申报单。

第四条 企业申请开立外汇结算账户，应当到注册所在地外汇局领取并填写“外汇结算账户核定限额申请表”和“开立外汇账户批准书”并提供下列材料：

一、开立外汇结算账户申请书；

二、工商行政管理部门颁发的营业执照及其复印件；

三、外经贸部门备案或核准企业享有进出口经营权的证明文件；

四、上年度的资产负债表；

五、上年度出口收汇核销专用结汇水单或出口收汇核销专用收账通知单，以及上年度进口付汇核销单或非贸易(含资本)付汇申报单；

六、外汇局要求提供的其他材料。

第五条 外汇局审核企业提供的材料无误后，为其核定账户限额，在“外汇结算账户核定限额申请表”上盖章确认，并出具“开立外汇账户批准书”。企业应当凭外汇局核发的“开立外汇账户批准书”和“外汇结算账户核定限额申请表”到银行办理开户手续。

第六条 开户银行为企业开立外汇结算账户后，应当在开户回执上注明账号、币种、开户日期并加盖印章。

第七条 企业开立外汇结算账户后5日内，应当凭开户银行出具的开户回执到原批准的外汇局领取《外汇账户使用证》。

第八条 企业外汇结算账户最高限额为本企业上年出口收汇累计额或外汇支出累计额中较小数的25%。

第九条 企业外汇结算账户限额按年度核定，不得结转使用，不得转让。已经开立外汇结算账户的企业如需调整外汇结算账户限额，应当在每年第一季度内，凭上一年度出口收汇核销专用结汇水单或出口收汇核销专用收账通知单，进口付汇核销单或非贸易（含资本）付汇申报单，以及《外汇账户使用证》向所在地外汇局申请。外汇局按照本实施细则第八条的规定进行调整。

对于本年度出口收汇额比上年度有较大幅度增长的企业，如果确因经营需要要求增加外汇结算账户最高限额，当地外汇局可以在企业提出申请的前提下，在原核定限额10%的幅度范围内为其适当调高外汇结算账户的最高限额。

第十条 一个企业原则上只允许开立一个外汇结算账户，在同一家银行开立不同币种的账户视同一个账户管理。对于年度进出口总额1 000万（含1 000万）美元以上的大型企业，确因经营需要要求在不同银行开立多个结算账户的，可以向注册地外汇局申请，经批准后可以允许其开立2—3个账户，但企业的所有结算账户必须合并计算账户最高限额。

第十一条 外汇结算账户最高限额的核定统一采用美元核定，对于非美元币种账户的限额，按照核定日“各种货币对美元内部统一折算率”折算。

第十二条 企业开立的外汇结算账户，其收入为来源于经常项目的外汇，支出为经常项目外汇支付和经批准的资本项目外汇支付。

第十三条 企业的经常项目外汇收入，可以存入其外汇结算账户，也可以结汇；但其外汇结算账户最高限额在任何时点上均不得超过外汇局核定的账户限额；超过外汇局核定限额部分的经常项目外汇资金必须结汇。企业已经存入外汇结算账户的外汇资金，可以根据经营需要办理结汇。

开户银行收到超过企业外汇结算账户限额部分的外汇，可以先行予以入账，并自超过限额之日起5日内通知企业办理结汇，企业逾期不办理的，开户银行应当通知外汇局，由外汇局责成企业按规定办理。

第十四条 各银行应当严格按照本实施细则和其他有关规定，在外汇结算账户的收支范围和核定的限额内为企业办理外汇收支。

第十五条 各分局需于每月初10个工作日内根据所辖外汇指定银行"外汇账户收支统计表"及所辖地区审批外汇账户情况填写"中资企业经常项目外汇账户情况月报表"报国家外汇管理局。

第十六条 对违反本实施细则规定的开户银行和企业，由外汇局按照《中华人民共和国外汇管理条例》和《境内外汇账户管理规定》进行处罚。

第十七条 本实施细则由国家外汇管理局负责解释。

第十八条 本实施细则自2001年12月1日开始施行。以前规定与本实施细则规定相抵触的，按本实施细则规定执行。未尽事宜按《境内外汇账户管理规定》执行。

附件2

出口收汇差额核销操作规程

第一条 为支持企业出口，简化审批手续，完善出口收汇核销管理，强化企业自律机制，根据《关于调整出口收汇核销和外汇账户管理政策的通知》及相关外汇管理规定，特制定本操作规程。

第二条 本操作规程中所称的收汇差额是指出口企业(以下简称"企业")货物出口后应收汇与实际收汇之间的差额。对收汇差额，企业应当向国家外汇管理局分支局(以下简称外汇局)申请办理差额核销。

第三条 企业单笔出口少收汇不超过等值500美元(含500美元)，或者多收汇不超过等值2 000美元（含2 000美元）的，或者由于外汇折算率变动产生收汇差额的，无须提供证明收汇差额真实性的有关凭证即可办理差额核销。

第四条 企业单笔出口少收汇超过等值500美元，或者多收汇超过等值2 000美元的，在申请办理差额核销时除提供经法人代表签字并加盖单位公章的产生收汇差额原因的说明函外，还应按照产生收汇差额的不同原因，提供以下相应凭证：

（一）出口商品国外市场行情变动产生收汇差额的，需提供相关商会出具的证明或有关交易所行情报价资料；

（二）出口商品质量原因产生收汇差额的，需提供进口国商检机构的证明；

（三）动物及鲜活产品非正常死亡或损耗产生收汇差额的，需提供进口商的有关函件和进口国到岸商检机构的证明；

（四）自然灾害或战争等不可抗力因素产生收汇差额的，需提供报刊等官方正式新闻媒体的报道材料或我国驻进口国使领馆商务处出具的证明；

（五）进口商倒闭产生收汇差额的，需提供报刊等官方正式新闻媒体的报道材料或我国驻进口国使领馆商务处出具的证明；

（六）进口国汇率变动产生收汇差额的，需提供报刊等官方正式新闻媒体刊登的汇率资料；

（七）溢短装原因造成收汇差额的，需提供提单或其他正式的货运单证；

（八）由于其他原因造成收汇差额的，需提供外汇局认可的有效凭证。

对上述收汇差额，由外汇局核销人员审核有关凭证的真实性，并经授权签字人审核签字后，可以办理差额核销。

外汇局办理差额核销完毕后，应在出口收汇核销单退税专用联上签注净收汇额、币种、核销日期，并加盖"已核销"章后退企业（净收汇额为零的除外）。

第五条 外汇局对差额核销的审批实行分级授权负责制，分级授权的具体操作规程由各外汇局自行制订，并报上一级外汇局备案。

第六条 本操作规程由国家外汇管理局负责解释。

第七条 本操作规程自2001年12月1日起施行。

财政部　国家税务总局　海关总署关于印发《关于在我国海洋开采石油（天然气）进口物资免征进口税收的暂行规定》和《关于在我国陆上特定地区开采石油（天然气）进口物资免征进口税收的暂行规定》的通知

财税［2001］186号

中国石油天然气总公司，中国海洋石油总公司，中国石油化工股份有限公司，中联煤层气有限责任公司，国土资源部：

根据国务院已批准的《财政部、国家税务总局、海关总署关于清理2000年底到期税收优惠政策的请示》（财税［2001］3号）中关于“十五”期间经调整后保留在我国海洋和陆上特定地区开采石油（天然气）进口物资免征进口税收政策的精神，特制定《关于在我国海洋开采石油（天然气）进口物资免征进口税收的暂行规定》（附件1）和《关于在我国陆上特定地区开采石油（天然气）进口物资免征进口税收的暂行规定》（附件2），请遵照执行。

附件：1.关于在我国海洋开采石油（天然气）进口物资免征进口税收的暂行规定

2.关于在我国陆上特定地区开采石油（天然气）进口物资免征进口税收的暂行规定

财　政　部
国家税务总局
海　关　总　署
2001年12月21日

附件1

关于在我国海洋开采石油（天然气）进口物资免征进口税收的暂行规定

一、依据国务院关于“十五”期间调整我国海洋和陆上特定地区开采石油、天然气进口物资税收政策的批示精神，制定本规定。

二、本规定所指海洋为：我国内海、领海、大陆架以及其他属于中华人民共和国海洋资源管辖海域（包括浅海滩涂）。

三、凡在我国海洋进行石油和天然气开采作业的项目，进口直接用于开采作业的设备、仪器、零附件、专用工具（具体物资清单见附1），依照本规定免征进口关税和进口环节增值税。凡国务院规定不得减免税的进口商品，不在上述免税范围之列。

四、附1所列清单包括税则号列和货品名称，以货品名称与实际用途相符为主。该目录原则上每年调整一次。海关审核该类进口商品免税时，如遇商品名称和税则归类与本文规定不一致时，以本文所列的商品名称为准，办理免税手续。

五、在附1中未具体列名但确需进口用于我国海洋开采石油（天然气）的设备、仪器、零附件、专用工具，由海关总署会同财政部、国家税务总局审定。

六、项目单位和外国合作者暂时进口本文所附目录范围内的物资，准予免税。进口时海关按暂时进口货物办理手续。超出海关规定暂时进口时限仍需继续使用的，经海关批准可予延期，在暂时进口（包括延期）期限内准予按本文规定免税。

七、符合本规定第二条所指“海洋”范围的油田和勘探开发项目，项目主管部门应每年汇总报财政部，由财政部商有关部门审核认定。

八、符合本规定第三条、第七条所列的免税进口物资，由中国海洋石油总公司、中国石油天然气集团公司、中国石油化工股份有限公司、国土资源部分别统一开列年度进口设备计划或清单送财政部、国家税务总局、海关总署备案。进口单位将进口物资清单送有关项目所在地直属海关直接办理减免税手续。具体审核程序和监管办法由海关总署另行制定。

九、附1所注“老项目”是指1994年12月31日之前批准的对外合作项目（见附2）。

十、租赁进口的物资，符合清单范围的准予按本文规定免税，租赁进口清单以外的物资应按规定照章征税。

十一、对用于海、陆开采石油（天然气）免税进口物资，不得抵押、质押、转让、移作他用或者进行其他处置。如有违反，按国家有关法律、法规处理。

十二、本规定执行时间为2001年1月1日至2005年12月31日。

十三、本规定由财政部会同国家税务总局、海关总署负责解释。

2001年12月21日

附 1

海洋石油（天然气）免税进口物资清单

税　号	设　备　名　称	备　注
	一、直接用于勘探作业的货物	
	（一）地球物理勘探类	
	1. 地球物理勘探船舶及其零附件	
73110090 84081000 84089092 84089093 84122910 84122990 84148090 84194090 84195000 84211990 84242000 84851000 85252019 85261090 85269190 85279090	地震勘探船用空压机、高压气瓶、推进器、船首推进器、柴油机、雷达、导航仪、海水淡化器、热交换装置、自动舵、自动导航仪、尾轴系统、可调桨、液压泵站、油水分离器、卫星通讯、气象传真仪	
89059090	地震勘探船、震源船、勘查船	
89060010	快速工作艇、空气船	
	上述设备、装置的专用工具及其零附件	
	2. 地球物理勘探仪器、装置及其零附件	
40092000 40095000	气枪炮缆	
73110090 84148090 84242000 84798990 90159000	空气枪、空气枪控制器、空压机、高压气瓶、气枪吊架、扩展器、空气锁闭系统	

续表

税　号	设　备　名　称	备　注
84714999 85269190 90141000 90149000 90151000 90152000 90153000 90158000 90159000 90261000	无线遥测地震仪、有线遥测地震仪、测量仪器、数字包、重复器、水下接收器电源、专用数据电缆、电压检波器、检波器二次定位系统、防水检波器及检测维修设备、测深仪经纬仪及视距仪、水平仪、海洋重力仪、数据化仪、水流测速仪、现场处理机、水下定位器、海流计、反射尾标、定深器、水下声学定位器、激光测距仪、接收采集段、多波束测深仪、旁侧声纳仪、地层剖面仪、磁力仪、声速剖面仪、验潮仪、涌浪滤波器、综合记录器、静力触探仪、三轴测探仪、基底总成、拖缆定位系统、浮标定位系统	
84253100	汽枪控制绞车	
84798990	海洋物探震源系统	
85318090	气枪压力显示面板	
89080000	浮体	
90158000	海洋物探地震仪器	
	上述设备、装置的专用工具及其零附件	
	3. 等浮电缆及其零附件	
90141000 90151000 90158000	检波器、等浮电缆反射尾标、尾标供电系统、罗经定深定向器、定深定向控制器、水下声学定位器、声学控制器、激光测距仪、近距离GPS接收/发射机	
90158000	等浮电缆、海底电缆、海底电缆仪器系统	
	上述设备、装置的专用工具及其零附件	
	4. 数据处理专用电子计算机及其相关软件及其零附件（不含微机及其外设）	
84711000	混合式自动数据处理设备	
84714110 84714190 84714910 84714920	巨大中型数据处理系统、小型数据处理系统	
85044020	大型不间断电源	
84711000 84714999 84716040 84716090 84717010 84717020 84717030 84717090 84718000 84719000	工作站、服务器、数据交换设备、磁带机、阵列机、磁盘机、光盘驱动器、硬盘驱动器	

续表

税　号	设　备　名　称	备　注
84716050	扫描仪	
85231310 85243920	系统软件、处理软件、解释软件、开发软件、反演软件、叠加软件、采集软件	
90171000	绘图仪	
	上述设备、装置的专用工具及其零附件	
	5. 记录介质，包括数据磁带、专用胶片及记录纸	
48234000 48239010	绘图纸、晒图纸	
85231310 85231390	磁带、地震磁带	
85243920 85249120 85249920	磁盘、光盘	
	专用胶片、胶卷	
	6. 定位导航设备及其相关软件、零附件	
85261010 85269190 90148000	动力定位装置、定位导航设备及相关软件，卫星定位仪、综合导航仪	
85261010 85261090 85269190 85269200	导航用雷达设备、无线电遥控设备	
90141000 90149000 90152000 90158000 90159000	电罗经、磁罗经、标绘仪、测深仪、计程仪、自动操舵仪、无线气象传真接收机	
	上述设备、装置的专用工具及其零附件	
	（二）钻井类	
	1. 各种海上钻井装置（含自升式、半潜式钻井船、浮式钻井船和钻井平台以及辅助船和服务工作船）、工具及其零附件	
84253100 84306990	锚机系统	
84289000	船体升降、井架移动系统	
84304111	钻机模块、生活模块	
85308000	井架照明系统	
89052000	自升式、半潜式钻井船、浮式钻井船和钻井平台	

续表

税号	设备名称	备注
89040000 89052000	拖轮、破冰船、三用工作船、供应船	
89060010	工作艇、救生艇	
84304119 94060000	上述设备、装置的专用工具及其零附件	
	2. 钻井设备、工具及其零附件	
40092000 73089000 84138100 84261120 84306990	顶部驱动、泥浆泵、液压猫头、转盘、补芯、涡磁刹车系统、天车、游车、大钩、水龙带、高压软管、井架、立管管汇	
84122100 84122990	张紧器、补偿器	
84137090 84138100	离心泵、钻井水泵、泵总成	
84251100 84253100 84289000	钻井绞车、气动绞车、测井绞车、钻井大绳	
84269900	空气绞车	
84304111 84304119 84304121 84304900 84798990 85439090	钻机	
	上述设备、装置的专用工具及其零附件	
	3. 固井设备及其附属设备、工具及其零附件（含吹灰设备、套管附件）	
84163000 84741000	吹灰设备及管线、吸尘设备、固井管汇、固井撬块	
73043190 73043990 84122910 84123100 84128000 84138100	液压马达、气压动力装置、往复式液泵、套管附件	
	上述设备、装置的专用工具及其零附件	

续表

税号	设备名称	备注
	4. 测井设备及其附属设备、工具及其零附件（含电测仪、气测仪、测斜仪及其录井仪，不含测井马笼头、留点式井下温度计）	
28441000 28442000 28443000 28444010 28444020 28444090 28445000 85175036 85254010 85445910 85446090 85447000 90063000 90154000 90158000 90222900 90251910 90258000 90261000 90272000 90278090 90301000 90303920 90318090 90330000	地面系统、地面面板、电法测井仪、放射性测井仪、电阻率测井仪、声波测井仪、特殊测井仪、井径仪、井斜方位仪、成像测井仪、核磁共振测井仪、综合录井仪、水平井测井工具，卡点指示测井仪、生产测井井下仪、地层倾角、地层测试、水泥胶结、垂直地震剖面测井仪、井温仪、生产测井、脉冲编码调制解调器、电缆传输系统、测斜仪、水下特种摄像机、海上拖撬、连斜仪、地层测试仪、井壁取芯仪、放射源、射孔配套井下仪、火气监测仪、辅助测井仪器系列：张力短节、辅助测量短节、磁性定位器、偏心器、扶正器、遥测短节、绝缘短节、流量计、传感器，测井专用电缆、光缆、电缆桥塞、屏蔽电缆、岩心扫描仪、岩心分析仪、核磁共振分析仪、各种色谱仪	
84798990	测井撬	
87059080	测井车	
	上述设备、装置的专用工具及其零附件	
	5. 试油、完井、修井、压裂酸化设备、工具及其零附件	
73069000 73158900 84161000	试油机、修井机、燃烧器井口保护器、三相分离器、连续油管设备、筛管、盲管	
87059080	压裂车、混砂车、试油撬、完井撬	
	上述设备、装置的专用工具及其零附件	
	6. 钻井专用工具及零附件（含非普通钻头、造斜工具、防斜工具、打捞工具、取芯工具、随钻测量仪）	
82041200 84306990 84314310	钻井大钳、液压套管钳、气动旋扣钳、吊钳、吊卡、吊环、卡瓦、动力卡瓦、机械手、各种转换接头、取芯工具、打捞工具、造斜工具、研磨机、防斜工具、内防喷器、考克、振击器、浮箍、浮鞋、扶正器	

续表

税号	设备名称	备注
8431 84679900 90158000	无线随钻测斜测量仪、有线随钻测量仪、电子陀螺测量仪、机械陀螺测量仪、有线随钻测斜测量仪、电磁波无线随钻测斜测量仪、随钻震击器、可调角度的导向马达、分支井的井下工具、可打捞式斜向器	
	上述设备、装置的专用工具及其零附件	
	7. 钻井泥浆处理设备、泥浆检测仪器及其零附件	
84211920 84211990 84314310 84741000	除沙器、除泥器、除气器、振动筛、泥浆清洁器、泥浆剪切装置、泥浆离心机、泥浆刮泥器、泥浆管汇	
84748090	泥浆搅拌机、高效混合器、泥浆混合漏斗	
90261000 90268000	液位计、仪器	
	上述设备、装置的专用工具及其零附件	
	8. 油井专用装置及其工具及其零附件（含井口装置、采油树、民爆器材、射孔仪器）	
36049000 36050000 36010000 36030000 85438990 93069000	民爆器材、发射药、导爆索、雷管、传爆管、射孔弹、切割弹、射孔仪器、射孔枪	
73030010 73030090 73052000 73053900 73053900 7306 73071900 73072200 73072900 73079200 73089000 73110090 84301000 84314310	工作间、井口装置、井口管汇组合、导向基座、井口防护网、井口连接管、井口安全阀、井口控制阀、井口大锤、尾管封隔器、悬挂器、套管鞋、下入工具、采油树、隔水导管、隔水套管连接器、筛管、特种气瓶	
	上述装置的专用工具及其零附件	
	（三）安全救生类	
	1. 各种油井防喷装置、工具及其零附件	
84306990	防喷器、阻流管汇、高压井口装置	

续表

税号	设备名称	备注
84122990	储能器总成、储能器控制盘	
84813000 84814000 84818090 90262000	试压泵、安全阀、旋塞阀、高压闸阀	
	上述装置、专用工具及其零附件	
	2. 各种防火、防爆、消防设备（含气体检测、报警设备）及其零附件	
40151900 70199000 84241000 84242000 84243000 84248999 84249010 84249090 85308000 85318010 85319010 90262000 90268000 90318090	多级消防泵、应急灯、防火毯、消防炮、灭火器、测试手套、泡沫消防系统、防滑垫、水喷淋系统、二氧化碳消防系统、火灾探测器、防爆除湿机、消防 FRP、防火门	
84241000 84249010	防火防爆检测系统、控制系统、报警系统、灭火系统	
85309000 85318090 94054090	雾笛、障碍灯、防汛灯、闪光灯、防爆灯具	
85311090	防火报警器	
90268000	气体探测仪、报警装置	
	上述设备、装置的专用工具及其零附件	
	3. 各种救生设备、工具及其零附件（不含救生软梯、逃生用烟火信号）	
40151900 56089000 63072000 70179000 73121000 89039900 89060010 89060090 90148000 90200000	示位标、防寒救生衣、抛绳装置、遇难者搜寻器、救生气垫、保温袋、救助艇、平台吊索、呼吸器、起艇机、救生衣、安全带	

续表

税　号	设　备　名　称	备　注
56089000 73144910 84286029	吊笼、架工逃生装置	
73144910 89019050 89060010 89060090 89071000	救生艇、救生筏、救生网	
84241000	液、粉、气的灭火器	
84242000	安全冲洗装置、洗眼装置	
	上述设备、专用工具及其零附件	
	4. 海上作业人员特殊的劳动保护用品	
42032910 42050000 40151900 61033900 61034900 64011000 64034000 65061000 65069100 62160000 90041000 90049090	呼吸器、防毒面具、安全帽、安全鞋、安全眼镜、耳塞、呼吸器充气机、耳罩、工作服、安全手套、安全面罩	
	上述用品的零附件	
	5. 潜水作业的设备、工具及其零附件	
84123100 84689000 84795090 85183000 85253010 85254010 90063000	水下机器人、水下电视摄像系统、水下静像摄像系统、水下照相机、水下焊接设备、水下切割设备、饱和潜水设备、气压动力装置、海管检测设备	

续表

税　　号	设　　备　　名　　称	备　　注
40093000 62111100 65069990 76130090 90063000 90148000 90258000 90200000 90262000	海水温度计、自记式压力计、干湿潜水服、呼吸器、水下压力表、水下指南针、应急气瓶、潜水头盔、液压动力扳手	
	上述设备、专用工具及其零附件	
	6. 专用环保、防腐（含阳极保护），气象监测设备、设施、工具及其零附件	
32081000 76042900 76169910 84211990 84212990 84798200 90158000	污水处理装置、油水分离器、吸油垫、残食处理机、围油栏、抽油泵、牺牲阳极、阳极块、防腐挂片、气象监测仪、防海生物装置	
	上述设备、专用工具及其零附件	
	（四）交通运输和通信类	
	1. 直升飞机、停机坪设备（含加油设备）及零附件	
88021100 88021210 88021220	直升飞机、停机坪设备	
84136090 85252019 84252019 85299090 8803	输油泵、停机坪防滑网、加油装置、飞机动力系统、飞机发动机、旋翼系统、尾桨系统、飞机操纵系统、自动驾驶仪、飞机专用通讯设备、电源系统、燃油系统、液压系统、导航仪、测距仪、应签机、雷达、罗盘	
	上述设备、专用工具及其零附件	
	2. 交通运输和护航船舶及其零附件	
89012021 89019050 89040000 89060010	三用工作船、拖轮、供应船、驳船、穿梭油轮	

续表

税　　号	设　　备　　名　　称	备　　注
84081000 84089091 84089092 84089093 84122910 84122910 84123900 84123900 84128000 84149090 84211920 84242000 84253900 84798990 84841000 84842000 84851000 84859000 85023900 85023900 85013400 85016200 85016300 87013000 87019000	船舶柴油机、发电机、发电机组、推进系统、侧推器、锚机、拖缆机、舵机、船用离合器主控压机、净油机、输灰设备、消防炮、牵引车、淤泥车	
	上述设备、专用工具及其零附件	
	3. 通信设备（含卫星通信）及其零附件（不含电话机、对讲机、传真机）	
85251090 85252011 85252019 85252022 85252023 85252029 85252093 85261010 85261090 85269190 85269200 85178000 85279090 85291010 85299050 85447000 90148000	地面卫星发射设备、卫星通信设备、通信光缆、雷达导航设备、卫星数据交换设备、单边带、无线电遥控设备、归航机	
	上述设备、装置的专用工具及其零附件	

续表

税号	设备名称	备注
	二、直接用于开发生产作业的货物	
	(一) 采油类	
	1. 生产平台（含生活平台）、配套设备、工具及其零附件	
89052000	生产平台、处理平台、生活平台、烽火台	
73081000 73083000 73089000 84051000 84145990 84136010 84138100 84137090 84135020 84193990 84212190 84714991 84798990 85042200 85114091 85167900 85371090 85372090 90328900 90261000 94054090 94060000	导管架、钢结构体、过渡段、生活模块、生产模块、处理模块、低中高压开关柜、控制柜、控制盘、平台燃烧器、惰性气体发生器、空气冷却干燥器、中央控制系统、海水淡化系统、进口控制盘、原油计量橇、液体净化过滤装置、生产加热器、换热器、高低压变压器、变频装置、电加热器、海水提升装置、泵、起动器、通风装置、烘干机、平台垃圾处理机、电脱水装置、电脱水补给装置	
	上述设备、装置专用工具及其零附件	
	2. 海上装油设施、工具及其零附件（含系泊系统、储油或水下油罐、储油罐，以及栈桥码头设备，不含30立方米以下的海水罐、储油罐）	
73160000	锚链系统、锚	
89012021 89012022 89059090 89079000	浮式生产储油轮、浮式储油轮、单点系泊系统、水下油气罐、栈桥码头	
39173900 40069020 40095000 40169310 40169400 40169500 73160000 84859000	输油软管、油气罐、油轮绞接式摇柱、浮标、浮筒、柔性立管、橡胶护舷	

续表

税号	设备名称	备注
	上述设施、专用工具及其零附件	
	3. 海洋工程作业船舶及其零附件（含穿梭油轮）	
89059090 89019080 89019090	起重船、铺管船、下水驳船、挖沟船、海洋工程下水驳船、机动运输驳船、非机动性运输驳船	
40169400 84021900 84031000 84099110 84122910 84122990 84123900 84129090 84131100 84148090 84243000 84253900 84253100 84254210 84301000 84313900 84688000 84748090 84798990 84798910 84798190 84851000 85043190 85088010 85123000 85151900 85152110 85152190 85152900 85158000 85351000 85352100 85352900 85353000 85359000 85361000 85392120 90141000	焊接设备、切割设备、涂装设备、除尘除沙设备、打桩设备、吊装器、船用履带式吊机、穿梭油轮、张紧器、移船绞车、液压千斤顶、船用锚机、锚、氮气加压泵、灌浆机、气囊、作业浮标、锚机变压器、控制系统电源、对中器、船用柴油机、试压泵、船用起重机、船用锚绞车、船用液压马达、船用锅炉、船用护舷、挖沟机	
	上述船舶及其配套设备、专用工具及其零附件	

续表

税号	设备名称	备注
	4. 动力设备及零附件（含内燃机、汽轮机、燃气轮机、蒸汽机、发电机、电动机及其控制设备和装置）	
84061000 84068110 84068120 84068130 84068200 84111190 84111290 84112100 84112210 84112220 84112230 84118100 84118200 84122100 84122910 84122990 84123100 84123900 84128000 8501	内燃机、汽轮机、燃气轮机、蒸汽机、涡轮机、发电机、电动机	
85021100 85021200 85021310 85021320 85022000 85023100 85024000 85023900	发电机组	
8407 8408	发动机	
84141000 84143019 84143090 84145930 84145990 84148020 84148090	空压机	

续表

税　　号	设　　备　　名　　称	备　　注
85041010 85041090 85044019 85044090 85042320 85043190 85043210 85043290 85043300 85043400	变压器	
85073000 85078010 85078020 85078090	电源	
84061000 84068110 84068120 84068130 84069000 84081000 84122100 84122910 84122990 84123100 84123900 84128000 84138100 84137090 84148090 84145990 84193990 84682000 85013400 85016410 85030090 85044013 85044014 85044015 85044019 85044020 85044090 8505 85068000 85371090 85115090	风机、马达、启动装置、控制装置、可控硅系统、蓄电池、电池组、锂电池、稳压电源、不间断电源、液压动力装置、气压动力装置、空气干燥器、泥浆泵、深井泵、电路控制系统、节能器	
	上述设备及其零附件	

续表

税号	设备名称	备注
	5. 气、水处理设备、注入设备（含锅炉）及其零附件	
84021110 84021190 84021200 84021900 84022000 84193990 84198990 84212190 84798990	海水淡化装置、锅炉、风机、压缩机、注入泵、油水分离器、干燥器、冷却器	
84021110 84021190 84021200 84021900 84022000 84031000 84041010 84042000 84041020 84137010 84143019 84145930	注水泵、电潜泵、注气泵、增压泵、热介质锅炉、水流涡轮分离器、空压机、压缩机、通风机、电涌抑制器、注水增压装置、涡磁刹车备用电源、过滤器	
	上述设备、专用工具及其零附件	
	6. 井下设备、工具及其零附件（含封隔器、防喷器、电潜泵及配套设备、安全阀、筛管、毛细管测压系统及控制管线）	
84136010 84798990 84814000 84842000 84849000 85043300 85045000 85425090	封隔器、夹紧器、防喷器（70兆帕及以上）、安全阀、筛管、电潜泵、控制管线、测压系统	
	上述设备、专用工具及其零附件	
	7. 起重设备、工具及其零附件	

续表

税　号	设　备　名　称	备　注
84251100 84251900 84252019 84252090 84253100 84253900 84254910 84254990 84261190 84262000 84261929 84261930 84261943 84261949 84261990 84262000 84264190 84264910 84264990	平台吊机、船用吊机、绞车、提升机、履带式起重机、电葫芦、滑轮组	
84251100 84254210 84254910 84254990 84269900 84263000 84264990 84261120 84261190 84281090 84282000	起重机的动力装置、驱动装置、控制装置、提升装置、旋转装置、锚机、深井泵升降系统、千斤顶	
	上述设备、专用工具及其零附件	
	8. 油（气）运输设备、阀门、中间站和陆岸终端设备，专用维修工具及其零附件（含各种泵、流体分离、换热、净化和加压装置，各种计量、监测、指示仪表和电缆等）	
40091000 40092000 40093000 40094000 40095000	油（气）输送的金属管（仅限于40章的输油管）	

续表

税号	设备名称	备注
73061000 73062000 73069000 84148090 84798990	气密封特殊丝扣油管（套管）、油（气）运输设备、中间站、陆岸终端设备、天然气涡轮压缩机组	
84811000 84812010 84812020 84813000 84814000 84818011 84818019 84818090	电磁阀、安全阀、气流阀、减压阀、调节阀、关断阀、气压传动阀、油压传动阀、止回阀、液压阀、截止阀、球阀、蝶阀、多路阀、泵保护阀、排气阀、控制阀	
84131100 84131900 84132000 84133010 84133090 84135010 84135020 84135030 84135090 84136010 84136090 84137010 84137090 84138100 84138200 84141000 84142000 84143019 84143090 84145930 84145990 84148090	海水提升泵、原油外输泵、补给泵、生产水泵、排放泵、淡水输送泵、电潜泵、燃油输送泵、冲洗泵、循环水泵、渣油泵、增压泵、计量泵、气动泵	
84195000 84212190 85168000	伴热器、热交换器、电加热器、加热电阻器、生产加热器	

续表

税　　号	设　备　名　称	备　注
90160090 90221200 90221910 90221990 90222900 90223000 90251100 90251910 90251990 90258000 90261000 90262000 90268000 90271000 90272000 90273000 90275000 90278010 90278090 90281090 90282090 90302090 90303110 90303190 90303910 90303990 90304090 90308200 90308310 90308390 90308910 90308990 90321000 90322000 90328100 90328900	流量计、液位仪、经纬仪、测距仪、拉力计、水平仪、分析仪、记录仪、孔板仪、差压计、温度计、液位计	
85445110 85445190 85445910 85445990 85446011 85446019 85446090 85447000	海底电缆、船用电缆、动力电缆、控制电缆、电潜泵电缆、测井电缆、仪表电缆	

续表

税　　号	设　备　名　称	备　注
39174000 40095000 73061000 73072100 73079100 73079200 73079900 73269010 82055900 84135090 84136010 84137090 84138100 84141000 84195000 84199090 84212300 84212990 84812010 84812020 84811000 84814000 84813000 84818011 84818019 84818090 84819010 84819090 85161000 85162100 85162910 85162990 85168000 85359000 90105022 90141000 90181299 90221990 90221200 90241000 90251100 90251990 90259000 90261000 90262000 90269000 90271000 90272000 90275000 90278090 90302090 90308990	清管器、管线检测设备、工业洗片机、输送泵、阀门、冷凝器、体积管、滤器、电伴热带、法兰	
	上述设备、装置、仪表、专用工具及其零附件	

续表

税　　号	设　　备　　名　　称	备　注
	（二）自动化遥控测类	
	1. 各种装置、工具、仪表及其零附件	
84795090 90328900	水下机器人、自动监测装置、自动控制装置、自动遥测装置	
84714991	集散型控制系统	
84714190 90261000 90262000 90268000 90308990 90302090 90308390 90308990	自动测斜仪、自动探伤仪、恒温器、仪表控制盘、顶驱监视器、数据采集器、检测仪、频谱仪、互感器、变送器、电感器、电容测试仪、自动电液控制线、控制模块、自动控制起动器、自动原油取样器、电池	
	上述装置、仪表、专用工具及其零附件	
	2. 空气调温装置及其零附件（不含独立的窗式、壁挂式空调机）	
84158120 84158220	中央空调机组、平台及船舶的调温装置、恒温装置	
84798920	冷凝器、鼓风机、空气增湿器、减温器、压缩机	
	上述装置、专用工具及其零附件	
	三、为在国内制造供我国海洋石油、天然气开采作业用的机器和设备，经核准需进口的机器、工具和零附件、及（*）材料。	
	*其他材料	
38101000 7208—7212 7216 7303—7306	平台制造用钢材（钢铁管、平板轧材、型钢）、焊接材料、海底管线、金刚石复合片和聚晶	适用于老项目
	*油品类：海上作业需要的特殊燃料油、润滑油（脂）、冷却液、液压油	
27100039	其他海上作业用油品	适用于老项目
27100053	润滑油	适用于老项目
27100054	润滑脂	适用于老项目
27100059	水下控制液、丝扣油、冷却液、冷冻液	适用于老项目
38190000	液压油	适用于老项目
38200000	防冻剂	适用于老项目
	*油井水泥和各种油田化学剂、添加剂、化工材料	
25232900	油井水泥	适用于老项目
27100056	环保型基础油	适用于老项目
27150000	磺化沥青	适用于老项目

续表

税　号	设　备　名　称	备　注
29051210 29054500 29051100 29051400 29061200	甲醇、丁醇、丙醇、丙三醇、环已醇及其他醇类	适用于老项目
29094990	脱水剂	适用于老项目
34021900 38140000 38249090	缓凝剂、堵漏剂、表面活性剂	适用于老项目
34029000	清洁剂、除碳剂	适用于老项目
38030000	妥尔油	适用于老项目
38082090	杀菌剂	适用于老项目
38101000 38249090	除锈剂、油融性无机聚合物、环保油基钻井液、除垢剂、复合型无膨胀粘土粉、有机复合型解卡剂、沥青质稳定剂	适用于老项目
38119000	防腐剂、防垢剂、清水剂、除氧剂、凝固剂、破乳剂、减阻剂、防腐防垢剂	适用于老项目
39089000	脂肪酸	适用于老项目
	密封剂、磷化剂、粘化剂、稳定剂、防沉淀剂、分散剂、失水剂、消泡剂、悬浮剂、隔离剂、冲洗剂飘珠、海泡石、活性铝、粘土、卵磷脂类油润温剂、高温降滤失剂等	适用于老项目
	其他油田化学剂、添加剂、化工材料	适用于老项目
	*石油专用管材	
73041000 73042100 73042900 73043120 73043190 73043920 73043990 73044990 73045190	油管、套管	适用于老项目
73051100 73051200 73051900	海底管线	适用于老项目
84314310	钻头、钻铤	适用于老项目

*项目适用于1994年12月31日之前的批准的中外合作海上开发石油（天然气）项目。

附 2

执行国务院［82］国函字23号《中外合作开采海洋石油进口物资免税清表》的老合作项目

序号	区块	批准日期	合 作 方	地区公司
1	埕 北	1980.6.29	日本埕北石油开发株式会社	渤海公司
2	渤西南	1980.6.9	日中石油开发株式会社	渤海公司
3	06/17	1991.12.27	雪佛龙海外石油有限公司 德士古玛茨沙皮公司 马来西亚海外石油勘探有限公司	渤海公司
4	11/19	1992.5.13	德士古中国公司	渤海公司
5	04/36	1994.9.14	科麦奇中国石油有限公司	渤海公司
			莫非太平洋地区有限公司 中华能源公司	
6	11/05	1994.12.13	菲利普斯石油国际亚洲公司	渤海公司
7	32/32	1994.12.27	超准石油公司	东部公司
8	15/11	1983.12.12	菲利普斯石油国际亚洲公司 壳牌勘探中国有限公司	东部公司
9	16/08	1984.1.3	CACT	东部公司
10	29/04	1985.12.30	阿莫科东方石油公司 科麦奇中国石油有限公司	东部公司
11	16/06	1985.12.24	日本 JHN	东部公司
12	15/22	1985.12.30	菲利普斯石油国际亚洲公司 壳牌勘探中国有限公司	东部公司
13	17/22	1992.5.13	挪威国家石油公司	东部公司
14	17/15	1994.11.22	东华石油（南海）有限公司	东部公司
15	莺歌海	1982.10.11	阿科（中国）有限公司 科佩克（中国）有限公司	西部公司
16	52/12	1993.5.26	阿科（中国）有限公司	西部公司
17	63/28	1993.5.26	阿科（中国）有限公司	西部公司
18	63/20	1994.12.27	阿科（中国）有限公司	西部公司
19	WAB—21	1992.5.22	克里斯通能源公司	西部公司

附件 2

关于在我国陆上特定地区开采石油（天然气）进口物资免征进口税收的暂行规定

一、依据国务院关于“十五”期间调整海洋和陆上特定地区开采石油、天然气进口物资税收政策的批示精神，特制定本规定。

二、本规定所指特定地区为：我国领土内的沙漠、戈壁荒漠地区（见附1）和中外合作开采经国家批准的陆上石油、天然气中标区块。

三、凡在我国特定地区内进行石油、天然气开采作业的项目，进口国内不能生产或性能不能满足要求，并直接用于勘探、开发作业的设备、仪器、零附件、专用工具（具体物资清单见附2），依照本规定免征进口关税和进口环节增值税。凡国务院规定不得减免税的进口商品，不在上述免税范围之列。

四、附2所列清单包括税则号列和货品名称，以货品名称与实际用途相符为主。该目录原则上每年调整一次。海关审核该类进口商品免税时，如遇商品名称和税则归类与本文规定不一致时，以本文所列的商品名称为准，办理免税手续。

五、在附2中未列名但确需进口的用于我国陆上特定地区开采石油（天然气）的设备、仪器、零附件、专用工具，由海关总署会同财政部、国家税务总局审定。

六、项目单位和外国合作者暂时进口本文所附目录范围内的物资，准予免税。进口时海关按暂时进口货物办理手续。超出海关规定暂时进口时限仍需继续使用的，经海关批准可予延期，在暂时进口（包括延期）期限内准予按本文规定免税。

七、符合本规定第二条所指“特定地区”条件的油田、勘探开发项目和中标区块，项目主管部门应每年汇总报财政部，由财政部商有关部门审核认定。

八、符合本规定第三条、第七条所列的免税进口物资，由中国石油天然气集团公司、中国石油化工股份有限公司分别统一开列年度进口设备计划或清单送财政部、国家税务总局、海关总署备案。进口单位将进口物资清单送有关项目所在地直属海关直接办理减免税手续。具体审核程序和监管办法由海关总署另行制定。

九、中联煤层气有限责任公司勘探、开采煤层气项目所需进口物资（同附2），比照本规定免征进口关税和进口环节增值税。

十、租赁进口的物资，符合清单范围的准予按本文规定免税，租赁进口清单以外的物资应按规定照章征税。

十一、对用于海、陆开采石油（天然气）免税进口物资，不得抵押、质押、转让、移作他用或者进行其他处置。如有违反，按国家有关法律、法规处理。

十二、本规定执行时间为2001年1月1日至2005年12月31日。

十三、本规定由财政部会同国家税务总局、海关总署负责解释。

2001年12月

附　1

享受特定地区政策的地域范围

单位：平方公里

<table>
<tr><th>所在地区</th><th>地 域 名 称</th><th>分布地区</th><th>面　积</th></tr>
<tr><td rowspan="10">新疆维吾尔自治区</td><td>塔克拉玛干沙漠</td><td>塔里木盆地</td><td>337 600</td></tr>
<tr><td>吉尔班通古特沙漠</td><td>准葛尔盆地</td><td>48 800</td></tr>
<tr><td>库姆塔格沙漠</td><td>新疆东部地区</td><td>22 800</td></tr>
<tr><td>库木库里沙漠</td><td>阿尔金山山间盆地</td><td>2 448</td></tr>
<tr><td>鄯善库姆塔格沙漠</td><td>吐鲁番盆地</td><td>2 500</td></tr>
<tr><td>阿克别勒沙漠</td><td>焉耆盆地</td><td>674</td></tr>
<tr><td>霍城沙漠</td><td>伊犁霍城</td><td>485</td></tr>
<tr><td>福海沙漠</td><td>艾比湖东南</td><td>463</td></tr>
<tr><td>乌苏沙漠</td><td>额尔齐斯河南侧</td><td>5 513</td></tr>
<tr><td>布尔津－哈巴河－吉木乃沙漠</td><td></td><td>400</td></tr>
<tr><td rowspan="8">内蒙古自治区</td><td>巴丹吉林沙漠</td><td></td><td>6 645</td></tr>
<tr><td>腾格里沙漠</td><td></td><td>6 405</td></tr>
<tr><td>乌兰布和沙漠</td><td></td><td>1 485</td></tr>
<tr><td>库布其沙漠</td><td></td><td>2 415</td></tr>
<tr><td>毛乌素沙漠</td><td></td><td>4 815</td></tr>
<tr><td>浑善达克沙地</td><td></td><td>3 210</td></tr>
<tr><td>科尔沁沙地</td><td></td><td>6 345</td></tr>
<tr><td>呼伦贝尔沙地</td><td></td><td>720</td></tr>
<tr><td>青海省</td><td>柴达木盆地沙漠及戈壁荒沙漠</td><td>柴达木盆地</td><td>68 367</td></tr>
<tr><td>西藏自治区</td><td>藏北戈壁荒漠区</td><td>藏　北</td><td>600 000</td></tr>
</table>

附 2

陆上开采石油（天然气）进口免税物资清单

税则号列	货品名称
	一、地球物理、地球化学、地质勘探类
	1. 地震勘探仪器、设备及零附件
84717090	磁带机
85231390	地震磁带
85438990	工程绘图机（采用扫描照排）
85444110	专用数传电缆
90158000	地震仪（不含磁带地震仪）、井间地震仪、小折射仪、编码器、译码器、电控箱体、相关器、垂直地震剖面地震测井仪器、地面采集设备、防水检波器、三分量检波器、测井检波器、检波器测试仪
90171000	绘图仪
90308390 90308990	上述仪器的检测仪器仪表
	上述仪器、设备的零附件
	2. 地震勘探测量、地形勘察设备及零附件
85269190	卫星定位仪及中央处理器板
90148000	导航设备
90158000	全站仪、测距仪、水准仪、定位仪、经纬仪、电子速测仪、探测仪、测深仪
90308390 90308990	上述仪器的检测仪器仪表
	上述仪器、设备的零附件
	3. 重力、磁力、电磁波勘探设备及零附件（不含低分辨、低精度的重力、磁力、电法勘探设备）
90158000	重力仪、磁力仪、电法仪、化探仪、浅层探测仪、地质雷达
90308390	上述仪器的检测仪器仪表
	上述仪器、设备的零附件
	4. 地震勘探、钻井、震源设备及零附件
84148090	山地钻机供气站
84304900	钻井深度不超过 300 米的；山地钻机、沼泽钻机、砾石钻机（不含车装钻机、陆上轻便钻机）
84798990	可控震源、气枪震源（限 18 吨以上）
90308390 90308990 90318090	上述设备的检测仪器仪表
	上述仪器、设备的零附件
	5. 地震勘探数据处理、解释仪器、设备及零附件

续表

税则号列	货品名称
84714110	大型计算机
84714190	工作站、现场处理机
84717090	磁带机、自动磁带库、磁盘阵列、光盘塔
85044020	大型不间断电源
85243920	地震勘探及重磁电应用软件
90171000	绘图仪
	上述仪器、设备的零附件
	6. 地震勘探施工机具及零附件
84291110 84291190	推土机
87013000	履带式运载设备
88021100	直升飞机
89059090	空气船
	上述设备、车辆的零附件
	二、钻井类
	1. 钻机、钻机部件及零附件（不含 5 000 米以下柴油驱动钻机）
84304111 84304119	钻机部件（包括：绞车、井架、底座、天车、游车、大钩、水龙头、转盘、净化罐等）
84304900	钻机（包括：盘式刹车、双驱钻机、套管钻井设备、连续油管钻井设备、动力水龙头、顶驱装置、钻具自动排放装置、钻具上下坡道装置、方钻杆旋扣器、砸导管装置等）
84314310	上述设备的零附件
	2. 钻井设备及其零附件
84089093	柴油发动机
84122990	变矩器
84135010 84135020 84135030 84135090	雾化泵、三缸泵组及相关总成
84251100 84251900 84253100 84253900 84254210 84254910	气动绞车、液压绞车等绞车
84834090 87084099	变速箱

续表

税则号列	货品名称
85012000 85013100 85013200 85013300 85013400 85014000 85015100 85015200 85016100 85016200 85016300 85016410 85016420 85016430	发电机、直流电机、交流电机
85021100 85021200 85021310 85023900 85021320	柴油发电机组
85371090	电控系统
	上述设备的零附件
	3. 钻井用仪器、仪表
85254010	鹰眼井下视像仪
90251910 90251990 90258000	钻井记录仪、温度仪
90268000 90318090	钻井仪表
90261000 90262000 90268000	压力表、指重表、流量计、密度计
90278090	布氏粘度计、马氏粘度计
	上述仪器、设备的零附件
	4. 钻井液处理设备、测量监测仪器及其零附件
84138100	剪切泵、砂泵、污水泵、油泵
84211920	除砂器、除泥器、离心机
84212990	泥浆气体分离器、除气器
84219190	离心机配件
84741000	震动筛

续表

税则号列	货品名称
90268000	流变仪
90275000	页岩膨胀仪
90278090	泥浆润滑性测定仪、极压润滑仪、滚子加热炉
90318090	高温高压失水仪、粒度分析仪、地层伤害模拟评价系统
	上述仪器、设备的零附件
	5. 钻井定向井工具及其零附件
84122990	井下可调试弯壳体马达
84311000 84314310	螺杆、造斜工具、斜向器
84798990	橇座电缆装置
90158000	无线随钻测斜定向井仪器、有线随钻测斜定向井仪器、随钻测量仪、电子多点、陀螺测斜仪
90318090	井下马达测试台
	上述设备的零附件
	6. 钻井工具、井下工具
82071910 82071990	钻头（不含普通钻头）
82071910	分支井开窗工具
82077000	套管开窗锻洗工具
84311000 84314310	吊卡、卡盘、吊环、B型大钳、卡瓦、取芯工具、防斜工具、扶正器、井下可变径稳定器、补贴、防砂、隔堵工具、下套管自动灌浆装置、套管扣保护器、钻杆扣保护器
84662000	动力钳、动力卡瓦
84678900	尾管悬挂器、尾管送入工具
90318090	扣规
	7. 钻井打捞工具、设备及其零附件
82071990 82073000 82077000 82078000 82079090	磨、铣工具、解卡工具、震击器
84128000 90311000	测卡撬、震击器拆装架
84314310	打捞工具（包括：打捞筒、打捞矛、公锥、母锥、铅印等）
84791090 84794000 84795090 84798190 84798990	修（拔）套管机

续表

税则号列	货品名称
85438990	爆炸松扣工具
	上述设备的零附件
	8. 钻井井控、欠平衡设备及其零附件
84122990 84811000 84813000 84818019 90262000	防喷系统［包括：防喷器（70兆帕及以上）、节流管汇、压井管汇、旋转头、导流器、三相（四相）分离器、不压井起下钻装置、防喷器控制系统、防喷器试压装置、井控设备参数仪、节流管汇控制系统、空气泡沫钻井设备等］
84129090	闸板、法兰
84148090	制氮装置、采油树气密封检测装置、空气压缩机
84162011 84162019	点火装置
84678900	液压扳手
84811000 84813000 84818019 84818090	内防喷器、单流阀、浮阀、节流阀、减压阀、旋塞等
	上述设备的零附件
	9. 固井工具、设备、仪器，水泥浆监测化验仪器及其零附件
73079200	非钻式双级接头、固井接头、大小头
84138100	撬装固井装置及附件（包括管汇）
90261000	高温高压流量计
90278090	静胶凝强度仪、水泥稠化仪、渗透率测定分析仪
	上述仪器、设备的零附件
	10. 石油专用管材检测装置
73061000 73062000 73069000	气密封特殊丝扣油管（套管）
90301000	X射线检测仪
90318090	超声波探伤仪、荧光磁粉探伤仪、超声波测厚仪
	上述仪器的零附件
	三、测井、录井、试油、井下作业类
	1. 测井地面设备和井下作业仪器及其零附件
84122990	变矩器
84138100	压裂泵
84798990	井口保护器、投球器、高压管汇

续表

税则号列	货　品　名　称
85371091 90328900	测井地面设备、油井压裂控制系统及设备、射孔地面系统
	上述仪器、设备的零附件
	2. 测井及井下仪器
28444090 28444010 28444020	放射性源
36030000 73045190 85438990 93069000	起爆装置、射孔枪、导火索、射孔弹、射孔雷管
37022000	热敏胶片
82071990 84314310	打捞工具、下桥塞工具
84714190 84715090	测井过程资料处理用工作站、服务器（微型机式的服务器除外）
84717090	磁带机
85445110 85445910 85446019 85446090 85447000	动力电缆、控制电缆、测井电缆、仪表电缆、屏蔽电缆等
85359000	电器、仪表、线缆连接件
90105029	晒图机
90158000	井径仪、地层测试仪、倾角测井仪、成像测井仪、水平井测井工具、储层监测仪、工程测井仪、折射仪、井斜方位短节
90171000	绘图仪
90222900	自然伽玛测井仪、自然伽玛能谱测井仪、补偿密度测井仪、岩性密度测井仪、补偿中子测井仪、碳氧比测井仪、流体密度仪、持气率测井仪
90248000	岩芯分析仪
90251910	流体温度测井仪
90261000	流量测井仪
90262000	流体压力测井仪
90278090	岩苡扫描仪、含水率测井仪

续表

税则号列	货　品　名　称
90302010 90302090 90303190 90308910 90308990 90308390 90303910 90303920 90303990 90308310	示波器、电容测试仪、增益测量仪、微电压、电流、电阻测试仪
90303920	双侧向测井仪、微球聚焦测井仪、双感应入侧向测井仪、双感应球型聚焦测井仪、微侧向测井仪、阵列感应测井仪、薄层电阻率测井仪、双介电测井仪、高温测井仪、微电阻率扫描测井仪、井眼特性测井仪
90318090	补偿声波测井仪、数字声波测井仪、阵列声波测井仪、固井质量测井仪、偶极子声波测井仪、扇区水泥胶结测井仪、核磁共振分析仪、井壁取芯仪、产液剖面测井组合仪、测试盒、测试面板
90330000	张力短节、辅助测量短节、磁性定位器、扶正器、偏心器、马笼头
	上述仪器、设备的零附件
	3. 录井地面设备和井下仪器及其零附件
84715090	数据处理器
90318090 90272000 90275000 90330000 90258000 90303990 90330000 90278090	综合录井仪、记录仪（笔）、积分仪、测试类仪器、过程校验仪、逻辑分析仪、热解仪、荧光定量分析仪、绘图仪、示波仪、各种色谱仪、压力传感器、气体捕助器、含蜡测定仪
	上述仪器、设备的零附件
	4. 试油、修井设备及其零附件
84138100 84211920 84212910 84212990 84798990	试井除砂系统、三相分离装置、分隔器、高温高压井口装置、地层测试设备、连续油管设备
82071910 82077000 84314310 84662000	测试工具、井下打捞工具、倒扣器、井下磨铣工具、钻头、磨鞋、铣鞋、电缆桥塞、座封工具、液压桥塞、液压卸扣机
	上述仪器、设备的零附件

续表

税则号列	货品名称
	5. 地面及井下仪器
84162011 84162019 84211920 90251910 90258000 90261000 90262000 90308990 90318090 90328900	电子压力计、电子流量计、电子密度计、机械压力/温度计、压力变送器、压差变送器、温度变送器、变频器、三相分离器、试油燃烧头、光导液位计、雷达液位计、电子示功仪、液面测试仪、综合标定仪及其他井下仪器
	上述仪器、设备的零附件
	四、开发作业类
	1. 油、气、水生产用各种锅炉，压缩机及其零附件
84021200 84021900 84041010 84162011 84162019 84195000 84212190	注汽锅炉、蒸汽发生器、燃烧器、换热器及水处理设备、注蒸汽泡沫装置、余热锅炉
84148090 84193990 84198990	天然气压缩机、空气缩压机、凝析油开采注气压缩机、干燥器冷却器、增压机
	上述仪器、设备的零附件
	2. 油、气、水井生产设备
84305010 84798990 85012000	采油气井口、双管井口、抽油机（不含梁试抽油机）、超高转差电机
	3. 各种注入、排供及油气水处理设备
84138100	特殊用途的高低压泵组、泵
84148020 84148090	二氧化碳及气体配套注入设备
84811000 84812010 84812020 84813000 84814000 84818011 84818019 84818090 90328100 90328900	油气水控制输送的各种阀门及执行器

续表

税则号列	货品名称
	4. 各种井下生产设备
82071910 84122990 84304310 84678900 84818019	分隔器、防喷器、专用阀门及井下工具
	5. 有水及含硫油田脱硫、净化、防腐装备
84212990	污水处理装置、油水分离器、吸油垫
	6. 油气田或井场动力设备及其零附件
84068110 84068120	汽轮机
84071010 84071020 84079090 84089091 84089092 84089093	内燃机
84128000	蒸汽机
84136010 84138100	携砂泵、电潜泵
84148090	压缩机
84178090	导热油炉
85012000 85013100 85013200 85013300 85013400 85014000 85015100 85015200 85016100 85016200 85016300 85016410 85016420 85016430	发电机、天然气发电机、电动机
85021100 85021200 85021310 85021320 85022000 85023900	发电机、发电机组

续表

税则号列	货 品 名 称
90262000	毛细管测压装置
	上述设备的零附件
	7. 油田开发生产实验室用仪器及其零附件
90272000	气相色谱仪
90278090	热量仪、油气分析仪、搅拌仪、浊度仪
	上述仪器的零附件
	8. 油田自控装置系统及监控仪表和配套设施及零附件
90281090 90282090	油田监测控制仪表
90328100 90328900	油田自动化监控装置
	上述仪器的零附件
	五、油田建设类
	1. 输油、输气及长输管线铺设专用设备及其零附件
84138100	管道试压泵
84148090	空压机、高低压压风机组
84243000	管道内、外防腐作业线
84254210 84254290	油罐顶升装置
84301000	气动夯锤
84306911 84306919	横钻孔机、水平定向钻机
84569990 84681000 84682000 84589900 85152110 85152900 85153190 85158000	内焊机
84619000	管子坡口整形机
84622110 84622910	冷弯管机、卷板机、校直机、折弯机、移动式弯管机、中频加热弯管机
84623110 84623120 84623910 84623920	剪板机

续表

税则号列	货　品　名　称
84678900	液压扳手
84688000	切割机
84798990	管道对口器、管道封堵器
84798990	管道清管器
85152190 85153110 85153900	移动式综合焊接设备、埋弧焊机、管道半自动及自动焊机、一体焊机
85158000	送丝机
90221990	X射线爬行器、X射线检测仪
90318090	管道环焊缝超声检测系统
90318090	火花检漏仪
	上述设备的零附件
	2. 施工机械、设备及其零附件
84134000	混凝土泵
84291110 84291190 84291910 84291990	推土机
84292010 84292090	平地机
84293010 84293090	铲运机
84295100	装载机
84295211 84295212 84295219	单斗挖掘机、轮（链）斗挖掘机、岩石挖掘机
84294019 84294011 84294090	压路机
84301000	打桩机、拔桩机
84302000	扫雪机
84305031 84305039	凿岩及钻探工具、凿岩机、隧道掘进机
83306100	捣固机械
84306100	路拌机
84742090	液压破碎机

续表

税则号列	货　品　名　称
84743900	稳定土拌和机
84791090	回填机
84791090	路边成型机、稀浆封层机
84791090	地下连续墙设备
84791021	水泥混凝土及沥青混凝土摊铺机
84798200	水泥混凝土及沥青混凝土拌和机
85021100 85021200 85021310 85021320	柴油发电机组
87013000	履带式牵引机
87013000 87019000	专用拖拉机
	上述设备的零附件
	3. 起重和装卸机械及其零附件
84261120	桥式起重机
84261921	抓管机
84262000	塔式起重机
84264910	吊管机
84264910	履带吊（≥40 吨）
84264910	履带式起重机
84269900	架桥机
84295900	多用机（具有铲、抓、挖、吊其中两种以上功能）
	上述设备的零附件
	4. 油田节能设备
84161000	高效燃烧器
85012000 85013100 85013200 85013300 85013400 85014000 85015100 85015200	高效节能电动机
85044090	变频调速器
85045000	高压无功自动补偿器

续表

税则号列	货品名称
90261000	超声波流量计
90303990	电脑平衡测试仪
	5. 油田建设实验仪器、设备及零附件
90158000	全站仪
90248000	高低温试验机
90248000	玻璃钢管压力试验机
90248000	落锤弯沉仪
90275000	光谱仪
90278090	玻璃钢管布氏粘度计、放热仪
90278090	非金属检测仪
90278090	金属材料探测仪
90278090	沥青含蜡量测定仪
90318010	光通信检测仪器
90318090	测厚仪
90318090	公路桩基检测仪
90318090	抽提仪
90318090	颠簸累积度仪
	上述仪器、设备的零附件
	六、特种工程车辆类
40119900	特种车用轮胎
87019000	大型拖车头
	归入8705的以下特种车：
87051021	测井井架超重车（吊载小于4吨，臂展大于18米）
87051021 87051022 87051023 87051091 87051092 87051093	最大起重重量超过20吨的起重车
87052000 87054000 87059020 87059080 87059090	井下作业用压裂车、管汇车、混砂车、仪器车、数据采集车、井架车、直井机（车）、通井机、修井机（车）、洗井车、防砂洗井车、地锚车、酸化车、测井车（3 000米及以上）、地震仪器车、地震勘探车、地震钻机车、地震排列车、射孔车、试油作业用液氮罐车、注氮车、连续油管车、打捞车、试井车、各种泵车、钻井作业用固井水泥车（压力大于等于100兆帕）、复压车、有线随钻电缆车、综合录井车、固井仪器车、固井散灰罐车、固井压风车、下灰车、固井照明车、固井高压管汇车、电焊车、高压电力工程抢险车、挖坑立杆车、穿越工程定向钻井车、带电作业车、测卡车、X光检测车、钻探车、救火车、放射线检查车、混凝土搅拌运输车、沥青洒布车

续表

税则号列	货　品　名　称
	上述车辆的零附件
	七、油气储运类
	1. 油气地面集输大直径阀门、油气专用三相分离设备及其零附件
84211920 84212990 84213990	固液分离设备、三相分离装置、脱水撬
84811000 84812010 84812020 84813000 84814000 84818011 84818019 84818090	电磁阀、安全阀、减压阀、调节阀、关断阀、气压传动阀、油压传动阀、止回阀、截止阀、球阀、蝶阀、多路阀、排气阀、控制阀
	上述设备的零附件
	2. 油气集输用动力装置、设备及控制装置、设备及其零附件
84131100 84131900 84133010 84133090 84135010 84135020 84135030 84135090 84136010 84136090 84137010 84137090 84138100 84138200	外输泵、排放泵、增压泵、电潜泵、燃油输送泵、计量泵、启动泵
84148020 84148090	压缩机、压缩机组
84714991	集散型控制系统
90328120 90328900	控制器、自动中继控制装置（中间站）
	上述设备的零附件
	3. 油气集输系统、输气站仪器、仪表配套装置及其零附件
90251990 90258000	温度计、记录仪

续表

税则号列	货品名称
90281090 90282090	流量计、液位计、差压计、液位仪
90328900	控板仪、分析仪
	上述仪器、设备的零附件
	4. 油气集输处理热力系统及其零附件
84195000 84198990	热交换器
85168000	伴热器、加热器、生产用加热器
	上述仪器、设备的零附件
	八、安全救生类
	1. 各种消防、防火装置
40151900 70199000 73083000	防火毯、测试手套、防滑垫、防火门
84138100	多级消防泵
84241000	灭火机
84248999	泡沫消防系统、水喷淋系统、二氧化碳消防系统
84248999	消防炮
84798920	防爆除湿机
85311090 85318090 90271000	气体探测仪、报警装置、防火报警器、火灾探测器
85393290 94054090	障碍灯、防汛灯、闪光灯、防爆灯具、应急灯
	2. 沙漠、戈壁、山地、湖泊、沼泽等作业人员特殊的劳保用品
61033900 84798990 90200000	呼吸器、呼吸器充气机、防毒面具、安全面罩、防火服
40170020 42032910 64011000 64034000 65061000 90049090	安全鞋、安全帽、安全眼镜、安全手套、耳塞、耳罩
	3. 沙漠、戈壁、山地、湖泊、沼泽等作业人员特殊救生工具、医疗设备、工具、用品及药品
40169990	保温袋
63072000	防寒救生服、救生衣、安全带

续表

税则号列	货　品　名　称
84137090 84138100 84148090 84241000	氧气冲压泵、消防泵、泡沫泵、泡沫发生器
84798990	安全冲洗装置、逃生装置
85318090	可燃气体监测装置
89079000	救生气垫
90271000	有毒气体检测装置
	九、通信设备（包括卫星通信，但不含电话机、对讲机、传真机）及其零附件
85178000	数据交换设备
85252019	卫星通信设备
85252029	40W、100W 通信电台
85261010	雷达导航设备
85269200	无线电遥控设备
85279090	卫星接收设备
85279090	其他通信设备
85447000	通信光缆
	上述设备的零附件
	十、开发、生产所需的各类计算机应用软件
85243920 85249120 85249920	各种钻井、测井、录井、试油、采油生产过程所需的处理、解释、描述、分析软件
	十一、在国内制造供特定地区石油、天然气勘探、开采作业用的机器和设备，需进口的国内不能生产的零附件
	1. 可控震源的零附件
84089093	发动机
84122910	振动马达、驱动马达
84138100	驱动泵、振动泵
84198990	液压冷却器
84212990	高精度滤油器
84812010	伺服阀
84834090	变速箱
	2. 山地钻机的附件和零附件
84079090	汽油发动机（净重＜65kg，功率＞22HP）
84089091	柴油发动机（净重＜80kg，功率＞18HP）

续表

税则号列	货　品　名　称
84122910	液压马达
84138100	液压泵
84144000	空压机
85366900	电缆插头、检波器插头

财政部　国家税务总局　海关总署
关于西部大开发税收优惠政策问题的通知

2001年12月30日　财税［2001］202号

各省、自治区、直辖市、计划单列市财政厅（局）、国家税务局、地方税务局，海关总署广东分署，各直属海关：

为体现国家对西部地区的重点支持，全面贯彻落实《国务院关于实施西部大开发若干政策措施的通知》（国发［2000］33号）及《国务院办公厅转发国务院西部开发办关于西部大开发若干政策措施实施意见的通知》（国办发［2001］73号）精神，现将西部大开发的税收优惠政策问题通知如下：

一、适用范围

本政策的适用范围包括重庆市、四川省、贵州省、云南省、西藏自治区、陕西省、甘肃省、宁夏回族自治区、青海省、新疆维吾尔自治区、新疆生产建设兵团、内蒙古自治区和广西壮族自治区（上述地区以下统称“西部地区”）。湖南省湘西土家族苗族自治州、湖北省恩施土家族苗族自治州、吉林省延边朝鲜族自治州，可以比照西部地区的税收优惠政策执行。

二、具体内容

1. 对设在西部地区国家鼓励类产业的内资企业和外商投资企业，在2001年至2010年期间，减按15%的税率征收企业所得税。

国家鼓励类产业的内资企业是指以《当前国家重点鼓励发展的产业、产品和技术目录（2000年修订）》中规定的产业项目为主营业务，其主营业务收入占企业总收入70%以上的企业。

国家鼓励类的外商投资企业是指以《外商投资产业指导目录》中规定的鼓励类项目和由国家经济贸易委员会、国家发展计划委员会和对外经济贸易合作部联合发布的《中西部地区外商投资优势产业目录》（第18号令）中规定的产业项目为主营业务，其主营业务收入占企业总收入70%以上的企业。

2. 经省级人民政府批准，民族自治地方的内资企业可以定期减征或免征企业所得税，外商投资企业可以减征或免征地方所得税。中央企业所得税减免的审批权限和程序按现行有关规定执行。

3. 对在西部地区新办交通、电力、水利、邮政、广播电视企业，上述项目业务收入占企业总收入70%以上的，可以享受企业所得税如下优惠政策：内资企业自开始生产经营之日起，第一年至第二年免征企业所得税，第三年至第五年减半征收企业所得税；外商投资企业经营期在10年以上的，自获利年度起，第一年至第二年免征企业所得税，第三年至第五年减半征收企业所得税。

新办交通企业是指投资新办从事公路、铁路、航空、港口、码头运营和管道运输的企业。新办电力企业是指投资新办从事电力运营的企业。新办水利企业是指投资新办从事江河湖泊综合治理、防洪除涝、灌溉、供水、水资源保护、水力发电、水土保持、河道疏浚、河海堤防建设等开发水利、防治水害的企业。新办邮政企业是指投资新办从事邮政运营的企业。新办广播电视企业是指投资新办从事广播电视运营的企业。

4. 对为保护生态环境，退耕还林（生态林应在80%以上）、草产出的农业特产收入，自取得收入年份起10年内免征农业特产税。

5. 对西部地区公路国道、省道建设用地，比照铁路、民航建设用地免征耕地占用税。享受免征耕地占用税的建设用地具体范围限于公路线路、公路线路两侧边沟所占用的耕地，公路沿线的堆货场、养路道班、检查站、工程队、洗车场等所占用的耕地不在免税之列。

西部地区公路国道、省道以外其他公路建设用地是否免征耕地占用税，由省、自治区和直辖市人民政府决定。

上述免税用地，凡改变用途，不再属于免税范围的，应当自改变用途之日起补缴耕地占用税。

6. 对西部地区内资鼓励类产业、外商投资鼓励类产业及优势产业的项目在投资总额内进口的自用设备，除《国内投资项目不予免税的进口商品目录（2000年修订）》和

《外商投资项目不予免税的进口商品目录》所列商品外，免征关税和进口环节增值税。外资优势产业按国家经济贸易委员会、国家发展计划委员会和对外经济贸易合作部联合发布的《中西部地区外商投资优势产业目录》（第18号令）执行。

上述免税政策按照《国务院关于调整进口设备税收政策的通知》（国发［1997］37号）的有关规定执行。

三、具体执行办法由国家税务总局、海关总署另行规定。

四、本通知自2001年1月1日起执行。

财政部　国家税务总局　外经贸部关于外国政府和国际组织无偿援助项目在华采购物资免征增值税问题的通知

2002年1月11日　财税［2002］2号

各省、自治区、直辖市、计划单列市财政厅（局）、国家税务局，新疆生产建设兵团财务局：

为促进我国接受外国政府和国际组织无偿援助工作的开展，保证援助项目的顺利实施，经国务院批准，自2001年8月1日起，对外国政府和国际组织无偿援助项目在国内采购的货物免征增值税，同时允许销售免税货物的单位，将免税货物的进项税额在其他内销货物的销项税额中抵扣。现将《外国政府和国际组织无偿援助项目在国内采购货物免征增值税的管理办法》印发给你们，请遵照执行。

附件：外国政府和国际组织无偿援助项目在国内采购货物免征增值税的管理办法（试行）

附　件

外国政府和国际组织无偿援助项目在国内采购货物免征增值税的管理办法

（试行）

一、为促进我国接受外国政府和国际组织无偿援助工作的开展，做好外国政府和国际组织无偿援助项目在国内采购货物免征增值税的工作，特制定本办法。

二、本办法适用于外国政府和国际组织（具体名单见附一）对我国提供的无偿援助项目在我国关境内所采购的货物，以及为此提供货物的国内企业（以下简称供货方）。

三、在无偿援助项目确立之后，援助项目所需物资的采购方（以下简称购货方）通过项目单位共同向对外贸易经济合作部和国家税务总局同时提交免税采购申请，内容包括：援助项目名称、援助方、受援单位、购货方与供货方签订的销售合同（复印件）等，并填报《外国政府和国际组织无偿援助项目在华采购货物明细表》（见附二）。如委托他人采购，需提交委托协议和实际购货方的情况，包括购货方的单位名称、地址、联系人及联系电话等。

供货方在销售合同签订后，将合同（复印件）送交企业所在地税务机关备案。

四、对外贸易经济合作部在接到购货方和项目单位的免税采购申请后，对项目有关内容的真实性、采购货物是否属援助项目所需等内容进行审核。审核无误后，对外贸易经济合作部向国家税务总局出具申请内容无误的证明材料。

五、国家税务总局接到购货方和项目单位的免税采购申请和对外贸易经济合作部出具的证明材料后，通过供货方所在地主管税务部门对免税申请所购货物的有关情况进行核实。如主管税务部门出具的证明材料与对外贸易经济合作部出具的证明材料的相关内容一致，国家税务总局向供货方所在地主管税务机关下发供货方销售有关货物免征增值税的文件，同时抄送财政部、对外贸易经济合作部和购货方。

六、供货方凭购货方出示的免税文件，按照文件的规定，以不含增值税的价格向购货方销售货物。

供货方应向其主管税务机关提出免税申请。供货方所在地主管税务机关凭国家税务总局下发的免税文件为供货方办理免征销项税及进项税额抵扣手续。

七、购货方和项目单位提交免税采购申请和《外国政府和国际组织无偿援助项目在华采购货物明细表》后，其内容不允许随意变更。如确需变更，应按本办法规定程序另行报送审批。

八、免税采购的货物必须用于规定的援助项目，不得销售或用于其他项目，否则视同骗税，依照《中华人民共和国税收征收管理法》第六十六条的有关规定处理。

九、本办法自2001年8月1日起执行。

附：一、国际组织名单

二、外国政府和国际组织无偿援助项目在华采购货物明细表（略）

附 一

国际组织名单

一、联合国有关组织

1. 联合国开发计划署

(United Nations Development Programme-UNDP)

2. 联合国环境规划署

(United Nations Environment Programme-UNEP)

3. 联合国贸易和发展会议

(United Nations Conference on Trade and Development-UNCTAD)

4. 联合国人口基金

(United Nations Population Fund-UNFPA)

5. 联合国儿童基金会

(United Nations Children's Fund-UNICEF)

6. 联合国难民事务高级专员公署

(Office of the United Nations High Commissioner for Refugees-UNHCR)

7. 联合国欧洲经济委员会

(United Nation's Economic Commission for Europe-UN/ECE)

8. 世界粮食计划署

(World Food Programme-WFP)

9. 亚洲及太平洋经济社会委员会

(Economic and Social Commission for Asia and the Pacific-ESCAP)

10. 和平利用外层空间委员会

(The Committee on the Peaceful Uses of Outer Space-COPUOS)

二、同联合国建立关系的政府间机构

11. 国际劳工组织

(International Labour Organization-ILO)

12. 联合国粮食及农业组织

(Food and Agriculture Organization of the United Nations-FAO)

13. 联合国教育、科学及文化组织

(United Nations Educational, Scientific and Cultural Organization-UNESCO)

14. 世界卫生组织

(World Health Organization-WHO)

15. 国际货币基金组织

(International Monetary Fund -IMF)

16. 国际开发协会

(International Development Association-IDA)

17. 国际复兴开发银行（世界银行）

(International Bank for Reconstruction and Development-IBRD)(World Bank)

18. 国际金融公司

(International Finance Corporation-IFC)

19. 国际民用航空组织

(International Civil Aviation Organization-ICAO)

20. 万国邮政联盟

(Universal Postal Union-UPU)

21. 国际电信联盟

(International Telecommunication Union-ITU)

22. 世界气象组织

(World Meteorological Organization-WMO)

23. 国际海事组织

(International Maritime Organization-IMO)

24. 世界知识产权组织

(World Intellectual Property Organization-WIPO)

25. 国际农业发展基金会

(International Fund for Agricultural Development-IFAD)

26. 联合国工业发展组织

(United Nations Industrial Development Organization-UNIDO)

27. 国际原子能机构

(International Atomic Energy Agency-IAEA)

28. 世界贸易组织

(World Trade Organization-WTO)

三、其他有关国际组织和金融机构

29. 红十字会与红新月会国际联合会（简称国际联合会）

(The International Federation of Red Cross And Red Crescent Societies-IFRCS)

30. 红十字国际委员会

(The International Committee of the Red Cross-ICRC)

31. 欧洲联盟

(European Union-EU)

32.亚太经济合作组织
(Asia Pacific Economic Cooperation-APEC)
33.亚洲开发银行
(Asia Development Bank-ADB)
34.日本国际协力团
(Japan International Cooperation Agency-JICA)
35.韩国国际协力团
(Korea International Cooperation Agency-KOICA)
36.国际计生联组织
(International Planned Parenthood Federation-IPPF)
37.国际移动卫星组织
(International Mobile Satellite Organization-INMARSAT)
38.阿拉伯国家联盟
(League of Arab States-LAS)

港口、运输

中华人民共和国国际海运条例

中华人民共和国国务院令

第335号

《中华人民共和国国际海运条例》已经2001年12月5日国务院第49次常务会议通过，现予公布，自2002年1月1日起施行。

总理 朱镕基

2001年12月21日

第一章 总　　则

第一条 为了规范国际海上运输活动，保护公平竞争，维护国际海上运输市场秩序，保障国际海上运输各方当事人的合法权益，制定本条例。

第二条 本条例适用于进出中华人民共和国港口的国际海上运输经营活动以及与国际海上运输相关的辅助性经营活动。

前款所称与国际海上运输相关的辅助性经营活动，包括本条例分别规定的国际船舶代理、国际船舶管理、国际海运货物装卸、国际海运货物仓储、国际海运集装箱站和堆场等业务。

第三条 从事国际海上运输经营活动以及与国际海上运输相关的辅助性经营活动，应当遵循诚实信用的原则，依法经营，公平竞争。

第四条 国务院交通主管部门和有关的地方人民政府交通主管部门依照本条例规定，对国际海上运输经营活动实施监督管理，并对与国际海上运输相关的辅助性经营活动实施有关的监督管理。

第二章 国际海上运输及其辅助性业务的经营者

第五条 经营国际船舶运输业务，应当具备下列条件：

（一）有与经营国际海上运输业务相适应的船舶，其中必须有中国籍船舶；

（二）投入运营的船舶符合国家规定的海上交通安全技术标准；

（三）有提单、客票或者多式联运单证；

（四）有具备国务院交通主管部门规定的从业资格的高级业务管理人员。

第六条 经营国际船舶运输业务，应当向国务院交通主管部门提出申请，并附送符合本条例第五条规定条件的相关材料。国务院交通主管部门应当自受理申请之日起30日内审核完毕，作出许可或者不予许可的决定。予以许可的，向申请人颁发《国际船舶运输经营许可证》；不予许可的，应当书面通知申请人并告知理由。

国务院交通主管部门审核国际船舶运输业务申请时，应当考虑国家关于国际海上运输业发展的政策和国际海上运输市场竞争状况。

申请经营国际船舶运输业务，并同时申请经营国际班轮运输业务的，还应当附送本条例第十七条规定的相关材料，由国务院交通主管部门一并审核、登记。

第七条 经营无船承运业务，应当向国务院交通主管部门办理提单登记，并交纳保证金。

前款所称无船承运业务，是指无船承运业务经营者以承运人身份接受托运人的货载，签发自己的提单或者其他运输单证，向托运人收取运费，通过国际船舶运输经营者完成国际海上货物运输，承担承运人责任的国际海上运输经营活动。

在中国境内经营无船承运业务，应当在中国境内依法设立企业法人。

第八条 无船承运业务经营者应当在向国务院交通主管部门提出办理提单登记申请的同时，附送证明已经按照本条例的规定交纳保证金的相关材料。

前款保证金金额为80万元人民币；每设立一个分支机构，增加保证金20万元人民币。保证金应当向中国境内的银行开立专门账户交存。

保证金用于无船承运业务经营者清偿因其不履行承运人义务或者履行义务不当所产生的债务以及支付罚款。保证金及其利息，归无船承运业务经营者所有。专门账户由国务院交通主管部门实施监督。

国务院交通主管部门应当自收到无船承运业务经营者提单登记申请并交纳保证金的相关材料之日起15日内审核完毕。申请材料真实、齐备的，予以登记，并通知申请人；申请材料不真实或者不齐备的，不予登记，书面通知申请人并告知理由。已经办理提单登记的无船承运业务经营者，由国务院交通主管部门予以公布。

第九条 经营国际船舶代理业务，应当具备下列条件：

（一）高级业务管理人员中至少2人具有3年以上从事国际海上运输经营活动的经历；

（二）有固定的营业场所和必要的营业设施。

第十条 经营国际船舶代理业务，应当向国务院交通主管部门提出申请，并附送符合本条例第九条规定条件的相关材料。国务院交通主管部门应当自收到申请之日起15日内审核完毕。申请材料真实、齐备的，予以登记，并通知申请人；申请材料不真实或者不齐备的，不予登记，书面通知申请人并告知理由。

第十一条 经营国际船舶管理业务，应当具备下列条件：

（一）高级业务管理人员中至少2人具有3年以上从事国际海上运输经营活动的经历；

（二）有持有与所管理船舶种类和航区相适应的船长、轮机长适任证书的人员；

（三）有与国际船舶管理业务相适应的设备、设施。

第十二条 经营国际船舶管理业务，应当向拟经营业务所在地的省、自治区、直辖市人民政府交通主管部门提出申请，并附送符合本条例第十一条规定条件的相关材料。省、自治区、直辖市人民政府交通主管部门应当自收到申请之日起15日内审核完毕。申请材料真实、齐备的，予以登记，并通知申请人；申请材料不真实或者不齐备的，不予登记，书面通知申请人并告知理由。

第十三条 国际船舶运输经营者、无船承运业务经营者、国际船舶代理经营者和国际船舶管理经营者经依照本条例许可、登记后，应当持有关证明文件，依法向企业登记机关办理企业登记手续。

第十四条 国际船舶运输经营者、无船承运业务经营者、国际船舶代理经营者和国际船舶管理经营者，不得将依法取得的经营资格提供给他人使用。

第十五条 国际船舶运输经营者、无船承运业务经营者、国际船舶代理经营者和国际船舶管理经营者依照本条例的规定取得相应的经营资格后，不再具备本条例规定的条件的，国务院交通主管部门或者省、自治区、直辖市人民政府交通主管部门应当立即取消其经营资格。

第三章 国际海上运输及其辅助性业务经营活动

第十六条 国际船舶运输经营者经营进出中国港口的国际班轮运输业务，应当依照本条例的规定取得国际班轮运输经营资格。

未取得国际班轮运输经营资格的，不得从事国际班轮运输经营活动，不得对外公布班期、接受订舱。

以共同派船、舱位互换、联合经营等方式经营国际班轮运输的，适用本条第一款的规定。

第十七条 经营国际班轮运输业务，应当向国务院交通主管部门提出申请，并附送下列材料：

（一）国际船舶运输经营者的名称、注册地、营业执照副本、主要出资人；

（二）经营者的主要管理人员的姓名及其身份证明；

（三）运营船舶资料；

（四）拟开航的航线、班期及沿途停泊港口；

（五）运价本；

（六）提单、客票或者多式联运单证。

国务院交通主管部门应当自收到经营国际班轮运输业务申请之日起30日内审核完毕。申请材料真实、齐备的，予以登记，并通知申请人；申请材料不真实或者不齐备的，不予登记，书面通知申请人并告知理由。

第十八条 取得国际班轮运输经营资格的国际船舶运输经营者，应当自取得资格之日起180日内开航；因不可抗力并经国务院交通主管部门同意，可以延期90日。逾期未开航的，国际班轮运输经营资格自期满之日起丧失。

第十九条 新开、停开国际班轮运输航线，或者变更国际班轮运输船舶、班期的，应当提前15日予以公告，并应当自行为发生之日起15日内向国务院交通主管部门备案。

第二十条 经营国际班轮运输业务的国际船舶运输经营者的运价和无船承运业务经营者的运价，应当按照规定格式向国务院交通主管部门备案。国务院交通主管部门应当指定专门机构受理运价备案。

备案的运价包括公布运价和协议运价。公布运价，是指国际船舶运输经营者和无船承运业务经营者运价本上载明的运价；协议运价，是指国际船舶运输经营者与货主、无船承运业务经营者约定的运价。

公布运价自国务院交通主管部门受理备案之日起满30日生效；协议运价自国务院交通主管部门受理备案之时起满24小时生效。

国际船舶运输经营者和无船承运业务经营者应当执行生效的备案运价。

第二十一条 国际船舶运输经营者在与无船承运业务经营者订立协议运价时，应当确认无船承运业务经营者已依照本条例规定办理提单登记并交纳保证金。

第二十二条 从事国际班轮运输的国际船舶运输经营者之间订立涉及中国港口的班轮公会协议、运营协议、运价协议等，应当自协议订立之日起15日内将协议副本向国务院交通主管部门备案。

第二十三条 国际船舶运输经营者有下列情形之一的，应当在情形发生之日起15日内，向国务院交通主管部门备案：

（一）终止经营；

（二）减少运营船舶；

（三）变更提单、客票或者多式联运单证；

（四）在境外设立分支机构或者子公司经营国际船舶运输业务；

（五）拥有的船舶在境外注册，悬挂外国旗。

国际船舶运输经营者增加运营船舶的，增加的运营船舶必须符合国家规定的安全技术标准，并应当于投入运营前15日内向国务院交通主管部门备案。国务院交通主管部门应当自收到备案材料之日起3日内出具备案证明文件。

其他中国企业有本条第一款第（四）项、第（五）项所列情形之一的，应当依照本条第一款规定办理备案手续。

第二十四条 国际船舶运输经营者之间的兼并、收购，其兼并、收购协议应当报国务院交通主管部门审核同意。

国务院交通主管部门应当自收到国际船舶运输经营者报送的兼并、收购协议之日起60日内，根据国家关于国际海上运输业发展的政策和国际海上运输市场竞争状况进行审核，作出同意或者不同意的决定，并书面通知有关国际船舶运输经营者。

第二十五条 经营国际船舶运输业务、无船承运业务和国际船舶代理业务，在中国境内收取、代为收取运费以及其他相关费用，应当向付款人出具中国税务机关统一印制的发票。

第二十六条 未依照本条例的规定办理提单登记并交纳保证金的，不得经营无船承运业务。

第二十七条 经营国际船舶运输业务和无船承运业务，不得有下列行为：

（一）以低于正常、合理水平的运价提供服务，妨碍公平竞争；

（二）在会计账簿之外暗中给予托运人回扣，承揽货物；

（三）滥用优势地位，以歧视性价格或者其他限制性条件给交易对方造成损害；

（四）其他损害交易对方或者国际海上运输市场秩序的行为。

第二十八条 外国国际船舶运输经营者从事本章规定的有关国际船舶运输活动，应当遵守本条例有关规定。

外国国际船舶运输经营者不得经营中国港口之间的船舶运输业务，也不得利用租用的中国籍船舶或者舱位，或者以互换舱位等方式变相经营中国港口之间的船舶运输业务。

第二十九条 国际船舶代理经营者接受船舶所有人或者船舶承租人、船舶经营人的委托，可以经营下列业务：

（一）办理船舶进出港口手续，联系安排引航、靠泊和装卸；

（二）代签提单、运输合同，代办接受订舱业务；

（三）办理船舶、集装箱以及货物的报关手续；

（四）承揽货物、组织货载，办理货物、集装箱的托运和中转；

（五）代收运费，代办结算；

（六）组织客源，办理有关海上旅客运输业务；

（七）其他相关业务。

国际船舶代理经营者应当按照国家有关规定代扣代缴其所代理的外国国际船舶运输经营者的税款。

第三十条 国际船舶管理经营者接受船舶所有人或者船舶承租人、船舶经营人的委托，可以经营下列业务：

（一）船舶买卖、租赁以及其他船舶资产管理；

（二）机务、海务和安排维修；

（三）船员招聘、训练和配备；

（四）保证船舶技术状况和正常航行的其他服务。

第四章　外商投资经营国际海上运输及其辅助性业务的特别规定

第三十一条 外商在中国境内投资经营国际海上运输业务以及与国际海上运输相关的辅助性业务，适用本章规定；本章没有规定的，适用本条例其他有关规定。

第三十二条 经国务院交通主管部门批准，外商可以依照有关法律、行政法规以及国家其他有关规定，投资设立中外合资经营企业或者中外合作经营企业，经营国际船舶运输、国际船舶代理、国际船舶管理、国际海运货物装卸、国际海运货物仓储、国际海运集装箱站和堆场业务；并可以投资设立外资企业经营国际海运货物仓储业务。

经营国际船舶运输、国际船舶代理业务的中外合资经营企业，企业中外商的出资比例不得超过49%。

经营国际船舶运输、国际船舶代理业务的中外合作经营企业，企业中外商的投资比例比照适用前款规定。

中外合资国际船舶运输企业和中外合作国际船舶运输企业的董事会主席和总经理，由中外合资、合作双方协商后由中方指定。

第三十三条 经国务院交通主管部门批准，外商可以依照有关法律、行政法规以及国家其他有关规定投资设立中外合资经营企业、中外合作经营企业、外资企业，为其拥有或者经营的船舶提供承揽货物、代签提单、代结运费、代签服务合同等日常业务服务；未在中国境内投资设立中外合资经营企业、中外合作经营企业、外资企业的，上述业务必须委托中国的国际船舶代理经营者办理。

第三十四条 外国国际船舶运输经营者以及外国国际海运辅助企业，经国务院交通主管部门批准，可以依法在中国境内设立常驻代表机构。

外国国际船舶运输经营者以及外国国际海运辅助企业在中国境内设立的常驻代表机构，不得从事经营活动。

第五章 调查与处理

第三十五条 国务院交通主管部门应利害关系人的请求或者自行决定，可以对下列情形实施调查：

（一）经营国际班轮运输业务的国际船舶运输经营者之间订立的涉及中国港口的班轮公会协议、运营协议、运价协议等，可能对公平竞争造成损害的；

（二）经营国际班轮运输业务的国际船舶运输经营者通过协议产生的各类联营体，其服务涉及中国港口某一航线的承运份额，持续1年超过该航线总运量的30%，并可能对公平竞争造成损害的；

（三）有本条例第二十七条规定的行为之一的；

（四）可能损害国际海运市场公平竞争的其他行为。

第三十六条 国务院交通主管部门实施调查，应当会同国务院工商行政管理部门和价格部门（以下统称调查机关）共同进行。

第三十七条 调查机关实施调查，应当成立调查组。调查组成员不少于3人。调查组可以根据需要，聘请有关专家参加工作。

调查组进行调查前，应当将调查目的、调查原因、调查期限等事项通知被调查人。调查期限不得超过1年；必要时，经调查机关批准，可以延长半年。

第三十八条 调查人员进行调查，可以向被调查人以及与其有业务往来的单位和个人了解有关情况，并可查阅、复制有关单证、协议、合同文本、会计账簿、业务函电、电子数据等有关资料。

调查人员进行调查，应当保守被调查人以及与其有业务往来的单位和个人的商业秘密。

第三十九条 被调查人应当接受调查，如实提供有关情况和资料，不得拒绝调查或者隐匿真实情况、谎报情况。

第四十条 调查结束，调查机关应当作出调查结论，书面通知被调查人、利害关系人。

对公平竞争造成损害的，调查机关可以采取责令修改有关协议、限制班轮航班数量、中止运价本或者暂停受理运价备案、责令定期报送有关资料等禁止性、限制性措施。

第四十一条 调查机关在作出采取禁止性、限制性措施的决定前，应当告知当事人有要求举行听证的权利；当事人要求听证的，应当举行听证。

第六章 法律责任

第四十二条 未取得《国际船舶运输经营许可证》，擅自经营国际船舶运输业务的，由国务院交通主管部门或者其授权的地方人民政府交通主管部门责令停止经营；有违法所得的，没收违法所得；违法所得50万元以上的，处违法所得2倍以上5倍以下的罚款；没有违法所得或者违法所得不足50万元的，处20万元以上100万元以下的罚款。

第四十三条 未办理提单登记、交纳保证金，擅自经营无船承运业务的，由国务院交通主管部门或者其授权的地方人民政府交通主管部门责令停止经营；有违法所得的，没收违法所得；违法所得10万元以上的，处违法所得2倍以上5倍以下的罚款；没有违法所得或者违法所得不足10万元的，处5万元以上20万元以下的罚款。

第四十四条 未办理登记手续，擅自经营国际船舶代理业务或者国际船舶管理业务的，由国务院交通主管部门或者其授权的地方人民政府交通主管部门责令停止经营；有违法所得的，没收违法所得；违法所得5万元以上的，处违法所得2倍以上5倍以下的罚款；没有违法所得或者违法所得不足5万元的，处2万元以上10万元以下的罚款。

第四十五条 外国国际船舶运输经营者经营中国港口之间的船舶运输业务，或者利用租用的中国籍船舶和舱位以及用互换舱位等方式经营中国港口之间的船舶运输业务的，由国务院交通主管部门或者其授权的地方人民政府交通主管部门责令停止经营；有违法所得的，没收违法所得；违法所得50万元以上的，处违法所得2倍以上5倍以下的罚款；没有违法所得或者违法所得不足50万元的，处20万元以上100万元以下的罚款。拒不停止经营的，拒绝进港；情节严重的，撤销其国际班轮运输经营资格。

第四十六条 未取得国际班轮运输经营资格，擅自经营国际班轮运输的，由国务院交通主管部门或者其授权的地方人民政府交通主管部门责令停止经营；有违法所得的，没收违法所得；违法所得50万元以上的，处违法所得2倍以上5倍以下的罚款；没有违法所得或者违法所得不足50万元的，处20万元以上100万元以下的罚款。拒不停止经营的，拒绝进港。

第四十七条 国际船舶运输经营者、无船承运业务经营者、国际船舶代理经营者和国际船舶管理经营者将其依法取得的经营资格提供给他人使用的，由国务院交通主管部门或者其授权的地方人民政府交通主管部门责令限期改正；逾期不改正的，撤销其经营资格。

第四十八条 未履行本条例规定的备案手续的，由国务院交通主管部门或者其授权的地方人民政府交通主管部门责令限期补办备案手续；逾期不补办的，处1万元以上5万元以下的罚款，并可以撤销其相应资格。

第四十九条 未履行本条例规定的运价备案手续或者未执行备案运价的，由国务院交通主管部门或者其授权的地方人民政府交通主管部门责令限期改正，并处2万元以上10万元以下的罚款。

第五十条 依据调查结论应当给予行政处罚或者有本条例第二十七条所列违法情形的，由交通主管部门、价格主管部门或者工商行政管理部门依照有关法律、行政法规的规定给予处罚。

第五十一条 国际船舶运输经营者与未办理提单登记并交纳保证金的无船承运业务经营者订立协议运价的，由国务院交通主管部门或者其授权的地方人民政府交通主管部门给予警告，并处2万元以上10万元以下的罚款。

第五十二条 未经国务院交通主管部门批准，外国国际船舶运输经营者以及外国国际海运辅助企业擅自设立常驻代表机构的，由国务院交通主管部门或者其授权的地方人民政府交通主管部门责令限期改正，并处2万元以上10万元以下的罚款。

外国国际船舶运输经营者以及外国国际海运辅助企业常驻代表机构从事经营活动的，由工商行政管理部门责令停止经营活动，并依法给予处罚。

第五十三条 拒绝调查机关及其工作人员依法实施调查，或者隐匿、谎报有关情况和资料的，由国务院交通主管部门或者其授权的地方人民政府交通主管部门责令改正，并处2万元以上10万元以下的罚款。

第五十四条 非法从事进出中国港口的国际海上运输经营活动以及与国际海上运输相关的辅助性经营活动，扰乱国际海上运输市场秩序的，依照刑法关于非法经营罪的规定，依法追究刑事责任。

第五十五条 国务院交通主管部门和有关地方人民政府交通主管部门的工作人员有下列情形之一，造成严重后果，触犯刑律的，依照刑法关于滥用职权罪、玩忽职守罪或者其他罪的规定，依法追究刑事责任；尚不够刑事处罚的，依法给予行政处分：

（一）对符合本条例规定条件的申请者不予审批、许可、登记、备案，或者对不符合本条例规定条件的申请者予以审批、许可、登记、备案的；

（二）对经过审批、许可、登记、备案的国际船舶运输经营者、无船承运业务经营者、国际船舶代理经营者和国际船舶管理经营者不依照本条例的规定实施监督管理，或者发现其不再具备本条例规定的条件而不撤销其相应的经营资格，或者发现其违法行为后不予以查处的；

（三）对监督检查中发现的未依法履行审批、许可、登记、备案的单位和个人擅自从事国际海上运输经营活动以及与国际海上运输相关的辅助性经营活动，不立即予以取缔，或者接到举报后不依法予以处理的。

第七章　附　则

第五十六条 香港特别行政区、澳门特别行政区和台湾地区的投资者在内地投资经营国际海上运输业务以及与国际海上运输相关的辅助性业务，比照适用本条例。

第五十七条 外国国际船舶运输经营者未经国务院交通主管部门批准，不得经营中国内地与香港特别行政区、澳门特别行政区之间的船舶运输业务，不得经营中国内地与台湾地区之间的双向直航和经第三地的船舶运输业务。

第五十八条 内地与香港特别行政区、澳门特别行政区之间的海上运输，由国务院交通主管部门依照本条例制定管理办法。

内地与台湾地区之间的海上运输，依照国家有关规定执行。

第五十九条 任何国家或者地区对中华人民共和国国际海上运输经营者、船舶或者船员采取歧视性的禁止、限制或者其他类似措施的，中华人民共和国政府根据对等原则采取相应措施。

第六十条 本条例施行前已从事国际海上运输经营活动以及与国际海上运输相关的辅助性经营活动的，应当在本条例施行之日起60日内按照本条例的规定补办有关手续。

第六十一条 本条例自2002年1月1日起施行。1990年12月5日国务院发布、1998年4月18日国务院修订发布的《中华人民共和国海上国际集装箱运输管理规定》同时废止。

外商投资国际货物运输代理企业管理规定

中华人民共和国对外贸易经济合作部令

2001年　第31号

《外商投资国际货物运输代理企业管理规定》已经对外贸易经济合作部第10次部长办公会议通过，现予公布，自2002年1月1日起施行。

部长　石广生

2001年12月19日

第一条 为促进中国国际货运代理业的健康发展，规范外商投资国际货物运输代理企业的设立及经营行为，根据国家有关外商投资企业的法律、法规和《中华人民共和国国际货物运输代理业管理规定》，制定本规定。

第二条 本规定所称的外商投资国际货物运输代理企业是指境外的投资者以中外合资、中外合作以及外商独资形式设立的接受进出口货物收货人、发货人的委托，以委托人的名义或者以自己的名义，为委托人办理国际货物运输及相关业务并收取服务报酬的外商投资企业（以下称“外商投资国际货运代理企业”）。

第三条 中华人民共和国对外贸易经济合作部（以下简称“外经贸部”）及其授权机构是外商投资国际货运代理企业的审批和管理机关。

第四条 外国投资者可以合资、合作、外商独资方式在中国境内设立外商投资国际货运代理企业。

设立外商控股的中外合资、中外合作的国际货运代理企业和外商独资的国际货运代理企业申请的具体受理时间由国务院对外经济贸易行政主管部门另行公布。在此之前，外商投资设立中外合资、中外合作的国际货运代理企业中国合营者的出资比例不应低于50%。

第五条 申请设立外商投资国际货运代理企业的中外合营者必须具备如下条件：

（一）中方中至少有一家是从事国际货运代理业务1年以上的国际货运代理企业，或者是获得进出口经营权1年以上的企业，或者是从事相关的交通运输或仓储业务1年以上的企业，符合上述条件的中方合营者在中方中应为第一大股东；

（二）外国合营者至少有一家是经营国际货运代理业务3年以上的企业，符合上述条件的外方合营者在外方中应为第一大股东；

（三）中外合营者在申请之日前3年内没有违反行业规定的行为。

第六条 码头港口机场等可能对货运代理行为带来不公平竞争行为的企业不能作为合营方。

第七条 同一个外国合营者（包括其关联企业）在中国境内投资设立国际货运代理企业经营不满2年，不得投资设立第二家国际货运代理企业。

第八条 设立外商投资国际货运代理企业必须符合如下要求：

（一）注册资本最低限额为100万美元；

（二）具有至少5名从事国际货运代理业务3年以上的业务人员；

（三）有固定的营业场所；

（四）有必要的通讯、运输、装卸、包装等营业设施。

第九条 经批准，外商投资国际货运代理企业可经营下列部分或全部业务：

（一）订舱（租船、包机、包舱）、托运、仓储、包装；

（二）货物的监装、监卸、集装箱拼装拆箱、分拨、中转及相关的短途运输服务；

（三）报关、报验、报检、保险；

（四）缮制有关单证、交付运费、结算及交付杂费；

（五）国际展品、私人物品及过境货物运输代理；

（六）国际多式联运、集运（含集装箱拼箱）；

（七）国际快递（不含私人信函）；

（八）咨询及其他国际货运代理业务。

申请国际快递业务的除符合一般性要求外，其主要合营方中必须具有从事国际快递业务的资质；

申请从事国际多式联运业务的外商投资国际货运代理企业，除符合一般性要求外，还应具备下列条件：

（一）从事国际货运代理业务三年以上；

（二）具有相应的国内外代理网络；

（三）拥有在外经贸部登记备案的国际货运代理提单。

第十条 设立外商投资国际货运代理企业应按国家现行的有关外商投资企业的法律、法规所规定的程序，向外经贸部提出申请，由外经贸部及其授权部门审核并批准企业的设立并颁发《外商投资企业批准证书》和《国际货运代理企业批准证书》。设立外商投资国际货运代理企业需提供如下文件：

（一）申请书；

（二）可行性研究报告；

（三）合同、章程；

（四）董事会成员及主要管理人员名单及简历；

（五）工商部门出具的企业名称预核准通知书；

（六）投资者所在国或地区的法律证明文件及资信证明文件；

（七）主要投资方的资质证明；

（八）企业营业场所证明；

（九）审批机关要求提供的其他文件。

第十一条 外商投资国际货运代理企业的经营期限一般不超过20年。

第十二条 外商投资国际货运代理企业正式开业满一年且合营各方出资已全部到位后，可申请在国内其他地方设立分公司。分公司的经营范围应在其总公司的经营范围之内，由总公司承担连带责任。外商投资国际货运代理企业每设立一个从事国际货物运输代理业务的分公司，应增加注册资本12万美元，对以虚假出资、抽逃注册资本等违规行为骗取审批机关批准设立分公司的，除按相关法规予以处罚外，审批机关将撤销其分公司的《国际货运代理企业批准证书》。

申请设立分公司的，应向外经贸部提出申请，由外经贸部或其授权部门在征得拟设立分公司所在地外经贸部门同意意见后批准。外商投资国际货运代理企业设立分公司需提供以下文件：

（一）拟设立分公司所在地外经贸部门的同意意见函；

（二）董事会关于设立分公司和增资的决议；

（三）有关增资事项对合营合同、章程的修改协议；

（四）企业经营情况报告及设立分公司的理由和可行性分析；

（五）企业验资报告；

（六）分公司的从业人员及营业场所证明材料；

（七）审批机关要求提供的其他文件。

第十三条 外商投资国际货运代理企业应严格遵守国家外商投资方面的有关法律、法规以及《中华人民共和国国际货物运输代理业管理规定》及其实施细则等行业法规，对其违法、违规行为将依照相应法律、法规予以相应处罚。

第十四条 鼓励外商投资国际货运代理企业参加中国国际货代协会、中国外商投资企业协会等民间团体及同业行会，自觉接受同业监督和指导。

第十五条 香港、澳门、台湾地区的公司、企业在大陆投资设立国际货运代理企业，参照本办法办理。

第十六条 本规定自2002年1月1日起施行。外经贸部于1996年9月9日颁布的《外商投资国际货运代理企业审批规定》同时作废。

外商投资道路运输业管理规定

中华人民共和国交通部
中华人民共和国对外贸易经济合作部 **令**

2001年 第9号

现公布《外商投资道路运输业管理规定》，自公布之日起施行。

交通部部长
黄镇东

对外贸易经济合作部部长
石广生
2001年11月20日

第一条 为促进道路运输业的对外开放和健康发展，规范外商投资道路运输业的审批管理，根据《中华人民共和国中外合资经营企业法》、《中华人民共和国中外合作经营企业法》、《中华人民共和国外资企业法》以及有关法律、行政法规的规定，制定本规定。

第二条 外商在中华人民共和国境内投资道路运输业适用本规定。

本规定所称道路运输业包括道路旅客运输、道路货物运输、道路货物搬运装卸、道路货物仓储和其他与道路运输相关的辅助性服务及车辆维修。

第三条 允许外商采用以下形式投资经营道路运输业：

（一）采用中外合资形式投资经营道路旅客运输；

（二）采用中外合资、中外合作形式投资经营道路货物运输、道路货物搬运装卸、道路货物仓储和其他与道路运输相关的辅助性服务及车辆维修；

（三）采用独资形式投资经营道路货物运输、道路货物搬运装卸、道路货物仓储和其他与道路运输相关的辅助性服务及车辆维修。

本条第（三）项所列道路运输业务对外开放时间由国务院对外贸易经济主管部门和交通主管部门另行公布。

第四条 外商投资道路运输业的立项及相关事项应当经国务院交通主管部门批准。

外商投资设立道路运输企业的合同和章程应当经国务院对外贸易经济主管部门批准。

第五条 外商投资道路运输业应当符合国务院交通主管部门制定的道路运输发展政策和企业资质条件，并符合拟设立外商投资道路运输企业所在地的交通主管部门制定的道路运输业发展规划的要求。

投资各方应当以自有资产投资并具有良好的信誉。

第六条 外商投资从事道路旅客运输业务，还应当符合以下条件：

（一）主要投资者中至少一方必须是在中国境内从事5年以上道路旅客运输业务的企业；

（二）外资股份比例不得多于49%；

（三）企业注册资本的50%用于客运基础设施的建设与改造；

（四）投放的车辆应当是中级及以上的客车。

第七条 设立外商投资道路运输企业，应当向拟设企业所在地的市（设区的市，下同）级交通主管部门提出立项申请，并提交以下材料：

（一）申请书，内容包括投资总额、注册资本和经营范围、规模、期限等；

（二）项目建议书；

（三）投资者的法律证明文件；

（四）投资者资信证明；

（五）投资者以土地使用权、设施和设备等投资的，应提供有效的资产评估证明；

（六）审批机关要求的其他材料。

拟设立中外合资、中外合作企业，除应当提交上述材料以外，还应当提交合作意向书。

提交的外文资料须同时附中文翻译件。

第八条 外商投资企业扩大经营范围从事道路运输业，外商投资道路运输企业扩大经营范围或者扩大经营规模超出原核定标准的，外商投资道路运输企业拟合并、分立、迁移和变更投资主体、注册资本、投资股比，应由该企业向其所在地的市级交通主管部门提出变更申请并提交以下材料：

（一）申请书；

（二）企业法人营业执照复印件；

（三）外商投资企业批准证书复印件；

（四）外商投资企业立项批件复印件；

（五）资信证明。

第九条 交通主管部门按下列程序对外商投资道路运输业立项和变更申请进行审核和审批：

（一）市级交通主管部门自收到申请材料之日起15个工作日内，依据本规定提出初审意见，并将初审意见和申请材料报省级交通主管部门；

（二）省级交通主管部门自收到上报材料之日起15个工作日内，依据本规定提出审核意见，并将审核意见和申请材料报国务院交通主管部门审批；

（三）国务院交通主管部门自收到前项材料之日起30个工作日内，对申请材料进行审核。符合规定的，颁发立项批件或者变更批件；不符合规定的，退回申请，书面通知申请人并说明理由。

第十条 申请人收到批件后，应当在30日内持批件和以下材料向省级对外贸易经济主管部门申请颁发或者变更外商投资企业批准证书：

（一）申请书；

（二）可行性研究报告；

（三）合同、章程（外商独资道路运输企业只需提供章程）；

（四）董事会成员及主要管理人员名单及简历；

（五）工商行政管理部门出具的企业名称预核准通知书；

（六）投资者所在国或地区的法律证明文件及资信证明文件；

（七）审批机关要求的其他材料。

第十一条 省级对外贸易经济主管部门对上述材料初审后，将申请材料和初审意见报国务院对外贸易经济主管部门或者其授权部门。国务院对外贸易经济主管部门或者其授权部门收到申请材料后，在45日内作出是否批准的书面决定，符合规定的，颁发或者变更外商投资企业批准证书；不符合规定的，退回申请，书面通知申请人并说明理由。

第十二条 申请人在收到外商投资企业批准证书后，应当在30日内持立项批件和批准证书向拟设立企业所在地省级交通主管部门申请领取道路运输经营许可证，并依法办理工商登记后，方可按核定的经营范围从事道路运输经营活动。

第十三条 申请人收到变更的外商投资企业批准证书后，应当在30日内持变更批件、变更的外商投资企业批准证书和其他相关的申请材料向省级交通主管部门和工商行政管理部门办理相应的变更手续。

第十四条 申请人在办理完有关手续后，应将企业法人营业执照、外商投资企业批准证书以及道路运输经营许可证影印件报国务院交通主管部门备案。

第十五条 取得外商投资道路运输业立项批件后18个月内未完成工商注册登记手续的，立项批件自行失效。

第十六条 外商投资道路运输企业的经营期限一般不超过12年。但投资额中有50%以上的资金用于客货运输站场基础设施建设的，经营期限可为20年。

经营业务符合道路运输产业政策和发展规划，并且经营资质（质量信誉）考核合格的外商投资道路运输企业，经原审批机关批准，可以申请延长经营期限，每次延长的经营期限不超过20年。

第十七条 申请延长经营期限的外商投资道路运输企业，应当在经营期满6个月前向企业所在地的省级交通主管部门提出申请，并上报企业经营资质（质量信誉）考核记录等有关材料，由省级交通主管部门审核后，报国务院交通主管部门，由国务院交通主管部门商对外贸易经济主管部门后批复。

第十八条 外商投资道路运输企业停业、歇业或终止，应当及时到国务院交通主管部门、对外贸易经济主管部门或其授权部门和工商行政管理部门办理相关手续。

第十九条 香港特别行政区、澳门特别行政区和台湾省的投资者以及海外华侨在中国内地投资道路运输业参照适用本规定。

第二十条 本规定自公布之日起施行。交通部1993年颁布的《中华人民共和国交通部外商投资道路运输业立项审批暂行规定》（交运发［1993］1178号）同时废止。

国家外汇管理局关于国际海运业外汇收支管理有关问题的通知

汇发［2001］58号

国家外汇管理局各分局，北京、重庆外汇管理部，大连、青岛、宁波、厦门、深圳分局，各外汇指定银行：

为了促进国际海运业的进一步发展，规范国际海运业外汇收支管理，经与交通部、外经贸部等部门协商，现就国际海运项下购付汇及外汇账户管理有关问题通知如下：

一、国际贸易项下的海运运费及相关费用必须由经外经贸部门批准有进出口经营权的企业（以下简称货主），从其外汇账户中或到外汇指定银行购汇支付境内经交通部门批准从事国际船舶代理业务的国际船舶代理公司（以下简称船代公司），或者经交通部门批准从事国际货物运输业务的国际船舶运输公司（以下简称船运公司），或者境内外商独资船务公司。货主可委托经外经贸部门批准从事国际货物运输代理业务的国际货物运输代理公司（以下简称货代公司）代其交付运费。

货主不得直接向境外运输企业支付国际贸易项下海运运费及相关费用。凡境外船运公司在我国境内获得的海运运费和相关收入，须委托境内船代公司或境内外商独资船务公司依照《外国公司船舶运输收入征税办法》的规定办理相关手续后，方可办理汇出手续。

二、货主向境内的货代公司、船代公司、船运公司和外商独资船务公司支付国际贸易项下的国际海运运费及相关费用时，应当持下列凭证和文件向外汇指定银行申请，从其外汇账户中支付或者购汇支付。外汇指定银行审核无误后，方可办理购付汇手续，并留存国际运输业专用发票购付汇联正本五年备查。

（一）进口合同或出口合同；

（二）国际运输业专用发票（购付汇联，见附件，略）。

国际运输业专用发票是指国家税务总局、交通部《关于实施国际海运业专用发票有关问题的通知》（国税发［2000］9号）规定的“国际海运业运输专用发票”、“国际海运业船舶代理专用发票”，以及国家税务总局和对外贸易经济合作部《关于〈国际货物运输代理业专用发票〉增加购付汇联的通知》（国税函［2001］155号）规定的“国际货物运输代理业专用发票”。

三、货代公司可凭“国际海运业船舶代理专用发票”办理向境内船代公司划转国际海运运费及相关费用手续；货代公司和船代公司可凭“国际海运业运输专用发票”办理向境内的船运公司或外商独资船务公司划转国际海运运费和相关费用手续。货代公司及船代公司均不得购汇支付国际海运运费和相关费用。

四、船运公司向境外支付国际运输项下的港口费用、燃料费等运输相关费用时，应当凭发票或支付清单等相关凭证，从其外汇账户中支付，不得购汇支付。

五、经国家外汇管理局或其分支局（以下简称外汇局）批准，货代公司、船代公司、船运公司可开立国际海运专用外汇账户。

六、货代公司和船代公司开立的国际海运专用外汇账户，其收入范围为境内货主、货代公司、船代公司支付的国际海运运费及相关费用，以及来源于境外的国际海运运费及相关费用；支出范围为向境外支付国际海运运费及相关费用，以及向境内的货代公司、船代公司、船运公司和外商独资船务公司划转的国际海运运费及相关费用。

七、船运公司开立的国际海运专用外汇账户，收入范围为境内货主、货代公司、船代公司支付的国际海运运费及相关费用，以及来源于境外的国际海运运费及相关费用；支出范围为向境外支付港口费用、燃料费等相关费用。

八、货代公司、船代公司、船运公司开立国际海运专用外汇账户，按照《境内外汇账户管理规定》第二章相关规定办理。

九、货代公司、船代公司、船运公司开立国际海运专用外汇账户时，由外汇局按照上年度月平均用汇量的3倍核定账户的最高限额，并在《外汇账户使用证》注明。对于新设立的货代公司、船代公司、船运公司可以比照同等规模的同类企业核定账户最高限额。外汇局按年度对账户最高限额进行调整。

十、外商独资船务公司的外汇账户的开立、使用及最高限额核定按照《境内外汇账户管理规定》及其他规定中有关外商投资企业外汇账户的管理规定办理。

十一、货代公司、船代公司、船运公司、外商独资船务公司外汇收入超过外汇账户最高限额的，应当在5个工作日内办理结汇，逾期不办理的，开户银行应当抄报所在地外汇局，由外汇局责令结汇。

十二、外汇局联合外经贸部门和交通管理部门按年度对境内的货代公司、船代公司、船运公司的外汇收支、结汇、售汇及开户情况进行检查。对违反外汇管理有关规定的，外汇局根据《外汇管理条例》及其他规定进行处罚。

十三、外汇指定银行和开户金融机构应当按照本通知规定及其他外汇管理规定，为货代公司、船代公司、船运公司、外商独资船务公司和货主办理外汇收支、结汇、售汇及开户手续。对违反规定的，由外汇局根据《外汇管理条例》及其他规定进行处罚。

十四、本通知自2001年6月1日起开始施行。以前规定与本通知规定相抵触的，按本通知执行。

请在收到本通知后，各分局尽快转发所辖分支局、外资银行和相关单位，各中资外汇指定银行总行尽快转发所辖分支行。执行中如遇问题，请及时向国家外汇管理局反馈。

附件：国际运输业专用发票购付汇联（略）

国家外汇管理局
2001年4月28日

交通部　国家计委
关于调整外贸港口收费规定和标准的通知

各省、自治区、直辖市交通厅（局、委）、计委、物价局，长江、珠江航务管理局，各对外开放港口，各外轮代理公司：

为促进我国对外贸易和集装箱运输的发展，充分发挥沿海大港的枢纽作用，提高港口综合竞争能力，参照国际惯例并结合我国港口的实际情况，决定对外贸港口收费的规定和标准进行适当调整。现将有关事项通知如下：

一、取消《中华人民共和国交通部港口收费规则（外贸部分）》（交通部令1997年第3号，以下简称《外贸费规》）第五十九条关于对近洋航线船舶、货物和集装箱加收20%近洋航线附加费的规定。

二、各港对到港的外贸班轮，不应再与船公司签订装卸速遣协议和收取速遣费；对其他外贸船舶和非集装箱货物在港口作业，可根据国家有关规定，在协商自愿的基础上与船公司或货主签订速遣滞期协议。

三、集装箱装卸包干费在现行《外贸费规》规定标准的基础上提高15%。上海港外高桥集装箱码头合资公司成立后，其装卸费按照国务院《关于中外合资建设码头优惠待遇的暂行规定》（国发［1985］118号）的有关规定执行。

四、拖轮费在现行《外贸费规》规定标准的基础上提高5%。

五、码头、浮筒的生产性停泊费在现行《外贸费规》规定标准的基础上提高15%。

六、各港可根据本港实际情况，对船公司在该港发生的船舶费用（指引航费、移泊费、引航员滞留费、系解缆费、停泊费、拖轮费）和集装箱装卸包干费按《外贸费规》规定的费率给予优惠。具体优惠水平由港航双方协商确定，报交通部、国家计委和当地省级价格主管部门备案。

七、按上述原则修订的《外贸费规》由交通部另行颁布。

以上规定自2002年1月1日起执行。交通部《关于颁发（外贸船舶在中国港口装卸速遣工作管理办法）的通知》（［86］交海字178号）和交通部、国家计委《关于对外贸船舶及货物港口收费实行优惠的通知》（交水发［2000］84号）中的一、二条规定同时废止。

交　通　部
国家发展计划委员会
2001年9月22日

中华人民共和国海关关于境内公路承运海关监管货物的运输企业及其车辆、驾驶员的管理办法

中华人民共和国海关总署令

第88号

《中华人民共和国海关关于境内公路承运海关监管货物的运输企业及其车辆、驾驶员的管理办法》已经海关总署2001年9月3日办公会讨论通过，现予发布，自2001年10月15日起实施。本署发布的原《中华人民共和国海关关于在广东地区载运海关监管货物的境内汽车运输企业及其车辆的管理办法》（署监［2001］19号）、《中华人民共和国海关对境内汽车载运海关监管货物的管理办法》（［88］署货字第6号）、《中华人民共和国海关总署关于对〈中华人民共和国海关对境内汽车载运海关监管货物的管理办法〉适用范围问题的批复》（署监一［1990］958号）、《关于转发〈来往港澳货运汽车分流管理工作会议纪要〉的通知》（［90］署监一第345号）同时废止。

署长　牟新生

2001年9月27日

第一章　总　　则

第一条　为加强对承运海关监管货物的境内运输企业及其车辆、驾驶员的管理，根据《中华人民共和国海关法》（下称《海关法》）及其他相关法规，制定本办法。

第二条　本办法所指的境内运输企业、车辆、驾驶员，是指依据本办法经海关注册登记，在境内从事海关监管货物运输的企业、车辆、驾驶员。

第三条　运输企业、车辆、驾驶员，需向企业所在关区的直属海关申请办理注册登记手续。

第四条　海关对运输企业、车辆、驾驶员的注册登记资料实行计算机联网管理的，数据资料共享，不再办理异地备案手续。

第二章　注册登记

第五条　承运海关监管货物的运输企业，应当具备以下资格条件：

（一）从事货物运输业务1年以上，注册资金不低于200万元人民币；

（二）按照《海关法》第六十七、六十八条规定，有具有履行海关事务担保能力的法人、其他组织或者公民提供的担保；

（三）企业财务制度和账册管理符合国家有关规定；

（四）企业资信良好，在从事运输业务中没有违法前科。

第六条　运输企业办理注册登记时，应当向海关提交下列文件：

（一）《承运海关监管货物境内运输企业注册登记申请表》（见附件1）；

（二）工商行政管理部门核发的《营业执照》复印件；

（三）交通运输管理部门核发的《道路运输经营许可证》复印件；

（四）交通行政管理部门批准运输企业成立的批准文件副本；

（五）技术监督部门核发的《中华人民共和国组织机构代码证》（下称《组织机构代码证》）复印件。

提交本条（二）、（三）、（五）项文件时，还应同时出示原件供海关审核。

第七条　海关对运输企业的资格条件及递交的有关证件进行审核，合格的，颁发《境内公路运输企业载运海关监管货物注册登记证书》（见附件4，以下简称《注册登记证书》）。

第八条　承运海关监管货物的车辆应为厢式货车或集装箱拖头车，经海关批准也可以为散装货车。上述车辆应当具备以下条件：

（一）用于承运海关监管货物的车辆，必须为运输企业的自有车辆，其《机动车辆行驶证》的车主列名必须与所属运输企业名称一致；

（二）厢式货车的厢体必须与车架固定一体，厢体必须为金属结构，无暗格，无隔断，具有施封条件，车厢连接

的螺丝均须焊死，车厢两车门之间须以钢板相卡，保证施封后无法开启；

有特殊需要，需加开侧门的，须经海关批准，并符合海关监管要求；

（三）集装箱拖头车必须承运符合国际标准的集装箱；

（四）散装货车只能承运不具备加封条件的大宗散装货物，如矿砂、粮食及超大型机械设备等；

（五）从事特种货物运输的车辆须递交主管部门的批准证件。

第九条 办理车辆注册登记时，应当向海关提交下列文件：

（一）《承运海关监管货物境内运输车辆注册登记申请表》（见附件2）；

（二）公安交通管理部门核发的《机动车行驶证》复印件；

（三）运载危险品的车辆需提交公安消防部门核发的《易燃易爆化学物品准运证》复印件；

（四）车辆彩色照片2张（要求：前方左侧面45°，4×3寸；能清楚显示车牌号码；车头及车厢侧面喷写企业名称）。

提交本条（二）、（三）项文件时，还应同时出示原件供海关审核。

第十条 海关对车辆监管条件及相关文件进行审核，合格的，颁发《中华人民共和国境内汽车载运海关监管货物车辆准载证》（见附件6，以下简称《准载证》）、《中华人民共和国海关境内汽车载运海关监管货物载货登记簿》（见附件7，以下简称《汽车载货登记簿》）。

第十一条 承运海关监管货物的驾驶员应当具备以下资格条件：

（一）具有中华人民共和国居民身份证；

（二）为运输企业职工；

（三）没有违法犯罪前科；

（四）遵守海关的有关管理规定。

第十二条 驾驶员办理注册登记时，应当向海关提交以下文件：

（一）《承运海关监管货物境内运输车辆驾驶员注册登记申请表》（见附件3）；

（二）驾驶员的国内居民身份证、《机动车驾驶员驾驶证》复印件；

（三）驾驶员彩色近照2张（规格：大1寸、免冠、红底）。

提交本条（二）项文件时，还应同时出示原件供海关审核。

第十三条 经海关审核合格的驾驶员，参加注册地海关组织的业务培训，培训合格后颁发《中华人民共和国境内汽车司机载运海关监管货物资格证》（见附件5，以下简称《资格证》）。

第十四条 《注册登记证书》、《汽车载货登记簿》、《准载证》、《资格证》需更新的，可凭原件向注册地海关申请换发新证、簿；如上述证、簿损毁、遗失或被盗的，经注册地海关审核情况属实的，予以补发。

第十五条 运输企业、车辆、驾驶员年审工作于每年5月底前完成，海关按以上所规定的资格条件进行年审。

第十六条 运输企业、车辆、驾驶员不再从事海关监管货物运输业务的，应向注册地海关交回《注册登记证书》、《汽车载货登记簿》、《准载证》、《资格证》，办理手续。

第十七条 车辆更换（包括更换车辆、更换发动机、更换车辆牌照号码）、改装车体等，应按本办法规定重新办理注册登记手续。

第三章 海关监管

第十八条 驾驶员在从事海关监管货物运输时，应出示《准载证》、《资格证》，如实填报交验《汽车载货登记簿》；货物运抵目的地后，必须向目的地海关办理《汽车载货登记簿》的核销手续。

第十九条 驾驶员应将承运的海关监管货物完整、及时地运抵指定的监管场所，并确保海关封志完好无损，未经海关许可，不得开拆。

第二十条 《汽车载货登记簿》和《准载证》由车辆固定使用；《资格证》由驾驶员本人使用，不得转借或转让他人。

第二十一条 实施卫星定位管理的车辆，卫星定位管理系统配套使用的身份证（IC）卡与《汽车载货登记簿》具有同等效力。

第二十二条 运输企业、驾驶员应妥善保管海关核发的有关证、簿，不得转借、涂改、故意损毁。

第二十三条 承运海关监管货物的车辆应按海关指定的路线和要求行驶，并在海关规定的时限内运抵目的地海关。不得擅自改变路线、在中途停留并装卸货物。

第二十四条 遇特殊情况，车辆在运输途中出现故障，需换装其他运输工具时，应立即通知附近海关，在海关监管下换装，附近海关负责及时将换装情况通知货物出发地和目的地海关。

第二十五条 海关监管货物在运输途中发生丢失、短少或损坏等情事的，除不可抗力外，运输企业应当承担相应的纳税义务及其他法律责任。

第四章 法律责任

第二十六条 运输企业、驾驶员发生走私违规情事的，由海关按《中华人民共和国海关法》和《中华人民共和国海关法行政处罚实施细则》的有关规定进行处罚。构成犯罪的，依法追究刑事责任。

第二十七条 运输企业、驾驶员，有下列情形之一的，由海关责令改正，可以给予警告：

（一）承运海关监管货物的车辆不按照海关指定的路线或范围行进的；

（二）承运海关监管货物的车辆到达或者驶离设立海关的地点，未按照规定向海关如实填报交验《汽车载货登记簿》或者办理核销手续的；

（三）承运海关监管货物的车辆在运输途中出现故障，不能继续行驶，需换装其他运输工具时，驾驶员或其所属企业不向附近海关或货物主管海关报明情况而无正当理由的；

（四）不按照规定接受海关对车辆及其所载货物进行查验的；

（五）遗失、损毁、涂改、转借海关核发的《载货登记簿》、《准载证》、《资格证》，妨碍海关监管工作或者影响办理海关有关手续的；

（六）未经海关许可，擅自更换车辆（车辆发动机、车牌号码）、驾驶员；改装车厢、车体的；

（七）运输企业出让其名义供他人承运海关监管货物的。

第二十八条 运输企业、驾驶员，有下列情形之一的，可以给予警告、暂停其6个月以内从事有关业务或者执业：

（一）有走私行为的；

（二）1年内有3次以上重大违反海关监管规定行为的；

（三）管理不善致使保管的海关监管货物多次发生损坏或者丢失的；

（四）未经海关许可，擅自开启或损毁海关加施于车辆的封志的；

（五）未经海关许可，对所承运的海关监管货物进行开拆、调换、改装、留置、转让、更换标志、移作他用或进行其他处理的；

（六）有其他需要暂停从事有关业务或者执业情形的。

第二十九条 运输企业、驾驶员，有下列情形之一的，海关可以撤销其注册登记或者取消其从事有关业务或者执业资格：

（一）构成走私犯罪被司法机关依法处理的；

（二）1年内有2次以上走私行为的；

（三）管理不严，1年内3人次以上被海关暂停执业、取消从业资格的；

（四）因违反规定被海关暂停从事有关业务或者执业，恢复从事有关业务或者执业后1年内再次发生违反本办法规定的暂停从事有关业务或者执业情形的；

（五）有其他需要撤销其注册登记或者取消从业资格情形的。

第三十条 对逾期不办理年审或年审不合格的运输企业、车辆、驾驶员，海关暂停其办理承运海关监管货物的手续；逾期3个月未年审的，海关视其自动放弃承运海关监管货物资格，并予注销，收回有关证件。

第三十一条 运输企业被工商行政管理部门吊销营业执照或被交通运输管理部门取消道路货物运输资格的，海关注销其承运海关监管货物运输资格。

第五章 附 则

第三十二条 生产型企业自有车辆及其驾驶员，需承运本企业海关监管货物的，按照本办法注册管理。

第三十三条 承运过境货物境内段公路运输的境内运输企业及其车辆、驾驶员，比照本办法管理。

第三十四条 本办法由海关总署负责解释。

第三十五条 本办法自2001年10月15日起实施。原《中华人民共和国海关关于在广东地区载运海关监管货物的境内汽车运输企业及其车辆的管理办法》（署监［2001］19号）、《中华人民共和国海关对境内汽车载运海关监管货物的管理办法》（［88］署货字第6号）、《中华人民共和国海关总署关于对〈中华人民共和国海关对境内汽车载运海关监管货物的管理办法〉适用范围问题的批复》（署监一［1990］958号）、《关于转发〈来往港澳货运汽车分流管理工作会议纪要〉的通知》（［90］署监一第345号）同时废止。

附件：略

国家税务总局 国家外汇管理局关于加强外国公司船舶运输收入税收管理及国际海运业对外支付管理的通知

国税发［2001］139号

各省、自治区、直辖市和计划单列市国家税务局、地方税务局；国家外汇管理局各省、自治区、直辖市分局，外汇管理部、深圳、大连、青岛、厦门、宁波分局，各外汇指定银行：

为了贯彻实施国务院批准的《外国公司船舶运输收入征税办法》（财税字［1996］087号，以下简称《办法》），进一步加强和完善外国公司船舶运输收入的税收管理以及国际海运业对外支付管理，根据我国税收法律法规和外汇管理的有关规定，现通知如下：

一、《办法》第三条所称应纳税款的扣缴义务人是指按照国家有关规定，负责向《办法》第三条所称的纳税人（以下简称“纳税人”）直接或间接支付运费的单位或个人

(以下简称“扣缴义务人”),包括外商独资船务公司、国际船舶代理公司、国际货运代理公司、以及其他对外支付国际海运运费的单位或个人。

扣缴义务人应按照我国法律法规的有关规定履行代扣代缴、代收代缴税款的义务。

二、扣缴义务人在每次对外支付运费前,以对外支付运费总额为应纳税收入总额,按照《办法》第四条规定的综合计征率,直接从纳税人的运费总额中代扣应纳税款,并按照有关规定分别向当地主管国家税务局报送《中华人民共和国国家税务总局代扣代缴外国公司船舶运输收入所得税报告表》,向地方税务局报送《中华人民共和国国家税务总局代扣代缴外国公司船舶运输收入营业税报告表》。如主管税务机关无特别要求,可不再报送《办法》第九条所规定报送的报表。

三、扣缴义务人在国际贸易出口项下向纳税人支付运费时,可以凭合同或协议、境外船运公司发票和提单(或副本),提交当地主管税务机关出具的企业所得税、营业税完税凭证,或者《中华人民共和国国家税务总局外国公司船舶运输收入免征企业所得税证明表》(以下简称《免征所得税证明表》)和《中华人民共和国国家税务总局外国公司船舶运输收入免征营业税证明表》(以下简称《免征营业税证明表》),经外汇指定银行真实性审核后,直接从其有关外汇账户向境外支付。不能按要求提供税务凭证或免税证明的、不得对外付汇。

在国际贸易进口项下对外支付海运运费,无须提供税务凭证或证明。

四、按照我国同其他国家缔结的避免双重征税协定、互免海运企业国际运输收入协定、海运协定以及其他有关协议或者换文,纳税人可以享受减税或者免税待遇的,须自行或委托其扣缴义务人分别向当地主管国家税务局填报《免征所得税证明表》,向当地主管地方税务局填报《免征营业税证明表》。

当地主管税务机关根据纳税人提供的由缔约国税务主管当局出具的居民身份证明、或者由缔约国航运主管部门出具的法人证明文件、或者能够证明纳税人居民身份的其他有效证件、审核确认后,发给该纳税人或其扣缴义务人《免征所得税证明表》或《免征营业税证明表》。证明表自主管税务机关签发之日起三年内有效。如果纳税人在三年内居民身份变更,或所持证明表三年期满后仍需享受免税待遇的,须向主管税务机关重新申请免税。

未申请免税或不能提供有关证明文件的,不得享受免税待遇。

纳税人不能及时提交免税证明的,可先按规定征税,待补交证明后办理退税。

五、纳税人以船舶从中国港口运载旅客、货物或者邮件出境,不通过境内单位或个人支付运费,而是在境外向境外付款人直接收取运费的,应在船舶离境港口所在地的国家税务局和地方税务局自行申报纳税。境内单位或个人在为纳税人办理有关业务时,得知上述在境外收取运费的情况后,应当及时向当地国家税务局和地方税务局填报《外国公司境外收取船舶运输收入情况报告表》,报告纳税人在中国经营运输业务的有关情况。纳税人未及时申报纳税、境内单位或个人知情不报的,应当按照税收法律法规的有关规定予以处罚。

如果纳税人在一个纳税年度内未申报汇达税款,也未申请协定免税待遇的,当地国家税务局和地方税务局应及时将该纳税人的有关情况层报国家税务总局。

六、各地税务机关可依照《国家税务局关于调整外轮代理分公司代征代缴税款提取手续费比例的通知》(国税函发［1990］380号)的有关规定,向扣缴义务人支付代扣代缴手续费。

七、自本通知发布之日起,按照有关规定能够享受免税待遇的纳税人,可以自行在港口所在地、或者委托扣缴义务人在扣缴义务人所在地的县以上主管税务机关办理免税证明。

八、违反上述规定的,依照《中华人民共和国税收征收管理法》及有关规定和国家外汇管理的有关规定,予以处罚。

各地税务机关为纳税人办理船舶运输收入免税证明后,须将纳税人有关情况层报国家税务总局备案。国家税务总局根据各地上报情况,将联合国家外汇管理局等有关管理部门不定期发布享受免税待遇的外国公司名单。

扣缴义务人向列入免税名单的纳税人支付运费,可以向外汇指定银行提供免税证明的复印件。

九、本通知自2002年5月1日起执行。

国家税务总局
国家外汇管理局
2001年12月4日

中国对外经济贸易年鉴

2

统计

Yearbook of China's Foreign Economic Relations and Trade

Statistics

中国对外贸易中心

CHINA FOREIGN TRADE CENTRE

中国对外贸易中心主任：胡楚生
China Foreign Trade Centre Director: Mr. Hu Chu-sheng

中国对外贸易中心是对外贸易经济合作部的直属事业单位，全面负责中国出口商品交易会（简称广交会）的组织管理和承办工作。广交会于1957年创办至今一直以服务中国外贸为己任，以洽谈成交为中心，参展和成交规模不断扩大，45年来，广交会的展场建筑面积由9000平方米发展到17万平方米，每届参展企业由数百家增加到4千多家，展品种类由1.2万种增加到10万多种，到会客商由1223人增加到11万人以上，出口成交额由1754万美元增加到第89届的158亿美元，每年两届广交会的出口成交额约占我国一般贸易年出口总额的三分之一。截止第90届，广交会累计到会客商超过250万人，出口成交3200多亿美元，从第91届广交会开始，实行一届两期改革，展场使用面积达到31万平方米，参展企业达到8000多家，到会客商120576人，洽谈成交168.5亿美元，双双刷新历史最高纪录。

中心下设企业集团－－中国对外贸易中心（集团），主要经营各种形式的来华展览、出国（境）展览和国内展览；经营广告、旅游、进出口贸易、宾馆、餐饮等业务。在外经贸部发布的“中国进出口总额最大的500家企业”中多次榜上有名；在国家财政部公布的1997年度中央经贸企业经济效益综合评比中排名第二；1999年作为为扩大出口做出积极贡献的15个地区及25家中央企业之一，受到外经贸部的通报表彰。

China Foreign Trade Centre, a subsidiary of the Ministry of Foreign Trade and Economic Cooperation, is in charge of operating Chinese Export Commodities Fair (also known as Canton Fair).Ever since its establishment in 1957, the Canton Fair has promoted Chinese foreign trade by displaying best Chinese enterprises and products and encouraging foreign purchase. In the past 45 years, its exhibition scale and trade volume increased by years.The construction area of the fair complex rose from 9000M^2 to 170,000M^2, exhibiting enterprises from several hundreds to over 4000, product varieties from 12,000 to more than 100,000, visitor attendance from 1223 to above 110,000, and trade value from US$17.5 million to US$15.8 billion. Every year the trade turnover of two sessions accounts for one third of Chinese export value of general commodities. Up to the 90th session, 2,500,000 overseas business people visited the Canton Fair and export value over US$320 billion are achieved due to the Fair. Currently a new arrangement of holding the Fair in two phases has been adopted since the 91st session. At this session the exhibition space amounted to 310,000M^2, the number of exhibiting enterprises to more than 8,000, the number of visitors reached 120,576, and the trade volumn USD16.85 billion,all ascending the historical high of the Fair.

China Foreign Trade Centre (Group), a subordinary of the CFTC, handles foreign exhibition in China and Chinese exhibitions both at home and abroad; import and export, advertising, tourism, hotel and restaurant,etc. It has been repeatedly listed among Top 500 Chinese Import And Export Enterprises and in 1997, was ranked 2nd among national economic and trade enterprises by the Ministry of Finance in terms of comprehensive economic profits. It was awarded by the Ministry of foreign Trade and Economic Cooperation as one of 25 national enterprises, and 15 districts that have made great contributions to enhancing Chinese export.

中国出口商品交易会展馆

地址：广州市流花路117号 Add: No.117 Liuhua Rd. Guangzhou 邮编(Post Code):510014
电话(Tel):020-86678000（总机）传真(Fax):020-86665851
网址(Website): http://www.lcecf.com E-mail: cecfxxkb@163.net

1994—2001年中国对外贸易进出口情况

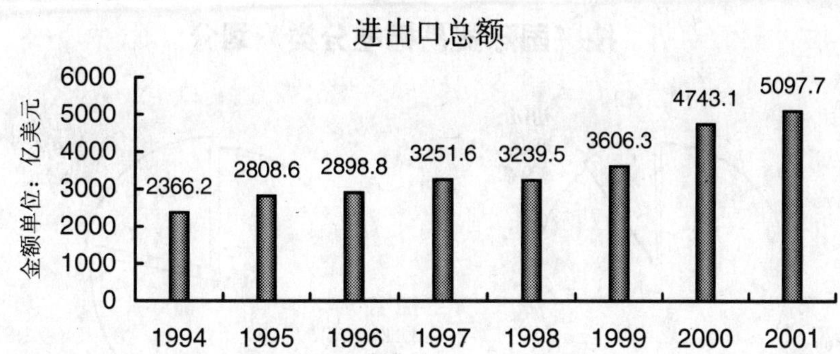

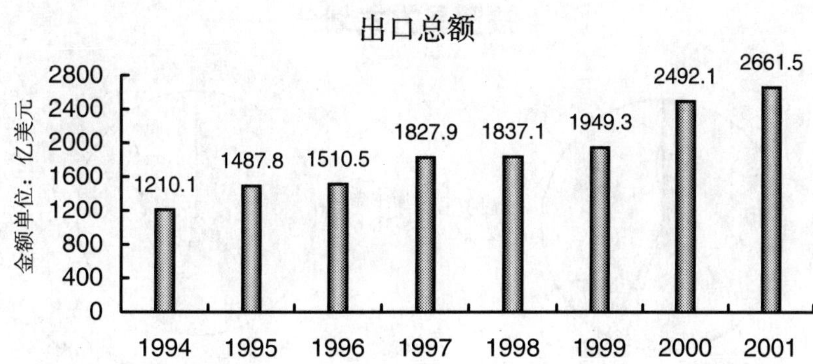

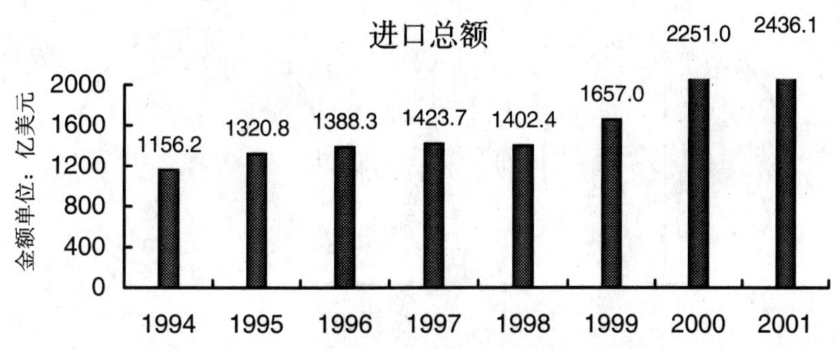

2001 年中国对外贸易构成情况（一）

按《国际贸易标准分类》划分

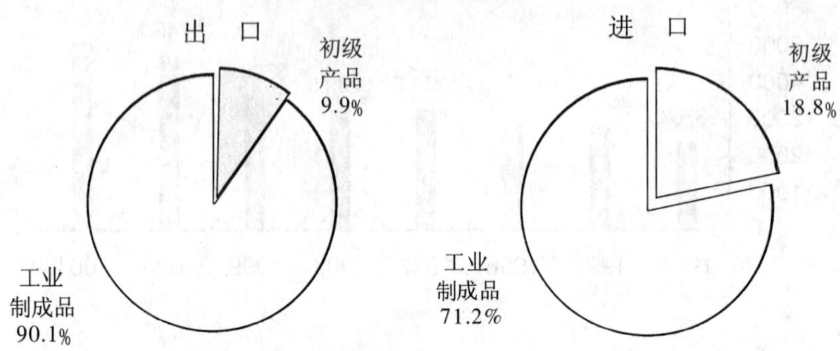

按贸易方式划分

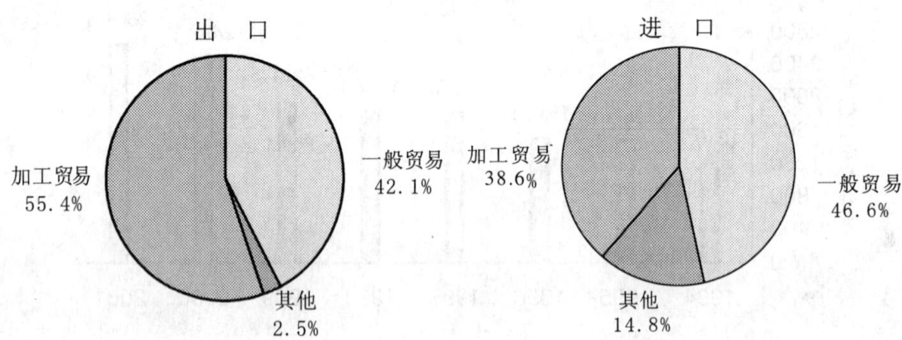

按企业性质划分

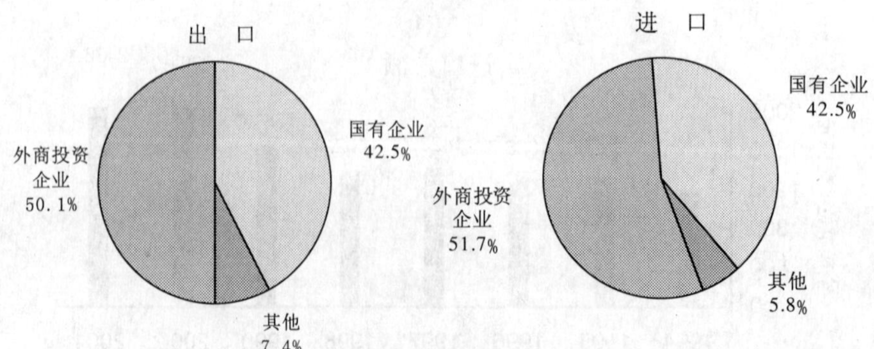

2001 年中国对外贸易构成情况（二）

按主要贸易伙伴划分

出　口

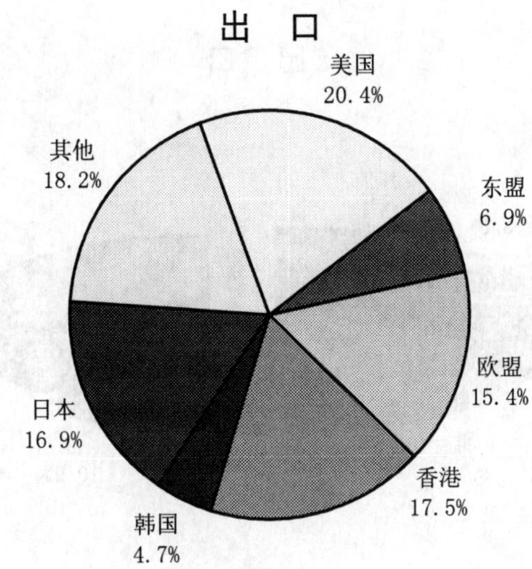

进　口

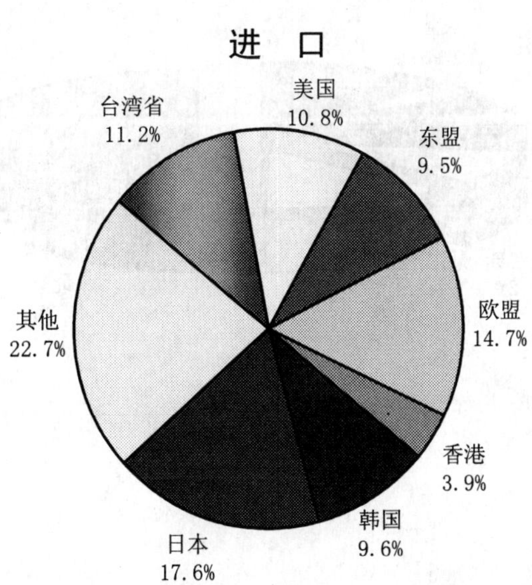

2001 年中国对外贸易构成情况（三）

按主要省市划分

出　口

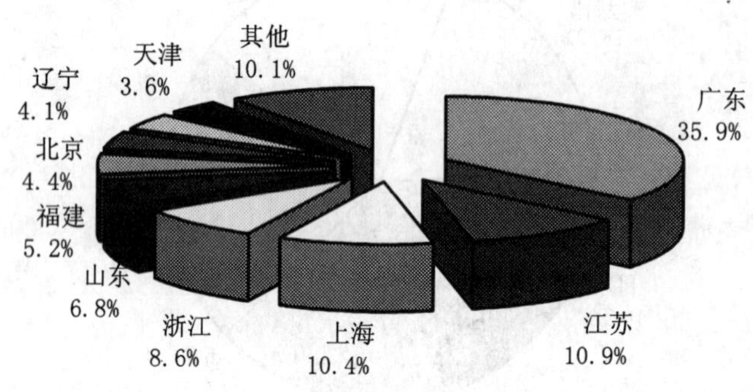

进　口

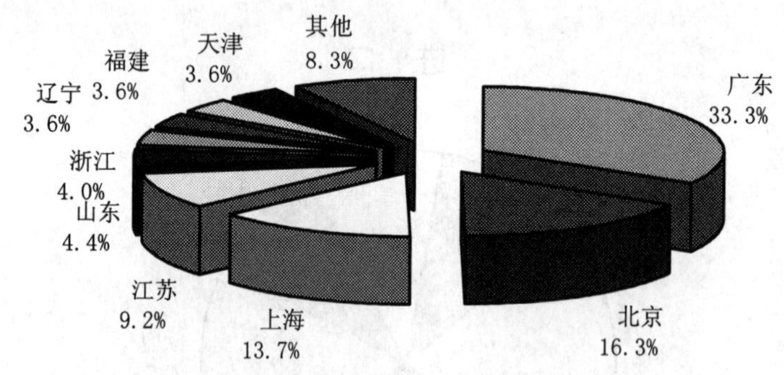

1994—2001年中国利用外商直接投资情况

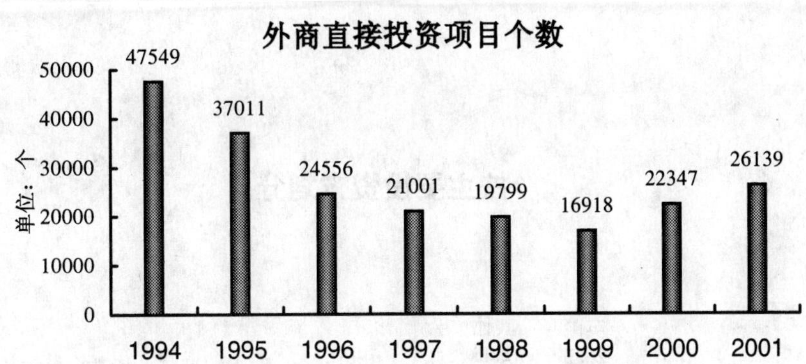

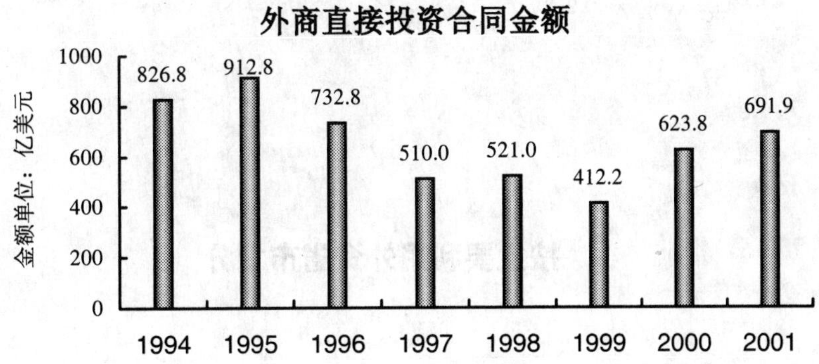

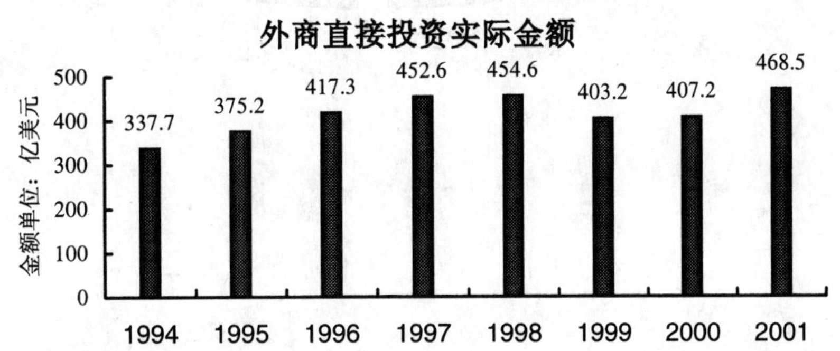

2001年中国实际利用外商直接投资构成情况

按主要投资方划分

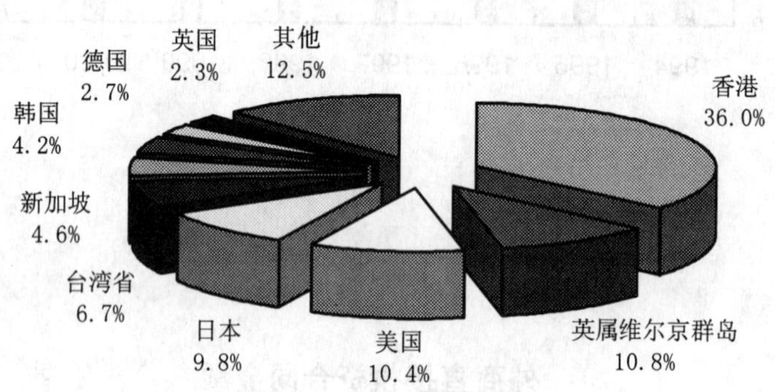

按主要利用外资省市划分

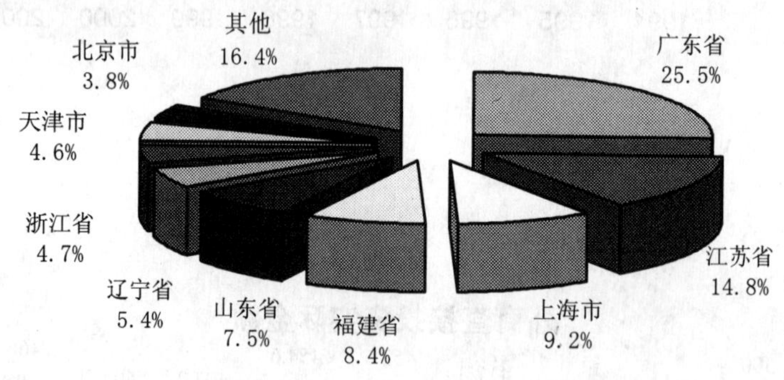

1994—2001 年中国对外经济合作情况

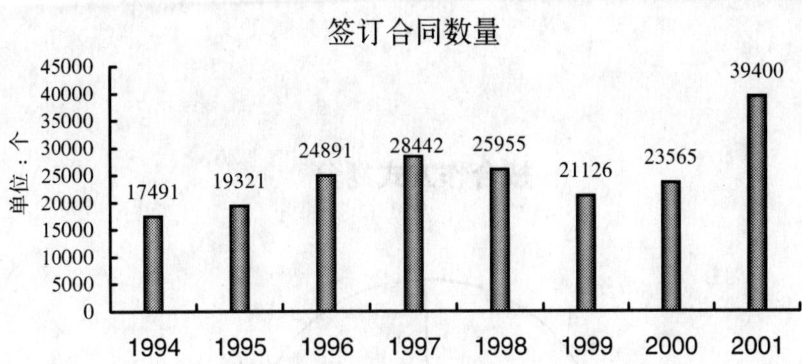

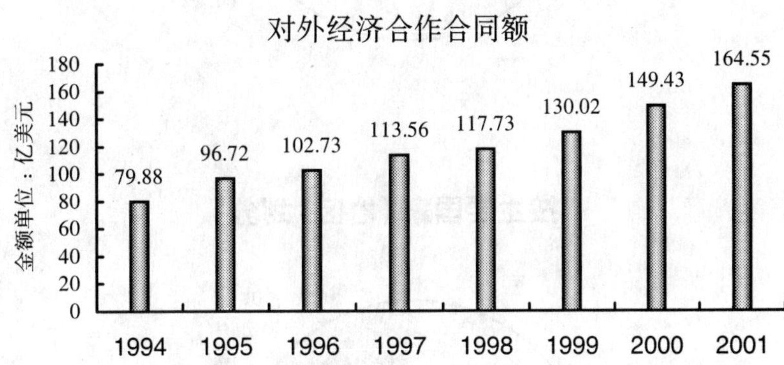

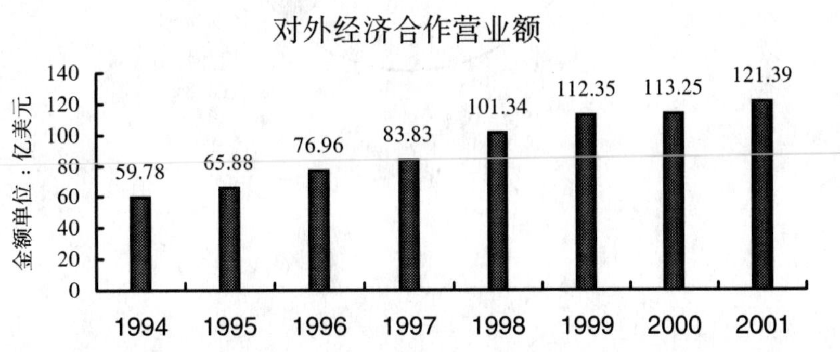

2001年中国签订对外经济合作合同构成情况

按合作方式划分

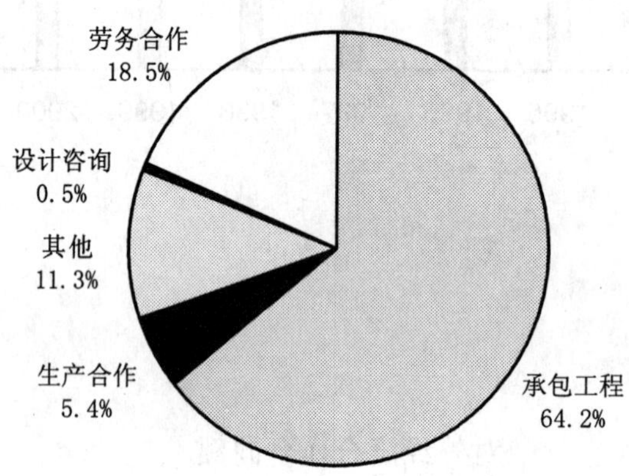

按主要国家（地区）划分

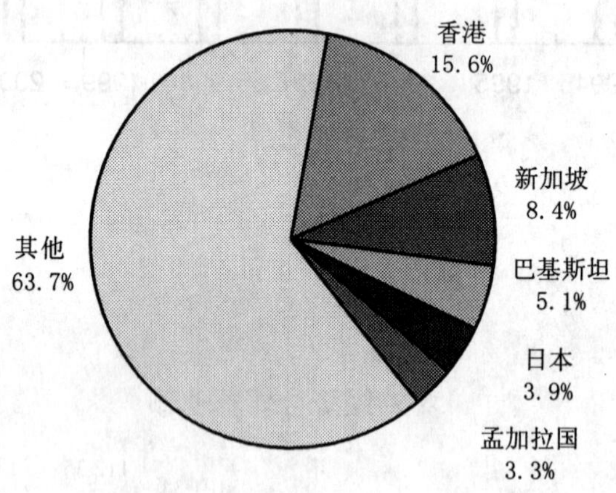

1980—2001 年中国进出口总额

金额单位：亿美元

年 份	进出口额	出口额	进口额
1980	381.4	181.2	200.2
1981	440.2	220.1	220.2
1982	416.1	223.2	192.9
1983	436.2	222.3	213.9
1984	535.5	261.4	274.1
1985	696.0	273.5	422.5
1986	738.5	309.4	429.0
1987	826.5	394.4	432.2
1988	1 027.8	475.2	552.7
1989	1 116.8	525.4	591.4
1990	1 154.4	620.9	533.5
1991	1 357.0	719.1	637.9
1992	1 655.3	849.4	805.9
1993	1 957.0	917.4	1 039.6
1994	2 366.2	1 210.1	1 156.2
1995	2 808.6	1 487.8	1 320.8
1996	2 898.8	1 510.5	1 388.3
1997	3 251.6	1 827.9	1 423.7
1998	3 239.5	1 837.1	1 402.4
1999	3 606.3	1 949.3	1 657.0
2000	4 743.1	2 492.1	2 251.0
2001	5 097.7	2 661.5	2 436.1

1980—2001 年中国进出口贸易指数
(1980 = 100)

年 份	进出口	出口	进口
1980	100.0	100.0	100.0
1981	115.4	121.5	110.0
1982	109.1	123.2	96.2
1983	114.4	122.7	106.9
1984	140.4	144.3	136.9
1985	182.5	150.9	211.1
1986	193.6	170.8	214.3
1987	216.7	217.7	215.9
1988	269.5	262.2	276.1
1989	292.8	290.0	295.4

1980—2001年中国进出口贸易指数
(1980=100)

年　份	进出口	出口	进口
1990	302.7	342.7	266.5
1991	355.8	396.9	318.7
1992	434.0	468.8	402.6
1993	513.2	506.3	519.4
1994	620.5	667.8	577.6
1995	736.5	821.1	659.9
1996	760.1	833.6	693.6
1997	852.6	1 008.8	711.2
1998	849.5	1 013.9	700.6
1999	945.6	1 075.8	827.8
2000	1 243.7	1 375.4	1 124.5
2001	1 336.6	1 468.8	1 216.8

1980—2001年中国进出口总额增长速度
(比上年增长%)

年份	进出口额	出口额	进口额
1980	—	—	—
1981	15.4	21.5	9.9
1982	-5.5	1.4	-12.4
1983	4.8	-0.4	10.9
1984	22.8	17.6	28.1
1985	30.0	4.6	54.1
1986	6.1	13.1	1.5
1987	11.9	27.5	0.7
1988	24.4	20.5	27.9
1989	8.7	10.6	7.0
1990	3.4	18.2	-9.8
1991	17.6	15.8	19.6
1992	22.0	18.1	26.3
1993	18.2	8.0	29.0
1994	20.9	31.9	11.2
1995	18.7	23.0	14.2
1996	3.2	1.5	5.1
1997	12.2	21.0	2.5
1998	-0.4	0.5	-1.5
1999	11.3	6.1	18.2
2000	31.5	27.8	35.8
2001	7.5	6.8	8.2

1980—2001 年中国出口总额占世界出口总额的比重和位次

金额单位：亿美元

年　份	世界出口总额	中国出口总额	中国出口总额占世界出口总额比重％	位　次
1980	19 906	181.2	0.9	26
1981	19 724	220.1	1.1	19
1982	18 308	223.2	1.2	17
1983	18 078	222.2	1.2	17
1984	19 019	261.4	1.4	18
1985	19 277	273.5	1.4	17
1986	21 157	309.4	1.5	16
1987	24 969	394.4	1.6	16
1988	28 382	475.2	1.7	16
1989	30 361	525.4	1.7	14
1990	34 700	620.9	1.8	15
1991	35 300	718.4	2.0	13
1992	37 000	849.4	2.3	11
1993	36 870	917.6	2.5	11
1994	41 683	1 210.4	2.9	11
1995	50 200	1 487.7	3.0	11
1996	52 540	1 510.7	2.9	11
1997	54 550	1 827.9	3.3	10
1998	54 050	1 837.6	3.4	9
1999	54 600	1 949.3	3.6	9
2000	63 580	2 492.1	3.9	7
2001	61 624	2 661.5	4.3	6

1990—2001年中国出口商品构成
（按国际贸易标准分类）

金额单位：亿美元

年份	出口总额	初级产品		0. 食品及活动物		1. 饮料及烟草		2. 非食用原料		3. 矿物燃料、润滑油及有关原料		4. 动植物油、脂及蜡	
		金额	比重%	金额	比重%	金额	比重%	金额	比重%	金额	比重%	金额	比重%
1990	620.9	158.9	25.6	66.1	10.6	3.4	0.5	35.4	5.7	52.4	8.4	1.6	0.4
1991	719.1	161.5	22.5	72.3	10.1	5.3	0.7	34.9	4.9	47.5	6.6	1.5	0.2
1992	849.4	170.0	20.0	83.1	9.8	7.2	0.8	31.4	3.7	46.9	5.5	1.4	0.2
1993	917.4	166.7	18.2	84.1	9.2	9.0	1.0	30.5	3.3	41.1	4.5	2.0	0.2
1994	1 210.1	197.1	16.3	100.2	8.3	10.0	0.8	41.3	3.4	40.6	3.4	5.0	0.4
1995	1 487.8	214.9	14.4	99.5	6.7	13.7	0.9	43.8	2.9	53.4	3.6	4.5	0.3
1996	1 510.5	219.3	14.5	102.3	6.8	13.4	0.9	40.5	2.7	59.3	3.9	3.8	0.3
1997	1 827.9	239.3	13.1	110.5	6.0	10.5	0.6	41.9	2.3	69.9	3.8	6.5	0.4
1998	1 837.1	206.0	11.2	106.2	6.0	9.8	0.5	35.2	1.9	51.8	3.0	3.1	0.2
1999	1 949.3	199.3	10.2	104.6	5.4	7.7	0.4	39.2	2.0	46.5	2.4	1.3	0.1
2000	2 492.1	254.6	10.2	122.8	4.9	7.4	0.3	44.6	1.8	78.5	3.2	1.2	0.0
2001	2 661.5	263.5	9.9	127.8	4.8	8.7	0.3	41.7	1.6	84.2	3.2	1.1	0.0

1990—2001年中国出口商品构成
（按国际贸易标准分类）

金额单位:亿美元

年份	工业制品		5. 化学成品及有关产品		6. 按原料分类的制成品		7. 机械及运输设备		8. 杂项制品		9. 未分类商品	
	金额	比重%	金额	比重%	金额	比重%	金额	比重%	金额	比重%	金额	比重%
1990	461.8	74.4	37.3	6.0	125.8	20.3	55.9	9.0	126.9	20.4	116.3	18.7
1991	556.9	77.5	38.2	5.3	144.6	20.1	71.5	10.0	166.2	23.1	136.5	19.0
1992	679.4	80.0	43.5	5.1	161.4	19.0	132.2	15.6	342.3	40.3	—	—
1993	750.9	81.8	46.2	5.0	164.0	17.8	152.9	16.7	387.8	42.3	—	—
1994	1 013.3	83.7	62.3	5.1	232.2	19.2	219.3	18.1	499.4	41.3	0.1	0.0
1995	1 272.8	85.6	90.9	6.1	322.4	21.7	313.9	21.1	545.5	36.7	0.1	0.0
1996	1 291.4	85.5	88.8	5.9	285.1	18.9	353.1	23.4	564.3	37.3	0.1	0.0
1997	1 587.7	86.9	102.3	5.6	344.1	18.9	437.0	23.9	704.3	38.5	0.1	0.0
1998	1 631.6	88.8	103.2	5.6	323.8	17.6	502.3	27.3	702.2	38.2	0.1	0.0
1999	1 750.0	89.8	103.7	5.3	332.6	17.1	588.3	30.2	725.3	37.2	0.1	0.0
2000	2 237.5	89.8	121.0	4.9	425.5	17.1	826.0	33.1	862.8	34.6	2.2	0.1
2001	2 398.0	90.1	133.5	5.0	438.2	16.5	949.2	35.7	871.2	32.7	5.8	0.2

1990—2001年中国进口商品构成
（按国际贸易标准分类）

金额单位:亿美元

年份	进口总额	初级产品		0. 食品及活动物		1. 饮料及烟草		2. 非食用原料		3. 矿物燃料、润滑油及有关原料		4. 动植物油、脂及蜡	
		金额	比重%	金额	比重%	金额	比重%	金额	比重%	金额	比重%	金额	比重%
1990	533.5	98.6	18.3	33.4	6.2	1.6	0.3	41.1	7.7	12.7	2.3	9.8	1.8
1991	637.9	108.3	17.0	28.0	4.4	2.0	0.3	50.0	7.8	21.1	3.3	7.2	1.1
1992	805.9	132.6	16.4	31.5	3.9	2.4	0.3	57.7	7.2	35.7	4.4	5.3	0.6
1993	1 039.6	142.2	13.7	22.1	2.1	2.5	0.3	54.4	5.2	58.2	5.6	5.0	0.5
1994	1 156.2	164.7	14.2	31.2	2.7	0.7	0.1	74.4	6.4	40.3	3.5	18.1	1.6
1995	1 320.8	244.1	18.5	61.3	4.6	3.9	0.3	101.6	7.7	51.3	3.9	26.0	2.0
1996	1 388.4	254.4	18.3	56.7	4.1	5.0	0.4	107.0	7.7	68.8	4.9	17.0	1.2
1997	1 423.7	286.2	20.1	43.0	3.0	3.2	0.2	120.1	8.4	103.1	7.2	16.8	1.2
1998	1 402.4	229.5	16.4	37.9	2.7	1.8	0.0	107.2	7.7	67.7	4.8	14.9	1.1
1999	1 657.0	268.4	16.2	36.2	2.2	2.1	0.1	127.4	7.7	89.1	5.4	13.7	0.8
2000	2 251.0	467.4	20.8	47.6	2.1	3.6	0.2	200.0	8.9	206.4	9.2	9.8	0.4
2001	2 436.1	457.7	18.8	49.8	2.0	4.1	0.2	221.3	9.1	174.9	7.2	7.6	0.3

1990—2001年中国进口商品构成
(按国际贸易标准分类)

金额单位:亿美元

年份	工业制品		5. 化学成品及有关产品		6. 按原料分类的制成品		7. 机械及运输设备		8. 杂项制品		9. 未分类商品	
	金额	比重%	金额	比重%	金额	比重%	金额	比重%	金额	比重%	金额	比重%
1990	434.9	81.6	66.5	12.5	89.1	16.7	168.4	31.6	21.0	3.9	89.9	6.9
1991	529.6	83.0	92.8	14.5	104.9	16.4	196.0	30.7	24.4	3.8	111.5	21.1
1992	673.3	83.6	111.6	13.8	192.7	23.9	313.1	38.8	55.9	6.9	—	—
1993	897.3	86.3	97.1	9.3	285.4	27.5	449.9	43.3	64.9	6.2	—	—
1994	992.2	85.8	121.3	10.5	280.8	24.3	515.6	44.6	67.7	5.9	6.8	0.6
1995	1 076.7	81.5	173.0	13.1	287.7	21.8	526.4	39.8	82.7	6.3	6.9	0.5
1996	1 134.0	81.7	181.1	13.0	313.9	22.6	547.7	39.5	84.8	6.1	6.5	0.5
1997	1 137.4	79.9	193.0	13.6	322.2	22.6	527.6	37.1	85.5	6.0	9.1	0.6
1998	1 172.1	83.6	201.7	19.4	310.7	22.2	567.7	40.5	84.6	6.0	7.5	0.5
1999	1 388.7	83.8	240.3	14.5	343.2	20.7	694.7	41.9	97.0	5.9	13.5	0.8
2000	1 783.6	79.2	302.1	13.4	418.1	18.6	919.3	40.8	127.5	5.7	16.5	0.7
2001	1 978.4	81.2	321.1	13.2	419.4	17.2	1070.4	43.9	150.8	6.2	16.8	0.7

2001年中国进出口商品国家（地区）总值表

金额单位：万美元

国家（地区）	2001年			2000年		
	进出口	出口	进口	进出口	出口	进口
总值	**50 976 813**	**26 615 464**	**24 361 349**	**47 430 819**	**24 921 162**	**22 509 657**
亚洲	**28 813 909**	**14 095 658**	**14 718 251**	**27 365 556**	**13 231 114**	**14 134 442**
阿富汗	1 743	1 727	16	2 529	1 989	540
巴林	12 976	5 209	7 768	12 115	4 904	7 211
孟加拉国	97 187	95 517	1 670	91 843	89 959	1 885
不丹	162	160	2	195	195	-
东南亚国家联盟	4 161 472	1 838 541	2 322 931	3 952 227	1 734 132	2 218 095
文莱	16 539	1 716	14 824	7 437	1 302	6 135
缅甸	63 154	49 735	13 419	62 126	49 644	12 482
柬埔寨	24 042	20 561	3 480	22 357	16 408	5 949
印度尼西亚	672 461	283 654	388 807	746 385	306 189	440 195
老挝	6 187	5 441	746	4 084	3 442	642
马来西亚	942 546	322 026	620 521	804 503	256 504	548 000
菲律宾	356 554	162 031	194 522	314 173	146 441	167 731
新加坡	1 093 440	579 188	514 252	1 082 097	576 132	505 965
泰国	705 030	233 745	471 285	662 422	224 341	438 081
越南	281 520	180 445	101 075	246 643	153 729	92 915
塞浦路斯	11 762	11 628	133	15 243	15 186	57
朝鲜	73 986	57 313	16 673	48 804	45 082	3 721
香港	5 596 959	4 654 664	942 295	5 394 900	4 451 982	942 918
印度	359 623	189 627	169 997	291 422	156 075	135 348
伊朗	331 289	88 898	242 391	248 647	71 341	177 306
伊拉克	46 999	39 697	7 302	97 490	32 726	64 765
以色列	131 592	83 261	48 330	105 419	71 884	33 535
日本	8 775 448	4 495 757	4 279 691	8 316 587	4 165 405	4 151 182
约旦	27 429	22 598	4 831	25 309	20 179	5 130
科威特	64 249	19 226	45 023	61 552	31 667	29 885
黎巴嫩	23 824	23 565	259	16 935	16 894	41
澳门	86 258	74 346	11 912	80 485	70 986	9 499
马尔代夫	220	210	10	136	134	2
蒙古	36 234	12 285	23 950	32 261	11 054	21 207
尼泊尔	15 321	14 858	463	20 421	19 707	714
阿曼	167 632	6 674	160 958	332 131	5 954	326 177
巴基斯坦	139 696	81 508	58 187	116 256	67 038	49 218
巴勒斯坦	494	489	5	623	615	8
卡塔尔	40 860	3 156	37 705	47 218	3 123	44 096
沙特阿拉伯	407 519	135 411	272 108	309 823	114 472	195 351

2001年中国进出口商品国家(地区)总值表

金额单位：万美元

国家（地区）	2001年			2000年		
	进出口	出口	进口	进出口	出口	进口
韩国	3 590 990	1 252 069	2 338 921	3 449 985	1 129 251	2 320 734
斯里兰卡	39 675	38 661	1 014	45 833	44 548	1 285
叙利亚	22 320	22 318	1	17 407	17 398	9
土耳其	90 502	67 408	23 094	120 463	107 789	12 675
阿拉伯联合酋长国	282 499	237 738	44 761	249 467	207 860	41 607
也门共和国	66 106	20 969	45 136	91 176	17 625	73 552
中华人民共和国	876 769	–	876 769	717 325	–	717 325
台湾省	3 233 969	500 024	2 733 945	3 053 329	503 960	2 549 369
亚洲其他国家（地区）	147	147	–	1	1	–
非洲	**1 079 952**	**600 657**	**479 295**	**1 059 775**	**504 269**	**555 507**
阿尔及利亚	29 234	22 235	6 999	19 886	17 292	2 594
安哥拉	76 755	4 572	72 183	187 643	3 374	184 269
贝宁	52 049	52 043	6	37 146	37 033	113
博茨瓦纳	1 423	1 423	–	1 148	1 147	1
布隆迪	116	116	0	475	363	112
喀麦隆	21 306	2 936	18 370	16 064	2 262	13 803
加那利群岛	3 398	3 398	–	2 450	2 448	3
佛得角	221	221	–	518	518	–
中非	196	57	139	64	34	30
塞卜泰（休达）	55	55	–	210	210	–
乍得	29	28	1	53	52	1
科摩罗	50	46	4	30	29	1
刚果	22 003	3 818	18 184	34 206	1 834	32 372
吉布提	4 764	4 732	32	5 413	5 411	2
埃及	95 321	87 289	8 032	90 741	80 534	10 207
赤道几内亚	51 194	336	50 858	32 298	350	31 948
埃塞俄比亚	8 057	7 880	177	5 858	5 570	287
加蓬	26 524	589	25 935	34 170	443	33 727
冈比亚	7 251	7 251	–	6 163	6 163	–
加纳	18 248	14 588	3 660	12 098	10 598	1 499
几内亚	4 410	4 406	4	3 405	3 402	2
几内亚（比绍）	830	830	–	485	467	18
科特迪瓦共和国	26 546	25 768	778	23 001	22 276	725
肯尼亚	14 481	13 893	588	13 693	13 308	385
利比里亚	14 151	11 272	2 879	16 129	12 600	3 529
利比亚	9 518	4 098	5 420	7 737	5 231	2 506
马达加斯加	8 170	7 286	884	7 769	7 123	645

2001年中国进出口商品国家(地区)总值表

金额单位：万美元

国家（地区）	2001年			2000年		
	进出口	出口	进口	进出口	出口	进口
马拉维	490	449	40	691	691	–
马里	2 392	2 290	102	3 525	3 485	41
毛里塔尼亚	3 424	2 987	437	2 962	2 468	495
毛里求斯	9 614	8 718	895	11 310	8 380	2 930
摩洛哥	38 423	29 988	8 435	33 606	27 782	5 824
莫桑比克	3 324	2 204	1 119	3 350	2 473	878
纳米比亚	3 248	2 122	1 126	1 188	828	359
尼日尔	648	648	–	702	702	–
尼日利亚	114 449	91 734	22 716	85 675	54 946	30 730
留尼汪	770	770	–	580	579	1
卢旺达	926	289	637	605	342	263
圣多美和普林西比	126	126	–	12	12	–
塞内加尔	5 293	5 256	38	5 281	5 128	153
塞舌尔	117	112	5	173	157	15
塞拉利昂	1 200	1 199	0	867	866	2
索马里	163	112	52	106	100	6
南非	222 223	104 912	117 311	205 102	101 373	103 729
西撒哈拉	89	89	–	4	4	–
苏丹	115 802	21 989	93 813	89 011	15 838	73 173
坦桑尼亚	9 343	9 015	329	9 053	8 576	477
多哥	10 898	10 875	23	8 043	8 037	6
突尼斯	10 938	10 617	320	9 892	9 672	219
乌干达	1 748	1 624	124	1 524	1 440	84
布基纳法索	406	406	–	296	296	–
民主刚果	2 082	1 313	769	1 941	1 843	98
赞比亚	7 452	3 884	3 568	10 225	3 286	6 939
津巴布韦	14 816	3 327	11 489	13 466	3 192	10 274
莱索托	1 789	1 677	113	1 048	1 042	5
梅利利亚	99	99	–	117	117	–
斯威士兰	1 001	299	701	298	295	4
厄立特里亚	284	284	1	128	128	–
非洲其他国家（地区）	78	78	–	147	121	26
欧洲	**9 764 102**	**4 923 942**	**4 840 160**	**8 626 637**	**4 548 204**	**4 078 433**
欧洲联盟	7 662 710	4 090 408	3 572 302	6 903 808	3 819 283	3 084 525
比利时	425 080	252 978	172 102	368 691	230 076	138 615
丹麦	152 435	89 860	62 575	133 419	78 202	55 217
英国	1 030 753	678 047	352 706	990 274	631 024	359 250

2001 年中国进出口商品国家（地区）总值表

金额单位：万美元

国家（地区）	2001 年			2000 年		
	进出口	出口	进口	进出口	出口	进口
德国	2 352 616	975 406	1 377 210	1 968 685	927 809	1 040 876
法国	779 049	368 565	410 484	765 512	370 514	394 998
爱尔兰	114 279	53 025	61 254	71 358	33 628	37 730
意大利	778 177	399 259	378 918	688 044	380 201	307 843
卢森堡	9 694	3 894	5 800	9 927	5 360	4 567
荷兰	873 864	728 195	145 669	792 340	668 717	123 623
希腊	75 232	69 382	5 850	62 677	57 870	4 807
葡萄牙	33 205	26 059	7 146	30 777	26 082	4 695
西班牙	297 624	226 186	71 438	274 717	212 421	62 296
奥地利	101 575	35 369	66 205	78 114	30 879	47 235
芬兰	328 650	91 021	237 629	318 997	83 692	235 305
瑞典	310 479	93 162	217 317	350 275	82 808	267 468
阿尔巴尼亚	1 611	1 611	0	1 432	1 432	0
安道尔	17	17	–	38	38	0
保加利亚	11 754	8 908	2 846	9 430	8 083	1 347
直布罗陀	89	89	–	1 448	1 448	–
匈牙利	116 124	103 088	13 036	99 666	89 711	9 955
冰岛	5 255	3 397	1 859	3 175	1 761	1 414
列支敦士登	154	112	42	129	22	107
马耳他	15 177	8 028	7 149	9 467	7 617	1 850
摩纳哥	368	221	147	288	147	141
挪威	98 200	41 124	57 076	109 729	48 661	61 068
波兰	124 280	101 641	22 639	96 002	86 041	9 961
罗马尼亚	35 417	25 041	10 376	29 783	19 239	10 544
圣马力诺	40	38	2	30	30	–
瑞士	238 185	65 184	173 001	220 926	74 788	146 137
爱沙尼亚	27 372	26 287	1 085	6 689	6 179	510
拉脱维亚	5 207	4 702	505	2 908	2 630	278
立陶宛	6 332	5 889	444	3 871	2 901	969
格鲁吉亚	700	371	329	389	154	235
亚美尼亚	344	227	117	525	114	410
阿塞拜疆	1 504	1 077	428	617	219	398
白俄罗斯	4 326	875	3 451	11 362	4 112	7 251
哈萨克	128 837	32 772	96 065	155 696	59 875	95 821
吉尔吉斯	11 886	7 664	4 222	17 761	11 017	6 744
摩尔多瓦	1 479	215	1 264	812	20	792
俄罗斯联邦	1 067 055	271 116	795 938	800 316	223 327	576 989

2001年中国进出口商品国家（地区）总值表

金额单位：万美元

国家（地区）	2001年			2000年		
	进出口	出口	进口	进出口	出口	进口
塔吉克	1 076	531	545	1 717	679	1 038
土库曼	3 271	3 149	122	1 616	1 210	406
乌克兰	85 769	24 725	61 044	59 102	13 643	45 459
乌兹别克	5 830	5 068	762	5 147	3 943	1 203
南斯拉夫	9 740	8 741	999	6 850	6 096	754
斯洛文尼亚	8 988	7 717	1 270	6 992	5 562	1 430
克罗地亚	14 722	14 210	512	8 503	7 996	507
捷克	61 595	52 382	9 213	43 702	35 407	8 295
斯洛伐克	7 428	6 138	1 289	5 599	4 036	1 563
前南斯拉夫马其顿	1 041	1 026	15	710	626	84
波斯尼亚和黑塞哥维那	222	154	67	406	157	250
拉丁美洲	**1 493 890**	**823 674**	**670 215**	**1 259 556**	**718 530**	**541 026**
安提瓜和巴布达	120	120	0	92	89	3
阿根廷	185 470	57 368	128 102	154 028	61 029	92 999
阿鲁巴岛	366	362	3	686	686	–
巴哈马	3 479	3 477	2	769	769	0
巴巴多斯	547	541	6	306	304	1
伯利兹	628	628	–	358	337	21
玻利维亚	1 725	774	952	1 684	468	1 216
巴西	369 848	135 114	234 734	284 500	122 356	162 144
开曼群岛	50	50	–	71	71	–
智利	211 818	81 482	130 337	212 203	78 352	133 851
哥伦比亚	23 222	20 528	2 693	18 817	15 601	3 216
多米尼克	8 853	8 763	90	6 016	5 770	246
哥斯达黎加	8 959	6 308	2 651	7 550	6 518	1 031
古巴	44 582	33 178	11 405	31 394	23 280	8 114
库腊索岛	4 654	4 654	–	3 328	3 328	0
多米尼加共和国	3 843	3 821	22	7 630	7 541	89
厄瓜多尔	16 220	13 410	2 810	15 500	7 487	8 013
法属圭亚那	6	60	–	39	35	4
格林纳达	3	25	–	28	28	–
瓜德罗普	171	171	–	133	133	–
危地马拉	16 313	16 292	21	14 322	13 861	461
圭亚那	1 478	1 241	237	1 401	1 007	395
海地	1 448	1 445	3	1 570	1 570	1
洪都拉斯	6 495	6 484	11	6 228	6 217	11
牙买加	11 907	8 514	3 393	7 901	4 945	2 956

2001年中国进出口商品国家(地区)总值表

金额单位：万美元

国家（地区）	2001年			2000年		
	进出口	出口	进口	进出口	出口	进口
马提尼克岛	8	77	–	51	51	0
墨西哥	255 149	179 039	76 110	182 356	133 530	48 826
蒙特塞拉特	0	4	–	0	–	0
尼加拉瓜	3 463	3 455	9	4 344	4 309	35
巴拿马	124 158	123 963	195	129 116	129 014	102
巴拉圭	7 493	7 210	283	8 918	8 596	322
秘鲁	67 459	17 656	49 804	70 459	14 433	56 026
波多黎各	9 300	7 557	1 743	6 863	5 721	1 142
萨巴	0	1	0	0	0	0
圣卢西亚	302	302	–	239	239	0
圣马丁岛	160	160	–	128	128	–
圣文森特和格林纳丁斯	1 308	1 308	–	631	631	–
萨尔瓦多	10 004	9 960	43	6 313	6 264	49
苏里南	1 671	1 263	408	1 145	1 064	81
特立尼达和多巴哥	3 501	3 494	7	2 719	2 674	44
特克斯和凯科斯群岛	0	0	0	18	8	10
乌拉圭	28 447	18 895	9 553	34 437	24 304	10 134
委内瑞拉	58 921	44 344	14 577	35 128	25 650	9 479
英属维尔京群岛	6	55	–	70	67	3
圣基茨和尼维斯	1	11	1	10	10	–
拉丁美洲其他国家（地区）	125	115	9	58	56	2
北美洲	**8 788 217**	**5 764 093**	**3 024 125**	**8 139 791**	**5 527 831**	**2 611 959**
加拿大	737 456	334 609	402 847	690 913	315 805	375 108
美国	8 048 492	5 428 269	2 620 223	7 446 697	5 210 381	2 236 315
格陵兰	1 089	43	1 046	569	34	536
百慕大群岛	1 109	1 109	0	1 575	1 575	–
北美洲其他国家（地区）	7	63	8	37	37	–
大洋洲	**1 036 728**	**407 440**	**629 288**	**978 774**	**391 033**	**587 741**
澳大利亚	899 683	357 043	542 640	845 292	342 886	502 406
库克群岛	4	27	11	25	25	0
斐济	2 633	2 608	25	1 543	1 514	29
盖比群岛	0	1	–	9	4	5
马克萨斯群岛	0	0	–	3	3	–
瑙鲁	4	40	–	3	3	–
新喀里多尼亚	367	305	61	301	296	6
瓦努阿图	147	115	32	151	109	42
新西兰	117 171	43 493	73 678	105 447	41 619	63 828

2001年中国进出口商品国家(地区)总值表

金额单位：万美元

国家（地区）	2001年			2000年		
	进出口	出口	进口	进出口	出口	进口
诺福克岛	0	4	–	34	34	–
巴布亚新几内亚	14 151	1 913	12 238	22 559	2 486	20 073
社会群岛	318	313	6	352	342	10
所罗门群岛	696	102	594	1 437	105	1 332
汤加	118	117	1	164	164	–
土阿莫土群岛	0	4	–	0	0	0
土布艾群岛	0	0	–	0	0	0
萨摩亚	232	232	–	204	196	8
基里巴斯	5	50	–	123	123	0
密克罗尼西亚联邦	187	186	1	165	163	1
马绍尔群岛共和国	182	182	–	188	187	1
帕劳共和国	163	163	–	196	196	–
大洋洲其他国家（地区）	544	544	–	580	580	–
国别（地区）不详	15	–	15	730	181	548

2001年中国出口主要商品量值表

金额单位：万美元

商品名称	数量单位	2001年		2000年	
		数量	金额	数量	金额
粮谷	公吨	8 756 071	109 825	13 783 925	169417
大米	公吨	1 847 820	31 614	2 948 035	55 586
小麦	公吨	454 794	4 685	2 521	24
玉米	公吨	5 996 624	62 484	10 465 566	105 166
高梁	公吨	18 968	267	16 754	214
荞麦	公吨	104 398	2 029	105 533	2 129
谷子	公吨	21 376	411	17 347	328
面粉	公吨	258 396	5 856	185 869	4 526
豆类	公吨	967 411	35 704	782 670	29 526
黄大豆	公吨	248 399	7 713	210 805	6 414
蚕豆	公吨	35 844	1 028	75 515	2 072
绿豆	公吨	135 676	6 742	87 809	4 959
红小豆	公吨	60 500	2 907	61 505	3 044
芸豆	公吨	430 545	15 573	288 048	11 407
扁豆	公吨	14 451	360	17 779	411
食用植物油	公吨	134 007	6 956	111 505	6 702
花生油	公吨	13 572	1 307	14 738	1 625

2001年中国出口主要商品量值表

金额单位：万美元

商品名称	数量单位	2001年		2000年	
		数量	金额	数量	金额
豆油	公吨	59 477	2 310	35 284	1 705
芝麻油	公吨	4 495	818	4 491	805
玉米油	公吨	1 761	108	2 415	181
食用植物油籽	公吨	852 627	41 193	755 558	39 431
花生仁	公吨	407 977	22 349	330 877	19 701
花生果	公吨	85 631	3 954	69 091	3 473
芝麻	公吨	68 303	5 234	103 323	8 095
葵花籽	公吨	38 884	1 878	36 820	1 660
工业用油	公吨	31 546	3 641	34 389	3 876
桐油	公吨	17 614	1 163	24 218	1 751
蓖麻油	公吨	2 853	179	39	4
工业用油籽	公吨	59 159	3 123	32 534	1 374
活畜禽	金额		34 449		38 481
活大猪	头	1 673 514	20 286	1 694 476	21 128
活中猪	头	291 252	1 683	333 611	1 911
活牛	头	57 171	3 375	64 770	3 796
活鸡	万只	4 113	7 518	4 734	9 940
活鸭	万只	36	105	83	236
活鸽	万只	198	193	232	235
肉食	金额		145 726		124 276
冻猪肉	公吨	103 209	13 578	52 761	6 862
冻牛肉	公吨	21 338	3 251	17 135	2 353
冻山羊肉	公吨	2 288	349	3 619	472
冻兔肉	公吨	32 998	5 408	22 563	4 581
冻鸡	公吨	350 886	52 530	356 513	51 302
冻鸭	公吨	6 688	762	4 150	591
灌腊肠	公吨	10 804	2 343	9 254	1 843
鲜蛋	万个	61 397	1 796	75 681	1 712
鸡蛋	万个	60 035	1 758	73 429	1 675
皮蛋	万个	8 732	607	8 841	565
咸蛋	万个	10 901	631	11 897	607
苹果	公吨	303 578	10 067	297 651	9 656
橘柑橙	公吨	149 781	3 574	191 353	4 537
柚子	公吨	6 595	119	3 828	59
梨	公吨	182 293	4 083	146 425	3 580
香蕉	公吨	13 622	452	7 628	270
荔枝	公吨	3 550	316	2 828	434

2001 年中国出口主要商品量值表

金额单位：万美元

商品名称	数量单位	2001 年		2000 年	
		数量	金额	数量	金额
荸荠	公吨	12 014	485	11 448	468
桃子	公吨	3 595	136	2 402	87
西瓜	公吨	13 859	180	16 981	203
栗子	公吨	31 297	5 637	35 414	6 779
葡萄干	公吨	1 233	146	800	90
柿饼	公吨	6 549	1 039	7 777	1 098
蜜饯	公吨	62 795	6 812	56 204	5 994
蜜枣	公吨	2 990	265	5 598	438
核桃	公吨	1 120	133	1 875	218
核桃仁	公吨	9 376	2 636	7 810	2 109
苦杏仁	公吨	3 786	660	4 965	692
甜杏仁	公吨	1 030	175	975	132
松子仁	公吨	6 515	3 040	3 528	1 866
白果	公吨	3 545	685	3 809	693
红枣	公吨	18 863	2 036	21 954	2 008
山核桃	公吨	1 120	133	1 875	218
山核桃仁	公吨	9 376	2 636	7 810	2 109
熟地瓜干	公吨	5 124	225	5 203	167
蔬菜	公吨	3 032 149	179 767	2 482 319	160 065
土豆	公吨	82 229	961	40 875	468
洋葱	公吨	291 026	5 774	165 734	4 118
萝卜	公吨	87 507	1 729	62 283	1 228
鲜姜	公吨	174 162	7 342	153 817	6 378
蕃茄	公吨	28 118	407	22 582	320
大蒜	公吨	546 418	20 710	383 860	13 629
咸蕨菜	公吨	4 465	548	4 796	500
榨菜	公吨	21 823	1 172	19 035	880
速冻蔬菜	公吨	381 668	34 539	311 730	29 636
黑木耳	公吨	5 448	1 740	5 951	1 863
金针菜	公吨	2 076	158	1 599	138
蘑菇	公吨	49 789	10 290	56 213	11 302
蘑菇干片	公吨	11 845	4 890	14 079	6 224
辣椒干	公吨	67 954	4 241	54 075	3 446
辣椒粉	公吨	16 913	2 320	9 594	1 601
笋干丝	公吨	2 950	1 173	3 104	989
水产品	金额	0	259 220	0	226 952
大闸蟹	公吨	248	362	247	381

2001年中国出口主要商品量值表

金额单位：万美元

商品名称	数量单位	2001年		2000年	
		数量	金额	数量	金额
活鳗鱼	公吨	6 447	3 408	2 694	1 519
冰鲜鱼	公吨	66 645	13 871	60 851	12 140
冻鱼	公吨	621 370	52 956	379 011	41 163
冻鱼片	公吨	359 124	74 200	314 307	60 978
冻对虾	公吨	13 396	10 166	8 020	8 420
冰鲜虾	公吨	15 000	2 260	6 837	1 513
冻小虾	公吨	53 650	17 916	59 339	22 609
冻虾仁球	公吨	5 216	4 355	4 753	4 443
冻小虾仁	公吨	38 285	14 677	45 105	19 038
鱼翅	公吨	1 693	3 953	2 065	5 195
海蛰皮	公吨	3 830	1 577	4 078	1 506
猪肉罐头	公吨	45 049	6 574	38 175	5 845
牛肉罐头	公吨	6 358	817	5 486	744
菠萝罐头	公吨	26 299	1 098	22 348	991
橘子罐头	公吨	175 947	12 227	175 484	11 917
桃子罐头	公吨	40 592	3 424	36 809	3 196
荔枝罐头	公吨	11 201	845	9 432	707
洋梨罐头	公吨	3 672	203	1 647	106
蘑菇罐头	公吨	195 765	16 173	204 334	16 913
蕃茄酱罐头	公吨	298 115	11 752	154 606	6 848
整蕃茄罐头	公吨	2 501	114	4 274	178
芦笋罐头	公吨	95 921	8 293	83 537	7 447
核桃仁罐头	公吨	722	289	630	250
花生米罐头	公吨	1 636	171	1 379	149
糖	金额		5 595		8 359
砂糖	公吨	169 354	4 598	390 070	7 421
原糖	公吨	6 199	276	5 219	208
啤酒	公吨	84 466	4 061	85 448	3 960
米酒及黄酒	公吨	24 322	2 628	24 988	2 842
葡萄酒	公吨	4 268	599	5 246	671
矿泉水	公吨	9 054	109	7 019	79
果汁	公吨	257 650	17 921	167 929	14 281
食盐	公吨	914 766	2 221	552 032	1 556
味素	公吨	15 046	1 450	21 239	2 552
酱油	公吨	53 009	2 849	57 227	3 148
醋	公吨	9 906	681	9 891	726
鲜奶	公吨	26 433	1 907	29 417	2 012

2001年中国出口主要商品量值表

金额单位：万美元

商品名称	数量单位	2001年		2000年	
		数量	金额	数量	金额
奶粉	公吨	5 043	1 036	10 161	2 088
奶油	公吨	5 484	401	3 768	316
炼乳	公吨	4 819	458	3 486	389
花生制品	公吨	213 249	17 419	159 600	14 650
蜂蜜	公吨	106 666	9 583	102 888	8 412
淀粉	公吨	108 337	3 200	102 464	2 873
麦麸	公吨	14 361	146	18 737	199
豆粕	公吨	315 120	6 177	29 002	474
甜菜粕	公吨	219 610	2 741	184 758	2 600
棉子仁饼粕	公吨	128 308	1 619	132 376	1 263
花生饼粕	公吨	25 631	426	8 679	115
菜籽饼粕	公吨	475 663	5 476	978 357	7 896
玉米蛋白粉	公吨	64 309	533	98 831	691
红薯干	公吨	5 124	225	5 203	167
混合饲料	金额		9 080		9 679
骨粉	公吨	5 558	121	6 726	153
茶叶	公吨	249 654	34 204	227 662	34 714
红茶	公吨	40 927	4 128	29 449	3 609
绿茶	公吨	163 163	19 953	155 325	21 787
花茶	公吨	18 339	3 979	17 414	3 588
乌龙茶	公吨	21 671	5 041	21 158	4 856
咖啡	公吨	11 237	1 003	3 355	577
可可	公吨	13 475	2 749	12 722	2 897
八角	公吨	2 225	600	1 318	296
薄荷脑	公吨	3 050	3 371	2 516	3 305
香茅油	公吨	438	331	541	316
桂油	公吨	580	943	532	964
山苍子油	公吨	493	330	398	307
桉叶油	公吨	3 168	1 530	3 449	1 299
松油	公吨	18 756	1 157	8 476	375
香叶油	公吨	102	461	101	347
天然樟脑（粉、块）	公吨	9 166	1 559	8 863	1 169
柠檬酸	公吨	241 842	17 591	225 416	18 870
松香	公吨	302 279	14 175	281 420	13 877
明胶	公吨	4 778	605	2 411	376
蜂蜡	公吨	3 136	704	2 401	624

2001年中国出口主要商品量值表

金额单位：万美元

商品名称	数量单位	2001年		2000年	
		数量	金额	数量	金额
鞭炮烟花	公吨	196 614	24 892	201 984	25 034
蚊香	公吨	6 577	769	6 604	738
神纸（土纸）	公吨	96 443	5 928	100 930	7 130
观赏鱼	金额		202		215
猪鬃	公吨	10 741	6 912	12 398	8 396
马鬃尾	公吨	1 371	852	1 378	665
鬃刷	万把	39 709	5 552	36 809	5 321
肠衣	公吨	52 297	28 358	52 857	31 795
猪肠衣	公吨	40 022	16 075	40 385	18 295
绵羊肠衣	公吨	7 792	9 514	7 264	10 189
山羊肠衣	公吨	1 238	1 701	1 254	2 048
鹅鸭绒毛	公吨	36 132	24 646	36 882	30 710
羽绒睡袋	个	308 322	578	421 278	1 066
骨粒粉	公吨	52 359	981	69 919	1 344
猪革皮	公吨	15 631	13 088	6 872	6 088
羊革皮	公吨	6 443	10 749	2 444	3 387
牛革皮	公吨	136 806	65 029	92 669	43 429
生牛皮	公吨	12 151	441	22 688	557
原木	立方米	17 739	555	26 711	794
锯材	立方米	433 364	19 508	422 507	17 800
胶合板	立方米	965 443	24 229	689 759	18 894
梧桐木拼板	公吨	72 363	10 715	76 950	11 961
箱板	金额		2 940		2 931
木板门	公吨	75 178	9 042	88 224	10 092
烟类	金额		38 619		30 190
烟草	公吨	167 034	18 968	120 291	15 131
烤烟	公吨	133 978	16 661	93 821	13 206
烟草制品	金额		17 513		12 540
卷烟	万支	1 380 728	17 513	840 887	12 539
烟草辅料	金额		2 138		2 518
棉花	公吨	52 760	8 057	292 584	30 589
苎麻	公吨	1 049	387	1 288	490
麻袋	万条	754	216	654	203
茧类	金额		350		568
桑蚕茧	公吨	435	347	632	556
丝类	金额		43 640		50 112
柞蚕丝	公吨	721	1 530	641	1 353

2001年中国出口主要商品量值表

金额单位：万美元

商品名称	数量单位	2001年		2000年	
		数量	金额	数量	金额
羊毛	公吨	16 136	5 817	14 156	3 956
羊绒	公吨	2 383	18 463	3 123	25 227
兔毛	公吨	4 065	4 706	4 990	6 177
纺织品	金额		1 599 873		1 530 646
棉纱线	件	1 356 488	72 189	1 160 726	63 083
麻纱线	件	192 930	11 183	178 633	11 997
亚麻纱线	件	24 340	2 629	42 322	4 649
棉麻混纺纱线	件	14 453	263	13 417	249
苎麻纱线	件	148 981	8 032	115 045	6 530
毛纱线	件	348 802	56 206	307 220	63 951
棉涤纶纱线	件	29 958	1 097	34 099	1 405
棉布	万米	282 064	263 037	275 155	258 812
坯布	万米	90 409	51 242	99 491	61 207
漂布	万米	23 332	16 215	20 877	17 124
色布	万米	74 423	82 889	78 440	89 098
花布	万米	31 045	24 013	24 133	18 670
色织布	万米	60 335	86 845	50 189	70 557
其他棉布	万米	2 521	1 833	2 025	2 156
麻布	万米	21 363	33 376	25 022	38 778
浴巾	打	19 104 147	26 696	15 137 516	23 310
毛巾被	条	13 741 715	5 663	10 735 714	4 253
床单	条	32 234 843	9 034	31 642 145	8 794
床罩	条	27 897 305	7 510	25 309 546	7 514
棉毯	条	20 347 441	8 904	18 434 098	7 857
毛毯	条	35 318 395	21 942	24 018 863	18 978
纤维毯	条	2 617 368	1 273	1 966 576	1 159
绸缎	万米	12 664	35 248	13 425	37 512
服装	金额		3 656 150		3 601 969
日用瓷	金额		63 346		82 697
日用陶	金额		7 672		8 425
美术陶瓷	金额		52 872		63 796
建筑陶瓷	金额		25 350		14 102
陶瓷砖	金额		17 219		8 735
卫生洁具	金额		7 976		5 197
地毯及装饰毯	金额		49 083		47 091
宝石	金额		64 490		60 539
钻石	金额		58 984		54 483

2001年中国出口主要商品量值表

金额单位：万美元

商品名称	数量单位	2001年		2000年	
		数量	金额	数量	金额
养殖珍珠	公斤	78 581	2 164	81 531	2 380
天然植物编织品	金额		58 943		56 963
稻草制品	金额		5 117		4 698
藤制品	金额		4 637		5 357
柳制品	金额		11 810		11 138
竹编制品	金额		12 251		11 729
鞋类	金额		1 009 646		985 258
帽类	金额		59 328		58 813
圆珠笔	打	256 897 816	14 054	245 303 349	11 694
铅笔	公斤	33 760 525	8 109	34 613 240	8 486
电子计算器	台	553 057 946	57 382	411 704 387	57 255
乒乓球	万个	16 250	689	17 787	615
玩具	金额		516 489		557 566
电动玩具	金额		3 292		3 727
机械玩具	金额		42 518		42 054
智力玩具	金额		16 049		14 990
布绒玩具	金额		141 430		157 139
童车	金额		6 817		7 692
乐器	金额		41 238		39 054
钢琴	台	47 829	5 970	46 001	5 344
风琴	台	224 529	125	75 932	48
口琴	打	807 355	634	898 845	735
手风琴	架	182 396	524	227 672	478
提琴	套	961 476	2 798	980 950	2 479
管乐器	个	144 492	776	139 924	698
铜响乐器	金额		2 514		1 817
电子乐器	金额		12 546		11 998
帐篷	顶	19 360 713	29 157	18 013 390	27 521
太阳伞	个	30 108 912	12 441	20 032 561	9 433
纸浆类	公吨	12 628	825	20 957	1 018
纸张	公吨	665 676	49 380	636 874	48 810
纸制品	公吨	949 553	110 091	904 958	101 885
玻璃器皿	金额		20 698		19 554
保温瓶类	金额		15 589		17 097
钟类	金额		44 069		47 904
闹钟	个	205 594 328	14 707	231 779 431	16 089
表类	金额		80 612		91 980

2001年中国出口主要商品量值表

金额单位：万美元

商品名称	数量单位	2001年		2000年	
		数量	金额	数量	金额
机械手表	个	16 875 427	2 573	39 188 828	5 402
电子手表	个	817 150 104	78 039	855 215 251	86 577
家具类	金额		395 863		356 515
清洁用品	金额		4 059		4 175
香皂	公吨	12 360	1 498	10 114	1 214
肥皂	公吨	7 819	419	3 530	228
牙膏	公吨	24 393	3 745	23 692	4 040
去污粉	公斤	2 905 619	179	963 861	50
化妆品	金额		19 862		16 054
美容用品	金额		15 482		11 955
护发美发用品	金额		2 562		2 606
香水	金额		539		440
锁类	公吨	187 193	45 808	181 973	44 115
灯具	金额		247 330		241 308
衡器类	金额		17 695		13 665
皮手套	打付	54 192 046	64 682	55 949 240	51 773
钢材	公吨	4 741 403	186 705	6 206 010	222 933
钢坯	公吨	2 710 714	49 023	4 343 389	81 778
钢锭	公吨	18 674	407	745 815	15 504
废钢	公吨	9 673	220	47 280	664
铁丝	公吨	221 923	10 085	186 211	8 652
铬矿砂	公吨	13 182	143	2 404	32
锌矿砂	公吨	13 366	262	138 891	2 183
钼矿砂	公吨	22 582	6 586	14 172	4 601
生铁	公吨	700 512	10 006	3 359 706	40 988
铁合金	公吨	1 217 684	69 138	1 315 885	77 288
钨铁	公吨	6 264	2 701	5 127	2 075
钼铁	公吨	37 545	14 594	44 370	18 030
锰铁	公吨	155 416	6 256	189 746	7 609
铬铁	公吨	89 655	4 264	133 505	6 850
硅铁	公吨	494 068	22 761	491 627	22 910
钛铁	公吨	933	224	1 356	274
钒铁	公吨	2 070	1 145	3 073	2 048
锡	公吨	57 249	24 945	77 733	38 778
锑	公吨	22 037	2 618	45 091	4 850
硫化锑	公吨	2 518	203	2 395	184

2001年中国出口主要商品量值表

金额单位：万美元

商品名称	数量单位	2001年		2000年	
		数量	金额	数量	金额
氧化锑	公吨	36 067	4 324	36 086	4 298
铜	公吨	64 998	10 598	130 227	22 832
铜合金	公吨	782	318	1 784	440
铝	公吨	294 902	43 727	81 189	12 590
铅	公吨	469 663	24 315	467 749	22 881
锌	公吨	541 913	51 809	574 570	63 000
镍	公吨	5 422	3 606	9 218	7 203
镁	公吨	117 447	16 062	113 846	17 565
钼	公吨	981	945	844	939
铋	公吨	2 414	1 690	5 369	1 739
铬	公吨	3 881	1 644	4 426	1 893
锰	公吨	126 295	12 964	97 200	8 915
铝合金	公吨	113 927	15 388	127 921	17 796
锌合金	公吨	20 108	2 168	18 766	2 027
氧化铝	公吨	25 339	891	9 642	384
氧化钼	公吨	4 107	1 269	4 221	1 363
三氧化钨	公吨	4 461	3 649	4 569	2 353
仲钨酸铵	公吨	6 850	5 155	9 276	4 377
铜材	公吨	123 772	42 123	144 484	50 797
铜管	公吨	18 408	4 929	14 498	3 753
铜棒	公吨	3 268	693	4 079	937
铜丝	公吨	9 962	2 399	12 187	2 817
铝材	公吨	135 645	33 772	130 052	31 989
铝板	公吨	30 691	7 777	30 780	7 391
铝管	公吨	5 715	1 642	7 072	1 678
铝丝	公吨	2 983	697	2 216	441
铝箔	公吨	25 957	9 061	24 845	8 803
铅材	公吨	3 727	287	4 291	298
锌材	公吨	4 710	593	5 742	652
镍材	公吨	1 018	601	1 507	800
镁材	公吨	10 621	1 539	9 013	1 470
锡材	公吨	11 444	4 644	17 226	7 971
银	公斤	1 225 385	16 398	191 404	2 934
钯	公斤	6 217	5 394	3 114	6 253
水泥	公吨	6 209 355	19 560	6 059 012	18 996
平板玻璃	平方米	61 328 616	15 031	55 932 984	14 901
重烧镁	公吨	906 565	11 466	1 050 807	12 248

2001年中国出口主要商品量值表

金额单位：万美元

商品名称	数量单位	2001年		2000年	
		数量	金额	数量	金额
白云石	公吨	682 613	976	694 027	1 066
鳞片石墨	公吨	122 219	2 939	118 904	3 139
无定形石墨	公吨	250 156	1 911	214 557	1 958
滑石块	公吨	473 886	3 390	440 128	2 882
滑石粉	公吨	299 491	3 531	313 018	3 469
长石块	公吨	557 243	714	607 067	717
轻烧镁	公吨	263 864	3 000	280 124	2 956
砩石块	公吨	1 109 779	12 195	1 198 538	11 791
重晶石	公吨	2 587 376	8 065	2 522 897	7 939
煤	公吨	90 121 636	266 639	50 750 996	145 945
焦炭	公吨	13 866 990	92 824	15 197 199	91 581
电力	万度	1 019 650	65 615	128 818	58 907
石油及制品	金额		373 646		447 755
原油	公吨	7 550 605	138 537	10 306 731	212 801
成品油	公吨	9 217 397	212 740	8 272 527	212 808
汽油	公吨	5 749 738	126 152	4 551 794	112 281
轻柴油	公吨	256 493	6 278	554 829	13 067
重柴油	公吨	4 221	654	6 157	900
石脑油	公吨	902 415	20 295	687 371	18 599
液化石油气	公吨	21 148	484	15 638	430
磷酸	公吨	172 512	4 995	135 643	4 756
氢氟酸	公吨	17 189	746	15 807	732
金属钠	公吨	3 043	347	3 059	380
烧碱	公吨	597 656	10 280	243 013	3 925
纯碱	公吨	1 093 994	12 670	997 072	10 417
硫化碱	公吨	92 158	1 667	74 654	1 435
硅酸钠	公吨	45 901	577	34 561	463
硝酸钠	公吨	11 076	219	6 430	129
次亚磷酸钠	公吨	8 975	1 060	12 212	1 292
氯化钠	公吨	914 766	2 221	552 032	1 556
氯酸钠	公吨	4 337	157	736	37
氰化钠	公吨	5 284	693	4 116	627
氯化钾	公吨	330 768	3 788	590 258	6 772
氯酸钾	公吨	19 812	933	11 350	555
硝酸钾	公吨	14 788	480	11 733	400
硫酸钾	公吨	14 211	323	5 709	117
氢氧化钾	公吨	2 726	135	781	36

2001年中国出口主要商品量值表

金额单位：万美元

商品名称	数量单位	2001年		2000年	
		数量	金额	数量	金额
高锰酸钾	公吨	12 643	1 086	13 516	1 174
碳酸钙	公吨	35 082	263	31 161	228
电石（碳化钙）	公吨	83 452	2 322	90 071	2 569
氯化钙	公吨	198 167	2 033	83 315	841
硫酸钡	公吨	16 029	335	16 706	354
碳酸钡	公吨	215 015	4 431	201 831	4 160
电解二氧化锰	公吨	27 575	2 458	22 028	2 030
氯化镍	公吨	1 622	328	1 532	420
氧化镍	公吨	289	207	443	320
碳酸镁	公吨	45 345	3 206	25 098	1 851
氯化镁	公吨	140 981	1 458	93 199	1 047
氯化锌	公吨	4 620	258	3 102	167
硫酸铝	公吨	28 632	233	53 356	502
工业氢氧化铝	公吨	56 516	1 329	44 973	955
氟化铝	公吨	7 750	541	6 833	462
钼酸铵	公吨	2 827	1 225	2 806	1 285
硝酸钴	公吨	41 555	1 309	38 315	1 214
氧化钴	公吨	110	284	155	242
钨酸	公吨	959	740	607	282
氢氧化锂	公吨	2 383	637	2 302	636
五氧化二钒	公吨	5 077	1 482	6 872	2 659
碳酸锶	公吨	88 293	3 689	73 950	3 066
工业硫酸铵	公吨	80 118	583	15 415	106
工业硝酸铵	公吨	46 761	744	29 530	484
氯化铵	公吨	185 795	1 430	134 589	1 256
磷酸二氢铵	公吨	95 180	1 817	92 363	1 604
磷酸氢二铵	公吨	452 508	7 700	204 246	3 492
活性碳	公吨	131 240	7 407	119 233	6 834
液氯	公吨	6 051	148	5 899	188
石蜡	公吨	582 491	26 975	607 841	26 204
石油焦	公吨	1 122 418	6 051	1 019 977	4 867
锻烧焦	公吨	480 353	6 079	314 115	3 412
沥青焦	公吨	11 950	209	31 881	558
石油沥青	公吨	160 115	837	158 810	786
煤焦沥青	公吨	45 377	743	80 322	1 254
甲醇（木精）	公吨	9 589	206	451	30
乙醇（酒精）	升	245 185 913	7 819	152 222 632	4 255

2001年中国出口主要商品量值表

金额单位：万美元

商品名称	数量单位	2001年		2000年	
		数量	金额	数量	金额
乙二醇	公吨	2 313	103	149	18
甘油（丙三醇）	公吨	2 766	162	247	23
环乙醇	公吨	245 362	7 888	153 365	4 393
糠醇	公吨	41 834	3 504	38 493	2 967
糠醛	公吨	24 689	1 566	49 199	2 521
甲酸（蚁酸）	公吨	10 258	401	10 088	401
苯甲酸	公吨	19 964	2 085	16 134	2 215
水杨酸	公吨	3 671	619	3 065	567
草酸（乙二酸）	公吨	30 180	1 062	28 501	1 078
酒石酸	公吨	4 964	1 265	4 108	1 016
己二酸	公吨	682	146	469	101
癸二酸	公吨	19 148	3 323	16 878	4 363
丙烯酸酯	公吨	14 767	1 365	11 358	899
环己酮	公吨	2 193	150	1 960	172
对苯二酚	公吨	1 433	412	1 905	528
三氯乙烷	公吨	1 621	188	1 684	218
丁二烯	公吨	2 829	240	5 987	280
苯乙烯	公吨	3 055	154	6 621	500
双氰胺	公吨	16 778	1 704	16 936	1 790
三聚氰胺	公吨	38 331	3 515	28 931	2 592
己内酰胺	公吨	9 739	993	12 503	1 743
硫脲	公吨	2 092	437	1 837	297
纯苯	公吨	38 928	958	90 091	2 917
甲苯	公吨	2 300	115	4 962	181
二甲苯（含邻间对）	公吨	69 978	2 926	31 247	1 304
硝基苯	公吨	406	118	396	106
羧甲基纤维素	公吨	3 535	334	3 059	262
防老剂	公吨	7 103	1 384	4 454	778
催化剂	公吨	9 304	2 637	4 978	2 026
虫胶	公吨	541	339	474	284
塑料	金额		676 345		644 290
高压聚乙烯	公吨	2 729	206	3 302	268
低压聚乙烯	公吨	4 221	427	6 042	572
聚丙烯	公吨	9 215	992	10 232	1 179
ABS树脂	公吨	28 698	3 026	27 510	2 747
电木粉（酚醛树脂）	公吨	19 631	1 553	19 113	1 566
电玉粉	公吨	9 230	610	10 310	708

2001年中国出口主要商品量值表

金额单位：万美元

商品名称	数量单位	2001年		2000年	
		数量	金额	数量	金额
聚氯乙烯（树脂）	公吨	40 697	4 749	43 983	4 834
聚苯乙烯	公吨	77 149	6 904	96 788	8 958
聚四氟乙烯	公吨	3 377	2 090	2 603	1 515
环氧树脂	公吨	11 635	2 118	16 481	3 202
聚碳酸脂	公吨	55 335	13 137	54 540	11 976
醇酸树脂	公吨	1 725	201	564	84
塑料雨衣	公吨	232 869	44 258	203 049	38 355
塑料雨帽	打	17 411 683	1 003	17 357 209	1 178
尼龙牙刷	罗	6 937 961	5 560	6 140 977	4 264
各种染料	公吨	177 412	53 286	179 632	54 650
硫化染料	公吨	25 785	2 412	25 361	2 436
还原染料	公吨	20 535	11 238	13 001	7 410
直接染料	公吨	6 053	1 833	5 956	1 981
酸性染料	公吨	18 374	6 306	22 804	8 798
盐基染料	公吨	11 706	4 684	11 059	4 719
活性染料	公吨	7 974	3 575	6 632	3 119
分散染料	公吨	80 244	20 731	89 195	23 841
增白粉	公吨	3 253	1 546	4 337	1 594
二萘酚（B萘酚）	公吨	13 720	1 455	14 087	1 572
二甲基苯胺	公吨	894	218	714	168
苯胺	公吨	946	179	726	169
二苯胺	公吨	8 865	2 277	5 461	1 386
甲萘胺（1-萘胺）	公吨	9 651	1 800	9 348	2 022
三聚氯氰	公吨	45 366	5 872	33 109	4 276
立德粉	公吨	84 831	2 727	81 422	2 652
钛白粉	公吨	55 855	5 948	55 844	5 926
氧化锌	公吨	92 700	6 659	134 906	10 098
群青	公吨	4 224	228	4 598	258
油漆	公吨	100 186	15 305	83 555	13 975
油墨	公吨	9 684	4 800	9 399	2 968
化肥	公吨	3 038 086	39 729	2 625 985	32 947
尿素	公吨	1 264 176	15 768	961 372	11 428
氯化钾	公吨	330 768	3 788	590 258	6 772
硫铵（硫酸铵）	公吨	80 118	583	15 415	106
硝铵（硝酸铵）	公吨	46 761	744	29 530	484
过磷酸钙	公吨	219 227	2 476	273 017	3 242
硝酸钠	公吨	11 076	219	6 430	129

2001年中国出口主要商品量值表

金额单位：万美元

商品名称	数量单位	2001年		2000年	
		数量	金额	数量	金额
硫酸钾	公吨	14 211	323	5 709	117
农药	公吨	196 956	54 895	161 559	46 300
除草剂	公吨	85 219	21 658	68 250	20 069
杀虫剂	公吨	75 881	20 279	60 922	15 310
合成橡胶	公吨	114 998	6 342	64 016	5 088
再生胶	公吨	5 985	253	4 919	208
轮胎	金额		109 076		108 815
整套轮胎	万套	11 073	100 278	10 906	100 288
轮胎内胎	万条	12 479	7 726	11 752	7 441
胶管	公吨	13 954	2 740	11 987	2 318
运输带	公吨	13 116	3 256	7 921	2 004
传动带	公吨	12 996	3 043	10 678	3 060
乳胶手套	万付	113 329	7 719	99 283	6 431
甘草	公吨	3 902	725	6 004	987
半夏	公吨	865	210	731	187
菊花	公吨	2 602	442	2 378	341
黄芪	公吨	6 696	682	7 785	854
当归	公吨	3 140	269	3 979	293
枸杞	公吨	5 662	678	7 102	897
党参	公吨	2 179	323	4 536	466
茯苓	公吨	3 312	316	3 775	347
川芎	公吨	2 084	132	3 974	265
田七	公吨	250	129	221	153
白术	公吨	2 090	217	3 673	493
白芍	公吨	2 706	251	3 397	330
黄连	公吨	116	103	193	112
姜黄	公吨	1 111	100	1 575	166
大黄	公吨	1 113	133	1 033	115
啤酒花颗粒	公吨	774	295	826	325
动物药材	金额		2 097		2 108
鲜王浆	公斤	3 068 610	2 043	2 224 840	2 051
槟榔	公吨	11 990	3 887	9 483	2 823
片仔癀	公斤	2 812	1 031	2 406	889
清凉油	公斤	3 062 565	1 133	3 597 809	1 307
药酒	金额		427		526
抗菌素药	公吨	39 936	60 363	34 765	53 893
磺胺药	公吨	18 315	11 743	16 609	9 951

2001年中国出口主要商品量值表

金额单位：万美元

商品名称	数量单位	2001年		2000年	
		数量	金额	数量	金额
磺胺嘧啶	公斤	1 389 760	970	1 380 375	982
磺胺二甲基嘧啶	公斤	1 795 800	980	2 276 675	1 405
维生素	金额		38 041		36 485
医疗器械	金额		63 356		50 947
体温表	万支	8 836	2 378	3 839	1 813
血压表	万支	1 739	11 389	1 361	9 588
听诊器	万个	231	273	188	248
心电瞬时记录仪	台	7 102	651	10 121	1 267
注射器	万支	105 715	1 952	71 234	1 443
注射针头	金额		961		762
畜牧专用器械	金额		670		337
医用敷料	金额		28 252		26 147
各类船	艘	68 034	188 866	43 032	149 665
客船	艘	106	2 132	80	2 212
客货船	艘	459	120 706	514	91 833
挖泥船	艘	65	1 861	65	1 301
拖轮	艘	81	7 774	87	3 064
渔船	艘	63	3 880	54	1 079
海洋平台	金额		1 774		9 232
集装箱	只	915 510	219 864	1 107 032	237 664
飞机	架	37	5 142	49	16 168
汽车	辆	19 718	19 931	16 500	18 738
载重汽车	辆	9 160	6 130	7 464	6 721
小轿车	辆	8 700	3 619	5 248	3 075
客车	辆	1 091	5 442	1 053	3 644
汽车底盘	金额		891		636
摩托车	辆	2 876 991	74 689	1 989 255	74 794
摩托车零件	金额		24 593		17 594
汽车零件	金额		135 114		112 346
显像管	万只	1 100	46 577	1 124	43 943
集成电路	金额		262 852		293 799
电线电缆	公吨	544 667	165 333	534 069	161 593
蓄电池	金额		103 362		98 130
铅酸蓄电池	万个	5 084	22 645	3 690	18 222
起重机械	台	18 456 218	59 461	17 047 506	49 555
金属切削机床	台	4 554 777	29 003	4 381 493	29 895
车床	台	39 932	5 536	46 609	6 261

2001年中国出口主要商品量值表

金额单位：万美元

商品名称	数量单位	2001年		2000年	
		数量	金额	数量	金额
钻床	台	1 413 635	6 438	1 363 999	6 372
镗床	台	1 256	328	1 302	236
磨床	台	2 821 122	4 732	2 671 568	4 706
齿轮加工机床	台	189	121	124	179
铣床	台	7 957	1 099	6 905	1 343
铸造机械	台	9 929 332	3 809	7 169 213	2 606
木工机械	台	2 166 539	12 781	1 533 597	8 617
各种泵	金额		149 125		123 590
滚动轴承	套	1 563 352 445	65 277	1 497 089 187	63 821
纺织机械	台	697	210	372	776
印刷机械	金额		5 185		4 326
制革制鞋机械	金额		573		320
金属轧机	金额		3 644		3 110
玻璃加工机械	金额		1 361		721
橡胶或塑料加工机械	金额		19 297		15 331
烟草加工机械	金额		786		425
电动机及发电机	万台	245 617	184 188	275 442	193 092
发电机组	台	198 710	7 664	75 879	5 675
电动机和发电机零件	金额		23 244		22 517
有线电话电报交换机	台	180 553 731	262 872	183 889 927	242 935
有线电话电报交换机零件	金额		90 025		69 463
计算机	金额		1 309 625		1 099 475
小型电子计算机	台	150	184	158	266
微型电子计算机	台	554 632	33 143	1 647 853	69 364
显示器	台	32 184 968	352 378	33 064 439	338 567
打印机	台	30 821 331	212 163	21 832 087	160 032
键盘	个	280 133 934	70 308	292 276 255	71 653
磁盘	万片	58 803	7 714	53 936	6 122
文字处理机	金额		1 368		2 369
有线通讯设备	金额		352 896		312 398
电话机	台	148 971 539	140 968	160 297 875	169 283
各种电子交换机	金额		25 877		10 114
载波机	台	26 157 290	50 969	20 413 761	30 867
传真机	台	3 769 499	44 270	2 665 108	31 651
复印机	台	1 370 781	86 995	1 509 260	74 920
雷达	金额		4 204		1 214
导航设备	金额		540		88

2001年中国出口主要商品量值表

金额单位：万美元

商品名称	数量单位	2001年		2000年	
		数量	金额	数量	金额
电台对讲机	金额		17 276		14 218
电池	金额		59 960		57 916
测绘仪器	金额		21 891		19 089
望远镜	金额		15 585		19 092
放大镜	只	30 761 702	1 137	27 928 039	1 072
照相机	架	86 933 634	99 420	90 732 820	123 708
照相机零件	金额		9 699		8 990
彩色冲洗扩印系统	金额		411		457
自行车类	金额		160 241		162 503
自行车	辆	35 534 069	101 075	34 567 792	104 683
自行车外胎	条	54 862 866	5 746	55 845 210	6 051
自行车内胎	条	91 838 177	3 597	88 947 727	3 752
自行车零配件	金额		52 662		52 202
缝纫机类	金额		40 068		42 429
缝纫机	金额		32 829		34 619
家用缝纫机	台	4 043 293	13 557	4 364 939	14 395
工业缝纫机	台	1 587 805	19 272	1 642 628	20 224
缝纫机零件	金额		7 239		7 810
缝纫机针	金额		833		838
电风扇	台	123 522 495	82 857	112 454 478	70 368
吊扇	台	30 521 064	32 990	24 473 362	26 673
台扇	台	18 534 517	10 789	17 101 458	9 369
落地电扇	台	26 570 703	21 806	22 745 645	18 665
排风扇	台	2 533 724	2 366	2 375 932	2 180
电冰箱	台	3 194 285	25 339	2 180 425	17 726
洗衣机	台	1 613 970	12 956	1 006 974	9 320
空调器	台	3 184 143	45 660	1 779 924	31 240
吸尘器	台	41 762 776	50 174	31 208 761	37 348
空气加湿器	台	5 563 806	6 553	3 656 075	3 727
空气干燥器	台	241 035	786	56 800	482
电水壶	个	59 164 770	33 696	53 332 645	27 224
电炉	个	32 526 638	32 146	29 868 077	24 627
电热水器	个	4 254 740	5 137	5 686 962	4 538
煤气热水器	台	297 186	2 158	230 544	1 558
电面包烤炉	台	56 311 916	40 091	52 700 652	39 520
洗碗机	台	82 164	839	33 002	395
消毒柜	台	135 883	255	128 863	279

2001年中国出口主要商品量值表

金额单位：万美元

商品名称	数量单位	2001年		2000年	
		数量	金额	数量	金额
电吹风	个	63 127 710	13 357	65 665 516	14 803
电动剃须刀	个	20 103 304	10 914	19 883 985	11 254
电熨斗	个	51 301 005	23 236	47 239 566	21 159
电筒	个	502 712 508	18 794	580 636 890	19 061
台灯	金额		44 847		46 172
吊灯	金额		47 426		45 015
节日灯	金额		50 338		62 789
卤钨灯	万只	67 019	15 001	61 182	16 408
收音机	台	168 383 271	25 270	164 091 946	30 693
录音机	金额		223 442		243 869
收录两用机	台	17 306 430	5 444	25 353 211	8 249
电视机及散件	金额		159 153		129 735
彩色电视机	台	11 791 460	143 350	10 318 003	111 848
黑白电视机	台	9 239 259	15 803	9 120 614	17 887
投影电视机	台	21 926	1 811	1 629	151
录像机	台	12 605 834	52 229	12 554 524	48 206
摄像机	台	10 532 606	54 803	7 896 480	35 420
音箱	万台	126 609	93 764	146 375	96 533
组合音响	万套	136	2 629	107	2 213
录像带	万盒	37 135	12 893	34 485	12 940
耳塞机	万个	62 499	21 891	58 952	20 544
麦克风	个	234 972 047	8 334	345 546 425	9 344
量具	金额		15 220		14 782
刃具	金额		4 722		4 761
磨具	金额		5 687		5 708
砂布	公吨	4 008	610	4 333	675
电动工具	金额		127 456		122 461
电钻	个	35 125 227	47 911	33 132 681	50 800
各种锤	金额		6 312		6 256
各种钳	金额		13 147		12 160
各种扳手	金额		7 399		6 496
各种螺丝批	金额		6 413		6 091
各种钻	金额		875		1 388
各种锉和刀	金额		22 083		20 882
各种锯和锯条	金额		11 068		10 814
农具	金额		11 296		10 307
出版物	金额		35 445		32 399

2001年中国进口主要商品量值表

金额单位：万美元

商品名称	数量单位	2001年		2000年	
		数量	金额	数量	金额
粮谷	公吨	3 442 748	63 426	3 146 476	59 375
大米	公吨	268 900	9 872	238 563	11 265
小麦	公吨	690 057	12 136	875 977	14 737
玉米	公吨	36 079	455	280	8
大麦	公吨	2 368 011	38 194	1 974 106	31 330
面粉	公吨	48 841	1 718	42 757	1 496
豆类	公吨	14 110 201	284 567	10 524 821	230 058
黄大豆	公吨	13 939 479	280 952	10 419 056	227 024
豌豆	公吨	153 848	2 798	89 135	1 782
食用植物油	公吨	1 649 604	47 756	1 790 530	62 714
花生油	公吨	8 612	648	9 954	1 083
豆油	公吨	69 888	2 354	307 619	12 585
菜油	公吨	45 049	1 758	70 931	2 625
玉米油	公吨	3 087	158	5 876	384
食用植物油籽	公吨	15 674 902	319 370	13 402 620	294 229
芝麻	公吨	6 695	331	2 408	134
葵花籽	公吨	3 917	709	11 765	1 290
油菜籽	公吨	1 724 251	37 359	2 968 936	65 762
工业用油	公吨	375 540	12 016	252 875	13 836
蓖麻油	公吨	7 163	423	29 196	2 737
亚麻油	公吨	24 944	875	71 462	3 122
椰子油	公吨	177 189	5 343	83 469	4 186
棕榈油	公吨	14 627	424	15 040	500
工业用油籽	公吨	27 965	1 790	1 380	99
活畜禽	金额		3 549		5 228
活羊	头	1 482	222	2 713	424
肉食	金额		60 490		64 357
冻猪肉	公吨	94 274	4 159	136 140	5 844
冻牛肉	公吨	3 857	582	6 353	694
冻绵羊肉	公吨	25 179	1 959	17 505	1 377
冻鸡	公吨	694 036	43 423	836 264	47 231
灌腊肠	公吨	2 197	174	2 235	156
苹果	公吨	39 371	1 707	25 475	1 168
橘柑橙	公吨	59 862	2 727	53 332	2 483
柚子	公吨	2 958	121	3 617	158
香蕉	公吨	413 965	9 825	593 476	16 926
甘蔗	公吨	279 452	491	10	0

2001年中国进口主要商品量值表

金额单位：万美元

商品名称	数量单位	2001年		2000年	
		数量	金额	数量	金额
荔枝	公吨	7 231	343	10 156	413
葡萄	公吨	48 587	3 367	52 408	3 462
李子	公吨	7 696	557	3 656	237
西瓜	公吨	20 517	185	5 489	91
栗子	公吨	3 044	363	2 249	299
葡萄干	公吨	1 252	140	831	70
苦杏仁	公吨	1 442	172	1 744	151
甜杏仁	公吨	3 626	297	3 593	192
榛子	公吨	5 882	271	3 602	211
腰果仁	公吨	4 913	895	142	30
红枣	公吨	48 788	2 265	46 597	2 326
蔬菜	公吨	120 913	8 780	117 998	7 664
速冻蔬菜	公吨	17 790	1 255	31 275	2 093
水产品	金额		133 110		121 228
活鳗鱼苗、种	公斤	25 136	540	61 941	4 421
冰鲜鱼	公吨	5 761	1 270	6 430	1 404
冻鱼	公吨	976 468	85 342	889 284	68 437
冻鱼片	公吨	11 567	1 645	5 299	895
冻对虾	公吨	4 455	1 892	6 270	2 519
冰鲜虾	公吨	3 535	1 025	4 163	1 080
冻小虾	公吨	58 660	10 197	46 926	9 613
冻小虾仁	公吨	8 020	2 360	5 827	1 651
鱼翅	公吨	3 129	1 878	4 646	2 551
糖	金额		31 328		11 533
砂糖	公吨	176 098	5 363	76 922	2 233
原糖	公吨	1 018 987	25 803	561 208	9 208
啤酒	公吨	54 410	6 943	72 504	9 293
葡萄酒	公吨	30 503	2 385	36 573	2 847
矿泉水	公吨	4 286	121	5 505	139
果汁	公吨	24 533	2 180	15 430	1 415
酱油	公吨	17 484	2 895	18 631	3 690
醋	公吨	1 096	135	804	89
鲜奶	公吨	9 599	487	14 910	887
奶粉	公吨	58 506	11 440	72 769	11 532
淀粉	公吨	205 322	4 647	142 989	3 786
麦麸	公吨	18 018	164	16 368	216
豆粕	公吨	53 666	1 168	505 310	10 594

2001年中国进口主要商品量值表

金额单位：万美元

商品名称	数量单位	2001年		2000年	
		数量	金额	数量	金额
木薯干片	公吨	1 949 531	15 322	256 092	2 203
混合饲料	金额		10 376		14 913
鱼粉	公吨	901 696	48 138	1 185 713	57 235
骨粉	公吨	107 168	2 677	217 235	5 891
茶叶	公吨	1 688	294	2 449	416
红茶	公吨	902	206	1 359	282
咖啡	公吨	9 496	717	5 443	618
可可	公吨	52 250	8 025	47 305	7 075
胡椒	公吨	2 674	240	6 202	450
薄荷脑	公吨	3 361	2 969	3 005	2 947
柠檬桉油	公吨	1 118	607	564	376
松香	公吨	890	148	1 642	255
明胶	公吨	4 181	2 273	2 982	1 386
肠衣	公吨	114 584	9 598	95 221	8 557
猪肠衣	公吨	21 320	2 123	20 399	2 471
绵羊肠衣	公吨	15 930	1 803	13 013	1 389
鹅鸭绒毛	公吨	5 831	3 433	5 589	2 840
骨粒粉	公吨	21 879	880	7 152	221
猪革皮	公吨	10 292	6 575	11 455	8 034
羊革皮	公吨	26 685	44 563	19 447	43 904
牛革皮	公吨	648 859	181 719	602 611	180 293
生猪皮	公吨	43 302	3 402	13 816	949
生牛皮	公吨	427 500	59 802	341 273	43 198
绵羊皮	公吨	120 651	10 512	125 324	9 353
水貂皮	公吨	1 928	4 739	1 955	4 508
原木	立方米	16 863 751	169 398	13 611 746	165 564
锯材	立方米	4 016 052	98 669	3 575 208	97 852
胶合板	立方米	651 273	25 445	1 001 842	43 681
梧桐木拼板	公吨	4 791	433	8 433	609
箱板	金额		180		241
木板门	公吨	1 176	141	1 102	152
烟类	金额		26 755		20 445
烟草	公吨	56 698	23 324	37 911	16 404
烤烟	公吨	55 948	23 017	36 820	15 948
烟草制品	金额		3 335		3 930
卷烟	万支	178 639	3 323	208 729	3 892
棉花	公吨	59 647	7 586	52 155	8 222

2001年中国进口主要商品量值表

金额单位：万美元

商品名称	数量单位	2001年		2000年	
		数量	金额	数量	金额
茧类	金额		335		169
丝类	金额		1 155		1 701
羊毛	公吨	309 141	104 917	300 687	103 731
羊绒	公吨	929	1 931	1 889	3 085
兔毛	公吨	145	154	272	237
纺织品	金额		1 245 232		1 270 026
棉纱线	件	2 942 325	112 304	2 541 363	95 237
麻纱线	件	154 538	5 861	134 411	5 174
亚麻纱线	件	24 970	914	19 997	778
苎麻纱线	件	120 846	4 655	103 759	4 090
毛纱线	件	252 465	22 308	240 607	20 813
棉涤纶纱线	件	142 083	5 467	118 901	4 402
棉布	万米	126 546	144 244	133 503	147 345
坯布	万米	32 758	19 351	37 832	22 488
漂布	万米	1 079	1 407	2 086	2 120
色布	万米	50 929	68 990	50 708	67 213
花布	万米	5 815	11 916	5 786	11 989
色织布	万米	34 620	40 594	35 612	41 524
其他棉布	万米	1 345	1 987	1 480	2 011
麻布	万米	6 931	9 187	8 805	10 296
绸缎	万米	3 594	9 315	4 231	11 319
服装	金额		126 215		118 374
日用瓷	金额		184		179
建筑陶瓷	金额		2 365		2 731
陶瓷砖	金额		1 253		1 834
陶瓷管	金额		269		266
卫生洁具	金额		834		603
地毯及装饰毯	金额		3 309		2 559
宝石	金额		75 337		77 476
钻石	金额		68 140		69 393
养殖珍珠	公斤	117 260	970	69 948	630
天然植物编织品	金额		787		700
鞋类	金额		32 952		32 047
帽类	金额		330		285
圆珠笔	打	6 854 713	534	7 075 561	634
铅笔	公斤	951 931	203	956 625	197
电子计算器	台	10 893 915	1 773	5 956 787	792

2001年中国进口主要商品量值表

金额单位：万美元

商品名称	数量单位	2001年		2000年	
		数量	金额	数量	金额
玩具	金额		6 125		5 427
电动玩具	金额		178		201
机械玩具	金额		244		295
智力玩具	金额		601		327
布绒玩具	金额		276		301
乐器	金额		9 039		8 739
钢琴	台	7 429	811	5 794	533
管乐器	个	10 681	135	7 491	161
电子乐器	金额		246		222
纸浆类	公吨	4 903 811	207 612	3 345 134	212 097
纸张	公吨	5 563 551	304 219	5 940 322	328 052
纸制品	公吨	356 048	70 299	434 599	76 596
玻璃器皿	金额		15 721		15 117
保温瓶类	金额		249		385
钟类	金额		10 997		12 807
表类	金额		12 582		6 229
机械手表	个	313 901	5 577	265 336	2 122
电子手表	个	6 236 650	7 005	10 675 804	4 107
家具类	金额		22 925		16 575
清洁用品	金额		700		738
香皂	公吨	4 194	563	6 379	800
牙膏	公吨	1 327	329	1 886	427
剃须膏	公斤	275 285	175	178 021	86
去污粉	公斤	984 251	141	982 032	157
化妆品	金额		6 341		6 310
美容用品	金额		4 820		4 456
护发美发用品	金额		752		1 020
香水	金额		318		525
锁类	公吨	8 404	6 743	9 647	5 618
灯具	金额		6 101		6 142
衡器类	金额		3 965		3 077
钢材	公吨	17 217 324	896 359	15 961 428	853 589
钢坯	公吨	8 177 837	151 243	4 752 396	102 455
钢锭	公吨	184 556	4 928	148 711	4 046
废钢	公吨	9 786 928	106 150	5 100 952	50 879
铁丝	公吨	304 381	17 532	286 790	16 601

2001年中国进口主要商品量值表

金额单位：万美元

商品名称	数量单位	2001年		2000年	
		数量	金额	数量	金额
铁矿砂	公吨	92 308 272	250 275	69 971 633	185 770
铬矿砂	公吨	1 090 441	8 098	1 112 791	9 683
锰矿砂	公吨	1 710 587	13 107	1 203 704	9 540
铜矿砂	公吨	2 255 242	89 800	1 813 288	80 578
镍矿砂	公吨	6 986	418	1 232	56
钴矿砂	公吨	29 222	3 153	16 038	1 626
铝矿砂	公吨	320 771	824	403 516	1 125
铅矿砂	公吨	397 111	6 730	311 395	5 639
锌矿砂	公吨	652 856	14 039	77 942	842
铬矿砂	公吨	1 090 441	8 098	1 112 791	9 683
钼矿砂	公吨	24 577	4 981	18 769	3 686
生铁	公吨	514 736	10 152	52 457	5 402
铁合金	公吨	35 964	4 638	9 314	2 141
铬铁	公吨	24 041	1 241	1 741	120
硅铁	公吨	4 043	193	2 103	134
钛铁	公吨	217	174	617	58
镍铁	公吨	1 244	367	882	276
钒铁	公吨	260	151	120	65
锡	公吨	6 486	2 451	4 935	2 000
水银	公吨	427	186	775	322
氧化锑	公吨	316	102	1 206	461
铜	公吨	4 291 522	282 954	3 316 342	251 977
铜合金	公吨	27 959	4 282	19 813	3 454
铝	公吨	226 163	32 507	614 822	94 321
铅	公吨	28 788	1 269	16 260	650
锌	公吨	18 513	1 958	19 499	1 979
镍	公吨	37 399	21 221	11 951	7 481
铬	公吨	250	220	751	262
铝合金	公吨	303 256	41 013	299 276	38 223
锌合金	公吨	122 646	13 676	110 475	11 675
锡矿砂	公吨	3 475	596	2 077	470
氧化铝	公吨	3 346 038	62 489	1 881 715	63 846
铜材	公吨	740 625	193 131	740 989	199 689
铜管	公吨	46 452	16 502	42 183	15 849
铜棒	公吨	101 061	18 314	130 170	23 376
铜丝	公吨	292 375	57 913	255 476	52 384
铝材	公吨	404 120	111 852	457 032	121 933

2001年中国进口主要商品量值表

金额单位：万美元

商品名称	数量单位	2001年		2000年	
		数量	金额	数量	金额
铝板	公吨	274 791	66 165	279 187	67 368
铝管	公吨	10 218	4 030	18 671	6 301
铝丝	公吨	5 105	1 782	3 855	1 711
铝箔	公吨	47 534	26 104	58 661	28 109
铅材	公吨	6 419	624	10 673	764
锌材	公吨	74 954	5 764	88 258	5 663
镍材	公吨	11 597	9 042	10 235	9 327
镁材	公吨	364	159	222	158
锡材	公吨	13 891	5 542	15 802	5 613
银	公斤	315 594	5 312	283 807	5 188
钯	公斤	5 155	1 520	2 374	5 081
水泥	公吨	2 801 018	6 479	1 425 818	3 475
平板玻璃	平方米	25 052 253	10 963	29 038 624	12 862
鳞片石墨	公吨	463	182	595	247
滑石粉	公吨	8 927	461	13 911	684
长石块	公吨	3 446	161	6 215	327
煤	公吨	2 493 269	8 750	2 116 809	6 860
电力	万度	179 809	9 479	154 614	9 627
石油及制品	金额		1 681 984		2 005 861
原油	公吨	60 255 350	1 166 645	70 265 318	1 486 066
成品油	公吨	21 449 066	376 940	18 046 823	365 706
轻柴油	公吨	274 661	6 344	259 353	6 639
重柴油	公吨	41 240	9 761	49 316	10 826
石脑油	公吨	109 355	2 563	122 523	3 275
液化石油气	公吨	4 888 648	138 188	4 817 485	154 000
硫酸	公吨	962 330	2 079	367 522	1 025
硝酸	公吨	1 757	225	1 753	221
磷酸	公吨	43 866	945	42 713	955
硼酸	公吨	41 474	1 938	37 124	1 775
氢氟酸	公吨	783	180	605	158
金属钠	公吨	3 914	207	2 658	99
烧碱	公吨	27 357	730	46 459	973
纯碱	公吨	68 665	789	134 953	1 460
硝酸钠	公吨	20 785	306	27 983	433
次亚磷酸钠	公吨	2 985	672	946	263
氰化钠	公吨	19 292	2 050	28 518	3 157
氯化钾	公吨	5 168 302	60 363	5 991 552	71 572

2001年中国进口主要商品量值表

金额单位：万美元

商品名称	数量单位	2001年		2000年	
		数量	金额	数量	金额
硝酸钾	公吨	111 315	2 859	48 651	1 277
硫酸钾	公吨	257 244	4 307	190 835	3 303
氢氧化钾	公吨	13 022	887	13 917	977
碳酸钙	公吨	42 191	1 529	56 238	1 925
硫酸钡	公吨	1 772	157	1 497	155
碳酸钡	公吨	370	110	328	60
电解二氧化锰	公吨	6 800	821	8 679	998
氯化镍	公吨	2 112	282	1 901	249
氧化镍	公吨	2 984	1 834	3 281	2 037
碳酸镁	公吨	1 385	225	1 334	230
工业氢氧化铝	公吨	5 286	427	8 257	479
氧化钴	公吨	217	467	87	244
五氧化二钒	公吨	1 950	447	457	179
氯化铵	公吨	3 317	239	4 108	343
磷酸二氢铵	公吨	15 125	182	6 969	119
磷酸氢二铵	公吨	3 117 090	52 943	3 599 880	61 779
活性碳	公吨	6 299	957	2 567	727
硫磺	公吨	9 505	312	89 472	695
溴素	公吨	4 645	368	4 015	329
重水	公斤	487 307	9 601	4	1
石蜡	公吨	31 874	2 384	23 635	1 865
石油焦	公吨	182 454	1 247	18 837	110
锻烧焦	公吨	26 500	1 184	20 515	1 065
沥青焦	公吨	21 962	1 086	23 606	1 101
石油沥青	公吨	1 633 266	28 925	1 394 525	23 967
煤焦沥青	公吨	46 962	807	20 689	479
凡士林	公吨	871	143	892	126
甲醇（木精）	公吨	1 521 262	21 268	1 306 531	18 792
乙二醇	公吨	1 597 078	72 861	1 049 675	58 270
丁醇（正丁醇）	公吨	222 783	10 503	167 318	8 446
季戊四醇	公吨	10 677	843	7 425	612
甲酸（蚁酸）	公吨	13 783	475	9 287	347
甲酸钠	公吨	13 494	317	14 379	356
苯甲酸	公吨	996	284	1 075	317
冰醋酸（乙酸）	公吨	199 237	7 274	103 613	3 971
己二酸	公吨	70 110	6 984	45 325	5 149
对苯二甲酸	公吨	3 116 736	139 081	2 505 569	122 558

2001年中国进口主要商品量值表

金额单位：万美元

商品名称	数量单位	2001年		2000年	
		数量	金额	数量	金额
油酸	公吨	1 206	107	2 556	138
丙烯酸酯	公吨	181 514	16 023	155 479	14 345
丙酮	公吨	144 138	5 193	102 110	5 372
环己酮	公吨	40 611	2 632	44 558	3 309
苯酚（石碳酸）	公吨	205 273	10 487	96 932	6 371
间苯二酚（雷锁辛）	公吨	3 166	1 361	2 697	1 108
二氯甲烷	公吨	63 758	2 906	86 266	3 846
二氯乙烷	公吨	480 969	9 605	323 730	12 531
三氯甲烷（氯仿）	公吨	132 370	5 938	103 333	5 257
三氯乙烷	公吨	4 203	348	10 634	573
环乙烷	公吨	9 347	397	8 170	444
乙烯	公吨	74 260	3 303	88 866	5 231
丙烯	公吨	269 335	11 313	168 733	7 698
丁烯（丁烯1和2）	公吨	4 751	205	821	32
丁二烯	公吨	140 274	6 073	85 807	4 057
苯乙烯	公吨	1 607 883	81 643	1 157 487	86 044
三氯乙烯	公吨	29 960	1 509	27 196	1 419
丙烯腈	公吨	260 068	17 410	152 993	13 796
乙二胺	公吨	13 855	2 033	13 636	1 912
双氰胺	公吨	973	230	1 046	254
三聚氰胺	公吨	3 616	350	5 993	568
己内酰胺	公吨	306 215	30 905	244 873	33 840
硫脲	公吨	397	559	98	279
纯苯	公吨	62 331	2 138	75 059	2 916
甲苯	公吨	728 510	21 307	573 031	18 881
二甲苯（含邻间对）	公吨	281 094	12 118	345 394	14 773
粗萘（工业萘）	公吨	58 521	2 256	47 592	1 841
四氢呋喃	公吨	4 936	767	5 982	839
羧甲基纤维素	公吨	2 382	695	2 523	750
防老剂	公吨	100 361	18 808	96 801	18 452
催化剂	公吨	29 386	14 720	24 941	15 201
虫胶	公吨	951	143	657	63
塑料	金额		1 526 264		1 445 749
高压聚乙烯	公吨	1 723 236	109 490	1 214 170	85 515
低压聚乙烯	公吨	2 386 611	156 085	1 752 726	127 849
聚丙烯	公吨	2 086 547	136 139	1 640 083	114 416
ABS树脂	公吨	1 426 136	145 606	1 469 517	152 750

2001年中国进口主要商品量值表

金额单位：万美元

商品名称	数量单位	2001年		2000年	
		数量	金额	数量	金额
电木粉（酚醛树脂）	公吨	79 542	9 640	80 151	9 090
电玉粉	公吨	15 677	1 431	15 973	1 460
聚氯乙烯（树脂）	公吨	2 539 691	155 574	1 962 367	144 230
聚苯乙烯	公吨	3 145 769	284 985	3 215 839	297 002
聚四氟乙烯	公吨	7 868	4 371	7 421	3 434
环氧树脂	公吨	125 272	27 024	133 691	29 171
聚碳酸脂	公吨	265 909	53 393	236 316	44 556
醇酸树脂	公吨	36 263	4 055	37 859	4 393
塑料雨衣	公吨	4 022	2 039	4 293	2 273
尼龙牙刷	罗	102 199	148	107 634	118
各种染料	公吨	50 302	22 262	45 273	19 772
硫化染料	公吨	998	262	830	119
还原染料	公吨	1 028	633	924	569
直接染料	公吨	8 498	3 259	8 489	3 029
酸性染料	公吨	6 921	4 278	5 744	3 265
盐基染料	公吨	1 352	413	1 393	457
活性染料	公吨	21 068	9 100	17 396	7 630
分散染料	公吨	4 760	2 363	5 060	2 852
增白粉	公吨	3 682	1 375	3 991	1 522
二甲基苯胺	公吨	463	151	846	334
苯胺	公吨	10 439	646	7 482	494
二苯胺	公吨	74	162	52	146
三聚氯氰	公吨	25 049	1 715	23 260	1 125
钛白粉	公吨	155 288	28 655	143 096	26 593
氧化锌	公吨	13 481	1 518	13 173	1 425
群青	公吨	348	182	309	115
油漆	公吨	221 526	52 062	229 016	49 740
油墨	公吨	24 731	13 883	25 121	16 377
化肥	公吨	10 915 550	155 637	11 893 242	173 010
氯化钾	公吨	5 168 302	60 363	5 991 552	71 572
硝酸钠	公吨	20 785	306	27 983	433
硫酸钾	公吨	257 244	4 307	190 835	3 303
农药	公吨	34 360	16 502	41 138	19 223
除草剂	公吨	19 851	8 658	22 796	9 612
杀虫剂	公吨	6 852	3 548	8 179	4 380
天然橡胶	公吨	983 653	59 195	851 127	58 374
合成橡胶	公吨	752 977	79 425	710 528	72 184

2001年中国进口主要商品量值表

金额单位：万美元

商品名称	数量单位	2001年		2000年	
		数量	金额	数量	金额
再生胶	公吨	3 442	267	13 562	724
轮胎	金额		4 624		5 290
整套轮胎	万套	412	3 869	770	4 444
轮胎内胎	万条	414	231	578	375
胶管	公吨	9 979	9 453	6 077	4 732
运输带	公吨	5 933	3 035	2 994	2 220
传动带	公吨	2 053	2 976	2 001	2 716
乳胶手套	万付	18 396	574	12 137	481
啤酒花颗粒	公吨	373	114	379	99
动物药材	金额		198		238
鲜王浆	公斤	314 493	177	252 878	203
血竭	公吨	1 551	168	1 205	126
槟榔	公吨	35 473	2 309	12 886	684
丁香	公吨	681	203	934	195
抗菌素药	公吨	3 845	32 465	2 966	23 901
磺胺药	公吨	1 195	2 651	816	2 017
维生素	金额		3 132		3 364
医疗器械	金额		133 212		90 605
体温表	万支	610	137	518	122
血压表	万支	14	643	202	788
心电瞬时记录仪	台	4 433	658	2 233	883
体外反搏装置	万个	1	1 158	1	666
注射器	万支	4 164	2 046	2 528	507
注射针头	金额		1 095		1 023
畜牧专用器械	金额		1 280		743
医用敷料	金额		744		990
各类船	艘	1 308	48 834	908	12 830
客货船	艘	295	7 628	313	7 574
冷藏船	艘	2	237	2	84
挖泥船	艘	9	315	11	1 082
渔船	艘	8	721	11	906
集装箱	只	880	795	853	724
飞机	架	233	365 637	85	162 953
汽车	辆	71 451	172 616	42 018	117 811
载重汽车	辆	3 251	18 001	3 215	11 119
小轿车	辆	62 973	126 535	33 770	76 151
客车	辆	4 056	9 276	3 700	9 768

2001 年中国进口主要商品量值表

金额单位：万美元

商品名称	数量单位	2001 年		2000 年	
		数量	金额	数量	金额
汽车底盘	金额		2 194		1 500
摩托车	辆	1 833	127	1 538	300
摩托车零件	金额		2 189		2 934
汽车零件	金额		252 774		211 281
显像管	万只	805	57 620	954	84 712
集成电路	金额		1 699 924		1 379 983
电线电缆	公吨	282 965	138 646	318 759	134 431
蓄电池	金额		80 137		76 588
铅酸蓄电池	万个	905	3 991	605	2 630
起重机械	台	158 918	36 674	54 846	31 063
金属切削机床	台	100 854	240 573	104 794	189 027
车床	台	9 966	21 070	10 453	16 482
钻床	台	6 893	10 512	7 902	11 499
镗床	台	646	4 223	541	3 342
磨床	台	17 311	33 548	16 829	23 261
齿轮加工机床	台	449	3 112	441	4 528
螺纹加工机床	台	3 372	1 760	3 385	1 755
铣床	台	6 471	14 883	5 897	9 789
刨床	台	215	185	217	125
拉床	台	85	840	56	430
铸造机械	台	1 153 658	14 294	1 982 823	10 695
木工机械	台	29 730	25 005	30 199	26 329
各种泵	金额		187 923		149 607
滚动轴承	套	730 524 876	48 513	933 788 088	44 015
纺织机械	台	4 376	37 661	2 469	11 198
印刷机械	金额		129 044		86 616
制革制鞋机械	金额		9 762		10 160
金属轧机	金额		26 315		27 196
玻璃加工机械	金额		27 837		22 506
橡胶或塑料加工机械	金额		155 394		131 627
烟草加工机械	金额		6 999		7 002
电动机及发电机	万台	124 852	116 316	132 098	104 940
发电机组	台	24 609	35 961	25 740	36 731
电动机和发电机零件	金额		57 926		60 253
有线电话电报交换机	台	5 850 325	303 581	4 540 629	199 037
有线电话电报交换机零件	金额		223 958		203 824

2001 年中国进口主要商品量值表

金额单位：万美元

商品名称	数量单位	2001 年		2000 年	
		数量	金额	数量	金额
计算机	金额		498 150		451 644
大、中型电子计算机	台	31	1 870	49	3 865
小型电子计算机	台	7 293	24 238	7 732	19 334
微型电子计算机	台	30 768	5 214	47 254	7 422
显示器	台	1 171 231	26 479	661 190	15 236
打印机	台	3 623 958	65 280	3 205 504	59 081
键盘	个	9 560 593	4 590	9 884 397	4 623
磁盘	万片	29 264	4 959	31 688	3 652
文字处理机	金额		366		685
有线通讯设备	金额		527 539		402 861
电话机	台	1 251 858	2 042	1 159 365	1 550
各种电子交换机	金额		10 245		13 864
载波机	台	4 054 229	282 737	2 886 759	172 108
传真机	台	459 518	6 414	385 313	5 706
复印机	台	97 674	5 890	75 427	5 958
雷达	金额		4 917		11 529
导航设备	金额		2 998		2 475
电台对讲机	金额		819		1 073
电池	金额		34 760		45 973
测绘仪器	金额		18 517		16 585
望远镜	金额		851		916
放大镜	只	766 654	135	436 977	119
照相机	架	3 365 716	2 859	2 089 349	2 486
照相机零件	金额		50 248		58 603
彩色冲洗扩印系统	金额		707		199
自行车类	金额		17 024		21 899
自行车外胎	条	3 795 011	476	7 214 248	822
自行车内胎	条	3 760 270	162	5 402 140	287
自行车零配件	金额		16 364		20 757
缝纫机类	金额		28 761		31 863
缝纫机	金额		20 243		23 315
家用缝纫机	台	503 067	1 594	500 233	1 925
工业缝纫机	台	182 063	18 649	237 686	21 391
缝纫机零件	金额		8 518		8 548
缝纫机针	金额		129		81
电风扇	台	46 944 202	16 544	42 018 785	11 621

2001年中国进口主要商品量值表

金额单位：万美元

商品名称	数量单位	2001年		2000年	
		数量	金额	数量	金额
排风扇	台	149 938	1 442	319 892	933
洗衣机	台	44 635	855	34 938	682
空调器	台	10 469	400	34 864	1 406
吸尘器	台	31 551	107	36 342	195
空气加湿器	台	18 200	950	20 827	751
空气干燥器	台	34 365	12 366	30 730	9 194
电水壶	个	82 309	125	68 863	97
电炉	个	203 218	626	103 999	492
电热水器	个	80 609	468	152 804	944
煤气热水器	台	10 802	196	21 065	235
洗碗机	台	6 858	363	4 035	265
消毒柜	台	2 871	1 999	2 247	1 226
电动剃须刀	个	268 437	429	157 801	261
电熨斗	个	51 983	113	173 588	209
电筒	个	2 698 391	242	2 704 619	233
台灯	金额		202		141
吊灯	金额		453		365
节日灯	金额		171		67
卤钨灯	万只	2 702	1 531	1 774	1 246
录音机	金额		2 191		3 814
电视机及散件	金额		4 031		6 054
彩色电视机	台	62 754	3 836	89 177	5 919
黑白电视机	台	30 866	195	6 119	135
投影电视机	台	1 236	565	1 601	627
录像机	台	7 823	3 184	2 126	1 890
摄像机	台	167 585	8 575	137 319	7 261
音箱	万台	57 929	14 996	66 061	15 673
组合音响	万套	70	643	12	674
录像带	万盒	26 740	6 339	24 576	6 606
耳塞机	万个	10 415	4 692	9 885	5 255
麦克风	个	328 129 640	8 361	351 346 450	7 630
量具	金额		3 404		2 888
刃具	金额		11 266		9 168
磨具	金额		10 689		10 265
砂布	公吨	5 294	1 943	5 007	1 834
电动工具	金额		8 109		7 129

2001年中国进口主要商品量值表

金额单位：万美元

商品名称	数量单位	2001年		2000年	
		数量	金额	数量	金额
电钻	个	168 943	995	177 060	680
各种钳	金额		796		687
各种扳手	金额		3 642		2 113
各种螺丝批	金额		507		385
各种锉和刀	金额		1 489		1 437
各种锯和锯条	金额		2 183		1 775
出版物	金额		12 803		12 744

2001年中国主要出口商品输往地

粮谷

输往地	2001年		2000年	
	数量（公吨）	金额（美元）	数量（公吨）	金额（美元）
总值	**8 756 071**	**1 098 252 782**	**13 783 925**	**1 694 167 044**
孟加拉国	86 997	9 416 980	84 228	8 525 721
缅甸	7 834	1 642 082	12 268	2 875 909
柬埔寨	11	14 040	14	13 567
朝鲜	522 605	72 879 653	263 580	39 930 304
香港	160 045	38 362 923	103 467	30 778 062
印度	15	5 250	150 440	15 043 952
印度尼西亚	473 581	57 217 741	1 403 379	181 414 118
伊拉克	109 867	20 987 471	169 473	38 260 260
以色列	197	44 252	85	29 470
日本	618 657	99 198 231	274 888	57 620 133
科威特	60	10 418	105	32 235
老挝	360	62 100	191	41 921
澳门	4 268	1 199 471	3 723	1 025 535
马来西亚	1 405 536	149 854 489	2 218 397	233 070 461
蒙古	43 828	7 914 026	47 443	9 494 621
巴基斯坦	3	403	1	229
菲律宾	126 547	12 936 534	358 326	39 922 765
新加坡	2 818	878 938	33 270	3 987 902
韩国	3 551 214	375 042 134	6 176 596	639 981 526
斯里兰卡	142 889	14 801 569	74 070	7 406 980
泰国	2 394	863 510	273 700	27 453 846
阿拉伯联合酋长国	268	72 110	872	257 818

2001年中国主要出口商品输往地

粮谷

输往地	2001年		2000年	
	数量（公吨）	金额（美元）	数量（公吨）	金额（美元）
越南	59 781	17 483 762	167 781	21 608 551
台湾省	16 261	2 130 172	13 860	1 647 128
阿尔及利亚	21 615	3 000 608	100	14 000
安哥拉	101	65 701	1	767
几内亚	13 781	1 912 106	6 811	999 310
科特迪瓦共和国	897 848	125 325 331	869 630	130 429 150
肯尼亚	77	22 878	13 357	1 876 368
利比亚	61 050	12 515 250	84 000	21 282 925
马达加斯加	18 660	2 629 420	42 929	6 010 888
毛里求斯	14	5 214	37 700	7 388 500
莫桑比克	5 350	749 000	32 050	4 819 000
尼日尔	279	114 458	0	0
尼日利亚	18 272	2 467 649	0	0
塞内加尔	17 000	2 295 000	0	0
塞拉利昂	50	24 162	3 000	612 000
南非	804	244 057	13 855	2 407 613
苏丹	22	8 069	0	0
多哥	50 957	7 057 538	0	0
比利时	2 808	672 444	1 689	408 018
丹麦	32	11 158	54	15 952
英国	2 150	680 517	1 543	465 225
德国	1 325	495 255	1 323	395 468
法国	242	118 872	361	134 473
意大利	2 111	433 386	821	208 926
荷兰	10 081	2 345 089	15 296	2 885 197
葡萄牙	134	29 751	0	0
西班牙	26	12 452	114	43 705
保加利亚	2	654	8 500	1 525 000
芬兰	0	1 231	84	31 028
挪威	42	15 856	42	11 550
瑞士	2	174	0	0
亚美尼亚	1 000	222 486	0	0
哈萨克	6 752	1 730 110	10 958	2 732 813
吉尔吉斯	918	302 477	3 114	1 037 633
俄罗斯联邦	84 525	18 033 496	229 364	58 635 159
塔吉克	8	2 400	32	9 600
土库曼	5	1 204	121	45 758

2001年中国主要出口商品输往地

粮谷

输往地	2001年		2000年	
	数量（公吨）	金额（美元）	数量（公吨）	金额（美元）
乌克兰	2 000	476 303	6 000	1 074 000
乌兹别克	480	165 541	180	27 378
阿根廷	31	10 815	0	0
巴西	144	30 800	693	102 779
古巴	195 922	29 648 748	251 611	41 308 791
厄瓜多尔	0	299	0	0
墨西哥	8	509	34	7 670
特立尼达和多巴哥	0	60	0	0
委内瑞拉	1	408	0	0
加拿大	649	220 397	338	128 380
美国	2 188	890 056	1 961	877 382
澳大利亚	451	172 464	342	134 246
新西兰	118	72 670	89	51 447
其他	0	0	315 671	45 605 931

豆类

输往地	2001年		2000年	
	数量（公吨）	金额（美元）	数量（公吨）	金额（美元）
总值	**967 411**	**357 037 137**	**782 670**	**295 258 410**
巴林	20	6 200	0	0
文莱	18	5 400	20	11 500
缅甸	769	56 635	356	41 236
朝鲜	47 247	10 057 685	49 542	9 317 471
香港	11 999	3 759 776	8 924	2 846 872
印度	27 506	8 298 200	19 297	5 804 493
印度尼西亚	10 377	3 031 277	6 370	1 711 765
伊朗	80	40 520	0	0
伊拉克	18 452	10 235 179	17 754	11 174 456
以色列	1 022	502 665	794	356 235
日本	230 165	106 774 760	216 402	100 547 804
约旦	766	301 502	480	153 254
科威特	187	68 531	366	127 846
黎巴嫩	2 491	1 051 353	1 718	709 690
澳门	115	24 790	151	31 475
马来西亚	10 956	4 150 738	5 863	2 177 402
尼泊尔	24	7 342	19	5 798

2001年中国主要出口商品输往地

豆类

输往地	2001年		2000年	
	数量（公吨）	金额（美元）	数量（公吨）	金额（美元）
巴基斯坦	38 300	10 366 181	26 928	7 688 518
菲律宾	17 667	6 980 685	9 215	3 190 129
沙特阿拉伯	1 218	396 823	1 494	451 110
新加坡	2 070	868 904	1 968	751 823
韩国	92 161	24 663 852	86 139	24 597 794
斯里兰卡	255	100 206	0	0
叙利亚	2 012	909 138	0	0
泰国	2 199	589 696	1 937	560 627
土耳其	45 681	19 494 867	13 210	5 707 510
阿拉伯联合酋长国	1 609	535 706	748	285 103
也门共和国	13 852	3 489 307	12 081	3 461 074
越南	29 624	10 931 502	8 293	3 481 602
台湾省	19 503	6 881 366	17 835	6 045 248
阿尔及利亚	2 329	796 797	1 144	525 635
安哥拉	2 972	718 076	11 055	3 557 756
埃及	32 150	12 275 264	58 552	16 216 477
马达加斯加	0	210	0	69
毛里塔尼亚	7	2 982	0	0
毛里求斯	354	116 383	374	150 794
摩洛哥	43	21 715	2 136	679 244
尼日利亚	0	3	0	0
南非	24 385	6 384 872	23 321	8 723 667
苏丹	1	865	0	0
民主刚果	500	106 938	394	69 660
厄立特里亚	0	68	0	0
比利时	21 238	7 474 540	16 293	5 608 006
丹麦	1737	548 693	60	21 930
英国	7 492	3 761 339	4 780	2 443 282
德国	7 524	2 961 703	2 118	941 976
法国	9 640	3 488 754	6 203	2 298 420
爱尔兰	85	51 593	55	41 572
意大利	42 050	16 799 513	28 857	11 586 344
荷兰	14 877	6 636 149	9 480	4 980 846
希腊	3 041	1 781 309	2 425	1 464 157
葡萄牙	5 904	2 262 498	3 736	1 503 259

2001年中国主要出口商品输往地

豆类

输往地	2001年		2000年	
	数量（公吨）	金额（美元）	数量（公吨）	金额（美元）
西班牙	5 288	2 301 972	3 231	1 410 135
奥地利	62	42 277	433	204 882
保加利亚	5 314	2 288 008	1 871	826 877
芬兰	20	13 400	0	0
马耳他	12	7 316	21	10 679
波兰	21	10 180	69	39 437
罗马尼亚	207	74 420	0	0
瑞典	25	10 232	18	1 840
吉尔吉斯	10	2 000	0	0
俄罗斯联邦	798	223 634	625	104 756
乌克兰	2	928	0	0
南斯拉夫	235	86 954	102	55 190
斯洛文尼亚	1 560	682 971	362	198 956
克罗地亚	777	314 542	55	32 572
捷克	244	57 918	0	0
斯洛伐克	638	168 872	0	0
阿根廷	313	162 073	670	331 287
阿鲁巴岛	1	350	0	0
巴西	3 277	966 699	147	78 718
智利	174	81 031	119	54 733
哥伦比亚	2 813	966 416	10 812	4 237 776
多米尼克	2 757	918 300	0	0
哥斯达黎加	7	4 170	5	3 550
古巴	79 319	24 271 303	68 483	26 495 129
墨西哥	1 131	592 166	2 738	887 364
巴拿马	4	4 266	3	6 981
乌拉圭	125	35 035	301	132 862
委内瑞拉	28 157	8 576 799	21	12 976
加拿大	7 273	310 1767	2 749	1 569 781
美国	21 923	10 186 509	9 850	6 014 898
澳大利亚	10	4 979	54	45 651
斐济	15	5 163	0	0
新西兰	224	103 437	168	104 124
其他	0	0	875	346 327

2001年中国主要出口商品输往地

蔬菜

输往地	2001年		2000年	
	数量（公吨）	金额（美元）	数量（公吨）	金额（美元）
总值	**3 032 149**	**1 797 667 811**	**2 482 319**	**1 600 650 694**
巴林	1 515	613 044	1 140	445 099
孟加拉国	9 181	2 688 189	9 536	2 236 397
文莱	1 034	332 084	347	119 382
缅甸	1 471	1 528 115	7 956	2 681 277
柬埔寨	340	149 943	61	46 881
塞浦路斯	2	430	0	992
朝鲜	3 461	2 925 075	2 804	1 525 082
香港	386 685	70 481 688	393 590	77 500 688
印度	20 447	6 830 974	8 774	2 917 922
印度尼西亚	200 719	58 982 352	93 880	27 077 221
伊朗	3	3 268	24	13 653
以色列	1 963	1 225 665	1 596	944 327
日本	1 159 504	1 059 693 504	973 857	969 757 824
约旦	1 198	558 709	974	463 070
科威特	1 765	815 903	1 963	910 545
老挝	730	234 831	121	14 724
黎巴嫩	373	171 168	33	21 980
澳门	35 371	6 598 420	34 357	6 081 573
马来西亚	148 499	33 193 441	79 784	20 075 002
马尔代夫	23	7 758	10	1 508
蒙古	26 996	3 119 929	9 318	1 069 216
尼泊尔	1 174	344 899	5 439	1 986 024
阿曼	2 241	1 041 425	825	493 342
巴基斯坦	36 659	9 764 407	23 719	6 169 190
菲律宾	59 517	11 301 318	18 541	3 960 405
卡塔尔	57	22 880	24	8 640
沙特阿拉伯	18 398	7 796 850	11 674	4 533 056
新加坡	95 185	26 610 384	95 955	27 670 826
韩国	158 939	91 972 067	138 700	78 659 752
斯里兰卡	14 424	4 045 272	12 054	3 264 965
叙利亚	438	355 920	255	231 089
泰国	5 380	4 650 039	5 196	5 611 920
土耳其	93	64 895	390	365 044

2001年中国主要出口商品输往地

蔬菜

输往地	2001年		2000年	
	数量（公吨）	金额（美元）	数量（公吨）	金额（美元）
阿拉伯联合酋长国	39 384	15 009 461	29 838	11 292 044
也门共和国	4 598	1 869 914	2 084	846 702
越南	20 146	3 244 477	27 532	4 142 268
台湾省	22 495	20 067 214	24 019	24 899 079
阿尔及利亚	567	473 008	62	69 424
安哥拉	1 146	467 660	767	281 450
博茨瓦纳	0	8	1	1 975
加那利群岛	1	342	0	0
佛得角	11	4 428	21	5 670
中非	0	32	0	2
刚果	569	201 134	216	81 020
埃及	2 123	943 468	506	265 281
加蓬	78	31 987	49	17 640
几内亚	124	50 590	125	43 000
几内亚（比绍）	25	10 260	0	0
科特迪瓦共和国	75	30 765	2	1 036
肯尼亚	172	60 283	244	88 601
马达加斯加	54	27 729	28	12 778
毛里求斯	371	217 637	508	273 793
摩洛哥	665	414 893	261	224 159
莫桑比克	122	40 837	37	18 342
留尼汪	185	103 521	56	38 142
塞内加尔	350	142 750	25	9 000
塞舌尔	164	106 171	38	25 072
塞拉利昂	0	122	0	31
南非	2 228	1 661 801	1 761	1 172 690
苏丹	256	329 278	117	145 816
突尼斯	384	185 333	735	335 426
津巴布韦	1	1 459	0	84
莱索托	0	60	1	1 599
厄立特里亚	72	26 490	0	0
比利时	9 235	8 695 528	6 658	6 296 640
丹麦	990	825 409	899	799 278
英国	18 008	12 048 437	22 983	12 180 449

2001年中国主要出口商品输往地

蔬菜

输往地	2001年		2000年	
	数量（公吨）	金额（美元）	数量（公吨）	金额（美元）
德国	51 259	51 941 910	34 786	37 629 835
法国	17 002	23 803 719	15 137	24 015 542
爱尔兰	103	75 916	0	0
意大利	36 010	40 661 037	32 457	43 878 771
荷兰	88 017	46 845 858	75 516	41 187 645
希腊	585	358 329	623	378 823
葡萄牙	341	303 635	388	321 680
西班牙	12 150	7 620 360	13 296	9 896 867
奥地利	194	419 100	98	157 313
保加利亚	1 148	687 762	83	44 907
芬兰	360	242 942	453	377 161
匈牙利	55	57 618	396	157 303
马耳他	18	16 079	7	5 694
挪威	564	873 278	249	482 825
波兰	1 948	1 753 359	684	592 346
罗马尼亚	460	240 036	437	209 295
瑞典	2 471	2 395 002	1 507	1 549 677
瑞士	114	1 632 824	319	2 830 106
拉脱维亚	30	39 719	103	70 360
立陶宛	95	96 423	54	55 265
白俄罗斯	162	218 130	76	97 004
哈萨克	481	132 591	300	138 760
吉尔吉斯	43	3 285	54	4 044
俄罗斯联邦	124 529	19 956 945	94 106	15 993 835
土库曼	4	1 555	0	0
乌克兰	235	136 926	64	38 339
南斯拉夫	252	103 266	94	39 431
斯洛文尼亚	653	260 038	82	38 143
克罗地亚	1 759	727 498	525	203 476
捷克	272	218 352	81	82 443
斯洛伐克	50	19 000	0	450
阿根廷	1 253	865 496	1 538	1 602 785
阿鲁巴岛	34	29 101	28	13 507
巴哈马	2	570	4	2 800

2001年中国主要出口商品输往地

蔬菜

输往地	2001年		2000年	
	数量（公吨）	金额（美元）	数量（公吨）	金额（美元）
巴巴多斯	121	60 932	49	19 212
玻利维亚	0	121	1	454
巴西	16 339	7 692 151	16 137	7 003 929
智利	1 161	873 407	1 578	591 886
哥伦比亚	18 434	7 589 330	19 660	7 294 698
多米尼克	3 155	2 200 434	1 281	572 703
哥斯达黎加	2 723	1 136 450	3 219	1 169 051
古巴	56	47 500	25	9 250
多米尼加共和国	235	112 320	1 391	1 088 083
厄瓜多尔	4 183	1 672 125	3 187	1 110 705
法属圭亚那	24	8 930	75	27 000
危地马拉	706	292 651	482	187 280
圭亚那	1 056	415 575	638	247 612
海地	361	125 260	75	30 750
洪都拉斯	765	328 769	348	148 896
牙买加	915	378 094	489	179 100
马提尼克岛	25	10 250	0	0
墨西哥	895	571 910	1 198	677 981
尼加拉瓜	217	85 922	73	27 725
巴拿马	2 141	960 448	2 251	938 811
秘鲁	31	37 666	11	39 273
波多黎各	493	321 142	235	151 402
萨尔瓦多	289	119 735	258	105 655
苏里南	98	73 264	26	9 737
特立尼达和多巴哥	1 745	728 714	993	379 117
乌拉圭	240	168 143	185	130 843
委内瑞拉	436	350 953	470	417 134
加拿大	18 475	10 775 203	24 339	13 659 288
美国	81 675	71 775 743	64 518	62 462 945
澳大利亚	11 144	8 364 318	10 531	7 691 851
斐济	841	795 537	371	527 772
新西兰	2 102	1 408 824	1 885	1 082 783
巴布亚新几内亚	6	5 814	34	20 383
马绍尔群岛共和国	14	11 947	0	15
其他	15	13 238	292	123 831

2001年中国主要出口商品输往地

水产品

输往地	2001年 金额（美元）	2000年 金额（美元）
总值	**2 592 198 864**	**2 269 523 665**
孟加拉国	227	0
塞浦路斯	340 222	168 514
朝鲜	4 020 708	559 044
香港	171 558 323	178 537 553
印度	29 700	21 610
印度尼西亚	1 791 607	2 034 653
伊朗	26 998	174 174
以色列	579 873	569 521
日本	964 174 169	906 092 552
科威特	46 593	74 443
黎巴嫩	67 172	22 895
澳门	7 302 630	6 625 626
马来西亚	8 754 960	6 397 280
巴基斯坦	4 035	7 820
菲律宾	2 499 526	2 278 406
沙特阿拉伯	33 700	1 147
新加坡	14 191 925	9 612 896
韩国	590 740 283	409 867 598
斯里兰卡	75 303	87
泰国	6 544 260	3 096 168
土耳其	60 750	0
阿拉伯联合酋长国	295 687	196 539
越南	198 316	42 846
台湾省	25 436 948	38 084 588
加那利群岛	52 676	0
刚果	199 309	0
埃及	9 647	0
毛里求斯	15 000	142 129
摩洛哥	157 509	0
留尼汪	131 005	203 948
塞内加尔	54 960	32 038
南非	3 381 715	2 510 122
苏丹	2 208	0
比利时	12 347 134	11 154 767

水产品

输往地	2001年 金额（美元）	2000年 金额（美元）
丹麦	4 968 575	1 152 659
英国	57 807 897	32 344 439
德国	129 002 771	102 034 920
法国	33 343 482	22 356 715
意大利	21 981 311	22 721 063
卢森堡	84 596	0
荷兰	23 084 134	14 897 446
希腊	3 364 229	3 026 376
葡萄牙	4 742 440	4 082 052
西班牙	68 011 125	74 444 088
芬兰	107 849	20 883
匈牙利	1 332 976	455 069
冰岛	13	289 256
马耳他	161 950	0
挪威	510 645	462 033
波兰	28 368 762	13 054 068
罗马尼亚	11 800	0
瑞典	4 594 034	3 526 147
瑞士	99 502	156 715
爱沙尼亚	27 284	0
立陶宛	269 285	135 627
俄罗斯联邦	648 142	447 167
乌克兰	422 739	438
南斯拉夫	18 568	1 008
斯洛文尼亚	458 034	0
克罗地亚	117 645	0
捷克	6 581 480	3 351 718
斯洛伐克	468 600	4 630
巴西	39 150	9 310
智利	23	618
多米尼克	32 040	82 610
哥斯达黎加	113 354	0
多米尼加共和国	46 871	0
厄瓜多尔	43 200	15 431
墨西哥	2 924 028	1 276 482

2001 年中国主要出口商品输往地

水产品

输往地	2001 年	2000 年
	金额（美元）	金额（美元）
巴拿马	105 722	32 000
波多黎各	4 022 113	2 233 325
委内瑞拉	4 085	19 125
加拿大	37 612 137	33 957 882
美国	328 802 736	346 173 647
澳大利亚	9 664 997	4 977 652
斐济	169 775	183 891
新西兰	2 184 241	925 262
巴布亚新几内亚	655 181	1 400 376
其他	64 265	762 573

茶叶

输往地	2001 年		2000 年	
	数量（公吨）	金额（美元）	数量（公吨）	金额（美元）
总值	**249 654**	**342 037 247**	**227 662**	**347 141 537**
阿富汗	653	307 471	2 448	1 485 470
缅甸	484	535 488	597	259 553
柬埔寨	4	31 226	0	0
香港	10 126	20 871 851	10 062	21 321 546
印度	203	174 962	275	341 620
印度尼西亚	868	415 062	436	336 005
伊朗	2 340	1 181 308	1 824	1 245 490
以色列	112	153 527	115	173 706
日本	39 600	90 304 063	32 673	73 460 024
约旦	1	4 414	1	4 411
黎巴嫩	2	3 420	94	103 740
澳门	300	621 767	371	721 546
马来西亚	1 035	2 107 261	1 354	3 119 696
蒙古	973	291 262	690	269 265
尼泊尔	25	7 488	38	68 824
阿曼	0	5 800	0	5 840
巴基斯坦	11 267	5 118 288	9 319	5 877 784
菲律宾	80	278 884	34	115 000
卡塔尔	2	5 906	2	5 800
沙特阿拉伯	665	2 021 943	710	2 080 553
新加坡	1 373	3 060 640	1 063	2 480 748
韩国	613	690 064	569	726 652
斯里兰卡	1 002	1 594 897	694	994 150
叙利亚	240	360 675	142	201 155
泰国	293	614 212	339	707 197
土耳其	89	71 864	139	206 322

2001 年 中 国 主 要 出 口 商 品 输 往 地

茶叶

输往地	2001 年		2000 年	
	数量（公吨）	金额（美元）	数量（公吨）	金额（美元）
阿拉伯联合酋长国	693	600 366	1 112	916 958
也门共和国	5	13 284	0	0
越南	833	1 165 806	341	367 773
台湾省	0	27	0	0
阿尔及利亚	7 934	12 628 793	5 914	10 850 388
贝宁	140	278 267	148	232 406
喀麦隆	473	160 876	286	205 122
乍得	542	141 825	604	212 966
刚果	34	46 776	56	92 136
埃及	2 234	4 243 744	123	118 693
加蓬	23	31 157	23	45 039
冈比亚	1 812	2 171 098	3 633	5 838 232
加纳	3 706	4 749 931	2 476	3 892 439
几内亚	76	91 874	183	282 163
科特迪瓦共和国	1 594	2 046 517	2 217	3 793 254
肯尼亚	240	116 521	112	71 239
利比里亚	46	51 162	34	59 049
利比亚	1 498	1 708 085	88	166 052
马里	9 727	12 235 497	7 670	10 907 734
毛里塔尼亚	4 957	6 474 627	5 449	8 731 588
毛里求斯	3	14 971	71	86 839
摩洛哥	38 659	57 132 504	43 630	66 465 777
尼日尔	780	830 648	617	684 388
尼日利亚	6 337	1 771 850	6 806	2 121 294
留尼汪	0	2 309	1	6 782
塞内加尔	7 796	11 891 475	11 746	18 850 878
塞拉利昂	34	50 256	23	32 647
南非	64	208 929	17	49 684
多哥	2 998	3 503 589	4 525	6 904 269
突尼斯	3 044	4 186 402	3 909	5 117 980
布基纳法索	82	105 472	0	0
比利时	933	1 798 996	1 307	3 045 536
丹麦	135	239 457	95	169 632
英国	5 708	7 577 595	4 411	7 076 265
德国	5 690	10 238 062	5 449	11 156 384
法国	5 903	11 298 961	10 285	20 410 955
意大利	69	153 523	98	222 670

2001 年中国主要出口商品输往地

茶叶

输往地	2001 年		2000 年	
	数量（公吨）	金额（美元）	数量（公吨）	金额（美元）
荷兰	1 518	2 176 634	1 813	3 352 437
希腊	123	195 144	23	55 854
葡萄牙	1	4 542	0	7 830
西班牙	563	1 079 805	662	1 338 103
奥地利	27	43 433	0	1 139
芬兰	735	1 202 973	580	997 743
直布罗陀	16	35 495	18	40 525
匈牙利	12	49 718	13	56 736
马耳他	0	13	0	0
波兰	5 586	6 880 007	3 388	5 116 621
罗马尼亚	2	2 194	1	722
瑞典	9	29 135	42	38 112
瑞士	8	59 231	3	38 677
拉脱维亚	8	19 375	6	16 569
立陶宛	5	12 133	15	23 737
白俄罗斯	14	16 324	8	6 936
哈萨克	883	865 625	473	524 514
吉尔吉斯	856	558 470	214	136 332
俄罗斯联邦	9 603	7 873 601	3 791	4 378 826
塔吉克	327	229 650	161	162 842
土库曼	5 294	2 243 767	2 856	1 510 750
乌克兰	553	773 781	568	744 904
乌兹别克	20 073	8 626 354	12 123	6 524 923
捷克	31	85 494	14	50 354
阿根廷	6	19 961	8	43 461
巴哈马	4	2 312	0	0
巴西	2	18 091	2	24 017
智利	4	23 814	6	36 098
哥斯达黎加	1	9 725	0	0
巴拿马	39	107 996	27	48 912
秘鲁	6	36 814	8	44 153
加拿大	402	1 052 511	335	1 034 268
美国	15 571	16 319 056	12 621	14 397 526
澳大利亚	123	450 448	97	359 917
新西兰	97	138 408	104	151 590
所罗门群岛	0	238	0	0
其他	0	0	236	379 101

2001年中国主要出口商品输往地

纺织品

输往地	2001年 金额（美元）	2000年 金额（美元）
总值	**15 998 729 575**	**15 306 459 261**
阿富汗	2 307 445	1 101 740
巴林	20 918 762	16 779 373
孟加拉国	430 422 019	464 652 338
文莱	3 206 723	629 263
缅甸	100 802 410	107 797 028
柬埔寨	106 814 997	76 016 477
塞浦路斯	18 376 073	17 014 378
朝鲜	23 092 756	23 942 670
香港	4 790 028 693	4 764 660 484
印度	135 832 664	110 427 617
印度尼西亚	250 548 606	199 015 191
伊朗	73 559 302	16 662 654
伊拉克	6 851 530	669 275
以色列	55 908 842	56 916 923
日本	1 755 793 875	1 678 325 379
约旦	23 996 030	20 552 431
科威特	19 571 731	16 221 040
老挝	8 974 226	5 770 848
黎巴嫩	28 887 063	14 756 576
澳门	136 582 577	136 232 674
马来西亚	113 804 571	123 743 734
马尔代夫	254 600	252 210
蒙古	32 934 412	33 291 832
尼泊尔	35 583 167	95 217 919
阿曼	8 432 674	7 872 070
巴基斯坦	27 895 373	20 987 058
巴勒斯坦	319 904	229 950
菲律宾	159 244 928	162 197 775
卡塔尔	11 569 487	11 731 936
沙特阿拉伯	99 531 195	73 935 870
新加坡	173 189 725	213 124 050
韩国	994 939 826	1 028 546 594
斯里兰卡	126 991 575	132 224 279
叙利亚	32 903 643	21 997 314

纺织品

输往地	2001年 金额（美元）	2000年 金额（美元）
泰国	210 001 598	211 075 072
土耳其	85 739 529	131 975 238
阿拉伯联合酋长国	383 754 017	355 907 047
也门共和国	41 380 623	30 634 296
越南	92 539 580	104 620 241
台湾省	87 691 030	99 979 768
阿尔及利亚	34 479 029	24 490 783
安哥拉	5 744 593	3 213 303
贝宁	270 937 891	185 927 967
博茨瓦纳	3 109 977	1 088 688
布隆迪	32 298	25 864
喀麦隆	5 444 974	2 758 562
加那利群岛	19 008 544	10 590 011
佛得角	206 432	174 621
中非	2 518	4 713
塞卜泰（休达）	169 871	1 214 478
乍得	88 104	137 386
科摩罗	21 000	12 683
刚果	7 561 546	3 818 861
吉布提	11 153 999	8 739 776
埃及	54 186 971	58 163 549
赤道几内亚	137 947	33 849
埃塞俄比亚	13 783 224	7 088 549
加蓬	370 449	344 822
冈比亚	52 571 213	39 064 253
加纳	26 554 910	21 629 246
几内亚	12 676 579	8 586 582
几内亚（比绍）	781 174	403 807
科特迪瓦共和国	57 321 351	34 672 591
肯尼亚	39 943 277	29 883 966
利比里亚	873 321	1 103 150
利比亚	4 763 267	8 440 298
马达加斯加	40 008 326	41 247 410
马拉维	1 365 646	2 854 224
马里	1 004 841	1 345 374

2001年中国主要出口商品输往地

纺织品

输往地	2001年	2000年
	金额（美元）	金额（美元）
毛里塔尼亚	12 285 838	6 066 089
毛里求斯	36 442 984	42 282 904
摩洛哥	42 951 093	38 729 649
莫桑比克	3 271 282	2 578 182
纳米比亚	1 791 384	1 434 858
尼日尔	1 479 186	1 991 904
尼日利亚	120 407 591	62 114 307
留尼汪	328 664	164 955
卢旺达	233 670	137 681
塞内加尔	20 174 310	15 537 847
塞舌尔	77 267	40 071
塞拉利昂	1 126 997	1 066 472
南非	121 875 426	93 654 788
苏丹	16 961 942	7 147 059
坦桑尼亚	16 574 104	17 508 452
多哥	55 956 379	38 338 554
突尼斯	14 242 638	13 055 560
乌干达	628 079	492 489
布基纳法索	396 634	123 172
民主刚果	1 788 211	3 709 037
赞比亚	1 271 413	1 454 433
津巴布韦	6 462 051	4 979 442
莱索托	5 259 211	4 071 185
梅利利亚	282 865	145 807
斯威士兰	1 985 195	1 865 632
厄立特里亚	138 661	36 050
比利时	108 990 333	125 422 231
丹麦	19 442 033	17 809 146
英国	197 245 380	171 233 672
德国	308 010 612	302 114 667
法国	150 370 593	149 515 051
爱尔兰	4 291 705	3 453 077
意大利	303 928 704	279 269 042
卢森堡	73 656	49 642
荷兰	80 816 375	75 511 556

纺织品

输往地	2001年	2000年
	金额（美元）	金额（美元）
希腊	35 306 084	28 228 607
葡萄牙	17 625 343	18 581 424
西班牙	91 296 685	73 612 544
阿尔巴尼亚	3 404 311	2 960 902
安道尔	99 954	171 267
奥地利	7 313 709	6 847 386
保加利亚	8 191 621	5 035 594
芬兰	8 993 764	7 288 065
直布罗陀	725 521	581 804
匈牙利	38 168 653	35 686 702
冰岛	5 207 733	8 152 978
马耳他	11 534 822	11 901 227
摩纳哥	85 403	227 790
挪威	24 555 329	18 591 561
波兰	60 089 837	50 256 644
罗马尼亚	34 308 802	17 434 010
圣马力诺	186	0
瑞典	21 109 166	15 420 808
瑞士	13 199 118	16 651 826
爱沙尼亚	1 311 458	319 973
拉脱维亚	7 999 437	2 133 622
立陶宛	3 264 405	1 859 270
格鲁吉亚	122 880	132 410
亚美尼亚	728 382	371 210
阿塞拜疆	280 463	242 229
白俄罗斯	219 085	445 160
哈萨克	12 942 805	33 579 929
吉尔吉斯	37 364 943	49 593 969
摩尔多瓦	436 792	40 770
俄罗斯联邦	154 063 659	81 551 121
塔吉克	404 104	105 056
土库曼	43 918	189 962
乌克兰	45 944 550	30 765 029
乌兹别克	1 805 764	1 896 326
南斯拉夫	1 618 438	1 662 936

2001 年 中 国 主 要 出 口 商 品 输 往 地

纺织品

输往地	2001 年	2000 年
	金额（美元）	金额（美元）
斯洛文尼亚	2 364 181	2 227 682
克罗地亚	3 893 661	3 606 846
捷克	23 135 379	20 196 004
斯洛伐克	831 430	1 288 520
前南斯拉夫马其顿	2 184 910	1 578 757
波斯尼亚和黑塞哥维那	2 255	226 197
安提瓜和巴布达	144 572	136 009
阿根廷	16 897 027	23 227 042
阿鲁巴岛	24 935	255 340
巴哈马	952 181	164 068
巴巴多斯	1 446 558	1 041 177
伯利兹	200 632	185 469
玻利维亚	323 562	302 506
巴西	49 208 625	42 042 230
开曼群岛	1 200	0
智利	71 755 526	74 695 819
哥伦比亚	21 878 520	12 230 394
多米尼克	29 797 606	18 823 510
哥斯达黎加	11 743 931	11 563 866
古巴	16 593 718	11 684 932
库腊索岛	3 837 329	2 780 311
多米尼加共和国	7 976 392	36 206 432
厄瓜多尔	9 283 876	7 162 736
法属圭亚那	11 790	0
格林纳达	62 744	47
瓜德罗普	254 568	85 501
危地马拉	64 157 203	48 566 190
圭亚那	2 332 778	1 028 459
海地	2 299 851	5 640 737
洪都拉斯	39 294 678	42 237 142
牙买加	9 637 260	9 612 962
马提尼克岛	57 072	31 920
墨西哥	171 917 293	111 207 210
尼加拉瓜	24 781 402	31 610 787

纺织品

输往地	2001 年	2000 年
	金额（美元）	金额（美元）
巴拿马	163 801 549	136 958 495
巴拉圭	3 493 933	4 106 746
秘鲁	17 632 271	13 310 057
波多黎各	1 228 468	683 217
圣卢西亚	613 601	387 480
圣马丁岛	536 112	494 721
圣文森特和格林纳丁斯	60 561	54 368
萨尔瓦多	53 534 699	37 073 964
苏里南	971 992	965 610
特立尼达和多巴哥	10 477 686	8 445 770
乌拉圭	8 313 950	13 825 206
委内瑞拉	40 733 053	28 398 540
圣基茨和尼维斯	80 059	43 499
加拿大	173 029 500	159 531 809
美国	990 390 791	1 006 287 077
格陵兰	55 778	53 100
澳大利亚	216 548 171	235 695 510
库克群岛	10 232	26 702
斐济	5 039 293	6 923 025
新喀里多尼亚	363 780	255 379
瓦努阿图	66 928	143 441
新西兰	30 574 818	30 871 929
诺福克岛	1 194	11 000
巴布亚新几内亚	2 029 306	2 703 623
社会群岛	534 799	999 754
所罗门群岛	57 070	85 515
汤加	45 672	22 386
萨摩亚	800 823	245 448
基里巴斯	10 765	865
密克罗尼西亚联邦	523 591	619 377
马绍尔群岛共和国	17 895	7 206
帕劳共和国	26 402	241 757
其他	5 029 545	4 967 131

2001年中国主要出口商品输往地

棉纱线

输往地	2001年		2000年	
	数量（件）	金额（美元）	数量（件）	金额（美元）
总值	1 356 488	721 891 531	1 160 726	630 825 215
巴林	80	59 903	0	0
孟加拉国	9 497	5 492 205	4 234	2 240 598
文莱	120	43 544	0	0
缅甸	35 658	16 372 788	33 803	15 144 522
柬埔寨	1 025	653 529	315	184 621
塞浦路斯	125	130 560	0	0
朝鲜	1 442	463 885	1 047	385 315
香港	1 109 103	591 018 397	909 445	495 528 975
印度	10	51 332	889	480 400
印度尼西亚	2 816	1 747 423	2 785	1 439 504
伊朗	180	177 192	60	61 574
以色列	190	146 899	56	55 091
日本	68 369	39 107 016	74 049	41 991 608
科威特	46	76 088	35	50 831
老挝	142	60 708	0	0
黎巴嫩	19	20 825	95	45 232
澳门	8 589	5 115 037	7 099	3 950 984
马来西亚	8 976	5 179 625	8 755	6 065 672
蒙古	2 084	1 592 372	1 286	791 488
尼泊尔	1	450	0	0
阿曼	29	37 120	18	21 736
巴基斯坦	10	11 624	405	270 433
菲律宾	1 129	513 670	1 614	786 225
沙特阿拉伯	47	36 490	0	0
新加坡	1 568	1 015 693	1 516	960 962
韩国	73 686	33 057 389	80 313	38 624 723
斯里兰卡	798	611 022	108	78 022
泰国	3 431	3 032 860	4 362	4 529 331
土耳其	48	34 347	5	9 900
阿拉伯联合酋长国	2 305	1 826 031	1 151	750 824
也门共和国	75	81 414	67	79 085
越南	760	554 732	463	451 422
台湾省	216	144 110	609	491 340
阿尔及利亚	55	79 401	70	79 074
安哥拉	26	14 000	0	0
贝宁	463	251 760	241	127 785

2001 年中国主要出口商品输往地

棉纱线

输往地	2001 年		2000 年	
	数量（件）	金额（美元）	数量（件）	金额（美元）
博茨瓦纳	52	27 167	0	0
喀麦隆	194	107 259	120	60 548
刚果	70	39 665	122	64 980
埃及	6	4 859	364	339 704
埃塞俄比亚	0	1	0	0
冈比亚	93	2 860	0	0
加纳	314	172 028	56	18 480
科特迪瓦共和国	779	450 541	430	258 650
肯尼亚	0	214	144	55 240
利比亚	1	2 342	0	0
马达加斯加	985	339 450	482	218 162
毛里塔尼亚	3	4 275	0	0
毛里求斯	2 454	1 672 156	2 884	2 260 900
摩洛哥	67	45 806	1	483
莫桑比克	1	431	0	0
纳米比亚	20	10 500	0	0
尼日利亚	2 230	1 227 876	2 265	1 039 613
留尼汪	1	1 660	8	9 194
塞拉利昂	3	1 401	0	326
南非	955	638 975	322	166 732
苏丹	90	156 254	42	59 589
坦桑尼亚	53	25 400	197	100 800
多哥	58	28 224	0	0
突尼斯	461	243 900	563	268 073
民主刚果	145	79 340	367	197 880
津巴布韦	0	1	0	0
比利时	0	500	0	0
丹麦	3	800	0	0
英国	32	29 071	116	85 403
德国	63	57 918	149	93 375
法国	116	128 132	24	38 825
意大利	7	4 200	7	7 421
荷兰	43	32 541	41	42 628
希腊	86	49 082	16	25 200
西班牙	116	157 795	160	155 121
芬兰	11	9 152	2	3 249
匈牙利	1	1 318	25	4 535

2001年中国主要出口商品输往地

棉纱线

输往地	2001年		2000年	
	数量（件）	金额（美元）	数量（件）	金额（美元）
马耳他	2	2 006	1	594
挪威	50	24 977	45	23 033
波兰	0	4 642	0	0
瑞士	2	1 631	0	0
拉脱维亚	0	50	0	0
立陶宛	1	1 720	5	7 022
阿塞拜疆	2	1 728	20	20 925
哈萨克	3	2 250	160	77 463
吉尔吉斯	8	1 794	0	0
俄罗斯联邦	15	1 914	117	46 556
土库曼	1	240	0	0
乌克兰	1	2 427	0	0
捷克	4	6 029	0	0
斯洛伐克	0	220	36	28 236
智利	166	127 989	139	130 907
古巴	230	109 095	891	384 254
厄瓜多尔	580	289 185	169	110 491
瓜德罗普	15	26 870	0	0
危地马拉	91	130 295	135	159 517
洪都拉斯	74	105 222	27	41 580
牙买加	21	9 350	260	118 065
墨西哥	1 862	861 416	600	326 956
尼加拉瓜	7	8 924	6	2 579
巴拿马	36	13 551	0	0
苏里南	29	34 914	3	1 659
特立尼达和多巴哥	19	22 094	4	5 910
乌拉圭	1	550	0	0
委内瑞拉	198	23 639	0	0
加拿大	300	208 799	68	79 429
美国	8 540	4 510 500	11 112	6 117 025
澳大利亚	1 592	782 914	1 867	1 013 446
斐济	0	631	41	26 522
瓦努阿图	1	37	0	79
新西兰	5	9 138	5	7 223
所罗门群岛	1	207	0	0
其他	0	48	1 215	843 356

2001 年中国主要出口商品输往地

棉布

输往地	2001 年		2000 年	
	数量（万米）	金额（美元）	数量（万米）	金额（美元）
总值	**282 064**	**2 630 368 433**	**275 155**	**2 588 122 181**
巴林	1 100	14 261 730	837	11 228 860
孟加拉国	15 874	168 881 544	16 496	178 175 349
文莱	10	109 400	18	199 317
缅甸	1 823	12 879 885	1 446	9 505 138
柬埔寨	3 761	41 797 899	2 530	28 931 840
塞浦路斯	127	2 110 402	119	1 708 541
朝鲜	158	1 417 944	425	1 874 518
香港	94 256	1 047 131 831	103 260	1 102 346 338
印度	1 205	15 624 895	712	8 815 306
印度尼西亚	4 685	57 136 952	4 054	40 778 219
伊朗	3	34 230	18	184 285
伊拉克	18	366 260	0	0
以色列	520	7 705 042	786	12 536 083
日本	15 714	95 540 489	17 764	108 296 307
约旦	182	2 267 567	125	1 463 053
科威特	411	3 280 772	425	4 039 922
老挝	13	72 684	23	101 154
黎巴嫩	163	2 481 501	60	879 421
澳门	1 304	16 601 799	1 484	20 358 884
马来西亚	1 336	9 377 457	1 821	13 889 331
蒙古	358	4 186 142	550	6 995 276
尼泊尔	70	664 263	138	1 296 934
阿曼	296	3 335 908	243	3 422 828
巴基斯坦	83	1 180 636	108	1 602 622
菲律宾	3 368	37 317 505	3 524	34 016 937
卡塔尔	721	7 335 154	313	3 459 333
沙特阿拉伯	333	1 692 229	239	1 515 140
新加坡	3 534	24 021 142	4 123	26 024 508
韩国	26 079	155 114 103	22 515	143 212 407
斯里兰卡	4 937	42 761 659	3 685	36 625 177
叙利亚	50	599 712	29	396 274
泰国	6 225	35 980 318	5 883	38 954 575
土耳其	1 093	12 089 844	2 053	20 422 415
阿拉伯联合酋长国	1 802	21 406 729	1 962	23 445 468
也门共和国	64	227 490	32	195 862
越南	1 603	19 478 844	1 416	16 025 168

2001 年中国主要出口商品输往地

棉布

输往地	2001 年		2000 年	
	数量（万米）	金额（美元）	数量（万米）	金额（美元）
台湾省	626	4 101 380	847	6 345 982
阿尔及利亚	462	4 263 398	91	920 632
安哥拉	146	968 374	158	851 178
贝宁	10 176	81 930 472	5 099	48 098 246
博茨瓦纳	63	723 078	40	431 055
喀麦隆	166	955 447	7	56 592
加那利群岛	22	98 023	1	4 370
刚果	793	4 817 652	297	1 459 842
埃及	1 374	17 008 409	2 204	25 589 676
埃塞俄比亚	5	106 726	23	460 380
加蓬	41	256 200	0	0
冈比亚	4 003	29 520 883	2 521	21 366 083
加纳	1 510	8 884 760	1 816	11 424 090
几内亚	1 207	8 246 904	745	5 595 537
几内亚（比绍）	13	75 435	12	77 748
科特迪瓦共和国	3 748	24 586 607	1 797	12 646 636
肯尼亚	2 810	18 236 117	2 620	15 623 032
利比里亚	119	704 265	120	705 504
利比亚	61	194 910	20	120 166
马达加斯加	156	2 043 092	73	1 009 210
马拉维	24	282 908	94	1 213 144
马里	20	131 136	12	82 127
毛里塔尼亚	2 383	8 052 080	1 081	4 024 071
毛里求斯	855	14 033 940	1 168	19 862 011
摩洛哥	499	6 240 586	420	5 771 426
纳米比亚	6	79 680	10	157 204
尼日尔	219	1 104 715	204	1 098 486
尼日利亚	2 856	19 201 273	1 757	13 477 339
卢旺达	13	75 900	21	112 320
塞内加尔	2 044	12 222 041	1 312	9 621 849
塞拉利昂	114	565 248	118	573 138
南非	1 194	13 869 659	1 143	12 858 075
坦桑尼亚	921	4 850 551	1 138	5 674 239
多哥	2 266	16 239 608	1 231	9 203 246
突尼斯	152	2 510 957	36	621 011
赞比亚	54	255 701	87	433 124
津巴布韦	50	982 121	20	380 906

2001 年中国主要出口商品输往地

棉布

输往地	2001 年		2000 年	
	数量（万米）	金额（美元）	数量（万米）	金额（美元）
莱索托	205	3 026 581	139	2 236 629
斯威士兰	30	316 607	9	86 920
比利时	1 871	14 066 216	2 656	21 114 607
丹麦	32	549 693	61	703 202
英国	1 702	13 566 760	1 526	11 280 490
德国	1 106	8 626 920	1 695	14 138 709
法国	745	9 140 869	589	7 409 590
爱尔兰	29	263 522	7	119 787
意大利	3 011	35 697 938	2 105	19 459 552
荷兰	405	2 985 091	386	2 846 488
希腊	258	3 616 377	50	569 847
葡萄牙	114	1 021 211	45	464 691
西班牙	419	3 762 128	307	2 940 705
阿尔巴尼亚	104	663 849	20	169 590
奥地利	153	814 945	144	707 030
保加利亚	221	3 410 040	172	2 208 967
芬兰	2	17 405	0	6 876
匈牙利	182	2 720 019	167	1 367 720
冰岛	45	756 299	97	1 758 891
马耳他	326	3 373 990	428	3 694 264
摩纳哥	0	1 172	0	0
挪威	115	1 939 947	188	2 282 865
波兰	177	2 433 679	147	1 582 623
罗马尼亚	40	526 933	57	627 229
瑞典	85	619 133	79	616 368
瑞士	203	3 369 639	152	1 767 902
爱沙尼亚	8	106 831	0	0
拉脱维亚	286	2 501 455	15	74 477
立陶宛	18	367 629	13	298 620
亚美尼亚	7	44 055	0	0
阿塞拜疆	3	34 440	1	6 371
白俄罗斯	1	10 548	4	90 280
哈萨克	1	12 480	7	65 560
吉尔吉斯	169	913 046	159	1 431 142
摩尔多瓦	2	26 755	2	32 998
俄罗斯联邦	668	11 025 972	202	3 445 305
乌克兰	407	4 470 890	297	3 125 985

2001年中国主要出口商品输往地

棉布

输往地	2001年		2000年	
	数量（万米）	金额（美元）	数量（万米）	金额（美元）
乌兹别克	22	305 364	13	126 510
南斯拉夫	0	5 712	0	0
斯洛文尼亚	65	565 576	35	238 080
克罗地亚	67	957 483	36	307 678
捷克	44	739 061	38	704 078
斯洛伐克	6	27 750	0	0
前南斯拉夫马其顿	93	1 400 390	60	842 275
阿根廷	36	631 142	36	386 844
巴哈马	7	78 404	0	0
巴巴多斯	0	2 970	0	0
伯利兹	4	50 663	0	0
玻利维亚	5	63 393	0	0
巴西	1 457	8 571 149	1 331	7 151 850
智利	297	4 009 973	543	7 104 180
哥伦比亚	446	7 333 128	182	2 997 314
多米尼克	937	9 459 549	921	10 394 033
哥斯达黎加	238	1 906 575	155	1 233 506
古巴	384	3 150 031	401	2 752 304
多米尼加共和国	252	2 457 986	1 247	13 314 673
厄瓜多尔	40	494 584	85	1 316 749
危地马拉	2 702	32 858 390	1 762	23 264 600
圭亚那	19	79 080	12	119 425
海地	20	311 928	306	2 592 949
洪都拉斯	1 701	19 521 378	1 733	20 849 431
牙买加	105	856 003	140	1 548 993
墨西哥	2 213	28 790 540	1 737	21 604 206
尼加拉瓜	1 286	14 690 899	1 601	20 095 396
巴拿马	476	7 055 853	321	4 578 534
巴拉圭	25	307 708	9	112 669
秘鲁	61	701 482	64	786 028
波多黎各	18	137 900	9	69 858
萨尔瓦多	2 016	21 120 124	1 559	16 660 213
苏里南	50	276 208	63	266 240
特立尼达和多巴哥	32	264 195	35	352 938
乌拉圭	38	66 195	119	885 682
委内瑞拉	298	4 033 298	289	4 042 494
加拿大	1 464	14 591 921	1 511	14 560 837

2001 年中国主要出口商品输往地

棉布

输往地	2001 年		2000 年	
	数量（万米）	金额（美元）	数量（万米）	金额（美元）
美国	15 358	105 505 247	16 241	124 736 043
澳大利亚	1 721	21 398 289	2 382	27 179 023
库克群岛	1	6 384	4	16 200
斐济	124	823 211	295	1 516 024
新喀里多尼亚	29	87 556	16	58 340
瓦努阿图	0	863	1	3 693
新西兰	157	2 125 263	183	2 365 341
巴布亚新几内亚	35	165 201	81	311 959
社会群岛	16	61 097	25	166 364
所罗门群岛	1	10 475	3	26 624
萨摩亚	40	139 043	3	20 292
密克罗尼西亚联邦	33	372 487	47	524 362
其他	25	106 071	37	332 604

绸缎

输往地	2001 年		2000 年	
	数量（万米）	金额（美元）	数量（万米）	金额（美元）
总值	**12 664**	**352 479 063**	**13 425**	**375 117 106**
阿富汗	32	613 754	0	0
柬埔寨	2	74 483	0	0
香港	2 953	98 264 091	3 387	111 536 583
印度	899	18 460 081	248	6 444 494
印度尼西亚	80	1 735 106	60	1 305 020
伊朗	49	1 196 179	2	47 170
以色列	9	153 947	18	402 941
日本	1 319	28 614 496	1 162	25 495 481
约旦	9	67 686	11	80 017
科威特	2	42 014	50	1 388 857
黎巴嫩	3	55 279	1	70 110
澳门	1	14 896	1	31 007
马来西亚	108	2 743 441	155	3 501 035
蒙古	2	31 478	0	0
尼泊尔	1 164	24 239 720	760	15 119 308
巴基斯坦	5	94 864	0	0
菲律宾	80	999 446	48	599 626
沙特阿拉伯	23	995 929	69	1 451 188

2001年中国主要出口商品输往地

绸缎

输往地	2001年		2000年	
	数量（万米）	金额（美元）	数量（万米）	金额（美元）
新加坡	531	10 953 455	446	8 919 967
韩国	2 516	71 679 504	3 258	89 791 023
斯里兰卡	11	276 497	16	304 400
泰国	2	73 940	3	96 621
土耳其	14	389 771	51	1 465 111
阿拉伯联合酋长国	290	5 992 157	265	4 874 416
也门共和国	3	123 379	3	86 053
越南	14	729 162	10	397 539
台湾省	238	4 609 112	192	3 621 273
埃及	1	25 436	46	1 516 709
摩洛哥	31	1 449 609	76	2 666 093
尼日利亚	13	160 740	0	0
南非	1	29 400	2	45 383
突尼斯	12	193 700	6	83 005
比利时	4	44 584	11	181 178
丹麦	4	162 403	4	143 461
英国	70	2 958 296	72	2 760 014
德国	262	7 269 951	465	12 274 001
法国	148	3 989 852	167	4 546 340
爱尔兰	2	46 179	3	67 886
意大利	1 069	35 027 696	1 192	37 506 742
荷兰	4	227 087	4	128 988
希腊	6	187 688	5	154 230
西班牙	26	636 727	14	328 865
奥地利	1	36 341	1	32 839
保加利亚	1	19 000	1	16 800
芬兰	1	44 837	3	51 042
匈牙利	0	2 016	0	1 495
挪威	0	2 493	0	0
波兰	40	1 031 642	21	514 341
罗马尼亚	0	18 864	0	15 086
瑞典	2	85 761	3	84 834
瑞士	54	1 191 187	67	1 542 672
爱沙尼亚	0	2 645	0	19 246
白俄罗斯	0	10 167	0	0
吉尔吉斯	36	913 186	189	6 679 918
俄罗斯联邦	47	1 266 205	43	1 132 124

2001 年中国主要出口商品输往地

绸缎

输往地	2001 年		2000 年	
	数量（万米）	金额（美元）	数量（万米）	金额（美元）
乌克兰	3	132 221	0	0
斯洛文尼亚	0	14 214	0	0
克罗地亚	2	46 906	0	0
捷克	0	6 050	0	21 874
巴西	7	271 688	7	289 070
哥伦比亚	0	17 440	0	0
多米尼克	7	416 037	0	0
哥斯达黎加	1	124 652	0	28 014
古巴	0	8 578	0	0
多米尼加共和国	2	124 383	0	0
墨西哥	0	29 751	1	64 302
波多黎各	0	2 359	0	0
加拿大	17	628 864	19	546 716
美国	379	19 001 634	522	21 248 787
澳大利亚	45	1 226 141	40	1 128 089
新西兰	6	170 586	4	107 301
其他	0	0	222	2 160 421

服装

输往地	2001 年	2000 年
	金额（美元）	金额（美元）
总值	**36 561 499 926**	**36 019 691 744**
阿富汗	610 043	350 510
巴林	3 154 159	3 637 164
孟加拉国	10 623 400	10 408 526
不丹	300	0
文莱	341 010	351 024
缅甸	5 396 183	9 484 916
柬埔寨	8 162 392	8 170 379
塞浦路斯	11 458 341	14 027 370
朝鲜	26 227 629	24 066 539
香港	5 817 911 629	6 596 033 377
印度	2 982 709	2 568 745
印度尼西亚	27 924 405	26 343 761
伊朗	3 408 609	1 276 728
伊拉克	1 615 834	93 758

服装

输往地	2001 年	2000 年
	金额（美元）	金额（美元）
以色列	186 155 643	114 824 193
日本	11 841 694 030	11 488 480 014
约旦	36 726 961	31 804 636
科威特	55 948 005	45 042 293
老挝	1 065 809	127 880
黎巴嫩	24 611 252	18 392 194
澳门	246 617 873	302 835 742
马来西亚	105 051 704	114 398 428
马尔代夫	13 395	11 160
蒙古	11 613 454	12 937 464
尼泊尔	10 395 489	19 362 295
阿曼	1 957 356	930 064
巴基斯坦	1 756 513	5 381 816
巴勒斯坦	732 984	1 244 408
菲律宾	50 913 251	29 836 553

2001年中国主要出口商品输往地

服装

输往地	2001年	2000年
	金额（美元）	金额（美元）
卡塔尔	1 825 395	2 686 705
沙特阿拉伯	410 285 105	402 816 553
新加坡	414 467 026	385 054 825
韩国	1 589 853 286	1 147 337 794
斯里兰卡	6 461 956	11 570 643
叙利亚	3 569 901	910 770
泰国	20 317 387	26 590 466
土耳其	20 599 752	23 733 508
阿拉伯联合酋长国	353 837 433	314 643 255
也门共和国	24 554 938	16 036 887
越南	11 512 854	9 908 293
台湾省	251 632 641	287 797 531
阿尔及利亚	15 446 347	25 167 341
安哥拉	6 764 518	4 049 219
贝宁	13 608 037	8 615 276
博茨瓦纳	5 044 693	5 898 867
布隆迪	37 988	4 360
喀麦隆	3 266 117	1 606 649
加那利群岛	11 729 756	10 165 317
佛得角	777 782	3 507 839
中非	4 867	2 264
塞卜泰（休达）	271 649	480 836
科摩罗	610	34 603
刚果	1 262 579	682 528
吉布提	3 325 141	3 012 767
埃及	145 462 982	185 579 901
赤道几内亚	16 517	7 119
埃塞俄比亚	5 407 753	4 023 003
加蓬	427 358	83 330
冈比亚	299 349	322 933
加纳	5 385 161	3 626 795
几内亚	1 840 199	367 083
几内亚（比绍）	34 421	65 433
科特迪瓦共和国	2 039 531	989 836
肯尼亚	4 100 564	2 492 638
利比里亚	87 310	216 224
利比亚	3 784 231	7 847 904

服装

输往地	2001年	2000年
	金额（美元）	金额（美元）
马达加斯加	4 138 778	9 019 241
马拉维	48 976	26 573
马里	426 199	570 984
毛里塔尼亚	408 837	513 461
毛里求斯	1 255 852	973 045
摩洛哥	43 451 209	45 693 038
莫桑比克	1 321 557	1 402 508
纳米比亚	1 082 470	965 360
尼日利亚	24 212 092	14 780 107
留尼汪	35 857	30 675
卢旺达	399 788	16 178
塞内加尔	797 769	668 801
塞舌尔	54 611	22 854
塞拉利昂	274 477	284 765
索马里	84 908	80 564
南非	144 852 941	194 653 046
苏丹	14 235 729	2 903 101
坦桑尼亚	5 013 435	2 801 090
多哥	7 931 751	14 545 224
突尼斯	18 676 503	11 485 677
乌干达	3 175 281	492 701
布基纳法索	25 255	175
民主刚果	275 267	335 383
赞比亚	945 179	491 758
津巴布韦	260 248	216 615
莱索托	218 604	1 306 997
梅利利亚	375 394	361 774
斯威士兰	794 914	799 858
厄立特里亚	469 621	132 519
比利时	156 187 872	146 771 074
丹麦	174 855 818	166 487 050
英国	574 657 802	521 114 152
德国	894 404 740	913 033 775
法国	512 120 885	470 725 551
爱尔兰	19 753 737	18 033 628
意大利	452 199 834	460 738 743
卢森堡	12 010 380	11 804 090

2001 年中国主要出口商品输往地

服装

输往地	2001 年	2000 年
	金额（美元）	金额（美元）
荷兰	335 581 401	311 196 344
希腊	32 346 475	27 708 651
葡萄牙	21 437 496	14 811 442
西班牙	259 549 872	246 126 041
阿尔巴尼亚	2 954 965	4 623 487
安道尔	38 500	85 620
奥地利	38 666 004	37 945 029
保加利亚	21 409 841	23 126 449
芬兰	68 962 773	74 361 923
直布罗陀	91 196	144 939
匈牙利	385 785 654	291 877 909
冰岛	2 509 774	1 926 969
马耳他	8 296 368	15 017 434
摩纳哥	353 819	329 188
挪威	164 087 044	147 172 683
波兰	340 305 541	322 949 718
罗马尼亚	52 009 699	42 165 622
圣马力诺	59 257	16 600
瑞典	147 361 341	149 743 729
瑞士	245 271 233	268 967 666
爱沙尼亚	2 890 861	2 161 926
拉脱维亚	3 725 951	2 712 102
立陶宛	7 481 503	5 620 665
格鲁吉亚	94 714	71 127
亚美尼亚	212 435	103 831
阿塞拜疆	6 550 791	103 960
白俄罗斯	129 576	281 594
哈萨克	3 0152 329	128 260 026
吉尔吉斯	3 594 804	12 164 201
摩尔多瓦	11 062	1 632
俄罗斯联邦	1 184 333 474	1 071 376 502
塔吉克	305 258	216 138
土库曼	48 500	378 322
乌克兰	22 948 965	12 512 783
乌兹别克	173 022	539 201
南斯拉夫	9 147 405	9 889 945
斯洛文尼亚	22 384 181	21 189 928

服装

输往地	2001 年	2000 年
	金额（美元）	金额（美元）
克罗地亚	99 704 376	57 087 777
捷克	215 004 381	190 849 084
斯洛伐克	23 898 255	17 534 414
前南斯拉夫马其顿	793 906	1 021 778
波斯尼亚和黑塞哥维那	275 116	126 163
安提瓜和巴布达	1 452	0
阿根廷	45 382 980	58 237 421
阿鲁巴岛	861 636	2 227 843
巴哈马	1 251 362	1 129 887
巴巴多斯	220 677	98 992
伯利兹	229 298	243 698
玻利维亚	1 693 517	603 630
巴西	92 058 243	91 177 174
开曼群岛	329 225	378 192
智利	245 382 276	218 401 605
哥伦比亚	8 076 435	5 437 265
多米尼克	4 856 115	1 364 756
哥斯达黎加	1 117 061	1 014 670
古巴	15 598 648	11 551 376
库腊索岛	38 405 315	24 941 798
多米尼加共和国	1 393 041	3 008 346
厄瓜多尔	3 686 481	1 778 501
格林纳达	24 478	10 700
危地马拉	27 818 222	35 051 616
圭亚那	191 436	237 511
海地	560 293	199 113
洪都拉斯	1 595 202	2 092 388
牙买加	23 841 678	21 524 354
墨西哥	256 927 569	197 815 629
尼加拉瓜	1 455 373	2 348 104
巴拿马	439 353 208	544 294 954
巴拉圭	1 035 408	1 972 965
秘鲁	17 666 729	9 937 403
波多黎各	500 530	596 351
圣卢西亚	120	27 589
圣马丁岛	787 015	457 359
圣文森特和格林纳丁斯	154	11 064

2001年中国主要出口商品输往地

服装

输往地	2001年	2000年
	金额（美元）	金额（美元）
萨尔瓦多	5 776 748	2 373 866
苏里南	322 539	179 299
特立尼达和多巴哥	2 999 666	1 532 720
乌拉圭	39 850 370	41 164 891
委内瑞拉	59 492 070	33 366 470
英属维尔京群岛	36 049	0
圣基茨和尼维斯	3 008	0
加拿大	589 199 466	542 778 638
美国	4 922 546 714	4 794 583 451
格陵兰	63 118	115 168
百慕大群岛	2 237 762	1 203 147
澳大利亚	904 455 648	915 456 759
库克群岛	79 863	76 537
斐济	726 731	756 352
盖比群岛	9 312	15 200
新喀里多尼亚	400 666	389 116
瓦努阿图	40 401	78 291
新西兰	128 730 385	134 266 226
诺福克岛	21 322	0
巴布亚新几内亚	2 717 048	2 929 740
社会群岛	575 992	162 414
所罗门群岛	43 442	7 531
汤加	7 764	6 575
土阿莫土群岛	498	0
萨摩亚	327 790	64 522
基里巴斯	5 850	6 896
密克罗尼西亚联邦	57 551	1 214
马绍尔群岛共和国	23 930	45 081
其他	1 659 862	817 477

日用瓷

输往地	2001年	2000年
	金额（美元）	金额（美元）
总值	**633 457 528**	**826 967 630**
阿富汗	300 274	335 187
巴林	380 629	299 318
孟加拉国	2 973 040	2 089 227
文莱	50 702	56 945
缅甸	1 325 677	3 280 614
柬埔寨	2 280 037	2 367 282
塞浦路斯	870 320	1 612 899
朝鲜	8 472	12 630
香港	24 434 498	27 985 995
印度	457 972	806 322
印度尼西亚	11 982 804	19 168 330
伊朗	1 669 931	1 386 588
伊拉克	23 766	0
以色列	10 241 000	16 926 652
日本	27 919 704	23 222 948
约旦	4 018 159	7 756 559
科威特	1 594 412	2 143 416
老挝	106 197	51 876
黎巴嫩	10 834 632	13 510 245
澳门	24 776	197 754
马来西亚	12 906 757	11 079 409
马尔代夫	428	0
蒙古	12 868	23 272
尼泊尔	279 427	621 287
阿曼	263 683	298 570
巴基斯坦	4 363 326	5 239 608
巴勒斯坦	687 351	46 893
菲律宾	7 922 275	11 613 236
卡塔尔	163 009	180 598
沙特阿拉伯	9 806 363	13 885 812
新加坡	9 232 949	9 699 849
韩国	3 660 807	2 735 767
斯里兰卡	1 945 142	3 916 996
叙利亚	212 001	35 309
泰国	908 675	2 293 884
土耳其	2 309 979	6 711 622
阿拉伯联合酋长国	31 059 175	36 537 470
也门共和国	257 427	460 327
越南	197 670	1 785 239

2001年中国主要出口商品输往地

日用瓷

输往地	2001年	2000年
	金额（美元）	金额（美元）
台湾省	6 024 704	4 601 974
阿尔及利亚	3 927 187	9 783 744
安哥拉	535 508	287 530
贝宁	403 331	193 717
博茨瓦纳	7 263	20 724
喀麦隆	1 105 188	588 689
佛得角	2 660	22 252
科摩罗	16 131	0
刚果	34 574	94 766
吉布提	220 124	209 449
埃及	9 062 783	18 947 750
赤道几内亚	32 943	32 898
埃塞俄比亚	93 894	663 857
加蓬	353 976	205 280
冈比亚	7 291	7 515
加纳	288 537	332 128
几内亚	4 861	44 857
科特迪瓦共和国	125 728	75 006
肯尼亚	2 881 132	4 373 801
利比亚	318 069	515 934
马达加斯加	74 154	113 922
毛里求斯	280 805	861 106
摩洛哥	3 388 958	8 967 772
莫桑比克	40 962	201 055
纳米比亚	53 756	6 000
尼日尔	19 532	9 714
尼日利亚	4 024 363	3 030 343
留尼汪	20 246	0
塞内加尔	77 487	7 179
塞拉利昂	1 240	5 574
南非	13 597 848	36 326 874
苏丹	967 358	2 900 164
坦桑尼亚	923 969	1 817 709
突尼斯	1 100 625	2 401 481
乌干达	145 401	500 699
布基纳法索	24 061	0
民主刚果	21 059	23 133

日用瓷

输往地	2001年	2000年
	金额（美元）	金额（美元）
赞比亚	10 896	10 925
津巴布韦	18 296	131 757
厄立特里亚	6 544	0
比利时	5 146 036	7 205 320
丹麦	1 209 336	1 134 387
英国	18 263 747	22 379 721
德国	23 370 201	29 248 551
法国	7 658 476	8 782 232
爱尔兰	708 191	639 441
意大利	18 521 901	29 278 655
荷兰	12 678 195	17 059 790
希腊	5 286 600	6 481 659
葡萄牙	2 656 250	4 632 970
西班牙	10 509 300	14 784 230
阿尔巴尼亚	44 686	53 417
奥地利	623 603	1 593 189
保加利亚	939 037	1 478 322
芬兰	1 156 276	1 099 269
匈牙利	452 695	671 579
冰岛	13 485	28 694
马耳他	241 193	538 039
挪威	4 663 464	6 983 627
波兰	6 352 061	5 383 471
罗马尼亚	614 711	873 248
瑞典	1 777 313	2 291 261
瑞士	543 302	764 338
爱沙尼亚	96 784	72 574
拉脱维亚	266 469	525 131
立陶宛	585 804	403 318
格鲁吉亚	14 768	3 245
阿塞拜疆	6 108	0
白俄罗斯	12 480	0
哈萨克	667 510	4 632 668
吉尔吉斯	147 761	16 331
俄罗斯联邦	6 696 815	4 232 784
塔吉克	118 500	22 800
乌克兰	1 185 270	561 070

2001 年中国主要出口商品输往地

日用瓷

输往地	2001 年	2000 年
	金额（美元）	金额（美元）
南斯拉夫	307 331	342 268
斯洛文尼亚	973 382	670 988
克罗地亚	592 666	501 226
捷克	1 025 500	1 291 145
斯洛伐克	176 720	94 251
前南斯拉夫马其顿	30 072	36 149
安提瓜和巴布达	5 757	0
阿根廷	4 552 031	7 518 703
阿鲁巴岛	570	2 474
巴巴多斯	15 953	16 326
伯利兹	1 620	6 000
玻利维亚	26 345	10 969
巴西	2 093 619	4 364 655
智利	10 377 411	22 919 958
哥伦比亚	1 839 969	958 672
多米尼克	986 604	4 743 697
哥斯达黎加	682 099	956 925
古巴	374 836	354 421
多米尼加共和国	605 898	1 296 497
厄瓜多尔	3 602 067	1 502 574
危地马拉	2 603 736	5 087 465
圭亚那	24 649	48 469
海地	195 041	101 333
洪都拉斯	309 541	567 805
牙买加	194 117	548 024
墨西哥	5 284 990	8 212 509
尼加拉瓜	11 193	25 906
巴拿马	11 131 116	20 580 058
巴拉圭	80 710	122 917
秘鲁	3 286 854	7 623 725
波多黎各	958 202	1 003 979
圣卢西亚	4 856	24 519
萨尔瓦多	510 415	482 893
苏里南	38 957	15 976
特立尼达和多巴哥	99 087	147 193
乌拉圭	1 619 561	3 425 355
委内瑞拉	4 565 944	3 431 946

日用瓷

输往地	2001 年	2000 年
	金额（美元）	金额（美元）
圣基茨和尼维斯	1 925	0
加拿大	20 405 374	25 925 022
美国	160 385 434	169 313 937
澳大利亚	19 137 625	26 861 299
库克群岛	23 681	0
斐济	96 846	169 036
新喀里多尼亚	4 668	3 213
新西兰	2 934 143	2 676 736
巴布亚新几内亚	104 495	270 713
所罗门群岛	7 637	11 302
汤加	4 560	1 818
马绍尔群岛共和国	688	0
帕劳共和国	2 947	1 033
其他	0	147 007

地毯及装饰毯

输往地	2001 年	2000 年
	金额（美元）	金额（美元）
总值	**490 828 106**	**470 905 873**
巴林	11 096	99 161
孟加拉国	156 864	141 350
文莱	72 576	188 455
缅甸	506 074	558 515
柬埔寨	12 080	20 300
塞浦路斯	96 331	185 179
朝鲜	20 410	15 270
香港	15 134 325	14 299 785
印度	793 947	1 202 268
印度尼西亚	1 951 295	2 513 527
以色列	487 654	402 832
日本	109 145 203	89 731 351
约旦	274 140	202 870
科威特	440 133	492 109
老挝	3 625	1 449
黎巴嫩	766 085	1 129 033
澳门	52 344	3 918

2001年中国主要出口商品输往地

地毯及装饰毯

输往地	2001年	2000年
	金额（美元）	金额（美元）
马来西亚	2 379 153	3 054 305
蒙古	1 164 328	1 107 659
尼泊尔	13 861	51 127
阿曼	85 579	0
巴基斯坦	26 180	58 742
菲律宾	259 498	353 686
卡塔尔	24 166	184 966
沙特阿拉伯	5 750 809	5 825 442
新加坡	2 641 259	1 551 228
韩国	2 725 616	3 168 223
斯里兰卡	18 533	17 030
泰国	614 555	840 715
土耳其	6 121 154	6 412 984
阿拉伯联合酋长国	6 621 958	4 144 976
也门共和国	58 084	91 322
越南	90 186	46 060
台湾省	3 951 889	4 290 612
阿尔及利亚	127	7 725
安哥拉	180 455	13 600
贝宁	243 343	17 300
博茨瓦纳	7 271	0
喀麦隆	1 596	16 274
加那利群岛	10 564	8 694
吉布提	38 556	0
埃及	2 159 829	2 820 766
赤道几内亚	17 778	800
埃塞俄比亚	27 137	1 225
加蓬	81	0
加纳	950	24 720
几内亚	377	0
肯尼亚	42 515	10 594
利比亚	27 266	98 593
马达加斯加	17 625	2 500
马里	130	5 916
毛里塔尼亚	4 080	3 525
毛里求斯	106 426	1 113 222
摩洛哥	10 133	33 615

地毯及装饰毯

输往地	2001年	2000年
	金额（美元）	金额（美元）
莫桑比克	5 760	0
尼日利亚	120 612	61 770
留尼汪	17 011	78 949
塞内加尔	14 829	0
塞舌尔	330	0
南非	621 242	591 993
苏丹	7 273	0
坦桑尼亚	3 916	28 026
乌干达	900	0
赞比亚	4 908	0
津巴布韦	1 280	0
比利时	4 020 441	4 385 016
丹麦	359 552	123 730
英国	23 524 935	23 232 153
德国	30 617 508	34 670 671
法国	3 801 300	4 264 469
爱尔兰	126 165	99 576
意大利	11 121 991	12 022 935
荷兰	6 040 854	4 828 447
希腊	2 089 432	1 890 244
葡萄牙	6 963 262	6 639 648
西班牙	3 592 132	4 129 509
阿尔巴尼亚	443	23 773
奥地利	471 693	782 834
保加利亚	172 620	96 894
芬兰	219 891	54 334
匈牙利	44 109	114 630
马耳他	73 917	193 929
挪威	368 691	323 410
波兰	286 598	90 547
罗马尼亚	264 507	80 792
瑞典	1 327 814	1 659 640
瑞士	1 557 423	2 020 503
爱沙尼亚	9 590	0
拉脱维亚	9 151	14 379
立陶宛	83 115	7 654
格鲁吉亚	265	0

2001 年中国主要出口商品输往地

地毯及装饰毯

输往地	2001 年	2000 年
	金额（美元）	金额（美元）
哈萨克	72 746	47 620
摩尔多瓦	16	0
俄罗斯联邦	652 883	663 925
乌克兰	222 747	30 488
南斯拉夫	461 810	268 849
斯洛文尼亚	327 698	276 080
克罗地亚	76	24 260
捷克	767	62 377
斯洛伐克	5	0
前南斯拉夫马其顿	30	172 582
波斯尼亚和黑塞哥维那	104 383	0
阿根廷	101 114	135 073
阿鲁巴岛	288	767
巴巴多斯	23 635	0
巴西	937 913	635 543
智利	205 707	404 023
哥伦比亚	5 328	0
多米尼克	396	699
哥斯达黎加	714	164
多米尼加共和国	11 164	0
厄瓜多尔	1 860	0
圭亚那	35 881	46 057
牙买加	129 185	161 189
墨西哥	502 717	523 884
巴拿马	392 564	473 845
秘鲁	1 130	1 400
波多黎各	131 470	25 708
萨尔瓦多	119	327
苏里南	16 951	0
特立尼达和多巴哥	128 270	100 589
乌拉圭	55 756	152 446
委内瑞拉	59 401	123 621
加拿大	7 488 223	6 624 185
美国	208 316 082	205 439 726
澳大利亚	6 769 346	5 145 982
斐济	5 004	19 325
瓦努阿图	4 699	3 687

地毯及装饰毯

输往地	2001 年	2000 年
	金额（美元）	金额（美元）
新西兰	322 067	125 457
巴布亚新几内亚	11 470	9 820
社会群岛	6 877	0
汤加	200	1 660
萨摩亚	3 195	0
马绍尔群岛共和国	1 562	1 452
其他	1 968	127 090

鞋类

输往地	2001 年	2000 年
	金额（美元）	金额（美元）
总值	10 096 459 009	9 852 584 383
巴林	360 613	375 121
孟加拉国	1 220 308	861 242
不丹	23 790	0
文莱	97 972	171 004
缅甸	3 171 235	2 433 450
柬埔寨	6 482 664	6 401 513
塞浦路斯	1 908 785	2 037 361
朝鲜	2 473 483	2 712 266
香港	345 256 407	497 469 682
印度	2 301 145	2 847 834
印度尼西亚	23 481 335	24 126 936
伊朗	3 038 253	1 799 166
伊拉克	5 319 270	105 222
以色列	33 378 235	34 527 580
日本	1 010 235 958	946 086 595
约旦	19 893 656	20 043 806
科威特	9 984 175	6 849 375
老挝	444 097	525 083
黎巴嫩	15 534 524	12 270 148
澳门	52 899 792	37 585 119
马来西亚	39 714 796	35 704 208
马尔代夫	24 335	45 471
蒙古	1 007 090	57 870
尼泊尔	14 100 192	12 840 486

2001年中国主要出口商品输往地

鞋类

输往地	2001年 金额（美元）	2000年 金额（美元）
阿曼	546 433	348 005
巴基斯坦	3 097 190	3 273 300
巴勒斯坦	248 939	95 372
菲律宾	43 546 648	28 446 771
卡塔尔	80 358	61 905
沙特阿拉伯	81 315 146	71 564 191
新加坡	35 383 552	39 016 187
韩国	185 616 551	163 714 072
斯里兰卡	1 832 137	1 704 879
叙利亚	200 986	206 078
泰国	8 692 043	8 989 243
土耳其	9 314 696	15 494 732
阿拉伯联合酋长国	81 265 635	74 319 129
也门共和国	9 100 782	8 851 830
越南	16 290 540	12 411 428
台湾省	32 708 185	38 114 574
阿尔及利亚	13 760 904	9 947 338
安哥拉	9 231 669	7 786 603
贝宁	21 640 741	17 351 078
博茨瓦纳	2 029 211	1 668 910
喀麦隆	3 486 003	1 940 338
加那利群岛	115 949	147 539
佛得角	429 825	364 026
中非	9 537	81 840
塞卜泰（休达）	18 091	0
科摩罗	17 549	47 668
刚果	2 612 267	709 078
吉布提	3 702 167	3 760 777
埃及	27 960 005	35 177 858
赤道几内亚	30 439	81 914
埃塞俄比亚	3 378 373	1 430 813
加蓬	306 237	201 675
冈比亚	7 100 657	5 709 937
加纳	6 675 585	6 239 427
几内亚	6 518 807	3 890 871
几内亚（比绍）	46 695	0
科特迪瓦共和国	15 153 761	8 803 828

鞋类

输往地	2001年 金额（美元）	2000年 金额（美元）
肯尼亚	3 457 551	1 975 988
利比里亚	162 905	325 036
利比亚	1 726 173	1 961 236
马达加斯加	1 938 948	1 369 568
马拉维	900 223	617 169
马里	486 684	314 217
毛里塔尼亚	2 331 969	2 428 073
毛里求斯	1 619 298	1 312 287
摩洛哥	10 377 278	4 167 100
莫桑比克	3 393 204	3 292 719
纳米比亚	1 174 651	1 174 339
尼日尔	107 097	106 091
尼日利亚	44 139 025	29 015 495
留尼汪	385 795	221 880
卢旺达	361 952	31 466
圣多美和普林西比	4 722	0
塞内加尔	2 793 789	3 037 415
塞舌尔	59 257	88 147
塞拉利昂	1 126 454	426 261
索马里	337 775	107 058
南非	92 427 173	69 280 882
苏丹	4 183 034	1 333 391
坦桑尼亚	5 867 129	4 553 755
多哥	15 001 311	9 019 093
突尼斯	3 341 372	3 116 596
乌干达	1 154 780	362 185
布基纳法索	479 380	783 245
民主刚果	1 316 012	985 198
赞比亚	2 416 991	1 316 797
津巴布韦	543 763	579 454
莱索托	524 657	936 008
厄立特里亚	518 065	19 184
比利时	167 489 270	161 690 160
丹麦	15 110 731	11 653 081
英国	197 748 328	164 827 865
德国	163 051 427	182 806 484
法国	99 963 185	106 000 904

2001 年中国主要出口商品输往地

鞋类

输往地	2001 年	2000 年
	金额（美元）	金额（美元）
爱尔兰	4 604 890	6 820 426
意大利	109 168 634	110 576 729
卢森堡	16 500	5 083
荷兰	137 093 265	142 362 218
希腊	28 258 393	26 737 063
葡萄牙	9 058 957	14 562 080
西班牙	100 029 782	93 034 097
阿尔巴尼亚	1 227 596	1 067 876
奥地利	16 863 509	14 037 913
保加利亚	10 458 000	10 587 240
芬兰	18 580 469	16 004 809
匈牙利	82 839 349	73 993 307
冰岛	213 589	246 834
马耳他	668 613	858 727
摩纳哥	416 517	72 941
挪威	13 478 256	12 795 343
波兰	137 613 841	113 741 980
罗马尼亚	60 580 294	41 324 668
圣马力诺	48 274	20 445
瑞典	18 964 714	23 486 694
瑞士	18 816 552	17 502 139
爱沙尼亚	1 291 625	856 269
拉脱维亚	2 680 367	1 991 988
立陶宛	8 810 289	2 141 056
格鲁吉亚	272 686	121 908
亚美尼亚	10 333	15 808
阿塞拜疆	386 640	0
白俄罗斯	157 576	128 001
哈萨克	46 556 486	210 386 756
吉尔吉斯	9 527 578	24 511 239
摩尔多瓦	28 454	24 843
俄罗斯联邦	383 472 897	344 846 048
塔吉克	108 976	1 920
土库曼	39 762	139 868
乌克兰	53 571 070	19 818 252
乌兹别克	26 932	151 830
南斯拉夫	5 818 088	4 625 841

鞋类

输往地	2001 年	2000 年
	金额（美元）	金额（美元）
斯洛文尼亚	9 057 643	4 784 210
克罗地亚	4 358 670	2 607 398
捷克	37 755 461	39 997 284
斯洛伐克	12 673 205	9 051 944
前南斯拉夫马其顿	725 455	259 345
波斯尼亚和黑塞哥维那	179 444	307 326
阿根廷	9 359 762	12 447 893
阿鲁巴岛	114 951	1 181 214
巴哈马	32 328	61 459
巴巴多斯	52 548	38 723
伯利兹	363 886	90 645
玻利维亚	1 143 053	836 097
巴西	13 860 600	12 995 537
智利	83 661 237	69 143 032
哥伦比亚	10 785 798	6 435 489
多米尼克	2 229 647	1 297 269
哥斯达黎加	5 488 539	5 007 308
古巴	8 260 189	6 362 077
库腊索岛	752 910	1 693 553
多米尼加共和国	1 441 434	1 016 520
厄瓜多尔	5 937 278	2 602 954
法属圭亚那	66 787	22 398
瓜德罗普	41 900	73 803
危地马拉	6 083 551	6 890 393
圭亚那	1 421 818	988 415
海地	357 005	432 959
洪都拉斯	635 028	703 783
牙买加	3 227 928	2 279 886
墨西哥	4 911 179	4 233 160
尼加拉瓜	379 014	772 328
巴拿马	123 506 976	115 875 031
巴拉圭	2 420 052	3 444 334
秘鲁	2 589 260	1 047 253
波多黎各	3 729 413	2 608 821
圣文森特和格林纳丁斯	27 040	10 992
萨尔瓦多	6 295 390	3 117 263
苏里南	211 369	263 166

2001年中国主要出口商品输往地

鞋类

输往地	2001年	2000年
	金额（美元）	金额（美元）
特立尼达和多巴哥	1 132 318	991 351
乌拉圭	11 800 400	11 607 834
委内瑞拉	10 650 153	8 497 164
圣基茨和尼维斯	8 800	33 048
加拿大	180 120 384	167 269 985
美国	5 040 906 635	4 886 126 519
格陵兰	7 946	6 921
澳大利亚	111 731 612	114 676 948
库克群岛	100 021	0
斐济	1 115 063	909 871
瑙鲁	46	3 431
新喀里多尼亚	274 052	119 291
瓦努阿图	66 869	42 316
新西兰	16 721 657	17 943 288
巴布亚新几内亚	1 825 063	1 981 744
社会群岛	42 988	70 626
所罗门群岛	70 620	102 895
汤加	25 435	36 751
萨摩亚	81 990	245 192
密克罗尼西亚联邦	69	0
马绍尔群岛共和国	2 686	7 890
帕劳共和国	2 414	1 722
其他	36 526	262 516

玩具

输往地	2001年	2000年
	金额（美元）	金额（美元）
总值	**5 164 894 493**	**5 575 661 236**
巴林	419 614	329 506
孟加拉国	289 397	207 021
文莱	118 690	60 430
缅甸	1 023 932	3 067 091
柬埔寨	20 481	64 356
塞浦路斯	1 043 340	1 558 284
朝鲜	17 007	72 382
香港	646 978 276	797 640 831

玩具

输往地	2001年	2000年
	金额（美元）	金额（美元）
印度	7 023 152	5 648 082
印度尼西亚	7 749 950	10 155 585
伊朗	127 321	99 855
以色列	10 041 087	10 544 019
日本	299 315 503	282 610 832
约旦	417 698	1 027 500
科威特	1 575 459	2 402 114
老挝	154 310	119 806
黎巴嫩	2 300 016	2 510 210
澳门	258 100	587 720
马来西亚	10 318 158	11 920 975
马尔代夫	26 042	8 505
蒙古	473	0
尼泊尔	1 497 792	2 219 579
阿曼	185 944	19 454
巴基斯坦	361 997	539 341
巴勒斯坦	5 950	34 731
菲律宾	8 842 716	10 096 473
卡塔尔	97 964	118 984
沙特阿拉伯	11 034 416	14 913 465
新加坡	11 818 940	8 929 053
韩国	40 695 355	63 425 220
斯里兰卡	203 059	277 764
叙利亚	623 869	146 457
泰国	3 274 125	3 972 701
土耳其	10 092 554	17 090 665
阿拉伯联合酋长国	21 898 818	21 702 900
也门共和国	259 393	175 559
越南	1 326 411	727 516
台湾省	17 509 888	26 995 072
阿尔及利亚	327 682	278 168
安哥拉	287 744	37 335
贝宁	105 758	139 253
博茨瓦纳	9 109	9 487
喀麦隆	15 892	49 487
加那利群岛	43 055	118 236
佛得角	4 954	11 746

2001 年中国主要出口商品输往地

玩具

输往地	2001 年	2000 年
	金额（美元）	金额（美元）
中非	11 785	99 202
刚果	24 396	26 179
吉布提	198	4 777
埃及	9 375 121	11 056 696
埃塞俄比亚	26 753	29 583
加蓬	57 169	38 607
冈比亚	1 273	649
加纳	69 056	79 281
几内亚	7 963	5 455
科特迪瓦共和国	65 071	8 813
肯尼亚	53 660	59 735
利比里亚	285	0
利比亚	113 011	54 045
马达加斯加	74 200	59 855
毛里塔尼亚	3 697	2 240
毛里求斯	410 517	324 376
摩洛哥	2 104 307	2 029 639
莫桑比克	3 549	1 079
纳米比亚	25 828	8 537
尼日利亚	605 080	416 401
留尼汪	111 335	117 861
卢旺达	10 479	8 240
塞内加尔	61	31 989
塞舌尔	31 767	6 862
索马里	2 835	0
南非	6 744 554	10 522 101
苏丹	63 639	127 880
坦桑尼亚	4 890	3 730
多哥	89 552	2 296
突尼斯	755 437	643 419
乌干达	36 480	16 156
民主刚果	1 290	37 668
赞比亚	130	0
津巴布韦	12 936	28 492
比利时	35 417 028	37 211 257
丹麦	13 868 105	13 383 137
英国	259 162 884	245 165 997

玩具

输往地	2001 年	2000 年
	金额（美元）	金额（美元）
德国	206 099 786	204 994 346
法国	98 699 350	106 767 850
爱尔兰	4 335 509	3 554 006
意大利	93 202 146	104 893 888
卢森堡	169 889	102 548
荷兰	72 285 269	73 645 555
希腊	14 095 691	15 458 263
葡萄牙	9 286 357	8 895 307
西班牙	72 390 220	79 362 378
阿尔巴尼亚	61 689	89 940
奥地利	4 257 658	4 448 418
保加利亚	936 992	1 329 989
芬兰	5 259 460	4 440 982
直布罗陀	22 720	38 049
匈牙利	2 769 956	4 887 719
冰岛	17 050	66 597
马耳他	258 384	517 582
摩纳哥	11 040	31 488
挪威	5 558 653	5 078 296
波兰	11 969 904	15 074 068
罗马尼亚	1 269 594	1 714 493
瑞典	12 075 620	11 706 509
瑞士	4 883 172	4 344 225
爱沙尼亚	250 067	128 736
拉脱维亚	424 642	136 914
立陶宛	496 007	172 563
格鲁吉亚	17 577	0
亚美尼亚	5 872	15 391
阿塞拜疆	16 173	29 773
白俄罗斯	104 360	4 466
哈萨克	2 975 669	13 799 563
吉尔吉斯	102 926	31 905
俄罗斯联邦	29 829 356	17 928 513
塔吉克	9 690	0
乌克兰	975 149	1 122 964
南斯拉夫	643 535	726 193
斯洛文尼亚	1 022 719	879 491

2001 年中国主要出口商品输往地

玩具

输往地	2001 年	2000 年
	金额（美元）	金额（美元）
克罗地亚	1 621 478	1 050 465
捷克	2 975 180	3 153 814
斯洛伐克	483 776	707 866
波斯尼亚和黑塞哥维那	85 530	0
阿根廷	17 342 706	19 676 938
阿鲁巴岛	7 705	78 557
巴哈马	24 794	29 957
巴巴多斯	94 896	5 557
玻利维亚	74 700	68 242
巴西	16 717 675	24 620 693
智利	29 259 738	24 338 014
哥伦比亚	2 889 725	1 929 302
多米尼克	893 638	518 427
哥斯达黎加	1 466 881	1 226 282
古巴	385 433	217 043
库腊索岛	64 009	132 693
多米尼加共和国	299 721	483 305
厄瓜多尔	2 372 546	1 090 692
瓜德罗普	43 801	34 810
危地马拉	1 353 791	846 974
圭亚那	74 929	57 884
海地	10 217	3 820
洪都拉斯	354 713	321 008
牙买加	485 135	160 663
墨西哥	34 492 085	27 095 173
尼加拉瓜	31 046	53 604

玩具

输往地	2001 年	2000 年
	金额（美元）	金额（美元）
巴拿马	8 052 224	6 990 312
巴拉圭	3 033 939	6 197 726
秘鲁	1 454 795	1 467 261
波多黎各	3 784 836	2 675 900
萨尔瓦多	403 829	510 491
苏里南	37 753	26 629
特立尼达和多巴哥	255 921	170 949
乌拉圭	2 860 686	7 011 035
委内瑞拉	9 152 456	5 575 551
加拿大	97 560 850	91 050 215
美国	2 764 287 215	2 983 304 927
格陵兰	37 309	24 662
百慕大群岛	279	2 135
澳大利亚	49 129 393	45 951 869
斐济	25 960	46 183
瑙鲁	791	0
新喀里多尼亚	33 873	7 837
瓦努阿图	2 405	1 065
新西兰	4 830 677	5 599 865
巴布亚新几内亚	115 478	124 160
社会群岛	2 562	28 117
所罗门群岛	11 956	3 569
汤加	4 176	0
萨摩亚	1 411	6 126
马绍尔群岛共和国	8 800	3 537
其他	21 508	284 380

纸制品

输往地	2001 年		2000 年	
	数量（公吨）	金额（美元）	数量（公吨）	金额（美元）
总值	**949 553**	**1 100 909 076**	**904 958**	**1 018 844 998**
巴林	177	192 103	146	187 904
孟加拉国	353	422 829	599	516 771
文莱	44	46 278	51	66 482
缅甸	1 213	1 203 184	1 161	1 041 355
柬埔寨	1 338	1 655 801	1 168	1 163 495

2001年中国主要出口商品输往地

纸制品

输往地	2001年		2000年	
	数量（公吨）	金额（美元）	数量（公吨）	金额（美元）
塞浦路斯	29	71 916	51	84 847
朝鲜	3 040	2 343 219	1 950	1 635 058
香港	374 024	379 259 059	389 994	388 236 377
印度	1 454	2 250 800	1 877	2 353 439
印度尼西亚	3 954	5 103 716	3 956	5 186 795
伊朗	1 962	2 015 238	328	477 388
伊拉克	103	151 118	0	446
以色列	1 332	1 669 769	1 324	1 456 312
日本	50 325	107 222 608	37 396	91 330 243
约旦	619	677 287	269	295 943
科威特	939	1 132 542	1 160	1 472 391
老挝	15	23 543	125	244 447
黎巴嫩	135	273 656	113	210 346
澳门	18 691	12 817 722	18 002	11 425 813
马来西亚	9 965	9 983 418	10 524	11 456 004
马尔代夫	7	4 410	0	756
蒙古	3 098	1 664 523	736	700 701
尼泊尔	21	33 719	59	84 989
阿曼	8	14 043	190	247 822
巴基斯坦	617	475 945	389	508 392
巴勒斯坦	7	3 609	5	7 610
菲律宾	7 416	7 708 659	6 281	6 736 507
卡塔尔	52	93 546	22	40 577
沙特阿拉伯	4 401	5 131 156	3 305	3 945 872
新加坡	19 875	19 008 878	20 914	23 474 217
韩国	7 904	10 960 761	6 620	9 560 273
斯里兰卡	1 009	806 014	668	538 519
叙利亚	150	399 570	28	40 014
泰国	5 023	5 729 949	3 920	5 194 761
土耳其	244	385 913	754	1 340 241
阿拉伯联合酋长国	3 456	3 857 999	1 397	2 028 280
也门共和国	139	169 885	366	309 820
越南	4 260	4 547 889	4 680	5 321 075
台湾省	64 708	37 543 530	64 121	34 036 450
阿尔及利亚	667	400 204	307	230 878
安哥拉	89	102 053	21	32 082
贝宁	152	219 286	259	359 572

2001 年中国主要出口商品输往地

纸制品

输往地	2001 年		2000 年	
	数量（公吨）	金额（美元）	数量（公吨）	金额（美元）
博茨瓦纳	2	6 138	6	16 286
布隆迪	18	14 845	1	882
喀麦隆	33	58 174	29	51 932
加那利群岛	10	3 426	2	7 447
佛得角	11	5 756	0	235
中非	4	1 463	2	2 637
刚果	72	124 835	161	161 805
吉布提	73	72 685	84	86 573
埃及	577	727 117	784	953 615
赤道几内亚	0	20	0	61
埃塞俄比亚	304	311 037	77	125 452
加蓬	3	3 044	7	30 268
冈比亚	54	53 167	50	59 335
加纳	255	270 802	105	130 141
几内亚	16	18 905	7	12 465
几内亚（比绍）	3	3 463	0	0
科特迪瓦共和国	40	36 432	5	4 528
肯尼亚	209	280 009	52	74 048
利比里亚	118	114 851	115	114 487
利比亚	7	4 944	5	5 750
马达加斯加	227	229 398	119	162 212
马拉维	1	1 895	324	225 720
马里	11	20 022	2	4 754
毛里塔尼亚	45	30 562	1	872
毛里求斯	192	322 674	46	72 227
摩洛哥	290	470 946	277	328 999
莫桑比克	42	41 119	76	64 794
纳米比亚	0	487	19	75 868
尼日利亚	495	636 562	556	968 819
留尼汪	97	102 639	55	54 216
卢旺达	1	1 752	11	16 339
塞内加尔	11	22 403	14	16 153
塞舌尔	32	61 666	18	20 698
塞拉利昂	105	117 351	225	251 263
索马里	0	36	0	0
南非	1 087	1 141 937	1 118	1 114 694
苏丹	61	85 293	56	100 122

2001 年 中 国 主 要 出 口 商 品 输 往 地

纸制品

输往地	2001年		2000年	
	数量（公吨）	金额（美元）	数量（公吨）	金额（美元）
坦桑尼亚	80	90 015	178	154 977
多哥	25	19 878	40	70 932
突尼斯	706	458 922	151	186 444
乌干达	57	56 805	88	62 911
民主刚果	502	530 466	234	267 849
赞比亚	1	2 168	0	580
津巴布韦	17	45 850	84	84 483
莱索托	2	11 780	0	0
斯威士兰	1	3 755	0	0
厄立特里亚	25	17 773	0	312
比利时	2 777	6 398 542	2 216	6 150 249
丹麦	1 747	2 500 216	1 196	1 759 838
英国	44 818	51 923 530	34 353	36 878 908
德国	14 930	23 798 116	160 46	22 969 019
法国	9 012	14 137 329	10 229	14 814 266
爱尔兰	686	832 522	173	182 159
意大利	4 400	8 758 311	4 331	9 501 983
卢森堡	12	15 612	1	1 059
荷兰	25 841	26 050 407	23 891	22 023 636
希腊	559	898 277	629	1 147 719
葡萄牙	456	619 300	633	828 939
西班牙	3 057	5 850 449	3 754	6 117 307
阿尔巴尼亚	10	7 496	2	2 783
奥地利	289	64 6674	731	1 099 969
保加利亚	45	28 361	74	85 661
芬兰	730	1 086 359	601	747 235
匈牙利	364	345 342	923	472 063
冰岛	15	24 294	1	1 915
马耳他	54	52 591	41	84 372
摩纳哥	3	9 690	0	0
挪威	548	796 773	571	818 271
波兰	876	1 041 339	869	999 689
罗马尼亚	203	139 545	117	123 941
瑞典	1 390	2 179 972	1 172	1 936 066
瑞士	719	1 601 019	579	1 111 224

2001 年 中 国 主 要 出 口 商 品 输 往 地

纸制品

输 往 地	2001 年		2000 年	
	数量（公吨）	金额（美元）	数量（公吨）	金额（美元）
爱沙尼亚	6	4 687	11	12 920
拉脱维亚	18	34 828	19	16 422
立陶宛	126	252 765	9	10 433
格鲁吉亚	12	32 870	5	20 839
阿塞拜疆	61	225 470	4	4 058
白俄罗斯	2	596	7	11 576
哈萨克	1 342	2 538 430	2 311	4 032 204
吉尔吉斯	143	106 504	52	68 006
俄罗斯联邦	4 213	6 465 813	2 705	4 261 591
塔吉克	23	15 570	79	370 276
乌克兰	550	551 573	114	191 766
乌兹别克	59	67 269	198	229 895
南斯拉夫	45	41 478	156	244 791
斯洛文尼亚	69	119 210	134	101 736
克罗地亚	102	131 882	21	45 277
捷克	118	154 705	354	397 683
斯洛伐克	6	8 618	84	81 223
前南斯拉夫马其顿	1	1 258	12	13 238
波斯尼亚和黑塞哥维那	0	978	0	0
安提瓜和巴布达	0	353	3	4 104
阿根廷	1 142	1 582 391	1 291	1 701 313
阿鲁巴岛	4	6 010	1	2 137
巴哈马	0	115	10	16 035
巴巴多斯	1	1 480	15	9 159
伯利兹	4	4 430	0	0
巴西	895	1 666 344	1 046	1 255 793
智利	1 738	1 710 473	902	1 557 899
哥伦比亚	142	235 707	49	60 540
多米尼克	15	13 939	5	5 446
哥斯达黎加	167	231 372	98	100 071
古巴	3 942	4 163 825	195	466 390
库腊索岛	3	3 178	9	11 873
多米尼加共和国	26	45 835	45	49 488
厄瓜多尔	188	207 342	79	73 470
危地马拉	36	67 002	19	36 839

2001年中国主要出口商品输往地

纸制品

输往地	2001年		2000年	
	数量（公吨）	金额（美元）	数量（公吨）	金额（美元）
圭亚那	11	14 530	2	4 257
海地	13	29 082	2	4 902
洪都拉斯	16	31 509	1	1 940
牙买加	278	514 300	78	113 102
墨西哥	1 695	2 750 556	903	1 369 847
尼加拉瓜	14	32 910	2	1 720
巴拿马	1 423	2 034 324	935	1 150 610
巴拉圭	129	155 809	144	153 099
秘鲁	138	190 099	160	257 035
波多黎各	99	144 792	135	108 770
圣卢西亚	5	4 329	0	0
萨尔瓦多	37	47 854	6	9 264
苏里南	37	50 118	10	21 824
特立尼达和多巴哥	35	80 147	21	35 538
乌拉圭	327	329 893	226	349 524
委内瑞拉	837	1 368 089	301	446 403
加拿大	9 866	12 770 974	8 714	9 869 754
美国	189 014	253 870 954	168 464	217 144 296
澳大利亚	16 976	20 491 550	20 228	21 568 713
斐济	12	18 117	12	18 074
新喀里多尼亚	1	986	0	1 426
瓦努阿图	9	7 653	12	11 324
新西兰	757	947 344	817	931 320
巴布亚新几内亚	32	70 586	67	63 620
社会群岛	1	925	0	0
所罗门群岛	15	15 896	4	4 085
汤加	26	23 607	33	39 643
萨摩亚	11	9 638	0	52
基里巴斯	3	3 595	9	24 963
密克罗尼西亚联邦	1	1 934	1	2 515
马绍尔群岛共和国	27	32 137	19	28 134
帕劳共和国	0	438	0	80
其他	23	15 421	59	60 953

2001年中国主要出口商品输往地

家具类

输往地	2001年	2000年
	金额（美元）	金额（美元）
总值	**3 958 626 914**	**3 565 149 332**
阿富汗	640	33 600
巴林	723 725	326 755
孟加拉国	731 919	82 441
文莱	858 331	1 556 145
缅甸	187 327	307 151
柬埔寨	118 834	114 340
塞浦路斯	695 130	613 024
朝鲜	887 219	568 260
香港	541 335 003	509 998 620
印度	2 114 011	882 479
印度尼西亚	3 236 398	2 076 662
伊朗	117 385	28 126
伊拉克	628 682	528 099
以色列	5 288 339	5 503 667
日本	426 880 339	363 205 532
约旦	821 548	652 792
科威特	3 877 746	2 381 430
老挝	67 365	79 732
黎巴嫩	1 015 263	633 219
澳门	2 921 418	2 977 801
马来西亚	13 674 625	9 641 157
马尔代夫	9 150	2 122
蒙古	1 557 102	525 916
尼泊尔	427 082	115 111
阿曼	1 481 939	994 668
巴基斯坦	156 821	82 909
巴勒斯坦	38 193	6 005
菲律宾	5 830 281	3 390 114
卡塔尔	909 535	530 590
沙特阿拉伯	20 672 315	12 108 904
新加坡	29 816 452	35 844 021
韩国	27 960 461	20 810 106
斯里兰卡	198 607	302 169
叙利亚	98 215	238 542
泰国	1 862 309	1 557 974
土耳其	782 589	1 532 949

家具类

输往地	2001年	2000年
	金额（美元）	金额（美元）
阿拉伯联合酋长国	15 608 833	12 356 727
也门共和国	294 728	114 247
越南	1 057 449	1 093 531
台湾省	74 236 308	90 562 659
阿尔及利亚	473 993	489 731
安哥拉	174 259	80 825
贝宁	177 450	44 330
博茨瓦纳	83 096	35 517
喀麦隆	85 646	30 927
加那利群岛	62 678	57 776
佛得角	12 518	43 081
中非	4 916	0
科摩罗	54 360	0
刚果	44 074	20 733
吉布提	20 227	26 413
埃及	1 370 367	1 121 802
赤道几内亚	42 433	30 310
埃塞俄比亚	131 301	60 725
加蓬	93 198	63 019
冈比亚	7 149	19 273
加纳	41 970	66 939
几内亚	41 157	303 045
科特迪瓦共和国	36 615	29 436
肯尼亚	213 852	98 340
利比里亚	23 510	900
利比亚	521 289	252 652
马达加斯加	171 602	164 453
马里	110 279	7 676
毛里塔尼亚	542 267	16 830
毛里求斯	405 341	382 582
摩洛哥	1 562 987	1 043 165
莫桑比克	432 107	36 379
纳米比亚	179 772	113 838
尼日尔	3 636	0
尼日利亚	605 100	472 529
留尼汪	590 125	626 268
卢旺达	40	667

2001年中国主要出口商品输往地

家具类

输往地	2001年 金额（美元）	2000年 金额（美元）
塞内加尔	60 845	12 904
塞舌尔	83 235	23 437
塞拉利昂	34 398	0
南非	5 818 515	4 201 212
苏丹	382 082	86 590
坦桑尼亚	258 643	31 460
多哥	56 989	15 138
突尼斯	86 881	296 978
乌干达	59 358	25 278
布基纳法索	766	0
民主刚果	16 697	19 423
赞比亚	78 632	82 042
津巴布韦	69 003	27 940
厄立特里亚	1 656	998
比利时	29 060 729	27 911 208
丹麦	9 514 995	6 799 918
英国	146 114 848	109 817 170
德国	91 320 873	80 595 906
法国	59 768 860	50 796 666
爱尔兰	2 181 184	3 032 831
意大利	34 935 219	32 444 857
卢森堡	406 537	800 607
荷兰	50 802 034	47 355 703
希腊	4 385 036	3 423 186
葡萄牙	3 082 857	2 619 414
西班牙	25 494 239	21 082 118
阿尔巴尼亚	16 099	105 534
奥地利	1 840 585	1 313 177
保加利亚	63 151	107 860
芬兰	2 004 961	1 702 543
匈牙利	188 437	838 353
冰岛	35 535	69 102
马耳他	304 377	342 319
摩纳哥	2 884	780 91
挪威	2 537 467	1 651 782
波兰	4 631 011	796 246
罗马尼亚	532 132	217 487

家具类

输往地	2001年 金额（美元）	2000年 金额（美元）
瑞典	19 973 081	15 384 758
瑞士	1 971 336	1 484 044
爱沙尼亚	71 898	3 166
拉脱维亚	28 538	21 210
立陶宛	133 001	13 490
格鲁吉亚	4 693	0
阿塞拜疆	42 210	10 071
哈萨克	300 738	505 479
吉尔吉斯	90 376	7 872
俄罗斯联邦	1 769 679	1 075 118
塔吉克	332 403	0
土库曼	360	36 497
乌克兰	501 320	28 328
乌兹别克	8 797	79 838
南斯拉夫	125 433	48 531
斯洛文尼亚	271 803	137 852
克罗地亚	84 879	48 088
捷克	700 194	509 749
斯洛伐克	173 630	37 535
前南斯拉夫马其顿	38 914	4 870
安提瓜和巴布达	52 619	3 032
阿根廷	3 645 473	3 335 587
阿鲁巴岛	53 760	84 216
巴哈马	279 962	70 540
巴巴多斯	99 155	44 943
伯利兹	16 692	12 185
玻利维亚	12 251	140
巴西	1 774 406	2 169 452
智利	3 506 651	3 964 433
哥伦比亚	785 995	708 258
多米尼克	1 543 474	1 060 731
哥斯达黎加	409 152	545 892
古巴	236 936	395 283
库腊索岛	29 998	65 224
多米尼加共和国	1 117 344	1 523 552
厄瓜多尔	509 237	88 838
法属圭亚那	16 141	0

2001年中国主要出口商品输往地

家具类

输往地	2001年	2000年
	金额（美元）	金额（美元）
瓜德罗普	156 134	159 660
危地马拉	143 184	120 070
圭亚那	108 602	91 977
海地	26 108	19 137
洪都拉斯	205 573	136 143
牙买加	705 730	362 565
马提尼克岛	92 411	77 229
墨西哥	5 870 587	2 219 567
尼加拉瓜	24 835	25 400
巴拿马	5 247 806	3 586 002
巴拉圭	14 738	71 776
秘鲁	468 397	435 026
波多黎各	4 358 040	2 622 153
圣卢西亚	24 906	105 234
圣马丁岛	13 105	18 803
萨尔瓦多	103 656	74 623
苏里南	66 550	61 829
特立尼达和多巴哥	403 526	156 065
乌拉圭	914 177	1 184 699

家具类

输往地	2001年	2000年
	金额（美元）	金额（美元）
委内瑞拉	3 638 607	2 467 888
加拿大	106 015 589	78 377 802
美国	2 027 250 330	1 878 621 665
百慕大群岛	27 172	49 031
澳大利亚	81 280 602	66 477 943
库克群岛	1 556	0
斐济	67 681	60 947
新喀里多尼亚	71 778	73 488
瓦努阿图	5 881	7 293
新西兰	6 637 623	4 909 362
巴布亚新几内亚	22 569	16 324
社会群岛	49 558	2 813
所罗门群岛	2 451	249
汤加	12 227	5 603
萨摩亚	6 383	13 659
密克罗尼西亚联邦	8 409	1 806
马绍尔群岛共和国	36 781	4 341
帕劳共和国	26 974	31 722
其他	73 469	164 701

钢材

输往地	2001年		2000年	
	数量（公吨）	金额（美元）	数量（公吨）	金额（美元）
总值	**4 741 403**	**1 867 047 239**	**6 206 010**	**2 229 329 696**
阿富汗	99	72 680	143	99 021
巴林	1 761	892 719	635	352 151
孟加拉国	29 135	12 526 717	46 073	24 638 616
文莱	14 907	2 865 937	2 132	432 723
缅甸	49 773	15 286 661	82 703	30 283 653
柬埔寨	44 394	9 517 897	59 881	12 903 335
塞浦路斯	3 049	1 408 498	3 867	1 882 112
朝鲜	64 395	25 277 598	68 651	24 165 432
香港	806 017	243 415 753	676 674	231 644 018
印度	11 951	6 533 438	5 864	3 595 390
印度尼西亚	145 598	51 791 618	135 658	53 347 992
伊朗	40 696	24 465 562	19 125	13 422 567

2001 年中国主要出口商品输往地

钢材

输往地	2001 年		2000 年	
	数量（公吨）	金额（美元）	数量（公吨）	金额（美元）
伊拉克	157 882	85 547 014	156 367	79 694 581
以色列	8 089	5 126 441	10 384	5 954 540
日本	203 496	110 544 949	564 303	197 127 973
约旦	3 963	1 973 445	3 166	1 658 697
科威特	2 543	1 356 968	4 341	2 140 294
老挝	805	476 150	1 862	625 165
黎巴嫩	6 440	2 535 464	4 900	2 044 525
澳门	15 968	4 923 440	8 834	3 263 895
马来西亚	112 631	45 167 932	163 099	49 939 038
蒙古	4 102	2 004 878	3 067	1 900 036
尼泊尔	288	74 295	770	46 9771
阿曼	629	332 040	106	84 644
巴基斯坦	19 325	9 684 883	8 455	6 909 138
巴勒斯坦	23	33 299	44	52 801
菲律宾	90 492	29 162 960	86 342	28 819 232
卡塔尔	4 324	2 044 700	714	326 314
沙特阿拉伯	70 841	36 748 370	27 876	12 657 905
新加坡	110 732	49 869 461	124 759	45 180 447
韩国	734 173	187 677 409	894 820	247 243 820
斯里兰卡	7 031	2 966 101	6 842	2 848 809
叙利亚	23 650	12 587 291	25 826	12 084 712
泰国	99 187	32 691 456	161 651	42 941 832
土耳其	40 808	11 234 021	167 317	50 079 285
阿拉伯联合酋长国	40 341	19 866 885	37 085	17 372 523
也门共和国	3 001	1 713 759	4 482	2 105 248
越南	73 869	29 472 822	87 187	27 609 320
台湾省	74 379	45 349 996	106 176	55 122 619
阿尔及利亚	4 945	6 887 594	1 255	771 945
安哥拉	42	17 826	36	18 640
贝宁	3 242	1 605 906	669	383 812
博茨瓦纳	5	1 283	22	52 307
喀麦隆	128	108 654	56	49 470
加那利群岛	20	15 632	281	183 205
佛得角	0	284	20	26 960
中非	0	56	0	829
科摩罗	73	75 013	0	0
刚果	493	319 682	1	988

2001年中国主要出口商品输往地

钢材

输往地	2001年		2000年	
	数量（公吨）	金额（美元）	数量（公吨）	金额（美元）
吉布提	1 100	419 077	587	221 371
埃及	13 234	8 790 650	8 040	6 095 374
赤道几内亚	164	150 274	1 432	531 142
埃塞俄比亚	3 423	1 332 304	2 774	1 545 488
冈比亚	25	7 750	0	0
加纳	1 010	612 521	1 122	597 668
几内亚	221	130 563	37	12 946
几内亚（比绍）	644	204 999	20	6 593
科特迪瓦共和国	647	318 366	546	272 462
肯尼亚	1 522	701 945	1 400	762 159
利比里亚	3 434	1 528 614	170	59 196
利比亚	417	658 376	778	1 294 136
马达加斯加	1 126	437 012	862	356 827
马拉维	16	9 832	34	26 259
马里	81	94 488	316	365 433
毛里塔尼亚	0	585	33	12 910
毛里求斯	974	297 066	7 113	1 287 755
摩洛哥	4 017	2 064 388	3 471	1 610 347
莫桑比克	1 923	646 471	682	251 764
纳米比亚	20	60 464	8	5 875
尼日尔	20	7 065	0	0
尼日利亚	11 077	5 732 044	4 501	2 836 260
留尼汪	34	13 752	6	2 455
卢旺达	47	56 037	35	32 423
塞内加尔	777	342 539	294	184 717
塞舌尔	18	4 887	663	409 861
塞拉利昂	275	262 592	140	99 207
南非	8 244	8 427 952	7 156	7 190 478
西撒哈拉	6	2 287	0	0
苏丹	23 996	12 318 078	15 082	12 588 081
坦桑尼亚	7 775	4 123 251	864	331 874
多哥	334	136 421	373	146 447
突尼斯	1 406	719 007	1 602	888 993
乌干达	16	7 787	4	1 700
布基纳法索	1	1 128	0	1 458
赞比亚	244	318 171	16	5 448
津巴布韦	171	123 573	265	184 980

2001年中国主要出口商品输往地

钢材

输往地	2001年		2000年	
	数量（公吨）	金额（美元）	数量（公吨）	金额（美元）
莱索托	20	8 291	0	0
厄立特里亚	429	186 523	170	123 977
比利时	19 293	10 175 479	32 772	14 903 660
丹麦	1 941	1 991 653	1 477	1 347 818
英国	52 293	31 985 766	34 278	23 740 390
德国	12 579	11 313 380	10 605	10 799 215
法国	3 164	3 593 958	3 851	4 037 811
爱尔兰	2 548	1 923 409	981	922 467
意大利	277 416	70 984 198	407 247	118 901 384
卢森堡	5	14 838	0	0
荷兰	20 888	8 964 412	5 123	4 783 427
希腊	17 674	7 898 660	13 047	8 289 036
葡萄牙	1 857	964 852	21 088	6 174 257
西班牙	29 043	14 727 523	78 950	26 202 069
阿尔巴尼亚	32	54 398	20	13 823
奥地利	39	28 718	27	32 712
芬兰	638	709 628	463	598 186
匈牙利	864	885 861	688	752 675
马耳他	1 426	585 262	538	266 645
挪威	767	764 366	358	295 298
波兰	14 355	4 339 820	830	857 875
罗马尼亚	5 565	2 235 399	1 053	1 015 213
瑞典	440	423 798	4 742	1 794 399
瑞士	25	22 387	6 057	1 631 193
拉脱维亚	8	4 883	0	0
立陶宛	79	64 264	6	7 769
格鲁吉亚	52	34 545	0	0
亚美尼亚	26	121 974	0	0
阿塞拜疆	664	422 272	0	0
白俄罗斯	42	32 058	0	0
哈萨克	13 566	11 088 202	7 284	9 147 898
吉尔吉斯	1 339	477 982	12	4 931
摩尔多瓦	1	4 711	0	0
俄罗斯联邦	7 221	4 002 668	2 872	1 743 281
土库曼	525	839 863	855	718 111
乌克兰	1	511	0	90
乌兹别克	525	598 212	862	429 180

2001 年中国主要出口商品输往地

钢材

输往地	2001年		2000年	
	数量（公吨）	金额（美元）	数量（公吨）	金额（美元）
南斯拉夫	515	604 960	30 350	13 916 951
斯洛文尼亚	268	214 300	665	290 803
克罗地亚	39	29 784	60	56 743
捷克	131	63 753	87	44 778
前南斯拉夫马其顿	2	913	0	0
波斯尼亚和黑塞哥维那	126	105 247	84	74 423
安提瓜和巴布达	22	10 950	44	17 000
阿根廷	815	948 361	1 306	1 231 036
巴哈马	404	192 945	0	0
巴巴多斯	35	19 521	61	32 249
伯利兹	96	45 967	0	0
玻利维亚	5	1 874	0	0
巴西	4 506	5 459 864	12 479	4 900 936
智利	2 235	1 845 916	1 983	1 639 983
哥伦比亚	1 781	1 814 745	1 022	1 016 687
多米尼克	648	313 872	1 167	559 400
哥斯达黎加	327	247 080	4 911	1 419 481
古巴	29 190	15 447 086	24 880	11 913 544
多米尼加共和国	839	474 380	1 386	743 725
厄瓜多尔	1 901	1 486 993	1 243	1 089 205
危地马拉	415	332 675	215	204 308
圭亚那	265	147 263	184	79 236
海地	501	171 986	481	169 725
洪都拉斯	426	179 657	228	153 769
牙买加	6 158	4 868 730	163	100 087
马提尼克岛	27	11 055	0	0
墨西哥	4 145	3 586 376	41 090	10 658 035
尼加拉瓜	34	21 943	87	38 857
巴拿马	3 539	1 537 295	1 380	675 827
巴拉圭	40	33 403	50	45 353
秘鲁	2 089	1 337 501	3 465	1 366 114
波多黎各	2 906	1 507 070	2 244	1 215 629
圣卢西亚	89	118 606	1 805	584 650
圣文森特和格林纳丁斯	28	15 060	0	0
萨尔瓦多	590	222 208	262	106 749
苏里南	290	163 606	135	62 159

2001年中国主要出口商品输往地

钢材

输往地	2001年		2000年	
	数量（公吨）	金额（美元）	数量（公吨）	金额（美元）
特立尼达和多巴哥	456	390 380	406	327 877
乌拉圭	263	148 390	300	242 063
委内瑞拉	3 810	3 964 922	4 279	4 598 308
加拿大	168 148	59 321 729	272 643	92 938 030
美国	743 366	358 977 032	1 293 762	484 511 164
澳大利亚	50 293	21 044 105	35 649	15 979 255
斐济	133	59 545	96	33 775
新喀里多尼亚	38	14 580	15	5 700
瓦努阿图	0	94	32	9 937
新西兰	3 831	1 697 163	2 208	1 171 164
巴布亚新几内亚	13	5 757	107	45 003
社会群岛	34	12 802	41	14 433
所罗门群岛	11	1 295	0	0
汤加	19	20 764	595	151 660
萨摩亚	1	218	2	648
基里巴斯	1	476	0	1 240
密克罗尼西亚联邦	17	8 566	474	176 457
马绍尔群岛共和国	5	1 700	12	3 753
帕劳共和国	10	2 868	24	6 660
其他	3	1 431	641	437 920

水泥

输往地	2001年		2000年	
	数量（公吨）	金额（美元）	数量（公吨）	金额（美元）
总值	**6 209 355**	**195 603 833**	**6 059 012**	**189 961 733**
孟加拉国	5 290	230 130	14 530	542 285
缅甸	65 931	2 713 705	88 651	3 824 507
朝鲜	9 818	356 065	20 213	786 882
香港	1 532 182	54 446 702	1 484 108	53 348 896
印度尼西亚	736	133 703	714	119 735
伊朗	100	11 700	1 578	185 199
日本	58 334	2 148 783	105 782	3 012 550
老挝	5 991	359 725	2 245	127 049
澳门	12 629	504 027	31 451	1 274 872
马来西亚	14 027	433 817	935	137 173
蒙古	19 267	673 656	2 113	200 570

2001 年中国主要出口商品输往地

水泥

输往地	2001 年		2000 年	
	数量（公吨）	金额（美元）	数量（公吨）	金额（美元）
巴基斯坦	336	55 641	227	29 692
菲律宾	5 607	188 322	6 190	195 687
新加坡	245	51 957	15	400
韩国	880 607	24 805 456	642 899	18 527 930
斯里兰卡	2	256	0	0
泰国	113	15 999	93	15 126
阿拉伯联合酋长国	251	38 924	63	8 814
越南	32 822	1 568 458	7 595	349 678
台湾省	20 628	589 007	30 738	685 276
刚果	35 000	846 752	0	0
埃及	1	40	90	16 329
赤道几内亚	48 749	1 130 051	3 300	131 205
冈比亚	28 600	809 025	8 250	191 813
利比里亚	20 000	560 000	0	0
马达加斯加	4	936	16	560
尼日利亚	115 813	2 607 721	33 500	747 875
塞舌尔	11	558	1	49
南非	747	82 309	1 385	135 956
多哥	1	69	0	0
赞比亚	2	191	0	0
比利时	233	34 732	0	0
丹麦	0	2	20	1 800
英国	201	30 930	82	9 681
德国	0	68	1	590
法国	100	13 924	0	20
爱尔兰	220	20 749	0	0
意大利	102	12 492	20	2 200
荷兰	1 505	148 444	1 671	161 567
希腊	173	23 990	49	5 102
葡萄牙	320	39 000	240	28 800
西班牙	104	17 720	61	10 429
罗马尼亚	395	102 845	0	0
瑞典	25	1 793	12	1 275
哈萨克	660	75 342	120	9 600
吉尔吉斯	34	2 400	0	0
俄罗斯联邦	626	41 095	913	52 066
乌兹别克	350	44 800	150	19 200

2001年中国主要出口商品输往地

水泥

输往地	2001年		2000年	
	数量（公吨）	金额（美元）	数量（公吨）	金额（美元）
克罗地亚	100	13 000	0	0
阿根廷	38	5 853	20	3 035
巴西	1	75	0	0
智利	0	6	0	0
多米尼克	18	477	0	0
哥斯达黎加	80	4 340	0	0
古巴	610	141 262	325	37 245
墨西哥	3 632	897 287	1 630	193 015
波多黎各	136 712	3 432 163	91 270	2 281 741
萨尔瓦多	1	60	0	0
美国	3 100 157	93 158 875	3 377 601	99 283 883
澳大利亚	48 883	1 954 104	42 239	1 780 787
新西兰	204	21 487	82	9 582
所罗门群岛	20	554	0	0
密克罗尼西亚联邦	1	59	1 648	105 983
马绍尔群岛共和国	7	220	0	0
其他	0	0	54 178	1 368 024

焦炭

输往地	2001年		2000年	
	数量（公吨）	金额（美元）	数量（公吨）	金额（美元）
总值	**13 866 990**	**928 240 081**	**15 197 199**	**915 806 493**
孟加拉国	11 653	1 008 553	46 354	2 922 165
不丹	25 325	1 540 000	31 128	1 954 132
缅甸	1 722	57 411	804	31 609
朝鲜	125 497	7 616 092	53 166	3 001 260
香港	890	39 160	19 502	819 752
印度	1 916 728	127 418 143	2 327 899	141 383 825
印度尼西亚	54 976	3 549 401	69 237	4 151 232
伊朗	485 887	32 084 792	341 537	19 980 061
以色列	40	3 218	87	12 211
日本	2 015 110	143 305 969	2 826 146	177 759 039
约旦	550	44 320	487	34 713
马来西亚	119 955	7 007 656	145 082	7 724 846
蒙古	280	13 000	452	26 860
巴基斯坦	29 878	2 621 330	74 551	4 271 852

2001 年中国主要出口商品输往地

焦炭

输往地	2001 年		2000 年	
	数量（公吨）	金额（美元）	数量（公吨）	金额（美元）
菲律宾	15 841	1 045 306	43 496	2 282 648
沙特阿拉伯	434	39 210	18 591	918 136
韩国	209 004	15 892 049	209 883	15 651 878
斯里兰卡	616	73 826	128	12 354
泰国	59 187	4 251 232	62 576	4 267 637
土耳其	433 373	30 016 470	374 866	21 504 152
阿拉伯联合酋长国	3 151	325 819	2 217	221 919
越南	23 200	1 383 660	14 783	962 985
台湾省	268 613	17 623 905	247 303	15 808 864
阿尔及利亚	63 829	3 286 247	0	0
埃及	111 089	7 234 925	61 022	3 644 725
马达加斯加	5	301	5	393
南非	460 145	31 085 334	467 184	27 855 659
比利时	1 377 299	88 953 436	1 263 980	73 489 208
英国	90 432	6 079 950	356 729	20 322 172
德国	318 676	21 094 616	528 444	30 580 646
法国	561 137	37 727 017	795 731	46 825 936
意大利	521 092	36 719 198	428 005	26 218 720
荷兰	1 190 390	75 269 751	626 068	34 055 586
西班牙	21 772	1 407 000	0	0
保加利亚	80 871	5 120 867	90 193	5 357 086
挪威	108 379	6 655 152	115 246	6 923 937
罗马尼亚	43 794	2 892 000	0	0
瑞典	286 193	19 147 038	134 925	8 941 410
哈萨克	188 161	9 726 878	116 266	5 706 109
俄罗斯联邦	2 216	109 110	1 675	75 795
南斯拉夫	100	6 700	0	0
斯洛文尼亚	59 181	3 669 138	0	0
克罗地亚	42 015	2 945 500	0	0
巴西	1 018 606	67 645 594	964 413	53 447 823
智利	33 096	2 118 358	24 946	1 471 806
哥斯达黎加	16	1 700	0	0
古巴	3 091	343 889	0	0
墨西哥	261 852	17 748 852	198 583	14 032 344
秘鲁	201 511	12 416 984	128 932	7 651 079
加拿大	100 369	6 728 191	35 588	2 522 515
美国	874 456	62 320 586	1 824 272	114 044 474
澳大利亚	43 652	2 741 292	67 032	3 367 986
新西兰	1 655	83 955	1 346	55 882
其他	0	0	56 337	3 511 072

2001年中国主要出口商品输往地

成品油

输往地	2001年		2000年	
	数量（公吨）	金额（美元）	数量（公吨）	金额（美元）
总值	**9 217 397**	**2 127 397 034**	**8 272 527**	**2 128 079 098**
巴林	132	90 668	258	111 186
文莱	7	12 624	0	0
缅甸	31 239	8 783 477	22 755	6 159 261
柬埔寨	3 280	862 698	1 670	426 578
塞浦路斯	64 967	11 866 262	40 938	7 983 846
朝鲜	109 306	28 852 475	111 470	32 315 335
香港	869 065	224 724 722	1 048 335	291 133 928
印度	4 167	1 256 408	13 331	3 114 133
印度尼西亚	406 057	89 302 694	263 172	71 729 706
伊朗	98 212	21 823 231	116 705	27 656 567
以色列	4 010	1 504 424	2 818	1 084 940
日本	876 532	203 098 547	910 007	239 793 657
约旦	26	14 948	13	7 900
黎巴嫩	12	7 187	13	7 581
澳门	147 425	34 046 647	96 879	23 309 561
马来西亚	16 318	4 106 081	9 380	3 313 264
蒙古	28 788	7 244 605	25 112	7 169 785
尼泊尔	1 969	794 619	1 168	426 496
巴基斯坦	3 360	1 336 176	5 062	1 917 906
菲律宾	230 784	49 970 695	48 659	12 321 659
新加坡	2 287 940	499 441 928	2 106 798	516 807 169
韩国	1 327 116	307 138 595	1 035 264	266 618 803
斯里兰卡	50	12 500	55	19 854
叙利亚	177	114 128	0	0
泰国	9 711	3 734 143	59 432	13 931 644
土耳其	13 223	4 498 657	15 114	5 103 151
阿拉伯联合酋长国	28 951	5 083 340	40 781	11 001 420
也门共和国	158	103 134	132	69 356
越南	1 065 004	236 263 948	833 784	200 288 233
台湾省	7 931	2 135 554	22 652	5 049 427
阿尔及利亚	210	51 159	0	0
埃及	874	166 603	109	62 285
埃塞俄比亚	103	38 671	157	61 603
加纳	13	14 689	0	0
利比里亚	33 519	6 299 760	37 999	7 447 448
马达加斯加	3	3 104	5	2 054

2001年中国主要出口商品输往地

成品油

输往地	2001年		2000年	
	数量（公吨）	金额（美元）	数量（公吨）	金额（美元）
马里	5	9 616	0	0
毛里求斯	12	9 509	15	11 523
尼日利亚	193 322	43 125 138	1 290	221 177
圣多美和普林西比	3	2 722	0	0
南非	62	123 869	8	7 171
苏丹	17	19 920	9	6 579
乌干达	3	716	0	0
丹麦	5 877	1 425 670	2 109	950 812
英国	14 179	5 232 468	13 796	5 203 607
德国	34 389	12 921 484	39 125	15 050 981
法国	22 956	8 757 968	33 137	12 436 345
意大利	40 986	10 385 726	14 247	5 532 175
卢森堡	60	15 600	1 245	442 081
荷兰	17 193	5 804 494	82 127	24 379 470
希腊	8 792	1 748 426	7 942	2 136 574
西班牙	39	65 700	2	3 860
奥地利	7 730	2 929 100	10 842	4 051 434
芬兰	8 973	3 397 993	9 671	3 581 642
匈牙利	717	293 023	3 656	1 380 940
冰岛	253	62 702	0	0
马耳他	129 998	31 224 763	86 830	21 736 819
摩纳哥	76	20 859	0	0
挪威	1 926	720 111	2 527	843 532
波兰	1 331	257 075	0	0
罗马尼亚	3 063	1 173 147	4 950	1 814 511
瑞典	15 010	5 610 315	15 733	5 972 554
瑞士	19 787	7 382 668	24 360	9 079 610
格鲁吉亚	0	510	117	30 503
白俄罗斯	1 499	571 128	1 712	649 302
哈萨克	32 434	6 902 462	29 025	5 810 128
吉尔吉斯	251	93 954	969	367 732
俄罗斯联邦	28 980	6 959 333	23 287	5 254 309
土库曼	25	10 221	23	8 970
乌克兰	1 131	432 687	2 048	721 545
乌兹别克	1 712	644 371	1 514	577 744
南斯拉夫	355	159 984	8 505	3 178 198
安提瓜和巴布达	3 553	626 026	1 474	287 390

2001 年中国主要出口商品输往地

成品油

输往地	2001 年		2000 年	
	数量（公吨）	金额（美元）	数量（公吨）	金额（美元）
巴哈马	16 405	3 363 440	6 152	1 617 868
伯利兹	8 882	1 819 481	5 745	1 424 752
巴西	662	141 851	36	68 627
开曼群岛	353	67 985	0	0
洪都拉斯	1 739	393 928	2 493	612 733
巴拿马	246 425	45 967 768	213 366	43 351 978
圣文森特和格林纳丁斯	19 108	3 889 426	18 321	4 007 545
加拿大	17 075	6 525 077	20 123	7 572 809
美国	419 749	106 753 609	479 146	125 344 075
百慕大群岛	15	15 923	389	70 283
澳大利亚	219 212	44 407 437	222 832	53 588 106
瓦努阿图	300	48 300	499	91 840
新西兰	38	27 878	3	2 100
汤加	25	6 750	0	0
马绍尔群岛共和国	63	36 762	478	104 093
其他	5	10 860	10 625	2 047 335

塑料

输往地	2001 年	2000 年
	金额（美元）	金额（美元）
总值	**6 763 446 534**	**6 442 901 560**
阿富汗	78 535	104 346
巴林	1 055 893	718 523
孟加拉国	5 985 059	5 061 743
文莱	888 624	603 738
缅甸	2 580 273	2 444 788
柬埔寨	1 494 523	1 532 200
塞浦路斯	2 271 035	2 023 774
朝鲜	23 326 684	17 310 943
香港	1 279 138 767	1 250 791 540
印度	13 116 669	9 813 759
印度尼西亚	36 085 164	33 897 773
伊朗	8 193 720	6 981 650
伊拉克	559 355	740 086
以色列	18 239 043	16 925 539
日本	671 715 897	608 076 589

塑料

输往地	2001 年	2000 年
	金额（美元）	金额（美元）
约旦	6 121 897	5 029 090
科威特	5 458 083	4 493 014
老挝	238 679	199 240
黎巴嫩	7 419 817	6 052 130
澳门	10 859 556	12 230 382
马来西亚	36 150 892	30 331 302
马尔代夫	43 975	66 153
蒙古	3 769 980	3 534 385
尼泊尔	1 133 727	1 642 921
阿曼	424 599	407 245
巴基斯坦	10 009 988	11 076 315
巴勒斯坦	198 537	159 472
菲律宾	44 513 346	34 463 639
卡塔尔	392 677	494 910
沙特阿拉伯	29 719 977	27 641 732
新加坡	70 868 398	87 440 467

2001年中国主要出口商品输往地

塑料

输往地	2001年	2000年
	金额（美元）	金额（美元）
韩国	90 413 597	81 235 755
斯里兰卡	4 396 026	3 407 485
叙利亚	5 376 303	7 740 675
泰国	28 979 017	22 122 606
土耳其	14 092 157	21 943 220
阿拉伯联合酋长国	55 730 208	45 841 929
也门共和国	4 151 444	2 719 143
越南	17 384 153	16 135 601
台湾省	99 159 448	105 187 011
阿尔及利亚	3 525 479	4 518 905
安哥拉	2 081 591	907 999
贝宁	5 678 549	3 238 945
博茨瓦纳	104 766	137 470
喀麦隆	889 926	818 212
加那利群岛	497 735	575 570
佛得角	140 536	72 412
中非	4 111	31 628
塞卜泰（休达）	273	0
科摩罗	53 077	14 222
刚果	477 011	341 656
吉布提	531 021	364 899
埃及	15 434 119	21 152 812
赤道几内亚	57 204	29 551
埃塞俄比亚	875 334	550 554
加蓬	260 090	343 539
冈比亚	64 615	46 836
加纳	3 018 805	2 077 916
几内亚	617 786	331 035
几内亚（比绍）	61 239	69 536
科特迪瓦共和国	1 700 345	777 663
肯尼亚	4 034 890	3 260 092
利比里亚	116 743	75 764
利比亚	407 410	697 502
马达加斯加	1 158 275	662 021
马拉维	17 038	23 682
马里	52 538	60 061
毛里塔尼亚	428 498	211 561

塑料

输往地	2001年	2000年
	金额（美元）	金额（美元）
毛里求斯	2 362 030	1 761 597
摩洛哥	6 501 538	4 937 672
莫桑比克	337 287	445 236
纳米比亚	318 116	177 379
尼日尔	26 107	29 778
尼日利亚	21 310 391	10 324 442
留尼汪	243 981	247 917
卢旺达	107 481	357 303
圣多美和普林西比	4 000	0
塞内加尔	909 093	461 737
塞舌尔	114 240	145 875
塞拉利昂	358 019	64 583
索马里	450	0
南非	23 857 263	17 648 017
苏丹	7 626 071	10 201 462
坦桑尼亚	1 722 481	1 319 260
多哥	286 108	134 843
突尼斯	4 003 434	3 580 652
乌干达	240 594	116 120
布基纳法索	119 608	26 691
民主刚果	631 608	559 929
赞比亚	272 713	102 538
津巴布韦	450 053	824 093
莱索托	5 054	0
斯威士兰	12 615	0
厄立特里亚	218 149	9 158
比利时	95 845 058	76 906 731
丹麦	32 016 778	27 509 642
英国	265 790 012	269 627 862
德国	226 160 985	237 624 674
法国	137 378 287	142 724 116
爱尔兰	11 575 640	15 712 210
意大利	100 573 175	99 076 044
卢森堡	11 180 104	11 063 003
荷兰	196 133 879	204 956 785
希腊	16 751 488	15 403 684
葡萄牙	10 053 153	10 169 679

2001年中国主要出口商品输往地

塑料

输往地	2001年	2000年
	金额（美元）	金额（美元）
西班牙	72 400 223	74 541 229
阿尔巴尼亚	264 641	403 888
奥地利	3 960 381	4 739 133
保加利亚	999 883	2 274 799
芬兰	21 155 280	16 823 020
匈牙利	2 136 203	4 570 167
冰岛	326 828	159 366
马耳他	1 066 525	958 756
摩纳哥	187 615	37 193
挪威	13 780 527	12 524 496
波兰	13 791 528	12 021 557
罗马尼亚	6 583 566	5 691 844
瑞典	26 242 550	23 243 350
瑞士	9 461 698	7 031 919
爱沙尼亚	535 533	286 778
拉脱维亚	1 308 699	591 583
立陶宛	2 125 807	569 311
格鲁吉亚	36 339	123 999
亚美尼亚	18 378	132 015
阿塞拜疆	34 438	79 267
白俄罗斯	722 168	918 656
哈萨克	13 489 210	14 199 938
吉尔吉斯	1 366 350	548 804
摩尔多瓦	140 651	4 828
俄罗斯联邦	50 909 119	33 607 610
塔吉克	123 116	180 360
土库曼	223 180	48 606
乌克兰	8 868 226	6 448 842
乌兹别克	1 076 656	1 003 145
南斯拉夫	2 175 488	1 092 157
斯洛文尼亚	1 138 213	943 174
克罗地亚	926 126	579 606
捷克	3 805 088	3 100 009
斯洛伐克	536 793	264 912
前南斯拉夫马其顿	18 489	45 394
波斯尼亚和黑塞哥维那	28 403	2 674
安提瓜和巴布达	30 383	22 271

塑料

输往地	2001年	2000年
	金额（美元）	金额（美元）
阿根廷	17 607 066	19 388 730
阿鲁巴岛	128 935	44 233
巴哈马	22 249	38 441
巴巴多斯	537 311	98 173
伯利兹	76 960	20 581
玻利维亚	112 836	55 707
巴西	24 920 390	30 869 268
智利	24 806 778	25 506 567
哥伦比亚	3 695 011	2 526 536
多米尼克	1 417 591	1 110 579
哥斯达黎加	2 861 577	1 932 056
古巴	4 391 875	1 887 482
库腊索岛	504 707	545 898
多米尼加共和国	1 628 817	2 051 707
厄瓜多尔	4 641 243	2 926 992
法属圭亚那	100 618	1 164
格林纳达	14 440	3 790
瓜德罗普	96 725	78 662
危地马拉	2 739 787	2 032 253
圭亚那	370 393	321 202
海地	671 854	570 915
洪都拉斯	1 067 733	615 302
牙买加	4 176 157	1 620 835
马提尼克岛	10 943	7 850
墨西哥	38 767 474	24 248 047
蒙特塞拉特	7 497	0
尼加拉瓜	428 748	150 988
巴拿马	33 247 905	35 944 144
巴拉圭	2 039 349	2 380 742
秘鲁	5 462 058	4 041 973
波多黎各	6 939 348	5 051 725
圣卢西亚	101 082	120 321
圣马丁岛	34 237	20 714
萨尔瓦多	1 398 862	943 339
苏里南	337 280	197 071
特立尼达和多巴哥	1 577 905	1 187 619
乌拉圭	5 210 524	10 104 313

2001 年中国主要出口商品输往地

塑料

输往地	2001 年	2000 年
	金额（美元）	金额（美元）
委内瑞拉	13 523 376	10 476 788
圣基茨和尼维斯	3 715	1 055
加拿大	130 809 140	112 507 937
美国	2 206 755 279	2 092 626 014
澳大利亚	114 788 038	111 570 552
斐济	542 482	468 587
瑙鲁	1 405	1 902
新喀里多尼亚	112 509	85 071
瓦努阿图	32 881	60 501
新西兰	11 650 581	10 100 493

塑料

输往地	2001 年	2000 年
	金额（美元）	金额（美元）
巴布亚新几内亚	597 003	676 693
社会群岛	364 406	1 021 226
所罗门群岛	81 863	34 948
汤加	131 109	94 292
土阿莫土群岛	19 600	0
萨摩亚	79 440	94 477
密克罗尼西亚联邦	20 588	52 733
马绍尔群岛共和国	86 615	82 320
帕劳共和国	25 441	24 319
其他	150 728	195 509

各种染料

输往地	2001 年		2000 年	
	数量（公吨）	金额（美元）	数量（公吨）	金额（美元）
总值	**177 412**	**532 859 415**	**179 632**	**546 501 948**
孟加拉国	2 972	4 944 287	3 110	4 573 472
文莱	13	16 111	0	0
缅甸	960	1 993 441	896	3 149 735
柬埔寨	7	14 288	5	23 180
朝鲜	79	243 011	182	801 087
香港	10 122	37 499 416	8 910	30 160 045
印度	7 975	24 234 655	5 122	16 644 518
印度尼西亚	12 442	28 559 093	14 457	34 471 680
伊朗	3 485	6 868 423	2 871	6 623 472
以色列	65	320 776	74	309 996
日本	6 859	27 684 316	7 469	34 308 673
约旦	199	753 505	95	272 665
黎巴嫩	3	14 960	0	0
澳门	21	72 715	18	75 232
马来西亚	868	2 265 252	803	2 536 694
尼泊尔	6	15 881	2	6 260
阿曼	1	6 703	0	0
巴基斯坦	6 893	14 382 345	6 114	12 444 139
菲律宾	773	2 663 151	624	2 063 376
沙特阿拉伯	0	3 295	11	33 062
新加坡	1 058	6 081 198	1 362	5 932 488

2001年中国主要出口商品输往地

各种染料

输往地	2001年		2000年	
	数量（公吨）	金额（美元）	数量（公吨）	金额（美元）
韩国	29 707	70 154 402	32 929	82 622 351
斯里兰卡	88	354 072	92	407 523
叙利亚	1 242	2 821 067	886	1 939 740
泰国	7 093	17 040 301	6 973	16 718 678
土耳其	3 434	10 524 773	2 852	8 391 553
阿拉伯联合酋长国	312	674 664	273	578 251
也门共和国	26	60 089	29	75 369
越南	2 783	5 962 656	2 583	5 610 581
台湾省	20 375	47 478 715	21 159	49 491 391
阿尔及利亚	13	41 662	19	58 545
贝宁	23	297 184	24	161 122
吉布提	4	16 825	6	25 558
埃及	1 927	3 967 279	1 845	3 364 222
埃塞俄比亚	16	70 164	10	43 203
加纳	33	182 645	23	217 248
几内亚	47	235 808	31	148 410
科特迪瓦共和国	251	1 291 365	174	989 651
肯尼亚	102	409 997	65	216 609
利比亚	1	2 622	0	0
马达加斯加	7	25 576	5	1 925
毛里塔尼亚	43	53 252	0	0
毛里求斯	338	1 492 207	228	972 159
摩洛哥	258	763 567	244	611 584
尼日尔	16	92 380	3	17 400
尼日利亚	922	3 588 370	693	2 498 699
塞内加尔	17	13 300	0	0
塞拉利昂	12	97 674	15	38 473
南非	299	1 440 695	154	713 978
苏丹	41	107 769	53	100 490
坦桑尼亚	46	226 542	34	165 996
多哥	41	431 054	9	80 917
突尼斯	11	21 050	19	13 696
赞比亚	56	139 741	111	390 468
津巴布韦	1	2 528	23	59 852
比利时	1 558	6 968 635	1 720	9 638 227
丹麦	6	25 607	2	6 597
英国	4 493	17 449 458	5 897	23 627 224

2001年中国主要出口商品输往地

各种染料

输往地	2001年		2000年	
	数量（公吨）	金额（美元）	数量（公吨）	金额（美元）
德国	3 895	24 786 883	5 043	27 245 666
法国	95	476 674	104	514 174
爱尔兰	15	16 331	9	134 619
意大利	4 541	13 891 551	4 516	13 796 303
荷兰	6 533	37 486 776	5 667	31 670 138
希腊	145	348 919	291	858 476
葡萄牙	249	304 207	341	322 280
西班牙	2 405	5 984 248	2 084	5 643 412
奥地利	6	30 668	15	58 954
保加利亚	7	45 050	0	334
芬兰	7	24 243	1	5 377
马耳他	30	143 765	3	25 751
波兰	72	182 707	86	285 294
罗马尼亚	2	10 552	3	9 871
瑞典	2	23 140	57	242 247
瑞士	2 193	10 717 793	3 660	14 654 355
拉脱维亚	16	62 598	58	323 997
立陶宛	22	101 455	0	0
吉尔吉斯	1	796	26	9 705
俄罗斯联邦	215	891 333	132	578 736
乌克兰	1	2 279	0	563
乌兹别克	1	2 908	9	132 432
南斯拉夫	0	546	0	0
斯洛文尼亚	2	4 255	0	0
斯洛伐克	2	3 128	0	0
阿根廷	760	1 629 232	1 016	2 049 850
巴西	3 400	9 284 356	3 687	9 866 390
智利	249	729 407	174	513 769
哥伦比亚	884	2 652 158	708	2 256 179
哥斯达黎加	2	1 520	0	0
古巴	35	107 230	0	0
多米尼加共和国	2	6 909	10	32 597
厄瓜多尔	295	604 453	199	418 370
危地马拉	232	246 683	230	321 277
圭亚那	0	1 506	0	0
海地	14	20 830	0	0
墨西哥	4 845	15 195 959	4 052	10 988 723

2001年中国主要出口商品输往地

各种染料

输往地	2001年		2000年	
	数量（公吨）	金额（美元）	数量（公吨）	金额（美元）
尼加拉瓜	4	7 340	0	0
巴拿马	145	781 580	353	1 908 914
秘鲁	452	1 464 229	344	1 096 522
乌拉圭	168	455 812	95	308 490
委内瑞拉	107	518 566	154	695 670
加拿大	870	2 883 284	773	2 136 455
美国	13 399	45 564 476	13 494	49 815 065
澳大利亚	644	1 968 098	801	2 880 791
新西兰	4	25 464	83	130 921
巴布亚新几内亚	1	5 001	2	8 146
其他	0	0	48	133 671

各类船

输往地	2001年		2000年	
	数量（艘）	金额（美元）	数量（艘）	金额（美元）
总值	**68 034**	**1 888 661 587**	**43 032**	**1 496 649 853**
孟加拉国	10	2 074 388	6	1 081 922
缅甸	57	16 972 444	80	8 397 302
柬埔寨	2	87 230	55	17 533
塞浦路斯	1	9 139 840	5	66 447 708
朝鲜	38	40 870	23	493 435
香港	595	244 117 353	553	61 823 606
印度	77	239 323	4	75 660
印度尼西亚	15	926 774	186	13 139 803
伊拉克	7	6 118 000	4	1 000 000
以色列	2	43 165	15	1 937
日本	15 568	110 560 360	11 685	42 771 990
澳门	99	3 921 922	76	2 507 249
马来西亚	1 741	7 383 031	110	4 041 845
马尔代夫	1	281 854	0	0
蒙古	1	5 438	0	0
菲律宾	24	22 768 644	15	415 432
卡塔尔	6	960	0	0
沙特阿拉伯	1 724	6 362	2	18 000
新加坡	470	72 097 467	555	142 915 894
韩国	780	8 856 958	432	4 455 747

2001 年中国主要出口商品输往地

各类船

输往地	2001 年		2000 年	
	数量（艘）	金额（美元）	数量（艘）	金额（美元）
泰国	14	76 100	10	1 300
土耳其	994	435 110	35	8 989
阿拉伯联合酋长国	194	1 984 690	153	4 871 833
越南	22	4 661 236	66	182 538
台湾省	79	1 248 899	53	896 678
安哥拉	6	5 053	0	0
贝宁	2	18 700	0	0
埃及	12	14 296 441	0	0
加纳	6	91 061	6	199 269
几内亚（比绍）	3	3 024 243	0	0
肯尼亚	1	12 350	0	0
利比里亚	2	88 294 794	3	110 613 158
毛里求斯	1	13 334 912	0	0
摩洛哥	14	850 203	0	0
莫桑比克	2	1 980	54	1 572 144
尼日利亚	2	53 640	0	0
南非	25	80 480	4	68 420
苏丹	7	692 000	2	8 000 000
坦桑尼亚	3	525 042	0	0
比利时	472	4 533	104	227 440
丹麦	817	143 176 473	373	151 028 273
英国	2 252	69 528 225	2 828	73 975 518
德国	5 690	349 766 512	2 109	237 873 119
法国	5 224	42 924 065	4 163	1 344 423
爱尔兰	85	18 197	0	0
意大利	541	82 593 089	710	61 812 635
荷兰	5 042	94 822 956	3 246	86 084 049
希腊	443	129 986 418	329	127 064 563
葡萄牙	165	119 707	100	20 127
西班牙	1 072	282 294	1 313	335 798
奥地利	344	124 127	222	76 485
芬兰	844	110 826	190	38 504
冰岛	17	20 299 980	2	1 562 353
马耳他	89	38 478	76	58 054
挪威	435	36 803 088	504	75 780 641
波兰	2	72 500	0	0
瑞典	285	23 679 293	387	115 156

2001年中国主要出口商品输往地

各类船

输往地	2001年		2000年	
	数量（艘）	金额（美元）	数量（艘）	金额（美元）
瑞士	181	30 362 971	91	63 120 619
俄罗斯联邦	15	1 626 302	43	397 995
斯洛文尼亚	421	104 953	186	37 235
捷克	158	33 565	0	0
阿根廷	49	10 079	2	720
巴哈马	2	26 905 761	0	0
伯利兹	2	1 700 500	0	0
巴西	1	1 000	1	67 500
洪都拉斯	3	21 690	0	0
墨西哥	221	37 740	180	25 480
巴拿马	95	30 029 277	4	46 828 595
秘鲁	1	24 661	0	0
波多黎各	1	95 000	0	0
圣文森特和格林纳丁斯	2	8 072 000	0	0
特立尼达和多巴哥	1	1 941 689	0	0
乌拉圭	6	6 459	5	8 275
委内瑞拉	1	24 225	0	0
加拿大	1 244	42 606 159	372	41 296 145
美国	18 672	103 513 461	4 244	7 830 778
澳大利亚	327	191 556	238	388 161
斐济	3	10 826 280	0	0
新西兰	197	89 819	6 659	162 430
汤加	1	488	0	0
密克罗尼西亚联邦	4	755 874	0	0
其他	0	0	159	43 069 390

集装箱

输往地	2001年		2000年	
	数量（只）	金额（美元）	数量（只）	金额（美元）
总值	**915 510**	**2 198 636 629**	**1 107 032**	**2 376 640 071**
缅甸	20	483	0	0
朝鲜	1	10 648	100	56 000
香港	239 633	581 564 079	278 101	670 220 209
印度尼西亚	335	555 400	270	392 950
以色列	5 892	14 535 528	2 069	8 099 790
日本	95 528	60 594 803	105 416	67 036 600

2001年中国主要出口商品输往地

集装箱

输往地	2001年		2000年	
	数量（只）	金额（美元）	数量（只）	金额（美元）
科威特	4 397	8 195 962	2	9 400
马来西亚	85	1 112 255	385	4 780 700
菲律宾	1 884	2 900 525	804	2 149 293
新加坡	28 539	64 743 009	9 762	30 876 413
韩国	138 782	337 476 602	190 429	380 345 521
泰国	6 221	12 374 778	8 410	15 639 640
越南	88	252 540	10	141 105
台湾省	51 668	131 407 030	81 777	189 056 986
埃及	185	353 813	0	0
几内亚（比绍）	10	6 213	0	0
南非	152	913 986	195	1 711 906
苏丹	4	8 000	0	0
坦桑尼亚	40	692 184	0	0
比利时	148	1 158 160	486	4 547 279
丹麦	31 255	163 014 031	17 653	88 852 062
英国	25 655	90 483 672	54 618	123 054 961
德国	41 553	82 638 377	62 246	114 476 116
法国	15 586	45 807 236	28 040	62 738 488
爱尔兰	100	573 050	0	0
意大利	10 410	27 988 950	8 816	21 703 253
荷兰	18 162	63 365 344	12 333	29 919 952
葡萄牙	197	1 765 140	2	16 800
西班牙	143	229 188	30	268 800
奥地利	1 050	1 474 200	0	0
挪威	265	927 500	947	1 423 320
瑞典	2 850	8 125 500	1 520	3 818 350
瑞士	569	852 655	9 447	19 616 476
哈萨克	4	2 400	6	7 573
吉尔吉斯	72	141 560	0	0
俄罗斯联邦	513	1 286 850	1 097	3 061 520
南斯拉夫	9	89 100	0	0
阿根廷	10	195 650	200	1 680 000
巴拿马	19 297	41 791 610	17 412	35 400 867
英属维尔京群岛	321	502 365	400	558 000
加拿大	596	1 685 936	1 594	7 095 596
美国	167 283	424 064 157	198 041	442 356 965
百慕大群岛	3 900	8 722 900	6 746	13 323 308
澳大利亚	2 010	12 899 922	2 390	17 310 854
新西兰	88	1 153 338	305	2 427 628
其他	0	0	4 973	12 465 390

2001年中国主要出口商品输往地

汽车

输往地	2001年		2000年	
	数量（辆）	金额（美元）	数量（辆）	金额（美元）
总值	**19 718**	**199 311 812**	**16 500**	**187 377 557**
孟加拉国	506	2 272 887	288	2 156 180
缅甸	508	6 018 081	106	896 771
柬埔寨	18	181 857	1	17 194
塞浦路斯	16	136 574	0	0
朝鲜	1 579	16 165 080	2 711	25 919 555
香港	1 620	58 412 430	1 366	37 682 579
印度	20	46 656	17	39 382
印度尼西亚	755	1 764 873	367	1 277 917
伊朗	20	5 293 835	7	1 035 592
伊拉克	1 919	35 370 980	2 360	48 334 705
以色列	25	16 500	0	0
日本	47	985 262	1 894	365 690
约旦	15	150 851	17	147 344
科威特	387	800 161	46	120 842
老挝	160	642 916	320	1 691 855
马来西亚	6	45 824	0	0
蒙古	46	2 244 819	86	3 007 545
尼泊尔	248	1 562 873	154	1 133 029
巴基斯坦	86	2 067 136	127	532 175
菲律宾	117	1 485 361	126	1 097 948
卡塔尔	47	336 984	70	463 117
沙特阿拉伯	782	4 286 140	171	1 348 897
新加坡	10	248 560	1	25 471
韩国	44	376 089	25	581 227
斯里兰卡	18	46 155	37	14 305
叙利亚	710	3 187 031	325	832 500
泰国	210	100 957	0	0
土耳其	231	723 692	412	3 550 840
阿拉伯联合酋长国	68	522 850	26	224 574
也门共和国	38	1 308 771	18	524 350
越南	335	2 812 329	225	2 282 702
台湾省	4	47 369	13	338 030
阿尔及利亚	61	1 041 517	21	55 712
安哥拉	6	28 076	18	34 187
贝宁	7	28 923	0	0
喀麦隆	7	229 716	97	1 241 792

2001年中国主要出口商品输往地

汽车

输往地	2001年		2000年	
	数量（辆）	金额（美元）	数量（辆）	金额（美元）
中非	3	143 462	0	0
刚果	82	1 254 794	80	1 280 000
吉布提	31	304 566	0	0
埃及	163	818 473	241	1 111 585
埃塞俄比亚	128	2 961 348	87	1 801 319
加蓬	20	466 868	0	0
加纳	19	295 888	118	243 277
几内亚	2	19 518	32	378 744
科特迪瓦共和国	21	424 059	25	278 428
肯尼亚	1	10 872	7	73 484
利比里亚	5	67 566	0	0
利比亚	77	1 386 964	58	265 757
马达加斯加	220	1 832 819	7	142 666
毛里求斯	6	13 800	14	195 226
摩洛哥	14	328 600	40	906 830
莫桑比克	34	1 252 633	16	129 930
纳米比亚	1	83 200	2	5 703
尼日尔	4	58 854	0	0
尼日利亚	45	719 141	67	1 048 615
塞拉利昂	4	19 400	2	50 907
南非	234	4 704 150	142	1 244 068
苏丹	1 175	11 214 211	1 336	16 258 297
坦桑尼亚	83	1 203 735	30	407 088
多哥	2	42 122	14	326 160
民主刚果	31	1 251 337	126	1 970 000
赞比亚	46	943 145	132	5 772 345
津巴布韦	5	102 960	72	985 743
厄立特里亚	2	6 644	19	200 331
比利时	52	16 980	21	96 263
英国	252	98 634	6	477 16
德国	20	518 868	9	172 632
法国	12	69 282	0	0
意大利	66	158 201	9	77 075
希腊	64	239 252	15	12 525
西班牙	2	65 000	2	35 874
阿尔巴尼亚	81	75 941	41	37 899
芬兰	189	591 580	12	48 000
马耳他	27	264 290	2	43 890

2001年中国主要出口商品输往地

汽车

输往地	2001年		2000年	
	数量（辆）	金额（美元）	数量（辆）	金额（美元）
挪威	69	37 950	0	0
波兰	2	1 300	0	0
瑞典	6	37 950	25	500
哈萨克	35	2 674 422	57	9 099 282
吉尔吉斯	1	28 210	0	0
俄罗斯联邦	9	1 540 935	12	48 000
土库曼	5	813 861	0	0
乌克兰	6	101 220	0	0
乌兹别克	4	216 642	0	0
安提瓜和巴布达	1	3 500	0	0
阿根廷	16	16 595	10	55 670
阿鲁巴岛	3	16 000	0	0
巴巴多斯	2	16 134	8	76 444
巴西	5	16 034	3	9 997
智利	16	49 636	0	0
库腊索岛	10	26 876	0	0
多米尼加共和国	76	204 980	8	8 330
厄瓜多尔	50	665 342	0	0
危地马拉	316	1 089 352	5	28 100
海地	12	112 200	0	0
洪都拉斯	7	35 126	0	0
牙买加	12	112 200	0	0
墨西哥	4	30 780	0	0
尼加拉瓜	17	50 287	0	0
巴拿马	2	10 500	1	32 450
巴拉圭	40	142 444	72	428 426
秘鲁	81	512 583	100	171 536
萨尔瓦多	78	249 794	2	23 565
苏里南	4	11 333	7	83 695
乌拉圭	53	244 614	118	880 457
委内瑞拉	14	756 677	9	87 016
加拿大	88	59 530	2	60 730
美国	4 728	4 266 766	1 676	803 186
澳大利亚	38	40 714	14	24 025
新西兰	1	64 893	0	0
巴布亚新几内亚	2	21 160	0	0
密克罗尼西亚联邦	2	4 233	0	0
其他	4	9 767	135	2 833 764

2001年中国主要出口商品输往地

汽车零件

输往地	2001年	2000年
	金额（美元）	金额（美元）
总值	**1 351 143 844**	**1 123 458 598**
阿富汗	269 499	529 140
巴林	29 841	68 960
孟加拉国	3 813 008	1 617 246
文莱	22 539	0
缅甸	3 759 671	6 890 712
柬埔寨	64 959	35 841
塞浦路斯	254 527	40 727
朝鲜	76 431	264 723
香港	20 374 079	19 148 246
印度	1 182 357	1 043 512
印度尼西亚	25 553 797	21 480 397
伊朗	3 891 280	4 004 941
伊拉克	2 477 042	3 463 826
以色列	2 303 486	1 482 218
日本	283 791 068	207 436 755
约旦	511 209	630 485
科威特	458 273	246 845
老挝	52 186	281 172
黎巴嫩	1 276 788	630 835
澳门	135 756	572 134
马来西亚	15 203 792	10 967 782
蒙古	579 187	319 844
尼泊尔	166 614	67 197
阿曼	11 890	200
巴基斯坦	2 842 293	2 743 479
巴勒斯坦	240	0
菲律宾	11 064 258	7 641 811
卡塔尔	67 040	76 089
沙特阿拉伯	6 017 384	5 339 242
新加坡	11 138 175	13 623 286
韩国	13 570 006	20 782 104
斯里兰卡	1 432 831	1 096 980
叙利亚	449 529	1 174 753
泰国	6 517 700	2 890 537
土耳其	1 840 024	4 093 098
阿拉伯联合酋长国	19 797 943	11 656 022

汽车零件

输往地	2001年	2000年
	金额（美元）	金额（美元）
也门共和国	509 611	533 544
越南	2 001 638	1 090 225
台湾省	18 079 250	17 426 368
阿尔及利亚	3 170 797	2 714 724
安哥拉	17 105	15 457
贝宁	1 539 906	1 314 459
喀麦隆	60 163	210 727
加那利群岛	3 100	0
刚果	89 195	1 349
吉布提	156 061	360 526
埃及	3 067 851	2 209 340
赤道几内亚	2 778	57 566
埃塞俄比亚	1 140 629	456 126
加蓬	36 356	399
冈比亚	3 705	5 001
加纳	368 638	125 857
几内亚	181 503	125 762
几内亚（比绍）	416	3 658
科特迪瓦共和国	217 399	427 037
肯尼亚	998 383	605 024
利比里亚	9 179	3 375
利比亚	89 615	49 559
马达加斯加	300 000	73 749
马里	273 910	59 454
毛里塔尼亚	59 232	55 579
毛里求斯	25 311	35 374
摩洛哥	1 056 742	871 726
莫桑比克	18 419	59 369
纳米比亚	1 338	936
尼日尔	37 631	0
尼日利亚	9 993 197	5 624 164
留尼汪	1 368	0
卢旺达	382	68 874
塞内加尔	51 866	8 564
塞舌尔	1 171	0
塞拉利昂	33 173	3 044
南非	9 192 181	7 980 008

2001 年中国主要出口商品输往地

汽车零件

输往地	2001 年	2000 年
	金额（美元）	金额（美元）
苏丹	710 714	954 138
坦桑尼亚	300 804	157 809
多哥	11 856	99 943
突尼斯	319 230	314 657
乌干达	27 248	57 519
布基纳法索	6 058	4 104
民主刚果	544	7 000
赞比亚	69 263	1 146 098
津巴布韦	62 831	298 987
莱索托	46	0
厄立特里亚	7 285	16 704
比利时	4 426 561	3 747 072
丹麦	2 921 877	2 825 237
英国	27 105 465	18 596 549
德国	55 851 917	48 999 883
法国	16 598 043	14 600 720
爱尔兰	1 110 543	694 270
意大利	19 298 083	24 782 762
卢森堡	825	0
荷兰	13 429 748	15 177 545
希腊	2 658 663	2 192 003
葡萄牙	835 304	1 324 471
西班牙	24 973 090	31 039 686
阿尔巴尼亚	28 280	28 208
奥地利	3 411 970	2 781 022
保加利亚	242 702	318 997
芬兰	1 600 667	1 331 099
匈牙利	2 813 810	2 380 329
马耳他	29 879	34 600
挪威	665 775	256 030
波兰	5 309 081	4 961 925
罗马尼亚	78 344	93 032
瑞典	2 295 162	2 105 762
瑞士	558 771	423 049
爱沙尼亚	22 346	32 175
拉脱维亚	109 465	0
立陶宛	2 563 969	415 949

汽车零件

输往地	2001 年	2000 年
	金额（美元）	金额（美元）
格鲁吉亚	4 126	0
哈萨克	78 388	319 285
俄罗斯联邦	323 052	700 372
塔吉克	2 416	102 076
土库曼	317 014	87 187
乌克兰	77 165	179 151
乌兹别克	220	0
南斯拉夫	219 405	101 530
斯洛文尼亚	153 334	219 312
克罗地亚	55 670	81 031
捷克	623 001	502 735
斯洛伐克	219 715	87 798
安提瓜和巴布达	418	0
阿根廷	2 279 697	1 761 188
巴巴多斯	12 513	0
玻利维亚	1 900	0
巴西	1 667 590	1 271 419
智利	2 653 908	1 969 858
哥伦比亚	1 633 399	988 103
多米尼克	913 517	780 863
哥斯达黎加	410 785	160 936
古巴	3 492 306	1 036 845
库腊索岛	8 904	0
多米尼加共和国	165 561	463 093
厄瓜多尔	2 558 247	1 675 212
瓜德罗普	6 186	0
危地马拉	323 979	151 116
圭亚那	14 589	0
洪都拉斯	182 861	22 030
牙买加	205 623	136 296
马提尼克岛	12 528	0
墨西哥	7 029 280	4 653 680
尼加拉瓜	14 079	1 202
巴拿马	2 969 896	2 712 970
巴拉圭	105 795	148 839
秘鲁	517 788	1 049 160
波多黎各	911 254	359 733

2001年中国主要出口商品输往地

汽车零件

输往地	2001年	2000年
	金额（美元）	金额（美元）
圣文森特和格林纳丁斯	73	0
萨尔瓦多	28 417	49 336
苏里南	1 976	174
特立尼达和多巴哥	104 893	25 414
乌拉圭	548 984	577 428
委内瑞拉	6 177 549	4 398 886
加拿大	41 833 822	32 384 473
美国	561 412 032	464 068 964
澳大利亚	25 139 271	22 093 788

汽车零件

输往地	2001年	2000年
	金额（美元）	金额（美元）
斐济	45 357	99 126
新喀里多尼亚	3 667	0
新西兰	1 369 787	776 985
巴布亚新几内亚	63 233	53 454
社会群岛	2 509	0
所罗门群岛	310	0
马绍尔群岛共和国	2 046	3 820
其他	1 689	86 333

电线电缆

输往地	2001年		2000年	
	数量（公吨）	金额（美元）	数量（公吨）	金额（美元）
总值	**544 667**	**1 653 333 708**	**534 069**	**1 615 932 650**
巴林	16	18 419	15	15 815
孟加拉国	4 970	17 430 159	3 214	5 963 092
文莱	0	599	3	6 220
缅甸	1 734	5 821 375	541	1 275 664
柬埔寨	36	138 430	1	1 458
塞浦路斯	889	1 498 594	800	1 399 745
朝鲜	1 692	3 796 007	1 479	3 691 330
香港	105 404	235 475 009	119 033	257 697 810
印度	4 131	9 081 698	3 507	7 495 500
印度尼西亚	6 969	12 608 005	6 335	11 584 157
伊朗	271	1 718 823	3 362	23 934 799
伊拉克	322	1 897 690	0	0
以色列	1 451	2 736 743	812	1 453 205
日本	66 002	479 813 809	61 427	422 629 169
约旦	398	590 338	180	960 571
科威特	180	235 421	272	329 611
老挝	485	1 901 022	39	75 257
黎巴嫩	957	1 365 132	655	976 178
澳门	1 628	3 890 937	1 670	5 537 466
马来西亚	5 390	15 065 536	5 193	16 803 346
蒙古	169	453 127	23	68 579
尼泊尔	134	494 065	43	128 211

2001年中国主要出口商品输往地

电线电缆

输往地	2001年		2000年	
	数量（公吨）	金额（美元）	数量（公吨）	金额（美元）
阿曼	84	110 708	77	103 900
巴基斯坦	1 129	2 201 271	1 408	3 053 150
菲律宾	3 300	6 210 210	1 716	4 606 093
卡塔尔	20	26 222	2	18 061
沙特阿拉伯	3 050	4 556 370	2 025	2 944 214
新加坡	11 733	40 688 337	13 250	46 704 784
韩国	20 177	57 545 322	20 617	71 641 846
斯里兰卡	237	353 289	308	560 854
叙利亚	365	597 939	161	306 002
泰国	5 496	15 281 742	5 293	12 836 421
土耳其	357	685 740	272	546 001
阿拉伯联合酋长国	8 994	10 934 811	6 005	7 904 052
也门共和国	376	579 194	387	574 670
越南	1 144	3 211 486	491	1 303 177
台湾省	38 986	104 873 546	37 863	96 236 895
阿尔及利亚	471	558 629	255	330 890
安哥拉	85	157 370	14	30 601
贝宁	607	952 109	441	814 025
喀麦隆	28	48 441	22	64 392
佛得角	5	28 533	1	2 041
中非	0	480	0	0
刚果	31	45 799	20	78 378
吉布提	132	162 406	47	32 060
埃及	1 020	1 442 844	616	932 129
埃塞俄比亚	404	1 016 781	160	490 635
加蓬	9	14 819	0	0
冈比亚	18	28 075	2	3 910
加纳	405	745 318	112	392 641
几内亚	4	8 361	47	69 860
几内亚（比绍）	3	15 198	0	0
科特迪瓦共和国	102	140 990	32	110 442
肯尼亚	29	24 705	26	39 609
利比里亚	135	329 424	0	0
马达加斯加	244	373 235	284	447 194
马里	42	93 253	79	260 880
毛里塔尼亚	9	12 065	2	5 528
毛里求斯	45	109 814	61	90 091

2001年中国主要出口商品输往地

电线电缆

输往地	2001年		2000年	
	数量（公吨）	金额（美元）	数量（公吨）	金额（美元）
摩洛哥	923	1 097 737	699	899 738
莫桑比克	32	80 198	41	71 004
尼日尔	30	73 183	0	0
尼日利亚	2 888	5 026 855	1 683	3 231 083
卢旺达	6	18 975	0	0
塞内加尔	10	15 842	0	0
塞舌尔	0	894	0	0
塞拉利昂	101	257 255	6	20 792
南非	1 314	2 903 925	413	743 782
苏丹	334	1 584 878	101	284 493
坦桑尼亚	22	65 960	30	57 055
多哥	3	3 316	3	11 596
突尼斯	27	34 282	108	156 694
赞比亚	260	703 046	63	164 023
津巴布韦	0	338	46	122 697
厄立特里亚	8	46 142	4	9 966
比利时	2 076	3 891 069	1 982	3 909 499
丹麦	769	1 520 879	723	1 266 320
英国	22 346	47 034 313	22 586	41 742 497
德国	28 095	74 140 704	28 779	74 747 176
法国	6 078	17 928 606	5 156	12 181 629
爱尔兰	456	2 541 363	593	3 420 788
意大利	4 221	8 353 134	3 938	7 617 837
荷兰	4 664	9 281 656	5 568	13 303 518
希腊	932	1 567 262	603	924 600
葡萄牙	391	2 059 175	70	162 455
西班牙	2 906	7 916 898	2 523	7 251 986
阿尔巴尼亚	119	200 275	28	208 409
奥地利	54	159 018	154	305 551
保加利亚	578	1 232 679	454	1 069 661
芬兰	1 114	2 025 550	622	1 224 763
匈牙利	1 420	3 889 044	1 074	3 312 412
冰岛	0	980	0	3 606
马耳他	17	29 744	5	18 926
挪威	247	525 243	333	594 364
波兰	704	1 087 214	412	610 703
罗马尼亚	245	352 946	32	41 229

2001年中国主要出口商品输往地

电线电缆

输往地	2001年		2000年	
	数量（公吨）	金额（美元）	数量（公吨）	金额（美元）
瑞典	1 418	11 124 622	1 457	17 427 927
瑞士	157	269 124	176	296 035
爱沙尼亚	131	161 217	27	39 665
拉脱维亚	224	440 109	147	260 687
立陶宛	232	387 138	184	292 864
亚美尼亚	15	25 845	0	0
哈萨克	24	27 164	24	367 023
俄罗斯联邦	1 198	3 274 191	567	1 145 440
乌克兰	731	1 102 776	199	336 418
乌兹别克	20	47 866	0	0
南斯拉夫	1 592	3 295 821	24	42 862
斯洛文尼亚	256	393 412	173	276 208
克罗地亚	154	202 726	73	118 330
捷克	753	1 196 821	511	786 520
斯洛伐克	63	118 733	16	20 734
阿根廷	171	376 469	137	235 106
巴西	3 171	7 386 202	2 312	5 520 561
智利	2 054	3 677 516	1 383	2 522 244
哥伦比亚	703	1 186 164	638	1 180 839
多米尼克	68	107 995	23	26 810
哥斯达黎加	70	127 630	8	9 058
古巴	122	352 173	630	2 196 340
多米尼加共和国	57	87 821	37	69 523
厄瓜多尔	117	501 247	90	142 365
危地马拉	252	768 249	55	177 347
圭亚那	20	62 909	0	0
海地	29	49 832	6	8 450
洪都拉斯	53	129 792	5	10 126
牙买加	34	65 283	11	15 514
墨西哥	3 463	9 184 638	2 464	18 478 940
巴拿马	253	417 517	315	519 753
巴拉圭	1	3 777	0	0
秘鲁	618	1 042 569	605	1 377 234
波多黎各	138	290 826	151	300 231
萨尔瓦多	349	1 265 070	176	930 249
苏里南	55	108 657	15	25 162
特立尼达和多巴哥	43	93 654	24	66 795

2001 年中国主要出口商品输往地

电线电缆

输往地	2001 年		2000 年	
	数量（公吨）	金额（美元）	数量（公吨）	金额（美元）
乌拉圭	57	101 804	123	183 436
委内瑞拉	252	376 402	146	233 353
加拿大	3 587	6 853 402	2 456	4 020 468
美国	128 406	331 670 984	128 729	336 435 200
澳大利亚	7 257	16 286 002	9 968	23 600 134
斐济	4	6 875	1	3 399
新西兰	394	827 893	316	582 514
巴布亚新几内亚	1	2 710	31	63 142
所罗门群岛	0	192	0	0
密克罗尼西亚联邦	4	7 537	1	16 429
其他	0	0	104	317 754

金属切削机床

输往地	2001 年		2000 年	
	数量（台）	金额（美元）	数量（台）	金额（美元）
总值	**4 554 777**	**290 033 528**	**4 381 493**	**298 952 147**
巴林	51	25 049	33	43 400
孟加拉国	7 010	959 731	11 383	1 752 338
文莱	160	6 334	60	2 082
缅甸	2 222	6 758 798	911	6 606 411
柬埔寨	55	149 845	52	57 518
塞浦路斯	634	93 935	350	81 366
朝鲜	99	1 843 188	39	552 246
香港	14 521	13 082 464	11 635	13 818 422
印度	589	1 558 144	1 414	1 402 655
印度尼西亚	52 187	9 687 777	52 104	11 454 030
伊朗	8 634	5 484 222	7 650	3 789 027
以色列	15 420	428 504	10 435	593 246
日本	110 440	8 822 995	82 909	10 666 048
约旦	2 337	1 432 692	2 137	666 433
科威特	42	16 198	637	163 170
老挝	11	19 392	22	12 489
黎巴嫩	2 510	251 598	2 985	435 629
澳门	20	71 577	18	82 312
马来西亚	22 823	7 144 606	30 873	11 565 831
蒙古	15	24 777	35	3 880

2001 年中国主要出口商品输往地

金属切削机床

输往地	2001 年		2000 年	
	数量（台）	金额（美元）	数量（台）	金额（美元）
尼泊尔	8	1 011	201	19 340
阿曼	3	1 295	6	30 067
巴基斯坦	217	4 944 231	491	2 466 809
巴勒斯坦	1	8 501	4	3 092
菲律宾	11 646	1 447 034	21 543	1 527 937
卡塔尔	98	221 025	293	43 535
沙特阿拉伯	6 372	1 792 960	10 307	980 505
新加坡	6 558	8 177 627	9 833	10 546 733
韩国	25 100	6 881 598	16 382	4 026 281
斯里兰卡	5 523	269 282	5 641	638 780
叙利亚	4 683	1 684 330	10 784	1 655 878
泰国	19 788	4 143 875	39 235	5 036 650
土耳其	17 111	597 762	42 794	1 570 682
阿拉伯联合酋长国	24 710	1 640 574	39 198	1 921 111
也门共和国	195	292 820	394	445 613
越南	30 624	10 444 456	30 530	3 229 331
台湾省	1 420	1 842 075	991	3 722 053
阿尔及利亚	2 707	246 107	124	85 865
贝宁	16	69 358	0	0
喀麦隆	677	7 044	41	23 664
加那利群岛	86	6 808	20	949
刚果	1	56	35	210
吉布提	1	5 030	26	124 531
埃及	7 567	1 420 046	10 646	2 787 152
赤道几内亚	105	27 616	0	0
埃塞俄比亚	1 425	886 989	257	451 977
加蓬	2	2 870	0	0
加纳	2 159	164 785	168	31 186
科特迪瓦共和国	3	21 267	20	70 721
肯尼亚	195	27 182	181	58 914
利比里亚	9	104 265	0	0
利比亚	581	21 983	502	144 570
马达加斯加	1 087	54 283	545	11 396
马里	2	1 972	1	4 719
毛里求斯	202	21 021	99	87 799
摩洛哥	2 490	164 950	2 373	129 295
莫桑比克	6	7 839	2	84

2001年中国主要出口商品输往地

金属切削机床

输往地	2001年		2000年	
	数量（台）	金额（美元）	数量（台）	金额（美元）
纳米比亚	3	35 247	2	203
尼日尔	8	17 259	0	0
尼日利亚	4 360	946 782	1 308	286 798
留尼汪	40	3 250	0	0
卢旺达	1	42	1	10
塞内加尔	37	34 554	7	47 176
塞舌尔	3	679	4	3 246
塞拉利昂	6	16 988	18	10 954
南非	35 930	3 345 493	28 677	3 228 425
苏丹	32	15 770	27	195 593
坦桑尼亚	17	28 044	7	4 901
多哥	2	445	0	0
突尼斯	1 060	247 832	3 378	273 434
赞比亚	17	80 319	5	91 943
津巴布韦	162	3 744	308	124 577
莱索托	3	1 054	0	0
厄立特里亚	3	32 556	1	2 525
比利时	89 724	3 468 698	78 021	2 992 603
丹麦	32 692	825 739	52 034	1 299 710
英国	207 661	7 681 333	198 027	8 145 027
德国	565 466	21 118 169	618 569	22 003 885
法国	242 013	5 338 045	276 725	6 369 521
爱尔兰	825	37 051	225	183 980
意大利	141 023	8 657 944	145 398	8 833 192
卢森堡	185	47 996	61	16 700
荷兰	369 261	7 556 818	233 397	5 934 070
希腊	14 442	1 027 566	9 599	1 162 800
葡萄牙	17 310	1 012 627	17 259	1 250 589
西班牙	58 421	3 273 007	73 186	2 648 994
阿尔巴尼亚	52	1 190	100	1 334
奥地利	27 038	1 124 647	33 706	1 424 475
保加利亚	2 014	34 092	990	20 502
芬兰	14 358	1 123 550	22 055	1 111 834
匈牙利	1 626	67 803	4 568	62 761
冰岛	415	17 330	0	0
马耳他	958	35 243	386	22 798
摩纳哥	26	2 272	0	0

2001年中国主要出口商品输往地

金属切削机床

输往地	2001年		2000年	
	数量（台）	金额（美元）	数量（台）	金额（美元）
挪威	13 301	380 587	15 929	539 226
波兰	46 162	800 500	44 707	695 406
罗马尼亚	9	51 800	361	83 899
瑞典	31 101	1 324 973	18 201	967 611
瑞士	11 639	736 449	11 380	707 135
拉脱维亚	13 019	190 150	140	4 256
立陶宛	410	4 768	0	0
格鲁吉亚	1	2 142	2	2 618
白俄罗斯	710	22 566	0	0
哈萨克	9	808 016	13	496 924
吉尔吉斯	10	5 552	15	31 900
摩尔多瓦	3	118 766	0	0
俄罗斯联邦	43 843	1 504 886	9 589	218 939
乌克兰	300	4 332	3	6 546
南斯拉夫	5	78 372	0	0
斯洛文尼亚	2 413	72 399	54	67 545
捷克	29 012	1 034 673	9 586	537 956
斯洛伐克	8 046	111 733	1	5 920
阿根廷	45 497	2 178 916	50 523	3 260 014
阿鲁巴岛	3	1 140	0	0
巴巴多斯	98	8 318	0	0
伯利兹	98	15 286	1	480
巴西	43 255	3 554 444	83 552	3 701 660
智利	32 806	1 488 414	47 156	1 940 954
哥伦比亚	8 382	619 672	3 707	429 881
多米尼克	237	21 210	1	1 815
哥斯达黎加	1 332	184 352	606	44 356
古巴	618	116 009	76	137 824
厄瓜多尔	12 841	825 984	2 352	185 357
危地马拉	2 433	112 013	597	145 332
圭亚那	133	20 701	0	0
洪都拉斯	667	42 294	367	40 976
马提尼克岛	50	364	0	0
墨西哥	38 406	6 936 575	28 952	8 897 507
尼加拉瓜	61	89 829	11	243 921
巴拿马	2 840	91 151	2 179	61 356
巴拉圭	2 255	71 144	1 914	40 965

2001 年中国主要出口商品输往地

金属切削机床

输往地	2001 年		2000 年	
	数量（台）	金额（美元）	数量（台）	金额（美元）
秘鲁	11 227	343 236	10 678	624 103
波多黎各	2 656	52 161	1 212	30 608
圣卢西亚	2	4 715	0	0
萨尔瓦多	2	12 496	132	2 291
苏里南	15	2 659	17	11 820
特立尼达和多巴哥	2	32 022	0	0
特克斯和凯科斯群岛	1	3 250	0	0
乌拉圭	7 842	224 761	7 496	202 485
委内瑞拉	12 272	435 039	11 778	450 175
加拿大	318 881	15 348 141	177 359	9 884 348
美国	1 438 188	68 312 567	1 419 295	77 663 266
澳大利亚	120 263	7 573 700	147 894	10 058 822
斐济	1	7 830	0	0
新喀里多尼亚	40	453	0	0
新西兰	10 816	1 261 398	13 773	994 011
巴布亚新几内亚	150	8 899	10	72 743
社会群岛	60	4 752	48	4 507
所罗门群岛	1	23	0	0
密克罗尼西亚联邦	1	15	2	1 449
其他	0	0	2 426	2 072 718

照相机

输往地	2001 年		2000 年	
	数量（架）	金额（美元）	数量（架）	金额（美元）
总值	**86 933 634**	**994 197 890**	**90 732 820**	**1 237 080 009**
巴林	73 956	491 594	272 698	1 211 349
孟加拉国	2 660	151 629	1 735	85 987
缅甸	10 706	175 142	1 422	31 242
塞浦路斯	3 102	7 860	0	0
香港	18 270 750	131 747 844	14 966 774	134 420 348
印度	194 085	1 002 678	235 426	1 147 465
印度尼西亚	34 952	244 587	66 252	517 270
伊朗	4 500	12 520	702	13 358
以色列	61 992	271 495	109 118	319 489
日本	8 994 946	192 278 392	13 645 411	256 773 439
约旦	2 968	11 353	37 297	595 653

2001 年中国主要出口商品输往地

照相机

输往地	2001 年		2000 年	
	数量（架）	金额（美元）	数量（架）	金额（美元）
科威特	60 274	603 897	52 806	807 697
老挝	8	3 460	1	423
黎巴嫩	22 655	333 201	17 309	154 785
澳门	6 769	135 380	6 940	136 430
马来西亚	1 400 542	56 727 254	803 686	20 142 626
尼泊尔	72 861	995 504	33 648	618 794
阿曼	139 918	2 148 755	160 954	3 377 067
巴基斯坦	31 758	354 643	20 787	457 287
菲律宾	23 007	218 805	800 766	592 698
卡塔尔	10 505	110 969	4 657	91 130
沙特阿拉伯	450 028	3 568 376	262 303	2 239 525
新加坡	1 541 557	25 775 127	2 219 946	42 624 674
韩国	538 695	21 279 867	513 176	13 795 733
斯里兰卡	10 461	93 723	2 161	45 504
叙利亚	9 200	43 155	1 400	12 140
泰国	46 794	871 767	23 001	736 063
土耳其	285 329	614 069	207 257	948 326
阿拉伯联合酋长国	2 635 923	17 928 986	2 502 389	17 916 409
台湾省	484 205	2 359 840	811 692	6 062 367
加那利群岛	1 530	51 957	0	0
中非	30	205	0	0
埃及	327	16 856	32 386	102 617
埃塞俄比亚	1 175	16 160	0	0
几内亚	740	4 449	0	0
肯尼亚	8	576	740	4 138
利比亚	2 740	9 590	0	0
马达加斯加	100	346	0	0
毛里求斯	51	812	84	1 460
摩洛哥	285	10 520	110	3 710
纳米比亚	502	25 296	178	7 633
尼日利亚	2 964	106 474	410	1 858
南非	12 064	78 987	205 054	185 015
突尼斯	2 000	2 000	0	0
比利时	1 142 796	15 267 954	1 338 128	37 865 265
丹麦	53 313	513 934	20 747	509 204
英国	1 366 597	18 122 885	1 379 090	23 969 826
德国	15 694 095	126 341 898	16 351 014	205 555 284

2001 年中国主要出口商品输往地

照相机

输往地	2001 年		2000 年	
	数量（架）	金额（美元）	数量（架）	金额（美元）
法国	1 064 576	14 768 066	592 422	19 440 830
爱尔兰	454	31 714	0	0
意大利	943 222	4 776 627	332 062	7 025 345
荷兰	2 650 617	54 790 013	2 580 379	49 886 127
希腊	282 496	847 579	229 452	454 621
葡萄牙	14 942	71 073	12 869	431 471
西班牙	404 771	5 457 169	439 978	9 900 857
奥地利	58 590	707 477	126 560	891 052
芬兰	136 682	1 526 314	23 530	623 974
冰岛	630	11 468	2 200	16 041
挪威	26 355	146 745	8 170	308 579
波兰	111 482	1 388 743	129 222	1 580 525
瑞典	6 013	302 273	82 020	887 209
瑞士	62 105	1 552 058	58 817	1 907 189
爱沙尼亚	13 080	19 855	0	0
立陶宛	27 889	336 508	41 885	1 016 237
白俄罗斯	2 040	3 434	0	0
哈萨克	10	2 750	0	0
吉尔吉斯	10	2 673	0	0
俄罗斯联邦	255 594	2 176 291	108 600	1 134 665
塔吉克	100	34 314	0	0
乌克兰	602 476	3 398 425	201 600	744 140
乌兹别克	700	7 000	0	0
捷克	3 264	6 452	25 100	223 706
阿根廷	67 818	877 143	115 967	1 744 075
巴西	214 614	997 089	69 443	919 049
智利	176 528	1 148 765	202 417	880 539
哥伦比亚	53 000	571 510	21 000	249 120
古巴	6 300	48 800	1	290
厄瓜多尔	20 539	76 810	0	0
危地马拉	25 296	130 156	74 080	648 037
墨西哥	1 324 157	8 156 833	2 386 816	14 722 111
巴拿马	29 694	56 797	30 242	74 617
巴拉圭	212 873	831 427	163 722	1 338 271
波多黎各	2 400	3 168	0	0
乌拉圭	29 050	232 702	0	0
委内瑞拉	12 722	27 729	8 293	50 280

2001 年 中 国 主 要 出 口 商 品 输 往 地

照相机

输往地	2001 年		2000 年	
	数量（架）	金额（美元）	数量（架）	金额（美元）
加拿大	633 702	8 527 215	489 410	9 909 454
美国	23 405 476	254 177 453	24 821 957	332 395 256
澳大利亚	315 957	4 610 036	193 323	3 079 857
斐济	24	274	50	2 478
新西兰	28 963	226 191	13 078	169 671
其他	0	0	38 500	343 048

自行车

输往地	2001 年		2000 年	
	数量（辆）	金额（美元）	数量（辆）	金额（美元）
总值	**35 534 069**	**1 010 747 464**	**34 567 792**	**1 046 830 202**
阿富汗	48 386	1 697 960	64 418	2 339 618
巴林	7 834	143 655	9 501	207 786
孟加拉国	133 862	3 750 101	130 946	3 688 926
文莱	10 895	289 708	2 165	48 220
缅甸	24 288	590 157	13 487	373 216
柬埔寨	21 876	543 742	28 618	763 915
塞浦路斯	17 172	387 557	14 841	399 135
朝鲜	4 066	124 483	12 400	313 577
香港	2 849 702	91 380 908	3 981 642	130 284 005
印度	9 480	299 109	3 564	55 374
印度尼西亚	1 004 969	20 396 553	699 394	14 002 458
伊朗	197 393	4 446 758	137 031	3 536 961
以色列	167 906	4 375 042	155 796	3 637 575
日本	5 004 326	233 969 115	3 766 201	188 554 610
约旦	65 712	894 239	36 736	558 293
科威特	81 691	1 180 956	41 308	856 485
老挝	380	5 678	6 570	143 334
黎巴嫩	131 987	2 442 479	73 456	1 412 797
澳门	4 936	35 208	0	0
马来西亚	479 836	8 266 615	247 671	3 880 135
马尔代夫	3 700	78 082	2 615	60 635
蒙古	620	16 149	611	11 869
尼泊尔	6 756	197 555	3 308	114 028
阿曼	900	12 840	0	0
巴基斯坦	48 987	1 146 591	17 047	301 695

2001年中国主要出口商品输往地

自行车

输往地	2001年		2000年	
	数量（辆）	金额（美元）	数量（辆）	金额（美元）
巴勒斯坦	30	964	0	0
菲律宾	214 461	3 608 648	45 023	809 096
卡塔尔	1 365	27 879	1 788	64 367
沙特阿拉伯	734 528	12 401 227	593 769	10 827 148
新加坡	167 442	3 621 163	103 349	2 231 931
韩国	725 530	25 460 442	586 696	24 261 362
斯里兰卡	76 429	1 303 248	81 351	1 535 378
叙利亚	2 540	85 400	0	0
泰国	46 744	1 934 246	15 327	748 374
土耳其	65 919	1 059 432	105 062	1 672 650
阿拉伯联合酋长国	1 902 136	31 775 980	1 678 170	31 204 037
也门共和国	27 486	418 709	29 754	432 844
越南	1	60	1 533	43 006
台湾省	45 219	1 395 516	1 467	55 824
阿尔及利亚	33 165	517 703	24 845	458 171
安哥拉	40 972	791 854	31 854	607 555
贝宁	14 460	385 032	14 266	361 671
博茨瓦纳	2 845	27 263	851	26 331
喀麦隆	6 589	94 994	9 530	144 620
中非	1	25	0	0
刚果	1 605	51 603	1 330	38 185
吉布提	550	11 605	1 328	47 131
埃及	269 474	4 742 321	264 424	5 271 035
埃塞俄比亚	9 522	332 579	4 812	228 196
加蓬	2 600	28 803	8 168	89 658
冈比亚	736	25 558	3 739	129 876
加纳	64 319	1 550 047	63 912	1 908 183
几内亚	12 002	310 817	6 425	205 540
科特迪瓦共和国	52 020	817 795	25 765	473 014
肯尼亚	55 513	1 161 418	46 104	1 004 430
利比里亚	819	31 941	1 157	40 145
利比亚	2 352	30 399	2 751	42 579
马达加斯加	29 132	781 523	36 384	844 172
马拉维	1 262	31 641	4 974	174 175
马里	2 373	49 860	510	21 557
毛里求斯	37 330	780 019	41 402	887 083
摩洛哥	169 932	2 860 534	136 517	2 687 880

2001年中国主要出口商品输往地

自行车

输往地	2001年		2000年	
	数量（辆）	金额（美元）	数量（辆）	金额（美元）
莫桑比克	3 404	95 100	450	12 600
纳米比亚	6 248	129 316	439	12 913
尼日利亚	183 110	4 610 472	141 496	3 697 221
卢旺达	1 234	42 464	0	0
塞内加尔	3 442	67 043	3 950	60 614
塞舌尔	494	5 742	0	0
塞拉利昂	5 708	214 853	4 113	146 122
南非	277 086	6 140 317	425 034	7 567 717
苏丹	65 884	2 107 273	86 573	2 668 990
坦桑尼亚	38 117	1 264 374	74 386	2 631 174
多哥	2 950	42 976	5 456	194 427
突尼斯	31 819	592 429	22 137	403 626
乌干达	3 538	122 508	564	21 076
赞比亚	1 246	28 654	258	5 762
津巴布韦	32 634	900 114	12 298	334 670
比利时	35 611	544 626	9 034	265 339
丹麦	3 674	179 671	13 047	384 586
英国	156 795	2 942 500	164 507	3 482 296
德国	151 930	3 057 552	232 968	4 282 487
法国	43 934	1 301 117	12 253	267 667
爱尔兰	3 699	72 670	2 292	45 078
意大利	111 054	1 827 726	39 573	829 753
荷兰	123 039	3 104 570	75 239	1 545 848
希腊	101 326	1 616 191	106 655	1 519 150
葡萄牙	6 744	144 679	15 466	287 599
西班牙	40 122	892 327	18 848	390 806
阿尔巴尼亚	3 487	75 725	7 056	174 886
奥地利	8 464	157 380	8 006	100 887
保加利亚	59 955	952 683	41 449	725 742
芬兰	88 512	1 195 008	12 636	310 485
匈牙利	149 000	2 476 034	127 208	2 121 990
冰岛	4 582	255 871	2 965	193 843
马耳他	2 560	67 276	4 385	81 599
挪威	129 823	6 233 040	104 246	4 584 847
波兰	231 956	8 512 015	140 591	4 832 564
罗马尼亚	155 728	3 143 071	146 518	2 907 015
瑞典	16 977	280 631	9 710	144 650

2001 年 中 国 主 要 出 口 商 品 输 往 地

自行车

输 往 地	2001 年		2000 年	
	数量（辆）	金额（美元）	数量（辆）	金额（美元）
瑞士	17 293	1 147 801	34 257	924 492
爱沙尼亚	12 979	406 994	8 011	174 874
拉脱维亚	12 116	289 665	5 949	144 310
立陶宛	60 407	1 487 696	33 424	840 075
白俄罗斯	216	6 980	0	0
哈萨克	15 439	218 545	795	18 260
俄罗斯联邦	161 456	4 808 238	63 324	1 906 689
乌克兰	162 507	2 741 073	47 485	907 080
乌兹别克	140	3 920	0	0
南斯拉夫	3 630	112 529	6 866	172 547
斯洛文尼亚	24 262	484 424	10 920	274 419
克罗地亚	57 888	1 142 626	40 093	838 491
捷克	76 235	2 881 105	169 364	6 994 034
斯洛伐克	40 067	1 854 710	56 988	1 708 751
前南斯拉夫马其顿	15 265	331 288	6 720	146 825
波斯尼亚和黑塞哥维那	802	24 774	1 985	27 915
安提瓜和巴布达	505	8 396	450	8 222
阿根廷	48 980	764 762	28 593	345 101
巴哈马	1 228	33 461	1 740	45 890
巴巴多斯	1 432	30 563	0	0
伯利兹	15 414	326 155	14 408	326 371
玻利维亚	1 605	34 479	4 001	94 992
巴西	45 227	461 101	52 487	485 153
智利	444 710	7 126 889	558 703	8 300 072
哥伦比亚	7 768	192 338	7 427	158 217
多米尼克	81 436	1 079 707	109 682	1 465 814
哥斯达黎加	71 266	1 122 644	86 331	1 310 133
古巴	12 377	256 053	10 019	226 507
库腊索岛	20 150	186 439	3 250	55 200
多米尼加共和国	87 196	1 013 471	83 635	931 953
厄瓜多尔	273 778	4 575 692	105 840	1 889 222
法属圭亚那	1 906	51 649	0	0
危地马拉	143 711	2 414 681	52 858	687 396
圭亚那	23 475	548 152	21 744	523 715
洪都拉斯	119 741	2 413 494	84 176	1 432 814
牙买加	21 562	358 137	33 643	584 986
墨西哥	269 226	6 729 139	197 810	2 863 917

2001 年中国主要出口商品输往地

自行车

输往地	2001 年		2000 年	
	数量（辆）	金额（美元）	数量（辆）	金额（美元）
尼加拉瓜	27 748	421 841	5 881	72 502
巴拿马	725 447	10 763 173	639 720	10 609 192
巴拉圭	76 130	1 035 903	115 456	2 029 105
秘鲁	85 479	1 457 474	70 636	1 219 185
波多黎各	45 363	543 573	35 649	693 943
萨尔瓦多	107 390	1 382 019	57 678	634 387
苏里南	3 536	73 350	3 142	64 762
特立尼达和多巴哥	11 095	175 966	9 576	190 435
乌拉圭	45 990	766 734	66 660	923 804
委内瑞拉	535 906	7 497 611	204 552	2 710 104
加拿大	450 825	10 571 854	367 089	10 284 624
美国	12 858 259	371 577 751	14 557 584	453 937 306
澳大利亚	688 469	23 343 331	879 876	30 367 877
斐济	2 500	62 459	2 837	72 587
新喀里多尼亚	2 047	73 699	3 505	78 075
瓦努阿图	447	12 146	225	3 555
新西兰	58 751	2 323 790	76 077	3 087 152
巴布亚新几内亚	16 744	302 032	17 623	367 997
社会群岛	1 660	24 256	3 620	46 131
所罗门群岛	2 238	49 650	660	11 640
汤加	550	15 126	525	6 163
密克罗尼西亚联邦	30	1 050	0	0
其他	1 121	27 420	10 774	247 359

电风扇

输往地	2001 年		2000 年	
	数量（台）	金额（美元）	数量（台）	金额（美元）
总值	**123 522 495**	**828 569 853**	**112 454 478**	**703 680 744**
阿富汗	1 312	15 744	0	0
巴林	38 921	309 063	15 732	101 811
孟加拉国	90 660	962 632	23 716	307 864
文莱	2 145	15 404	2 395	16 475
缅甸	47 047	782 204	93 974	788 163
柬埔寨	14 434	81 667	14 672	76 713
塞浦路斯	13 876	114 492	11 677	55 838
朝鲜	79 859	788 833	86 534	776 757

2001 年中国主要出口商品输往地

电风扇

输往地	2001 年		2000 年	
	数量（台）	金额（美元）	数量（台）	金额（美元）
香港	33 973 758	257 595 161	30 868 765	245 617 322
印度	484 950	3 719 947	315 940	1 040 037
印度尼西亚	2 190 918	6 789 557	1 686 884	5 060 454
伊朗	87 020	1 207 723	81 768	2 247 613
伊拉克	122 631	1 264 417	4 033	66 900
以色列	407 519	3 038 430	604 165	3 113 270
日本	8 670 513	67 810 429	7 883 883	37 760 541
约旦	183 942	1 336 749	186 737	1 376 090
科威特	59 712	310 500	70 058	571 045
老挝	70	261 404	6	2 537
黎巴嫩	331 929	2 174 605	230 632	1 613 479
澳门	20 524	185 127	26 180	310 683
马来西亚	423 286	4 213 336	253 159	3 260 602
马尔代夫	1 653	12 478	1 000	8 355
蒙古	250	20 628	235	29 709
尼泊尔	8 852	75 663	14 439	108 652
阿曼	19 385	151 086	19 033	113 748
巴基斯坦	48 994	140 747	39 899	237 195
菲律宾	446 315	2 349 201	399 286	2 013 407
卡塔尔	9 148	44 225	4 071	26 001
沙特阿拉伯	690 287	3 794 319	864 210	5 557 899
新加坡	650 478	4 410 069	726 331	3 584 300
韩国	1 520 320	11 737 698	1 954 074	8 346 999
斯里兰卡	132 207	1 244 103	115 605	1 107 351
叙利亚	193 031	1 285 018	153 374	936 418
泰国	2 887 100	957 598	2 280 903	581 424
土耳其	322 115	2 516 795	442 029	2 431 020
阿拉伯联合酋长国	1 665 495	10 698 167	1 182 916	7 736 454
也门共和国	34 538	212 395	39 007	209 093
越南	9 412	1 376 418	3 661	109 591
台湾省	7 697 086	4 569 704	8 129 638	6 974 048
阿尔及利亚	155 350	1 031 162	112 815	798 320
安哥拉	22 297	164 615	14 323	102 966
贝宁	14 579	97 713	2	5 573
博茨瓦纳	900	11 250	0	0
喀麦隆	17 285	123 826	12 564	99 791
佛得角	3 300	19 500	4	5 138

2001年中国主要出口商品输往地

电风扇

输往地	2001年		2000年	
	数量（台）	金额（美元）	数量（台）	金额（美元）
科摩罗	200	1 040	0	0
刚果	11 966	83 197	0	0
吉布提	1 100	14 454	0	0
埃及	1 714 703	9 519 869	1 003 675	5 583 157
埃塞俄比亚	2 304	32 286	0	0
加蓬	10 504	75 180	3 888	27 604
冈比亚	5 405	37 601	1 952	13 868
加纳	74 555	588 726	34 626	237 124
几内亚	6 380	46 075	4 220	30 600
几内亚（比绍）	7	2 606	26	733
科特迪瓦共和国	34 967	269 011	6 782	57 283
肯尼亚	13 227	97 991	380	7 729
马达加斯加	5 410	40 992	2 023	17 976
马里	19 603	203 350	8 654	108 231
毛里求斯	41 544	289 230	23 109	183 818
摩洛哥	102 443	697 764	68 882	516 495
莫桑比克	1 800	12 780	29 569	215 917
纳米比亚	4 858	66 416	0	0
尼日尔	1 830	14 464	0	0
尼日利亚	637 026	4 837 488	654 128	4 139 422
留尼汪	39 612	312 546	8 977	64 583
卢旺达	4	5 789	0	0
塞内加尔	33 293	296 913	10 785	96 206
塞舌尔	1 200	11 820	2 575	23 437
南非	375 699	2 475 429	271 421	1 958 551
苏丹	35 234	425 330	35 457	441 473
坦桑尼亚	3 268	49 366	3 802	26 994
多哥	4 104	29 138	1 600	10 580
突尼斯	42 126	156 063	135 977	968 890
民主刚果	4 462	30 905	2 265	14 269
赞比亚	94	155 169	32	16 344
厄立特里亚	4 435	2 691	0	0
比利时	378 846	1 846 902	88 709	505 723
丹麦	358 734	159 127	162 781	269 785
英国	2 673 006	8 841 795	1 688 370	6 867 203
德国	2 205 237	8 713 234	765 063	3 773 722
法国	1 592 848	5 026 905	875 149	5 452 447

2001年中国主要出口商品输往地

电风扇

输 往 地	2001年		2000年	
	数量（台）	金额（美元）	数量（台）	金额（美元）
爱尔兰	3 500	10 750	620	16 120
意大利	1 888 444	8 161 918	1 696 217	7 483 525
荷兰	633 646	2 595 349	647 877	1 996 511
希腊	267 443	1 885 350	238 733	1 652 776
葡萄牙	17 085	91 838	44 248	249 886
西班牙	820 271	5 296 069	1 044 982	6 440 359
阿尔巴尼亚	4 293	39 285	800	8 750
奥地利	50 386	379 896	42 171	257 902
芬兰	168 126	320 131	117 211	735 326
匈牙利	8 200	62 635	109 168	198 474
马耳他	89 388	738 193	134 709	948 397
挪威	5 237	21 903	12 568	75 946
波兰	286 314	351 053	78 421	314 287
罗马尼亚	32 704	214 252	27 623	112 433
瑞典	102 881	336 010	93 814	630 673
瑞士	69 860	17 073	12 312	76 405
爱沙尼亚	9	69	0	0
拉脱维亚	4	500	0	0
哈萨克	1 578	14 991	962	65 387
吉尔吉斯	8	2 714	0	0
俄罗斯联邦	199 009	444 445	950 553	1 384 047
乌克兰	2 875	29 475	27 340	136 939
南斯拉夫	14	207 104	11 440	34 488
斯洛文尼亚	18 510	81 404	4 040	693
克罗地亚	2 145	26 246	7 890	56 095
捷克	77 002	132 436	12 382	70 923
阿根廷	939 033	7 410 416	898 405	7 051 001
阿鲁巴岛	650	7 508	284	2 122
巴巴多斯	6 385	53 030	3 320	25 606
伯利兹	440	4 593	1 200	11 040
巴西	942 733	10 472 111	1 005 524	9 485 665
智利	132 795	970 739	186 177	1 435 480
哥伦比亚	4 980	49 256	0	0
多米尼克	4 119	32 643	6 890	78 893

2001年中国主要出口商品输往地

电风扇

输往地	2001年		2000年	
	数量（台）	金额（美元）	数量（台）	金额（美元）
哥斯达黎加	6 702	61 186	1 845	13 836
古巴	566 399	4 671 015	228 134	2 021 266
多米尼加共和国	9 920	103 302	12 538	112 354
厄瓜多尔	15 072	107 118	2 781	23 480
瓜德罗普	6 975	58 408	9 350	75 698
危地马拉	1 200	11 040	0	0
圭亚那	312	10 488	2 760	21 531
洪都拉斯	18 002	138 401	17 741	158 657
牙买加	32 237	231 990	27 172	176 035
马提尼克岛	2 100	16 595	2 100	16 595
墨西哥	923 873	8 085 287	692 581	5 835 192
巴拿马	213 093	726 442	26 311	33 904
巴拉圭	104 014	1 380 134	381 534	2 860 241
秘鲁	22 556	269 081	13 188	77 484
波多黎各	119 384	928 567	132 675	1 058 048
圣卢西亚	640	6 746	0	0
萨尔瓦多	4 208	42 044	0	0
苏里南	1	427	1	19
特立尼达和多巴哥	6 290	59 519	9 471	82 428
乌拉圭	79 216	506 061	371 211	475 734
委内瑞拉	80 040	522 076	26 977	213 726
加拿大	668 417	4 405 022	1 119 220	8 458 896
美国	38 536 970	311 530 937	35 990 672	255 351 464
澳大利亚	1 012 931	8 264 048	1 050 618	8 305 722
斐济	3 544	26 719	2 365	30 140
瑙鲁	10	71	0	0
新喀里多尼亚	3 400	31 398	2 100	16 367
新西兰	56 424	337 204	7 984	56 365
巴布亚新几内亚	500	5 820	7 502	52 429
所罗门群岛	300	2 240	0	0
萨摩亚	950	4 874	1 250	9 828
马绍尔群岛共和国	2 020	17 390	24	240
帕劳共和国	418	2 837	200	1 410
其他	6 873	52 537	31 086	187 696

2001 年中国主要进口商品来源地

小麦

来源地	2001 年		2000 年	
	数量（公吨）	金额（美元）	数量（公吨）	金额（美元）
总值	**690 057**	**121 355 415**	**875 977**	**147 368 315**
以色列	0	1	0	0
土耳其	0	7	0	0
英国	8 800	1 249 600	0	0
法国	2	2 087	0	0
墨西哥	0	2	0	1
加拿大	405 892	70 664 890	623 987	103 764 555
美国	225 656	41 881 502	153 687	27 545 115
澳大利亚	49 707	7 557 326	98 303	16 058 644

黄大豆

来源地	2001 年		2000 年	
	数量（公吨）	金额（美元）	数量（公吨）	金额（美元）
总值	**13 939 479**	**2 809 521 969**	**10 419 056**	**2 270 235 874**
朝鲜	65	9 320	92	16 560
香港	28	3 429	26	4 698
日本	21	22 288	1	2 851
韩国	20	3 160	1	1 078
中华人民共和国	39	6 699	0	0
台湾省	3	5 679	136	68 541
俄罗斯联邦	15 209	2 736 560	43 714	7 848 836
阿根廷	5 020 380	985 539 006	2 784 314	608 055 993
巴西	3 160 289	619 592 960	2 119 545	465 816 402
加拿大	17 037	5 656 069	57 242	14 268 694
美国	5 726 388	1 195 946 799	5 413 800	1 174 082 184
其他	0	0	184	70 037

食用植物油

来源地	2001 年		2000 年	
	数量（公吨）	金额（美元）	数量（公吨）	金额（美元）
总值	**1 649 604**	**477 563 533**	**1 790 530**	**627 137 053**
香港	3 436	1 347 125	1 006	426 284
印度尼西亚	351 378	93 604 786	464 059	147 573 359
日本	262	378 800	364	562 636
马来西亚	1 149 470	326 295 696	917 116	304 767 978

2001 年中国主要进口商品来源地

食用植物油

来 源 地	2001 年		2000 年	
	数量（公吨）	金额（美元）	数量（公吨）	金额（美元）
新加坡	1 644	1 215 975	8 601	3 996 647
韩国	102	135 184	150	202 043
泰国	8 161	1 904 379	2 447	978 018
土耳其	17	13 281	0	0
越南	7 465	2 227 192	8 424	3 884 399
中华人民共和国	25	53 901	240	170 388
台湾省	97	131 032	58	63 770
南非	76	94 927	167	119 475
突尼斯	0	125	0	0
比利时	38	22 225	40	22 043
德国	69	43 604	11 293	4 771 697
法国	56	60 247	11	17 355
意大利	128	198 215	125	184 941
荷兰	494	385 002	18 685	9 735 727
希腊	97	114 120	109	201 568
葡萄牙	11	27 996	0	0
西班牙	108	225 379	59	143 559
瑞典	289	365 919	273	740 318
阿根廷	57 060	21 816 110	140 141	57 203 814
巴西	6 896	2 341 274	73 331	29 534 727
加拿大	46 112	17 962 282	70 495	25 653 287
美国	15 777	6 226 236	73 158	35 993 993
澳大利亚	337	372 521	87	139 253
其他	0	0	90	49 774

食用植物油籽

来 源 地	2001 年		2000 年	
	数量（公吨）	金额（美元）	数量（公吨）	金额（美元）
总值	**15 674 902**	**3 193 695 541**	**13 402 620**	**2 942 285 637**
缅甸	993	531 293	619	315 978
朝鲜	81	17 845	92	16 560
香港	29	3 814	168	80 169
印度	2 143	1 267 851	1 346	1 699 348
印度尼西亚	341	127 630	364	137 974
以色列	18	70 929	11	62 516

2001 年中国主要进口商品来源地

食用植物油籽

来源地	2001年		2000年	
	数量（公吨）	金额（美元）	数量（公吨）	金额（美元）
日本	30	36 946	7	10 864
老挝	7	2 693	17	9 305
蒙古	226	36 080	162	22 875
尼泊尔	3	1 208	0	0
沙特阿拉伯	0	14	0	0
新加坡	0	221	0	0
韩国	22	7 600	163	82 399
土耳其	0	6	0	0
越南	3 168	1 296 935	62	25 559
中华人民共和国	52	20 045	302	164 096
台湾省	4	6 398	138	69 968
埃塞俄比亚	178	99 913	0	0
南非	0	115	111	529 116
德国	55 000	13 764 086	197 054	44 913 692
法国	1	77 042	270 739	61 328 416
荷兰	0	5	1	426
希腊	0	3	0	0
西班牙	2	60 343	1	5 000
波兰	140 897	35 488 426	0	0
俄罗斯联邦	15 849	2 838 985	45 437	8 124 426
南斯拉夫	3	18 575	0	24
阿根廷	5 020 795	987 387 114	2 784 314	608 056 228
巴西	3 160 289	619 592 960	2 119 545	465 816 402
墨西哥	215	291 946	63	86 466
加拿大	1 242 844	264 761 000	1 313 142	287 115 344
美国	5 729 691	1 200 542 856	5 425 096	1 184 862 320
澳大利亚	302 023	65 344 664	1 148 128	257 588 090
其他	0	0	95 539	21 162 076

2001年中国主要进口商品来源地

糖

来源地	2001年	2000年
	金额（美元）	金额（美元）
总值	**313 281 745**	**115 325 330**
缅甸	320 150	0
香港	647 080	471 662
印度	4 400 353	0
印度尼西亚	12	0
日本	1 022 780	1 138 475
马来西亚	28 267	4 370
尼泊尔	24 084	670 878
新加坡	63 070	81 961
韩国	25 256 836	16 328 774
泰国	100 167 905	13 405 912
中华人民共和国	482 586	59 935
台湾省	12 397	19 908
南非	9 870 076	0

糖

来源地	2001年	2000年
	金额（美元）	金额（美元）
比利时	192 534	737 198
英国	2 736 746	778 814
德国	554 376	17 926
法国	940 507	1 005 592
意大利	1	60
西班牙	340	3 471
巴西	23 822 849	0
古巴	90 728 391	62 688 995
加拿大	217	0
美国	463 665	67 599
澳大利亚	51 546 491	13 379 022
新西兰	32	0
其他	0	4 464 778

胶合板

来源地	2001年		2000年	
	数量（立方米）	金额（美元）	数量（立方米）	金额（美元）
总值	**651 273**	**254 445 213**	**1 001 842**	**436 808 128**
缅甸	1	1 209	0	0
柬埔寨	25 477	11 876 263	26 719	15 717 355
香港	562	263 114	1 344	721 852
印度	93	42 664	661	262 030
印度尼西亚	428 841	170 954 369	599 377	276 958 567
伊朗	17	5 220	0	0
以色列	12	1 478	0	0
日本	6 090	3 262 830	3 294	1 312 015
马来西亚	113 930	29 989 944	260 205	81 739 231
新加坡	4 031	1 841 258	3 209	1 646 377
韩国	47 325	24 363 402	75 694	43 247 188
泰国	1 622	571 912	1 983	729 214
越南	9	1 387	779	483 324
中华人民共和国	1 727	692 557	1 069	534 112
台湾省	6 311	3 295 266	13 672	6 807 957
南非	391	210 235	1 793	706 962
比利时	1 301	248 571	355	53 204

2001年中国主要进口商品来源地

胶合板

来源地	2001年		2000年	
	数量（立方米）	金额（美元）	数量（立方米）	金额（美元）
丹麦	53	267	315	222 544
英国	22	55 791	284	118 642
德国	3 842	1 882 613	570	477 066
法国	17	78 046	218	57 880
意大利	1 776	646 276	786	341 999
荷兰	689	485 316	33	36 163
西班牙	23	2 358	2	1 768
奥地利	46	24 746	54	6 451
芬兰	3 456	1 884 595	2 495	1 700 258
瑞典	356	215 471	342	207 772
瑞士	167	96 863	47	19 243
俄罗斯联邦	908	789 193	3 346	1 494 349
加拿大	1 665	414 629	1 147	300 844
美国	295	145 829	640	237 611
澳大利亚	184	95 250	905	313 997
新西兰	34	6 291	40	138 625
其他	0	0	464	213 528

棉花

来源地	2001年		2000年	
	数量（公吨）	金额（美元）	数量（公吨）	金额（美元）
总值	**59 647**	**75 860 779**	**52 155**	**82 215 319**
以色列	50	102 511	95	199 302
日本	10	10 229	2	3 800
巴基斯坦	798	1 033 612	1 625	2 032 891
韩国	182	557 318	772	2 722 211
中华人民共和国	30	38 464	214	316 252
台湾省	0	143	0	277
埃及	2 065	5 208 626	3 366	7 987 859
马里	698	941 735	300	395 720
坦桑尼亚	270	299 698	751	1 047 205
乌干达	689	918 946	353	456 893
比利时	0	301	0	0
土库曼	74	76 158	499	502 792
美国	34 471	41 570 878	28 644	44 600 622
澳大利亚	20 309	25 102 160	13 042	18 021 072
其他	0	0	2 491	3 928 423

2001年中国主要进口商品来源地

羊毛

来源地	2001年		2000年	
	数量（公吨）	金额（美元）	数量（公吨）	金额（美元）
总值	**309 141**	**1 049 172 974**	**300 687**	**1 037 311 145**
伊朗	14	23 164	0	0
日本	181	1 238 752	355	3 050 462
科威特	7	22 465	7	23 458
澳门	11	27 564	0	0
马来西亚	48	220 796	0	0
蒙古	3 166	1 989 964	1 199	529 317
新加坡	50	107 220	0	0
韩国	1 168	6 104 936	1 192	7 404 211
泰国	454	2 594 212	322	1 716 593
土耳其	918	2 214 709	320	963 117
中华人民共和国	321	1 498 732	217	1 244 169
台湾省	7 626	35 584 930	8 158	35 596 607
南非	2 948	11 559 159	2 843	12 383 964
莱索托	136	677 149	0	0
比利时	16	67 555	582	949 752
英国	488	996 276	1 310	3 011 687
德国	434	1 336 862	81	697 543
法国	324	2 897 438	660	7 233 925
爱尔兰	3 245	6 104 868	5 604	10 814 487
意大利	566	8 620 707	1 323	17 692 165
希腊	19	20 022	0	0
西班牙	132	452 808	24	62 352
匈牙利	74	195 053	287	727 241
哈萨克	2 615	2 029 221	512	370 917
吉尔吉斯	122	165 555	282	387 934
俄罗斯联邦	92	95 418	86	47 672
捷克	5	32 280	0	0
阿根廷	12 841	38 997 169	9 780	29 351 309
巴西	199	624 405	100	287 622
智利	1 187	3 311 394	296	745 582
秘鲁	533	1 698 528	95	310 123
乌拉圭	24 138	73 496 790	23 602	69 728 529
加拿大	113	212 022	0	0
美国	919	2 867 953	502	2 241 619
澳大利亚	200 432	736 638 143	207 326	748 410 211
库克群岛	28	100 812	0	0
新西兰	43 570	104 347 943	33 174	79 503 881
其他	0	0	449	1 824 696

2001年中国主要进口商品来源地

纺织品

来源地	2001年	2000年
	金额（美元）	金额（美元）
总值	**12 452 320 859**	**12 700 260 414**
巴林	1 977 161	1 156 965
孟加拉国	687 960	663 479
文莱	20 059	0
缅甸	15 995	18 941
柬埔寨	476 259	1 847
塞浦路斯	5 339	30 256
朝鲜	277 749	274 929
香港	1 273 992 423	1 318 443 038
印度	195 002 076	193 186 029
印度尼西亚	214 724 868	204 189 174
伊朗	18 356	34 929
以色列	947 677	927 954
日本	2 708 087 286	2 816 358 256
约旦	163	0
科威特	30	322
老挝	105 804	2 608
黎巴嫩	27 982	1 391
澳门	59 207 681	50 074 999
马来西亚	62 175 154	82 493 497
蒙古	6 468 665	7 672 366
尼泊尔	187 692	279 500
阿曼	152 720	265 432
巴基斯坦	474 710 267	407 672 726
巴勒斯坦	51 168	69 706
菲律宾	4 724 540	4 487 923
卡塔尔	37	0
沙特阿拉伯	267 120	569 290
新加坡	27 777 394	42 744 586
韩国	2 474 204 106	2 613 609 846
斯里兰卡	1 596 190	2 044 000
泰国	90 060 568	93 991 446
土耳其	7 685 834	6 109 754
阿拉伯联合酋长国	960 206	1 846 811
越南	11 947 460	15 680 895
中华人民共和国	1 337 543 740	1 214 379 794

纺织品

来源地	2001年	2000年
	金额（美元）	金额（美元）
台湾省	2 876 624 801	3 099 356 297
乍得	2 116	965
科摩罗	27 479	0
埃及	435 579	35 656
赤道几内亚	532	0
埃塞俄比亚	24 541	18
肯尼亚	108 800	48 655
马达加斯加	78	17 970
马里	23	0
毛里求斯	276 105	110 250
尼日利亚	456	28 260
塞内加尔	45 445	43 402
南非	689 574	809 162
苏丹	27 576	1 413 639
突尼斯	442	0
津巴布韦	813	635
比利时	8 959 956	9 785 037
丹麦	4 209 306	1 496 607
英国	37 745 739	35 432 668
德国	48 956 978	42 404 084
法国	28 458 882	21 559 833
爱尔兰	2 048 726	2 346 169
意大利	208 064 915	165 159 270
卢森堡	12 686 637	7 911 868
荷兰	25 713 672	10 741 916
希腊	70 316	101 196
葡萄牙	2 017 079	2 192 971
西班牙	9 554 963	10 131 093
奥地利	7 287 970	6 261 981
保加利亚	131 625	391 872
芬兰	4 272 951	3 690 328
匈牙利	352 801	172 558
冰岛	3 435	19 594
马耳他	2 684	33 393
挪威	1 025 324	1 380 843
波兰	122 363	219 371
罗马尼亚	285 474	347 549

2001年中国主要进口商品来源地

纺织品

来源地	2001年 金额（美元）	2000年 金额（美元）
瑞典	5 970 121	5 579 840
瑞士	7 085 685	5 782 800
爱沙尼亚	25 760	32 574
拉脱维亚	287 938	60 692
立陶宛	12 844	2 087
白俄罗斯	874 170	2 153 419
吉尔吉斯	245 446	0
俄罗斯联邦	2 961 946	7 866 189
塔吉克	1 780 213	4 696 851
土库曼	27 180	0
乌克兰	70 508	400 048
乌兹别克	2 509 838	1 544 904
南斯拉夫	970	0
斯洛文尼亚	25 262	16 730
克罗地亚	1 183	910
捷克	306 348	789 270
斯洛伐克	460 361	806 910
阿根廷	372 532	275 620

纺织品

来源地	2001年 金额（美元）	2000年 金额（美元）
巴西	892 689	198 977
智利	214 247	144 474
哥伦比亚	115 327	143 115
哥斯达黎加	7	0
古巴	471	190
多米尼加共和国	23 292	59 191
危地马拉	34 136	36 259
墨西哥	6 356 500	898 113
巴拿马	101	166
巴拉圭	1 481	0
秘鲁	1 114 655	914 055
乌拉圭	181 751	201 556
加拿大	4 448 735	4 109 935
美国	163 506 459	142 651 975
澳大利亚	14 976 732	16 465 232
斐济	1 470	0
新西兰	1 110 616	1 265 863
其他	0	234 670

棉纱线

来源地	2001年		2000年	
	数量（件）	金额（美元）	数量（件）	金额（美元）
总值	**2 942 325**	**1 123 036 053**	**2 541 363**	**952 372 074**
巴林	5 173	1 627 895	1 406	397 379
孟加拉国	9	5 015	65	39 249
香港	262 804	102 468 030	244 997	84 714 491
印度	426 518	164 207 708	433 393	161 723 701
印度尼西亚	164 151	65 774 966	142 290	54 326 022
日本	19 359	19 845 739	16 389	19 383 721
澳门	13 965	4 776 851	12 046	3 847 503
马来西亚	18 627	6 365 598	24 358	8 812 662
巴基斯坦	1 059 477	356 051 572	857 473	285 500 084
巴勒斯坦	137	51 127	67	21 255
菲律宾	206	135 808	70	43 841
新加坡	261	126 954	443	120 755
韩国	76 449	35 207 224	71 295	32 881 114

2001年中国主要进口商品来源地

棉纱线

来源地	2001年		2000年	
	数量（件）	金额（美元）	数量（件）	金额（美元）
斯里兰卡	199	36 847	0	0
泰国	43 604	20 000 148	48 722	23 321 681
土耳其	72	19 733	20	12 026
阿拉伯联合酋长国	0	530	283	101 070
越南	5 166	1 541 882	3 274	900 160
中华人民共和国	706 071	290 040 932	552 630	221 186 883
台湾省	117 675	42 533 766	106 949	42 382 784
科摩罗	44	27 479	0	0
埃及	608	430 302	128	33 868
埃塞俄比亚	79	23 155	0	0
尼日利亚	0	2	0	0
南非	0	1 572	0	0
苏丹	60	27 564	4 580	1 413 639
比利时	23	11 369	0	258
丹麦	5	8 789	1	1 976
英国	509	350 178	615	471 597
德国	127	337 969	231	400 902
法国	70	221 799	92	200 258
爱尔兰	3	3 761	5	7 009
意大利	3 554	3 737 306	3 099	3 104 810
荷兰	13	23 745	8	2 505
西班牙	24	28 991	20	60 804
芬兰	2	3 996	0	14
挪威	0	724	0	521
瑞典	71	26 452	1	337
瑞士	945	450 698	588	259 303
吉尔吉斯	62	19 115	0	0
俄罗斯联邦	43	17 927	0	0
土库曼	76	24 780	0	0
乌兹别克	6 978	2 261 344	3 249	1 059 524
阿根廷	0	1 095	0	0
巴西	39	9 800	0	0
墨西哥	0	85	1	344
秘鲁	667	496 273	780	233 988
加拿大	40	45 805	0	0
美国	1 239	590 816	3 098	1 482 120
澳大利亚	7 125	3 034 837	8 439	3 830 873
其他	0	0	253	91 043

2001年中国主要进口商品来源地

棉布

来源地	2001年		2000年	
	数量（万米）	金额（美元）	数量（万米）	金额（美元）
总值	**126 546**	**1 442 442 649**	**133 503**	**1 473 445 793**
巴林	39	349 266	88	759 586
孟加拉国	6	74 431	8	93 684
缅甸	0	69	0	0
柬埔寨	29	439 156	0	0
塞浦路斯	0	2	0	0
朝鲜	1	5 019	0	0
香港	37 039	330 159 621	38 517	332 346 102
印度	5 825	24 275 857	5 206	24 400 760
印度尼西亚	1 081	15 464 783	1 682	20 965 743
以色列	1	10 290	1	63 170
日本	14 335	451 600 665	14 798	458 106 260
澳门	1 621	10 030 236	1 426	9 347 162
马来西亚	414	10 597 931	178	2 960 673
巴基斯坦	16 019	108 220 475	17 532	110 304 075
菲律宾	13	71 203	2	59 636
沙特阿拉伯	5	19 074	7	58 493
新加坡	105	807 598	118	1 121 690
韩国	3 837	78 740 672	3 825	71 696 831
斯里兰卡	97	747 266	108	1 245 683
泰国	507	7 494 252	602	8 809 369
土耳其	19	607 586	14	463 438
阿拉伯联合酋长国	55	424 975	171	1 678 050
越南	33	920 708	21	420 545
中华人民共和国	31099	250 532 800	34 157	274 512 709
台湾省	13 146	123 571 575	13 795	130 247 437
乍得	0	2 116	0	0
埃及	0	2 060	0	1 487
埃塞俄比亚	0	1 071	0	0
毛里求斯	29	158 828	4	64 596
尼日利亚	0	452	1	28 260
南非	7	46 056	17	111 324
苏丹	0	12	0	0

2001 年中国主要进口商品来源地

棉布

来源地	2001 年		2000 年	
	数量（万米）	金额（美元）	数量（万米）	金额（美元）
津巴布韦	0	813	0	0
比利时	10	325 490	14	587 490
丹麦	16	581 313	14	373 954
英国	48	681 084	30	629 597
德国	78	2 215 904	54	1 234 764
法国	67	1 053 598	29	616 687
爱尔兰	0	3 053	0	0
意大利	358	12 705 912	328	8 469 215
荷兰	6	89 905	5	95 648
希腊	6	46 318	0	0
葡萄牙	20	658 415	12	415 748
西班牙	22	701 005	47	665 198
奥地利	34	1 558 920	14	648 141
芬兰	1	33 696	1	46 984
马耳他	0	80	0	0
挪威	0	7 197	1	8 533
罗马尼亚	1	18 726	1	19 927
瑞典	0	9 246	0	11 267
瑞士	6	513 883	6	369 774
爱沙尼亚	0	4 917	0	6 805
吉尔吉斯	62	102 532	0	0
俄罗斯联邦	0	2 890	21	118 063
塔吉克	169	1 780 213	381	4 696 851
乌兹别克	43	248 494	52	388 993
捷克	4	163 934	9	404 619
巴西	9	176 512	3	67 821
多米尼加共和国	0	492	0	0
秘鲁	1	10 230	1	14 629
加拿大	5	53 377	15	199 332
美国	113	2 063 674	137	2 776 460
澳大利亚	102	1 243 520	34	580 648
斐济	0	1 314	0	0
新西兰	2	9 887	0	0
其他	0	0	15	131 882

2001年中国主要进口商品来源地

服装

来源地	2001年	2000年
	金额（美元）	金额（美元）
总值	**1 262 147 756**	**1 183 742 743**
孟加拉国	338 321	3 615 827
缅甸	41 885	40
柬埔寨	138 478	2 502 173
朝鲜	26 839 107	37 606
香港	671 754 336	621 220 532
印度	5 864 018	4 561 581
印度尼西亚	5 187 155	3 220 747
以色列	4 809 067	3 864 116
日本	274 026 279	313 001 620
约旦	415	0
科威特	1 183	0
老挝	14 467	0
澳门	41 798 535	29 934 996
马来西亚	4 947 088	3 503 043
马尔代夫	3 105	0
蒙古	7 694 658	7 087 020
尼泊尔	1 971	153 001
巴基斯坦	3 202 931	1 426 526
菲律宾	5 259 294	2 239 012
卡塔尔	52 483	0
沙特阿拉伯	15 035	5 122
新加坡	458 850	751 994
韩国	63 987 300	66 581 498
斯里兰卡	603 019	239 279
泰国	2 146 835	1 623 597
土耳其	489 291	149 591
阿拉伯联合酋长国	107 248	5 628
越南	1 239 827	2 295 853
中华人民共和国	16 030 130	17 702 753
台湾省	43 190 086	41 325 581
布隆迪	2 379	0
埃及	1 642	1 821
埃塞俄比亚	364	14
加纳	1 967	0
马达加斯加	1 720	0

服装

来源地	2001年	2000年
	金额（美元）	金额（美元）
毛里求斯	26 733	1 057
摩洛哥	5 092	0
尼日利亚	22	58
南非	10 223	865
突尼斯	59 549	8 607
比利时	78 117	97 417
丹麦	376 386	447 536
英国	10 535 816	7 735 226
德国	3 791 787	2 780 911
法国	8 597 447	4 342 928
爱尔兰	5 657	3 215
意大利	29 671 730	17 419 083
卢森堡	9 716	100
荷兰	190 353	187 031
希腊	63 417	24 714
葡萄牙	345 463	407 439
西班牙	822 154	623 781
奥地利	111 856	156 023
保加利亚	7 587	5 917
芬兰	122 295	242 270
匈牙利	44 496	47 988
马耳他	896	269
挪威	60 028	81 673
波兰	143 062	61 319
罗马尼亚	177 341	128 308
瑞典	133 049	122 134
瑞士	2 419 292	690 875
拉脱维亚	133	112
立陶宛	1 844	0
俄罗斯联邦	902 753	30 430
乌克兰	45 965	3 897
斯洛文尼亚	127 598	90 769
克罗地亚	12 468	144
捷克	22 396	24 276
前南斯拉夫马其顿	208	0
波斯尼亚和黑塞哥维那	17 018	0

2001年中国主要进口商品来源地

服装

来源地	2001年	2000年
	金额（美元）	金额（美元）
阿根廷	4 815	1 208
玻利维亚	12 889	894
巴西	2 458	3 156
智利	1 025	431
哥伦比亚	314	0
多米尼克	21 053	4 579
古巴	77	0
多米尼加共和国	3 079	194
危地马拉	6 277	6 403
海地	85	0
洪都拉斯	3 635	1 168
墨西哥	893 222	320 067
尼加拉瓜	9 903	472
秘鲁	40 763	3 777
萨尔瓦多	15 528	610
乌拉圭	16 750	8 042
委内瑞拉	120	48
加拿大	863 818	379 773
美国	8 002 275	8 248 696
澳大利亚	12 980 677	11 644 521
新西兰	29 609	39 080
其他	48 968	262 681

鞋类

来源地	2001年	2000年
	金额（美元）	金额（美元）
总值	**329 515 859**	**320 472 454**
孟加拉国	8 082	1 890
缅甸	273 847	210 971
朝鲜	22 260	0
香港	12 563 989	14 192 365
印度	240 163	120 926
印度尼西亚	5 098 578	5 311 880
以色列	297	108
日本	7 192 666	8 465 777

鞋类

来源地	2001年	2000年
	金额（美元）	金额（美元）
科威特	9	0
澳门	1 024 758	85 284
马来西亚	146 516	147 145
菲律宾	157 817	6 594
沙特阿拉伯	625	0
新加坡	192 991	182 903
韩国	130 844 215	119 304 866
泰国	2 477 973	2 402 473
阿拉伯联合酋长国	82 205	1 313
越南	4 563 556	3 089 907
中华人民共和国	16 450 550	9 943 395
台湾省	62 392 072	64 765 086
尼日利亚	68	21
索马里	79	0
南非	134	0
突尼斯	11 462	0
比利时	165 620	89 944
丹麦	510 144	479 760
英国	1 009 025	2 065 580
德国	1 458 392	1 557 329
法国	1 748 811	1 125 436
爱尔兰	50	0
意大利	15 273 064	13 306 364
卢森堡	390	0
荷兰	529 199	425 122
希腊	5	161
葡萄牙	702 460	606 760
西班牙	1 409 691	1 096 373
奥地利	16 383	29 510
保加利亚	2 166	35 555
芬兰	501 541	533 803
匈牙利	5 523	11 172
挪威	300	58
波兰	393	0
罗马尼亚	413 427	34 402
瑞典	14 030	13 106

2001年中国主要进口商品来源地

鞋类

来源地	2001年 金额（美元）	2000年 金额（美元）
瑞士	88 428	160 109
爱沙尼亚	270	0
俄罗斯联邦	451	240
捷克	6 384	5 250
斯洛伐克	4 217	0
巴西	1 750 480	1 625 035
智利	5 201	22
墨西哥	16 717	67 218
加拿大	667 871	622 679
美国	59 329 068	68 123 238
澳大利亚	140 295	99 605
新西兰	951	384
其他	0	125 335

纸张

来源地	2001年		2000年	
	数量（公吨）	金额（美元）	数量（公吨）	金额（美元）
总值	**5 563 551**	**3 042 191 265**	**5 940 322**	**3 280 516 438**
文莱	0	103 68	0	0
香港	254 472	130 623 292	265 343	121 190 180
印度	4 389	9 769 961	1 832	956 714
印度尼西亚	495 038	243 499 083	754 685	380 486 139
伊朗	1	487	57	24 508
以色列	5	10 007	2	24 453
日本	455 546	319 216 194	468 172	356 187 062
黎巴嫩	17	24 936	0	0
澳门	58	33 387	46	49 649
马来西亚	48 884	25 705 887	32 791	19 856 639
阿曼	0	912	0	0
巴基斯坦	0	14	0	0
菲律宾	34 712	19 088 820	38 424	17 993 013
沙特阿拉伯	2	3 120	0	0
新加坡	25 890	28 143 696	21 918	11 417 028
韩国	1 072 020	578 004 198	1 164 966	660 088 274
斯里兰卡	0	129	1	402
泰国	254 225	96 829 868	296 174	113 292 637
土耳其	52	17 125	121	94 969
阿拉伯联合酋长国	38	22 544	151	60 230
越南	885	35 8081	1 529	644 704
中华人民共和国	64 428	40 077 930	50 068	24 939 031
台湾省	782 802	365 745 478	684 719	326 090 347
埃及	1	1 672	0	0
肯尼亚	0	1 868	0	0

2001年中国主要进口商品来源地

纸张

来源地	2001年		2000年	
	数量（公吨）	金额（美元）	数量（公吨）	金额（美元）
摩洛哥	0	34	0	1 459
南非	27 159	11 141 232	24 692	9 881 833
比利时	15 761	10 346 600	9 060	8 612 595
丹麦	641	426 355	611	590 271
英国	26 502	24 039 461	30 436	28 670 657
德国	155 898	111 441 200	102 384	87 504 634
法国	54 780	37 935 254	60 841	34 071 237
爱尔兰	727	540 287	61	129 908
意大利	26 525	24 558 103	30 439	24 190 224
卢森堡	2	5 451	1	4 259
荷兰	109 682	44 805 411	78 126	36 831 012
葡萄牙	4 341	3 468 694	1 118	1 001 335
西班牙	13 350	6 635 829	7 564	4 028 095
奥地利	18 169	9 708 804	19 955	10 462 995
芬兰	130 875	104 016 471	142 747	112 285 582
匈牙利	1 756	385 830	2	1 328
挪威	10 916	7 019 592	14 552	8 333 505
波兰	6 477	2 779 868	1 822	708 195
罗马尼亚	432	237 462	739	303 460
瑞典	130 651	107 929 906	128 178	95 021 146
瑞士	5 356	3 419 708	5 804	3 767 962
爱沙尼亚	271	138 462	157	84 986
白俄罗斯	14	4 454	98	51 345
哈萨克	180	43 248	139	20 778
俄罗斯联邦	285 388	107 937 056	245 389	107 276 147
乌克兰	0	760	0	0
斯洛文尼亚	222	102 488	1 020	405 889
捷克	673	403 410	96	89 154
斯洛伐克	88	53 970	52	42 282
巴西	34 643	15 508 068	39 632	18 105 798
哥伦比亚	0	546	0	0
墨西哥	423	655 472	609	595 776
巴拉圭	0	50	0	0
加拿大	96 012	50 290 979	131 515	66 611 065
美国	607 096	386 268 309	897 839	516 869 965
澳大利亚	197 290	67 973 007	108 110	38 680 214
新西兰	107 756	44 765 210	75 422	31 795 267
其他	28	15 167	113	90 101

2001年中国主要进口商品来源地

纸制品

来源地	2001年		2000年	
	数量（公吨）	金额（美元）	数量（公吨）	金额（美元）
总值	**356 048**	**702 991 904**	**434 599**	**765 955 909**
孟加拉国	1	501	0	1 246
缅甸	0	1	0	0
柬埔寨	0	467	0	783
塞浦路斯	0	58	0	35
朝鲜	0	542	0	54
香港	108 417	121 134 046	124 641	141 779 986
印度	18	23 955	14	27 558
印度尼西亚	7 385	5 732 131	11 634	7 440 392
伊朗	0	495	0	24
以色列	40	62 570	18	49 369
日本	28 068	139 352 025	31 913	156 129 865
约旦	0	208	0	325
科威特	0	20	0	0
老挝	0	84	0	0
黎巴嫩	0	1 284	0	32
澳门	995	915 792	647	856 014
马来西亚	2 809	6 907 743	2 245	4 797 982
巴基斯坦	1	1 394	1	1 798
菲律宾	291	608 956	336	1 172 604
沙特阿拉伯	135	383 834	3	2 293
新加坡	3 053	15 166 911	3 991	16 765 441
韩国	44 422	98 372 612	64 665	119 392 240
斯里兰卡	1	12 601	1	27 756
泰国	5 986	11 298 443	3 842	3 531 129
土耳其	14	51 133	5	29 077
阿拉伯联合酋长国	9	5 455	4	3 927
越南	159	129 221	65	54 976
中华人民共和国	22 974	31 420 935	25 245	33 040 867
台湾省	53 674	78 970 611	75 630	99 709 406
埃及	0	83	1	5 623
埃塞俄比亚	0	627	0	117
尼日利亚	0	58	0	0
南非	1	24 904	55	27 480
苏丹	0	7	0	0
突尼斯	0	165	0	0

2001年中国主要进口商品来源地

纸制品

来源地	2001年		2000年	
	数量（公吨）	金额（美元）	数量（公吨）	金额（美元）
比利时	1 007	2 504 295	867	3 401 620
丹麦	1 770	3 549 215	2 163	3 397 564
英国	2 705	11 688 262	3 435	13 317 770
德国	6 815	22 351 243	7 325	17 390 493
法国	9 742	21 845 203	10 681	20 157 844
爱尔兰	70	405 225	333	1 039 367
意大利	1 345	2 727 727	2 545	3 288 936
卢森堡	138	271 996	124	307 893
荷兰	2 141	5 123 303	1 823	3 990 881
希腊	1	16 308	1	4 549
葡萄牙	325	302 074	312	310 087
西班牙	246	3 836 088	140	1 308 164
奥地利	4 459	10 156 173	5 317	11 312 267
保加利亚	0	306	0	80
芬兰	1 399	1 895 908	2 343	3 057 404
匈牙利	41	64 336	27	35 715
冰岛	15	83 750	8	18 612
列支敦士登	0	977	0	0
马耳他	0	1	0	0
挪威	121	413 885	340	688 250
波兰	157	448 177	6	467 515
罗马尼亚	0	1 945	0	18
瑞典	1 266	3 703 808	1 143	3 475 268
瑞士	1 051	1 209 498	1 514	1 633 452
爱沙尼亚	0	597	0	0
阿塞拜疆	0	52	0	0
白俄罗斯	0	42	0	0
哈萨克	0	802	0	1
俄罗斯联邦	38	6 722 557	110	1 085 486
乌克兰	0	1 066	0	452 840
乌兹别克	0	15	0	0
南斯拉夫	6	3 386	0	62
斯洛文尼亚	2	7 533	29	22 333
克罗地亚	0	23	0	0
捷克	5	44 138	11	49 076
斯洛伐克	0	2 032	0	140

2001年中国主要进口商品来源地

纸制品

来源地	2001年		2000年	
	数量（公吨）	金额（美元）	数量（公吨）	金额（美元）
阿根廷	10	13 429	1	16 102
巴西	168	204 665	206	117 825
智利	1	1 637	1	1 361
哥伦比亚	0	199	0	1 385
多米尼克	0	4 007	0	0
哥斯达黎加	0	4 019	13	5 938
多米尼加共和国	0	582	0	99
墨西哥	175	156 740	285	222 463
波多黎各	1	15 865	26	15 372
乌拉圭	0	98	0	7
委内瑞拉	0	589	13	6 289
加拿大	2 248	3 308 586	2 488	3 546 707
美国	38 607	85 360 359	45 060	83 377 255
格陵兰	0	249	0	0
百慕大群岛	0	3 878	0	0
澳大利亚	1 150	3 717 188	856	3 313 460
新西兰	367	237 996	62	175 568
其他	0	0	37	93 992

钢材

来源地	2001年		2000年	
	数量（公吨）	金额（美元）	数量（公吨）	金额（美元）
总值	**17 217 324**	**8 963 586 110**	**15 961 428**	**8 535 892 709**
缅甸	3	2 694	0	0
朝鲜	2 712	600 295	2 765	592 993
香港	38 933	35 709 421	39 820	35 403 573
印度	154 421	61 641 463	45 715	28 554 797
印度尼西亚	75 451	28 313 780	34 947	14 656 545
伊朗	120	221 476	0	259
以色列	7	74 739	10	64 756
日本	4 576 173	2 583 597 651	4 917 664	2 799 726 998
老挝	0	423	0	0
澳门	5	4 088	9	4 470
马来西亚	70 505	38 025 834	95 370	47 641 097
马尔代夫	20	26 000	0	0
蒙古	2 925	378 585	1 329	156 909

2001年中国主要进口商品来源地

钢材

来源地	2001年		2000年	
	数量（公吨）	金额（美元）	数量（公吨）	金额（美元）
菲律宾	2 835	977 074	88	107 001
沙特阿拉伯	24	11 753	1 029	257 279
新加坡	16 987	16 732 928	12 442	16 906 588
韩国	3 212 623	1 761 549 540	30 54 431	1 813 505 249
泰国	206 505	113 899 150	275 554	129 568 455
土耳其	6 148	1 655 787	11 843	3 170 096
阿拉伯联合酋长国	59	32 138	0	340
越南	250	143 256	0	0
中华人民共和国	162 021	76 282 807	120 731	59 185 956
台湾省	3 800 617	2 190 660 705	3 301 230	1 917 092 587
埃及	2	925	5	2 443
肯尼亚	0	642	147	81 024
利比亚	82	62 559	0	0
南非	167 254	66 292 015	126 932	51 225 534
比利时	37 942	41 240 222	12 505	14 916 533
丹麦	2 300	3 538 115	141	889 510
英国	150 865	90 036 447	104 791	64 341 784
德国	394 042	405 013 356	212 467	231 832 768
法国	54 823	66 415 370	45 667	52 519 507
爱尔兰	17	84 523	12	37 986
意大利	34 828	45 118 370	12 765	21 638 857
卢森堡	17 368	7 621 032	8 319	4 258 897
荷兰	24 350	12 558 132	20 968	10 477 528
希腊	222	131 673	75	99 388
葡萄牙	21	30 508	120	143 317
西班牙	37 859	39 128 753	18 366	18 094 379
奥地利	19 562	18 030 368	14 977	9 999 236
保加利亚	12	3 000	0	0
芬兰	43 638	62 348 939	20 602	33 471 097
匈牙利	240	144 312	0	14 953
冰岛	0	231	0	0
挪威	291	1 885 750	1 737	3 239 585
波兰	78	124 558	1 051	264 714
罗马尼亚	20 976	5 610 828	12 426	3 718 250
瑞典	36 361	48 487 403	27 722	37 724 208
瑞士	470	1 832 340	410	1 617 783

2001年中国主要进口商品来源地

钢材

来源地	2001年		2000年	
	数量（公吨）	金额（美元）	数量（公吨）	金额（美元）
拉脱维亚	9	2 171	0	0
白俄罗斯	537	772 509	5 686	2 315 186
哈萨克	1 130 488	269 498 498	1 118 689	302 110 971
俄罗斯联邦	1 378 727	405 984 801	1 128 649	346 733 624
乌克兰	922 580	196 060 574	764 841	207 148 380
斯洛文尼亚	0	2 179	61	62 097
捷克	9	9 002	2 597	836 615
斯洛伐克	0	105	0	0
阿根廷	96 481	54 262 276	57 570	36 438 310
巴西	66 159	33 876 078	90 379	39 821 493
智利	0	529	0	0
墨西哥	34 417	26 327 036	16 480	14 053 566
加拿大	21 972	10 201 993	20 204	9 371 249
美国	52 921	77 470 112	62 988	88 675 857
澳大利亚	137 740	62 047 675	127 190	58 285 569
新西兰	2 337	788 614	3 599	821 893
其他	0	0	5 312	2 012 670

铁矿砂

来源地	2001年		2000年	
	数量（公吨）	金额（美元）	数量（公吨）	金额（美元）
总值	**92 308 272**	**2 502 751 428**	**69 971 633**	**1 857 699 215**
巴林	122 722	5 538 717	0	0
朝鲜	86 176	1 219 527	48 855	529 000
香港	1	462	0	0
印度	16 983 053	458 900 573	10 996 010	297 489 615
印度尼西亚	19 428	524 236	38 272	1 567 285
日本	325 864	3 467 407	169 901	2 657 277
马来西亚	71 962	1 937 162	117 550	3 105 869
菲律宾	31 820	1 245 567	0	0
沙特阿拉伯	28 519	755 713	0	0
新加坡	1	808	0	0
韩国	2	16 047	35 594	858 863
泰国	1	178	0	0
越南	273 028	4 833 975	313 714	4 817 619
台湾省	6	3 289	4	6 010

2001 年中国主要进口商品来源地

铁矿砂

来源地	2001 年		2000 年	
	数量（公吨）	金额（美元）	数量（公吨）	金额（美元）
南非	8 962 604	236 236 669	8 040 423	209 796 054
德国	0	70	0	0
法国	84	63 000	63	20 160
荷兰	650	304 200	0	0
哈萨克	94 091	3 481 970	4 537	196 224
巴西	24 534 534	744 946 898	14 815 488	437 634 869
智利	190 402	5 540 783	0	0
墨西哥	249 777	11 120 294	0	0
秘鲁	1 839 295	63 278 327	1 732 626	56 800 795
委内瑞拉	149 042	4 196 294	134 444	3 303 947
加拿大	383 465	12 521 287	458 805	16 809 769
美国	0	130	0	52
澳大利亚	37 961 746	942 617 845	32 749 598	816 153 143
其他	0	0	315 751	5 952 664

铜矿砂

来源地	2001 年		2000 年	
	数量（公吨）	金额（美元）	数量（公吨）	金额（美元）
总值	**2 255 242**	**897 995 156**	**1 813 288**	**805 782 980**
朝鲜	1 970	228 108	1 332	134 993
印度	13 240	6 151 553	4 975	2 564 481
印度尼西亚	14 232	6 247 310	39 156	20 811 116
伊朗	112 471	42 265 306	95 283	33 390 492
马来西亚	554	414 171	366	218 409
蒙古	469 496	175 901 077	414 671	160 215 034
菲律宾	24 910	7 772 959	17 609	5 884 548
新加坡	60	38 468	180	142 597
韩国	358	165 747	19	7 020
土耳其	38 027	9 532 026	36 700	10 504 073
越南	6 324	917 398	1 565	226 893
台湾省	601	288 681	1 284	659 210
南非	17 070	3 660 957	27 592	11 569 390
赞比亚	553	160 320	22 208	11 053 503
德国	0	274	0	0
西班牙	13 048	3 395 400	0	0
保加利亚	15 200	5 583 997	13 058	6 282 964

2001 年中国主要进口商品来源地

铜矿砂

来源地	2001 年		2000 年	
	数量（公吨）	金额（美元）	数量（公吨）	金额（美元）
哈萨克	1 565	705 804	3 094	1 349 838
俄罗斯联邦	7 518	2 827 061	16 099	5 878 613
智利	693 959	310 453 718	616 668	310 713 859
墨西哥	15 542	6 330 049	16 635	6 793 381
秘鲁	148 693	56 552 543	73 891	33 503 042
加拿大	132 353	68 827 324	125 515	71 034 919
美国	13 207	4 729 389	19 362	8 100 669
澳大利亚	514 292	184 845 516	230 303	93 439 255
其他	0	0	35 722	11 304 681

铜

来源地	2001 年		2000 年	
	数量（公吨）	金额（美元）	数量（公吨）	金额（美元）
总值	**4 291 522**	**2 829 542 429**	**3 316 342**	**2 519 765 920**
缅甸	81	57 839	100	69 225
塞浦路斯	119	97 832	64	34 731
香港	621 972	196 400 210	245 641	115 550 633
印度	3 000	4 730 492	5 602	11 050 516
印度尼西亚	7 075	10 515 955	2 287	4 151 494
伊朗	583	738 634	40	39 910
以色列	1 140	1 482 149	457	421 937
日本	1 067 305	554 765 191	725 507	296 765 606
约旦	25	33 375	0	0
科威特	163	104 442	0	0
黎巴嫩	1 339	1 860 262	0	0
马来西亚	7 972	8 790 920	12 117	10 678 960
蒙古	592	856 766	122	133 516
阿曼	5 580	8 345 790	0	0
菲律宾	64 647	106 124 871	63 168	116 177 829
沙特阿拉伯	2 238	3 058 992	1 319	1 856 424
新加坡	4 318	4 128 681	5 579	7 757 167
韩国	39 932	35 650 076	55 861	57 415 184
泰国	1 851	3 449 166	4 284	7 359 548
土耳其	11 046	15 719 944	44	38 369
阿拉伯联合酋长国	877	1 044 210	491	763 109
也门共和国	45	59 858	0	0

2001 年 中 国 主 要 进 口 商 品 来 源 地

铜

来 源 地	2001 年		2000 年	
	数量（公吨）	金额（美元）	数量（公吨）	金额（美元）
中华人民共和国	21 241	33 693 942	30 009	54 058 954
台湾省	93 947	43 519 528	98 723	43 366 626
刚果	1 360	1 932 088	1 105	1 901 660
埃及	107	97 815	0	0
加纳	244	347 802	0	0
科特迪瓦共和国	161	222 342	0	0
肯尼亚	140	200 010	0	0
利比亚	1 263	1 583 529	0	0
摩洛哥	313	444 620	89	62 475
纳米比亚	3 270	5 023 445	0	0
尼日利亚	91	132 968	16	25 600
南非	30 047	45 385 822	10 744	17 699 231
苏丹	155	201 883	0	0
突尼斯	555	312 777	42	18 567
民主刚国	20	29 550	32	42 120
赞比亚	6 239	10 898 974	24 186	47 326 881
比利时	115 803	40 531 854	127 971	41 975 464
丹麦	2 809	1 196 782	2 403	1 100 230
英国	59 953	26 375 885	31 536	14 773 793
德国	233 682	87 045 972	97 919	54 028 529
法国	201 191	58 930 635	67 512	23 678 467
爱尔兰	146	155 776	101	173 307
意大利	38 426	12 578 388	19 941	6 451 810
卢森堡	0	6 775	0	6 048
荷兰	112 590	41 220 301	97 759	34 839 026
希腊	2 757	1 664 359	3 056	1 030 783
葡萄牙	40	10 930	0	0
西班牙	42 176	13 818 967	1 251	1 276 076
奥地利	61	63 597	15	46 997
保加利亚	738	583 341	198	214 068
芬兰	1 741	2 494 466	2 833	4 020 339
挪威	6 981	2 284 630	321	178 597
波兰	45 159	80 342 791	16 144	32 074 540
罗马尼亚	6 217	9 051 061	8 617	12 752 322
瑞典	4 609	1 707 494	5 796	1 530 841

2001年中国主要进口商品来源地

铜

来源地	2001年		2000年	
	数量（公吨）	金额（美元）	数量（公吨）	金额（美元）
瑞士	652	1 008 567	2 931	4 777 688
爱沙尼亚	645	539 124	375	498 267
拉脱维亚	187	107 170	0	0
立陶宛	62	69 819	178	208 631
格鲁吉亚	735	987 465	101	115 105
哈萨克	103 693	160 863 499	119 523	175 103 373
吉尔吉斯	5 919	8 513 810	14 438	16 019 363
俄罗斯联邦	70 824	110 632 162	28 002	46 431 656
塔吉克	77	99 984	0	0
乌克兰	22 641	32 732 589	5 264	9 033 428
南斯拉夫	287	78 330	26	6 807
斯洛文尼亚	748	500 616	79	68 486
阿根廷	2 884	2 914 717	652	438 295
阿鲁巴岛	21	33 641	0	0
玻利维亚	57	14 611	4 545	7 118 161
巴西	1 412	1 038 372	92	24 020
智利	340 401	561 355 341	403 125	744 549 817
哥伦比亚	5 223	7 033 467	1 739	2 030 910
多米尼克	18	25 468	0	0
古巴	589	187 181	1 152	259 510
多米尼加共和国	19	31 007	0	0
厄瓜多尔	323	453 549	22	27 367
洪都拉斯	40	57 392	0	0
牙买加	119	34 585	0	0
墨西哥	12 257	17 131 462	3 286	4 734 431
巴拉圭	63	80 468	0	0
秘鲁	14 541	21 818 629	9 807	16 390 722
波多黎各	636	899 531	0	0
乌拉圭	194	270 988	0	0
委内瑞拉	5 786	7 994 331	942	1 258 892
加拿大	34 256	16 644 971	27 963	12 567 869
美国	704 370	325 069 459	885 245	419 847 533
澳大利亚	84 659	67 623 135	35 170	32 983 097
新西兰	1 053	590 235	685	354 850
其他	0	0	0	133

2001年中国主要进口商品来源地

铝

来源地	2001年		2000年	
	数量（公吨）	金额（美元）	数量（公吨）	金额（美元）
总值	**226 163**	**325 074 113**	**614 822**	**943 211 107**
巴林	6 889	9 485 408	4 792	7 969 425
朝鲜	194	219 607	126	138 089
香港	5 455	7 017 704	2 774	3 909 688
印度	5 661	7 116 527	8 802	13 841 462
印度尼西亚	199	215 954	1 222	1 579 191
日本	244	617 540	631	1 136 313
新加坡	3 533	5 710 549	2 125	3 305 358
韩国	2 967	4 707 468	1 537	2 414 937
泰国	20	77 313	41	155 975
阿拉伯联合酋长国	22	22 660	235	351 993
中华人民共和国	44 035	57 951 928	10 717	15 503 890
台湾省	8 510	10 454 104	4 642	7 078 060
南非	130	166 227	2 069	3 680 755
比利时	66	80 712	20	24 259
英国	20	21 054	102	172 676
法国	0	2 873	0	739
意大利	0	50	299	466 151
奥地利	38	53 006	160	226 675
瑞典	22	42 375	220	432 096
俄罗斯联邦	91 571	134 946 709	485 575	740 891 061
乌克兰	100	129 176	248	332 811
巴西	1 090	1 310 863	2 290	2 941 354
加拿大	860	1 131 772	1 013	1 358 183
美国	21	32 974	155	283 458
澳大利亚	54 149	82 966 268	81 251	128 871 165
新西兰	365	593 292	257	463 228
其他	0	0	3 519	5 682 115

铜材

来源地	2001年		2000年	
	数量（公吨）	金额（美元）	数量（公吨）	金额（美元）
总值	**740 625**	**1 931 312 009**	**740 989**	**1 996 893 782**
朝鲜	4	6 046	4	9 135
香港	21 069	68 713 946	23 315	79 542 671
印度	92	192 940	288	1 268 042

2001 年 中 国 主 要 进 口 商 品 来 源 地

铜材

来源地	2001年		2000年	
	数量（公吨）	金额（美元）	数量（公吨）	金额（美元）
印度尼西亚	5 035	10 300 006	4 311	8 791 850
伊朗	1 048	1 821 126	1 011	1 512 479
以色列	1	4 498	0	4 593
日本	76 936	295 779 378	82 143	329 513 150
科威特	0	17	0	0
澳门	7	28 076	26	59 024
马来西亚	13 867	56 363 061	15 666	65 743 139
尼泊尔	0	426	0	0
阿曼	0	2 703	0	0
菲律宾	2 096	13 935 512	3 074	23 397 164
沙特阿拉伯	1	1 149	0	197
新加坡	3 992	20 376 914	4 278	19 809 139
韩国	150 637	327 749 221	174 225	361 933 526
泰国	6 723	22 990 782	3 822	16 678 873
土耳其	102	360 238	40	98 019
中华人民共和国	49 345	171 870 446	59 483	211 013 099
台湾省	288 397	642 477 571	291 056	643 229 134
摩洛哥	31	85 611	89	62 475
南非	1 828	3 121 052	2 160	3 959 599
比利时	323	950 001	2 528	7 414 561
丹麦	55	274 681	39	257 313
英国	1 865	10 100 729	1 864	6 596 842
德国	23 459	78 467 333	22 478	71 951 193
法国	6 981	26 574 762	4 885	18 800 917
爱尔兰	21	801 886	131	1 535 898
意大利	1 744	4 436 863	2 467	5 691 494
卢森堡	170	1 553 485	353	2 922 860
荷兰	1 680	4 348 593	2 314	5 526 213
希腊	12	14 850	0	0
葡萄牙	15	23 632	32	96 290
西班牙	22	65 999	241	350 115
奥地利	177	890 883	347	3 574 017
芬兰	924	3 194 294	1 152	6 549 752
挪威	54	142 732	7	64 143
波兰	1 353	2 304 928	3 061	4 587 597
瑞典	1 936	5 715 329	798	2 519 999

2001年中国主要进口商品来源地

铜材

来源地	2001年		2000年	
	数量（公吨）	金额（美元）	数量（公吨）	金额（美元）
瑞士	207	895 397	143	814 761
哈萨克	34 710	54 602 345	1 996	3 733 124
俄罗斯联邦	16 259	25 917 608	552	1 216 384
捷克	6	54 452	0	90
巴西	11	144 076	557	1 086 407
智利	1 092	2 164 452	7 020	13 368 731
墨西哥	100	234 074	102	152 204
秘鲁	4	11 988	1	3 189
加拿大	348	960 596	419	1 145 127
美国	3 287	29 650 801	4 139	36 979 922
澳大利亚	22 495	40 172 563	18 160	32 609 562
新西兰	105	461 958	149	595 145
其他	0	0	63	124 624

铝材

来源地	2001年		2000年	
	数量（公吨）	金额（美元）	数量（公吨）	金额（美元）
总值	**404 120**	**1 118 521 304**	**457 032**	**1 219 326 527**
巴林	9 887	19 943 278	7 225	15 204 907
朝鲜	17	38 337	0	0
香港	10 332	25 118 823	13 849	36 790 829
印度	747	1 402 820	962	2 401 368
印度尼西亚	2 149	5 114 488	2 758	5 896 507
以色列	67	212 397	99	299 519
日本	80 609	261 858 482	89 467	296 284 026
澳门	1	23 901	1	9 392
马来西亚	2 091	7 159 139	5 660	18 559 355
马尔代夫	9	20 598	0	0
菲律宾	3	9 544	10	26 564
沙特阿拉伯	4	5 076	129	149 845
新加坡	4 197	12 764 696	1 968	7 019 905
韩国	80 075	216 770 854	72 112	197 028 867
泰国	844	2 643 642	724	1 691 934
土耳其	74	171 659	343	395 658
阿拉伯联合酋长国	300	474 021	233	344 698

2001年中国主要进口商品来源地

铝材

来源地	2001年		2000年	
	数量（公吨）	金额（美元）	数量（公吨）	金额（美元）
中华人民共和国	7 545	19 405 756	6 647	15 079 450
台湾省	83 089	198 409 295	115 387	246 862 286
埃及	27	81 914	18	55 697
南非	2 704	7 926 932	1 059	1 619 323
比利时	2 888	6 873 045	1 359	3 222 692
丹麦	423	1 878 002	279	1 418 325
英国	3 074	10 211 574	3 672	11 773 969
德国	17 601	61 821 690	16 129	57 471 939
法国	11 657	36 027 470	12 648	38 458 242
爱尔兰	0	612	9	15 212
意大利	1 983	13 736 225	1 694	9 442 297
卢森堡	5	17 147	7	20 205
荷兰	2 657	8 331 214	2 987	10 293 846
希腊	690	1 248 943	1 354	2 138 093
西班牙	197	518 039	326	766 277
奥地利	582	1 977 931	96	439 154
芬兰	491	749 649	256	504 372
匈牙利	0	288	10	28 442
挪威	170	1 583 891	59	578 308
瑞典	1 335	3 771 010	10 225	21 753 911
瑞士	633	2 186 289	215	836 277
白俄罗斯	58	124 370	0	0
哈萨克	2	1 757	0	0
俄罗斯联邦	2 487	4 769 161	1 959	3 571 777
捷克	3	38 926	0	0
巴西	437	986 985	1	13 581
墨西哥	0	1	7	34 079
秘鲁	2	2 640	2	2 370
加拿大	1 272	2 435 626	2 097	2 473 128
美国	37 632	111 371 168	49 790	134 344 085
澳大利亚	32 855	66 644 316	32 751	71 664 816
新西兰	218	1 657 683	336	2 188 956
其他	0	0	115	152 044

2001 年中国主要进口商品来源地

原油

来 源 地	2001 年		2000 年	
	数量（公吨）	金额（美元）	数量（公吨）	金额（美元）
总值	**60 255 350**	**11 666 449 609**	**70 265 318**	**14 860 657 009**
文莱	753 856	146 511 491	275 486	61 332 294
印度尼西亚	2 645 061	515 612 703	4 575 188	966 151 979
伊朗	10 847 008	2 068 760 522	7 000 465	1 464 018 174
伊拉克	372 056	73 006 341	3 183 182	647 630 982
科威特	1 459 823	267 834 264	433 428	87 203 508
马来西亚	899 451	205 856 051	744 317	184 478 587
蒙古	9 894	1 603 421	9 632	2 097 678
阿曼	8 140 355	1 599 736 283	15 660 840	3 259 231 083
卡塔尔	1 325 553	256 636 952	1 598 902	344 390 434
沙特阿拉伯	8 778 376	1 634 477 894	5 730 211	1 177 817 548
泰国	226 760	48 555 604	285 144	64 952 764
阿拉伯联合酋长国	649 766	136 908 642	430 474	95 290 454
也门共和国	2 286 946	449 697 386	3 612 424	735 011 441
越南	3 362 440	727 810 843	3 158 472	730 231 144
安哥拉	3 798 883	721 464 446	8 636 634	1 842 016 530
喀麦隆	815 286	150 589 564	426 744	91 966 917
刚果	641 613	118 583 276	1 454 357	287 007 313
赤道几内亚	2 146 416	429 588 109	1 223 384	256 798 365
加蓬	146 970	26 487 774	457 252	91 383 339
利比亚	250 366	52 025 323	129 973	24 694 876
尼日利亚	772 502	161 478 273	12 52 519	268 861 807
苏丹	4 973 386	936 548 774	3 313 591	729 480 549
英国	502 032	103 110 843	1 041 527	251 045 309
德国	141 602	27 774 440	0	702
挪威	915 730	173 210 959	1 477 844	299 930 626
哈萨克	649 575	96 862 877	724 177	126 469 986
俄罗斯联邦	1 765 975	327 106 404	1 476 738	320 131 510
阿根廷	136 991	25 835 144	0	0
委内瑞拉	55 569	10 280 333	0	0
美国	0	52	105 548	16 851 527
澳大利亚	709 121	153 681 592	1 108 399	269 798 064
巴布亚新几内亚	75 987	18 813 029	390 599	98 215 895
其他	0	0	347 868	66 165 624

2001 年中国主要进口商品来源地

成品油

来源地	2001 年		2000 年	
	数量（公吨）	金额（美元）	数量（公吨）	金额（美元）
总值	**21 449 066**	**3 769 397 579**	**18 046 823**	**3 657 061 394**
巴林	84 019	12 403 938	79 439	12 677 040
香港	37 913	49 963 482	30 734	42 715 708
印度	160 867	36 203 619	61 477	17 089 193
印度尼西亚	251 116	41 154 927	27 745	3 138 291
伊朗	82 878	11 659 154	148 960	25 105 026
以色列	6	26 494	8	35 425
日本	910 363	204 183 001	574 912	157 479 332
马来西亚	796 787	135 353 195	179 572	48 128 070
阿曼	0	59	0	0
菲律宾	322 812	43 962 179	267 668	49 871 591
卡塔尔	49 479	11 706 012	0	0
沙特阿拉伯	171 192	22 973 159	317 486	69 564 866
新加坡	3 341 036	646 469 203	3 048 973	726 119 248
韩国	10 790 204	1 723 909 320	9 357 164	1 700 521 346
泰国	245 290	52 248 189	362 012	81 987 158
土耳其	3	10 315	60	84 553
阿拉伯联合酋长国	152 614	23 269 426	217 607	44 590 292
越南	10 834	2 949 776	10 802	2 459 487
中华人民共和国	790	734 226	1 308	1 391 098
台湾省	323 079	87 585 334	142 029	54 744 239
埃及	27 584	2 806 356	32 053	5 769 530
南非	30 419	5 156 122	20 404	3 552 659
比利时	86 187	24 259 623	746	702 713
丹麦	6	26 426	10	42 592
英国	1 073	1 944 191	142 559	33 240 378
德国	10 167	16 189 210	9 224	10 940 162
法国	5 882	6 498 660	34 741	9 497 689
爱尔兰	0	818	0	0
意大利	320	749 602	550	1 020 520
荷兰	1 234	1 777 681	1 540	1 781 215
希腊	43	32 832	72	53 893
西班牙	970	1 160 024	608	660 434
奥地利	15	16 205	1	4 437
芬兰	1	3 080	4	4 307

2001 年中国主要进口商品来源地

成品油

来源地	2001 年		2000 年	
	数量（公吨）	金额（美元）	数量（公吨）	金额（美元）
匈牙利	8	20 860	9	24 570
冰岛	1	7 315	0	0
挪威	0	5 172	0	0
瑞典	7 014	2 439 176	75 760	13 441 858
瑞士	59	112 686	535	340 782
哈萨克	3 979	915 163	0	0
俄罗斯联邦	2 910 748	462 081 548	2 510 548	444 463 401
乌兹别克	8 756	2 019 883	1 487	273 354
斯洛伐克	0	880	0	0
巴西	5	8 818	0	1 318
墨西哥	0	802	4	4 645
委内瑞拉	286 212	41 425 550	237 770	40 936 099
加拿大	494	820 369	794	939 231
美国	238 454	63 689 357	69 145	37 778 106
格陵兰	0	49	0	0
澳大利亚	68 155	22 131 298	20 486	8 462 885
新西兰	29 999	6 332 815	1	2 041
其他	0	0	59 815	5 420 612

塑料

来源地	2001 年	2000 年
	金额（美元）	金额（美元）
总值	**15 262 642 930**	**14 457 485 626**
巴林	9 433	2 402
孟加拉国	48 910	1 215
缅甸	12 029	18 015
柬埔寨	46	571
塞浦路斯	617	0
朝鲜	296 516	1 535 212
香港	662 660 232	649 464 511
印度	166 405 001	70 493 268
印度尼西亚	163 580 338	183 576 256
伊朗	44 934 127	16 220 935
以色列	6 354 219	8 339 987
日本	2 453 466 885	2 592 078 786
约旦	14	9 202
科威特	105 929 082	114 441 907

塑料

来源地	2001 年	2000 年
	金额（美元）	金额（美元）
黎巴嫩	582 212	263 340
澳门	3 415 898	2 841 302
马来西亚	340 534 137	294 431 600
蒙古	10 830	3 895
尼泊尔	92 994	15 140
阿曼	23 173	32 492
巴基斯坦	1 672 702	4 159 063
菲律宾	19 785 881	19 905 937
卡塔尔	65 658 835	43 308 184
沙特阿拉伯	408 221 989	222 122 625
新加坡	652 345 813	510 702 091
韩国	2 684 610 782	2 632 625 083
斯里兰卡	37 333	89 023
泰国	664 448 671	640 713 466
土耳其	9 425 967	7 160 308

2001年中国主要进口商品来源地

塑料

来源地	2001年 金额（美元）	2000年 金额（美元）
阿拉伯联合酋长国	545 943	1 051 107
越南	2 047 532	1 813 220
中华人民共和国	290 744 264	270 066 593
台湾省	3 628 776 552	3 572 258 798
埃及	1 869 926	123 675
埃塞俄比亚	27	0
肯尼亚	485	0
毛里塔尼亚	72	0
毛里求斯	8 219	1 942
摩洛哥	571 314	418
尼日利亚	5	6
索马里	345	0
南非	32 926 480	11 021 489
苏丹	14 150	0
突尼斯	5 593	308
比利时	148 789 572	141 488 834
丹麦	3 429 467	2 803 994
英国	78 297 468	64 614 364
德国	386 509 278	311 307 875
法国	122 271 189	102 901 428
爱尔兰	4 267 053	4 423 902
意大利	69 850 331	67 408 597
卢森堡	18 712 829	23 261 587
荷兰	141 168 777	121 736 314
希腊	923 013	547 831
葡萄牙	4 184 464	1 788 054
西班牙	40 948 066	30 968 168
奥地利	10 246 152	8 375 701
保加利亚	256 928	76 518
芬兰	23 908 213	16 865 461
匈牙利	1 947 662	2 435 616
冰岛	2 000	18 913
马耳他	14 208	0
摩纳哥	32 836	4 022
挪威	5 598 749	5 182 783
波兰	3 596 234	1 030 717
罗马尼亚	3 819 564	107 000
圣马力诺	4 786	0
瑞典	37 251 380	29 510 586

塑料

来源地	2001年 金额（美元）	2000年 金额（美元）
瑞士	17 617 444	14 399 651
爱沙尼亚	277 919	83 968
拉脱维亚	6 160	30 696
立陶宛	26 049	59 130
阿塞拜疆	4 033 042	3 689 500
白俄罗斯	76 195	202
哈萨克	111 602	32 930
俄罗斯联邦	271 909 841	243 927 955
乌克兰	43 642	486
南斯拉夫	1 287	20 075
斯洛文尼亚	184 656	22 257
克罗地亚	2 013	56 343
捷克	1 837 552	915 018
斯洛伐克	319 752	1 602 882
阿根廷	13 311 177	8 058 467
巴西	40 697 873	55 605 914
智利	356 463	674 482
哥伦比亚	932 871	2 289 286
多米尼克	88 530	14 000
哥斯达黎加	47 131	47 292
古巴	9 717	35
多米尼加共和国	1 951	0
厄瓜多尔	224 455	38 568
危地马拉	7	15 992
海地	23 933	0
洪都拉斯	22 017	0
牙买加	267	0
墨西哥	26 561 934	20 983 153
秘鲁	139 498	8 072
波多黎各	236 821	18 909
萨尔瓦多	27 751	39 600
乌拉圭	788 213	373 583
委内瑞拉	5 839 712	3 022 384
加拿大	119 753 154	131 718 925
美国	1 197 739 181	1 118 379 707
澳大利亚	38 228 209	40 989 166
斐济	1 674	0
新西兰	3 055 334	2 156 987
其他	2 111	458 374

2001年中国主要进口商品来源地

化肥

来源地	2001年		2000年	
	数量（公吨）	金额（美元）	数量（公吨）	金额（美元）
总值	**10 915 550**	**1 556 366 384**	**11 893 242**	**1 730 100 723**
香港	38	95 766	6	26 400
印度尼西亚	4	863	57	46 138
以色列	288 597	34 623 293	319 371	38 510 008
日本	186	228 412	214	108 868
约旦	407 098	48 140 697	433 962	51 266 305
马来西亚	40	102 401	21	2 868
菲律宾	2	10 200	0	0
韩国	11 041	1 832 552	27 790	5 690 367
泰国	2	19 920	0	300
土耳其	120	15 600	76	9 880
中华人民共和国	6	3 945	6	3 342
台湾省	66 486	10 936 127	26 256	4 783 727
摩洛哥	204 223	34 202 759	108 705	19 098 358
南非	20	63 446	2	2 087
比利时	171 654	33 094 987	130 221	27 220 491
丹麦	9	2 933	10 448	1 567 155
英国	197	248 032	140	222 859
德国	73 999	10 964 608	16 360	3 379 330
法国	0	282	1	1 001
爱尔兰	7	42 000	0	0
意大利	1	613	0	0
荷兰	38 408	9 088 471	1 208	469 621
希腊	60 826	11 843 476	89 810	17 477 308
西班牙	11	18 808	3	6 013
芬兰	80 132	16 696 965	147 744	32 107 517
匈牙利	0	40	0	0
挪威	368 880	66 268 605	337 036	59 999 394
瑞典	20 709	3 252 406	0	0
瑞士	1	2 003	18	39 136
爱沙尼亚	181	19 022	0	0
拉脱维亚	29 438	3 543 186	17 664	2 320 320
立陶宛	85	13 039	0	0
哈萨克	15 245	1 836 440	9 151	1 480 028
俄罗斯联邦	4 722 308	591 810 474	4 333 247	562 118 445
智利	80 553	12 315 439	81 031	12 280 689
加拿大	1 328 660	162 341 840	2 198 510	273 078 473
美国	2 946 283	502 606 606	3 525 223	606 759 573
澳大利亚	99	80 128	0	2 293
其他	0	0	78 962	10 022 429

2001年中国主要进口商品来源地

天然橡胶

来源地	2001年		2000年	
	数量（公吨）	金额（美元）	数量（公吨）	金额（美元）
总值	**983 653**	**591 945 283**	**851 127**	**583 737 096**
缅甸	1 327	788 607	546	346 462
柬埔寨	8 210	5 706 074	6 815	5 413 153
香港	1 016	602 521	423	291 417
印度尼西亚	149 538	84 739 568	54 567	36 492 201
日本	4 815	2 975 156	80	82 079
老挝	458	278 801	94	68 130
马来西亚	118 562	75 515 064	111 895	78 654 784
菲律宾	7 682	4 899 549	14 851	10 231 963
新加坡	2 931	1 762 980	5 482	3 627 543
韩国	788	653 194	573	508 272
斯里兰卡	1 766	1 475 421	722	1 007 355
泰国	605 121	364 358 198	578 703	392 239 989
越南	77 661	45 212 886	63 356	44 386 814
中华人民共和国	166	104 031	109	57 127
台湾省	2 455	2 180 796	2 828	2 340 513
比利时	686	415 272	0	0
英国	101	71 815	0	922
德国	17	16 498	4	4 166
荷兰	176	107 683	0	0
美国	178	81 169	61	105 783
其他	0	0	10 020	7 878 423

合成橡胶

来源地	2001年		2000年	
	数量（公吨）	金额（美元）	数量（公吨）	金额（美元）
总值	**752 977**	**794 249 675**	**710 528**	**721 839 133**
朝鲜	36	75 286	1	823
香港	2 872	3 636 013	2 835	3 074 288
印度	369	325 722	43	37 901
印度尼西亚	11 803	7 685 901	13 843	8 823 317
伊朗	8 603	6 154 004	4 370	3 070 562
以色列	0	1 908	0	0
日本	117 537	166 399 748	120 346	168 504 821
澳门	238	236 049	0	0
马来西亚	1 681	1 714 210	2 217	1 882 826

2001 年中国主要进口商品来源地

合成橡胶

来源地	2001 年		2000 年	
	数量（公吨）	金额（美元）	数量（公吨）	金额（美元）
菲律宾	3	677	0	398
沙特阿拉伯	1	546	0	0
新加坡	2 121	5 643 609	2 827	6 174 194
韩国	155 342	125 466 358	152 857	120 828 961
斯里兰卡	74	202 443	64	173 201
泰国	18 136	12 765 376	19 003	13 096 801
越南	197	125 109	107	80 423
中华人民共和国	12 158	10 875 820	12 176	9 332 542
台湾省	216 473	195 526 218	204 490	172 661 774
南非	255	243 059	34	48 030
比利时	4 902	9 261 385	4 017	7 877 002
丹麦	3	8 130	1	1 814
英国	9 339	19 505 022	9 531	18 524 828
德国	15 962	19 436 366	10 124	14 057 065
法国	16 230	19 468 310	13 108	16 126 546
意大利	1 909	2 883 789	2 506	3 073 058
卢森堡	50	240 208	35	126 500
荷兰	2 254	2 731 048	1 375	1 439 448
葡萄牙	0	375	0	0
西班牙	2 262	2 740 576	1 582	1 746 428
奥地利	1	20 662	5	152 567
保加利亚	19	18 234	0	0
波兰	34	58 565	49	44 960
罗马尼亚	277	236 430	315	227 360
瑞典	225	537 991	173	421 409
瑞士	72	96 518	330	836 245
爱沙尼亚	150	202 488	0	0
亚美尼亚	38	81 962	0	0
白俄罗斯	36	65 340	219	209 314
俄罗斯联邦	85 597	71 679 697	72 616	58 977 879
阿根廷	3	3 503	0	0
巴西	1 853	2 235 225	3 128	2 914 958
墨西哥	3 277	2 732 481	3 455	2 561 024
加拿大	9 826	22 200 719	10 804	21 585 053
美国	50 110	79 920 511	41 238	62 267 097
澳大利亚	633	794 650	363	421 394
新西兰	18	11 434	0	0
其他	0	0	341	456 322

2001年中国主要进口商品来源地

医疗器械

来源地	2001年	2000年
	金额（美元）	金额（美元）
总值	**1 332 123 852**	**906 045 001**
朝鲜	150	0
香港	12 013 429	12 329 663
印度	4 982 481	7 083 177
印度尼西亚	3 852	82 683
以色列	35 961 564	27 737 876
日本	291 227 072	266 835 691
澳门	141 000	152
马来西亚	4 575 955	2 542 885
巴基斯坦	20 114	10 000
菲律宾	374	5 756
新加坡	15 583 105	10 616 171
韩国	20 811 581	9 881 169
泰国	1 358 093	1 280 079
土耳其	12 282	16 482
中华人民共和国	248 259	447 943
台湾省	5 607 229	4 237 550
埃及	50 000	0
比利时	1 324 810	1 508 628
丹麦	9 012 393	8 219 231
英国	20 690 615	8 332 508
德国	212 388 034	118 080 696
法国	42 399 046	25 732 758
爱尔兰	3 841 454	1 717 519
意大利	25 620 756	13 759 782
卢森堡	19 611	0

医疗器械

来源地	2001年	2000年
	金额（美元）	金额（美元）
荷兰	70 732 384	32 850 408
西班牙	5 179 701	12 690 398
奥地利	2 670 816	2 665 996
保加利亚	1 250	2 550
芬兰	17 587 064	11 646 721
匈牙利	99 964	676
列支敦士登	34 890	24 548
马耳他	367	0
挪威	7 179 917	2 522 975
瑞典	28 720 028	13 591 233
瑞士	7 520 456	7 284 601
俄罗斯联邦	68 700	939 698
南斯拉夫	45 000	23 079
阿根廷	72 153	59 850
巴西	367 297	226 230
多米尼克	575 996	2 258 692
古巴	15 700	0
多米尼加共和国	60 465	830 084
墨西哥	1 960 554	893 261
波多黎各	65 351	2 471
加拿大	5 075 129	2 144 992
美国	473 250 566	292 805 649
澳大利亚	2 877 260	1 976 218
新西兰	69 585	38 905
其他	0	107 367

各类船

来源地	2001年		2000年	
	数量（艘）	金额（美元）	数量（艘）	金额（美元）
总值	**1 308**	**488 341 698**	**908**	**128 304 819**
香港	162	7 165 943	139	7 570 260
日本	127	75 078 152	158	28 561 959
澳门	15	409 001	17	401 735
新加坡	4	23 375	0	0
韩国	20	4 690 324	27	5 007 720
中华人民共和国	209	8 289 659	225	10 715 890

2001年中国主要进口商品来源地

各类船

来源地	2001年		2000年	
	数量（艘）	金额（美元）	数量（艘）	金额（美元）
台湾省	4	67 495	4	90 000
丹麦	32	8 386 929	14	7 534 366
英国	10	90 667	9	5 033 989
德国	163	3 092 213	43	20 255 978
法国	15	110 227	22	628 101
意大利	9	43 013	2	6 910 900
葡萄牙	5	6 367	2	57 033
西班牙	2	9 828	0	0
奥地利	4	1 503	0	0
保加利亚	4	14 786 703	0	0
挪威	13	991 107	7	10 962 894
波兰	1	1 050	10	27 903
罗马尼亚	1	3 950 000	0	0
瑞典	1	485	25	98 046
俄罗斯联邦	4	356 537 759	5	1 970 000
斯洛伐克	3	1 210	0	0
巴西	1	2 050 000	0	0
加拿大	376	296 279	113	6 532 750
美国	79	2 233 226	70	5 987 469
澳大利亚	2	19 174	5	50 170
新西兰	42	10 009	1	10 000
其他	0	0	10	9 897 656

飞机

来源地	2001年		2000年	
	数量（架）	金额（美元）	数量（架）	金额（美元）
总值	**233**	**3 656 372 457**	**85**	**1 629 532 605**
以色列	19	54 412 368	19	27 850 763
德国	14	254 224 742	1	3 100 000
法国	16	296 728 718	11	360 395 834
意大利	7	7 772 039	0	0
奥地利	1	5 000	0	0
俄罗斯联邦	100	1 081 351 747	6	25 093 836
巴西	2	37 505 341	3	55 050 072
加拿大	15	270 354 828	2	40 314 878
美国	54	1 653 997 708	41	1 115 153 510
澳大利亚	5	19 966	0	0
其他	0	0	2	2 573 712

2001 年中国主要进口商品来源地

汽车

来源地	2001 年		2000 年	
	数量（辆）	金额（美元）	数量（辆）	金额（美元）
总值	**71 451**	**1 726 164 187**	**42 018**	**1 178 113 627**
香港	4	1 111 560	6	489 852
日本	28 710	603 919 018	25 618	610 515 126
马来西亚	3	70 296	0	0
菲律宾	15	569 861	2	32 508
新加坡	2	539 243	2	500 452
韩国	7 231	109 186 179	3 508	63 471 779
泰国	372	5 140 497	38	532 811
土耳其	430	5 754 788	0	0
台湾省	1 830	24 833 359	180	2 189 146
比利时	243	5 651 645	2	102 000
丹麦	3	851 427	0	0
英国	215	13 130 554	93	3 402 603
德国	17 082	553 671 494	4 302	221 757 661
法国	1 820	31 836 475	268	7 297 682
意大利	123	8 729 521	105	5 110 157
荷兰	74	4 517 891	3	442 100
葡萄牙	32	623 686	0	0
西班牙	53	2 189 013	59	2 076 859
奥地利	186	22 083 454	57	11 370 074
芬兰	6	3 411 227	3	1 794 750
匈牙利	2	31 850	1 156	16 844 220
波兰	1 948	13 767 700	402	2 788 160
罗马尼亚	2 996	23 082 960	1 603	13 323 220
瑞典	2 135	67 553 422	1 307	46 358 918
瑞士	2	801 483	9	3 437 610
白俄罗斯	36	2 620 500	35	26 989 800
俄罗斯联邦	57	7 372 670	84	19 477 716
乌克兰	5	313 900	0	0
南斯拉夫	3	7 699	0	0
捷克	1 601	14 626 430	1 167	19 416 022
斯洛伐克	6	74 644	0	0
巴西	8	99 405	56	912 658
墨西哥	159	2 587 917	85	1 427 371
加拿大	149	18 851 550	113	4 503 144
美国	3 909	176 079 709	1 715	89 738 461
澳大利亚	1	471 160	4	1 068 745
其他	0	0	36	742 022

2001 年 中 国 主 要 进 口 商 品 来 源 地

汽车零件

来源地	2001 年	2000 年
	金额（美元）	金额（美元）
总值	**2 527 738 377**	**2 112 812 800**
孟加拉国	7	0
香港	729 814	320 841
印度	176 456	12 529
印度尼西亚	1 771 156	1 172 156
伊朗	46 473	165
以色列	1 329	279
日本	791 777 026	594 627 227
马来西亚	6 627 138	4 008 403
巴基斯坦	80	43
菲律宾	312 935	16 029
卡塔尔	40	0
沙特阿拉伯	865	636
新加坡	161 102	304 011
韩国	56 849 768	44 622 244
泰国	7 131 009	4 452 373
土耳其	154 592	17 021
阿拉伯联合酋长国	10 023	1 583
也门共和国	1	0
中华人民共和国	97 251	15 381
台湾省	61 354 582	69 305 563
阿尔及利亚	8	35
埃及	1 222	1 262
肯尼亚	24	1 351
摩洛哥	3	735
尼日利亚	197	20
南非	63 563	38 381
坦桑尼亚	250	0
比利时	600 878	372 126
丹麦	5 400	904
英国	23 039 251	42 583 200
德国	1 143 535 191	778 263 785
法国	58 827 476	53 469 365
爱尔兰	79 659	1 048 478
意大利	20 977 196	16 382 276
荷兰	1 796 884	2 405 608
葡萄牙	743 053	580 976
西班牙	15 138 566	9 013 491

汽车零件

来源地	2001 年	2000 年
	金额（美元）	金额（美元）
奥地利	515 817	863 828
芬兰	102 266	132 678
匈牙利	13 670 580	1 852 790
列支敦士登	54 719	0
挪威	26 765	7 524
波兰	64 394	2 093
罗马尼亚	3 157	31 729
瑞典	22 286 662	12 942 325
瑞士	15 681	24 305
白俄罗斯	3 530 445	1 250 913
俄罗斯联邦	158 502	1 094 275
乌克兰	32 482	10 153
捷克	1 457 181	2 327 899
斯洛伐克	261 110	18 133
阿根廷	241 292	94 557
巴西	93 392 257	7 585 447
智利	100	306
哥伦比亚	4 361	0
厄瓜多尔	23	0
洪都拉斯	6	0
墨西哥	4 374 866	2 354 562
巴拿马	31	0
乌拉圭	11 064	0
委内瑞拉	179	148
加拿大	111 771 743	371 888 966
美国	78 401 607	86 687 851
澳大利亚	5 350 467	598 876
其他	152	4 965

集成电路

来源地	2001 年	2000 年
	金额（美元）	金额（美元）
总值	**16 999 241 442**	**13 799 834 374**
塞浦路斯	11 651	0
朝鲜	18 904 201	2 459
香港	1 099 643 870	915 531 437

2001年中国主要进口商品来源地

集成电路

来源地	2001年 金额（美元）	2000年 金额（美元）
印度	978 393	326 668
印度尼西亚	32 592 561	28 502 758
伊朗	24 000	0
以色列	3 637 856	2 179 628
日本	3 999 282 463	3 506 913 328
澳门	785 439	58 876
马来西亚	1 690 802 093	1 038 255 577
马尔代夫	8 355	9 000
阿曼	2 016	0
菲律宾	854 853 522	638 115 000
沙特阿拉伯	2 784	2 189
新加坡	724 989 602	605 312 125
韩国	1 421 357 805	1 233 145 690
斯里兰卡	17 846	0
叙利亚	1 750	0
泰国	399 391 405	318 830 236
土耳其	683 116	319 106
越南	41 514	19 250
中华人民共和国	218 778 489	183 561 178
台湾省	3 073 503 567	2 356 891 826
喀麦隆	1 384	0
摩洛哥	17 284 645	10 985 184
南非	1 389 096	300 356
突尼斯	122 508	0
比利时	33 579 671	20 110 490
丹麦	3 714 388	744 257
英国	98 908 393	147 020 555
德国	358 690 118	308 119 578
法国	321 417 615	257 376 667
爱尔兰	15 419 913	32 321 276
意大利	53 800 357	5 784 110
荷兰	18 891 266	20 922 778

集成电路

来源地	2001年 金额（美元）	2000年 金额（美元）
希腊	718	36 789
葡萄牙	517 832	400 193
西班牙	4 560 408	4 733 435
奥地利	19 715 204	10 851 142
保加利亚	24	0
芬兰	590 704 576	669 011 455
匈牙利	3 713 333	138 929
马耳他	66 846 490	18 244 382
摩纳哥	323 917	596 555
挪威	119 158	81 677
波兰	46 786	62 851
罗马尼亚	1 271	455
瑞典	135 712 506	300 000 494
瑞士	5 109 927	3 288 798
爱沙尼亚	151 812	0
白俄罗斯	65 763	220 871
摩尔多瓦	58	0
俄罗斯联邦	25 562 839	6 381 855
乌克兰	2 649 661	1 293 816
斯洛文尼亚	22 179	8 508
捷克	8 806 919	4 634 220
斯洛伐克	129 414	465
巴西	659 717	69 046
哥斯达黎加	12 096 835	5 123 852
墨西哥	40 798 535	17 099 927
波多黎各	384 181	22 093
萨尔瓦多	101	454
加拿大	58 282 882	56 541 861
美国	1 556 375 727	1 067 774 257
澳大利亚	2 320 762	1 431 118
新西兰	46 145	105 245
其他	2 110	18 049

2001年中国主要进口商品来源地

金属切削机床

来源地	2001年		2000年	
	数量（台）	金额（美元）	数量（台）	金额（美元）
总值	**100 854**	**2 405 734 538**	**104 794**	**1 890 270 719**
朝鲜	86	268 768	97	120 900
香港	3 084	15 229 102	3 310	16 191 460
印度	3	150 258	33	38 599
印度尼西亚	12	20 563	11	304 858
以色列	24	1 084 974	24	585 602
日本	17 434	704 114 345	17 797	641 375 081
澳门	5	10 145	0	0
马来西亚	84	1 979 041	311	3 037 761
菲律宾	148	878 188	88	239 837
新加坡	526	16 957 805	528	14 159 054
韩国	7 209	87 484 908	5 890	60 688 931
泰国	190	9 343 992	351	8 625 434
土耳其	13	59 983	10	224 422
中华人民共和国	1 428	8 678 835	1 316	5 313 060
台湾省	59 369	677 356 670	63 494	567 182 052
南非	20	2 534 936	0	0
比利时	281	14 990 280	197	6 846 232
丹麦	78	1 062 913	69	651 104
英国	784	35 581 714	699	29 862 814
德国	2 892	314 304 301	4 849	175 036 011
法国	388	17 438 432	247	5 658 355
意大利	930	95 860 518	1 083	83 806 505
卢森堡	1	17 469	0	0
荷兰	109	5 235 304	97	6 772 288
希腊	3	77 814	0	0
葡萄牙	3	95 000	0	0
西班牙	245	10 302 303	293	10 780 295
奥地利	59	4 405 522	187	11 489 874
芬兰	53	12 003 452	48	3 973 358
匈牙利	4	68 791	3	12 268
挪威	30	1 251 326	6	112 974
波兰	6	777 858	13	3 329 382
圣马力诺	1	13 334	0	0
瑞典	184	10 030 153	159	7 895 470
瑞士	1 112	123 033 481	797	76 343 258

2001 年中国主要进口商品来源地

金属切削机床

来源地	2001 年		2000 年	
	数量（台）	金额（美元）	数量（台）	金额（美元）
白俄罗斯	2	78 138	2	265 000
俄罗斯联邦	153	2 300 103	32	3 593 079
南斯拉夫	6	2 101 497	0	0
斯洛文尼亚	4	116 394	0	0
捷克	18	3 388 941	8	3 446 878
斯洛伐克	2	143 184	0	0
阿根廷	2	548	15	90 346
巴西	1	32 693	11	15 013
墨西哥	76	72 433	7	91 835
加拿大	94	3 875 389	69	6 258 055
美国	3 535	211 961 720	2 532	133 834 917
澳大利亚	152	6 949 815	90	1 851 200
新西兰	11	2 011 205	1	82 000
其他	0	0	20	85 157

铸造机械

来源地	2001 年		2000 年	
	数量（台）	金额（美元）	数量（台）	金额（美元）
总值	**1 153 658**	**142 941 506**	**1 982 823**	**106 948 973**
香港	2 060	4 711 445	6 160	5 093 160
以色列	1	40 902	552	8 500
日本	110 743	36 952 591	92 966	25 844 021
马来西亚	8	465	130	12 183
新加坡	169	316 587	12	857
韩国	7 943	3 690 853	8 301	1 368 349
中华人民共和国	13	603 257	33	419 638
台湾省	110 375	20 228 782	174 961	22 076 963
比利时	8 240	1 208 334	6 879	1 068 412
丹麦	14 665	1 517 879	2 818	168 056
英国	630	2 416 884	7 693	652 297
德国	309 378	23 802 667	86 979	11 441 778
法国	22 293	3 223 283	12 222	965 761
意大利	207 406	14 439 947	78 525	4 152 293
卢森堡	461	372 367	4 160	291 274
荷兰	44 549	2 439 074	12	1 547
西班牙	3 508	154 739	23 847	3 481 327

2001年中国主要进口商品来源地

铸造机械

来源地	2001年		2000年	
	数量（台）	金额（美元）	数量（台）	金额（美元）
奥地利	83 431	5 571 761	395 864	10 451 183
芬兰	3 624	2 322 635	2 703	169 677
瑞典	9 671	1 153 135	6 093	612 842
瑞士	134 567	7 914 954	211 102	5 750 322
加拿大	125	229 960	42 624	2 283 321
美国	79 628	9 611 515	817 507	10 454 330
澳大利亚	170	17 490	627	50 299
其他	0	0	53	130 583

橡胶或塑料加工机械

来源地	2001年	2000年
	金额（美元）	金额（美元）
总值	**1 553 940 529**	**1 316 266 618**
阿富汗	973	0
香港	57 093 954	75 723 254
印度	239 855	38 939
印度尼西亚	64 402	2 452 787
以色列	1 911 575	128 098
日本	396 778 031	366 769 587
马来西亚	3 491 165	2 205 637
菲律宾	622 801	218 902
沙特阿拉伯	231	0
新加坡	10 726 326	13 137 140
韩国	71 302 163	61 177 219
泰国	283 857	799 105
土耳其	50 040	0
中华人民共和国	20 967 871	7 244 863
台湾省	365 107 117	386 240 742
尼日利亚	580 000	1 905
比利时	1 389 532	1 036 745
丹麦	341 649	316 205
英国	10 221 142	8 553 568
德国	208 782 661	143 950 513
法国	75 703 337	33 444 981
爱尔兰	486 738	280 538
意大利	135 671 412	80 873 532

橡胶或塑料加工机械

来源地	2001年	2000年
	金额（美元）	金额（美元）
卢森堡	3 182 061	253 845
荷兰	13 722 515	3 416 195
希腊	300	0
西班牙	302 295	5 340 327
奥地利	42 813 999	25 784 109
保加利亚	285 090	0
芬兰	1 410 391	1 802 447
匈牙利	3 380	2 164
冰岛	2 184	0
马耳他	89	0
挪威	355 288	405 078
瑞典	2 675 762	4 648 733
瑞士	38 939 197	29 533 460
俄罗斯联邦	224 870	56 803
斯洛文尼亚	15 063	0
斯洛伐克	2 774 967	0
巴西	27 068	19 377
墨西哥	73 889	127 211
加拿大	33 951 203	23 092 835
美国	49 383 119	34 788 770
澳大利亚	1 855 815	1 932 123
新西兰	125 152	60 220
其他	0	408 661

2001年中国主要进口商品来源地

烟草加工机械

来 源 地	2001年	2000年
	金额（美元）	金额（美元）
总值	**69 988 155**	**70 024 415**
香港	4 357	15 702
日本	809	587
新加坡	4 417	115
韩国	79	0
中华人民共和国	5 475	0
台湾省	25 001	27 195
英国	16 898 371	10 205 327
德国	23 393 213	22 540 033
意大利	21 990 332	18 325 916
荷兰	605 929	0
瑞典	4 000	0
瑞士	1 099 470	17 115
美国	5 956 702	14 209 846
其他	0	4 682 579

电动机及发电机

来 源 地	2001年		2000年	
	数量（万台）	金额（美元）	数量（万台）	金额（美元）
总值	**124 852**	**1 163 162 913**	**132 098**	**1 049 402 055**
香港	18 892	125 526 292	22 847	131 445 071
印度	15	2 742 573	2	364 632
印度尼西亚	1 530	13 158 810	1 597	17 101 307
伊朗	0	14	0	16
以色列	0	129 419	0	130 564
日本	7 745	153 393 163	10 082	126 817 764
约旦	0	33	0	0
澳门	0	189	24	19 807
马来西亚	7 336	37 305 260	9 212	57 198 307
巴基斯坦	0	3	0	0
菲律宾	1 661	51 387 673	1 346	46 196 968
新加坡	1 741	15 743 296	1 673	15 620 950
韩国	3 224	53 222 781	2 380	54 809 304
斯里兰卡	0	125	0	0
叙利亚	0	70	0	0
泰国	4 187	65 717 392	3 960	38 179 722
土耳其	0	3 407	0	141
越南	395	2 899 144	304	729 831
中华人民共和国	68 887	317 990 955	69 993	298 798 405
台湾省	7 264	91 798 477	7 364	74 567 647
埃及	0	100	0	102
南非	0	434 481	0	54 603

2001年中国主要进口商品来源地

电动机及发电机

来源地	2001年		2000年	
	数量（万台）	金额（美元）	数量（万台）	金额（美元）
比利时	0	2 218 235	1	298 370
丹麦	1	1 849 026	0	1 165 409
英国	11	8 418 410	9	12 947 579
德国	399	73 301 887	374	35 984 736
法国	170	16 238 087	30	22 896 416
爱尔兰	4	608 859	0	91 942
意大利	51	10 209 528	75	11 625 305
卢森堡	0	221 198	0	51 188
荷兰	237	9 454 921	243	8 924 534
希腊	0	369	0	4 638
西班牙	25	2 791 976	18	4 389 002
奥地利	0	711 179	0	3 154 554
芬兰	468	32 179 644	146	6 554 169
匈牙利	1	62 050	0	17 059
冰岛	0	1 694	0	18 360
挪威	0	684 201	0	592 972
波兰	0	41 465	0	17
瑞典	23	4 183 151	74	6 601 911
瑞士	54	19 651 194	33	34 876 209
爱沙尼亚	5	87 202	0	0
拉脱维亚	0	6 520	0	825
白俄罗斯	0	64 710	0	0
俄罗斯联邦	0	4 541 305	0	88 262
乌克兰	0	1 204	0	0
斯洛文尼亚	2	226 108	0	719
捷克	0	93 924	0	24 137
斯洛伐克	10	2 086 360	0	42 281
巴西	0	117 110	0	27 263
厄瓜多尔	0	23 478	0	0
墨西哥	6	445 665	5	235 484
圣基茨和尼维斯	0	14 385	0	0
加拿大	17	2 674 282	17	3 666 672
美国	479	35 521 270	284	32 402 110
澳大利亚	10	2 975 837	2	605 227
新西兰	0	2 822	0	404
其他	0	0	0	79 160

2001年中国主要进口商品来源地

发电机组

来源地	2001年 数量（台）	2001年 金额（美元）	2000年 数量（台）	2000年 金额（美元）
总值	**24 609**	**359 607 627**	**25 740**	**367 309 653**
香港	37	1 288 427	73	1 545 796
印度	363	44 515	50	5 000
日本	18 716	51 408 517	20 149	118 338 038
马来西亚	8	165 340	3	40 778
新加坡	460	17 927 153	648	19 544 092
韩国	19	2 723 903	26	4 393 897
泰国	1	120 000	0	0
中华人民共和国	11	2 853 038	8	2 162 811
台湾省	37	1 326 807	78	2 319 726
比利时	4	30 400	0	0
丹麦	109	21 414 881	125	28 153 358
英国	2 839	72 413 856	2 592	55 897 209
德国	288	37 675 792	187	12 016 864
法国	656	34 075 645	480	19 563 360
意大利	259	2 954 610	198	1 130 865
荷兰	33	3 192 860	48	9 317 746
西班牙	152	3 746 862	119	23 463 273
芬兰	24	10 347 880	27	13 371 973
挪威	4	337 774	4	172 768
瑞典	26	898 866	24	502 458
瑞士	2	7 666 223	0	0
巴西	7	12 931 586	0	0
加拿大	54	3 064 398	85	1 577 392
美国	463	68 185 880	728	48 451 155
澳大利亚	37	2 812 414	82	5 301 230
其他	0	0	6	39 864

有线电话、电报交换机零件

来源地	2001年 金额（美元）	2000年 金额（美元）
总值	**2 239 580 156**	**2038 240 412**
朝鲜	325 403	72 483
香港	68 152 244	64 035 188
印度	64 212	167 879
印度尼西亚	379 473	223 468

有线电话、电报交换机零件

来源地	2001年 金额（美元）	2000年 金额（美元）
以色列	11 346 406	9 143 969
日本	247 669 370	268 609 898
科威特	53	0
马来西亚	15 090 491	6 865 247
菲律宾	13 523 788	7 776 754

2001年中国主要进口商品来源地

有线电话、电报交换机零件

来 源 地	2001年	2000年
	金额（美元）	金额（美元）
沙特阿拉伯	4 867	1 184 945
新加坡	12 642 582	6 299 750
韩国	60 384 995	53 300 468
泰国	8 146 771	4 395 201
土耳其	744 250	0
阿拉伯联合酋长国	11 675	0
也门共和国	7 997	0
越南	883 018	687 156
中华人民共和国	30 189 367	18 160 071
台湾省	59 162 579	48 487 495
摩洛哥	12 111	0
南非	2 777	1 165
比利时	33 842 840	25 322 333
丹麦	110 847	40 139
英国	52 085 715	17 276 688
德国	200 548 335	136 356 030
法国	86 493 642	74 503 163
爱尔兰	11 561 453	10 385 614
意大利	39 068 011	51 993 790
荷兰	9 750 607	7 904 940
葡萄牙	3 936	44 913
西班牙	13 071 013	12 076 639
奥地利	990 646	1 233 389
芬兰	334 748 130	182 716 780
匈牙利	5 520	470
挪威	539 466	902 947
波兰	990 069	2 994 353
瑞典	307 859 308	437 468 483
瑞士	3 683 821	7 188 421
爱沙尼亚	672	0
克罗地亚	374	71 767
捷克	5 646	0
巴西	1 821 961	531 259
哥伦比亚	519	5 852
多米尼克	78 999	0
哥斯达黎加	1 215	0

有线电话、电报交换机零件

来 源 地	2001年	2000年
	金额（美元）	金额（美元）
墨西哥	10 906 809	2 871 870
巴拿马	71	0
加拿大	94 072 070	38 398 316
美国	502 771 985	528 468 760
澳大利亚	5 796 857	10 045 825
库克群岛	11 980	0
新西兰	13 210	7 683
其他	0	18 851

计算机

来 源 地	2001年	2000年
	金额（美元）	金额（美元）
总值	**4 981 504 051**	**4 516 444 927**
塞浦路斯	21 476	0
朝鲜	417	2 230
香港	104 500 185	215 164 244
印度	929 473	84 905
印度尼西亚	123 736 559	99 453 131
伊朗	207	62 873
以色列	20 902 427	16 744 563
日本	440 882 492	401 123 457
澳门	11 572	107 961
马来西亚	191 102 118	219 184 223
巴基斯坦	58	0
菲律宾	147 683 739	143 894 533
新加坡	580 968 424	563 801 707
韩国	276 609 378	396 988 888
泰国	154 364 682	149 646 324
土耳其	3 456	3 460
阿拉伯联合酋长国	266 398	1 090
越南	1 361	0
中华人民共和国	451 929 325	342 573 352
台湾省	329 917 570	371 174 583
埃塞俄比亚	58	0
南非	17 448	522

2001 年中国主要进口商品来源地

计算机

来源地	2001 年 金额（美元）	2000 年 金额（美元）
比利时	5 325 431	3 073 837
丹麦	3 326 358	3 311 991
英国	40 437 149	26 627 792
德国	98 077 508	81 018 402
法国	35 354 165	16 975 089
爱尔兰	213 743 611	45 505 308
意大利	19 650 141	17 194 546
卢森堡	28 658	31 103
荷兰	10 756 009	4 941 250
希腊	937 906	335
葡萄牙	19 066	22 810
西班牙	3 312 904	7 136 367
奥地利	2 537 439	1 513 755
芬兰	22 970 801	22 996 145
匈牙利	40 213 430	29 090 225
冰岛	8 919	0
挪威	4 606 964	921 977
波兰	12 151	212 291
瑞典	8 138 142	40 603 723
瑞士	8 800 787	5 544 722
爱沙尼亚	1 020	0
立陶宛	28 098	0
俄罗斯联邦	5 768 318	500 000
斯洛文尼亚	250 995	0
捷克	114 430	1 073
阿根廷	5 710	2 100
巴西	340 891	40 148
哥斯达黎加	1 090 517	92 362
墨西哥	25 415 721	3 218 926
波多黎各	1 725 884	105 481
加拿大	37 979 490	13 117 194
美国	1 553 024 521	1 259 910 514
格陵兰	238 560	0
澳大利亚	13 405 433	12 509 983
新西兰	8 101	2 360
其他	0	211 072

有线通信设备

来源地	2001 年 金额（美元）	2000 年 金额（美元）
总值	**5 275 392 191**	**4 028 614 614**
孟加拉国	12	0
朝鲜	325 403	72 483
香港	128 462 139	98 945 774
印度	64 919	196 679
印度尼西亚	2 643 369	1 244 761
以色列	98 596 582	77 574 840
日本	397 253 784	383 681 315
科威特	133	0
马来西亚	54 157 709	21 913 493
菲律宾	17 435 002	8 371 064
沙特阿拉伯	5 444	1 184 945
新加坡	31 998 831	27 035 812
韩国	91 830 006	71 727 772
泰国	23 536 965	11 973 012
土耳其	768 354	825
阿拉伯联合酋长国	52 262	0
也门共和国	7 997	0
越南	883 018	687 156
中华人民共和国	64 733 972	41 211 032
台湾省	158 494 851	88 994 670
摩洛哥	12 111	0
南非	85 955	1 165
比利时	113 650 099	30 295 720
丹麦	773 981	388 208
英国	353 667 475	109 701 108
德国	394 318 730	291 068 576
法国	164 766 924	106 327 427
爱尔兰	64 434 232	58 662 442
意大利	177 870 389	141 341 672
卢森堡	1 367 800	5 258
荷兰	11 127 441	10 900 496
希腊	1 396 729	289
葡萄牙	3 936	44 913
西班牙	17 157 092	13 870 361
奥地利	2 182 379	2 815 503

2001 年中国主要进口商品来源地

有线通信设备

来源地	2001 年	2000 年
	金额（美元）	金额（美元）
芬兰	349 720 704	210 847 957
匈牙利	133 299	470
挪威	2 779 837	4 133 972
波兰	990 069	2 994 353
瑞典	380 742 335	499 026 087
瑞士	7 402 625	10 514 062
爱沙尼亚	672	0
俄罗斯联邦	5 000	244 186
克罗地亚	374	71 767
捷克	719 947	0
巴西	1 821 961	531 374

有线通信设备

来源地	2001 年	2000 年
	金额（美元）	金额（美元）
哥伦比亚	519	5 852
多米尼克	78 999	0
哥斯达黎加	1 215	0
墨西哥	29 503 551	3 604 189
巴拿马	71	35
波多黎各	6 178	571 298
加拿大	263 634 578	180 243 000
美国	1 855 828 398	1 503 072 480
澳大利亚	7 925 684	12 367 009
库克群岛	11 980	0
新西兰	18 170	45 300
其他	0	102 452

2001 年中国进出口额最大的 500 家企业

对外贸易经济合作部 2002 年 5 月 27 日公布

金额单位：万美元

排名	企业名称	进出口额	出口额	进口额
1	中国石化国际事业有限公司	989 419	123 250	866 169
	中国国际石油化工联合公司	741 724	78 815	662 909
	仪征化纤集团公司	42 656	1 654	41002
	仪征化纤股份有限公司	36 132	156	35 976
	湛江东兴石油企业有限公司	32 253	0	32 253
	中国金山联合对外贸易有限责任公司	20 669	2 999	17 670
	中国石化国际事业广州公司	16 207	7 127	9 080
	中国石化国际事业茂名公司	12 091	4 795	7 297
2	中国化工进出口总公司	592 029	163 451	428 578
	中化国际石油公司	202 990	18 900	184 090
	中化国际化肥贸易公司	66 273	2 501	63771
	中化国际股份责任有限公司	46 997	12 291	34 706
	中化广东进出口公司	41 091	5 796	35 295
	中化河北进出口公司	27 548	22 657	4 890
	中化上海进出口公司	26 503	13 596	12 908

2001年中国进出口额最大的500家企业

对外贸易经济合作部2002年5月27日公布

金额单位：万美元

排名	企业名称	进出口额	出口额	进口额
	中化浦东贸易有限公司	25 630	272	25 358
	中化国际招标有限责任公司	25 503	1 412	24 091
	中化江苏进出口公司	25 094	21 299	3 794
	中化宁波进出口公司	17 070	12 419	4 651
	中化天津进出口公司	14 261	12 500	1 761
	中化丹东进出口公司	11 827	11 431	396
3	上海广电（集团）有限公司	384 406	174 797	209 609
	上海西门子移动通信有限公司	133 745	49 998	83 748
	上海索广电子有限公司	70 802	36 453	34 349
	上海乐金广电电子有限公司	35 109	19 041	16 069
	上海JVC电器有限公司	32 488	20 110	12 377
	上海夏普电器有限公司	21 407	14 544	6 862
	上海永新彩色显象管有限公司	17 287	3 211	14 077
	上海索广映像有限公司	15 196	4 203	10 994
	上海松下微波炉有限公司	15 147	10 705	4 442
4	中国普天信息产业集团公司	380 896	163 775	217 121
	首信集团	197 130	101 617	95 513
	北京诺基亚移动通信有限公司	197 130	101 617	95 513
	普天东方通信集团	98 231	31 001	67 230
	杭州摩托罗拉移动通信设备有限公司	87 731	30 991	56 739
	北京爱立信移动通信有限公司	41 338	23 993	17 345
	宁波电子信息集团有限公司	22 909	448	22 461
	宁波波导股份有限公司	21 598	6	21 592
	北京松下通信设备有限公司	12 136	4 155	7 981
5	摩托罗拉（中国）电子有限公司	367 468	161 300	206 168
6	东方国际集团有限公司	361 903	213 880	148 022
	东方国际集团上海市对外贸易有限公司	100 925	16 241	84 684
	上海东松国际贸易有限公司	15 563	2 858	12 705
	上海丝绸（集团）有限公司	94 084	76 666	17 418
	东方国际集团上海市丝绸进出口有限公司	62 397	50 903	11 493
	东方国际创业股份有限公司	48 503	33 640	14 863

2001年中国进出口额最大的500家企业

对外贸易经济合作部2002年5月27日公布

金额单位：万美元

排名	企业名称	进出口额	出口额	进口额
	东方国际集团上海市针织品进出口有限公司	29 757	27 870	1 887
	东方国际集团上海市家用纺织品进出口有限公司	26 606	25 062	1 544
	东方国际集团上海市纺织品进出口有限公司	23 434	22 649	785
	东菱贸易有限公司	23 408	3 421	19 987
7	鸿富锦精密工业（深圳）有限公司	325 469	203 178	122 290
8	中国石油天然气集团公司	306 004	118 349	187 655
	中国联合石油有限责任公司	199 306	78 787	120 519
	大连中联油国际贸易有限公司	66 964	66 943	21
	中国石油技术开发公司	43 623	24 909	18 715
	中国石油物资装备（集团）总公司	20 358	263	20 096
9	中国通用技术（集团）控股有限责任公司	290 040	52 767	237 273
	中国机械进出口（集团）有限公司	100 010	24 374	75 636
	中国运输机械进出口公司	12 062	972	11 090
	中国技术进出口总公司	93 109	13 915	79 194
	中技贸易股份有限公司	25 288	1 121	24 167
	中国仪器进出口总公司	73 296	6 221	67 075
	中仪英康进出口公司	16 089	11	16 078
	中仪英斯泰克进出口公司	13 068	1 096	11 971
	中国医药保健品进出口总公司	21 173	6 265	14 908
10	中国五金矿产进出口总公司	277 405	64 077	213 328
	五矿钢铁有限责任公司	127 874	246	127 628
	中国有色金属工业贸易集团公司	51 943	21 970	29 973
	五矿贸易有限公司	29 831	3 870	25 961
	中国五矿石油器材贸易有限公司	17 764	1 429	16 336
	中国矿产进出口公司	16 455	16 304	151
11	中国粮油食品进出口（集团）有限公司	227 685	85 013	142 672
	东海粮油工业（张家港）有限公司	34 517	1 270	33 247
	中粮上海粮油进出口公司	25 947	3 926	22 021
12	珠海振戎公司	205 258	0	205 258
13	中国电子进出口总公司	202 570	96 576	105 994
	深圳中电投资股份有限公司	26 176	19 916	6 260

2001年中国进出口额最大的500家企业

对外贸易经济合作部2002年5月27日公布

金额单位：万美元

排名	企 业 名 称	进出口额	出口额	进口额
	中国电子进出口彩虹公司	13 735	5 098	8 637
14	中国船舶工业贸易公司	197 582	137 633	59 949
	江南造船（集团）有限责任公司	41 635	38 527	3 108
	沪东造船厂	29 178	25 429	3 749
	大连造船新厂	19 115	11 843	7 272
	大连造船厂	17 664	9 561	8 103
	中华造船厂	17 657	12 378	5 279
	广州广船国际股份有限公司	16 419	7 882	8 537
15	中国煤炭工业进出口集团公司	189 692	168 809	20 883
	中国煤炭工业秦皇岛进出口有限公司	65 752	65 752	0
	中国煤炭工业进出口集团日照有限公司	38 832	38 832	0
	中国煤炭工业进出口集团青岛有限公司	21 720	21 720	0
	中国煤碳工业进出口集团连云港公司	18 405	18 405	0
	天津中煤进出口有限公司	11 679	11 471	208
16	中国航空技术进出口总公司	187 085	74 837	112 249
	中国航空技术进出口深圳公司	20 771	9 131	11 640
17	中国航空器材进出口总公司	179 577	6 676	172 901
	中国航空器材西南公司	26 606	808	25 798
	中国航空器材北方公司	12 639	130	12 509
18	中国机械装备（集团）公司	173 889	112 651	61 238
	中国机械设备进出口总公司	110 343	75 536	34 807
	中设江苏机械设备进出口集团公司	47 241	25 453	21 789
	江苏苏美达国际技术贸易有限公司	15 141	301	14 840
	中国机械对外经济技术合作总公司	23 435	11 309	12 126
	中国工程与农业机械进出口总公司	19 992	19 084	908
19	上海宝钢集团公司	163 100	57 827	105 273
	宝钢集团国际经济贸易总公司	123 813	44 150	79 663
	上海第一钢铁（集团）有限公司	15 221	7 932	7 289
20	上海纺织控股（集团）公司	159 065	132 131	26 934
	上海八达纺织印染服装有限公司	15 750	13 852	1 898
	上海汉森进出口有限公司	15 110	13 264	1 846

2001年中国进出口额最大的500家企业

对外贸易经济合作部2002年5月27日公布

金额单位：万美元

排名	企业名称	进出口额	出口额	进口额
	上海龙头股份有限公司	14 422	13 537	885
	上海新联纺进出口有限公司	14 384	12 886	1 498
	上海申达进出口有限公司	14 374	13 023	1 352
	上海服装（集团）有限公司	12 259	9 639	2 620
21	上海汽车工业（集团）总公司	158 870	15 217	143 653
	上海大众汽车有限公司	72 950	36	72 914
	上海通用汽车有限公司	31 480	171	31 309
	上海汽车进出口公司	21 112	6 494	14 618
22	上海轻工控股（集团）公司	153 507	86 734	66 773
	上海美能达光学仪器有限公司	15 564	8 813	6 752
	上海迪奇进出口有限公司	12 734	813	11 921
	上海富国皮革有限公司	12 257	6 137	6 120
23	中国国际海运集装箱（集团）股份有限公司	142 699	95 800	46 898
	上海中集冷藏箱有限公司	35 353	16 874	18 478
	深圳南方中集集装箱制造有限公司	28 825	21 443	7 382
	青岛中集冷藏箱制造有限公司	18 339	10 209	8 130
	上海中集远东集装箱有限公司	13 635	11 210	2 425
	新会中集集装箱有限公司	13 484	10 143	3 341
24	顺德市顺达电脑厂有限公司	142 188	75 503	66 685
25	希捷国际科技（深圳）有限公司	139 318	72 175	67 144
26	希捷国际科技（无锡）有限公司	137 179	66 110	71 068
27	冠捷电子（福建）有限公司	134 998	75 295	59 704
28	苏州爱普生有限公司	131 462	66 705	64 757
29	爱普生技术（深圳）有限公司	126 332	67 743	58 590
30	乐金电子（惠州）有限公司	126 250	78 902	47 348
31	大连西太平洋石油化工有限公司	125 809	46 293	79 516
32	东莞诺基亚移动电话有限公司	123 818	83 255	40 563
33	中国第一汽车集团	118 590	7 959	110 632
	一汽－大众汽车有限公司	79 639	1 785	77 854
	中国第一汽车集团进出口公司	29 836	5 982	23 854
34	中国海洋石油总公司	116 706	89 303	27 403

2001年中国进出口额最大的500家企业

对外贸易经济合作部2002年5月27日公布

金额单位：万美元

排名	企业名称	进出口额	出口额	进口额
	中海石油（中国）有限公司	65 393	64 341	1 052
	阿科中国有限公司	22 143	21 889	255
35	上海仪电控股（集团）公司	114 788	61 063	53 724
	上海京瓷电子有限公司	18 464	8 193	10 271
36	联想进出口有限公司	109 793	318	109 475
37	中国工艺品进出口总公司	107 874	70 147	37 726
	中国抽纱上海进出口公司	23 977	14 881	9 096
	中艺华海进出口有限公司	18 501	208	18 293
38	神华集团有限责任公司	106 718	83 356	23 362
	神华煤炭运销公司	51 652	51 652	0
	中国出口商品基地建设总公司	43 938	30 733	13 205
39	中国烟草进出口（集团）总公司	106 583	37 376	69 208
	中国烟草上海进出口公司	13 714	8 494	5 220
40	长城国际信息产品（深圳）有限公司	102 888	102 882	7
41	飞利浦电子元件（上海）有限公司	99 523	54 862	44 661
42	广东省丝绸（集团）公司	98 879	77 048	21 832
	广东省东莞丝绸进出口公司	40 093	25 490	14 603
	广东省丝绸进出口（集团）公司	25 731	23 970	1 761
43	上海电气（集团）总公司	98 208	48 030	50 178
	上海市机械设备进出口有限公司	20 166	8 108	12 059
44	广东省东莞机械进出口公司	96 154	56 759	39 395
45	浙江荣大集团控股有限公司	95 216	82 985	12 230
	浙江省土产畜产进出口集团公司	36 716	33 929	2 787
	浙江惠灵对外贸易有限责任公司	11 559	10 581	977
	浙江粮油食品进出口股份有限公司	36 135	32 568	3 567
	浙江省医药保健品进出口有限责任公司	12 557	11 539	1 018
46	国家电力公司	93 338	8 382	84 955
	中国电力技术进出口公司	28 144	1 510	26 634
	华能国际电力股份有限公司	15 711	0	15 711
47	佳能珠海有限公司	91 527	64 241	27 285
48	深圳海量存储设备有限公司	90 811	45 217	45 593

2001年中国进出口额最大的500家企业

对外贸易经济合作部2002年5月27日公布

金额单位：万美元

排名	企 业 名 称	进出口额	出口额	进口额
49	浙江中大集团控股有限公司	87 490	56 284	31 206
	浙江中大技术进出口集团有限公司	395 94	17 390	22 204
	浙江中大技术进口有限公司	21 517	208	2 1308
	浙江迪达贸易有限公司	11 690	11 216	475
	浙江中大集团股份有限公司	27 270	26 709	561
50	金朋（上海）有限公司	85 885	36 354	49 531
51	海尔集团公司	85 215	40 152	45 063
	海尔集团电器产业有限公司	48 043	37 386	10 657
	海尔CCT（青岛）通讯有限公司	12 314	2 593	9 721
	青岛海尔国际贸易有限公司	23 283	0	23 283
52	浙江东方集团控股有限公司	84 125	73 265	10 860
	浙江东方集团股份有限公司	36 197	28 108	8 089
	浙江省纺织品进出口有限公司	31 612	30 007	1 605
53	深圳开发科技股份有限公司	82 524	43 872	38 652
54	英特尔科技（中国）有限公司	82 148	39 875	42 273
55	中国钢铁工贸集团公司	82 082	35 569	46 512
	江苏省冶金进出口公司	12 033	687	11 346
56	中国北方工业公司	81 523	62 434	19 090
57	名硕电脑（苏州）有限公司	80 891	41 188	39 703
58	中国广东核电集团有限公司	79 311	63 907	15 405
	广东核电合营有限公司	63 994	63 726	268
	中广核电进出口有限公司	11 381	0	11 381
59	鑫茂科技（深圳）有限公司	78 180	48 142	30 039
60	江苏开元国际集团有限公司	76 963	62 622	14 342
	江苏开元国际集团轻工业品进出口股份有限公司	37 290	28 335	8 954
	江苏省纺织品进出口集团股份有限公司	22 743	18 580	4 163
	江苏开元国际集团畜产进出口股份有限公司	16 930	15 706	1 224
61	江苏国泰国际集团有限公司	75 775	63 904	11 872
	江苏国泰国际集团国贸股份有限公司	21 484	17 141	4 343
62	江苏省海外企业集团有限公司	75 221	24 837	50 384
	江苏省对外经贸股份有限公司	37 439	4 241	33 198

2001年中国进出口额最大的500家企业

对外贸易经济合作部2002年5月27日公布

金额单位：万美元

排名	企业名称	进出口额	出口额	进口额
63	中谷粮油集团公司	74 699	614	74 086
	中国植物油公司	25 620	4	25 616
64	华为技术有限公司	73 525	12 479	61 046
65	中国土产畜产进出口总公司	73 131	43 986	29 145
	中国粮油饲料有限公司	11 429	866	10 563
66	江苏舜天国际集团有限公司	72 905	55 179	17 726
	江苏舜天股份有限公司	41 423	34 564	6 859
	江苏舜天国际集团机械进出口股份公司	27 334	16 890	10 444
67	广东省东莞市对外贸易发展集团公司	72 195	37 259	34 935
68	明基电通信息技术有限公司	68 664	36 196	32 469
69	中国华源集团有限公司	68 235	48 192	20 043
70	上海轻工国际（集团）有限公司	67 967	40 841	27 125
	上海市五金矿产进出口公司	39 105	15 781	23 324
	上海市轻工业品进出口有限公司	13 084	12 366	719
71	南京爱立信熊猫通信有限公司	67 489	14 768	52 721
72	中国纺织品进出口总公司	67 051	28 267	38 784
	中纺棉花进出口公司	28 468	3 535	24 933
73	东莞三星电机有限公司	66 527	41 503	25 024
74	中国原子能工业公司	66 525	4 126	62 399
75	厦门建发股份有限公司	61 938	38 060	23 879
76	上海东浩国际服务贸易（集团）有限公司	59 070	43 224	15 846
	上海市工艺品进出口有限公司	29 663	23 936	5 727
	上海对外经济贸易实业有限公司	18 715	14 511	4 204
77	旭电（苏州）科技有限公司	58 896	12 917	45 980
78	上海工业投资（集团）有限公司	58 316	18 448	39 869
	上海工业对外贸易公司	18 535	1 669	16 866
	上海埃力生（集团）有限公司	11 602	724	10 879
79	大连东芝电视有限公司	58 095	27 858	30 237
80	青岛朗讯科技通信设备服务有限公司	57 898	6 946	50 953
81	深圳三洋华强激光电子有限公司	57 168	32 073	25 095
82	才众电脑（深圳）有限公司	56 460	31 371	25 089

2001年中国进出口额最大的500家企业

对外贸易经济合作部2002年5月27日公布

金额单位：万美元

排名	企业名称	进出口额	出口额	进口额
83	中国长城工业总公司	55 454	26 348	29 107
84	中国化工供销（集团）总公司	55 289	3 048	52 241
85	中国东风汽车工业进出口有限公司	55 181	3 768	51 413
	东风本田发动机有限公司	18 971	4	18 968
	深圳市东风置业有限公司	12 298	12	12 286
86	超微半导体（苏州）有限公司	55 101	16 315	38 787
87	友利电电子（深圳）有限公司	54 757	31 428	23 329
88	天津三星电机有限公司	54 688	31 538	23 151
89	中芯国际集成电路（上海）有限公司	54 635	0	54 635
90	仁宝电脑工业（中国）有限公司	54 451	31 075	23 376
91	北京金长科国际电子有限公司	54 127	8	54 119
92	深圳国际商业机械技术产品有限公司	52 794	27 339	25 455
93	中国化工建设总公司	52 683	27 810	24 872
94	中国农业生产资料集团公司	51 230	858	50 373
95	佛山普立华科技有限公司	49 794	27 031	22 763
96	广东北电交换系统设备有限公司	49 697	1 049	48 648
97	北京诺基亚航星通信系统有限公司	49 179	7 224	41 955
98	苏州飞利浦消费电子有限公司	49 144	28 499	20 644
99	中国恒天集团公司	47 944	15 199	32 745
	中国纺织机械和技术进出口公司	26 672	4 878	21 794
100	江苏苏豪国际集团股份有限公司	47 368	39 116	8 252
101	中国远大集团公司	46 556	23 945	22 611
	浙江远大进出口有限公司	41 695	23 477	18 218
102	中国轻工业品进出口总公司	46 070	24 575	21 495
103	三洋电机（蛇口）有限公司	45 742	27 051	18 691
104	浙江丝绸进出口公司	45 545	42 411	3 134
105	山东省机械进出口集团公司	45 276	34 682	10 594
106	唯冠科技（深圳）有限公司	44 656	25 905	18 751
107	厦门太古飞机工程有限公司	44 206	22 259	21 947
108	北方国际集团有限公司	44 063	38 394	5 669
109	东莞福安纺织印染有限公司	43 998	24 956	19 042

2001年中国进出口额最大的500家企业

对外贸易经济合作部2002年5月27日公布

金额单位：万美元

排名	企业名称	进出口额	出口额	进口额
110	理光（深圳）工业发展有限公司	43 925	30 893	13 032
111	广东省纺织品进出口（集团）公司	43 701	40 839	2 862
112	海福发展（深圳）有限公司	43 654	5 201	38 453
113	上海贝尔有限公司	43 625	3 783	39 843
114	中国国际信托投资公司	43 407	20 075	23 332
	中信贸易公司	19 796	8 147	11 649
115	联通进出口有限公司	43 295	0	43 295
116	江苏汇鸿国际集团有限公司	42 630	39 422	3208
	江苏汇鸿国际集团针棉织品进出口公司	19 833	18 185	1 648
117	苏州罗技电子有限公司	42 484	27 998	14 486
118	中国港湾建设（集团）总公司	42 366	22 887	19 479
	上海振华港口机械股份有限公司	34 643	21 207	13 436
119	山西煤炭进出口集团公司	42 356	42 356	0
120	安徽安天国际集团有限公司	42 014	23 995	18 019
	安徽省技术进出口股份有限公司	32 263	18 084	14 179
121	山东省纺织品进出口公司	41 967	32 756	9 211
122	诺基亚（苏州）有限公司	41 929	23 603	18 326
123	四海电子（昆山）有限公司	41 908	17 342	24 565
124	上海华谊（集团）公司	41 878	21 728	20 150
125	天津三星电子显示器有限公司	41 391	23 255	18 136
126	宁波雅戈尔集团股份有限公司	40 955	24 263	16 691
	中基宁波对外贸易股份有限公司	31 091	16 811	14 280
127	广东省机械进出口（集团）公司	40 694	16 062	24 632
	广东省机械进出口股份有限公司	19 336	7 489	11 847
128	惠州三星电子有限公司	40 126	29 864	10 262
129	上海医药（集团）总公司	40 063	19 421	20 643
130	中华映管（福州）有限公司	39 834	7 839	31 995
131	海南航空股份有限公司	39 742	527	39 215
132	青岛益佳国际贸易集团有限公司	39 473	28 059	11 414
133	福建大丰投资集团有限公司	39 353	24 024	15 328
	福建三丰鞋业有限公司	14 177	7 754	6 423

2001年中国进出口额最大的500家企业

对外贸易经济合作部2002年5月27日公布

金额单位：万美元

排名	企业名称	进出口额	出口额	进口额
	福建荔丰鞋业开发有限公司	13 623	8 577	5 046
	福建协丰鞋业有限公司	11 553	7 694	3 859
134	山东省服装进出口集团总公司	39 140	30 473	8 667
135	吉林粮食集团进出口有限公司	39 137	39 137	0
136	UT斯达康（杭州）通信有限公司	39 111	1 961	37 150
137	中国航空工业第一集团公司	39 048	16 129	22 919
138	乐金电子（天津）电器有限公司	39 014	17 553	21 461
139	厦门灿坤实业股份有限公司	38 966	26 453	12 513
140	三宝电脑（沈阳）有限公司	38 761	20 846	17 914
141	中国深圳对外贸易（集团）公司	38 719	23 578	15 140
142	铜陵有色金属（集团）公司	37 391	7 911	29 480
	金隆铜业有限公司	22 714	7166	15 549
143	嘉兴市进出口公司	37 302	33 856	3 446
144	夏普办公设备（常熟）有限公司	37 034	25 779	11 255
145	东方航空进出口公司	36 750	931	35 819
146	纬创资通（中山）有限公司	36 654	24 017	12 637
147	中国华录松下电子信息有限公司	36 589	18 106	18 484
148	信华精机有限公司	36 547	20 393	16 154
149	上海兰生（集团）有限公司	36 390	32 047	4 343
	上海兰生股份有限公司	22 247	19 967	2 280
150	上海朗讯科技通信设备有限公司	36 103	22 606	13 497
151	广州轻出集团有限公司	35 955	21 492	14 463
	广州五金矿产进出口公司	11 378	4 046	7 333
152	国基电子（中山）有限公司	35 899	17 834	18 065
153	金东纸业（江苏）有限公司	35 857	9 947	25 910
154	伟创力实业（深圳）有限公司	35 737	18 808	16 930
155	达丰（上海）电脑有限公司	35 660	15 880	19 780
156	戴尔计算机（中国）有限公司	35 555	21 817	13 737
157	南京纺织品进出口股份有限公司	35 440	30 934	4 506
158	常熟市对外贸易集团公司	35 099	30 778	4 321
	常熟市对外贸易公司	17 924	15 432	2 493

2001年中国进出口额最大的500家企业

对外贸易经济合作部2002年5月27日公布

金额单位：万美元

排名	企 业 名 称	进出口额	出口额	进口额
159	茉织华实业（集团）有限公司	33 981	19 867	14 114
160	丹东饭山显示器有限公司	33 696	18 848	14 847
161	天津三星电子有限公司	33 637	24 666	8 971
162	保利科技有限公司	33 417	7 314	26 103
163	广州东宝（番澳）首饰有限公司	33 416	17 310	16 106
164	中国工艺美术（集团）公司	33 097	12 422	20 675
	北京开发区必达信进出口有限公司	14 052	126	13 925
165	广州工艺品番禺进出口公司	32 746	17 160	15 586
166	山东工艺品进出口（集团）股份有限公司	32 545	23 110	9 434
167	东莞德永佳纺织制衣有限公司	32 075	21 035	11 041
168	深圳赛意法微电子有限公司	31 722	16 674	15 048
169	上海上实（集团）有限公司	31 161	16 926	14 235
	上海上实国际贸易（集团）有限公司	17 129	5 741	11 388
	上海海外公司	14 033	11 185	2 847
170	中国纺织物资（集团）总公司	31 108	5 520	25 588
171	高创（苏州）电子有限公司	30 955	15 526	15 428
172	中国三九进出口公司	30 914	277	30 637
173	深圳三星视界有限公司	30 605	15 521	15 084
174	上海新康电子有限公司	30 475	12 959	17 516
175	青岛马士基集装箱工业有限公司	30 036	16 588	13 448
176	宁波市慈溪进出口股份有限公司	29 877	25 646	4 231
177	深圳市怡亚通商贸有限公司	29 719	0	29 719
178	广东省东莞化工进出口公司	29 605	11 451	18 154
179	广东美的集团股份有限公司	29 553	20 688	8 864
	顺德市美的家用电器有限公司	23 743	19 481	4 262
180	中国北方工业集团公司	29 512	4 640	24 872
	北方光电工贸有限公司	14 805	1 381	13 423
181	广东格兰仕企业（集团）公司	29 369	18 617	10 752
182	北京国际交换系统有限公司	29 307	364	28 943
183	中国农垦（集团）总公司	29 105	7 301	21 803
184	深圳市物资集团公司	28 987	3 009	25 979

2001 年中国进出口额最大的 500 家企业

对外贸易经济合作部 2002 年 5 月 27 日公布

金额单位：万美元

排名	企 业 名 称	进出口额	出口额	进口额
	深圳华安液化石油气有限公司	21 097	57	21 039
185	上海外经贸投资（集团）有限公司	28 975	13 718	15 258
	上海市外经贸投资开发公司	14 607	4 974	9 633
186	伟创力实业（珠海）有限公司	28 801	13 536	15 264
187	中国（福建）对外贸易中心集团	28 714	24 383	4 331
188	四川长虹电器股份有限公司	28 487	10 228	18 259
189	宁波维科集团股份有限公司	28 391	26 295	2 096
	宁波维科联合进出口有限公司	12 843	12 003	840
190	广州本田汽车有限公司	28 309	31	28 279
191	东莞科泰电子有限公司	28 287	2 131	26 156
192	广东省东莞轻工业品进出口公司	28 272	17 763	10 509
193	深圳市中兴通信股份有限公司	28 061	4 858	23 203
194	广东省华广轻工实业总公司	27 979	721	27 258
195	广州番禺市对外贸易（集团）公司	27 955	16 076	11 878
196	汤姆盛光学主件（深圳）有限公司	27 728	11 738	15 990
197	厦门进雄企业有限公司	27 684	19 394	8 291
198	中国远洋运输（集团）总公司	27 198	5 402	21 796
	中国船舶燃料供应总公司	15 809	2 625	13 184
199	上海航空进出口有限公司	26 787	2 399	24 388
200	常州市新科数字技术有限公司	26 645	14 039	12 605
201	南太电子（深圳）有限公司	26 529	12 398	14 131
202	日立半导体（苏州）有限公司	26 351	14 460	11 892
203	日本电产（大连）有限公司	26 046	17 055	8 991
204	佳能大连办公设备有限公司	26 040	12 783	13 257
205	北京东方冠捷电子有限公司	25 989	12 234	13 755
206	珠海天草电子有限公司	25 939	14 082	11 857
207	昆山广志电子有限公司	25 770	11 241	14 528
208	凯远集团公司	25 587	22 261	3 326
209	中国水产（集团）总公司	25 583	8 099	17 484
	中国乡镇企业总公司	14 257	15	14 242
210	宁夏有色金属冶炼厂	25 361	11 860	13 501

2001年中国进出口额最大的500家企业

对外贸易经济合作部2002年5月27日公布

金额单位：万美元

排名	企业名称	进出口额	出口额	进口额
211	中山嘉华电子（集团）有限公司	25 278	13 160	12 118
212	广东省东莞工艺品进出口公司	25 183	14 097	11 086
213	上海新锐实业有限公司	25 129	23 044	2 085
214	广东省外贸开发公司	24 989	4 062	20 927
215	广东省东莞粮油进出口公司	24 884	15 906	8 977
216	深圳施乐高科技有限公司	24 852	17 322	7 530
217	上海市申信进出口公司	24 789	778	24 011
218	可比雅工业发展（深圳）有限公司	24 759	13 955	10 805
219	青岛泰光制鞋有限公司	24 686	14 895	9 791
220	上海久信进出口有限公司	24 609	2 705	21 904
221	广东省轻工业品进出口（集团）公司	24 552	21 790	2 762
222	东芝复印机（深圳）有限公司	24 503	15 479	9 024
223	富士通将军（上海）有限公司	24 454	15 183	9 271
224	大连阿尔派电子有限公司	24 340	12 068	12 272
225	珠海天虎电子有限公司	24 275	11 420	12 855
226	福建厦门经贸集团有限公司	24 203	23 462	741
227	广东省东莞医药保健品进出口公司	24 199	14 532	9 667
228	中国首钢国际贸易工程公司	23 905	7 395	16 510
229	辽宁时代服装进出口股份有限公司	23 726	16 409	7 317
230	大连华农集团有限责任公司	23 628	0	23 628
231	广东省中山食品水产进出口集团有限公司	23 605	21 680	1 925
232	广东粤港供水有限公司	23 577	23 577	0
233	北京国际贸易公司	23 559	2 045	21 515
234	上海朗讯科技有限公司	23 339	11 645	11 695
235	东方科学仪器进出口集团公司	23 298	3 926	19 372
236	乐金曙光电子有限公司	23 225	4 657	18 568
237	无锡阿尔卑斯电子有限公司	23 216	11 209	12 006
238	南京爱立信熊猫移动终端有限公司	23 136	18 035	5 101
239	美国通用电器塑料中国有限公司	23 093	12 662	10 431
240	广东溢达纺织有限公司	23 088	15 192	7 895
241	浙江省畜产进出口公司	23 017	22 382	634

2001年中国进出口额最大的500家企业

对外贸易经济合作部2002年5月27日公布

金额单位：万美元

排名	企业名称	进出口额	出口额	进口额
242	青岛三美电机有限公司	23 009	14 135	8 874
243	深圳奥康德石油贸易集团公司	22 978	16 696	6 282
244	翔鹭涤纶纺纤（厦门）有限公司	22 611	488	22 122
245	天津机电国际贸易集团有限公司	22 527	18 251	4 275
	天津机械进出口公司	11 768	10 211	1 557
246	上海华虹NEC电子有限公司	22 458	10 361	12 097
247	三美电机有限公司	22 409	12 451	9 958
248	中国上海外经（集团）有限公司	22 384	3 522	18 862
249	飞利浦桑达消费通信（深圳）有限公司	22 382	6 445	15 937
250	捷家宝电器（深圳）有限公司	22 308	14 744	7 563
251	上海新格有色金属有限公司	22 299	9 312	12 987
252	上海美蓓亚精密机电有限公司	22 274	17 743	4 531
253	马钢国际经济贸易总公司	22 231	9 388	12 843
254	上海物资（集团）总公司	22 190	3 951	18 239
	上海物资集团进出口有限公司	15 298	687	14 611
255	鞍钢集团国际经济贸易公司	22 162	8 468	13 694
256	恩倍福显示器（东莞）有限公司	21 985	12 750	9 234
257	从化东麟钻石有限公司	21 959	10 783	11 176
258	山东省对外贸易集团有限公司	21 891	14 003	7 888
259	深圳赤湾港航股份有限公司	21 871	4 703	17 168
260	苏州富士胶片映像元器件有限公司	21 854	10 600	11 254
261	惠阳联想电脑有限公司	21 842	10 806	11 036
262	江苏弘业国际集团有限公司	21 667	20 712	954
	江苏弘业股份有限公司	20 154	19 465	689
263	惠普计算机产品（上海）有限公司	21 544	16 211	5 333
264	中国医药集团总公司	21 327	2 953	18 375
	中国医药对外贸易总公司	13 870	2 805	11 066
265	惠普贸易（上海）有限公司	21 321	1 613	19 708
266	宁波宁兴集团公司	21 288	13 938	7 351
267	广东省东莞土产进出口公司	21 193	13 935	7 258
268	厦门TDK有限公司	21 118	9 875	11 243

2001年中国进出口额最大的500家企业

对外贸易经济合作部2002年5月27日公布

金额单位：万美元

排名	企业名称	进出口额	出口额	进口额
269	深圳市康讯电子有限公司	21 092	0	21 092
270	捷普电子（番禺）有限公司	20 994	10 565	10 430
271	汤姆逊多媒体（东莞）有限公司	20 994	14 790	6 204
272	柯达（中国）股份有限公司厦门公司	20 925	15 158	5 767
273	苏州进出口（集团）有限公司	20 851	18 632	2 219
274	中国外运（集团）总公司	20 813	10 857	9 957
275	武钢集团国际经济贸易总公司	20 811	4 809	16 002
276	中国江苏国际经济技术合作公司	20 787	20 199	588
277	广州纺织品进出口集团有限公司	20 697	19 378	1 319
278	上海先锋电声器材有限公司	20 644	11 009	9 635
279	东莞市东成工业发展总公司	20 609	10 721	9 888
280	芬欧汇川（苏州）纸业有限公司	20 554	9 778	10 776
281	至卓飞高线路板（深圳）有限公司	20 542	12 773	7 769
282	广东省畜产进出口集团公司	20 533	17 784	2 749
283	宁波申洲织造集团有限公司	20 265	18 386	1 879
284	广东省东莞纺织品进出口公司	20 192	12 618	7 574
285	长飞光纤光缆有限公司	20 015	3 611	16 404
286	南京夏普电子有限公司	19 923	12 603	7 319
287	雅达电子有限公司	19 878	11 143	8 734
288	珠海三美电机有限公司	19 803	10 803	9 000
289	厦门国贸集团股份有限公司	19 512	10 064	9 448
290	富士康（昆山）电脑接插件有限公司	19 458	12 861	6 597
291	上海新发展进出口贸易实业有限公司	19 437	1 373	18 064
292	宁波海田国际贸易有限公司	19 425	16 597	2 828
293	万向集团公司	19 351	6 271	13 080
294	重庆对外贸易进出口公司	19 328	453	18 875
295	宁波联合集团股份有限公司	19 319	15 607	3 712
296	从化市利福钻石有限公司	19 287	10 110	9 177
297	珠海九丰阿科能源有限公司	19 244	35	19 210
298	牧田（中国）有限公司	19 239	12 415	6 824
299	南京LG同创彩色显示系统有限责任公司	19 202	8 345	10 856

2001年中国进出口额最大的500家企业

对外贸易经济合作部2002年5月27日公布

金额单位：万美元

排名	企业名称	进出口额	出口额	进口额
300	力捷电脑（苏州）有限公司	19 194	12 061	7 133
301	邹平县位桥棉纺织厂	19 071	15 503	3 569
302	无锡夏普电子元器件有限公司	19 062	11 079	7 983
303	深圳市莱英达集团股份有限公司	19 011	10 301	8 709
304	北京JVC电子产业有限公司	18 902	10 356	8 546
305	恩斯迈电子（深圳）有限公司	18 793	7 411	11 382
306	南通市经济技术开发区总公司	18 710	11 867	6 844
307	上海三凯进出口有限公司	18 701	1 855	16 847
308	广东省五金矿产进出口集团公司	18 689	8 447	10 242
309	广东省东莞五金矿产进出口公司	18 646	9 319	9 327
310	三菱四通集成电路有限公司	18 630	9 654	8 976
311	奥林巴斯（深圳）工业有限公司	18 598	8 686	9 911
312	青岛大明皮革有限公司	18 265	7 575	10 690
313	广州市（番禺）对外经济贸易公司	18 143	10 041	8 102
314	广东省南海轻工业品进出口有限公司	18 094	14 003	4 090
315	中国邮电器材总公司	18 065	157	17 909
316	源兴电脑科技（东莞）有限公司	18 054	10 906	7 149
317	深圳创华合作有限公司	18 020	10 762	7 258
318	深圳三洋华强能源有限公司	18 012	9 771	8 241
319	伟创力科技（深圳）有限公司	17 969	11 076	6 893
320	华飞彩色显示系统有限公司	17 944	4 243	13 701
321	青岛三湖制鞋有限公司	17 825	9 853	7 972
322	攀钢集团国际经济贸易总公司	17 731	12 703	5 028
323	株洲冶炼厂	17 705	15 565	2 140
324	航卫通用电器医疗系统有限公司	17 657	8 585	9 071
325	福建省粮油食品进出口集团公司	17 645	16 804	841
326	TCL集团有限公司	17 623	928	16 695
327	远纺工业（上海）有限公司	17 564	3 271	14 293
328	东莞普思电子有限公司	17 482	11 724	5 758
329	大同电子科技（苏州）有限公司	17 419	9 941	7 478
330	深圳市金森珠宝首饰有限公司	17 354	9 076	8 278

2001年中国进出口额最大的500家企业

对外贸易经济合作部2002年5月27日公布

金额单位：万美元

排名	企业名称	进出口额	出口额	进口额
331	福建福辉首饰有限公司	17 270	8 907	8 363
332	福建顺大运动用品有限公司	17 256	11 850	5 406
333	福建天成集团有限公司	17 188	16 577	610
334	葫芦岛锌厂进出口总公司	17 158	11 150	6 008
335	济钢集团国际贸易有限责任公司	17 119	8 069	9 050
336	广东省顺德市外贸开发公司	17 106	12 889	4 217
337	太仓市对外贸易公司	16 977	9 642	7 335
338	蓝天电信进出口有限责任公司	16 908	0	16 908
339	东莞华强三洋马达有限公司	16 900	9 955	6 945
340	宁波市鄞县对外贸易有限责任公司	16 861	15 655	1 205
341	现代电子（天津）多媒体有限公司	16 842	10 374	6 468
342	常州大华进出口（集团）有限公司	16 819	12 290	4 528
343	青岛即发集团股份有限公司	16 775	14 287	2 487
344	广州越秀企业（集团）公司	16 687	8 388	8 298
345	东莞市建筑材料进出口公司	16 653	10 114	6 539
346	天津三星电管有限公司	16 641	1 317	15 324
347	山东省丝绸进出口公司	16 464	14 314	2 151
348	伟创力科技（珠海）有限公司	16 297	5 395	10 901
349	四川省丝绸进出口公司	16 188	16 120	68
350	河北省五金矿产进出口公司	16 157	8 820	7 337
351	先锋制造（上海）有限公司	16 126	10 435	5 691
352	浙江省茶叶进出口有限公司	16 114	15 047	1 067
353	绥芬河市金恒基工业原料有限公司	16 067	0	16 067
354	广东省东莞畜产进出口公司	16 047	9 302	6 745
355	安徽轻工进出口股份有限公司	15 973	15 504	469
356	中山东茗影音电子有限公司	15 970	8 899	7 071
357	南通中远川崎船舶工程有限公司	15 965	9 235	6 730
358	江西省粮油食品进出口公司	15 867	15 689	178
359	欧姆龙（大连）有限公司	15 856	9 228	6 628
360	山东省东方国际贸易股份有限公司	15 811	11 023	4 788
361	河南省粮油食品进出口公司	15 753	8 314	7 439

2001年中国进出口额最大的500家企业

对外贸易经济合作部2002年5月27日公布

金额单位：万美元

排名	企业名称	进出口额	出口额	进口额
362	乐金电子（沈阳）有限公司	15 681	12 428	3 253
363	宇达（中国）投资有限公司	15 637	12 110	3 527
364	海宁卡森皮革有限公司	15 600	9 672	5 928
365	天津汽车工业进出口公司	15 561	4 748	10 812
366	斯大精密（大连）有限公司	15 541	7 761	7 780
367	山东三星通信设备有限公司	15 464	8 249	7 215
368	环旭电子（深圳）有限公司	15 452	6 973	8 479
369	中国新兴（集团）总公司	15 370	10 076	5 294
370	天津矢崎汽车配件有限公司	15 340	8 572	6 768
371	中国汽车工业进出口总公司	15 323	10 355	4 968
372	海博通电子制造（深圳）有限公司	15 312	8 832	6 480
373	上海胜狮冷冻货柜有限公司	15 285	7 730	7 555
374	深圳市宝安外贸实业股份有限公司	15 277	9 644	5 633
375	上海太平国际货柜有限公司	15 246	13 626	1 620
376	浙江庆丰纺织印染有限公司	15 214	8 235	6 979
377	福建清禄鞋业有限公司	15 186	8 991	6 195
378	安徽省服装进出口股份有限公司	15 082	14 787	295
379	天津阿尔卑斯电子有限公司	15 063	9 541	5 521
380	英迈国际贸易（上海）有限公司	14 936	3 510	11 426
381	中国科健股份有限公司	14 933	0	14 933
382	中国丝绸进出口总公司	14 924	11 813	3 111
383	上海协通（集团）公司	14 909	9 867	5 042
384	浙江物产国际贸易有限公司	14 886	4 123	10 763
385	张家港浦项不锈钢有限公司	14 740	91	14 650
386	辽宁成大股份有限公司	14 692	12 954	1 738
387	正运达电子（上海）有限公司	14 673	1 112	13 561
388	上海申航进出口公司	14 647	5 806	8 841
389	沈阳金杯客车制造有限公司	14 644	61	14 583
390	上海市食品进出口公司	14 631	12 031	2 600
391	西迪斯（天津）电子有限公司	14 631	7 380	7 251
392	上海惠普有限公司	14 606	1 589	13 017

2001年中国进出口额最大的500家企业

对外贸易经济合作部2002年5月27日公布

金额单位：万美元

排名	企业名称	进出口额	出口额	进口额
393	宁波市工艺品进出口公司	14 603	9 214	5 389
394	顺德惠而浦家电制品有限公司	14 600	8 952	5 647
395	翔鹭石化企业（厦门）有限公司	14 569	0	14 569
396	杭州市轻工工艺纺织品进出口有限公司	14 531	13 764	766
397	万宝至马达大连有限公司	14 515	9 691	4 824
398	汕头经济特区矢崎汽车部件有限公司	144 99	7 897	6 602
399	上海浦东国际机场进出口有限公司	14 474	14	14 459
400	深圳长科国际电子有限公司	14 453	5 150	9 303
401	广东省对外经济发展东莞公司	14 421	8 314	6 107
402	福建省华闽进出口公司	14 364	10 411	3 953
403	番禺中德电控有限公司	14 345	9 807	4 538
404	北京艾科泰电子有限公司	14 326	38	14 288
405	青岛世原鞋业有限公司	14 302	8 805	5 498
406	中国林业国际合作集团公司	14 158	4 981	9 177
407	珠海松下马达有限公司	14 147	8 082	6 066
408	捷安特（中国）有限公司	14 121	10 264	3 858
409	深圳创维－RGB电子有限公司	14 113	7 220	6 893
410	罗姆电子大连有限公司	14 021	7 222	6 799
411	河北省纺织品进出口（集团）公司	13 966	12 880	1 086
412	江苏晨风进出口有限公司	13 931	10 624	3 307
413	无锡新中润国际集团有限公司	13 915	12 574	1 341
414	温州市五矿机械化工医药保健品对外贸易公司	13 777	10 656	3 122
415	山东晨鸣纸业集团股份有限公司	13 591	3 393	10 198
416	天津松下电子部品有限公司	13 562	5 614	7 949
417	北京市服装进出口股份有限公司	13 560	10 628	2 932
418	惠阳中建电讯制品有限公司	13 551	8 903	4 648
419	顺德市伦教首饰钻石加工厂	13 546	6 848	6 698
420	美资旭电（深圳）科技有限公司	13 512	7 690	5 822
421	上海贝尔阿尔卡特移动通信系统有限公司	13 353	1 506	11 847
422	华纳（广州）有限公司	13 352	7 176	6 176
423	中国新时代控股（集团）公司	13 320	2 872	10 448

2001年中国进出口额最大的500家企业

对外贸易经济合作部2002年5月27日公布

金额单位：万美元

排名	企业名称	进出口额	出口额	进口额
424	东芝大连有限公司	13 301	7 217	6 084
425	新利实业（深圳）有限公司	13 273	8 548	4 725
426	厦门建松电器有限公司	13 206	7 843	5 363
427	百得（苏州）电动工具有限公司	13 201	11 285	1 916
428	厦门松下音响有限公司	13 182	8 526	4 657
429	河北圣仑进出口集团公司	13 173	12 459	714
430	天津纺织集团进出口有限公司	13 166	9 964	3 202
431	中商企业集团公司	13 146	1 741	11 405
432	厦门象屿集团有限公司	13 137	2 452	10 686
433	安彩集团	13 100	6 931	6 169
434	广东省邮电通信技术进出口公司	13 074	35	13 039
435	番禺创信鞋业有限公司	13 073	8 159	4 914
436	浙江省国兴进出口公司	13 064	8 269	4 795
437	珠海格力电器股份有限公司	13 050	8 375	4 675
438	厦门富士电气化学有限公司	13 046	6 080	6 966
439	互太（番禺）纺织印染有限公司	13 016	7 204	5 812
440	三星高新电机（天津）有限公司	12 971	6 352	6 619
441	天津雅马哈电子乐器有限公司	12 910	7 286	5 624
442	上海国际科学技术有限公司	12 880	1 519	11 360
443	先锋高科技（东莞）有限公司	12 857	6 348	6 509
444	邯郸钢铁集团有限责任公司	12 824	1 684	11 140
445	英业达集团（上海）电子技术有限公司	12 751	7 676	5 075
446	丹东阿尔派电子有限公司	12 748	8 175	4 574
447	浙江省工艺品进出口有限公司	12 733	11 651	1 082
448	浙江华电能源有限公司	12 728	0	12 728
449	广州保税区恒和金银珠宝有限公司	12 718	6 283	6 434
450	泰庆皮革有限公司	12 710	6 421	6 289
451	上海畜产（集团）有限公司	12 705	9 443	3 262
452	江苏省技术进出口公司	12 696	8 474	4 222
453	加德士海洋燃气能源有限公司	12 621	0	12 621
454	广东省开平涤纶企业集团公司	12 582	0	12 582

2001年中国进出口额最大的500家企业

对外贸易经济合作部2002年5月27日公布

金额单位：万美元

排名	企业名称	进出口额	出口额	进口额
455	云南冶金集团进出口有限公司	12 511	8 081	4 430
456	江苏宏图高科技股份有限公司	12 464	9 664	2 800
457	广州电池厂	12 443	12 396	47
458	深圳金美威电子有限公司	12 442	6 819	5 623
459	汕头海洋（集团）公司	12 442	1 418	11 024
460	华通电脑（惠州）有限公司	12 435	7 115	5 321
461	新天国际经济技术合作（集团）有限公司	12 353	3 774	8 579
462	南通新福达电子有限公司	12 318	5 424	6 894
463	杜邦中国集团有限公司	12 306	7 167	5 140
464	台州市进出口公司	12 305	0	12 305
465	安徽省粮油食品进出口（集团）公司	12 286	9 894	2 391
466	苏州三星电子有限公司	12 278	6 918	5 361
467	连云港市对外贸易公司	12 263	4 791	7 471
468	厦门多威电子有限公司	12 219	7 787	4 432
469	中国出版对外贸易总公司	12 205	1 042	11 163
470	青岛升元电子有限公司	12 100	6 323	5 777
471	四川省外贸集团有限责任公司	12 057	8 763	3 295
472	南京熊猫电子进出口有限公司	12 034	6 756	5 278
473	苏州恒润进出口有限公司	12 026	10 614	1 412
474	广东省土产进出口（集团）公司	11 972	8 281	3 691
475	中国成套设备进出口（集团）总公司	11 953	8 570	3 383
476	大连松下通信工业有限公司	11 915	6 085	5 830
477	汤姆逊佛山彩色显像管有限公司	11 881	5 100	6 781
478	云南铜业（集团）有限公司	11 853	2 383	9 470
479	本钢（集团）国际经济贸易有限公司	11 848	2 225	9 623
480	长营电器（深圳）有限公司	11 831	7 973	3 859
481	广东省东莞市外贸开发公司	11 820	6 072	5 748
482	大连实德塑料建材有限公司	11 811	9	11 802
483	重庆力帆实业（集团）进出口公司	11 772	11 714	58
484	南通化工轻工股份有限公司	11 760	1	11 759
485	大东－骏通（东莞）电子有限公司	11 736	7 775	3 961

2001年中国进出口额最大的500家企业

对外贸易经济合作部2002年5月27日公布

金额单位：万美元

排名	企 业 名 称	进出口额	出口额	进口额
486	首钢日电电子有限公司	11 712	6 220	5 492
487	中国有色金属进出口广东公司	11 706	1 681	10 024
488	天津富士通天电子有限公司	11 699	6 284	5 414
489	番禺潭洲振裕织造染印有限公司	11 653	6 347	5 306
490	深圳市粮食集团有限公司	11 639	2 458	9 181
491	光炬科技（深圳）有限公司	11 607	5 149	6 458
492	东莞安美时电子有限公司	11 578	6 204	5 374
493	广州添利线路版有限公司	11 561	10 051	1 510
494	厦门华侨电子股份有限公司	11 539	5 170	6 369
495	三河汇程粮油食品制作有限公司	11 533	0	11 533
496	浙江省金属材料公司	11 485	7 530	3 954
497	广东省东莞食品进出口公司	11 436	6 795	4 641
498	江西铜业进出口公司	11 435	24	11 411
499	鹤山雅图仕印刷有限公司	11 429	5 061	6 369
500	广州万邦鞋业有限公司	11 413	7 614	3 799

2001年中国出口额最大的200家企业

对外贸易经济合作部2002年5月27日公布

金额单位：万美元

排 名	企 业 名 称	出口额
1	东方国际集团有限公司	213 880
2	鸿富锦精密工业（深圳）有限公司	203 178
3	上海广电（集团）有限公司	174 797
4	中国煤炭工业进出口集团公司	168 809
5	中国普天信息产业集团公司	163 775
6	中国化工进出口总公司	163 451
7	摩托罗拉（中国）电子有限公司	161 300
8	中国船舶工业贸易公司	137 633

2001年中国出口额最大的200家企业

对外贸易经济合作部2002年5月27日公布

金额单位：万美元

排　名	企　业　名　称	出口额
9	上海纺织控股（集团）公司	132 131
10	中国石化国际事业有限公司	123 250
11	中国石油天然气集团公司	118 349
12	中国机械装备（集团）公司	112 651
13	长城国际信息产品（深圳）有限公司	102 882
14	中国电子进出口总公司	96 576
15	中国国际海运集装箱（集团）股份有限公司	95 800
16	中国海洋石油总公司	89 303
17	上海轻工控股（集团）公司	86 734
18	中国粮油食品进出口（集团）有限公司	85 013
19	神华集团有限责任公司	83 356
20	东莞诺基亚移动电话有限公司	83 255
21	浙江荣大集团控股有限公司	82 985
22	乐金电子（惠州）有限公司	78 902
23	广东省丝绸（集团）公司	77 048
24	顺德市顺达电脑厂有限公司	75 503
25	冠捷电子（福建）有限公司	75 295
26	中国航空技术进出口总公司	74 837
27	浙江东方集团控股有限公司	73 265
28	希捷国际科技（深圳）有限公司	72 175
29	中国工艺品进出口总公司	70 147
30	爱普生技术（深圳）有限公司	67 743
31	苏州爱普生有限公司	66 705
32	希捷国际科技（无锡）有限公司	66 110
33	佳能珠海有限公司	64 241
34	中国五金矿产进出口总公司	64 077
35	中国广东核电集团有限公司	63 907
36	江苏国泰国际集团有限公司	63 904
37	江苏开元国际集团有限公司	62 622
38	中国北方工业公司	62 434

2001年中国出口额最大的200家企业

对外贸易经济合作部2002年5月27日公布

金额单位：万美元

排名	企业名称	出口额
39	上海仪电控股（集团）公司	61 063
40	上海宝钢集团公司	57 827
41	广东省东莞机械进出口公司	56 759
42	浙江中大集团控股有限公司	56 284
43	江苏舜天国际集团有限公司	55 179
44	飞利浦电子元件（上海）有限公司	54 862
45	中国通用技术（集团）控股有限责任公司	52 767
46	中国华源集团有限公司	48 192
47	鑫茂科技（深圳）有限公司	48 142
48	上海电气（集团）总公司	48 030
49	大连西太平洋石油化工有限公司	46 293
50	深圳海量存储设备有限公司	45 217
51	中国土产畜产进出口总公司	43 986
52	深圳开发科技股份有限公司	43 872
53	上海东浩国际服务贸易（集团）有限公司	43 224
54	浙江丝绸进出口公司	42 411
55	山西煤炭进出口集团公司	42 356
56	东莞三星电机有限公司	41 503
57	名硕电脑（苏州）有限公司	41 188
58	上海轻工国际（集团）有限公司	40 841
59	广东省纺织品进出口（集团）公司	40 839
60	海尔集团公司	40 152
61	英特尔科技（中国）有限公司	39 875
62	江苏汇鸿国际集团有限公司	39 422
63	吉林粮食集团进出口有限公司	39 137
64	江苏苏豪国际集团股份有限公司	39 116
65	北方国际集团有限公司	38 394
66	厦门建发股份有限公司	38 060
67	中国烟草进出口（集团）总公司	37 376
68	广东省东莞市对外贸易发展集团公司	37 259

2001年中国出口额最大的200家企业

对外贸易经济合作部2002年5月27日公布

金额单位：万美元

排　名	企　业　名　称	出口额
69	金朋（上海）有限公司	36 354
70	明基电通信息技术有限公司	36 196
71	中国钢铁工贸集团公司	35 569
72	山东省机械进出口集团公司	34 682
73	嘉兴市进出口公司	33 856
74	山东省纺织品进出口公司	32 756
75	深圳三洋华强激光电子有限公司	32 073
76	上海兰生（集团）有限公司	32 047
77	天津三星电机有限公司	31 538
78	友利电电子（深圳）有限公司	31 428
79	才众电脑（深圳）有限公司	31 371
80	仁宝电脑工业（中国）有限公司	31 075
81	南京纺织品进出口股份有限公司	30 934
82	理光（深圳）工业发展有限公司	30 893
83	常熟市对外贸易集团公司	30 778
84	山东省服装进出口集团总公司	30 473
85	惠州三星电子有限公司	29 864
86	苏州飞利浦消费电子有限公司	28 499
87	中国纺织品进出口总公司	28 267
88	青岛益佳国际贸易集团有限公司	28 059
89	苏州罗技电子有限公司	27 998
90	大连东芝电视有限公司	27 858
91	中国化工建设总公司	27 810
92	深圳国际商业机械技术产品有限公司	27 339
93	三洋电机（蛇口）有限公司	27 051
94	佛山普立华科技有限公司	27 031
95	厦门灿坤实业股份有限公司	26 453
96	中国长城工业总公司	26 348
97	宁波维科集团股份有限公司	26 295
98	唯冠科技（深圳）有限公司	25 905

2001年中国出口额最大的200家企业

对外贸易经济合作部2002年5月27日公布

金额单位：万美元

排　名	企　业　名　称	出口额
99	夏普办公设备（常熟）有限公司	25 779
100	宁波市慈溪进出口股份有限公司	25 646
101	东莞福安纺织印染有限公司	24 956
102	江苏省海外企业集团有限公司	24 837
103	天津三星电子有限公司	24 666
104	中国轻工业品进出口总公司	24 575
105	中国（福建）对外贸易中心集团	24 383
106	宁波雅戈尔集团股份有限公司	24 263
107	福建大丰投资集团有限公司	24 024
108	纬创资通（中山）有限公司	24 017
109	安徽安天国际集团有限公司	23 995
110	中国远大集团公司	23 945
111	诺基亚（苏州）有限公司	23 603
112	中国深圳对外贸易（集团）公司	23 578
113	广东粤港供水有限公司	23 577
114	福建厦门经贸集团有限公司	23 462
115	天津三星电子显示器有限公司	23 255
116	山东工艺品进出口（集团）股份有限公司	23 110
117	上海新锐实业有限公司	23 044
118	中国港湾建设（集团）总公司	22 887
119	上海朗讯科技通信设备有限公司	22 606
120	浙江省畜产进出口公司	22 382
121	凯远集团公司	22 261
122	厦门太古飞机工程有限公司	22 259
123	戴尔计算机（中国）有限公司	21 817
124	广东省轻工业品进出口（集团）公司	21 790
125	上海华谊（集团）公司	21 728
126	广东省中山食品水产进出口集团有限公司	21 680
127	广州轻出集团有限公司	21 492
128	东莞德永佳纺织制衣有限公司	21 035

2001年中国出口额最大的200家企业

对外贸易经济合作部2002年5月27日公布

金额单位：万美元

排名	企业名称	出口额
129	三宝电脑（沈阳）有限公司	20 846
130	江苏弘业国际集团有限公司	20 712
131	广东美的集团股份有限公司	20 688
132	信华精机有限公司	20 393
133	中国江苏国际经济技术合作公司	20 199
134	中国国际信托投资公司	20 075
135	茉织华实业（集团）有限公司	19 867
136	上海医药（集团）总公司	19 421
137	厦门进雄企业有限公司	19 394
138	广州纺织品进出口集团有限公司	19 378
139	丹东饭山显示器有限公司	18 848
140	伟创力实业（深圳）有限公司	18 808
141	苏州进出口（集团）有限公司	18 632
142	广东格兰仕企业（集团）公司	18 617
143	上海工业投资（集团）有限公司	18 448
144	宁波申洲织造集团有限公司	18 386
145	天津机电国际贸易集团有限公司	18 251
146	中国华录松下电子信息有限公司	18 106
147	南京爱立信熊猫移动终端有限公司	18 035
148	国基电子（中山）有限公司	17 834
149	广东省畜产进出口集团公司	17 784
150	广东省东莞轻工业品进出口公司	17 763
151	上海美蓓亚精密机电有限公司	17 743
152	乐金电子（天津）电器有限公司	17 553
153	四海电子（昆山）有限公司	17 342
154	深圳施乐高科技有限公司	17 322
155	广州东宝（番澳）首饰有限公司	17 310
156	广州工艺品番禺进出口公司	17 160
157	日本电产（大连）有限公司	17 055
158	上海上实（集团）有限公司	16 926

2001年中国出口额最大的200家企业

对外贸易经济合作部2002年5月27日公布

金额单位：万美元

排名	企业名称	出口额
159	福建省粮油食品进出口集团公司	16 804
160	深圳奥康德石油贸易集团公司	16 696
161	深圳赛意法微电子有限公司	16 674
162	宁波海田国际贸易有限公司	16 597
163	青岛马士基集装箱工业有限公司	16 588
164	福建天成集团有限公司	16 577
165	辽宁时代服装进出口股份有限公司	16 409
166	超微半导体（苏州）有限公司	16 315
167	惠普计算机产品（上海）有限公司	16 211
168	中国航空工业第一集团公司	16 129
169	四川省丝绸进出口公司	16 120
170	广州番禺市对外贸易（集团）公司	16 076
171	广东省机械进出口（集团）公司	16 062
172	广东省东莞粮油进出口公司	15 906
173	达丰（上海）电脑有限公司	15 880
174	江西省粮油食品进出口公司	15 689
175	宁波市鄞县对外贸易有限责任公司	15 655
176	宁波联合集团股份有限公司	15 607
177	株洲冶炼厂	15 565
178	高创（苏州）电子有限公司	15 526
179	深圳三星视界有限公司	15 521
180	安徽轻工进出口股份有限公司	15 504
181	邹平县位桥棉纺织厂	15 503
182	东芝复印机（深圳）有限公司	15 479
183	上海汽车工业（集团）总公司	15 217
184	中国恒天集团公司	15 199
185	广东溢达纺织有限公司	15 192
186	富士通将军（上海）有限公司	15 183
187	柯达（中国）股份有限公司厦门公司	15 158
188	浙江省茶叶进出口有限公司	15 047

2001 年中国出口额最大的 200 家企业

对外贸易经济合作部 2002 年 5 月 27 日公布

金额单位：万美元

排　名	企　业　名　称	出口额
189	青岛泰光制鞋有限公司	14 895
190	汤姆逊多媒体（东莞）有限公司	14 790
191	安徽省服装进出口股份有限公司	14 787
192	南京爱立信熊猫通信有限公司	14 768
193	捷家宝电器（深圳）有限公司	14 744
194	广东省东莞医药保健品进出口公司	14 532
195	日立半导体（苏州）有限公司	14 460
196	山东省丝绸进出口公司	14 314
197	青岛即发集团股份有限公司	14 287
198	青岛三美电机有限公司	14 135
199	广东省东莞工艺品进出口公司	14 097
200	珠海天草电子有限公司	14 082

2001年中国利用外商直接投资分方式统计表

金额单位：亿美元

方式	项目数	合同外资金额	实际使用外资金额
总计	**26 140**	**691.95**	**468.78**
中外合资企业	8 894	175.50	157.54
中外合作企业	1 589	83.00	62.12
外商独资企业	15 643	429.99	238.73
外商投资股份制企业	11	3.27	5.28
合作开发	3	0.19	5.11

2001年中国利用外商直接投资分行业统计表

金额单位：亿美元

行业	项目数	比重（%）	合同外资	比重（%）	实际使用外资	比重（%）
总计	**26 140**	**100**	**691.95**	**100**	**468.78**	**100**
农、林、牧、渔业	887	3.39	17.62	2.55	8.99	1.92
采掘业	149	0.57	6.44	0.93	8.11	1.73
制造业	19 106	73.09	488.47	70.59	309.07	65.93
电力、煤气及水的生产和供应业	136	0.52	21.34	3.08	22.73	4.85
建筑业	256	0.98	18.23	2.63	8.07	1.72
地质勘查业、水利管理业	11	0.04	0.13	0.02	0.10	0.02
交通运输、仓储及邮电通信业	297	1.14	8.84	1.28	9.09	1.94
批发和零售贸易、餐饮业	1232	4.71	13.98	2.02	11.69	2.49
金融、保险业	8	0.03	0.86	0.12	0.35	0.08
房地产业	820	3.14	50.31	7.27	51.37	10.96
社会服务业	2 673	10.23	42.89	6.20	25.95	5.54
卫生、体育和社会福利业	39	0.15	1.33	0.19	1.19	0.25
教育、文化艺术及广播电影电视业	28	0.11	0.72	0.10	0.36	0.08
科学研究和综合技术服务业	196	0.75	6.54	0.95	1.20	0.26
其他行业	302	1.16	14.25	2.06	10.51	2.24

2001年中国利用外商直接投资分省市统计

金额单位：万美元

地方总称	项目数	比重（%）	合同外资	比重（%）	实际使用外资	比重（%）
总　计	**26 140**	**100**	**6 919 455**	**100**	**4 687 759**	**100**
北京市	1 146	4.38	271 075	3.92	176 818	3.77
天津市	618	2.36	208 248	3.01	213 348	4.55
河北省	501	1.92	80 231	1.16	66 989	1.43
山西省	75	0.29	29 859	0.43	23 393	0.50
内蒙古自治区	76	0.29	26 479	0.38	10 703	0.23
辽宁省	1 660	6.35	415 587	6.01	251 612	5.37
大连市	719	2.75	241 744	3.49	145 616	3.11
吉林省	337	1.29	57 770	0.83	33 766	0.72
黑龙江省	242	0.93	37 800	0.55	34 114	0.73
上海市	2 458	9.40	737 347	10.66	429 159	9.15
江苏省	3 583	13.71	1 509 083	21.81	691 482	14.75
浙江省	2 310	8.84	501 588	7.25	221 162	4.72
宁波市	806	3.08	195 519	2.83	87 446	1.87
安徽省	260	0.99	64 375	0.93	33 672	0.72
福建省	1 670	6.39	50 0717	7.24	391 804	8.36
厦门市	343	1.31	120 342	1.74	82 521	1.76
江西省	308	1.18	52 660	0.76	39 575	0.84
山东省	3 047	11.66	671 750	9.71	352 093	7.51
青岛市	1 254	4.80	358 887	5.19	158 004	3.37
河南省	224	0.86	62 188	0.90	45 729	0.98
湖北省	349	1.34	87350	1.26	118 860	2.54
湖南省	338	1.29	95 327	1.38	81 011	1.73
广东省	5 315	20.33	1 122 355	16.22	1 193 203	25.45
深圳市	1 501	5.74	272 318	3.94	259 080	5.53
广西自治区	285	1.09	58 707	0.85	38 416	0.82
海南省	181	0.69	15 193	0.22	46 691	1.00
重庆市	172	0.66	44 261	0.64	25 649	0.55
四川省	356	1.36	99 211	1.43	58 188	1.24
贵州省	59	0.23	9 111	0.13	2 829	0.06
云南省	140	0.54	29 444	0.43	6 457	0.14
陕西省	222	0.85	73 009	1.06	35 174	0.75
甘肃省	70	0.27	15 749	0.23	7 439	0.16
青海省	48	0.18	20 320	0.29	3 649	0.08
宁夏自治区	34	0.13	8 171	0.12	1 680	0.04
新疆自治区	53	0.20	12 590	0.18	2 035	0.04
中央各部委	3	0.01	1900	0.03	51 059	1.08

2001年部分国家(地区)对华直接投资情况表

金额单位:万美元

国别/地区	项目数	增幅(%)	比重(%)	合同外资	增幅(%)	比重(%)	实际使用外资	增幅(%)	比重(%)
总　计	**26 140**	**16.97**		**6 919 455**	**10.93**		**4 687 759**	**15.14**	
亚洲十国/地区合计	**18 819**	**17.76**	**71.99**	**4 029 870**	**32.33**	**58.24**	**2 948 833**	**16.16**	**62.90**
香港	8 008	11.24	30.64	2 068 586	21.96	29.90	1 671 730	7.85	35.66
澳门	458	5.77	1.75	50 300	44.54	0.73	32 112	-7.53	0.69
台湾省	4 214	35.59	16.12	691 419	71.06	9.99	297 994	29.77	6.36
日本	2 019	25.09	7.72	541 973	47.25	7.83	434 842	49.13	9.28
菲律宾	126	-4.55	0.48	29 719	-17.80	0.43	20 939	88.44	0.45
泰国	140	7.69	0.54	37 714	121.05	0.55	19 421	-4.60	0.41
马来西亚	188	59.32	0.72	47 221	21.54	0.68	26 298	29.62	0.56
新加坡	675	8.52	2.58	198 417	-2.29	2.87	214 355	-1.32	4.57
印尼	82	36.67	0.31	15 781	84.34	0.23	15 964	8.64	0.34
韩国	2 909	13.41	11.13	348 740	46.17	5.04	215 178	44.45	4.59
欧盟合计	**1 214**	**7.43**	**4.64**	**515 284**	**-41.81**	**7.45**	**418 270**	**-6.62**	**8.92**
德国	280	-4.44	1.07	117 145	-59.61	1.69	121 292	16.46	2.59
法国	151	10.22	0.58	56 577	-10.82	0.82	53 246	-37.59	1.14
意大利	134	2.29	0.51	23 513	-34.50	0.34	21 998	5.00	0.47
荷兰	114	11.76	0.44	97 397	-71.47	1.41	77 611	-1.69	1.66
比利时	31	0.00	0.12	944	-93.40	0.01	2 002	-64.35	0.04
卢森堡	12	200.00	0.05	4 853	5.85	0.07	2 878	22.78	0.06

2001 年部分国家(地区)对华直接投资情况表

金额单位:万美元

国别/地区	项目数	增幅(%)	比重(%)	合同外资	增幅(%)	比重(%)	实际使用外资	增幅(%)	比重(%)
英国	269	3.07	1.03	151 564	81.69	2.19	105 166	-9.66	2.24
爱尔兰	7	133.33	0.03	673	1 331.91	0.01	129	69.74	0.00
丹麦	24	118.18	0.09	8 397	-23.86	0.12	5 638	13.99	0.12
芬兰	18	-10.00	0.07	2 820	-64.27	0.04	7 371	23.20	0.16
瑞典	48	-11.11	0.18	5 647	-71.19	0.08	8 439	-47.00	0.18
奥地利	47	67.86	0.18	33 046	1 373.29	0.48	5 778	155.78	0.12
希腊	8	0.00	0.03	4 090	310.23	0.06	731	-43.29	0.02
西班牙	65	75.68	0.25	5 770	-45.07	0.08	3 389	-0.32	0.07
葡萄牙	6	-40.00	0.02	2 848	2 057.58	0.04	2 602	665.29	0.06
北美合计	**3 149**	**3.35**	**12.05**	**881 033**	**-0.67**	**12.73**	**487 452**	**4.52**	**10.40**
加拿大	543	23.97	2.08	129 546	49.17	1.87	44 130	57.73	0.94
美国	2 606	-0.11	9.97	751 487	-6.07	10.86	443 322	1.13	9.46
部分自由港合计	**2 039**	**40.33**	**7.80**	**1 162 663**	**3.04**	**16.80**	**661 309**	**39.93**	**14.11**
英属维尔京群岛	1 512	30.68	5.78	877 177	16.62	12.68	504 234	31.55	10.76
开曼群岛	195	19.63	0.75	160 926	-48.73	2.33	106 671	71.02	2.28
萨摩亚	332	149.62	1.27	124 560	99.96	1.80	50 404	87.23	1.08

1979—2001年中国利用外商直接投资情况表

金额单位：亿美元

年　　份	项目数（个）	合同外资金额	实际使用外资金额
总　计	**390 025**	**7 452.91**	**3 952.23**
1979-1982	920	49.58	17.69
1983	638	19.17	9.16
1984	2 166	28.75	14.19
1985	3 073	63.33	19.56
1986	1 498	33.30	22.44
1987	2 233	37.09	23.14
1988	5 945	52.97	31.94
1989	5 779	56.00	33.93
1990	7 273	65.96	34.87
1991	12 978	119.77	43.66
1992	48 764	581.24	110.08
1993	83 437	1 114.36	275.15
1994	47 549	826.80	337.67
1995	37 011	912.82	375.21
1996	24 556	732.76	417.26
1997	21 001	510.03	452.57
1998	19 799	521.02	454.63
1999	16 918	412.23	403.19
2000	22 347	623.80	407.15
2001	26 140	691.95	468.78

2001年中国最大500家外商投资企业名录

名　次	公司代码	公　司　名　称	销售收入（万元人民币）
1	1200600502506	摩托罗拉（天津）电子有限公司	3 128 888
2	3100607200463	上海大众汽车有限公司	2 869 751
3	4400707653099	广东移动通信有限责任公司	2 551 343
4	120071092083X	中海石油中国有限公司	1 890 955
5	3100607419035	上海上汽大众汽车销售有限公司	1 586 669
6	2200605120697	一汽大众汽车有限公司	1 579 687
7	2102604821942	大连西太平洋石油化工有限公司	1 300 000

2001年中国最大500家外商投资企业名录

名次	公司代码	公司名称	销售收入（万元人民币）
8	3201608916842	南京爱立信通信有限公司	987 305
9	3300704200297	浙江移动通信有限责任公司	971 802
10	4403618815578	康佳集团股份有限公司	901 655
11	4403618869509	中国国际海运集装箱（集团）股份有限公司	895 427
12	3100607371748	上海通用汽车有限公司	884 678
13	3500611306949	冠捷电子（福建）有限公司	779 086
14	3100607282497	上海西门子移动通信有限公司	771 701
15	4401708263885	广州本田汽车有限公司	754 501
16	4403618824474	长城国际信息产品（深圳）有限公司	722 405
17	4403618830559	广东核电合营有限公司	697 362
18	370071093932X	山东国际电源开发股份有限公司	686 254
19	4400617584413	TCL 王牌电器（惠州）有限公司	685 972
20	4400618364594	东莞诺基亚移动电话有限公司	682 891
21	3100607211699	上海贝尔有限公司	649 663
22	3200717434762	金光纸业（锡山）有限公司	625 080
23	2101604603259	沈阳金杯客车制造有限公司	616 456
24	3200608199126	苏州飞利浦消费电子有限公司	614 384
25	4201616412935	神龙汽车有限公司	613 616
26	3500710920936	福建移动通信有限责任公司	550 305
27	3200607913850	希捷国际科技（无锡）有限公司	514 251
28	4400618112557	东莞三星电机有限公司	513 616
29	4401617402632	广东广合电力有限公司	513 243
30	3100607200236	上海真空电子器件股份有限公司	505 565
31	3200608238156	旭电（苏州）科技有限公司	503 973
32	4403618887184	深圳希捷科技有限公司	493 597
33	4403618869808	爱普生技术（深圳）有限公司	491 798
34	4100710920944	河南移动通信有限责任公司	486 242
35	3300609136119	杭州娃哈哈保健食品有限公司	482 821
36	3700166122374	兖州煤业股份有限公司	478 058
37	5102621909196	庆铃汽车股份有限公司	468 316
38	4400617467030	顺德市顺达电脑厂有限公司	451 618
39	3200608835858	江苏金东纸业有限公司	450 807

2001年中国最大500家外商投资企业名录

名 次	公司代码	公 司 名 称	销售收入（万元人民币）
40	3100607204122	上海永新彩色显像管有限公司	444 045
41	3201608910950	华飞彩色显示系统有限公司	441 829
42	3100703000357	上海惠普有限公司	420 885
43	4400617408620	广东北电通信设备有限公司	402 180
44	3502612020483	戴尔计算机（中国）有限公司	398 998
45	4403618810099	深圳创维—RGB电子有限公司	393 847
46	4403618873567	深圳开发科技股份有限公司	386 411
47	440070757151X	乐金电子（惠州）有限公司	384 818
48	1200600578121	天津三星电机有限公司	382 365
49	4404617493052	佳能珠海有限公司	379 040
50	4401618404218	广州宝洁有限公司	376 863
51	3200608237380	苏州爱普生有限公司	376 831
52	3200608234876	明基电通信息技术有限公司	372 290
53	5102202852965	重庆钢铁股份有限公司	372 276
54	3100607262023	上海上菱电器股份有限公司	362 828
55	4400617797099	湛江东兴石油企业有限公司	356 001
56	2101711148319	沈阳兴远东汽车零部件有限公司	355 388
57	4403618895483	友利电电子（深圳）有限公司	354 887
58	1200103065501	天津创业环保股份有限公司	350 074
59	4400721160565	乐百氏（广东）饮用水有限公司	347 854
60	3502612020897	厦门华侨电子股份有限公司	344 791
61	3200608248274	夏普办公设备（常熟）有限公司	338 313
62	3100607289023	上海索广电子有限公司	334 551
63	3100710920020	柯达（中国）股份有限公司	333 943
64	1100600016137	北京诺基亚航星通讯系统有限公司	333 737
65	2301607161978	哈尔滨哈飞汽车制造有限公司	333 402
66	4400618161914	东莞福安纺织印染有限公司	330 915
67	1200600890369	乐金电子（天津）电器有限公司	330 776
68	3100132212734	中海发展股份有限公司	327 143
69	3100607312158	上海锦江麦德龙购物中心有限公司	321 576
70	2102604878746	大连东芝电视有限公司	320 000
71	3100607393031	华源凯马机械股份有限公司	317 936

2001年中国最大500家外商投资企业名录

名次	公司代码	公司名称	销售收入（万元人民币）
72	4400721111675	顺德市格兰仕电器实业有限公司	317 884
73	3100607363297	上海汇众汽车制造有限公司	316 011
74	1100600001517	北京国际交换系统有限公司	314 390
75	440361891594X	深圳海量存储设备有限公司	312 845
76	3100607339756	上海索广映像有限公司	31 0861
77	1200600899320	天津三星电子显示器有限公司	309 211
78	3200608255247	张家港保税区东海粮油工业有限公司	308 606
79	4400617438889	韶关钢铁有限公司	305 768
80	4401618402730	五羊－本田摩托（广州）有限公司	304 716
81	3100607382412	联合利华服务（上海）有限公司	304 029
82	320060820831X	诺基亚（苏州）电信有限公司	301 123
83	3100607389067	金纸源贸易（上海）有限公司	299 537
84	3100607329582	惠普计算机产品（上海）有限公司	299 380
85	4403618812035	深圳三洋华强激光电子有限公司	294 701
86	3100607200180	上海氯碱化工股份有限公司	294 237
87	3702614339527	青岛朗讯科技通讯设备有限公司	291 847
88	4403618845136	招商局蛇口控股股份有限公司	291 723
89	350261200482X	翔鹭涤纶纺纤（厦门）有限公司	291 017
90	4400617880861	信华精机有限公司	290 725
91	4400617431353	广东福地科技股份有限公司	290 670
92	1100600000143	北京松下彩色显像管有限公司	290 139
93	3300609136821	杭州摩托罗拉移动通信设备有限公司	288 472
94	440361882938X	伟创力实业（深圳）有限公司	284 976
95	4100614964007	河南安阳彩色显像管玻壳有限公司	283 126
96	3600612446943	江铃汽车股份有限公司	282 516
97	4403618881444	才众电脑（深圳）有限公司	282 055
98	1200600901857	天津三星电管有限公司	281 342
99	3201608942178	南京依维柯汽车有限公司	275 882
100	3500611007201	东南（福建）汽车工业有限公司	271 426
101	3100607218997	上海轮胎橡胶（集团）股份有限公司	270 288
102	210141072524X	三宝电脑（沈阳）有限公司	269 982
103	3200608199871	苏州罗技电子有限公司	269 881

2001年中国最大500家外商投资企业名录

名次	公司代码	公司名称	销售收入（万元人民币）
104	4403618921135	飞利浦桑达消费通信（深圳）有限公司	269 862
105	3100607205141	上海三菱电梯有限公司	269 721
106	3302610253873	宁波中华纸业有限公司	269 348
107	1100600045544	UT斯达康（中国）有限公司	266 394
108	4100615125088	华懋双汇实业（集团）有限公司	264 102
109	2200606015151	吉林德大有限公司	260 438
110	3702713728210	青岛海尔空调电子有限公司	257 709
111	3300609138560	杭州东信移动电话有限公司	256 444
112	4403618894608	唯冠科技（深圳）有限公司	254 540
113	3200628381195	仁宝电脑工业（中国）有限公司	252 184
114	3502612002170	厦门灿坤实业股份有限公司	250 614
115	4401618419487	安利（中国）日用品有限公司	247 443
116	3200608257189	张家港浦项不锈钢有限公司	246 194
117	3100607384979	上海雀巢产品服务有限公司	246 059
118	4403618909697	深圳三星视界有限公司	245 314
119	4403618808247	三洋电机（蛇口）有限公司	244 886
120	4401618402247	广州钢铁股份有限公司	244 473
121	3100607362892	上海朗讯科技通信设备有限公司	242 717
122	3100607409208	飞利浦电子（上海）有限公司	241 650
123	3700613588986	山东晨鸣纸业集团股份有限公司	241 147
124	1100625906670	松下电器（中国）有限公司	240 361
125	4403618839457	理光（深圳）工业发展有限公司	239 565
126	4404617485706	伟创力科技（珠海）有限公司	239 086
127	4404632847576	珠海九丰阿科能源有限公司	238 250
128	3300704748906	浙江雕牌家庭清洁用品有限公司	237 254
129	3100607398684	联想（上海）有限公司	236 874
130	3100607320828	上海联家超市有限公司	235 269
131	3201608977514	南京爱立信熊猫移动终端有限公司	230 292
132	5102621900167	重庆长安铃木汽车有限公司	229 526
133	1100600027768	北京松下通信设备有限公司	229 337
134	3100607360299	上海光明乳业有限公司	227 983
135	4403618817282	南海油脂工业（赤湾）有限公司	226 241

2001年中国最大500家外商投资企业名录

名次	公司代码	公司名称	销售收入（万元人民币）
136	4401708263519	东风本田发动机有限公司	226 172
137	4401190499390	广州广船国际股份有限公司	222 227
138	1400710923432	安太堡露天煤矿	220 202
139	4400617882066	惠州三星电子有限公司	219 307
140	6100623100825	西安杨森制药有限公司	218 379
141	3300609167257	UT斯达康（杭州）通讯有限公司	217 933
142	4400617467161	广东科龙冰箱有限公司	216 107
143	4400617633721	佛山普立华照相机有限公司	213 760
144	4403618879045	松下电器机电（深圳）有限公司	213 402
145	4403618888072	深圳华安液化石油气有限公司	211 149
146	4300616774602	乐金曙光电子有限公司	206 760
147	4403618908520	深圳南方中集集装箱制造有限公司	206 436
148	3400610436303	金隆铜业有限公司	204 268
149	3100607402305	惠普贸易（上海）有限公司	203 446
150	3700614072682	山东华能发电股份有限公司	201 068
151	3100607408459	联合利华股份有限公司	200 650
152	4403618908192	富金精密工业（深圳）有限公司	200 516
153	4403618933822	深圳国际商业机器技术产品有限公司	200 504
154	1100600003205	北京吉普汽车有限公司	200 143
155	4403618831033	深圳赛格日立彩电显示器件有限公司	199 252
156	4100614406101	河南新飞电器有限公司	198 198
157	4403708430743	鸿富锦精密工业（深圳）有限公司	198 100
158	4403708456994	深圳华为信息技术有限公司	196 645
159	4403618890607	深圳长科国际电子有限公司	196 378
160	4400618346388	东莞普思电子有限公司	194 351
161	3100607217249	上海益昌薄板有限公司	193 888
162	3100607228933	上海夏普电器有限公司	192 494
163	4403618884119	深圳三九药业有限公司	191 244
164	3200607921551	江苏利港电力有限公司	191 210
165	4403618816706	深圳妈湾电力有限公司	189 326
166	440061764261X	顺德美的冷气机制造有限公司	187 039
167	3100607312959	上海旭电子玻璃有限公司	185 429

2001年中国最大500家外商投资企业名录

名　次	公司代码	公　司　名　称	销售收入（万元人民币）
168	2100X26002418	BECKBURY国际有限公司	184 368
169	1300601074048	唐山国丰钢铁有限公司	183 073
170	1500626402255	内蒙古鄂尔多斯羊绒制品股份有限公司	182 782
171	3100607281275	上海美蓓亚精密机电有限公司	182 649
172	1100625910194	爱立信（中国）有限公司	182 502
173	3100607386886	艾睿电子（上海）有限公司	182 049
174	3702163615667	青岛啤酒股份有限公司	181 807
175	3300610005984	浙江美可达摩托车有限公司	178 378
176	3100607383765	西门子国际贸易（上海）有限公司	178 358
177	3100607374607	上海华虹NEC电子有限公司	177 296
178	3200608255351	张家港沙太钢铁有限公司	175 682
179	3100607232705	上海冰箱压缩机股份有限公司	175 677
180	310060721358X	上海日立电器有限公司	174 098
181	4401617402608	广深珠高速公路有限公司	173 253
182	440161844173X	广州高露洁棕榄有限公司	172 352
183	3100607284230	上海贝尔阿尔卡特移动通信系统有限公司	171 286
184	1200600502821	天津三美电机有限公司	171 171
185	440361886496X	东芝复印机（深圳）有限公司	169 944
186	6100623747768	陕西渭河发电有限公司	167 713
187	4201616400352	长飞光纤光缆有限公司	167 269
188	3100607370593	上海理光办公设备有限公司	167 065
189	330060912074X	杭州中策橡胶有限公司	166 513
190	3201608917888	南京华新电线电缆有限公司	166 445
191	3600612411441	江铃五十铃汽车有限公司	166 040
192	3200608474845	淮阴正大有限公司	165 750
193	3200608123519	常州金源铜业有限公司	163 169
194	3100607270330	上海大江（集团）股份有限公司	162 043
195	4403618837144	雅达电子有限公司	161 867
196	2100603871710	本溪北龙炼铁有限公司	161 676
197	3400610306859	安徽佳通轮胎有限公司	161 329
198	2101604619074	乐金电子沈阳有限公司	158 810
199	440071224867X	东莞科泰电子有限公司	158 282

2001年中国最大500家外商投资企业名录

名次	公司代码	公司名称	销售收入（万元人民币）
200	4400231952594	广东科龙空调器有限公司	157 449
201	2100603871673	本溪北龙钢铁集团有限公司	156 393
202	320060823661X	芬欧汇川（苏州）纸业有限公司	155 201
203	3100607206726	上海新格有色金属有限公司	155 046
204	3100607372708	上海大润发有限公司	154 933
205	4400190343548	广东科龙电器股份有限公司	154 670
206	3702614306514	青岛海信空调有限公司	153 814
207	4400617760640	汤盛音响（东莞）有限公司	153 002
208	3100607268273	上海易初配销有限公司	152 424
209	4400617743146	开平中晖复合纤维母粒有限公司	151 914
210	3100607231577	上海JVC电器有限公司	151 711
211	4403618821791	南太电子（深圳）有限公司	149 646
212	3502612003093	厦门进雄企业有限公司	148 740
213	1100600006959	中国惠普有限公司	148 074
214	4400618166205	惠阳联想电脑有限公司	147 951
215	3100607356396	上海华源股份有限公司	147 444
216	440161878680X	广州华凌空调设备有限公司	145 815
217	4404618390629	广东省珠海发电厂有限公司	145 677
218	4400617478020	恩倍福显示器（东莞）有限公司	144 883
219	360061271096X	江西昌河铃木汽车有限责任公司	144 699
220	3200608197921	苏州三星电子有限公司	144 432
221	4403708490076	汤姆盛光学主件（深圳）有限公司	143 609
222	4403618813564	盐田国际集装箱码头有限公司	143 067
223	1300601903109	石家庄宝石电气硝子玻璃有限公司	142 880
224	320060825536X	张家港润忠钢铁有限公司	142 710
225	3200607913826	无锡夏普电子元器件有限公司	141 660
226	3302610274332	宁波宝新不锈钢有限公司	141 464
227	4400721160557	乐百氏（广东）食品饮料有限公司	141 202
228	2100603973637	锦州东港电力有限公司	140 996
229	4400617759375	江门市大长江摩托车有限公司	140 609
230	2102604815171	佳能大连办公设备有限公司	140 000
231	2102604820704	日本电产（大连）有限公司	140 000

2001年中国最大500家外商投资企业名录

名　次	公司代码	公　司　名　称	销售收入（万元人民币）
232	3100607401900	上海茉织华股份有限公司	139 424
233	3201608929942	扬子巴斯夫苯乙烯系列有限公司	138 249
234	3100607359642	远纺工业（上海）有限公司	138 154
235	3201608967965	南京LG同创彩色显示系统有限公司	137 738
236	3100607253098	上海白猫有限公司	135 141
237	3100607216596	大众交通（集团）股份有限公司	134 982
238	3100607209564	上海锦海捷亚国际货运有限公司	134 882
239	2301606410215	双城雀巢有限公司	134 659
240	1100625907585	西门子（中国）有限公司	134 323
241	3100607227383	上海伊藤忠商事有限公司	133 935
242	340014918555X	合肥美菱股份有限公司	133 902
243	3200608238252	日立半导体（苏州）有限公司	133 603
244	3200607984202	江阴兴澄特种钢铁有限公司	133 367
245	3100607339342	上海三菱上菱空调机电器有限公司	132 689
246	1100600017244	北京大发正大有限公司	131 873
247	3100607227244	上海集装箱码头有限公司	131 149
248	3502612004387	厦门正新橡胶工业有限公司	130 852
249	4404618236904	珠海三美电机有限公司	130 846
250	4403618912423	深圳先进微电子科技有限公司	130 328
251	2102604856336	中国华录·松下电子信息有限公司	130 000
252	4400617625385	广东健力宝集团有限公司	129 350
253	1200600568759	天津三星电子有限公司	129 343
254	3100607330647	可口可乐（中国）饮料有限公司	128 950
255	4403618894333	深圳三洋华强能源有限公司	127 714
256	4401618416948	箭牌口香糖有限公司	127 578
257	4400617478610	东莞华强三洋马达有限公司	127 397
258	1200712817342	西迪斯（天津）电子有限公司	126 833
259	3100607261928	上海物资贸易中心股份有限公司	126 632
260	3100607322989	富士通将军（上海）有限公司	126 610
261	3100607234882	上海柴油机股份有限公司	126 244
262	4401618459825	广州东方电力有限公司	125 946
263	4401618403485	广州珠江电力有限公司	125 436

2001年中国最大500家外商投资企业名录

名次	公司代码	公司名称	销售收入（万元人民币）
264	3100607269321	上海延锋汽车饰件有限公司	125 203
265	4401618413376	广州造纸有限公司	125 041
266	4400707770041	惠州市TCL电脑科技有限责任公司	124 359
267	4401617419493	广东电力发展股份有限公司	124 341
268	4403618932432	记忆科技（深圳）有限公司	123 861
269	4400617586216	佛山石湾鹰牌陶瓷有限公司	123 820
270	1100600042247	三菱四通集成电路有限公司	123 345
271	6500625554732	新疆广汇房地产开发有限公司	122 647
272	3200608275694	牧田（中国）有限公司	122 585
273	120060055017X	中美天津史克制药有限公司	122 410
274	3400704908535	广东美的集团芜湖制冷设备有限公司	121 382
275	3502612023000	厦门TDK有限公司	120 852
276	4401708363915	广州金鹏移动通信系统有限公司	120 618
277	4403618847844	富士康精密组件（深圳）有限公司	120 499
278	3200608243801	金华盛纸业（苏州工业园区）有限公司	120 319
279	3200608309823	南通醋酸纤维有限公司	120 163
280	2102604825468	大连阿尔派电子有限公司	120 000
281	440061762557X	广东溢达纺织有限公司	119 982
282	3400850220739	安徽淮南平圩发电有限责任公司	119 404
283	3100607410209	康柏电脑（上海）有限公司	119 321
284	4401618409270	宝洁（中国）有限公司	118 878
285	4201616400141	百威（武汉）国际啤酒有限公司	117 981
286	4404617488309	丽珠医药集团股份有限公司	117 855
287	4300616605518	湖南湘钢华光线材有限公司	117 618
288	4400617738478	新会中集集装箱有限公司	117 099
289	1100600039283	北京金龙兴业房地产有限公司	116 100
290	4400617849071	肇庆市万亚电子实业有限公司	115 740
291	1200600501650	天津顶益国际食品有限公司	115 207
292	3400610568728	安徽康佳电子有限公司	115 143
293	4100171754632	平顶山姚孟发电有限责任公司	114 383
294	1100600427737	北京中鸿天房地产有限公司	114 024
295	4401618437239	日立电梯（广州）有限公司	113 946

2001年中国最大500家外商投资企业名录

名 次	公司代码	公 司 名 称	销售收入（万元人民币）
296	3100607241206	丸红（上海）有限公司	113 754
297	4400617655699	顺德惠而浦家电制品有限公司	113 078
298	4400617411379	广东美芝制冷设备有限公司	112 954
299	330060916761X	杭州顶益国际食品有限公司	112 952
300	3200608309807	南通中集顺达集装箱有限公司	112 175
301	3200608275766	捷安特（中国）有限公司	111 814
302	3200608275416	昆山统一企业食品有限公司	111 722
303	4403618838577	中国南玻集团股份有限公司	111 643
304	1100600019581	智威汤逊－中乔广告有限公司	111 535
305	4400707636168	宏其电脑（中山）有限公司	111 487
306	2101604608172	沈阳东大阿尔派软件股份有限公司	110 900
307	4401618415371	松下·万宝（广州）压缩机有限公司	110 580
308	330261028176X	宁波雅戈尔服饰有限公司	109 784
309	1300601147091	秦皇岛正大有限公司	109 443
310	4400617478223	东莞致力电脑有限公司	109 435
311	4403710939303	广东粤港供水有限公司	109 427
312	3100607339254	联合汽车电子有限公司	109 401
313	3201608943998	南京夏普电子有限公司	109 063
314	3702614387959	青岛泰光制鞋有限公司	108 369
315	3100607401564	爱普生（上海）信息产品有限公司	108 164
316	310060732559X	上海乐金广电电子有限公司	107 959
317	440161878541X	广州市番禺祈福新村房地产有限公司	107 824
318	4403618851974	奥林巴斯（深圳）工业有限公司	107 777
319	1200600550284	中国天津奥的斯电梯有限公司	107 693
320	3100607386587	上海朗讯科技国际贸易有限公司	107 415
321	3100607291000	上海日立家用电器有限公司	107 349
322	3702614370014	青岛正大有限公司	107 115
323	4403618822073	信隆实业（深圳）有限公司	106 170
324	3200608261479	张家港百秀服帽有限公司	105 965
325	3100607270787	上海美能达光学仪器有限公司	105 659
326	3200608707506	扬州丰祥商业有限公司	105 527
327	3200703699217	高创电子（苏州）有限公司	105 442

2001年中国最大500家外商投资企业名录

名次	公司代码	公司名称	销售收入（万元人民币）
328	4400617893742	索尼精密部件（惠州）有限公司	105 190
329	3702614312754	青岛高合有限公司	104 732
330	3700164103727	山东新华制药股份有限公司	104 407
331	3100607289365	上海嘉里粮油工业有限公司	104 397
332	3500611470087	华阳电业有限公司	104 292
333	330061000595X	浙江益鹏发动机配件有限公司	104 226
334	3700710939717	山东航空股份有限公司	104 198
335	3201608941159	南京金城机械有限公司	104 077
336	1200600580192	天津通广三星电子有限公司	103 864
337	4405618394195	汕头海洋第一聚苯树脂有限公司	103 817
338	4401618466734	广州市好又多百货商业广场有限公司	103 795
339	320060790062X	金桐石油化工有限公司	103 044
340	350061130496X	明达塑胶（福建）有限公司	102 422
341	3100607211314	上海申美饮料食品有限公司	101 933
342	5101621712721	成都成钢有限公司	101 578
343	4100614410821	河南TCL－美乐电子有限公司	101 547
344	4404714731999	伟创力实业（珠海）有限公司	101 460
345	3100607261709	上海中集远东集装箱有限公司	100 905
346	3400610308512	合肥日立挖掘机有限公司	100 698
347	4403618832546	深圳南油（集团）有限公司	100 639
348	3502612024484	厦门华夏国际电力发展有限公司	100 289
349	1200600890887	天津乐金大沽化学有限公司	100 151
350	4404617502107	珠海经济特区红塔仁恒纸业有限公司	100 124
351	310060727223X	强生（中国）有限公司	100 047
352	4404617514909	珠海松下马达有限公司	99 876
353	2102604863333	大成食品（大连）有限公司	99 782
354	4400617738777	广东现代集装箱制造有限公司	99 350
355	1300601105561	秦皇岛首钢板材有限公司	99 206
356	4400618163186	东莞生益科技股份有限公司	98 868
357	4403618893891	深圳施乐高科技有限公司	98 671
358	4405617553377	加德士海洋燃气能源有限公司	98 550
359	1100633711224	北京恒基伟业电子产品有限公司	98 331

2001年中国最大500家外商投资企业名录

名 次	公司代码	公 司 名 称	销售收入（万元人民币）
360	4403618907464	深圳沃尔玛珠江百货有限公司	98 222
361	4401618446194	广州友谊班尼路服饰有限公司	98 121
362	2102604817257	东芝大连有限公司	98 000
363	1300601148481	渤海铝业有限公司	97 918
364	1100625911779	首钢日电电子有限公司	97 773
365	3502612003528	厦门金龙联合汽车工业有限公司	97 684
366	2301607160297	黑龙江正大实业有限公司	97 546
367	310060738360X	上海延锋江森座椅有限公司	97 414
368	3200608199855	苏州杜邦聚酯有限公司	96 746
369	3200608208133	力捷电脑（中国）有限公司	96 730
370	3200713240047	阿尔卡特苏州通讯有限公司	96 616
371	3300716105465	杭州金光纸业产品服务有限公司	96 592
372	2102711387985	大连实德塑料建材有限公司	96 155
373	2102604861581	大连浦金钢板有限公司	96 000
374	3400705042980	合肥江淮汽车有限公司	95 744
375	4400617910143	华通电脑（惠州）有限公司	95 615
376	3100607370147	飞利浦电子贸易服务（上海）有限公司	95 326
377	3100607312174	上海中集冷藏箱有限公司	95 221
378	1100600008137	航卫通用电气医疗系统有限公司	94 714
379	3100607396005	百方国际贸易（上海）有限公司	94 666
380	4403618873751	至卓飞高线路板（深圳）有限公司	93 998
381	1100625905811	北京燕莎友谊商城有限公司	93 648
382	4201616404089	武汉广场管理有限公司	93 538
383	3200608205418	百得（苏州）电动工具有限公司	93 504
384	110010169198X	赛特集团有限公司	93 322
385	3100607221969	上海易初通用机器有限公司	93 292
386	3100607210055	上海第一八佰伴有限公司	93 081
387	2201605925014	一汽——凯尔－海斯汽车底盘有限公司	92 845
388	2300702812054	黑龙江华润金玉实业有限公司	92 697
389	3200608077903	徐州维维食品饮料有限公司	92 626
390	3100607227957	上海实业联合股份有限公司	92 144
391	3300609520962	茉织华实业（集团）有限公司	91 934

2001年中国最大500家外商投资企业名录

名次	公司代码	公司名称	销售收入（万元人民币）
392	3100607317434	上海奥美广告有限公司	91 584
393	1200600585241	天津太平（集团）有限公司	91 455
394	4600710920952	海南移动通信有限责任公司	91 320
395	4403708449460	深圳爱塔珠宝首饰有限公司	91 271
396	2301607168029	哈尔滨龙兴化纤有限公司	91 268
397	1200600500164	正大集团（天津）实业有限公司	91 126
398	4400618361967	台达电子（东莞）有限公司	91 115
399	3200608199820	苏州紫兴纸业有限公司	90 917
400	3400610301185	飞歌空调（合肥）实业有限公司	90 747
401	4401617401381	广东太古可口可乐有限公司	90 267
402	3100607340044	上海金菲石油化工有限公司	90 210
403	3200608196697	江苏富士通通信技术有限公司	90 004
404	3100607220034	中美上海施贵宝制药有限公司	89 998
405	370061377421X	荣成国泰轮胎有限公司	89 973
406	3700613422169	大宇重工业烟台有限公司	89 745
407	440370846947X	富士钧精密工业（深圳）有限公司	89 690
408	1300601057491	唐山银丰钢铁有限公司	89 642
409	3100607220798	上海东方商厦有限公司	89 418
410	440061762530X	三水健力宝富特容器有限公司	89 261
411	4403618906162	卡西欧电子（深圳）有限公司	89 170
412	4403618815121	深圳南山热电股份有限公司	88 971
413	4100614400754	洛阳北方易初摩托车有限公司	88 740
414	3100607230574	上海明泰房地产开发有限公司	88 713
415	3300609122737	杭州大厦有限公司	88 673
416	4200615410292	湖北丝宝股份有限公司	88 581
417	4403618844440	深圳创华合作有限公司	88 537
418	2100604330174	葫芦岛东方铜业有限公司	88 528
419	4400617588991	汤姆逊佛山彩色显像管有限公司	88 397
420	4400617621763	仪化佛山聚酯有限公司	88 133
421	1200710939514	天津移动通信有限责任公司	87 689
422	4500619384511	桂林大宇客车有限公司	87 617
423	4403618816140	深圳南天油粕工业有限公司	87 504

2001年中国最大500家外商投资企业名录

名 次	公司代码	公 司 名 称	销售收入（万元人民币）
424	4400617971739	清远市乐华电子有限公司	87 375
425	3100607395651	长远（上海）国际贸易有限公司	86 916
426	3100607289832	上海联吉合纤有限公司	86 907
427	4403618832976	中国南山开发（集团）股份有限公司	86 862
428	3500611572868	福建华星石化有限公司	86 848
429	4401617403088	广东天贸（集团）股份有限公司	86 750
430	3200718615100	大同电子科技（江苏）有限公司	86 722
431	3100607210186	上海耀华皮尔金顿玻璃股份有限公司	86 687
432	4403618913506	元大金属实业（深圳）有限公司	86 646
433	3100607240801	上海三荣电器有限公司	86 551
434	2100122852690	辽宁清河发电有限责任公司	86 528
435	4401618404242	广州宝洁纸品有限公司	86 489
436	4400617638127	佛山沙口发电厂有限公司	86 395
437	4403618820545	长营电器（深圳）有限公司	86 291
438	1200600552976	天津雅马哈电子乐器有限公司	86 194
439	3702614317168	青岛海尔电冰箱（国际）有限公司	86 149
440	3200608279388	沪士电子（昆山）有限公司	86 034
441	4403618831295	深圳联想电脑有限公司	85 895
442	4401618789752	美国通用电器塑料中国有限公司	85 885
443	4404618244904	珠海天虎电子有限公司	85 854
444	3502612024660	厦门富士电气化学有限公司	85 551
445	1200600557267	北海粮油工业（天津）有限公司	85 493
446	3700614075146	山东凤祥－爱迪西有限公司	85 454
447	3100607282358	上海先锋电声器材有限公司	85 132
448	110062591075X	国际商业机器中国有限公司	85 060
449	2102604814064	斯大精密（大连）有限公司	85 025
450	3100607320502	联合开利（上海）工程服务有限公司	85 021
451	5102504285695	重庆隆鑫汽油机制造有限公司	84 884
452	2200605155339	吉林奇峰化纤有限公司	84 829
453	3200608003410	徐州华润电力有限公司	84 731
454	3100607370876	上海新建设发展有限公司	84 377
455	1100600013542	北京百盛轻工发展有限公司	84 110

2001年中国最大500家外商投资企业名录

名次	公司代码	公司名称	销售收入（万元人民币）
456	1500626402490	内蒙古伊泰煤炭股份有限公司	83 291
457	310060720953X	上海施乐复印机有限公司	83 121
458	6200624172476	靖远第二发电有限公司	83 015
459	3500611000501	福建三丰鞋业有限公司	82 985
460	3200608270527	耐克（苏州）体育用品有限公司	82 832
461	3502612000917	明达塑胶（厦门）有限公司	82 252
462	4400618120098	中山嘉华电子（集团）有限公司	82 064
463	440361888977X	万威电讯（深圳）有限公司	81 761
464	3100607384880	上海外高桥保税区兰生大宇国际贸易有限公司	81 619
465	4400617447128	广东松日电器有限公司	81 558
466	1300601105684	中国－阿拉伯化肥有限公司	81 240
467	4403618880855	杜邦中国集团有限公司	81 112
468	3302610278712	宁波乐金甬兴化工有限公司	80 960
469	2200605152576	吉联（吉林）石油化学有限公司	80 773
470	3200608278641	正新橡胶（中国）有限公司	80 488
471	3100607307316	上海德尔福派克电气有限公司	80 417
472	3702614315963	青岛海尔电冰箱公司	80 275
473	3100607221205	上海紫江企业集团股份有限公司	80 252
474	2200605112339	黄龙食品工业有限公司	80 215
475	370061320345X	山东松下映像产业有限公司	80 115
476	3200607983277	江阴兴澄钢铁有限公司	80 036
477	3100607211330	上海太平国际货柜有限公司	80 035
478	3100607299125	上海巴斯夫染料化工有限公司	80 006
479	1400110052522	经纬纺织机械股份有限公司	79 812
480	4403618810021	捷家宝电器（深圳）有限公司	79 571
481	3100607341645	上海大昌铜业有限公司	79 533
482	3100607268230	上海百霖木业有限公司	79 466
483	3100607230216	上海百事可乐饮料有限公司	79 325
484	210260491775X	大连日立宝原机械设备有限公司	78 920
485	3200608260089	张家港联合铜业有限公司	78 687
486	3100607229696	上海仁恒房地产有限公司	78 649
487	3300609130761	杭州松下家用电器有限公司	78 542

2001年中国最大500家外商投资企业名录

名次	公司代码	公司名称	销售收入（万元人民币）
488	3200608315780	东丽合成纤维（南通）有限公司	78 524
489	4401618446450	依利安达（广州）电子有限公司	78 519
490	3702614373290	青岛三湖制鞋有限公司	78 475
491	2101604630556	沈阳航天三菱汽车发动机制造有限公司	78 130
492	1100101783083	诺基亚（中国）投资有限公司	78 107
493	3100607256635	上海朗讯科技光纤有限公司	78 004
494	3100631343827	上海凌云幕墙科技股份有限公司	77 941
495	3702614370831	青岛三美电机有限公司	77 763
496	4403618875693	正大康地（蛇口）有限公司	77 672
497	3100607412220	上海华东电脑利集国际贸易有限公司	77 600
498	1200712826097	金普斯（天津）新技术有限公司	77 322
499	4403618888611	新利实业（深圳）有限公司	76 983
500	1100101516989	北京崇文·新世界房地产发展有限公司	76 910

2001年中国国外经济合作完成营业额前30名的公司

金额单位：万美元

序号	企业名称	完成营业额
1	中国建筑工程总公司	94 803
2	上海振华港口机械股份有限公司	29 573
3	中国土木工程集团公司	27 714
4	中国港湾建设（集团）总公司	25 665
5	上海建工（集团）总公司	24 969
6	中国国际技术智力合作公司	24 907
7	中国路桥（集团）公司	24 283
8	中国石油技术开发公司	21 945
9	四川省机械设备进出口公司	17 511
10	四川东方电力设备联合公司	17 174
11	中水远洋渔业有限责任公司	16 589
12	中国江苏国际经济合作公司	15 613
13	中油国际工程有限责任公司	15 139
14	中设国际工程有限责任公司	15 084
15	中国上海外经（集团）有限责任公司	15 061
16	中国铁路工程总公司	14 296
17	中国石油工程建设（集团）公司	13 227
18	中国冶金建设集团公司	10 937
19	中国成套设备进出口（集团）总公司	10 903
20	中国天津国际经济技术合作公司	10 892
21	中国大连国际合作（集团）股份有限公司	10 078
22	中国万宝工程公司	9 993
23	中国地质工程集团公司	9 629
24	中国海外工程总公司	9 447
25	上海贝尔有限公司	8 994
26	中国铁道建筑总公司	8 089
27	中国武夷实业股份有限公司	8 078
28	哈尔滨电站工程有限责任公司	7 962
29	中国水利电力对外公司	7 899
30	浙江省建工集团有限责任公司	7 445

2001 年中国国外经济合作新签合同额、完成营业额分公司总值

金额单位:万美元

企业名称	新签合同额				完成营业额			
	合计	承包工程	劳务合作	设计咨询	合计	承包工程	劳务合作	设计咨询
合计	**1 645 467**	**1 303 877**	**332 832**	**8 758**	**1 213 931**	**889 957**	**317 691**	**6 283**
中央合计	**699 897**	**644 303**	**54 365**	**1 229**	**442 412**	**384 176**	**57 296**	**940**
中国航空技术国际工程公司	1 331	1 326	5	–	970	873	97	–
中国机械设备成套公司	–	–	–	–	7	7	–	–
中国南光进出口总公司	352	–	352	–	169	–	169	–
中国寰球化学工程公司	6 615	6 260	–	355	1 994	1 669	–	325
中海海员对外技术服务有限公司	261	–	261	–	2 553	–	2 553	–
中国四达国际经济技术合作公司	673	–	673	–	280	–	280	–
中国电线电缆进出口联营公司	13 900	13 900	–	–	6 000	6 000	–	–
中国地质工程集团公司	22 245	22 245	–	–	9 629	9 629	–	–
中国水利电力对外公司	26 821	26 821	–	–	7 899	7 899	–	–
中国出国人员服务总公司	430	–	430	–	285	–	285	–
中国电子系统工程总公司	–	–	–	–	1 057	1 057	–	–
中国通信建设总公司	1 000	1 000	–	–	248	217	31	–
中国化学工程总公司	432	432	–	–	2 217	2 217	–	–
中国(水产)总公司	100	–	100	–	5 415	5 282	133	–
国华国际工程承包公司	200	–	200	–	1 389	1 370	19	–
中国电力建设工程咨询公司	168	68	100	–	18	8	10	–
中国广播电视国际经济技术合作总公司	2	2	–	–	129	129	–	–
中国国际计算机软件工程公司	114	–	114	–	114	–	114	–
中国水利水电工程总公司	23 319	23 319	–	–	7 140	7 140	–	–
中国医疗卫生对外技术合作公司	38	–	38	–	111	–	111	–

2001年中国国外经济合作新签合同额、完成营业额分公司总值

金额单位:万美元

企业名称	新签合同额				完成营业额			
	合计	承包工程	劳务合作	设计咨询	合计	承包工程	劳务合作	设计咨询
中国航空工业规划设计研究院	83	49	–	34	228	201	–	27
中国对外建设总公司	213	213	–	–	189	189	–	–
中国凯城国际工程公司	97	–	97	–	37	–	37	–
中国轻工国际工程设计院	291	287	4	–	1 011	928	70	13
中国国际人才开发中心	588	–	588	–	103	–	103	–
中信国际合作公司	–	–	–	–	1 990	1 990	–	–
中远对外劳务合作公司	6 125	–	6 125	–	3 170	–	3 170	–
中国电子国际经济合作公司	188	15	173	–	268	204	64	–
中地石油工程有限公司	726	726	–	–	89	89	–	–
中国交远国际经济技术合作公司	369	–	369	–	556	–	556	–
国旅集团海外经济合作公司	–	–	–	–	3	–	3	–
中国华联国际贸易公司	–	–	–	–	44	–	44	–
中国成套设备进出口(集团)总公司	9 159	8 539	620	–	10 903	8 360	2 543	–
长城国际经济技术合作有限责任公司	–	–	–	–	–	–	–	–
中国五矿集团	186	–	186	–	3	–	3	–
中国石油工程建设(集团)总公司	37 562	37 532	30	–	13 227	13 196	31	–
中国煤炭海外开发公司	–	–	–	–	392	392	–	–
中国路桥(集团)总公司	28 422	28 422	–	–	24 283	24 283	–	–
中国化工进出口总公司	79	–	79	–	142	–	142	–
中国机械对外经济技术合作公司	2 584	2 408	176	–	1 595	1 407	188	–
中国国际企业合作公司	255	–	255	–	31	–	31	–
中国海外经济合作总公司	–	–	–	–	893	893	–	–

2001年中国国外经济合作新签合同额、完成营业额分公司总值

金额单位：万美元

企业名称	新签合同额				完成营业额			
	合计	承包工程	劳务合作	设计咨询	合计	承包工程	劳务合作	设计咨询
中煤建设集团公司	844	844	–	–	205	205	–	–
中汽对外经济合作总公司	17	–	17	–	61	24	17	20
中国电力技术进出口公司	13 844	13 359	485	–	4 365	4 051	314	–
中海国际石油工程有限责任公司	1 198	1 198	–	–	1 240	1 240	–	–
中外园林建设总公司	1 419	–	1 419	–	655	46	609	–
中水远洋渔业有限责任公司	17 930	17 430	500	–	16 589	16 147	442	–
中土畜劳务合作有限公司	18	–	18	–	8	–	8	–
中设国际工程有限责任公司	4 125	4 215	–	–	15 084	15 084	–	–
中房集团海外发展有限公司	–	–	–	–	–	–	–	–
中油国际工程有限责任公司	14 300	–	14 300	–	15 139	–	15 139	–
华北电力国际工程有限责任公司	–	–	–	–	50	–	50	–
中民国际经济合作公司	917	–	917	–	1 201	–	1 201	–
远大国际经济合作有限责任公司	99	–	99	–	66	20	46	–
长城钻井公司	1 495	1 495	–	–	–	–	–	–
中国体育国际经济技术合作	47	–	47	–	453	–	453	–
中国电工设备总公司	–	–	–	–	1 473	1 473	–	–
中铁第十六工程局	–	–	–	–	236	236	–	–
中国国际技术智力合作公司	28 144	–	28 144	–	24 907	–	24 907	–
中国石化工程建设公司	4 462	4 462	–	–	3 904	3 901	3	–
中国港湾建设(集团)总公司	37 683	37 683	–	–	25 665	24 114	1 551	–
中工国际工程股份有限公司	5 470	5 470	–	–	5 222	5 222	–	–
中国化工建设总公司	3 466	3 466	–	–	4 848	4 848	–	–

2001年中国国外经济合作新签合同额、完成营业额分公司总值

金额单位:万美元

企业名称	新签合同额				完成营业额			
	合计	承包工程	劳务合作	设计咨询	合计	承包工程	劳务合作	设计咨询
中国土木工程集团公司	22 120	19 377	2 414	329	27 714	26 465	1 239	10
中国机械进出口(集团)有限公司	30 348	30 348	–	–	2 951	2 951	–	–
中国国际海洋石油工程公司	–	–	–	–	500	500	–	–
中国冶金建设集团公司	32 566	32 556	–	–	10 937	10 937	–	–
中国船舶工业贸易公司	705	610	95	–	445	380	65	–
中国建筑工程总公司	194 700	194 179	458	63	94 803	93 761	996	46
中国轻工业对外经济技术合作公司	2 056	254	1 802	–	1 917	232	1 685	–
中国中原对外工程公司	4 749	4 749	–	–	3 053	3 053	–	–
中国有色金属建设股份有限公司	1 476	1 416	60	–	1 214	1 182	32	–
中国林业国际合作集团公司	20	–	20	–	20	–	20	–
中国纺织工业对外经济技术合作公司	–	–	–	–	960	948	12	–
中国机床总公司	435	435	–	–	315	315	–	–
中国瑞宝国际合作公司	521	500	21	–	7	–	7	–
中国海洋航空集团公司	610	–	610	–	1 100	–	1 100	–
中国万宝工程公司	11 032	11 032	–	–	9 993	9 907	–	86
中国石油技术开发公司	18 745	18 745	–	–	21 945	21 945	–	–
中国海外工程总公司	11 106	10 793	313	–	9 447	8 980	467	–
中国铁路建设总公司	6 027	5 863	164	–	8 089	7 463	626	–
中国铁路工程总公司	30 206	30 146	60	–	14 296	14 199	97	–
北京有色冶金设计研究总院	205	–	–	205	148	–	–	148
中国京冶建设工程承包公司	–	–	–	–	85	85	–	–
中国建材工业对外经济技术合作公司	10 667	10 254	413	–	2 285	1 881	291	113

2001 年中国国外经济合作新签合同额、完成营业额分公司总值

金额单位:万美元

企业名称	新签合同额				完成营业额			
	合计	承包工程	劳务合作	设计咨询	合计	承包工程	劳务合作	设计咨询
北京国电华北电力工程有限公司	113	–	–	113	13	–	–	13
河北建厂工程局	1	–	1	–	989	987	2	–
建设综合勘察研究设计院	1 086	959	–	127	491	355	–	136
铁道专业设计院	3	–	–	3	3	–	–	3
地方合计	**945 570**	**659 574**	**278 467**	**7 529**	**771 519**	**505 781**	**260 395**	**5 343**
北京市	**21 439**	**15 068**	**6 134**	**237**	**18 628**	**11 943**	**6 591**	**94**
中国电气进出口联营公司	1 200	1 200	–	–	614	614	–	–
中国友发国际工程设计咨询公司	95	–	51	44	87	–	51	36
北京市外国企业服务总公司	5 888	–	5 888	–	5 919	–	5 919	–
北京市建筑设计研究院	218	38	–	180	75	17	–	58
北京市八仙房地产开发有限责任公司	–	–	–	–	–	–	–	–
北京市政工程总公司	319	319	–	–	653	648	5	–
北京市地质矿产勘查开发总公司	501	501	–	–	180	180	–	–
清华同方股份有限公司	517	517	–	–	–	–	–	–
北京房管理一建设经营有限责任公司	28	28	–	–	28	28	–	–
北京住总集团有限责任公司	2 166	2 166	–	–	3 188	3 188	–	–
中国首钢国际贸易工程公司	433	433	–	–	433	281	152	–
中国北京国际经济合作公司	72	–	72	–	485	235	250	–
巨龙信息技术有限责任公司	2 380	2 380	–	–	2 445	2 445	–	–
北京市第二房屋修建工程公司	34	34	–	–	13	13	–	–
北京建工集团有限责任公司	2 173	2 093	80	–	1 539	1 330	209	–
北京振冲工程股份有限公司	350	350	–	–	200	200	–	–

2001 年中国国外经济合作新签合同额、完成营业额分公司总值

金额单位：万美元

企业名称	新签合同额				完成营业额			
	合计	承包工程	劳务合作	设计咨询	合计	承包工程	劳务合作	设计咨询
北京城建国际工程有限责任公司	4 543	4 500	43	–	2 629	2 624	5	–
北京市政工程设计研究院	522	509	–	13	140	140	–	–
天津市	**30 839**	**21 012**	**9 637**	**190**	**30 499**	**20 337**	**10 021**	**141**
天津市天海集团有限公司	49	–	49	–	54	–	54	–
天津机械进出口集团有限公司	5 415	5 053	362	–	1 910	1 802	108	–
天津港海员对外技术服务公司	22	–	22	–	84	–	84	–
天津市地质工程勘察院	14	–	12	2	14	–	12	2
天津五金矿产进出口集团有限公司	–	–	–	–	1	–	1	–
大港油田集团有限责任公司	691	689	2	–	704	702	2	–
中铁第十八工程局	2 812	2 812	–	–	1 271	1 271	–	–
天津渤海化工集团公司	16	–	16	–	11	–	11	–
北方国际集团天津亿利达集团有限公司	3	–	3	–	43	–	43	–
铁道部第三勘测设计院	82	65	–	17	35	7	10	18
中国天辰化学工程公司	3 732	3 652	22	58	662	594	16	52
天津机械设备进出口公司	–	–	–	–	100	100	–	–
天津海河国际劳务工程公司	936	18	918	–	993	96	897	–
天津水泥工业设计研究院	3	–	–	3	78	70	–	8
中国成套设备进出口天津公司	–	–	–	–	8	–	8	–
天津五市政公路工程有限公司	–	–	–	–	2 140	2 140	–	–
中国天津国际经济技术合作公司	10 244	2 442	7 797	5	10 892	2 944	7 948	–
天津和平建工集团有限公司	–	–	–	–	40	40	–	–
天津华北有色建设工程公司	262	200	–	62	31	–	–	31

2001 年中国国外经济合作新签合同额、完成营业额分公司总值

金额单位:万美元

企业名称	新签合同额				完成营业额			
	合计	承包工程	劳务合作	设计咨询	合计	承包工程	劳务合作	设计咨询
机械工业第五设计研究院	439	439	–	–	102	102	–	–
天津市海岸带公司	33	4	–	29	4	4	–	–
天津市化工设计院	11	11	–	–	16	16	–	–
天津市建筑设计院	14	–	–	14	30	–	–	30
天津城建集团有限公司	496	496	–	–	791	791	–	–
海洋石油工程股份有限公司	1 105	1 105	–	–	5 517	5 517	–	–
水利部天津勘测设计研究院	90	90	–	–	90	90	–	–
天津市市政工程设计研究院	186	186	–	–	186	186	–	–
天津远洋运输公司	444	–	444	–	835	–	835	–
天津建工集团总公司	3 740	3 740	–	–	3 857	3 855	2	–
河北省	**21 246**	**15 336**	**3 377**	**2 533**	**13 122**	**6 235**	**4 706**	**2 181**
中国化学工程总公司第十三建设公司	100	100	–	–	40	40	–	–
中国耀华玻璃集团公司	397	319	78	–	250	217	33	–
华北有色工程勘察院	200	200	–	–	–	–	–	–
华北石油管理局	992	992	–	–	693	693	–	–
河北国际经济技术合作公司	450	380	70	–	715	329	386	–
地质矿产部河北工程勘察总公司	87	67	20	–	360	258	102	–
河北省进出口贸易公司	–	–	–	–	9	–	9	–
河北省机械进出口公司	26	–	26	–	26	–	26	–
河北省纺织品进出口(集团)公司	90	–	90	–	20	–	20	–
北方设计研究院	60	16	–	44	60	16	–	44
核工业第四研究设计院	31	26	–	5	16	8	–	8

2001 年中国国外经济合作新签合同额、完成营业额分公司总值

金额单位：万美元

企业名称	新签合同额				完成营业额			
	合计	承包工程	劳务合作	设计咨询	合计	承包工程	劳务合作	设计咨询
河北省第四建筑工程公司	957	957	–	–	707	559	148	–
中国石油天然气管道工程有限公司	2 144	2 068	–	76	89	70	–	19
河北建工集团有限责任公司	1 031	575	456	–	894	–	894	–
石家庄建工集团公司	387	–	387	–	42	–	42	–
石家庄国际经济技术合作公司	4	–	4	–	1 409	–	1 409	–
唐山国际工程总公司	669	–	669	–	687	–	687	–
中国建筑材料工业建设唐山安装工程公司	401	401	–	–	715	711	4	–
中国第二十二冶建设公司	–	–	–	–	1	–	1	–
中国唐山对外经济技术合作有限公司	271	–	271	–	279	–	279	–
河北省秦皇岛市第三建筑公司	168	168	–	–	28	28	–	–
秦皇岛海港第一建筑工程公司	1 582	1 582	–	–	301	301	–	–
河北秦皇岛渤海铝幕墙装饰工程有限公司	887	887	–	–	423	423	–	–
邯郸建工集团有限公司	1 526	1 526	–	–	870	870	–	–
河北新兴铸管集团有限责任公司	288	183	–	105	231	126	–	105
河北邢台路桥建设总公司	1 073	972	101	–	42	–	42	–
保定国际经济技术合作公司	264	–	264	–	99	–	99	–
张家口对外劳务工程总公司	–	–	–	–	8	–	8	–
邢台对外经济技术合作公司	44	–	44	–	64	3	61	–
承德对外合作公司	4	–	4	–	59	–	59	–
河北省沧州市第一建筑工程有限公司	102	102	–	–	82	82	–	–
秦皇岛国际经济技术合作公司	143	–	143	–	151	–	151	–
河北公路工程建设集团有限公司	2 000	2 000	–	–	960	960	–	–

2001 年中国国外经济合作新签合同额、完成营业额分公司总值

金额单位:万美元

企业名称	新签合同额				完成营业额			
	合计	承包工程	劳务合作	设计咨询	合计	承包工程	劳务合作	设计咨询
河北省纺织建筑设计院	6	–	–	6	5	–	–	5
河北省水利工程局	340	340	–	–	–	–	–	–
河北太行水泥股份有限公司	200	–	200	–	67	–	67	–
廊坊对外经济合作有限公司	4	–	4	–	–	–	–	–
邯郸钢铁集团有限责任公司设计院	2 297	–	–	2 297	2 000	–	–	2 000
河北建设集团有限公司	3	–	3	–	6	–	6	–
辰光集团公司	230	–	230	–	38	11	27	–
中铁建厂工程局	–	–	–	–	–	–	–	–
中国石油集团地球物理勘察局	500	500	–	–	500	500	–	–
沧州对外经济技术合作有限公司	303	–	303	–	143	–	143	–
衡水国际经济合作有限责任公司	10	–	10	–	3	–	3	–
中国华北冶金建设公司	975	975	–	–	30	30	–	–
山西省	**3 323**	**2 337**	**986**	**–**	**5 071**	**3 147**	**1 255**	**669**
中国第十三冶金建设公司	12	–	12	–	417	411	6	–
山西省路桥建设总公司	129	129	–	–	133	133	–	–
山西四建集团有限公司	–	–	–	–	40	–	40	–
中铁三局集团有限公司	1 766	1 766	–	–	1 463	1 463	–	–
太原钢铁(集团)有限公司	11	–	11	–	5	–	5	–
煤炭工业部太原设计研究院	7	7	–	–	7	7	–	–
中国化学工程第二建设公司	122	122	–	–	620	620	–	–
中国山西国际经济技术合作公司	436	313	123	–	349	123	226	–
中铁十七工程局	–	–	–	–	390	390	–	–

2001年中国国外经济合作新签合同额、完成营业额分公司总值

金额单位:万美元

企业名称	新签合同额				完成营业额			
	合计	承包工程	劳务合作	设计咨询	合计	承包工程	劳务合作	设计咨询
太原国际经济技术合作公司	20	–	20	–	15	–	15	–
化学工业部第二设计院	–	–	–	–	669	–	–	669
山西建筑工程(集团)总公司	820	–	820	–	963	–	963	–
内蒙古自治区	**5 403**	**3 630**	**1 773**	**–**	**2 511**	**1 561**	**950**	**–**
中国第二冶金建设公司	188	188	–	–	45	45	–	–
中国内蒙古国际经济技术合作公司	166	–	166	–	97	–	97	–
内蒙古高等院校科技开发集团	29	–	29	–	32	–	32	–
内蒙古包头兴业集团股份有限公司	120	120	–	–	96	96	–	–
呼铁对外经济技术合作公司	66	3	63	–	13	3	10	–
中国冶金建设集团包头钢铁设计研究总院	–	–	–	–	45	45	–	–
呼伦贝尔国际经济技术合作公司	473	–	473	–	367	–	367	–
满洲里华运经济贸易公司	56	56	–	–	179	179	–	–
内蒙古满洲里东方国际贸易股份有限公司	11	–	11	–	32	–	32	–
满洲里国际经济技术合作公司	150	32	118	–	170	81	89	–
锡林郭勒国际经济技术合作公司	316	54	262	–	120	30	90	–
中国内蒙古森林工业集团有限责任公司	2 600	2 600	–	–	781	781	–	–
满洲里伟华经贸有限公司	80	80	–	–	69	69	–	–
满洲里国运经贸有限公司	75	75	–	–	–	–	–	–
二连浩特市华天对外贸易有限责任公司	73	–	73	–	40	–	40	–
内蒙古二连浩特国际经济技术合作公司	298	35	263	–	138	30	108	–
赤峰国际经济技术合作公司	164	–	164	–	24	–	24	–
满洲里银泉经贸有限公司	287	287	–	–	182	182	–	–

2001年中国国外经济合作新签合同额、完成营业额分公司总值

金额单位:万美元

企业名称	新签合同额				完成营业额			
	合计	承包工程	劳务合作	设计咨询	合计	承包工程	劳务合作	设计咨询
满洲里彩虹经贸有限公司	80	80	–	–	–	–	–	–
内蒙古新三维国际经济技术合作股份有限公司	171	20	151	–	81	20	61	–
辽宁省	**44 929**	**16 942**	**27 486**	**501**	**40 214**	**19 744**	**20 326**	**144**
辽宁省建设集团	–	–	–	–	201	38	163	–
辽宁国际建设工程集团公司	585	520	65	–	400	400	–	–
辽宁金帝建设集团股份有限公司	975	960	15	–	279	271	8	–
抚顺中天建设(集团)有限公司	125	–	125	–	32	–	32	–
营口国际经济技术合作公司	60	–	60	–	148	–	148	–
阜新建设国际经济技术合作有限公司	49	28	21	–	30	12	18	–
辽宁国际贸易公司	1 045	–	1 045	–	1 868	1 579	289	–
辽宁省食品进出口公司	165	–	165	–	873	–	873	–
辽宁成大股份有限公司	488	–	488	–	54	–	54	–
辽宁华曦集团公司	81	–	81	–	17	–	17	–
辽宁日林建设集团有限公司	1 635	1 635	–	–	2 937	2 937	–	–
辽阳国际经济技术合作公司	1 756	–	1 756	–	1 421	–	1 421	–
中国铁路第十九工程局	–	–	–	–	280	280	–	–
辽河石油勘探局	194	61	–	133	4 211	4 211	–	–
铁岭国际经济技术合作公司	105	–	105	–	236	–	236	–
朝重集团有限责任公司	165	165	–	–	187	187	–	–
朝阳建设集团有限公司	710	630	80	–	1 510	1 440	70	–
鞍钢(集团)国贸经济贸易公司	–	–	–	–	230	230	–	–
鞍山第三冶金建设公司	–	–	–	–	395	–	395	–

2001年中国国外经济合作新签合同额、完成营业额分公司总值

金额单位：万美元

企业名称	新签合同额				完成营业额			
	合计	承包工程	劳务合作	设计咨询	合计	承包工程	劳务合作	设计咨询
鞍山焦化耐火材料设计研究总院	472	254	–	218	45	23	–	22
中国鞍山国际经济技术合作公司	519	–	519	–	498	57	441	–
鞍山市对外建筑工程承包(集团)公司	1 015	1 015	–	–	58	58	–	–
锦州华锦国际经贸(集团)公司	25	–	25	–	106	96	10	–
沈阳铁路局锦州工程集团有限责任公司	–	–	–	–	108	–	108	–
抚顺对外建设经济合作(集团)股份有限公司	1 588	334	1 254	–	1 686	90	1 596	–
中国辽宁国际经济技术合作有限责任公司	1 328	83	1 245	–	570	151	419	–
中国辽宁国际合作(集团)股份有限公司	5 746	2 774	2 972	–	1 837	891	946	–
本溪对外经济技术合作公司	224	–	224	–	301	–	301	–
丹东国际经济技术合作公司	–	–	–	–	138	–	138	–
北方国际电力工业有限公司	479	479	–	–	204	204	–	–
沈阳铝镁设计研究院	38	–	–	38	41	–	–	41
中国沈阳国际经济技术合作公司	2 633	873	1 760	–	3 985	1 651	2 334	–
沈阳对外经济建设总公司	184	–	184	–	143	–	143	–
沈阳海外建设集团有限公司	120	–	120	–	120	–	120	–
沈阳飞机工业(集团)有限公司	32	–	32	–	29	–	29	–
中煤工程设计咨询集团沈阳设计研究院	81	–	–	81	55	–	–	55
沈阳机床股份有限公司	38	26	12	–	31	22	9	–
中国建筑东北设计研究院	119	97	–	22	65	51	–	14
中冶建设集团鞍山冶金设计研究总院	5	–	–	5	11	–	3	8
辽宁国际劳务交流有限公司	14	–	14	–	13	–	13	–
大连市	**22 131**	**7 008**	**15 119**	**4**	**14 861**	**4 865**	**9 992**	**4**

2001年中国国外经济合作新签合同额、完成营业额分公司总值

金额单位：万美元

企业名称	新签合同额				完成营业额			
	合计	承包工程	劳务合作	设计咨询	合计	承包工程	劳务合作	设计咨询
大连医辽卫生对外技术合作公司	13	–	13	–	3	–	3	–
辽宁省大连海洋渔业集团公司	1 255	–	1 255	–	929	–	929	–
中国外运大连公司	396	–	396	–	46	–	46	–
大连经济技术开发区劳务公司	509	–	509	–	207	–	207	–
中国成套设备进出口大连公司	295	–	295	–	151	–	151	–
大连华孚进出口集团有限公司	18	–	18	–	2	–	2	–
大连华南国际经济技术合作公司	621	40	581	–	712	52	660	–
大连对外服务贸易集团有限公司	114	–	114	–	78	–	78	–
大连造船厂	160	–	160	–	10	–	10	–
大连亿达集团有限公司	68	–	68	–	8	–	8	–
大连电力建设有限公司	4	–	–	4	4	–	–	4
中国大连国际合作(集团)股份有限公司	13 654	6 540	7 114	–	10 078	4 374	5 704	–
大连港国际经济技术合作公司	280	–	280	–	234	–	234	–
大化国际经济贸易公司	–	–	–	–	–	–	–	–
大连市建设工程集团有限公司	528	378	150	–	418	386	32	–
大连三星国际建筑安装工程公司	172	–	172	–	132	–	132	–
大连水产集团远洋渔业公司	800	–	800	–	675	–	675	–
大连海达劳务技术合作公司	18	–	18	–	2	–	2	–
大连航运集团有限公司	528	–	528	–	86	–	86	–
大连渤海建筑集团有限公司	334	–	334	–	296	–	296	–
瓦房店市国际工程公司	50	50	–	–	53	53	–	–
中国出国人员服务总公司大连分公司	1 008	–	1 008	–	505	–	505	–

2001年中国国外经济合作新签合同额、完成营业额分公司总值

金额单位:万美元

企业名称	新签合同额				完成营业额			
	合计	承包工程	劳务合作	设计咨询	合计	承包工程	劳务合作	设计咨询
大连远洋对外劳务合作有限公司	1 306	–	1 306	–	232	–	232	–
吉林省	**31 651**	**10 666**	**20 268**	**717**	**20 414**	**6 741**	**13 563**	**110**
吉林省轻工业品进出口公司	288	–	288	–	29	–	29	–
吉林化学工业进出口公司	82	–	82	–	83	–	83	–
吉林省纺织进出口公司	–	–	–	–	4	–	4	–
吉林省农业对外经济技术合作公司	595	419	176	–	184	131	53	–
中国吉林国际经济技术合作公司	3 563	1 799	1 764	–	5 164	1 606	3 558	–
吉林省第一建筑公司	268	–	268	–	34	–	34	–
吉林省对外经济技术合作公司	108	–	108	–	64	–	64	–
国家电力公司东北电力设计院	340	–	–	340	67	–	–	67
中国吉林森工集团	–	–	–	–	317	317	–	–
吉林省对外经济发展总公司	1 146	–	1 146	–	729	–	729	–
水利部东北勘测设计研究院	319	–	–	319	4	–	–	4
吉林省对外经济贸易集团有限公司	2 517	–	2 517	–	1 050	77	973	–
吉林高速公路发展股份有限公司	1 300	1 300	–	–	–	–	–	–
吉林轻工股份有限公司	961	60	901	–	121	5	116	–
吉林国际人才技术交流公司	516	–	516	–	97	–	97	–
机械工业第九设计院	58	–	–	58	39	–	–	39
吉林省送变电工程公司	338	338	–	–	70	70	–	–
吉林化工工程公司	370	–	370	–	10	–	10	–
中油吉林化建工程股份集团有限公司	–	–	–	–	367	367	–	–
吉林冶金建设公司	112	–	112	–	150	–	150	–

2001年中国国外经济合作新签合同额、完成营业额分公司总值

金额单位：万美元

企业名称	新签合同额				完成营业额			
	合计	承包工程	劳务合作	设计咨询	合计	承包工程	劳务合作	设计咨询
吉林建设开发集团公司	60	–	60	–	37	–	37	–
吉林对外经济技术合作公司	359	2	357	–	24	2	22	–
吉林辽源对外经济技术合作公司	1 605	–	1 605	–	348	–	348	–
延边对外经济技术合作公司	139	–	139	–	743	232	511	–
延边海外经济技术合作公司	1 226	–	1 226	–	2 467	–	2 467	–
延边国际经济技术合作公司	932	–	932	–	775	–	775	–
珲春市大正贸易公司	83	–	83	–	52	–	52	–
珲春国际经济技术合作公司	–	–	–	–	–	–	–	–
吉林省海外建筑工程有限公司	1 047	60	987	–	304	58	246	–
通化金宝国际经济技术合作公司	54	39	15	–	28	21	7	–
吉林省新创国际工程有限公司	474	–	474	–	188	–	188	–
吉林省工程建设有限公司	1 805	1 500	305	–	79	8	71	–
中铁十三局集团有限公司	5 029	5 029	–	–	3 746	3 746	–	–
吉林省交通建设集团有限公司	70	70	–	–	13	13	–	–
长春对外劳务合作公司	486	–	486	–	290	–	290	–
长春星宇集团股份有限公司	50	50	–	–	88	88	–	–
长春建设股份有限公司	450	–	450	–	413	–	413	–
吉林省海外经济合作有限公司	1 552	–	1 552	–	562	–	562	–
中国长春国际经济技术合作公司	2 270	–	2 270	–	657	–	657	–
长春对外经济技术合作公司	1 072	–	1 072	–	1 013	–	1 013	–
长春建工集团吉洋建设股份有限公司	7	–	7	–	4	–	4	–
黑龙江省	**24 336**	**15 254**	**9 082**	**–**	**13 724**	**9 148**	**4 576**	**–**

2001年中国国外经济合作新签合同额、完成营业额分公司总值

金额单位：万美元

企业名称	新签合同额				完成营业额			
	合计	承包工程	劳务合作	设计咨询	合计	承包工程	劳务合作	设计咨询
黑河国际经济技术合作公司	164	–	164	–	120	–	120	–
黑龙江国际工程技术合作集团股份公司	452	96	356	–	682	2	680	–
齐齐哈尔国际经济技术合作公司	142	–	142	–	45	–	45	–
哈尔滨铁路局对外经济技术合作公司	41	–	41	–	–	–	–	–
黑龙江省森工对外经济贸易总公司	7	–	7	–	–	–	–	–
同江国际经济技术合作公司	229	–	229	–	211	–	211	–
牡丹江国际经济技术合作公司	26	–	26	–	26	–	26	–
中国黑龙江国际经济技术合作公司	349	50	299	–	756	578	178	–
黑龙江省民族经济开发总公司	–	–	–	–	96	–	96	–
黑龙江省粮油食品进出口(集团)公司	88	–	88	–	16	–	16	–
哈尔滨铁路局工程总承包公司	–	–	–	–	10	10	–	–
黑龙江省玄苑实业开发有限责任公司	300	–	300	–	160	–	160	–
黑龙江省瑞弛建设公司	328	–	328	–	64	–	64	–
黑龙江省大庆石油技术进出口公司	–	–	–	–	596	596	–	–
绥芬河市金地经贸有限责任公司	41	–	41	–	37	–	37	–
哈尔滨铁路局对外经济技术合作公司绥芬河公司	26	19	7	–	7	–	7	–
黑河榕富经济贸易公司	91	–	91	–	58	–	58	–
饶河县经济贸易开发有限公司	–	–	–	–	–	–	–	–
绥芬河市源丰经济贸易有限责任公司	55	–	55	–	50	–	50	–
绥芬河市兴建经济贸易公司	365	–	365	–	297	–	297	–
东宁县欣荣经济贸易公司	45	–	45	–	40	–	40	–
东宁县宏达经济贸易公司	288	–	288	–	232	–	232	–

2001年中国国外经济合作新签合同额、完成营业额分公司总值

金额单位：万美元

企业名称	新签合同额				完成营业额			
	合计	承包工程	劳务合作	设计咨询	合计	承包工程	劳务合作	设计咨询
黑龙江省虎林市电业边境经济贸易公司	28	–	28	–	20	–	20	–
黑河蓝天经济技术开发公司	340	–	340	–	69	–	69	–
密山市齐骋经济贸易有限公司	14	–	14	–	14	–	14	–
密山市经济技术合作公司	66	–	66	–	60	–	60	–
黑龙江省饶河县边境经济贸易公司	14	–	14	–	13	–	13	–
同江市红利红经济贸易有限责任公司	95	–	95	–	80	–	80	–
同江市天盟有限责任公司	33	–	33	–	28	–	28	–
伊春对外经济技术合作公司	88	–	88	–	137	–	137	–
虎林市吉龙边贸有限责任公司	32	–	32	–	29	–	29	–
黑龙江省华诚国际经济技术合作有限公司	2 180	–	2 180	–	461	–	461	–
哈尔滨中建工程有限公司	78	–	78	–	12	–	12	–
哈尔滨市第二建筑工程公司	–	–	–	–	12	–	12	–
哈尔滨对外经济技术合作公司	161	–	161	–	33	–	33	–
中国哈尔滨国际经济技术合作公司	1 581	–	1 581	–	65	–	65	–
哈尔滨电站工程有限责任公司	15 089	15 089	–	–	7 962	7 962	–	–
牡丹江国际经济技术合作公司绥芬河公司	193	–	193	–	168	–	168	–
东宁国际经济技术合作公司	1 307	–	1 307	–	1 058	–	1 058	–
上海市	**123 345**	**106 654**	**16 656**	**35**	**113 142**	**91 395**	**21 643**	**104**
中国二十冶外经贸公司	62	–	62	–	54	–	54	–
上海机械设备进出口公司	30	30	–	–	240	240	–	–
上海住总(集团)总公司	1 002	1 002	–	–	2 088	2 044	44	–
上海市机电设计研究院	11	–	–	11	11	–	–	11

2001 年中国国外经济合作新签合同额、完成营业额分公司总值

金额单位:万美元

企业名称	新签合同额				完成营业额			
	合计	承包工程	劳务合作	设计咨询	合计	承包工程	劳务合作	设计咨询
上海市对外服务有限公司	396	–	396	–	5 507	–	5 507	–
上海对外劳务经贸合作有限公司	1 889	–	1 889	–	1 824	–	1 824	–
上海电气(集团)总公司	596	596	–	–	3 778	3 778	–	–
上海中海劳务合作有限公司	387	–	387	–	435	–	435	–
上海轻纺工业对外经济技术合作公司	1 309	–	1 309	–	1 451	–	1 451	–
上海建工(集团)总公司	34 540	34 540	–	–	24 969	24 969	–	–
华东电力对外经济贸易公司	9	–	9	–	14	–	14	–
华东建筑设计研究院有限公司	92	92	–	–	58	56	2	–
上海岩土工程勘察设计院	16	16	–	–	–	–	–	–
上海电信工程公司	–	–	–	–	191	191	–	–
上海核工程研究设计院	–	–	–	–	59	–	–	59
中国海底电缆建设公司	509	509	–	–	509	509	–	–
上海建筑装饰(集团)有限公司	171	171	–	–	508	508	–	–
上海中企建筑装饰工程有限公司	779	779	–	–	647	647	–	–
上海市东湖集团公司	53	–	53	–	31	–	31	–
上海对外建设公司	135	135	–	–	274	270	4	–
上海杨子江建筑安装工程有限公司	2 597	2 597	–	–	1 888	1 888	–	–
中国成套设备进出口上海公司	504	180	234	–	901	–	901	–
中国凯胜国际工程咨询公司	5	5	–	–	5	5	–	–
上海电力建设有限责任公司	156	156	–	–	75	75	–	–
上海水产(集团)总公司	17	–	17	–	420	–	420	–
上海海程经贸发展公司	192	–	192	–	198	–	198	–

2001 年中国国外经济合作新签合同额、完成营业额分公司总值

金额单位:万美元

企业名称	新签合同额				完成营业额			
	合计	承包工程	劳务合作	设计咨询	合计	承包工程	劳务合作	设计咨询
上海园林(集团)公司	13	13	–	–	13	13	–	–
中国上海外经(集团)有限公司	25 383	15 690	9 690	3	15 061	6 230	8 831	–
中国华源集团有限公司	228	–	228	–	1 127	879	248	–
上海航空工业集团有限公司	109	–	109	–	10	–	10	–
上海市机械设备成套(集团)有限公司	–	–	–	–	26	26	–	–
上海隧道工程股份有限公司	20 000	20 000	–	–	6 835	6 835	–	–
上海机械进出口集团公司	533	–	533	–	251	–	251	–
东方集团对外经济技术合作有限公司	391	–	391	–	391	–	391	–
上海港口机械进出口有限公司	1 714	1 714	–	–	1 658	1 658	–	–
中远集装箱运输有限公司(上海)	323	–	323	–	635	–	635	–
上海黄浦对外经济技术合作公司	187	–	187	–	222	–	222	–
上海勘测设计研究院	–	–	–	–	29	–	–	29
上海振华港口机械股份有限公司	22 009	22 009	–	–	29 573	29 573	–	–
上海贝尔有限公司	5 300	5 300	–	–	8 994	8 994	–	–
上海城建(集团)公司	1 113	1 113	–	–	1 886	1 886	–	–
上海浦东国际经济技术合作公司	550	–	550	–	164	–	164	–
上海建筑设计研究院有限公司	–	–	–	–	118	118	–	–
上海现代建筑设计(集团)有限公司	35	7	7	21	14	3	6	5
江苏省	**125 790**	**76 892**	**48 785**	**113**	**113 206**	**67 749**	**45 412**	**45**
江苏省交通工程总公司	–	–	–	–	369	369	–	–
江苏省海外企业集团有限公司	253	–	253	–	35	–	35	–
江苏苏州第一建筑工程集团公司	1 225	1 225	–	–	1 211	1 211	–	–

2001 年中国国外经济合作新签合同额、完成营业额分公司总值

金额单位:万美元

企业名称	新签合同额				完成营业额			
	合计	承包工程	劳务合作	设计咨询	合计	承包工程	劳务合作	设计咨询
镇江市建筑工程公司	371	371	–	–	1 111	991	120	–
中煤第五建设公司	55	55	–	–	1 137	1 137	–	–
江苏省建筑工程公司	647	447	200	–	108	–	108	–
中国石化集团江苏石油勘探公司	1 980	1 980	–	–	1 380	1 380	–	–
江苏省水利建设工程总公司	–	–	–	–	170	170	–	–
中国核工业华兴建设公司	2 200	2 200	–	–	609	609	–	–
南化集团建设公司	642	642	–	–	695	695	–	–
中设江苏机械设备进出口公司	1 665	1 665	–	–	1 623	1 623	–	–
江苏省建筑工程总公司	1 010	–	1 010	–	1 068	123	945	–
江苏交通建设集团有限公司	755	755	–	–	652	652	–	–
江苏建达建设股份有限公司	669	669	–	–	424	424	–	–
江苏省建筑材料工业总公司	–	–	–	–	561	561	–	–
江苏农业对外经济技术合作有限公司	–	–	–	–	–	–	–	–
江苏长江机械化基础工程公司	54	52	–	2	52	52	–	–
江苏省第一建筑安装有限公司	4 496	4 421	75	–	3 606	3 476	130	–
无锡小天鹅股份有限公司	30	30	–	–	7	–	7	–
江苏省建筑安装工程股份有限公司	361	361	–	–	720	705	15	–
江苏省地质工程有限公司	191	191	–	–	46	46	–	–
中国江苏国际经济技术合作公司	16 866	10 418	6 448	–	15 613	9 818	5 795	–
江苏省对外交流公司	431	–	431	–	795	–	795	–
中国化学工程第十四建设公司	92	92	–	–	92	92	–	–
扬子石油化工工程公司	1 800	1 800	–	–	–	–	–	–

2001 年中国国外经济合作新签合同额、完成营业额分公司总值

金额单位:万美元

企业名称	新签合同额				完成营业额			
	合计	承包工程	劳务合作	设计咨询	合计	承包工程	劳务合作	设计咨询
无锡市工程建设总承包公司	278	–	278	–	325	–	325	–
无锡国际经济技术合作公司	105	–	105	–	426	60	356	–
徐州国际经济技术合作公司	532	–	532	–	408	176	232	–
徐州工程机械集团进出口公司	454	353	101	–	489	317	172	–
江苏永业集团公司	1 004	1 000	4	–	–	–	–	–
徐州市建筑安装工程公司	64	–	64	–	102	–	102	–
徐州市水利工程建设局	515	515	–	–	280	280	–	–
徐州市第一建筑工程公司	90	90	–	–	30	30	–	–
常州第二建筑工程公司	159	159	–	–	199	199	–	–
常州第一建筑工程公司	195	195	–	–	247	247	–	–
常州市建筑设计研究院	12	12	–	–	4	4	–	–
常州市对外经济技术贸易集团公司	1 288	–	1 288	–	1 076	–	1 076	–
常州市对外经济技术合作集团有限公司	1 448	–	1 448	–	772	–	772	–
金坛市建筑安装工程公司	2 103	1 955	148	–	1 181	1 113	68	–
金坛国际经济技术合作公司	2 343	903	1 440	–	2 164	876	1 288	–
江苏天山目安装集团公司	1 004	812	192	–	1 203	666	537	–
江苏溧阳锅炉设备安装工程集团公司	162	162	–	–	5	5	–	–
苏州古典园林建筑公司	22	22	–	–	11	11	–	–
江苏苏州第二建筑工程集团公司	1 701	1 701	–	–	1 327	1 327	–	–
苏州国际经济技术合作公司	692	–	692	–	1 087	–	1 087	–
苏州建筑控股(集团)有限公司	254	254	–	–	503	503	–	–
苏州进出口(集团)有限公司	612	26	586	–	700	–	700	–

2001年中国国外经济合作新签合同额、完成营业额分公司总值

金额单位：万美元

企业名称	新签合同额				完成营业额			
	合计	承包工程	劳务合作	设计咨询	合计	承包工程	劳务合作	设计咨询
苏州建设(集团)有限责任公司	201	201	–	–	982	982	–	–
苏州香山古建集团	351	351	–	–	225	225	–	–
吴江市外贸集团公司	441	–	441	–	178	–	178	–
南通市建筑安装工程总公司	1 567	1 567	–	–	1 034	1 034	–	–
南通建筑工程总承包公司	952	96	856	–	1 559	1 056	503	–
南通远洋渔业公司	2 258	2 258	–	–	2 548	2 548	–	–
南通国际经济技术合作公司	2 785	406	2 379	–	2 190	722	1 468	–
南通市经济技术开发区总公司	1 330	–	1 330	–	874	–	874	–
江苏省苏中建设集团股份有限公司	860	860	–	–	3 978	1 058	2 920	–
南通五建集团有限公司	1 081	1 081	–	–	2 607	303	2 304	–
南通市第四建筑安装工程有限公司	1 459	1 459	–	–	643	613	30	–
通州市建筑安装工程总公司	336	221	115	–	546	382	164	–
江苏南通三建集团公司	1 859	1 859	–	–	4 002	1 737	2 265	–
海门市建筑安装工程公司	751	751	–	–	522	240	282	–
启东市建筑安装工程公司	268	171	97	–	546	451	95	–
启东市对外经济技术合作公司	2 028	–	2 028	–	2 806	–	2 806	–
化学工业连云港设计研究院	12	–	–	12	12	–	–	12
连云港国际经济技术合作公司	7 313	–	7 313	–	2 437	–	2 437	–
连云港市建筑工程公司	1 232	–	1 232	–	137	–	137	–
江苏三兴建工集团有限公司	30	30	–	–	86	17	69	–
淮阴水利建设集团有限公司	874	772	102	–	594	566	28	–
淮阴建设工程集团有限公司	733	723	10	–	478	475	3	–

2001 年中国国外经济合作新签合同额、完成营业额分公司总值

金额单位：万美元

企业名称	新签合同额				完成营业额			
	合计	承包工程	劳务合作	设计咨询	合计	承包工程	劳务合作	设计咨询
淮阴国际经济技术合作公司	714	–	714	–	665	–	665	–
盐城国际经济技术合作公司	1 267	–	1 267	–	1 178	–	1 178	–
江苏中厦集团公司	1 054	–	1 054	–	328	–	328	–
盐城市天虹建筑安装工程总公司	991	27	964	–	1 310	316	994	–
扬州国际经济技术合作公司	325	–	325	–	553	–	553	–
扬州富扬对外经济贸易有限公司	1 542	–	1 542	–	1 483	–	1 483	–
泰兴市第一安装工程有限公司	–	–	–	–	324	324	–	–
江苏刊建集团有限公司	–	–	–	–	328	–	328	–
镇江国际经济技术合作公司	1 132	615	517	–	868	330	538	–
江苏金厦建设集团有限公司	380	380	–	–	698	698	–	–
张家港国际经济技术合作公司	2 332	–	2 332	–	1 422	–	1 422	–
法尔胜集团公司	10	–	10	–	6	–	6	–
澄西船舶修造厂	6 592	6 496	96	–	6 592	6 496	96	–
宜兴市建筑安装工程总公司	22	–	22	–	3	–	3	–
江苏省地质工程有限公司	1 279	1 279	–	–	181	181	–	–
江苏华泰道路桥梁工程有限公司	–	–	–	–	6	–	6	–
仪征化纤工程有限公司	–	–	–	–	8	–	–	8
仪征化纤安装检修工程公司	–	–	–	–	3	3	–	–
宜兴市工程设备安装有限公司	96	96	–	–	96	96	–	–
江苏武进建筑安装工程总公司	1 273	1 273	–	–	858	858	–	–
武进市建筑工程总公司	234	234	–	–	50	29	21	–
苏州东吴国际经济技术合作公司	1 061	–	1 061	–	674	–	674	–

2001 年中国国外经济合作新签合同额、完成营业额分公司总值

金额单位:万美元

企业名称	新签合同额				完成营业额			
	合计	承包工程	劳务合作	设计咨询	合计	承包工程	劳务合作	设计咨询
江苏金土木建设集团有限公司	3 050	3 021	29	–	2 097	1 818	279	–
常熟国际经济技术合作公司	407	–	407	–	383	–	383	–
无锡市园林古典建筑公司	16	12	4	–	10	6	4	–
国家粮食储备局无锡科学研究院	8	–	–	8	8	–	–	8
苏州园林设计院	11	–	–	11	11	–	–	11
江苏盐城二建集团有限公司	424	243	181	–	140	23	117	–
江苏建业建筑安装工程集团有限公司	1 501	1 385	116	–	279	152	127	–
江都市建设工程总公司	2 620	–	2 620	–	1 067	410	657	–
江苏三江建设有限公司	160	160	–	–	–	–	–	–
南通市第六建筑安装工程公司	527	61	466	–	2 393	826	1 567	–
徐州飞虹网架(集团)有限公司	174	174	–	–	174	174	–	–
江苏正太建设集团股份有限公司	1 813	1 813	–	–	1 457	1 457	–	–
南京装饰工程公司	70	70	–	–	70	70	–	–
南京海外建筑工程总公司	475	430	45	–	1 009	825	184	–
南京熊猫电子进出口公司	3 500	3 500	–	–	2 550	2 550	–	–
南京市住宅建设总公司	1 157	1 157	–	–	1 295	1 291	4	–
南京三建(集团)有限公司	729	700	29	–	992	913	79	–
南京第三航务工程局第三工程公司	540	320	220	–	1 477	1 238	239	–
中国石化集团第二建设公司	515	515	–	–	515	515	–	–
南京大地建设(集团)股份有限公司	1 655	1 355	300	–	1 085	615	470	–
南京纺织品进出口股份有限公司	1 425	1 385	40	–	1 712	1 638	74	–
南京第六建筑安装工程公司	303	300	3	–	275	230	45	–

2001年中国国外经济合作新签合同额、完成营业额分公司总值

金额单位:万美元

企业名称	新签合同额				完成营业额			
	合计	承包工程	劳务合作	设计咨询	合计	承包工程	劳务合作	设计咨询
金城集团进出口公司	39	4	35	–	42	6	36	–
长江南京航道工程局	559	464	95	–	778	677	101	–
中国南京国际经济技术合作(集团)有限公司	3 321	148	3 093	80	2 081	552	1 523	6
中国石油天然气管道第二工程公司	936	936	–	–	65	65	–	–
浙江省	**54 929**	**44 073**	**10 640**	**216**	**67 295**	**44 326**	**22 849**	**120**
万向集团	–	–	–	–	8 425	8 425	–	–
国家电力公司华东勘测设计研究院	70	–	–	70	70	–	–	70
浙江东方集团公司	31	31	–	–	45	45	–	–
温州建设集团公司	802	802	–	–	420	420	–	–
温州国际经济技术合作公司	158	–	158	–	329	59	270	–
绍兴市第三建筑安装工程有限公司	–	–	–	–	753	753	–	–
浙江舜杰建筑集团股份有限公司	6	–	6	–	229	–	229	–
五洋建设集团股份有限公司	133	133	–	–	408	235	173	–
浙江中富建筑集团股份有限公司	86	86	–	–	371	321	50	–
浙江华升建筑集团有限公司	1 508	700	808	–	510	–	510	–
上虞市海滨建设集团有限公司	195	195	–	–	250	180	70	–
浙江亚厦装饰集团有限公司	212	–	212	–	155	–	155	–
浙江樟塘建筑集团有限公司	354	114	240	–	127	114	13	–
浙江省耀江建设集团股份有限公司	242	242	–	–	564	240	324	–
浙江省建筑设计研究院	73	73	–	–	27	27	–	–
浙江省水电建筑安装有限公司	–	–	–	–	747	747	–	–
浙江省正邦水电建设股份有限公司	4 410	4 410	–	–	744	744	–	–

2001 年中国国外经济合作新签合同额、完成营业额分公司总值

金额单位:万美元

企业名称	新签合同额				完成营业额			
	合　计	承包工程	劳务合作	设计咨询	合　计	承包工程	劳务合作	设计咨询
浙江省送变电工程公司	–	–	–	–	43	43	–	–
中国浙江国际经济技术合作公司	1 938	–	1 938	–	2 176	–	2 176	–
浙江省机械设备进出口公司	102	–	102	–	306	–	306	–
浙江省建工集团有限责任公司	6 661	5 938	723	–	7 445	6 786	659	–
浙江四方集团公司	1 300	1 300	–	–	200	200	–	–
浙江省粮油食品进出口股份有限公司	225	–	225	–	224	–	224	–
浙江东方集团股份有限公司	211	–	211	–	1 181	–	1 181	–
杭州市对外经济贸易服务公司	1 321	–	1 321	–	369	–	369	–
绍兴市第一建筑安装工程公司	515	515	–	–	455	455	–	–
湖州市对外经济技术合作有限公司	–	–	–	–	170	–	170	–
浙江中天建设工程集团有限公司	–	–	–	–	100	100	–	–
舟山国际经济技术合作公司	411	–	411	–	486	–	486	–
丽水国际经济技术合作公司	881	–	881	–	568	–	568	–
浙江省金华市对外经济技术合作有限公司	52	–	52	–	466	–	466	–
机械工业部第二设计研究院	158	12	–	146	57	7	–	50
浙江中大对外经济技术合作有限公司	398	–	398	–	347	–	347	–
浙江环宇建设集团有限公司	–	–	–	–	505	505	–	–
绍兴国际经济技术合作公司	569	–	569	–	860	–	860	–
杭州国际经济技术合作公司	60	–	60	–	300	–	300	–
嘉兴市对外经济技术合作有限公司	110	–	110	–	328	–	328	–
舟山海洋渔业公司	–	–	–	–	189	189	–	–
舟山东方海员对外经济技术服务有限公司	18	–	18	–	979	–	979	–

2001 年中国国外经济合作新签合同额、完成营业额分公司总值

金额单位:万美元

企业名称	新签合同额				完成营业额			
	合计	承包工程	劳务合作	设计咨询	合计	承包工程	劳务合作	设计咨询
浙江中成建工集团有限公司	401	401	–	–	101	101	–	–
浙江省交通工程建设集团有限公司	575	575	–	–	512	512	–	–
萧山国际经济技术合作公司	122	–	122	–	13	–	13	–
浙江中设建工集团有限公司	577	577	–	–	432	432	–	–
浙江宝业建设集团有限公司	650	650	–	–	447	447	–	–
绍兴县第一建筑安装工程有限公司	136	136	–	–	122	122	–	–
宁波市	**29 258**	**27 183**	**2 075**	**–**	**33 740**	**22 117**	**11 623**	**–**
龙元建设集团股份有限公司	10 300	10 300	–	–	2 998	2 998	–	–
宁波市建筑设计研究院	10	10	–	–	2	2	–	–
宁波市工艺品进出口公司	–	–	–	–	654	–	654	–
宁波市建筑安装集团总公司	3 692	3 470	222	–	2 196	1 737	459	–
宁波海田国际贸易有限公司	53	–	53	–	2	–	2	–
宁波建设集团股份有限公司	179	179	–	–	–	–	–	–
宁波宁兴集团公司	–	–	–	–	1 841	–	1 841	–
中国宁波国际合作(集团)有限公司	265	49	216	–	4 159	77	4 082	–
宁波锦地经贸股份有限公司	1 203	1 203	–	–	1 420	1 420	–	–
宁波华能国际经济技术合作公司	2 102	2 102	–	–	1 166	1 166	–	–
中国石化集团第三建设公司	452	452	–	–	365	365	–	–
宁波市慈溪进出口有限公司	680	465	215	–	937	465	472	–
宏润建设集团股份有限公司	2 792	2 792	–	–	2 006	2 006	–	–
宁波交通工程(集团)有限公司	1 121	1 121	–	–	800	800	–	–
宁波天地集团股份有限公司	583	–	583	–	2 811	–	2 811	–

2001 年中国国外经济合作新签合同额、完成营业额分公司总值

金额单位:万美元

企业名称	新签合同额				完成营业额			
	合计	承包工程	劳务合作	设计咨询	合计	承包工程	劳务合作	设计咨询
宁波华丰建设集团股份有限公司	1 350	1 350	–	–	1 316	1 316	–	–
宁波市鄞县对外贸易有限责任公司	1 189	800	389	–	3 338	2 610	728	–
余姚市对外贸易有限公司	3 287	2 890	397	–	3 464	2 890	574	–
浙江省电力建设总公司	–	–	–	–	4 265	4 265	–	–
安徽省	**23 010**	**19 559**	**3 239**	**212**	**13 019**	**9 334**	**3 529**	**156**
安徽省建工集团公司	245	245	–	–	574	273	301	–
安徽轻工进出口股份有限公司	15	–	15	–	–	–	–	–
安徽省古建园林市政建设总公司	62	60	–	2	3	3	–	–
合肥市对外经济技术合作公司	154	–	154	–	227	–	227	–
蚌埠市国际经济技术合作公司	118	118	–	–	669	666	3	–
中国化学工程公司第三建设公司	–	–	–	–	46	46	–	–
安徽省对外劳务开发中心	7	4	3	–	24	3	21	–
安徽省第一建筑工程公司	–	–	–	–	34	–	34	–
安徽省技术进出口股份有限公司	12 191	12 000	191	–	3 609	3 575	34	–
中国安徽国际经济技术合作公司	442	–	442	–	1 223	5	1 218	–
安徽省外经建设(集团)公司	4 395	2 961	1 434	–	2 218	1 646	572	–
合肥建工集团公司	–	–	–	–	19	19	–	–
化工部第三设计院(东华工程公司)	803	773	–	30	1 747	1 664	–	83
中铁四局集团有限公司	2 606	2 606	–	–	191	191	–	–
芜湖市国际经济技术合作公司	322	–	322	–	417	–	417	–
淮南国际经济技术合作公司	–	–	–	–	20	–	20	–
安徽电力建设第二工程公司	633	–	633	–	104	–	104	–

2001年中国国外经济合作新签合同额、完成营业额分公司总值

金额单位:万美元

企业名称	新签合同额				完成营业额			
	合计	承包工程	劳务合作	设计咨询	合计	承包工程	劳务合作	设计咨询
中国第十七冶金建设公司	–	–	–	–	918	918	–	–
马钢国际经济贸易总公司	3	–	3	–	38	28	10	–
安徽省安庆市国际经济技术合作公司	231	–	231	–	196	–	196	–
中煤第三建设(集团)有限责任公司	60	60	–	–	60	60	–	–
安徽省建筑设计研究院	217	–	217	–	333	–	330	3
安徽省水利水电勘测设计院	1	1	–	–	1	1	–	–
中国冶金建设集团马鞍山钢铁设计研究总院	505	325	–	180	246	246	–	–
安徽省宿州国际经济技术合作公司	–	–	–	–	102	–	102	–
福建省	**53 463**	**16 522**	**36 934**	**7**	**49 611**	**15 863**	**33 735**	**13**
福建二建建设集团公司	1 084	1 084	–	–	772	772	–	–
中国福州国际经济技术合作公司	4 648	1 510	3 138	–	4 782	800	3 982	–
中国泉州国际经济技术合作公司	4 737	1 489	3 248	–	2 600	362	2 238	–
漳州国际经济技术合作公司	149	–	149	–	1 904	–	1 904	–
漳浦国际经济技术合作公司	677	–	677	–	293	–	293	–
福建宁德国际经济技术合作公司	209	–	209	–	159	–	159	–
福建省龙岩国际经济技术合作公司	348	–	348	–	402	–	402	–
福建省轮船总公司	92	–	92	–	367	–	367	–
福建省建筑设计研究院	23	16	–	7	13	–	–	13
福建华旅对外劳务公司	26	–	26	–	131	–	131	–
福建福通对外经济合作公司	2 700	–	2 700	–	2 081	–	2 081	–
福建华源国际贸易经济合作公司	1 689	–	1 689	–	1 505	–	1 505	–
福建省人才开发中心	263	–	263	–	101	–	101	–

2001年中国国外经济合作新签合同额、完成营业额分公司总值

金额单位:万美元

企业名称	新签合同额				完成营业额			
	合计	承包工程	劳务合作	设计咨询	合计	承包工程	劳务合作	设计咨询
福建省外国机构服务中心	804	–	804	–	1 313	–	1 313	–
福建省华福国际经济技术合作有限公司	128	–	128	–	84	–	84	–
中国武夷实业股份有限公司	6 610	6 610	–	–	8 078	7 950	128	–
福建省金福对外劳务合作有限公司	122	–	122	–	170	–	170	–
福建建工(集团)总公司	339	339	–	–	30	30	–	–
福州壮安经济技术合作公司	197	–	197	–	284	–	284	–
莆田国际经济技术合作公司	997	–	997	–	1 113	–	1 113	–
福建三明国际经济技术合作公司	103	–	103	–	21	–	21	–
福建省第五建筑工程公司	3 404	3 404	–	–	3 289	3 289	–	–
泉州市对外开放经济技术服务公司	831	–	831	–	421	–	421	–
福建南平国际经济技术合作公司	17	–	17	–	88	–	88	–
福建省华洋水产集团公司	–	–	–	–	215	–	215	–
福建省对外劳务合作公司	1 134	–	1 134	–	2 401	–	2 401	–
福建省林业工程公司	787	787	–	–	1 258	1 258	–	–
福建省林业勘察设计院	69	69	–	–	13	13	–	–
福建省五金矿产进出口公司	–	–	–	–	11	–	11	–
福建省对外劳务咨询服务公司	388	–	388	–	212	–	212	–
福建省对外经济服务贸易公司	161	–	161	–	122	–	122	–
福建轻纺工业经济技术公司	93	–	93	–	88	–	88	–
福建省地矿建设集团公司	178	178	–	–	100	100	–	–
福建省工业设备安装有限公司	1 036	1 036	–	–	1 289	1 289	–	–
福建海外工程有限公司	129	–	129	–	141	–	141	–

2001 年中国国外经济合作新签合同额、完成营业额分公司总值

金额单位：万美元

企业名称	新签合同额				完成营业额			
	合计	承包工程	劳务合作	设计咨询	合计	承包工程	劳务合作	设计咨询
福州市进出口公司	255	–	255	–	190	–	190	–
福州市劳务技术合作公司	357	–	357	–	276	–	276	–
福州市建筑设计院	–	–	–	–	–	–	–	–
莆田对外经济技术合作公司	616	–	616	–	760	–	760	–
福建中福对外经济技术合作有限公司	2 515	–	2 515	–	5 438	–	5 438	–
福建三木国际经济技术合作有限公司	217	–	217	–	327	–	327	–
厦门市	**15 331**	**–**	**15 331**	**–**	**6 769**	**–**	**6 769**	**–**
厦门经济特区船务有限公司	117	–	117	–	109	–	109	–
厦门诚毅船务公司	–	–	–	–	188	–	188	–
中国外运集团厦门经贸船务公司	240	–	240	–	26	–	26	–
厦门海隆对外劳务合作有限公司	7 298	–	7 298	–	895	–	895	–
厦门建隆经济技术合作公司	565	–	565	–	886	–	886	–
中国厦门国际经济技术合作公司	7 111	–	7 111	–	4 665	–	4 665	–
江西省	**7 771**	**3 437**	**4 202**	**132**	**13 481**	**9 040**	**4 350**	**91**
江西省建工集团总公司	204	204	–	–	373	192	181	–
江西洪都航空工业集团有限责任公司	–	–	–	–	154	–	154	–
江西省火电建设公司	38	38	–	–	24	24	–	–
江西省粮油食品进出口公司	210	210	–	–	168	168	–	–
江西省轻工业对外经济技术合作公司	418	–	418	–	590	–	590	–
中国江西国际经济技术合作公司	3 264	404	2 860	–	3 340	1 439	1 901	–
南昌有色冶金设计研究院	132	–	–	132	91	–	–	91
宜春海程经贸发展有限公司	1 174	1 174	–	–	285	285	–	–

2001年中国国外经济合作新签合同额、完成营业额分公司总值

金额单位:万美元

企业名称	新签合同额				完成营业额			
	合计	承包工程	劳务合作	设计咨询	合计	承包工程	劳务合作	设计咨询
南昌国际经济技术合作公司	193	–	193	–	2 941	2 520	421	–
南昌对外工程总公司	1 257	1 207	50	–	3 202	3 027	175	–
萍乡矿务局建筑安装总公司	200	200	–	–	1 007	982	25	–
九江市对外经济合作公司	110	–	110	–	122	–	122	–
江西赣州国际经济技术合作公司	363	–	363	–	716	403	313	–
江西省地质工程(集团)公司	40	–	40	–	14	–	14	–
抚州国际经济技术合作公司	2	–	2	–	58	–	58	–
上饶国际经济技术合作有限公司	38	–	38	–	121	–	121	–
景德镇市国际经济技术合作公司	–	–	–	–	101	–	101	–
新余国际经济技术合作公司	–	–	–	–	73	–	73	–
吉安对外经济合作公司	128	–	128	–	101	–	101	–
山东省	**104 664**	**72 132**	**32 519**	**13**	**55 926**	**28 224**	**27 664**	**38**
菏泽市建筑工程总公司	12	12	–	–	4	4	–	–
东营国际经济技术合作公司	529	–	529	–	269	–	269	–
济宁市建筑工程公司	38	38	–	–	38	38	–	–
山东林海集团对外经济贸易集团总公司	58	–	58	–	41	–	41	–
德州市国际经济技术合作公司	102	–	102	–	98	–	98	–
荷泽市对外经济技术合作公司	1 407	389	1 018	–	380	15	365	–
山东省物产进出口公司	1	–	1	–	–	–	–	–
山东省五金矿产进出口公司	201	–	201	–	86	–	86	–
山东省食品进出口公司	26	–	26	–	35	–	35	–
齐鲁建设集团公司	1 493	1 027	466	–	1 322	1 114	208	–

2001年中国国外经济合作新签合同额、完成营业额分公司总值

金额单位:万美元

企业名称	新签合同额				完成营业额			
	合计	承包工程	劳务合作	设计咨询	合计	承包工程	劳务合作	设计咨询
山东省翰森国际经贸合作有限公司	727	–	727	–	601	–	601	–
中国山东国际经济技术合作公司	3 173	283	2 890	–	3 790	1 343	2 447	–
山东省水产企业集团总公司	8 497	6 920	1 577	–	2 135	1 746	389	–
山东工艺品进出口(集团)股份有限公司	42	–	42	–	13	–	13	–
山东电力基本建设总公司	11 000	11 000	–	–	–	–	–	–
山东省劳务合作公司	831	–	831	–	1 700	–	1 700	–
山东国泰集团公司	245	245	–	–	150	150	–	–
山东黄金集团有限公司	1 200	1 200	–	–	–	–	–	–
山东省对外贸易集团有限公司	302	–	302	–	66	–	66	–
烟台二建实业股份有限公司	60	–	60	–	471	–	471	–
济南一建集团总公司	–	–	–	–	40	20	20	–
山东三箭置业集团有限公司	650	650	–	–	913	913	–	–
中国石化集团第十建设公司	1 800	1 800	–	–	–	–	–	–
淄博市建筑工程公司	10	–	10	–	558	557	1	–
淄博市国际经济技术合作公司	167	–	167	–	279	165	114	–
枣庄市对外经济技术合作公司	144	–	144	–	111	–	111	–
胜利油田管理局	9 650	9 650	–	–	5 229	5 210	19	–
烟台港务局	30	–	30	–	68	–	68	–
中国水产烟台海洋渔业公司	2 216	–	2 216	–	1 466	–	1 466	–
烟台国际经济技术合作公司	4 172	769	3 403	–	2 833	348	2 485	–
潍坊昌大建设(集团)总公司	726	–	726	–	879	200	679	–
山东电力建设第三工程公司	5 746	5 746	–	–	–	–	–	–

2001年中国国外经济合作新签合同额、完成营业额分公司总值

金额单位:万美元

企业名称	新签合同额				完成营业额			
	合计	承包工程	劳务合作	设计咨询	合计	承包工程	劳务合作	设计咨询
潍坊国际经济技术合作集团公司	1 102	–	1 102	–	639	–	639	–
山东海化进出口有限公司	–	–	–	–	2	–	2	–
山东潍柴进出口有限公司	1 563	1 550	3	10	1 377	1 340	34	3
山东省寿光市建筑公司	165	–	165	–	43	–	43	–
济宁惠友进出口公司	13	–	13	–	–	–	–	–
山东泰安建筑工程公司	647	70	577	–	1 714	1 354	360	–
泰安市第二建筑安装工程公司	128	–	128	–	26	–	26	–
泰安国际经济技术合作公司	2 207	498	1 709	–	1 481	615	866	–
山东威海进出口集团有限公司	363	–	363	–	217	–	217	–
威海市国际交流服务中心	229	–	229	–	65	–	65	–
威海国际经济技术合作股份有限公司	4 978	–	4 978	–	5 255	665	4 590	–
荣成国际经济技术合作公司	954	–	954	–	931	–	931	–
山东天元建设集团总公司	–	–	–	–	–	–	–	–
临沂国际经济技术合作公司	433	–	433	–	1 456	–	1 456	–
日照国际经济技术合作公司	479	–	479	–	501	–	501	–
青州市水利建筑总公司	407	–	407	–	281	–	281	–
莱芜钢铁集团有限公司	–	–	–	–	–	–	–	–
莱芜国际经济技术合作公司	–	–	–	–	229	–	229	–
山东省诸城市建筑工程公司	2 456	2 400	56	–	2 034	1 775	259	–
煤炭工业部济南设计研究院	–	–	–	–	32	–	–	32
济南二机床集团有限公司	750	750	–	–	750	750	–	–
中国轻骑集团济南对外贸易有限公司	–	–	–	–	54	–	54	–

2001 年中国国外经济合作新签合同额、完成营业额分公司总值

金额单位:万美元

企业名称	新签合同额				完成营业额			
	合计	承包工程	劳务合作	设计咨询	合计	承包工程	劳务合作	设计咨询
威海联桥国际经济技术合作公司	551	–	551	–	398	–	398	–
山东华鲁集团有限公司	16 235	16 071	164	–	368	–	368	–
山东成山轮胎股份有限公司	34	–	34	–	12	–	12	–
日照新亚欧大陆桥经济技术合作公司	–	–	–	–	1	–	1	–
济南四建集团有限责任公司	1 701	1 701	–	–	771	771	–	–
山东巨菱进出口有限公司	116	113	3	–	105	103	2	–
济南钢铁集团总公司	–	–	–	–	48	–	48	–
烟台建设集团有限公司	–	–	–	–	2 560	2 523	37	–
山东滨州对外经济技术合作有限公司	7	–	7	–	2	–	2	–
山东景芝建工集团公司	16	16	–	–	1	1	–	–
山东航运集团有限公司	3 937	3 824	113	–	714	630	84	–
山东天幕集团总公司	290	–	290	–	10	–	10	–
青岛市	**9 648**	**5 410**	**4 235**	**3**	**10 274**	**5 874**	**4 397**	**3**
青岛海洋渔业公司	717	–	717	–	474	–	474	–
青岛市第一住宅建筑公司	86	86	–	–	44	44	–	–
青岛国际交流中心	324	–	324	–	142	11	131	–
青岛市建筑设计研究院	3	–	–	3	–	–	–	–
青岛市第二建筑工程公司	–	–	–	–	451	451	–	–
青岛市第一建筑工程公司	–	–	–	–	265	265	–	–
青岛城市建筑设计院有限公司	–	–	–	–	3	–	–	3
青岛勘察测绘研究院	2	2	–	–	2	2	–	–
青岛市安装工程公司	25	25	–	–	49	49	–	–

2001 年中国国外经济合作新签合同额、完成营业额分公司总值

金额单位:万美元

企业名称	新签合同额				完成营业额			
	合计	承包工程	劳务合作	设计咨询	合计	承包工程	劳务合作	设计咨询
海信集团公司	40	40	–	–	30	30	–	–
中国青岛国际经济技术公司	1 068	–	1 068	–	1 787	–	1 787	–
青岛建设集团	5 257	5 257	–	–	3 960	3 960	–	–
青岛开源国际经济技术合作公司	101	–	101	–	289	–	289	–
青岛益佳集团有限公司	157	–	157	–	62	–	62	–
青岛海尔国际贸易有限公司	84	–	84	–	78	–	78	–
中国石油天然气第七建设公司	–	–	–	–	1 003	1 003	–	–
青岛城建集团有限公司	–	–	–	–	59	59	–	–
青岛远达对外经济合作有限公司	416	–	416	–	989	–	989	–
中国青岛环太经济技术合作公司	1 368	–	1 368	–	587	–	587	–
河南省	**27 038**	**23 090**	**3 945**	**3**	**18 902**	**14 910**	**3 870**	**122**
河南第二火电建设公司	–	–	–	–	129	129	–	–
河南省对外劳务合作公司	290	–	290	–	972	–	972	–
中铁第十五工程局	–	–	–	–	68	68	–	–
河南省建筑工程总公司	710	710	–	–	764	764	–	–
水利部黄河水利委员会勘测规划设计院	–	–	–	–	–	–	–	–
河南省地矿建设工程(集团)有限公司	110	110	–	–	65	65	–	–
河南金城国际经济技术合作公司	–	–	–	–	227	–	227	–
中国石化集团洛阳石油化工工程公司	–	–	–	–	–	–	–	–
安阳化学工业集团有限责任公司	3 228	3 228	–	–	2 275	2 275	–	–
濮阳国际经济技术合作公司	394	–	394	–	391	–	391	–
许昌大成建设(集团)有限责任公司	330	330	–	–	312	312	–	–

2001 年中国国外经济合作新签合同额、完成营业额分公司总值

金额单位:万美元

企业名称	新签合同额				完成营业额			
	合计	承包工程	劳务合作	设计咨询	合计	承包工程	劳务合作	设计咨询
许继集团有限公司	4 060	4 060	–	–	1 200	1 200	–	–
商丘国际经济技术合作公司	220	–	220	–	238	–	238	–
河南第一火电建设公司	–	–	–	–	400	400	–	–
中国石化集团河南石油勘探局	8	8	–	–	119	119	–	–
河南省水利电力对外公司	483	–	483	–	1 213	1 044	169	–
中原石油勘探局	10 200	10 200	–	–	6 111	6 111	–	–
郑州铁路工程总公司	–	–	–	–	50	50	–	–
中国化学工程第十一建设公司	120	120	–	–	620	620	–	–
机械工业部第四设计研究院(河南)	3	–	–	3	269	147	–	122
洛阳有色金属加工设计研究院	16	16	–	–	11	11	–	–
洛阳国际经济合作公司	62	–	62	–	21	–	21	–
安阳国际经济技术合作公司	230	–	230	–	37	–	37	–
河南省第二建筑工程有限责任公司	465	465	–	–	26	26	–	–
机械工业部第十设计研究院(河南)	7	7	–	–	26	26	–	–
中国河南国际合作集团有限公司	5 708	3 836	1 872	–	2 844	1 543	1 301	–
河南新县对外劳务合作公司	394	–	394	–	514	–	514	–
河南省交通工程建设集团有限公司	–	–	–	–	–	–	–	–
湖北省	**12 028**	**8 932**	**3 006**	**90**	**14 653**	**9 918**	**4 589**	**146**
国家电力公司中南电力设计院	25	4	–	21	175	157	–	18
湖北省水利水电建设总公司	103	82	21	–	61	13	48	–
中国化学工程第六建设公司	–	–	–	–	2	2	–	–
中国湖北国际经济技术合作公司	404	–	404	–	208	55	153	–

2001 年中国国外经济合作新签合同额、完成营业额分公司总值

金额单位:万美元

企业名称	新签合同额				完成营业额			
	合计	承包工程	劳务合作	设计咨询	合计	承包工程	劳务合作	设计咨询
湖北建材工贸集团公司	–	–	–	–	48	30	18	–
湖北省机械设备进出口公司	16	–	16	–	2 403	2 400	3	–
中国十五冶金建设有限公司	439	439	–	–	475	466	9	–
中国轻工业武汉设计院	–	–	–	–	10	–	–	10
湖北晴川国际海员劳务开发公司	1	–	1	–	166	–	166	–
中国葛洲坝水利水电工程集团公司	132	132	–	–	2 744	2 744	–	–
湖北大地国际经济技术合作有限公司	3	–	3	–	263	26	237	–
长江水利委员会长江勘测规划设计研究院	114	114	–	–	83	83	–	–
中铁大桥局集团有限公司(湖北)	60	60	–	–	1 867	1 858	4	5
冶金工业部武汉勘察研究院	18	–	–	18	15	–	–	15
湖北美尔雅纺织服装实业(集团)公司	79	–	79	–	58	–	58	–
黄石国际经济技术合作公司	31	–	31	–	54	–	54	–
十堰国际经济技术合作公司	33	–	33	–	44	–	44	–
襄樊市国际经济技术合作公司	–	–	–	–	19	–	19	–
黄岗国际经济技术合作公司	10	–	10	–	40	–	40	–
湖北孝感国际经济技术合作建筑有限责任公司	8	–	8	–	4	–	4	–
湖北省咸宁市国际经济技术合作公司	36	–	36	–	4	–	4	–
宜昌国际经济技术合作公司	110	74	36	–	71	68	3	–
湖北省国际劳务合作有限公司	129	–	129	–	492	–	492	–
湖北省建筑工程集团有限公司	108	108	–	–	212	212	–	–
中国五环化学工程公司	128	112	–	16	205	151	–	54
凌云科技集团有限责任公司	296	270	26	–	291	227	64	–

2001年中国国外经济合作新签合同额、完成营业额分公司总值

金额单位:万美元

企业名称	新签合同额				完成营业额			
	合计	承包工程	劳务合作	设计咨询	合计	承包工程	劳务合作	设计咨询
长江航道工程局	233	162	71	–	77	59	18	–
武汉建工(集团)有限公司	100	85	15	–	308	293	15	–
武汉锅炉集团有限公司	–	–	–	–	66	66	–	–
武汉市市政工程总公司	420	420	–	–	155	155	–	–
武汉钢铁设计研究院	144	144	–	–	60	51	–	9
中国第一冶金建设公司	3 662	3 650	12	–	585	582	3	–
中国长江航运集团对外经济技术合作总公司	564	–	564	–	502	–	502	–
中国武汉国际经济技术合作公司	4 558	3 047	1 511	–	2 822	199	2 623	–
铁道部第四勘测设计院	29	29	–	–	29	21	8	–
武汉市建筑设计院	35	–	–	35	35	–	–	35
湖南省	**17 540**	**13 751**	**3 246**	**543**	**21 457**	**17 668**	**3 663**	**126**
湖南省送变电建设公司	–	–	–	–	10	10	–	–
湖南省建筑工程集团总公司	160	160	–	–	559	546	13	–
中国水利水电第八工程局	2 930	2 930	–	–	4 481	4 481	–	–
湖南省公路桥梁建设总公司	–	–	–	–	3 350	3 350	–	–
中国化学工程第四建设公司	256	256	–	–	310	310	–	–
中国有色金属工业第二十三冶金建设公司	–	–	–	–	42	42	–	–
湖南国际经济技术合作公司	1 343	212	1 123	8	867	232	625	10
长沙有色冶金设计研究院	110	–	–	110	20	–	–	20
湖南交通国际经济工程合作公司	–	–	–	–	2 214	2 214	–	–
中国轻工业长沙设计院	335	46	–	289	35	27	–	8
长沙冶金设计研究院	86	3	–	83	40	3	–	37

2001年中国国外经济合作新签合同额、完成营业额分公司总值

金额单位:万美元

企业名称	新签合同额				完成营业额			
	合计	承包工程	劳务合作	设计咨询	合计	承包工程	劳务合作	设计咨询
湖南环球(集团)公司	1 207	–	1 207	–	1 241	–	1 241	–
湖南环达公路桥梁建设总公司	–	–	–	–	2 350	2 350	–	–
湖南省机械进出口有限公司	261	–	261	–	88	–	88	–
长沙市对外经济贸易公司	245	–	245	–	404	–	404	–
湖南省电力勘测设计院	574	574	–	–	341	341	–	–
湖南株州海外国际合作有限公司	70	–	70	–	54	–	54	–
衡阳市第三建筑工程公司	205	205	–	–	205	205	–	–
湖南岳阳工程公司	–	–	–	–	37	37	–	–
岳阳市公路桥梁基建总公司	5 546	5 546	–	–	943	943	–	–
岳阳市建筑设计院	–	–	–	–	19	19	–	–
湖南益阳工程公司	–	–	–	–	160	160	–	–
湖南省郴州建设工程集团有限公司	31	31	–	–	16	16	–	–
湖南省怀化公路桥梁建设总公司	2 307	2 307	–	–	781	781	–	–
湖南省进出口公司	165	–	165	–	1 153	–	1 153	–
湖南省机械设备进出口公司	900	900	–	–	300	300	–	–
南方航空动力机械进出口公司	39	–	39	–	9	–	9	–
湖南省华隆进出口公司	136	–	136	–	76	–	76	–
湖南化学工业设计院	3	–	–	3	3	–	–	3
湖南省农林工业勘察设计研究总院	–	–	–	–	775	775	–	–
湖南省建筑设计院	–	–	–	–	27	16	–	11
机械工业部第八设计研究院	50	–	–	50	36	–	–	36
国家电力公司中南勘测设计研究院	31	31	–	–	1	–	–	1

2001年中国国外经济合作新签合同额、完成营业额分公司总值

金额单位:万美元

企业名称	新签合同额				完成营业额			
	合计	承包工程	劳务合作	设计咨询	合计	承包工程	劳务合作	设计咨询
岳阳市市政建设总公司	–	–	–	–	290	290	–	–
湖南省沙坪建筑有限公司	550	550	–	–	220	220	–	–
广东省	**82 289**	**60 462**	**21 761**	**66**	**50 792**	**32 006**	**18 519**	**267**
汕头国际经济技术合作公司	123	–	123	–	75	–	75	–
广州铁路集团对外经济贸易发展总公司	101	101	–	–	101	101	–	–
中国轻工业广州设计院	54	–	–	54	40	–	–	40
中国广东国际合作(集团)公司	128	–	128	–	1 197	1 023	174	–
中国广东对外劳务经济合作公司	1 716	–	1 716	–	4 372	–	4 372	–
广东省建筑工程集团有限公司	150	150	–	–	80	80	–	–
广东省冶金工业进出口总公司	250	–	250	–	25	–	25	–
广东省南粤进出口公司	1 915	–	1 915	–	231	–	231	–
广东省源大水利水电集团有限公司	–	–	–	–	2 765	2 765	–	–
广东海外建设总公司	5 196	5 196	–	–	4 720	4 716	4	–
广东省石油化工建设(集团)公司	26	26	–	–	22	22	–	–
江门甘蔗化工厂(集团)股份有限公司	46	46	–	–	29	29	–	–
广东省机械进出口集团公司	2 588	2 588	–	–	2 588	2 588	–	–
中国成套设备进出口广州股份有限公司	2	–	2	–	117	–	117	–
珠海国际经济技术合作公司	5 447	4 957	490	–	1 761	1 443	318	–
江门对外劳动服务公司	702	–	702	–	1 323	–	1 323	–
珠海对外劳务合作公司	1 021	–	1 021	–	905	–	905	–
广东省第七建筑集团有限公司	1 566	1 566	–	–	1 664	1 664	–	–
广东开平二建集团股份有限公司	6 007	6 007	–	–	910	910	–	–

2001 年中国国外经济合作新签合同额、完成营业额分公司总值

金额单位:万美元

企业名称	新签合同额				完成营业额			
	合计	承包工程	劳务合作	设计咨询	合计	承包工程	劳务合作	设计咨询
中山国际经济技术合作公司	507	415	92	–	60	48	12	–
广东省电力设计研究院	146	146	–	–	132	109	–	23
广东省水利电力勘测设计院	490	490	–	–	64	64	–	–
广东国际技术合作实业集团有限公司	11 449	3 322	8 127	–	7 021	1 562	5 459	–
广州市第二建筑工程有限公司	–	–	–	–	7	7	–	–
广州钢铁企业集团有限公司	1	1	–	–	1	1	–	–
广州中海劳务合作有限公司	421	–	421	–	396	–	396	–
中国广州国际经济技术合作公司	6 147	–	6 147	–	5 434	1 105	4 329	–
广州对外经济发展总公司	1 563	1 306	257	–	1 254	1 051	203	–
广州市建筑集团有限公司	–	–	–	–	224	224	–	–
广州工程总承包集团有限公司	21	21	–	–	17	17	–	–
广州市设计院	23	23	–	–	152	152	–	–
广州工程总承包设计院	10	10	–	–	2	2	–	–
广东省建筑设计院	–	–	–	–	192	–	–	192
广东省石油化工设计院	12	–	–	12	12	–	–	12
广东省汕尾市对外劳动服务公司	–	–	–	–	23	–	23	–
广东开平三建集团有限公司	–	–	–	–	20	20	–	–
深圳市	**34 461**	**34 091**	**370**	**–**	**12 856**	**12 303**	**553**	**–**
中国对外贸易开发总公司	–	–	–	–	12	–	12	–
深圳市对外劳动服务公司	175	–	175	–	297	–	297	–
深圳地质建设工程公司	667	667	–	–	226	226	–	–
中国深圳国际合作(集团)股份有限公司	118	–	118	–	216	92	124	–

2001 年中国国外经济合作新签合同额、完成营业额分公司总值

金额单位:万美元

企业名称	新签合同额				完成营业额			
	合计	承包工程	劳务合作	设计咨询	合计	承包工程	劳务合作	设计咨询
深圳市建设投资控股公司	2 236	2 236	–	–	1 591	1 591	–	–
中国化学工程深圳公司	65	65	–	–	20	20	–	–
华为技术有限公司	11 995	11 995	–	–	6 631	6 631	–	–
深圳市国际人才劳务经济发展有限公司	77	–	77	–	120	–	120	–
深圳市天健(集团)股份有限公司	–	–	–	–	300	300	–	–
深圳市怡禾进出口股份有限公司	2 600	2 600	–	–	130	130	–	–
深圳市中兴通信股份有限公司	16 528	16 528	–	–	3 313	3 313	–	–
广西壮族自治区	**1 530**	**1 238**	**292**	**–**	**1 585**	**1 164**	**421**	**–**
广西国际经济技术合作公司	918	642	276	–	387	78	309	–
广西建筑综合设计院	12	12	–	–	10	10	–	–
广西公路桥梁工程总公司	–	–	–	–	188	188	–	–
广西对外建筑工程总公司	74	74	–	–	153	133	20	–
广西建工集团第一建筑设备安装工程有限责任公司	41	41	–	–	22	22	–	–
南宁国际经济技术合作公司	–	–	–	–	218	179	39	–
广西建工集团第五建筑工程有限责任公司	–	–	–	–	140	140	–	–
广西梧州国际经济技术合作公司	–	–	–	–	33	33	–	–
防城港国际经济技术合作有限责任公司	400	396	4	–	48	44	4	–
广西凭祥对外经济技术合作公司	73	73	–	–	208	208	–	–
北海海外经济技术合作公司	4	–	4	–	23	–	23	–
广西玉林国际经济技术合作公司	–	–	–	–	155	129	26	–
柳州市国际经济技术合作公司	8	–	8	–	–	–	–	–
海南省	**1 763**	**1 637**	**126**	**–**	**439**	**361**	**78**	**–**

2001年中国国外经济合作新签合同额、完成营业额分公司总值

金额单位:万美元

企业名称	新签合同额				完成营业额			
	合计	承包工程	劳务合作	设计咨询	合计	承包工程	劳务合作	设计咨询
海南省建筑工程总公司	448	448	–	–	–	–	–	–
中国海南省国际经济技术合作公司	1 315	1 189	126	–	439	361	78	–
重庆市	**3 399**	**1 468**	**1 931**	**–**	**4 094**	**1 898**	**2 196**	**–**
重庆市万州国际经济技术合作公司	–	–	–	–	14	–	14	–
重庆市涪陵国际经济合作有限公司	360	–	360	–	633	–	633	–
重庆钢铁集团有限公司	–	–	–	–	4	–	4	–
重庆建工集团有限责任公司	–	–	–	–	950	950	–	–
西南铝加工厂	58	–	58	–	23	–	23	–
重庆对外建设总公司	144	103	41	–	130	98	32	–
重庆国际经济技术合作公司	2 837	1 365	1 472	–	2 340	850	1 490	–
四川省	**66 029**	**56 689**	**8 974**	**366**	**43 482**	**39 921**	**3 511**	**50**
四川省机械设备进出口公司	28 131	28 131	–	–	17 511	17 511	–	–
中国四川国际经济技术合作公司	1 385	396	989	–	273	75	198	–
四川公路桥梁建设集团有限公司	–	–	–	–	1 168	1 168	–	–
四川东方电力设备联合公司	22 454	22 454	–	–	17 174	17 174	–	–
四川省对外劳务经济合作有限公司	1 650	–	1 650	–	406	–	406	–
四川省电力进出口公司	288	120	168	–	212	110	102	–
四川省外经实业股份有限公司	1 700	–	1 700	–	689	–	689	–
中国第五冶金建设公司	–	–	–	–	266	266	–	–
四川星城外经合作公司	1 383	–	1 383	–	498	–	498	–
四川省攀枝花建设总公司	–	–	–	–	92	–	92	–
四川省外国企业服务有限责任公司	114	–	114	–	–	–	–	–

2001年中国国外经济合作新签合同额、完成营业额分公司总值

金额单位：万美元

企业名称	新签合同额				完成营业额			
	合计	承包工程	劳务合作	设计咨询	合计	承包工程	劳务合作	设计咨询
中国华西企业公司	1 759	1 759	–	–	122	122	–	–
四川石油管理局	1 586	1 586	–	–	858	858	–	–
成都市建筑工程总公司	–	–	–	–	26	–	26	–
中国成达化学工程总公司	745	379	–	366	300	250	–	50
四川省川北电信工程有限公司	78	78	–	–	–	–	–	–
川铁国际经济技术合作有限公司	1 645	1 586	59	–	1 731	1 653	78	–
四川省遂宁市寰宇对外劳务合作有限公司	2 150	–	2 150	–	578	–	578	–
中国成都国际合作股份有限公司	961	200	761	–	1 578	734	844	–
贵州省	**4 532**	**4 486**	**46**	**–**	**7 800**	**7 484**	**316**	**–**
中铁五局集团有限公司	1 486	1 486	–	–	1 284	1 284	–	–
中国贵州国际经济技术合作公司	5	–	5	–	–	–	–	–
中国贵航集团西秀进出口公司	29	–	29	–	296	–	296	–
贵州省桥梁工程总公司	3 012	3 000	12	–	6 220	6 200	20	–
云南省	**20 141**	**19 048**	**217**	**876**	**20 317**	**20 023**	**55**	**239**
云南省机床机电设备总公司	401	401	–	–	302	302	–	–
云南省机械设备成套局	78	78	–	–	76	76	–	–
昆明有色冶金设计研究院	5	5	–	–	3	3	–	–
小额边境贸易企业	938	938	–	–	964	964	–	–
中国云南国际经济技术合作公司	768	642	126	–	1 820	1 796	24	–
云南建工集团总公司	431	374	57	–	93	81	12	–
云南省机械设备进出口公司	–	–	–	–	1 098	1 098	–	–
云南省机械进出口公司	2 300	2 300	–	–	1 500	1 500	–	–

2001 年中国国外经济合作新签合同额、完成营业额分公司总值

金额单位:万美元

企业名称	新签合同额				完成营业额			
	合计	承包工程	劳务合作	设计咨询	合计	承包工程	劳务合作	设计咨询
中国成套设备进出口云南股份有限公司	2 080	2 080	–	–	1 980	1 980	–	–
中国云南公路桥梁工程总公司	1 500	1 500	–	–	180	180	–	–
云南地矿勘查工程总公司	960	100	–	860	85	11	–	74
中国有色金属工业第十四冶金建设公司	–	–	–	–	180	180	–	–
昆明国际经济技术合作公司	34	–	34	–	132	130	2	–
云南省德宏州进出口公司	2 601	2 601	–	–	2 563	2 563	–	–
瑞丽市进出口公司	–	–	–	–	500	500	–	–
中国水利水电昆明国际公司	–	–	–	–	80	53	–	27
云南省公路规划勘察设计院	–	–	–	–	15	15	–	–
国家电力公司昆明勘测设计研究院	49	33	–	16	162	10	17	135
国家林业局勘察设计院	–	–	–	–	3	–	–	3
云南省公路桥梁工程有限公司	2 981	2 981	–	–	5 544	5 544	–	–
云南官房建筑集团有限公司	165	165	–	–	–	–	–	–
玉溪市进出口公司	363	363	–	–	241	241	–	–
云南德宏国际经济技术合作有限责任公司	2 806	2 806	–	–	2 067	2 067	–	–
文山州国际经济技术合作有限责任集团公司	1 681	1 681	–	–	729	729	–	–
陕西省	**22 281**	**19 674**	**1 990**	**617**	**10 199**	**8 569**	**1 204**	**426**
中国陕西国际经济技术合作公司	74	–	74	–	60	–	49	11
中国机械工业第三安装工程公司	294	294	–	–	319	319	–	–
中国第十冶金建设公司	–	–	–	–	980	980	–	–
华山国际工程公司	695	695	–	–	1 588	1 578	10	–
西安天宝国际公司	66	66	–	–	24	24	–	–

2001 年中国国外经济合作新签合同额、完成营业额分公司总值

金额单位:万美元

企业名称	新签合同额				完成营业额			
	合计	承包工程	劳务合作	设计咨询	合计	承包工程	劳务合作	设计咨询
西安国际经济技术贸易公司	1 636	587	1 049	–	1 396	531	865	–
西安市机械进出口公司	13	–	13	–	6	–	6	–
西安西电进出口有限责任公司	10 319	10 319	–	–	2 496	2 496	–	–
陕西省机械设备进出口公司	2	–	2	–	42	15	27	–
秦海国际工程总公司	386	386	–	–	661	641	20	–
机械工业部第七设计研究院	146	146	–	–	113	113	–	–
中铁一局集团有限公司	223	223	–	–	1 592	1 592	–	–
西安石油勘探仪器总厂	90	–	90	–	–	–	–	–
陕西省路桥工程总公司	–	–	–	–	157	157	–	–
中国华陆工程公司	1	1	–	–	108	108	–	–
西飞集团进出口公司	16	–	16	–	11	–	11	–
西北电力集团国际经贸有限责任公司	291	–	291	–	62	–	62	–
煤炭工业部西安设计研究院	–	–	–	–	10	–	6	4
国家电力公司西北电力设计院	650	33	–	617	324	15	–	309
长庆石油勘探局	7 254	6 924	330	–	60	–	60	–
陕西信泽对外经济技术有限公司	125	–	125	–	88	–	88	–
国家电力公司西北勘测设计研究院	–	–	–	–	–	–	–	–
煤航(集团)实业发展有限公司	–	–	–	–	102	–	–	102
甘肃省	**7 357**	**6 410**	**885**	**62**	**5 395**	**4 851**	**483**	**61**
甘肃省送变电工程总公司	91	–	91	–	19	–	19	–
甘肃地质工程总公司	1 587	1 587	–	–	255	255	–	–
甘肃海外工程总公司	227	227	–	–	1 792	1 792	–	–

2001年中国国外经济合作新签合同额、完成营业额分公司总值

金额单位:万美元

企业名称	新签合同额				完成营业额			
	合计	承包工程	劳务合作	设计咨询	合计	承包工程	劳务合作	设计咨询
中国石化集团兰州设计院	60	–	–	60	60	–	–	60
中国石油兰州炼油化工总厂	592	–	592	–	240	–	240	–
中国甘肃国际经济技术合作公司	4 679	4 530	149	–	2 916	2 770	146	–
甘肃对外经济发展公司	119	66	53	–	112	34	78	–
兰州有色冶金设计研究院	2	–	–	2	1	–	–	1
青海省	**12**	**12**	**–**	**–**	**11**	**11**	**–**	**–**
青海火电工程公司	12	12	–	–	11	11	–	–
宁夏回族自治区	**650**	**400**	**250**	**–**	**353**	**69**	**284**	**–**
宁夏二建集团有限责任公司	400	400	–	–	79	44	35	–
宁夏送变电工程公司	–	–	–	–	3	3	–	–
宁夏伊斯兰地质工程公司	–	–	–	–	22	22	–	–
中国宁夏伊斯兰国际经济合作公司	–	–	–	–	–	–	–	–
宁夏中建工程公司	250	–	250	–	249	–	249	–
新疆维吾尔自治区	**2 843**	**2 763**	**80**	**–**	**2 177**	**2 141**	**36**	**–**
新疆机械化工五金矿产轻工业进出口公司	80	–	80	–	36	–	36	–
新疆国际经济合作公司	323	323	–	–	337	337	–	–
新疆电力安装公司	–	–	–	–	45	45	–	–
吐哈石油勘探开发指挥部	800	800	–	–	458	458	–	–
新疆石油管理局	1 640	1 640	–	–	919	919	–	–
独山子炼油化工建设(集团)有限公司	–	–	–	–	382	382	–	–

2001 年末中国在国外从事国外经济合作的人数

企 业 名 称	年末在外人数（人）			
	合计	承包工程	劳务合作	设计咨询
合　　计	**475 176**	**59 968**	**414 658**	**550**
中央合计	**57 615**	**22 069**	**35 440**	**106**
中国航空技术国际工程公司	325	258	67	–
中国机械设备成套公司	–	–	–	–
中国南光进出口总公司	538	–	538	–
中国寰球化学工程公司	255	255	–	–
中海海员对外技术服务有限公司	3 673	–	3 673	–
中国四达国际经济技术合作公司	105	–	105	–
中国电线电缆进出口联营公司	58	58	–	–
中国地质工程集团公司	735	735	–	–
中国水利电力对外公司	477	477	–	–
中国出国人员服务总公司	443	–	443	–
中国电子系统工程总公司	1 072	1 072	–	–
中国通信建设总公司	21	21	–	–
中国化学工程总公司	338	338	–	–
中国（水产）总公司	1 365	1 297	68	–
国华国际工程承包公司	160	34	126	–
中国电力建设工程咨询公司	10	–	10	–
中国广播电视国际经济技术合作总公司	1	1	–	–
中国国际计算机软件工程公司	950	–	950	–
中国水利水电工程总公司	231	231	–	–
中国医疗卫生对外技术合作公司	130	–	130	–
中国航空工业规划设计研究院	–	–	–	–
中国对外建设总公司	22	22	–	–
中国凯城国际工程公司	39	–	39	–
中国轻工国际工程设计院	4	–	4	–
中国国际人才开发中心	95	–	95	–
中信国际合作公司	150	150	–	–
中远对外劳务合作公司	7 168	–	7 168	–
中国电子国际经济合作公司	286	–	286	–
中地石油工程有限公司	89	89	–	–
中国交远国际经济技术合作公司	731	26	705	–

2001年末中国在国外从事国外经济合作的人数

企 业 名 称	年末在外人数（人）			
	合计	承包工程	劳务合作	设计咨询
国旅集团海外经济合作公司	191	–	191	–
中国华联国际贸易公司	14	–	14	–
中国成套设备进出口（集团）总公司	1 201	169	1 032	–
长城国际经济技术合作有限责任公司	32	30	2	–
中国五矿集团	14	–	14	–
中国石油工程建设（集团）总公司	721	706	15	–
中国煤炭海外开发公司	82	82	–	–
中国路桥（集团）总公司	959	959	–	–
中国化工进出口总公司	213	–	213	–
中国机械对外经济技术合作公司	126	–	126	–
中国国际企业合作公司	213	–	213	–
中国海外经济合作总公司	35	35	–	–
中煤建设集团公司	96	96	–	–
中汽对外经济合作总公司	–	–	–	–
中国电力技术进出口公司	1 000	409	591	–
中海国际石油工程有限责任公司	175	175	–	–
中外园林建设总公司	866	–	866	–
中水远洋渔业有限责任公司	3 120	2 888	232	–
中土蓄劳务合作有限公司	634	–	634	–
中设国际工程有限责任公司	70	70	–	–
中房集团海外发展有限公司	10	10	–	–
中油国际工程有限责任公司	763	–	763	–
华北电力国际工程有限责任公司	54	1	53	–
中民国际经济合作公司	825	–	825	–
远大国际经济合作有限责任公司	316	27	289	–
长城钻井公司	–	–	–	–
中国体育国际经济技术合作公司	29	–	29	–
中国电工设备总公司	25	25	–	–
中铁第十六工程局	43	43	–	–
中国国际技术智力合作公司	5 988	–	5 988	–
中国石化工程建设公司	73	73	–	–
中国港湾建设（集团）总公司	346	302	44	–

2001 年末中国在国外从事国外经济合作的人数

企业名称	年末在外人数（人）			
	合计	承包工程	劳务合作	设计咨询
中工国际工程股份有限公司中国化工建设总公司	389	389	–	–
中国化工建设总公司	45	45	–	–
中国土木工程集团公司	2 696	1 237	1 459	–
中国机械进出口（集团）有限公司	395	395	–	–
中国国际海洋石油工程公司	–	–	–	–
中国冶金建设集团公司	147	147	–	–
中国船舶工业贸易公司	75	51	21	3
中国建筑工程总公司	7 313	5 404	1 899	10
中国轻工业对外经济技术合作公司	1 684	24	1 660	–
中国中原对外工程公司	64	64	–	–
中国有色金属建设股份有限公司	130	99	31	–
中国林业国际合作集团公司	18	–	18	–
中国纺织工业对外经济技术合作公司	21	11	10	–
中国机床总公司	7	7	–	–
中国瑞宝国际合作公司	26	–	26	–
中国海洋航空集团公司	1 724	–	1 724	–
中国万宝工程公司	565	562	3	–
中国石油技术开发公司	843	843	–	–
中国海外工程总公司	1 292	536	756	–
中国铁路建设总公司	1 128	90	1 038	–
中国铁路工程总公司	754	704	50	–
北京有色冶金设计研究总院	18	–	–	18
中国京冶建设工程承包公司	123	123	–	–
中国建材工业对外经济技术合作公司	310	53	197	–
北京国电华北电力工程有限公司	32	30	–	2
河北建厂工程局	14	7	7	–
建设综合勘察研究设计院	97	84	–	13
铁道专业设计院	–	–	–	–
地方合计	**417 561**	**37 899**	**379 218**	**444**
北京市	**3 494**	**2 129**	**1 353**	**12**
中国电气进出口联营公司	5	5	–	–
中国友发国际工程设计咨询公司	38	–	29	9

2001年末中国在国外从事国外经济合作的人数

企 业 名 称	年末在外人数（人）			
	合计	承包工程	劳务合作	设计咨询
北京市外国企业服务总公司	69	–	69	–
北京市建筑设计研究院	3	–	–	3
北京市八仙房地产开发有限责任公司	66	66	–	–
北京市政工程总公司	34	24	10	–
北京市地质矿产勘查开发总公司	31	31	–	–
清华同方股份有限公司	–	–	–	–
北京房屋管理建设经营有限责任公司	–	–	–	–
北京住总集团有限责任公司	1 827	1 827	–	–
中国首钢国际贸易工程公司	196	7	189	–
中国北京国际经济合作公司	699	5	694	–
巨龙信息技术有限责任公司	10	10	–	–
北京市第二房屋修建工程公司	30	30	–	–
北京建工集团有限责任公司	318	–	318	–
北京振冲工程股份有限公司	–	–	–	–
北京城建国际工程有限责任公司	167	123	44	–
北京市政工程设计研究院	1	1	–	–
天津市	**10 969**	**791**	**10 169**	**9**
天津市天海集团有限公司	110	–	110	–
天津机械进出口集团有限公司	37	–	37	–
天津港海员对外技术服务公司	139	–	139	–
天津市地质工程勘察院	–	–	–	–
天津五金矿产进出口集团有限公司	8	–	8	–
大港油田集团有限责任公司	27	27	–	–
中铁第十八工程局	56	56	–	–
天津渤海化工集团公司	11	–	11	–
北方国际集团天津亿利达集团有限公司	34	–	34	–
铁道部第三勘测设计院	4	–	2	2
中国天辰化学工程公司	–	–	–	–
天津机械设备进出口公司	–	–	–	–
天津海河国际劳务工程公司	1 589	1	1 588	–
天津水泥工业设计研究院	–	–	–	–
中国成套设备进出口天津公司	8	–	8	–

2001年末中国在国外从事国外经济合作的人数

企业名称	年末在外人数（人）			
	合计	承包工程	劳务合作	设计咨询
天津五市政公路工程有限公司	–	–	–	–
中国天津国际经济技术合作公司	7 505	412	7 091	2
天津和平建工集团有限公司	–	–	–	–
天津华北有色建设工程公司	10	10	–	–
机械工业第五设计研究院	–	–	–	–
天津市海岸带公司	–	–	–	–
天津市化工设计院	–	–	–	–
天津市建筑设计院	2	–	–	2
天津城建集团有限公司	–	–	–	–
海洋石油工程股份有限公司	137	137	–	–
水利部天津勘测设计研究院	5	–	2	3
天津市市政工程设计研究院	–	–	–	–
天津远洋运输公司	1 136	–	1 136	–
天津建工集团总公司	151	148	3	–
河北省	**11 515**	**827**	**10 655**	**33**
中国化学工程总公司第十三建设公司	–	–	–	–
中国耀华玻璃集团公司	174	–	174	–
华北有色工程勘察院	10	10	–	–
华北石油管理局	375	375	–	–
河北国际经济技术合作公司	640	6	634	–
地质矿产部河北工程勘察总公司	81	32	49	–
河北省进出口贸易公司	42	–	42	–
河北省机械进出口公司	14	–	14	–
河北省纺织品进出口（集团）公司	113	–	113	–
北方设计研究院	12	–	3	9
核工业第四研究设计院	11	–	4	7
河北省第四建筑工程公司	105	–	105	–
中国石油天然气管道工程有限公司	37	35	–	2
河北建工集团有限责任公司	961	–	961	–
石家庄建工集团公司	797	–	797	–
石家庄国际经济技术合作公司	2 649	–	2 649	–
唐山国际工程总公司	1 603	–	1 603	–

2001年末中国在国外从事国外经济合作的人数

企业名称	年末在外人数（人）			
	合计	承包工程	劳务合作	设计咨询
中国建筑材料工业建设唐山安装工程公司	80	–	80	–
中国第二十二冶建设公司	8	–	8	–
中国唐山对外经济技术合作有限公司	348	–	348	–
河北省秦皇岛市第三建筑公司	69	69	–	–
秦皇岛海港第一建筑工程公司	–	–	–	–
河北秦皇岛渤海铝幕墙装饰工程有限公司	94	94	–	–
邯郸建工集团有限公司	–	–	–	–
河北新兴铸管集团有限责任公司	10	7	–	3
河北邢台路桥建设总公司	623	–	623	–
保定国际经济技术合作公司	504	–	504	–
张家口对外劳务工程总公司	–	–	–	–
邢台对外经济技术合作公司	251	80	171	–
承德对外合作公司	118	–	118	–
河北省沧州市第一建筑工程有限公司	–	–	–	–
秦皇岛国际经济技术合作公司	163	–	163	–
河北公路工程建设集团有限公司	–	–	–	–
河北省纺织建筑设计院	2	–	–	2
河北省水利工程局	2	2	–	–
河北太行水泥股份有限公司	100	–	100	–
廊坊对外经济合作有限公司	65	–	65	–
邯郸钢铁集团有限责任公司设计院	10	–	–	10
河北建设集团有限公司	253	–	253	–
辰光集团公司	178	88	90	–
中铁建厂工程局	566	–	566	–
中国石油集团地球物理勘察局	29	29	–	–
沧州对外经济技术合作有限公司	379	–	379	–
衡水国际经济合作有限责任公司	39	–	39	–
中国华北冶金建设公司	–	–	–	–
山西省	**1 539**	**230**	**1 309**	**–**
中国第十三冶金建设公司	44	32	12	–
山西省路桥建设总公司	12	12	–	–
山西四建集团有限公司	103	–	103	–

2001年末中国在国外从事国外经济合作的人数

企业名称	年末在外人数（人）			
	合计	承包工程	劳务合作	设计咨询
中铁三局集团有限公司	110	110	-	-
太原钢铁（集团）有限公司	3	-	3	-
煤炭工业部太原设计研究院	2	-	2	-
中国化学工程第二建设公司	-	-	-	-
中国山西国际经济技术合作公司	394	64	330	-
中铁十七工程局	12	12	-	-
太原国际经济技术合作公司	140	-	140	-
化学工业部第二设计院	-	-	-	-
山西建筑工程（集团）总公司	719	-	719	-
内蒙古自治区	**1 955**	**1 015**	**940**	**-**
中国第二冶金建设公司	-	-	-	-
中国内蒙古国际经济技术合作公司	125	-	125	-
内蒙古高等院校科技开发集团	2	-	2	-
内蒙古包头兴业集团股份有限公司	-	-	-	-
呼铁对外经济技术合作公司	10	-	10	-
中国冶金建设集团包头钢铁设计研究总院	23	23	-	-
呼伦贝尔国际经济技术合作公司	156	-	156	-
满洲里华运经济贸易公司	140	140	-	-
内蒙古满洲里东方国际贸易股份有限公司	110	-	110	-
满洲里国际经济技术合作公司	55	55	-	-
锡林郭勒国际经济技术合作公司	170	30	140	-
中国内蒙古森林工业集团有限责任公司	560	560	-	-
满洲里伟华经贸有限公司	8	8	-	-
满洲里国运经贸有限公司	-	-	-	-
二连浩特市华天对外贸易有限责任公司	13	-	13	-
内蒙古二连浩特国际经济技术合作公司	213	7	206	-
赤峰国际经济技术合作公司	112	-	112	-
满洲里银泉经贸有限公司	183	183	-	-
满洲里彩虹经贸有限公司	-	-	-	-
内蒙古新三维国际经济技术合作股份有限公司	75	9	66	-
辽宁省	**36 138**	**2 504**	**33 599**	**35**
辽宁省建设集团	95	26	69	-

2001年末中国在国外从事国外经济合作的人数

企 业 名 称	年末在外人数（人）			
	合计	承包工程	劳务合作	设计咨询
辽宁国际建设工程集团公司	51	3	48	–
辽宁金帝建设集团股份有限公司	90	64	26	–
抚顺中天建设（集团）有限公司	48	–	48	–
营口国际经济技术合作公司	715	–	715	–
阜新建设国际经济技术合作有限公司	20	11	9	–
辽宁国际贸易公司	1 017	36	981	–
辽宁省食品进出口公司	108	–	108	–
辽宁成大股份有限公司	–	–	–	–
辽宁华曦集团公司	483	–	483	–
辽宁日林建设集团有限公司	176	176	–	–
辽阳国际经济技术合作公司	616	–	616	–
中国铁路第十九工程局	13	13	–	–
辽河石油勘探局	47	47	–	–
铁岭国际经济技术合作公司	171	–	171	–
朝重集团有限责任公司	30	24	6	–
朝阳建设集团有限公司	119	100	19	–
鞍钢（集团）国贸经济贸易公司	145	145	–	–
鞍山第三冶金建设公司	226	4	222	–
鞍山焦化耐火材料设计研究总院	–	–	–	–
中国鞍山国际经济技术合作公司	1 054	79	975	–
鞍山市对外建筑工程承包（集团）公司	295	118	177	–
锦州华锦国际经贸（集团）公司	177	99	78	–
沈阳铁路局锦州工程集团有限责任公司	190	–	190	–
抚顺对外建设经济合作（集团）股份有限公司	2 054	371	1 683	–
中国辽宁国际经济技术合作有限责任公司	956	2	954	–
中国辽宁国际合作（集团）股份有限公司	5 058	83	4 975	–
本溪对外经济技术合作公司	1 273	–	1 273	–
丹东国际经济技术合作公司	271	–	271	–
北方国际电力工业有限公司	15	15	–	–
沈阳铝镁设计研究院	16	–	–	16
中国沈阳国际经济技术合作公司	3 277	674	2 603	–
沈阳对外经济建设总公司	263	–	263	–

2001年末中国在国外从事国外经济合作的人数

企业名称	年末在外人数（人）			
	合计	承包工程	劳务合作	设计咨询
沈阳海外建设集团有限公司	201	–	201	–
沈阳飞机工业（集团）有限公司	20	–	20	–
中煤工程设计咨询集团沈阳设计研究院	–	–	–	–
沈阳机床股份有限公司	3	–	3	–
中国建筑东北设计研究院	–	–	–	–
中冶建设集团鞍山冶金设计研究总院	36	–	20	16
辽宁国际劳务交流有限公司	515	–	515	–
大连市	**16 294**	**414**	**15 877**	**3**
大连医辽卫生对外技术合作公司	7	–	7	–
辽宁省大连海洋渔业集团公司	1 230	–	1 230	–
中国外运大连公司	1 425	–	1 425	–
大连经济技术开发区劳务公司	681	–	681	–
中国成套设备进出口大连公司	128	–	128	–
大连华孚进出口集团有限公司	29	–	29	–
大连华南国际经济技术合作公司	744	100	644	–
大连对外服务贸易集团有限公司	170	–	170	–
大连造船厂	95	–	95	–
大连亿达集团有限公司	45	–	45	–
大连电力建设有限公司	3	–	–	3
中国大连国际合作（集团）股份有限公司	7 992	309	7 683	–
大连港国际经济技术合作公司	440	–	440	–
大化国际经济贸易公司	6	–	6	–
大连市建设工程集团有限公司	35	1	34	–
大连三星国际建筑安装工程公司	256	–	256	–
大连水产集团远洋渔业公司	485	–	485	–
大连海达劳务技术合作公司	39	–	39	–
大连航运集团有限公司	539	–	539	–
大连渤海建筑集团有限公司	428	–	428	–
瓦房店市国际工程公司	4	4	–	–
中国出国人员服务总公司大连分公司	747	–	747	–
大连远洋对外劳务合作有限公司	766	–	766	–
吉林省	**32 048**	**1 874**	**30 170**	**4**

2001年末中国在国外从事国外经济合作的人数

企业名称	年末在外人数（人）			
	合计	承包工程	劳务合作	设计咨询
吉林省轻工业品进出口公司	93	−	93	−
吉林化学工业进出口公司	339	−	339	−
吉林省纺织进出口公司	8	−	8	−
吉林省农业对外经济技术合作公司	43	43	−	−
中国吉林国际经济技术合作公司	7 859	11	7 848	−
吉林省第一建筑公司	76	−	76	−
吉林省对外经济技术合作公司	370	−	370	−
国家电力公司东北电力设计院	−	−	−	−
中国吉林森工集团	118	118	−	−
吉林省对外经济发展总公司	2 205	−	2 205	−
水利部东北勘测设计研究院	4	−	−	4
吉林省对外经济贸易集团有限公司	2 390	39	2 351	−
吉林高速公路发展股份有限公司	11	11	−	−
吉林轻工股份有限公司	784	136	648	−
吉林国际人才技术交流公司	749	−	749	−
机械工业第九设计院	−	−	−	−
吉林省送变电工程公司	7	7	−	−
吉林化工工程公司	55	−	55	−
中油吉林化建工程股份集团有限公司	620	620	−	−
吉林冶金建设公司	93	−	93	−
吉林建设开发集团公司	48	−	48	−
吉林对外经济技术合作公司	77	40	37	−
吉林辽源对外经济技术合作公司	232	−	232	−
延边对外经济技术合作公司	2 209	584	1 625	−
延边海外经济技术合作公司	4 022	−	4 022	−
延边国际经济技术合作公司	1 708	−	1 708	−
珲春市大正贸易公司	77	−	77	−
珲春国际经济技术合作公司	15	−	15	−
吉林省海外建筑工程有限公司	1 149	125	1 024	−
通化金宝国际经济技术合作公司	50	22	28	−
吉林省新创国际工程有限公司	364	−	364	−
吉林省工程建设有限公司	216	40	176	−

2001年末中国在国外从事国外经济合作的人数

企业名称	年末在外人数（人）			
	合计	承包工程	劳务合作	设计咨询
中铁十三局集团有限公司	–	–	–	–
吉林省交通建设集团有限公司	–	–	–	–
长春对外劳务合作公司	217	–	217	–
长春星宇集团股份有限公司	2	2	–	–
长春建设股份有限公司	408	–	408	–
吉林省海外经济合作有限公司	962	–	962	–
中国长春国际经济技术合作公司	2 979	76	2 903	–
长春对外经济技术合作公司	1 479	–	1 479	–
长春建工集团吉洋建设股份有限公司	10	–	10	–
黑龙江省	**6 124**	**592**	**5 532**	**–**
黑河国际经济技术合作公司	26	–	26	–
黑龙江国际工程技术合作集团股份公司	3 245	48	3 197	–
齐齐哈尔国际经济技术合作公司	41	–	41	–
哈尔滨铁路局对外经济技术合作公司	42	–	42	–
黑龙江省森工对外经济贸易总公司	8	–	8	–
同江国际经济技术合作公司	–	–	–	–
牡丹江国际经济技术合作公司	56	–	56	–
中国黑龙江国际经济技术合作公司	238	12	226	–
黑龙江省民族经济开发总公司	–	–	–	–
黑龙江省粮油食品进出口（集团）公司	68	–	68	–
哈尔滨铁路局工程总承包公司	32	32	–	–
黑龙江省玄苑实业开发有限责任公司	48	–	48	–
黑龙江省瑞弛建设公司	197	–	197	–
黑龙江省大庆石油技术进出口公司	114	114	–	–
绥芬河市金地经贸有限责任公司	–	–	–	–
哈尔滨铁路局对外经济技术合作公司绥芬河公司	77	–	77	–
黑河榕富经济贸易公司	68	–	68	–
饶河县经济贸易开发有限公司	12	–	12	–
绥芬河市源丰经济贸易有限责任公司	–	–	–	–
绥芬河市兴建经济贸易公司	153	–	153	–
东宁县欣荣经济贸易公司	–	–	–	–
东宁县宏达经济贸易公司	28	–	28	–

2001年末中国在国外从事国外经济合作的人数

企业名称	年末在外人数（人）			
	合计	承包工程	劳务合作	设计咨询
黑龙江省虎林市电业边境经济贸易公司	–	–	–	–
黑河蓝天经济技术开发公司	117	–	117	–
密山市齐骋经济贸易有限公司	–	–	–	–
密山市经济技术合作公司	24	–	24	–
黑龙江省饶河县边境经济贸易公司	–	–	–	–
同江市红利红经济贸易有限责任公司	–	–	–	–
同江市天盟有限责任公司	–	–	–	–
伊春对外经济技术合作公司	31	–	31	–
虎林市吉龙边贸有限责任公司	–	–	–	–
黑龙江省华诚国际经济技术合作有限公司	632	–	632	–
哈尔滨中建工程有限公司	14	–	14	–
哈尔滨市第二建筑工程公司	29	–	29	–
哈尔滨对外经济技术合作公司	232	–	232	–
中国哈尔滨国际经济技术合作公司	153	–	153	–
哈尔滨电站工程有限责任公司	386	386	–	–
牡丹江国际经济技术合作公司绥芬河公司	–	–	–	–
东宁国际经济技术合作公司	53	–	53	–
上海市	**32 497**	**2 690**	**29 800**	**7**
中国二十冶外经贸公司	20	–	20	–
上海机械设备进出口公司	60	60	–	–
上海住总（集团）总公司	464	396	68	–
上海市机电设计研究院	–	–	–	–
上海市对外服务有限公司	2 100	–	2 100	–
上海对外劳务经贸合作有限公司	3 986	–	3 986	–
上海电气（集团）总公司	14	14	–	–
上海中海劳务合作有限公司	888	–	888	–
上海轻纺工业对外经济技术合作公司	2 271	–	2 271	–
上海建工（集团）总公司	839	839	–	–
华东电力对外经济贸易公司	3	–	3	–
华东建筑设计研究院有限公司	–	–	–	–
上海岩土工程勘察设计院	1	1	–	–
上海电信工程公司	263	263	–	–

2001年末中国在国外从事国外经济合作的人数

企业名称	年末在外人数（人）			
	合计	承包工程	劳务合作	设计咨询
上海核工程研究设计院	–	–	–	–
中国海底电缆建设公司	–	–	–	–
上海建筑装饰（集团）有限公司	23	23	–	–
上海中企建筑装饰工程有限公司	96	96	–	–
上海市东湖集团公司	235	–	235	–
上海对外建设公司	3	–	3	–
上海杨子江建筑安装工程有限公司	650	650	–	–
中国成套设备进出口上海公司	1 014	–	1 014	–
中国凯胜国际工程咨询公司	–	–	–	–
上海电力建设有限责任公司	–	–	–	–
上海水产（集团）总公司	627	–	627	–
上海海程经贸发展公司	164	–	164	–
上海园林（集团）公司	–	–	–	–
中国上海外经（集团）有限公司	13 561	51	13 507	3
中国华源集团有限公司	778	–	778	–
上海航空工业集团有限公司	178	–	178	–
上海市机械设备成套（集团）有限公司	–	–	–	–
上海隧道工程股份有限公司	108	108	–	–
上海机械进出口集团公司	321	–	321	–
东方集团对外经济技术合作有限公司	1 464	–	1 464	–
上海港口机械进出口有限公司	–	–	–	–
中远集装箱运输有限公司（上海）	1 370	–	1 370	–
上海黄浦对外经济技术合作公司	446	–	446	–
上海勘测设计研究院	4	–	–	4
上海振华港口机械股份有限公司	60	60	–	–
上海贝尔有限公司	49	49	–	–
上海城建（集团）公司	80	80	–	–
上海浦东国际经济技术合作公司	349	–	349	–
上海建筑设计研究院有限公司	–	–	–	–
上海现代建筑设计（集团）有限公司	8	–	8	–
江苏省	**65 369**	**8 500**	**56 852**	**17**
江苏省交通工程总公司	–	–	–	–

2001年末中国在国外从事国外经济合作的人数

企业名称	年末在外人数（人）			
	合计	承包工程	劳务合作	设计咨询
江苏省海外企业集团有限公司	258	–	258	–
江苏苏州第一建筑工程集团公司	31	31	–	–
镇江市建筑工程公司	492	422	70	–
中煤第五建设公司	446	446	–	–
江苏省建筑工程公司	156	4	152	–
中国石化集团江苏石油勘探公司	137	137	–	–
江苏省水利建设工程总公司	8	8	–	–
中国核工业华兴建设公司	63	63	–	–
南化集团建设公司	–	–	–	–
中设江苏机械设备进出口公司	–	–	–	–
江苏省建筑工程总公司	808	102	706	–
江苏交通建设集团有限公司	26	25	1	–
江苏建达建设股份有限公司	–	–	–	–
江苏省建筑材料工业总公司	76	76	–	–
江苏农业对外经济技术合作有限公司	1	–	1	–
江苏长江机械化基础工程公司	–	–	–	–
江苏省第一建筑安装有限公司	851	688	163	–
无锡小天鹅股份有限公司	6	–	6	–
江苏省建筑安装工程股份有限公司	209	209	–	–
江苏省地质工程有限公司	28	28	–	–
中国江苏国际经济技术合作公司	8 860	828	8 032	–
江苏省对外交流公司	1 184	–	1 184	–
中国化学工程第十四建设公司	–	–	–	–
扬子石油化工工程公司	–	–	–	–
无锡市工程建设总承包公司	524	–	524	–
无锡国际经济技术合作公司	341	60	281	–
徐州国际经济技术合作公司	648	19	629	–
徐州工程机械集团进出口公司	228	37	191	–
江苏永业集团公司	22	–	22	–
徐州市建筑安装工程公司	137	–	137	–
徐州市水利工程建设局	30	30	–	–
徐州市第一建筑工程公司	12	12	–	–

2001年末中国在国外从事国外经济合作的人数

企业名称	年末在外人数（人）			
	合计	承包工程	劳务合作	设计咨询
常州第二建筑工程公司	-	-	-	-
常州第一建筑工程公司	9	9	-	-
常州市建筑设计研究院	-	-	-	-
常州市对外经济技术贸易集团公司	1 359	-	1 359	-
常州市对外经济技术合作集团有限公司	837	-	837	-
金坛市建筑安装工程公司	200	133	67	-
金坛国际经济技术合作公司	1 909	-	1 909	-
江苏天山目安装集团公司	241	-	241	-
江苏溧阳锅炉设备安装工程集团公司	-	-	-	-
苏州古典园林建筑公司	-	-	-	-
江苏苏州第二建筑工程集团公司	18	18	-	-
苏州国际经济技术合作公司	2 520	-	2 520	-
苏州建筑控股（集团）有限公司	-	-	-	-
苏州进出口（集团）有限公司	179	-	179	-
苏州建设（集团）有限责任公司	177	177	-	-
苏州香山古建集团	40	40	-	-
吴江市外贸集团公司	295	-	295	-
南通市建筑安装工程总公司	58	58	-	-
南通建筑工程总承包公司	504	198	306	-
南通远洋渔业公司	177	177	-	-
南通国际经济技术合作公司	3 264	827	2 437	-
南通市经济技术开发区总公司	601	-	601	-
江苏省苏中建设集团股份有限公司	3 238	192	3 046	-
南通五建集团有限公司	2 195	358	1 837	-
南通市第四建筑安装工程有限公司	28	-	28	-
通州市建筑安装工程总公司	95	-	95	-
江苏南通三建集团公司	2 703	425	2 278	-
海门市建筑安装工程公司	129	129	-	-
启东市建筑安装工程公司	563	489	74	-
启东市对外经济技术合作公司	2 160	-	2 160	-
化学工业连云港设计研究院	1	-	-	1
连云港国际经济技术合作公司	6 090	-	6 090	-

2001年末中国在国外从事国外经济合作的人数

企业名称	年末在外人数（人）			
	合计	承包工程	劳务合作	设计咨询
连云港市建筑工程公司	291	–	291	–
江苏三兴建工集团有限公司	96	50	46	–
淮阴水利建设集团有限公司	25	–	25	–
淮阴建设工程集团有限公司	69	50	19	–
淮阴国际经济技术合作公司	908	–	908	–
盐城国际经济技术合作公司	1 290	–	1 290	–
江苏中厦集团公司	491	–	491	–
盐城市天虹建筑安装工程总公司	2 165	124	2 041	–
扬州国际经济技术合作公司	579	–	579	–
扬州富扬对外经济贸易有限公司	1 790	–	1 790	–
泰兴市第一安装工程有限公司	168	168	–	–
江苏刊建集团有限公司	292	–	292	–
镇江国际经济技术合作公司	1 008	7	1 001	–
江苏金厦建设集团有限公司	47	47	–	–
张家港国际经济技术合作公司	936	–	936	–
法尔胜集团公司	10	–	10	–
澄西船舶修造厂	–	–	–	–
宜兴市建筑安装工程总公司	18	–	18	–
江苏省地质工程有限公司	23	23	–	–
江苏华泰道路桥梁工程有限公司	29	–	29	–
仪征化纤工程有限公司	3	–	–	3
仪征化纤安装检修工程公司	11	11	–	–
宜兴市工程设备安装有限公司	–	–	–	–
江苏武进建筑安装工程总公司	–	–	–	–
武进市建筑工程总公司	–	–	–	–
苏州东吴国际经济技术合作公司	768	–	768	–
江苏金土木建设集团有限公司	205	129	76	–
常熟国际经济技术合作公司	794	–	794	–
无锡市园林古典建筑公司	20	20	–	–
国家粮食储备局无锡科学研究院	–	–	–	–
苏州园林设计院	–	–	–	–
江苏盐城二建集团有限公司	245	45	200	–

2001 年末中国在国外从事国外经济合作的人数

企 业 名 称	年末在外人数（人）			
	合计	承包工程	劳务合作	设计咨询
江苏建业建筑安装工程集团有限公司	244	96	148	–
江都市建设工程总公司	709	24	685	–
江苏三江建设有限公司	–	–	–	–
南通市第六建筑安装工程公司	2 388	–	2 388	–
徐州飞虹网架（集团）有限公司	8	8	–	–
江苏正太建设集团股份有限公司	563	563	–	–
南京装饰工程公司	–	–	–	–
南京海外建筑工程总公司	320	270	50	–
南京熊猫电子进出口公司	3	3	–	–
南京市住宅建设总公司	97	97	–	–
南京三建（集团）有限公司	50	–	50	–
南京第三航务工程局第三工程公司	170	21	149	–
中国石化集团第二建设公司	–	–	–	–
南京大地建设（集团）股份有限公司	90	12	78	–
南京纺织品进出口股份有限公司	189	149	40	–
南京第六建筑安装工程公司	44	–	44	–
金城集团进出口公司	10	–	10	–
长江南京航道工程局	31	–	31	–
中国南京国际经济技术合作（集团）有限公司	2 975	103	2 859	13
中国石油天然气管道第二工程公司	25	25	–	–
浙江省	**28 311**	**2 564**	**25 727**	**20**
万向集团	58	58	–	–
国家电力公司华东勘测设计研究院	–	–	–	–
浙江东方集团公司	6	6	–	–
温州建设集团公司	59	59	–	–
温州国际经济技术合作公司	744	11	733	–
绍兴市第三建筑安装工程有限公司	2	2	–	–
浙江舜杰建筑集团股份有限公司	173	–	173	–
五洋建设集团股份有限公司	693	–	693	–
浙江中富建筑集团股份有限公司	174	154	20	–
浙江华升建筑集团有限公司	506	–	506	–
上虞市海滨建设集团有限公司	185	–	185	–

2001年末中国在国外从事国外经济合作的人数

企业名称	年末在外人数（人）			
	合计	承包工程	劳务合作	设计咨询
浙江亚厦装饰集团有限公司	306	–	306	–
浙江樟塘建筑集团有限公司	20	–	20	–
浙江省耀江建设集团股份有限公司	208	31	177	–
浙江省建筑设计研究院	–	–	–	–
浙江省水电建筑安装有限公司	119	119	–	–
浙江省正邦水电建设股份有限公司	142	142	–	–
浙江省送变电工程公司	55	55	–	–
中国浙江国际经济技术合作公司	2 258	–	2 258	–
浙江省机械设备进出口公司	200	–	200	–
浙江省建工集团有限责任公司	1 501	936	565	–
浙江四方集团公司	2	2	–	–
浙江省粮油食品进出口股份有限公司	422	–	422	–
浙江东方集团股份有限公司	253	–	253	–
杭州市对外经济贸易服务公司	709	–	709	–
绍兴市第一建筑安装工程公司	33	33	–	–
湖州市对外经济技术合作有限公司	333	–	333	–
浙江中天建设工程集团有限公司	2	2	–	–
舟山国际经济技术合作公司	993	–	993	–
丽水国际经济技术合作公司	1 556	–	1 556	–
浙江省金华市对外经济技术合作有限公司	1 404	–	1 404	–
机械工业部第二设计研究院	23	3	–	20
浙江中大对外经济技术合作有限公司	253	–	253	–
浙江环宇建设集团有限公司	4	4	–	–
绍兴国际经济技术合作公司	1 264	–	1 264	–
杭州国际经济技术合作公司	249	–	249	–
嘉兴市对外经济技术合作有限公司	529	–	529	–
舟山海洋渔业公司	286	286	–	–
舟山东方海员对外经济技术服务有限公司	190	–	190	–
浙江中成建工集团有限公司	–	–	–	–
浙江省交通工程建设集团有限公司	–	–	–	–
萧山国际经济技术合作公司	23	–	23	–
浙江中设建工集团有限公司	351	351	–	–

2001年末中国在国外从事国外经济合作的人数

企业名称	年末在外人数（人）			
	合计	承包工程	劳务合作	设计咨询
浙江宝业建设集团有限公司	20	20	–	–
绍兴县第一建筑安装工程有限公司	–	–	–	–
宁波市	**12 003**	**290**	**11 713**	**–**
龙元建设集团股份有限公司	–	–	–	–
宁波市建筑设计研究院	–	–	–	–
宁波市工艺品进出口公司	323	–	323	–
宁波市建筑安装集团总公司	944	178	766	–
宁波海田国际贸易有限公司	10	–	10	–
宁波建设集团股份有限公司	–	–	–	–
宁波宁兴集团公司	2 254	–	2 254	–
中国宁波国际合作（集团）有限公司	3 769	7	3 762	–
宁波锦地经贸股份有限公司	–	–	–	–
宁波华能国际经济技术合作公司	2	2	–	–
中国石化集团集团第三建设公司	–	–	–	–
宁波市慈溪进出口有限公司	350	9	341	–
宏润建设集团股份有限公司	11	11	–	–
宁波交通工程（集团）有限公司	–	–	–	–
宁波天地集团股份有限公司	3 078	–	3 078	–
宁波华丰建设集团股份有限公司	–	–	–	–
宁波市鄞县对外贸易有限责任公司	839	11	828	–
余姚市对外贸易有限公司	423	64	359	–
浙江省电力建设总公司	–	–	–	–
安徽省	**5 281**	**664**	**4 614**	**3**
安徽省建工集团公司	302	66	236	–
安徽轻工进出口股份有限公司	6	–	6	–
安徽省古建园林市政建设总公司	7	7	–	–
合肥市对外经济技术合作公司	491	–	491	–
蚌埠市国际经济技术合作公司	150	119	31	–
中国化学工程公司第三建设公司	75	75	–	–
安徽省对外劳务开发中心	50	4	46	–
安徽省第一建筑工程公司	51	–	51	–
安徽省技术进出口股份有限公司	57	–	57	–

2001 年末中国在国外从事国外经济合作的人数

企业名称	年末在外人数（人）			
	合计	承包工程	劳务合作	设计咨询
中国安徽国际经济技术合作公司	1 152	–	1 152	–
安徽省外经建设（集团）公司	1 554	307	1 247	–
合肥建工集团公司	27	27	–	–
化工部第三设计院（东华工程公司）	2	–	–	2
中铁四局集团有限公司	45	20	25	–
芜湖市国际经济技术合作公司	570	–	570	–
淮南国际经济技术合作公司	–	–	–	–
安徽电力建设第二工程公司	2	–	2	–
中国第十七冶金建设公司	34	34	–	–
马钢国际经济贸易总公司	11	–	11	–
安徽省安庆市国际经济技术合作公司	245	–	245	–
中煤第三建设（集团）有限责任公司	5	5	–	–
安徽省建筑设计研究院	251	–	250	1
安徽省水利水电勘测设计院	–	–	–	–
中国冶金建设集团马鞍山钢铁设计研究总院	2	–	2	–
安徽省宿州国际经济技术合作公司	192	–	192	–
福建省	**59 688**	**126**	**59 561**	**1**
福建二建建设集团公司	–	–	–	–
中国福州国际经济技术合作公司	5 945	–	5 945	–
中国泉州国际经济技术合作公司	4 663	–	4 663	–
漳州国际经济技术合作公司	3 596	–	3 596	–
漳浦国际经济技术合作公司	785	–	785	–
福建宁德国际经济技术合作公司	320	–	320	–
福建省龙岩国际经济技术合作公司	484	–	484	–
福建省轮船总公司	183	–	183	–
福建省建筑设计研究院	6	5	–	1
福建华旅对外劳务公司	407	–	407	–
福建福通对外经济合作公司	2 501	–	2 501	–
福建华源国际贸易经济合作公司	2 546	–	2 546	–
福建省人才开发中心	81	–	81	–
福建省外国机构服务中心	536	–	536	–
福建省华福国际经济技术合作有限公司	136	–	136	–

2001年末中国在国外从事国外经济合作的人数

企业名称	年末在外人数（人）			
	合计	承包工程	劳务合作	设计咨询
中国武夷实业股份有限公司	149	28	121	–
福建省金福对外劳务合作有限公司	450	–	450	–
福建建工（集团）总公司	–	–	–	–
福州壮安经济技术合作公司	179	–	179	–
莆田国际经济技术合作公司	2 515	–	2 515	–
福建三明国际经济技术合作公司	609	–	609	–
福建省第五建筑工程公司	6	6	–	–
泉州市对外开放经济技术服务公司	803	–	803	–
福建南平国际经济技术合作公司	230	–	230	–
福建省华洋水产集团公司	588	–	588	–
福建省对外劳务合作公司	5 628	–	5 628	–
福建省林业工程公司	10	10	–	–
福建省林业勘察设计院	–	–	–	–
福建省五金矿产进出口公司	12	–	12	–
福建省对外劳务咨询服务公司	1 438	–	1 438	–
福建省对外经济服务贸易公司	623	–	623	–
福建轻纺工业经济技术公司	143	–	143	–
福建省地矿建设集团公司	70	71	–	–
福建省工业设备安装有限公司	6	6	–	–
福建海外工程有限公司	282	–	282	–
福州市进出口公司	280	–	280	–
福州市劳务技术合作公司	435	–	435	–
福州市建筑设计院	4	–	4	–
莆田对外经济技术合作公司	1 585	–	1 585	–
福建中福对外经济技术合作有限公司	11 525	–	11 525	–
福建三木国际经济技术合作有限公司	445	–	445	–
厦门市	**9 483**	**–**	**9 483**	**–**
厦门经济特区船务有限公司	136	–	136	–
厦门诚毅船务公司	112	–	112	–
中国外运集团厦门经贸船务公司	65	–	65	–
厦门海隆对外劳务合作有限公司	1 078	–	1 078	–
厦门建隆经济技术合作公司	1 216	–	1 216	–

2001年末中国在国外从事国外经济合作的人数

企业名称	年末在外人数（人）			
	合计	承包工程	劳务合作	设计咨询
中国厦门国际经济技术合作公司	6 876	–	6 876	–
江西省	**7 131**	**678**	**6 435**	**18**
江西省建工集团总公司	152	22	130	–
江西洪都航空工业集团有限责任公司	183	–	183	–
江西省火电建设公司	2	2	–	–
江西省粮油食品进出口公司	–	–	–	–
江西省轻工业对外经济技术合作公司	706	–	706	–
中国江西国际经济技术合作公司	2 752	83	2 669	–
南昌有色冶金设计研究院	18	–	–	18
宜春海程经贸发展有限公司	54	28	26	–
南昌国际经济技术合作公司	1 139	267	872	–
南昌对外工程总公司	154	56	98	–
萍乡矿务局建筑安装总公司	183	175	8	–
九江市对外经济合作公司	205	–	205	–
江西赣州国际经济技术合作公司	523	45	478	–
江西省地质工程（集团）公司	5	–	5	–
抚州国际经济技术合作公司	160	–	160	–
上饶国际经济技术合作有限公司	41	–	41	–
景德镇市国际经济技术合作公司	525	–	525	–
新余国际经济技术合作公司	29	–	29	–
吉安对外经济合作公司	300	–	300	–
山东省	**36 538**	**3 672**	**32 855**	**11**
菏泽市建筑工程总公司	–	–	–	–
东营国际经济技术合作公司	209	–	209	–
济宁市建筑工程公司	–	–	–	–
山东林海集团对外经济贸易集团总公司	75	–	75	–
德州市国际经济技术合作公司	48	–	48	–
荷泽市对外经济技术合作公司	295	45	250	–
山东省物产进出口公司	163	–	163	–
山东省五金矿产进出口公司	252	–	252	–
山东省食品进出口公司	149	–	149	–
齐鲁建设集团公司	536	285	251	–

2001年末中国在国外从事国外经济合作的人数

企业名称	年末在外人数（人）			
	合计	承包工程	劳务合作	设计咨询
山东省翰森国际经贸合作有限公司	947	–	947	–
中国山东国际经济技术合作公司	4 738	165	4 573	–
山东省水产企业集团总公司	960	401	559	–
山东工艺品进出口（集团）股份有限公司	68	–	68	–
山东电力基本建设总公司	–	–	–	–
山东省劳务合作公司	2 128	–	2 128	–
山东国泰集团公司	49	49	–	–
山东黄金集团有限公司	–	–	–	–
山东省对外贸易集团有限公司	99	–	99	–
烟台二建实业股份有限公司	91	–	91	–
济南一建集团总公司	8	–	8	–
山东三箭置业集团有限公司	124	124	–	–
中国石化集团第十建设公司	–	–	–	–
淄博市建筑工程公司	51	50	1	–
淄博市国际经济技术合作公司	244	31	213	–
枣庄市对外经济技术合作公司	177	–	177	–
胜利油田管理局	118	113	5	–
烟台港务局	160	–	160	–
中国水产烟台海洋渔业公司	2 084	–	2 084	–
烟台国际经济技术合作公司	2 470	–	2 470	–
潍坊昌大建设（集团）总公司	857	–	857	–
山东电力建设第三工程公司	–	–	–	–
潍坊国际经济技术合作集团公司	1 634	–	1 634	–
山东海化进出口有限公司	7	–	7	–
山东潍柴进出口有限公司	223	205	18	–
山东省寿光市建筑公司	81	–	81	–
济宁惠友进出口公司	7	–	7	–
山东泰安建筑工程公司	341	219	122	–
泰安市第二建筑安装工程公司	102	–	102	–
泰安国际经济技术合作公司	1 785	45	1 740	–
山东威海进出口集团有限公司	301	–	301	–
威海市国际交流服务中心	122	–	122	–

2001 年末中国在国外从事国外经济合作的人数

企业名称	年末在外人数（人）			
	合计	承包工程	劳务合作	设计咨询
威海国际经济技术合作股份有限公司	3 347	29	3 318	–
荣成国际经济技术合作公司	796	–	796	–
山东天元建设集团总公司	2	–	2	–
临沂国际经济技术合作公司	639	–	639	–
日照国际经济技术合作公司	1 145	–	1 145	–
青州市水利建筑总公司	434	–	434	–
莱芜钢铁集团有限公司	7	–	7	–
莱芜国际经济技术合作公司	227	–	227	–
山东省诸城市建筑工程公司	432	264	168	–
煤炭工业部济南设计研究院	8	–	–	8
济南二机床集团有限公司	33	33	–	–
中国轻骑集团济南对外贸易有限公司	95	–	95	–
威海联桥国际经济技术合作公司	492	–	492	–
山东华鲁集团有限公司	112	–	112	–
山东成山轮胎股份有限公司	40	–	40	–
日照新亚欧大陆桥经济技术合作公司	15	–	15	–
济南四建集团有限责任公司	190	190	–	–
山东巨菱进出口有限公司	12	6	6	–
济南钢铁集团总公司	35	–	35	–
烟台建设集团有限公司	555	411	144	–
山东滨州对外经济技术合作有限公司	6	–	6	–
山东景芝建工集团公司	–	–	–	–
山东航运集团有限公司	111	17	94	–
山东天幕集团总公司	77	–	77	–
青岛市	**6 025**	**990**	**5 032**	**3**
青岛海洋渔业公司	1 091	–	1 091	–
青岛市第一住宅建筑公司	11	11	–	–
青岛国际交流中心	307	–	307	–
青岛市建筑设计研究院	–	–	–	–
青岛市第二建筑工程公司	105	105	–	–
青岛市第一建筑工程公司	112	112	–	–
青岛城市建筑设计院有限公司	3	–	–	3

2001年末中国在国外从事国外经济合作的人数

企 业 名 称	年末在外人数（人）			
	合计	承包工程	劳务合作	设计咨询
青岛勘察测绘研究院	–	–	–	–
青岛市安装工程公司	7	7	–	–
海信集团公司	22	22	–	–
中国青岛国际经济技术合作公司	1 285	–	1 285	–
青岛建设集团	720	720	–	–
青岛开源国际经济技术合作公司	345	–	345	–
青岛益佳集团有限公司	204	–	204	–
青岛海尔国际贸易有限公司	20	–	20	–
中国石油天然气第七建设公司	8	8	–	–
青岛城建集团有限公司	5	5	–	–
青岛远达对外经济合作有限公司	941	–	941	–
中国青岛环太经济技术合作公司	839	–	839	–
河南省	**12 614**	**1 230**	**11 363**	**21**
河南第二火电建设公司	–	–	–	–
河南省对外劳务合作公司	3 326	–	3 326	–
中铁第十五工程局	4	4	–	–
河南省建筑工程总公司	89	89	–	–
水利部黄河水利委员会勘测规划设计院	18	–	–	18
河南省地矿建设工程（集团）有限公司	14	14	–	–
河南金城国际经济技术合作公司	1 865	–	1 865	–
中国石化集团洛阳石油化工工程公司	16	16	–	–
安阳化学工业集团有限责任公司	29	29	–	–
濮阳国际经济技术合作公司	1 156	–	1 156	–
许昌大成建设（集团）有限责任公司	140	140	–	–
许继集团有限公司	36	36	–	–
商丘国际经济技术合作公司	152	–	152	–
河南第一火电建设公司	–	–	–	–
中国石化集团河南石油勘探局	11	11	–	–
河南省水利电力对外公司	615	68	547	–
中原石油勘探局	591	591	–	–
郑州铁路工程总公司	50	50	–	–
中国化学工程第十一建设公司	–	–	–	–

2001 年末中国在国外从事国外经济合作的人数

企业名称	年末在外人数（人）			
	合计	承包工程	劳务合作	设计咨询
机械工业部第四设计研究院（河南）	–	–	–	–
洛阳有色金属加工设计研究院	3	3	–	–
洛阳国际经济合作公司	87	–	87	–
安阳国际经济技术合作公司	243	–	243	–
河南省第二建筑工程有限责任公司	63	63	–	–
机械工业部第十设计研究院（河南）	–	–	–	–
中国河南国际合作集团有限公司	2 726	116	2 610	–
河南新县对外劳务合作公司	1 377	–	1 377	–
河南省交通工程建设集团有限公司	3	–	–	3
湖北省	**7 065**	**1 569**	**5 468**	**28**
国家电力公司中南电力设计院	–	–	–	–
湖北省水利水电建设总公司	61	33	28	–
中国化学工程第六建设公司	16	16	–	–
中国湖北国际经济技术合作公司	526	6	520	–
湖北建材工贸集团公司	11	–	11	–
湖北省机械设备进出口公司	63	20	43	–
中国十五冶金建设有限公司	161	150	11	–
中国轻工业武汉设计院	8	–	–	8
湖北晴川国际海员劳务开发公司	290	–	290	–
中国葛洲坝水利水电工程集团公司	195	195	–	–
湖北大地国际经济技术合作有限公司	208	7	201	–
长江水利委员会长江勘测规划设计研究院	–	–	–	–
中铁大桥局集团有限公司（湖北）	234	233	1	–
冶金工业部武汉勘察研究院	10	–	–	10
湖北美尔雅纺织服装实业（集团）公司	61	–	61	–
黄石国际经济技术合作公司	75	–	75	–
十堰国际经济技术合作公司	81	–	81	–
襄樊市国际经济技术合作公司	32	–	32	–
黄岗国际经济技术合作公司	72	–	72	–
湖北孝感国际经济技术合作建筑有限责任公司	6	–	6	–
湖北省咸宁市国际经济技术合作公司	–	–	–	–
宜昌国际经济技术合作公司	19	13	6	–

2001 年末中国在国外从事国外经济合作的人数

企业名称	年末在外人数（人）			
	合计	承包工程	劳务合作	设计咨询
湖北省国际劳务合作有限公司	636	–	636	–
湖北省建筑工程集团有限公司	33	33	–	–
中国五环化学工程公司	10	–	–	10
凌云科技集团有限责任公司	81	–	81	–
长江航道工程局	85	58	27	–
武汉建工（集团）有限公司	191	181	10	–
武汉锅炉集团有限公司	–	–	–	–
武汉市市政工程总公司	16	16	–	–
武汉钢铁设计研究院	–	–	–	–
中国第一冶金建设公司	603	575	28	–
中国长江航运集团对外经济技术合作总公司	730	–	730	–
中国武汉国际经济技术合作公司	2 547	33	2 514	–
铁道部第四勘测设计院	4	–	4	–
武汉市建筑设计院	–	–	–	–
湖南省	**5 250**	**566**	**4 658**	**26**
湖南省送变电建设公司	2	2	–	–
湖南省建筑工程集团总公司	12	5	7	–
中国水利水电第八工程局	110	110	–	–
湖南省公路桥梁建设总公司	27	27	–	–
中国化学工程第四建设公司	–	–	–	–
中国有色金属工业第二十三冶金建设公司	–	–	–	–
湖南国际经济技术合作公司	1 687	93	1 594	–
长沙有色冶金设计研究院	–	–	–	–
湖南交通国际经济工程合作公司	44	44	–	–
中国轻工业长沙设计院	–	–	–	–
长沙冶金设计研究院	–	–	–	–
湖南环球（集团）公司	1 409	–	1 409	–
湖南环达公路桥梁建设总公司	167	167	–	–
湖南省机械进出口有限公司	386	–	386	–
长沙市对外经济贸易公司	523	–	523	–
湖南省电力勘测设计院	–	–	–	–
湖南株州海外国际合作有限公司	225	–	225	–

2001 年末中国在国外从事国外经济合作的人数

企 业 名 称	年末在外人数（人）			
	合计	承包工程	劳务合作	设计咨询
衡阳市第三建筑工程公司	–	–	–	–
湖南岳阳工程公司	–	–	–	–
岳阳市公路桥梁基建总公司	–	–	–	–
岳阳市建筑设计院	–	–	–	–
湖南益阳工程公司	–	–	–	–
湖南省郴州建设工程集团有限公司	106	106	–	–
湖南省怀化公路桥梁建设总公司	–	–	–	–
湖南省进出口公司	351	–	351	–
湖南省机械设备进出口公司	–	–	–	–
南方航空动力机械进出口公司	42	–	42	–
湖南省华隆进出口公司	121	–	121	–
湖南化学工业设计院	–	–	–	–
湖南省农林工业勘察设计研究总院	–	–	–	–
湖南省建筑设计院	3	–	–	3
机械工业部第八设计研究院	23	–	–	23
国家电力公司中南勘测设计研究院	1	–	–	1
岳阳市市政建设总公司	–	–	–	–
湖南省沙坪建筑有限公司	12	12	–	–
广东省	**31 576**	**641**	**30 921**	**14**
汕头国际经济技术合作公司	417	–	417	–
广州铁路集团对外经济贸易发展总公司	–	–	–	–
中国轻工业广州设计院	–	–	–	–
中国广东国际合作（集团）公司	3 634	48	3 586	–
中国广东对外劳务经济合作公司	6 986	–	6 986	–
广东省建筑工程集团有限公司	–	–	–	–
广东省冶金工业进出口总公司	3	–	3	–
广东省南粤进出口公司	1 711	–	1 711	–
广东省源大水利水电集团有限公司	95	95	–	–
广东海外建设总公司	5	–	5	–
广东省石油化工建设（集团）公司	20	20	–	–
江门甘蔗化工厂（集团）股份有限公司	–	–	–	–
广东省机械进出口集团公司	–	–	–	–

2001年末中国在国外从事国外经济合作的人数

企业名称	年末在外人数（人）			
	合计	承包工程	劳务合作	设计咨询
中国成套设备进出口广州股份有限公司	442	–	442	–
珠海国际经济技术合作公司	1 679	23	1 656	–
江门对外劳动服务公司	4 818	–	4 818	–
珠海对外劳务合作公司	2 221	–	2 221	–
广东省第七建筑集团有限公司	107	107	–	–
广东开平二建集团股份有限公司	6	6	–	–
中山国际经济技术合作公司	50	5	45	–
广东省电力设计研究院	14	–	–	14
广东省水利电力勘测设计院	–	–	–	–
广东国际技术合作实业集团有限公司	6 328	48	6 280	–
广州市第二建筑工程有限公司	–	–	–	–
广州钢铁企业集团有限公司	–	–	–	–
广州中海劳务合作有限公司	368	–	368	–
中国广州国际经济技术合作公司	1 637	13	1 624	–
广州对外经济发展总公司	220	–	220	–
广州市建筑集团有限公司	19	19	–	–
广州工程总承包集团有限公司	3	3	–	–
广州市设计院	–	–	–	–
广州工程总承包设计院	–	–	–	–
广东省建筑设计院	–	–	–	–
广东省石油化工设计院	–	–	–	–
广东省汕尾市对外劳动服务公司	4	–	4	–
广东开平三建集团有限公司	–	–	–	–
深圳市	**789**	**254**	**535**	**–**
中国对外贸易开发总公司	8	–	8	–
深圳市对外劳动服务公司	4	–	4	–
深圳地质建设工程公司	10	10	–	–
中国深圳国际合作（集团）股份有限公司	227	–	227	–
深圳市建设投资控股公司	57	57	–	–
中国化学工程深圳公司	16	16	–	–
华为技术有限公司	108	108	–	–
深圳市国际人才劳务经济发展有限公司	296	–	296	–

2001年末中国在国外从事国外经济合作的人数

企业名称	年末在外人数（人）			
	合计	承包工程	劳务合作	设计咨询
深圳市天健（集团）股份有限公司	15	15	–	–
深圳市怡禾进出口股份有限公司	–	–	–	–
深圳市中兴通讯股份有限公司	48	48	–	–
广西壮族自治区	**972**	**463**	**509**	**–**
广西国际经济技术合作公司	366	37	329	–
广西建筑综合设计院	1	1	–	–
广西公路桥梁工程总公司	–	–	–	–
广西对外建筑工程总公司	102	80	22	–
广西建工集团第一建筑设备安装工程有限责任公司	3	3	–	–
南宁国际经济技术合作公司	89	32	57	–
广西建工集团第五建筑工程有限责任公司	117	117	–	–
广西梧州国际经济技术合作公司	7	7	–	–
防城港国际经济技术合作有限责任公司	61	50	11	–
广西凭祥对外经济技术合作公司	10	10	–	–
北海海外经济技术合作公司	44	–	44	–
广西玉林国际经济技术合作公司	172	126	46	–
柳州市国际经济技术合作公司	–	–	–	–
海南省	**317**	**79**	**238**	**–**
海南省建筑工程总公司	39	39	–	–
中国海南省国际经济技术合作公司	278	40	238	–
重庆市	**2 760**	**395**	**2 365**	**–**
重庆市万州国际经济技术合作公司	695	–	695	–
重庆市涪陵国际经济合作有限公司	742	–	742	–
重庆钢铁集团有限公司	17	–	17	–
重庆建工集团有限责任公司	294	294	–	–
西南铝加工厂	12	–	12	–
重庆对外建设总公司	357	84	273	–
重庆国际经济技术合作公司	643	17	626	–
四川省	**12 277**	**1 144**	**11 075**	**58**
四川省机械设备进出口公司	156	156	–	–
中国四川国际经济技术合作公司	688	19	669	–
四川公路桥梁建设集团有限公司	97	97	–	–

2001年末中国在国外从事国外经济合作的人数

企业名称	年末在外人数（人）			
	合计	承包工程	劳务合作	设计咨询
四川东方电力设备联合公司	343	343	–	–
四川省对外劳务经济合作有限公司	3 126	–	3 126	–
四川省电力进出口公司	198	30	168	–
四川省外经实业股份有限公司	3 426	–	3 426	–
中国第五冶金建设公司	–	–	–	–
四川星城外经合作公司	567	–	567	–
四川省攀枝花建设总公司	97	–	97	–
四川省外国企业服务有限责任公司	50	–	50	–
中国华西企业公司	50	50	–	–
四川石油管理局	67	67	–	–
成都市建筑工程总公司	158	–	158	–
中国成达化学工程总公司	62	4	–	58
四川省川北电信工程有限公司	28	28	–	–
川铁国际经济技术合作有限公司	313	288	25	–
四川省遂宁市寰宇对外劳务合作有限公司	2 040	–	2 040	–
中国成都国际合作股份有限公司	811	62	749	–
贵州省	**146**	**–**	**146**	**–**
中铁五局集团有限公司	–	–	–	–
中国贵州国际经济技术合作公司	6	–	6	–
中国贵航集团西秀进出口公司	91	–	91	–
贵州省桥梁工程总公司	49	–	49	–
云南省	**1 604**	**1 316**	**184**	**104**
云南省机床机电设备总公司	59	59	–	–
云南省机械设备成套局	–	–	–	–
昆明有色冶金设计研究院	–	–	–	–
小额边境贸易企业	106	106	–	–
中国云南国际经济技术合作公司	769	624	145	–
云南建工集团总公司	32	12	20	–
云南省机械设备进出口公司	23	23	–	–
云南省机械进出口公司	3	3	–	–
中国成套设备进出口云南股份有限公司	24	24	–	–
中国云南公路桥梁工程总公司	11	11	–	–

2001年末中国在国外从事国外经济合作的人数

企业名称	年末在外人数（人）			
	合计	承包工程	劳务合作	设计咨询
云南地矿勘查工程总公司	84	4	–	80
中国有色金属工业第十四冶金建设公司	228	228	–	–
昆明国际经济技术合作公司	18	4	14	–
云南省德宏州进出口公司	5	5	–	–
瑞丽市进出口公司	19	19	–	–
中国水利水电昆明国际公司	21	16	–	5
云南省公路规划勘察设计院	–	–	–	–
国家电力公司昆明勘测设计研究院	23	–	5	18
国家林业局勘察设计院	1	–	–	1
云南省公路桥梁工程有限公司	30	30	–	–
云南官房建筑集团有限公司	–	–	–	–
玉溪市进出口公司	83	83	–	–
云南德宏国际经济技术合作有限责任公司	19	19	–	–
文山州国际经济技术合作有限责任集团公司	46	46	–	–
陕西省	**2 461**	**560**	**1 879**	**22**
中国陕西国际经济技术合作公司	186	–	181	5
中国机械工业第三安装工程公司	82	82	–	–
中国第十冶金建设公司	25	25	–	–
华山国际工程公司	219	191	28	–
西安天宝国际公司	12	12	–	–
西安国际经济技术贸易公司	1 502	33	1 469	–
西安市机械进出口公司	6	–	6	–
西安西电进出口有限责任公司	6	6	–	–
陕西省机械设备进出口公司	22	–	22	–
秦海国际工程总公司	135	114	21	–
机械工业部第七设计研究院	3	3	–	–
中铁一局集团有限公司	20	20	–	–
西安石油勘探仪器总厂	–	–	–	–
陕西省路桥工程总公司	–	–	–	–
中国华陆工程公司	–	–	–	–
西飞集团进出口公司	9	–	9	–
西北电力集团国际经贸有限责任公司	19	–	19	–

2001年末中国在国外从事国外经济合作的人数

企业名称	年末在外人数（人）			
	合计	承包工程	劳务合作	设计咨询
煤炭工业部西安设计研究院	3	–	3	–
国家电力公司西北电力设计院	9	–	–	9
长庆石油勘探局	82	74	8	–
陕西信泽对外经济技术有限公司	113	–	113	–
国家电力公司西北勘测设计研究院	3	–	–	3
煤航（集团）实业发展有限公司	5	–	–	5
甘肃省	**1 146**	**516**	**629**	**1**
甘肃省送变电工程总公司	40	–	40	–
甘肃地质工程总公司	36	36	–	–
甘肃海外工程总公司	166	166	–	–
中国石化集团兰州设计院	1	–	–	1
中国石油兰州炼油化工总厂	500	–	500	–
中国甘肃国际经济技术合作公司	328	293	35	–
甘肃对外经济发展公司	75	21	54	–
兰州有色冶金设计研究院	–	–	–	–
青海省	**54**	**54**	**–**	**–**
青海火电工程公司	54	54	–	–
宁夏回族自治区	**213**	**51**	**162**	**–**
宁夏二建集团有限责任公司	91	42	49	–
宁夏送变电工程公司	3	3	–	–
宁夏伊斯兰地质工程公司	6	6	–	–
中国宁夏伊斯兰国际经济合作公司	31	–	31	–
宁夏中建工程公司	82	–	82	–
新疆维吾尔自治区	**509**	**233**	**276**	**–**
新疆机械化工五金矿产轻工业进出公司	276	–	276	–
新疆国际经济合作公司	2	2	–	–
新疆电力安装公司	12	12	–	–
吐哈石油勘探开发指挥部	65	65	–	–
新疆石油管理局	44	44	–	–
独山子炼油化工建设（集团）有限公司	110	110	–	–

2001年中国批准海外投资企业统计表

国别（地区）	2001年批准		截至2001年批准	
	企业数量（个）	中方投资（万美元）	企业数量（个）	中方投资（万美元）
合计	**232**	**70 754.124**	**3 091**	**443 296.619**
香港	26	20 067.43	262	47 316.81
澳门	6	244.07	62	6 049.47
朝鲜	2	260.00	8	448.30
韩国	2	81.17	26	1 500.57
日本	6	166.52	95	1 850.72
蒙古	7	454.45	62	5 320.82
越南	12	2 679.00	41	5 606.77
老挝	1	116.00	11	3 003.10
柬埔寨	7	3 487.17	54	11 959.34
缅甸	3	178.40	23	4 726.08
泰国	9	12 128.58	154	19 381.65
马来西亚	2	43.92	82	3 251.71
新加坡	3	38.37	94	3 303.70
印度尼西亚	2	64.00	45	5 792.40
菲律宾	1	23.10	33	1 469.10
尼泊尔			4	357.00
巴基斯坦	3	1 012.40	18	1 900.75
印度	1	255.00	11	1 810.85
孟加拉国	1	412.50	33	1 633.60
斯里兰卡	1	100.00	16	1 265.80
伊朗	1	70.00	5	432.40
土耳其	1	200.00	8	1 050.70
塞浦路斯			3	31.50
也门	1	2 095.00	10	3 591.40
沙特阿拉伯			2	81.00
卡塔尔	2	1 138.75	4	1 205.65
阿联酋	3	78.20	28	1 831.90
阿曼			1	4.60
叙利亚			2	63.20
约旦	3	606.49	9	970.69

2001年中国批准海外投资企业统计表

国别（地区）	2001年批准		截至2001年批准	
	企业数量（个）	中方投资（万美元）	企业数量（个）	中方投资（万美元）
科威特			4	91.10
以色列			1	6.00
俄罗斯	12	1 240.64	297	12 965.52
白俄罗斯			2	223.00
乌克兰			17	539.18
拉脱维亚			2	564.00
爱沙尼亚			1	1.80
立陶宛			1	91.00
格鲁吉亚	1	2 417.20	3	2 512.20
乌兹别克	2	53.25	17	702.15
哈萨克	1	30.70	38	3 307.63
吉尔吉斯	2	175.46	22	2 209.68
塔吉克	1	5.00	4	253.00
土库曼			2	30.00
阿尔巴尼亚			1	250.00
英国	4	314.48	16	1 045.48
法国			16	1 000.50
德国	3	348.60	37	1 641.60
瑞士			4	300.00
荷兰			16	640.00
比利时	1	98.49	8	263.59
卢森堡			1	20.00
奥地利	1	15.00	8	218.90
葡萄牙			3	229.50
西班牙			13	416.80
意大利	1	385.00	10	1 260.80
马耳他			6	180.60
丹麦			2	34.90
瑞典			6	185.60
芬兰			1	23.60
挪威			2	65.10

2001年中国批准海外投资企业统计表

国别（地区）	2001年批准		截至2001年批准	
	企业数量（个）	中方投资（万美元）	企业数量（个）	中方投资（万美元）
波兰			4	64.10
捷克	1	153.00	5	438.90
保加利亚			2	175.00
匈牙利	0	0.00	14	841.00
罗马尼亚	1	490.00	9	1 589.23
波黑共和国	1	280.00	2	285.00
埃及	2	142.39	17	3 063.49
利比亚			1	10.00
阿尔及利亚	2	58.00	4	193.00
突尼斯	1	197.50	3	227.50
摩洛哥	1	36.30	15	294.30
毛里塔尼亚	1	60.00	4	373.81
马里			5	5 812.16
苏丹	1	10.00	9	1 167.50
埃塞俄比亚	2	138.48	6	398.78
肯尼亚	2	162.30	21	1 847.50
吉布提	1	78.00	1	78.00
厄立特里亚			2	97.30
坦桑尼亚			14	3 948.30
乌干达	1	10.00	11	637.90
赞比亚	3	424.72	17	13 412.62
莫桑比克			6	1 463.81
布隆迪			2	71.80
卢旺达			4	285.10
马达加斯加	2	309.74	17	1 027.54
科摩罗	1	10.00	1	10.00
毛里求斯	0	335.00	20	1 665.70
刚果（金）			7	2 424.20
刚果（布）			1	2.00
中非			6	428.60
乍得			1	17.00

2001年中国批准海外投资企业统计表

国别（地区）	2001年批准		截至2001年批准	
	企业数量（个）	中方投资（万美元）	企业数量（个）	中方投资（万美元）
塞内加尔			3	24.30
冈比亚			5	175.00
几内亚比绍			1	420.00
几内亚	2	604.71	5	1 182.71
塞拉利昂	1	0.10	3	114.80
利比里亚	1	95.00	8	831.80
科特迪瓦	1	194.60	13	1 603.30
布基纳瓦索			1	3.00
加纳	2	132.00	17	1 921.20
多哥			5	638.12
贝宁	2	400.50	4	1 672.30
尼日尔	1	1 394.40	3	1 496.40
尼日利亚	8	642.85	33	3 114.35
喀麦隆	2	229.18	15	1 585.08
赤道几内亚	0	235.01	4	1 131.51
加蓬			11	1 704.50
佛得角			3	60.00
南非	2	1 238.673	83	11 084.873
纳米比亚			9	909.50
津巴布韦	2	91.00	11	3 325.67
安哥拉			1	198.00
博茨瓦纳	1	1.00	7	413.50
莱索托			7	70.40
塞舌尔			1	15.00
巴西	4	3 179.10	31	9 538.34
阿根廷	1	170.00	19	939.39
乌拉圭			2	28.00
智利			6	2 087.00
秘鲁	2	310.00	13	19 956.05
哥伦比亚			5	906.50
委内瑞拉	1	10.00	6	282.00

2001年中国批准海外投资企业统计表

国别（地区）	2001年批准		截至2001年批准	
	企业数量（个）	中方投资（万美元）	企业数量（个）	中方投资（万美元）
厄瓜多尔			14	390.00
圭亚那			5	1 725.65
法属圭亚那			1	388.00
玻利维亚			14	558.00
苏里南			1	0.74
墨西哥	1	22.50	36	14 292.60
古巴	1	80.00	4	1 396.56
牙买加			2	130.00
安提瓜和巴布达			5	224.85
巴巴多斯			1	20.00
百慕大	1	1.50	9	1 361.30
开曼群岛	1	25.00	7	235.00
洪都拉斯			5	1 618.15
巴拿马	1	6.00	9	108.60
伯利兹			2	142.00
哥斯达黎加			1	30.00
英属维尔京群岛	4	198.00	20	355.00
多米尼加共和国			3	91.20
密克罗尼西			1	10.00
巴哈马			3	106.00
玻利尼西亚			2	38.00
多米尼克			1	10.00
美国	19	5 370.73	329	55 898.73
加拿大	4	352.00	95	39 175.30
澳大利亚	6	1 005.106	118	35 113.101
新西兰	2	94.00	17	4 682.00
巴布亚新几内亚			17	4 414.10
斐济			14	993.00
瓦努阿图			9	497.00
萨摩亚	0	251.00	5	422.00
所罗门群岛			3	54.30
贝劳			4	106.50
汤加	1	440.395	1	440.395

2001年中国对外援助成套项目建成及提供单项设备情况

行业	建成项目数	新增生产能力或规模	受援国家
合　计	**35**		
公用民用建筑	7	(1) 纪念碑一座，500个座位礼堂一座	佛得角
		(2) 总统府办公楼新增工程	毛里塔尼亚
		(3) 新建会议中心，建筑面积2万平方米，包括1 162个座位会议厅一个，中小会议厅4个，办公区及同声传译设备等	孟加拉国
		(4) 新建住房664套，建筑面积33 901平方米	南非
		(5) 新建卷烟厂二期工程1 862.8平方米	塔吉克
		(6) 轨枕厂年产钢筋砼轨枕10万根	坦桑尼亚、赞比亚
		(7) 钢铁厂技术改造，新建一个年产10万吨洗煤厂；改造选矿厂；建一台27立方米烧结机；新增2台500立方米/分高炉风机；建一台铸铁机；建一座30吨高功率电炉，一座40吨LF电炉，一座300吨混铁炉；建3 200立方米制氧厂。	越南
文教卫生	4	(1) 体育场增建两个水池，生活水池和消防水池	多哥
		(2) 新建550平方米小医院一座	几内亚
		(3) 新建5万人座体育场	马里
		(4) 新建总建筑面积6 048平方米中学	汤加
交通运输	2	(1) 新建3.5公里公路及加铺沥青路面	卢旺达
		(2) 新建公路桥全长918米，正桥长250米，引桥668米	孟加拉国
单项设备	15	(1) 提供电厂维修设备、化工厂维修设备	朝鲜
		(2) 提供客货两用船	毛里求斯
		(3) 提供供电设备	阿尔巴尼亚
		(4) 提供DNA设备	埃及
		(5) 提供风光发电机	巴布亚新几内亚
		(6) 提供医疗设备	白俄罗斯
		(7) 提供医疗设备	厄立特里亚
		(8) 提供医疗设备	哈萨克
		(9) 提供医疗设备	乌兹别克
		(10) 提供农机具	厄立特里亚
		(11) 提供农机具	印度尼西亚
		(12) 提供港口设备	刚果（金）
		(13) 提供农机具	哥伦比亚
		(14) 提供装配式钢桥	柬埔寨
		(15) 提供供水设备	南非

2001年中国对外援助成套项目建成及提供单项设备情况

行　业	建成项目数	新增生产能力或规模	受援国家
水利电力	1	(1) 铺设105公顷地下管线和地上喷灌系统以及27套住房	纳米比亚
改造更新大修	6	(1) 卡拉会议大厦维修	多哥
		(2) 穆杰雷水电站维修	布隆迪
		(3) 议会大厦和农技站专家住房维修	刚果（布）
		(4) 人民宫、体育场维修	刚果（金）
		(5) 人民宫维修	几内亚
		(6) 综合工艺学院维修扩建（图书馆扩建部分），投资规模160万元	塞舌尔

2001年中国承担援外成套项目和单项设备情况

行　业	承担项目数	受　援　国　家
合　　计	**44**	
公用民用建筑	18	乌干达、马里、毛里塔尼亚、莫桑比克、几内亚比绍、东帝汶、厄瓜多尔、安提瓜和巴布达、塞拉利昂、卢旺达、科特迪瓦、库克群岛、加蓬、贝宁、中非
文教卫生	11	瓦努阿图、尼泊尔、马达加斯加、莱索托、科特迪瓦、喀麦隆、柬埔寨、吉布提、佛得角
交通运输	3	尼泊尔（2）、柬埔寨
打井供水	2	柬埔寨、尼日尔
农牧渔业	1	刚果（布）
水利电力	4	尼日尔、萨摩亚、巴基斯坦、朝鲜
邮电通信	1	赤道几内亚
单项设备	2	柬埔寨（2）
其他	2	加纳、莫桑比克

2001年中国承担援外技术合作项目情况

行　业	承担项目数	受　援　国　家
合　　计	**32**	
文教体育卫生	8	埃塞俄比亚、刚果（金）、吉布提、喀麦隆、科特迪瓦、马达加斯加、马里、乌干达
交通运输	2	坦桑尼亚、赞比亚、尼泊尔

2001年中国承担援外技术合作项目情况

行　业	承担项目数	受　援　国　家
公用民用建筑	5	莫桑比克、毛里塔尼亚、几内亚、刚果（布）、佛得角
农牧渔业	12	中非、圣卢西亚、塞拉利昂、几内亚、几内亚比绍、刚果（布）、刚果（金）、斐济、东帝汶、巴布亚新几内亚、巴基斯坦、贝宁
水利电力	2	安提瓜和巴布达、赤道几内亚
邮电通信	3	几内亚（2）、中非

中国对外经济贸易年鉴

2002

附录

Yearbook of China's Foreign Economic Relations and Trade

Appendix

第一部分

中国国民经济基本情况统计(一)
(1985—2001年)

指标	单位	绝对数					2001年为以下年份%			
		1985	1990	1995	2000	2001	1985	1990	1995	2000
国内生产总值	亿元	8 964	1 8548	58 478	89 404	95 933	411.0	281.4	159.7	107.3
第一产业	亿元	2 542	5 017	11 993	14 212	14 610	183.3	149.3	121.8	102.8
第二产业	亿元	3 867	7 717	28 538	45 488	49 069	595.1	387.3	173.8	108.7
工业	亿元	3 449	6 858	24 718	39 570	42 607	621.5	400.0	177.2	108.9
建筑业	亿元	418	859	3 820	5 918	6 462	394.3	288.6	144.3	107.4
第三产业	亿元	2 556	5 814	17 947	29 704	32 254	400.1	255.6	159.1	107.4
#运输邮电业	亿元	407	1 148	3 055	4 919	5 222	479.5	299.9	177.1	106.5
商业	亿元	878	1 420	4 932	7 307	7 824	277.7	221.8	154.4	107.9
人均国内生产总值	元/人	853	1 634	4 854	7 081	7 543	339.1	250.9	151.1	106.6
固定资产投资										
全社会固定资产投资总额	亿元	2 543.2	4 517.0	20 019.3	32 917.7	36 898.4	1 450.9	816.9	184.3	112.1
基本建设投资	亿元	1 074.4	1 703.8	7 403.6	13 427.3	14 567.0	1 355.9	855.0	196.8	108.5
财政总收入	亿元	2 004.8	2 937.1	6 242.2	13 395.2	16 371.0	816.6	557.4	262.3	122.2
财政总支出	亿元	2 004.3	3 083.6	6 823.7	15 886.5	18 844.0	940.2	611.1	276.2	118.6
交通、邮电										
货物周转量	亿吨公里	18 365	26 208	35 730	44 452	47 590	259.1	181.6	133.2	107.1
沿海主要港口货物吞吐量	万吨	31 154	48 321	80 166	125 603	142 634	457.8	295.2	177.9	113.6
旅客周转量	亿人公里	4 437	5 628	9 002	12 261	13 155	296.5	233.7	146.1	107.3
邮电业务总量	亿元	62.21	155.54	988.85	4 792.70	4 556.27	10 394.5	4 157.8	653.8	134.9
商业和物价										
社会消费品零售额	亿元	3 801.4	7 250.3	20 620.0	34 152.6	37 595.2	989.0	518.5	182.3	110.1
全国消费品市场数	个	61 337	72 579	82 892	88 811	86 454	140.9	119.1	104.3	97.3
农业生产资料价格总指数	上年=100			127.4	99.1	99.1				
商品零售物价指数	上年=100	108.8	102.1	114.8	98.5	99.2				

中国国民经济基本情况统计(二)
(1985—2001年)

指标	单位	绝对数					2001年为以下年份%			
		1985	1990	1995	2000	2001	1985	1990	1995	2000
全国居民消费价格总指数	上年=100	109.3	103.1	117.1	100.4	100.7				
城市居民消费价格指数	上年=100	111.9	101.3	116.8	100.8	100.7				
农村居民消费价格指数	上年=100	107.6	104.5	117.5	99.9	100.8				
外贸、旅游										
进出口总额	亿美元	696.0	1 154.4	2 808.6	4 742.9	5 097.7	732.4	441.6	181.5	107.5
出口总额	亿美元	273.5	620.9	1 487.8	2 492.0	2 661.6	973.2	428.7	178.9	106.8
进口总额	亿美元	422.5	533.5	1 320.8	2 250.9	2 436.1	576.6	456.6	184.4	108.2
实际利用外资	亿美元	44.6	102.9	481.3	593.6	496.8	1 113.9	482.8	103.2	83.7
对外借款	亿美元	25.1	65.3	103.3	100.0		0.0	0.0	0.0	0.0
外商直接投资及其他	亿美元	19.6	37.6	378.1	493.6	496.8	2 536.0	1 323.0	131.4	100.6
接待外来旅游人数	万人	1 783.3	2 746.2	4 638.7	8 344.4	8 901.0	499.1	324.1	191.9	106.7
外国人	万人	137.0	174.7	588.7	1 016.0	1 122.4	819.3	642.5	190.7	110.5
港澳台同胞	万人	1 637.8	2 562.4	4 038.4	7 320.8	7 778.6	474.9	303.6	192.6	106.3
旅游收入外汇	亿美元	12.5	22.2	87.3	162.2	177.9	1 423.2	801.4	203.8	109.7
科学、教育、文化										
科技成果登记数	项	10 476	26 829	31 099	32 858	28 376	270.9	105.8	91.2	86.4
国有企业事业单位专业技术人员	万人	781.7	1 080.9	1 913.4	2 165.1	2 169.8	277.6	200.7	113.4	100.2
在校学生:										
普通高等学校	万人	170.3	206.3	290.6	556.1	719.1	422.3	348.6	247.5	129.3
成人高等学校	万人	172.5	166.6	257.0	353.6	456.0	264.3	273.7	177.4	129.0
普通中学	万人	4 706.0	4 586.0	5 371.0	7 368.9	7 836.0	166.5	170.9	145.9	106.3
中等专业学校	万人	157.1	224.4	372.2	489.5	458.0	291.5	204.1	123.1	93.6
成人中等学校	万人	547.0	1 529.4	5 646.3	6 876.9	6 997.7	1 279.3	457.5	123.9	101.8
成人初等学校	万人	833.8	2 282.1	778.3	485.2	422.7	50.7	18.5	54.3	87.1
小学	万人	13 370	12 241	13 195	13 013	12 543	93.8	102.5	95.1	96.4

中国国民经济基本情况统计(三)
(1985—2001年)

指标	单位	绝对数					2001年为以下年份%			
		1985	1990	1995	2000	2001	1985	1990	1995	2000
艺术表演团体	个	3 317	2 805	2 682	2 630	2 596	78.3	92.5	96.8	98.7
文化馆	个	2 965	2 955	2 886	2 907	2 834	95.6	95.9	98.2	97.5
公共图书馆	个	2 344	2 527	2 615	2 677	2 684	114.5	106.2	102.6	100.3
广播综合人口覆盖率	%	68.3	74.7	78.8	92.5	92.9	136.0	124.4	117.9	100.4
电视综合人口覆盖率	%	68.4	79.4	84.5	93.7	94.2	137.7	118.6	111.5	100.5
出版报纸总印数	亿份	246.8	211.3	263.3	329.3					
各类杂志出版	亿册	25.6	17.9	23.4	29.4	29.0	113.3	162.0	123.9	98.6
图书出版	亿册	66.7	56.4	63.2	62.7	63.4	95.1	112.4	100.3	101.1
卫生、体育										
医院病床	万张	222.9	262.4	283.6	294.8	297.6	133.5	113.4	104.9	100.9
专业卫生技术人员	万人	341.1	389.8	425.7	449.1	450.8	132.2	115.6	105.9	100.4
#医生	万人	141.3	176.3	191.8	207.6	210.0	148.6	119.1	109.5	101.2
护师、护士	万人	63.7	97.5	112.6	126.7	128.7	202.0	132.0	114.3	101.6
获得世界体育冠军	项	42	54	98	92	78	185.7	144.4	79.6	84.8
打破体育世界纪录	项	5	14	13	22	10	200.0	71.4	76.9	45.5
举办县以上运动会	万次	2.69	3.02	2.80	2.62	2.52	93.7	83.4	90.0	96.2
人民生活										
农民平均每人纯收入	元	397.6	686.3	1 577.7	2 253.4	2 366.4	187.3	161.9	131.3	104.2
城市居民人均可支配收入	元	739.1	1 510.2	4 283.0	6 280.0	6 859.6	259.6	210.1	143.4	108.5
年末职工人数	万人	12 358	14 059	14 908	11 259	10 792	87.3	76.8	72.4	95.9
职工工资总额	亿元	1 382.8	2 951.1	8 100.0	10 656.2	11 830.9	855.6	400.9	146.1	111.0
职工平均工资	元	1 148	2 140	5 500	9 371	10 870	244.2	216.7	163.2	115.2
年末城乡人民储蓄存款余额	亿元	1 622.6	7 119.8	29 662.3	64 332.4	73 762.4	4 545.9	1 036.0	248.7	114.7
城镇人均住房面积	平方米	5.2	6.7	8.1	10.3					
农村人均住房面积	平方米	14.7	17.8	21.0	24.8	25.7	174.8	144.4	122.4	103.6

中国国民经济基本情况统计(四)
(1985—2001年)

指标	单位	绝对数					2001年为以下年份%			
		1985	1990	1995	2000	2001	1985	1990	1995	2000
人口										
年末全国人口	万人	105 851	114 333	121 121	126 743	127 627	120.6	111.6	105.4	100.7
年人口出生率	‰	21.04	21.06	17.12	14.03	13.38				
年人口死亡率	‰	6.78	6.67	6.57	6.45	6.43				
年人口自然增长率	‰	14.26	14.39	10.55	7.58	6.95				

注:1. 表中的数字,均未包括香港、澳门特别行政区和台湾省。

2. 本表价值指标除邮电业务总量2000年及以前按1990年不变价格计算,2001年按2000年不变价格计算外,其余均按当年价格计算;国内生产总值、农民平均每人纯收入、城镇居民人均可支配收入、职工平均工资发展速度均按可比价格计算。

3. 国内生产总值是指物质生产部门和非物质生产部门的增加值之和,是一个国家(或地区)所有常住单位在核算期内生产活动的最终成果。

4. 农村和城市居民平均每人收入,是根据家庭抽样调查得出的。职工工资总额包括发给职工的物价补贴。1998年以后职工人数为在岗职工。

5. 表中的出口、进口总额系中国海关统计数字。

资料来源:1986—2001年《中国统计年鉴》、2002年《中国统计摘要》。

1988—2001年中国长期与短期外债的结构与增长

项目/年度		1988	1989	1990	1991	1992	1993	1994	1995	1996	1997	1998	1999	2000	2001
外债余额(亿美元)		400.0	413.0	525.5	605.6	693.2	835.7	928.1	1 065.9	1 162.8	1 309.6	1 460.4	1 518.3	1 457.3	1 701.1
中长期外债	余额(亿美元)	326.9	370.3	457.8	502.6	584.7	700.2	823.9	946.8	1 021.7	1 128.2	1 287.0	1 366.5	1 326.5	1 195.3
	比上年增长(%)	33.5	13.3	23.6	9.8	16.3	19.8	17.7	14.9	7.9	10.4	14.1	6.2	-2.9	—
	占总余额的比例(%)	81.7	89.7	87.1	83.0	84.4	83.8	88.8	88.8	87.9	86.1	88.1	90.0	91.0	70.3
短期外债	余额(亿美元)	73.1	42.7	67.7	103.0	108.5	135.5	104.2	119.1	141.1	181.4	173.4	151.8	130.8	505.8
	比上年增长(%)	27.8	-41.6	58.5	52.1	5.3	24.8	-23.1	14.3	18.5	28.6	-4.4	-12.5	-13.8	—
	占总余额的比例(%)	18.3	10.3	12.9	17.0	15.6	16.2	11.2	11.2	12.1	13.9	11.9	10.0	9.0	29.7
	与外汇储备的比例(%)	216.8	76.9	61.0	47.4	55.8	63.9	20.2	16.2	13.4	13.0	12.0	9.8	7.9	23.8

注:由于外债口径调整,新口径外债数据与原口径外债数据不可比,故未计算“比上年增长”项。

1988—2001 年中国外债流动与国民经济、外汇收入

项目/年度	1988	1989	1990	1991	1992	1993	1994	1995	1996	1997	1998	1999	2000	2001
1. 外债流入（亿美元）	142.3	174.3	164.8	188.6	152.2	273.7	343.3	391.1	309.5	431.0	456.6	300.5	249.2	251.6
2. 比上年增长（%）	54.5	22.5	−5.5	14.4	−19.3	79.8	25.4	13.9	−20.9	39.3	5.9	−34.2	−17.1	1.0
3. 外债流出（亿美元）	72.8	170.2	96.2	127.9	134.3	182.5	250.6	317.1	224.7	324.2	424.8	364.5	350.1	312.8
4. 比上年增长（%）	42.2	133.7	−43.5	33.0	5.0	35.9	37.3	26.5	−29.1	44.3	31.0	−14.2	−4.0	−10.7
5. 外债净流入（亿美元）	69.5	4.1	68.6	60.7	17.9	91.2	92.7	74.0	84.8	106.8	31.8	−64.0	−100.9	−61.2
6. 国内生产总值（亿元人民币）	14 928.5	16 909.2	18 547.9	21 617.8	26 638.1	34 634.4	46 759.4	58 478.1	67 884.6	74 722.4	79 553.0	82 054.0	89 404.0	95 933.0
7. 外债流出/国内生产总值（%）	1.8	3.8	2.5	3.1	2.8	3.0	4.6	4.5	2.8	3.6	4.4	3.7	3.2	2.7
8. 外汇收入（亿美元）	459.1	478.2	573.7	659.0	788.2	865.6	1 189.3	1 472.4	1 716.8	2 072.4	2 074.2	2 209.6	2 795.6	2 994.0
9. 偿债率（%）	6.5	8.3	8.7	8.5	7.1	10.2	9.1	7.6	6.0	7.3	10.9	11.2	9.2	7.5

注：1. 从 1998 年开始，原使用的“国民生产总值”数据调整为“国内生产总值”数据，以前年份数据均按《中国统计提要 1998》中公布数据进行了调整。计算外债流出与国内生产总值比值时按当年年平均汇率折美元。

2. 从 1998 年开始，本报告中的外汇收入指国际收支口径的货物和服务收入，以前年份的数据均按此国际规范口径进行了调整，据此计算的偿债率也进行了相应的调整。

3. 外债流出金额为外债项下偿还本金和支付利息之和。

4. 偿债率为当年中长期外债还本付息额加上短期外债付息额除以当年国际收支口径的外汇收入。

1988—2001 年中国外债与国民经济、外汇收入

项目/年度	1988	1989	1990	1991	1992	1993	1994	1995	1996	1997	1998	1999	2000	2001
1. 外债余额（亿美元）	400.0	413.0	525.5	605.6	693.2	835.7	928.1	1 065.9	1 162.8	1 309.6	1 460.4	1 518.3	1 457.3	1 701.1
2. 比上年增长（%）	32.5	3.3	27.2	15.2	14.5	20.6	11.1	14.8	9.1	12.6	11.5	4.0	-4.0	—
3. 国内生产总值（亿元人民币）	14 928.5	16 909.2	18 547.9	21 617.8	26 638.1	34 634.4	46 759.4	58 478.1	67 884.6	74 772.4	79 553.0	82 054.0	89 404.0	95 933.0
4. 比上年增长（%）	11.3	4.1	3.8	9.2	14.2	13.5	12.6	10.5	9.6	8.8	7.8	7.1	8.0	7.3
5. 负债率（%）	10.0	9.2	13.5	14.9	14.4	13.9	17.1	15.2	14.2	14.5	15.2	15.3	13.5	14.7
6. 外汇收入（亿美元）	459.1	478.2	573.7	659.0	788.2	865.6	1 189.3	1 472.4	1 716.8	2 072.4	2 074.2	2 209.6	2 795.6	2 994.0
7. 比上年增长（%）	17.2	4.2	20.0	14.9	19.6	9.8	37.4	23.8	16.6	20.7	0.09	6.5	26.5	7.1
8. 债务率（%）	87.1	86.4	91.6	91.9	87.9	96.5	78.0	72.4	67.7	63.2	70.4	68.7	52.1	56.8

注： 1. 从 1998 年开始，原使用的“国民生产总值”数据调整为“国内生产总值”数据，以前年份数据均按《中国统计提要 1998》中公布数据进行了调整。计算负债率时按当年年平均汇率折美元。

2. 第四行“比上年增长”是按不变价格计算。

3. 从 1998 年开始，本报告中的外汇收入指国际收支口径的货物和服务收入，以前年份的数据均按此国际规范口径进行了调整，据此计算的债务率也进行了相应的调整。

4. 自 2001 年起，我国按照国际标准对原外债口径进行了调整(具体调整内容见《2001 年末全国所欠外债简表》有关附注)，由于新口径外债数据与 2000 年外债数据(原口径)不具可比性，故未计算上表中“外债余额比上年增长”项。

2001年末全国所欠债务简表

（单位：万美元）

债务人/债务类型	外国政府贷款	国际金融组织贷款	国外银行及其他金融机构贷款	买方信贷	向国外出口商、国外企业或私人借款	对外发行债券	延期付款	海外私人存款	国际金融租赁	补偿贸易中用现汇偿还的债务	贸易信贷	其他	合计
国务院部委	1 655 869.2	2 679 026.5	43 934.7			603 038.5							4 981 868.9
中资银行	712 224.6		593 239.8	1 130 712.4	5 918.7	336 999.2	176 838.6	49 764.4	117.0				3 005 814.7
中资非银行金融机构			182 602.3	4 522.3		249 899.6		284.2	590.6				437 899.0
外商投资企业	1 667.5	77 600.7	800 516.7	157 977.7	2 314 314.8	76 997.9	59 498.0		31 262.0	154.0			3 519 989.3
中资企业	596.3		89 456.9	9 432.2	25 054.2		13 708.5		976 295.7	10 327.6			1 124 871.4
外资金融机构			1 581 144.4				20 036.3	103 375.1					1 704 555.8
其他			57 946.5	2 460.0	8 718.4		4 821.3		1 377.7				75 323.9
贸易信贷											2 161 000.0		2 161 000.0
合计	2 370 357.6	2 756 627.2	3 348 841.3	1 305 104.6	2 354 006.1	1 266 935.2	274 902.7	153 423.7	1 009 643.0	10 481.6	2 161 000.0		17 011 323.0

注：1. 自2001年6月起，中国根据国际标准对原外债口径进行了调整，具体调整内容包括3项：一是将境内外资金融机构对外负债纳入我国外债统计范围，同时扣除境内机构对境内外资金融机构的负债；二是将所有贸易项下对外融资（包括3个月以下的贸易信贷）纳入我国外债统计；三是在期限结构方面，将未来1年内到期的中长期债务纳入短期债务。从而消除了我国外债数据范围（外债定义）、期限结构划分等方面与国际标准之间存在的差距。并于2001年11月初按照国际标准定义公布了2001年6月底中国外债数据。上表中外债数据为国际标准口径数据。

2. 表中“贸易信贷”指3个月以内的贸易信贷，该数据是按照一般国际经验估算的；而表中“延期付款”则是指3个月以上（不含90天）的贸易信贷，属于登记外债范畴。

2001年人民币基准汇价汇总表(一)

人民币元/100外币

月份	币种	期初价	期末价	最高价	最低价	期平均	累计平均
1月份	美元	827.74	827.86	827.86	827.62	827.71	827.7
	日元	7.1879	7.0936	7.2638	6.9336	7.0892	7.0892
	港币	106.06	106.04	106.11	106.03	106.07	106.07
2月份	美元	827.81	827.81	827.81	827.63	827.70	827.71
	日元	7.1148	7.1331	7.1976	7.0273	7.1217	7.1058
	港币	106.05	106.13	106.26	106.04	106.09	106.08
3月份	美元	827.83	827.79	827.84	827.68	827.76	827.72
	日元	7.1154	6.7682	7.1154	6.6956	6.8512	7.0140
	港币	106.12	106.14	106.15	106.09	106.13	106.10
4月份	美元	827.77	827.73	827.78	827.67	827.71	827.72
	日元	6.6532	6.7222	6.7889	6.5468	6.6825	6.9232
	港币	106.14	106.15	106.17	105.53	106.09	106.09
5月份	美元	827.74	827.77	827.85	827.67	827.72	827.72
	日元	6.7009	6.8701	6.9051	6.6743	6.7757	6.8972
	港币	106.10	106.12	106.13	106.04	106.09	106.09
6月份	美元	827.70	827.70	827.79	827.67	827.71	827.72
	日元	6.8985	6.6548	6.9711	6.6527	6.7902	6.8789
	港币	106.08	106.12	106.18	106.04	106.09	106.09
7月份	美元	827.67	827.67	827.73	827.67	827.69	827.71
	日元	6.6996	6.6470	6.7166	6.5802	6.6458	6.8436
	港币	106.12	106.04	106.12	106.04	106.07	106.09

2001 年人民币基准汇价汇总表(二)

人民币元/100 外币

月份 \ 币种 \ 项目	币种	期初价	期末价	最高价	最低价	期平均	累计平均
8 月份	美 元	827.70	827.67	827.73	827.67	827.70	827.71
	日 元	6.6263	6.9019	6.9114	6.6245	6.7881	6.8360
	港 币	106.05	106.12	106.14	106.04	106.07	106.09
9 月份	美 元	827.69	827.69	827.72	827.66	827.68	827.71
	日 元	6.9542	6.8541	7.1018	6.8218	6.9611	6.8505
	港 币	106.08	105.99	106.12	105.99	106.07	106.09
10 月份	美 元	827.68	827.68	827.70	827.65	827.68	827.71
	日 元	6.7861	6.7929	6.8953	6.7156	6.8097	6.8470
	港 币	105.94	106.06	106.07	105.94	106.05	106.08
11 月份	美 元	827.68	827.74	827.74	827.65	827.69	827.70
	日 元	6.7896	6.7303	6.8679	6.6556	6.7660	6.8392
	港 币	106.06	106.12	106.12	106.03	106.06	106.08
12 月份	美 元	827.72	827.66	827.73	827.66	827.68	827.70
	日 元	6.6773	6.3005	6.7003	6.2492	6.4906	6.8075
	港 币	106.12	106.06	106.12	106.04	106.07	106.08
全 年	美 元	827.74	827.66	827.86	827.62	827.70	827.70
	日 元	7.1879	6.3005	7.2638	6.2492	6.8075	6.8075
	港 币	106.06	106.06	827.26	105.53	106.08	106.08

第二部分

2001 年世界主要国家（地区）货物贸易进出口额（一）

金额：亿美元

出口		进口	
世界	61 624	**世界**	64 388
美国	73 09	美国	11 805
德国	5 696	德国	4 930
日本	4 047	日本	3 501
法国	3 195	英国	3 325
英国	2 735	法国	3 229
中国	2 662	中国	2 436
加拿大	2 622	意大利	2 337
意大利	2 413	加拿大	2 283
荷兰	2 298	荷兰	2 079
中国香港	1 907	中国香港	2 023
比利时	1 799	墨西哥	1 762
墨西哥	1 585	比利时	1 690
韩国	1 507	西班牙	1 445
中国台湾	1 229	韩国	1 411
新加坡	1 217	新加坡	1 160
西班牙	1 108	中国台湾	1 072
俄罗斯	1 032	瑞士	841
马来西亚	885	马来西亚	744
爱尔兰	834	奥地利	739
瑞士	821	澳大利亚	639
瑞典	752	瑞典	625
奥地利	703	泰国	602
沙特阿拉伯	682	巴西	583
泰国	642	俄罗斯	535
澳大利亚	634	爱尔兰	509
巴西	582	印度	505
挪威	579	波兰	500
印度尼西亚	567	丹麦	456
丹麦	518	土耳其	405
印度	439	葡萄牙	377
阿联酋	429	阿联酋	366

2001年世界主要国家（地区）货物贸易进出口额（二）

金额：亿美元

出口		进口	
波兰	355	捷克	365
菲律宾	336	以色列	351
捷克	334	匈牙利	339
土耳其	312	挪威	324
匈牙利	308	沙特阿拉伯	321
南非	293	菲律宾	314
以色列	290	印度尼西亚	312
委内瑞拉	286	南非	287
阿根廷	267	阿根廷	203
		委内瑞拉	188

资料来源：世界贸易组织《2002年世界贸易发展报告》，2002年5月2日。

2001年世界主要国家（地区）服务贸易进出口额（一）

金额：亿美元

出口		进口	
世界	14 400	**世界**	14 300
美国	2 629	美国	1 876
英国	1 083	德国	1 285
德国	798	日本	1 067
法国	790	英国	885
日本	633	法国	600
意大利	595	意大利	585
西班牙	567	荷兰	523
荷兰	509	加拿大	396
中国香港	430	比利时－卢森堡	389
比利时－卢森堡	426	中国	364
加拿大	347	爱尔兰	336
中国	310	韩国	326

2001年世界主要国家（地区）服务贸易进出口额（二）

金额：亿美元

出口		进口	
奥地利	300	西班牙	322
韩国	284	奥地利	290
新加坡	264	印度	237
瑞士	259	中国台湾	236
丹麦	228	中国香港	229
瑞典	208	瑞典	227
中国台湾	208	俄罗斯	205
印度	201	新加坡	200
希腊	197	丹麦	190
爱尔兰	192	阿联酋	183
澳大利亚	159	墨西哥	170
挪威	156	澳大利亚	164
土耳其	148	马来西亚	163
马来西亚	136	泰国	159
泰国	128	巴西	158
墨西哥	126	瑞士	155
波兰	120	挪威	151
以色列	113	印度尼西亚	144

资料来源：世界贸易组织《2002年世界贸易发展报告》，2002年5月2日。

世界货物贸易额及增长率*（一）

年份	贸易额（亿美元）			增减率（%）		
	出口	进口	总额	出口	进口	总额
1950	554.00	580.00	1 134.00	—	—	—
1955	843.00	892.00	1 735.00	52.2	53.8	53.0
1960	1 131.00	1 194.00	2 325.00	34.2	33.9	34.0
1961	1 183.00	1 245.00	2 428.00	4.6	4.3	4.4
1962	1 241.00	1 321.00	2 562.00	4.9	6.1	5.5
1963	1 354.00	1 435.00	2 789.00	9.1	8.6	8.9
1964	1 522.00	1 610.00	3 132.00	12.4	12.2	12.3
1965	1 643.00	1 743.00	3 386.00	8.0	8.3	8.1

世界货物贸易额及增长率* (二)

年 份	贸易额(亿美元)			增减率(%)		
	出口	进口	总额	出口	进口	总额
1966	1 808.00	1 921.00	3 729.00	10.0	10.2	10.1
1967	1 898.00	2 015.00	3 913.00	5.0	4.9	4.9
1968	2 124.00	2 248.00	4 372.00	11.9	11.6	11.7
1969	2 434.00	2 565.00	4 999.00	14.6	14.1	14.3
1970	3 145.81	3 289.21	6 435.02	—	—	—
1971	3 883.90	3 663.84	7 547.74	23.5	11.4	17.3
1972	4 155.34	4 340.21	8 495.55	7.0	18.5	12.6
1973	5 729.67	5 999.35	11 729.02	37.9	38.2	38.1
1974	8 417.57	8 607.16	17 024.73	46.9	43.5	45.2
1975	8 745.99	9 045.12	17 791.11	3.9	5.1	4.5
1976	9 894.95	10 135.73	20 030.68	13.1	12.1	12.6
1977	11 255.42	11 605.20	22 860.62	13.7	14.5	14.1
1978	12 973.87	13 471.30	26 445.17	15.3	16.1	15.7
1979	16 390.50	16 868.07	33 258.57	26.3	25.2	25.8
1980	19 936.25	20 474.25	40 410.50	21.6	21.4	21.5
1981	19 763.11	20 360.88	40 123.99	-0.9	-0.6	-0.7
1982	18 575.50	19 222.31	37 797.81	-6.0	-5.6	-5.8
1983	18 124.94	18 718.42	36 843.36	-2.4	-2.6	-2.5
1984	19 093.15	19 799.69	38 892.84	5.4	5.8	5.6
1985	19 300.05	20 005.50	39 305.55	1.1	1.0	1.1
1986	21 280.93	21 979.05	43 259.98	10.3	9.9	10.1
1987	24 908.05	25 596.64	50 504.69	17.0	16.5	16.7
1988	28 253.38	29 118.79	57 372.17	13.4	13.8	13.6
1989	30 213.46	31 347.24	61 560.70	6.9	7.7	7.3
1990	34 250.43	35 565.09	69 815.52	13.4	13.5	13.4
1991	34 299.09	35 517.42	69 816.51	0.1	-0.1	0
1992	36 856.45	37 986.12	74 842.57	7.5	7.0	7.2
1993	37 079.21	37 556.27	74 635.48	0.6	-1.1	-0.3
1994	42 235.99	42 615.22	84 851.21	13.9	13.5	13.7
1995	50 513.09	50 905.31	101 418.40	19.6	19.5	19.5
1996	52 571.03	53 275.63	105 846.66	4.1	4.7	4.4
1997	54 452.41	55 050.22	109 502.63	3.6	3.3	3.5
1998	53 706.81	54 260.32	107 967.13	-1.4	-1.4	-1.4
1999	55 430.91	56 608.42	112 039.33	3.2	4.3	3.8
2000	61 648.40	63 728.75	125 377.15	11.2	12.6	11.9
2001	61 624.00	64 388.00	126 012.00	-0.1	1.0	-0.5

注: * 1970年以前不包括前中央计划经济国家。

资料来源: 联合国《统计月报》,世界贸易组织《2002年世界贸易发展报告》。

世界服务贸易额及增长率

年 份	贸易额（亿美元）			增减率（%）		
	出口	进口	总额	出口	进口	总额
1981	4 130.00	4 120.00	8 250.00	–	–	–
1982	4 050.00	4 000.00	8 050.00	–1.9	–2.9	–2.4
1983	3 910.00	3 840.00	7 750.00	–3.5	–4.0	–3.7
1984	4 030.00	3 970.00	8 000.00	3.1	3.4	3.2
1985	3 809.00	4 016.00	7 825.00	–5.5	1.2	–2.2
1986	4 496.00	4 527.00	9 023.00	18.0	12.7	15.3
1987	5 328.00	5 365.00	10 693.00	18.5	18.5	18.5
1988	6 001.00	6 182.00	12 183.00	12.6	15.2	13.9
1989	6 570.00	6 794.00	13 364.00	9.5	9.9	9.7
1990	7 827.00	8 183.00	16 010.00	19.1	20.4	19.8
1991	8251.00	8479.00	16730.00	5.4	3.6	4.5
1992	9 231.00	9 399.00	18 630.00	11.9	10.9	11.4
1993	9 404.00	9 561.00	18 965.00	1.9	1.7	1.8
1994	10 367.00	10 403.00	20 770.00	10.2	8.8	9.5
1995	11 891.00	11 979.00	23 870.00	14.7	15.1	14.9
1996	12 713.00	12 650.00	25 363.00	6.9	5.6	6.3
1997	13 214.00	13 060.00	26 274.00	3.9	3.2	3.6
1998	13 336.00	13 287.00	26 623.00	0.9	1.7	1.3
1999	13 573.00	13 552.00	27 125.00	1.8	2.0	1.9
2000	14 354.00	14 369.00	28 723.00	5.8	6.0	5.9
2001	14 400.00	14 300.00	28 700.00	0.3	–0.5	–0.1

资料来源：世界贸易组织《年度报告》。

世 界 部 分 国 家（地区

年份 / 金额 / 国别（地区）	1990			1995			1996			1997		
	出口	进口	总额	出口	进口	总额	出口	进口	总额	出口	进口	总额
世界	**34 250.43**	**35 565.09**	**69 815.52**	**50 513.09**	**50 905.31**	**101 418.40**	**52 571.03**	**53 275.63**	**105 846.66**	**54 452.41**	**55 050.22**	**109 502.**
发达的市场经济国家	24 551.42	25 735.72	50 287.14	34 480.40	34 191.35	68 671.75	35 395.84	35 359.05	70 754.89	36 167.89	36 098.45	72 266.
发展中的市场经济国家	7 985.57	7 873.76	15 859.33	14 204.52	14 901.45	29 105.97	15 219.58	15 887.53	31 107.11	16 240.59	16 755.76	32 996.
石油输出国组织	1 766.80	1 096.21	2 863.01	2 108.20	1 513.33	3 621.53	2 417.98	1 513.92	3 931.90	2 511.31	1 675.57	4 186.
其他国家	1 713.45	1 955.61	3 669.06	1 766.04	1 744.55	3 510.59	1 955.61	2 029.04	3 984.65	2 051.44	2 203.61	4 255.
美洲	**6 277.08**	**7 346.60**	**13 623.68**	**9 541.83**	**11 351.22**	**20 893.05**	**10 263.70**	**12 122.99**	**22 386.69**	**11 237.03**	**13 585.49**	**24 822.**
美国	3 935.92	5 169.87	9 105.79	5 847.43	7 708.52	13 555.95	6 250.73	82 20.25	14 470.98	6 886.96	8 990.19	15 877.
加拿大	1 276.34	1 232.47	2 508.81	1 922.04	1 639.54	3 561.58	2 016.36	1 706.94	3 723.30	2 144.28	1 959.80	4 104.
巴西	314.14	225.24	539.38	465.06	537.83	1 002.89	477.47	569.47	1 046.94	529.94	649.96	1 179.
阿根廷	123.53	40.76	164.29	209.67	201.22	410.89	238.11	237.62	475.73	263.70	304.50	568.
智利	83.73	76.78	160.51	160.24	159.00	319.24	154.05	178.23	332.28	166.63	196.62	363.
哥伦比亚	67.66	55.90	123.56	100.56	138.53	239.09	105.87	136.84	242.71	115.22	153.78	269.
墨西哥	271.31	311.47	582.78	795.42	724.53	1 519.95	960.00	894.69	1 854.69	1 104.31	1 098.08	2 202.
委内瑞拉	177.83	74.43	252.26	187.39	126.19	313.58	230.53	97.94	328.47	210.73	145.77	356.
秘鲁	32.31	34.70	67.01	55.75	92.24	147.99	58.97	94.73	153.70	68.41	102.64	171.
哥斯达黎加	14.48	19.90	34.38	34.53	40.36	74.89	37.30	43.00	80.30	42.68	49.24	91.
危地马拉	11.63	16.49	28.12	21.56	32.93	54.49	20.31	31.46	51.77	23.44	38.52	61.
古巴	49.10	67.45	116.55	13.25	28.05	41.30	20.15	32.05	52.20	…	…	
多米尼加	7.35	20.62	27.97	8.72	31.64	40.36	9.45	35.81	45.26	10.17	41.92	52.
牙买加	11.58	19.24	30.82	14.20	28.08	42.28	25.79	52.17	77.96	13.82	31.28	45.
特立尼达和多巴哥	19.60	11.09	30.69	24.56	17.14	41.70	25.00	21.44	46.44	25.42	29.90	55.
荷属安的列斯	17.90	21.41	39.31	15.22	18.41	33.63	12.69	25.19	37.88	14.88	20.83	35.
巴拿马	3.4	15.39	18.79	6.25	25.11	31.36	6.23	27.80	34.03	7.23	30.02	37.
萨尔瓦多	5.82	12.63	18.45	9.98	28.53	38.51	10.24	26.71	36.95	13.59	29.73	43.
乌拉圭	16.93	13.43	30.36	21.06	28.67	49.73	23.97	33.23	57.20	27.26	37.27	64.
厄瓜多尔	27.14	18.62	45.76	43.07	41.53	84.60	49.00	39.35	88.35	52.64	49.55	102.
洪都拉斯	8.31	9.35	17.66	12.20	16.43	28.63	13.16	18.40	31.56	14.46	21.49	35.
欧洲	**17 791.09**	**18 482.13**	**36 273.22**	**22 436.52**	**22 638.05**	**45 074.57**	**23 256.26**	**23 370.13**	**46 626.39**	**23 311.44**	**23 421.64**	**46 733.**
德国 a	4 099.58	3 450.32	7 549.90	5 239.09	4 643.66	9 882.75	5 242.26	4 588.08	9 830.34	5 125.03	4 456.83	9 581.
法国	2 101.69	233.207	4 433.76	2 849.14	2 814.97	5 664.11	2 876.43	2 817.76	5 694.19	2 909.72	2 727.21	5 636.
英国	1 853.26	2 245.50	4 098.76	2 420.36	2 653.22	5 073.58	2 621.30	2 874.72	5 496.02	2 810.83	3 065.92	5 876.
意大利	1 703.83	1 819.83	3 523.66	2 339.80	2 060.25	4 400.05	2 520.44	2 080.97	4 601.41	2 404.40	2 102.97	4 507.
荷兰	1 317.87	1 264.85	2 582.72	1 962.76	1 768.74	3 731.50	1 974.20	1 806.42	3 780.62	1 949.09	1 781.33	3 730.

物贸易额（一）

金额单位：亿美元

1998			1999			2000			2000比1999增减（%）			2001		
出口	进口	总额	出口	进口	总额	出口	进口	总额	出口	进口	总额	出口	进口	总额
3 706.81	**54 260.32**	**107 967.13**	**55 430.91**	**56 608.42**	**112 039.33**	**61 648.40**	**63 728.75**	**125 377.15**	**11.2**	**12.6**	**11.9**	**61 624.00**	**64 388.00**	**126 012.00**
6 360.32	36 945.81	73 306.13	36 981.34	38 803.60	75 784.94	39 468.62	42 680.50	82 149.12	6.7	10.0	8.4	…	…	…
5 341.01	15 080.52	30 421.53	16 462.91	15 770.75	32 233.66	19 677.05	18 739.79	38 416.84	19.5	18.8	19.2	…	…	…
2 160.92	1 510.04	3 670.96	2 423.03	1 577.06	4 000.09	2 940.81	1 748.70	4 689.51	21.4	18.8	17.2	…	…	…
2 005.39	2 234.00	4 239.39	1 987.48	2 005.24	3 992.720	2 505.03	2 310.49	4 815.52	26.0	15.2	20.6	…	…	…
1 116.02	**14 209.23**	**25 325.25**	**11 685.68**	**15 325.64**	**27 011.32**	**13 255.64**	**17 855.56**	**31 111.20**	**13.4**	**16.5**	**15.2**	**…**	**…**	**…**
6 821.38	9 443.53	16 264.91	7 020.98	10 594.30	17 615.28	7 811.25	12 576.40	20 387.65	11.3	18.7	15.7	7 309.00	1 1805.00	19 114.00
2 143.35	2 010.61	4 153.96	2 384.22	2 147.91	4 532.13	2 766.45	2 388.12	5 154.57	16.0	11.2	13.7	2 622.00	2 283.00	4 905.00
511.40	606.31	1 117.71	480.11	516.75	996.86	550.86	585.32	1136.18	14.7	13.3	14.0	582.00	583.00	1 165.00
264.41	314.04	578.45	233.33	255.08	488.41	264.09	252.43	516.52	13.2	0	5.8	267.00	203.00	470.00
148.30	187.79	336.09	156.16	151.37	307.53	181.58	181.07	362.65	16.3	19.6	17.9	…	…	…
108.52	146.35	254.87	115.76	106.59	222.35	130.40	115.39	245.79	12.6	8.3	10.5	…	…	…
1 174.60	1 253.73	2 428.33	1 363.91	1 419.75	2 783.66	…	…	…	…	…	…	1 585.00	1 762.00	3 347.00
171.75	157.49	329.24	208.80	138.35	347.15	317.38	161.42	478.80	52.0	16.7	37.9	286.00	188.00	474.00
57.57	98.67	156.24	61.13	80.75	141.88	70.02	87.97	157.99	14.5	8.9	11.4	…	…	…
55.11	62.30	117.41	65.77	63.20	128.97	58.65	63.72	122.37	-10.8	0.8	-5.1	…	…	…
25.82	46.51	72.33	23.98	43.82	67.80	26.96	47.91	74.87	12.4	9.3	10.4	…	…	…
…	…	…	…	…	…	…	…	…	…	…	…	…	…	…
8.80	48.97	57.77	8.05	52.07	60.12	9.66	64.16	73.82	20.0	23.2	22.8	…	…	…
13.12	30.33	43.45	12.41	28.99	41.40	12.96	32.17	45.13	4.0	11.0	9.0	…	…	…
22.58	29.99	52.57	28.03	27.40	55.43	46.54	33.08	79.62	4.4	20.7	43.6	…	…	…
…	…	…	…	…	…	…	…	…	…	…	…	…	…	…
7.84	33.98	41.82	8.22	35.16	43.38	8.59	33.79	42.38	4.5	-4.0	-2.3	…	…	…
12.63	31.12	43.75	11.64	31.30	42.94	13.42	37.96	51.38	15.3	21.3	19.7	…	…	…
27.71	38.11	65.82	22.37	33.57	55.94	22.95	34.66	57.61	2.6	3.2	3.0	…	…	…
42.03	55.76	97.79	44.51	30.17	74.68	49.27	37.21	86.48	10.7	23.3	15.8	…	…	…
15.77	25.00	40.77	12.49	27.28	39.77	13.22	28.85	42.07	5.8	5.8	5.8	…	…	…
4 091.83	**24 500.38**	**48 592.21**	**23 932.02**	**24 547.85**	**48 479.87**	**25 030.57**	**25 882.70**	**50 913.27**	**4.6**	**5.4**	**5.0**	**…**	**…**	**…**
5 434.31	24 714.48	10 148.79	5 428.83	4 735.51	10 164.34	5 496.86	4 979.02	10 475.88	1.3	5.1	3.1	5 696.00	4 930.00	10 626.00
3 059.91	2 902.73	5 962.64	3 007.63	2 897.99	5 905.62	2 988.99	3 010.85	5 999.84	-0.6	3.9	1.6	3 195.00	3 229.00	6 424.00
2 718.51	3 140.36	5 858.87	2 682.54	3 179.69	5 862.23	2 815.50	3 343.66	6 159.16	5.0	5.2	5.1	2 735.00	332 225.00	334 960.00
2 457.15	2 184.60	4 641.75	2 350.67	2 203.27	4 553.94	2 383.10	2 366.71	4 749.81	1.4	7.4	4.3	2 413.00	2 337.00	4 750.00
2 013.82	1 877.54	3 891.36	2 002.90	1 874.88	3 877.78	2 088.96	1 972.90	4 061.86	4.3	5.2	4.7	2 298.00	2 079.00	4 377.00

世界部分国家（地区

年份 金额 国别（地区）	1990			1995			1996			1997		
	出口	进口	总额	出口	进口	总额	出口	进口	总额	出口	进口	总额
比利时	…	…	…	1 758.81	1 597.13	3 355.94	1 753.67	1 636.15	3 389.82	1 719.06	1 572.83	3 291.
卢森堡	…	…	…	77.55	97.55	175.10	72.11	96.68	168.79	70.00	93.80	163.
西班牙	555.28	875.55	1 430.83	910.40	1 133.15	2 043.55	1 020.03	1 217.92	2 237.95	1 043.68	1 227.21	2 270.
瑞士	637.93	696.91	1 334.84	780.61	770.06	1 550.67	762.05	744.71	1 506.76	725.06	710.75	1 435.
瑞典	575.42	542.66	1 118.08	798.13	647.52	1 445.65	849.04	669.32	1 518.36	829.56	657.10	1 486.
俄罗斯	…	…	…	782.17	467.09	1 249.26	851.07	460.34	1 311.41	850.36	530.39	1 380.
丹麦	351.35	322.30	673.65	497.69	450.82	948.51	500.99	444.34	945.33	477.20	440.44	917.
挪威	340.45	272.19	612.64	419.97	329.72	749.69	496.46	356.16	852.62	485.47	357.13	842.
奥地利	411.38	490.92	902.30	576.53	663.98	1 240.5	1 578.22	673.36	1251.58	585.99	647.86	1 233.
芬兰	265.72	270.03	535.75	395.74	281.14	676.88	384.35	292.65	677.00	393.18	297.86	691.
爱尔兰	237.47	206.82	444.29	446.37	330.67	777.04	486.70	358.95	845.65	535.15	392.31	927.
葡萄牙	164.19	253.58	417.77	232.11	333.14	565.25	246.06	351.79	597.85	239.74	350.66	590.
波兰	136.27	84.13	220.40	228.90	290.64	519.54	243.89	370.45	614.34	257.08	422.37	679.
捷克	…	…	…	216.86	253.06	469.92	219.17	277.16	496.33	227.51	271.88	499.
斯洛伐克	…	…	…	85.96	92.26	178.22	88.18	114.31	202.49	82.51	107.70	190.
匈牙利	95.97	86.71	182.68	124.39	150.46	274.85	126.52	158.53	285.05	186.28	206.68	392.
罗马尼亚	57.75	98.43	156.18	79.10	102.78	181.88	80.85	114.35	195.20	84.31	112.80	197.
南斯拉夫	143.12	188.90	332.02	15.31	26.66	41.97	18.42	41.02	59.44	23.68	47.99	71.
希腊	81.06	197.80	278.86	109.61	229.29	338.90	119.48	241.36	360.84	111.28	236.44	347.
保加利亚	134.28	130.89	265.17	0.54	0.57	1.11	66.02	68.61	134.63	53.22	52.23	105.
冰岛	15.91	16.79	32.70	18.03	17.55	35.58	16.38	20.31	36.69	18.52	19.92	38.
马耳他	11.30	19.61	30.91	19.13	29.42	48.55	17.31	27.96	45.27	16.30	25.52	41.
非洲	**1 004.88**	**966.65**	**1 971.53**	**1 059.67**	**1 166.62**	**2 226.29**	**1 142.95**	**1 148.72**	**2 291.67**	**1 162.03**	**1 213.37**	**2 375**
南非	228.34	176.65	404.99	269.18	296.08	565.26	281.45	291.05	572.50	299.64	319.39	619.
阿尔及利亚	126.75	95.74	222.49	102.50	102.50	205.00	126.21	86.90	213.11	…	…	
埃及	49.57	167.83	217.40	34.50	117.60	152.10	35.39	130.38	165.77	39.21	132.11	171.
利比亚	138.77	55.99	194.76	…	…	…	…	…	…	90.36	55.93	146.
摩洛哥	42.65	69.25	111.90	68.82	100.24	169.06	68.81	97.04	165.85	70.33	95.26	165.
突尼斯	35.27	55.13	90.40	54.75	79.03	133.78	55.17	77.00	132.17	55.59	79.14	134.
喀麦隆	20.02	14.00	34.02	16.54	12.01	28.55	17.68	12.26	29.94	18.60	13.59	32.
加蓬	22.13	9.22	31.35	27.19	8.84	36.03	31.83	9.56	41.39	30.21	11.03	41.
尼日利亚	129.61	56.92	186.53	117.25	79.12	196.37	161.54	64.38	225.92	152.07	95.01	247.
肯尼亚	10.31	21.24	31.55	18.89	30.06	48.95	20.68	29.49	50.17	20.54	32.96	53
毛里求斯	11.96	16.21	28.17	15.38	19.76	35.14	18.02	22.89	40.91	15.92	21.81	37.

物贸易额(二)

金额单位：亿美元

1998			1999			2000			2000 比 1999 增减(%)			2001		
出口	进口	总额	出口	进口	总额	出口	进口	总额	出口	进口	总额	出口	进口	总额
776.66	1 622.12	3 398.78	1 789.65	1 646.20	3 435.85	1 862.65	1 734.44	3 597.09	4.1	5.4	4.7	1 799.00	1 690.00	3 489.00
79.12	74.09	153.21	78.49	107.87	186.36	78.25	106.16	184.41	-0.3	-1.6	-1.0	…	…	…
1 092.4	1 331.64	2 424.04	1 099.66	1 444.38	2 544.04	1 133.48	1 529.00	2 662.48	3.1	5.9	4.7	1 108.00	1 445.00	2 553.00
754.39	738.85	1 493.24	761.24	754.40	1 515.64	748.76	760.82	1 509.58	-1.6	0.9	-0.4	821.00	841.00	1 662.00
850.03	686.34	1 536.37	847.96	685.86	1 533.82	869.20	726.43	1 595.63	2.5	5.9	4.0	752.00	625.00	1 377.00
712.65	435.30	1 147.95	718.17	301.85	1 020.02	1 030.70	338.84	1 369.54	43.5	12.3	34.3	1 032.00	535.00	1 567.00
474.81	454.27	929.08	486.98	440.67	927.65	538.40	437.11	975.51	10.6	-0.8	5.2	518.00	456.00	974.00
396.49	361.96	758.45	448.92	340.47	789.39	575.19	326.55	901.74	28.1	-4.1	14.2	579.00	324.00	903.00
627.47	681.87	1 309.34	641.26	695.57	1 336.83	641.67	689.86	1 331.53	0.1	-0.8	-0.4	703.00	739.00	1 442.00
429.63	323.01	752.64	406.66	307.27	713.93	445.33	326.10	771.43	9.5	6.1	8.1	…	…	…
645.74	446.20	1 091.94	705.52	465.35	1170.87	768.73	505.53	1 274.26	9.0	8.6	8.8	834.00	509.00	1 343.00
248.16	385.39	633.55	252.28	398.26	650.54	233.14	382.57	615.71	-7.6	-3.9	-5.4	…	377.00	…
273.7	468.03	741.73	273.23	457.78	731.01	316.84	489.70	806.54	16	7.0	10.3	355.00	500.00	855.00
264.17	288.14	552.31	262.45	287.84	550.29	290.57	322.41	612.98	10.7	12.0	11.4	334.00	365.00	699.00
107.21	137.25	244.46	100.62	116.88	217.50	118.85	134.23	253.08	18.1	14.8	16.4	…	…	…
229.58	256.00	485.58	249.50	279.23	528.73	280.13	319.55	599.68	12.3	14.4	13.4	308.00	339.00	647.00
83.00	118.21	201.21	85.05	103.92	188.97	103.67	130.55	234.22	21.9	25.6	23.9	…	…	…
26.04	46.22	72.26	…	…	…	…	…	…	…	…	…	…	…	…
107.32	232.47	339.79	98.15	254.33	352.48	…	…	…	…	…	…	…	…	…
43.02	50.21	93.23	39.64	54.54	94.18	48.10	64.92	113.02	21.3	19.0	20.0	…		…
20.50	24.89	45.39	20.05	25.03	45.08	18.91	25.91	44.82	-5.7	3.5	-0.6	…	…	…
18.33	26.66	44.99	17.83	28.41	46.24	23.37	34.17	57.54	31.1	20.3	24.4	…	…	…
103 900	**122 619**	**226 519**	**1 080.15**	**1 209.18**	**2 289.33**	**1 190.87**	**1 221.32**	**2 412.19**	**10.1**	**1.0**	**5.4**	**…**	**…**	**…**
25 396	28 277	53 673	259.01	258.90	517.91	292.67	289.80	582.47	13	11.9	12.5	293.00	287.00	580.00
…	…	…	…	…	…	…	…	…	…	…	…	…	…	…
31.30	161.66	192.96	35.59	160.22	195.81	46.91	140.10	187.01	31.8	-12.6	-4.5	…	…	…
61.31	56.92	118.23	…	…	…	…	…	…	…	…	…	…	…	…
71.53	102.90	174.43	73.67	99.25	172.92	74.29	115.34	189.63	0.8	16.2	9.7	…	…	…
57.38	83.50	140.88	58.72	84.74	143.46	58.50	85.67	144.17	-0.4	1.1	0.5	…	…	…
16.75	15.03	31.78	15.95	13.14	29.09	…	…	…	…	…	…	…	…	…
…	…	…	…	…	…	…	…	…	…	…	…	…	…	…
98.55	92.11	190.66	138.56	85.88	224.44	209.75	87.21	296.96	51.4	1.5	32.3	…	…	…
20.07	31.95	52.02	17.47	28.33	45.80	…	…	…	…	…	…	…	…	…
16.45	20.73	37.18	15.54	22.48	38.02	…	…	…	…	…	…	…	…	…

世界部分国家（地

国别（地区） \ 金额 \ 年份	1990			1995			1996			1997		
	出口	进口	总额	出口	进口	总额	出口	进口	总额	出口	进口	总额
赞比亚	13.11	12.59	25.70	10.55	7.08	17.63	10.49	8.36	18.85	9.14	8.19	17
津巴布韦	17.29	18.50	35.79	21.14	26.61	47.75	23.97	28.17	52.14	…	…	
刚果（金）	9.99	8.88	18.87	4.38	3.97	8.35	5.92	4.24	10.16	…	…	
坦桑尼亚	3.31	13.64	16.95	6.85	16.79	23.64	7.83	13.86	21.69	7.52	13.36	20
马拉维	4.17	5.75	9.92	4.05	4.75	8.80	4.81	6.23	11.04	5.37	7.91	13
塞拉利昂	1.37	1.48	2.85	0.42	1.34	1.76	0.47	2.11	2.58	0.17	0.92	1
埃塞俄比亚	2.98	10.81	13.79	1.28	0.31	1.59	2.32	1.68	4.00	4.97	0.80	5
马达加斯加	3.19	6.51	9.70	3.70	5.43	9.13	2.99	5.07	8.06	2.22	4.67	6.
亚洲	**8 676.39**	**8 132.02**	**16 808.41**	**15 489.46**	**14 826.15**	**30 315.61**	**15 851.06**	**15 712.51**	**31 563.57**	**16 719.89**	**15 908.94**	**32 628.**
日本	2 876.48	2 354.23	5 230.71	4 432.61	3 359.91	7 792.52	4 109.26	3 491.74	7 601.00	4 210.50	3 388.30	7 598.
中国香港	821.60	824.90	1 646.50	1 737.50	1 927.51	3 665.01	1 807.50	1 985.50	3 793.00	1 880.59	2 086.14	3 966.
中国	620.91	533.45	1 154.36	1 487.97	1 291.13	2 779.10	1 511.97	1 389.44	2 901.41	1 828.77	1 421.89	3 250.
新加坡	527.30	607.74	1 135.04	1 182.63	1 245.02	2 427.65	1 250.16	1 313.40	2 563.56	1 249.90	1 324.43	2 574.
韩国	650.16	698.44	1 348.60	1 250.58	1 351.19	2 601.77	1 297.15	1 503.39	2 800.54	1 361.64	1 446.16	2 807.
中国台湾	672.14	547.16	1 219.30	1 116.59	1 035.50	2 152.09	1 159.42	1 023.70	2 183.12	1 220.81	1 144.25	2 365.
马来西亚	294.53	292.59	587.12	737.79	775.45	1 513.24	783.18	784.08	1 567.26	787.41	790.30	1 577.
印度尼西亚	256.75	218.37	475.12	454.17	406.30	860.47	498.14	429.29	927.43	534.43	416.94	951.
泰国	230.71	330.31	561.02	564.40	707.87	1 272.27	557.21	723.36	1 280.57	574.02	628.80	1 202.
土耳其	129.59	223.02	352.61	216.37	357.09	573.46	232.24	436.27	668.51	262.61	485.59	748.
以色列	115.73	168.03	283.76	190.46	282.70	473.16	206.10	299.51	505.61	225.03	290.84	515.
菲律宾	80.68	130.41	211.03	174.91	283.28	458.19	204.08	341.27	545.35	248.95	386.04	634.
印度	179.70	235.83	415.53	306.28	347.10	653.38	331.07	379.44	710.51	350.06	414.30	764.
科威特	69.56	39.23	108.79	127.85	77.92	205.77	148.89	83.73	232.62	142.25	82.46	224.
巴基斯坦	55.89	73.76	129.65	79.92	114.61	194.53	93.67	121.91	215.58	87.60	116.52	204.
阿曼	55.08	26.81	81.83	60.68	42.48	103.16	73.46	45.78	119.24	76.30	50.26	126.
巴林	37.61	37.12	74.73	41.13	37.16	78.29	47.02	42.73	89.75	43.84	40.26	84.
叙利亚	42.12	24.00	66.12	35.63	47.09	82.72	39.99	53.80	93.79	39.16	40.28	79.
斯里兰卡	16.13	26.89	46.02	37.98	53.07	91.05	40.95	54.42	95.37	46.39	58.64	105.
前苏联亚洲部分	…	…	…	125.14	105.74	230.88	148.18	138.75	286.93	155.76	137.81	293.
孟加拉国	16.71	36.18	52.89	31.73	65.01	96.74	32.97	66.21	99.18	37.78	68.96	106.
文莱	22.13	10.01	32.14	24.02	20.91	44.93	24.81	24.94	49.75	24.67	22.03	46.
中国澳门	16.94	15.34	32.28	19.77	20.21	39.98	19.75	19.79	39.54	21.28	20.62	41.
缅甸	3.25	2.70	5.95	8.51	13.35	21.86	7.44	13.55	20.99	8.66	20.37	29.
尼泊尔	2.04	6.72	8.76	3.46	13.33	16.79	3.85	13.98	17.83	4.06	16.93	20.

物贸易额（三）

金额单位：亿美元

1998			1999			2000			2000比1999增减（%）			2001		
口	进口	总额	出口	进口	总额	出口	进口	总额	出口	进口	总额	出口	进口	总额
…	…	…	…	…	…	…	…	…	…	…	…	…	…	…
…	…	…	…	…	…	…	…	…	…	…	…	…	…	…
…	…	…	…	…	…	…	…	…	…	…	…	…	…	…
5.89	14.53	20.42	5.43	15.50	20.93	6.63	15.26	21.89	22.1	-1.5	4.6	…	…	…
5.17	5.83	11.00	4.42	6.97	11.39	…		…	…	…	…	…	…	…
0.07	0.95	1.02	0.06	0.80	0.86	0.13	1.49	1.62	116.7	86.3	88.4	…	…	…
4.23	0.32	4.55	4.07	0.28	4.35	…						…	…	…
2.43	5.14	7.57	2.21	3.77	5.98	…	…	…	…	…	…	…	…	…
583.87	**13 435.73**	**29 019.6**	**16 794.67**	**14 556.85**	**31 351.52**	**20 018.91**	**17 802.64**	**37 821.55**	**19.2**	**22.3**	**20.6**	…	…	…
881.35	2 806.31	6 687.66	4 176.59	3 100.39	7 276.98	4 792.27	3 794.91	8 587.18	14.7	22.4	18.0	4 047.00	3 501.00	7 548.00
740.02	1 845.18	3 585.20	1 738.85	1 795.20	3 534.05	2 018.60	2 128.05	4 146.65	16.1	18.5	17.3	1 907.00	2 023.00	3 930.00
835.89	1 403.05	3 238.94	1 951.50	1 657.88	3 609.38	2 492.97	2 061.32	4 554.29	27.7	24.3	26.2	2 662.00	2 436.00	5 098.00
099.05	1 047.28	2 146.33	1 146.82	1 110.62	2 257.44	1 378.06	13 45.46	2 723.52	20.2	21.1	20.6	1 217.00	1 160.00	2 377.00
323.13	932.82	2 255.95	1 436.86	1 197.52	2 634.38	1 722.68	1 604.81	3 327.49	19.9	34.0	26.3	1 507.00	1 411.00	2 918.00
105.82	1 046.65	2 152.47	1 215.91	1 106.90	2 322.81	1 483.21	1 400.11	2 883.32	22.0	26.5	24.1	1 229.00	1 072.43	2 301.43
733.05	583.25	1 316.30	844.51	649.62	1 494.13	981.36	821.99	1 803.35	16.2	26.5	20.7	885.00	744.00	1 629.00
488.47	273.37	761.84	486.65	240.04	726.69	621.24	335.15	956.39	27.7	39.6	31.6	567.00	312.00	879.00
544.58	429.71	974.29	584.40	503.43	1 087.83	690.57	619.24	1 309.81	18.2	23.0	20.4	642.00	602.00	1 244.00
269.74	459.21	728.95	265.88	406.92	672.80	265.72	534.99	1 800.71	-0.1	31.5	19.0	312.00	405.00	717.00
229.93	274.70	504.63	257.94	310.90	568.84	314.04	357.50	671.54	21.7	15.0	18.1	290.00	351.00	641.00
294.49	315.42	609.91	365.77	325.69	691.46	397.94	338.08	736.02	8.8	3.8	6.4	336.00	314.00	650.00
334.63	429.99	764.62	356.66	469.71	826.37	423.79	515.07	938.86	18.8	9.7	13.6	439.00	505.00	944.00
95.53	86.17	181.70	122.18	76.17	198.35	181.56	…	…	…	…	…	…	…	…
85.15	93.31	178.46	83.87	101.63	185.50	91.74	114.86	206.60	9.4	13.0	11.4	…	…	…
55.08	56.82	111.90	…	46.74	…	…	50.40	…	…	7.8	…	…	…	…
32.70	35.66	68.36	41.40	36.98	78.38	57.01	46.12	103.13	37.7	24.7	31.6	…	…	…
28.90	38.95	67.85	34.64	38.32	72.96	192.60	167.06	359.66	456.0	336.0	393.0	…	…	…
47.87	58.77	106.64	45.94	59.61	105.55	54.16	72.10	126.26	17.9	21.0	19.6	…	…	…
132.84	130.41	263.25	136.66	114.26	250.92	172.22	131.54	303.76	26.0	15.1	21.1	…	…	…
38.31	69.78	108.09	39.19	76.85	116.04	46.92	83.58	130.50	19.7	8.8	12.3	…	…	…
20.58	15.52	36.10	…	…	…	…	…	…	…	…	…	…	…	…
21.22	19.37	40.59	21.81	20.24	42.05	25.29	22.49	47.78	16.0	11.1	13.6	…	…	…
10.66	26.67	37.33	11.25	23.01	34.26	16.21	23.71	39.92	44.1	3.0	16.5	…	…	…
4.74	12.45	17.19	6.00	14.18	20.18	8.04	15.72	23.76	34.0	10.9	17.7	…	…	…

世界部分国家（地

国别（地区）＼金额＼年份	1990			1995			1996			1997		
	出口	进口	总额	出口	进口	总额	出口	进口	总额	出口	进口	总额
约旦	10.63	26.03	36.66	17.69	36.96	54.65	18.17	42.93	61.10	18.36	41.02	5
塞浦路斯	9.48	25.69	35.17	12.31	36.94	49.25	13.91	39.83	53.74	12.50	36.55	4
卡塔尔	35.29	16.95	52.24	…	33.98	…	37.52	28.68	66.20	…	33.22	
沙特阿拉伯	444.17	240.69	684.86	500.40	280.91	781.31	607.29	277.44	884.73	607.32	287.32	89
阿联酋	…	…	…	277.53	209.84	487.37	280.85	226.38	507.23	396.13	299.52	69
大洋洲	**501.00**	**548.66**	**1 049.66**	**683.52**	**779.41**	**1 462.93**	**761.50**	**832.20**	**1 593.70**	**780.89**	**833.28**	**1 61**
澳大利亚	397.60	420.24	817.84	531.15	612.83	1 143.98	303.00	654.28	957.28	629.10	658.92	1 28
新西兰	93.94	95.01	188.95	136.45	139.58	276.03	143.60	147.24	290.84	142.15	145.19	28
巴布亚新几内亚	11.77	11.92	23.69	26.54	14.52	41.06	25.31	17.41	42.72	21.60	17.09	3
斐济	4.98	7.54	12.52	6.19	8.92	15.11	7.49	9.87	17.36	6.19	9.65	1
新喀里多尼亚	4.49	8.83	13.32	5.15	9.12	14.27	4.87	9.95	14.82	5.22	9.28	1
美属萨摩亚	3.11	3.60	6.71	…	…	…	…	…	…	…	…	
法属波利尼西亚	1.11	9.29	10.40	1.96	10.19	12.15	2.51	10.16	12.67	2.22	9.36	11
所罗门	0.70	0.95	1.65	1.14	1.04	2.18	1.61	1.50	3.11	1.55	1.82	
瓦努阿图	0.19	0.96	1.15	0.28	0.95	1.23	0.3	0.97	1.27	0.35	0.94	

注：a. 包括前民主德国数字。*1至9月数字。

资料来源：联合国《统计月报》，中国台湾省《统计月报》，世界贸易组织《2002年世界贸易发展报告》。

物贸易额（四）

金额单位：亿美元

1998			1999			2000			2000比1999增减（%）			2001		
口	进口	总额	出口	进口	总额	出口	进口	总额	出口	进口	总额	出口	进口	总额
18.02	38.28	56.30	18.32	37.17	55.49	18.97	45.39	64.36	3.5	22.1	16.0	…	…	…
10.62	36.87	47.49	9.97	36.18	46.15	9.54	38.46	48.00	-4.3	6.3	4.0	…	…	…
…	34.09	…	…	24.99	…	…	…	…	…	…	…	…	…	…
88.22	300.13	688.35	507.60	280.10	787.70	…	302.67	…	…	…	…	682.00	321.00	1 003.00
26.66	247.28	673.94	433.07	347.45	780.52	…	…	…	…	…	…	429.00	366.00	795.00
83.07	**794.61**	**1 477.68**	**688.01**	**857.87**	**1 545.88**	**784.22**	**873.75**	**1657.97**	**14.0**	**1.9**	**7.3**	…	…	…
58.93	646.30	1 205.23	560.8	691.58	1 252.38	648.98	715.37	1 364.35	15.7	3.4	8.9	634.00	639.00	1 273.00
20.71	124.96	245.67	124.55	142.99	267.54	132.66	139.06	271.72	6.5	-2.7	1.6	…	…	…
17.72	12.40	30.12	19.27	12.36	31.63	20.21	11.51	31.72	4.9	-6.9	0.3	…	…	…
5.10	7.21	12.31	…	…	…	5.86	8.30	14.16	…	…	…	…	…	…
…	…	…	…	…	…	…	…	…	…	…	…	…	…	…
…	…	…	…	…	…	…	…	…	…	…	…	…	…	…
…	…	…	…	…	…	…	…	…	…	…	…	…	…	…
1.18	1.50	2.68	…	…	…	…	…	…	…	…	…	…	…	…
0.34	0.88	1.22	0.26	0.96	1.22	0.26	0.89	1.15	0	-7.3	-5.7	…	…	…

世界部分国家（地

国别（地区） \ 金额 \ 年份	1985			1990			1995			1996			1997		
	出口	进口	总额	出口	进口	总额	出口	进口	总额	出口	进口	总额	出口	进口	总
世界	**3 809.00**	**4 016.00**	**7 825.00**	**7 827.00**	**8 183.00**	**16 010.00**	**11 891.00**	**11 979.00**	**23 870.00**	**12 713.00**	**12 650.00**	**25 363.00**	**13 214.00**	**13 060.00**	**26 2**
北美	**772.00**	**696.00**	**1 468.00**	**1 505.00**	**1 254.00**	**2 759.00**	**2 226.00**	**1 622.00**	**3 848.00**	**2 458.00**	**1 730.00**	**4 188.00**	**2 646.00**	**1 903.00**	**4 5**
加拿大	86.97	123.96	210.93	183.50	274.79	458.29	254.25	329.85	584.10	286.01	354.22	640.23	307.35	377.10	6
美国	634.90	571.80	1 206.70	1 321.84	979.40	2 301.24	1 971.61	1 292.64	3 264.25	2 171.49	1 376.06	3 547.55	2 338.60	1 525.52	3 8
拉美	**179.00**	**221.00**	**400.00**	**297.00**	**347.00**	**644.00**	**445.00**	**544.00**	**989.00**	**467.00**	**564.00**	**1 031.00**	**503.00**	**642.00**	**1 1**
巴西	19.93	34.13	54.06	37.06	67.33	104.39	60.05	131.61	191.66	44.53	122.00	166.53	54.88	144.47	1
阿根廷	15.99	20.17	36.16	22.64	28.76	51.40	37.05	69.11	106.16	41.58	75.37	116.95	42.74	85.64	1
智利	6.56	9.99	16.55	17.86	19.83	37.69	32.49	35.24	67.73	35.75	37.86	73.61	40.17	39.17	
哥伦比亚	8.24	13.75	21.99	15.48	16.83	32.31	17.03	28.29	45.32	21.33	33.23	54.56	20.92	35.95	
墨西哥	44.36	53.44	97.80	72.22	100.63	172.85	95.85	90.21	186.06	106.93	99.68	206.61	112.14	118.12	2
委内瑞拉	7.60	19.82	27.42	11.21	23.90	35.11	15.29	46.54	61.83	14.48	46.25	60.73	13.64	53.53	
秘鲁	6.26	8.51	14.77	7.15	10.71	17.86	10.43	18.00	28.43	13.22	19.90	33.12	14.58	22.35	
哥斯达黎加	2.59	2.75	5.34	5.83	5.40	11.23	9.57	8.95	18.52	10.42	10.19	20.61	11.16	9.75	
危地马拉	0.52	1.68	2.20	3.13	3.63	6.76	6.28	6.72	13.00	5.33	6.38	11.71	5.42	6.27	
多米尼加	5.79	2.70	8.49	10.86	4.35	15.21	18.94	9.57	28.51	20.78	11.00	31.78	23.73	11.60	
牙买加	5.64	3.89	9.53	9.76	6.67	16.43	15.68	10.73	26.41	15.74	11.18	26.92	16.72	11.96	
特立尼达和多巴哥	2.45	7.12	9.57	3.22	4.60	7.82	3.31	2.23	5.54	4.47	1.99	6.46	5.35	2.32	
荷属安的列斯	6.63	447.00	11.10	11.30	5.10	16.40	16.56	7.19	23.75	15.74	7.94	23.68	16.04	7.30	2
巴拿马	11.05	9.48	20.53	14.65	6.66	21.31	15.23	10.49	25.72	13.56	10.01	23.57	14.42	12.44	2
萨尔瓦多	1.96	2.71	4.67	3.01	2.96	5.97	3.42	4.88	8.30	3.18	4.81	7.99	4.60	6.15	
乌拉圭	3.76	3.21	6.97	4.60	3.63	8.23	13.09	8.14	21.23	13.88	7.95	21.83	14.13	8.40	2
厄瓜多尔	3.70	6.11	9.81	5.08	7.55	12.63	8.09	12.02	20.11	8.11	11.70	19.81	7.79	14.27	2
洪都拉斯	0.90	1.91	2.81	1.21	2.13	3.34	2.21	3.26	5.47	2.77	3.26	6.03	3.28	3.59	
西欧	**1 936.00**	**1 651.00**	**3 587.00**	**4 160.00**	**3 918.00**	**8 078.00**	**5 651.00**	**5 291.00**	**10 942.00**	**5 886.00**	**5 508.00**	**11 394.00**	**6 008.00**	**5 543.00**	**11 55**
奥地利	94.85	63.35	158.20	227.55	141.04	368.59	316.92	275.52	592.44	334.25	291.95	626.20	292.14	284.31	57
比利时－卢森堡	95.21	96.60	191.81	246.90	242.98	489.88	336.19	325.11	661.30	330.64	314.19	644.83	340.97	314.37	65
克罗地亚	…	…	…	…	…	…	24.51	14.10	38.61	32.96	17.17	50.13	40.04	19.80	5
丹麦	53.92	47.06	100.98	127.31	101.06	228.37	151.71	139.45	291.16	163.41	146.42	309.83	140.44	137.27	27
芬兰	23.77	28.30	52.07	45.62	74.32	119.94	73.34	94.18	167.52	70.60	86.12	156.72	65.69	80.39	14
法国	347.19	250.18	597.37	662.74	504.55	1 167.29	831.08	645.23	1 476.31	825.85	656.17	1 482.02	799.14	625.97	1 42
德国 a	228.10	329.90	558.00	516.05	792.14	1 308.19	751.82	1 253.08	2 004.90	793.46	1 280.61	2 074.07	780.23	1 237.77	2 01
希腊	25.67	12.81	38.48	65.14	27.56	92.70	95.28	40.03	135.31	92.62	38.30	130.92	92.24	41.96	13

务贸易额（一）

金额单位：亿美元

1998			1999			2000			2000比1999增减（%）			2001		
口	进口	总额	出口	进口	总额	出口	进口	总额	出口	进口	总额	出口	进口	总额
336.00	**13 287.00**	**26 623.00**	**13 573.00**	**13 552.00**	**27 125.00**	**14 354.00**	**14 369.00**	**28 723.00**	**5.8**	**6.0**	**6.0**	**14 400.00**	**14 300.00**	**28 700.00**
705.00	**2 053.00**	**4 758.00**	**2 828.00**	**2 138.00**	**4 966.00**	**3 118.00**	**2 408.00**	**5 526.00**	**10.0**	**12.6**	**11.3**	**2 980.00**	**2 270.00**	**5 250.00**
322.72	372.01	694.73	341.61	384.69	726.30	371.89	418.76	790.65	9.0	8.9	8.9	347.00	396.00	743.00
381.85	1 681.06	4 062.91	2 486.22	1 752.84	4 239.06	2 745.66	1 989.05	4 734.71	10.0	13.5	11.7	2 629.00	1 876.00	4 505.00
542.00	**671.00**	**1 213.00**	**541.00**	**634.00**	**1 175.00**	**607.00**	**716.00**	**1 323.00**	**12.0**	**12.9**	**12.6**	**580.00**	**720.00**	**1 300.00**
70.83	157.43	228.26	68.73	133.57	202.30	88.46	158.69	247.15	29.0	18.8	22.2	…	158.00	…
45.54	89.15	134.69	43.69	83.58	127.27	44.41	85.77	130.18	2.0	2.6	2.3	…	…	…
40.30	40.77	81.07	37.01	39.59	76.60	38.43	43.36	81.79	3.8	9.5	6.8	…	…	…
18.80	33.52	52.32	18.01	30.71	48.72	19.54	32.33	51.87	8.5	5.3	6.5	…	…	…
119.38	126.21	245.59	116.05	140.54	256.59	135.63	167.89	303.52	16.9	19.5	18.3	126.00	170.00	296.00
13.01	49.16	62.17	11.18	35.63	46.81	10.02	43.17	53.19	-10.4	21.2	13.6	…	…	…
16.72	23.01	39.73	14.68	21.44	36.12	14.63	22.10	36.73	-0.3	3.1	1.7	…	…	…
13.29	10.99	24.28	15.03	11.64	26.67	…	…	…	……	…	…	…	…	
5.81	7.59	13.40	6.53	7.60	14.13	…	…	…	…	…	…	…	…	…
24.21	13.00	37.21	27.67	12.24	39.91	31.43	13.40	44.83	13.6	9.5	12.3	…	…	…
17.43	12.58	30.01	18.20	12.71	30.91	19.75	13.17	32.92	8.5	3.6	6.5	…	…	…
5.74	2.35	8.09	…	…	…	…	…	…	…	…	…	…	…	…
16.37	8.42	24.79	…	…	…	…	…	…	…	…	…	…	…	…
15.94	11.03	26.97	16.14	10.52	26.66	17.42	10.10	27.52	7.9	4.0	3.2	…	…	…
5.76	7.23	12.99	6.14	7.69	13.83	6.54	8.94	15.48	6.5	16.3	11.9	…	…	…
13.09	8.31	21.40	12.35	7.60	19.95	13.26	8.55	21.81	7.4	12.5	9.3	…	…	…
7.61	14.98	22.59	7.63	12.64	20.27	9.10	13.49	22.59	19.3	6.7	11.4	…	…	…
3.61	3.95	7.56	4.32	4.98	9.30	…	…	…	…	…	…	…	…	…
417.00	**6 034.00**	**12 451.00**	**6 437.00**	**6 099.00**	**12 536.00**	**6 464.00**	**6 146.00**	**12 610.00**	**0.4**	**0.8**	**0.6**	**6 700.00**	**6 310.00**	**13 010.00**
292.25	272.71	564.96	308.65	293.06	601.71	300.43	291.02	591.45	-2.7	-0.7	-1.7	300.00	290.00	590.00
366.88	340.95	707.83	404.49	361.93	766.42	419.76	382.58	802.34	3.8	5.7	4.7	426.00	389.00	815.00
39.64	18.89	58.53	37.23	20.98	58.21	40.84	18.27	59.11	9.7	-12.9	1.5	…	…	…
152.12	157.79	309.91	168.24	151.69	319.93	205.82	183.48	389.30	22.3	21.0	21.7	228.00	190.00	418.00
66.32	76.43	142.75	64.48	78.15	142.63	59.73	82.01	141.74	-7.4	4.9	-0.6	…	…	…
841.64	664.32	1 505.96	812.92	626.85	1 439.77	811.53	615.20	1 426.73	-0.2	-1.9	-0.9	790.00	600.00	1 390.00
792.81	1 288.19	2 081.00	793.43	1 327.62	2 121.05	800.02	1 323.36	2 123.38	0.8	-3	0.1	798.00	1 285.00	2 083.00
100.68	49.76	150.44	…	…	…	…	…	…	…	…	…	197.00	…	…

世界部分国家(地

国别(地区) \ 金额 \ 年份	1985			1990			1995			1996			1997		
	出口	进口	总额	出口	进口	总额	出口	进口	总额	出口	进口	总额	出口	进口	总
冰岛	3.11	3.52	6.63	4.40	5.47	9.87	5.86	6.30	12.16	6.53	7.28	13.81	7.24	7.88	
爱尔兰	12.30	15.26	27.56	32.86	51.45	84.31	47.99	112.52	160.51	55.62	134.16	189.78	60.46	151.58	2
意大利	193.91	159.93	353.84	485.79	466.02	951.81	611.73	546.13	1157.86	649.13	570.30	1219.43	664.09	589.44	1 2
马耳他	2.61	2.11	4.72	7.21	4.99	12.20	10.62	7.90	18.52	10.52	7.38	17.90	10.89	6.92	
荷兰	134.10	146.15	280.25	296.21	289.95	586.16	467.54	446.09	913.63	474.77	453.85	928.62	489.07	454.97	9
挪威	73.37	74.76	148.13	124.52	122.47	246.99	131.33	130.36	261.69	139.51	134.22	273.73	144.27	146.55	2
葡萄牙	18.95	11.88	30.83	50.54	37.72	88.26	81.61	63.39	145.00	79.64	63.59	143.23	79.22	62.92	1
斯洛文尼亚	…	…	…	…	…	…	20.12	13.76	33.88	21.29	14.87	36.16	20.42	14.04	
西班牙	126.37	41.70	168.07	276.49	151.97	428.46	397.60	209.70	607.30	439.85	235.21	675.06	438.28	239.03	6
瑞典	59.55	66.19	125.74	134.53	169.59	304.12	153.36	171.12	324.48	166.69	186.51	353.20	175.05	194.27	3
瑞士	88.17	48.42	136.59	182.32	110.86	293.18	250.42	151.07	401.49	253.39	155.57	408.96	244.81	139.79	3
土耳其	28.35	12.24	40.59	78.82	27.94	106.76	144.75	46.54	191.29	128.95	60.32	189.27	191.93	80.85	2
英国	294.54	206.49	501.36	531.72	446.08	977.80	745.72	596.13	1 341.85	808.13	648.04	1 456.17	923.32	708.14	1 6
前南斯拉夫	32.36	34.30	66.66	…	…	…	…	…	…	…	…	……	…	…	
中/东欧,波罗的海国家和独联体															
保加利亚	10.47	6.54	17.01	8.37	6.00	14.39	14.31	12.78	27.09	13.66	12.46	26.12	13.07	11.57	2
捷克	…	…	…	…	…	…	66.38	48.60	114.98	80.71	61.98	142.69	70.33	53.05	12
匈牙利	6.16	6.79	12.95	26.77	22.64	49.41	51.22	35.42	86.64	59.20	34.46	93.66	56.84	34.04	9
波兰	21.04	18.46	39.50	32.00	28.47	60.47	106.37	70.08	176.45	97.86	63.14	161.00	89.69	56.81	14
罗马尼亚	7.46	5.24	12.70	6.10	7.87	13.97	14.76	18.01	32.77	15.52	19.24	34.76	15.00	18.99	3
俄罗斯	…	…	…	…	…	…	105.68	199.71	305.39	132.83	186.37	319.20	140.79	199.98	34
斯洛伐克	…	…	…	…	…	…	23.78	18.00	41.78	20.60	19.97	40.57	21.51	20.62	4
乌克兰	…	…	…	…	…	…	28.46	13.34	41.80	47.99	16.25	64.24	49.37	22.68	7
非洲	**114.00**	**211.00**	**325.00**	**188.00**	**270.00**	**458.00**	**253.00**	**348.00**	**601.00**	**278.00**	**352.00**	**630.00**	**279.00**	**367.00**	**64**
南非	19.82	24.52	44.34	34.42	40.96	75.38	44.14	57.54	101.68	48.08	55.05	103.13	51.50	58.09	10
阿尔及利亚	5.10	24.33	29.43	4.79	11.55	16.34	…	…	…	7.18	10.24	17.42	7.53	10.00	1
埃及	29.18	28.53	57.73	48.13	33.27	81.40	82.62	45.11	127.73	90.79	47.09	137.88	90.96	58.13	14
利比亚	0.63	14.64	15.27	0.83	9.26	10.09	0.24	6.38	6.62	0.20	8.79	8.99	0.20	8.53	
摩洛哥	9.15	4.79	13.94	18.71	9.40	28.11	20.20	13.50	33.70	24.33	13.01	37.34	22.03	12.67	3
突尼斯	8.84	4.48	13.32	15.75	6.82	22.57	24.01	12.45	36.46	25.27	11.31	36.58	25.18	10.66	3
喀麦隆	4.57	8.81	13.38	3.69	10.18	13.87	2.42	4.85	7.27	…	…	…	…	…	
加蓬	1.19	10.40	11.59	2.14	9.84	11.98	2.48	9.30	11.78	2.05	9.08	11.13	2.05	9.43	1

务贸易额(二)

金额单位：亿美元

1998			1999			2000			2000比1999增减（%）			2001		
出口	进口	总额	出口	进口	总额	出口	进口	总额	出口	进口	总额	出口	进口	总额
8.40	9.47	17.87	8.46	10.29	18.75	9.49	11.74	21.23	12.2	14.1	13.2	…	…	…
165.04	294.59	459.63	153.60	265.77	419.37	166.38	286.92	453.30	8.3	8.0	8.1	192.00	336.00	528.00
666.21	628.87	1 295.08	606.18	572.04	1 178.22	567.03	557.48	1 124.51	-6.5	-2.5	-4.6	595.00	585.00	1 180.00
11.57	7.67	19.24	11.99	8.06	20.05	10.86	8.47	19.33	-9.4	5.1	-3.6	…	…	…
504.61	481.52	986.13	529.76	502.61	1 032.37	523.23	511.16	1 034.39	-1.2	1.7	0.2	509.00	523.00	1 032.00
136.39	141.25	277.64	137.98	145.95	283.93	149.69	144.66	294.35	8.5	-0.9	3.7	156.00	151.00	307.00
89.70	67.25	156.95	85.57	66.73	152.30	83.15	64.12	147.27	-2.8	-3.9	-3.3	…	…	…
20.25	15.20	35.45	18.96	15.19	34.15	18.83	14.46	33.29	-0.7	-4.8	-2.5	…	…	…
489.77	270.38	760.15	530.69	301.01	831.70	530.41	308.18	838.59	0.0	2.4	0.8	567.00	322.00	889.00
176.75	216.20	392.95	196.91	225.11	422.02	200.14	233.67	433.81	1.6	3.8	2.8	208.00	227.00	435.00
257.92	149.52	407.44	263.20	157.35	420.55	264.16	155.06	419.22	0.4	-1.5	-0.3	259.00	155.00	414.00
231.61	94.40	326.01	161.88	84.53	246.41	192.32	76.02	268.34	18.8	-10.1	8.9	148.00	…	…
998.58	783.22	1 781.80	1 031.52	827.10	1 858.62	998.75	821.03	1 819.78	-3.2	-0.7	-2.1	1 083.00	885.00	1 968.00
…	…	…	…	…	…	…	…	…	…	…	…	…	…	…
17.66	**13.98**	**31.64**	**17.58**	**14.70**	**32.28**	**21.28**	**16.60**	**37.88**	**21.0**	**12.9**	**17.3**	…	…	…
73.66	56.65	130.31	68.08	57.50	125.58	71.19	57.55	128.74	4.6	0.1	2.5	…	…	…
58.81	40.82	99.63	56.07	41.86	97.93	62.04	44.09	106.13	10.6	5.3	8.4	…	…	…
108.90	65.59	174.49	84.30	69.36	153.66	94.96	74.08	169.04	12.6	6.8	10.0	120.00	…	…
11.92	18.38	30.30	13.40	17.59	30.99	…	…	…	…	…	…	…	…	…
123.75	164.29	288.04	90.72	134.34	225.06	96.34	174.28	270.62	6.2	29.7	20.2	…	205.00	…
22.75	22.72	45.47	18.86	18.12	36.98	22.18	17.79	39.97	17.6	-1.8	8.1	…	…	…
39.22	25.45	64.67	38.69	22.92	61.61	38.00	25.90	63.90	-1.8	13.0	3.7	…	…	…
276.00	**366.00**	**642.00**	**303.00**	**355.00**	**658.00**	**305.00**	**386.00**	**691.00**	**0.7**	**8.7**	**5.0**	**300.00**	**380.00**	**680.00**
50.98	54.03	105.01	49.05	54.67	103.72	49.30	54.49	103.79	0.5	-0.3	0.1	…	…	…
9.73	10.69	20.42	10.73	10.17	20.90	…	…	…	……	…	…	…	…	…
78.32	58.86	137.18	92.76	59.59	152.35	96.87	71.61	168.48	4.4	20.2	10.6	…	…	…
0.37	9.15	9.52	0.50	8.87	9.37	…	…	…	…	…	…	…	…	…
25.57	14.82	40.39	28.03	15.37	43.40	28.60	17.63	46.23	2.0	14.7	6.5	…	…	…
26.07	11.21	37.28	27.63	11.06	38.69	25.87	10.58	36.45	-6.4	-4.3	-5.8	…	…	…
…	…	…	…	…	…	…	…	…	…	…	…	…	…	…
1.94	9.80	11.74	2.49	8.54	11.03	…	…	…	…	…	…	…	…	…

世界部分国家（地

国别（地区） \ 金额 \ 年份	1985			1990			1995			1996			1997		
	出口	进口	总额	出口	进口	总额	出口	进口	总额	出口	进口	总额	出口	进口	总
尼日利亚	3.16	16.08	19.24	9.65	19.01	28.66	6.08	43.98	50.06	7.33	45.41	52.74	7.86	46.94	5
肯尼亚	4.11	3.08	7.19	7.74	5.98	13.72	8.51	7.33	15.84	7.89	7.12	15.01	7.16	7.05	1
毛里求斯	1.17	1.28	2.45	4.78	4.07	8.85	7.73	6.30	14.03	9.55	6.66	16.21	8.89	6.56	1
赞比亚	0.57	2.49	3.06	0.94	3.70	4.64	…	…	…	…	…	……	…	…	
津巴布韦	2.71	4.46	7.17	2.53	4.60	7.13	4.69	7.04	11.73	6.01	8.01	14.02	6.63	9.34	1
坦桑尼亚	1.06	2.09	3.15	1.31	2.88	4.19	5.66	7.29	12.95	6.02	8.83	14.85	4.70	7.09	1
马拉维	0.26	1.43	1.69	0.37	2.68	3.05	…	…	…	…	…	……	…	…	
塞拉利昂	0.18	0.40	0.58	0.45	0.67	1.12	0.71	0.79	1.50	…	…	…	…	…	
埃塞俄比亚	–	–	–	2.61	3.48	6.09	3.10	3.42	6.52	3.21	3.31	6.52	3.18	3.77	
马达加斯加	0.50	1.28	1.78	1.29	1.72	3.01	2.19	2.77	4.96	2.53	2.80	5.33	2.43	2.89	
中东															
巴林	8.75	4.84	13.59	3.59	4.74	8.33	6.83	6.34	13.17	6.66	6.13	12.79	6.37	6.35	12
塞浦路斯	6.04	2.95	8.99	17.60	6.63	24.23	27.15	10.87	38.02	26.09	11.43	37.52	25.44	10.82	36
伊朗	3.33	31.57	34.90	3.43	37.03	40.46	5.33	21.92	27.25	7.43	28.99	36.42	10.18	31.82	42
以色列	31.23	26.48	57.71	45.46	48.25	93.71	77.13	81.90	159.03	79.09	88.69	167.78	82.75	90.57	173
约旦	11.60	10.84	22.44	14.30	11.18	25.48	16.89	13.85	30.74	18.30	13.48	31.78	17.17	12.41	29
科威特	9.44	33.15	42.59	10.54	28.05	38.59	11.43	38.47	49.90	12.62	42.15	54.77	15.07	40.55	55
叙利亚	4.65	7.39	12.04	7.40	7.02	14.42	17.12	13.58	30.70	15.40	13.78	29.18	13.44	13.02	26
沙特阿拉伯	…	…	…	30.31	126.94	157.25	34.80	86.81	121.61	27.72	125.92	153.64	42.57	144.10	186
亚洲（包括大洋洲）	**614.00**	**816.00**	**1 430.00**	**1 311.00**	**1 785.00**	**3 096.00**	**2 616.00**	**3 275.00**	**5 891.00**	**2 865.00**	**3 521.00**	**6 386.00**	**3 000.00**	**3 585.00**	**6 585**
澳大利亚	40.56	74.11	114.67	98.33	133.88	232.21	157.41	166.91	324.32	181.06	181.97	363.03	180.57	184.27	364
孟加拉国	2.07	4.01	6.08	2.96	5.54	8.50	4.69	11.92	16.61	2.23	10.59	12.82	2.66	11.88	14
柬埔寨	…	…	…	…	…	…	1.03	1.81	2.84	1.52	2.09	3.61	1.50	1.82	3
中国	29.25	22.61	51.86	57.48	41.13	98.61	184.30	246.35	430.65	205.67	223.69	429.36	245.04	277.24	522.
中国台湾	27.29	51.23	78.52	69.37	139.23	208.60	149.27	229.82	379.09	161.54	237.50	399.04	170.21	241.20	411.
中国澳门	…	…	…	14.73	2.29	17.02	31.54	3.95	35.49	32.52	4.44	36.96	31.63	5.45	37.
中国香港	77.31	46.94	124.25	181.28	110.18	291.46	343.38	207.96	551.34	382.95	221.01	603.96	385.14	232.84	617.
斐济	2.31	1.16	3.47	3.77	2.39	6.16	5.24	3.71	8.95	5.66	3.87	9.53	6.16	3.81	9.
印度	32.74	38.15	70.89	46.09	59.43	105.52	67.63	100.62	168.25	71.79	110.00	181.79	89.26	122.77	212.
印度尼西亚	84.40	50.10	58.54	24.88	58.98	83.86	53.42	132.30	185.72	64.62	147.77	212.39	67.92	162.14	230.
日本	205.20	347.10	552.30	413.84	842.81	1 256.65	639.66	1 215.48	1 855.14	663.82	1 286.74	1 950.56	681.36	1 220.79	1 902.
韩国	50.42	212.95	90.04	91.55	100.50	192.05	221.33	253.94	475.27	226.48	291.58	518.06	254.39	290.37	544.
马来西亚	18.34	38.15	56.49	37.69	53.94	91.63	114.38	148.21	262.59	149.66	174.06	323.72	155.69	181.15	336.

务贸易额(三)

金额单位:亿美元

1998			1999			2000			2000比1999增减(%)			2001		
出口	进口	总额	出口	进口	总额	出口	进口	总额	出口	进口	总额	出口	进口	总额
8.84	40.54	49.38	9.80	33.11	42.91	…	…	…	…	…	…	…	…	…
6.38	6.03	12.41	7.10	5.18	12.28	…	…	…	…	…	…	…	…	…
9.11	7.06	16.17	10.65	6.51	17.16	…	…	…	…	…	…	…	…	…
…	…	…	…	…	…	…	…	…	…	…	…	…	…	…
6.46	7.54	14.00	…	…	…	…	…	…	…	…	…	…	…	…
5.34	8.85	14.19	6.24	7.62	13.86	6.11	6.65	12.76	-2.1	-12.7	-7.9	…	…	…
…	…	…	…	…	…	…	…	…	…	…	…	…	…	…
…	…	…	…	…	…	…	…	…	…	…	…	…	…	…
3.45	4.69	8.14	3.92	4.63	8.55	3.87	4.80	8.67	-1.3	3.7	1.4	…	…	…
2.64	3.26	5.90	…	…	…	…	…	…	…	…	…	…	…	…
7.25	**6.52**	**13.77**	**7.49**	**6.47**	**13.96**	**8.30**	**6.83**	**15.13**	**10.8**	**5.6**	**8.4**	…	…	…
26.57	11.11	37.68	28.98	11.25	40.23	29.30	11.38	40.68	1.1	1.2	1.1	…	…	…
9.02	23.92	32.94	…	…	…	…	…	…	…	…	…	…	…	…
90.96	93.83	184.79	108.05	104.46	212.51	142.60	121.49	264.09	32.0	16.3	24.3	113.00	…	…
18.10	15.88	33.98	16.89	14.85	31.74	16.23	14.26	30.49	-4.9	-4.0	-3.9	…	…	…
14.96	42.43	57.39	12.98	38.66	51.64	17.93	40.78	58.71	38.1	5.5	13.7	…	…	…
14.22	12.99	27.21	14.15	14.16	28.31	…	…	…	…	…	…	…	…	…
47.30	86.59	133.89	53.80	94.38	148.18	47.98	109.47	157.45	-10.8	16.0	6.3	…	…	…
600.00	**3 191.00**	**5 791.00**	**2 715.00**	**3 380.00**	**6 095.00**	**3 028.00**	**3 651.00**	**6 679.00**	**11.5**	**8.0**	**9.6**	**2 980.00**	**3 510.00**	**6 490.00**
158.04	168.80	326.84	169.43	179.12	348.55	177.64	176.64	354.28	4.8	-1.4	1.6	159.00	164.00	323.00
2.52	11.64	14.16	2.66	13.05	15.71	…	…	…	…	…	…	…	…	…
0.99	1.85	2.84	1.18	1.90	3.08	…	…	…	…	…	…	…	…	…
238.79	264.67	503.46	261.65	309.67	571.32	301.46	358.58	660.04	15.2	15.8	15.5	310.00	364.00	674.00
166.60	232.46	399.06	171.35	233.28	404.63	202.20	257.20	459.40	18.0	10.3	13.5	208.00	236.00	444.00
28.45	5.45	33.90	26.88	5.86	32.74	25.89	6.08	31.97	-3.7	3.8	-2.3	…	…	…
362.49	235.24	597.73	371.10	254.14	625.24	420.67	261.74	682.41	13.4	3.0	9.1	430.00	229.00	659.00
4.72	3.31	8.03	5.05	3.64	8.69	…	…	…	…	…	…	…	…	…
110.67	141.92	252.59	139.40	171.85	311.25	175.69	199.20	374.89	26.0	15.9	20.4	201.00	237.00	438.00
43.40	117.44	160.84	44.33	113.16	157.49	…	…	…	…	…	…	…	144.00	…
617.95	1 107.05	1 725.00	603.13	1 141.73	1 744.86	683.03	1 156.86	1 839.89	13.2	1.3	5.4	633.00	1 067.00	1 700.00
248.28	241.12	489.40	257.66	267.73	525.39	291.84	333.99	625.83	13.3	24.7	19.1	284.00	326.00	610.00
114.00	129.73	243.73	118.00	146.22	264.22	135.79	165.77	301.56	15.1	13.4	14.1	136.00	163.00	299.00

世界部分国家（地

国别（地区） \ 年份 金额	1985			1990			1995			1996			1997		
	出口	进口	总额	出口	进口	总额	出口	进口	总额	出口	进口	总额	出口	进口	总
马尔代夫	0.61	0.23	0.84	1.01	0.37	1.38	2.30	0.75	3.05	2.86	0.86	3.72	3.09	0.93	
蒙古	0.71	1.50	2.21	0.48	1.55	2.03	0.47	0.87	1.34	0.43	1.08	1.51	0.50	1.01	
缅甸	0.63	0.75	1.38	0.93	0.72	1.65	3.50	2.30	5.80	4.17	2.89	7.06	5.08	4.29	
尼泊尔	0.93	1.12	2.05	1.66	1.59	3.25	5.92	3.05	8.97	6.79	2.35	9.14	7.95	2.16	1
新西兰	14.24	17.12	31.36	24.15	32.51	56.66	44.00	46.00	90.00	45.60	48.06	93.66	42.38	48.23	9
巴基斯坦	7.40	10.07	17.47	12.18	18.63	30.81	14.32	24.31	38.63	15.46	29.13	44.59	14.46	24.24	3
巴布亚新几内亚	0.48	2.75	3.23	1.98	3.93	5.91	3.21	6.42	9.63	4.32	7.79	12.11	3.97	9.24	1
菲律宾	18.62	8.45	27.07	28.97	17.21	46.18	93.23	69.06	162.29	129.29	93.92	223.21	151.30	140.73	29
新加坡	45.98	35.12	81.10	127.19	85.75	212.94	297.24	176.42	473.66	295.72	196.35	492.07	301.21	189.95	49
斯里兰卡	2.34	4.39	6.73	4.25	6.20	10.45	8.00	11.69	19.69	7.41	11.73	19.14	8.50	12.71	2
泰国	18.97	17.43	36.40	62.92	61.60	124.52	146.52	186.01	332.53	167.04	193.13	360.17	156.19	171.44	32
越南	…	…	…	1.82	1.26	3.08	21.47	19.82	41.29	27.11	27.72	54.83	25.36	31.34	5
瓦努阿图	0.36	0.20	0.56	0.56	0.24	0.80	0.75	0.35	1.10	…	0.36	…	…	0.35	

注：a. 1985—1990 年中期的数字是前联邦德国的数字。

由于服务贸易数据的频繁修订，一些国家和地区的贸易值序列出现多处中断。

资料来源：世界贸易组织《年度报告》。

务贸易额(四)

金额单位：亿美元

1998			1999			2000			2000比1999增减(%)			2001		
出口	进口	总额	出口	进口	总额	出口	进口	总额	出口	进口	总额	出口	进口	总额
3.29	0.98	4.27	3.51	1.07	4.58	…	…	…	…	…	…	…	…	…
0.75	1.42	2.17	0.73	1.40	2.13	…	…	…	…	…	…	…	…	…
6.11	3.49	9.60	4.33	2.74	7.07	4.07	3.19	7.26	-6.0	16.4	2.7	…	…	…
4.33	1.89	6.22	2.98	2.02	5.00	…	…	…	…	…	…	…	…	…
36.84	44.25	81.09	42.52	44.92	87.44	42.39	44.53	86.92	-0.3	-0.9	-0.6	…	…	…
12.99	19.44	32.43	14.28	20.60	34.88	…	…	…	…	…	…	…	…	…
3.18	7.94	11.12	2.48	7.28	9.76	…	…	…	…	…	…	…	…	…
74.65	100.87	175.52	47.78	74.92	122.70	41.33	60.66	101.99	-13.5	-19.0	-16.9	…	…	…
188.29	173.77	362.06	236.12	187.68	423.80	266.34	212.51	478.85	12.8	13.2	13.0	264.00	200.00	464.00
8.92	13.28	22.20	9.37	13.78	23.15	…	…	…	…	…	…	…	…	…
130.74	118.74	249.48	145.42	134.64	280.06	128.39	147.13	275.52	-11.7	9.3	-1.6	128.00	159.00	287.00
26.09	31.56	57.65	27.09	35.73	62.82	…	…	…	…	……	…	…	…	
…	0.43	…	…	0.48	…	…	…	…	…	…	…	…	…	…

世界初级产品出口价格指数(一)

(1990＝100)

项目 \ 年份	1988	1991	1992	1993	1994	1995	1996	1997	1998	1999	2000
食品、饮料和烟草	110	99	98	97	111	118	125	122	106	89	85
食品	106	99	101	100	105	114	128	114	100	84	84
谷物	103	98	105	98	105	123	148	114	96	84	82
小麦	107	95	112	104	111	131	153	118	93	83	84
玉米	98	98	95	93	99	113	151	107	93	83	81
大米	105	109	99	88	100	119	125	112	113	92	95
油籽、油及油脂、油籽饼及粉	125	101	105	106	115	124	137	137	123	94	92
肉类	97	101	96	102	93	77	76	79	71	75	78
牛肉	98	104	96	102	91	74	70	72	67	72	76
羊肉	90	87	95	103	104	94	120	124	96	96	93
糖	89	89	83	88	99	108	101	95	81	67	74
香蕉	88	104	88	82	81	81	87	90	91	79	80
饮料	138	93	81	86	150	151	125	165	140	110	92
咖啡	159	94	73	83	180	184	139	192	150	116	91
可可豆	125	94	87	88	110	113	115	128	132	90	71
茶叶	88	91	98	91	90	81	87	117	117	114	122
烟草	93	106	101	80	88	78	90	104	98	91	88
农业原料	111	96	99	117	129	135	130	120	99	102	104
原木	111	105	117	155	157	148	151	141	121	134	132
棉花	77	93	70	70	97	119	98	96	79	64	72
羊毛	142	71	68	58	83	93	84	84	61	60	62

世界初级产品出口价格指数(二)

(1990=100)

项目 \ 年份	1988	1991	1992	1993	1994	1995	1996	1997	1998	1999	2000
橡胶	137	96	100	96	130	183	162	118	84	74	80
皮革及革皮	95	86	82	87	94	96	95	96	83	78	87
黄麻	91	90	68	66	72	90	111	74	64	68	68
剑麻	77	94	71	86	85	99	121	109	115	97	82
矿石及有色金属(不包括原油)	118	87	84	72	84	100	89	92	78	77	86
铜	98	88	86	72	87	110	86	86	62	59	68
铝	155	80	77	70	90	110	92	98	83	83	95
铁矿砂	77	108	103	91	83	88	93	98	1011	90	94
锡	118	91	100	85	90	102	101	93	91	89	89
镍	155	92	79	60	71	93	85	78	52	68	97
锌	82	74	82	64	66	68	68	87	68	71	74
铅	81	69	67	50	68	78	96	77	65	62	56
磷酸盐石	103	103	98	83	90	99	113	114	117	112	107
以上总计	109	94	94	96	109	118	117	113	96	90	91
原油	64	84	83	73	69	75	89	84	57	78	123
初级产品总计	88	90	91	90	98	106	109	105	86	87	100

注:本表所列指数系以美元计算的指数。

资料来源:世界贸易组织《年度报告》(2001)。

世界部分国家(地区)工业制成品出口价格指数①(一)

(1990=100)

国别/地区 \ 年份	1975	1990	1992	1993	1994	1995	1996	1997	1998	1999	2000
世界②	48	100	103	99	101	110	106	99	97	93	…
市场经济发达国家	46	100	103	97	99	110	106	99	97	94	91
美洲	47	100	100	99	99	100	100	103	102	101	102
加拿大	58	100	91	88	84	80	83	89	85	83	84
美国	45	100	103	103	104	107	106	108	108	108	109
欧洲	46	100	102	91	93	107	104	93	92	88	82
欧盟	45	100	102	92	93	107	103	92	92	87	81
奥地利	52	100	99	91	90	104	94	77	68	…	…
比利时－卢森堡	50	100	99	90	93	110	105	94	93	88	83
丹麦	44	100	102	92	97	112	108	98	97	94	…
芬兰	42	100	90	74	83	105	99	89	88	85	82
法国	49	100	100	94	98	111	107	96	96	90	80
德国	47	100	103	93	94	108	101	87	89	80	72
希腊	58	100	94	81	82	88	84	72	66	…	…
冰岛	…	100	97	96	89	98	97	81	75	…	…
意大利	42	100	105	89	86	96	98	90	91	…	…
荷兰	48	100	102	92	92	109	102	91	89	85	77
葡萄牙	…	100	106	98	94	111	105	96	96	…	…
西班牙	…	100	109	85	86	99	99	88	86	…	…
瑞典	47	100	101	82	85	105	106	94	90	85	80
英国	38	100	102	98	103	114	113	113	112	106	…

世界部分国家(地区)工业制成品出口价格指数①(二)

(1990＝100)

国别/地区 \ 年份	1975	1990	1992	1993	1994	1995	1996	1997	1998	1999	2000
欧洲自由贸易联盟	47	100	101	87	96	116	113	101	99	97	95
冰岛	38	100	86	76	80	114	106	101	89	…	…
挪威	51	100	92	80	82	102	96	88	85	80	75
瑞士	43	100	103	88	99	120	117	105	104	101	…
其他市场经济发达国家	50	100	113	120	129	138	128	121	115	113	118
澳大利亚	56	100	86	81	88	96	94	89	78	78	80
以色列	…	100	101	102	101	105	105	102	105	114	137
日本	48	100	115	124	134	144	133	126	121	119	…
新西兰	47	100	89	89	98	112	109	102	84	80	83
南非	…	100	101	100	101	123	107	…	…	…	…
发展中国家(地区)	55	100	103	104	104	111	105	99	96	89	…
中国香港	…	100	104	104	105	108	108	104	101	99	…
印度	…	100	92	89	88	86	69	84	79	…	…
韩国	…	100	106	109	98	102	86	86	77	72	77
巴基斯坦	…	100	101	98	107	125	123	129	127	118	110
新加坡	…	100	103	99	108	112	109	102	92	90	…
土耳其	…	100	100	95	90	106	97	89	84	80	85

注： ①用美元计价的出口单价指数。

②不包括东欧和前苏联。

资料来源：联合国《统计月报》(2002年12月)。

世界部分国家(地区)国内生产总值(一)

金额单位:亿美元

国别/地区 \ 年份	1985	1988	1989	1990	1994	1995	1996	1997	1998	1999	2000
美国	40 387.0	49 004.0	52 508.0	57 438.0	70 543.0	74 005.0	78 132.0	83 008.0	87 902.0	92 686.0	98 729.0
德国	7 419.3	11 763.2	13 097.0	15 036.2	21 916.3	24 576.2	230 664.1	200 459.8	22 619.2	19 914.6	18 910.4
日本	15 981.0	29 513.6	27 619.2	29 700.9	49 311.8	48 404.1	44 034.7	40 158.7	44 622.4	50 149.7	44 546.2
英国	5 161.8	8 530.5	8 283.7	9 835.8	10 635.9	11 052.1	12 898.9	13 420.9	14 298.3	14 483.3	13 976.4
法国	6 216.2	9 465.4	10 642.2	11 954.3	14 007.1	15 836.5	15 190.4	13 705.3	15 233.5	13 557.4	13 089.2
沙特阿拉伯	861.3	761.4	830.0	1 046.7	1 201.7	1 278.1	1 413.2	1 464.5	1 284.9	1 428.7	1 732.9
意大利	4 829.3	8 361.2	9 393.9	10 939.8	10 145.4	11 278.5	12 428.5	11 296.0	12 566.7	11 129.2	10 846.7
加拿大	3 420.3	5 080.2	5 620.6	5 738.0	5 471.2	5 911.9	5 973.6	6 115.4	5 892.3	6 757.2	7 039.1
荷兰	1 534.6	2 287.6	2 530.4	2 835.4	3 686.2	4 151.1	3 982.0	3 643.2	4 109.5	3 753.3	3 732.2
比利时	941.4	1 489.9	1 686.8	1 937.5	2 455.2	2 774.4	2 611.2	2 375.9	2 635.4	2 370.9	2 307.6
瑞典	1 137.9	1 810.1	1 979.4	2 297.6	2 139.5	2 573.2	2 556.2	2 301.8	2 344.9	2 313.3	2 184.3
瑞士	1 098.0	1 784.6	1 877.8	2 284.0	2 725.9	3 157.8	2 716.9	2 552.1	2 760.6	2 429.4	2 471.1
印度	2 155.5	2 647.5	2 681.7	3 059.5	3 218.3	3 359.7	3 790.6	3 858.6	4 139.1	4 499.9	…
印度尼西亚	862.2	820.9	930.4	1 061.4	1 737.4	1 969.3	2 234.9	1 349.9	1 191.0	1 566.7	1 345.2
墨西哥	1 275.0	1 711.8	1 922.1	2 470.4	2 673.0	2 408.2	3 222.4	3 932.7	3 900.9	4 822.7	5 675.1
澳大利亚*	1 568.3	2 731.8	2 833.1	2 948.0	3 606.2	3 654.4	4 153.5	3 639.5	3 551.2	3 976.9	3 611.3
韩国	921.8	1 946.1	2 194.9	2 536.7	4 100.5	4 870.9	4 957.1	2 674.2	3 690.8	4 242.0	4 089.3
中国	2 664.4	3 780.1	3 388.3	3 877.7	5 528.0	7 034.8	8 234.3	9 045.5	9 645.6	9 910.5	10 801.0
中国香港	334.4	552.8	629.7	726.2	1 306.5	1 392.9	1 540.8	1 709.3	1 625.4	1 580.2	1 625.2
中国台湾	732.5	1 284.3	1 539.7	1 627.4	2 483.4	2 691.3	2 836.0	2 932.9	2 691.8	2 905.4	3 139.1
新加坡	176.9	248.5	294.6	374.5	730.3	835.7	919.6	838.4	834.3	853.0	918.5

世界部分国家（地区）国内生产总值（二）

金额单位:亿美元

年份 国别/地区	1985	1988	1989	1990	1994	1995	1996	1997	1998	1999	2000
西班牙	1 829.5	3 539.8	4 105.4	4 919.6	4 919.7	5 747.5	5 617.2	5 134.9	5 795.5	5 656	5 638.8
巴西	2 279.5	3 504.6	4 821.7	4 429.1	4 127.7	6 641.2	7 496.5	7 802.4	7 561.5	5 387.8	5 558.6
挪威	659.7	887.8	939.4	1 154.5	1 283.0	1 469.8	1 577.9	1 498.4	1 459.7	1 483.7	1 585.6
阿联酋	270.2	236.7	272.7	336.4	366.7	400.4	446.2	493.4	464.8	…	…
委内瑞拉	598.7	603.8	344.8	486.0	510.3	471.9	617.8	859.6	929.7	965.3	1 178.3
尼日利亚	723.6	271.3	293.8	324.3	562.3	903.7	1 290.3	1 343.3	1 316.4	344.8	366.0
奥地利	780.3	1 246.6	1 415.9	1 584.3	2 040.2	2 350.0	2 236.6	1 989.6	2 225.8	1 980.1	1 916.8
丹麦	685.8	1 065.0	1 161.0	1 291.2	1 587.5	1 820.8	1 784.5	1 635.4	1 830.3	1 661.8	1 636.0
芬兰	612.2	1 041.8	1 199.8	1 348.1	1 101.2	1 295.3	1 261.6	1 172.4	1 353.1	1 210.4	1 225.2
马来西亚	319.6	334.6	379.5	427.7	763.5	875.2	1 003.3	724.3	748.6	788.6	8 993.2
波兰	706.6	589.5	822.1	589.8	923.6	1 248.4	1 348.7	1 342.7	1 579.8	1 482.8	1 654.8
科威特	223.2	204.3	244.6	181.8	245.9	265.1	310.2	297.1	256.7	298.3	379.5
罗马尼亚	519.6	596.4	554.0	382.5	281.7	279.8	269.9	315.3	339.0	295.5	307.2

资料来源:国际货币基金组织《国际金融统计》(2002年3月)、中国台湾省《统计月报》(2002年2月)。

世界主要国家(地区)外汇储备(一)

(期末数)

金额单位:亿美元

国别/地区 \ 年份	1990	1993	1994	1995	1996	1997	1998	1999	2000	2001
世界	8 445.29	10 307.58	11 837.06	13 853.48	15 612.32	16 105.93	16 377.01	17 777.01	19 278.99	21 060.29*
日本	694.87	887.20	1 151.46	1 724.43	2 073.35	2 078.66	2 032.15	2 777.08	3 472.12	3 877.27
德国	629.67	727.27	722.19	777.94	758.03	698.53	641.33	526.61	496.67	436.15
新加坡	275.35	480.66	578.90	683.49	764.91	708.83	744.18	763.04	796.85	748.51
美国	521.90	415.32	412.20	491.00	382.90	308.10	36.00	321.80	312.40	289.80
西班牙	493.89	397.98	401.82	324.91	558.79	660.23	524.90	313.29	295.16	279.05
英国	329.30	346.28	385.30	391.80	371.20	288.80	273.60	300.80	392.80	319.40
瑞士	292.21	316.50	335.54	346.85	367.75	368.99	383.46	341.76	308.54	301.34
荷兰	160.28	296.69	327.16	310.6	241.19	218.81	175.36	64.99	70.04	59.30
马来西亚	93.27	268.14	248.88	229.45	261.56	200.13	247.28	296.70	286.25	295.86
巴西	74.30	306.02	370.69	497.07	583.22	508.26	425.78	347.86	324.88	357.29
泰国	132.47	240.78	288.84	354.63	371.92	256.97	284.34	338.05	319.33	323.28
意大利	601.76	251.40	301.07	329.42	440.64	534.31	254.47	186.23	224.23	209.05
中国	285.94	211.99	516.20	735.79	1050.29	1398.9	1449.59	1 546.75	1 655.74	2 083.15*
中国香港	245.70	429.86	492.50	554.00	638.10	928.00	896.10	962.40	1075.40	1111.60
中国台湾	724.41	835.70	924.50	903.10	880.40	835.00	903.40	1 062.00	1 067.40	1 222.10
法国	340.67	200.08	235.20	231.42	231.2	270.97	387.53	339.33	321.14	263.63
加拿大	158.02	104.71	102.19	126.29	180.28	151.22	199.11	244.32	288.41	304.84
挪威	143.03	186.42	179.92	211.09	252.36	220.74	169.27	191.39	192.74	144.08
澳大利亚	156.05	104.70	107.06	113.40	139.67	160.99	133.66	195.07	167.82	164.34
韩国	144.59	197.04	250.32	319.28	332.37	197.10	519.63	737.00	958.55	1 024.88

世界主要国家(地区)外汇储备(二)

(期末数)

金额单位:亿美元

国别/地区 \ 年份	1990	1993	1994	1995	1996	1997	1998	1999	2000	2001
沙特阿拉伯	85.82	56.82	58.88	71.01	128.22	134.67	127.14	154.90	180.36	147.96
丹麦	100.63	97.91	84.44	102.62	133.66	181.57	137.53	211.45	144.69	165.37*
比利时	111.21	104.74	128.84	146.80	153.80	145.19	157.63	83.77	79.88	87.43
瑞典	173.65	183.72	225.27	229.39	181.72	96.56	124.20	135.22	137.57	…
墨西哥	94.46	248.86	61.01	152.50	191.76	281.36	314.61	309.92	351.42	443.31
奥地利	87.54	138.66	160.08	178.67	218.61	186.05	209.18	140.16	134.92	114.44
芬兰	92.12	49.93	100.51	92.93	62.05	75.32	85.08	67.47	73.31	71.92
印度	12.05	98.07	193.86	174.67	197.42	243.24	269.58	319.92	372.64	…
印度尼西亚	73.53	109.88	118.20	133.06	178.20	160.88	224.01	262.45	282.80	270.48
葡萄牙	142.52	154.81	151.06	153.15	153.59	151.30	150.67	80.06	85.39	92.28
阿联酋	42.76	58.06	63.61	71.12	76.79	80.27	86.64	103.77	133.04	141.57*
以色列	62.75	63.82	67.92	81.19	114.13	203.32	226.74	225.15	231.63	231.79
希腊	33.06	76.34	143.22	146.11	173.37	124.41	171.88	177.26	131.16	47.86
智利	60.68	96.39	130.87	141.37	147.81	169.91	150.49	139.77	143.81	138.82
哥伦比亚	40.49	76.63	76.94	79.71	94.31	92.75	78.80	74.85	84.09	96.59
委内瑞拉	83.11	85.31	73.93	56.88	111.24	140.00	116.12	117.08	126.33	88.25
新西兰	40.71	31.95	35.61	42.45	57.71	42.73	38.46	40.25	29.96	26.05
爱尔兰	48.49	55.79	57.45	81.78	77.15	60.20	86.22	4 826.00	49.83	51.96

注: * 仅 11 月份数字。

资料来源: 国际货币基金组织《国际金融统计》(2002 年 2 月)、联合国《统计月报》(2002 年 2 月)、中国台湾省《统计月报》(2002 年 1 月)。

世界主要国家(地区)黄金储备(一)

(期末数)

单位:万盎司

国别/地区 \ 年份	1985	1990	1992	1993	1994	1995	1996	1997	1998	1999	2000	2001*
世界	95 145	93 901	92 881	91 950	91 580	90 706	90 487	88 709	96 654	96 455	95 063	93 815
美国	26 265	26 191	26 184	26 179	26 173	26 170	26 166	26 164	26 161	26 167	26 161	26 200
德国	9 518	9 518	9 518	9 518	9 518	9 518	9 518	9 518	11 898	11 152	11 152	11 113
瑞士	8 328	8 328	8 328	8 328	83 328	8 328	8 328	8 328	8 328	8 328	7 779	7 068
法国	8 185	8 185	8 185	8 185	8 185	8 185	8 185	8 189	10 237	9 724	9 725	9 725
意大利	6 667	6 667	6 667	6 667	6 667	6 667	6 667	6 667	8 336	7 883	7 883	7 883
荷兰	4 394	4 394	4 394	3 505	3 477	3 477	3 477	2 707	3 383	3 157	2 932	2 844
比利时	3 418	3 023	2 504	2 504	2 054	2 504	1 532	1 532	952	830	830	830
日本	2 423	2 423	2 423	2 423	2 423	2 423	2 423	2 423	2 423	2 423	2 455	2 460
奥地利	2 114	2 039	1 993	1 860	1 834	1 199	1 075	787	964	1310	1 214	1 117
西班牙	1 465	1 561	1 562	1 562	1 562	1 563	1 563	1 563	1 954	1 683	1 683	1 683
印度	940	1 069	1 135	1 146	1 180	1 278	1 278	1 274	1 149	1 150	1 150	1 150
委内瑞拉	1 146	1 146	1 146	1 146	1 146	1 146	1 146	1 146	976	976	1 024	1 093
黎巴嫩	922	922	922	922	922	922	922	922	922	922	922	922
澳大利亚	793	793	793	790	790	790	790	256	256	256	256	256
葡萄牙	2 023	1 583	1 606	1 606	1 607	1 607	1 607	1 607	2 009	1 951	1 951	1 951
英国	1 903	1 894	1 861	1 845	1 844	1 843	1 843	1 842	2 300	2 055	1 567	1 142
加拿大	2 011	1 476	994	605	389	341	309	309	249	181	118	105
希腊	412	340	343	344	345	346	347	364	362	424	426	394
芬兰	191	200	200	200	200	160	160	160	200	158	158	158
丹麦	163	165	166	164	163	165	166	169	214	214	214	214

世界主要国家（地区）黄金储备（二）

（期末数）

单位:万盎司

国别/地区 \ 年份	1985	1990	1992	1993	1994	1995	1996	1997	1998	1999	2000	2001*
瑞典	607	607	607	607	607	470	470	472	472	596	596	596
沙特阿拉伯	460	460	460	460	460	460	460	460	460	460	460	460
南非	484	409	665	476	420	425	379	399	400	394	590	572
土耳其	386	409	405	403	382	375	375	375	375	374	374	373
科威特	254	254	254	254	254	254	254	254	254	254	254	254
泰国	249	248	247	247	247	247	247	247	247	247	237	248
巴基斯坦	190	195	202	204	205	205	206	207	208	209	209	209
菲律宾	148	289	280	322	289	358	465	499	543	620	723	798
中国	1 270	1 270	1 270	1 270	1 270	1 270	1 270	1 270	1 270	1 270	1 270	1 270
印度尼西亚	310	310	310	310	310	310	310	310	310	310	310	310
马来西亚	234	235	239	239	239	239	239	235	235	118	117	117
阿根廷	437	423	437	437	437	437	437	36	36	34	2	1
巴西	310	457	223	293	371	458	369	303	460	317	189	46
智利	…	186	187	187	186	186	186	186	122	122	7	7
秘鲁	195	221	182	131	112	112	111	111	110	110	110	110
乌拉圭	262	240	203	170	170	172	174	176	178	180	108	1
罗马尼亚	382	221	231	237	263	270	282	302	322	332	337	338
俄罗斯	…	…	…	842	941	1 349	1 630	1 474	1 333	1 236	1 360	

注: * 仅11月份数字。

资料来源: 国际货币基金组织《国际金融统计》(2002年3月)、联合国《统计月报》(2000年12月)。

发达国家向发展中国家和国际多边机构提供的官方发展援助

国别	净交付额,现值(亿美元)							占国民生产总值百分比						
	1984—1985平均	1989—1990平均	1996	1997	1998	1999	2000	1984—1985平均	1989—1990平均	1996	1997	1998	1999	2000
澳大利亚	763	987	1 074	1 061	960	982	987	0.47	0.36	0.27	0.27	0.27	0.26	0.27
奥地利	215	338	557	527	456	527	423	0.33	0.24	0.24	0.26	0.22	0.26	0.23
比利时	443	796	913	764	883	760	820	0.56	0.46	0.34	0.31	0.35	0.30	0.36
加拿大	1 628	2 395	1 795	2 045	1 707	1 706	1 744	0.50	0.44	0.32	0.34	0.30	0.28	0.25
丹麦	444	1 054	1 772	1 637	1 704	1 733	1 664	0.83	0.94	1.04	0.97	0.99	1.01	1.06
芬兰	194	776	408	379	396	416	371	0.38	0.64	0.34	0.33	0.32	0.33	0.31
法国	3 080	6 483	7 451	6 307	5 742	5 639	4 105	0.62	0.60	0.48	0.45	0.40	0.39	0.32
德国	2 862	5 634	7 601	5 857	5 581	5 515	5 030	0.46	0.42	0.32	0.28	0.26	0.26	0.27
希腊	..	..	184	173	179	194	226	..	..	0.15	0.14	0.15	0.15	0.20
爱尔兰	37	53	179	187	199	245	235	0.23	0.16	0.31	0.31	0.30	0.31	0.30
意大利	1 115	3 504	2 416	1 266	2 278	1 806	1 376	0.27	0.36	0.20	0.11	0.20	0.15	0.13
日本	4 058	9 017	9 439	9 358	10 640	15 323	13 508	0.31	0.31	0.20	0.21	0.27	0.34	0.28
卢森堡	8	22	82	95	112	119	127	0.16	0.20	0.44	0.55	0.65	0.66	0.71
荷兰	1 202	2 316	3 246	2 947	3 042	3 134	3 135	0.97	0.93	0.81	0.81	0.80	0.79	0.84
新西兰	54	91	122	154	130	134	113	0.25	0.22	0.21	0.26	0.27	0.27	0.25
挪威	557	1 061	1 311	1 306	1 321	1 370	1 264	1.02	1.11	0.84	0.85	0.90	0.90	0.80
葡萄牙	9	126	218	250	259	276	271	0.05	0.24	0.21	0.25	0.24	0.26	0.26
西班牙	152	753	1 251	1 234	1 376	1 363	1 195	0.09	0.17	0.22	0.24	0.24	0.23	0.22
瑞典	791	1 903	1 999	1 731	1 573	1 630	1 799	0.83	0.93	0.84	0.79	0.72	0.70	0.80
瑞士	294	654	1 026	911	898	984	890	0.30	0.31	0.34	0.34	0.32	0.35	0.34
英国	1 480	2 612	3 199	3 433	3 864	3 426	4 501	0.33	0.29	0.27	0.26	0.27	0.24	0.32
美国	9 057	9 536	9 377	6 878	8 786	9 145	9 955	0.24	0.18	0.12	0.09	0.10	0.10	0.10
总计	**28 443**	**49 345**	**55 622**	**48 497**	**52 084**	**56 428**	**53 737**	**0.34**	**0.32**	**0.25**	**0.22**	**0.23**	**0.24**	**0.22**
其中:														
欧盟	12 032	26 371	31 476	26 785	27 641	26 784	25 277	0.45	0.45	0.37	0.33	0.33	0.32	0.32
备忘:														
国别平均								0.44	0.45	0.39	0.38	0.39	0.39	0.39

资料来源:经济合作与发展组织《2001 年发展合作报告》。

发达国家双边援助的部门分布

占双边援助协议额百分比

	社会与管理基础设施		经济基础设施		农　业		工业与其他产业		物资援助和方案援助		紧急援助		其　他		NGOs援助比重
	1979—1980	1999—2000	1979—1980	1999—2000	1979—1980	1999—2000	1979—1980	1999—2000	1979—1980	1999—2000	1979—1980	1999—2000	1979—1980	1999—2000	1999—2000
澳大利亚	10.5	53.0	9.7	5.1	4.7	10.9	1.5	0.6	65.2	1.9	1.7	13.3	6.8	15.2	0.0
奥地利	18.7	43.2	12.5	1.1	7.5	1.7	35.8	1.1	—	0.4	0.2	9.9	25.3	42.7	0.3
比利时	8.8	42.9	2.2	3.9	4.1	9.1	1.4	2.2	2.4	3.3	1.3	6.6	79.8	32.0	5.7
加拿大	10.3	29.5	26.5	4.8	12.6	3.7	19.8	1.9	12.2	6.4	1.7	14.2	16.9	39.5	10.2
丹麦	23.1	32.7	2.2	23.1	9.7	14.3	17.9	0.5	0.3	3.3	5.5	5.9	41.2	20.2	0.3
芬兰	6.5	38.1	9.7	3.6	10.7	4.1	34.7	1.2	0.3	1.1	2.7	17.7	35.6	34.3	1.1
法国	57.3	41.2	14.9	6.0	6.4	5.1	11.7	1.1	4.8	2.9	1.7	4.2	3.3	39.5	0.6
德国	19.7	38.6	22.0	21.0	10.3	4.1	14.7	1.3	2.2	1.7	0.8	6.0	30.4	27.2	—
希腊	—	66.1	—	2.9	—	1.4	—	2.2	—	11.2	—	12.7	—	3.6	—
爱尔兰	—	47.2	—	3.8	—	6.2	—	1.1	—	1.2	—	16.8	—	23.7	3.6
意大利	21.0	22.7	2.1	3.4	20.7	3.6	14.3	7.6	—	7.1	5.7	15.1	36.1	40.4	1.5
日本	10.2	21.3	43.7	31.7	12.9	6.8	14.2	4.2	7.3	8.4	0.2	1.8	11.6	25.8	1.6
卢森堡	—	61.2	—	1.0	—	4.6	—	3.3	—	1.8	—	18.7	—	9.4	1.5
荷兰	28.3	22.9	19.2	4.2	21.6	3.1	7.6	0.6	2.6	5.3	1.8	14.2	18.9	49.8	11.2
新西兰	23.9	49.4	26.9	4.6	20.6	4.2	3.2	2.2	11.7	11.2	0.7	4.0	13.0	24.4	3.7
挪威	12.9	41.5	30.5	8.1	19.7	5.5	12.9	1.4	8.0	1.2	8.1	23.2	7.8	19.1	—
葡萄牙	—	23.4	—	5.3	—	0.8	—	0.4	—	1.2	—	1.1	—	67.8	0.7
西班牙	—	37.8	—	1.5	—	3.7	—	1.1	—	1.0	—	6.8	—	48.1	0.1
瑞典	17.7	32.3	2.4	8.6	11.5	2.6	26.9	0.6	2.0	6.3	3.7	21.9	35.8	27.7	6.0
瑞士	14.5	19.8	2.7	7.4	22.9	4.6	9.3	2.0	10.0	3.2	7.1	25.8	33.4	37.2	1.7
英国	16.5	27.9	17.9	9.1	7.9	7.7	31.3	5.6	2.5	12.7	0.3	11.3	23.6	25.7	3.8
美国	14.2	35.2	7.2	13.3	17.4	3.2	8.5	0.5	33.8	11.2	2.6	18.5	16.3	18.2	—
总计	**23.6**	**30.9**	**18.0**	**16.8**	**12.1**	**5.3**	**13.5**	**2.3**	**12.2**	**7.1**	**1.6**	**9.7**	**18.9**	**27.9**	**2.1**

注:按交付额统计。

资料来源:经济合作与发展组织《2001 年发展合作报告》。

发达国家官方发展援助协议额的财政条件 a

国别	全部官方发展援助的赠与成分 b 标准：86%		官方发展援助中赠与所占比重		官方发展援助贷款中的赠与成分	对最不发达国家官方发展援助中的赠与成分 c	对最不发达国家双边发展援助中的赠与成分
	1989—1990	1999—2000	双边援助	全部援助			
澳大利亚	100.0	100.0	100.0	100.0	–	100.0	100.0
奥地利	75.6	91.3	63.4	77.2	61.5	100.0	100.0
比利时	99.1	99.5	96.3	97.9	78.0	99.2	98.9
加拿大	99.7	100.0	100.0	100.0	–	100.0	100.0
丹　麦	100.0	100.0	100.0	100.0	–	100.0	100.0
芬　兰	99.6	100.0	94.2	96.7	–	100.0	100.0
法　国	86.2	95.6	84.3	87.8	60.8	99.6	99.4
德　国	89.6	96.2	79.7	88.8	66.5	99.6	99.2
希　腊	..	..	98.2	99.2	..	..	..
爱尔兰	100.0	100.0	100.0	100.0	–	100.0	100.0
意大利	91.8	99.0	77.9	93.1	85.6	100.0	100.0
日　本	79.4	86.6	38.4	49.5	72.3	98.7	98.1
卢森堡	81.9	100.0	100.0	100.0	–	100.0	100.0
荷　兰	96.7	100.0	100.0	100.0	–	100.0	100.0
新西兰	100.0	100.0	100.0	100.0	–	100.0	100.0
挪　威	99.8	99.8	98.3	98.7	30.5	99.7	99.7
葡萄牙	86.0	98.4	95.3	96.9	61.2	98.8	98.7
西班牙	53.2	92.4	69.3	81.1	70.0	96.6	92.2
瑞　典	100.0	99.8	99.2	99.4	69.2	100.0	100.0
瑞　士	100.0	100.0	98.6	99.2	–	100.0	100.0
英　国	99.9	100.0	91.9	95.0	–	100.0	100.0
美　国	98.3	99.6	98.8	99.0	59.3	99.9	99.8
总　计	**91.3**	**95.4**	**76.2**	**82.8**	**71.0**	**99.6**	**99.4**

注： a 不包括债务重新安排。

b 官方发展援助占国民生产总值的比重明显低于经合组织发展援助委员会平均水平的国家，不能视为已达到发展援助委员会制定的有关援助条件的指标，2000 年未达到的国家有意大利和美国。

c 包括多边援助中的赠与成分。

资料来源： 经济合作与发展组织《2001 年发展合作报告》。

非发展援助委员会国家提供的官方发展援助

净交付额　　　　单位：亿美元

	1996	1997	1998	1999	2000
OECD 非 DAC 成员国					
捷克	..	..	16	15	16
韩国	159	186	183	317	212
波兰	..	..	19	20	29
斯洛伐克	..	..	..	7	6
土耳其	88	77	69	120	82
阿拉伯国家					
科威特	414	373	278	147	165
沙特阿拉伯	327	251	288	185	295
阿拉伯联合酋长国	31	115	63	92	150
其他国家（地区）					
中国台湾	88	65	27	..	..
爱沙尼亚	..	..	0	0	1
以色列	..	89	87	114	164
总　计	**1 107**	**1 157**	**1 030**	**1 018**	**1 120**
其中：双边援助					
OECD 非 DAC 成员国					
捷克	..	..	6	7	6
韩国	123	111	125	131	131
波兰	..	..	14	15	13
斯洛伐克	..	..	..	4	2
土耳其	56	53	45	37	26
阿拉伯国家					
科威特	367	355	247	147	164
沙特阿拉伯	177	79	123	−1	129
阿拉伯联合酋长国	29	115	63	92	150
其他国家（地区）					
中国台湾	87	65	27	..	..
爱沙尼亚	..	..	0	0	0
以色列	..	75	75	100	158
总　计	**839**	**854**	**725**	**532**	**780**

注：中国也提供援助，但未提供数据。

资料来源：经济合作与发展组织《2001 年发展合作报告》。

国际直接投资流量

年份	发达国家		发展中国家		中东欧		所有国家	
	流进	流出	流进	流出	流进	流出	流进	流出
金额（单位：亿美元）								
1989—1994（年均）	1 371.24	2 032.31	595.78	249.25	34.44	1.25	2 001.45	2 282.81
1995	2 034.62	3 058.47	1 133.38	489.87	142.68	4.50	3 310.68	3 552.84
1996	2 196.88	3 329.21	1 524.93	575.84	127.30	10.49	3 849.10	3 915.54
1997	2 713.78	3 968.68	1 873.52	657.45	191.88	34.17	4 779.18	4 660.30
1998	4 831.65	6 720.27	1 883.71	377.50	210.08	21.37	6 925.44	7 119.14
1999	8 298.18	9 456.87	2 220.10	579.78	232.22	21.18	10 750.49	10 057.82
2000	10 051.78	10 463.35	2 401.67	995.46	254.19	40.22	12 707.64	11 499.03
占世界比重（%）								
1989—1994（年均）	68.51	89.03	29.77	10.92	1.72	0.05	100	100
1995	61.46	86.09	34.23	13.79	4.31	0.13	100	100
1996	57.08	85.03	39.62	14.71	3.31	0.27	100	100
1997	56.78	85.16	39.20	14.11	4.01	0.73	100	100
1998	69.77	94.40	27.20	5.30	3.03	0.3	100	100
1999	77.19	94.03	20.65	5.76	2.16	0.21	100	100
2000	79.10	90.99	18.90	8.66	2.00	0.35	100	100
增长率（%）								
1995	40.19	27.18	8.02	16.29	140.53	54.64	29.33	25.59
1996	7.97	8.85	34.55	17.55	−10.78	133.11	16.26	10.21
1997	23.53	19.21	22.86	14.17	50.73	225.74	24.16	19.02
1998	78.04	69.33	0.54	−42.58	9.49	−37.46	44.91	52.76
1999	71.75	40.72	17.86	53.58	10.54	−0.89	55.23	41.28
2000	21.13	10.64	8.18	71.70	9.46	89.90	18.20	4.39

资料来源：联合国贸发会议《2001年世界投资报告》。

2000 年世界最大 225 家国际工程承包公司营业额的市场分布

承包商国籍	公司数量	国外营业额		中东		亚洲		非洲		欧洲		美国		加拿大		拉美	
		亿美元	%	亿美元	%	亿美元	%	亿美元	%	亿美元	%	亿美元	%	亿美元	%	亿美元	%
美国	73	249.628	21.5	22.383	22.0	54.097	21.6	13.642	17.8	58.929	18.7	–	–	51.025	79.1	49.551	42.6
加拿大	5	1.946	0.2	0.332	0.3	0.481	0.2	0.050	0.1	0.0	0.0	0.866	0.4	–	–	0.218	0.2
欧洲	56	684.206	59.0	49.026	48.1	72.513	29.0	39.534	51.6	248.177	78.6	215.627	92.2	13.229	20.5	46.082	39.7
英国	7	91.828	7.9	7.913	7.8	15.802	6.3	1.288	1.7	16.754	5.3	49.812	21.3	0.013	0.0	0.247	0.2
德国	11	181.626	15.7	3.106	3.0	26.476	10.6	7.497	9.8	45.568	14.4	90.143	38.5	4.363	6.8	4.473	3.8
法国	7	159.916	15.7	10.753	10.5	19.652	7.9	19.422	25.4	80.558	25.5	18.110	7.7	4.320	6.7	7.101	6.1
意大利	10	34.372	3.0	11.434	11.2	3.497	1.4	3.912	5.1	4.537	1.4	1.635	0.7	0.317	0.5	9.040	7.8
荷兰	2	45.224	3.9	1.586	1.6	2.712	1.1	1.299	1.7	32.992	10.5	5.172	2.2	0.141	0.2	1.322	1.1
其他	19	171.240	14.8	14.234	14.0	4.374	1.7	6.117	8.0	67.768	21.5	50.755	21.7	4.075	6.3	23.899	20.6
日本	21	88.016	7.6	6.654	6.5	52.856	21.1	4.425	5.8	2.993	0.9	15.198	6.5	0.063	0.1	5.827	5.0
中国	35*	53.838	4.6	4.900	4.8	39.787	15.9	5.400	7.1	1.001	0.3	0.860	0.4	0.0	0.0	1.686	1.5
韩国	7	36.118	3.1	9.500	9.3	13.270	6.9	1.520	2.0	0.190	0.1	0.110	0.0	0.0	0.0	7.470	6.4
所有其他	28	45.323	3.9	9.142	9.0	13.270	5.3	12.027	15.7	4.308	1.4	1.218	0.5	0.0	0.0	5.358	4.6
全部公司	225	1 159.075	100.0	101.937	100.0	250.332	100.0	76.608	100.0	315.598	100.0	233.879	100.0	64.512	100.0	116.192	100.0

* 包括香港地区的保罗建筑控股公司(其国外营业额为 6.15 亿美元)。

资料来源:美国《工程新闻记录》。

2000 年世界最大 200 家国际工程设计咨询公司营业额的市场分布

承包商国籍	公司数量	国外营业额		中东		亚洲		非洲		欧洲		美国		加拿大		拉美	
		亿美元	%	亿美元	%	亿美元	%	亿美元	%	亿美元	%	亿美元	%	亿美元	%	亿美元	%
美国	98	73.58	45.7	6.13	45.3	23.97	50.3	3.98	35.9	23.11	54.6	–	–	8.28	61.3	7.92	49.9
加拿大	11	10.01	6.2	0.36	2.7	2.07	4.3	1.49	13.4	1.25	3.0	3.15	18.7	–	–	1.69	10.6
欧洲	58	62.30	38.7	3.95	29.2	15.10	31.7	4.07	36.7	17.39	41.1	12.21	72.6	5.23	38.7	4.32	27.2
英国	11	20.56	12.8	1.61	11.9	5.88	12.3	0.66	5.9	2.01	4.8	5.62	33.4	3.96	29.3	0.81	5.1
德国	11	4.80	3.0	0.56	4.1	1.59	3.3	0.78	7.0	0.86	2.0	0.09	0.5	0.05	0.4	0.89	5.6
法国	7	6.08	3.8	0.27	2.0	1.49	3.1	0.71	6.4	2.59	6.1	0.71	4.2	0.03	0.2	0.28	1.8
意大利	3	0.97	0.6	0.08	0.6	0.35	0.7	0.02	0.2	0.42	1.0	0.00	0.0	0.00	0.0	0.10	0.6
荷兰	7	19.24	11.9	0.64	4.8	4.28	9.0	0.94	8.4	6.23	14.7	5.35	31.8	0.60	4.5	1.21	7.6
其他	19	10.65	6.6	0.78	5.8	1.52	3.2	0.97	8.8	5.29	12.5	0.45	2.7	0.58	4.3	1.03	6.5
日本	12	8.27	5.1	1.01	7.5	5.09	10.7	0.74	6.6	0.24	0.6	0.15	0.9	0.00	0.0	1.04	6.5
所有其他	21	6.88	4.3	2.07	15.3	1.43	3.0	0.81	7.3	0.35	0.8	1.31	7.8	0.001	0.0	0.91	5.7
全部公司	200	161.04	100.0	13.53	100.0	47.67	100.0	11.09	100.0	42.34	100.0	16.82	100.0	13.51	100.0	15.88	100.0

资料来源：美国《工程新闻记录》。

2000年世界最大100家国际工程承包公司名录（一）

金额单位：100万美元

名次	公司名称	国别（地区）	海外营业额	总营业额	新签合同额
1	霍克蒂夫公司	德国	9 107．0	12 033．0	13 095．0
2	斯堪斯卡公司	瑞典	8 640．0	10 808．0	13 868．0
3	柏克德集团公司	美国	6 811．0	12 390．0	13 276．0
4	维西公司	法国	6 324．0	16 126．0	16 549．0
5	布依格公司	法国	5 664．0	12 656．0	13 724．0
6	鲍维斯林德租赁公司	英国	4 432．0	5 782．0	5 745．0
7	凯洛格布朗路特公司	美国	3 955．0	5 283．0	5 135．0
8	菲利浦霍尔兹曼公司	德国	3 577．7	5 949．8	5 820．4
9	HBG集团	荷兰	3 568．0	4 614．0	6 205．0
10	福陆公司	美国	3 280．2	7 823．7	9 644．0
11	泰克尼普集团	法国	2 700．0	2 784．0	3 500．0
12	阿莫克公司	英国	2 427．3	4 829．1	3 928．0
13	比尔芬格伯格建筑公司	德国	2 391．9	3 998．5	4 099．1
14	现代工程建设公司	韩国	2 014．0	4 452．0	6 546．0
15	福斯特惠勒公司	美国	1 983．0	2 758．0	3 916．0
16	NCC公司	瑞典	1 681．0	3 907．0	4 645．0
17	联合承包商国际公司	希腊	1 390．7	1 390．7	1 336．5
18	鹿岛建设株式会社	日本	1 373．0	11 791．0	11 603．0
19	中国建筑工程总公司	中国	1 278．7	4 703．8	6 213．1
20	PCL建造商公司	美国	1 200．0	1 891．0	2 604．0
21	法罗里奥集团	西班牙	1 160．0	3 627．0	5 327．0
22	德拉格多斯集团	西班牙	1 150．4	4 346．1	7 658．9
23	JGC公司	日本	1 144．0	1 482．0	1 208．0
24	斯特拉巴格公司	德国	1 129．0	2 875．0	–
25	IMPREGILO公司	意大利	1 011．0	2 002．0	3 958．0
26	贝拉斯特奈德姆国际公司	荷兰	954．4	1 979．7	2 896．1
27	欧德布莱克特公司	巴西	940．0	1 527．0	2 156．0
28	鲍佛贝蒂公司	英国	937．0	3 578．0	2 914．0
29	乔安诺帕拉斯克维德斯海外公司	英国	929．2	929．2	487．0
30	大林组株式会社.	日本	885．0	10 933．0	10 407．0
31	沃尔特公司	德国	860．0	4 040．0	3 595．0
32	Washington Group International Inc.	美国	839．0	4 092．0	3 891．0
33	SK工程建筑公司	韩国	836．0	1 575．0	1 000．0
34	泰琴特建筑集团	意大利	803．2	1 569．3	1 408．0
35	ABB鲁玛斯全球公司	美国	802．6	951．9	3 272．5
36	EIFFAGE公司	法国	761．0	5 804．0	–
37	清水建设株式会社	日本	712．9	11 407．2	9 968．0

2000年世界最大100家国际工程承包公司名录（二）

金额单位：100万美元

名次	公司名称	国别（地区）	海外营业额	总营业额	新签合同额
38	麦克德莫特国际公司	美国	711.6	944.2	980.9
39	东洋工程公司	日本	710.0	863.0	1 906.0
40	FCC公司	西班牙	639.8	4 153.6	9 144.5
41	斯南普罗格蒂公司	意大利	638.0	890.0	2 886.0
42	中国港湾建设（集团）总公司	中国	631.2	1 862.4	1 819.7
43	五洋建设株式会社	日本	620.0	3 622.0	4 090.0
44	保罗建筑控股公司	香港	615.0	1 457.0	1 187.0
45	竹中工务店	日本	600.0	10 729.0	8 473.0
46	泰克尼蒙特公司	意大利	577.0	593.0	350.0
47	帕森斯公司	美国	535.4	1 256.1	2 258.0
48	雅可伯工程集团公司	美国	515.6	1 718.7	5 027.9
49	三星工程公司	韩国	509.0	3 554.0	6 835.0
50	Grinaker-LTA Ltd.	南非	482.0	1 189.0	1 191.0
51	布莱克韦奇公司	美国	471.9	1 628.8	1 703.6
52	索勒唐希贝奇公司	法国	470.0	660.0	650.0
53	ACS Actividades de Construccion y Serv.	西班牙	466.0	3 122.0	4 700.0
54	穆雷罗伯特承包公司	南非	461.0	936.0	1 130.0
55	莱顿控股有限公司	澳大利亚	450.0	2 138.0	2 673.0
56	NESCO公司	西班牙	446.0	2 044.0	2 461.0
57	BESIX公司	比利时	437.6	714.8	612.1
58	千代田株式会社	日本	422.0	743.0	-
59	伊利斯顿建筑公司	美国	412.3	623.6	665.2
60	芝加哥桥梁钢铁公司	美国	412.0	1 115.0	1 184.0
61	蒂克霍夫威德曼公司	德国	398.0	1 837.0	1 721.0
62	西松建设株式会社	日本	377.4	4 146.1	4 296.4
63	大气社公司	日本	372.1	1 535.9	1 445.4
64	大成建设株式会社	日本	354.0	13 432.0	12 267.0
65	地球科技公司	美国	351.0	897.0	796.0
66	托尼构造公司	美国	351.0	2 110.8	2 719.5
67	旭普林公司	德国	346.0	1 788.0	1 713.0
68	SACYR公司	西班牙	344.0	848.3	937.4
69	科勒集团公司	英国	337.3	475.7	577.0
70	中国土木工程集团公司	中国	272.2	288.0	1 375.9
71	间组株式会社	日本	266.0	3 477.0	3 175.0
72	泰克芬建筑安装公司	土耳其	265.8	453.1	93.3
73	彼特凯维特父子公司	美国	258.5	4 629.5	2 597.7
74	中国路桥（集团）总公司	中国	243.5	1 181.1	1 432.2

2000年世界最大100家国际工程承包公司名录（三）

金额单位：100万美元

名次	公司名称	国别（地区）	海外营业额	总营业额	新签合同额
75	前田株式会社	日本	227.0	3 614.0	3 593.0
76	中国化学工程总公司	中国	212.1	600.0	456.6
77	麦克唐奈尔多韦尔公司	澳大利亚	208.6	284.3	305.0
78	上海建工（集团）总公司	中国	201.4	2 224.0	1 761.5
79	东亚建设株式会社	日本	198.0	2 233.0	2 200.0
80	The Shaw Group Inc.	美国	194.6	1 030.6	-
81	阿拉伯阿斯曼承包商	埃及	181.9	1 662.6	1 268.3
82	恩卡建筑产业公司	土耳其	172.5	415.5	178.7
83	J.S.爱尔伯利茨建筑公司	美国	170.2	836.9	1 012.5
84	鲍尔公司	德国	169.1	344.1	174.0
85	安德拉德古铁雷斯建筑公司	巴西	168.0	630.0	925.0
86	双龙工程建设公司	韩国	168.0	1 168.0	860.0
87	中国成套设备进出口集团总公司	中国	166.2	166.2	140.5
88	中国铁路工程总公司	中国	165.9	3 715.8	4 590.8
89	特克尼塔斯雷乌尼达斯公司	西班牙	157.0	213.0	333.0
90	科劳工程．	澳大利亚	148.8	302.0	285.3
91	GAMA公司	土耳其	145.7	272.6	136.2
92	E.皮尔父子公司	丹麦	145.2	257.0	209.6
93	住友建设株式会社	日本	143.0	2 283.0	2 293.0
94	中国江苏国际经济技术合作公司	中国	133.3	165.9	247.9
95	国家石油建筑公司	阿联酋	131.0	360.0	394.0
96	迪克公司	美国	126.0	1 016.0	1 184.0
97	近敦株式会社	日本	126.0	3 953.0	3 604.0
98	AECON Group Inc.,	加拿大	125.5	670.9	620.0
99	SKE集团	德国	125.0	180.0	188.0
100	CMC蒂拉维纳公司	意大利	122.0	281.0	188.0

资料来源：美国《工程新闻记录》。

2000年世界最大100家国际工程设计咨询公司名录（一）

金额单位：100万美元

名次	公司名称	国别（地区）	国际市场营业额	占总营业额（%）
1	阿莫克公司	英国	974.9	82
2	NEDECO公司	荷兰	762.0	100
3	柏克德集团公司	美国	758.0	38
4	ABB鲁玛斯全球公司	美国	596.6	89
5	福格勒公司	荷兰	583.2	89
6	福斯特惠勒公司	美国	521.0	73
7	SNC拉瓦林国际公司	加拿大	493.0	41
8	凯洛格布朗路特公司	美国	483.0	70
9	ARCADIS公司	荷兰	441.0	69
10	雅可伯公司	美国	403.2	29
11	AECOM技术公司	美国	403.0	26
12	福陆公司	美国	381.0	33
13	JGC公司	日本	356.0	82
14	雅可保利集团	芬兰	348.0	79
15	达艾尔汉德莎咨询公司	埃及	346.0	99
16	路易斯伯格集团	美国	319.4	84
17	地球科技公司	美国	319.0	27
18	帕森斯普林克赫夫公司	美国	275.0	37
19	阿路普公司	英国	250.9	56
20	EGIS公司	法国	242.0	52
21	布莱克韦奇公司	美国	234.7	35
22	URS公司	美国	214.3	10
23	麦克德谟特国际公司	美国	213.9	87
24	WS阿特金斯公司	英国	173.6	21
25	蒙特哥马利华特森公司	美国	172.8	36
26	CH2M希尔公司	美国	170.9	15
27	谟特麦克唐纳公司	英国	154.4	43
28	哥德联合公司	加拿大	151.9	69
29	SYSTRA公司	法国	146.5	86
30	哈兹联合公司	加拿大	143.3	79
31	帕森斯公司	美国	141.4	12
32	鲍尔夫比特有限公司	英国	140.0	79
33	拉米耶国际公司	德国	139.8	64
34	日本科恩有限公司	日本	138.2	35
35	太平洋咨询国际集团	日本	137.9	27

2000 年世界最大 100 家国际工程设计咨询公司名录（二）

金额单位：100 万美元

名次	公 司 名 称	国 别（地区）	国际市场营业额	占总营业额（%）
36	德希尼布公司	法国	125.0	78
37	ERM 集团	美国	119.0	39
38	东洋工程公司	日本	106.0	82
39	COWI 公司	丹麦	104.8	53
40	DHV 集团	荷兰	104.0	42
41	斯科特威尔森公司	英国	103.0	60
42	VECO 公司	美国	102.0	38
43	福罗维尔集团	西班牙	100.0	50
44	劳吉伯集团	美国	97.3	32
45	特拉克特贝尔工程公司	比利时	96.1	27
46	洛克伍德格恩公司	美国	91.0	80
47	Lockwood Greene 公司	美国	89.6	31
48	霍克蒂夫公司	德国	87.0	100
49	IT 集团公司	美国	87.0	16
50	海科路集团有限公司	英国	82.0	44
51	CDI 工程集团	美国	81.5	26
52	Snamprogetti SpA	意大利	78.0	40
53	卡尔博集团	丹麦	75.0	40
54	华盛顿国际集团	美国	73.0	13
55	斯坦泰克公司	加拿大	71.4	40
56	凯普德累斯米奇公司	美国	70.0	15
57	HOK 公司	美国	69.2	20
58	SK 工程建设公司	韩国	67.0	53
59	高夫恩泽公司	德国	65.3	69
60	斯勘的亚咨询国际公司	瑞典	63.3	44
61	哈泽工程公司	美国	62.6	45
62	Siepe AG 合伙咨询公司	德国	57.0	47
63	WSP 集团 PLC	英国	55.5	27
64	BCEOM 联合公司	法国	55.2	80
65	博恩斯罗企业公司	美国	46.2	21
66	斯哥德默尔公司	美国	43.1	28
67	公爵工程服务公司	美国	41.8	12
68	根斯勒公司	美国	41.1	13
69	奈特皮索公司	美国	41.1	71
70	Fichtner GmbH & Co. KG	德国	40.0	59

2000年世界最大100家国际工程设计咨询公司名录（三）

金额单位：100万美元

名次	公司名称	国别（地区）	国际市场营业额	占总营业额（%）
71	桑德韦尔国际公司	加拿大	39.9	72
72	联合咨询工程公司	希腊	38.6	99
73	KA联合工程公司	黎巴嫩	37.9	86
74	野马工程公司	美国	37.0	22
75	RTKL联合公司	美国	35.8	27
76	RAMBOLL公司	丹麦	34.0	21
77	科坡罗公司	美国	31.9	33
78	TAHAL咨询工程公司	以色列	31.0	69
79	SMEC公司	澳大利亚	30.4	63
80	Kohn Pedersen Fox Associates PC	美国	30.0	50
81	Tecsult公司	加拿大	28.0	40
82	T.Y.Lin国际公司	美国	27.5	42
83	BRI－Siepe集团	美国	27.5	30
84	阿克瑞斯国际公司	加拿大	27.4	46
85	CSO Aker Maritime公司	美国	26.0	39
86	联合承包商国际公司	希腊	25.0	100
87	泰克尼卡公司	西班牙	25.0	42
88	管道工程公司	德国	24.7	28
89	Delcan公司	加拿大	24.1	54
90	DHI Water & Environment公司	丹麦	24.1	57
91	萨根特朗迪LLC	美国	24.0	8
92	PCG Profabril Consulplano集团	葡萄牙	22.7	54
93	Sinclair Knight Merz公司	澳大利亚	22.6	12
94	三星公司	韩国	22.0	69
95	NBBJ公司	美国	21.9	15
96	高点林德尔公司	英国	21.8	56
97	Norconsult AS公司	挪威	21.8	29
98	ILF工程咨询公司	澳大利亚	20.6	36
99	Natchiq Inc.	美国	19.5	44
100	莫瑞罗伯特公司	南非	19.0	61

资料来源：美国《工程新闻记录》。

2000年世界最大500家企业名录(一)

位次 2000年	位次 1999年	公司名称	国别(地区)	收入 金额 百万美元	收入 比1999年变化(%)	利润 金额 百万美元	利润 位次	利润 比1999年变化(%)	资产 金额 百万美元	资产 位次	股东权益 金额 百万美元	股东权益 位次	雇员 人数	雇员 位次
1	3	埃克森-美孚	美国	210 392.0E	28.4	171 720.0	1	124.0	149 000.0	90	70 757.0	4	99 600	138
2	2	沃尔玛百货	美国	193 295.0	15.9	6 295.0	22	17.1	77 895.0	134	31 108.0	34	1 244 000	2
3	1	通用汽车	美国	184 632.0	4.6	4 452.0	39	-25.8	303 100.0	43	30 175.0	37	386 000	12
4	4	福特汽车	美国	180 598.0	11.1	3 467.0	58	-52.1	284 421.0	47	18 610.0	80	345 991	15
5	5	戴姆勒-克莱斯勒	德国	150 069.7	-6.2	7 295.4	16	19.0	187 086.4	73	39 815.3	24	416 501	11
6	11	荷兰皇家/壳牌集团	英国/荷兰	149 146.0E	41.6	12 719.0	4	48.2	122 498.0	101	57 086.0	7	90 000	160
7	17	英国石油	英国	148 062.0E	77.2	11 870.0	5	137.0	143 938.0	91	73 418.0	3	107 200	127
8	9	通用电气	美国	129 853.0	16.3	12 735.0	3	18.8	437 006.0	25	50 492.0	12	341 000	16
9	7	三菱商事	日本	126 579.4	7.5	833.0	224	256.4	64 374.6	147	7 735.3	212	42 000	314
10	8	丰田汽车	日本	121 416.2	5.0	4 262.6	43	16.7	139 801.5	95	56 772.8	8	215 648	46
11	6	三井物产	日本	118 013.7	-0.5	466.6	289	45.6	53 545.3	163	6 658.6	246	33 712	351
12	18	花旗集团	美国	111 826.0	36.4	13 519.0	2	37.0	902 210.0	2	66 206.0	5	237 500	35
13	10	伊藤忠商事	日本	109 756.5	0.6	637.7	250	—	41 156.0	198	2 529.1	403	36 651	339
14	50	道达尔-菲纳-埃尔夫	法国	105 869.6E	135.3	6 380.4	21	293.5	82 395.4	127	30 419.4	36	123 303	102
15	13	日本电信电话	日本	103 234.7	10.3	4 197.3	45	—	169 284.6	82	54 734.7	10	215 200	47
16	62	安然	美国	100 789.0	151.3	979.0	198	9.6	65 505.0	143	11 470.0	153	20 600	412
17	15	安盛保险	法国	92 781.6	5.9	3 607.9	56	67.4	445 588.6	23	22 834.5	55	95 422	145
18	12	住友商事	日本	91 168.4	-4.7	364.9	329	15.9	39 500.6	207	4 971.1	299	30 715	362
19	16	国际商用机器	美国	88 396.0	1.0	8 093.0	13	4.9	88 349.0	123	20 624.0	66	316 303	21
20	14	丸红	日本	85 351.0	-7	136.0	395	635.1	42 457.4	189	2 731.5	390	31 342	361
21	19	大众	德国	78 851.9	-1.5	1 896.2	113	116.8	76 601.3	136	10 546.8	161	324 402	19
22	23	日立	日本	76 126.8	5.9	944.1	203	521.2	89 745.7	120	22 834.7	56	340 939	17
23	21	西门子	德国	74 858.3	-0.6	8 559.8	11	382.6	72 053.1	139	25 131.3	49	447 000	9
24	27	荷兰国际集团	荷兰	71 195.9	13.9	11 075.2	7	110.9	610 407.6	12	23 728.2	53	92 650	155

2000 年世界最大 500 家企业名录（二）

位次	位次	公司名称	国别（地区）	收入		利润			资产		股东权益		雇员	
2000年	1999年			金额 百万美元	比1999年变化（%）	金额 百万美元	位次	比1999年变化（%）	金额 百万美元	位次	金额 百万美元	位次	人数	位次
25	22	安联保险	德国	71 022.3	-4.3	3 197.7	67	34.2	413 084.9	30	33 425.7	31	119 683	111
26	24	松下电器	日本	69 475.3	6.0	375.3	324	-58.1	65 085.5	144	30 105.2	38	292 790	25
27	37	E.ON	德国	68 432.6E	31.0	3 299.3	65	15.9	99 718.9	112	26 318.5	44	186 788	59
28	20	日本生命保险	日本	68 054.8	-13.3	2 703.9	76	-20.6	353 163.9	35	9 950.2	171	68 745	219
29	31	德意志银行	德国	67 133.2	14.6	4 502.5	38	67.1	882 540.8	3	25 826.6	46	98 311	141
30	30	索尼	日本	66 158.4	10.2	151.5	390	-86.2	62 465.6	150	18 476.9	81	181 800	60
31	28	美国电话电报	美国	65 981.0	5.8	4 669.0	35	36.2	242 223.0	61	103 198.0	2	165 600	68
32	97	Verizon 通信	美国	64 707.0	95.1	11 797.0	6	180.7	164 735.0	84	34 578.0	29	263 552	30
33	26	美国邮政总局G	美国	64 540.0	2.9	-199.0	463	-154.8	58 283.0	156	-646.0	497	901 238	5
34	29	菲利普·莫里斯	美国	63 276.0E	2.5	8 510.0	12	10.9	79 067.0	131	15 005.0	107	178 000	62
35	57	商联保险	英国	61 498.7	46.5	-2 597.4	493	-411.7	288 776.6	45	20 364.8	69	72 749	205
36	93	J.P. 摩根－大通	美国	60 065.0	78.2	5 727.0	24	5.2	715 348.0	5	42 338.0	21	98 240	142
37	66	家乐福	法国	59 887.8	50.3	985.0	197	22.3	41 337.7	196	7 487.6	221	330 247	18
38	43	瑞士信贷	瑞士	59 315.5	20.2	3 426.4	59	-1.4	609 335.1	13	25 270.5	48	88 538	185
39	25	日商岩井	日本	58 557.3	-10.5	181.3	380	97.5	28 838.8	258	959.8	472	19 571	415
40	34	本田汽车	日本	58 461.6	6.7	2 100.5	99	-10.9	45 224.8	181	17 797.3	86	115 500	117
41	39	美洲银行集团	美国	57 747.0	12.4	7 517.0	15	-4.6	642 191.0	11	47 628.0	16	142 724	82
42	63	巴黎国民－巴黎巴银行	法国	57 611.6	43.7	3 811.3	50	140.8	651 589.8	10	20 291.2	70	80 464	186
43	36	日产汽车	日本	55 077.1	2.6	2 994.4	71	—	51 479.6	168	7 644.2	217	133 800	90
44	38	东芝	日本	53 826.6	4.2	869.8	219	—	45 680.9	180	8 362.2	196	188 042	57
45	102	委内瑞拉石油公司G	委内瑞拉	53 680.0E	64.4	7 216.0	17	156.1	57 098.0	160	37 932.0	26	45 520	299
46	35	通用保险	意大利	53 333.1	-0.7	1 313.3	152	50.7	205 599.5	67	8 491.1	195	57 443	258
47	40	菲亚特	意大利	53 190.4	3.6	613.6	256	63.0	89 898.6	119	12 505.4	134	223 953	40
48	·	Mizuho Holdings	日本	52 068.5	—	1 910.7	109	—	1 304 342.0	1	49 907.8	14	31 378	360

2000 年世界最大 500 家企业名录（三）

位次	位次	公司名称	国别（地区）	收入		利润			资产		股东权益		雇员	
2000年	1999年			金额 百万美元	比1999年变化（%）	金额 百万美元	位次	比1999年变化（%）	金额 百万美元	位次	金额 百万美元	位次	人数	位次
49	42	西南贝尔电信	美国	51 476.0	4.0	7 967.0	14	-2.4	98 651.0	114	30 463.0	35	215 088	48
50	32	波音	美国	51 321.0	-11.5	2 128.0	97	-7.8	42 028.0	193	11 020.0	157	198 000	53
51	86	德士古	美国	51 130.0E	43.3	2 542.0	82	116.0	30 900.0	248	13 440.0	124	19 011	418
52	45	富士通	日本	49 603.5	5.1	77.1	422	-79.9	41 495.5	195	9 690.5	176	187 399	58
53	190	公爵能源	美国	49 318.0	126.8	1 776.0	122	17.9	58 176.0	157	10 303.0	162	23 000	399
54	49	克罗格	美国	49 000.4	8.0	876.9	217	39.6	18 189.6	327	3 088.3	375	312 000	22
55	51	日本电气公司	日本	48 928.0	9.1	511.9	275	447.3	38 491.6	214	7 301.8	228	149 931	78
56	44	惠普	美国	48 782.0	—	3 697.0	54	5.9	34 009.0	230	14 209.0	116	88 500	166
57	68	汇丰控股	英国	48 632.8	23.6	6 632.4	19	22.6	674 380.6	7	45 608.4	18	161 624	70
58	85	皇家 Ahdd	荷兰	48 491.7	35.5	1 031.4	188	28.6	23 903.5	280	2 349.5	410	248 053	34
59	41	雀巢	瑞士	48 225.0	-3	3 413.3	62	8.6	40 434.2	199	18 453.5	82	224 541	39
60	101	雪佛龙	美国	48 069.0E	47.1	5 185.0	31	150.5	41 264.0	197	19 925.0	72	34 610	346
61	52	州立农业保险	美国	47 863.1	7.2	408.1	312	-60.5	119 601.8	104	43 723.5	20	78 488	190
62	48	东京电力	日本	47 555.7	4	1 880.2	114	139.4	116 204.2	107	16 264.8	97	48 024	290
63	125	瑞士联合银行	瑞士	47 315.8	—	4 615.1	36	10.1	671 117.5	9	27 666.0	40	71 076	211
64	33	第一相互生命保险	日本	46 435.6	-15.7	336.1	336	-79.9	252 939.3	58	11 503.6	151	59 922	253
65	60	美国国际集团	美国	45 972.0	13.1	5 636.1	25	11.5	306 577.0	40	36 619.0	25	61 000	247
66	71	家庭用具	美国	45 738.0	19.0	2 581.0	78	11.3	21 385.0	294	15 004.0	108	230 000	37
67	91	摩根士丹利添惠	美国	45 413.0	33.9	5 456.0	27	13.9	426 794.0	28	19 271.0	75	62 679	242
68	58	中国石化G	中国	45 346.0E	8.3	719.1	235	60.6	64 670.7	146	21 896.5	60	1 173 901	3
69	89	埃尼集团	意大利	45 139.0E	32.4	5 333.4	29	75.0	52 915.8	164	21 031.0	62	69 969	216
70	87	美林	美国	44 872.0	28.7	3 784.0	51	44.5	407 200.0	32	18 304.0	84	72 000	208
71	81	联邦国家抵押协会公司	美国	44 088.9	19.3	4 447.6	40	13.7	675 072.0	6	20 838.0	63	4 100	489
72	54	联合利华	英国/荷兰	43 973.6	0.7	1 021.2	191	-65.4	54 114.7	162	7 669.4	215	261 000	31

2000年世界最大500家企业名录(四)

位次 2000年	位次 1999年	公司名称	国别(地区)	收入 金额 百万美元	收入 比1999年变化(%)	利润 金额 百万美元	利润 位次	利润 比1999年变化(%)	资产 金额 百万美元	资产 位次	股东权益 金额 百万美元	股东权益 位次	雇员 人数	雇员 位次
73	55	富通	比利时/荷兰	43 830.9	0.4	2 557.7	79	3.5	411 289.6	31	14 267.4	114	62 881	240
74	69	荷兰银行	荷兰	43 389.6	11.8	2 308.6	89	−15.8	509 948.9	15	11 757.1	144	115 098	118
75	46	麦德龙	德国	43 371.1	−7.1	331.8	339	12.4	20 967.1	299	3 815.4	346	179 561	61
76	56	保诚保险	英国	43 125.5	2.1	1 043.2	187	18.9	231 462.8	63	6 005.0	266	21 942	406
77	83	国家电力G	中国	42 548.7	17.9	891.8	214	37.8	149 890.9	89	50 008.2	131	137 025	4
78	73	莱茵集团	德国	42 513.7E	10.8	1 214.5	170	−6.6	62 297.1	152	6 102.3	262	152 132	76
79	70	康柏电脑	美国	42 383.0	10.0	569.0	260	—	24 856.0	276	12 080.0	140	82 350	180
80	122	莱普索尔	西班牙	42 273.2E	50.7	2 244.8	91	108.2	49 213.1	172	14 216.9	115	37 194	335
81	144	墨西哥石油G	墨西哥	42 166.8E	63.5	−2 127.6	490	—	59 578.9	154	16 610.7	94	135 091	88
82	80	麦克埃森	美国	42 010.0	13.2	−48.3	451	−106.7	11 529.9	406	3 492.9	358	23 000	399
83	·	中国石油G	中国	41 683.7	—	5 814.4	23	—	79 307.0	130	47 581.4	171	292 558	1
84	74	朗讯科技	美国	41 420.0 *	8.1	1 219.0	169	−74.4	48 792.0	174	26 172.0	45	126 000	95
85	59	西尔斯·罗巴克	美国	40 937.0	−0.3	1 343.0	149	−7.6	36 899.0	217	6 769.0	241	323 000	20
86	61	标致	法国	40 830.6	1.2	1 212.5	171	55.9	42 083.5	192	8 788.5	189	172 400	63
87	72	慕尼黑再保险集团	德国	40 671.6	5.9	1 617.3	132	33.8	181 728.5	75	22 158.5	59	36 481	340
88	100	默克	美国	40 363.2	23.4	6 821.7	18	15.8	39 910.4	205	14 832.4	110	69 000	218
89	75	宝洁	美国	39 951.0	4.8	3 542.0	57	−5.9	34 194.0	229	12 287.0	136	110 000	123
90	79	世界电信	美国	39 090.0	5.3	4 153.0	46	3.5	98 903.0	113	55 409.0	9	90 000	160
91	53	威旺迪－环球	法国	38 628.3	−13	2 124.7	98	39.2	141 518.9	92	53 208.8	11	290 000	26
92	131	三星电子	韩国	38 490.7	42.6	5 308.2	30	98.7	36 696.7	218	12 846.2	131	77 000	194
93	67	教师保险和退休基金	美国	38 063.5	−3.4	1 222.0	168	19.3	281 383.6	49	8 097.4	201	5 975	482
94	77	德国电信G	德国	37 834.4	0.0	5 476.6	26	309.8	116 643.4	106	36 064.6	28	227 015	38
95	109	摩托罗拉	美国	37 580.0	21.5	1 318.0	151	61.3	42 343.0	190	18 612.0	79	147 000	80
96	47	住友生命保险	日本	37 535.8	−19.2	1 099.3	180	−29.7	190 269.2	71	4 108.3	332	57 466	257

2000年世界最大500家企业名录(五)

位次	位次	公司名称	国别(地区)	收入		利润			资产		股东权益		雇员	
2000年	1999年			金额百万美元	比1999年变化(%)	金额百万美元	位次	比1999年变化(%)	金额百万美元	位次	金额百万美元	位次	人数	位次
97	63	苏黎世金融服务	瑞士	37 431.0	-6.3	2 328.0	85	-28.6	231 363.0	64	20 674.0	65	72 930	203
98	92	三菱电机	日本	37 348.9	10.2	1 128.6	178	406.1	33 368.6	236	5 411.7	290	116 715	116
99	63	雷诺	法国	37 128.4	-7.4	998.1	194	75.2	48 796.2	173	9 061.7	186	166 114	67
100	84	凯马特	美国	37 028.0	3.1	-244.0	466	-160.5	14 630.0	369	6 083.0	264	252 000	32
101	94	Target	美国	36 903.0	9.5	1 264.0	161	10.5	19 490.0	313	6 519.0	249	215 900	45
102	78	埃伯森	美国	36 762.0	-1.9	765.0	230	89.3	16 077.0	353	5 694.0	276	235 000	36
103	107	现代	韩国	36 035.7	13.8	-67.6	453	-451.7	787.3	500	247.3	490	4 458	487
104	99	蒂森-克虏伯	德国	35 948.1	9.6	509.1	276	73.3	31 668.3	244	7 762.7	211	193 316	54
105	115	三星	韩国	35 938.5	20.9	66.4	427	12.2	5 787.4	472	1 986.0	420	4 740	486
106	147	美国钢铁马拉松	美国	35 570.0E	38.9	411.0	309	-41.1	23 401.0	283	6 674.0	245	66 155	229
107	96	飞利浦电子	荷兰	34 990.8	4.3	8 873.8	10	362.4	36 183.8	221	20 406.6	68	219 429	42
108	98	农业信贷银行	法国	34 684.7	5.3	2 545.8	81	0.7	502 902.5	16	24 214.5	51	91 033	158
109	171	伯克什·哈撒维	美国	33 976.0	41.4	3 328.0	64	113.7	135 792.0	96	61 724.0	6	112 000	119
110	116	英特尔	美国	33 726.0	14.8	10 535.0	8	44.0	47 945.0	176	37 322.0	27	86 100	173
111	108	巴斯夫	德国	33 219.8	5.7	1 145.8	175	-13.2	36 199.0	220	12 968.7	128	103 273	133
112	151	高盛集团	美国	33 000.0	30.1	3 067.0	68	13.3	289 760.0	44	16 530.0	95	22 627	402
113	104	J.C.佩尼	美国	32 965.0	1.4	-705.0	478	-309.8	19 742.0	310	6 259.0	256	267 000	29
114	82	宝马汽车	德国	32 674.8	-11	948.2	202	—	33 680.9	234	4 596.6	312	93 624	150
115	199	大陆石油	美国	32 513.0E	56.2	1 902.0	111	155.6	18 127.0	328	5 628.0	280	17 600	425
116	127	价格成本公司	美国	32 164.3	17.1	631.4	252	58.9	8 633.9	443	4 240.3	323	58 500	256
117	106	抵押联合银行	德国	32 136.0	0.8	997.2	195	160.4	672 692.1	8	18 396.6	83	72 867	204
118	95	苏伊士里昂自来水	法国	31 991.8	-4.7	1 773.8	124	14.5	80 268.6	129	12 330.8	135	170 075	65
119	119	塞夫韦商店(美国)	美国	31 976.9	10.8	1 091.9	181	12.5	15 965.3	355	5 389.8	292	192 000	55
120	150	大都会人寿	美国	31 947.0	25.6	953.0	200	54.5	255 018.0	56	16 389.0	96	46 709	296

2000年世界最大500家企业名录(六)

位次	位次	公司名称	国别（地区）	收入		利润			资产		股东权益		雇员	
2000年	1999年			金额 百万美元	比1999年变化（%）	金额 百万美元	位次	比1999年变化（%）	金额 百万美元	位次	金额 百万美元	位次	人数	位次
121	148	桑坦德集团	西班牙	31 928.0	24.8	2 086.9	100	24.4	327 587.6	36	18 854.3	76	126 757	94
122	154	戴尔电脑	美国	31 888.0	26.2	2 177.0	94	30.7	13 435.0	388	5 622.0	281	40 000	326
123	105	鲜京	韩国	31 824.7E	-0.5	155.2	389	-74.6	30 359.8	252	4 174.1	328	21 000	408
124	88	法国电力G	法国	31 791.3	-6.9	1 077.6	182	41.6	114 726.3	108	N.A.		117 249	114
125	157	德国邮政总局G	德国	31 344.9	24.9	1 397.3	146	17.8	141 088.9	93	3 756.3	350	284 890	28
126	111	泰斯科	英国	31 283.5	3.1	1 143.2	177	5.0	16 921.1	343	7 725.0	214	152 210	75
127	118	法国电信	法国	31 122.2	7.1	3 382.4	63	14.6	121 659.6	102	31 129.1	33	188 866	56
128	110	英国电信	英国	30 799.2	0.8	-2 677.5	494	-180.9	77 907.8	133	20 001.9	71	137 000	86
129	121	英格拉姆·麦克罗	美国	30 715.1	9.4	226.2	367	23.3	6 609.0	464	1 874.4	429	16 500	428
130	194	北电网络	加拿大	30 275.0	42.2	-3 470.0	496	—	42 180.0	191	29 109.0	39	94 500	148
131	166	联邦家庭贷款抵押	美国	30 000.0	23.6	24 547.0	80	14.6	459 297.0	21	14 837.0	109	3 600	494
132	158	卡迪纳尔保健品	美国	29 870.6	19.3	679.7	242	49.0	10 264.9	429	3 981.2	338	42 200	313
133	140	爱立信	瑞典	29 842.7	14.5	2 302.6	90	57.0	26 528.8	268	9 717.1	174	105 129	130
134	90	明治生命保险	日本	29 777.1	-12.3	870.7	218	27.5	139 973.5	94	6 763.2	242	39 196	328
135	130	联合包裹运送服务	美国	29 771.0	10.1	2 934.0	72	232.3	21 662.0	292	9 735.0	173	359 000	14
136	408	皇家苏格兰银行	英国	29 769.8	144.5	2 861.3	73	105.1	478 018.9	19	34 530.5	30	83 300	179
137	113	三菱汽车	日本	29 636.0	-1.1	-2 515.6	492	—	23 793.1	281	2 043.4	417	62 887	239
138	285	辉瑞	美国	29 574.0	82.5	3 726.0	53	17.2	33 510.0	235	16 076.0	100	90 000	160
139	294	Dynegy	美国	29 444.9	90.8	500.5	280	229.6	21 406.0	293	3 598.0	355	5 778	483
140	298	信实能源	美国	29 339.0	91.7	447.5	292	-69.8	32 076.7	241	5 482.1	287	15 633	432
141	123	杜邦	美国	29 202.0	4.7	2 314.0	87	-69.9	39 426.0	208	13 299.0	125	93 000	152
142	·	德尔福汽车零件	美国	29 139.0	—	1 062.0	185	—	18 521.0	321	3 766.0	349	211 000	49
143	126	强生	美国	29 139.0	6.1	4 800.0	33	15.2	31 321.0	246	18 808.0	77	98 500	140
144	132	全州保险	美国	29 134.0	8.1	2 211.0	92	-18.7	104 808.0	110	17 451.0	88	41 800	316

2000年世界最大500家企业名录(七)

位次 2000年	位次 1999年	公司名称	国别(地区)	收入 金额 百万美元	收入 比1999年变化(%)	利润 金额 百万美元	利润 位次	利润 比1999年变化(%)	资产 金额 百万美元	资产 位次	股东权益 金额 百万美元	股东权益 位次	雇员 人数	雇员 位次
145	114	罗伯特·博世	德国	29 083.1	−2.2	1 223.8	165	186.2	23 005.1	284	7 317.8	226	198 666	52
146	163	阿尔卡特	法国	29 026.2	18.2	1 223.6	166	78.1	40 349.5	201	13 482.7	123	131 598	91
147	233	公共事业联合	美国	28 974.9	55.6	206.8	373	28.8	14 115.6	379	1 799.6	438	8 228	476
148	182	特科国际	美国	28 931.9	28.6	4 519.9	37	358.7	40 404.3	200	17 033.2	92	202 000	51
149	202	现代汽车	韩国	28 755.0	39.8	533.6	267	15.6	25 286.2	274	5 990.9	267	87 814	168
150	117	拜耳	德国	28 622.3	−1.8	1 678.3	129	−21.4	34 221.7	227	15 152.9	106	122 100	104
151	173	阿洪保险	荷兰	28 422.7	19.1	1 909.3	110	14.0	229 279.8	65	12 058.5	141	24 109	394
152	120	伊藤洋华堂	日本	28 392.7	−1	447.2	293	5.6	19 113.4	317	9 000.9	187	53 136	271
153	162	国际纸业	美国	28 180.0	14.7	142.0	392	−22.4	41 820.0	194	12 048.0	142	117 000	115
154	196	诺基亚	芬兰	28 072.5	33.1	3 639.4	55	32.4	18 673.5	319	10 147.0	168	60 289	252
155	167	日本三菱石油	日本	28 006.2E	15.7	269.4	355	—	31 689.8	243	7 166.5	231	14 810	435
156	112	好利获得	意大利	27 832.2	−7.5	−868.7	483	−116.5	89 527.8	121	13 008.6	127	120 973	107
157	189	富国银行	美国	27 568.0	26.5	4 026.0	48	7.4	272 426.0	54	26 488.0	43	108 727	124
158	143	三菱重工	日本	27 540.5	6.7	−184.1	461	—	33 807.5	232	10 200.1	166	63 996	237
159	349	葛兰素－史克	英国	27 413.5	99.5	6 383.7	20	117.8	32 250.9	240	11 518.6	150	107 517	126
160	280	巴西石油G	巴西	26 955.0E	64.9	5 342.0	28	450.4	39 215.0	210	14 705.0	111	38 908	331
161	·	安泰保险	美国	26 818.9	—	127.1	401	—	47 445.7	177	10 127.1	170	40 700	321
162	153	大荣	日本	26 659.2	5.3	419.9	304	—	27 658.3	261	209.4	492	34 841	345
163	165	圣戈班	法国	26 629.8	8.8	1 402.0	145	7.2	29 499.3	256	10 234.3	163	171 125	64
164	155	联合技术	美国	26 583.0	5.3	1 808.0	119	18.1	25 364.0	273	7 662.0	216	153 800	73
165	135	美国保诚	美国	26 544.0	−0.3	398.0	315	−51.0	272 753.0	52	20 608.0	67	56 925	261
166	230	雷曼兄弟控股	美国	26 447.0	39.3	1 775.0	123	56.8	224 720.0	66	7 781.0	209	11 300	456
167	103	东京三菱银行	日本	26 347.4	−19.2	−1 257.0	484	−209.4	716 933.6	4	23 081.8	54	43 532	307
168	164	西班牙电话	西班牙	26 325.3	7.5	2 314.8	86	20.2	86 727.5	125	24 344.6	50	148 707	79

2000 年世界最大 500 家企业名录(八)

位次 2000年	位次 1999年	公司名称	国别(地区)	收入 金额 百万美元	收入 比1999年变化(%)	利润 金额 百万美元	利润 位次	利润 比1999年变化(%)	资产 金额 百万美元	资产 位次	股东权益 金额 百万美元	股东权益 位次	雇员 人数	雇员 位次
169	198	太平洋天然气和电力	美国	26 232.0	26.0	−3 364.0	495	—	35 291.0	224	3 172.0	372	20 850	410
170	156	南方贝尔	美国	26 151.0	3.7	4 220.0	44	22.4	50 925.0	169	16 912.0	93	103 918	132
171	180	佳能	日本	25 806.0	11.9	1 244.1	163	101.4	24 799.5	277	11 373.9	155	86 673	170
172	141	皇家太阳联合保险集团	英国	25 569.6	−1.7	−21.2	448	−115.1	107 494.6	109	9 445.2	179	51 734	276
173	139	J. 圣斯伯雷	英国	25 509.2	−2.7	387.6	320	−31.1	14 738.8	366	6 982.0	237	111 600	121
174	176	沃尔特·迪士尼	美国	25 402.0	8.5	920.0	206	−29.2	45 027.0	183	24 100.0	52	120 000	108
175	161	ConAgra	美国	25 385.8	3.2	413.0	306	15.2	12 295.8	400	2 964.1	380	85 000	176
176	149	洛克希德·马丁	美国	25 329.0	−0.8	−519.0	475	−235.9	30 349.0	253	7 160.0	232	126 000	95
177	142	第一银行公司	美国	25 168.0	−3.1	−511.0	474	−114.7	269 300.0	55	18 635.0	78	80 778	184
178	193	巴克莱银行	英国	25 096.5	16.3	3 749.80	52	31.7	472 321.6	20	19 698.6	74	72 300	207
179	184	吉之岛	日本	25 077.0	11.7	84.2	417	—	17 014.9	339	2 827.8	387	45 605	298
180	174	霍尼韦尔国际	美国	25 023.0	5.4	1 659.0	130	7.7	25 175.0	275	9 707.0	175	125 200	98
181	170	新日本制铁	日本	24 876.0	3.3	239.6	359	138.8	33 770.6	233	7 817.8	208	52 247	274
182	129	住友银行	日本	24 669.4	−8.9	754.9	231	35.9	537 782.5	14	14 660.1	112	13 526	443
183	332	托斯科	美国	24 545.0E	70.9	529.4	271	19.9	9 003.8	440	2 609.7	398	25 200	389
184	188	第一联合银行	美国	24 246.0	9.8	92.0	414	−97.1	254 170.0	57	15 347.0	104	71 262	209
185	177	兴业银行	法国	24 224.2	3.5	2 493.4	84	0.7	427 999.4	27	12 849.9	130	71 149	210
186	178	关西电力	日本	23 949.1	3.0	1 110.6	179	136.4	60 254.0	153	12 525.0	133	32 589	358
187	179	德累斯登银行	德国	23 776.9	2.4	1 598.8	133	42.3	453 927.4	22	12 223.7	138	51 456	277
188	195	美国运通	美国	23 675.0	11.3	2 810.0	74	13.5	154 423.0	87	11 684.0	146	88 850	165
189	247	斯塔特石油G	挪威	23 645.7E	31.8	1 289.9	158	195.7	20 981.4	298	5 663.4	278	16 789	426
190	212	斯普林特	美国	23 613.0	18.5	93	412	—	42 601.0	188	13 963.0	119	84 100	178
191	169	西德意志州立银行G	德国	23 540.4	−2.2	459.3	290	3.3	375 574.0	34	8 287.2	197	14 068	441
192	181	劳埃德银行	英国	23 525.6	3.0	4 130.4	47	1.5	325 619.4	37	14 545.0	113	77 540	193

2000年世界最大500家企业名录(九)

位次	位次	公司名称	国别(地区)	收入		利润			资产		股东权益		雇员	
2000年	1999年			金额 百万美元	比1999年变化(%)	金额 百万美元	位次	比1999年变化(%)	金额 百万美元	位次	金额 百万美元	位次	人数	位次
193	301	LG国际	韩国	23 453.6	—	28.5	445	—	2 736.4	498	358.7	488	2 801	498
194	427	南方天然气	美国	23 381.0*	101.8	1 313.0	153	2.9	31 362.0	245	10 690.0	159	26 000	387
195	204	瓦卢超市批发	美国	23 194.3	14	82.0	420	-66.3	6 407.2	467	1 793.5	439	62 100	243
196	186	国家电力G	意大利	23 142.0	3.7	2 016.3	104	-19.3	44 703.1	185	17 192.2	90	72 647	206
197	278	美国铝	美国	23 090.0	40.4	1 484.0	140	40.8	31 691.0	242	11 422.0	154	142 000	83
198	183	东日本铁路	日本	23 027.5	2.4	625.6	254	4.0	57 830.3	158	7 369.9	225	82 285	181
199	231	陶氏化学	美国	23 008.0	21.5	1 513.0	138	13.7	27 645.0	262	9 186.0	184	41 943	315
200	160	ABB	瑞士	22 967.0	-6.9	1 443.0	142	-10.6	30 962.0	247	5 171.0	296	160 818	71
201	216	微软	美国	22 956.0	16.3	9 421.0	9	21.0	52 150.0	166	41 368.0	22	39 100	329
202	207	春天百货	法国	22 883.4	13.6	708.8	238	6.4	29 770.2	255	4 091.4	333	110 862	122
203	145	东绵	日本	22 760.5	-11.6	91.3	415	—	12 378.8	398	66.0	494	8 879	468
204	210	弗利特-波士顿金融	美国	22 608.0	13.0	3 420.0	61	67.8	179 519.0	76	16 172.0	99	53 026	272
205	134	CNP保险	法国	22 585.6	-15.7	431.2	300	-7.1	124 302.8	98	3 142.9	373	2 680	499
206	400	Intesabci	意大利	22 511.9	81.7	1 346.8	148	48.6	311 948.6	39	11 496.4	152	75 894	196
207	168	共和工业	美国	22 330.8	-7.7	329.9	340	16.6	8 830.0	441	3 842.5	343	33 000	356
208	272	阿尔斯通	法国	22 291.4	33.0	185.0	378	-48.7	27 994.1	260	1 848.0	431	143 014	81
209	232	印度石油	印度	22 284.6E	19.0	595.9	259	5.4	10 255.6	430	3 439.3	362	32 775	357
210	228	普鲁士格	德国	22 275.0	15.5	319.9	343	2.0	16 333.2	348	2 629.5	394	79 959	188
211	251	乔治亚-太平洋	美国	22 218.0	23.6	505.0	278	-29.5	30 882.0	249	5 722.0	274	80 000	187
212	390	沃达丰	英国	22 195.5	75.0	-14442.5	497	-1940.5	244 624.9	60	206 705.3	1	56 800	263
213	208	中国工商银行G	中国	22 069.9	9.6	630.6	253	26.5	482 979.7	17	22 652.6	58	471 123	8
214	326	毕尔巴鄂-比斯开银行	西班牙	22 047.8	52.2	2 062.7	103	57.4	282 042.6	48	15 853.3	102	108 082	125
215	264	德克萨斯公用事业	美国	22 009.0	28.6	916.0	208	-7.0	44 990.0	184	7 776.0	210	16 540	427
216	465	El Paso Corp.	美国	21 950.0	107.4	652.0	247	—	27 445.0	263	3 569.0	356	5 007	485

2000年世界最大500家企业名录(十)

位次	位次	公司名称	国别(地区)	收入		利润			资产		股东权益		雇员	
2000年	1999年			金额 百万美元	比1999年变化(%)	金额 百万美元	位次	比1999年变化(%)	金额 百万美元	位次	金额 百万美元	位次	人数	位次
217	146	日绵	日本	21 881.5	-14.9	-191.2	462	-825.2	13 277.8	389	707.2	483	18 800	419
218	175	船坞集团	法国	21 714.2	-7.6	282.8	351	-16.6	14 231.9	376	3 472.8	361	135 000	89
219	191	纽约人寿保险	美国	21 450.4	-1.1	1 205.5	173	117.3	97 101.2	116	7 024.0	235	7 300	478
220	206	施贵宝	美国	21 331.0*	5.5	4 711.0	34	13.1	17 578.0	333	9 180.0	185	51 145	278
221	347	菲利普石油	美国	21 227.0E	53.2	1 862.0	116	205.7	20 509.0	303	6 093.0	263	12 400	450
222	257	三星人寿保险	韩国	21 226.9	20.8	211.2	372	-20.2	40 267.5	203	2 425.5	406	8 265	475
223	250	沃尔格林	美国	21 206.9	18.9	776.9	228	24.5	7 103.7	461	4 234.0	324	95 000	147
224	192	诺华	瑞士	21 206.7	-1.9	4 270.4	42	-3.7	35 912.2	223	22 747.2	57	68 000	222
225	220	联合健康集团	美国	21 122.0	8.0	736.0	233	29.6	11 053.0	413	3 688.0	352	30 300	363
226	138	商业银行	德国	21 026.6	-19.8	1 240.2	164	27.6	431 549.2	26	11 757.1	144	39 044	330
227	269	里昂信贷银行	法国	20 904.6	24.2	647.8	249	10.1	176 507.6	77	7 574.6	218	40 341	323
228	236	中国电信G	中国	20 812.9	12.6	911.0	209	66.2	63 744.8	148	33 085.8	32	588 882	6
229	197	洛斯银公司	美国	20 669.9E	-1.3	1 876.7	115	416.7	70 877.1	141	11 191.1	156	25 700	388
230	221	日本烟草	日本	20 621.3E	5.8	395.1	317	-13.4	25 441.4	272	12 080.2	139	40 237	324
231	362	安万特	法国	20 612.6	53.4	-135.9	457	—	39 603.1	206	9 915.1	172	92 446	157
232	351	KDDI	日本	20 518.6	49.7	121.4	405	—	29 041.4	257	6 743.6	244	14 242	438
233	215	可口可乐	美国	20 458.0	3.3	2 177.0	94	-10.4	20 834.0	300	9 316.0	182	36 900	337
234	203	百事可乐	美国	20 438.0	0.3	2 183.0	93	6.5	18 339.0	324	7 249.0	229	124 000	100
235	266	技术数据	美国	20 427.7	20.2	178.0	381	39.6	4 615.5	480	1 195.3	466	10 467	461
236	209	塞拉里	美国	20 414.0*	2.0	1 222.0	167	2.6	11 611.0	403	1 234.0	464	154 000	72
237	223	中部电力	日本	20 375.1	4.7	851.0	221	22.9	52 457.0	165	9 387.0	180	24 122	392
238	243	三洋电器	日本	20 268.5	12.0	381.7	322	96.0	23 502.7	282	5 205.4	294	86 009	174
239	205	美利坚航空	美国	20 245.0	-0.1	813.0	225	-17.5	26 213.0	270	7 176.0	230	106 000	129
240	217	卡特彼勒	美国	20 175.0	2.4	1 053.0	186	11.3	28 464.0	259	5 600.0	282	68 440	220

2000年世界最大500家企业名录(十一)

位次 2000年	位次 1999年	公司名称	国别(地区)	收入 金额 百万美元	收入 比1999年变化(%)	利润 金额 百万美元	利润 位次	利润 比1999年变化(%)	资产 金额 百万美元	资产 位次	股东权益 金额 百万美元	股东权益 位次	雇员 人数	雇员 位次
241	258	日本邮政	日本	20 151.5	15.2	-496.6	473	—	134 661.7	97	44 599.9	19	139 642	85
242	185	荷兰合作银行	荷兰	20 115.4	-10.1	N.A.	—	—	321 947.1	38	13 870.4	121	55 098	265
243	242	CVS	美国	20 087.5	11.0	746.0	232	17.5	7 949.5	451	4 304.6	320	99 000	139
244	308	LG电子	韩国	20 086.8	33.7	355.9	333	-79.6	16 811.5	344	2 621.5	397	64 829	233
245	385	维亚康姆	美国	20 043.7	55.9	-816.1	481	-344.3	82 423.4	126	48 195.3	15	95 655	144
246	201	信诺保险	美国	19 994.0	-3.1	987.0	196	-44.4	95 088.0	117	5 413.0	289	43 200	309
247	265	阿比国家	英国	19 853.1	16.1	2 069.8	102	1.4	305 317.3	42	10 202.6	165	26 119	386
248	137	朝日相互生命保险	日本	19 730.0	-24.8	718.9	236	71.1	89 458.7	122	1 802.6	437	28 555	377
249	263	伯根·伯伦斯维格	美国	19 599.4	13.7	-752.8	479	-1 166.8	4 571.4	481	723.2	482	10 300	462
250	299	丰田通商	日本	19 511.0	28.2	73.9	425	—	7 372.2	459	1 180.3	467	9 493	467
251	255	中国银行G	中国	19 495.7	10.6	553.3	262	3.5	382 727.4	33	19 747.8	73	203 070	50
252	245	联合航空	美国	19 352.0	7.4	50.0	437	-96.0	24 355.0	279	5 190.0	295	102 000	136
253	260	西斯科	美国	19 303.3	10.8	445.6	294	23.0	4 814.0	476	1 761.6	444	40 400	322
254	311	国家石油G	马来西亚	19 303.1E	29.2	4 339.0	41	39.7	36 590.5	219	14 193.5	117	23 450	397
255	235	电子数据系统	美国	19 226.8	3.7	1 143.3	176	171.6	12 700.3	396	5 138.7	297	122 000	105
256	409	思科系统	美国	18 928.0	55.7	2 688.0	77	28.2	32 870.0	238	26 497.0	42	34 000	349
257	287	劳氏	美国	18 778.6	18.1	809.9	227	20.4	11 375.8	410	5 494.9	285	100 000	137
258	219	瑞士再保险	瑞士	18 688.4	-4.8	1 756.7	126	-5.4	88 021.7	124	14 061.6	118	9 585	466
259	229	施乐	美国	18 632.0	-3.1	-384.0	470	-127.0	30 000.0	254	3 600.0	354	92 500	156
260	240	普利司通	日本	18 620.8	1.5	164.6	384	-78.9	17 850.8	329	6 818.8	240	102 165	135
261	226	英美烟草	英国	18 450.5E	-4.5	1 015.9	192	12.9	26 516.3	269	7 734.8	213	64 274	236
262	259	Foncière Euris	法国	18 440.8	5.5	67.5	426	66.4	15 112.5	362	639.4	484	119 354	112
263	253	联邦百货	美国	18 407.0	3.9	-184	460	-123.1	17 012.0	340	5 822.0	270	129 000	92
264	249	标准人寿保险	英国	18 365.1	2.9	N.A.	—	—	118 728.8	105	N.A.	—	12 116	453

2000年世界最大500家企业名录(十二)

位次 2000年	位次 1999年	公司名称	国别(地区)	收入 金额 百万美元	收入 比1999年变化(%)	利润 金额 百万美元	利润 位次	利润 比1999年变化(%)	资产 金额 百万美元	资产 位次	股东权益 金额 百万美元	股东权益 位次	雇员 人数	雇员 位次
265	261	法国国营铁路G	法国	18 334.5	5.7	163.6	385	281.6	38 703.7	213	N.A.	—	216 605	44
266	214	雷锡昂	美国	18 321.0	-7.7	141.0	393	-65.1	26 777.0	264	10 823.0	158	93 696	149
267	290	出光兴产	日本	18 309.6E	17.1	205.6	374	-5.0	18 498.5	322	956.3	473	7 234	479
268	271	联邦快递	美国	18 256.9	8.8	688.3	241	9.0	11 527.1	407	4 785.2	306	122 500	103
269	256	Kingfisher	英国	18 235.1	3.6	624.4	255	-7.9	12 362.9	399	4 358.6	318	95 210	146
270	224	马自达汽车	日本	18 231.9	-6.1	-1 404.10	486	-697.7	13 913.8	381	1 267.8	462	39 601	327
271	268	电装	日本	18 224.3	7.7	549.9	263	-1.1	18 699.3	318	11 580.4	148	85 371	175
272	274	夏普	日本	18 205.1	9.3	348.5	334	37.9	15 988.7	354	7 529.0	219	49 101	285
273	480	法玛西亚	美国	18 150.0	79.2	717.0	237	24.7	26 656.0	267	11 921.0	143	59 000	255
274	237	阿斯特拉-捷利康	英国	18 103.0*	-1.9	2 538.0	83	122.0	18 434.0	323	9 521.0	178	57 000	259
275	363	日本能源	日本	18 076.3E	34.6	448.1	291	—	14 671.5	368	1 446.3	458	11 717	455
276	307	中化(Sinochem)G	中国	18 035.9	19.7	92.3	413	28.4	4 701.6	479	1 173.3	468	8 619	472
277	346	EADS	荷兰	17 953.8	28.3	-834.5	482	-2669.6	38 909.3	211	9 623.1	177	88 879	164
278	375	挪威水电	挪威	17 818.8	35.7	1 588.2	134	262.7	22 266.0	287	8 076.9	203	37 575	333
279	238	东京海上和火灾保险	日本	17 762.4	-3.3	378.2	323	22.4	64 806.4	145	15 901.7	101	13 255	445
280	403	俄罗斯天然气工业	俄罗斯	17 689.2	43.8	2 157.4	96	15.1	49 226.6	171	27 093.3	41	306 300	24
281	248	布伊格	法国	17 614.6	-1.6	389.1	319	491.6	19 886.1	307	4 224.7	325	118 892	113
282	262	弗朗兹·哈尼尔	德国	17 319.6	-0.1	411.9	307	39.2	8 268.2	445	2 594.5	399	33 269	353
283	283	Almanij	比利时	17 314.4	6.6	1 266.6	160	65.6	204 267.4	68	5 294.9	293	42 809	310
284	292	鹿岛建设	日本	17 274.4	11.3	83.9	418	3.6	19 455.1	315	1 876.8	428	18 125	424
285	267	天合	美国	17 231.1	1.5	438.1	298	-6.5	16 467.0	346	2 651.0	393	103 000	134
286	211	三和银行	日本	17 171.0	-14.1	-1 335.4	485	-224.4	439 020.2	24	15 283.8	105	12 379	451
287	286	江森自控	美国	17 154.6	6.3	472.4	287	12.6	9 428.0	436	2 576.1	401	105 000	131
288	279	Legal & General	英国	17 023.7	3.5	480.7	285	-49.4	161 768.5	86	4 760.7	308	8 363	473

2000年世界最大500家企业名录(十三)

位次 2000年	位次 1999年	公司名称	国别(地区)	收入 金额 百万美元	收入 比1999年变化(%)	利润 金额 百万美元	利润 位次	利润 比1999年变化(%)	资产 金额 百万美元	资产 位次	股东权益 金额 百万美元	股东权益 位次	雇员 人数	雇员 位次
289	239	罗氏集团	瑞士	16 982.0	-7.4	5 121.5	32	33.5	42 909.4	187	17 036.6	91	64 758	234
290	297	西北相互人寿保险	美国	16 973.8	10.9	1 828.8	118	36.8	92 125.2	118	5 895.8	268	3 803	492
291	343	衣阿华牛肉加工	美国	16 949.6	12.1	135.2	396	-57.5	4 426.3	484	1 849.5	430	50 000	282
292	213	安田相互生命保险	日本	16 933.8	-14.7	561.2	261	-41.7	82 037.7	128	3 064.1	376	22 037	404
293	291	Delhaize 'Le Lion'	比利时	16 790.4	7.9	148.5	391	-18.1	9 761.8	435	1 281.2	461	152 489	74
294	289	明尼苏达矿业制造	美国	16 724.0	6.8	1 782.0	121	1.1	14 522.0	370	6 531.0	248	75 026	199
295	275	哥伦比亚医药卫生	美国	16 670.0	0.1	219.0	370	-66.7	17 568.0	334	4 405.0	316	164 000	69
296	187	三井相互生命保险	日本	16 616.7	-25.2	410.4	310	-57.5	78 042.0	132	858.0	478	19 731	414
297	·	Qwest Communications	美国	16 610.0	322.9	-81.0	454	-117.7	73 501.0	138	41 304.0	23	66 984	225
298	277	巴登-符腾堡州立银行	德国	16 565.5	0.7	416.8	305	-6.9	274 727.5	51	5 594.1	283	9 886	464
299	316	贝塔斯曼	德国	16 558.2	11.8	429.9	301	15.7	14 083.5	380	2 264.2	413	76 257	195
300	382	韩国电力G	韩国	16 543.2	28.2	1 311.0	154	6.2	52 110.7	167	25 342.9	47	29 399	372
301	484	Onex	加拿大	16 516.9	65.9	126.6	402	-36.0	13 128.3	392	952.7	474	97 300	143
302	293	自由相互保险集团	美国	16 438.0	6.1	287.0	349	-42.7	57 470.0	159	6 997.0	236	36 314	341
303	331	电通	日本	16 409.4	14.2	374.1	325	101.2	9 077.7	439	3 218.4	370	11 037	460
304	399	泛加输油管道	加拿大	16 254.9 *	30.9	531.9	269	2 722.5	17 009.1	341	4 386.1	317	3 045	497
305	304	日本钢管	日本	16 164.5	6.8	877.2	216	—	20 996.4	297	3 003.7	379	40 172	325
306	282	Diageo	英国	16 076.3E	-1.4	1 554.9	136	0.5	24 428.3	278	7 132.0	234	66 668	226
307	252	澳大利亚相互节俭保险社	澳大利亚	16 066.9	-9.5	670.6	244	—	98 430.0	115	4 881.3	300	22 000	405
308	225	樱花银行	日本	16 041.3	-17.2	442.6	296	-21.2	413 750.1	29	17 362.5	89	13 622	442
309	406	惠好	美国	15 980.0	30.3	840.0	223	59.4	18 195.0	326	6 832.0	239	47 244	293
310	319	日本通运	日本	15 924.4	8.3	-240.5	465	-211.4	9 817.9	434	2 679.1	391	66 219	228
311	318	德尔塔航空	美国	15 888.0	8.0	1 303.0	156	18.3	20 566.0	301	4 873.0	301	81 000	182
312	227	斯堪的亚集团	瑞典	15 879.8	-17.7	308.3	344	-26.2	62 442.3	151	2 199.0	414	7 161	480

2000年世界最大500家企业名录(十四)

位次 2000年	位次 1999年	公司名称	国别(地区)	收入 金额 百万美元	收入 比1999年变化(%)	利润 金额 百万美元	利润 位次	利润 比1999年变化(%)	资产 金额 百万美元	资产 位次	股东权益 金额 百万美元	股东权益 位次	雇员 人数	雇员 位次
313	306	大成建设	日本	15 831.3	4.8	75.8	424	—	17 470.6	336	1 837.5	434	18 638	420
314	310	三菱化工	日本	15 802.1	5.4	28.7	444	—	16 091.7	351	3 063.2	377	33 034	355
315	404	Adecco	瑞士	15 771.4	28.3	-253.5	467	—	6 573.9	465	1 474.8	457	30 000	368
316	355	华盛顿相互	美国	15 766.6	16.2	1 898.6	112	4.5	194 716.0	69	10 165.5	167	28 798	375
317	276	日理	日本	15 759.4	-4.5	-798.6	480	—	15 692.7	357	897.1	475	61 441	246
318	300	巴伐利亚州立银行G	德国	15 740.3	3.5	505.0	277	-8.2	286 385.2	46	7 150.8	233	8 297	474
319	422	太阳微系统	美国	15 721.0	34.1	1 854.0	117	79.8	14 152.0	378	7 309.0	227	36 700	338
320	312	Dexia 集团	比利时	15 697.9	5.1	925.1	205	14.0	242 077.1	62	6 137.2	259	12 632	447
321	·	Faros	法国	15 696.8	49.6	65.3	428	—	20 294.3	305	5 799.9	271	110	500
322	361	加拿大帝国商业银行	加拿大	15 679.5	16.7	1 396.8	147	103.3	175 283.2	78	7 444.1	223	44 215	304
323	336	埃默森电子	美国	15 544.8	8.9	1 422.4	143	8.3	15 164.3	361	6 402.8	251	123 400	101
324	339	东北电力	日本	15 525.4	9.6	720.4	234	264.8	34 943.6	226	6 284.7	255	20 709	411
325	344	清水建设	日本	15 483.9	10.2	-582.8	476	-758.4	16 563.4	345	1 781.0	442	14 139	440
326	324	科尔斯·梅耶	澳大利亚	15 480.4	6.5	187.4	376	-26.8	4 711.0	478	1 608.6	451	166 792	660
327	374	加拿大皇家银行	加拿大	15 452.4	17.5	1 497.2	139	30.0	192 537.7	70	8 706.5	190	49 232	284
328	333	日本航空	日本	15 409.6	7.3	371.0	326	109.3	14 378.4	374	2 135.8	415	45 319	301
329	394	Best Buy	美国	15 326.6	22.7	395.8	316	14.1	4 839.6	475	1 821.9	436	54 000	268
330	327	哈利法克斯住宅互助协会	英国	15 322.4	6	1 771.1	125	2.9	272 646.6	53	10 207.1	164	34 191	347
331	417	Corus 集团	英国	15 322.1	—	-1 972.3	489	—	13 150.0	391	5 487.8	286	64 700	235
332	389	来爱德	美国	15 296.6	4.2	-1 589.2	487	—	7 913.9	452	-354.4	496	75 500	197
333	295	农林中央银行	日本	15 289.9	-0.7	1 062.8	184	44.8	480 199.2	18	17 711.8	87	3 929	491
334	270	瑞士人寿保险和养老金	瑞士	15 099.1	-10.3	547.3	264	112.4	102 472.1	111	4 730.0	311	12 481	448
335	424	Centrica	英国	15 061.6	29	498.9	281	69.4	8 090.4	448	1 782.1	441	28 305	378
336	·	中国移动G	中国	15 045.4	—	2 073.1	101	—	38 840.3	212	20 723.9	64	111 824	120

2000年世界最大500家企业名录(十五)

位次 2000年	位次 1999年	公司名称	国别(地区)	收入 金额 百万美元	收入 比1999年变化(%)	利润 金额 百万美元	利润 位次	利润 比1999年变化(%)	资产 金额 百万美元	资产 位次	股东权益 金额 百万美元	股东权益 位次	雇员 人数	雇员 位次
337	345	乔治·威斯顿	加拿大	15 044.3	7.2	323.9	342	37.1	7 603.8	455	1 933.4	423	126 000	95
338	348	布罗肯希尔土地兴业	澳大利亚	14 894.1	—	1 023.2	189	—	17 618.7	331	6 216.1	257	35 000	344
339	·	贝尔加拿大企业	加拿大	14 859.2 *	49.1	3 272.9	66	−10.9	34 209.3	228	11 625.0	147	75 000	200
340	254	安盟-甘集团	法国	14 851.3	−15.9	37.0	442	34.7	63 559.5	149	4 318.7	319	30 000	368
341	429	英美有限公司	英国	14 824.0	28.0	1 957.0	108	26.1	30 616.0	250	15 544.0	103	249 000	33
342	401	德国合作银行集团	德国	14 814.4	20.0	49.0	439	−55.8	250 155.8	59	2 842.8	385	11 871	454
343	281	法国邮政总局G	法国	14 805.1	−9.2	128.6	400	−57.4	43 702.1	186	1 480.7	456	310 000	23
344	418	西格拉姆	加拿大	14 803.0E	25.6	40.0	441	−94.2	32 808.0	239	12 229.0	137	34 000	349
345	367	意大利信贷银行	意大利	14 775.8	10.8	1 285.6	159	−6.1	190 263.2	72	8 115.2	200	65 047	232
346	357	全国保险企业	美国	14 762.1	8.9	411.4	308	−19.8	122 933.8	100	10 133.9	169	28 560	376
347	328	可口可乐企业	美国	14 750.0	2.4	236.0	362	300.0	22 162.0	288	2 834.0	386	67 000	224
348	360	哈特福德金融服务	美国	14 703.0	8.7	974.0	199	13	171 532.0	81	7 464.0	222	23 947	395
349	·	瓦莱罗能源	美国	14 671.1E	90.8	339.1	335	2 271.5	4 307.7	485	1 527.1	455	3 180	496
350	395	澳大利亚国民银行	澳大利亚	14 661.9	17.4	1 975.5	107	10.1	186 118.2	74	11 568.0	149	47 034	295
351	435	英国航空航天	英国	14 626.4	28.3	−19.7	447	−103.8	25 981.5	271	10 683.6	160	85 000	176
352	309	曼集团	德国	14 611.1	−2.6	389.8	318	0.1	10 729.4	419	2 543.1	402	74 324	201
353	303	米其林	法国	14 591.1	−3.6	368.8	327	123.9	16 094.0	350	3 608.5	353	128 122	93
354	378	公众超市	美国	14 575.0	11.5	530.4	270	14.7	4 221.8	486	2 662.4	392	89 750	163
355	·	西方石油	美国	14 543.0E	91.1	1 570.0	135	250.4	19 414.0	316	4 774.0	307	8 791	469
356	325	北方炼铁联合	法国	14 539.9	0.1	701.4	239	—	15 292.8	359	4 266.1	322	60 521	250
357	337	五月百货	美国	14 511.0	2.0	858.0	220	−7.4	11 574.0	405	3 855.0	342	137 000	86
358	353	铃木汽车	日本	14 473.4	5.9	183.1	379	−24.2	10 372.6	425	4 738.2	310	30 153	365
359	320	弗莱明	美国	14 443.8	−1.4	−122.1	456	—	3 402.8	492	427.2	487	29 567	371
360	383	固特异轮胎橡胶	美国	14 417.1	11.9	40.3	440	−83.3	13 568.0	386	3 503.0	357	106 724	128

2000年世界最大500家企业名录（十六）

位次 2000年	位次 1999年	公司名称	国别（地区）	收入 金额 百万美元	收入 比1999年变化（%）	利润 金额 百万美元	利润 位次	利润 比1999年变化（%）	资产 金额 百万美元	资产 位次	股东权益 金额 百万美元	股东权益 位次	雇员 人数	雇员 位次
361	455	Lukoil	俄罗斯	14 416.2	33.7	3 424.7	60	176.7	11 800.7	402	5 451.7	288	120 000	108
362	·	鲜京全球	韩国	14 384.4	—	36.5	443	—	10 287.3	427	1 916.4	424	4 000	490
363	448	Ultramar Diamond Shamrock	美国	14 292.4E	29.0	444.3	295	156.5	5 988.4	470	1 825.3	435	20 000	413
364	273	德意志巴恩G	德国	14 292.2	－14.3	59.1	432	－28	37 053.2	216	8 190.4	198	222 656	41
365	330	Endesa	西班牙	14 250.9	0.1	1 296.4	157	－4.8	45 067.4	182	8 661.1	192	29 062	374
366	368	麦当劳	美国	14 243.0	7.4	1 977.3	106	1.5	21 683.5	291	9 204.4	183	364 000	13
367	359	五十铃汽车	日本	14 192.5	4.9	－604.1	477	—	15 093.7	363	751.0	480	30 232	364
368	305	沃尔沃	瑞典	14 188.9	－6.2	513.7	274	86.8	21 275.1	295	9 362.2	181	54 270	267
369	·	索莱克特龙	美国	14 137.5	68.5	497.2	282	69.2	10 375.6	424	3 802.1	347	56 740	264
370	302	布拉德斯科银行	巴西	14 122.4	－6.9	950.9	201	55.8	48 655.8	175	4 149.9	329	65 804	231
371	350	新闻集团	澳大利亚	14 114.3	2.9	1 208.1	172	76.3	39 378.5	209	17 939.9	85	36 000	342
372	288	卡尔斯泰特－奎尔	德国	14 084.3	－11.0	222.9	369	－0.6	7 690.8	453	1 704.9	446	88 163	167
373	397	利尔	美国	14 072.8	13.2	274.7	354	6.8	8 375.5	444	1 600.8	454	121 600	106
374	354	汉莎集团	德国	14 047.7	3.1	636.8	251	－5.2	13 904.6	382	3 861.9	341	69 523	217
375	342	伊士曼·柯达	美国	13 994.0	－0.7	1 407.0	144	1.1	14 212.0	377	3 428.0	363	78 400	191
376	379	金佰利－克拉克	美国	13 982.0	7.5	1 800.6	120	7.9	14 479.8	371	5 767.3	272	66 300	227
377	380	理光	日本	13 912.7	7.0	481.4	284	27.8	13 603.9	384	4 442.6	315	74 200	202
378	358	美国家庭用品	美国	13 809.5	1.9	－2 370.7	491	—	21 092.5	296	2 818.1	388	48 036	289
379	372	雅培制药	美国	13 745.9	4.3	2 786.0	75	13.9	15 283.3	360	8 570.9	193	60 571	249
380	329	英国航空	英国	13 725.0	－4.7	168.6	383	—	19 474.5	314	4 570.8	313	62 844	241
381	340	温－迪克西百货	美国	13 697.5	－3.1	－228.9	464	－225.5	2 747.1	497	867.8	477	86 500	172
382	·	美国电力	美国	13 694.0	98	596.0	258	14.6	54 548.0	161	8 054.0	204	26 376	385
383	334	奥托邮购	德国	13 674.9	－4.3	285.1	350	10.4	6 075.2	469	1 043.1	471	50 368	281
384	425	加普	美国	13 673.5	17.5	877.5	215	－22.1	7 012.9	462	2 928.2	382	140 000	84

2000年世界最大500家企业名录（十七）

位次	位次	公司名称	国别（地区）	收入		利润			资产		股东权益		雇员	
2000年	1999年			金额 百万美元	比1999年变化（%）	金额 百万美元	位次	比1999年变化（%）	金额 百万美元	位次	金额 百万美元	位次	人数	位次
385	323	鲁尔煤矿	德国	13 669.7	-6.0	136.6	394	-2.3	17 451.2	337	1 839.8	433	92 770	154
386	·	Vinci	法国	13 623.7	35.7	277.1	353	77.5	17 615.9	332	1 722.0	445	120 000	108
387	468	多伦多-自治领银行	加拿大	13 612.1	30.0	695.0	240	-65.1	173 394.9	80	8 086.4	202	41 439	319
388	387	住友金属	日本	13 545.3	5.8	52.8	435	—	21 809.7	289	2 937.5	381	37 023	336
389	420	住友电气	日本	13 374.4	13.8	363.8	331	71.8	14 466.5	372	5 649.5	279	70 936	213
390	314	哈利伯顿	美国	13 344.0*	-10.4	501.0	279	14.4	9 941.0	432	3 928.0	339	93 000	152
391	·	日本电信	日本	13 253.6	214.7	158.7	388	7.6	19 862.5	308	4 217.1	326	6 893	481
392	388	蒙特爱迪生	意大利	13 215.6	3.4	240.3	358	132.2	19 823.6	309	1 789.4	440	29 672	370
393	338	达能集团	法国	13 203.6	-6.9	666.3	246	-8.4	16 179.0	349	6 749.3	243	86 657	171
394	421	迪尔	美国	13 136.8	11.8	485.5	283	103.0	20 469.4	304	4 301.9	321	43 700	306
395	386	九州电力	日本	13 099.7	2.1	535.3	266	159.9	33 247.7	237	6 463.8	250	18 332	423
396	428	达信	美国	13 090.0	13.0	218.0	371	-90.2	16 370.0	347	3 994.0	337	71 000	212
397	·	Carso环球电信	墨西哥	13 078.7	19.1	670.5	245	45.9	26 697.0	265	2 303.9	411	75 373	198
398	313	伊莱克斯	瑞典	13 029.8	-12.6	466.7	288	-10.3	9 280.4	438	2 798.7	389	87 128	169
399	393	富士胶片	日本	13 027.5	3.5	1 066.3	183	39.9	22 586.6	286	12 967.3	129	70 722	214
400	·	箭牌电子	美国	12 959.3	39.2	357.9	332	188.3	7 604.5	454	1 913.7	425	14 195	439
401	392	巡回城市百货	美国	12 959.0	2.7	160.8	387	-18.6	3 871.3	490	2 356.5	409	53 455	270
402	296	阿克苏诺贝尔	荷兰	12 941.1	-15.9	892.7	213	310.3	11 391.9	409	2 296.4	412	68 400	221
403	415	伍尔沃特	澳大利亚	12 934.2	8.5	185.8	377	14.8	2 892.1	496	627.2	485	125 000	99
404	446	丰业银行	加拿大	12 880.5	15.8	1 306.0	155	26.1	165 768.8	83	8 495.6	194	40 946	320
405	335	阿彻-丹尼尔斯-米德兰	美国	12 876.8	-9.8	300.9	347	13.1	14 423.1	373	6 110.2	260	22 753	401
406	246	巴西银行G	巴西	12 711.9	-29.3	532.3	268	14.3	70 955.8	140	4 084.6	334	78 201	192
407	365	德纳	美国	12 691.0	-5.0	334.0	337	-34.9	11 236.0	411	2 628.0	395	79 300	189
408	·	Sunoco	美国	12 664.0E	49.3	422.0	303	335.1	5 426.0	473	1 702.0	447	12 300	452

2000年世界最大500家企业名录(十八)

位次 2000年	位次 1999年	公司名称	国别(地区)	收入 金额 百万美元	收入 比1999年变化(%)	利润 金额 百万美元	利润 位次	利润 比1999年变化(%)	资产 金额 百万美元	资产 位次	股东权益 金额 百万美元	股东权益 位次	雇员 人数	雇员 位次
409	366	太阳相互生命保险	日本	12 647.3	-5.2	50.4	436	-73.8	58 859.4	155	2 580.5	400	14 252	437
410	444	蒙特利尔银行	加拿大	12 631.6	13.4	1 259.2	162	36.5	152 820.7	88	7 818.6	207	33 200	354
411	364	中国建设银行G	中国	12 615.7	-9.7	910.8	210	52.1	305 854.1	41	13 875.0	120	420 000	10
412	473	科斯莫石油	日本	12 563.2E	22.4	78.4	421	80.4	10 533.0	423	1 418.6	459	4 411	488
413	419	积水房屋	日本	12 550.6	6.6	231.4	365	—	12 550.9	397	6 374.1	252	18 443	422
414	413	中粮(COFCO)G	中国	12 517.0	3.5	103.6	409	13.9	4 543.2	482	1 684.7	448	28 000	379
415	376	废物处理	美国	12 492.0	-4.8	-97.0	455	—	18 565.0	320	4 801.0	304	57 000	259
416	433	澳大利亚电信G	澳大利亚	12 477.3	8.7	2 312.4	88	5.3	18 216.1	325	6 961.9	238	50 761	280
417	442	神户制钢	日本	12 418.8	10.4	58.8	433	—	17 005.9	342	2 101.6	416	30 129	366
418	·	阿美拉达-赫斯	美国	12 277.0E	64.5	1 023.0	190	133.8	10 274.0	428	3 883.0	340	9 891	463
419	423	安霍伊塞-布希	美国	12 261.8E	4.8	1 551.6	137	10.7	13 084.5	393	4 128.9	330	23 725	396
420	458	农场工业	美国	12 239.0	14.3	N.A.	—	—	3 282.2	494	881.2	476	15 000	434
421	437	阿尔贝德钢铁	卢森堡	12 228.6	7.6	410.0	311	430.8	14 299.6	375	2 514.3	404	48 940	286
422	460	浦项制铁	韩国	12 182.0	14.0	1 444.6	141	10.5	15 926.1	356	7 429.7	224	26 886	381
423	405	安田火灾和海上保险	日本	12 166.5	-0.9	128.7	399	2.3	36 086.7	222	5 752.5	273	11 106	459
424	431	大日本印刷	日本	12 137.9	5.0	302.2	345	-13.8	11 888.9	401	7 496.6	220	34 094	348
425	·	Flextronics 国际	新加坡	12 109.7	89.6	-446	471	-411.5	67 581.7	456	4 030.4	336	70 000	215
426	·	皇家 KPN	荷兰	12 065.9	29.1	1 731.9	127	96.4	50 195.1	170	13 749.3	122	45 151	302
427	449	日本中部铁路	日本	12 058.9	9.9	479	286	41.6	47 234.7	179	5 000.2	298	24 641	391
428	402	塞夫韦商店(英国)	英国	12 058.3	-2.3	331.8	338	23.2	6 497.3	466	3 114.0	374	56 868	262
429	438	Stora Enso	芬兰	12 029.9	6.0	1 326.2	150	65.2	20 018.7	306	8 046.6	205	41 785	317
430	411	Consignia	英国	12 010.5	-0.9	97.6	411	—	10 695.5	420	6 104.8	261	217 964	43
431	315	无线电缆	英国	11 980.9*	-19.2	3 893.5	49	-35.1	33 911.8	231	21 865.8	61	47 904	292
432	·	家居国际	美国	11 960.9	25.9	1 700.7	128	14.4	76 706.3	135	8 790.6	188	28 000	379

2000年世界最大500家企业名录(十九)

位次 2000年	位次 1999年	公司名称	国别（地区）	收入 金额 百万美元	收入 比1999年变化（%）	利润 金额 百万美元	利润 位次	利润 比1999年变化（%）	资产 金额 百万美元	资产 位次	股东权益 金额 百万美元	股东权益 位次	雇员 人数	雇员 位次
433	377	Lagardère Groupe	法国	11 947.7	-12.3	536.9	265	108.9	15 312.4	358	3 483.7	360	43 902	305
434	369	马科斯和斯潘塞	英国	11 946.4	-9.5	1.9	446	-99.5	10 937.7	415	6 604.4	247	52 213	275
435	439	川崎制铁	日本	11 898.5	5.4	-164.9	459	-247.8	17 398.4	338	2 438.4	405	30 058	367
436	477	大林组	日本	11 878.5	16.8	-58.5	452	-214.0	17 532.3	335	3 234.4	369	12 464	449
437	441	联合太平洋	美国	11 878.0	5.4	842.0	222	4.0	30 499.0	251	8 662.0	191	61 500	245
438	·	德州仪器	美国	11 875.0	25.4	3 058.0	69	117.5	17 720.0	330	12 588.0	132	42 481	312
439	440	旭硝子	日本	11 873.8	5.2	223.6	368	89.1	15 056.4	364	4 843.7	303	48 809	287
440	414	富士重工	日本	11 865.3	-0.7	204.7	375	-27.3	9 324.4	437	2 852.4	384	26 502	383
441	412	汉高	德国	11 809.9	-2.5	432.5	299	11.4	10 685.9	421	3 025.9	378	60 475	251
442	·	斯堪斯卡土木工程	瑞典	11 783.8	22.0	649.4	248	25.4	8 179.8	446	1 945.6	422	63 368	238
443	476	野村证券	日本	11 752.3	15.0	1 643.10	131	25.6	163 818.4	85	13 106.1	126	14 505	436
444	352	帝国化学	英国	11 748.4 *	-14.1	-345.7	469	-184.8	10 592.5	422	-322.7	495	45 130	303
445	·	爱迪生国际	美国	11 717.0	21.2	-1 943.00	488	-411.9	35 100.0	225	2 420.0	407	18 555	421
446	434	欧莱雅	法国	11 710.3	2.3	895.9	212	6.8	12 800.6	395	6 187.3	258	48 222	288
447	447	凸版印刷	日本	11 702.0	5.3	133.4	397	-51.3	11 013.4	414	5 714.2	275	32 163	359
448	341	中国农业银行 G	中国	11 662.4	—	-42.9	450	—	274 873.1	50	16 240.7	98	500 000	7
449	396	米格罗百货	瑞士	11 640.8	-6.5	248.2	357	-39.2	9 966.6	431	4 740.5	309	80 948	183
450	321	发明系统	英国	11 631.8	-20.1	115.4	408	—	11 404.9	408	1 172.9	469	93 519	151
451	·	京瓷	日本	11 622.6	59.3	1 985.50	105	339.1	13 789.5	383	8 155.9	199	51 113	279
452	496	美媛健康服务	美国	11 610.0	19.0	99.0	410	46.8	2 458.6	499	282.3	489	3 625	493
453	·	Xcel 能源	美国	11 591.8	304	526.8	272	134.8	21 768.8	290	5 561.8	284	15 812	430
454	432	川铁	日本	11 585.3	0.8	-137.1	458	—	5 802.5	471	92.9	493	5 626	484
455	452	全日空	日本	11 573.6	6.5	364.4	330	—	11 582.0	404	1 201.0	465	29 358	373
456	474	办公用品	美国	11 569.7	12.7	49.3	438	-80.9	4 196.3	487	1 601.3	453	48 000	291

2000年世界最大500家企业名录(二十)

位次 2000年	位次 1999年	公司名称	国别(地区)	收入 金额 百万美元	收入 比1999年变化(%)	利润 金额 百万美元	利润 位次	利润 比1999年变化(%)	资产 金额 百万美元	资产 位次	股东权益 金额 百万美元	股东权益 位次	雇员 人数	雇员 位次
457	384	大通生命保险	日本	11 552.3	-10.3	237.4	360	7.1	47 255.6	178	1 606.0	452	21 385	407
458	322	Old Mutual	韩国	11 495.2	-21.0	767.3	229	-56.2	69 350.7	142	5 404.5	291	41 466	318
459	457	旭化成	日本	11 481.1	7.0	227.7	366	23.5	9 895.0	433	4 117.7	331	26 695	382
460	·	威廉姆斯	美国	11 480.9E*	37.3	524.3	273	136.8	40 197.0	204	5 892.0	269	24 119	393
461	486	太平洋健康系统	美国	11 467.9	14.8	161.0	386	-42.2	5 323.4	474	2 003.6	419	8 700	471
462	471	西北航空	美国	11 415.0	11.1	256.0	356	-14.7	10 877.0	416	231.0	491	53 491	269
463	451	特耐健康服务	美国	11 414.0	4.9	302.0	346	21.3	13 161.0	390	4 066.0	335	90 816	159
464	·	竹中工务店	日本	11 409.9	17.6	64.4	430	-14.1	11 127.5	412	2 852.6	383	13 063	446
465	·	三得利	日本	11 395.4E	17.6	129.1	398	61.9	13 515.2	387	2 365.8	408	22 400	403
466	488	加拿大电力	加拿大	11 382.9	14.7	442.4	297	23.3	40 321.7	202	2 621.8	396	26 500	384
467	·	昭和壳牌	日本	11 368.6E	32.0	116.0	406	621.4	8 775.3	442	1 894.5	427	3 189	495
468	453	王子纸业	日本	11 332.1	4.7	115.6	407	128.6	13 599.7	385	3 484.1	359	23 095	398
469	416	'R'字玩具	美国	11 332.0	-4.5	404.0	313	44.8	7 962.0	450	3 425.0	364	50 000	282
470	443	拉法基	法国	11 289.6	0.5	670.9	243	2.4	19 618.9	311	5 673.4	277	65 953	230
471	493	麻省相互人寿保险	美国	11 274.8	14.6	811.9	226	45.9	76 184.5	137	3 835.6	344	8 757	470
472	·	西班牙石油	西班牙	11 251.1E	29.6	329.1	341	21.4	4 804.0	477	1 847.9	432	9 632	465
473	463	法航集团G	法国	11 150.4	4.6	382.3	321	4.6	10 847.2	417	3 355.7	365	59 190	254
474	466	永明人寿保险	加拿大	11 140.5	—	423.5	302	—	37 151.3	215	4 458.7	314	11 222	458
475	461	美国通用保险	美国	11 063.0	3.6	1 003.0	193	-11.3	120 094.0	103	7 820.0	206	15 900	429
476	398	福陆	美国	11 056.0	-11	123.9	403	19.0	3 652.7	491	1 609.3	450	47 113	294
477	·	松下电工	日本	11 040.8	15.1	297.8	348	144.0	10 764.3	418	4 863.4	302	42 679	311
478	·	克里斯蒂安·迪奥	法国	10 967.1	19.9	232.0	364	-17.6	26 695.9	266	3 729.1	351	52 323	273
479	464	高岛屋百货	日本	10 906.7	2.7	76.2	423	33.2	7 520.9	457	1 971.2	421	15 774	431
480	485	礼来大药厂	美国	10 862.2	8.6	3 057.8	70	12.4	14 690.8	367	6 046.9	265	35 700	343

2000 年世界最大 500 家企业名录(二十一)

位次 2000年	位次 1999年	公司名称	国别(地区)	收入 金额 百万美元	收入 比1999年变化(%)	利润 金额 百万美元	利润 位次	利润 比1999年变化(%)	资产 金额 百万美元	资产 位次	股东权益 金额 百万美元	股东权益 位次	雇员 人数	雇员 位次
481	495	Manpower	美国	10 842.8	11.0	171.2	382	14.1	3 041.6	495	740.4	481	19 400	416
482	·	加拿大太平洋	加拿大	10 841.3	41.7	1 189.8	174	197.7	16 088.9	352	6 361.8	253	45 421	300
483	459	西日本铁路	日本	10 812.8	1.1	280.0	352	24.3	20 558.4	302	3 300.8	367	45 995	297
484	456	三井不动产	日本	10 790.7	0.6	236.2	361	—	22 714.2	285	3 280.5	368	13 380	444
485	·	苏格兰银行	英国	10 779.6	21.1	918.2	207	−3.3	124 200.8	99	6 334.6	254	20 933	409
486	472	Uny	日本	10 727.5	4.5	54.3	434	−25.7	7 240.5	460	2 008.8	418	11 260	457
487	·	Staples	美国	10 673.7	19.4	59.7	431	−81.0	3 989.4	489	1 763.8	443	37 985	332
488	478	大西洋和太平洋茶叶	美国	10 622.9	4.6	−25.1	449	−277.0	.3 309.8	493	797.3	479	54 635	266
489	·	计算机科学	美国	10 524.0	12.3	233.2	363	−42.1	8 174.8	447	3 215.2	371	68 000	222
490	481	胡曼纳	美国	10 514.0	4.0	90.0	416	—	4 167.0	488	1 360.0	460	15 600	433
491	·	美纳国际	加拿大	10 513.0	12.3	598.0	257	39.1	7 408.0	458	4 202.0	327	62 000	244
492	475	日本近畿铁路	日本	10 416.9	1.6	−265.1	468	—	14 800.2	365	1 057.7	470	37 200	334
493	·	北德意志州立银行G	德国	10 407.5	11.4	122.9	404	−22.6	174 935.4	79	3 774.9	348	7 886	477
494	462	怡和	中国	10 362.1	−2.9	930.8	204	348.8	10 319.1	426	3 328.1	366	150 000	77
495	·	通用动力	美国	10 359.0	15.6	901.0	211	2.4	7 987.0	449	3 820.0	345	43 300	308
496	·	法国天然气	法国	10 350.7	6.7	398.3	314	−10.7	19 527.9	312	4 788.1	305	33 290	352
497	·	三菱材料	日本	10 347.4	16.7	64.7	429	—	12 894.1	394	1 908.7	426	24 802	390
498	467	惠而浦	美国	10 325.0	−1.8	367.0	328	5.8	6 902.0	463	1 684.0	449	60 695	248
499	430	雪印乳业	日本	10 317.5	−10.8	−478.7	472	—	4 531.8	483	514.7	486	19 362	417
500	483	索迪斯联合	法国	10 306.3	2.7	83.4	419	−43.1	6 192.1	468	1 254.4	463	286 000	27
		总计		**14 064 960.20**		**667 209.80**			**45 807 623.60**		**5 527 401.90**		**47 225 289**	

定义及解释

收入额及利润额

本表中各公司均应公布其财务数字并向政府部门报告部分或全部数字。本表包括了填报 10K 表格的美国私营公司和合伙公司。收入额包括至统计之日止中断了的业务收入。商业银行和储蓄机构的收入额含利息收入和无息收入。保险公司的收入额含保险费及年金收入、投资收入和资本损益,但不包含保证金。收入额包括合并的子公司的数字,但营业额除外。

本表中的利润额均为税后利润,已经除去非常贷款或应付款,并减去因财务统计方法变化而引起的重复计算。括号中的数字为亏损数字。利润下降幅度超过 100%,反映了从 1999 年盈利转为 2000 年亏损。

统计中的财政年度,除特别指明外,均截至到 2001 年 3 月 31 日。外国公司的收入额和利润额均按公司财政年度内的官方平均汇率折算为美元(除特别指明外,截止到 2000 年 12 月 31 日)。

资产和股东权益

表中资产额为公司财政年度末的数字。股东权益为同一天的股本、实收资本和存留收益之和。未包括少数股权益。

外国公司的数字均按各公司的财政年度末的官方汇率折算为美元。

雇员人数

人数均按公司公布的年底实际人数或者全年平均人数统计。

脚　注

E　已扣除营业税。
G　国营公司。
*　包括 10%以上的中断了的业务的收入。

资料来源:美国《财富》杂志。

2001年世界最大500家企业(一)

位次	公司名称		国别(地区)	总收入(百万美元)
1	沃尔玛百货	Wal-Mart Stores	美国	219 812.0
2	埃克森-美孚	Exxon Mobil	美国	191 581.0
3	通用汽车	General Motors	美国	177 260.0
4	英国石油	BP	英国	174 218.0
5	福特汽车	Ford Motor	美国	162 412.0
6	安然	Enron	美国	138 718.0
7	戴姆勒-克莱斯勒	DaimlerChrysler	德国	136 897.3
8	荷兰皇家/壳牌集团	Royal Dutch/Shell Group	英国/荷兰	135 211.0
9	通用电气	General Electric	美国	125 913.0
10	丰田汽车	Toyota Motor	日本	120 814.4
11	花旗集团	Citigroup	美国	112 022.0
12	三菱商事	Mitsubishi	日本	105 813.9
13	三井物产	Mitsui	日本	101 205.6
14	雪佛龙-德士古	ChevronTexaco	美国	99 699.0
15	道达尔-菲纳-埃尔夫	Total Fina Elf	法国	94 311.9
16	日本电信电话	Nippon Telegraph & Telephone	日本	93 424.8
17	伊藤忠商事	Itochu	日本	91 176.6
18	安联保险	Allianz	德国	85 929.2
19	国际商用机器	International Business Machines	美国	85 866.0
20	荷兰国际集团	ING Group	荷兰	82 999.1
21	大众	Volkswagen	德国	79 287.3
22	西门子	Siemens	德国	77 358.9
23	住友商事	Sumitomo	日本	77 140.1
24	菲利普·莫里斯	Philip Morris	美国	72 944.0
25	丸红	Marubeni	日本	71 756.6
26	Verizon 通信	Verizon Communications	美国	67 190.0
27	德意志银行	Deutsche Bank	德国	66 839.9
28	E.ON	E. ON	德国	66 453.0
29	美国邮政总局 G	U. S. Postal Service	美国	65 834.0
30	安盛保险	AXA	法国	65 579.9
31	瑞士信贷	Credit Suisse	瑞士	64 204.5
32	日立	Hitachi	日本	63 931.2
33	日本生命保险	Nippon Life Insurance	日本	63 827.2
34	美国国际集团	American International Group	美国	62 402.0
35	家乐福	Carrefour	法国	62 224.6

2001年世界最大500家企业(二)

位次	公司名称		国别(地区)	总收入(百万美元)
36	美国电力	American Electric Power	美国	61 257.0
37	索尼	Sony	日本	60 608.0
38	皇家Ahold	Royal Ahold	荷兰	59 633.9
39	公爵能源	Duke Energy	美国	59 503.0
40	美国电话电报	AT&T	美国	59 142.0
41	本田汽车	Honda Motor	日本	58 882.0
42	波音	Boeing	美国	58 198.0
43	El Paso	El Paso	美国	57 475.0
44	巴黎国民－巴黎巴银行	BNP Paribas	法国	55 044.4
45	松下电器	Matsushita Electric Industrial	日本	54 997.1
46	家庭用具	Home Depot	美国	53 553.0
47	美洲银行集团	Bank of America Corp.	美国	52 641.0
48	Aviva	Aviva	英国	52 317.6
49	菲亚特	Fiat	意大利	51 944.2
50	通用保险	Assicurazioni Generali	意大利	51 394.3
51	威旺迪－环球	Vivendi Universal	法国	51 365.7
52	联邦国家抵押协会公司	Fannie Mae	美国	50 803.0
53	莱茵集团	Rwe	德国	50 663.8
54	J.P.摩根－大通	J. P. Morgan Chase	美国	50 429.0
55	雀巢	Nestlě	瑞士	50 192.4
56	克罗格	Kroger	美国	50 098.0
57	麦克埃森	McKesson	美国	50 006.0
58	日产汽车	Nissan Motor	日本	49 555.2
59	瑞士联合银行	UBS	瑞士	48 503.4
60	国家电力(中国)G	State Power	中国	48 374.5
61	卡迪纳尔保健品	Cardinal Health	美国	47 947.6
62	默克	Merck	美国	47 715.7
63	州立农业保险	State Farm Insurance	美国	46 705.2
64	汇丰控股	HSBC Holding PLC	英国	46 424.0
65	标致	Peugeot	法国	46 264.1
66	委内瑞拉石油公司G	PDVSA	委内瑞拉	46 250.0
67	信实能源	Reliant Energy	美国	46 225.8
68	联合利华	Unilever	英国/荷兰	46 130.6
69	西南贝尔电信	SBC Communications	美国	45 908.0
70	惠普	Hewlett-Packard	美国	45 226.0

2001年世界最大500家企业(三)

位次	公司名称		国别(地区)	总收入(百万美元)
71	埃尼集团	ENI	意大利	44 636.9
72	麦德龙	Metro	德国	44 346.8
73	摩根士丹利	Morgan Stanley	美国	43 727.0
74	日商岩井	Nissho Iwai	日本	43 703.2
75	德国电信 G	Deutsche Telekom	德国	43 260.6
76	第一相互生命保险	Dai-ichi Mutual Life Insurance	日本	43 145.2
77	东芝	Toshiba	日本	43 139.4
78	Dynegy	Dynegy	美国	42 242.0
79	慕尼黑再保险集团	Munich Re Group	德国	41 894.0
80	东京电力	Tokyo Electric Power	日本	41 752.2
81	中国石油 G	China National Petroleum	中国	41 499.1
82	Mizuho Holdings	Mizuho Holdings	日本	41 445.1
83	西尔斯·罗巴克	Sears Roebuck	美国	41 078.0
84	日本电气公司	NEC	日本	40 796.0
85	富通	Fortis	比利时/荷兰	40 528.8
86	中国石化 G	Sinopec	中国	40 388.0
87	Aquila	Aquila	美国	40 376.8
88	富士通	Fujitsu	日本	40 043.9
89	Target	Target	美国	39 888.0
90	荷兰银行	ABN AMRO Holding	荷兰	39 702.7
91	抵押联合银行	HypoVereinsbank	德国	39 405.4
92	墨西哥石油 G	Pemex	墨西哥	39 400.0
93	宝洁	Procter & Gamble	美国	39 244.0
94	莱普索尔	Repsol YPF	西班牙	39 091.1
95	美林	Merrill Lynch	美国	38 793.0
96	苏黎世金融服务	Zurich Financial Services	瑞士	38 650.0
97	法国电信	France Tělěcom	法国	38 529.6
98	美国在线－时代－华纳	AOL Time Warner	美国	38 234.0
99	苏伊士里昂自来水	Suez	法国	37 932.5
100	埃伯森	Albertson's	美国	37 931.0
101	伯克什·哈索维	Berkshire Hathaway	美国	37 668.0
102	法国电力 G	Electricitě De France	法国	36 461.0
103	特科国际	Tyco International	美国	36 388.5
104	凯马特	Kmart	美国	36 151.0
105	三星电子	Samsung Electronics	韩国	35 968.9

2001年世界最大500家企业(四)

位次	公司名称		国别(地区)	总收入(百万美元)
106	保诚保险	Prudential	英国	35 821.2
107	农业信贷银行	Crědit Agricole	法国	35 668.5
108	联邦家庭贷款抵押	Freddie Mac	美国	35 523.0
109	世界电信	WorldCom	美国	35 179.0
110	马拉松石油	Marathon Oil	美国	35 041.0
111	价格成本公司	Costco Wholesale	美国	34 797.0
112	宝马汽车	BMW	德国	34 443.5
113	塞夫韦商店(美国)	Safeway	美国	34 301.0
114	泰斯科	Tesco	英国	33 915.5
115	皇家苏格兰银行	Royal Bank of Scotland	英国	33 830.9
116	蒂森-克虏伯	Thyssen Krupp	德国	33 796.0
117	康柏电脑	Compaq Computer	美国	33 554.0
118	三星	Samsung	韩国	33 212.0
119	朝日相互生命保险	Asahi Mutual Life Insurance	日本	33 142.8
120	鲜京	SK	韩国	33 007.8
121	强生	Johnson & Johnson	美国	33 004.0
122	大陆石油	Conoco	美国	32 795.0
123	沃达丰	Vodafone	英国	32 713.3
124	J.C.佩尼	J. C. Penney	美国	32 557.0
125	雷诺	Renault	法国	32 552.2
126	住友生命保险	Sumitomo Life Insurance	日本	32 548.5
127	辉瑞	Pfizer	美国	32 259.0
128	大都会人寿	MetLife	美国	31 928.0
129	Mirant	Mirant	美国	31 502.0
130	德国邮政总局G	Deutsche Post	德国	31 302.1
131	戴尔电脑	Dell Computer	美国	31 168.0
132	高盛集团	Goldman Sachs Group	美国	31 138.0
133	现代汽车	Hyundai Motor	韩国	30 863.6
134	联合包裹运送服务	United Parcel Service	美国	30 646.0
135	罗伯特·博世	Robert Bosch	德国	30 472.9
136	桑坦德集团	Santander Central Hispano Group	西班牙	30 421.8
137	住友三井银行	Sumitomo Mitsui Banking	日本	30 228.6
138	摩托罗拉	Motorola	美国	30 004.0
139	英国电信	BT	英国	29 958.2
140	葛兰素-史克	GlaxoSmithKline	英国	29 506.3

2001年世界最大500家企业(五)

位次	公司名称		国别(地区)	总收入(百万美元)
141	三菱电机	Mitsubishi Electric	日本	29 183.2
142	巴斯夫	BASF	德国	29 103.3
143	飞利浦电子	Royal Philips Electronics	荷兰	28 959.5
144	全州保险	Allstate	美国	28 865.0
145	好利获得	Olivetti	意大利	28 670.2
146	阿洪保险	Aegon	荷兰	28 561.9
147	诺基亚	Nokia	芬兰	27 931.4
148	德克萨斯公用事业	TXU	美国	27 927.0
149	联合技术	United Technologies	美国	27 897.0
150	哈利法克斯住宅互助协会	HBOS	英国	27 838.7
151	西班牙电话	Telefōnica	西班牙	27 807.5
152	陶氏化学	Dow Chemical	美国	27 805.0
153	EADS	EADS	荷兰	27 579.5
154	巴克莱银行	Barclays	英国	27 569.4
155	圣戈班	Saint－Gobain	法国	27 214.1
156	ConAgra	ConAgra	美国	27 194.2
157	保诚金融	Prudential Financial	美国	27 177.0
158	拜耳	Bayer	德国	27 111.2
159	百事可口	PepsiCo	美国	26 935.0
160	富国银行	Wells Fargo	美国	26 891.0
161	伊藤洋华堂	Ito－Yokado	日本	26 822.5
162	英特尔	Intel	美国	26 539.0
163	国际纸业	International Paper	美国	26 363.0
164	斯塔特石油 G	Statoil	挪威	26 285.9
165	三菱东京金融集团	Mitsubishi Tokyo Financial Group	日本	26 091.0
166	德尔福汽车零件	Delphi	美国	26 088.0
167	斯普林特	Sprint	美国	26 071.0
168	德国合作银行集团	DZ Bank	德国	25 987.3
169	国家电力(意大利)G	Enel	意大利	25 773.3
170	纽约人寿保险	New York Life Insurance	美国	25 678.2
171	三菱汽车	Mitsubishi Motors	日本	25 598.0
172	杜邦	DuPont de Nemours (E. I.)	美国	25 370.0
173	乔治亚－太平洋	Georgia－Pacific	美国	25 309.0
174	UFJ Holdings	UFJ Holdings	日本	25 299.9
175	微软	Microsoft	美国	25 296.0

2001 年 世 界 最 大 500 家 企 业（六）

位次	公 司 名 称		国别（地区）	总收入（百万美元）
176	明治生命保险	Meiji Life Insurance	日本	25 295.5
177	沃尔特·迪士尼	Walt Disney	美国	25 269.0
178	安泰保险	Aetna	美国	25 190.8
179	英格拉姆·麦克罗	Ingram Micro	美国	25 186.9
180	朗讯科技	Lucent Technologies	美国	25 132.0
181	春天百货	Groupe Pinault－Printemps	法国	24 893.5
182	洛克希德·马丁	Lockheed Martin	美国	24 793.0
183	沃尔格林	Walgreen	美国	24 623.0
184	J. 圣斯伯雷	J. Sainsbury	英国	24 575.4
185	巴西石油 G	Petrobrās	巴西	24 549.0
186	第一银行公司	Bank One Corp.	美国	24 527.0
187	教师保险和退休基金	TIAA－CREF	美国	24 230.6
188	菲利浦石油	Phillips Petroleum	美国	24 189.0
189	南方贝尔	BellSouth	美国	24 130.0
190	佳能	Canon	日本	23 936.0
191	兴业银行（法国）	Sociētē Gĕnĕrale	法国	23 924.1
192	毕尔巴鄂－比斯开银行	Banco Bilbao Vizcaya Argentaria	西班牙	23 848.0
193	商业银行（德国）	Commerzbank	德国	23 778.1
194	ABB	ABB	瑞士	23 726.0
195	霍尼韦尔国际	Honeywell Intl.	美国	23 652.0
196	AEON	AEON	日本	23 620.9
197	日本三菱石油	Nippon Mitsubishi Oil	日本	23 520.6
198	联合健康集团	UnitedHealth Group	美国	23 454.0
199	船坞集团（法国）	Groupe Auchan	法国	23 449.5
200	维亚康姆	Viacom	美国	23 222.8
201	西德意志州立银行 G	Westdeutsche Landesbank	德国	23 139.1
202	LG 电子	LG Electronics	韩国	23 136.9
203	太平洋天然气和电力	PG&E Corp.	美国	22 959.0
204	三菱重工	Mitsubishi Heavy Industries	日本	22 905.0
205	美国铝	Alcoa	美国	22 859.0
206	劳埃德银行	Lloyds TSB Group	英国	22 822.8
207	阿尔卡特	Alcatel	法国	22 703.5
208	KDDI	KDDI	日本	22 663.6
209	美国运通	American Express	美国	22 582.0
210	爱立信	L. M. Ericsson	瑞典	22 416.3

2001年世界最大500家企业(七)

位次	公司名称		国别(地区)	总收入(百万美元)
211	Wachovia Corp.	Wachovia Corp.	美国	22 396.0
212	雷曼兄弟控股	Lehman Brothers Hldgs.	美国	22 392.0
213	思科系统	Cisco Systems	美国	22 293.0
214	中国电信 G	China Telecommunications	中国	22 272.2
215	CVS	CVS	美国	22 241.4
216	劳氏	Lowe's	美国	22 111.1
217	西斯科	Sysco	美国	21 784.5
218	施贵宝	Bristol - Myers Squibb	美国	21 717.0
219	现代	Hyundai	韩国	21 701.5
220	三井相互生命保险	Mitsui Mutual Life Insurance	日本	21 655.7
221	电子数据系统	Electronic Data Systems	美国	21 543.0
222	皇家太阳联合保险集团	Royal & Sun Alliance	英国	21 525.2
223	TUI	TUI	德国	21 252.6
224	关西电力	Kansai Electric Power	日本	21 206.5
225	荷兰合作银行	Rabobank	荷兰	21 140.9
226	印度石油	Indian Oil	印度	20 915.5
227	瓦卢超市批发	Supervalu	美国	20 908.5
228	阿尔斯通	Alstom	法国	20 734.1
229	新日本制铁	Nippon Steel	日本	20 645.0
230	安万特	Aventis	法国	20 543.6
231	Foncière Euris	Foncière Euris	法国	20 489.9
232	卡特彼勒	Caterpillar	美国	20 450.0
233	东日本铁路	East Japan Railway	日本	20 341.0
234	日本邮政	Japan Postal Service	日本	20 281.2
235	瑞士再保险	Swiss Reinsurance	瑞士	20 210.2
236	俄罗斯天然气工业	Gazprom	俄罗斯	20 148.4
237	大荣	Daiei	日本	20 113.0
238	CNP 保险	CNP Assurances	法国	20 098.8
239	可口可乐	Coca - Cola	美国	20 092.0
240	阿彻-丹尼尔斯-米德兰	Archer Daniels Midland	美国	20 051.4
241	共和工业	AutoNation	美国	19 989.3
242	Intesabci	Intesabci	意大利	19 946.4
243	中国工商银行 G	Industrial & Commercial Bank of China	中国	19 827.8
244	Qwest 通信	Qwest Communications	美国	19 743.0
245	Delhaize 'Le Lion'	Delhaize 'Le Lion'	比利时	19 629.3

2001 年世界最大 500 家企业（八）

位次	公司名称		国别（地区）	总收入（百万美元）
246	联邦快递	FedEx	美国	19 629.0
247	Best Buy	Best Buy	美国	19 597.0
248	LG 国际	LG International	韩国	19 515.9
249	麻省相互人寿保险	Mass. Mutual Life Ins.	美国	19 339.6
250	法玛西亚	Pharmacia	美国	19 299.0
251	富士胶片	Fuji Photo Film	日本	19 203.4
252	电装	Denso	日本	19 203.1
253	弗利特－波士顿金融	FleetBoston	美国	19 190.0
254	信诺保险	Cigna	美国	19 115.0
255	东绵	Tomen	日本	19 073.1
256	Dexia 集团	Novartis	比利时	19 049.9
257	诺华	Novartis	瑞士	18 985.8
258	美利坚航空	AMR	美国	18 963.0
259	里昂信贷银行	Crĕdit Lyonnais	法国	18 847.5
260	洛斯银公司	Loews	美国	18 799.1
261	索莱克特龙	Solectron	美国	18 692.3
262	Diageo	Diageo	英国	18 604.8
263	北电网络	Nortel Networks	加拿大	18 507.0
264	江森自控	Johnson Controls	美国	18 427.2
265	标准人寿保险	Standard Life Assurance	英国	18 415.7
266	布伊格	Bouygues	法国	18 333.5
267	沃尔沃	Volvo	瑞典	18 301.3
268	太阳微系统	Sun Microsystems	美国	18 250.0
269	弗朗兹·哈尼尔	Franz Haniel	德国	18 212.9
270	Centrica	Centrica	英国	18 161.2
271	英美烟草	British American Tobacco	英国	18 143.9
272	Almanij	Almanij	比利时	18 054.7
273	丰田通商	Toyota Tsusho	日本	18 040.2
274	法国国营铁路 G	SNCF	法国	18 025.5
275	哥伦比亚医药卫生	HCA	美国	17 953.0
276	贝塔斯曼	Bertelsmann	德国	17 886.9
277	中国银行 G	Bank Of China	中国	17 869.3
278	Visteon	Visteon	美国	17 843.0
279	中部电力	Chubu Electric Power	日本	17 826.1
280	阿比国家	Abbey National	英国	17 798.3

2001年世界最大500家企业(九)

位次	公司名称		国别(地区)	总收入(百万美元)
281	布罗肯希尔土地兴业	BHP Billiton	澳大利亚	17 789.0
282	塞拉里	Sara Lee	美国	17 747.0
283	华盛顿相互	Washington Mutual	美国	17 692.0
284	国家石油(马来西亚)G	Petronas	马来西亚	17 679.3
285	普利司通	Bridgestone	日本	17 566.3
286	三星人寿保险	Samsung Life Insurance	韩国	17 503.3
287	中国移动G	China Mobile Communications	中国	17 405.9
288	罗氏集团	Roche Group	瑞士	17 282.1
289	鲜京全球	SK Global	韩国	17 214.3
290	技术数据	Tech Data	美国	17 197.5
291	挪威水电	Norsk Hydro	挪威	16 998.7
292	联邦百货	Federated Dept. Stores	美国	16 895.0
293	三洋电器	Sanyo Electric	日本	16 892.0
294	巴登-符滕堡州立银行	Landesbank Baden-Wurttemberg	德国	16 876.7
295	雷锡昂	Raytheon	美国	16 867.0
296	马自达汽车	Mazda Motor	日本	16 754.3
297	Groupe Caisse D'ëpargne	Groupe Caisse D'ëpargne	法国	16 693.0
298	安田相互生命保险	Yasuda Mutual Life Insurance	日本	16 574.7
299	加拿大皇家银行	Royal Bank of Canada	加拿大	16 535.9
300	施乐	Xerox	美国	16 502.0
301	阿斯特拉-捷利康	AstraZeneca	英国	16 480.0
302	鹿岛建设	Kajima	日本	16 477.9
303	澳大利亚国民银行	National Australia Bank	澳大利亚	16 450.1
304	U.S.Bancorp	U. S. Bancorp	美国	16 443.0
305	日绵	Nichimen	日本	16 437.0
306	天合	TRW	美国	16 383.0
307	日本烟草	Japan Tobacco	日本	16 330.9
308	Vinci	Vinci	法国	16 290.9
309	雅培制药	Abbott Laboratories	美国	16 285.2
310	西北相互人寿保险	Northwestern Mutual	美国	16 211.8
311	中化G	Sinochem	中国	16 164.4
312	东京海上和火灾保险	Tokio Marine & Fire Insurance	日本	16 155.5
313	Adecco	Adecco	瑞士	16 146.7
314	Kingfisher	Kingfisher	英国	16 142.1
315	联合航空	UAL	美国	16 138.0

2001年世界最大500家企业(十)

位次	公司名称		国别(地区)	总收入(百万美元)
316	明尼苏达矿业制造	3M	美国	16 079.0
317	斯堪斯卡土木工程	Skanska	瑞典	15 947.6
318	乔治·威斯顿	George Weston	加拿大	15 923.3
319	美媛健康服务	AmerisourceBergen	美国	15 822.6
320	巴伐利亚州立银行 G	Bayerische Landesbank	德国	15 794.9
321	意大利联合-信贷银行	UniCredito Italiano	意大利	15 791.0
322	可口可乐企业	Coca-Cola Enterprises	美国	15 700.0
323	出光兴产	Idemitsu Kosan	日本	15 679.3
324	韩国电力 G	Korea Electric Power	韩国	15 674.4
325	弗莱明	Fleming	美国	15 627.7
326	埃默森电子	Emerson Electric	美国	15 479.6
327	Onex	Onex	加拿大	15 369.3
328	公众超市	Publix Super Markets	美国	15 284.2
329	法国邮政总局 G	La Poste	法国	15 248.5
330	三井住友保险	Mitsui Sumitomo Insurance	日本	15 205.6
331	来爱德	Rite Aid	美国	15 171.1
332	哈特福德金融服务	Hartford Fin. Services	美国	15 147.0
333	Exelon	Exelon	美国	15 140.0
334	全国保险企业	Nationwide	美国	15 118.3
335	Xcel 能源	Xcel Energy	美国	15 028.2
336	瓦莱罗能源	Valero Energy	美国	14 988.3
337	布拉德斯科银行	Banco Bradesco	巴西	14 953.2
338	汉莎集团	Lufthansa Group	德国	14 945.8
339	贝尔加拿大企业	BCE	加拿大	14 873.4
340	麦当劳	McDonald's	美国	14 870.0
341	英美有限公司(英国)	Anglo American	英国	14 786.0
342	米其林	Michelin	法国	14 566.4
343	曼集团	Man Group	德国	14 551.6
344	惠好	Weyerhaeuser	美国	14 545.0
345	金佰利-克拉克	Kimberly-Clark	美国	14 524.4
346	夏普	Sharp	日本	14 426.1
347	卡尔斯泰特-奎尔	KarstadtQuelle	德国	14 388.1
348	电通	Dentsu	日本	14 311.2
349	自由相互保险集团	Liberty Mutual Group	美国	14 256.0
350	三菱化工	Mitsubishi Chemical	日本	14 238.5

2001年世界最大500家企业（十一）

位次	公司名称		国别（地区）	总收入（百万美元）
351	五月百货	May Dept. Stores	美国	14 175.0
352	固特异轮胎橡胶	Goodyear Tire & Rubber	美国	14 147.2
353	蒙特爱迪生	Edison	意大利	14 139.9
354	Wyeth	Wyeth	美国	14 128.5
355	西方石油	Occidental Petroleum	美国	14 126.0
356	德意志巴恩G	Deutsche Bahn	德国	14 079.0
357	谢伦伯格	Schlumberger	美国	13 988.1
358	Endesa	Endesa	西班牙	13 948.3
359	家居国际	Household International	美国	13 915.7
360	庞巴迪	Bombardier	加拿大	13 896.1
361	加拿大帝国商业银行	Canadian Imperial Bank of Commerce	加拿大	13 889.4
362	德尔塔航空	Delta Air Lines	美国	13 879.0
363	加普	Gap	美国	13 847.9
364	新闻集团	News Corp.	澳大利亚	13 754.8
365	鲁尔煤矿	RAG	德国	13 691.3
366	丰业银行	Bank of Nova Scotia	加拿大	13 673.2
367	日本通运	Nippon Express	日本	13 661.1
368	日本电信	Japan Telecom	日本	13 628.3
369	利尔	Lear	美国	13 624.7
370	多伦多-自治领银行	Toronto-Dominion Bank	加拿大	13 584.8
371	东北电力	Tohoku Electric Power	日本	13 573.7
372	奥托邮购	Otto Versand	德国	13 564.3
373	Northrop Grumman	Northrop Grumman	美国	13 558.0
374	Legal & General	Legal & General	英国	13 541.3
375	瑞士人寿保险和养老金	Swiss Life Ins. & Pension	瑞士	13 511.4
376	阿美拉达-赫斯	Amerada Hess	美国	13 413.0
377	哈利伯顿	Halliburton	美国	13 405.0
378	大成建设	Taisei	日本	13 386.7
379	理光	Ricoh	日本	13 374.7
380	Accenture	Accenture	美国	13 347.9
381	铃木汽车	Suzuki Motor	日本	13 342.0
382	迪尔	Deere	美国	13 292.9
383	伊士曼·柯达	Eastman Kodak	美国	13 234.0
384	日本钢管	NKK	日本	13 224.1
385	日本能源	Japan Energy	日本	13 202.6

2001年世界最大500家企业（十二）

位次	公司名称		国别（地区）	总收入（百万美元）
386	伊莱克斯	Electrolux	瑞典	13 130.6
387	AdvancePCS	AdvancePCS	美国	13 107.3
388	Flextronics 国际	Flextronics International	新加坡	13 104.8
389	中国建设银行 G	China Construction Bank	中国	13 082.8
390	英国航空航天	BAE Systems	英国	13 020.0
391	Arcelor	Arcelor	卢森堡	13 005.3
392	中粮 G	COFCO	中国	13 003.7
393	CMS Energy	CMS Energy	美国	12 977.0
394	达能集团	Groupe Danone	法国	12 957.8
395	农林中央银行	Norinchukin Bank	日本	12 939.1
396	Cinergy	Cinergy	美国	12 922.5
397	安霍伊塞-布希	Anheuser-Busch	美国	12 911.5
398	温-迪克西百货	Winn-Dixie Stores	美国	12 903.4
399	日本航空	Japan Airlines	日本	12 865.7
400	法国天然气	Gaz de France	法国	12 856.6
401	太阳相互生命保险	Taiyo Mutual Life Insurance	日本	12 824.2
402	Avnet	Avnet	美国	12 814.0
403	巡回城市百货	Circuit City Stores	美国	12 791.5
404	五十铃汽车	Isuzu Motors	日本	12 777.8
405	清水建设	Shimizu	日本	12 668.5
406	科尔斯·梅耶	Coles Myer	澳大利亚	12 642.8
407	阿克苏诺贝尔	Akzo Nobel	荷兰	12 635.5
408	加铝集团	Alcan	加拿大	12 626.0
409	康巴斯集团	Compass Group	英国	12 552.0
410	WellPoint Health Netwks.	WellPoint Health Netwks.	美国	12 428.6
411	澳大利亚电信 G	Telstra	澳大利亚	12 414.7
412	Sunoco	Sunoco	美国	12 402.0
413	韩国电信	KT	韩国	12 348.5
414	达信	Textron	美国	12 321.0
415	欧莱雅	L'Oreal	法国	12 304.5
416	拉法基	Lafarge	法国	12 266.5
417	安盟-甘集团	Groupama	法国	12 263.8
418	塞夫韦商店（英国）	Safeway	英国	12 257.6
419	Nordea	Nordea	瑞典	12 209.2
420	爱迪生国际	Edison International	美国	12 183.9

2001年世界最大500家企业(十三)

位次	公司名称		国别(地区)	总收入(百万美元)
421	通用动力	General Dynamics	美国	12 163.0
422	Lukoil	Lukoil	俄罗斯	12 106.0
423	Stora Enso	Stora Enso	芬兰	12 097.1
424	特耐健康服务	Tenet Healthcare	美国	12 053.0
425	Consignia	Consignia	英国	12 040.0
426	联合太平洋	Union Pacific	美国	11 973.0
427	米格罗百货	Migros	瑞士	11 955.2
428	英国航空	British Airways	英国	11 942.6
429	Lagardĕre Groupe	Lagardĕre Groupe	法国	11 905.6
430	Carso 环球电信	Carso Global Telecom	墨西哥	11 889.9
431	住友电气	Sumitomo Electric Industries	日本	11 876.6
432	加拿大电力	Power Corp. of Canada	加拿大	11 854.8
433	太平洋健康系统	PacifiCare Health Sys.	美国	11 844.0
434	农场工业	Farmland Industries	美国	11 763.4
435	泛加输油管道	TransCanada Pipelines	加拿大	11 715.4
436	汉高	Henkel	德国	11 695.2
437	巴西银行 G	Banco Do Brasil	巴西	11 685.2
438	九州电力	Kyushu Electric Power	日本	11 661.1
439	马科斯和斯潘塞	Marks & Spencer	英国	11 649.6
440	Cathay Life	Cathay Life	台湾省	11 590.5
441	礼来大药厂	Eli Lilly	美国	11 542.5
442	伍尔沃特	Woolworths	澳大利亚	11 502.0
443	计算机科学	Computer Sciences	美国	11 426.0
444	废物处理	Waste Management	美国	11 322.0
445	安田火灾和海上保险	Yasuda Fire & Marine Insurance	日本	11 306.1
446	克里斯蒂安·迪奥	Dior (Christian)	法国	11 253.7
447	大林组	Obayashi	日本	11 226.0
448	阿尔贝德钢铁	Arbed	卢森堡	11 195.1
449	蒙特利尔银行	Bank of Montreal	加拿大	11 184.5
450	办公用品	Office Depot	美国	11 154.1
451	皇家 KPN	Royal KPN	荷兰	11 118.5
452	Corus 集团	Corus Group	英国	11 087.4
453	Old Mutual	Old Mutual	英国	11 075.8
454	法航集团 G	Air France Group	法国	11 075.7
455	威廉姆斯	Williams	美国	11 055.3

2001年世界最大500家企业(十四)

位次	公司名称		国别(地区)	总收入(百万美元)
456	美纳国际	Magna International	加拿大	11 026.0
457	'R'字玩具	Toys 'R' Us	美国	11 019.0
458	大西洋和太平洋茶叶	Great Atl. & Pacific Tea	美国	10 973.3
459	LVMH	LVMH	法国	10 951.0
460	日本中部铁路	Central Japan Railway	日本	10 932.5
461	丹麦银行集团	Danske Bank Group	丹麦	10 911.6
462	富士重工	Fuji Heavy Industries	日本	10 896.7
463	Daiwa Bank Holdings	Daiwa Bank Holdings	日本	10 887.5
464	甲骨文	Oracle	美国	10 859.7
465	永明人寿保险	Sun Life Financial Services	加拿大	10 857.2
466	住友金属	Sumitomo Metal Industries	日本	10 793.0
467	中华石油	Chinese Petroleum	台湾省	10 781.2
468	Tyson Foods	Tyson Foods	美国	10 750.9
469	Staples	Staples	美国	10 744.4
470	TJX	TJX	美国	10 709.0
471	中国农业银行G	Agricultural Bank of China	中国	10 656.6
472	积水房屋	Sekisui House	日本	10 631.3
473	Bankgesellschaft Berlin	Bankgesellschaft Berlin	德国	10 617.9
474	科斯莫石油	Cosmo Oil	日本	10 612.4
475	北德意志州立银行G	Norddeutsche Landesb.	德国	10 603.9
476	索迪斯联合	Sodexho Alliance	法国	10 579.2
477	Dominion Resources	Dominion Resources	美国	10 558.0
478	Alliance Unichem	Alliance Unichem	英国	10 533.1
479	大通生命保险	Daido Life Insurance	日本	10 527.1
480	大日本印刷	Dai Nippon Printing	美国	10 492.3
481	Kreditanstalt fur Wiederaufbau	Kreditanstalt fur Wiederaufbau	德国	10 484.4
482	Manpower	Manpower	美国	10 483.8
483	Manulife Financial	Manulife Financial	加拿大	10 480.2
484	德纳	Dana	美国	10 469.0
485	三得利	Suntory	日本	10 444.7
486	Anthem	Anthem	美国	10 444.7
487	Wolseley	Wolseley	英国	10 383.8
488	Allegheny Energy	Allegheny Energy	美国	10 378.9
489	凸版印刷	Toppan Printing	日本	10 366.5
490	昭和壳牌	Showa Shell Sekiyu	日本	10 361.9

2001年世界最大500家企业（十五）

位次	公司名称		国别（地区）	总收入（百万美元）
491	惠而浦	Whirlpool	美国	10 343.0
492	Itausa	Itausa	日本	10 239.3
493	胡曼纳	Humana	美国	10 194.9
494	浦项制铁	POSCO	韩国	10 161.8
495	南方天然气	Southern	美国	10 155.0
496	Marriott International	Marriott International	美国	10 152.0
497	MBNA	MBNA	美国	10 144.7
498	箭牌电子	Arrow Electronics	美国	10 127.6
499	旭硝子	Asahi Glass	日本	10 102.6
500	竹中工务店	Takenaka	日本	10 096.2

资料来源：美国《财富》杂志。

第三部分

第四批外经贸部“重点支持和发展的名牌出口商品”名单
（共6大类39个品牌）

类　别	品牌（商标）	企业（商标所有者）
家用电器	EXCELL（南孚）（电池）	福建南平南孚电池有限公司
	HUALING（华陵）	国信华凌集团有限公司
	ROWA（乐华）	广州乐华电子有限公司
	Shinco（新科）	江苏新科电子集团有限公司
	HUAYI（华意）	景德镇华意电器总公司
	PAIRDEER（双鹿）（电池）	中银（宁波）电池有限公司
	AUCMA（澳柯玛）	青岛澳柯玛集团总公司
	TIGER HEAD（虎头）（手电筒）	广州市电筒工业公司
机械	Bingshan（冰山）	大连冷冻机股份有限公司
	TORIN	江苏通润机电集团有限公司
	WANLI（万力）	广州市华南橡胶轮胎有限公司
	HAITIAN（海天）	宁波海天股份有限公司
	HCH（环驰）	环驰轴承集团有限公司
	CW	慈兴集团有限公司
	F&Q（丰球）（水泵）	浙江丰球集团有限公司
摩托车	LIFAN	重庆力帆轰达实业（集团）有限公司
纺织服装	MIDNIGHT SUN（午夜赤阳）	安徽省服装进出口股份有限公司
	HONGRUN（鸿润）	桐城市鸿润集团公司
	DUOJIA（多佳）	湖北多佳股份有限公司
	AIYIMEI（爱伊美）	奉化市爱伊美西服进出口有限公司
	天山	新疆天山毛纺织股份有限公司
	兽王	浙江兽王集团有限公司
	BUSEN（步森）	浙江步森集团有限公司
	雅太克斯	中国抽纱品进出口（集团）公司
	铜牛	北京铜牛针织集团有限责任公司
	TRANDS（创世）	大杨集团有限责任公司
	SILIQUE	广东省丝绸（集团）公司
	HUBAO（虎豹）	江苏虎豹集团有限公司
	迪尚	威海纺织集团进出口有限责任公司
	REDKIDS	红孩儿（福建）儿童用品有限公司

类　别	品牌（商标）	企业（商标所有者）
轻工消费品	ANDY（文体用品）	合肥安迪健身用品有限责任公司
	PROFIT（德艺），MOONRIVER（月亮河）（工艺陶瓷）	福州德艺国际贸易有限公司
	潮流（工艺、建筑陶瓷，灯饰）	广东潮流集团有限公司
	GuangBo（广博）（文具）	浙江广博文具发展有限公司
	CHENGLU（成路）（笔）	宁波成路文体旅游日用品制造有限公司
	DONGYI（东艺）（鞋）	东艺鞋业有限公司
	WISH（伟士）（文体用品）	福建石狮市伟士体育用品有限公司
	BUMPER HARVEST（丰收）（搪瓷器皿）	上海轻工国际集团有限公司
食品	珠江桥（调味品）	广东省食品集团公司

（对外贸易经济合作部2001年12月10日公布）

第三届全国外经贸研究成果奖获奖作品名单

论 著

一等奖（1篇）：	《邓小平对外开放理论的实践》	**刘向东** 对外贸易经济合作部
二等奖（4篇）：	《知识论——知识产权、知识贸易与经济发展》	**夏先良** 中国社会科学院财贸经济研究所
	《高新技术产品出口发展战略研究》	科学技术部中国科技促进发展研究中心《科技兴贸战略研究》课题组（**课题负责人：高志前 杜占元**）
	《新经济与国际经济贸易》	**张 祥** 对外贸易经济合作部
	《企业理论与公司治理》	**范黎波 李自杰** 对外经济贸易大学
三等奖（7篇）：	《入世与服务业市场开放》	**郑志海 邢厚媛** 对外贸易经济合作部国际贸易经济合作研究院
	《利用外资与中国经济增长》	国务院发展研究中心宏观经济研究部、对外贸易经济合作部外经贸政策研究室 联合课题组（**组长：赵晋平**）
	《国际贸易创新论》	**唐海燕** 华东师范大学
	《中国对外直接投资的实证研究及国际比较》	**刘红忠** 复旦大学经济学院国际金融系
	《跨国公司与中国市场》	**薛求知** 复旦大学管理学院
	《国际物流：全球化时代的第三利润源泉》	**散襄军** 天津市对外经济贸易委员会
	《对外贸易的行政法制度》	**陈立虎** 苏州大学法学院
鼓励奖（5篇）：	《我国对外贸易与经济增长转型的理论与实证研究》	**李荣林 张岩贵** 南开大学国际经济研究所
	《中国涉外经贸：理论、运行、政策》	**王巾英 崔新建** 中央财经大学经济管理系
	《国际农产品贸易自由化与中国农业市场竞争策略》	**陈芬森** 中国粮油食品进出口（集团）有限公司
	《走向21世纪的国际服务贸易》	**王立杰** 北京市对外经济贸易委员会
	《国际反倾销法实用大全》	**高永富** 上海外贸学院、**张玉卿** 对外贸易经济合作部条法司 主编

论 文

一等奖（1篇）：《建立10+3自由贸易区前景分析》 对外贸易经济合作部国际贸易经济合作研究院课题组（组长：徐长文）

二等奖（5篇）：《加入WTO后我国涉外经济管理体制改革研究》 国务院发展研究中心对外经济研究部课题组（课题负责人：张小济）

《中国加入世贸组织后利用外资所面临的问题及其对策》 对外经济贸易大学国际贸易问题研究所课题组（课题负责人：华晓红 赵秀臣）

《美国出口管制政策及其制约因素》 肖 炼 中国社会科学院美国所

《三趟快车改革的必然选择：走企业化道路》 外经贸部国际贸易经济合作研究院 铁道部科学研究院运输及经济研究所 北方交通大学交通运输学院 联合课题组（组长：陈文敬）

《对国际承包工程面临的若干风险及对策的思考》 徐 阳 中国土木工程集团公司

三等奖（8篇）：《我国加工贸易面临营销战略的转变》 郭友群 广东外语外贸大学国际经贸学院

《最透明的政策最有效——中国国际收支分析中若干理论问题》 马晓野 刘明兴 北京大学中国经济研究中心

《WTO和中国经济特区的未来》 易 全 国际商报深圳记者站

《中国均衡实际有效汇率：一个总量一般均衡分析》 卜永祥 中国人民银行研究局

《我国出口商品竞争力的比较和改善出口商品结构的对策研究》 赵玉敏 郭培兴 张小瑜 外经贸部国际贸易经济合作研究院

《发展宁夏与世界伊斯兰国家经贸关系的研究》 宁夏对外贸易经济合作厅课题组（执笔：凌伟达）

《加入WTO对浙江宏观经济的总体影响及数量分析》 赖存理 浙江省对外贸易经济合作厅课题组

《WTO与中国经济特区立法创新研究》 陈 俊 北京大学法学院

鼓励奖（9篇）：

《从毛里求斯劳务市场分析浅谈我国劳务政策改革设想》	**陈文林** 外经贸部驻南京特派员办事处
《“入世”与我国地理标志保护》	**敖　瑜** 南京大学政治与行政管理学系
《试行出口退税质押贷款　开拓外贸企业融资新路》	**钱世雄　张琼华** 宁波市对外贸易经济合作局
《国际创业投资在京投资与发展的研究报告》	北京市国际贸易研究所等 吸引国际创业投资与首都高科技产业发展课题组（**组长：邓洪波**）
《外商在华直接投资动机与区位因素分析——对秦皇岛市外商直接投资的实证研究》	**魏后凯** 中国社会科学院工业经济研究所 **王　新** 《求是》杂志社经济部
《机电产品出口：态势、难点及相关对策探讨》	**杨昌荣** 湖北国际经贸学会
《贸易结合度分析与出口战略选择》	**邓力平　郑甘澍** 厦门大学经济学院
《上海实施“走出去”战略，开拓非洲市场的策略和重点研究》	上海市外经贸委课题组
《加入WTO对我国外经贸管理体制的影响及对策建议》	**俞丹桦　徐玉芳　吴培力** 宁波市对外贸易经济合作局

广告索引

深圳市保税区管理局

The Shenzhen Administration Bureau for Free Trade Areas

福田保税区大门

深圳市现有三个保税区，即福田保税区、沙头角保税区和盐田港保税区，区域面积2.83平方公里，其中海关监管围网面积2.4平方公里，配套生活区面积0.43平方公里。

深圳市保税区管理局为深圳市政府的派出机构，统一管理福田、沙头角、盐田港三个保税区的各项行政事务。管理局下设福田、沙头角、盐田港三个保税区服务中心，各自负责所管辖保税区的事务性、服务性工作。

截止到2001年底，深圳三个保税区共有25个国家和地区的1010家企业落户，其中世界500强企业6家。2001年全年实现国内生产总值95.57亿元，增长32.1%，实现工业总产值305.6亿元，增长36.8%，完成进出口总额71.42亿美元，增长11.5%，其中出口总额37.12亿美元，增长16.3%，实际利用外资2.37亿美元，增长36.2%。三个保税区在总面积占全市1.8‰的土地上，生产出了工业总产值、外贸出口、实际利用外资等三项主要经济指标分别占全市10%左右的经济成果，已经成为全市经济发展重要的增长点。

深圳三个保税区拥有特殊的地缘和政策优势，配套设施一应俱全，管理局以"保税区的发展是我们的骄傲，社会评价的好坏是我们的荣辱"为服务方式和紧贴国际惯例运作的管理模式，让投资者安心、放心、开心。

我们竭诚欢迎中外客商来保税区投资兴业！

There are three free trade areas in Shenzhen City, namely as Futian Free Trade Area, Shaotoujiao Free Trade Area and Yantian Port Free Trade Area. It covers an area of 2.83 km^2. There is 6.4km^2 areas under administration of the local CIQ and 0.43 km^2 living areas.

The Shenzhen Administration Bureau for Free Trade Areas is the outgrowth organization of the Shenzhen Municipal Government. It governs all civil affairs in Futian, Shatoujiao and Lantian Port Free Trade Areas with three service centers separately taking charge of the administration and services in the Free Trade Areas.

By the end of 2001, there were totally 1010 companies settled in these three Free Trade Areas from 25 different countries. Among them, 6 companies list in the world top 500s. In the year of 2001, the Free Trade Areas accomplished 9.557 billion production value with a 32.1% increase, 30.56 billion industrial production value with a 36.8% increase,
7.142 billion import and export value with a 11.5% increase, and 3.712 billion export value with a 16.3% increase. And it utilized 237 million foreign capital in fact with a 36.2% increase. Occupying 1.8% acreage of the Shenzhen City, these three Free Trade Areas produced 10% economic production in three major economic indexes of industrial production, export and utilizing foreign capital. They have already become the rising point of economic development in Shenzhen.

The Free Trade Areas enjoy unique advantage of location and policy. The supplementary facilities are full already positioned. The Administration Bureau believes that the development of the Free Trade Areas is our pride and the social judgement is our honor or disgrace. And we carry out international standard service and management model to make the investors reassuring, disburden and enjoyable.

We warmly welcome the guests home and abroad to invest and start business in the Free Trade Areas.

沙头角保税区

盐田港保税区依托盐田港，服务盐田港

地址：深圳市福田保税区桂花路一号　Add: No.1 Guihua Road, Futian Free Trade Area, Shenzhen City.

电话(Tel):83590305　传真(Fax):83590053　邮编(P.C.):518038

在浩瀚精彩的千年皇城，你可以体味到至远的古老与至新的现代，依稀的城郭与清晰的楼宇交织着万众长久的瞩目。都城，一段挥之不去的情节中，又续写着另一座理想之城－中国国际贸易中心的城中故事。由古老的京城深入，叩开未来时代的城门。中国国际贸易中心豁然展现：国际甲级写字楼支持商业发展，现代展览中心透视当代前沿风采，星级酒店带来尊贵级至善享受，国际公寓演绎温馨家居内涵，购物商场时尚潮流全面登陆，东西方千种佳肴美馔任君浅呷品味，国际会议中心汇集各国精英畅所言论，娱乐设施丰富齐全，更有京城首家室内水冰场独树一帜、情趣盎然。

城中之城，万千包容。您所探寻与期待的未来体验就在中国国际贸易中心......

Beijing, a city built on the past, is now taking its rightful place as a city of the future. A place where ancient city walls rub shoulders with sparkling new office towers. And in amongst this perfect mix of the old and the new, towers the China World Trade Center, a proud testament to Beijing's progress.

Within its shimmering walls, spacious offices are equipped with intelligent equipment systems to help ensure the efficiency of your business. A modern exhibition center and luxury hotels are on hand to provide every facility for modern commerce. Our international apartments boast amenities of the very highest global standards. Inside our luxury shopping mall you'll find elements of taste and style from across the globe. A galaxy of restaurants provides every imaginable cuisine from the four corners of the world.

Unlock the secrets of Beijing's modern age, discover the future at China World Trade Center, a veritable city within a city.

写字楼 ● 饭店 ● 展览大厅 ● 商城 ● 会议中心 ● 公寓

OFFICES ● HOTELS ● EXHIBITION HALL ● SHOPPING MALL ● CONFERENCE CENTER ● APARTMENTS

中国北京建国门外大街一号　邮编：100004　电话：(8610)65052288　网址：http://www.cwtc.com　NO.1 JianGuoMenWai Avenue Beijing 100004, China　TEL:(8610)65052288　http://www.cwtc.com

浙江省临安经济开发区
Zhejiang Lin' an Economic Development Zone

浙江省临安经济开发区位于临安市东侧，与“人间天堂”杭州紧邻，距离杭州市中心25公里，是2001年9月经浙江省人民政府批准设立的省级经济开发区。全区管辖面积为20平方公里，详细规划面积为11.3平方公里，首期规划工业用地面积为7.8平方公里。在未来的5—10年内将构建三大功能区域，即：生产制造区、生活服务区、休闲娱乐区，建成杭州地区一流的国际化工业城，充分体现人居、制造、物流全优的绿色环保投资环境。

截止2002年6月底，有25家企业落户开发区，累计总投资4.74亿元人民币，其中外商投资企业4家，投资总额1700万美元。

区位优势：临安经济开发区既独立于杭州市区，又与市区紧密相连，是正在开发的临安新区－青山湖新区的核心。杭州至黄山高速公路沿区而过，开发区主入口与高速公路相连。区内航道与京杭大运河及钱塘江沟通，距离杭州萧山机场仅40分钟路程。

服务优势：开发区坚持让海内外投资者先得益的服务宗旨，对进区和区内企业实行高效、热情的“三全三一”的服务模式，即“全天候、全过程、全方位，一个口子受理、一条龙服务、一分钱不收”为进区和区内企业办理各类报批手续。

发展优势：开发区详细规划、组织机构的设置和职能、充分体现了我们开发区发展进程中的“五化”优势，即“形象建设文化化、组织机构效益化、科学管理制度化、经济发展特色化、园区开发多元化、招商引资资本化”优势。

地址：浙江省临安市青山湖街道鹤亭大街6号

邮编：311305　电话：0571-63785618　传真：0571-63783578

浙江省临安经济开发区管委会主任　黄国林

The Administrative Commission of Zhejiang Lin'an Economic Delelopment Zone

Neighboing Hangzhou, "the Paradise on the earth", and only 25 kilometers distance away from the downtown, Zhejiang Lin'an Economic Development Zone is a provincial economic development zone approved by Government of Zhejiang. It covers 20 km² area, 11.3 km² of programmed in details and 7.8 km² of phase-I planned industrial area. In future 5-10 years, we will build 3 functional areas: the industrial area, the living area and the entertaining area, establishing first-class international industrial city in Hangzhou area and showing excellent green environment protection investment condition of living, manufacture and materials circulation.

By the end of June of 2002, 25 enterprises have been settled in the development zone and the total investment is 474 million *RMB* among which 4 are foreign investment enterprises holding US$ 17 million assets.

Location Advantages Independent to Hangzhou and close to the city area, Lin'an Economic Development Zone is in the center of Qingshan Lake New Zone. The major entrance of the development zone is connected with Hangzhou-Huangshan expressway. The navigable inland channel inside the zone is connected with Beijing-Hangzhou Canal and Qiangtang River, and only 40 minutes drive to the Xiaoshan International Airport of Hangzhou.

Service Predominance Holding the tenet "giving priority to incoming investors first", we insist on the principle of " Three Wholes and Three Ones" with high efficiency and zest to handle each kind of approval procedure, that is "Whole day available, Whole Procedures, Whole Orientations, One receiver to deal with, One Line of service and Free of charge".

Development Advantages The plan in details, the set up of organizational framework and the functions adequately reflect the advantage of image-building civilization, high performance of organizational activity, systemization of scientific management, specialization of economic development, diversification of zone development and capitalization to invite the investors"

Add 6 Daoheting Street, Qingshan Lake, Lin'an City, Zhejiang

Post code 311305

Tel 86-571-63785618　Fax 86-571-63783578

北京首都创业集团有限公司　是由原隶属于北京市的17家从事房地产、基础设施、工业制造、贸易、酒店等实业投资公司，于1995年10月重组而成的大型国有独资集团公司。

截止2001年底，首创集团共拥有各类全资、控股、参股企业142家，其中国内上市公司4家、上市证券基金1家，香港上市基金1家，国内上市公司流通股约占中国资本市场市值的1%左右；2001年，集团实现利税总额8.5亿元，比上年增长9.3%；实现利润总额7.20亿元，比上年增长3.5%；实现税后利润6.12亿元，比上年增长2.5%，国有资产保值增值率达到104.9%；集团总资产已达232亿元，净资产达84.6亿元。

面对21世纪经济全球化的竞争和挑战，首创集团将大力开拓国内外市场，积极参与世界范围内的资源重组与经济技术合作，努力实现首创房地产和以水务为代表的经营性基础设施及金融服务三大核心主业与世界著名专业公司的战略合作和海外上市，推进集团股权的多元化、国际化和整体改制，力争使集团净资产收益率达到并保持在10%，给广大投资者以比较理想的回报，将首创集团逐步发展成为有较强市场开拓能力和专业化运作能力，主业突出、效益良好，具备较强国际竞争力和品牌知名度的大型投资控股集团公司。

董事长：林　豹

总经理：刘晓光

地址：北京朝阳区北三环东路8号静安中心　邮编：100028

电话：64683366　传真：64689020

Beijing Capital Group, a large-sized state-owned enterprise, was set up in October, 1995 as a result of the consolidation of seventeen economic entities originally controlled by the Development Planning Commission, Finance Bureau and General Office of the Beijing Municipal Government. The business realm of its seventeen predecessors covered real estate, infrastructure, manufacturing, trade and hotel.

By the end of 2001, Capital Group has under its name a hundred and forty-two companies of diverse ownership structures, ranging from sole ownership to joint equity and to subsidiaries. Among those are four corporations and one securities fund listed in mainland China and another fund listed in the Hong Kong market. The negotiable shares of the four listed corporations account for around 1% of the total value of the Chinese capital market. The group's total operating income for 2001 amounted to 0.85 billion yuan, 9.3% higher than that of the previous year; income before taxes grew by 3.5% to 0.72 billion yuan and after-tax income reached 0.612 billion yuan, representing a 2.5% growth compared with a year before. The total assets of Capital Group have climbed to 23.2 billion yuan and its net assets, to 8.46 billion yuan.

Faced with the rising competition and challenge posed by economic globalization in the 21st century, Capital Group will vigorously exploit the domestic as well as the foreign markets and take active participation in international resource relocation and economic and technological cooperation. Specifically, the group will move forcefully towards going public overseas and seeking strategic cooperation with world-famous companies in its operational infrastructure centered on real estate and water services and in the three major financial services. The goal of this maneuver is to diversify the ownership structure and to promote its internationalization and restructuring. With regard to profitability, Capital Group aims at reaching and maintaining a 10% reate of return on net assets, which will provide a fairly good reward for its investors. In sum, it will develop itself into a highly competitive and widely recognized large investment holding company with strong market development ability, professional management and impressive performance.

贵阳经济技术开发区

Guiyang Economic & Technical Development Zone

开发区海信工业园举行奠基仪式

贵阳经济技术开发区（以下简称开发区）始建于1993年3月，是经国家批准成立的国家开发区，位于贵阳市中心区南隅，总人口14.9万，总面积63.13平方公里。2002年2月，国家批准建立贵阳市小河区，与开发区实行“两块牌子，一套班子”的管理体制。建区九年来，开发区在经济发展、城市建设、社会进步等方面成效显著，地方财政收入突破亿元大关，为建区前的20倍。

立足于开发区、中心区和生态区三位一体的定位，开发区将努力构建充分体现开放意识、创新意识和率先意识，以西部开发工业园区、外商投资工业园区、中小企业科技园区为载体，以经济实力强劲、投资环境优越，示范、凝聚、辐射、带动效应显著为特征的经济强区；努力构建充满浓郁的现代文化气息、具备优美人居环境、充分体现以人为本精神的现代化都市新区；努力构建以推广高新农业技术发展生态农业为基础，充分体现有机、绿色、环保、可持续发展的生态农业示范区。

Guiyang Economic & Technical Development Zone (hereinafter referred to as the Development Zone), located in the south downtown of Guiyang city, was established in March, 1993 and it has been approved to be the National-level Economic & Technical Development Zone by the State Council. It covers an area of 61.13 km^2 with the population of 149 thousand, Xiaohe District of Guiyang city was approved to be the city administrative district in February, 2000. The Development Zone has streamlined its administration and established a highly efficient, well-coordinated and standardized administrative system and operating mechanism through restructuring. Through nine-year development, the Development Zone has got great achievements in economic development, city construction and social progress; the revenue has amounted to RMB￥100 million, an increase of 2000 per cent over 1993.

Depending on the “3-1 combination” location (the national-level economic & technical development zone, the central zone of Guiyang city and the ecological zone), the Development Zone will completely showed the open consciousness, creative consciousness and leading consciousness. Based on the Western Development Industrial Park, the Foreign-funded Industrial Park and the Scientific & Technical Park for Large & Small Enterprises, the Development Zone will become the Special Economic Zone with the characteristics of great ecological potential, nice investment environment and the functions of demonstration, coherence, radiation and precedence; the Development Zone will construct the new modernized city district full of modernized culture and with the nice living environment which can completely show the spirit of persons; based on expanding the high and new agricultural technology and developing the ecological agriculture, the Development Zone will construct the ecological agricultural demonstration zone with biotic, green, environmental protection and sustainable development.

美国客商到区内考察

欧式建筑的住宅小区

地址：贵州省贵阳市小河区黄河路443号
Add: No.443, HuangHe Road. Xiao He District, Gui Yang, Gui Zhou.
电话(Tel):0851-3833531 传真(Fax):0851-3833198 邮编(P.C.):550006

西飞集团进出口公司

XI'AN AIRCRAFT GROUP IMPORT AND EXPORT COMPANY

西飞集团进出口公司是经国家批准设立具有法人资格的自营和代理各类商品及技术进出口业务的外经贸企业，是西飞集团对外经贸窗口。

作为西飞集团外经外贸的主渠道，公司主营航空器材、机械设备、建筑材料、轻工产品、化工产品、仪器仪表等进出口业务。目前，西飞集团主要出口产品有：Y7系列及新舟60飞机、航空零部件、“西沃牌”豪华大客车、“西飞牌”铝型材、金属挂板、VCM覆塑板、产业布、抗静电地板、IC卡电表等。公司正积极开展实业化、集团化、国际化经营，向综合型、多功能、全方位发展的目标前进。

Xi'an Aircraft Group Import and Export Company, a self-management, all kinds of commodities and technology import and export business agent foreign economic and trade enterprise with legal person authority established upon the approval from the Ministry of Foreign Economic and Trade Cooperation of PR China, is a XAC's foreign trade window.

Being the main channel of XAC's foreign economic and trade cooperation, the company is mainly engaged in the import and export business of aircraft avionics and equipment, mechanical equipment, architectural material, light and chemical industrial product, apparatus and instrument etc. Products of XAC for export are mainly Y7 family and Modern Ark 60 (MA-60) aircrafts, accessories for aviation use, Volve luxury bus, XIFEI brand aluminum extrusions, architectural metal panel, VCM film laminate plate, technical fiber, anti-static floor board, IC ammeter ect. To realize the objective of comprehensive, multifunctional and all bearing development, the company is now actively carrying out an operation of industrialization, grouping and globalization.

地址：西安市阎良区红安路1号 Add:No.1 Hongan Road, Yanliang District, Xi'an City, China
信箱：西安市140号信箱 (P.O.Box):140 Xi'an China 邮编(P.C.):710089
电话：(029) 6846426 6845587 Tel: (86-29) 6846426 6845587 传真:(029) 6203970 Fax:(86-29) 6203970
网址(Website):http://www.xac.com.cn 电子信箱(E-mail):xagiec@pub.xaonline.com

浙江省义乌经济开发区

YIWU ECONOMIC DEVELOPMENT ZONE IN ZHEJIANG PROVINCE

开发区一角 Part of new ZJYWEDZ

浙江省义乌经济开发区是经浙江省批准的省级开发区，位于义乌市城区西南，1992年正式成立并实施首期开发，规划总面积28平方公里，规划建设特色产业园区和高新技术产业园区。建成区一、二期3.5平方公里已成为义乌一座新兴工业城，共有工业企业296家，配套服务企业350家，总投资超过50亿元，2001年完成工业总产值45亿元，实现外贸出口交货值39189万元。现已拥有中国驰名商标"浪莎"、浙江省著名商标"年年红"等一批知名品牌，形成了彩印包装、针织服装、工艺饰品、拉链等优势行业，培育了浪莎针织有限公司、浙江年年红实业有限公司、浙江伟海拉链有限公司、浙江华鸿工艺品有限公司、浙江三鼎织造有限公司、浙江顺时针服饰有限公司、义乌百思得彩印包装有限公司、浙江大德制药有限公司、浙江朝日科磁业有限公司等一大批行业重点骨干企业。经济开发区三期7.1平方公里年底将初具雏形，四期16.9平方公里详规正在修编当中。义乌经济开发区依托小商品市场这一得天独厚的市场优势和优惠的投资政策，正建设成为以小商品生产和加工工业为特色、高新技术产业为基础的现代化工业新城。

我们竭诚欢迎海内外客商到开发区投资兴业，共同发展。

Located in the southwest of Yiwu City, the Yiwu Economic Development Area in Zhejiang Province is one of the provincial development areas approved by The People's Government of Zhejiang Municipality. It was formally founded in 1992 with a total planning area of 28km2 and started its first run of development from that year. It aimed at building it into a garden with characteristic and high-tech industries. There already have a 3.5km2 new industrial town which finished during its first and second period construction. It includes 296 industrial companies and 350 secondary companies. It possesses a total investment of _5 billion. The Yiwu Economic Development Area turned out _4.5 billion industrial production value and fulfilled _391.89 million export value in 2001. There are well known brand of "Langsha" statewide and "Ever Red" in Zhejiang Province settled in the Area. And it witnesses the growing-up of series dominant industries, including color packaging, knitting clothes, craftworks & accouterment, slide fastener industries. It cultivates series of backbone companies, such as Langsha Knitting Co., Ltd, Zhejiang Ever Red Industry company, Zhejiang Weihai Slide Fastener Co., Ltd, Zhejiang Huahong Craftworks Limited Company, Zhejiang Sanding Knitting Co., Ltd, Zhejiang Clockwise Clothing Co., Ltd, Yiwu Best Color Packaging Co., Ltd, Zhejiang Dade Pharmacy Limited Company and Zhejiang Sunrise Magnetism Manufacturing Co., Ltd. The third run 7.1 km2 area will shape up by the end of this year and forth run16.9 km2 is in planning. Through taking full unique advantages of small commodities market and preferential investment policy, the Yiwu Economic Development Area is being constructed into a modern industrial city with characteristic of small commodities production and basement of high-tech industry.

We warmly welcome the guests home and abroad to invest and start business in the Yiwu Economic Development Area. We will achieve prosperity along with you.'

70米宽的开发区经发大道
70-meter-wide Jingfa road of YWEDZ

浙江省义乌经济开发区管理委员会
The Management Committee of Yiwu Economic Development Zone
地址：浙江义乌稠州西路138号
Add: No.138 Chouzhou West Road, Yiwu, Zhejiang Province
电话(Tel): 0579-5317619, 5317610
传真(Fax): 0579-5329799
电邮(E-mail): ywjjkfq@ywptt.zj.cn
邮编(P.C.): 322000

重庆经济技术开发区

CHONGQING ECONOMIC & TECHNOLOGICAL DEVELOPMENT ZONE

重庆出口加工区卡口图

重庆经济技术开发区创建自1990年，于1993年4月经国家批准，成为我国西部地区最早的国家经济技术开发区之一，首期开发面积9.6平方公里。2001年3月，国家有关部门批准重庆经济技术开发区在渝北区鸳鸯镇丘堡、尖山、金钱村等地域内设立面积为5平方公里的置换区。同年6月，国家批准在重庆经济技术开发区置换区内设立规划面积为3平方公里的重庆出口加工区。为了加快重庆北部新区的发展步伐，2001年重庆市委、市政府决定重庆经济技术开发区进入北部新区，对置换区所在的鸳鸯镇及礼嘉镇全域约83.7平方公里范围实施党政、经济和社会事务的全面代管。至此，重庆经济技术开发区管理面积共达约93平方公里。

2001年，重庆经济技术开发区在加速完善南区基础设施配套，大力开展置换区和出口加工区建设的同时，根据世界新的经济形势及时更新思路、调整战略，从加大为企业服务入手改善投资环境，积极开展招商引资工作。全年共实现二三产业总收入129.5亿元，同比增长16.96%；完成国内生产总值32.6亿元，同比增长16.35%；工业总产值（现价）84.56亿元，同比增长16.04%；实现税金总额11.03亿元，同比增长31.96%；实现外贸进出口总额4755万美元，同比增长20.9%；引进三资企业18户，三资企业合同投资总额16537万美元，同比增长216.74%，其中引进合同外资7982万美元，同比增长420.01%；全年实际到位资金10063万美元，同比增长153.67%，其中到位外资6019万美元，同比增长98.79%；引进内资企业229户，内资企业注册资本8亿元；全年实现预算内财政收入1.71亿元，同比增长36.93%。

到目前为止，重庆经济技术开发区南区的电子工业区、丹桂工业区和回龙工业区一、二期开发都已基本建成，综合商贸区已经形成规模。在置换区所在的北部新区经开园，以长安福特汽车生产项目为龙头的现代化汽车工业园正在崛起，高起点建设的重庆出口加工区已见雏形，国家批准设立的环保产业基地正在规划兴建，重庆经济技术开发区开发建设步入新的发展时期。

Chongqing Economic and Technological Development Zone (CETZ) was established in 1990 and was later in April 1993 officially approved by the State Council. With an area of 9.6 square kilometers developed initially, it was the first state-level economic and technological development zone in western China. In March 2001,the related ministries and committees of the State Council approved the CETZ a replaced area of 5 square kilometers in Qioubao village, Jianshan village, and Jinqian village in the Yuanyang town of Yubei District. In June, the State Council issued its approval on the establishment of the Chongqing Export Processing Zone (CEPZ) in the replaced area with 3 square kilometers for its overall layout .In order to speed up the development of CETZ, in 2001,the municipal government and committee appointed CETZ as its agency in charge of the Party , politics, economy and social affairs of the Yuanyang town and Lijia town ,both of which lie in the replaced area and occupy 83.7 square kilometers. The administration area of CETZ has reached 93 square kilometers.

In 2001,upon accelerating the development of basic facilities in the Southern Area and the construction of the replaced area and CEPZ, CETZ in line with the new economic situation, made adjustment on the strategy to serve the enterprises, improve the investment environment and attract investments. In 2001,the total income of the secondary and tertiary industry is 12.95 billion yuan with annual percentage increase of 16.96% over the same year. The domestic total production and industrial total production value respectively rose 16.35% to 3.26 billion yuan and 16.04% to 8.456 billion yuan. The tax and the import and export trade respectively valued at 1.103 billion yuan with annual percentage increase of 31.96%over the same year and US°Á47.55 million with annual percentage increase of 20.9%over the same year. There are 229 introduced domestic enterprises with a total registered capital of 800 million yuan and 18 joint ventures or jointly operated or foreign-financed enterprises with a total contract investment of US$165.37 million, with annual percentage increase of 216.74 over the same year, among them the introduced contract foreign capital is US$79.82 million ,raised 420.01%.The arrived amount of capital is US$100.63 million, with annual percentage increase of 153.67%over the same year, while the actually arrived amount of foreign capital is US$60.19 million, with annual percentage increase of 98.79% over the same year.171-million budget fiscal revenue is fulfilled, with annual percentage increase of 36.93 over the same year.

Up to now, the first and second phrases of the Electronic Industry Region, the Dangui Industrial Region and the Huilong Industrial Region in the Southern Area have been almost completed, and the comprehensive commercial and trade area is shaping up. In the New Northern Area, the modern Automobile Industrial Area with the leading project of Changan Ford is being built up, the Export Processing Zone with a high level is taking shape, and the environment protection industrial base approved by the state is under planning. The development and construction of CETZ are stepping into a new stage.

建设中的重庆经济技术开发区

地址：重庆市南坪万寿路2号 Add: No.2 Wanshou Road, Nanping District, Chongqing, China
电话(Tel): (023) 62982932 传真(Fax): (023) 62982745 邮编(Post Code): 400060

内蒙古粮油食品进出口公司

Inner Mongolia Cereals Oils & Foodstuffs Imp/Exp. Corp.

公司总经理：赵文智　General manager: zhao wenzhi

内蒙古粮油食品进出口公司是一家具有40年历史的大型专业外贸公司。经过多年的开拓进取，为内蒙古对外贸易的发展作出了重要贡献，同时也增强了自身的综合实力和国际竞争能力，公司曾数次名列全国进出口企业500强。

公司目前经营的进出口商品有100多种，涉及到粮谷、杂豆、油脂、饲料、果菜、畜禽、肉食、罐头等；同时承办进料加工、“三来一补”业务；经营对销贸易和转口贸易。

公司经过改制，引入了新的经营理念和管理运行机制，并恪守一贯坚持的重合同、守信用、平等互利的原则，遵循发展外贸、注重实效、遵守法律、创造财富的经营宗旨；因而在对外贸易活动中，享有良好的信誉，已与世界上数十个国家和地区建立了长期稳定的贸易关系，创立了深受国外客户欢迎的名优商品。尤其是玉米出口，1999年至2000年累计出口250多万吨，创造了内蒙古自治区玉米出口的最好成绩。

为了扩大业务往来，公司在沿海口岸及国外等地设有驻外机构，以投资参股的方式兴办了一批合资企业。

本公司热忱欢迎国内外贸易界、企业界的朋友垂询惠顾、洽谈业务、增进友谊、促进贸易、互惠互利、共同繁荣。

Established in 1962, Inner Mongolia Cereals,Oils and Foodstuffs Imp/Exp. Corp., has increasingly strengthened its economic capacity and competitive capability through its business activities, thus did great contribution in foreign trade business to Inner Mongolia, since it started its own export business, It ranked the 500 biggest foreign trade business enterprise for several times till now.

At present, our corporation handles more than 100 kinds of products, including cereals, beans and peas, oils, feedingstuffs, fruits and vegetables, livestock and meat, canned foods and other foodstuffs, etc., Our corporation also handles business like processing with imported or supplied materials, barter trade, entreport trade, compensation trade as well as agency work.

After reformed, new management ideas are used and new structure of the corporation are formed. In our trade practice, we adhere to the principle of equality, mutual benefit, honouring contracts and keeping good promises. We enjoy renowned reputation in international business circles, and have established stable business relations with customers in dozens of countries and regions. A great number of famous, special, superior and novel varieties of our products are enjoying good reputation and popularity among the overseas consumers.

In order to improving our future business, we set up branches inner land and abroad, and also, we are stockholders of several companies.

We are sincerely welcome friends from the trade circle of all countries and regions to visit our Inner Mongolia grassland for business negotiations, mutual understanding as well as sightseeing.

地址：内蒙古呼和浩特市中山西路126号　Add: No. 126 Zhongshan Road West Huhhot, China

电话(Tel):0471-6961320　传真(Fax): 0471-6967615　邮编(P.C.) 010020

浙江省温岭经济开发区

WENLING ECONOMIC DEVELOPMENT ZONE

浙江省温岭经济开发区，于1994年8月经省人民政府批准为省级经济开发区。开发区位于浙东南沿海，介于宁波和温州两个城市之间，是新世纪祖国大陆第一缕阳光的首照地，距国家风景名胜区雁荡山，及黄岩机场、椒江码头仅半小时距离。与甬台温高速公路相衔接的一级汽车专用道穿境而过。开发区一直贯彻“高起点编制规划、高标准组织建设、高档次引进企业、高质量发展社区”的战略，坚持“宁精勿滥，宁缺勿低”的开发原则，迅速拉开一个现代绿色工业园区的宏观框架。而更为重要的是南国鱼米之乡孕育了3.5万开发区人民淳朴、祥和、热情、开放的精神风貌，以及开发区管委会团结、开拓、务实、廉洁、高效的运转机制，为开发区的发展创造了一个宽松、舒适的投资环境。

Wenling Economic Development Zone was established in August 1994. As a provincial development zone, it ' s well located on the coastline of southeast of Zhejiang province, lying between two open cities, i.e, Ningbo and Wenzhou. It borders on provincial famous site-seeing-Chang yu Cavern on its east and approaches to its south the Chinese Madonna-Shi Tang Fishing Port. It looks over the Mountain Yan Tang to its west and owns a thoroughfare on its north to Huang Yan Airport and Jiao Jiang Seaport. A first-class auto-way, which is connected with the Yong Tai Wen Highway,passes through its territory. The development zone is regarded not only as the base for the development of Wenling's modern industry, but also a window-show of reform and opendoor policy of a Chinese coastline city. Its construction planning has been considered into the general project of a middle-sized city ' s heart part development adapting to the functional fittings of a modernized city. When Wenling almost becomes as a midlesized city by the year of 2002, the development zone would take the shape of modern industrial Garden, In recent years, the development zone follows the strategy of High Start Planning, High Standard Construction , High Level Enterprise Localization and High Quality Development. Meanwhile, it holds on the developing principle of Put Quality Before Quantity. Now, it has already been shaped in macrostructure. The share stock enterprise-Qian Jiang Motorcycle Group and many other key enterprises have been localized in the zone. A newtype social unit is now forming panoramically, with the features of full functions, relative independence, modern styles, high and new technics, and beautiful environment. The most important of all is that there, are 35 000 honest, warmhearted and hard-working people on this land of plenty in south China, the Administrative Committee is running under the aim of Union, Exploitatoin, Practice, Honest and High Efficient. The more-every one is a part of investment environment and everything is for the image of development zone, has been deeply rooted in everyone' s thoughts and actions.

地址：浙江省温岭经济开发区万昌北路　Add: Wanchang Beilu Road, Wenling Economic Development Zone, Zhejiang Province, China.

电话(Tel): 0576-6151378　传真(Fax): 0576-6151335　邮编(P.C.): 317500

经济技术开发区

The Jinchang Economic and Technological Development Zone

金昌开发区位于甘肃省河西走廊中部被誉为丝路明珠的镍都金昌。1988年8月，甘肃省人民政府为了充分发挥金昌资源优势，加快金昌镍钴工业的建设步伐，开发独具特色的材料产业，批准成立了金昌开发区。1991年6月省政府又批准设立了金昌高新技术园区。十余年来金昌开发区围绕国家镍钴生产基地、甘肃重化工基地、国家商品粮基地和国家贵金属提炼中心，克服困难，扬长避短，自力更生，滚动发展，走出了一条符合省情、市情及独具特色的开发之路，为西部的经济发展做出了贡献。

开发区占地面积15平方公里，区内地势平坦，不占用耕地，基础设施配套完备，目前已建成面积约8平方公里，设有企业270多家，初步形成了有色冶金、化工、机电、建材、农副产品加工等工业体系。

金昌开发区突出镍钴新材料高新技术产业的发展。立足资源优势，重点开发二次能源电池材料、镍、铜、钴粉体材料、镍钴盐类化工材料、镍基合金材料、铂族稀贵金属深加工等。目前已有40多种产品填补了国内空白，20多种产品获省优、部优称号。十几种产品出口几十个国家。年创汇最高达8000多万美元，区内经省科技厅批准认定的高新技术企业20多家，有世界上最大的硫酸镍厂之一，有国内大型的镍粉、氧化镍、氯化镍、硝酸镍、钴盐、镍基合金、稀贵金属加工企业，有西部最大的铜材加工厂之一和无氧铜杆、井下无轨车辆、工业布、亚硫酸钠生产企业和国内大型的工业化镍钴新材料中试厂，使金昌开发区成为我国最大的镍钴新材料生产基地之一和甘肃省级火炬项目基地。

金昌开发区将乘西部大开发的东风，紧抓机遇，加快镍钴资源开发，积极发展高新技术产业，抓好镍铜钴和稀贵金属的深加工产业，为建设我国强大的镍钴工业，为西部经济的发展，为中国镍都的腾飞，而努力奋斗。

Jinchang Development Zone is located in the Hexi Corridor, at Jinchang city, which claims China's nickel capital and a "pearl" on the Silk Road. In August 1988, the Gansu provincial government approved the establishment of Jinchang Development Zone, which is aimed at tapping the rich resources of Jinchang, speeding up the development of nickel and cobalt industry and building a material industry with distinct characteristics. In June 1991, the provincial government approved the establishment of high-tech garden within the development zone.

Covering an area of 15 square kilometers, the development zone has seen more than 270 enterprises, and an industry structure including nonferrous metal, metallurgy, chemical, mechanical and electronic, building material and agricultural products processing has been shaped.

Jinchang Development Zone highlights the development of nickel cobalt new material industry. With the rich resources, the development zone places emphasis on the development of secondary energy battery material, power materials of nickel, copper and cobalt, salty chemical materials of nickel cobalt, nickel-base alloy, deep processing of platinum rare metal. Up to now, there are over 40 varieties of products filling the gaps of the country, and over 20 kinds of products that have been awarded the titles of provincial and ministerial high-quality products. A number of products are exported to dozens of countries. The development zone earns over $ 80 million of foreign exchanges each year. There are more than 20 enterprises in the development zone that have been approved as high-tech enterprises by the Science and Technology Department of the province.

The development zone boasts the world's biggest nickel sulfate plant, the country's biggest processing enterprises of nickel powder, nickel oxide, nickel chloride, nickel nitrate, cobalt salt, nickel-base alloy and rare metals, west China's biggest copper material processing plant, biggest manufacturers of coalesced copper rod, mine trackless trolley, industrial cloth, and sodium sulfite, and the country's biggest trial plant for the industrialized new material of nickel cobalt. All these make Jinchang Development Zone qualified as China's biggest production base for nickel cobalt new material and "Torch project" base of Gansu Province.

地址：甘肃省金昌市桂林路56号 金昌开发区管委会
Add: No.56 Guilin Road, Jinchang City, Gansu Province, China
邮编(P.C.): 737100　电话(Tel): 0935-8213877

洪都机电国际有限公司

Hongdu Industrial International Ltd.

洪都机电国际有限公司(以下简称洪都机电国际)系洪都航空工业集团公司的分公司，依托洪都集团强大的技术力量、先进的制造加工设备和高效的综合管理能力等各方面优势，洪都机电国际在铸、锻件的研发、制造及机械加工等方面取得了长足的进步，在技术咨询、开发及转让等技术贸易和“三来加工”及转包生产等领域亦有不俗的业绩。洪都机电国际现已发展成为集铸、锻件研发、制造和技术贸易及转包生产为一体的综合性工贸企业。

洪都机电国际拥有先进的铸、锻造设备，加工工艺科学，检测设备齐全。目前，洪都机电国际具有年产2000吨以上有色铸件和1000吨以上黑色铸件的加工能力，最新引进的树脂砂造型生产线、4000吨热模锻压力机生产线及真空压铸工艺等使洪都机电国际的制造能力大大加强，市场竞争能力大大提高。

洪都机电国际于2000年通过了ISO9002质量论证系统，并且持续开展了QS9000质量体系的运行和论证工作。洪都机电国际将本着“互惠互利，共同发展”原则与社会各界精诚合作，携手共进，共创21世纪新辉煌。

Hongdu Industrial International Ltd. is a sub-company of Hongdu Aviation Industrial Group. Depending on the talent technicians, advanced fabrication equipment and scientific management, the company makes a rapid process in the scientific research, fabrication and machining for castings and forgings and develops energically on technical trade and sub-contracting production. Hongdu Industrial International Company has become a multiple-producing enterprise, combining scientific research, production and international trade.

Hongdu Industrial International Company possessed advanced casting and forging settlement, processing technology, and completed inspection equipment. Now our company has the capability to produce over two thousand tons of non-ferrous casting and one thousand tons of iron castings per year, The new introduced resin-sand moulding production line, four thousand tons of mould forging presser,and vacuum dic casting technology make the processing capability of the enterprise more powerful in the competition.

In 2000, it was certificated for ISO9002, and continues to apply for certificate QS9000. On the principle of mutual benefit and development, our company sincerely expects to have cooperation with all circles at home and abroad to make a great contribution in the 21st century.

地址：中国江西南昌市青云谱区新溪桥　邮编：330024　Add: Xinxiqiao,Nanchang,Jiangxi,330024 P.R.China
信箱：南昌市5001信箱466分箱　(P.O.Box): 5001-466 Box , Nanchang　电话(Tel): 0791-8468342　8469705　传真(Fax): 0791-8468342